Anwalts-Formularbuch
Arbeits-recht

von

Dr. Jobst-Hubertus Bauer
Fachanwalt für Arbeitsrecht, Stuttgart

Dr. Stefan Lingemann
Fachanwalt für Arbeitsrecht und Notar, Berlin

Dr. Martin Diller
Fachanwalt für Arbeitsrecht, Stuttgart

Dr. Katrin Haußmann
Fachanwältin für Arbeitsrecht, Stuttgart

2. überarbeitete Auflage

2004

Verlag Dr. Otto Schmidt Köln

Autoren und Verlag bitten um Verständnis dafür, dass sie keinerlei Haftung für die Richtigkeit und Vollständigkeit der Musterformulierungen übernehmen. Das Anwalts-Formularbuch Arbeitsrecht kann nur Anregungen liefern.

Bibliografische Information Der Deutschen Bibliothek

Die Deutsche Bibliothek verzeichnet diese Publikation in der Deutschen Nationalbibliografie; detaillierte bibliografische Daten sind im Internet über <http://dnb.ddb.de> abrufbar.

Verlag Dr. Otto Schmidt KG
Unter den Ulmen 96–98, 50968 Köln
Tel.: 02 21/9 37 38-01, Fax: 02 21/9 37 38-9 21
e-mail: info@otto-schmidt.de
www.otto-schmidt.de

ISBN 3-504-42632-2

© 2004 by Verlag Dr. Otto Schmidt KG

Das Werk einschließlich aller seiner Teile ist urheberrechtlich geschützt. Jede Verwertung, die nicht ausdrücklich vom Urheberrechtsgesetz zugelassen ist, bedarf der vorherigen Zustimmung des Verlages. Das gilt insbesondere für Vervielfältigungen, Bearbeitungen, Übersetzungen, Mikroverfilmungen und die Einspeicherung und Verarbeitung in elektronischen Systemen.

Das verwendete Papier ist aus chlorfrei gebleichten Rohstoffen hergestellt, holz- und säurefrei, alterungsbeständig und umweltfreundlich.

Umschlaggestaltung: Jan P. Lichtenford, Mettmann
Satz: ICS, Bergisch Gladbach
Druck und Verarbeitung: Bercker, Kevelaer
Printed in Germany

Vorwort

„Der Umgang mit Formularen erleichtert die Arbeit, ist aber nicht ungefährlich". Mit diesem Satz begann das Vorwort der Erstauflage. Gefahr im Umgang mit Formularbüchern lauert nicht nur bei der unkritischen Anwendung von Mustern auf nicht passende Sachverhalte. Eine weitere Gefahr ist, dass ursprünglich „richtige" Muster im Laufe der Zeit durch Änderungen in Gesetz und Rechtsprechung nicht mehr passen. Deshalb lebt ein Formularbuch von seiner regelmäßigen Aktualisierung. Leider entwickelt sich die laufende Aktualisierung eines arbeitsrechtlichen Buches immer mehr zum Alptraum. Es ist kaum noch möglich, mit der fieberhaften Hast des Gesetzgebers beim Hin- und Herändern arbeitsrechtlicher Gesetze Schritt zu halten. Umso ärgerlicher ist, dass der Gesetzgeber sich dabei noch nicht einmal auf inhaltliche und zudem nicht selten handwerklich stark verbesserungsfähige Änderungen beschränkt, sondern auch noch kosmetisches Wortgeklingel betreibt (was die Autoren zB dazu gezwungen hat, in allen Mustern die Begriffe „Bundesanstalt für Arbeit", „Erziehungsurlaub" oder „Schwerbehinderter" durch die neuen, politisch korrekten Begriffe zu ersetzen).

Besonders stark von Änderungen betroffen war der Bereich des individuellen Arbeitsrechts, insbesondere aufgrund der Hartz-Gesetze sowie der Ausdehnung des AGB-Rechts auf arbeitsvertragliche Vereinbarungen. Aber auch in anderen Bereichen waren eine Vielzahl neuer Gesetze zu berücksichtigen (zB die ZPO-Reform). Selbstverständlich wurde auch die gesamte aktuelle Rechtsprechung eingearbeitet, so dass das Werk komplett auf dem Bearbeitungsstand März 2004 ist. Neu hinzugekommen ist ein sechster Teil zum Thema „Betriebsübergang", insbesondere mit Formulierungsvorschlägen zur nunmehr erforderlichen Unterrichtung der Arbeitnehmer sowie zur Ausübung des Widerspruchsrechts. Nicht geändert hat sich die Schwerpunktsetzung: Das Buch ist nach wie vor konsequent auf die in der Praxis bedeutsamsten Muster ausgerichtet. Akademische Probleme ohne praktische Relevanz werden dementsprechend nicht vertieft.

Für Hinweise auf Probleme, die in diesem Buch nicht angesprochen wurden oder sich bei der Anwendung der Formulare zeigen, sind wir wiederum dankbar. Dank schulden wir auch unseren Partnern Prof. Dr. Gerhard Röder, Dr. Ulrich Baeck, Dr. Burkard Göpfert, Dr. Frank Merten und Dr. Doris-Maria Schuster in der Sozietät GLEISS LUTZ für viele Anregungen und wertvolle Hinweise. Schließlich haben wir Frau Hildegard Mangold, Frau Petra Fink und Frau Silke Brummer zu danken, die unermüdlich das Manuskript betreut haben.

Stuttgart/Berlin, April 2004

Jobst-Hubertus Bauer   Stefan Lingemann   Martin Diller   Katrin Haußmann

Kapitelübersicht

Alle Muster auch auf der CD-ROM am hinteren Buchdeckel.

	Seite
Vorwort	V
Inhalts- und Musterübersicht	XI
Allgemeines Literaturverzeichnis	XXXIII
Abkürzungsverzeichnis	XXXV

Erster Teil
Individualarbeitsrecht

Seite

Kap. 1	Anbahnung des Arbeitsverhältnisses *Lingemann/Diller*	1
Kap. 2	Verträge mit gewerblichen Arbeitnehmern (Arbeitern) *Lingemann*	21
Kap. 3	Verträge mit Angestellten *Lingemann*	56
Kap. 4	Der Dienstvertrag des Geschäftsführers *Lingemann*	78
Kap. 5	Dienstvertrag des Vorstandsmitglieds *Lingemann*	98
Kap. 6	Besondere Arbeitsverträge *Lingemann/Diller*	113
Kap. 7	Altersteilzeit *Lingemann*	172
Kap. 8	Ausbildungs- und Fortbildungsverträge *Lingemann*	189
Kap. 9	Dienstverträge außerhalb des Arbeitsverhältnisses *Lingemann/Diller*	208
Kap. 10	Arbeitnehmerüberlassung *Lingemann*	260
Kap. 11	Auslandseinsatz *Lingemann*	280
Kap. 12	Vergütung *Lingemann/Diller*	305
Kap. 13	Fehlverhalten des Arbeitnehmers und Mobbing *Lingemann/Diller*	388
Kap. 14	Urlaub *Lingemann/Diller*	409
Kap. 15	Krankheit *Lingemann/Diller*	418
Kap. 16	Schwerbehinderte Menschen *Lingemann*	425
Kap. 17	Mutterschutz und Elternzeit *Lingemann*	437
Kap. 18	Betriebliche Altersversorgung *Diller*	447
Kap. 19	Versetzung *Lingemann/Diller*	479
Kap. 20	Änderungskündigung *Lingemann/Diller*	489
Kap. 21	Anfechtung *Lingemann*	500
Kap. 22	Beendigungskündigung *Bauer/Lingemann/Diller*	508
Kap. 23	Einvernehmliche Beendigung *Bauer/Lingemann/Diller*	580
Kap. 24	Zeugnis *Lingemann/Diller*	620
Kap. 25	Nachvertragliches Wettbewerbsverbot *Diller*	634

Zweiter Teil
Betriebsverfassungsrecht

			Seite
Kap. 26	Errichtung des Betriebsrats *Diller*		659
Kap. 27	Interne Organisation des Betriebsrats *Diller*		668
Kap. 28	Allgemeine Betriebsratsarbeit *Diller*		673
Kap. 29	Auflösung des Betriebsrats/Ausschluss von Mitgliedern *Diller*		693
Kap. 30	Betriebsversammlung *Diller*		698
Kap. 31	Mitbestimmung in sozialen Angelegenheiten – Arbeitszeit *Bauer/Diller/Haußmann*		702
Kap. 32	Mitbestimmung in sozialen Angelegenheiten – Lohngestaltung *Bauer/Haußmann*		720
Kap. 33	Mitbestimmung in sozialen Angelegenheiten – Technische Einrichtungen *Bauer/Diller/Haußmann*		726
Kap. 34	Mitbestimmung in sozialen Angelegenheiten – Sozialeinrichtungen *Bauer/Haußmann*		737
Kap. 35	Mitbestimmung in sozialen Angelegenheiten – Betriebsordnung *Bauer/Haußmann*		742
Kap. 36	Mitbestimmung in sozialen Angelegenheiten – Betriebliches Vorschlagswesen *Bauer/Haußmann*		757
Kap. 37	Mitbestimmung in sozialen Angelegenheiten – Urlaub *Bauer/Haußmann*		762
Kap. 38	Mitbestimmung in personellen Angelegenheiten *Bauer/Diller/Haußmann*		764
Kap. 39	Mitbestimmung in wirtschaftlichen Angelegenheiten *Bauer/Diller/Haußmann*		790
Kap. 40	Einigungsstelle *Diller*		817

Dritter Teil
Tarifrecht und Arbeitskampf

Kap. 41	Tarifverträge *Haußmann*		831
Kap. 42	Arbeitskampf *Diller*		848

Vierter Teil
Mitbestimmungsrecht

Kap. 43	Mitbestimmungsrecht *Diller*		867

Fünfter Teil
Arbeitsgerichtsverfahren

Kap. 44	Das arbeitsrechtliche Mandat *Diller*		877
Kap. 45	Urteilsverfahren erster Instanz *Diller*		880
Kap. 46	Urteilsverfahren zweiter Instanz *Diller*		904
Kap. 47	Urteilsverfahren dritter Instanz *Diller*		916

		Seite
Kap. 48	Beschlussverfahren erster Instanz *Diller*	933
Kap. 49	Beschlussverfahren zweiter Instanz *Diller*	941
Kap. 50	Beschlussverfahren dritter Instanz *Diller*	945
Kap. 51	Einstweiliger Rechtsschutz *Diller*	949
Kap. 52	Zwangsvollstreckung *Diller*	960
Kap. 53	Verfahren vor dem EuGH nach Art. 234 EG *Diller*	981
Kap. 54	Besondere Anträge im Insolvenzverfahren *Diller*	986
Kap. 55	Personalvertretungsrecht *Diller*	993

Sechster Teil
Betriebsübergang

Kap. 56	Betriebsübergang *Lingemann*	997
Stichwortverzeichnis		1013

Inhalts- und Musterübersicht

> Alle Muster auch auf der CD-ROM am hinteren Buchdeckel.

	Seite
Vorwort	V
Kapitelübersicht	VII
Allgemeines Literaturverzeichnis	XXXIII
Abkürzungsverzeichnis	XXXV

Erster Teil
Individualarbeitsrecht

Kap. 1 Anbahnung des Arbeitsverhältnisses   Seite

- **I. Erläuterungen** 1
    1. Vorstellungsgespräch 1
    2. Einstellungsfragebogen 2
        - a) Zulässige Fragen 2
        - b) Zustimmung des Betriebsrats nach § 94 Abs. 1 BetrVG ... 2
    3. Datenschutz 3
        - a) Datenspeicherung mit Einwilligung des Arbeitnehmers ... 3
        - b) Datenspeicherung ohne Einwilligung des Arbeitnehmers .. 4
    4. Beteiligung des Betriebsrats bei der Einstellung 4
    5. Aufklärungspflichten des Arbeitgebers bei ungesicherter Beschäftigung des Arbeitnehmers 5
    6. Einfühlungsverhältnis 5
- **II. Muster** 6
    - 1.1 Vorstellungseinladung mit Kostenübernahme 6
    - 1.2 Vorstellungseinladung ohne Kostenübernahme 6
    - 1.3 Einstellungsfragebogen 6
    - 1.4 Einwilligung in ärztliche Untersuchung/psychologische und graphologische Untersuchung 11
    - 1.5 Einwilligung zur Aufnahme personenbezogener Daten ... 12
    - 1.6 Unterrichtung des Betriebsrates nach § 99 BetrVG 12
    - 1.7 Klage auf Erstattung von Vorstellungskosten 12
    - 1.8 Klage nach mündlicher Einstellung 13
    - 1.9 Klage auf Wiedereinstellung 15
    - 1.10 Klage auf Entschädigung wegen Diskriminierung bei der Einstellung ... 16
    - 1.11 Schadensersatzklage des Arbeitgebers wegen Nichtantritt der Arbeitsstelle ... 18

Kap. 2 Verträge mit gewerblichen Arbeitnehmern (Arbeitern)

- **I. Erläuterungen** 22
    1. Allgemeine Geschäftsbedingungen und Arbeitsvertrag 22
        - a) Gesetzesgeschichte – von der Bereichsausnahme zur Bereichseinschränkung ... 23
        - b) Geltung der AGB-Regelungen im Einzelnen 24
            - aa) Allgemeine Geschäftsbedingungen 24
            - bb) Warenaustauschvertrag/Arbeitsvertrag/Aufhebungsvertrag ... 25
            - cc) Einbeziehung in den Vertrag 27
            - dd) Vorrang der Individualabrede 28

			Seite
	ee)	Überraschende Klauseln – § 305c Abs. 1 BGB	29
	ff)	Unklarheitenregel – § 305c Abs. 2 BGB	30
	gg)	Rechtsfolgen bei Nichteinbeziehung und Unwirksamkeit – § 306 BGB	30
	hh)	Formell unangemessene Benachteiligung (Transparenzgebot) – § 307 Abs. 1 Satz 2 BGB	33
	ii)	Materiell unangemessene Benachteiligung – § 307 Abs. 1 Satz 1 BGB	34
	jj)	Vermutungstatbestände des § 307 Abs. 2 BGB	34
		(1) Abweichung von gesetzlichen Vorschriften	34
		(2) Tarifverträge und Betriebsvereinbarungen als Maßstab der Inhaltskontrolle?	35
	kk)	Ausschlussfristen	35
	ll)	Klauselverbote mit Wertungsmöglichkeit – § 308 BGB	36
	mm)	Klauselverbote ohne Wertungsmöglichkeit – § 309 BGB	39
		(1) Vertragsstrafe – § 309 Nr. 6 BGB	39
		(2) Beweislastmodifikationen – § 309 Nr. 12 BGB	41
		(3) Verbot von Zurückbehaltungsrechten	41
2.	Nachweisgesetz		42
3.	Arbeiter/Angestellte		43
4.	Tarifbindung		44
5.	Einzelvertragliche Einbeziehung des Tarifvertrages		45

II. Muster ... 46

2.1	Arbeitsvertrag mit einem gewerblichen Arbeitnehmer ohne Bezugnahme auf Tarifvertrag	46
2.2	Arbeitsvertrag mit einem gewerblichen Arbeitnehmer (Arbeiter) mit Bezugnahme auf Tarifvertrag	51
2.3	Arbeitsvertrag mit einem gewerblichen Arbeitnehmer (Arbeiter) unter teilweiser Bezugnahme auf tarifvertragliche Regelungen	55

Kap. 3 Verträge mit Angestellten

I. Erläuterungen ... 56

1. Grundsätzliches ... 56
2. Angestellte und leitende Angestellte ... 57
   a) Leitende Angestellte nach § 5 Abs. 3 BetrVG ... 57
   b) Leitende Angestellte nach § 14 Abs. 2 KSchG ... 58

II. Muster ... 59

3.1	Ausführlicher Anstellungsvertrag mit einem Angestellten ohne Bezugnahme auf Tarifvertrag	59
3.2	Anstellungsvertrag mit einem Angestellten mit Bezugnahme auf Tarifvertrag	71
3.3	Anstellungsvertrag mit einem leitenden Angestellten	73

Kap. 4 Der Dienstvertrag des Geschäftsführers

I. Erläuterungen ... 79

1. Anforderungen an die Person des Geschäftsführers ... 79
2. Organstellung und Dienstvertrag ... 79
   a) Organstellung ... 79
   b) Dienstvertrag ... 80
      aa) Zuständigkeit für Abschluss und Änderung des Dienstvertrages ... 81
      bb) Form des Dienstvertrages ... 81
3. Pflichten und Verantwortlichkeiten des Geschäftsführers ... 81
4. Sozialversicherungsrechtliche Stellung des Geschäftsführers ... 82

II. Muster ... 83

4.1	Dienstvertrag des Geschäftsführers	83
4.2	Beendigung früherer Verträge als Arbeitnehmer	97

Kap. 5 Dienstvertrag des Vorstandsmitglieds

I. Erläuterungen 98
1. Anforderungen an die Person des Vorstandes 98
2. Organstellung und Dienstvertrag 99
   a) Organstellung 99
   b) Dienstvertrag 99
      aa) Zuständigkeit für Abschluss und Änderung des Dienstvertrages 99
      bb) Form des Dienstvertrages 100
      cc) Dauer des Dienstvertrages 100
3. Pflichten und Verantwortlichkeit des Vorstandsmitglieds 100
4. Deutscher Corporate Governance Kodex 100
5. Sozialversicherungsrechtliche Stellung des Vorstandsmitglieds 101

II. Muster 101
   5.1 Dienstvertrag des Vorstandsmitglieds 101

Kap. 6 Besondere Arbeitsverträge

I. Erläuterungen 116
1. Befristung 116
   a) Befristung aufgrund eines sachlichen Grundes 117
      aa) Kalendermäßige Befristung, § 3 Abs. 1 iVm. § 15 Abs. 1 TzBfG (M 6.1.1) 120
      bb) Zweckbefristung, § 3 Abs. 1 iVm. § 15 Abs. 2 TzBfG (M 6.1.2; M 6.1.5) 120
      cc) Auflösende Bedingung 120
      dd) Befristung einzelner vertraglicher Bestimmungen 121
   b) Befristung aufgrund gesetzlicher Regelungen 121
      aa) § 14 Abs. 2 TzBfG (M 6.1.6) 121
      bb) § 21 BErzGG 122
      cc) § 57 b HRG 122
2. Teilzeitarbeit (M 6.2.1) 123
   a) Rechtsanspruch auf Teilzeitarbeit 123
   b) Geltendmachung des Teilzeitanspruchs (M 6.2.2; M 6.2.3) 123
   c) Ablehnung des Teilzeitantrags (M 6.2.4) 124
   d) Klage auf Teilzeitarbeit 124
      aa) Klageart bei wirksamer Ablehnung des Arbeitgebers (M 6.2.5) 124
      bb) Entgegenstehende betriebliche Gründe 125
         (1) Betriebliche Gründe gegen die gewünschte Verringerung 125
         (2) Betriebliche Gründe gegen die gewünschte Verteilung 126
         (3) Maßgeblicher Beurteilungszeitpunkt 127
      cc) Klageart bei Fiktion nach § 8 Abs. 5 Satz 2 und/oder 3 (M 6.2.6) 127
      dd) Einstweilige Verfügung (M 6.2.7) 128
   e) Teilzeitanspruch nach § 15 Abs. 5 bis 7 BErzGG 128
   f) Teilzeitanspruch nach § 81 Abs. 5 Satz 3 SGB IX 129
   g) Durchführung der Teilzeitarbeit (M 6.2.8) 129
   h) Rückkehr zur Vollzeitarbeit 130
3. Geringfügige Beschäftigung/Minijobs (M 6.3) 131
4. Job-Sharing (M 6.4) 132
5. Abrufarbeit (M 6.5) 133
6. Wiedereingliederungsvertrag nach § 74 SGB V/§ 28 SGB IX (M 6.7.1) 133
7. Telearbeit (M 6.6) 134
8. Sabbatical 135

II. Muster 136
   6.1.1 Kalendarisch befristeter Arbeitsvertrag aus sachlichen Gründen 136
   6.1.2 Zweckbefristeter Arbeitsvertrag aus sachlichen Gründen 137
   6.1.3 Mitteilung der Zweckerreichung nach § 15 Abs. 2 TzBfG 137

		Seite
6.1.4	Traineevertrag	138
6.1.5	Doppelt befristeter Arbeitsvertrag	138
6.1.6	Befristeter Arbeitsvertrag nach § 14 Abs. 2 TzBfG	139
6.1.7	Probearbeitsverhältnis mit Befristung	140
6.1.8	Verlängerung des Probearbeitsverhältnisses mittels Aufhebungsvertrag	140
6.1.9	Klage auf Feststellung der Unwirksamkeit einer Befristung und Weiterbeschäftigung	141
6.2.1	Teilzeitarbeitsvertrag	143
6.2.2	Antrag auf Reduzierung der Arbeitszeit	145
6.2.3	Schreiben bei verspätetem Antrag auf Reduzierung der Arbeitszeit	146
6.2.4	Ablehnung des Antrags auf Reduzierung der Arbeitszeit	146
6.2.5	Klage auf Zustimmung zur Reduzierung der Arbeitszeit	147
6.2.6	Klage auf Feststellung der reduzierten Arbeitszeit	149
6.2.7	Einstweilige Verfügung auf Reduzierung der Arbeitszeit	150
6.2.8	Änderungsvertrag	152
6.3.1	Teilzeitvertrag mit geringfügiger Beschäftigung (Minijob)	153
6.3.2	Erklärung zum Verzicht auf die Versicherungsfreiheit nach § 5 Abs. 2 SGB VI	154
6.4.1	Job-Sharing-Arbeitsvertrag mit einem Job-Partner	155
6.4.2	Job-Sharing-Arbeitsvertrag mit allen Job-Partnern	157
6.5	Abrufarbeit	160
6.6	Arbeitsvertrag über alternierende Telearbeit	161
6.7.1	Wiedereingliederungsvertrag nach § 74 SGB V	167
6.7.2	Maßnahmen zur stufenweisen Wiedereingliederung in das Erwerbsleben (Wiedereingliederungsplan)	167
6.8	Sabbatical-Vereinbarung	169

Kap. 7 Altersteilzeit

I.	**Erläuterungen**	173
1.	Allgemeine Voraussetzungen	173
2.	Reduzierung der Arbeitszeit	173
3.	Finanzielle Leistungen des Arbeitgebers	173
4.	Wiederbesetzung	174
	a) Wiederbesetzer	174
	b) Wiederbesetzungsnachweis	174
5.	Kontinuitäts- und Blockmodell	175
6.	Status	175
7.	Dauer	176
8.	Störfälle	176
9.	Insolvenzsicherung	177
10.	Übergangsregelung	178

II.	**Muster**	178
7.1	Altersteilzeit-Vertrag Kontinuitätsmodell – laufende Arbeitszeitverkürzung	178
7.2	Altersteilzeit-Vertrag – Blockmodell	183

Kap. 8 Ausbildungs- und Fortbildungsverträge

I.	**Erläuterungen**	189
1.	Auszubildende	189
2.	Praktikanten	190
3.	Studenten	191
4.	Fortbildungsverträge	191

II.	**Muster**	194
8.1.1	Berufsausbildungsvertrag (ausführliche Form)	194
8.1.2	Berufsausbildungsvertrag (kurze Form)	200

		Seite
8.2	Allgemeiner Praktikantenvertrag	204
8.3	Praktikantenvertrag für Schüler und Studenten (kurze Form)	206
8.4	Fortbildungsvertrag mit Rückzahlungsklausel	207

Kap. 9 Dienstverträge außerhalb des Arbeitsverhältnisses

I. Erläuterungen 209
1. Abgrenzung freier Mitarbeiter/Arbeitnehmer (M 9.1.1–9.1.3) 209
   a) Abgrenzungskriterien 210
   b) Sozialversicherungsrechtliche Besonderheiten 213
      aa) Ich-AG 213
      bb) Anfrageverfahren 214
   c) Folgen eines fälschlich als freie Mitarbeit eingeordneten Anstellungsverhältnisses 215
2. Beratervertrag (M 9.2) 216
3. Handelsvertretervertrag (M 9.3) 216
4. In Heimarbeit Beschäftigte (M 9.4) 221

II. Muster 223
   9.1.1 Freier Mitarbeiter-Vertrag 223
   9.1.2 Freier Mitarbeiter-Vertrag (Rahmenvertrag) 225
   9.1.3 Werkvertrag mit einem Subunternehmer – Softwareentwicklung 227
   9.1.4 Vereinbarung über die Miete von Betriebsmitteln – hier: Nutzung von PC 236
   9.1.5 Statusklage wegen Scheinselbständigkeit 238
   9.2 Beratervertrag 240
   9.3.1 Handelsvertretervertrag (ausführliche Fassung) 242
   9.3.2 Handelsvertretervertrag (kurze Fassung) 250
   9.4 Heimarbeitsvertrag 257

Kap. 10 Arbeitnehmerüberlassung

I. Erläuterungen 261

II. Muster 266
   10.1.1 Anstellungsvertrag zwischen Arbeitnehmer und Verleiher ohne Bezugnahme auf einen Tarifvertrag 266
   10.1.2 Anstellungsvertrag zwischen Arbeitnehmer und Verleiher mit Bezugnahme auf Tarifvertrag 274
   10.2 Arbeitnehmerüberlassung – Vertrag zwischen Verleiher und Entleiher 276

Kap. 11 Auslandseinsatz

I. Erläuterungen 281
1. Vertragstypen 281
2. Nachweispflichten 281
3. Anwendbares Individualarbeitsrecht und Gerichtsstand 282
4. Betriebliche Altersversorgung 284
5. Betriebsverfassungsrecht 285
6. Tarifverträge 286
7. Sozialversicherungsrecht 286
8. Steuerrecht 289

II. Muster 290
   11.1 Entsendung 290
   11.2.1 Versetzung Auslandsvertrag 296
   11.2.2 Versetzung Stammhausbindungsvertrag 299

Seite

Kap. 12 Vergütung

I. Erläuterungen 309
1. Allgemeines 309
2. Freiwilligkeit, Widerruflichkeit und Anrechenbarkeit der Vergütung 310
3. Zulagen/Zuschläge (M 12.7 und 12.8.1/12.8.2) 312
4. Tantieme (M 12.10) 313
5. Provisionsvereinbarung für einen angestellten Handelsvertreter (M 12.11) 313
6. Akkordvergütung (M 12.13) 314
7. Prämien (M 12.14) 315
8. Gratifikationen (M 12.15) 315
9. Vermögenswirksame Leistungen (M 12.19) 318
10. Aufwendungsersatz und Auslagen (M 12.20) 318
11. Dienstwagen (M 12.21) 319
12. Dienstwohnung (M 12.22) 320
13. Arbeitgeberdarlehen (M 12.23) 321
14. Pfändung/Abtretung (M 12.24) 321
15. Ausschluss der Aufrechnung/Zurückbehaltung (M 12.25) 322
16. Zielvereinbarungen (M 12.26) 323
17. Aktienoptionspläne (M 12.27) 325

II. Muster 326
- 12.1 Festvergütung
  - 12.1.1 Gewerbliche Arbeitnehmer ohne Tarifbindung 326
  - 12.1.2 Gewerbliche Arbeitnehmer mit Tarifbindung 327
  - 12.1.3 Angestellte ohne Tarifbindung 327
  - 12.1.4 Angestellte mit Tarifbindung 327
  - 12.1.5 Organmitglieder oder leitende Angestellte 327
- 12.2 Einstweilige Verfügung auf Gehaltszahlung 328
- 12.3 Gehaltsklage bei zu niedriger Eingruppierung 330
- 12.4 Zahlungsklage bei zweistufiger Ausschlussfrist 331
- 12.5 Gehaltsklage wegen Ungleichbehandlung/Diskriminierung 332
- 12.6 Klage im Urkundenprozess auf Geschäftsführervergütung nach fristloser Kündigung 334
- 12.7 Zulagen
  - 12.7.1 Übertarifliche Zulage 336
  - 12.7.2 Widerrufs- und Anrechnungsvorbehalt für die übertarifliche Zulage .. 337
  - 12.7.3 Erschwerniszulage 337
  - 12.7.4 Wechselschichtzulage 338
  - 12.7.5 Auslandszulage 338
  - 12.7.6 Leistungszulage 338
  - 12.7.7 Sozialzulage mit Freiwilligkeitsvorbehalt 338
  - 12.7.8 Freiwilligkeits- und Anrechnungsvorbehalt 339
- 12.8.1 Überstundenzuschläge 339
- 12.8.2 Nachtarbeits-, Sonn- und Feiertagszuschläge 340
- 12.9 Klage auf Überstundenvergütung 340
- 12.10 Tantieme
  - 12.10.1 Leitender Angestellter oder Geschäftsführer einer GmbH 342
  - 12.10.2 Vorstand einer Aktiengesellschaft 343
- 12.11 Provisionsvereinbarung für einen angestellten Handelsvertreter 344
- 12.12 Stufenklage wegen Abrechnung und Zahlung von Provision 348
- 12.13 Akkordvergütung
  - 12.13.1 Zeitakkord 349
  - 12.13.2 Geldakkord 350
  - 12.13.3 Rahmentarifvertrag für Leistungslohn im Baugewerbe 350

		Seite
12.14	Prämien	
12.14.1	Anwesenheitsprämie	359
12.14.2	Leistungsprämie	361
12.14.3	Treueprämie	361
12.15	Gratifikationen	362
12.16	Klage auf Sondervergütung wegen Benachteiligung von Teilzeitbeschäftigten	365
12.17	Klage auf Ausgabe von Belegschaftsaktien wegen betrieblicher Übung	366
12.18	Klage wegen Widerrufs/Teilkündigung von Sonderleistungen	367
12.19	Vermögenswirksame Leistungen	369
12.20	Aufwendungsersatz	369
12.21	Dienstwagenüberlassungsvertrag	372
12.22	Dienstwohnung	376
12.23	Arbeitgeberdarlehen	377
12.24	Pfändung/Abtretung	379
12.25	Ausschluss der Aufrechnung/Zurückbehaltung	
12.25.1	Ausschluss der Aufrechnung	379
12.25.2	Ausschluss des Zurückbehaltungsrechts	380
12.26	Rahmenvereinbarung für eine Zielvereinbarung	380
12.27	Aktienoptionen	382
12.28	Klage auf künftige Vergütung	386

Kap. 13 Fehlverhalten des Arbeitnehmers und Mobbing

I.	**Erläuterungen**	388
1.	Fehlverhalten des Arbeitnehmers	388
	a) Ermahnung	389
	b) Abmahnung	389
	aa) Funktionen der Abmahnung	389
	bb) Wirksamkeitsvoraussetzungen der Abmahnung	390
	c) Schadensersatz	391
2.	Mobbing	392
3.	Ersatzanspruch des Arbeitnehmers nach § 628 Abs. 2 BGB	394
II.	**Muster**	395
13.1	Abmahnung	395
13.2	Klage gegen eine Abmahnung und auf Widerruf	396
13.3	Klage des Arbeitgebers gegen den Arbeitnehmer auf Schadensersatz	398
13.4	Klage des Arbeitgebers gegen den Arbeitnehmer auf Mankohaftung	401
13.5	Arrest und Arrestpfändung wegen Unterschlagung	403
13.6	Klage des Arbeitnehmers wegen Mobbing	406

Kap. 14 Urlaub

I.	**Erläuterungen**	409
II.	**Muster**	413
14.1	Urlaubsantrag und -bewilligung (Formular)	413
14.2	Ausführliche Bewilligung von bezahltem und unbezahltem Urlaub (Brief)	414
14.3	Urlaubsbescheinigung bei Beendigung des Arbeitsverhältnisses	414
14.4	Antrag auf Übertragung des Teilurlaubs vor Erfüllung der Wartezeit in das Folgejahr	415
14.5	Einstweilige Verfügung auf Gewährung von Urlaub	415
14.6	Klage auf Urlaubsabgeltung	417

Seite

Kap. 15 Krankheit

I. Erläuterungen 419

II. Muster 423
    15.1 Anzeige der Arbeitsunfähigkeit 423
    15.2 Ärztliche Arbeitsunfähigkeitsbescheinigung 423
    15.3 Klage auf Entgeltfortzahlung 423

Kap. 16 Schwerbehinderte Menschen

I. Erläuterungen 426
    1. Schwerbehinderung 426
    2. Pflichten des Arbeitgebers 426
    3. Sonderkündigungsschutz 429
    4. Anfechtung des Vertrages 431

II. Muster 431
    16.1 Antrag des Arbeitgebers auf Zustimmung zur Kündigung eines schwerbehinderten Menschen/gleichgestellten behinderten Menschen 431
    16.2 Widerspruch gegen die Zustimmung des Integrationsamtes 434
    16.3 Anfechtung des Arbeitsvertrages 436

Kap. 17 Mutterschutz und Elternzeit

I. Erläuterungen 437
    1. Mutterschutz 437
    2. Elternzeit 440

II. Muster 444
    17.1 Mitteilung der Schwangerschaft nach § 5 MuSchG 444
    17.2 Informationsschreiben des Arbeitgebers an die schwangere Mitarbeiterin .. 444
    17.3 Antrag auf Elternzeit 445
    17.4 Antwortschreiben des Arbeitgebers 446
    17.5 Antrag auf Zustimmung zur Kündigung in der Elternzeit 446

Kap. 18 Betriebliche Altersversorgung

I. Erläuterungen 447
    1. Allgemeines 447
    2. Unverfallbarkeit/ratierliche Kürzung 448
    3. Abfindung von Anwartschaften 449
    4. Übertragung der Versorgungsansprüche 449
    5. Insolvenzsicherung 449
    6. Teuerungsanpassung 449
    7. Streitigkeiten 450

II. Muster 450
    18.1 Einzelzusage auf betriebliche Altersversorgung für einen Geschäftsführer 450
    18.2 Betriebliche Versorgungsordnung (Gesamtzusage) 455
    18.3 Satzung einer Unterstützungskasse in der Rechtsform eines e.V. ... 458
    18.4 Unverfallbarkeitsbescheinigung nach § 2 Abs. 6 BetrAVG für unmittelbare Versorgungszusage 465
    18.5 Angebot auf eine Abfindung nach § 3 BetrAVG 466
    18.6 Abfindungsverlangen des Arbeitgebers nach § 3 Abs. 1 Satz 2 BetrAVG .. 468
    18.7 Abfindungsverlangen des Arbeitnehmers nach § 3 Abs. 1 Satz 2 BetrAVG . 469
    18.8 Angebot auf Übertragung von Versorgungsansprüchen ausgeschiedener Arbeitnehmer nach § 4 BetrAVG auf eine Lebensversicherung 469

		Seite
18.9	Verpfändung einer Rückdeckungsversicherung	470
18.10	Klage auf Rentenzahlung gegen Unterstützungskasse	472
18.11	Klage auf Feststellung einer Rentenanwartschaft	474
18.12	Schreiben an den Arbeitnehmer wegen unterbliebener Anpassung nach § 16 BetrAVG mit Belehrung	476
18.13	Klage nach § 16 BetrAVG auf Anpassung der Rente	478

Kap. 19 Versetzung

I. Erläuterungen 480
1. Individualarbeitsrecht 480
2. Betriebsverfassungsrecht 482
   a) Der betriebsverfassungsrechtliche Versetzungsbegriff 482
   b) Das Zustimmungsverfahren 483
   c) Folgen der fehlenden Zustimmung 484
   d) Das Zustimmungsersetzungsverfahren 485
   e) Vorläufige personelle Maßnahmen 485

II. Muster 486
19.1 Ausübung des Direktionsrechts und vorsorgliche Änderungskündigung durch den Arbeitgeber 486
19.2 Unterrichtung des Betriebsrates nach § 99 BetrVG wegen beabsichtigter Versetzung und Umgruppierung 486
19.3 Klage gegen Versetzung 487

Kap. 20 Änderungskündigung

I. Erläuterungen 489
1. Inhalt der Erklärung (M 20.1) 490
2. Arten der Änderungskündigung 490
3. Kündigungsgründe und soziale Rechtfertigung 490
   a) Personenbedingte Änderungskündigung 491
   b) Verhaltensbedingte Änderungskündigung 491
   c) Betriebsbedingte Änderungskündigung 491
4. Reaktionsmöglichkeiten des Arbeitnehmers 493
   a) Ablehnung 493
   b) Annahme unter Vorbehalt 494
   c) Vorbehaltlose Annahme 494
5. Beteiligung des Betriebsrates 495

II. Muster 496
20.1 Änderungskündigung durch den Arbeitgeber 496
20.2 Annahme der Änderungskündigung unter Vorbehalt 497
20.3 Anhörung des Betriebsrates zur Änderungskündigung gemäß § 102 BetrVG 497
20.4 Beteiligung des Betriebsrates nach § 99 BetrVG 498
20.5 Klage gegen Änderungskündigung 498

Kap. 21 Anfechtung

I. Erläuterungen 500
1. Anfechtung des Arbeitsvertrages 500
   a) Anfechtungsgründe 501
      aa) Irrtum 501
      bb) Arglistige Täuschung 502
   b) Beschränkung des Anfechtungsrechts 502
   c) Rechtsfolgen der Anfechtung 503
   d) Anfechtungserklärung 503

	Seite
2. Anfechtung der Kündigung oder des Aufhebungsvertrags (M 21.1)	504
a) Irrtum	504
b) Drohung	504
c) Arglistige Täuschung	505
d) Anfechtung durch den Arbeitgeber (M 21.2)	505
II. Muster	506
21.1 Anfechtung einer Eigenkündigung oder eines Aufhebungsvertrages durch den Arbeitnehmer	506
21.2 Anfechtung eines Aufhebungsvertrages durch den Arbeitgeber	507

Kap. 22 Beendigungskündigung

	Seite
I. Erläuterungen	509
1. Allgemeines	509
a) Arten der Kündigungen	509
b) Die Kündigungserklärung	510
c) Die Form der Kündigung	511
d) Der Zugang der Kündigung	512
e) Kündigungsberechtigung	513
f) Anhörung des Betriebsrates gem. § 102 BetrVG	515
2. Anwendbarkeit des KSchG	518
3. Verhaltensbedingte Kündigung	518
4. Personenbedingte Kündigung	521
a) Häufige Kurzerkrankungen	521
b) Kündigung wegen lang anhaltender Krankheit	522
c) Kündigung wegen krankheitsbedingter dauernder Leistungsunfähigkeit	523
d) Kündigung wegen dauernder Leistungsminderung	523
e) Kündigung wegen Suchterkrankungen	524
f) Betriebsratsanhörung	524
5. Betriebsbedingte Kündigung	525
a) Wegfall des bisherigen Arbeitsplatzes	525
b) Keine anderweitige Beschäftigungsmöglichkeit	526
c) Sozialauswahl	527
d) Beweislast	530
e) Betriebsratsanhörung	531
f) Abfindungsangebot	531
6. Außerordentliche Kündigung	531
7. Sonderkündigungsschutz	533
8. Annahmeverzug	534
9. Massenentlassungsanzeige	535
10. Interessenausgleich und Sozialplan	537
11. Wiedereinstellungsanspruch	537
12. Hinweis nach §§ 2, 37b SGB III	538
13. Kündigungsschutzklage (vgl. M 22.13 ff.)	538
14. Auflösungsantrag (M 22.17 und M 22.18)	538
II. Muster	543
22.1 Ordentliche Kündigung durch den Arbeitgeber	543
22.2 Ordentliche Kündigung durch den Arbeitnehmer	544
22.3 Außerordentliche Kündigung durch den Arbeitgeber	545
22.4 Außerordentliche Kündigung durch den Arbeitnehmer	546
22.5 Außerordentliche, hilfsweise ordentliche Kündigung durch den Arbeitgeber	546
22.6 Außerordentliche Arbeitnehmerkündigung und Lossagung vom Wettbewerbsverbot	547
22.7 Aufforderung zur Mitteilung außerordentlicher Kündigungsgründe	547
22.8 Kündigungszurückweisung wegen fehlender Vollmachtsvorlage	548

		Seite
22.9	Unternehmerentscheidung zur betriebsbedingten Kündigung	548
22.10	Anhörung des Betriebsrates zur außerordentlich fristlosen sowie hilfsweise ordentlich fristgemäßen verhaltensbedingten Kündigung gem. § 102 BetrVG	549
22.11	Anhörung des Betriebsrates zur ordentlich fristgemäßen personenbedingten Kündigung gem. § 102 BetrVG	550
22.12	Anhörung des Betriebsrates zur ordentlich fristgemäßen betriebsbedingten Kündigung gem. § 102 BetrVG	551
22.13	Kündigungsschutzklage mit Weiterbeschäftigungsantrag	552
22.14	Klage gegen Kündigung bei Unanwendbarkeit des KSchG	555
22.15	Kündigungsschutzklage bei betriebsbedingter Kündigung	556
22.16	Antrag auf nachträgliche Zulassung der Kündigungsschutzklage	558
22.17	Auflösungsantrag des Arbeitnehmers	560
22.18	Auflösungsantrag des Arbeitgebers	562
22.19	Einstweilige Verfügung auf Weiterbeschäftigung bei offensichtlich unwirksamer Kündigung	563
22.20	Einstweilige Verfügung auf Beschäftigung während der Kündigungsfrist	566
22.21	Antrag auf Weiterbeschäftigung nach § 102 Abs. 5 BetrVG	568
22.22	Antrag des Arbeitgebers auf Entbindung von der Weiterbeschäftigungspflicht nach § 102 Abs. 5 Satz 2 BetrVG	571
22.23	Klage gegen fristlose Kündigung und auf Gehaltszahlung	574
22.24	Gesellschafterbeschluss zur Abberufung und Kündigung eines GmbH-Geschäftsführers	576
22.25	Einstweilige Verfügung auf Herausgabe von Arbeitspapieren	578
22.26	Klage auf Wiedereinstellung nach Wegfall des Kündigungsgrundes	579

Kap. 23 Einvernehmliche Beendigung

I.	Erläuterungen	581
1.	Aufhebungsvertrag	581
	a) Allgemeines	581
	b) Zustandekommen des Vertrages	582
	c) Vertragsinhalt	583
	d) Unwirksamkeit des Vertrages	584
	e) Beseitigung des Vertrages	586
	f) Inhaltskontrolle nach §§ 305 ff. BGB	587
	g) Steuerrecht	588
	aa) § 3 Nr. 9 EStG	588
	(1) Veranlassung des Arbeitgebers	589
	(2) Beendigung des Arbeitsverhältnisses	590
	(3) Begriff der Abfindung	590
	(4) Zahlungszeitpunkt	591
	bb) §§ 24, 34 EStG	591
	(1) Allgemeines	591
	(2) Entschädigung	592
	(3) Zusammenballung	592
	(4) Fünftelungsregel	593
	cc) Anrufungsauskunft	593
	h) Sozialversicherungsrecht	594
	aa) Allgemeines	594
	bb) Keine Beitragspflicht	594
	cc) Anspruchsübergang auf die Bundesagentur für Arbeit	594
	dd) Ruhen des Arbeitslosengeldes nach § 143a SGB III	595
	(1) Entschädigungen iSv. § 143a Abs. 1 Satz 1 SGB III	595
	(2) Maßgebliche Kündigungsfrist	595
	(3) Berechnung des Ruhenszeitraums	596

Inhalts- und Musterübersicht

		Seite
(4) Berechtigung zur außerordentlichen Kündigung		596
(5) Folgen des Ruhens des Arbeitslosengeldanspruchs		597
ee) Sperrzeiten nach § 144 SGB III		597
(1) Allgemeines		597
(2) Echter Aufhebungsvertrag		598
ff) Anrechnung von Abfindungen auf Arbeitslosengeld		598
gg) Kürzung bei nicht rechtzeitiger Meldung		598
hh) Erstattung von Arbeitslosengeld für ältere Arbeitslose nach § 147a SGB III		599
(1) Allgemeines		599
(2) Befreiung von der Erstattungspflicht		599
(3) Unzumutbarkeit der Erstattung		601
(4) Vermeidungsstrategien		601
ii) Vorzeitige Altersrente		602
2. Abwicklungsvertrag		602
a) Sperrzeiten nach § 144 SGB III		602
b) Erstattung des Arbeitslosengeldes bei älteren Arbeitnehmern gem. § 147a SGB III		603
c) Rückabwicklung		604
II. Muster		604
23.1 Aufhebungsvertrag		604
23.2 Abwicklungsvertrag		617
23.3 Klage wegen Unwirksamkeit eines Aufhebungsvertrages		617
23.4 Verzicht auf § 17 KSchG		619

Kap. 24 Zeugnis

	Seite
I. Erläuterungen	620
1. Zeugnisanspruch	620
2. Zeugnisarten	621
3. Holschuld	622
4. Verzicht, Verwirkung	622
5. Formalien	623
6. Einfaches Zeugnis (§ 109 Abs. 1 Satz 2 GewO)	623
7. Qualifiziertes Zeugnis (§ 109 Abs. 1 Satz 3 GewO)	624
8. Schlussfloskel	626
9. Form	626
10. Berichtigung und Widerruf	627
11. Haftung des Arbeitgebers	627
II. Muster	628
24.1 Einfaches Zeugnis – kurze Form	628
24.2 Einfaches Zeugnis – ausführliche Form	628
24.3 Qualifiziertes Zeugnis mit guter Bewertung	629
24.4 Qualifiziertes Zeugnis für eine Buchhalterin mit guter Bewertung	629
24.5 Qualifiziertes Zeugnis für einen Leiter Controlling mit sehr guter Bewertung	630
24.6 Qualifiziertes Zeugnis für eine Sekretärin mit unterdurchschnittlicher Bewertung	631
24.7 Klage auf Erteilung eines Zeugnisses	631
24.8 Klage auf Berichtigung eines Zeugnisses	632

Kap. 25 Nachvertragliches Wettbewerbsverbot

	Seite
I. Erläuterungen	635
1. Rechtsgrundlagen	635
2. Form	635
3. Karenzentschädigung	636

		Seite
4.	Bedingte Wettbewerbsverbote	637
5.	Berechtigtes Interesse des Arbeitgebers/unbillige Erschwerung	637
6.	Anrechnung anderweitigen Erwerbs	638
7.	Lösung vom Verbot bei Kündigung	638
8.	Verzicht des Arbeitgebers	639
9.	Streitigkeiten	639

II. Muster ... 640
- 25.1 Wettbewerbsverbot mit einem Arbeitnehmer ... 640
- 25.2 Wettbewerbsverbot mit einem Organmitglied ... 641
- 25.3 Verzicht des Arbeitgebers gemäß § 75a HGB ... 643
- 25.4 Lösungserklärung des Arbeitnehmers gemäß § 75 Abs. 1 oder 2 HGB ... 644
- 25.5 Angebot einer erhöhten Karenzentschädigung nach § 75 Abs. 2 HGB ... 646
- 25.6 Lösungserklärung des Arbeitgebers bei fristloser Kündigung nach § 75 Abs. 1, 3 HGB ... 647
- 25.7 Aufforderung zur Mitteilung anderweitigen Erwerbs ... 648
- 25.8 Erfüllungsablehnung des Arbeitgebers nach Verstößen des Arbeitnehmers ... 650
- 25.9 Ablehnungsandrohung des Arbeitnehmers bei Nichtzahlung der Karenzentschädigung ... 651
- 25.10 Klage auf Zahlung von Karenzentschädigung ... 651
- 25.11 Einstweilige Verfügung auf Unterlassung von nachvertraglichem Wettbewerb ... 653
- 25.12 Schutzschrift gegen eine mögliche Unterlassungsverfügung wegen eines nachvertraglichen Wettbewerbsverbots ... 655
- 25.13 Klage auf Feststellung der Unwirksamkeit eines Wettbewerbsverbotes ... 657

Zweiter Teil
Betriebsverfassungsrecht

Kap. 26 Errichtung des Betriebsrats

I. Erläuterungen ... 659
1. Vorfragen ... 659
2. Wahlverfahren ... 659

II. Muster ... 660
- 26.1 Antrag auf Bestellung eines Wahlvorstands ... 660
- 26.2 Antrag auf einstweilige Verfügung gegen die Durchführung einer Betriebsratswahl ... 662
- 26.3 Antrag auf Klärung des Betriebsbegriffs ... 664
- 26.4 Anfechtung der Betriebsratswahl ... 666

Kap. 27 Interne Organisation des Betriebsrats

I. Erläuterungen ... 668

II. Muster ... 670
- 27.1 Anfechtung der Wahl des Betriebsratsvorsitzenden ... 670
- 27.2 Anfechtung der Wahl des freigestellten Betriebsratsmitglieds ... 671

Kap. 28 Allgemeine Betriebsratsarbeit

I. Erläuterungen ... 673

II. Muster ... 675
- 28.1 Antrag auf einstweilige Verfügung wegen Zugangs eines Betriebsratsmitglieds zum Betrieb ... 675

		Seite
28.2	Antrag auf Feststellung des Status eines leitenden Angestellten	677
28.3	Antrag auf Duldung des Zugangs von Gewerkschaftsbeauftragten zum Betrieb	678
28.4	Antrag auf Freistellung/Übernahme von Sachmittelkosten	680
28.5	Antrag auf Erstattung von Schulungskosten	682
28.6	Antrag auf Gestattung der Hinzuziehung eines Rechtsanwalts als Sachverständigen	685
28.7	Antrag auf Zahlung von Rechtsanwaltshonorar wegen Prozessvertretung	687
28.8	Antrag auf Unterlassung und Ordnungsgeld gegen den Arbeitgeber wegen grober Pflichtverletzung nach § 23 BetrVG	689
28.9	Antrag der Gewerkschaft auf Nicht-Durchführung einer tarifwidrigen Betriebsvereinbarung..	691

Kap. 29 Auflösung des Betriebsrats/Ausschluss von Mitgliedern

I.	Erläuterungen	693
II.	Muster	694
29.1	Antrag auf Auflösung des Betriebsrats wegen grober Pflichtverletzung	694
29.2	Antrag auf Ausschluss eines Betriebsratsmitglieds wegen Vorteilsannahme	696

Kap. 30 Betriebsversammlung

I.	Erläuterungen	698
II.	Muster	699
30.1	Antrag auf einstweilige Verfügung gegen geplante Betriebsversammlung	699

Kap. 31 Mitbestimmung in sozialen Angelegenheiten – Arbeitszeit

I.	Erläuterungen	702
1.	Vorrang von Gesetz und Tarifvertrag (§ 87 Abs. 1 BetrVG)	702
2.	Initiativrecht des Betriebsrates	702
3.	Verfahrensfragen	702
4.	Arbeitszeit	703
	a) Vereinbarungen zur Dauer der Arbeitszeit	703
	b) Flexibilisierung	704
	c) Überstunden und Kurzarbeit	704
II.	Muster	705
31.1	Betriebsvereinbarung zur Lage der Arbeitszeit	705
31.2	Betriebsvereinbarung zu Flexibler Arbeitszeit	706
31.3	Betriebsvereinbarung zu Gleitzeit	709
31.4	Betriebsvereinbarung zu Überstunden	712
31.5	Betriebsvereinbarung zu Kurzarbeit	714
31.6	Betriebliche Arbeitszeitvereinbarung	716
31.7	Antrag auf einstweilige Verfügung wegen Unterlassung von Überstunden ohne Zustimmung des Betriebsrats	717

Kap. 32 Mitbestimmung in sozialen Angelegenheiten – Lohngestaltung

I.	Erläuterungen	720
1.	Umfang der Mitbestimmung	721
2.	Kollektiver Tatbestand	721
3.	AT-Angestellte	722
4.	Freiwillige Zulagen	722

	Seite
II. Muster	722
32.1 Vergütung von AT-Angestellten	722
32.2 Übertarifliche Zulagen	724
32.3 Provisionen im Verkauf	724
32.4 Betriebsvereinbarung Erschwerniszulage im Vier-Schicht-Betrieb	725

Kap. 33 Mitbestimmung in sozialen Angelegenheiten – Technische Einrichtungen

I. Erläuterungen	726
1. Umfang der Mitbestimmung	726
2. EDV-Nutzung	726
3. Telefondatenerfassung und Internet/E-Mail-Nutzung	727
4. Zuständigkeit des Gesamtbetriebsrates	727
II. Muster	727
33.1 Gesamtbetriebsvereinbarung – EDV-Systeme und Schutz personenbezogener Daten	727
33.2 Betriebsvereinbarung zur Nutzung der Telefonanlage	730
33.3 Betriebsvereinbarung zur Telefondatenerfassung	732
33.4 Betriebsvereinbarung zur Nutzung von Internet und E-Mail	734
33.5 Antrag auf einstweilige Verfügung wegen Unterlassung der Inbetriebnahme eines EDV-Systems	735

Kap. 34 Mitbestimmung in sozialen Angelegenheiten – Sozialeinrichtungen

I. Erläuterungen	737
II. Muster	738
34.1 Sozialfonds – Betriebsvereinbarung	738
34.2 Betriebsvereinbarung zu Konzern-Mitarbeiterdarlehen	741

Kap. 35 Mitbestimmung in sozialen Angelegenheiten – Betriebsordnung

I. Erläuterungen	743
1. Umfang der Mitbestimmung	743
2. Einzelfälle	743
II. Muster	744
35.1 Arbeitsordnung	744
35.2 Betriebsvereinbarung zu Alkoholproblemen am Arbeitsplatz	752
35.3 Betriebsvereinbarung zur Einführung einer einheitlichen Arbeitskleidung	755
35.4 Betriebsvereinbarung über Arztbesuche während der Arbeitszeit	756

Kap. 36 Mitbestimmung in sozialen Angelegenheiten – Betriebliches Vorschlagswesen

I. Erläuterungen	757
Umfang der Mitbestimmung	757
II. Muster	758
36.1 Betriebsvereinbarung zu Verbesserungsvorschlägen	758

Kap. 37 Mitbestimmung in sozialen Angelegenheiten – Urlaub

I. Erläuterungen	762
1. Umfang des Mitbestimmungsrechtes	762
2. Allgemeine Urlaubsgrundsätze und Urlaubsplan	762
3. Lage des Urlaubs einzelner Arbeitnehmer	763

	Seite
II. Muster	763
37.1 Betriebsvereinbarung Brückentage	763
37.2 Betriebsferien	764

Kap. 38 Mitbestimmung in personellen Angelegenheiten

	Seite
I. Erläuterungen	765
1. Kündigung	765
2. Einstellung und Eingruppierung	766
3. Versetzung und Umgruppierung	766
4. Stellenausschreibung	767
5. Auswahl-Richtlinien nach § 95 BetrVG	767
II. Muster	767
38.1 Anhörung des Betriebsrats gemäß § 102 BetrVG zur ordentlichen betriebsbedingten Kündigung	767
38.2 Anhörung gemäß § 102 BetrVG zu betriebsbedingten Kündigungen wegen Betriebsstilllegung	768
38.3 Anhörung gemäß § 102 BetrVG zur ordentlichen krankheitsbedingten Kündigung	769
38.4 Antrag auf Zustimmung zur außerordentlichen Kündigung eines Betriebsratsmitgliedes gemäß § 103 BetrVG	770
38.5 Antrag auf Ersetzung der Zustimmung des Betriebsrats zur außerordentlichen Kündigung eines Betriebsratsmitglieds gemäß § 103 BetrVG	771
38.6 Antrag auf Zustimmung zur Einstellung eines Bewerbers nach § 99 BetrVG	773
38.7 Antrag auf Zustimmung zur Versetzung nach §§ 99, 100 BetrVG	774
38.8 Ablehnende Antwort des Betriebsrats auf Antrag nach §§ 99, 100 BetrVG	776
38.9 Antrag des Arbeitgebers an das Arbeitsgericht nach §§ 99,100 BetrVG	778
38.10 Antrag des Betriebsrats auf Aufhebung einer personellen Maßnahme nach § 101 BetrVG	781
38.11 Antrag des Betriebsrats auf einstweilige Verfügung wegen mitbestimmungswidriger Personalmaßnahmen	783
38.12 Antrag des Arbeitgebers auf Entbindung von der Übernahmeverpflichtung für Jugendvertreter nach § 78a BetrVG	785
38.13 Stellenausschreibung	788
38.14 Auswahl-Richtlinie für Versetzungen	789

Kap. 39 Mitbestimmung in wirtschaftlichen Angelegenheiten

	Seite
I. Erläuterungen	791
1. Interessenausgleich und Sozialplan	791
a) Interessenausgleich	791
b) Sozialplan	792
2. Umwandlungen	792
3. Wirtschaftsausschuss	794
II. Muster	794
39.1 Negativer Interessenausgleich	794
39.2 Interessenausgleich Betriebsverlegung, Betriebsübergang und Reorganisation	795
39.3 Sozialplan Betriebsverlegung	797
39.4 Positiver Interessenausgleich Betriebsstilllegung (kurz)	798
39.5 Positiver Interessenausgleich Betriebsstilllegung (ausführlich)	799
39.6 Sozialplan Betriebsstilllegung	801
39.6.1 Vertrag über die Einrichtung einer Beschäftigungs- und Qualifizierungsgesellschaft	804

		Seite
39.7	Antrag des Betriebsrats auf einstweilige Verfügung gegen Kündigungen und weitere Maßnahmen vor Abschluss des Interessenausgleichs-Verfahrens	810
39.8	Ordnungswidrigkeiten-Anzeige des Betriebsrats gegen den Arbeitgeber wegen mangelhafter Unterrichtung nach § 111 BetrVG	813
39.9	Angaben der Folgen der Verschmelzung für die Arbeitnehmer und ihre Vertretungen sowie die insoweit vorgesehenen Maßnahmen im Rahmen eines Verschmelzungsvertrages	815

Kap. 40 Einigungsstelle

I. Erläuterungen	817
1. Allgemeines	817
2. Besetzung der Einigungsstelle	818
3. Einberufung der Einigungsstelle	818
4. Verfahren der Einigungsstelle	819
5. Kosten	820
6. Anfechtung des Spruchs der Einigungsstelle	820

II. Muster	821
40.1 Antrag auf Errichtung der Einigungsstelle	821
40.2 Antrag an das Arbeitsgericht auf Errichtung der Einigungsstelle nach § 98 ArbGG	822
40.3 Einigungsstellenspruch	825
40.4 Einstweilige Verfügung auf Untersagung der Durchführung eines Einigungsstellenspruchs	826
40.5 Anfechtung des Einigungsstellenspruchs nach § 76 Abs. 5 BetrVG	828

Dritter Teil
Tarifrecht und Arbeitskampf

Kap. 41 Tarifverträge

I. Erläuterungen	832
1. Firmentarifverträge	832
2. Entgelttarifvertrag	833
3. Manteltarifvertrag	833
4. Tarifverträge über die betriebsverfassungsrechtlichen Strukturen	833
5. Entgeltumwandlung	834
6. Beschäftigungssicherung	834

II. Muster	835
41.1 Entgelttarifvertrag	835
41.2 Firmentarifvertrag in Form eines Anerkennungstarifvertrages	837
41.3 Firmentarifvertrag nach Betriebsübergang	838
41.4 Tarifvertrag zur Bildung von Regionalbetriebsräten	840
41.5 Haustarifvertrag über einen gemeinsamen Gesamtbetriebsrat	841
41.6 Tarifvertrag zur Entgeltumwandlung	843
41.7 Verbandstarifvertrag zur Beschäftigungssicherung	846

Kap. 42 Arbeitskampf

I. Erläuterungen	848
1. Allgemeines	848
2. Friedenspflicht	849
3. Streikbeteiligung	849

		Seite
4.	Wilder Streik	849
5.	Ultima-Ratio-Prinzip	850
6.	Ausgestaltung von Streiks	850
7.	Reaktionsmöglichkeiten des Arbeitgebers	850
8.	Streikfolgen	851
9.	Schlichtung	851
10.	Streikprämien/Maßregelung	852

II. Muster ... 852
    42.1 Antrag auf einstweilige Verfügung gegen rechtswidrigen Streik ... 852
    42.2 Antrag auf einstweilige Verfügung gegen rechtswidrige Streikmaßnahmen .. 857
    42.3 Antrag auf einstweilige Verfügung wegen Einrichtung eines Notdienstes ... 860
    42.4 Schlichtungsabkommen ... 863

Vierter Teil
Mitbestimmungsrecht

Kap. 43 Mitbestimmungsrecht

I. Erläuterungen ... 867
  1. Überblick ... 867
  2. BetrVG 1952 ... 868
  3. Mitbestimmungsgesetz 1976 ... 869
  4. Montan-Mitbestimmungsgesetz ... 870
  5. Statusverfahren ... 871

II. Muster ... 873
    43.1 Bekanntmachung des Vorstands nach § 97 AktG ... 873
    43.2 Statusklage nach § 98 AktG ... 874

Fünfter Teil
Arbeitsgerichtsverfahren

Kap. 44 Das arbeitsrechtliche Mandat

I. Erläuterungen ... 877

II. Muster ... 878
    44.1 Honorarvereinbarung ... 878
    44.2 Belehrung nach § 12a Abs. 1 ArbGG ... 879
    44.3 Antrag auf Bewilligung von Prozesskostenhilfe und Beiordnung eines Anwalts ... 879

Kap. 45 Urteilsverfahren erster Instanz

I. Erläuterungen ... 880

II. Muster ... 881
    45.1 Rubrum auf Klägerseite ... 881
    45.2 Rubrum auf Beklagtenseite ... 882
    45.3 Allgemeines Muster für Klagen/Zahlungsklagen vor dem Arbeitsgericht ... 886
    45.4 Rüge der örtlichen Unzuständigkeit ... 888
    45.5 Rüge der Unzulässigkeit des Rechtsweges ... 890
    45.6 Klageerwiderung vor der Güteverhandlung ... 891
    45.7 Prozessaufrechnung ... 892
    45.8 Widerklage ... 894

Seite

45.9 Sofortige Beschwerde gegen die Aussetzung der Kündigungsschutzklage eines schwerbehinderten Menschen nach § 148 ZPO 895
45.10 Sofortige Beschwerde gegen die Aussetzung eines Kündigungsschutzverfahrens wegen vorgreiflichen Strafverfahrens nach § 149 ZPO 898
45.11 Ablehnung eines Richters wegen Befangenheit 900
45.12 Einspruch gegen Versäumnisurteil 903

Kap. 46 Urteilsverfahren zweiter Instanz

I. Erläuterungen 904
1. Zulässigkeit der Berufung 904
2. Allgemeine Verfahrensregeln 905
3. Prüfungsmaßstab 905
4. Fristen 905
5. Beschwerde/sofortige Beschwerde 906

II. Muster 907
46.1 Berufung mit Berufungsbegründung und Antrag auf Einstellung der Zwangsvollstreckung 907
46.2 Berufungseinlegung ohne Begründung und mit Fristverlängerungsantrag .. 910
46.3 Berufungserwiderung mit Anschlussberufung und Widerklage 912
46.4 Sofortige Beschwerde gegen Rechtswegentscheidung 914

Kap. 47 Urteilsverfahren dritter Instanz

I. Erläuterungen 916
1. Zulässigkeit der Revision 916
2. Fristen, Formvorschrift 917
3. Verfahren 917
4. Entscheidung des BAG 918
5. Nichtzulassungsbeschwerde 918
6. BAG als Beschwerdegericht 918

II. Muster 919
47.1 Einlegung der Revision mit Anträgen und Begründung 919
47.2 Nichtzulassungsbeschwerde wegen Divergenz 924
47.3 Nichtzulassungsbeschwerde bei tariflichen Streitigkeiten 926
47.4 Nichtzulassungsbeschwerde in Arbeitskampfsachen 929
47.5 Rechtsbeschwerde gegen Rechtswegentscheidung 930
47.6 Revisionsbeschwerde gegen Verwerfung der Berufung als unzulässig 931

Kap. 48 Beschlussverfahren erster Instanz

I. Erläuterungen 933
1. Allgemeines 933
2. Antragstellung 933
3. Beteiligte 935
4. Amtsermittlungsgrundsatz 935
5. Anhörung und Entscheidung 936
6. Beschwerdefrist 937
7. Zwangsvollstreckung 937
8. Einstweilige Verfügung 937

II. Muster 938
48.1 Rubrum eines Beschlussverfahrens 938
48.2 Antrag einer im Betrieb vertretenen Gewerkschaft 939

Inhalts- und Musterübersicht

Seite

Kap. 49 Beschlussverfahren zweiter Instanz

I. Erläuterungen 941
1. Allgemeines/Zulässigkeit 941
2. Aufschiebende Wirkung 941
3. Beschwerdebefugnis 942
4. Frist 942
5. Form/Begründung 942

II. Muster 943
49.1 Beschwerde an das Landesarbeitsgericht 943
49.2 Beschwerde gegen Zwischenentscheidung des Arbeitsgerichts 944

Kap. 50 Beschlussverfahren dritter Instanz

I. Erläuterungen 945
1. Zulässigkeit der Rechtsbeschwerde 945
2. Formalien 946
3. Verfahren 946

II. Muster 947
50.1 Rechtsbeschwerde zum BAG 947
50.2 Nichtzulassungsbeschwerde 948

Kap. 51 Einstweiliger Rechtsschutz

I. Erläuterungen 949

II. Muster 950
51.1 Antrag auf einstweilige Verfügung im Urteilsverfahren 950
51.2 Schutzschrift im Urteilsverfahren 954
51.3 Widerspruch gegen erlassene einstweilige Verfügung 955
51.4 Arrestantrag nebst Arrestpfändung 957
51.5 Antrag auf einstweilige Verfügung im Beschlussverfahren 957

Kap. 52 Zwangsvollstreckung

I. Erläuterungen 960
1. Allgemeines 960
2. Vorläufige Vollstreckbarkeit im Urteilsverfahren 960
   a) Grundsätze 960
   b) Vollstreckungsschutzantrag nach § 62 Abs. 1 Satz 2 ArbGG 960
   c) Vollstreckungsschutzantrag nach § 62 Abs. 1 Satz 3 ArbGG 961
   d) Vollstreckungsgegenklage 962
3. Vollstreckungsmaßnahmen 962
4. Entschädigungsantrag nach § 61 Abs. 2 ArbGG 963
5. Vollstreckung im Beschlussverfahren 964

II. Muster 966
52.1 Antrag auf Erteilung der vollstreckbaren Ausfertigung 966
52.2 Entschädigungsantrag nach § 61 Abs. 2 ArbGG 967
52.3 Antrag auf Ausschluss der vorläufigen Vollstreckbarkeit nach § 62 Abs. 1 Satz 2 ArbGG wegen nicht zu ersetzenden Nachteils 968
52.4 Berufung mit Antrag auf nachträglichen Ausschluss der vorläufigen Vollstreckbarkeit nach § 62 Abs. 1 Satz 3 ArbGG 970
52.5 Antrag auf Gerichtsvollzieherpfändung wegen Geldforderungen 972
52.6 Antrag auf Zwangsvollstreckung wegen vertretbarer Handlung 973
52.7 Antrag auf Zwangsvollstreckung wegen unvertretbarer Handlung (Weiterbeschäftigung) 975

Seite

52.8 Antrag auf Zurückweisung eines Zwangsvollstreckungsantrags nach § 888 ZPO (Weiterbeschäftigung) 976
52.9 Zwangsvollstreckungsantrag nach § 890 ZPO wegen Unterlassungsverpflichtung 979
52.10 Antrag auf Festsetzung von Ordnungsgeld wegen Zuwiderhandlungen gegen eine Unterlassungsverpflichtung 980

Kap. 53 Verfahren vor dem EuGH nach Art. 234 EG

I. Erläuterungen 981
1. Funktion des Vorabentscheidungsverfahrens 981
2. Reichweite der EuGH-Entscheidung 982
3. Vorlagebeschluss des nationalen Gerichts 982
4. Sprache 982
5. Schriftliches Verfahren 983
6. Mündliche Verhandlung 983
7. Kosten 983

II. Muster 984
53.1 Schriftsatz an den EuGH 984

Kap. 54 Besondere Anträge im Insolvenzverfahren

I. Erläuterungen 986
1. Allgemeines 986
2. Beschlussverfahren nach § 122 InsO wegen Betriebsänderung 986
3. Beschlussverfahren wegen Kündigungsschutz nach §§ 125, 126 InsO 987

II. Muster 988
54.1 Antrag des Insolvenzverwalters wegen Durchführung einer Betriebsänderung nach § 122 InsO 988
54.2 Antrag des Insolvenzverwalters wegen Zustimmung zu Kündigungen nach § 126 InsO 990

Kap. 55 Personalvertretungsrecht

I. Erläuterungen 993
1. Zuständigkeit 993
2. Verfahrensrecht 993

II. Muster 994
55.1 Antrag an das Verwaltungsgericht zur Einleitung eines Beschlussverfahrens 994

Sechster Teil
Betriebsübergang

Kap. 56 Betriebsübergang

I. Erläuterungen 997
1. Übergang der Arbeitsverhältnisse 997
   a) Wirtschaftliche Einheit 997
   b) Zuordnung der Arbeitsverhältnisse 998
   c) Rechtsgeschäft 999
   d) Unterrichtung der Arbeitnehmer (M 56.1) 999
   e) Widerspruchsrecht nach § 613a Abs. 6 BGB 1002
   f) Haftung des bisherigen Betriebsinhabers 1003

	Seite
2. Kündigung des Arbeitsverhältnisses	1004
a) Wirksamkeit einer Kündigung bei Betriebsübergang	1004
b) Kündigungsschutzklage wegen Betriebsübergangs (M 56.2)	1005
3. Betriebsrat	1005
a) Übergangsmandat	1005
b) Mitbestimmungsrechte des Betriebsrats	1006
4. Auswirkungen auf Tarifverträge und Betriebsvereinbarungen	1006
a) Tarifverträge	1006
b) Betriebsvereinbarungen	1007
5. Sonderregelungen im Umwandlungsrecht	1008
II. Muster	1008
56.1 Informationsschreiben nach § 613a Abs. 5 BGB	1008
56.2 Kündigungsschutzklage wegen Betriebsübergangs	1010
Stichwortverzeichnis	1013

Allgemeines Literaturverzeichnis

Weitere Literatur ist in den ausführlichen Literaturübersichten am Anfang der einzelnen Kapitel nachgewiesen.

Bauer	Arbeitsrechtliche Aufhebungsverträge, 7. Aufl. 2004
Bauer/Diller	Wettbewerbsverbote, 3. Aufl. 2002
Bauer/Röder	Taschenbuch zur Kündigung, 2. Aufl. 2000
Bauer/Röder/Lingemann	Krankheit im Arbeitsverhältnis, 2. Aufl. 1996 mit Nachtrag 1997
Baumbach/Hopt	Handelsgesetzbuch, 31. Aufl. 2003
Baumbach/Lauterbach/ Albers/Hartmann	Zivilprozessordnung, 61. Aufl. 2003
Beck'sches Personalhandbuch	Band I: Arbeitsrechtslexikon, Band II: Lohnsteuer und Sozialversicherung, Loseblatt
Däubler/Kittner/Klebe	BetrVG – Betriebsverfassungsgesetz, 8. Aufl. 2002
Dunkl/Moeller/Baur/Feldmeier	Handbuch des vorläufigen Rechtsschutzes, 3. Aufl. 1999 (zitiert: *Bearbeiter* in Dunkl/Moeller)
Erfurter Kommentar zum Arbeitsrecht	hrsg. von Dieterich/Hanau/Schaub, 3. Aufl. 2003 (zitiert: ErfK/*Bearbeiter*)
Fitting/Kaiser/Heither/Engels/Schmidt	Betriebsverfassungsgesetz mit Wahlordnung, Handkommentar, 21. Aufl. 2002 (zitiert: *Fitting*)
Galperin/Löwisch	Betriebsverfassungsgesetz, 6. Aufl. 1982 mit Nachtrag 1985
Gemeinschaftskommentar zum Betriebsverfassungsgesetz	7. Aufl. 2002 (zitiert: GK-BetrVG/*Bearbeiter*)
Gemeinschaftskommentar zum Kündigungsschutzgesetz und zu sonstigen kündigungsschutzrechtlichen Vorschriften (KR)	6. Aufl. 2002 (zitiert: KR/*Bearbeiter*)
Germelmann/Matthes/ Prütting/Müller-Glöge	Arbeitsgerichtsgesetz, 4. Aufl. 2002
Geßler/Hefermehl/ Eckhardt/Kropff	Aktiengesetz, 1974 ff. (zitiert: Geßler/Hefermehl/*Bearbeiter*)
Gift/Baur	Das Urteilsverfahren vor den Gerichten für Arbeitssachen, 1993
Herbst/Bertelsmann/Reiter	Arbeitsgerichtliches Beschlussverfahren, 2. Aufl. 1998
Hess/Schlochauer/Glaubitz	Kommentar zum Betriebsverfassungsgesetz, 6. Aufl. 2003
Höfer	Gesetz zur Verbesserung der betrieblichen Altersversorgung, Loseblatt
Hopt	Handelsvertreterrecht, 3. Aufl. 2003 (zitiert: *Hopt*, HVR)
Hueck/von Hoyningen-Huene/Linck	Kündigungsschutzgesetz, Kommentar, 13. Aufl. 2002
Hüffer	Aktiengesetz, 5. Aufl. 2002

Allgemeines Literaturverzeichnis

Hümmerich	Arbeitsrecht, 4. Aufl. 2002
Kasseler Kommentar	Sozialversicherungsrecht, Loseblatt (zitiert: Kasseler Kommentar/*Bearbeiter*)
Kölner Kommentar zum Aktiengesetz	hrsg. von Zöllner, 2. Aufl. 1986 ff. (zitiert: KölnerKommAktG/*Bearbeiter*)
Küttner	Personalbuch 2003, 10. Aufl. 2003 (zitiert: *Bearbeiter* in Personalbuch)
Löwisch	Kommentar zum KSchG, 8. Aufl. 2000
Löwisch/Kaiser	Betriebsverfassungsgesetz, 5. Aufl. 2002
Lutter/Hommelhoff	GmbH-Gesetz, Kommentar, 15. Aufl. 2000
Münchener Handbuch zum Arbeitsrecht	hrsg. von Richardi/Wlotzke, 2. Aufl. 2000 (zitiert: MünchArbR/*Bearbeiter*)
Münchener Handbuch des Gesellschaftsrechts	Band 4: Aktiengesellschaft, 2. Aufl. 1999 (zitiert: Münchener Handbuch AG/*Bearbeiter*)
Münchener Kommentar zum Bürgerlichen Gesetzbuch	hrsg. von Rebmann/Rixecker/Säcker, Band 1, 4. Aufl. 2001; Band 2, 4. Aufl. 2001; Band 4, 3. Aufl. 1997 (zitiert: MünchKommBGB/*Bearbeiter*)
Palandt	Bürgerliches Gesetzbuch, 63. Aufl. 2004 (zitiert: Palandt/*Bearbeiter*)
Preis	Der Arbeitsvertrag, 2002 (zitiert: Preis/*Bearbeiter*)
Richardi/Thüsing/Annuß	Betriebsverfassungsgesetz, 8. Aufl. 2002 (zitiert: *Richardi*)
Schaub/Koch/Linck	Arbeitsrechts-Handbuch, 10. Aufl. 2002 (zitiert: *Schaub*, ArbR-Hdb.)
Schaub/Neef/Schrader	Arbeitsrechtliche Formularsammlung, 8. Aufl. 2004 (zitiert: *Schaub*, Formularsammlung)
Stahlhacke/Preis/Vossen	Kündigung und Kündigungsschutz im Arbeitsverhältnis, 8. Aufl. 2002
Staudinger	Kommentar zum Bürgerlichen Gesetzbuch, 13. Bearb., 1993 ff. (zitiert: Staudinger/*Bearbeiter*)
Stein/Jonas	Zivilprozessordnung, 21. Aufl. 1993 ff. (zitiert: Stein/Jonas/*Bearbeiter*)
Thomas/Putzo	Zivilprozessordnung, 25. Aufl. 2003
Tschöpe	Anwalts-Handbuch Arbeitsrecht, 3. Aufl. 2003 (zitiert: Tschöpe/*Bearbeiter*)
Wurm/Wagner/Zartmann	Das Rechtsformularbuch, 14. Aufl. 1998
Zöller	Zivilprozessordnung, 24. Aufl. 2004 (zitiert: Zöller/*Bearbeiter*)

Abkürzungsverzeichnis

aA	anderer Ansicht
aaO	am angegebenen Ort
ABl.	Amtsblatt
abl.	ablehnend
Abs.	Absatz
AcP	Archiv für die civilistische Praxis
aE	am Ende
AEntG	Arbeitnehmer-Entsendegesetz
aF	alte Fassung
AFG	Arbeitsförderungsgesetz
AG	Aktiengesellschaft (auch Zeitschrift); Amtsgericht
AGBG	Gesetz zur Regelung des Rechts der Allgemeinen Geschäftsbedingungen
AGg.	Antragsgegner(in)
AiB	Arbeitsrecht im Betrieb (Zeitschrift)
AktG	Aktiengesetz
aM	anderer Meinung
Anh.	Anhang
Anm.	Anmerkung
AO	Abgabenordnung; Anordnung
AP	Arbeitsrechtliche Praxis
ArbG	Arbeitsgericht
ArbGG	Arbeitsgerichtsgesetz
AR-Blattei	Arbeitsrechtsblattei
ArbNErfG	Gesetz über Arbeitnehmererfindungen
ArbPlSchG	Arbeitsplatzschutzgesetz
ArbRB	Arbeitsrechts-Berater (Zeitschrift)
ArbR-Hdb	Arbeitsrechts-Handbuch
ArbuR	Arbeit und Recht (Zeitschrift)
ArbZG	Arbeitszeitgesetz
ArEV	Arbeitsentgeltverordnung
ArGV	Arbeitsgenehmigungsverordnung
ARST	Arbeitsrecht in Stichworten
Art.	Artikel
ASt	Antragsteller
ATZG	Altersteilzeitgesetz
AuA	Arbeit und Arbeitsrecht (Zeitschrift)
AuB	Arbeit und Beruf (Zeitschrift)
AÜG	Arbeitnehmerüberlassungsgesetz
Aufl.	Auflage
AVmG	Altersvermögensgesetz
AZO	Arbeitszeitordnung
BA	Bundesagentur für Arbeit
BAG	Bundesarbeitsgericht
BAGE	Amtliche Sammlung der Entscheidungen des Bundesarbeitsgerichts
BAnz.	Bundesanzeiger
BArbBl.	Bundesarbeitsblatt
BAT	Bundesangestelltentarifvertrag
BayObLG	Bayerisches Oberstes Landesgericht
BB	Der Betriebs-Berater (Zeitschrift)
BBiG	Berufsbildungsgesetz
BdF	Bundesministerium der Finanzen

Abkürzungsverzeichnis

BDSG	Bundesdatenschutzgesetz
Beil.	Beilage
Bekl.	Beklagte(r)
BErzGG	Bundeserziehungsgeldgesetz
BeschFG	Gesetz zur Förderung der Beschäftigung
BeSchuG	Gesetz zum Schutz der Beschäftigten vor sexueller Belästigung am Arbeitsplatz
betr.	betreffend
BetrAV	Betriebliche Altersversorgung (Zeitschrift)
BetrAVG	Gesetz zur Verbesserung der betrieblichen Altersversorgung
BetrR	Der Betriebsrat (Zeitschrift)
BetrVG	Betriebsverfassungsgesetz
BfA	Bundesversicherungsanstalt für Angestellte
BFH	Bundesfinanzhof
BFHE	Sammlung der Entscheidungen des Bundesfinanzhofs
BFH/NV	Sammlung amtlich nicht veröffentlichter Entscheidungen des Bundesfinanzhofs
BGB	Bürgerliches Gesetzbuch
BGBl.	Bundesgesetzblatt
BGH	Bundesgerichtshof
BGHSt	Entscheidungen des Bundesgerichtshofs in Strafsachen
BGHZ	Entscheidungen des Bundesgerichtshofs in Zivilsachen
BKGG	Bundeskindergeldgesetz
BlStSozArbR	Blätter für Steuerrecht, Sozialversicherung und Arbeitsrecht
BMA	Bundesministerium für Arbeit und Sozialordnung
BMF	Bundesministerium der Finanzen
BRAGO	Bundesgebührenordnung für Rechtsanwälte
BR-Drucks.	Bundesrats-Drucksache
BRTV	Bundesrahmentarifvertrag für das Baugewerbe
BSG	Bundessozialgericht
BSGE	Sammlung der Entscheidungen des Bundessozialgerichts
BStBl.	Bundessteuerblatt
BT	Bundestag
BT-Drucks.	Bundestags-Drucksache
BUKG	Bundesumzugskostengesetz
BUrlG	Bundesurlaubsgesetz
BuW	Betrieb und Wirtschaft (Zeitschrift)
BVerfG	Bundesverfassungsgericht
BVerfGE	Entscheidungen des Bundesverfassungsgerichts
BVerfGG	Bundesverfassungsgerichtsgesetz
BVerwG	Bundesverwaltungsgericht
BW	Baden-Württemberg
DA	Durchführungsanordnung
DB	Der Betrieb (Zeitschrift)
DEÜV	Datenerfassungs- und -übermittlungsverordnung
DEVO	Datenerfassungsverordnung
dh.	das heißt
Diss.	Dissertation
DStR	Deutsches Steuerrecht (Zeitschrift)
DStRE	DStR-Entscheidungsdienst
DStZ	Deutsche Steuer-Zeitung (Zeitschrift)
DuD	Datenschutz und Datensicherung (Zeitschrift)
EBRG	Europäisches Betriebsräte-Gesetz
EFG	Entscheidungen der Finanzgerichte (Zeitschrift)
EFZG	Entgeltfortzahlungsgesetz

EG	Vertrag zur Gründung der Europäischen Gemeinschaft
EGBGB	Einführungsgesetz zum Bürgerlichen Gesetzbuch
EMRK	Europäische Menschenrechtskonvention
EStG	Einkommensteuergesetz
EU	Europäische Union
EuGH	Europäischer Gerichtshof
EuGVVO	Verordnung über die gerichtliche Zuständigkeit und die Anerkennung und Vollstreckung von Entscheidungen in Zivil- und Handelssachen
EV	Einigungsvertrag
EWiR	Entscheidungen zum Wirtschaftsrecht
EWS	Europäisches Wirtschafts- und Steuerrecht (Zeitschrift)
EzA	Entscheidungssammlung zum Arbeitsrecht
FA	Fachanwalt Arbeitsrecht (Zeitschrift)
f., ff.	folgende(r)
FG	Finanzgericht
FGG	Gesetz über Angelegenheiten der freiwilligen Gerichtsbarkeit
FKHE	Fitting/Kaiser/Heither/Engels, Kommentar zum Betriebsverfassungsgesetz
FLF	Finanzierung, Leasing, Factoring (Zeitschrift)
Fn.	Fußnote
FPersG	Fahrpersonalgesetz
FS	Festschrift
gem.	gemäß
GewArch.	Gewerbearchiv (Zeitschrift)
GewO	Gewerbeordnung
GG	Grundgesetz
ggf.	gegebenenfalls
GK	Gemeinschaftskommentar
GKG	Gerichtskostengesetz
GmbH	Gesellschaft mit beschränkter Haftung
GmbHG	Gesetz betr. die Gesellschaften mit beschränkter Haftung
GmbHR	GmbH-Rundschau (Zeitschrift)
GRUR	Gewerblicher Rechtsschutz und Urheberrecht (Zeitschrift)
GS	Großer Senat
GVBl.	Gesetz- und Verordnungsblatt
GVG	Gerichtsverfassungsgesetz
HAG	Heimarbeitsgesetz
Halbs.	Halbsatz
HBeglG 2004	Haushaltsbegleitgesetz
HGB	Handelsgesetzbuch
hM	herrschende Meinung
HRG	Hochschulrahmengesetz
Info also	Informationen zum Arbeitslosenrecht und Sozialhilferecht (Zeitschrift)
InsO	Insolvenzordnung
iS	im Sinne
IStR	Internationales Steuerrecht (Zeitschrift)
iVm.	in Verbindung mit
JA	Juristische Arbeitsblätter (Zeitschrift)
JArbSchG	Jugendarbeitsschutzgesetz
JurBüro	Das juristische Büro (Zeitschrift)
JuS	Juristische Schulung (Zeitschrift)
JZ	Juristenzeitung

Kapovaz	Kapazitätsorientierte variable Arbeitszeit
KG	Kammergericht; Kommanditgesellschaft
KJ	Kritische Justiz (Zeitschrift)
Kl.	Kläger
KonTraG	Gesetz zur Kontrolle und Transparenz im Unternehmensbereich
KSchG	Kündigungsschutzgesetz
KTS	Konkurs-, Treuhand- und Schiedsgerichtswesen (Zeitschrift)
LAG	Landesarbeitsgericht
LAGE	Entscheidungen der Landesarbeitsgerichte
LFZG	Lohnfortzahlungsgesetz
LPartG	Gesetz über die eingetragene Lebenspartnerschaft
LS	Leitsatz
LStR	Lohnsteuerrichtlinien
LuftBO	Betriebsordnung für Luftfahrtgerät
MDR	Monatsschrift für Deutsches Recht (Zeitschrift)
MitbestG	Gesetz über die Mitbestimmung der Arbeitnehmer
MitbestErgG	Mitbestimmungsergänzungsgesetz
Montan-MitbestG	Gesetz über die Mitbestimmung der Arbeitnehmer in den Aufsichtsräten und Vorständen der Unternehmen des Bergbaus und der Eisen und Stahl erzeugenden Industrie
MünchArbR	Münchener Handbuch zum Arbeitsrecht
MünchKomm	Münchener Kommentar
MuSchG	Mutterschutzgesetz
mwN	mit weiteren Nachweisen
NachwG	Nachweisgesetz
nF	neue Fassung
NJW	Neue Juristische Wochenschrift (Zeitschrift)
NJW-RR	NJW-Rechtsprechungsreport
Nr.	Nummer
nv.	nicht veröffentlicht
NWB	Neue Wirtschafts-Briefe
NZA	Neue Zeitschrift für Arbeitsrecht
NZA-RR	Neue Zeitschrift für Arbeitsrecht/Rechtsprechungsreport (Zeitschrift)
NZS	Neue Zeitschrift für Sozialrecht
OHG	Offene Handelsgesellschaft
OLG	Oberlandesgericht
OWiG	Gesetz über Ordnungswidrigkeiten
PersF	Personalführung (Zeitschrift)
PISTB	Praxis internationale Steuerberatung (Zeitschrift)
PM	Pressemitteilung
PrAngKlauselG	Preisangaben- und Preisklauselgesetz
PrKV	Preisklauselverordnung
PSV	Pensions-Sicherungs-Verein auf Gegenseitigkeit
RdA	Recht der Arbeit (Zeitschrift)
RdJB	Recht der Jugend und des Bildungswesens (Zeitschrift)
RDV	Recht der Datenverarbeitung (Zeitschrift)
Rh.-Pf.	Rheinland-Pfalz
RiA	Recht im Amt (Zeitschrift)
RIW	Recht der internationalen Wirtschaft (Zeitschrift)
Rpfleger	Der deutsche Rechtspfleger (Zeitschrift)

Rz.	Randzahl
RzK	Rechtsprechung zum Kündigungsrecht
S.	Seite
sa.	siehe auch
Sa.-Anh.	Sachsen-Anhalt
SAE	Sammlung arbeitsrechtlicher Entscheidungen (Zeitschrift)
Schl.-Holst.	Schleswig-Holstein
SchwbG	Schwerbehindertengesetz
SGB	Sozialgesetzbuch
SozR	Sozialrecht Rechtsprechung und Schrifttum
SprAuG	Sprecherausschussgesetz
StGB	Strafgesetzbuch
StPO	Strafprozessordnung
str.	streitig
StuB	Steuern und Bilanzen (Zeitschrift)
TVG	Tarifvertragsgesetz
TransPuG	Transparenz- und Publizitätsgesetz
TzBfG	Teilzeit- und Befristungsgesetz
UKlaG	Unterlassungsklagengesetz
UrhG	Urheberrechtsgesetz
UStG	Umsatzsteuergesetz
UWG	Gesetz gegen den unlauteren Wettbewerb
VermBG	Gesetz zur Förderung der Vermögensbildung der Arbeitnehmer
VersR	Versicherungsrecht (Zeitschrift)
vgl.	vergleiche
VVaG	Versicherungsverein auf Gegenseitigkeit
VVG	Gesetz über den Versicherungsvertrag
WiB	Wirtschaftsberatung (Zeitschrift)
WO	Wahlordnung
WPg	Die Wirtschaftsprüfung (Zeitschrift)
ZAS	Zeitschrift für Arbeits- und Sozialrecht
zB	zum Beispiel
ZBVR	Zeitschrift für Betriebsverfassungsrecht
ZfA	Zeitschrift für Arbeitsrecht
ZHR	Zeitschrift für das gesamte Handelsrecht und Wirtschaftsrecht
ZIAS	Zeitschrift für ausländisches und internationales Arbeits- und Sozialrecht
ZIP	Zeitschrift für Wirtschaftsrecht
ZPO	Zivilprozessordnung
ZTR	Zeitschrift für Tarifrecht

Erster Teil Individualarbeitsrecht

Kapitel 1 Anbahnung des Arbeitsverhältnisses

Literaturübersicht: *Bauer/Baeck/Merten*, Scientology – Fragerecht des Arbeitgebers und Kündigungsmöglichkeiten, DB 1997, 2534; *Bertzbach*, Zur Zulässigkeit von sog. „Einfühlungsverhältnissen", FA 2002, 340; *Bohlen*, Das Fragerecht des Einstellenden, Personal 1993, 30; *Däubler*, Gläserne Belegschaften? Datenschutz für Arbeiter, Angestellte und Beamte, 4. Aufl. 2002; *Ehrich*, Fragerecht des Arbeitgebers bei Einstellungen und Folgen der Falschbeantwortung, DB 2000, 421; *Fleck*, Brauchen wir ein Arbeitnehmerdatenschutzgesetz?, BB 2003, 306; *Gola/Wronka*, Handbuch zum Arbeitnehmer-Datenschutz, 2. Aufl. 1994; *Heilmann*, Rechtsprobleme von Einstellungsuntersuchungen, AuA 1995, 157; *Heither*, Die Rechtsprechung des BAG zum Datenschutz für Arbeitnehmer, BB 1988, 1049; *Hümmerich*, Aufklärungspflichten des Arbeitgebers im Anbahnungsverhältnis bei ungesicherter Beschäftigung des Arbeitnehmers, NZA 2002, 1305; *Janker*, Das Fragerecht des Arbeitgebers, AuA 1991, 264; *Kasper*, Abschied vom Fragerecht des Arbeitgebers nach der Schwangerschaft?, FA 2000, 243; *Kursawe*, Anbahnungsverhältnis und Aufklärungspflichten des Arbeitgebers, NZA 1997, 245; *Linnenkohl*, Arbeitnehmerdatenschutz und BAG-Rechtsprechung, RDV 1990, 61; *Messingschlager*, „Sind Sie schwer behindert?" – Das Ende einer (un)beliebten Frage, NZA 2003, 301; *Moritz*, Fragerecht des Arbeitgebers sowie Auskunfts- und/oder Offenbarungspflicht des Arbeitnehmers bei der Anbahnung von Arbeitsverhältnissen, NZA 1987, 329; *Petschelt*, Datenschutz im Arbeitsverhältnis, 3. Aufl. 2002; *Raab*, Das Fragerecht des Arbeitgebers nach schwebenden Strafverfahren und die Unschuldsvermutung des Bewerbers, RdA 1995, 36; *Schaub*, Ist die Frage nach der Schwerbehinderung zulässig?, NZA 2003, 299; *Schierbaum*, Ärztliche Untersuchungen an Arbeitnehmern, AiB 1997, 458; *Teske*, Personaldatenverarbeitung und Persönlichkeitsschutz, ZIP 1987, 960; *Thüsing/Lambrich*, Das Fragerecht des Arbeitgebers – Aktuelle Probleme zu einem klassischen Thema, BB 2002, 1146; *Trümner*, Das Fragerecht des Arbeitgebers, FA 2003, 34; *Wohlgemuth*, Datenschutz und Arbeitnehmer, 2. Aufl. 1988; *Wohlgemuth*, Der Arbeitnehmer-Datenschutz, AiB 1990, 335; *Wohlgemuth*, Neuere Entwicklungen im Arbeitnehmer-Datenschutz, BB 1992, 281.

I. Erläuterungen

1. Vorstellungsgespräch

Veranlasst der Arbeitgeber ein Vorstellungsgespräch, trifft ihn grds. die **Kostentragungspflicht**, ohne dass es einer besonderen Vereinbarung bedarf. Es reicht dazu bereits aus, dass der Bewerber sich mit Wissen und Wollen des Arbeitgebers vorstellt (**M 1.1**).[1] Als Anspruchsgrundlage werden die Vorschriften des Auftragsrechts herangezogen, §§ 662 bis 676 BGB.[2] Der Anspruch umfasst die verkehrsüblichen und erforderlichen Auslagen (zB Fahrtkosten[3], Verpflegungsaufwand, ggf. Übernachtungskosten), **nicht** aber den Zeitaufwand und Verdienstausfall, da der Arbeitgeber wegen des Lohnfortzahlungsanspruchs des Bewerbers gegen seinen bisherigen Arbeitgeber (§ 616

---

1 LAG Nürnberg v. 25. 7. 1995, LAGE § 670 BGB Nr. 12.
2 BAG v. 14. 2. 1977, DB 1977, 1193.
3 Vgl. insbes. zur Höhe der Fahrtkosten MünchKommBGB/*Schwerdtner*, § 629 Rz. 16 f.

Abs. 1 Satz 1 BGB) nicht mit einer Entgelteinbuße rechnen muss.[4] Der Anspruch entsteht unabhängig davon, ob ein Arbeitsverhältnis zustande kommt.[5]

Ein **Anspruchsausschluss** bzw. eine Anspruchsbeschränkung kann vereinbart werden. Es bedarf dazu seitens des Arbeitgebers einer ausdrücklichen und unzweideutigen Erklärung (**M 1.2**).[6]

2. Einstellungsfragebogen

a) Zulässige Fragen

Die Verwendung von Einstellungsfragebogen (**M 1.3**) ist grds. zulässig, da sie dem legitimen Interesse des Arbeitgebers an umfassender Information über den Bewerber entspricht. Da das Persönlichkeitsrecht und die Individualsphäre des Bewerbers jedoch ebenfalls schutzwürdig ist, ist er nur auf solche Fragen auskunftspflichtig, die in Zusammenhang mit der Arbeitsstelle stehen.[7] Andere Fragen sind unzulässig.

> **Praxistipp:** Unzulässige Fragen darf der Bewerber wahrheitswidrig beantworten. Ihm steht ein sog. „Recht zur Lüge" zu. Der Arbeitgeber kann dann einen daraufhin geschlossenen Arbeitsvertrag nicht wegen arglistiger Täuschung gem. § 123 BGB anfechten, da es an der Rechtswidrigkeit der Täuschung fehlt.[8]

Stellt der Arbeitgeber unzulässige Fragen, kann er sich zudem nach den Grundsätzen der aus pVV gem. § 280 BGB bzw. aus cic. gem. § 311 Abs. 2 BGB oder wegen unerlaubter Handlung nach den §§ 823 ff. BGB schadensersatzpflichtig machen. Beantwortet der Arbeitnehmer allerdings eine zulässige Frage bewusst falsch oder unvollständig, so kann der Arbeitgeber den Arbeitsvertrag wegen arglistiger Täuschung gem. § 123 BGB anfechten (dazu näher unten Kap. 21) oder den Arbeitsvertrag außerordentlich gem. § 626 BGB kündigen, wenn die wahrheitswidrige Antwort für die Einstellung kausal war und der Bewerber dies wissen oder erkennen musste.[9, 10]

b) Zustimmung des Betriebsrats nach § 94 Abs. 1 BetrVG

Der Fragebogen bedarf der Zustimmung des Betriebsrats nach § 94 Abs. 1 BetrVG.[11] Dies gilt auch für Änderungen an bereits bestehenden Fragebogen. Dazu ist eine Betriebsvereinbarung bzw. nach anderer Ansicht lediglich eine formfreie Regelungsabrede erforderlich.[12] Verweigert der Betriebsrat die Zustimmung, kann diese durch die Einigungsstelle ersetzt werden, § 76 Abs. 5 BetrVG.

---

4 Str. MünchKommBGB/*Schwerdtner*, § 629 Rz. 20; Staudinger/*Preis*, § 629 BGB Rz. 25; aA ArbG Berlin v. 25. 6. 1975, DB 1975, 1609; *Schaub*, ArbR-Hdb., § 26 Rz. 5.
5 *Schaub*, ArbR-Hdb., § 26 Rz. 5.
6 MünchKommBGB/*Schwerdtner*, § 629 Rz. 15.
7 BAG v. 7. 6. 1984, NZA 1985, 57; BAG v. 11. 11. 1993, NZA 1994, 407.
8 Palandt/*Heinrichs*, § 123 BGB Rz. 10.
9 BAG v. 11. 11. 1993, NZA 1994, 407.
10 *Schaub*, ArbR-Hdb., § 26 Rz. 12.
11 Vgl. im Detail *Schaub*, ArbR-Hdb., § 238 Rz. 18 ff.
12 Für die Betriebsvereinbarung: *Richardi*, § 94 BetrVG Rz. 26. Für die Regelungsabrede: *Hess/Schlochauer/Glaubitz*, § 94 BetrVG Rz. 38; LAG Hessen v. 8. 1. 1991, DB 1992, 534. Wegen der uU gravierenden Folgen einer nicht ordnungsgemäßen Beteiligung des Betriebsrats (vgl. Hinweis unter 4.) empfiehlt es sich, sicherheitshalber eine Betriebsvereinbarung zu treffen. Diese bedarf nach § 77 Abs. 2 Satz 1 BetrVG der Schriftform.

⟳ **Praxistipp:** Fragen, die in einem ohne Zustimmung des Betriebsrats verwendeten Fragebogen gestellt werden, braucht der Bewerber ebenfalls nicht wahrheitsgemäß zu beantworten. Macht er von seinem Recht zur Lüge Gebrauch, steht dem Arbeitgeber kein Anfechtungsrecht gem. § 123 BGB zu.[13] Es sollte daher sorgfältig auf eine ordnungsgemäße Beteiligung des Betriebsrats geachtet werden.

3. Datenschutz

Für die Erhebung, Verarbeitung und Nutzung personenbezogener Daten im Arbeitsverhältnis gelten die Beschränkungen des **Bundesdatenschutzgesetzes** (BDSG).[14] Personenbezogene Daten sind Einzelangaben über persönliche oder sachliche Verhältnisse einer bestimmten natürlichen Person, in diesem Fall des Arbeitnehmers, § 3 BDSG.

a) Datenspeicherung mit Einwilligung des Arbeitnehmers

Der Arbeitnehmer soll zum Schutz seines Persönlichkeitsrechts selbst darüber entscheiden können, wann und zu welchem Zweck persönliche Lebenssachverhalte offenbart werden. Daher ist die Erhebung, Verarbeitung und Nutzung personenbezogener Daten grds. nur mit seiner Einwilligung oder gesetzlicher Erlaubnis (dazu sogleich b)) zulässig, § 4 Abs. 1 BDSG. Die Einwilligung (**M 1.5**) ist im Voraus einzuholen und bedarf der Schriftform, soweit nicht wegen besonderer Umstände eine andere Form angemessen ist (§ 4a Abs. 1 Satz 3 BDSG). Soll die Einwilligung zusammen mit anderen Erklärungen schriftlich erteilt werden, ist sie besonders hervorzuheben (§ 4a Abs. 1 Satz 4 BDSG). Sie muss freiwillig und unzweideutig erklärt werden (§ 4a Abs. 1 Satz 1 BDSG).[15] Der Arbeitgeber hat den Arbeitnehmer über den Zweck der Datenverarbeitung aufzuklären sowie, soweit nach den Umständen des Einzelfalles erforderlich oder auf Verlangen, auf die Folgen der Verweigerung der Einwilligung, § 4a Abs. 1 Satz 2 BDSG.

Personenbezogene Daten sind Einzelangaben über persönliche oder sachliche Verhältnisse einer bestimmten oder bestimmbaren natürlichen Person, § 3 Abs. 1 BDSG. Von den personenbezogenen Daten zu unterscheiden sind die **besonderen Arten personenbezogener Daten**. Dies sind Angaben über die rassische oder ethnische Herkunft, politische Meinungen, religiöse, philosophische, politische Überzeugungen, Gewerkschaftszugehörigkeit, Gesundheit und das Sexualleben, § 3 Abs. 9 BDSG. Das Erheben, Verarbeiten und Nutzen von besonderen Arten personenbezogener Daten für eigene Geschäftszwecke ist, soweit nicht der Betroffene nach Maßgabe des § 4a Abs. 3 BDSG eingewilligt hat, nur unter den sehr eingeschränkten Voraussetzungen des § 28 Abs. 6 BDSG zulässig. Sie kommen daher nur in Betracht zum Schutz lebens-

---

13 *Galperin/Löwisch*, § 94 BetrVG Rz. 23. Dies gilt zumindest dann, wenn die Zulässigkeit der betroffenen Frage zweifelhaft ist, *Fitting*, § 94 BetrVG Rz. 34. Nach der Gegenansicht von GK-BetrVG/*Kraft*, § 94 Rz. 32 besteht ein Anfechtungsrecht, weil ein Verstoß gegen § 94 BetrVG als betriebsverfassungsrechtliche Norm keine Auswirkungen auf individualrechtliche Fragen habe.
14 Zuletzt geändert am 14. 1. 2003, BGBl. I, S. 66.
15 BGH v. 19. 9. 1985, NJW 1986, 46.

wichtiger Interessen des Betroffenen, § 28 Abs. 6 Nr. 1 BDSG, bei Daten, die der Betroffene offenkundig öffentlich gemacht hat, § 28 Abs. 6 Nr. 2 BDSG, zur Verteidigung von Rechten, § 28 Abs. 6 Nr. 3 BDSG, oder zur Durchführung wissenschaftlicher Forschung, § 28 Abs. 6 Nr. 4 BDSG, wobei zu jedem der vier Punkte § 28 Abs. 6 BDSG weitere einschränkende Voraussetzungen enthält, deren Einhaltung zur Vermeidung auch der Schadensersatzpflicht nach § 7 BDSG zu raten ist.

b) Datenspeicherung ohne Einwilligung des Arbeitnehmers

Ohne Einwilligung zulässig ist die Erhebung, Verarbeitung und Nutzung von Daten im Rahmen der **Zweckbestimmung des Arbeitsvertragsverhältnisses** oder, wie insbesondere bei der Vertragsanbahnung, im Rahmen eines vertragsähnlichen Vertrauensverhältnisses, § 28 Abs. 1 Nr. 1 BDSG. Die Speicherung muss zur Erfüllung des konkreten Arbeitsvertragszwecks erforderlich und nach Abwägung der Interessen angemessen sein. Erforderlich idS ist dabei nicht schon die Speicherung aller Daten aus den **Personalfragebogen**; denn die Informationen, die der Arbeitgeber im Rahmen der Vertragsanbahnung legitimerweise erfragen durfte, decken sich nicht stets mit den zur Durchführung des Vertrags erforderlichen Kenntnissen: Nach diesen Grundsätzen dürfen von den in den üblichen Personalfragebogen enthaltenen Daten wohl nur die folgenden ohne ausdrückliche Einwilligung des Betroffenen gespeichert werden:

– Geschlecht und Familienstand;

– Ausbildungsdaten und Sprachkenntnisse.

Die Speicherung der Konfession und der Wehrdienstleistung ist hingegen unzulässig bzw. bedarf der Einwilligung, ebenso die Speicherung von Krankheits- und Fehlzeiten.[16, 17]

4. Beteiligung des Betriebsrats bei der Einstellung

Gem. § 99 Abs. 1 Satz 1 BetrVG hat der Arbeitgeber in Unternehmen mit in der Regel mehr als zwanzig wahlberechtigten Arbeitnehmern den Betriebsrat *vor*[18] jeder Einstellung[19] zu **unterrichten** und dessen **Zustimmung** einzuholen (**M 1.6**). Er muss dazu die Personalien aller Bewerber mitteilen.[20] Der Betriebsrat kann die Zustimmung nur

---

16 *Trümmner*, FA 2003, 37; anders noch BAG v. 11. 3. 1986, NZA 1986, 526.
17 Vgl. § 3 Abs. 9 iVm. § 28 Abs. 6 BDSG; anders noch BAG v. 22. 10. 1986, NZA 1987, 415.
18 Die Unterrichtung hat rechtzeitig zu erfolgen. Noch ausreichend ist es idR, den Betriebsrat eine Woche vor Durchführung der Maßnahme zu informieren.
19 Einstellung ist bereits die rein tatsächliche Eingliederung in den Betrieb, ohne dass es auf das Rechtsverhältnis zum Arbeitgeber ankommt. Daher ist auch die Beschäftigung von Leiharbeitnehmern von dem Begriff umfasst. Dasselbe gilt für die Umwandlung von befristeten in unbefristete Arbeitsverhältnisse (BAG v. 13. 4. 1994, NZA 1994, 1099) und die Auf- bzw. Übernahme von Auszubildenden (BAG v. 20. 4. 1993, NZA 1993, 1096; v. 3. 10. 1989, NZA 1990, 366). Keine Einstellung ist zwar idR die Beschäftigung freier Mitarbeiter und Handelsvertreter (BAG v. 30. 8. 1994, NZA 1995, 649), über § 80 Abs. 2 BetrVG hat der Betriebsrat jedoch einen Anspruch auf Mitteilung des Aufgabengebietes, des Ortes der Tätigkeit, der Zeiten der Tätigkeit und der Art der Entlohnung der freien Mitarbeiter, um prüfen zu können, ob es sich nicht doch um Arbeitnehmer handelt (BAG v. 15. 12. 1998, NZA 1999, 722, 726).
20 BAG v. 19. 5. 1981, DB 1981, 2384.

in den in § 99 Abs. 2 BetrVG aufgeführten Fällen verweigern. Macht der Betriebsrat von diesem Recht Gebrauch, kann der Arbeitgeber die Zustimmung durch das Arbeitsgericht gem. § 99 Abs. 2 BetrVG ersetzen lassen. In dringenden Fällen kann er nach § 100 BetrVG vorgehen. Die Einstellung leitender Angestellter ist dem Betriebsrat gem. § 105 BetrVG lediglich mitzuteilen.

> **Wichtig:** Stellt der Arbeitgeber den Arbeitnehmer ohne Zustimmung des Betriebsrats ein, so ist der Vertrag individualrechtlich dennoch wirksam. Der Arbeitgeber darf den Arbeitnehmer jedoch nicht beschäftigen.[21] Dabei bleibt er aber zur Lohnzahlung verpflichtet. Dies kann zu erheblichen Kosten führen.

Der Arbeitgeber setzt sich zudem der Sanktion des § 101 BetrVG aus (Zwangsgeld).

5. Aufklärungspflichten des Arbeitgebers bei ungesicherter Beschäftigung des Arbeitnehmers

Die Frage, ob den Arbeitgeber, der einen Arbeitnehmer aus einem ungekündigten Arbeitsverhältnis anwirbt, eine Aufklärungspflicht trifft, wenn der Fortbestand des Arbeitsverhältnisses unsicher ist, ist nicht abschließend geklärt. Jedenfalls wenn der Arbeitgeber unwahre Tatsachenangaben macht, aufgrund deren sich der Bewerber zum Abschluss des Arbeitsvertrages entschließt, dürfte ein Schadensersatzanspruch bestehen;[22] demgegenüber soll eine bloß unsichere Auftragslage noch keine Aufklärungspflicht und damit auch keine Schadensersatzpflicht begründen.[23] Rechtsfolge der Verletzung einer Aufklärungspflicht könnte die Unwirksamkeit der Probezeitkündigung sowie gegebenenfalls Schadensersatz nach § 611a Abs. 2 BGB analog sein.[24]

6. Einfühlungsverhältnis

Zur Anbahnung des Arbeitsverhältnisses zählt auch das Einfühlungsverhältnis.[25] Dabei handelt es sich nicht um ein Arbeitsverhältnis, sondern um eine unbezahlte **Kennenlernphase** von maximal einer Woche. Der Aspirant für ein Arbeitsverhältnis ist zur Arbeitsleistung nicht verpflichtet, der eventuell spätere Arbeitgeber nicht zur Zahlung von Vergütung.[26] Auch wenn das Einfühlungsverhältnis anerkannt ist, birgt es doch erhebliche Risiken, insbesondere im Hinblick auf das absolute Anschlussverbot des § 14 Abs. 2 Satz 2 TzBfG. Daher wird hier davon abgeraten.

---

21 Str., BAG v. 2. 7. 1980, BAGE 34, 1 = DB 1981, 272; v. 26. 1. 1988, NZA 1988, 476; so auch *Hess/Schlochauer/Glaubitz*, § 99 BetrVG Rz. 9; *Richardi*, § 99 BetrVG Rz. 232; aA *Fitting*, § 99 BetrVG Rz. 64a.
22 ArbG Wiesbaden, NZA-RR 2002, 349; in diesem Sinne auch Tschöpe/*Wisskirchen*, Anwaltshandbuch Arbeitsrecht, Teil 1 C Rz. 45.
23 LAG Köln v. 9. 9. 1998 – 8 Sa 532/98, nv.; dazu krit. *Hümmerich*, NZA 2002, 1305.
24 *Hümmerich*, NZA 2002, 1305.
25 Vgl. *Preis/Kliemt*, Aushilfs- und Probearbeitsverhältnis, 2000, Rz. A, 22; LAG Hamm v. 24. 5. 1989, LAGE § 611 BGB Probearbeitsverhältnis Nr. 2; LAG Bremen v. 25. 7. 2002, EzA-SD 18/02, S. 11.
26 Vgl. auch *Bertzbach*, FA 2002, 340.

II. Muster

1.1 Vorstellungseinladung mit Kostenübernahme

Betr.: Ihre Bewerbung vom ...

Sehr geehrter Herr/Frau ...,

wir danken Ihnen für Ihre Bewerbung vom .... Wir möchten Sie gerne kennen lernen. Wir bitten Sie daher, unseren Herrn/Frau ... am ... (Datum) um ... (Uhr) in ... aufzusuchen. Sollte Ihnen dieser Termin nicht zusagen, bitten wir, mit uns einen anderen Termin zu vereinbaren.

Mit freundlichem Gruß

1.2 Vorstellungseinladung ohne Kostenübernahme

Sehr geehrter Herr/Frau ...,

aufgrund Ihrer Bewerbungsunterlagen vom ... können wir nicht ausschließen, dass Sie zu dem aussichtsreichen Bewerberkreis gehören. Wir stellen Ihnen daher anheim, sich bei uns vorzustellen. In diesem Fall bitten wir Sie, mit dem Unterzeichner telefonisch einen Termin zu vereinbaren. Die Ihnen entstehenden Kosten können wir allerdings nicht übernehmen.

Mit freundlichem Gruß

1.3 Einstellungsfragebogen

Ich bewerbe mich um die Einstellung als ...

I. Angaben des Bewerbers zur Person:

Name: ...

Vorname: ...

Geburtsname: ...

Wohnort: ...

Straße: ...

Nr.: ...

M 1.3 Anbahnung des Arbeitsverhältnisses **Kap. 1**

Ruf: ...

Geburtstag: ...

Geburtsort: ...

Staatsangehörigkeit: ...

Bei Ausländern[1]*:*

Seit wann befinden Sie sich in Deutschland? ...

Aufenthaltserlaubnis gültig bis ...

Arbeitserlaubnis gültig bis ...

Familienstand: led./verh./gesch./verw. (ggf. seit wann): ...

Name der Kinder:

1. ...   *geb.:* ...

2. ...   *geb.:* ...

3. ...   *geb.:* ...

Bei minderjährigen Arbeitnehmern Name und Anschrift des gesetzlichen Vertreters:
...

II. Persönliche Verhältnisse des Bewerbers

1. Sind Sie anerkannter Schwerbehinderter oder Gleichgestellter, oder haben Sie einen Gleichstellungsantrag gestellt? Ggf. Höhe der Erwerbsminderung.[2]

---

[1] Die Frage ist wegen der besonderen Voraussetzungen der Einstellung von Ausländern zulässig. Es sind die Regelungen des Ausländergesetzes, das Europäische Gemeinschaftsrecht, zwischenstaatliche Vereinbarungen und §§ 284 ff. SGB III zu beachten. Nur Arbeitnehmer mit einer Staatsangehörigkeit der EU oder des Europäischen Wirtschaftsraums bedürfen grds. keiner **Arbeits- und Aufenthaltsgenehmigung**, wobei mit Ausnahmen in besonderen Fällen zu rechnen ist. Alle anderen Ausländer dürfen nur nach Vorlage der genannten Genehmigungen eingestellt werden. Zuwiderhandlungen können mit einer Geldstrafe bis zu Euro 250 000,– sanktioniert werden, § 404 Abs. 2 Nr. 2–5 SGB III.

[2] Diese Frage ist wegen der mit der Einstellung eines Schwerbehinderten verbundenen Rechte und Pflichten des Arbeitgebers nach dem SGB IX (früher SchwbG) zulässig: BAG v. 7. 6. 1984, DB 1984, 2706; v. 11. 11. 1993, DB 1994, 939; v. 5. 10. 1995, DB 1996, 580; v. 3. 12. 1998, DB 1999, 852. Allerdings wird aus dem nunmehr neu eingefügten Benachteiligungsverbot des § 81 Abs. 2 Satz 1 SGB IX zum Teil geschlossen, dass auch die Frage nach der Schwerbehinderung nur noch zulässig ist, wenn das Fehlen der Schwerbehinderung eine wesentliche und entscheidende berufliche Anforderung für die Tätigkeit ist (*Thüsing/Lambrich*, BB 2002, 1149; *Trümmner*, FA 2003, 34; *Messingschlager*, NZA 2003, 301; aA: *Schaub*, NZA 2003, 299). Auch dann soll nur nach der Behinderung, nicht aber nach der Feststellung der Eigenschaft als schwerbehinderter Mensch gefragt werden dürfen wegen § 69 SGB IX (*Thüsing/Lambrich*, BB 2002, 1149; *Trümmner*, FA 2003, 34; aA *Schaub*, NZA 2003, 299, 300). Auch nach § 28 Abs. 6 Nr. 3 iVm. § 3 Abs. 9 des novellierten BDSG könnte die Frage nach einer Schwerbehinderung als Frage nach dem Gesundheitszustand in diesem Sinne nur noch eingeschränkt zulässig sein (*Gola*, RDV 2000, 202, 207; *Thüsing/Lambrich*, BB 2002, 1152; *Trümmner*, FA 2003, 34). Jedenfalls berechtigt die Falschbeantwortung der Frage nach einer Schwerbehinderung des Arbeitnehmers nicht zur Anfechtung des Arbeitsvertrags, wenn die Schwerbehinderung für den Arbeitgeber offensichtlich war und deshalb bei ihm ein Irrtum nicht entstanden ist (BAG v. 18. 10. 2000, BB 2001, 627; weiter gehend *Messingschlager*, NZA 2003, 301).

2. *Haben Sie einen Bergmannsversorgungsschein?*

   Falls ja, Nr.: ...

3. *Sind Sie sonst arbeitsbehindert?*[3]

4. *Leiden Sie an chronischen Erkrankungen, durch die die Tauglichkeit für die vorgesehene Tätigkeit eingeschränkt ist? Oder waren Sie in den letzten beiden Jahren wegen einer solchen Erkrankung arbeitsunfähig krank?*[4]

5. *Untersuchung*[5]

   a) *Sind Sie bereit, sich auf Kosten der Firma untersuchen zu lassen?*

   b) *Sind Sie bereit, an einem Assessment Center teilzunehmen?*[6]

   c) *Sind Sie bereit, auf Kosten der Firma ein Drogenscreening durchführen zu lassen?*[7]

   d) *Entbinden Sie den Arzt von der ärztlichen Schweigepflicht?*

6. *Für Jugendliche:*

   Sind Sie, sofern Sie in das Berufsleben eintreten, innerhalb der letzten neun Monate, sonst innerhalb der letzten zwölf Monate ärztlich untersucht worden?

7. *Für weibliche Bewerber: Sind Sie in anderen Umständen, ggf. in welchem Monat?*[8]

8. *Bekleiden Sie ein Ehrenamt?*

---

3 BAG v. 7. 6. 1984, DB 1984, 2706 f.: Das Fragerecht beschränkt sich auf solche Körperbehinderungen, die erfahrungsgemäß geeignet sind, die Arbeitsfähigkeit für die zu verrichtende Tätigkeit zu beeinträchtigen. Diese werden als Arbeitsbehinderungen bezeichnet.

4 Diese Frage ist nur zulässig, soweit sie die Einsatzfähigkeit des Bewerbers auf dem konkreten Arbeitsplatz betrifft, BAG v. 7. 6. 1984, EzA § 123 BGB Nr. 24; *Ehrich*, DB 2000, 421, 423; *Trümmner*, FA 2003, 36.
Besondere Schwierigkeiten ergeben sich bei der Frage nach einer AIDS-Erkrankung (vgl. iE *Bauer/Röder/Lingemann*, S. 107 ff.). Die hM (*Löwisch*, DB 1987, 936, 940; *Richardi*, NZA 1988, 73, 75; *Ehrich*, DB 2000, 421, 423) differenziert zwischen der tatsächlichen AIDS-Erkrankung, die aufgrund ihrer Schwere die Leistungsfähigkeit des Arbeitnehmers einschränkt bzw. uU ganz ausschließt, und der bloßen HIV-Infektion, die noch keine Symptome mit sich bringt. Nach Ersterer darf sich der Arbeitgeber uneingeschränkt erkundigen, nach Letzterer hingegen nur, wenn ein konkretes Interesse besteht, der Arbeitnehmer also seine Eignung für die Tätigkeit verliert. Dies wird bei Infektionsgefahr der Kollegen und Dritter der Fall sein, zB bei allen Heilberufen, Friseuren, Optikern. Darüber hinaus kann das Virus zu Fehlhandlungen führen, ehe ein AIDS-Krankheitsbild auftritt. Deshalb ist die Zulässigkeit der Frage anerkannt bei Tätigkeiten, bei denen die genannten Defizite zu Schäden an Rechtsgütern des Arbeitgebers oder Dritter führen können, zB bei Piloten und Kraftfahrern.

5 Untersuchungen sind grds. zulässig, der Bewerber braucht jedoch nicht zuzustimmen (vgl. zur Einwilligungserklärung **M 1.4**). Er muss aber damit rechnen, in diesem Fall nicht eingestellt zu werden. Im Detail vgl. *Fitting*, § 94 BetrVG Rz. 21.

6 Auch die Teilnahme an einem Assessment Center setzt die Zustimmung des Arbeitnehmers voraus.

7 Drogenscreenings dürften nur dann zulässig sein, wenn eine Alkohol- oder Drogenabhängigkeit des Bewerbers eine Eignung für den Arbeitsplatz entfallen ließe (*Diller/Powietzka*, NZA 2001, 1227).

8 Vor der Einstellung ist die Frage nach der **Schwangerschaft** nach ständiger Rechtsprechung wegen Verstoßes gegen das Geschlechterdiskriminierungsverbot des § 611a BGB unzulässig. Dies gilt auch, wenn sich um die Stelle nur Frauen bewerben (so unter Aufgabe der vorherigen

III. Ausbildung

Schulbildung: ...

Abschluss: ...

Hochschulstudium: ...

Berufsausbildung als: ...

Bei welcher Firma: ...

Welche Abschlussprüfungen haben Sie abgelegt? ...

Haben Sie Fortbildungsveranstaltungen besucht? ...

Welche? ...

Haben Sie Kenntnisse in Fremdsprachen? ...

Sind Sie im Besitz einer Fahrerlaubnis? ...

Falls ja, welche? ...

Welche besonderen Kenntnisse und Fertigkeiten haben Sie? ...

IV. Nachweis der beruflichen Beschäftigung[9]

1. Beschäftigungsnachweis seit der Ausbildung/der letzten ... Jahre
2. Waren Sie schon einmal in unserem Unternehmen beschäftigt; ggf. von wann bis wann?

Rechtsprechung BAG v. 15. 10. 1992, BB 1993, 433). Ausnahmsweise war die Frage nach der bisherigen Rechtsprechung des BAG zulässig, wenn die Bewerberin die Leistung aufgrund der Schwangerschaft nicht erbringen kann (zB Mannequin, Tänzerin) oder zum Schutz der eigenen Gesundheit oder der des ungeborenen Kindes (zB Arzthelferin, BAG v. 1. 7. 1993, NZA 1993, 933; v. 1. 7. 1993, DB 1993, 1978); nach der Entscheidung des EuGH v. 3. 2. 2000 (Slg. 2001 I, 549 [Mahlburg]) dürfen jedoch auch die Vorschriften zum Schutz der werdenden Mutter keine Nachteile beim Zugang der Beschäftigung mit sich bringen. Die Zulässigkeit der Frage ist damit auch insoweit zweifelhaft geworden (vgl. *Thüsing/Lambrich*, BB 2002, 1146, 1147; *Trümmner*, FA 2003, 34; so jetzt auch BAG v. 6. 2. 2003, ArbuR 2003, 118, da in diesen Fällen die Schwangerschaft der Bewerberin nicht zu einer dauerhaften, sondern nur zu einer vorübergehenden Störung des Vertragsverhältnisses führt). Das gilt selbst dann, wenn die schwangere Bewerberin zur Vertretung einer schwangeren Arbeitnehmerin eingestellt wird (vgl. EuGH v. 4. 10. 2001, BB 2001, 2478 = DB 2001, 2451 [Tele Danmark] mit Anm. *Thüsing*; *Trümmner*, FA 2003, 34).

9 Die Frage nach einem Nachweis des beruflichen Werdegangs ist zulässig. Etwas anderes gilt uU, wenn der Arbeitgeber durch das Verlangen eines lückenlosen Beschäftigungsnachweises das Recht des Bewerbers auf Verschweigen für das Arbeitsverhältnis nicht relevanter Vorstrafen (su. Fn. 11) zu umgehen sucht, vgl. *Fitting*, § 94 BetrVG Rz. 16.

Fragen nach einer **Tätigkeit im ehemaligen Ministerium für Staatssicherheit der DDR** sind nur dann zulässig, wenn der Bewerber im öffentlichen Dienst eingestellt werden soll oder seine Stelle besondere Vertrauenswürdigkeit und Integrität erfordert. Dies kann insbesondere bei herausgehobenen und repräsentativen Posten oder bei Tendenzträgern in Tendenzbetrieben der Fall sein (BAG v. 21. 9. 1993, AP Nr. 4 zu § 94 BetrVG 1972 = DB 1994, 480; ArbG Darmstadt v. 26. 5. 1994, BB 1994, 2495).

V. Sozialversicherung

1. In welcher Krankenkasse sind Sie versichert?
2. Wollen Sie Mitglied in der Betriebskrankenkasse werden?

VI. Sonstiges

1. Welches Gehalt wünschen Sie?
2. Wie hoch war Ihr letzter Verdienst?[10]
3. Ist Ihr Ehegatte berufstätig?
4. Sind Sie vorbestraft?[11]

    Schwebt gegen Sie ein Ermittlungsverfahren wegen eines im Hinblick auf die Ausübung der vorgesehenen Tätigkeit erheblichen Delikts?[12]

5. a) Liegen Pfändungen vor?

    Falls ja, durch wen und in welcher Höhe?

    b) Haben Sie Ihre Bezüge verpfändet oder im Voraus abgetreten?

6. Haben Sie für das laufende Kalenderjahr bereits bei einem früheren Arbeitgeber Urlaub gehabt?
7. Haben Sie den Wehrdienst abgeleistet?[13]
8. Wann können Sie die Arbeit aufnehmen?

---

[10] Die Frage ist nur zulässig, soweit der bisherigen Vergütung eine Aussagekraft für die neue Stelle zukommt (BAG v. 19. 5. 1983, DB 1984, 298). Gibt der Bewerber absichtlich ein höheres Gehalt an, um den Arbeitgeber zur Vereinbarung eines höheren Gehalts zu bewegen, berechtigt dies den Arbeitgeber ausschließlich zur Anfechtung des gesamten Vertrages nach den allgemeinen Grundsätzen, nicht nur der Gehaltsabrede (LAG Düsseldorf v. 29. 4. 1966, DB 1966, 1137).

[11] Nach Vorstrafen darf nur gefragt werden, soweit sie im Zusammenhang mit der Arbeitsstelle stehen, zB bei einem Kassierer nach Vermögensdelikten. Der Bewerber ist berechtigt, die Frage zu verneinen, sobald die Straftat nicht mehr im Zentralregister geführt wird (BAG v. 18. 9. 1987, BB 1988, 632; v. 21. 2. 1991, DB 1991, 1934; v. 5. 12. 1957, BAGE 5, 159 = AP Nr. 2 zu § 123 BGB).

[12] An der Zulässigkeit dieser Frage bestehen wegen der grundsätzlichen Unschuldsvermutung zugunsten des Bewerbers (§ 6 Abs. 2 EMRK) Zweifel. Das ArbG Münster hat daher die Frage für unzulässig gehalten (ArbG Münster v. 20. 11. 1992, NZA 1993, 461). Jedenfalls darf der Bewerber sich als nicht vorbestraft bezeichnen, wenn die Verurteilung nicht in das Führungszeugnis aufzunehmen oder zu tilgen ist (§§ 51, 53 BZRG; BAG v. 5. 12. 1957, DB 1958, 282; *Ehrich*, DB 2000, 421, 422).

[13] Gem. § 1 Abs. 1 Arbeitsplatzschutzgesetz (ArbPlSchG) ruht das Arbeitsverhältnis während des Grundwehrdienstes und während Wehrübungen. Eine ordentliche Kündigung ist von der Zustellung des Einberufungsbescheids bis zur Beendigung des Wehrdienstes bzw. der Wehrübung ausgeschlossen, § 2 Abs. 1 ArbPlSchG. Zum Teil wird die Frage jedoch wegen Verstoßes gegen das Verbot der mittelbaren Diskriminierung als unzulässig angesehen, weil der Wehr- oder Zivildienst bisher ausschließlich männliche Bewerber betrifft (*Ehrich*, DB 2000, 421, 426). Sie sollte daher nur zulässig sein, wenn der Bewerber für eine Tätigkeit eingestellt wird, die er wegen der Einberufung von vornherein nicht ausüben kann (*Ehrich*, DB 2000, 421, 426).

M 1.4   Anbahnung des Arbeitsverhältnisses   **Kap. 1**

9. Unterliegen Sie irgendwelchen Wettbewerbsbeschränkungen?
   Inhalt des Wettbewerbsverbots?
10. Haben Sie gegen Ihren früheren Arbeitgeber einen Anspruch auf Betriebsrente oder eine unverfallbare Versorgungsanwartschaft?
11. Sind Sie Mitglied einer Gewerkschaft?[14]
12. Wenden Sie Technologien von L. Ron Hubbard an, oder sind Sie Mitglied der IAS (international association of scientology)?[15]

Dieser Personalbogen[16] ist Bestandteil des Arbeitsvertrages, unvollständige und unrichtige Angaben berechtigen zur Anfechtung des Arbeitsvertrages oder zur fristlosen Entlassung und verpflichten zum Schadensersatz.

---

[14] Diese Frage ist nur ausnahmsweise zulässig, sofern sich der Arbeitnehmer in einem Tendenzbetrieb (zB Arbeitgeberverband oder Gewerkschaft) oder um eine leitende Position bewirbt, die das besondere persönliche Vertrauen des Arbeitgebers voraussetzt (MünchArbR/*Buchner*, § 38 Rz. 122 ff.; *Ehrich*, DB 2000, 421, 426).

[15] Die Frage wird, anders als die Frage nach der Religionszugehörigkeit, bei der Besetzung von Vertrauensstellungen als zulässig angesehen (BAG v. 22. 3. 1995, DB 1995, 1714; *Bauer/Baeck/Merten*, DB 1997, 2534).

[16] Zur Aufbewahrung des Personalbogens: Kommt ein Arbeitsverhältnis nicht zustande, muss der Arbeitgeber den Fragebogen vernichten. Der Arbeitnehmer kann dies gem. § 1004 BGB verlangen (BAG v. 6. 6. 1984, DB 1984, 2626).

Einwilligung in ärztliche Untersuchung/psychologische und graphologische Untersuchung   1.4

Ich erkläre hiermit mein Einverständnis mit einer werks- oder vertrauensärztlichen Untersuchung/einem graphologischen Gutachten[1]/einer psychologischen Eignungsuntersuchung[2]/einem Drogenscreening. Den untersuchenden Arzt entbinde ich in dem Umfang von seiner Schweigepflicht, in dem sein Befund zur Beurteilung meiner Eignung für die vorgesehene Tätigkeit erforderlich ist.

...   ...
Ort, Datum   Unterschrift des Arbeitnehmers

---

[1] *Michel/Wiese*, NZA 1986, 505; BAG v. 16. 9. 1982, DB 1983, 2780.
[2] *Schmid*, BB 1981, 1646.

1.5 Einwilligung zur Aufnahme personenbezogener Daten[1]

Ich stimme der Erhebung, Verarbeitung und Nutzung meiner Daten unter Einschluss von personenbezogenen Daten[2] zu, soweit sie im Rahmen der Zweckbestimmung des Arbeitsverhältnisses erfolgt. Diese Zustimmung gilt auch für das Anbahnungsverhältnis im Vorfeld eines etwaigen Arbeitsverhältnisses. Davon unberührt bleiben gesetzliche Verpflichtungen des Unternehmens zur Verarbeitung oder Übermittlung personenbezogener Daten.

. . . . . .

Ort, Datum *Unterschrift des Arbeitnehmers*

---

[1] Wird die Einwilligung gemeinsam mit einer anderen Erklärung abgegeben, etwa mit dem Arbeitsvertrag, erfordert dies eine **deutliche Hervorhebung im Schriftbild**, § 4a Abs. 2 Satz 3 BDSG. IÜ ist zweifelhaft, ob formularmäßige Einwilligungserklärungen wirksam sind (*Schaub*, ArbR-Hdb., § 148 Rz. 39).

[2] Diese Zustimmung ist nur deklaratorisch, soweit die Erhebung, Verarbeitung und Nutzung im Rahmen der Zweckbestimmung des Arbeitsverhältnisses erfolgt, vgl. § 28 Abs. 1 Nr. 1 BDSG; soweit allerdings besondere Arten personenbezogener Daten im Sinne von § 3 Abs. 9 BDSG erhoben, verarbeitet oder genutzt werden, muss sich die Einwilligung ausdrücklich auf diese Daten beziehen; solche Daten betreffen Angaben über die rassische und ethnische Herkunft, politische Meinungen, religiöse oder philosophische Überzeugungen, Gewerkschaftszugehörigkeit, Gesundheit oder Sexualleben.

1.6 Unterrichtung des Betriebsrates nach § 99 BetrVG

Siehe dazu unten **M 38.6**.

1.7 Klage auf Erstattung von Vorstellungskosten

An das Arbeitsgericht

In Sachen

. . ./. . .

(volles Rubrum)[1]

vertreten wir den Kläger.

---

[1] S. **M 45.1** und **45.2**.

Namens und im Auftrag des Klägers erheben wir Klage und beantragen:

Die Beklagte wird verurteilt, Euro ... brutto[2] nebst Zinsen in Höhe von 8 Prozentpunkten über dem Basiszinssatz[3] seit dem ... an den Kläger zu zahlen.

Begründung:

Die Bekl. hat am ... in der ... Zeitung die Stelle eines ... ausgeschrieben. Der Kl. hat daraufhin der Bekl. seine Bewerbungsunterlagen geschickt. Mit Schreiben vom ... hat die Bekl. dem Kl. mitgeteilt, seine Bewerbung interessiere sie sehr, und er möge am ... zu einem Vorstellungsgespräch in den Betrieb nach Neustadt kommen.

Beweis: Schreiben vom ..., Anlage K 1

Der Kl. nahm dieses Vorstellungsgespräch am ... wahr, erhielt aber am ... eine schriftliche Absage.

Beweis: Schreiben vom ..., Anlage K 2

Mit Schreiben vom ... forderte der Kl. die Bekl. auf, ihm die Kosten für die Fahrt zum Vorstellungsgespräch nach Neustadt und zurück mit dem eigenen Pkw in Höhe von Euro ... (x km × Euro 0,30) zu erstatten. Mit Schreiben vom ... lehnte die Bekl. die Erstattung der Kosten ab und meinte, der Kl. habe sich „auf eigenes Risiko vorgestellt", deshalb scheide eine Erstattung aus.[4]

Beweis: Schreiben vom ..., Anlage K 3

Eine Mahnung des Kl. vom ... blieb erfolglos.[5]

...

(Unterschrift)

---

2 S. dazu **M 45.3** Fn. 4.
3 Zur Verzinsung s. **M 45.3** Fn. 5, 6.
4 Zur Rechtslage s. die Erläuterung unter I. 1.
5 ➲ **Praxistipp:** In arbeitsgerichtlichen Verfahren ist es überflüssig, zu erfolglosen außergerichtlichen Mahnungen, Zahlungsaufforderungen etc. vorzutragen, da ohnehin jeder seine Kosten selbst trägt und deshalb § 93 ZPO (Kosten bei sofortigem Anerkenntnis) keine große Rolle spielt. Nur für den Zinsanspruch sind verzugsbegründende Mahnungen relevant.

Klage nach mündlicher Einstellung 1.8

An das Arbeitsgericht

In Sachen

.../...

(volles Rubrum)[1]

vertreten wir den Kläger.

---

1 S. **M 45.1** und **45.2**.

Namens und im Auftrag des Klägers erheben wir Klage und beantragen:

1. Es wird festgestellt, dass zwischen den Parteien seit dem ... ein Arbeitsverhältnis des Inhalts besteht, dass der Kläger als ... zu einem Brutto-Monatsgehalt von Euro ... beschäftigt wird.
2. Die Beklagte wird verurteilt, Euro ... brutto nebst Zinsen in Höhe von 8 Prozentpunkten über dem Basiszinssatz seit dem ... an den Kläger zu zahlen.[2, 3]

Begründung:

Am ... schrieb die Bekl. in der ... Zeitung die Stelle eines ... aus.

Beweis: Stellenanzeige vom ..., Anlage K 1

Der Kl. bewarb sich mit Schreiben vom ... auf diese Stelle und erschien auf Wunsch der Bekl. am ... zu einem Vorstellungstermin. Nach einem etwa halbstündigen Gespräch mit dem Personalleiter ... der Bekl. erklärte dieser, es sei „alles klar". Der Kläger könne am ... anfangen, das Gehalt betrage Euro ... pro Monat. Auf ausdrückliche Frage des Kl. meinte Herr ... weiter, diese mündliche Zusage genüge, schriftliche Arbeitsverträge seien bei der Bekl. nicht üblich.[4]

Beweis: Zeugnis des Herrn ..., zu laden über die Bekl.

Am ... erschien der Kl. wie vereinbart morgens um 8.00 Uhr zur Arbeit. Zu seinem Erstaunen erklärte ihm jedoch Herr ..., es handele sich um einen Irrtum. Die Bekl. habe sich für einen anderen Bewerber entschieden. Eine Einstellung des Kl. sei nur unverbindlich „angedacht" worden, er habe aber keine verbindliche Zusage erhalten.

Beweis: wie vor

Mit Einschreiben vom ... protestierte der Kl. schriftlich bei der Bekl. und verlangte seine sofortige Beschäftigung. Zugleich bot er ausdrücklich seine Arbeitskraft an.

Beweis: Schreiben des Kl. vom ..., Anlage K 2

Eine Reaktion der Bekl. erfolgte nicht. Deshalb ist Klage geboten. Herr ... ist im Handelsregister als alleinvertretungsberechtigter Prokurist der Beklagten eingetragen.

Beweis: Handelsregisterauszug der Bekl., Anlage K 3

Mit dem Klageantrag Ziff. 2 wird das vereinbarte Gehalt für den Monat ... geltend gemacht. Die Bekl. befindet sich in Annahmeverzug, § 615 BGB.[5]

...

(Unterschrift)

---

2 Allgemein zu Zahlungsanträgen s. **M 45.3** Fn. 4 und 5.
3 Neben der Klage auf die **Rückstände** käme auch eine **Klage auf künftige Leistung** in Betracht.
4 **Schriftform** ist für den Abschluss von Arbeitsverträgen nicht erforderlich. Selbst eine **tarifvertragliche Schriftformregelung** (vgl. § 4 Abs. 1 BAT) hat im Zweifel nur Dokumentationsfunktion, ist also **nicht konstitutive Wirksamkeitsvoraussetzung** des Arbeitsvertrages (BAG v. 6. 9. 1972, AP Nr. 2 zu § 4 BAT). Auch das Nachweisgesetz (NachwG) verlangt keine Schriftform als Wirksamkeitsvoraussetzung des Arbeitsvertrages.
5 Zur Herbeiführung des **Annahmeverzuges** ist nach ständiger Rechtsprechung des BAG kein (tatsächliches oder wörtliches) Arbeitsangebot des Arbeitnehmers erforderlich (BAG v. 9. 8. 1994, NZA 1985, 119). Es reicht aus, dass der Arbeitgeber erklärt, er werde die Arbeitsleistung nicht annehmen.

Klage auf Wiedereinstellung

An das Arbeitsgericht

In Sachen

.../...

(volles Rubrum)[1]

vertreten wir den Kläger.

Namens und im Auftrag des Klägers erheben wir Klage und beantragen:

> Die Beklagte wird verurteilt, den Kläger als Produktionsarbeiter im Betrieb in ... zu betriebsüblichen Bedingungen und mit einem Brutto-Monatsgehalt von Euro ... einzustellen.[2]

Begründung:

Der Kl. war bis zum ... bei der Bekl. als Produktionsarbeiter beschäftigt. Zum ... schied er im Zuge einer umfangreichen Personalreduzierung auf der Grundlage des Interessenausgleichs/Sozialplans vom ... aus.

> Beweis: Kündigungsschreiben vom ..., Anlage K 1

Ziff. ... des Sozialplans vom ... lautete wörtlich wie folgt: „Mitarbeiter, die aufgrund der im Interessenausgleich vom ... genannten Maßnahmen entlassen werden, haben in der Zeit bis zum ... bei gleicher Eignung Anspruch auf vorrangige Einstellung gegenüber externen Bewerbern".[3]

> Beweis: Sozialplan vom ..., Anlage K 2

Am ... schrieb die Bekl. in der ... Zeitung die Stelle eines Produktionsarbeiters aus.

> Beweis: Stellenanzeige vom ..., Anlage K 3

---

1 S. **M 45.1** und **45.2**.

2 Die Klage „auf Einstellung" ist ein zulässiger Leistungsantrag (BAG v. 6. 8. 1997, EzA § 1 KSchG Wiedereinstellungsanspruch Nr. 2). Er ist auf die Abgabe einer Willenserklärung des Arbeitgebers gerichtet. Mit Rechtskraft des stattgebenden Urteils gilt die Willenserklärung des Arbeitgebers gemäß § 894 Abs. 1 Satz 1 ZPO als abgegeben, so dass in diesem Moment ein Arbeitsvertrag zustande kommt. Ob statt der Klage auf Einstellung die Klage sogleich auf die Rechtsfolgen des begehrten Arbeitsverhältnisses, nämlich (weitere) Beschäftigung und/oder Gehaltszahlung, gerichtet werden kann, ist umstritten (bejahend BAG v. 27. 2. 1997, EzA § 1 KSchG Wiedereinstellungsanspruch Nr. 1; offen gelassen von BAG v. 6. 8. 1997, EzA § 1 KSchG Wiedereinstellungsanspruch Nr. 2).

3 ➲ **Wichtig:** Nach neuerer Rechtsprechung (BAG v. 27. 2. 1997, EzA § 1 KSchG Wiedereinstellungsanspruch Nr. 1) besteht im Falle einer wirksamen betriebsbedingten Kündigung auch bei Fehlen einer ausdrücklichen Wiedereinstellungszusage ein Wiedereinstellungsanspruch, wenn sich die für die Wirksamkeit der Kündigung maßgebenden Umstände noch während des Laufs der Kündigungsfrist verändern. Das gilt jedenfalls dann, wenn der Arbeitgeber im Vertrauen auf die Wirksamkeit der Kündigung noch keine Dispositionen getroffen hat, die die Weiterbeschäftigung des Arbeitnehmers verhindern würden. Ergibt sich dagegen erst nach Ablauf der Kündigungsfrist eine anderweitige Weiterbeschäftigungsmöglichkeit, hat der Arbeitnehmer keinen Wiedereinstellungsanspruch. Das gilt selbst dann, wenn zu diesem Zeitpunkt noch ein Kündigungsschutzverfahren schwebt (BAG v. 6. 8. 1997, EzA § 1 KSchG Wiedereinstellungsanspruch Nr. 2), s. **M 22.22**.

Der Kl. bewarb sich mit Schreiben vom ... auf diese Stelle, wobei er ausdrücklich auf die Wiedereinstellungszusage des Sozialplans hinwies.

> Beweis: Schreiben des Kl. vom ..., Anlage K 4

Dennoch sagte die Bekl. dem Kl. mit Schreiben vom ... ab.

> Beweis: Schreiben der Bekl. vom ..., Anlage K 5

Eine Mahnung des Kl. vom ... blieb erfolglos. Deshalb ist Klage geboten. Der Kläger ist für die Stelle genauso geeignet wie jeder andere Bewerber, er war schließlich bei der Bekl. schon einmal Produktionsarbeiter. Ein Gehalt von Euro ... entspricht der tariflichen Vergütung für ungelernte Produktionsarbeiter, diese Vergütung wird von der Beklagten auch üblicherweise im Betrieb gezahlt.

...

(Unterschrift)

1.10 Klage auf Entschädigung wegen Diskriminierung bei der Einstellung[1]

An das Arbeitsgericht

In Sachen

.../...

(volles Rubrum)[2]

vertreten wir die Klägerin.

Namens und im Auftrag der Klägerin erheben wir Klage und beantragen:

---

[1] Das Diskriminierungsverbot bei der Einstellung entwickelt sich immer mehr zu einer „**unendlichen Geschichte**". Diese Geschichte begann mit der Gleichberechtigungsrichtlinie 76/207/EWG, die im Jahr 1980 durch §§ 611a, 611b, 612 Abs. 3 und 612a BGB umgesetzt wurde. Diese Regelungen wurden der europarechtlichen Vorgabe, wirksam eine Diskriminierung zu verhindern, in keiner Weise gerecht. Insbesondere war als Folge einer unzulässigen Diskriminierung kein Einstellungsanspruch vorgesehen, sondern nur ein Schadensersatzanspruch. Ein messbarer Schaden entstand aber regelmäßig nicht („Porto-Paragraph"). Eine gewisse Verbesserung entstand dann im Jahr 1994 durch eine Neuregelung in § 611a BGB, die flankiert wurde von der verfahrensrechtlichen Vorschrift des § 61b ArbGG. Vorgesehen war nun ein immaterieller Schadensersatz von maximal drei Monatsgehältern. Indes beanstandete der EuGH auch diese Regelung mit der Begründung, weder die Höchstgrenze von drei Monatsverdiensten noch das Verschuldenserfordernis entspreche den europarechtlichen Vorgaben (EuGH v. 22. 4. 1997, NZA 1997, 645 – Draehmpahl). Daraufhin wurden im Jahr 1998 § 611a BGB und § 61b ArbGG erneut geändert. Die Haftung ist nun **verschuldensunabhängig**, und die **Obergrenze von drei Monatsverdiensten** gilt nur dann, wenn der Bewerber auch bei benachteiligungsfreier Auswahl **nicht eingestellt worden wäre** (§ 611a Abs. 3 Satz 1 BGB).

[2] S. **M 45.1** und **45.2**.

Die Beklagte wird verurteilt, Euro . . . brutto nebst Zinsen in Höhe von 8 Prozentpunkten über dem Basiszinssatz seit Rechtshängigkeit an die Klägerin zu zahlen.[3]

Begründung:

Die Bekl. hat am . . . in der . . . Zeitung die Stelle eines Vorstandsassistenten ausgeschrieben.

Beweis: Stellenzeige vom . . ., Anlage K 1

Die Kl. hat daraufhin der Bekl. ihre Bewerbungsunterlagen geschickt. Mit Schreiben vom . . . erhielt die Kl. eine schriftliche Absage. Gründe für die Absage wurden nicht genannt.

Beweis: Schreiben der Beklagten vom . . ., Anlage K 2

Es ist gemäß § 611a Abs. 1 Satz 3 BGB zu vermuten, dass die Absage allein auf dem Geschlecht der Kl. beruhte.[4] *Denn die Bekl. hat entgegen § 611b BGB die Stelle ausschließlich für männliche Bewerber ausgeschrieben, wie die Verwendung der männlichen Bezeichnung „Vorstandsassistent" in der als Anlage K 1 vorgelegten Anzeige beweist.*

Mit der Klage macht die Kl. eine Entschädigung[5] *von fünf Monatsgehältern à Euro . . . geltend. Ein Monatsgehalt von Euro . . . liegt an der unteren Grenze für vergleichbare Positionen. Eine Entschädigung von fünf Monatsgehältern ist angemessen, da die Bekl. grob und nachhaltig gegen § 611b BGB verstößt.*[6, 7] *Wie weitere Stellenanzeigen*

---

3 Allgemein zu Zahlungsanträgen s. **M 45.3** Fn. 4 und 5. Ein **Anspruch auf Einstellung** besteht bei Geschlechtsdiskriminierung gemäß § 611a Abs. 2 BGB grundsätzlich nicht, der Bewerber kann nur gemäß § 611a Abs. 2–4 BGB **Entschädigung in Geld** verlangen.

4 Das Hauptproblem bei der Geltendmachung einer Diskriminierung ist die **Beweislast**. Zwar trägt die Beweislast grundsätzlich der klagende Arbeitnehmer. Macht dieser allerdings **Tatsachen glaubhaft**, die eine Benachteiligung wegen des Geschlechts vermuten lassen, trägt der Arbeitgeber die Beweislast dafür, dass nicht auf das Geschlecht bezogene, sachliche Gründe eine unterschiedliche Behandlung gerechtfertigt haben oder das Geschlecht unverzichtbare Voraussetzung für die auszuübende Tätigkeit war (Sportler, Schauspieler, Sänger etc.; § 611a Abs. 1 Satz 3 BGB). **Indizien** für eine geschlechtsbedingte Diskriminierung sind neben **geschlechtsdiskriminierenden Äußerungen** oder einem **weit unterdurchschnittlichen Frauenanteil** im Betrieb vor allem eine gegen § 611b BGB verstoßende **geschlechtsspezifische Ausschreibung** (statt aller *Küttner/Kania*, Personalbuch 2003, Gleichbehandlung Rz. 34).

5 ➲ **Wichtig:** Der Entschädigungsanspruch nach § 611a BGB setzt voraus, dass es sich um eine **subjektiv ernsthafte Bewerbung** gehandelt hat und der Bewerber für die ausgeschriebene Stelle objektiv geeignet war (BAG v. 12. 11. 1998, DB 1998, 2420). Die in der Praxis immer wieder zu beobachtenden Bewerbungen männlicher Arbeitnehmer auf Sekretärinnenstellen etc. (dazu BAG v. 12. 11. 1998, DB 1998, 2420) sind meist nicht ernsthaft und allein darauf gerichtet, Schadensersatzklage nach § 611a BGB erheben zu können, was aber nach der BAG-Entscheidung (DB 1998, 2420) nicht funktioniert.

6 ➲ **Wichtig:** Macht der diskriminierte Arbeitnehmer eine Entschädigung von mehr als drei Monatsgehältern geltend, muss er nicht vortragen, dass er bei diskriminierungsfreier Bewerberauswahl die Stelle erhalten hätte. Denn nach richtiger Auffassung ist die Dreimonatshöchstgrenze eine Einwendung des Arbeitgebers, deren Voraussetzungen dieser darzulegen und gegebenenfalls zu beweisen hat (statt aller *Treber*, NZA 1998, 857; vgl. auch die Beweislastrichtlinie 97/80/EG vom 15. 12. 1997, ABl.EG Nr. L 14/6).

7 Da es sich bei der „angemessenen Entschädigung" in § 611a Abs. 3 BGB um einen dem deutschen Recht ansonsten fremden „**Strafschadensersatz**" (**Punitive Damages**) handelt, macht

der Bekl. vom . . . zeigen, schreibt die Bekl. Stellen für Führungskräfte grundsätzlich nur für männliche Bewerber aus.

> Beweis: Stellenanzeigen vom . . ., Anlagen K 3 und 4

Die Kl. hat ihre Ansprüche mit Einschreiben vom . . . geltend gemacht, mithin innerhalb der Zwei-Monats-Frist des § 611a Abs. 4 BGB.

> Beweis: Schreiben der Kl. vom . . ., Anlage K 5

Da die Bekl. auf das Schreiben nicht reagiert hat, ist Klage geboten.

. . .

(Unterschrift)

---

die korrekte Festsetzung des Schadensbetrages außerordentliche Probleme (ausführlich dazu *Zwanziger*, DB 1998, 1331).

1.11 Schadensersatzklage des Arbeitgebers wegen Nichtantritt der Arbeitsstelle

An das Arbeitsgericht

In Sachen

. . ./. . .

(volles Rubrum)[1]

vertreten wir die Klägerin.

Namens und im Auftrag der Klägerin erheben wir Klage und beantragen:

1. Der Beklagte wird verurteilt, Euro . . . nebst Zinsen in Höhe von 8 Prozentpunkten über dem Basiszinssatz seit Rechtshängigkeit an die Klägerin zu zahlen.

2. Der Beklagte wird verurteilt, Euro . . . nebst Zinsen in Höhe von 8 Prozentpunkten über dem Basiszinssatz seit Rechtshängigkeit an die Klägerin zu zahlen.

3. Der Beklagte wird verurteilt, Euro . . . nebst Zinsen in Höhe von 8 Prozentpunkten über dem Basiszinssatz seit Rechtshängigkeit an die Klägerin zu zahlen.[2, 3]

---

1 S. **M 45.1** und **45.2**.
2 Natürlich wäre es möglich, alle drei Schadenspositionen **in einer Summe zusammenzufassen**. Die Aufspaltung in drei verschiedene Klaganträge dient jedoch der Übersichtlichkeit.
3 Tritt der Arbeitnehmer schuldhaft die Arbeit nicht an, macht nur eine Klage auf **Schadensersatz** Sinn. Zwar könnte man den Arbeitnehmer gerichtlich dazu verurteilen lassen, zum Dienst zu erscheinen. Gemäß § 888 Abs. 2 ZPO wäre dieses Urteil aber nicht vollstreckbar, außerdem käme es regelmäßig zu spät. Auch die Festsetzung einer Entschädigung nach § 61 Abs. 2 ArbGG (s. **M 52.2**) führt nicht weiter. Denn eine Entschädigung darf nur festgesetzt werden, wenn der Arbeitgeber darlegt, dass ihm überhaupt ein Schaden entstanden ist. Dann kann aber auch gleich unmittelbar auf Schadensersatz in bezifferter Höhe geklagt werden.

Begründung:

Die Kl. ist ein EDV-Systemhaus. Im Januar... arbeitete die Kl. intensiv an der Fertigstellung eines großen EDV-Programms für die Kundin X. Als Abnahmetermin war der 1. 3.... vereinbart. Bei Überschreitung des Abnahmetermins war die Kl. gemäß dem Vertrag vom... zur Zahlung einer Konventionalstrafe von Euro... pro Tag verpflichtet.

Beweis: Liefervertrag zwischen der Kl. und der Firma X vom..., Anlage K 1

Anfang Januar... fiel einer der wichtigsten Systemprogrammierer der Kl. aufgrund eines Autounfalls längerfristig aus. Die Kl. suchte daraufhin fieberhaft nach einem Ersatz. Der Kontakt mit dem Bekl. wurde über die Agentur für Arbeit vermittelt. Die Kl. wurde mit dem Bekl. schnell über die Konditionen des Anstellungsverhältnisses einig. Die Parteien schlossen am 15. 1.... einen „Anstellungsvertrag", nach dem der Bekl. am 1. 2.... bei der Kl. als Systemprogrammierer mit einem Gehalt von Euro... pro Monat beginnen sollte.

Beweis: Anstellungsvertrag vom..., Anlage K 2

Bei dem Vorstellungsgespräch am... wies die Kl. den Bekl. ausdrücklich darauf hin, dass seine pünktliche Dienstaufnahme am 1. 2.... (vorher konnte der Bekl. aus persönlichen Gründen nicht anfangen) ganz wesentlich für die Einhaltung der Lieferverpflichtung gegenüber der Firma X sei.

Beweis: Zeugnis des Personalleiters A, zu laden über die Kl.

Der Bekl. hat jedoch seine Arbeit nicht wie vertraglich vereinbart am 1. 2.... aufgenommen. Auf telefonische Nachfrage erklärte er vielmehr, „er habe sich für einen anderen Arbeitgeber entschieden".

In der Folgezeit versuchte die Kl., den Ausfall des Bekl. durch Mehrarbeit anderer Systemprogrammierer auszugleichen. In der Zeit vom 1. 2.... bis zum 28. 2.... leisteten andere Systemprogrammierer der Kl., die alle ausschließlich an dem Auftrag für Firma X arbeiteten, insgesamt... Überstunden. Die Überstunden sind in der Anlage K 3 einzeln nach Mitarbeitern, Tag und Uhrzeit aufgeschlüsselt. In den Verträgen aller Systemprogrammierer ist vorgesehen, dass für Überstunden ein Überstundenzuschlag von 50% zu zahlen ist.

Beweis: Anstellungsvertrag des Mitarbeiters B als Beispiel, Anlage K 4

Die für die gemäß Anlage K 3 geleisteten Überstunden von der Bekl. gezahlten Überstundenzuschläge betrugen insgesamt Euro... (Klagantrag Ziff. 1). In Anlage K 5 sind die einzelnen Zuschläge für jede einzelne geleistete Überstunde einzeln aufgeschlüsselt.[4]

Die hinsichtlich ihrer Verfassungsmäßigkeit umstrittenen früheren Schadensersatzregelungen der **§§ 124b und 135 GewO** sind durch Gesetz vom 28. 6. 1990 (BGBl. I 1990, S. 1221) aufgehoben worden.
Der Schadensersatzanspruch ist nicht davon abhängig, dass zugleich die **Gehaltsansprüche des Arbeitnehmers** anerkannt werden. Die Gehaltsansprüche sind – unabhängig von möglichen Schadensersatzansprüchen – bereits nach §§ 320 ff. BGB entfallen.

4 ⊃ **Praxistipp:** Zahlungen an Aushilfskräfte sind normalerweise ebenso wenig **schadensersatzfähig** wie erhöhte Lohnkosten wegen überobligationsmäßiger Mehrarbeit anderer Mitarbeiter. Denn der Arbeitnehmer kann regelmäßig einwenden, die gleichen Kosten wären auch entstanden, wenn er den Dienst angetreten hätte, denn dann hätte er natürlich Gehaltsansprüche gehabt. Geltend machen kann der Arbeitgeber also nur Überstundenzu-

Trotz der Überstunden der anderen Systemprogrammierer gelang es nicht mehr, das Programm für die Firma X termingerecht bis zum 1. 3. . . . fertig zu stellen. Vielmehr erfolgte die Fertigstellung erst am . . . . Daraufhin forderte die Firma X vertragsgemäß eine Konventionalstrafe von . . . × Euro . . . = Euro . . . (Klagantrag Ziff. 2), die mittlerweile gezahlt wurde.[5]

Beweis: Schreiben der Firma X-GmbH an die Kl. vom . . ., Anlage K 6

In ihrer Not versuchte die Kl. Ende Januar/Anfang Februar im Übrigen, so rasch wie möglich einen Ersatz für den Bekl. zu finden. Bislang hatte die Kl. ihr Personal immer entweder über die Agentur für Arbeit oder über Stelleninserate in Zeitungen angeworben. Ein sofortiger Anruf bei der Agentur für Arbeit am . . . ergab, dass der Agentur für Arbeit keine stellensuchenden Systemprogrammierer bekannt waren. Dies änderte sich auch in den darauf folgenden Tagen nicht. Da eine Stellensuche per Zeitungsinserat viel zu lange gedauert hätte, wandte sich die Kl. am . . . an einen ihr bekannten „Head-Hunter", die Personalberatung Y und Partner. Der Kl. war bekannt, dass diese Personalberatung über eine ausgezeichnete Datenbank mit EDV-Spezialisten verfügte und in der Lage sein könnte, binnen weniger Tage eine Ersatzkraft zu vermitteln. Mit der Personalberatung Y und Partner vereinbarte die Kl. ein nicht-erfolgsabhängiges Pauschalhonorar für die Suche nach einem neuen Systemprogrammierer in Höhe von Euro . . . (Klagantrag Ziff. 3). Die sofort eingeleitete Suche der Personalberatung blieb jedoch erfolglos. Erst zum . . . (mithin für die Abwicklung des Auftrags der X-GmbH zu spät) konnte eine Ersatzkraft eingestellt werden. Das vereinbarte Pauschalhonorar von Euro . . . zahlte die Kl. am . . ., diese Schadensposition wird mit dem Klageantrag Ziff. 3 geltend gemacht.[6]

Beweis: Zeugnis des Geschäftsführers der Personalberatung Y und Partner

Der Bekl. hat schuldhaft ohne jeglichen Grund seine Arbeit am . . . nicht wie vertraglich vorgesehen aufgenommen.[7] *Kausal aufgrund der Nichtaufnahme der Arbeit sind der*

---

schläge, die bei Vertragserfüllung durch den Arbeitnehmer nicht angefallen wären. In der Praxis scheitern viele Klagen daran, dass eine entsprechende Substantiierung des Arbeitgebers fehlt.

5 Klassischer Fall eines einklagbaren Schadensersatzanspruchs bei Vertragsbruch ist eine aufgrund des Fehlens des Arbeitnehmers verwirkte **Konventionalstrafe**. Allerdings wird der Arbeitnehmer regelmäßig einwenden, auch bei rechtzeitigem Dienstantritt wäre die Konventionalstrafe unvermeidbar gewesen. Dann trifft den **Arbeitgeber** die **Beweislast**.

6 Inserats- und Head-Hunter-Kosten sind nach der Rechtsprechung regelmäßig nicht erstattungsfähig. Denn erstattungsfähig ist nur der so genannte **Verfrühungsschaden** (BAG v. 22. 5. 1980, v. 26. 3. 1981 und v. 23. 4. 1984, AP Nr. 6–8 zu § 276 BGB – Vertragsbruch). Es kommt also darauf an, dass der Schaden nicht auch dann eingetreten wäre, wenn der Arbeitnehmer, statt den Vertrag zu brechen, ordentlich zum nächstmöglichen Termin gekündigt hätte. Das ist jedoch bei Head-Hunter-Inseratskosten regelmäßig der Fall. Erstattungsfähig sind diese Kosten also nur dann, wenn der Arbeitgeber darlegt, dass er durch den Vertragsbruch in eine derartige Zwangslage geraten ist, dass er diese Kosten ausnahmsweise aufwenden musste, und dass bei Einhaltung der ordentlichen Kündigungsfrist ein billigerer Weg für die Suche eines Nachfolgers gewählt worden wäre. Streitig ist, wer die Beweislast dafür trägt, dass die gleichen Kosten auch bei Einhaltung der ordentlichen Kündigungsfrist angefallen wären.

7 Gemäß § 280 Abs. 1 BGB wird im Rahmen eines Schuldverhältnisses **vermutet**, dass eine Leistungsstörung auf **Verschulden** des anderen Vertragsteils beruht. Der Arbeitgeber muss deshalb kein Verschulden des Arbeitnehmers am Vertragsbruch darlegen. Vielmehr ist es Sache des Arbeitnehmers, darzulegen und ggf. zu beweisen, dass ihn an der Nichtaufnahme

Kl. die mit den Klaganträgen Ziff. 1 bis 3 geltend gemachten Schadensbeträge entstanden. Der Bekl. ist für alle entstandenen Schäden ersatzpflichtig. Auf § 287 ZPO wird vorsorglich hingewiesen.[8]

...

(Unterschrift)

---

des Dienstes kein Verschulden trifft. Daran ändert auch der neue § 619a BGB nichts. Die dort geregelte Beweislastumkehr gilt nur für Schadensfälle in der betrieblichen Sphäre (*Oetker*, BB 2002, 43).

[8] ⮕ **Praxistipp:** Das Hauptproblem bei Schadensersatzklagen wegen Nichtaufnahme der Arbeit ist die schlüssige Darlegung eines Schadens. Arbeitsgerichte sind aus unverständlichen Gründen bei der Anwendung von **§ 287 ZPO (Schadensschätzung,** wenn keine ausreichenden Anhaltspunkte für die Schadensberechnung vorliegen) außerordentlich zurückhaltend. Es kann nur dringend empfohlen werden, in der Klage das Gericht eindringlich auf die Anwendbarkeit der Vorschrift hinzuweisen (das Gericht hat insoweit kein Ermessen!).

Kapitel 2 Verträge mit gewerblichen Arbeitnehmern (Arbeitern)

Literaturübersicht:

Zu Arbeitsvertrag und AGB: *Annuß,* AGB-Kontrolle im Arbeitsrecht: Wo geht die Reise hin?, BB 2002, 458; *Bauer/Kock,* Arbeitsrechtliche Auswirkungen des neuen Verbraucherschutzrechts, DB 2002, 42; *Bayreuther,* Dynamische Verweisung auf einschlägige Tarifverträge in Vertragstexten des tarifgebundenen Arbeitgebers: Typischerweise Gleichstellungsabrede – Auslegungsgrundsätze, DB 2002, 1008; *Bell,* Tarifregelung bei dynamischer arbeitsvertraglicher Bezugnahme auf einen Tarifvertrag und Tarifflucht des Arbeitgebers – Auslegung einer Verweisungsklausel, AiB 2001, 367; *Brors,* Das Widerrufsrecht des Arbeitnehmers, DB 2002, 2046; *Däubler,* Die Auswirkungen der Schuldrechtsmodernisierung auf das Arbeitsrecht, NZA 2001, 1329, 1333; *Fischer,* Individualrechtliche Bezugnahme auf Tarifverträge – ein Muster ohne Wert bei Betriebsübergang?, FA 2001, 2; *Gaul/Otto,* Das Widerrufsrecht bei Aufhebungsverträgen, DB 2002, 2049; *Gotthardt,* Arbeitsrecht nach der Schuldrechtsreform, 2002; *Gussen,* nochmals: Individualrechtliche Bezugnahme auf Tarifverträge, FA 2001, 201; *Haußmann,* Bezugnahme auf Tarifvertrag und Branchenwechsel – Betriebsübergang: Tarifwechsel nur bei kongruenter Tarifgebundenheit, DB 2001, 1839; *Hennssler,* Arbeitsrecht und Schuldrechtsreform, RdA 2002, 129; *Hümmerich,* Erweiterte Arbeitnehmerrechte durch Verbraucherschutz, AnwBl. 2002, 671; *Hümmerich/Holthausen,* Der Arbeitnehmer als Verbraucher, NZA 2002, 173, 176; *Joussen,* Arbeitsrecht und Schuldrechtsreform, NZA 2001, 750, 749; *Kania,* Die arbeitsvertragliche Bezugnahme auf Tarifverträge bei Veränderung der tariflichen Strukturen im Betrieb, NZA 2000, 45; *Lakies,* Inhaltskontrolle von Vergütungsvereinbarungen im Arbeitsrecht, NZA-RR 2002, 337; *Lambrich,* Individualvertragliche Bezugnahmeklausel auf Tarifvertrag bei Verbandsaustritt des Arbeitgebers, BB 2002, 1267; *Leder/Morgenroth,* Die Vertragsstrafe im Formulararbeitsvertrag, NZA 2002, 952; *Lingemann,* Allgemeine Geschäftsbedingungen und Arbeitsvertrag, NZA 2002, 181; *Löwisch,* Zweifelhafte Folgen des geplanten Leistungsstörungsrechts für das Arbeitsvertragsrecht, NZA 2001, 465, 466; *Nägele/Chwalisz,* Schuldrechtsreform – Das Ende arbeitsvertraglicher Ausschlussfristen, MDR 2002, 1341; *Ramrath,* Individualrechtliche Bezugnahme auf Tarifverträge, Erwiderung zum Aufsatz von *Fischer,* FA 2001, 2 ff., FA 2001, 104; *Reim,* Arbeitnehmer und/oder Verbraucher?,

DB 2002, 2434; *Schaub*, Die arbeitsvertragliche Bezugnahme von Tarifverträgen, ZTR 2000, 259; *Schaub*, Zur Auslegung der in einem Formulararbeitsvertrag enthaltenen Bezugnahmeklausel auf einen Tarifvertrag, EWiR 2001, 393; *Schleusener*, Zur Widerrufsmöglichkeit von arbeitsrechtlichen Aufhebungsverträgen nach § 312 BGB, NZA 2002, 949; *Schnitker/Grau*, Klauselkontrolle im Arbeitsvertrag – Zur Vereinbarung von Änderungs-, Anpassungs- und Widerrufsvorbehalten mit dem Recht der Allgemeinen Geschäftsbedingungen, BB 2002, 2120; *Thüsing*, Inhaltskontrolle von Formulararbeitsverträgen nach neuem Recht – Ein Blick auf die grundlegenden Weichenstellungen ein Jahr danach, BB 2002, 2666; *Thüsing/Lambrich*, AGB-Kontrolle – Arbeitsvertragliche Bezugnahmeklauseln, NZA 2002, 1361; *Wahlig*, Bezugnahmeklauseln auf Tarifverträge, AuA 2001, 346; *Wass*, Bezugnahme auf Tarifvertrag und Branchenwechsel, Anm. AP Nr. 12 zu § 1 TVG, Bezugnahme auf Tarifvertrag; *von Westphalen*, AGB-Recht ins BGB – Eine erste Bestandsaufnahme, NJW 2002, 12; *Wiesinger*, Arbeitsverträge auf dem Prüfstand, AuA 2002, 354.

Zum Nachweisgesetz: *Franke*, Bedeutung des Nachweisgesetzes für die Darlegungs- und Beweislast im arbeitsgerichtlichen Verfahren, DB 2000, 274; *Hoß/Medla*, Das Nachweisgesetz – zahnloser Papiertiger oder sanktionsbewährtes Regelungswerk? ArbRB 2002, 336; *Müller-Glöge*, Zur Umsetzung der Nachweisrichtlinie in nationales Recht, RdA Sonderbeilage zu Heft 5/2001, 46; *Weber*, Materielle und prozessuale Folgen des Nachweisgesetzes bei Nichterteilung des Nachweises, NZA 2002, 641.

Zur Gewerbeordnung: *Bauer*, Arbeitsrechtliche Änderungen in der Gewerbeordnung, BB 2002, 1590; *Düwell*, Neues Arbeitsrecht in der Gewerbeordnung, ZTR 2002, 461; *Düwell*, Das nachvertragliche Wettbewerbsverbot in der Gewerbeordnung, DB 2002, 2270; *Gaul*, Änderung der Gewerbeordnung, ArbRB 2002, 234; *Lakies*, Das Weisungsrecht des Arbeitgebers (§ 106 GewO) – Inhalt und Grenzen, BB 2003, 364; *Perreng*, Änderungen der Gewerbeordnung – erste Fassung eines Arbeitsgesetzbuches?, AiB 2002, 521; *Sartorius*, Novellierung der Gewerbeordnung – arbeitsrechtliche Vorschriften, ZAP 2002, Fach 17, 685; *Schöne*, Die Novellierung der Gewerbeordnung und die Auswirkungen auf das Arbeitsrecht, NZA 2002, 829; *Wisskirchen*, Novellierung arbeitsrechtlicher Vorschriften in der Gewerbeordnung, DB 2002, 1886.

I. Erläuterungen

Gem. § 105 GewO können Arbeitgeber und Arbeitnehmer Abschluss, Inhalt und Form des Arbeitsvertrages frei vereinbaren, soweit nicht zwingende gesetzliche Vorschriften, Bestimmungen eines anwendbaren Tarifvertrags oder einer Betriebsvereinbarung entgegenstehen.

1. Allgemeine Geschäftsbedingungen und Arbeitsvertrag[1]

Die für die arbeitsrechtliche Praxis wohl wichtigste Änderung aufgrund des Gesetzes zur Modernisierung des Schuldrechts[2] ist die **Anwendung der AGB-Kontrolle auch auf Arbeitsverträge gem. § 310 Abs. 4 BGB**:[3]

„Dieser Abschnitt findet keine Anwendung bei Verträgen auf dem Gebiet des Erb-, Familien- und Gesellschaftsrechts sowie auf Tarifverträge, Betriebs- und Dienstvereinbarungen. Bei der Anwendung auf Arbeitsverträge sind die im Arbeitsrecht geltenden Besonderheiten angemessen zu berücksichtigen; § 305 Abs. 2 und 3 ist nicht anzuwenden. Tarifverträgen, Betriebs- und Dienstvereinbarungen stehen Rechtsvorschriften im Sinne von § 307 Abs. 3 gleich."

---

1 Näher dazu auch *Annuß*, BB 2002, 458 und *Lingemann*, NZA 2002, 181 ff.
2 Vom 26. 11. 2001, BGBl. I, S. 3138 ff.
3 Mit „BGB" ist jeweils die novellierte Fassung gemeint, die im Wesentlichen zum 1. 1. 2002 in Kraft getreten ist. Die bis dahin geltende Fassung des BGB wird jeweils mit dem Zusatz „aF" (alte Fassung) gekennzeichnet.

Der dort zitierte „Abschnitt" ist der Abschnitt 2, „Schuldverhältnisse aus Verträgen"; die Norm selbst befindet sich im Titel 1, „Gestaltung rechtsgeschäftlicher Schuldverhältnisse durch Allgemeine Geschäftsbedingungen." Die darin befindlichen §§ 305 bis 310 BGB entsprechen im Kern den früheren Regelungen in §§ 1 bis 11 AGBG. Gem. Art. 6 des Gesetzes zur Modernisierung des Schuldrechts[4] wurde das AGBG gleichzeitig mit In-Kraft-Treten des Gesetzes aufgehoben.

Die Anwendbarkeit der AGB-Kontrolle auf Arbeitsverträge ergibt sich daraus, dass Arbeitsverträge in der Ausnahmeregelung des § 310 Abs. 4 Satz 1 BGB entgegen der Vorgängerregelung in der Bereichsausnahme des § 23 Abs. 1 AGBG nicht mehr genannt sind und dass, im Gegensatz zu Arbeitsverträgen, Tarifverträge, Betriebs- und Dienstvereinbarungen in § 310 Abs. 4 Satz 1 BGB ausdrücklich genannt sind.

Die Neuregelung gilt für Verträge, die seit dem 1. 1. 2002 geschlossen wurden. Für Verträge, die vorher geschlossen wurden, gilt die Neuregelung seit dem 1. 1. 2003, Art. 229 § 5 EGBGB.

a) Gesetzesgeschichte – von der Bereichsausnahme zur Bereichseinschränkung

Seit In-Kraft-Treten des AGBG am 1. 4. 1977 regelte § 23 AGBG die Bereichsausnahme, nach der das AGBG keine Anwendung findet (ua.) bei Verträgen auf dem Gebiet des Arbeitsrechts.[5] An die Stelle dieser **Bereichsausnahme** ist jetzt die **Bereichseinschränkung** des § 310 Abs. 4 Satz 2 BGB getreten. Danach sind bei der Anwendung auf Arbeitsverträge „. . . die **im Arbeitsrecht geltenden Besonderheiten** angemessen zu berücksichtigen".

Ausweislich der **Ausschuss**begründung sollte damit „den Besonderheiten spezifischer Bereiche des Arbeitsrechts wie zB des kirchlichen Arbeitsrechts angemessen Rechnung getragen werden (können)".[6]

Tatsächlich dürfte die Bedeutung darüber hinaus gehen. In der **Gesetzes**begründung heißt es nämlich im Anschluss an die oben zitierte Passage: „Allerdings sollten vor allem die **besonderen Klauselverbote** ohne Wertungsmöglichkeiten im Arbeitsrecht nicht zwingend uneingeschränkt zur Anwendung kommen. Vielmehr sollten hier die besonderen Bedürfnisse eines Arbeitsverhältnisses berücksichtigt werden können."[7]

---

4 BGBl. I 2001, S. 3187.
5 Zur Kritik an der Bereichsausnahme MünchArbR/*Richardi*, § 14 Rz. 70; *Pauly*, NZA 1997, 1030, 1031; *Fenski*, ArbuR 1989, 168; *Mook*, DB 1987, 2252f. zu einseitig vorformulierten Rechtswahlklauseln in Arbeitsverträgen.
6 So die Beschlussempfehlung und der Bericht des Rechtsausschusses zu § 310 Abs. 4, BT-Drucks. 14/6040 zu § 310 Abs. 4. *Hümmerich*, NZA 2003, 853, 854 vertritt die Auffassung, dass nur besondere Bereiche „innerhalb des Arbeitsrechtes", also zB der besondere Bereich des Kirchenarbeitsrechtes, eine Einschränkung der AGB-Kontrolle erlaubten. ME ist das mit den zitierten Materialien, aber auch mit dem Wortlaut des Gesetzes schon nicht vereinbar: Wenn nicht „im Arbeitsrecht geltende Besonderheiten", sondern Besonderheiten einzelner Bereiche innerhalb des Arbeitsrechts gemeint gewesen wären, hätte das im Gesetzeswortlaut klar zum Ausdruck kommen müssen, was nicht geschehen ist. Wie hier wohl auch BAG v. 4. 3. 2004 – 8 AZR 196/0, PM 13/04.
7 BT-Drucks. 14/6857 S. 53/54 zu Nr. 5.

Tatsächlich sind die Besonderheiten des Arbeitsrechts unverändert diejenigen, die die Bereichsausnahme begründet haben, nämlich insbesondere eine Vielzahl zwingender Arbeitnehmerschutzbestimmungen und eine institutionalisierte Arbeitnehmervertretung durch Gewerkschaften und Betriebsrat,[8] das Netz von fast 50 000 Tarifverträgen, der Dauerschuldcharakter des Arbeitsverhältnisses und der Kündigungsschutz.[9] Dies spricht dafür, unverändert am Maßstab des § 9 AGBG (= § 307 BGB) zu messen. Jedenfalls aber ist bei der AGB-Kontrolle aufgrund der Gesetzesnovelle jeweils zu prüfen, inwieweit nicht auch die bisherige Beschränkung des BAG bei der AGB-Kontrolle schon durch Besonderheiten des Arbeitsrechts bedingt war.

Prozessual gibt die Bereichseinschränkung dem Bundesarbeitsgericht insbesondere die Möglichkeit, zur AGB-Kontrolle im Arbeitsrecht abweichend von dem BGH zu entscheiden, ohne den Gemeinsamen Senat der Obersten Gerichtshöfe des Bundes anrufen zu müssen.[10]

b) Geltung der AGB-Regelungen im Einzelnen

Zu untersuchen ist, ob und ggf. welche Änderungen sich durch die Einbeziehung der AGB-Kontrolle künftig ergeben.[11]

aa) Allgemeine Geschäftsbedingungen

Die Kontrolle nach §§ 305 ff. BGB gilt nur für allgemeine Geschäftsbedingungen. Das sind gem. § 305 Abs. 1 BGB „alle für eine Vielzahl von Verträgen vorformulierten Vertragsbedingungen, die eine Vertragspartei (Verwender) der anderen Vertragspartei bei Abschluss eines Vertrags stellt".

Davon werden typischerweise erfasst **Formulararbeitsverträge** und auch Formularaufhebungsverträge, die für eine mehrfache Verwendung vorgesehen sind, soweit sie vom Arbeitgeber gestellt werden. **Mehrfach** ist eine 3- bis 5fache Verwendung, wobei die AGB-Kontrolle schon im ersten Verwendungsfall einsetzt.[12] **Gestellt** sind AGB, wenn der Verwender ihre Einbeziehung in den Vertrag verlangt.[13]

Bei Verträgen zwischen einem Unternehmer und einem Verbraucher **(Verbraucherverträgen)** ist der Anwendungsbereich gem. § 310 Abs. 3 BGB allerdings noch weiter: Zum einen **gelten die AGB als vom Unternehmer gestellt**, es sei denn, dass sie durch den Verbraucher in den Vertrag eingeführt wurden, § 310 Abs. 3 Nr. 1 BGB. Zum anderen unterliegen **auch Einzelvertragsklauseln**, soweit der Verbraucher aufgrund der Vorformulierung auf ihren Inhalt keinen Einfluss nehmen konnte, einer Inhaltskontrolle, § 310 Abs. 3 Nr. 2 BGB; dabei sind auch die den Vertragsschluss begleitenden Umstände zu berücksichtigen, § 310 Abs. 3 Nr. 3 BGB. Die Anwendung dieser Regeln im Arbeitsrecht würde jedenfalls aber voraussetzen, dass der Arbeit-

---

8 *Zöllner*, RdA 1989, 152, 157.
9 *Hromadka*, FS Dieterich zum 65. Geburtstag, 1999, S. 251, 257.
10 *Däubler*, NZA 2001, 1329, 1335.
11 Die Darstellung geht nur auf solche Normen ein, die voraussichtlich von Bedeutung sein werden, nicht also auf alle Vorschriften der §§ 305 ff. BGB.
12 Ulmer/Brandner/Hensen/*Ulmer*, 9. Aufl. 2001, § 1 Rz. 24 mwN.
13 BGH v. 24. 5. 1995, BGHZ 130, 57 ff.; Palandt/*Heinrichs*, § 305 BGB Rz. 10 mwN.

nehmer gem. § 13 BGB Verbraucher wäre. Die Frage ist sehr streitig.[14] Nach hier vertretener Auffassung ist das nicht der Fall.[15]

Mangels Verbraucherstellung steht dem Arbeitnehmer auch **kein Widerrufsrecht nach § 312 BGB** zu, wenn er durch mündliche Verhandlungen am Arbeitsplatz zum Abschluss eines **Änderungs- oder Aufhebungsvertrages** bestimmt worden ist. Mit Urteil vom 27.11.2003[16] hat jetzt auch der Zweite Senat des Bundesarbeitsgerichts ein Recht zum Widerruf eines im Personalbüro geschlossenen Aufhebungsvertrags nach Sinn und Zweck des § 312 BGB verneint, da er nicht in einer atypischen Umgebung abgeschlossen wurde; die Verbraucherstellung des Arbeitnehmers hat das BAG offen gelassen. Ob die fehlende Verbraucherstellung zwingend zu dem erhöhten Zinssatz nach § 288 Abs. 2 BGB führt, ist bei richtlinienkonformer Auslegung des § 288 Abs. 2 BGB zweifelhaft.[17]

Die Verschärfungen der AGB-Kontrolle bei Verbraucherverträgen gelten also nach hier vertretener Auffassung für Arbeitsverträge nicht.

Die AGB-Kontrolle gilt nicht, soweit die Bedingungen des Vertrages **„zwischen den Vertragsparteien im Einzelnen ausgehandelt sind"**, § 305 Abs. 1 Satz 3 BGB. Dazu müsste der Verwender ernsthaft bereit sein, individuelle Bedingungen zu vereinbaren, und dies dem Vertragspartner auch ausdrücklich erklärt haben.[18] Ein Aushandeln nur einzelner Vertragsbedingungen ändert allerdings nichts daran, dass die übrigen Vertragsbedingungen allgemeine Geschäftsbedingungen bleiben, wie sich schon aus der Gesetzesformulierung „soweit" in § 305 Abs. 1 Satz 3 BGB ergibt.[19]

bb) Warenaustauschvertrag/Arbeitsvertrag/Aufhebungsvertrag

Die Anforderungen an eine AGB-Kontrolle sind unterschiedlich, je nach dem, ob es sich um Austauschverträge zwischen Arbeitgeber und Arbeitnehmer außerhalb des Arbeitsvertrages handelt, um den eigentlichen Arbeitsvertrag oder um einen Aufhebungsvertrag.

a) Für **Austauschverträge** außerhalb des Arbeitsvertrages, insbesondere Darlehens-, Miet- und Kaufverträge zwischen Arbeitgeber und Arbeitnehmer, hat das BAG auch bisher schon **das AGBG direkt angewendet.** Die Bereichsausnahme des § 23 Abs. 1 AGBG gilt hier nicht,[20] da die zwingenden Schutzvorschriften zugunsten des Arbeitnehmers, mit denen der Gesetzgeber die Bereichsausnahme begründet hat, diese Verträge nicht erfassen. Auch das Mitbestimmungsrecht des Betriebsrates, insbesondere bei betrieblichen Sozialleistungen – zu denen auch zinsgünstige Arbeitgeberdar-

---

14 Dafür *Däubler,* NZA 2001, 1329, 1333; *Gotthardt,* Arbeitsrecht nach der Schuldrechtsreform, 2002, Rz. 169 ff.; *Hümmerich/Holthausen,* NZA 2002, 173, 176; *Reim,* DB 2002, 2438; *Schleusener,* NZA 2002, 949; *Thüsing,* BB 2002, 2666, 2668; dagegen *Bauer/Kock,* DB 2002, 42; *Brors,* DB 2002, 2046; *Gaul/Otto,* DB 2002, 2049; *Henssler,* RdA 2002, 129; *Löwisch,* NZA 2001, 465, 466; *Lingemann,* NZA 2002, 181, 184.
15 Näher dazu *Lingemann,* NZA 2002, 181, 184.
16 BAG v. 27.11.2003 – 2 AZR 177/03, PM 79/03.
17 Dazu im Einzelnen *Joussen,* NZA 2001, 745, 749.
18 Vgl. BGH v. 15.12.1976, NJW 1977, 624, 625.
19 Vgl. BGH v. 6.3.1986, BGHZ 97, 215.
20 Für Darlehensverträge BAG v. 23.9.1992, AP Nr. 2 zu § 3 AGBG; zu Kaufverträgen BAG v. 26.5.1993, AP Nr. 3 zu § 23 AGBG.

lehen sowie die Rechtsverhältnisse an Werkmietwohnungen gehören, § 87 Abs. 1 Nr. 9 und 10 BetrVG –, bietet hier nach Auffassung des 5. Senates auch mangels entsprechender Expertise auf Seiten des Betriebsrates keinen ausreichenden Schutz des Arbeitnehmers. Das BAG hielt daher die Verpflichtung des Arbeitnehmers in einem Liefervertrag für einen Jahreswagen, den Preisnachlass bei Veräußerung des Fahrzeuges vor Ablauf der Bindungsfrist zurückzuzahlen, für unwirksam, wenn der Preisnachlass nicht prozentual oder nominal angegeben war; denn diese Regelung verstieß gegen das damals aus § 9 Abs. 1 AGBG hergeleitete Transparenzgebot.[21] Auch benachteiligte eine formularmäßige Bürgschaft zur Sicherung aller künftigen Forderungen aus einem Arbeitsverhältnis die bürgende Privatperson regelmäßig unangemessen und war daher in direkter Anwendung von § 9 AGBG unwirksam.[22]

Auch die **Bereichseinschränkung** des § 310 Abs. 4 Satz 2 BGB „Besonderheiten des Arbeitsrechts" gilt daher nicht für diese Verträge, sondern nur für den eigentlichen Arbeitsvertrag.

b) Bei dem Inhalt des eigentlichen **Formulararbeitsvertrages** kommt eine – nach Maßgabe von § 310 Abs. 4 Satz 2 BGB eingeschränkte – AGB-Kontrolle nach der Gesetzesnovelle in Betracht. Hintergrund ist die Tatsache, dass das BAG – in Anlehnung an die Grundüberlegungen des AGBG – vereinzelt **für Arbeitsverträge ein strukturelles Ungleichgewicht** zwischen Arbeitgeber und Arbeitnehmer bejaht;[23] zT wird auch von einer gestörten Vertragsparität gesprochen hat,[24] welche eine Inhaltskontrolle rechtfertige.

c) Besondere Zurückhaltung ist indes bei der AGB-Kontrolle von **Aufhebungsverträgen** geboten:

Denn ein etwaiges strukturelles Ungleichgewicht, wenn es denn besteht, beschränkt sich jedenfalls auf den Abschluss des Arbeitsvertrages selbst. Keinesfalls gilt es für den Abschluss von Aufhebungsverträgen, wie der 2. Senat des BAG mit Urteil vom 14. 2. 1996[25] in aller Deutlichkeit klargestellt hat:

„Dem Arbeitnehmer, der dem Ansinnen des Arbeitgebers ggf. nur ein schlichtes „Nein" entgegenzusetzen braucht, kann nicht „die zur Durchsetzung seiner berechtigten Interessen erforderliche Verhandlungsmacht abgesprochen werden", vielmehr hat er „die Möglichkeit, sowohl das „Ob" als auch das „Wie" und „Wann" der Vertragsbeendigung von seinem vollen Konsens abhängig zu machen. Es fehlt somit schon an der strukturell ungleichen Verhandlungsstärke als Voraussetzung der vom BVerfG geforderten Inhaltskontrolle (Nachweise)".[26]

---

21 BAG v. 26. 5. 1993, AP Nr. 3 zu § 23 AGBG; kritisch mit beachtlichen Gründen *Nicolai*, ZIP 1995, 359 ff.
22 BAG v. 27. 4. 2000, AP Nr. 1 zu § 765 BGB.
23 BAG v. 16. 3. 1994, AP Nr. 18 zu § 611 BGB; speziell zur Billigkeitskontrolle des Anspruchsausschlusses bei Unterstützungskassen BAG v. 31. 10. 1969, AP Nr. 1 zu § 242 – Ruhegehalt-Unterstützungskassen (Bl. 600); zur Billigkeitskontrolle einer Provisionsregelung bei angestellten Handelsvertretern BAG v. 4. 7. 1972, AP Nr. 6 zu § 65 HGB, Bl. 852 f.; zur Billigkeitskontrolle bei vertraglichen Einheitsregelungen BAG v. 21. 12. 1970, AP Nr. 1 zu § 305 BGB – Billigkeitskontrolle; *Wolf*, RdA 1988, 270, 272.
24 Vgl. dazu BAG v. 21. 12. 1970, AP Nr. 1 zu § 305 BGB – Billigkeitskontrolle; zu Ruhegeldordnungen grundlegend BAG v. 19. 6. 1970, AP Nr. 144 zu § 242 – Ruhegehalt; vgl. ferner *Preis*, Grundlagen, S. 181 ff. mwN.
25 BAG v. 14. 2. 1996, NZA 1996, 811.
26 Gegen ein strukturelles Ungleichgewicht auch *Bauer/Diller*, DB 1995, 1810 in direkter Auseinandersetzung mit *Dieterich*, RdA 1995, 129, 135; Erwiderung von *Dieterich* in DB 1995, 1813;

Das **AGBG** gründet sich ua. auch auf ein solches strukturelles Ungleichgewicht.[27] Die vom 2. Senat des BAG dargelegte und durch das Kündigungsschutzgesetz in besonderer Weise geschützte Position des Arbeitnehmers gegenüber dem Ansinnen des Arbeitgebers, einen Aufhebungsvertrag zu schließen, ist jedenfalls eine typische „im Arbeitsrecht geltende Besonderheit", die auch nach der Novelle in § 310 Abs. 4 Satz 2 BGB der Anwendung des AGB-Rechts auf Aufhebungsverträge entgegensteht, jedenfalls eine solche Kontrolle nur sehr eingeschränkt zulässt.[28] Dementsprechend findet sich auch bisher keine Entscheidung des BAG, die den Inhalt eines Aufhebungsvertrages einer solchen Kontrolle unterzogen hätte.[29] Eine Kontrolle der Hauptleistungspflichten – also Beendigung des Vertrages, Restlaufzeit und Höhe der Abfindung – kommt schon nach allgemeinen AGB-rechtlichen Grundsätzen nicht in Betracht, da die AGB-Kontrolle gerade nicht den Inhalt der Leistung oder das zu zahlende Entgelt auf Angemessenheit hin prüft, es sei denn, dass die entsprechende Regelung von Rechtsvorschriften abweicht.[30] Dazu und zu der Frage, ob zu Rechtsvorschriften nach der Novelle auch Tarifverträge und Betriebsvereinbarungen zählen siehe unten unter jj) (2). Die Kontrolle der Angemessenheit einer Abfindung, Restlaufzeit oder der Beendigung wäre daher **selbst bei uneingeschränkter AGB-Kontrolle nicht zulässig**.

cc) Einbeziehung in den Vertrag

Die Bestimmungen in § 305 Abs. 2 und 3 BGB für die Einbeziehung in den Vertrag gelten nicht für Arbeitsverträge. An ihre Stelle treten die Sonderregelungen in § 2 Nachweisgesetz.[31] Ohne die Aufnahme in die dortige Niederschrift wird der Arbeitgeber

---

weiter gegen ein strukturelles Ungleichgewicht *Bengelsdorf*, BB 1995, 978; ZfA 1995, 229; aA *Däubler*, Das Arbeitsrecht II, 11. Aufl. 1998, Ziff. 8.9.3.2; *Zwanziger*, DB 1994, 982. Zum Stand der Diskussion: *Bauer*, Arbeitsrechtliche Aufhebungsverträge, Rz. 121 mwN.

27 Abweichend Wolf/Horn/Lindacher/*Wolf*, AGBG, Einl. Rz. 7: Mit der Einführung des AGBG habe man auch einem als ungerecht empfundenen Missbrauch wirtschaftlicher Macht begegnen wollen; wie hier Ulmer/Brandner/Hensen/*Ulmer*, AGBG, Einl., Rz. 4, 29, 34a.

28 Wollte man dieser Auffassung nicht folgen und Verträge des Arbeitsrechts auch als Verbraucherverträge einordnen, so scheitert jedenfalls die für Verbraucherverträge verschärfte AGB-Kontrolle beim Aufhebungsvertrag daran, dass die genannte Verhandlungsposition des Arbeitnehmers beim Aufhebungsvertrag ein zentraler Umstand ist, der bei der Beurteilung der unangemessenen Benachteiligung iSv. § 307 Abs. 1 und 2 BGB gemäß § 310 Abs. 3 Nr. 3 BGB zu berücksichtigen ist. *Thüsing*, BB 2002, 2666, 2669 sieht demgegenüber auch beim Aufhebungsvertrag kein Verhandlungsgleichgewicht. Er vertritt ferner die Auffassung, nur die rechtlichen Besonderheiten des Arbeitsverhältnisses, nicht aber seine tatsächlichen könnten nach § 310 Abs. 4 BGB die Anwendung der AGB-Kontrolle einschränken; da Aufhebungsverträge indes keine Arbeitsverträge seien, gelte diese Einschränkung für Aufhebungsverträge nicht. Da es sich jedoch um Verbraucherverträge handele, könne mit § 310 Abs. 3 Nr. 3 BGB eine angemessene Regelung gefunden werden. Diese Auffassung verkennt allerdings die Struktur des § 310 Abs. 3 Nr. 3 BGB, der die AGB-Kontrolle gerade nicht einschränken soll.

29 Problematisch ArbG Hamburg v. 14. 10. 1994, ArbuR 1995, 29 LS; ArbG Osnabrück v. 21. 2. 1995, AiB 1995, 466; kritisch *Bauer*, Arbeitsrechtliche Aufhebungsverträge, Rz. 121.

30 BGH v. 24. 11. 1988, BGHZ 106, 42, 46; BGH v. 19. 11. 1991, BGHZ 116, 117, 119; BGH v. 26. 9. 1996, NJW 1997, 135; v. 24. 9. 1998, NJW 1999, 864; Palandt/*Heinrichs*, § 307 BGB Rz. 59.

31 BT-Drucks. 14/6857, S. 54; *Thüsing*, BB 2002, 2666, 2670 und *Annuß*, BB 2002, 458, 460 bezweifeln die Tragfähigkeit dieser Begründung, da das NachwG einen wirksamen Vertrags-

Beweisnachteile erleiden, wenn er die Geltung seiner üblicherweise verwendeten Bedingungen für den konkreten Arbeitsvertrag nachweisen will.[32] Dementsprechend führt der bloße Aushang gem. § 305 Abs. 2 BGB auch nicht schon zur Einbeziehung in den Vertrag. Auch den neu in § 305 Abs. 2 Nr. 2 BGB ins Gesetz aufgenommenen besonderen Anforderungen für die Kenntnisnahme durch eine Vertragspartei mit erkennbarer körperlicher Behinderung ist durch das Erfordernis der Aushändigung im Nachweisegesetz wohl Rechnung getragen. Die in § 305 Abs. 3 BGB vorgesehene Rahmenvereinbarung wird im Arbeitsverhältnis im Zweifel nicht praktisch werden. Auch eine konkludente Einbeziehung von Arbeitsvertragsbedingungen, die insbesondere auch bei der Bezugnahme auf Tarifverträge und andere allgemeine Regelwerke in Betracht kommt, soll zulässig sein.[33]

dd) Vorrang der Individualabrede

Der Vorrang der Individualabrede – früher § 4 AGBG, jetzt § 305b BGB – wird als **allgemeiner Rechtsgedanke** angesehen und war auch schon vor In-Kraft-Treten des AGBG allgemein anerkannt.[34] Dementsprechend hat eine nachgewiesene spätere mündliche Abrede oder ein Bestätigungsschreiben in Änderung des ursprünglichen Vertrages Vorrang vor dessen AGB.[35]

Auch eine **Schriftformklausel**[36] setzt derartige abweichende Vereinbarungen nicht außer Kraft. Denn soweit für Nebenabreden und Vertragsänderungen konstitutiv die Schriftform vereinbart wird, verstößt dies gegen den Vorrang der Individualabrede, § 305b BGB.[37] Auch **Vollständigkeitsklauseln** („Nebenabreden bestehen nicht") werden hier zT als problematisch,[38] überwiegend jedoch als zulässig angesehen.[39]

Der Vorrang der Individualabrede gilt auch im Arbeitsrecht. Zum einen galt diese Regelung auch schon vor In-Kraft-Treten des AGBG und ist daher typischer Prüfungsgegenstand auch in Arbeitsverträgen. Insbesondere sind keine Besonderheiten des Arbeitsrechtes ersichtlich, die hier eine abweichende Anwendung begründen könnten.

Gegenüber einer Schriftformklausel hatte das BAG bisher ohnehin schon eine abweichende mündliche Vereinbarung als beachtlich angesehen; obwohl der Vorrang der

---

schluss bereits voraussetze, Transparenz zum Zeitpunkt des Vertragsschlusses somit gerade nicht schaffen könne. Indes soll dies allein nach der klaren Intention des Gesetzgebers gerade keine AGB-Widrigkeit begründen.

32 Vgl. *Preis*, NZA 1997, 10, 13 mwN; LAG Köln v. 9. 1. 1998, LAGE § 2 NachwG Nr. 4; *Hohmeister*, BB 1998, 587; *Berwitz*, BB 2001, 2316.
33 *Thüsing*, BB 2002, 2666, 2670.
34 Vgl. BGH v. 6. 11. 1967, BGHZ 49, 84, 86 f.; v. 25. 6. 1975, NJW 1975, 1693; v. 13. 1. 1982, WM 1982, 447, 450; Ulmer/Brandner/Hensen/*Ulmer*, § 4 AGBG Rz. 4; *Zöllner*, RdA 1989, 152, 157.
35 Vgl. *Pauly*, NZA 1997, 1030, 1032; zum Zivilrecht BGH v. 9. 4. 1987, NJW 1987, 2011; v. 20. 10. 1994, NJW-RR 1995, 179.
36 Dazu *Teske*, Schriftformklauseln in AGB, 1990.
37 BGH v. 15. 5. 1986, NJW 1986, 3132; v. 20. 10. 1994, NJW-RR 1995, 179; Ulmer/Brandner/Hensen/*Ulmer*, § 4 AGBG Rz. 9.
38 *Löwe/v. Westphalen/Trinkner*, Großkommentar zum AGBG, Bd. II, § 11 Nr. 15 Rz. 31.
39 BGH v. 19. 6. 1985, NJW 1985, 2329; Ulmer/Brandner/Hensen/*Ulmer*, § 4 AGBG Rz. 9; *Preis*, Der Arbeitsvertrag, II V 90 Vollständigkeitsklausel Rz. 4.

Individualabrede vor der Schriftformklausel nicht ein auch schon vor dem In-Kraft-Treten des AGBG geltender allgemeiner Rechtsgedanke war; denn der Gesetzgeber hatte das ursprünglich vorgesehene ausdrückliche Verbot der Schriftformklausel bei Erlass des AGBG sogar wieder gestrichen.[40] Erst später wurde der Vorrang jedenfalls individueller Zusagen des Verwenders selbst auch gegenüber der Schriftformklausel anerkannt.[41] Unklar ist allerdings, ob die Individualabrede im Arbeitsrecht nur Vorrang hat, wenn die Parteien ausdrücklich die Schriftformklausel außer Kraft setzen wollten[42], oder ob es ausreicht, dass sie das mündlich Vereinbarte als maßgeblich gewollt haben, auch ohne an die Schriftform zu denken.[43] Für die **doppelte Schriftformklausel** dürfte der Vorrang der Individualabrede allerdings nur bedingt gelten, jedenfalls aber steht sie auch unter Geltung der AGB-Kontrolle einer betrieblichen Übung entgegen, schon weil Letztere keine vorrangige Individualvereinbarung ist.[44]

ee) Überraschende Klauseln – § 305c Abs. 1 BGB

Gemäß § 305c BGB werden „Bestimmungen in allgemeinen Geschäftsbedingungen, die nach den Umständen, insbesondere nach dem äußeren Erscheinungsbild des Vertrags, so ungewöhnlich sind, dass der Vertragspartner des Verwenders mit ihnen nicht zu rechnen braucht, . . . nicht Vertragsbestandteil".

Die Regelung in § 305c BGB entspricht wörtlich der Vorgängerregelung in § 3 AGBG. Auch das Verbot überraschender Klauseln wird als **allgemeiner Grundgedanke** aus § 242 BGB angesehen.[45] Der überraschende Charakter der Klausel wird durch einen „Überrumpelungseffekt" gekennzeichnet.[46]

Nicht anders sind die Grundsätze des BAG. Überraschend ist auch danach eine Klausel, der ein „Überrumpelungs- oder Übertölpelungseffekt" innewohnt. Dabei bezieht sich das BAG ausdrücklich auf die Rechtsprechung des Bundesgerichtshofs zu § 3 AGBG.[47] Daher wird eine vertragliche Ausschlussfrist nicht Vertragsinhalt, wenn sie der Verwender ohne besonderen Hinweis und ohne drucktechnische Hervorhebung unter falscher oder missverständlicher Überschrift einordnet.[48] Auch bei Ausgleichsquittungen kann der Überraschungsschutz von Bedeutung sein.[49]

---

40 Vgl. iE Ulmer/Brandner/Hensen/*Ulmer*, § 4 AGBG Rz. 3.
41 BGH v. 9. 7. 1991, NJW 1991, 2559, 2560; v. 20. 10. 1994, NJW-RR 1995, 179, 180.
42 BAG v. 4. 6. 1963, AP Nr. 1 zu § 127 BGB.
43 BAG v. 10. 1. 1989, AP Nr. 57 zu § 74 HGB; vgl. *Schaub*, ArbR-Hdb., S. 232 mwN.
44 BAG v. 24. 6. 2003, NZA 2003, 1145 = BAG-Report 2003, 349.
45 Vgl. *Wolf*, RdA 1988, 270, 276; Wolf/Horn/Lindacher/*Horn*, § 23 AGBG Rz. 40.
46 BGH v. 30. 6. 1995, BB 1995, 2186.
47 BAG v. 29. 11. 1995, NZA 1996, 702, 703 unter Ziff. 3 der Urteilsgründe.
48 BAG v. 29. 11. 1995, NZA 1996, 702 (so der Leitsatz); im konkreten Fall handelte es sich um eine Vier-Wochen-Verfallfrist, die dadurch in den Arbeitsvertrag einbezogen werden sollte, dass im 6. Absatz des § 9 des Arbeitsvertrages unter der Überschrift „Verschiedenes" ein Verweis auf die Betriebsordnung enthalten war, welche ihrerseits wiederum unter der Überschrift „Lohnberechnung und Zahlung" die Ausschlussklausel enthielt. Als überraschende Klausel wurde diese nicht Vertragsbestandteil; vgl. schon früher BAG v. 21. 12. 1970, AP Nr. 1 zu § 305 BGB – Billigkeitskontrolle.
49 *Bernd Preis*, ArbuR 1979, 97, 101 ff.; *Heckelmann*, SAE 1980, 122; vgl. näher zu Empfangsbekenntnissen unten unter mm) (2).

Durch die Gesetzesnovelle werden sich daher die Maßstäbe des BAG für die Beurteilung überraschender Klauseln voraussichtlich nicht ändern.

ff) Unklarheitenregel – § 305c Abs. 2 BGB

Gemäß § 305c BGB gehen **„Zweifel bei der Auslegung Allgemeiner Geschäftsbedingungen . . . zu Lasten des Verwenders"**.

Die Vorschrift beruht auf dem Gedanken, dass es Sache des Verwenders ist, sich klar und unmissverständlich auszudrücken.[50] Im Zweifel gilt die kundenfreundlichste Auslegung,[51] sofern sich die Klausel nicht bei kundenfeindlichster Auslegung bereits als insgesamt unwirksam erweist.

Auch nach der Rechtsprechung des BAG[52] geht „eine unklare oder mehrdeutige Regelung zu Lasten des Arbeitgebers (. . .), der bei der Formulierung dieser Vereinbarung für die nötige Klarheit hätte sorgen müssen".[53] Eine Vertragsstrafe für den Fall des „Vertragsbruchs des Mitarbeiters" umfasste daher zwar den Fall der rechtswidrigen Eigenkündigung, nicht aber den Fall der vom Arbeitnehmer schuldhaft veranlassten vorzeitigen Beendigung des Arbeitsverhältnisses durch Kündigung des Arbeitgebers. Auch hier hat das BAG die kundenfreundlichste Auslegung gewählt.

Auch die unklare Regelung des Anspruchs auf Karenzentschädigung in einem vom Arbeitgeber vorformulierten Wettbewerbsverbot führt zu dessen Unwirksamkeit.[54]

Die Einbeziehung der Unklarheitenregelung führt also auch hier nicht zu abweichenden **Tatbestandsvoraussetzungen** im Arbeitsrecht. Allerdings wird zum Teil die Auffassung vertreten, dass jedenfalls bei der Bezugnahme auf Tarifverträge mehr als bisher der einbezogene Tarifvertrag, ferner die Reichweite der Verweisung auf diesen Tarifvertrag (Globalverweisung, Teilverweisung, Einzelverweisung) und die statische oder dynamische Natur der Verweisung in der Verweisungsklausel zum Ausdruck kommen muss; geschehe dies nicht, gingen Unklarheiten jedenfalls zu Lasten des Arbeitgebers, was insbesondere bei einer Veränderung der Arbeitsbedingungen zu Lasten der Arbeitnehmer zum Tragen käme.[55] Abweichungen könnten sich ferner bei den **Rechtsfolgen** ergeben (dazu sogleich unter gg).

gg) Rechtsfolgen bei Nichteinbeziehung und Unwirksamkeit – § 306 BGB

§ 306 BGB enthält spezielle Rechtsfolgen für den Fall der **nicht wirksamen Einbeziehung oder Unwirksamkeit** einer AGB-Klausel.

---

50 Palandt/*Heinrichs*, § 305c BGB Rz. 18.
51 Palandt/*Heinrichs*, § 305c BGB Rz. 19; *Wolf/Horn/Lindacher*, § 5 AGBG Rz. 34; krit. Ulmer/Brandner/Hensen/*Ulmer*, § 5 AGBG Rz. 30.
52 BAG v. 18. 9. 1991, DB 1992, 383, 384 unter II. 2 c der Urteilsgründe.
53 Vgl. zu einer unklar formulierten Ausgleichsquittung BAG v. 3. 5. 1979, AP Nr. 6 zu § 4 KSchG = DB 1969, 1465.
54 BAG v. 5. 9. 1995, NZA 1996, 700, 701; „Die Vereinbarung über ein nachvertragliches Wettbewerbsverbot muss so eindeutig formuliert sein, dass aus Sicht des Arbeitnehmers kein vernünftiger Zweifel über den Anspruch auf Karenzentschädigung bestehen kann."
55 *Thüsing/Lambrich*, NZA 2002, 1361, 1366; näher dazu **M 2.2**, Rz. 7.

(1) Entgegen § 139 BGB führt die Unwirksamkeit oder Nichteinbeziehung einer Klausel in allgemeinen Geschäftsbedingungen **nicht zur Unwirksamkeit des Vertrages insgesamt**. Vielmehr bleibt der Vertrag im Übrigen wirksam.[56] Auch das entspricht seit langem der Praxis des BAG.[57]

Die Bestimmung selbst allerdings, die nicht Vertragsbestandteil geworden oder unwirksam ist, kann nicht auf ein zulässiges Maß zurückgeführt werden. Eine **geltungserhaltende Reduktion ist unzulässig**.[58] Gemäß § 306 Abs. 2 BGB richtet sich der Inhalt des Vertrages insoweit vielmehr nach den gesetzlichen Vorschriften, wozu auch die von Rechtsprechung und Literatur herausgebildeten ungeschriebenen Rechtsgrundsätze zählen.[59]

Dies gilt allerdings schon außerhalb des Arbeitsrechtes **nicht ausnahmslos**. Fehlen beispielsweise für eine Vertragsergänzung geeignete Vorschriften oder Rechtsgrundsätze und ist die ersatzlose Streichung der Klausel keine interessengerechte Lösung, so schließt die Rechtsprechung die durch die Unwirksamkeit entstehende Lücke durch **ergänzende Vertragsauslegung** gem. §§ 157, 242, 315 BGB.[60] Eine ergänzende Vertragsauslegung scheitert wiederum, wenn verschiedene Gestaltungsmöglichkeiten zur Ausfüllung der Lücke in Betracht kommen und kein Anhaltspunkt dafür besteht, welche Regelung die Parteien getroffen hätten.[61]

Nur wenn ein **Festhalten an dem Vertrag** unter Berücksichtigung dieser Grundsätze eine **unzumutbare Härte** für eine Vertragspartei – idR den Verwender – darstellen würde, erfasst die Unwirksamkeit der einzelnen AGB-Klausel den Vertrag insgesamt, § 306 Abs. 3 BGB. Diese Regelung ist jedoch eng auszulegen und auf den Fall beschränkt, dass der Wegfall der AGB das Vertragsgleichgewicht grundlegend stört.[62] Diese zu der Vorgängerregelung in § 6 AGBG entwickelten Grundsätze gelten unverändert für den wortgleichen § 306 BGB.

(2) Das **Bundesarbeitsgericht** nimmt **einzelfallbezogen** zum Teil eine geltungserhaltende Reduktion vor, zum Teil leitet es aber auch aus der Unbilligkeit einer Klausel

---

56 BGH v. 9. 5. 1996, BB 1996, 1524, 1525 unter IV 1 der Urteilsgründe.
57 Vgl. nur BAG v. 5. 9. 1995, NZA 1996, 700 und v. 18. 9. 1991, DB 1992, 383, 384; v. 21. 10. 1954, AP Nr. 1 zu § 620 BGB – Befristeter Arbeitsvertrag m. Anm. *Hueck*; v. 10. 5. 1957, AP Nr. 1 zu Art. 6 I GG – Ehe und Familie; v. 25. 1. 1963, AP Nr. 77 zu Art. 3 GG; v. 4. 10. 1978, AP Nr. 11 zu § 611 BGB – Anwesenheitsprämien m. Anm. *Fenn*; zustimmend MünchKommBGB/*Basedow*, § 23 Rz. 3; *Zöllner*, RdA 1989, 152, 157; ebenso auch der Entwurf der Arbeitsgesetzbuchkommission, § 18 des Entwurfs, § 20 III und § 23 ArbVG 92; *Preis*, Grundlagen, S. 353 ff.
58 BGH v. 4. 12. 1992, BGHZ 120, 122, auch im kaufmännischen Verkehr; BGH v. 10. 10. 1991, BGHZ 115, 324 (327); *Locher*, Das Recht der Allgemeinen Geschäftsbedingungen, 1997, S. 78.
59 BGH v. 14. 5. 1996, NJW 1996, 2092, 2093; BGH v. 11. 7. 1996, NJW 1996, 2788 (Vorlagebeschluss an den Großen Senat); Palandt/*Heinrichs*, § 306 BGB Rz. 6; Ulmer/Brandner/Hensen/*H. Schmidt*, § 6 AGBG Rz. 27.
60 Vgl. BGH v. 3. 11. 1999, NJW 2000, 1110, ständige Rechtsprechung; *Thamm/Pilger*, AGB-Gesetz, 1998, Rz. 7 zu § 6; BGH v. 31. 10. 1984, BB 1985, 481.
61 BGH v. 3. 11. 1999, NJW 2000, 1110, 1111 mwN; Ulmer/Brandner/Hensen/*H. Schmidt*, § 6 AGBG Rz. 33, für eine weiter gehende Lückenfüllung auch bei mehreren denkbaren Gestaltungsmöglichkeiten bei § 6 AGBG Rz. 38.
62 BGH v. 9. 5. 1996, NJW-RR 1996, 1009, 1010 (unter IV 1 der Urteilsgründe).

die vollständige Unwirksamkeit der jeweiligen Regelung her.[63] Auch dies entspricht im Kern der zitierten Rechtsprechung des Bundesgerichtshofs.

(a) So hat das BAG mit Urteil vom 30. 9. 1998[64] eine Vergütungsvereinbarung, die entgegen § 10 Abs. 1 Satz 1 BBiG unangemessen niedrig war, **auf ein angemessenes Maß angehoben**. Mit Urteil vom 11. 4. 1984[65] hat der 5. Senat auch die überhöhte Bindungsdauer bei der Verpflichtung zur Rückzahlung von Fortbildungskosten von fünf Jahren auf drei Jahre als angemessenes Maß herabgesetzt.

(b) **Umgekehrt** hat das BAG vor allem bei **Verstößen gegen die Unklarheitenregel** zu Lasten des Arbeitgebers **Unwirksamkeit angenommen**; eine arbeitsvertragliche Klausel zur Rückzahlung des Weihnachtsgeldes ist daher unwirksam, wenn sie weder Voraussetzungen für die Rückzahlungspflicht noch einen eindeutig bestimmten Zeitraum für die Bindung des Arbeitnehmers festlegt.[66] Bei Zweifeln und Unklarheiten bei der Auslegung des Vertrages ist „die sog. Unklarheitenregelung zugrunde zu legen, wonach derjenige, der eine Regelung geschaffen hat, bei Unklarheiten über ihre Auslegung die ihm ungünstigere Auslegungsmöglichkeit hinnehmen muss".[67] Eine ergänzende Vertragsauslegung scheiterte daran, dass verschiedene Gestaltungsmöglichkeiten bestanden und der Vertrag keinerlei Anhaltspunkte dafür enthielt, dass gerade auf die vom BAG als eine Möglichkeit angesehenen Rückforderungsmechanismen abgestellt werden sollte und nicht etwa auf abweichende Gestaltungen. Auch dies entspricht exakt den oben genannten Grundsätzen des BGH zu § 6 AGBG (jetzt § 306 BGB).[68]

Eine unklare Regelung zur Karenzentschädigung führt nach der Entscheidung des 9. Senates des BAG v. 5. 9. 1995 ohnehin zur Unwirksamkeit des Wettbewerbsverbotes insgesamt.[69] Auch eine überraschende Ausschlussklausel ist insgesamt unwirksam.[70]

(3) Es steht nicht zu erwarten, dass das BAG aufgrund der Anwendbarkeit des § 306 BGB nunmehr von seiner einzelfallorientierten Rechtsprechung abweichen wird.[71] Die Entscheidungen des BAG, die eine Reduzierung auf ein zulässiges Maß annehmen, sind durch „Besonderheiten des Arbeitsrechts" gem. § 310 Abs. 4 Satz 2 1. Halbsatz BGB geprägt – beispielsweise bei der Entscheidung zur Ausbildungsvergütung durch die Notwendigkeit, eine angemessene Vergütung zu ermöglichen, weil sonst der Arbeitnehmerschutz in sein Gegenteil verkehrt würde,[72] bei der Entscheidung zur Ausbildungsdauer durch die Notwendigkeit, angesichts der Investitionen des Ar-

---

63 In der Literatur ist die geltungserhaltende Reduktion bei AGB im Arbeitsrecht umstritten, für geltungserhaltende Reduktion MünchKommBGB/*Basedow*, § 23 AGBG Rz. 3, dagegen *Wolf*, RdA 1988, 270, 276; *Pauly*, NZA 1997, 1030, 1032.
64 NZA 1999, 265.
65 AP Nr. 8 zu § 611 BGB.
66 BAG v. 14. 6. 1995, AP Nr. 176 zu § 611 BGB – Gratifikation.
67 BAG v. 14. 6. 1995, AP Nr. 176 zu § 611 BGB – Gratifikation; vgl. auch BAG v. 25. 5. 1973, AP Nr. 160 zu § 242 BGB – Ruhegehalt; v. 21. 2. 1984 – 3 AZR 442/81, nv.
68 BGH v. 9. 5. 1996, NJW-RR 1996, 1009, 1010 mwN.
69 BAG v. 5. 9. 1995, NZA 1996, 700, 701.
70 BAG v. 29. 11. 1995, NZA 1996, 702.
71 Gegen das Verbot geltungserhaltender Reduktion im Arbeitsrecht *Fastrich*, ZGR 1991, 306, 327 f.; dagegen *Wolf*, RdA 1988, 270, 276; *Preis*, Grundlagen, S. 357, 367.
72 *Schaub*, ArbR-Hdb., S. 244 f.

beitgebers für die Fortbildung eine Mindestbindung zu sichern. Tatsächlich handelt es sich auch nicht um eine Ausnahme vom Verbot der geltungserhaltenden Reduktion, sondern um eine vertragliche Lückenfüllung, die auch nach der Rechtsprechung des BGH zulässig ist, wenn dispositives Gesetzesrecht zur Füllung der Lücke nicht zur Verfügung steht und die ersatzlose Streichung der unwirksamen Klausel keine angemessene, den typischen Interessen des AGB-Verwenders und seines Vertragspartners Rechnung tragende Lösung bietet.[73]

hh) Formell unangemessene Benachteiligung (Transparenzgebot) – § 307 Abs. 1 Satz 2 BGB

Wie schon § 9 AGBG enthält auch § 307 BGB das Verbot, „den Vertragspartner des Verwenders entgegen den Geboten von Treu und Glauben unangemessen zu benachteiligen". § 307 Abs. 1 Satz 2 BGB hält ferner ausdrücklich fest, dass sich eine **unangemessene Benachteiligung auch daraus ergeben (kann), „dass die Bestimmung nicht klar und verständlich ist"**.

Dieses **„Transparenzgebot"** hatte die Rechtsprechung zum AGBG auch bisher schon ohne ausdrückliche gesetzliche Regelung aus § 9 AGBG hergeleitet. Es verpflichtet den Verwender, seine AGB so zu gestalten, dass der rechtsunkundige Durchschnittsbürger in der Lage ist, die ihn benachteiligende Wirkung einer Klausel ohne Einholung von Rechtsrat zu erkennen.[74]

Auch das **Bundesarbeitsgericht** hat, wie dargestellt, das Transparenzgebot bei Austauschverträgen außerhalb des eigentlichen Arbeitsverhältnisses uneingeschränkt angewendet,[75] die Grundsätze aber auch für das Arbeitsverhältnis selbst. Ein Verpflichtung zur Rückzahlung von Gratifikationen beispielsweise muss „ausdrücklich und eindeutig sowie für den Arbeitnehmer überschaubar und klar geregelt werden."[76] Fehlt es daran, so ist die Regelung schon deswegen unwirksam. Dies gilt nicht nur für die verständliche Formulierung, sondern auch für die mühelose Lesbarkeit der Vertragsregelung.[77]

Das Transparenzgebot wird hier also voraussichtlich **keine strengeren Anforderungen an Arbeitsverträge** begründen, da das BAG es auch ohne direkte Geltung des AGBG bereits angewendet hatte.

---

73 BGH v. 3. 11. 1999, NJW 2000, 1110, 1114 mwN.
74 BGH v. 24. 11. 1988, BGHZ 106, 49; BGH v. 10. 7. 1990, NJW 1990, 2383; BGH v. 19. 10. 1999, NJW 2000, 651; Palandt/*Heinrichs*, § 307 BGB Rz. 17.
75 BAG v. 26. 5. 1993, AP Nr. 3 zu § 23 AGBG = NJW 1994, 213 mit kritischer Anmerkung *Nicolae*, ZIP 1995, 362.
76 Vgl. BAG v. 14. 6. 1996, AP Nr. 176 zu § 611 BGB – Gratifikation; v. 26. 6. 1975, AP Nr. 86 zu § 611 BGB – Gratifikation; v. 8. 11. 1978, AP Nr. 100 zu § 611 BGB – Gratifikation.
77 Prägnant ArbG Berlin v. 24. 8. 2001, AiB 2002, 442, 443: „Der Arbeitsvertrag ist aufgrund seines Schriftbildes nur mit äußerster Mühe zu lesen. Wenn man versucht, den Text der maschinenschriftlichen Passagen des Arbeitsvertrages zu entziffern, beginnt das Schriftbild aufgrund der Größe der gewählten Schrift und des Abstandes zwischen den einzelnen Buchstaben vor den Augen zu tanzen, so dass man den Inhalt der einzelnen Vertragsklauseln nur mit äußerster Konzentration und nach wiederholtem Lesen inhaltlich erfassen kann. Damit ist die Vertragsstrafeabrede des § 6 des Formulararbeitsvertrags nicht zum Inhalt der arbeitsvertraglichen Beziehungen der Partei geworden."

ii) Materiell unangemessene Benachteiligung – § 307 Abs. 1 Satz 1 BGB

Zur Feststellung, ob die Klausel inhaltlich den Vertragspartner des Verwenders unangemessen benachteiligt, ist eine **umfassende Interessenabwägung** vorzunehmen. Im Rahmen der Inhaltskontrolle nach § 307 Abs. 1 Satz 1 BGB sind bei der gebotenen generalisierenden und typisierenden Betrachtungsweise Art und Gegenstand, Zweck und besondere Eigenart des jeweiligen Geschäfts zu berücksichtigen. Zu prüfen ist, ob der Klauselinhalt bei der in Rede stehenden Art des Rechtsgeschäfts generell unter Berücksichtigung der typischen Interessen der beteiligten Verkehrskreise eine unangemessene Benachteiligung des Vertragspartners ergibt;[78] die Klausel ist insbesondere dann unangemessen, wenn der Verwender durch einseitige Vertragsgestaltung missbräuchlich eigene Interessen auf Kosten seines Vertragspartners durchzusetzen versucht, ohne von vornherein auch dessen Belange hinreichend zu berücksichtigen und ihm einen angemessenen Ausgleich zuzugestehen.[79] Der Verstoß gegen Treu und Glauben muss zumindest von einigem Gewicht sein.[80] Dies war auch schon vor In-Kraft-Treten des AGBG nach § 242 BGB zu beachten.[81]

Dogmatisch hat die herrschende Meinung im Arbeitsrecht zwar mangels Regelungslücke eine analoge Anwendung des § 9 AGBG stets verneint,[82] da hier keine unbewusste Lücke vorlag; denn die Frage der Inhaltskontrolle war Kernbestandteil des AGBG, die Bereichsausnahme erließ der Gesetzgeber in voller Kenntnis dieses Sachstandes.[83] Die Grundsätze des § 9 AGBG (jetzt § 307 BGB) hat das BAG jedoch auch bisher schon nach Maßgabe von § 242 BGB angewendet und unangemessen benachteiligende Klauseln in Arbeitsverträgen für unwirksam erklärt oder auf ein angemessenes Maß zurückgeführt.[84]

jj) Vermutungstatbestände des § 307 Abs. 2 BGB

Allerdings könnte der Anwendungsbereich insbesondere der Vermutungstatbestände des § 307 Abs. 2 BGB durch die Neuregelung deutlich erweitert sein:

(1) Abweichung von gesetzlichen Vorschriften

Nach § 307 Abs. 2 Nr. 1 BGB ist eine unangemessene Benachteiligung im Zweifel anzunehmen, wenn eine Bestimmung „**mit wesentlichen Grundgedanken der gesetzlichen Regelung**, von der abgewichen wird, **nicht zu vereinbaren** ist"; nach § 307 Abs. 2 Nr. 2 BGB greift die Vermutung auch, wenn „die Bestimmung wesentliche Rechte oder Pflichten, die sich aus der Natur des Vertrages ergeben, so einschränkt, dass die **Erreichung des Vertragszwecks gefährdet** ist."

---

78 BAG v. 27. 4. 2000, AP Nr. 1 zu § 765 BGB zur Sittenwidrigkeit einer Bürgschaft für alle Ansprüche aus dem Arbeitsverhältnis.
79 BGH v. 3. 11. 1999, NJW 2000, 1110, 1112 mwN.
80 Vgl. *Thamm/Pilger*, AGBG 1998, § 9 Rz. 7; BGH v. 7. 10. 1981, BB 1982, 146.
81 Vgl. schon BGH v. 29. 10. 1956, BGHZ 22, 90; Ulmer/Brandner/Hensen/*Brandner*, § 9 AGBG Rz. 4.
82 Vgl. BAG v. 23. 5. 1984, NJW 1985, 91, 92; LAG Berlin v. 19. 5. 1980, NJW 1981, 480; *Mook*, DB 1987, 2252, 2253; *Bunde*, ZIP 1984, 1316; *Pauly*, NZA 1997, 1030, 1033.
83 So deutlich *Pauly*, NZA 1997, 1030, 1033.
84 BAG v. 16. 3. 1994, AP Nr. 18 zu § 611 BGB – Ausbildungsbeihilfe.

Die Bedeutung von Nr. 1 wird, soweit gesetzliche Regelungen betroffen sind, im arbeitsrechtlichen Bereich eher gering sein,[85] da die maßgeblichen Regelungen im Arbeitsrecht idR zwingend Arbeitnehmer schützend sind.[86] Eine Abweichung wäre also ohnehin unwirksam und nicht an § 307 Abs. 2 Nr. 1 BGB zu messen. Auch eine Gefährdung des Vertragszwecks durch Regelungen im Arbeitsvertrag dürfte – jedenfalls auf Basis der bisherigen Praxis der Arbeitsvertragsgestaltung – kaum denkbar sein.

Ein eigenständiger Anwendungsbereich für § 307 Abs. 2 BGB ist daher nicht ersichtlich, soweit **gesetzliche** Regelungen berührt sind.

(2) Tarifverträge und Betriebsvereinbarungen als Maßstab der Inhaltskontrolle?

Allerdings könnten künftig **Maßstab für die Angemessenheitsregelung** nicht mehr nur die gesetzlichen Bestimmungen sein, sondern auch **Tarifverträge** sowie **Betriebs- und Dienstvereinbarungen**, da diese gem. § 310 Abs. 4 Satz 3 BGB „Rechtsvorschriften im Sinne von § 307 Abs. 3 BGB gleichstehen". Das könnte insbesondere zu einer AGB-Kontrolle auch von Vergütung und Arbeitszeiten führen, soweit sie von Tarifverträgen und/oder Betriebsvereinbarungen abweichen.

Sinn der Vorschrift ist es jedoch nur, arbeitsvertragliche Verweisungsklauseln von der AGB-Kontrolle auszunehmen, so, wie auch Tarifverträge und Betriebsvereinbarungen selbst von dieser ausgenommen sind.[87]

Die Regelung des § 310 Abs. 4 Satz 3 BGB beschränkt sich daher darauf, Tarifverträge und Betriebsvereinbarungen sowie auf diese verweisende Arbeitsverträge von der AGB-Kontrolle auszunehmen. Eine weiter gehende Orientierung von **arbeitsvertraglichen Hauptleistungspflichten** an Tarifverträgen oder Betriebsvereinbarungen begründet sie nicht.

kk) Ausschlussfristen

Fraglich ist, ob Ausschlussfristen nach § 307 BGB künftig nur noch eingeschränkt zulässig sind.[88]

Die Verkürzung von Verjährungsfristen stellt nur eine unangemessene Benachteiligung gem. § 307 BGB dar, wenn durch die Frist die **Durchsetzung des Anspruches unzumutbar beeinträchtigt wird**.[89]

---

85 *Pauly*, NZA 1997, 1030, 1033.
86 Ausnahme zB § 615 Satz 2 BGB.
87 Zur Begründung im Einzelnen vgl. *Lingemann*, NZA 2002, 181, 188; ebenso *Thüsing*, BB 2002, 2666, 2671; *Gotthardt*, ZIP 2002, 277, 282; *Gotthardt*, Arbeitsrecht nach der Schuldrechtsreform, 2002, Rz. 242; *Annuß*, BB 2002, 458, 460; *Lindemann*, ArbuR 2002, 81, 86; aA *Däubler*, NZA 2001, 1329, 1334; *Lakies*, NZA-RR 2002, 337; unentschieden *Reinecke*, DB 2002, 583, 585; diese Herausnahme auch von kraft Verweisungsklausel einbezogenen Tarifverträgen und von Betriebsvereinbarungen aus einer AGB-Kontrolle war streitig, für eine Herausnahme *Wolf*, RdA 1988, 270, 272; dagegen: *Pauly*, NZA 1997, 1030, 1034, der insbesondere darauf verweist, dass auch die Rechtsprechung bisher Betriebsvereinbarungen einer Inhaltskontrolle unterworfen hatte, BAG, AP Nr. 142 zu § 242 BGB – Ruhegehalt; AP Nr. 12 zu § 112 BetrVG 1972; AP Nr. 1 zu § 1 BetrAVG – Ablösung.
88 *Däubler*, NZA 2001, 1329, 1336.
89 Vgl. BGH v. 21. 12. 1987, ZIP 1988, 360, 363; v. 6. 12. 1990, WM 1991, 459.

Genau am Maßstab der unangemessenen Benachteiligung und Zumutbarkeit für den Arbeitnehmer hat aber auch das BAG die Wirksamkeit von Verfallklauseln geprüft und – nach ausführlicher Analyse auch tarifvertraglicher und gesetzlicher Bestimmungen – die Wirksamkeit auch einer einmonatigen Verfallfrist bejaht.[90] Richtig ist der Hinweis von *Däubler*, dass der Gesetzgeber möglicherweise dieses Urteil zum Anlass genommen hat, zur Rechtsvereinheitlichung die Anwendbarkeit der AGB-Kontrolle auf Arbeitsverträge zu bejahen.[91] Allerdings hat der Gesetzgeber dann auch gerade Verfallklauseln als eine arbeitsrechtliche Besonderheit angesehen. Denn in der Entscheidung des BAG heißt es ausdrücklich:

„Erkennbar gehen **sowohl der Gesetzgeber als auch die Tarifvertragsparteien** davon aus, dass **im Arbeitsleben** grundsätzlich eine beschleunigte Geltendmachung von arbeitsrechtlichen Ansprüche erfolgen muss, um eine baldige Herbeiführung von Rechtssicherheit für beide Arbeitsvertragsparteien zu ermöglichen."

Angesichts dieser – auch gesetzlichen – Wertung speziell im Arbeitsrecht führt auch der Rückgriff auf die Entscheidungen zum Handelsvertreterrecht[92] für das Arbeitsrecht nicht weiter.

Eine Änderung bei der Vereinbarung der Dauer von Verfallfristen ergibt sich durch die Gesetzesnovelle daher nach hier vertretener Auffassung nicht.[93] Allerdings dürften wegen § 309 Nr. 13 BGB Verfallklauseln, die ausdrücklich eine gerichtliche Geltendmachung verlangen, nicht mehr wirksam sein.

II) Klauselverbote mit Wertungsmöglichkeit – § 308 BGB

Die spezifischen Klauselverbote **ohne** Wertungsmöglichkeiten – § 309 BGB – sollen nach der Gesetzesbegründung nur eingeschränkt gelten. Hier soll der Hauptanwendungsbereich für die „Besonderheiten des Arbeitsrechts" gem. der Bereichseinschränkung, § 310 Abs. 4 Satz 2 BGB, liegen. Eine ausdrückliche Aussage zu den Klauselverboten **mit** Wertungsmöglichkeit – § 308 BGB – findet sich in der Gesetzesbegründung nicht. Jedoch werden hier die Besonderheiten des Arbeitsrechts, die nach dem Wortlaut des § 310 Abs. 4 Satz 2 BGB insgesamt bei der AGB-Kontrolle zu berücksichtigen sind, schon über die in § 308 BGB selbst vorgesehene Wertungsmöglichkeit einfließen.

Bei den Klauselverboten mit Wertungsmöglichkeit könnte insbesondere § 308 Nr. 4 BGB von Bedeutung sein, nämlich die eingeschränkte Wirksamkeit **einseitiger Änderungsvorbehalte**:

(1) § 308 Nr. 4 BGB (entspricht dem früheren § 10 Nr. 4 AGBG) stellt die **Wirksamkeit einseitiger Änderungsvorbehalte unter den Vorbehalt der Zumutbarkeit für den anderen Vertragsteil.** Auch im Verkehr zwischen Unternehmern sind die Grund-

---

90 Zuletzt mit Urteil v. 13. 12. 2000, AP Nr. 2 zu § 241 BGB.
91 *Däubler*, NZA 2001, 1329, 1337; *Nägele/Chwalisz*, MDR 2002, 1341, 1346.
92 *Preis*, Grundlagen, S. 481 ff., 484 f.; BGH v. 12. 10. 1979, BGHZ 75, 218, 220.
93 AA allerdings ein Großteil der Literatur, ua. *Nägele/Chwalisz*, MDR 2002, 1341, 1348, die darin eine dem Gesetzeszweck widersprechende Verkürzung von Verjährungsfristen entgegen § 307 Abs. 2 BGB sehen; moderater *Schuster*, AiB 2002, 274, 278, der zwei- bis dreimonatige Ausschlussfristen als interessengerecht und wirksam ansieht; *Preis*, Der Arbeitsvertrag, S. 545 schlägt vier bis sechs Monate vor, *Hümmerich*, NZA 2003, 753, 756 eher neun Monate.

gedanken der Regelung gem. § 307 Abs. 2 Nr. 1 iVm. § 310 Abs. 1 Satz 2 BGB anzuwenden.[94]

(2) Die Rechtsprechung des BAG geht von anderen Rechtsgrundlagen aus. Insbesondere liegt das Schwergewicht der Prüfung nicht auf der Wirksamkeits- oder Angemessenheitskontrolle der Widerrufsklausel selbst (1), sondern auf der Ausübungskontrolle (2).[95]

(a) Nach der Rechtsprechung des BAG war die **Wirksamkeit von Änderungs**- oder Widerrufsvorbehalten bisher an **§ 138 bzw. § 134 BGB** zu messen.[96] Ein Verstoß gegen ein gesetzliches Verbot iSv. § 134 BGB lag insbesondere vor, wenn der Vorbehalt darauf abzielte, **den gesetzlichen Inhaltsschutz des Arbeitsverhältnisses – Kündigungsschutz nach § 2 KSchG – objektiv zu umgehen.**[97] Eine solche Umgehung des zwingenden Kündigungsschutzes hat die Rechtsprechung nur bejaht, wenn wesentliche Elemente des Arbeitsvertrages einer einseitigen Änderung unterliegen sollten, durch die das Gleichgewicht zwischen Leistung und Gegenleistung grundlegend gestört würde.[98] Daran fehlte es beispielsweise, wenn der Widerruf einer übertariflichen Zulage vorbehalten war, die nur einen Anteil von etwa 15% an der Gesamtvergütung ausmachte.[99] Bei hoch dotierten Mitarbeitern kann der widerrufliche Anteil auch höher sein.[100] Allerdings ist ein Widerrufsvorbehalt auch dann wirksam, wenn der Widerruf im Vertrag nicht von bestimmten Gründen abhängig gemacht wird.[101] Der Gegenstand der Änderung (frei widerrufliche Zulage in Höhe von Euro . . .; Versetzung in einen anderen Betrieb des Unternehmens auch an einen anderen Ort innerhalb Deutschlands), muss allerdings exakt beschrieben sein. Eine Kontrolle der Wirksamkeit der vertraglichen Regelung selbst fand bisher also nicht am Maßstab des AGBG statt.

(b) Auch ein **freier** Widerruf darf jedoch nur nach billigem Ermessen ausgeübt werden. Für diese **Ausübungskontrolle**[102] **nach § 315 BGB** stellte das BAG auf die **Zu-**

---

94 Palandt/*Heinrichs*, § 308 BGB Rz. 24.
95 Anschaulich *Hromadka*, FS Dieterich, 1999, S. 251, 265: „Je weniger die Voraussetzungen von Leistungsbestimmungsrechten präzisiert werden können, desto stärker verschiebt sich die Kontrolle in Richtung auf die Ausübung. Angemessenheitskontrolle und Ausübungskontrolle verhalten sich also zueinander wie zwei kommunizierende Röhren".
96 Sie scheitert nicht schon am Transparenzgebot, *Coester-Waltjen*, AcP 190 (1990), 1, 31.
97 Grundlegend: BAG v. 7. 10. 1982, AP Nr. 5 zu § 620 BGB – Teilkündigung unter III. 1. b) der Gründe; BAG v. 12. 12. 1984, AP Nr. 6 zu § 2 KSchG 1969 unter II 3 der Gründe; BAG v. 21. 4. 1993, AP Nr. 34 zu § 2 KSchG 1969; BAG v. 15. 11. 1995, AP Nr. 20 zu § 1 TVG – Tarifverträge: Lufthansa unter II. 5. der Gründe.
98 Sehr gute Übersicht über die Rechtsprechung zu Änderungsvorbehalten bei *Hromadka*, FS Dieterich, 1999, S. 268 ff.
99 BAG v. 13. 5. 1987, AP Nr. 4 zu § 305 BGB – Billigkeitskontrolle unter II. 2. der Gründe; v. 21. 4. 1993, AP Nr. 34 zu § 2 KSchG 1969 zu einer außertariflichen Provisionszusage, die lediglich 15% der Vergütung ausmachte.
100 Vgl. *Hromadka*, FS Dieterich, 1999, S. 268 f.: variable Vergütung bis zu 40% bei einem Chefarzt, der das dreifache von BAT 1 an Nebeneinkünften hatte.
101 Vgl. BAG v. 13. 5. 1987, EzA § 315 BGB Nr. 34; v. 9. 6. 1967, AP Nr. 5 zu § 611 BGB – Lohnzuschläge.
102 Anders als die Inhaltskontrolle, die als Rechtskontrolle die Wirksamkeit der vertraglichen Regelung als solcher betrifft, prüft die Ausübungskontrolle die Zulässigkeit der Berufung auf die – wirksame – vertragliche Bestimmung im Einzelfall, vgl. *von Hoyningen-Huene*, Inhaltskontrolle, Rz. 34 ff.; *Preis*, Grundlagen, S. 197 ff.

mutbarkeit des Widerrufs für den Betroffenen ab.[103] Insbesondere bedurfte es für die Ausübung des Widerrufs eines sachlichen Grundes.[104]

(c) Eine **weiter gehende materielle Kontrolle** wäre auch nach der Neuregelung **nicht zu rechtfertigen**:[105]

Auch künftig müssen daher nach hier vertretener Auffassung die **Gründe für einen Widerruf der Leistung** im Arbeitsvertrag nicht genannt werden.[106] Für die **Anrechnung von Tariferhöhungen auf übertarifliche Zulagen** gilt dies erst recht, da die Tariferhöhung selbst „für sich gesehen bereits ein sachlicher, die Anrechnung rechtfertigender Grund" ist.[107] Dies gilt umso mehr, als die übertarifliche Zulage letztlich nur als bloßer Rechnungsposten die Differenz zwischen dem tariflichen und dem arbeitsvertraglichen Gehalt wiedergibt, die sich naturgemäß mit jeder Tariferhöhung verringert.[108] Eines gesonderten Anrechnungsvorbehaltes bedarf es daher auch unter der Geltung des AGB-Rechts nicht, da sich die vereinbarte Vergütung nicht ändert.

Auch **Versetzungsklauseln** bedürfen künftig uE keiner weiter gehenden Einschränkungen. Es ist schon fraglich, ob § 308 Nr. 4 BGB auch den Änderungsvorbehalt über die Leistung des Vertragspartners erfasst oder nicht nur – gemäß seinem Wortlaut – über die des Verwenders selbst.[109] Jedenfalls aber wird als Spezifikum des Arbeitsrechts mit einer weiten Versetzungsklausel das Arbeitsverhältnis auch sicherer, zum einen, weil sich der Kreis der Sozialauswahl erweitert, zum anderen, weil auch anderweitige Beschäftigungsmöglichkeiten ggf. in größerem Umfang zu prüfen sind.[110] Gerade ein solcher angemessener Ausgleich für eine möglicherweise belastende Regelung ist bei der Bewertung der Unangemessenheit einer Klausel auch nach allgemeinen AGB-rechtlichen Grundsätzen zu berücksichtigen.[111] Die besondere Natur dieser Kompensation beruht auf den Besonderheiten des Kündigungsschutzrechts

---

103 BAG v. 15. 11. 1995, AP Nr. 20 zu § 1 TVG – Tarifverträge: Lufthansa unter II. 5. der Gründe.
104 Vgl. BAG v. 13. 5. 1987, EzA § 315 BGB Nr. 34.
105 Im Einzelnen *Lingemann*, NZA 2002, 181, 190; ebenso *Schnitker/Grau*, BB 2002, 2120, 2123; aA *Preis*, Grundlagen, S. 426 f.; ArbG Düsseldorf v. 18. 9. 2003, DB 2004, 81 mwN (n. rkr.).
106 AA *Preis*, Grundlagen, S. 426 ff., der diese Forderung auch auf die Anrechnung von Lohnerhöhungen auf übertarifliche Zulagen erstrecken will. Das ArbG Düsseldorf (v. 18. 9. 2003, DB 2004, 81) hält einen Widerrufsvorbehalt nach Geltung der AGB-Kontrolle für Arbeitsverträge nur noch dann für zulässig, wenn seine Ausübung an Gründe gebunden ist. Nach der Rechtsprechung des BGH zu § 10 Nr. 4 AGBG aF müssten die Änderungsgründe schwerwiegend sein. Nimmt man aber als derartige Gründe zB die Voraussetzungen des § 87 Abs. 2 AktG oder des § 147a Abs. 2 Nr. 2 SGB III an, so wären die Voraussetzungen für den Widerrufsvorbehalt ähnlich eng wie die einer Änderungskündigung zur Gehaltsreduzierung; dadurch bliebe nur noch ein sehr enger Anwendungsbereich für den Widerrufsvorbehalt.
107 BAG v. 22. 8. 1979, EzA § 4 TVG – Tariflohnerhöhung Nr. 3; *Schnitker/Grau*, BB 2002, 2120, 2124.
108 Vgl. BAG v. 16. 4. 1986, DB 1987, 1542; *Hromadka*, FS Dieterich, 1999, S. 275.
109 *Schnitker/Grau*, BB 2002, 2120, 2124; *Hümmerich*, NZA 2003, 753, 757, der aber aufgrund einer Anwendung von § 307 BGB gleichwohl eine inhaltliche Einschränkung auf gleichwertige Tätigkeiten für erforderlich hält.
110 *Hromadka*, FS Dieterich, 1999, S. 270; *Schnitker/Grau*, BB 2002, 2120, 2124; vgl. zu den Auswirkungen der konzernweiten Versetzungsklausel nur BAG v. 21. 1. 1999, DB 1999, 806; dazu *Lingemann/v. Steinrück*, DB 1999, 2161; diese Besonderheit steht uE auch der Unwirksamkeit einer Konzernversetzungsklausel nach § 309 Nr. 10 BGB entgegen; auch hier steht die höchstrichterliche Klärung aber aus.
111 Vgl. BGH v. 3. 11. 1999, NJW 2000, 1110, 1112 unter 3. a) der Urteilsgründe.

und ist daher eine Besonderheit des Arbeitsrechts, die einer weiter gehenden AGB-Kontrolle entgegensteht.[112]

mm) Klauselverbote ohne Wertungsmöglichkeit – § 309 BGB

Auch die Klauselverbote **ohne** Wertungsmöglichkeit enthalten im Arbeitsrecht eine Wertungsmöglichkeit, denn sie sind ausweislich der Gesetzesbegründung[113] in besonderer Weise an den Besonderheiten des Arbeitsrechts gemäß der Bereichseinschränkung des § 310 Abs. 4 Satz 2 BGB zu messen.

Praxisrelevant bei den Klauselverboten ohne Wertungsmöglichkeit sind im Arbeitsrecht vor allem die Regelungen zur Vertragsstrafe, § 309 Nr. 6 BGB, und zur Beweislastmodifikation, § 309 Nr. 12 BGB.

(1) Vertragsstrafe – § 309 Nr. 6 BGB

Nach § 309 Nr. 6 BGB (entspricht dem früheren § 11 Nr. 6 AGBG) sind **Vertragsstrafenklauseln** in Allgemeinen Geschäftsbedingungen unwirksam, wenn sie (ua.) für den Fall vereinbart werden, dass der andere Vertragsteil **sich vom Vertrag löst**.

Auch nach der Generalklausel des § 307 BGB (früher § 9 AGBG) ist eine Vertragsstrafenregelung nur unter eingeschränkten Voraussetzungen wirksam: Die Gründe, aus denen eine Vertragsstrafe verwirkt ist, müssen im Einzelnen konkretisiert werden, die bloße Angabe „Nichteinhaltung des Vertrages" reicht nicht aus.[114] Das **Verschuldenserfordernis** des § 339 BGB darf nur ausgeschlossen werden, wenn bei dem betreffenden Vertragstyp gewichtige Gründe für eine schuldunabhängige Haftung sprechen,[115] eine **Herabsetzung** der Vertragsstrafe, wie sie § 343 BGB für Individualvereinbarungen vorsieht, kommt bei Vertragsstrafen in AGB nicht in Betracht,[116] die **Höhe der Strafe** muss verhältnismäßig sein, und, soweit Schadensersatz vorbehalten bleibt, die Anrechnung auf die Vertragsstrafe muss geregelt werden.

Diese Grundsätze waren nach der **Rechtsprechung des BAG** auf den Arbeitsvertrag nicht übertragbar und fanden auch keine entsprechende Anwendung.[117] Eine Vertragsstrafenvereinbarung für den Fall eines Vertragsbruchs oder einer sonstigen schweren Pflichtverletzung durch den Arbeitnehmer ist nach dieser Rechtsprechung auch im Rahmen einer Billigkeitskontrolle nicht zu beanstanden, weil mit ihr der Arbeitgeber berechtigterweise den Schadensnachweis ersetzen könne, den er ansonsten nur schwer oder überhaupt nicht zu führen vermag, obwohl regelmäßig ein Vermögensschaden gegeben sei.[118] Unbillige Härten für den Arbeitnehmer durch eine ggf.

---

112 Vgl. dazu schon *Zöllner*, RdA 1989, 152, 160.
113 BT-Drucks. 14/6857, S. 53/54 zu Nr. 5, vgl. oben unter 1. a).
114 Vgl. OLG-Düsseldorf v. 18. 10. 1991, DB 1992, 86; *Wolf/Horn/Lindacher*, § 11 Nr. 6 AGBG Rz. 25.
115 BGH v. 28. 9. 1978, BGHZ 72, 178; BGH v. 24. 4. 1991, NJW-RR 1991, 1013; BGH v. 26. 9. 1996, NJW 1997, 135.
116 Vgl. BGH v. 18. 11. 1982, NJW 1983, 385, 387; bei Kaufleuten scheitert eine Herabsetzung schon an § 348 HGB.
117 BAG v. 27. 5. 1992, EzA § 339 BGB Nr. 8, unter II. 2. der Urteilsgründe mwN; aA LAG Berlin v. 24. 6. 1991, LAGE § 339 BGB Nr. 8.
118 BAG v. 27. 5. 1992, EzA § 339 BGB Nr. 8; ebenso *Zöllner*, RdA 1989, 152, 161; *Pauly*, NZA 1997, 1030, 1034; *Brox*, Anm. zu BAG AP Nr. 9 zu § 339 BGB; *Schwerdtner*, FS für Hilger/Stumpf, 1983, S. 631 ff.; einschränkend MünchArbR/*Richardi*, § 14 Rz. 71.

überhöhte Vertragsstrafe könnten durch Herabsetzung nach § 343 BGB vermieden werden.[119] Dies entspricht der Rechtsprechung des BGH vor Erlass des AGBG.[120]

Aufgrund der Novelle wird zT eine Vertragsstrafe für den Fall der Nichteinhaltung der Kündigungsfrist oder des Nichtantritts der Arbeitsstelle für unwirksam gehalten.[121] Der Arbeitgeber wäre damit künftig trotz Vereinbarung einer Vertragsstrafe bei einer unberechtigten fristlosen Kündigung oder einem schlichten Nicht-mehr-Erscheinen am Arbeitsplatz auf Schadensersatz nach § 628 BGB oder § 280 Abs. 1 BGB beschränkt. Tatsächlich ist nach hier vertretener Auffassung die Vertragsstrafe auch unter Geltung des § 310 Abs. 4 Satz 2 BGB in den Grenzen von § 307 BGB weiterhin wirksam.[122]

Für die Praxis empfiehlt es sich gleichwohl, künftig vorsichtiger zu formulieren: Die bloße Angabe „Nichteinhaltung des Vertrages" reicht als Voraussetzung für die Vertragsstrafe wohl nicht mehr aus.[123] Die Gründe, aus denen die Vertragsstrafe verwirkt ist, sollten **näher konkretisiert** werden.[124] In Betracht kommen insbesondere Nichtantritt der Arbeit, einseitige unberechtigte Lösung vom Vertrag und Pflichtverstöße, die den Arbeitgeber zur fristlosen Kündigung berechtigen,[125] ferner Verstöße gegen das vertragliche oder nachvertragliche Wettbewerbsverbot[126] oder gegen Geheimhaltungspflichten.[127] Man wird in Zukunft auch nicht mehr ohne weiteres darauf vertrauen können, dass eine zu hohe Vertragsstrafe nach § 343 BGB herabgesetzt wird. Daher wird man bei der Vertragsgestaltung mehr als bisher darauf achten müssen, dass die Strafe in einem **sachgerechten Verhältnis zur Bedeutung des Vertragsverstoßes** für den Verwender steht.[128] Natürlich darf die Vertragsstrafe wegen des Verbots von überraschenden Klauseln nach § 305c Abs. 1 BGB nicht im Vertrag versteckt werden, beispielsweise unter „Verschiedenes".[129]

⇨ **Praxistipp:** Soweit praktikabel, sollte eine Vertragsstrafevereinbarung möglichst als **Individualvereinbarung** aufgenommen werden, so dass die Regeln der AGB-Kontrolle nicht gelten, sondern die Regeln der allgemeinen Billigkeitskontrolle,

---

119 BAG v. 23. 5. 1984, AP Nr. 9 zu § 339 BGB m. zust. Anm. *Brox*; BAG v. 27. 5. 1992, EzA § 339 BGB Nr. 8; vgl. auch BAG v. 5. 2. 1986, AP Nr. 12 zu § 339 BGB m. Anm. *Löwisch* zur Zulässigkeit einer Klausel, mit der der Arbeitgeber die Höhe der Vertragsstrafe bestimmen kann.
120 BGH v. 6. 11. 1967, BGHZ 49, 84, 89.
121 *Däubler*, NZA 2001, 1329, 1336; *Reinecke*, BB 2002, 583, 586; ArbG Bochum, DB 2002, 1659; LAG Hamm v. 24. 1. 2003, EzA-SD 6/2003, S. 7; *Hümmerich*, NZA 2003, 753, 762.
122 So jetzt auch BAG v. 1. 3. 2004 – 8 AZR 196/03, PM 13/04. Näher zum bisherigen Meinungsstand *Lingemann*, NZA 2002, 181, 192; ebenso *Leder/Morgenroth*, NZA 2002, 952; *Annuß*, BB 2002, 463; *Gotthardt*, ZIP 2002, 383; ArbG Duisburg v. 14. 8. 2002, AuA 2002, 519; LAG Düsseldorf v. 8. 1. 2003, NZA 2003, 382; aA *Däubler*, NZA 2001, 1329, 1336; *Reinecke*, BB 2002, 583, 586; LAG Hamm v. 24. 1. 2003, EzA-SD 6/2003, S. 7 m. Anm. *Bauer/Rolf*, AP Nr. 2 zu § 309 BGB 2002; ArbG Bochum, DB 2002, 1659.
123 Vgl. OLG Düsseldorf v. 8. 10. 1991, DB 1992, 86; Wolf/Horn/Lindacher, § 11 Nr. 6 AGBG Rz. 25.
124 Vgl. *Preis*, Grundlagen, S. 474.
125 Vgl. BAG v. 23. 5. 1984, AP Nr. 9 zu § 339 BGB.
126 BAG v. 21. 5. 1971 und v. 25. 9. 1980, AP Nr. 5 und 7 zu § 339 BGB.
127 *Schwerdtner*, FS Hilger/Stumpf, 1983, S. 631, 645.
128 Vgl. LAG Düsseldorf v. 8. 1. 2003, NZA 2003, 382; ferner BGH v. 3. 4. 1998, NJW 1998, 2600 unter II. 3. b) der Urteilsgründe; OLG Düsseldorf v. 18. 10. 1991, DB 1992, 86.
129 Vgl. schon BAG v. 29. 11. 1995, BAGE 81, 317, 320; speziell seit Geltung der AGB-Kontrolle ArbG Bremen v. 30. 1. 2003, EzA-SD 7/2003, S. 12 f.

denen eine individualvertragliche Vertragsstrafe nach der Rechtsprechung des BAG jedenfalls standhalten würde.[130]

(2) Beweislastmodifikationen – § 309 Nr. 12 BGB

Nach § 309 Nr. 12 BGB (entspricht dem früheren § 11 Nr. 15 AGBG) ist eine Bestimmung unwirksam, durch die der Verwender die **Beweislast zum Nachteil des anderen Vertragsteils ändert**, insbesondere indem er a) diesem die Beweislast für Umstände auferlegt, die im Verantwortungsbereich des Verwenders liegen, oder b) den anderen Vertragsteil **bestimmte Tatsachen bestätigen lässt**; Letzteres gilt jedoch nicht für Empfangsbekenntnisse, die **gesondert unterschrieben** oder mit einer gesonderten qualifizierten elektronischen Signatur versehen sind.

Schon bisher hatte das BAG arbeitsvertragliche Eingriffe in die gesetzlichen oder nichtrechtlichen Beweislastregeln im Arbeitsvertrag als unzulässig angesehen. Die Bestätigung des Arbeitnehmers beispielsweise, ihm sei bekannt, dass die Ausbildung viel teurer sei als der Betrag, den der Arbeitgeber bei fehlender Vertragstreue zurückfordere, sah das BAG als unzulässige Beweislastmodifikation an und bezog sich dabei ausdrücklich auf den Rechtsgedanken des § 11 Nr. 15 lit. b AGBG, die Vorgängerregelung des jetzigen § 309 Nr. 12 lit. b BGB.[131] Insoweit bringt die Anwendung des § 309 Nr. 12 BGB also keine Änderung im Arbeitsrecht.

Auswirkungen könnte allerdings die Vorgabe des § 309 Nr. 12 lit. b für **Empfangsbekenntnisse** haben, die nur wirksam sind, wenn sie gesondert unterschrieben sind. Bisher gab es diese Einschränkung im Arbeitsrecht nicht ausdrücklich.[132] Allerdings deutete schon die Entscheidung des BAG v. 16. 3. 1994, mit der das BAG sich gegen eine vertragliche Beweislastmodifikation gewendet hat, darauf hin, dass auch Empfangsbekenntnisse mit entsprechender Wirkung jedenfalls den gesonderten Formvorschriften des § 11 Nr. 15 lit. b AGBG (jetzt § 309 Nr. 12b BGB) zu unterwerfen sein könnten.

▷ **Praxistipp:** Daher empfiehlt sich für die Praxis, künftig mehr noch als bisher darauf zu achten, dass Empfangsbekenntnisse vom übrigen Vertragstext deutlich abgesetzt[133] und vom Empfänger gesondert unterschrieben werden und nicht im allgemeinen Vertragswerk „untergehen".

(3) Verbot von Zurückbehaltungsrechten

Gem. § 309 Nr. 2b BGB ist eine Bestimmung unwirksam, durch die ein dem Vertragspartner des Verwenders zustehendes Zurückbehaltungsrecht, soweit es auf demselben Vertragsverhältnis beruht, ausgeschlossen oder eingeschränkt wird. Daraus wird

---

130 Vgl. BAG v. 27. 5. 1992, EzA § 339 BGB Nr. 8 unter II. 3. der Urteilsgründe.
131 BAG v. 16. 3. 1994, AP Nr. 18 zu § 611 BGB – Ausbildungsbeihilfe.
132 Vgl. aber *Preis*, ArbuR 1979, 101 zu Ausgleichsquittungen; zu den Anforderungen an die Bestimmtheit eines Klageverzichts vgl. BAG v. 20. 6. 1985, NZA 1986, 258: Die Erklärung „Ich erhebe gegen die Kündigung keine Einwendungen und werde meine Rechte, das Fortbestehen des Arbeitsverhältnisses geltend zu machen, nicht wahrnehmen oder eine mit diesem Ziel erhobene Klage nicht durchführen", reicht naturgemäß aus, nicht aber „Ich erkläre hiermit, dass mir aus Anlass der Beendigung des Arbeitsverhältnisses keine Ansprüche mehr zustehen", BAG v. 3. 5. 1979, AP Nr. 6 zu § 4 KSchG = DB 1969, 1465 = EzA § 4 KSchG Nr. 15 m. Anm. *Heckelmann*; zum Ganzen *Preis*, Grundlagen, S. 495 f.
133 OLG Hamburg v. 5. 9. 1986, ZIP 1986, 1260.

zum Teil geschlossen, dass künftig der Ausschluss des Zurückbehaltungsrechtes des Arbeitnehmers, welches typischerweise vereinbart wird für Gegenstände, die der Arbeitgeber dem Arbeitnehmer zum Besitz überlassen hat (zB Pkw, Mobiltelefon, Laptop), künftig ohne Wertungsmöglichkeit unwirksam sei.[134] Indes sind auch bei § 309 BGB die Besonderheiten des Arbeitsrechts gem. § 310 Abs. 4 Satz 2 BGB zu berücksichtigen. Solche Besonderheiten können jedenfalls bestehen, wenn der Arbeitgeber ein aus der spezifischen Struktur der Arbeitsbeziehung resultierendes berechtigtes Interesse am Ausschluss des Zurückbehaltungsrechtes hat, zB weil weitere Besitzüberlassung eine Gefahr für Betriebsgeheimnisse darstellt,[135] was typischerweise beim Laptop der Fall ist.

Allerdings ist jeder der angesprochenen Punkte höchst streitig, höchstrichterliche Rechtsprechung liegt zum Zeitpunkt der Drucklegung nur zur Frage des Widerrufsrechts und der Vertragsstrafe vor. Daher besteht derzeit noch ganz erhebliche Rechtsunsicherheit über die Auswirkungen der AGB-Kontrolle auf Arbeitsverträge. Die Formulierungsvorschläge in diesem Buch geben die von uns erwartete Entwicklung wieder, können aber nicht unkritisch übernommen werden, sondern müssen für die praktische Anwendung jeweils dem dann aktuellen Stand der Rechtsprechung angepasst werden.

2. Nachweisgesetz

Gem. § 2 Nachweisgesetz (NachwG) hat der Arbeitgeber spätestens einen Monat nach dem vereinbarten Beginn des Arbeitsverhältnisses die wesentlichen Vertragsbedingungen schriftlich niederzulegen, die Niederschrift zu unterzeichnen und dem Arbeitnehmer auszuhändigen. In die Niederschrift sind mindestens aufzunehmen:

– Name und Anschrift der Vertragsparteien,

– Zeitpunkt des Beginns des Arbeitsverhältnisses,

– bei befristeten Arbeitsverhältnissen: vorhersehbare Dauer des Arbeitsverhältnisses,

– Arbeitsort oder, falls der Arbeitnehmer nicht nur an einem bestimmten Arbeitsort tätig sein soll, ein Hinweis darauf, dass der Arbeitnehmer an verschiedenen Orten beschäftigt werden kann,

– eine kurze Charakterisierung oder Beschreibung der vom Arbeitnehmer zu leistenden Tätigkeit,

– Zusammensetzung und Höhe des Arbeitsentgelts einschließlich der Zuschläge, Zulagen, Prämien und Sonderzahlungen sowie anderer Bestandteile des Arbeitsentgeltes und deren Fälligkeit,

– vereinbarte Arbeitszeit,

– Dauer des jährlichen Erholungsurlaubs,

– Fristen für die Kündigung des Arbeitsverhältnisses,

– ein in allgemeiner Form gehaltener Hinweis auf die Tarifverträge, Betriebs- und Dienstvereinbarungen, die auf das Arbeitsverhältnis anzuwenden sind.

---

134 *Schuster*, AiB 2002, 274, 278.
135 So namentlich *Annuß*, BB 2002, 458, 463; krit. *Hümmerich*, NZA 2003, 753, 764.

Gem. § 2 Abs. 3 NachwG können die Vorgaben zum Arbeitsentgelt, zur Arbeitszeit, zum Erholungsurlaub und zu den Kündigungsfristen allerdings auch durch eine **Bezugnahme** auf die einschlägigen Tarifverträge, Betriebs- und Dienstvereinbarungen und ähnliche Regelungen, die für das Arbeitsverhältnis gelten, ersetzt werden.

Das NachwG gilt für alle Arbeitsverhältnisse.

Eine Verletzung der Nachweispflicht durch den Arbeitgeber berührt die Wirksamkeit des geschlossenen Arbeitsvertrages zwar nicht. Sie kann jedoch zu **Beweiserleichterungen** zugunsten des Arbeitnehmers führen bis hin zur analogen Anwendung der Beweisvereitelung nach § 444 ZPO[136] und zu Schadensersatzansprüchen des Arbeitnehmers. Letztere hat das BAG bejaht, wenn eine tarifvertragliche Ausschlussklausel aufgrund Betriebsüblichkeit in dem Betrieb gilt, der Arbeitgeber jedoch entgegen der Verpflichtung aus § 2 Abs. 1 Satz 2 NachwG diese Geltung des Tarifvertrags nicht in den Nachweis aufnimmt. Zwar gilt die Ausschlussklausel auch ohne diese Aufnahme; der Arbeitnehmer hat jedoch einen Schadensersatzanspruch dahin, so gestellt zu werden, als sei er rechtzeitig darauf hingewiesen worden.[137] Nimmt der Nachweis bereits auf einen bestimmten Tarifvertrag Bezug, bedarf es der gesonderten Erwähnung der Ausschlussfrist nicht mehr.[138]

3. Arbeiter/Angestellte

Die Unterscheidung zwischen Arbeitern und Angestellten hat aufgrund der Entscheidung des Bundesverfassungsgerichts vom 30. 5. 1990[139] und der Angleichung der Kündigungsfristen in § 622 BGB durch das am 15. 10. 1993 in Kraft getretene Kündigungsfristengesetz bei der Bestimmung der Kündigungsfristen weitgehend ihre Bedeutung verloren. Nach Wegfall des § 19 Abs. 1 der früheren AZO durch Erlass des ArbZG bestehen auch bei der Arbeitszeitregelung und seit In-Kraft-Treten des EFZG (1. 6. 1994) im Recht der Entgeltfortzahlung keine Unterschiede mehr.[140] Die Arbeiter und Angestellten wählen auch nicht mehr getrennt ihre Vertreter zum Betriebsrat. Auch eine Differenzierung zwischen Arbeitern und Angestellten in der betrieblichen Altersversorgung dürfte gleichheitswidrig und damit unzulässig sein.[141] Einige Tarifverträge knüpfen jedoch nach wie vor an diese Unterscheidung an. Folgende Kriterien sind für die Unterscheidung wichtig:

---

136 Vgl. *Preis*, NZA 1997, 10, 13 mwN; LAG Köln v. 9. 1. 1998, LAGE § 2 NachwG Nr. 4; *Hohmeister*, BB 1998, 587.
137 BAG v. 23. 1. 2002 – 4 AZR 56/01, NZA 2002, 800.
138 LAG Niedersachsen v. 7. 12. 2000, NZA-RR 2001, 145; LAG Köln v. 6. 12. 2000, ZIP 2001, 336; LAG Bremen v. 9. 11. 2000, NZA-RR 2001, 98; LAG Hamm v. 10. 9. 1999, MDR 2000, 463; aA LAG Schleswig-Holstein v. 8. 2. 2000, NZA-RR 2000, 196; ErfK/*Preis*, § 2 NachwG Rz. 26; *Koch*, FS Schaub, 1998, S. 421, 438; dazu näher *Thüsing/Lambrich*, NZA 2002, 1361, 1370.
139 BVerfG v. 30. 5. 1990, NZA 1990, 721; so jetzt auch ausdrücklich BAG v. 10. 12. 2002, DB 2003, 2018 zur betrieblichen Altersversorgung, Vertrauensschutz des Arbeitgebers für eine Ungleichbehandlung von Arbeitern und Angestellten bestand danach nur bis 30. 6. 1993.
140 Vgl. *Bauer/Röder/Lingemann*, S. 18 f.
141 BAG v. 23. 4. 2002, AP Nr. 54 zu § 1 BetrAVG – Gleichbehandlung.

Checkliste: Abgrenzung Arbeiter/Angestellte

Arbeiter
→ überwiegend körperliche Tätigkeit
→ überwiegend ausführende Tätigkeit in der Produktion/Technik
→ Ferne zur Unternehmensleitung
→ Produktionsbereich
→ starke Umgebungseinflüsse

Angestellte
→ überwiegend geistige, dh. kaufmännische oder büromäßige Tätigkeit
→ in Produktion/Technik stärker leitende Tätigkeit
→ Nähe zur Unternehmensleitung
→ höhere Qualifikation
→ geringere Umgebungseinflüsse

Angestellte sind zB Kassierer in Selbstbedienungsläden, Krankenschwestern, Musiker, Telefonisten. Arbeiter sind zB Boten, Kellner, Lageristen, Portiers, Zahntechniker.[142]

4. Tarifbindung

Erst wenn feststeht, ob und ggf. welcher Tarifvertrag anwendbar ist, kann auch der Arbeitsvertrag sachgerecht gefasst werden. Der Arbeitsvertrag darf nicht hinter den tariflich festgelegten Mindestnormen in einem anwendbaren Tarifvertrag zurückbleiben, es sei denn, der Tarifvertrag enthält eine entsprechende Öffnungsklausel (Günstigkeitsprinzip, § 4 Abs. 3 TVG).[143] Anwendbar ist der Tarifvertrag, wenn er nach seinem

– räumlichen,

– betrieblich/fachlichen und

– persönlichen

Geltungsbereich für das Arbeitsverhältnis einschlägig ist und Tarifbindung besteht. Tarifbindung wiederum besteht, wenn

– der Arbeitgeber Mitglied des tarifschließenden Arbeitgeberverbandes ist und der Arbeitnehmer Mitglied der tarifschließenden Gewerkschaft, § 3 Abs. 1 TVG (beiderseitige Verbandsmitgliedschaft), oder

– der Arbeitgeber selbst einen Haus- oder Firmentarifvertrag geschlossen hat und der Arbeitnehmer Mitglied der vertragschließenden Gewerkschaft ist, § 3 Abs. 1 TVG, oder

– der Bundesminister für Arbeit und Sozialordnung (jetzt: Bundesministerium für Wirtschaft und Arbeit) oder nach § 5 Abs. 6 TVG die entsprechenden obersten Landes-

---
142 LAG Saarland v. 27. 1. 1982, BB 1982, 1302, fragwürdig.
143 Vgl. BAG Großer Senat v. 7. 11. 1989, DB 1990, 1724.

behörden den Tarifvertrag gemäß § 5 TVG für allgemein verbindlich erklärt haben. Dann gilt der Tarifvertrag auch für nicht tarifgebundene Arbeitnehmer und Arbeitgeber unmittelbar und zwingend. Allgemein verbindliche Tarifverträge finden sich vor allem im Baubereich, im Hotel- und Gaststättengewerbe, im Reinigungsgewerbe und im Handel. Die allgemein verbindlichen Tarifverträge werden nach § 6 TVG bei den Tarifregistern beim Bundesministerium für Arbeit und Sozialordnung und bei den Länderarbeitsministerien geführt.

Ist der Tarifvertrag danach anwendbar, so gelten nach § 4 Abs. 5 TVG seine Rechtsnormen auch nach seinem Ablauf noch so lange weiter, bis sie durch eine andere Abmachung ersetzt worden sind. In diesem „Nachwirkungszeitraum" ist der Tarifvertrag nicht mehr zwingend, dh. seine Bestimmungen dürfen auch von tarifgebundenen Parteien durch einzelvertragliche Abmachung unterschritten werden.[144]

5. Einzelvertragliche Einbeziehung des Tarifvertrages

Tarifverträge können auch durch Einzelarbeitsvertrag ganz oder teilweise einbezogen werden (vgl. § 2 Abs. 1 Nr. 10 NachwG). § 622 Abs. 3 Satz 2 BGB bestimmt dies beispielsweise ausdrücklich für die tariflichen Kündigungsfristen, § 4 Abs. 4 EFZG für die tariflichen Berechnungsvorschriften für die Krankenvergütung oder § 13 Abs. 1 Satz 2 BUrlG für tarifliche Urlaubsregelungen. Die vertragliche Inbezugnahme muss allerdings bestimmt und eindeutig sein. Es muss klar ersichtlich sein, auf welchen Tarifvertrag und gegebenenfalls auf welche Bestimmungen im Einzelnen verwiesen werden soll.[145] Sind von einer Gewerkschaft zwei miteinander konkurrierende Tarifverträge geschlossen worden, ist eine vertragliche Inbezugnahmeklausel so auszulegen, dass der auf den konkreten Betrieb zutreffende Tarifvertrag angewandt werden soll.[146] Daneben kann der Tarifvertrag in Bezug genommen werden durch

– arbeitsvertragliche Einheitsregelung oder

– eindeutige Gesamtzusage oder

– Betriebsvereinbarung für die nicht organisierten Arbeitnehmer. Allerdings gilt dies nach § 77 Abs. 3 BetrVG nicht für Arbeitsentgelte und sonstige Arbeitsbedingungen, die üblicherweise durch Tarifvertrag geregelt sind. Insoweit kann auch nicht auf Lohntarifverträge verwiesen werden,[147] es sei denn, der Tarifvertrag enthält eine Öffnungsklausel. Ist Gegenstand der Betriebsvereinbarung ein Tatbestand zwingender Mitbestimmung nach § 87 BetrVG (insbesondere Fragen der Lohngestaltung gemäß § 87 Abs. 1 Nr. 10 BetrVG), so hindert nach hM nur ein tatsächlich bestehender Tarifvertrag den Abschluss einer Betriebsvereinbarung.[148] In jedem Falle können tarifliche Kündigungsfristen durch Verweisung in einer Betriebsvereinbarung einbezogen werden;[149] oder

---

144 BAG v. 18. 3. 1992, BB 1992, 1213.
145 BAG v. 2. 3. 1988, DB 1988, 1322; v. 29. 7. 1986, NZA 1987, 668.
146 BAG v. 4. 9. 1996, DB 1996, 2550, NZA 1997, 271.
147 *Fitting*, § 77 BetrVG Rz. 66.
148 BAG v. 20. 8. 1991, DB 1992, 275; v. 24. 2. 1987, BB 1987, 1246.
149 KR/*Hillebrecht*, § 622 BGB Rz. 161 ff.

– betriebliche Übung.[150] Die vertragliche Bezugnahme auf tarifvertragliche Regelungen ist nicht an eine Form gebunden. Sie kann sich vielmehr auch aus einer betrieblichen Übung oder konkludentem Verhalten der Arbeitsvertragsparteien ergeben. Sie ist allerdings in den Nachweis gem. NachwG aufzunehmen (vgl. oben unter 2.). Ist der Arbeitgeber tarifgebunden, so ist die Gewährung tariflicher Leistungen im Zweifel so zu verstehen, dass alle einschlägigen Tarifbestimmungen gelten sollen, also auch tarifliche Ausschlussfristen.

Der Grundsatz der arbeitsrechtlichen Gleichbehandlung führt nicht zur Tarifbindung nicht organisierter Parteien, da die Unterscheidung zwischen organisierten Arbeitnehmern und Außenseitern eine sachliche Differenzierung rechtfertigt. Regelmäßig wird der Arbeitgeber Außenseiter jedoch nicht schlechter stellen als tarifgebundene Arbeitnehmer, schon um keinen Anreiz für eine stärkere Organisierung seiner Arbeitnehmer zu schaffen. Zur Wirkung und Auslegung von Bezugnahmeklauseln vgl. **M 2.2** Ziff. 5, Rz. 7 ff.

---

150 Vgl. BAG v. 23. 1. 2002, NZA 2002, 800; v. 19. 1. 1999, BB 1999, 1388 (LS); allerdings gelten bei Bezugnahme auf Tarifverträge im öffentlichen Dienst Besonderheiten: Im Geltungsbereich der Tarifverträge des öffentlichen Dienstes kann eine bloße betriebliche Übung, die eine vertragliche Nebenpflicht betrifft, wegen des Schriftformgebots des § 4 BMT-G II bzw. des § 4 II BAT keinen Anspruch auf die üblich gewordene Leistung begründen, BAG v. 18. 9. 2002, NZA 2003, 337.

II. Muster

2.1 Arbeitsvertrag mit einem gewerblichen Arbeitnehmer ohne Bezugnahme auf Tarifvertrag[1]

1. Art und Ort der Tätigkeit[2]

Der Arbeitnehmer wird ab . . . als . . . (zB Produktionshelfer) für eine Tätigkeit in . . . eingestellt. Der Arbeitgeber behält sich vor, den Arbeitnehmer mit anderen zumutbaren, dh. seiner Qualifikation entsprechenden gleichwertigen Arbeiten zu beschäftigen, insbesondere . . . (zB Lagerhelfer).[3]

---

1 Mangels Tarifbindung müssen hier auch die Regelungen in den Vertrag aufgenommen werden, die sonst Gegenstand des Tarifvertrages sind.
2 Vgl. § 2 Abs. 1 Satz 2 Nr. 2, 4 und 5 NachwG.
3 Vgl. § 2 Abs. 1 Nr. 2, 4 und 5 NachwG iVm. § 106 GewO. Über die Versetzungsklausel hinaus kann eine andere Tätigkeit nur im Wege der Änderungskündigung zugewiesen werden. Je weiter die Versetzungsklausel, desto weiter ist der Kreis vergleichbarer Arbeitsplätze im Rahmen der Sozialauswahl nach § 1 Abs. 3 KSchG (vgl. BAG v. 29. 3. 1990, DB 1991, 173). Überdies führt eine weite Versetzungsklausel dazu, dass der Arbeitgeber den Arbeitnehmer im Rahmen dieser Versetzungsklausel gegebenenfalls versetzen muss, um einen leistungsgerechten Arbeitsplatz für einen leistungsgeminderten Arbeitnehmer zu schaffen (BAG v. 29. 1. 1997, BB 1997, 894; krit. *Lingemann*, BB 1998, 1106). Zur Konzernversetzungsklausel vgl. *Lingemann/von Steinrück*, Konzernversetzung und Kündigungsschutz, DB 1999, 2161. Gem. § 308 Nr. 4

2. Probezeit[4] und Vertragsdauer

(1) Die ersten sechs Monate gelten als Probezeit. Während dieser Zeit kann das Arbeitsverhältnis mit einer Frist von zwei Wochen gekündigt werden.

oder

(1) Es wird zunächst ein befristetes Probearbeitsverhältnis vereinbart; dieses endet am . . ., ohne dass es einer Kündigung bedarf. Das Probearbeitsverhältnis kann beiderseits mit einer Frist von . . . zum . . . vorzeitig gekündigt werden. Die Firma wird den Arbeitnehmer spätestens . . . vor Ablauf darüber informieren, ob die Fortsetzung der Beschäftigung als (unbefristetes) Arbeitsverhältnis beabsichtigt ist.[5]

(2) Das Arbeitsverhältnis kann mit gesetzlicher Kündigungsfrist gekündigt werden. Es endet spätestens, ohne dass es einer Kündigung bedarf, mit Ablauf des Monats, in dem der Arbeitnehmer die Regelaltersgrenze der gesetzlichen Rentenversicherung erreicht.[6]

3. Arbeitszeit[7]

Die wöchentliche Arbeitszeit beträgt ausschließlich der Pausen 40 Stunden.[8] *Ihre Lage richtet sich nach der betrieblichen Einteilung.*[9]

BGB steht die Wirksamkeit einseitiger Änderungsvorbehalte unter dem Vorbehalt der Zumutbarkeit für den anderen Vertragsteil. Die Besonderheit des Arbeitsrechts iSv. § 310 Abs. 4 Satz 2 BGB, die auch weite Versetzungsklauseln rechtfertigt, ist uE jedoch die Tatsache, dass durch eine solche Versetzungsklausel im Falle der Kündigung der Kreis der Sozialauswahl erweitert wird und auch anderweitige Beschäftigungsmöglichkeiten ggf. in größerem Umfang zu prüfen sind, im Einzelnen *Lingemann*, NZA 2002, 181, 190, 191 sowie oben unter I. 1. II) (2) (c); alternative Formulierungen, die den Kreis der zumutbaren Tätigkeiten im Hinblick auf § 308 Nr. 4 BGB konkreter fassen, s. auch **M 3.1** § 1 (2).

4 Wird keine Probezeit vereinbart, gilt trotzdem während der ersten sechs Monate kein Kündigungsschutz, § 1 Abs. 1 KSchG. Die Vereinbarung einer Probezeit dient daher nur dazu, für diese Zeit bis maximal sechs Monate die kürzere Kündigungsfrist des § 622 Abs. 3 BGB anzuwenden anstelle der Mindestkündigungsfrist von vier Wochen zum 15. oder zum Ende eines Kalendermonats gem. § 622 Abs. 1 BGB. Soll die Kündigungsfrist nicht entsprechend verkürzt werden, so ist der Hinweis auf die Probezeit im Vertrag überflüssig. Umgekehrt kann die 6-Monats-Frist des § 1 Abs. 1 KSchG nicht vertraglich verlängert werden. Zulässig ist aber der Abschluss eines Aufhebungsvertrages über die Probezeit hinaus – im Fall des BAG 4 Monate – mit Wiedereinstellungszusage für den Fall der Bewerbung (BAG v. 7. 3. 2002, DB 2002, 1997; dazu *Lembke*, DB 2002, 2648).

5 Gem. § 14 Abs. 1 Nr. 5 TzBfG ist die Erprobung ein Sachgrund für eine Befristung; die Dauer wird sich jedoch an sechs Monaten orientieren müssen.

6 Zu Alternativen und Erweiterungen vgl. **M 3.1** bei § 16 (3).

7 Vgl. § 2 Abs. 1 Satz 2 Nr. 7 NachwG; zu Einzelheiten und Grenzen nach dem ArbZG vgl. **M 2.2** Fn. 3.

8 Die **Dauer** der Arbeitszeit kann nicht zur freien Disposition des Arbeitgebers gestellt werden, da ansonsten der gesetzliche Schutz für Änderungskündigungen umgangen würde (BAG v. 12. 12. 1984, EzA § 315 BGB Nr. 29; ArbG Hamburg v. 2. 5. 1984, AiB 1984, 138; *Hanau*, NZA 1984, 345, 347). Sie ist auch nach § 2 Abs. 1 Nr. 8 NachwG im Nachweis schriftlich niederzulegen.

9 Eine genaue Regelung der **Lage** der Arbeitszeit im Arbeitsvertrag ist aus Arbeitgebersicht nicht sinnvoll. Die Festlegung der Lage der Arbeitszeit gehört zum Kernbereich des Direktionsrechtes des Arbeitgebers, so dass eine vertragliche Regelung dieses beschränken würde. Auch eine langjährig unveränderte Arbeitszeit führt nicht zu einer Konkretisierung und

oder

Die regelmäßige Arbeitszeit beträgt ausschließlich der Pausen 40 Stunden/Woche. Sie kann aus betrieblichen Gründen auf mehrere Wochen ungleichmäßig verteilt werden, jedoch nur so, dass in ... zusammenhängenden Wochen der Ausgleich erreicht sein muss.[10]

oder

Die Arbeitszeit beträgt 163 Stunden monatlich, wobei die tatsächliche Arbeitszeit in den einzelnen Monaten zwischen 150 und 180 Stunden variieren kann. Die Vergütung ist konstant. Die Zahl der geleisteten Stunden wird bis zum Jahresende ausgeglichen.[11]

4. Mehrarbeit, Überstunden etc.

Der Arbeitnehmer ist verpflichtet, auf Anordnung des Arbeitgebers[12] *Mehrarbeits- und Überstunden bis zu ... Stunden/Monat*[13]*, sowie Nacht-, Schicht-, Samstags-, Sonn- und Feiertagsarbeit in gesetzlich zulässigem Umfang zu leisten.*

Mehrarbeits- und Überstunden werden durch Freizeitausgleich mit dem Faktor 1,25 abgegolten.

oder

Die Firma zahlt für jede geleistete Über- oder Mehrarbeitsstunde einen Zuschlag von 25% zu dem Arbeitsentgelt nach Ziff. 5 Satz 2 bleibt unberührt.

5. Arbeitsentgelt

(1) Der Arbeitnehmer erhält folgende Vergütung:

– Grundlohn in Höhe von Euro ...

– Zuschläge für

   1. Nachtarbeit iHv. ...% pro Stunde, wobei Nachtarbeit die zwischen 23.00 und 6.00 Uhr geleistete Arbeit ist.

   2. Wechselschicht iHv. Euro ... je Schicht.

   3. Zuschläge für Sonn- und Feiertagsarbeit iHv. ...% pro Stunde.

   4. Arbeit an Samstagen iHv. ...% pro Stunde.

---

damit Beschränkung des Weisungsrechts für die Zukunft (vgl. BAG v. 11. 10. 1995, DB 1996, 834; aA wohl ArbG Freiburg v. 15. 9. 1987, DB 1988, 184; BAG v. 19. 6. 1985, DB 1986, 132). Dass nach Geltung der AGB-Kontrolle für Arbeitsverträge auch eine Veränderung der Lage der Arbeitszeit über § 315 BGB an § 307 oder § 308 Nr. 4 BGB zu messen wäre (so wohl *Hümmerich*, NZA 2003, 753, 758), halten wir für zweifelhaft. Sofern man dieser Auffassung folgt, müsste man noch ausdrücklich den Vorbehalt der Zumutbarkeit in die Formulierung aufnehmen. Für Sonntagsarbeit empfiehlt sich eine ausdrückliche Regelung im Arbeitsvertrag, die in Ziff. 4 enthalten ist.

10 Beachte aber § 3 ArbZG.
11 S. auch **M 2.2** Ziff. 3, Fn. 3 ff.; zu Flexibilisierungsmodellen *Baeck/Deutsch*, ArbZG, 2. Aufl. 1999, § 3 Rz. 3 ff.; *Schliemann/Förster/Meyer*, Arbeitszeitrecht, 1997, Rz. 132 ff.
12 Vgl. EuGH v. 8. 1. 2001, NZA 2001, 381.
13 Eine Beschränkung der Überstundenanzahl kann wegen § 12 TzBfG ratsam sein.

(2) Treffen mehrere Zuschläge zusammen, wird nur der höchste Zuschlag gezahlt.

(3) Grundlohn und Zuschläge sind fällig jeweils zum 3. Arbeitstag des Folgemonats.

(4) Im Falle des Verzuges sind Zinsen nicht aus dem Bruttoentgelt, sondern aus dem Nettoentgelt geschuldet.[14]

(5) Ansprüche auf Arbeitsentgelt dürfen nicht abgetreten oder verpfändet werden.[15] *Bei Abtretungen, Verpfändungen oder Pfändungen von Ansprüchen auf Arbeitsentgelt werden je Bearbeitungsvorgang Euro 2,50 pro Pfändung, Abtretung oder Verpfändung, zusätzlich Euro 2,50 für jedes zusätzliche Schreiben sowie Euro 1,00 je Überweisung vom Lohn einbehalten und spätestens mit der übernächsten Lohnabrechnung verrechnet.*[16]

Dem Arbeitnehmer bleibt der Nachweis, dass ein Schaden überhaupt nicht entstanden oder wesentlich niedriger als die Pauschale ist, vorbehalten.[17]

---

14 Mit Beschluss v. 7. 3. 2001, NZA 2001, 1195 hat das BAG seine Rechtsprechung dahin geändert, dass Verzugszinsen aus dem Bruttolohn geschuldet sind. Eine abweichende Vereinbarung hat das BAG allerdings nicht ausdrücklich ausgeschlossen; die Wirksamkeit einer solchen abschließenden Vereinbarung ist indes offen.

15 Die Abtretung von Lohnforderungen kann nach § 399 BGB wirksam ausgeschlossen werden mit der Folge, dass sie auch gegenüber dem Abtretungsempfänger (absolut) unwirksam ist. Dann ist auch eine Verpfändung unwirksam (§ 1274 Abs. 2 BGB). Ein solcher Ausschluss findet sich häufig in Verträgen mit gewerblichen Arbeitnehmern, seltener in Verträgen mit Führungskräften. Zahlreiche Lohnpfändungen oder Abtretungen können eine Kündigung rechtfertigen, wenn sie einen derartigen Arbeitsaufwand des Arbeitgebers verursachen, dass sie bei objektiver Beurteilung wesentliche Störungen im Arbeitsablauf – etwa in der Lohnbuchhaltung oder Rechtsabteilung – oder in der betrieblichen Organisation zur Folge haben (BAG v. 4. 11. 1981, DB 1982, 498; LAG Hamm v. 21. 9. 1977, DB 1977, 2237). Zuvor muss der Arbeitnehmer jedoch abgemahnt worden sein (LAG Hamm v. 21. 9. 1977, DB 1977, 2237; *Brill*, DB 1976, 1816, 1818). Bei besonderer Vertrauensstellung (zB: Kassierer, Buchhalter) kann auch bei geringeren Beeinträchtigungen eine Kündigung schon in Betracht kommen (LAG Hamm v. 21. 9. 1977, DB 1977, 2237; LAG Rheinland-Pfalz v. 18. 12. 1978, EzA § 1 KSchG verhaltensbedingte Kündigung Nr. 5).

16 Auch wenn die Abtretung und Verpfändung vertraglich ausgeschlossen ist, hindert dies Gläubiger nicht, im Wege der Lohnpfändung auf das Arbeitseinkommen zuzugreifen. Daher empfiehlt es sich für den Arbeitgeber, zumindest für diesen Fall eine Kostenregelung zu vereinbaren. Dabei kann vereinbart werden, dass entsprechende Kosten für jeden Bearbeitungsvorgang vom Lohn einbehalten werden. Die Angaben in Literatur und Rechtsprechung vor Geltung der AGB-Kontrolle für Arbeitsverträge schwankten zwischen 0,5% und 10% der Pfändungssumme (vgl. *Brill*, DB 1976, 2400, 2402 f.). Da der Arbeitsaufwand jedoch letztlich nicht von der gepfändeten Summe abhängt und gem. § 309 Nr. 5a BGB der pauschalierte Schadensersatz den nach dem gewöhnlichen Verlauf der Dinge zu erwartenden Schaden nicht übersteigen darf, empfiehlt sich eher eine pauschalierte Anknüpfung an die tatsächlich entstehenden Kosten, wie im Muster vorgesehen (*Preis/Preis*, Der Arbeitsvertrag, II A 10, Rz. 53). Die Klausel verstößt möglicherweise nach Geltung der AGB-Kontrolle für Arbeitsverträge gegen § 307 Abs. 2 Nr. 1 BGB. Vergleichbare Klauseln in den AGB-Banken hat der BGH wegen Unvereinbarkeit mit wesentlichen Grundgedanken der gesetzlichen Regelung für unwirksam erklärt (vgl. BGH v. 19. 10. 1999 – XI ZR 8/99, NJW 2000, 651; v. 18. 5. 1999 – XI ZR 219/98, NJW 1999, 2276). Ob dies auch im Arbeitsrecht gilt, ist unklar (vgl. *Hannewald*, NZA 2001, 19 noch unter Berücksichtigung des § 23 AGBG aF).

17 Die Einschränkung ist wegen § 309 Nr. 5 lit. b BGB ratsam.

6. Arbeitsunfähigkeit

Der Arbeitnehmer zeigt jede Arbeitsunfähigkeit und deren voraussichtliche Dauer unverzüglich der Geschäftsleitung/Betriebsleitung an. Er weist sie binnen zwei Tagen nach[18] durch ärztliches Attest nach, dasselbe gilt für Folgebescheinigungen.[19]

7. Urlaub

Der Arbeitnehmer erhält kalenderjährlich einen Erholungsurlaub von . . . Arbeitstagen.[20]

8. Geheimhaltung

Der Arbeitnehmer verpflichtet sich, über alle betrieblichen und geschäftlichen Angelegenheiten dritten Personen gegenüber Stillschweigen zu bewahren, und zwar auch nach Beendigung des Arbeitsverhältnisses.

9. Ausschlussfrist

(1) Alle Ansprüche aus dem Arbeitsverhältnis und solche, die mit dem Arbeitsverhältnis in Verbindung stehen, müssen binnen neun Monaten nach Fälligkeit gegenüber der anderen Vertragspartei schriftlich geltend gemacht werden. **Evtl.:** *Lehnt die andere Vertragspartei den Anspruch ab oder erklärt sie sich nicht innerhalb von drei Wochen nach Geltendmachung des Anspruchs, verfällt dieser, wenn er nicht innerhalb von neun Monaten nach der Ablehnung oder dem Fristablauf gerichtlich geltend gemacht wird.[21]*

(2) Abs. (1) gilt nicht bei einer Haftung wegen Vorsatz.[22]

10. Geltung von Betriebsvereinbarungen und Betriebsordnung[23]

Im Übrigen gelten die Betriebsvereinbarungen und die anliegende Betriebsordnung.

---

18 Nach § 5 Abs. 1 Satz 2 EFZG gilt eine Frist von drei Tagen, gemäß § 5 Abs. 1 Satz 3 EFZG ist der Arbeitgeber jedoch berechtigt, die Vorlage der ärztlichen Bescheinigungen früher zu verlangen (zu Einzelheiten: *Bauer/Röder/Lingemann*, S. 64 ff. mwN).

19 Vgl. § 5 Abs. 1 Satz 5 EFZG; ob auch hier die Dreitagesfrist wie bei Erstbescheinigungen gilt, ist nicht sicher und sollte daher geregelt werden (vgl. im Übrigen vorhergehende Anmerkung).

20 Der Mindesturlaub nach § 3 Abs. 1 BUrlG beträgt 24 Werktage, wobei Werktage gem. § 3 Abs. 2 BUrlG alle Kalendertage außer Sonn- und Feiertagen sind, so dass auch arbeitsfreie Samstage auf den Urlaub nach Werktagen angerechnet werden (*Dersch/Neumann*, BUrlG, 8. Aufl. 1997, § 3 Rz. 30 ff.). Wird der Urlaub nach Arbeitstagen festgelegt, so kommt es auf die konkreten Arbeitstage im Betrieb an, wobei der Urlaubsanspruch sich berechnet nach der Zahl der Urlaubswerktage geteilt durch 6, multipliziert mit der Zahl der Arbeitstage des Arbeitnehmers in einer Woche (BAG v. 27. 1. 1987, DB 1987, 340). Zur Berechnung bei Teilzeitarbeitnehmern vgl. BAG v. 14. 2. 1991, NZA 1991, 777.

21 Ob und ggf. inwieweit Ausschlussfristen nach Geltung der AGB-Kontrolle für Arbeitsverträge noch zulässig sind, ist umstritten. Namentlich das Erfordernis gerichtlicher Geltendmachung könnte an § 309 Nr. 13 BGB scheitern. Zu Einzelheiten vgl. **M 3.1** Fn. 58 sowie oben I. 1. b) kk).

22 Vgl. § 202 Abs. 1 BGB.

23 Ob auch die Betriebsvereinbarungen dem Vertrag jeweils beigefügt werden müssen, ist nicht abschließend geklärt. Nach hier vertretener Auffassung ist das nicht der Fall.

11. Der Arbeitnehmer stimmt der Erhebung, Verarbeitung und Nutzung seiner Daten unter Einschluss von personenbezogenen Daten zu, soweit sie im Rahmen der Zweckbestimmung des Arbeitsverhältnisses erfolgt.[24]

12. Schriftformklausel

Änderungen und/oder Ergänzungen zu diesem Vertrag bedürfen der Schriftform.[25] Die elektronische Form ist ausgeschlossen.[26] Mündliche Vereinbarungen über die Aufhebung der Schriftform sind nichtig.[27]

---

[24] Vgl. § 28 Abs. 1 Nr. 1 iVm. § 3 Nr. 9 BDSG; Einzelheiten s. Kapitel 1 unter I. 3. sowie bei Muster **M 1.5**.

[25] Gegenüber dieser Regelung hätten mündliche Individualabreden Vorrang, § 305b BGB. Etwas anderes dürfte allerdings für die durch Satz 3 des Musters begründete doppelte Schriftformklausel gelten, dazu näher Fn. 27. Für die Kündigung oder den Aufhebungsvertrag sowie die Befristung gilt dies ohnehin, § 326 BGB.

[26] Vgl. § 126a BGB, näher *Gotthardt/Beck*, NZA 2002, 876.

[27] Gemäß dem Urteil des BAG v. 24. 6. 2003 – 9 AZR 302/02, BAG-Report 2003, 349 schließt eine doppelte Schriftformklausel, nach der Ergänzungen des Arbeitsvertrags der Schriftform bedürfen und eine mündliche Änderung der Schriftformklausel nichtig ist, Ansprüche auf eine üblich gewordene Leistung aus; dadurch kann also eine betriebliche Übung verhindert werden. Dies gilt ausweislich der Entscheidungsgründe auch unter der Geltung der AGB-Kontrolle für Arbeitsverträge, da eine betriebliche Übung keine Individualvereinbarung ist und dieser auch nicht gleichsteht. Soll auch die Änderung der Schriftformklausel durch Textform, § 126b BGB, ausgeschlossen werden, so könnte Satz 3 lauten: Mündliche Vereinbarungen *oder Vereinbarungen in Textform* über die Aufhebung der Schriftform sind nichtig. Zu einer alternativen Formulierung vgl. auch **M 7.1 § 14**.

Arbeitsvertrag mit einem gewerblichen Arbeitnehmer (Arbeiter) mit Bezugnahme auf Tarifvertrag   2.2

1. Der Arbeitnehmer wird ab . . . als . . . (zB Produktionshelfer) für eine Tätigkeit in . . . eingestellt. Der Arbeitgeber behält sich vor, den Arbeitnehmer mit anderen zumutbaren, dh. seiner Qualifikation entsprechenden gleichwertigen Arbeiten zu beschäftigen, insbesondere . . . (zB Lagerhelfer).[1]

2. Die ersten sechs Monate gelten als Probezeit. Während dieser Zeit kann das Arbeitsverhältnis mit einer Frist von zwei Wochen gekündigt werden.[2]

3. Die Arbeitszeit richtet sich nach den jeweiligen für den Betrieb geltenden gesetzlichen/tariflichen Regelungen und nach der betrieblichen Einteilung der Arbeitszeit, die gegebenenfalls abweichend vom Kalenderrhythmus erfolgen kann.

Der Arbeitnehmer ist verpflichtet, Mehrarbeit und Überstunden bis zu . . . Stunden/ Monat, Nacht-/Schicht-/Samstags- und Feiertagsarbeit in gesetzlich vorgesehenem Umfang zu leisten.[3]

---

[1] Vgl. im Einzelnen **M 2.1** Fn. 3.

[2] S. **M 2.1** Fn. 4.

4. *Der Arbeitnehmer wird in die tarifliche Lohngruppe: . . . eingruppiert.*

Tariflohn (zurzeit):   *Euro . . .*

übertarifliche Zulage: *Euro . . .*

Zuschläge für . . . :   *Euro . . .*

Der übertarifliche Bestandteil der Entlohnung ist eine freiwillige Leistung der Firma und begründet keinen Anspruch für die Zukunft. Das gilt auch bei mehrmaliger vorbehaltloser Gewährung.[4]

---

3 Vgl. § 2 Abs. 1 Nr. 7 NachwG. Eine Verpflichtung zur Leistung von Mehr- und Überarbeit ohne Obergrenze dürfte bei gleichzeitiger Pauschalabgeltung, also ohne gesonderte Vergütung, wegen § 308 Nr. 4 iVm. § 317 Abs. 1 BGB unwirksam sein, es sei denn, in der Vergütung wäre gesondert eine angemessene Überstundenpauschale ausgewiesen (*Preis/Preis*, II M 20, Rz. 13 ff.) Für die zulässige Arbeitszeit nach dem ArbZG gilt Folgendes: Bereitschaftsdienst in Form persönlicher Anwesenheit am Arbeitsort gilt als Arbeitszeit und gegebenenfalls als Überstunden, Bereitschaftsdienst „in Form ständiger Erreichbarkeit" hingegen nicht (EuGH v. 3. 10. 2000, NZA 2000, 1227; dagegen jedoch BAG v. 18. 2. 2003, NZA 2003, 742). Die werktägliche Arbeitszeit darf die Dauer von 8 Stunden nicht überschreiten, § 3 Satz 1 ArbZG, bei sechs Werktagen pro Woche (Montag bis Samstag) somit 48 Stunden/Woche. Sie kann auf 10 Stunden verlängert werden, wenn innerhalb von sechs Kalendermonaten oder innerhalb von 24 Wochen im Durchschnitt 8 Stunden werktäglich nicht überschritten werden (§ 3 Satz 2 ArbZG). Die Arbeitnehmer müssen nach Beendigung der täglichen Arbeitszeit eine ununterbrochene Ruhezeit von mindestens 11 Stunden haben, § 5 ArbZG. Nachtarbeit ist nur 8 Stunden werktäglich zulässig; bei einer Verlängerung auf 10 Stunden muss sichergestellt sein, dass innerhalb eines Ausgleichszeitraums von einem Monat oder vier Wochen im Durchschnitt 8 Stunden werktäglich nicht überschritten werden (§ 6 Abs. 2 ArbZG). Vor allem durch Tarifvertrag oder durch Betriebsvereinbarung sind nach § 7 ArbZG erhebliche Erweiterungen zulässig: Fällt in die Arbeitszeit regelmäßig oder in erheblichem Umfang Arbeitsbereitschaft, so kann die werktägliche Arbeitszeit auch ohne Ausgleich über 10 Stunden hinaus verlängert werden. Der Ausgleichszeitraum kann ausgedehnt werden. Selbst ohne Ausgleich kann die Arbeitszeit an bis zu 60 Tagen im Jahr bis zu 10 Stunden werktäglich betragen. Auch die Ruhezeit kann um bis zu 2 Stunden gekürzt werden, wenn die Art der Arbeit dies erfordert und die Kürzung innerhalb eines festzulegenden Zeitraums auszugleichen ist (§ 7 Abs. 1 Nr. 1–3 ArbZG). Soweit daher entsprechende Tarifverträge bestehen, bietet sich eine Inbezugnahme der Arbeitszeitregelungen dieser Tarifverträge an. Ist der Arbeitgeber nicht tarifgebunden, fällt sein Betrieb jedoch in den räumlichen, betrieblichen und fachlichen Geltungsbereich eines entsprechenden Tarifvertrages, so kann er dessen Arbeitszeitregelungen durch Betriebsvereinbarung oder – soweit ein Betriebsrat nicht besteht – auch einzelvertraglich in Bezug nehmen. Diese Vereinbarung mit dem Arbeitnehmer bedarf der Schriftform. Enthält der Tarifvertrag eine Öffnungsklausel, kann der nicht tarifgebundene Arbeitgeber in seinem Betrieb durch Betriebsvereinbarung davon auch dann Gebrauch machen, wenn sein Betrieb nicht in den Geltungsbereich des Tarifvertrages fällt (§ 7 Abs. 3 ArbZG).

Auch das grundsätzliche Verbot der Sonn- und Feiertagsbeschäftigung (§ 9 ArbZG) wird in erheblichem Umfang durchbrochen, wobei 15 Sonntage im Jahr beschäftigungsfrei bleiben müssen und Sonntagsarbeit durch einen Ersatzruhetag ausgeglichen werden muss. Auch hier können in einem Tarifvertrag oder aufgrund eines Tarifvertrages in einer Betriebsvereinbarung Ausgleichszeiträume geändert werden, § 12 ArbZG. Zur Form der Inbezugnahme von Tarifverträgen gilt das zu § 7 ArbZG Gesagte (vgl. § 7 Abs. 3, § 12 Abs. 3 ArbZG).

4 Ob alleine die Bezeichnung der Zulagen als „freiwillige Leistung" die Entstehung eines Anspruchs auf die Zulagen verhindert mit der Folge, dass die Leistung für die Zukunft eingestellt werden darf, ist zweifelhaft. Daher sollte dieser auch schriftlich ausgeschlossen werden. Demgegenüber wäre ein Widerrufsvorbehalt möglicherweise gem. § 308 Nr. 4 BGB unwirksam, jedenfalls aber wäre ein Widerruf an § 315 BGB zu messen. Allerdings wird aufgrund der Anwendbarkeit der §§ 307, 308 Nr. 4 BGB auf Arbeitsverträge auch die Auffassung vertreten,

Er kann auch auf den Tariflohn angerechnet werden, wenn sich dieser infolge von Tariferhöhungen oder infolge einer Umstufung des Arbeitnehmers erhöht.[5] Dasselbe gilt bei einer Verkürzung der Arbeitszeit.

5. Im Übrigen gelten die für den Betrieb der Firma einschlägigen Tarifverträge in ihrer jeweils gültigen Fassung. Derzeit sind dies die Tarifverträge der... Industrie.[6]

---

dass der Grund für den Widerruf im Arbeitsvertrag angegeben werden muss (vgl. zur insoweit sehr umstrittenen Rechtslage oben unter I. 1. b) II)). Preis/*Preis*, II V 70, Rz. 10 ff.; *Hümmerich*, NZA 2003, 753, 760; etwas großzügiger *Schnittker/Grau*, BB 2002, 2120. Dann käme eine Umdeutung nicht in Betracht. Ob ein Freiwilligkeitsvorbehalt auch bei übertariflichen Leistungen überhaupt wirksam ist, ist noch ungeklärt (vgl. ErfK/*Preis*, §§ 305–310 BGB Rz. 71); die Rechtsprechung hat ihn bisher nur für Gratifikationen und Jahressonderleistungen bejaht (BAG v. 2. 9. 1992, EzA § 611 BGB – Gratifikation, Prämie Nr. 95; v. 26. 10. 1994, AP Nr. 167 zu § 611 BGB – Gratifikation). Ggf. müsste die Klausel daher in einen Widerrufsvorbehalt umgedeutet werden (vgl. BAG v. 28. 4. 1977, DB 1997, 1656; v. 5. 6. 1984, DB 1984, 4261 zur Umdeutung des Freiwilligkeitsvorbehaltes in der betrieblichen Altersversorgung).

5 Vgl. zunächst § 2 Abs. 1 Nr. 6 NachwG. Der Anrechnungsvorbehalt erlaubt die Anrechnung übertariflicher Bestandteile bei Erhöhungen des Tariflohns. Klauseln im Tarifvertrag, die eine solche Anrechnung verhindern sollen („Effektivklauseln"), sind unwirksam (BAG v. 14. 2. 1968, BB 1968, 665; v. 16. 9. 1987, DB 1987, 2522). Fehlt der Anrechnungsvorbehalt, so sind zumindest solche Zulagen anrechnungsfest, die an besondere Erschwernisse bei der Arbeit anknüpfen (vgl. BAG v. 20. 9. 1978, DB 1979, 215; v. 23. 3. 1993, NZA 1993, 806). Bei sonstigen übertariflichen Zulagen soll die Anrechnungsbefugnis auch ohne Vorbehalt nicht verloren gehen, selbst wenn der Arbeitgeber mehrfach nicht angerechnet hat (BAG v. 8. 12. 1982, DB 1983, 997; v. 3. 6. 1987, DB 1987, 1943; v. 11. 8. 1992, DB 1993, 46).
➲ **Wichtig:** Vorsicht bei der Gestaltung: wird nur die Anrechnung auf „kommende" oder „künftige" Tariferhöhungen vorbehalten, so kann nicht rückwirkend auf zuvor in Kraft getretene Tariferhöhungen angerechnet werden (BAG v. 17. 9. 2003 – 4 AZR 533/02, PM 59/02). Die Anrechnung übertariflicher Bestandteile ist grundsätzlich mitbestimmungspflichtig nach § 87 Abs. 1 Nr. 10 BetrVG (BAG GS v. 3. 12. 1991, NZA 1992, 749), es sei denn, es verbleibt – ausnahmsweise – keinerlei Regelungsspielraum, weil das Zulagenvolumen durch die Anrechnung vollständig aufgezehrt wird oder die Tariflohnerhöhung vollständig und gleichmäßig auf alle übertariflichen Zulagen angerechnet wird (BAG GS v. 3. 12. 1991, NZA 1992, 749; v. 14. 2. 1995, DB 1995, 1917; v. 14. 8. 2001, NZA 2002, 342). Wird der Betriebsrat nicht beteiligt, so bleibt die Zulage bis zur Einigung mit dem Betriebsrat – ggf. vor der Einigungsstelle – ungekürzt (BAG v. 19. 9. 1995, DB 1995, 2020). Wir halten den Anrechnungsvorbehalt auch für AGB-fest, da er bei einer übertariflichen Zulage gar nicht erforderlich wäre, vgl. oben I. 1. B II (1) (c).

6 Vgl. § 2 Abs. 1 Nr. 10 NachwG; zur AGB-Kontrolle arbeitsvertraglicher Bezugnahmeklauseln vgl. insbesondere *Thüsing/Lambrich*, NZA 2002, 1361; ist der Hinweis in den Vertrag aufgenommen, so kommt es auf eine Auslage des Tarifvertrages im Betrieb gem. § 8 TVG nicht mehr an (BAG v. 23. 1. 2002, NZA 2002, 800). Die Hinweispflicht besteht auch, wenn der Tarifvertrag nur kraft betrieblicher Übung Anwendung findet; erfüllt der Arbeitgeber seine Nachweispflichten nicht, haftet er dem Arbeitnehmer gem. §§ 286, 284, 249 BGB auf Schadensersatz (BAG v. 17. 4. 2002, NZA 2002, 1096). Ist der Arbeitgeber tarifgebunden, so dient die Bezugnahmeklausel regelmäßig dazu, nicht organisierte und organisierte Arbeitnehmer gleichzustellen (BAG v. 21. 8. 2002 – 4 AZR 263/01, PM 59/02; v. 26. 9. 2001, DB 2002, 1005). Die Bezugnahmeklausel ist dann idR auch dynamisch, nach der neueren Terminologie des BAG (BAG v. 16. 10. 2002, NZA 2003, 390; dazu *Bauer/Haußmann*, DB 2003, 610) also eine „Tarifwechselklausel", dh. sie verweist auf den jeweils für den Betrieb geltenden Tarifvertrag. Ändert sich dieser infolge eines Betriebsübergangs, einer Änderung des Betriebszwecks, einer räumlichen Verlegung des Betriebes oder durch den Abschluss eines Haustarifvertrages mit einer anderen Gewerkschaft, so wird nunmehr der dadurch einschlägige Tarifvertrag auch durch die Klausel in Bezug genommen (BAG v. 16. 10. 2002, NZA 2003, 390; anders für lediglich nach-

Endet die gesetzliche Tarifbindung des Arbeitgebers, bleibt der einschlägige Tarifvertrag, soweit keine Ablösung erfolgt, in seiner zu diesem Zeitpunkt geltenden Fassung maßgeblich.[7]

oder

5. Im Übrigen gilt der... Tarifvertrag in seiner jeweils gültigen Fassung.[8]

oder

5. Im Übrigen gilt der... Tarifvertrag in seiner Fassung vom.... Der Arbeitnehmer hat keinen Anspruch auf Teilhabe an zukünftigen Tarifentwicklungen.[9]

oder

5. Im Übrigen gilt unabhängig von der Gewerkschaftszugehörigkeit des Arbeitnehmers der jeweils für den Arbeitgeber kraft eigenen Abschlusses oder kraft Mitgliedschaft im Arbeitgeberverband gültige Tarifvertrag in seiner jeweils gültigen Fassung. Derzeit sind dies die Tarifverträge der...-Industrie. Tritt der Arbeitgeber aus dem Arbeitgeberverband aus, so finden die Bestimmungen des Tarifvertrags in der Folgezeit in ihrer zum Austrittszeitpunkt geltenden Fassung Anwendung. Der Arbeitnehmer hat keinen Anspruch auf Weitergabe zukünftiger Tarifänderungen. Wird der Betrieb oder Betriebsteil, in dem der Arbeitnehmer seine Arbeitsleistung erbringt, an eine andere Gesellschaft übertragen und geht infolge dessen das Arbeitsverhältnis gem. § 613a BGB auf diese Gesellschaft über, finden in der Folgezeit die Arbeitsbedingungen desjenigen Tarifvertrags Anwendung, an den diese Gesellschaft kraft eigenen Abschlusses oder kraft Verbandsmitgliedschaft gebunden ist oder nach seinem Geltungsbereich bei Verbandsmitgliedschaft gebunden wäre.[10]

---

wirkende Tarifverträge aber BAG v. 28. 5. 1997, NZA 1998, 40, 42). Eine ausdrückliche Regelung zum Tarifwechsel enthält die sehr umfangreiche letzte Alternative zu Ziffer 5, die daher insoweit wohl auch die sicherste Regelung ist. Fehlt die ausdrückliche Vereinbarung, dass nur der jeweils für den Arbeitgeber einschlägige Tarifvertrag gemeint ist, und wird stattdessen ein konkreter Tarifvertrag bezeichnet, so kann die Verweisung nicht als Tarifwechselklausel ausgelegt werden (BAG v. 16. 10. 2002, NZA 2003, 390; dazu *Bauer/Haußmann*, DB 2003, 610; in diese Richtung auch schon BAG v. 30. 8. 2000, DB 2001, 763; v. 21. 2. 2001, DB 2001, 1837; dazu *Haußmann*, DB 2001, 1839).

7 Endet die Tarifbindung des Arbeitgebers, ohne dass dieser eine neue Tarifbindung eingeht, so würde damit klargestellt, dass künftige Änderungen des Tarifvertrages sich auch im Rahmen der Bezugnahmeklausel nicht mehr auf das Arbeitsverhältnis auswirken (vgl. *Gaul*, NZA 2000, Sonderbeil. zu Heft 3, 51, 53).

8 Sog. kleine dynamische Klausel, die zwar künftige Entwicklungen des Tarifvertrags mit umfasst, nicht aber bei einem Tarifwechsel dynamisch auf den neuen Tarifvertrag verweist.

9 Die Klausel ist nicht mehr dynamisch, da weder ein Tarifwechsel die Anwendbarkeit des Tarifvertrages berührt noch künftige Tariferhöhungen weiterzugeben sind. Soweit im Betrieb der Tarifvertrag gegenüber Gewerkschaftsmitgliedern normativ gilt, würden durch diese Klausel allerdings nicht organisierte Arbeitnehmer gegenüber organisierten schlechter gestellt. Die Klausel ergibt daher nur Sinn, wenn ein Tarifvertrag in Bezug genommen wird, an den der Arbeitgeber nicht kollektivrechtlich gebunden ist. Auch ein fachlich oder räumlich nicht einschlägiger Tarifvertrag kann wirksam in Bezug genommen werden; auch dann gilt die Ausnahme des § 310 Abs. 4 Satz 3 iVm. § 307 Abs. 3 BGB; die tarifvertragliche Regelung unterliegt auch dann nicht der Billigkeitskontrolle, wenn sie einzelvertraglich in Bezug genommen wird, *Thüsing/Lambrich*, NZA 2002, 1361, 1362.

10 Hier wird die Weitergabe zukünftiger Tariferhöhungen so lange vereinbart, wie der Arbeitgeber auch selbst tarifgebunden ist. Gleichzeitig wird für den Fall des Betriebsübergangs

6. ff. – *ergänzende Regelungen, soweit sie nicht schon im Tarifvertrag getroffen sind, zB Arbeitsunfähigkeit, Geheimhaltung, Datenschutz, Schriftformklausel, ggf. Geltung von Betriebsvereinbarungen, vgl. Muster 2.1, Ziff. 6., 8., 10., 11., 12.*

bestimmt, dass der für den Erwerber einschlägige Tarifvertrag unabhängig von dessen Verbandsmitgliedschaft Anwendung findet. Umgekehrt ist nämlich unklar, ob die Tarifwechselklausel bei tarifgebundenen Arbeitnehmern zur Geltung des Tarifvertrages des Erwerbers gem. § 613a Abs. 1 Satz 3 BGB iVm. Satz 2 BGB führt oder zur Fortgeltung des Tarifvertrages des Veräußerers als Bestandteil der Individualverträge gem. § 613a Abs. 1 Satz 1 BGB mit allen künftigen Erhöhungen. Die Rechtslage ist hier bisher nicht abschließend geklärt. Vgl. *Thüsing/Lambrich*, NZA 2002, 1361, 1368.

Arbeitsvertrag mit einem gewerblichen Arbeitnehmer (Arbeiter) unter teilweiser Bezugnahme auf tarifvertragliche Regelungen[1]

§§ 1 ff.
(Beginn des Arbeitsverhältnisses usw. s. M 2.1)

§ ...
Verweisung auf Tarifvertrag

Die Ansprüche auf Urlaub, zusätzliches Urlaubsgeld und Urlaubsabgeltung richten sich nach dem Urlaubsabkommen der ... Industrie .... Im Übrigen gelten keine tarifvertraglichen Bestimmungen.

oder

Die Arbeitszeit richtet sich nach den §§ ... des jeweiligen Manteltarifvertrages der ... Industrie. Im Übrigen gelten keine tarifvertraglichen Bestimmungen.

oder

---

[1] Soweit keine Tarifbindung besteht (vgl. im Einzelnen die Erläuterungen oben I. 4.), können die Vertragsparteien die Arbeitsbedingungen im Rahmen der gesetzlichen Regelungen frei vereinbaren. Dabei kommt sowohl die umfassende Inbezugnahme eines Tarifvertrages als Auffangregelung in Betracht (1. Alternative) als auch die bloße Bezugnahme auf einzelne tarifvertragliche Regelungen (2. und 3. Alternative). Insbesondere bei tariflichen Kündigungsfristen, § 622 Abs. 3 Satz 2 BGB, tariflichen Berechnungsvorschriften für die Krankenvergütung, § 4 Abs. 4 EFZG, tariflichen Urlaubsregelungen gemäß § 13 Abs. 1 Satz 2 BUrlG und bei Arbeitszeitregelungen, §§ 7 und 12 ArbZG, bietet sich eine Bezugnahme auf einzelne Bestandteile eines Tarifvertrages an (dazu im Einzelnen oben unter I. 5.). Allerdings gilt das Tarifprivileg der §§ 307 Abs. 3, 310 Abs. 4 Satz 3 BGB wohl nur für die vollständige Inbezugnahme des Tarifvertrages im Arbeitsvertrag; werden hingegen nur einzeltarifvertragliche Regelungen übernommen, so findet eine Inhaltskontrolle statt (vgl. *Thüsing/Lambrich*, NZA 2002, 1361, 1363), wobei jedoch die Vermutung für die Angemessenheit der tarifvertraglichen Regelung zu berücksichtigen ist. Jedenfalls die ersten beiden Alternativen sind keine Gleichstellungsabreden und auch nicht dynamisch (vgl. Muster **M 2.2** Ziff. 5 und Fn. 7 ff.). Vorschläge für Bezugnahmeklauseln finden sich in **M 2.2** Ziff. 5.

Die Ansprüche auf... richten sich nach den für den Betrieb der Firma einschlägigen Tarifverträgen in ihrer jeweils gültigen Fassung. Derzeit sind dies die Tarifverträge der... Industrie....[2]

§§ ...
(weitere nicht von der Verweisung erfasste Regelungen, s. M 2.1)

[2] Vgl. **M 2.2** Fn. 6; weitere Formulierungsbeispiele in Ziff. 5 zu **M 2.2**.

Kapitel 3 Verträge mit Angestellten

Literaturübersicht:

Zu leitenden Angestellten: *Birk*, Der leitende Angestellte – einige rechtsvergleichende Bemerkungen, RdA 1988, 211; *Blanke*, Außertarifliche Angestellte, 2. Aufl. 1998; *Empelmann*, Arbeitnehmerschutzrechte für außertarifliche Angestellte als Wettbewerbsnachteil, ZIP 1995, 327; *Hromadka*, Zur Präzisierung des Begriffs „leitende Angestellte", DB 1988, 753; *Klein*, Leitende Angestellte – und das Ende?, AG 1985, 158; *Martens*, Die leitenden Angestellten im Spannungsfeld von unternehmerischer Organisationsautonomie und Arbeitnehmerschutz, RdA 1988, 202; *Meents*, Leitende Angestellte und ihre Sonderstellung im Gesetz, DStR 1995, 1353; *Müller*, Zum Begriff des leitenden Angestellten, ArbuR 1985, 315; *Richardi*, Der Begriff des leitenden Angestellten, ArbuR 1991, 33; *Rumler*, Der Kündigungsschutz leitender Angestellter, 1990; *Tenckhoff*, Leitende Angestellte – Methodische Abgrenzung im Führungsbereich, 1983; *Tenckhoff*, Leitende Angestellte – Neue Entscheidungen des 6. Senats des BAG, NZA 1986, 458.

Zum Anstellungsvertrag allgemein: *Franke*, Der außertarifliche Angestellte, 1991; *Gaul*, Der Musterarbeitsvertrag – zwischen unternehmerischer Vorsorge und den Vorgaben des Nachweisgesetzes, NZA 2000, Sonderbeil. zu Heft 3, 51; *Hümmerich*, Arbeitsrecht, 4. Aufl. 2002, 91; *Preis*, Grundfragen der Vertragsgestaltung im Arbeitsrecht, 1993; *Preis* (Hrsg.), Der Arbeitsvertrag, 2002; *Schaub*, Arbeitsrechtliche Formularsammlung, 7. Aufl. 1999, S. 6 ff.; *Zöllner*, Privatautonomie und Arbeitsverhältnis. Bemerkungen zur Parität und Richtigkeitsgewähr beim Arbeitsvertrag, AcP 176 (1976), 221.

I. Erläuterungen

1. Grundsätzliches

Zur Unterscheidung zwischen Arbeitern und Angestellten verweisen wir auf die Erläuterungen zu Kapitel 2. Die unterschiedliche Art der Tätigkeit von Angestellten und die Nähe zur Unternehmensführung führt oft zu einer größeren Freiheit bei der Lage der Arbeitszeit und zu einem monatlichen Gehalt anstelle von Stundenlohn. Die flexiblere Art der Tätigkeit und die umfassendere Kenntnis des Know-how des Unternehmens bedingen Regelungen zur Verschwiegenheit, ggf. zu Erfindungen und Urheberrechten sowie zu einem nachvertraglichen Wettbewerbsverbot. Häufig werden die vertraglichen Kündigungsfristen großzügiger bemessen.

2. Angestellte und leitende Angestellte

Innerhalb der Angestellten (zum Unterschied Arbeiter/Angestellte vgl. Kapitel 2 I. 3.) unterscheidet man insbesondere zwischen (einfachen) Angestellten und leitenden Angestellten. Im Gegensatz zu Organmitgliedern sind leitende Angestellte noch Arbeitnehmer, für die jedoch zahlreiche Sondervorschriften gelten. Der Begriff der leitenden Angestellten wird von den Sondervorschriften je nach ihrem Zweck unterschiedlich definiert.

a) Leitende Angestellte nach § 5 Abs. 3 BetrVG

Nach § 5 Abs. 3 BetrVG gilt das BetrVG nicht für leitende Angestellte. Auch § 1 SprAuG und § 3 MitbestG verweisen auf diese Definition. §§ 5 Abs. 3 und 4 BetrVG sind zwingend, eine vertragliche Bestimmung, nach der der Arbeitnehmer leitender Angestellter ist, wäre also nicht konstitutiv.[1] Die Zuordnung kann im arbeitsgerichtlichen Beschlussverfahren geklärt werden[2] sowie speziell für die Beteiligung an den Wahlen zum Betriebsrat bzw. Sprecherausschuss durch § 18a BetrVG. Leitende Angestellte nehmen unter eigener Verantwortung **typische Unternehmerfunktionen** mit einem **eigenen erheblichen Entscheidungsspielraum** wahr.[3] Kennzeichnend für den leitenden Angestellten ist gemäß § 5 Abs. 3 BetrVG

– die arbeitsvertraglich oder aufgrund der Stellung im Unternehmen vermittelte **Berechtigung zur selbständigen Einstellung und Entlassung** von im Betrieb oder in der Betriebsabteilung beschäftigten Arbeitnehmern. Die Berechtigung muss im Innenverhältnis zum Arbeitgeber bestehen und sich auf Einstellung *und* Entlassung (§ 5 Abs. 3 Satz 2 Nr. 1 BetrVG) beziehen. Die Personalverantwortung muss zudem von erheblicher unternehmerischer Bedeutung sein. Diese kann sich aus der Zahl der betreffenden Arbeitnehmer oder aus der Bedeutung von deren Tätigkeit für das Unternehmen ergeben. Die Ausübung der Personalkompetenz darf namentlich nicht von der Zustimmung einer anderen Person abhängig sein. Allerdings liegt keine Beschränkung der Einstellungs- und Entlassungsbefugnis vor, wenn der Angestellte lediglich Richtlinien oder Budgets zu beachten hat oder zwei Unterschriften einholen muss.[4]

– **Generalvollmacht** oder eine im Verhältnis zum Arbeitgeber **nicht unbedeutende Prokura** (§ 5 Abs. 3 Satz 2 Nr. 2 BetrVG). Gesamtprokura (§ 48 Abs. 2 HGB) oder Niederlassungsprokura (§ 50 Abs. 3 HGB) schaden nicht; „nicht unbedeutend" ist die Prokura allerdings nur, wenn die Aufgaben den in § 5 Abs. 3 Satz 2 Nr. 3 BetrVG umschriebenen Leitungsfunktionen (dazu sogleich) entsprechen.[5]

– Wahrnehmung sonstiger **Aufgaben, die für den Bestand und die Entwicklung des Unternehmens oder eines Betriebes von Bedeutung sind** (§ 5 Abs. 3 Satz 2 Nr. 3 BetrVG). Entscheidend ist, dass der Angestellte unternehmerische Leitungsaufgaben im Wesentlichen frei von Weisungen trifft oder sie maßgeblich beeinflusst. Sofern ihm rechtlich und tatsächlich ein eigener erheblicher Entscheidungsspiel-

---

[1] BAG v. 5. 3. 1974, DB 1974, 826; v. 19. 8. 1975, DB 1975, 2138.
[2] BAG v. 23. 1. 1986, DB 1986, 1983.
[3] *Schaub*, ArbR-Hdb., § 14 Rz. 30 ff.
[4] BAG v. 16. 4. 2002, DB 2002, 4113 = NZA 2003, 56.
[5] BAG v. 11. 1. 1995, DB 1995, 1333 f.

raum zur Verfügung steht, reicht es auch aus, wenn er aufgrund seiner Position Entscheidungen so vorbereiten kann, dass die Entscheidungsträger an den Vorschlägen nicht vorübergehen können.[6] Derartige Aufgaben muss er regelmäßig, also nicht nur zur Vertretung übernehmen.

Nur wenn das Ergebnis nach diesen Kriterien immer noch zweifelhaft ist, gibt § 5 Abs. 4 BetrVG eine Entscheidungshilfe. Danach ist leitender Angestellter im Zweifel, wer

– aus Anlass der letzten Wahl des Betriebsrates, des Sprecherausschusses oder von Aufsichtsratsmitgliedern der Arbeitnehmer oder durch rechtskräftige gerichtliche Entscheidung den leitenden Angestellten zugeordnet worden ist (§ 5 Abs. 4 Nr. 1 BetrVG), oder

– einer Leitungsebene angehört, auf der in dem Unternehmen überwiegend leitende Angestellte vertreten sind (§ 5 Abs. 4 Nr. 2 BetrVG), oder

– ein regelmäßiges Jahresarbeitsentgelt enthält, das für leitende Angestellte in dem Unternehmen üblich ist (§ 5 Abs. 4 Nr. 3 BetrVG), oder

– falls auch bei der Anwendung von Nr. 3 noch Zweifel bleiben, ein regelmäßiges Jahresarbeitsentgelt erhält, das das Dreifache der Bezugsgröße nach § 18 SGB IV überschreitet (§ 5 Abs. 4 Nr. 4 BetrVG).

b) Leitende Angestellte nach § 14 Abs. 2 KSchG

Während größere Unternehmen zahlreiche leitende Angestellte nach § 5 Abs. 3, 4 BetrVG haben, sind leitende Angestellte nach §§ 14 Abs. 2, 17 Abs. 5 KSchG eher selten. Zwar gilt auch für leitende Angestellte das KSchG, jedoch bedarf ein Antrag des Arbeitgebers auf gerichtliche Auflösung des Arbeitsverhältnisses nach § 14 Abs. 2 KSchG **keiner Begründung**; darüber hinaus hat der leitende Angestellte nicht die – praktisch wenig bedeutsame – Möglichkeit, gegen die Kündigung gemäß § 3 KSchG Einspruch beim Betriebsrat einzulegen; auch der Sonderkündigungsschutz bei Massenentlassungen gilt für ihn nicht (§ 17 Abs. 5 Nr. 3 KSchG). Der Arbeitgeber kann sich also von einem leitenden Angestellten iSd. § 14 Abs. 2 KSchG jederzeit ohne Begründung trennen, wenn auch gegen Zahlung einer vom Arbeitsgericht nach § 10 KSchG festzusetzenden Abfindung.

Zentrales Merkmal eines leitenden Angestellten nach § 14 Abs. 2 KSchG ist die Befugnis zur **selbständigen Einstellung oder Entlassung von Arbeitnehmern**. Die Befugnis muss nicht nur im Außenverhältnis, sondern auch im Innenverhältnis uneingeschränkt bestehen,[7] wobei es ausreicht, dass sie die Einstellung *oder* die Entlassung betrifft.[8] Obwohl die Voraussetzungen insoweit weiter sind als nach § 5 Abs. 3 Satz 2 Nr. 1 BetrVG, finden sich leitende Angestellte nach § 14 Abs. 2 KSchG nur sehr selten, da leitende Angestellte nach § 5 Abs. 3 BetrVG auch regelmäßig nicht nach dessen Nr. 1, sondern nach den Nummern 2 und 3 definiert werden.

Daneben gilt für leitende Angestellte das ArbZG nicht, § 18 Abs. 1 Nr. 1 ArbZG.

---

6 BT-Drucks. 11/2503, 30; BAG v. 11. 1. 1995, DB 1995, 1333.
7 BAG v. 18. 10. 2000, NZA 2001, 437.
8 BAG v. 27. 9. 2001, BB 2002, 2131.

II. Muster

Ausführlicher Anstellungsvertrag mit einem Angestellten ohne Bezugnahme auf Tarifvertrag 3.1

Zwischen

der X-AG (i. F. Gesellschaft)

und

Herrn/Frau . . .[1]

wird Folgendes vereinbart:

§ 1 Art und Ort der Tätigkeit[2]

(1) Herr/Frau wird mit Wirkung vom . . . eingestellt.

(2) Sein/Ihr Aufgabenbereich umfasst . . . . Die Gesellschaft behält sich vor, Herrn/Frau . . . (a) auch andere seiner/ihrer Vorbildung und seiner/ihrer Fähigkeit entsprechende gleichwertige und zumutbare Aufgaben zu übertragen – aus heutiger Sicht handelt es sich namentlich um folgende Aufgaben: . . . (b) und/oder ihn/sie an einen anderen Arbeitsplatz oder Tätigkeitsort zu versetzen, soweit dies unter Berücksichtigung seiner/ihrer Interessen zumutbar ist. Aus heutiger Sicht handelt es sich namentlich um Orte, an denen andere Niederlassungen der Gesellschaft sind. Soweit nicht dringende betriebliche Gründe entgegenstehen, wird die Firma die Zuweisung eines solchen Arbeitsortes nur mit einer Ankündigungsfrist von . . . Wochen/Monaten erklären.[3]

(3) Herr/Frau . . . tritt seine/ihre Stelle spätestens am . . . an.

§ 2 Arbeitszeit[4]

(1) Die regelmäßige Arbeitszeit beträgt . . . Stunden wöchentlich.[5]

---

1 Vgl. § 2 Abs. 1 Satz 2 Nr. 1 NachwG.
2 Vgl. § 2 Abs. 1 Satz 2 Nr. 2, 4 und 5 NachwG.
3 Zu den Vor- und Nachteilen einer Versetzungsklausel und der Vereinbarkeit mit § 308 Nr. 4 BGB vgl. oben **M 2.1** Fn. 3. Die Versetzungsklausel verliert allerdings umso mehr an Bedeutung, je länger der Angestellte unverändert eine Tätigkeit erbracht hat; hat sich dadurch seine Vertragspflicht auf die Tätigkeit „konkretisiert", so ist es ratsam, neben der Versetzung eine „hilfsweise" Änderungskündigung auszusprechen. (Dazu näher unten Kap. 19 und 20). Die Versetzungsbefugnis geht nur soweit, wie sie im Arbeitsvertrag geregelt ist. Auch innerhalb dieses Rahmens muss der Arbeitgeber den Betriebsrat nach Maßgabe der §§ 95 ff. BetrVG beteiligen. Die Beteiligung des Betriebsrates erweitert die Versetzungsbefugnis nicht; umgekehrt schränkt eine weite Versetzungsklausel die Beteiligungsrechte des Betriebsrats nicht ein (BAG v. 18. 2. 1986, NZA 1986, 616; v. 7. 4. 1992, ArbuR 1992, 281). Hat der Betriebsrat die nach § 99 BetrVG erforderliche Zustimmung verweigert, so ist eine gleichwohl gegenüber dem Arbeitnehmer ausgesprochene Versetzung unwirksam (BAG v. 26. 1. 1988, NZA 1988, 476; aA *Ehrich*, NZA 1992, 731; *von Hoyningen-Huene*, NZA 1993, 145).
4 Vgl. § 2 Abs. 1 Satz 2 Nr. 7 NachwG.
5 Zu Einzelheiten der Arbeitszeit vgl. oben **M 2.1** Fn. 9 und **M 2.2** Fn. 3. Zur Lage der Arbeitszeit hat der Betriebsrat ein erzwingbares Mitbestimmungsrecht, § 87 Abs. 1 Nr. 2 BetrVG, sofern ein kollektiver Tatbestand vorliegt.

(2) Herr/Frau ... wird seine/ihre ganze Arbeitskraft im Interesse der Gesellschaft einsetzen.[6] Er/Sie ist verpflichtet, soweit dies betrieblich notwendig ist, Mehrarbeit- und Überarbeit- bis zu ... Stunden pro Woche sowie Nacht-, Schicht-, Sonn- und Feiertagsarbeit in gesetzlich zulässigem Umfang zu leisten.[7]

(3) Bei Einführung von Kurzarbeit ist Herr/Frau ... damit einverstanden, dass seine/ihre Arbeitszeit vorübergehend entsprechend verkürzt und für die Dauer der Arbeitszeitverkürzung das Gehalt entsprechend reduziert wird.[8]

§ 3 Vergütung[9]

(1) Herr/Frau ... erhält eine monatlich am Monatsschluss zahlbare Bruttovergütung von Euro .... Im Falle von Tariferhöhungen oder -ermäßigungen erhöht oder ermäßigt sich die Bruttovergütung um den Prozentsatz, um den sich das Tarifgehalt der Gehaltsgruppe ... für Angestellte des ... Tarifvertrages verändert.[10]

(2) Mit dieser Vergütung sind Mehrarbeit und Überarbeit bis zum Umfang von § 2 Abs. 2 abgegolten.[11] Darüber hinausgehende Mehr- und Überarbeit ist durch Freizeit auszugleichen.[12]

---

6 Es ist zweifelhaft, ob diese Klausel allein schon ein Nebentätigkeitsverbot enthält. Es sollte daher gesondert geregelt werden (dazu unten unter § 6).
7 Vgl. M 2.2 Fn. 3.
8 Zur einseitigen Einführung von Kurzarbeit ist der Arbeitgeber nicht berechtigt. Rechtsgrundlage kann jedoch eine Betriebsvereinbarung sein, die gemäß § 77 Abs. 4 BetrVG unmittelbar und zwingend auf die Arbeitsverhältnisse einwirkt (nicht geeignet ist daher die formlose Regelungsabrede, die erst noch der individualvertraglichen Umsetzung bedarf). Besteht kein Betriebsrat oder ist dieser für den Mitarbeiter nicht zuständig, weil es sich um einen leitenden Angestellten iSv. § 5 Abs. 3 BetrVG handelt, so kann vergütungsfreie Kurzarbeit einseitig nur durchgesetzt werden, wenn dies einzelvertraglich entweder aus konkretem Anlass oder bereits im Arbeitsvertrag vereinbart ist (vgl. *Schaub*, ArbR-Hdb., § 47 Rz. 8). Setzt der Arbeitnehmer angeordnete Kurzarbeit tatsächlich um, so kann dies auch als konkludente Vereinbarung gedeutet werden (LAG Düsseldorf v. 14. 10. 1994, DB 1995, 682). Fehlt indes eine entsprechende Vereinbarung, so bleibt dem Arbeitgeber nur die Änderungskündigung, die wegen Einhaltung der Kündigungsfristen jedoch regelmäßig erst (zu) spät greifen wird.
9 Vgl. § 2 Abs. 1 Satz 2 Nr. 6 NachwG; weitere Formulierungsbeispiele und Hinweise finden sich in Kap. 12.
10 Wertsicherungsklauseln, die an den Lebenshaltungsindizes ausgerichtet sind, bedürfen nach § 2 Abs. 1 Satz 2 PrAngKlauselG iVm. § 7 PrKV der Genehmigung des Bundesamtes für Wirtschaft. Diese wird nur erteilt, wenn der Vertrag ua. eine Mindestlaufzeit von 10 Jahren hat, scheidet bei Anstellungsverträgen auf unbestimmte Zeit daher aus. Zulässig sind jedoch Gehalts- und Lohngleitklauseln, die an Tarifgehälter gekoppelt werden („Spannungsklauseln", vgl. § 3 des Musters), vgl. § 1 Abs. 2 PrKV.
11 Die Regelung korrespondiert mit § 2 Abs. 2, nach dem der Arbeitnehmer seine ganze Arbeitskraft im Interesse der Gesellschaft einzusetzen hat (vgl. BAG v. 17. 11. 1966, BAGE 19, 126 = AP Nr. 1 zu § 611 BGB – Leitende Angestellte). Die Pauschalabgeltungsklausel ist problematisch, wenn der Angestellte nur eine tarifliche Vergütung erhält. Umgekehrt ist bei Leitenden Angestellten die Pauschalabgeltung der Überstunden in der Regel und wirksam (BAG v. 17. 11. 1966, BAGE 19, 126 = AP Nr. 1 zu § 611 BGB – Leitende Angestellte; v. 13. 3. 1967, AP Nr. 15 zu § 618 BGB). Sicherer ist es, im Arbeitsvertrag entweder ausdrücklich eine Pauschale für die Abgeltung üblicherweise zu erwartender Überstunden vorzusehen oder die Anzahl der pauschal abgegoltenen Überstunden – wie hier in der 1. Alt. durch Verweis auf § 2 Abs. 2 – zu beschränken. ZT wird die Auffassung vertreten, die Pauschalabgeltung der Überstunden sei nur noch mit dem Transparenzgebot des § 307 Abs. 1 Satz 2 BGB vereinbar,

oder *(ohne den Verweis auf § 2 Abs. 2):*

Mit dem vereinbarten Bruttolohn sind bis zu ... Überstunden monatlich abgegolten. Darüber hinausgehende Überstunden sind durch Freizeit auszugleichen.

oder

Zur Abgeltung der Überstunden gem. § 2 Abs. 2 erhält Herr/Frau ... eine monatliche Pauschale in Höhe von Euro .... Die Pauschalabgeltung kann von beiden Parteien mit einer Frist von einem Monat zum Monatsende gekündigt und die Ablösung durch eine Einzelabrechnung verlangt werden.[13]

§ 4 Gratifikation[14, 15]

(1) Herr/Frau ... erhält ab dem ... Jahr der Betriebszugehörigkeit jedes Jahr am ... eine Weihnachtsgratifikation in Höhe von Euro ....

(2) Herr/Frau ... erhält mit der Vergütung nach § 3 jeweils für den Monat ... eine Urlaubsgratifikation[16] von Euro ....

(3) Herr/Frau ... erhält vermögenswirksame Leistungen nach dem 5. Vermögensbildungsgesetz in der Fassung vom 19. 2. 1987 iHv. monatlich Euro ..., sofern er/sie einen entsprechenden Vertrag nachweist.

(4) Herr/Frau ... erhält zusätzlich zur Vergütung einen Zuschuss zu seinen/ihren Aufwendungen für Fahrten zwischen Wohnung und Arbeitsstätte mit öffentlichen Verkehrsmitteln im Linienverkehr bis zur Höhe von Euro ... pro Monat, sofern er/sie entsprechende Aufwendungen nachweist.[17]

---

wenn daraus die Höhe der Pauschale und die Zahl der hiermit abgegoltenen Überstunden ersichtlich sei, so dass sich ein Stundensatz für die Überstunde errechnen lasse (*Hümmerich*, NZA 2003, 753, 757). Wir halten es im Rahmen von § 307 Abs. 1 Satz 2 BGB indes für ausreichend, wenn die Zahl der zu leistenden Überstunden begrenzt ist. Sicherer wäre die dritte Alternative.

12 Bei der Entscheidung des Arbeitgebers darüber, ob ein Ausgleich für Nachtarbeit nach § 6 Abs. 5 ArbZG durch bezahlte freie Tage oder durch Entgeltzuschlag zu gewähren ist, hat der Betriebsrat nach 87 Abs. 1 Nr. 7 und Nr. 10 BetrVG mitzubestimmen. Die Zahl der freien Tage und die Höhe des Zuschlags sind hingegen eine Frage der Billigkeit. Da der Arbeitgeber insoweit rechtlich gebunden ist, besteht hier kein Mitbestimmungsrecht (BAG v. 26. 8. 1997, NZA 1998, 441).

13 Ohne diese Klausel wäre eine Änderung von der Pauschalvergütung zur „Spitzabrechnung" wohl nur durch Änderungskündigung zulässig (BAG v. 23. 11. 2000, NZA 2001, 492).

14 Vgl. im Einzelnen Kapitel 12 und **M 12.15** mit weiteren Formulierungsbeispielen und Hinweisen.

15 ◐ **Praxistipp:** Soll die Gratifikation freiwillig, widerruflich oder rückzahlbar gestaltet werden, so sollte sie zur Vermeidung von Abgrenzungsschwierigkeiten nicht unter „Vergütung", sondern unter eigener Überschrift geregelt werden.

16 Vgl. im Einzelnen **M 12.15** mit weiteren Formulierungsbeispielen und Hinweisen.

17 Fahrten zwischen Wohnung und Arbeitsstätte sind Teil der privaten Lebensführung und daher vom Arbeitnehmer zu tragen (BAG v. 28. 8. 1991, DB 1991, 2594). Gewährt der Arbeitgeber – somit freiwillig – Fahrtkostenzuschüsse, so hat der Betriebsrat ein Mitbestimmungsrecht nach § 87 Abs. 1 Nr. 10 BetrVG zwar nicht bei der Frage, ob ein solcher Zuschuss eingeführt wird, wohl aber bei der Verteilung (BAG v. 9. 7. 1985, DB 1986, 230). Ein Initiativrecht des Betriebsrates besteht nicht. Der Gleichbehandlungsgrundsatz ist zu beachten.

(5) Zuwendungen nach Abs. 1 und 2 sind freiwillige Leistungen. Auch die wiederholte Zahlung begründet keinen Rechtsanspruch auf Leistungsgewährung für die Zukunft.[18] Ein Anspruch auf Zuwendungen besteht nicht für Zeiten, in denen das Arbeitsverhältnis ruht und kein Anspruch auf Arbeitsentgelt besteht. Dies gilt für Elternzeit, Wehr- und Zivildienst, unbezahlte Freistellung, Streikteilnahme. Die Zuwendung nach Abs. 1 und 2 wird ferner für jeden Tag der Arbeitsunfähigkeit infolge Krankheit, für den das Entgelt fortgezahlt wird, um ein Viertel des Arbeitsentgelts, das im Jahresdurchschnitt auf einen Arbeitstag entfällt, gekürzt. Sie entfällt für krankheitsbedingte Fehlzeiten, für die kein Anspruch auf Entgeltfortzahlung mehr besteht.[19]

(6) Bei unterjährigem Beginn oder Ende des Arbeitsverhältnisses wird die Gratifikation vorbehaltlich Abs. 5 zeitanteilig gezahlt.

§ 5 Verschwiegenheitspflicht

Herr/Frau . . . ist verpflichtet, während des Arbeitsverhältnisses und nach seiner Beendigung[20] über alle nicht allgemein bekannten geschäftlichen Angelegenheiten[21] sowohl gegenüber Außenstehenden als auch gegenüber anderen Mitarbeitern, die mit dem betreffenden Sachgebiet nicht unmittelbar befasst sind, Verschwiegenheit zu wahren,[22] erhaltene Anweisungen zur Geheimhaltung zu erfüllen und im Zweifelsfall eine Weisung der Geschäftsleitung zur Vertraulichkeit bestimmter Tatsachen einzuholen.

➲ **Praxistipp:** Beförderungsaufwendungen für Job-Tickets sind nach § 3 Nr. 34 EStG steuerfrei, sofern sie zusätzlich zum Arbeitsentgelt gezahlt werden; steuerfrei sind nach Maßgabe von § 3 Nr. 32 EStG auch Kosten der Sammelbeförderung. Soweit Fahrtkostenersatz nicht steuerbefreit ist, kommt noch eine Pauschalbesteuerung nach § 40 Abs. 2 Satz 2 EStG mit (zzt.) 15% in Betracht.

18 Der Freiwilligkeitsvorbehalt verhindert das Entstehen einer betrieblichen Übung (BAG v. 26. 6. 1975, DB 1975, 2089). Soweit ein Widerrufsvorbehalt vereinbart wird und der Arbeitgeber den Anspruch auf Gratifikation vor dem Auszahlungszeitpunkt widerruft, entfällt die Gratifikation ganz, da der Anspruch erst zum Auszahlungsstichtag entsteht.

19 Eine anteilige Kürzung wegen Ruhezeiten kommt nur in Betracht, wenn dies ausdrücklich vereinbart ist (vgl. BAG v. 10. 5. 1995, AP Nr. 174 zu § 611 BGB – Gratifikation). Nicht zu den Ruhezeiten zählen allerdings wegen des Verbots der mittelbaren Diskriminierung, Art. 119 EG-Vertrag, Zeiten des Mutterschutzes (BAG v. 4. 12. 2002, AP Nr. 245 zu § 611 BGB – Gratifikation; v. 20. 8. 2002, NZA 2003, 333). Zur Kürzung bei Arbeitsunfähigkeit vgl. § 4a EFZG; zur Kürzung von Gratifikationen bei Streikteilnahme vgl. BAG v. 3. 8. 1999, NZA 2000, 487.

20 Die Schweigepflicht über Betriebs- und Geschäftsgeheimnisse besteht auch nach rechtlicher Beendigung des Arbeitsverhältnisses (BAG v. 15. 12. 1987, NZA 1988, 502; v. 15. 6. 1993, NZA 1994, 502).

21 Der Schutz des § 17 UWG ist auf Betriebs- und Geschäftsgeheimnisse beschränkt, die vereinbarte Verschwiegenheitspflicht kann weiter gehen (MünchArbR/*Blomeyer*, § 51 Rz. 37). Ob die Verschwiegenheitspflicht soweit wie im Muster gefasst werden kann, ist unsicher (dagegen möglicherweise LAG Hamm v. 5. 10. 1988, DB 1989, 783). Zulässig ist aber die Erstreckung der Schweigepflicht über Geschäftsgeheimnisse hinaus auf solche Daten, die der Arbeitgeber ausdrücklich als vertraulich bezeichnet (*Preis/Reinfeld*, ArbuR 1989, 361, 363; vgl. letzter Halbsatz des Musters). Der Schutz von Geschäftsgeheimnissen ist auch keine Wettbewerbsabrede nach §§ 74 ff. HGB und daher auch nicht karenzentschädigungspflichtig (BAG v. 16. 3. 1982, BB 1982, 1792). Demgegenüber haben Kundenschutzabreden häufig die Wirkung eines nachvertraglichen Wettbewerbsverbotes (BAG v. 15. 12. 1987, NZA 1988, 502 „Weinberater"), so dass sie ohne gleichzeitige Vereinbarung einer Entschädigung nach Maßgabe der §§ 74 ff. HGB unwirksam bzw. bei unzureichender Entschädigung für den (ehemaligen) Arbeitnehmer unverbindlich sein können.

Sollte die nachvertragliche Verschwiegenheitspflicht Herrn/Frau in seinem/ihrem beruflichen Fortkommen unangemessen behindern, hat er/sie gegen die Gesellschaft einen Anspruch auf Freistellung von dieser Pflicht.[23]

§ 6 Nebentätigkeiten[24]

(1) Die Übernahme jeder auf Erwerb gerichteten Nebentätigkeit, auch die tätige Beteiligung an anderen Unternehmen, die Mitgliedschaft in Organen fremder Gesellschaften sowie die Übernahme von Ehrenämtern in wirtschaftlichen Verbänden oder im öffentlichen Leben bedürfen der schriftlichen Einwilligung[25] der Gesellschaft, soweit sie geeignet sind, die Interessen der Gesellschaft zu beeinträchtigen.[26] Jede Nebentätigkeit ist der Gesellschaft anzuzeigen.[27] Dies gilt auch für direkte oder indirekte Beteiligungen an Unternehmen, sofern Herr/Frau ... durch seine/ihre Stellung oder Tätigkeit Einfluss auf die Geschäftsbeziehungen zu diesen Unternehmen nehmen kann.

(2) Ohne schriftliche Einwilligung der Gesellschaft darf Herr/Frau ... auf den Geschäftsgebieten der Gesellschaft keine Geschäfte auf eigene oder fremde Rechnung vornehmen.[28]

(3) Vorträge und/oder Veröffentlichungen, die die Interessen der Gesellschaft tangieren, bedürfen der schriftlichen Einwilligung.

---

22 Droht ein Verstoß, so kann der Arbeitgeber Unterlassung verlangen. Hält der Arbeitnehmer noch Geheimnismaterial in Händen, kann der Arbeitgeber die Herausgabe fordern. Im Übrigen kommen Schadensersatzansprüche in Betracht (vgl. BAG v. 25. 4. 1989, NZA 1989, 860; *Molkenbur*, BB 1990, 1196 zu den prozessualen Problemen, insbesondere der Bestimmtheit des Antrags). In laufenden Arbeitsverhältnissen kann auch eine verhaltensbedingte Kündigung gerechtfertigt sein (LAG Köln v. 29. 9. 1982, DB 1983, 124; LAG Düsseldorf v. 9. 7. 1975, DB 1976, 1112).

23 Zur Vermeidung einer unangemessenen Benachteiligung im Sinne von § 307 Abs. 1 Satz 1 BGB wird eine solche Öffnungsklausel in der Literatur vorgeschlagen; vgl. *Hunold*, SPA 21/2002, S. 1.

24 Die arbeitsvertragliche Klausel, eine Nebenbeschäftigung bedürfe der Zustimmung des Arbeitgebers, stellt die Aufnahme einer weiteren beruflichen Tätigkeit unter Erlaubnisvorbehalt. Der Arbeitnehmer hat Anspruch auf Zustimmung des Arbeitgebers, wenn die Aufnahme der Nebentätigkeit betriebliche Interessen nicht beeinträchtigt, BAG v. 11. 12. 2001, BB 2002, 2447. Die Einschränkung von Nebentätigkeiten korrespondiert mit der Verpflichtung, die gesamte Arbeitskraft zur Verfügung zu stellen (vgl. oben § 2 Abs. 2). Ohne diese Verpflichtung wäre der Arbeitnehmer nur zur vertragsgemäßen Leistung verpflichtet (BAG v. 14. 8. 1969, DB 1969, 1993).

25 Dh. der *vorherigen* Zustimmung im Gegensatz zur Genehmigung als *nachträglicher* Zustimmung, Legaldefinition in §§ 183, 184 Abs. 1 BGB.

26 Auch wenn dieser Zusatz nicht aufgenommen wird, dürfte die Zustimmung nur in diesen Fällen erforderlich sein. Bei leitenden Angestellten wird häufiger eine solche Beeinträchtigung anzunehmen sein als bei einfachen Angestellten.

27 Auch umfassende Anzeigepflichten werden weitgehend als wirksam angesehen (*Löwisch/Röder*, Anm. zu BAG AP Nr. 68 zu § 626 BGB). Sie geben dem Arbeitgeber die Möglichkeit, die Beeinträchtigung von Arbeitgeberinteressen überhaupt erst zu prüfen (*Löwisch/Röder*, Anm. zu BAG AP Nr. 68 zu § 626 BGB). Die Aufnahme einer Nebentätigkeit ohne erforderliche Einwilligung und/oder der Verstoß gegen die Anzeigepflicht kann nach Abmahnung eine verhaltensbedingte Kündigung rechtfertigen.

28 Die Regelung entspricht dem gesetzlichen Wettbewerbsverbot nach § 60 Abs. 1 HGB. Die Rechtsfolgen der Verletzung des Wettbewerbsverbots sind in § 61 HGB geregelt.

§ 7 Urlaub

Herr/Frau ... erhält kalenderjährlich einen Erholungsurlaub von ... Arbeitstagen.[29]

§ 8 Reisekosten[30]

Die Reisekosten werden Herrn/Frau ... nach den Reisekostenrichtlinien der Gesellschaft erstattet.

§ 9 Erfindungen, Urheberrechte

(1) Für die Behandlung von Diensterfindungen gelten die Vorschriften des Gesetzes über Arbeitnehmererfindungen in seiner jeweiligen Fassung sowie die jeweils hierzu ergangenen Richtlinien für die Vergütung von Arbeitnehmern im privaten Dienst.[31]

(2) Sonstige Urheberrechte aller Art, die aufgrund der Tätigkeit von Herrn/Frau ... entstehen, sind auf die Gesellschaft zu übertragen, soweit nicht gesetzliche Bestimmungen entgegenstehen. Die Übertragung dieser Rechte ist durch die Vergütung nach § 3 abgegolten.[32]

§ 10 Nachvertragliches Wettbewerbsverbot[33]

(1) Herr/Frau ... wird in den zwei Jahren nach Beendigung dieses Anstellungsvertrages weder selbständig noch unselbständig oder in sonstiger Weise für ein Unternehmen tätig werden, das auf nachstehenden Arbeitsgebieten ... mit der Gesellschaft oder einem deutschen mit ihr verbundenen Unternehmen in mittelbarem oder unmittelbarem Wettbewerb steht. Er wird während dieser Zeit ein solches Unternehmen auch nicht errichten, es erwerben oder sich hieran unmittelbar oder mittelbar beteiligen.

---

29 Vgl. § 2 Abs. 1 Satz 2 Nr. 8 NachwG; der gesetzliche Mindestanspruch auf Jahresurlaub beträgt 24 Werktage, § 3 Abs. 1 BUrlG. Zu Einzelheiten vgl. Fn. 20 zu **M 2.1**.
30 Zu ausführlichen Formulierungen, Alternativen und Einzelheiten vgl. **M 12.20**.
31 Die Vorschriften des ArbNErfG sind zugunsten des Arbeitnehmers zwingend. Sie umfassen Erfindungen, soweit sie patent- oder gebrauchsmusterfähig sind (§ 2 ArbNErfG), und technische Verbesserungsvorschläge (§ 3 ArbNErfG). Diensterfindungen (§ 4 Abs. 2 ArbNErfG) kann der Arbeitgeber nach unverzüglicher Anzeige durch den Arbeitnehmer freigeben (§ 8 Abs. 1 Nr. 1 ArbNErfG) oder sie – gegen angemessene Vergütung (vgl. §§ 9, 11, 12 ArbNErfG) – unbeschränkt oder beschränkt in Anspruch nehmen (§ 6 ArbNErfG). An freien Erfindungen muss der Arbeitnehmer dem Arbeitgeber mindestens ein nicht ausschließliches Recht zur Benutzung zu angemessenen Bedingungen anbieten (§ 19 Abs. 1 ArbNErfG). Abweichungen vom ArbNErfG zu Lasten des Arbeitnehmers sind erst nach Meldung von Diensterfindungen bzw. Mitteilungen freier Erfindungen im Rahmen der Billigkeit zulässig (§ 22 ArbNErfG). Zu den für die Berechnung der Vergütung maßgeblichen Umständen hat der Arbeitnehmer nach § 242 BGB einen Auskunftsanspruch, der sich bei Nutzung der Erfindung für andere Konzernunternehmen auch gegen diese richten kann (BAG v. 16. 4. 2002, BB 2002, 1490).
32 Ob die Abgeltung der Übertragung der Nutzungsrechte mit dem Gehalt angesichts der Neufassungen in §§ 32, 32a UrhG noch wirksam ist oder an der Unabdingbarkeit in § 32 Abs. 3 UrhG scheitert, ist ungeklärt; Unwirksamkeit einer solchen Abgeltungsregelung nehmen an *Grobys/Förstel*, NZA 2002, 1015, 1018. Gegen diese Auffassung spricht, dass mit der Abgeltung die Urheberrechtsvergütung ja nicht wegfällt, sondern lediglich im Arbeitsentgelt enthalten ist. Will man das Risiko vermeiden, könnte gem. § 32 Abs. 3 Satz 3 UrhG formuliert werden: „Der Urheber räumt an sonstigen Urheberrechten aller Art, die aufgrund der Tätigkeit von Herrn/Frau ... entstehen, der Gesellschaft ein einfaches Nutzungsrecht ein. Die Übertragung dieses Rechtes ist durch die Vergütung nach § 3 abgegolten." Diese Vereinbarung ist nach § 32 Abs. 3 Satz 3 UrhG ausdrücklich zulässig.
33 Zu ausführlichen Formulierungen, Alternativen und Einzelheiten vgl. Kap. 25.

(2) Für die Dauer des Verbots erhält Herr/Frau . . . eine Entschädigung, die für jedes Jahr des Verbots mindestens die Hälfte der von ihm/ihr zuletzt bezogenen vertragsmäßigen Leistungen erreicht.

(3) Im Übrigen gelten die §§ 74 ff. HGB entsprechend.

§ 11 Altersversorgung[34]

Herr/Frau . . . hat Anspruch auf betriebliche Altersversorgung im Rahmen der Betriebsvereinbarung vom . . ., deren Anwendbarkeit auf das vorliegende Anstellungsverhältnis hiermit vereinbart wird.

oder

Herr/Frau . . . erhält betriebliche Altersversorgung aufgrund einer Ruhegeld-Direktzusage, die diesem Vertrag als Anlage beigefügt ist.

§ 12 Dienstverhinderung

(1) Herr/Frau . . . ist verpflichtet, der Gesellschaft jede Dienstverhinderung und ihre voraussichtliche Dauer unverzüglich anzuzeigen. Auf Verlangen sind die Gründe der Dienstverhinderung mitzuteilen.

(2) Jede Arbeitsunfähigkeit weist er/sie ferner binnen zwei Tagen durch ärztliche Arbeitsunfähigkeitsbescheinigung nach; dasselbe gilt für Folgebescheinigungen.[35]

(3) Bei Arbeitsunfähigkeit infolge Krankheit erhält Herr/Frau . . . Entgeltfortzahlung nach den gesetzlichen Vorschriften.

§ 13 Umzugskosten

(1) Die Gesellschaft verpflichtet sich, Herrn/Frau . . . die Umzugskosten von . . . nach . . . gegen Vorlage der Belege zu erstatten.

(2) Die Erteilung des Umzugsauftrages darf nur im Einverständnis mit der Gesellschaft erfolgen. Vorher hat Herr/Frau . . . die Angebote von mindestens . . . Möbelspediteuren beizubringen.

(3) Scheidet Herr/Frau . . . vor Ablauf von 3 Jahren nach dem Umzugstermin aus dem Arbeitsverhältnis aus, ohne dass er/sie dafür einen wichtigen Grund hat, oder beruht eine Kündigung der Gesellschaft innerhalb dieses Zeitraums auf Gründen, die Herr/Frau . . . zu vertreten hat, so ist Herr/Frau . . . verpflichtet, die Umzugskosten zurückzuzahlen, wobei pro Monat der Betriebszugehörigkeit $1/36$ der Umzugskosten als getilgt gelten.[36]

§ 14 Gehaltsabtretung/Verpfändung

(1) Ansprüche auf Arbeitsentgelt dürfen nicht abgetreten oder verpfändet werden.[37]

---

[34] Zu ausführlichen Formulierungen, Alternativen und Einzelheiten vgl. Kap. 18.
[35] Zu Einzelheiten vgl. **M 2.1** Ziff. 6.
[36] Die Klausel knüpft in Anlehnung an § 44 Abs. 1 Nr. 4 BAT an ein Vertretenmüssen des Arbeitnehmers an. Auch eine Verweisung auf die Bestimmungen des BAT könnte ausreichen (vgl. ArbG Hagen v. 16. 12. 1976, BB 1977, 144). Vgl. ferner Kapitel 12 und **M 12.20**.
[37] Zu den Einzelheiten vgl. **M 2.1** Ziff. 5 (5).

(2) Bei Abtretungen, Verpfändungen oder Pfändungen von Ansprüchen auf Arbeitsentgelt werden je Bearbeitungsvorgang Euro 2,50 pro Pfändung, Abtretung oder Verpfändung, zusätzlich Euro 2,50 für jedes zusätzliche Schreiben sowie Euro 1,– je Überweisung von dem Gehalt einbehalten und spätestens mit der übernächsten Gehaltsabrechnung verrechnet. Dem Arbeitnehmer bleibt der Nachweis gestattet, dass ein Schaden überhaupt nicht entstanden oder wesentlich niedriger ist als die Pauschale.[38]

§ 15   Vertragsstrafe[39]

Im Falle der schuldhaften Nichtaufnahme der Tätigkeit[40] *oder der schuldhaften vertragswidrigen Beendigung des Anstellungsverhältnisses durch Herrn/Frau ... oder der von Herrn/Frau ... schuldhaft veranlassten Beendigung des Anstellungsverhältnisses durch den Arbeitgeber*[41] *ist die Gesellschaft berechtigt, eine Vertragsstrafe in Höhe von ... Nettomonatsgehältern*[42] *nach § 3 zu verlangen.*[43] *Darüber hinaus ist die Gesellschaft berechtigt, auch einen weiter gehenden Schaden geltend zu machen.*[44]

§ 16   Beendigung des Anstellungsverhältnisses[45]

(1) Während der ersten 6 Monate kann das Anstellungsverhältnis von beiden Seiten mit einer Frist von einem Monat zum Monatsschluss gekündigt werden.[46] *Vor der Arbeitsaufnahme kann das Arbeitsverhältnis nicht ordentlich gekündigt werden.*[47]

---

38 Die Ergänzung sollte zur Vermeidung eines Verstoßes gegen § 309 Nr. 5 lit. b BGB aufgenommen werden; Näheres **M 2.1**.

39 ➔ **Wichtig:** Ob Vertragsstrafen für die in § 15 geregelten Fällen nach Erstreckung der AGB-Kontrolle auf Arbeitsverträge angesichts von § 309 Nr. 6 BGB noch zulässig sind, war sehr umstritten, dafür jetzt aber in den Grenzen von § 307 BGB BAG v. 4. 3. 2004 – 8 AZR 196/03, PM 13/04, früher schon ArbG Duisburg v. 14. 8. 2002, NZA 2002, 1038; dagegen ArbG Bochum v. 8. 7. 2002, AiB 2002, 577; LAG Hamm v. 24. 1. 2003, EzA-SD 6/2003. Weitere Nachweise oben Kapitel 2 unter I. 1. b) mm) (1). Vorsicht beim „Verstecken" einer Vertragsstrafe: Überraschende Klauseln werden nicht Vertragsbestandteil (§ 305c BGB; dazu jetzt ArbG Bremen v. 30. 1. 2003, EzA-SD 7/2003, S. 12; ebenso schon BAG v. 29. 11. 1995, NZA 1996, 702). Daher wird die Vertragsstrafe hier unter eigener Überschrift eigens hervorgehoben.

40 Vgl. unten § 16 Abs. 1 Satz 2 iVm. Fn. 47.

41 Die Tatbestände für die Verwirkung der Vertragsstrafe sollten spätestens seit der Geltung der AGB-Kontrolle auch für Arbeitsverträge eindeutig bestimmt sein, näher *Lingemann*, NZA 2002, 181, 191 mwN; zur früheren Rechtslage vgl. bereits BAG v. 18. 9. 1991, DB 1992, 383; LAG Berlin v. 24. 6. 1991, DB 1992, 744; BAG v. 5. 2. 1986, NZA 1986, 782; vgl. auch BAG v. 18. 9. 1991, DB 1992, 383: Soll die Vertragsstrafe auch die vom Arbeitnehmer schuldhaft veranlasste vorzeitige Beendigung des Arbeitsverhältnisses durch Arbeitgeberkündigung erfassen, so muss dies ausdrücklich vereinbart sein.

42 Die Höhe muss feststehen und billigem Ermessen entsprechen (BGH v. 11. 5. 1989, DB 1989, 1868; v. 5. 2. 1986, NZA 1986, 782). Eine zu hoch bemessene Vertragsstrafe wird wegen § 307 BGB wahrscheinlich nicht mehr gemäß § 343 Abs. 1 BGB auf einen angemessenen Betrag gerichtlich herabgesetzt und führt zur Nichtigkeit der gesamten Klausel gemäß § 306 BGB. Von einer höheren Vertragsstrafe als dem für die normale Kündigungsfrist zu zahlenden Gehalt ist daher abzuraten (vgl. BAG v. 23. 5. 1984, DB 1984, 2143; LAG Düsseldorf v. 19. 10. 1967, DB 1968, 90), wobei wohl auch eine vertraglich verlängerte Kündigungsfrist maßgeblich sein kann (BAG v. 27. 5. 1992, EzA § 339 BGB Nr. 8).

43 Die Vertragsstrafe sichert die Erfüllung und erleichtert gleichzeitig die Durchsetzung von Schadensersatz in ihrer Höhe.

44 Vgl. §§ 340 Abs. 2, 341 Abs. 2 BGB; die Regelung gibt nur deklaratorisch die Gesetzeslage wieder.

(2) Nach Ablauf von 6 Monaten beträgt die Kündigungsfrist ... Monate zum Quartal/ Halbjahresschluss/Jahresschluss. Jede gesetzliche Verlängerung der Kündigungsfrist zugunsten von Herrn/Frau ... gilt auch zugunsten der Gesellschaft.

(3) Ohne dass es einer Kündigung bedarf, endet das Anstellungsverhältnis spätestens mit Ablauf des Monats, in dem Herr/Frau ... sein/ihr 65. Lebensjahr vollendet.[48] *in jedem Fall aber mit Ablauf des Monats, in dem der MA eine Vollrente wegen Alters erreicht."*
Das Anstellungsverhältnis endet auch mit Ablauf des Monats, in dem ein Bescheid zugestellt wird, mit dem der zuständige Sozialversicherungsträger feststellt, dass Herr/ Frau ... auf Dauer vollständig erwerbsunfähig ist, und Herr/Frau ... nicht vor Ablauf der Widerspruchsfrist seinen/ihren Antrag zurücknimmt oder auf eine Rente auf Zeit

---

45 Vgl. § 2 Abs. 1 Satz 2 Nr. 9 NachwG; zu Einzelheiten s. unten Kapitel 22.
46 Zur Mindestkündigungsfrist während der Probezeit vgl. § 622 Abs. 4 BGB.
47 Im Zweifel können beide Parteien auch vor Dienstaufnahme unter Einhaltung der vereinbarten Kündigungsfrist kündigen (BAG v. 2. 11. 1978, BB 1979, 1038). Ein Vertragsbruch ist die Kündigung vor Dienstaufnahme daher nur, wenn sich aus dem Anstellungsvertrag – wie hier – oder den sonstigen Umständen ergibt, dass eine solche Kündigung ausgeschlossen sein soll (vgl. LAG Hamm v. 15. 3. 1989, DB 1989, 1191).
  ➲ **Praxistipp:** Wird vertragswidrig gekündigt, entsteht in vielen Fällen nur ein theoretischer Schadensersatzanspruch, weil es dem Arbeitgeber schwer fällt, einen Schaden nachzuweisen. Inseratskosten können nach Auffassung des BAG v. 23. 3. 1984, DB 1984, 1731 = AP Nr. 8 zu 276 BGB – Vertragsbruch nur geltend gemacht werden, wenn sie bei der Einhaltung ordnungsgemäßer Kündigung nicht entstanden wären. Deshalb legen viele Arbeitgeber Wert auf eine Vertragsstrafenregelung – deren Wirksamkeit jedoch wegen § 309 Nr. 6 BGB umstritten ist (vgl. dazu jetzt aber BAG v. 4. 3. 2004 – 8 AZR 196/03, PM 13/04; Näheres bei § 15 des Musters).
48 Da ausweislich der Erwägungsgründe Nr. 14 und 25 die RL 2000/78 EG insoweit die einzelstaatlichen Regelungen nicht berührt, steht diese Richtlinie auch der Vereinbarung einer Altersgrenze in Anknüpfung an den Bezug von Altersrente nicht entgegen. Ohne ausdrückliche Regelung endet das Arbeitsverhältnis nicht „automatisch" mit Erreichen des Rentenalters oder des 65. Lebensjahres. Soweit Vereinbarungen auf eine Rentenberechtigung vor Beendigung des 65. Lebensjahres abstellen, gelten sie gem. § 41 Abs. 4 Satz 3 SGB VI gegenüber dem Arbeitnehmer als auf die Vollendung des 65. Lebensjahres geschlossen, es sei denn, dass die Vereinbarung innerhalb der letzten drei Jahre vor diesem Zeitpunkt abgeschlossen oder vom Arbeitnehmer bestätigt worden ist. Maßgeblich für die Drei-Jahres-Frist ist dabei nicht die Vollendung des 65. Lebensjahres, sondern den vereinbarte Beendigungszeitpunkt; das BAG (BAG v. 17. 4. 2002 – 7 AZR 40/01) hat daher eine Vereinbarung vom 29. 6. 1998 auf Beendigung zum 30. 6. 2000 und damit Vollendung des 63. Lebensjahres als wirksam angesehen und nicht auf den Zeitpunkt der Vollendung des 65. Lebensjahres geschlossen. Ohne entsprechende Bestätigung ist die Bezugnahme auf die Vollendung des 65. Lebensjahres nur bei Absicherung durch gesetzliche Altersrente wirksam (BAG v. 14. 8. 2002, DB 2003, 394). Auch diese Befristung ist zwar nur bei sachlichem Grund zulässig (dazu im Einzelnen Kapitel 6 und **M 6.1.1** und **6.1.2**); vgl. BAG v. 25. 3. 1971, BAGE 23, 257; v. 19. 9. 1985, AP Nr. 11 zu § 77 BetrVG 1972; jedoch gelten bei der Altersgrenze von 65 Jahren großzügigere Maßstäbe; generelle Erwägungen des Arbeitgebers sollen die Befristung rechtfertigen können, darunter auch das Interesse des Arbeitgebers an einer ausgewogenen Altersstruktur (MünchKommBGB/*Schwerdtner*, § 620 Rz. 79; vgl. auch *Plander*, BB 1984, 1879). Befristungen zum 60. Lebensjahr können bei Chefärzten aus Haftungsgründen oder bei Piloten aus Gründen der Flugsicherheit zulässig sein (BAG v. 12. 2. 1992, NZA 1993, 998; v. 20. 2. 2002, NZA 2002, 789). Mit Piloten arbeitsvertraglich vereinbarte Altersgrenzen, welche die Anwendbarkeit des § 41 Abs. 1 Satz 2 LuftBO ausdrücklich voraussetzen, führen allerdings seit dem 1. 9. 1998 nicht mehr zur Beendigung des Arbeitsverhältnisses, wenn der Pilot auf einen der in § 1 Abs. 2 Nr. 1 LuftBO bezeichneten Flugzeuge eingesetzt wird (BAG v. 23. 1. 2002, NZA 2002, 669).

einschränkt,[49] bei späterem Beginn des entsprechenden Rentenbezugs jedoch erst mit Ablauf des dem Rentenbeginn vorhergehenden Tages. Gewährt der Sozialversicherungsträger nur eine Rente auf Zeit, so ruht der Arbeitsvertrag für den Bewilligungszeitraum dieser Rente, längstens jedoch bis zum Beendigungszeitpunkt gem. Satz 1.[50]

(4) Jede Kündigung bedarf zu ihrer Wirksamkeit der Schriftform; die elektronische Form ist ausgeschlossen.[51]

(5) Während der Kündigungsfrist ist die Gesellschaft berechtigt, Herrn/Frau ... unter Fortzahlung der Bezüge und unter Anrechnung etwaiger restlicher Urlaubsansprüche von der Arbeit freizustellen.[52] Entsprechendes gilt bei einverständlicher Beendigung des Arbeitsverhältnisses. Auf die nach Anrechnung etwaiger restlicher Urlaubsansprüche fortzuzahlenden Bezüge muss der Arbeitnehmer sich den Wert desjenigen anrechnen lassen, was er infolge des Unterbleibens der Dienstleistung erspart oder durch anderweitige Verwendung seiner Dienste erwirbt oder zu erwerben böswillig unterlässt.[53]

§ 17 Vorschüsse und Arbeitgeberdarlehen

Soweit die Gesellschaft Herrn/Frau ... Vorschüsse und Darlehen gewährt, werden die Restbeträge daraus bei Beendigung des Arbeitsverhältnisses ohne Rücksicht auf die bei Hingabe getroffenen Vereinbarungen fällig, es sei denn, die Gesellschaft hat das Arbeitsverhältnis aus betriebsbedingten Gründen gekündigt oder Herr/Frau ... hat aus einem von der Gesellschaft zu vertretendem Grund außerordentlich gekündigt und hierauf hingewiesen.

---

49 Vgl. BAG v. 23. 2. 2000, AP Nr. 25 zu § 1 BeschFG 1985.
50 Auch für den Fall der dauernden vollständigen Erwerbsunfähigkeit dürfte eine Befristung sachlich begründet sein (BAG v. 24. 6. 1987, AP Nr. 5 zu § 59 BAT; zweifelnd Preis/*Rolfs*, II A 20, Rz. 30), nicht aber bei einem nur vorübergehenden Bezug, vgl. *Preis* in: Hanau/Schaub, Arbeitsrecht 1997, 1998, S. 21, 39 f.; *Gaul*, NZA 2000, Sonderbeil. zu Heft 3, 56. Die Klausel, angelehnt an § 59 Abs. 1 BAT, greift jedoch nicht, wenn der Angestellte noch ohne Einschränkungen in der Lage ist, die arbeitsvertraglich geschuldete Leistung zu erbringen, BAG v. 9. 8. 2000, NZA 2001, 737.
51 Die Regelung hat nach Einfügung des § 623 BGB nur noch deklaratorische Bedeutung; ihr Zweck für den Arbeitgeber liegt darin, unternehmensintern die Beachtung der Schriftform sicherzustellen. Gem. § 623 BGB bedarf ohnehin die Beendigung von Arbeitsverhältnissen durch Kündigung oder Auflösungsvertrag zu ihrer Wirksamkeit der Schriftform. Soweit im Anstellungsvertrag eine bestimmte Versendungsart vereinbart wird („... und ist durch eingeschriebenen Brief zu erklären"), hat diese nur beweissichernde Funktion. Auch eine in anderer Weise übermittelte Kündigung ist dann wirksam, vorausgesetzt natürlich, ihr Zugang kann in anderer Weise bewiesen werden. Zu Einzelheiten der Kündigung, auch der Kündigungsformalien siehe Kap. 22.
52 ZT wird die Freistellungsberechtigung als unangemessene Benachteiligung des Arbeitnehmers gem. § 307 Abs. 2 Nr. 2 BGB angesehen (*Hümmerich*, NZA 2003, 753, 762). UE steht jedoch die der Regelung zugrunde liegende überzeugende Abwägung, die der Große Senat in der Entscheidung vom 27. 2. 1985 (NZA 1985, 702) vorgenommen hat, der Annahme einer unangemessenen Benachteiligung entgegen. Wird die Freistellung beschränkt auf die Zeit der Kündigungsfrist, so ist sie uE daher zulässig (*Bauer*, Arbeitsrechtliche Aufhebungsverträge, Rz. 456 mwN; LAG Hamburg v. 10. 6. 1994, LAGE § 611 BGB Beschäftigungspflicht Nr. 37, str.).
53 ➔ **Wichtig:** Gem. BAG v. 19. 3. 2002, NZA 2002, 1055 läuft der Arbeitgeber Gefahr, dass ohne eine solche ausdrückliche Anrechnungserklärung bei Freistellung keine Anrechnung anderweitigen Verdienstes erfolgt.

§ 18 Einstellungsfragebogen

Angaben von Herrn/Frau ... im Einstellungsfragebogen sind wesentlicher Bestandteil des Arbeitsvertrages.[54]

§ 19 Zahlungsabwicklung, Zinsen

(1) Alle Zahlungen erfolgen bargeldlos. Herr/Frau ... wird innerhalb von 10 Tagen nach Beginn des Arbeitsverhältnisses ein Konto errichten und die Kontonummer mitteilen.[55]

(2) Im Falle des Verzuges sind Zinsen aus dem Nettobetrag und nicht aus dem Bruttobetrag geschuldet.[56]

§ 20 Internetnutzung

Der Arbeitnehmer ist nicht berechtigt, den Internetzugang zu privaten Zwecken zu nutzen. Er ist damit einverstanden, dass der Arbeitgeber den E-Mail-Verkehr auf die Einhaltung dieser Regelung hin prüft.[57]

§ 21 Ausschlussfristen[58]

(1) Alle Ansprüche aus dem Anstellungsverhältnis und solche, die mit dem Anstellungsverhältnis in Verbindung stehen, sind innerhalb von 9 Monaten nach Fälligkeit,

---

54 Sie begründen daher bei falscher Beantwortung zulässiger Fragen die Anfechtung des Anstellungsvertrages (dazu oben Kap. 1 und **M 1.3**).

55 Der Betriebsrat hat nach § 87 Abs. 1 Nr. 4 BetrVG ein erzwingbares Mitbestimmungsrecht bei der Art der Gehaltszahlung. Auch die einzelvertragliche Vereinbarung bargeldloser Zahlung schränkt dieses Mitbestimmungsrecht – anders als eine tarifliche Regelung – nicht ein (vgl. BAG v. 24. 11. 1987, NZA 1988, 405; v. 5. 3. 1991, NZA 1991, 611).

56 Die Wirksamkeit dieser Klausel ist fraglich, da § 288 BGB insoweit möglicherweise zwingend ist; im Einzelnen vgl. **M 2.1** Ziff. 5 (4).

57 Gem. ArbG Frankfurt v. 2. 1. 2002, DB 2002, 1273, kommt eine verhaltensbedingte Kündigung wegen privater Internetnutzung nur in Betracht, wenn der Arbeitgeber vorher den Arbeitnehmer einschlägig abgemahnt oder zumindest ein ausdrückliches Verbot ausgesprochen hat. Dieses Verbot enthält im Muster der Arbeitsvertrag selbst. Auch wenn kein ausdrückliches Verbot ausgesprochen ist, gilt nach dem ArbG Frankfurt: „Ohne ausdrückliche Genehmigung des Arbeitgebers ist ein Arbeitnehmer nicht befugt, über einen betrieblichen Internetzugang in größerem Umfang im Internet zu surfen und dabei Websites mit pornografischem Inhalt aufzusuchen und herunterzuladen. Handelt es sich nicht nur um einen Einzelfall, sondern um ein ausschweifendes systematisches Vorgehen über einen längeren Zeitraum, rechtfertigt dies auch ohne einschlägige Abmahnung eine verhaltensbedingte Kündigung" (ArbG Frankfurt v. 2. 1. 2002, DB 2002, 1273).

58 ⊃ **Wichtig:** Vorsicht beim „Verstecken" von Ausschlussfristen: Ohne besonderen Hinweis und drucktechnische Hervorhebung oder gar unter falscher oder missverständlicher Überschrift geregelte Ausschlussfristen werden nicht Vertragsinhalt (§ 305c Abs. 1 BGB; vgl. schon BAG v. 29. 11. 1995, NZA 1996, 702). Nach der Auffassung von *Nägele/Chwalisz*, MDR 2002, 1341 sind Ausschlussfristen sogar per se wegen Verstoßes gegen § 202 Abs. 1 BGB iVm. § 307 Abs. 2 BGB unwirksam; soweit – in der Regel in der zweiten Stufe – die gerichtliche Geltendmachung verlangt wird, sei dies zusätzlich nach § 309 Nr. 13 BGB unwirksam. Nach anderer Ansicht rechtfertigen jedenfalls Besonderheiten des Arbeitsrechts gem. § 310 Abs. 4 Satz 2 BGB Ausschlussfristen im Arbeitsrecht, vgl. *Lingemann*, NZA 2002, 181; Preis/*Preis*, II A 150, Rz. 14 ff. Die Wirkung einzelvertraglicher Ausschlussfristen sollte man ohnehin nicht überschätzen. Tarifliche Ansprüche erfassen einzelvertragliche Verfallklauseln nach § 4 Abs. 4 Satz 3 TVG nicht, wenn der Tarifvertrag

spätestens jedoch innerhalb von 9 Monaten nach Beendigung des Anstellungsverhältnisses schriftlich geltend zu machen. Ansprüche, die nicht innerhalb dieser Frist geltend gemacht werden, sind verwirkt.

(2) Bleibt die Geltendmachung erfolglos, so muss der Anspruch innerhalb einer Frist von 9 Monaten nach schriftlicher Ablehnung durch die Gegenpartei eingeklagt werden, andernfalls ist er ebenfalls verwirkt.[59]

(3) Abs. 1 und 2 gelten nicht bei Haftung wegen Vorsatz.[60]

§ 22 Schlussbestimmungen

(1) Änderungen und/oder Ergänzungen zu diesem Vertrag bedürfen der Schriftform. Die elektronische Form ist ausgeschlossen. Mündliche Vereinbarungen über die Aufhebung der Schriftform sind nichtig.[61]

(2) Sollte eine Bestimmung dieses Vertrages und/oder seiner Änderungen bzw. Ergänzungen unwirksam sein, so wird dadurch die Wirksamkeit des Vertrages im Übrigen nicht berührt. Die unwirksame Bestimmung wird durch eine wirksame ersetzt, die dem wirtschaftlich Gewollten am nächsten kommt.[62]

---

normativ kraft beiderseitiger Tarifbindung gilt (BAG v. 24. 3. 1988, DB 1989, 182); Ansprüche aus Betriebsvereinbarungen werden wegen § 77 Abs. 4 Satz 4 BetrVG ohne Zustimmung des Betriebsrates nicht erfasst. Streitig ist, ob einzelvertraglich vereinbarte Ausschlussklauseln auch gesetzlich unabdingbare Rechte erfassen (für Billigkeitskontrolle wohl BAG v. 5. 4. 1984, DB 1985, 48; *Schaub*, ArbR-Hdb., § 205 Rz. 4; vgl. auch Münch-ArbR/*Hanau*, § 73 Rz. 10). Im Tarifvertrag erfasst eine solche Ausschlussfrist auch den an die Stelle des Urlaubsanspruchs tretenden Abgeltungsanspruch (BAG v. 25. 8. 1992, NZA 1993, 759); dies muss uE auch für eine individual-vertragliche Ausschlussfrist gelten (vgl. dazu *Bauer*, NZA 1987, 440). Zahlreiche weitere Ansprüche verfallen nicht mit Ablauf der vereinbarten Frist, vgl. die Zusammenstellung bei *Eisemann* in Personalbuch 2003, Ausschlussfrist, Rz. 9. Für die Geltendmachung von Ansprüchen zur Wahrung einer tariflichen Ausschlussfrist gilt § 174 BGB nicht, ebenso wenig wie die gesetzliche Schriftform, BAG v. 14. 8. 2002, BB 2003, 51.

59 Zu den Bedenken gegen die Wirksamkeit des Klagerfordernisses wegen § 309 Nr. 13 BGB siehe vorherige Fußnote; gem. BAG v. 27. 2. 2002, BB 2002, 2285 ist jedenfalls nach altem Recht eine durch Formularvertrag vereinbarte zweistufige vertragliche Ausschlussfrist nicht deshalb unzulässigerweise überraschend, weil die zweite Stufe kürzer als die erste ist.
60 Vgl. § 202 Abs. 1 BGB.
61 Gegenüber der einfachen Schriftformklausel (Satz 1) oder dem Ausschluss der elektronischen Form (Satz 2) hätten mündliche Individualabreden wohl Vorrang, § 305b BGB; gemäß dem Urteil des BAG v. 24. 6. 2003, NZA 2003, 1145 = BAG-Report 2003, 349 schließt eine doppelte Schriftformklausel, nach der Ergänzungen des Arbeitsvertrags der Schriftform bedürfen und eine mündliche Änderung der Schriftformklausel nichtig ist – Satz 3 im Muster – jedoch zumindest Ansprüche auf eine üblich gewordene Leistung aus; dadurch kann also eine betriebliche Übung verhindert werden. Dies gilt ausweislich der Entscheidungsgründe auch unter der Geltung der AGB-Kontrolle für Arbeitsverträge, da die betriebliche Übung keine Individualvereinbarung ist und dieser auch nicht gleichsteht. Soll auch die Änderung der Schriftformklausel durch Textform, § 126b BGB, ausgeschlossen werden, so könnte Satz 3 lauten: Mündliche Vereinbarungen *oder Vereinbarungen in Textform* über die Aufhebung der Schriftform sind nichtig. Zu einer alternativen Formulierung vgl. auch **M 7.1** § 14. Vgl. im Einzelnen **M 2.1** Ziff. 12.
62 Wegen § 306 Abs. 2 BGB ist der Anwendungsbereich für salvatorische Klauseln wahrscheinlich künftig eingeschränkt, sie können aber in praxi eine einvernehmliche Vertragsanpassung durchaus erleichtern.

(3) Für Rechtsstreitigkeiten aus dem Arbeitsverhältnis, seiner Beendigung und Abwicklung ist das Arbeitsgericht . . . zuständig.[63]

§ 23 Vertragsaushändigung

Der Vertrag wird in zwei Ausfertigungen erstellt, von denen jede Partei eine erhalten hat.[64]

Ort, Datum   Ort, Datum

. . .   . . .

Unterschrift Arbeitgeber   *Unterschrift Arbeitnehmer*

---

[63] Eine Gerichtsstandsvereinbarung greift nur, wenn eine Partei im Inland keinen dauernden Wohnsitz hat, § 38 Abs. 2 ZPO. Auch dann gilt die Einschränkung des § 38 Abs. 2 Satz 3 ZPO.
[64] Gem. § 309 Nr. 12b BGB bedarf das Empfangsbekenntnis, um nicht AGB-widrig zu sein, der gesonderten Unterschrift.

Anstellungsvertrag mit einem Angestellten mit Bezugnahme auf Tarifvertrag[1]

3.2

Zwischen

der X-AG (i. F. Gesellschaft)

und

Herrn/Frau . . .

wird Folgendes vereinbart:

§ 1 Art der Tätigkeit

(1) Herr/Frau wird mit Wirkung vom . . . eingestellt.

(2) Sein/Ihr Aufgabenbereich umfasst . . . . Die Gesellschaft behält sich vor, Herrn/Frau . . . (a) auch andere seiner/ihrer Vorbildung und seiner/ihrer Fähigkeit entsprechende gleichwertige und zumutbare Aufgaben zu übertragen – aus heutiger Sicht handelt es sich namentlich um folgende Aufgaben: . . . (b) und/oder ihn/sie an einen anderen Arbeitsplatz oder Tätigkeitsort zu versetzen, soweit dies unter Berücksichtigung seiner/ihrer Interessen zumutbar ist. Aus heutiger Sicht handelt es sich namentlich um Orte, an denen andere Niederlassungen der Gesellschaft sind. Soweit nicht dringende betriebliche Gründe entgegenstehen, wird die Firma die Versetzung an

---

[1] Soweit die Vertragspartner tarifgebunden sind, sind nach dem Günstigkeitsprinzip (§ 4 Abs. 3 TVG) in dem Anstellungsvertrag nur solche Regelungen wirksam, die entweder im Tarifvertrag nicht geregelt sind oder, soweit sie von ihm abweichen, durch den Tarifvertrag gestattet sind oder von den tariflichen Regelungen zugunsten des Arbeitnehmers abweichen. Je nach dem Inhalt des Tarifvertrages kommen also auch hier zusätzliche Regelungen gem. **M 3.1** in Betracht.

einen solchen Arbeitsort nur mit einer Ankündigungsfrist von ... Wochen/Monaten erklären.[2]

§ 2 Probezeit

Die ersten sechs Monate gelten als Probezeit. Während dieser Zeit kann das Anstellungsverhältnis mit einer Frist von zwei Wochen gekündigt werden.[3]

§ 3 Arbeitszeit

Die Arbeitszeit richtet sich nach den jeweils für den Betrieb geltenden gesetzlichen/ tariflichen Regelungen und Einteilungen.[4] Herr/Frau wird erforderliche Mehr- und Überstunden bis zu ... Stunden pro Woche/Monat sowie Nacht-/Schicht-/Samstags- und Feiertagsarbeit in gesetzlich zulässigem Umfang leisten.

§ 4 Vergütung

Herr/Frau wird nach der Tarifgruppe ... vergütet wie folgt:

Tarifgehalt (zurzeit):	Euro .../Monat
Übertarifliche Zulage (zurzeit)	Euro .../Monat
Zuschläge für ... (zurzeit):	Euro .../Monat

Die übertarifliche Zulage ist eine freiwillige Leistung[5] der Gesellschaft und begründet auch bei mehrmaliger vorbehaltloser Gewährung keinen Anspruch für die Zukunft; sie kann auf das Tarifgehalt angerechnet werden, wenn sich dieses infolge von Tariferhöhungen oder infolge einer Höherstufung von Herrn/Frau ... erhöht. Dasselbe gilt bei einer Verkürzung der Arbeitszeit.[6]

---

2 Zu Zulässigkeit sowie Vor- und Nachteilen einer Versetzungsklausel und der Vereinbarkeit mit § 308 Nr. 4 BGB vgl. oben **M 2.1** Fn. 3. und **M 3.1** Fn. 3.
3 S. **M 2.1** Fn. 4.
4 Zur zulässigen Arbeitszeit vgl. **M 2.2** Fn. 3. Zur Zulässigkeit **M 2.1** Fn. 9. Die Klausel ist in erster Linie auf Angestellte zugeschnitten, die nicht an die Arbeitszeiten der Produktion gebunden sind, also insbes. kaufmännische Angestellte. Für Angestellte – zB Abteilungsleiter – in der Produktion wäre die jeweilige Fassung des gewerblichen Vertrages (vgl. **M 2.2** Ziff. 3) zu übernehmen, soweit die jeweiligen tariflichen Regelungen für Angestellte dem nicht entgegenstehen.
5 Zu Einzelheiten, auch zur Unterscheidung freiwillig/widerruflich vgl. **M 3.1** § 4 (5) mwN. Die bloße Bezeichnung als freiwillige Leistung gibt nicht notwendig auch das Recht, die Leistung jederzeit einzustellen; ob allerdings bei einer übertariflichen Zulage ein entsprechender Vorbehalt überhaupt wirksam ist, ist nicht sicher; Näheres bei **M 2.2**, Fn. 4.
6 Nach § 87 Abs. 1 Nr. 10 BetrVG hat der Betriebsrat ein erzwingbares Mitbestimmungsrecht, wenn sich durch die Anrechnung bzw. den Widerruf von übertariflichen Zulagen die Verteilungsgrundsätze ändern und darüber hinaus für eine anderweitige Anrechnung bzw. Kürzung ein Regelungsspielraum verbleibt. Mitbestimmungsfrei ist die Anrechnung bzw. der Zulagenwiderruf nur, wenn dadurch das Zulagenvolumen völlig aufgezehrt wird oder die Tariflohnerhöhung vollständig und gleichmäßig auf die über-/außertariflichen Zulagen angerechnet wird (BAG GS v. 3. 12. 1991, BAGE 69, 134, 164; v. 25. 5. 1998, BAGE 89, 31; v. 14. 8. 2001, NZA 2002, 342). Die Verteilungsgrundsätze ändern sich nur dann nicht, wenn der Arbeitgeber bisher eine für alle Arbeitnehmer prozentual zum jeweiligen Tariflohn gleiche Zulage gezahlt hat und diese nunmehr in gleichem prozentualen Umfang angerechnet bzw. verkürzt wird (Beispiel: in der Leitentscheidung BAG GS v. 3. 12. 1991, DB 1992, 1579; vgl. auch BAG v. 19. 9. 1995, BB 1996, 326). Ändern sich zwar die Verteilungsgrundsätze, wird die Tariflohnerhöhung

§ 5 Tarifgeltung

Im Übrigen gelten die für den Betrieb der Firma einschlägigen Tarifverträge in ihrer jeweils gültigen Fassung. Derzeit sind dies die Tarifverträge der... Industrie.[7]

---

jedoch vollständig auf alle Zulagen angerechnet, so besteht gleichfalls kein Mitbestimmungsrecht (BAG v. 22. 9. 1992, BB 1993, 135; v. 3. 3. 1993, DB 1993, 1930). Nimmt der Arbeitgeber auch nur einen – ggf. sogar außertariflichen – Arbeitnehmer von der vollständigen Anrechnung aus, so besteht ein Regelungsspielraum und damit auch ein Mitbestimmungsrecht des Betriebsrates (BAG v. 22. 9. 1992, DB 1993, 385; v. 27. 10. 1992, DB 1993, 1143). In den meisten Fällen wird daher ein Mitbestimmungsrecht bestehen, zumal das BAG auch an den kollektiven Tatbestand als Voraussetzung des Mitbestimmungsrechtes nur geringe Anforderungen stellt (BAG v. 22. 9. 1992, NZA 1993, 569; v. 27. 10. 1992, DB 1993, 1143). Die Betriebsparteien können das Mitbestimmungsrecht durch Regelungsabrede auch erweitern. Ein Verstoß allein gegen diese Regelungsabrede führt jedoch nicht zur Unwirksamkeit der Anrechnung im Verhältnis zum Arbeitnehmer (BAG v. 14. 8. 2001, NZA 2002, 342).

7 Vgl. im Einzelnen die Erläuterungen und Alternativen bei **M 2.2**, Ziff. 5.

Anstellungsvertrag mit einem leitenden Angestellten   3.3

Zwischen

der X-AG (i. F. Gesellschaft)

und

Herrn/Frau ...

wird Folgendes vereinbart:

§ 1 Art der Tätigkeit

(1) Die Gesellschaft überträgt Herrn/Frau ... die Leitung der Abteilung ...

(2) Die Stelle ist mit Prokura/Handlungsvollmacht/Generalvollmacht ausgestattet.

oder[1]

(2) Nach einer Einarbeitungszeit von ... Monaten wird Herrn/Frau ... bei Bewährung Prokura/Handlungsvollmacht/Generalvollmacht erteilt.

(3) Herr/Frau ... ist leitender Angestellter iSd. § 5 Abs. 3 BetrVG.[2]

---

1 Widerruft der Arbeitgeber vertragswidrig eine Prokura, so kann er schadensersatzpflichtig werden oder der Arbeitnehmer außerordentlich kündigen; der Arbeitnehmer kann aber nicht verlangen, dass ihm die Prokura erteilt wird (BAG v. 26. 8. 1986, NZA 1987, 202).
2 Eine solche Klausel findet sich in vielen Verträgen mit Führungskräften. Das Selbstverständnis und die Bezeichnung eines Angestellten als „Leitender Angestellter" im Arbeitsvertrag ist jedoch nicht bindend (vgl. oben Erläuterung I. 2.). Die Zuordnung eines leitenden Angestellten nach § 18a BetrVG beschränkt sich auch nur auf die Betriebsrats-/Sprecherausschusswahl. In Zweifelsfällen sollte der Arbeitgeber deshalb vor Ausspruch einer Kündigung den Betriebsrat hilfsweise nach § 102 BetrVG anhören (vgl. Erläuterung I 2a; BAG v. 19. 8. 1975, DB 1975,

(4) Sein/Ihr Aufgabenbereich umfasst . . . . Die Gesellschaft behält sich vor, Herrn/ Frau . . . (a) auch andere seiner/ihrer Vorbildung und seiner/ihrer Fähigkeit entsprechende gleichwertige und zumutbare Aufgaben zu übertragen – aus heutiger Sicht handelt es sich namentlich um folgende Aufgaben: . . . (b) und/oder ihn/sie an einen anderen Arbeitsplatz oder Tätigkeitsort zu versetzen, soweit dies unter Berücksichtigung seiner/ihrer Interessen zumutbar ist. Aus heutiger Sicht handelt es sich namentlich um Orte, an denen andere Niederlassungen der Gesellschaft sind. Soweit nicht dringende betriebliche Gründe entgegenstehen, wird die Firma die Versetzung an einen solchen Arbeitsort nur mit einer Ankündigungsfrist von . . . Wochen/Monaten erklären.[3]

(5) Herr/Frau . . . tritt seine/ihre Stelle spätestens am . . . an.

§ 2 Arbeitszeit

(1) Die regelmäßige Arbeitszeit beträgt . . . Stunden wöchentlich; ihre Einteilung richtet sich nach den betrieblichen Regelungen unter besonderer Berücksichtigung der Erfordernisse des Betriebes.[4]

(2) Herr/Frau . . . ist verpflichtet, seine/ihre ganze Arbeitskraft im Interesse der Gesellschaft einzusetzen und, soweit erforderlich, auch über die regelmäßige Arbeitszeit hinaus zu arbeiten.[5]

(3) Bei Einführung von Kurzarbeit ist Herr/Frau . . . damit einverstanden, dass seine/ihre Arbeitszeit vorübergehend entsprechend verkürzt und für die Dauer der Arbeitszeitverkürzung das Gehalt entsprechend reduziert wird.[6]

§ 3 Vergütung

(1) Herr/Frau . . . erhält eine monatlich am Monatsschluss zahlbare Bruttovergütung von Euro . . . . Im Falle von Tariferhöhungen oder -ermäßigungen erhöht oder ermäßigt sich die Bruttovergütung um den Prozentsatz, um den sich das Tarifgehalt der Gehaltsgruppe . . . für Angestellte des . . . Tarifvertrages verändert.[7]

2138). Besteht ein Sprecherausschuss, ist dieser vor der Kündigung eines leitenden Angestellten zu hören, § 31 SprAuG (vgl. *Bauer*, NZA 1989 Beil. 1, 20; *Bauer*, SprAuG, 2. Aufl. 1990, S. 93 ff.).

3 Zu den Vor- und Nachteilen einer Versetzungsklausel und der Vereinbarkeit mit § 308 Nr. 4 BGB vgl. oben **M 2.1** Fn. 3. und **M 3.1** Fn. 3.

4 Das ArbZG gilt für leitende Angestellte nicht, § 18 Abs. 1 Nr. 1 ArbZG. Zur Wirksamkeit s. **M 2.1** Fn. 9.

5 Vgl. **M 2.2** Fn. 3; für leitende Angestellte dürfte auch eine Regelung ohne Obergrenze wirksam sein.

6 Betriebsvereinbarungen zur einseitigen Einführung von Kurzarbeit gelten für leitende Angestellte im Sinne von § 5 Abs. 3, 4 BetrVG nicht. Daher kann Kurzarbeit einseitig nur durchgesetzt werden, wenn dies einzelvertraglich entweder aus konkretem Anlass oder bereits im Arbeitsvertrag vereinbart ist (vgl. *Schaub*, ArbR-Hdb., § 47 Rz. 7). Setzt der Arbeitnehmer angeordnete Kurzarbeit tatsächlich um, so kann dies auch als konkludente Vereinbarung gedeutet werden (LAG Düsseldorf v. 14. 10. 1994, DB 1995, 682). Fehlt indes eine entsprechende Vereinbarung, so bleibt dem Arbeitgeber nur die Änderungskündigung, die wegen Einhaltung der Kündigungsfristen jedoch regelmäßig erst (zu) spät greifen wird.

7 Zur Zulässigkeit von Wertsicherungsklauseln nach dem PrAngKlauSchG vgl. **M 3.1** Fn. 10. Zulässig sind jedoch Gehalts- und Lohngleitklauseln, die an Tarifgehälter gekoppelt werden („Spannungsklauseln"), § 1 Abs. 1 PrKV.

(2) Herr/Frau ... erhält eine Gewinnbeteiligung (Tantieme)[8] in Höhe von ...% des Jahresgewinns nach Handelsbilanz der Gesellschaft, vor Abzug der Tantieme, nach Abschreibungen und Wertberichtigungen, Bildung von Rücklagen und Rückstellungen sowie abzüglich des Teils des Gewinns, der durch die Auflösung von Rücklagen entstanden ist.[9] Die Tantieme beträgt in den ersten drei Jahren jedoch mindestens jährlich Euro ....[10]

Die Gewinnbeteiligung wird binnen Monatsfrist nach Feststellung der Bilanz gezahlt. Scheidet Herr/Frau ... innerhalb des laufenden Geschäftsjahres aus der Gesellschaft aus, besteht der Anspruch nur pro rata temporis.[11]

oder

(2) Herr/Frau ... erhält eine Sondervergütung, die nach Abschluss des Geschäftsjahres zum 31. 3. des folgenden Kalenderjahres ausgezahlt wird.

Die Höhe der Sondervergütung wird von der Gesellschaft in Abhängigkeit vom Geschäftsergebnis und der Dauer der Betriebszugehörigkeit von Herrn/Frau ... jedes Jahr nach billigem Ermessen neu festgesetzt.[12] Bei einer Beschäftigungsdauer von weniger als 12 Monaten in einem Geschäftsjahr wird die Sondervergütung pro rata gezahlt.

---

8 Anders als eine Beteiligung am Gewinn ist eine Beteiligung am Verlust sittenwidrig und damit nichtig (§ 138 Abs. 1 BGB), wenn dafür kein angemessener Ausgleich gewährt wird, weil dem Arbeitnehmer damit in unzulässiger Weise das Wirtschaftsrisiko des Arbeitgebers überlastet wird (BAG v. 10. 10. 1990, DB 1991, 659). Die Gewinnbeteiligung (Tantieme) richtet sich nach Gewinn oder – im Ausnahmefall – Umsatz des Unternehmens, unabhängig vom Grad der Mitwirkung des Berechtigten; demgegenüber setzt eine Provision voraus, dass eine bestimmte Tätigkeit des Arbeitnehmers für den die Provision begründenden Tatbestand (zB Geschäftsabschluss) kausal geworden ist. Rechtsgrundlage einer Gewinnbeteiligung kann zwar auch ein Tarifvertrag oder eine Betriebsvereinbarung sein; regelmäßig geht sie jedoch nur auf den Arbeitsvertrag zurück. Will der Arbeitgeber Gewinnbeteiligungen oder Umsatzprämien einführen, bedarf zwar sowohl deren Einführung als auch die Ausgestaltung und Änderung des Beteiligungssystems der Zustimmung des Betriebsrats gemäß § 87 Abs. 1 Nr. 10 BetrVG (BAG v. 25. 4. 1995, NZA 1995, 1063 zur Einführung von Umsatzprämien). Das gilt aber nicht für Gewinnbeteiligungen von leitenden Angestellte iSv. § 5 Abs. 3 BetrVG. Allerdings kann der Betriebsrat die Einführung eines Gewinnbeteiligungssystems nicht erzwingen.
9 Häufig ist Bemessungsgrundlage der Jahresgewinn nach Handelsbilanz (nicht Steuerbilanz), uU auch mit den Einschränkungen nach dem Muster. Zur Durchsetzung des Anspruchs hat der Arbeitnehmer aus § 242 BGB gegen den Arbeitgeber einen Anspruch auf Auskunft und Rechnungslegung über den erzielten Gewinn, insbesondere durch Vorlage des Jahresabschlusses.
10 Die Vereinbarung einer Mindesttantieme empfiehlt sich insbesondere in Turn-around-Situationen. Sie sollte dann – wie im Muster – befristet sein.
11 Alternativ käme die Ermittlung des Gewinns zum Ausscheidenszeitpunkt durch Erstellung einer Zwischenbilanz in Betracht, die bei Gewinnbeteiligungen von Arbeitnehmern wohl nicht verlangt wird; es empfiehlt sich, die Pro-rata-Geltung im Vertrag festzulegen. ME gilt die Pro-rata-Regelung auch, wenn das Arbeitsverhältnis aufgrund betriebsbedingter Kündigung beendet wurde.
12 Derartige Ermessensregelungen müssten auch nach Geltung des § 308 Nr. 4 BGB für Arbeitsverträge zulässig sein; zum einen wird nicht „die versprochene Leistung" geändert oder von ihr abgewichen, zum anderen ist dem Erfordernis der Wertung in § 308 Nr. 4 BGB durch den Hinweis auf die Festsetzung nach billigem Ermessen mE Rechnung getragen. Die Frage ist jedoch offen. Die Festsetzung durch den Arbeitgeber muss gemäß § 315 Abs. 1 BGB billigem Ermessen unter Berücksichtigung auch der Interessen des Arbeitnehmers entsprechen und kann daraufhin gerichtlich überprüft werden, § 315 Abs. 3 BGB.

oder

(2) Herr/Frau . . . erhält eine Provision in Höhe von Euro . . . je . . . .[13]

(3) Mit dieser Vergütung ist Mehr-, Sonn- und Feiertagsarbeit abgegolten.[14]

. . .

§ 4 Gratifikation[15]

(vgl. M 3.1, § 4)

§ 5 Verschwiegenheitspflicht

§ 6 Nebentätigkeiten

§ 7 Urlaub

§ 8 Reisekosten

§ 9 Erfindungen Urheberrechte

§ 10 Nachvertragliches Wettbewerbsverbot

§ 11 Altersversorgung

(vgl. M 3.1, §§ 5–11)

§ 12 Dienstverhinderung

(1) Herr/Frau . . . wird der Gesellschaft jede Dienstverhinderung und ihre voraussichtliche Dauer unverzüglich anzeigen und auf Verlangen die Gründe der Dienstverhinderung mitteilen.

---

13 Zu Einzelheiten der Provisionsansprüche vgl. **M 12.11**.
14 Anders als bei (einfachen) Angestellten (vgl. oben **M 3.1** § 3 Ziff. 2 mit Fn.) ist bei leitenden Angestellten die gesonderte Vergütung von Überstunden die Ausnahme. Ohne ausdrückliche Vereinbarung sind sie nach bisheriger Rechtslage nur gesondert zu vergüten, wenn die vertraglichen Bezüge lediglich eine bestimmte Normalleistung abgelten sollen oder wenn dem leitenden Angestellten zusätzlich Arbeiten außerhalb seines eigentlichen Aufgabenkreises übertragen werden (vgl. BAG v. 17. 11. 1966, BAGE 19, 126 = AP Nr. 1 zu § 611 BGB – Leitende Angestellte; v. 13. 3. 1967, AP Nr. 15 zu § 618 BGB). Ob auch bei leitenden Angestellten wegen § 307 Abs. 1 Satz 2 BGB die Unwirksamkeit einer solchen Pauschalabgeltung droht, ist offen. Eine solche Pauschalabgeltung war bisher absolut üblich, was uE eine Besonderheit des Arbeitsrechts nach § 310 Abs. 4 BGB darstellt, so dass eine solche Regelung uE auch jetzt noch zulässig ist. Will man sicher gehen, müsste man sich jedoch an § 3 Ziff. 2 letzte Alternative in **M 3.1** orientieren (vgl. auch die Anmerkungen dort).
15 Vgl. im Einzelnen **M 12.15** mit zahlreichen Formulierungsbeispielen und Hinweisen zu Gratifikationen.
Soll die Gratifikation freiwillig, widerruflich oder rückzahlbar gestaltet werden, so sollte sie zur Vermeidung von Abgrenzungsschwierigkeiten nicht unter „Vergütung", sondern unter eigener Überschrift geregelt werden.

(2) Bei Arbeitsunfähigkeit infolge Krankheit erhält Herr/Frau ... das Monatsgehalt nach § 3 Abs. 1 für die Dauer von ... Monaten fortbezahlt. Sondervergütungen nach § 4 Abs. ... bis ... werden für Zeiten der Arbeitsunfähigkeit nicht gekürzt.

(3) Sollte Herr/Frau ... während des ungekündigten Bestands des Arbeitsverhältnisses sterben, so erhalten seine/ihre Erben oder unterhaltsberechtigten Angehörigen bis zum Ende des Sterbemonats und danach noch für ... Monate das Monatsgehalt nach § 3 Abs. ... als Sterbegeld.[16] Die Bezugsdauer erhöht sich nach fünfjähriger Betriebszugehörigkeit auf ... Monate und nach zehnjähriger Betriebszugehörigkeit auf ... Monate.

(4) Falls Herr/Frau ... gegenüber der Gesellschaft keine schriftliche Bestimmung getroffen hat, bleibt es der Gesellschaft überlassen, an welchen Erben oder Unterhaltsberechtigten das Sterbegeld nach Abs. 2 gezahlt wird. Die Erben bzw. Unterhaltsberechtigten haben sich ggf. selbst auseinander zu setzen.

(5) Schadensersatzansprüche, die Herr/Frau ..., seine/ihre Erben oder seine/ihre unterhaltsberechtigten Angehörigen wegen des Verdienstausfalls im Falle seiner/ihrer Arbeitsunfähigkeit oder seines/ihres Todes gegen Dritte haben, tritt Herr/Frau ... hiermit an die Gesellschaft bis zur Höhe des Betrages ab, den sie nach den vorstehenden Absätzen zahlt. Versicherungsansprüche gegen gesetzliche oder private Lebens-, Unfall- und Krankenversicherungsträger fallen nicht hierunter.

§ 13   Umzugskosten

(vgl. **M 3.1**, § 13)

§ 14   Vertragsstrafe

§ 15   Beendigung des Anstellungsverhältnisses[17]

§ 16   Vorschüsse und Arbeitgeberdarlehen

§ 17   Zahlungsabwicklung, Zinsen

(vgl. **M 3.1**, §§ 15–20)[18]

§ 18   Schlussbestimmungen[19]

---

16 Es handelt sich zwar um eine freiwillige Leistung. Mit der Vereinbarung im Anstellungsvertrag wird sie jedoch bindend, sofern die Freiwilligkeit – wie hier – nicht ausdrücklich vorbehalten wird.
17 Bei leitenden Angestellten werden die Kündigungsfristen allerdings regelmäßig großzügiger gewählt als bei einfachen Angestellten, auch als Ausgleich für den ggf. nach § 14 KSchG geminderten Schutz gegen Kündigungen.
18 Bei leitenden Angestellten sind Regelungen zur Gehaltsabtretung/Verpfändung (**M 3.1**, § 14), Einstellungsfragebogen (**M 3.1**, § 18) und Ausschlussklauseln (**M 3.1**, § 21) weniger üblich.
19 Vgl. **M 3.1**, § 22.

Kap. 4   Dienstvertrag des Geschäftsführers

§ 19 Vertragsaushändigung

(vgl. M 3.1, § 23)[20]

...   ...
Ort, Datum   Ort, Datum

...   ...
Unterschrift Arbeitgeber   Unterschrift Arbeitnehmer

20 Gem. § 309 Nr. 12b BGB bedarf das Empfangsbekenntnis, um nicht AGB-widrig zu sein, der gesonderten Unterschrift.

Kapitel 4 Der Dienstvertrag des Geschäftsführers[1]

Literaturübersicht: *Baeck/Hopfner*, Schlüssige Aufhebungsverträge mit Organmitgliedern auch nach In-Kraft-Treten des § 623 BGB, DB 2000, 1914; *Brandmüller*, Der GmbH-Geschäftsführer im Gesellschafts-, Steuer- und Sozialversicherungsrecht, 15. Aufl. 2003; *Bauer*, Nun Schriftform bei Beförderung zum Geschäftsführer?, GmbHR 2000, 767; *Heidenhain/Meister* in: Münchener Vertragshandbuch, Bd. I: Gesellschaftsrecht, 5. Aufl. 2000, IV 54; *Henssler*, Das Anstellungsverhältnis der Organmitglieder, RdA 1992, 289; *Holthausen/Steinkraus*, Die janusköpfige Rechtsstellung des GmbH-Geschäftsführers im Arbeitsrecht, NZA-RR 2002, 281; *von Hoyningen-Huene*, Die Abberufung und Beendigung des Dienstverhältnisses von Geschäftsführern eines Sozialversicherungsträgers, NZA 1994, 481; *Jaeger*, Der Anstellungsvertrag des GmbH-Geschäftsführers, 4. Aufl. 2001; *Kamanabrou*, Das Anstellungsverhältnis des GmbH-Geschäftsführers im Licht neuerer Rechtsprechung, DB 2002, 146; *Leuchten*, Beschäftigungsanspruch des GmbH-Geschäftsführers, GmbHR 2001, 750; *Nägele*, Der Anstellungsvertrag des Geschäftsführers, DB 2001, 305; *Nebendahl*, Ansprüche eines GmbH-Geschäftsführers aus betrieblicher Übung?, NZA 1992, 289; *Niebler/Schmiedl*, Die Rechtsprechung des BAG zum Schicksal des Arbeitsverhältnisses bei Geschäftsführerbestellung nach In-Kraft-Treten des § 623 BGB, NZA-RR 2001, 281; *Reiserer*, Die außerordentliche Kündigung des Dienstvertrages des GmbH-Geschäftsführers, BB 2002, 1199; *Reiserer/Hess-Emmerich*, Der GmbH-Geschäftsführer, 2. Aufl. 2001; *Reiserer/Schulte*, Der GmbH-Geschäftsführer im Sozialversicherungsrecht, BB 1995, 2162; *Röder/Lingemann*, Schicksal von Vorstand und Geschäftsführer bei Unternehmensumwandlungen und Unternehmensveräußerungen, DB 1993, 1341; *Stephan* in: Beck'sches Formularbuch zum Bürgerlichen, Handels- und Wirtschaftsrecht, 8. Aufl. 2003, IX 48; *Schwab*, Das Dienstverhältnis des

1 Schon bisher wurden Verträge mit Organmitgliedern juristischer Personen nicht unter die Bereichsausnahme des § 23 Abs. 1 AGBG gefasst (vgl. Ulmer/Brandner/Hensen/*Ulmer*, AGBG, § 23 Rz. 5). Die Erstreckung der AGB-Kontrolle auf Arbeitsverträge durch das Schuldrechtsmodernisierungsgesetz in §§ 305 ff. iVm. § 310 Abs. 4 BGB ändert insoweit nach hier vertretener Auffassung die Rechtslage in Bezug auf Verträge mit Organen juristischer Personen nicht. Die Rechtslage ist hier jedoch nicht abschließend geklärt. Das Muster geht einstweilen davon aus, dass der Geschäftsführeranstellungsvertrag individuell ausgehandelt wird. Auch bei Anwendung der AGB-Kontrolle dürften wegen der Bereichsausnahme für Gesellschaftsrecht der Vorrang gesellschaftsrechtlicher Entscheidungen bei der Regelung der Vertretung und Geschäftsführung unverändert zulässig sein. Die Versetzungsklauseln in **M 4.1** § 2 Abs. 5 könnten wegen § 308 Nr. 4 BGB einzuschränken sein, für die Freistellungsklausel in **M 4.1** § 3 Abs. 6 ist dies fraglich, da jedenfalls die gesetzliche Befugnis zur jederzeitigen Abberufung nach § 38 GmbHG einem Verstoß gegen § 307 Abs. 2 Nr. 1 BGB entgegensteht.

GmbH-Geschäftsführers insbesondere unter arbeitsrechtlichen Aspekten, NZA 1987, 839; *Staab*, Der Arbeitnehmer-Gesellschafter der GmbH im Spannungsfeld zwischen Arbeitnehmerschutz und gesellschaftsrechtlichem Gläubigerschutz, NZA 1995, 608; *Tillmann/Mohr*, GmbH-Geschäftsführer-Praktikum, 7. Aufl. 1999; *Wehrmeyer*, Die arbeitsrechtliche Einordnung der Organe juristischer Personen, 1988.

I. Erläuterungen

1. Anforderungen an die Person des Geschäftsführers

Gemäß § 6 Abs. 2 Satz 1 GmbHG kann **Geschäftsführer** nur eine natürliche und voll geschäftsfähige Person sein. Eine juristische Person als Geschäftsführer scheidet aus. Zu weiteren Ausschlüssen vgl. § 6 Abs. 2 Satz 2 GmbHG. Aufsichtsratsmitglieder in der mitbestimmten GmbH sind von der Geschäftsführerstellung ausgeschlossen, § 6 Abs. 2 MitbestG iVm. § 105 Abs. 1 AktG; § 77 Abs. 1 BetrVG 1952 iVm. § 105 Abs. 1 AktG. Dies gilt auch bei einem bloß fakultativen Aufsichtsrat. Fehlt eine gesetzliche Eignungsvoraussetzung, so ist die Bestellung des Organmitgliedes nichtig. Auch Ausländer können Geschäftsführer einer deutschen GmbH sein. Für EU-Ausländer ist die Situation unproblematisch. Nicht-EU-Ausländer benötigen eine Aufenthaltserlaubnis, nicht aber eine Arbeitserlaubnis (§ 9 Nr. 1 ArGV). Die Satzung der Gesellschaft kann engere persönliche und sachliche Eignungsvoraussetzungen für die Organmitglieder aufstellen. Allerdings darf dadurch die Bestellungskompetenz des zuständigen Organs nicht unverhältnismäßig eingeengt werden. In der Regel handelt es sich um besondere Anforderungen an die Qualifikation und Erfahrung.

2. Organstellung und Dienstvertrag

a) Organstellung

Der Geschäftsführer ist Organ der GmbH. Die Organstellung beginnt mit der **Annahme der Bestellung**. Die Bestellung erfolgt entweder im Gesellschaftsvertrag, durch Beschluss der Gesellschafterversammlung, § 46 Nr. 5 GmbHG, oder durch Entscheidung des von der Satzung dazu bestimmten Organs, zB eines Beirates.

Als Organ obliegt dem Geschäftsführer die **Vertretung** der Gesellschaft nach außen, § 35 Abs. 1 GmbHG. Diese ist in der Sache nicht beschränkt. Gem. § 35 Abs. 2 Satz 2 GmbHG vertreten mehrere Geschäftsführer die Gesellschaft gerichtlich und außergerichtlich jedoch **gemeinschaftlich**. Die Satzung kann demgegenüber Einzelvertretungsbefugnis vorsehen oder auch die Befugnis zur Vertretung nur mit einem weiteren Geschäftsführer oder Prokuristen. Sie kann diese Bestimmung auch durch bloße Gesellschafterbeschlüsse zulassen. Willenserklärungen, die der Geschäftsführer unter Missachtung dieser Vorschriften abgibt, sind auch nach außen unwirksam. Zur Empfangnahme einer Willenserklärung ist indes jeder Geschäftsführer allein berechtigt, § 35 Abs. 3 GmbHG.

Von der Vertretung nach außen zu unterscheiden ist die **Geschäftsführungsbefugnis**, § 37 GmbHG. Sie regelt das Innenverhältnis zwischen Gesellschaft und Geschäftsführer. Sie verpflichtet und berechtigt den Geschäftsführer, im Rahmen des in der Satzung bestimmten Unternehmensgegenstandes sämtliche Maßnahmen zu beschließen und auszuführen, die erforderlich sind, um den Unternehmensgegenstand nach den Grundsätzen ordnungsgemäßer Geschäftsleitung (§ 43 Abs. 1 GmbHG) zu verwirklichen. Sie wird daher beschränkt – zB auf Geschäfte einer bestimmten Sparte oder Geschäfte bis zu einem bestimmten Volumen – durch die Satzung, den Anstellungsvertrag und Beschlüsse, insbesondere Weisungen oder Zustimmungsvorbehalte der Gesellschafterversammlung. Typisches Regelungsinstrument ist der **Zustimmungskatalog** in der Satzung oder Geschäftsordnung, welcher meist auch im Anstellungsvertrag Niederschlag findet. Vorrang hat stets die Satzung bzw. Geschäftsordnung gegenüber dem Anstellungsvertrag. Schließt der Geschäftsführer entgegen einer solchen Beschränkung einen Vertrag, so ist er gegenüber dem Vertragspartner gleichwohl wirksam, § 37 Abs. 2 GmbHG. Der Geschäftsführer verstößt dadurch jedoch im Innenverhältnis gegen seine Pflicht, die Beschränkungen einzuhalten, die die Gesellschafterversammlung festgesetzt hat, § 37 Abs. 1 GmbHG. Entstehen daraus Schäden, so ist er für diese haftbar, § 43 GmbHG.

b) Dienstvertrag

Neben der Organstellung besteht in der Regel ein **Anstellungs- oder Dienstvertrag** gem. §§ 611 ff. BGB zwischen Gesellschaft und Geschäftsführer. Dieser bestimmt das schuldrechtliche Verhältnis. Er regelt insbesondere die Gegenleistung für die Tätigkeit, also Vergütung, Urlaubsansprüche, Ansprüche auf Betriebsrenten, Form und Frist von Vertragsänderung und Kündigung. Er bestimmt oft auch den Pflichtenkreis des Geschäftsführers (zB kaufmännische oder technische Leistung, Geschäftsführungsbefugnis [so.]) genauer.

Ein in der Praxis entscheidender **Unterschied zwischen Organstellung und Anstellung** zeigt sich bei der Beendigung von Organstellung und Anstellungsvertrag. Die organschaftliche Stellung des Geschäftsführers kann die Gesellschafterversammlung – sofern im Gesellschaftsvertrag nichts Abweichendes vereinbart ist – jederzeit widerrufen, § 38 Abs. 1 GmbHG. Zur Beendigung des Dienstvertrages hingegen muss sie die Vertragslaufzeit einhalten oder, wenn der Vertrag keine feste Laufzeit vorsieht, die vertraglichen oder gesetzlichen Kündigungsfristen. Auch wenn der Geschäftsführer mit sofortiger Wirkung abberufen wird, dauert sein Anstellungsverhältnis daher bis zum Ablauf dieser Fristen an, sofern es nicht gleichzeitig wirksam fristlos gekündigt wird. Er hat damit auch Anspruch auf Fortzahlung der Bezüge bis zur Beendigung des Anstellungsverhältnisses. Die Abberufung oder die Unterlassung einer vereinbarten Bestellung zum Geschäftsführer kann je nach den Umständen des Einzelfalles eine fristlose Kündigung durch den Dienstnehmer rechtfertigen sowie Schadensersatzansprüche gegen die Gesellschaft gem. § 628 Abs. 2 BGB.[2]

Das **Kündigungsschutzgesetz** gilt für den Geschäftsführer **nicht**, § 14 Abs. 1 Nr. 1 KSchG, ebenso wenig das BetrVG, § 5 Abs. 1 Satz 3 BetrVG, das EFZG, BErzGG, MuSchG oder das BUrlG. Soweit entsprechende Regelungen gewollt sind, müssen sie also in den Vertrag – ggf. durch Bezugnahme auf die Normen – aufgenommen werden.

---

[2] BAG v. 8. 8. 2002, DB 2002, 2273; möglicherweise aA BGH v. 28. 10. 2002, NJW 2003, 351.

aa) Zuständigkeit für Abschluss und Änderung des Dienstvertrages

Der Abschluss des Dienstvertrages sowie seine Änderung und Kündigung obliegen dem für Bestellung und Abberufung zuständigen Organ, in der GmbH also der **Gesellschafterversammlung**, es sei denn, die Satzung trifft eine abweichende Regelung. Unterliegt die GmbH dem Mitbestimmungsgesetz (bei idR mehr als 2 000 Arbeitnehmern), ist gemäß § 31 Abs. 1 MitbestG der Aufsichtsrat zuständig. Unterliegt die GmbH dem BetrVG 1952 (mehr als 500 Arbeitnehmer), bleibt die Gesellschafterversammlung zuständig.

In der **GmbH & Co. KG** wird der Geschäftsführer durch die Gesellschafterversammlung der **Komplementär-GmbH** bestellt. Der Anstellungsvertrag kann gleichzeitig mit der Komplementär-GmbH, auch insoweit vertreten durch ihre Gesellschafterversammlung, geschlossen werden. Zulässig, wenn auch in der Praxis seltener, ist auch der Anstellungsvertrag mit der GmbH & Co. KG. Obwohl der Geschäftsführer dann nicht Organ der KG ist, gilt für ihn das Kündigungsschutzgesetz nicht ohne weiteres.[3]

bb) Form des Dienstvertrages

Der Dienstvertrag des Geschäftsführers ist formfrei. Die Schriftform ist jedoch ratsam und üblich. Dies gilt in besonderem Maße für den Gesellschafter-Geschäftsführer, um die steuerliche Berücksichtigung seiner Bezüge als Betriebsausgaben zu sichern und die Behandlung als verdeckte Gewinnausschüttung zu vermeiden.

3. Pflichten und Verantwortlichkeiten des Geschäftsführers

Der Geschäftsführer hat in den Angelegenheiten der Gesellschaft die Sorgfalt eines ordentlichen Geschäftsmannes anzuwenden, § 43 Abs. 1 GmbHG, dh. er hat die Gesellschaft zu führen mit der Sorgfalt eines selbständigen, treuhänderischen Verwalters fremder Vermögensinteressen.[4]

Eine gesonderte Regelung zu diesem Punkt ist im Dienstvertrag des Geschäftsführers üblich, indes überflüssig, da die strengen Sorgfaltspflichten des Geschäftsführers sich schon aus dem Gesetz ergeben.

Allerdings kommen hier **Haftungsbeschränkungen** in Betracht. Zu unterscheiden ist zwischen der Teilnahme des Geschäftsführers am allgemeinen Rechtsverkehr (zB Führen eines Kfz) und der Erfüllung seiner spezifischen Pflichten. Für die Teilnahme am allgemeinen Rechtsverkehr wird man weitgehende Haftungsausschlüsse zulassen.[5] Ob auch für die spezifischen Pflichten des Geschäftsführers eine Haftungsbeschränkung zulässig ist, war höchst streitig.[6] Bei Pflichtverletzungen aufgrund leichter oder mittlerer Fahrlässigkeit wird man eine Haftungsbeschränkung bejahen können.[7] Bei Vorsatz scheidet sie aus, § 276 Abs. 3 BGB. Ob eine Haftungsbeschränkung auch für grobe Fahrlässigkeit zulässig wäre, ist fraglich. Es empfiehlt sich in jedem Falle,

---

3 BAG v. 13. 7. 1995, WiB 1996, 26. Gem. BAG v. 20. 8. 2003, NZA 2003, 1108 ist er nicht Arbeitnehmer iSv. § 5 Abs. 1 Satz 3 ArbGG, so dass auch der Rechtsweg zu den Arbeitsgerichten nicht eröffnet ist.
4 OLG Koblenz v. 10. 6. 1991, GmbR 1991, 416, 417.
5 Vgl. OLG Koblenz v. 14. 5. 1998, GmbHR 1999, 344.
6 Nachweise bei *Lutter/Hommelhoff*, GmbHG, 15. Aufl. 2000, § 43 Rz. 2.
7 AA *Lutter/Hommelhoff*, GmbHG, 15. Aufl. 2000, § 43 Rz. 2.

diese im Vertrag gesondert zu regeln. Die Entscheidung des BGH v. 16. 9. 2002[8] deutet darauf hin, dass ein Haftungsausschluss nach allgemeinen Regeln zulässig ist, solange nicht die Pflichtverletzung des Geschäftsführers darin besteht, dass er entgegen § 43 Abs. 3 GmbHG an der Auszahlung gebundenen Kapitals der GmbH an die Gesellschafter mitgewirkt hat. Die Gesellschaft muss im Haftungsfall – gegebenenfalls mit Hilfe von § 287 ZPO – nur darlegen und beweisen, dass ihr durch ein Verhalten des Geschäftsführers in dessen Pflichtenkreis ein Schaden erwachsen ist. Es ist dann Sache des Geschäftsführers darzulegen und erforderlichenfalls zu beweisen, dass er seinen Sorgfaltspflichten gem. § 43 Abs. 1 GmbHG nachgekommen ist oder ihn kein Verschulden trifft oder dass der Schaden auch bei pflichtgemäßem Alternativverhalten eingetreten wäre.[9]

Weisungen der Gesellschafterversammlung und Geschäftsverteilung können haftungsbeschränkende Wirkung haben.[10]

Daneben führt die **Entlastung** (vgl. § 46 Nr. 5 GmbHG) durch die Gesellschafterversammlung zu einem Verzicht der Gesellschafterversammlung auf alle Ansprüche der Gesellschaft gegen den Geschäftsführer, deren Haftungsvoraussetzungen aufgrund eines Rechenschaftsberichtes sowie der vorgelegten Unterlagen allen Gesellschaftern „erkennbar" waren.[11] Dies ist eine durchaus beachtliche Einschränkung der Wirkung der Entlastung. Daneben gibt es die **„Generalbereinigung"**. Dabei handelt es sich um eine Vereinbarung zwischen dem Geschäftsführer und der Gesellschaft, vertreten durch die Gesellschafterversammlung, nach der keinerlei gegenseitige Ansprüche aus der Geschäftsführertätigkeit mehr bestehen. Ein solcher Vertrag erledigt etwaige Haftungsansprüche umfassend – allerdings nur, soweit sie aus dem Geschäftsführerverhältnis resultieren;[12] natürlich auch hier mit Ausnahme der nicht abdingbaren Haftung zB nach § 43 Abs. 3 iVm. § 9b GmbHG. Für den Abschluss einer Generalbereinigung mit dem ausscheidenden Geschäftsführer bedarf es eines Gesellschafterbeschlusses.[13]

4. Sozialversicherungsrechtliche Stellung des Geschäftsführers

Der GmbH-Geschäftsführer ist nicht Arbeitnehmer im Sinne der arbeitsrechtlichen Vorschriften (§ 5 Abs. 2 Nr. 1 BetrVG, § 14 Abs. 1 Nr. 1 KSchG). Dies schließt jedoch ein abhängiges Beschäftigungsverhältnis im Sinne des Sozialversicherungsrechtes nicht aus. An der dafür nach § 7 Abs. 4 Satz 1 SGB IV maßgeblichen Abhängigkeit fehlt es, wenn der Geschäftsführer Mehrheitsgesellschafter ist, also über die Hälfte des Stammkapitals der Gesellschaft oder mehr verfügt. Fehlt es an einem durch die Kapitalbeteiligung hervorgerufenen beherrschenden Einfluss auf die Gesellschaft, so hängt das Vorliegen eines **versicherungspflichtigen Beschäftigungsverhältnisses**

---

8 BGH v. 16. 9. 2002, DB 2002, 2480; in ausdrücklicher Abweichung von der Entscheidung BGH v. 29. 11. 1999, DB 2000, 269.
9 BGH v. 4. 11. 2002, DB 2002, 2706.
10 Vgl. *Lutter/Hommelhoff*, GmbHG, 15. Aufl. 2000, § 43 Rz. 22.
11 BGH v. 19. 1. 1976, WM 1976, 736; *Roth/Altmeppen*, GmbHG, 4. Aufl. 2003, Rz. 30.
12 Insgesamt zur Generalbereinigung vgl. zuletzt BGH v. 7. 4. 2003, NZG 2003, 528; Ansprüche aus anderen Vertragsverhältnissen, insbesondere dem Gesellschafterverhältnis, bleiben somit unberührt, vgl. BGH v. 18. 9. 2000, DB 2000, 2422.
13 BGH v. 8. 12. 1997, NJW 1998, 1315; v. 18. 9. 2000, DB 2000, 2422.

nach allgemeinen Grundsätzen wesentlich davon ab, ob der Geschäftsführer nach dem Gesamtbild seiner Tätigkeit einem seine persönliche Abhängigkeit begründenden Weisungsrecht der GmbH unterliegt. Nach Auffassung des BSG[14] ist dies bei einem nicht entsprechend beteiligten Geschäftsführer in der Regel nicht der Fall.[15] Auch nach der jüngsten Entscheidung des BSG vom 18. 12. 2001[16] ist der Geschäftsführer einer GmbH, der am Stammkapital nicht beteiligt ist, grundsätzlich abhängig Beschäftigter der GmbH und versicherungs- und beitragspflichtig.

Für den persönlich abhängigen Geschäftsführer hat die Gesellschaft Arbeitnehmeranteile zur Arbeitslosenversicherung, Rentenversicherung und gegebenenfalls Kranken- und Pflegeversicherung abzuführen.

---

14 BSG v. 14. 12. 1999, GmbHR 2000, 618.
15 Eine Ausnahme nennt das BSG (v. 14. 12. 1999, GmbHR 2000, 618) ausdrücklich für den Fall des Geschäftsführers einer Familiengesellschaft, sofern dieser mit den Gesellschaftern familiär verbunden ist und in der Gesellschaft nach eigenem Gutdünken „schalten und walten" kann.
16 BSG v. 18. 12. 2001, AuA 2002, 573.

II. Muster

Dienstvertrag des Geschäftsführers 4.1

zwischen

der Firma . . . (i. F. Gesellschaft)

und

Herrn/Frau . . . (i. F. Geschäftsführer)

Vorbemerkung:[1]

Herr/Frau . . . wurde durch Beschluss der Gesellschafterversammlung vom . . . mit Wirkung zum . . . zum Geschäftsführer der Gesellschaft bestellt. Dazu wird Folgendes vereinbart:

§ 1 Vertretung

(1) Der Geschäftsführer vertritt die Gesellschaft allein.[2]

oder

(1) Der Geschäftsführer vertritt die Gesellschaft zusammen mit einem anderen Geschäftsführer oder Prokuristen.

---

1 Die Wiedergabe der Bestellung in der Vorbemerkung hat nur nachrichtliche Bedeutung. Die Bestellung wird dadurch insbesondere nicht zur Geschäftsgrundlage des Dienstvertrages dergestalt, dass mit Widerruf der Bestellung auch der Dienstvertrag gekündigt ist. Dies gilt nur bei ausdrücklicher Regelung im Dienstvertrag (vgl. § 3 Ziff. 4 des Musters).
2 Die Regelung der Alleinvertretung im Dienstvertrag hindert die Gesellschaft nicht, jederzeit wirksam die Gesamtvertretung zu beschließen. Da dies jedoch gegen den Dienstvertrag verstößt, könnte der Geschäftsführer dies zum Anlass für eine fristlose Kündigung mit den Folgen des § 628 Abs. 2 BGB nehmen. Ziff. 3 enthält die Öffnungsklausel für die Gesellschaft.

(2) Der Geschäftsführer ist von den Beschränkungen des § 181 BGB befreit.

(3) Die Gesellschaft kann die Vertretungsbefugnis jederzeit ändern.

§ 2 Geschäftsführung[3]

(1) Der Geschäftsführer führt die Gesellschaft

oder

den . . . Geschäftsbereich der Gesellschaft

nach Maßgabe der Gesetze, dieses Vertrages, des Gesellschaftsvertrages, einer etwaigen Geschäftsordnung für die Geschäftsführung in ihrer jeweils gültigen Fassung sowie den Bestimmungen der Gesellschafter.

(2) Der Geschäftsführer bedarf für alle Geschäfte und Maßnahmen, die über den gewöhnlichen Geschäftsbetrieb der Gesellschaft hinausgehen, der ausdrücklichen vorherigen Zustimmung der Gesellschafter. Hierzu zählen insbesondere:

- *Veräußerung und Stilllegung des Betriebs der Gesellschaft oder wesentlicher Teile hiervon;*
- *Errichtung von Zweigniederlassungen;*
- *Erwerb oder Veräußerung anderer Unternehmen oder Beteiligungen der Gesellschaft;*
- *Erwerb, Veräußerung und Belastung von Grundstücken und grundstücksgleichen Rechten sowie die Verpflichtung zur Vornahme derartiger Rechtsgeschäfte;*
- *Übernahme von Bürgschaften und Garantien sowie Übernahme von Wechselverbindlichkeiten jeder Art;*
- *Inanspruchnahme oder Gewährung von Krediten oder Sicherheitsleistungen jeglicher Art, die Euro . . . übersteigen und nicht geschäftsüblich sind;*
- *Abschluss, Änderung oder Aufhebung von Verträgen, die die Gesellschaft im Einzelfall mit mehr als Euro . . . belasten;*
- *Einstellung, Beförderung und Entlassung leitender Angestellter iSd. § 5 Abs. 3 und 4 BetrVG;*
- *Erteilung und Widerruf von Prokuren und Handlungsvollmachten;*
- *Erteilung von Versorgungszusagen jeder Art.*

Die Liste der Handlungen, deren Ausführung der vorherigen Zustimmung der Gesellschafter bedarf, kann jederzeit durch Beschluss der Gesellschafterversammlung erweitert oder eingeschränkt werden.[4]

---

3 Zur Abgrenzung von Geschäftsführung und Vertretung vgl. oben I. 2. a) der Erläuterungen.
4 Ohne diese Öffnungsklausel wäre eine Erweiterung der zustimmungspflichtigen Geschäfte in der Satzung zwar wirksam, jedoch ein Verstoß gegen den Anstellungsvertrag mit den möglichen Folgen des § 626 iVm. § 628 Abs. 2 BGB. Aus Sicht der Gesellschaft ist die Öffnungsklausel daher unabdingbar. Hat der Geschäftsführer die Gesellschafterversammlung zuvor ordnungsgemäß unterrichtet, so befreit ihn deren Zustimmung von der Haftung für die Maßnahme.

(3) Der Geschäftsführer haftet gegenüber der Gesellschaft nur für Vorsatz und grobe Fahrlässigkeit.[5] Alle Ansprüche aus dem Dienstverhältnis und dem Organverhältnis einschließlich deliktischer Ansprüche sind von den Vertragspartnern innerhalb von 6 Monaten nach Fälligkeit, im Falle der Beendigung des Dienstverhältnisses jedoch innerhalb von 6 Monaten nach Beendigung schriftlich geltend zu machen; andernfalls sind sie erloschen.[6] § 43 Abs. 3 GmbHG bleibt unberührt.[7]

(4) Die Gesellschaft kann jederzeit weitere Geschäftsführer bestellen. Die Gesellschafterversammlung bestimmt von Zeit zu Zeit die Geschäftsverteilung[8] unter den Geschäftsführern.

(5) Der Geschäftsführer leitet den Geschäftsbereich . . . . Die Gesellschaft ist berechtigt, ihm andere Aufgaben zuzuweisen, auch wenn sie mit einem Ortswechsel verbunden sind.[9]

Der Geschäftsführer wird auf Verlangen der Gesellschafterversammlung auch Organtätigkeiten in verbundenen Unternehmen übernehmen; diese sind durch die Vergütung gem. § 4 abgegolten.

oder

Das Vertragsverhältnis wird auf die vereinbarte Position im Unternehmen als . . . mit Sitz in . . . konkretisiert. Eine Änderung bedarf der Zustimmung des Geschäftsführers.

oder

---

5 Soweit der Geschäftsführer objektiv und subjektiv gegen die ihm obliegende Sorgfalt verstößt, haftet er nach § 43 GmbHG gegenüber der Gesellschaft. Zum Sorgfaltsmaßstab, zur Beweislast und zur Zulässigkeit von Haftungsbeschränkungen siehe oben I. 3. der Erläuterungen. Unstreitig erfasst eine Haftungsbeschränkung nicht Verstöße gegen die Gläubiger schützenden Regeln gemäß § 43 Abs. 3 GmbHG, die im Muster daher auch klarstellend vorbehalten sind. Zur Nachhaftung eines früheren Geschäftsführers vgl. BAG v. 20. 1. 1998, BB 1998, 957.
6 Mit Urteil v. 16. 9. 2002 (DB 2002, 2480) hat der BGH die haftungsverkürzende Wirkung einer entsprechenden Klausel bejaht; soweit allerdings deliktische Ansprüche nicht ausdrücklich darin genannt sind, ist die Erstreckung auf deliktische Ansprüche zweifelhaft.
7 Vgl. § 43 Abs. 3 Satz 3 GmbHG iVm. § 9b Abs. 1 GmbHG; während der BGH mit Urteil v. 15. 11. 1999 (DB 2000, 268) verjährungsverkürzende Regelungen schon immer dann als unwirksam angesehen hat, wenn die Schadensersatzansprüche zur Befriedigung der Gesellschaftsgläubiger notwendig sind, hat er mit Urteil v. 16. 9. 2002 (DB 2002, 2480) diese Rechtsprechung ausdrücklich aufgegeben und die Unwirksamkeit auf den Verstoß gegen § 43 Abs. 3 GmbHG beschränkt.
8 Die wirksame Geschäftsverteilung befreit den Geschäftsführer von der Haftung, soweit der Schaden nicht in seinem Ressort verursacht wurde. Er muss dann nur einer Überwachungspflicht genügen und bei Anhaltspunkten für Pflichtverletzungen diesen nachgehen. Keine Haftungsbefreiung besteht bei Verantwortung der Gesamtgeschäftsführung, so insbesondere für den Jahresabschluss, aber auch für das Management der Gesellschaft in der Krise. Auch die durch das KonTraG vom 27. 4. 1998 eingeführte gesetzliche Verpflichtung zur Einmischung und Fortführung eines Überwachungssystems nach § 91 Abs. 2 AktG (vgl. dazu *Lingemann/Wasmann*, BB 1998, 853), soweit sie auf die GmbH anwendbar ist, ist eine Gesamtverantwortung der Geschäftsführung, so dass die Geschäftsverteilung nicht von der Haftung befreit. Die Insolvenzantragspflicht nach § 64 GmbHG obliegt jedem Geschäftsführer unabhängig von der Geschäftsverteilung.
9 Wenn die Aufgaben im Anstellungsvertrag festgelegt sind, kann die Gesellschaft andere Aufgaben nur zuweisen, wenn dies – wie im Muster – ausdrücklich vorbehalten ist.

Die Versetzung des Geschäftsführers in einen anderen Betrieb an einen anderen Ort ist ohne seine Zustimmung nur mit einer Ankündigungsfrist von einem Jahr zulässig.[10]

§ 3 Vertragsdauer

(1) Der Vertrag beginnt am ... und wird auf ... Jahr(e) unkündbar abgeschlossen. Er verlängert sich jeweils um ... Jahr(e), wenn er nicht mit einer Frist von ... Monaten vor Vertragsende gekündigt wird.[11]

oder

(1) Der Vertrag beginnt am .... Er tritt an die Stelle des Vertrages vom ... mit allen späteren Änderungen, der damit endet.[12, 13]

(2) Der Vertrag endet ohne Kündigung am Ende des Monats, in dem der Geschäftsführer das 65. Lebensjahr vollendet oder seine volle Erwerbsminderung festgestellt wird.[14]

---

10 Die 2. und 3. Alternative begünstigten den Geschäftsführer, der mit diesen Klauseln die Übertragung neuer Aufgaben zur Verbesserung seiner Vertragsposition nutzen könnte; vgl. zu Einzelheiten *Röder/Lingemann*, Schicksal von Vorstand und Geschäftsführer bei Unternehmensumwandlungen und Unternehmensveräußerungen, DB 1993, 1341 ff., 1346.

11 Da der Geschäftsführer keinen Kündigungsschutz genießt (§ 14 Abs. 1 Nr. 1 KSchG), ist für ihn eine lange Vertragslaufzeit von besonderer Bedeutung. Anders als im Arbeitsverhältnis sind Befristungen des Geschäftsführervertrages ohne sachlichen Grund wirksam und üblich. Dann ist der Vertrag vor Ablauf der vereinbarten Dauer nicht ordentlich kündbar, es sei denn, der Vertrag sieht dies ausdrücklich vor (§ 620 Abs. 1 BGB). Enthält der Vertrag keine Kündigungsregelung, verweist aber die Vergütung auf den BAT und eine Schlussbestimmung ergänzend auf die „tarifvertraglichen Bestimmungen", so soll der Geschäftsführer nach Maßgabe des § 53 Abs. 3 BAT auch unkündbar werden (BGH v. 26. 1. 1998, DB 1998, 571).

12 Die Alternative ist ratsam, wenn der Geschäftsführer zuvor (leitender) Angestellter des Unternehmens, nicht aber Organ war. Dadurch wird sichergestellt, dass kein „ruhendes Anstellungsverhältnis" entsteht, aus dem der Geschäftsführer nach seiner Abberufung gegebenenfalls Kündigungsschutz herleiten könnte (vgl. BAG v. 10. 10. 1995, NJW 1996, 1076 mwN; krit. *Bauer*, BB 1994, 855, 857; *Hümmerich*, NJW 1995, 1177, 1181, die nach der Bestellung zum Geschäftsführer ein ruhendes Arbeitsverhältnis ablehnen; restriktiv beim Wechsel in die Tochtergesellschaft mit eigenem Vertrag BAG v. 8. 6. 2000, DB 2000, 1918). Zur Rechtswegzuständigkeit bei ruhendem Arbeitsverhältnis vgl. *Reinicke*, ZIP 1997, 1525.

13 Wegen des Schriftformerfordernisses für Kündigung und Aufhebungsvertrag ist die Klausel aus Sicht der Gesellschaft dringend zu empfehlen. Vgl. *Bauer*, GmbHR 2000, 767 ff.; aA: *Baeck/Hopfner*, DB 2000, 1914 f.; *Niebler/Schmiedl*, NZA-RR 2001, 281 ff.; allerdings wird in der Diskussion bisher übersehen, dass die Gesellschaft bei Abschluss des Geschäftsführerdienstvertrages von der Gesellschafterversammlung vertreten wird, während sie bei der Erledigung von Ansprüchen aus dem Anstellungsvertrag als Arbeitnehmer von der Geschäftsführung vertreten werden müsste; die Berufung auf die Unwirksamkeit wegen dieses Kompetenzproblems dürfte dem Geschäftsführer als Dienstnehmer jedoch gem. § 242 BGB versagt sein, zumal er selbst ja auch Geschäftsführer ist; damit könnte er sich letztlich nur auf § 181 BGB berufen, genau dies aber ist treuwidrig. Will man ganz sicher gehen, müsste man die Aufhebung des früheren Arbeitsvertrages zwischen der Gesellschaft, vertreten durch den – früheren oder weiteren – Geschäftsführer einerseits und dem neuen Geschäftsführer andererseits vereinbaren. **M 4.2** enthält einen Formulierungsvorschlag.

14 Ebenso wie eine Befristung ist auch eine auflösende Bedingung beim Geschäftsführeranstellungsvertrag ohne sachlichen Grund zulässig. § 41 Abs. 4 SGB VI gilt für den Geschäftsführer nicht, da auch das dort bezogene KSchG gemäß § 14 Abs. 1 Nr. 1 KSchG nicht anwendbar ist. Zu Alternativen s. **M 5.1** § 2 Ziff. 3.

(3) Der Vertrag ist jederzeit aus wichtigem Grund fristlos kündbar.

Ein wichtiger Grund liegt für die Gesellschaft insbesondere vor, wenn (. . .)[15]

– der Geschäftsführer gegen die ihm im Innenverhältnis auferlegten Beschränkungen der Geschäftsführung (zB nach § 2 Abs. 2) verstößt,[16]

(. . .)

Ein wichtiger Grund für den Geschäftsführer liegt insbesondere vor, wenn (. . .)

– die Mehrheit der Geschäftsanteile an Personen außerhalb des bisherigen Gesellschafterkreises veräußert werden.

(4) Die Bestellung zum Geschäftsführer kann jederzeit durch Beschluss der Gesellschafterversammlung widerrufen werden.[17] Der Widerruf der Bestellung (Abberufung) gilt als Kündigung dieses Vertrages zum nächstmöglichen Zeitpunkt.[18]

(5) Jede Kündigung/Abberufung bedarf der Schriftform. Ist der Geschäftsführer bei der Beschlussfassung anwesend, so ist die Kündigung ihm gegenüber abweichend von Satz 1 bereits dadurch formwirksam erklärt, dass der Versammlungsleiter den Beschluss über die Abberufung und/oder Kündigung feststellt. Ist der Geschäftsführer nicht anwesend, wird die Kündigung ihm gegenüber erklärt, indem der Versammlungsleiter ihm das Versammlungsprotokoll mit der Beschlussfassung über die Abberufung und/oder Kündigung übersendet.[19]

Eine Kündigung des Geschäftsführers ist gegenüber dem Gesellschafter mit der höchsten Kapitalbeteiligung an der Gesellschaft zu erklären.

oder

Die Kündigung ist gegenüber dem weiteren Geschäftsführer zu erklären, soweit ein solcher nicht bestellt ist, gegenüber dem Vorsitzenden der Gesellschafterversammlung.

---

15 Wichtige Gründe können im Rahmen des Zumutbaren vertraglich erweitert, nicht aber (zB auf Straftaten) verengt werden, da eine vertragliche Beschränkung die Entscheidungsfreiheit der Gesellschafterversammlung unangemessen einengt (*Reiserer*, BB 2002, 1199; zum Arbeitsverhältnis abweichend noch BAG v. 8. 8. 1963, BB 1963, 1298; wie hier auch Palandt/*Putzo*, § 626 BGB Rz. 2). Dementsprechend kann auch nicht im Anstellungsvertrag eine Abfindung für den Fall einer fristlosen Kündigung vereinbart werden, BGH v. 3. 7. 2000, BB 2000, 1751.

16 Sieht der Vertrag des Geschäftsführers allerdings vor, dass ein wichtiger Grund vorliegt, wenn „der Geschäftsführer aus der Gesellschaft ausscheidet", so ist damit nicht schon die bloße Abberufung des Geschäftsführers gemeint, sondern nur das Ausscheiden eines Gesellschaftergeschäftsführers aus seiner Stellung als Mitgesellschafter (BGH v. 1. 12. 1997, DB 1998, 874).

17 Das Recht zum Widerruf der Bestellung nach § 38 Abs. 1 GmbHG ist unbeschränkt, soweit die Satzung es nicht gemäß § 38 Abs. 2 GmbHG auf wichtige Gründe beschränkt.

18 ⊃ **Wichtig:** Fehlt diese Klausel im Vertrag, so muss neben dem Widerruf die Kündigung gesondert ausgesprochen werden, was in der Praxis immer wieder übersehen wird. Zur Auslegung siehe *Bauer/Diller*, GmbHR 1998, 809.

19 Diese Regelung erleichtert die Abgabe der Willenserklärung; die Umsetzung in ein gesondertes Kündigungsschreiben ist entbehrlich, Zurückweisungen nach § 174 BGB werden vermieden.

(6) Nach Kündigung dieses Vertrages, gleich durch welche Partei, ist die Gesellschaft berechtigt, den Geschäftsführer jederzeit von seiner Verpflichtung zur Dienstleistung für die Gesellschaft freizustellen.[20]

Für die Zeit der Freistellung gilt § 615 Satz 2 BGB.[21]

§ 4 Bezüge[22]

(1) Der Geschäftsführer erhält für seine Tätigkeit

a) ein festes Jahresgehalt von Euro . . ., zahlbar in monatlichen Teilbeträgen von Euro . . . jeweils am Monatsende;

b) für die Zeit bis zum . . .[23] eine garantierte Tantieme von Euro . . ./Jahr, zahlbar jeweils am . . .;

c) eine jährliche Tantieme,[24] die die Gesellschafterversammlung unter Berücksichtigung der wirtschaftlichen Ergebnisse des Geschäftsjahres nach Feststellung des Jahresabschlusses festsetzt.[25]

---

20 Stellt die Gesellschaft unwiderruflich frei, so kann sie die Anrechnung noch nicht in Anspruch genommenen Urlaubs bestimmen. Ohne ausdrückliche Anrechnungserklärung wird der Urlaub nicht angerechnet (so zum Arbeitsverhältnis BAG v. 9. 6. 1998, DB 1999, 159). Zur Frage des Beschäftigungsanspruches des Geschäftsführers vgl. *Leuchten*, GmbHR 2001, 750 ff.

21 Ohne diese Regelung ist anderweitiger Verdienst möglicherweise nicht anzurechnen (vgl. BAG v. 19. 3. 2002, NZA 2002, 1055).

22 Als Organmitglieder sind Geschäftsführer von Leistungen nach dem Vermögensbildungsgesetz („vermögenswirksame Leistungen") ausgeschlossen.

23 Eine garantierte Tantieme ist in Turn-around-Situationen empfehlenswert, allerdings nur, wie im Muster, zeitlich befristet. Vertragstechnisch wird eine garantierte Tantieme häufig vereinbart, um diesen Teil der Vergütung aus der Berechnungsgrundlage für die betriebliche Altersversorgung und die Karenzentschädigung beim Wettbewerbsverbot, seltener für die Berechnung des Sterbegeldes oder der Entgeltfortzahlung, herauszunehmen.

24 Als Erfolgsbeteiligung wird in der Regel eine Tantieme vereinbart. Bei überdurchschnittlicher Ertragssituation macht diese 15 bis 35% der Gesamtvergütung aus, bei unterdurchschnittlicher Situation ca. 10–20%, Anteil steigend.
Bezugsgröße der Tantieme ist nahezu ausschließlich der Gewinn bzw. Jahresüberschuss vor Steuern.
➲ **Wichtig:** Zulässig, jedoch die extreme Ausnahme ist auch eine am Umsatz orientierte Tantieme. Von einer solchen Tantieme ist zur Vermeidung einer verdeckten Gewinnausschüttung beim Gesellschaftergeschäftsführer abzuraten (vgl. BFH v. 5. 10. 1977, GmbHR 1978, 93; v. 19. 5. 1993, BFH/NV 1994, 124). In jedem Fall muss eine umsatzorientierte Tantieme zeitlich und der Höhe nach begrenzt sowie branchenüblich sein; sie sollte auf den Vertrieb beschränkt werden. Aus demselben Grund muss beim Gesellschaftergeschäftsführer die Tantiemeklausel ferner so formuliert sein, dass allein durch Rechenvorgänge die Tantiemehöhe ermittelt werden kann; ein Spielraum für eine Ermessensausübung durch die Gesellschafterversammlung darf nicht bestehen. Zudem hat der BFH mit Urteil vom 5. 10. 1994 (BB 1995, 966) entschieden, dass die Gesamtvergütung eines Gesellschafter-Geschäftsführers „im Allgemeinen" in eine Festvergütung von mindestens 75% und einen Tantiemeanteil von höchstens 25% aufzuteilen ist, wenn eine verdeckte Gewinnausschüttung vermieden werden soll. Eine Abweichung bedarf besonderer Begründung.

25 Entspricht die Bestimmung der Tantieme durch die Gesellschaft nicht der Billigkeit, so kann gerichtlich eine andere Höhe bestimmt werden, § 315 Abs. 3 Satz 2 BGB. Zur Bestimmung durch Urteil nach § 315 BGB vgl. BGH v. 9. 5. 1994, DB 1994, 1351.

oder

a) ein Gehalt von monatlich Euro . . ., das am Ende eines jeden Monats gezahlt wird;

b) eine Weihnachtsgratifikation in Höhe eines Monatsgehaltes zum 1. 12. und ein Urlaubsgeld in Höhe eines Monatsgehaltes, das am 1. 7. eines jeden Jahres zahlbar ist;[26]

c) eine Tantieme von . . .% des körperschaftsteuerlichen Gewinns vor Abzug der Tantieme für die Geschäftsführer und nach Verrechnung mit Verlustvorträgen.

Etwaige gewinnabhängige Rückstellungen, steuerliche Sonderabschreibungen oder sonstige Steuervergünstigungen, welche den Gewinn unmittelbar beeinflussen und betriebswirtschaftlich nicht geboten sind, mindern die Berechnungsgrundlage nicht. Ebenso bleibt die spätere gewinnerhöhende Auflösung von Rücklagen oder anderen Bilanz-Positionen, deren Bildung auf die Berechnungsgrundlage keinen Einfluss hatte, unberücksichtigt.[27]

d) Die Tantieme wird einen Monat nach Feststellung des Jahresabschlusses durch die Gesellschafterversammlung fällig.

Kündigt die Gesellschaft den Geschäftsführervertrag aus wichtigem Grund, so entfällt für das Jahr, in dem die Kündigung wirksam wird, der Anspruch auf Tantieme.

(2) Eventuelle Mehr-, Sonn- und Feiertagsarbeit ist mit diesen Bezügen abgegolten.[28]

(3) Sollte sich das Tarifgehalt eines technischen Angestellten der Gruppe . . . nach dem Tarifvertrag um mehr als 10% erhöhen oder vermindern, so tritt mit Wirksamkeit dieser Erhöhung oder Verminderung im gleichen Verhältnis eine Erhöhung oder Verminderung des unter § 4 Abs. 1 lit. a bestimmten Monatsgehaltes ein. Bei weiteren Erhöhungen oder Verminderungen gilt Satz 1 entsprechend.[29]

---

26 Anspruch auf Urlaubs- und Weihnachtsgeld besteht nur bei ausdrücklicher Vereinbarung, die bei Organmitgliedern eher selten ist.
27 Formulierungsvorschlag nach Jaeger, Der Anstellungsvertrag des GmbH-Geschäftsführers, 4. Aufl. 2001, S. 107. Ist der Geschäftsführer einer GmbH & Co. KG nur bei der GmbH angestellt, so ist darauf zu achten, dass als Berechnungsgrundlage nicht auf den Gewinn bzw. Jahresüberschuss der GmbH, sondern der KG abgestellt wird.
28 Anders als im Arbeitsverhältnis ist diese Abgeltung bei leitenden Angestellten und bei Organmitgliedern üblich und zulässig.
29 Eine Anpassung der Bezüge an den Lebenshaltungskostenindex bedarf gem. § 2 Abs. 1 Satz 2 PrAngKlauselG iVm. § 7 PrKV der Genehmigung des Bundesamts für Wirtschaft, Eschborn/Taunus, die nur nach Maßgabe der §§ 2, 3 PrKV erteilt wird, somit in erster Linie bei Lebenszeitverträgen (§ 3 Abs. 1 Nr. 1a PrKV), Verträgen bis zum Beginn der Altersversorgung des Empfängers (§ 3 Abs. 2 Nr. 3 PrKV) oder bei einer Mindestvertragsdauer von 10 Jahren (§ 3 Abs. 1 Nr. 1d PrKV). Die Vergütung aus laufenden Dienstverträgen kann daher regelmäßig nicht über den Lebenshaltungskostenindex wertgesichert werden. Genehmigungsfähig sind jedoch Wertsicherungen von Pensionszahlungen, da diese auf Lebenszeit gewährt werden. Da das Verbot des § 2 Abs. 1 Satz 1 PrAngKlauselG jedoch nur automatisch wirkende Indexierungen erfasst, sind folgende Gestaltungen auch für laufende Bezüge genehmigungsfrei:
– Leistungsvorbehalte, nach denen die Parteien unter bestimmten Voraussetzungen erneut über die Bezüge verhandeln;
– die Anpassung an einen Tarifvertrag (1. Alt.);
– Überprüfungsvorbehalte (2. Alt.), deren Ausübung nur nach § 315 BGB auf Unbilligkeit gerichtlich überprüft werden kann.

oder

(3) Die Gesellschaft überprüft die Bezüge jeweils am 1. 1. eines jeden Jahres, erstmals am 1. 1. . . . . .

(4) Soweit vorstehend nichts abweichendes geregelt ist, sind die Bezüge bei unterjährigem Eintritt oder Ausscheiden zeitanteilig zu zahlen.

§ 5 Fortzahlung der Bezüge[30]

(1) Bei einer vorübergehenden Arbeitsunfähigkeit des Geschäftsführers, die durch Krankheit oder einen von ihm nicht zu vertretenden Grund eintritt, werden ihm die Bezüge nach § 4 Abs. 1 lit. . . . sechs Monate, längstens aber bis zur Beendigung des Dienstverhältnisses weitergezahlt. Der Geschäftsführer muss sich auf diese Zahlungen anrechnen lassen, was er von Kassen oder Versicherungen an Krankengeld, Krankentagegeld oder Rente erhält, soweit die Leistungen nicht ausschließlich auf seinen Beträgen beruhen.

(2) Der Geschäftsführer tritt bereits jetzt etwaige Ansprüche an die Gesellschaft ab, die ihm gegenüber Dritten wegen der Arbeitsunfähigkeit zustehen. Die Abtretung ist begrenzt auf die Höhe der nach Abs. 1 geleisteten oder zu leistenden Zahlungen.[31]

(3) Stirbt der Geschäftsführer während der Dauer dieses Vertrages, so hat seine Witwe Anspruch auf Fortzahlung des Gehaltes gemäß § 4 Abs. 1 für den Sterbemonat und die drei folgenden Monate.

§ 6 Versicherungen

(1) Die Gesellschaft schließt für die Dauer dieses Vertrages zugunsten des Geschäftsführers eine Unfallversicherung für Berufsunfälle und Unfälle des täglichen Lebens mit Deckungssummen von Euro . . . für den Todesfall und Euro . . . für den Invaliditätsfall ab.

(2) Die Gesellschaft schließt für den Geschäftsführer eine Rechtsschutzversicherung mit einer Deckungssumme von Euro 250 000 je Schadensfall zur Abwehr von Ansprüchen, insbesondere Haftpflichtansprüchen gegen den Geschäftsführer und von strafrechtlichen Risiken sowie zur Wahrnehmung rechtlicher Interessen aus diesem Anstellungsvertrag ab.

(3) Die Gesellschaft schließt für den Geschäftsführer eine Vermögensschaden-Haftpflichtversicherung („D & O") mit einer Deckungssumme von Euro 2 500 000 je Schadensfall für den Fall ab, dass er wegen einer bei Ausübung seiner Tätigkeit begange-

---

30 Für Organmitglieder gilt das Entgeltfortzahlungsgesetz weder unmittelbar noch analog. Sie haben nur gemäß § 616 BGB Anspruch auf Fortzahlung der Bezüge für eine „verhältnismäßig nicht erhebliche Zeit", dh. nur für wenige Tage (Palandt/*Putzo*, § 616 BGB Rz. 9, 14; *Schaub*, WiB 1994, 637). Dies gilt auch für die Nebenleistungen. Die Vereinbarung einer längeren Entgeltfortzahlungszeit im Anstellungsvertrag ist daher aus Sicht des Geschäftsführers dringend erforderlich. Auch das MuSchG und das BErzGG gelten für Organmitglieder nicht, so dass für Zeiten der Schwangerschaft und Kindererziehung ggf. individuelle Regelungen zu vereinbaren sind.

31 Für Arbeitnehmer bestimmt § 6 Abs. 1 EFZG bereits einen entsprechenden Anspruchsübergang; Geschäftsführer dürften zu der entsprechenden Abtretung bereits aufgrund ihrer Treuepflicht verpflichtet sein, der Vertrag regelt dies jedoch vorsorglich ausdrücklich.

nen Pflichtverletzung von einem Dritten oder der Gesellschaft aufgrund gesetzlicher Haftpflichtbestimmungen privatrechtlichen Inhalts für einen Vermögensschaden in Anspruch genommen wird.[32]

§ 7 Versorgungszusage[33]

Die Gesellschaft schließt zum Zwecke der Alters-, Erwerbsminderungs- und Hinterbliebenenversorgung auf das Leben des Geschäftsführers eine Lebensversicherung mit einer Versicherungssumme von Euro . . . ab, die mit Vollendung des 65. Lebensjahres, bei Eintritt teilweiser Erwerbsminderung gem. § 43 Abs. 1 SGB III oder voller Erwerbsminderung gem. § 43 Abs. 2 SGB III oder dem Tod des Geschäftsführers zur Zahlung fällig wird.

Die Versicherungsprämien werden für die Dauer dieses Anstellungsvertrages von der Gesellschaft zusätzlich zur Vergütung gemäß § 4 gezahlt. Sie sind steuerpflichtige Vergütung, werden jedoch in der gesetzlich zulässigen Höhe pauschal versteuert.

Unwiderruflich[34] bezugsberechtigt aus der Versicherung sollen im Erlebensfall der Geschäftsführer, im Todesfall die von ihm bestimmten Personen oder bei Fehlen einer

---

32 Auf die Einbeziehung auch von Ansprüchen der Gesellschaft in den Versicherungsschutz sollte geachtet werden, da sie in manchen D & O-Policen als Anspruch zwischen Versichertem und Versicherungsnehmer ausgeschlossen ist.

33 Der BFH akzeptiert eine Pensionszusage an neu bestellte Gesellschaftergeschäftsführer einer GmbH nur nach Einhaltung einer angemessenen Probezeit, BFH v. 24. 4. 2002, BB 2002, 1999. Die 1. Alternative des Musters enthält eine Direktversicherung, die 2. Alternative eine Direktzusage. Versorgungszusagen werden in Form von Pensionszusagen (Ruhegeldzusagen), Zusagen für den Fall der Invalidität und Zusagen auf Hinterbliebenenversorgung gewährt. Sie sind ausdrücklich im Anstellungsvertrag festzulegen; die betriebliche Altersversorgung im Unternehmen erfasst Organmitglieder ohne entsprechende ausdrückliche Regelung nicht.
Für Versorgungszusagen an Fremdgeschäftsführer gilt uneingeschränkt das Gesetz zur Verbesserung der betrieblichen Altersversorgung (BetrAVG), für Gesellschafter-Geschäftsführer gem. § 17 BetrAVG jedoch nur, soweit sie „unbedeutend" an der GmbH beteiligt sind. Eine Beteiligung von mehr als 50% schließt den Insolvenzschutz in jedem Falle aus. Da der PSV hier nicht eintrittspflichtig ist, empfiehlt sich eine Rückdeckungsversicherung der Direktzusage. Prüfungsschema für die steuerliche Anerkennung von Pensionszusagen an beherrschende Gesellschafter-Geschäftsführer bei *Arteaga*, GmbHR 1998, 265 ff.; zum Verzicht als verdeckte Einlage vgl. BFH v. 9. 6. 1997, BB 1997, 1735; v. 15. 10. 1997, BB 1998, 419.
Echte Wertsicherungsklauseln sind gem. § 2 Abs. 1 Satz 2 PrAngKlauselG genehmigungsbedürftig, allerdings regelmäßig auch genehmigungsfähig. Ausdrücklich genehmigungsfrei sind demgegenüber Spannungsklauseln, die die Steigerung der Rentenleistungen an einer bestimmten Beamtenbesoldungskategorie oder Tarifgruppe orientieren; denn dabei handelt es sich um gleichartige Leistungen iSv. § 1 Nr. 2 PrKV. Hier ist auf eine Anrechnung der Rentensteigerungen gemäß § 16 BetrAVG zu achten. Bleibt die vertragliche Regelung hinter den Anforderungen des § 16 BetrAVG zurück, so erhöht sich die Steigerung um den Differenzbetrag. Die Versorgungszusage muss die Bemessungsgrundlage exakt angeben.

34 Bei der Direktversicherung steht dem Geschäftsführer im Insolvenzfall nur dann ein Aussonderungsrecht gemäß § 47 InsO zu, wenn ihm ein unwiderrufliches Bezugsrecht eingeräumt wurde. Bei einem nur widerruflichen Bezugsrecht erhält er nur eine einfache Insolvenzforderung. Die ausdrückliche Erklärung der GmbH muss insbesondere auch gegenüber dem Versicherer herbeigeführt werden (BAG v. 26. 2. 1991, KTS 1991, 601 = NZA 1991, 845; OLG Hamm v. 15. 11. 1990, ZIP 1990, 1603; *Riedel/Gottwald*, Praxishandbuch Insolvenzrecht, 1998, 4/3.2.5). Steuerlich vorteilhaft kann eine Direktversicherung für den Geschäftsführer insbesondere in den Grenzen und nach Maßgabe von § 19 BetrAVG iVm. § 40b EStG sein.

solchen Bestimmung seine Erben sein. Das unwiderrufliche Bezugsrecht kann nicht beliehen, abgetreten oder verpfändet werden.

Scheidet der Geschäftsführer vor Vollendung seines 65. Lebensjahres aus den Diensten der Gesellschaft aus, ohne dass eine teilweise oder volle Erwerbsminderung vorliegt, so wird die Gesellschaft die Versicherung mit allen Rechten und Pflichten auf den Geschäftsführer übertragen, sofern der Geschäftsführer zum Zeitpunkt seines Ausscheidens eine mindestens . . .-jährige Dienstzeit bei der Gesellschaft erfüllt hat.

Im Übrigen gelten die Bestimmungen der §§ 1 ff. BetrAVG.[35]

oder

Der Geschäftsführer erhält eine Pension und Versorgung nach Maßgabe folgender Regelungen:

a) Der Geschäftsführer erhält eine Pension in Höhe von 60% des von ihm zuletzt bezogenen festen Jahresgehalts gem. § 4 Abs. 1 lit. a. Die Pension wird gezahlt ab Vollendung des 65. Lebensjahres oder vorher im Falle der [ggf. teilweisen oder] vollen Erwerbsminderung, in monatlichen Raten jeweils am Monatsende.

b) Stirbt der Geschäftsführer während der Laufzeit seines Vertrages mit der Gesellschaft oder nach seiner Pensionierung nach Ablauf der Vertragslaufzeit, so erhält seine Ehefrau . . . [hier wäre der Name einzusetzen] 60% der Pension, die er bezogen hat oder die er bezogen hätte, wenn er am Todestag in den Ruhestand getreten wäre. Das Witwengeld entfällt, wenn sich die Witwe wieder verheiratet. Ein Anspruch auf Witwengeld besteht nicht, wenn die Ehe erst nach der Pensionierung geschlossen wurde.[36]

c) Die Pensions- und Versorgungszusage gem. lit. a und b ist mit Unterzeichnung dieses Vertrages unverfallbar.[37]

d) Im Übrigen gelten die Bestimmungen der §§ 1 ff. BetrAVG.

§ 8 Spesen

(1) Reisekosten und sonstige Aufwendungen, die dem Geschäftsführer in der Ausübung seiner Aufgaben im Rahmen dieses Vertrages entstehen, werden ihm nach den jeweiligen internen Richtlinien der Gesellschaft erstattet.

oder

(1) Reisekosten und sonstige Aufwendungen, die dem Geschäftsführer in der Ausübung seiner Aufgaben im Rahmen dieses Vertrages entstehen, werden ihm gegen Beleg nach den steuerlich zulässigen Höchstsätzen erstattet.

---

35 Damit gilt auch die Beschränkung der Versicherungsansprüche bei Ausscheiden vor Eintritt des Versicherungsfalles auf die Leistungen, die aus dem Versicherungsvertrag aufgrund der Prämienzahlung bis zum Tag des Ausscheidens fällig werden, § 2 Abs. 2 Satz 2 BetrAVG.

36 Diese Einschränkung ist zulässig und kann bei sachlichen Gründen auch auf bereits erteilte Versorgungszusagen und schon zurückgelegte Beschäftigungszeiten erstreckt werden (vgl. BAG v. 26. 8. 1997, DB 1998, 1190).

37 Die vertragliche sofortige Unverfallbarkeit bedeutet, dass die Pensionsanwartschaft auch erhalten bleibt, wenn der Geschäftsführer vor Ablauf der Unverfallbarkeitsfristen des § 1 BetrAVG ausscheidet. Insolvenzschutz durch den PSV besteht jedoch erst ab gesetzlicher Unverfallbarkeit gem. § 1 BetrAVG.

(2) Soweit sich der Geschäftsführer bei seinen geschäftlichen Reisen öffentlicher Verkehrsmittel bedient, ist er berechtigt, die erste Klasse zu benutzen.

(3) Die Gesellschaft trägt die Kosten eines zusätzlichen Telefonanschlusses in der Wohnung des Geschäftsführers für geschäftliche Zwecke.

§ 9 Dienstfahrzeug

Die Gesellschaft stellt dem Geschäftsführer für seine Tätigkeit im Rahmen dieses Vertrages einen Pkw gemäß den jeweiligen internen Richtlinien der Gesellschaft zur Verfügung. Der Geschäftsführer darf den Pkw auch privat nutzen. Die Einkommensteuer auf den Geldwertvorteil der Privatnutzung trägt der Geschäftsführer.

Das Fahrzeug ist beim Ausscheiden aus den Diensten der Gesellschaft oder nach einer Freistellung von der Verpflichtung zur Arbeitsleistung unverzüglich an die Gesellschaft zu übergeben. Der Geschäftsführer hat kein Zurückbehaltungsrecht an dem Fahrzeug und keinen Anspruch auf Abgeltung entgangener Gebrauchsvorteile.[38]

oder

Das Dienstfahrzeug steht dem Geschäftsführer für die gesamte Dauer des Vertrages zu.

§ 10 Arbeitszeit[39]

Der Geschäftsführer stellt seine gesamte Arbeitskraft, fachlichen Kenntnisse und Erfahrungen der Gesellschaft zur Verfügung.

§ 11 Nebentätigkeit

Eine entgeltliche oder unentgeltliche Nebentätigkeit, ein Amt als Aufsichtsrat, Beirat oÄ oder ein Ehrenamt darf der Geschäftsführer nur mit schriftlicher Einwilligung der Gesellschaft übernehmen.[40]

§ 12 Urlaub[41]

(1) Der Geschäftsführer hat Anspruch auf einen bezahlten Jahresurlaub von 30 Arbeitstagen. Der Urlaub ist unter Berücksichtigung der Belange der Gesellschaft im Einvernehmen mit den anderen Geschäftsführern festzulegen.

---

38 Bei vorzeitiger Rückforderung des Dienstfahrzeugs ohne vertragliche Grundlage hat der Geschäftsführer einen Anspruch auf Nutzungsentschädigung. Dies gilt insbesondere bei Vereinbarung des Alternativvorschlages im Muster. Nach BAG v. 27. 5. 1999, NZA 1999, 1038, richtet sich im Arbeitsverhältnis die Höhe der Nutzungsentschädigung nicht mehr nach den Kostentabellen des ADAC oder den Nutzungsausfalltabellen (so noch BAG v. 23. 6. 1994, DB 1994, 2239) oder nach einer konkreten Schadensberechnung (so jedenfalls bei Nutzung eines gleichwertigen Privat-Pkw im Ausfallzeitraum, BAG v. 16. 11. 1995, NJW 1996, 1771), sondern nach der lohnsteuerrechtlichen Vorteilsermittlung (so auch *Griese* in Personalbuch 2003, Dienstwagen Rz. 13; ArbG Kiel v. 19. 2. 1998, DB 1998, 1138).
39 Das ArbZG gilt für den Geschäftsführer nicht, da er nicht zu den Arbeitern und Angestellten gem. § 2 Abs. 2 ArbZG zählt, vgl. auch § 18 ArbZG.
40 Während beim Arbeitnehmer Nebentätigkeiten nur bei Beeinträchtigung der Interessen des Arbeitgebers untersagt werden können, gilt dies beim Geschäftsführer umfassend, da er seine gesamte Arbeitskraft der Gesellschaft voll zur Verfügung stellen muss.
41 Das BUrlG und damit auch der Mindesturlaub gem. § 3 Abs. 1 BUrlG gilt für Organmitglieder nicht, vgl. § 1 BUrlG. Wird der Urlaub nach Tagen berechnet, so ist zu beachten, dass Werktage auch den Samstag umfassen, Arbeitstage dagegen nur Montag bis Freitag.

(2) Kann der Geschäftsführer einen Jahresurlaub nicht nehmen, weil die Interessen der Gesellschaft entgegenstehen, so ist der Urlaubsanspruch auf das nächste Jahr zu übertragen. Eine weitere Übertragung in die folgenden Jahre findet nicht statt.

(3) Der Geschäftsführer wird dafür sorgen, dass er auch im Urlaub kurzfristig erreichbar ist.

§ 13 Wettbewerbsverbot[42]

Dem Geschäftsführer ist es untersagt, während der Dauer dieses Vertrages in selbständiger, unselbständiger oder sonstiger Weise für ein Unternehmen tätig zu werden, welches mit der Gesellschaft oder einem mit der Gesellschaft iSv. § 15 AktG verbundenen Unternehmen in direktem oder indirektem Wettbewerb steht. In gleicher Weise ist es dem Geschäftsführer untersagt, während der Dauer dieses Vertrages ein solches Unternehmen zu errichten, zu erwerben oder sich hieran unmittelbar oder mittelbar zu beteiligen, es sei denn, der Anteilsbesitz ermöglicht keinen Einfluss auf die Organe des betreffenden Unternehmens.

§ 14 Nachvertragliches Wettbewerbsverbot[43]

(1) Der Geschäftsführer verpflichtet sich, für die Dauer von . . . Monaten nach Beendigung dieses Vertrages nicht in selbständiger, unselbständiger oder sonstiger Weise

---

42 Schon aufgrund seiner Treuepflicht ist dem Geschäftsführer Wettbewerb mit der Gesellschaft untersagt. Dieses Wettbewerbsverbot zieht die Rechtsprechung weit. Es umfasst den gesamten in der Satzung festgelegten Unternehmensgegenstand, jedenfalls soweit die Gesellschaft ihn ausübt (BGH v. 5. 12. 1983, BGHZ 89, 162). Auch Geschäftschancen („corporate opportunities") muss der Geschäftsführer in diesem Bereich zunächst der Gesellschaft anbieten; nur wenn diese die Geschäftschance nicht wahrnimmt, darf er sie selbst nutzen (BGH v. 10. 2. 1992, BB 1992, 726; v. 23. 9. 1985, ZIP 1985, 1484; Schiessl, GmbHR 1988, 53). Ein Verstoß gegen das Wettbewerbsverbot, insbesondere die Nutzung von Geschäftschancen der Gesellschaft zu eigenen Zwecken, rechtfertigt vielfach eine fristlose Kündigung des Geschäftsführeranstellungsvertrages gemäß § 626 Abs. 1 BGB. Ferner kann die Gesellschaft Unterlassung des wettbewerbswidrigen Verhaltens sowie Schadensersatz verlangen oder anstelle des Schadensersatzes Herausgabe des aus den wettbewerbswidrigen Geschäften erzielten Erlöses (§ 88 Abs. 1 Satz 2 AktG; § 113 HGB). Besondere Probleme bereitet die Befreiung von der Konkurrenztätigkeit beim Gesellschaftergeschäftsführer einer mehrgliedrigen GmbH (vgl. BMF-Schreiben v. 15. 12. 1992, BStBl. I 1993, 24; BdF-Schreiben v. 18. 10. 1993, FN-IDW 1993, 538; BdF-Stellungnahme v. 20. 12. 1993, BB 1994, 126; zum Alleingesellschaftergeschäftsführer vgl. BFH v. 30. 8. 1995, DB 1995, 2451; v. 12. 10. 1995, DStZ 1996, 246). Macht die Gesellschaft die Herausgabe des durch die Wettbewerbstätigkeit erzielten Erlöses ihm gegenüber nicht geltend, so behandelt das Finanzamt dies als verdeckte Gewinnausschüttung (vgl. BFH v. 28. 2. 1990, BStBl. II 1990, 595; v. 11. 6. 1996, BB 1996, 2394).
43 Das nachvertragliche Wettbewerbsverbot des Geschäftsführers ist nicht an §§ 74 ff. HGB zu messen, sondern nur am Maßstab der Sittenwidrigkeit, § 138 BGB iVm. Art. 12 GG. Es muss einem berechtigten Interesse der Gesellschaft dienen; es gilt gleichfalls die zeitliche Höchstgrenze von zwei Jahren. Bedingte Wettbewerbsverbote sind auch gegenüber Organmitgliedern unwirksam. Die Karenzentschädigung kann indes deutlich unter der vorgenannten 50%-Grenze liegen, vor allem, wenn das Wettbewerbsverbot beispielsweise sehr eng begrenzt ist nur auf den Kundenstamm des Unternehmens. Selbst ein umfassendes Wettbewerbsverbot ist nach überwiegender Auffassung bei einer Karenzentschädigung von 50% der zuletzt erhaltenen Festbezüge (also ohne erfolgsabhängige Vergütungsbestandteile) wirksam. Sieht der Vertrag keine Karenzentschädigung vor, so ist das Wettbewerbsverbot unwirksam. Ist die Karenzentschädigung zu niedrig, so wird das Wettbewerbsverbot nach einer Auffassung lediglich unverbindlich, dh. der Geschäftsführer kann entscheiden, ob er

für ein Unternehmen tätig zu werden, welches mit der Gesellschaft oder einem mit der Gesellschaft iSv. § 15 AktG verbundenen Unternehmen in direktem oder indirektem Wettbewerb steht. In gleicher Weise ist es dem Geschäftsführer untersagt, während dieser Zeit ein solches Unternehmen zu errichten, zu erwerben oder sich hieran unmittelbar oder mittelbar zu beteiligen, es sei denn, der Anteilsbesitz ermöglicht keinen Einfluss auf die Organe des betreffenden Unternehmens. Das Wettbewerbsverbot erstreckt sich räumlich auf . . . .

(2) Die Gesellschaft verpflichtet sich, dem Geschäftsführer für die Dauer des Wettbewerbsverbots eine Karenzentschädigung von 50 %[44] der Bezüge nach § 4 Abs. 1 lit. a und b zu zahlen, die dem Geschäftsführer im Durchschnitt der letzten zwölf Monate vor seinem Ausscheiden aus den Diensten der Gesellschaft gewährt wurden. Die Karenzentschädigung wird fällig am Schluss eines jeden Monats. Auf sie wird entsprechend § 74c HGB alles angerechnet, was der Geschäftsführer durch anderweitige Verwertung seiner Arbeitskraft erwirbt oder zu erwerben böswillig unterlässt, soweit die Karenzentschädigung und die Einkünfte das zuletzt bezogene Monatsgehalt übersteigen.[45] Die Entschädigung wird auf laufende Leistungen aus der Versorgungszusage gem. § 7 angerechnet.

(3) Der Geschäftsführer verpflichtet sich, während der Dauer des Wettbewerbsverbots auf Verlangen Auskunft über die Höhe seiner Bezüge zu geben und die Anschrift seines jeweiligen Arbeitgebers mitzuteilen. Am Schluss eines Kalenderjahres ist er verpflichtet, seine etwaige Lohnsteuerkarte vorzulegen.

(4) Für jeden Fall des schuldhaften Verstoßes gegen das Wettbewerbsverbot zahlt der Geschäftsführer der Gesellschaft eine Vertragsstrafe in Höhe des letzten Monatsgehaltes vor seinem Ausscheiden aus den Diensten der Gesellschaft. Bei einem andauernden Wettbewerbsverstoß gilt die Tätigkeit während eines Monats jeweils als ein selbständiger Verstoß im Sinne des Satz 1. Weiter gehende Rechte oder Ansprüche der Gesellschaft auf darüber hinausgehenden Schadensersatz bleiben hiervon unberührt.

(5) Das Wettbewerbsverbot tritt nicht in Kraft, wenn bei seinem Ausscheiden der Geschäftsführer das 65. Lebensjahr vollendet oder das Anstellungsverhältnis weniger als ein Jahr bestanden hat.

(6) Die Gesellschaft kann jederzeit auf das Wettbewerbsverbot verzichten. In diesem Fall endet die Frist zur Zahlung der Karenzentschädigung mit Ablauf von sechs Monaten nach der Verzichtserklärung.[46]

(7) Im Übrigen gelten die Vorschriften der §§ 74 ff. HGB entsprechend.[47]

---

das Wettbewerbsverbot bei Zahlung der niedrigeren Karenzentschädigung annimmt oder ob er es nicht beachtet, nach anderer Auffassung ist er gem. § 138 BGB nichtig. Vgl. iE *Bauer/Diller*, Wettbewerbsverbote, 3. Aufl. 2002, S. 365, 376 ff. sowie unten Kap. 25.

44 Vgl. Fn. 43.
45 Während die Anrechnungsgrenze analog § 74c HGB für Arbeitnehmer erst bei 110 % bzw. 125 % liegt, kann gegenüber dem Geschäftsführer schon bei geringeren Gesamtbezügen angerechnet werden.
46 § 75 HGB erlaubt den Verzicht nur während des Anstellungsverhältnisses und auch nur mit der Folge, dass der Arbeitnehmer sofort frei wird, der Arbeitgeber jedoch ggf. noch ein Jahr lang Karenzentschädigung zahlen muss. Beim Geschäftsführer dürfte ein Verzicht auch nachträglich mit abgekürzter Restlaufzeit zulässig sein, mindestens aber der Kündigungsfrist des Vertrages.
47 Dh. dass auch die Varianten des § 75 HGB (analog) bei Beendigung aus wichtigem Grund bestehen.

§ 15 Geheimhaltung

Der Geschäftsführer verpflichtet sich, über alle ihm während seiner Tätigkeit zur Kenntnis gelangten geschäftlichen Angelegenheiten der Gesellschaft oder deren Geschäftspartner, insbesondere über Geschäfts- und Betriebsgeheimnisse, Entwicklungsarbeiten, Konstruktionen, Planung und Kundenbeziehungen Stillschweigen zu bewahren und diese Informationen weder für sich noch für Dritte zu verwenden. Solche Angelegenheiten dürfen unbefugten Personen außerhalb und innerhalb des Unternehmens nicht zugänglich gemacht werden. Die Verpflichtung gilt auch nach Beendigung des Dienstverhältnisses.[48]

§ 16 Erfindungen

Für Erfindungen, die der Geschäftsführer während der Dauer des Anstellungsvertrages macht, gilt das Arbeitnehmererfindungsgesetz. Die Verwertung von technischen oder organisatorischen Verbesserungsvorschlägen, die sich unmittelbar oder mittelbar aus den Aufgaben des Geschäftsführers in der Gesellschaft ergeben oder die mit dieser Tätigkeit zusammenhängen, steht ausschließlich der Gesellschaft zu. Sie ist gegenüber dem Geschäftsführer mit den Bezügen abgegolten; eine gesonderte Erfindervergütung steht dem Geschäftsführer nicht zu.[49]

§ 17 Rückgabe von Unterlagen

Der Geschäftsführer hat bei seinem Ausscheiden alle Unterlagen, Urkunden, Aufzeichnungen, Notizen, Entwürfe oder hiervon gefertigte Durchschriften oder Kopien, gleich auf welchem Datenträger, unaufgefordert an die Gesellschaft zurückzugeben. Ihm steht an diesen Unterlagen ein Zurückbehaltungsrecht gegenüber der Gesellschaft nicht zu.

§ 18 Schlussbestimmungen

Vertragsänderungen bedürfen eines Gesellschafterbeschlusses sowie der Schriftform. Die elektronische Form ist ausgeschlossen. Mündliche Vereinbarungen über die Aufhebung der Schriftform sind nichtig.[50]

§ 19 Salvatorische Klausel

Sollten einzelne Bestimmungen dieses Vertrages ganz oder teilweise unwirksam sein oder werden oder sollte sich in diesem Vertrag eine Lücke befinden, so soll hierdurch die Gültigkeit der übrigen Bestimmungen nicht berührt werden. Anstelle der unwirksamen Bestimmung gilt diejenige wirksame Bestimmung als vereinbart, welche im Sinn und Zweck der unwirksamen Bestimmung entspricht. Im Falle einer Lücke gilt diejenige Bestimmung als vereinbart, die dem entspricht, was nach Sinn und Zweck dieses Vertrages vereinbart worden wäre, hätte man die Angelegenheit von vornherein

---

48 Zur Abgrenzung Geheimhaltungsklausel/nachvertragliches Wettbewerbsverbot vgl. oben **M 3.1** Fn. 21.
49 Das Arbeitnehmererfindungsgesetz gilt nicht unmittelbar für Organe einer juristischen Person. Alternativ kommt in Betracht, auch die Rechte an Erfindungen ohne gesonderte Vergütung der Gesellschaft zu übertragen. Enthält der Vertrag keine Regelung, so steht dem Geschäftsführer die übliche Vergütung nach § 612 Abs. 2 BGB zu (BGH v. 20. 10. 1988, WM 1990, 350).
50 Zur Schriftformklausel im Einzelnen vgl. **M 2.1** Ziff. 12; **M 7.1** § 14.

bedacht. Dies gilt auch dann, wenn die Unwirksamkeit einer Bestimmung auf einem in diesem Vertrag normierten Maß der Leistung oder Zeit beruht; in einem solchen Fall tritt ein dem Gewollten möglichst nahe kommendes rechtlich zulässiges Maß der Leistung oder Zeit an die Stelle des vereinbarten.

...
Ort, Datum

...
Ort, Datum

...
Gesellschaft

...
Geschäftsführer

Beendigung früherer Verträge als Arbeitnehmer[1]

4.2

Zwischen

der Firma ... (i. F.: Gesellschaft), diese vertreten durch die Gesellschafterversammlung und den Geschäftsführer Herrn/Frau ... [1]

und

Herrn/Frau ... [2] (i. F.: Geschäftsführer)

wird Folgendes vereinbart:

Der Geschäftsführerdienstvertrag vom ... tritt an die Stelle des Arbeits-/Anstellungsvertrages vom ... mit allen späteren Änderungen, der damit endet.

...
Ort, Datum

...
Gesellschaft, vertreten durch
Gesellschafterversammlung

...
Ort, Datum

...
Ort, Datum

...
Gesellschaft, vertreten durch
Geschäftsführer [1]

...
Geschäftsführer [2]

---

1 Wegen der Gefahr eines ruhenden Arbeitsverhältnisses und des Schriftformerfordernisses gem. § 623 BGB zur Beendigung eines ruhenden Arbeitsverhältnisses kann es ratsam sein, eine solche Zusatzvereinbarung zu treffen, vgl. im Einzelnen **M 4.1** Fn. 12, 13.

Kapitel 5 Dienstvertrag des Vorstandsmitglieds

Literaturübersicht: *Bauer*, Rechtliche und taktische Probleme bei der Beendigung von Vorstandsverhältnissen, DB 1992, 1413; *Bauer*, Kündigung und Kündigungsschutz vertretungsberechtigter Organmitglieder, BB 1994, 855; *Baums*, Aktienoptionen für Vorstandsmitglieder, FS Claussen, 1997, S. 3; *Bezzenberger*, Der Vorstandsvorsitzende der Aktiengesellschaft, ZGR 1996, 661; *Brachert*, Organmitgliedschaft und Arbeitnehmerstatus, 1991; *Dreher*, Change of Control-Klausel bei Aktiengesellschaften, AG 2002, 214; *Goette*, Fristlose Kündigung des Dienstvertrages eines freigestellten Vorstandsmitglieds, DStR 2001, 862; *Grumann*, Abberufung und Kündigung von Vorstandsmitgliedern einer Aktiengesellschaft, DB 2003, 770; *Henssler*, Das Anstellungsverhältnis der Organmitglieder, RdA 1992, 289; *Hölters* in: Münchener Vertragshandbuch, Bd. 1, Gesellschaftsrecht, 5. Aufl. 2000, V64; *Hoffmann-Becking*, Zum einverständlichen Ausscheiden von Vorstandsmitgliedern, FS Stimpel, 1985, S. 589; *Hoffmann-Becking* in: Beck'sches Formularbuch zum Bürgerlichen, Handels- und Wirtschaftsrecht, 8. Aufl. 2003, X.13; *Hueck*, Die Rechtsstellung der Mitglieder von Organen der juristischen Personen, DB 1954, 274; *Hueck*, Bemerkungen zum Anstellungsverhältnis von Organmitgliedern juristischer Personen, FS Hilger/Stumpf, 1983, S. 365; *Krieger*, Personalentscheidungen des Aufsichtsrates, 1981; *Lingemann/Wasmann*, Mehr Kontrolle und Transparenz im Aktienrecht – Das KonTraG tritt in Kraft, BB 1998, 853; *Martens*, Vertretungsorgan und Arbeitnehmerstatus in konzernabhängigen Gesellschaften, FS Hilger/Stumpf, 1983, S. 437; *Martens*, Die außerordentliche Beendigung von Organ- und Anstellungsverhältnis, FS Werner, 1984, S. 495; *Niehues*, Tantieme-Einbehalt und Verlust-Tantiemen, DB 1996, 993; *Röder/Lingemann*, Schicksal von Vorstand und Geschäftsführer bei Unternehmensumwandlungen und Unternehmensveräußerungen, DB 1993, 1341; *Waclawik*, Modulare Erfolgsvergütung von Vorstandsmitgliedern börsennotierter Aktiengesellschaften, DB 2002, 1461.

I. Erläuterungen

1. Anforderungen an die Person des Vorstandes

Die Anforderungen an GmbH-Geschäftsführer (vgl. dazu Kap. 4 unter I. 1.) gelten auch für Mitglieder der Vorstandes, vgl. iE § 76 Abs. 3 AktG. Ein Mitglied des Aufsichtsrates der AG kann nicht deren Vorstandsmitglied sein, § 105 Abs. 1 AktG. Ein Vorstandsmitglied ist allerdings nicht dadurch gehindert, dass es gleichzeitig Vorstandsmitglied der Muttergesellschaft oder der Tochtergesellschaft ist (**Vorstandsdoppelmandat**). Es bedarf dazu jedoch der Zustimmung des Aufsichtsrates gemäß § 88 Abs. 1 Satz 2 AktG. Der Gefahr von Interessenkollisionen kann durch Stimmrechtsverzicht im konkreten Fall begegnet werden.[1] Auch für ausländische Staatsangehörige als Vorstandsmitglieder gilt das zum Geschäftsführer Gesagte (vgl. oben Kap. 4 unter I. 1.).

Die **Satzung** der Gesellschaft kann **engere persönliche und sachliche Eignungsvoraussetzungen** für die Organmitglieder aufstellen. Allerdings darf dadurch die Bestellungskompetenz des Aufsichtsrates nicht unverhältnismäßig eingeengt werden. In der Regel handelt es sich um besondere Anforderungen an die Qualifikation und Erfahrung.

---

[1] Vgl. *Hoffmann-Becking*, ZHR 150 (1986), 570 ff.; *Wiedemann*, ZIP 1997, 1565.

2. Organstellung und Dienstvertrag

a) Organstellung

Vgl. zunächst oben Kapitel 4 unter I. 2. a). Die Organstellung des **Vorstandsmitglieds** beginnt mit der Annahme der Bestellung durch den Aufsichtsrat, § 84 Abs. 1 Satz 1 AktG. Anders als bei der GmbH kann die Satzung der AG die Bestellungskompetenz keinem anderen Organ zuweisen. Die Dauer der Bestellung ist kraft Gesetzes beschränkt auf maximal 5 Jahre, § 84 Abs. 1 Satz 2 AktG.

Anders als beim Geschäftsführer kann die Bestellung zum Vorstandsmitglied nach § 84 Abs. 3 Satz 1 AktG nur widerrufen werden, wenn ein **wichtiger Grund** vorliegt.

Die **Vertretungsmacht** des Vorstandes ist **unbeschränkt** und **unbeschränkbar**, §§ 78 Abs. 1, 82 Abs. 1 AktG. Im Gegensatz zum Geschäftsführer der GmbH ist der Vorstand jedoch nicht Weisungen anderer Gesellschaftsorgane (Aufsichtsrat, Hauptversammlung) unterworfen, sondern unabhängig; der (Gesamt-)Vorstand leitet die Gesellschaft – abgesehen von § 119 Abs. 2 und § 308 AktG – „unter eigener Verantwortung", § 76 Abs. 1 AktG. Unterschiede zwischen Geschäftsführungsbefugnis und Vertretung der Gesellschaft bestehen insbesondere nach Maßgabe eines Zustimmungskataloges gemäß § 111 Abs. 4 Satz 2 AktG und im Rahmen der Geschäftsverteilung.

b) Dienstvertrag

Hier gilt das zum Geschäftsführer (oben Kapitel 4 unter I. 2. b) Gesagte. Da die Anforderungen an den wichtigen Grund für den Widerruf der Bestellung gem. § 84 Abs. 3 AktG geringer sind als die Voraussetzungen für eine Kündigung auch des Dienstvertrages aus wichtigem Grund (§ 626 Abs. 1 BGB) – insbesondere der Entzug des Vertrauens durch die Hauptversammlung rechtfertigt regelmäßig nicht auch eine fristlose Kündigung des Dienstvertrages –, kommt es hier gleichfalls in der Praxis zu der Situation, dass zwar die Organstellung beendet ist, der Dienstvertrag und damit der Anspruch auf Bezüge jedoch fortbesteht. Dies ist jedoch seltener der Fall als beim Geschäftsführer, dessen Bestellung jederzeit ohne Grund widerrufen werden kann.

Auch für den Vorstand gilt das Kündigungsschutzgesetz nicht, § 14 Abs. 1 Nr. 1 KSchG, ebenso wenig wie das BetrVG, § 5 Abs. 1 Satz 3 BetrVG, das EFZG, das BErzGG, das MuSchG oder das BUrlG.

aa) Zuständigkeit für Abschluss und Änderung des Dienstvertrages

Für die **Bestellung** zum Vorstand und den Widerruf der Bestellung ist ausschließlich das Aufsichtsratsplenum zuständig.

Auch **Abschluss, Änderung und Kündigung** des Dienstvertrages des Vorstandsmitglieds obliegen zwingend dem Aufsichtsrat, § 84 Abs. 1 Satz 5 AktG iVm. § 84 Abs. 1 Satz 1 bis 4 AktG. Allerdings muss hier nicht das Plenum entscheiden; die Entscheidung kann auch auf den Personalausschuss delegiert werden.[2] Der Ausschuss muss mit wenigstens drei Mitgliedern besetzt sein (vgl. § 108 Abs. 2 Satz 3 AktG). Ein

---

[2] BGH v. 6. 4. 1964, BGHZ 41, 282, 285; v. 23. 10. 1975, BGHZ 65, 190, 191; *Hüffer*, § 84 AktG Rz. 12.

Beschluss nur durch den Vorsitzenden und seinen Stellvertreter ist unwirksam.[3] Mit dem Abschluss des Vertrages (Unterzeichnung) wiederum kann auch ein Mitglied des Aufsichtsrates, insbesondere der Vorsitzende, beauftragt werden. Da der Dienstvertrag der Bestellung zum Organmitglied nicht vorgreifen darf, wird er häufig erst nach der Bestellungsentscheidung des Aufsichtsratsplenums geschlossen. Bei Abschluss des Dienstvertrages vor der Bestellung zum Vorstandsmitglied kann die aufschiebende Bedingung der nachfolgenden Bestellung vereinbart werden, damit der Vertragsschluss die Entscheidung des Aufsichtsratsplenums über die Bestellung nicht präjudiziert.

bb) Form des Dienstvertrages

Der Dienstvertrag des Vorstandes ist formfrei. Im Übrigen gilt das zum Geschäftsführerdienstvertrag Gesagte, oben Kapitel 4 unter I. 2. b) bb).

cc) Dauer des Dienstvertrages

Um die Entscheidungsfreiheit des Aufsichtsrates nach Ablauf der fünfjährigen Bestellungshöchstdauer (§ 84 Abs. 1 Satz 1 AktG) nicht zu beschränken, darf auch der Anstellungsvertrag nur für maximal fünf Jahre geschlossen werden. Ein für einen längeren Zeitraum geschlossener Vertrag endet daher nach fünf Jahren.

3. Pflichten und Verantwortlichkeit des Vorstandsmitglieds

Die strengen Sorgfaltspflichten des Vorstandes ergeben sich aus dem Gesetz, der Sorgfaltsmaßstab insbesondere aus § 93 Abs. 1 AktG.[4] Teil der Gesamtverantwortung ist insbesondere die Einrichtung des Überwachungssystems nach § 91 Abs. 2 AktG.[5] Hinweise auf den Sorgfaltsmaßstab finden sich in Vorstandsverträgen daher seltener. Haftungsbeschränkungen sind gemäß § 93 Abs. 4 Satz 2 AktG im Vorhinein ohnehin unwirksam. Auch Weisungen des Aufsichtsrates befreien nicht von der Haftung, § 93 Abs. 4 Satz 2 AktG, wohl aber ein gesetzmäßiger Beschluss der Hauptversammlung, § 93 Abs. 4 Satz 1 AktG.

4. Deutscher Corporate Governance Kodex[6]

§ 161 AktG verpflichtet Vorstand und Aufsichtsrat der börsennotierten Gesellschaft jährlich zu erklären, dass den vom Bundesministerium der Justiz im amtlichen Teil des elektronischen Bundesanzeigers bekannt gemachten Empfehlungen der „Regierungskommisions Deutscher Corporate Governance Kodex" entsprochen wurde und wird oder welche Empfehlungen nicht angewendet wurden oder werden. Der Deutsche Corporate Governance Kodex enthält neben einer Darstellung der wesentlichen

---

3 BGHZ 65, 190, 192 f.; *Hüffer*, § 84 AktG Rz. 13.
4 Vgl. BGH v. 21. 4. 1997, BB 1997, 1169 ff.
5 „KonTraG", dazu *Lingemann/Wasmann*, BB 1998, 853, 859.
6 Veröffentlicht unter www.deutscher-corporate-governance-code.de; dazu *Vetter*, DNotZ 2003, 748; ferner *Hopt*, FS Wiedemann, 2002, S. 1013; *Ihrig/Wagner*, BB 2002, 2509; *Krieger*, FS Ulmer, 2003, S. 365, 366; *Lutter*, ZHR 166 (2002), 523; *Lutter/Krieger*, Rechte und Pflichten des Aufsichtsrates, 4. Aufl. 2002, Rz. 493; *Seibert*, BB 2002, 581, 583.

Punkte der gegenwärtigen Rechtslage eine Reihe von Empfehlungen ("Soll-Regelungen"), die auch für die Organstellung und den Dienstvertrag des Vorstandsmitglieds von Bedeutung sind. Dazu zählen die Empfehlungen, die Informations- und Berichtspflichten des Vorstandes durch den Aufsichtsrat festzulegen (Ziffer 3.3), bei der D & O-Versicherung einen angemessenen Selbstbehalt zu vereinbaren (Ziffer 3.8), die Vorstandsbezüge regelmäßig zu überprüfen (Ziffer 4.2.2), sie aufzuteilen in fixe und variable Bestandteile, Letztere wiederum aufzuteilen in jährlich wiederkehrende Komponenten und solche mit langfristiger Anreizwirkung und Risikocharakter (Ziffer 4.2.3) und die Vergütung im entsprechenden Anhang des Konzernabschlusses auszuweisen (Ziffer 4.2.4) sowie bei Erstbestellungen die maximal mögliche Bestelldauer von fünf Jahren idR nicht auszunutzen und eine Altersgrenze zu vereinbaren (Ziffer 5.1.2).

5. Sozialversicherungsrechtliche Stellung des Vorstandsmitglieds

Gem. § 1 Satz 3 SGB VI sind Mitglieder des Vorstands einer Aktiengesellschaft nicht versicherungspflichtig in der gesetzlichen Rentenversicherung, im Rahmen ihrer Vorstandstätigkeit für die Aktiengesellschaft und verbundene Unternehmen iSd. § 18 AktG sind sie gem. § 27 Abs. 1 Nr. 5 SGB III auch nicht versicherungspflichtig in der Arbeitslosenversicherung. In der Kranken- und Pflegeversicherung besteht regelmäßig schon deshalb keine Versicherungspflicht, weil das regelmäßige Jahresentgelt über der Jahresentgeltgrenze liegen wird; bei niedrigerem Entgelt werden sie jedoch gleichfalls nicht versicherungspflichtig,[7] da sie mangels Weisungsunterworfenheit nicht Beschäftigte iSv. § 7 Abs. 4 Satz 1 SGB IV sind.

---

7 BSG v. 14. 12. 1999, DB 2000, 329.

II. Muster

Dienstvertrag des Vorstandsmitglieds[1]   5.1

Zwischen

der . . . Aktiengesellschaft mit Sitz in . . ., vertreten durch den Aufsichtsrat, dieser vertreten durch den Vorsitzenden des Aufsichtsrats,[2] Herrn . . . (i. F. Gesellschaft)

und

Herrn/Frau . . .

wird aufgrund des Beschlusses des Aufsichtsrates vom . . . folgender Anstellungs- und Pensionsvertrag geschlossen:

---

1 Zur AGB-Kontrolle vgl. **M 4.1** Fn. 1; in der Regel wird der Vorstandsvertrag jedoch im Einzelnen ausgehandelt sein, so dass eine AGB-Kontrolle gem. § 305 Abs. 1 Satz 3 BGB ausscheidet.
2 Zum Abschluss des Vertrages bedarf der Aufsichtsratsvorsitzende der Einzelermächtigung durch den Aufsichtsrat oder den beauftragten Aufsichtsratsausschuss oder der generellen Ermächtigung durch Satzung oder Geschäftsordnung (BGH v. 6. 4. 1964, BGHZ 41, 282, 285).

Vorbemerkung:[3]

Herr/Frau . . . wurde durch Beschluss des Aufsichtsrats der Gesellschaft vom . . . zum ordentlichen Mitglied des Vorstands der Gesellschaft für die Zeit vom . . . bis zum . . .[4] *bestellt. Dazu wird Folgendes vereinbart:*

§ 1 Aufgaben und Pflichten

(1) Herr/Frau . . . führt die Geschäfte nach Maßgabe der Gesetze, der Satzung der Gesellschaft und der Geschäftsordnung für den Vorstand.[5, 6]

(2) Herr/Frau . . . stellt seine/ihre gesamte Arbeitskraft, fachliche Kenntnisse und Erfahrungen ausschließlich der Gesellschaft zur Verfügung. Eine entgeltliche oder unentgeltliche Nebentätigkeit, ein Amt als Aufsichtsrat, Beirat oÄ bedarf der vorherigen schriftlichen Zustimmung des Personalausschusses, der diese jederzeit widerrufen kann.[7] *Die Niederlegung von Mandaten ist dem Aufsichtsratsvorsitzenden schriftlich mitzuteilen. Jede Gutachter- und Schiedsrichtertätigkeit bedarf der vorherigen Zustimmung des Aufsichtsratsvorsitzenden. Über Veröffentlichungen und Vorträge mit Öffentlichkeitswirkung ist vorher im Vorstand zu berichten.*

Über den **Inhalt** des Vertrages muss stets der Gesamtaufsichtsrat oder der Aufsichtsratsausschuss entscheiden (BGH v. 6. 4. 1964, BGHZ 41, 282, 285). Anderenfalls ist der Dienstvertrag gem. § 134 BGB unwirksam; dann gelten die Regeln über den fehlerhaften Dienstvertrag, dh. der Vertrag ist für die Zeit der Tätigkeit wirksam, kann aber jederzeit gekündigt oder aufgehoben werden (BGH v. 6. 4. 1964, BGHZ 41, 282, 285; v. 23. 10. 1975, BGHZ 65, 190, 194 f. = NJW 1976, 145; BGH v. 3. 7. 2000, BB 2000, 1751). Ansprüche auf erdiente Versorgungsbezüge bleiben erhalten (*Hüffer*, § 84 AktG Rz. 19 mwN).

3 Vgl. **M 4.1** Fn. 1.

4 Die Dauer der Bestellung darf fünf Jahre nicht überschreiten; gem. Ziffer 5.1.2 des Deutschen Corporate Governance Kodex sollte sie bei Erstbestellungen dahinter zurückbleiben; eine wiederholte Bestellung oder Verlängerung der Amtszeit, jeweils für höchstens fünf Jahre, ist zulässig, § 84 Abs. 1 Satz 1 und 2 AktG. Der Beschluss des Aufsichtsrates über die Verlängerung darf jedoch frühestens ein Jahr vor Ablauf der bisherigen Amtszeit gefasst werden, § 84 Abs. 1 Satz 2 AktG. Inwieweit eine frühere Verlängerung um weitere fünf Jahre dadurch ermöglicht werden kann, dass eine vorübergehende Amtsniederlegung durch das Vorstandsmitglied oder einvernehmliche Aufhebung zwischengeschaltet wird, ist bisher nicht entschieden. Ziffer 5.1.2 Abs. 2 des Deutschen Corporate Governance Kodex hält dies offenbar bei besonderen Umständen für zulässig. Gegen eine vorzeitige Abberufung kann das Vorstandsmitglied klagen. Die AG wird in diesem Verfahren vertreten durch den Aufsichtsrat, § 112 AktG.

5 Die Aufnahme in den Vertrag ist üblich, aber entbehrlich, da die Verpflichtung ab der Bestellung ohnehin kraft Gesetzes besteht.

6 Die Festlegung eines bestimmten Ressorts im Dienstvertrag greift in die Geschäftsordnung ein. Sie wird daher zum Teil als unzulässig angesehen (vgl. Münchener Handbuch AG/*Wiesner*, § 22 Rz. 16), bedarf aber jedenfalls der Zustimmung des dafür zuständigen Organs, also des Aufsichtsratsplenums oder des Vorstandes, soweit dieser die Geschäftsordnung erlassen hatte (vgl. *Hüffer*, § 84 AktG Rz. 3).

7 Bereits § 88 AktG enthält das Verbot, ohne Einwilligung des Aufsichtsrates ein Handelsgewerbe zu betreiben oder im Geschäftszweig der Gesellschaft für eigene oder fremde Rechnung Geschäfte zu machen (vgl. BGH v. 2. 4. 2001, ZIP 2001, 958). Dieses Verbot kann auch auf Nebentätigkeiten ausgedehnt werden, was Ziffer 4.3.5 des Deutschen Corporate Governance Kodex auch empfiehlt. Eine abschließende Entscheidung über die Nebentätigkeit steht nur dem für den Vertragsschluss zuständigen Organ zu, also nicht dem Aufsichtsratsvorsitzenden allein, wohl aber dem Personalausschuss, wenn ihm diese Kompetenz vom Plenum zugewiesen wurde (vgl. KölnerKommAktG/*Mertens*, § 88 Rz. 11).

Herr/Frau ... wird auf Wunsch des Vorstandes oder des Aufsichtsrats[8] ohne gesonderte Vergütung Aufsichtsratsmandate und ähnliche Ämter in Gesellschaften, an denen die Gesellschaft unmittelbar oder mittelbar beteiligt ist, übernehmen. Dasselbe gilt für Tätigkeiten in Verbänden, denen die Gesellschaft angehört, oder Ehrenämter in Verwaltung und Rechtsprechung. Herr/Frau ... wird diese Ämter niederlegen, wenn Vorstand oder Aufsichtsrat dies wünschen oder der Dienstvertrag endet.[9]

§ 2 Vertragsdauer

(1) Der Dienstvertrag wird für die Zeit vom ... bis zum ... geschlossen.

oder

Der Dienstvertrag wird für die Zeit der Bestellung geschlossen.[10]

Er verlängert sich jeweils für den Zeitraum, für den der Aufsichtsrat mit Zustimmung von Herrn/Frau ... seine/ihre Wiederbestellung zum Vorstandsmitglied der Gesellschaft beschließt.

(2) Über die Wiederbestellung soll spätestens sechs Monate vor Ablauf der Amtszeit entschieden werden.[11]

(3) Wird Herr/Frau ... während der Laufzeit des Dienstvertrags dauernd arbeitsunfähig, endet der Dienstvertrag mit dem Ende des sechsten Monats nach Feststellung der dauernden Arbeitsunfähigkeit. Absatz 1 bleibt unberührt.

Dauernde Arbeitsunfähigkeit im Sinne dieses Dienstvertrags liegt vor, wenn Herr/Frau ... voraussichtlich auf Dauer nicht in der Lage ist, die ihm/ihr übertragenen Aufgaben uneingeschränkt zu erfüllen.[12] Sie gilt als festgestellt, wenn die Arbeitsunfähig-

---

8 Die Entscheidung des Vorstandes bedarf der Zustimmung des Aufsichtsrates (KölnerKomm-AktG/*Mertens*, § 88 Rz. 2).
9 Soweit öffentliche Ämter die Unabhängigkeit des Vorstandsmitglieds voraussetzen, ist diese vertragliche Regelung nicht wirksam.
10 Die Höchstdauer von fünf Jahren gilt nicht für die Bestellung, sondern auch für den Dienstvertrag, vgl. § 84 Abs. 1 Satz 5 1. Halbs. AktG. Eine Verlängerungsklausel wie in Satz 2 des Musters wird dadurch nicht gehindert. Eine stillschweigende Verlängerung nach § 625 BGB über die Fünfjahresfrist hinaus wird jedoch überwiegend abgelehnt (vgl. Geßler/Hefermehl/*Hefermehl*, § 84 AktG Rz. 43; *Krieger*, Personalentscheidungen, S. 123; KölnKommAktG/*Mertens*, § 84 Rz. 14; *Hüffer*, § 84 AktG Rz. 17). Häufig wird auch vereinbart, dass der Dienstvertrag für die Dauer der Bestellung gilt – so die Alternative im Muster. Der Widerruf der Bestellung ist dann auflösende Bedingung des Dienstvertrages (vgl. BGH v. 29. 5. 1989, NJW 1989, 2683; zu Gestaltungsalternativen *Bauer*, DB 1992, 1413; zur Auslegung *Bauer/Diller*, GmbHR 1998, 809). Liegt kein Grund für eine fristlose Kündigung auch des Dienstvertrages vor, so endet bei Widerruf der Bestellung der Dienstvertrag aufgrund dieser Klausel jedoch nicht sofort, sondern erst mit Ablauf der gesetzlichen Kündigungsfrist ab dem Zeitpunkt des Widerrufs (BGH v. 29. 5. 1989, NJW 1989, 2683; *Bauer/Diller*, GmbHR 1998, 809). Zu den unterschiedlichen Voraussetzungen des wichtigen Grundes bei Abberufung nach § 84 Abs. 3 Satz 1 AktG und Kündigung des Dienstvertrages aus wichtigem Grund gemäß § 626 Abs. 1 BGB vgl. BGH v. 2. 10. 1995, WM 1995, 2064, 2065; OLG Stuttgart v. 13. 3. 2002, AG 2003, 211; ferner oben Erläuterungen unter I. 2. Über Bestellung und Widerruf der Bestellung muss das Plenum des Aufsichtsrates entscheiden, über Abschluss und Kündigung des Dienstvertrages kann auch der Personalausschuss befinden.
11 Bei Verzögerung können Schadensersatzansprüche entstehen.
12 Arbeitsunfähigkeit entspricht weder der teilweisen Erwerbsminderung gem. § 43 Abs. 1 SGB VI noch der vollen Erwerbsminderung iSv. § 43 Abs. 2 SGB VI. Insbesondere die Frage

keit ununterbrochen länger als zwölf Monate dauerte, es sei denn, Herr/Frau ... weist durch das Gutachten eines einvernehmlich benannten Arztes nach, dass mit einer Wiederherstellung der uneingeschränkten Arbeitsfähigkeit innerhalb der nächsten sechs Monate zu rechnen ist. Kommt eine Einigung auf einen Arzt nicht zustande, so ist die Ärztekammer am Sitz der Gesellschaft um die Benennung eines ärztlichen Gutachters zu bitten.

(4) Der Vertrag endet spätestens am Ende des Monates, in dem Herr/Frau ... das 65. Lebensjahr vollendet.[13]

§ 3 Bezüge[14]

(1) Herr/Frau ... erhält beginnend mit dem ... als Vergütung für seine/ihre Tätigkeit ein Jahresgehalt iHv. Euro ... (in Worten: Euro ...) brutto, das in zwölf gleichen Monatsraten jeweils zum Monatsende gezahlt wird.[15]

(2) Das Gehalt erhöht sich jährlich um Euro ....[16]

(3) Herr/Frau ... erhält ferner mit dem ... beginnend bis zur Beendigung der Vorstandsbestellung eine Tantieme iHv. Euro ... (in Worten: Euro ...) brutto für je 1% der von der Gesellschaft im Verhältnis zum jeweiligen Grundkapital am Jahresende ausgeschütteten Dividende bis zu einer Dividende von 20%. Der Euro-Betrag erhöht sich jährlich um Euro ....[17]

---

zumutbarer Verweisungsberufe iSv. § 43 Abs. 3 SGB VI stellt sich bei der hier vorliegenden Definition daher nicht; Alternativen in **M 4.1**, § 3 Abs. 2.

13 Gem. Ziffer 5.1.2 des Deutschen Corporate Governance Kodex soll der Vorstandsvertrag eine Altersgrenze enthalten.

14 Gem. § 161 AktG idF des TransPuG sollen Vorstand und Aufsichtsrat von börsennotierten Gesellschaften ab 2002 in einer so genannten Entsprechens-Erklärung bekannt geben, inwieweit dem Corporate-Governance-Kodex entsprochen wurde. Der Corporate-Governance-Kodex (http:\\www-corporate-governance-code.de) enthält verschiedene Empfehlungen, ua. (1) Die Aufteilung der Bezüge nach Fixum, erfolgsbezogene Komponenten und Komponenten mit langfristiger Anreizwirkung (Rz. 4.2.4 Satz 1 des Kodex), (2) Bekanntmachung der Ausgestaltung aktienbasierter Vergütungsmodelle (Rz. 4.2.3, S. 7 des Kodex) und (3) Mitteilung der Vorstandsbezüge getrennt für die einzelnen Vorstandsmitglieder (Rz. 4.2.4, S. 2 des Kodex). S. auch oben Erläuterungen unter I. 4.

15 Vgl. § 87 AktG; bei wesentlicher Verschlechterung der Verhältnisse der Gesellschaft können die Bezüge herabgesetzt werden, vgl. § 87 Abs. 2 AktG. Für Verminderung oder Einstellung von Ruhegeldern vgl. jedoch § 6.

16 Anstatt einer solchen Erhöhungsklausel werden häufig auch nur allgemeine Überprüfungsklauseln vereinbart (vgl. dazu **M 4.1**, § 4 Abs. 3 2. Alt.).

17 Für Gewinnbeteiligungen der Vorstandsmitglieder galt bis zum 17. 5. 2002 § 86 AktG zum Schutz der Gesellschaft (vgl. BGH v. 10. 3. 2003, GmbHR 2003, 584). Bestand die Beteiligung gemäß der Sollvorschrift des § 86 Abs. 1 Satz 2 AktG in einem **Anteil am Jahresgewinn**, so galt zwingend § 86 Abs. 2 AktG. Bezugsgröße war der Jahresüberschuss vor Abzug der Tantieme. Die Regelung wurde gestrichen, da die Anknüpfung an den Jahresüberschuss unüblich geworden und die Regelung damit überflüssig und überholt war (BT-Drucks. 14/8769, S. 13). Unverändert gilt für Tantiemen jedoch § 87 AktG. Zur neuen Rechtslage *Binz*, BB 2002, 1273. Die Tantieme des Vorstandes einer Konzernobergesellschaft oder einer eingegliederten Gesellschaft (vgl. KölnerKommAktG/*Mertens*, § 86 Rz. 9) kann auch auf den Konzernjahresabschluss abstellen (Münchener HandbuchAG/*Wiesner*, § 21 Rz. 37). Dies gilt jedoch nicht für den Vorstand der abhängigen Gesellschaft (KölnerKommAktG/*Mertens*, § 86 Rz. 9).

Boni, Sonderausschüttungen etc. an die Aktionäre gelten nicht als Dividende im Sinne dieser Vorschrift.

oder

(3) Herr/Frau ... erhält ferner mit dem ... beginnend bis zur Beendigung der Vorstandsbestellung eine Tantieme, die der Aufsichtsrat für das abgelaufene Geschäftsjahr festsetzt. Bei der Festsetzung sind je hälftig zu berücksichtigen die wirtschaftliche Lage der Gesellschaft und die Leistungen von Herrn/Frau ....

(4) Die Tantieme für das abgelaufene Geschäftsjahr wird zwei Monate nach dem Ende der ordentlichen Hauptversammlung fällig. Bestand der Dienstvertrag während eines Geschäftsjahres nur zeitanteilig, so wird auch die Tantieme nur pro rata temporis gezahlt.[18]

(5) Herr/Frau ... erhält Aktienoptionen nach Maßgabe des Aktienoptionsprogrammes für Vorstandsmitglieder der Gesellschaft vom ....[19]

§ 4 Fortzahlung der Bezüge[20]

(1) Bei einer vorübergehenden Arbeitsunfähigkeit von Herrn/Frau ..., die durch Krankheit oder einen von ihm/ihr nicht zu vertretenden Grund eintritt, werden ihm/ihr die Bezüge nach § 3 Abs. 1 und 2 bis zu zwölf Monate, längstens aber bis zur Beendigung des Dienstverhältnisses weitergezahlt. Herr/Frau ... muss sich auf diese Zahlungen anrechnen lassen, was er/sie von Kassen oder Versicherungen an Krankengeld, Krankentagegeld oder Rente erhält, soweit die Leistungen nicht ausschließlich auf seinen Beiträgen beruhen.

(2) Herr/Frau ... tritt bereits jetzt etwaige Ansprüche an die Gesellschaft ab, die ihm/ihr gegenüber Dritten wegen der Arbeitsunfähigkeit zustehen. Die Abtretung ist begrenzt auf die Höhe der nach Abs. 1 geleisteten oder zu leistenden Zahlungen.[21]

Zulässig ist auch die **dividendenabhängige Tantieme** (BGH v. 3. 7. 2000, BB 2000, 1748; Hüffer, § 86 AktG Rz. 3; einschränkend Geßler/Hefermehl/*Hefermehl*, § 86 AktG Rz. 7). Auch Ermessens- und Mindest- oder Garantietantiemen sowie Stock Options (dazu *Baeck/Diller*, DB 1998, 1405) können wirksam vereinbart werden. Die Zulässigkeit von Umsatztantiemen ist umstritten (vgl. **M 4.1** Fn. 24; zur GmbH BGH v. 14. 10. 1976, WM 1976, 1226, 1227). Ermessenstantiemen können nach freiem Ermessen oder gemäß § 315 BGB nach billigem Ermessen vereinbart werden (vgl. BGH v. 21. 4. 1975, WM 1975, 761, 762 f.). Garantietantiemen werden zT für eine Übergangszeit in Sanierungsfällen vereinbart und dann durch eine variable Tantieme abgelöst (vgl. **M 4.1** Fn. 23). Soweit sie dauerhaft vereinbart sind, dient dies der klaren Abgrenzung des ruhegehaltsfähigen Fixgehaltes von der übersteigenden Tantieme für die betriebliche Altersversorgung; die Abgrenzung kann auch bei der Vereinbarung des nachvertraglichen Wettbewerbsverbotes (vgl. **M 4.1** Fn. 43) zur Ermittlung der Karenzentschädigung auf Basis des Fixgehaltes von Bedeutung sein.

18 Die Regelung hat nur klarstellende Bedeutung, vgl. zum GmbH-Geschäftsführer OLG Hamm v. 8. 10. 1984, WM 1984, 1642; KölnerKommAktG/*Mertens*, § 86 Rz. 12.

19 Aktienoptionen sind neben Aktien mit mehrjähriger Veräußerungssperre in Ziffer 4.2.3 des Deutschen Corporate Governance Kodex als klassische Vergütungskomponenten mit langfristiger Anreizwirkung genannt, näher zu Aktienoptionsplänen unten Kapitel 12.17.

20 Vgl. **M 4.1** § 5. Die Regelung im Muster ist großzügig, häufig werden drei oder sechs Monate vereinbart.

21 Vgl. **M 4.1** Fn. 30.

(3) Stirbt Herr/Frau . . . während der Dauer dieses Vertrages, so haben seine Witwe, ersatzweise die nach § 7 Abs. 4–6 anspruchsberechtigten Kinder, Anspruch auf Fortzahlung des Gehaltes gemäß § 3 Abs. 1 und 2 für den Sterbemonat und die sechs folgenden Monate.

(4) Herr/Frau . . . wird sich mindestens einmal jährlich bei den Vertragsärzten der Gesellschaft auf Kosten der Gesellschaft einer gründlichen ärztlichen Untersuchung unterziehen und den Aufsichtsratsvorsitzenden von dem Ergebnis unterrichten.

§ 5 Versicherungen

(1) Die Gesellschaft schließt für die Dauer dieses Vertrages zugunsten von Herrn/Frau . . . eine Unfallversicherung für Berufsunfälle und Unfälle des täglichen Lebens mit Deckungssummen von Euro . . . für den Todesfall und Euro . . . für den Invaliditätsfall ab.

(2) Die Gesellschaft schließt für Herrn/Frau . . . eine Rechtsschutzversicherung mit einer Deckungssumme von Euro . . . je Schadensfall zur Abwehr von Ansprüchen, insbesondere Haftpflichtansprüchen gegen Herrn/Frau . . . und von strafrechtlichen Risiken sowie zur Wahrnehmung rechtlicher Interessen aus diesem Dienstvertrag ab.

(3) Die Gesellschaft schließt für Herrn/Frau . . . eine Vermögensschaden-Haftpflichtversicherung („D & O") mit einer Deckungssumme von Euro . . . und einer Selbstbeteiligung von . . . %, maximal aber Euro . . .[22] je Schadensfall für den Fall ab, dass er/sie wegen einer bei Ausübung seiner/ihrer Tätigkeit begangenen Pflichtverletzung von einem Dritten oder der Gesellschaft aufgrund gesetzlicher Haftpflichtbestimmungen privatrechtlichen Inhalts für einen Vermögensschaden in Anspruch genommen wird.[23]

§ 6 Ruhegeld[24]

(1) Herr/Frau . . . hat im Pensionsfall Anspruch auf ein lebenslanges Ruhegeld.

(2) Der Pensionsfall ist gegeben, wenn

a) der Dienstvertrag mit oder nach Vollendung des 65. Lebensjahres endet,

b) der Dienstvertrag vor Vollendung des 65. Lebensjahres wegen dauernder Arbeitsunfähigkeit gem. § 2 Abs. 3 endet,

c) der Dienstvertrag nach der ersten Wiederbestellung von Herrn/Frau . . . vor Vollendung des 65. Lebensjahres endet, weil er nicht erneut verlängert wird,[25] es sei denn

---

22 Ziffer 3.8 des Deutschen Corporate Governance Kodex empfiehlt die Vereinbarung einer Selbstbeteiligung; die Obergrenze dürfte ratsam sein.
23 Vgl. dazu **M 4.1** Fn. 32. Wegen § 93 Abs. 4 Satz 3 AktG kommt dem Versicherungsschutz hier erhöhte Bedeutung zu.
24 Das Ruhegeld ist Teil des Entgeltes für die in der aktiven Zeit erbrachten Leistungen, es hat keinen Fürsorgecharakter. Daher ist der Entzug des Ruhegeldanspruches wegen nach Eintritt in den Ruhestand begangener Verstöße nur bei Rechtsmissbrauch unter extrem engen Voraussetzungen zulässig (BGH v. 7. 1. 1971, BGHZ 55, 274, 278; vgl. auch unten Fn. 28).
25 Mangels Kündigungsschutz hat der Vorstand ein im Vergleich zum Arbeitnehmer erhöhtes Beschäftigungsrisiko. Auch Ansprüche auf Arbeitslosengeld bestehen nicht. Die Aufnahme dieses Pensionsfalls („Übergangsgeld") soll auch die dadurch entstehenden Risiken kompensieren (vgl. OLG Hamburg v. 13. 3. 1992, WM 1992, 786, 788). Gleichwohl ist die Regelung zweifellos großzügig; namentlich bei kleineren Aktiengesellschaften ist sie daher im Vorstandsvertrag eher unüblich. Insolvenzschutz durch den PSV gem. § 7 BetrAVG besteht

Herr/Frau ... hat eine ihm/ihr angebotene Verlängerung der Bestellung und des Dienstvertrages zu gleichen oder für ihn/sie günstigeren Bedingungen abgelehnt oder die vorzeitige Beendigung oder Nichtverlängerung beruht auf einem von Herrn/Frau ... verschuldeten wichtigen Grund.

(3) Das Ruhegeld wird erstmals zum Monatsende für den Monat gezahlt, der auf den Eintritt des Pensionsfalls folgt. Versorgungsfähig ist das monatliche Fixgehalt gem. § 3 Abs. 1. Das Ruhegeld beträgt 40% dieses versorgungsfähigen Einkommens und erhöht sich pro Jahr (12 Monate) der Laufzeit der Vorstandsbestellung um 2 Prozentpunkte. Maximales Ruhegeld sind 65% des versorgungsfähigen Einkommens. Endet das Anstellungsverhältnis gem. Abs. 2 lit. b, so erhält Herr/Frau ... Ruhegeld in der Höhe, wie es bei Ausscheiden mit Vollendung des 60. Lebensjahres entstanden wäre.

(4) Erhöht oder ermäßigt sich der vom Statistischen Bundesamt festgestellte Verbraucherpreisindex für Deutschland (Gesamtindex) auf Basis 2000 = 100, so wird das Ruhegeld beginnend mit dem Pensionsfall um denselben Prozentsatz erhöht oder ermäßigt. Die Zahlungen werden jeweils zum 1. 1. eines jeden Jahres angepasst. Werden durch die Anpassung Nach- oder Rückzahlungen erforderlich, so werden sie zinsfrei unverzüglich nach der Bekanntmachung des für die Anpassung maßgeblichen Preisindex geleistet.

Die Genehmigung der Wertsicherungsklausel nach § 1 PrKV wird beantragt. Wird sie nicht erteilt, werden die Vertragsparteien eine zulässige Spannungsklausel vereinbaren, die dem wirtschaftlichen Sinn dieser Vereinbarung entspricht. Die Vertragsparteien sind verpflichtet, alle hierzu etwa erforderlichen rechtsgeschäftlichen Erklärungen abzugeben.[26]

(5) Früher erworbene Ruhegeldansprüche sind auf die Ruhegeldzahlungen anzurechnen, später erworbene nur auf den Teil des Ruhegeldes, der nicht gesetzlich unverfallbar geworden ist. Die Anrechnung erfolgt nur insoweit, als die Ruhegeldansprüche gem. Satz 1 zusammen mit dem nach diesem Vertrag zu zahlenden Ruhegeld das maximale Ruhegeld gem. Abs. 3, indiziert nach Abs. 4, übersteigen.

(6) Im Falle von Abs. 2 lit. b oder c muss sich Herr/Frau ... bis zur Vollendung des 65. Lebensjahres[27] auf das Ruhegeld 50% anderweitiger Einkünfte aus selbständiger und unselbständiger Arbeit anrechnen lassen, soweit sie den Betrag von insgesamt Euro ... im Kalenderjahr überschreiten. Anrechnungspflichtige Einkünfte sind der Gesellschaft am Ende eines jeden Kalenderjahres unaufgefordert mitzuteilen. Laufendes anrechnungspflichtiges Einkommen ist der Gesellschaft sofort mitzuteilen, die eine vorläufige Kürzung des Ruhegeldes vorsehen kann.

(7) Stirbt Herr/Frau ... während der Dauer dieses Vertrages, so haben seine Witwe, ersatzweise die nach § 7 Abs. 4–6 anspruchsberechtigten Kinder, Anspruch auf Fortzahlung des Ruhegeldes für den Sterbemonat und die drei folgenden Monate.

---

allerdings erst mit Erreichen des 63. Lebensjahres (BGH v. 16. 3. 1981, NJW 1981, 2410; v. 28. 9. 1981, DB 1982, 126).

26 Soweit das BetrAVG für Vorstände gilt, gilt auch § 16 BetrAVG. Im Formular ist die Wertsicherung an die Lebenshaltungskosten gekoppelt. Diese Wertsicherungsklausel ist genehmigungsfähig, vgl. **M 4.1** Fn. 29.

27 Sollen anderweitige Einkünfte auch nach Erreichen der Altersgrenze angerechnet werden, so muss dies ausdrücklich geregelt sein (OLG Hamburg v. 13. 3. 1992, WM 1992, 786, 788). Das Formular sieht eine Anrechnung nur bis zur Altersgrenze vor.

(8) Der Anspruch auf Ruhegeld ruht, solange Herr/Frau ... ohne vorherige schriftliche Zustimmung des Aufsichtsratsvorsitzenden Wettbewerb iSv. § 11 betreibt. Die Zustimmung kann nur aus wichtigem Grund versagt werden.[28]

(9) Eine Abtretung oder Verpfändung des Ruhegeldanspruchs durch Herrn/Frau ... ist ausgeschlossen.

(10) Endet der Dienstvertrag vor Vollendung des 65. Lebensjahres, ohne dass der Pensionsfall nach Abs. 2 lit. b oder c eintritt, so behält Herr/Frau ... seine/ihre Anwartschaft auf Versorgungsleistungen in dem gesetzlich vorgeschriebenen Umfang, falls die gesetzlichen Voraussetzungen für die Unverfallbarkeit erfüllt sind.[29]

§ 7 Witwen-[30] und Waisenversorgung

(1) Stirbt Herr/Frau ... während der Laufzeit des Dienstvertrages oder nach Eintritt des Pensionsfalls, so hat seine Witwe/ihr Witwer Anspruch auf ein lebenslanges Witwengeld, sofern die Ehe im Zeitpunkt des Todes noch bestanden hat.

(2) Das Witwengeld beträgt 60% des Ruhegeldes, das Herr/Frau ... am Todestag bezogen hat oder bezogen hätte, wenn der Pensionsfall eingetreten wäre, mindestens aber 60% des im Pensionsfall gem. § 6 Abs. 2 lit. b zu zahlenden Ruhegeldes.

(3) Das Witwengeld ermäßigt sich um

... Prozentpunkte, falls Herr/Frau ... mehr als 15 Jahre, und um

... Prozentpunkte, falls Herr/Frau ... mehr als 20 Jahre, und um

... Prozentpunkte, falls Herr/Frau ... mehr als 25 Jahre

älter als seine Ehefrau/ihr Ehemann war.

Ein Anspruch auf Witwengeld entfällt, wenn die Ehe erst nach der Pensionierung geschlossen wurde oder wenn die Ehe nur geschlossen wurde, um den Hinterbliebenen die Leistungen zuzuwenden. Das Witwengeld entfällt auch, wenn die Witwe sich erneut verheiratet.[31]

(4) Stirbt Herr/Frau ... während der Laufzeit des Dienstvertrages oder nach Eintritt des Pensionsfalls, hat jedes seiner/ihrer unterhaltsberechtigten Kinder Anspruch auf ein Waisengeld iHv. jeweils 15% des Ruhegeldes, das Herr/Frau ... am Todestag bezogen hat oder bezogen hätte, wenn der Pensionsfall eingetreten wäre. Das Ruhegeld bestimmt sich nach § 6 Abs. 2 lit. b. Solange kein Anspruch auf Witwengeld besteht, beträgt das Waisengeld 25%.

---

28 Die Wirksamkeit von Abs. 8 ist fraglich, da sie mittelbar ein nachvertragliches Wettbewerbsverbot darstellt. Zu dessen Voraussetzungen iE vgl. **M 4.1** Fn. 43.

29 Auch für Vorstandsmitglieder gelten die §§ 1–16 BetrAVG (§ 17 Abs. 1 Satz 2 BetrAVG), es sei denn, sie hätten eine maßgebliche Beteiligung und Leitungsmacht, vgl. BGH v. 2. 6. 1997, ZIP 1997, 1351, 1352. In diesen Fällen muss insbesondere Insolvenzschutz daher gegebenenfalls in anderer Weise (zB Rückversicherung) herbeigeführt werden (vgl. näher **M 4.1** Fn. 33).

30 Hinterbliebenenversorgung iHv. 60% des Ruhegelds, das der (ehemalige) Vorstand bekommen hätte, ist üblich. Die Versorgungszusage ist ein Vertrag zugunsten Dritter auf den Todesfall gem. §§ 328, 331 BGB. § 518 Abs. 2 BGB ist auch noch bei Aufnahme der Versorgungszusage nach dem Tod des Vorstandsmitglieds gewahrt (BGH v. 26. 11. 1974, BGHZ 66, 8, 12 ff.; v. 30. 11. 1974, NJW 1975, 382).

31 Zu den Gestaltungsalternativen, auch bei Späteheklauseln vgl. *Fonk*, FS Semler, 1993, S. 139, 158 ff.

(5) Das Waisengeld wird bis zum vollendeten 18. Lebensjahr gezahlt, darüber hinaus nur für Zeiten der Schul- oder Berufsausbildung einschließlich des Wehr- oder Zivildienstes, längstens bis zum vollendeten 27. Lebensjahr.

(6) Kinder aus einer Ehe, die nach der Pensionierung geschlossen wurde, haben keinen Anspruch auf Waisengeld.

(7) Witwen- und Waisengelder dürfen zusammen den Betrag des Ruhegeldes nicht übersteigen. Ein übersteigender Betrag wird an den Waisenrenten zu je gleichen Teilen gekürzt.

(8) Witwen- und Waisengelder werden jeweils am Monatsende gezahlt, letztmalig für den Monat, in dem die Anspruchsvoraussetzungen entfallen. Ansprüche auf Witwen- und Waisengelder bestehen solange nicht, wie die Bezüge nach § 4 Abs. 3 oder das Ruhegeld nach § 6 Abs. 7 fortgezahlt werden.

(9) Witwen- und Waisengelder kann die Gesellschaft mit befreiender Wirkung an die Witwe zahlen, Waisengelder an eine der Waisen.

(10) § 6 Abs. 5 und 10 gelten entsprechend für Witwen- und Waisengelder.

(11) Die Befugnis der Gesellschaft zur Kürzung oder Einstellung der Ruhegeldzahlungen bestimmt sich nach den allgemeinen Vorschriften.[32]

§ 8 Dienstwagen

Die Gesellschaft stellt Herrn/Frau ... bis zur Beendigung der Vorstandsbestellung einen Pkw mit Fahrer zur Verfügung. Herr/Frau ... darf den Pkw auch privat nutzen. Typ und Ausstattung des Dienstwagens werden vor dessen Anschaffung mit dem Vorsitzenden des Aufsichtsrates schriftlich abgestimmt. Die Einkommensteuer auf den Geldwertvorteil der Privatnutzung trägt Herr/Frau ....[33]

Das Fahrzeug ist beim Ausscheiden aus den Diensten der Gesellschaft oder nach einer Freistellung von der Verpflichtung zur Arbeitsleistung unverzüglich an die Gesell-

---

[32] Im Anwendungsbereich des BetrAVG ist eine vertragliche Erweiterung der Widerrufsvoraussetzungen über die allgemeinen Grundsätze des Rechtsmissbrauchs hinaus unwirksam (vgl. BAG v. 8. 5. 1990, DB 1990, 2173; v. 8. 2. 1983, DB 1983, 1770). § 87 Abs. 2 AktG gilt nur für Bezüge für die aktive Dienstzeit, nicht für Versorgungsbezüge (*Hüffer*, § 87 AktG Rz. 4). Eine wirtschaftliche Notlage des Unternehmens (vgl. BGH v. 14. 5. 1964, WM 1964, 675) kann die Einstellung oder Kürzung rechtfertigen (zum Verfahren vgl. BGH v. 11. 2. 1985, ZIP 1985, 760, 761 f.; BAG v. 11. 9. 1980, ZIP 1981, 307, 308 f.). Pflichtverletzungen im Rahmen der Vorstandstätigkeiten rechtfertigen die Kürzung oder Einstellung der Versorgungsbezüge nicht schon, wenn eine Kündigung aus wichtigem Grund gerechtfertigt wäre, sondern erst bei „schwersten Verfehlungen" bzw. außerordentlichen Pflichtverletzungen, nach denen ein Entgelt auch für langjährige Tätigkeit nicht mehr verdient ist (BGH v. 25. 11. 1996, AG 1997, 265, 266; v. 22. 6. 1981, WM 1981, 940: „wenn die Pflichtverletzungen einen auf andere Weise nicht wieder gutzumachenden Schaden angerichtet haben" (OLG Hamburg v. 23. 5. 1980, AG 1980, 275; BAG v. 11. 3. 1982, WM 1982, 1263 zum leitenden Angestellten); zum sanktionierenden Widerruf von Versorgungszusagen bei Organmitgliedern allgemein vgl. *Bauer/von Steinau-Steinrück*, ZGR 1999, 314 ff.; ein besonders strenger Maßstab gilt bei Pflichtverletzungen des Pensionärs (BGH v. 7. 1. 1971, BGHZ 55, 274, 279; v. 19. 12. 1983, NJW 1984, 1529).

[33] Zur lohnsteuerlichen Behandlung des geldwerten Vorteils seit 1996 vgl. § 8 Abs. 2 EStG iVm. § 6 Abs. 1 Nr. 4 Satz 2 EStG, zur Bereitstellung mit Fahrer A 31 VIII a LStR; BFH v. 27. 9. 1996, BFHE 181, 181, BStBl. II 1997, 147.

schaft zu übergeben. Herr/Frau ... hat kein Zurückbehaltungsrecht an dem Fahrzeug und keinen Anspruch auf Abgeltung entgangener Gebrauchsvorteile.[34]

oder

Das Dienstfahrzeug steht Herrn/Frau ... für die gesamte Dauer des Vertrages zu.

§ 9 Spesen

(1) Reisekosten und sonstige Aufwendungen, die Herrn/Frau ... in der Ausübung seiner Aufgaben im Rahmen dieses Vertrages entstehen, werden ihm/ihr ... im angemessenen Rahmen ersetzt.

(2) Die Gesellschaft trägt bis zur Beendigung der Vorstandsbestellung die einmaligen und laufenden Kosten eines zusätzlichen Telefon- und Telefaxanschlusses in der Wohnung von Herrn/Frau .... Die Einkommensteuer auf den geldwerten Vorteil für die private Nutzung des Anschlusses trägt Herr/Frau ....

§ 10 Urlaub

Herr/Frau ... hat Anspruch auf einen Jahresurlaub von sechs Wochen, der in Teilabschnitten genommen werden soll und dessen Lage mit dem Vorsitzenden des Aufsichtsrats abzustimmen ist.[35]

§ 11 Wettbewerbsverbot[36]

Herr/Frau ... wird nicht ohne vorherige schriftliche Einwilligung des Aufsichtsrates[37] der Gesellschaft während der Dauer dieses Vertrages in selbständiger, unselbständi-

---

[34] Bei vorzeitiger Rückforderung des Dienstfahrzeugs hätte das Vorstandsmitglied ohne diese Regelung einen Anspruch auf Nutzungsentschädigung. Dies wäre zB bei Vereinbarung des Alternativvorschlages im Muster der Fall. Zur Höhe s. **M 4.1** Fn. 38.

[35] Das BUrlG und damit auch der Mindesturlaub von 24 Werktagen gem. § 3 Abs. 1 BUrlG gilt für Organmitglieder nicht, vgl. § 1 BUrlG. Wird der Urlaub nach Tagen berechnet, so ist zu beachten, dass Werktage auch den Samstag umfassen (vgl. § 3 Abs. 2 BUrlG), Arbeitstage dagegen nur Montag bis Freitag. Sechs Wochen sind also 36 Werktage und 30 Arbeitstage. Die Vereinbarung von Werktagen ist zwar Terminologie des BUrlG, aber unüblich.

[36] Für den Vorstand enthält schon § 88 AktG ein weitgehendes Wettbewerbs- und zT Nebentätigkeitsverbot für die Amtszeit. Tätigkeit im Aufsichtsrat einer anderen Gesellschaft oder Beteiligung ohne Mitwirkung an der Geschäftsführung erfasst § 88 Abs. 1 AktG jedoch nicht (*Hüffer*, § 88 AktG Rz. 4). Daher wird das Wettbewerbsverbot im Dienstvertrag meist zumindest ausgedehnt auf Beteiligungen an Konkurrenzunternehmen. Ausgenommen ist in der Regel Anteilsbesitz im Rahmen der privaten Vermögensverwaltung, der keinen Einfluss auf die Organe des betreffenden Unternehmens ermöglicht (zu Aufklärungspflichten bei Aufsichtsratsmandaten in Kreditinstituten vgl. § 128 Abs. 2 AktG, dazu *Lingemann/Wasmann*, BB 1998, 853, 855). Nach § 88 Abs. 1 Satz 2 AktG dürfen Vorstandsmitglieder auch nicht Mitglied des Vorstands, Geschäftsführer oder geschäftsführender Gesellschafter einer anderen Gesellschaft sein. Vorstandsdoppelmandate sind mit Einwilligung des Aufsichtsrates beider Gesellschaften zulässig, *Hüffer*, § 88 AktG Rz. 4, § 76 AktG Rz. 21; zur grundsätzlichen Zulässigkeit von Vorstandsdoppelmandaten vgl. LG Köln v. 3. 2. 1992, AG 1992, 238, 240; eingehend *Hoffmann-Becking*, ZHR 150 (1986), 570 ff.; die Einschränkung von Nebentätigkeiten ist bereits in § 1 Abs. 2 des Musters geregelt.

[37] Einwilligung bedeutet vorherige Zustimmung (§ 183 BGB). Fehlt diese, so hindert auch eine spätere Genehmigung Ersatzansprüche der AG für die Zwischenzeit nicht (vgl. § 93 Abs. 4

ger oder sonstiger Weise für ein Unternehmen tätig werden, welches mit der Gesellschaft oder einem mit der Gesellschaft konzernverbundenen Unternehmen in direktem oder indirektem Wettbewerb steht oder in wesentlichen Umfang Geschäftsbeziehungen zu der Gesellschaft oder einem mit ihr verbundenen Unternehmen unterhält. In gleicher Weise ist es ihm/ihr untersagt, während der Dauer dieses Vertrages ein solches Unternehmen zu errichten, zu erwerben oder sich hieran unmittelbar oder mittelbar zu beteiligen.[38] Herr/Frau ... wird den Aufsichtsratsvorsitzenden unterrichten, falls ein Mitglied seiner Familie (Angehörige iSv. § 15 AO) eine Beteiligung an einem solchen Unternehmen hält. Anteilsbesitz im Rahmen der privaten Vermögensverwaltung, der keinen Einfluss auf die Organe des betreffenden Unternehmens ermöglicht, gilt nicht als Beteiligung im Sinne dieser Bestimmung.

§ 12 Nachvertragliches Wettbewerbsverbot

S. *M 4.1* § 14.

§ 13 Geheimhaltung[39]

Herr/Frau ... verpflichtet sich, über alle vertraulichen Angaben und Geheimnisse der Gesellschaft und der mit ihr verbundenen Unternehmen, insbesondere über Geschäfts- und Betriebsgeheimnisse, die ihm/ihr durch seine/ihre Tätigkeit bekannt geworden sind, Stillschweigen zu bewahren. Diese Verpflichtung gilt auch für die Zeit nach Beendigung des Dienstvertrages.

§ 14 Rückgabe von Unterlagen[40]

Herr/Frau ... verpflichtet sich, die in seinem/ihrem Besitz befindlichen geschäftlichen Unterlagen und Schriftstücke der Gesellschaft einschließlich Abschriften, Ablichtungen, Kopien, EDV-Dateien etc. – gleich auf welchem Datenträger – auf Verlangen jederzeit, bei Beendigung der Vorstandsbestellung auch ohne Aufforderung, dem Vorstand oder einem Beauftragten des Vorstands auszuhändigen. Ein Zurückbehaltungsrecht an solchen Unterlagen und Schriftstücken ist ausgeschlossen.

Satz 2 AktG). Über die Einwilligung kann nur der Aufsichtsrat oder ein zuständiger Ausschuss (§ 107 Abs. 7 AktG) beschließen, § 108 Abs. 1 AktG. Duldung ersetzt die ausdrückliche Einwilligung nicht (*Hüffer*, § 88 AktG Rz. 5 mwN).

38 Beteiligungen an anderen Gesellschaften werden von § 88 Abs. 1 AktG nicht erfasst, soweit sie nicht mit einer Geschäftsführung verbunden sind. Daher bedarf es gegebenenfalls gesonderter Regelung.

39 Die Regelung hat nur klarstellende Bedeutung. Eine Verschärfung der in § 93 Abs. 1 Satz 2 AktG geregelten Geheimhaltung in Vertrag, Satzung oder Geschäftsordnung wäre nicht wirksam (so zum Aufsichtsratsmitglied, § 116 iVm. § 93 Abs. 1 Satz 2 AktG, BGH v. 5. 5. 1975, BGHZ 64, 325; für das Vorstandsmitglied dürfte dies gleichermaßen gelten).

40 Auch ohne ausdrückliche Regelung im Vertrag besteht der Anspruch der Gesellschaft auf Herausgabe von Unterlagen analog § 667 BGB (zum GmbH-Geschäftsführer BGH v. 3. 12. 1962, WM 1963, 161, 162; Geßler/Hefermehl/*Hefermehl*, § 84 AktG Rz. 57; Münchener Handbuch AG/*Wiesner*, § 21 Rz. 68). Auch ein Zurückbehaltungsrecht scheidet wohl aus (zum GmbH-Geschäftsführer BGH v. 11. 7. 1968, WM 1968, 1325). Sollen allerdings auch Abschriften, Ablichtungen etc. erfasst sein, so bedarf dies ausdrücklicher vertraglicher Regelung.

§ 15 Erfindungen[41]

Erfindungen, die Herr/Frau ... während der Dauer des Dienstvertrages macht, sowie die Verwertung von technischen oder organisatorischen Verbesserungsvorschlägen, die sich unmittelbar oder mittelbar aus den Aufgaben von Herrn/Frau ... in der Gesellschaft ergeben oder die mit dieser Tätigkeit zusammenhängen, stehen ausschließlich der Gesellschaft zu. Sie sind gegenüber Herrn/Frau ... mit den Bezügen abgegolten; eine gesonderte Erfindungsvergütung steht Herrn/Frau ... nicht zu.

§ 16 Salvatorische Klausel

Sollten einzelne Bestimmungen dieses Vertrages ganz oder teilweise unwirksam sein oder werden oder sollte sich in diesem Vertrag eine Lücke befinden, so soll hierdurch die Gültigkeit der übrigen Bestimmungen nicht berührt werden. Anstelle der unwirksamen Bestimmungen gilt diejenige wirksame Bestimmung als vereinbart, welche im Sinn und Zweck der unwirksamen Bestimmung entspricht. Im Falle einer Lücke gilt diejenige Bestimmung als vereinbart, die dem entspricht, was nach Sinn und Zweck dieses Vertrages vereinbart worden wäre, hätte man die Angelegenheit von vornherein bedacht. Dies gilt auch dann, wenn die Unwirksamkeit einer Bestimmung auf einem in diesem Vertrag normierten Maß der Leistung oder Zeit beruht; in einem solchen Fall tritt ein dem Gewollten möglichst nahe kommendes rechtlich zulässiges Maß der Leistung oder Zeit an Stelle des Vereinbarten.

§ 17 Schlussbestimmungen

(1) Änderungen dieses Vertrages bedürfen der Schriftform. Die elektronische Form ist ausgeschlossen. Mündliche Vereinbarungen über die Aufhebung der Schriftform sind nichtig.[42]

(2) Dieser Vertrag wird dreimal ausgefertigt, je eine Ausfertigung erhalten der Vorsitzende des Aufsichtsrates, Herr/Frau ... und die Gesellschaft.

(3) Der Vertrag tritt an die Stelle des Vertrages vom ... mit allen späteren Änderungen, der damit endet.[43]

... ...
Ort, Datum Ort, Datum

---

41 Vgl. **M 4.1** Fn. 49. Nach hM ist das Arbeitnehmererfindungsgesetz ohne gesonderte Regelung weder unmittelbar noch analog auf Organmitglieder anwendbar (*Bartenbach/Volz*, Arbeitnehmererfindungsgesetz, § 1 Rz. 68 f.; zu einer Angebotspflicht auch des Vorstandes sowie Pflicht zur ggf. unentgeltlichen Übertragung vgl. *Bauer*, DB 1992, 1413, 1418 mwN). Die Vereinbarung der Anwendung des Gesetzes ist jedoch zulässig. Alternativ kommt in Betracht, auch die Rechte an Erfindungen ohne gesonderte Vergütung der Gesellschaft zu übertragen, wie im Muster vorgesehen. Enthält der Vertrag keine Regelung, so steht dem Vorstand die übliche Vergütung nach § 612 Abs. 2 BGB zu (BGH v. 20. 10. 1988, WM 1990, 350).
42 Zur Schriftformklausel im Einzelnen vgl. **M 2.1** Ziff. 12; **M 7.1** § 14.
43 Diese Regelung ist nur erforderlich, wenn das Vorstandsmitglied zuvor Angestellter der Gesellschaft war und dient dazu, ein ruhendes Arbeitsverhältnis zu beseitigen (dazu im Einzelnen **M 4.1** § 3 Abs. 1, Fn. 12 und 13). Will man ganz sicher gehen, müsste man in Anlehnung an **M 4.2** eine schriftliche Aufhebungsvereinbarung treffen, bei der die Gesellschaft entsprechend ihrer Struktur als Aktiengesellschaft vertreten wird durch Aufsichtsrat und Vorstand.

*Aktiengesellschaft
Der Aufsichtsrat*

...

Vorsitzender   *Herr/Frau ...*

Kapitel 6 — Besondere Arbeitsverträge

Literaturübersicht:

Zur Befristung allgemein: *Bauschke,* Befristete Arbeitsverträge, AR-Blattei SD 380; *Bauschke,* Die Beendigung des Arbeitsverhältnisses durch auflösende Bedingung oder Zweckbefristung, BB 1993, 2523; *Buschmann,* Abrufarbeit – Rundfunkmitarbeiter – befristete Arbeitsverhältnisse, ArbuR 1998, 467; DAV-Stellungnahme des Arbeitsrechtsausschusses zum Gesetzentwurf der Bundesregierung, DB 2000, 2223; *Felix,* Zulässigkeit und Besonderheiten auflösend bedingter Arbeitsverträge, NZA 1994, 1111; *Frohner/Pieper,* Befristete Arbeitsverhältnisse, ArbuR 1992, 97; *Hanau,* Die Befristung von Arbeitsverhältnissen leitender Angestellter, FS Zöllner, 1998, S. 753; *Hoß/Lohr,* Befristete Arbeitsverhältnisse, MDR 1998, 313; *Hunold,* Mehrfachbefristungen heute, NZA 1997, 741; *Hunold,* Probleme bei befristeter Vertretung eines erkrankten Mitarbeiters, DB 1998, 1963; *Koch,* Die Rechtsprechung des BAG zur Zulässigkeit befristeter Arbeitsverhältnisse, NZA 1992, 154; *Krasshöfer,* Die Beendigung des Arbeitsverhältnisses aufgrund Befristung oder Aufhebungsvertrags, 1997; *Löwisch,* Die Befristung einzelner Bedingungen des Arbeitsvertrags, ZfA 1986, 1; *Meeser,* Verträge mit Aushilfskräften, 8. Aufl. 1998; *Oetker,* Befristung eines zunächst unbefristeten Arbeitsverhältnisses, EWiR 1999, 309; *Plander,* Änderungskündigungen zwecks Umwandlung unbefristeter in befristete Arbeitsverhältnisse, NZA 1993, 1057; *Schaub,* Teilzeitbeschäftigung und befristete Arbeitsverhältnisse als Formen einer Personalentscheidung, BB 1988, 2253; *Sowka,* Befristete Arbeitsverhältnisse, BB 1994, 1001; *Worzalla,* Mehr Flexibilität durch befristete Arbeitsverhältnisse, Arbeitgeber 1993, 585, 634.

Zur Befristung nach TzBfG: *Bauer,* Neue Spielregeln für Teilzeitarbeit und befristete Arbeitsverträge, NZA 2000, 1039; *Bitzer,* Verlängerung der Probezeit – Was ist möglich?, AuA 2003, 16; *Kleinsorge,* Teilzeitarbeit und befristete Arbeitsverträge – Ein Überblick über die Neuregelung, MDR 2001, 181; *Kliemt,* Das neue Befristungsrecht, NZA 2001, 296; *von Koppenfels,* Verlängerungsvereinbarungen iSd. § 14 Abs. 2 Satz 1 TzBfG bzw. § 1 Abs. 1 Satz 2 BeschFG – Zeitpunkt des Abschlusses und Formanforderungen, ArbuR 2002, 241; *Linck/Fink,* Das neue Recht für Arbeitsverträge, AuA 2001, 204; *Meinel/Heyn/Herms,* Teilzeit- und Befristungsgesetz, Kommentar, 2002; *Osnabrügge,* Die sachgrundlose Befristung von Arbeitsverhältnissen nach § 14 II TzBfG, NZA 2003, 639; *Preis/Gotthardt,* Neuregelung der Teilzeitarbeit und befristeten Arbeitsverhältnisse, DB 2000, 2065; *Preis/Gotthardt,* Teilzeit und Befristungsgesetz, DB 2001, 145; *Richardi/Annuß,* Gesetzliche Neuregelung von Teilzeitarbeit und Befristung, BB 2000, 2201; *Schiefer,* Entwurf eines Gesetzes über Teilzeitarbeit und befristete Arbeitsverhältnisse und zur Änderung und Aufhebung arbeitsrechtlicher Bestimmungen, DB 2000, 2118; DAV-Stellungnahme des Arbeitsrechtsausschusses, DB 2000, 2223.

Zur Befristung nach BeschFG: *Bielenski,* Beschäftigungsförderung durch befristete Arbeitsverträge?, AuA 1994, 161; *Franke,* Erleichterungen beim Abschluss befristeter Arbeitsverhältnisse, AuA 1997, 79; *Frey,* Mehrere Zeitverträge mit demselben Arbeitnehmer nach Art. 1 § 1 Nr. 1 BeschFG, NZA 1996, 513; *von Hoyningen-Huene/Linck,* Neuregelungen des Kündigungsschutzes und befristeter Arbeitsverhältnisse, DB 1997, 41; *Kania,* Die Befristung von Arbeitsverhältnissen nach dem neuen BeschFG, DStR 1997, 373; *Schwedes,* Das arbeitsrechtliche BeschFG, BB 1996 Beil. 17; *Wisskirchen,* Erleichterte Zulassung befristeter Arbeitsverhältnisse nach dem

BeschFG 1996, DB 1998, 722; *Wohlleben*, Die Verlängerung befristeter Arbeitsverhältnisse nach dem neuen BeschFG, RdA 1998, 277.

Zur Teilzeitarbeit: *Bährle*, Teilzeit und Jobsharing, BuW 1997, 271; *Bischoff*, BAG-Rechtsprechung zu kurzzeitig Teilzeitbeschäftigten, BetrAV 1995, 172; *Beckschulze*, Die Durchsetzbarkeit des Teilzeitanspruchs in der betrieblichen Praxis, DB 2000, 2598; *Blanke/Schüren/Wank*, Neue Beschäftigungsformen, 2002; *Buschmann/Dieball/Stevens-Bartol*, Das Recht der Teilzeitarbeit, Kommentar für die Praxis, 2. Aufl. 2001; *Däubler*, Das geplante Teilzeit- und Befristungsgesetz, ZIP 2000, 1961; *Diller*, Das neue Gesetz zur Absicherung flexibler Arbeitszeitregelungen, NZA 1998, 792; *Diller*, Der Teilzeitwunsch im Prozess: Maßgeblicher Beurteilungszeitpunkt, insbesondere bei nachfolgenden Tarifverträgen nach § 8 IV 3 TzBfG, NZA 2001, 589; *Domsch/Kleiminger*, Teilzeitarbeit für Führungskräfte, PersF 1995, 32; *Goergens*, Zum Abbau der Nachteile für Teilzeitbeschäftigte, AiB 1994, 220; *Gotthardt*, Teilzeitanspruch uns einstweiliger Rechtsschutz, NZA 2001, 1183; *Grobys/Bram*, Die prozessuale Durchsetzung des Teilzeitanspruchs, NZA 2001, 1175; *Gruenberger*, Teilzeitarbeitsverhältnisse, AuA 1995, 222; *Hanau*, Offene Fragen zum Teilzeitgesetz, NZA 2001, 1168; *Heinze*, Flexible Arbeitszeitmodelle, NZA 1997, 681; *Hof*, Beschäftigungschancen durch Teilzeitarbeit, Arbeitgeber 1994, 154; *Hromadka*, Das neue Teilzeit- und Befristungsgesetz, NJW 2001, 400; *Huber/Dannehl*, Teilzeitbeschäftigung im öffentlichen Dienst, 2. Aufl. 1997; *Hunold*, Beschäftigung im Dauerteilzeitarbeitsverhältnis, NZA 1996, 113; *Kelber/Zeißig*, Das Schicksal der Gegenleistung bei der Reduzierung der Leistung nach dem Teilzeit- und Befristungsgesetz, NZA 2001, 577; *Kliemt*, Der neue Teilzeitanspruch, NZA 2001, 63; *Köck*, Zur Gleichbehandlung teilzeitbeschäftigter Betriebsratsmitglieder im Recht der EG, ZAS 1993, 21; *Langmaack*, Teilzeitarbeit und Arbeitszeitflexibilisierung, 2. Aufl. 2001; *Lindena*, Arbeits- und sozialversicherungsrechtliche Grundlagen der Teilzeitarbeit, SozArbG 1995, 236; *Lipke*, Individualrechtliche Grundprobleme der Teilzeitarbeit, ArbuR 1991, 76; *Lipke*, Teilzeitarbeitsrecht im Überblick, AuA 1994, 8; *Marschner*, Teilzeitarbeit, AR-Blattei, SD 1560.1; *Mosler*, Teilzeitarbeit, AR-Blattei, SD 1560; *O'Callaghan*, Teilzeitarbeit – eine Form der Arbeitszeitflexibilisierung, PersV 1994, 158; *Peifer*, Die Teilzeitbeschäftigung in der neueren Rechtsprechung des BAG, ZfA 1999, 271; *Preis/Gotthardt*, Das Teilzeit- und Befristungsgesetz, DB 2001, 145; *Reiserer/Penner*, Teilzeitarbeit – Ablehnung des Arbeitgebers wegen betrieblicher Gründe nach § 8 TzBfG, BB 2002, 1694; *Richardi*, Das Gleichbehandlungsgebot für Teilzeitarbeit und seine Auswirkungen auf Entgeltregelungen, NZA 1992, 625; *Richardi/Annuß*, Gesetzliche Neuregelung von Teilzeitarbeit und Befristung, BB 2000, 2201; *Rzadkowski*, Zur Dauer des Erholungsurlaubs für teilzeitbeschäftigte Angestellte, PersR 1993, 161; *Saunders*, Gleiches Entgelt für Teilzeitarbeit, 1997; *Schaub*, Die Arbeit in den verschiedenen Formen des Teilzeitarbeitsverhältnisses, BB 1990, 1069; *Schiefer*, Anspruch auf Teilzeitarbeit nach § 8 TzBfG – Die ersten Entscheidungen, NZA-RR 2002, 393; *Schmidt*, Die neue EG-Richtlinie zur Teilzeitarbeit, NZA 1998, 576; *Schmidt*, Neue Probleme der Teilzeitarbeit – zur Rechtmäßigkeit der Bevorzugung Teilzeitbeschäftigter und zum Anspruch auf Reduzierung der Arbeitszeit, ArbuR 2002, 245; *Schüren*, Überstundenzuschläge für Teilzeitkräfte, NZA 1993, 529; *Sowka*, Teilzeitarbeit – ausgewählte Rechtsprobleme, DB 1994, 1873; *Staudacher/Hellmann/Hartmann/Wenk*, Teilzeitarbeit, 2003; *Straub*, Erste Erfahrungen mit dem Teilzeit- und Befristungsgesetz, NZA 2001, 919; *Zerres*, Kein Anspruch auf Teilzeit bei entgegenstehenden betrieblichen Gründen, FA 2002, 234.

Zur geringfügigen Beschäftigung/Minijobs: *Bauer/Krets*, Gesetz für moderne Dienstleistungen am Arbeitsmarkt, NJW 2003, 537; *Bauer/Schuster*, Kassenschlager „geringfügige Beschäftigung"?, DB 1999, 689; *Bloehs*, Das Gesetz zur Neuregelung der geringfügigen Beschäftigungsverhältnisse – Praxisfragen und Checkliste, DStR 1999, 635; *Boecken*, Die Neuregelung der geringfügigen Beschäftigungsverhältnisse, NZA 1999, 393; Bundesminister für Arbeit und Sozialordnung, Geringfügig Beschäftigte – Auswirkungen der Neuregelung der geringfügigen Beschäftigung, Die Beiträge 1999, 275; *Christmann*, 1. und 2. Gesetz für moderne Dienstleistungen am Arbeitsmarkt (Hartz-Gesetz), DStR 2003, 119; *Dornbusch*, Neuregelung der 630-DM-Jobs, AnwBl. 1999, 280; *Gaul*, Gesetze für moderne Dienstleistungen am Arbeitsmarkt, DB 2002, 2486; *Gaul*, Gesetze für moderne Dienstleistungen am Arbeitsmarkt – Änderungen durch den Vermittlungsausschuss, DB 2003, 94; *Glock/Danko*, Die 630-Mark-Regelung und ihre Konsequenzen in der Praxis, NZA 1999, 402; *Hanau*, Die neuen Geringfügigkeits-Richtlinien der Sozialversicherungsträger, ZIP 1999, 726; *Hümmerich/Holthausen/Welslau*, Arbeitsrechtliches im

1. Gesetz für moderne Dienstleistungen am Arbeitsmarkt, NZA 2003, 7; *Kossens*, Ich-AG, Mini-Jobs und Scheinselbständigkeit, AuA 2003, 21; *Kruhl*, „630-DM-Jobs" ab 1. April neu geregelt, BB 1999, 817; *Lembke*, die Neuregelung der „630-DM-Jobs", NJW 1999, 1825; *Löwisch*, Handlungsalternativen im praktischen Umgang mit den Neuregelungen der geringfügigen Beschäftigung, AuA 1999, 303; *Löwisch*, Die Neuregelung der 630-Mark-Verträge – Gesetzesinhalt und Handlungsalternativen, BB 1999, 739; *Niermann/Plenker*, Die Neuregelung der geringfügigen Beschäftigungsverhältnisse ab 1. 4. 2003, DB 2003, 304; *Pauly/Osnabrügge*, Das neue Arbeits- und Sozialrecht, 2003; *Reiserer*, Die Geringfügigkeitsrichtlinie der Sozialversicherungsträger, DStR 1999, 1; Richtlinien für die versicherungsrechtliche Beurteilung von geringfügigen Beschäftigungen (Geringfügigkeits-Richtlinien), DStR 1999, 2; *Rolfs*, Scheinselbständigkeit, geringfügige Beschäftigung und „Gleitzone" nach dem 2. Hartz-Gesetz, NZA 2003, 65; *Rolfs*, Die Neuregelung der geringfügigen Beschäftigung, ZIP 2003, 141; *Schönfeld/Reimers/Hofmann*, Geringfügige Beschäftigungsverhältnisse/Mini-Jobs/400-Euro-Jobs, 4. Aufl. 2003.

Zum Job-Sharing: *Bährle*, Teilzeit und Jobsharing, BuW 1997, 271; *Danne*, Das Jobsharing, Seine arbeits- und sozialversicherungsrechtliche Beurteilung nach In-Kraft-Treten des BeschFG, 1986; *Franke*, Kündigung und Kündigungsschutz bei Job-Sharing-Arbeitsverhältnissen, DB 1985, 1635; *Goos*, Job-Sharing-Arbeitsvertrag, DB 1980, 2339; *von Hoyningen-Huene*, Rechtliche Gestaltungsmöglichkeiten beim Job-Sharing-Arbeitsverhältnis, BB 1982, 1240; *von Hoyningen-Huene*, Job-Sharing und Sozialversicherung, BB 1982, 1490; *Schüren*, gegenseitige Vertretungspflicht der Teammitglieder beim Job-Sharing – Rechtliche Grenzen der Gestaltungsmöglichkeiten, BB 1983, 706; *Schüren*, Kündigung und Kündigungsschutz bei Job-Sharing-Arbeitsverhältnissen, BB 1983, 2121; *Ulmer*, Der Job-Sharing-Vertrag, BB 1982, 741.

Zur Abrufarbeit: *Andritzky*, Nochmals – Abrufarbeit mit variabler Arbeitszeit, NZA 1997, 643; *Busch*, Aus für die Arbeit auf Abruf?, NZA 2001, 593; *Buschmann*, Abrufarbeit – Rundfunkmitarbeiter – befristete Arbeitsverhältnisse, ArbuR 1998, 467; *Göckler/Letsch*, Flexible Arbeitszeitmodelle – ein Überblick, AiB 1998, 321; *Hanau*, Bedarfs- und Abrufarbeit, Personalmanagement 1991, 119; *Hermann*, Rechtliche Begutachtung von Kapovaz-Verträgen, AnwBl. 1990, 537, 605; *Hunold*, Bedarfsgerechter Personaleinsatz: Aktuelle Probleme bei sog. Pool-Lösungen und Arbeit auf Abruf, NZA 2003, 896; *Klevemann*, Mitbestimmungsrechte des Betriebsrats bei Kapovaz-Arbeitszeitsystemen, AiB 1986, 156; *Klevemann*, Umfang der Arbeitszeit bei KAPOVAZ, AiB 1987, 204; *Plander*, Kapazitätsorientierte variable Arbeitszeit als Gegenstand von Tarifverträgen und Betriebsvereinbarungen, ArbuR 1987, 281.

Zum Wiedereingliederungsvertrag: *Becker*, Arbeits- und sozialrechtliche Beurteilung der stufenweisen Wiedereingliederung in das Erwerbsleben gemäß § 74 SGB V, 1995; *Berenz*, Nochmals: Wiedereingliederung arbeitsunfähiger Arbeitnehmer nach § 74 SGB V, NZA 1992, 1019; *Compensis*, Sozialrechtliche Auswirkungen der stufenweisen Wiedereingliederung arbeitsunfähiger Arbeitnehmer nach § 74 SGB V, NZA 1992, 631; *Gagel*, Rehabilitation im Betrieb unter Berücksichtigung des neuen SGB IX – ihre Bedeutung und das Verhältnis von Arbeitgebern und Sozialleistungsträgern, NZA 2001, 988; *Gitter*, Arbeitsrechtliche Probleme der stufenweisen Wiedereingliederung arbeitsunfähiger Arbeitnehmer, ZfA 1995, 123; *Glaubitz*, Nochmals: Das Rechtsverhältnis zur stufenweisen Wiedereingliederung arbeitsunfähiger Arbeitnehmer, NZA 1992, 42; *von Hoyningen-Huene*, Das Rechtsverhältnis zur stufenweisen Wiedereingliederung arbeitsunfähiger Arbeitnehmer (§ 74 SGB V), NZA 1992, 49; *Schmidt*, Der Eingliederungsvertrag, info also 1997, 185.

Zur Telearbeit: *Albrecht*, Die Einrichtung von Tele- und Außenarbeitsplätzen – rechtliche und personalpolitische Anforderungen, NZA 1996, 1240; *Bauer/Voelzke* in Küttner, Personalbuch 2003, Nr. 403; *Blanke/Schüren/Wank*, Neue Beschäftigungsformen, 2002; *Boemke/Ankersen*, Das Telearbeitsverhältnis – Arbeitsschutz-, Datenschutz- und Sozialversicherungsrecht, BB 2000, 1570; *Boemke/Kaufmann*, Der Telearbeitsvertrag, 2000; *Fenski*, Außerbetriebliche Arbeitsverhältnisse – Heim- und Telearbeit, 2. Aufl. 2000; *Homeister/Küpper*, Individualvertragliche Arbeitszeitgestaltung bei der alternierenden Telearbeit, NZA 1998, 1206; *Huber*, Arbeitsrechtliche Aspekte der Telearbeit, FA 1999, 109; *Huber*, Telearbeit – Arbeitsvertrag und betriebsverfassungsrechtliche Besonderheiten, FA 1999, 146; *Körner*, NZA 1999, 1190; *Kramer*, Gestaltung arbeitsvertraglicher Regelungen zur Telearbeit, DB 2000, 1329; *Kreilkamp*, Telearbeit – Ihre Einführung will gut vorbereitet sein, AuA 1999, 64; *Mankowski*, Internet und Telearbeit im Internationalen Arbeitsvertragsrecht, DB 1999, 1854; *Nägele*, Der Telearbeitsvertrag, ArbRB 2002, 313; *Oechsler*, Telearbeit: Organisatorische und rechtliche Probleme bei der Flexibilisierung des Arbeitsortes, ZBVR 2001, 38; *Otten*, Heim- und Telearbeit, 1996; *Peter*, Kernfragen der Telearbeit, DB 1998, 573; *Richenhagen/Prümper/Wagner*, Handbuch der Bildschirmarbeit, 3. Aufl. 2002; *Schaub*, Flexibilisierung des Personaleinsatzes, BB 1998, 2106; *Schwarzbach*, Eckpunkte für eine Betriebsvereinbarung zur Anwendung von Telearbeit, AiB 2001, 577; *Simon/Kuhne*, Arbeitsrechtliche Aspekte der Telearbeit, BB 1987, 201; *Wank*, Telearbeit, NZA 1999, 226; *Wank*, Telearbeit, 1997; *Wank*, Telearbeit und Arbeitsrecht, AuA 1998, 192; *Wedde*, Telearbeit, 3. Aufl. 2002; *Wedde*, Aktuelle Rechtsfragen für Telearbeit, NJW 1999, 527.

Zum Sabbatical: *Belling*, Personalmanagement und Lebensgestaltung durch Sabbatical, Personal Profi 5/2002, 1; *Demmer*, Entlassungen vermeiden, gute Leute nicht verlieren, PersF 2002, 48; *Diller*, Das neue Gesetz zur Absicherung flexibler Arbeitszeitregelungen (Flexigesetz), NZA 1998, 792; *Fauth-Herkner*, Modelle für Ihr Unternehmen, AuA 2002, 196; *Hoff/Priemuth*, Langzeitkonten heute und morgen: Ergebnisse einer Betriebsumfrage, PersF 2001, 50; Red. PersF, Mit Schnupper-Teilzeit und „Time-Out" Kündigungen vermeiden, PersF 2002, 10; *Sieg*, Auszeiten vom Berufsalltag, AuA 2002, 52.

I. Erläuterungen

1. Befristung

Gemäß § 620 Abs. 1 BGB iVm. § 15 Abs. 1 und 2 TzBfG endet das Dienstverhältnis mit dem Ablauf der Zeit, für die es eingegangen wird. Ist die Dauer des Dienstverhältnisses weder bestimmt noch aus der Beschaffenheit oder dem Zweck der vereinbarten Arbeitsleistung zu entnehmen, so kann das Dienstverhältnis/Arbeitsverhältnis gem. § 620 Abs. 2 BGB nach Maßgabe der § 621, 622 BGB gekündigt werden. Daraus folgt gleichzeitig, dass befristete Arbeitsverträge vor Ablauf der Frist nicht ordentlich kündbar sind, es sei denn, die Parteien haben dies ausdrücklich vereinbart, § 15 Abs. 3 TzBfG. Lediglich bei einer Befristung auf mehr als fünf Jahre besteht für den Arbeitnehmer ein Kündigungsrecht nach Ablauf von fünf Jahren, § 15 Abs. 4 TzBfG. Von dieser Regelung kann nach § 22 TzBfG nicht zuungunsten des Arbeitnehmers abgewichen werden.

○ **Praxistipp:** Soll das Arbeitsverhältnis auch vor Ablauf der Befristung kündbar sein, muss dies ausdrücklich in den Vertrag aufgenommen werden.

Außerordentlich gem. § 626 BGB kann auch das befristete Arbeitsverhältnis jederzeit gekündigt werden. Gem. § 14 Abs. 4 TzBfG bedarf die Befristung eines Arbeitsvertrages zu ihrer Wirksamkeit der Schriftform.

Befristungen im Arbeitsverhältnis sind **nur wirksam, wenn (a) ein sachlicher Grund vorliegt oder (b) gesetzliche Vorschriften die Befristung zulassen und einschlägige Mitbestimmungsvorschriften**[1] **eingehalten wurden**. Ist die Befristung unwirksam, so besteht ein unbefristetes Arbeitsverhältnis, das nur nach Maßgabe des KSchG gekündigt werden kann. Der Arbeitnehmer kann Klage auf Feststellung der Unwirksamkeit der Befristung erheben („**Entfristungsklage**"), wobei die Frist des § 17 TzBfG gilt: Die Klage muss innerhalb von drei Wochen nach dem vereinbarten Ende des be-

---
1 BAG v. 20. 2. 2002, BB 2002, 1594 zur Zustimmung nach § 72 Abs. 1 Nr. 1, § 66 Abs. 1 LPVGNW.

fristeten Arbeitsverhältnisses bzw. der Erklärung des Arbeitgebers nach § 17 Satz 3 TzBfG eingereicht werden. Die Klagefrist gilt auch für Befristungen außerhalb des TzBfG,[2] zB nach §§ 57a ff. HRG, 21 BErzGG, und gem. §§ 21 iVm. 17 TzBfG für auflösende Bedingungen. Die Klagefrist gilt auch, soweit der Arbeitnehmer sich gegen Altersgrenzen richtet, da auch diese als Befristungen angesehen werden.[3] Sie beginnt bei mehreren aufeinander folgenden Befristungen mit Ablauf jeder Befristungsabrede für diese zu laufen.[4] Der Arbeitgeber muss darlegen und beweisen, dass die Befristung wirksam ist.[5]

§ 18 TzBfG verpflichtet den Arbeitgeber, befristet Beschäftigte über unbefristete Beschäftigungsmöglichkeiten zu informieren. Gem. § 19 TzBfG hat er Möglichkeiten zur Teilnahme an angemessenen Aus- und Weiterbildungsmöglichkeiten zu schaffen. § 20 TzBfG verpflichtet ihn zur Unterrichtung der Arbeitnehmervertretung über Anzahl und Anteil der befristet Beschäftigten.

a) Befristung aufgrund eines sachlichen Grundes

Soweit nicht gesetzliche Spezialvorschriften (dazu unten b) eingreifen, ist eine Befristung nur **wirksam, wenn ein sachlicher Grund besteht, § 14 Abs. 1 Satz 1 TzBfG**.[6] § 14 Abs. 1 Satz 2 TzBfG enthält beispielhaft eine Vielzahl von Gründen, aus denen eine Befristung wirksam vereinbart werden kann. Auch eine nachträgliche Befristung muss begründet sein.[7] Einseitig kann sie nur im Wege der Änderungskündigung durchgesetzt werden.[8]

Eine Auflösungsvereinbarung zu einem nahe liegenden Zeitpunkt ist jedoch auch ohne sachlichen Grund wirksam.[9] Sofern ein Aufhebungsvertrag seinem Regelungsgehalt nach allerdings nicht auf die alsbaldige Beendigung, sondern auf eine befristete Fortsetzung des Arbeitsverhältnisses gerichtet ist, bedarf er zu seiner Wirksamkeit eines sachlichen Grundes iSd. Befristungskontrollrechts.[10] Ein Aufhebungsvertrag, der lediglich eine nach § 1 KSchG nicht auf ihre Sozialwidrigkeit zu überprüfende Kündigung ersetzt, ist allerdings nicht wegen Umgehung zwingender Schutzvorschriften unwirksam. Sieht der Arbeitgeber daher die sechsmonatige Probezeit als nicht bestanden an, so kann er regelmäßig, ohne rechtsmissbräuchlich zu handeln, anstatt das Arbeitsverhältnis innerhalb der Frist des § 1 Abs. 1 KSchG mit der kurzen Probezeitkündigungsfrist zu beenden, dem Arbeitnehmer eine Bewährungschance geben, indem er mit einer überschaubaren, längeren Kündigungsfrist kündigt und dem Arbeitnehmer für den Fall seiner Bewährung die Wiedereinstellung zusagt. Diese Grundsätze gelten auch für einen entsprechenden Aufhebungsvertrag.[11]

---

2 BT-Drucks. 14/4374, S. 21.
3 BAG v. 14. 8. 2002, DB 2003, 394.
4 BAG v. 24. 10. 2001, DB 2002, 536; v. 16. 4. 2003 – 7 AZR 119/02, PM 34/03.
5 BAG v. 12. 10. 1994, AP Nr. 165 zu § 620 BGB – Befristeter Arbeitsvertrag. Hinsichtlich verspäteter Klagen und der verlängerten Anrufungsfrist gelten die §§ 5, 6 KSchG entsprechend, § 17 Satz 2 TzBfG.
6 BAG v. 8. 9. 1983, NJW 1984, 993; v. 31. 7. 2002, NZA 2002, 1155.
7 BAG v. 24. 1. 1996, DB 1996, 1779; aA LAG Berlin v. 12. 5. 1995, DB 1996, 231.
8 BAG v. 24. 1. 1996, DB 1996, 1779.
9 BAG v. 13. 11. 1996, DB 1997, 936.
10 BAG v. 12. 1. 2000, NZA 2000, 718.
11 BAG v. 7. 3. 2002, NZA 2002, 1000; näher *Bitzer*, AuA 2003, 16.

Bei mehreren Befristungen prüft das BAG den sachlichen Grund nur für die letzte Befristung.[12] Allerdings steigen die Anforderungen an den Sachgrund, wenn das Arbeitsverhältnis zuvor bereits mehrfach befristet war.[13] Maßgeblicher Zeitpunkt für die Zulässigkeit der Befristung ist der Abschluss des Arbeitsvertrages. Entsteht später ein sachlicher Grund für die Befristung, so wird sie dadurch nicht wirksam.[14] Ob der sachliche Grund in den Arbeitsvertrag aufgenommen werden muss, ist streitig. Auch nach § 14 Abs. 4 TzBfG ist das nicht der Fall.[15]

Gem. § 14 Abs. 1 Satz 2 Nr. 1 TzBfG liegt ein sachlicher Grund insbesondere vor, wenn **der betriebliche Bedarf an der Arbeitsleistung nur vorübergehend besteht**. Klassischer Fall ist ein projektbedingter personeller Mehrbedarf, zB in Folge von Eilaufträgen, Inventur, Schlussverkauf, Messe, etc. Voraussetzung ist eine nachprüfbare Prognose, dass im Zeitpunkt der Befristung aufgrund greifbarer Tatsachen mit einiger Sicherheit der Wegfall des Mehrbedarfs mit dem Auslaufen des befristeten Arbeitsverhältnisses zu erwarten ist. Die bloße Unsicherheit des Arbeitgebers, ob der Mehrbedarf an Arbeitskräften von Dauer sein oder demnächst wegfallen wird, reicht demgegenüber nicht aus. Zumindest der Wegfall muss sich – wenn auch nicht unbedingt zeitlich zutreffend – prognostizieren lassen.

Auch eine Befristung **im Anschluss an eine Ausbildung oder ein Studium**, um den Übergang des Arbeitnehmers in eine Anschlussbeschäftigung zu erleichtern, ist nach § 14 Abs. 1 Satz 2 Nr. 2 TzBfG sachlich gerechtfertigt. Die Reichweite dieser – neuen – Regelung ist unklar. Ob „im Anschluss" auch noch dann vorliegt, wenn zwischen dem Ende der Ausbildung und der befristeten Beschäftigung eine zeitliche Zäsur liegt, ist ebenso streitig wie die Frage, ob eine Anschlussbeschäftigung nur dann erleichtert wird, wenn eine konkrete Aussicht auf eine dauerhafte Übernahme besteht oder ob es ausreicht, wenn der Bewerber allgemein seine Bewerbungschancen für andere Arbeitsverhältnisse dadurch verbessert, dass er sich aus einem laufenden Arbeitsverhältnis heraus bewirbt.[16]

Auch ein **vorübergehender Vertretungsbedarf** rechtfertigt eine Befristung (§ 14 Abs. 1 Satz 2 Nr. 3 TzBfG), sofern der Arbeitgeber bei Abschluss des befristeten Arbeitsvertrages den vorübergehenden Vertretungsbedarf belegbar prognostizieren kann.[17] Sofern nicht besondere Umstände vorliegen, kann der Arbeitgeber in Fällen von Krankheitsvertretung davon ausgehen, dass die zu vertretende Stammkraft zurückkehren wird.[18] Auch ist eine kürzere Befristungsdauer als für die Überbrückung des Arbeitsausfalls möglich.[19] Stellt sich dann heraus, dass trotzdem weiterhin ein Vertretungsbedarf vorliegt, den der Arbeitgeber durch Einstellung decken will, so folgt daraus nicht ein Wiedereinstellungsanspruch des bisherigen Vertreters.[20] Der Vertre-

---

12 BAG v. 11. 12. 1991, DB 1992, 1831; v. 16. 4. 2003 – 7 AZR 119/02, PM 34/03.
13 BAG v. 11. 12. 1991, DB 1992, 1831; v. 16. 4. 2003 – 7 AZR 119/02, PM 34/03.
14 BAG v. 22. 3. 1985, BB 1985, 1729.
15 Anders noch § 14 Abs. 4 des Entwurfes des Bundesministeriums für Arbeit und Sozialordnung eines Gesetzes über Teilzeitarbeit und befristete Arbeitsverträge und zur Änderung und Aufhebung arbeitsrechtlicher Bestimmungen (BT-Drucks. 14/4374).
16 Einzelheiten bei *Rolfs*, TzBfG, § 14 Rz. 26.
17 BAG v. 22. 11. 1995, NZA 1996, 878, 879.
18 BAG v. 21. 2. 2001, DB 2001, 1509; v. 23. 1. 2002, NZA 2002, 665.
19 BAG v. 21. 2. 2001, DB 2001, 1509, 1510.
20 BAG v. 20. 2. 2002, NZA 2002, 896.

tungsbedarf kann auch zwischen mehreren Arbeitsverhältnissen wechseln, wenn der Vertreter in allen eingesetzt werden kann.[21] Zudem steht dem sachlichen Befristungsgrund nicht entgegen, dass der Vertreter nicht die Aufgaben des zu vertretenden Mitarbeiters übernimmt.[22] Auch die Vereinbarung von **Altersgrenzen** sieht die Rechtsprechung zwar als Befristung an, die Anforderungen an den sachlichen Grund sind allerdings weniger streng.[23]

Sachlich begründet ist die Befristung auch, wenn die **Eigenart der Arbeitsleistung** sie rechtfertigt, § 14 Abs. 1 Satz 2 Nr. 4 TzBfG. Dies ist ein recht enger Tatbestand, der im Wesentlichen beschränkt ist auf Verträge im Bereich des Rundfunks, der Künstler[24] und Nachwuchssportler.

Gem. § 14 Abs. 1 Satz 2 Nr. 6 TzBfG ist auch die Befristung zur Erprobung sachlich gerechtfertigt. **Sachlicher Grund** für die Vereinbarung einer **Probezeit** (§ 14 Abs. 1 Satz 2 Nr. 5 TzBfG) von einem Jahr kann die Bewährung des Arbeitnehmers sein, sofern der Arbeitgeber sich bei Bewährung zur Übernahme verpflichtet.[25]

> **Praxistipp:** Da eine anschließende Befristung ohne Sachgrund nach § 14 Abs. 2 Satz 2 TzBfG ausgeschlossen ist, empfiehlt sich auch für die Befristung zur Erprobung eine Befristung nach § 14 Abs. 2 TzBfG.

Auch **Gründe in der Person des Arbeitnehmers** können die Befristung rechtfertigen, § 14 Abs. 1 Satz 2 Nr. 6 TzBfG. Namentlich kann auch auf **Wunsch des Arbeitnehmers** wirksam befristet werden. Dies setzt allerdings voraus, dass der Arbeitnehmer das Angebot des Arbeitgebers, ihn unbefristet zu beschäftigen, abgelehnt und auf der Befristung bestanden hätte.[26]

Schließlich können auch **haushaltsrechtliche Gründe** (§ 14 Abs. 1 Satz 2 Nr. 7 TzBfG) die Befristung eines Arbeitsvertrages rechtfertigen, wenn der öffentliche Arbeitgeber im Zeitpunkt des Vertragsschlusses aufgrund konkreter Tatsachen die Prognose erstellen kann, dass für die Beschäftigung des Arbeitnehmers Haushaltsmittel nur vorübergehend zur Verfügung stehen. Dies kann etwa der Fall sein, wenn die Einstellung nur mit Haushaltsmitteln möglich ist, die durch Beurlaubung der Stammkraft vorübergehend frei werden,[27] oder der Haushaltsgesetzgeber eine für die Beschäftigung eines Beamten bestimmte Planstelle nur vorübergehend für die Besetzung mit einem Angestellten freigegeben hat.[28]

Wird die Befristung in einem **gerichtlichen Vergleich** vereinbart (§ 14 Abs. 1 Satz 2 Nr. 8 TzBfG), so ist sie jedenfalls wirksam, wenn eine frühere Befristung oder der Bestand des Arbeitsverhältnisses streitig war.[29] Für den **außergerichtlichen Vergleich** gilt dies nach der Neufassung des § 14 Abs. 1 Satz 2 Nr. 8 TzBfG wohl nicht.[30]

---

21 BAG v. 20. 1. 1999, NZA 1999, 928.
22 BAG v. 21. 2. 2001, DB 2001, 2099.
23 Vgl. im Einzelnen oben **M 3.1** § 16 Abs. 3 mit Fußnoten.
24 Vgl. *Opolony*, NZA 2001, 1351.
25 BAG v. 31. 8. 1994, AP Nr. 163 zu § 620 BGB – Befristeter Arbeitsvertrag.
26 Vgl. BAG v. 6. 11. 1996, EzA § 620 BGB Nr. 146.
27 BAG v. 15. 8. 2001, DB 2002, 152.
28 BAG v. 7. 7. 1999, NZA 2000, 591.
29 Vgl. BAG v. 4. 12. 1991, EzA § 620 BGB Nr. 113. Vgl. auch § 14 Abs. 1 TzBfG.
30 Offen gelassen in BAG v. 24. 6. 1996, EzA § 620 BGB Nr. 139.

aa) Kalendermäßige Befristung, § 3 Abs. 1 iVm. § 15 Abs. 1 TzBfG (M 6.1.1)

Dies ist der häufigste Fall des befristeten Arbeitsverhältnisses. Wichtig ist, dass der **Endzeitpunkt eindeutig bestimmt**, jedenfalls aber einfach zu errechnen ist. Die bloße Unsicherheit der künftigen Entwicklung des Arbeitsanfalls und des Arbeitskräftebedarfs gehört allerdings grundsätzlich zum unternehmerischen Risiko des Arbeitgebers. Er kann sich bei nicht oder nur schwer vorhersehbarem quantitativem Bedarf nicht darauf berufen, mit befristeten Arbeitsverträgen könne er leichter und schneller auf Bedarfsschwankungen reagieren.[31]

bb) Zweckbefristung, § 3 Abs. 1 iVm. § 15 Abs. 2 TzBfG (M 6.1.2; 6.1.5)

Neben kalendermäßigen Befristungen sind auch Zweckbefristungen zulässig, wenn die Beendigung von einem Ereignis abhängig gemacht wird, dessen Eintritt die Parteien als sicher, den Zeitpunkt jedoch als ungewiss ansehen.[32] Dies gilt insbesondere bei der **Vertretung eines erkrankten Arbeitnehmers**, da der Zeitpunkt der Genesung nicht sicher ist. Das Arbeitsverhältnis endet dann jedoch nicht mit dem Tag, an dem der Befristungszweck endet (zB Genesung des vertretenen Arbeitnehmers), sondern nach § 15 Abs. 2 TzBfG frühestens zwei Wochen nach Zugang der schriftlichen Unterrichtung[33] durch den Arbeitgeber über den Zeitpunkt der Zweckerreichung. Für die Unterrichtung trägt der Arbeitgeber die Darlegungs- und Beweislast. § 15 Abs. 5 TzBfG fingiert gesetzlich ein unbefristeten Arbeitsverhältnis, wenn der Arbeitgeber diese Mitteilung unterlässt oder verspätet, dh. nicht unverzüglich, abgibt. Eine besondere gesetzlich geregelte Zweckbestimmung enthält § 21 Abs. 3 BErzGG zur Schwangerschaftsvertretung; dazu unten unter b) bb).

cc) Auflösende Bedingung

In der Praxis seltener ist die Vereinbarung einer auflösenden Bedingung. Deren Eintritt führt – wiederum bei Vorliegen eines sachlichen Grundes – zur Beendigung des Arbeitsverhältnisses. Sie wird vereinbart, wenn nicht nur **unsicher** ist, wann, sondern auch **ob das Ereignis** überhaupt eintritt. So kommt insbesondere die Einstellung „vorbehaltlich der Zustimmung des Betriebs- bzw. Personalrats nach § 99 BetrVG" in Betracht.[34] Dagegen ist in einem Vertrag mit einem ausländischen Arbeitnehmer nur unter sehr engen Voraussetzungen die auflösende Bedingung zulässig, dass das Arbeitsverhältnis mit dem Ablauf der Arbeitserlaubnis endet.[35] Für Fußballtrainer soll hingegen die Vereinbarung des Abstiegs in die Regionalliga als auflösende Bedingung zulässig sein.[36]

---

[31] BAG v. 16. 10. 1987, BAGE 56, 241, 249 unter II. 3. b); v. 13. 11. 1991, AP Nr. 60 zu § 611 BGB – Abhängigkeit – unter V 1.
[32] BAG v. 26. 3. 1986, BB 1987, 1257.
[33] Gem. § 126 BGB ist ein Original erforderlich, bzw. nach § 126a BGB die qualifizierte elektronische Form.
[34] Vgl. LAG Niedersachsen v. 26. 2. 1980, DB 1980, 1799.
[35] LAG Köln v. 18. 4. 1997, NZA-RR 1997, 476, 477.
[36] BAG v. 4. 12. 2002 – 7 AZR 492/01, PM 87/02.

dd) Befristung einzelner vertraglicher Bestimmungen

Die Befristung einzelner vertraglicher Bestimmungen – zB Vereinbarung einer Zulage für einen Zeitraum von zwei Jahren – berührt zwar den Bestand des Arbeitsverhältnisses nicht. Soweit sich die Befristung unmittelbar auf die Vergütung und damit das Verhältnis von Leistung und Gegenleistung auswirkt, ist auch hier in der Regel jedoch ein sachlicher Grund erforderlich, um die **Umgehung einer Änderungskündigung** zu vermeiden.[37]

b) Befristung aufgrund gesetzlicher Regelungen

Aufgrund gesetzlicher Sonderregelungen sind Befristungen auch ohne sachlichen Grund wirksam:

aa) § 14 Abs. 2 TzBfG (M 6.1.6)

Gemäß § 14 Abs. 2 TzBfG ist die Befristung eines **neu abgeschlossenen** Arbeitsverhältnisses **bis zur Dauer von zwei Jahren** wirksam. Die Angabe des § 14 Abs. 2 TzBfG als Befristungsgrund im Arbeitsvertrag ist nicht erforderlich.[38] Bis zu dieser Gesamtdauer ist auch die höchstens dreimalige Verlängerung eines befristeten Arbeitsvertrages zulässig. Bestand bereits zuvor ein befristetes oder unbefristetes Arbeitsverhältnis zu demselben Arbeitgeber,[39] so ist eine Befristung nach § 14 Abs. 2 Satz 1 TzBfG unzulässig, § 14 Abs. 2 Satz 2 TzBfG.[40] Zur Klärung dieser Frage steht dem Arbeitgeber ein Fragerecht zu, das bei unrichtiger Beantwortung zur Anfechtung nach § 123 BGB berechtigt.

◯ **Praxistipp:** Da den Arbeitgeber für den Anfechtungsgrund die Darlegungs- und Beweislast trifft, sollte eine entsprechende Erklärung vom Arbeitnehmer unterschrieben werden.

In den ersten vier Jahren nach der Gründung eines Unternehmens ist gem. § 14 Abs. 2a TzBfG die kalendermäßige Befristung eines Arbeitsvertrages ohne Vorliegen eines sachlichen Grundes bis zur Dauer von vier Jahren zulässig;[41] bis zu dieser Gesamtdauer ist auch die mehrfache Verlängerung eines kalendermäßig befristeten Arbeitsvertrages zulässig. Für die Auslegung gelten sicherlich die Grundsätze des § 112a Abs. 2 BetrVG, dem diese Vorschrift nachgestaltet ist; hier wie dort sind auch Neugründungen im Zusammenhang mit einer Konzernumstrukturierung ausgenommen, § 14 Abs. 2a Satz 2 TzBfG.

Hat der Arbeitnehmer bei Beginn des befristeten Arbeitsverhältnisses **das 52. Lebensjahr vollendet**, so ist die Befristung auch ohne diese Einschränkungen zulässig, § 14 Abs. 3 Satz 1 und 4 TzBfG. Besteht ein enger sachlicher Zusammenhang mit einem

---

37 Vgl. BAG v. 13. 6. 1986, AP Nr. 19 zu § 2 KSchG 1969.
38 BAG v. 24. 10. 2001, DB 2002, 536, 537.
39 BAG v. 25. 4. 2001, NZA 2001, 1384: Arbeitgeber ist die natürliche oder juristische Person, mit der der Arbeitsvertrag geschlossen wurde. Bei einem Gemeinschaftsbetrieb kommen daher Befristungen mit beiden Betriebsinhabern in Betracht.
40 § 14 Abs. 2 Satz 3 und 4 TzBfG enthalten aber eine weitreichende Öffnungsklausel für Tarifverträge, deren Anwendung auch nicht Tarifgebundene vereinbaren können.
41 § 14 Abs. 2a TzBfG eingefügt durch das Gesetz zu Reformen am Arbeitsmarkt vom 24. 12. 2003, BGBl. I 2003, 3002.

vorangegangenen Arbeitsverhältnis mit demselben Arbeitgeber, so gelten die Erleichterungen gem. § 14 Abs. 2 TzBfG nicht. Ein solcher Zusammenhang besteht insbesondere, wenn zwischen den Arbeitsverträgen ein **Zeitraum von weniger als sechs Monaten** liegt, § 14 Abs. 3 Satz 2 TzBfG. Zur Geltendmachung der Unwirksamkeit muss der Arbeitnehmer auch hier **binnen drei Wochen** nach dem vereinbarten Ende des Arbeitsverhältnisses **Entfristungsklage** erheben, § 17 TzBfG.

Mit Ablauf des 31. 12. 2000 ist das BeschFG außer Kraft getreten. Eine Übergangsregelung zum Verhältnis von § 14 Abs. 2 TzBfG zu § 1 Abs. 1 BeschFG existiert nicht. Für Verlängerungen, die nach dem 1. 1. 2001 vereinbart werden, ist daher allein das TzBfG anzuwenden. Eine Verlängerung kann nach § 14 Abs. 2 Satz 2 TzBfG ausgeschlossen sein, wenn der zu verlängernden Befristungsvereinbarung nach § 1 BeschFG ein Arbeitsverhältnis zu demselben Arbeitgeber vorausging. Für Verlängerungen eines befristeten Arbeitsvertrages, die noch vor dem 1. 1. 2001 auf der Grundlage des Beschäftigungsförderungsgesetzes abgeschlossen wurden, galt das Anschlussverbot allerdings nicht.[42]

bb) § 21 BErzGG

Die Vertretung einer Arbeitnehmerin für die Dauer der **Beschäftigungsverbote nach dem Mutterschutzgesetz** und für die Dauer **der Elternzeit** rechtfertigt gem. § 21 BErzGG die Befristung. Gem. § 21 Abs. 3 BErzGG muss der Fristablauf nicht einmal kalendermäßig bestimmt sein; eine Zweckbefristung reicht aus.

cc) § 57b HRG

§ 57b Abs. 2 HRG regelt für den **Hochschulbereich** besondere Befristungsgründe, die weitere sachliche Gründe nicht ausschließen.[43] Die Dauer der Befristung muss kalendermäßig bestimmt oder bestimmbar sein und nach § 57b Abs. 5 HRG im Vertrag angegeben werden. Zur Höchstdauer von insgesamt fünf Jahren und zu Ausnahmen vgl. § 57c Abs. 2–6 HRG.[44]

> **Praxistipp:** Der Arbeitgeber sollte darauf achten, dass er nach Ablauf der Befristung keine Arbeitsleistungen des Arbeitnehmers entgegennimmt. Andernfalls gilt gem. § 15 Abs. 5 TzBfG[45] das Arbeitsverhältnis als unbefristet. Diese Regelung ist im Gegensatz zu dem nurmehr für freie Dienstverhältnisse geltenden § 625 BGB nach § 22 TzBfG zwingend. Die Verlängerung soll auch dann gelten, wenn der Arbeitgeber das Arbeitsverhältnis nur deshalb fortsetzt, weil er sich über die rechtlichen Grundlagen irrt, namentlich der Vorgesetzte keine Kenntnis von dem Ablauf der Befristung hatte.[46]

---

42 BAG v. 15. 1. 2003 – 7 AZR 345/02, PM Nr. 1/03.
43 BAG v. 6. 11. 1996, NZA 1997, 716, 717.
44 Zur Einbeziehung früherer Verträge in die Höchstbefristungsgrenze des § 57c Abs. 2 HRG vgl. BAG v. 20. 10. 1999, NZA 2000, 598.
45 Durch diese Neuregelung zu § 625 BGB werden jetzt auch zweckbefristete Arbeitsverhältnisse erfasst.
46 So LAG Düsseldorf v. 26. 9. 2002, DB 2003, 668.

2. Teilzeitarbeit (M 6.2.1)

Die Arbeitsvertragsparteien legen den Umfang der vertraglich geschuldeten Arbeitsleistung im Arbeitsvertrag frei fest. Teilzeitbeschäftigte sind Arbeitnehmer, deren regelmäßige Wochenarbeitszeit kürzer ist als die regelmäßige Wochenarbeitszeit vergleichbarer vollzeitbeschäftigter Arbeitnehmer § 2 Abs. 1 TzBfG). Ist eine regelmäßige Wochenarbeitszeit nicht vereinbart, so ist die regelmäßige Arbeitszeit maßgeblich, die im Jahresdurchschnitt unter der eines vergleichbaren vollzeitbeschäftigten Arbeitnehmers liegt (§ 2 Abs. 1 TzBfG; etwas anders noch § 2 Abs. 2 BeschFG).

Ohne ausdrückliche Vereinbarung ist das **Weisungsrecht des Arbeitgebers zur Lage und Dauer der Arbeitszeit** im Teilzeitarbeitsverhältnis **eingeschränkt**, da der Teilzeitarbeitnehmer auch anderen Tätigkeiten nachgeht. Ein **Genehmigungsvorbehalt** im Arbeitsvertrag erstreckt sich allerdings **auch auf Nebentätigkeiten**.[47]

a) Rechtsanspruch auf Teilzeitarbeit

§ 8 Abs. 1 TzBfG gewährt nach Maßgabe von § 8 Abs. 2–7 TzBfG einen Rechtsanspruch auf Teilzeitarbeit.

◌ **Wichtig:** Teilzeitarbeit liegt nicht nur bei Verkürzung der täglichen Arbeitszeit, sondern auch bei Verkürzung der Wochen-, Monats- oder Jahresarbeitszeit vor. Daher ist das Verlangen nach Langzeiturlaub (Sabbatical), Monatsstundenkontingenten oder bestimmten Monaten mit und ohne Arbeitsleistung[48] zulässig. Es sind praktisch alle denkbaren Arbeitszeitmodelle vom TzBfG erfasst.[49]

Der Anspruch auf Teilzeitarbeit besteht nach § 8 Abs. 1 TzBfG für alle Arbeitnehmer, also auch leitende Angestellte, Führungskräfte etc. und befristet Beschäftigte. Bereits in Teilzeit Beschäftigte können eine weitere Verringerung ihrer Arbeitszeit verlangen.[50] Der persönliche Anwendungsbereich ist auf Arbeitnehmer beschränkt, deren Arbeitsverhältnis zum Zeitpunkt der Antragstellung mehr als sechs Monate bestanden[51] hat. Der sachliche Anwendungsbereich umfasst Arbeitgeber, die in der Regel mehr als 15 Arbeitnehmer beschäftigen (ohne Auszubildende).[52]

b) Geltendmachung des Teilzeitanspruchs (M 6.2.2; M 6.2.3)

Der Arbeitnehmer muss seinen Anspruch spätestens drei Monate vor Beginn der gewünschten Teilzeitarbeit unter Angabe des Umfangs der Verringerung geltend machen. Eine Rechtsfolge bei Fristversäumung ist im Gesetz nicht geregelt. Umstritten ist, ob der Antrag mit der Maßgabe wirksam ist, dass der Beginn der verringerten Arbeitszeit Frist wahrend hinausgeschoben wird[53] oder der Antrag unwirksam ist und

---

47 Vgl. BAG v. 30. 5. 1996, NZA 1997, 145.
48 LAG Düsseldorf v. 1. 3. 2002, NZA-RR 2002, 407.
49 LAG Düsseldorf v. 1. 3. 2002, NZA-RR 2002, 407, 409.
50 Vgl. § 8 Abs. 6 TzBfG.
51 Elternzeiten werden mitgerechnet, da das Arbeitsverhältnis in dieser Zeit fortbesteht.
52 Insoweit sind alle Arbeitnehmer des Unternehmens zu zählen; Teilzeitbeschäftigte zählen als ein Arbeitnehmer, § 23 Abs. 1 Satz 3 KSchG ist nicht entsprechend anwendbar. Diese Kleinunternehmensklausel ist laut LAG Köln v. 18. 1. 2002, LAGReport 2002, 193, verfassungsgemäß.
53 LAG Hamm v. 6. 5. 2002, NZA-RR 2003, 1; ArbG Oldenburg v. 26. 3. 2002, NZA 2002, 908; *Beckschulze*, DB 2000, 2598, 2603; offen gelassen von BAG v. 18. 2. 2003, NZA 2003, 911.

der Arbeitnehmer einen fristgemäßen Antrag jederzeit neu stellen kann.[54] Wegen der noch unsicheren Entwicklung der Rechtsprechung muss auch auf einen verspäteten Antrag schriftlich reagiert werden.

Die Geltendmachung kann mündlich erfolgen. § 8 Abs. 1 und 2 TzBfG enthalten kein Formerfordernis und sind nach § 22 Abs. 1 TzBfG vertraglich nicht abdingbar. Da an die Geltendmachung des Anspruchs die Frist des § 8 Abs. 5 Satz 2 und 3 TzBfG geknüpft ist und der Arbeitnehmer den Zugang zu beweisen hat, ist die Schriftform jedoch anzuraten.

c) Ablehnung des Teilzeitantrags (M 6.2.4)

Vor der Ablehnung eines Teilzeitantrags soll zunächst eine Erörterung mit dem Ziel einer Vereinbarung gem. § 8 Abs. 3 TzBfG mit dem Arbeitnehmer durchgeführt[55] werden.

Der Arbeitgeber hat binnen einer Frist von einem Monat vor dem gewünschten Beginn der Verringerung seine Entscheidung schriftlich mitzuteilen, § 8 Abs. 5 Satz 1 TzBfG. Die Schriftform des § 126 BGB ist einzuhalten;[56] E-Mail[57] oder Fax genügen nicht. Auch hier handelt es sich um eine Vorschaltfrist. Die Angabe von konkreten Ablehnungsgründen verlangt das Gesetz nicht.[58] Erfolgt die Ablehnung nicht form- und fristgemäß, tritt die Fiktion des § 8 Abs. 5 Satz 2 und 3 TzBfG ein: Die gewünschte Verringerung der Arbeitszeit und deren Verteilung sind entsprechend den Wünschen des Arbeitnehmers festgelegt. Es handelt sich um gesetzliche Fiktionen arbeitsvertraglicher Vereinbarungen zur Dauer und Lage der Arbeitszeiten. Da die Verteilung der Arbeitszeit nur Annexfunktion zum gesetzlich normierten Anspruch auf Teilzeitarbeit hat, ist eine isolierte Fiktion der Arbeitszeitverteilung ohne Arbeitszeitverringerung nicht möglich.[59]

d) Klage auf Teilzeitarbeit

aa) Klageart bei wirksamer Ablehnung des Arbeitgebers (M 6.2.5)

Lehnt der Arbeitgeber den Antrag zur Arbeitszeitverringerung wirksam ab, so muss der Arbeitnehmer seinen Anspruch gerichtlich mit einer Leistungsklage durchsetzen. Der Klageantrag richtet sich auf Abgabe einer Willenserklärung des Arbeitgebers mit dem Inhalt der Zustimmung zur gewünschten Verringerung der Arbeitszeit.[60] Davon

---

54 *Reinecke* in Personalbuch 2003, Nr. 402 Rz. 22 f.; *Hopfner*, DB 2001, 2144; aA *Straub*, NZA 2001, 919, 922, der von einer berechtigten Ablehnung nach § 8 Abs. 6 TzBfG mit zweijähriger Sperrfrist ausgeht.
55 Entgegen LAG Düsseldorf v. 1. 3. 2002, NZA-RR 2002, 407 führt die fehlende Verhandlung jedoch nicht zur fingierten Vertragsänderung nach § 8 Abs. 5 Satz 3 TzBfG; vielmehr kommt es auch bei fehlender Verhandlung lediglich darauf an, ob betriebliche Gründe dem Arbeitszeitwunsch entgegenstehen, BAG v. 18. 2. 2003 – 9 AZR 356/02, PM 14/03.
56 AA *Hanau*, NZA 2001, 1168, 1171.
57 Gem. §§ 126 Abs. 3, 126a BGB genügt eine E-Mail mit qualifizierter elektronische Signatur nach dem Signaturgesetz der Schriftform.
58 *Straub*, NZA 2001, 919, 924.
59 *Preis/Gotthardt*, DB 2001, 145, 147; aA *Straub*, NZA 2001, 919 f.
60 ArbG Bonn v. 10. 4. 2002, NZA-RR 2002, 416; ArbG Stuttgart v. 23. 11. 2001, NZA-RR 2002, 183, 184; *Diller*, NZA 2001, 589; *Straub*, NZA 2001, 919, 925; *Beckschulze*, DB 2000, 2598, 2606.

zu trennen ist der Antrag auf anderweitige Verteilung der Arbeitszeit,[61] der in objektiver Klagehäufung kumulativ oder im Eventualverhältnis zu stellen ist.[62] Umstritten ist, ob es sich bei der Festlegung der Arbeitszeitverteilung um eine Vertragsabrede[63] oder um eine Ausübung des Direktionsrecht[64] handelt. Prozessual ist dies unbedeutend, da die Ausübung des Direktionsrechts eine geschäftsähnliche Handlung ist. Als solche kann sie ebenso wie eine Willenserklärung mit der Leistungsklage verlangt und entsprechend § 894 ZPO vollstreckt werden.[65]

Der Antrag auf Arbeitszeitverringerung ist Voraussetzung für den Antrag auf Neuverteilung der Arbeitszeit. Einem isolierten Antrag auf Neuverteilung der Arbeitszeit fehlt die Anspruchsgrundlage, da die Neuverteilung nur Annex zum Verringerungsanspruch ist.[66] Eine äußerst geringe Reduzierung der Arbeitszeit, die lediglich zu dem Zweck beantragt wird, eine Neuverteilung durchsetzen zu können, soll nicht rechtsmissbräuchlich sein, wenn sie sich im Rahmen der gesetzgeberischen Zielsetzung der besseren Vereinbarkeit von Familie und Beruf hält.[67]

bb) Entgegenstehende betriebliche Gründe

Der Arbeitgeber kann gem. § 8 Abs. 4 Satz 1 TzBfG entgegenstehende betriebliche Gründe einwenden, und zwar sowohl gegen das Verlangen auf Reduzierung der vertraglich vereinbarten Arbeitszeit als auch gegen deren Verteilung. Hierfür trägt er die Darlegungs- und Beweislast.[68]

(1) Betriebliche Gründe gegen die gewünschte Verringerung

§ 8 Abs. 4 Satz 2 TzBfG führt als Beispiel für betriebliche Gründe, die einer Arbeitszeitverringerung entgegenstehen können, wesentliche Beeinträchtigungen der Organisation, des Arbeitsablaufs oder der Sicherheit im Betrieb oder unverhältnismäßig hohe Kosten auf. Umstritten ist, ob lediglich rationale nachvollziehbare Gründe ausreichen[69] oder ob die Gründe ein ähnliches Gewicht wie die in § 8 Abs. 4 Satz 2 TzBfG haben, also wesentlich[70] bis hin zu dringend[71] sein müssen.[72] Richtig ist, dass der Arbeitgeber ein Konzept darzulegen und ggf. zu beweisen hat, das, von plausiblen, wirtschaftlichen

---

61 LAG Berlin v. 18. 1. 2002, ArbuR 2002, 190; ArbG Stuttgart v. 23. 11. 2001, NZA-RR 2002, 183, 184; *Schiefer*, NZA-RR 2002, 393, 394; *Grobys/Bram*, NZA 2001, 1175, 1177.
62 Eine Stufenklage ist nicht erforderlich, ArbG Mönchengladbach v. 30. 5. 2001, NZA 2001, 970, 971; aA *Kliemt*, NZA 2001, 63, 67.
63 ArbG Bonn v. 20. 6. 2001, NZA 2001, 973.
64 ArbG Stuttgart v. 23. 11. 2001, NZA-RR 2002, 183, 184; *Grobys/Bram*, NZA 2001, 1175, 1176 und 1178.
65 *Grobys/Bram*, NZA 2001, 1175, 1178.
66 ArbG Stuttgart v. 23. 11. 2001, NZA-RR 2002, 183, 185; *Preis/Gotthardt*, DB 2001, 145, 147; aA *Straub*, NZA 2001, 919, 920.
67 ArbG Stuttgart v. 23. 11. 2001, NZA-RR 2002, 183, 185.
68 ArbG Stuttgart v. 5. 7. 2001, NZA 2001, 968; ArbG Mönchengladbach v. 30. 5. 2001, NZA 2001, 970; jedenfalls für eine abgestufte Darlegungs- und Beweislast ArbG Bonn v. 20. 6. 2001, NZA 2001, 973, 974.
69 BT-Drucks. 14/4374, 17.
70 ArbG Freiburg v. 4. 9. 2001, NZA 2002, 216, 217: nicht unerheblicher Schweregrad; ArbG Stuttgart v. 5. 7. 2001, NZA 2001, 698, 969.
71 *Däubler*, ZIP 2000, 1961, 1963.
72 Im Einzelnen auch: *Reiserer/Penner*, BB 2002, 1694 ff.

oder unternehmenspolitischen Gründen getragen, eine Arbeitszeitverringerung nachvollziehbar ausschließt.[73] Dies folgt aus dem Umstand, dass die Organisation eines Betriebes Kernbereich der freien Unternehmerentscheidung ist und von den Gerichten nur eingeschränkt auf Missbrauch und Willkür überprüfbar ist.[74] In bisherigen Entscheidungen stellen die Gerichte jedoch hohe Anforderungen.[75] Eine zumutbare Umorganisation der Verwaltung, Planung oder Koordinierung muss erfolgen, um den Teilzeitanspruch nicht zu vereiteln.[76] Auch Umsetzungen und Versetzungen im Rahmen des Direktionsrechts sollen dem Arbeitgeber zumutbar sein.[77] Ein bestimmtes pädagogisches Konzept ist nur ein betrieblicher Grund, wenn der Arbeitgeber darlegen kann, dass er dieses auch tatsächlich durchführt.[78] Fehlende Ersatzarbeitskräfte mit dem Berufsbild des Arbeitnehmers müssen anhand konkreter Bemühungen auf dem Arbeitsmarkt dargelegt werden.[79] Mögliche Kosten müssen das zur Einführung von Teilzeitarbeit und Einstellung einer Zusatzkraft erforderliche übersteigen.[80]

Ein Organisationskonzept, das in einer Vertriebsabteilung wegen des Kundenkontakts und der hausinternen Abstimmung größtmögliche Präsenz durch Vollzeitarbeitskräfte vorsieht, wurde anerkannt.[81] Ein Schichtplan, der nur Vollzeitkräfte vorsieht, genügt nur dann, wenn im Übrigen keine Teilzeitkräfte mit vergleichbaren Aufgaben beschäftigt werden.[82]

⊃ **Praxistipp:** Erfolg versprechend ist die konkrete, detaillierte Darlegung eines unternehmerischen Organisationskonzeptes, verbunden mit dem konkreten Nachweis der Unvereinbarkeit des Teilzeitwunsches mit diesem Konzept.

Ablehnungsgründe können tarifvertraglich geregelt werden, § 8 Abs. 4 Satz 3 TzBfG, und bei Bestehen einer solchen Regelung durch individualvertragliche Bezugnahme vereinbart werden, § 8 Abs. 4 Satz 4 TzBfG.

(2) Betriebliche Gründe gegen die gewünschte Verteilung

Stimmt der Arbeitgeber der Verkürzung der Arbeitszeit zu, lehnt der Arbeitgeber deren gewünschte Verteilung ab, so ist auch diese Ablehnung nur wirksam, wenn der Arbeitszeitwunsch des Arbeitnehmers den Betrieb wesentlich beeinträchtigen würde. Das ergibt sich aus den in § 1 Abs. 4 Satz 2 TzBfG genannten Beispielsfällen, die auch für die Neuverteilung der Arbeitszeit gelten.[83] Eine Abweichung von einer Betriebsver-

---

73 ArbG Stuttgart v. 5. 7. 2001, NZA 2001, 698, 969; *Zerres*, FA 2002, 235; *Kliemt*, NZA 2001, 63, 65 f.
74 ArbG Freiburg v. 4. 9. 2001, NZA 2002, 216; aA ArbG Stuttgart v. 5. 7. 2001, NZA 2001, 698, 969, obwohl es die freie Unternehmerentscheidung anerkennt; *Schmidt*, ArbuR 2002, 245, 248.
75 Siehe auch Übersicht bei *Reiserer/Penner*, BB 2002, 1694, 1696 ff.; zuletzt BAG v. 30. 9. 2003 – 9 AZR 665/02, PM 65/03; v. 11. 10. 2003 – 9 AZR 636/02, PM 67/03.
76 ArbG Stuttgart v. 5. 7. 2001, NZA 2001, 698, 969.
77 ArbG Stuttgart v. 23. 11. 2001, NZA 2002, 183, 186.
78 LAG Köln v. 4. 12. 2001, ArbuR 2002, 189, 190.
79 ArbG Mönchengladbach v. 30. 5. 2001, NZA 2001, 970, 973; ArbG Essen v. 19. 6. 2001, NZA 2001, 573.
80 ArbG Mönchengladbach v. 30. 5. 2001, NZA 2001, 970, 972.
81 ArbG Freiburg v. 4. 9. 2001, NZA 2002, 216, 218.
82 ArbG Frankfurt a.M. v. 19. 12. 2001, FA 2002, 181.
83 BAG v. 18. 2. 2003 – 9 AZR 164/02, PM 13/03.

einbarung mit einer Regelung zur Arbeitszeitverteilung ist ein entgegenstehender Grund.[84] Auch andere betriebsverfassungsrechtliche oder tarifvertragliche Regelungen stehen entgegen, wenn sie durch die individuelle Regelung verletzt werden.[85]

⊃ **Praxistipp:** Der Arbeitgeber kann vor seiner Entscheidung über die individuelle Arbeitszeitverteilung den Betriebsrat befragen, um eine Betriebsvereinbarung nach § 87 Abs. 1 Nr. 2 BetrVG[86] ggf. als entgegenstehenden betrieblichen Grund geltend machen zu können.

(3) Maßgeblicher Beurteilungszeitpunkt

Umstritten ist der maßgebliche Beurteilungszeitpunkt für das Vorliegen von entgegenstehenden betrieblichen Gründen. Grundsätzlich gilt wie bei allen Ansprüchen, dass es auf den Tatsachenstoff im Zeitpunkt der letzten mündlichen Verhandlung ankommt.[87] Umstritten ist, ob es je nach Tatbestandsmerkmal auf den Zeitpunkt der Antragsablehnung[88] ankommt.

Für § 8 Abs. 7 TzBfG kommt es auf den Zeitpunkt der letzten mündlichen Verhandlung an, da der Arbeitgeber diesen Schutz dann benötigt, wenn es tatsächlich zu der Arbeitszeitverringerung kommt.[89] Für die Einwendung entgegenstehender betrieblicher Gründe gegen eine Arbeitszeitverringerung ist nicht der Zeitpunkt der Ablehnung entscheidend.[90] Dies folgt aus der Schutzrichtung des § 8 Abs. 6 TzBfG. Dieser soll den Arbeitgeber vor übermäßiger Belastung durch ständige Umorganisation seines Betriebes schützen.[91] Solange aber nur ein Anspruch streitig ist, entstehen keine Zusatzbelastungen durch Mehrfachanträge. Gleiches gilt für die Einwendung entgegenstehender betrieblicher Gründe gegen die gewünschte Arbeitszeitverteilung. Da der Arbeitgeber jederzeit diese Gründe nach § 8 Abs. 5 Satz 4 TzBfG geltend machen kann, ist es prozessökonomisch, sie von Anfang an zu berücksichtigen.

cc) Klageart bei Fiktion nach § 8 Abs. 5 Satz 2 und/oder 3 (M 6.2.6)

Bei einer unwirksamen oder fehlenden Ablehnung des Antrags auf Teilzeitarbeit ist eine Feststellungsklage zulässig.[92] Streitiges Rechtsverhältnis ist der Umfang der Pflicht zur Arbeitsleistung, dh. ob der Arbeitsvertrag durch die gesetzliche Fiktionen des § 8 Abs. 5 Satz 2 TzBfG geändert wurde. Hiervon zu trennen ist der Antrag zur Arbeitszeit-

---

84 BAG v. 18. 2. 2003 – 9 AZR 164/02, PM 13/03; LAG Berlin v. 18. 1. 2002, ArbuR 2002, 190, 191.
85 *Buschmann*, ArbuR 2002, 191, 192.
86 Für den Einzelfall sieht § 87 Abs. 1 Nr. 2 BetrVG kein Mitbestimmungsrecht vor.
87 *Diller*, NZA 2001, 589, 590.
88 ArbG Arnsberg v. 22. 1. 2002, NZA 2002, 563; *Beckschulze*, DB 2000, 2598, 2606.
89 *Hanau*, NZA 2001, 1171.
90 *Diller*, NZA 2001, 589, 590; aA ArbG Arnsberg, NZA 2002, 563, 564; *Hanau*, NZA 2001, 1168, 1171. Der Einwand von *Hanau*, es müssten die Voraussetzungen einer Änderungskündigung für die Berücksichtigung später eintretender Umstände vorliegen, geht nach hier vertretener Auffassung fehl, da die betriebsbedingte Kündbarkeit und die entgegenstehenden betrieblichen Gründe nach gleichen Kriterien zu messen sind.
91 Anders der ähnlich gelagerte Fall des § 35 Abs. 4 GewO. Eine einmal zutreffend festgestellte Unzuverlässigkeit führt nicht durch geändertes Verhalten nachträglich sicher zum ungefährlichen Gewerbetreibenden.
92 LAG Düsseldorf, NZA-RR 2002, 407, 408; *Grobys/Bram*, NZA 2001, 1175, 1176 mwN.

verteilung. Wegen der Fiktionswirkung des § 8 Abs. 5 Satz 3 TzBfG ist auch hier die Feststellung der neuen Arbeitszeiten zu beantragen.

Zusätzlich ist ein Leistungsantrag auf Beschäftigung zulässig, wenn der Arbeitgeber eine Beschäftigung zu den nunmehr geltenden Beschäftigungszeiten verweigert.[93]

dd) Einstweilige Verfügung (M 6.2.7)

Eine einstweilige Verfügung auf Beschäftigung zu einer bestimmten Arbeitsmenge und zu bestimmten Arbeitszeiten bedarf nach §§ 935, 940 ZPO, § 62 Abs. 2 Satz 1 ArbGG eines Verfügungsgrundes und -anspruchs. Der Arbeitnehmer muss darlegen und glaubhaft machen, dass die Beschäftigung in dem Umfang und zu diesen Zeiten vertraglich geschuldet ist und dass die sofortige Beschäftigung zu diesen Bedingungen zur Abwendung ihm sonst drohender Nachteile dringend geboten ist.[94]

Die Zulässigkeit einer einstweiligen Verfügung über den Teilzeitanspruch selbst, dh. den Anspruch auf Reduzierung der vertraglich vereinbarten Arbeitszeit, wird von den Gerichten als zulässig angesehen.[95] Wegen der teilweisen Befriedigung des streitigen Anspruchs sind an die Darlegung und Glaubhaftmachung des Verfügungsanspruchs und -grundes hohe Anforderungen zu stellen.[96] Aufgrund der Vorläufigkeit des Verfahrens müssen die Eingriffe in die Vertragsstruktur auf das notwendige Minimum beschränkt werden.[97] Sie müssen zur Abwendung wesentlicher Nachteile geboten sein. Uneinigkeit besteht darüber, ob der Antrag auf einstweilige Zustimmung zur Arbeitszeitverringerung und -verteilung[98] oder auf tatsächliche Beschäftigung[99] zu richten ist. Richtigerweise ist sowohl Zustimmung als auch Beschäftigung zu beantragen, denn die Zustimmung ist Grundlage für den Anspruch auf Beschäftigung zu geänderten Bedingungen.[100]

Die dringend gebotene Betreuung von Kindern wird als Verfügungsgrund anerkannt, sofern alle Bemühungen, die Betreuung in zumutbarer Weise durch Dritte sicherzustellen, fehlgeschlagen sind.[101]

e) Teilzeitanspruch nach § 15 Abs. 5 bis 7 BErzGG

Im Gegensatz zum TzBfG muss der Arbeitnehmer bei Versäumung der Frist des § 15 Abs. 7 Satz 1 Nr. 5 BErzGG den Antrag wiederholen.[102]

---

93 *Grobys/Bram*, NZA 2001, 1175, 1176.
94 *Grobys/Bram*, NZA 2001, 1175, 1181.
95 LAG Rheinland-Pfalz v. 12. 4. 2002, NZA 2002, 856; ArbG Bonn v. 10. 4. 2002, NZA-RR 2002, 416; ArbG Berlin v. 12. 10. 2001, DB 2001, 2727; im Einzelnen *Gotthardt*, NZA 2001, 1183, 1185.
96 LAG Rheinland-Pfalz v. 12. 4. 2002, NZA 2002, 856.
97 Vgl. soeben cc); ArbG Berlin v. 12. 10. 2001, DB 2001, 2727, 2728.
98 *Gotthardt*, NZA 1183, 1187.
99 LAG Rheinland-Pfalz v. 12. 4. 2002, NZA 2002, 856, 858; LAG Berlin v. 20. 2. 2002, NZA 2002, 858, 859.
100 ArbG Berlin v. 12. 10. 2001, DB 2727, 2728.
101 LAG Rheinland-Pfalz v. 12. 4. 2002, NZA 2002, 856; LAG Berlin v. 20. 2. 2002, NZA 2002, 858.
102 *Preis/Gotthardt*, DB 2001, 145.

Entgegenstehende betriebliche Gründe müssen gem. § 15 Abs. 7 Satz 1 Nr. 4 BErzGG dringend sein. Die Verringerung ist gem. § 15 Abs. 7 Satz 1 Nr. 3 BErzGG auf einen Umfang von 15 bis 30 Wochenstunden begrenzt, und es darf nicht bereits zweimal eine Verringerung während der Elternzeit vorgenommen worden sein, § 8 Abs. 6 TzBfG.

Für die Durchsetzung des Anspruchs ist eine schriftliche Mitteilung an den Arbeitgeber erforderlich, § 15 Abs. 7 Satz 1 Nr. 5 TzBfG. § 15 Abs. 7 Satz 2 BErzGG schreibt für die Ablehnung der Teilzeitantrags durch den Arbeitgeber eine schriftliche Begründung vor. Im Prozess ist der Arbeitgeber auf diese Gründe beschränkt.[103] Eine Fiktionswirkung entsprechend § 8 Abs. 5 Satz 2 und 3 TzBfG kennt dieser Anspruch aber nicht.

Im Verhältnis zu dem allgemeinen Teilzeitanspruch aus § 8 TzBfG handelt es sich hier um einen speziellen Anspruch nur für die Dauer der Elternzeit. Dieser verdrängt jedoch nicht den allgemeinen, denn die Rechtsfolgen der Normen schließen sich nicht aus.[104]

f) Teilzeitanspruch nach § 81 Abs. 5 Satz 3 SGB IX

Eine kürzere Arbeitszeit kann verlangt werden, wenn dies wegen der Art oder Schwere der Behinderung notwendig ist. Der Anspruch ist durch ein arbeitsmedizinisches oder amtsärztliches Attest zu belegen. Ablehnungsgründe sind gem. § 81 Abs. 4 Satz 3 SGB IX: unzumutbare oder unverhältnismäßige Aufwendungen des Arbeitgebers oder entgegenstehende staatliche oder berufsgenossenschaftliche Arbeitsschutzvorschriften oder beamtenrechtliche Vorschriften.

g) Durchführung der Teilzeitarbeit (M 6.2.8)

Bei Einigung über die Arbeitszeitverringerung ist ein schriftlicher Änderungsvertrag auszufertigen, § 3 Satz 1 NachwG. Die Vergütung ist entsprechend dem Verhältnis von Leistung und Gegenleistung aus dem ursprünglichen Arbeitsvertrag herabzusetzen.[105] Problematisch ist insbesondere nach einer gerichtlichen Entscheidung die Frage der Vergütung, wenn einzelne Vergütungsbestandteile nicht teilbar sind, wie zB die Privatnutzung eines Dienstwagens, oder der Umfang der Leistung nicht bestimmt war.[106] Aus § 4 Abs. 1 Satz 2 TzBfG lässt sich jedenfalls schließen, dass eine Vereinbarung, die ggf. gegen eine Ausgleichszahlung eine unteilbare Leistung entfallen lässt, nicht gegen das Diskriminierungsverbot verstößt.

Überwiegen die betrieblichen Interessen an einer Neuverteilung der Arbeitszeit die Interessen des Arbeitnehmers an deren Beibehaltung, so darf der Arbeitgeber sein Direktionsrecht zur Festlegung der Arbeitszeiten neu ausüben, § 8 Abs. 5 Satz 2 TzBfG. Dies hat er einen Monat vorher anzukündigen. Der Arbeitnehmer kann hiergegen auf Feststellung der Unwirksamkeit dieser Anordnung klagen.[107] Auch eine einstweilige Verfügung kommt in Betracht.[108]

Der Arbeitgeber hat nach § 10 TzBfG dafür Sorge zu tragen, dass auch teilzeitbeschäftigte Arbeitnehmer an Aus- und Weiterbildungsmaßnahmen zur Förderung der

---

103 *Grobys/Bram*, NZA 2001, 1175, 1178 mwN.
104 *Rudolf/Rudolf*, NZA 2002, 602, 604 f.; *Hanau*, NZA 2001, 1168, 1172 f.
105 *Kelber/Zeißig*, NZA 2001, 577, 578.
106 Siehe im Einzelnen: *Kelber/Zeißig*, NZA 2001, 577, 578.
107 BAG v. 23. 6. 1992, NZA 1993, 89, 90; aA *Kliemt*, NZA 2001, 63, 67.
108 Im Einzelnen: *Gotthardt*, NZA 2001, 1183, 1188.

beruflichen Entwicklung und Mobilität teilnehmen können. Da es bisher an einem allgemeinen Aus- und Weiterbildungsanspruch fehlt,[109] folgt hieraus ein konkreter Anspruch nur bei Verstoß gegen den Gleichbehandlungsgrundsatz.[110] Im Übrigen muss der Arbeitgeber nach billigem Ermessen zwischen den Arbeitnehmern auswählen, soweit diese gleichzeitig an einer Maßnahme teilnehmen möchten und dem nicht bereits dringende betriebliche Gründe entgegenstehen.

Bei Teilzeitbeschäftigten kommt dem **Gleichbehandlungsgrundsatz** besondere Bedeutung zu. Schon nach § 4 TzBfG darf der Arbeitgeber einen teilzeitbeschäftigten Arbeitnehmer nicht wegen der Teilzeitarbeit gegenüber vollzeitbeschäftigten Arbeitnehmern unterschiedlich behandeln, es sei denn, dass sachliche Gründe eine unterschiedliche Behandlung rechtfertigen. Daneben greift in besonderem Maße das **Verbot der mittelbaren Diskriminierung**, da mehr als 90% der Teilzeitarbeiter Frauen sind.[111] Besondere Probleme bereitet die Pro-rata-temporis-Regel in § 4 Abs. 1 Satz 2 TzBfG bei der Frage der Entgelthöhe; die Pro-rata-Regelung gilt auch für Zuschläge in Anerkennung der Unternehmenszugehörigkeit, BAG v. 16. 4. 2003 – 4 AZR 156/02, PM 32/02. Fraglich ist, welcher Vollzeitarbeitnehmer bei unterschiedlicher Vergütung den Vergleichsmaßstab bildet, da es nach der Rechtsprechung[112] keinen Grundsatz „gleichen Lohn für gleiche Arbeit" gibt, sondern die Lohnhöhe individuell aushandelbar ist. Letztlich ist daher in § 4 Abs. 1 Satz 2 TzBfG nur geregelt, dass die Teilzeitbeschäftigung als solche und kausal mit ihr zusammenhängende Umstände[113] keinen sachlichen Grund für eine zeitanteilig geringere Entlohnung darstellt, Diskriminierungsverbote wie § 612 Abs. 3 BGB und Vergütungssysteme einzuhalten sind.[114] Durch Tarifvertrag darf vom Gleichheitsgrundsatz ebenfalls nicht abgewichen werden. Wirtschaftlich von erheblicher Bedeutung ist der Gleichheitsgrundsatz insoweit insbesondere im Rahmen der betrieblichen Altersversorgung.[115]

§ 11 TzBfG enthält eine Regelung zum Verbot der Kündigung wegen der Weigerung des Arbeitnehmers zum Wechsel von Voll- in Teilzeit oder umgekehrt.

h) Rückkehr zur Vollzeitarbeit

§ 9 TzBfG sieht vor, dass der Arbeitgeber den Teilzeitbeschäftigten auf Wunsch bei der Besetzung entsprechender freier Stellen und gleicher Eignung[116] der Bewerber in ein Arbeitsverhältnis mit längeren Arbeitszeiten bevorzugt übernehmen muss. Das begründet keinen individuellen Anspruch auf einen Vollzeitarbeitsplatz, insbesondere nicht auf Schaffung eines bestimmten Arbeitsplatzes,[117] sondern nur einen Anspruch

---

109 § 96 Abs. 2 BetrVG enthält lediglich eine allgemein gehaltene Verpflichtung zur Förderung der Berufsbildung.
110 *Kliemt*, NZA 2001, 63, 69.
111 Vgl. Art. 141 EG iVm. der Lohngleichheitsrichtlinie v. 10. 2. 1975, 75/117 und der Gleichbehandlungsrichtlinie v. 9. 2. 1976, 76/207; EuGH v. 2. 10. 1997, NZA 1997, 1277.
112 BAG v. 21. 6. 2000, NZA 2000, 1050.
113 ZB wäre hier an einen erhöhten Verwaltungsaufwand in der Lohnbuchhaltung im Verhältnis zu der zu leistenden Arbeitszeit zu denken.
114 Vgl. für Vollzeitbeschäftigung: BAG v. 21. 6. 2000, NZA 2000, 1050, 1051.
115 BAG v. 14. 10. 1986, DB 1987, 994, vgl. BVerfG v. 28. 9. 1992, DB 1992, 2511; BAG v. 14. 3. 1989, DB 1989, 2336; v. 20. 11. 1990, DB 1991, 1330.
116 Eine wesentlich gleiche Eignung ist nicht ausreichend, *Hanau*, NZA 2001, 1168, 1174.
117 Ähnlich: BAG v. 25. 10. 1994, ArbuR 2001, 146 f.

auf bevorzugte Berücksichtigung bei Stellenneubesetzungen. Der Verlängerungswunsch ist auf ein Vollzeitarbeitsverhältnis beschränkt.[118] Das folgt aus dem Umstand, dass der Anspruch auf bevorzugte Berücksichtigung in § 9 TzBfG nur einem Teilzeitarbeitnehmer iSd. § 2 Abs. 1 Satz 1 TzBfG zusteht.

Eine einstweiligen Verfügung, mit der dem Arbeitgeber eine Stellenbesetzung mit einem gleich geeigneten Konkurrenten untersagt werden soll, ist zulässig. § 9 TzBfG erfordert einen freien Arbeitsplatz, so dass der Anspruch einstweilen nur durch das Verbot der Besetzung gesichert werden kann.[119]

3. Geringfügige Beschäftigung/Minijobs (M 6.3)

Ein Sonderfall der Teilzeitarbeit ist die geringfügige Beschäftigung. Arbeitsrechtlich gelten für geringfügig Beschäftigte keine Abweichungen gegenüber den Teilzeitbeschäftigten. Sozialversicherungsrechtlich und steuerlich bestehen jedoch Besonderheiten. Eine geringfügige Beschäftigung liegt gem. **§ 8 Abs. 1 SGB IV** vor, wenn

„1. das Arbeitsentgelt aus dieser Beschäftigung regelmäßig im Monat Euro 400,– nicht übersteigt (Entgeltgeringfügigkeit),

2. die Beschäftigung innerhalb eines Kalenderjahres auf längstens zwei Monate oder 50 Arbeitstage nach ihrer Eigenart begrenzt zu sein pflegt oder im Voraus vertraglich begrenzt ist, es sei denn, dass die Beschäftigung berufsmäßig ausgeübt wird und ihr Entgelt Euro 325,– im Monat übersteigt (**„Zeitgeringfügigkeit"**)."

Daneben gibt es aufgrund der Neufassung des § 8a SGB IV seit dem 1. 4. 2003 auch haushaltsnahe Minijobs gem. § 8a SGB IV. Eine geringfügige Beschäftigung im Privathaushalt liegt vor, wenn diese durch eine privaten Haushalt begründet ist und die Tätigkeit sonst gewöhnlich durch Mitglieder des privaten Haushaltes erledigt wird.

Mehrere geringfügige Beschäftigungen werden zusammengerechnet. Wird dabei die Entgeltgrenze von Euro 400,– überschritten, tritt Versicherungspflicht ein. Versicherungspflichtige Hauptbeschäftigungen werden mit geringfügigen Beschäftigungen zusammengerechnet, wobei eine Nebenbeschäftigung bis zu Euro 400,– anrechnungsfrei bleibt. Werden mehrere Nebenjobs ausgeübt, bleibt die zeitlich zuerst aufgenommene Beschäftigung versicherungsfrei (vgl. § 8 Abs. 2 SGB IV).[120]

⊃ **Praxistipp:** Ist die Vergütung für die zeitlich erste geringfügige Beschäftigung niedriger als das Entgelt für den zweiten Minijob, kann es sich empfehlen, den ersten Arbeitsvertrag einvernehmlich aufzuheben und neu abzuschließen. Dann bleibt die Nebentätigkeit mit der höheren Vergütung versicherungsfrei.[121]

Sozialversicherungsrechtlich sind geringfügige Beschäftigungen in allen Zweigen der Sozialversicherung für den Arbeitnehmer frei (vgl. § 7 SGB V, § 5 Abs. 2 SGB VI, § 27 Abs. 2 SGB III). Der Arbeitgeber zahlt jedoch bei geringfügigen Beschäftigungen im Sinne von § 8 Abs. 1 Nr. 1 SGB IV (Entgeltgeringfügigkeit) Pauschalabgaben in Höhe

---
118 Im Ergebnis ebenso: *Straub*, NZA 2001, 919, 925.
119 *Gotthardt*, NZA 2001, 1183, 1189.
120 Geringfügigkeits- Richtlinien der Spitzenverbände der Sozialversicherungsträger, S. 20.
121 Zur Frage, ob diese Vorgehensweise eine Umgehung darstellt, liegt allerdings noch keine Rechtsprechung vor.

von 25% des der Beschäftigung zugrunde liegenden Arbeitsentgelts, nämlich 12% Rentenversicherung (§ 172 Abs. 3 SGB IV), 11% Krankenversicherung (§ 249b Satz 1 SGB V) und 2% Pauschalsteuer mit Abgeltungswirkung einschließlich Solidaritätszuschlag und Kirchensteuer (§ 40a Abs. 2 EStG). Der Pauschalbeitrag zur Krankenversicherung fällt nur an, wenn der Beschäftigte bereits aus anderen Gründen (zB versicherungspflichtige Hauptbeschäftigung) gesetzlich krankenversichert ist.

Handelt es sich um eine geringfügige Beschäftigung nach § 8 Abs. 1 Nr. 2 SGB IV (Zeitgeringfügigkeit oder auch Kurzfristbeschäftigung), so sind weder Kranken- noch Rentenversicherungsbeiträge zu entrichten; der Pauschalsteuersatz beträgt jedoch 25% (§ 40a Abs. 1 EStG).

Noch weiter gehend sind Minijobs in Privathaushalten begünstigt. Die Höhe der Pauschalabgaben beträgt bei haushaltsnahen Dienstleistungen nur 12%, nämlich 5% Rentenversicherung (§ 172 Abs. 3a SGB IV), 5% Krankenversicherung (§ 249b Satz 2 SGB V) sowie 2% Pauschalsteuer mit Abgeltungswirkung einschließlich Solidaritätszuschlag und Kirchensteuer (§ 40a Abs. 2 EStG). Der Pauschalbeitrag zur gesetzlichen Rentenversicherung ist hier unabhängig davon zu entrichten, ob der Arbeitnehmer gesetzlich krankenversichert ist.[122] Zusätzlich werden Aufwendungen für haushaltsnahe Dienstleistungen steuerlich gefördert. Wer in seinem Privathaushalt eine haushaltsnahe Beschäftigung nach § 8a SGB IV anbietet, kann gem. § 35a EStG 10% seiner Aufwendungen, maximal jedoch Euro 510,–, von seiner Steuerschuld abziehen. Bei sozialversicherungspflichtigen haushaltsnahen Beschäftigungsverhältnissen, die keine geringfügige Beschäftigung im Sinne des § 8 Abs. 1 Nr. 1 SGB IV (Entgeltgeringfügigkeit) darstellen, können 12%, höchstens jedoch Euro 2 400,– abgezogen werden. Wird die haushaltsnahe Dienstleistung durch ein Unternehmen oder eine Agentur vermittelt, ermäßigt sich die Einkommensteuer um 20%, maximal Euro 600,–. Zur Vermeidung eines abrupten Anstiegs der Sozialversicherungsbeiträge bei Überschreiten der Geringfügigkeitsgrenze wurde eine „Gleitzone" eingeführt. Der Arbeitnehmerbeitrag steigt zwischen Euro 400,01 und Euro 800,– nach § 226 Abs. 4 SGB V, § 163 Abs. 10 SGB VI, § 344 Abs. 4 SGB III von 4% bei Euro 400,01 auf den vollen Arbeitnehmerbeitrag von rund 21% bei Euro 800,–. Der Arbeitgeberbeitrag bleibt allerdings unverändert.[123] Der Arbeitgeber erstattet der Einzugsstelle nach § 28a Abs. 7 SGB IV eine vereinfachte Meldung durch „Haushaltscheck". Detaillierte Angaben finden sich unter www.minijob-zentrale.de.

4. Job-Sharing (M 6.4)

Job-Sharing hat sich entgegen den Erwartungen des Gesetzgebers kaum durchgesetzt. Beim Job-Sharing (**Arbeitsplatzteilung**) vereinbart der Arbeitgeber mit zwei oder mehr Arbeitnehmern, dass diese sich die Arbeitszeit an einem Arbeitsplatz teilen (§ 13 TzBfG). Dann bestimmt nicht der Arbeitgeber, sondern die Job-Sharer untereinander die Aufteilung der Arbeitszeit zwischen ihnen. Fällt allerdings einer der Job-Sharer aus, so sind die anderen zu seiner Vertretung nur verpflichtet, wenn dies im Arbeitsvertrag ausdrücklich geregelt ist, ein dringendes betriebliches Erfordernis vorliegt und ihnen dies zumutbar ist. Darüber hinaus kann dies nur für jeden Vertretungs-

---

122 *Bauer/Krets*, NJW 2003, 537, 545; *Rolfs*, ZIP 2003, 141.
123 Übersicht bei *Rolfs*, NZA 2003, 65, 71.

fall gesondert geregelt werden.[124] Nach dem gegenüber dem BeschFG neuen Recht des § 13 Abs. 4 TzBfG kann nunmehr durch Tarifvertrag auch zuungunsten des Arbeitnehmers vom Gesetz abgewichen werden.

5. Abrufarbeit (M 6.5)

Bei der Abrufarbeit (auch Kapovaz) vereinbaren die Arbeitsvertragsparteien gem. § 12 TzBfG, dass der Arbeitnehmer seine Arbeitsleistung entsprechend dem Arbeitsanfall zu erbringen hat. Zugleich muss eine bestimmte Dauer der Arbeitszeit (pro Woche, Monat oder Jahr) festgelegt werden. Ohne eine solche Festlegung gilt eine wöchentliche Arbeitszeit von **10 Stunden** als vereinbart, die dann auch zu vergüten ist, wenn tatsächlich keine Arbeitsleistung erbracht wird (§ 12 Abs. 1 Satz 3 TzBfG). Nur durch Tarifvertrag kann Abrufarbeit auch ohne Mindestzeiten vereinbart werden mit der Folge, dass die Zehnstundenregelung nicht gilt (§ 12 Abs. 3 TzBfG).[125] Der Arbeitgeber muss dem Arbeitnehmer die Lage der Arbeitszeit jeweils mindestens **vier Tage im Voraus mitteilen**; andernfalls besteht keine Verpflichtung zur Arbeitsleistung, wohl aber Anspruch auf die Vergütung (§ 615 BGB iVm. § 12 Abs. 2 TzBfG). Zum Schutz des Arbeitnehmers gegen vielfache kurzfristige Inanspruchnahme muss der Arbeitgeber ihn jeweils für **mindestens drei aufeinander folgende Stunden** zur Arbeitsleistung in Anspruch nehmen, es sei denn, der Arbeitsvertrag enthält eine abweichende Regelung (§ 12 Abs. 1 Satz 4 TzBfG). Entgeltfortzahlungsansprüche können entstehen, wenn Arbeitsleistung an einem Tag ausfällt, an dem mit hoher Wahrscheinlichkeit gearbeitet worden wäre.[126]

6. Wiedereingliederungsvertrag nach § 74 SGB V/§ 28 SGB IX (M 6.7.1)

Arbeitsunfähige Arbeitnehmer können auch während der Arbeitsunfähigkeit bereits **wieder in das Berufsleben eingegliedert** werden, wenn sie gemäß § 74 SGB V/§ 28 SGB IV „nach ärztlicher Feststellung ihre bisherige Tätigkeit teilweise verrichten und durch eine stufenweise Wiederaufnahme ihrer Tätigkeit voraussichtlich besser wieder in das Erwerbsleben eingegliedert werden können". In diesem Fall soll der Arzt auf der Bescheinigung über die Arbeitsunfähigkeit Art und Umfang der möglichen Tätigkeiten angeben. In diesem Umfang kann der Arbeitnehmer seine Tätigkeit bei dem Arbeitgeber im Rahmen des Wiedereingliederungsvertrages wieder aufnehmen. Dieses Modell wird durch den § 28 SGB IX auf den gesamten Bereich der medizinischen Rehabilitation ausgedehnt. Eine Verpflichtung zum Abschluss eines solchen Vertrages gibt es jedoch nicht.[127] Geschuldet ist bei diesem Vertrag nicht die Arbeitsleistung. Daher werden auch **keine arbeitsvertraglichen Verpflichtungen** des Arbeitnehmers zur Arbeitsleistung im üblichen Sinne begründet. Kern des Vertrages ist vielmehr die Rehabilitation des Arbeitnehmers. Ihm soll Gelegenheit gegeben werden zu erproben, ob er zunächst im Rahmen einer quantitativ und/oder qualitativ gegenüber seiner bis-

---
124 LAG München v. 15. 9. 1993, DB 1993, 2599.
125 BAG v. 12. 3. 1992, DB 1992, 1785 mit Anm. *Schüren*.
126 BAG v. 24. 10. 2001, BB 2002, 1154 für Feiertage.
127 BAG v. 29. 1. 1992, DB 1992, 1478.

herigen Arbeitsleistung verringerten Tätigkeit seine Arbeitsfähigkeit wiederherstellen kann.[128]

Gleichwohl bestehen auch im Wiedereingliederungsvertrag **Nebenpflichten**, soweit sie mit dem Zweck der Wiedereingliederungsmaßnahme vereinbar sind. Namentlich zu nennen sind das Weisungsrecht des Arbeitgebers, seine Fürsorgepflicht und die Treuepflicht des Arbeitnehmers.

Während der Wiedereingliederungsmaßnahme wird **keine Arbeitsvergütung** gezahlt, soweit die Entgeltfortzahlungspflicht nach EFZG geendet hat. Der Arbeitnehmer hat dann vielmehr weiterhin **Anspruch auf Krankengeld**. Wird gleichwohl eine Vergütung vereinbart, so ruht in Höhe dieser Vergütung das vereinbarte Krankengeld.

Da der Arbeitnehmer keine Arbeitsleistung erbringt, hat er auch **keinen Anspruch auf Urlaub**. Auch ein neuer **Entgeltfortzahlungszeitraum** beginnt nicht.

Der Arbeitnehmer kann nach wohl überwiegender Auffassung seine Tätigkeit **jederzeit abbrechen**, wenn er sich der Belastung nicht gewachsen fühlt. Ob der Arbeitgeber jederzeit seine Zusage widerrufen kann, oder nur, wenn durch die nur teilweise Tätigkeit des Arbeitnehmers unerwartete Schwierigkeiten im betrieblichen Ablauf eintreten, ist umstritten.[129]

Da es sich nicht um ein Arbeitsverhältnis handelt, bestehen auch **keine Mitbestimmungsrechte des Betriebsrates** nach §§ 87 Abs. 1 Nr. 2 und 3, 99 BetrVG etc.

7. Telearbeit (M 6.6)

Allgemein geht man davon aus, dass Telearbeit in erheblichem Maße die bisherigen Arbeitsverhältnisse ersetzen wird. Telearbeit wird an EDV-Anlagen verrichtet, die sich außerhalb des Betriebes des Arbeit-/Auftraggebers befinden und mit diesem durch elektronische Kommunikationsmittel verbunden sind. **Rechtsgrundlage** kann ein Arbeitsverhältnis sein, in Betracht kommen aber auch freie Dienst-, Werk- oder Werklieferungsverträge sowie Heimarbeit. Für die Abgrenzung zwischen freien Auftragsverhältnissen und einem Arbeitsverhältnis gelten die allgemeinen Grundsätze.[130] Diese Darstellung beschränkt sich daher auf Telearbeit im Arbeitsverhältnis. Man spricht von **ausschließlicher Telearbeit**, wenn der Arbeitnehmer seine Tätigkeit in vollem Umfang außerhalb des Betriebes – in der Regel an seinem häuslichen Arbeitsplatz – ausübt; ist er zeitweise auch im Betrieb, so handelt es sich demgegenüber um **alternierende Telearbeit**.

Unabhängig davon, ob von der EDV in der Wohnung des Telearbeitnehmers eine online-Verbindung zum Arbeitgeberbetrieb besteht oder nicht, gilt dessen Arbeitsstätte als unselbständiger Betriebsteil, der also mit dem Hauptbetrieb, dem er zugeordnet wird, eine Betriebseinheit darstellt.[131] Voraussetzung ist natürlich immer, dass

---

128 Vgl. Richtlinien des Bundesausschusses der Ärzte und Krankenkassen über die Beurteilung der Arbeitsunfähigkeit und die Maßnahmen zur stufenweisen Wiedereingliederung vom 3. 9. 1991 (BArbBl. 11, S. 28, abgedruckt in *Aichberger*, Sozialgesetzbuch, Textsammlung Nr. 256).
129 Vgl. *von Hoyningen-Huene*, NZA 1992, 49, 53; *Reinecke* in Personalbuch 2003, Nr. 351 Rz. 13.
130 Vgl. dazu im Einzelnen Kap. 9 unter I. 1.; zur Heimarbeit Kap. 9 unter I. 4.; vgl. ferner *Körner*, NZA 1999, 1192 f.; *Schaub*, BB 1998, 2108 f.
131 *Fitting*, § 5 BetrVG Rz. 183 ff.; ErfK/*Eisemann*, § 5 BetrVG Rz. 23.

der Telearbeiter Arbeitnehmer ist, also trotz seiner außerbetrieblichen Tätigkeit einem umfassenden Weisungsrecht des Arbeitgebers insbesondere nach Ort und Zeit seiner Tätigkeit unterliegt.[132]

Zur **Einführung von Telearbeit** im bestehenden Arbeitsverhältnis bedarf es einer ergänzenden Vereinbarung für den Arbeitgeber und Arbeitnehmer oder gegebenenfalls einer Änderungskündigung. Die Verlegung der Tätigkeit des Arbeitnehmers in dessen Wohnung ist von einer üblichen Versetzungsklausel, den Arbeitnehmer auch an einen anderen Arbeitsort oder auf einen anderen Arbeitsplatz zu versetzen, wegen des grundsätzlichen Schutzes der Wohnung des Arbeitnehmers nach Art. 13 GG nicht umfasst.[133] Kommt eine einvernehmliche Regelung nicht zustande, so kann der Arbeitgeber nur eine Änderungskündigung aussprechen, wenn deren allgemeine Voraussetzungen vorliegt (dazu im Einzelnen Kap. 20). Werden aufgrund unternehmerischer Entscheidung alle Arbeitsplätze in die Wohnung des Arbeitnehmers verlegt und lehnt der Arbeitnehmer eine entsprechende zumutbare Änderungskündigung ab, so kann eine Beendigungskündigung sozial gerechtfertigt sein.

8. Sabbatical[134]

Das Sabbatical ist eine zeitlich festgelegte, idR bezahlte Freistellung von der Arbeit. Es kann auf einzel- oder kollektivvertraglicher Ebene vereinbart werden. Der Arbeitnehmer wird als Teilzeitbeschäftigter geführt, füllt aber vor oder nach seiner sog. Freistellungsphase sein Arbeitszeitkonto auf (Ansparphase), indem er außer seiner vertraglich vereinbarten Arbeitszeit zusätzliche Arbeit leistet. Sie wird nicht gleich entlohnt, sondern für die Zeit der Freistellung gutgeschrieben. Der Zeitraum der Freistellung liegt idR zwischen drei und zwölf Monaten. Für den Arbeitgeber besteht auch in der Freistellungsphase Sozialversicherungspflicht, da der Arbeitnehmer weiter gegen Arbeitsentgelt beschäftigt wird. Voraussetzung ist gem. § 7 Abs. 1a SGB IV, dass das in der Freistellung gezahlte Arbeitsentgelt nicht unangemessen von dem in den letzten zwölf Monaten der Ansparphase gezahlten Arbeitsentgelt abweicht. Was genau darunter zu verstehen ist, wurde bislang nicht abschließend geklärt. Ein Indiz könnte sein, wenn ein Arbeitsentgelt unter Sozialhilfeniveau (§§ 11 ff., 27 ff. BSHG) absinkt. Beide Entgelte müssen zudem Euro 400 übersteigen.

Die Vertragsparteien können auch für einen bestimmten Zeitraum die arbeitsvertraglichen Pflichten vollständig ruhen lassen. Gleichzeitig räumen sie dem Arbeitgeber aber das Recht ein, im Bedarfsfall den Arbeitnehmer wieder zur Arbeitsleistung (gegen Entlohnung) zu verpflichten (sog. widerrufliches Sabbatical). Der Arbeitnehmer muss sich in diesem Fall während der vereinbarten Zeit stets bereit halten, wieder die Arbeit aufzunehmen. Dafür zahlt ihm der Arbeitgeber für die Dauer der Vereinbarung einen prozentualen Teil seiner monatlichen Bruttovergütung. Bei einer Unterbrechung kann die Vereinbarung nach der „Arbeitsphase" für den Rest der vereinbarten Laufzeit fortgesetzt werden.

---

132 Vgl. BAG v. 5. 5. 1992, DB 1992, 1936.
133 *Kramer*, DB 2000, 1329.
134 Darstellung und Muster orientiert sich mit freundlicher Genehmigung von *Belling* an *Belling*, Personalmanagement und Lebensgestaltung durch Sabbatical, Personal Profi 5/2002, 1.

II. Muster

6.1.1 Kalendarisch befristeter Arbeitsvertrag aus sachlichen Gründen[1]

§ 1 Befristung

Herr/Frau ... wird von der Firma für die Zeit vom ... bis[2] ... als ... eingestellt. Das Arbeitsverhältnis endet mit Ablauf der Frist, ohne dass es einer Kündigung bedarf. Die Befristung erfolgt, weil .... [3, 4]

§ 2 Kündigung

Während der Befristung kann das Arbeitsverhältnis von beiden Seiten mit einer Frist von ... Wochen/Monaten zum ... gekündigt werden.[5]

§§ 3 ff. *(Verweisungsklausel, Vergütung, Urlaub usw. vgl. M 3.1)*

§ ... *Meldepflicht beim Arbeitsamt*

Herr/Frau ... wird darauf hingewiesen, dass er/sie zur Aufrechterhaltung ungekürzter Ansprüche auf Arbeitslosengeld verpflichtet ist, sich drei Monate vor Ablauf dieses Vertragsverhältnisses persönlich beim Arbeitsamt arbeitssuchend zu melden und aktiv nach einer Beschäftigung zu suchen. Sofern dieses Arbeitsverhältnis für eine kürzere Dauer befristet ist, besteht diese Verpflichtung unverzüglich.[6]

---

1 Soweit es sich nicht um einen befristeten Arbeitsvertrag nach § 3 Abs. 1 iVm. § 14 Abs. 2 und 3 TzBfG handelt, ist eine Befristung nur zulässig, wenn dafür ein sachlicher Grund vorliegt (vgl. BAG v. 5. 3. 1970, AP Nr. 34 zu § 620 BGB – Befristeter Arbeitsvertrag; st. Rspr., BAG v. 31. 7. 2002, NZA 2002, 1155). Die Befristung des Arbeitsvertrages bedarf zu ihrer Wirksamkeit der Schriftform, § 14 Abs. 4 TzBfG. Ist die Befristung nur mangels Schriftform unwirksam, so kann der Vertrag auch schon vor dem vereinbarten Ende ordentlich gekündigt werden, § 16 Satz 2 TzBfG.
2 Vgl. § 2 Abs. 1 Satz 2 Nr. 3 NachwG.
3 Die Art der Befristung und ggf. der sachliche Grund müssen auch nach § 14 Abs. 4 TzBfG nicht im Vertrag schriftlich angegeben werden. Zu den zulässigen Befristungsgründen vgl. § 14 Abs. 1 TzBfG und die Erläuterungen unter I. 1. a). Vgl. aber LAG Düsseldorf v. 26. 9. 2002, DB 2003, 668.
4 ➲ **Wichtig:** Wegen § 15 Abs. 5 iVm. § 22 TzBfG sollte der Arbeitgeber nach Ablauf der Befristung oder Zweckerreichung keine Arbeitsleistung des Arbeitnehmers mehr entgegennehmen oder widersprechen bzw. die Zweckerreichung unverzüglich mitteilen, § 15 Abs. 5 TzBfG.
5 Ohne diese Regelung wäre das Arbeitsverhältnis vor Ablauf der Befristung nur außerordentlich kündbar, § 15 Abs. 3 TzBfG. Die sog. Nichtverlängerungsanzeige ist grundsätzlich keine Kündigungserklärung (BAG v. 26. 11. 1979, AP Nr. 47 zu § 620 BGB – Befristeter Arbeitsvertrag), es sei denn, die Parteien hätten zuvor schon über die Rechtswirksamkeit der Befristung gestritten (BAG v. 26. 11. 1979, AP Nr. 47 zu § 620 BGB – Befristeter Arbeitsvertrag). Sofern bei der Wirksamkeit des Befristungsgrundes Zweifel bestehen, sollte vorsorglich auch ordentlich gekündigt werden.
6 Gem. § 37b SGB III hat die Meldung „frühestens" drei Monate vor Beendigung des befristeten Arbeitsverhältnisses zu erfolgen, bei Verstößen drohen Nachteile gem. § 140 SGB III. Die Klausel weist vorsorglich auf die Drei-Monats-Frist hin, gem. § 2 Abs. 2 Nr. 3 SGB III „soll" der Arbeitgeber den Arbeitnehmer auf die Meldepflicht hinweisen, ihn hierzu freistellen und die Teilnahme an erforderlichen Qualifizierungsmaßnahmen ermöglichen.

Zweckbefristeter Arbeitsvertrag aus sachlichen Gründen[1] — 6.1.2

§ 1 Befristung

Herr/Frau . . . wird von der Firma für die Dauer der (zB Erkrankung des Mitarbeiters . . .)[2] als . . . eingestellt. Das Arbeitsverhältnis endet mit Erreichen des Zwecks, ohne dass es einer Kündigung bedarf.

§ 2 Kündigung

Während der Laufzeit kann das Arbeitsverhältnis von beiden Seiten mit einer Frist von . . . Wochen/Monaten zum . . . gekündigt werden.

§§ 3 ff. (Versetzungsklausel, Vergütung, Urlaub usw. vgl. M 3.1, zur Meldepflicht M 6.1.1)

---

1 Vgl. iÜ **M 6.1.1**.
2 Der Grund für die Zweckbefristung sollte im Arbeitsvertrag nach § 14 Abs. 4 TzBfG angegeben werden.

Mitteilung der Zweckerreichung nach § 15 Abs. 2 TzBfG — 6.1.3

Sehr geehrter Herr/Frau . . .

mit Vertrag vom . . . hatten wir Sie zweckbefristet für die Dauer der (zB Erkrankung des Mitarbeiters . . .) eingestellt. Der Zweck ist nunmehr erreicht, da (zB Herr/Frau . . . nach Ende der Erkrankung seine/ihre Tätigkeit wieder angetreten hat). Aufgrund der Zweckerreichung endet Ihr Arbeitsverhältnis bei uns daher mit Ablauf des . . . .[1] Wir weisen Sie darauf hin, dass Sie zur Aufrechterhaltung ungekürzter Ansprüche auf Arbeitslosengeld verpflichtet sind, sich unverzüglich nach Erhalt dieser Mitteilung persönlich beim Arbeitsamt arbeitssuchend zu melden.[2] Sofern das Arbeitsverhältnis noch mehr als drei Monate besteht, ist eine Meldung drei Monate vor Beendigung ausreichend. Sie sind ferner verpflichtet, aktiv nach einer Beschäftigung zu suchen. Wir danken Ihnen für Ihren Einsatz und wünschen Ihnen für Ihren weiteren Lebensweg alles Gute.

Mit freundlichen Grüßen

---

1 Gem. § 15 Abs. 2 TzBfG endet ein zweckbefristeter Arbeitsvertrag mit Erreichen des Zwecks, frühestens jedoch zwei Wochen nach Zugang der schriftlichen Unterrichtung des Arbeitnehmers durch den Arbeitgeber über den Zeitpunkt der Zweckerreichung; auch wenn der Zweck daher erreicht ist, endet das Arbeitsverhältnis frühestens mit Ablauf von zwei Wochen nach Zugang dieser Mitteilung.
2 Gem. § 37b SGB III hat die Meldung „frühestens" drei Monate vor Beendigung des befristeten Arbeitsverhältnisses zu erfolgen, bei Verstößen drohen Nachteile gem. § 140 SGB III. Wenn die Mitteilung gem. § 15 Abs. 2 TzBfG erst zwei Wochen vor Zweckerreichung erfolgt, muss nicht mehr auf die Drei-Monatsfrist des § 37b SGB III hingewiesen werden; Satz 2 kann dann weggelassen werde. Satz 3 nicht.

6.1.4 Traineevertrag

§ 1 Befristung

Herr/Frau ... wird von der Firma für die Zeit vom ... bis[1] ... als Trainee eingestellt. Das Arbeitsverhältnis endet mit Ablauf der Frist, ohne dass es einer Kündigung bedarf. Die Befristung erfolgt, weil die Firma Herrn/Frau ... im Rahmen eines befristeten Arbeitsverhältnisses für diesen Zeitraum zusätzlich zu seinem/ihrem volkswirtschaftlichen Studium Einblicke in die industrielle Praxis vermitteln möchte. Der Ausbildungsplan für Trainees ist Bestandteil dieses Vertrages.

§ 2 Kündigung

Während der Laufzeit des Vertrages kann das Arbeitsverhältnis von beiden Seiten mit einer Frist von ... Wochen/Monaten zum ... gekündigt werden.

§§ 3 ff. (Versetzungsklausel, Vergütung, Urlaub usw. vgl. M 3.1, zur Meldepflicht M 6.1.1)

---

[1] Vgl. die Anmerkungen zu **M 6.1.1**.

6.1.5 Doppelt befristeter Arbeitsvertrag[1]

§ 1 Befristung

Herr/Frau ... wird von der Firma für die Zeit vom ... bis ..., längstens bis zum ... als ... eingestellt. Das Arbeitsverhältnis endet mit Ablauf der Frist, ohne dass es einer Kündigung bedarf. Die Befristung erfolgt, weil Mitarbeiter A bis zum ... auf dem Auslandseinsatz bei dem Projekt ... in ... ist, das voraussichtlich am ... beendet ist. Sofern das Projekt länger dauert, endet der Arbeitsvertrag spätestens mit der Wiederaufnahme der Tätigkeit des A im Anschluss an diesen Auslandseinsatz.

§ 2 Kündigung

Während der Laufzeit des Vertrages kann das Arbeitsverhältnis von beiden Seiten mit einer Frist von ... Wochen/Monaten zum ... gekündigt werden.[2]

---

[1] Befristungsvereinbarungen können auch zeitlich gestaffelt hintereinander geschaltet werden. Wird der Arbeitnehmer über den ersten Befristungszeitraum hinaus weiter beschäftigt, so kommt es auf die Wirksamkeit der zweiten Befristung an. Dies wäre hier die **Zweck**befristung bis zur Rückkehr vom Auslandseinsatz. Allerdings ist auch hier eine maximale Dauer kalendarisch bestimmt. Es ist zulässig, die Befristung kalendarisch kürzer zu fassen als das mögliche Ende des Befristungszwecks (BAG v. 22. 11. 1995, BB 1996, 1615).
[2] Diese Regelung sollte wegen § 15 Abs. 3 TzBfG nicht vergessen werden.

§§ 3 ff. *(Versetzungsklausel, Vergütung, Urlaub usw. vgl. M 3.1, zur Meldepflicht M 6.1.1)*[3]

---

3 ➲ **Wichtig:** Da der Vertrag auch zweckbefristet ist, darf die Mitteilung nach § 15 Abs. 2 TzBfG (vgl. **M 6.1.3**) nicht vergessen werden!

Befristeter Arbeitsvertrag nach § 14 Abs. 2 TzBfG[1] — 6.1.6

§ 1 Befristung

Herr/Frau . . . wird von der Firma für die Zeit vom . . . bis . . . gemäß § 14 Abs. 2 TzBfG als . . . eingestellt.[2] *Das Arbeitsverhältnis endet mit Ablauf der Frist, ohne dass es einer Kündigung bedarf.*

§ 2 Kündigung

Während der Laufzeit des Vertrages kann das Arbeitsverhältnis von beiden Seiten mit einer Frist von . . . Wochen/Monaten zum . . . gekündigt werden.[3]

§§ 3 ff. *(Versetzungsklausel, Vergütung, Urlaub usw. vgl. M 3.1, zur Meldepflicht M 6.1.1)*

---

1 Die Befristung eines Arbeitsvertrages und deren dreimalige Verlängerung ist bis zu einer Gesamtdauer von zwei Jahren zulässig, sofern nicht vorher mit demselben Arbeitgeber schon ein befristetes oder unbefristetes Arbeitsverhältnis bestanden hat (§ 14 Abs. 2 TzBfG, vgl. Erläuterung unter I. 1. b) aa).
2 Auf die Norm muss nicht hingewiesen werden (BAG v. 8. 12. 1988, NZA 1989, 459; BAG v. 24. 10. 2001, DB 2002, 536, 537). Für eine solche Befristung bedarf es keines sachlichen Grundes. IÜ kommt es nicht darauf an, ob es sich um eine neue Stelle handelt; es muss nur der Arbeitnehmer „neu eingestellt" werden (BAG v. 8. 12. 1988, NZA 1989, 459; vgl. auch *Oetker/Kiel*, DB 1989, 576). Eine Neueinstellung liegt nicht vor, wenn zwischen den Vertragsparteien bereits irgendwann zuvor einmal ein Arbeitsverhältnis bestanden hat, § 14 Abs. 2 Satz 2 TzBfG.
3 Diese Regelung sollte wegen § 15 Abs. 3 TzBfG nicht vergessen werden.

6.1.7 Probearbeitsverhältnis mit Befristung

§ 1 Beginn und Art der Tätigkeit

Herr/Frau ... wird mit Wirkung ab dem ... für die Tätigkeit als ... angestellt.

§ 2 Probezeit

Das Arbeitsverhältnis wird zunächst nur für die Probezeit vereinbart. Es endet daher nach sechs Monaten am ..., ohne dass es einer Kündigung bedarf. Das Arbeitsverhältnis endet nicht, sofern die Vertragsparteien vorher die Fortsetzung des Arbeitsverhältnisses vereinbaren.

§§ 3 ff. (Versetzungsklausel, Vergütung, Urlaub usw. vgl. M 3.1, zur Meldepflicht M 6.1.1)

6.1.8 Verlängerung des Probearbeitsverhältnisses mittels Aufhebungsvertrag[1]

§ 1

Der Arbeitgeber weist darauf hin, dass nach derzeitiger Einschätzung die Probezeit nicht bestanden ist und daher eine Probezeitkündigung ausgesprochen werden soll. Dem Arbeitnehmer sollen jedoch weitere vier Monate Einarbeitungszeit eingeräumt werden.

§ 2

Die Parteien unterzeichnen daher anliegenden Aufhebungsvertrag, nach dem das Arbeitsverhältnis zum ... endet.[2]

---

[1] Ein Aufhebungsvertrag, der lediglich eine nach § 1 KSchG nicht auf ihre Sozialwidrigkeit zu überprüfende Kündigung ersetzt, ist nicht wegen Umgehung zwingender Kündigungsschutzvorschriften unwirksam. Sieht der Arbeitgeber die sechsmonatige Probezeit als nicht bestanden an, so kann er regelmäßig, ohne rechtsmissbräuchlich zu handeln, anstatt das Arbeitsverhältnis innerhalb der Frist des § 1 Abs. 1 KSchG mit der kurzen Probezeit die Kündigungsfrist zu beenden, dem Arbeitnehmer eine Bewährungschance geben, indem er mit einer überschaubaren längeren Kündigungsfrist kündigt und dem Arbeitnehmer für den Fall seiner Bewährung die Wiedereinstellung zusagen. Diese Grundsätze gelten auch für einen entsprechenden Aufhebungsvertrag. Ein unbedingter Aufhebungsvertrag mit bedingter Wiedereinstellungszusage ist nicht stets einem auflösend bedingten Aufhebungsvertrag gleichzustellen, BAG v. 7. 3. 2002, NZA 2002, 1000.

[2] In der vorgenannten Entscheidung des BAG war die zusätzliche Einarbeitungszeit vier Monate. Es empfiehlt sich, diesen Zeitraum nicht zu überschreiten.

§ 3

Der Aufhebungsvertrag wird im beiderseitigen Einvernehmen aufgehoben, wenn der Arbeitnehmer die geforderte Arbeitsleistung in vollem Umfang bis zum Beendigungszeitpunkt gem. § 2 erfüllt.

§ 4

Kommt die Aufhebung gem. § 3 nicht zustande, endet das Arbeitsverhältnis zu dem in § 2 genannten Zeitpunkt. Der Arbeitnehmer hat Anspruch auf ein wohlwollendes Dienstzeugnis.

§ 5

Für die Zeit bis zum in § 2 genannten Beendigungszeitpunkt gelten im Übrigen die Regelungen gem. dem Arbeitsvertrag vom . . . fort.

§ 6 Meldepflicht beim Arbeitsamt (vgl. M 6.1.1)

Klage auf Feststellung der Unwirksamkeit einer Befristung[1, 2] und Weiterbeschäftigung — 6.1.9

An das Arbeitsgericht

In Sachen

. . ./. . .

(volles Rubrum)[3]

vertreten wir den Kläger.

Namens und im Auftrag des Klägers erheben wir Klage und beantragen:

1. Es wird festgestellt, dass das zwischen den Parteien bestehende Arbeitsverhältnis nicht aufgrund der Befristungsvereinbarung vom 26. 6. 2001[4] am 30. 6. 2002 endet, sondern auf unbestimmte Zeit fortbesteht.

---

1 Zu beachten ist die **Dreiwochenfrist** des § 17 Satz 1 TzBfG, innerhalb derer die Unwirksamkeit der Befristung geltend gemacht werden muss. Die Frist läuft allerdings erst ab dem vereinbarten Ende des Arbeitsverhältnisses, also nicht schon ab dem Moment, in dem der Arbeitgeber sich auf die Befristung beruft. Wird die Frist unverschuldet versäumt, kann die Klage gemäß § 17 Satz 2 TzBfG in entsprechender Anwendung der §§ 5–7 KSchG nachträglich zugelassen werden.
2 Die Klage auf Feststellung, dass eine Befristung unwirksam ist, setzt gem. § 256 ZPO ein Feststellungsinteresse voraus. Daran kann es fehlen, wenn der vereinbarte Befristungsablauf noch **weit entfernt** ist. Soll dagegen das Arbeitsverhältnis in absehbarer Zeit enden, ist die Feststellungsklage zulässig (BAG v. 12. 10. 1979, AP Nr. 48 zu § 620 BGB – Befristeter Arbeitsvertrag; BAG v. 9. 9. 1981, v. 13. 1. 1983 und v. 13. 1. 1983, AP Nr. 38, 42, 43 zu § 611 BGB – Abhängigkeit).
3 S. **M 45.1** und **45.2**.
4 Unklar ist, ob der Klageantrag sich darauf beschränken kann, die Unwirksamkeit der Befristung zu einem bestimmten Datum geltend zu machen, oder ob entsprechend der Rechtspre-

2. Es wird festgestellt, dass das zwischen den Parteien bestehende Arbeitsverhältnis nicht durch das Schreiben der Beklagten vom 25. 5. 2002 zum 30. 6. 2002 endet.

3. Es wird festgestellt, dass das zwischen den Parteien bestehende Arbeitsverhältnis auch nicht durch sonstige Beendigungstatbestände endet, sondern über den 30. 6. 2002 hinaus weiterbesteht.

4. Die Beklagte wird verurteilt, den Kläger über den 30. 6. 2002 hinaus zu unveränderten Bedingungen im Werk . . . als . . . mit einem Bruttogehalt von Euro . . . weiterzubeschäftigen.

Begründung:

Der Kl. ist bei der Bekl. im Werk . . . seit dem 31. 3. 2000 als . . . mit einem Bruttomonatsverdienst von Euro . . . beschäftigt. Der Bekl. beschäftigt im Werk . . . regelmäßig . . . Arbeitnehmer. Grundlage der Beschäftigung war zunächst der Anstellungsvertrag vom 25. 3. 2000, der bis zum 30. 6. 2001 befristet war.[5]

Beweis: Anstellungsvertrag vom 25. 3. 2000, Anlage K 1

Mit Vertragsnachtrag vom 26. 6. 2001 vereinbarten die Parteien, den Anstellungsvertrag bis zum 30. 6. 2002 zu verlängern.

Beweis: Verlängerungsvereinbarung vom 26. 6. 2001, Anlage K 2

Mit Schreiben vom 25. 5. 2002 teilte die Bekl. dem Kl. mit, sein Arbeitsverhältnis ende zum 30. 6. 2002.

Beweis: Schreiben der Bekl. vom 25. 5. 2002, Anlage K 3

Der Kl. antwortete der Bekl. mit Einschreiben vom 28. 5. 2002 und teilte mit, er sei mit der Beendigung des Arbeitsverhältnisses nicht einverstanden und verlange Weiterbeschäftigung über den 30. 6. 2002 hinaus.

Beweis: Schreiben des Kl. vom 28. 5. 2002, Anlage K 4

Auf dieses Schreiben reagierte die Bekl. jedoch nicht.

Mit dem Klagantrag Ziff. 1 wendet sich der Kl. gegen die vereinbarte Befristung zum 30. 6. 2002. Ein sachlicher Grund für die Befristung bestand nicht. Die Befristung war auch nicht nach § 14 Abs. 2 Satz 1 TzBfG zulässig. § 14 Abs. 2 Satz 1 TzBfG erlaubt zwar die Verlängerung befristeter Arbeitsverträge, aber nicht über eine Gesamtdauer von zwei Jahren hinaus. Im vorliegenden Fall sollte die Befristung zusammen mit der Verlängerung jedoch zwei Jahre und drei Monate dauern. Die dreiwöchige Klagefrist nach § 17 Satz 1 TzBfG ist gewahrt.

Mit dem Klagantrag Ziff. 2 wendet sich der Kl. gegen das Schreiben der Bekl. vom 25. 5. 2002 für den Fall, dass dieses Schreiben als Kündigungserklärung aufgefasst

---

chung zu § 4 KSchG im Klageantrag angegeben werden muss, wann und wo die Befristungsabrede vereinbart wurde. Vorsorglich ist dringend Letzteres zu empfehlen.

5 Aufgrund des § 14 Abs. 4 TzBfG bedürfen Befristungen der gesetzlichen Schriftform des § 126 BGB bzw. § 126a BGB (dazu oben unter I. 1.). Die Regelung gilt nur für neu vereinbarte Befristungen. Vor dem 1. 5. 2000 (seitdem galt die Vorläufervorschrift § 623 BGB zu § 14 Abs. 4 TzBfG) vereinbarte Befristungen, die nicht der gesetzlichen Schriftform genügen, bleiben also wirksam.

werden könnte. Vorsorglich wird bestritten, dass Kündigungsgründe nach § 1 KSchG vorliegen und dass der im Betrieb bestehende Betriebsrat ordnungsgemäß gem. § 102 BetrVG angehört wurde. Im Betrieb sind mehr als fünf Arbeitnehmer beschäftigt. Die dreiwöchige Klagefrist nach §§ 4, 7 KSchG ist gewahrt.[6]

Mit dem Klagantrag Ziff. 3 begehrt der Kl. die Feststellung, dass das Anstellungsverhältnis auch durch sonstige Beendigungstatbestände nicht endet. Dem Kl. sind zwar derzeit keine weiteren Beendigungstatbestände bekannt. Es ist jedoch damit zu rechnen, dass die Bekl. unverzüglich eine Kündigung aussprechen wird, wenn sie feststellt, dass die Befristung wegen Verstoßes gegen § 14 Abs. 2 TzBfG unwirksam war. Dies hat der Personalleiter der Bekl. . . . gegenüber dem Kl. in einem Telefonat vom . . . bereits angekündigt.[7]

Mit dem Klagantrag Ziff. 4 macht der Kl. den nach der Rechtsprechung des Großen Senats des BAG bestehenden allgemeinen Weiterbeschäftigungsanspruch geltend,[8] der nicht nur in Kündigungsschutzverfahren gilt, sondern auch bei Streit um die Wirksamkeit einer Befristung.

. . .

(Unterschrift)

---

6 S. im Einzelnen die allgemeinen Muster zur Kündigungsschutzklage, **M 22.13 ff.**
7 S. im Einzelnen die allgemeinen Muster zur Kündigungsschutzklage, **M 22.13 ff.**
8 BAG GS v. 27. 2. 1985, NJW 1985, 298.

Teilzeitarbeitsvertrag[1] 6.2.1

§ 1 Beginn des Arbeitsverhältnisses

(1) Herr/Frau . . . wird als Teilzeitarbeitnehmer/in die Tätigkeit eines . . . ausführen. Er/Sie wird seine/ihre Tätigkeit am . . . beginnen.[2]

(2) Die Probezeit beträgt sechs Monate. Während dieser Zeit können die Vertragsparteien das Arbeitsverhältnis mit einmonatiger Frist zum Monatsschluss kündigen.[3]

§ 2 Arbeitszeit

(1) Die regelmäßige wöchentliche Arbeitszeit beträgt 20 Stunden.

oder

(1) Die regelmäßige tägliche Arbeitszeit beträgt 4 Stunden.

---

1 Für ältere Arbeitnehmer ist vor allem das Altersteilzeitgesetz von Bedeutung; danach fördert die Bundesanstalt für Arbeit den gleitenden Übergang älterer Arbeitnehmer vom Erwerbsleben in den Ruhestand. Zu Einzelheiten vgl. die Muster in Kap. 7.
2 Zu Versetzungsklauseln vgl. oben **M 3.1** bei § 1 Abs. 2.
3 Gemäß § 622 Abs. 3 BGB wäre auch eine Kündigungsfrist von zwei Wochen zulässig.

(2) Die tägliche Arbeitszeit beginnt um 16.00 und endet um 20.00 Uhr.

oder

(2) Beginn und Ende der täglichen Arbeitszeit richten sich nach der Betriebsvereinbarung für Teilzeitbeschäftigte vom . . . .

oder

(2) Herr/Frau . . . wird jeweils von Montag bis Donnerstag fünf Stunden täglich arbeiten.

oder

(2) Herr/Frau . . . wird jede zweite Woche 40 Stunden arbeiten und in der dazwischenliegenden Woche jeweils aussetzen.

(3) Der Arbeitgeber ist berechtigt, die Lage der Arbeitszeit mit einer Ankündigungsfrist von . . . Tagen zu ändern.[4]

(4) Herr/Frau . . . ist verpflichtet, Überstunden bis maximal . . . h/Woche zu leisten.[5] Pro Überstunde werden 1/. . . der nach § 3 vereinbarten Monatsvergütung zzgl. einem Zuschlag von . . . % bezahlt. Die Überstunden werden . . . Tage vorher angekündigt.

§ 3 Vergütung

Herr/Frau . . . erhält eine monatliche Bruttovergütung von Euro . . ., zahlbar jeweils am Monatsende.

§ 4 Urlaub

Herr/Frau . . . erhält einen anteiligen Urlaub von 15 Arbeitstagen pro Jahr.[6]

oder

Der Urlaub für Vollzeitarbeitnehmer beträgt . . . Arbeitstage; Herr/Frau . . . erhält dementsprechend für die Teilzeittätigkeit anteiligen Urlaub von . . . Tagen.

oder

Herr/Frau . . . erhält Urlaub wie ein Vollzeitarbeitnehmer, wobei die freien Arbeitstage als unbezahlter Urlaub gelten. Urlaubsentgelt wird im Verhältnis der Teilzeit- zur Vollzeitarbeit gezahlt.

oder

---

4 Ohne eine solche Klausel besteht kein Recht der Arbeitgebers zur Bestimmung der Lage der Arbeitszeit im Rahmen seines Direktionsrechts (*Reinecke* in Personalbuch 2003, Nr. 402 Rz. 7). Zu den – uE nicht begründeten – Bedenken gegen die Wirksamkeit einer Klausel, die die Bestimmung der Lage der Arbeitszeit dem Arbeitgeber überlässt, s. **M 2.1** bei Ziffer 3. Besteht ein Betriebsrat, so hat er bei der Änderung ebenso wie bei der vorübergehenden Verlängerung der Arbeitszeit von Teilzeitbeschäftigten nach § 87 Abs. 1 Nr. 3 BetrVG mitzubestimmen (BAG v. 16. 7. 1991, NZA 1992, 70).

5 Auch hier ist das Mitbestimmungsrecht des Betriebsrates gem. § 87 Abs. 1 Nr. 3 BetrVG zu beachten.

6 Der Urlaub von Teilzeitkräften berechnet sich nach folgender Formel: Gesamturlaubstage für Vollzeitkräfte geteilt durch Wochentage der Vollzeittätigkeit multipliziert mit Wochentagen der Teilzeittätigkeit ergibt Gesamturlaubstage der Teilzeittätigkeit (vgl. BAG v. 14. 2. 1991, DB 1991, 1987).

Herr/Frau ... erhält ... Arbeitsstunden Erholungsurlaub.[7] *Für jeden gewährten Urlaubstag verringert sich der Urlaubsanspruch um die Anzahl der Stunden, die Herr/Frau ... ohne den Urlaub gearbeitet hätte.*

§ 5 Nebentätigkeit

Nebentätigkeiten, die die Interessen des Arbeitgebers beeinträchtigen können, bedürfen seiner vorherigen schriftlichen Zustimmung. Die Aufnahme jeder Nebentätigkeit ist dem Arbeitgeber anzuzeigen.

§§ 6 ff. (Spesen, Erfindungen, Wettbewerbsverbot usw.)

---

7 Diese komplizierte Regelung kann im Hinblick auf die Gleichbehandlung von Vollzeit- und Teilzeitarbeitskräften insbesondere dann notwendig werden, wenn die vereinbarte Arbeitszeit an verschiedenen Wochentagen unterschiedlich viele Stunden beträgt.

Antrag auf Reduzierung der Arbeitszeit 6.2.2

Firma ...

z.Hd. der Personalleiterin

Sehr geehrte Frau ... (Ort, Datum)

ich bin seit[1] *dem ... bei Ihnen beschäftigt und beantrage,*

meine Arbeitszeit von bisher ... ab dem ... um ... auf ...[2] *herabzusetzen.*

Als Verteilung der reduzierten Arbeitszeit bevorzuge ich montags von ... bis ..., dienstags von ... bis ..., mittwochs von ... bis ..., donnerstags von ... bis ... und freitags von ... bis ....

Alternativ schlage ich die Verteilung auf montags von ... bis ..., dienstags von ... bis ..., mittwochs von ... bis ..., donnerstags von ... bis ... und freitags von ... bis ... vor.

Eine Verringerung meiner Arbeitszeit soll nur unter der Bedingung erfolgen, dass es zu einer der von mir gewünschten Arbeitszeitverteilungen kommt.[3]

Ich hoffe auf Ihre Zustimmung zu der verkürzten Arbeitszeit und ihrer Verteilung. Zu Gesprächen zur Beseitigung etwaiger Probleme stehe ich jederzeit gerne zur Verfügung.

(Unterschrift)

---

1 Mindestens sechs Monate.
2 § 8 Abs. 1 TzBfG bezieht sich auf die vertraglich vereinbarte Arbeitszeit. Es werden also auch flexible, auf längere Zeiträume angelegte Arbeitszeitregelungen erfasst.
3 Eine solche Bedingung (§ 158 Abs. 1 BGB) dürfte zulässig sein.

6.2.3 Schreiben bei verspätetem Antrag auf Reduzierung der Arbeitszeit

Betr.: Ihr Antrag auf Reduzierung der Arbeitszeit vom ...

Sehr geehrter Herr/Frau ... (Ort, Datum)

Sie wünschen eine Reduzierung Ihrer wöchentlichen Arbeitszeit von 40 auf 20 Stunden ab dem 1. 10. 2003. Dies hätten Sie mit einer Frist von drei Monaten, also spätestens am 31. 6. 2003,[1] beantragen müssen.

Da Ihr Antrag erst am 26. 8. 2003 bei uns eingegangen ist, werden wir ihn als zum 27. 11. 2003[2] gestellt behandeln. Unsere Antwort erhalten Sie bis 30. 9. 2003.[3]

Mit freundlichem Gruß

---

1 Bei § 8 Abs. 2 TzBfG handelt es sich um eine Vorschaltfrist, die vor dem Beginn der Verringerung abgelaufen sein muss, *Hopfner*, DB 2001, 2144, 2145; *Straub*, NZA 2001, 919, 921 f.
2 Der neue Beginn ist durch Umdeutung (§ 140 BGB) des ursprünglichen Antrags zu gewinnen. Der Beginn verschiebt sich nach dem hypothetischen Willen des Antragstellers auf den nächstmöglichen fristgemäßen Zeitpunkt, LAG Hamm v. 6. 5. 2002, NZA-RR 2003, 178; ArbG Oldenburg v. 26. 3. 2002, NZA 2002, 908; offen gelassen von BAG v. 18. 2. 2003, NZA 2003, 911. Zur Kritik: *Reinecke* in Personalbuch 2003, Nr. 402 Rz. 22 f. mwN.
3 § 8 Abs. 5 Satz 1 TzBfG verlangt die Entscheidung des Arbeitgebers bis spätestens einen Monat vor dem gewünschten Beginn der Verringerung. Im Urteil des ArbG Oldenburg v. 26. 3. 2002, NZA 2002, 908, 909 wird zwar bei nicht fristgemäßem Antrag davon ausgegangen, dass die Vorfrist einen Monat vor dem durch Umdeutung ermittelten Beginn abläuft. Bis zur höchstrichterlichen Klärung sollte dennoch möglichst eine Antwort vor dem gewünschten Beginn erfolgen. Völlig offen bleibt die Rechtslage, wenn der Antrag auf einen Beginn in weniger als einem Monat nach Zugang gerichtet ist.

6.2.4 Ablehnung des Antrags auf Reduzierung der Arbeitszeit[1]

Herr/Frau ... (Ort, Datum)

Betr.: Ihr Antrag auf Reduzierung der Arbeitszeit vom 26. 8. 2003

Sehr geehrte/r Herr/Frau ...,

ich nehme Bezug auf Ihr Schreiben vom 26. 8. 2003. Sie machen darin eine Verringerung und Neuverteilung Ihrer Arbeitszeit geltend. Wir haben zwischenzeitlich diesen

---

1 Gem. § 8 Abs. 5 Satz 2 TzBfG bedarf die Ablehnung der Schriftform. Auch muss sie spätestens einen Monat vor dem gewünschten Beginn der Teilzeittätigkeit dem Arbeitnehmer zugehen, andernfalls verringert sich die Arbeitszeit in dem vom Arbeitnehmer gewünschten Umfang, dh. der Arbeitsvertrag gilt insoweit als geändert. Aus Arbeitgebersicht muss die Monatsfrist daher unter allen Umständen beachtet werden.

Wunsch mit Ihnen mit dem Ziel erörtert, zu einer Vereinbarung zu gelangen. Es konnte jedoch kein Einvernehmen erzielt werden.[2]

Wir können wegen entgegenstehender betrieblicher Gründe der Verringerung und Neuverteilung[3] der Arbeitszeit nicht zustimmen. Die betriebsbedingten Gründe liegen darin, dass . . . (zB: die ganztägige Erreichbarkeit in Ihrer Funktion für Kunden zwingend notwendig ist, und wir trotz entsprechender Stellenanzeigen und Anfragen bei dem zuständigen Arbeitsamt keinen Mitarbeiter finden konnten, der die verbleibende Arbeitszeit abdecken würde –; oder: dass aufgrund der projektgebundenen Art der Tätigkeit die Übergabe an einen anderen Arbeitnehmer, der Ihre Funktion in der verbleibenden Zeit übernehmen könnte, mehr als 40% der Gesamtarbeitszeit ausmachen würde).[4]

Mit freundlichen Grüßen

(Unterschrift)

---

[2] Vgl. § 8 Abs. 3 TzBfG; allerdings tritt auch ohne Verhandlung nicht die Fiktion des § 8 Abs. 5 Satz 2 TzBfG ein, sondern die Wirksamkeit der Befristung hängt auch dann davon ab, ob betriebliche Gründe gem. § 8 Abs. 4 TzBfG entgegenstehen, BAG v. 18. 2. 2003 – 9 AZR 356/02, PM 14/03 entgegen LAG Düsseldorf v. 2. 5. 2002 – 5 SA 216/02.
[3] Um die Fiktion des § 8 Abs. 5 Satz 3 TzBfG zu vermeiden, ist immer auch die Neuverteilung ausdrücklich abzulehnen.
[4] Eine nähere Begründung ist nach dem Gesetz in der Ablehnung nicht erforderlich; Rechtsprechung zum Begründungserfordernis findet sich noch nicht; auch bestehen bei den betrieblichen Gründen erhebliche Unsicherheiten, vgl. dazu Erläuterungen unter I. 2.

Klage auf Zustimmung zur Reduzierung der Arbeitszeit 6.2.5

An das Arbeitsgericht

In Sachen

. . ./. . .

(volles Rubrum)[1]

vertreten wir den Kläger.

Namens und im Auftrag des Klägers erheben wir Klage und beantragen:

1. Die Beklagte wird verurteilt, dem Antrag des Klägers vom . . . auf Reduzierung seiner vertraglichen Arbeitszeit von 40 auf 20 Wochenstunden zuzustimmen[2].

---

[1] S. **M 45.1** und **45.2**.
[2] Der Antrag ist auch ohne Angabe eines Zeitpunkts, ab dem die Verringerung der Arbeitszeit greifen soll, bestimmt genug gem. § 253 Abs. 2 Nr. 2 ZPO, da gem. § 894 Abs. 1 ZPO die Abgabe der Willenserklärung erst mit Rechtskraft des Urteils als erfolgt gilt und ihre Wirkung erst dann eintreten kann (ArbG Essen v. 19. 6. 2001, NZA-RR 2001, 573, 574; *Diller*, NZA 2001, 589, 590 Fn. 10; *Beckschulze*, DB 2000, 2598, 2606).

2. Die Beklagte wird (hilfsweise für den Fall des Obsiegens)[3] verurteilt, die Verteilung der Arbeitszeit entsprechend dem Antrag des Klägers vom ... auf montags von ... bis ..., dienstags von ... bis ..., mittwochs von ... bis ..., donnerstags von ... bis ... und freitags von ... bis ... festzulegen.

Begründung:

Der Kl. ist bei der Bekl. seit dem ... beschäftigt. Grundlage der Beschäftigung ist der Anstellungsvertrag vom ....

Beweis: Anstellungsvertrag vom ..., Anlage K 1

Die Beklagte beschäftigt regelmäßig mehr als 15 Arbeitnehmer ausschließlich der zur Berufsausbildung Beschäftigten.

Am ... beantragte der Kläger schriftlich bei der Beklagten die Reduzierung seiner vertraglich vereinbarten Arbeitszeit von 40 auf 20 Wochenstunden zum .... Gleichzeitig bat er um die Festlegung seiner Arbeitszeit entsprechend dem Antrag Ziff. 2.

Beweis: Schreiben des Klägers vom ..., Anlage K 2

Mit Schreiben vom ... lehnte die Beklagte dies aus betrieblichen Gründen ab, ohne diese näher zu bezeichnen.

Beweis: Schreiben der Beklagten vom ..., Anlage K 3

Mit dem Klagantrag Ziff. 1 macht der Kläger seinen Anspruch auf Zustimmung zur Verringerung seiner vertraglich vereinbarten Arbeitszeit aus § 8 Abs. 1 und 4 TzBfG geltend. Der Kläger ist seit mehr als sechs Monaten bei der Beklagten beschäftigt (§ 8 Abs. 1 TzBfG) und die Beklagte beschäftigt in ihrem Unternehmen regelmäßig mehr als 15 Arbeitnehmer ohne Auszubildende (§ 8 Abs. 7 TzBfG). Der Antrag auf Verringerung der Arbeitszeit wurde rechtzeitig gem. § 8 Abs. 2 TzBfG gestellt. Die Verringerung der Arbeitzeit sollte zum ... beginnen, so dass bei Antragstellung am ... mehr als drei Monate Zeit verblieben.

Vorsorglich wird das Vorliegen betrieblicher Gründe, die der Verringerung der Arbeitszeit entgegenstehen, bestritten.[4]

Mit dem Klagantrag Ziff. 2 begehrt der Kläger seinen Anspruch auf Festsetzung der Verteilung der verringerten Arbeitszeit aus § 8 Abs. 4 TzBfG.

...

(Unterschrift)

---

3 Wird der Antrag wie hier als unechter Hilfsantrag gestellt, so bleibt er für den Fall des Unterliegens mit dem Klagantrag Ziff. 1 im Streitwert unberücksichtig (vgl. *Grobys/Bram,* NZA 2001, 1178).
4 Bestreiten mit Nichtwissen kann ausreichen, wenn dem Kläger Einblicke in die Betriebsabläufe fehlen, *Grobys/Bram,* NZA 2001, 1175, 1180.

M 6.2.6   Besondere Arbeitsverträge   **Kap. 6**

Klage auf Feststellung der reduzierten Arbeitszeit   6.2.6

An das Arbeitsgericht

In Sachen

. . ./. . .

(volles Rubrum)[1]

vertreten wir den Kläger.

Namens und im Auftrag des Klägers erheben wir Klage und beantragen:

1. Es wird festgestellt, dass seit dem . . .[2] die vertraglich vereinbarte Arbeitszeit des Klägers . . .[3] beträgt.
2. Hilfsweise für den Fall des Obsiegens:
   a) Es wird festgestellt, dass die Arbeitszeit auf . . . festgelegt ist.
   b) Die Beklagte wird verurteilt, den Kläger vertragsgemäß . . .[4] zu beschäftigen.

Begründung:

Der Kl. ist bei der Bekl. seit dem . . . beschäftigt. Grundlage der Beschäftigung ist der Anstellungsvertrag vom . . . .

    Beweis: Anstellungsvertrag vom . . ., Anlage K 1

Die Beklagte beschäftigt regelmäßig mehr als 15 Arbeitnehmer ausschließlich der zur Berufsausbildung Beschäftigten.

Am . . . beantragte der Kläger schriftlich bei der Beklagten die Reduzierung seiner vertraglich vereinbarten Arbeitszeit von 40 auf 20 Wochenstunden zum . . . . Gleichzeitig bat er um die Festlegung seiner Arbeitszeit entsprechend dem Antrag Ziff. 2.

    Beweis: Schreiben des Klägers vom . . ., Anlage K 2

Darauf reagierte die Beklagte nicht.

Mit dem Klagantrag Ziff. 1 macht der Kläger die Fiktionswirkung des § 8 Abs. 5 Satz 2 TzBfG geltend. Der Kläger ist seit mehr als sechs Monaten bei der Beklagten beschäftigt (§ 8 Abs. 1 TzBfG), und die Beklagte hat in ihrem Unternehmen regelmäßig mehr als 15 Arbeitnehmer ohne Auszubildende angestellt (§ 8 Abs. 7 TzBfG). Der Antrag auf Verringerung der Arbeitszeit wurde rechtzeitig gem. § 8 Abs. 2 TzBfG gestellt. Die Verringerung der Arbeitszeit sollte zum . . . beginnen, so dass bei Antragstellung am . . . mehr als drei Monate Zeit verblieben. Die fehlende Ablehnung löst die Fiktionswirkung des § 8 Abs. 5 Satz 2 TzBfG aus.

---

1 S. **M 45.1** und **45.2**.
2 Datum des Eintritts der Fiktionswirkung des § 8 Abs. 5 Satz 2 TzBfG.
3 Je nach gewünschtem Arbeitszeitmodell, zB Jahresarbeitszeit von 800 Stunden oder 40 Stunden wöchentlich in den Monaten Juni bis November etc.
4 Hier sind die Beschäftigungszeiten entsprechend den Anträgen Ziff. 1 und 2. a) einzufügen. Die übrigen Arbeitsbedingungen müssen nur dann gesondert aufgeführt werden, wenn sie im Streit sind, Erman/*Hanau*, § 611 BGB Rz. 357.

Mit dem Klagantrag Ziff. 2. a) begehrt der Kläger die Feststellung der Fiktionswirkung des § 8 Abs. 5 Satz 3 TzBfG hinsichtlich der Verteilung der verringerten Arbeitszeit. Auch hinsichtlich der Verteilung greift die Fiktionswirkung.

Mit dem Klagantrag Ziff. 2. b) begehrt der Kläger Beschäftigung entsprechend dem derzeitigen Vertragsinhalt. Die Klage ist gem. § 259 ZPO zulässig. Die Beklagte hat am . . . die Beschäftigung des Klägers zu den nunmehr geltenden Beschäftigungszeiten verweigert. Damit besteht die Besorgnis, dass die Beklagte den Kläger auch zukünftig nicht vertragsgemäß beschäftigen wird. Der Anspruch auf Beschäftigung folgt aus der Pflicht der Beklagten, im bestehenden Arbeitsverhältnis das Persönlichkeitsrecht des Klägers zu achten.[5]

. . .

(Unterschrift)

---

5 BAG v. 10. 11. 1955, AP Nr. 2 zu § 611 BGB – Beschäftigungspflicht.

6.2.7 Einstweilige Verfügung auf Reduzierung der Arbeitszeit

An das Arbeitsgericht

In Sachen

. . ./. . .

(volles Rubrum)[1]

vertreten wir den Antragsteller.

Namens und im Auftrag des Antragstellers beantragen wir:

> Die Antragsgegnerin wird im Wege der einstweiligen Verfügung[2] verpflichtet, bis zu einer rechtskräftigen Entscheidung in der Hauptsache den Antragsteller mit einer Wochenarbeitszeit von 20 Stunden bei gleichmäßiger Verteilung der Arbeitszeit auf Montag bis Freitag, jeweils vier Stunden von 8.00 bis 12.00 Uhr, zu beschäftigen.[3]

Begründung:

Der Kl. ist bei der Bekl. seit dem . . . beschäftigt. Grundlage der Beschäftigung ist der Anstellungsvertrag vom . . . .

> *Glaubhaftmachung: Anstellungsvertrag vom . . ., Anlage AS 1*

---

1 Allgemein zur einstweiligen Verfügung s. Kap. 51, insbesondere **M 51.1**.
2 Der sonst bei Verfügungsanträgen übliche (s. **M 51.1**) Antrag auf Entscheidung ohne mündliche Verhandlung ist bei Anträgen auf Arbeitszeitreduzierung fehl am Platze und sollte gleich weggelassen werden; schon wegen § 616 BGB kann die Sache nie so eilbedürftig sein, dass keine Zeit für eine mündliche Verhandlung wäre.
3 Das Bedürfnis für eine einstweilige Regelung besteht auch über eine erstinstanzliche Entscheidung hinaus, da die in der Hauptsache begehrte Abgabe einer Willenserklärung erst mit der Rechtskraft des Urteils als abgegeben gilt.

Die Beklagte beschäftigt regelmäßig mehr als 15 Arbeitnehmer ausschließlich der zur Berufsausbildung Beschäftigten.

> Glaubhaftmachung: Geschäftsbericht der Antragsgegnerin vom ..., Anlage AS 2

Am ... beantragte der Kläger schriftlich bei der Beklagten die Reduzierung seiner vertraglich vereinbarten Arbeitszeit von 40 auf 20 Wochenstunden zum .... Gleichzeitig bat er um die Festlegung seiner Arbeitszeit entsprechend dem Antrag.

> Glaubhaftmachung: Schreiben des Klägers vom ..., Anlage AS 3;
> Eidesstattliche Versicherung des Antragstellers, Anlage AS 4

Mit Schreiben vom ... lehnte die Beklagte dies aus betrieblichen Gründen ab, ohne diese näher zu bezeichnen.

> Glaubhaftmachung: Schreiben der Beklagten vom ..., Anlage AS 5

Die Frau des Antragstellers ist seit ... ganztägig pflegebedürftig.

> Glaubhaftmachung: Ärztliches Gutachten vom ..., Anlage AS 6

Der Antragsteller hat keine weiteren Familienangehörigen, und es ist ihm finanziell nicht möglich, Pflegepersonal über den Rahmen der Finanzierung durch die Pflegeversicherung hinaus zu beschäftigen. Derzeit wird die Ehefrau vom Pflegedienst ... täglich in der Zeit von 8.00 bis 12.00 Uhr, also 4 Stunden täglich betreut. Die übrige Pflege muss der Antragsteller übernehmen. Hierfür wendet er 8 Stunden täglich auf.

> Glaubhaftmachung: Eidesstattliche Versicherung des Antragstellers, Anlage AS 4

Der Anordnungsanspruch ergibt sich aus § 8 Abs. 1 und 4 TzBfG. Der Antragsteller ist seit mehr als sechs Monaten bei der Beklagten beschäftigt (§ 8 Abs. 1 TzBfG) und die Antragsgegnerin hat in ihrem Unternehmen regelmäßig mehr als 15 Arbeitnehmer ohne Auszubildende angestellt (§ 8 Abs. 7 TzBfG). Der Antrag auf Verringerung der Arbeitszeit wurde rechtzeitig gem. § 8 Abs. 2 TzBfG gestellt. Die Verringerung der Arbeitzeit sollte zum ... beginnen, so dass bei Antragstellung am ... mehr als drei Monate Zeit verblieben, die jedoch inzwischen verstrichen sind.

Betriebliche Gründe, die der Verringerung der Arbeitszeit entgegenstehen, liegen nicht vor.

Der Verfügungsgrund ergibt sich daraus, dass die Pflegebedürftigkeit der Ehefrau des Antragstellers derzeit akut vorliegt und die Sicherung der erforderlichen Pflege nicht gewährleistet ist. Da die Pflege durch den Antragsteller während acht Stunden täglich erforderlich ist, muss er seine Arbeitszeit entsprechend dem Antrag reduzieren. Bezüglich der Verteilung der Arbeitszeit ergibt sich der Verfügungsgrund daraus, dass der Antragsteller aufgrund der Pflegezeiten des Pflegedienstes ... darauf angewiesen ist, genau zu diesen Zeiten zu arbeiten.

...
(Unterschrift)

6.2.8 Änderungsvertrag

Zwischen

der X-AG (i. F. Gesellschaft)

und

Herrn/Frau ...

wird Folgendes vereinbart:

Vorbemerkung: [1]

Herr/Frau hat bei der Gesellschaft am ... um die Reduzierung seiner/ihrer vertraglich vereinbarten Arbeitszeit und deren Neuverteilung gebeten. Nach Erörterung dieses Wunsches vereinbaren die Parteien die folgenden Änderungen zum Arbeitsvertrag vom ... :

§ 1 Arbeitszeit

(1) Die regelmäßige Arbeitszeit beträgt ab ... ... Stunden wöchentlich.

(2) Die Verteilung der wöchentlichen Arbeitszeit wird ab ... folgendermaßen gestaltet: montags von ... bis ..., dienstags von ... bis ..., mittwochs von ... bis ..., donnerstags von ... bis ... und freitags von ... bis .... Gleichwohl behält sich die Gesellschaft eine spätere Änderung der Lage der Arbeitszeit vor, wenn das betriebliche Interesse daran das Interesse von Herrn/Frau ... erheblich überwiegt.[2] Dies wird die Gesellschaft einen Monat vorher ankündigen.

§ 2 Vergütung

(1) Herr/Frau ... erhält ab ... eine monatliche Bruttovergütung in Höhe von Euro ....

(2) Herr/Frau ... erhält ab ... Urlaubs- und Weihnachtsgratifikation in Höhe von Euro ... bzw. Euro ....

(3) Die betriebliche Altersversorgung wird beibehalten, wobei die Zuführungen um ...% gekürzt werden.

(4) Die Regelungen über vermögenswirksame Leistungen bleiben unverändert bestehen.

(5) Alle übrigen geldwerten Vorteile und Leistungen der Gesellschaft werden ab ... um ...% gekürzt.[3]

§ 3 Fortgeltung Arbeitsvertrag

Im Übrigen gelten die Regelungen des Arbeitsvertrags vom ... fort.

---

[1] Die Vorbemerkung erfolgt im Blick auf § 8 Abs. 6 TzBfG.
[2] Diese Regelung gem. § 8 Abs. 5 Satz 4 TzBfG ist zur Klarstellung sinnvoll, damit das Direktionsrecht des Arbeitgebers hinsichtlich der Verteilung der Arbeitszeit nicht durch die vertragliche Vereinbarung ausgeschlossen wird.
[3] Mit dieser Generalklausel lassen sich eventuell leicht zu übersehende Ansprüche aus betrieblicher Übung und Ähnliches erfassen.

Teilzeitvertrag mit geringfügiger Beschäftigung (Minijob)

§ 1 Beginn und Art der Tätigkeit

Herr/Frau ... wird mit Wirkung ab dem ... als geringfügig Beschäftigte/r für die Tätigkeit als ... angestellt. Der Arbeitgeber behält sich vor, ihm/ihr ... auch eine andere angemessene Tätigkeit zuzuweisen.

§ 2 Arbeitszeit

Die Arbeitszeit beträgt wöchentlich ... Stunden.[1]

§ 3 Vergütung

Herr/Frau ... erhält monatlich eine Vergütung in Höhe von Euro ....[2]

§ 4 Steuer und Sozialversicherung

(1) Da es sich um eine Teilzeitbeschäftigung mit geringfügiger Vergütung handelt, wird die Lohnsteuer pauschaliert durch den Arbeitgeber übernommen.[3]

(2) Herr/Frau ... wird darauf hingewiesen, dass er/sie in der gesetzlichen Rentenversicherung die Stellung eines versicherungspflichtigen Arbeitnehmers erwerben kann, wenn er/sie nach § 5 Abs. 2 Satz 2 SGB VI auf die Versicherungsfreiheit durch Erklärung gegenüber dem Arbeitgeber verzichtet.[4]

(3) Herr/Frau ... erklärt, dass er/sie keine weiteren Beschäftigungsverhältnisse ausübt.

oder

(3) Herr/Frau ... erklärt, dass er/sie folgende weiteren Beschäftigungsverhältnisse ausübt:

	Firma	Entgelt	wöchentliche Arbeitszeit	versicherungspflichtig?		
				KV/PV	RV	ALV
a)				☐	☐	☐
b)				☐	☐	☐

---

1 Die frühere zeitliche Obergrenze von 15 Stunden pro Woche gem. § 8 Abs. 1 Nr. 1 SGB IV gilt seit dem 1. 4. 2003 nicht mehr.
2 Die Entgeltobergrenze beträgt gem. § 8 Abs. 1 Nr. 1 SGB IV Euro 400,–.
3 Zu Einzelheiten der Lohnsteuerpauschalierung vgl. Erläuterungen unter I. 3. Im Falle des § 40a Abs. 2 EStG beträgt die pauschale Lohnsteuer 2%, im Falle des § 40a Abs. 2a EStG beträgt sie 20%, wobei im letzteren Fall allerdings keine Sozialversicherungsbeiträge zu entrichten sind. Die Pauschalsteuer wird gegebenenfalls zusammen mit den Sozialversicherungsbeiträgen gezahlt an die zentrale Meldestelle, nämlich die Bundesknappschaft (Minijob-Zentrale).
4 ➲ **Wichtig:** Gem. § 2 Abs. 1 Satz 4 NachwG ist der Arbeitgeber zu diesem Hinweis verpflichtet. Zu Einzelheiten siehe oben die Erläuterungen unter I. 3.

(4) Herr/Frau ... verpflichtet sich, jede Änderung der steuerlichen bzw. versicherungsrechtlichen Verhältnisse, insbesondere die Aufnahme weiterer Beschäftigungen, der Firma unverzüglich mitzuteilen.[5]

§ 5 Urlaub

Der Urlaubsanspruch für Vollzeitbeschäftigte beträgt ... Arbeitstage, der Urlaubsanspruch für Herrn/Frau ... somit anteilig für den vertraglich vereinbarten Arbeitszeitanteil ... Arbeitstage.[6]

§ 6 Beendigung des Arbeitsverhältnisses

Das Arbeitsverhältnis kann mit einer Frist von einem Monat zum Monatsende schriftlich gekündigt werden.[7]

---

[5] Bei der Anwendung der Geringfügigkeitsgrenze sind mehrere geringfügige Beschäftigungen zusammenzurechnen (§ 8 Abs. 2 SGB IV). Überschreiten diese die Grenze von Euro 400,–, so handelt es sich nicht mehr um geringfügige Beschäftigungen. Sie sind dann wie normale Beschäftigungsverhältnisse sozialversicherungspflichtig. Nicht zusammengerechnet wird allerdings eine geringfügige Beschäftigung neben dem Hauptberuf. Hier zahlt der Arbeitgeber die für die geringfügige Beschäftigung üblichen Pauschalbeiträge. Jede weitere geringfügige Beschäftigung ist allerdings voll sozialversicherungspflichtig, soweit diese zusammen mit dem Hauptberuf die 400-Euro-Grenze übersteigt. Einzelheiten s. oben die Erläuterungen unter I. 3.
[6] Zur Urlaubsberechnung vgl. **M 6.2.1** Fn. 6. Bei § 5 des vorliegenden Musters gilt der gesetzliche Mindesturlaub gem. § 3 BUrlG von 24 Werktagen (bzw. 20 Arbeitstage bei einer Fünf-Tage-Woche für Vollzeitkräfte), geteilt durch die Wochentage der Vollzeittätigkeit multipliziert mit den Wochentagen der Teilzeittätigkeit.
[7] Gem. § 622 Abs. 1 BGB wäre für die ersten zwei Jahre des Arbeitsverhältnisses auch eine Kündigungsfrist von vier Wochen zum 15. oder zum Ende eines Kalendermonats zulässig. Greift ein Tarifvertrag ein, sind dessen Regelungen zu beachten.

6.3.2 Erklärung zum Verzicht auf die Versicherungsfreiheit nach § 5 Abs. 2 SGB VI

An die Firma

...

Hiermit erkläre ich, ... (Name, Vorname, Anschrift), Rentenversicherungs-Nr. ..., Krankenversicherungs-Nr. ... (bei privater Versicherung letzte gesetzliche Krankenkasse), geb. ..., Folgendes: Ich bin bei Ihnen seit dem ... beschäftigt. Ich habe folgende weiteren geringfügigen Beschäftigungsverhältnisse, bei denen das Arbeitsentgelt regelmäßig im Monat Euro 400,– nicht übersteigt.[1]

---

[1] Bei den geringfügigen Beschäftigungsverhältnissen nach § 8 Abs. 1 und § 8a SGB IV greift der Befreiungstatbestand des § 5 Abs. 2 Satz 2 SGB VI.

	Firma	Entgelt	wöchentliche Arbeitszeit	versicherungspflichtig?		
				KV/PV	RV	ALV
a)				☐	☐	☐
b)				☐	☐	☐

Für alle diese Beschäftigungen habe ich gleichfalls auf die Rentenversicherungsfreiheit verzichtet.[2]

Ich verzichte daher auf die Rentenversicherungsfreiheit

☐ ab Beginn meiner Beschäftigung,[3]

☐ mit sofortiger Wirkung,[4]

☐ ab dem ....[5]

---

2 Der Verzicht kann bei mehreren geringfügigen Beschäftigungen nur einheitlich erklärt werden und ist für die Dauer der Beschäftigung bindend, § 5 Abs. 2 Satz 2 2. Halbs. SGB VI.
3 Rückwirkend kann der Antrag nur innerhalb von zwei Wochen nach Aufnahme der Beschäftigung gestellt werden, § 5 Abs. 2 Satz 2 2. Halbs. SGB VI.
4 In diesem Fall beginnt die Rentenversicherungspflicht nach dem Tag des Eingangs dieses Antrags beim Arbeitgeber.
5 Der Antrag kann auch für die Zukunft gestellt werden.

Job-Sharing-Arbeitsvertrag mit *einem* Job-Partner[1]   6.4.1

§ 1   Tätigkeit

(1) Herr/Frau ... wird ab dem ... im Job-Sharing tätig sein.

(2) Herr/Frau ... übernimmt folgende Aufgabe: .... Der Arbeitgeber behält sich vor, ihm/ihr auch andere seiner/ihrer Vorbildung und Fähigkeiten entsprechende und zumutbare Aufgaben zu übertragen. Als zumutbar gelten namentlich folgende Aufgaben: ....[2]

§ 2   Beratung und Vertretung

(1) Herr/Frau ... wird in Abstimmung mit dem/den anderen am gleichen Arbeitsplatz Beschäftigten (Job-Partner) den zugewiesenen Arbeitsplatz während der betriebsüblichen Arbeitszeit ständig besetzen. Die Job-Partner können nicht gleichzeitig tätig sein.

(2) Ist ein Job-Partner an der Arbeitsleistung verhindert, zB infolge Urlaub, Krankheit usw., so stellt der Arbeitgeber eine Vertretung. Die Job-Partner können die Vertretung

---

1 Es handelt sich um ein Muster im Anschluss an *Schaub*, Formularsammlung, § 3 VI. 2. Vgl. auch *Danne*, Das Job-Sharing, 1986.
2 Zur Zulässigkeit von Versetzungsklauseln gem. § 308 Nr. 4 BGB vgl. Kapitel 2 unter I. 1. II) (2) (c), **M 2.1** bei Ziff. 1 Satz 2 und **M 3.1** bei § 1 Abs. 2.

im Einzelfall regeln. Bei dringenden betrieblichen Bedürfnissen verpflichtet sich Herr/ Frau . . . zur Vertretung des ausgefallenen Job-Partners ganztägig oder zu den vom Arbeitgeber bestimmten Zeiten, sofern ihm/ihr dies zumutbar ist.[3]

§ 3 Aufteilung der Arbeitszeit

(1) Die Job-Partner stimmen die Aufteilung der Arbeitszeit im Rahmen der betriebsüblichen Arbeitszeit untereinander ab. Sie legen jeweils für einen Zeitraum von . . . dem Arbeitgeber einen Arbeitsplan nach Maßgabe des § 2 vor; der Arbeitgeber kann in begründeten Fällen seine Zustimmung zu dem Plan ganz oder teilweise verweigern. Auch die Urlaubsplanung ist in den Plan einzubeziehen.

(2) Die Arbeitszeit wird so aufgeteilt, dass jeder Job-Partner im Laufe eines Zeitraumes von . . . Monat(en) seinen Zeitanteil gem. § 4 erreicht. Arbeitszeitguthaben oder Arbeitszeitschulden können nur bis zu 15 Stunden in den nächsten Abrechnungszeitraum übertragen werden. Herr/Frau . . . stimmt seine/ihre Urlaubsplanung mit den betrieblichen Belangen und den Wünschen des anderen Job-Partners ab.

(3) Einigen die Job-Partner sich über die Aufteilung der Arbeitszeit oder die Urlaubsplanung nicht, so entscheidet der Arbeitgeber verbindlich.[4]

(4) Zeiten, in denen ein Arbeitnehmer einen oder mehrere andere Job-Partner gem. § 2 Abs. 2 vertritt, werden auf die Arbeitszeit gem. § 4 nicht angerechnet, sondern mit Euro . . . je geleistete Stunde gesondert vergütet.

(5) Über- oder Mehrarbeit liegt nur vor, wenn die Arbeitszeit gem. § 4 und die Vertretungsarbeitszeit die tarifliche/betriebsübliche Wochenarbeitszeit eines Vollzeitbeschäftigten überschreitet und vom Arbeitgeber angeordnet oder genehmigt wurde.

§ 4 Arbeitszeit/Urlaub

(1) Die Arbeitszeit beträgt . . . Stunden je Woche.

(2) Der Urlaubsanspruch für Vollzeitbeschäftigte beträgt . . . Arbeitstage/Jahr, der Urlaubsanspruch für den Arbeitnehmer somit anteilig . . . Arbeitstage.

§ 5 Vergütung

(1) Herr/Frau . . . erhält eine Vergütung in Höhe von Euro . . . monatlich. § 3 Abs. 4 bleibt unberührt.

(2) Herr/Frau . . . erhält Weihnachts- und Urlaubsgeld anteilig entsprechend dem Anteil der Arbeitszeit gem. § 4 an der Arbeitszeit für Vollzeitbeschäftigte.

---

3 Nach § 13 Abs. 1 Satz 2 TzBfG können die Job-Partner zwar nicht von vornherein zur wechselseitigen Vertretung verpflichtet werden. Jede Vertretung bedarf der Vereinbarung für den Einzelfall (LAG München v. 15. 9. 1993, DB 1993, 2599). Jedoch kann die Verpflichtung zur Vertretung vorab für den Fall eines dringenden betrieblichen Erfordernisses vereinbart werden. Zur Vertretung ist der Job-Partner allerdings auch dann nur verpflichtet, wenn sie ihm zumutbar ist (§ 13 Abs. 1 Satz 3 TzBfG).

4 Das Direktionsrecht des Arbeitgebers zur Lage der Arbeitszeit ist beim Job-Sharing auch ohne dahin gehende Vereinbarung eingeschränkt: Die Job-Sharer bestimmen die Arbeitszeit untereinander selbst; nur wenn sie sich nicht einigen, fällt das Direktionsrecht an den Arbeitgeber zurück (*Schaub*, ArbR-Hdb., § 44 Rz. 62).

(3) Die Vergütung wird am Schluss eines jeden Kalendermonats fällig. Sind Vertretungszeiten abzurechnen, wird am Schluss des Kalendermonats ein angemessener Vorschuss gezahlt. Die Abrechnung und Auszahlung erfolgt bis zum 10. des Folgemonats.

§ 6 Arbeitsverhinderung

Eine Arbeitsverhinderung zeigt Herr/Frau ... dem Arbeitgeber und den übrigen Job-Partnern unverzüglich an. Arbeitsunfähigkeitsbescheinigungen legt er/sie spätestens am 2. Kalendertag der Arbeitsunfähigkeit vor.[5] Dies gilt auch für Folgebescheinigungen.

§ 7 Beendigung

(1) Das Job-Sharing-Arbeitsverhältnis kann mit einer Frist von ... zum ... gekündigt werden.[6]

(2) Scheidet ein Job-Partner aus dem Job-Sharing-System aus, so darf den übrigen Job-Partnern aus diesem Grunde allein nicht gekündigt werden. Unberührt bleibt das Recht der Arbeitgebers zur Änderungskündigung.[7] Arbeitnehmer und Arbeitgeber werden sich um eine Ersatzkraft bemühen.

(3) Die verbleibenden Job-Partner haben ein Vorschlagsrecht für eine Ersatzkraft. Der Arbeitgeber darf diesen Vorschlag nur aus wichtigem Grund ablehnen.

§ 8 Sonstiges

Für das Arbeitsverhältnis gelten im Übrigen die für den Betrieb geltenden tariflichen und betrieblichen Regelungen in ihrer jeweiligen Fassung, soweit sich aus der Eigenart des Job-Sharing-Arbeitsvertrages nichts anderes ergibt.

---

5 Die Frist des § 5 Abs. 1 EFZG (drei Kalendertage) wird dadurch verkürzt; Einzelheiten bei Bauer/Röder/Lingemann, S. 64 ff.
6 Die Kündigungsfrist darf die Kündigungsfrist eines Vollzeitarbeitsverhältnisses nicht unterschreiten.
7 Vgl. § 13 Abs. 2 TzBfG.

Job-Sharing-Arbeitsvertrag mit *allen* Job-Partnern[1]

§ 1 Tätigkeit

(1) Die Arbeitnehmer ... werden ab dem ... im Job-Sharing auf dem Arbeitsplatz ... tätig sein. Sie werden sich diesen Arbeitsplatz teilen.

(2) Der Arbeitgeber behält sich vor, ihnen auch andere ihrer Vorbildung und Fähigkeiten entsprechende und zumutbare Aufgaben zu übertragen. Als zumutbar gelten namentlich folgende Aufgaben ....

---

1 Der Vorteil dieses Vertrages liegt darin, dass auch die Handhabung des Systems im Verhältnis der Mitarbeiter zueinander festgelegt werden kann.

§ 2 Besetzung und Vertretung

(1) Die Arbeitnehmer werden in Abstimmung untereinander den zugewiesenen Arbeitsplatz während der betriebsüblichen Arbeitszeit ständig besetzen. Sie können nicht gleichzeitig tätig sein.

(2) Ist ein Job-Partner an der Arbeitsleistung verhindert, zB infolge Urlaub, Krankheit usw., so wird eine Vertretung durch den Arbeitgeber gestellt. Die Job-Partner können die Vertretung im Einzelfall regeln. Bei dringenden betrieblichen Bedürfnissen verpflichtet sich Herr/Frau . . . jedoch zur Vertretung des ausgefallenen Job-Partners ganztägig oder zu den vom Arbeitgeber bestimmten Zeiten, sofern ihm dies zumutbar ist.[2]

§ 3 Aufteilung der Arbeitszeit

(1) Die Job-Partner stimmen die Aufteilung der Arbeitszeit im Rahmen der betriebsüblichen Arbeitszeit untereinander ab.

Sie vereinbaren zunächst folgende Aufteilung:[3]

Job-Partner 1:

montags bis mittwochs vormittags von . . . bis . . . Uhr, donnerstags nachmittags von . . . bis . . . Uhr, freitags nachmittags von . . . bis . . . Uhr.

Job-Partner 2:

montags bis mittwochs nachmittags von . . . bis . . . Uhr, donnerstags vormittags von . . . bis . . . Uhr, freitags vormittags von . . . bis . . . Uhr.

Damit beträgt derzeit der Arbeitszeitanteil von Job-Partner 1 . . . h/Woche, von Job-Partner 2 . . . h/Woche.

Ändert sich die Aufteilung, so legen die Job-Partner zwei Wochen vorher jeweils für einen Zeitraum von . . . dem Arbeitgeber einen Arbeitsplan nach Maßgabe des § 2 vor. Der Arbeitgeber kann in begründeten Fällen seine Zustimmung zu dem Plan ganz oder teilweise verweigern.

(2) Die Job-Partner legen zu Beginn des Jahres ihre Urlaubsplanung vor. Abs. 1 letzter Satz gilt entsprechend.

(3) Auch bei abweichender Abstimmung beträgt der Arbeitszeitanteil jedes Job-Partners mindestens . . . Stunden pro Tag zusammenhängend am Vormittag oder Nachmittag. Die Abstimmung hat darüber hinaus so zu erfolgen, dass jeder Beteiligte im Laufe eines Zeitraumes von . . . Monat(en) seinen vertraglich vereinbarten Zeitanteil erreicht. Die Übertragung von Arbeitszeitguthaben oder von Arbeitszeitschulden ist bis zu 15 Stunden in den nächsten Abrechnungszeitraum zulässig. Die Übertragung

---

2 Nach § 13 Abs. 1 Satz 2 TzBfG können die Job-Partner zwar nicht von vornherein zur wechselseitigen Vertretung verpflichtet werden. Jede Vertretung bedarf der Vereinbarung für den Einzelfall (LAG München v. 15. 9. 1993, DB 1993, 2599). Jedoch kann die Verpflichtung zur Vertretung vorab für den Fall eines dringenden betrieblichen Erfordernisses vereinbart werden. Zur Vertretung ist der Job-Partner allerdings auch dann nur verpflichtet, wenn sie ihm zumutbar ist (§ 13 Abs. 1 Satz 3 TzBfG).

3 Diese Vereinbarung bindet nur die Job-Partner untereinander. Eine Bindung ggü. dem Arbeitgeber entsteht nur insoweit, als mit der ersten Änderung der Plan nach Abs. 1 letzter Absatz vorzulegen ist.

größerer Arbeitszeitüberhänge bedarf der vorherigen Zustimmung des Arbeitgebers. Die Job-Partner stimmen ihre Urlaubsplanung mit den betrieblichen Belangen und den Wünschen der anderen Job-Partner ab.

(4) Können sich die Job-Partner über die Aufteilung der Arbeitszeit oder die Urlaubsplanung nicht einigen, so entscheidet der Arbeitgeber verbindlich.

(5) Zeiten, in denen ein Arbeitnehmer einen oder mehrere andere Job-Partner gem. § 2 Abs. 2 vertritt, werden auf die vereinbarte Arbeitszeit nicht angerechnet, sondern mit Euro . . . je geleistete Stunde gesondert vergütet.

(6) Über- oder Mehrarbeit liegt jedoch nur vor, wenn der vertraglich vereinbarte Arbeitszeitanteil nach der jeweiligen Aufteilung gem. § 3 und die Vertretungsarbeitszeit die tarifliche/betriebsübliche Wochenarbeitszeit eines Vollzeitbeschäftigten überschreitet und vom Arbeitgeber angeordnet oder genehmigt wurde.

§ 4 Gesamtarbeitszeit/Urlaub

(1) Die Gesamtarbeitszeit für alle Job-Partner zusammen beträgt . . . Stunden je Woche.

(2) Der Urlaubsanspruch für Vollzeitbeschäftigte beträgt . . . Arbeitstage, der Urlaubsanspruch für die Job-Partner somit anteilig für den vertraglich vereinbarten Arbeitszeitanteil nach der derzeitigen Aufteilung gem. § 3 für Job-Partner 1 . . . Arbeitstage und für Job-Partner 2 . . . Arbeitstage.

§ 5 Vergütung

(1) Für den vertraglich vereinbarten Arbeitszeitanteil nach der derzeitigen Aufteilung gem. § 3 erhält der Job-Partner 1 Euro . . . monatlich und der Job-Partner 2 Euro . . . monatlich. § 3 Abs. 5 bleibt unberührt.

(2) Weihnachts- und Urlaubsgeld wird anteilig entsprechend dem prozentualen Anteil der vereinbarten vertraglichen Arbeitszeit gezahlt.

(3) Die Vergütung wird am Schluss eines jeden Kalendermonats fällig. Sind Vertretungszeiten abzurechnen, wird am Schluss des Kalendermonats ein angemessener Vorschuss gezahlt. Die Abrechnung und Auszahlung erfolgt bis zum 10. des Folgemonats.

§ 6 Arbeitsverhinderung

(1) Eine Arbeitsverhinderung zeigt jeder Job-Partner dem Arbeitgeber und den übrigen Job-Partnern unverzüglich an.

(2) Arbeitsunfähigkeitsbescheinigungen legt er spätestens am 2. Kalendertag der Arbeitsunfähigkeit vor. Dies gilt auch für Folgebescheinigungen.

§ 7 Beendigung

(1) Das Job-Sharing-Arbeitsverhältnis kann mit einer Frist von . . . zum . . . gekündigt werden.[4]

(2) Die Kündigung muss gegenüber dem jeweiligen Job-Partner jeweils gesondert erklärt werden.

---

4 Die Kündigungsfrist darf die Kündigungsfrist eines Vollzeitarbeitsverhältnisses nicht unterschreiten.

(3) Scheidet ein Job-Partner aus dem Job-Sharing-System aus, so darf den übrigen Job-Partnern aus diesem Grunde allein nicht gekündigt werden. Unberührt bleibt das Recht des Arbeitgebers zur Änderungskündigung. Arbeitnehmer und Arbeitgeber werden sich um eine Ersatzkraft bemühen.

(4) Die verbleibenden Job-Partner haben ein Vorschlagsrecht für eine Ersatzkraft. Der Arbeitgeber darf diesen Vorschlag nur aus wichtigem Grund ablehnen.

§ 8 Sonstiges

Für das Arbeitsverhältnis gelten im Übrigen die für den Betrieb geltenden tariflichen und betrieblichen Regelungen in ihrer jeweiligen Fassung, soweit sich aus der Eigenart des Job-Sharing-Arbeitsvertrages nichts anderes ergibt.

6.5 Abrufarbeit[1]

§§ 1 ff. (Beginn, Art der Tätigkeit usw.)

§ 6 Arbeitszeit

(1) Der Arbeitnehmer erbringt seine Arbeit nach dem betrieblichen Bedarf.

(2) Die wöchentliche Arbeitszeit beträgt insgesamt 12 Stunden,[2] wobei jeweils mindestens drei Stunden zusammenhängend zu arbeiten sind.[3]

(3) Die Firma teilt dem Arbeitnehmer spätestens bis Mittwoch jeder Woche den Bedarf für die Folgewoche und die Zeiteinteilung mit.[4]

§ 7 Vergütung

Die Vergütung beträgt monatlich Euro . . . brutto.[5]

---

1 In der Praxis wird häufig von „Kapovaz" = kapazitätsorientierter variabler Arbeitszeit gesprochen. Der Betriebsrat hat nach § 87 Abs. 1 Nr. 2 BetrVG über die Frage mitzubestimmen, ob Teilzeitkräfte zu festen Zeiten oder nach Bedarf beschäftigt werden sollen (BAG v. 28. 9. 1988, DB 1989, 385).

2 Nach § 12 Abs. 1 Satz 2, 3 TzBfG muss eine bestimmte Dauer der Arbeitszeit festgelegt werden, andernfalls gilt eine wöchentliche Arbeitszeit von zehn Stunden als vereinbart.

3 Sinn eines „Kapovaz"-Vertrages ist es, von vornherein eben nicht die tägliche Arbeitsdauer und Arbeitszeit festzulegen. Andererseits ist § 12 Abs. 1 Satz 4 TzBfG zu berücksichtigen, wonach der Arbeitgeber verpflichtet ist, den Arbeitnehmer jeweils für mindestens drei aufeinander folgende Stunden in Anspruch zu nehmen, wenn in der Vereinbarung die tägliche Dauer der Arbeitszeit nicht festgelegt ist.

4 Der „Abruf" muss mindestens vier Tage vor Arbeitsantritt erfolgen, andernfalls ist der Arbeitnehmer nicht zur Arbeitsleistung verpflichtet, § 12 Abs. 2 TzBfG.

5 Zu vergüten ist **die vertraglich vereinbarte** Arbeitszeit, denn nur der zeitliche Anfall ist variabel gestaltet.

Arbeitsvertrag über alternierende Telearbeit[1]

Zwischen

der Firma ... (i. F. „Arbeitgeber")

und

Herrn/Frau ... (i. F. „Arbeitnehmer")

wird Folgendes vereinbart:

§ 1 Art und Dauer der Tätigkeit

(1) Der Arbeitnehmer wird ab dem ... in alternierender Telearbeit tätig.

(2) Die Tätigkeit ist unbefristet.

oder

(2) Die Tätigkeit ist befristet bis zum ....

(3) Sein Aufgabenbereich umfasst .... Der Arbeitgeber behält sich vor, ihm auch andere seiner Vorbildung und seinen Fähigkeiten entsprechende gleichwertige und zumutbare Aufgaben zu übertragen. Als zumutbar gelten namentlich folgende Aufgaben:

...

Der Arbeitgeber behält sich weiter vor, den Arbeitnehmer an einen anderen Arbeitsplatz oder Tätigkeitsort zu versetzen. Dabei kommen nur solche Tätigkeitsorte in Betracht, an denen der Arbeitgeber eine Niederlassung hat.[2] Dabei kann ihm sowohl eine höher als auch eine niedriger bezahlte Beschäftigung übertragen werden. Der Anspruch auf die vertraglich vereinbarte Vergütung bleibt hiervon unberührt.

§ 2 Alternierende Telearbeit

(1) Der Arbeitnehmer wird die Arbeitsleistung teilweise an dem nachbenannten Telearbeitsplatz in seiner Wohnung erbringen (außerbetriebliche Arbeitsstätte) und teilweise in der Betriebsstätte des Arbeitgebers (betriebliche Arbeitsstätte). Die außerbetriebliche Arbeitsstätte ist mittels Kommunikations- und Informationsmitteln mit der Betriebsstätte des Arbeitgebers verbunden.

(2) Die Arbeitsstätten befinden sich vorbehaltlich Änderungen nach Maßgabe von § 1 Abs. 3 an folgenden Adressen:

Außerbetriebliche Arbeitsstätte: ... (Adresse)

Betriebliche Arbeitsstätte: ... (Adresse)

---

1 Der Vertrag geht davon aus, dass bereits ein Arbeitsverhältnis besteht und dieses nun in Form alternierender Telearbeit fortgeführt werden soll. Das Muster enthält weitgehende Direktionsrechte des Arbeitgebers. Ob diese nach Geltung der AGB-rechtlichen Kontrolle für Arbeitsverträge unverändert wirksam sind, ist offen. Wir sind jedoch der Auffassung, dass diese weitreichenden Direktionsrechte aufgrund der Besonderheiten des Telearbeitsverhältnisses und damit durch arbeitsrechtliche Besonderheiten im Sinne von § 310 Abs. 4 Satz 2 BGB erforderlich sind.

2 Für das Direktionsrecht gilt § 106 GewO iVm. § 315 BGB. Eine Verlegung des Tätigkeitsortes um mehr als 100 km ist vom Direktionsrecht nicht mehr umfasst (BAG v. 26. 6. 1973, DB 1973, 1304).

(3) Für die Tätigkeit an der betrieblichen Arbeitsstätte stellt der Arbeitgeber dem Arbeitnehmer einen für die Aufgabenerledigung geeigneten Arbeitsplatz zur Verfügung. Ein Anspruch auf einen ausschließlich für ihn persönlich bestimmten Arbeitsplatz besteht nicht.[3]

(4) Erfüllungsort für sämtliche Ansprüche aus dem Arbeitsverhältnis ist die Betriebsstätte des Arbeitgebers in . . . .

§ 3 Arbeitszeit[4]

(1) Die wöchentliche/monatliche/jährliche Arbeitszeit beträgt unverändert . . . Stunden. Arbeitstage sind 5 Tage/Woche. Herr/Frau . . . wird erforderliche Mehr- und Überstunden, Nacht-/Schicht-/Samstags- und Feiertagsarbeit in gesetzlich zulässigem Umfang bis zu . . . Stunden/Woche leisten. Diese sind nur zu vergüten, wenn der Arbeitgeber sie im Voraus angeordnet hat.

(2) Die Arbeitszeit in der Betriebsstätte beträgt einen Tag/8 Stunden pro Woche, und zwar montags von 8.00 bis 17.00 Uhr. Der Arbeitgeber ist nach billigem Ermessen berechtigt, sowohl die Dauer und Lage als auch das Verhältnis der Arbeit in der betrieblichen zu der Arbeit in der außerbetrieblichen Arbeitsstätte zu ändern. Dabei wird er die Wünsche des Arbeitnehmers angemessen berücksichtigen, sofern dem nicht betriebliche Belange entgegenstehen.

oder

(2) Der Arbeitgeber legt fest, zu welchen Zeiten der Arbeitnehmer seine Arbeitsleistung in der Betriebsstätte erbringt. Dabei wird er die Wünsche des Arbeitnehmers angemessen berücksichtigen, sofern dem nicht betriebliche Belange entgegenstehen.

(3) Die verbleibende Arbeitszeit wird an der außerbetrieblichen Arbeitsstätte erbracht. Die Lage der Arbeitszeit bestimmt der Arbeitnehmer selbst. Entscheidet er sich insoweit für Mehrarbeit, Samstags-, Sonntags-, Feiertags- oder Nachtarbeit, entstehen für diese Zeiten keine Ansprüche auf Zuschlagszahlungen. Soweit nach Tarifvertrag oder Betriebsvereinbarung für Arbeitsleistungen zu bestimmten Zeiten unabdingbare Ansprüche auf Zuschlagszahlungen bestehen, darf im Rahmen der selbstbestimmten Arbeitszeit ohne ausdrückliche Anordnung des Arbeitgebers die Arbeitsleistung nur zu den Zeiten erbracht werden, zu denen kein Anspruch auf Zuschlagszahlungen entsteht.[5]

(4) Der Arbeitnehmer wird an der außerbetrieblichen Arbeitsstätte von Dienstag bis Freitag zwischen 9.00 und 10.30 Uhr erreichbar sein. Rufbereitschaft und Herbeiruf gelten nicht als Arbeitszeit im Sinne dieser Vereinbarung.[6]

---

3 Diese Regelung ist bei ausschließlicher Telearbeit natürlich entbehrlich.
4 Der Arbeitgeber kann die Pflicht zur Einhaltung des Arbeitszeitgesetzes auf den Arbeitnehmer delegieren, wenn er in anderer Weise deren Einhaltung nicht sicherstellen kann (vgl. *Kramer*, DB 2000, 1329, 1331 mwN). Die Befugnis des Arbeitgebers in Abs. 2, die Verteilung der betrieblichen zur außerbetrieblichen Tätigkeit zu bestimmen, wäre möglicherweise an § 308 Nr. 4 BGB, hilfsweise § 307 BGB zu messen. UE ist sie aufgrund der Eigenart des Telearbeitsverhältnisses wirksam, zumal der letzte Satz auch eine Einschränkung des Rechtes des Arbeitgebers enthält. Rechtsprechung dazu liegt aber noch nicht vor.
5 Da der Arbeitnehmer an der außerbetrieblichen Arbeitsstätte seine Arbeitszeit selbst bestimmt, muss im Arbeitsvertrag klargestellt werden, dass die genannten besonderen Arbeitszeiten nicht durch Zuschläge honoriert werden.

(5) Der Arbeitnehmer wird während der Tätigkeit an der außerbetrieblichen Arbeitsstätte die Vorschriften des Arbeitszeitgesetzes beachten. Er wird insbesondere die tägliche Höchstarbeitszeit nicht überschreiten und die zwischen zwei Arbeitstagen liegende elfstündige Ruhepause einhalten. Er wird ferner sämtliche geleisteten Arbeitszeiten sowie Urlaubs-, Krankheits- und sonstige Arbeitsfreistellungszeiten in dem Telearbeitsbuch festhalten. Das Telearbeitsbuch stellt der Arbeitgeber zur Verfügung. Der Arbeitnehmer wird die Aufzeichnung jeweils am nächsten auf das Monatsende folgenden betrieblichen Arbeitstag dem Arbeitgeber vorlegen. Die Zeiterfassung kann auf Grundlage einer entsprechenden Betriebsvereinbarung auch durch ein elektronisches Zeiterfassungssystem erfolgen.

(6) Fahrten zwischen betrieblicher und außerbetrieblicher Arbeitsstätte gelten als nicht betriebsbedingt und sind daher keine Arbeitszeit.[7]

§ 4 Außerbetriebliche Arbeitsstätte

(1) Der Arbeitnehmer bestätigt, dass die außerbetriebliche Arbeitsstätte für den dauernden Aufenthalt und für die Erbringung der Arbeitsleistung unter Berücksichtigung der allgemeinen Arbeitsplatzanforderungen (Unfallverhütung, Arbeitssicherheit, Arbeitsstättenverordnung, Bildschirmarbeitsplatzverordnung etc.) geeignet ist. Sie ist abschließbar.

(2) Soweit die Wohnung des Arbeitnehmers gemietet ist, liegt das Einverständnis des Vermieters zu der Nutzung als außerbetriebliche Arbeitsstätte dem Arbeitgeber bereits schriftlich vor.

(3) Der Arbeitgeber informiert den Arbeitnehmer in geeigneter Weise (Merkblätter, Informationsveranstaltungen etc.) über die Anforderungen des Arbeitsschutzes. Der Arbeitnehmer wird die vom Arbeitgeber erteilten Arbeitsschutzanweisungen einhalten.

§ 5 Außerbetriebliche Zugangsrechte[8]

(1) Der Arbeitnehmer verpflichtet sich, dem Arbeitgeber bzw. von diesem Beauftragten Zugang zur häuslichen Arbeitsstätte zu gewähren. Gleiches gilt für den Vorsitzenden des Betriebsrates, den betrieblichen Datenschutzbeauftragten und einen Mitarbeiter der Arbeitsschutzbehörde.

Der Zugang ist insbesondere zu gewähren, wenn der Arbeitgeber ein berechtigtes Interesse hieran hat. Ein berechtigtes Interesse liegt insbesondere vor, wenn die Einhal-

---

6 Dies dürfte auch nach der Novelle des Arbeitszeitgesetzes zum 1. 1. 2004 wirksam sein: zumindest Rufbereitschaft gilt auch nach der Novelle nicht als Arbeitszeit; die Rufbereitschaft am (häuslichen) Arbeitsplatz ist uE dem Bereitschaftsdienst auch nicht gleichzustellen.
7 Da der häusliche und der betriebliche Arbeitsplatz im Voraus vereinbarte Arbeitsorte sind, muss der Arbeitnehmer sich auf eigene Kosten und auf eigenes zeitliches Risiko dorthin begeben, so dass die Fahrzeit keine Arbeitszeit ist (*Hohmeister/Küper*, NZA 1998, 208; *Kramer*, DB 2000, 1329, 1331).
8 Der außerbetriebliche Arbeitsplatz ist als Wohnung des Arbeitnehmers durch Art. 13 GG in besonderer Weise geschützt. Nur mit Zustimmung des Arbeitnehmers haben Dritte daher Zugang. Diese Zustimmung muss im Arbeitsvertrag festgelegt sein, um eine ausreichende Kontrolle insbesondere auch der gesetzlichen Arbeitsschutzvorschriften zu sichern; gleichzeitig müssen auch dritte berechtigte Personen (Betriebsratsvorsitzender, Datenschutzbeauftragter, Mitarbeiter von Überwachungsbehörden) einbezogen werden.

tung von § 4 geprüft werden soll. Unabhängig hiervon kann der Arbeitgeber mindestens einmal im Kalendervierteljahr auch ohne berechtigtes Interesse Zugang verlangen.

(2) Außer in dringenden Fällen ist der Zugang mit dem Arbeitnehmer vorher abzustimmen.

(3) Der Arbeitnehmer sichert zu, dass auch die mit ihm in häuslicher Gemeinschaft lebenden Personen mit dieser Regelung einverstanden sind.

§ 6 Arbeitsmittel[9]

(1) Der Arbeitgeber stellt die erforderlichen Arbeitsmittel für die außerbetriebliche Arbeitsstätte für die Dauer des Bestehens dieser Arbeitsstätte kostenlos zur Verfügung. Eine Inventarliste ist als Anlage diesem Vertrag beigefügt und wird im laufenden Vertragsverhältnis ggf. erweitert. Der Arbeitgeber trägt die Kosten für den Auf- und Abbau und die Wartung der Arbeitsmittel sowie die erforderlichen Leitungskosten für die technische Ausstattung.

(2) Die vom Arbeitgeber zur Verfügung gestellten Arbeitsmittel verbleiben in dessen Eigentum. Sie dürfen nicht für private Zwecke genutzt werden und auch nicht Dritten überlassen werden. Der Arbeitnehmer wird sie vor dem Zugriff Dritter schützen.

(3) Auf Wunsch des Arbeitnehmers können eigene Arbeitsmittel in der außerbetrieblichen Arbeitsstätte genutzt werden, sofern diese den Arbeitsschutzbestimmungen genügen. Der Einsatz dieser Arbeitsmittel erfolgt auf Kosten und Risiko des Arbeitnehmers.

(4) Der Arbeitgeber ist berechtigt, am außerbetrieblichen Arbeitsplatz einen Telefon- und/oder Telefaxanschluss einzurichten. Dieser darf ausschließlich für dienstliche Zwecke genutzt werden.

§ 7 Aufwendungen

(1) Der Arbeitgeber beteiligt sich mit pauschal monatlich Euro ... an den Miet-, Betriebs-, Heiz- und Reinigungskosten der außerbetrieblichen Arbeitsstätte, beginnend mit dem ersten und endend mit dem letzten Monat der Nutzung dieser Arbeitsstätte. Damit sind sämtliche beim Arbeitnehmer durch den außerbetrieblichen Arbeitsplatz anfallenden Kosten abgegolten.

(2) Fahrtkosten zwischen betrieblicher und außerbetrieblicher Arbeitsstätte trägt der Arbeitnehmer.[10]

§ 8 Haftung[11]

(1) Für Schäden, die der Arbeitnehmer, in seinem Haushalt lebende Personen oder sich dort berechtigt aufhaltende Dritte an den vom Arbeitgeber zur Verfügung gestellten Arbeitsmitteln und Installationen verursachen, haftet der Arbeitnehmer nur bei Vorsatz oder grober Fahrlässigkeit.

---

9 Nach allgemeinen Grundsätzen trägt der Arbeitgeber die Kosten für die Arbeitsmittel. Die Nutzung für private Zwecke muss im Vertrag ausgeschlossen werden, nicht zuletzt um steuerliche Probleme infolge geldwerten Vorteils zu vermeiden.
10 Hier gelten die gleichen Grundsätze wie bei der Arbeitszeit, vgl. oben Fn. 7.
11 Auch am Telearbeitsplatz gelten für den Arbeitnehmer die Einschränkungen der betrieblich veranlassten Tätigkeit (BAG GS v. 27. 9. 1994, DB 1994, 2237, vgl. beispielhaft zum Dienstwagen **M 12.21**). Allerdings sind Dritte, auch seine Familienmitglieder, insoweit nicht einbezogen. Das Vertragsmuster erstreckt die Haftungsprivilegierung auch auf sie.

oder

(1) Der Arbeitgeber wird die zur Verfügung gestellten Arbeitsmittel und Installationen angemessen gegen Schäden versichern, die der Arbeitnehmer, in seinem Haushalt lebende Personen oder sich dort berechtigt aufhaltende Dritte verursachen.

(2) Der Arbeitnehmer wird Beschädigungen, Verlust oder sonstige Funktionsbeeinträchtigungen der Arbeitsmittel unverzüglich dem Arbeitgeber oder einer von diesem beauftragten Person schriftlich anzeigen und das weitere Vorgehen mit diesem abstimmen. Steht der Schaden im Zusammenhang mit einer strafbaren Handlung, wird der Arbeitnehmer den Sachverhalt unverzüglich auch der Polizei mitteilen und dem Arbeitgeber eine Durchschrift dieser Mitteilung überlassen. Der Arbeitgeber ist berechtigt, selbst oder durch von ihm beauftragte Dritte den Schaden zu besichtigen und ggf. zu beseitigen.

(3) Soweit die Arbeitsleistung aufgrund einer technischen Störung oder aus sonstigen Gründen nicht in der außerbetrieblichen Arbeitsstätte erbracht werden kann, wird der Arbeitnehmer auf Verlangen des Arbeitgebers in der betrieblichen Arbeitsstätte tätig.

§ 9 Datenschutz

(1) Datenschutz und Datensicherheit richten sich nach den gesetzlichen und unternehmensinternen Datenschutzbestimmungen. Der Arbeitgeber wird den Arbeitnehmer dazu in geeigneter Weise unterrichten.

(2) Der Arbeitnehmer wird diese Regelungen beachten und anwenden. Jegliche Daten, Informationen, Passwörter etc. sind vom Arbeitnehmer gegen Einsicht oder Zugriff Dritter zu schützen. Dritte sind auch Personen, die zum Haushalt des Arbeitnehmers gehören.

(3) Der Arbeitnehmer wird den Raum mit der außerbetrieblichen Arbeitsstätte abschließen, soweit er sich nicht darin aufhält.

(4) Der jeweilige betriebliche Datenschutzbeauftragte ist berechtigt, nach Absprache mit dem Arbeitnehmer die außerbetriebliche Arbeitsstätte zu besichtigen und die Beachtung datenschutzrechtlicher Vorschriften zu prüfen.

§ 10 Aufgabe des alternierenden Telearbeitsplatzes[12]

(1) Der Arbeitnehmer kann jederzeit mit einer Ankündigungsfrist von einem Monat schriftlich die Aufhebung der außerbetrieblichen Arbeitsstätte verlangen. Kündigt der Vermieter das Mietverhältnis über die Räumlichkeiten, in denen sich die außerbetriebliche Arbeitsstätte befindet, verkürzt sich die Ankündigungsfrist auf die Kündigungsfrist des Mietvertrages.

(2) Der Arbeitgeber kann jederzeit mit einer Ankündigungsfrist von einem Monat schriftlich festlegen, dass der Arbeitnehmer künftig seine Arbeitsleistung nur noch an

---

[12] Mit der Aufhebung der außerbetrieblichen Arbeitsstätte endet auch die (alternierende) Telearbeit. Das Arbeitsverhältnis fällt in seinen ursprünglichen Status zurück. Insbesondere der Arbeitnehmer muss die Befugnis haben, einseitig mit einer angemessenen Ankündigungsfrist die außerbetriebliche Arbeitsstätte aufzuheben, da es sich um seine nach Art. 13 GG besonders geschützte Wohnung handelt.

dem betrieblichen Arbeitsplatz erbringt und der außerbetriebliche Arbeitsplatz daher aufgehoben wird.[13]

(3) Die alternierende Telearbeit endet automatisch

– mit der Beendigung des Arbeitsverhältnisses,

– bei einer Versetzung des Arbeitnehmers auf einen Arbeitsplatz ohne alternierende Telearbeit oder

– bei Aufgabe/Kündigung der Wohnung, in der die außerbetriebliche Arbeitsstätte eingerichtet ist. Diese sowie die Kündigungsfrist wird der Arbeitnehmer dem Arbeitgeber unverzüglich anzeigen. Die Errichtung eines alternierenden Telearbeitsplatzes nach einem Wohnungswechsel bedarf einer erneuten Vereinbarung.

(4) Die überlassenen Arbeitsmittel wird der Arbeitnehmer nach Ende der alternierenden Telearbeit unverzüglich herausgeben.

(5) Der Arbeitnehmer wird, sofern das Arbeitsverhältnis fortbesteht, nach Aufgabe der alternierenden Telearbeit seine gesamte Arbeitsleistung an der betrieblichen Arbeitsstätte erbringen.

§ 11 Anwendbare Normen[14]

Ergänzend findet der zwischen den Parteien bestehende Arbeitsvertrag Anwendung, soweit vorstehend nichts Abweichendes geregelt ist. Anzuwenden sind ferner die Tarifverträge ... und die Betriebsvereinbarung(en) des Betriebes des Arbeitgebers.

§ 12 Schriftform und Teilnichtigkeit

(1) Änderungen und/oder Ergänzungen zu diesem Vertrag bedürfen der Schriftform. Die elektronische Form ist ausgeschlossen. Mündliche Vereinbarungen über die Aufhebung der Schriftform sind nichtig.[15]

(2) Sollten einzelne Bestimmungen dieses Vertrages unwirksam sein oder werden, so bleibt der Vertrag im Übrigen wirksam. Die unwirksame Bestimmung wird durch eine andere, zulässige Bestimmung ersetzt, die dem Sinn und Zweck der unwirksamen Bestimmung am nächsten kommt.

..., den ...
(Ort, Datum)

...   ...
(Unterschrift des Arbeitgebers)   (Unterschrift des Arbeitnehmers)

---

13 Ob diese Regelung mit § 308 Nr. 4 BGB vereinbar ist, ist offen; sofern allerdings eine Tätigkeit am Telearbeitsplatz aus dringenden betrieblichen Gründen nicht mehr möglich ist und ein „Rückruf" an den betrieblichen Arbeitsplatz gleichfalls unzulässig wäre, könnte der Arbeitgeber nur im Wege der Änderungskündigung vorgehen. Nach hier vertretener Auffassung geht die Regelung in § 10 Abs. 2 des Musters jedoch über das ohnehin bestehende Direktionsrecht des Arbeitgebers hinaus.
14 Wie eingangs dargelegt, soll das Arbeitsverhältnis fortgelten; es wird durch die alternierende Telearbeit nur überlagert. Soweit keine spezifisch die Telearbeit betreffenden Tarifverträge und Betriebsvereinbarungen bestehen, kann Satz 2 der Vorschrift gestrichen werden, wenn der entsprechende Bezug schon im Arbeitsvertrag hergestellt ist.
15 Zur Schriftformklausel im Einzelnen vgl. **M 2.1** § 12; **M 7.1** § 14.

Wiedereingliederungsvertrag nach § 74 SGB V   6.7.1

Nebenabrede zum Arbeitsvertrag vom ...

1. Herr/Frau ... ist infolge Arbeitsunfähigkeit an der Erfüllung seiner/ihrer arbeitsvertraglichen Pflichten verhindert und arbeitsunfähig.
2. Herr/Frau ... wird im Rahmen einer stufenweisen Wiedereingliederung nach § 74 SGB V vom ... bis ... mit einer Arbeitszeit von ... Stunden[1] wöchentlich/täglich am bisherigen Arbeitsplatz (oder ...) beschäftigt.
   Ein Anspruch auf Vergütung besteht nicht.

   oder[2]

   Für die Dauer der Wiedereingliederungsmaßnahme wird eine Vergütung in Höhe von Euro ... pro Stunde/Woche/Monat gezahlt.[3]
3. Im Übrigen wird der Arbeitsvertrag vom ... durch diese Nebenabrede nicht berührt.

... ...
(Unterschrift) (Unterschrift)

---

1 Der maximale Umfang der Tätigkeit ergibt sich aus der Bescheinigung des Arztes nach § 74 SGB V (s. **M 6.7.2**).
2 Ein Anspruch auf Vergütung besteht nicht, da es sich nicht um ein Arbeitsverhältnis handelt.
3 Dieses Arbeitsentgelt wird auf das Krankengeld angerechnet (§ 49 Abs. 1 Nr. 1 SGB V).

Maßnahmen zur stufenweisen Wiedereingliederung in das Erwerbsleben (Wiedereingliederungsplan)[1]   6.7.2

Zuletzt ausgeübte Tätigkeit: _____

Wie viel Std. tgl.: _____

Durch eine stufenweise Wiederaufnahme seiner Tätigkeit kann der og. Versicherte schonend wieder in das Erwerbsleben eingegliedert werden. Nach meiner ärztlichen Beurteilung empfehle ich mit Einverständnis des Versicherten und nach dessen Rücksprache mit dem Arbeitgeber folgenden Ablauf für die stufenweise Wiederaufnahme der beruflichen Tätigkeit:

---

1 Der Wiedereingliederungsplan enthält den ärztlich bescheinigten Ablauf der Wiedereingliederung. Das Muster gibt das von den Sozialversicherungsträgern verwendete Formular wieder.

Kap. 6   Besondere Arbeitsverträge   **M 6.7.2**

von	bis	Stunden täglich	Art der Tätigkeit (ggf. Einschränkungen)

Zeitpunkt der Wiederherstellung der vollen Arbeitsfähigkeit absehbar?

☐ ja, ggf. wann _____

☐ zzt. nicht absehbar

Vertragsarztstempel
Unterschrift des Arztes

Erklärung des Versicherten
Mit dem vorgeschlagenen Wiedereingliederungsplan bin ich einverstanden. Falls nachteilige gesundheitliche Folgen erwachsen, kann nach Absprache mit dem behandelnden Arzt eine Anpassung der Belastungseinschränkungen vorgenommen oder die Wiedereingliederung abgebrochen werden.

Datum   Unterschrift des Versicherten

Erklärung des Arbeitgebers
Mit dem vorgesehenen Wiedereingliederungsplan bin ich einverstanden.

☐ ja   ☐ nein

☐ nur unter folgenden Voraussetzungen:

_____
_____
_____

Datum

– Für die Erstellung des ärztlichen Wiedereingliederungsplanes ist die Nr. 77 BMÄ/E-GO berechnungsfähig –

Sabbatical-Vereinbarung

zwischen Herrn/Frau . . . (nachfolgend Arbeitnehmer genannt)

und

der Firma . . . (nachfolgend Arbeitgeber genannt)

wird zur Durchführung eines Sabbaticals folgende Ergänzungsvereinbarung zum Arbeitsvertrag vom . . . geschlossen:[1]

§ 1 Laufzeit

(1) Für die Zeit vom . . . bis . . . wird der oben genannte Arbeitsvertrag in einen Sabbatical-Vertrag umgewandelt. Das Sabbatical besteht aus einer Ansparphase vom . . . bis . . . und einer Freistellungsphase vom . . . bis . . . .[2]

(2) Die Freistellungsphase soll sich an die Ansparphase anschließen. Die Parteien können sie aber einvernehmlich nachträglich verlegen.

(3) Nach Beendigung der Freistellungsphase wird der Arbeitnehmer wieder in seinem bisherigen Arbeitsbereich eingesetzt. Einen Anspruch auf den konkreten Arbeitsplatz, den er in seiner Ansparphase innehatte, hat der Arbeitnehmer nicht.[3]

§ 2 Arbeitszeit und Vergütung

(1) Die tatsächliche Wochenarbeitszeit/Monatsarbeitszeit beträgt während der Ansparphase . . . Stunden. Während der Freistellungsphase ist der Arbeitnehmer von der Pflicht zur Arbeitsleistung befreit. Die Nebenpflichten aus dem Arbeitsverhältnis bleiben unberührt.[4]

(2) Während der Gesamtdauer des Sabbaticals gilt der Arbeitnehmer als Teilzeitbeschäftigter mit einer Arbeitszeit von wöchentlich/monatlich . . . Stunden.

(3) Der Arbeitnehmer erhält während der gesamten Laufzeit des Sabbaticals entsprechend dem vereinbarten Umfang der Teilzeitbeschäftigung eine anteilige Vergütung. Sie berechnet sich wie folgt: Sabbaticalbruttomonatsgehalt = Vollzeitbruttomonatsgehalt × (1-Laufzeit der Freistellungsphase in Monaten/Laufzeit der Sabbaticalvereinbarung insgesamt in Monaten).[5]

---

1 Es besteht kein Anspruch auf Gewährung eines Sabbaticals gegenüber dem Arbeitgeber. Das Sabbatical verkürzt nicht regelmäßig wiederholend die tatsächliche Arbeitszeit, so dass auch § 8 Abs. 1 TzBfG nicht einschlägig ist.
2 Es sind auch mehrjährige Zeiträume zulässig. Dann ist aber eine Entfremdung des Arbeitnehmers von seinem Arbeitsverhältnis zu befürchten.
3 Die Parteien können auch vereinbaren, eine während der Freistellungsphase erworbene, zusätzliche Qualifikation bei der Arbeitsplatzvergabe zu berücksichtigen.
4 Damit wird die Einhaltung von Wettbewerbsklauseln, Geheimhaltungspflichten, Regelungen zu Nebentätigkeiten, etc. sichergestellt.
5 Bsp.: Euro 3 500,- × (1–12 Monate/84 Monate) = Euro 3 500,- × (84/84–12/84) = Euro 3 500,- × 72/84 = Euro 3 000,-.

§ 3 Krankheitsbedingte Arbeitsunfähigkeit

(1) Erkrankt der Arbeitnehmer während der Ansparphase über den Zeitraum hinaus arbeitsunfähig, für den vom Arbeitgeber Entgeltfortzahlung zu leisten ist,[6] verlängert sich die Ansparphase um den Zeitraum der Arbeitsunfähigkeit, für den kein Anspruch auf Entgeltfortzahlung besteht.[7] Mit Einwilligung des Arbeitgebers kann der Arbeitnehmer diese Zeit auch im Anschluss an die Freistellungsphase nacharbeiten.

(2) Eine Erkrankung während der Freistellungsphase verlängert diese nicht.[8]

§ 4 Urlaub

(1) Vor und während der Ansparphase erworbene Urlaubsansprüche bleiben im Laufe der Freistellungsphase unberührt.[9] Sie können im Einverständnis mit dem Arbeitgeber zu deren Verlängerung genutzt werden.

(2) Während der Freistellungsphase erworbene Urlaubsansprüche gelten im Verhältnis von 1/12 pro Freistellungsmonat als genommen.

(3) Urlaubsansprüche, die bis zum Beginn der Freistellungsphase nicht mehr genommen werden können, kann der Arbeitnehmer noch innerhalb von drei Monaten nach Ende des Sabbaticals nehmen.[10]

§ 5 Änderungen der Vertragsgrundlage

(1) Die vorzeitige Beendigung oder eine Änderung dieser Vereinbarung ist nur einvernehmlich und schriftlich möglich.[11] Diese Vorschrift kann nur schriftlich aufgehoben werden.

---

6 § 3 Abs. 1 EFZG.
7 Das Krankengeld wird wegen § 47 Abs. 2 Satz 4 SGB V nach dem ausgezahlten Arbeitsentgelt bemessen. Maßgebend ist der Betrag, der die Beiträge zur Krankenversicherung bestimmt. Auf die höhere tatsächlich erbrachte Arbeitsleistung kommt es nicht an.
8 § 9 BUrlG findet keine entsprechende Anwendung, die Freistellung wird nicht wie der Erholungsurlaub vom Arbeitgeber geschuldet. In der Freistellungsphase ruht der Anspruch auf Krankengeld, § 49 Abs. 1 Nr. 6 SGB V. Da der Arbeitnehmer währenddessen ohnehin nicht gearbeitet hätte, ist er auch nicht infolge Krankheit an der Arbeitsleistung verhindert; § 31 Abs. 1 Satz 1 EFZG findet folglich keine Anwendung. Soll sich die Freistellungsphase um die krankheitsbedingten Fehlzeiten verlängern, muss nach vorheriger Vereinbarung der Arbeitnehmer entsprechend nacharbeiten.
9 Während der Ansparphase behält der Arbeitnehmer seinen Anspruch auf Erholungsurlaub, und zwar entsprechend dem Umfang seiner tatsächlich geleisteten Arbeit. Ihm wird also mehr Urlaub gewährt, als ihm nach dem Umfang seiner Teilzeitbeschäftigung zusteht. Wird diese urlaubsbedingt tatsächlich nicht erbrachte Arbeitsleistung dem Arbeitszeitkonto gutgeschrieben, ist der spätere Urlaubsanspruch des Arbeitnehmers bereits erfüllt. Daraus erklärt sich die Klausel des § 4 Abs. 2 des Mustervertrages. Sie verstößt daher auch nicht gegen § 13 Abs. 1 BUrlG und § 4 Abs. 3 TVG. Der Arbeitnehmer hat keinen Urlaubsanspruch während der Freistellungsphase.
10 Damit wird im Interesse der Arbeitnehmer vermieden, dass gem. § 7 Abs. 3 BUrlG ihr Urlaubsanspruch verfällt.
11 Zulässig ist es auch, dem Arbeitnehmer ein einseitiges Kündigungsrecht für besondere, unvorhersehbare Fälle zuzugestehen. Gleiches gilt dann auch für den Arbeitgeber, wenn dringende betriebliche Belange den Einsatz des Arbeitnehmers erfordern, und so die Freistellungsphase verschoben oder unterbrochen wird.

(2) Bei einer vorzeitigen Beendigung dieser Vereinbarung gilt entsprechend die Regelung des § 6 Abs. 2.

§ 6 Kündigung des Arbeitsverhältnisses[12]

(1) Die Vertragsparteien können während des Sabbaticals das Arbeitsverhältnis entsprechend den vertraglichen und gesetzlichen Regelungen kündigen.[13]

(2) Ist bei einer Kündigung das eingebrachte Arbeitszeitguthaben noch nicht vollständig verbraucht, steht dem Arbeitnehmer die Auszahlung des verbleibenden Guthabens in einer Summe zu.[14] Erfolgten Überzahlungen zugunsten des Arbeitnehmers, hat er die zu viel gezahlten Beträge dem Arbeitgeber zu erstatten. Gleiches gilt für die gezahlten Arbeitgeber- und Arbeitnehmeranteile zur Gesamtsozialversicherung.[15] § 818 Abs. 3 BGB findet keine Anwendung.

§ 7 Insolvenzsicherung[16]

(1) Der Arbeitgeber wird spätestens zum . . . eine Bankbürgschaft zugunsten des Arbeitnehmers über die Höhe des während der Arbeitsphase aufzubauenden Wertguthabens bei der . . . Bank abschließen.

(2) Die Bürgschaftsurkunde wird bis zum . . . dem Mitarbeiter ausgehändigt.

(3) Die Kosten der Bürgschaft trägt die Gesellschaft.

---

12 Die Bemessung des Arbeitslosengeldes richtet sich grundsätzlich nach der im Bemessungszeitraum tatsächlich erbrachten Arbeitsleistung, § 134 Abs. 2 Nr. 4 SGB III. Maßgeblich ist das Entgelt, welches ohne die Vereinbarung für die Arbeitsleistung erzielt worden wäre. An den Arbeitnehmer auszuzahlende Guthaben erhöhen das Arbeitslosengeld nicht, § 134 Abs. 1 Satz 3 Nr. 2 SGB III. Bei einer Beendigung während der Freistellungsphase kommt es auf das ausgezahlte Arbeitsentgelt an, die tatsächlich erbrachte Arbeitsleistung ist nicht maßgeblich. Fallen in den Bemessungszeitraum Anspar- und Freistellungsphasen, muss das Bemessungsentgelt (§ 132 SGB III) zeitanteilig ermittelt werden.
13 Der Kündigungsschutz des Arbeitnehmers bleibt unberührt. Soweit das KSchG anwendbar ist, muss die arbeitgeberseitige Kündigung sozial gerechtfertigt sein. Kein Kündigungsgrund ist für den Arbeitgeber, dass der Arbeitnehmer eine ihm angebotene Sabbatical-Vereinbarung ablehnt, § 7 Abs. 1 b SGB IV. Nicht abschließend geklärt ist, ob eine Änderungskündigung mit dem Ziel, flexible Arbeitszeiten einzuführen, zulässig ist, vgl. BAG v. 18. 12. 1997, BAGE 87, 327 u. LAG Berlin v. 31. 3. 1998, NZA 1998, 1061.
14 Der Auszahlungsbetrag des Guthabens ist als Arbeitsentgelt lohnsteuerpflichtig.
15 Die auf den Auszahlungsbetrag entfallenden Sozialversicherungsbeiträge werden gleichmäßig auf die in der Vergangenheit liegenden Kalendermonate verteilt. Unerheblich ist, in welchem Monat die Guthaben tatsächlich angespart wurden, § 23 b Abs. 2 SGB IV. Deshalb rückwirkend entrichtete Beiträge zur Rentenversicherung werden gem. § 70 Abs. 3 SGB IV als rechtzeitig gezahlte Pflichtbeiträge behandelt, so dass zusätzliche Entgeltpunkte daraus ermittelt werden. Dazu wird das Guthaben durch das vorläufige Durchschnittsentgelt für das Kalenderjahr geteilt, dem das Arbeitsentgelt zuzuordnen ist. Hat der Arbeitnehmer dagegen mehr Geld erhalten, als seiner tatsächlichen Arbeitsleistung entsprach, wird nicht rückwirkend in den Sozialversicherungsschutz eingegriffen.
16 Formulierungsvorschlag nach *Hoß*, ArbRB 2002, 28, 30; vgl. zur Insolvenzsicherung und Lohnbesteuerung von Arbeitszeitkonten auch *Hanau/Arteaga*, BB 1998, 2954. Gem. § 7d SGB IV ist die Insolvenzsicherung gesetzlich erst gefordert, wenn der Ausgleichszeitraum für das Wertguthaben 27 Kalendermonate übersteigt, unter Einschluss des Insolvenzgeldes somit länger als 30 Monate ist.

§ 8 Sonstiges

(1) Mündliche Nebenabreden bestehen nicht. Änderungen und Ergänzungen dieses Vertrages bedürfen zu ihrer Wirksamkeit der Schriftform. Dies gilt auch für die vorstehende Schriftformklausel.

(2) Sollte eine der vorstehenden Regelungen unwirksam sein, so bleibt die Wirksamkeit der übrigen Vereinbarungen davon unberührt. An die Stelle der unwirksamen Regelung tritt eine den Parteien möglichst nahe kommende wirksame Regelung.

...
Ort, Datum

...
Unterschriften

Kapitel 7 Altersteilzeit

Literaturübersicht: *Adamy*, Gleitender Übergang in den Ruhestand, AiB 1996, 518; *Ahlbrecht*, Altersteilzeit im Blockmodell – Rechtlicher Rahmen und Sonderprobleme, BB 2002, 2440; *Ahsen/Nölle*, Risiko Altersteilzeit?, DB 2003, 1384; *Andresen*, Frühpensionierung und Altersteilzeit, 3. Aufl. 2003; *Bauer*, Rechtliche und taktische Probleme der Altersteilzeit, NZA 1997, 401; *Diel*, Neuregelungen zur Frühverrentung, DB 1996, 1518; *Diller*, Das neue Altersteilzeitgesetz, NZA 1996, 847; *Diller*, Das neue Gesetz zur Absicherung flexibler Arbeitszeitregelungen, NZA 1998, 792; *von Einem*, Das Gesetz zur Förderung eines gleitenden Übergangs in den Ruhestand, BB 1996, 1883; *Förster/Heger*, Altersteilzeit und betriebliche Altersversorgung, DB 1998, 141; *Gaul*, Das Gesetz zur sozialrechtlichen Absicherung flexibler Arbeitszeitregelungen, BB 1998, 1634; *Gaul/Cepl*, Wichtige Änderungen im Altersteilzeitgesetz, BB 2000, 1727; *Glatzel*, Altersteilzeit, AR-Blattei, SD 50; *Heß*, Regelung von Störfällen in der Altersteilzeit ArbRB 2002, 28–30; *Langohr-Plato/Morisse*, Insolvenzschutz von Wertguthaben aus Altersteilzeit, BB 2002, 2330; *Lingemann*, Altersteilzeitverträge – Vertragsmuster mit Erläuterungen, MDR 2002, 382; *Ludwig*, SGB Gesetzgebungsreport: Der Entwurf eines Dritten Gesetzes für moderne Dienstleistungen am Arbeitsmarkt, BB 2003, 2398; *Preis*, Das Altersteilzeitgesetz, SGb 1998, 147; *Rittweger*, Der Personalabbau durch Altersteilzeit, NZA 1998, 918; *Rittweger*, Aktuelle Anpassungserfordernisse bei Altersteilzeit-Verträgen, DStR 2001, 1394; *Schlegel*, Schwerpunkte des Altersteilzeitgesetzes, FA 2000, 238; *Schmidbauer/Schmidbauer*, Das neue Altersteilzeitgesetz, ABC der Altersteilzeitarbeit, 4. Aufl. 2000; *Schoden*, Neue Regelungen für Vorruhestand und Frührente, AiB 1996, 202; *Schümann*, Betrieblicher Vorruhestand unter neuen gesetzlichen Rahmenbedingungen, DB 1997, 1330; *Stiefermann*, Arbeitszeitflexibilisierung wird erleichtert, Arbeitgeber 1998, 207; *Stindt*, Altersteilzeit: Chancen und Probleme der Kostensenkung und Qualitätserhöhung ohne Arbeitslosigkeit, Arbeitsrecht 1997/1998, 271; *Stindt*, Ziele, Anreize und Chancen des neuen Altersteilzeitgesetzes, DB 1996, 2281; *Wolf*, Bessere Bedingungen für Altersteilzeit, Arbeitgeber 1998, 211; *Wonneberger*, Das Gesetz zur sozialrechtlichen Absicherung flexibler Arbeitszeitregelungen, DB 1998, 982.

I. Erläuterungen

1. Allgemeine Voraussetzungen

Altersteilzeitarbeit soll älteren Arbeitnehmern einen **gleitenden Übergang vom Erwerbsleben in die Altersrente** ermöglichen, § 1 Abs. 1 Altersteilzeitgesetz.[1] Hat der Arbeitnehmer das 55. Lebensjahr vollendet (§ 2 Abs. 1 Nr. 1 ATZG) und bestimmte Vorversicherungszeiten erbracht (1080 Kalendertage innerhalb von 5 Jahren, Einzelheiten in § 2 Abs. 1 Nr. 3 ATZG),[2] so können Arbeitgeber und Arbeitnehmer Altersteilzeit vereinbaren.

2. Reduzierung der Arbeitszeit

Die Arbeitszeit muss auf **mindestens die Hälfte der bisherigen wöchentlichen Arbeitszeit** (vgl. § 6 Abs. 2 ATZG) reduziert werden, darf jedoch noch nicht geringfügig iSv. § 8 SGB IV sein (§ 2 Abs. 1 Nr. 2 ATZG).[3] Der Arbeitnehmer arbeitet danach bis zum Rentenbezug Teilzeit. Der nahtlose Übergang von Altersteilzeit in Rente muss gem. § 2 Abs. 1 Nr. 2 ATZG gewährleistet sein. Das notwendige Mindestalter für den Bezug einer nicht durch Rentenabschläge gekürzten Altersrente ergibt sich insoweit derzeit[4] aus §§ 36, 236 SGB VI mit Anlage 21 für die Altersrente für längjährige Versicherte, aus §§ 37, 236a SGB VI mit Anlage 22 für die Altersrente für Schwerbehinderte, aus § 237 SGB VI mit Anlage 19 für die Altersrente wegen Arbeitslosigkeit oder nach Altersteilzeitarbeit und aus §§ 39, 237a SGB VI mit Anlage 20 für die Altersrente für Frauen. Im Zweifelsfall sollte der Arbeitnehmer beim Rentenversicherungsträger rechtzeitig eine Auskunft über den frühestmöglichen Rentenbeginn nach § 109 SGB VI bzw. nach §§ 14, 15 SGB I einholen.[5]

3. Finanzielle Leistungen des Arbeitgebers

Der Arbeitgeber leistet eine Zuzahlung zum reduzierten Arbeitsentgelt („**Aufstockungsbetrag**") um mindestens 20% des Regelarbeitsentgelts gem. § 6 Abs. 1 ATZG (§ 3 Abs. 1 Nr. 1a ATZG)[6] und einen Zuschuss zu den Beiträgen zur Rentenversiche-

---

1 ATZG; Art. 1 des Gesetzes zur Förderung eines gleitenden Übergangs in den Ruhestand v. 23. 7. 1996 (BGBl. I 1996, 1078 ff.), zuletzt geändert durch Gesetz v. 23. 12. 2003 (BGBl. I 2003, 2910). Ungeachtet der Übergangsregelung in § 15g ATZG (dazu unten I. 10.) wurde bereits diese Neufassung den Erläuterungen und Mustern zugrundegelegt.
2 Zeiten mit Anspruch auf Arbeitslosengeld oder Arbeitslosenhilfe sowie Zeiten, in denen Versicherungspflicht nach § 26 Abs. 2 SGB III bestand, stehen der versicherungspflichtigen Beschäftigung gleich. § 427 Abs. 3 SGB III gilt entsprechend.
3 Vgl. § 27 Abs. 2 SGB III iVm. § 8 SGB IV; BAG v. 26. 6. 2001, NZA 2002, 4; zu Einzelheiten geringfügiger Beschäftigung vgl. Kap. 6 unter I. 3. iVm. **M 6.3.1**.
4 Der Entwurf eines Gesetzes zur Sicherung der nachhaltigen Finanzierungsgrundlagen der gesetzlichen Rentenversicherung (RV-Nachhaltigkeitsgesetz) sieht für die Altersrente wegen Arbeitslosigkeit oder nach Altersteilzeitarbeit eine Anhebung des Rentenseintrittsalters vor, BT-Drucks. 15/2149, S. 23 ff. Hiervon nicht betroffen sind nach der im Gesetzesentwurf vorgesehenen Übergangsregelung Versicherte, die vor dem 1.1.2004 einen Altersteilzeit-Vertrag geschlossen haben.
5 Zu Einzelheiten vgl. *Schlegel*, FA 2000, 239 mwN.
6 Also des regelmäßig innerhalb eines Monats vom Arbeitgeber zu zahlenden sozialversicherungspflichtigen Arbeitsentgeltes, § 6 Abs. 1 ATZG; einmalige oder nicht laufend geleistete Ent-

rung (§ 3 Abs. 1 Nr. 1b ATZG). Der Aufstockungsbetrag ist steuer- und beitragsfrei (vgl. § 3 Nr. 28 EStG, § 1 ArEV), jedoch besteht ein Progressionsvorbehalt (§ 32b Abs. 1 Nr. 1 lit. g EStG). Da dieser nicht bei der Abführung der Lohnsteuer berücksichtigt wird, entstehen für den Arbeitnehmer Steuernachzahlungen; einen Erstattungsanspruch hat er insoweit gegen den Arbeitgeber nicht.[7] Soweit die Rentenbeiträge aus dem Entgelt der Altersteilzeitarbeit zu zahlen sind, werden sie vom Arbeitgeber und Arbeitnehmer je zur Hälfte getragen. Der Arbeitgeber allein leistet jedoch zusätzlich Rentenversicherungsbeiträge mindestens in Höhe des Beitrags, der auf 80% des Regelarbeitsentgelts für die Altersteilzeit, allerdings begrenzt auf den Unterschiedsbetrag zwischen 90% der monatlichen Beitragsbemessungsgrenze und dem Regelarbeitsentgelt, entfällt, höchstens bis zur Beitragsbemessungsgrenze, § 3 Abs. 1 Nr. 1b ATZG.[8] Diese zusätzlichen Rentenversicherungsbeiträge sind gem. § 3 Nr. 28 EStG steuerfrei; ob sie dem Progressionsvorbehalt unterliegen, ist fraglich, da sie in § 32e Abs. 1 EStG nicht erwähnt sind.

4. Wiederbesetzung

Der durch die Inspruchnahme von Altersteilzeit frei gewordene Arbeitsplatz muss wieder besetzt werden. Dabei bestehen besondere Anforderungen an den Wiederbesetzer und an den Nachweis der Wiederbesetzung:

a) Wiederbesetzer

Besetzt der Arbeitgeber das frei gewordene Arbeitsvolumen durch Einstellung Arbeitsloser oder Übernahme von Ausbildungsabsolventen, so erstattet ihm die Bundesagentur gem. § 4 ATZG den Aufstockungsbetrag nach § 3 Abs. 1 Nr. 1a ATZG in Höhe von 20% des Regelarbeitsentgelts, § 4 Abs. 1 Nr. 1 ATZG. Sie ersetzt ferner den Zuschuss zur Rentenversicherung nach § 3 Abs. 1 Nr. 1b ATZG. Bei Unternehmen mit nicht mehr als 50 Beschäftigten reicht es aus, wenn aus Anlass des Übergangs des Arbeitnehmers in die Altersteilzeitarbeit ein Auszubildender beschäftigt wird (§ 3 Abs. 1 Nr. 2b ATZG).

b) Wiederbesetzungsnachweis

Unternehmen mit mehr als 50 Beschäftigten müssen nachweisen, dass sie auf dem durch Altersteilzeit frei gewordenen Arbeitsplatz die Ersatzeinstellungen vorgenommen haben. Allerdings gelten für den Wiederbesetzungsnachweis verschiedene **Erleichterungen**: Auch die Wiederbesetzung eines „in diesem Zusammenhang durch Umsetzung frei gewordenen Arbeitsplatzes" reicht gem. § 3 Abs. 1 Nr. 2a ATZG aus. Der Arbeitgeber kann dazu eine Umsetzungskette nachweisen; selbst dies ist aber entbehrlich, wenn der Wiederbesetzer in dem selben Funktionsbereich nachrückt, aus

---

geltkomponenten bleiben nach der Neufassung außen vor und werden nicht aufgestockt; nach der Neufassung müssen auch nicht mehr 70% des ursprünglichen Nettoentgelts als Mindestnettobetrag erreicht werden.
7 BAG v. 25. 6. 2002, NZA 2003, 859; LAG Bremen v. 22. 3. 2001, DB 2001, 1785.
8 Wodurch voraussichtlich das bisherige Aufstockungsniveau von mindestens 90% im Ergebnis nach der Gesetzesbegründung bestehen bleibt, BT-Drucks. 15/1515, S. 133.

dem der Altersteilzeiter ausgeschieden ist, und dort funktionsadäquat eingesetzt wird.[9] Bei Arbeitgebern, die in der Regel nicht mehr als 50 Arbeitnehmer beschäftigen, wird die Wiederbesetzung vermutet, soweit der neu eingestellte Arbeitnehmer entsprechend der frei gewordenen Arbeitszeit beschäftigt wird.[10] Dies gilt auch für eigenständige Organisationseinheiten in größeren Unternehmen, die dadurch gekennzeichnet sind, dass sie bestimmte Funktionen mit einem hinreichenden Grad der Verselbständigung innerhalb des Unternehmens wahrnehmen (zB Lackiererei, Schreibkanzlei, Rechtsabteilung, Fahrdienst).[11]

Auch wenn der neu eingestellte Arbeitnehmer wieder ausscheidet, behält der Arbeitnehmer den Erstattungsanspruch gegen die Agentur für Arbeit, sofern er gem. § 5 Abs. 2 ATZG den frei gewordenen Arbeitsplatz mindestens vier Jahre wieder besetzt hatte und für mindestens vier Jahre auch Erstattungsleistungen erhalten hat.

5. Kontinuitäts- und Blockmodell

Die Altersteilzeit kann als **laufende Verkürzung** des Arbeitszeit (Kontinuitätsmodell) oder auch als **Blockmodell** gestaltet werden dergestalt, dass der Altersteilzeiter zunächst voll weiterarbeitet, entsprechend dem Teilzeitanteil aber früher von der Arbeitsleistung freigestellt wird. Der Ausgleichszeitraum beträgt im Blocksystem 3 Jahre, § 2 Abs. 2 ATZG. Ein längerer Ausgleichszeitraum bis zu 6 Jahren (zB: 3 Jahre Vollarbeit, 3 Jahre keine Tätigkeit) ist hingegen nur dort möglich, wo ein (Haus-)Tarifvertrag dies zulässt, indem er entweder selbst eine Regelung oder eine Öffnungsklausel enthält. Ein nicht tarifgebundener Arbeitgeber kann auch durch Betriebsvereinbarung oder Einzelvertrag tarifliche Regelungen mit einem längeren Ausgleichszeitraum übernehmen. Bei einer tariflichen Öffnungsklausel kann der längere Ausgleichszeitraum auch durch Betriebsvereinbarung selbst geregelt werden. Dies gilt entsprechend, wenn der Arbeitnehmer nicht tarifgebunden ist. Besteht kein Betriebsrat, so kann der längere Ausgleichszeitraum im Geltungsbereich eines Tarifvertrages auch durch Individualvereinbarung übernommen werden (zu Einzelheiten vgl. § 2 Abs. 2 ATZG). Existiert keine tarifvertragliche Regelung über die Verteilung der Arbeitszeit und ist eine solche auch nicht tarifüblich gem. § 77 Abs. 3 BetrVG, so kann ein bis zu sechsjähriger Ausgleichszeitraum durch Betriebsvereinbarung oder, wenn ein Betriebsrat nicht besteht, einzelvertraglich vereinbart werden (§ 2 Abs. 2 Satz 6 ATZG). Grund für diese formalen Anforderungen sind die erhöhten Risiken des Arbeitnehmers bei längeren Ausgleichszeiträumen. § 8a ATZG verlangt hier von den Vertragsparteien geeignete Sicherungen der Wertguthaben (vgl. unten unter 9.).

6. Status

Nach Maßgabe von § 7 Abs. 1a SGB IV besteht auch während der Freistellungsphase (zweiter Block) ein **sozialversicherungspflichtiges Beschäftigungsverhältnis**, auch wenn der Arbeitnehmer sich in der Freistellungsphase faktisch im Ruhestand befindet. Arbeitsrechtlich ist der Altersteilzeiter in der Freistellungsphase des Blockmodells

---
9 Vgl. ATZG-DA, S. 14–16 zu § 3.
10 Vgl. BT-Drucks. 14/1831, 8; *Gussone/Voelzke*, Altersteilzeitrecht, 2000, § 3 Rz. 48 mwN.
11 Vgl. ATZG-DA, Ziff. 3.1.3 Abs. 10 zu § 3; *Gussone/Voelzke*, Altersteilzeitrecht, 2000, Rz. 51; *Gaul/Cepl*, BB 2000, 1727, 1731.

wohl nicht mehr Arbeitnehmer des Betriebes und daher auch nicht mehr wählbar zum Betriebsrat[12] oder als Arbeitnehmervertreter zum Aufsichtsrat.[13] Mangels Bindung an den Betrieb dürfte damit auch die aktive Wahlberechtigung entfallen.[14] Sowohl die Arbeitsphase als auch die Freistellungsphase steigert die Rentenansprüche fast in gleicher Höhe wie bei einer aktiven Arbeitstätigkeit während der gesamten Zeit. Ansonsten ist das Altersteilzeitverhältnis ein **Arbeitsverhältnis**. Es kann nur freiwillig vereinbart werden; eine Änderungskündigung in die Altersteilzeit ist unwirksam (§ 8 Abs. 1 ATZG). Es kann ausgestaltet sein als Teilzeitarbeitsverhältnis, Abrufarbeitsverhältnis oder Job-Sharing.

7. Dauer

Die maximale Förderungsdauer bei laufender Altersteilzeit durch die Bundesagentur für Arbeit beträgt **sechs Jahre**, § 4 Abs. 1 ATZG. Wird Altersteilzeit für mehr als sechs Jahre vereinbart, so können die Arbeitsvertragsparteien die Lage des Förderungszeitraumes innerhalb des Gesamtzeitraumes bestimmen. Die gesetzliche Förderungsregelung wurde – einstweilen – bis zum 31. 12. 2009 verlängert (§ 1 Abs. 2 ATZG).

8. Störfälle[15]

Störfälle sind insbesondere im **Blockmodell** von Bedeutung. Bei einer Langzeiterkrankung in der Arbeitsphase liegt in der Zeit, die über die Entgeltfortzahlungszeit hinausgeht, kein versicherungspflichtiges Beschäftigungsverhältnis im Sinne von § 7 Abs. 1a SGB IV vor. Hier könnte durch anteilige Verlängerung der Arbeitsphase in der Freistellungsphase die notwendige neue Vorarbeit für die Freistellungsphase im Sinne von § 7 Abs. 1a SGB IV geleistet werden.[16] Während des Bezuges von Krankengeld entfällt auch die Pflicht zur Zahlung der Aufstockungsbeträge gem. § 3 Abs. 1 ATZG. Das Arbeitsamt übernimmt Aufstockungsbeträge nur, sofern das Unternehmen Zuschüsse zur Altersteilzeit nach § 4 ATZG erhält. Solange der Arbeitgeber den Arbeitsplatz nicht neu besetzt, entfällt diese Zahlungspflicht. Auch dies könnte im Vertrag abgesichert werden. Zum Teil wird auch vorgeschlagen, Altersteilzeiter von Kurzarbeit auszunehmen.[17] Eine vorzeitige Beendigung der Altersteilzeit, die auch in der Freistellungsphase nicht ausgeschlossen ist,[18] könnte dadurch abgesichert werden, dass der Mitarbeiter bzw. seine Erben bei der vorzeitigen Beendigung der Altersteilzeit einen Anspruch auf Auszahlung der Differenz zwischen dem bereits gezahlten Altersteilzeitentgelt und der Vergütung für die Zeit der tatsächlichen Beschäftigung haben, die ohne Eintritt in die Altersteilzeit angefallen wäre. Dieses Wertguthaben ist sozialversicherungsrechtlich fällig und vollständig in allen Sozialversicherungszweigen zu verbeitragen, § 23b Abs. 2 SGB IV. Dies kann bei mehrjährigen Laufzeiten zu erheblichen Belastungen führen, weil Arbeitgeber- und Arbeitnehmer-Anteil fällig wird, und zwar in

---
12 Vgl. *Däubler*, AiB 2001, 685, 688.
13 BAG v. 25. 10. 2000, DB 2001, 832 (zu § 76 BetrVG 1952).
14 AA *Däubler*, AiB 2001, 685, 689.
15 Dazu *Rittweger*, DStR 2001, 1394; *Hoß*, ArbRB 2002, 28.
16 *Hoß*, ArbRB 2002, 28.
17 *Hoß*, ArbRB 2002, 28, 29.
18 BAG v. 5. 12. 2002 – 2 AZR 571/01, PM 88/02.

der Altersteilzeit regelmäßig aus dem hälftigen Entgelt.[19] Die genaue Berechnung ergibt sich aus § 23b Abs. 2 SGB IV. Nach § 23b Abs. 3a SGB IV gilt das Wertguthaben jedoch nicht als beitragspflichtiges Arbeitsentgelt, wenn die Altersteilzeitvereinbarung bestimmt, dass Wertguthaben, die wegen der Beendigung der Beschäftigung aufgrund verminderter Erwerbsfähigkeit, des Erreichens einer Altersgrenze, zu der eine Rente wegen Alters beansprucht werden kann oder des Todes des Beschäftigten nicht mehr für Zeiten einer Freistellung von der Arbeitsleistung verwendet werden können, für Zwecke der betrieblichen Altersversorgung verwendet werden sollen. Das gilt nur dann nicht, wenn die Vereinbarung über die betriebliche Altersversorgung eine Abfindung vorsieht oder zulässt oder Leistungen im Falle des Todes, der Invalidität und des Erreichens einer Altersgrenze, zu der eine Rente wegen Alters beansprucht werden kann, nicht gewährleistet sind oder soweit bereits im Zeitpunkt der Ansammlung des Wertguthabens vorhersehbar ist, dass es nicht für Zwecke der Freistellung von der Arbeitsleistung verwendet werden kann. Hier kann es sich also anbieten, für den Störfall die Übertragung der Wertguthaben in die betriebliche Altersversorgung vorzusehen.[20]

9. Insolvenzsicherung

Gem. § 8a Abs. 1 ATZG ist der Arbeitgeber verpflichtet, das Wertguthaben aus der Altersteilzeitvereinbarung einschließlich des auf sie entfallenden Arbeitgeberanteils am Gesamtsozialversicherungsbeitrag gegen das Risiko seiner eigenen Insolvenz abzusichern, soweit das Wertguthaben des Beschäftigten den Betrag des Dreifachen des Regelarbeitsentgelts einschließlich des darauf entfallenden Arbeitgeberanteils am Gesamtsozialversicherungsbeitrag übersteigt.[21] Diese Verpflichtung besteht gem. § 8a Abs. 3 der Neufassung des ATZG bereits mit der ersten Gutschrift, dh. ab dem Zeitpunkt, in dem der zu sichernde Anspruch auf das in der Entsparphase (beim Blockmodell also der Freistellungsphase) auszuzahlende Arbeitsentgelt entsteht.[22] Zu den Sicherungsinstrumenten hat der Gesetzgeber in § 8a Abs. 1 ATZG einen Negativkatalog aufgenommen, der bilanzielle Rückstellungen sowie zwischen Konzernunternehmen begründete Einstandspflichten (Bürgschaften, Patronatserklärungen oder Schuldbeitritte) als Sicherungsinstrumente ausschließt. Als Sicherungsmodelle in Betracht kommen hingegen Bankbürgschaften, Absicherungen im Wege dinglicher Sicherheiten (zB Verpfändungen von Wertpapieren) zugunsten der Arbeitnehmer, bestimmte Versicherungsmodelle der Versicherungswirtschaft oder das Modell der doppelseitigen Treuhand, bei der Wertguthaben auf einem gemeinsamen Konto des Treuhänders angelegt und verwaltet werden.[23] Da Wertguthaben nicht in den Bereich der betrieblichen Altersversorgung fallen, scheidet eine Insolvenzsicherung durch den Pensionssicherungsverein (PSVaG) aus. Durch die Neugestaltung des Altersteilzeitgesetzes wurde zugunsten des Arbeitnehmers ein Anspruch auf Durchsetzung einer geeigneten Insolvenzsicherung normiert, § 8a Abs. 4 ATZG. Über die zur Sicherung

---

19 *Rittweger*, DStR 2001, 1394.
20 *Rittweger*, DStR 2001, 1394.
21 BT-Drucks. 15/1515, S. 64, 134.
22 BT-Drucks. 15/1515, S. 64, 134.
23 BT-Drucks. 15/1515, S. 134; *Langohr-Plato/Morisse*, BB 2002, 2330, 2332; *Ahsen/Nölle*, DB 2003, 1385.

ergriffenen Maßnahmen ist der Arbeitnehmer mit der ersten Gutschrift und danach alle sechs Monate in Textform gem. § 126b BGB zu unterrichten, wenn nicht eine andere gleichwertige Mitteilungsart zwischen den Parteien vereinbart wurde, § 8a Abs. 3 ATZG. Weist der Arbeitgeber auf schriftliche Aufforderung des Arbeitnehmers nicht innerhalb eines Monats die Insolvenzsicherung in Textform nach, kann der Arbeitnehmer verlangen, dass Sicherheit in Höhe des bestehenden Wertguthabens geleistet wird. Für diese Sicherheit bestehen dann nicht die zahlreichen Möglichkeiten wie bei der Insolvenzsicherung, sondern hier kommt nur die Bürgschaft oder Hinterlegung in Betracht, § 8a Abs. 4 Satz 2 und 3 ATZG. Von den Regelungen zum Insolvenzschutz kann nicht zu Lasten des Arbeitnehmers abgewichen werden, § 8 Abs. 5 ATZG. Zum Teil wird die Auffassung vertreten, dass Organen von Unternehmen persönliche Schadensersatzforderungen über § 823 Abs. 2 BGB iVm. § 8a ATZG drohen, wenn die gesetzlich geforderte Insolvenzsicherung nicht durchgeführt wird.[24] Rechtsprechung dazu findet sich bisher jedoch nicht.

10. Übergangsregelung

Die Neuregelung zur Altersteilzeit gilt ab 1. 7. 2004. Soweit allerdings mit der Altersteilzeitarbeit vor diesem Zeitpunkt begonnen wurde, sind die Vorschriften in der alten Fassung mit Ausnahme der geänderten Verordnungsermächtigung (§ 15 ATZG) weiter anzuwenden, § 15g ATZG. Auf Antrag des Arbeitgebers erbringt die Bundesagentur auch abweichend von dieser Regelung die Leistungen nach § 4 ATZG in der neuen Fassung, wenn die hierfür am 1. 7. 2004 maßgebenden Voraussetzungen erfüllt sind, § 15g Abs. 2 ATZG.

---

24 Näheres *Langohr-Plato/Morisse*, BB 2002, 2330, 2332; aA *Ahlbrecht*, BB 2002, 2440.

II. Muster

7.1 Altersteilzeit-Vertrag[1]
Kontinuitätsmodell[2] – laufende Arbeitszeitverkürzung

§ 1 Beginn und Ende des Altersteilzeitarbeitsverhältnisses

(1) Die Parteien führen ihr Arbeitsverhältnis vom . . . nach Maßgabe dieser Vereinbarung ab dem . . .[3] als Altersteilzeitarbeitsverhältnis fort.

---

1 Zur Umsetzung vgl. auch ATZG-DA, Stand 23. 11. 2001.
2 Vgl. *Reichling/Wolf*, NZS 1997, 164 ff.; *Schaub*, Formularsammlung, § 3 Rz. 137 ff.
3 Datum nach Vollendung des 55. Lebensjahres (§ 2 Abs. 1 Nr. 1 ATZG). Die Voraussetzungen der §§ 2 und 3 Abs. 1 Nr. 2 ATZG müssen gem. § 16 ATZG vor dem 1. 1. 2010 vorliegen, sonst besteht nach der Befristung des subventionsrechtlichen Teils des Gesetzes kein Anspruch des Arbeitgebers auf die Leistungen der BfA nach §§ 4 ff. ATZG.

(2) Das Altersteilzeitarbeitsverhältnis endet ohne Kündigung am ....[4] Es endet ferner,

– wenn der Arbeitnehmer das 65. Lebensalter vollendet,

– mit Ablauf des Kalendermonats vor dem Kalendermonat, für den der Arbeitnehmer eine Rente wegen Alters oder, wenn er von der Versicherungspflicht in der gesetzlichen Rentenversicherung befreit ist, eine vergleichbare Leistung einer Versicherungs- oder Versorgungseinrichtung oder eines Versicherungsunternehmens beanspruchen kann. Dies gilt nicht für Renten, die vor dem für den Arbeitnehmer maßgeblichen Rentenalter in Anspruch genommen werden können,

– mit Beginn des Kalendermonats, für den der Arbeitnehmer eine Rente wegen Alters, eine Knappschaftsausgleichsleistung, eine ähnliche Leistung öffentlich-rechtlicher Art oder, wenn er von der Versicherungspflicht in der gesetzlichen Rentenversicherung befreit ist, eine vergleichbare Leistung einer Versicherungs- oder Versorgungseinrichtung oder eines Versicherungsunternehmens bezieht,[5] oder

– wenn der Anspruch auf die Altersteilzeitleistungen gem. § 10 erlischt.

(3) Das Recht zur Kündigung nach Maßgabe des Arbeitsvertrages und der Gesetze bleibt unberührt.

§ 2 Arbeitsgebiet[6]

(1) Mit Beginn der Altersteilzeit übt der Arbeitnehmer die Tätigkeit als ... aus.

oder

(1) Die Tätigkeit des Arbeitnehmers bleibt unverändert, soweit nicht Besonderheiten der Altersteilzeit Änderungen erfordern.

(2) Der Arbeitgeber behält sich vor, dem Arbeitnehmer auch andere zumutbare Arbeiten zu übertragen.

§ 3 Arbeitszeit

(1) Die Arbeitszeit des Arbeitnehmers beträgt im Wochendurchschnitt[7] jeweils die Hälfte der bisherigen wöchentlichen Arbeitszeit von ... Stunden. Bei künftigen Verän-

---

4 Gemäß § 8 Abs. 3 ATZG können Arbeitgeber und Arbeitnehmer wirksam vereinbaren, dass das Arbeitsverhältnis ohne Kündigung endet, sobald der Arbeitnehmer Anspruch auf eine Rente nach Altersteilzeitarbeit hat. Vgl. iE § 237 Abs. 3 und 4 SGB VI.

5 Vgl. § 5 Abs. 1 Nr. 1–3 ATZG. Eine tarifliche Regelung, die die Berechtigung zur Inanspruchnahme von Altersteilzeit im Sinne von § 1 Abs. 2, 2. und 3. Anstrich des Musters beschränkt, dürfte allerdings nach Maßgabe der Entscheidung des EuGH v. 20. 3. 2003, NZA 2003, 506, wegen Verstoßes gegen Art. 2 Abs. 1 und 5 Abs. 1 Richtlinie 76/207/EWG europarechtswidrig sein, jedenfalls soweit die Regelung, wie im Fall des EuGH, dazu führt, dass Frauen Altersteilzeit gar nicht in Anspruch nehmen können. Allerdings ist die Durchsetzung der gemeinschaftsrechtlichen Vorgaben ohne legislative Umsetzung bei einem privaten Arbeitgeber problematisch (vgl. auch *Streinz*, JuS 2003, 806, 808). Wir halten die Beendigung der Altersteilzeit aufgrund des Anspruchs auf vorzeitige Altersrente in Individualverträgen zwar für unverändert zulässig, jedoch nicht für risikolos. Der Anspruch auf Gewährung von Altersteilzeit selbst ist nach Maßgabe von § 315 BGB gerichtlich voll auf seine Billigkeit überprüfbar, BAG v. 3. 12. 2002, DB 2003, 1851.

6 Zu beachten sind die Weisungen der BfA zur Wiederbesetzung, insbesondere soweit sie die erforderliche Identität des durch den Altersteilzeitbeschäftigten frei gemachten Arbeitsplatzes mit dem Arbeitsplatz des Wiederbesetzers betreffen.

7 Die Verteilung kann wöchentlich, monatlich oder jährlich erfolgen.

derungen der regelmäßigen wöchentlichen Arbeitszeit wird die Arbeitszeit angepasst, soweit sie damit versicherungspflichtig bleibt.[8]

(2) Für die Dauer des Altersteilzeitarbeitsverhältnisses wird der Arbeitnehmer montags bis donnerstags jeweils . . . Stunden arbeiten.[9]

(3) Der Arbeitnehmer ist verpflichtet, über die in Abs. 1 und 2 festgelegte Arbeitszeit hinaus notwendige zusätzliche Arbeit zu leisten, soweit sie angeordnet ist. Diese notwendige zusätzliche Arbeit ist innerhalb einer Frist von drei Monaten durch entsprechende Freizeit wieder auszugleichen. Kann der Freizeitausgleich wegen Krankheit, Urlaub oder aus ähnlichen Gründen nicht erfolgen, ist er in den darauf folgenden drei Monaten vorzunehmen. Die Mehrarbeit darf dabei den Umfang der Geringfügigkeitsgrenze des § 8 SGB IV nicht überschreiten.[10]

§ 4 Vergütung

(1) Der Arbeitnehmer erhält für die Dauer des Altersteilzeitarbeitsverhältnisses Entgelt nach Maßgabe der gem. § 3 reduzierten Arbeitszeit. Das Arbeitsentgelt wird unabhängig von der Verteilung der Arbeitszeit fortlaufend gezahlt.

(2) Weihnachtsgeld und Urlaubsgeld wird gleichfalls anteilig nach Maßgabe von Abs. 1 gezahlt.

§ 5 Aufstockungszahlungen[11]

(1) Der Arbeitnehmer erhält zusätzlich eine Aufstockungszahlung gem. § 3 Abs. 1 Nr. 1a ATZG iHv. 20% des Regelarbeitsentgelts für die Altersteilzeit.

(2) Der Arbeitgeber entrichtet für den Arbeitnehmer zusätzlich Beiträge zur gesetzlichen Rentenversicherung gem. § 3 Abs. 1 Nr. 1 b) ATZG in Höhe des Beitrags, der auf 80% des Regelarbeitsentgelts für die Altersteilzeit, begrenzt auf den Unterschiedsbetrag zwischen 90% der monatlichen Beitragsbemessungsgrenze und dem Regelarbeitsentgelt, entfällt, höchstens jedoch bis zur Beitragsbemessungsgrenze.[12]

§ 6 Nebentätigkeitsverbot

(1) Der Arbeitnehmer darf neben seiner Altersteilzeitarbeit keine Beschäftigungen oder selbständigen Tätigkeiten ausüben, die die Geringfügigkeitsgrenze des § 8 SGB IV überschreiten. Dies gilt auch dann, wenn der Arbeitnehmer aufgrund einer solchen Beschäftigung eine Lohnersatzleistung erhält. Beschäftigungen oder ständige Tätigkeiten bleiben unberücksichtigt, soweit sie der Arbeitnehmer bereits innerhalb der letzten fünf Jahre vor Beginn der Altersteilzeit ständig ausgeübt hat. Andernfalls ruht der Anspruch auf die Aufstockungszahlungen nach § 5.[13] Für die Mitteilungs- und Erstattungspflichten gilt § 11.

---

8 Vgl. § 2 Abs. 1 Nr. 2 ATZG.
9 Zu möglichen Teilzeitgestaltungen vgl. **M 6.2**, zum Blockmodell vgl. sogleich **M 7.2**; zu den formalen Voraussetzungen für eine unterschiedliche Verteilung der Arbeitszeit über drei Jahre hinaus (zB: 3 Jahre Vollarbeit, 3 Jahre Freistellung – Blockmodell) s. die Erläuterungen I.
10 Sonst ruht der Anspruch auf Leistungen der BfA gem. § 5 Abs. 4 ATZG.
11 Die Aufstockungszahlungen (Altersteilzeitleistungen) sind steuer- und sozialabgabenfrei, auch soweit sie über die gesetzlichen Mindestleistungen hinausgehen.
12 Vgl. § 3 Abs. 1 Nr. 1b ATZG.

(2) Vor Übernahme einer zulässigen Nebentätigkeit hat der Arbeitnehmer die schriftliche Zustimmung der Geschäftsleitung der Firma einzuholen. Vorträge oder Veröffentlichungen bedürfen ebenfalls der vorherigen schriftlichen Zustimmung der Geschäftsleistung, soweit ihr Inhalt die Interessen der Firma berühren könnte.

(3) Der Arbeitnehmer verpflichtet sich, dem Arbeitgeber jeden Schaden aus einer Zuwiderhandlung gegen Abs. 1 und 2 zu ersetzen.

§ 7 Urlaub

(1) Der Arbeitnehmer hat Anspruch auf einen anteiligen Jahresurlaub von 15 Arbeitstagen.[14]

(2) Die Urlaubsplanung ist im Einvernehmen mit dem Vorgesetzten festzulegen. Werden einheitliche Betriebsferien durchgeführt, so fällt der Urlaub gem. Abs. 1 in die Betriebsferien. Der Mitarbeiter nimmt auf die betrieblichen Erfordernisse Rücksicht. Der Urlaub muss im Kalenderjahr genommen werden. Übertragungen bis zum 31. 3. des Folgejahres müssen von der Geschäftsleitung genehmigt sein.

§ 8 Krankheit

(1) Ist der Mitarbeiter durch Krankheit an der Ausübung seiner Tätigkeit verhindert, so hat er den Grund und die voraussichtliche Dauer dem Vorgesetzten bis 9.00 Uhr desselben Arbeitstages mitzuteilen.

(2) Spätestens am 3. Tag der Erkrankung hat der Arbeitnehmer dem Arbeitgeber ein ärztliches Attest über seine Arbeitsunfähigkeit und deren voraussichtliche Dauer vorzulegen.

§ 9 Entgeltersatzleistungen

Im Falle des Bezugs von Krankengeld, Versorgungskrankengeld, Verletztengeld und Übergangsgeld nach Ablauf der Entgeltfortzahlung tritt der Arbeitnehmer seine Ansprüche auf Altersteilzeitleistungen gegen die Bundesagentur (§ 10 Abs. 2 ATZG) an den Arbeitgeber ab. Der Arbeitgeber erbringt Altersteilzeitleistungen insoweit anstelle der Bundesagentur im Umfang der abgetretenen Ansprüche an den Arbeitnehmer.[15]

---

13 Vgl. § 5 Abs. 3 Satz 1 und 3 ATZG. Geringfügig ist die Beschäftigung gem. § 8 Abs. 1 SGB IV, wenn das Arbeitsentgelt regelmäßig weniger als Euro 400 beträgt, vgl. im Einzelnen Kap. 6, Erläuterungen I. 3. iVm. **M 6.3.1**.
14 Zu Varianten der Urlaubsvereinbarung bei Teilzeitarbeit vgl. **M 6.2.1** § 4.
15 Diese Regelung dürfte durch die Einfügung von Satz 2 in § 10 Abs. 2 bb) ATZG ab 1. 7. 2004 entbehrlich geworden sein, da danach auch der Arbeitgeber berechtigt ist, die Entgeltersatzleistungen zu erbringen. Jedenfalls für die Rechtslage bis 30. 6. 2004 gilt Folgendes: Diese Regelung rechtfertigt sich durch den geringeren Verwaltungsaufwand. Auch erhält der Arbeitnehmer nur dann entsprechende Leistungen von der Bundesagentur für Arbeit, wenn die Altersteilzeit gefördert wird. Diese Voraussetzung muss allerdings nicht dauernd oder beständig gegeben sein, ausreichend ist vielmehr, dass die Bundesagentur für Arbeit überhaupt Leistungen nach § 4 ATZG erbracht hat oder – falls die Stelle noch nicht wiederbesetzt ist – erbringen wird. Der Arbeitgeber sollte den Arbeitnehmer auf den Umstand hinweisen, dass dieser auch nach der hier enthaltenen Regelung keine Leistungen erhält, wenn der Arbeitsplatz überhaupt nicht wiederbesetzt wird, insoweit also der Arbeitnehmer die Gefahr der Wiederbesetzung trägt.

§ 10 Erlöschen des Anspruchs auf Aufstockungszahlungen

Der Anspruch auf die Altersteilzeitleistungen erlischt, wenn er mindestens 150 Tage geruht hat.[16] Mehrere Ruhenszeiten werden zusammengezählt.

§ 11 Mitteilungs- und Erstattungspflichten

(1) Der Arbeitnehmer verpflichtet sich, dem Arbeitgeber alle Umstände und deren Änderungen, die seinen Vergütungsanspruch oder den Anspruch auf Aufstockungszahlungen berühren können, unverzüglich mitzuteilen. Er hat insbesondere den Arbeitgeber über Nebentätigkeiten zu unterrichten.

(2) Der Arbeitnehmer wird frühestmöglich den Antrag auf eine Rente wegen Alters oder vergleichbarer Leistungen, die zum Erlöschen des Altersteilzeitarbeitsverhältnisses nach § 5 Abs. 1 Nr. 2 ATZG führen, stellen und den Arbeitgeber hierüber unverzüglich unterrichten. Er wird auf Verlangen des Arbeitgebers den frühestmöglichen Zeitpunkt mitteilen, ab dem er eine solche Altersrente oder eine vergleichbare Leistung beanspruchen kann.

(3) Der Arbeitgeber hat ein Zurückbehaltungsrecht, wenn der Arbeitnehmer seine Mitwirkungs- und Mitteilungspflichten nicht erfüllt oder die Richtigkeit oder Vollständigkeit von Angaben oder Auskünften zweifelhaft ist, die seinen Vergütungsanspruch, seinen Anspruch auf Aufstockungszahlung oder Beiträge zur Rentenversicherung berühren können.

(4) Zu Unrecht empfangene Leistungen hat der Arbeitnehmer zu erstatten.

§ 12 Kündigung

Die Kündigung richtet sich nach den Regelungen des Arbeitsvertrages.

§ 13 Verschwiegenheitspflicht

(1) Der Mitarbeiter verpflichtet sich, über alle im Rahmen seiner Tätigkeit ihm zur Kenntnis gelangten geschäftlichen Angelegenheiten und Vorgänge, insbesondere Geschäfts- und Betriebsgeheimnisse, Rezepturen und Geschäftsverbindungen, absolute Verschwiegenheit zu bewahren. Dies gilt auch für die Zeit nach seinem Ausscheiden.

(2) Geschäftsunterlagen jeder Art (Aufzeichnungen, Notizen, auch soweit sie von dem Mitarbeiter während seiner Tätigkeit für die Firma selbst erstellt wurden) gehören der Firma und sind bei Beendigung des Vertragsverhältnisses dem Arbeitgeber auszuhändigen.

§ 14 Schlussbestimmungen[17]

(1) Die bestehende Arbeitsordnung und sämtliche Betriebsvereinbarungen sind Bestandteil des Vertrages.

---

16 Vgl. § 5 Abs. 3 Satz 2 ATZG.
17 Zur Problematik der Schlussbestimmungen aufgrund der Geltung der AGB-Kontrolle für Arbeitsverträge vgl. insbesondere **M 3.1** bei §§ 21 und 22.

(2) Mündliche Nebenabreden bestehen nicht. Änderungen und Ergänzungen oder dieses Vertrages bedürfen zu ihrer Wirksamkeit der Schriftform. Das gilt auch für eine Änderung dieser Schriftformklausel.[18] Die elektronische Form ist ausgeschlossen.

(3) Nicht geltend gemachte Ansprüche verjähren nach neun Monaten.

(4) Erbringt die Bundesanstalt für Arbeit keine oder geringere Leistungen, so werden die Vertragsparteien diesen Vertrag so anpassen, dass sein Ziel erreicht werden kann.[19]

(5) Sollten einzelne Bestimmungen dieses Vertrages ungültig sein oder werden, so hat dies auf die Gültigkeit des sonstigen Vertrages keinen Einfluss.

(6) Im Übrigen gelten die Bestimmungen des Arbeitsvertrages vom ... weiter.

---

[18] Für die Formulierung gem. **M 2.1** Ziff. 12 hat das BAG (v. 24. 6. 2003 – 9 AZR 302/02, BAG-Report 2003, 349) entschieden, dass sie eine betriebliche Übung ausschließt. Dies müsste für die im vorliegenden Muster vorgegebene Formulierung uE auch gelten; will man ganz sicher gehen, müsste man sich an **M 2.1** Ziff. 12 orientieren.

[19] Gemäß § 8 Abs. 2 ATZG muss der Arbeitgeber die vertraglich vereinbarten Leistungen auch dann erbringen, wenn die Bundesanstalt nicht leistet. ZT wird eine auflösende Bedingung des Altersteilzeitvertrages vorgeschlagen (*Diller*, NZA 1996, 847). Die Wirksamkeit einer solchen Regelung ist jedoch nicht unumstritten. Der Vertrag geht mit der Anpassungsverpflichtung einen Mittelweg.

Altersteilzeit-Vertrag – Blockmodell 7.2

§ 1 Beginn und Ende der Altersteilzeit

(1) Die Parteien führen ihr Arbeitsverhältnis nach Maßgabe dieser Vereinbarung ab dem ...[1] als Altersteilzeitarbeitsverhältnis fort.

(2) Das Altersteilzeitarbeitsverhältnis endet ohne Kündigung am ....[2] Es endet ferner,

– wenn der Arbeitnehmer das 65. Lebensalter vollendet;

– mit Ablauf des Kalendermonats vor dem Kalendermonat, für den der Arbeitnehmer eine Rente wegen Alters oder, wenn er von der Versicherungspflicht in der gesetzlichen Rentenversicherung befreit ist, eine vergleichbare Leistung einer Versicherungs- oder Versorgungseinrichtung oder eines Versicherungsunternehmens beanspruchen kann;[3]

---

[1] Datum nach Vollendung des 55. Lebensjahres (§ 2 Abs. 1 Nr. 1 ATZG). Die Voraussetzungen der §§ 2 und 3 Abs. 1 Nr. 2 ATZG müssen gem. § 16 ATZG vor dem 1. 1. 2010 vorliegen, sonst besteht nach der Befristung des subventionsrechtlichen Teils des Gesetzes kein Anspruch des Arbeitgebers auf die Leistungen der BfA nach §§ 4 ff. ATZG.

[2] Gemäß § 8 Abs. 3 ATZG können Arbeitgeber und Arbeitnehmer wirksam vereinbaren, dass das Arbeitsverhältnis ohne Kündigung endet, sobald der Arbeitnehmer Anspruch auf eine Rente nach Altersteilzeitarbeit hat. Vgl. iE § 237 Abs. 3 und 4 SGB VI.

[3] Nach § 5 Abs. 1 Nr. 2 ATZG enden die Erstattungsleistungen der Bundesanstalt nicht automatisch, wenn der Arbeitnehmer einen Anspruch auf vorzeitige Rentenzahlungen hat. Eine abwei-

– mit Beginn des Kalendermonats, für den der Arbeitnehmer eine Rente wegen Alters, eine Knappschaftsausgleichsleistung, eine ähnliche Leistung öffentlich-rechtlicher Art oder, wenn er von der Versicherungspflicht in der gesetzlichen Rentenversicherung befreit ist, eine vergleichbare Leistung einer Versicherungs- oder Versorgungseinrichtung oder eines Versicherungsunternehmens bezieht,[4] oder

– wenn der Anspruch auf die Altersteilzeitleistungen gem. § 10 erlischt.

(3) Das Recht zur Kündigung nach Maßgabe des Arbeitsvertrages und der Gesetze bleibt unberührt.[5]

evtl.

(3) Endet das Altersteilzeitarbeitsverhältnis vorzeitig, so hat der Arbeitnehmer Anspruch auf eine etwaige Differenz zwischen der erhaltenen Vergütung und dem Entgelt für den Zeitraum seiner tatsächlichen Beschäftigung, das er ohne Eintritt in die Altersteilzeit erzielt hätte. Sonntags-, Feiertags- und Nachtzuschläge bleiben außer Betracht. Bei Tod des Arbeitnehmers steht dieser Anspruch seinen Erben zu.

evtl.

(3) Endet das Arbeitsverhältnis wegen verminderter Erwerbsfähigkeit, vorzeitigem Anspruch auf eine Altersrente oder Tod des Arbeitnehmers, so wird das Wertguthaben in die bestehende betriebliche Altersversorgung einbezahlt.[6]

§ 2 Arbeitsgebiet

(1) Mit Beginn der Altersteilzeit übt der Arbeitnehmer die Tätigkeit als ... aus.

oder

(1) Die Tätigkeit des Arbeitnehmers bleibt unverändert, soweit nicht Besonderheiten der Altersteilzeit Änderungen erfordern.

(2) Der Arbeitgeber behält sich vor, dem Arbeitnehmer auch andere zumutbare Arbeiten zu übertragen.

---

chende Vereinbarung, wie sie hier gewählt ist, bleibt dennoch möglich. Für den Fall, dass das Arbeitsverhältnis **nicht** mit der Bezugsmöglichkeit einer vorzeitigen Altersrente enden soll, bietet sich die Formulierung gem. **M 7.1** an: „... Dies gilt nicht für Renten, die vor dem für den Versicherten maßgeblichen Rentenalter in Anspruch genommen werden können."

4 Vgl. § 5 Abs. 1 Nr. 1–3 ATZG sowie insbesondere die Anmerkungen zu **M 7.1**, § 1 Abs. 2.

5 Gem. BAG v. 5. 12. 2002, NZA 2003, 789 (aA noch LAG Schleswig Holstein v. 29. 10. 2002 – 2 SA 246/02, nv.) ist eine ordentliche Kündigung auch in der Freistellungsphase nicht ausgeschlossen. Eine betriebsbedingte Kündigung scheidet allerdings aus, da mangels Beschäftigung des Arbeitnehmers ein dringendes betriebliches Erfordernis, das der Weiterbeschäftigung entgegensteht, nicht bestehen kann.

6 Vgl. oben I. 8.; wird das Wertguthaben nicht in eine betriebliche Altersversorgung eingezahlt, so entstehen rückwirkend erhebliche Sozialversicherungsbeiträge gem. § 23b Abs. 2 SGB IV. Gem. § 23b Abs. 3 SGB IV entstehen diese Sozialversicherungsbeiträge nicht, wenn die Einzahlung in eine betriebliche Altersversorgung, die den Kriterien des § 23b Abs. 3a SGB IV entspricht, vereinbart und durchgeführt wird, näher *Rittweger*, DStR 2001, 1394.

§ 3 Arbeitszeit

(1) Die Arbeitszeit des Arbeitnehmers beträgt im Wochendurchschnitt[7] jeweils die Hälfte der bisherigen wöchentlichen Arbeitszeit von 40 Stunden.[8] Bei künftigen Veränderungen der bisherigen regelmäßigen wöchentlichen Arbeitszeit wird die Arbeitszeit angepasst, soweit sie damit versicherungspflichtig bleibt.

(2) Die Arbeitszeit ist so zu verteilen, dass sie in der ersten Hälfte des Altersteilzeitarbeitsverhältnisses geleistet wird und der Arbeitnehmer anschließend entsprechend der von ihm erworbenen Zeitguthaben von der Arbeit ohne Arbeitsverpflichtung freigestellt wird.[9]

(3) Der Arbeitnehmer ist verpflichtet, über die in Abs. 1 und 2 festgelegte Arbeitszeit hinaus notwendige zusätzliche Arbeit zu leisten, soweit sie angeordnet ist. Diese notwendige zusätzliche Arbeit ist innerhalb einer Frist von drei Monaten durch entsprechende Freizeit wieder auszugleichen. Kann der Freizeitausgleich wegen Krankheit, Urlaub oder aus ähnlichen Gründen nicht erfolgen, ist er in den darauf folgenden drei Monaten vorzunehmen. Die Mehrarbeit darf dabei den Umfang der Geringfügigkeitsgrenze des § 8 SGB IV nicht überschreiten.[10]

§ 4 Vergütung

(1) Der Arbeitnehmer erhält für die Dauer des Altersteilzeitarbeitsverhältnisses Entgelt nach Maßgabe der gem. § 3 reduzierten Arbeitszeit. Das Arbeitsentgelt wird unabhängig von der Verteilung der Arbeitszeit fortlaufend gezahlt.[11]

(2) Weihnachtsgeld und Urlaubsgeld wird gleichfalls anteilig nach Maßgabe von Abs. 1 gezahlt.

(3) Entgeltänderungen wirken sich auch während der Freistellungsphase auf das Arbeitsentgelt aus.[12]

(4) Endet das Altersteilzeitarbeitsverhältnis vorzeitig, hat der Arbeitnehmer Anspruch auf eine etwaige Differenz zwischen der erhaltenen Vergütung und dem Entgelt für den Zeitraum seiner tatsächlichen Beschäftigung, das er ohne Eintritt in die Altersteilzeit erzielt hätte.[13] Bei Tod des Arbeitnehmers steht dieser Anspruch seinen Erben zu.

§ 5 Aufstockungszahlungen

(1) Der Arbeitnehmer erhält zusätzlich eine Aufstockungszahlung gem. § 3 Abs. 1 Nr. 1a ATZG iHv. 20% des Regelarbeitsentgelts für die Altersteilzeit.

---

7 Die Verteilung kann wöchentlich, monatlich oder jährlich erfolgen.
8 Vgl. § 2 Abs. 1 Nr. 2 ATZG iVm. § 6 Abs. 2 ATZG; die bisherige Beschränkung in § 6 Abs. 2 Satz 3 ATZG, wonach bei der Ermittlung der durchschnittlichen Arbeitszeit nach § 6 Abs. 2 Satz 2 ATZG Arbeitszeiten, die die tarifliche regelmäßige wöchentliche Arbeitszeit überschritten haben, außer Betracht bleiben, gilt nicht mehr, vgl. BT-Drucks. 15/1515, S. 134.
9 Regelung des „Blockmodells".
10 Vgl. § 5 Abs. 4 ATZG.
11 Diese Klarstellung ist aufgrund des Blockmodells erforderlich.
12 Diese Klarstellung ist durch das Blockmodell bedingt. Andernfalls wäre der Altersteilzeiter im Blockmodell schlechter gestellt als bei laufender Arbeitszeitverkürzung gemäß **M 7.1**.
13 Auch diese Regelung ist eine Besonderheit des Blockmodells.

(2) Der Arbeitgeber entrichtet für den Arbeitnehmer zusätzlich Beiträge zur gesetzlichen Rentenversicherung gem. § 3 Abs. 1 Nr. 1 b) ATZG in Höhe des Beitrags, der auf 80% des Regelarbeitsentgelts für die Altersteilzeit, begrenzt auf den Unterschiedsbetrag zwischen 90% der monatlichen Beitragsbemessungsgrenze und dem Regelarbeitsentgelt, entfällt, höchstens jedoch bis zur Beitragsbemessungsgrenze.

§ 6 Nebentätigkeitsverbot

(1) Der Arbeitnehmer darf neben seiner Altersteilzeitarbeit keine Beschäftigungen oder selbständigen Tätigkeiten ausüben, die die Geringfügigkeitsgrenze des § 8 SGB IV überschreiten. Dies gilt auch dann, wenn der Arbeitnehmer aufgrund einer solchen Beschäftigung eine Lohnersatzleistung erhält. Beschäftigungen oder selbständige Tätigkeiten bleiben unberücksichtigt, soweit sie der Arbeitnehmer bereits innerhalb der letzten fünf Jahre vor Beginn der Altersteilzeit ständig ausgeübt hat. Andernfalls ruht der Anspruch auf die Aufstockungszahlungen nach § 5.[14] Für die Mitteilungs- und Erstattungspflicht gilt § 11.

(2) Vor Übernahme einer zulässigen Nebentätigkeit hat der Arbeitnehmer die schriftliche Zustimmung der Geschäftsleitung der Firma einzuholen. Vorträge oder Veröffentlichungen bedürfen ebenfalls der vorherigen schriftlichen Zustimmung der Geschäftsleitung, soweit ihr Inhalt die Interessen der Firma berühren könnte.

(3) Der Arbeitnehmer verpflichtet sich, dem Arbeitgeber jeden Schaden aus einer Zuwiderhandlung gegen Abs. 1 und 2 zu ersetzen.

§ 7 Urlaub

(1) Der Arbeitnehmer hat Anspruch auf einen Jahresurlaub von 30 Arbeitstagen. Der Urlaub wird nur für jeden vollen Beschäftigungsmonat gewährt.[15]

(2) Die Urlaubsplanung ist im Einvernehmen mit dem Vorgesetzten festzulegen. Werden einheitliche Betriebsferien durchgeführt, so fällt der entsprechende Teil des Urlaubs in die Betriebsferien. Der Mitarbeiter nimmt auf die betrieblichen Erfordernisse Rücksicht. Der Urlaub muss im Kalenderjahr genommen werden. Übertragungen bis zum 31. 3. des Folgejahres müssen von der Geschäftsleitung genehmigt sein.

(3) Für die Zeit der Freistellung von der Arbeit besteht kein Urlaubsanspruch. Im Kalenderjahr des Übergangs von der Beschäftigung zur Freistellung hat der Arbeitnehmer für jeden angefangenen Beschäftigungsmonat Anspruch auf $^1/_{12}$ des Jahresurlaubs.[16]

§ 8 Krankheit

(1) Ist der Mitarbeiter durch Krankheit an der Ausübung seiner Tätigkeit verhindert, so hat er den Grund und die voraussichtliche Dauer dem Vorgesetzten bis 9.00 Uhr desselben Arbeitstages mitzuteilen.

---

14 Gemäß § 4 Abs. 3 Satz 1 ATZG geringfügig ist die Beschäftigung gem. § 8 Abs. 1 SGB IV, wenn das Arbeitsentgelt regelmäßig weniger als Euro 400 beträgt.
15 Aufgrund des Blockmodells ist diese Regelung abgewandelt gegenüber § 7 Abs. 1 des **M 7.1**.
16 Klarstellung aufgrund der Besonderheiten des Blockmodells. Soweit Urlaubsabgeltungsansprüche beim Wechsel der Arbeitsphase in die Freistellungsphase überhaupt entstehen können, sind diese jedenfalls durch die Freistellungsphase abgegolten (LAG BW v. 11. 12. 2000, AiB 2000, 382; LAG Hamburg v. 26. 6. 2002, DB 2002, 2442).

(2) Spätestens am dritten Tag der Erkrankung hat der Arbeitnehmer dem Arbeitgeber ein ärztliches Attest über seine Arbeitsunfähigkeit und deren voraussichtliche Dauer vorzulegen.

(3) Soweit eine Arbeitsunfähigkeit des Mitarbeiters während der Arbeitsphase den gesetzlichen Entgeltfortzahlungszeitraum überschreitet, verschiebt sich der Beginn der Freistellungsphase um die Hälfte des über den gesetzlichen Entgeltfortzahlungszeitraum hinausgehenden Zeitraums. Das festgelegte Ende der Altersteilzeit bleibt von der Verkürzung der Freistellungsphase unberührt.[17] *Dies gilt nicht, wenn der Arbeitnehmer während der gesamten aktiven Phase arbeitsunfähig war.*[18]

§ 9 Entgeltersatzleistungen[19]

Im Falle des Bezugs von Krankengeld, Versorgungskrankengeld, Verletztengeld und Übergangsgeld tritt der Arbeitnehmer seine Ansprüche auf Altersteilzeitleistungen gegen die Bundesagentur (§ 10 Abs. 2 ATZG) an den Arbeitgeber ab. Der Arbeitgeber erbringt Aufstockungsleistungen insoweit anstelle der Bundesagentur im Umfang der abgetretenen Ansprüche an den Arbeitnehmer.

§ 10 Erlöschen des Anspruchs auf Aufstockungszahlungen

Der Anspruch auf die Altersteilzeitleistungen erlischt, wenn er mindestens 150 Tage geruht hat.[20] *Mehrere Ruhenszeiten werden zusammengezählt.*

§ 11 Mitteilungs- und Erstattungspflichten

(1) Der Arbeitnehmer verpflichtet sich, dem Arbeitgeber alle Umstände und deren Änderungen, die seinen Vergütungsanspruch oder den Anspruch auf Aufstockungszahlungen berühren können, unverzüglich mitzuteilen. Er hat insbesondere den Arbeitgeber über Nebentätigkeiten zu unterrichten.

(2) Der Arbeitnehmer wird frühestmöglich den Antrag auf eine Rente wegen Alters oder vergleichbarer Leistungen, die zum Erlöschen des Altersteilzeitarbeitsverhältnisses nach § 5 Abs. 1 Nr. 2 ATZG führen, stellen und den Arbeitgeber hierüber unverzüglich unterrichten. Er wird auf Verlangen des Arbeitgebers den frühestmöglichen Zeitpunkt mitteilen, ab dem er eine solche Altersrente oder eine vergleichbare Leistung beanspruchen kann.

(3) Der Arbeitgeber hat ein Zurückbehaltungsrecht, wenn der Arbeitnehmer seine Mitwirkungs- und Mitteilungspflichten nicht erfüllt oder die Richtigkeit oder Vollständigkeit von Angaben oder Auskünften zweifelhaft ist, die seinen Vergütungsanspruch, seinen Anspruch auf Aufstockungszahlung oder Beiträge zur Rentenversicherung berühren können.

(4) Zu Unrecht empfangene Leistungen hat der Arbeitnehmer zu erstatten.

---

17 Vgl. oben die Erläuterungen unter I. 8.; *Hoß*, ArbRB 2002, 28. Auch ohne diese Regelung dürfte die bereits erdiente, aber noch nicht ausgezahlte Entgelthälfte bei vorzeitiger Beendigung zu erstatten sein (ErfK/*Rolfs*, § 8 ATZG Rz. 2; *Schafft*, FA 2000, 370, 375).
18 Für die Zulässigkeit einer solchen Einschränkung spricht LAG Köln v. 11. 5. 2001, NZA-RR 2002, 580.
19 Vgl. **M 7.1** bei § 9.
20 Vgl. § 5 Abs. 3 Satz 2 ATZG.

§ 12 Kündigung

(1) Die Kündigung richtet sich nach den Regelungen des Arbeitsvertrages.

(2) Der Arbeitgeber darf das Arbeitsverhältnis ab dem Zeitpunkt, ab dem der Arbeitnehmer von der Arbeit freigestellt ist, nicht kündigen.[21]

§ 13 Verschwiegenheitspflicht

(1) Der Mitarbeiter verpflichtet sich, über alle im Rahmen seiner Tätigkeit ihm zur Kenntnis gelangten geschäftlichen Angelegenheiten und Vorgänge, insbesondere Geschäfts- und Betriebsgeheimnisse, Rezepturen und Geschäftsverbindungen, absolute Verschwiegenheit zu bewahren. Dies gilt auch für die Zeit nach seinem Ausscheiden.

(2) Geschäftsunterlagen jeder Art (Aufzeichnungen, Notizen, auch soweit sie von dem Mitarbeiter während seiner Tätigkeit für die Firma selbst erstellt wurden) gehören der Firma und sind bei Beendigung des Vertragsverhältnisses dem Arbeitgeber auszuhändigen.

§ 14 Schlussbestimmungen[22]

(1) Die bestehende Arbeitsordnung und sämtliche Betriebsvereinbarungen sind Bestandteil des Vertrages.

(2) Mündliche Nebenabreden bestehen nicht. Änderungen und Ergänzungen dieses Vertrages bedürfen zu ihrer Wirksamkeit der Schriftform. Das gilt auch für eine Änderung dieser Schriftformklausel.[23] *Die elektronische Form ist ausgeschlossen.*

(3) Nicht geltend gemachte Ansprüche verjähren nach neun Monaten.

(4) Erbringt die Bundesagentur keine oder geringere Leistungen, so werden die Vertragsparteien diesen Vertrag so anpassen, dass sein Ziel erreicht werden kann.

§ 15 Insolvenzsicherung[24]

(1) Der Arbeitgeber wird spätestens zum ... eine Bankbürgschaft zugunsten des Arbeitnehmers über die Höhe des während der Arbeitsphase aufzubauenden Wertguthabens bei der ... Bank abschließen.

(2) Die Bürgschaftsurkunde wird bis zum ... dem Mitarbeiter ausgehändigt.

(3) Die Kosten der Bürgschaft trägt die Gesellschaft.

---

21 Gem. BAG v. 5. 12. 2002, NZA 2003, 789 (aA noch LAG Schleswig Holstein v. 29. 10. 2002 – 2 SA 246/02, nv.) ist eine ordentliche Kündigung auch in der Freistellungsphase nicht ausgeschlossen. Eine betriebsbedingte Kündigung scheidet allerdings aus, da mangels Beschäftigung des Arbeitnehmers ein dringendes betriebliches Erfordernis, das der Weiterbeschäftigung entgegensteht, nicht bestehen kann. Aufgrund dessen wäre jeweils zu prüfen, ob § 12 Abs. 2 des Vertrages nicht gestrichen werden soll.
22 Vgl. Anmerkungen zu **M 7.1** § 14.
23 Zur Schriftformklausel im Einzelnen vgl. **M 2.1** § 12; **M 7.1** § 14.
24 Vgl. oben I. 9.; Formulierungsvorschlag nach *Hoß*, ArbRB 2002, 28, 30. Vgl. Erläuterungen unter I. 9.

Kapitel 8 Ausbildungs- und Fortbildungsverträge

Literaturübersicht: *Berlinger/Schuster*, Förderung der beruflichen Bildung, Loseblatt; *Eule*, Der Begriff des Ausbilders nach dem BBiG, BB 1991, 2366; *Fangmann*, Die Rechtsstellung des Praktikanten, ArbuR 1977, 201; *Hammer*, Berufsbildung und Betriebsverfassung, 1990; *Hennige*, Rückzahlung von Aus- und Fortbildungskosten, NZA-RR 2000, 617; *Herkert*, Berufsbildungsgesetz: Kommentar, Loseblatt; *Hurlebaus*, Neue Rechtsprechung zum Berufsbildungsgesetz, GewArch. 1999, 143; 2001, 456; 2002, 14; *Knigge*, Übersicht über das Recht der Berufsbildung, AR-Blattei, SD 400.1 und 400.2; *Knopp/Kraegeloh*, Berufsbildungsgesetz, 4. Aufl. 1998; *Krause*, Schriftform für den Ausbildungsvertrag, AR-Blattei, ES 220.2 Nr. 16; *Kreutzfeld/Kramer*, Rechtsfragen der Kündigung des Berufsausbildungsverhältnisses, DB 1995, 975; *Natzel*, Berufsbildungsrecht, 3. Aufl. 1982; *Oppolony*, Die Weiterbeschäftigung von Auszubildenden nach § 78a BetrVG, BB 2003, 1329; *Ressel*, Neue Rechtsvorschriften für die Berufsbildung, AuA 1990, 209; *Scherer*, Verträge mit Praktikanten, NZA 1986, 80; *Schmidt*, Das Praktikantenverhältnis nach dem neuen Berufsausbildungsgesetz, BB 1971, 313; *Schmidt*, Volontär und Praktikant, AR-Blattei D; *Weber*, Berufsbildungsgesetz und Berufsbildungsförderungsgesetz, Kommentar, 13. Aufl. 1999; *Wohlgemuth*, Berufsbildungsgesetz, 3. Aufl. 2003; *Woortmann*, Kursänderungen im BBiG, RdJB 1998, 11.

I. Erläuterungen

Zur **Ausbildung** dienen Berufsbildungsverträge und Verträge mit Praktikanten, zur **Fortbildung** eher Verträge mit Studenten und Referendaren. Hinzu kommen Fortbildungsverträge innerhalb des bestehenden Arbeitsverhältnisses, die regelmäßig mit einer **Rückzahlungsklausel für die Fortbildungskosten** verbunden sind.

1. Auszubildende

Wer einen anderen zur Berufsbildung einstellt (Ausbildender), hat mit dem Auszubildenden einen Berufsbildungsvertrag zu schließen, § 3 Abs. 1 Berufsbildungsgesetz (BBiG). Unverzüglich nach Abschluss des Berufsbildungsvertrages ist der wesentliche Inhalt des Vertrages schriftlich niederzulegen, § 4 Abs. 1 Satz 1 BBiG. Die Mindestanforderungen gem. § 4 Abs. 1 Satz 2 BBiG sind in **M 8.1.1** noch einmal deutlich hervorgehoben. Der Ausbildende hat gem. § 6 Abs. 1 BBiG selbst oder durch einen ausdrücklich damit beauftragten Ausbilder dafür zu sorgen, dass dem Auszubildenden die Fertigkeiten und Kenntnisse vermittelt werden, die zum Erreichen des Ausbildungszieles erforderlich sind, und die Berufsausbildung in einer durch ihren Zweck gebotenen Form planmäßig, zeitlich und sachlich gegliedert so durchzuführen, dass das Ausbildungsziel in der vorgesehenen Ausbildungszeit erreicht werden kann. Er muss ferner kostenlos die Ausbildungsmittel, insbesondere Werkzeuge und Werkstoffe zur Verfügung stellen, die zur Berufsausbildung und zum Ablegen von Zwischen- und Abschlussprüfungen erforderlich sind. Dem stehen gegenüber die Pflichten des **Auszubildenden** gem. § 9 BBiG. Er hat sich zu bemühen, die Fertigkeiten und Kenntnisse zu erwerben, die erforderlich sind, um das Ausbildungsziel zu erreichen. Er muss seine Aufgaben sorgfältig ausführen, den Weisungen des Ausbildenden folgen, hat an Ausbildungsmaßnahmen teilzunehmen, die Einrichtungen pfleglich zu behandeln, die Betriebsordnung zu beachten und über Betriebs- und Geschäftsgeheimnisse Stillschweigen zu wahren.

Gemäß § 15 Abs. 2 BBiG kann der Ausbilder das Berufsausbildungsverhältnis **nach Ablauf der Probezeit nur aus wichtigem Grund kündigen.**

⊃ **Praxistipp:** Die Kündigung gegenüber dem Ausbildenden muss nicht nur schriftlich erfolgen, sondern auch die **Kündigungsgründe schriftlich mitteilen,** § 15 Abs. 3 BBiG. Dies wird in der Praxis sehr häufig übersehen mit der Folge, dass die Kündigung unwirksam ist. Fällt der Fehler später auf, so kann wegen Ablaufs der Zweiwochenfrist eine Kündigung aus wichtigem Grund gemäß § 626 Abs. 2 BGB nicht mehr nachgeholt werden.

Die Kündigungsschutzklage auch gegen eine außerordentliche Kündigung im Berufsausbildungsverhältnis muss innerhalb der Dreiwochenfrist des § 4 iVm. § 13 Abs. 2 KSchG erhoben werden, sofern nicht gem. § 111 Abs. 2 ArbGG eine Verhandlung vor einem zur Beilegung von Streitigkeiten aus einem Berufsausbildungsverhältnis gebildeten Ausschuss stattfinden muss.[1]

Der **Auszubildende** selbst kann mit einer Kündigungsfrist von vier Wochen kündigen, wenn er die Berufsausbildung aufgeben oder sich für eine andere Berufstätigkeit ausbilden lassen will, § 15 Abs. 2 Nr. 2 BBiG.

Nach § 16 BBiG kann der Gekündigte den Kündigenden auf **Schadensersatz** in Anspruch nehmen, wenn dieser den Grund für die Auflösung zu vertreten hat. Allerdings entsteht im Regelfall kein Schaden.

Hinzuweisen ist auf § 78a BetrVG[2], der Auszubildenden, die gleichzeitig Mitglied von Betriebsverfassungsorganen sind, das Recht gibt, innerhalb von drei Monaten vor Beendigung des Berufsausbildungsverhältnisses schriftlich vom Arbeitgeber die Weiterbeschäftigung zu verlangen. Damit wird ein Arbeitsverhältnis auf unbestimmte Zeit begründet. Soweit nicht ein nach § 15 KSchG, § 15 BBiG tragfähiger Kündigungsgrund vorliegt, kann der Arbeitgeber die Begründung dieses Arbeitsverhältnisses nur gem. § 78a Abs. 2 BetrVG vermeiden, wenn er bis zum Ablauf von zwei Wochen nach Beendigung des Berufsausbildungsverhältnisses die dort genannten Anträge beim Arbeitsgericht stellt, weil die Weiterbeschäftigung unzumutbar sei.

2. Praktikanten

Praktikanten durchlaufen eine – regelmäßig eng befristete – Ausbildung, die sie im Rahmen ihrer Hauptausbildung (zB Studium) absolvieren müssen.[3] Oft wird übersehen, dass auch Praktika gem. § 19 BBiG den besonderen Vorschriften der §§ 3–18 BBiG unterliegen, soweit das Praktikum nicht voll in ein Studium integriert ist.[4] **Sozialversicherungsrechtlich** besteht gemäß § 5 Abs. 1 Nr. 10 SGB V, § 20 Abs. 1 Nr. 10 SGB XI Versicherungspflicht in der **Kranken- und Pflegeversicherung**, soweit das Praktikum durch Studien- oder Prüfungsordnungen vorgeschrieben ist. Für nicht vorgeschriebene Praktika gelten die allgemeinen Regeln. In der **Rentenversicherung** sind Praktika versicherungsfrei, soweit sie durch Studien- oder Prüfungsordnungen vorgeschrieben sind, § 5 Abs. 3 Nr. 1 SGB VI. In allen anderen Fällen bleibt das Praktikum gemäß § 5 Abs. 3 Nr. 2 SGB VI nur versicherungsfrei, wenn es ohne Entgelt oder

---

1 BAG v. 26. 1. 1999, NZA 1999, 934.
2 Einzelheiten bei *Oppolony*, BB 2003, 1329.
3 BAG v. 5. 8. 1965, ArbuR 1965, 312.
4 Zu dieser Ausnahme BAG v. 19. 6. 1974, DB 1974, 1920.

nur gegen ein Entgelt ausgeübt wird, das Euro 400 pro Monat nicht übersteigt. Für nicht vorgeschriebene Praktika oder Praktika vor oder nach der Ausbildung gelten die allgemeinen Regeln. Auch in der **Unfallversicherung** gelten die allgemeinen Grundsätze (vgl. § 2 Abs. 2 SGB VII).

3. Studenten

Die Tätigkeit von Studenten neben dem Studium dient weniger der Fortbildung; meist geht es darum, das Studium zu finanzieren. Soweit Studenten nicht als freie Mitarbeiter tätig sind, sind sie **Arbeitnehmer**.[5] Über die Befristung nach § 14 Abs. 2 TzBfG hinaus kann das Ende des Studiums auch einen sachlichen Grund für eine Befristung darstellen.[6] **Sozialversicherungsrechtlich**[7] sind Studenten aufgrund ihres Status als Studenten kranken- und pflegeversichert (§ 5 Abs. 1 Nr. 9 SGB V, § 20 Abs. 1 Satz 2 Nr. 9 SGB XI). Rentenversicherungspflicht besteht nicht; Studienzeiten werden gemäß § 58 Abs. 1 Nr. 4 SGB VI jedoch bis zu drei Jahren als Anrechnungszeiten berücksichtigt. Für **entgeltliche Beschäftigungen von Studenten** neben dem Studium („Studentenjobs") gelten in der Sozialversicherung im Grundsatz die allgemeinen Regeln. **Privilegierungen** bestehen daher zunächst bei geringfügiger Beschäftigung/Minijobs (vgl. oben Kapitel 6 unter I. 3., **M 6.3**) iSv. § 8 SGB IV. Darüber hinaus besteht **Versicherungsfreiheit für Werkstudenten** in der **Kranken- und Pflegeversicherung** nach § 6 Abs. 1 Nr. 3 SGB V und in der **Arbeitslosenversicherung** nach § 27 Abs. 4 Satz 1 Nr. 2 SGB III. Sie wird in der Praxis bei unbefristeten Tätigkeiten anerkannt, soweit Zeit und Arbeitskraft der Studenten überwiegend durch das Studium beansprucht wird und die Wochenarbeitszeit während des Semesters 20 Stunden nicht überschreitet.[8] In den Semesterferien gilt diese zeitliche Grenze nicht.[9] Befristete Tätigkeiten, die sich auf die Semesterferien beschränken oder zwei Monate (50 Arbeitstage) pro Jahr nicht überschreiten, sind gleichfalls beitragsfrei. In der **Rentenversicherung** bleiben Studenten nur beitragsfrei, soweit sie die Beschäftigung schon am 30. 9. 1996 beitragsfrei gem. § 5 Abs. 3 SGB VI ausübten (§ 230 Abs. 4 Satz 1 SGB VI). In allen anderen Fällen gelten die allgemeinen Regeln. Lohnsteuerrechtlich bestehen – soweit es sich nicht um Minijobs handelt (so.) – keine Besonderheiten.

4. Fortbildungsverträge

Die **berufliche Fortbildung** soll es ermöglichen, die beruflichen Kenntnisse und Fertigkeiten zu erhalten, zu erweitern, der technischen Entwicklung anzupassen oder beruflich aufzusteigen (§ 1 Abs. 3 BBiG). Die für das Berufsausbildungsverhältnis geltenden §§ 3 ff. BBiG sind auf den Fortbildungsvertrag nicht anwendbar. Meist übernimmt der Arbeitgeber die gesamten Fortbildungskosten, dh. die Kosten der Schulung einschließlich der materiellen Ausbildungsmittel sowie damit zusammenhängende

---

[5] Zur Abgrenzung vgl. Kap. 9, Erläuterung I. 1.; zur umfangreich tätigen Tankwartaushilfe als Arbeitnehmer vgl. BAG v. 12. 6. 1996, NZA 1997, 191.
[6] LAG Berlin v. 6. 10. 1995, NZA-RR 1996, 201, jetzt § 14 Abs. 1 Nr. 6 TzBfG.
[7] Guter Überblick bei *Schlage* in: Personalbuch 2003 Nr. 395.
[8] BSG v. 22. 2. 1980, DB 1981, 1420 mwN; für die Grenze bei 18 Stunden: Kasseler Kommentar/*Peters*, § 6 SGB V Rz. 25.
[9] Vgl. BSG v. 23. 2. 1988, SozR 2200, § 172 Nr. 20 S. 45; BSG v. 22. 2. 1980, SozR 2200, § 172 Nr. 14.

Reisekosten einschließlich Übernachtung und Verpflegung. Während der Ausbildungszeit wird die Arbeitsvergütung weiter gezahlt, sofern nicht unbezahlter Urlaub vereinbart wurde. Ob die ordentliche Kündigung für die Dauer der Fortbildung ausgeschlossen ist,[10] hängt von dem Zweck der jeweiligen Fortbildungsmaßnahme ab.

Mit dem Fortbildungsvertrag regelmäßig verbunden ist eine **Verpflichtung des Arbeitnehmers zur Rückzahlung** der gesamten oder eines Teils der Fortbildungskosten, wenn er aus Gründen in seiner Person vorzeitig das Arbeitsverhältnis beendet. Anders als im Berufsausbildungsverhältnis (vgl. §§ 5 Abs. 2, 19 BBiG) sind solche Rückzahlungsklauseln nicht von vornherein unwirksam. Ihre Wirksamkeit wird nur nach § 242 BGB aufgrund des Rechts des Arbeitnehmers zur freien Wahl des Arbeitsplatzes aus Art. 12 Abs. 2 GG eingeschränkt. **Tarifvertragliche Rückzahlungsklauseln** werden dabei nur beschränkt überprüft, weil aufgrund der Beteiligung der Tarifvertragsparteien eine Vermutung für den angemessenen Ausgleich beider Vertragsparteien besteht.[11] **Rückzahlungsklauseln in Individualverträgen** sind demgegenüber von vornherein nur bei solchen Fortbildungsmaßnahmen zulässig, die dem Arbeitnehmer neue berufliche Chancen eröffnen. Die bloße Anpassung an neue betriebliche Anforderungen reicht also nicht aus.[12] Eröffnet die Fortbildungsmaßnahme hingegen dem Arbeitnehmer die Möglichkeit zum weiteren beruflichen Aufstieg oder **verbessert sie insbesondere seine Chancen auf dem allgemeinen Arbeitsmarkt**,[13] so kann eine Rückzahlung grundsätzlich wirksam vereinbart werden. Allerdings muss die Vereinbarung vor Beginn der Fortbildungsmaßnahme getroffen werden.[14] Auch dann unterliegt die Rückzahlungsklausel jedoch noch einer Prüfung, ob sie interessengerecht ist. Die zulässige Höchstdauer der Bindung des Arbeitnehmers beträgt gem. § 624 BGB fünf Jahre. Sie darf nur bei Erwerb besonders hoher Qualifikationen und kostenintensiver Fortbildung in Anspruch genommen werden.[15] Die Bindungsdauer von einem Jahr begegnet in den meisten Fällen keinen Bedenken, sofern eine längere Freistellung – bis zu zwei Monaten – vorausgegangen war. Ohne Freistellung des Arbeitnehmers kommt der Fortbildungsdauer nur geringe Bedeutung zu.[16] Kommen zu der Freistellung relativ hohe Fortbildungskosten hinzu, so kann auch bei einer Freistellung von zwei Monaten, jedoch Kosten von mehr als Euro 5 000 eine Bindung von drei Jahren gerechtfertigt sein.[17] Eine Lehrgangsdauer von zwei bis sechs Monaten rechtfertigt im Regelfall keine längere Bindung als zwei Jahre,[18] sechs Monate bis zu einem Jahr können eine Bindung für drei Jahre erlauben.[19] Eine Faustregel, nach der die Bindungsdauer höchstens sechsmal so lang sein darf wie die Dauer der Bildungsmaßnahme, gibt es nicht.[20] Viel-

---

10 Vgl. zur Umschulung BAG v. 15. 3. 1991, DB 1992, 896.
11 Vgl. BAG v. 6. 11. 1996, NZA 1997, 663. Zur Wirksamkeit von § 18 TV-Beratungsanwärter vgl. BAG v. 6. 6. 1984, nv. und v. 5. 7. 2000, NZA 2001, 394; im Einzelnen zu Rückzahlungsklauseln *Hennige*, NZA-RR 2000, 617 ff.
12 Vgl. BAG v. 16. 3. 1994, DB 1994, 1726; v. 16. 11. 2003, BeckRS 2003, 41110.
13 Vgl. BAG v. 11. 4. 1990, DB 1990, 2222.
14 BAG v. 11. 8. 1966, AP Nr. 5 zu § 611 BGB – Ausbildungsbeihilfe; *Hennige*, NZA-RR 2000, 517, 621 mN.
15 Vgl. BAG v. 12. 12. 1979, DB 1980, 1704.
16 Vgl. BAG v. 15. 5. 1985, DB 1986, 65.
17 LAG Düsseldorf v. 23. 1. 1989, DB 1989, 1295.
18 BAG v. 6. 9. 1995, DB 1996, 532.
19 BAG v. 15. 12. 1993, NZA 1994, 835.
20 BAG v. 6. 9. 1995, DB 1996, 532.

mehr sind alle Umstände des Einzelfalls zu berücksichtigen. Eine Bindung bis zu sechs Monaten wäre zulässig bei einer Dauer der Qualifizierungsmaßnahme von einem Monat,[21] eine Bindungsfrist von zwei Jahren wohl bei einer Dauer der Qualifizierungsmaßnahme von vier Monaten;[22] bei einer Dauer der Qualifizierungsmaßnahme von bis zu einem Monat wäre eine Bindungsdauer bis zu sechs Monaten zulässig,[23] bei bis zu zwei Monaten wäre eine Bindungsdauer von einem Jahr zulässig;[24] bei bis zu sechs Monaten eine Bindungsdauer von drei Jahren,[25] bei bis zu 12 Monaten wären zulässig drei Jahre;[26] bei bis zu 16 Monaten drei Jahre;[27] bei mehr als zwei Jahren eine Bindungsdauer bis zu fünf Jahren[28] und bei vier Jahren eine Bindungsdauer bis zu fünf Jahren.[29, 30] Das Risiko bei der Vertragsgestaltung war vor Geltung der AGB-Kontrolle für Arbeitsverträge begrenzt, da eine unzumutbar lange Bindungsfrist **auf das zumutbare Maß herabgesetzt** wurde. Ob dies entgegen dem Verbot der geltungserhaltenden Reduktion, § 306 Abs. 2 BGB, auch künftig noch gilt, ist fraglich. Die Bindungsfrist sollte daher vorsorglich eher zu kurz als zu lang bemessen werden. Zum Teil sehen Rückzahlungsverträge auch eine Quotelung des Rückzahlungsbetrages nach dem Verhältnis der an der Gesamtbindungsfrist noch fehlenden Tätigkeitsdauer vor (zB 1/4 pro Beschäftigungsjahr). Eine Reduzierung von vier auf zwei Jahre ändert dabei auch die Quotelung von 1/4 auf 1/2. Der Rückzahlungsbetrag darf die tatsächlichen Kosten der Maßnahme nicht übersteigen. Wegen § 32 Abs. 1 SGB I dürfen auch die Arbeitgeberbeiträge zur Sozialversicherung nicht Gegenstand der Rückzahlungsverpflichtung sein.[31, 32] Die Rückzahlungsverpflichtung entfällt, wenn der Arbeitgeber dem Arbeitnehmer Arbeitsaufgaben zuweist, die nicht seiner Ausbildung entsprechen, er einem berechtigten Verlangen auf Zuweisung einer qualifikationsgerechten Beschäftigung nicht entspricht und der Arbeitnehmer daraufhin das Arbeitsverhältnis von sich aus beendet.[33]

Die Rückzahlungspflicht wird meist **durch Kündigung des Arbeitnehmers ausgelöst**, soweit diese nicht durch den Arbeitgeber veranlasst ist. Auch eine **Kündigung des Arbeitgebers aus verhaltensbedingten Gründen** löst die Rückzahlungspflicht aus. Betriebsbedingte[34] und wohl auch personenbedingte[35] Gründe scheiden als Rückzahlungstatbestand aus.

---

21 BAG v. 5. 12. 2002, DB 2003, 887.
22 Vgl. BAG v. 6. 9. 1995, NZA 1996, 314.
23 BAG v. 5. 12. 2002 – 6 AZR 539/01, EzA-SD 7/2003, S. 6.
24 BAG v. 15. 12. 1993, NZA 1994, 835.
25 BAG v. 23. 2. 1983, NJW 1983, 1871.
26 BAG v. 23. 2. 1983, NJW 1983, 1871; v. 11. 4. 1984, NZA 1984, 288.
27 BAG v. 15. 5. 1985, NZA 1986, 741.
28 BAG v. 19. 6. 1974, NJW 1974, 2151; v. 12. 12. 1979, AP Nr. 4 zu § 611 BGB – Ausbildungsbeihilfe.
29 BAG v. 12. 12. 1979, AP Nr. 4 zu § 611 BGB – Ausbildungsbeihilfe; BAG v. 5. 12. 2002, AuA 2003, 54: bei drei Jahren sind 36 Monate nicht zu beanstanden).
30 Vgl. im Einzelnen *Hennige*, NZA-RR 2000, 617, 624.
31 BAG v. 11. 4. 1984, NZA 1984, 288.
32 Vgl. BAG v. 6. 9. 1995, DB 1996, 532.
33 BAG v. 5. 12. 2002, AuA 2003, 54.
34 BAG v. 6. 5. 1998, EzA § 611 BGB – Ausbildungsbeihilfe Nr. 19.
35 LAG Düsseldorf v. 8. 5. 2003 – 11 Sa 1584/02, nv.; *Meier/Schulz*, NZA 1996, 742, 748; *Zeranski*, NJW 2000, 336, 337.

Nicht abschließend geklärt ist, inwieweit bei **Abbruch der Bildungsmaßnahme** eine Rückzahlungspflicht begründet werden kann. In jedem Falle muss der Arbeitgeber bei längeren Ausbildungsmaßnahmen eine angemessene Überlegungsfrist ohne Kostenrisiko gewähren, meist ein Jahr.[36] Bei kürzeren Bildungsmaßnahmen scheidet eine Rückzahlungspflicht wohl aus.

Gegenstand der Rückzahlungsverpflichtung sind nicht nur die unmittelbaren Fortbildungskosten (Dozent, Reisekosten etc.), sondern auch das während der Freistellung fortgezahlte Arbeitsentgelt einschließlich des Arbeitnehmeranteils zur Sozialversicherung.[37]

---

36 BAG v. 12. 12. 1979, DB 1980, 1704; kritisch *Hennige*, NZA-RR 2000, 617, 621, die zu Recht darauf hinweist, dass der Arbeitnehmer, der die Maßnahme bereits begonnen und damit ggf. erhebliche Kosten für den Arbeitgeber verursacht hat, nicht besser stehen darf als derjenige, der die Maßnahme von vornherein nicht antritt.
37 BAG v. 11. 4. 1984, DB 1984, 2411.

II. Muster

8.1.1 Berufsausbildungsvertrag (ausführliche Form)[1, 2]

Der Ausbildende (Unternehmen) und der Auszubildende schließen folgenden Ausbildungsvertrag:

§ 1 Ziel der Ausbildung[3]

Der Auszubildende wird nach Maßgabe der Ausbildungsordnung[4] zum Beruf des . . . ausgebildet.

§ 2 Beginn und Dauer der Ausbildung[5]

(1) Die Ausbildung beginnt am . . . .

(2) Die Ausbildungszeit beträgt nach der Ausbildungsordnung . . . Jahre. Hierauf wird die Berufsbildung zum . . . (genaue Bezeichnung des Ausbildungsberufs) und/oder

---

1 Das Muster enthält in Anlehnung an *Bauer* in Wurm/Wagner/Zartmann, Das Rechtsformularbuch, 14. Aufl. 1998, M 89q zur Information der Vertragsbeteiligten zahlreiche Regelungen, die auch im BBiG enthalten sind und auf die in den Fußnoten verwiesen wird. Das **M 8.1.2** (kurze Form) enthält demgegenüber nur die die Gesetzeslage ergänzenden Vertragsbestimmungen.
2 Zu den Mindestanforderungen des Berufsausbildungsvertrages vgl. § 4 BBiG. Weder die Schriftform noch diese Angaben sind jedoch Wirksamkeitsvoraussetzung für den Vertrag. Er ist vielmehr auch formlos wirksam. Das hat sich auch durch die EG-Nachweisrichtlinie – 91/533/EWG, umgesetzt durch das NachwG – nicht geändert (BAG v. 21. 8. 1997, DB 1997, 2619).
3 § 4 Abs. 1 Satz 2 Nr. 1 BBiG.
4 Für staatlich anerkannte Ausbildungsberufe sind Ausbildungsordnungen zu erlassen, die für die Ausbildung zwingend sind (§§ 25 Abs. 1, 28 Abs. 1 BBiG).
5 § 4 Abs. 1 Satz 2 Nr. 2 BBiG.

eine Vorbildung/Ausbildung in ... (Schulart oder sonstige Ausbildungsstätte) mit ... Monaten angerechnet. Die Ausbildung endet daher am ....[6]

(3) Besteht der Auszubildende vor Ablauf der Ausbildungszeit gem. Abs. 2 die Abschlussprüfung, so endet das Berufsausbildungsverhältnis mit Bestehen der Abschlussprüfung.

(4) Besteht der Auszubildende die Abschlussprüfung nicht, so verlängert sich das Berufsausbildungsverhältnis auf sein Verlangen bis zur nächstmöglichen Wiederholungsprüfung, höchstens jedoch um ein Jahr.[7]

§ 3 Probezeit[8]

(1) Die Probezeit beträgt ... Monate.[9]

(2) Wird die Ausbildung während der Probezeit um mehr als ein Drittel dieser Zeit unterbrochen, so verlängert sich die Probezeit um den Zeitraum der Unterbrechung.

§ 4 Ausbildungsort

(1) Die Ausbildung findet in ... und den mit dem Betriebssitz für die Ausbildung üblicherweise zusammenhängenden Bau-, Montage- und sonstigen Arbeitsstellen statt.

(2) Außerhalb der Ausbildungsstätte finden folgende Ausbildungsmaßnahmen statt: ....[10]

§ 5 Vergütung[11]

(1) Der Auszubildende erhält eine Vergütung von zzt. monatlich brutto

a) im ersten Ausbildungsjahr Euro ...

b) im zweiten Ausbildungsjahr Euro ...

c) im dritten Ausbildungsjahr Euro ....[12]

(2) Die Vergütung ist zahlbar zum Ende des jeweiligen Kalendermonats.

---

6 Die Ausbildungsdauer soll nicht mehr als drei und nicht weniger als zwei Jahre betragen (§ 25 Abs. 2 Nr. 2 BBiG).
7 Besteht der Auszubildende die erste Wiederholungsprüfung nicht und stellt er ein Verlängerungsverlangen, verlängert sich das Berufsausbildungsverhältnis bis zur zweiten Wiederholungsprüfung, wenn diese noch innerhalb der Höchstfrist von einem Jahr (§ 14 Abs. 3 letzter Satz BBiG) abgelegt wird. Die Beendigungswirkung tritt unabhängig davon ein, ob die zweite Wiederholungsprüfung bestanden oder nicht bestanden wird (BAG v. 15. 3. 2000, BB 2000, 1623).
8 § 4 Abs. 1 Satz 2 Nr. 5 BBiG.
9 Die Probezeit muss mindestens einen Monat und darf höchstens drei Monate betragen (§ 13 BBiG).
10 § 4 Abs. 1 Satz 2 Nr. 3 BBiG.
11 § 4 Abs. 1 Satz 2 Nr. 6 BBiG.
12 Der Ausbilder hat dem Auszubildenden eine angemessene Vergütung zu zahlen (vgl. §§ 10 Abs. 1, 11 BBiG). Die Vergütung ist nach § 850a ZPO nicht pfändbar und damit gem. § 400 BGB auch nicht abtretbar (MünchArbR/*Natzel*, § 171 Rz. 85). Werden die tariflichen Sätze um mehr als 20% unterschritten, so ist die Vergütung im Regelfall nicht mehr angemessen (zu Ausnahmen vgl. BAG v. 11. 10. 1995, DB 1996, 1086). Die von den zuständigen Ausbildungsstellen festgelegten Tarife sind demgegenüber nur Empfehlungen und nicht verbindlich.

(3) Mehrarbeit über die vereinbarte regelmäßige Ausbildungszeit hinaus wird durch Freizeit abgegolten[13]/wird gesondert vergütet/wird mit einem Zuschlag von . . . % vergütet.

(4) Der Ausbilder trägt ferner die Kosten für

a) *Kost und/oder Wohnung des Auszubildenden gem. Anlage 1 zu diesem Vertrag;[14]*

b) *Maßnahmen außerhalb der Ausbildungsstätte, soweit sie nicht anderweitig gedeckt sind. Abzusetzen sind jedoch ersparte Verpflegungskosten des Auszubildenden. Die Anrechnung von anteiligen Kosten und Sachbezugswerten nach § 10 Abs. 2 BBiG darf 75% der vereinbarten Bruttovergütung nicht übersteigen;*

c) *besondere Berufskleidung.*

(5) Der Auszubildende erhält Vergütung auch[15]

a) *für die Zeit der Freistellung am Berufsschulunterricht und an Prüfungen[16] sowie für Ausbildungsmaßnahmen außerhalb der Ausbildungsstätte und nach § 43 JArbSchG.[17]*

b) *bis zur Dauer von 6 Wochen, wenn er*

aa) *sich für die Berufsausbildung bereithält, diese aber ausfällt, oder*

bb) *aus einem sonstigen, in seiner Person liegenden Grund unverschuldet verhindert ist, seine Pflichten aus dem Berufsausbildungsverhältnis zu erfüllen.*

Wenn der Auszubildende infolge einer unverschuldeten Krankheit, einer Maßnahme der medizinischen Vorsorge oder Rehabilitation, einer Sterilisation oder eines Abbruchs der Schwangerschaft durch einen Arzt an der Berufsausbildung nicht teilnehmen kann, findet das Entgeltfortzahlungsgesetz Anwendung.

§ 6 Dauer der regelmäßigen täglichen Ausbildungszeit[18]

Die regelmäßige tägliche Ausbildungszeit beträgt . . . Stunden.[19]

§ 7 Urlaub[20]

(1) Der Auszubildende erhält Urlaub von . . . Arbeitstagen/Jahr. Er erhöht sich im Jahr . . . auf . . . und im Jahr . . . auf . . . Arbeitstage.

(2) Der Urlaub soll zusammenhängend und in der Zeit der Berufsschulferien erteilt und genommen werden. Während des Urlaubs darf der Auszubildende keine dem Urlaubszweck widersprechende Erwerbstätigkeit leisten.

---

13 Während nach § 10 Abs. 3 BBiG aF Mehrarbeit stets gesondert zu vergüten war, erlaubt die Neufassung von 1996 auch den Freizeitausgleich.
14 Da es sich um einen in der Praxis seltenen Fall handelt, wurde davon abgesehen, die Anlage 1 anzufügen.
15 Vgl. § 12 BBiG.
16 Vgl. § 7 BBiG.
17 Dh. Freistellung zu ärztlichen Untersuchungen nach §§ 32 ff. JArbSchG.
18 § 4 Abs. 1 Satz 2 Nr. 4 BBiG.
19 Nach § 8 JArbSchG beträgt die höchstzulässige tägliche Arbeitszeit (Ausbildungszeit) bei noch nicht 18 Jahre alten Personen (Jugendlichen) 8 Stunden täglich und 40 Stunden wöchentlich. Zu Ausnahmen vgl. § 8 Abs. 2–3 JArbSchG.
20 § 4 Abs. 1 Satz 2 Nr. 7 BBiG.

§ 8 Pflichten des Ausbildenden[21]

Der Ausbildende verpflichtet sich,

1. dafür zu sorgen, dass dem Auszubildenden die Fertigkeiten und Kenntnisse vermittelt werden, die zum Erreichen des Ausbildungszieles nach der Ausbildungsordnung erforderlich sind, und die Berufsausbildung nach den beigefügten Angaben zur sachlichen und zeitlichen Gliederung des Ausbildungsablaufs so durchzuführen, dass das Ausbildungsziel in der vorgesehenen Ausbildungszeit erreicht werden kann;
2. selbst auszubilden oder einen persönlich und fachlich geeigneten Ausbilder ausdrücklich damit zu beauftragen;
3. dem Auszubildenden vor Beginn der Ausbildung die Ausbildungsordnung kostenlos auszuhändigen;
4. dem Auszubildenden kostenlos die Ausbildungsmittel, insbesondere Werkzeuge, Werkstoffe und Fachliteratur zur Verfügung zu stellen, die für die Ausbildung in den betrieblichen und überbetrieblichen Ausbildungsstätten und zum Ablegen von Zwischen- und Abschlussprüfungen, auch soweit solche nach Beendigung des Berufsausbildungsverhältnisses und in zeitlichem Zusammenhang damit stattfinden, erforderlich sind;[22]
5. den Auszubildenden zum Besuch der Berufsschule anzuhalten und freizustellen. Das Gleiche gilt, wenn Ausbildungsmaßnahmen außerhalb der Ausbildungsstätte vorgeschrieben sind;
6. dem Auszubildenden vor Ausbildungsbeginn und später die Berichtshefte für die Berufsausbildung kostenfrei auszuhändigen und ihm Gelegenheit zu geben, das Berichtsheft in Form eines Ausbildungsnachweises während der Ausbildungszeit zu führen, sowie die ordnungsgemäße Führung durch regelmäßige Abzeichnung zu überwachen, soweit Berichtshefte im Rahmen der Berufsausbildung verlangt werden;
7. dem Auszubildenden nur Verrichtungen zu übertragen, die dem Ausbildungszweck dienen und seinen körperlichen Kräften angemessen sind;
8. dafür zu sorgen, dass der Auszubildende charakterlich gefördert sowie sittlich und körperlich nicht gefährdet wird;
9. von dem jugendlichen Auszubildenden Bescheinigungen gemäß §§ 32, 33 JArbSchG darüber vorlegen zu lassen, dass dieser
    a) vor der Aufnahme der Ausbildung untersucht und
    b) vor Ablauf des ersten Ausbildungsjahres nachuntersucht worden ist;
10. unverzüglich nach Abschluss des Berufsausbildungsvertrages die Eintragung in das Verzeichnis der Berufsausbildungsverhältnisse bei der zuständigen Stelle unter Beifügung der Vertragsniederschriften und – bei Auszubildenden unter 18 Jahren – einer Kopie der ärztlichen Bescheinigung über die Erstuntersuchung gemäß § 32 JArbSchG zu beantragen; Entsprechendes gilt bei späteren Änderungen des wesentlichen Vertragsinhaltes;

---

21 Vgl. § 6 BBiG.
22 Der Auszubildende kann das Prüfungsstück gegen Erstattung der Materialkosten erwerben.

11. den Auszubildenden rechtzeitig zu den angesetzten Zwischen- und Abschlussprüfungen anzumelden und für die Teilnahme freizustellen.

§ 9   Pflichten des Auszubildenden[23]

Der Auszubildende hat sich zu bemühen, die Fertigkeiten und Kenntnisse zu erwerben, die erforderlich sind, um das Ausbildungsziel zu erreichen. Er verpflichtet sich insbesondere,

1. die ihm im Rahmen seiner Berufsausbildung übertragenen Verrichtungen und Aufgaben sorgfältig auszuführen;
2. am Berufsschulunterricht und an Prüfungen sowie an Ausbildungsmaßnahmen außerhalb der Ausbildungsstätte teilzunehmen, für die er freigestellt wird;
3. den Weisungen zu folgen, die ihm im Rahmen der Berufsausbildung vom Ausbildenden, vom Ausbilder oder von anderen weisungsberechtigten Personen, soweit sie als weisungsberechtigt bekannt gemacht worden sind, erteilt werden;
4. die für die Ausbildungsstätte geltende Ordnung zu beachten;
5. Werkzeug, Maschinen und sonstige Einrichtungen pfleglich zu behandeln und sie nur zu den ihm übertragenen Arbeiten zu verwenden;
6. über Betriebs- und Geschäftsgeheimnisse Stillschweigen zu wahren;
7. ein vorgeschriebenes Berichtsheft ordnungsgemäß zu führen und regelmäßig vorzulegen;
8. bei Fernbleiben von der betrieblichen Ausbildung, vom Berufsschulunterricht oder von sonstigen Ausbildungsveranstaltungen dem Ausbildenden unter Angabe von Gründen unverzüglich Nachricht zu geben und ihm bei Krankheit oder Unfall spätestens am dritten Tag eine ärztliche Bescheinigung zuzuleiten;
9. soweit auf ihn die Bestimmungen des Jugendarbeitsschutzgesetzes Anwendung finden, sich gemäß §§ 32 und 33 dieses Gesetzes ärztlich

    a) vor Beginn der Ausbildung untersuchen,

    b) vor Ablauf des ersten Ausbildungsjahres nachuntersuchen zu lassen

    und die Bescheinigungen hierüber dem Ausbildenden vorzulegen.

§ 10   Kündigung[24]

(1) Während der Probezeit kann das Berufsausbildungsverhältnis ohne Einhaltung einer Kündigungsfrist und ohne Angabe von Gründen gekündigt werden.

(2) Nach der Probezeit kann das Berufsausbildungsverhältnis nur gekündigt werden

a) von beiden Parteien aus einem wichtigen Grund ohne Einhalten einer Kündigungsfrist,

b) vom Auszubildenden mit einer Kündigungsfrist von 4 Wochen, wenn er die Berufsausbildung aufgeben oder sich für eine andere Berufstätigkeit ausbilden lassen will.

---

23 Vgl. § 9 BBiG.
24 Vgl. § 15 BBiG.

(3) Die Kündigung muss schriftlich und in den Fällen des Abs. 2 unter Angabe der Kündigungsgründe erfolgen.

(4) Eine Kündigung aus einem wichtigen Grund ist unwirksam, wenn die ihr zugrunde liegenden Tatsachen dem zur Kündigung Berechtigten bei Ausspruch der Kündigung länger als 2 Wochen bekannt sind.[25] Ist ein Schlichtungsverfahren gem. § 12 eingeleitet, so wird bis zu dessen Beendigung der Lauf dieser Frist gehemmt.

(5) Bei vorzeitiger Beendigung des Berufsausbildungsverhältnisses nach Ablauf der Probezeit kann der Ausbildende oder der Auszubildende Ersatz des Schadens verlangen, wenn der andere den Grund für die Auflösung zu vertreten hat.[26] Das gilt nicht bei Kündigung wegen Aufgabe oder Wechsels der Berufsausbildung nach Abs. 2 lit. b. Der Anspruch erlischt, wenn er nicht innerhalb von 3 Monaten nach Beendigung des Berufsausbildungsverhältnisses geltend gemacht wird.

(6) Bei Kündigung des Berufsausbildungsverhältnisses wegen Betriebsaufgabe oder wegen Wegfalls der Ausbildungseignung verpflichtet sich der Ausbildende, sich mit Hilfe der Berufsberatung des zuständigen Arbeitsamtes rechtzeitig um eine weitere Ausbildung im bisherigen Ausbildungsberuf in einer anderen geeigneten Ausbildungsstätte zu bemühen.

§ 11 Zeugnis[27]

Der Ausbildende stellt dem Auszubildenden bei Beendigung des Berufsausbildungsverhältnisses ein Zeugnis aus. Hat der Ausbildende die Berufsausbildung nicht selbst durchgeführt, so soll auch der Ausbilder das Zeugnis unterschreiben. Das Zeugnis muss Angaben enthalten über Art, Dauer und Ziel der Berufsausbildung sowie über die erworbenen Fertigkeiten und Kenntnisse des Auszubildenden. Auf Verlangen des Auszubildenden sind auch Angaben über Führung, Leistung und besondere fachliche Fähigkeiten aufzunehmen.

§ 12 Beilegung von Streitigkeiten

Bei Streitigkeiten aus dem bestehenden Berufsausbildungsverhältnis ist vor Inanspruchnahme des Arbeitsgerichts der nach § 111 Abs. 2 des ArbGG errichtete Ausschuss anzurufen.[28]

§ 13 Erfüllungsort

Erfüllungsort für alle Ansprüche aus diesem Vertrag ist der Ort der Ausbildungsstätte.

§ 14 Sonstige Vereinbarungen

(1) Ergänzend vereinbaren die Parteien Folgendes: ...

---

25 Vgl. § 15 Abs. 4 BBiG.
26 Vgl. § 16 BBiG.
27 Vgl. § 8 BBiG.
28 Die Anrufung des Ausschusses – soweit ein solcher bei der zuständigen Kammer oder Innung gebildet ist – ist unverzichtbare Prozessvoraussetzung (BAG v. 13. 4. 1989, DB 1990, 586). Dies gilt auch für Kündigungsschutzverfahren, wobei streitig ist, ob die Drei-Wochen-Frist des § 4 KSchG gilt (dafür *Kreutzfeld/Kramer*, DB 1995, 975, 976; vgl. auch BAG v. 26. 1. 1999, NZA 1999, 934). Die Entscheidung des Ausschusses ist verbindlich, wenn nicht binnen zwei Wochen dagegen Klage beim zuständigen Arbeitsgericht erhoben wird, § 111 Abs. 2 Satz 3 ArbGG.

(2) Änderungen und Ergänzungen dieses Vertrages bedürfen der Schriftform. Das gilt auch für die Änderung des Schriftformerfordernisses.[29] Die elektronische Form ist ausgeschlossen.

Dieser Vertrag ist in zwei gleich lautenden Ausfertigungen (bei Mündeln dreifach) ausgestellt und von den Vertragschließenden eigenhändig unterschrieben worden.

...

Ort, Datum

Der Ausbildende: ...   Der Auszubildende: ...
(Stempel und Unterschrift)   (Voller Vor- und Zuname)

Die gesetzlichen Vertreter des Auszubildenden:
(Falls ein Elternteil verstorben, bitte vermerken)

Vater: ...

und/oder

Mutter: ...

Vormund: ...
(Voller Vor- und Zuname)

---

[29] Zur Schriftformklausel im Einzelnen vgl. **M 2.1** Ziff. 12; **M 7.1** § 14.

8.1.2 Berufsausbildungsvertrag (kurze Form)[1, 2]

Der Ausbildende (Unternehmen) und der Auszubildende schließen folgenden Ausbildungsvertrag:

§ 1 Ziel der Ausbildung[3]

Der Auszubildende wird nach Maßgabe der Ausbildungsordnung[4] zum Beruf des ... ausgebildet.

---

1 Das **M 8.1.1** enthält in Anlehnung an *Bauer* in Wurm/Wagner/Zartmann, Das Rechtsformularbuch, 14. Aufl. 1998, M 89q zur Information der Vertragsbeteiligten zahlreiche Regelungen, die auch im BBiG enthalten sind und auf die in den Fußnoten verwiesen wird. Das **M 8.1.2** (kurze Form) enthält demgegenüber nur die die Gesetzeslage ergänzenden Vertragsbestimmungen.
2 Zu den Mindestanforderungen des Berufsausbildungsvertrages vgl. § 4 BBiG. Weder die Schriftform noch diese Angaben sind jedoch Wirksamkeitsvoraussetzung für den Vertrag. Er ist vielmehr auch formlos wirksam. Das hat sich auch durch die EG-Nachweisrichtlinie – 91/533/EWG, umgesetzt durch das NachwG – nicht geändert (BAG v. 21. 8. 1997, DB 1997, 2619).
3 § 4 Abs. 1 Satz 2 Nr. 1 BBiG.
4 Für staatlich anerkannte Ausbildungsberufe sind Ausbildungsordnungen zu erlassen, die für die Ausbildung zwingend sind (§§ 25 Abs. 1, 28 Abs. 1 BBiG).

§ 2 Beginn und Dauer der Ausbildung[5]

(1) Die Ausbildung beginnt am ....

(2) Die Ausbildungszeit beträgt nach der Ausbildungsordnung ... Jahre. Hierauf wird die Berufsbildung zum ... (genaue Bezeichnung des Ausbildungsberufs) und/oder eine Vorbildung/Ausbildung in ... (Schulart oder sonstige Ausbildungsstätte) mit ... Monaten angerechnet. Die Ausbildung endet daher am ....[6]

(3) Besteht der Auszubildende vor Ablauf der Ausbildungszeit gem. Abs. 2 die Abschlussprüfung, so endet das Berufsausbildungsverhältnis mit Bestehen der Abschlussprüfung.

(4) Besteht der Auszubildende die Abschlussprüfung nicht, so verlängert sich das Berufsausbildungsverhältnis auf sein Verlangen bis zur nächstmöglichen Wiederholungsprüfung, höchstens jedoch um ein Jahr.[7]

§ 3 Probezeit[8]

(1) Die Probezeit beträgt ... Monate.[9]

(2) Wird die Ausbildung während der Probezeit um mehr als ein Drittel dieser Zeit unterbrochen, so verlängert sich die Probezeit um den Zeitraum der Unterbrechung.

§ 4 Ausbildungsort

(1) Die Ausbildung findet in ... und den mit dem Betriebssitz für die Ausbildung üblicherweise zusammenhängenden Bau-, Montage- und sonstigen Arbeitsstellen statt.

(2) Außerhalb der Ausbildungsstätte finden folgende Ausbildungsmaßnahmen statt: ....[10]

§ 5 Vergütung[11]

(1) Der Auszubildende erhält eine Vergütung von zzt. monatlich brutto

a) im ersten Ausbildungsjahr Euro ...

b) im zweiten Ausbildungsjahr Euro ...

c) im dritten Ausbildungsjahr Euro ....[12]

---

[5] § 4 Abs. 1 Satz 2 Nr. 2 BBiG.
[6] Die Ausbildungsdauer soll nicht mehr als drei und nicht weniger als zwei Jahre betragen (§ 25 Abs. 2 Nr. 2 BBiG).
[7] BAG v. 15. 3. 2000, BB 2000, 1623.
[8] § 4 Abs. 1 Satz 2 Nr. 5 BBiG.
[9] Die Probezeit muss mindestens einen Monat und darf höchstens 3 Monate betragen (§ 13 BBiG).
[10] § 4 Abs. 1 Satz 2 Nr. 3 BBiG.
[11] § 4 Abs. 1 Satz 2 Nr. 6 BBiG.
[12] Der Ausbilder hat dem Auszubildenden eine angemessene Vergütung zu zahlen (vgl. §§ 10 Abs. 1, 11 BBiG). Die Vergütung ist nach § 850a ZPO nicht pfändbar und damit gem. § 400 BGB auch nicht abtretbar (MünchArbR/*Natzel*, § 171 Rz. 85). Werden die tariflichen Sätze um mehr als 20% unterschritten, so ist die Vergütung im Regelfall nicht mehr angemessen (zu Ausnahmen vgl. BAG v. 11. 10. 1995, DB 1996, 1086). Die von den zuständigen Ausbildungsstellen festgelegten Tarife sind demgegenüber nur Empfehlungen und nicht verbindlich.

(2) Die Vergütung ist zahlbar zum Ende des jeweiligen Kalendermonats.

(3) Mehrarbeit über die vereinbarte regelmäßige Ausbildungszeit hinaus wird durch Freizeit abgegolten[13]/wird gesondert vergütet/wird mit einem Zuschlag von ...% vergütet.

(4) Der Ausbilder trägt ferner die Kosten für

a) Kost und/oder Wohnung des Auszubildenden gem. Anlage 1 zu diesem Vertrag.[14]

b) Maßnahmen außerhalb der Ausbildungsstätte, soweit sie nicht anderweitig gedeckt sind. Abzusetzen sind jedoch ersparte Verpflegungskosten des Auszubildenden. Die Anrechnung von anteiligen Kosten und Sachbezugswerten nach § 10 Abs. 2 BBiG darf 75% der vereinbarten Bruttovergütung nicht übersteigen.

c) besondere Berufskleidung.

§ 6 Dauer der regelmäßigen täglichen Ausbildungszeit[15]

Die regelmäßige tägliche Ausbildungszeit beträgt ... Stunden.[16]

§ 7 Urlaub[17]

(1) Der Auszubildende erhält Urlaub von ... Arbeitstagen/Jahr. Er erhöht sich im Jahr ... auf ... und im Jahr ... auf ... Arbeitstage.

(2) Der Urlaub soll zusammenhängend und in der Zeit der Berufsschulferien erteilt und genommen werden. Während des Urlaubs darf der Auszubildende keine dem Urlaubszweck widersprechende Erwerbstätigkeit leisten.

§ 8 Pflichten der Parteien[18]

Die Ausbildungspflichten der Parteien richten sich nach den gesetzlichen Regelungen, insbesondere §§ 6 und 9 BBiG.

§ 9 Kündigung[19]

(1) Kündigungen richten sich nach § 15 BBiG.

(2) Bei Kündigung des Berufsausbildungsverhältnisses wegen Betriebsaufgabe oder wegen Wegfalls der Ausbildungseignung verpflichtet sich der Ausbildende, sich mit Hilfe der Berufsberatung des zuständigen Arbeitsamtes rechtzeitig um eine weitere Ausbildung im bisherigen Ausbildungsberuf in einer anderen geeigneten Ausbildungsstätte zu bemühen.

---

13 Während nach § 10 Abs. 3 BBiG aF Mehrarbeit stets gesondert zu vergüten war, erlaubt die 1996 erfolgte Neufassung auch den Freizeitausgleich.

14 Da es sich um einen in der Praxis seltenen Fall handelt, wurde davon abgesehen, die Anlage 1 anzufügen.

15 § 4 Abs. 1 Satz 2 Nr. 4 BBiG.

16 Nach § 8 JArbSchG beträgt die höchstzulässige tägliche Arbeitszeit (Ausbildungszeit) bei noch nicht 18 Jahre alten Personen (Jugendlichen) 8 Stunden täglich und 40 Stunden wöchentlich. Zu Ausnahmen vgl. § 8 Abs. 2–3 JArbSchG.

17 § 4 Abs. 1 Satz 2 Nr. 7 BBiG.

18 Vgl. § 6 BBiG.

19 Vgl. § 15 BBiG.

§ 10 Zeugnis[20]

Der Ausbildende stellt dem Auszubildenden bei Beendigung des Berufsausbildungsverhältnisses ein Zeugnis nach Maßgabe von § 8 BBiG aus.

§ 11 Beilegung von Streitigkeiten

Bei Streitigkeiten aus dem bestehenden Berufsausbildungsverhältnis ist vor Inanspruchnahme des Arbeitsgerichts der nach § 111 Abs. 2 des Arbeitsgerichtsgesetzes errichtete Ausschuss anzurufen.[21]

§ 12 Erfüllungsort

Erfüllungsort für alle Ansprüche aus diesem Vertrag ist der Ort der Ausbildungsstätte.

§ 13 Sonstige Vereinbarungen

(1) Ergänzend vereinbaren die Parteien Folgendes: . . . .

(2) Änderungen und Ergänzungen dieses Vertrages bedürfen der Schriftform. Das gilt auch für die Änderung des Schriftformerfordernisses.[22] Die elektronische Form ist ausgeschlossen.

Dieser Vertrag ist in zwei gleich lautenden Ausfertigungen (bei Mündeln dreifach) ausgestellt und von den Vertragschließenden eigenhändig unterschrieben worden.

. . .

Ort, Datum

Der Ausbildende: . . . *Der Auszubildende: . . .*
(Stempel und Unterschrift) *(Voller Vor- und Zuname)*

Die gesetzlichen Vertreter des Auszubildenden:
(Falls ein Elternteil verstorben, bitte vermerken)

Vater: . . .

und/oder

Mutter: . . .

Vormund: . . .
(Voller Vor- und Zuname)

---

20 Vgl. § 8 BBiG.
21 Die Anrufung des Ausschusses – soweit ein solcher bei der zuständigen Kammer oder Innung gebildet ist – ist unverzichtbare Prozessvoraussetzung (BAG v. 13. 4. 1989, DB 1990, 586). Dies gilt auch für Kündigungsschutzverfahren, wobei streitig ist, ob die Drei-Wochen-Frist des § 4 KSchG gilt (dafür *Kreutzfeld/Kramer*, DB 1995, 975, 976; vgl. auch BAG v. 26. 1. 1999, NZA 1999, 934). Die Entscheidung des Ausschusses ist verbindlich, wenn nicht binnen zwei Wochen dagegen Klage beim zuständigen Arbeitsgericht erhoben wird, § 111 Abs. 2 Satz 3 ArbGG.
22 Zur Schriftformklausel im Einzelnen vgl. **M 2.1** Ziff. 12; **M 7.1** § 14.

8.2 Allgemeiner Praktikantenvertrag[1]

Zwischen

der Firma . . .

und

Herrn/Frau . . . (i. F. Praktikant)

wird Folgendes vereinbart:

§ 1 Praktikumsgegenstand

Die Firma setzt den Praktikanten in der Zeit vom . . . bis . . . gemäß dem Ausbildungsplan zur Vermittlung von Erfahrungen und Kenntnissen aus der betrieblichen Praxis . . . im Betrieb ein. Nach Ende der Praktikantenzeit endet das Praktikantenverhältnis, ohne dass es einer Kündigung bedarf.

§ 2 Dauer und Kündigung des Praktikums

Der erste Monat, dh. die Zeit bis zum . . ., gilt als Probezeit. Innerhalb dieser Zeit können beide Seiten den Vertrag jederzeit unter Einhaltung einer Frist von einem Tag kündigen. Nach Ablauf der Probezeit ist der Vertrag ordentlich kündbar nur durch den Praktikanten mit einer Frist von vier Wochen, wenn er die Praktikantentätigkeit aufgeben will. Das Recht zur außerordentlichen Kündigung bleibt für beide Seiten unberührt.

Jede Kündigung hat schriftlich unter Angabe der Kündigungsgründe zu erfolgen.

§ 3 Vergütung

Der Praktikant erhält eine monatlich nachträglich fällig werdende Unterhaltsbeihilfe in Höhe von Euro . . . brutto.

§ 4 Urlaub

Der Urlaub des Praktikanten beträgt pro Kalenderjahr 18 Werktage, dh. . . . (Anzahl) Werktage für die gesamte Praktikantenzeit. Die Unterhaltsbeihilfe gem. § 3 wird während des Urlaubs weiter gewährt.

§ 5 Einsatzzeit

Die Dauer der täglichen Einsatzzeit beträgt . . . Stunden, beginnend um . . . Uhr.

§ 6 Pflichten der Firma

Die Firma verpflichtet sich, im Rahmen der betrieblichen Möglichkeiten

---

1 Muster in Anlehnung an *Bauer* in Wurm/Wagner/Zartmann, 14. Aufl. 1998, M 89o; *Scherer*, NZA 1986, 2880. Für Praktikanten gelten die §§ 3–8 BBiG (§ 19 BBiG). Gem. § 3 Abs. 2 BBiG gelten damit – zugunsten des Praktikanten zwingend, § 18 BBiG – grundsätzlich auch die für den Arbeitsvertrag geltenden Vorschriften. Zu Einzelheiten vgl. oben die Erläuterungen unter I. 2.

a) dem Praktikanten die sein Fachgebiet betreffenden und nach dem Ausbildungsplan erforderlichen praktischen Kenntnisse und Erfahrungen zu vermitteln;

b) auf seine Teilnahme an einem theoretischen Unterricht hinzuwirken und die dafür erforderliche Freizeit zu gewähren;

c) ihm kostenlos erforderliche betriebliche Ausbildungsmittel zur Verfügung zu stellen;

d) nach Beendigung des Praktikums einen Tätigkeitsnachweis zu erstellen.

§ 7 Pflichten des Praktikanten

Der Praktikant verpflichtet sich,

a) den Ausbildungsplan einzuhalten und die ihm gebotenen Ausbildungsmöglichkeiten wahrzunehmen;

b) die ihm übertragenen Arbeiten gewissenhaft auszuführen;

c) die Betriebsordnung, die Werkstattordnung und die Unfallverhütungsvorschriften einzuhalten sowie die Gegenstände des Betriebes sorgsam zu behandeln;

d) die Interessen der Firma zu wahren und über Betriebsvorgänge – auch nach Beendigung des Praktikums – gegenüber Dritten Stillschweigen zu bewahren;

e) Verhinderungen unter Angabe des Grundes unverzüglich mitzuteilen und im Falle einer Erkrankung bis zum dritten Tag eine Arbeitsunfähigkeitsbescheinigung vorzulegen;

f) die vorgesehenen Tätigkeitsberichte zu fertigen und die tägliche Einsatzzeit gem. § 5 einzuhalten.

§ 8 Besondere Vereinbarungen

Mündliche Nebenabreden bestehen nicht. Änderungen und Ergänzungen dieses Vertrages bedürfen der Schriftform. Das gilt auch für die Änderung des Schriftformerfordernisses.[2] Die elektronische Form ist ausgeschlossen.

---

2 Zur Schriftformklausel im Einzelnen vgl. **M 2.1** Ziff. 12; **M 7.1** § 14.

8.3 Praktikantenvertrag für Schüler und Studenten (kurze Form)[1]

Zwischen

der Firma . . .

und

Herrn/Frau . . . (i. F. Student)

wird Folgendes vereinbart:[2]

§ 1 Praktikumsgegenstand

Der Betrieb verpflichtet sich, dem Studenten während seines praktischen Studienhalbjahres in der Zeit vom . . . bis . . . entsprechend beiliegendem Ausbildungsplan der Fachhochschule . . . Erfahrungen und Kenntnisse des jeweiligen Fachbereiches zu vermitteln.

§ 2 Dauer und Kündigung des Praktikums

Der erste Monat, dh. die Zeit bis zum . . ., gilt als Probezeit. Innerhalb dieser Zeit können beide Seiten den Vertrag jederzeit unter Einhaltung einer Frist von einem Tag kündigen. Nach Ablauf der Probezeit ist der Vertrag ordentlich kündbar nur durch den Studenten mit einer Frist von vier Wochen, wenn er die Praktikantentätigkeit aufgeben will. Das Recht zur außerordentlichen Kündigung bleibt für beide Seiten unberührt.

Die Kündigung muss schriftlich und unter Angabe der Kündigungsgründe erfolgen.

§ 3 Freistellung

Der Betrieb wird die zur Verbindung des Studenten mit der Fachhochschule während der Vertragsdauer notwendige Freizeit gewähren und nach Beendigung der praktischen Tätigkeit dem Studenten einen schriftlichen Tätigkeitsnachweis ausstellen.

§ 4 Verschwiegenheit

Der Student verpflichtet sich, die Interessen des Betriebes zu wahren und über Betriebsvorgänge Stillschweigen zu bewahren, auch nach Beendigung des Praktikums. Bei Fernbleiben wird er den Betrieb unverzüglich benachrichtigen und bei Arbeitsunfähigkeit infolge Krankheit spätestens am dritten Tage eine ärztliche Bescheinigung vorlegen.

§ 5 Sonstiges

Eine Vergütung wird nicht gezahlt. Ein Anspruch auf Urlaub besteht nicht.

---

[1] Es handelt sich um ein Muster im Anschluss an *Bauer* in Wurm/Wagner/Zartmann, 14. Aufl. 1998, M 89p und *Scherer*, NZA 1986, 280. Zu lohnsteuer- und sozialversicherungsrechtlichen Besonderheiten bei Studenten vgl. oben die Erläuterungen unter I. 3.

[2] Zum Teil gehen die Universitäten und Fachhochschulen schon selbst dazu über, Vertragstexte für das Praktikum zur Verfügung zu stellen.

Fortbildungsvertrag mit Rückzahlungsklausel[1]

Zwischen der Firma und dem Arbeitnehmer wird folgender Fortbildungsvertrag abgeschlossen:

§ 1 Fortbildungsmaßnahme

(1) Der Arbeitnehmer nimmt vom ... für die Dauer von ... (zB vier) Monaten an einem Fortbildungskurs für... teil.

(2) Die Parteien sind sich darüber einig, dass die Teilnahme auf eigenen Wunsch des Arbeitnehmers im Interesse seiner beruflichen Fort- und Weiterbildung erfolgt.

§ 2 Fortbildungskosten

(1) Die Firma wird den Arbeitnehmer unter Fortzahlung der Bezüge von der Arbeit freistellen. Die Vergütung wird entsprechend dem Durchschnittsverdienst der letzten drei Monate berechnet.

(2) Die Lehrgangskosten, bestehend aus Unterrichtsgebühr, Übernachtungs- und Tagungskosten, sowie An- und Abreisekosten übernimmt die Firma ganz/zur Hälfte/ .... Die Erstattung erfolgt nur gegen Beleg. Ein Kostenerstattungsanspruch besteht nicht, soweit das Arbeitsamt oder ein sonstiger Sozialversicherungsträger Kosten übernimmt.

§ 3 Rückzahlungspflicht

(1) Hat die Firma unter Fortzahlung der Bezüge die vollen Lehrgangskosten übernommen, so ist der Arbeitnehmer zur Rückzahlung der Bezüge und der Lehrgangskosten verpflichtet, wenn er das Arbeitsverhältnis kündigt oder wenn es seitens der Firma aus einem vom Arbeitnehmer zu vertretenden Grund gekündigt wird.[2] Für je einen Monat der Beschäftigung nach dem Ende des Lehrgangs werden $1/24$ des gesamten Rückzahlungsbetrages erlassen.[3]

oder

(1) Kündigt der Arbeitnehmer das Arbeitsverhältnis innerhalb der nächsten zwei Jahre nach Abschluss des Fortbildungskurses, so wird er der Firma die Lehrgangskosten einschließlich der gezahlten Vergütung und geleisteten Arbeitnehmerbeiträge zur Sozialversicherung erstatten. Für je einen Monat der Beschäftigung nach dem Ende des Fortbildungskurses vermindert sich der Rückzahlungsbetrag um je $1/24$.

(2) Die Rückzahlungsverpflichtung entfällt, wenn der Arbeitgeber dem Arbeitnehmer Arbeitsaufgaben zuweist, die nicht seiner Ausbildung entsprechen, er einem berechtigten Verlangen auf Zuweisung einer qualifikationsgerechten Beschäftigung nicht entspricht und der Arbeitnehmer daraufhin das Arbeitsverhältnis von sich aus beendet.[4]

---

[1] Muster in Anlehnung an *Bauer* in Wurm/Wagner/Zartmann, Das Rechtsformularbuch, 14. Aufl. 1998, M 90a.
[2] Eine Rückzahlungsverpflichtung wegen betriebsbedingter Kündigung könnte nicht wirksam vereinbart werden, vgl. oben die Erläuterungen unter I. 4.
[3] Zur Rechtswirksamkeit von Rückzahlungsklauseln vgl. oben die Erläuterungen unter I. 4.
[4] BAG v. 5. 12. 2002, AuA 2003, 54.

§ 4 Rückzahlung der Bezüge

Der Arbeitnehmer ist auch dann zur Rückzahlung der Bezüge und der Lehrgangskosten verpflichtet, wenn er den Fortbildungskurs nach Ablauf von sechs Monaten nach seinem Beginn abbricht, ohne dass dafür ein wichtiger Grund vorliegt.

Das gilt auch, wenn das Arbeitsverhältnis seitens der Firma aus einem vom Arbeitnehmer zu vertretenden Grund gekündigt wird.

Kapitel 9 Dienstverträge außerhalb des Arbeitsverhältnisses

Literaturübersicht:

Freier Mitarbeiter/Arbeitnehmer: *Adomeit*, Der Schein-Schein-Selbständige, NJW 1999, 2086; *Bade*, Freier Mitarbeiter oder Arbeitnehmer, 1999; *Baeck*, Anmerkungen zur Gemeinsamen Position zur Scheinselbständigkeit von BMA und Spitzenverbänden der Sozialversicherung, DB 1999, 1065; *Bauer/Baeck/Schuster*, Scheinselbständigkeit – Kriterien und Auswege, 2000; *Bauer/Diller/Lorenzen*, Das neue Gesetz zur „Scheinselbständigkeit", NZA 1999, 169; *Bauer/Diller/Schuster*, Das Korrekturgesetz zur „Scheinselbständigkeit", NZA 1999, 1297; *Bauschke*, Freie Mitarbeit, AR-Blattei, SD 720; *Beckmann*, Bekämpfung der Scheinselbständigkeit – Zur Anwendung des § 7 Abs. 4 SGB IV nF auf Franchisevereinbarungen, NJW 1999, 1614; *Berndt*, Arbeitnehmer oder freier Mitarbeiter, BB 1998, 894; *Brand*, Das Gesetz zur Bekämpfung der Scheinselbständigkeit, DB 1999, 1162; *Breves*, Die Abgrenzung des Arbeitnehmers vom freien Mitarbeiter, 1998; *Buchner*, Versicherungs-, Beitrags- und Melderecht für scheinselbständige Arbeitnehmer, DB 1999, 533; *Eckert*, Arbeitnehmer oder „freier Mitarbeiter" – Abgrenzung, Chancen, Risiken, DStR 1997, 705; *Ettwig*, Scheinselbständigkeit, Arbeitgeber 1999, Nr. 2, 29; *Greiner*, Die Ich-AG als Arbeitnehmer, BB 2003, 1058; *Hanau*, Qual der Wahl: Arbeitnehmer oder Selbständiger?, AuA 1998, 185; *Hille*, Freie Mitarbeit und andere Formen freier Zusammenarbeit, 4. Aufl. 2000; *Hochrathner*, Die Statusrechtsprechung des 5. Senats des BAG seit 1994, NZA-RR 2001, 561; *Hohmeister*, Scheinselbständige und arbeitnehmerähnliche Selbständige in der Sozialversicherung, NZA 1999, 337; *Hohmeister/Goretzki*, Verträge über freie Mitarbeit, 2. Aufl. 2000; *Hromadka*, Arbeitnehmerähnliche Personen, NZA 1997, 1249; *Hunold*, Subunternehmer und freie Mitarbeiter, 3. Aufl. 1996; *Kramer*, Die Scheinselbständigkeit und ihre individualarbeitsrechtlichen Folgen, 1998; *Krebs*, Die vermutete Scheinselbständigkeit nach § 7 Abs. 4 S. 1 SGB IV, DB 1999, 1602; *Müller*, Arbeitnehmer und freie Mitarbeiter, MDR 1998, 1061; *Niepalla/Dütemeyer*, Die vergangenheitsbezogene Geltendmachung des Arbeitnehmerstatus und Rückforderungsansprüche des Arbeitgebers, NZA 2002, 712; *Niebler/Meier/Dubber*, Arbeitnehmer oder freier Mitarbeiter?, 2. Aufl. 1995; *Nietzer*, Scheinselbständigkeit – der Rechtsanwalt in der Situation der Vertragsgestaltung, NZA 1999, 19; *Popp*, Arbeitnehmer und freie Mitarbeiter, MDR 1998, 18; *Reiserer*, Scheinselbständigkeit – Strategien zur Vermeidung, BB 1999, 1006; *Reiserer*, Die freie Mitarbeit wird wieder hoffähig, BB 2003, 1557; *Richardi*, „Scheinselbständigkeit" und arbeitsrechtlicher Arbeitnehmerbegriff, DB 1999, 958; *Schiefer/Worzalla/Will*, Arbeits-, sozial- und lohnsteuerrechtliche Änderungen, 1999; *Schmidt/Schwerdtner*, Scheinselbständigkeit, Arbeitsrecht – Sozialrecht, 2. Aufl. 2000; *Tremml/Karger*, Verträge mit freien Mitarbeitern, 6. Aufl. 1996; *Weimar/Goebel*, Neue Grundsatzfragen zu Scheinselbständigkeit und arbeitnehmerähnlicher Selbständigkeit, ZIP 1999, 217; *von Westphalen*, Scheinselbständigkeiten nach § 2 Nr. 9 SGB VI und der Ausgleichsanspruch des Handelsvertreters, ZIP 1999, 1083; *Worzalla*, Arbeitsverhältnis, Selbständigkeit, Scheinselbständigkeit, 2. Aufl. 2000.

Beratervertrag: Vgl. die Nachweise zur Abgrenzung freier Mitarbeiter/Arbeitnehmer; ferner *Jasper*, BGH-Anforderungen an das Zustandekommen eines Beratervertrages, WiB 1997, 806.

Handelsvertretervertrag: *Alff*, Handelsvertreterrecht, 3. Aufl. 1997; *Eberstein*, Der Handelsvertretervertrag, 8. Aufl. 1999; *Emde*, Handelsvertreterrecht – Relevante Vorschriften bei nationalen und internationalen Verträgen, MDR 2002, 190; *Evers*, Handelsvertreterverträge mit Auslandsberührung, 1998; *Hopt*, Handelsvertreterrecht, 3. Aufl. 2003; *Hopt*, Die Selbständigkeit von Handelsvertretern und andere Vertriebspersonen – handels- und arbeitsrechtliche Dogmatik und Vertragsgestaltung, DB 1998, 863 ff.; *Küstner*, Das neue Recht des Handelsvertreters, 4. Aufl. 2003; *Küstner/von Manteuffel*, Handbuch des gesamten Außendienstrechts, Bd. I, 3. Aufl. 2000; *Küstner/von Manteuffel/Evers*, Handbuch des gesamten Außendienstrechts, Bd. II, 7. Aufl. 2003, Bd. III, 2. Aufl. 1998; *von Manteuffel/Küstner*, Probleme des Handelsvertreterrechts, ZIP 1988, 63; *Martinek*, Aktuelle Fragen des Vertriebsrechts, 3. Aufl. 1992; *Martinek/Semler*, Handbuch des Vertriebsrechts, 2. Aufl. 2003; *Meeser*, Handelsvertreterverträge, 2. Aufl. 1994; *Oberthür/Lohr*, Der Handelsvertreter im Arbeits- und Sozialrecht, NZA 2001, 126; *Preis*, Die Inhaltskontrolle der Verträge selbständiger und unselbständiger Handelsvertreter, ZHR 160 (1996), 442; *Scherer*, Der Ausschluss von Ausgleichsansprüchen des Handelsvertreters, DB 1996, 1709; *Semler*, Handelsvertreter- und Vertragshändlerrecht, 1988; *Sonnenschein*, Zwingende Vorschriften im Handelsvertreterrecht, FS Boujong, 1996, S. 481; *Stolterfoht*, Die Selbständigkeit des Handelsvertreters, 1973; *Stötter*, Das Recht der Handelsvertreter, 5. Aufl. 2000; *Stötter/Lindner/Karrer*, Die Provision und ihre Abrechnung, 2. Aufl. 1980; *Stumpf*, Internationales Handelsvertreterrecht, Teil 1, 7. Aufl. 1998, Teil 2, 4. Aufl. 1986; *Tscherwinka*, Das Recht des Handelsvertreters, JuS 1991, 110; *Westphal*, Neues Handelsvertreterrecht, Arbeitsrecht-Blattei, 1991; *Westphal*, Neues Handelsvertreterrecht in der Europäischen Union, EWS 1996, 43; *von Westphalen*, Handelsvertreterrecht und AGB-Gesetz, DB 1984, 2335; *von Westphalen*, Handbuch des Handelsvertreterrechts in den EU-Staaten und der Schweiz, 1995; *von Westphalen*, Der Ausgleichsanspruch des Handelsvertreters gem. § 89b HGB, DStR 1995, 1554; *Wurm*, Prokura und Handlungsvollmacht – Handelsvertreter und Makler, 1988.

In Heimarbeit Beschäftigte: *Brecht*, Heimarbeitsgesetz, 1977; *Fenski*, Außerbetriebliche Arbeitsverhältnisse, 2. Aufl. 2000; *Götzenberger*, Sozialversicherungspflicht erwerbstätiger Personen in Haus- und Heimarbeit, SozVers 1995, 179; *Mehrle*, Heimarbeitsrecht, AR-Blattei, Heimarbeit I, AR-Blattei, SD 910; *Otten*, Heim- und Telearbeit, 1996; *Otten*, Die Inhaltskontrolle der Arbeitszeit im Bereich der Heimarbeit, NZA 1987, 478; *Otten*, Zur Entgeltdifferenzierung und zum Transportkostenzuschlag im Heimarbeitsbereich, NZA 1991, 712; *Otten*, Heimarbeit – ein Dauerschuldverhältnis eigener Art, NZA 1995, 289; *Peter*, Kernfragen der Telearbeit, DB 1998, 573; *Schaub*, Heim- und Telearbeit sowie bei Dritten beschäftigte Arbeitnehmer im Referenten- und Regierungsentwurf zum BetrVG, NZA 2001, 364; *Schmidt/Koberski/Tiemann/Wascher*, Heimarbeitsgesetz, 4. Aufl. 1998; *Wank*, Telearbeit, NZA 1999, 225; *Wedde*, Telearbeit, 3. Aufl. 2002; *Wedde*, Aktuelle Rechtsfragen der Telearbeit, NJW 1999, 527.

I. Erläuterungen

Neben dem Arbeitsverhältnis gibt es freie Dienstverhältnisse. Der entscheidende Unterschied zum Arbeitsverhältnis liegt gemäß dem Rechtsgedanken des § 84 Abs. 1 Satz 2 HGB darin, dass die Dienst- oder Auftragnehmer **nicht persönlich abhängig** sind.

1. Abgrenzung freier Mitarbeiter/Arbeitnehmer (M 9.1.1–9.1.3)

Während bis zum 31. 12. 1998 die Abgrenzungskriterien zwischen freier Mitarbeit und Arbeitnehmerstellung im Arbeitsrecht, Steuerrecht und Sozialversicherungsrecht sehr ähnlich waren, haben die damaligen Neufassungen des § 7 Abs. 4 SGB IV für das

Sozialversicherungsrecht eine Abweichung geschaffen, deren Bedeutung sich allerdings möglicherweise auf Verfarensregeln beschränkte. Mit Wirkung ab 1. 1. 2003 gilt für die Abgrenzung wieder § 7 Abs. 1 SGB IV. Die Vermutungsregelung für eine abhängige Beschäftigung in § 7 Abs. 4 SGB IV ist abgeschafft. Damit gelten für die arbeitsrechtliche, steuerrechtliche und sozialversicherungsrechtliche Abgrenzung wieder im Wesentlichen die gleichen Kriterien.

a) Abgrenzungskriterien

Zur Abgrenzung sind in einem ersten Schritt eine **Vielzahl von Kriterien** zu prüfen, die Indizwirkung haben. Im Rahmen einer **wertenden Gesamtbetrachtung** sind in einem zweiten Schritt die Kriterien zu gewichten zur Feststellung, ob der Betreffende Arbeitnehmer oder Selbständiger/freier Mitarbeiter ist.

Nach der Rechtsprechung des BAG unterscheidet sich der Arbeitnehmer vom Selbständigen durch den Grad der **persönlichen Abhängigkeit**:

„Arbeitnehmer ist derjenige Mitarbeiter, der seine Dienstleistungen im Rahmen einer von Dritten bestimmten Arbeitsorganisation erbringt. (...) Die Eingliederung in die fremde Arbeitsorganisation zeigt sich insbesondere daran, dass der Beschäftigte einem Weisungsrecht des Arbeitgebers unterliegt, das Inhalt, Durchführung, Zeit, Dauer und Ort der Tätigkeit betreffen kann. (...) Für die Abgrenzung von Bedeutung sind demnach in erster Linie Umstände, unter denen die Dienstleistung zu erbringen ist, und nicht die Modalitäten der Bezahlung oder die steuer- und sozialversicherungsrechtliche Behandlung. (...)

Der Grad der persönlichen Abhängigkeit hängt auch von der Eigenart der jeweiligen Tätigkeit ab. Abstrakte, für alle Arbeitsverhältnisse geltende Kriterien lassen sich nicht aufstellen. Manche Tätigkeiten können sowohl im Rahmen eines Arbeitsverhältnisses als auch im Rahmen eines freien Dienstverhältnisses (freien Mitarbeiterverhältnisses) erbracht werden. Umgekehrt gibt es Tätigkeiten, die regelmäßig nur im Rahmen eines Arbeitsverhältnisses ausgeübt werden können. Das Bestehen eines Arbeitsverhältnisses kann also auch aus Art oder Organisation der Tätigkeit folgen."[1]

Ob ein Arbeitsverhältnis oder ein freies Dienstverhältnis besteht, hängt grundsätzlich allein davon ab, wie die Beteiligten ihre Zusammenarbeit tatsächlich ausgestalten. Der Grundsatz der Vertragsfreiheit gestattet es nicht, ein Beschäftigungsverhältnis, das aufgrund objektiver Würdigung der Einzelumstände als Arbeitsverhältnis zu beurteilen ist, als Dienstvertragsverhältnis eines freien Mitarbeiters bzw. als Auftrag eines Selbständigen zu vereinbaren. Im Rahmen der objektiven Würdigung der Einzelumstände ist sowohl auf den **Vertragswortlaut** als auch auf die **tatsächliche Durchführung des Vertragsverhältnisses** abzustellen. Widersprechen sich der schriftliche Vertrag und die tatsächliche Durchführung des Vertrags, ist Letztere maßgebend.[2]

---

[1] Ständige Rechtsprechung, vgl. BAG v. 12. 12. 2001, NZA 2002, 787, 788; v. 30. 11. 1994, AP Nr. 74 zu § 611 BGB – Abhängigkeit; v. 12. 6. 1996, AP Nr. 4 zu § 611 BGB – Werkstudent; v. 12. 9. 1996, AP Nr. 122 zu § 611 BGB – Lehrer, Dozenten; v. 16. 7. 1997 – 5 AZR 312/96, zT abgedruckt in DB 1997, 2437.

[2] Vgl. BAG v. 3. 4. 1990, AP Nr. 58 zu § 611 BGB – Abhängigkeit; v. 21. 1. 1998, NZA 1998, 594.

Allerdings: Lässt sich aufgrund des Vertrages und der praktischen Durchführung keine eindeutige Klärung herbeiführen, handelt es sich also um einen Grenzfall, so entscheidet **der im Vertrag niedergelegte Wille der Parteien**.[3]

Zur Abgrenzung dienen insbesondere folgende Kriterien:

- Die **Weisungsgebundenheit** hinsichtlich Ort, Zeit und Art der Tätigkeit ist wohl das wichtigste Abgrenzungskriterium zwischen freier Mitarbeit und Arbeitsverhältnis. Je weniger der Beschäftigte die Umstände seiner Arbeit selbst bestimmen kann, desto eher liegt ein Arbeitsverhältnis vor.[4] Der Vertragsgegenstand muss daher im freien Mitarbeiterverhältnis so genau bezeichnet sein, dass Weisungen weitestgehend entbehrlich sind.

- Ist der Beschäftigte in eine **Betriebsorganisation eingegliedert**, also bei seiner Tätigkeit von anderen Mitarbeitern oder vom technischen Apparat des Dienstherrn abhängig, so spricht dies für ein Arbeitsverhältnis.[5]

- Ein **eingerichteter Arbeitsplatz**, der dem Mitarbeiter zur Verfügung gestellt wird, ist ein Indiz für ein Arbeitsverhältnis. Umgekehrt spricht es für Selbständigkeit, wenn der Beschäftigte selbst sein Arbeitsgerät bereitzustellen hat.[6]

- Eine die ganze Arbeitskraft des Beschäftigten bindende Tätigkeit soll nach der Rechtsprechung für ein Arbeitsverhältnis sprechen. Darf der Beschäftigte dagegen uneingeschränkt **Nebentätigkeiten** ausüben, so spricht dies für Selbständigkeit.[7]

- Die Pflicht, die **Leistung grundsätzlich persönlich zu erbringen**, ist ein typisches Merkmal für ein Arbeitsverhältnis. Nach § 613 Satz 1 BGB hat der zur Dienstleistung Verpflichtete die Dienste jedoch „im Zweifel" in Person zu leisten:

„Da ausdrückliche oder stillschweigende Vereinbarungen, wonach die Dienstleistungen nicht persönlich zu erbringen sein sollen, in Arbeitsverträgen selten sind, ist grundsätzlich davon auszugehen, dass Arbeitnehmer ihre Arbeitsleistung höchstpersönlich zu erbringen haben. Ist der zur Leistung Verpflichtete dagegen berechtigt, die Leistung durch Dritte erbringen zu lassen, so steht ihm ein eigener Gestaltungsspielraum zu, der gegen die Annahme eines Arbeitsverhältnisses spricht."[8]

Ohne Verpflichtung zur höchstpersönlichen Tätigkeit kommt ein Arbeitsverhältnis daher nur in Betracht, wenn

„die persönliche Leistungserbringung die Regel und die Leistungserbringung durch einen Dritten eine seltene Ausnahme darstellt, die das Gesamtbild der Tätigkeit nicht nennenswert verändert."[9]

---

3 BSG v. 14. 5. 1981, BB 1981, 1581.
4 BAG v. 9. 9. 1981, DB 1981, 2500; v. 9. 5. 1984, DB 1984, 2203; v. 16. 3. 1994, NZA 1994, 1132.
5 BSG v. 16. 3. 1972, NJW 1972, 1912; v. 22. 11. 1973, AP Nr. 11 zu § 611 BGB – Abhängigkeit; BAG v. 28. 6. 1973, DB 1973, 1804; v. 3. 10. 1975, DB 1976, 392; BAG v. 29. 5. 2002, NZA 2002, 1232 zum VHS-Dozenten; v. 19. 1. 2000, NZA 2000, 1102.
6 BAG v. 3. 10. 1975, DB 1976, 392; v. 9. 5. 1984, DB 1984, 2203.
7 BAG v. 12. 2. 1958, AP Nr. 4 zu § 611 BGB – Lehrer, Dozenten.
8 So wörtlich BAG v. 19. 11. 1997, DB 1998, 624, bestätigt durch BAG v. 20. 12. 2001, NZA 2002, 787.
9 BAG v. 19. 11. 1997, DB 1998, 624.

Muss der Beschäftigte die Tätigkeit also nicht selbst ausführen, sondern kann er sich nach seinem Ermessen von anderen Personen vertreten lassen, so ist dies ein **wichtiges Indiz für Selbständigkeit**.[10]

- Trägt der Beschäftigte kein eigenes **Unternehmerrisiko**, so spricht dies für eine Arbeitnehmereigenschaft. Auf der anderen Seite begründet ein erhebliches Unternehmerrisiko des Dienstverpflichteten eine Vermutung dafür, dass er selbständig ist. Dies gilt jedenfalls, wenn dem Risiko auch unternehmerische **Chancen** gegenüberstehen.[11]

- Eine enge **Bindung der Vergütung an den tatsächlichen Erfolg der Tätigkeit** spricht gegen ein Arbeitsverhältnis;[12] allerdings misst das BAG diesem Kriterium in letzter Zeit nur noch geringere Bedeutung bei.[13]

„Für die Abgrenzung von Bedeutung sind daher in erster Linie die Umstände, unter denen die Dienstleistung zu erbringen ist, und nicht die Modalitäten der Bezahlung."[14]

- Die **Überwachung** des Beschäftigten spricht für ein Arbeitsverhältnis durch seinen Dienstherrn, wenn daran auch **nachteilige Konsequenzen** für den Dienstnehmer geknüpft sind. Ansonsten ist eine **Qualitätskontrolle** Bestandteil eines jeden freien Vertragsverhältnisses und kein Indiz für ein Arbeitsverhältnis.

- Für Selbständigkeit spricht, wenn der Beschäftigte – zB innerhalb eines Rahmenvertrages – jeweils **frei entscheiden kann, ob er einen bestimmten Auftrag seines Dienstherrn annimmt**. Hat er sich dagegen pauschal dazu verpflichtet, alle ihm vom Dienstherrn/Auftraggeber zugewiesenen Aufträge auszuführen, so spricht dies für ein Arbeitsverhältnis.[15]

- Manche **Tätigkeiten** können sowohl im Rahmen eines Arbeitsverhältnisses als auch im Rahmen eines freien Dienstverhältnisses erbracht werden. Umgekehrt gibt es Tätigkeiten, die regelmäßig nur im Rahmen eines Arbeitsverhältnisses ausgeübt werden können.[16] Bei untergeordneten, einfachen Arbeiten ist eher eine Eingliederung in die fremde Arbeitsorganisation anzunehmen als bei gehobenen Tätigkeiten.[17]

- Ob die Berufung auf eine Arbeitnehmereigenschaft gegen Treu und Glauben (§ 242 BGB) verstößt, wenn der Mitarbeiter **auf eigenen Wunsch nur freier Mitarbeiter** sein wollte, hat das BAG mit Urteil vom 21. 1. 1998[18] offen gelassen. Die Entscheidung deutet jedoch darauf hin, dass dieser Einwand bei entsprechend substantiier-

---

10 BAG v. 21. 1. 1966, AP Nr. 2 zu § 92 HGB; v. 19. 11. 1997, DB 1998, 624; v. 12. 12. 2001, NZA 2002, 787.
11 BSG v. 12. 12. 1990, NZA 1991, 907.
12 BSG v. 25. 9. 1981, BB 1982, 806.
13 Vgl. BAG v. 13. 11. 1991, AP Nr. 60 zu § 611 BGB – Abhängigkeit – unter III 4b der Entscheidungsgründe.
14 BAG v. 16. 7. 1997, DB 1997, 2437.
15 BAG v. 29. 1. 1992, NZA 1992, 835.
16 BAG v. 30. 11. 1994, AP Nr. 74 zu § 611 BGB – Abhängigkeit.
17 BFH v. 14. 6. 1985, BFHE 144, 225; v. 24. 7. 1992, BFHE 169, 154; BAG v. 16. 7. 1997, DB 1997, 2437.
18 BAG v. 21. 1. 1998, NZA 1998, 594, 597 unter V. der Entscheidungsgründe.

tem Vortrag durchaus von Bedeutung ist. Ein klares Indiz für freie Mitarbeit liegt sicherlich vor, wenn der Dienstnehmer sich in freier und unbeeinflusster Weise für dieses Rechtsverhältnis entschieden hat und er nicht dazu bereit gewesen wäre, dieselbe Tätigkeit zu den Bedingungen eines Arbeitsverhältnisses mit der branchen- oder tarifüblichen Vergütung zu verrichten.[19]

– Die **Beweislast** für das Vorliegen eines Arbeitsverhältnisses trägt jedenfalls im Kündigungsschutzprozess der Arbeitnehmer.[20]

b) Sozialversicherungsrechtliche Besonderheiten

aa) Ich-AG[21]

Mit der – zum Unwort des Jahres 2002 gekürten – Ich-AG soll die Aufnahme einer selbständigen Tätigkeit gefördert und Schwarzarbeit abgebaut werden. Gem. § 421 Abs. 1 SGB III haben Arbeitnehmer, die durch Aufnahme einer selbständigen Tätigkeit die Arbeitslosigkeit beenden, Anspruch auf einen monatlichen Existenzgründungszuschuss. Der Zuschuss wird geleistet, wenn der Existenzgründer 1. in einem engen Zusammenhang mit der Aufnahme der selbständigen Tätigkeit Entgeltersatzleistungen nach dem SGB III bezogen hat oder eine Beschäftigung ausgeübt hat, die als Arbeitsbeschaffungsmaßnahme oder Strukturanpassungsmaßnahme gefördert worden ist, 2. nach Aufnahme der selbständigen Tätigkeit Arbeitseinkommen nach § 15 SGB IV erzielen wird, das voraussichtlich Euro 25 000 im Jahr nicht überschreiten wird und 3. keinen Arbeitnehmer oder nur mitarbeitende Familienangehörige beschäftigt. Es reicht aus, wenn ein enger Zusammenhang zwischen dem Bezug von Entgeltersatzleistungen und der Aufnahme der selbständigen Tätigkeit besteht; der Existenzgründer kann beispielsweise vor Eintritt in die Selbständigkeit noch ein Existenzgründerseminar besuchen. Für die erste Bewilligung des Existenzgründungszuschusses ist maßgeblich, ob das Arbeitseinkommen gem. § 15 SGB IV im ersten Jahr voraussichtlich Euro 25 000 übersteigt. Werden mehr als Euro 25 000 Arbeitseinkommen im Bewilligungsjahr erzielt, so fällt der Zuschuss lediglich für die Zukunft weg.

Der Zuschuss selbst wird bis zu drei Jahre erbracht und jeweils längstens für ein Jahr bewilligt. Er beträgt im ersten Jahr nach Beendigung der Arbeitslosigkeit monatlich Euro 600, im zweiten Jahr monatlich Euro 360 und im dritten Jahr monatlich Euro 240. Vor einer erneuten Bewilligung des Zuschusses hat der Existenzgründer das Vorliegen der Voraussetzungen nach § 421l) SGB III darzulegen. Einschränkungen gelten ferner, wenn die Voraussetzungen für ein Ruhen des Anspruchs auf Arbeitslosengeld nach § 145 SGB III oder eine Sperrzeit nach § 144 SGB III vorliegen. Ein Anspruch auf Zuschuss besteht auch dann nicht, wenn die Aufnahme einer selbständigen Tätigkeit bereits durch Überbrückungsgeld nach § 57 SGB III gefördert wird.

An die Stelle der früheren Vermutungsregelung zugunsten einer Scheinselbständigkeit im früheren § 7 Abs. IV SGB IV ist jetzt getreten die umgekehrte Vermutung zugunsten einer selbständigen Tätigkeit. Gem. § 7 Abs. 4 SGB IV wird nunmehr für Personen, die für eine selbständige Tätigkeit einen Zuschuss nach § 421l) des SGB III beantra-

---

19 Vgl. auch ArbG Passau v. 13. 3. 1998, BB 1998, 1266.
20 Vgl. LAG Bremen v. 24. 10. 1997, BB 1998, 223.
21 Dazu *Bauer/Krets*, NJW 2003, 537; *Gaul*, DB 2002, 2486.

gen, widerlegbar vermutet, dass sie in dieser Tätigkeit als Selbständige tätig sind. Für die Dauer des Bezuges dieses Zuschusses gelten diese Personen als selbständig Tätige. Dadurch soll für alle Zweige der Sozialversicherung Rechtsklarheit hergestellt, und es sollen divergierende Entscheidungen vermieden werden. Problematisch ist, ob der Existenzgründer damit auch selbständig im arbeitsrechtlichen Sinne ist. Hier ist dem Arbeitgeber zu raten, bei Einsatz des Existenzgründers stets sicherzustellen, dass auch die oben genannten arbeitsrechtlichen Voraussetzungen für ein freies Auftragsverhältnis vorliegen, insbesondere der Existenzgründer nicht in den Betrieb eingegliedert oder einem arbeitsrechtlichen Weisungsrecht unterstellt wird.

Unverändert geblieben ist der 1998 eingeführte § 2 Satz 1 Nr. 9 SGB VI, der in der Rentenversicherung die Versicherungspflicht für „arbeitnehmerähnliche Selbständige" begründet, also für Personen, die im Zusammenhang mit ihrer selbständigen Tätigkeit regelmäßig keinen versicherungspflichtigen Arbeitnehmer beschäftigen, dessen Arbeitsentgelt aus diesem Beschäftigungsverhältnis regelmäßig nach der Neuregelung Euro 400 im Monat übersteigt, und die auf Dauer und im Wesentlichen nur für einen Auftraggeber tätig sind. Hier leben also zwei der früheren fünf Kriterien des § 7 Abs. 4 SGB IV fort. Lediglich für einen Zeitraum von drei Jahren nach erstmaliger Aufnahme einer selbständigen Tätigkeit im Sinne von § 2 Satz 1 Nr. 9 SGB VI besteht die Möglichkeit, von der Rentenversicherungspflicht befreit zu werden gem. § 6 Abs. 1 lit. a SGB VI. Sofern dieser Versicherungspflicht als „arbeitnehmerähnlicher Selbständiger" allerdings eine Versicherungspflicht nach § 2 Satz 1 Nr. 10 SGB VI wegen Bezugs eines Existenzgründungszuschusses vorausging, wird die Zeit, in der die Voraussetzungen beider Tatbestände parallel erfüllt wurden, auf den 3-Jahres-Zeitraum nicht angerechnet gem. § 6 Abs. 1 a) Satz 3 SGB VI.[22]

bb) Anfrageverfahren

Gem. § 7a SGB IV können die Beteiligten bei der Bundesversicherungsanstalt für Angestellte beantragen, den Status des Erwerbstätigen feststellen zu lassen. Die Zuständigkeit der Einzugsstelle (§ 28h II SGB IV) ist insoweit eingeschränkt. Gem. § 7a Abs. 3 SGB IV fordert die Bundesversicherungsanstalt für Angestellte die Beteiligten unter Fristsetzung zur Auskunft auf.

Unter den Voraussetzungen des § 7a Abs. 6 Satz 1 SGB IV beginnt die Versicherungspflicht erst mit der Bekanntgabe der Entscheidung der Bundesversicherungsanstalt für Angestellte über das Vorliegen eines versicherungspflichtigen Versicherungsverhältnisses, in allen übrigen Fällen mit Eintritt in das Beschäftigungsverhältnis.

In jedem Falle wird gem. § 7a Abs. 6 Satz 2 SGB IV die Fälligkeit des Gesamtsozialversicherungsbeitrags in den Fällen eines Anfrageverfahrens jedoch auf den Zeitpunkt hinausgeschoben, zu dem die Statusentscheidung unanfechtbar wird. Er wird also erst mit den Beiträgen der Entgeltabrechnung des Kalendermonats fällig, der auf den Monat folgt, in dem die Entscheidung unanfechtbar wurde. In diesem Fall ist der Lohnabzug nach § 28g SGB IV für den Arbeitnehmerbeitragsanteil nicht auf die letzten drei Monate begrenzt.[23]

---

22 Vgl. *Rolfs*, NZA 2003, 65, 66.
23 Vgl. Rundschreiben, Nr. 3.8.4.

c) Folgen eines fälschlich als freie Mitarbeit eingeordneten Anstellungsverhältnisses

Im **Arbeitsrecht** erlangt der Dienstnehmer die Stellung eines Arbeitnehmers mit allen Rechten und Pflichten. Damit hat der bisherige „freie Mitarbeiter" in der Regel allerdings auch nur noch Anspruch auf die arbeitnehmerübliche Vergütung und es können Rückzahlungsansprüche des Arbeitgebers entstehen.[24] Der Anspruch auf Erstattung überzahlter Honorare umfasst die Summendifferenz zwischen sämtlichen Honorarzahlungen und sämtlichen Vergütungsansprüchen; in die vorzunehmende Verrechnung ist auch ein etwaiger Abfindungsanspruch einzubeziehen.[25] Nachzahlungen von Arbeitsentgelt für die Vergangenheit sind durch die dreijährige Verjährung (§§ 195, 199 Abs. 1 BGB) und gegebenenfalls vertragliche und tarifvertragliche Verfallklauseln beschränkt. Der Lauf einer tariflichen Verfallfrist beginnt dabei nicht erst mit der rechtskräftigen Feststellung des Arbeitsverhältnisses.[26] Der Lauf der Verfallfrist für Rückforderungsansprüche des Arbeitgebers wegen Überzahlung der Vergütung beginnt dagegen erst mit der Rechtskraft eines solchen Urteils, da eine frühere Geltendmachung dem Arbeitgeber nicht zumutbar ist.[27] Er wäre sonst zu widersprüchlichem Verhalten gezwungen, indem er einerseits im Statusprozess die Ansicht vertritt, es liege ein freies Mitarbeiterverhältnis vor, andererseits aber gleichzeitig bereits zur Geltendmachung der Rückforderungsansprüche gezwungen wäre. Auch steht zu einem früheren Zeitpunkt der Zeitraum für eine Geltendmachung nicht fest, da es in der Hand des klagenden Arbeitnehmers liegt, ab wann er eine Arbeitnehmereigenschaft geltend machen möchte. Es obliegt dem freien Mitarbeiter bzw. Arbeitnehmer, dieses Risiko vor einem solchen Prozess einzuschätzen. Eine Einbeziehung in die betriebliche Altersversorgung bei Feststellung der Arbeitnehmereigenschaft kommt in Betracht.

Sozialversicherungsrechtlich sind Sozialversicherungsbeiträge für das laufende Jahr und die vorangegangenen vier Jahre (§ 25 SGB IV) vom Arbeitgeber nachzuzahlen (§ 28e SGB IV).[28] Die Nachzahlung umfasst die Arbeitgeber- und Arbeitnehmerbeiträge, Letztere allerdings nur, soweit sie nicht gemäß § 28g SGB IV bei den nächsten drei Lohn- oder Gehaltszahlungen nachgeholt werden können. Nur im Rahmen des Anfrageverfahrens nach § 7a SGB VI kann der Abzug nach Unanfechtbarkeit der Statusentscheidung noch nachgeholt werden (§ 7a Abs. 6 Satz 2 SGB VI). Der bei weitem überwiegende Anteil geht jedoch in allen anderen Fällen zu Lasten des Arbeitgebers.

Steuerlich entsteht für den Arbeitgeber die **Lohnsteuerhaftung** über § 42d Abs. 3 EStG iVm. § 44 Abs. 2 Satz 1 AO. Soweit für Arbeitnehmer Anteile zur Sozialversicherung vom Arbeitgeber ohne Abzug nach § 28g SGB IV abgeführt werden mussten,

---

24 BAG v. 21. 1. 1998, NZA 1998, 594; v. 21. 11. 2001, DB 2002, 537 in Abgrenzung zum Urteil v. 9. 7. 1986, NZA 1987, 16; *Reinecke*, NZA 1999, 729, 736; *Niepalla/Dütemeyer*, NZA 2002, 712.
25 BAG v. 29. 5. 2002, FA 2002, 346 = DB 2002, 2330.
26 BAG v. 14. 3. 2001, NZA 2002, 155, 157.
27 BAG v. 14. 3. 2001, NZA 2002, 155, 159.
28 Die Verjährung tritt bei vorsätzlicher Beitragsvorenthaltung jedoch erst nach 30 Jahren ein. Allerdings führt eine rechtlich zulässige Gestaltung nicht zum einvernehmlichen Zusammenwirken von Arbeitgeber und Arbeitnehmer gegen die Solidargemeinschaft. Vgl. Bayerisches LSG v. 24. 2. 2000, DB 2002, 904.

sind diese geldwerter Vorteil des Arbeitnehmers und unterliegen als solche der Einkommensteuer, so dass auch hier Lohnsteuernachzahlungen entstehen können. Vom Mitarbeiter in Rechnung gestellte **Umsatzsteuer** kann das Unternehmen nicht mehr gemäß § 15 Abs. 1 UStG abziehen. Soweit Vorsteuer unzulässig abgezogen wurde, muss das Unternehmen also Umsatzsteuer nachzahlen.[29] Da der Mitarbeiter gleichfalls nicht nach § 15 UStG vorsteuerabzugsberechtigt war, kann das Finanzamt auch von ihm durch neuen Umsatzsteuerbescheid die bisher zu Unrecht als Vorsteuer abgezogene Umsatzsteuer nachfordern. Aufgrund der für beide Parteien – besonders aber für den Arbeitgeber – verheerenden Konsequenzen kommt der Abgrenzung zwischen freier Mitarbeit und Anstellungsverhältnis in der Praxis gravierende Bedeutung zu.

2. Beratervertrag (M 9.2)

Mit dem freien Mitarbeitervertrag eng verzahnt ist der Beratervertrag. Hier gelten dieselben Abgrenzungskriterien. Die Besonderheit besteht darin, dass der Beratervertrag häufig unbefristet ist und auf Stundenbasis oder Tagessatzbasis vergütet wird. Die dadurch entstehende Indizwirkung für ein abhängiges Beschäftigungsverhältnis muss dadurch entkräftet werden, dass der Berater ansonsten bei der Erbringung seiner Tätigkeit weitestgehend frei ist und auch über andere Auftraggeber bzw. eine andere Existenzsicherung verfügt.

3. Handelsvertretervertrag (M 9.3)

Neben dem Vertragshändler, der aufgrund einer dauernden vertraglichen Beziehung Waren des Unternehmens im eigenen Namen und für eigene Rechnung verkauft,[30] ist insbesondere der Einsatz von Handelsvertretern eine weit verbreitete Vertriebsform.

Nach der Legaldefinition des § 84 Abs. 1 HGB ist **Handelsvertreter**, wer als selbständiger Gewerbetreibender ständig damit betraut ist, für einen anderen Unternehmer Geschäfte zu vermitteln oder in dessen Namen abzuschließen. Aufgrund des Inhalts der Aufgabe ist daher zu unterscheiden zwischen Vermittlungs- und Abschlussvertretern. Der **Vermittlungsvertreter** ist verpflichtet, den Abschluss von Verträgen zwischen dem von ihm vertretenen Unternehmer und Dritten als Kunden in die Wege zu leiten. Demgegenüber ist der **Abschlussvertreter** zum Abschluss von Geschäften im Namen und für Rechnung des vertretenen Unternehmens berechtigt.[31] Nach ständiger Rechtsprechung des Bundesgerichtshofs können auch Betreiber von **stationären Verkaufsstellen** wie beispielsweise Selbstbedienungs-Tankstellen, Lotto- und Toto-Annahmestellen, Reisebüros, Tabakwaren- und Zeitschriftengeschäfte etc. Handelsvertreter iSd. § 84 Abs. 1 HGB sein.[32] Auch etwaige Annextätigkeiten wie Abwicklung der Kaufverträge, Retouren, des Warenumtauschs und der Gewährleistung stellen die Handelsvertretertätigkeit als solche nicht in Frage.[33]

---

29 Vgl. aber EuGH v. 19. 9. 2000 – C-454/98, DStRE 2000, 1166 – möglicherweise ist ein Vorsteuerabzug doch möglich.
30 Vgl. BGH v. 21. 10. 1970, BGHZ 54, 338.
31 Vgl. *von Hoyningen-Huene*, Die kaufmännischen Hilfspersonen, 1996, § 84 Rz. 13.
32 Vgl. BGH v. 20. 1. 1964, VersR 1964, 331; *Küstner* in: Röhricht/Graf von Westphalen, HGB, 2. Aufl. 2001, § 84 Rz. 19 mwN.
33 Vgl. BGH v. 21. 12. 1973, NJW 1974, 1982.

Gemäß § 84 Abs. 1 Satz 1 HGB ist der Handelsvertreter „als selbständiger Gewerbetreibender ständig damit betraut, für einen anderen Unternehmer Geschäfte zu vermitteln oder in dessen Namen abzuschließen."

a) Gemäß § 84 Abs. 1 Satz 2 HGB ist der Handelsvertreter **selbständig**, „wenn er im Wesentlichen seine Tätigkeit frei gestalten und seine Arbeitszeit bestimmen kann."
Wird mit dem Handelsvertreter ein **Anstellungsverhältnis** begründet, so handelt es sich um einen **Handlungsgehilfen**, § 84 Abs. 2 HGB.

Bei der Abgrenzung besteht die Besonderheit, dass auch der **freie Handelsvertreter** in die Vertriebsorganisation des Unternehmers eingegliedert ist und **schon kraft Gesetzes Weisungen des Unternehmers unterliegt**.[34] Er wird für den Unternehmer tätig und hat dessen **Interessen wahrzunehmen** (§ 86 Abs. 1 HGB). Er ist dem Unternehmer laufend **berichtspflichtig** (§ 86 Abs. 2 HGB). Dementsprechend kann das Unternehmen auch die **Vertriebspolitik** und den **Kundenkreis** selbst festlegen. Da der Handelsvertreter gemäß § 84 Abs. 1 HGB namens und im Auftrag des Unternehmers handelt, bestimmt der Unternehmer auch die **Preise** einschließlich Rabatten und Skonti sowie die **Vertragskonditionen** und **Zahlungsmodalitäten** für das zu vertreibende Produkt. Auch **Vorgaben über die Darstellung des Produktes** sind beim Handelsvertreter kein Indiz für ein Anstellungsverhältnis. Dies gilt auch und insbesondere für Ausformungen der **Nachrichts- und Rechenschaftspflicht** nach § 86 Abs. 2 HGB. Vorschriften zur **Verbuchung und Abrechnung von Lieferungen** und erhaltenen **Zahlungen**, auch wenn sie über Formulare oder vorgegebene EDV-Masken erfolgen, berühren daher den freien Status des Handelsvertreters nicht. Dasselbe gilt für die Mitteilung von Geschäftsabschlüssen. Auch kann der Unternehmer bestimmen, wie oft vereinnahmte Gelder an ihn abzuführen sind. Auch die **Einheitlichkeit der Vertriebsorganisation** und des **Erscheinungsbildes nach außen** steht einem freien Handelsvertreterverhältnis nicht entgegen. Ohne entgegenstehende vertragliche Vereinbarung sind Handelsvertreter, wie der Umkehrschluss aus § 84 Abs. 3 HGB zeigt, nicht zur höchstpersönlichen Leistungserbringung verpflichtet, sondern können ihrerseits zumindest Untervertreter einsetzen. Ein Anstellungsverhältnis kommt daher nur in Betracht, wenn die Selbständigkeit des Handelsvertreters in ihrem Kern beeinträchtigt wird, also die Beschränkung deutlich über das für Handelsvertreter Typische hinausgeht.[35]

b) Der Handelsvertreter „**vermittelt**" Geschäfte, wenn er durch Einwirkung auf den Dritten deren Abschluss fördert.[36] Die bloße Schaffung von Geschäftsbeziehungen ohne Vermittlung von Einzelgeschäften reicht allerdings nicht aus.[37] Abschluss von Geschäften ist eine Unterform der Vermittlung, bei der der Handelsvertreter auch Abschlussvollmacht hat, § 91 Abs. 1 HGB.

---

34 Vgl. umfassend BAG v. 15. 12. 1999, AP Nr. 9 und AP Nr. 12 zu § 84 HGB, AP Nr. 5 und AP Nr. 6 zu § 92 HGB; *Hopt*, DB 1998, 863 ff.
35 Vgl. BGH v. 13. 1. 1966, BB 1966, 265; OLG Düsseldorf v. 30. 1. 1998, NJW 1998, 2978, 2980; LAG Nürnberg v. 26. 1. 1999, ZIP 1999, 769, 772. Umfassend BAG v. 15. 12 1999, AP Nr. 9, 12 zu § 84 HGB, Nr. 5, 6 zu § 92 HGB.
36 BGH v. 19. 5. 1982, NJW 1983, 42.
37 BGH v. 19. 5. 1982, NJW 1983, 42.

c) **Gegenstand der Vermittlung** können alle Arten von Geschäften sein, also nicht nur Waren- und Versicherungsverträge, sondern auch Dienstleistungen, Mietverträge, Lotto-Spielverträge oder auch Tankgeschäfte.

d) „Betraut" mit der Vermittlung ist der Handelsvertreter nur, wenn auch eine Tätigkeitspflicht und die Verpflichtung besteht, die Interessen des Unternehmers wahrzunehmen. Dementsprechend muss auch der Vertrag mit dem Unternehmer auf ein wiederholtes Tätigwerden angelegt sein. Fehlt es daran, so handelt es sich um einen **Handelsmakler**.

e) Handelsvertreter können **für eine oder mehrere Firmen** tätig sein. Einfirmenvertreter, dh. Handelsvertreter, denen vertraglich die Tätigkeit für weitere Unternehmer untersagt ist, unterliegen besonderem Schutz gemäß § 92a HGB. Unterhalb eines Einkommens von Euro 1 000 monatlich ist gem. § 5 Abs. 3 ArbGG für Streitigkeiten zwischen dem Einfirmenvertreter und dem Unternehmer auch das Arbeitsgericht zuständig.

f) Den Handelsvertreter trifft eine allgemeine **Interessenwahrnehmungspflicht**, § 86 HGB. Danach ist er insbesondere auch verpflichtet, die Bonität des Kunden zu prüfen und Zweifel darüber dem Unternehmer mitzuteilen. Eine Delkredere-Haftung übernimmt er allerdings nur unter den engen Voraussetzungen des § 86b HGB.

g) Der Unternehmer hat dem Handelsvertreter die **zur Ausübung seiner Tätigkeit erforderlichen Unterlagen** wie Muster, Zeichnungen, Preislisten, Werbedrucksachen, Geschäftsbedingungen zur Verfügung zu stellen und ihm die erforderlichen Nachrichten – insbesondere über Abschluss von Geschäften und deren Ausführung oder Nichtausführung oder geänderter Ausführung (vgl. § 86a HGB) – zu geben.

h) Die **Vergütung des Handelsvertreters** besteht regelmäßig in der Provision (§§ 87 ff. HGB). Dabei hat der Handelsvertreter Anspruch auf Provision für alle während des Vertragsverhältnisses abgeschlossenen Geschäfte, die auf seine Tätigkeit zurückzuführen sind oder mit Dritten abgeschlossen werden, die er als Kunden für Geschäfte der gleichen Art geworben hat (§ 87 Abs. 1 Satz 1 HGB). Ist dem Handelsvertreter ein bestimmter Bezirk oder ein bestimmter Kundenkreis zugewiesen, so hat er auch Anspruch auf Provision für diejenigen Geschäfte, die ohne seine Mitwirkung mit Personen seines Bezirks oder seines Kundenkreises während des Vertragsverhältnisses geschlossen wurden (§ 87 Abs. 2 Satz 1 HGB). Die bloße Bezeichnung eines Bezirks- oder Kundenkreises im Vertrag begründet diesen weitgehenden Provisionsanspruch zwar nicht, sondern er bedarf ausdrücklicher Vereinbarung; bei Abschluss des Vertrages sollte zur Vermeidung von Zweifelsfällen jedoch ein Bezirk- oder Kundenschutz im Vertrag klar geregelt oder ausgeschlossen werden.

Für **Geschäfte nach Vertragsbeendigung** hat der Handelsvertreter nur Anspruch auf Provision, wenn

- **er das Geschäft vermittelt hat** oder er es eingeleitet und so vorbereitet hat, dass der Abschluss überwiegend auf seine Tätigkeit zurückzuführen ist, und das Geschäft innerhalb einer angemessenen Frist nach Beendigung des Vertragsverhältnisses abgeschlossen ist, oder

- vor Beendigung des Vertragsverhältnisses das Angebot **des Dritten** zum Abschluss eines Geschäftes, für das der Handelsvertreter Anspruch auf Provision hat, dem Handelsvertreter oder dem Unternehmer **zugegangen** ist (§ 87 Abs. 3 HGB).

Nach den Grundsätzen der Billigkeit kann auch dem nachfolgenden Handelsvertreter ein Anteil an der Provision zustehen, § 87 Abs. 3 Satz 2 HGB.

Die **Fälligkeit** des Provisionsanspruchs richtet sich nach § 87a HGB. Der Anspruch ist fällig, sobald und soweit der Unternehmer das Geschäft ausgeführt hat. Bei abweichenden Vereinbarungen hat der Handelsvertreter mit der Ausführung des Geschäftes durch den Unternehmer jedenfalls Anspruch auf einen angemessenen **Vorschuss** zum Ende des jeweiligen Folgemonats (§ 87a Abs. 1 Satz 2 HGB).

In jedem Falle besteht der Anspruch auf Provision, sobald und soweit **der Dritte das Geschäft ausgeführt hat**, dh. im Regelfall, wenn der Dritte seine Zahlung erbracht hat (vgl. § 87 Abs. 1 Satz 3 HGB). Daneben können, soweit der Handelsvertreter das Inkasso übernimmt, **Inkassoprovisionen** gem. § 87 Abs. 4 HGB oder bei Verwaltungstätigkeiten auch **Verwaltungsprovisionen** geschuldet sein. Bei Übernahme des Bonitätsrisikos nach Maßgabe von § 86b HGB ist auch eine **Delkredere-Provision** zu zahlen. Schließlich ist bei einem nachvertraglichen **Wettbewerbsverbot** gem. § 90a Abs. 1 Satz 3 HGB für die Dauer der Wettbewerbsbeschränkung eine angemessene **Entschädigung** zu zahlen.

i) Seine **Aufwendungen** trägt der Handelsvertreter regelmäßig selbst; Ersatz seiner im regelmäßigen Geschäftsverkehr entstandenen Aufwendungen kann er nur verlangen, wenn dies handelsüblich ist (§ 87d HGB).

j) Wirtschaftlich von großer Bedeutung ist der **Ausgleichsanspruch** des Handelsvertreters nach § 89b HGB. Dieser entsteht nach Beendigung des Vertragsverhältnisses, wenn und soweit

- der **Unternehmer** aus der Geschäftsverbindung mit neuen Kunden, die der Handelsvertreter geworben hat, auch nach Beendigung des Vertragsverhältnisses erhebliche **Vorteile** hat,

- der **Handelsvertreter** infolge der Beendigung des Vertragsverhältnisses **Ansprüche auf Provision verliert**, die er bei Fortsetzung desselben aus bereits abgeschlossenen oder künftig zustande kommenden Geschäften mit den von ihm geworbenen Kunden hätte, und

- die Zahlung eines Ausgleichs unter Berücksichtigung aller Umstände der **Billigkeit** entspricht.

Der Werbung eines neuen Kunden steht es gleich, wenn der Handelsvertreter die Geschäftsverbindung mit einem Kunden so wesentlich erweitert, dass dies wirtschaftlich der Werbung eines neuen Kunden entspricht (vgl. § 89b Abs. 1 Satz 2 HGB). Der Ausgleich beträgt **höchstens eine Jahresprovision** oder sonstige Jahresvergütung; diese berechnet sich nach dem Durchschnitt der letzten fünf Jahre der Tätigkeit des Handelsvertreters bzw. bei kürzerer Dauer des Vertragsverhältnisses nach dem Durchschnitt während dieser Zeit (§ 89b Abs. 2 HGB). Nach Maßgabe von § 89b Abs. 3 HGB besteht der Anspruch allerdings **nicht, wenn**

- der **Handelsvertreter das Vertragsverhältnis gekündigt** hat, es sei denn, dass ein Verhalten des Unternehmers hierzu begründeten Anlass gegeben hat oder dem Handelsvertreter eine Fortsetzung seiner Tätigkeit wegen seines Alters oder wegen Krankheit nicht zugemutet werden kann, oder

- der **Unternehmer das Vertragsverhältnis gekündigt** hat und für die Kündigung ein **wichtiger Grund** wegen schuldhaften Verhaltens des Handelsvertreters vorlag oder

- aufgrund einer **Vereinbarung** zwischen dem Unternehmer und dem Handelsvertreter ein **Dritter** anstelle des Handelsvertreters in das Vertragsverhältnis **eintritt**; die Vereinbarung kann nicht vor Beendigung des Vertragsverhältnisses getroffen werden (§ 89b Abs. 3 HGB).

Wichtig ist, dass der Anspruch **nur innerhalb eines Jahres nach Beendigung des Vertragsverhältnisses geltend gemacht werden kann** (§ 89b Abs. 4 Satz 2 HGB). Dabei handelt es sich um eine Ausschlussfrist. Auch kann der Anspruch nicht im Voraus ausgeschlossen werden (§ 89b Abs. 4 Satz 1 HGB).[38]

k) Eine besondere **Form** ist für den Handelsvertretervertrag nicht vorgeschrieben. Allerdings kann jede Seite verlangen, dass der Vertragsinhalt sowie spätere Vereinbarungen zu dem Vertrag in eine vom anderen Teil unterzeichnete Urkunde aufgenommen werden (§ 85 HGB). Besondere formale Anforderungen bestehen bei der Übernahme der Delkredere-Haftung (§ 86b Abs. 1 Satz 3 HGB) oder bei Vereinbarung eines nachvertraglichen Wettbewerbsverbotes (§ 90a Abs. 1 Satz 1 HGB).

l) Für die **Kündigung** gelten die allgemeinen Regeln. Für den freien Handelsvertreter gilt das KSchG selbstverständlich nicht. Die **Kündigungsfristen** bei einem Handelsvertretervertrag auf unbestimmte Zeit betragen im ersten Jahr einen Monat, im zweiten Jahr zwei Monate, im dritten bis fünften Jahr drei Monate sowie nach einer Vertragsdauer von fünf Jahren sechs Monate jeweils zum Ende des Kalendermonats (§ 89 Abs. 1 HGB). Verlängerungen sind wirksam möglich, allerdings darf die Frist für den Unternehmer nicht kürzer sein als die des Handelsvertreters (vgl. § 89 Abs. 2 HGB). Der Vertrag endet auch mit dem Tod des Handelsvertreters (§ 673 BGB).

m) **Besondere Bestimmungen** gelten für Versicherungs- und Bausparkassenvertreter (§ 89b Abs. 5 HGB, §§ 43 bis 47 VVG) und für Handelsvertreter im Nebenberuf (§ 92b HGB).

n) Das **international anzuwendende Recht** richtet sich nach den Artikeln 27, 28 EGBGB, insbesondere Art. 28 Abs. 2 EGBGB. Wegen der damit und insbesondere auch der Einbeziehung des internationalen Privatrechts anderer beteiligter Staaten entstehenden Unsicherheiten (vgl. auch Art. 28 Abs. 5 EGBGB) sollte bei internationalen Verträgen das anzuwendende Recht und der Gerichtsstand immer ausdrücklich geregelt sein.[39] Die zwingenden Vorschriften des nationalen Rechts, die aufgrund der Richtlinie 86/653/EWG des Rates vom 18. 12. 1986 (Art. 17 bis 19) erlassen wurden, sind jedoch rechtswahlfest, wenn der Vertreter innerhalb der Europäischen Union tätig wird oder seinen Sitz hat und die Rechtswahl eine Rechtsordnung eines Nicht-EU-Staates beruft.[40]

---

38 Vgl. dazu BGH v. 10. 7. 1996, NJW 1996, 2867; v. 23. 2. 1994, NJW 1994, 1350.
39 *Emde*, MDR 2002, 191, 194.
40 EuGH v. 9. 11. 2000, BB 2001, 10.

4. In Heimarbeit Beschäftigte (M 9.4)

An der Grenze zwischen freier Mitarbeit und Anstellungsverhältnis liegen die Vertragsverhältnisse der in Heimarbeit Beschäftigten. Dies sind gemäß § 1 Abs. 1 HAG **Heimarbeiter und Hausgewerbetreibende** sowie gemäß § 1 Abs. 2 HAG diesen Gleichgestellte.

a) Die Unterscheidung ist **sozialversicherungsrechtlich von erheblicher Bedeutung.** **Heimarbeiter** gelten gemäß § 12 Abs. 2 SGB IV als Beschäftigte und sind umfassend sozialversicherungspflichtig. Für diesen **Gleichgestellte** gemäß § 12 Abs. 5 SGB IV iVm. § 1 Abs. 2 lit. a, c und d HAG gilt dies mit Ausnahme der Arbeitslosenbeiträge (§ 12 Abs. 5 Satz 2 SGB IV). **Hausgewerbetreibende** sind demgegenüber nur versicherungspflichtig in der gesetzlichen Rentenversicherung nach § 2 Nr. 6 SGB VI und unterfallen der gesetzlichen Unfallversicherung nach § 2 Abs. 1 Nr. 6 SGB VII. Dabei ist die Abgrenzung im Sozialversicherungsrecht einerseits (§ 12 SGB IV) und im Arbeitsrecht (§§ 1, 2 HAG) andererseits nicht völlig deckungsgleich. Insbesondere sind die in Betracht kommenden Auftraggeber nach § 12 Abs. 1 und 2 SGB IV eingeschränkt, was zum Teil über die Gleichstellung nach § 12 Abs. 5 SGB IV wieder ausgeglichen wird.

b) **Heimarbeiter** ist, wer in selbst gewählter Arbeitsstätte allein oder mit seinen Familienangehörigen im Auftrag von Gewerbetreibenden oder Zwischenmeistern erwerbsmäßig arbeitet, jedoch die Verwertung der Arbeitsergebnisse dem unmittelbar oder mittelbar auftraggebenden Gewerbetreibenden überlässt (§ 2 Abs. 1 Satz 1 HAG). „Erwerbsmäßig" ist auch eine reine Bürotätigkeit („Büroheimarbeit"). Heimarbeiter ist nicht, wer außer Familienangehörigen auch fremde Hilfskräfte einsetzt.[41] Dasselbe gilt, wenn der Heimarbeiter mit seinen Familienangehörigen echte Arbeitsverträge schließt.[42] Beschafft der Heimarbeiter die Roh- und Hilfsstoffe selbst, so wird hierdurch seine Eigenschaft als Heimarbeiter nicht beeinträchtigt, § 2 Abs. 1 Satz 2 HAG.

c) Von den Heimarbeitern zu unterscheiden sind die **Hausgewerbetreibenden**. Hausgewerbetreibender iSv. § 2 Abs. 2 HAG ist, wer in eigener Arbeitsstätte (eigener Wohnung oder Betriebsstätte) mit nicht mehr als zwei fremden Hilfskräften oder Heimarbeitern im Auftrag von Gewerbetreibenden oder Zwischenmeistern Waren herstellt, bearbeitet oder verpackt, wobei er selbst wesentlich am Stück mitarbeitet, jedoch die Verwertung der Arbeitsergebnisse dem unmittelbar oder mittelbar auftraggebenden Gewerbetreibenden überlässt. Im Gegensatz zu Heimarbeitern sind Hausgewerbetreibende **grundsätzlich selbständig**. Sie arbeiten daher auch mit fremden Hilfskräften. Anders als bei Heimarbeitern scheidet Bürotätigkeit aus; kennzeichnend für den Hausgewerbetreibenden ist vielmehr, dass er **„gewerblich"** (vgl. § 12 Abs. 1 SGB IV) bzw. **„am Stück"** (§ 2 Abs. 2 Satz 1 HAG) arbeitet. Liegen bei selbständiger Tätigkeit diese Voraussetzungen nicht vor, so handelt es sich nicht um Hausgewerbetreibende, sondern um sonstige Selbständige.

d) Heimarbeitern und Hausgewerbetreibenden können unter bestimmten Voraussetzungen Personen in vergleichbaren Arbeitsverhältnissen **gleichgestellt** werden, wenn dies wegen ihrer Schutzbedürftigkeit gerechtfertigt erscheint, § 1 Abs. 2 HAG.

---

[41] Kasseler Kommentar/*Seewald*, § 12 SGB IV Rz. 17.
[42] *Otten*, Heim- und Telearbeit, § 2 Rz. 18.

e) Für Heimarbeiter, Hausgewerbetreibende und – je nach Umfang ihrer Gleichstellung – Gleichgestellte kommen die folgenden arbeitsrechtlichen Vorschriften in Betracht:

- § 5 Abs. 1 Satz 2 ArbGG – Zuständigkeit des Arbeitsgerichtes,
- § 5 Abs. 1 Satz 2 BetrVG – Arbeitnehmer iSd. BetrVG,
- § 10 EFZG – Entgeltzuschlag bei Krankheit,
- § 11 EFZG – Feiertagsentgeltzahlung,
- § 1 Nr. 2 MuSchG iVm. §§ 7 Abs. 4, 8 Abs. 5, 9 Abs. 1 und Abs. 4, 18 Abs. 2 und 24 MuSchG – Mutterschutz,
- § 127 SGB IX – Geltung des SGB IX,
- § 12 BUrlG – Anspruch auf Urlaubsentgelt,
- § 1 Abs. 2 Satz 2 5. VermBG – Gleichstellung bei der Vermögensbildung.
- Eingeschränkt: § 1 Abs. 1 Nr. 4 BErzGG – Anspruch auf Erziehungsgeld, sofern keine volle Erwerbstätigkeit vorliegt,
- § 7 ArbPlSchG – Arbeitsplatzschutz bei der Einberufung zum Wehr- oder Zivildienst,
- § 27 HAG iVm. §§ 850 ff. ZPO – Pfändungsfreigrenzen.

Gemäß § 5 Abs. 1 Satz 2 BetrVG gilt das **BetrVG** auch für in Heimarbeit Beschäftigte und Hausgewerbetreibende, soweit sie die Tätigkeit in der Hauptsache für den Betrieb nur eines Auftraggebers verrichten. Sie sind dann nicht nur aktiv und passiv wahlberechtigt, sondern auch von Sozialplänen erfasst; bei Kündigungen ist der Betriebsrat einzuschalten.

§ 613a BGB gilt für Heimarbeiter allerdings nicht.[43]

f) Zum Schutze der Heimarbeiter treffen den **Auftraggeber besondere Pflichten** zur Dokumentation und Offenlegung gemäß §§ 6 ff. HAG, zum Arbeitszeitschutz gem. §§ 10, 11 HAG und zum Gefahrenschutz gem. §§ 12–16a HAG. Besonderheiten bestehen insbesondere bei dem Entgeltschutz. Über die normalen Anspruchsgrundlagen hinaus können insbesondere **bindende Festsetzungen des Heimarbeitsausschusses** mit Wirkung eines allgemein verbindlichen Tarifvertrages Entgelte für in Heimarbeit Beschäftigte bestimmen (§ 19 HAG). Daneben können auch Tarifverträge nach Maßgabe des § 17 Abs. 1 HAG die Vertragsbedingungen bestimmen, obwohl Heimarbeiter keine Arbeitnehmer sind. Typischerweise werden Heimarbeiter auf Basis von Stückentgelten vergütet, und nur wenn dies nicht möglich ist in Form von entsprechenden Zeitentgelten, § 20 HAG. Die Entgelte und sonstigen Vertragsbedingungen werden durch Entgeltprüfer geprüft, § 23 HAG.

Auch wenn arbeitsrechtlich daher Heimarbeiter und Hausgewerbetreibende weitgehend gleich behandelt werden, kommt der Unterscheidung sozialversicherungsrechtlich zentrale Bedeutung zu.

---

43 BAG v. 24. 3. 1998, BB 1998, 1691.

II. Muster

Freier Mitarbeiter-Vertrag 9.1.1

Zwischen

der Firma ...

und

Herrn/Frau ...

(i. F.: Freier Mitarbeiter)

wird Folgendes vereinbart:

§ 1 Gegenstand der Vereinbarung[1]

(1) Die Firma erteilt dem freien Mitarbeiter folgenden Auftrag: ....

oder

(1) Die Firma beauftragt den freien Mitarbeiter mit folgender Werkleistung: ....

oder

(1) Die Firma beauftragt den freien Mitarbeiter mit folgender Dienstleistung: ....

(2) Herr/Frau ... wird für die Firma als freier Mitarbeiter tätig. Ein Arbeitsverhältnis wird nicht begründet.

(3) Für die steuerlichen und sozialversicherungsrechtlichen Belange sowie für die Gewerbeanmeldung wird der freie Mitarbeiter selbst Sorge tragen. Dies ist bei der Kalkulation der Vergütung berücksichtigt.

(4) Der freie Mitarbeiter ist frei darin, auch für andere Auftraggeber tätig zu sein.

§ 2 Leistungsumfang

(1) Die Leistungen des freien Mitarbeiters umfassen im Einzelnen: ....

(2) Er wird das Auftragsergebnis am ... bei der Firma in Schriftform und auf Diskette abgeben.

(3) Sofern der freie Mitarbeiter an der Auftragserfüllung gehindert sein sollte, verpflichtet er sich, die Firma rechtzeitig vorher darüber zu informieren.

---

[1] Die genaue Bezeichnung des Gegenstandes ist für die Begründung eines freien Mitarbeiterverhältnisses wichtig. Wird der Gegenstand nicht genau bezeichnet, so können insoweit Weisungsrechte entstehen, die für ein Arbeitsverhältnis sprechen würden. Genau so wichtig ist es, dass in der Praxis der Gegenstand des Vertrages nicht durch Weisung des Auftraggebers ausgedehnt wird, denn auch dies wäre ein Indiz gegen ein freies Vertragsverhältnis. Im freien Vertragsverhältnis kommt eine Ausdehnung des Gegenstandes nur einvernehmlich und damit durch ergänzende Vereinbarung in Betracht.

(4) Der freie Mitarbeiter ist in der Wahl von Ort und Zeit seiner Tätigkeit frei. Die Parteien gehen davon aus, dass der Umfang seiner Tätigkeit bis zum Abgabezeitpunkt insgesamt . . . Stunden[2] nicht überschreitet.

(5) Der freie Mitarbeiter kann sich bei der Erfüllung der Aufgabe auch anderer Personen bedienen. Er bleibt jedoch für die ordnungsgemäße Erfüllung der vertraglichen Leistung gegenüber der Firma verantwortlich.

§ 3   Vergütung und Rechnungsstellung

(1) Der freie Mitarbeiter erhält eine Pauschalvergütung von Euro . . . . Er wird nach ordnungsgemäßer Abnahme seiner vertraglichen Leistung darüber Rechnung stellen.[3]

oder

(1) Der freie Mitarbeiter erhält für seine Tätigkeit ein Stundenhonorar von Euro . . . .[4] Das Honorar wird jeweils bis zum . . . eines Monats für den vorangegangenen Monat abgerechnet. Die Zahlung der Vergütung erfolgt 10 Tage nach Rechnungseingang.

(2) Soweit der freie Mitarbeiter mehrwertsteuerpflichtig ist, ist die Vergütung jeweils zuzüglich Mehrwertsteuer zu zahlen. Die Mehrwertsteuer ist auf der Rechnung gesondert auszuweisen.

(3) Mit der Vergütung sind sämtliche Aufwendungen des freien Mitarbeiters abgegolten.

oder

(3) Mit der Vergütung sind sämtliche Aufwendungen des freien Mitarbeiters abgegolten. Dies gilt nicht für Reisekosten und Reisespesen, die durch die Erfüllung der Aufgaben veranlasst sind. Für Reisen mit dem eigenen Pkw zahlt die Firma insoweit pauschal Euro . . . pro gefahrenem Kilometer, für Bahnreisen werden die nachgewiesenen Kosten zweiter Klasse erstattet.

§ 4   Verschwiegenheit

Der freie Mitarbeiter wird über alle ihm bekannt gewordenen oder bekannt werdenden Geschäfts- und Betriebsgeheimnisse der Firma Stillschweigen bewahren. Diese Verpflichtung besteht auch nach Beendigung des Vertragsverhältnisses.

§ 5   Herausgabe von Unterlagen

Alle Unterlagen, die dem freien Mitarbeiter im Zusammenhang mit seiner Tätigkeit übergeben wurden, wird er nach Beendigung des Vertrages unverzüglich zurückgeben. Ein Zurückbehaltungsrecht steht ihm nicht zu.

---

2 Die Stundenanzahl sollte deutlich unter 40 Stunden pro Woche liegen oder deutlich über 40 Stunden pro Woche dergestalt, dass der freie Mitarbeiter eigene Mitarbeiter einsetzen muss.
3 Die Vereinbarung einer Pauschalvergütung ist rein erfolgsabhängig und daher ein Indiz für ein freies Vertragsverhältnis.
4 Die Vereinbarung eines Stundenhonorars legt demgegenüber eher ein abhängiges Beschäftigungsverhältnis nahe und sollte nach Möglichkeit vermieden werden.

§ 6 Schlussbestimmungen

(1) Sollten sich einzelne Bestimmungen dieser Vereinbarung als ungültig oder unwirksam erweisen, werden die übrigen Bestimmungen dieser Vereinbarung dadurch nicht berührt. Die ungültige oder unwirksame Bestimmung ist durch eine andere gültige Bestimmung zu ersetzen, die dem Willen der Parteien so nahe wie möglich kommt.

(2) Änderungen und Ergänzungen sowie die Aufhebung dieser Vereinbarung bedürfen zu ihrer Wirksamkeit der Schriftform. Das gilt auch für die Änderung des Schriftformerfordernisses.[5] Die elektronische Form ist ausgeschlossen.

(3) Gerichtsstand ist . . . .

. . ., den . . .   . . ., den . . .

. . .   . . .

Firma   Freier Mitarbeiter

---

5 Zur Schriftformklausel im Einzelnen vgl. **M 2.1** Ziff. 12; **M 7.1** § 14.

Freier Mitarbeiter-Vertrag (Rahmenvertrag[1])   9.1.2

Zwischen

der Firma . . .

und

Herrn/Frau . . .

(i. F.: Freier Mitarbeiter)

wird Folgendes vereinbart:

§ 1 Gegenstand der Vereinbarung

(1) Die Firma beabsichtigt, dem freien Mitarbeiter Aufträge als Werbetexter zu erteilen.

(2) Der freie Mitarbeiter ist frei darin, die Aufträge anzunehmen oder abzulehnen. Für die Firma begründet dieser Vertrag keine Verpflichtung, Aufträge zu erteilen.

(3) Der freie Mitarbeiter ist berechtigt, sich zur Vertragserfüllung auch anderer Personen zu bedienen. Er bleibt jedoch für die ordnungsgemäße Vertragserfüllung auch durch Dritte im Verhältnis zu der Firma verantwortlich.

(4) Der freie Mitarbeiter ist frei darin, auch für andere Auftraggeber tätig zu sein.

(5) Für die steuerlichen und sozialversicherungsrechtlichen Belange sowie für die Gewerbeanmeldung wird der freie Mitarbeiter selbst Sorge tragen. Dies ist bei der Kalkulation der Vergütung berücksichtigt.

---

1 Die Gestaltung als Rahmenvertrag unterstützt am ehesten die freie Stellung des Auftragnehmers. Wesentlich ist dabei, dass der Auftragnehmer frei darin ist, Aufträge anzunehmen, und der Auftraggeber auch nicht gebunden ist, Aufträge zu erteilen.

§ 2 Leistungsumfang

(1) Die Leistungen des freien Mitarbeiters umfassen: . . . .

(2) Der freie Mitarbeiter ist in der Wahl von Ort und Zeit seiner Tätigkeit frei. Etwaige Termine zur Besprechung bei der Firma werden nach Ort und Zeit in dem jeweiligen Auftrag vereinbart.

(3) Sofern der freie Mitarbeiter trotz Annahme des Auftrages an der Auftragserfüllung gehindert sein sollte, verpflichtet er sich, die Firma rechtzeitig vorher darüber zu informieren.

§ 3 Vergütung und Rechnungsstellung

(1) Der freie Mitarbeiter erhält für seine Tätigkeit ein Pauschalhonorar von Euro . . . pro getexteter Seite.

oder

(1) Der freie Mitarbeiter erhält für seine Tätigkeit ein Stundenhonorar von Euro . . . .[2] *Das Honorar wird jeweils bis zum . . . eines Monats für den vorangegangenen Monat abgerechnet. Die Zahlung der Vergütung erfolgt 10 Tage nach Rechnungseingang.*

(2) Soweit der freie Mitarbeiter mehrwertsteuerpflichtig ist, ist die Vergütung jeweils zuzüglich Mehrwertsteuer zu zahlen. Die Mehrwertsteuer ist auf der Rechnung gesondert auszuweisen.

(3) Mit der Vergütung sind sämtliche Aufwendungen des freien Mitarbeiters abgegolten.

oder

(3) Mit der Vergütung sind sämtliche Aufwendungen des freien Mitarbeiters abgegolten. Dies gilt nicht für Reisekosten und Reisespesen, die durch die Erfüllung der Aufgaben veranlasst sind. Für Reisen mit dem eigenen Pkw zahlt die Firma insoweit pauschal Euro . . . pro gefahrenem Kilometer, für Bahnreisen werden die nachgewiesenen Kosten zweiter Klasse erstattet.

§ 4 Laufzeit/Kündigung

(1) Diese Vereinbarung tritt mit dem . . . in Kraft und wird auf unbestimmte Zeit abgeschlossen.

(2) Sie ist von beiden Seiten mit einer Frist von einem Monat zum Monatsende kündbar. Unberührt bleibt das Recht zur fristlosen Kündigung aus wichtigem Grund.

§ 5 Datengeheimnis

(1) Es ist dem freien Mitarbeiter gem. § 5 BDSG untersagt, geschützte personenbezogene Daten unbefugt zu einem anderen als dem zur jeweiligen rechtmäßigen Aufgabenerfüllung gehörenden Zweck zu verarbeiten, bekannt zu geben, zugänglich zu machen oder sonst zu nutzen.

---

2 Die Vereinbarung eines Stundenhonorars legt eher ein abhängiges Beschäftigungsverhältnis nahe und sollte nach Möglichkeit vermieden werden.

Die Verpflichtung des freien Mitarbeiters auf das Datengeheimnis besteht auch nach Beendigung der Tätigkeit fort. Verstöße können nach § 4 BDSG oder anderer einschlägiger Rechtsvorschriften mit Geld- oder Freiheitsstrafe geahndet werden.

(2) Sofern sich der freie Mitarbeiter eines Dritten als Erfüllungsgehilfen bedient, hat dieser ebenfalls eine Erklärung nach dem Bundesdatenschutzgesetz gemäß Anlage ... abzugeben.

Der freie Mitarbeiter ist dafür verantwortlich, dass diese Erklärung unterzeichnet wird und hat die entsprechende Erklärung des Erfüllungsgehilfen unverzüglich der Firma zuzuleiten.

§ 6 Schlussbestimmungen

(1) Sollten sich einzelne Bestimmungen dieser Vereinbarung als ungültig oder unwirksam erweisen, werden die übrigen Bestimmungen dieser Vereinbarung dadurch nicht berührt. Die ungültige oder unwirksame Bestimmung ist durch eine andere gültige Bestimmung zu ersetzen, die dem Willen der Parteien so nahe wie möglich kommt.

(2) Änderungen und Ergänzungen sowie die Aufhebung dieser Vereinbarung bedürfen zu ihrer Wirksamkeit der Schriftform. Das gilt auch für die Änderung des Schriftformerfordernisses.[3] Die elektronische Form ist ausgeschlossen.

(3) Gerichtsstand ist ....

..., den ...   ..., den ...

...   ...

Firma   Freier Mitarbeiter

---

3 Zur Schriftformklausel im Einzelnen vgl. **M 2.1** Ziff. 12; **M 7.1** § 14.

Werkvertrag mit einem Subunternehmer
– Softwareentwicklung –

9.1.3

Zwischen

der Firma ...

(i. F.: Auftraggeber)

und

Herrn/Frau ...

(i. F.: Auftragnehmer)

wird Folgendes vereinbart:

§ 1 Vertragliche Leistungen des Auftragnehmers

(1) Der Auftraggeber ist mit der Erstellung des Projektes ... beauftragt. Im Rahmen dieses Projektes beauftragt er seinerseits den Auftragnehmer als Subunternehmer mit der Herstellung des folgenden Werkes[1]:

(zB) Planung und Erstellung von System-/Anwendersoftware ... Standard-/Individualsoftware ... einschließlich Dokumentation für folgenden Zweck: ...

Der genaue Gegenstand der Leistung, die Funktionen und Aufgaben, die das Werk zu erfüllen hat, die einzelnen Teilleistungen, der Zeitpunkt der Ablieferung und die Ausführungsfristen für die einzelnen Teilleistungen ergeben sich aus dem als Anlage ... beigefügten Pflichtenheft. Dieses ist Vertragsgegenstand.

(2) Der Auftragnehmer verpflichtet sich ferner zur Einräumung der uneingeschränkten Nutzungsrechte an der Software und Übertragung des Eigentums an den Datenträgern hierfür sowie an der Dokumentation.

(3) Dokumentation im Sinne dieses Vertrages sind die Beschreibungen der Entwicklung der Software und ihrer Anwendung einschließlich ihrer Nutzungsmöglichkeiten und aller Software-Spezifikationen, rechnerischen Aufzeichnungen, Systemhandbücher, Zeichnungen, Ablaufdiagramme, Programmaufzeichnungen in schriftlicher und in maschinenlesbarer Form, die für die Installation, die Nutzung und die Pflege der Software erforderlich sind.

(4) Der Auftragnehmer ist über die vereinbarten Termine hinaus in der Wahl und Einteilung sowie dem Umfang, den Zeiten, dem Ablauf und der Organisation seiner Tätigkeit frei.

(5) Der Auftragnehmer kann sich bei der Erfüllung dieses Vertrages auch anderer Personen bedienen.[2] Er bleibt jedoch für die ordnungsgemäße Erfüllung gegenüber dem Auftraggeber verantwortlich.

(6) Der Auftragnehmer unterliegt keinen Weisungen, sondern hat die Leistung vertragsgemäß zu erbringen. Weisungsrechte des Auftraggebers bestehen auch nicht gegenüber Personen, die der Auftragnehmer gem. Abs. 5 zur Vertragserfüllung einsetzt.[3]

(7) Der Auftragnehmer kommt selbst für seine soziale Absicherung auf und führt die erforderlichen Steuern ab. Dies ist bei der Kalkulation der Vergütung berücksichtigt.

(8) Der Auftraggeber kann jederzeit Auskunft über den Stand und den Umfang der Arbeiten verlangen.

(9) Die Allgemeinen Geschäftsbedingungen des Auftragnehmers sind ausgeschlossen.

---

1 Das Werk muss so genau wie möglich beschrieben werden, damit keine Weisungen mehr erteilt werden müssen. Das herzustellende Werk muss so beschrieben werden, dass es für sich abnahmefähig ist.

2 Ein Abstimmungserfordernis mit dem Auftraggeber für den Einsatz Dritter würde die Entscheidungsbefugnis des Auftragnehmers über den Einsatz eigener Mitarbeiter einschränken. Dadurch würde die starke Indizwirkung des Einsatzes Dritter gegen ein Arbeitsverhältnis deutlich eingeschränkt. Gleichzeitig entsteht dadurch ein Indiz für Arbeitnehmerüberlassung.

3 ➲ **Wichtig:** Ein Weisungsrecht gegenüber dem vom Auftragnehmer eingesetzten Personal würde zur Arbeitnehmerüberlassung an den Auftraggeber führen und muss daher vermieden werden. Weisungen können nur dem Auftragnehmer selbst erteilt werden.

§ 2 Durchführung des Vertrages

(1) Der Auftragnehmer beginnt seine Arbeiten am . . . .

(2) Der Auftragnehmer ist frei darin, wo er das Werk herstellt.

oder

(2) Das Werk ist vor Ort bei dem Auftraggeber in . . . an den mit dem Projektleiter vereinbarten Standorten, die voraussichtlich in . . . sein werden, herzustellen.

oder

(2) Das Werk ist beim Endkunden in . . . herzustellen.

(3) Soweit das Werk vor Ort bei dem Auftraggeber hergestellt wird, wird der Auftragnehmer die auf dem Gelände des Auftraggebers geltenden Sicherheits- und Unfallverhütungsvorschriften einhalten und dafür Sorge tragen, dass Personen, die er zur Vertragserfüllung einsetzt, diese Vorschriften ebenfalls beachten. Soweit das Werk beim Endkunden hergestellt wird, gilt Satz 1 entsprechend.

(4) Änderungen des Leistungsumfangs nach Vertragsschluss bedürfen gesonderter Vereinbarung. Entstehende Mehrkosten und Terminverschiebungen sind vor der Änderungsvereinbarung dem Auftraggeber mitzuteilen und mit ihm zu vereinbaren.

oder

(4) Erkennt der Auftragnehmer, dass bei Auftragsausführung aufgrund technischer Probleme oder Schwierigkeiten Abweichungen vom Leistungsschein erforderlich werden, so wird er dies dem Auftraggeber unverzüglich mitteilen unter Angabe der Gründe und der Abweichungen. Die Parteien werden das weitere Vorgehen vereinbaren und schriftlich in einem von beiden Seiten zu unterschreibenden Protokoll festhalten. Dieses Protokoll wird Vertragsbestandteil. Mehrkosten aufgrund unterbliebener oder verspäteter Mitteilung trägt der Auftragnehmer.

oder

(4) Erkennt der Auftragnehmer, dass er die Ausführungsfristen nicht einhalten kann, wird er dies dem Auftraggeber unverzüglich mitteilen unter Angabe der Gründe einschließlich der voraussichtlichen Dauer der Verzögerung. Ein Anspruch auf Verlängerung der Fristen entsteht dadurch nicht.

(5) Jeder Vertragspartner benennt jeweils einen Ansprechpartner für alle vertraglichen Fragen. Auskünfte des Ansprechpartners des Auftraggebers sind nur verbindlich, wenn sie schriftlich erteilt oder bestätigt wurden.

(6) Der Auftraggeber stellt dem Auftragnehmer auf Wunsch die für die Durchführung des Auftrages erforderliche Hardware und Software gemäß gesonderter Nutzungsvereinbarung[4] zur Verfügung. Alle weiteren Kosten, insbesondere auch für seine Mitarbeiter, trägt der Auftragnehmer.

(7) Der Zugang zum Geschäftsbetrieb des Auftraggebers wird gewährleistet, soweit dies zur Werkherstellung erforderlich ist.

---

4 Vgl. **M 9.1.4**.

(8) Der Auftraggeber verpflichtet sich, dem Auftragnehmer auf Wunsch eine Einweisung zu erteilen.

(9) Der Auftragnehmer wird den Auftraggeber nach dem im Leistungsschein festgelegten Zeitplan über den Stand der Arbeiten und die Einhaltung der Anforderungen an die Programme unterrichten.

§ 3 Abnahme

(1) Die Parteien vereinbaren eine förmliche Abnahme. Das Werk gilt jedoch als abgenommen, wenn die Software nach Einweisung des Personals mindestens 6 Wochen mangelfrei in dem Betrieb gearbeitet hat.

(2) Der Auftragnehmer wird die voraussichtliche Fertigstellung des Werkes oder der jeweiligen Teilleistung drei Wochen vor der Fertigstellung schriftlich ankündigen und die Fertigstellung schriftlich mitteilen.

(3) Der Auftraggeber wird die Abnahme zusammen mit dem Auftragnehmer binnen eines Zeitraumes von ... Wochen ab der Mitteilung, dass das Werk fertig gestellt ist, durchführen.

(4) Die Abnahme ist abhängig von der Endabnahme durch den entsprechenden Endkunden, welche baldmöglich herbeizuführen ist.[5]

(5) Über die Abnahme wird ein Abnahmeprotokoll erstellt.

(6) Sind Teilleistungen vereinbart, so ist jede Teilleistung gesondert abzunehmen. Abs. 1–5 gelten entsprechend.

(7) Der Abnahme geht die nach Form, Art, Umfang und Dauer im Leistungsschein festgelegte Funktionsprüfung voraus. Der Auftragnehmer liefert dem Auftraggeber dazu eine Testkopie des Programms in kodierter und eingearbeiteter Form und die gesamte zugehörige Dokumentation. Ergibt die Funktionsprüfung, dass die erbrachte Leistung der Leistungsbeschreibung im Leistungsschein entspricht, hat der Auftraggeber schriftlich die Abnahme zu erklären. Der Auftraggeber ist verpflichtet, dem Auftragnehmer während der Funktionsprüfung auftretende Abweichungen von den Anforderungen mitzuteilen. Erfolgt die Abnahme trotz Feststellung von Abweichungen während der Funktionsprüfung, so sind diese Abweichungen in dem Abnahmeprotokoll als Mängel festzuhalten.

(8) Wird die Abnahme von dem Auftraggeber wegen eines Mangels verweigert, kann der Auftragnehmer eine erneute Abnahme erst verlangen, wenn er die Beseitigung des Mangels nachgewiesen hat.

(9) Wird die Abnahme nicht fristgemäß erklärt, kann der Auftragnehmer eine angemessene Frist zur Abnahme setzen, die drei Wochen nicht unterschreiten darf. Nach Ablauf dieser Frist gilt das Werk als abgenommen, wenn der Auftraggeber weder die Abnahme erklärt noch Gründe für eine Verlängerung der Funktionsprüfung nennt und selbst keine Nachfrist zur Mängelbeseitigung gesetzt hat.

---

5 Soweit die Abnahme von der Endabnahme durch den Endkunden abhängig gemacht wird, ist dies jedenfalls in Bauverträgen wegen Verstoßes gegen § 307 BGB unwirksam (OLG München v. 3. 11. 1983, BB 1984, 1386, 1388 Ziff. 9 zum damaligen § 9 AGBG). Eventuell könnte vereinbart werden: „Die Gewährleistungsfrist beginnt erst mit der Endabnahme durch den Endkunden."

§ 4 Gewährleistung und Haftung

(1) Der Auftragnehmer sichert zu,[6]

- *dass die von ihm erbrachten Leistungen dem neuesten Stand von Wissenschaft und Technik entsprechen;*
- *dass das Werk den mit dem Auftrag verbundenen Richtlinien und technischen Vorschriften entspricht, die dem Auftragnehmer zuvor schriftlich bekannt gegeben worden sind;*
- *dass das Werk insbesondere folgende Eigenschaften hat: . . . .*

(2) Die Gewährleistungsfrist beträgt . . . Monate und beginnt – auch bei der vorherigen Abnahme von Teilleistungen – mit der Abnahme des gesamten Werkes.

(3) Im Übrigen gelten die gesetzlichen Gewährleistungsvorschriften des BGB.

(4) Der Auftragnehmer ist verpflichtet, sein mit der Vertragsverpflichtung übernommenes Risiko durch eine ausreichende Betriebs-/Berufshaftpflichtversicherung abzudecken und diese dem Auftraggeber auf Verlangen nachzuweisen.

§ 5 Rechte am Werk[7, 8]

(1) Das Werk einschließlich der dazugehörigen Unterlagen und Datenträger wird mit seiner Erstellung – und zwar im jeweiligen Bearbeitungszustand – Eigentum des Auftraggebers. Unterlagen und Datenträger, die der Auftragnehmer von dem Auftraggeber erhalten hat, verbleiben im Eigentum des Auftraggebers. Sie sind auf Anfrage an den Auftraggeber herauszugeben, spätestens aber nach Beendigung des Werkes oder des Vertrages, zusammen mit dem Werk. Die Herausgabeverpflichtung erstreckt sich auch auf sämtliche Kopien. Das Recht zur Autorenkopie gem. § 25 UrhG steht dem Auftragnehmer nicht zu.

(2) Ein Zurückbehaltungsrecht an den in Absatz 1 genannten Gegenständen besteht nicht.

---

[6] Pauschale Zusicherungen in Allgemeinen Geschäftsbedingungen sind im Zweifel unwirksam. Es empfiehlt sich daher, wie hier im dritten Spiegelstrich, konkret die Eigenschaften anzugeben, auf deren Zusicherung es dem Auftraggeber in besonderer Weise ankommt.

[7] Nach § 31 Abs. 4 UrhG sind die eingeräumten Nutzungsrechte einzeln zu bezeichnen. Geschieht dies nicht oder fehlt eine ausdrückliche Regelung, so bestimmt sich der Umfang der eingeräumten Rechte nach der sog. Zweckübertragungstheorie. Danach ist von dem zwischen den Parteien übereinstimmend verfolgten Vertragszweck und den Bedürfnissen der Vertragspartner auszugehen und zu fragen, ob und ggf. in welchem Umfang die Einräumung von Nutzungsrechten zur Erreichung des Vertragszwecks erforderlich ist. Im Zweifel räumt der Urheber Nutzungsrechte nur in dem Umfang ein, den der Vertragszweck unbedingt erfordert. Die übrigen Rechte bleiben beim Urheber. Das gilt selbst dann, wenn der Vertrag eine pauschale Übertragung sämtlicher Rechte vorsieht (vgl. BGH v. 27. 9. 1995, BGHZ 131, 8, 12 – pauschale Rechtseinräumung). Will der Auftraggeber absolut sichergehen, muss er deshalb im Einzelfall sämtliche Nutzungsarten auflisten, zu denen er zukünftig berechtigt sein will.

[8] Das Arbeitnehmererfindungsgesetz gilt nur für Erfindungen und technische Verbesserungsvorschläge. Soweit Software lediglich urheberrechtlich geschützt ist, gilt für Arbeitnehmer und öffentlich-rechtliche Dienstverhältnisse § 69b UrhG. Danach ist – sofern nichts anderes vereinbart ist – ausschließlich der Arbeitgeber zur Ausübung aller vermögensrechtlichen Befugnisse an dem Computerprogramm berechtigt, sofern dieses von einem Arbeitnehmer in Wahrnehmung seiner Aufgaben oder nach den Anweisungen seines Arbeitgebers geschaffen wird.

(3) Der Auftraggeber erhält unwiderruflich und ohne zeitliche, örtliche und sachliche Beschränkung sowie ohne gesonderte Vergütung[9] alle Rechte und Ansprüche an dem Werk. Diese Rechte werden dem Auftraggeber ausschließlich gewährt. Der Auftraggeber erhält das Recht, das Werk auch zu ändern und in der geänderten Form im gleichen Umfang wie in der ursprünglichen Form zu benutzen. Der Auftraggeber ist zur Weiterübertragung dieser Rechte sowie zur Gewährung von Lizenzen hieran an den Endkunden[10] befugt.[11]

Der Auftraggeber erhält insbesondere die räumlich, sachlich und zeitlich uneingeschränkten Rechte zur Nutzung und Verwertung des Werkes, und zwar zu eigenen Zwecken sowie zu Zwecken des Endkunden. Dies umfasst insbesondere das Recht, das Werk auf sämtliche bekannten Arten zu nutzen, es ganz oder teilweise dauerhaft oder vorübergehend zu vervielfältigen durch Laden, Anzeigen, Ablaufen, Übertragen oder Speichern zum Zwecke der Ausführung und der Verarbeitung der darin enthaltenen Datenbestände, sowie das Recht, das Werk zu verbreiten, vorzuführen, über Fernleitungen oder drahtlos zu übertragen und der Öffentlichkeit zugänglich zu machen (zB über Internet). Umfasst ist auch das Recht, das Werk zu ändern, zu übersetzen, zu bearbeiten, zu arrangieren oder sonst wie umzuarbeiten und die hierdurch geschaffenen Leistungsergebnisse in der gleichen Weise wie die ursprünglichen Fassungen zu nutzen und zu verwerten.

Der Auftraggeber ist berechtigt, ohne weitere Zustimmung des Auftragnehmers an einzelnen oder sämtlichen der vorstehend eingeräumten Rechte einfache oder ausschließliche Lizenzen an den Endkunden zu vergeben oder die erworbenen Rechte ganz oder teilweise auf Dritte zu übertragen.

Der Auftragnehmer wird dem Auftraggeber mit der Abnahme des Werkes auch eine Kopie des Quellcodes und der Entwicklungsdokumentation für das Werk zur Verfügung stellen. Der Auftraggeber ist berechtigt, die Quellcodes in demselben Umfang zu nutzen und zu verwerten wie das Werk selbst.

---

9 Die unentgeltliche **Übertragung der Arbeitsergebnisse** wäre im Arbeitsverhältnis nach den zwingenden Vorschriften des **Arbeitnehmererfindungsgesetzes** nicht wirksam. Hier kann sich daher ein Einfallstor für Klagen von freien Mitarbeitern öffnen, mit denen sie über das Vehikel der Arbeitnehmereigenschaft versuchen, Vergütungen nach dem Arbeitnehmererfindungsgesetz zu erzielen. Nach § 32 Abs. 1 Satz 3 UrhG hat der Auftragnehmer weiterhin einen Anspruch auf eine angemessene Vergütung. Dies kann zu über die in § 6 geregelte Vergütung hinausgehenden Ansprüchen führen, denn diese Regelung gilt sogar für Arbeitnehmerurheber und ist unverzichtbar (§ 32 Abs. 3 UrhG). Ähnliches gilt nach § 32a UrhG. Vgl. *Grobys/Foerstl*, Die Auswirkungen der Urheberrechtsreform auf Arbeitsverträge, NZA 2002, 1015; *Haas*, Das neue Urhebervertragsrecht, 2002, Rz. 427, 419 ff. und 286 ff. Das Risiko eines zusätzlichen Vergütungsanspruchs kann durch die Beschränkung der zu übertragenden Rechte auf einfache Nutzungsrechte und auf den Betriebszweck erreicht werden.

10 Falls der Endkunde an der Software seinerseits weitere Rechte vergeben will, zB an verbundene Unternehmen, so muss das ergänzend klargestellt werden. Am besten geschieht dies mE dadurch, dass der Auftraggeber zur Unterlizenzierung an den Kunden und/oder mit diesem verbundene Unternehmen ermächtigt wird.

11 Möglicherweise empfiehlt sich ein Hinweis darauf, dass nach §§ 34 Abs. 1, 35 Abs. 1 UrhG die Übertragung von Nutzungsrechten sowie die Einräumung von Unterlizenzen der Zustimmung des Urhebers bedarf. Ob diese Zustimmung durch AGB vorweggenommen werden darf, ist fraglich. Zudem kann eine Unterlizenzierung nur durch den Inhaber ausschließlicher Rechte erfolgen.

(4) Der Auftragnehmer verzichtet auf die Ausübung seines Rechtes auf Autorennennung bzw. Namensnennung und auf die Ausübung seines Rückrufrechts.

(5) Der Auftragnehmer sichert zu, dass die von ihm erstellten Arbeitsergebnisse frei von Rechten Dritter sind.[12]

(6) Der Auftragnehmer hat dem Auftraggeber unverzüglich alle Erfindungen oder Verbesserungen, nachstehend Erfindungen genannt, die er in Ausübung einer aufgrund dieses Vertrages erbrachten Leistung entwickelt oder zum ersten Mal in der Praxis verwirklicht hat, vollständig schriftlich zu melden, gleichgültig, ob sie patentfähig sind oder nicht. Für all diese Erfindungen hat der Auftragnehmer in seiner Meldung besonders die Punkte herauszustellen, die nach seiner Auffassung neu oder andersartig sind.

(7) Der Auftragnehmer wird den Auftraggeber bei der Vorbereitung und Durchführung von Patentanmeldungen unterstützen und alle Erklärungen oder sonstigen Urkunden anfertigen lassen, die der Auftraggeber für die Durchführung von Maßnahmen als erforderlich oder angemessen erachtet.

§ 6 Vergütung[13]

(1) Der Auftragnehmer erhält für die gesamten vertraglichen Leistungen eine Pauschalvergütung von Euro . . ., zu zahlen binnen . . . Tagen nach Abnahme und Rechnungseingang bei dem Auftraggeber.

Bei der Feststellung auch von unwesentlichen Mängeln ist der Auftraggeber berechtigt, angemessene Beträge zurückzubehalten.[14]

oder

(1) Der Auftragnehmer erhält für die gesamten vertraglichen Leistungen eine Pauschalvergütung von Euro . . . .

Diese ist wie folgt zur Zahlung fällig:

a) Abschlagszahlung in Höhe von . . . binnen 30 Tagen nach Rechnungseingang bei dem Auftraggeber und Abnahme der Teilleistung . . . .

b) Abschlagszahlung in Höhe von . . . binnen 30 Tagen nach Rechnungseingang bei dem Auftraggeber und Abnahme der Teilleistung . . . .

c) Die Schlusszahlung erfolgt abzüglich eines Sicherheitseinbehaltes von 5% binnen 30 Tagen nach Rechnungseingang oder nach erfolgter Endabnahme.

d) Der Sicherheitseinbehalt von 5% ist nach Ablauf der Gewährleistungsfrist auszuzahlen, soweit er nicht im Rahmen der Gewährleistung in Anspruch genommen wurde.

oder

(1) Der Auftragnehmer erhält für die gesamten vertraglichen Leistungen eine Vergütung in Höhe von Euro . . . . Davon sind

---

12 Die Regelung hat gegenüber dem Auftragnehmer nur Hinweisfunktion. Tatsächlich ist die Garantie durch AGB wohl unwirksam. Aufgrund der strengen gesetzlichen Haftung (§§ 434, 435, 437, 440, 325 BGB) kann dies jedoch hingenommen werden.
13 Vgl. auch Fn. 9.
14 Bei wesentlichen Mängeln kann der Auftraggeber die Abnahme ohnehin verweigern.

a) ...% bei Auftragsbeginn,

b) ...% nach Abnahme jeder der... Teilleistungen,

c) ...% nach erfolgter Endabnahme

zu zahlen. Die jeweiligen Einzelzahlungen sind binnen 30 Tagen nach Rechnungseingang bei dem Auftraggeber zur Zahlung fällig.

oder

(1) Der Auftragnehmer erhält für seine tatsächlich erbrachte Leistung eine Vergütung von Euro .../Stunde.[15]

Der Auftragnehmer rechnet die erbrachten Stunden monatlich unter Beifügung eines Stundennachweises ab und weist anfallende Mehrwertsteuer gesondert aus. Die jeweiligen Einzelzahlungen sind binnen 30 Tagen nach Rechnungseingang bei dem Auftraggeber zur Zahlung fällig.

(2) Soweit der Auftragnehmer mehrwertsteuerpflichtig ist, sind die Zahlungen zuzüglich Mehrwertsteuer zu leisten.

(3) Bei einer Zahlung binnen... Tagen wird ein Skonto von ...% gewährt.

(4) Damit sind alle vom Auftragnehmer zu erbringenden Leistungen einschließlich Fahrtzeiten, Reise- und Aufenthaltskosten abgegolten.

oder

(4) Damit sind alle vom Auftragnehmer zu erbringenden Leistungen mit Ausnahme der Auslagen gemäß Satz 2 abgegolten. Der Auftraggeber ersetzt Auslagen, wenn der Auftragnehmer auf schriftliche Veranlassung des Auftraggebers Reisen außerhalb des Einsatzortes übernehmen muss. Erstattet werden auf Nachweis

– Bundesbahn 2. Klasse oder Flugzeug „Economy" ab 400 km oder Kilometergeld von ... Euro/km;

– Übernachtungskosten und Tagegelder entsprechend den steuerlich anerkannten Beträgen.

§ 7 Geheimhaltung

(1) Der Auftragnehmer wird alle Vorgänge, die ihm aus und im Zusammenhang mit seiner Tätigkeit für den Auftraggeber zur Kenntnis gelangen, geheim halten.

(2) Die Auswertung von Informationen, Unterlagen und der vom Auftragnehmer im Rahmen der Zusammenarbeit mit dem Auftraggeber erstellten Unterlagen und Ergebnisse sowie die Anfertigung von Aufzeichnungen und Vervielfältigungen zum privaten Gebrauch ist dem Auftragnehmer nicht gestattet.

(3) Veröffentlichungen in Wort, Schrift und Bild, die sich auf die Tätigkeit oder die Ergebnisse dieses Projektvertrages beziehen und den Geschäfts- und Interessenbereich des Auftraggebers betreffen, bedürfen der vorherigen Zustimmung des Auftraggebers.

---

15 Eine Vergütung nach Stunden ist ein Indiz für ein Anstellungsverhältnis. Sie sollte im Werkvertrag daher nur erfolgen, wenn eine andere Vergütung nicht möglich ist.

(4) Die in Absatz 1–3 genannten Verpflichtungen gelten auch bezüglich Unterlagen, Daten und Informationen des Endkunden.

(5) Vorstehende Vereinbarungen behalten auch nach Beendigung des Vertrages ihre Gültigkeit.

§ 8 Wettbewerb und Abwerbung

(1) Der Auftragnehmer verpflichtet sich, den Endkunden mindestens zwei Jahre nach der Beendigung des Vertrages nicht mit Dienstleistungen direkt zu beliefern oder abzuwerben. Für jeden Fall der Zuwiderhandlung verpflichtet sich der Auftragnehmer, an den Auftraggeber eine Vertragsstrafe in Höhe von Euro . . . zu bezahlen.[16] Im Fall eines Dauerverstoßes wird die Vertragsstrafe für jeden angefangenen Monat neu verwirkt.

(2) Die Geltendmachung eines darüber hinausgehenden Schadens bleibt vorbehalten.

§ 9 Vertragsdauer und Kündigung

(1) Dieser Vertrag tritt mit Unterzeichnung durch beide Vertragspartner in Kraft.

(2) Er endet mit dem vollständigen Erbringen der vom Auftraggeber geschuldeten Leistungen.

(3) Der Auftraggeber ist berechtigt, den Vertrag mit einer Frist von vier Wochen zum Monatsende zu kündigen, bei vorzeitiger Beendigung des dem Auftraggeber erteilten

---

16 Analog § 74 Abs. 2 HGB ist ein nachvertragliches **Wettbewerbsverbot im Arbeitsverhältnis** nur wirksam, wenn das Unternehmen sich verpflichtet, für die Dauer des Verbotes eine Entschädigung in Höhe von mindestens der Hälfte der von dem Arbeitnehmer zuletzt bezogenen vertragsmäßigen Leistungen zu zahlen. Dies gilt auch, wenn Wettbewerb zwar nicht generell untersagt, sondern das Wettbewerbsverbot auf bisherige Kunden beschränkt wird. Ein entschädigungsloses Wettbewerbsverbot kommt nur in Betracht, wenn lediglich die Abwerbung bisheriger Kunden des Arbeitgebers untersagt wird. Dies hat das BAG (v. 16. 7. 1971, DB 1971, 1920, 1921) für beschränkte Mandantenschutzklauseln in freien Berufen entschieden. Ob die Entscheidung auch heute noch uneingeschränkt Geltung hat, ist allerdings fraglich. Untersagt das Wettbewerbsverbot allerdings nicht nur die **Abwerbung** bisheriger Kunden, sondern **auch weitere Wettbewerbshandlungen**, so ist es nur bei Vereinbarung der Entschädigung nach § 74 Abs. 2 HGB wirksam (BAG v. 16. 7. 1971, DB 1971, 1920, 1921). Das Wettbewerbsverbot in § 8 des Vertrages verbietet nicht nur die Abwerbung der Kunden, sondern auch deren Belieferung. Damit wäre es im Arbeitsverhältnis auch nur bei Vereinbarung der gesetzlichen Karenzentschädigung wirksam.
Auf **Nichtarbeitnehmer** sind die §§ 74 ff. HGB allerdings nicht anwendbar. Davon gilt jedoch wiederum eine Ausnahme bei **wirtschaftlich abhängigen freien Mitarbeitern**, wie das BAG mit Urteil vom 21. 1. 1997 (NZA 1997, 1284, 1285) entschieden hat. Soweit der freie Mitarbeiter daher wirtschaftlich von dem Auftraggeber abhängig ist, wäre das Wettbewerbsverbot auch insoweit unwirksam.
Ist der freie Mitarbeiter von dem Auftraggeber nicht wirtschaftlich abhängig, so wäre das Wettbewerbsverbot – nach bisheriger Rechtslage – zwar auch ohne Vereinbarung einer Karenzentschädigung wirksam. Ein solches Wettbewerbsverbot stellt jedoch ein **Einfallstor für Prozesse mit dem Mitarbeiter** dar. Erfahrungsgemäß versuchen Mitarbeiter, sich nach Vertragsende von dem Wettbewerbsverbot zu lösen mit der Begründung, sie seien Arbeitnehmer gewesen, so dass das Wettbewerbsverbot mangels Karenzentschädigung nicht wirksam sei. Hier entsteht also ein hoher Anreiz für den Mitarbeiter, seinen Status klären zu lassen, um nicht an das Wettbewerbsverbot gebunden zu sein. Aus Sicht des Unternehmens ist daher jeweils zu prüfen, ob das Unternehmen das Wettbewerbsverbot benötigt.

Auftrages mit einer Frist von zwei Wochen. In diesem Fall ist die bis dahin erbrachte Teilleistung entsprechend zu vergüten.[17]

(4) Unberührt bleibt das Recht der Vertragsparteien zur außerordentlichen Kündigung aus wichtigem Grund.

(5) Eine Kündigung ist nur wirksam, wenn sie schriftlich oder per Fax erfolgt.

§ 10 Schlussbestimmungen

(1) Änderungen und Ergänzungen dieses Vertrages bedürfen ausschließlich der Schriftform. Das gilt auch für die Änderung des Schriftformerfordernisses.[18] Die elektronische Form ist ausgeschlossen.

(2) Gerichtsstand für alle Streitigkeiten aus oder im Zusammenhang mit diesem Vertrag ist . . . .

(3) Sind oder werden einzelne Bestimmungen diese Vertrages unwirksam, so bleibt der Vertrag im Übrigen gültig. Anstelle der unwirksamen Bestimmungen ist einvernehmlich eine solche einzusetzen, die dem angestrebten Vertragszweck wirtschaftlich möglichst nahe kommt.

. . ., den . . .

. . .   . . .
Auftraggeber   Auftragnehmer

---

17 Die Kündigung dürfte allerdings auch die Rechte nach § 649 BGB auslösen.
18 Zur Schriftformklausel vgl. auch **M 2.1** Ziff. 12; **M 7.1** § 14.

9.1.4 Vereinbarung über die Miete von Betriebsmitteln
– hier: Nutzung von PC –

Zwischen

der Firma . . .

und

Herrn/Frau . . .

(i. F.: Auftragnehmer)

wird Folgendes vereinbart:

Zwischen den Parteien besteht der Werkvertrag vom . . . . Auf Wunsch des Auftragnehmers wird gemäß § . . . dieses Vertrages folgende Vereinbarung getroffen:

§ 1 Nutzungsgegenstand

(1) Der Auftraggeber vermietet dem Auftragnehmer folgende Soft- und Hardware . . . (i. F. der Nutzungsgegenstand).

a) Software	monatliche Vergütung Euro ...
b) Hardware Notebook	monatliche Vergütung Euro ...
c) Laserdrucker	monatliche Vergütung Euro ...
d) ...	monatliche Vergütung Euro ...

(2) Für die Nutzung dieses Systems zahlt der Auftragnehmer ab Übergabe des Systems jeweils bis zum 5. des laufenden Monats eine monatliche Vergütung in Höhe von Euro ..., ggf. zzgl. gesetzlicher Mehrwertsteuer.

(3) Weitere Materialkosten sowie die Betriebs-/Betreiberkosten trägt der Auftragnehmer. Die Vergütung ist jeweils am ersten Werktag eines Monats im Voraus fällig.

(4) Der Auftraggeber ist nicht verpflichtet, die Gegenstände gem. Abs. 1 zu nutzen.

§ 2 Pflichten des Auftragnehmers

(1) Der Auftragnehmer hat den Nutzungsgegenstand von Eingriffen Dritter oder sonstigen Belastungen (zB Pfandrechte) jeglicher Art freizuhalten und dem Auftraggeber den etwaigen Zugriff Dritter unverzüglich schriftlich und unter Erteilung aller erforderlichen Auskünfte anzuzeigen. Er trägt die erforderlichen Kosten für alle Maßnahmen zur Abwehr des Zugriffs Dritter, es sei denn, er hat den Zugriff Dritter nicht zu vertreten.

(2) Kopien der Software oder Dokumentationen der Hard- und Software, in welcher Form auch immer, darf der Auftragnehmer nicht an Dritte weitergeben oder Dritten zugänglich machen.

(3) Der Auftraggeber wird für jeden Fall der schuldhaften Zuwiderhandlung gegen die Verpflichtungen gemäß Abs. 1 und 2 eine Vertragsstrafe in Höhe von Euro 5 000 an den Auftraggeber zahlen.

§ 3 Pflichten des Auftraggebers

(1) Der Auftraggeber führt während der Vertragslaufzeit die notwendigen Instandsetzungsarbeiten/Funktionsprüfungen durch. Die Kosten sind von der monatlichen Nutzungsvergütung gem. § 1 Abs. 2 abgedeckt.

(2) Der Auftragnehmer wird alle Störungen unverzüglich mitteilen. Der Auftraggeber wird auftretende Störungen unverzüglich nach Mitteilung des Auftragnehmers beheben.

(3) Den Mitarbeitern des Auftraggebers oder von ihm beauftragten Dritten wird für die unter dieser Ziffer aufgeführten Tätigkeiten der Zugang zu den Geräten ermöglicht.

(4) Kosten für Diagnose- und Instandsetzungsarbeiten, die aus vom Auftragnehmer zu vertretenden Gründen erforderlich werden (ua. unsachgemäße Bedienung), trägt der Auftragnehmer.

§ 4 Ausschluss von Schadensersatzansprüchen

Schadensersatzansprüche gleich aus welchen Rechtsansprüchen gegen den Auftraggeber sind ausgeschlossen, sofern sich aus Nachstehendem nichts anderes ergibt. Dies gilt insbesondere für Schäden, die nicht selbst an dem Nutzungsgegenstand entstehen, insbesondere für entgangenen Gewinn und sonstige Vermögensschäden. Der Auftraggeber haftet jedoch, wenn die Schadensursache auf Verschulden seiner Geschäftsleitung oder der leitenden Angestellten oder auf Vorsatz oder grober Fahr-

lässigkeit seiner sonstigen Erfüllungsgehilfen oder auf dem Fehlen einer zugesicherten Eigenschaft beruht. Im Falle grober und einfacher Fahrlässigkeit haftet der Auftraggeber nur auf den vorhersehbaren Schaden. Vorstehende Haftungsregelung gilt für alle Ansprüche auf Schadensersatz, ausgenommen solche Ansprüche des Auftraggebers, die auf dem Produkthaftungsgesetz (ProdHaftG) beruhen.

§ 5 Vertragsdauer und Pflichten bei Vertragsbeendigung

(1) Der Mietvertrag wird für die Dauer von zwei Jahren geschlossen, beginnend mit dem Tag der Betriebsbereitschaft. Er verlängert sich automatisch um jeweils zwölf Monate, wenn er nicht zuvor unter Einhaltung einer Frist von einem Monat schriftlich oder per Fax gekündigt wird. Der Vertrag endet spätestens mit Beendigung des in der Erläuterung genannten Werkvertrages zwischen den Parteien.

(2) Mit dem Ende der Vertragslaufzeit gibt der Auftragnehmer alle bei ihm befindlichen Datensicherungen/Speichermedien sowie alle ihm überlassenen Gegenstände an den Auftraggeber zurück. Ein Zurückbehaltungsrecht besteht insoweit nicht.

§ 6 Schlussbestimmungen

(1) Änderungen oder Ergänzungen dieses Vertrages bedürfen der Schriftform. Dies gilt auch für einen Verzicht auf das Schriftformerfordernis.[1] Die elektronische Form ist ausgeschlossen.

(2) Sollten einzelne Bestimmungen dieses Vertrages unwirksam sein oder werden, so wird die Wirksamkeit der übrigen Bestimmungen hierdurch nicht berührt. An die Stelle der unwirksamen Bestimmung tritt eine Ersatzregelung, die dem mit der unwirksamen Bestimmung angestrebten Zweck möglichst nahe kommt.

..., den ... ..., den ...

... ...

Auftraggeber Auftragnehmer

---

[1] Zur Schriftformklausel vgl. auch **M 2.1** Ziff. 12; **M 7.1** § 14.

9.1.5 Statusklage wegen Scheinselbständigkeit[1]

An das Arbeitsgericht

In Sachen

.../...

(volles Rubrum)[2]

vertreten wir den Kläger.

---

[1] Zu Aufhebungsverträgen mit (Schein-)Selbständigen s. **M 23.1**.
[2] Vgl. **M 45.1** und **45.2**.

Namens und im Auftrag des Klägers erheben wir Klage und beantragen:

Es wird festgestellt,[3] dass zwischen den Parteien gemäß Vertrag vom ... ein Arbeitsverhältnis besteht.

Begründung:

Der Kl. hat mit der Bekl. am ... einen Vertrag als „selbständiger Frachtführer" geschlossen. Gegenstand des Vertragsverhältnisses war die Durchführung von Transportleistungen für die Bekl.

Beweis: Vertrag vom ..., Anlage K 1

Bei dem Vertragsverhältnis handelt es sich um eine klassische Scheinselbständigkeit, der Kl. ist in Wahrheit Arbeitnehmer. Nach ständiger Rechtsprechung kommt es nicht auf die von den Parteien gewählte Bezeichnung des Vertragsverhältnisses an, sondern auf die tatsächliche Durchführung. Im vorliegenden Fall deuten alle Indizien darauf hin, dass ein Arbeitsverhältnis vorlag. Inbesondere unterlag der Kläger schon nach dem Wortlaut des Vertrages vom ... folgenden Bedingungen und Einschränkungen:

- *Der Kl. erhielt eine feste Vergütung von Euro ... monatlich, er wurde also nicht in Abhängigkeit von den erbrachten Transportleistungen bezahlt;*
- *der Kl. konnte nicht irgendeinen beliebigen Pkw nutzen, vielmehr hatte er ein bestimmtes Fahrzeug von der Bekl. zu leasen;*
- *der Kl. hatte jeden Morgen pünktlich um 6.00 Uhr an der Verladerampe der Bekl. zu erscheinen und bis 17.00 Uhr „im Dienst" zu bleiben, anderenfalls drohte ihm eine Vertragsstrafe;*
- *dem Kl. war es untersagt, für Konkurrenzunternehmen der Bekl. tätig zu werden;*
- *der Kl. musste sich jede Freizeit vorab von der Bekl. genehmigen lassen, ihm wurden 25 Tage Urlaub pro Jahr zugebilligt;*
- *der Kl. hatte alle Aufträge persönlich auszuführen, die Einschaltung von Subunternehmern oder eigenen Mitarbeitern war ihm untersagt;*
- *der Kl. war verpflichtet, die ihm von der Bekl. zugewiesenen Transportleistungen auszuführen; ein Recht, Aufträge abzulehnen, hatte er nicht.*

Der Kl. hat mit Schreiben des Unterzeichners vom ... die Bekl. um Bestätigung gebeten, dass ein Arbeitsverhältnis vorliegt.

Beweis: Schreiben des Unterzeichners vom ..., Anlage K 2

Auf dieses Schreiben reagierte die Bekl. jedoch nicht, so dass Klage geboten ist.

...

(Unterschrift)

---

3 Das Feststellungsinteresse für die „Statusklage" auf Feststellung der Arbeitnehmereigenschaft ist regelmäßig gegeben, da die Frage nach der Arbeitnehmereigenschaft für eine Vielzahl von Rechten und Pflichten (insbesondere hinsichtlich der Sozialversicherung) entscheidend ist (BAG v. 3. 10. 1975 [3] und v. 2. 6. 1976, AP Nr. 15, 16, 17, 20 zu § 611 BGB – Abhängigkeit). Ist dagegen das Vertragsverhältnis bereits beendet, ist stets im Einzelfall zu prüfen, ob noch ein ausreichendes Feststellungsinteresse besteht.

9.2 Beratervertrag[1]

Zwischen

der Firma...

und

Herrn...

(i. F.: Berater)

wird Folgendes vereinbart:

§ 1 Aufgabengebiet

(1) Herr... wird als Berater die Firma in allen Fragen der Verkaufsförderung,[2] insbesondere... beraten.

(2) Der Berater ist in der Bestimmung seines Arbeitsortes und seiner Arbeitszeit frei. Er verpflichtet sich aber, für die Firma wöchentlich während... Stunden, maximal ... Stunden tätig zu sein.[3]

§ 2 Vergütung

(1) Der Berater erhält für seine Tätigkeit ein Stundenhonorar von Euro..., soweit er mehrwertsteuerpflichtig ist, zzgl. Mehrwertsteuer. Das Honorar wird jeweils bis zum... eines Monats für den vorangegangenen Monat abgerechnet.

(2) Steuern und Sozialabgaben führt der Berater selbst ab. Ansprüche auf Urlaub und Vergütungsfortzahlung bestehen nicht. Es ist der ausdrückliche Wunsch von Herrn..., dass das vorliegende Vertragsverhältnis als freies Beraterverhältnis praktiziert wird, um auch anderen Tätigkeiten nachgehen zu können, soweit sie nicht gegen § 5 verstoßen.[4]

§ 3 Aufwendungsersatz[5]

(1) Die Firma ersetzt dem Berater die erforderlichen und nachgewiesenen Aufwendungen für Reisen, Telefon und Porto, die in Ausübung seiner Aufgaben im Rahmen dieses Vertrages entstehen, bis zu einer Höhe von Euro... monatlich.[6]

---

1 Muster in Anlehnung an *Bauer* in: Wurm/Wagner/Zartmann, Rechtsformularbuch, 14. Aufl. 1998, M 25e.
2 Damit nicht in der vertraglichen Praxis ein Weisungsrecht entsteht, das dann zu einem Arbeitsverhältnis führt (vgl. Erläuterung unter I. 1.), muss der Vertragsgegenstand so präzise wie möglich angegeben werden.
3 Die Stundenzahl sollte möglichst weit von 40 Stunden/Woche – der typischen Arbeitszeit für Vollzeitarbeitnehmer – entfernt sein. Soweit der Auftragnehmer Dritte einsetzen kann, kann auch eine deutlich darüber liegende Stundenzahl vereinbart werden, die nur unter Einsatz von Dritten durchgeführt werden kann. Ist der Auftragnehmer – wie typischerweise beim Beratervertrag – persönlich tätig, so sollte die Stundenzahl deutlich unter 40 Stunden liegen.
4 Zum Vertragswunsch des Auftragnehmers vgl. Erläuterung unter I. 1., vorletzter Spiegelstrich. Wenn der Vertragswunsch geäußert wurde, sollte er auch festgehalten werden, notfalls auch durch internen Aktenvermerk außerhalb des Vertrages.
5 Die Stellung von Betriebsmitteln durch den Auftraggeber ist ein Indiz gegen ein freies Vertragsverhältnis. Sie sollte daher möglichst auf Ersatz von Spesen beschränkt werden.

(2) Die Erforderlichkeit von größeren Reisen ist außerdem vor Reiseantritt mit der Firma abzustimmen.

(3) Der Berater wird seine Aufwendungen monatlich, spätestens bis zum ... Werktag des nachfolgenden Monats abrechnen.

§ 4 Vertragsdauer

(1) Der Berater nimmt die Beratungstätigkeit am ... auf.

(2) Der Vertrag kann ohne Angabe von Gründen spätestens am 15. eines Monats zum Schluss des Kalendermonats gekündigt werden.[7] Das Recht zur außerordentlichen Kündigung aus wichtigem Grund bleibt unberührt.

(3) Jede Kündigung hat schriftlich zu erfolgen.

§ 5 Treuepflicht

(1) Der Berater verpflichtet sich, über alle ihm während seiner Tätigkeit für die Firma bekannt gewordenen Geschäfts- und Betriebsgeheimnisse während und nach Beendigung des Vertragsverhältnisses Stillschweigen zu bewahren.

(2) Der Berater verpflichtet sich, während der Dauer des Vertragsverhältnisses nicht für ein Unternehmen tätig zu sein, das mit der Firma in Wettbewerb steht. Davon ausgenommen ist die Tätigkeit für folgende Firmen: ...[8].

§ 6 Aufbewahrung und Rückgabe von Unterlagen

(1) Der Berater verpflichtet sich, alle ihm zur Verfügung gestellten Unterlagen sowie sämtliche selbst angefertigten Schriftstücke oder andere Aufzeichnungen, auch Konzepte, die sich in seinem Besitz befinden und die Angelegenheiten der Firma betreffen, ordnungsgemäß aufzubewahren, insbesondere dafür zu sorgen, dass Dritte nicht Einsicht nehmen können.

(2) Unterlagen und Aufzeichnungen nach Abs. 1 sind während der Dauer des Vertragsverhältnisses auf Anforderung, nach Beendigung des Vertragsverhältnisses unverzüglich unaufgefordert der Firma zurückzugeben.

(3) Dem Berater steht an Unterlagen nach Abs. 1 kein Zurückbehaltungsrecht zu.

§ 7 Sonstiges

(1) Gerichtsstand ist ....

(2) Sonstige Vereinbarungen bestehen nicht.

---

6 Die Verwendung eines firmeneigenen Kfz ist typischer Bestandteil eines Arbeitsverhältnisses. Dadurch werden auch Betriebsmittel zur Verfügung gestellt. Sie ist vertretbar, soweit andere Indizien gegen ein Arbeitsverhältnis überwiegen.

7 Nach § 621 Nr. 3 BGB kann das Dienstverhältnis am 15. eines Monats für den Schluss des Kalendermonats gekündigt werden, wenn die Vergütung nach Monaten bemessen ist. Auch wenn im vorliegenden Beispiel auf Stundenbasis abgerechnet wird, empfiehlt sich diese Regelung, vor allem auch im Hinblick auf § 1 Abs. 2 Satz 2 des Musters.

8 Ein generelles Nebentätigkeitsverbot wäre – anders als ein Konkurrenzverbot – Indiz für ein Arbeitsverhältnis.

(3) Änderungen und Ergänzungen bedürfen der Schriftform. Das gilt auch für die Änderung des Schriftformerfordernisses.[9] Die elektronische Form ist ausgeschlossen.

...
Firma

...
Herr ...

9 Zur Schriftformklausel vgl. auch **M 2.1** Ziff. 12; **M 7.1** § 14.

9.3.1 Handelsvertretervertrag[1] (ausführliche Fassung)

Die Firma ...

(i. F.: „Der Unternehmer")

und

Herr/Frau ...

(i. F.: „Der Handelsvertreter")

schließen folgenden

Handelsvertretervertrag

§ 1 Rechtsstellung des Handelsvertreters

(1) Der Handelsvertreter übernimmt als selbständiger[2] Handelsvertreter im Sinne der §§ 84 ff., 87 Abs. 1 des Handelsgesetzbuches (HGB) die Vertretung des Unternehmers im Vertragsgebiet, der Bundesrepublik Deutschland.

(2) Der Handelsvertreter hat keinen Bezirks- oder Kundenschutz.

oder *– zur Vereinbarung von Kundenschutz[3]:*

(2) Der Handelsvertreter hat Kundenschutz nach Maßgabe von § 2 Abs. 4.

oder *– zur Vereinbarung von Bezirksschutz[4]:*

(2) Der Handelsvertreter hat Bezirksschutz für das Vertragsgebiet ....

---

1 Für formularmäßige Handelsvertreterverträge iSv. § 305 BGB gilt insbesondere § 307 BGB. Soweit das Muster daher formularmäßig verwendet werden soll, können einige Regelungen gegen § 307 BGB verstoßen.
2 Zu den Abgrenzungskriterien vgl. BAG v. 15. 12. 1999, AP Nr. 9 und AP Nr. 12 zu § 84 HGB, AP Nr. 5 und AP Nr. 6 zu § 92 HGB und die Erläuterungen unter I. 1. Der Regelung der Selbständigkeit im Vertrag kommt nur geringe Indizwirkung zu.
3 Wird ein bestimmter Kundenkreis (zB auch eine bestimmte Geschäftssparte) zugewiesen, so hat der Handelsvertreter gem. § 87 Abs. 2 HGB Anspruch auf Provision auch für die Geschäfte, die ohne seine Mitwirkung mit Personen seines Kundenkreises während des Vertragsverhältnisses abgeschlossen wurden. Eine Einschränkung besteht nur, soweit die Provision dem ausgeschiedenen Handelsvertreter zusteht (§ 87 Abs. 2 Satz 2 iVm. § 87 Abs. 3 HGB).
4 Hier gilt sinngemäß das zum Kundenschutz Gesagte, vgl. Fn. 3. Gemäß § 87 Abs. 2 Satz 1 HGB hat der Handelsvertreter hier Anspruch auf Provision auch für die Geschäfte, die ohne seine

oder – *zur Vereinbarung einer Alleinvertretung*[5]

(2) Der Handelsvertreter ist Alleinvertreter für das Vertragsgebiet . . . nach Maßgabe von § 2 Abs. 4.

(3) Der Unternehmer kann das Vertragsgebiet neu regeln. Das Vertragsgebiet kann verkleinert werden. Verliert der Handelsvertreter dadurch Kunden, hat er Anspruch auf Entschädigung gemäß § 89b HGB.

Bei Übernahme von einem früheren Handelsvertreter ist zu ergänzen:

(4) Der Handelsvertreter übernimmt den Kundenstamm im Vertragsgebiet gemäß der Aufstellung Anlage 1. Diese enthält alle Kunden im Vertragsgebiet und die Umsätze während der vergangenen 12 Monate vor Beginn dieses Vertrages.[6]

§ 2 Gegenstand der Vertretung

(1) Die Vertretung umfasst alle gegenwärtigen und zukünftigen Erzeugnisse und Dienstleistungen des Unternehmers sowie alle sonstigen von dem Unternehmer angebotenen Leistungen im Vertragsgebiet, vorbehaltlich Abs. 2 und 3.

(2) Folgende Kunden sind von der Vertretung ausgenommen[7]*:*

. . . in . . .

. . . in . . .

. . . in . . .

(3) Folgende Erzeugnisse sind von der Vertretung ausgenommen[8]*:*

. . .

. . .

(4) Der Unternehmer darf im Vertragsgebiet auch selbst oder durch andere Beauftragte tätig werden.[9]

oder – *bei Kundenschutz*[10]*:*

(4) Der Handelsvertreter hat Kundenschutz für die in der Anlage 2 genannten Erzeugnisse und

---

Mitwirkung mit Personen seines Bezirkes während des Vertragsverhältnisses abgeschlossen wurden. Eine Einschränkung besteht nur, soweit die Provision dem ausgeschiedenen Handelsvertreter zusteht (§ 87 Abs. 2 Satz 2 iVm. § 87 Abs. 3 HGB).

5 Alleinvertretung bedeutet je nach vertraglicher Abrede entweder nur Ausschluss von Direktgeschäften des Unternehmers oder alleiniges Betätigungsrecht des Vertreters unter Ausschluss auch anderer Handelsvertreter. Im Regelfall ist der Begriff umfassend gemeint, wie im Muster unter § 2 Abs. 4 zur Alleinvertretung auch geregelt. Ein Verstoß gegen das Alleinvertretungsrecht führt zu Schadensersatzansprüchen des Handelsvertreters (vgl. BGH v. 30. 5. 1975, BB 1975, 1409) oder gibt ihm auch ein Recht zur fristlosen Kündigung.
6 Dies erleichtert später die Berechnung des Ausgleichsanspruchs, der gem. § 89b Abs. 1 Satz 1 Nr. 1 HGB Neukunden umfasst und nach § 89b Abs. 1 Satz 2 HGB wesentliche Erweiterungen der Geschäftsverbindung mit einem bereits bestehenden Kunden.
7 Hier besteht oft ein Interesse des Unternehmens, bestimmte Großkunden ausschließlich selbst zu betreuen.
8 Es kann sinnvoll sein, Produkte, die spezifisches Know-how erfordern, auszunehmen.
9 § 1 Abs. 2 – kein Bezirks- oder Kundenschutz.
10 Steht im Zusammenhang mit § 1 Abs. 2 – Kundenschutz.

a) für Geschäfte mit Kunden, die der Handelsvertreter neu für den Unternehmer wirbt;

b) für Kunden, die in der Anlage 3 zu diesem Vertrag verzeichnet sind. Darin sind auch die Umsätze angegeben, die in den letzten 12 Monaten vor Vertragsbeginn mit ihnen erzielt worden sind.[11]

Abs. 2 und 3 bleiben unberührt.

oder – bei Bezirksvertretung:

(4) Der Handelsvertreter ist Bezirksvertreter für das Vertragsgebiet.

Abs. 2 und 3 bleiben unberührt.

oder – bei Alleinvertretung[12]:

(4) Der Unternehmer darf im Vertragsgebiet ... nicht selbst oder durch Beauftragte zur Vermittlung oder zum Abschluss von Geschäften tätig sein oder weitere Handelsvertreter bestellen. Abs. 2 und 3 bleiben unberührt.

§ 3 Aufgaben und Befugnisse des Handelsvertreters

(1) Der Handelsvertreter vermittelt Verkaufs- und ...-geschäfte[13] für den Unternehmer in dessen Namen und auf dessen Rechnung.[14]

(2) Er ist nicht zum Abschluss von Geschäften im Namen des Handelsvertreters und nicht zum Inkasso berechtigt.[15]

oder – bei Inkassoberechtigung:

(2) Der Handelsvertreter ist gem. anliegender Vollmacht zum Inkasso berechtigt und verpflichtet. Dazu wird Folgendes vereinbart:

a) Ratenzahlungen sind nur nach Maßgabe anliegender Richtlinie für Ratenkäufe einzuräumen. Soweit der Handelsvertreter davon abweicht, haftet er bei Uneinbringlichkeit selbst für die Forderung.

b) Eingezogene Gelder führt der Handelsvertreter treuhänderisch auf einem von seinem sonstigen Vermögen getrennt zu führenden Sonderkonto. Er führt sie jeweils zum Ende der Woche an den Unternehmer ab.

c) Die Inkassoprovision beträgt ...% der eingezogenen Gelder ausschließlich Mehrwertsteuer. Sie ist zu zahlen jeweils zuzüglich der gesetzlichen Umsatzsteuer, sofern der Handelsvertreter umsatzsteuerpflichtig ist. Für Abrechnung und Fälligkeit gilt § 10 entsprechend.

d) Die Inkassovereinbarung kann unabhängig von dem Handelsvertretervertrag mit einer Frist von einem Monat zum Monatsende gekündigt werden.[16]

---

11 Vgl. oben Fn. 6.
12 Steht im Zusammenhang mit § 1 Abs. 2 – Alleinvertretung.
13 Auch Dienstleistungen können durch Handelsvertretungen vermittelt werden, s. Erläuterung unter I. 3. c).
14 Vgl. § 84 Abs. 1 Satz 1 HGB.
15 Die Inkassoberechtigung und -verpflichtung bedarf gesonderter Vereinbarung. Als solche gehört sie gleichfalls zum Pflichtenkreis des Handelsvertreters, das Interesse des Unternehmens gem. § 86 Abs. 1 HGB wahrzunehmen.
16 Durch diese Regelung kann das Vertragsverhältnis auch ohne Inkassoberechtigung fortgeführt werden.

(3) Der Handelsvertreter ist berechtigt, seine Aufgaben auch durch Hilfspersonen, Untervertreter oder Reisende zu erfüllen. Er ist nicht zur höchstpersönlichen Leistung verpflichtet.[17]

(4) Im Falle der Untervertretung hat der Handelsvertreter jedoch sicherzustellen, dass die Tätigkeiten mit derselben Sorgfalt erfüllt werden wie durch den Handelsvertreter. In jedem Fall ist ausschließlich der Handelsvertreter für die ordnungsgemäße Erfüllung der übertragenen Aufgaben gegenüber dem Unternehmer voll verantwortlich. Zwischen Unternehmer und Hilfspersonen, Untervertreter oder Reisenden entstehen keine Vertragsbeziehungen.

(5) Der Handelsvertreter wird die Geschäftsbedingungen und Preislisten des Unternehmers beachten. Sondervereinbarungen darf er nur mit ausdrücklicher Zustimmung des Unternehmers treffen.

(6) Der Handelsvertreter darf nicht Geschäfte auf eigene Rechnung mit den in § 2 Abs. 1 genannten Erzeugnissen, Dienstleistungen und Leistungen abschließen; Ausnahmen müssen vorher schriftlich vereinbart werden.

§ 4 Pflichten des Unternehmers

(1) Der Unternehmer stellt dem Handelsvertreter die zur Ausübung seiner Tätigkeit erforderlichen Unterlagen (Muster, Zeichnungen, Preislisten, Allgemeine Geschäftsbedingungen, Werbedrucksachen, sowie . . .) unentgeltlich zur Verfügung.[18] Sie bleiben Eigentum des Unternehmers und können von ihm jederzeit herausverlangt werden.[19]

(2) Der Unternehmer hat den Handelsvertreter bei der Ausübung seiner Tätigkeit nach besten Kräften zu unterstützen und ihm stets die erforderlichen Nachrichten und Auskünfte zu geben.[20]

(3) Der Handelsvertreter erhält Kopien des Schriftwechsels mit Kunden; er ist über Verhandlungen und geplante Geschäfte mit Kunden und Interessenten zu unterrichten.[21]

§ 5 Pflichten des Handelsvertreters[22]

(1) Auf Verlangen des Unternehmers hat der Handelsvertreter eine Kundenkartei zu führen.

---

17 ➲ **Wichtig:** Die Berechtigung zum Einsatz Dritter in § 3 Abs. 3 ist ein deutliches Indiz gegen ein Arbeitsverhältnis. Der Zustimmungsvorbehalt, zB „Der Handelsvertreter darf Hilfspersonen, Untervertreter oder Reisende nur mit Zustimmung des Unternehmers beschäftigen", würde dieses jedoch weitgehend entkräften. Daher sollte in jedem Einzelfall genau geprüft werden, ob er trotz des damit verbundenen Risikos wirklich notwendig ist.
18 Vgl. § 86a Abs. 1 iVm. Abs. 3 HGB.
19 Soll der freie Status des Handelsvertreters gesichert werden, so sollte der letzte Satz gestrichen werden. Dann sind die Gegenstände jedenfalls bei Vertragsbeendigung herauszugeben.
20 Vgl. § 86a Abs. 2 iVm. Abs. 3 HGB.
21 Vgl. § 86a Abs. 2 iVm. Abs. 3 HGB.
22 Nach § 84 Abs. 1 Satz 2 HGB ist der Handelsvertreter selbständig, wenn er „im Wesentlichen" frei seine Tätigkeit gestalten und seine Arbeitszeit bestimmen kann. Dies schließt Weisungen also nicht grundsätzlich aus, da der Handelsvertreter gem. § 86 Abs. 1 HGB auch die Interessen des Unternehmers wahrzunehmen hat. Sofern aufgrund der Struktur des Handelsvertreterverhältnisses kaum mit Weisungen zu rechnen ist, sollte eine entsprechende Rege-

oder

(1) Auf Verlangen des Unternehmers hat der Handelsvertreter die ihm bei Vertragsbeginn übergebene Kundenkartei laufend zu vervollständigen.

(2) Der Handelsvertreter wird an Informationsveranstaltungen und Vertreterbesprechungen teilnehmen.[23]

(3) Der Handelsvertreter wird vorhandene und potentielle Kunden regelmäßig besuchen und neue Absatzmöglichkeiten erkunden.

(4) Der Handelsvertreter wird den Unternehmer über die wirtschaftliche Entwicklung, die Marktverhältnisse und die Tätigkeit von Wettbewerbsfirmen unterrichten.

(5) Der Handelsvertreter wird dem Unternehmer mindestens einmal monatlich berichten und dabei die Geschäftsvermittlungen mitteilen. Auf neu vermittelte Kunden wird er besonders hinweisen. Aus den Berichten muss auch hervorgehen, bei welchen Kunden seine Vermittlungstätigkeit erfolglos geblieben ist.[24]

(6) Der Handelsvertreter wird die Bonität der Kunden prüfen und die Bemühungen des Unternehmers zur Feststellung der Zahlungsfähigkeit unterstützen. Zweifel an der Bonität eines Kunden wird er unverzüglich mitteilen.[25]

(7) Der Handelsvertreter wird den Unternehmer unterrichten, falls ihm Bedarf nach Erzeugnissen des Unternehmers außerhalb seines Kundenkreises oder seines Warenangebotes bekannt wird.[26]

(8) Der Handelsvertreter wird auf Wunsch des Unternehmers auf Messen, Verkaufstagungen und Ausstellungen präsent sein.[27]

---

lung zu Weisungen nicht aufgenommen werden. Sind Weisungen erforderlich, so müssen diese restriktiv praktiziert werden. Eine Regelung
„Der Handelsvertreter hat Weisungen des Unternehmers zu beachten. Bei Weisungen des Unternehmers an den Handelsvertreter ist seine Stellung als selbständiger Gewerbetreibender zu berücksichtigen."
ist vertretbar, aber nicht ohne Risiko. Zu Einzelheiten vgl. auch *Hopt*, DB 1998, 863 ff.; *Hopt*, Handelsvertreterrecht, § 86 HGB Rz. 15 ff.

23 Auch diese Verpflichtung stellt ein – eher leichtes – Indiz für eine abhängige Beschäftigung dar. Es ist daher im Einzelfall zu prüfen, ob es tatsächlich einer solchen Verpflichtung im Vertrag bedarf.

24 Vgl. auch OLG Braunschweig v. 30. 11. 1995, NJW-RR 1996, 1316. Ergänzend wird zu Auskunftspflichten häufig sinngemäß Folgendes aufgenommen: „Bei Geschäftsanbahnungen wird der Handelsvertreter Kopien der (gesamten) Korrespondenz bzw. Aktenvermerke übermitteln. Stellt der Unternehmer Formulare für die Erstattung von Berichten zur Verfügung, sind diese ausschließlich zu verwenden." Die Übermittlung der gesamten Korrespondenz und die Verwendung von Formularen liegt indes in der Nähe zu arbeitsrechtlichen Weisungen und sollte daher im freien Handelsvertreterverhältnis möglichst eingeschränkt werden, vgl. BGH v. 20. 1. 1964, VersR 1964, 331; v. 24. 9. 1987, WM 1988, 33; BAG v. 21. 1. 1966, DB 1966, 546.

25 Auch wenn der Handelsvertreter, anders als beim Delkredere, § 86 b HGB, nicht für die Bonität einstehen muss, gehört die Prüfung der Bonität und die Mitteilung von Zweifeln, auch wenn er sie selbst nicht teilt (BGH v. 19. 6. 1969, BB 1969, 1196), zur allgemeinen Interessenwahrnehmungspflicht des Handelsvertreters gem. § 86 HGB.

26 Der Handelsvertreter muss zwar den Markt beobachten; eine allgemeine Markt-, Produkt- oder Kundenpflege insbesondere in Form konkreter Werbung obliegt ihm allerdings nicht.

27 Die Präsenzpflicht gefährdet den freien Status des Handelsvertreters, jedenfalls wenn weitere Einschränkungen hinzukommen.

(9) Geschäfts- und Betriebsgeheimnisse, die ihm während seiner Tätigkeit bekannt werden, wird der Handelsvertreter geheim halten. Dies gilt auch für die Zeit nach Vertragsende.[28]

§ 6 Delkredere[29]

(1) Der Handelsvertreter haftet nach gesonderter Vereinbarung für die Erfüllung der Verbindlichkeiten des Kunden in voller Höhe zu ...%. Die gesonderte Vereinbarung bedarf der Schriftform.[30]

(2) In diesen Fällen gelten folgende Bestimmungen:

a) Die Kunden, für deren Geschäfte eine Delkrederehaftung übernommen wird, werden in der Vereinbarung genau bezeichnet.[31]

b) Der Unternehmer übergibt dem Handelsvertreter mit der Provisionsabrechnung eine Aufstellung der Geschäfte des vergangenen Monats, für die der Handelsvertreter die Delkrederehaftung übernommen hat. Widerspricht der Handelsvertreter nicht binnen zwei Wochen, ist die Aufstellung für die Parteien bindend.

c) Die Delkrederevereinbarung kann unabhängig von dem Handelsvertretervertrag mit einer Frist von einem Monat zum Monatsende gekündigt werden.[32]

d) Die Delkredereprovision beträgt ...% der zugrunde liegenden Forderung.

oder

Eine Delkrederehaftung des Handelsvertreters ist ausgeschlossen.

§ 7 Vergütung

(1) Der Handelsvertreter erhält für seine Tätigkeit eine Provision.

oder

(1) Der Handelsvertreter erhält eine Vergütung, bestehend aus

a) einem monatlichen Fixum in Höhe von Euro ... und[33]

b) einer Provision.

---

28 Vgl. § 90 HGB.
29 Vgl. § 86 b HGB. § 6 des Musters enthält einen Rahmenvertrag für die Übernahme einer Delkrederehaftung jeweils durch gesonderte Vereinbarung.
30 Der Schriftform bedarf nur die Erklärung des Handelsvertreters, nicht ihre Annahme durch den Unternehmer (vgl. *Hopt*, Handelsvertreterrecht, § 86 b HGB Rz. 5).
31 In der Vereinbarung muss das bestimmte Geschäft, oder es müssen Geschäfte mit bestimmten Dritten genau bezeichnet werden. Der Handelsvertreter haftet nur, wenn er die Geschäfte selbst vermittelt oder abgeschlossen hat, § 86 b Abs. 1 HGB.
32 Durch diese Gestaltung kann das Handelsvertreterverhältnis auch ohne Delkrederevereinbarung fortgeführt werden.
33 Auch ein existenzsicherndes Fixum kann die Selbständigkeit des Handelsvertreters beeinträchtigen, da sie sein unternehmerisches Risiko als ein Kriterium für die freie Stellung vermindert. Dem Risiko müssen auch unternehmerische Chancen gegenüberstehen. Zu empfehlen ist, ggf. eine höhere rein provisionsabhängige Vergütung zu vereinbaren, wie in der ersten Alternative zu § 7 Abs. 1. Dadurch steigen auch die unternehmerischen Chancen des Handelsvertreters.

(2) Der Handelsvertreter hat Anspruch auf Provision für alle Geschäfte, die während des Vertragsverhältnisses abgeschlossen und ausgeführt werden und die auf seine Tätigkeit zurückzuführen sind.[34]

oder – bei Kundenschutz[35]:

(2) Der Handelsvertreter hat Anspruch auf Provision für alle Geschäfte gem. § 2 Abs. 4 (Erst- und Folgegeschäfte).

oder – bei Bezirksvertretern[36]:

(2) Der Handelsvertreter hat Anspruch auf Provision auch für alle Geschäfte (Erst- und Folgegeschäfte), die der Unternehmer während des Bestehens des Vertragsverhältnisses mit gem. §§ 1, 2 geschützten Kunden im Vertragsgebiet schließt.

(3) Der Handelsvertreter hat keinen Provisionsanspruch für Direktgeschäfte des Unternehmers mit den in § 2 Abs. 2 genannten Kunden und für die in § 2 Abs. 3 genannten Erzeugnisse.

(4) Lieferungen von Ersatz- und Reserveteilen sind provisionspflichtig. Dies gilt auch für Montage und ähnliche Leistungen, die im Wesentlichen Arbeitsaufwand sind und dem Kunden gesondert in Rechnung gestellt werden.

(5) Der ausgeschiedene Handelsvertreter hat keinen Provisionsanspruch für Geschäftsabschlüsse, die nach Vertragsende zustande kommen, gleichgültig, ob der Geschäftsabschluss überwiegend auf seine Tätigkeit zurückzuführen ist oder nicht.[37]

(6) Der Handelsvertreter hat keinen Provisionsanspruch für Geschäfte, für die sein Vorgänger Provision verlangen kann.[38]

(7) Der Handelsvertreter hat keinen Provisionsanspruch, wenn und soweit das Geschäft aus Gründen nicht ausgeführt wurde, die der Unternehmer nicht zu vertreten hat.[39] Dies gilt auch, wenn der Kunde ganz oder teilweise nicht zahlt.[40]

(8) Steht fest, dass der Dritte nicht leistet,[41] so entfällt der Anspruch auf Provision; bereits empfangene Beträge sind zurückzugewähren und werden mit fälligen Provisionsansprüchen verrechnet. Der Nachweis, dass der Dritte nicht leistet, gilt als geführt, wenn eine Auskunftei dem Unternehmer bestätigt, dass nach ihren Unterlagen eine Zwangsvollstreckung voraussichtlich nicht zum Ziele führen wird,[42] oder wenn der Unternehmer dies auf andere Weise glaubhaft macht.[43]

---

34 Vgl. § 87 Abs. 1 HGB.
35 S. Fn. 3.
36 S. Fn. 4.
37 Der Anspruch aus § 87 Abs. 3 HGB aus Nachgeschäften kann jedenfalls durch Individualvereinbarung beschränkt oder ausgeschlossen werden, ebenso wie der Anspruch auf Überhangprovision (vgl. BGH v. 11. 7. 1960, BGHZ 33, 92, 94; v. 10. 12. 1997, WM 1998, 723).
38 Vgl. § 87 Abs. 2 Satz 2 HGB.
39 Vgl. § 87a Abs. 3 Satz 2 HGB.
40 Vgl. § 87a Abs. 2 HGB.
41 Gemäß § 87a Abs. 2 HGB muss objektiv feststehen, dass der Dritte nicht leistet. Abweichende Vereinbarungen zu Lasten des Vertreters sind unwirksam, § 87a Abs. 5 HGB.
42 Dies reicht in der Regel aus, *Eberstein*, Der Handelsvertretervertrag, S. 72.
43 Zur anderweitigen Glaubhaftmachung kommt zB die Erklärung des Abnehmers selbst in Betracht, zahlungsunfähig zu sein.

(9) Der Unternehmer ist zur gerichtlichen Geltendmachung oder Vollstreckung einer Forderung gegenüber dem Kunden nur verpflichtet, wenn sie aussichtsreich ist.

§ 8 Entstehung des Provisionsanspruches

(1) Der Provisionsanspruch des Handelsvertreters entsteht, wenn und soweit der Kunde den Kaufpreis bezahlt hat.[44]

(2) Der Handelsvertreter hat Anspruch auf Provisionsvorschuss, wenn der Unternehmer das Geschäft ausgeführt hat. Der Vorschuss beträgt ...% der Provision, die dem Handelsvertreter für das Geschäft insgesamt zusteht.[45]

§ 9 Berechnung und Höhe des Provisionsanspruches

(1) Die Provision errechnet sich aus dem in Rechnung gestellten Netto-Warenpreis bzw. dem Netto-Auftragswert (Wert ohne Mehrwertsteuer).

(2) Die Provision beträgt ...%.[46]

oder

(2) Die Provision beträgt

a) für Geschäfte mit Neukunden ...%

b) für Geschäfte mit übernommenen Altkunden ...%

c) für Direktgeschäfte des Unternehmers, soweit diese provisionspflichtig sind ...%.

oder

(2) Die Provision beträgt

a) für Geschäfte mit Kunden, mit denen im Vorjahr ein Umsatz von mindestens Euro ... erzielt worden ist, ...%;

b) für Geschäfte mit Kunden, mit denen im Vorjahr ein Umsatz von mindestens Euro ... erzielt worden ist, ...%;

c) für Neukunden ...%.

(3) Gewährte Nachlässe (Skonti, Mengen- und Treuerabatte) sind vom Nettorechnungsbetrag (nicht) abzuziehen. Nebenkosten (zB Fracht, Porto, Zoll, Steuern etc.) sind nur abzusichern, wenn sie dem Kunden gesondert in Rechnung gestellt sind.

(4) Die Provision ist zu zahlen jeweils zuzüglich der gesetzlichen Umsatzsteuer, sofern der Handelsvertreter umsatzsteuerpflichtig ist.

(5) Spesen, Aufwendungsersatz oder sonstige Vergütungen des Handelsvertreters sind mit der Provision abgegolten.

---

[44] Vgl. § 87a Abs. 1 Satz 3 HGB.

[45] Vgl. § 87a Abs. 1 Satz 2 HGB; der Anspruch auf Vorschuss kann gem. § 92b Abs. 1 Satz 3 HGB beim Handelsvertreter im Nebenberuf ausgeschlossen werden.

[46] Wird nur eine Gesamtprovision vereinbart, obwohl auch eine Inkassoprovision enthalten ist, so ist der Anteil der Inkassoprovision gem. § 87b Abs. 1 HGB in „üblicher Höhe" zu schätzen. Dies ist insbesondere beim Ausgleichsanspruch nach § 89 b HGB von Bedeutung, da dieser die Inkassoprovision nach § 87 Abs. 4 HGB nicht umfasst (vgl. *Hopt*, Handelsvertreterrecht, § 89b HGB Rz. 25).

oder

(5) Der Handelsvertreter hat Anspruch auf Spesen und Aufwendungsersatz in folgenden Fällen: ...

(6) Inkasso- und Delkredereprovisionen nach gesonderter Regelung bleiben unberührt.

§ 10 Abrechnung und Fälligkeit

(1) Der Unternehmer hat über die Provision monatlich, spätestens bis zum Ende des folgenden Kalendermonats abzurechnen. Der Provisionsanspruch wird mit der Abrechnung fällig.[47]

(2) Der Handelsvertreter wird die Durchschrift der Abrechnung prüfen und binnen zwei Wochen nach Zugang etwaige Einwendungen mitteilen.

§ 11 Tätigkeitsunterbrechungen[48]

(1) Der Handelsvertreter wird den Unternehmer von Tätigkeitsunterbrechungen von mehr als einer Woche unterrichten. Dauert die Unterbrechung länger als zwei Wochen, ist der Unternehmer berechtigt, selbst oder durch Beauftragte tätig zu werden.

(2) Der Handelsvertreter ist verpflichtet, geplante Unterbrechungen und deren Termine rechtzeitig dem Unternehmer mitzuteilen. Er wird dafür sorgen, dass während dieser Zeit die Betreuung der Kundschaft sichergestellt ist.

eventuell[49]

(3) Während einer Tätigkeitsunterbrechung nach Abs. 1 oder 2 hat der Handelsvertreter keinen Anspruch auf das anteilige monatliche Fixum gem. § 7 Abs. 1a.

§ 12 Vertragsdauer, Vertragsende

(1) Im ersten Jahr kann der Vertrag von beiden Seiten mit einer Frist von einem Monat, im zweiten Jahr mit einer Frist von zwei Monaten, im dritten bis fünften Jahr mit einer Frist von drei Monaten, danach mit einer Frist von sechs Monaten gekündigt werden.

(2) Das Recht zur Kündigung aus wichtigem Grund bleibt unberührt.

(3) Die Kündigung bedarf zu ihrer Wirksamkeit der Schriftform.

(4) Der Vertrag endet, ohne dass es einer Kündigung bedarf, spätestens mit Ablauf des Kalendervierteljahres, in dem der Handelsvertreter das 65. Lebensjahr vollendet.

(5) Die dem Handelsvertreter gem. § 4 Abs. 1 überlassenen Unterlagen und die Kundenkartei[50] sind innerhalb von zwei Wochen nach dem Vertragsende zurückzugeben.

---

47 Vgl. § 87a Abs. 4 iVm. § 87c Abs. 1 HGB.
48 Ein Verfahren nach § 7 BUrlG ist ein klares Indiz für ein Arbeitsverhältnis. Bloße Anzeigepflichten des Handelsvertreters dürften für den freien Status jedoch unschädlich sein. Dies gilt insbesondere, wenn diese – wie im Muster – erst bei Unterbrechungen von mehr als einer Woche einsetzen.
49 Nur wenn entgegen der Anmerkung oben Fn. 33 tatsächlich ein monatliches Fixum vereinbart ist.
50 Auch Kundenlisten, die der Handelsvertreter selbst erstellt hat, muss er dem Unternehmer schon im Rahmen seiner Nachrichtspflicht nach § 86 Abs. 2 HGB zugänglich machen; nach Vertragsende muss er sie herausgeben, vgl. BGH v. 28. 1. 1993, NJW 1993, 1786; dies gilt

§ 13 Wettbewerb des Handelsvertreters[51]

(1) Der Handelsvertreter vertritt bei Vertragsbeginn folgende Firmen und/oder übt folgende gewerbliche Tätigkeiten aus:

...

...

...

Der Unternehmer ist mit der Weiterführung dieser Tätigkeiten einverstanden.

(2) Der Handelsvertreter ist während der Vertragsdauer nur mit vorheriger schriftlicher Zustimmung des Unternehmers berechtigt, Firmen zu vertreten, die in Abs. 1 nicht genannt sind, und die gleiche oder gleichartige Erzeugnisse herstellen, vertreiben bzw. Leistungen anbieten. Er darf sich an solchen Firmen weder direkt noch indirekt beteiligen oder sie in anderer Weise fördern. Ausnahmen bedürfen der vorherigen schriftlichen Zustimmung des Unternehmers.

(3) Für die Zeit nach Vertragsende gilt folgendes nachvertragliches Wettbewerbsverbot[52]:

a) Der Handelsvertreter darf für die Dauer von zwei Jahren[53] nach Beendigung des Vertragsverhältnisses nicht für ein Konkurrenzunternehmen tätig werden. Er darf sich an einem solchen Unternehmen auch nicht direkt oder indirekt beteiligen, ein solches errichten oder es auf andere Weise fördern.

b) Für jeden Fall der Zuwiderhandlung hat der Handelsvertreter eine Vertragsstrafe in Höhe von Euro ... zu zahlen. Im Falle eines Dauerverstoßes ist sie für jeden angefangenen Monat verwirkt.

c) Der Handelsvertreter hat Anspruch auf Wettbewerbsentschädigung.[54] Sie ist monatlich zahlbar und beträgt ...%[55] der während der letzten 36 Monate – bei kürzerer Vertragsdauer während dieser – durchschnittlich verdienten Vergütung. Ein anderweitiger Erwerb wird entsprechend § 74c HGB auf die Wettbewerbsentschädigung angerechnet.

§ 14 Verjährung

Ansprüche aus diesem Vertrag verjähren zwei Jahre nach Fälligkeit.[56]

---

erst Recht für Kundenlisten, die er vom Unternehmer bei Vertragsbeginn erhalten und während der Vertragslaufzeit fortgeführt hat (vgl. *Hopt*, Handelsvertreterrecht, § 86a HGB Rz. 6).

51 Auch ohne besondere Vereinbarung unterliegt der Handelsvertreter während der Vertragslaufzeit aufgrund seiner Interessenwahrnehmungspflicht gem. § 86 Abs. 1 2. Halbs. HGB einem Wettbewerbsverbot. Nach Vertragsende bedarf dieses gesonderter Vereinbarung (vgl. § 13 Abs. 3 des Musters) nach Maßgabe von § 90a HGB.

52 Das nachvertragliche Wettbewerbsverbot bedarf gem. § 90a HGB der Schriftform und der Aushändigung einer vom Unternehmer unterzeichneten, die vereinbarten Bestimmungen enthaltenden Urkunde an den Handelsvertreter, § 90a Abs. 1 Satz 1 HGB.

53 Vgl. § 90a Abs. 1 Satz 2 HGB.

54 Die Verpflichtung zur Entschädigungszahlung gem. § 90a Abs. 1 Satz 3 HGB gilt auch, wenn sie im Vertrag nicht ausdrücklich festgehalten ist (*Hopt*, Handelsvertreterrecht, § 90a HGB Rz. 18).

55 § 90a Abs. 1 Satz 3 verlangt nur eine „angemessene" Entschädigung. Danach soll eine Abwägung erfolgen zwischen den Nachteilen, die dem Handelsvertreter durch die Einhaltung des Wettbewerbsverbotes entstehen, und den Vorteilen, die der Unternehmer hieraus zieht (BGH v. 19. 12. 1974, BGHZ 63, 353, 355 f.). Zu Einzelheiten vgl. *Küstner/von Manteuffel*, Handbuch des gesamten Außendienstrechts, I Rz. 2211 ff. mwN.

§ 15 Anwendbares Recht und Gerichtsstandsvereinbarung

(1) Die Auslegung und die Rechte und Pflichten aus diesem Vertrag bestimmen sich nach deutschem Recht. Die Niederlassung des Handelsvertreters befindet sich in . . . .

(2) Ausschließlicher örtlicher Gerichtsstand für alle Streitigkeiten aus diesem Vertrag ist . . . .[57] Der Unternehmer behält sich vor, den Handelsvertreter auch an seinem allgemeinen Gerichtsstand zu verklagen.

§ 16 Sonstige Bestimmungen

(1) Mündliche Nebenabreden zu diesem Vertrag bestehen nicht. Ergänzungen oder Vertragsänderungen bedürfen der Schriftform. Das gilt auch für die Änderung des Schriftformerfordernisses.[58] Die elektronische Form ist ausgeschlossen.

(2) §§ 84 ff. HGB gelten ergänzend.

(3) Sollten Bestimmungen dieses Vertrages ganz oder teilweise unwirksam oder undurchführbar sein oder werden oder sollte sich in diesem Vertrag eine Lücke befinden, so wird hierdurch die Gültigkeit der übrigen Bestimmungen nicht berührt. Anstelle der unwirksamen oder undurchführbaren Bestimmung gilt diejenige wirksame Bestimmung als vereinbart, die dem Zweck der unwirksamen Bestimmung am nächsten kommt. Im Falle einer Lücke gilt diejenige Bestimmung als vereinbart, die dem entspricht, was nach dem Zweck dieses Vertrages vereinbart worden wäre, hätten die Vertragspartner die Angelegenheit bedacht.

(4) Folgende Anlagen sind wesentlicher Bestandteil dieses Vertrages:

bei Regelung gem. § 1 Abs. 4

– Anlage 1 – Liste der bisherigen Kunden

bei Kundenschutz gem. § 2 Abs. 4

– Anlage 2 – Liste der Erzeugnisse, für die Kundenschutz besteht

– Anlage 3 – Liste der Kunden, für die Kundenschutz besteht

(5) Die Parteien haben die Schiedsvereinbarung und die Zusatzvereinbarung getroffen, die als Anlage beigefügt und gesondert unterzeichnet sind.

. . ., den . . .   *. . ., den . . .*

. . .   *. . .*

(Unternehmer)   *(Handelsvertreter)*

---

56 Nach § 88 HGB verjähren Ansprüche aus dem Handelsvertreterverhältnis in vier Jahren zum Jahresende; die Verjährung kann jedoch verkürzt werden (Umkehrschluss aus § 206 Abs. 2 BGB). Die Verkürzung muss beide Seiten betreffen (BGH v. 12. 10. 1979, BGHZ 75, 218). Die Frist des § 88 HGB soll sogar auf sechs Monate verkürzt werden können, wenn beide Parteien gleich behandelt werden und der Verjährungsbeginn kenntnisabhängig ausgestaltet wird (BGH v. 10. 5. 1990, NJW-RR 1991, 35). Ist der Verjährungsbeginn allerdings kenntnisunabhängig, so soll eine Verkürzung auf ein Jahr zu kurz sein (BGH v. 3. 4. 1996, NJW 1996, 2097, 2099; OLG München v. 7. 2. 1996, NJW-RR 1996, 991). Beim Ausgleichsanspruch gilt allerdings die kürzere Geltendmachungsfrist von einem Jahr ab Beendigung des Vertragsverhältnisses gem. § 89b Abs. 4 HGB.

57 Zu den Einschränkungen für eine wirksame Gerichtsstandsvereinbarung vgl. §§ 38 ff. ZPO.

58 Zur Schriftformklausel vgl. auch **M 2.1** Ziff. 12; **M 7.1** § 14.

Handelsvertretervertrag (kurze Fassung)[1]

Die Firma . . .

(i. F.: die Firma)

und

Herr/Frau . . .

(i. F.: der Vertreter)

schließen folgenden

Handelsvertretervertrag

§ 1 Rechtsstellung des Vertreters

(1) Der Vertreter ist damit betraut, Verkaufsgeschäfte für die Firma im Namen und auf Rechnung der Firma zu vermitteln.[2]

(2) Der Vertreter ist nicht zum Abschluss von Geschäften im Namen der Firma und nicht zum Inkasso berechtigt.[3]

(3) Der Vertreter hat seine Dienste persönlich zu leisten. Untervertreter darf er nur mit Zustimmung der Firma beschäftigen.[4] Zwischen der Firma und evtl. Untervertretern entstehen keine Vertragsbeziehungen.

oder

(3) Der Vertreter ist nicht zur persönlichen Leistungserbringung verpflichtet. Er kann insbesondere Untervertreter einsetzen. Ein Zustimmungsvorbehalt der Firma besteht nicht.[5] Zwischen der Firma und von dem Handelsvertreter eingesetzten Personen entstehen keine Vertragsbeziehungen.

(4) Der Vertreter wird die Geschäftsbedingungen und Preislisten beachten.

---

[1] In dieser Fassung wurden weitestmöglich die Vorschriften nicht aufgenommen, die sich schon aus dem Gesetz ergeben. Der Vertrag ist daher knapp, gibt dafür aber keinen umfassenden Überblick über die gegenseitigen Rechte und Pflichten. Dazu bedarf es vielmehr der ergänzenden Verwendung der §§ 84 ff. HGB.

[2] Die Verpflichtung zur Tätigkeit muss aufgenommen werden; andernfalls handelt es sich nur um einen Handelsmakler.

[3] Die Regelung dient der Klarstellung.

[4] Vgl. **M 9.3.1**, § 3 Ziff. 3 mit Anmerkungen; ob die Leistung höchstpersönlich zu erbringen ist oder nicht, sollte auch in der knappen Fassung klar geregelt werden. Im Umkehrschluss aus § 84 Abs. 3 HGB ergibt sich, dass der Einsatz von Untervertretern zulässig ist, sofern er nicht ausdrücklich ausgeschlossen wird. Die Verpflichtung zur höchstpersönlichen Leistungserbringung ist ein Indiz für ein Arbeitsverhältnis. In einem freien Handelsvertreterverhältnis sollte der Zustimmungsvorbehalt daher möglichst vermieden werden, wenn nicht zahlreiche andere Indizien die freie Stellung untermauern. Allerdings kann die besondere Sensibilität des Handelsvertreterverhältnisses – der konkrete Handelsvertreter wird oft wegen seiner besonderen persönlichen Fähigkeiten beauftragt – trotz des Risikos einen Zustimmungsvorbehalt erfordern und rechtfertigen.

[5] Diese Formulierung ist zur Vermeidung eines Anstellungsverhältnisses der sicherere Weg, kann aber den Erfolg des Handelsvertreterverhältnisses gefährden. Korrespondierend kommen kurze Kündigungsfristen in Betracht.

§ 2 Gegenstand der Vertretung

(1) Die Vertretung umfasst das Gebiet ... und alle gegenwärtigen Erzeugnisse der Firma. Die Einbeziehung zukünftiger Erzeugnisse muss schriftlich vereinbart werden.

(2) Folgende Erzeugnisse sind von der Vertretung ausgenommen:

...

(3) Die Vertretung erstreckt sich auf die Kunden, die in der als Anlage 1 beigefügten Liste aufgeführt sind, und neu akquirierte Kunden.[6] Die Anlage 1 wird von den Vertragsparteien in regelmäßigen Abständen überprüft und um die neu akquirierten Kunden ergänzt.

(4) Die Firma darf selbst oder durch Beauftragte tätig werden. Gebiets- oder Kundenschutz besteht nicht.[7]

§ 3 Allgemeine Pflichten des Unternehmers

Die Firma unterstützt den Vertreter bei der Ausübung seiner Tätigkeit und gibt ihm die erforderlichen Nachrichten und Auskünfte.[8]

§ 4 Allgemeine Pflichten des Vertreters

(1) Der Vertreter wird die Weisungen der Firma beachten.[9] Dabei ist auf die selbständige Stellung des Vertreters Rücksicht zu nehmen.

(2) Der Vertreter wird der Firma mindestens einmal monatlich berichten[10] und dabei die Geschäftsvermittlungen mitteilen. Auf neu vermittelte Kunden wird er besonders hinweisen. Aus den Berichten muss hervorgehen, bei welchen Kunden seine Vermittlungstätigkeit erfolglos geblieben ist. Über Geschäftsanbahnungen wird der Vertreter alle zwei Wochen berichten.[11]

(3) Geschäfts- und Betriebsgeheimnisse, die ihm während seiner Tätigkeit bekannt werden, wird der Vertreter geheim halten. Dies gilt auch für die Zeit nach Vertragsende.[12]

---

6 Die Regelung ist zwar nicht notwendig, zur Klärung der Sachlage beim Ausgleichsanspruch nach § 89b HGB jedoch sinnvoll.

7 Zu dieser Klarstellung ist dringend zu raten, da § 2 Abs. 1 ein Vertragsgebiet bezeichnet. Auslegungsstreitigkeiten, ob der Vertreter möglicherweise Bezirksvertreter mit entsprechenden Provisionsansprüchen ist, werden so verhindert, vgl. M 9.3.1 Fn. 4.

8 Diese Regelung ist in der Tat entbehrlich und hat nur nachrichtliche Funktion.

9 ➭ **Wichtig:** Im freien Handelsvertreterverhältnis sollte diese Formulierung vermieden werden. Die Weisungsabhängigkeit ist typisches Zeichen eines arbeitsrechtlichen Anstellungsverhältnisses und sozialversicherungsrechtlichen Beschäftigungsverhältnisses.

10 Auch die Berichtspflicht ergibt sich schon aus § 86 Abs. 1 HGB. Sie sollte jedoch auch in einem knappen Vertrag noch einmal betont werden.

11 Die Übermittlung der gesamten Korrespondenz und die Verwendung von Formularen liegt in der Nähe zu arbeitsrechtlichen Weisungen und sollte daher im freien Handelsvertreterverhältnis möglichst eingeschränkt werden.

12 Die Geheimhaltungspflicht besteht auch ohne vertragliche Regelung. Wegen ihrer besonderen Bedeutung wurde sie trotzdem aufgenommen, vgl. § 90 HGB.

§ 5 Provisionspflichtige Geschäfte

(1) Der Vertreter hat Anspruch auf Provision für alle Geschäfte (Erstgeschäfte und Nachbestellungen), die Erzeugnisse gemäß § 2 dieses Vertrages zum Gegenstand haben und die während des Vertragsverhältnisses mit geschützten Kunden ausgeführt werden. Geschützte Kunden sind Kunden, die in der als Anlage 1 beigefügten Liste nach Maßgabe von § 2 Abs. 3 aufgeführt sind.

(2) Der ausgeschiedene Vertreter hat keinen Provisionsanspruch für Geschäftsabschlüsse, die nach Vertragsende zustande kommen, gleichgültig, ob der Geschäftsabschluss überwiegend auf seine Tätigkeit zurückzuführen ist oder nicht.[13]

(3) Die Firma ist zur gerichtlichen Geltendmachung oder Vollstreckung einer Forderung gegenüber dem Kunden nur verpflichtet, wenn sie aussichtsreich ist.

§ 6 Entstehung des Provisionsanspruches

Der Provisionsanspruch des Vertreters entsteht, wenn und soweit der Kunde den Kaufpreis bezahlt hat.[14]

§ 7 Berechnung und Höhe des Provisionsanspruches

(1) Die Provision errechnet sich aus dem in Rechnung gestellten Waren-Nettowert (Warenwert ohne Mehrwertsteuer).

(2) Die Provision beträgt . . .%.

(3) Nachlässe (Skonti, Mengen- und Treuerabatte) sind vom Netto-Rechnungsbetrag abzuziehen. Für Nebenkosten (zB Fracht, Porto, Zoll, Steuern etc.) gilt dies nur, wenn sie dem Kunden gesondert in Rechnung gestellt sind.

(4) Der Vertreter hat keinen Anspruch auf Spesen, Aufwendungsersatz oder sonstige Vergütungen.

§ 8 Abrechnung und Fälligkeit

(1) Die Firma hat über die Provision monatlich, spätestens bis zum Ende des folgenden Kalendermonats abzurechnen. Der Provisionsanspruch wird mit der Abrechnung fällig.

(2) Der Vertreter wird die Durchschrift der Abrechnung innerhalb von zwei Wochen nach Zugang prüfen und mit seinem Bestätigungsvermerk oder Einwendungen an die Firma zurückschicken. Erhebt er innerhalb dieser Frist keine Einwendungen, gilt die Abrechnung als genehmigt.

---

13 Diese Abweichung von der gesetzlichen Regelung des § 87 Abs. 3 HGB bedarf ausdrücklicher vertraglicher Festlegung.

14 In Abweichung von § 87a Abs. 1 Satz 1 HGB entspricht diese Regelung § 87a Abs. 1 Satz 3 HGB. Bereits vorher besteht gem. § 87a Abs. 1 Satz 2 HGB jedoch ein Anspruch auf Vorschuss, der spätestens am letzten Tag des folgenden Monats fällig ist. Dieser ist nur bei Handelsvertretern in Nebentätigkeit gem. § 92b HGB abdingbar.

§ 9 Tätigkeitsunterbrechungen/Urlaub

(1) Der Vertreter wird die Firma von Tätigkeitsunterbrechungen von mehr als einer Woche unterrichten. Er wird die Firma gleichzeitig insbesondere auf laufende Vertragsverhandlungen hinweisen.

(2) Während der Tätigkeitsunterbrechung hat der Vertreter keinen Anspruch auf Provision für Geschäfte, die eine Ersatzkraft vermittelt.

§ 10 Vertragsdauer, Vertragsende[15]

(1) Dieser Vertrag ist befristet und endet zum 31. 12. . . . . .

(2) Er kann von beiden Seiten mit einer Frist von sechs Monaten[16] zum Monatsende gekündigt werden, frühestens jedoch zum 31. 12. . . . . .[17]

(3) Der Vertreter hat auf Verlangen der Firma, spätestens aber beim Ausscheiden, alle in seinem Besitz befindlichen Gegenstände, Firmenunterlagen nebst Abschriften oder Ablichtungen einschließlich der Kundenkartei herauszugeben. Ein Zurückbehaltungsrecht besteht nicht.

§ 11 Wettbewerb des Vertreters[18]

(1) Der Vertreter vertritt im Bereich der Produkte . . . das Unternehmen . . . mit Sitz in . . . . Die Firma ist mit der Weiterführung dieser Tätigkeit einverstanden.

(2) Darüber hinaus ist dem Vertreter während der Vertragsdauer jede Wettbewerbstätigkeit untersagt. Ihm ist insbesondere untersagt, in selbständiger, unselbständiger und sonstiger Weise für ein Unternehmen tätig zu werden, welches mit der Firma in direktem oder indirektem Wettbewerb steht. In gleicher Weise ist es ihm untersagt, ein solches Unternehmen zu errichten, zu erwerben oder sich hieran unmittelbar oder mittelbar zu beteiligen. Das Wettbewerbsverbot gilt auch zugunsten der mit der Firma verbundenen Unternehmen.

Ausnahmen bedürfen der vorherigen schriftlichen Zustimmung der Firma.

§ 12 Verjährung

Ansprüche aus diesem Vertrag verjähren zwei Jahre nach Fälligkeit.

§ 13 Gerichtsstandsvereinbarung

Ausschließlicher örtlicher Gerichtsstand für alle Streitigkeiten aus diesem Vertrag ist der Firmensitz der Firma, zzt. . . . . .[19]

---

15 Streng genommen bedarf es auch dieser Regelung nicht, wenn der Vertrag unbefristet ist. Dann gelten die Kündigungsfristen des § 89 HGB.
16 Die Frist ist während der ersten fünf Vertragsjahre länger als die Kündigungsfristen des § 89 Abs. 1 HGB.
17 Wenn die Befristung länger als fünf Jahre dauert, kann der Handelsvertreter mit einer Frist von sechs Monaten kündigen. (Vgl. auch KG Berlin v. 26. 2. 1997, MDR 1997, 1041.).
18 Streng genommen ist auch das Wettbewerbsverbot entbehrlich, denn schon aufgrund der allgemeinen Interessenwahrungspflicht des § 86 Abs. 1 2. Halbs. HGB besteht während der Vertragszeit ohne besondere Vereinbarung ein Wettbewerbsverbot. Es kann nur in Grenzen erweitert werden, vgl. BGH v. 15. 12. 1967, BB 1968, 60.
19 Zur eingeschränkten Wirksamkeit von Gerichtsstandsvereinbarung vgl. §§ 38 ff. ZPO.

§ 14 Sonstige Bestimmungen

(1) Mündliche Nebenabreden zu diesem Vertrag bestehen nicht. Änderungen und Ergänzungen bedürfen der Schriftform. Das gilt auch für die Änderung des Schriftformerfordernisses.[20] Die elektronische Form ist ausgeschlossen.

(2) Sollten Bestimmungen dieses Vertrages ganz oder teilweise unwirksam oder undurchführbar sein oder werden oder sollte sich in diesem Vertrag eine Lücke befinden, so wird hierdurch die Gültigkeit der übrigen Bestimmungen nicht berührt. Anstelle der unwirksamen oder undurchführbaren Bestimmung gilt diejenige wirksame Bestimmung als vereinbart, die dem Zweck der unwirksamen Bestimmung am nächsten kommt. Im Falle einer Lücke gilt diejenige Bestimmung als vereinbart, die dem entspricht, was nach dem Zweck dieses Vertrages vereinbart worden wäre, hätten die Vertragspartner die Angelegenheit bedacht.

..., den ...   ..., den ...

...   ...

Firma   Vertreter

---

[20] Zur Schriftformklausel vgl. auch **M 2.1** Ziff. 12; **M 7.1** § 14.

Heimarbeitsvertrag 9.4

Zwischen

der Firma ...

(i. F.: die Firma)

und

Herrn/Frau ...

(i. F.: der/die Heimarbeiter/in)

wird folgender

Heimarbeitsvertrag[1]

geschlossen:

§ 1 Art der Heimarbeit

Die Firma überträgt dem/der Heimarbeiter/in folgende Arbeiten in Heimarbeit: ....

oder

Die Firma überträgt dem/der Heimarbeiter/in Heimarbeit der Art, wie sie im Betrieb anfällt.

---

[1] Vgl. *Otten*, Heim- und Telearbeit, S. 361 ff.

§ 2 Beginn und Ende des Vertrages

(1) Der Vertrag beginnt am . . . .

(2) Während der sechsmonatigen Probezeit beträgt die Kündigungsfrist zwei Wochen.[2]

(3) Danach gelten für beide Parteien die gesetzlichen Kündigungsfristen nach dem Heimarbeitsgesetz (HAG).[3]

§ 3 Vergütung

(1) Die Vergütung richtet sich nach der einschlägigen Entgeltregelung gem. § 17 Abs. 2 HAG und den darauf basierenden Stückentgelten.[4]

(2) Fehlt eine Regelung nach Abs. 1, so sind die Stückentgelte aus einem Mindeststundenentgelt von Euro . . . zu berechnen.

§ 4 Umfang der Heimarbeit[5]

(1) Der/die Heimarbeiterin ist nicht verpflichtet, monatlich eine bestimmte Heimarbeitsmenge zu bearbeiten.

(2) Die Firma ist nicht verpflichtet, monatlich eine bestimmte Heimarbeitsmenge bereitzustellen.

oder

(1) Der/die Heimarbeiter/in ist verpflichtet, eine Heimarbeitsmenge zu bearbeiten und abzuliefern, deren Bearbeitungszeit unter Berücksichtigung der Normalleistung . . . Stunden wöchentlich/monatlich beträgt.

(2) Die Firma wird monatlich mindestens eine entsprechende Heimarbeitsmenge bereitstellen.

oder – bei geringfügiger Beschäftigung:

(1) Die monatliche Heimarbeitsmenge wird auf Basis des Stundenentgelts nach der maßgeblichen Entgeltregelung bzw. des auf dieser Basis ermittelten Stückentgelts als Gesamtvergütung die Geringfügigkeitsentgeltgrenze des § 8 Abs. 1 Nr. 1 SGB IV nicht übersteigen.

(2) Bei Bearbeitungsrückständen wird keine Heimarbeitsmenge abgenommen, die im Monat die Grenze gem. Abs. 1 überschreitet.

---

2 Vgl. § 29 Abs. 3 Satz 2 HAG.
3 Vgl. § 29 HAG.
4 Entgeltverzeichnis und Nachweis über die sonstigen Vertragsbedingungen sind gem. § 8 HAG offen auszulegen. Soweit Heimarbeit dem Beschäftigten in die Wohnung oder Betriebsstätte gebracht wird, hat der Auftraggeber dafür zu sorgen, dass das Entgeltverzeichnis zur Einsichtnahme vorgelegt wird, § 8 Abs. 1 Satz 3 HAG. Gem. § 9 HAG sind den in Heimarbeit Beschäftigten Entgeltbücher auszuhändigen, in die bei jeder Ausgabe und Abnahme von Arbeit ihre Art und ihr Umfang, die Entgelte und die Tage der Ausgabe und der Lieferung einzutragen sind. Anstelle der Entgeltbücher können auch Entgelt- oder Arbeitszettel nach Maßgabe von § 9 Abs. 2 HAG verwendet werden.
5 Bei Ausgabe von Heimarbeit an mehrere in Heimarbeit Beschäftigte soll die Arbeitsmenge auf die Beschäftigten gleichmäßig unter Berücksichtigung ihrer und ihrer Mitarbeiter Leistungsfähigkeit verteilt werden, § 11 Abs. 1 HAG.

§ 5 Steuern

Der Arbeitgeber führt für den/die Heimarbeiter/in Lohnsteuer nach den allgemeinen Regeln ab.[6]

oder – bei geringfügiger Beschäftigung:

Da es sich um eine Teilzeitbeschäftigung mit geringfügiger Vergütung handelt, wird die Lohnsteuer pauschaliert durch die Firma übernommen.[7] In der Übergabe der Lohnsteuerkarte liegt ein Pauschalierungsverzicht.

oder

Im Falle zulässiger Pauschalversteuerung trägt der/die Heimarbeiter/in die pauschalierte Steuer.[8] In der Übergabe der Lohnsteuerkarte liegt ein Pauschalierungsverzicht.

§ 6 Sozialversicherung

(1) Der/die Heimarbeiter/in wird darauf hingewiesen, dass er/sie in der gesetzlichen Rentenversicherung die Stellung eines versicherungspflichtigen Arbeitnehmers erwerben kann, wenn er/sie nach § 5 Abs. 2 Satz 2 SGB VI auf die Versicherungsfreiheit durch Erklärung gegenüber dem Arbeitgeber verzichtet.[9]

(2) Der/die Heimarbeiter/in erklärt, dass er/sie keine weiteren Beschäftigungsverhältnisse ausübt und während der Laufzeit dieses Vertrages auch nicht ausüben wird, die aufgrund der Zusammenrechnung zu einer Beitrags-/Versicherungspflicht führt.

§ 7 Material- und Produkthandhabung

(1) Die Firma wird das Material anliefern und die fertig gestellten Artikel abholen.

oder

(1) Der/die Heimarbeiter/in wird das zu verarbeitende Material abholen und die fertig gestellten Artikel abliefern.

(2) Abholung und Anlieferung gem. Abs. 1 erfolgen jeweils gleichzeitig montags in der Zeit von ... Uhr bis ... Uhr.

oder

(2) Abholung und Anlieferung gem. Abs. 1 erfolgen jeweils zeitgleich am dritten Arbeitstag eines jeden Monats in der Zeit von ... Uhr bis ... Uhr.

---

6 Diese Regelung ist im Grunde entbehrlich, sie dient im Formular zur Abgrenzung gegenüber den Alternativen zur geringfügigen Beschäftigung.

7 Eine geringfügige Beschäftigung **im steuerrechtlichen Sinne** liegt vor, wenn bei monatlicher Lohnzahlung der Arbeitslohn Euro 400 nicht übersteigt (§ 40a Abs. 2 Satz 2 EStG). Einzelheiten bei Kapitel 6 unter I. 3. und **M 6.3.1**.

8 Grundsätzlich sind die pauschalierten Steuerabzugsbeträge vom Arbeitgeber zu tragen. Wird im Innenverhältnis die Steuer jedoch vom Arbeitnehmer getragen, so gehören diese Beträge nicht zur Bemessungsgrundlage für die Berechnung der pauschalen Lohnsteuer (vgl. Abschnitt 128 Abs. 1 LStR).

9 Gem. § 2 Abs. 1 Satz 2 NachwG ist der Arbeitgeber zu diesem Hinweis verpflichtet. Zu Einzelheiten siehe die Erläuterungen zu **M 6.3.1** und **M 6.3.2** zur geringfügigen Beschäftigung.

§ 8 Abrechnung

(1) Die Heimarbeit wird monatlich nachträglich abgerechnet.

(2) Die Vergütung umfasst

- *das reine Arbeitsentgelt,*
- *den Kostenzuschlag,*
- *den Feiertagszuschlag,*
- *den Zuschlag für die wirtschaftliche Sicherung im Krankheitsfall,*
- *die Urlaubsvergütung (Urlaubsentgelt und etwaiges zusätzliches Urlaubsgeld),*
- *den Transportkostenausgleich sowie*
- *die vermögenswirksamen Leistungen gem. § 9.*

(3) Die Vergütung wird zum selben Zeitpunkt wie bei den (Betriebs-)Arbeitern ausgezahlt.

§ 9 Vermögenswirksame Leistungen

Der/die Heimarbeiter/in erhält vermögenswirksame Leistungen nach dem 5. Vermögensbildungsgesetz in der Fassung vom 19. 2. 1987 iHv. monatlich Euro . . ., sofern er/sie einen entsprechenden Vertrag nachweist.

§ 10 Ergänzende Bestimmungen

Ergänzend gelten die jeweilige Entgeltregelung, das Heimarbeitsgesetz und die gesetzlichen Vorschriften.

. . ., den . . .   *. . ., den . . .*

. . .   *. . .*

Firma   *Heimarbeiter/in*

Kapitel 10   Arbeitnehmerüberlassung

Literaturübersicht: *Altes*, Grenzüberschreitende Arbeitnehmerüberlassung, 1995; *Bauer*, Der Entleiherbegriff und die erlaubte Mehrfachüberlassung nach dem AÜG, BB 1990, 1265; *Bauer*, Zum Nebeneinander erlaubter Arbeitnehmerüberlassung und erlaubter Arbeitsvermittlung, NZA 1995, 203; *Bauer/Krets*, Gesetze für moderne Dienstleistungen am Arbeitsmarkt, NJW 2003, 537; *Becker/Wulfgramm*, Arbeitnehmerüberlassungsgesetz, 3. Aufl. 1985; *Behrendt*, Neues zum Scheinwerkvertrag – Die vermutete Arbeitsvermittlung im AÜG, BB 2001, 2641; *Boemke/Lemke*, Änderung im AÜG durch das „Job-AQTIV-Gesetz", DB 2002, 893–899; *Düwell*, Arbeitnehmerüberlassung in Betriebe des Baugewerbes, BB 1995, 1082; *Düwell*, Änderungen im Arbeitsrecht durch das Job-AQTIV-Gesetz, BB 2002, 98; *Düwell*, Änderungen des AÜG durch das Arbeitsförderungs-Reformgesetz, BB 1997, 46; Erfurter Kommentar/*Wank*, Arbeitnehmerüberlassungsgesetz, 3. Aufl. 2003; *Feuerborn/Hamann*, Liberalisierung der Arbeitnehmerüberlassung durch das Arbeitsförderungs-Reformgesetz, BB 1997, 2530; *Franßen/Haesen*, Arbeitnehmerüberlassungsgesetz, Loseblatt; *Gaul/Otto*, Gesetze für moderne Dienstleistungen am Arbeitsmarkt – Änderungen durch den Vermittlungsausschuss, DB 2003, 94; *Groeger*, Arbeitsrechtliche Aspekte des neuen Arbeitnehmerüberlassungsgesetzes, DB 1998, 470; *Hamann*, Fiktion eines Arbeitsverhältnisses zum Entleiher bei vermuteter Arbeitsvermittlung nach dem Arbeitsförderungs-Reformgesetz 1997, BB 1999, 1654; *Hamann*, Erkennungsmerkmale der illegalen Arbeitnehmerüberlassung in Form von Scheindienst- und Scheinwerkverträgen, 1995; *Hamann*, Beteiligungsrechte des Betriebsrats beim Einsatz von Fremdpersonal, WiB 1996, 369, 405; *Hammacher*, Der Einsatz von Fremdfirmen, BB 1997, 1686; *Henssler*, Aufspaltung, Ausgliederung und Fremdvergabe, NZA 1994, 294; *Hümmerich/Holthausen/Welslau*, Arbeitsrechtliches im Ersten Gesetz für moderne Dienstleistungen am Arbeitsmarkt, NZA 2003, 7; *Hunold*, Subunternehmer und freie Mitarbeiter, 3. Aufl. 1996; *Ivens*, Zur Abgrenzung des Dienst- und Werkvertrags von Arbeitsverhältnis und Arbeitnehmerüberlassung, WiB 1995, 694; *Kania*, Die Überlassung von Maschinen mit Bedienungspersonal, NZA 1994, 871; *Kaufmann*, Arbeitnehmerüberlassung, 1998; *Kienle*, Grenzüberschreitende Arbeitnehmerüberlassung – Probleme und Folgen, DB 2001, 922; *Kokemoor*, Neuregelung der Arbeitnehmerüberlassung durch die Hartz-Umsetzungsgesetze – Überblick über das seit dem 1. 1. 2003 geltende Recht der Arbeitnehmerüberlassung, NZA 2003, 238; *Kossens*, Das bleibt übrig, AuA 2003, 10; *Lembke*, Die „Hartz-Reform" des Arbeitnehmerüberlassungsgesetzes, BB 2003, 98; *Marschall*, Bekämpfung illegaler Beschäftigung, 3. Aufl. 2003; *Maschmann*, Leiharbeitnehmer und Betriebsratswahl nach dem BetrVG-Reformgesetz, DB 2001, 2446; *Niebler/Biebl/Ulrich*, Arbeitnehmerüberlassungsgesetz, 2. Aufl. 2003; *Pauly/Osnabrügge*, Das neue Arbeits- und Sozialrecht, 2003; *Postler*, Rechtsfragen der Neuregelung der Arbeitnehmerüberlassung, insbesondere zur Zulässigkeit der Kettenbefristung, NZA 1999, 179; *Rebhahn*, Die grenzüberschreitende Arbeitnehmerüberlassung, IPRax, 1988, 368; *Rieble/Klebeck*, Lohngleichheit für Leiharbeit, NZA 2003, 23; *Rosenstein*, Die Abgrenzung der Arbeitnehmerüberlassung vom Fremdfirmeneinsatz aufgrund Dienst- und Werkvertrag, 1997; *Sahl/Bachner*, Die Neuregelung der Arbeitnehmerüberlassung im Baugewerbe, NZA 1994, 1063; *Sandmann/Marschall*, Arbeitnehmerüberlassungsgesetz, Loseblatt; *Schaub*, Die Abgrenzung der gewerbsmäßigen Arbeitnehmerüberlassung von Dienst- und Werkverträgen sowie sonstigen Verträgen der Arbeitsleistung an Dritte, NZA 1985, Beil. 3, 1; *Schaub*, Flexibilisierung des Personaleinsatzes, BB 1998, 2106; *Schubel/Engelbrecht*, Kommentar zum Gesetz über die gewerbsmäßige Arbeitnehmerüberlassung, 1973; *Schüren*, Arbeitnehmerüberlassungsgesetz, 1994; *Schüren/Behrend*, Entstehen eines Arbeitsverhältnisses durch Arbeitnehmerüberlassung, RdA 2002, 108–110; *Thüsing*, Equal Pay bei Leiharbeit – Zur Reichweite der Gleichbehandlungspflicht nach dem AÜG, DB 2003, 446; *Ulber*, Arbeitnehmerüberlassungsgesetz und Arbeitnehmer-Entsendegesetz, 2. Aufl. 2002; *Windbichler*, Arbeitnehmerüberlassung im Konzern, SAE 1999, 84.

I. Erläuterungen

1. Ein Arbeitgeber, der als Verleiher Dritten (Entleihern) Arbeitnehmer (Leiharbeitnehmer) gewerbsmäßig zur Arbeitsleistung überlassen will, bedarf der Erlaubnis, § 1 Abs. 1 Satz 1 Arbeitnehmerüberlassungsgesetz (AÜG). Zu unterscheiden ist zwischen dem Anstellungsvertrag des Verleihers mit dem Arbeitnehmer (**M 10.1.1–10.1.2**) und dem Arbeitnehmerüberlassungsvertrag zwischen dem Verleiher und dem Entleiher (**M 10.2**). „**Überlassen**" wird der Arbeitnehmer, wenn er vollständig in den Betrieb des Dritten eingegliedert ist und nicht weiterhin allein für seinen Arbeitgeber tätig wird.[1] Verfolgen die beteiligten Arbeitgeber allerdings im Rahmen einer unternehmerischen Zusammenarbeit mit dem Einsatz ihrer Arbeitnehmer jeweils ihre eigenen Betriebszwecke, so handelt es sich nicht um Arbeitnehmerüberlassung.[2] Anders als bei der Arbeitsvermittlung bleibt bei der Arbeitnehmerüberlassung der Vertrag mit

---
1 BAG v. 3. 12. 1997, DB 1998, 1520.
2 BAG v. 25. 10. 2000, NZA 2001, 259.

dem Überlassenden unabhängig von dem konkreten Einsatz bei dem Übernehmer und damit auch nach Ende des konkreten Einsatzes bestehen.[3]

2. In der Praxis bereitet insbesondere die **Abgrenzung zwischen erlaubnisfreien Dienst- oder Werkverträgen und erlaubnispflichtiger Arbeitnehmerüberlassung** Schwierigkeiten. Bestimmt der Dienstherr oder Werkbesteller über den Einsatz der Arbeitnehmer nach Inhalt, Ort und Zeit, so spricht dies für eine Arbeitnehmerüberlassung. Weisungen, die ausschließlich auf das konkrete Werk bezogen sind, kann auch der Dienstherr bzw. Werkbesteller erteilen. Maßgeblich ist die praktische Umsetzung,[4] nicht der Wortlaut oder Inhalt des Vertrages. Setzt der Überlasser anstelle von Arbeitnehmern freie Mitarbeiter ein, besteht keine Arbeitnehmerüberlassung; handelt es sich jedoch um Scheinselbständige, so werden auch diese kraft der gesetzlichen Fiktion des § 10 Abs. 1 AÜG Arbeitnehmer des Entleihers. Das Recht des Arbeitnehmers, sich auf ein Arbeitsverhältnis mit dem Entleiher zu berufen, kann allerdings verwirken, wobei Zeiträume von drei Wochen bis zu vier Monaten nach Beendigung der Überlassung[5] angenommen werden. Die Abgrenzung spielt jetzt auch eine Rolle für den Anspruch des Leiharbeitnehmers auf Gleichbehandlung, § 10 Abs. 4 AÜG.

3. „**Gewerbsmäßig**" ist die Arbeitnehmerüberlassung, wenn sie nicht nur gelegentlich erfolgt, sondern auf eine gewisse Dauer angelegt ist und auf die Erzielung unmittelbarer oder mittelbarer wirtschaftlicher Vorteile ausgerichtet ist.[6] Die Rechtsprechung legt den Begriff der Erwerbsmäßigkeit **weit** aus. Nicht gewerbsmäßig ist im Wesentlichen nur die gelegentliche (ausnahmsweise) Arbeitnehmerüberlassung und die (seltene) Überlassung ohne Gewinnerzielungsabsicht, zB bei gemeinnützigen Organisationen. Für das **Baugewerbe** gelten weitere Einschränkungen (vgl. § 1b AÜG). Keine Arbeitnehmerüberlassung ist allerdings die Abordnung zu einer Arbeitsgemeinschaft (ARGE) unter den Voraussetzungen des § 1 Abs. 1 Satz 2 ff. AÜG. Die Überlassung von **Maschinen mit Personal** ist so lange keine Arbeitnehmerüberlassung, wie die Überlassung der Maschine Hauptvertragszweck ist und die Zurverfügungstellung des Personals nur dienende Funktion hat und ausschließlich dem Einsatz des Gerätes dient.[7] Für **ausländische Verleiher**, die Arbeitnehmer in das Inland verleihen, gelten überdies die Bestimmungen des Arbeitnehmer-Entsendegesetzes (AEntG). Ausnahmen von der Arbeitnehmerüberlassung regelt § 1 Abs. 3 AÜG. Insbesondere zu nennen sind die vorübergehende **konzerninterne Arbeitnehmerüberlassung** nach § 1 Abs. 3 Nr. 2 AÜG und die Überlassung zur Vermeidung von Kurzarbeit oder Entlassungen nach Maßgabe von § 1 Abs. 3 Nr. 1 und § 1a AÜG.

4. Hat der Verleiher nicht die nach § 1 AÜG erforderliche Erlaubnis, so entsteht kraft **gesetzlicher Fiktion des § 10 Abs. 1 AÜG** ein Arbeitsverhältnis zwischen Entleiher und Leiharbeitnehmer zu dem zwischen dem Entleiher und dem Verleiher für den Beginn der Tätigkeit vorgesehenen Zeitpunkt. Die Fiktion gilt mit allen Konsequenzen und erzeugt beispielsweise auch Ansprüche auf betriebliche Altersversorgung beim Entleiher.[8] Dem Arbeitnehmer soll aber nach verfassungskonformer Auslegung des

---

3 BVerfG v. 4. 4. 1967, DB 1967, 640; BAG v. 11. 9. 2001 – 1 ABR 14/01, EzA Nr. 10 zu § 99 BetrVG 1972 Einstellung, st.Rspr.
4 BGH v. 21. 1. 2003, NZA 2003, 616, 617.
5 LAG Köln v. 14. 11. 1991, LAGE § 242 Prozessverwirkung Nr. 5.
6 BAG v. 21. 3. 1990, DB 1991, 282.
7 BAG v. 17. 2. 1993, DB 1993, 2287.
8 BAG v. 18. 2. 2003 – 3 AZR 160/02, PM 12/02, EzA-SD 7/2003, S. 5.

§ 10 Abs. 1 AÜG ein Widerspruchsrecht gegen die zwingende Fiktion eines Arbeitsverhältnisses mit dem Entleiher zustehen.[9]

5. Die Überlassungshöchstdauer betrug nach der Änderung des AÜG durch das Job-AQTIV-Gesetz bei gewerblicher Arbeitnehmerüberlassung 24 Monate, § 3 Abs. 1 Nr. 6 AÜG aF; diese Regelung ist durch das Erste Gesetz für moderne Dienstleistungen am Arbeitsmarkt aufgehoben, so dass nunmehr eine zeitliche Begrenzung nicht mehr existiert. Zudem wurde das besondere Befristungsverbot (§ 3 Abs. 1 Nr. 3 AÜG aF), das Wiedereinstellungsverbot (Nr. 4 aF) und das Synchronisationsverbot (Nr. 5 aF) aufgehoben. Damit gelten jetzt auch für Leiharbeitsverhältnisse die §§ 14 ff. TzBfG.[10]

6. Im Gegenzug dazu hat der Gesetzgeber den **Grundsatz der Gleichbehandlung** von Leiharbeitnehmern und vergleichbaren Arbeitnehmern des Entleihers normiert, §§ 3 Abs. 1 Nr. 3, 9 Nr. 2, 10 Abs. 4 AÜG. Diese Gleichbehandlung gilt grundsätzlich ab dem ersten Tag der Beschäftigung; ausnahmsweise kann einmalig für die ersten sechs Wochen der Überlassung eines zuvor arbeitslosen Leiharbeitnehmers ein Nettoarbeitsentgelt vereinbart werden, das mindestens die Höhe des zuletzt bezogenen Arbeitslosengeldes erreicht, § 9 Nr. 2 AÜG. Auch durch Tarifvertrag oder arbeitsvertraglich vereinbarte Anwendung eines solchen Tarifvertrages kann zuungunsten eines Leiharbeitnehmers bei den Arbeitsbedingungen von denen vergleichbarer Arbeitnehmer im Entleiherbetrieb abgewichen werden. Der Gleichbehandlungsgrundsatz gilt aber wohl nicht während verleihfreier Zeiten (vgl. § 11 Abs. 1 Nr. 2 AÜG);[11] ein sachlicher Grund für andere Arbeitsbedingungen während dieser Zeiten liegt in dem Umstand, dass der Arbeitnehmer dann keine Arbeitsleistung erbringt.[12]

Problematisch ist die Frage, wann Arbeitnehmer **vergleichbar** sind. Nach der Ansicht des Gesetzgebers sind Leiharbeitnehmer mit solchen Arbeitnehmern des Entleihers vergleichbar, die dieselbe oder zumindest ähnliche Tätigkeiten ausführen.[13] Offen ist, ob zudem Berufserfahrung, Qualifikation, Kompetenz, Arbeitsort sowie Lage und Dauer der Arbeitszeit ausschlaggebend sind. Nicht vergleichbar sind wahrscheinlich teilzeit- und vollzeitbeschäftigte Arbeitnehmer oder Arbeitnehmer mit unterschiedlicher Lage der Arbeitszeit (Tag- und Nachtschicht).[14] Fehlt es an einem vergleichbaren Arbeitnehmer beim Entleiher, ist fraglich, ob nach § 612 Abs. 2 BGB ein vergleich-

---

9 Hessisches LAG v. 6.3. 2001, DB 2001, 2104; BAG v. 28.6. 2000, NZA 2000, 1160; krit. *Düwell*, BB 2002, 98, 99.
10 *Bauer/Krets*, NJW 2003, 537, 540; vgl. hierzu Kap. 6 I. 1. Bei § 14 Abs. Nr. 1 TzBfG (Befristung bei vorübergehendem Bedarf) ist Vorsicht geboten, da die Anwendbarkeit für Leiharbeitnehmer noch nicht geklärt ist. Dafür, wenn der vorübergehende Bedarf **beim Verleiher** besteht: *Kokemoor*, NZA 2003, 238, 241 und *Bauer/Krets*, NJW 2003, 537, 540. Nach aA ist § 14 Abs. 1 Nr. 1 TzBfG unanwendbar, da der Verleiher mittels einer Befristung das von ihm nach § 3 und § 11 Abs. 4 Satz 2 AÜG zu tragende Beschäftigungsrisiko abwälzen könnte, ErfK/*Wank*, Einl. AÜG Rz. 7.
11 Für **verleihfreie** Zeiten darf der Verleiher als Vertragsarbeitgeber daher den Lohn mit dem Arbeitnehmer frei vereinbaren, wenn kein Tarifvertrag gilt. Untergrenze ist nach § 11 Abs. 4 Satz 2 AÜG § 615 Satz 1 BGB, wonach der Verleiher das Beschäftigungsrisiko nicht auf den Arbeitnehmer abwälzen darf, ErfK/*Wank*, Einl. AÜG Rz. 27. Daher muss der Arbeitnehmer auch Vergütung erhalten, wenn er nicht verliehen ist.
12 *Lembke*, BB 2003, 98, 103.
13 BT-Drucks. 15/25, S. 38.
14 *Bauer/Krets*, NJW 2003, 537, 538.

barer Arbeitnehmer eines anderen Betriebes oder ein Tarifvertrag heranzuziehen ist[15] oder ob die Regelung schlicht unanwendbar ist.[16] Ungeregelt ist auch der Fall mehrerer vergleichbarer Arbeitnehmer mit unterschiedlichen Vertragsbedingungen: Eine Orientierung an dem ungünstigsten Vertrag scheint angebracht, da es verfehlt ist, den Leiharbeitnehmer besser als einige Arbeitnehmer im Entleihbetrieb zu stellen.[17]

Die Gleichbehandlung erstreckt sich auf alle wesentlichen Arbeitsbedingungen einschließlich des Arbeitsentgelts. Die Gesetzesbegründung fasst unter wesentliche Arbeitsbedingungen alle nach dem allgemeinen Arbeitsrecht vereinbarten Bedingungen, wie Dauer der Arbeitszeit und des Urlaubs oder die Nutzung sozialer Einrichtungen. Arbeitsentgelt soll im weiteren Sinn zu verstehen sein, also nicht nur das laufende Entgelt, sondern auch Zuschläge, Ansprüche auf Entgeltfortzahlung und Sozialleistungen und andere Lohnbestandteile umfassen.[18] Offen ist, ob für den Leiharbeitnehmer jeweils die günstigeren Bedingungen nach den Regeln eines Sachgruppenvergleichs aus den Arbeitsbedingungen des Verleihers und des Entleihers gelten oder ob nur die einen oder anderen Bedingungen insgesamt zur Anwendung kommen. Für Letzteres spricht, daß nur dies eine mögliche Besserstellung des Leiharbeitnehmers gegenüber Arbeitnehmern beim Entleiher vermeidet.[19] Die Durchführung des „equal pay"-Grundsatzes wird in der Praxis nicht möglich sein, da sich dadurch Leiharbeit so verteuert, dass sie für den Entleiher unattraktiv wird. Daher kommt es maßgeblich auf den Inhalt entsprechender Tarifverträge an und deren Übernahme in die Arbeitsverträge.

Wird der Grundsatz des equal pay nicht beachtet, führt dies nicht nur zur Versagung, zur Rücknahme oder zum Widerruf der Verleiherlaubnis, sondern auch zur Unwirksamkeit der entsprechenden vertraglichen Vereinbarung mit dem Arbeitnehmer, § 9 Abs. 1 Nr. 2 AÜG iVm. § 3 Abs. 1 Nr. 3 AÜG. Da die Unwirksamkeit allein dem Leiharbeitnehmer noch keinen Vorteil bringt, kann er nach § 10 Abs. 4 AÜG statt der unwirksamen Arbeitsbedingungen diejenigen eines vergleichbaren Stammarbeitnehmers des Entleihers verlangen.[20]

7. Nach § 11 Abs. 1 AÜG aF war der Verleiher verpflichtet, den wesentlichen Inhalt des Arbeitsverhältnisses in einer von ihm zu unterzeichnende Urkunde aufzunehmen, zB die Zusammensetzung und Höhe des Arbeitsentgelts einschließlich Zuschlägen, Zulagen, Prämien und Sonderzahlungen sowie andere Bestandteile des Arbeitsentgelts und deren Fälligkeit. Nach § 11 Abs. 1 AÜG gelten die Vorschriften des Nachweisgesetzes, ergänzt durch die für das Leiharbeitsverhältnis spezifischen Angaben der Nummern 1 und 2. Materiell ändert sich hierdurch wenig, weil die Dokumentationspflichten des Arbeitnehmerüberlassungsgesetzes den Anforderungen von § 3 NachwG ohnehin im Wesentlichen entsprachen.

§ 2 Abs. 1 Satz 2 Nr. 6 NachwG schreibt hinsichtlich des Arbeitsentgelts dieselben Angaben vor wie § 11 Abs. 1 AÜG aF. Probleme bereitet aber in diesem Zusammenhang die grundlegende Änderung der Arbeitsbedingungen durch § 3 Abs. 1 Nr. 3 AÜG. Soweit kein Tarifvertrag vereinbart ist, hat der Arbeitnehmer Anspruch auf

---
15 *Lembke*, BB 2003, 98, 100.
16 *Thüsing*, DB 2003, 446, 447.
17 *Lembke*, BB 2003, 98, 101; *Thüsing*, DB 2003, 446, 448.
18 BT-Drucks. 15/25, S. 38.
19 *Thüsing*, DB 2003, 446, 447.
20 Dazu *Bauer/Krets*, NJW 2003, 537, 540.

Arbeitsentgelt, das im Entleiherbetrieb gezahlt wird. Bei jedem Wechsel des Entleihers ändert sich daher das vom Verleiher zu zahlende Mindestentgelt. Im Zeitpunkt des Vertragsschlusses zwischen Verleiher und Leiharbeitnehmer ist aber noch nicht absehbar, welche Mindestvergütung der Arbeitnehmer jeweils verlangen kann. Andererseits wird eine allgemeine Angabe, er erhalte das für einen vergleichbaren Arbeitnehmer im Entleiherbetrieb geltende Arbeitsentgelt, wohl nicht ausreichen, da sie nur die gesetzliche Vorschrift wiederholt. Richtigerweise muss der Verleiher dem Leiharbeitnehmer daher bei Beginn des Leiharbeitsverhältnisses die bei der ersten Überlassung zu zahlende Vergütung mitteilen. Zusätzlich ist nach § 11 Abs. 1 Nr. 2 AÜG Art und Höhe der Leistung für Zeiten anzugeben, in denen der Leiharbeitnehmer nicht verliehen ist. Ist die Erstüberlassung noch nicht absehbar, genügt die Angabe nach § 11 Abs. 1 Nr. 2 AÜG. Bei jeder Folgeüberlassung gilt § 3 Satz 1 NachwG, wonach das neue Arbeitsentgelt – das dem Entgelt eines vergleichbaren Arbeitnehmers beim neuen Entleiher entspricht – dem Arbeitnehmer spätestens einen Monat nach der Änderung schriftlich mitzuteilen ist.[21]

8. Vor Übernahme eines Leiharbeitnehmers ist der **Betriebsrat des Entleiherbetriebes** nach § 99 BetrVG zu beteiligen, § 14 Abs. 3 AÜG. Er kann auch Mitbestimmungsrechte nach § 87 Abs. 1 Nr. 2 BetrVG für die Leiharbeitnehmer ausüben.[22] Maßgeblich dafür, ob der Betriebsrat des Verleiherbetriebes oder derjenige des Entleiherbetriebes mitzubestimmen hat ist, ob der Verleiher oder der Entleiher die mitbestimmungspflichtige Entscheidung trifft.[23] Leiharbeitnehmer, die voraussichtlich länger als drei Monate beim Entleiher eingesetzt werden, sind nach § 7 Abs. 2 BetrVG nunmehr aktiv wahlberechtigt bei der Betriebsratswahl im Entleiherbetrieb, ebenso wie bei Aufsichtsratswahlen im mitbestimmten Entleiherunternehmen, § 10 Abs. 2 Satz 2 MitBestG; § 76 Abs. 2 Satz 1 BetrVG 1952 iVm. § 7 Satz 2 BetrVG. Ein passives Wahlrecht besteht für Leiharbeitnehmer bei Betriebsratswahlen im Entleiherbetrieb allerdings nicht (vgl. § 14 Abs. 2 Satz 1 AÜG).[24] Zur Ermittlung der Schwellenwerte für die Größe des Betriebsrates zählen Leiharbeitnehmer im Entleihbetrieb allerdings nicht mit, sie „wählen, aber zählen nicht".[25] Handelt es sich allerdings um einen (echten) Dienst- oder Werkvertrag, so bestehen im Regelfall mangels Eingliederung in den Entleiherbetrieb ohnehin keine Mitbestimmungsrechte des Betriebsrates.

Der Betriebsrat des Verleiherbetriebs hat wohl ebenfalls ein Mitbestimmungsrecht nach § 99 BetrVG, wenn aufgrund des Gleichbehandlungsgrundsatzes die Arbeitsbedingungen des Arbeitnehmers geändert werden; es handelt sich dann um eine mitbestimmungspflichtige Umgruppierung.[26]

---

21 Vgl. *Bauer/Krets*, NJW 2003, 537, 540.
22 BAG v. 15. 12. 1992, DB 1993, 888.
23 BAG v. 19. 6. 2001 – 1 ABR 43/00, DB 2001, 2301: Die Entsendung von Leiharbeitnehmern in Betriebe, deren betriebsübliche Arbeitszeit die vom Leiharbeitnehmer vertraglich geschuldete Arbeitszeit übersteigt, ist nach § 87 Abs. 1 Nr. 3 BetrVG mitbestimmungspflichtig, sofern die Entsendung für eine entsprechend verlängerte Arbeitszeit erfolgt. Das Mitbestimmungsrecht steht dem beim Verleiher gebildeten Betriebsrat zu.
24 Zum Wahlrecht der Leiharbeitnehmer vgl. *Maschmann*, DB 2001, 2446.
25 BAG v. 16. 4. 2003, NZA 2003, 1345, 1346; das gilt wohl auch für die Zahl der freizustellenden Betriebsratsmitglieder nach § 38 BetrVG.
26 *Lembke*, BB 2003, 98, 103.

9. Der Verleiher kann dem Entleiher nicht untersagen, **den Leiharbeitnehmer** zu einem Zeitpunkt **einzustellen**, in dem dessen Arbeitsverhältnis zum Verleiher nicht mehr besteht, § 9 Nr. 3 AÜG. Auch entsprechende Vereinbarungen zwischen dem Verleiher und dem Leiharbeitnehmer sind unwirksam, § 9 Nr. 4 AÜG. Soweit sein Vertrag mit dem Verleiher aus dem in § 9 Nr. 1 genannten Grund unwirksam ist, kann der Leiharbeitnehmer von dem Verleiher Schadensersatz verlangen, es sei denn, ihm war der Grund der Unwirksamkeit bekannt, § 10 Abs. 2 AÜG.

10. Auf vor dem 1. 1. 2003 begründete Leiharbeitsverhältnisse sind bis zum 31. 12. 2003 im Wesentlichen die vor dem 1. 1. 2003 geltenden Vorschriften anzuwenden, § 19 Satz 1 AÜG.[27] Eine Ausnahme gilt für Verträge im Geltungsbereich eines nach dem 15. 11. 2002 in Kraft tretenden Tarifvertrags, der die wesentlichen Arbeitsbedingungen einschließlich des Arbeitsentgelts im Sinne des § 3 Abs. 1 Nr. 3 und des § 9 Nr. 2 regelt, § 19 Satz 2 AÜG.

---

[27] Vgl. hierzu die Vorauflage und das Job-AQTIV-Gesetz.

II. Muster

10.1.1 Anstellungsvertrag zwischen Arbeitnehmer und Verleiher ohne Bezugnahme auf einen Tarifvertrag[1]

zwischen

der Firma ...

Anschrift ...[2]

(i. F. Firma)

und

Herrn/Frau ...

wohnhaft in ...

geboren am ... in ...[3]

Staatsangehörigkeit ...

---

[1] Gem. § 11 AÜG ist der Verleiher verpflichtet, die wesentlichen Vertragsbedingungen des Leiharbeitsverhältnisses entsprechend § 2 Abs. 1 NachwG in die Niederschrift aufzunehmen. Der Vertrag enthält vorsorglich zahlreiche Regelungen, die sich auch aus den gesetzlichen Vorschriften bereits ergeben. Bei den jeweiligen vertraglichen Regelungen wird auf die zugrunde liegende Bestimmung verwiesen.

[2] Gem. § 11 Abs. 1 Satz 2 Nr. 1 AÜG ist neben der Firma auch die Anschrift des Verleihers anzugeben.

[3] Anzugeben sind Vor- und Familiennamen, Wohnort und Wohnung, vgl. § 11 Abs. 1 AÜG, § 2 Abs. 1 Satz 2 Nr. 1 NachwG.

M 10.1.1

Vorbemerkung:

Derzeitiger Unternehmensgegenstand der Firma ist ua. . . . . Die Firma stellt außerdem ihren Kunden zur Erledigung von Aufgaben vorübergehend, vorwiegend aushilfsweise, Personal zur Verfügung. Die Firma ist seit dem . . .[4] im Besitz der Erlaubnis zur Arbeitnehmerüberlassung nach § 1 des Gesetzes zur Regelung der gewerbsmäßigen Arbeitnehmerüberlassung (Arbeitnehmerüberlassungsgesetz – AÜG). Die Erlaubnis wurde von der Bundesagentur für Arbeit, Regionaldirektion . . ., in . . . am . . . erteilt.[5] Die Firma beabsichtigt, Herrn/Frau . . . je nach Auftragslage entweder im eigenen Rohrleitungsbau oder bei Kunden (= Entleihern) einzusetzen. Dies vorausgeschickt wird folgender Arbeitsvertrag geschlossen:

I. Allgemeine Regelungen des Arbeitsverhältnisses

§ 1 Beginn des Arbeitsverhältnisses[6]

(1) Das Arbeitsverhältnis beginnt am . . . .

eventuell

(2) Das Arbeitsverhältnis wird auf unbestimmte Zeit abgeschlossen.

oder

(2) Das Arbeitsverhältnis wird befristet abgeschlossen bis zum . . . .[7]

§ 2 Tätigkeit[8]

(1) Herr/Frau . . . wird als . . . eingestellt.

(2) Die Firma behält sich vor, Herrn/Frau . . . auch eine andere oder zusätzliche, der Vorbildung und den Fähigkeiten entsprechende Tätigkeit zu übertragen. Herrn/Frau . . . kann vorübergehend auch mit weniger qualifizierten Arbeiten beauftragt werden, soweit dies seiner/ihrer Ausbildung oder seiner/ihrer beruflichen Entwicklung nicht entgegensteht. Während dieser Zeit behält er/sie seinen/ihren vertraglich zugesicherten Lohnanspruch.

(3) Herr/Frau . . . ist verpflichtet, die Belange der Firma zu wahren und die ihm/ihr übertragenen Aufgaben gewissenhaft und nach bestem Können auszuführen, alle ihm/ihr zumutbaren Arbeiten zu erledigen und auch an auswärtigen Arbeitsplätzen der Firma zu arbeiten.

---

[4] Vgl. § 11 Abs. 1 Satz 2 Nr. 1 AÜG.

[5] In dem Vertrag muss die Erlaubnisbehörde angegeben werden, vgl. § 11 Abs. 1 Satz 2 Nr. 1 AÜG.

[6] Anzugeben sind Beginn und Dauer des Arbeitsverhältnisses, vgl. § 11 Abs. 1 AÜG, § 2 Abs. 1 Satz 2 Nr. 2 und 3 NachwG.

[7] Für eine Befristung gilt nach neuem Recht nunmehr das Teilzeit- und Befristungsgesetz uneingeschränkt. Nach § 11 Abs. 1 Satz 2 AÜG, § 2 Abs. 1 Nr. 3 NachwG ist die vorhersehbare Dauer der Befristung anzugeben.

[8] Gem. § 11 Abs. 1 AÜG, § 2 Abs. 1 Satz 2 Nr. 5 NachwG ist im Vertrag anzugeben eine kurze Charakterisierung oder Beschreibung der von dem Leiharbeitnehmer zu leistenden Tätigkeit, dafür erforderliche Qualifikationen, ein Hinweis darauf, dass der Arbeitnehmer an verschiedenen Orten beschäftigt wird, und eine etwaige Pflicht zur auswärtigen Leistung.

(4) Herr/Frau ... ist verpflichtet, auch bei Kunden (= Entleihern) der Firma als ... tätig zu werden. Diese Verpflichtung gilt auch für Einsätze außerhalb von ....

(5) Die Firma ist berechtigt, Herrn/Frau ... jederzeit von seinem/ihrem Einsatzort abzuberufen und anderweitig einzusetzen.[9] Solange Herr/Frau ... bei Kunden der Firma eingesetzt ist, unterliegt er/sie dem Weisungsrecht des Kunden, jedoch nur im Rahmen dieses Vertrages.

(6) Herr/Frau ... ist nicht verpflichtet, bei einem Kunden tätig zu werden, soweit dieser durch einen Arbeitskampf unmittelbar betroffen ist.[10]

§ 3 Arbeitszeit[11]

(1) Die regelmäßige Arbeitszeit beträgt ... Stunden wöchentlich.

(2) Die derzeitige Lage und Verteilung der Arbeitszeit ist bekannt gemacht worden. Die Firma ist berechtigt, aus betrieblichen Gründen die Lage und Verteilung der täglichen Arbeitszeit und der Pausen einseitig zu ändern.

Wird Herr/Frau ... bei Kunden eingesetzt, muss er/sie die dort geltenden Arbeits- und Pausenzeiten einhalten.

(3) Herr/Frau ... ist verpflichtet, Überstunden/Mehrarbeit, Nacht-, Schicht-, Sonntags- und Feiertagsarbeit zu leisten, sofern dies aus betrieblichen Gründen erforderlich ist.

§ 4 Vergütung[12]

(1) Herr/Frau ... erhält für seine/ihre vertragliche Tätigkeit für Zeiten, während deren er/sie nicht verliehen ist, einen Stundenlohn von Euro ... brutto.[13]

(2) Die Vergütung ist jeweils am ... fällig. Die Auszahlung erfolgt bargeldlos.

§ 5 Weihnachtsgratifikation[14]

(1) Die Firma gewährt eine jederzeit widerrufliche Weihnachtsgratifikation in Höhe von Euro ....

oder

..., deren Höhe sich nach den entsprechenden Bestimmungen des Tarifvertrages ... richtet.

Die Weihnachtsgratifikation wird mit dem November-Gehalt ausbezahlt.

---

9 Vgl. § 11 Abs. 1 AÜG, § 2 Abs. 1 Satz 2 Nr. 4 NachwG.
10 Vgl. § 11 Abs. 5 Satz 1 und 2 AÜG. In den Fällen eines Arbeitskampfes hat der Verleiher den Leiharbeitnehmer auf das Recht, die Arbeitsleistung zu verweigern, sogar hinzuweisen.
11 Vgl. § 11 Abs. 1 AÜG, § 2 Abs. 1 Satz 2 Nr. 7 NachwG.
12 Anzugeben ist die Zusammensetzung und Höhe des Arbeitsentgelts einschließlich der Zuschläge, Zulagen, Prämien und Sonderzahlungen sowie andere Bestandteile des Arbeitsentgelts und der Fälligkeit, vgl. § 11 Abs. 1 AÜG, § 2 Abs. 1 Satz 2 Nr. 6 NachwG.
13 Gem. § 11 Abs. 1 Satz 2 Nr. 2 sind im Arbeitsvertrag anzugeben Art und Höhe der Leistungen für Zeiten, in denen der Leiharbeitnehmer nicht verliehen ist.
14 Vgl. § 11 Abs. 1 AÜG, § 2 Abs. 1 Satz 2 Nr. 6 NachwG.

(2) Der Anspruch auf Gratifikation ist ausgeschlossen, wenn das Arbeitsverhältnis im Zeitpunkt der Auszahlung oder bis zum 31. Dezember von einem der Vertragsteile gekündigt wird oder infolge Aufhebungsvertrages endet. Dies gilt jedoch nicht, wenn die Kündigung aus betriebsbedingten oder aus personenbedingten, vom Arbeitnehmer nicht zu vertretenden Gründen erfolgt.

(3) Herr/Frau ... ist verpflichtet, die Gratifikation zurückzuzahlen, wenn er/sie aufgrund eigener Kündigung oder aufgrund außerordentlicher oder verhaltensbedingter Kündigung der Firma aus einem von ihm/ihr zu vertretenden Grund bis zum 31. März des auf die Auszahlung folgenden Kalenderjahres oder, sofern die Gratifikation eine Monatsvergütung übersteigt, bis zum 30. Juni des auf die Auszahlung folgenden Kalenderjahres ausscheidet.

§ 6 Sonstige Nebenleistungen[15]

(1) Die Firma bezahlt ein **Urlaubsgeld** in Höhe von Euro ....

oder

..., dessen Höhe sich nach den entsprechenden Bestimmungen des einschlägigen Tarifvertrages ... richtet.

oder

Herr/Frau ... erhält mit dem Mai-Gehalt eine **Urlaubsgratifikation** von Euro .... Die Urlaubsgratifikation steht Herrn/Frau ... nur zu, wenn er/sie sich am 1. Mai des Urlaubsjahres in einem ungekündigten Arbeitsverhältnis befindet. Scheidet Herr/Frau ... nach Empfang der Gratifikation bis zum 30. September des Urlaubsjahres aus dem Arbeitsverhältnis aus, ist er/sie zur Rückzahlung der Urlaubsgratifikation verpflichtet. Dies gilt nicht, wenn das Arbeitsverhältnis aus betriebsbedingten oder aus anderen Gründen, die Herr/Frau ... nicht zu vertreten hat, endet.

(2) Die Firma gewährt **vermögenswirksame Leistungen** entsprechend den Bestimmungen des einschlägigen Tarifvertrages ....

oder

Die Firma gewährt **vermögenswirksame Leistungen** nach den jeweils gültigen gesetzlichen Bestimmungen in Höhe von monatlich Euro ....

(3) Herr/Frau ... erhält einen Zuschuss zu den ihm/ihr durch die Ausübung seiner/ihrer Aufgaben im Rahmen dieses Vertrages entstehenden Aufwendungen gemäß den jeweiligen betriebsüblichen Sätzen. Die derzeit gültige betriebliche Spesenregelung ist diesem Vertrag als **Anlage 1** beigefügt.

§ 7 Arbeitsverhinderung/Entgeltfortzahlung

(1) Herr/Frau ... ist verpflichtet, der Firma jede Arbeitsverhinderung und ihre voraussichtliche Dauer unverzüglich, spätestens jedoch bis ... Uhr, anzuzeigen. Die Benachrichtigung muss auf dem schnellsten Beförderungswege, notfalls fernmündlich, per Telefax oder telegrafisch erfolgen. Diese Verpflichtung gilt auch, wenn aus Gründen, die der Mitarbeiter nicht zu vertreten hat, die von der Firma mit dem Kunden verein-

---

15 Vgl. § 11 Abs. 1 AÜG, § 2 Abs. 1 Satz 2 Nr. 6 NachwG: Sonderzahlungen sowie andere Bestandteile des Arbeitsentgelts sind anzugeben.

barte Einsatzzeit nicht oder nicht voll abgeleistet werden kann, zB weil der Kunde keinen oder nur einen kürzeren Einsatz ermöglicht.

(2) Im Falle einer Erkrankung ist Herr/Frau ... außerdem verpflichtet, diese spätestens bis zum Ablauf des dritten Tages durch ein ärztliches Attest nachzuweisen. Dauert die Arbeitsunfähigkeit länger als in der Bescheinigung angegeben, so ist Herr/Frau ... verpflichtet, eine neue ärztliche Bescheinigung innerhalb von drei weiteren Kalendertagen vorzulegen.

(3) Ist Herr/Frau ... infolge Krankheit an seiner/ihrer Arbeitsleistung verhindert, ohne dass ihn/sie ein Verschulden trifft, wird das Arbeitsentgelt nach den gesetzlichen Vorschriften fortgezahlt.

(4) Durch Nichteinsatz wird der Vergütungsanspruch des Mitarbeiters nach § 4 Abs. 1 nicht berührt, sofern Herr/Frau ... seine/ihre Arbeitskraft rechtzeitig anbietet und der Firma während der üblichen Arbeitszeit zur Verfügung steht.[16] § 615 Satz 2 BGB bleibt unberührt.

§ 8 Urlaub[17]

(1) Herr/Frau ... hat in jedem Kalenderjahr Anspruch auf Erholungsurlaub unter Fortzahlung der Bezüge. Der Jahresurlaub beträgt ... Werktage.

(2) Der Zeitpunkt des Jahresurlaubes wird nach den Wünschen des Arbeitnehmers unter Berücksichtigung der betrieblichen Erfordernisse von der Firma festgelegt.

(3) Herr/Frau ... erhält für jeden vollen Monat des Bestehens des Arbeitsverhältnisses ein Zwölftel des ihm zustehenden Jahresurlaubes. Der Anspruch auf den vollen Jahresurlaub entsteht erstmals nach 6-monatiger ununterbrochener Betriebszugehörigkeit.

(4) Das Urlaubsentgelt bemisst sich nach dem durchschnittlichen Arbeitsverdienst, das der Arbeitnehmer in den letzten 13 Wochen vor dem Beginn des Urlaubs erhalten hat. Bei Verdiensterhöhungen nicht nur vorübergehender Natur, die während des Berechnungszeitraumes oder des Urlaubs eintreten, ist von dem erhöhten Verdienst auszugehen. Verdienstkürzungen, die im Berechnungszeitraum infolge von Kurzarbeit, Arbeitsausfällen oder unverschuldeter Arbeitsversäumnis eintreten, bleiben für die Berechnung des Urlaubsentgeltes außer Betracht.

II. Regelungen für die Zeiten, in denen Herr/Frau ... verliehen ist (Verleihzeiten)

Für die Zeiten, in denen Herr/Frau ... verliehen ist, werden jeweils gesondert nach Maßgabe von § 9 Nr. 2 AÜG die wesentlichen Arbeitsbedingungen für einen vergleichbaren Arbeitnehmer des Entleihers vereinbart. Herr/Frau ... erhält dazu jeweils einen gesonderten Nachweis. Dies gilt nicht, soweit beim Entleiher schlechtere Arbeitsbedingungen als gem. oben I. bei der Firma gelten.[18]

---

16 § 615 BGB kann nicht ausgeschlossen werden, § 11 Abs. 4 Satz 2 AÜG.
17 Vgl. § 11 Abs. 1 AÜG, § 2 Abs. 1 Satz 2 Nr. 8 NachwG, Urlaub.
18 Es ist offen, ob die Regelung ausreichend konkret im Sinne von § 307 BGB ist. Eine weitere Konkretisierung ist jedoch aufgrund der unscharfen Fassung des § 9 Nr. 2 AÜG nicht möglich. Sie muss dem über die Bedingungen beim Entleiher auszustellenden Nachweis vorbehalten bleiben. Es empfiehlt sich allerdings, den Nachweis binnen eines Monats nach Auf-

III. Sonstige Bestimmungen des Arbeitsverhältnisses[19]

§ 1 Verschwiegenheitspflicht[20]

Herr/Frau ... hat über alle im Rahmen der Tätigkeit zur Kenntnis gelangenden vertraulichen geschäftlichen Angelegenheiten und Vorgänge der Firma und der Kunden, insbesondere über Geschäfts- und Betriebsgeheimnisse, Stillschweigen gegenüber Unbefugten – auch innerhalb des Unternehmens – zu bewahren. Diese Verpflichtung gilt auch nach Beendigung des Vertragsverhältnisses.

§ 2 Nebenbeschäftigung[21]

Eine Nebenbeschäftigung während des Bestehens des Arbeitsverhältnisses ist unzulässig, weil berechtigte Interessen der Firma berührt werden. Die Aufnahme einer Nebentätigkeit bedarf der vorherigen Anzeige gegenüber der Firma. Sofern diese Einwendungen erhebt, darf die Nebentätigkeit nicht aufgenommen werden.

§ 3 Beendigung des Arbeitsverhältnisses[22]

(1) Das Arbeitsverhältnis endet spätestens mit Vollendung des 65. Lebensjahres bzw. der zum Zeitpunkt des Abschlusses dieses Vertrages dem 65. Lebensjahr entsprechenden Altersgrenze in der gesetzlichen Rentenversicherung.

(2) Die beiderseitige Kündigungsfrist beträgt zwei Wochen. Jede Verlängerung der Kündigungsfrist gilt für beide Vertragsparteien. Jede Kündigung bedarf der Schriftform.

oder

(2) Die beiderseitige Kündigungsfrist beträgt einen Monat zum Monatsende/sechs Wochen zum Quartalsende. Jede Verlängerung der Kündigungsfrist gilt für beide Vertragsparteien. Jede Kündigung bedarf der Schriftform.

---

nahme der Tätigkeit beim Entleiher auch dann zu erteilen, wenn die Bedingungen sich nicht geändert haben.
19 Der „equal pay"-Grundsatz gilt nur für „wesentliche Arbeitsbedingungen". Darunter versteht der Gesetzgeber – BT-Drucks. 15/25, S. 83 – alle nach allgemeinem Arbeitsrecht vereinbarten Bedingungen, wie Dauer der Arbeitszeit und des Urlaubs oder Nutzung sozialer Einrichtungen. Die Kommission – vgl. KOM (2002) 701 endgültig (28. 11. 2002), Art. 3 lit. f – versteht darunter Bedingungen, die durch Gesetz, Verordnung, Verwaltungsvorschrift, Tarifvertrag und/oder sonstige Bestimmungen allgemeiner Art festgelegt sind und sich auf folgende Punkte beziehen: Dauer der Arbeitszeit, Überstunden, Pausen, Ruhezeiten, Nachtarbeit, bezahlter Urlaub, arbeitsfreie Tage, Arbeitsentgelt (vgl. im Einzelnen *Bauer/Krets*, NJW 2003, 537, 538). Demnach dürften die unter III. gefassten Regelungen jedenfalls nicht zu den wesentlichen Arbeitsbedingungen zählen.
20 Diese Regelung ist nach dem AÜG nicht vorgeschrieben, kann aber in die Urkunde aufgenommen werden.
21 Diese Regelung ist nach dem AÜG nicht vorgeschrieben, kann aber in die Urkunde aufgenommen werden.
22 Gem. § 11 Abs. 1 AÜG, § 2 Abs. 1 Satz 2 Nr. 9 NachwG sind die Fristen für die Kündigung des Arbeitsverhältnisses gem. III. § 3 Abs. 2 des Musters anzugeben.

(3) Das Recht zur außerordentlichen Kündigung bleibt hiervon unberührt. Ein wichtiger Grund iSd. § 626 BGB liegt insbesondere vor:

– ...

– ...

– ...

(4) Zur Kündigung bevollmächtigt sind die jeweils zuständigen Regionalleiter, Niederlassungsleiter und . . . .

(5) Die Firma ist berechtigt, Herrn/Frau ... nach Ausspruch einer Kündigung, gleich durch welche Vertragspartei, unter Fortzahlung der Bezüge von der Arbeit freizustellen. Ein Weiterbeschäftigungsanspruch ist insoweit ausgeschlossen.

eventuell

(6) Das Arbeitsverhältnis endet auf Wunsch des Mitarbeiters am . . . . Grund für diese vereinbarte Befristung ist . . . .

Der Mitarbeiter bestätigt ausdrücklich durch seine Unterschrift, dass diese Befristung ausschließlich auf seinen Wunsch erfolgt.

§ 4 Rückgabepflicht

Auf Verlangen der Firma, spätestens aber bei Beendigung des Arbeitsverhältnisses sind sämtliche der Firma zustehenden Gegenstände sowie Firmenunterlagen nebst Kopien und handschriftlichen Aufzeichnungen zu betrieblichen Vorgängen herauszugeben. Ein Zurückbehaltungsrecht besteht nicht.

§ 5 Ärztliche Untersuchung

Herr/Frau ... erklärt sich bereit, sich auf Verlangen der Firma ärztlich untersuchen zu lassen. Die hierdurch anfallenden Kosten trägt die Firma. Herr/Frau ... befreit den untersuchenden Arzt von der ärztlichen Schweigepflicht, soweit das Untersuchungsergebnis Einfluss auf seine/ihre Einsatzfähigkeit haben kann.

§ 6 Merkblatt/Informationsschrift

Herr/Frau ... bestätigt, das Merkblatt für Leiharbeitnehmer der Bundesagentur für Arbeit in seiner/ihrer Muttersprache,[23] und zwar der ... Sprache, sowie ein von der Firma unterschriebenes Exemplar des Mitarbeitervertrages ebenfalls in dieser Sprache erhalten zu haben.[24]

---

23 Gem. § 11 Abs. 2 AÜG ist der Verleiher verpflichtet, dem Leiharbeitnehmer auf dessen Verlangen hin bei Vertragsschluss das Merkblatt der Erlaubnisbehörde in der Muttersprache des Arbeitnehmers auf Kosten des Verleihers zu übergeben.
24 Gem. § 11 Abs. 2 AÜG hat der Verleiher dem Leiharbeitnehmer den Nachweis über die Vertragsbedingungen auszuhändigen. Auf Verlangen muss dies ebenfalls in der Muttersprache erfolgen.

§ 7 Unfallverhütung[25]

Der Mitarbeiter ist zur Einhaltung der Unfallverhütungsvorschriften verpflichtet. Die wichtigsten Unfallverhütungsvorschriften hängen ... aus. Weitere im Kundenbetrieb geltende Unfallverhütungsvorschriften liegen dort zur Einsicht aus. Der Mitarbeiter hat sich über die Gefahren seines Arbeitsplatzes durch einen entsprechend qualifizierten Mitarbeiter des Kunden zu informieren.

§ 8 Sonstige Verpflichtungen

(1) Herr/Frau ... ist verpflichtet, sämtliche Änderungen seiner/ihrer Anschrift umgehend der Firma mitzuteilen.

(2) Herr/Frau ... verpflichtet sich, spätestens bei Arbeitsaufnahme seine/ihre Lohnsteuerkarte und sein/ihr Sozialversicherungsnachweisheft an die Firma auszuhändigen.

§ 9 Vertragsänderungen

(1) Nebenabreden und Änderungen des Vertrags bedürfen zu ihrer Rechtswirksamkeit der Schriftform. Das gilt auch für die Änderung des Schriftformerfordernisses.[26] Die elektronische Form ist ausgeschlossen.

(2) Sollten einzelne Bestimmungen dieses Vertrages ganz oder teilweise unwirksam sein oder werden oder sollte sich in diesem Vertrag eine Lücke befinden, so soll hierdurch die Gültigkeit der übrigen Bestimmungen nicht berührt werden. Anstelle der unwirksamen Bestimmung gilt diejenige wirksame Bestimmung als vereinbart, welche dem Sinn und Zweck der unwirksamen Bestimmung entspricht. Im Falle einer Lücke gilt diejenige Bestimmung als vereinbart, die dem entspricht, was nach Sinn und Zweck dieses Vertrages vereinbart worden wäre, hätte man die Angelegenheit von vornherein bedacht. Dies gilt auch dann, wenn die Unwirksamkeit einer Bestimmung auf einem Maß der Leistung oder Zeit beruht. Es gilt dann das rechtlich zulässige Maß.

..., den ...   ..., den ...

...   ...

Firma   Herr/Frau ...

---

[25] Gem. § 11 Abs. 6 Satz 2 AÜG hat der Entleiher den Leiharbeitnehmer vor Beginn der Beschäftigung und bei Veränderungen in seinem Arbeitsbereich über Gefahren für Sicherheit und Gesundheit, denen er bei der Arbeit ausgesetzt sein kann, sowie über die Maßnahmen und Einrichtungen zur Abwendung dieser Gefahren zu unterrichten. Er hat den Leiharbeitnehmer zusätzlich über die Notwendigkeit besonderer Qualifikationen oder beruflicher Fähigkeiten oder einer besonderen ärztlichen Überwachung sowie über erhöhte besondere Gefahren des Arbeitsplatzes zu unterrichten.

[26] Zur Schriftformklausel vgl. auch **M 2.1** Ziff. 12; **M 7.1** § 14.

10.1.2 Anstellungsvertrag zwischen Arbeitnehmer und Verleiher mit Bezugnahme auf Tarifvertrag[1]

Zwischen

der Firma . . .

Anschrift . . .[2]

(i. F. Firma)

und

Herrn/Frau . . .

wohnhaft in . . .

geboren am . . . in . . .[3]

Staatsangehörigkeit . . .

Vorbemerkung:

Derzeitiger Unternehmensgegenstand der Firma ist ua. . . . . . Die Firma stellt außerdem ihren Kunden zur Erledigung von Aufgaben vorübergehend, vorwiegend aushilfsweise, Personal zur Verfügung. Die Firma ist seit dem . . .[4] im Besitz der Erlaubnis zur Arbeitnehmerüberlassung nach § 1 des Gesetzes zur Regelung der gewerbsmäßigen Arbeitnehmerüberlassung (Arbeitnehmerüberlassungsgesetz – AÜG). Die Erlaubnis wurde von der Bundesagentur für Arbeit, Regionaldirektion . . ., in . . . am . . . erteilt.[5] Die Firma beabsichtigt, Herrn/Frau . . . je nach Auftragslage entweder im eigenen Rohrleitungsbau oder bei Kunden (= Entleihern) einzusetzen. Dies vorausgeschickt, wird folgender Arbeitsvertrag geschlossen:

---

1 Soweit die Vertragspartner tarifgebunden sind, sind nach dem Günstigkeitsprinzip (§ 4 Abs. 3 TVG) in dem Anstellungsvertrag nur solche Regelungen wirksam, die entweder im Tarifvertrag nicht geregelt sind oder, soweit sie von ihm abweichen, durch den Tarifvertrag gestattet sind oder von den tariflichen Regelungen zugunsten des Arbeitnehmers abweichen. Je nach dem Inhalt des Tarifvertrages kommen also auch hier zusätzliche Regelungen gem. **M 10.1.1** in Betracht. Besonders interessant ist jedoch, dass durch Tarifvertrag nach §§ 9 Nr. 2, 10 Abs. 4 AÜG auch zuungunsten des Arbeitnehmers von den im Entleiherbetrieb geltenden Arbeitsbedingungen für vergleichbare Arbeitnehmer abgewichen werden kann. Dies gilt selbst dann, wenn der Tarifvertrag lediglich durch Vereinbarung zwischen nicht tarifgebundenen Arbeitsvertragsparteien gilt. In diesem Fall sollte aber die Anwendung des Tarifvertrages möglichst umfassend vereinbart werden, da bei nur teilweiser Anwendung die gesetzlichen Regelungen vorgehen könnten. Vgl. zum Problem: *Thüsing*, DB 2003, 446, 449.
2 Gem. § 11 Abs. 1 Satz 2 Nr. 1 AÜG ist neben der Firma auch die Anschrift des Verleihers anzugeben.
3 Anzugeben sind Vor- und Familiennamen, Wohnort und Wohnung, vgl. § 11 Abs. 1 AÜG, § 2 Abs. 1 Satz 2 Nr. 1 NachwG.
4 Vgl. § 11 Abs. 1 Satz 2 Nr. 1 AÜG.
5 In dem Vertrag muss die Erlaubnisbehörde angegeben werden, vgl. § 11 Abs. 1 Satz 2 Nr. 1 AÜG.

§ 1 Beginn des Arbeitsverhältnisses[6, 7]

(1) Das Arbeitsverhältnis beginnt am . . . .

eventuell

(2) Das Arbeitsverhältnis wird auf unbestimmte Zeit abgeschlossen.

oder

(2) Das Arbeitsverhältnis wird befristet abgeschlossen bis zum . . . .[8]

§ 2 Tätigkeit[9]

(1) Herr/Frau . . . wird als . . . eingestellt.

(2) Die Firma behält sich vor, Herrn/Frau . . . auch eine andere oder zusätzliche, der Vorbildung und den Fähigkeiten entsprechende Tätigkeit zu übertragen. Herr/Frau . . . kann vorübergehend auch mit weniger qualifizierten Arbeiten beauftragt werden, soweit dies seiner/ihrer Ausbildung oder seiner/ihrer beruflichen Entwicklung nicht entgegensteht. Während dieser Zeit behält er/sie seinen/ihren vertraglich zugesicherten Lohnanspruch.

(3) Herr/Frau . . . ist verpflichtet, die Belange der Firma zu wahren und die ihm/ihr übertragenen Aufgaben gewissenhaft und nach bestem Können auszuführen, alle ihm/ihr zumutbaren Arbeiten zu erledigen und auch an auswärtigen Arbeitsplätzen der Firma zu arbeiten.

(4) Die Firma ist berechtigt, Herrn/Frau . . . jederzeit von seinem/ihrem Einsatzort abzuberufen und anderweitig einzusetzen.[10] Solange Herr/Frau . . . bei Kunden der Firma eingesetzt ist, unterliegt er/sie dem Weisungsrecht des Kunden, jedoch nur im Rahmen dieses Vertrages.

(5) Herr/Frau . . . ist nicht verpflichtet, bei einem Kunden tätig zu werden, soweit dieser durch einen Arbeitskampf unmittelbar betroffen ist.[11] In den Fällen eines Arbeitskampfes hat der Verleiher den Leiharbeitnehmer auf das Recht, die Arbeitsleistung zu verweigern, sogar hinzuweisen.

---

6 Anzugeben sind Beginn und Dauer des Arbeitsverhältnisses.
7 Vgl. § 11 Abs. 1 AÜG, § 2 Abs. 1 Satz 2 Nr. 2 und 3 NachwG.
8 Für eine Befristung gilt nach neuem Recht nunmehr das Teilzeit- und Befristungsgesetz uneingeschränkt. Nach § 11 Abs. 1 Satz 2 AÜG, § 2 Abs. 1 Nr. 3 NachwG ist die vorhersehbare Dauer der Befristung anzugeben.
9 Gem. § 11 Abs. 1 AÜG, § 2 Abs. 1 Satz 2 Nr. 5 NachwG ist im Vertrag anzugeben eine kurze Charakterisierung oder Beschreibung der von dem Leiharbeitnehmer zu leistenden Tätigkeit, dafür erforderliche Qualifikationen, ein Hinweis darauf, dass der Arbeitnehmer an verschiedenen Orten beschäftigt wird, und eine etwaige Pflicht zur auswärtigen Leistung. Nachdem diese vertraglichen Regelungen im Gesetz ausdrücklich vorgesehen sind – und auch Kernbestandteil des Arbeitnehmerüberlassungsverhältnisses sind –, dürfte ein Verstoß gegen § 308 Nr. 4 BGB ausscheiden. Rechtsprechung dazu findet sich jedoch nicht. Insoweit kann es ratsam sein, die Regelungen in § 2 Abs. 2 bis 4 einzuschränken. Zu engeren Regelungen vgl. oben **M 10.1.1**.
10 Vgl. § 11 Abs. 1 AÜG, § 2 Abs. 1 Satz 2 Nr. 4 NachwG.
11 Vgl. § 11 Abs. 5 Satz 1 und 2 AÜG.

§ 3 Tarifgeltung

Im Übrigen gelten die für den Betrieb der Firma einschlägigen Tarifverträge in ihrer jeweils gültigen Fassung. Derzeit sind dies die Tarifverträge für die Zeitarbeitsbranche vom . . . .

10.2 Arbeitnehmerüberlassung – Vertrag zwischen Verleiher und Entleiher[1]

zwischen

der Firma . . .

– i. F. Verleiher –

und

der Firma . . .

– i. F. Entleiher –

§ 1 Gegenstand des Vertrages[2]

(1) Der Verleiher verpflichtet sich, dem Entleiher die in der Anlage 2 zu diesem Vertrag aufgeführten Arbeitnehmer zur Arbeitsleistung zu überlassen.

oder

(1) Der Verleiher verpflichtet sich, dem Entleiher Arbeitnehmer mit den Qualifikationen und für die Tätigkeiten, die in der Anlage 2 zu diesem Vertrag aufgeführt sind, zur Arbeitsleistung zu überlassen.

oder

(1) Der Verleiher verpflichtet sich, dem Entleiher Arbeitnehmer mit den Qualifikationen und für die Tätigkeiten, die in der Anlage 2 zu diesem Vertrag aufgeführt sind, zu den nachfolgenden Bedingungen zur Arbeitsleistung zu überlassen. Soweit in Anlage 2 bestimmte namentlich bezeichnete Arbeitnehmer aufgeführt sind, die zur Arbeitsleistung zu überlassen sind, gelten die nachfolgenden Bedingungen mit der Maßgabe, dass in Fällen des § 5 Abs. 3 der Entleiher nicht auf Schadensersatz haftet.

(2) Der Verleiher erklärt, dass er die unbefristete Erlaubnis zur gewerbsmäßigen Arbeitnehmerüberlassung gem. § 1 Abs. 1 AÜG hat.[3] Eine Kopie der Erlaubnisurkunde der zuständigen Regionaldirektion ist diesem Vertrag als Anlage 1 beigefügt.

---

1 Der Vertrag zwischen dem Verleiher und dem Entleiher bedarf der Schriftform, § 12 Abs. 1 Satz 1 AÜG.

2 In der Urkunde muss der Entleiher auch erklären, welche besonderen Merkmale die für den Leiharbeitnehmer vorgesehene Tätigkeit hat und welche berufliche Qualifikation dafür erforderlich ist, § 12 Abs. 1 Satz 3 AÜG.

3 In der Urkunde hat der Verleiher zur erklären, ob er die Erlaubnis nach § 1 AÜG besitzt, § 12 Abs. 1 Satz 2 AÜG.

(3) Der Verleiher verpflichtet sich, den Wegfall,[4] die Nichtverlängerung, die Rücknahme oder den Widerruf der Erlaubnis sowie gegebenenfalls das voraussichtliche Ende der Abwicklungsfrist nach § 12 Abs. 2 AÜG dem Entleiher unverzüglich anzuzeigen.

§ 2 Beginn und Dauer der Arbeitnehmerüberlassung

(1) Die Arbeitnehmerüberlassung beginnt und endet zu den für jeden Arbeitnehmer in der Anlage 2 angeführten Zeitpunkten. Krankheit und Urlaub verlängern die Frist nicht.

(2) Jede Seite ist berechtigt, diesen Arbeitnehmerüberlassungsvertrag mit einer Frist von zwei Wochen zum Monatsende zu kündigen.

§ 3 Arbeitsumfang

(1) Die in der Anlage 2 aufgezählten Arbeitnehmer haben in der Zeit vom ... bis ... eine regelmäßige wöchentliche Arbeitszeit von ... Stunden (tägliche Normalarbeitszeit von ... Stunden) an den Wochentagen Montag bis Freitag. Die regelmäßige tägliche Arbeitszeit kann zwischen 6.30 Uhr und 20.15 Uhr abgeleistet werden.

(2) Der Verleiher kann pro Woche bis zu fünf Überstunden anordnen. Zu darüber hinausgehenden Überstunden, zu Arbeitszeiten außerhalb des genannten Zeitkorridors und/oder zur Arbeit in Wechselschicht müssen die Arbeitnehmer nur dann zur Verfügung stehen, wenn und soweit dies in der Anlage 2 ausdrücklich erwähnt ist.

§ 4 Vergütung und Abrechnungsmodus

(1) Der Entleiher verpflichtet sich, dem Verleiher für jeden überlassenen Arbeitnehmer die aus der Anlage 2 ersichtliche Vergütung pro Arbeitsstunde zuzüglich der gesetzlichen Umsatzsteuer zu zahlen.

(2) Die Vergütung wird monatlich aufgrund der Arbeitsnachweise der eingesetzten Arbeitnehmer für den jeweils zurückliegenden Monat abgerechnet. Der Zeitaufwand ist mit Hilfe von Zeiterfassungsbelegen auf vom Entleiher zur Verfügung gestellten Formularen nachzuweisen.

(3) Die Vergütung wird am 25. des der Arbeitsleistung folgenden Monats gezahlt, wenn die Rechnung zusammen mit den vom Entleiher bestätigten Arbeitsnachweisen spätestens am fünften Arbeitstag dieses Monats bei der Rechnungsprüfung des Werkes des Entleihers vorliegt, welches den Verleiher beauftragt hat. Der Entleiher stellt sicher, dass die Arbeitsnachweise des abzurechnenden Monats dem Verleiher spätestens am ersten Arbeitstag (ab 13.00 Uhr) des der Arbeitsleistung folgenden Monats zur Verfügung stehen.

§ 5 Weisungsbefugnis und Fürsorgepflicht des Entleihers

(1) Der Entleiher darf die überlassenen Arbeitnehmer im Rahmen des in der Anlage 2 zu diesem Vertrag vereinbarten Tätigkeiten beschäftigen. Der Verleiher tritt dem Entleiher insoweit seine Ansprüche auf Arbeitsleistung gegen die überlassenen Arbeitnehmer ab.

---

4 Gem. § 12 Abs. 2 Satz 1 AÜG muss der Verleiher den Entleiher unverzüglich über den Zeitpunkt des Wegfalls der Erlaubnis unterrichten, § 12 Abs. 2 Satz 2 AÜG.

(2) Der Entleiher ist berechtigt, dem überlassenen Arbeitnehmer wegen der Arbeitsausführung Weisungen zu erteilen und die Arbeitsausführung zu überwachen.

(3) Der Entleiher verpflichtet sich, die sich aus dem Einsatz der Arbeitnehmer in seinem Betrieb ergebenden gesetzlichen Fürsorgepflichten zu erfüllen.

(4) Der Verleiher gewährleistet, dass die überlassenen Arbeitnehmer in den Arbeitsablauf des Entleiher-Betriebes integriert werden können.

§ 6 Abberufung und Austausch von Arbeitnehmern

(1) Der Entleiher kann vom Verleiher die Abberufung eines Arbeitnehmers für den nächsten Arbeitstag verlangen, wenn der Entleiher dessen Weiterbeschäftigung aus leistungs-, personen- oder verhaltensbedingten Gründen ablehnt. In diesem Fall ist der Verleiher zur sofortigen Gestellung einer geeigneten Ersatzkraft verpflichtet.

(2) In den Fällen des entschuldigten oder unentschuldigten Fehlens eines Arbeitnehmers hat der Verleiher auf Anforderung des Entleihers sofort geeigneten Ersatz zu stellen.

(3) Kommt der Verleiher dem Verlangen nach Abberufung, Austausch und Ersatz von Arbeitnehmern nicht nach, kann der Entleiher den Arbeitnehmerüberlassungsvertrag über den betreffenden Arbeitnehmer fristlos kündigen. Etwaige Schadensersatzansprüche des Entleihers bleiben unberührt.

§ 7 Pflichten des Verleihers

(1) Der Verleiher steht dafür ein, dass die Arbeitnehmer die notwendige Qualifikation für die Ausführung der in der Anlage 2 zu diesem Vertrag näher bezeichneten Tätigkeiten besitzen. Auf Verlangen ist der Verleiher zur Vorlage von Zeugnissen oder sonstigen Qualifikationsnachweisen der überlassenen Arbeitnehmer verpflichtet.

(2) Über die Auswahl der Arbeitnehmer hinaus trifft den Verleiher keine Haftung für von den Arbeitnehmern ausgeführte Arbeiten.

(3) Der Verleiher hat die überlassenen Arbeitnehmer auf die Wahrung der Firmeninteressen des Entleihers zu verpflichten, soweit nicht berechtigte Interessen des Verleihers entgegenstehen. Dies gilt insbesondere für die Verpflichtung zur Verschwiegenheit über alle Betriebs- und Geschäftsgeheimnisse sowohl während der Dauer der Tätigkeit im Betrieb des Entleihers als auch nach deren Beendigung.

(4) Der Verleiher verpflichtet sich, bei der Überlassung eines nicht-deutschen Arbeitnehmers, der der Arbeitserlaubnis bedarf, die jeweils gültige Arbeitserlaubnis nach § 284 SGB III vorzulegen.[5]

(5) Bei Streik, Aussperrung, vorübergehender Betriebsstilllegung und während der Dauer von Betriebsversammlungen kann der Entleiher verlangen, dass die Vertragspflichten ruhen. Der Verleiher verpflichtet sich, im Falle des § 11 Abs. 5 AÜG den Arbeitnehmer auf sein Arbeitsverweigerungsrecht hinzuweisen.

---

[5] Die Überlassung eines ausländischen Arbeitnehmers ohne die Genehmigung nach § 284 Abs. 1 Satz 1 SGB III ist gem. § 15 Abs. 1 AÜG mit Freiheitsstrafe bis zu drei Jahren oder mit Geldstrafe bedroht, in besonders schweren Fällen sogar mit Freiheitsstrafe von sechs Monaten bis zu fünf Jahren.

(6) Der Verleiher verpflichtet sich, auf Verlangen des Entleihers mit Rücksicht auf die nach §§ 28e SGB IV bzw. 42d EStG bestehende Haftung des Entleihers für die Sozialversicherungsbeiträge und die Lohnsteuer der überlassenen Arbeitnehmer entweder Bürgschaftserklärungen oder Garantieerklärungen (Avalkredite) beizubringen.

(7) Der Entleiher kann vom Verleiher jederzeit die Vorlage von Bescheinigungen über die Abführung der Sozialversicherungsbeiträge und der Lohnsteuer für die überlassenen Arbeitnehmer an die zuständigen Einzugsstellen bzw. das Finanzamt verlangen.

(8) Wird der Entleiher gemäß §§ 28e SGB IV bzw. 42d EStG von der zuständigen Einzugsstelle bzw. dem Finanzamt in Anspruch genommen, ist er berechtigt, die dem Verleiher geschuldete Vergütung in der Höhe der von der jeweiligen Einzugsstelle bzw. dem Finanzamt geltend gemachten Forderungen einzubehalten, bis der Verleiher nachweist, dass er die Beiträge bzw. die Lohnsteuer ordnungsgemäß abgeführt hat.

§ 8 Pflichten des Entleihers[6]

(1) Der Entleiher hat in der Anlage 3 anzugeben, welche besonderen Merkmale die für die Leiharbeitnehmer nach Anlage 2 vorgesehene Tätigkeit hat und welche berufliche Qualifikation dafür erforderlich ist sowie welche im Betrieb des Entleihers für alle vergleichbaren Arbeitnehmer des Entleihers wesentlichen Arbeitsbedingungen einschließlich des Arbeitsentgelts gelten. Der Entleiher unterrichtet während der Laufzeit dieses Vertrages den Verleiher ständig schriftlich über Veränderungen dieser Angaben nach Abs. 1.

(2) Der Entleiher stellt den Verleiher von allen Ansprüchen der Leiharbeitnehmer nach Anlage 2 frei, die diese über die bei Beginn der Überlassung festgesetzte Vergütung hinausgehend nach § 10 Abs. 4 AÜG deshalb erlangen, weil die Angaben nach Abs. 1 unvollständig sind oder waren.

§ 9 Haftung

(1) Haftet der Entleiher dem Verleiher wegen eines leicht fahrlässigen Verstoßes gegen seine Vertragspflichten, bestehen Schadensersatzansprüche des Verleihers nur im Umfang der vom Entleiher abgeschlossenen Versicherungen.

(2) Haftet der Entleiher gegenüber Dritten auf Schadensersatz infolge von rechts- oder vertragswidrigen Handlungen des Verleihers oder seiner Arbeitnehmer, wird ihn der Verleiher von dieser Haftung gegenüber Dritten freistellen.

(3) Der Verleiher wird den Entleiher sowie dessen Erfüllungsgehilfen von Schadensersatzansprüchen der überlassenen Arbeitnehmer des Verleihers freistellen. Dies gilt nicht, soweit vorsätzliches Handeln des Entleihers gegeben ist oder soweit ein Versicherungsträger für den Schaden eintritt.

§ 10 Sonstige Vereinbarungen

(1) Die Einkaufsbedingungen und die Liefervorschriften des Entleihers sind Bestandteile dieses Vertrages und finden sinngemäß Anwendung.

---

6 Diese Regelung soll den Verleiher vor dem Risiko einer Fehlkalkulation schützen, wenn er unerwartet eine höhere Vergütung zahlen muss, weil es besser bezahlte vergleichbare Arbeitnehmer beim Entleiher gibt. Die Klausel ist überflüssig, wenn ausschließlich Arbeitnehmer mit Verträgen nach **M 10.1.2** verliehen werden, da sich deren Vergütung nach dem Tarifvertrag richtet.

(2) Sollten eine oder mehrere Bestimmungen dieses Vertrages nichtig sein oder werden oder dem AÜG nicht entsprechen, so sind Verleiher und Entleiher verpflichtet, die nichtige Bestimmung durch eine neue, dem Sinn und Zweck des Vertrages entsprechende Bestimmung schriftlich zu ersetzen. Die übrigen Vertragsteile werden dadurch nicht berührt.

(3) Änderungen und Ergänzungen dieses Vertrages bedürfen zu ihrer Wirksamkeit der Schriftform. Das gilt auch für die Änderung des Schriftformerfordernisses.[7] Die elektronische Form ist ausgeschlossen.

(4) Gerichtsstand ist für beide Teile . . . .

. . ., den . . .   . . ., den . . .

. . .   . . .

(Verleiher)   (Entleiher)

Anlage

Name, Vorname:

Geburtsdatum:

Anschrift:

Krankenkasse:

Vertragsdauer:

Tarif Euro/Std.:

---

[7] Zur Schriftformklausel vgl. auch **M 2.1** Ziff. 12; **M 7.1** § 14.

Kapitel 11   Auslandseinsatz

Literaturübersicht: *Braun*, Sozialversicherungspflicht beim grenzüberschreitenden Arbeitsverhältnis, ArbRB 2002, 202; *Däubler*, Die internationale Zuständigkeit der deutschen Arbeitsgerichte, NZA 2003, 1297; *Däubler/Kittner/Lörcher*, Internationale Arbeits- und Sozialordnung, 2. Aufl. 1994; *Eichenhofer*, Arbeitsbedingungen bei Entsendung von Arbeitnehmern, ZIAS 1996, 55; *Endres*, Steueraspekte bei Personalentsendungen in das Ausland – 12 typische Beispielsfälle, PISTB 2001, 330; *Eser*, Das Arbeitsverhältnis im multinationalen Unternehmen, 2. Aufl. 2002; *Eser*, Kündigung von Arbeitsverhältnissen in multinationalen Unternehmen, BB 1994, 1991; *Gaul*, Die Einmischung europäischer Betriebsräte, NJW 1995, 228; *Gaul*, Betriebsverfassungsrechtliche Aspekte einer Entsendung von Arbeitnehmern ins Ausland, DB 1990, 697; *Gaul*, Rechtssicher im Ausland, AuA 2001, 451; *Genz*, Das Arbeitsverhältnis im internationalen Konzern, NZA 2000, 3; *Gerauer*, Keine Mitbestimmung bei Versetzung aufgrund einer Umsetzungs- und Versetzungsklausel, BB 1995, 406; *Gerauer ua.*, Auslandseinsatz von Arbeitnehmern im Arbeits-, Sozialversicherungs- und Steuerrecht, 2000; *Gnann*, Arbeitsvertrag bei Auslandsentsendung, 2. Aufl 2002; *Görl*, Steuerrechtliche Probleme bei der Mitarbeiterentsendung, IStR 2002, 443; *Gotthardt*, Einsatz von Arbeitnehmern im Ausland – Arbeitsrechtliche Probleme und praktische Hinweise für die Vertragsgestaltung, MDR 2001, 961; *Gutmann*, Arbeiten im Ausland,

1994; *Heilmann*, Auslandsarbeit, AR-Blattei, 1; *Hickl*, Arbeitsverhältnisse mit Auslandsbürgern, NZA 1987 Beil. 1, 10; *Hohloch*, Arbeitsverhältnis mit Auslandsbezug und Vergütungspflicht, RIW 1987, 353; *Joha ua.*, Vergütung und Nebenleistungen bei Auslandsbeschäftigung, 2. Aufl. 2002; *Joussen*, Ausgewählte Probleme der Ausstrahlung im europäischen Sozialversicherungsrecht, NZS 2003, 19; *Junker*, Internationales Arbeitsrecht im Konzern, 1992; *Kreitner/Macher* in Küttner, Personalbuch, 10. Aufl. 2003, Nr. 82; *Krimphove*, Europäisches Arbeitsrecht, 2. Aufl 2001; *Kronisch*, Auslandstätigkeit will gut vorbereitet sein, AuA 2001, 119; *Lingemann/von Steinau-Steinrück*, Konzernversetzung und Kündigungsschutz, DB 1999, 2161; *Marienhagen/Pulte*, Arbeitsverträge bei Auslandseinsatz, 2. Aufl. 1993; *Mauer*, Gesetzlicher Gerichtsstand und Gerichtsstandsvereinbarungen nach der neuen EuDWO, FA 2002, 130; *Mayer*, Betriebsverfassungs- und tarifvertragsrechtliche Fragen bei grenzüberschreitenden Personaleinsätzen, BB 1999, 842; *Müller*, Die Entsendung von Arbeitnehmern in der Europäischen Union, 1997; *Pohl*, Grenzüberschreitender Einsatz von Personal und Führungskräften, NZA 1998, 735; *Reiserer*, Allgemeiner Kündigungsschutz bei Arbeitsverhältnissen mit Auslandsbezug, NZA 1994, 673; *Schlachter*, grenzüberschreitende Arbeitsverhältnisse, NZA 2000, 57; *Sonnenmoser*, Entsendungen ins Ausland: Vorbereitung oft unzureichend, PersF Heft 11/2002, 22; *Thüsing*, Rechtsfragen grenzüberschreitender Arbeitsverhältnisse, NZA 2003, 1303; *von Weyhe*, Die Entsendung von Mitarbeitern ins Ausland, 1997; *Zehetmair*, Steuerfragen bei der Entsendung von Mitarbeitern ins Ausland aus der Sicht der beteiligten Unternehmen, IStR 1998, 257.

I. Erläuterungen

1. Vertragstypen

Beim Auslandseinsatz von Arbeitnehmern ist zwischen zwei grundsätzlich verschiedenen Vertragstypen zu unterscheiden, der (hier so genannten) Entsendung und der Versetzung. Bei der **Entsendung** bleibt der ursprüngliche Anstellungsvertrag mit dem Stammhaus bestehen. Die Besonderheiten des Auslandseinsatzes werden in einem gesonderten Entsendevertrag – oft auch in Form eines bestätigten Entsendeschreibens – vereinbart, der nur für die Zeit des Auslandseinsatzes gilt. Demgegenüber schließt der Mitarbeiter bei der **Versetzung** einen **Anstellungsvertrag** mit dem Tochterunternehmen oder der Niederlassung **im Ausland**. Der **Anstellungsvertrag mit dem Inlandsunternehmen** ruht für die Zeit der Auslandsentsendung. An seine Stelle tritt ein **Stammhausbindungsvertrag**, der Verpflichtungen des Stammhauses während des Auslandsaufenthaltes regelt. Wird der Arbeitnehmer nur kurzfristig ins Ausland entsandt – zB für eine Montage –, so spricht man auch von einer Abordnung. Wird die vertragliche Verbindung zum Stammhaus vollständig gelöst und besteht nur noch eine Verbindung zum ausländischen Unternehmen, so spricht man von Übertritt. Dargestellt werden hier die Entsendung und Versetzung als häufigste vertragliche Regelung.

2. Nachweispflichten

§ 2 Abs. 2 des Nachweisgesetzes enthält Mindestanforderungen an die Vereinbarungen für einen Auslandseinsatz. Sofern der Arbeitnehmer seine Arbeitsleistung mehr als einen Monat außerhalb der Bundesrepublik Deutschland zu erbringen hat, muss ihm vor seiner Abreise die Niederschrift ausgehändigt werden. Über den Anstellungsvertrag hinaus muss diese zusätzliche Angaben enthalten über

– die Dauer der im Ausland auszuübenden Tätigkeit;

– die Währung, in der das Arbeitsentgelt ausgezahlt wird;

- ein zusätzliches mit dem Auslandsaufenthalt verbundenes Arbeitsentgelt und damit verbundene Sachleistungen;
- die vereinbarten Bedingungen für die Rückkehr des Arbeitnehmers.[1]

3. Anwendbares Individualarbeitsrecht und Gerichtsstand[2]

Nach deutschem internationalem Privatrecht unterliegt der Vertrag dem von den Parteien gewählten Recht, Art. 27 EGBGB. Dabei können die Parteien die Rechtswahl für den ganzen Vertrag oder nur für einen Teil treffen. Dieser Grundsatz der freien Rechtswahl wird allerdings eingeschränkt durch Art. 30 Abs. 1 iVm. Abs. 2 EGBGB. Danach darf die Rechtswahl bei Arbeitsverträgen und Arbeitsverhältnissen nicht dazu führen, dass dem Arbeitnehmer der Schutz entzogen wird, der ihm durch die zwingenden Bestimmungen des Rechts gewährt wird, das gem. Art. 30 Abs. 2 EGBGB mangels einer Rechtswahl anzuwenden wäre. Zu den **zwingenden Vorschriften deutschen Rechts** zählen insbesondere der Kündigungsschutz nach §§ 1 ff. KSchG, die Kündigungsfristen, § 613a BGB, das EFZG sowie das Arbeitnehmererfindungsgesetz. Ohne Rechtswahl wäre gem. Art. 30 Abs. 2 Nr. 1 2. Halbs. EGBGB bei vorübergehender Entsendung deutsches Recht anwendbar. Bei einer nicht nur vorübergehenden Entsendung wäre demgegenüber nach Art. 30 Abs. 2 Nr. 1 1. Halbs. EGBGB wohl das Recht des Gastlandes anwendbar. Bei einer Versetzung gilt für den ruhenden deutschen Anstellungsvertrag deutsches Recht; für den Vertrag mit der ausländischen Niederlassung oder Tochtergesellschaft gilt regelmäßig das Recht des Gastlandes;[3] der Stammhausbindungsvertrag wiederum unterliegt in der Regel deutschem Recht, jedenfalls weil sich in der Regel gem. Art. 30 Abs. 2 letzter Halbsatz aus der Gesamtheit der Umstände ergibt, dass der Arbeitsvertrag oder das Arbeitsverhältnis die engsten Verbindungen zum deutschen Recht aufweist. Die Parteien sind deutsch, die Sprache ist deutsch, die Leistungen aus dem Stammhausbindungsvertrag werden regelmäßig in deutscher Währung erbracht, Ort des Vertragsschlusses ist regelmäßig Deutschland, ebenso der Sitz des Arbeitgebers. Bei Tätigkeit in verschiedenen Ländern (insbesondere also bei Montagen) entscheidet gem. § 30 Abs. 2 Nr. 2 EGBGB der Sitz des einstellenden Unternehmens; sofern der Vertrag daher mit der deutschen Niederlassung oder dem deutschen Stammhaus geschlossen wurde, gilt deutsches Recht. Insoweit anwendbare zwingende Vorschriften deutschen Rechts würden auch dann zugunsten des Arbeitnehmers eingreifen, wenn im Vertrag eine abweichende Rechtswahl getroffen wurde.

Selbst wenn ausländisches Recht anwendbar und vereinbart ist, gelten gem. Art. 34 EGBGB die **Eingriffsnormen**, also die Bestimmungen des deutschen Rechts, die ohne Rücksicht auf das auf den Vertrag anzuwendende Recht den Sachverhalt zwingend regeln. Die Vorschrift ist eng auszulegen. Die bloße Unabdingbarkeit einer Norm nach deutschem Recht reicht nicht aus.[4] Das KSchG und § 613a BGB zählen nicht

---

[1] Zu den Rechtsfolgen eines Verstoßes vgl. oben Kap. 2 unter I. 2.
[2] Dazu eingehend *Däubler*, Die internationale Zuständigkeit der deutschen Arbeitsgerichte, NZA 2003, 1297; *Thüsing*, Rechtsfragen grenzüberschreitender Arbeitsverhältnisse, NZA 2003, 1303.
[3] BAG v. 21. 1. 1999, DB 1999, 806.
[4] BAG v. 24. 8. 1989, DB 1990, 1666.

dazu,[5] wohl aber Mindestkündigungsfristen, möglicherweise auch öffentlich-rechtliche Erlaubnisvorbehalte für Kündigungen nach SGB IX, MuSchG und BErzGG.[6]

Ist deutsches Arbeitsrecht – im Regelfall kraft Vereinbarung – anwendbar, so gilt deutsches Individualarbeitsrecht umfassend. Der Arbeitnehmer hat Kündigungsschutz nach dem Kündigungsschutzgesetz.[7] Allerdings werden im Rahmen der Kleinbetriebsklausel des § 23 KSchG Auslandsmitarbeiter nicht hinzugerechnet; insoweit gilt das Territorialitätsprinzip.[8] Daneben gilt das Bundesurlaubsgesetz,[9] EFZG etc.

Soweit **Sonderkündigungsschutz** behördliches Tätigwerden vor Ausspruch der Kündigung voraussetzt – insbesondere nach dem **Schwerbehindertengesetz** und **Mutterschutzgesetz** – ist es nicht Gegenstand vertraglicher Vereinbarung, sondern unterliegt dem Territorialitätsprinzip. Daher soll die Beteiligung der öffentlich-rechtlichen Stellen vor Kündigung dieser Mitarbeiter bei einem Auslandsaufenthalt nicht erforderlich sein.[10]

Im Geltungsbereich der **EuGVVO**[11] gilt Folgendes: Finden auf ein Arbeitsverhältnis keine internationalen Verträge oder Übereinkommen Anwendung, so wird die internationale Zuständigkeit mit Ausnahme einzelner Vorschriften (zB §§ 606a, 646a Abs. 2 ZPO, §§ 35b, 43b Abs. 1 FGG) durch die örtliche Zuständigkeit indiziert.[12] Örtlich zuständig ist damit für Streitigkeiten aus einem Vertragsverhältnis gem. § 29 Abs. 1 ZPO das Gericht des Ortes, an dem die streitige Verpflichtung zu erfüllen ist. Der Erfüllungsort richtet sich bei Arbeitsverhältnissen mit ausländischen Arbeitgebern gem. Art. 27 Abs. 1 ff. EGBGB nach deutschem Recht.[13] Dabei ist zur Bestimmung des Erfüllungsortes bei Arbeitsverhältnissen in der Regel von einem einheitlichen (gemeinsamen) Erfüllungsort auszugehen, nämlich dem Ort, an dem der Arbeitnehmer die Arbeitsleistung zu erbringen hat, an dem somit der tatsächliche Mittelpunkt seiner Berufstätigkeit liegt.[14] Aufgrund der EuGVVO ist die Zulässigkeit von Gerichtsstandsvereinbarungen weiter noch als durch § 38 ZPO eingeschränkt. Im Geltungsbereich der EuGVVO kann der Arbeitnehmer den Arbeitgeber, wenn der Arbeitgeber im Hoheitsgebiet eines Mitgliedstaates zwar keinen Wohnsitz, wohl aber eine Zweigniederlassung, Agentur oder sonstige Niederlassung hat, vor den Gerichten dieses Mitgliedstaates verklagen.[15] Wahlweise kann er jedoch auch vor dem Gericht des Ortes klagen, an dem der Arbeitnehmer gewöhnlich seine Arbeit verrichtet oder zuletzt gewöhnlich verrichtet hat oder, wenn der Arbeitnehmer seine Arbeit gewöhnlich nicht

---

5 BAG v. 24. 8. 1989, DB 1990, 1666; v. 29. 10. 1992, DB 1993, 637.
6 BAG v. 24. 8. 1989, DB 1990, 1666; v. 12. 12. 2001, NZA 2002, 734 zum Zuschuss zum Mutterschaftsgeld gem. § 14 I MuSchG.
7 BAG v. 21. 1. 1999, DB 1999, 807. Auch deshalb fragwürdig LAG BW v. 15. 10. 2002, BB 2003, 900 (n.rkr.), das beim Günstigkeitsvergleich iRd. Prüfung anwendbaren Rechts nur auf den konkreten Anspruch abstellt, dagegen *Thüsing*, BB 2003, 898.
8 BAG v. 9. 10. 1997, DB 1998, 83.
9 BAG v. 21. 3. 1985, NZA 1986, 25.
10 BAG v. 13. 4. 1984, DB 1987, 1897; v. 24. 8. 1989, DB 1990, 1666.
11 Abgedruckt im *Schönfelder* Ergänzungsband unter Nr. 103; die Entscheidung des BAG v. 9. 10. 2002, NZA 2003, 339 betraf diese nicht.
12 BAG v. 17. 7. 1997, NZA 1997, 1182; v. 9. 10. 2002, NZA 2003, 339.
13 BAG v. 12. 12. 2001, NZA 2002, 734; v. 9. 10. 2002, NZA 2003, 339.
14 BAG v. 3. 11. 1993, NZA 1994, 479, st.Rspr.; v. 9. 10. 2002, NZA 2003, 339.
15 Art. 18 Abs. 2 iVm. Art. 19 Nr. 1 EuGVVO.

in ein und demselben Staat verrichtet oder verrichtet hat, vor dem Gericht des Ortes, an dem sich die Niederlassung, die den Arbeitnehmer eingestellt hat, befindet bzw. befand. Dem gegenüber sind die Gerichtsstände für Klagen des Arbeitgebers eingeschränkt. Er kann nur vor Gerichten des Mitgliedstaates klagen, in dessen Hoheitsgebiet der Arbeitnehmer seinen Wohnsitz hat;[16] nur eine Widerklage kann er auch vor dem Gericht erheben, bei dem der Arbeitnehmer geklagt hat. Abweichende Vereinbarungen sind nur zulässig, wenn sie nach Entstehen der Streitigkeit getroffen werden oder wenn sie dem Arbeitnehmer die Befugnis einräumen, andere als die nach Art. 18 bis Art. 21 EuGVVO angeführten Gerichte anzurufen. Die Vereinbarung von Gerichtsständen, die die Zuständigkeiten nach EuGVVO einschränken, ist damit zu Lasten des Arbeitnehmers nur nach Entstehen der Streitigkeit zulässig.[17]

4. Betriebliche Altersversorgung

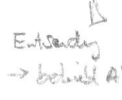

Die betriebliche Altersversorgung des Stammhauses erfasst den Auslandsmitarbeiter dann, wenn es sich nur um eine **Entsendung** handelt, er also nach wie vor dem Stammhaus zuzuordnen ist und der deutsche Anstellungsvertrag durch den Entsendevertrag nur überlagert wird. Die Auslandszeiten zählen also sowohl für die Dauer der Betriebszugehörigkeit als auch für die Zusagedauer als Voraussetzung für die Unverfallbarkeit nach § 1 BetrAVG.

Schwieriger ist die Rechtslage bei der **Versetzung**. Zwar sollen maßgebend für den Geltungsbereich des BetrAVG der Sitz des Versorgungsschuldners und das Recht sein, dem das Versorgungsverhältnis unterliegt.[18] Insoweit steht der Anwendung des BetrAVG nicht entgegen, dass der Arbeitnehmer in einem ausländischen Arbeitsverhältnis steht und im Ausland die Arbeitsleistung erbringt.[19] Allerdings kann die Versorgungszusage nicht an das ausländische Arbeitsverhältnis anknüpfen, da dieses, wie dargelegt, nicht deutschem Recht unterliegt.[20] Anknüpfungspunkt könnte daher nur das ruhende inländische Arbeitsverhältnis oder der Stammhausbindungsvertrag sein. Es ist jedoch ungeklärt, ob die Fortgeltung der betrieblichen Altersversorgung nicht voraussetzt, dass unmittelbar auf Leistungsaustausch gerichtete arbeitsrechtliche Rechtsbeziehungen zwischen dem Stammhaus und dem Arbeitnehmer fortbestehen.[21] Wegen dieser Unsicherheiten empfiehlt es sich, im Stammhausbindungsvertrag zu vereinbaren, dass die im Ausland verbrachte Zeit bei der Ermittlung der Unverfallbarkeitsfristen und bei der Höhe einer unverfallbaren Anwartschaft berücksichtigt wird. Allerdings würde eine solche Vereinbarung Insolvenzschutz über den Pensionssicherungsverein wohl nur gewähren, wenn der Stammhausbindungsvertrag deutschem Recht unterliegt, und zwar nicht nur kraft Rechtswahl, sondern kraft Gesetzes.[22] Das dürfte auch dann der Fall sein, wenn möglichst viele Anknüpfungspunkte im Stammhausbindungsvertrag für eine Geltung deutschen Rechtes gem. Art. 30 Abs. 2 letzter Halbsatz EGBGB geschaffen werden.

---

16 Art. 20 Abs. 1 EuGVVO.
17 Vgl. Art. 21 Nr. 1 und 2 EuGVVO.
18 BAG v. 6. 8. 1985, DB 1986, 131.
19 BAG v. 6. 8. 1985, DB 1986, 131.
20 BAG v. 21. 1. 1999, DB 1999, 806, 808.
21 Vgl. BAG v. 25. 10. 1988, AP Nr. 46 zu § 7 BetrAVG.
22 *Höfer*, BetrAVG, ART, Rz. 1242 ff., 1247.

Die Frage, ob **Auslandszulagen** oder **ausländische Sozialversicherungsrenten** auch auf die betriebliche Altersversorgung anzurechnen sind, beantwortet sich nach der jeweiligen Versorgungsordnung. Um hier Zweifel auszuschließen, sollte es im Vertrag geregelt sein.

Hinzuweisen ist schließlich auf die **„Freizügigkeits-Richtlinie" der EG** für den Beschäftigungswechsel ins Ausland (Richtlinie 98/49/EG des Rates v. 29. 6. 1998 zur Wahrung ergänzender Ansprüche von Arbeitnehmern und Selbständigen, die innerhalb der Europäischen Gemeinschaft zu- und abwandern). Gem. Art. 10 dieser Richtlinie hätte der Gesetzgeber sie bis zum 24. 7. 2001 in nationales Recht umsetzen müssen. Nach Art. 4 der Richtlinie sind ins Ausland wechselnde Versorgungsberechtigte bei der Unverfallbarkeit genauso zu stellen wie im Inland verbleibende; Art. 6 ermöglicht ausdrücklich eine weitere Entrichtung der Beiträge und vermeidet gleichzeitig eine Doppelbezahlung im Entsendeland und im Gastland. Im Kern umfasst diese Richtlinie in erster Linie jedoch entsandte Mitarbeiter, deren Arbeitsverhältnis weiterhin den Rechtsvorschriften des entsendenden Mitgliedstaates unterliegt. Insbesondere für die Versetzung sind also unverändert vertragliche Regelungen im Stammhausbindungsvertrag anzuraten.

5. Betriebsverfassungsrecht

Für die Anwendung des Betriebsverfassungsgesetzes gilt grundsätzlich das **Territorialitätsprinzip**.[23] Der Betriebsrat ist nur zuständig, wenn der Sitz des Betriebes im Inland liegt. Allerdings können einzelne Auslandsmitarbeiter im Einzelfall nach wie vor dem Inlandsbetrieb zuzuordnen sein.[24] Wichtige Indizien dafür sind der Fortbestand von Weisungsrechten des inländischen Unternehmens, ein nur vorübergehender Auslandsaufenthalt, insbesondere ein Rückrufsrecht des Stammhauses;[25] dagegen spricht insbesondere eine Einstellung des Arbeitnehmers nur für die Auslandstätigkeit.[26] Die Beweislast für die (fortdauernde) Zuständigkeit des Betriebsrates trägt der Arbeitnehmer.[27] Sofern der Betriebsrat für den einzelnen Mitarbeiter zuständig ist, hat der Auslandsmitarbeiter kein passives Wahlrecht, ob er ein aktives Wahlrecht hat, ist streitig. Mit Beschluss v. 27. 12. 1982,[28] hat das BAG auch ein Recht der Betriebsratsmitglieder, die Arbeitnehmer im Ausland aufzusuchen, verneint. Die Frage ist jedoch umstritten.[29] Auch Betriebsversammlungen im Ausland können nicht verlangt werden.[30] Allerdings umfasst das Mitbestimmungsrecht des Betriebsrats in **sozialen Angelegenheiten** auch die Auslandsmitarbeiter; so ua. für Auslandszulagen § 87 Abs. 1 Nr. 10 BetrVG.[31] Dasselbe gilt für **personelle Angelegenheiten**: Entsendung und Rückruf sind in der Regel Versetzungen iSv. § 95 Abs. 3 BetrVG, § 99 BetrVG, so

---

23 BAG v. 22. 3. 2000, NZA 2000, 1119; v. 20. 2. 2001, NZA 2001, 1033; v. 7. 12. 1989, DB 1990, 992.
24 Vgl. BAG v. 20. 2. 2001, NZA 2001, 1033; v. 7. 12. 1989, DB 1990, 992.
25 BAG v. 21. 10. 1980, DB 1981, 696; v. 7. 12. 1989, DB 1990, 992.
26 BAG v. 21. 10. 1980, DB 1981, 696.
27 LAG Rheinland-Pfalz v. 10. 12. 1996, BB 1997, 2002.
28 BAG v. 27. 12. 1982, DB 1982, 2519.
29 Anderer Ansicht *Kreitner* in Personalbuch 2003, Nr. 82 Rz. 21; *Däubler*, ArbuR 1990, 1.
30 BAG v. 27. 5. 1982, DB 1982, 2519; anderer Ansicht *Kreitner* in Personalbuch 2003, Nr. 82 Rz. 21; *Boemke*, NZA 1992, 112.
31 BAG v. 13. 1. 1990, NZA 1990, 571.

dass es dazu der Zustimmung des Betriebsrates bedarf; auch vor Kündigungen des Auslandsmitarbeiters ist der Betriebsrat nach § 102 BetrVG anzuhören.[32]

6. Tarifverträge

Tarifverträge des Stammhauses gelten für Auslandsmitarbeiter, wenn sie ausdrücklich für diese geschlossen wurden.[33] Gegebenenfalls hat das Stammhaus sogar eine Einwirkungspflicht auf das Tochterunternehmen, wenn auf Initiative des Stammhauses der Mitarbeiter unmittelbar einen Vertrag mit dem ausländischen Tochterunternehmen geschlossen hat.[34] Der Tarifvertrag gilt auch dann für die ausländischen Mitarbeiter, wenn diese unverändert dem inländischen Betrieb zuzuordnen sind.

7. Sozialversicherungsrecht

Gem. § 3 Nr. 1 SGB IV gilt deutsches Sozialversicherungsrecht im Arbeitsverhältnis für alle Personen, die im Geltungsbereich des SGB IV beschäftigt sind (Territorialitätsprinzip). Gem. § 4 SGB IV bleibt der deutsche Sozialversicherungsschutz für die Kranken-, Pflege-, Renten- und Unfallversicherung sowie für die Arbeitslosenversicherung für den ins Ausland entsandten Arbeitnehmer jedoch bestehen, wenn der Auslandseinsatz im Voraus der Natur der Sache nach oder aufgrund des Vertrages zeitlich begrenzt ist („Ausstrahlung") (vgl. unten c). Andernfalls richtet sich die Versicherungspflicht nach den Rechtsvorschriften des Beschäftigungsstaates. Gem. § 6 SGB IV haben jedoch multilaterale (sogleich a) oder bilaterale (unten b) Vereinbarungen (Sozialversicherungsabkommen) Vorrang.

a) Bei der Entsendung in den **Europäischen Wirtschaftsraum** (Belgien, Dänemark, Deutschland, Finnland, Frankreich, Griechenland, Großbritannien, Irland, Island, Italien, Liechtenstein, Luxemburg, Niederlande, Norwegen, Österreich, Portugal, Schweden, Spanien) sind die EWG-Verordnungen Nr. 1408/71 und Nr. 574/72 maßgebend, sofern es sich um Staatsangehörige der EWR-Staaten handelt. Der Arbeitnehmer unterliegt allein den sozialversicherungsrechtlichen Vorschriften desjenigen Staates, in dem die Beschäftigung tatsächlich ausgeübt wird. Deutsches Recht findet danach bei einer Beschäftigung außerhalb Deutschlands nur Anwendung, wenn:

– der Arbeitnehmer einem Unternehmen mit Sitz im Inland angehört,

– der Arbeitnehmer von diesem Unternehmen zur Ausführung einer Arbeit für dessen Rechnung in das Gebiet eines anderen Mitgliedstaates entsandt wird,

– die voraussichtliche Dauer der Entsendung 12 Monate nicht überschreitet und

– der Arbeitnehmer nicht einen anderen Arbeitnehmer ablöst, bei dem die Zeit, für die er entsandt worden war, abgelaufen ist.

Mit Zustimmung der zuständigen Behörde des Beschäftigungslandes ist eine einmalige Verlängerung um weitere 12 Monate möglich. Die Verlängerung ist nur mit einer Ausnahmegenehmigung möglich, die **vor** Ablauf der 12-Monats-Frist bei den zuständigen Behörden beantragt werden muss.

---

32 BAG v. 7. 12. 1989, DB 1990, 992.
33 BAG v. 11. 9. 1991, NZA 1992, 321.
34 BAG v. 12. 12. 1990, NZA 1991, 386.

b) Wird der Arbeitnehmer in einen Staat entsandt, mit dem ein **(bilaterales) Sozialversicherungsabkommen** besteht, gelten die jeweiligen Regelungen des Sozialversicherungsabkommens. Meist bestimmen diese bei einer vorübergehenden Entsendung von Arbeitnehmern in den jeweiligen Abkommensstaat weiterhin die Geltung bundesdeutscher Rechtsvorschriften über die soziale Sicherheit. Dabei sind in den einzelnen Abkommen zeitliche Grenzen vorgesehen, die auf Antrag verlängert werden können.

c) Wird der Arbeitnehmer in einen Staat entsandt, mit dem **weder eine** mehrseitige Vereinbarung besteht **noch ein bilaterales Sozialversicherungsabkommen**, bedarf es eines Rückgriffes auf das innerstaatliche Kollisionsrecht. Für die Versicherungs- und Beitragspflicht gilt nach deutschem Recht § 4 SGB IV, der für die gesetzliche Kranken-, Pflege-, Unfall- und Rentenversicherung direkt und auch für die Arbeitslosenversicherung Anwendung findet.[35] Demnach bleiben die deutschen Rechtsvorschriften über die Sozialversicherung maßgebend (Grundsatz der „Ausstrahlung"), wenn folgende Voraussetzungen des § 4 Abs. 1 SGB IV kumulativ vorliegen:

aa) Es muss sich um eine **Entsendung** im Rahmen eines im Inland **bestehenden Beschäftigungsverhältnisses** handeln:

Entsendung bedeutet, dass sich ein Beschäftigter auf Weisung eines inländischen Arbeitgebers von der Bundesrepublik Deutschland ins Ausland begibt, um dort eine Beschäftigung für diesen Arbeitgeber auszuüben. Das ist auch dann der Fall, wenn der Beschäftigte eigens für die Auslandsbeschäftigung eingestellt wurde, sofern er einen inländischen Wohnsitz oder gewöhnlichen Aufenthalt hat. In jedem Fall muss nach dem Auslandseinsatz eine Wieder- oder Weiterbeschäftigung beim entsendenden Arbeitgeber gewährleistet sein. Keine Entsendung liegt vor, wenn der Arbeitnehmer schon im Ausland lebt und von dort eine Beschäftigung für einen inländischen Arbeitgeber beginnt. Auch fehlt es an einer Entsendung, wenn der Arbeitnehmer im anderen Staat eingestellt und von dort in einen Drittstaat entsandt wird.

Das **inländische Beschäftigungsverhältnis** besteht fort, wenn der Entsandte organisatorisch in den Betrieb des inländischen Arbeitgebers eingegliedert bleibt oder wird. Die wesentlichen Arbeitgeberfunktionen (zB Entscheidungen über die Begründung und Beendigung des Beschäftigungsverhältnisses, Entsendung und Rückkehr, Art und Ort der Tätigkeit) müssen dem inländischen Arbeitgeber zustehen. Als Indiz für das Vorliegen des inländischen Beschäftigungsverhältnisses kann dabei ua. die Einbeziehung in das inländische Lohn- und Gehaltsabrechnungsverfahren und die **Bezahlung von inländischen Unternehmen**[36] dienen. Wird der Arbeitnehmer bei einer ausländischen Tochter beschäftigt, fehlt es am Fortbestand des Beschäftigungsverhältnisses, wenn er in die Binnenstruktur des Tochterunternehmens eingegliedert ist.

bb) Der Auslandseinsatz muss nach der Natur der Sache oder durch Arbeitsvertrag **im Voraus zeitlich begrenzt** sein:

Die vertragliche Begrenzung kann sich aus der vertraglichen Beschränkung auf ein naturgemäß begrenztes Vorhaben (zB Bau eines Flughafens) oder aus der fest vereinbarten Beschäftigungsdauer ergeben. Es genügt aber auch, wenn sich ohne jede Ver-

---

35 Zu Besonderheiten bei der Berechnung des Beitrages für die Rentenversicherung *Figge*, DB 2002, 2532, 2547.
36 BSG v. 7. 11. 1996 – 12 RK 79/94, BSGE 79, 214.

einbarung aus den Gesamtumständen ergibt, dass die ausländische Beschäftigung zeitlich begrenzt ist. Entscheidend ist, dass die Gesamtdauer der Entsendung bei Beginn feststeht. Eine Höchstdauer für ausländische Beschäftigung gilt nicht. Allerdings wird empfohlen, die Entsendung auf max. zwei bis drei Jahre zu beschränken. Die bloße Vereinbarung eines Rückrufrechtes stellt keine zeitliche Befristung dar.

Auch wenn nach § 4 SGB IV infolge der Ausstrahlung deutsches Sozialversicherungsrecht anwendbar bleibt, schließt dies eine Versicherungspflicht nach den jeweiligen Vorschriften des Gastlandes nicht aus. Es besteht also die Gefahr einer Doppelversicherung.

d) Auch wenn deutsches Sozialversicherungsrecht nach § 4 SGB IV für den entsandten Mitarbeiter anwendbar ist, besteht eine **Versorgungslücke im Krankenversicherungsrecht**.

Grundsätzlich ruht nach § 16 Abs. 1 Nr. 1 SGB V der Leistungsanspruch des Krankenversicherten, der sich im Ausland aufhält, gleichgültig, ob der Aufenthalt nur kurzfristig oder von längerer Dauer ist. Ruhen bedeutet dabei, dass die Leistungsansprüche zwar dem Grunde nach zur Entstehung kommen, jedoch von der Krankenkasse nicht zu erfüllen sind. Die Beitragspflicht hingegen besteht fort. Als Folge hat der Versicherte die Kosten allein zu tragen.

Soweit nicht für diesen Fall über- oder zwischenstaatliche Vereinbarungen bestehen, hat der Versicherte nach § 17 Abs. 1 Satz 1 SGB V einen Anspruch gegen seinen Arbeitgeber. Nach § 17 Abs. 2 SGB V ist die Krankenkasse verpflichtet, diesem die Kosten bis zu der Höhe zu ersetzen, in der sie im Inland entstanden wären. Hier entsteht jedoch eine Versorgungslücke, da die Kosten im Ausland häufig deutlich über den im Inland zu ersetzenden Kosten liegen. Der Arbeitgeber sollte diese durch eine private Zusatzversicherung decken.

e) Unterfällt ein Arbeitnehmer weder nach § 4 SGB IV (Ausstrahlung, Entsendung) **noch** nach den über- bzw. zwischenstaatlichen Vereinbarungen **der deutschen Sozialversicherung**, bleibt ihm dennoch der Weg in den deutschen Versicherungsschutz offen.

In der deutschen **Rentenversicherung** kann eine **Pflichtversicherung auf Antrag nach § 4 Abs. 1 Nr. 2 SGB VI** beantragt werden, sofern die Beschäftigung im Ausland zeitlich begrenzt ist; ist der Auslandsaufenthalt nicht zeitlich begrenzt, so bleibt die Möglichkeit der **freiwilligen Versicherung nach § 7 Abs. 1 SGB VI**.

In der **Arbeitslosenversicherung** gibt es keine Möglichkeit freiwilliger Versicherung.

In der **Krankenversicherung** ist eine freiwillige Versicherung oder Anwartschaftsversicherung zur Sicherung der späteren Wiederaufnahme möglich (vgl. § 9 SGB V).[37] Zu beachten ist wiederum die Form der Leistungsgewährung nach § 17 SGB V.

Auch die soziale **Pflegeversicherung** ermöglicht nach § 26 Abs. 2 SGB XI eine Anwartschaftsversicherung.

Soweit **Unfallversicherung**sträger eine besondere Auslandsunfallversicherung eingerichtet haben, können über Gruppenversicherungen des Unternehmens höhere Versicherungssummen erzielt werden. Eine freiwillige Versicherung für im Ausland Tä-

---

37 Zur Beitragsberechnung nach § 240 Abs. 4 a) SGB V s. *Figge*, DB 2002, 2532, 2547.

tige sieht das Gesetz jedoch nicht vor (vgl. § 6 SGB VII), so dass hier nur eine private Unfallversicherung verbleibt.

8. Steuerrecht

Nach § 1 Abs. 1 EStG sind natürliche Personen in der Bundesrepublik Deutschland unbeschränkt, dh. mit dem Welteinkommen steuerpflichtig, wenn sie entweder ihren Wohnsitz oder ihren gewöhnlichen Aufenthalt im Inland haben. Dies gilt auch, wenn sie eine Tätigkeit im Ausland ausüben.

Soweit **Doppelbesteuerungsabkommen** bestehen, ist jedoch das Besteuerungsrecht nach Maßgabe von Art. 15 des OECD-Musterabkommens idR dem Tätigkeitsstaat zugeordnet (Arbeitsortprinzip). Das Besteuerungsrecht fällt gemäß Art. 15 Abs. 2 OECD-Musterabkommen an den Wohnsitzstaat zurück, wenn der Aufenthalt des Auslandsmitarbeiters im anderen Vertragsstaat (Tätigkeitsstaat) neben weiteren Voraussetzungen 183 Tage nicht überschreitet.

Im Einzelnen setzt ein Rückfall des Besteuerungsrechts an den Wohnsitzstaat voraus, dass

– sich der Arbeitnehmer im anderen Vertragsstaat insgesamt nicht länger als 183 Tage innerhalb eines Zeitraums von 12 Monaten (der während des betreffenden Steuerjahres beginnt oder endet) aufhält und

– die Vergütungen von einem Arbeitgeber oder für einen Arbeitgeber bezahlt werden, der nicht im anderen Staat ansässig ist,

und

– die Vergütungen nicht von einer Betriebsstätte oder einer festen Einrichtung getragen werden, die der Arbeitgeber im anderen Staat hat.

Dabei zählen zur 183-Tage-Frist die Tage der physischen Anwesenheit einschließlich Tage bloßer Teilanwesenheit sowie Tage, an denen der Steuerzahler in dem Staat auch nur kurz anwesend ist.[38]

Gem. § 32b Abs. 1 Nr. 3 EStG stehen die von der deutschen Einkommensteuer freigestellten ausländischen Einkünfte unter Progressionsvorbehalt. Die ausländischen Einkünfte erhöhen also die Progression für die inländische Besteuerung.

Demgegenüber zählen nicht mit volle Tage außerhalb des Tätigkeitsstaates einschließlich Transittage außerhalb des Tätigkeitsstaates,[39] wohl aber Ankunftstag, Anreisetag und alle übrigen Tage der Anwesenheit im Tätigkeitsstaat unmittelbar vor, während oder nach der Tätigkeit (einschließlich Feiertagen, Ferientagen sowie Krankheitstage, es sei denn, die Krankheit steht der Abreise entgegen).

Besteht **kein Doppelbesteuerungsabkommen**, so kommt nach dem **Auslandstätigkeitserlass**[40] eine Freistellung für begünstigte Tätigkeiten im Ausland von der deutschen Einkommensteuer in Betracht, sofern die Auslandstätigkeit mindestens drei Monate ununterbrochen in dem Nichtabkommensstaat ausgeübt wurde.

---

38 Vgl. BFH v. 10. 7. 1996, DStR 1996, 1966.
39 Vgl. zur Frist im Einzelnen BMF v. 5. 1. 1994, BStBl. I 1994, 11, ausführlich mit zahlreichen Beispielen; BMF v. 5. 7. 1995, BStBl. I 1995, 373.
40 Vgl. BMF v. 31. 10. 1983, BStBl. I 1983, 470 = BB 1983, 1965.

Besteht kein Doppelbesteuerungsabkommen und sind die Voraussetzungen für den Auslandstätigkeitserlass nicht gegeben, so kann nach Maßgabe von **§ 34c EStG** im Wege der Anrechnung eine Doppelbesteuerung vermieden bzw. vermindert werden.

II. Muster

11.1 Entsendung

Entsendevertrag

Absender: Stammhaus
(Arbeitgeber)

An
Herrn/Frau ...

Sehr geehrte(r) ...,

in Ergänzung zu Ihrem Anstellungsvertrag vom ... vereinbaren wir für die Dauer Ihrer Tätigkeit bei ... (Auslandsunternehmen) Folgendes:

§ 1 Aufgabengebiet

(1) Sie werden zu dem Unternehmen ... (Auslandsunternehmen) in ... (Einsatzland) als ... entsandt. Sie werden dort folgende Aufgabe übernehmen ....

(2) Sie sind Herrn/Frau ... unterstellt. Sie berichten gleichzeitig Herrn/Frau ... in Deutschland bei auftretenden Schwierigkeiten und Problemen.

(3) Wir behalten uns vor, Ihnen auch eine andere Ihrer Qualifikation entsprechende gleichwertige Stelle zu übertragen oder die Unterstellung zu ändern.[1]

(4) Sie bleiben für die Dauer der Auslandstätigkeit Angestellter unserer Gesellschaft.[2]

§ 2 Dauer der Entsendung

(1) Die Tätigkeit beginnt am .... Sie ist für ein Jahr vorgesehen. Sie kann im gegenseitigen Einvernehmen um ein Jahr verlängert werden. Sie endet spätestens 6 Monate nach Abschluss der Aufgabe gemäß § 1 Abs. 1.[3]

(2) Während dieser Zeit wird die ordentliche Kündigung für beide Vertragsparteien ausgeschlossen.[4]

---

1 Zur Zulässigkeit von Versetzungsklauseln gem. § 308 Nr. 4 BGB vgl. Kap. 2 unter I. 1. II) (2) (c), **M 2.1** bei Ziff. 1 Satz 2 und **M 3.1** bei § 1 (2).
2 Es liegt im Wesen des Entsendevertrages, dass gleichzeitig das Anstellungsverhältnis mit dem Stammhaus bestehen bleibt. Im Entsendevertrag sollte dies ausdrücklich festgelegt werden zur Klarstellung, dass der Entsendevertrag nicht an die Stelle des Anstellungsvertrages mit dem Stammhaus tritt, sondern diesen nur ergänzt.
3 Eine Befristung ist bei einer Entsendung im Hinblick auf § 4 SGB IV zur Erhaltung des deutschen Sozialversicherungsschutzes in der Regel geboten (vgl. oben Erläuterungen unter I. 7.).
4 Der Ausschluss der ordentlichen Kündigung kann ratsam sein, wenn der Mitarbeiter in einem konkreten Projekt tätig ist und dessen Durchführung nicht gefährdet werden soll.

§ 3 Vergütung[5]

(1) Sie erhalten Ihre Vergütung unverändert. An Gehaltssteigerungen im Inland nehmen Sie wie bisher teil.

(2) Zusätzlich erhalten Sie für die Dauer der Tätigkeit gemäß § 1 eine Auslandszulage in Höhe von 50% des Inlandsgehalts. Diese Auslandszulage gilt alle zusätzlichen Erschwernisse, die mit dem Auslandsaufenthalt verbunden sind, ab.

(3) Wir werden Verhandlungen über eine Anpassung des Gehaltes für den Fall führen, dass der Wechselkurs sich um mehr als . . .% gegenüber dem Wechselkurs zum Zeitpunkt des Vertragsschlusses ändert.

(4) Die Dauer der Tätigkeit wird auf die Betriebszugehörigkeit und alle daraus resultierenden Ansprüche angerechnet.

(5) Das Auslandsgehalt nimmt für die Dauer der Auslandstätigkeit an etwaigen allgemeinen Gehaltsänderungen teil. Leistungen aus der betrieblichen Altersversorgung richten sich nach dem Inlandsgehalt.

(6) Die Erstattung von Reisekosten und Spesen richtet sich nach den Richtlinien des ausländischen Unternehmens.

(7) Wir bezahlen für die Dauer der Auslandstätigkeit gemäß § 1 die Arbeitgeberanteile zur Sozialversicherung unverändert weiter.

(8) Zahlungen[6] leisten wir auf Ihr bisheriges Gehaltskonto, sofern Sie nicht mindestens sechs Wochen vor der nächsten fälligen Zahlung ein anderes Konto im Einsatzland mitteilen. Die Zahlung erfolgt in Euro. Die Kosten des Transfers tragen Sie/wir.

§ 4 Arbeitsbedingungen[7]

(1) Für den Auslandsaufenthalt gelten die Arbeitsbedingungen, insbesondere die Arbeitszeit- und Feiertagsregelungen des Einsatzlandes. Ostersonntag und Pfingstsonntag sowie 1. und 2. Weihnachtstag gelten in jedem Fall als Feiertag.

(2) Für Entgeltfortzahlung im Krankheitsfall gelten die Bestimmungen des Inlandsarbeitsvertrages.

(3) Die Urlaubsdauer richtet sich nach dem Inlandsarbeitsvertrag. Überschreitet die Entsendung ein Jahr, erhält der Mitarbeiter zwei Wochen zusätzlichen Urlaub, nach Ablauf von drei Jahren einen zusätzlichen Heimaturlaub von drei Wochen.

---

5 Regelmäßig wird die Inlandsvergütung beibehalten. Hinzu kommen Auslandszulagen und zusätzliche Sachleistungen (Wohnung pp.). Nicht abschließend geklärt ist, ob Reisekosten, besondere Kosten am Arbeitsort, Kosten für die doppelte Haushaltsführung etc. vom Arbeitgeber im Rahmen seiner Fürsorgepflicht ohnehin weitestgehend übernommen werden müssen, auch wenn dies nicht vertraglich geregelt ist. Vorherrschend ist diese Auffassung wohl nicht.

6 Da das Arbeitsverhältnis zum Stammhaus fortbesteht, wird von dort idR auch die Vergütung gezahlt. Die Zahlung erfolgt regelmäßig auf ein deutsches Konto, auf das der Mitarbeiter aus dem Ausland Zugriff nimmt. Die Übernahme der entstehenden Kosten sind Verhandlungssache. Sie sind meist in der Auslandszulage enthalten.

7 Regelungen sind nur erforderlich, soweit sie von dem Anstellungsvertrag abweichen. Dies kann für Arbeitszeit- und Feiertagsregelungen sowie Urlaubsregelungen der Fall sein. Insbesondere bietet es sich an, Urlaubsansprüche über den 31. 3. des Folgejahres hinaus zu erhalten (§ 4 Abs. 5 des Musters) und eine Regelung zu treffen, nach der nur Feiertage des Einsatzlandes anerkannt werden (§ 4 Abs. 1 des Musters).

(4) Die Abwesenheit von dem Auslandsunternehmen soll sechs Wochen nicht überschreiten.

(5) Urlaubsansprüche, die während des Auslandsaufenthaltes erworben werden, verfallen erst mit Ablauf von drei Monaten nach Beendigung des Auslandsaufenthaltes und sind unmittelbar nach Ende des Auslandsaufenthaltes zu gewähren und zu nehmen.

§ 5 Reisekosten[8]

(1) Wir übernehmen die Reisekosten der Hin- und Rückreise und Familienheimreisen per Flugzeug in der ... Klasse incl. Übergepäck bis zu 100 kg, der Kosten für den Transport des Hausrates, der dafür erforderlichen Reiseversicherungen, Zoll und der für die Umzugsperiode anfallenden Hotelkosten auf Nachweis bis zu Euro .... Das Stammhaus nimmt die Buchungen unmittelbar vor. Sofern Sie auf eigenen Wunsch vor Beendigung des vertraglich vereinbarten Auslandseinsatzes aus unseren Diensten ausscheiden, besteht kein Anspruch auf Übernahme der Rückreisekosten.

(2) Die Hin- und Rückreisetage gelten als Arbeitstage.

(3) Bei einem Notfall (zB lebensbedrohliche Erkrankung, Erkrankung von mehr als drei Wochen oder schwere Erkrankung oder Todesfall in der unmittelbaren Familie [Eltern, Geschwister, Ehefrau, Kinder]) übernimmt der Arbeitgeber die Kosten eines Rücktransports, gegebenenfalls Krankentransport nach Deutschland.

(4) Wir übernehmen die Reisekosten der Hin- und Rückreise für eine Besuchsreise Ihrer Familie einmal jährlich.

§ 6 Wohnung[9] und Dienstfahrzeug[10]

(1) Wir stellen Ihnen am Einsatzort eine möblierte Zweizimmerwohnung in gehobener Ausführung zur Verfügung.

oder

(1) Wir übernehmen die Kosten für eine möblierte Zweizimmerwohnung in gehobener Ausführung bis zur Höhe von Euro ... pro Monat.

(2) Wir stellen Ihnen am Einsatzort ein Dienstfahrzeug, Typ ... oder vergleichbar, auch zur privaten Nutzung zur Verfügung. Auf den geldwerten Vorteil entfallende Steuern tragen Sie. Wir sind jederzeit berechtigt, die Herausgabe des Fahrzeugs zu verlangen. Bei Beendigung des Anstellungsvertrages geben Sie das Fahrzeug unverzüglich zurück. Ein Zurückbehaltungsrecht besteht nicht.

(3) Etwaige auf vorgenannte Sachleistungen entfallende Einkommensteuer tragen Sie.

---

[8] Reisekosten werden regelmäßig vom Arbeitgeber übernommen. Soweit zusätzliche Kosten wegen übergewichtigen Gepäcks nicht übernommen werden sollen, muss dies geregelt werden.

[9] Als Gestaltung kommt in Betracht entweder die Übernahme von Hotelkosten, die Gestellung einer Wohnung oder Zahlung eines Mietzuschlags am Einsatzort oder die Zahlung eines Zuschusses für den Fortbestand der Wohnung am Stammsitz. Vgl. auch **M 11.2.1** § 4.

[10] Für die Überlassung eines Dienstfahrzeugs gelten die allgemeinen Regeln (vgl. **M 12.21** – Dienstwagen).

§ 7 Familienheimreisen

Je Monat haben Sie Anspruch auf eine Familienheimreise von drei Arbeitstagen, wobei Reisetage nicht mitgezählt werden.

§ 8 Zusatzversicherungen[11]

(1) Sie sorgen selbst für einen ausreichenden Krankenversicherungsschutz.

(2) Wir schließen für Sie eine private Auslandszusatzkrankenversicherung für die Zeit des Auslandsaufenthaltes zur Deckung der Differenz zwischen den tatsächlich entstehenden Kosten und der Kostenbeteiligung der gesetzlichen Krankenkasse ab.

(3) Wir übernehmen die Kosten für eine Reisegepäckversicherung bis zu einer Deckungssumme von Euro . . . .

(4) Wir schließen für Sie eine Unfallversicherung ab für berufliche und außerberufliche Unfälle weltweit mit einer Versicherungssumme von Euro 200 000 für den Todesfall und Euro 400 000 für den Fall der Invalidität. Der Versicherungsschutz beginnt mit der Ausreise und endet mit der Beendigung der Entsendung.

§ 9 Steuern[12]

(1) Sie werden die steuerrechtlichen Vorschriften des Einsatzlandes beachten und die sich daraus ergebenden Verpflichtungen erfüllen.

(2) Aufgrund des zwischen der Bundesrepublik Deutschland und dem Einsatzland bestehende Doppelbesteuerungsabkommens erhalten Sie die Vergütung oder Freistellung von der deutschen Besteuerung. Eventuell im Ausland zu entrichtende Steuern gehen zu Ihren Lasten.

§ 10 Einreisebestimmungen

(1) Sie werden unverzüglich die zur Einreise und Arbeitsaufnahme erforderlichen behördlichen Genehmigungen im Einsatzland beantragen.[13]

(2) Sie werden ferner auf unsere Kosten unverzüglich eine Bescheinigung des Hausarztes über die körperliche Eignung für den Auslandseinsatz beibringen und gegebenenfalls erforderliche Schutzimpfungen durchführen lassen.

(3) Bei Fehlen einer behördlichen Genehmigung oder des ärztlichen Nachweises behalten wir uns Ihren Rückruf und die Zuweisung einer Tätigkeit im Inland vor.

(4) Sie nehmen an dem von uns angebotenen Sprachkurs und Cultural training teil.

---

11 Anhand der sozialversicherungsrechtlichen Situation (siehe dazu oben Erläuterungen unter I. 7.) ist in jedem Einzelfall zu prüfen, ob Zusatzversicherungen erforderlich sind. Dabei ist immer darauf zu achten, dass Unterschiede zwischen der Versicherungspflicht und dem tatsächlichen Versicherungsschutz bestehen können. Als weitere Versicherungen kommen in Betracht private Lebensversicherung, Reisegepäckversicherung, private Haftpflichtversicherung für den Auslandsaufenthalt, Kraftfahrzeugversicherungen, die Mitnahme des eigenen Fahrzeugs, Hausratsversicherung für Hausrat im Ausland, Versicherung für Umzugsgut.

12 Vgl. die Erläuterungen unter I. 8.

13 Die Nichteinhaltung der Einreisebestimmungen ist in der Praxis ein häufiges Problem. Regelmäßig müssen diese **vor** Einreise in das Gastland erfüllt sein.

§ 11 Beendigung des Auslandseinsatzes

(1) Bei vorzeitiger Beendigung der Entsendung aus Gründen, die Sie nicht zu vertreten haben, werden Sie unmittelbar in das Unternehmen im Inland wieder eingegliedert.

(2) Keine Vertragspartei ist während des Auslandsaufenthaltes zur ordentlichen Kündigung berechtigt. Im Falle einer außerordentlichen Kündigung aufgrund eines von Ihnen zu vertretenden wichtigen Grundes besteht kein Anspruch auf Zahlung der Rückreisekosten.

(3) Wir behalten uns vor, Sie jederzeit nach billigem Ermessen mit einer Ankündigungsfrist von drei Monaten zurückrufen.[14]

(4) Bei vorzeitigem Abbruch der Auslandstätigkeit aus Gründen, die Sie zu vertreten haben, zahlen Sie uns einen pauschalierten Schadensersatz in Höhe eines Bruttomonatsgehalts.[15] Es bleibt Ihnen jedoch der Nachweis gestattet, dass ein Schaden überhaupt nicht entstanden oder wesentlich geringer ist als die Pauschale.[16]

(5) Nach Beendigung des Auslandseinsatzes erhalten Sie eine Stellung, die hinsichtlich Verantwortungsbereich, Einkommen und Anforderungen Ihren im In- und Ausland gesammelten Erfahrungen und Leistungen entspricht (Re-entry-Garantie).

oder

(5) Nach Beendigung des Auslandseinsatzes erhalten Sie eine Stellung, die hinsichtlich Verantwortungsbereich, Einkommen und Anforderungen der Stellung entspricht, die Sie vor dem Auslandseinsatz hatten. Eine höherwertige Tätigkeit im Ausland begründet keine Ansprüche auf eine vergleichbare Tätigkeit nach Rückkehr ins Inland.[17]

---

14 Sofern dies nicht ausdrücklich im Anstellungsvertrag geregelt ist, ist die Entsendung ins Ausland nicht vom Direktionsrecht des Arbeitgebers umfasst. Daher bedarf auch der Rückruf einer vertraglichen Regelung, gegebenenfalls mit einer entsprechenden Ankündigungsfrist. Ein Rückrufsrecht kann zudem nur nach den Grundsätzen der Billigkeit der §§ 242, 315 BGB ausgeübt werden. Derzeit ist nicht sicher, ob die Regelung mit § 308 Nr. 4 BGB oder § 307 BGB vereinbar ist. Will man sicherer gehen, müsste man die Voraussetzungen für den Rückruf nennen „... jederzeit in folgenden Fällen mit einer Ankündigungsfrist von drei Monaten zurückzurufen: ...". Wenn die Regelung unwirksam wäre, könnte der Arbeitnehmer trotz des Widerrufs im Ausland bleiben und hätte auch Anspruch auf die Vergütung.
15 Ob der Mitarbeiter wirksam verpflichtet werden kann, pauschalierten Schadensersatz zu zahlen, wenn er seine Auslandstätigkeit aus Gründen abbricht, die er selbst zu vertreten hat, ist nicht völlig geklärt. Dafür spricht jedoch, dass das Unternehmen mit der Entsendung erhebliche Kosten und Einarbeitungszeiten im Ausland auf sich genommen hat, die dadurch wertlos werden, ohne dass der Arbeitgeber dies zu vertreten hat. Berücksichtigt man weiter die regelmäßig erhöhte Vergütung im Ausland, so erscheint eine solche Vertragsstrafeklausel angemessen. Nach einer Entscheidung des LAG Hessen sollen die Ansprüche des Arbeitgebers jedoch auf einen Monatsverdienst beschränkt sein (LAG Hessen v. 22. 6. 1981, DB 1982, 656).
16 Aufgrund der Geltung der AGB-Kontrolle für Arbeitsverträge gem. § 310 Abs. 4 BGB sollte dieser Vorbehalt aufgenommen werden, § 309 Nr. 5 lit. b) BGB.
17 Die Re-entry-Garantie enthält einen gewissen Prüfstein des Mitarbeiters für das Unternehmen. Ohne eine solche Garantie kann der Mitarbeiter sich meist nicht auf einen Auslandsaufenthalt einlassen. Er müsste dann befürchten, dorthin „abgeschoben" zu werden. Die Rechtswirkungen einer solchen Garantie sind ungeklärt. Man wird sie mindestens dahin auslegen müssen, dass eine betriebsbedingte Kündigung jedenfalls nicht deshalb ausgesprochen werden kann, weil infolge der Rückkehr des Mitarbeiters ins Inland ein Personalüber-

§ 12 Ausschlussklausel[18]

Ansprüche aus diesem Vertrag verfallen, wenn sie nicht innerhalb von sechs Monaten nach Fälligkeit schriftlich geltend gemacht werden.

§ 13 Vertragslaufzeit

Der Vertrag tritt mit dem Tag Ihrer Ausreise in Kraft. Er endet, ohne dass es einer Kündigung bedarf, mit dem Ende Ihrer Rückreise in die Bundesrepublik Deutschland.

§ 14 Fortgeltung des Arbeitsvertrages

Ergänzend gelten die Vereinbarungen des Arbeitsvertrages vom . . . .

§ 15 Rechtswahl – Gerichtsstandsvereinbarung

Für diesen Vertrag gilt deutsches Recht.[19] Gerichtsstand ist . . . .[20]

§ 16 Schriftformklausel, salvatorische Klausel

(1) Änderungen und/oder Ergänzungen zu diesem Vertrag bedürfen der Schriftform. Die elektronische Form ist ausgeschlossen. Mündliche Vereinbarungen über die Aufhebung der Schriftform sind nichtig.[21]

(2) Sollten einzelne Bestimmungen dieses Vertrages unwirksam sein oder werden, bleibt der Vertrag im Übrigen wirksam. Unwirksame Bestimmungen oder Vertragslücken sind durch solche Bestimmungen zu ersetzen, die den von den Vertragsparteien verfolgten Zielsetzungen am nächsten kommen.

---

hang besteht und dem Mitarbeiter auch nach der Sozialauswahl infolgedessen eigentlich gekündigt werden könnte. Ein Kündigungsrecht aus anderen Gründen bleibt unberührt. In der hier geregelten verbindlichen Form entstehen auch Schadensersatzansprüche des Arbeitnehmers, wenn er keine vergleichbare Stelle erhält. Als Alternative käme eine weniger verbindliche „Verhandlungsklausel" in Betracht. Diese dürfte allerdings die Motivation für den Auslandseinsatz schwächen.

18 Zur Wirksamkeit von Ausschlussklauseln vgl. oben Kap. 2 unter I. 1. b) kk), **M 2.1** Ziff. 9, **M 3.1** § 21 mit Anmerkungen.
19 Vgl. Erläuterungen oben unter I. 3.
20 Vgl. Art. 18 bis 21 EGVO 44/2001/EG (EuGVVO): Der Gerichtsstand schließt andere Gerichtsstände im Geltungsbereich des EuGVVO nicht aus, Näheres oben unter Erläuterung I. 3.
21 Zur Schriftformklausel vgl. auch **M 2.1** Ziff. 12; **M 7.1** § 14.

11.2.1 Versetzung Auslandsvertrag[1]

Dienstvertrag mit dem ausländischen Tochterunternehmen[2]

Absender: Stammhaus

An
Herrn/Frau . . .

Sehr geehrte(r) . . .

in Vertretung der Gesellschaft . . . (ausländische Tochter) (i. F.: „Auslandsgesellschaft") vereinbaren wir für die Dauer Ihrer Tätigkeit als Angestellter der Auslandsgesellschaft Folgendes:

§ 1 Aufgabengebiet

(1) Sie beginnen Ihre Tätigkeit am . . . . Sie sind zuständig für . . . .

(2) Sie sind unmittelbar dem Geschäftsführer unterstellt. Die Auslandsgesellschaft behält sich vor, Ihnen auch eine andere gleichwertige Ihrer Qualifikation entsprechende Tätigkeit zu übertragen oder die Unterstellung zu ändern.[3]

(3) Sie stellen Ihre volle Arbeitskraft der Auslandsgesellschaft zur Verfügung. Sie werden die Ziele des Unternehmens unter Wahrung der Interessen des Konzerns eigenverantwortlich verfolgen.

§ 2 Vertragsdauer[4]

Der Vertrag wird fest für die Zeit vom . . . bis zum . . . geschlossen. Er verlängert sich um jeweils . . . Jahr(e), sofern der Verlängerung nicht von einer der Vertragsparteien mit einer Frist von . . . Monaten zum Ende der Laufzeit widersprochen wird. Er endet spätestens nach . . . Jahren.

§ 3 Vergütung[5]

(1) Sie erhalten eine Vergütung in Höhe von Euro . . . brutto jährlich, zahlbar in 12 gleichen monatlichen Teilbeträgen jeweils zum Monatsende.

---

1 Beim Versetzungsvertrag ist zwischen dem neuen Dienstvertrag mit dem **ausländischen Unternehmen** (**M 11.2.1**) und der vertraglichen Beziehung zum **Stammhaus** (**M 11.2.2**) zu unterscheiden. Die Versetzung kann erforderlich sein, wenn die Regelungen des Gastlandes einen Arbeitsvertrag mit der dortigen Gesellschaft verlangen. Nachteil ist regelmäßig, dass sozialversicherungsrechtlich keine Ausstrahlung nach § 4 SGB IV vorliegt. Die Versetzung wird insbesondere auch dann gewählt, wenn ein Fortbestand der deutschen Sozialversicherung gar nicht erwünscht, sondern private Vorsorge gewollt ist.
2 Der Vertrag mit dem ausländischen Unternehmen ist ein Standardvertrag nach dortigem Recht (vgl. Erläuterungen unter I. 1.).
3 Zur Zulässigkeit von Versetzungsklauseln gem. § 308 Nr. 4 BGB vgl. Kap. 2 unter I. 1. II) (2) (c), **M 2.1** bei Ziff. 1 Satz 2 und **M 3.1** bei § 1 (2). Ein Verstoß gegen § 309 Nr. 10 BGB dürfte nicht vorliegen, da die Auslandsgesellschaft im Muster ja Vertragspartner ist und durch die Inlandsgesellschaft nur vertreten wird.
4 Die Regelung sollte der entsprechenden Regelung im Vertrag mit dem Stammhaus entsprechen (vgl. **M 12.2.2**, § 2).
5 Hier wird häufig die Vergütung gesplittet zwischen einem in Deutschland auszuzahlenden Bestandteil und dem von der ausländischen Gesellschaft zu leistenden. Durch die Inlandszah-

(2) Ferner erhalten Sie einen erfolgsabhängigen Bonus wie folgt . . . .

(3) Die Vergütung wird jeweils zum Jahresbeginn überprüft.

§ 4 Wohnung[6]

(1) Die Auslandsgesellschaft stellt Ihnen und Ihrer Familie für Ihre Einsatzzeit eine angemessene Wohnung mietfrei zur Verfügung. Sie übernimmt auch die Mietnebenkosten sowie die Kosten für Versicherung, Kaution und Instandhaltung. Die Angemessenheit der Wohnung stimmen Sie mit der Geschäftsführung der Auslandsgesellschaft ab.

oder

(1) Sie erhalten einen Mietzuschuss in der einen Mietpreis von umgerechnet Euro . . . übersteigenden Höhe, bis zur Höhe eines Zuschusses von Euro . . . . Die Auslandsgesellschaft trägt ferner die Kosten für Makler, Kaution, Instandhaltungs- oder Schönheitsreparaturen für eine Wohnung.

oder

(1) Die Auslandsgesellschaft zahlt einen Zuschuss in Höhe von . . . % der Kosten der Miete, soweit die Miete den Betrag von . . . % des Bruttoeinkommens in Euro übersteigt.

(2) Die Auslandsgesellschaft übernimmt Maklerkosten für die erstmalige Anmietung einer Wohnung am Auslandssitz sowie Kosten doppelter Mietzahlung auf Nachweis bis zu Euro . . . . Sie beauftragt den Makler unmittelbar.

§ 5 Schulgeld

Die Auslandsgesellschaft zahlt für Ihre schulpflichtigen Kinder ein Schulgeld bis zur Höhe von Euro . . . pro Monat sowie Transportkosten für den Schulbesuch bis zu Euro . . . pro Monat. Wir behalten uns vor, das Schulgeld unmittelbar an die Schule zu zahlen.

§ 6 Urlaub

Der Mitarbeiter hat Anspruch auf . . . Arbeitstage Urlaub pro Jahr. Während des Urlaubsjahres nicht genommener Urlaub wird automatisch auf das Folgejahr übertragen.[7]

---

lung kann insbesondere der Wechselkursausgleich und Kaufkraftausgleich gegenüber dem Gastland weitgehend vermieden werden. Auch werden die die ortsübliche Vergütung im Gastland oft deutlich übersteigenden Gehaltsanteile bei Auszahlung im Inland für Ortskräfte der ausländischen Tochtergesellschaft nicht transparent.

6 Die Frage, ob die Wohnung vom Unternehmen gestellt oder nur deren Kosten getragen werden, entscheidet sich regelmäßig nach steuerlichen Gesichtspunkten; die Gestellung einer Wohnung kann weitaus günstiger sein, wenn diese nicht oder nur zum Teil als geldwerter Vorteil zu versteuern ist.

7 Die vertraglich vereinbarte Urlaubsdauer wird länderspezifisch geregelt. Sie richtet nach den lokalen Gepflogenheiten. Hinzu kommt idR ein – im gesonderten Vertrag mit dem Stammhaus (**M 11.2.2**) zu vereinbarender – Heimaturlaub. In Verbindung mit dem Heimaturlaub sollte das Gesamtvolumen nicht geringer sein als das des im Stammhaus üblichen Urlaubs.

§ 7 Entgeltfortzahlung[8]

(1) Der Mitarbeiter hat Anspruch auf Entgeltfortzahlung im Krankheitsfall für... Wochen/ Monate. Soweit aufgrund des die Krankheit begründenden Ereignisses Ansprüche auf Erstattung von Entgeltausfall gegenüber Dritten bestehen, tritt der Mitarbeiter diese hiermit an die Auslandsgesellschaft ab.

(2) Im Todesfall erhalten die unterhaltsberechtigten Angehörigen des Mitarbeiters für die dem Sterbemonat folgenden drei Monate die Fixbezüge gemäß § 3 Abs. 1 weiter.[9]

§ 8 Nebentätigkeit

Jede Nebenbeschäftigung, die geeignet ist, die Tätigkeit des Mitarbeiters für die Auslandsgesellschaft zu beeinträchtigen, bedarf der vorherigen Zustimmung des Unternehmens. Jede Nebentätigkeit ist anzuzeigen.

§ 9 Erfindungen[10]

Für Arbeitnehmererfindungen gilt das Arbeitnehmererfindungsgesetz.

§ 10 Dienstfahrzeug[11]

Die Auslandsgesellschaft stellt Ihnen ein Dienstfahrzeug, Typ... oder vergleichbar, auch zur privaten Nutzung zur Verfügung. Auf den geldwerten Vorteil entfallende Steuern tragen Sie. Die Auslandsgesellschaft ist jederzeit berechtigt, insbesondere bei Ihrer Freistellung, die Herausgabe des Fahrzeugs zu verlangen. Bei Beendigung des Anstellungsvertrages ist das Fahrzeug unverzüglich an die Auslandsgesellschaft zurückzugeben. Ein Zurückbehaltungsrecht besteht nicht.

§ 11 Rechtswahl, Gerichtsstand[12]

(1) Der Vertrag unterliegt deutschem Recht, sofern nicht zwingende Vorschriften des Landes, in dem die Auslandsgesellschaft ihren Sitz hat, vorgehen. Soweit deutsche Gesetze und Regelungen des internationalen Privatrechts sowie deutsches oder Kollisionsrecht des Sitzlandes auf dessen Recht zurückverweisen, gelten diese Vorschriften nicht. Ansprüche aus dem Sitzland können nicht geltend gemacht werden.

---

8 Die Dauer der Entgeltfortzahlung im Krankheitsfall sollte den Regelungen für vergleichbare Positionen im Stammhaus entsprechen.

9 Im Falle einer Auslandstätigkeit erscheint die vertragliche Vereinbarung der Gehaltsfortzahlung über den Tod hinaus sachgerecht, da die Familie voraussichtlich die hohen Kosten bis zum Rückumzug in das Heimatland zu tragen hat. Im Vertrag ist zu berücksichtigen, ob lediglich das Grundgehalt oder auch die erfolgsabhängige Tantieme/Bonus fortbezahlt werden soll.

10 Sofern der Auslandsvertrag nicht deutschem Recht unterliegt (§ 11 enthält allerdings eine entsprechende Rechtswahlklausel), müsste die Geltung des Arbeitnehmererfindungsgesetzes gesondert vereinbart werden. Die Aufnahme empfiehlt sich jedoch nur bei Angestellten im technisch-wissenschaftlichen Bereich.

11 Auch diese Regelung muss letztlich mit dem ausländischen Recht abgestimmt werden. Das Muster erfasst die üblichen Problemfälle.

12 Zwar kann dieser Vertrag deutschem Recht unterstellt werden. Das Muster sieht dies vor. Allerdings muss damit gerechnet werden, dass zwingende Arbeitnehmerschutzvorschriften des Gastlandes gleichfalls gelten.

(2) Soweit Sie im Inland keinen allgemeinen Gerichtsstand haben, wird der Sitz der Auslandsgesellschaft in . . . als Gerichtsstand vereinbart.

§ 12 Schriftformklausel, salvatorische Klausel

(1) Änderungen und/oder Ergänzungen zu diesem Vertrag bedürfen der Schriftform. Die elektronische Form ist ausgeschlossen. Mündliche Vereinbarungen über die Aufhebung der Schriftform sind nichtig.[13]

(2) Sollten einzelne Bestimmungen dieses Vertrages unwirksam sein oder werden, bleibt der Vertrag im Übrigen wirksam. Unwirksame Bestimmungen oder Vertragslücken sind durch solche Bestimmungen zu ersetzen, die den von den Vertragsparteien verfolgten Zielsetzungen am nächsten kommen.

---

13 Zur Schriftformklausel vgl. auch **M 2.1** Ziff. 12; **M 7.1** § 14.

Versetzung Stammhausbindungsvertrag[1]

Sie werden ab . . . einen Auslandsauftrag bei der Gesellschaft . . . (Auslandsgesellschaft) in . . . (Einsatzland) übernehmen. Die Auslandsgesellschaft wird mit Ihnen einen gesonderten Anstellungsvertrag schließen.

Während der Laufzeit des Vertrages mit der Auslandsgesellschaft ruht Ihr Anstellungsvertrag vom . . . mit dem Stammhaus. Ergänzend vereinbaren wir Folgendes:

§ 1 Bindung an das Stammhaus

(1) Sie bleiben organisatorisch der Personalabteilung des Stammhauses zugeordnet.

(2) Bei ihrer Tätigkeit unterliegen sie den Weisungen der Geschäftsleitung der Auslandsgesellschaft.[2]

(3) Auf Anforderung erstatten Sie dem Stammhaus Bericht über Ihre Tätigkeit und Vorgänge des Auslandsunternehmens.[3]

---

1 Durch den Stammhausbindungsvertrag können die Problembereiche der Sozialversicherung, von Umzugs- und Reisekosten sowie das fortbestehende, aber ruhende Arbeitsverhältnis, die betriebliche Altersversorgung und die Reintegration geregelt werden. Im Dienstvertrag mit dem Auslandsunternehmen wären entsprechende Vereinbarungen ein Fremdkörper.
2 Da die Auslandsgesellschaft namentlich genannt ist, dürfte die Klausel nicht gegen § 309 Nr. 12 a) BGB verstoßen.
3 Eine Verpflichtung zur regelmäßigen Berichterstattung des versetzten Mitarbeiters kann nur begründet werden, wenn eine direkte vertragliche Beziehung zum Stammhaus besteht. Auch aus diesem Grunde ist der Abschluss eines Zusatzvertrages neben dem Dienstvertrag mit dem ausländischen Unternehmen zu empfehlen.

§ 2 Dauer des Auslandsaufenthaltes[4]

Ihr Auslandsaufenthalt hat eine feste Dauer bis zum . . . . Er verlängert sich um jeweils . . . Jahr(e), sofern der Verlängerung nicht von einer der Vertragsparteien mit einer Frist von . . . Monaten zum Ende der Laufzeit widersprochen wird. Er endet spätestens nach . . . Jahren.

§ 3 Vergütung

(1) Ihre Vergütung richtet sich nach der mit der Auslandsgesellschaft getroffenen Vereinbarung.

(2) Soweit die dortige Vergütung über Ihrem zuletzt bezogenen Jahreseinkommen liegt, handelt es sich um eine Auslandszulage, die nach Rückkehr in das Stammhaus entfällt.

oder, insbesondere soweit der Vertrag mit dem Auslandsunternehmen keine Regelung enthält:

(1) Ab Beginn Ihres Auslandseinsatzes erhalten Sie eine Vergütung von monatlich Euro . . . netto jährlich, zahlbar in 12 gleichen monatlichen Teilbeträgen jeweils zum Monatsende.

Das Stammhaus zahlt Ihnen ferner zusätzlich eine Auslandszulage von Euro . . . monatlich.

(2) Von den in Abs. 1 genannten Bezügen erhalten Sie von der Auslandsgesellschaft ein monatliches Bruttogehalt in Landeswährung von Euro . . . . Die Differenz zahlt das Stammhaus im Auftrag und zu Lasten der Auslandsgesellschaft in gleichen monatlichen Raten auf Ihr Konto in Deutschland. Gemäß den Richtlinien der Auslandsgesellschaft wird dieses Gehalt zu Beginn eines jeden Jahres überprüft.

Ferner zahlt das Stammhaus als Zuschuss 50% Ihrer Beiträge zur freiwilligen Kranken- und Rentenversicherung nach den geltenden Regelungen, soweit diese Versicherungen vereinbarungsgemäß oder kraft Gesetzes fortgeführt werden.

(3) Sie werden die steuerrechtlichen Vorschriften des Einsatzlandes beachten und die sich daraus ergebenden Verpflichtungen erfüllen.[5]

Das Stammhaus übernimmt die Kosten einer fachkundigen steuerlichen Beratung einmal jährlich, auf ihren Wunsch auch durch Berater des Stammhauses selbst.

Ergibt sich aufgrund der Versteuerung im Gastland eine höhere Gesamtsteuerbelastung, als sich bei Zahlung der gleichen Gesamtbezüge in Deutschland nach der deutschen Steuergesetzgebung ergeben würde, so zahlt das Stammhaus ihnen jährlich einen Nettoausgleich.

(4) Die Bezüge für Ihre Auslandstätigkeit sind im Rahmen des Doppelbesteuerungsabkommen mit dem Einsatzland von der deutschen Lohnsteuer freigestellt. Sie sind mit Ihrem Welteinkommen in . . . steuerpflichtig. Die Steuern gehen insgesamt zu Ihren Lasten.

oder, soweit kein Doppelbesteuerungsabkommen besteht:

(4) . . . sind gemäß Bescheid des Finanzamtes . . . von der Lohnsteuer freigestellt . . . .

---

4 Die Regelung sollte der im Auslandsvertrag entsprechen, vgl. **M 11.2.1**, § 2.
5 Vgl. die Erläuterungen unter I. 8.

§ 4 Gehaltssicherung[6]

(1) Ihr bisheriges Inlandsgehalt in Höhe von zuletzt Euro ... wird mit den Gehältern vergleichbarer Mitarbeiter des Unternehmens jeweils angepasst und nach Rückkehr in der angepassten Höhe gezahlt (fortgeschriebenes Inlandsgehalt).

(2) Dieses Gehalt dient als Bemessungsgrundlage für die Beiträge zur betrieblichen Altersversorgung und inländischen Sozialversicherung, soweit vereinbarungsgemäß oder kraft Gesetzes Beiträge an diese abzuführen sind.

§ 5 Kaufkraftausgleich

(1) Falls die „Warenkorb-Kosten" am Sitz der Auslandsgesellschaft höher sind als in Deutschland, erhalten Sie eine Zulage, die den Mehraufwand auf Basis eines 2-Personen-Haushaltes abdeckt. Maßgebend sind die Erhebungen der Lufthansa-Consulting. Die Zulage wird zu Beginn eines jeden Quartals überprüft.

oder

(1) Sofern der hier zugrunde gelegte Lufthansa-Index für ... (Köln = 100%) einen Wert über 105% annimmt, wird ein entsprechender Kaufkraftausgleich festgelegt und gezahlt.

(2) 60% ihres garantierten Einkommens werden in diesen Kaufkraftausgleich einbezogen.

oder

(2) Das Gehalt wird in dem Maße angepasst wie die Einkünfte von bei der Auslandsgesellschaft tariflich geführten Angestellten der höchsten Tarifgruppe der Branche ....

§ 6 Wechselkursausgleich[7]

(1) Das Stammhaus gewährleistet, dass Ihr Jahreseinkommen dem Gegenwert von Euro ... entspricht.

(2) Die Anpassung erfolgt vierteljährlich; dabei wird jeweils die Wechselkursschwankung vom letzten Banktag des Vormonats bis zum letzten Banktag des Regulierungsmonats zugrunde gelegt.

§ 7 Wohnung

Die Auslandsgesellschaft stellt Ihnen und Ihrer Familie für Ihre Einsatzzeit eine angemessene Wohnung mietfrei nach Maßgabe Ihrer Vereinbarung mit der Auslandsgesellschaft zur Verfügung.

---

[6] Die Fortschreibung des Inlandsgehaltes („Schattengehalt") dient der Berechnung gem. § 4 Abs. 2 des Musters sowie der Reintegration des Auslandsmitarbeiters. Der Mitarbeiter soll seine Situation im Verhältnis zu vergleichbaren Stammhausmitarbeitern jederzeit beurteilen können.

[7] Findet eine Einkommensgarantie zum jeweiligen Euro-Wechselkurs nicht statt, so könnte sich möglicherweise das Gehalt des Mitarbeiters, trotz Anpassung an inflationäre Entwicklungen des Einsatzlandes in der Währung des Einsatzlandes (Kaufkraftausgleich), auf Euro-Basis verringern.

§ 8 Hin- und Rückreise – Heimflug – Zusatzurlaub

(1) Das Stammhaus trägt die Reisekosten der Hin- und Rückreise für Sie und Ihre Familie in der . . . Klasse incl. Übergepäck bis zu 100 kg, der Kosten für den Transport des Hausrates, der dafür erforderlichen Reiseversicherungen, Zoll und der für die Umzugsperiode anfallenden Hotelkosten auf Nachweis bis zu Euro . . . . Das Stammhaus nimmt die Buchungen unmittelbar vor. Sofern Sie auf eigenen Wunsch vor Beendigung des vertraglich vereinbarten Auslandseinsatzes aus unseren Diensten ausscheiden, besteht kein Anspruch auf Übernahme der Rückreisekosten.

(2) Sie haben nach Ablauf von jeweils einem Jahr des Auslandsaufenthaltes einen Anspruch auf einen Heimflug in der . . . Klasse mit Ehepartner und Kindern nach Deutschland. Das Stammhaus trägt die Kosten der Hin- und Rückreise und bucht diese unmittelbar.

Sie haben für diesen Deutschlandaufenthalt einen zusätzlichen Urlaub von drei Wochen. Reisezeit bis zu . . . Tagen wird auf diesen Zusatzurlaub nicht angerechnet. Unmittelbar vor Beginn und unmittelbar nach Ende dieses Urlaubs stehen Sie für . . . Tage/Wochen für Besprechungen in Deutschland zur Verfügung.

(3) Die Lage des Deutschland-Urlaubs stimmen Sie mit der Geschäftsführung der Auslandsgesellschaft und der in § 1 genannten Abteilung des Stammhauses ab.

§ 9 Dienstfahrzeug

(1) Die Auslandsgesellschaft stellt Ihnen ein Dienstfahrzeug nach Maßgabe ihrer Vereinbarung mit Ihnen zur Verfügung.

(2) Soweit Sie Ihr Fahrzeug in Deutschland vor Antritt des Auslandsaufenthaltes nur mit Verlust veräußern können, übernimmt das Stammhaus . . . % der Differenz zwischen dem Schätzwert nach DAT und dem Verkaufserlös, maximal jedoch Euro . . . .

§ 10 Sprachunterricht

(1) Das Stammhaus übernimmt Kosten für folgenden Sprachunterricht . . . für Sie, Ihren Ehepartner und Ihre Kinder.

(2) An etwa erforderlichem Nachhilfeunterricht für Ihre Kinder nach Rückkehr nach Deutschland beteiligt sich das Stammhaus mit Euro . . . .

§ 11 Sonstige Zuschüsse

(1) Sie erhalten einen Bekleidungszuschuss in Höhe von Euro . . . für sich, von Euro . . . für Ihre Ehefrau sowie Euro . . . je Kind.

(2) Sie erhalten eine Einrichtungsbeihilfe in Höhe von Euro . . . sowie Erstattung von Einlagerungskosten auf Nachweis bis zu Euro . . . .

§ 12 Entgeltfortzahlung

(1) Die Entgeltfortzahlung im Krankheitsfall richtet sich nach Ihrer Vereinbarung mit der Auslandsgesellschaft.

(2) Werden Sie krankheitsbedingt nach Deutschland zurückgerufen, so erhalten Sie dort Entgeltfortzahlung für . . . Wochen in Höhe des Inlandgehalts.

§ 13 Krankenversicherung

Sie erhalten von dem Stammhaus einen Zuschuss zur privaten Auslandskrankenversicherung für Sie und Ihre Familie in Höhe von . . . %, soweit nicht die Auslandsgesellschaft nach den nationalen gesetzlichen Bestimmungen des Gastlandes einen entsprechenden Zuschuss gewährt.[8]

Der Versicherungsschutz beginnt mit der Ausreise aus Deutschland und endet mit der Beendigung des Auslandsauftrages.

Das Stammhaus zahlt Ruhensbeiträge zur Aufrechterhaltung der bestehenden privaten Krankenversicherung (Inland) für Sie und Ihre Familie.

oder, soweit der Versicherungsschutz bei derselben Gesellschaft nur erweitert wird:

Ihre Mitgliedschaft bei der privaten Krankenversicherung . . . erhalten Sie aufrecht. Darüber hinaus übernimmt das Stammhaus . . . % der Kosten einer Zusatz-Auslandskrankenversicherung bei dieser Krankenversicherung für Sie und Ihre Familie.

§ 14 Gesetzliche Rentenversicherung[9]

(1) Wir sehen Ihren Auslandsaufenthalt sozialversicherungsrechtlich nicht als Ausstrahlung an. Daher führen wir die Mitgliedschaft in der Rentenversicherung nicht fort.

(2) Sie haben die Möglichkeit, Ihre freiwillige Mitgliedschaft bei der BfA für die Zeit Ihres Auslandseinsatzes zu beantragen.

oder

(1) Sie werden während des Auslandsaufenthaltes pflichtversichert auf Antrag. Das Stammhaus trägt einen Arbeitgeberanteil in Höhe von 50 % der insgesamt zu zahlenden Beiträge. Sie tragen den Arbeitnehmeranteil in gleicher Höhe, der von Ihren Auslandsbezügen einbehalten wird. Das Stammhaus führt den Gesamtbetrag an die BfA ab.

(2) Bemessungsgrundlage für den Versorgungsaufwand ist Ihr fortgeschriebenes Inlandsgehalt, begrenzt durch die jeweilige Beitragsbemessungsgrenze.

oder innerhalb des EWR:

(1) Ihre Mitgliedschaft in der Pflichtversicherung in Deutschland wird gemäß den gesetzlichen Bestimmungen des Sozialversicherungsrechts zwischen Staaten der Europäischen Gemeinschaft durch die Mitgliedschaft in der Pflichtversicherung des Einsatzlandes ersetzt.

(2) Während Ihres Auslandseinsatzes überweist das Stammhaus Ihnen 50 % der jeweiligen Höchstbeiträge zur freiwilligen Versicherung in der deutschen Rentenversiche-

---

8 Da der Mitarbeiter in die Organisation des ausländischen Unternehmens eingegliedert wird, fehlt es in der Regel an einer Ausstrahlung im Sinne des Sozialversicherungsrechts, § 4 Abs. 1 SGB IV. Als Folge unterliegt der Auslandsmitarbeiter weder der Versicherungspflicht in Deutschland, noch kann er Leistungsansprüche geltend machen. Es bedarf einer gesonderten Auslandskrankenversicherung (vgl. Erläuterungen unter I. 7.).

9 Es bleibt die Möglichkeit einer Pflichtversicherung auf Antrag gem. § 4 Abs. 1 Nr. 2 SGB VI, sofern die Beschäftigung im Ausland **zeitlich begrenzt** ist. Fehlt es an einer zeitlichen Begrenzung der Beschäftigung im Ausland, ist eine freiwillige Versicherung nach § 7 Abs. 1 SGB VI möglich.

rung auf Ihr deutsches Konto. Die Überweisung der Beiträge an den Versicherungsträger führen Sie unmittelbar durch.

§ 15 Betriebliche Altersversorgung[10]

Ihre Ansprüche aus Ihrer Versorgungszusage/der Versorgungsordnung des Stammhauses bleiben durch den Auslandsaufenthalt unberührt. Als Grundlage für die Rentenberechnung im Versorgungsfall gilt das fortgeschriebene Inlandsgehalt gem. § 4 Abs. 1.

§ 16 Unfallversicherung

(1) Leistungen im Rahmen der Auslandsunfallversicherung der Berufsgenossenschaft richten sich nach dem fortgeschriebenen Inlandsgehalt.

(2) Das Stammhaus schließt für Sie für die Dauer Ihrer Tätigkeit im Ausland eine private Unfallversicherung in Höhe von Euro 200 000 für den Todesfall sowie Euro 400 000 für den Fall der Invalidität ab. Im Leistungsfall werden Leistungen aus von der Auslandsgesellschaft für Sie abgeschlossenen Unfallversicherungen angerechnet.

§ 17 Abgangsentschädigung

(1) Soweit Sie einen durch die Beendigung des Auslandsaufenthaltes entstehenden Zahlungsanspruch gegen das Auslandsunternehmen haben (zB Abfindungsanspruch), werden Sie diesen nicht geltend machen, oder, sofern Sie zur Geltendmachung verpflichtet sind, den Betrag an das Stammhaus abführen.

(2) Das Stammhaus ist berechtigt, gegen den Abführungsanspruch mit Gehaltsansprüchen aufzurechnen.

§ 18 Status

(1) Sie bleiben auch während Ihres Auslandseinsatzes nach Maßgabe dieses Vertrages Mitarbeiter des Stammhauses.

(2) Die Dauer der Auslandstätigkeit wird auf Ihre Betriebszugehörigkeit voll angerechnet.

(3) Das Stammhaus gewährleistet die Erfüllung der aus dem Dienstvertrag mit der Auslandsgesellschaft gewährten Leistungen sowie aller Leistungen aus diesem Vertrag.

§ 19 Re-entry clause

(1) Nach Ablauf des Anstellungsvertrages mit der Auslandsgesellschaft wird das Stammhaus Ihnen eine Ihrer bisherigen Position hinsichtlich Funktion, Qualifikation und Vergütung gleichwertige Position anbieten (Re-entry clause).

(2) Das Stammhaus ist berechtigt, Sie jederzeit mit einer Ankündigungsfrist von ... Wochen zurückzurufen. Sie werden in diesem Falle zum Zeitpunkt des Wirksamwerdens des Rückrufes Ihren Anstellungsvertrag mit der Auslandsgesellschaft lösen. Jede nicht durch einen solchen Rückruf oder durch Ablauf der Befristung veranlasste Lösung des Anstellungsvertrages mit der Auslandsgesellschaft bedeutet gleichzeitig

---

10 Vgl. dazu Erläuterungen unter I. 4.

auch die Lösung des gesamten Anstellungsverhältnisses mit dem Stammhaus, soweit mit dem Stammhaus nichts Abweichendes vereinbart ist.

(3) Eine Rückübernahme in das Stammhaus entfällt, wenn Sie gegen vertragliche Verpflichtungen verstoßen, die eine Kündigung des Arbeitsverhältnisses rechtfertigen. Dies gilt insbesondere für den Fall der Zuwiderhandlung gegen Verpflichtungen aus Ihrem Auslandsvertrag oder diesem Vertrag.

§ 20 Koppelung der Verträge[11]

Mit Beendigung Ihres Anstellungsvertrages mit der Auslandsgesellschaft endet auch der vorliegende Vertrag und der ruhende Arbeitsvertrag mit dem Stammhaus.

§ 21 Schriftformklausel, salvatorische Klausel

(1) Änderungen und/oder Ergänzungen zu diesem Vertrag bedürfen der Schriftform. Die elektronische Form ist ausgeschlossen. Mündliche Vereinbarungen über die Aufhebung der Schriftform sind nichtig.[12]

(2) Sollten einzelne Bestimmungen dieses Vertrages unwirksam sein oder werden, bleibt der Vertrag im Übrigen wirksam. Unwirksame Bestimmungen oder Vertragslücken sind durch solche Bestimmungen zu ersetzen, die den von den Vertragsparteien verfolgten Zielsetzungen am nächsten kommen.

---

11 ➔ **Wichtig:** Ob eine solche Koppelung der Verträge wirksam ist, ist offen. Es ist daher dringend zu raten, etwaige Kündigungen für alle Verträge gesondert auszusprechen.
12 Zur Schriftformklausel vgl. auch **M 2.1** Ziff. 12; **M 7.1** § 14.

Kapitel 12 Vergütung

Literaturübersicht:

Zu Zulagen: *Boemke/Seifert*, Mitbestimmung bei vollständiger und gleichmäßiger Anrechnung von Tariflohnerhöhungen auf übertarifliche Zulagen, BB 2001, 985; *Henssler*, Widerruf von Lohnzulagen, SAE 1988, 164; *Hönsch*, Mitbestimmung des Betriebsrats bei der Anrechnung von Tariflohnerhöhungen auf freiwillige übertarifliche Zulagen, BB 1988, 2312; *Hoß*, Neue Rechtsprechung zur Anrechnung der Tariflohnerhöhung, NZA 1997, 1129; *Hromadka*, Der Große Senat zu den übertariflichen Zulagen – Folgerungen für die Praxis, DB 1992, 1573; *Jahna*, Die Anrechnung von Tariflohnerhöhungen auf über- und außertarifliche Zulagen, 1995; *Krämer*, Der Widerruf im Arbeitsrecht, 1998; *Krauß*, Widerruf von Arbeitgeberleistungen, 1997; *Kreitner*, Anrechnung übertariflicher Entgelte und Widerruf außertariflicher Leistungen, DStR 1996, 1089; *Lieb*, Mitbestimmung – Anrechnung übertariflicher Zulagen, SAE 1993, 114; *Mache*, Die BAG-Entscheidungen zur Anrechnung, AiB 1993, 373; *Ostrowicz*, Arbeitsvertrag und Entgeltansprüche der Arbeitnehmer, 2. Aufl. 1996; *Richardi*, Der Große Senat des BAG zur Mitbestimmung bei der Anrechnung einer Tariflohnerhöhung auf über- und außertarifliche Zulagen, NZA 1992, 961; *Schukai*, Praktische Konsequenzen aus der Entscheidung des Großen Senats des BAG v. 3. 12. 1991, NZA 1992, 967; *Trittin*, Tariflohnerhöhung und übertarifliche Zulagen, AiB 1989, 86; *Wolter*, Anrechnung übertariflicher Lohnbestandteile, BetrR 1983, 325; *Ziepke*, Die Anrechnung von Tariflohnerhöhungen, BB 1981, 61; *Ziepke*, Anrechnung und Widerruf übertariflicher Entgeltbestandteile, 2. Aufl. 2000.

Zu Zuschlägen: *Arens*, Ausgleich für Nachtarbeit, AR-Blattei ES 530 14.3 Nr. 167; *Beckerle*, Überstundenzuschlag und Nachtarbeitszuschlag – gleitende Arbeitszeit, EzBAT § 17 BAT Nr. 12; *Dikomey*, Der Anspruch auf Mehrarbeitsvergütung, BB 1988, 1949; *Knauber-Bergs*, Überstundenanordnung gegenüber Teilzeitarbeitnehmern, AiB 1988, 287; *Schlegel*, Die Mitbestimmung des Betriebsrats bei Überstunden nach § 87 Abs. 1 Nr. 3 BetrVG, 1993; *Schüren*, Der Anspruch Teilzeitbeschäftigter auf Überstundenzuschläge, RdA 1990, 18; *Schüren*, Überstundenzuschläge für Teilzeitkräfte, NZA 1993, 529; *Slupik*, Lohnzuschlagsregelungen, BB 1994, 1631; *Teschke-Bährle*, Überstunden und Mehrarbeit, Personal 1994, 607.

Zu Tantiemen: *Fleck*, Das Dienstverhältnis der Vorstandsmitglieder und Geschäftsführer in der Rechtsprechung des BGH, WM 1981, Beil. 3; *Herold*, Musterformulierungen zur Tantieme des Gesellschafter-Geschäftsführers, GStB 2002, 42; *Leureing*, Zur Vereinbarung einer dividendenabhängigen Tantieme, EWiR 2001, 245; *Moritz*, BMF-Schreiben zur verdeckten Gewinnausschüttung, AktStR 2002, 325; *Röhsler*, Die Gratifikation, AR-Blattei SD 820; *Semler*, Leistungs- und erfolgsbezogene Vorstandsvergütungen, FS Budde, 1995, S. 599; *Siebert*, Die Bemessungsgrundlage der gewinnabhängigen Vorstands- und Aufsichtsratsvergütung und ihre Behandlung im Jahresabschluss der AG, WPg 1972, 269; *Skok*, Tantiemeklausel, GmbH-Stpr 2001, 75; *Wellkamp*, Rechtliche Zulässigkeit einer aktienkursorientierten Vergütung von Aufsichtsräten, WM 2001, 489.

Zu Provisionen: *Bamberger*, Zur Frage eines Ausgleichsanspruchs, insbesondere der Provisionsverluste des Handelsvertreters bei einer Vertriebsumstellung des Unternehmers, NJW 1984, 2670; *Emde*, Anerkenntnis von Provisionsabrechnungen durch Schweigen, MDR 1996, 331; *Kiel*, EuGH – Provisionsanspruch von Handelsvertretern, WiB 1997, 371; *Maier*, Der Provisionsanspruch des Handelsvertreters bei Bestellungen von verbundenen Unternehmen oder Zweigniederlassungen, BB 1970, 1327; *Meeser*, Handelsvertreterverträge, 2. Aufl. 1994; *Puttkamer*, Vergütung nach Zielvereinbarungssystemen, AiB 2002, 576; *Rittner*, Der Ausgleichsanspruch des Handelsvertreters und die jüngste BGH-Rechtsprechung, DB 1998, 457; *Scherer*, Nachforderung von Provision – Verzicht durch widerspruchslose Hinnahme der Abrechnungen, BB 1996, 2205; *Stötter/Lindner/Karrer*, Die Provision und ihre Abrechnung, 1980; *Trinkhaus*, Provisionsvereinbarungen mit Arbeitnehmern, DB 1967, 859; *Waclawik*, Modulare Erfolgsvergütung von Vorstandsmitgliedern börsennotierter Aktiengesellschaften, DB 2002, 1461; *Westphal*, Provisionskollision durch Zusammenwirken mehrerer Handelsvertreter für einen Geschäftsabschluss, BB 1991, 2027; *Wolf*, Provisionsanspruch des Handelsvertreters bei Kündigung nach § 649 BGB, NJW 1994, 1497.

Zur Akkordvergütung: *Ehlscheid*, Neue Entgeltsysteme und die Rechtsprechung des Bundesarbeitsgerichts, AiB 2002, 295; *Eyer*, Leistungsentgelt und Arbeitszeit kombinieren, AuA 2002, 503; *Ilbertz*, Mitbestimmung bei Akkordentlohnung, ZBVR 2002, 248; *Gaul*, Rechtsprobleme der Akkordentlohnung, BB 1990, 1549 ff.; *Schwab*, Das Recht der Arbeit im Leistungslohn (Akkord und Prämie) AR-Blattei Akkordarbeit I.

Zu Prämien: *Ackmann*, Anwesenheitsprämie für Arbeitnehmer – Kürzung um krankheitsbedingte Fehlzeit, EWiR 1995, 117; *Adam*, Die Sondervergütung im Arbeitsrecht, ZTR 1998, 438; *Bauer/Lingemann*, Probleme der Entgeltfortzahlung nach neuem Recht, BB 1996, Beil. 17, 8; *Beckerle*, Leistungszulagen und Leistungsprämien, ZTR 1996, 156; *Blanke/Diederich*, Die Rehabilitierung der Anwesenheitsprämie, ArbuR 1991, 321; *Buchner*, Die Berücksichtigung von Fehlzeiten bei der Bemessung von Jahressonderzahlungen, FS Hilger/Stumpf, 1983, S. 61; *Franke*, Legitimation und Grenzen der Anwesenheitsprämie, DB 1981, 1669; *Galahn*, Der Missbrauch der Entgeltfortzahlung im Krankheitsfall und die Abwehrmöglichkeiten des Arbeitgebers, 1994; *Gaul*, Sonderleistungen und Fehlzeiten, 1994; *Hanau/Vossen*, Die Kürzung von Jahressonderzahlungen aufgrund fehlender Arbeitsleistung, DB 1992, 213; *Hanel*, Änderung der Rechtsprechung bei Anwesenheitsprämie, Personal 1991, 273; *Heise*, Weihnachtsgeld – Anwesenheitsprämie – Krankheit, SAE 1991, 273; *Kania/Wackerbarth*, Die Anwesenheitsprämie, AR-Blattei SD 90; *Knevels*, Gratifikationen, Anwesenheits- und Treueprämien, Tantiemen, 4. Aufl. 1998; *Krebs*, Sonderzahlung – 13. Monatseinkommen ohne Arbeitsleistung – dauernde Arbeitsunfähigkeit, SAE 1993, 251; *Lieb*, Die Mitbestimmung beim Prämienlohn, ZfA 1988, 413; *Lipke*, Anwesenheitsprämien bei Krankheit und Schwangerschaft, 1986; *Mayer*, Kürzung einer Anwesenheitsprämie bei Krankheit, AiB 2003, 59; *Reichold*, Mitbestimmung bei Prämienlohn – Grenzen der mitbestimmungsrechtlichen „Umdeutung" durch die Einigungsstelle, RdA 2002, 242; *Schiefer/Worzalla*, Das arbeitsrechtliche Beschäftigungsförderungsgesetz, 1996; *Schwab*, Arbeit im Leistungslohn, 1988; *Welte*, Die Anwesenheitsprämie, 1994.

Zu Gratifikationen: *Bömke*, Weihnachtsgratifikation unter Freiwilligkeitsvorbehalt im Erziehungsurlaub, JuS 2001, 95; *Ehrich*, Der Gleichbehandlungsgrundsatz bei freiwilligen Leistungen, ZIP 1997, 1681; *Feldhoff*, Weihnachtsgratifikation unter Freiwilligkeitsvorbehalt im Erziehungsurlaub, AiB 2001, 188; *Freitag*, Über die Freiwilligkeit freiwilliger Leistungen, NZA 2002, 294; *Hauck*, Die Entwicklung des Gratifikationsrechts in der Rechtsprechung des BAG seit 1992, RdA 1994, 358; *Kammerer*, Einheitsvertraglich gewährte Gratifikationen und deren Ablösbarkeit durch Betriebsvereinbarungen, 1996; *Knevels*, Gratifikationen, Anwesenheits- und Treueprämien, Tantiemen, 4. Aufl. 1998; *Kukat*, Weihnachtsgratifikation bei Arbeitsunfähigkeit, BB 1998, 2368; *Lipke*, Sonderleistungen im Arbeitsverhältnis, 2. Aufl. 1995; *Mayer*, Vertragliche Weihnachtsgratifikation – Rückzahlungsklausel, AiB 1994, 51; *Misera*, Gratifikation – Gleichbehandlung – Stichtagsregelung – betriebsbedingte Kündigung, SAE 1992, 242; *Palme*, Rückzahlung von Gratifikationen in der Rechtsprechung, BlStSozArbR 1985, 71; *Ramrath*, Vertragliche Weihnachtsgratifikation – Rückzahlungsklausel, SAE 1994, 161; *Reichold*, Weihnachtsgratifikation – Kriterien der Unwirksamkeit einer Rückzahlungsklausel, EWiR 1993, 1067; *Reiserer*, Ausschluss- und Rückzahlungsklausel für Gratifikationen bei betriebsbedingter Kündigung, NZA 1992, 436; *Reiserer*, Freiwilligkeits- und Widerrufsvorbehalt bei Gratifikationen, DB 1997, 426; *Reyer*, Gratifikationen, Tantiemen, Sonderzulagen, 1972; *Röhsler*, Die Gratifikation, AR-Blattei SD 820; *Schaub*, Anspruch auf zukünftige Gewährung von Weihnachtsgeld – Definition der betrieblichen Übung, EWiR 1996, 689; *Sowka*, Die Kürzung von Sonderzuwendungen wegen Fehlzeiten, NZA 1993, 783; *Swoboda*, Mitarbeitermotivation durch arbeitsvertragliche Sonderzahlungen, BB 2003, 418; *Tschöpe/Fleddermann*, Das Einmaleins des Gratifikationenrechts, AuA 2002, 256; *Tschöpe/Fleddermann*, Urlaubsgeld und Prämien rechtssicher regeln, AuA 2002, 310; *Vossen*, Das 13. Monatsgehalt, FS Stahlhacke, 1995, S. 617.

Zu vermögenswirksamen Leistungen: *Klöckner*, Vermögensbildung nach dem Fünften Vermögensbildungsgesetz, NWB Fach 6, 3939 (40/1998); *Klöckner*, Fünftes Vermögensbildungsgesetz: Änderungen durch das Dritte Vermögensbeteiligungsgesetz, DB 1998, 1631; *Langanke*, Vermögenswirksame Leistungen im Arbeitsverhältnis, BuW 1992, 432.

Zum Aufwendungsersatz: *Hromadka*, Dienstreise und Reisekosten, AuA 1994, 389; *Loritz*, Die Dienstreise des Arbeitnehmers, NZA 1997, 1188; *Peter*, Anspruch auf Reisekosten/Spesen, AiB 1998, 60; *Straub*, Reisekosten bei Tätigkeiten im Außendienst, Personal 1996, 438.

Zum Dienstfahrzeug: *Abeln/Steinkühler*, Wie man als Arbeitgeber gut fährt, AuA 2002, 116; *Assmann*, Zur Schätzung der privaten Pkw-Nutzung nach der „1%-Methode", DB 1997, 76; *Becker-Schaffner*, Die Nutzung von Firmenfahrzeugen bei Beendigung des Arbeitsverhältnisses, DB 1993, 2078; *Börck*, Herausgabe des Dienstfahrzeuges während der Freistellung des Arbeitnehmers: Vertragliche Gestaltungsmöglichkeiten für die Praxis, BB 2002, 2278; *Gruss*, Nochmals – Rechtsfragen zum Dienstfahrzeug, BB 1994, 71; *Hansen*, Dienstwagen als Vergütungsbestandteil, AuA 2003, 44; *Kühn*, Eine Analyse zur Neuregelung der Besteuerung privat genutzter Betriebs-Kfz, BB 1997, 285; *Meier*, Möglichkeiten zum Entzug der Privatnutzung eines Dienstwagens, NZA 1997, 298; *Nägele*, Navigationssystem – Ein Fall für die Mitbestimmung, ArbRB 2002, 113; *Nägele*, Probleme beim Einsatz von Dienstfahrzeugen, NZA 1997, 1196; *Nägele*, Schadensersatz für Entzug des privat genutzten Dienstwagens, BB 1994, 2277; *Nägele/Schmidt*, Das Dienstfahrzeug, BB 1993, 1797; *Pauly*, Schadensersatz für Entzug des privat genutzten Dienstwagens, AuA 1995, 381; *Scheich*, Zivil- und steuerrechtliche Folgen eines Unfallschadens am privatgenutzten Firmenfahrzeug, StuB 2001, 639; *Schmiedel*, Die Sicherung des Herausgabeanspruchs am Dienstwagen nach Beendigung des Arbeitsverhältnisses mittels einstweiliger Verfügung, BB 2002, 992; *Schröder*, Die Nutzungsentschädigung des Arbeitnehmers wegen Entzugs des Firmenwagens nach unwirksamer Kündigung, NZA 1994, 342; *Walter/Krauß*, Schadenregulierung bei Unfällen mit betrieblichem Pkw (Unternehmensvermögen), DB 2002, 2681.

Zur Dienstwohnung: *Ehrenforth*, Kündigung von Werkwohnungen, BB 1964, 1441; *Gaßner*, Rechtsanwendung beim doppeltypischen Vertrag am Beispiel der Werkdienstwohnung, AcP 186 (1986), 325; *Hebing*, Die Werkwohnung, AiB 1995, 351; *Kania*, Nichtarbeitsrechtliche Beziehungen zwischen Arbeitgeber und Arbeitnehmer, 1990; *Rewolle*, Die Zuständigkeit der Arbeitsgerichte in Streitigkeiten über Werkdienstwohnungen, RiA 1966, 150; *Schmidt-Futterer/Blank*, Die betriebseigene Werkwohnung, AR-Blattei Werkwohnung I; *Schmidt-Futterer/Blank*, Die Werkdienstwohnung nach neuem Recht, BB 1976, 1033.

Zu Arbeitgeberdarlehen: *Becker-Schaffner*, Rechtsfragen zum Arbeitgeberdarlehen, BlStSozArbR 1973, 145; *Berger-Delhey*, Arbeitsrechtliche Probleme des Arbeitgeberdarlehens, DB 1990, 837; *Fenn*, Lohnvorschuss und Arbeitgeberdarlehen, SAE 1967, 256; *Friedrich*, Kollektives Arbeitsrecht – Mitbestimmung des Betriebsrats bei Arbeitgeberdarlehen, JA 1982, 256; *Gumpert*, Mitbestimmung bei Gewährung von Arbeitgeberdarlehen, BB 1981, 737; *Holtkamp*, Der Arbeitnehmer als Verbraucher?, AuA 2002, 250; *Hunold*, Ausgewählte Rechtsprechung zur Vertragskontrolle im Arbeitsverhältnis, NZA-RR 2002, 225; *Jesse/Schellen*, Arbeitgeberdarlehen und Vorschuss, 1990; *Künster*, Teilzeitbeschäftigte – Sonderkonditionen für Arbeitgeberdarlehen, SAE 1995, 342; *Meisel*, Mitbestimmung des Betriebsrats bei der Vergabe von Arbeitgeberdarlehen, SAE 1981, 194; *Mummenhoff*, Rückzahlung, AR-Blattei SD 1340; *Schnorr von Carolsfeld*, Aufrechnung gegen ein Arbeitgeberdarlehen, SAE 1968, 155; *Weintraut*, Arbeitgeberdarlehen, AuA 1993, 370.

Zu Abtretung und Pfändung: *Bährle*, Grundsätze der Lohnpfändung, WuW 2001, 216; *Bengelsdorf*, Einflüsse der Lohnpfändung auf das Arbeitsverhältnis, AuA 1996, 140; *Bengelsdorf*, Praxisrelevante Gesetzesänderungen im Lohnpfändungsrecht, FA 2002, 366; *Bruckner*, Zur Wirksamkeit von Lohnabtretungsklauseln, WuB IF 4 Sicherungsabtretung 4.89; *Helwich*, Pfändung des Arbeitseinkommens und Verbraucherinsolvenz, 4. Aufl. 2003; *Kreutz*, Abwälzung der Bearbeitungskosten für Lohnpfändungen auf den Arbeitnehmer, BuW 2002, 38; *Mikosch*, Aufrechnung im Arbeitsverhältnis, AR-Blattei SD 270; *Neumann*, Lohnpfändung und Verpfändung, AR-Blattei Lohnpfändung I und SD 1130; *Sauerbier*, Der Forderungsübergang im Arbeitsrecht, AR-Blattei Lohnabtretung I und SD 1120; *Scholz*, Neue Aspekte der Lohnabtretung, FLF 1999, 227; *Steppeler*, Die neuen Rechtsprechungsgrundsätze zur Lohnabtretung, WM 1989, 1913; *Wank*, Lohnabtretungsverbot im Einzelarbeitsvertrag, EWiR 1990, 133.

Zu Aufrechnung und Zurückbehaltung: *Krasshöfer*, Zurückbehaltungsrecht des Arbeitnehmers an seiner Arbeitsleistung wegen offen stehender Vergütungsansprüche, EWiR 1996, 971; *Löwisch*, Zum Zurückbehaltungsrecht des Arbeitnehmers an der Arbeitsleistung bei Nichterfüllung von Lohnansprüchen, EWiR 1985, 49; *Mikosch*, Aufrechnung im Arbeitsverhältnis, AR-Blattei SD 270; *Otto*, Das Zurückbehaltungsrecht an Leistungen aus dem Arbeitsverhältnis, AR-Blattei DS 1880.

Zu Zielvereinbarungen: *Bauer/Diller/Göpfert*, Zielvereinbarungen auf dem arbeitsrechtlichen Prüfstand, BB 2002, 882; *Berwanger*, Zielvereinbarungen und ihre rechtlichen Grundlagen, BB 2003, 1499; *Breisig*, Entlohnen und Führen mit Zielvereinbarungen, 2. Aufl. 2001; *Conrad*, Zielvereinbarung, Leistungsbeurteilung und flexible Vergütung, PersF 2001, 52; *Däubler*, Balanced Scorecard und Betriebsverfassung, AiB 2001, 208; *Geffken*, Zielvereinbarungen – Eine Herausforderung für Personalwesen und Arbeitsrecht, NZA 2000, 1033; *Geffken*, Mitbestimmung bei „Zielvereinbarungen", Der Personalrat 1997, 518; *Haitzmann*, Leistungsbeurteilung durch Zielvereinbarung, Personal 1996, 478; *Halberstadt*, Neues Bewertungs- und Bezahlungssystem für die Deutsche Telekom AG, ZTR 2001, 397; *Kasseckert*, Neues Entgeltsystem für außertarifliche Mitarbeiter, AuA 2000, 580; *Kempe*, Zielvereinbarungen – Ende der Mitarbeiterbeurteilungen? AuA 2002, 166; *Köppen*, Rechtliche Wirkungen arbeitsrechtlicher Zielvereinbarungen, DB 2002, 374; *Lindemann*, Flexible Bonusregelungen im Arbeitsvertrag, BB 2002, 1807; *Mauer*, Zielbonusvereinbarungen als Vergütungsgrundlage im Arbeitsverhältnis, NZA 2002, 540; *Plander*, Die Rechtsnatur arbeitsrechtlicher Zielvereinbarungen, ZTR 2002, 155; *Puttkamer*, Vergütung nach Zielvereinbarungssystemen, AiB 2002, 576; *Steingass*, Zielvereinbarungen einführen, evaluieren, weiterentwickeln, PersF 2001, 34; *Tondorf*, Zielvereinbarung – Die Basis von Beurteilungen und Leistungsvergütung, AiB 1998, 322; *Trittin*, Umbruch des Arbeitsvertrags: Von der Arbeitszeit zum Arbeitsergebnis, NZA 2001, 1003; *Zander*, Zielvereinbarungen – Tipps für erfolgreiche Mitarbeitergespräche, AuA 2000, 253.

Zu Aktienoptionen: *Achleitner/Wollmert*, Stock-Options, 2. Aufl. 2002; *Aha*, Ausgewählte Gestaltungsmöglichkeiten bei Aktienoptionsplänen, BB 1997, 2225; *Baeck/Diller*, Arbeitsrechtliche Probleme bei Aktienoptionen und Belegschaftsaktien, DB 1998, 1405; *Bauer/Göpfert/von Steinau-Steinrück*, Aktienoptionen bei Betriebsübergang, ZiP 2001, 1129; *Baums*, Aktienoptionen für Vorstandsmitglieder, FS Carsten Peter Claussen, 1997, S. 3; *Bredow*, Steuergünstige Gestaltung von Aktienoptionen für leitende Angestellte („Stock Options"), DStR 1996, 2033; *Bredow*, Mustervereinbarung zu Aktienoptionsprogrammen für das Management und leitende Angestellte (Stock-Options-Plans), DStR 1998, 380; *Friedrichsen*, Aktienoptionsprogramme für Führungskräfte, 2000; *Harrer*, Mitarbeiterbeteiligungen und Stock-Options-Pläne, 2000; *Kau/ Kukat*, Aktienoptionspläne und Mitbestimmung des Betriebsrats, BB 1999, 2505; *Kau/Leverenz*, Mitarbeiterbeteiligung und leistungsgerechte Vergütung durch Aktien-Options-Pläne, BB 1998, 2269; *Lembke*, Die Ausgestaltung von Aktienoptionsplänen in arbeitsrechtlicher Hinsicht, BB 2001, 1469; *Lingemann/Diller/Mengel*, Aktienoptionen im internationalen Konzern – ein arbeitsrechtsfreier Raum?, NZA 2000, 1191; *Lingemann/Wasmann*, Mehr Kontrolle und Transparenz im Aktienrecht: Das KonTraG tritt in Kraft, BB 1998, 853; *Lipinski*, Die Gewährung von Aktienoptionen durch Dritte, zB eine Konzernmutter – Von Dritten geleistetes Arbeitsentgelt?, BB 2003, 150; *Loritz*, Stock-options und sonstige Mitarbeiterbeteiligungen aus arbeitsrechtlicher Sicht, ZTR 2002, 258; *Lutter*, Aktienoptionen für Führungskräfte – de lege lata und de lege ferenda, ZIP 1997, 1; *Nehls*, Zum Schicksal von Aktienoptionen bei Betriebsübergang, ZiP 2002, 201; *Neyer*, Arbeitnehmer-Aktienoptionen bei grenzüberschreitender Tätigkeit, BB 1999, 503; *Pellens*, Unternehmenswertorientierte Entlohnungssysteme, 1998; *Wagner*, Kapitalbeteiligungen von Mitarbeitern und Führungskräften, 2000; *Zimmer*, Die Ausgabe von Optionsrechten an Mitglieder des Aufsichtsrates und externe Berater, DB 1999, 999; *Zitzewitz*, Konzernrechtliche Probleme bei Stock-Options, NZG 1999, 698.

I. Erläuterungen

1. Allgemeines

Der Anspruch auf Vergütung für die Arbeitsleistung des Arbeitnehmers ist **Hauptleistungspflicht des Arbeitgebers**. Der Anspruch ergibt sich meist aus der Vereinbarung im **Arbeitsvertrag** oder aus **Tarifvertrag**. Auch eine **Betriebsvereinbarung** kann Anspruchsgrundlage sein. Daneben kommen in Betracht arbeitsvertragliche **Einheitsregelung** und **Gesamtzusage** sowie als ungeschriebene Anspruchsgrundlage **betriebliche Übung** und **Gleichbehandlungsgrundsatz**. Fehlt eine Vereinbarung oder ist diese unwirksam, so ist gemäß § 612 Abs. 2 2. Alt. BGB regelmäßig die übliche Vergütung geschuldet. **Nebenpflicht** zur Vergütungszahlung ist die Verpflichtung des Arbeitgebers, über die Vergütung schriftlich **abzurechnen**. Zum Teil wird aus § 310 Abs. 4 Satz 3 iVm. § 307 Abs. 3 Satz 1 BGB eine Angemessenheitskontrolle der Vergütungshöhe in vorformulierten Arbeitsverträgen anhand von Tarifverträgen gefordert.[1] Eine solche „Preiskontrolle" lässt sich jedoch schon aus dem Wortlaut der genannten Vorschriften nicht herleiten; auch verstieße sie gegen die negative Koalitionsfreiheit.[2]

---

[1] Vgl. *Däubler*, NZA 2001, 1335; *Lakies*, NZA-RR 2002, 337.
[2] Vgl. im Einzelnen oben Kap. 2 unter I. 1. b) jj) (2); wie hier auch *Ziemann*, FA 2002, 312.

Vergütung kommt in den verschiedensten Formen vor. Meist findet sich eine Kombination der verschiedenen Formen. Die häufigste Vergütungsform ist die **Festvergütung** (Vergütung nach Stunden, Wochen, Monaten oder auch Jahren) (**M 12.1**). Sie ist unabhängig vom Erfolg der Tätigkeit innerhalb des Zeitraumes geschuldet. Im Gegensatz dazu steht die **Akkordvergütung**, die sich allein nach der erbrachten Leistung bestimmt. Typischer Anwendungsfall ist der Akkordlohn (berechnet nach Arbeitsmengeneinheiten, zB Stückzahl, Gewicht [Geldakkord] oder nach festen Vorgabezeiten als Verrechnungsfaktor [Zeitakkord]) (**M 12.13**). Leistungsbezogen sind **Prämien**, die sich allerdings auch nach bestimmten zeitlichen Leistungen richten können (**M 12.15**), oder Provisionen.

Neben der Grundvergütung kommen in Betracht übertarifliche **Zulagen** (**M 12.7**), **Zuschläge** (**M 12.8**), **Tantiemen** (**M 12.10**), **Prämien** (**M 12.14**), **Gratifikationen** (**M 12.15**), **Dienstwagen** (**M 12.21**), **Dienstwohnung** (**M 12.22**), **Arbeitgeberdarlehen** (**M 12.23**), **Zielvereinbarungen** (**M 12.26**), **Aktienoptionen** (**M 12.27**).

Mitbestimmungsrechte des Betriebsrates bestehen im Anwendungsbereich des § 87 BetrVG gem. § 87 Abs. 1 Einleitungssatz BetrVG, soweit eine tarifliche Regelung nicht besteht. Anders als bei § 77 Abs. 3 BetrVG sperrt die bloße Tarifüblichkeit Betriebsvereinbarungen insoweit nicht.[3] Gegenstand des Mitbestimmungsrechts nach § 87 Abs. 1 Nr. 10 BetrVG ist insbesondere die Wahl der jeweiligen Lohnform (so.) und die Erstellung von Kriterien zur Verteilung bestimmter Zulagen auf die Arbeitnehmer. Die **Höhe** der Vergütung oder den Dotierungsrahmen für etwaige Zulagen kann der Arbeitgeber hingegen **mitbestimmungsfrei** vorgeben. Nur bei leistungsbezogenen Vergütungsbestandteilen hat der Betriebsrat nach § 87 Abs. 1 Nr. 11 BetrVG ein erweitertes Mitbestimmungsrecht, das auch die Höhe der leistungsbezogenen Entgelte umfasst. Zur Prüfung der Frage, ob ein Mitbestimmungsrecht besteht, kann der Betriebsrat einen Anspruch auf Information nach § 80 BetrVG auch dann haben, wenn umstritten ist, ob ein Mitbestimmungstatbestand für die Vergütungsfragen überhaupt eingreift.[4]

2. Freiwilligkeit, Widerruflichkeit und Anrechenbarkeit der Vergütung

Nur in engen Grenzen kann Vergütung als **freiwillige Leistung** oder **widerruflich** vereinbart werden (a). Demgegenüber ist eine **Anrechnung von Tariflohnerhöhungen auf übertarifliche Leistungen** arbeitsvertraglich weniger problematisch (b).

a) **Gratifikationen** und soziale Leistungen können als **freiwillige Leistung** vereinbart werden (vgl. **M 12.15**). Gem. § 308 Nr. 4 BGB wäre die Vereinbarung eines Rechts des Arbeitgebers, die versprochene Leistung zu ändern oder von ihr abzuweichen, unwirksam, wenn nicht die Vereinbarung der Änderung oder Abweichung unter Berücksichtigung der Interessen des Verwenders für den anderen Vertragsteil zumutbar ist. Insoweit könnte es sich empfehlen, die Leistung nur noch als freiwillige Leistung ohne Anspruch für die Zukunft zu vereinbaren, da eine solche freiwillige Leistung jedenfalls nicht „versprochen" sein kann. Handelt es sich hingegen nicht um eine freiwillige, son-

---

[3] BAG v. 5. 3. 1997, ArbuR 1997, 336.
[4] LAG Nürnberg v. 22. 1. 2002, ArbuR 2002, 151.

dern eine widerrufliche Leistung, so könnte § 308 Nr. 4 BGB jedenfalls seinem Wortlaut nach anwendbar sein.[5] Die Rechtslage ist jedoch nicht geklärt.

Ein Widerrufsvorbehalt war nach bisherigem Recht grundsätzlich in den Grenzen der gesetzlichen Verbote (§ 134 BGB) und der guten Sitten (§ 138 BGB) wirksam. Gegen § 134 BGB verstieß die Widerrufsklausel vor allem, wenn sie zwingenden Kündigungsschutz umging. Daher konnten durch den Widerruf nicht einseitig wesentliche Vertragsbestandteile geändert werden, sofern dies zu einer grundlegenden Störung des Gleichgewichts zwischen Leistung und Gegenleistung führte.[6] Der Arbeitnehmer hätte den Schutz verloren, der ihm bei einer ansonsten erforderlichen Änderungskündigung zustünde.

Auch wenn die Klausel nach diesen Grundsätzen wirksam war, durfte das Widerrufsrecht **nur im Rahmen des billigen Ermessens gemäß § 315 BGB** ausgeübt werden. Diese Einschränkung ließ sich auch nicht durch die Vereinbarung eines Widerrufs „nach freiem Ermessen" vermeiden.[7] Ob der Widerruf billigem Ermessen entspricht, wurde anhand einer Abwägung der gegenseitigen Interessen festgestellt.[8] Erforderlich war ein sachlicher Grund für den Widerruf.[9] Der Widerrufsgrund musste mit dem Zweck der Leistung im Zusammenhang stehen.[10] Auch hier war der Gleichbehandlungsgrundsatz zu beachten.[11]

Nach hier vertretener Auffassung haben sich auch durch die Erstreckung der AGB-Kontrolle auf Arbeitsverträge diese Voraussetzungen für die Wirksamkeit eines Widerrufsvorbehaltes nicht geändert,[12] da auch bisher die Rechtsprechung – wie § 308 Nr. 4 BGB – bereits auf die Zumutbarkeit des Änderungsvorbehaltes abgestellt hatte. Höchstrichterliche Rechtsprechung dazu liegt jedoch bisher nicht vor. Insbesondere wird zum Teil die Auffassung vertreten, dass Widerrufsvorbehalte nicht mehr allein aus „sachlichen" Gründen zulässig seien, sondern nunmehr „triftige" Gründe erforderlich seien.[13] Streitig ist auch, ob der Arbeitgeber künftig in der Widerrufsklausel die Widerrufsgründe benennen muss.[14]

b) Die **Anrechnung von Tariferhöhungen auf übertarifliche Zulagen** ist grundsätzlich auch ohne ausdrücklichen vertraglichen Anrechnungsvorbehalt zulässig.[15] Dies gilt nach hier vertretener Auffassung auch unter der AGB-Kontrolle von Arbeitsverträ-

---

5 Dagegen: *Lingemann*, NZA 2001, 181, 183; aA *Richardi*, NZA 2002, 1057, 1061 und 1063; ArbG Düsseldorf v. 18. 9. 2003, DB 2004, 81.
6 BAG v. 7. 1. 1971, DB 1971, 392; v. 7. 10. 1982, DB 1983, 1368; v. 13. 5. 1987, NZA 1988, 95.
7 BAG v. 13. 5. 1987, NZA 1988, 95.
8 BAG v. 26. 5. 1992, DB 1993, 642.
9 BAG v. 13. 5. 1987, NZA 1988, 95.
10 BAG v. 7. 1. 1971, DB 1971, 392; v. 1. 3. 1990, ZTR 1990, 291.
11 BAG v. 22. 12. 1970, DB 1971, 729.
12 Vgl. oben, Kap. 2 unter I. 1. b) II).
13 *Däubler*, NZA 2001, 1329, 1336; ArbG Düsseldorf v. 18. 9. 2003, DB 2004, 81.
14 Dagegen: *Lingemann*, NZA 2002, 181, 191; *Schnitker/Grau*, BB 2002, 2120, 2124; aA Preis/Preis, Der Arbeitsvertrag, II V 70, Rz. 13; *Däubler*, NZA 2001, 1329, 1336; ArbG Düsseldorf v. 18. 9. 2003, DB 2004, 81.
15 BAG v. 9. 12. 1997, NZA 1998, 661. Soll auf die übertarifliche Zulage jedoch auch angerechnet werden, wenn sich die tarifliche Arbeitszeit verkürzt, so muss dies ausdrücklich vereinbart werden, vgl. BAG v. 3. 6. 1998, AuA 1999, 571.

gen weiterhin.[16] Denn die allgemeine Zulage soll lediglich den Tariflohn an das tatsächliche Leistungsniveau anpassen. Diese Zielsetzung entfällt, wenn der Tariflohn erhöht wird. Die Zulage ist nur dann „tariffest", wenn ein Anrechnungsverbot – ggf. auch konkludent – vereinbart wurde.[17] Ein konkludentes Anrechnungsverbot wird angenommen, wenn sich aus den Umständen ergibt, dass die Zulage einem besonderen Zweck dient.[18] In Betracht kommt etwa eine Erschwernis-, Schicht- oder Auslandszulage (vgl. M 12.7.3–12.7.5). Denn in diesen Fällen ändert die Tariflohnerhöhung nichts an der besonderen Belastung, die der Arbeitgeber durch die Zulage ausgleichen will. Zulässig bleibt dann nur der ausdrückliche Anrechnungsvorbehalt.[19] Zur Sicherheit sollte daher eine entsprechende Vereinbarung getroffen werden, wenn Zweifel am Zweck der Zulage auftreten können.

Dem **Betriebsrat** steht bei der Anrechnung von Tariflohnerhöhungen auf Zulagen grundsätzlich ein erzwingbares **Mitbestimmungsrecht nach § 87 Abs. 1 Nr. 10 BetrVG** zu. Voraussetzung ist zum einen, dass – wie meist – ein kollektiver Tatbestand vorliegt, zum anderen, dass die Anrechnung zu einer **Änderung der Verteilungsgrundsätze** führt und für eine anderweitige Verteilung überhaupt ein **Regelungsspielraum** der Betriebsparteien **verbleibt**. Eine Änderung der Verteilungsgrundsätze nimmt das BAG an, wenn sich aufgrund der Anrechnung das Verhältnis der Zulagen zueinander ändert. Dies trifft in den meisten Fällen zu.[20] Unverändert bleibt die Verteilung nur, wenn eine prozentual zum jeweiligen Tariflohn gleiche Zulage gezahlt wurde und diese auch im gleichen prozentualen Umfang gekürzt wird.[21] Ein Regelungsspielraum bleibt, wenn das Zulagenvolumen durch die Anrechnung nicht vollständig aufgezehrt wird. Fällt die Zulage durch die Anrechnung hingegen vollständig weg, bleibt keine Möglichkeit für eine Mitwirkung des Betriebsrats; unabhängig davon, ob sich die Verteilungsgrundsätze geändert haben, steht dem Betriebsrat daher dann kein Mitbestimmungsrecht zu.[22] Versuchen des Betriebsrates, sein Mitbestimmungsrecht durch Mitbestimmung auch zur Höhe zu überschreiten, darf der Arbeitgeber mit der Ankündigung, die Zulage vollständig und gleichmäßig und damit mitbestimmungsfrei zu streichen, begegnen.[23]

3. Zulagen/Zuschläge (M 12.7 und 12.8.1/12.8.2)

Zulagen werden neben der Grundvergütung geleistet. Sie können einen besonderen Zweck verfolgen, beispielsweise den Ausgleich besonderer Erschwernisse oder der Arbeitsleistung zu ungünstigen Zeiten (Nachtarbeit, Spätarbeit, Sonn- oder Feiertags-

---

16 Vgl. Kap. 2 unter I. 1. b) II) (2) (c); *Lingemann*, NZA 2002, 181, 190; *Schnitker/Grau*, BB 2002, 2120, 2124.
17 BAG GS v. 3. 12. 1991, NZA 1992, 749.
18 LAG Köln v. 25. 1. 2001, NZA-RR 2001, 487, 488.
19 BAG v. 23. 3. 1993, NZA 1993, 806; v. 9. 12. 1997, NZA 1998, 661.
20 BAG v. 14. 2. 1995, DB 1995, 1917; v. 3. 6. 2003 – 1 AZR 304/02, BeckRS 2003, 41277.
21 Vgl. BAG GS v. 3. 12. 1991, NZA 1992, 749 mit zahlreichen Rechenbeispielen.
22 BAG v. 22. 9. 1992, NZA 1993, 668; v. 27. 10. 1992, NZA 1993, 561; v. 3. 3. 1993, NZA 1993, 805. Ein Mitbestimmungsrecht des Betriebsrates kann auch aus einer Regelungsabrede außerhalb der gesetzlichen Mitbestimmungsrechte folgen. Dessen Missachtung führt jedoch nicht zu einer Unwirksamkeit gegenüber dem Arbeitnehmer, BAG v. 14. 8. 2001, DB 2002, 902.
23 BAG v. 26. 5. 1998, NZA 1998, 1293.

arbeit, Schichtarbeit), oder sie dienen ohne einen besonderen Zweck nur dazu, die Vergütung über das als zu niedrig angesehene Tariflohnniveau hinaus zu erhöhen.

Rechtsgrundlage von Zulagen können Tarifverträge, Betriebsvereinbarungen oder einzelvertragliche Vereinbarungen sein. Das Gesetz schreibt in § 10 Abs. 3 BBiG bei Überstunden Auszubildender Zulagen vor. Für Nachtarbeit ist nach § 6 Abs. 5 ArbZG Nachtarbeitnehmern (§ 2 Abs. 5 ArbZG) ein angemessener Zuschlag zu zahlen, wenn kein Ausgleich durch zusätzliche Freizeit erfolgt.

Bei der Gewährung von Zulagen ist der Arbeitgeber natürlich an den **Gleichbehandlungsgrundsatz** gebunden. Insbesondere haben **Teilzeitbeschäftigte** zur Vermeidung einer mittelbaren Diskriminierung grundsätzlich Anspruch auf dieselben Zulagen wie Vollzeitbeschäftigte, soweit diese nicht mit der Vollzeitbeschäftigung zusammenhängen.[24]

Auch bei der Gewährung von Zulagen hat der **Betriebsrat** gem. § 87 Abs. 1 Nr. 10 BetrVG mitzubestimmen, allerdings nur über den **Verteilungsmodus**, nicht über den vom Arbeitgeber insgesamt zur Verfügung gestellten Zulagenbetrag.

4. Tantieme (M 12.10)

Die Tantieme wird regelmäßig neben der Festvergütung vereinbart. Sie beteiligt den Mitarbeiter am Erfolg des Unternehmens **unabhängig davon, ob dieser Erfolg auf seine Tätigkeit zurückzuführen ist**. Sie wird regelmäßig mit Führungskräften vereinbart.

Eine Tantieme wird als Erfolgsbeteiligung vereinbart. Bei überdurchschnittlicher Ertragssituation macht diese in praxi 15 bis 35% der Gesamtvergütung aus, bei unterdurchschnittlicher Situation ca. 10–20%, Anteil steigend. Der Tantiemeberechtigte hat gegen den Arbeitgeber/Dienstherrn einen Anspruch auf Auskunft und Rechnungslegung zur Höhe der Tantieme, nicht allerdings auf Vorlage einzelner Belege zu den Bilanzposten.[25]

5. Provisionsvereinbarung für einen angestellten Handelsvertreter (M 12.11)

Anders als die Tantieme knüpft die Provision **an die eigene Tätigkeit des Mitarbeiters an**. Sie wird regelmäßig als Vergütung für die Vermittlung oder den Abschluss von Verträgen mit dem Unternehmen gezahlt. Rechtsgrundlagen sind die §§ 87 bis 87c HGB für Handelsvertreter. Gem. § 65 HGB sind diese für Arbeitnehmer auf Provisionsbasis entsprechend anwendbar, mit Ausnahme der Vorschriften über die Bezirksvertretung (§ 87 Abs. 2 HGB) und die Inkassoprovision (§ 87 Abs. 4 HGB). Wir verweisen daher ergänzend auf die Erläuterung I. 3. zu Kapitel 9 und **M 9.3.1**.

Ist der Arbeitnehmer **arbeitsunfähig krank**, so hat er Anspruch auf Provision für die Geschäfte, die er geschlossen oder vermittelt hätte, wenn er nicht arbeitsunfähig gewesen wäre. Das Lohnausfallprinzip gilt insoweit auch für die Vergütungsbestandteile, die nur auf das Ergebnis der Arbeit abstellen (vgl. § 4 Abs. 1a Satz 2 EFZG).

---

24 BAG v. 15. 11. 1990, NZA 1991, 347. Dies ist nunmehr ausdrücklich in § 4 Abs. 1 Satz 2 TzBfG geregelt.
25 BAG v. 30. 1. 1960, AP Nr. 1 zu § 242 BGB – Auskunftspflicht; v. 7. 7. 1960, DB 1960, 1043.

Maßgeblich ist der Provisionsdurchschnitt eines längeren vor der Krankheit liegenden Zeitraums.[26] Die Urlaubsvergütung richtet sich gem. § 11 BUrlG nach dem Provisionsdurchschnitt der letzten abgerechneten 13 Wochen vor Urlaubsantritt.[27]

6. Akkordvergütung (M 12.13)

Die Akkordvergütung ist streng leistungsbezogen. Ihre Höhe richtet sich nach der Menge der geleisteten Arbeit. Anders als bei der Prämienvergütung ist die Bezugsgröße nur die Menge der geleisteten Arbeit, nicht also Arbeitsqualität, Materialeinsatz und ähnliche Faktoren.

Sofern der Arbeitsvertrag nicht die Leistung von Akkordlohn vorsieht, kann der Arbeitgeber diese **nicht einseitig im Wege des Direktionsrechtes** dem Arbeitnehmer auferlegen. Umgekehrt ist ein Akkordlohnarbeiter zur Leistung von Zeitlohn nur vorübergehend verpflichtet, wobei er auch dann Anspruch auf den Akkordlohndurchschnittsverdienst hat.[28] Nicht zulässig ist Akkordarbeit bei Schwangeren (§ 4 Abs. 3 MuSchG), Jugendlichen (§ 23 JArbSchG) und bei Fahrpersonal (§ 3 Abs. 1 FPersG v. 22. 6. 1998).

Besondere Probleme bereitet die **Akkordvergütung bei Arbeitsausfall**. Hier gilt im Rahmen des EFZG das Lohnausfallprinzip, wobei regelmäßig die letzten vier Wochen als Referenzzeitraum zugrunde gelegt werden; zum Gruppenakkord vgl. BAG v. 22. 10. 1980, DB 1981, 480. Im Anwendungsbereich des Referenzprinzips (§ 11 MuSchG, Urlaubsgeld) wird auf die letzten 13 Wochen bzw. drei Monate abgestellt.

Zu unterscheiden ist zwischen **Zeitakkord und Geldakkord**. Beim **Geldakkord** wird für eine bestimmte Leistungseinheit ein bestimmter Geldbetrag vergütet. Beispielhaft zu nennen sind der Stückakkord (nach der erbrachten Stückzahl), der Flächenakkord (nach der Fläche), der Gewichtsakkord (nach dem Gewicht der erbrachten Leistung), der Maßakkord (zB nach der Länge einer bestimmten Leistung) sowie der Pauschalakkord (ein Leistungsbündel wird zu einer Leistungseinheit zusammengefasst). Die Vergütung ergibt sich jeweils unmittelbar als Produkt aus Leistungseinheit (Stückzahl) und Geldbetrag.

Beim **Zeitakkord** wird demgegenüber für die Erbringung einer bestimmten Leistungseinheit (einschließlich Vorbereitungs-, Tätigkeits- und Erholungszeit) eine bestimmte Zeit (Vorgabezeit) als Berechnungsfaktor vorgegeben. Diese Zeit erhält der Arbeitnehmer auch dann vergütet, wenn er die Leistung in kürzerer oder längerer Zeit erbringt. Die Vergütung berechnet sich idR pro Minute der Vorgabezeit (Geldfaktor). Die Höhe der Akkordvergütung ist also das Produkt aus der Vorgabezeit, den erbrachten Leistungseinheiten und dem Geldfaktor. Diese Berechnung hat gegenüber dem Stückakkord den Vorteil, dass die Vorgabezeiten für die einzelnen Arbeitsschritte einschließlich der Vorbereitungszeit genauer zu erfassen und Änderungen der tariflichen Vergütung leichter zu ermitteln und umzusetzen sind.

Der **Akkordrichtsatz** wird regelmäßig in Tarifverträgen oder Betriebsvereinbarungen festgelegt und bestimmt, welche Stundenvergütung der Arbeitnehmer bei Erbringung der Normalleistung eines eingearbeiteten durchschnittlichen Arbeitnehmers erhält.

---

26 Vgl. BAG v. 5. 6. 1994, DB 1985, 2695.
27 BAG v. 26. 6. 1986, DB 1986, 2291.
28 BAG v. 27. 1. 1988, DB 1988, 1119.

Basis ist regelmäßig die tarifliche Grundvergütung, der ein Akkordrichtsatzzuschlag zwischen 10 und 20% hinzugesetzt wird. Davon zu unterscheiden ist die **Akkordvorgabe**. Sie bestimmt die Anforderungen an den Arbeitnehmer. Sie kann auf wissenschaftlichen Messungen beruhen (dann kann sie sich aufgrund neuer Erkenntnisse jederzeit ändern), aber auch tariflich, durch Betriebsvereinbarung oder auch individualvertraglich (dann gilt billiges Ermessen, § 315 BGB) vereinbart werden. Dann ist sie nach Maßgabe der jeweiligen Rechtsgrundlage bindend.

Bei Akkordlohnvereinbarungen muss eine **Mindestlohngarantie** aufgenommen werden, die gewährleistet, dass auch bei unterdurchschnittlicher Leistung das Einkommen des Arbeitnehmers nicht unter den Mindestlohn absinkt.[29] Sofern aufgrund von Versäumnissen des Arbeitgebers die Akkordleistung nicht erbracht werden kann, hat der Arbeitnehmer nach § 615 BGB gleichwohl Anspruch auf die Akkordvergütung und nicht nur auf den Mindestlohn. Allerdings kann der Arbeitnehmer nicht verlangen, dass der Arbeitgeber ihm Arbeitsmengen über die Normalleistung hinaus zuweist, so dass er durch Leistungssteigerung ein Arbeitsentgelt über den Akkordrichtsatz hinaus erzielen kann.

7. Prämien (M 12.14)

Hauptanwendungsfall der Prämien sind die **Anwesenheitsprämien**, die geleistet werden bei Unterschreitung einer bestimmten Anzahl von Fehltagen pro Jahr, und die **Treueprämien**, die Zeiten der Betriebszugehörigkeit prämieren. Häufig werden die Anwesenheitsprämien jedoch mit den Gratifikationen (vgl. nachfolgend unter 8.) verknüpft, indem Abzüge von Gratifikationen für Fehlzeiten vereinbart werden. Die Zulässigkeit derartiger Kürzungen wird daher unter 8. d) im Einzelnen dargestellt.

8. Gratifikationen (M 12.15)

Gratifikationen sind Sonderleistungen, die der Arbeitgeber über das für die Arbeitsleistung gezahlte Entgelt hinaus erbringt. In Betracht kommen neben Weihnachts- und Urlaubsgeld auch Jubiläumszuwendungen.

a) Ein **Anspruch auf Gratifikation** besteht nur aufgrund gesonderter **Rechtsgrundlage** (Tarifvertrag, Betriebsvereinbarung, Individualvertrag, betriebliche Übung, vertragliche Einheitsregelung, Gesamtzusage) oder, soweit der Arbeitnehmer ohne sachlichen Grund von der anderen Arbeitnehmern gewährten Gratifikation ausgeschlossen wird, aus dem arbeitsrechtlichen Gleichbehandlungsgrundsatz. Insbesondere der vollständige Ausschluss von Teilzeitbeschäftigten von der Gratifikation ist gleichheitswidrig, § 4 Abs. 1 Satz 2 TzBfG.[30] Als soziale Leistungen können Gratifikationen als freiwillige Leistungen oder mit einem Widerrufsvorbehalt vereinbart werden. Im letzteren Fall ist der Widerruf selbst an § 315 BGB, bei Formularverträgen die Wirksamkeit der Widerrufsklausel wohl an § 308 Nr. 4 BGB zu messen, vgl. dazu auch oben unter I. 2.

b) **Zweck einer Gratifikation** kann die **Belohnung erbrachter oder auch künftiger Betriebstreue** (so typischerweise bei Wartefristen, Mindestbeschäftigungszeiten oder

---

[29] BAG v. 28. 6. 1991, AP Nr. 15 zu § 611 BGB – Akkordlohn.
[30] BAG v. 6. 12. 1990, NZA 1991, 350; vgl. auch v. 22. 5. 1996, NZA 1996, 938.

Stichtagsregelungen) oder die (zusätzliche) **Vergütung von Arbeitsleistung** sein (Indiz: Bezeichnung als „13. Monatsgehalt").[31] Auch kommen beide Ziele gleichzeitig vor, sog. **Gratifikation mit Mischcharakter**.[32]

Die Unterscheidung ist zum einen wichtig, wenn der Arbeitsvertrag keine Regelung für **vorzeitiges Ausscheiden** und/oder Fehlzeiten (zB Elternzeit) enthält. Soll die geleistete Arbeit zusätzlich vergütet werden, so ist bei vorzeitigem Ausscheiden pro rata temporis zu zahlen; Fehlzeiten zB wegen Elternzeit führen auch ohne ausdrückliche Vereinbarung zu einer Kürzung der Gratifikation.[33] Geht es um die Belohnung von Betriebstreue, so scheidet eine Zahlung jedenfalls dann aus, wenn der Arbeitnehmer zum Stichtag – regelmäßig der Auszahlungszeitpunkt – bereits ausgeschieden ist; gleichzeitig kommt jedoch eine Kürzung für Abwesenheitszeiten, zB Elternzeit, ohne ausdrückliche Vereinbarung nicht in Betracht.[34]

Der Zweck der Leistung muss ferner genau ermittelt werden, um festzustellen, ob ein Verstoß gegen den **Gleichbehandlungsgrundsatz** vorliegt. Die unterschiedliche Gewährung an verschiedene Gruppen muss nach dem Zweck der Leistung gerechtfertigt sein; das BAG überprüft die Gruppenbildung. Nach dem Zweck der Weihnachtsgratifikation darf insoweit nicht ohne weiteres zwischen Arbeitern und Angestellten unterschieden werden.[35]

c) Nur unter engen Voraussetzungen ist der Arbeitnehmer verpflichtet, eine **Gratifikation zurückzuzahlen**. Es bedarf zunächst einer gesonderten Rechtsgrundlage, die zweifelsfrei den Stichtag für die Rückzahlungsverpflichtung bestimmt; sonst besteht keine Rückzahlungsverpflichtung.[36]

▷ **Wichtig:** Bei Aufnahme einer Rückzahlungsverpflichtung sollte nicht vom „13. Monatsgehalt" gesprochen werden, da dieses auf eine Vergütung erbrachter Leistungen hindeutet, die nicht zurückzuzahlen ist.

Weihnachtsgratifikation, Urlaubsgelder,[37] Abschluss- und Treueprämien[38] oder Jubiläumszuwendungen[39] können demgegenüber von einem Rückzahlungsvorbehalt erfasst werden. Bindungsdauer und Höhe der Zahlung müssen jedoch in einem bestimmten Verhältnis stehen. Auch nach Geltung der AGB-Kontrolle für Formulararbeitsverträge dürften die bisher von der Rechtsprechung entwickelten Grundsätze bei der Angemessenheitsprüfung nach § 307 Abs. 2 BGB weiterhin maßgeblich sein, da das Bundesarbeitsgericht auch bisher diese Regelungen auf ihre Angemessenheit hin geprüft hat: Bis zu einem Betrag von **Euro 100** ist jede Rückzahlungsklausel unwirksam. Bei einem Betrag **zwischen Euro 100 und weniger als einem Monatsgehalt** beträgt die zulässige Bindungsfrist drei Monate und bei Weihnachtsgratifikationen

---
31 BAG v. 24. 10. 1990, NZA 1991, 318.
32 BAG v. 7. 11. 1991, BB 1992, 142.
33 Vgl. BAG v. 24. 10. 1990, NZA 1991, 318.
34 Vgl. BAG v. 10. 5. 1995, AP Nr. 174 zu § 611 BGB – Gratifikation = NZA 1995, 1096.
35 Vgl. BAG v. 5. 3. 1980, NJW 1980, 2374; v. 25. 1. 1984, DB 1984, 2251; v. 30. 3. 1994, NZA 1994, 786; v. 19. 3. 2003, AP Nr. 248 zu § 611 BGB – Gratifikation.
36 BAG v. 14. 6. 1995, EzA § 611 BGB Gratifikation, Prämie Nr. 127; v. 21. 5. 2003, BB 2003, 1958.
37 BAG v. 3. 10. 1963, AP Nr. 1 zu § 611 BGB – Urlaub und Gratifikation = DB 1963, 1683.
38 BAG v. 13. 7. 1962, EzA § 611 BGB Gratifikation, Prämie Nr. 4 = DB 1962, 1178.
39 LAG Köln v. 14. 5. 1993, LAGE § 611 BGB Gratifikation Nr. 19.

regelmäßig bis zum 31. 3. des Folgejahres; scheidet der Arbeitnehmer allerdings erst mit Ablauf des letzten Tages der Bindungsfrist (zB 31. 3.) aus, so besteht bereits keine Rückzahlungsverpflichtung mehr.[40] Beträgt die Gratifikation **ein Monatsgehalt** und hat der Arbeitnehmer innerhalb der **Frist von drei Monaten** bzw. bei Weihnachtsgratifikationen zum 31. 3. des Folgejahres nur eine Kündigungsmöglichkeit, so ist ihm zuzumuten, diese auszulassen, wenn er die Gratifikation behalten will. Hat er in diesem Fall mehrere Kündigungsmöglichkeiten, so muss er die wählen, die erst nach dem Fristablauf greift, dh. die Bindungsfrist kann bis zum darauf folgenden erstmöglichen Kündigungstermin vereinbart werden.[41] Liegt die Zahlung **zwischen einem und zwei Monatsgehältern**, so beträgt die noch zulässige Bindungsfrist **sechs Monate**, wobei der Arbeitnehmer zum Ende dieses Zeitraums nur kündigen darf, wenn dies nicht seine erste Kündigungsmöglichkeit ist.[42] Bei einer Zahlung von **mehr als zwei Monatsgehältern** können Bindungsfristen **bis zu neun Monaten** vorgesehen werden.[43] Zahlt der Arbeitgeber in mehreren Einzelbeträgen aus, so werden diese zur Ermittlung der zulässigen Bindungsfrist nur zusammengerechnet, wenn sie in engem zeitlichen und sachlichen Zusammenhang stehen; daran fehlt es im Verhältnis von Urlaubsgeld Mitte des Jahres und Weihnachtsgeld Ende des Jahres.[44] Die Bindungsfrist beginnt zwar grundsätzlich mit dem Auszahlungszeitpunkt; bei der Weihnachtsgratifikation soll es jedoch auf das Ende des Kalenderjahres als Bezugszeitraum ankommen,[45] bei Urlaubsgratifikationen auf den 1. 7. eines Kalenderjahres.[46] Dies greift jedenfalls dann, wenn der Auszahlungszeitpunkt nicht mehr als zwei Monate zurückliegt. Liegt der Auszahlungstermin lange nach dem Ende des Bezugszeitraumes, so entscheidet Letzterer.[47]

d) Schon nach früherer Rechtslage ließ das BAG **Vereinbarungen** zu, **die Abzüge von Sonderzuwendungen oder Anwesenheitsprämien für Fehlzeiten** festlegten.[48]

Nach § 4a EFZG kann eine Kürzung für jede Geldleistung vereinbart werden, die nicht dem laufenden Arbeitsentgelt zuzurechnen ist. Erfasst sind alle krankheitsbedingten Fehlzeiten, auch wenn kein Anspruch auf Entgeltfortzahlung besteht. Das jahresdurchschnittliche Arbeitsentgelt errechnet sich unter Einschluss der Sondervergütung selbst; maßgeblich ist nicht das Kalenderjahr, sondern der Zeitraum von 12 Monaten vor dem Monat, in dem der Anspruch auf Auszahlung der Sondervergütung besteht. Nach dem Urteil des BAG v. 19. 4. 1995[49] sollte schon eine Regelung über anteilige

---

40 BAG v. 9. 6. 1993, NZA 1993, 935 = EzA § 611 BGB Gratifikation, Prämie Nr. 103 mwN; v. 21. 5. 2003, AP Nr. 250 zu § 611 BGB – Gratifikation.
41 BAG v. 10. 5. 1962, BAGE 13, 129; v. 10. 5. 1962, BB 1962, 758 = AP Nr. 23 zu § 611 BGB – Gratifikation.
42 LAG Köln v. 14. 5. 1993, LAGE § 611 BGB – Gratifikation Nr. 19.
43 BAG v. 13. 11. 1969, DB 1970, 352 = AP Nr. 69 zu § 611 BGB.
44 BAG v. 15. 3. 1973, BAGE 25, 102 = DB 1973, 973 = AP Nr. 78 zu § 611 BGB – Gratifikation.
45 BAG v. 12. 10. 1972, DB 1973, 285 = AP Nr. 77 zu § 611 BGB – Gratifikation; v. 27. 10. 1978, DB 1979, 898 = AP Nr. 99 zu § 611 BGB – Gratifikation; v. 21. 5. 2003, AP Nr. 250 zu § 611 BGB – Gratifikation.
46 BAG v. 15. 3. 1973, AP Nr. 78 zu § 611 BGB – Gratifikation = DB 1973, 973.
47 BAG v. 27. 10. 1978, DB 1979, 898 = EzA § 611 BGB Gratifikation, Prämie Nr. 61.
48 BAG v. 15. 2. 1990, BB 1990, 1275 (einzelvertragliche Abrede Weihnachtsgratifikation); v. 19. 4. 1995, NZA 1996, 133; v. 6. 12. 1995, BB 1996, 1383 (jeweils Betriebsvereinbarung, 13. Monatsgehalt); zu Einzelheiten vgl. *Bauer/Lingemann*, BB 1996, Beil. 17, 8 ff., 14 mwN und Beispielsrechnungen.
49 BAG v. 19. 4. 1995, NZA 1995, 1098.

Zahlung im Eintrittsjahr für ein 13. Monatsgehalt sprechen, das auch ohne ausdrückliche Vereinbarung für alle Zeiten ohne tatsächliche Arbeitsleistung und Anspruch auf Entgeltfortzahlung[50] gekürzt werden könne. Ob dies auch noch nach Einfügung des § 4a EFZG gilt, ist fraglich. Kürzungen sollten daher ausdrücklich im Vertrag vereinbart werden.[51]

Soweit es sich um eine freiwillige Leistung handelt, kann die Leistung auch für Ruhenszeiten ausgeschlossen werden.[52]

9. Vermögenswirksame Leistungen (M 12.19)

Vermögenswirksame Leistungen fördern die Anlage finanzieller Mittel in bestimmte Anlageformen durch die Gewährung von **Prämien durch den Staat**. Rechtsgrundlage können sowohl tarifvertragliche Regelungen als auch (freiwillige) Betriebsvereinbarungen (§ 10 Abs. 1 5. VermBG iVm. § 88 Nr. 3 BetrVG) oder Individualvertrag (zu den Nachweispflichten § 2 Abs. 7 5. VermBG iVm. § 2 Abs. 1 Nr. 6 NachwG) sein. Gem. § 11 Abs. 1 des 5. VermBG kann der Arbeitnehmer von dem Arbeitgeber schriftlich den Abschluss eines Vertrages über vermögenswirksame Leistungen verlangen.

Zu unterscheiden ist nach dem **5. Vermögensbildungsgesetz** (5. VermBG) zwischen der Anlage vermögenswirksamer Leistungen in Form von Bausparen mit einem maximalen Anlagevolumen von Euro 470 mit einer Sparzulage von 9%, § 13 Abs. 2 iVm. § 2 Abs. 1 Nr. 4 und 5 5. VermBG, einerseits und der Anlage innerbetrieblicher oder außerbetrieblicher Beteiligungen mit einem maximalen Anlagevolumen von Euro 400 und einer Sparzulage von 18% (alte Bundesländer) und 22% (neue Bundesländer ab dem Jahr 2004, § 17 Abs. 7 iVm. § 13 Abs. 2, § 2 Abs. 1 Nr. 1–3, Abs. 2–4 5. VermBG). Auf Antrag setzt das für die Besteuerung des Arbeitnehmers nach dem Einkommen zuständige Finanzamt die Arbeitnehmersparzulage fest (Einzelheiten § 14 Abs. 1 und 4 5. VermBG). Während die vermögenswirksamen Leistungen arbeitsrechtlich Bestandteil des Lohns oder Gehalts sind, gilt dies für die Arbeitnehmersparzulage nicht (§ 13 Abs. 3 2. Halbs. 5. VermBG). Zulagenberechtigt sind vermögenswirksame Leistungen nur, wenn eine der unter § 2 Abs. 1 Nr. 1–5, Abs. 2–4 5. VermBG aufgeführten Anlageformen gewählt worden ist (§ 13 Abs. 2 5. VermBG).

10. Aufwendungsersatz und Auslagen (M 12.20)

Gem. § 670 BGB ist der Arbeitgeber grundsätzlich zum Ersatz derjenigen Aufwendungen verpflichtet, die der Arbeitnehmer zur Erfüllung des Arbeitsvertrages für erforderlich halten durfte und die nicht durch die Arbeitsvergütung abgegolten sind. Dies gilt zum einen für freiwillige Vermögensopfer (**Auslagen**) des Arbeitnehmers, aber auch für unfreiwillige Einbußen, also insbesondere **Sach- und Vermögensschäden**, die der Arbeitnehmer bei Erfüllung des Arbeitsvertrages erleidet.

---

50 BAG v. 21. 3. 2001, AuA 2002, 41.
51 Eine Vereinbarung ist Voraussetzung für eine Kürzung nach § 4a EFZG, BAG v. 15. 12. 1999, NZA 2000, 1062, 1063, sofern die Leistung nicht ohnehin freiwillig ist, BAG v. 7. 8. 2002, NZA 2002, 1284.
52 Vgl. BAG v. 4. 12. 2002 – 10 AZR 138/02, nv.; Näheres bei Muster **M 12.15** Fn. 15.

Sofern der Arbeitnehmer daher Schäden – beispielsweise an seinem Pkw – in Erfüllung des Arbeitsvertrages erleidet, sind diese Schäden zu ersetzen, soweit sie betrieblich veranlasst sind, insbesondere wenn der Arbeitnehmer ansonsten ein Fahrzeug des Arbeitgebers hätte einsetzen müssen.[53] Etwas anderes gilt, wenn der Arbeitnehmer eine Auslagenpauschale erhält, die das Schadensrisiko von vornherein mit abdeckt. Mitverschulden des Arbeitnehmers führt nach den Grundsätzen der Haftungsmilderung für betriebliche Tätigkeit bei mittlerer Fahrlässigkeit zu einer anteiligen Schadenstragung von Arbeitgeber und Arbeitnehmer, bei grober Fahrlässigkeit und Vorsatz trägt der Arbeitnehmer den Schaden allein, bei einfacher Fahrlässigkeit der Arbeitgeber.[54, 55] Ob auch die Versicherbarkeit des Risikos zu berücksichtigen ist, ist noch nicht abschließend geklärt.

Auslagen sind erstattungsfähig, soweit sie **der Arbeitsausführung selbst dienen**. Dazu zählen Dienstfahrten, aber auch Vorstellungskosten (vgl. Kap. 1) sowie Verpflegungsmehraufwendungen. Ohne gesonderte vertragliche Vereinbarung nicht erstattungsfähig sind Kosten der allgemeinen Lebensführung. Dazu zählen auch Fahrten zwischen Wohnung und Arbeitsstätte sowie Verpflegungs- und Kleidungskosten, soweit es sich nicht um spezifische Schutzkleidung handelt.[56] In der Praxis werden für Sachauslagen häufig die konkreten Aufwendungen zugrunde gelegt, auch Pauschalierungen können jedoch sinnvoll sein.

11. Dienstwagen (M 12.21)

Soweit der Arbeitnehmer sein eigenes Fahrzeug für Dienstaufgaben verwendet, ist der Arbeitgeber zum Ersatz der damit verbundenen Aufwendungen verpflichtet. Umgekehrt kann der Arbeitgeber dem Arbeitnehmer einen Dienstwagen zur Verfügung stellen. Die Verwendung auch für **private Zwecke**, wozu auch Fahrten zwischen Wohnung und Arbeitsstätte zählen, bedarf gesonderter Vereinbarung. Sie ist Vertragsbestandteil und steuerlich geldwerter Vorteil in Form des Sachbezuges.[57] Versteuert der Arbeitgeber den geldwerten Vorteil mit dem pauschalen Steuersatz nach § 40 Abs. 2 EStG, so ist dieser gem. § 2 Abs. 1 Nr. 2 Arbeitsentgeltverordnung nicht sozialabgabenpflichtig. Soweit der Dienstwagen Teil des Entgelts ist und keine freie Widerruflichkeit vereinbart wird, besteht der Nutzungsanspruch auch während der Zeiten eines Beschäftigungsverbotes und der Schutzfristen nach dem MuSchG[58] und der Entgeltfortzahlung nach § 3 Abs. 1 EFZG fort. Gleiches gilt für Urlaubszeiten. Bei Beschädigung des Dienstwagens auf Dienstfahrten gelten die Grundsätze des innerbetrieblichen Schadensausgleichs (vgl. oben unter 10). Bei mittlerer Fahrlässigkeit beschränkt sich die Haftung allerdings regelmäßig auf die übliche Selbstbeteiligung. Ereignet sich ein Unfall während des privaten Gebrauchs, so haftet der Arbeitnehmer voll.

---

53 BAG v. 14. 12. 1995, ArbuR 1996, 147.
54 Vgl. *Frieges*, NZA 1995, 403.
55 Gem. BAG v. 18. 4. 2002, NZA 2003, 37 führt ein vorsätzlicher Pflichtverstoß nur dann zur vollen Haftung des Arbeitnehmers, wenn auch der Schaden vom Vorsatz erfasst ist; dies könnte spiegelbildlich auch für die Tragung des eigenen Schadens bei betrieblich veranlasster Tätigkeit gelten. Fehlt es an diesem Vorsatz, so führt dies zur Schadensquotelung (BAG aaO).
56 BAG v. 21. 8. 1985, NZA 1986, 324.
57 Vgl. BFH v. 3. 12. 1987, BB 1988, 324.
58 BAG v. 11. 10. 2000, AP Nr. 13 zu § 611 BGB – Sachbezüge.

Verlangt der Arbeitgeber die **Rückgabe**, so ist zu unterscheiden: Bei nur dienstlicher Nutzung ist das Fahrzeug jederzeit zurückzugeben (vgl. unten unter 15.), bei Privatnutzung nur, wenn die Dienstwagenüberlassung ausdrücklich wirksam freiwillig oder jederzeit widerruflich gestaltet wurde oder der Zweck der Dienstwagenüberlassung weggefallen ist. Gibt der Arbeitnehmer das Fahrzeug auf ein unberechtigtes Herausgabeverlangen hin zurück, so hat er Anspruch auf Nutzungsentschädigung, die in der Regel der steuerlichen Bewertung der privaten Nutzung des Dienstwagens gem. § 6 Abs. 1 Nr. 4 EStG entspricht.[59]

Klauseln, nach denen der Arbeitnehmer bei Beendigung des Arbeitsvertrages in einen Leasingvertrag über den Dienstwagen eintreten muss, stellen eine unangemessene Benachteiligung gemäß § 307 Abs. 1 Satz 1 BGB dar, wenn der Arbeitnehmer durch die Übernahmeverpflichtung übermäßig belastet wird. Der Arbeitgeber wälzt dann das ihm obliegende Risiko, das Arbeitsmittel Kraftfahrzeug unter Umständen nach dem Ausscheiden des Arbeitnehmers nicht mehr verwenden zu können, ab und erschwert so unzulässig dessen Kündigungsmöglichkeit und Arbeitsplatzwahl.[60]

12. Dienstwohnung (M 12.22)

Bei **Werkdienstwohnungen** (§ 576b BGB) besteht ein einheitlicher Vertrag über die Arbeitsleistung und die Überlassung von Wohnraum.[61] Die Nutzung der Dienstwohnung stellt einen Teil der Vergütung dar. Es handelt sich um einen gemischten bzw. doppeltypischen Vertrag. Davon zu unterscheiden ist die **Werkmietwohnung** (§ 576 f. BGB), über deren Nutzung ein gegenüber dem Arbeitsvertrag selbständiger Mietvertrag geschlossen wird. Das Mietverhältnis wird dann zwar im Hinblick auf das Arbeitsverhältnis begründet, ist aber nicht Vertrags- und Vergütungsbestandteil.

Die Unterscheidung wirkt sich insbesondere bei der **Beendigung des Mietverhältnisses** aus. Das Mietverhältnis über eine Werkdienstwohnung können die Vertragsparteien nicht isoliert von dem Arbeitsverhältnis kündigen, da ein einheitlicher Vertrag vorliegt und die Teilkündigung unzulässig ist.[62] Das Nutzungsrecht an der Wohnung endet gemeinsam mit dem Arbeitsverhältnis, dessen Bestandteil es bildet. Eine Einschränkung gilt gemäß § 576b BGB dann, wenn der Arbeitnehmer die Wohnung überwiegend mit Einrichtungsgegenständen ausgestattet hat oder in dem Wohnraum mit seiner Familie oder anderen Personen einen auf Dauer angelegten eigenen Hausstand führt. In diesem Fall sind die Vorschriften über den Kündigungsschutz von funktionsgebundenen Werkmietwohnungen (§ 576 Abs. 1 BGB) entsprechend anwendbar.

Umstritten war die Frage, ob für Rechtsstreitigkeiten im Zusammenhang mit Werkdienstwohnungen die ordentlichen oder die Arbeitsgerichte zuständig sind. Mit seiner Entscheidung vom 2. 11. 1999 hat das BAG die **Zuständigkeit der Arbeitsgerichte** bejaht.[63]

Ein Mitbestimmungsrecht des Betriebsrats über die Werkdienstwohnung aus § 87 Abs. 1 Nr. 9 BetrVG besteht nicht, da kein besonderer Mietvertrag, sondern lediglich

---

59 BAG v. 27. 5. 1999, BB 1999, 1660, 1661.
60 LAG München v. 30. 5. 2001, FA 2002, 117.
61 *Gaßner*, AcP 186 (1986), 325.
62 BAG v. 23. 8. 1989, NZA 1990, 191.
63 BAG v. 2. 11. 1999, NZA 2000, 277.

der gemischte Arbeitsvertrag geschlossen wird.[64] Dem Betriebsrat kann allenfalls ein Mitbestimmungsrecht aus § 87 Abs. 1 Nr. 10 BetrVG zustehen, da die Überlassung der Wohnung Vergütungsbestandteil ist.[65]

13. Arbeitgeberdarlehen (M 12.23)

Arbeitgeberdarlehen sind normale Darlehensverträge nach §§ 488 ff. BGB. Sie sind grundsätzlich unabhängig von gegenwärtigen oder künftigen Entgeltansprüchen. Demgegenüber werden **Abschlagszahlungen** auf das bereits verdiente Entgelt geleistet und **Vorschüsse** auf das künftig zu verdienende Entgelt.

Folgende Besonderheiten bestehen:

Gem. § 488 BGB hat der Arbeitgeber Anspruch auf **Zinszahlung** nur, wenn dies ausdrücklich vereinbart ist. Besonders günstige Zinsen müssen nach dem Gleichbehandlungsgrundsatz allen Arbeitnehmern, insbesondere auch Teilzeitkräften, zur Verfügung gestellt werden.[66] Die Kreditierung eigener Waren ist gem. § 107 Abs. 2 Satz 2 GewO unzulässig. Die Verbraucherschutzvorschriften der §§ 491 ff. (Verbraucherdarlehen) und 305 ff. (Allgemeine Geschäftsbedingungen) BGB gelten auch für Arbeitgeberdarlehen, wie sich insbesondere aus § 491 Abs. 1 Nr. 2 BGB ergibt.[67]

Ohne abweichende Vereinbarung besteht der Darlehensvertrag auch **über das Ende des Arbeitsverhältnisses hinaus** fort. Es gelten dann nur die gesetzlichen Kündigungsfristen. Eine Verpflichtung zur sofortigen Rückzahlung des Darlehens bei Beendigung des Arbeitsverhältnisses wird nicht anwendbar sein, wenn der Arbeitgeber betriebsbedingt kündigt oder der Arbeitnehmer aus einem wichtigen Grund kündigt, den der Arbeitgeber verursacht hat. Bei Eigenkündigungen des Arbeitnehmers und Darlehensverpflichtungen über das monatliche Entgelt des Arbeitnehmers hinaus verlangt die Rechtsprechung in Anlehnung an § 307 BGB eine langfristige Tilgungsvereinbarung.[68] Zinsvergünstigungen können ab diesem Zeitpunkt allerdings, wenn dies zuvor vereinbart war, wegfallen. Als Sachbezug zu versteuern sind Zinsvorteile nur, wenn am Ende des Lohnzahlungszeitraums der Restdarlehensbetrag Euro 2 600 übersteigt und soweit der Effektivzins 5,5% p.a. unterschreitet. Bei der Ermittlung der Euro 2600-Grenze sind alle Darlehen zusammenzurechnen. Für die Zinshöhe hingegen ist jedes Darlehen gesondert zu berücksichtigen (§ 31 Abs. 11 LStR).[69]

14. Pfändung/Abtretung (M 12.24)

Die Abtretung von Lohnforderungen kann nach § 399 BGB wirksam ausgeschlossen werden mit der Folge, dass sie auch gegenüber dem Abtretungsempfänger (absolut)

---

64 *Fitting*, § 87 BetrVG Rz. 385; BAG v. 3. 6. 1975, AP Nr. 3 zu § 87 BetrVG 1972 – Werkmietwohnungen = DB 1975, 1752.
65 GK-BetrVG/*Wiese*, § 87 Rz. 822; BAG v. 3. 6. 1975, AP Nr. 3 zu § 87 BetrVG 1972 – Werkmietwohnungen = DB 1975, 1752.
66 LAG Hamm v. 19. 3. 1993, BB 1993, 1593; BAG v. 27. 7. 1994, DB 1994, 2348.
67 Vgl. BAG v. 23. 9. 1992, BB 1993, 1438 für den umgekehrten Fall.
68 Vgl. LAG Hamm v. 19. 2. 1993, DB 1994, 1243.
69 Zu Einzelheiten vergleiche *Voßkohl*, DStR 1998, 12.

unwirksam ist. Dann ist auch eine Verpfändung unwirksam **(§ 1274 Abs. 2 BGB)**. Ein solcher Ausschluss findet sich häufig in Verträgen mit gewerblichen Arbeitnehmern, seltener in Verträgen mit Führungskräften. Zahlreiche Lohnpfändungen oder Abtretungen können eine Kündigung rechtfertigen, wenn sie einen derartigen Arbeitsaufwand des Arbeitgebers verursachen, dass sie bei objektiver Beurteilung **wesentliche Störungen im Arbeitsablauf** – etwa in der Lohnbuchhaltung oder Rechtsabteilung – **oder in der betrieblichen Organisation** zur Folge haben.[70] Zuvor muss der Arbeitnehmer jedoch **abgemahnt** worden sein.[71] Bei besonderer Vertrauensstellung (zB Kassierer, Buchhalter) kann auch bei geringeren Beeinträchtigungen eine Kündigung schon in Betracht kommen.[72]

Auch wenn die Abtretung und Verpfändung vertraglich ausgeschlossen ist, hindert dies die Gläubiger nicht, im Wege der Lohnpfändung auf das Arbeitseinkommen zurückzugreifen. Daher empfiehlt es sich für den Arbeitgeber, zumindest für diesen Fall eine **Kostenregelung** zu treffen. Dabei kann vereinbart werden, dass entsprechende Kosten für jeden Bearbeitungsvorgang vom Lohn einbehalten werden. Die Größenordnung des Betrags schwankt dabei in Literatur und Rechtsprechung zwischen 0,5% und 10% der Pfändungssumme;[73] da der Arbeitsaufwand letztlich nicht von der gepfändeten Summe abhängt, empfiehlt sich eher eine pauschalierte Anknüpfung an die tatsächlich entstehenden Kosten. Auch sollte wegen § 309 Nr. 5 lit. b BGB dem Arbeitnehmer ausdrücklich der Nachweis gestattet sein, dass ein Schaden überhaupt nicht oder in wesentlich niedrigerer Höhe als die Pauschale entstanden sei.[74]

15. Ausschluss der Aufrechnung/Zurückbehaltung (M 12.25)

Ein **Aufrechnungsausschluss** ist in Individualverträgen grundsätzlich **zulässig**, vgl. §§ 391 Abs. 2, 556b Abs. 2 BGB. Bei Formulararbeitsverträgen ist nach § 309 Nr. 3 BGB das Verbot, mit einer unbestrittenen und rechtskräftig festgestellten Forderung aufzurechnen, unwirksam. Schon bisher galt jedoch auch für Individualverträge Ähnliches gem. § 242 BGB: Insbesondere gegenüber rechtskräftig festgestellten Gegenforderungen greift schon bisher das Aufrechnungsverbot nicht.[75] Dasselbe gilt gegenüber Ansprüchen aus einer vorsätzlichen unerlaubten Handlung des Aufrechnungsgegners, es sei denn, diese erforderte eine umfangreiche Beweisaufnahme.[76] In einem Formularvertrag dürfte das Aufrechnungsverbot jedoch insgesamt unwirksam sein, § 309 Nr. 4 BGB. Anrechnungen werden durch ein Aufrechnungsverbot nicht ausgeschlossen, zB die Anrechnung anderweitigen Verdienstes nach § 615 Satz 2 BGB. Denn bei der Anrechnung stehen sich nicht zwei selbständige Forderungen, sondern unselbstän-

---

70 BAG v. 4. 11. 1981, EzA § 1 KSchG verhaltensbedingte Kündigung Nr. 9; LAG Hamm v. 21. 9. 1977, DB 1977, 2237.
71 LAG Hamm v. 21. 9. 1977, DB 1977, 2237; *Brill*, DB 1976, 1816, 1818.
72 LAG Hamm v. 21. 9. 1977, DB 1977, 2237; LAG Rh.-Pf. v. 18. 12. 1978, EzA § 1 KSchG verhaltensbedingte Kündigung Nr. 5.
73 *Brill*, DB 1976, 2400.
74 Aufgrund der Geltung der AGB-Kontrolle für Arbeitsverträge gem. § 310 Abs. 4 BGB sollte dieser Vorbehalt aufgenommen werden, § 309 Nr. 5 lit. b) BGB.
75 BGH v. 29. 11. 1971, WM 1972, 72; v. 6. 3. 1975, WM 1975, 614.
76 Vgl. BGH v. 7. 3. 1985, ZIP 1985, 921, 926.

dige Rechnungsposten gegenüber.[77] Auch der Ausgleich eines negativen Arbeitszeitkontos bei Beendigung des Arbeitsverhältnisses stellt keinen Fall der Aufrechnung dar.[78]

Der **Ausschluss des Zurückbehaltungsrechtes** ist vor allem bei Beendigung des Arbeitsverhältnisses und Rückgabe der Unterlagen, Pkw etc. des Arbeitgebers **von erheblicher Bedeutung.** Ansonsten kann der Arbeitnehmer den Arbeitgeber zB durch Zurückbehaltung von Unterlagen oder Dienstfahrzeug rein faktisch erheblich unter Druck setzen, zB wegen als unzureichend empfundener Formulierungen im Zeugnis. Wegen § 309 Nr. 2 b) BGB wird ein Verbot des Zurückbehaltungsrechts nunmehr jedoch zum Teil als unwirksam angesehen.[79] Indes sind auch bei § 309 BGB die Besonderheiten des Arbeitsrechts gem. § 310 Abs. 4 Satz 2 BGB zu berücksichtigen. Solche Besonderheiten können jedenfalls bestehen, wenn der Arbeitgeber ein aus der spezifischen Struktur der Arbeitsbeziehung resultierendes berechtigtes Interesse am Ausschluss des Zurückbehaltungsrechtes hat, zB weil weitere Besitzüberlassung eine Gefahr für Betriebsgeheimnisse darstellt,[80] was typischerweise beim Laptop der Fall ist. Tatsächlich entsteht an den Arbeitsgeräten und Dienstwagen rechtlich gar kein Zurückbehaltungsrecht, soweit der Arbeitnehmer sie nur dienstlich nutzen darf; er ist dann idR nur Besitzdiener (§ 855 BGB) und hat daher keinen unmittelbaren Besitz.[81] Anders ist dies jedoch bei einem – viel häufigeren – Recht auch zur privaten Nutzung zB des Dienstfahrzeuges.[82] Ein Zurückbehaltungsrecht des Arbeitgebers wiederum an den Arbeitspapieren besteht von vornherein nicht.[83]

16. Zielvereinbarungen (M 12.26)

Zielvereinbarungen geben dem Mitarbeiter bestimmte Ziele vor; am Grad der Zielerreichung zum Ende einer bestimmten Beurteilungsperiode orientiert sich häufig ein erheblicher Teil der Vergütung, oder es hängen davon Sonderleistungen des Unternehmens an den Arbeitnehmer ab. Die Ziele sind je nach dem Tätigkeitsbereich des Arbeitnehmers unterschiedlich. Im Vertrieb werden sie regelmäßig durch bestimmte Erfolgskennzahlen vorgegeben;[84] bei Mitarbeitern in der Verwaltung handelt es sich demgegenüber häufig um Organisationsziele und – beispielsweise im Personalbereich – auch Ziele sozialer Kompetenz. Die mit Zielvereinbarungen zusammenhängenden Rechtsfragen sind weitgehend ungeklärt.

Rechtliche Schranken ergeben sich jedenfalls aus geltenden Tarifverträgen; der variable Anteil an der Gesamtvergütung muss so ausgestaltet sein, dass die tariflich vorgeschriebene Mindestvergütung nicht unterschritten werden kann. Besteht keine Tarifbindung, so muss der Arbeitnehmer bei normalem Einsatz seiner Arbeitskraft durch

---

77 Palandt/*Heinrichs*, § 387 BGB Rz. 2.
78 BAG v. 13. 12. 2000, BB 2001, 1585.
79 *Schuster*, AiB 2002, 274, 278.
80 So namentlich *Annuß*, BB 2002, 458, 463.
81 § 872 BGB; vgl. BAG v. 25. 10. 1984, EzA § 273 BGB Nr. 3; LAG Düsseldorf v. 4. 7. 1975, DB 1975, 2040.
82 Vgl. OLG Düsseldorf v. 12. 2. 1986, NJW 1986, 2513.
83 BAG v. 20. 12. 1958, EzA § 817 BGB Nr. 2; weitere Nachweise bei Preis/*Preis*, II Z 20, Rz. 23.
84 Hier ist jedoch von der Provision abzugrenzen, die an einen bestimmten einzelnen Erfolg anknüpft.

die variable Vergütung ein angemessenes Gehalt erzielen können.[85] Eine Zielvereinbarung kann auch als freiwillige Leistung oder unter Widerrufsvorbehalt vereinbart werden. Hängt die Vergütung von dem Erreichen zu vereinbarender Ziele ab, versäumt es das Unternehmen trotz entsprechender Aufforderung durch den Arbeitnehmer jedoch, die Vereinbarung zu treffen, so dürfte in Anlehnung an die Rechtsprechung zur Beweislastverteilung bei der Zeugniserteilung die Vergütung in der Höhe durchschnittlicher Zielerreichung geschuldet sein.[86] Eine hypothetische niedrigere Zielerreichung muss der Arbeitgeber beweisen, eine höhere Zielerreichung der Arbeitnehmer.[87] Kürzungen der variablen Vergütung bei Ruhen des Arbeitsverhältnisses sind nur bei einer dahin gehenden Vereinbarung möglich. Wegen des zwingenden Charakters eines Entgeltfortzahlungsanspruchs sind aber wohl Vereinbarungen über Kürzungen auch während des Zeitraums der Entgeltfortzahlung unwirksam.[88]

Es wird zwischen Zielvereinbarungen im Rahmen des Direktionsrechts und außerhalb unterschieden.[89] Ist der Inhalt einer Zielvereinbarung bereits durch das Direktionsrecht des Arbeitgebers gedeckt, so ist sie für den Arbeitnehmer bindend. Allerdings unterliegt sie der gerichtlichen Kontrolle am Maßstab des § 315 BGB.[90] Geht der Inhalt über das bereits aus dem Arbeitsvertrag geschuldete hinaus, so ist der Arbeitnehmer hinsichtlich des Abschlusses einer solchen Vereinbarung frei; nach Abschluss ist er gleichwohl gebunden. In diesem Fall liegt eine vertragliche Vergütungsvereinbarung vor, und es finden für eine gerichtliche Kontrolle die Grundsätze über eine freie Entgeltvereinbarung Anwendung.[91]

Mitbestimmungsrechte des Betriebsrates kommen in Betracht, soweit es sich um die Einführung eines neuen betrieblichen Beurteilungssystems handelt, nach § 94 Abs. 2 BetrVG, soweit diese elektronisch verarbeitet werden ferner nach § 87 Abs. 1 Nr. 6 BetrVG und, soweit sie gleichzeitig eine Regelung des Verhaltens der Arbeitnehmer enthalten, nach § 87 Abs. 1 Nr. 1 BetrVG.[92] Handelt es sich um eine Vergütungsregelung mit kollektivem Bezug, so sind auch die Mitbestimmungstatbestände des § 87 Abs. 1 Nr. 10 und 11 BetrVG berührt.

Unter Umständen kann auch eine Verpflichtung zur Anpassung einer Zielvereinbarung an veränderte Umstände entsprechend § 313 BGB bestehen. Dies ist insbesondere dann der Fall, wenn sich die Leistungsbedingungen während der Zielvereinbarungsperiode so verändern, dass die vereinbarten Ziele nicht mehr erreicht werden können. Allerdings besteht diese Pflicht nur dann, wenn die Veränderung nicht in der Sphäre einer Partei liegt.[93]

---

85 LAG Berlin v. 3. 11. 1986, AP Nr. 14 zu § 65 HGB.
86 Nach BAG v. 14. 10. 2003 – 9 AZR 12/03, PM 66/03 muss der Arbeitnehmer Tatsachen für eine bessere, der Arbeitgeber Tatsachen für eine schlechtere Beurteilung beweisen; nach aA verläuft die Grenze bei einer „guten" Leistung, so noch LAG Köln v. 8. 7. 1993, LAGE § 630 BGB Nr. 18, so auch *Mauer*, NZA 2002, 540, 549.
87 Dazu unten Kap. 24 unter I. 10.; LAG Köln v. 8. 7. 1993, LAGE § 630 BGB Nr. 18.
88 Im Einzelnen: *Mauer*, NZA 2002, 540, 544.
89 *Köppen*, DB 2002, 374 f.
90 *Bauer/Diller/Göpfert*, BB 2002, 882, 884.
91 BAG v. 21. 6. 2000, DB 2000, 1920.
92 *Geffken*, NZA 2000, 1033, 1037.
93 *Bauer/Diller/Göpfert*, BB 2002, 882, 884; aA *Köppen*, DB 2002, 374, 379.

17. Aktienoptionspläne (M 12.27)

Aktienoptionen können dem Mitarbeiter aufgrund einer bindenden Vereinbarung als einklagbarer Entgeltbestandteil oder als freiwillige Leistung gewährt werden.[94] Die einzelvertragliche Ausgestaltung findet sich regelmäßig nicht im Arbeitsvertrag, sondern in dem **separaten Gewährungsvertrag** (vgl. M 12.27). Mit der Aktienoption erhält der Mitarbeiter mittelbare oder unmittelbare Bezugsrechte für unternehmenseigene Aktien. Meist ist die Vereinbarung von Aktienoptionen auf einen bestimmten Mitarbeiterkreis, idR Führungskräfte, beschränkt. Das Prinzip der Aktienoptionen besteht darin, dass der **Ausübungspreis** für die Aktien, die der Mitarbeiter erwerben kann, in der Gewährungsvereinbarung festgelegt wird. Eine Steigerung des Aktienkurses über den Ausübungspreis hinaus kommt daher dem Mitarbeiter zugute. Typischerweise sieht die Gewährungsvereinbarung eine **Wartezeit** vor, nach deren Ablauf die Option erst ausgeübt werden kann. Auch wird die Ausübung jeweils auf bestimmte Zeiten beschränkt bzw. für bestimmte Zeiten ausgeschlossen. Dies dient dazu, Insiderhandel zu verhindern und wird daher allgemein als arbeitsrechtlich zulässig angesehen. Auch wird die **Übertragung** der Aktienoptionen jeweils (schuldrechtlich) **ausgeschlossen**, was jedenfalls für einen Zeitraum von bis zu zehn Jahren als zulässig angesehen wird.[95]

Die Aktienoptionspläne sehen in der Regel vor, dass die Optionsrechte insbesondere nach einem Ausscheiden des Mitarbeiters verfallen. Derartige **Verfallklauseln** werden weitgehend als zulässig und nicht als unzulässige Kündigungserschwerung angesehen, da die Gewährung von zukünftigen Vorteilen an das Bestehen des Arbeitsverhältnisses gebunden werden darf.[96] Unproblematisch ist dies insbesondere dann, wenn die Aktienoptionen unentgeltlich gewährt wurden. Soweit der Arbeitnehmer für die Option eine Gegenleistung zahlen musste, hat der Arbeitgeber diese bei Verfall der Option zu erstatten.[97] Die Erstattungspflicht sollte dann im Blick auf die Inhaltskontrolle nach den §§ 305 ff. BGB auch ausdrücklich vereinbart werden, um nicht Unwirksamkeit wegen unangemessener Benachteiligung nach § 307 Abs. 1 BGB befürchten zu müssen.[98]

Bei der Gewährung von Aktienoptionen ist der **Gleichbehandlungsgrundsatz** zu beachten, auch wenn es sich um freiwillige Leistungen des Arbeitgebers handelt, sofern der Gewährung – wie fast immer – ein generalisierendes Prinzip zugrunde liegt.[99] Allerdings gilt der Gleichbehandlungsgrundsatz nur unternehmensweit, nicht konzernweit. Bei der Gewährung von Aktienoptionen durch die – ggf. auch ausländische[100] – Konzernobergesellschaft greift dieser also nicht voll durch.[101] Soweit eine Option von der

---

94 Zur Abgrenzung *Lembke*, BB 2001, 1469, 1470 f.
95 Vgl. *Baeck/Diller*, DB 1998, 1405, 1407 mwN; *Bauer* in Personalbuch 2003, Nr. 5, Rz. 5.
96 Vgl. auch § 4 Abs. 2 Satz 3 TzBfG.
97 Vgl. *Bauer* in Personalbuch 2003, Aktienoptionen, Rz. 6; *Legerlotz/Laber*, DStR 1999, 1658, 1664.
98 Zur Anwendbarkeit der §§ 305 ff. BGB vgl. Kap. 2.1. unter I. 1.
99 Vgl. dazu im Einzelnen *Baeck/Diller*, DB 1998, 1402, 1408 ff.; *Legerlotz/Laber*, DStR 1999, 1658, 1660 ff.
100 Vgl. LAG Hessen v. 19. 11. 2001, DB 2002, 794; BAG v. 12. 2. 2003, AP Nr. 243 zu § 613 BGB.
101 *Lingemann/Diller/Mengel*, NZA 2000, 1191.

ausländischen Muttergesellschaft gewährt wird, ist auf den Gewährungsvertrag im Zweifel deutsches Arbeitsrecht wohl nicht anwendbar.[102]

Besteuert wird die Option nicht schon im Zeitpunkt der Gewährung, sondern erst im Zeitpunkt der Ausübung. Geldwerter Vorteil ist dann die Differenz zwischen dem Ausübungspreis und dem Aktienkurs zu diesem Zeitpunkt.[103] Die weitere Versteuerung der so erworbenen Aktien richtet sich nach den allgemeinen Regeln.

Besteht ein Betriebsrat – und handelt es sich bei den Berechtigten nicht ausschließlich um Organe und leitende Angestellte im Sinne von § 5 BetrVG –, so kommt ein **Mitbestimmungsrecht** nach § 87 Abs. 1 Nr. 10 BetrVG in Betracht, und es besteht ein Informationsrecht nach § 80 BetrVG.[104] Das Mitbestimmungsrecht besteht zwar nicht für die Frage, ob und ggf. in welchem Umfang Aktienoptionen zur Verfügung gestellt werden sollen, wohl aber für die Einzelheiten der Verteilung, insbesondere der Aufteilung des Volumens auf einzelne Arbeitnehmergruppen oder gar Arbeitnehmer. Allerdings dürften die Vorgaben der Hauptversammlung zum Aktienoptionsplan mitbestimmungsfrei sein, da nicht diese, sondern nur der Vorstand als Arbeitgeber Verhandlungspartner des Betriebsrates sein kann. Insoweit wird der Bereich der mitbestimmungsfreien Entscheidungen bei Aktienoptionen durch §§ 192, 193 Abs. 2 AktG auf die Vorgaben der Hauptversammlung erweitert. Das gilt – bis zur Grenze des Rechtsmissbrauchs – wohl auch für solche Vorgaben, die aktienrechtlich nicht zwingend sind, gleichwohl aber im Beschluss der Hauptversammlung festgelegt werden.[105]

---

102 Darauf deutet hin die Entscheidung des BAG v. 12. 2. 2003, AP Nr. 243 zu § 613a BGB (mit zust. Anm. *Lingemann*), nach der von der ausländischen Konzernobergesellschaft gewährte Aktienoptionen bei Betriebsübergang der deutschen Tochtergesellschaft nicht auf den Erwerber übergehen und ausschließlich im Verhältnis zu der gewährenden Konzernobergesellschaft zu verfolgen sind.
103 BFH v. 23. 7. 1999, DStR 1999, 1524; BFH v. 24. 1. 2001, BB 2001, 1180; Zusammenfassung des Sachstandes bei *Thomas* in Personalbuch 2003, Nr. 5, Rz. 13 ff.
104 LAG Nürnberg v. 22. 1. 2002, ArbuR 2002, 151.
105 Im Ergebnis ähnlich *Baeck/Diller*, DB 1998, 1402, 1410 ff.; vgl. auch *Kau/Kukat*, BB 1999, 2505, 2507.

II. Muster

12.1 Festvergütung

12.1.1 Gewerbliche Arbeitnehmer ohne Tarifbindung

Herr/Frau erhält einen Lohn iHv. Euro . . ./h/Woche/Monat.

Gewerbliche Arbeitnehmer mit Tarifbindung — 12.1.2

Herr/Frau wird in die tarifliche Lohngruppe ... eingruppiert:

Tariflohn (zurzeit): Euro ....

Angestellte ohne Tarifbindung — 12.1.3

Herr/Frau ... erhält ein Gehalt von monatlich Euro ..., das am Ende eines jeden Monats gezahlt wird.

Angestellte mit Tarifbindung — 12.1.4

Herr/Frau ... erhält ein Gehalt nach der tariflichen Gehaltsgruppe ..., dh. von zzt. Euro .../Monat.

Organmitglieder oder leitende Angestellte — 12.1.5

Herr/Frau ... erhält ein festes Jahresgehalt von Euro ..., zahlbar in monatlichen Teilbeträgen von Euro ... jeweils am Monatsende.

12.2 Einstweilige Verfügung auf Gehaltszahlung[1, 2, 3, 4]

An das Arbeitsgericht

In Sachen

.../...

(volles Rubrum)

vertreten wir den Antragsteller.

Namens und im Auftrag des Antragstellers beantragen wir:

1. *Der Antragsgegnerin wird im Wege der einstweiligen Verfügung – der Dringlichkeit wegen ohne mündliche Verhandlung und durch den Vorsitzenden allein – aufgegeben, dem Antragsteller bis zum rechtskräftigen Abschluss des Kündigungsschutzverfahrens, Az. . . ., als Abschlag auf seine Lohnansprüche monatlich[5] Euro . . .[6] zur Sicherung des Lebensunterhalts zu zahlen.*

---

1 Wie so häufig im arbeitsrechtlichen einstweiligen Rechtsschutz gehen auch bei der einstweiligen Verfügung auf Lohnzahlung die Auffassungen der Landesarbeitsgerichte in fast allen Punkten weit auseinander. Hier zeigt sich besonders deutlich, welche nachteiligen Folgen für die Rechtspflege das Fehlen der ordnenden Hand einer einheitlichen obergerichtlichen Rechtsprechung hat (umfassend zur einstweiligen Verfügung auf Lohn- und Gehaltszahlung *Eich*, DB 1976, Beil. 10; *Baur* in Dunkl/Moeller, Rz. B 48 ff.).

2 Erste Voraussetzung für eine einstweilige Verfügung auf Lohn- und Gehaltszahlung ist eine **hohe Wahrscheinlichkeit** dafür, dass der Vergütungsanspruch tatsächlich besteht. Verweigert der Arbeitgeber die Zahlung unter Berufung auf eine ausgesprochene Kündigung, setzt der Erlass der Verfügung deshalb voraus, dass diese Kündigung offensichtlich unwirksam ist (zB LAG Hamburg v. 6. 5. 1986, DB 1986, 1629; LAG BW v. 24. 11. 1967, DB 1968, 536).

3 Einstweilige Verfügungen auf Lohn- und Gehaltszahlung haben in den vergangenen Jahren erheblich an Bedeutung verloren, da meist die **Sozialhilfe** für die Deckung des notwendigen Lebensunterhalts sorgt. Wegen des Subsidiaritätsprinzips der Sozialhilfe kann der Antrag des Arbeitnehmers auf Erlass der einstweiligen Verfügung allerdings nicht mit der Begründung abgewiesen werden, der Arbeitnehmer könnte stattdessen Sozialhilfe in Anspruch nehmen (ArbG Herne v. 16. 9. 1974, DB 1974, 1487; *Baur* in Dunkl/Moeller, Rz. B 49). Nicht subsidiär ist dagegen der Anspruch auf Arbeitslosengeld, weshalb die beantragte einstweilige Verfügung grundsätzlich nicht in Betracht kommt, wenn Anspruch auf Arbeitslosengeld besteht (LAG Schl.-Holst. v. 26. 8. 1958, AP Nr. 1 zu § 940 ZPO; LAG BW v. 24. 11. 1967, DB 1968, 536). Nimmt der Arbeitnehmer dagegen bereits Sozialhilfe in Anspruch, fehlt es am Verfügungsgrund (*Baur* in Dunkl/Moeller, Rz. B 49).

4 Umstritten ist auch die **Vollstreckung**. Bei einer auf wiederkehrende Leistung gerichteten einstweiligen Verfügung fordert die herrschende Auffassung zusätzlich zur Zustellung von Amts wegen noch eine Zustellung im Parteibetrieb innerhalb der Monatsfrist des § 929 Abs. 2 ZPO (statt aller: OLG Celle v. 2. 8. 1984, FamRZ 1984, 1249). Nach der Gegenauffassung reicht es, wenn zusätzlich zur Amtszustellung innerhalb der Monatsfrist die Zwangsvollstreckung eingeleitet wird (BGH v. 25. 10. 1990, WM 1990, 2090). Ist die Zustellung im Parteibetrieb erfolgt, ist weiter fraglich, ob innerhalb der Monatsfrist auch mit der tatsächlichen Vollstreckung begonnen sein muss (dazu OLG Hamm v. 25. 1. 1991, FamRZ 1991, 583).

5 Da die einstweilige Verfügung Sicherungsfunktion hat, soll nach herrschender Auffassung Zahlung nur für die **Zukunft** beantragt werden können, nicht jedoch hinsichtlich der Vergangenheit (ausführlich *Baur* in Dunkl/Moeller, Rz. B 51). Für welchen Zeitraum die Zahlung verlangt werden kann, ist ebenfalls umstritten. Selbstverständlich kann die Zahlung nicht mehr verlangt werden, sobald (aus welchen Gründen auch immer) die Notlage behoben ist. Umstritten ist

2. Hilfsweise, die beantragte einstweilige Verfügung aufgrund mündlicher Verhandlung unter größtmöglicher Abkürzung der Ladungs- und Einlassungsfristen zu erlassen.

Begründung:

Der ASt. ist seit dem ... bei der AGg. als ... im Betrieb in ... zu einem Bruttolohn von Euro ... monatlich beschäftigt. Drei Tage vor Ablauf der Probezeit, am ..., kündigte die AGg. das Anstellungsverhältnis fristgemäß zum .... Mündlich wurde dem ASt. erklärt, man sei mit seinem Verhalten gegenüber Vorgesetzten nicht zufrieden und wolle deshalb das Anstellungsverhältnis nicht fortsetzen.

Die Kündigung vom ... war offensichtlich unwirksam. Die AGg. beschäftigt 50 Arbeitnehmer, bei ihr besteht ein Betriebsrat. Der Betriebsrat ist nicht gemäß § 102 BetrVG vor Ausspruch der Kündigung gehört worden. Mündlich hat die AGg. erklärt, bei einer Kündigung während der Probezeit sei eine Betriebsratsanhörung nach § 102 BetrVG nicht erforderlich, da ja auch keine Kündigungsgründe erforderlich seien. Diese Rechtsauffassung ist falsch. Nach ständiger Rechtsprechung ist gemäß dem eindeutigen Wortlaut des § 102 BetrVG vor „jeder" Kündigung der Betriebsrat zu hören, auch vor einer Kündigung während der Probezeit (BAG v. 18. 5. 1994, NZA 1995, 24). Eine ohne Anhörung des Betriebsrats gemäß § 102 BetrVG erklärte Kündigung ist nichtig. Die AGg. hat auch keine Möglichkeit, aus den von ihr vorgebrachten Gründen nach ordnungsgemäßer Anhörung des Betriebsrats kurzfristig eine neue Kündigung auszusprechen. Da das Anstellungsverhältnis mittlerweile mehr als sechs Monate dauert, genießt der ASt. nunmehr Kündigungsschutz. Eine erneute Kündigung wegen angeblich unangemessenen Verhaltens gegenüber Vorgesetzten würde schon daran scheitern, dass der ASt. nie abgemahnt worden ist. Darüber hinaus war sein Verhalten gegenüber seinen Vorgesetzten immer völlig einwandfrei.

Der ASt. hat gegen die unwirksame Kündigung vom ... am ... Klage erhoben, die beim Arbeitsgericht unter dem Az.: ... geführt wird. Die Güteverhandlung hat am ... stattgefunden und blieb erfolglos. Die AGg. beharrt auf ihrem Standpunkt, eine Betriebsratsanhörung sei nicht erforderlich gewesen. Aufgrund der Überlastung der zuständigen Kammer wurde Kammertermin erst auf den ... bestimmt.

Zur Glaubhaftmachung: Beiziehung der Akten des Verfahrens ...

Der ASt. ist in einer existenziellen Notlage. Der ASt. ist ... Kindern und einer nicht erwerbstätigen Ehefrau gegenüber unterhaltspflichtig. Die Familie verfügt über keinerlei liquides Vermögen, welches sie zur Sicherung des Lebensunterhalts einsetzen könnte. Das Girokonto des Klägers weist ein „Soll" auf. Anspruch auf Arbeitslosengeld hat der ASt. wegen Nicht-Erfüllung der Anwartschaftszeit gemäß §§ 123 ff. SGB III nicht.

---

allerdings, ob die Zahlung nur bis zum Erlass einer vorläufig vollstreckbaren Entscheidung im Hauptsacheverfahren (so *Eich*, DB 1976, Beil. 10, 10) oder bis zur rechtskräftigen Beendigung des Hauptsacheverfahrens verlangt werden kann.

6 In welcher **Höhe** der Erlass einer einstweiligen Verfügung in Betracht kommt, ist umstritten. Einigkeit besteht nur insoweit, als eine Verurteilung zur Zahlung der vollen vertraglichen Vergütung nicht in Betracht kommt. Überwiegend wird auf die Pfändungsfreigrenze abgestellt (LAG Bremen v. 5. 12. 1997, DB 1998, 1624), wogegen andere auf die Höhe des fiktiven Arbeitslosengeldes abstellen (*Baur* in Dunkl/Moeller, Rz. B 50). Zinsen können nicht verlangt werden.

Zur Glaubhaftmachung für alles Vorstehende: Eidesstattliche Versicherung des ASt., Anlage . . .

Es ist anerkannt, dass in Notfällen eine einstweilige Verfügung auf Fortzahlung der Vergütung zulässig ist, und zwar mindestens in Höhe des pfändungsfreien Einkommens. Der mit dem Antrag begehrte monatliche Zahlbetrag entspricht genau dem pfändungsfreien Einkommen des ASt. (wird ausgeführt).[7]

. . .

(Unterschrift)

---

7 Beim **Streitwert** ist wegen der Erfüllungswirkung der einstweiligen Verfügung kein Abschlag zu machen (*Baur* in Dunkl/Moeller, Rz. B 58).

12.3 Gehaltsklage bei zu niedriger Eingruppierung

An das Arbeitsgericht

In Sachen

. . ./. . .

(volles Rubrum)

vertreten wir den Kläger.

Namens und im Auftrag des Klägers erheben wir Klage und beantragen:

1. Die Beklagte wird verurteilt, Euro . . . nebst Zinsen in Höhe von 8 Prozentpunkten über dem Basiszinssatz[1] seit dem 1. 6. . . . an den Kläger zu zahlen.
2. Es wird festgestellt, dass der Kläger in die Tarifgruppe K 5 des Lohn- und Gehaltsrahmentarifvertrages I für Arbeiter und Angestellte der Metallindustrie Nordwürttemberg/Nordbaden einzugruppieren ist.

Begründung:

Die Bekl. ist ein Metall verarbeitendes Industrieunternehmen mit 500 Beschäftigten, sie ist Mitglied des Verbands der Metallindustrie Baden-Württemberg (VMI). Der Kl. ist seit mehr als 20 Jahren als Lagerverwalter bei der Bekl. beschäftigt. Er ist Mitglied der IG Metall. Aufgrund beiderseitiger Tarifbindung findet zwischen den Parteien der Lohn- und Gehaltsrahmentarifvertrag I für Arbeiter und Angestellte der Metallindustrie Nordwürttemberg/Nordbaden Anwendung. Die Bekl. hat den Kl. in die Gehaltsgruppe K 4 eingruppiert und zahlt ihm ein monatliches Grundgehalt von Euro . . . (Tarifgehalt ab dem vierten Beschäftigungsjahr). Richtigerweise wäre der Kl. jedoch in Tarifgruppe K 5 mit einem Grundgehalt von Euro . . . einzugruppieren, weil[2] . . . .

---

1 Zur Verzinsung vgl. **M 45.3** Fn. 5, 6.
2 Die Beweislast für die begehrte Eingruppierung trägt in vollem Umfang der Arbeitnehmer.

Der Kl. hat mit Anwaltsschreiben vom 15. 5. . . . eine Höhergruppierung sowie Zahlung des Gehalts gem. Tarifgruppe K 5 verlangt.

> Beweis: Schreiben des Unterzeichners vom 15. 5. . . ., Anlage K 1

Auf das Schreiben hat die Bekl. jedoch nicht reagiert, weshalb Klage geboten ist. Mit dem Klagantrag Ziff. 1 wird die Differenz zwischen der monatlichen tariflichen Grundvergütung der Tarifgruppen K 4 und K 5 für den Monat Mai . . . geltend gemacht. Eine Klageerweiterung um die Differenz für weitere Monate bleibt vorbehalten.

. . .
(Unterschrift)

Zahlungsklage bei zweistufiger Ausschlussfrist 12.4

An das Arbeitsgericht

In Sachen

. . ./. . .

(volles Rubrum)

vertreten wir den Kläger.

Namens und im Auftrag des Klägers erheben wir Klage und beantragen:

> Die Beklagte wird verurteilt, Euro . . . nebst Zinsen in Höhe von 8 Prozentpunkten über dem Basiszinssatz[1] seit dem 15. 5. . . . an den Kläger zu zahlen.

Begründung:

Die Bekl. ist ein Bauunternehmen, der Kl. ist bei der Bekl. seit . . . als Maurer tätig. Auf das Arbeitsverhältnis findet der Bundesrahmentarifvertrag für gewerbliche Arbeitnehmer des Baugewerbes (BRTV-Bau) Anwendung. Der Tarifvertrag ist allgemein verbindlich.

Dem Kl. war unstreitig eine Prämie in Höhe von Euro . . . für den Fall zugesagt worden, dass die Bauarbeiten am U-Bahnhof . . . termingerecht bis zum 31. 3. . . . fertig würden. Die Fertigstellung ist rechtzeitig erfolgt. Die Bekl. verweigert jedoch die Zahlung der Prämie mit der Begründung, die Ansprüche des Kl. seien gemäß der zweistufigen Ausschlussfrist des § 16 BRTV-Bau verfallen. Die Auffassung der Bekl. ist unrichtig. Der Kl. hat zunächst seinen Anspruch, wie von § 16 BRTV-Bau verlangt, schriftlich innerhalb von zwei Monaten nach Fälligkeit geltend gemacht. Die Geltendmachung erfolgte mit Einschreiben vom 15. 5. . . ., das die Bekl. unstreitig am 18. 5. . . . erhalten hat.

> Beweis: Einschreiben des Kl. vom 15. 5. . . ., Anlage K 1

---

1 Zur Verzinsung s. **M 45.3** Fn. 5, 6.

Die Bekl. hat dem Kl. mit Schreiben vom 3. 6. . . . mitgeteilt, sie erkenne den mit Schreiben vom 15. 5. . . . geltend gemachten Anspruch nicht an. Zwar habe der Kl. eine Zusage über die Prämie gehabt, und die betreffende Baustelle sei auch fristgerecht fertig geworden. Der Kl. habe den Anspruch jedoch nicht unter Wahrung der Frist des § 16 BRTV-Bau geltend gemacht. Er habe in dem Schreiben vom 15. 5. . . . nur pauschal „Zahlung von Prämie wegen U-Bahnhof . . ." verlangt, den Anspruch aber nicht beziffert.

Beweis: Schreiben der Bekl. vom 3. 6. . . ., Anlage K 2

Die Bekl. übersieht, dass die Geltendmachung eines Anspruchs zur Wahrung tariflicher Ausschlussfristen nicht voraussetzt, dass der Anspruch summenmäßig beziffert wird, wenn der Gegenseite klar ist, um welche Forderung es geht und wie sich die Forderung berechnet (BAG v. 16. 6. 1976, AP Nr. 56 zu § 4 TVG – Ausschlussfrist). So lag es hier.[2]

Da eine erneute mündliche außergerichtliche Geltendmachung der Forderung erfolglos blieb, ist Klage geboten. Die zweistufige Ausschlussfrist des § 16 BRTV-Bau verlangt, dass binnen zwei Monaten nach schriftlicher Ablehnung eines Anspruchs Klage erhoben wird. Die schriftliche Ablehnung des Anspruchs erfolgte mit dem Schreiben der Beklagten vom 3. 6. . . ., so dass die Klagefrist gewahrt ist.

. . .

(Unterschrift)

---

2 Da Ausschlussfristen von Amts wegen zu beachten sind, muss der Kläger in der Klageschrift zur Einhaltung der Ausschlussfrist(en) vortragen. Ansonsten ist die Klage unschlüssig.

12.5 Gehaltsklage wegen Ungleichbehandlung/Diskriminierung[1]

An das Arbeitsgericht

In Sachen

. . ./. . .

(volles Rubrum)

vertreten wir die Klägerin.

---

1 Das allgemeine Gleichbehandlungsgebot zwischen Männern und Frauen ergibt sich aus § 611a BGB. Das Gebot, Männern und Frauen für gleiche Arbeit gleiche Vergütung zu zahlen, ergibt sich aus Art. 141 des EG-Vertrages (EG) sowie aus § 612 Abs. 3 BGB (Art. 141 EG entspricht dem früheren Art. 119 EGV). Diese Vorschriften verbieten zunächst eine **unmittelbare Diskriminierung**. Darunter versteht man eine Diskriminierung, die unmittelbar an das Geschlecht anknüpft oder an Merkmale, die regelmäßig nur von Personen eines Geschlechts erfüllt werden. Eine unmittelbare Geschlechtsdiskriminierung ist heute praktisch nur noch bei Einstellung und Beförderung anzutreffen, aber nicht mehr bei der Vergütung. In diesem Bereich hat die mittlerweile von EuGH und BAG anerkannte „mittelbare Diskriminierung" jedoch eine große Rolle

Namens und im Auftrag der Klägerin erheben wir Klage und beantragen:

1. *Die Beklagte wird verurteilt, Euro . . . nebst Zinsen in Höhe von 8 Prozentpunkten über dem Basiszinssatz[2] seit dem . . . an die Klägerin zu zahlen.*
2. *Es wird festgestellt, dass die Klägerin künftig Anspruch auf Vergütung nach der innerbetrieblichen Vergütungsgruppe V der Beklagten hat.[3]*

Begründung:

Mit der Klage macht die Klägerin den Unterschiedsbetrag zwischen den innerbetrieblichen Vergütungsgruppen IV und V für den Monat . . . geltend. Die Beklagte hat die Klägerin in Vergütungsgruppe IV eingruppiert. Die Klägerin ist der Auffassung, dass sie (mindestens) in Vergütungsgruppe V einzugruppieren wäre.

Die Klägerin ist bei der Beklagten im Lager tätig. Neben ihr sind ca. 100 weitere Mitarbeiter im Lager tätig, zur Hälfte Männer und Frauen. Alle verrichten im Wesentlichen die gleiche Arbeit. Die Vergütung erfolgt bei der Beklagten anhand eines innerbetrieblichen Vergütungssystems. Mindestens 75% der männlichen Lagerarbeiter sind in die Vergütungsgruppen V und höher eingruppiert. Dagegen sind nur ca. 10% der im Lager beschäftigten Frauen in den Vergütungsgruppen V oder höher eingruppiert.

Beweis: Zeugnis des Personalleiters . . ., zu laden über die Beklagte.

Ein Grund für die Zahlung einer höheren Vergütung an die männlichen Lagerarbeiter ist nicht ersichtlich, da alle Lagerarbeiter im Wesentlichen die gleiche Tätigkeit verrich-

---

erlangt. Eine mittelbare Diskriminierung liegt vor, wenn eine Regelung eine bestimmte Gruppe von Arbeitnehmern bevorzugt oder benachteiligt, durch diese Regelung wesentlich mehr Personen des einen als des anderen Geschlechts betroffen werden, und die Benachteiligung oder Bevorzugung mit dem Geschlecht oder der Geschlechterrolle erklärbar ist. Die mittelbare Diskriminierung hat insbesondere bei der Benachteiligung von Teilzeitbeschäftigten eine große Rolle gespielt, weil Teilzeitbeschäftigte ganz überwiegend Frauen sind (Ausgangspunkt war die „Bilka-Entscheidung" des EuGH v. 13. 5. 1986, AP Nr. 10 zu Art. 119 EWG-Vertrag = NJW 1986, 3020). Die gleiche Behandlung von Voll- und Teilzeitbeschäftigten ist nunmehr einfach gesetzlich in § 4 TzBfG (früher § 2 BeschFG) geregelt, so dass sich insoweit ein Rückgriff auf §§ 611 a, 612 Abs. 3 BGB bzw. Art. 141 EG erübrigt. Bedeutung hat das Verbot der mittelbaren Geschlechtsdiskriminierung daher nach wie vor bei der Vergütungszahlung. Wichtig ist hier insbesondere die Beweislastumkehr nach § 612 Abs. 3 Satz 3 iVm. § 611a Abs. 1 Satz 3 BGB. Nach ständiger Rechtsprechung des EuGH (v. 17. 10. 1989, NZA 1990, 772) und des BAG (v. 23. 9. 1992, AP Nr. 1 zu § 611 BGB – Diskriminierung) ist eine Klage auf Zahlung einer höheren Vergütung wegen mittelbarer Geschlechtsdiskriminierung bereits dann erfolgreich, wenn männliche und weibliche Arbeitnehmer mit im Wesentlichen gleicher Arbeit beschäftigt sind, der Arbeitgeber die männlichen Arbeitnehmer im Durchschnitt erheblich höher bezahlt, und die höhere Entlohnung der männlichen Arbeitnehmer nicht durch Gründe gerechtfertigt ist, die nicht auf das Geschlecht bezogen sind. Die Beweislastumkehr des § 612 Abs. 3 Satz 3, § 611a Abs. 1 Satz 3 BGB tritt bereits dann ein, wenn die Zahlenverhältnisse auf eine ungleiche Behandlung der Geschlechter schließen lassen und die Kriterien für die Entlohnungspraxis des Arbeitgebers für die Arbeitnehmer nicht durchschaubar sind. Es ist dann Sache des Arbeitgebers darzulegen, dass die unterschiedliche Vergütung auf nicht geschlechtsspezifischen Gründen beruht.

2 Zur Verzinsung s. **M 45.3** Fn. 5, 6.
3 Es ist unstrittig, dass für Feststellungsklagen auf Eingruppierung das notwendige Rechtsschutzinteresse besteht. Der klagende Arbeitnehmer kann nicht darauf verwiesen werden, die künftigen Gehaltsdifferenzen mit Leistungsklage geltend zu machen.

ten. Es ist deshalb zu vermuten, dass die Klägerin – wie die übrigen weiblichen Lagerarbeiterinnen – wegen ihres Geschlechts benachteiligt wird, was gegen § 612 Abs. 3 BGB verstößt. Rechtsfolge eines Verstoßes gegen § 612 Abs. 3 BGB ist ein Anspruch der benachteiligten Arbeitnehmer auf diejenigen Leistungen, die der bevorzugten Gruppe gewährt werden. Folglich steht der Klägerin Bezahlung mindestens nach der Vergütungsgruppe V zu, so dass sie Anspruch auf Zahlung des Differenzbetrages zwischen Vergütungsgruppe IV und V hat. Dieser Anspruch wird für die vergangenen Monate . . . bis . . . mit der Leistungsklage Ziff. 1 geltend gemacht. Die Feststellungsklage Ziff. 2 richtet sich auf die künftigen Differenzbeträge.

. . .

(Unterschrift)

12.6 Klage im Urkundenprozess[1] auf Geschäftsführervergütung nach fristloser Kündigung[2]

An das Landgericht/Kammer für Handelssachen[3]

In Sachen

. . ./. . .

(volles Rubrum)

vertreten wir den Kläger.

Namens und im Auftrag des Klägers erheben wir Klage **im Urkundenprozess**[4] und beantragen:

 1. Die Beklagte wird verurteilt, Euro . . . nebst Zinsen in Höhe von 8 Prozentpunkten über dem Basiszinssatz[5] seit Rechtshängigkeit an den Kläger zu zahlen.[6]

---

1 Im arbeitsgerichtlichen Verfahren ist der Urkundenprozess gemäß § 46 Abs. 2 ArbGG ausgeschlossen. Für **Arbeitnehmer** besteht daher die Möglichkeit nicht, nach einer Kündigung Gehaltsansprüche im Wege des Urkundenprozesses einzuklagen. Umso bedeutsamer ist diese Möglichkeit bei der Kündigung von Geschäftsführern oder Vorständen, da diese nach § 5 Abs. 1 Satz 3 ArbGG nicht unter das ArbGG fallen.
2 ➔ **Praxistipp:** Bei Streitigkeiten um die wirksame Kündigung von Organmitgliedern sind Urkundenklagen auf Vergütungsfortzahlung eine **wirksame taktische Waffe**. Sie verhindern, dass das Organmitglied während eines langen Kündigungsrechtsstreits in Geldnot gerät. Außerdem haben sie eine gewisse „Schockwirkung", weil das Verfahren recht schnell geht und das Unternehmen praktisch wehrlos ist. Das erhöht mitunter die Vergleichsbereitschaft aufseiten des Unternehmens ganz erheblich (ausf. zu den taktischen Erwägungen *Pesch*, NZA 2002, 957).
3 Der Kläger hat die Wahl, ob er vor der Zivilkammer oder der Kammer für Handelssachen (vgl. § 95 GVG) Klage erhebt. Die KfH ist regelmäßig schneller und auch sachkundiger.
4 Gemäß § 593 ZPO muss die Klageschrift die **ausdrückliche Erklärung** enthalten, dass im Urkundenprozess geklagt wird.
5 Zur Verzinsung s. **M 45.3** Fn. 5, 6. Insoweit gelten für das Verfahren vor den ordentlichen Gerichten keine Besonderheiten.

2. Die Beklagte wird verurteilt, künftig an jedem Monatsersten, beginnend mit dem 1. 7. . . ., an den Kläger Euro . . . nebst 8% Zinsen über dem Basiszinssatz zu zahlen.[7]

Begründung:

Mit der Klage verfolgt der Kl. im Urkundenprozess seine Vergütungsansprüche gegen die Bekl. für die Monate Januar und Februar. . . . Zwischen den Parteien besteht ein Anstellungsvertrag vom . . . . Der Vertrag war gemäß seinem § 12 auf drei Jahre unkündbar ab dem 1. 7. . . . abgeschlossen, also bis zum 30. 6. . . . . Dem Kl. war eine Brutto-Monatsvergütung von Euro . . . zugesagt worden (§ 2 des Vertrages).

Beweis: Anstellungsvertrag vom . . ., Anlage K 1

Die Bekl. hat mit Schreiben vom 31. 12. . . ., dem Kl. am gleichen Tage übergeben, den Anstellungsvertrag aus wichtigem Grund fristlos gekündigt und den Kl. als Geschäftsführer abberufen. Der Kläger hat mit Schreiben vom gleichen Tag der Kündigung widersprochen und seine Dienste angeboten, so dass die Beklagte sich in Annahmeverzug (§ 615 BGB) befindet.

Beweis: Kündigungsschreiben der Bekl. vom 31. 12. . . .
sowie Schreiben des Klägers vom 3. 1. . . .,
Anlagen K 2 und K 3

Die Klage ist im Urkundenprozess zulässig und begründet. Der Anspruch des Kl. auf die eingeklagte Monatsvergütung für die Monate Januar und Februar . . . ergibt sich aus dem zwischen den Parteien bestehenden Anstellungsvertrag. Gemäß § 592 Satz 1 ZPO kann ein Anspruch, der die Zahlung einer bestimmten Geldsumme zum Gegenstand hat, im Urkundenprozess geltend gemacht werden, wenn sämtliche zur Begründung des Anspruchs erforderlichen Tatsachen durch Urkunden bewiesen werden können. Das ist vorliegend der Fall. Der Anspruch des Kl. ergibt sich nach Grund und Höhe aus dem Vertrag. Das Original des Vertrages werden wir im Termin vorlegen.[8]

Die fristlose Kündigung war unberechtigt. Wichtige Gründe im Sinne des § 626 Abs. 1 BGB, die eine fristlose Kündigung rechtfertigen könnten, lagen nicht vor. Selbst wenn wichtige Gründe für eine fristlose Kündigung vorlägen, könnte die Bekl. diese im vorliegenden Verfahren den eingeklagten Ansprüchen nicht entgegenhalten, da diese Einwendungen nicht durch Urkunden bewiesen werden könnten.[9]

---

6 Ebenso wie bei arbeitsrechtlichen Streitigkeiten bedarf es auch im Prozess vor den ordentlichen Gerichten keiner Anträge zu den **Kosten** und der **vorläufigen Vollstreckbarkeit**, da über beide von Amts wegen zu entscheiden ist.
7 Zur Klage auf künftige Vergütung s. ausführlich **M 12.28**.
8 Gemäß § 593 Satz 2 ZPO müssen der Klageschrift **Kopien der Urkunden** beigefügt werden, auf die der Kl. sich stützt.
  ➲ **Wichtig:** Die Kopien müssen **nicht beglaubigt** sein! Diese Vorschrift soll es der Gegenseite ermöglichen, sich auf die mündliche Verhandlung vorzubereiten. Bestreitet der Bekl. die Tatsachen, die der Kl. durch Urkunden belegen will, muss im Termin die Beweisaufnahme allerdings anhand der **Originale** erfolgen (§ 595 Abs. 3 ZPO). **Abschriften reichen dann nicht**, auch nicht beglaubigte.
9 Kündigungsgründe kann das Unternehmen **so gut wie nie** durch Urkunden beweisen. Zwar mögen einzelne Urkunden existieren, die die Kündigungsvorwürfe stützen (zB Auszahlungsbelege bei Unterschlagungen). Regelmäßig werden sich aber nur einzelne Aspekte des Kündi-

Die Klage auf künftige Vergütungszahlung (Antrag Ziff. 2) ist neben der Klage auf rückständige Vergütung (Antrag Ziff. 1) zulässig (wird ausgeführt).[10]

Da die Angelegenheit für den Kl. existenzielle Bedeutung hat, bitten wir um kurzfristige Anberaumung eines Termins zur mündlichen Verhandlung. Gerichtskosten zahlen wir per Verrechnungsscheck ein.[11]

...

(Unterschrift)

---

gungsvorwurfs durch Urkunden belegen lassen, nur sehr selten dagegen der gesamte Vorwurf in vollem Umfang. Deswegen ist gegen Gehaltsklagen im Urkundenprozess praktisch „kein Kraut gewachsen".

10 S. im Einzelnen **M 12.28**.
11 Ein stattgebendes Urteil ist gemäß § 708 Nr. 4 ZPO ohne Sicherheitsleistung **vorläufig vollstreckbar**. Allerdings hat das Gericht gemäß § 711 ZPO auszusprechen, dass der Schuldner die Vollstreckung durch Sicherheitsleistung oder Hinterlegung abfinden darf, wenn nicht der Gläubiger vor der Vollstreckung Sicherheit leistet. Obsiegt der Kl. im Urkundenverfahren, schließt sich das **Nachverfahren** gemäß §§ 599 ff. ZPO an, es sei denn der **Bekl.** widerspricht dem eingeklagten Anspruch nicht. Das Nachverfahren folgt den allgemeinen Prozessgrundsätzen der ZPO für das ordentliche Verfahren.

12.7 Zulagen

12.7.1 Übertarifliche Zulage[1]

Bei gewerblichen Arbeitnehmern:

Der Arbeitnehmer erhält neben seinem Lohn eine übertarifliche Zulage iHv. Euro .../h/Woche/Monat.

Bei Angestellten:

Herr/Frau ... erhält neben seinem Gehalt eine übertarifliche Zulage iHv. Euro .../Monat.

---

1 Die übertarifliche Zulage wird bei Tariflohnvereinbarung ohne weitere Voraussetzungen über den Tariflohn hinaus gezahlt. Sie ist im Zweifel bei Tariflohnerhöhungen anrechenbar. Vgl. im Einzelnen die Erläuterungen oben unter I. 2. b).

Widerrufs- und Anrechnungsvorbehalt für die übertarifliche Zulage[1]

12.7.2

Die übertarifliche Zulage wird unter dem Vorbehalt des Widerrufs gezahlt.[2] Sie kann vom Arbeitgeber widerrufen werden, wenn . . . .[3] Sie kann zudem auf den Tariflohn angerechnet werden, wenn sich dieser infolge von Tariferhöhungen oder infolge einer Umstufung des Arbeitnehmers erhöht.[4] Dasselbe gilt bei einer Verkürzung der Arbeitszeit.[5]

---

1 Vgl. die Erläuterungen oben unter I. 2. und 3.
2 Ein Freiwilligkeitsvorbehalt wäre wahrscheinlich nicht wirksam, vgl. die Erläuterungen oben unter I. 2.
3 Zum Teil wird die Auffassung vertreten, dass die Gründe für den Widerruf nunmehr im Vertrag genannt sein müssen, vgl. dazu oben unter I. 2. a). Wir teilen diese Auffassung nicht – oben Kapitel 2 zu Fn. 106 – nehmen die Anregung jedoch vorsorglich in das Muster auf.
4 Ein Anrechnungsvorbehalt ist auch nach Geltung der AGB-Kontrolle für Arbeitsverträge wohl wirksam, vgl. die Erläuterungen oben I. 2. b). Die Mitbestimmungsrechte des Betriebsrates nach § 87 Abs. 1 Nr. 10 BetrVG sind jedoch zu beachten, es sei denn, die Anrechnung erfolgt vollständig und gleichmäßig, vgl. die Erläuterungen oben unter I. 2. b).
5 Jedenfalls die Ausdehnung des Anrechnungsvorbehaltes auch auf die Fälle der Verkürzung der Arbeitszeit bedarf der ausdrücklichen Regelung im Vertrag, vgl. BAG v. 3. 6. 1998, AuA 1999, 571.

Erschwerniszulage[1]

12.7.3

Der Arbeitnehmer erhält, solange er in der Gießerei tätig ist, neben seinem Lohn eine Erschwerniszulage iHv. Euro . . ./h/Woche/Monat.

---

1 Auf die Erschwerniszulage können Tariferhöhungen nur angerechnet werden, wenn dies ausdrücklich vereinbart ist (BAG v. 23. 3. 1993, AP Nr. 26 zu § 87 BetrVG 1972 – Tarifvorrang). Der Widerruf der Erschwerniszulage ist nur zulässig, wenn die Erschwernis wegfällt und das Recht zum Widerruf aus dem Vertrag ersichtlich ist (BAG v. 30. 8. 1972, AP Nr. 6 zu § 611 BGB – Lohnzuschläge). Nach Geltung der AGB-Kontrolle für Formulararbeitsverträge wird man empfehlen müssen, dass der Vertrag ausdrücklich das Recht zum Widerruf für den Fall des Wegfalls der Erschwernis regelt.

12.7.4 Wechselschichtzulage[1]

Der Arbeitnehmer erhält, solange er in Wechselschicht tätig ist, neben seinem Lohn eine Zulage iHv. Euro .../h/Woche/Monat.

---
[1] Da auch diese Zulage besondere Voraussetzungen hat, gelten auch für ihren Widerruf die Einschränkungen gem. **M 12.7.3** Fn. 1.

12.7.5 Auslandszulage

Der Arbeitnehmer erhält, solange er in ... tätig ist, neben seiner Grundvergütung eine Auslandszulage iHv. Euro .../h/Woche/Monat. Damit sind alle Erschwernisse des Auslandsaufenthaltes abgegolten, soweit nicht dieser Vertrag Sonderregelungen enthält. Der Anspruch auf diese Zulage entfällt mit dem Ende des Monats, in dem der Arbeitnehmer nach Beendigung seines Aufenthaltes wieder in Deutschland ist. Wird der Auslandsaufenthalt mehr als zwei Monate unterbrochen, so entfällt die Auslandszulage mit dem Ende des zweiten Monats, in dem der Arbeitnehmer nach Beendigung seines Aufenthaltes wieder in Deutschland ist.

12.7.6 Leistungszulage

Der Arbeitnehmer erhält, solange die Leistung seiner Schicht ... Einheiten/Tag übersteigt, eine Leistungszulage iHv. Euro .../h/Woche/Monat.

12.7.7 Sozialzulage mit Freiwilligkeitsvorbehalt

Der Arbeitnehmer erhält für jedes unterhaltsberechtigte Kind eine Sozialzulage iHv. Euro .../h/Woche/Monat. Der Umfang seiner Unterhaltsverpflichtung richtet sich nach der Eintragung auf seiner Lohnsteuerkarte. Die Zulage ist eine freiwillige Leistung und begründet keinen Anspruch für die Zukunft, auch wenn sie mehr als dreimal ohne weiteren ausdrücklichen Vorbehalt gewährt wird.[1]

---
[1] Da es sich um eine soziale Leistung handelt, dürfte hier auch nach Geltung der AGB-Kontrolle für Formulararbeitsverträge ein Freiwilligkeitsvorbehalt wirksam sein.

Freiwilligkeits- und Anrechnungsvorbehalt[1]

12.7.8

Der übertarifliche Bestandteil der Entlohnung ist eine freiwillige Leistung der Firma und begründet auch bei mehrmaliger vorbehaltloser Gewährung keinen Anspruch für die Zukunft. Sie kann insbesondere auf den Tariflohn angerechnet werden, soweit der Tariflohn sich infolge von Tariferhöhungen oder infolge einer Umstufung des Arbeitnehmers erhöht. Dasselbe gilt bei einer Verkürzung der Arbeitszeit.

1 Vgl. die Erläuterungen unter I. 2. b).

Überstundenzuschläge[1]

12.8.1

Der Arbeitnehmer erhält für jede auf Anordnung[2] des Arbeitgebers geleistete Über- oder Mehrarbeitsstunde[3] einen Zuschlag von 25% zu dem Arbeitsentgelt.

1 Nach § 10 Abs. 3 BBiG ist eine über die vereinbarte regelmäßige tägliche Ausbildungszeit hinausgehende Beschäftigung besonders zu vergüten oder durch entsprechende Freizeit auszugleichen; darüber hinaus besteht ohne gesonderte vertragliche Grundlage kein Anspruch auf Zuschläge für Überstunden oder Mehrarbeit; auch ein vereinbarter Freizeitausgleich erhöht sich dann nicht. Etwas anderes gilt nur für den Fall, dass ein bestimmter Überstundenzuschlag im Betrieb üblich ist. Der Anspruch des Arbeitnehmers ergibt sich dann aus § 612 BGB (*Schaub*, ArbR-Hdb., § 69 Rz. 19).

2 Der Anspruch auf Überstundenvergütung und -zuschlag besteht auch, wenn der Arbeitgeber die Überstundenleistung zwar nicht angeordnet, wohl aber gebilligt hat (vgl. BAG v. 15. 6. 1961, AP Nr. 7 zu § 253 ZPO), wobei streitig ist, ob schon die bloße Kenntnis als Billigung ausreicht. Die Beweislast für die Anordnung oder Billigung trägt der Arbeitnehmer (BAG v. 15. 6. 1961, AP Nr. 7 zu § 253 ZPO).
Dem Betriebsrat steht nach § 87 Abs. 1 Nr. 3 BetrVG ein Mitbestimmungsrecht bei allen mit der Leistung von Überstunden verknüpften Fragen zu. Voraussetzung ist zwar ein kollektiver Tatbestand. Dieser wird bei betrieblicher Veranlassung jedoch regelmäßig bejaht und scheitert letztlich nur, wenn es um die Berücksichtigung individueller Wünsche einzelner Arbeitnehmer geht (vgl. BAG v. 11. 11. 1986, DB 1987, 336). Auf die Zahl der betroffenen Arbeitnehmer kommt es nicht an (BAG v. 11. 11. 1986, DB 1987, 336).

3 Die Begriffe werden weitgehend synonym verwendet, nachdem die Differenzierung in § 15 AZO mit In-Kraft-Treten des ArbZG entfallen ist. Nach traditioneller Diktion bedeutet Mehrarbeit die Überschreitung der gesetzlich zulässigen Arbeitszeit, Überstunden überschreiten demgegenüber nur die Arbeitszeit, die regelmäßig (gem. Arbeitsvertrag, Tarifvertrag oder Betriebsvereinbarung) im Betrieb gilt.

12.8.2 Nachtarbeits-, Sonn- und Feiertagszuschläge

(1) Der Arbeitnehmer erhält Zuschläge für

– *Nachtarbeit iHv. . . .% pro Stunde, wobei Nachtarbeit die zwischen 23.00 und 6.00 Uhr geleistete Arbeit ist.*[1]
– *Arbeit an Sonn- und Feiertagen iHv. . . .% pro Stunde.*
– *Arbeit an Samstagen iHv. . . .% pro Stunde.*

(2) Treffen mehrere Zuschläge zusammen, wird nur der höchste Zuschlag gezahlt.

oder

(2) Neben dem Mehrarbeitszuschlag wird von den weiteren Zuschlägen die Hälfte gezahlt.

---

[1] Nachtzeit ist gem. § 2 Abs. 3 und 4 ArbZG die Zeit von 23 Uhr bis 6 Uhr, Nachtarbeit jede Arbeit, die mehr als zwei Stunden der Nachtzeit umfasst. In Tarifverträgen kann abweichendes vereinbart werden. Gem. § 6 Abs. 5 ArbZG besteht für Nachtarbeit und gem. § 11 Abs. 2 ArbZG für Beschäftigung an Sonn- und Feiertagen die Verpflichtung zur Zahlung eines angemessenen Zuschlags auf das Bruttoarbeitsentgelt, soweit keine tarifvertraglichen Ausgleichsregelungen bestehen, dazu BAG v. 27. 1. 2000, BB 2000, 416.

12.9 Klage auf Überstundenvergütung[1]

An das Arbeitsgericht

In Sachen

. . ./. . .

(volles Rubrum)

vertreten wir den Kläger.

Namens und im Auftrag des Klägers erheben wir Klage und beantragen:

> *Die Beklagte wird verurteilt, Euro 200,– nebst Zinsen in Höhe von 8 Prozentpunkten über dem Basiszinssatz*[2] *seit Rechtshängigkeit an den Kläger zu zahlen.*

---

[1] Nur wenige Klagen haben vor dem Arbeitsgericht so **selten Erfolg** wie Klagen auf Überstundenvergütung. Die Rechtsprechung stellt an die Darlegungs- und Beweislast des Arbeitnehmers außerordentlich hohe Anforderungen, die oft kaum zu erfüllen sind. Der **Arbeitnehmer** muss zunächst **darlegen und beweisen**, dass er die fraglichen Überstunden zusätzlich zu seiner Regelarbeitszeit **tatsächlich erbracht** hat. Der Arbeitgeber kann dies mit Nichtwissen bestreiten. Dann muss der Arbeitnehmer **für jede einzelne Stunde** Beweis antreten (zB durch Zeugnis seiner Arbeitskollegen). Dabei reicht es nicht aus, nur die bloße Anwesenheit im Betrieb zu beweisen (zB durch Vorlage von Stempelkarten). Vielmehr muss der Arbeitnehmer auch – bei Bestreiten des Arbeitgebers sogar für jede einzelne Stunde – darlegen und beweisen, was er in dieser Stunde gemacht hat.

[2] Zum Zinsanspruch s. **M 45.3** Fn. 5, 6.

| M 12.9 | Vergütung | Kap. 12 |

Begründung:

Die Bekl. ist ein Metall verarbeitendes Industrieunternehmen. Der Kl. ist seit mehr als zehn Jahren bei der Bekl. als Dreher beschäftigt. Beide Parteien sind nicht tarifgebunden.

Die Arbeitszeit im Betrieb beträgt kraft vertraglicher Vereinbarung wöchentlich 40 Stunden. Am 16. 2. . . ., einem Dienstag, sprach der Vorgesetzte des Kl., der Meister A, den Kl. an seinem Arbeitsplatz an und erklärte ihm, der Auftrag für die Firma X GmbH müsse unbedingt bis Freitag, 14.00 Uhr fertig sein. Ansonsten drohe eine hohe Vertragsstrafe. Der Kl. erklärte dem Meister A, in dieser kurzen Zeit sei der Auftrag nur mit erheblichen Überstunden zu schaffen. Der Meister entgegnete, wenn Überstunden notwendig seien, dann müssten sie halt gemacht werden. Der Termin habe oberste Priorität.

Beweis: Zeugnis des Meisters A, zu laden über die Bekl.

Der Kläger hat üblicherweise eine tägliche Arbeitszeit von 7.00 Uhr bis 15.45 Uhr, bestehend aus acht Arbeitsstunden, einer 15-minütigen Frühstückspause und einer 30-minütigen Mittagspause. Ausweislich der als **Anlagen K 1 bis K 3** *beigefügten Stempelkarten für den 16., 17. und 18. 2. . . . arbeitete der Kläger an diesen drei Tagen insgesamt acht Stunden länger als üblich, nämlich zwei Stunden am 16.2. sowie jeweils drei Stunden am 17. 2. und 18. 2.[3] Alle acht Stunden entfielen ausschließlich auf den eiligen Auftrag, dessen Erledigung der Meister A ausdrücklich angewiesen hatte.[4]*

Beweis: wie vor

Trotz Mahnung verweigert die Bekl. die Bezahlung der acht Überstunden. Zur Begründung hat sie gemeint, geringfügige Überstunden seien üblicherweise mit dem Gehalt abgegolten. Der Meister A habe dem Kl. auch nicht ausnahmsweise die Vergütung der Überstunden ausdrücklich zugesagt. Nicht nachvollziehbar sei auch der vom Kl. geltend gemachte Überstundenzuschlag von 25%.

Die Einwendungen der Bekl. sind unerheblich. Überstunden sind zu vergüten, wenn sie im betrieblichen Interesse erfolgten und angeordnet oder zumindest betriebsnotwendig waren. Niemand ist verpflichtet, über die vertraglich vereinbarte Wochenarbeitszeit hinaus ohne Zusatzvergütung Überstunden zu leisten. Folglich hat die Bekl. zunächst die Überstunden mit dem üblichen Stundensatz des Kl. zu vergüten. Der Stundenlohn des Kl. beträgt Euro 20,–.

Beweis: Gehaltsabrechnung des Kl. vom Februar . . ., Anlage K 4

Der Kl. hat somit zunächst Anspruch auf Überstundenvergütung von 8 x Euro 20,– = Euro 160,–. Der Kl. hat aber auch Anspruch darauf, dass die Bekl. einen Überstundenzuschlag von 25% zahlt. Zwar sind die Parteien nicht tarifgebunden. Die Anwendung

---

3 Es reicht nicht, pauschal eine bestimmte Anzahl von Stunden geltend zu machen. Vielmehr muss **jede einzelne Stunde** nach Tag und Uhrzeit separat aufgeführt sein.

4 Der Arbeitnehmer muss – bei Bestreiten des Arbeitgebers sogar für jede einzelne Stunde – darlegen, dass die Überstunden **auf Anordnung** oder zumindest **mit Duldung oder Billigung** des Arbeitgebers geleistet worden sind oder dass jedenfalls die Arbeitsaufgabe bewusst so ausgestaltet war, dass sie in der betriebsüblichen Arbeitszeit nicht zu schaffen war. Letzteres ist häufig unmöglich.

des Tarifvertrages für die Metallindustrie Nordwürttemberg/Nordbaden ist jedoch betriebsüblich. Die Bekl. richtet sich in allen Punkten – mit Ausnahme der Arbeitszeit und der Lohnhöhe – nach den Tarifverträgen der Metallindustrie.

> Beweis: Zeugnis des Personalleiters B, zu laden über die Bekl.

Der Manteltarifvertrag für die Metallindustrie Nordwürttemberg/Nordbaden sieht einen 25%igen Überstundenzuschlag vor. Folglich hat der Kl. kraft betrieblicher Übung Anspruch auf zusätzliche Zahlung von 25% von Euro 160,– = Euro 40,–. Euro 160,– zzgl. Euro 40,– ergeben die eingeklagten Euro 200,–.

. . .

(Unterschrift)

12.10 Tantieme

12.10.1 Leitender Angestellter oder Geschäftsführer einer GmbH

Herr/Frau . . . erhält über die Bezüge gem. § . . . hinaus

a) eine jährliche Tantieme, die die Gesellschafterversammlung unter Berücksichtigung der wirtschaftlichen Ergebnisse des Geschäftsjahres nach Feststellung des Jahresabschlusses festsetzt.[1]

oder

a) eine jährliche Tantieme iHv. . . .% des Jahresüberschusses nach Handelsbilanz[2] vor Abzug der Tantiemen für die Geschäftsführer.

b) eine Tantieme von . . .% des Jahresüberschusses nach Handelsbilanz vor Abzug der Tantieme für die Geschäftsführer und der Körperschaftsteuer sowie nach Abzug der Gewerbesteuer und nach Verrechnung mit Verlustvorträgen.[3]

Gewinnabhängige Rückstellungen, steuerliche Sonderabschreibungen oder sonstige Steuervergünstigungen, welche den Gewinn unmittelbar beeinflussen und

---

[1] Entspricht die Bestimmung der Tantieme durch die Gesellschaft nicht der Billigkeit, so kann gerichtlich eine andere Höhe bestimmt werden, § 315 Abs. 3 Satz 2 BGB. Zur Bestimmung durch Urteil nach § 315 BGB vgl. BGH v. 9. 5. 1994, DB 1994, 1351. Ob diese bisher gebräuchliche Vereinbarung einer Ermessenstantieme der AGB-Kontrolle anhand von § 308 Nr. 4 BGB bzw. § 307 BGB standhält, ist offen. Will man hier Risiken vermeiden, müsste man von einer Ermessenstantieme absehen und nur aus bestimmten Bezugsgrößen fest berechenbare Tantiemen vereinbaren.
[2] Bezugsgröße der Tantieme ist nahezu ausschließlich der Gewinn bzw. Jahresüberschuss vor Steuern. Zulässig, jedoch die extreme Ausnahme ist auch eine am Umsatz orientierte Tantieme. Zu Einzelheiten vgl. **M 4.1**, § 4 Abs. 1 mit Anmerkungen.
[3] Ohne gesonderte Vereinbarung können Verluste aus den Vorjahren nicht Gewinn mindernd bei der Berechnung der Tantieme berücksichtigt werden (Einzelheiten bei ErfK/*Preis*, § 611 BGB Rz. 730 f.).

betriebswirtschaftlich nicht gebunden sind, mindern die Berechnungsgrundlage nicht. Ebenso bleibt die spätere Gewinn erhöhende Auflösung von Rücklagen oder anderen Bilanz-Positionen, deren Bildung auf die Berechnungsgrundlage keinen Einfluss hatte, unberücksichtigt.[4]

c) Für die Zeit bis zum ... wird eine Tantieme[5] von Euro .../Jahr, zahlbar jeweils am ..., garantiert.

d) Die Tantieme wird mit Feststellung des Jahresabschlusses durch die Gesellschafterversammlung fällig.

oder

d) Die Tantieme wird am Ende des Monats fällig, in dem der Jahresabschluss festgestellt wird.

e) Endet der Geschäftsführervertrag im Laufe des Jahres, so wird die Tantieme pro rata temporis gezahlt. Kündigt die Gesellschaft den Geschäftsführervertrag jedoch aus wichtigem Grund, so entfällt für das Jahr, in dem die Kündigung wirksam wird, der Anspruch auf Tantieme.[6]

---

4 Vgl. zu Einzelheiten **M 4.1** § 4 Abs. 1 mit Anmerkungen.
5 Eine garantierte Tantieme ist in Turn-around-Situationen empfehlenswert, allerdings nur, wie im Muster, zeitlich befristet.
6 Zu Alternativen vgl. oben **M 4.1**, § 4 Abs. 1.

Vorstand einer Aktiengesellschaft[1] 12.10.2

a) Herr/Frau ... erhält eine Tantieme iHv. ...% des Jahresüberschusses vor Abzug der Tantiemen für Vorstand und Aufsichtsrat, vermindert um Verlustvorträge aus dem Vorjahr und um die Beträge, die nach Gesetz oder Satzung aus dem Jahresüberschuss in Gewinnrücklagen einzustellen sind.

oder

a) Herr/Frau ... erhält ferner mit dem 1. 1. 2004 beginnend bis zur Beendigung der Vorstandsbestellung eine Tantieme iHv. Euro ... (in Worten: Euro ...) brutto für je 1% der von der Gesellschaft im Verhältnis zum jeweiligen Grundkapital am Jahresende ausgeschütteten Dividende bis zu einer Dividende von 20%. Der Euro-Betrag erhöht sich jährlich um Euro ....[2]

Boni, Sonderausschüttungen etc. an die Aktionäre gelten nicht als Dividende im Sinne dieser Vorschrift. Die Tantieme für das abgelaufene Geschäftsjahr wird mit Ablauf von einem Monat nach dem Ende der ordentlichen Hauptversammlung fäl-

---

1 Einzelheiten vgl. **M 5.1**, § 3 Abs. 3 mit Anmerkungen.
2 Zulässig ist auch die **dividendenabhängige Tantieme** Zur Berechnung vgl. BGH v. 3. 7. 2000, BB 2000, 1748. Einzelheiten in **M 5.1** § 3 Abs. 3.

lig. Bestand der Anstellungsvertrag während eines Geschäftsjahres nur zeitanteilig, so wird auch die Tantieme nur pro rata temporis gezahlt.[3]

---

[3] Die Regelung hat nur klarstellende Bedeutung; vgl. zum GmbH-Geschäftsführer OLG Hamm v. 8. 10. 1984, BB 1984, 2214, 2215; zum Vorstandsmitglied KölnerKommAktG/*Mertens*, § 86 Rz. 12.

12.11 Provisionsvereinbarung für einen angestellten Handelsvertreter

§ 1 Vergütung

(1) Die Bezüge des Arbeitnehmers setzen sich aus Grundgehalt, Provision und Aufwendungsersatz zusammen. Im Grundgehalt und der Provision ist zur Abgeltung etwaiger Mehrarbeit und Nachtarbeit sowie der Tätigkeit des Arbeitnehmers an Sonn- und Feiertagen eine monatliche Pauschale von Euro . . . enthalten.

(2) Das Grundgehalt beträgt Euro . . . .

(3) Aufwendungen werden wie folgt ersetzt . . . .

§ 2 Provisionspflichtige Geschäfte

(1) Für seine Vermittlungstätigkeit erhält der Arbeitnehmer für alle provisionspflichtigen Geschäfte eine Vermittlungsprovision, deren Höhe sich aus der diesem Vertrag als Anlage . . . beigefügten Provisionstabelle ergibt. Der Unternehmer behält sich die Änderung dieser Provisionstabelle aus markt- oder vertriebsbedingten Gründen vor.

(2) Provisionspflichtig sind alle Geschäfte, die mit geschützten Kunden/Bezirkskunden während des bestehenden Vertragsverhältnisses abgeschlossen werden, gleichgültig, wann die Ausführung erfolgt. Vor Vertragsbeginn zustande gekommene Geschäfte sind auch dann nicht provisionspflichtig, wenn sie erst nach Vertragsbeginn ausgeführt werden.

(3) Nachvertragliche Geschäfte, die innerhalb von drei Monaten nach der Vertragsbeendigung abgeschlossen werden, sind nur dann provisionspflichtig, wenn der Arbeitnehmer diese Geschäfte vermittelt oder eingeleitet und so vorbereitet hat, dass der nachvertragliche Abschluss überwiegend auf seine Tätigkeit zurückzuführen ist. Der nachvertragliche Provisionsanspruch besteht nicht, wenn ein Nachfolger des Arbeitnehmers für das Geschäft einen Provisionsanspruch erworben hat, es sei denn, dass eine Teilung der Provision der Billigkeit entsprechen würde. Der Provisionsanspruch entfällt, wenn der Geschäftsabschluss auch maßgeblich auf die Tätigkeit des Nachfolgers zurückzuführen ist oder der Nachfolger an der Abwicklung des Geschäfts nicht unerheblich mitgewirkt hat.[1]

---

[1] Die Teilung der Provision unter dem Gesichtspunkt der Billigkeit entspricht der Wertung des § 87 Abs. 3 Satz 2 HGB. Insgesamt sind die Regelungen des § 87 Abs. 3 HGB über den nachvertraglichen Provisionsanspruch abdingbar (*Hopt*, Handelsvertreterrecht, § 87 HGB Rz. 48).

(4) Kommt ein Geschäft nicht allein durch die Vermittlungsbemühungen des Arbeitnehmers zustande, waren vielmehr ein oder mehrere andere Außendienst-Mitarbeiter des Unternehmens am Geschäftsabschluss mitursächlich beteiligt, ist der für dieses Geschäft entstehende Provisionsanspruch auf die beteiligten Außendienst-Mitarbeiter je nach dem Grade ihrer Mitursächlichkeit zu verteilen.[2] Kommt eine Einigung zwischen den Beteiligten nicht zustande, so entscheidet der Unternehmer nach billigem Ermessen.[3]

§ 3 Entstehung und Fälligkeit des Provisionsanspruchs

(1) Der Provisionsanspruch entsteht, sobald und soweit der Unternehmer das Geschäft ausführt oder die Ausführung des Geschäfts nach den mit dem Kunden getroffenen Vereinbarungen erfolgen müsste. Unterbleibt die Ausführung des Geschäfts ganz oder teilweise, entfällt der Provisionsanspruch nur dann, wenn die in § 5 Abs. 1 niedergelegten Tatbestände erfüllt sind.

(2) Ist der Kunde vorleistungspflichtig, entsteht der Provisionsanspruch bereits dann, wenn und soweit der Kunde seiner Vorleistungspflicht genügt.

(3) Der Provisionsanspruch wird in dem Zeitpunkt fällig, in dem gemäß § 6 spätestens über die Provision abzurechnen ist.

oder

(1) Der Provisionsanspruch entsteht, sobald und soweit der Kunde den Kaufpreis bezahlt hat.[4]

(2) Der Arbeitnehmer hat jedoch – unabhängig von der Zahlung durch den Kunden – einen Anspruch auf Provisionsvorschuss, wenn der Unternehmer das abgeschlossene Geschäft ausgeführt hat.[5] Der Provisionsvorschuss beträgt 50% derjenigen Provision, die dem Arbeitnehmer für dieses Geschäft insgesamt zusteht.[6]

---

2 Eine Provisionsteilungsvereinbarung empfiehlt sich stets, wenn die Möglichkeit einer Provisionskonkurrenz zwischen mehreren Vertretern besteht. Andernfalls kann es dazu kommen, dass das vertretene Unternehmen die Provision mehrmals zahlen muss (*Hopt*, Handelsvertreterrecht, § 87 HGB Rz. 21). Wesentlich ist, dass eine solche Vereinbarung mit **allen** Vertretern geschlossen wird.
3 Die Ausübung des billigen Ermessens unterliegt gem. § 315 Abs. 3 BGB der gerichtlichen Kontrolle, bei AGB könnte § 308 Nr. 4 oder § 307 BGB entgegenstehen.
4 Diese Vereinbarung weicht von dem Gesetzeswortlaut des § 87a Abs. 1 Satz 1 HGB ab, ist aber in der Praxis üblich. Die gesetzliche Regelung ist gem. § 87a Abs. 1 Satz 2 HGB abdingbar unter der zwingenden Voraussetzung, dass dem Vertreter ein Vorschuss gewährt wird, Abs. 2 des Musters.
5 Der Anspruch auf den Vorschuss wird am letzten Tag des auf die Ausführung des Geschäfts folgenden Monats fällig (§ 87a Abs. 1 Satz 2 HGB).
6 Der Vorschuss muss „angemessen" sein. Die Höhe von 50% ist lediglich als Vorschlag zu betrachten. Aus der Begründung des Gesetzes ergeben sich für die Bestimmung der angemessenen Höhe verschiedene Gesichtspunkte: „Je ferner der Zeitpunkt liegt, in dem der Abnehmer voraussichtlich erfüllen wird, je größer die Gefahr ist, dass der Abnehmer nicht oder nur teilweise leisten wird, umso niedriger wird der Vorschuss sein. Zu berücksichtigen ist ferner die wirtschaftliche Lage des Handelsvertreters. Der Vorschuss soll ihm Deckung der laufenden Verbindlichkeiten ermöglichen. Bei der Bemessung des Vorschusses ist auch darauf zu achten, dass die Gewährung des Vorschusses nicht zu einer Schädigung des Unternehmens führt."

(3) Die Entstehung des Provisionsanspruchs ist ausgeschlossen, sofern die in § 5 Abs. 1 und 2 niedergelegten Tatbestände erfüllt sind.

(4) Der Anspruch auf Provisionsvorschuss wird am letzten Tag des Monats fällig, der der Ausführung des Geschäfts durch den Unternehmer folgt; der Provisionsanspruch im Übrigen wird in dem Zeitpunkt fällig, in dem gemäß § 6 spätestens über die Provision abzurechnen ist.

§ 4 Berechnung und Höhe des Provisionsanspruchs

(1) Die Provision, auf die der Arbeitnehmer nach § 2 Anspruch hat, errechnet sich aus dem in Rechnung gestellten Waren-Netto-Wert.

(2) Dem Kunden gewährte Nachlässe (Skonti, Mengen- und Treuerabatte etc.) sind für die Provisionsrechnung vom Netto-Rechnungsbetrag nicht abzuziehen.

(3) Nebenkosten (zB für Fracht, Porto, Zoll, Steuer etc.) führen nur dann zu einer Minderung der Provision, wenn sie dem Kunden gesondert in Rechnung gestellt werden.

oder

(3) Der Netto-Waren-Wert als Bemessungsgrundlage für die Provision ist um ...% zu kürzen, wenn im Rechnungsbetrag Nebenkosten enthalten sind.[7]

(4) Durch Rabatte, zu deren Gewährung der Unternehmer im Einzelfall ausnahmsweise genötigt sein kann (Unterpreis-Geschäfte), ändern sich die in der diesem Vertrag als Anlage ... beigefügten Provisionsliste genannten Provisionssätze nicht.

§ 5 Wegfall des Provisionsanspruchs

(1) Der Provisionsanspruch entfällt,[8] wenn und soweit die Ausführung des abgeschlossenen Geschäfts aus Gründen unterbleibt, die der Unternehmer nicht zu vertreten hat.[9]

(2) Steht fest, dass der Dritte nicht leistet,[10] so entfällt der Anspruch auf Provision; bereits empfangene Beträge sind zurückzugewähren und werden mit fälligen Provisions-

---

[7] Diese Gestaltung weicht von der gesetzlichen Regelung in § 87b Abs. 2 Satz 2 2. Halbs. HGB ab. Diese Vorschrift ist abdingbar, *Hopt*, Handelsvertreterrecht, § 87b HGB Rz. 18.

[8] Diese Regelung entspricht § 87a Abs. 3 Satz 2 HGB. Sie kann aber zur Klarstellung in den Vertragstext übernommen werden.

[9] Unmöglichkeit oder Unzumutbarkeit der Ausführung des Geschäfts ist nicht erforderlich (so aber § 87a Abs. 3 HGB aF). Der Unternehmer hat für alle ihm zurechenbaren Risiken einzustehen. Hier wird ein strenger Maßstab angelegt. Der Unternehmer hat danach etwa zu vertreten: Schwierigkeiten in der Beschaffung von Rohstoffen, im Ablauf des eigenen Betriebes und in der Finanzierung, Verschulden von Erfüllungsgehilfen. Nicht zu vertreten hat er hingegen staatliche Eingriffe (zB Transport-, Export-, Importsperren nach Vertragsschluss, soweit diese nicht vorhersehbar oder vermeidbar sind, OLG München v. 3. 5. 1995, BB 1995, 1559), Streiks im eigenen Betrieb und höhere Gewalt (*Hopt*, Handelsvertreterrecht, § 87a HGB Rz. 25 ff.). Der Unternehmer trägt die Beweislast dafür, dass er die Nichtausführung des Geschäfts nicht zu vertreten hat. Der die Provision trotz Nichtausführung begehrende Arbeitnehmer muss nur dartun, dass die Nichtausführung feststeht (*Hopt*, Handelsvertreterrecht, § 87a HGB Rz. 30).

[10] Gemäß § 87a Abs. 2 HGB muss objektiv feststehen, dass der Dritte nicht leistet. Abweichende Vereinbarungen zu Lasten des Vertreters sind unwirksam, § 87a Abs. 5 HGB.

ansprüchen verrechnet. Der Nachweis, dass der Dritte nicht leistet, gilt als geführt, wenn eine Auskunftei dem Unternehmer bestätigt, dass nach ihren Unterlagen eine Zwangsvollstreckung voraussichtlich nicht zum Ziele führen wird,[11] oder wenn der Unternehmer dies auf andere Weise glaubhaft macht.[12]

(3) Eine Verpflichtung des Unternehmers zur gerichtlichen Geltendmachung und Vollstreckung ihres Erfüllungsanspruchs gegenüber dem Kunden besteht nur, wenn diese Maßnahmen Aussicht auf Erfolg bieten.[13]

§ 6 Provisionsabrechnung

(1) Der Unternehmer hat über die Provision, auf die der Arbeitnehmer Anspruch hat, monatlich, und zwar spätestens bis zum 10. des Monats abzurechnen, der der Auslieferung/Kundenzahlung folgt.[14] Die Provision wird mit der Abrechnung fällig und zusammen mit dem Gehalt jeweils am Ende des Monats gezahlt.

(2) In der Provisionsabrechnung sind die dem Arbeitnehmer zustehenden Provisionen getrennt danach aufzuschlüsseln, ob sie auf Geschäften beruhen, die auf eine unmittelbare und ursächliche Tätigkeit des Arbeitnehmers zurückzuführen sind oder auf sog. Direktgeschäfte, für deren Abschluss der Arbeitnehmer nicht unmittelbar tätig geworden ist.

(3) Der Arbeitnehmer hat die erteilte Provisionsabrechnung unverzüglich zu prüfen und die ihm übersandte Abrechnungs-Zweitschrift mit seinem Anerkenntnisvermerk dem Unternehmer jeweils bis zum 20. des Abrechnungsmonats zurückzusenden.

(4) Der Anspruch des Arbeitnehmers auf Provision und Provisionsvorschuss verjährt in zwei Jahren nach dem Ende des Jahres, in dem die Provision bzw. der Vorschuss fällig wird. Der Anspruch des Unternehmers auf Erstattung von Provision oder Vorschuss verjährt in zwei Jahren ab Kenntnis der Umstände, die den Rückzahlungsanspruch rechtfertigen.[15]

---

11 Dies reicht in der Regel aus, *Eberstein*, Der Handelsvertretervertrag, 8. Aufl. 1999, S. 72.
12 Zur anderweitigen Glaubhaftmachung genügt zB die Erklärung des Abnehmers selbst, zahlungsunfähig zu sein.
13 Es kann dem Unternehmer nicht zugemutet werden, den Anspruch in jedem Fall zunächst einzuklagen. Dies gilt jedenfalls dann, wenn mit hoher Wahrscheinlichkeit zu erwarten ist, dass die Vollstreckung aufgrund der finanziellen Situation des Dritten erfolglos sein wird (OLG Köln v. 27. 11. 1992, BB 1993, 606).
14 Der Abrechnungszeitraum kann davon abweichend gemäß § 87c Abs. 1 Satz 1 HGB auf höchstens drei Monate erstreckt werden.
15 Nach § 88 HGB verjähren die Ansprüche aus dem Vertragsverhältnis in vier Jahren, beginnend mit dem Schluss des Jahres, in dem sie fällig geworden sind. Die Vorschrift ist jedoch dispositiv. Die Verjährungsfrist kann daher gemäß § 202 BGB verkürzt werden. Wird eine abweichende Vereinbarung getroffen, ist auf die Gleichbehandlung beider Vertragsteile zu achten. Eine einseitige Abkürzung zu Lasten des Vertreters ist daher unzulässig (BGH v. 12. 10. 1979, BB 1980, 12; v. 10. 5. 1990, BB 1990, 2066). Ein anerkennenswertes Interesse an der Verkürzung ergibt sich aus dem Ziel, Rückforderungen zu einem Zeitpunkt auszuschließen, zu dem sie nicht mehr oder nur noch unter Schwierigkeiten nachprüfbar sind.

12.12 Stufenklage[1] wegen Abrechnung und Zahlung von Provision

An das Gericht

In Sachen

.../...

(volles Rubrum)

vertreten wir den Kläger.

Namens und im Auftrag des Klägers erheben wir Klage und beantragen:

1. *Die Beklagte wird verurteilt, die dem Kläger für seine Tätigkeit in den Monaten Januar bis Juni ... zustehenden Provisionen abzurechnen.*

2. *Die Beklagte wird verurteilt, dem Kläger für die in der Zeit vom Januar bis Juni ... verdienten Provisionen einen Buchauszug[2] zu erteilen.*

3. *Die Beklagte wird verurteilt, die Richtigkeit der Auskunft gem. Ziff. 2 an Eides statt zu versichern.[3]*

4. *Die Beklagte wird verurteilt, die sich aus der Abrechnung ergebenden Provisionen an den Kläger zu zahlen.[4]*

---

1 Die **Stufenklage** nach § 254 ZPO ist eine Form der objektiven Klagehäufung, die sich im Laufe der Jahrzehnte aus Gründen der Prozessökonomie durchgesetzt hat. Das Wesen der Stufenklage ist, dass bereits eine Vielzahl von Anträgen angekündigt werden, das Gericht jedoch zunächst nur über die vorgreiflichen Anträge verhandelt und entscheidet. Erst wenn die Entscheidung über die vorgreiflichen Anträge rechtskräftig geworden ist, wird das Verfahren mit der Verhandlung und Entscheidung über die weiteren Anträge fortgesetzt. Die weiteren Anträge (zB auf Zahlung des sich aus der Auskunft ergebenden Betrages) müssen hinsichtlich ihrer Bestimmtheit nicht den scharfen Anforderungen des § 253 Abs. 2 Nr. 2 ZPO genügen. Ist allerdings das erstinstanzliche Gericht der Auffassung, dass sämtliche angekündigten Anträge unbegründet sind und sein werden (zB im vorliegenden Fall, weil überhaupt keine wirksame Provisionsvereinbarung vorliegt), kann das Gericht unmittelbar alle Stufen abweisen. Weist die erste Instanz die Klage insgesamt ab, dringt der Kl. aber in der Berufungsinstanz mit seinem vorgreiflichen Anspruch (zB auf Auskunftserteilung oder Abrechnung) durch, so ist das Verfahren hinsichtlich der weiteren Stufen an die erste Instanz zurückzuverweisen (§ 538 Abs. 1 Nr. 3 ZPO).

2 Der Anspruch auf Erteilung eines Buchauszuges ergibt sich aus §§ 65, 87c Abs. 2 HGB.

3 Der allgemeine Anspruch auf Abgabe einer eidesstattlichen Versicherung nach den §§ 259 Abs. 2, 260 Abs. 2 BGB setzt voraus, dass eine erteilte Auskunft unrichtig ist oder substantiiert darzulegende Verdachtsmomente gegen die Richtigkeit bestehen. Soweit es um Provisionsabrechnungen geht, sehen indes §§ 65, 87c Abs. 4 HGB vor, dass zunächst Bucheinsicht zu gewähren ist, und zwar nach Wahl des Arbeitgebers entweder dem Provisionsberechtigten oder einem von diesem zu bestimmenden Wirtschaftsprüfer oder vereidigten Buchsachverständigen. Erst wenn die Einsicht erfolglos bleibt oder keine einsehbaren Bücher existieren, besteht der Anspruch auf Abgabe der eidesstattlichen Versicherung (BGH v. 16. 5. 1960, BGHZ 32, 305; OLG Celle v. 27. 8. 1962, BB 1962, 1017). Es schadet jedoch nichts, den entsprechenden Antrag im Wege der Stufenklage bereits auf einer nachgeordneten Stufe anzukündigen. Erübrigt sich mangels Vorliegens der Voraussetzungen der Antrag, wird er im weiteren Verlauf des Verfahrens nicht mehr verlesen, so dass auch nicht über ihn entschieden wird.

4 Der Anspruch ist in der gestellten Form mangels hinreichender Bestimmtheit gemäß § 253 ZPO eigentlich unzulässig. Bei einer Stufenklage akzeptiert die Praxis jedoch solche Anträge. Sie sind sinnvoll, um **Verjährungs- und Verfallsfristen** zu unterbrechen (BAG v. 23. 2. 1977, AP

Begründung:

Der Kl. war bei der Bekl. als Vertriebsmitarbeiter beschäftigt. Beide Parteien sind nicht tarifgebunden. Grundlage des Anstellungsverhältnisses war der Arbeitsvertrag vom . . . . Ziff. 1 des Arbeitsvertrages bestimmt, dass dem Kl. für alle von ihm getätigten Umsätze eine Provision von 2,5% zusteht.

Beweis: Anstellungsvertrag vom . . ., Anlage K 1

Durch Eigenkündigung vom 15. 1. . . . schied der Kl. fristgemäß zum 30. 6. . . . aus. Bis zur rechtlichen Beendigung des Anstellungsverhältnisses war der Kl. unverändert im Außendienst tätig und hat dort auch weiterhin für die Bekl. Umsätze gemacht.

Die Bekl. hat die Abrechnung und Zahlung von Provisionen für die Zeit nach der Kündigung trotz mehrfacher Mahnung abgelehnt. Als Begründung hat sie angeführt, der Kl. habe unter Verstoß gegen § 60 HGB bereits unmittelbar nach Ausspruch seiner Kündigung damit begonnen, für ein Konkurrenzunternehmen tätig zu sein. Dadurch seien der Bekl. erhebliche Schäden entstanden, die die möglicherweise entstandenen Provisionsansprüche des Kl. bei weitem übersteigen.

Die Einwände der Bekl. sind falsch. Der Kl. ist nicht vertragswidrig für ein Konkurrenzunternehmen tätig geworden. Da der Bekl. somit keine Schadensersatzansprüche zustehen können, hat sie die dem Kl. zustehenden Provisionen in vollem Umfang zu zahlen.

. . .

(Unterschrift)

Nr. 58 zu § 4 TVG – Ausschlussfristen). Der Anspruch wird mit der Klageerhebung und Zustellung rechtshängig, auch wenn über ihn zunächst nicht entschieden wird. Ist allerdings nach entsprechender Verurteilung gemäß den vorgreiflichen Auskunfts- und Rechenschaftsansprüchen der sich daraus ergebende Zahlungsanspruch bezifferbar, muss er vor Verlesung beziffert werden, da ansonsten die Klage insoweit im weiteren Verlauf des Verfahrens abgewiesen wird.

12.13 Akkordvergütung

Zeitakkord[1] — 12.13.1

Der Arbeitnehmer erhält Akkordlohn nach der Lohngruppe . . . des Tarifvertrages. Der Akkordrichtsatz beträgt zurzeit Euro . . . . Der Mindestlohn beträgt jedoch Euro . . ./Tag.

---

1 Vgl. die Erläuterungen oben I. 6.

12.13.2 Geldakkord[1]

Der Arbeitnehmer erhält im Akkordlohn

... (Stückakkord)

pro gefertigtem Werkstück

oder (Flächenakkord)

pro verputztem qm ... Euro ...

oder (Maßakkord)

pro lfd. Meter eingebrachter Dehnungsfuge Euro ...

oder (Flächenakkord, Pauschalakkord)

pro saniertem und mit Wärmedämmung versehenem qm ... Euro ...

oder (Gewichtsakkord)

pro verarbeitetem kg ... Euro ...

Der Mindestlohn beträgt jedoch Euro .../Tag.

---

1 Vgl. die Erläuterungen oben I. 6.

12.13.3 Rahmentarifvertrag für Leistungslohn im Baugewerbe[1]

Zwischen

...

und

...

wird folgender Tarifvertrag geschlossen:

§ 1 Geltungsbereich

(1) Räumlicher Geltungsbereich:

Das Gebiet der Bundesrepublik Deutschland.

(2) Betrieblicher Geltungsbereich:

Betriebe, die unter den betrieblichen Geltungsbereich des Bundesrahmentarifvertrages für das Baugewerbe in der jeweils geltenden Fassung fallen.

---

1 Der Rahmentarifvertrag für Leistungslohn im Baugewerbe enthält taugliche Rahmenvereinbarungen insbesondere für Gruppenarbeit (§§ 4 bis 7), Leistungsentgelt (§§ 8 bis 16) und Prämienlohn (§ 17) und wird daher hier vollständig abgedruckt.

(3) Persönlicher Geltungsbereich:

Arbeitnehmer, die eine nach den Vorschriften des SGB VI und der Reichsversicherungsordnung über die Rentenversicherung der Arbeiter (RVO) versicherungspflichtige Tätigkeit ausüben.

§ 2 Allgemeine Bestimmungen

(1) Arbeit im Leistungslohn im Sinne dieses Tarifvertrages ist die Arbeit, die im Rahmen eines Arbeitsverhältnisses zur Herbeiführung eines bestimmten Arbeitserfolges gegen eine sich nach dem erzielten Arbeitsergebnis richtende Vergütung erbracht wird.

(2) Arbeiten, die sich nach übereinstimmender Auffassung von Arbeitgeber und Betriebsvertretung dafür eignen, können im Leistungslohn durchgeführt werden. Wird die Durchführung im Leistungslohn vereinbart, gelten die Bestimmungen dieses Tarifvertrages.

(3) Die jeweils geltenden arbeitsrechtlichen sowie die tariflichen Bestimmungen des Baugewerbes sind auch für die Arbeiten im Leistungslohn maßgeblich, soweit in diesem Tarifvertrag nichts anderes bestimmt ist.

§ 3 Grundlagen für die Bestimmung der Vorgabewerte

(1) Vorgabewerte sind grundsätzlich methodisch zu ermitteln.

(2) Methodisch ermittelte Vorgabewerte sind alle Vorgabewerte,

die aufgrund einer Methode gemessen wurden oder die aus statistisch ermittelten Werten, zB aufgrund von Multimomentaufnahmen oder von Nachkalkulationen, aufgebaut sind,

oder

die unter Berücksichtigung der betrieblichen Arbeitsbedingungen aus Teilzeitkatalogen oder überbetrieblichen Vorgabewerten zusammengesetzt werden, deren Werte methodisch ermittelt wurden,

oder

die aus Vergleich mit gleichartigen Arbeitsvorgängen, deren Werte nach den genannten Methoden ermittelt wurden, unter Berücksichtigung abweichender Arbeitsbedingungen zusammengesetzt sind,

oder

die methodisch ermittelte Schätzwerte sind, insbesondere, wenn sie unter Zuhilfenahme von technischen Baumaschinendaten zusammengesetzt sind.

(3) Gemeinsam von den Tarifvertragsparteien erarbeitete Richtwerte sollen die Grundlage für die Ermittlung der Vorgabewerte bilden.

(4) Die Ermittlung der Vorgabewerte erfolgt durch den Arbeitgeber nach einer von ihm im Einvernehmen mit der Betriebsvertretung zu bestimmenden Methode.

(5) Die anzuwendende Methode ist zu beschreiben und in einer Betriebsvereinbarung festzulegen.

(6) Sollen ausnahmsweise Vorgabewerte oder betriebseigene Werte angewendet werden, die nicht methodisch ermittelt worden sind, so sind diese zwischen Arbeitge-

ber und Betriebsvertretung zu vereinbaren. Sie sind alsbald durch methodisch ermittelte Vorgabewerte zu ersetzen.

(7) Leistungsgrundlage ist die Normalleistung. Normalleistung ist die menschliche Leistung, die von jedem ausreichend geeigneten Arbeitnehmer nach Einarbeitung und voller Übung ohne Gesundheitsschädigung auf die Dauer erreicht und erwartet werden kann, wenn er die in der Vorgabezeit enthaltenen persönlichen Verteil- und Erholungszeiten einhält.

(8) Die Betriebsvertretung kann Einsicht in die Ermittlungsunterlagen der festgelegten Vorgabewerte verlangen. Sie kann gegen die Vorgabewerte innerhalb einer Woche nach Kenntnisnahme schriftlich beim Arbeitgeber Einspruch einlegen. Der dem Einspruch zugrunde liegende Tatbestand ist zu klären. Wenn notwendig, ist für diese Klärung eine Kontrollaufnahme zu machen. Lässt sich keine Einigung erzielen, kann ein Sachverständiger hinzugezogen werden. Wird eine Einigung nicht erzielt, so entscheidet die Einigungsstelle gemäß § 56 Abs. 2 BetrVG verbindlich.

§ 4 Leistungsbedingungen

(1) Die nach den Grundsätzen dieses Tarifvertrages auszuführenden Arbeiten, deren Art und Umfang, die Arbeitsbedingungen und die Vorgabewerte (Leistungsbedingungen) sind zwischen dem Arbeitgeber und der Leistungsgruppe (Kolonne, Partie, Arbeitsgruppe oder dgl.) oder zwischen dem Arbeitgeber und dem einzelnen Arbeitnehmer, soweit dieser einer Leistungsgruppe nicht angehört, zu vereinbaren (Leistungsvereinbarung). Die Leistungsvereinbarung ist unverzüglich aus Gründen der Beweissicherung schriftlich niederzulegen und vom Arbeitgeber und sämtlichen Mitgliedern der Leistungsgruppe bzw. vom Arbeitgeber und dem einzelnen Arbeitnehmer, soweit dieser keiner Leistungsgruppe angehört, zu unterzeichnen.

(2) Eine Leistungsgruppe besteht aus mehreren zu einer Gruppe zusammengefassten Arbeitnehmern, die es aufgrund einer Leistungsvereinbarung übernehmen, gemeinsam als Gesamtleistung Arbeiten zu erbringen, die nach dem Leistungserfolg der gesamten Gruppe entlohnt werden.

(3) Die Mitglieder der Leistungsgruppe haben aus ihrer Mitte unverzüglich einen Bevollmächtigten (Kolonnenführer) sowie einen Stellvertreter zu bestellen. Der Bevollmächtigte – gegebenenfalls sein Stellvertreter – vertritt die Leistungsgruppe in allen Angelegenheiten der Leistungsvereinbarung gegenüber dem Arbeitgeber. Seine Willenserklärungen wirken unmittelbar für und gegen die Leistungsgruppe.

(4) Tritt ein Arbeitnehmer in eine bestehende Leistungsgruppe ein, so gelten für ihn die festgelegten Leistungsbedingungen. Er erkennt den Bevollmächtigten der Gruppe als seinen Vertreter in allen Angelegenheiten der Leistungsvereinbarung gegenüber dem Arbeitgeber an.

(5) Der einzelne Arbeitnehmer bzw. der Bevollmächtigte der Leistungsgruppe hat täglich die geleisteten Arbeitsstunden, getrennt nach Zeitlohn- und Leistungslohn-Stunden, aufzuzeichnen. Er hat mit dem Arbeitgeber Aufmaß und Massenermittlung der erbrachten Leistungen gemeinsam vorzunehmen. Die dafür erforderlichen Aufstellungen hat er dem Arbeitgeber unverzüglich vorzulegen.

(6) Eine ordentliche Kündigung des der Arbeit im Leistungslohn zugrunde liegenden Arbeitsverhältnisses ist für die Dauer der Leistungsvereinbarung beiderseitig ausge-

schlossen. Die Bestimmungen über eine außerordentliche Kündigung bleiben unberührt.

§ 5 Arbeitsausführung

Die übernommenen Arbeiten sind nach anerkannten Erkenntnissen der Bautechnik sach- und fachgerecht auszuführen. Dabei sind die Arbeitsunterlagen (zB Leistungsbeschreibungen, Bauzeichnungen, Arbeitspläne, Werkpläne) zu beachten und insbesondere die Anweisungen des Arbeitgebers zu befolgen.

Die Verteilung der Arbeiten auf die einzelnen Mitglieder der Leistungsgruppe erfolgt innerhalb der Gruppe.

Mit den gelieferten Stoffen (Baustoffen, Bauteilen, Bauhilfs- und Betriebsstoffen) ist sparsam und sorgfältig umzugehen. Baugeräte, Werkzeuge und Betriebsmittel sind sorgsam und schonend zu behandeln.

Werden vorsätzlich oder grob fahrlässig Stoffe vergeudet oder Geräte oder Werkzeuge beschädigt, so ist dafür Ersatz zu leisten.

§ 6 Mängelrüge und Mängelbeseitigung

(1) Arbeiten im Leistungslohn unterliegen bis zu ihrer Fertigstellung der laufenden Kontrolle des Arbeitgebers.

(2) Sofern und soweit die Arbeiten nicht sach- und fachgerecht ausgeführt wurden, hat der Arbeitgeber Mängel unverzüglich zu rügen. Die Mängelrüge ist mit der Aufforderung zu verbinden, die Mängel zu beseitigen.

Die Rüge ist nach 10 Arbeitstagen ausgeschlossen, gerechnet von dem Zeitpunkt, in dem der Mangel vom Arbeitgeber erkannt wurde oder hätte erkannt werden können.

Das Rügerecht bei versteckten Mängeln entfällt, wenn seit der Fertigstellung der Arbeit oder einer in sich abgeschlossenen Teilleistung mehr als ein Jahr verstrichen ist. Dies gilt nicht, wenn der Mangel auf eine vorsätzliche Handlung des Arbeitnehmers oder der Leistungsgruppe zurückzuführen ist.

Mit dem Ausschluss des Rügerechts erlischt der Anspruch auf Mängelbeseitigung und Schadensersatz.

(3) Bei Meinungsverschiedenheiten zwischen dem Arbeitgeber und dem Arbeitnehmer oder der Leistungsgruppe über die Frage, ob die Arbeiten sach- und fachgerecht ausgeführt wurden, haben die Beteiligten unter Hinzuziehung eines Mitglieds der Betriebsvertretung eine gemeinsame Baustellenbesichtigung zum Zwecke der Feststellung des Zustandes der Arbeit vorzunehmen.

Der Arbeitnehmer bzw. der Bevollmächtigte der Leistungsgruppe ist vom Arbeitgeber unter Einhaltung einer angemessenen Frist und unter Angabe der Beanstandungen schriftlich einzuladen. Bei der Baustellenbesichtigung ist über den tatsächlichen Zustand der Arbeiten ein Protokoll anzufertigen. Nimmt einer der Beteiligten ohne zwingenden Grund an der Baustellenbesichtigung nicht teil, so ist er dennoch an die getroffenen tatsächlichen Feststellungen gebunden.

(4) Mängel sind durch einwandfreie Nacharbeit vom Arbeitnehmer oder von der Leistungsgruppe innerhalb einer angemessenen Frist ohne Vergütung und unter Über-

nahme der Selbstkosten für zusätzliches Material zu beheben. Mit der Mängelbeseitigung ist in der Regel innerhalb von fünf Arbeitstagen nach Zugang der Aufforderung zur Mängelbeseitigung, in den Fällen der Nr. 3 nach Klärung der Meinungsverschiedenheiten zu beginnen.

(5) Werden die Mängel vom Arbeitnehmer oder der Leistungsgruppe nicht beseitigt, wird insbesondere mit der Mängelbeseitigung nicht fristgerecht begonnen oder werden die Arbeiten nicht in einer angemessenen Frist durchgeführt, so kann der Arbeitgeber die Mängelbeseitigung vornehmen und die dafür aufgewendeten Kosten dem Arbeitnehmer bzw. der Leistungsgruppe berechnen.

Als Kosten werden berechnet:

a) tatsächlicher Lohnaufwand zuzüglich eines angemessenen Zuschlags für lohngebundene Kosten,

b) tatsächlicher Stoffaufwand zu Einstandspreisen (frei Baustelle).

Weiter gehende Schadensersatzansprüche bleiben unberührt.

§ 7 Haftung

(1) Jedes Mitglied der Leistungsgruppe haftet gegenüber dem Arbeitgeber für die Erfüllung der Verpflichtungen der Leistungsgruppe aus der Leistungsvereinbarung, insbesondere für die sach- und fachgerechte Ausführung der gesamten Arbeit.

Die Mitglieder der Leistungsgruppe haften für den Ersatz eines von der Leistungsgruppe verursachten Schadens anteilmäßig.

Haben sich Arbeitnehmer schon vor Eintritt in den Betrieb zum Zweck gemeinsamer Arbeit zusammengeschlossen (Eigengruppe), so haftet jedes Mitglied der Gruppe für den gesamten verursachten Schaden.

Die Haftung eines Mitgliedes der Leistungsgruppe entfällt in allen Fällen insoweit, als es den Nachweis erbringt, dass es die Verletzung der Verpflichtungen aus der Leistungsvereinbarung, insbesondere die nicht sach- und fachgerechte Arbeit bzw. den Schaden weder verursacht noch verschuldet hat noch den Umständen nach weder verursacht noch verschuldet haben kann.

(2) Wird die Leistungsgruppe nach Festlegung der Leistungsbedingungen und nach Beginn der Arbeit durch weitere Arbeitnehmer ergänzt oder werden Mitglieder der Gruppe durch andere Arbeitnehmer ersetzt, so haften die neu in die Gruppe eintretenden Mitglieder für die ordnungsgemäße Erfüllung der Leistungsvereinbarung und für den Ersatz des von der Leistungsgruppe verursachten Schadens in gleicher Weise wie die anderen Mitglieder der Leistungsgruppe, wenn nach ihrem Eintritt in die Gruppe die mangelhafte Leistung erbracht bzw. der Schaden verursacht worden ist.

(3) Scheiden einzelne Mitglieder der Leistungsgruppe vor Beendigung der Leistungsvereinbarung aus der Gruppe oder aus dem Betrieb aus oder scheidet die gesamte Gruppe aus dem Betrieb aus, ohne dazu aus wichtigem Grund berechtigt zu sein, so haftet jedes Mitglied gleichwohl in dem in Nr. 1 festgelegten Umfang für eine ordnungsgemäße Erfüllung der Leistungsvereinbarung und für den von der Leistungsgruppe verursachten Schaden. Die Schadensersatzpflicht besteht nur, soweit der Schaden vor dem Ausscheiden aus der Gruppe oder dem Betrieb verursacht worden ist.

Das Gleiche gilt für Arbeitnehmer, die die Arbeit in der Leistungsgruppe unterbrechen, ohne dazu aus wichtigem Grund berechtigt zu sein.

Ansprüche dieser ausscheidenden oder die Arbeit unterbrechenden Arbeitnehmer auf Stunden-Überschüsse verfallen zugunsten der Leistungsgruppe.

Entstehen durch das Ausscheiden oder die Unterbrechung der Arbeit Mehraufwendungen, so haftet jeder dieser Arbeitnehmer hierfür in vollem Umfang.

(4) Gibt ein Mitglied der Leistungsgruppe die Arbeit in der Gruppe auf oder unterbricht es sie, weil dies gesetzlich vorgeschrieben oder tarifvertraglich bestimmt ist oder weil ihm die Fortsetzung der Arbeit nicht zuzumuten ist, so haftet es in dem in Abs. 1 festgelegten Umfang für die bis dahin erbrachte mangelhafte Leistung und für den Ersatz des bis dahin von der Leistungsgruppe verursachten Schadens.

§ 8 Berechnung des Leistungsentgelts

(1) Die Feststellung der zu vergütenden Leistung erfolgt nach den Vorgabewerten und den geleisteten Massen (Mengen).

a) Die geleisteten Massen (Mengen) sind, soweit nichts anderes vereinbart ist, nach den Aufmaßbestimmungen der Allgemeinen Technischen Vorschriften der VOB Teil C gemeinsam vom Arbeitgeber und dem Leistungsgruppenführer – bei Einzelarbeit im Leistungslohn mit dem einzelnen Arbeitnehmer – festzustellen. Das Aufmaß soll möglichst unmittelbar nach Beendigung der Arbeit genommen werden, es ist spätestens am sechsten Arbeitstag nach vollständiger Beendigung der vereinbarten Arbeiten im Leistungslohn abzuschließen.

b) Die ermittelten Massen (Mengen) werden mit den Vorgabewerten vervielfacht. Hieraus ergeben sich als Berechnungsgröße die Leistungslohn-Stunden (Soll-Stunden).

c) Übersteigt die Summe der Leistungslohn-Stunden (Soll-Stunden) die Summe der tatsächlich gearbeiteten Stunden (Ist-Stunden), so ist der Unterschied der so genannte Stunden-Überschuss (= Leistungslohn-Mehrstunden). Diesen Stunden-Überschuss hat der Arbeitgeber auf die Mitglieder der Leistungsgruppe entsprechend der Anzahl der von ihnen gearbeiteten Ist-Stunden zu verteilen. Dem einzelnen Mitglied der Leistungsgruppe sind seine gearbeiteten Ist-Stunden und sein anteiliger Stunden-Überschuss mit dem für es geltenden anrechnungsfähigen tariflichen Stundenlohn zu vergüten.

Die Berechnung des Leistungsentgelts kann betrieblich anders geregelt werden.

d) Übersteigen die gearbeiteten Ist-Stunden die Summe der Leistungslohn-Stunden, so sind die Ist-Stunden mit dem anrechnungsfähigen tariflichen Stundenlohn zu vergüten.

(2) Aus der Lohnabrechnung muss der sich aus der Arbeit im Leistungslohn ergebende Mehrverdienst zu ersehen sein.

§ 9 Nicht vereinbarte Leistungen

Arbeiten, die in der Leistungsvereinbarung nicht aufgeführt sind, jedoch mit diesen Arbeiten in Zusammenhang stehen, sind mit auszuführen; für sie gelten die betrieblichen Vorgabewerte. Soweit für diese Arbeiten keine Vorgabewerte bestehen, sind entsprechende Vorgabewerte festzulegen.

§ 10 Vergütungsanspruch, Fälligkeit und Zahlung

(1) Ein Vergütungsanspruch besteht nur für eine einwandfreie, sach- und fachgerecht ausgeführte Arbeitsleistung. Hierzu gehören auch die in der Leistungsvereinbarung aufgeführten Nebenarbeiten.

(2) Während der Dauer der Arbeiten im Leistungslohn erhält der Arbeitnehmer an dem im Betrieb üblichen Lohnzahlungstag den tariflichen Stundenlohn für die tatsächlich gearbeiteten Stunden (Ist-Stunden).

(3) Die Ermittlung der erzielten Stunden-Überschüsse hat unverzüglich, spätestens bis zum zehnten Werktag nach Einreichung der Abrechnung, zu erfolgen. Die Auszahlung der Überschüsse erfolgt am üblichen Lohnzahlungstag des Lohnabrechnungszeitraumes, in dem die Ermittlung fertig gestellt wurde.

(4) Bei Arbeiten im Leistungslohn, die sich auf einen längeren Zeitraum als einen Monat erstrecken, können in monatlichen Abständen nachprüfbare Zwischennachweise über die bisher ausgeführten Arbeiten vorgelegt werden. Hierauf sind dann als Vorschuss auf die endgültige Überschuss-Abrechnung der jeweiligen Arbeiten im Leistungslohn 80% des überschlägig ermittelten Überschusses zu zahlen.

(5) Alle Zahlungen, insbesondere Vorschüsse und Überschüsse, sind grundsätzlich an das einzelne Mitglied der Leistungsgruppe zu leisten.

§ 11 Unterbrechung der Arbeit im Leistungslohn

Ist die Durchführung der Arbeit im Leistungslohn vorübergehend, längstens bis zum Schluss des Arbeitstages, aus Gründen, die der Arbeitnehmer nicht zu vertreten hat, nicht möglich oder verlangt der Arbeitgeber vom Arbeitnehmer Arbeitsbereitschaft, so ist die Zeit der Unterbrechung der Arbeit dem Arbeitnehmer mit dem Durchschnittsverdienst der letzten abgerechneten Arbeit im Leistungslohn zu vergüten. Der Arbeitnehmer ist verpflichtet, andere für ihn zumutbare Arbeiten auszuführen.

§ 12 Einhaltung der Arbeitszeit und Zahlung von Zuschlägen

(1) Die betriebliche Arbeitszeit ist auch bei Arbeiten im Leistungslohn einzuhalten. Ist in der Leistungsvereinbarung eine besondere Arbeitszeitregelung getroffen worden, so gilt diese.

(2) Zuschläge für Überstunden (Mehrarbeit), Nachtarbeit, Sonn- und Feiertagsarbeit sind nur zu zahlen, wenn die Arbeit vom Arbeitgeber ausdrücklich angeordnet worden ist.

§ 13 Beteiligung von Aufsichtspersonal an den Arbeiten im Leistungslohn

Aufsichtsführende Arbeitnehmer sind am Leistungserfolg der Leistungsgruppe nicht beteiligt.

Sofern sie in der Leistungsgruppe vorübergehend eigenhändig mitarbeiten, können sie am Leistungslohn beteiligt werden. In diesem Falle werden sie am Stunden-Überschuss (= Leistungslohn-Mehrstunden) nach ihren tatsächlich geleisteten Arbeitsstunden (Ist-Stunden) auf der Grundlage des tariflichen Facharbeiterlohnes beteiligt.

§ 14 Kündigung der Leistungsvereinbarung in Sonderfällen

(1) Die Leistungsvereinbarung kann vor vollständiger und ordnungsgemäßer Erfüllung oder Ausführung der vereinbarten Leistungen aus wichtigem Grund beiderseitig ohne Einhaltung einer Frist gekündigt werden, und zwar insbesondere, wenn

a) auf Veranlassung einer Behörde oder des Bauauftraggebers die Bauarbeit eingestellt werden muss, die Arbeiten im Leistungslohn untersagt werden oder grundlegende Änderungen der Bauplanung vorgenommen werden,

b) eine Fortführung der Arbeiten wegen Gefährdung der Sicherheit nicht möglich ist,

c) ein nachhaltiger Mangel an Baustoffen oder Betriebsstörungen eintritt, soweit dieser vom Arbeitgeber nicht zu vertreten ist,

d) sich die Zusammensetzung der Leistungsgruppe so verändert hat, dass eine termingemäße, sach- und fachgerechte Leistung nicht mehr gewährleistet ist.

(2) Der Arbeitgeber kann die Leistungsvereinbarung ohne Einhaltung einer Frist kündigen, wenn

a) die Leistungsgruppe den Anordnungen des Arbeitgebers oder Aufsichtsführenden trotz Mahnung keine Folge leistet,

b) die geleisteten Arbeiten mangelhaft sind und die Mängel nach Aufforderung mit Fristsetzung nicht beseitigt wurden,

c) die Leistungsgruppe oder deren Mitglieder trotz Mahnung die betriebliche Arbeitszeit nicht einhalten oder unberechtigt der Arbeit fernbleiben.

(3) Der Arbeitnehmer kann die Leistungsvereinbarung ohne Einhaltung einer Frist kündigen, wenn

a) ein nachhaltiger Mangel an Baustoffen oder Betriebsstörungen eintreten, die der Arbeitgeber zu vertreten hat,

b) trotz rechtzeitiger Anforderungen eine Anlieferung von Gerätschaften und Gerüsten unterbleibt und die Fortführung der Arbeiten nicht möglich ist.

(4) Wird die Leistungsvereinbarung gekündigt, so hat der Arbeitgeber das bis dahin verdiente Leistungsentgelt auszuzahlen. Das Arbeitsverhältnis der bisher mit Arbeiten im Leistungslohn beschäftigten Arbeitnehmer besteht in diesen Fällen als Zeitlohn-Arbeitsverhältnis fort.

(5) Wird die Leistungsvereinbarung aus sonstigen wichtigen Gründen, insbesondere aus denen der Nr. 2 und 3, gekündigt, so kann zugleich damit das der Leistungsvereinbarung zugrunde liegende Arbeitsverhältnis gekündigt werden.

§ 15 Ausschlussfristen

Die Bestimmungen des § 16 des Bundesrahmentarifvertrages für das Baugewerbe (BRTV) gelten mit Ausnahme des in § 6 geregelten Rügerechts.

§ 16 Unfallverhütung

Auch bei Ausführung von Arbeiten im Leistungslohn sind die Unfallverhütungsvorschriften vom Arbeitgeber, von der Leistungsgruppe und von den einzelnen Arbeitnehmern strengstens zu beachten.

§ 17 Prämienlohn

Eine besondere Form des Leistungslohnes ist der Prämienlohn. Beim Prämienlohn wird neben dem Zeitlohn eine von einer Leistung abhängige Vergütung (Leistungsprämie) gezahlt. Sie kann sich zB nach folgenden Merkmalen richten:

– Qualität der Arbeit,

– Ersparnis von Material, Energie, Betriebsstoff uÄ,

– Nutzung von Betriebsmitteln (Maschinen, Anlagen uÄ),

– insbesondere durch Verminderung von Stillstandszeiten uÄ,

– Einhaltung von Terminen,

– Menge des Arbeitsergebnisses.

Bei der Mengenprämie sind die Vorgabewerte gemäß den in § 3 festgelegten Grundsätzen zu ermitteln.

Festbeträge, wie zB so genannte Treueprämien, Leistungszulagen und dergleichen, fallen ungeachtet ihrer betrieblichen Bezeichnung nicht unter die in diesem Tarifvertrag geregelte Prämie.

Als Grundlage zur Berechnung der Prämie sollen objektive und messbare Bezugsgrößen unter Berücksichtigung aller Einflussfaktoren dienen.

Bei Festlegung der Leistungsprämie ist die menschliche Leistung und Belastung zu berücksichtigen.

Die Prämienbedingungen müssen überschaubar und nachprüfbar sein. Die oberste Leistungsgrenze muss bei entsprechender Leistung erreichbar sein.

Prämien können für einzelne Personen oder für Gruppen festgelegt werden.

In einer Betriebsvereinbarung ist die Ausgestaltung der Prämie mit Ausnahme des Geldfaktors festzulegen.

Soweit bei Mengenprämien die Leistungsprämie nicht als Stundenwert je Leistungseinheit, sondern als Geldwert je Leistungseinheit festgelegt ist, verändert sie sich bei Tariflohnänderungen im gleichen Prozentsatz wie die Änderung.

§ 18 Schlichtungsstellen

Die bezirklichen Organisationen können zur Regelung auftretender Streitigkeiten aus der Arbeit im Leistungslohn Schlichtungsstellen bilden.

§ 19 Durchführung des Vertrages

(1) Die Tarifvertragsparteien verpflichten sich, ihren Einfluss zur Durchführung und Aufrechterhaltung dieses Tarifvertrages einzusetzen.

(2) Die Tarifvertragsparteien dürfen inhaltlich abweichende Bestimmungen mit anderen Organisationen oder einzelnen Arbeitgebern nicht vereinbaren.

(3) Das Recht zum Abschluss von Bezirkstarifverträgen über Leistungslohn bleibt in den Tarifgebieten und für die fachlichen Tarifbereiche, in denen bei In-Kraft-Treten dieses Tarifvertrages bereits Tarifverträge über Leistungslohn bestehen, unberührt; diese oder später abzuschließende Tarifverträge sollen mit Ausnahme der Regelung von Akkordsätzen den Grundsätzen dieses Tarifvertrages angeglichen werden.

12.14 Prämien

Anwesenheitsprämie[1] 12.14.1

Zusätzlich zu seinem monatlichen Grundgehalt erhält der Mitarbeiter eine Anwesenheitsprämie iHv. Euro ....[2] Bei Erkrankung oder sonstiger Abwesenheit wird von der Anwesenheitsprämie pro Fehltag $1/60$ des jährlichen Gesamtbetrages abgezogen.[3]

oder

Der Mitarbeiter erhält für jede Stunde, die tatsächlich gearbeitet wird, eine Prämie iHv. Euro ...

oder

---

[1] Die Anwesenheitsprämie ist ein besonderer Vergütungsbestandteil, den der Arbeitnehmer nur für den Zeitraum erhalten soll, in dem er tatsächlich gearbeitet hat, um seine Anwesenheit zu honorieren. Schwierigkeiten bereitet jedoch die Frage, ob und unter welchen Umständen auch Abwesende einen Anspruch auf die Zahlung haben, mit der Folge, dass dieser Zweck letztendlich vereitelt wird. Die Rechtsprechung des BAG hierzu hat in den letzten Jahren häufig gewechselt (vgl. Fn. 2 und 4). Zu unterscheiden sind laufende und einmalige Anwesenheitsprämien. Bei der Anwesenheitsprämie besteht ein zwingendes Mitbestimmungsrecht des Betriebsrats gemäß § 87 Abs. 1 Nr. 10 BetrVG. Da es sich um eine freiwillige Leistung handelt, kann der Arbeitgeber den Zweck und das Prämienvolumen vorgeben, die Verteilung ist jedoch mitbestimmungspflichtig (*Gaul*, DB 1994, 1137; *Fitting*, § 87 BetrVG Rz. 423).

[2] Hier handelt es sich um eine sogenannte laufende Anwesenheitsprämie, die als Zuschlag zur laufenden Vergütung regelmäßig gezahlt wird. Sie kann grundsätzlich wirksam vereinbart werden, muss aber – mit der Einschränkung von Satz 2 des Musters – idR auch an abwesende Arbeitnehmer bezahlt werden. § 4a EFZG ist auch auf die laufende Anwesenheitsprämie anwendbar (su. Fn. 4).
Fehlt der Arbeitnehmer wegen krankheitsbedingter Arbeitsunfähigkeit, ergibt sich aus der zwingenden Vorschrift des § 4 EFZG, dass die Prämie als Bestandteil des fortzuzahlenden Entgelts auch ihm gewährt werden muss (BAG v. 4. 10. 1978, DB 1979, 797). Besteht kein Entgeltfortzahlungsanspruch, etwa nach Ablauf der sechs Wochen gem. § 3 Abs. 1 EFZG oder wegen schuldhafter Herbeiführung der Krankheit, so entfällt auch der Anspruch auf die Prämie (BAG v. 23. 5. 1984, DB 1984, 2410).

Der Mitarbeiter erhält mit dem Novembergehalt zusätzlich eine Prämie iHv. Euro . . ., die jedoch bei Fehlzeiten innerhalb des Kalenderjahres für jeden Fehltag um ein Viertel eines Tagesarbeitsentgelts gekürzt wird.[4] Das Tagesarbeitsentgelt errechnet sich aus der Summe der letzten 12 Gehaltsabrechnungen vor dem Monat November[5] abzüglich der Jahresleistungen, des Aufwendungsersatzes sowie geleisteter Entgeltfortzah-

Die Anwesenheitsprämie muss ferner trotz Abwesenheit während der Mutterschutzfrist (§§ 3 Abs. 2, 6 Abs. 1 MuSchG) und während des Urlaubs (§ 11 BUrlG) bezahlt werden, da auch insoweit ein zwingender Entgeltanspruch besteht.
Eine Kürzung der Prämie ist allerdings zulässig, wenn der Arbeitnehmer ohne Entgeltanspruch fehlt. Dies ist etwa der Fall bei unberechtigtem Fehlen und bei Abwesenheit wegen Elternzeit, unbezahlten Urlaubs oder Ableistung des Wehr- bzw. Ersatzdienstes.

3 Eine Kürzung in dieser Höhe ist zulässig (BAG v. 15. 2. 1990, BAGE 64, 179). Bis zur Einführung des § 4b EFZG 1996 = § 4a EFZG 1999 war auch eine Kürzung bis zu 1/30 pro Fehltag jedenfalls durch Betriebsvereinbarung wirksam (BAG v. 26. 10. 1994, DB 1995, 830; zu Einzelheiten vgl. *Bauer/Lingemann*, BB 1996, Beil. 17, 8 und nachfolgend Fn. 4). Weiter gehende Kürzungen sind allerdings problematisch: Gewährt der Arbeitgeber beispielsweise eine Anwesenheitsprämie für ein Quartal nur dann, wenn in diesem Zeitraum kein krankheitsbedingter Fehltag vorliegt, so enthält diese Zusage die Kürzung einer Sondervergütung im Sinne von § 4a EFZG. Dem Arbeitnehmer steht deshalb bei krankheitsbedingten Fehlzeiten ein der gesetzlichen Kürzungsmöglichkeit entsprechender, anteiliger Anspruch auf die Anwesenheitsprämie zu, BAG v. 25. 7. 2001, DB 2001, 2608.

4 Dies ist eine einmalige Anwesenheitsprämie, die für einen längeren Zeitraum, häufig ein Jahr, vereinbart wird. Nach verschiedenen Rechtsprechungsänderungen gilt hier nunmehr für krankheitsbedingte Fehlzeiten, dass der Anspruch auf die Prämie entfällt, selbst wenn für die Fehlzeiten ein Entgeltfortzahlungsanspruch besteht. Das BAG unterzieht die Kürzung lediglich einer Billigkeitskontrolle. Begründet wird dies mit dem Sinn und Zweck des EFZG, das zwar das laufende Entgelt, nicht aber die jährliche Einmalzahlung garantieren soll. Zudem erkennt die Rechtsprechung das legitime Interesse des Arbeitgebers an, die Arbeitnehmer zu belohnen, die durch ihre Anwesenheit zu dem Jahresergebnis beigetragen haben (BAG v. 15. 2. 1990, DB 1990, 1416).
Dies stimmt weitgehend mit der Wertung des § 4a EFZG überein, der die zulässige Kürzung auf ein Viertel des Arbeitsentgelts, das im Jahresdurchschnitt auf einen Arbeitstag entfällt, beschränkt. Diese Vorschrift gilt nach ganz überwiegender Auffassung trotz ihres unklaren Wortlauts nicht nur für Einmalzahlungen, sondern auch für laufende Anwesenheitsprämien (BAG v. 25. 7. 2001, AP Nr. 1 zu § 4a EntgeltFG; *Marienhagen/Künzl*, Entgeltfortzahlung, § 4a Rz. 10; aA *Preis*, NJW 1996, 3369).
Die Zulässigkeit von Kürzungen während der Mutterschutzfrist ist sehr umstritten, die Rechtsprechung nicht eindeutig. § 4a EFZG ist nicht analog anwendbar (*Marienhagen/Künzl*, Entgeltfortzahlung, § 4a EFZG Rz. 7 f.). Einerseits wird argumentiert, eine Kürzung sei mit dem Schutzzweck des MuSchG unvereinbar (BAG v. 8. 10. 1986, DB 1987, 795; v. 12. 5. 1993, DB 1993, 2339), andererseits wird eine gegenüber dem EFZG weiter gehende Schutzfunktion abgelehnt (BAG v. 12. 7. 1995, NJW 1996, 1077). Eine vertragliche Regelung, die eine Kürzung auch für schwangerschaftsbedingte Fehlzeiten vorsieht, hält daher der gerichtlichen Überprüfung uU nicht stand. Jedenfalls aber sollte die Kürzung den Rahmen des § 4a EFZG nicht überschreiten.
Bei berechtigten Fehlzeiten ohne Entgeltfortzahlung (Elternzeit, Wehr- und Ersatzdienst) kann eine Kürzung vorgenommen werden.

5 Maßgeblich für die Berechnung des durchschnittlichen Einkommens sind die 12 Monate vor dem Monat, in dem der Anspruch auf die Sondervergütung besteht (*Bauer/Lingemann*, BB 1996, Beil. 17, 8).

M 12.14.3   Vergütung   **Kap. 12**

lung im Krankheitsfall und des Urlaubsentgelts, geteilt durch die Zahl der tatsächlich geleisteten Arbeitstage der 12 Monate.[6]

Die Prämie wird nur gezahlt, wenn der Mitarbeiter mindestens ein Jahr dem Betrieb angehört und am 1. 12. noch in einem ungekündigten Arbeitsverhältnis steht.

Die Anwesenheitsprämie ist eine freiwillige Zahlung, auf die auch bei wiederholter vorbehaltloser Zahlung kein Anspruch entsteht.

---

[6] Sofern die Klausel nicht unmissverständlich nur der Honorierung der Anwesenheit, sondern etwa auch der Betriebstreue oÄ dient, kann die Sondervergütung nicht einseitig gekürzt werden (BAG v. 5. 8. 1992, BB 1992, 1647).

Leistungsprämie   12.14.2

Der Mitarbeiter erhält eine Leistungsprämie iHv. Euro ... pro Tag, wenn seine Tagesleistung ... Stücke überschreitet. Die Prämie setzt voraus, dass er an diesem Tag die Arbeit tatsächlich ausführt.[1]

---

[1] Bei dieser Regelung stellen sich dieselben Probleme zu § 4 EFZG wie in **M 12.14.1**, da Satz 2 einer Anwesenheitsprämie gleichkommt.

Treueprämie   12.14.3

Der Mitarbeiter erhält eine Treueprämie in folgender Höhe:

Bei ununterbrochener Betriebszugehörigkeit von

10 Jahren in Höhe von Euro ...

20 Jahren in Höhe von Euro ...

30 Jahren in Höhe von Euro ...

35 Jahren in Höhe von Euro ...

40 Jahren in Höhe von Euro ...

Die Prämie setzt voraus, dass das Arbeitsverhältnis bei Erreichen der jeweiligen Betriebszugehörigkeit ungekündigt ist.

12.15 Gratifikationen[1]

(1) Herr/Frau ... erhält ab dem ... Jahr der Betriebszugehörigkeit[2] jedes Jahr am ... eine Weihnachtsgratifikation[3] in Höhe von Euro ....

1. Alternative (Vergütungslösung)[4]

a) Scheidet Herr/Frau ... im Laufe des Kalenderjahres aus, so erhält er/sie die Gratifikation pro rata temporis.

oder

2. Alternative (Betriebstreuelösung)

a) Der Anspruch auf die Weihnachtsgratifikation ist ausgeschlossen, wenn das Arbeitsverhältnis vor dem Auszahlungszeitpunkt endet. Anteilige Zahlungen werden nicht gewährt.

b) Der Anspruch auf Weihnachtsgratifikation entfällt, wenn sich das Arbeitsverhältnis im Zeitpunkt der Auszahlung[5] in gekündigtem[6] Zustand befindet. Dies gilt nicht, wenn

---

1 Soll die Gratifikation freiwillig, widerruflich oder rückzahlbar gestaltet werden, so darf sie nicht unter „Vergütung" geregelt werden, sondern muss eine eigene Überschrift erhalten. Sonst besteht die Gefahr eines Verstoßes gegen das Transparenzgebot, § 307 Abs. 1 Satz 2 BGB.
2 Die Verknüpfung der Jahressonderzahlungen mit Wartezeiten oder auch einer Staffelung der Höhe in Abhängigkeit von der Betriebszugehörigkeit ist grundsätzlich wirksam (BAG v. 30. 3. 1967, NJW 1967, 1530). Allerdings ist auch hier der Gleichbehandlungsgrundsatz zu beachten.
3 Ob schon die Bezeichnung der Jahresprämie als „Weihnachtsgratifikation" dazu führt, dass sie nur Arbeitnehmern ausbezahlt werden soll, die zu Weihnachten noch im Arbeitsverhältnis zu dem Arbeitgeber stehen, ist fraglich (BAG v. 30. 3. 1994, NZA 1994, 786; vgl. auch BAG v. 10. 5. 1995, AP Nr. 174 zu § 611 BGB – Gratifikation = NZA 1995, 1096). Umgekehrt spricht die Vereinbarung von Pro-rata-Leistungen für den Entgeltcharakter (BAG v. 19. 4. 1995, NZA 1995, 1098; anders wohl noch BAG v. 24. 10. 1990, AP Nr. 135 zu § 611 BGB – Gratifikation; v. 20. 9. 1972, DB 1973, 85 = AP Nr. 76 zu § 611 BGB – Gratifikation). Ergibt die Auslegung, dass es sich um eine Entgeltzahlung handelt, so soll nach früherer Rechtsprechung des BAG eine Stichtagsklausel wie in lit. b vorgesehen, unwirksam sein (BAG v. 7. 11. 1984 – 5 AZR 278/83, nv.; v. 13. 9. 1974, DB 1974, 2483 = AP Nr. 84 zu § 611 BGB – Gratifikation). Bei nicht eindeutiger Auslegung als Arbeitsvergütung ist die Klausel jedoch wirksam (vgl. BAG v. 24. 3. 1993, NZA 1993, 1042; v. 8. 12. 1993, NZA 1994, 421). Gleichwohl müssen einander widersprechende Vertragsklauseln vermieden werden, da Unklarheiten zu Lasten des Arbeitgebers gehen, § 305 Abs. 2 BGB.
4 Zur erheblichen Bedeutung des Zwecks der Gratifikation insbesondere bei vorzeitigem Ausscheiden des Arbeitnehmers vgl. oben die Erläuterung unter I. 8. b).
5 Zumindest wenn der Stichtag lange nach Ende des Bezugszeitraumes liegt, darf das Bestehen eines ungekündigten Arbeitsverhältnisses nicht mehr verlangt werden, um keine unverhältnismäßige Bindungswirkung und damit Kündigungserschwerung zu erzeugen (vgl. BAG v. 27. 10. 1978, DB 1979, 898 = AP Nr. 99 zu § 611 BGB – Gratifikation). Im Übrigen führt ein Stichtag außerhalb des Bezugszeitraumes zu einer (verdeckten) Rückzahlungsklausel (vgl. lit. c).
6 Erfasst wird nur die *wirksame* Kündigung; hat eine Kündigungsschutzklage daher Erfolg, so entfällt die Gratifikation naturgemäß nicht, auch dann nicht, wenn das Arbeitsverhältnis dann auf einen hilfsweisen Auflösungsantrag nach §§ 9, 10 KSchG hin aufgelöst wird (BAG v. 7. 12. 1989, NZA 1990, 490).

das Arbeitsverhältnis vorher aus betriebsbedingten Gründen endet.[7] Diese Regelung gilt sinngemäß für Aufhebungsvereinbarungen.[8]

c) Eine gewährte Weihnachtsgratifikation ist zurückzuzahlen, wenn Herr/Frau ... aufgrund eigener Kündigung oder aufgrund von ihm/ihr zu vertretender außerordentlicher oder ordentlicher verhaltensbedingter Kündigung der Gesellschaft bis zum 31. 3. des auf die Auszahlung folgenden Kalenderjahres aus dem Arbeitsverhältnis ausscheidet.[9] Eine Rückzahlungsverpflichtung besteht nicht, wenn Herr/Frau ... aus betriebsbedingten Gründen[10] vorzeitig ausscheidet. Diese Regelung gilt sinngemäß für Aufhebungsvereinbarungen.

Die Gesellschaft ist berechtigt, mit ihrer Rückzahlungsforderung gegen rückständige oder nach der Kündigung (Aufhebungsvereinbarung) fällig werdende Vergütungsansprüche im Rahmen der gesetzlichen Pfändungsschutzvorschriften aufzurechnen.

oder

3. Alternative (Mischcharakter)

(1) Mit dem Dezembergehalt erhält Herr/Frau ... eine Jahressonderzahlung iHv. Euro ..., es sei denn, Herr/Frau ... ist bis zum ... durch Eigenkündigung oder außerordentliche Kündigung der Gesellschaft aus dem Betrieb ausgeschieden. Im Ein- und Austrittsjahr erhält Herr/Frau ... die Zahlung im Übrigen anteilig.

(2) Herr/Frau ... erhält mit der Vergütung nach Abs. 1 jeweils für den Monat ... eine Urlaubsgratifikation[11] von Euro ....

---

7 Fehlt diese Einschränkung, so besteht der Anspruch auf Gratifikation auch dann nicht, wenn der Arbeitgeber das Arbeitsverhältnis aus betriebsbedingten Gründen gekündigt hat (Preis/Peters-Lange, II S. 40, Rz. 32–34; BAG v. 19. 11. 1992, NZA 1993, 353 = AP Nr. 147 zu § 611 BGB – Gratifikation; anders noch BAG v. 13. 9. 1974, DB 1974, 2483; v. 4. 9. 1985, NZA 1986, 225). Sollen die Ausschlusstatbestände weiter eingeschränkt werden, so könnte der Wegfall der Gratifikation auch ausgeschlossen werden, wenn das Arbeitsverhältnis „... aus anderen Gründen endet, die Herr/Frau ... nicht zu vertreten hat".
8 Ohne diese Regelung würde der Anspruch auf Gratifikation fortbestehen, wenn zur Vermeidung einer Kündigung bereits vor dem Stichtag eine Aufhebungsvereinbarung geschlossen wurde, die das Arbeitsverhältnis jedoch erst für einen Zeitpunkt nach dem Stichtag beendet (BAG v. 7. 10. 1992, NZA 1993, 948).
9 Zu den Anforderungen an die Rückzahlungspflicht vgl. unter I. 2. a) der Erläuterungen. Zur Rückzahlungsverpflichtung nach BAT vgl. § 1 Abs. 5 ZuwTV v. 12. 10. 1973.
10 Während nach früherer Rechtsprechung (BAG v. 13. 9. 1974, DB 1974, 2483 = AP Nr. 84 zu § 611 BGB – Gratifikation; v. 27. 10. 1978, DB 1979, 503 = AP Nr. 98 zu § 611 BGB – Gratifikation) bei Kündigung des Arbeitgebers aus betriebsbedingten Gründen keine Rückzahlungsverpflichtung bestand, hat das BAG zumindest Stichtagsklauseln, auch künftige, auch für diesen Fall in Tarifverträgen (BAG v. 4. 9. 1985, BAGE 49, 281 = NZA 1986, 225), Betriebsvereinbarungen (v. 25. 4. 1991, NZA 1991, 765) und einzelvertraglichen Zusagen (BAG v. 19. 11. 1992, NZA 1993, 353) anerkannt. Wird eine zu lange Bindungsdauer vereinbart, so tendiert die Rechtsprechung nicht zu einer Gesamtnichtigkeit der Rückzahlungsverpflichtung, sondern zu einer geltungserhaltenden Reduktion (BAG v. 3. 10. 1963, AP Nr. 1 zu § 611 BGB – Urlaub und Gratifikation; v. 3. 10. 1963, BAGE 15, 17 = DB 1963, 1716 = AP Nr. 27 zu § 611 BGB – Gratifikation; v. 13. 7. 1962, DB 1962, 1178; v. 7. 9. 1967, DB 1967, 1858; v. 20. 3. 1974, DB 1974, 1296). Dies dürfte nach Geltung der AGB-Kontrolle für Formulararbeitsverträge nicht mehr gelten, § 306 Abs. 2 BGB.
11 Hier gelten die Erläuterungen zur Weihnachtsgratifikation entsprechend.

Die Urlaubsgratifikation steht Herrn/Frau ... nur zu, wenn er/sie sich am 1. 5. des Urlaubsjahres in einem ungekündigten Arbeitsverhältnis befindet. Scheidet Herr/Frau ... nach Empfang der Gratifikation bis zum 30. 9. des Urlaubsjahres aus dem Arbeitsverhältnis aus, ist er/sie zur Rückzahlung der Urlaubsgratifikation verpflichtet, es sei denn, das Arbeitsverhältnis endet vorzeitig aus betriebsbedingten oder aus anderen Gründen, die Herr/Frau ... nicht zu vertreten hat.[12]

(3) Sonderzuwendungen nach Abs. 1 und 2 sind freiwillige Leistungen, die ohne Anerkenntnis einer Rechtspflicht gewährt werden.[13] Auch die wiederholte vorbehaltlose Zahlung begründet keinen Rechtsanspruch auf Leistungsgewährung für die Zukunft.[14]

(4) Für die Zeit des Ruhens[15] des Arbeitsverhältnisses besteht kein Anspruch auf eine Gratifikation nach Abs. 1 und 2.

Als ruhendes Arbeitsverhältnis gelten[16] a) Zeiten des Wehrdienstes und des Ersatzdienstes, b) über einen Monat hinaus andauernder unbezahlter Urlaub, c) Eltern-

---

12 Die Rückzahlungsklausel ist hier enger als bei der Weihnachtsgratifikation, die nur bei betriebsbedingter Beendigung nicht zurückzuzahlen ist.

13 Gem. BAG v. 23. 10. 2002, DB 2003, 286 soll die bloße Angabe „freiwillig" auch dahin verstanden werden können, dass sich der Arbeitgeber zur Erbringung der Leistung verpflichtet, ohne dazu durch Tarifvertrag, Betriebsvereinbarung oder Gesetz gezwungen zu sein. Soll ein Rechtsbindungswille ausgeschlossen werden, so könne dies durch den Zusatz „ohne Anerkennung einer Rechtspflicht" geschehen. Das Muster hat in Satz 2 noch eine zusätzliche Sicherung eingefügt.

14 Der Freiwilligkeitsvorbehalt verhindert die Entstehung eines Rechtsanspruches für die Zukunft. Auch gilt § 308 Nr. 4 BGB wahrscheinlich nicht, da die Leistung, da freiwillig, nicht „versprochen" ist. Die Zulässigkeit solcher Klauseln ist bei Gratifikationen anerkannt (BAG v. 2. 9. 1992, EzA § 611 BGB Gratifikation, Prämie Nr. 95; v. 26. 6. 1975, DB 1975, 2089).
Die Klausel ermöglicht es dem Arbeitgeber, die Leistung ohne weiteres einzustellen (BAG v. 2. 9. 1992, EzA § 611 BGB Gratifikation, Prämie Nr. 95). Zu vermeiden ist etwa die widersprüchliche Formulierung, die Leistung erfolge „freiwillig unter Vorbehalt des Widerrufs", da die Rechtsprechung diese Klausel tendenziell eher als Widerrufsvorbehalt anstatt als Freiwilligkeitsvorbehalt auslegen dürfte (BAG v. 22. 8. 1979, DB 1980, 406) und Unklarheiten zu Lasten des Verwenders gehen. Soweit der Arbeitgeber den Anspruch auf Gratifikation vor dem Auszahlungszeitpunkt widerruft, entfällt die Gratifikation ganz, da sie erst zum Auszahlungsstichtag entsteht. Ohne Widerruf kommt bei einer widerruflichen oder freiwilligen Leistung eine anteilige Kürzung wegen (zB) Erziehungsurlaubs nur in Betracht, wenn dies ausdrücklich vereinbart ist (BAG v. 10. 5. 1995, AP Nr. 174 zu § 611 BGB – Gratifikation).

15 Ruhen bedeutet, dass die wechselseitigen Hauptleistungspflichten aus dem Arbeitsverhältnis suspendiert sind, also weder ein Anspruch auf Arbeitsleistung noch ein Anspruch auf Vergütung besteht, gleichwohl aber die vertraglichen Nebenpflichten unberührt bleiben (BAG v. 10. 5. 1989, DB 1989, 2127 f.; v. 7. 6. 1990, DB 1990, 1971), zB bei Einberufung zum Wehrdienst, Zivildienst und entsprechenden Übungen (§§ 1, 10 ArbPlSchG, 78 ZDG, 1 EignungsübungsG), der Inanspruchnahme von Elternzeit (§ 16 BErzGG; entgegen der früheren Rechtsprechung des BAG v. 10. 5. 1989, DB 1989, 2127 f. erfasst der Begriff des „Ruhens" nunmehr auch die Elternzeit – BAG v. 12. 1. 2000, NZA 2000, 944; BAG v. 24. 5. 1995, NZA 1996, 31), der Vereinbarung unbezahlten Sonderurlaubs, beispielsweise zu Ausbildungszwecken oder zur Erledigung von Privatangelegenheiten (zB Beerdigung, Hochzeit) sowie schließlich der Beteiligung des Arbeitnehmers an einem rechtmäßigen Streik (BAG v. 30. 8. 1994, BB 1994, 2280 f.; BAG v. 3. 8. 1999, DB 2000, 677); **nicht** aber bei Abwesenheit während der Mutterschutzzeiten der §§ 3 Abs. 2, 6 Abs. 1 MuSchG (vgl. Satz 3; BAG v. 7. 9. 1989, NZA 1990, 497 = AP Nr. 129 zu § 611 BGB – Gratifikation) und Arbeitsunfähigkeit (dazu § 4a EFZG, im Einzelnen oben die Erläuterung I. 2. a).

16 Vgl. BAG v. 4. 12. 2002 – 10 AZR 138/02, nv.

zeit,[17] d) Beteiligung des Arbeitnehmers an einem rechtmäßigen Streik. Dabei ist es unerheblich, ob das Arbeitsverhältnis kraft Gesetzes oder kraft Vereinbarung ruht. Bei teilweisem Ruhen während des Bezugszeitraums entsteht der Anspruch auf Gratifikation nur anteilig.

(5) Für Zeiten, in denen Herr/Frau ... arbeitsunfähig krank ist, werden die Gratifikationen nach Abs. 1 und 2 gem. § 4a EFZG für jeden Tag der Arbeitsunfähigkeit insgesamt um $1/4$ des Arbeitsentgelts gekürzt, das im Jahresdurchschnitt auf einen Arbeitstag entfällt.[18]

---

17 Weder der arbeitsrechtliche Gleichbehandlungsgrundsatz noch das europarechtliche Lohngleichheitsgebot für Männer und Frauen verbieten es, bei der Gewährung einer Weihnachtsgratifikation Arbeitnehmer auszunehmen, deren Arbeitsverhältnisse wegen Erziehungsurlaubs (heute Elternzeit) ruhen, BAG v. 12. 1. 2000, NZA 2000, 944; krit.: *Feldhoff*, AiB 2001, 188; vgl. auch *Boemke*, JuS 2001, 95; BAG v. 4. 12. 2002 – 10 AZR 138/02, nv.
18 Zu Kürzungen von Gratifikationen aufgrund von Fehlzeiten vgl. oben die Erläuterung I. 2. a). Da es sich um eine freiwillige Leistung handelt, wäre dieser Vorbehalt im Vertrag jedenfalls unter der Rechtslage vor Geltung der AGB-Kontrolle für Formulararbeitsverträge nicht einmal erforderlich gewesen, BAG v. 7. 8. 2002, NZA 2002, 1284. Vorsorglich wird die Aufnahme in den Vertrag jedoch empfohlen.

Klage auf Sondervergütung wegen Benachteiligung von Teilzeitbeschäftigten[1]

12.16

An das Arbeitsgericht

In Sachen

.../...

(volles Rubrum)

vertreten wir die Klägerin.

Namens und im Auftrag der Klägerin erheben wir Klage und beantragen:

> Die Beklagte wird verurteilt, der Klägerin Euro ... nebst Zinsen in Höhe von 8 Prozentpunkten über dem Basiszinssatz[2] seit dem ... zu zahlen.

Begründung:

Die Kl. ist bei der Bekl. seit mehr als zehn Jahren als ... tätig. Seit der Geburt ihres Kindes im Jahre ... ist die Kl. bei der Bekl. nur noch als Halbtagskraft beschäftigt. Die Bekl. hat im ... ihr 25-jähriges Firmenjubiläum gefeiert. Aus Anlass des Jubiläums erhielt jeder vollzeitbeschäftigte Mitarbeiter eine einmalige Jubiläumszuwendung von Euro .... Die Kl. erhielt keine Zahlung. Auf Nachfrage bei der Personalabteilung wurde ihr erklärt, Teilzeitbeschäftigte seien von der Jubiläumszahlung grundsätzlich

---

1 Zum Problem der Geschlechtsdiskriminierung s. allgemein **M 12.5**.
2 Zum Zinsanspruch s. **M 45.3** Fn. 5, 6.

ausgenommen. Ziel der Jubiläumszuwendung sei es, die vollzeitbeschäftigten Mitarbeiter an den Betrieb zu binden und ihren hohen Arbeitseinsatz in der Vergangenheit zu belohnen. Teilzeitbeschäftigte hätten typischerweise eine geringere Bindung an den Betrieb, insbesondere teilzeitbeschäftigte Mütter würden nach der Geburt weiterer Kinder regelmäßig aus dem Unternehmen ausscheiden.

Nach § 4 TzBfG ist eine Ungleichbehandlung teilzeitbeschäftigter Arbeitnehmer nur dann zulässig, wenn sachliche Gründe eine unterschiedliche Behandlung rechtfertigen. Solche Gründe sind im vorliegenden Fall nicht erkennbar. Selbstverständlich war der Arbeitseinsatz der Kl. nicht so hoch wie der Arbeitseinsatz der vollzeitbeschäftigten Mitarbeiter in der Vergangenheit. Die Kl. macht aber auch nur eine anteilige Zahlung der Jubiläumszuwendung geltend. Im Rahmen ihrer reduzierten Arbeitszeit hat die Kl. sich genauso eingesetzt wie die vollzeitbeschäftigten Mitarbeiter. Die Bekl. kann die Verweigerung der Zahlung auch nicht auf den Gesichtspunkt der verringerten Betriebstreue stützen. Es ist eine blanke Vermutung der Bekl., dass teilzeitbeschäftigte Mitarbeiter eine höhere Fluktuation aufweisen als vollzeitbeschäftigte. Gesicherte wissenschaftliche Erkenntnisse hierzu gibt es nicht. Gem. § 4 TzBfG hätte die Bekl. folglich zumindest Anspruch auf eine anteilige Jubiläumszuwendung gehabt. Die Verweigerung der Zuwendung verstößt im Übrigen auch gegen den Grundsatz der Gleichbehandlung von Mann und Frau gem. Art. 141 des EG-Vertrages sowie gegen Art. 1 der EG-Richtlinie 75/117 vom 10. 2. 1975 (Amtsblatt EG Nr. 45/19). Die Diskriminierung Teilzeitbeschäftigter ist nach inzwischen ständiger Rechtsprechung des EuGH und des BAG eine mittelbare Geschlechtsdiskriminierung, da Frauen unter den Teilzeitbeschäftigten weit überrepräsentiert sind.

...

(Unterschrift)

12.17 Klage auf Ausgabe von Belegschaftsaktien wegen betrieblicher Übung

An das Arbeitsgericht

In Sachen

.../...

(volles Rubrum)

vertreten wir den Kläger.

Namens und im Auftrag des Klägers erheben wir Klage und beantragen:

> *Die Beklagte wird verurteilt, dem Kläger eine Aktie der Beklagten zum Nennwert von Euro 100,– Zug um Zug gegen Zahlung von Euro 328,50 zu übergeben und zu übereignen.*

Begründung:

Die Bekl. ist eine große Publikums-Aktiengesellschaft. Seit mindestens 15 Jahren bot die Bekl. jedes Jahr am 15. 6. Mitarbeitern, die seit mehr als zehn Jahren im Unternehmen sind, je eine „Belegschaftsaktie" im Nennwert von Euro 100,– zum Kauf an. Der Kaufpreis lag jeweils um genau Euro 15,– unter dem aktuellen Mittelkurs der Aktie an der Frankfurter Börse am Ausgabe-Stichtag. Das Angebot erfolgte jeweils am schwarzen Brett sowie in gleich lautenden Mitteilungsschreiben, die den Gehaltsabrechnungen für den Monat Mai beigefügt waren.

Beweis: Zeugnis des Personalleiters . . . der Bekl., zu laden über diese

Im Juni diesen Jahres hat die Bekl. der Belegschaft erstmals keine Belegschaftsaktien angeboten. Zur Begründung hieß es, man arbeite derzeit an einem grundlegend neuen Vergütungssystem, das in Kürze vorgestellt werden solle.

Beweis: wie vor

Der Kl. ist seit mehr als 30 Jahren bei der Bekl. beschäftigt. Ihm wurde in den letzten fünfzehn Jahren jeweils zum 15. 6. das Angebot einer Belegschaftsaktie gemacht, er hat dieses Angebot auch jeweils angenommen. Durch die Verhaltensweise der Bekl. ist beim Kl. ein Vertrauen darauf entstanden, dass die Bekl. auch künftig in jedem Juni eine Belegschaftsaktie pro Mitarbeiter anbieten wird. Die Bekl. hat nie erklärt, sie wolle sich für die Zukunft nicht binden und werde jedes Jahr neu entscheiden, ob die bisherige Praxis fortgesetzt werde. Vielmehr musste bei allen Mitarbeitern der Eindruck entstehen, die jahrzehntelange Praxis werde unverändert weitergeführt, jedenfalls solange nicht in Zusammenarbeit mit dem Betriebsrat ein anderes vergleichbares Anreizsystem geschaffen wird. Auf jeden Fall rechtfertigt die bloße Ankündigung, an einem alternativen Vergütungsmodell zu arbeiten, nicht die entschädigungslose Einstellung einer langjährigen betrieblichen Übung. Folglich ist die Bekl. verpflichtet, dem Kl. auch in diesem Jahr eine Belegschaftsaktie zu verschaffen, und zwar wie in den Vorjahren zum Kurs von Euro 15,– unter dem aktuellen Tageskurs. Am 15. 6. . . . lag der amtliche Mittelkurs an der Frankfurter Börse bei Euro 343,50.

. . .

(Unterschrift)

Klage wegen Widerrufs/Teilkündigung von Sonderleistungen — 12.18

An das Arbeitsgericht

In Sachen

. . . / . . .

(volles Rubrum)

vertreten wir den Kläger.

Namens und im Auftrag des Klägers erheben wir Klage und beantragen:

1. Die Beklagte wird verurteilt, Euro . . . nebst Zinsen in Höhe von 8 Prozentpunkten über dem Basiszinssatz[1] seit dem 1. 12. . . . an den Kläger zu zahlen.

2. Es wird festgestellt,[2] dass der Widerruf der Beklagten vom 15. 11. . . . bezüglich des Weihnachtsgeldanspruchs unwirksam ist und der Kläger auch weiterhin gem. § . . . seines Anstellungsvertrages Anspruch auf Zahlung eines Weihnachtsgelds von Euro . . . an jedem 1. 12. eines Kalenderjahres hat.

Begründung:

Der Kl. ist bei der Bekl. seit dem . . . als . . . tätig. Der Arbeitsvertrag zwischen den Parteien vom . . . sieht in § . . . den Anspruch auf ein jährliches Weihnachtsgeld in Höhe von Euro . . . vor, zahlbar jeweils zum 1. 12. In § . . . des Anstellungsvertrages ist geregelt, dass sämtliche zusätzlich zum Gehalt gezahlten Leistungen freiwillig sind und jederzeit widerrufen werden können.

Beweis: Anstellungsvertrag vom . . ., Anlage K 1

Mit Schreiben vom 15. 11. . . . erklärte die Bekl. gegenüber dem Kl., sie „widerrufe mit sofortiger Wirkung" den Anspruch auf das jährliche Weihnachtsgeld aus § . . . des Anstellungsvertrages.

Beweis: Schreiben der Bekl. vom 15. 11. . . ., Anlage K 2

Die Bekl. war trotz des Widerrufsvorbehalts nicht berechtigt, den Weihnachtsgeldanspruch einseitig zu widerrufen.[3] Der Widerruf war offenbar ein Racheakt. Der Kl. hat sich zwei Tage vor dem Widerruf, am 13. 11. . . ., geweigert, einer Anweisung des Geschäftsführers Folge zu leisten. Der Geschäftsführer hatte von ihm verlangt, eine rechtswidrige Buchung vorzunehmen, um die Bilanz „zu schönen". Der Kl. ist auch der einzige Mitarbeiter, bei dem der Anspruch auf Weihnachtsgeld widerrufen wurde.

Beweis: Zeugnis des Personalleiters . . ., zu laden über die Bekl.

Ein Widerruf von Gehaltsbestandteilen kann aber allenfalls nach Maßgabe von § 315 BGB zulässig sein. Im vorliegenden Fall sind die Grenzen billigen Ermessens allerdings weit überschritten.

. . .

(Unterschrift)

---

1 Zum Zinsanspruch s. **M 45.3** Fn. 5, 6.
2 Die **Feststellungsklage** ist zulässig, da sie sich – anders als der Leistungsantrag Ziff. 1 – auch auf die Folgejahre bezieht. Eine Klage auf künftige Leistungen gem. § 259 ZPO erscheint nicht möglich, da noch nicht feststeht, ob in den Folgejahren Ansprüche bestehen werden. Denkbar wäre zB, dass die Bekl. erneut – und diesmal wirksam – einen Widerruf erklärt.
3 Ob und unter welchen Voraussetzungen ein **einseitiger Widerruf vorbehalten** werden kann, ist höchstrichterlich noch nicht geklärt. Auf jeden Fall dürfen nur Nebenleistungen unter Widerrufsvorbehalt gestellt werden, da ansonsten der Kündigungsschutz des KSchG umgangen würde. Außerdem ist der Widerruf stets an § 315 BGB zu messen (BAG v. 9. 6. 1965 und v. 7. 1. 1971, AP Nr. 10 und 12 zu § 315 BGB).

Vermögenswirksame Leistungen[1]

12.19

Herr/Frau ... erhält vermögenswirksame Leistungen nach dem 5. Vermögensbildungsgesetz iHv. monatlich Euro ..., sofern er/sie einen entsprechenden Vertrag nachweist. Dabei handelt es sich um eine freiwillige Leistung ohne Anerkenntnis einer Rechtspflicht. Auch die wiederholte vorbehaltlose Zahlung begründet keinen Rechtsanspruch auf Leistungsgewährung für die Zukunft.[2]

---

1 Vgl. im Einzelnen oben die Erläuterungen unter I. 9.
2 Vgl. zu Freiwilligkeits- und Widerrufsvorbehalten im Einzelnen **M 12.15** und die Erläuterungen I. 2. a). Bei vermögenswirksamen Leistungen entsteht eine betriebliche Übung im Regelfall nicht (LAG Hamm v. 6. 9. 1991, LAGE § 242 BGB Betriebliche Übung Nr. 11). Der Freiwilligkeitsvorbehalt ist zumindest insoweit fraglich, als der Arbeitnehmer nach § 11 Abs. 1 5. VermBG vom Arbeitgeber den Abschluss eines Vertrages über die vermögenswirksame Leistung schriftlich verlangen kann.

Aufwendungsersatz

12.20

1. Alternative

Aufwendungen des Arbeitnehmers, die bei Erfüllung seiner vertraglichen Pflichten anfallen, werden wie folgt ersetzt:

1. Reisekosten[1]

  a) für die Benutzung eines eigenen Kraftfahrzeugs pro gefahrenem Kilometer Euro ...[2]

  oder

  a) für die Benutzung eines eigenen Kraftfahrzeugs pro gefahrenem Kilometer die steuerlich zulässige lohnsteuerfreie Kilometerpauschale[3]

  oder

  a) eine Benzinkostenpauschale von Euro ... pro Monat

  oder

  a) die tatsächlich entstandenen Treibstoffkosten auf Nachweis

---

1 Ohne gesonderte Vereinbarung besteht ein Anspruch auf Erstattung der tatsächlich entstandenen Kosten, bei Verwendung eines Pkw also regelmäßig nur der tatsächlich aufgewendeten Treibstoffkosten. Weiter gehende Erstattungsansprüche können sich allerdings aus betrieblicher Übung oder – wie im Muster – aus vertraglicher Vereinbarung ergeben.
2 Die Pauschalierung der Reisekosten vereinfacht natürlich die Abrechnung.
3 Die Zahlung der Kilometerpauschale von zurzeit Euro 0,30 (LStR 38 Abs. 4 Nr. 1) deckt alle Aufwendungen für den Betrieb des Pkw ab. Auch der Verlust des Schadensfreiheitsrabatts im Falle eines Unfalls ist dann nicht vom Arbeitgeber zu tragen (BAG v. 30. 4. 1992, BB 1992, 2363; ErfK/*Preis*, § 611 BGB Rz. 818).

oder

a) *Reisekostenersatz bis zur Höhe einer Bahnfahrt der Klasse . . . .*[4]

b) *Wird dem Arbeitnehmer ein firmeneigenes Kraftfahrzeug zur Verfügung gestellt, gelten stattdessen die Bestimmungen des Kraftfahrzeug-Überlassungsvertrags, der diesem Vertrag als Anlage . . . beigefügt ist.*

2. Verpflegungsaufwand

   Für jeden Reisetag eine Pauschale in Höhe von Euro . . . .[5]

3. Übernachtungskosten

   Für jede nachgewiesene Übernachtung eine Pauschale[6] *in Höhe von Euro . . . zur Deckung aller damit verbundenen Kosten*

   oder

   die tatsächlich entstandenen und nachgewiesenen Kosten bis zur Höhe von Euro . . . .

4. Telefonspesen

   Für betrieblich geführte Telefongespräche eine monatliche Pauschale in Höhe von Euro . . . .

   oder

   die tatsächlich entstandenen und nachgewiesenen Kosten bis zur Höhe von Euro . . . .

5. Umzugskosten

   a) *Die Gesellschaft verpflichtet sich, Herrn/Frau . . . die Umzugskosten von . . . nach . . . gegen Vorlage der Belege zu erstatten.*

   b) *Die Erteilung des Umzugsauftrages darf nur im Einverständnis mit der Gesellschaft erfolgen. Vorher hat Herr/Frau . . . die Angebote von mindestens . . . Möbelspediteuren beizubringen.*

   c) *Scheidet Herr/Frau . . . vor Ablauf von drei Jahren nach dem Umzugstermin aus dem Arbeitsverhältnis aus, ohne dass er/sie dafür einen wichtigen Grund hat, oder beruht eine Kündigung der Gesellschaft innerhalb dieses Zeitraums auf Gründen, die Herr/Frau . . . zu vertreten hat, so ist Herr/Frau . . . verpflichtet, die Umzugskosten zurückzuzahlen, wobei pro Monat der Betriebszugehörigkeit $1/36$ der Umzugskosten als getilgt gelten.*[7]

---

[4] In diesem Fall kann der Arbeitgeber sich auf etwaige Ermäßigungen durch Bahn-Card allerdings nicht berufen (BAG v. 7. 2. 1995, NZA 1995, 842).

[5] Die steuerliche Verpflegungspauschale für Dienstreisen im Inland beträgt gem. § 4 Abs. 5 Nr. 5 Satz 2 EStG für eine Abwesenheit von 10 Stunden Euro 6, ab 14 Stunden Euro 12 und ab 24 Stunden Euro 24.

[6] Das pauschale Übernachtungsgeld, das der Arbeitgeber steuerfrei zuwenden darf, beträgt Euro 20 (LStR 40 Abs. 3 Satz 1).

[7] Der Arbeitnehmer ist nur zur Rückzahlung verpflichtet, wenn dies ausdrücklich vereinbart wurde. Rückzahlungsvereinbarungen unterliegen einer strengen Wirksamkeitskontrolle, da sie zu einer übermäßigen Einschränkung der Berufsfreiheit des Arbeitnehmers führen können (BAG v. 23. 2. 1983, DB 1983, 1210). Daher darf der zu ersetzende Betrag idR ein Monatsge-

6. Fahrten zwischen Wohnung und Arbeitsstätte mit öffentlichen Verkehrsmitteln

Herr/Frau ... erhält zusätzlich zur Vergütung einen Zuschuss zu seinen/ihren Aufwendungen für Fahrten zwischen Wohnung und Arbeitsstätte mit öffentlichen Verkehrsmitteln im Linienverkehr bis zur Höhe von Euro ... pro Monat, sofern er/sie entsprechende Aufwendungen nachweist.[8]

7. Die Erstattung der Aufwendungen setzt tatsächlich entstandene Aufwendungen voraus. Während Urlaubs, Krankheit oder sonstiger Freistellung von der Arbeitsleistung besteht daher kein Anspruch auf Aufwendungsersatz.[9]

2. Alternative

Der Arbeitnehmer erhält Aufwendungsersatz bis zu den jeweiligen steuerlichen Höchstsätzen.[10]

oder

Der Arbeitnehmer erhält Aufwendungsersatz für ... (zB Übernachtungskosten) in Höhe der jeweiligen steuerlichen Pauschbeträge.[11]

oder

Der Arbeitnehmer erhält Aufwendungsersatz nach den jeweils geltenden Reisekostenrichtlinien der Firma.

---

halt nicht überschreiten (BAG v. 24. 2. 1975, BB 1975, 702) und muss sich mit fortschreitender Dauer des Arbeitsverhältnisses angemessen vermindern (hier um $1/36$ pro Monat, möglich ist auch $1/3$ pro Jahr, BAG v. 23. 4. 1986, DB 1986, 2135). Die höchstmögliche zeitliche Bindung beträgt drei Jahre (BAG v. 23. 2. 1983, DB 1983, 1210). Zudem muss der Umzug zumindest auch im Interesse des Arbeitnehmers erfolgt sein (BAG v. 24. 2. 1975, BB 1975, 702). Die Klausel knüpft in Anlehnung an § 44 Abs. 1 Nr. 4 BAT an ein Vertretenmüssen des Arbeitnehmers an. Auch eine Verweisung auf die Bestimmungen des BAT kann ausreichen (vgl. ArbG Hagen v. 16. 12. 1976, BB 1977, 144).

8 Fahrten zwischen Wohnung und Arbeitsstätte sind Teil der privaten Lebensführung und daher vom Arbeitnehmer zu tragen (BAG v. 28. 8. 1991, DB 1991, 2594). Gewährt der Arbeitgeber – somit freiwillig – Fahrtkostenzuschüsse, so hat der Betriebsrat ein Mitbestimmungsrecht nach § 87 Abs. 1 Nr. 10 BetrVG, zwar nicht bei der Frage, ob ein solcher Zuschuss eingeführt wird, wohl aber bei der Verteilung (BAG v. 9. 7. 1985, DB 1986, 230). Ein Initiativrecht des Betriebsrates besteht allerdings nicht. Der Gleichbehandlungsgrundsatz ist zu beachten. Beförderungsaufwendungen für Job-Tickets sind nach § 3 Nr. 34 EStG steuerfrei, sofern sie zusätzlich zum Arbeitsentgelt gezahlt werden; steuerfrei sind nach Maßgabe von § 3 Nr. 32 EStG auch Kosten der Sammelbeförderung. Soweit Fahrtkostenersatz nicht steuerbefreit ist, kommt noch eine Pauschalbesteuerung nach § 40 Abs. 2 Satz 3 EStG in Betracht.

9 Ob ohne eine solche Regelung ein Anspruch auch ohne tatsächliche Arbeitsleistung entstehen könnte, ist eine Frage der Auslegung (vgl. ErfK/*Preis*, § 611 BGB Rz. 818). Bei der Entgeltfortzahlung ist Aufwendungsersatz im Zweifel nicht zu berücksichtigen (vgl. *Bauer/Röder/Lingemann*, S. 57 f.).

10 Abschn. 41 Abs. 2 LStR erkennt die nach dem Bundesumzugskostenrecht erstattungsfähigen Kosten als Werbungskosten an. Die Höchstsätze ergeben sich aus dem Bundesumzugskostengesetz (BUKG).

11 Die Pauschvergütung für sonstige Umzugskosten kann wiederum in Anlehnung an § 10 BUKG bestimmt werden.

12.21 Dienstwagenüberlassungsvertrag

§ 1

(1) Die Firma überlässt ihr Kraftfahrzeug Marke..., polizeiliches Kennzeichen..., Fahrgestellnummer... Herrn/Frau... zur Benutzung.

(2) Überlässt die Firma dem Arbeitnehmer ein anderes Fahrzeug, so gilt dieser Vertrag entsprechend.

§ 2

(1) Das Kraftfahrzeug darf ausschließlich von Herrn/Frau... gefahren werden.

(2) Herr/Frau... ist berechtigt, das Kraftfahrzeug auch zu Privatfahrten zu benutzen.[1] Der private Anteil der Verbrauchskosten für solche Privatfahrten ist von Herrn/Frau... selbst zu tragen und bei der Reisekostenabrechnung abzusetzen. Des Weiteren sind die Privatkilometer ordnungsgemäß wie im Fahrtenbuch auch in der Reisekostenabrechnung zu vermerken.

(3) Privatfahrten ins Ausland müssen in jedem Einzelfall vorher schriftlich von der Firma genehmigt werden. Vor jeder Auslandsfahrt ist eine ADAC-Auslandsschutzbrief-Versicherung abzuschließen.

§ 3

(1) Die Firma trägt die Kosten des Betriebes sowie für Reparaturen und Wartung des Fahrzeuges. Sie unterhält eine Haftpflichtversicherung mit einer Deckungssumme von Euro... und eine Teilkaskoversicherung/Vollkaskoversicherung mit einer Selbstbeteiligung von Herrn/Frau... von Euro... pro Schadensfall, eine Insassenunfallversicherung und eine Rechtsschutzversicherung.

oder – bei Leasingfahrzeugen im Vollleasing

(1) Die Firma trägt die Kosten des Betriebes sowie die Miete des Fahrzeuges. Kosten für Reparaturen und Wartung des Fahrzeuges trägt die Leasingfirma. Rechnungen sind auf ihren Namen auszustellen.

(2) Treibstoffkosten werden gegen Vorlage der Belege ersetzt. Treibstoffkosten für Privatfahrten trägt Herr/Frau... selbst.

§ 4

(1) Herr/Frau... ist verpflichtet,

a) den Kfz-Schein und die grüne Versicherungskarte bei Fahrten mitzuführen und ansonsten sorgfältig zu verwahren;

b) ein Fahrtenbuch zu führen;

---

1 Das dem Arbeitnehmer eingeräumte Recht zur privaten Nutzung eines Kraftfahrzeugs stellt regelmäßig einen Sachbezug dar und ist Teil der Vergütung. Das Recht zur privaten Nutzung des Fahrzeugs endet deshalb grundsätzlich mit dem Ende des Entgeltfortzahlungszeitraumes, sofern sich aus den Parteivereinbarungen nichts Abweichendes ergibt (LAG Köln v. 29. 11. 1995, NZA 1996, 986).

c) für rechtzeitige und ordnungsgemäße Pflege und Wartung des Fahrzeuges zu sorgen und die Wartungsintervalle nach dem Kundendienstheft einzuhalten; sämtliche Arbeiten sind ausschließlich in Vertragswerkstätten des Herstellers durchzuführen;

d) den Wagen stets sorgfältig zu fahren.

(2) Er/Sie verpflichtet sich auch gegenüber der Firma, die Verkehrsvorschriften einzuhalten. Nach Alkoholgenuss ist die Benutzung des Wagens, auch zu Privatfahrten, nicht gestattet.

§ 5

(1) Unfälle, Verluste und Beschädigungen des Kraftfahrzeuges hat Herr/Frau ... unverzüglich der Firma zu melden. Reparaturen bedürfen der vorherigen schriftlichen Zustimmung der Firma.

oder – bei Leasingfahrzeugen nach Maßgabe von § 3 Abs. 1 und 2

(1) Unfälle, Verluste und Beschädigungen des Kraftfahrzeuges hat Herr/Frau ... unverzüglich der Leasingfirma zu melden. Reparaturen bedürfen der vorherigen schriftlichen Zustimmung der Leasingfirma.

(2) Bei Kraftfahrzeugunfällen, bei denen der Schaden voraussichtlich mehr als Euro ... beträgt, sowie bei Unfällen mit Personenschaden ist in jedem Fall die Polizei hinzuzuziehen, auch wenn der Unfall von Herrn/Frau ... selbst verschuldet worden ist. Herr/Frau ... wird der Firma nach jedem Unfall unverzüglich einen schriftlichen Bericht über den Unfallablauf und etwaige Erklärungen der Beteiligten nach dem Unfall übergeben.

§ 6

(1) Herr/Frau ... haftet für alle vorsätzlich oder grob fahrlässig verursachten Beschädigungen des Kraftfahrzeuges auf vollen Schadensersatz.[2] Bei anderen fahrlässig verursachten Schäden ist er/sie verpflichtet, sich angemessen am Schaden zu beteiligen.

(2) Bei auf Privatfahrten entstehenden Schäden haftet Herr/Frau ... in jedem Fall allein.

(3) Für Schäden oder Wertminderungen, die durch Verstoß gegen § 4 Abs. 1 lit. c und § 4 Abs. 2 Satz 2 entstehen, haftet Herr/Frau ... für jedes Verschulden uneingeschränkt.

(4) Herr/Frau ... haftet nicht, soweit der Schaden durch eine Versicherung abgedeckt wird. Soweit eine Vollkaskoversicherung besteht und eintrittspflichtig ist, haftet er/sie in Höhe der Selbstbeteiligung. Auch trägt er/sie den Verlust von Schadensfreiheitsrabatt.

(5) Herr/Frau ... stellt die Firma von allen Haftpflichtansprüchen Dritter frei, soweit diese nicht durch die Haftpflichtversicherung gedeckt sind.

---

2 Gem. BAG v. 18. 4. 2002, NZA 2003, 37 führt ein vorsätzlicher Pflichtverstoß nur dann zur vollen Haftung des Arbeitnehmers, wenn auch der Schaden vom Vorsatz erfasst ist; dies könnte spiegelbildlich auch für die Tragung des eigenen Schadens bei betrieblich veranlasster Tätigkeit gelten. Fehlt es an diesem Vorsatz, so führt dies zur Schadensquotelung (BAG v. 18. 4. 2002, NZA 2003, 37).

§ 7

(1) Die Firma kann jederzeit ohne Angabe von Gründen die Rückgabe des Fahrzeuges verlangen.³ Insbesondere behält sie sich vor, das Fahrzeug bei Erkrankung, nach Ausspruch einer Kündigung, während einer Freistellung oder eines Urlaubs von Herrn/ Frau ... anderweitig einzusetzen.

oder

(1) Die Firma kann die Rückgabe des Fahrzeugs verlangen

– bei einer Erkrankung des Arbeitnehmers, soweit diese über den gesetzlichen Entgeltfortzahlungszeitraum hinausgeht;

– nach Ausspruch einer Kündigung;

– während einer Freistellung;

– für Zeiten des Urlaubs.

(2) Im Fall eines Widerrufs ist das Fahrzeug am darauf folgenden Arbeitstag am Sitz der Firma mit allen Papieren und Schlüsseln an einen Bevollmächtigten der Firma zu übergeben.⁴

(3) Ein Zurückbehaltungsrecht von Herrn/Frau ... ist ausgeschlossen.⁵

§ 8

Herr/Frau ... wird den Führerschein vor Übernahme des Fahrzeuges und danach in jährlichem Abstand der Firma vorlegen. Er/Sie ist verpflichtet, bei Entzug der Fahrerlaubnis oder einem Fahrverbot unverzüglich die Firma zu unterrichten.

---

3 Eine vertragliche Vereinbarung, wonach ein Dienstwagen jederzeit zurückzugeben ist, ist bei Individualverträgen jedenfalls zulässig, solange der Wert der Nutzung 15%, ggf. auch 25–30% der Gesamtvergütung nicht übersteigt. Üblich ist aber, dass der Widerruf auf den Fall der Kündigung und/oder der Freistellung beschränkt wird. Wegen § 308 Nr. 4 BGB empfiehlt sich – soweit nicht die Dienstwagengestellung von vornherein nur als freiwillige Leistung ohne Rechtsanspruch für den Arbeitnehmer bezeichnet wird –, in Formulararbeitsverträgen die Voraussetzungen für den Widerruf näher darzulegen, wie in der Alternative zu § 7 Abs. 1.

4 Wenn eine Widerrufsklausel fehlt oder diese unwirksam sein sollte und der Dienstwagen widerrechtlich entzogen bzw. vorenthalten wird, kann der Arbeitnehmer unter Umständen die Herausgabe des Fahrzeugs mit Hilfe einer einstweiligen Verfügung erreichen. Auch Schadensersatzansprüche kommen in Betracht. Wenn dabei von dem steuerlichen Sachbezugswert ausgegangen wird, ist dies nicht zu beanstanden (BAG v. 27. 5. 1999, BB 1999, 1660, 1661). Möglicherweise entfällt der Anspruch, wenn der Arbeitnehmer während der Zeit, für die Schadensersatz zu leisten ist, tatsächlich einen gleichwertigen privaten Pkw benutzt hat (BAG v. 16. 11. 1995, NZA 1996, 415).

5 Diese Klausel wäre wegen § 309 Nr. 2 lit. b BGB in Formulararbeitsverträgen wohl nicht wirksam, näher dazu Erläuterungen unter I. 15. Ein Zurückbehaltungsrecht kann dem Arbeitnehmer allerdings ohnehin nur dann zustehen, wenn er nicht lediglich Besitzdiener (§ 855 BGB), sondern selbst Besitzer (§ 868 BGB) des Dienstwagens ist. Das ist nur der Fall, wenn er vertraglich auch zur Privatnutzung des Wagens berechtigt ist (*Becker-Schaffner*, DB 1993, 2078).

§ 9

(1) Lohnsteuerrechtlich[6] wird die Privatnutzung nach den jeweils maßgeblichen steuerlichen Vorschriften pauschal versteuert. Danach sind zurzeit (Abschnitt 31 Abs. 7 Nr. 1 LStR) zu versteuern monatlich 1% vom Brutto-Listenpreis sowie für Fahrten zwischen Wohnung und Arbeitsstätte zusätzlich 0,03% des Bruttolistenpreises/Entfernungskilometer.[7]

oder

(1) Lohnsteuerrechtlich[8] wird die Privatnutzung nach den jeweils maßgeblichen steuerlichen Vorschriften auf Einzelnachweis versteuert. Danach ist zurzeit (Abschnitt 31 Abs. 7 Nr. 2 LStR) die gesamte Nutzung des Fahrzeuges durch Fahrtenbuch an jedem Abend festzuhalten nach

– *Datum,*

– *km-Stand,*

– *zurückgelegter Strecke – getrennt nach beruflichen und privaten Fahrten,*

– *Reiseziel,*

– *Reiseroute,*

– *Zweck der Reise, so dass dienstliche und private Veranlassung genau zu unterscheiden sind,*

– *aufgesuchtem Geschäftspartner;*

ferner

– *Auslagen für Betriebskosten wie Treibstoff, Öl, Reparaturen, Wartungsarbeiten etc. jeweils mit Belegen.*

(2) Den geldwerten Vorteil der Privatnutzung trägt Herr/Frau . . . .

§ 10

Herrn/Frau . . . ist die Mitnahme Dritter in dem Fahrzeug nicht gestattet, es sei denn, dass hierfür ein geschäftliches Interesse besteht. In häuslicher Gemeinschaft lebende Familienangehörige oder Lebenspartner dürfen mitgenommen werden, soweit sie jeweils eine Haftungsausschlusserklärung zugunsten der Firma nach anliegendem Muster unterzeichnen. Dritten darf die Führung des Fahrzeuges nicht überlassen werden.

---

6 Die lohnsteuerliche Behandlung aus der Gestellung von Kraftfahrzeugen wegen Sachbezugs ist in Abschn. 31 Abs. 9 LStR geregelt. Hinsichtlich des geldwerten Vorteils, der zum steuerlichen Einkommen gehört und damit steuerpflichtig ist, gibt es zwei Bewertungsmöglichkeiten, und zwar den Einzelnachweis anhand eines Fahrtenbuchs (Abschn. 31 Abs. 9 Nr. 2 LStR) oder die Nutzungspauschale von 1% des Bruttokaufpreises (Abschn. 31 Abs. 9 Nr. 1 LStR). Die 1-%-Pauschalregelung ist in der betrieblichen Praxis am meisten verbreitete Methode.

7 Dadurch soll die Einzelnachweismethode ausgeschlossen werden, die bei der Lohnsteuerabführung einen erheblichen Mehraufwand verursachen würde.

8 Vgl. Fn. 6.

§ 11

Änderungen und Ergänzungen dieses Vertrages bedürfen der Schriftform.[9] Sind einzelne Bestimmungen des Vertrages unwirksam, so wird hiervon die Wirksamkeit der übrigen Bestimmungen nicht berührt.

9 Gegenüber dieser Regelung hätten mündliche Individualabreden Vorrang, § 305b BGB.

12.22 Dienstwohnung

(1) Die Firma stellt dem Arbeitnehmer eine Werkdienstwohnung zur Verfügung. Der Arbeitnehmer ist verpflichtet, die ihm zugewiesene Werkdienstwohnung für die Dauer dieses Vertrages[1] zu beziehen.

(2) Für die Überlassung der Werkdienstwohnung gelten die gesetzlichen Bestimmungen.[2]

(3) Über die Berechnung der Miete sowie der mit ihr zusammenhängenden Nebenleistungen, zB Heizung und Strom, erhält der Arbeitnehmer eine besondere Mitteilung mit näherer Angabe der Wohnräume und ihrer Größe, desgleichen bei allen späteren Änderungen. Die Bewertung der Werkdienstwohnung wird in den Vergütungsrichtlinien geregelt.[3]

(4) Die Untervermietung (mit oder ohne Entgelt) ist nicht gestattet.

(5) Während der letzten sechs Dienstmonate vor Beginn des Rentenfalls verzichtet die Firma auf Antrag des Arbeitnehmers auf die Berechnung der Miete für die Werkdienstwohnung. Voraussetzung ist der Nachweis, dass dem Arbeitnehmer während dieser sechs Monate bereits Mietkosten bzw. Mietausfall für eine zukünftige eigene Wohnung entstehen.

1 Besteht eine Verpflichtung zur Nutzung der Wohnung aus betrieblichen Gründen, kann dem Arbeitnehmer gegen den Arbeitgeber ein Anspruch auf Erstattung der Umzugskosten zustehen. Grundlage ist dann der Aufwendungsersatzanspruch des § 670 BGB oder eine ausdrückliche Regelung im Arbeitsvertrag (vgl. **M 12.20**).
2 Dies ist in erster Linie § 576b BGB mit dem Verweis auf die Vorschriften über die Kündigung funktionsgebundener Werkmietwohnungen (§ 576 BGB).
3 Da die Überlassung der Wohnung Vergütungsbestandteil ist, führt eine Erhöhung des zugrunde liegenden Wertes der Nutzung zugleich zu einer Änderung des Arbeitsentgelts. Dies setzt nach den allgemeinen arbeitsrechtlichen Grundsätzen einen einvernehmlichen Änderungsvertrag oder eine Änderungskündigung voraus (ArbG Hannover v. 14. 11. 1990, BB 1991, 554).
Erbringt der Arbeitnehmer die Arbeitsleistung längere Zeit ohne Entgeltfortzahlungsanspruch nicht, steht dem Arbeitgeber gemäß § 326 BGB ein Anspruch auf Nutzungsentschädigung für die Wohnung zu (*Schaub*, ArbR-Hdb., § 84 Rz. 28).

Arbeitgeberdarlehen[1] 12.23

Zwischen der Firma und dem Arbeitnehmer wird mit Rücksicht auf das Arbeitsverhältnis Folgendes vereinbart:[2]

1. Die Firma gewährt dem Arbeitnehmer ein Darlehen in Höhe von Euro . . ., das mit . . .% ab dem . . . zu verzinsen ist.[3] Die Zinsen werden kalenderjährlich berechnet.

2. Das Darlehen ist in monatlichen Raten ab dem . . . zurückzuzahlen. Die kalendervierteljährlich errechneten Zinsen sind in dem auf die Errechnung folgenden Monat neben den Rückzahlungsraten zu zahlen.

Die Firma ist berechtigt, an den Fälligkeitstagen gewährte Vergütungsansprüche mit den Rückzahlungsverpflichtungen zu verrechnen.[4]

3. Endet das Arbeitsverhältnis, so wird der noch offen stehende Restbetrag des Darlehens sofort und auf einmal fällig. Dies gilt nicht, wenn das Arbeitsverhältnis vom Arbeitgeber aus dringenden betrieblichen Gründen gekündigt oder ein entsprechender Aufhebungsvertrag geschlossen worden ist oder wenn der Arbeitnehmer das Arbeitsverhältnis aus einem wichtigen Grund im Sinne von § 626 BGB kündigt, den der Arbeitgeber zu vertreten hat.[5]

4. Für den Fall der Beendigung des Arbeitsverhältnisses tritt der Arbeitnehmer seine jeweils pfändbaren Vergütungsansprüche gegen etwaige spätere Arbeitgeber an die Firma ab.

---

1 Vgl. auch *Meyer*, AR-Blattei, D Darlehen.
2 ➔ **Wichtig:** Bei einem Anspruch aus einem Darlehen kann durchaus umstritten sein, ob es sich um einen „Anspruch aus dem Arbeitsverhältnis" handelt. Sollen deshalb solche Ansprüche auch im Rahmen einer allgemeinen Ausgleichsklausel mit erledigt werden, sollten sie ausdrücklich aufgenommen werden.
3 Dem Arbeitgeber bleibt es natürlich unbenommen, auch ein zinsloses Darlehen zu gewähren. Jedenfalls bei einer Gewährung von Zinsen, die unter den marktüblichen Sätzen liegen, finden gemäß § 491 Abs. 2 Nr. 2 BGB die Vorschriften über Verbraucherdarlehensverträge keine Anwendung. Die Gewährung eines zinslosen oder zinsverbilligten Darlehens kann jedoch zu steuerpflichtigem Arbeitslohn führen (R 31 Abs. 11 LStR 2004). Danach sind Zinsvorteile als Sachbezüge zu versteuern, wenn die Summe der noch nicht getilgten Darlehen am Ende des Lohnzahlungszeitraumes Euro 2 600 übersteigt. Zinsvorteile sind anzunehmen, soweit der Effektivzins für ein Darlehen 5,5% unterschreitet. Werden zinsgünstige Darlehen vergeben, handelt es sich zudem um eine Frage der betrieblichen Lohngestaltung, die nach § 87 Abs. 1 Nr. 10 BetrVG mitbestimmungspflichtig ist (BAG v. 9. 12. 1980, AP Nr. 5 zu § 87 BetrVG – Lohngestaltung = DB 1981, 996).
4 Es handelt sich um eine Aufrechnung, so dass die Pfändungsgrenze des § 394 BGB zu beachten ist. Die Klausel dient der Sicherung gegenüber Vorpfändungen und etwaigen früheren Lohnabtretungen (vgl. BAG v. 10. 10. 1966, AP Nr. 2 zu § 392 BGB = BB 1967, 35).
5 *Schaub* (ArbR-Hdb., § 70 Rz. 15) vertritt sogar die Auffassung, die Fälligkeit des valutierten Darlehens könne nicht für den Fall der Kündigung des Arbeitnehmers vereinbart werden. Tatsächlich dürfte es sich nicht in jedem Falle um eine unzulässige Kündigungserschwerung entgegen Art. 12 Abs. 1 GG handeln. ME kann dem Rückzahlungsverlangen der Einwand des Rechtsmissbrauchs ansonsten (§ 242 BGB) allenfalls dann entgegengehalten werden, wenn es sich um eine betriebsbedingte Kündigung durch den Arbeitgeber oder eine begründete fristlose Kündigung des Arbeitnehmers handelt (vgl. *Bauer*, Arbeitsrechtliche Aufhebungsverträge, Rz. 969). Maßgeblich ist die Wertung, dass der Arbeitgeber die Bedingung, die zur Gesamtfälligkeit führt, nicht selbst herbeiführen darf, § 162 BGB.

Die Firma wird die Abtretung nur offen legen, wenn der Arbeitnehmer seinen etwa beim Ausscheiden eingeräumten Ratenzahlungsverpflichtungen nicht nachkommt. Von der Abtretung wird nur bis zur Höhe des Restdarlehens Gebrauch gemacht.

5. Der Arbeitnehmer verpflichtet sich, jede Änderung seiner Anschrift unverzüglich anzuzeigen, es sei denn, das Arbeitsverhältnis wäre beendet und sämtliche Schulden aus dieser Vereinbarung wären getilgt.

Der Arbeitnehmer verpflichtet sich, eine Pfändung, Verpfändung oder Abtretung seiner Vergütungsansprüche unverzüglich anzuzeigen.[6]

Der Arbeitnehmer verpflichtet sich, im Falle der Beendigung des Arbeitsverhältnisses jede Anschriftenänderung sowie Name und Anschrift seines jeweiligen Arbeitgebers unverzüglich anzuzeigen, es sei denn, sämtliche Schulden aus der vorliegenden Vereinbarung wären getilgt.

Der Arbeitnehmer erklärt, dass seine Vergütungsansprüche wie folgt gepfändet, verpfändet oder abgetreten sind . . .

evtl.[7]

6. Der Arbeitnehmer übereignet dem Arbeitgeber zur Sicherung des Darlehens den Pkw Marke . . . Fahrgestellnummer . . . Motornummer . . . mit dem polizeilichen Kennzeichen . . . und übergibt den Kraftfahrzeugbrief.

Der Arbeitgeber überlässt den Pkw dem Arbeitnehmer zur Leihe. Der Arbeitnehmer ist verpflichtet, Steuern und Haftpflichtversicherung sowie die Unterhaltskosten zu bezahlen und ferner das Kraftfahrzeug Teilkasko/Vollkasko zu versichern und die Versicherungsprämien zu bezahlen.

Nach vollständiger Tilgung des Darlehens wird der Arbeitgeber dem Arbeitnehmer das Kraftfahrzeug wieder übereignen und den Kraftfahrzeugbrief herausgeben.

Für den Fall der Fälligkeit des Darlehens ist der Arbeitgeber berechtigt, das Kraftfahrzeug freihändig zu verkaufen, wobei der Preis, den ein vereidigter Sachverständiger festgesetzt hat, nicht unterschritten werden darf. Die Tax- oder Schätzkosten trägt der Arbeitnehmer. Der Arbeitnehmer ist verpflichtet, den Kraftwagen zur Schätzung und zum Verkauf auf Verlangen herauszugeben.

---

6 Alternative: **M 12.24**.
7 Bei größeren Darlehen könnte an weitere Sicherungen (Hypotheken, Grundschulden, Bürgschaften usw.) gedacht werden.

Pfändung/Abtretung 12.24

(1) Ansprüche auf Arbeitsentgelt dürfen nicht abgetreten oder verpfändet werden. Bei Abtretungen, Verpfändungen oder Pfändungen von Ansprüchen auf Arbeitsentgelt werden je Bearbeitungsvorgang 1% des jeweils an den Abtretungsempfänger bzw. Gläubiger überwiesenen Betrages, mindestens aber Euro 2,50 pro Pfändung, Abtretung oder Verpfändung, zusätzlich Euro 2,50 für jedes zusätzliche Schreiben sowie Euro 1,– je Überweisung vom Lohn einbehalten und spätestens mit der übernächsten Lohnabrechnung verrechnet.

oder

(1) Ansprüche auf Vergütung des Arbeitnehmers können nicht abgetreten oder ausgeschlossen werden. Für die Bearbeitung jeder Pfändung werden . . .% des überwiesenen Betrages, mindestens aber Euro 5,– Bearbeitungskosten einbehalten.

(2) Dem Arbeitnehmer bleibt der Nachweis gestattet, dass ein Schaden oder eine Wertminderung überhaupt nicht entstanden oder wesentlich niedriger sei als die vorstehend genannten Bearbeitungskosten.

12.25 Ausschluss der Aufrechnung/Zurückbehaltung

Ausschluss der Aufrechnung 12.25.1

Die Aufrechnung gegenüber Ansprüchen des Arbeitgebers/Arbeitnehmers ist ausgeschlossen.

Das gilt nicht für die Aufrechnung mit einer unbestrittenen oder rechtskräftig festgestellten Forderung.[1]

---
1 Der Zusatz ist wegen § 309 Nr. 3 BGB erforderlich.

12.25.2 Ausschluss des Zurückbehaltungsrechts[1]

beidseitig

Zurückbehaltungsrechte zwischen den Parteien sind ausgeschlossen[2]

oder – häufiger – einseitig

Zurückbehaltungsrechte gegenüber Ansprüchen des Arbeitgebers/Arbeitnehmers sind ausgeschlossen.[3]

oder konkret im Zusammenhang mit entsprechenden Herausgabeklauseln

Ein Zurückbehaltungsrecht an den Schlüsseln/dem Dienstwagen/dem Laptop besteht nicht.[4]

---

1 Der Ausschluss des Zurückbehaltungsrechts ist wegen § 309 Nr. 2 lit. b BGB problematisch, näher dazu oben unter I. 15.
2 Möglicherweise ist der beiderseitige Ausschluss eines Zurückbehaltungsrechtes noch mit § 309 Nr. 2 lit. b BGB vereinbar. Auch bei einem Zurückbehaltungsrecht ist die Pfändungsfreigrenze zu beachten, § 394 BGB analog (BGH v. 24. 10. 1962, BGHZ 38, 122).
3 Ein derart weit reichender Ausschluss dürfte wegen § 309 Nr. 2 lit. b BGB in Formulararbeitsverträgen wohl nicht mehr wirksam sein.
4 Möglicherweise rechtfertigen Besonderheiten des Arbeitsrechtes im Sinne von § 310 Satz 4 BGB den Ausschluss des Zurückbehaltungsrechtes an diesen besonders wesentlichen Gegenständen, bei deren Zurückbehaltung im Arbeitsverhältnis ein besonders hoher Schaden droht; die Rechtslage ist jedoch offen, vgl. oben unter I. 15.

12.26 Rahmenvereinbarung für eine Zielvereinbarung[1]

§ 1 Gegenstand der Zielvereinbarung

(1) Der Zielerfolg bestimmt sich aus einer auf das Ergebnis aus laufender Geschäftstätigkeit bezogenen Komponente (ergebnisabhängiger Teil) und einer individuellen Komponente (individueller Teil).

(2) Die Prämie wird zu mindestens 50% durch die ergebnisabhängige Komponente bestimmt. Die Gewichtung der beiden Komponenten ist in der jährlichen Zielvereinbarung jeweils festzulegen.

(3) Maßgeblich für den ergebnisabhängigen Teil ist der Unternehmensbereich, für den der Mitarbeiter überwiegend tätig ist. Dieser Unternehmensbereich wird in jeder Zielvereinbarung bestimmt.

---

1 Die Zielvorgabe selbst und die Höhe der Zielprämie ist regelmäßig einer alljährlich neu zu treffenden Vereinbarung vorbehalten, da sie sich nach der jeweiligen Sachlage ausrichtet. Daher empfiehlt es sich, für die grundsätzliche Handhabung der Zielvereinbarung eine entsprechende Rahmenvereinbarung zu treffen, die durch die Zielvereinbarungen dann jeweils ausgefüllt wird. Dazu dient **M 12.26**.

(4) Die individuelle Komponente kann quantitative und qualitative Ziele enthalten. Diese und ihre Gewichtung sind in der Zielvereinbarung zu definieren.

§ 2 Ermittlung der Höhe der Prämie

(1) Bei 100%iger Zielerreichung beträgt die Prämie 100% der Zielprämie, bei zufriedenstellender Zielerreichung ²/₃ davon. Die Prämie verändert sich im gleichen prozentualen Verhältnis, in dem das festgestellte Ergebnis vom Zielergebnis abweicht.

(2) Soweit der individuelle Teil nicht messbar ist, wird der Erfüllungsgrad nach pflichtgemäßem Ermessen durch den zuständigen Geschäftsführer ermittelt und festgelegt.

(3) Der ergebnisabhängige Teil kann höchstens 200% der anteiligen Zielprämie betragen, der individuelle Teil der Prämie höchstens 150%.

(4) Die Prämie beträgt mindestens 0,3 Jahresgehälter, es sei denn, der zuständige Geschäftsführer stellt eine unzureichende Zielerfüllung bei der ergebnisabhängigen Komponente iVm. persönlicher Minderleistung bei der individuellen Komponente fest.

§ 3 Verfahren zur Zielvereinbarung

Die Zielvereinbarung zwischen dem Mitarbeiter und der Unternehmensleitung wird unverzüglich nach Fertigstellung der Jahresplanung für die nächste Abrechnungsperiode getroffen.

§ 4 Fälligkeit

Die Prämie ist innerhalb von fünf Monaten nach Abschluss des Geschäftsjahres auf Basis der Zielvereinbarung abzurechnen und über die Gehaltsabrechnung auszuzahlen.

§ 5 Vorzeitiges Ausscheiden

Erfolgt die Vertragsbeendigung auf Wunsch des Mitarbeiters oder aus einem wichtigen Grund, den der Mitarbeiter zu vertreten hat, so besteht kein Anspruch auf die Prämie.[2] Gleiches gilt für Zeiträume einer Freistellung des Mitarbeiters.

§ 6 Freiwilligkeit

Die Prämie steht unter dem Vorbehalt des jederzeitigen Widerrufs für die Zukunft von Seiten des Unternehmens. Der Widerruf kann erklärt werden, wenn . . . .[3]

---

2 Die Wirksamkeit dieser Klausel ist fraglich, da es sich bei der Prämie letztlich um erdienten Arbeitslohn handelt.

3 Diese Klausel dient der Absicherung für die Zukunft gegen den Fall, dass eine Einigung über die jeweils festzulegenden Einzelziele nicht erreicht werden kann. Solange nicht widerrufen ist, entsteht aus der Rahmenvereinbarung eine Pflicht zur Bestimmung nach billigem Ermessen durch den Arbeitgeber nach § 315 BGB hinsichtlich der Zielvorgaben, die dann einer gerichtlichen Prüfung unterzogen werden können.

12.27 Aktienoptionen

Optionsrechtsvereinbarung[1]

zwischen

... Aktiengesellschaft (im Folgenden "AG")

und

Herrn/Frau ...

Präambel

Die Hauptversammlung hat unter dem ... die Schaffung von bedingtem Kapital in Höhe von Euro ... gemäß § 192 Abs. 2 Nr. 3 AktG beschlossen. Der Beschluss ist als Anlage 1 beigefügt und Inhalt dieses Vertrages. Herr/Frau ... gehört zu der dort genannten Personengruppe möglicher Bezugsberechtigter.

§ 1 Einräumung der Optionsrechte

(1) Herr/Frau ... erhält das Recht, ... Stück auf den Namen lautender Aktien der AG im Nennbetrag von jeweils Euro ... (i. F.: „Aktien") zum jeweiligen Ausübungspreis zu erwerben (i. F.: „Optionsrechte").

(2) Der Ausübungspreis ist die Summe aus dem Referenzpreis und dem Aufschlag. Er bestimmt sich wie folgt:

a) Referenzpreis ist der Durchschnittswert des Eröffnungskurses und des Schlussauktionspreises der Aktien der Gesellschaft im Xetra-Handel an der Wertpapierbörse Frankfurt/Main an dem Tag, der vor der im 1. Quartal eines jeden Jahres stattfindenden Sitzung des Präsidiums des Aufsichtsrates der AG liegt, in der über den aktienpreisgebundenen Teil der Vergütung der Mitglieder des Vorstandes der Gesellschaft entschieden wird, mindestens aber der auf eine Aktie entfallende anteilige Betrag des Grundkapitals;

b) der Aufschlag beträgt 20% auf den Referenzpreis als Erfolgsziel.[2]

oder

(2) Ausübungspreis ist der Börsenkurs der Aktie am Tag der heutigen Vertragsunterzeichnung in Höhe von Euro ....

oder – bei Indexierung[3]

---

[1] Vgl. *Bredow*, DStR 1998, 380; *Harrer/Janssen*, Mitarbeiterbeteiligungen und Stock-Options-Pläne, 2000, S. 210 ff.; *Lembke*, BB 2001, 1469; in der Praxis wird häufig nicht eine ausführliche Optionsrechtsvereinbarung mit dem Arbeitnehmer geschlossen, sondern der Arbeitnehmer wird durch eine kurze Vereinbarung in den Aktienoptionsplan einbezogen, der dann die detaillierten Bedingungen enthält. **M 12.27** enthält eine umfangreiche Optionsrechtsvereinbarung mit dem Mitarbeiter.

[2] Das Erfolgsziel führt zu einem erhöhten Erfolgsanreiz, da die Aktienoption sinnvollerweise nur ausgeübt werden kann, wenn das Management eine nennenswerte Kurssteigerung bewirkt.

[3] Die Indexierung dient dazu, nur solche Wertsteigerungen der Aktie zu honorieren, die über die allgemeine konjunkturelle Steigerung gemäß dem Aktienindex (bzw. – wie in der 3. Alternative – die branchenübliche Steigerung bei Verwendung des Branchenindex) hinausgeht.

(2) Der Ausübungspreis ist das Produkt aus dem Referenzpreis und dem Faktor.

a) Referenzpreis ist der Börsenkurs der Aktie am Tag der heutigen Vertragsunterzeichnung in Höhe von Euro . . .

b) Faktor ist der Quotient aus dem Stand des Deutschen Aktienindex DAX zum Zeitpunkt der Ausübung der Option und dem Stand des Deutschen Aktienindex DAX zum Zeitpunkt der Einräumung der Option.

oder

b) Faktor ist der Quotient aus dem Stand des Branchenindex . . . zum Zeitpunkt der Ausübung der Option und dem Stand des Branchenindex . . . zum Zeitpunkt der Einräumung der Option.

(3) Die Vertragsparteien schließen hiermit einen Kaufvertrag über . . . Aktien gem. § 1 Abs. 1 zum Ausübungspreis. Der Kaufvertrag steht unter der aufschiebenden Bedingung der Ausübung der Optionsrechte durch Herrn/Frau . . . .

(4) Herr/Frau . . . darf die Optionsrechte ganz oder in Teilen nach Maßgabe der nachfolgenden Vorschriften ausüben.

§ 2 Unentgeltlichkeit

Die Einräumung der Optionsrechte erfolgt unentgeltlich.[4]

§ 3 Wartezeiten und Ausübungszeiträume[5]

(1) Herr/Frau kann die Optionsrechte wie folgt ausüben:

a) . . . % der Optionsrechte frühestens am . . . ,

b) weitere . . . % der Optionsrechte frühestens am . . . ,

c) die verbleibenden . . . % der Optionsrechte frühestens am . . . .

(2) Auch nach Ablauf dieser Wartezeiten können die Optionsrechte nicht innerhalb folgender Zeiträume ausgeübt werden:

a) vom 15.12. bis 31.12. eines jeden Jahres,

b) in der Zeit ab dem letzten Tag, an dem sich Aktionäre zur Teilnahme an der Hauptversammlung der Gesellschaft anmelden können, bis zum dritten Bankarbeitstag in Frankfurt/Main nach dieser Hauptversammlung,

c) in der Zeit ab dem Tag der Veröffentlichung eines Bezugsangebotes auf neue Aktien oder auf Schuldverschreibungen mit Wandel- und/oder Optionsrechten auf Aktien der Gesellschaft in einem Pflichtblatt der Wertpapierbörse Frankfurt/Main bis zum Tage, an dem die Bezugsfrist endet.

---

[4] Ein geldwerter Vorteil entsteht erst im Zeitpunkt der Ausübung in Höhe der Differenz zwischen dem Ausübungspreis und dem aktuellen Aktienkurs. Die Steuerpflicht bei Verkauf der Aktien richtet sich nach den allgemeinen Vorschriften, vgl. Erläuterungen unter I. 17.

[5] Die Zeiträume, in denen die Optionen nicht ausgeübt werden können, dienen insbesondere auch dazu, schon den ersten Anschein von Insiderhandel zu vermeiden.

§ 4 Ausübungserklärung

(1) Die Ausübung erfolgt durch schriftliche Erklärung gegenüber dem Vorsitzenden des Aufsichtsrates der AG. Sie kann nur durch den Optionsberechtigten selbst ausgeübt werden.

(2) Die Erklärung hat anzugeben, für wie viele Aktien Optionsrechte ausgeübt werden.

(3) Mit wirksamer Ausübung entfällt im Umfang der ausgeübten Optionsrechte die aufschiebende Bedingung des Kaufvertrages gem. § 1 Abs. 4.

(4) Binnen ... Wochen nach Zugang der Ausübungserklärung wird die Gesellschaft Herrn/Frau ... die der ausgeübten Zahl an Optionsrechten entsprechende Zahl an Aktien Zug-um-Zug gegen die Zahlung des Kaufpreises übertragen.

§ 5 Veräußerungsbeschränkungen

(1) Herr/Frau ... darf die in Ausübung des Optionsrechtes erworbenen Aktien frühestens ... Monate nach Ausübung der Option weiter veräußern.[6]

(2) Ein Anspruch des/der Herrn/Frau ... auf Zahlung eines Barausgleichs ist ausgeschlossen.

§ 6 Unübertragbarkeit

(1) Die unter § 1 gewährten Optionsrechte sind zu Lebzeiten des Optionsberechtigten nicht übertragbar.

(2) Auch jegliche anderweitige Verfügung über die Optionsrechte, die Gewährung einer Unterbeteiligung oder die Errichtung einer Treuhand daran sind unzulässig. Auch die Eingehung von Short-Positionen durch Einräumung von den nach § 1 Abs. 1 eingeräumten Optionsrechten an Dritte sowie vergleichbare Glattstellungsgeschäfte, die wirtschaftlich zu einer Veräußerung der Optionsrechte führen, sind Herrn/Frau ... nicht gestattet. Verstöße gegen diese Vorschriften führen zum Verfall der Optionsrechte.

(3) Die unter § 1 gewährten Optionsrechte sind vererblich. Im Falle des Todes von Herrn/Frau ... endet das Recht zur Ausübung der Option jedoch spätestens zwölf (12) Monate nach dem Zeitpunkt des Todes. § 10 bleibt unberührt.

oder

(3) Die unter § 1 gewährten Optionsrechte sind unvererblich.

§ 7 Verfall[7]

(1) Die Optionsrechte verfallen, wenn Herr/Frau ... sein/ihr Anstellungsverhältnis mit der AG vor dem ... beendet,[8] gleich aus welchem Grunde. Sie verfallen ferner, wenn die AG das Anstellungsverhältnis mit Herrn/Frau ... aus einem wichtigem Grund beendet, den Herr/Frau ... zu vertreten hat.

---

6 Die Beschränkung der Übertragbarkeit hat nur schuldrechtliche Wirkung. Die Wirksamkeit der Veräußerung richtet sich nach §§ 53a ff. AktG.
7 Zur rechtlichen Zulässigkeit vgl. Erläuterungen unter I. 17.
8 Eine Bindungsdauer von bis zu fünf Jahren ist entsprechend § 624 BGB wohl zulässig, da durch § 193 Abs. 2 Nr. 4 AktG (Mindestwartezeit von zwei Jahren) eine langfristige Bindung des Mitarbeiters an das Unternehmen bereits gesetzlich vorgeschrieben ist.

(2) Tritt Herr/Frau ... in den Ruhestand, so endet das Optionsrecht spätestens mit Ablauf von zwölf (12) Monaten nach seinem Ausscheiden bei der AG.

(3) § 10 bleibt unberührt.

§ 8 Anpassung der Optionsrechte

(1) Im Falle einer Verschmelzung der AG auf eine andere Gesellschaft, deren Umwandlung, einer Kapitalerhöhung aus Eigenmitteln (Gratisaktien), einer Veränderung des Nennbetrages der Aktien oder vergleichbarer Maßnahmen, die die Rechte von Herrn/Frau ... durch Untergang oder Veränderung der Aktien nach diesem Vertrag beeinträchtigen, wird nach Wahl der Gesellschaft der Ausübungspreis entsprechend der aus der Maßnahme resultierenden Wertveränderung angepasst, und/oder es tritt an die Stelle des Rechts nach § 1 Abs. 1 das Recht, zum – ggf. zusätzlich angepassten – Ausübungspreis jeweils diejenige Anzahl von Aktien, Geschäftsanteilen oder sonst an die Stelle der Aktien der AG tretenden Beteiligungsrechten an der AG oder deren Rechtsnachfolgerin zu erwerben, deren Wert dem Kurswert einer Aktie der Gesellschaft im Zeitpunkt einer solchen Maßnahme entspricht. Im Übrigen finden die Vorschriften dieser Vereinbarung Anwendung.

(2) Bis zur Ausübung der Optionsrechte stehen Herrn/Frau ... keine Rechte auf Dividenden oder sonstige Ausschüttungen aus den Optionsrechten unterliegenden Aktien zu.

§ 9 Besteuerung[9]

(1) Herrn/Frau ... ist bekannt, dass die Gewährung der Optionsrechte an Herrn/Frau ... sowie deren Ausübung zu steuerpflichtigen geldwerten Vorteilen bei Herrn/Frau ... führen kann.

(2) Die AG wird die hierauf entfallende Lohnsteuer einschließlich Kirchensteuer und Solidaritätszuschlag an das Finanzamt sowie evtl. hierauf entfallende Sozialversicherungsabgaben entsprechend den gesetzlichen Vorschriften abführen. Herr/Frau ... ist jedoch verpflichtet, der AG diese zu erstatten. Der jeweilige Arbeitgeber von Herrn/Frau ... ist berechtigt, hierzu entsprechende Beträge vom Gehalt des/der Herrn/Frau ... einzubehalten. Der einbehaltene Betrag darf jedoch ...% der Festvergütung des/der Herrn/Frau ... nicht überschreiten.

(3) Die Vertragsparteien werden im Übrigen geeignete Vereinbarungen über eine Stundung oder anderweitige Finanzierung der Lohnsteuer-Erstattungsverpflichtung des/der Herrn/Frau ... treffen, soweit dieser/diese nicht im Stande ist, den Erstattungsbetrag im Wege einer Einmalzahlung an die AG abzuführen.

§ 10 Dauer; Kündigung[10]

(1) Diese Vereinbarung gilt bis zum ... .

(2) Werden die Optionsrechte von Herrn/Frau ... nicht bis zu diesem Zeitpunkt ausgeübt, verfallen sie.

---

9 Im Einzelnen vgl. Erläuterungen unter I. 17.
10 Eine Kündigung ist möglich, soweit es sich bei den gewährten Optionen um Gratifikationen handelt, *Lembke*, BB 2001, 1469, 1475.

(3) Die Gesellschaft kann diese Vereinbarung mit Frist von einem Monat kündigen:

a) wenn von einem Gläubiger des/der Herrn/Frau . . . die Zwangsvollstreckung in seine Rechte nach diesem Vertrag betrieben wird;

b) wenn über das Vermögen des/der Herrn/Frau . . . ein Insolvenzverfahren eröffnet wird oder die Eröffnung mangels Masse abgelehnt wird;

c) wenn Herr/Frau . . . wesentliche Pflichten nach dem Gesetz, der Satzung, seinem Anstellungsvertrag oder dieser Vereinbarung verletzt.

(4) Die Kündigung bedarf zu ihrer Wirksamkeit der Schriftform. Mit Zugang der Kündigungserklärung erlöschen die nach diesem Vertrag gewährten Optionsrechte.

§ 11 Schriftform

Änderungen oder Ergänzungen dieses Vertrages bedürfen der Schriftform, soweit nicht notarielle Beurkundung erforderlich ist. Dies gilt auch für die Änderung dieser Schriftformklausel.[11] Die elektronische Form ist ausgeschlossen.

§ 12 Salvatorische Klausel

Sollten einzelne Bestimmungen dieses Vertrages ganz oder teilweise nicht wirksam sein, so wird dadurch die Gültigkeit der übrigen Vertragsbestimmungen nicht berührt. Gleiches gilt, wenn der Vertrag eine Lücke enthält. Anstelle der unwirksamen Bestimmung oder zur Ausfüllung der Lücke gilt diejenige wirksame Regelung als vereinbart, die dem am nächsten kommt, was die Vertragschließenden gewollt hätten, sofern sie diesen Punkt bei der Abfassung des Vertrages bedacht hätten.

. . .   *. . .*
Herr/Frau   *AG*

---

[11] Zur Schriftformklausel im Einzelnen vgl. **M 2.1** Ziff. 12; **M 7.1** § 14.

12.28 Klage auf künftige Vergütung[1]

An das Arbeitsgericht

In Sachen

. . ./. . .

(volles Rubrum)[2]

vertreten wir den Kläger.

---

[1] Die Zulässigkeit von Klagen auf zukünftige Gehaltszahlung war lange umstritten. In einer älteren Entscheidung vom 18. 12. 1974 (DB 1975, 892) hatte das BAG eine Klage auf Lohnzahlung

Namens und im Auftrag des Klägers erheben wir Klage und beantragen:

1. *Die Beklagte wird verurteilt, Euro ... nebst Zinsen in Höhe von 8 Prozentpunkten über dem Basiszinssatz[3] seit dem 1. 6. ... an den Kläger zu zahlen.*
2. *Die Beklagte wird verurteilt, künftig an jedem Monatsersten, beginnend mit dem 1. 7. ..., Euro ... nebst Zinsen in Höhe von 8 Prozentpunkten über dem Basiszinssatz an den Kläger zu zahlen, soweit der Kläger arbeitsfähig ist, die Gehaltsansprüche nicht wegen längerer Krankheit entfallen, der Kläger nicht unbezahlten Urlaub hat, er leistungswillig bleibt und auch tatsächlich arbeitet und das Arbeitsverhältnis nicht endet.*

Begründung:

Die Beklagte ist ein Metall verarbeitendes Industrieunternehmen mit 500 Beschäftigten. Der Kläger ist seit mehr als 30 Jahren als Lagerarbeiter bei der Beklagten beschäftigt und aufgrund der einschlägigen Tarifverträge altersgesichert. Am 15. 5. ... kam es zum Streit zwischen dem Kläger und seinem Vorgesetzten. Daraufhin erklärte der Vorgesetzte des Klägers, der Kläger sei ab sofort freigestellt und werde auch keine Vergütung mehr bekommen. Man werde bei der Beklagten noch sorgfältig überlegen, was weiter geschehen solle.

Tatsächlich hat die Beklagte seit dem 1. 6. ... dem Kläger kein Gehalt mehr gezahlt. Ausweislich der letzten Gehaltsabrechnung vom Mai ... verdiente der Kläger zuletzt Euro ....

    Beweis: Gehaltsabrechnung Mai, Anlage K 1

Mit dem Klageantrag Ziffer 1 wird zunächst die rückständige Vergütung für den Monat Juni ... geltend gemacht. Mit dem Klageantrag Ziffer 2 begehrt der Kläger die Verurteilung der Beklagten zur Zahlung der künftig an jedem Monatsersten fällig werdenden Gehälter. Der Kläger ist arbeitsfähig und arbeitswillig und hat in der Zeit nach dem 15. 5. ... seine Arbeitskraft auch mehrfach der Beklagten angeboten.

    *Beweis: Angebotsschreiben des Klägers vom 18. 5., 25. 5.
    und 3. 6. ... Anlagen K 2 bis K 4*

---

für die nächsten 30 Jahre (!) als unzulässig angesehen, weil die Leistungsfähigkeit und Leistungsbereitschaft des Arbeitnehmers Voraussetzung des Zahlungsanspruchs sei (§ 320 BGB), aber nicht für alle Zeit feststehe. Demgegenüber hielt die untergerichtliche Judikatur Klagen auf zukünftige Gehaltszahlung überwiegend für zulässig (zB LAG Köln v. 27. 11. 1996, AE 1997, 33; vgl. auch die weiteren Nachweise bei *Ennemann/Griese*, Taktik des Arbeitsgerichtsprozesses, 2000, S. 291 ff.; ausführlich *Heimann*, ArbuR 2002, 441). Nach der Grundsatzentscheidung des BAG v. 13. 3. 2002 (NZA 2002, 1232) sollen nunmehr Klagen auf künftige Gehaltszahlungen uneingeschränkt zulässig sein. Allerdings ist nach Auffassung des BAG erforderlich, dass nahe liegende Fälle, in denen der Vergütungsanspruch entfällt, als Einschränkung in den Klageantrag mitaufgenommen werden. Dies betrifft beispielsweise die Beendigung des Arbeitsverhältnisses, längere Krankheit, unbezahlten Urlaub oder unentschuldigte Fehlzeiten.

2 S. **M 45.1** und **M 45.2**.
3 Zur Verzinsung vgl. **M 45.3** Fn. 5, 6.

Die Klage auf zukünftige Leistung ist gemäß §§ 257, 259 ZPO zulässig (wird ausgeführt).[4]

...

(Unterschrift)

---

[4] Ist der Arbeitnehmer nach erfolgter Verurteilung nicht mehr leistungsfähig oder leistungswillig oder endet das Arbeitsverhältnis, muss der Arbeitgeber dies durch Vollstreckungsgegenklage nach § 767 ZPO geltend machen (ausführlich *Heimann*, ArbuR 2002, 441). Im Rahmen der Zwangsvollstreckung ist gem. § 726 Abs. 1 ZPO vor Erteilung der Vollstreckungsklausel zu prüfen, ob die für die künftigen Vergütungsansprüche maßgeblichen Bedingungen (noch) vorliegen.

Kapitel 13 Fehlverhalten des Arbeitnehmers und Mobbing

Literaturübersicht:

Zum Fehlverhalten des Arbeitnehmers: *Bauer/Röder*, Taschenbuch zur Kündigung, 2. Aufl. 2000, S. 99 ff.; *Beckerle*, Die Abmahnung, 8. Aufl. 2003; *Berkowsky*, Was ändert die Reform im Arbeitsrecht?, AuA 2002, 11; *Conze*, Die aktuelle Rechtsprechung des BAG zur Entfernung von Vorgängen aus Personalakten, DB 1989, 778; *Eich*, Anspruch auf Entfernung einer berechtigten Abmahnung aus der Personalakte durch Zeitablauf, NZA 1988, 759; *Falkenberg*, Die Abmahnung, NZA 1988, 489; *Gamillscheg*, Haftung des Arbeitnehmers, ArbuR 1993, 262; *Grassl*, Wofür muss der Mitarbeiter gerade stehen? Die endlich geklärte Frage der Arbeitnehmerhaftung, Personal 1994, 450; *von Hoyningen-Huene*, Die Abmahnung im Arbeitsrecht, RdA 1990, 193; *Kleinebrink*, Die Bedeutung der Abmahnung im Arbeitsrecht nach der Modernisierung des Schuldrechts, FA 2002, 226; *Krause*, Geklärte und ungeklärte Probleme der Arbeitnehmerhaftung, NZA 2003, 577; *Marhold*, Arbeitnehmerhaftung, JZ 1993, 910; *Oetker*, Neues zur Arbeitnehmerhaftung durch § 619a BGB?, BB 2002, 43; *Richardi*, Leistungsstörungen und Haftung im Arbeitsverhältnis nach dem Schuldrechtsmodernisierungsgesetz, NZA 2002, 1004; *Schaub*, Die arbeitsrechtliche Abmahnung, NJW 1990, 872; *Schaub*, Die Haftungsbegrenzung des Arbeitnehmers, WiB 1994, 227; *Schnuppenhauer*, Die Haftung des EDV-Leiters, CR 1994, 369; *Schwirtzek*, Neue Perspektiven für Mankoabreden? Arbeitnehmerhaftung für Fehlbeträge und Fehlbestände, AuA 2003, 20.

Zum Mobbing: *Aigner*, Rechtsschutz gegen Mobbing verstärkt, BB 2001, 1354; *Kerst-Würkner*, Das schleichende Gift „Mobbing" und die Gegenarznei, ArbuR 2001, 251; *Rieble/Klumpp*, Mobbing und die Folgen, ZIP 2002, 369; *Rieble/Klumpp*, Die „Mobbing-Klage", FA 2002, 307; *Wickler*, Wertorientierungen in Unternehmen und gerichtlicher Mobbing-Schutz, DB 2002, 477.

I. Erläuterungen

1. Fehlverhalten des Arbeitnehmers

Verstößt der Arbeitnehmer gegen vertragliche Haupt- oder Nebenpflichten, stehen dem Arbeitgeber zwei Reaktionsmöglichkeiten zur Verfügung: Er kann eine Ermahnung aussprechen oder den Arbeitnehmer abmahnen.[1] Dabei bestehen Unterschiede in der Funktion und der Intensität dieser Mittel.

Führt der Verstoß zu einem Schaden des Arbeitgebers, können Ersatzansprüche gegen den Arbeitnehmer bestehen.

a) Ermahnung

Die schwächere Sanktion ist die Ermahnung. Mit ihr besteht der Arbeitgeber ohne Androhung von künftigen Rechtsfolgen auf der Einhaltung der vertraglichen Pflichten.[2] Sie ist kündigungsrechtlich irrelevant. Ihre Wirkung besteht darin, durch **Rüge** eine Verhaltensänderung herbeizuführen und eine stillschweigende Vertragsänderung durch Duldung des Verhaltens zu verhindern.

⮕ **Wichtig:** Wird ein Vertragsverstoß längere Zeit hingenommen, kann dies zu einer konkludenten Änderung des Vertragsinhalts führen. Dies kann durch eine Rüge verhindert werden. Der Arbeitgeber muss zum Ausdruck bringen, dass er das Fehlverhalten nicht duldet.

b) Abmahnung

aa) Funktionen der Abmahnung

Auch die Abmahnung dient dazu, den Arbeitnehmer zur Vertragserfüllung anzuhalten und eine stillschweigende Vertragsänderung zu verhindern. Darüber hinaus dient sie jedoch hauptsächlich dazu, den Arbeitnehmer vor einer im Wiederholungsfall drohenden verhaltensbedingten Kündigung[3] zu **warnen**. Nach § 314 Abs. 2 BGB[4] ist eine außerordentliche verhaltensbedingte Kündigung nur nach vorheriger erfolgloser Abmahnung zulässig. Eine Abmahnung kann jedoch dann entbehrlich sein, wenn eine Abwägung der beiderseitigen Interessen die sofortige Kündigung rechtfertigt[5] (§§ 314 Abs. 2 Satz 2, 323 Abs. 2 Nr. 3 BGB) oder der Arbeitnehmer nicht gewillt ist, sich ver-

---

1 In Ausnahmefällen kann der Arbeitgeber auch direkt zur Kündigung greifen, vgl. Kap. 22 unter I. 3. Auf Betriebsbußen (Verwarnung, Verweis, Geldbuße) soll hier nicht eingegangen werden, da diese nicht individualvertragliche, sondern nur Verstöße gegen die kollektivrechtliche Betriebsordnung betreffen. Das Verhalten des Arbeitnehmers kann aber zugleich einen Verstoß gegen arbeitsvertragliche Pflichten und eine Störung der betrieblichen Ordnung darstellen. Der Arbeitgeber kann dann zugleich mit der Abmahnung eine Verwarnung aussprechen, was allerdings eine Beteiligung des Betriebsrats erfordert.
⮕ **Wichtig:** Unbedingt zu beachten ist in einem solchen Fall, dass aus dem Text deutlich hervorgehen muss, dass der Arbeitnehmer auch mit Nachdruck die Arbeitsvertragsverletzung rügt, da die Abmahnung gegenüber der Verwarnung die weiter reichenden Konsequenzen hinsichtlich einer späteren Kündigung hat.
2 *Schaub*, ArbR-Hdb., § 61 Rz. 6 ff.
3 In Betracht kommt aber auch eine Änderungskündigung oder Versetzung. In diesem Fall gelten die Ausführungen bzgl. der Kündigung entsprechend.
4 § 314 Abs. 1 BGB wird durch § 626 Abs. 1 BGB als lex specialis für Dienst- und Arbeitsverhältnisse verdrängt. Weil jedoch eine § 314 Abs. 2 BGB entsprechende Regelung im Dienstvertragsrecht fehlt, ist diese anzuwenden.
5 Dies ist ua. der Fall bei schwerwiegenden Vertrauensverletzungen, BAG 1. 7. 1999, NZA 1999, 1270 ff.

tragsgemäß zu verhalten[6] (§§ 314 Abs. 2 Satz 2, 323 Abs. 2 Nr. 1 BGB). Die Vorschrift ist entsprechend auch auf die ordentliche Kündigung anzuwenden, denn wenn eine Abmahnung bei besonders schweren Pflichtverletzungen erforderlich ist, dann gilt dies umso mehr bei einfachen.[7] Dies ist Ausdruck des Verhältnismäßigkeitsprinzips, nach dem die Kündigung nur äußerstes Mittel sein darf (Ultima-Ratio-Prinzip). Erst nach einem gleichartigen Wiederholungsfall darf die Kündigung erfolgen.[8]

➔ **Wichtig:** Eine ohne vorherige vergebliche Abmahnung ausgesprochene verhaltensbedingte Kündigung ist in der Regel unwirksam.[9]

bb) Wirksamkeitsvoraussetzungen der Abmahnung

Form und Inhalt der Abmahnung sind im Gesetz nicht geregelt. Sie ist daher grds. formfrei, sofern nicht tarifvertraglich Schriftform vorgeschrieben ist. Allerdings empfiehlt sich dringend die **Schriftform** zur **Dokumentation**. Die **inhaltlichen Voraussetzungen** ergeben sich aus der Funktion der Abmahnung als Vorstufe der Kündigung oder ähnlicher Maßnahmen.

Aus der Abmahnung muss zweifelsfrei hervorgehen, welche Pflichtwidrigkeit dem Arbeitnehmer genau vorgeworfen wird[10] und welches Verhalten künftig von ihm erwartet wird. Zudem muss klar zum Ausdruck kommen, dass im Wiederholungsfall mit einer Kündigung zu rechnen ist.

Die Abmahnung selbst muss dem Grundsatz der **Verhältnismäßigkeit** entsprechen.[11] Bei lediglich vereinzelten Bagatellverstößen darf sie nicht ausgesprochen werden.

Eine **Regelausschlussfrist** für die Erklärung der Abmahnung gibt es nicht. Es wäre auch praktisch unmöglich, sich häufende, über einen längeren Zeitraum verteilte Bagatellverstöße innerhalb einer bestimmten Frist zu rügen.[12]

Abmahnungsberechtigt ist jeder weisungsbefugte Vorgesetzte.[13]

Die Abmahnung muss zur Erfüllung ihres Zwecks dem betroffenen Arbeitnehmer zugehen. Es gelten die Regeln zum **Zugang** von Willenserklärungen entsprechend (§ 130 Abs. 1 BGB).[14]

---

6 So schon die bisherige Rechtsprechung: BAG v. 12. 7. 1984, AP Nr. 32 zu § 102 BetrVG 1972 = NZA 1985, 96.
7 *Berkowsky*, AuA 2002, 11, 14.
8 Gleichartig ist ein Wiederholungsfall, wenn er in einem engen Zusammenhang mit der Abmahnung steht. Die Abmahnung muss denselben Bereich wie die Pflichtwidrigkeit betreffen, derentwegen gekündigt wird (BAG v. 16. 1. 1992, NZA 1992, 1023).
9 BAG v. 21. 11. 1985, DB 1986, 2188: Die unwirksame Kündigung hat lediglich die Wirkung einer Abmahnung.
10 Dies erfordert eine detaillierte Angabe des Vorfalls mit Datum und uU Uhrzeit.
11 BAG v. 13. 11. 1991, DB 1992, 843.
12 BAG v. 15. 1. 1986, DB 1986, 1075.
13 BAG v. 18. 1. 1980, DB 1980, 1351.
14 Bei der deutschen Sprache nicht mächtigen Arbeitnehmern geht die Abmahnung erst nach einer angemessenen Zeitspanne zu, die der Arbeitnehmer benötigt, um die Abmahnung zu übersetzen (LAG Hamm v. 5. 1. 1979, EzA § 130 BGB Nr. 9; aA aber *Schaub*, ArbR-Hdb., § 61 Rz. 39; LAG Köln v. 24. 3. 1988, NJW 1988, 1870).

Die Abmahnung ist als arbeitsvertragliches Rügerecht **mitbestimmungsfrei**,[15] allerdings sehen mitunter Tarifverträge oder (freiwillige) Betriebsvereinbarungen die Mitbestimmungspflicht vor.

Die Wirkung der Abmahnung ist **zeitlich begrenzt**. Es besteht jedoch auch insoweit keine Regelfrist. Die Grenzen der Wirkung einer Abmahnung ergeben sich vielmehr aus den Umständen des Einzelfalls. Maßgeblich ist, ob sich der Arbeitnehmer nach der Abmahnung längere Zeit vertragsgemäß verhalten oder der Arbeitgeber weitere Verstöße nicht beanstandet hat. Ist dies der Fall, entsteht seitens des Arbeitnehmers ein Vertrauenstatbestand, mit dem die Abmahnung verbraucht ist. Zu berücksichtigen ist auch die Art und Schwere des abgemahnten Verstoßes.[16]

Zahlreiche Abmahnungen wegen gleichartiger Pflichtverletzungen, denen keine weiteren Konsequenzen folgen, können allerdings die Warnfunktion der Abmahnungen abschwächen. Der Arbeitgeber muss dann die letzte Abmahnung vor Ausspruch einer Kündigung besonders eindringlich gestalten, um dem Arbeitnehmer klar zu machen, dass weitere derartige Pflichtverletzungen nunmehr tatsächlich zum Ausspruch einer Kündigung führen werden.[17]

Vor der Übernahme der Abmahnung in die Personalakte ist im Geltungsbereich des BAT der Arbeitnehmer nach § 13 Abs. 2 BAT **anzuhören**. Unterlässt der Arbeitgeber dies, ist die Abmahnung formell unwirksam. Zur Vorbereitung einer Kündigung reicht sie jedoch aus, da sie die erforderliche Warnfunktion aufweist und ja auch mündlich hätte ausgesprochen werden können.[18]

c) Schadensersatz

Dem Arbeitgeber steht bei einem Pflichtverstoß des Arbeitnehmers, der zu einem Schaden geführt hat, uU ein Anspruch auf Schadensersatz zu. Dies kann nach **§ 823 BGB** der Fall sein, wenn der Arbeitnehmer vorsätzlich oder fahrlässig ein absolutes Recht des Arbeitgebers widerrechtlich verletzt (zB Arbeitsmittel beschädigt oder zerstört [Abs. 1] oder gegen ein Schutzgesetz verstößt [Abs. 2]). Als Anspruchsgrundlage kommen aber auch die §§ 280 Abs. 1 Satz 1, 619a, 241 Abs. 2 BGB (positive Vertragsverletzung) in Betracht, wenn der Arbeitnehmer eine vertragliche Nebenpflicht verletzt oder eine Schlechtleistung erbringt, dies vertreten muss (§ 276 BGB) und dies zu einem Schaden des Arbeitgebers führt.

Die Eigenart des Arbeitsverhältnisses bringt es mit sich, dass auch dem sorgfältigsten Arbeitnehmer im Laufe der Zeit ein Fehler unterlaufen kann. Die Haftungsrisiken in der industriellen Fertigung stehen dabei häufig in keinem äquivalenten Verhältnis zu dem Arbeitsentgelt. Zudem bestimmt der Arbeitgeber die Risikofaktoren innerhalb des Betriebes durch seine Organisationsgewalt und sein Weisungsrecht, während der Arbeitnehmer darauf keinen Einfluss hat. Im Rahmen des innerbetrieblichen Schadensausgleichs haben sich daher Grundsätze herausgebildet, die die Haftung des Arbeitnehmers bei **betrieblich veranlassten Tätigkeiten**[19] angemessen mildern.[20]

---

15 BAG v. 17. 10. 1989, NZA 1990, 193.
16 BAG v. 21. 2. 1957, DB 1957, 311; v. 18. 11. 1986, DB 1987, 1303.
17 BAG v. 15. 11. 2001, NZA 2002, 968.
18 BAG v. 21. 5. 1992, DB 1992, 2143.
19 Dies sind alle Tätigkeiten, die der Arbeitnehmer aufgrund seines Arbeitsvertrags schuldet oder von dem Arbeitgeber zugewiesen bekommt.

Danach haftet der Arbeitnehmer

- bei **leichtester Fahrlässigkeit**[21] überhaupt nicht;
- bei **mittlerer Fahrlässigkeit** anteilig;
- bei **grober Fahrlässigkeit**[22] und **Vorsatz**[23] unbeschränkt. Allerdings muss sich das Verschulden jeweils auch auf den Schaden beziehen.[24] Schon nach bisheriger Rechtslage war bei grober Fahrlässigkeit eine Schadensteilung nicht ausgeschlossen, wobei das BAG sich zur Vermeidung einer existenziellen Bedrohung des Arbeitnehmers an einer fünfjährigen Schadenstilgungsdauer gem. §§ 286 ff. InsO orientiert hat.[25]

Eine Haftungsverschärfung ist nur zulässig, wenn ihr ein finanzieller Risikoausgleich gegenübersteht.[26] Nach § 310 Abs. 4 BGB sind in Formularverträgen Abweichungen von diesen Grundsätzen zur Arbeitnehmerhaftung einer Inhaltskontrolle zu unterziehen, deren Maßstab sich ebenfalls nach dem Verhältnismäßigkeitsprinzip richtet (§ 307 Abs. 1 Satz 1 BGB).

§ 619a BGB enthält eine Beweislastumkehr zugunsten des Arbeitnehmers in Abweichung zu § 280 Abs. 1 BGB.[27] Ausnahmsweise muss der Arbeitgeber ein Vertretenmüssen des Arbeitnehmers beweisen. Dies gilt auch für Berufsausbildungsverhältnisse, nicht jedoch für arbeitnehmerähnliche Personen, da für diese auch die beschränkte Arbeitnehmerhaftung nicht zur Anwendung kommt.[28]

2. Mobbing

Mobbing ist „das" Modethema der letzten Jahre im Arbeitsrecht. Allerdings sind sich alle einig, dass es Mobbing schon immer in Betrieben gegeben hat. Durch spektakuläre Gerichtsentscheidungen, insbesondere die gutachtenartige Entscheidung des

---

20 Nach der bisherigen Rechtsprechung wird eine Haftungsmilderung durch entsprechende Anwendung des § 254 BGB herbeigeführt. Nach der neuen Rechtslage seit dem 1. 1. 2002 und dem Willen des Gesetzgebers soll sich auch aus dem sonstigen Inhalt des Schuldverhältnisses (§ 276 Abs. 1 2. Halbsatz BGB) ergeben können (BT-Drucks. 14/6857, S. 48). Eine Änderung der Rechtsprechung ist jedoch nicht zu erwarten, da ein Abstellen auf § 276 BGB zur Folge hätte, dass der Arbeitnehmer entweder voll oder gar nicht haftet.
21 Leichteste Fahrlässigkeit liegt vor bei geringfügigen und leicht entschuldbaren Pflichtverletzungen, die jedem Arbeitnehmer unterlaufen können.
22 Grob fahrlässig handelt der Arbeitnehmer, wenn er diejenige Sorgfalt außer Acht lässt, die jedem eingeleuchtet hätte.
23 Vorsatz setzt das Wissen und Wollen, mindestens aber die billigende Inkaufnahme des Schädigungserfolgs voraus.
24 So jetzt BAG v. 18. 4. 2002, NZA 2003, 37.
25 BAG v. 23. 1. 1997, NZA 1998, 140, 141; in diesem Sinne auch BAG v. 18. 4. 2002, NZA 2003, 37, 41.
26 LAG Hessen v. 5. 9. 1969, DB 1970, 888; MünchArbR/*Blomeyer*, § 57 Rz. 69; ähnlich *Krause*, Geklärte und ungeklärte Probleme der Arbeitnehmerhaftung, NZA 2003, 577.
27 Der Anwendungsbereich der Norm ist jedoch auf Ansprüche aus § 280 Abs. 1 BGB und auf den Bereich der Arbeitnehmerhaftung beschränkt, für den auch die Grundsätze der Haftungsbeschränkung gelten, also auf betrieblich veranlasste Tätigkeiten (*Oetker*, BB 2002, 43, 44).
28 BAG v. 1. 2. 1963, AP Nr. 28 zu § 611 BGB – Haftung des Arbeitnehmers.

LAG Thüringen vom 15. 2. 2001,[29] ist die Problematik jedoch aktuell in den Blickpunkt gerückt.

„Mobbing" ist kein eigenständiger juristischer Tatbestand, sondern schlicht die Beschreibung eines in der Praxis nicht selten vorkommenden Phänomens. Mobbing lässt sich beschreiben als fortgesetzte, aufeinander aufbauende oder ineinander übergreifende, der Anfeindung, Schikane oder Diskriminierung dienenden Verhaltensweisen am Arbeitsplatz gegenüber einzelnen Mitarbeitern zur Erreichung von Zielen, die von der Rechtsordnung nicht gedeckt sind und die jedenfalls in ihrer Gesamtheit das allgemeine Persönlichkeitsrecht verletzen.[30] Zum Wesen des Mobbing gehört, dass es nicht um im Einzelnen isolierbare Vorfälle geht, die meist für sich allein keine Anspruchs-, Gestaltungs- oder Abwehrrechte auslösen, sondern um eine Gesamtheit von aneinander gereihten Maßnahmen über einen langen Zeitraum hinweg, die erst in dieser Gesamtheit die Fülle dessen überschreiten, was am Arbeitsplatz tolerierbar ist. Erforderlich ist also eine Art „Fortsetzungszusammenhang".[31]

Das Modethema „Mobbing" darf nicht den Blick für die Realitäten verstellen. An jedem Arbeitsplatz treffen Menschen mit unterschiedlichster Persönlichkeit aufeinander. Das geht nicht ohne Reibungen ab. Kein Arbeitnehmer hat einen Anspruch darauf, dass seine Kollegen und Vorgesetzten ihn mögen und freundlich behandeln. Unfreundlichkeit oder das „Zeigen der kalten Schulter" wird erst dann zum Mobbing, wenn gezielt Zwecke verfolgt werden, die von der Rechtsordnung nicht gedeckt sind, insbesondere das „Hinausekeln" aus dem Betrieb. Dabei darf allerdings nicht übersehen werden, dass manche betrieblichen Zustände erst auf der Basis der geltenden Arbeitsrechtsordnung entstehen konnten: Die Hürden für verhaltensbedingte Kündigungen sind von der Rechtsprechung mittlerweile auf so schwindelerregende Höhen angehoben worden, dass es vielfach nicht mehr möglich ist, betriebsstörende oder schlicht faule Arbeitnehmer hinauszukündigen. Kollegen und Vorgesetzte, die unter solchen Mitarbeitern zu leiden haben, greifen daher mitunter zum Mittel des „Mobbing", um das Ziel doch noch zu erreichen. Ein Weiteres kommt hinzu: Der Vorwurf des „Mobbing" ist zur gängigen Münze in der Verteidigungsstrategie von Arbeitnehmern geworden, die sich Kritik an ihren Leistungen ausgesetzt sehen. Es gehört heutzutage schon fast zum guten Ton, dass ein wegen Leistungsmängeln in der Kritik stehender Arbeitnehmer sich darauf beruft, seine Leistungen seien ausgezeichnet, er werde nur „gemobbt". Mancher Arbeitnehmer scheint sogar mittlerweile die Meinung zu vertreten, jede Kritik an Person oder Leistungen sei „unzulässiges Mobbing", egal ob die Kritik berechtigt ist oder nicht.

Mobbing wirft schwierige Rechtsfragen auf. Dies gilt einerseits hinsichtlich der wechselseitigen Darlegungs- und Beweislast[32] und der Verantwortung des Arbeitgebers für

---

29 LAG Thüringen v. 15. 2. 2001, NZA-RR 2002, 577.
30 Ähnlich LAG Thüringen v. 10. 4. 2001, NZA-RR 2001, 347, Leitsatz 5; LAG Bremen v. 17. 10. 2002, LAGE Nr. 5 zu Art. 2 GG Persönlichkeitsrecht.
31 LAG Rheinland-Pfalz v. 16. 8. 2001, NZA-RR 2002, 121; vgl. LAG Bremen v. 17. 10. 2002, LAGE Nr. 5 zu Art. 2 GG Persönlichkeitsrecht: neun Vorfälle innerhalb von 3^1/$_2$ Jahren reichen nicht aus.
32 Ausführlich dazu LAG Thüringen v. 15. 2. 2001, NZA-RR 2002, 577, welches bei Beweisnot des Arbeitnehmers eine Anhörung nach § 141 ZPO sowie eine Parteivernehmung nach § 448 ZPO für angebracht hält; dazu *Wickler*, DB 2002, 477, 482.

das Handeln einzelner Mitarbeiter gegenüber dem Geschädigten. In der Rechtsprechung wird angenommen, dass der Arbeitgeber im Rahmen seiner Fürsorgepflicht den Arbeitnehmer auch vor Gefahren psychischer Art schützen muss. Der Arbeitnehmer hat danach einen Anspruch auf Schutz vor systematischen Anfeindungen und vor schikanösem Verhalten durch Kollegen oder Vorgesetzte.[33] Die erkennbar typologische Betrachtung der Rechtsprechung hat bisher noch keine scharfen Konturen erhalten. Andererseits sind die Rechtsfolgen (Schadensersatz, Schmerzensgeld, Zurückbehaltungsrechte, Schadensersatz nach § 628 Abs. 2 BGB bei Eigenkündigung, Abhilfeanspruch etc.) ebenfalls sehr umstritten (vgl. im Einzelnen **M 13.6**). Die Geltendmachung von Schmerzensgeld setzt nach der am 1. 8. 2002 in Kraft getretenen Reform des Schuldrechts nicht mehr voraus, dass deliktisches Handeln vorliegt (§§ 823, 831 BGB), vielmehr reicht nunmehr eine schlichte Vertragsverletzung (§ 280 BGB) und eine damit einhergehende Verletzung von Körper, Gesundheit, Freiheit oder sexueller Selbstbestimmung aus (§ 253 Abs. 2 BGB). Erforderlich ist aber immer ein schuldhaftes Verhalten des Arbeitgebers oder ihm zurechenbarer (§§ 278 oder 831 BGB) Mitarbeiter.[34] Wer sich als Arbeitnehmer gemobbt fühlt und kündigt, muss möglicherweise nicht mit einer Sperrzeit rechnen, da sein Entschluss, das Arbeitsverhältnis von sich aus zu kündigen „verständlich und entschuldbar" sei.[35]

3. Ersatzanspruch des Arbeitnehmers nach § 628 Abs. 2 BGB

§ 628 Abs. 2 BGB bestimmt, dass der Kündigende selbst einen Anspruch auf Ersatz des durch die Vertragsbeendigung entstandenen Schadens hat, wenn seine Kündigung durch ein vertragswidriges Verhalten des anderen Teils veranlasst wurde.[36] Schadensersatzansprüche können sich dabei auch gegen Arbeitnehmer richten, die zB zu Unrecht einen Verdacht auf den betroffenen Arbeitnehmer gelenkt und dies nicht unverzüglich richtiggestellt haben.[37] § 628 Abs. 2 BGB gilt sowohl für das freie Dienstverhältnis als auch das Arbeitsverhältnis.[38] Voraussetzung ist ein Auflösungsverschulden des Arbeitgebers; er muss kausal durch sein vertragswidriges schuldhaftes Verhalten den Anlass für die Vertragsbeendigung gegeben haben. Als Auflösungsverschulden kommt Mobbing des Arbeitnehmers in Betracht.[39] Nicht erforderlich ist eine bestimmte Form der Vertragsbeendigung, zB eine fristlose Kündigung, solange nur das Auflösungsverschulden das Gewicht eines wichtigen Grundes hat.[40] Die Frist des § 626 Abs. 2 BGB für die Kündigung ist einzuhalten.[41] Auch der Arbeitnehmer ist gehalten, bevor er wegen wiederholt verspäteter Lohnzahlungen fristlos kündigt, den Arbeitgeber abzumahnen.[42] Als Rechtsfolge ist der Arbeitnehmer so zu stellen, wie er

---

33 LAG Niedersachsen v. 3. 5. 2000, AuA 2001, 46.
34 LAG Nürnberg v. 2. 7. 2002, LAGE Nr. 4 zu Art. 2 GG Persönlichkeitsrecht.
35 LSG Rheinland-Pfalz v. 28. 2. 2003, EzA-SD 5/2003, 20.
36 Vergleichbare Regelungen enthalten § 89a Abs. 2 HGB für den Handelsvertreter und § 16 Abs. 1 Satz 1 BBiG für das Berufsausbildungsverhältnis.
37 So jetzt BAG v. 23. 1. 2003, BB 2003, 854.
38 BAG v. 8. 8. 2002, NZA 2002, 1323, 1324.
39 LAG Thüringen v. 15. 2. 2001, NZA-RR 2001, 577, 580.
40 BAG v. 8. 8. 2002, NZA 2002, 1323, 1325.
41 BAG v. 8. 8. 2002, NZA 2002, 1323, 1327.
42 BAG v. 17. 1. 2002, AuA 2003, 51.

bei Fortbestand des Vertragsverhältnisses stünde.[43] Die ordentliche Kündigungsfrist oder das Vertragsende bei befristeten Verträgen bildet die zeitliche Grenze des Schadensersatzanspruchs; es wird nur der Verfrühungsschaden ersetzt. Besteht für ein Arbeitsverhältnis Kündigungsschutz, so kann entsprechend §§ 9, 10 KSchG eine angemessene Entschädigung für den Verlust des Bestandsschutzes kumulativ hinzutreten.[44] Ein Bestandsschutzinteresse und damit jeglicher Schadensersatzanspruch kann auch vollständig entfallen, wenn auch dem Arbeitgeber im Einzelfall ein Recht zur sofortigen Beendigung des Vertrages zusteht.[45] Im Übrigen ist § 254 BGB anwendbar, wenn das Auflösungsverschulden provoziert war.[46]

[43] BAG v. 8. 8. 2002, NZA 2002, 1323, 1328; zu einzelnen Schadenspositionen siehe KR/*Weigand*, § 628 BGB Rz. 37 ff.
[44] Für Kündigungsschutz nach dem KSchG: BAG v. 26. 7. 2001, NZA 2002, 325, 326; KR/*Weigand*, § 628 BGB Rz. 35.
[45] BAG v. 12. 5. 1966, AP Nr. 9 zu § 70 HGB.
[46] Vgl. BAG v. 29. 9. 1958, AP Nr. 17 zu § 64 ArbGG 1953.

II. Muster

Abmahnung 13.1

Sehr geehrte(r) Frau/Herr . . .,

leider sehen wir uns gezwungen, Sie aus folgenden Gründen abzumahnen:[1]

Sie haben am . . . zu Ihrem Kollegen . . . gesagt: „du dummer . . .".

oder[2]

Sie sind am . . . zum wiederholten Male ohne triftigen Grund zu spät zur Arbeit erschienen, nämlich erst um . . . Uhr statt um . . . Uhr.

oder

Sie haben Ihre arbeitsvertraglichen Pflichten verletzt, indem Sie wiederholt wegen mangelnder Sorgfalt fehlerhafte Arbeit geleistet haben. Am . . . und am . . . waren von den von Ihnen zu bearbeitenden Produktionsteilen[3] . . . Teile unbrauchbar.

Wir fordern Sie auf, künftig beleidigende Äußerungen wie oben angeführt oder ähnlicher Art zu unterlassen/pünktlich zur Arbeit zu erscheinen/Ihren Pflichten aus dem Arbeitsvertrag nachzukommen.

[1] Der Begriff Abmahnung muss nicht verwendet werden; dies empfiehlt sich aber zur Klarheit.
[2] Möglich sind auch sog. **Sammelabmahnungen**, in denen mehrere Verstöße zusammen gerügt werden. Davon ist jedoch dringend abzuraten, denn Sammelabmahnungen sind insgesamt ungerechtfertigt, wenn nur ein Verstoß nicht zutrifft. Eine teilweise Aufrechterhaltung der Abmahnung ist nicht möglich. Der Arbeitnehmer kann jedoch eine neue Abmahnung aussprechen, die sich auf die zutreffende Pflichtverletzung beschränkt, soweit sie dann noch verhältnismäßig ist (BAG v. 13. 3. 1991, DB 1991, 1527).
[3] Auch diese sind detailliert anzugeben bzw. zu beschreiben.

Sollten Sie dieser Aufforderung nicht Folge leisten, müssen Sie mit einer Kündigung rechnen.

Mit freundlichen Grüßen

...
Ort, Datum

...
Unterschrift des Arbeitgebers

Bestätigung des Arbeitnehmers

Ich habe die Abmahnung vom ... erhalten.[4]

...
Ort, Datum

...
Unterschrift des Arbeitnehmers

---

4 Der Arbeitnehmer kann die Beseitigung und Rücknahme einer ungerechtfertigten Abmahnung bzw. ihre Entfernung aus der Personalakte verlangen (BAG v. 13. 4. 1988, DB 1988, 1702 [s. **M 13.2**]). Sie wird damit wirkungslos (BAG v. 5. 8. 1992, DB 1993, 1677). Ungerechtfertigt ist die Abmahnung dann, wenn sie (a) auf unzutreffenden oder vor Gericht nicht nachweisbaren Tatsachen beruht oder (b) unverhältnismäßig ist oder (c) verwirkt ist oder (d) nicht zu billigende Überreaktionen, Ehrverletzungen oder unsachliche Werturteile enthält oder (e) der Arbeitgeber vermeintliche Verstöße rechtlich fehlerhaft gewertet hat oder (f) der Arbeitgeber kein schutzwürdiges Interesse am Fortbestand der Abmahnung mehr hat (BAG v. 30. 5. 1996, DB 1997, 233).

13.2 Klage gegen eine Abmahnung und auf Widerruf

An das Arbeitsgericht

In Sachen

... / ...

(volles Rubrum)

vertreten wir den Kläger.

Namens und im Auftrag des Klägers erheben wir Klage und beantragen:

    1. *Die Beklagte wird verurteilt, die Abmahnung vom ... aus der Personalakte des Klägers zu entfernen.*[1, 2, 3]

---

1 Der Anspruch auf **Entfernung einer inhaltlich unrichtigen Abmahnung aus der Personalakte** ist inzwischen in ständiger Rechtsprechung anerkannt (BAG v. 30. 1. 1979, DB 1979, 1511 und v. 7. 11. 1979, DB 1980, 550). Der in der Praxis häufig gestellte Antrag auf „**Rücknahme**" der Abmahnung ist wenig sinnvoll, da unklar bleibt, was der Arbeitnehmer genau will. Es kann die Entfernung aus der Personalakte gemeint sein, aber auch ein Widerruf. Der Antrag auf „Rücknahme" der Abmahnung ist deshalb – gegebenenfalls nach richterlicher Befragung – auszulegen.

2 Der Begriff der „**Personalakte**" ist nicht körperlich zu verstehen. Deshalb darf selbstverständlich die aus der Personalakte entfernte Abmahnung nicht an anderer Stelle aufgehoben werden.

3 Eine **Frist** zur Geltendmachung des Entfernungsanspruchs besteht nicht. Allerdings greifen tarifvertragliche **Verfallklauseln** (BAG v. 25. 4. 1972, DB 1972, 1783 zu § 70 BAT; LAG Hamm

2. Die Beklagte wird verurteilt, gegenüber den Mitarbeitern der Abteilung ...[4] die in der Abmahnung vom ... aufgestellte Behauptung zu widerrufen, der Kläger habe aus der Kaffeekasse der Abteilung Euro ... entwendet.

Begründung:

Der Kl. ist bei der Bekl. in der Abteilung ... beschäftigt, sein letztes Monatsgehalt betrug Euro .... Die Mitarbeiter der Abteilung führen eine so genannte „Kaffeekasse". Jeder Mitarbeiter zahlt auf freiwilliger Basis monatlich einen Betrag von Euro 5,– bis Euro 10,– in die Kasse ein. Aus der Kasse werden aus besonderen Anlässen (Geburtstage, Familienfeste, Trauerfälle) Zuwendungen an einzelne Mitarbeiter der Abteilung gemacht. Am ... machte der Kl., der die Kasse verwaltet, turnusgemäß Kassensturz. Dabei stellte er fest, dass in der Kasse Euro ... fehlten. Der Abteilungsleiter warf daraufhin dem Kl. vor, er habe das Geld selbst entwendet. Dies ergebe sich schon daraus, dass der Kl. den einzigen Schlüssel für die Kasse verwalte. Die Behauptung, der Kl. habe das Geld entwendet, hat der Abteilungsleiter in einer eigens einberufenen Abteilungsversammlung am ... vor allen Mitarbeitern der ...-abteilung wiederholt. Am nächsten Tag wurde der Kl. wegen des angeblichen Diebstahls schriftlich abgemahnt, die Abmahnung wurde zu den Personalakten genommen.

Beweis: Abmahnung vom ..., Anlage K 1.

Inzwischen hat sich herausgestellt, dass die Vorwürfe gegenüber dem Kl. unrichtig waren. Ein anderer Mitarbeiter der Abteilung, der über einen Zweitschlüssel verfügte, hat inzwischen gegenüber der Geschäftsleitung den Diebstahl zugegeben.

Beweis:[5] *Zeugnis des Personalleiters, zu laden über die Bekl.*

Der Kl. hat daraufhin die Entfernung der Abmahnung aus der Personalakte und einen Widerruf der ehrverletzenden Äußerungen gegenüber den anderen Mitarbeitern der Abteilung verlangt. Der Personalleiter der Bekl. hat dies jedoch mit der Begründung verweigert, man könne Schriftstücke, die einmal zu den Personalakten gelangt seien, nicht einfach wieder daraus entfernen. Man habe aber eine Gegendarstellung des Kl. eben-

---

v. 21. 10. 1980, EzA § 611 BGB Fürsorgepflicht Nr. 27). Im Übrigen kommt schon nach kurzer Zeit eine **Verwirkung** des Entfernungsanspruchs in Betracht (ausführlich *Beckerle/Schuster*, Die Abmahnung, 1988, S. 81). Allerdings bedeutet die Verwirkung des Entfernungsanspruchs keineswegs, dass der Arbeitnehmer sich in einem nachfolgenden Kündigungsschutzprozess nicht mehr darauf berufen könnte, die Abmahnung sei zu Unrecht erfolgt.

4 Ein Antrag auf **Widerruf** muss den Adressatenkreis klar bezeichnen, gegenüber dem widerrufen werden soll. Der Antrag ist begründet, wenn die unwahre Tatsachenbehauptung nicht nur in der Abmahnung enthalten ist, sondern auch noch gegenüber anderen Personen kundgegeben worden und dadurch das Persönlichkeitsrecht des Mitarbeiters verletzt worden ist. Der Widerruf von bloßen Werturteilen und Meinungsäußerungen kann grundsätzlich nicht durchgesetzt werden.

5 Der Arbeitgeber trägt die **Beweislast** dafür, dass die abgemahnten Vorwürfe zutreffen. Umfasst die Abmahnung **mehrere Vorwürfe**, so ist der Entfernungsanspruch schon dann begründet, wenn auch nur einer der Vorwürfe falsch ist. Allerdings ist der Arbeitgeber nicht daran gehindert, die zutreffenden Vorwürfe erneut abzumahnen (statt aller LAG Düsseldorf v. 18. 11. 1986, NZA 1987, 354; LAG Köln v. 12. 3. 1986, LAGE § 611 BGB Abmahnung Nr. 3). Im Übrigen kann eine Abmahnung auch dann wegen Unverhältnismäßigkeit aus der Personalakte zu entfernen sein, wenn zwar die Vorwürfe sachlich zutreffen, aber durch abwertende Beurteilungen („Trunkenbold", „Versager" etc.) in das Persönlichkeitsrecht des Arbeitnehmers eingegriffen wurde (LAG Schl.-Holst. v. 31. 7. 1986, DB 1987, 236).

falls zur Personalakte genommen. Einen Widerruf irgendwelcher Behauptungen gegenüber anderen Mitarbeitern könne der Kl. nicht verlangen.

Die Auffassung der Bekl. ist unrichtig. Nach ständiger Rechtsprechung muss der Arbeitnehmer sich bei einer inhaltlich falschen Abmahnung nicht damit begnügen, eine Gegendarstellung zu den Akten zu erreichen (BAG v. 13. 10. 1988, NZA 1989, 716). Aufgrund der im besonderen Maß ehrverletzenden Behauptungen steht dem Kl. ausnahmsweise auch ein Anspruch auf Widerruf zu.[6, 7]

...

(Unterschrift)

---

6 Die Rechtsprechung der Instanzgerichte zum **Streitwert** ist unterschiedlich. Angesetzt werden üblicherweise zwischen einem halben (LAG Rh.-Pf. v. 2. 7. 1982, DB 1982, 2091) und einem vollen Monatsgehalt (LAG Hamm v. 5. 7. 1984, NZA 1984, 236).

7 Die **Vollstreckung** erfolgt nach § 888 ZPO, da die Entfernung aus der Personalakte eine unvertretbare Handlung ist. Theoretisch wäre zwar denkbar, die Abmahnung durch den Gerichtsvollzieher aus der Akte entnehmen zu lassen. Allerdings enthält das stattgebende Urteil zugleich die Verpflichtung des Arbeitgebers, keine gleichartige neue Abmahnung auszusprechen. Deshalb erscheint die Vollstreckung nach § 888 ZPO zweckmäßiger. Gegebenenfalls kann der Entschädigungsantrag nach § 61 Abs. 2 ArbGG gestellt werden (s. **M 52.2**).

13.3 Klage des Arbeitgebers gegen den Arbeitnehmer auf Schadensersatz[1, 2]

An das Arbeitsgericht

In Sachen

. . ./. . .

(volles Rubrum)

vertreten wir die Klägerin.

---

1 Der Fall ist der BAG-Entscheidung vom 12. 11. 1998 (DB 1999, 288) nachgebildet.

2 Viele Tätigkeiten, die von Arbeitnehmern ausgeführt werden, sind typischerweise **schadens- und haftungsanfällig**. Paradebeispiel ist der Berufskraftfahrer. Auch bei Anspannung aller Sorgfalt gelingt es nur wenigen Berufskraftfahrern, ein ganzes Berufsleben ohne verschuldeten Unfall zu überstehen. Schon seit den Zeiten des Reichsgerichts ist anerkannt, dass das Haftungsrecht des BGB auf die Arbeitnehmerhaftung nicht ohne weiteres angewendet werden kann. Die Einzelheiten waren jedoch immer umstritten. Kaum eine arbeitsrechtliche Materie hat so viele **Kehrtwendungen der Rechtsprechung** erlebt wie die Arbeitnehmerhaftung, teilweise bedingt durch einen häufigen Wechsel der Zuständigkeiten der BAG-Senate. Zuletzt hat der Große Senat des BAG mit Entscheidung vom 27. 9. 1994 (NZA 1994, 1083) den Weg für ein völlig neues Haftungskonzept freigemacht. Bis dahin hatte die Rechtsprechung Haftungserleichterungen grundsätzlich davon abhängig gemacht, dass der Schaden anlässlich einer so genannten „gefahrgeneigten Tätigkeit" entstanden war. Als gefahrgeneigt wurde insbesondere das Autofahren angesehen. Die Beschränkungen der Haftungserleichterungen auf gefahrgeneigte Tätigkeiten führte allerdings zu schweren Unbilligkeiten in solchen Fällen, in denen bei

Namens und im Auftrag der Klägerin erheben wir Klage und beantragen:

Der Beklagte wird verurteilt, Euro 8 000,– nebst Zinsen in Höhe von 8 Prozentpunkten über dem Basiszinssatz³ seit Rechtshängigkeit an die Klägerin zu zahlen.

Begründung:

Der Bekl. ist seit ca. 5 Jahren bei der Kl. als Kraftfahrer mit einem durchschnittlichen Bruttomonatsentgelt von Euro 2 500,– angestellt. Die Kl. betreibt eine internationale Spedition.

Am . . . war der Bekl. mit einem LKW der Kl. in . . . unterwegs. Der LKW ist mit einem Mobilfunktelefon ausgerüstet. Während der Fahrt hatte der Bekl., der allein fuhr, neben sich auf dem Beifahrersitz wie üblich einen Ordner mit Kundenunterlagen liegen. Gegen 10.10 Uhr befuhr der Kl. mit der zulässigen Höchstgeschwindigkeit von 70 km/h in . . . die . . . Straße, eine zweispurige Ausfallstraße. Als er noch ca. 500 m von der Ampelanlage an der Kreuzung . . . Straße entfernt war, klingelte im Fahrzeug das Mobiltelefon. Der Kl. nahm ab. Der Anruf kam von einem Arbeitskollegen im Betrieb, der den Bekl. nach bestimmten Kundeninformationen fragte. Um die Frage beantworten zu können, beugte sich der Bekl. bei voller Fahrt zum Beifahrersitz herunter und blätterte in dem dort liegenden Ordner mit Kundenunterlagen. Deshalb übersah der Bekl. das Rotlicht an der Kreuzung . . ./. . . Straße. Auf der Kreuzung kam es zu einem Verkehrsunfall, bei dem der LKW erheblich beschädigt wurde.

Beweis:⁴ für alles Vorstehende: 1. Polizeibericht, Anlage K 1
2. Schriftliche Einlassung des Bekl., Anlage K 2

---

nicht-gefahrgeneigten Tätigkeiten außerordentlich hohe Schäden entstanden (zB BAG v. 12. 2. 1985, AP Nr. 86 zu § 611 BGB – Haftung des Arbeitnehmers: Fallenlassen eines Säuglings durch eine Kinderkrankenschwester). Nach der nunmehr maßgeblichen Entscheidung des Großen Senats des BAG v. 27. 9. 1994 (NZA 1994, 1083) haftet der Arbeitnehmer bei jeder betrieblich veranlassten Tätigkeit ohne Rücksicht auf eine Gefahrgeneigtheit bei Vorsatz grundsätzlich voll und bei leichter Fahrlässigkeit überhaupt nicht. Bei mittlerer Fahrlässigkeit besteht eine anteilige Haftung, die von den meisten Instanzgerichten auf ein halbes bis ein Monatsgehalt begrenzt wird (zB LAG Nürnberg v. 18. 4. 1990, LAGE § 611 BGB Arbeitnehmerhaftung Nr. 14). Bei grober Fahrlässigkeit haftet der Arbeitnehmer im Regelfall voll. Allerdings sind Haftungserleichterungen auch bei grober Fahrlässigkeit nicht ausgeschlossen, wenn der Verdienst des Arbeitnehmers in einem deutlichen Missverhältnis zum verwirklichten Schadensrisiko steht (BAG v. 12. 11. 1998, DB 1999, 288; v. 12. 10. 1998, DB 1999, 48). Eine Haftungserleichterung soll nach verbreiteter Auffassung (BAG v. 12. 11. 1998, DB 1999, 288) insbesondere dann in Betracht kommen, wenn der Schaden drei Bruttomonatsverdienste deutlich übersteigt. Die Schadensverteilung erfolgt unter **Würdigung der Gesamtumstände** von Schadensanlass und Schadensfolgen nach Billigkeitsgrundsätzen und Zumutbarkeitsgesichtspunkten. Bei der Abwägung zu berücksichtigen sind der Grad des dem Arbeitnehmer zu Last fallenden Verschuldens, die Gefahren der Arbeit, die Höhe des Schadens, ein vom Arbeitgeber einkalkulierbares und durch Versicherung abdeckbares Risiko, die Stellung des Arbeitnehmers im Betrieb sowie die Höhe des Arbeitsentgelts, in dem möglicherweise eine Risikoprämie enthalten ist. Ferner gehören hierzu die persönlichen Verhältnisse des Arbeitnehmers, die Dauer seiner Betriebszugehörigkeit, sein Lebensalter, seine Familienverhältnisse und sein bisheriges Verhalten (zusammenfassend BAG v. 17. 9. 1998, DB 1998, 2610). Alle Einzelheiten sind streitig (vgl. nur MünchArbR/*Blomeyer*, § 57).

3 Zum Zinsanspruch s. **M 45.3** Fn. 5, 6.

4 Problematisch ist die **wechselseitige Darlegungs- und Beweislast**. Nach den allgemeinen Grundsätzen des Schadensrechts hätte der Arbeitgeber eigentlich nur den Schadenseintritt

An dem LKW entstand ein Schaden von Euro 8 000,–.

> Beweis: Rechnung der Werkstatt, Anlage K 3

Der Bekl. hat den Unfall grob fahrlässig herbeigeführt. Grob fahrlässig handelt, wer die im Verkehr erforderliche Sorgfalt nach den gesamten Umständen in ungewöhnlich hohem Maße verletzt und unbeachtet lässt, was im gegebenen Fall jedem hätte einleuchten müssen. Man mag darüber streiten, ob schon die Entgegennahme des Telefonanrufs bei voller Fahrt grob fahrlässig war. Grob fahrlässig war aber jedenfalls das Blättern in den auf dem Beifahrersitz liegenden Unterlagen. Es leuchtet jedem ein, dass man dem Verkehrsgeschehen nicht mehr folgen kann, wenn man Unterlagen studiert. Der Kl. hätte entweder den Anruf von vornherein nicht annehmen dürfen oder seinem anrufenden Arbeitskollegen mitteilen müssen, dass er im Moment nicht in der Lage sei, die Frage zu beantworten. Er hätte ohne weiteres zunächst anhalten und dann zurückrufen können.

Ein Mitverschulden[5] der Kl. liegt nicht vor. Der anrufende Mitarbeiter konnte nicht wissen, ob der LKW zurzeit des Anrufs stand oder fuhr. Ihm (und nach § 278 BGB damit auch der Kl.) kann nicht vorgeworfen werden, dass der Kl. während der Fahrt angerufen wurde. Auch die Installation des Mobilfunktelefons im LKW für sich allein begründet noch kein Mitverschulden.

Die Haftung des Bekl. ist auch nicht nach den Grundsätzen der eingeschränkten Haftung des Arbeitnehmers gemindert. Bei grob fahrlässig verursachten Schäden haftet der Arbeitnehmer in aller Regel selbst voll. Über eine Haftungsteilung bei grober Fahrlässigkeit könnte man allenfalls dann nachdenken, wenn die Haftungssumme einen Betrag von drei Bruttomonatsgehältern deutlich übersteigen würde. Das ist vorliegend

---

sowie die Kausalität zu beweisen (§ 286 ZPO). Das Verschulden des Arbeitnehmers bräuchte er wegen § 280 Abs. 1 Satz 2 (früher § 282) BGB dagegen nicht nachzuweisen. Insoweit müsste der Arbeitnehmer sich entlasten. Hinsichtlich Schadenseintritt und -höhe käme dem Arbeitgeber zudem die Beweiserleichterung des § 287 ZPO (Schätzung) zugute. Nach seit Jahrzehnten gefestigter Rechtsprechung des BAG (zuletzt vom 17. 9. 1998, DB 1998, 2610) war jedoch § 282 BGB aF im Arbeitsverhältnis nicht zu Lasten des Arbeitnehmers anzuwenden. § 282 BGB aF sei Ausdruck des vom Schuldner übernommenen Leistungsrisikos. Dieser Gedanke treffe auf die Arbeitnehmerhaftung nicht zu. Denn die Einschränkung der Arbeitnehmerhaftung beruhe gerade auf der Überlegung, dass der Arbeitgeber wegen seiner Organisationsmöglichkeiten ein erhöhtes Risiko trage. Die Nicht-Anwendbarkeit von § 282 BGB aF führe dazu, dass der Arbeitgeber im Haftungsprozess hinsichtlich des Verschulden des Arbeitnehmers und insbesondere hinsichtlich des Verschuldensgrads vollumfänglich darlegungs- und beweispflichtig sei. Allerdings müsse der Arbeitnehmer sich im Sinne einer gestuften Darlegungslast substanziiert zu den schadensverursachenden Umständen einlassen, wenn er darüber informiert sei. Insbesondere wenn der Schaden in der Sphäre des Arbeitnehmers eingetreten sei (zB bei Kraftfahrern oder Kassenpersonal), müsse der Arbeitnehmer sich zu den konkreten Umständen des Schadensfalles erklären. Komme er dieser Pflicht nicht nach, könnten daraus „entsprechende Schlüsse gezogen werden". Komme jedoch der Arbeitnehmer seiner Darlegungslast nach und bleibe der Sachverhalt streitig, gehe dies zu Lasten des Arbeitgebers. Diese vom BAG richterrechtlich entwickelte Beweislastverteilung ist seit dem 1. 1. 2002 in **§ 619a BGB** verankert.

5 Liegt ein **Mitverschulden des Arbeitgebers** vor, ist der Schaden kumulativ zu der ohnehin bestehenden Haftungserleichterung für Arbeitnehmer zusätzlich noch nach § 254 BGB anteilig zu verringern (BAG v. 3. 11. 1970, AP Nr. 61 zu § 611 BGB – Haftung des Arbeitnehmers).

M 13.4 Fehlverhalten des Arbeitnehmers und Mobbing **Kap. 13**

aber nicht der Fall. Der Schaden liegt nur ganz knapp über einem Betrag von drei Bruttomonatsgehältern.

...

(Unterschrift)

Klage des Arbeitgebers gegen den Arbeitnehmer auf Mankohaftung[1] — 13.4

An das Arbeitsgericht

In Sachen

.../...

(volles Rubrum)

vertreten wir die Klägerin.

Namens und im Auftrag der Klägerin erheben wir Klage und beantragen:

> Die Beklagte wird verurteilt, Euro 615,38 nebst Zinsen in Höhe von 8 Prozentpunkten über dem Basiszinssatz[2] seit Rechtshängigkeit an die Klägerin zu zahlen.

Begründung:

Die Kl. betreibt einen Lebensmittel-Supermarkt. Die Bekl. ist seit ca. 5 Jahren als Kassiererin beschäftigt. Der Arbeitsvertrag der Bekl. enthielt – wie die Arbeitsverträge aller Kassiererinnen der Kl. – in § ... eine Mankoabrede. Danach erhielt die Bekl. ein monatliches Mankogeld von Euro 60,–. Zugleich war vereinbart, dass die Bekl. für Kassenfehlbestände iHv. maximal Euro 700,– pro Jahr haften sollte (ausgenommen bei Vorsatz).[3]

> Beweis: Arbeitsvertrag vom ..., Anlage K 1.

---

[1] Ebenso wie die Rechtsprechung zur allgemeinen Arbeitnehmerhaftung (siehe **M 13.3**) hat sich auch die **Rechtsprechung** zur Mankohaftung für Kassenfehlbestände im Laufe der Zeit **mehrfach geändert**. Das BAG hat mit Urteil vom 17. 9. 1998 (DB 1998, 2610) seine Rechtsprechung systematisiert und teilweise auch modifiziert. Nach dieser Entscheidung gelten die Grundsätze über die Beschränkung der Arbeitnehmerhaftung auch im Zusammenhang mit der Verwahrung und Verwaltung eines dem Arbeitnehmer überlassenen Waren- oder Kassenbestandes. Zwar lässt ein entstandener Fehlbestand darauf schließen, dass eine Pflichtverletzung vorliegt. Auf einen bestimmten Grad des Verschuldens lässt der Eintritt eines Fehlbestandes dagegen nicht schließen. Wenn der Arbeitnehmer – wie im vorliegenden Fall – seiner Pflicht zur Aufklärung des Sachverhalts nachgekommen ist oder mangels Kenntnis über den Schadenseintritt nicht nachkommen kann, und sich daraus keine Anhaltspunkte für eine mehr als nur leichte oder mittlere Fahrlässigkeit ergeben, haftet der Arbeitnehmer folglich nicht. Die **Beweislastumkehr** des § 280 Abs. 1 Satz 2 BGB gilt nach § 619a BGB im Arbeitsrecht grundsätzlich nicht (vgl. **M 13.3** Fn. 4).

[2] Zum Zinsanspruch s. **M 45.3** Fn. 5, 6.

[3] Die vom BAG geschaffenen Regeln über die Haftungsverteilung im Arbeitsrecht sind grundsätzlich **zwingendes Recht**. Von diesen Regeln kann weder einzel- noch kollektivvertraglich zu

Am ... übernahm die Bekl. morgens um 9.00 Uhr eine Kasse mit einem Wechselgeldbestand von Euro 1 000,–. Als die Bekl. abends um 17.00 Uhr ihre Schicht beendete und abrechnete, ergab sich unstreitig ein Kassenfehlbetrag von Euro 615,38. Wie ebenfalls unstreitig ist, hatte während des gesamten Tages ausschließlich die Bekl. Zugang zur Kasse. Soweit die Bekl. an dem Tag Pausen machte oder die Arbeit aus sonstigen Gründen kurzfristig unterbrach, schloss sie die Kasse ab und nahm den Schlüssel mit.

Die Bekl. hat außergerichtlich die Zahlung des Mankobetrages mit der Begründung verweigert, an dem Fehlbestand treffe sie keine Schuld. Sie habe den ganzen Tag voll konzentriert und aufmerksam die Kasse bedient. Den Fehlbetrag könne sie sich nicht erklären. Möglicherweise sei sie das Opfer eines Trickbetrügers geworden. Im Übrigen könne sie nicht ausschließen, dass während der Pausen ein anderer Mitarbeiter mit seinem Schlüssel die Kasse bedient oder geöffnet habe.

Beide Einwände schlagen nicht durch. Aufgrund der Mankoabrede im Arbeitsvertrag hat die Bekl. die volle Haftung ohne Rücksicht auf Verschulden übernommen. Dass während der Abwesenheitszeiten der Bekl. kein anderer Mitarbeiter die Kasse mit seinem Schlüssel geöffnet hat, lässt sich aufgrund der elektronischen Aufzeichnungen des Kassenautomaten belegen.

   Beweis: Sachverständigengutachten, zu erstatten von ...

Die Klage ist erforderlich, da eine Aufrechnung des Fehlbetrages mit Gehaltsansprüchen der Bekl. nicht mehr möglich ist. Die Bekl. ist inzwischen bei der Kl. ausgeschieden, Lohn und Gehalt sind vollständig abgerechnet.

...

(Unterschrift)

Lasten der Arbeitnehmer abgewichen werden (BAG v. 17. 9. 1998, DB 1998, 2610). Gleichwohl sind nach dieser Rechtsprechung **Mankoabreden**, nach denen der Arbeitnehmer für einen aufgetretenen Waren- oder Kassenfehlbestand ohne Rücksicht auf Verschulden haften soll, nicht schlechthin unzulässig. Allerdings setzen solche Mankoabreden zunächst voraus, dass sie sich auf Bereiche beschränken, die der Arbeitnehmer unter Ausschluss anderer Arbeitnehmer kontrollieren kann. Weitere Voraussetzung für die Zulässigkeit einer Mankoabrede ist, dass der Arbeitnehmer die Chance erhalten muss, durch Aufmerksamkeit einen finanziellen Überschuss zu erzielen. Da eine Mankoabrede notwendigerweise auch Sachverhalte erfasst, in denen der Arbeitnehmer nach allgemeinen Grundsätzen überhaupt nicht (kein Verschulden oder leichte Fahrlässigkeit) oder nur anteilig (mittlere Fahrlässigkeit) haften würde, darf eine Haftung aufgrund einer Mankoabrede die Summe der gezahlten Mankogelder nicht übersteigen. Der Arbeitgeber muss also entweder ein gesondertes Mankogeld oder eine angemessene Gehaltserhöhung gewähren, und zugleich, bezogen auf einen bestimmten Ausgleichszeitraum (zB ein Kalenderjahr), die Mankohaftung des Arbeitnehmers auf einen geringeren Betrag begrenzen. Haftungsfälle wegen vorsätzlichen Verhaltens des Arbeitnehmers können allerdings von der Mankoabrede ausgenommen werden. Im vorliegenden Fall liegt die Haftungshöchstgrenze (Euro 700,–) unterhalb der Jahres-Summe der Mankogelder (Euro 720,–), so dass gegen die Wirksamkeit der Mankoabrede keine Bedenken bestanden.

Arrest und Arrestpfändung wegen Unterschlagung[1, 2]

An das Arbeitsgericht[3]

In Sachen

.../...

(volles Rubrum)

vertreten wir die Antragstellerin. Eine Vollmacht ist als **Anlage AS 1** beigefügt.

Namens und im Auftrag der Antragstellerin beantragen wir – wegen der Dringlichkeit ohne mündliche Verhandlung und durch den Vorsitzenden allein – den Erlass folgenden **Arrestbefehls und Arrestpfändungsbeschlusses**:

1. Wegen einer Forderung der ASt. in Höhe von Euro 428 611,32 wird der dingliche Arrest in das gesamte Vermögen des Antragsgegners angeordnet.

2. Die Vollziehung des Arrests wird durch Hinterlegung durch den Antragsgegner in Höhe von Euro 428 611,32 gehemmt.

3. In Vollziehung des Arrestes werden die Forderungen des Antragsgegners auf Zahlung und Leistung jeglicher Art aus seiner gesamten Geschäftsverbindung mit der Kreissparkasse ... (Adresse), vertreten durch den Vorstand ..., insbesondere aus dem Konto Nr. ..., bis zum Höchstbetrag von Euro 428 611,32 gepfändet.[4] Der Antragsgegner hat sich jeder Verfügung über die Forderung zu enthalten. Der Drittschuldner darf an den Antragsgegner nicht mehr leisten.

Begründung:

1. Sachverhalt

Der Antragsgegner war bis zum ... kaufmännischer Leiter der Antragstellerin. Ihm oblag unter anderem die Prüfung eingehender Rechnungen. Wurden eingehende

---

1 ➲ **Praxistipp:** Es empfiehlt sich, den Antrag **persönlich beim Arbeitsgericht abzugeben**, sich dort sofort das Aktenzeichen geben zu lassen und dann den Antrag zusammen mit der Geschäftsstellenbeamtin persönlich zu dem zuständigen Richter zu bringen. Mit diesem kann dann sofort das weitere zeitliche Vorgehen erörtert werden. Das ist wichtig, um Vollstreckungsmaßnahmen (insbesondere Zustellung durch den Gerichtsvollzieher) koordinieren zu können.

2 Gibt das Arbeitsgericht dem Arrestantrag statt, kann der Antragsgegner **Widerspruch** nach §§ 936, 924 ZPO einlegen. Über die Rechtmäßigkeit des erlassenen Arrestes ist dann nach mündlicher Verhandlung durch Endurteil zu entscheiden (§§ 936, 924 Abs. 2 Satz 2, 925 Abs. 1 ZPO). Gegen das Endurteil kann die unterliegende Partei nach den allgemeinen Regeln **Berufung** einlegen. Hat das Arbeitsgericht dagegen den Arrestantrag ohne mündliche Verhandlung zurückgewiesen, kann der Antragsteller **Beschwerde** zum LAG einlegen (§ 78 Abs. 1 ArbGG). Der Antragsteller sollte sich mit der Einlegung von Rechtsbehelfen nach Möglichkeit beeilen. Bei vielen Arbeitsrichtern entstehen massive Zweifel an der Eilbedürftigkeit einer Angelegenheit, wenn der Antragsteller Rechtsmittelfristen voll ausschöpft oder gar verlängern lässt.

3 Streitig ist, ob **wahlweise** auch das **Amtsgericht** als Arrestgericht zuständig sein kann (bejahend *Baur* in Dunkl/Moeller, Rz. B 1; aA *Koch*, NJW 1991, 1858). Es ist jedoch nicht ersichtlich, welche Vorteile es haben sollte, den Antrag beim Amtsgericht statt beim Arbeitsgericht zu stellen.

4 Die **Verbindung** von Arrestantrag und Pfändungsantrag ist nach einhelliger Auffassung ohne weiteres zulässig (*Dunkl* in Dunkl/Moeller, Rz. A 414; *Zöller/Vollkommer*, § 930 ZPO Rz. 3).

Rechnungen von ihm als „sachlich und rechnerisch i.O." abgezeichnet, wies die Buchhaltung entsprechende Überweisungen an.

Zusammen mit seiner Ehefrau hat der Antragsgegner eine Briefkastenfirma mit Namen „XY Technical Services Ltd." mit Sitz auf Jersey (Kanalinseln) gegründet. Diese Firma stellte der ASt. in der Zeit zwischen November... und Januar... insgesamt fünf Rechnungen über einen Gesamtbetrag von Euro 428 611,32. Diesen Rechnungen lagen keinerlei Leistungen zugrunde. Der Antragsgegner zeichnete die Rechnungen ab und veranlasste deren Überweisung. Die Einzelheiten ergeben sich aus einem umfassenden Geständnis, das der Antragsgegner inzwischen gegenüber der Staatsanwaltschaft abgelegt hat.

Beweis: Geständnis des Antragsgegners, Anlage AS 2

Den Inhalt des Geständnisses machen wir zum Inhalt unseres Vortrags.

Das Anstellungsverhältnis mit dem Antragsgegner wurde unmittelbar nach Bekanntwerden der Vorfälle fristlos gekündigt. Zugleich hat die ASt. den Antragsgegner zur Wiedergutmachung des Schadens aufgefordert. Der Antragsteller hat jedoch erklärt, das unterschlagene Geld sei nicht mehr vorhanden, er habe es „in diversen Spielbanken durchgebracht". Die ASt. hat jedoch große Zweifel an der Richtigkeit dieser Angaben. Gerüchten zufolge soll der Antragsgegner insbesondere ein größeres Wertpapierdepot bei der Kreissparkasse ... haben, dessen Pfändung im Wege des Arrestes hiermit beantragt wird.

Zur Glaubhaftmachung für alles Vorstehende überreichen wir als Anlage AS 3 eine eidesstattliche Versicherung des Prokuristen der ASt. . . . .

2. Rechtslage[5]

Der Arrestanspruch ergibt sich aus § 823 Abs. 2 BGB iVm. §§ 263, 266 StGB. Der Antragsgegner hat veranlasst, dass die Antragstellerin die mit dem Arrestantrag geltend gemachten Beträge auf Luftrechnungen einer Scheinfirma gezahlt hat.

Ein Arrestgrund ist regelmäßig dann gegeben, wenn der Arrestanspruch – wie im vorliegenden Fall – aus einer gegen den Gläubiger (hier: Die ASt.) gerichteten Straftat stammt (BGH v. 24. 3. 1983, WM 1983, 614; LAG Hessen v. 12. 1. 1965, NJW 1965, 989).

Hinsichtlich der mit dem Antrag Ziff. 3 beantragten Pfändung ergibt sich der Gerichtsstand aus § 930 Abs. 1 Satz 3 ZPO, wonach für die Pfändung einer Forderung das Arrestgericht als Vollstreckungsgericht zuständig ist.

Gemäß § 921 Abs. 1 ZPO ist eine Entscheidung ohne mündliche Verhandlung möglich und auch dringend geboten. Gerade die zu arrestierenden Kontoguthaben ließen sich

---

5 ➲ **Praxistipp:** Arrestverfahren vor dem Arbeitsgericht kommen nur recht selten vor. Deshalb fehlt es insoweit bei vielen, insbesondere jüngeren Arbeitsrichtern an jeglicher Erfahrung. Es empfiehlt sich deshalb, in der Antragsschrift **ausführlich** nicht nur zum Sachverhalt **vorzutragen**, sondern vor allem auch zu den **prozessualen Einzelheiten** (mündliche Verhandlung, Gerichtsstand, Besetzung der Kammer, Verbindung mit Vollstreckungsanträgen etc.). Das erspart zum einen dem Richter unnötige Recherche, zum anderen verringert sich die Wahrscheinlichkeit prozessualer Fehler. Vor allem aber wird ein Richter, der vom Antragsteller „an die Hand genommen" wird, nicht nach Möglichkeiten suchen, den Antrag wegen irgendwelcher Formalitäten zurückzuweisen und sich dadurch Arbeit zu ersparen.

bei Erhalt einer Ladung zu einer mündlichen Verhandlung binnen weniger Minuten in bar abheben oder unerreichbar ins Ausland transferieren. Das Arrestverfahren wäre damit weitgehend sinnlos.

Eine Sicherheitsleistung ist gemäß § 921 Abs. 2 ZPO nicht anzuordnen. Arrestanspruch und Arrestgrund sind glaubhaft gemacht. Von der bloßen Pfändung des Kontos drohen dem Antragsgegner keine nennenswerten Nachteile.

Es wird darum gebeten, drei Ausfertigungen des beantragten Beschlusses zu erteilen, um neben der Zustellung bei der Drittschuldnerin[6] auch die Zustellung beim Antragsgegner innerhalb der Wochenfrist des § 930 Abs. 3 Satz 2 ZPO zu gewährleisten.

Im Übrigen wird darum gebeten, mit dem Unterzeichner oder seinem Vertreter Rechtsanwalt . . . unter der Tel.-Nr.: . . . Kontakt aufzunehmen,[7] falls das Gericht Bedenken gegen den Antrag haben sollte. Dies gilt insbesondere, wenn das Gericht Arrestanspruch und Arrestgrund für nicht ausreichend halten sollte, Bedenken hinsichtlich der ausreichenden Glaubhaftmachung hat oder sonstige Zweifel an Zulässigkeit und Begründetheit des Antrags bestehen. Gleiches gilt, falls das Gericht beabsichtigen sollte, Sicherheitsleistungen anzuordnen.

. . .

(Unterschrift)

---

6 Erlässt das Arbeitsgericht den beantragten Arrest nebst Arrestpfändung, so ist es zweckmäßig, zunächst den Pfändungsbeschluss **beim Drittschuldner zuzustellen** und erst danach den Arrestbeschluss beim Antragsgegner. Gerade bei Bankkonten reichen sonst wenige Minuten, um die Vollstreckung zu vereiteln. Hier ist sorgfältige Koordination der beteiligten Gerichtsvollzieher durch den Anwalt erforderlich. Zwischen Zustellung beim Drittschuldner und Zustellung beim Antragsgegner darf allerdings nicht mehr als eine Woche liegen (§ 929 Abs. 3 ZPO). Nach Ablauf eines Monats ist die Vollstreckung des Arrestbefehls nicht mehr zulässig (§ 929 Abs. 2 ZPO). Werden nach Ablauf eines Monats neue Vollstreckungsobjekte bekannt, kann jedoch ohne weiteres ein neuer Arrest beantragt und dann aus diesem vollstreckt werden.

7 ➲ **Praxistipp:** Die Bitte um **telefonische Kontaktaufnahme** zur Behebung von Zweifeln an der Begründetheit des Antrags sollte bei einem Arrestantrag nie fehlen. Zum einen ergibt sich dadurch die Möglichkeit, kurzfristig nachzubessern, falls Kleinigkeiten fehlen (zB Glaubhaftmachung, vergessene Anlagen etc.). Zum anderen ergibt sich so die Möglichkeit, den Antrag ggf. zurückzunehmen, wenn der Richter erkennen lässt, dass er ihm nicht stattgeben wird. Die Rücknahme hat den Vorteil, dass keine Kosten anfallen und der Gegner nicht aufgeschreckt wird.

13.6 Klage des Arbeitnehmers wegen Mobbing

An das

Arbeitsgericht . . .

In Sachen

. . ./. . .

(volles Rubrum)

vertreten wir den Kläger. Namens und im Auftrag des Klägers erheben wir Klage[1] und beantragen:

1. *Die Beklagte wird verurteilt, Schadensersatz von Euro . . . nebst Zinsen in Höhe von 8 Prozentpunkten über dem Basiszinssatz[2] seit Rechtshängigkeit an den Kläger zu zahlen.*

2. *Die Beklagte wird verurteilt, ein angemessenes Schmerzensgeld, dessen Höhe ins Ermessen des Gerichts gestellt wird, jedoch Euro . . . nicht unterschreiten sollte,[3] nebst Zinsen in Höhe von 8 Prozentpunkten über dem Basiszinssatz[4] seit Rechtshängigkeit an den Kläger zu zahlen.*

3. *Es wird festgestellt, dass die Beklagte zum Ersatz aller weiteren Schäden und Nachteile verpflichtet ist, die dem Kläger durch die in der nachfolgenden Klagebegründung dargelegten Mobbing-Aktivitäten der Mitarbeiter der Beklagten X, Y und Z entstanden sind.[5]*

4. *Die Beklagte wird verpflichtet, alles in ihrer Macht Stehende zu tun, um Mobbing-Handlungen der Kollegen X, Y und Z, insbesondere solche, wie sie in der nachfolgenden Klageschrift beschrieben sind, künftig zu verhindern.*

5. *Es wird festgestellt, dass der Kläger berechtigt ist, seine Arbeitsleistung zurückzuhalten, solange die Beklagte ihren Verpflichtungen gem. Klagantrag Ziff. 4 nicht nachkommt.*

I. Begründung:

Der Kläger ist bei der Beklagten seit mehr als zehn Jahren als Verwaltungsangestellter beschäftigt. Im Februar letzten Jahres erhielt er eine verhaltensbedingte Kündigung wegen angeblich mangelhafter Leistungen. Gegen diese Kündigung erhob der Kläger

---

1 Unter bestimmten (sehr eingeschränkten) Voraussetzungen kann auch der Erlass einer einstweiligen Verfügung in Betracht kommen (dazu *Wickler*, DB 2002, 477, 483; LAG Thüringen v. 10. 4. 2001, BB 2001, 1358, Leitsätze 7 bis 9).
2 Zum Zinsanspruch s. **M 45.3** Fn. 5, 6.
3 ⟹ **Wichtig:** Es ist ein Kunstfehler, Schmerzensgeld in unbestimmter Höhe einzuklagen, ohne eine Mindesthöhe anzugeben. Denn dann fehlt die für eine Berufung erforderliche Beschwer, wenn das Gericht nur einen niedrigen Betrag zuerkennt.
4 S. **M 45.3** Fn. 5, 6.
5 Eine Feststellungsklage auf weiteren Schadensersatz muss präzise umschreiben, aus welchen Handlungen sich der Ersatzanspruch ergeben soll. Dies kann durch Verweis auf ausführliche Darlegungen in der Klageschrift geschehen. Nicht ausreichend ist beispielsweise der Antrag auf Feststellung der Schadensersatzpflicht „wegen Mobbing-Aktionen in den Jahren 1998 bis 2000" (LAG Rheinland-Pfalz v. 28. 8. 2001 – 5 Sa 521/01, nv.).

Kündigungsschutzklage. Im Kammertermin im Juli letzten Jahres nahm die Beklagte die Kündigung zurück, nachdem das Arbeitsgericht erläutert hatte, dass es die Kündigung aus verschiedenen Gründen für unwirksam halte. Eine von der Beklagten angebotene Abfindung in Höhe von Euro 50 000,- nahm der Kläger nicht an, vielmehr bestand er auf Weiterbeschäftigung.

Offenbar versucht die Beklagte nunmehr, den Kläger durch gezieltes „Mobbing" aus dem Betrieb herauszuekeln, nachdem sie dies mit der Kündigung nicht erreicht hat. Auf jeden Fall ist festzustellen, dass der Kläger seit Juli vergangenen Jahres ständigen unethischen Angriffen seines Vorgesetzten X sowie seiner beiden Abteilungskollegen Y und Z ausgesetzt ist. Aus der Vielzahl ähnlicher Vorfälle seien nur Folgende herausgegriffen:[6]

a) Am 17. 6. vergangenen Jahres kam der Vorgesetzte X in das Zimmer des Klägers und . . . (wird ausgeführt).

b) Am 19. 6. bemerkte der „Kollege" X während des mittäglichen Kantinenessens im Vorbeigehen zum Kläger: „. . . (wörtliches Zitat)".

c) . . .

. . .

Trotz mehrmaliger mündlicher und schriftlicher Aufforderungen hat die Beklagte nichts getan, um das Verhalten des Vorgesetzten X sowie der Mitarbeiter Y und Z abzustellen (wird ausgeführt).

II. Rechtslage

1. Mit dem Klagantrag Ziff. 1 begehrt der Kläger Schadensersatz wegen Verdienstausfalls. Aufgrund der fortgesetzten Mobbing-Attacken ist er seit dem 15. 3. diesen Jahres krankgeschrieben. Nach Ablauf der sechswöchigen Entgeltfortzahlung gem. EFZG erhält er Krankengeld von der zuständigen Krankenkasse. Dieses Krankengeld liegt pro Monat um Euro . . . unter den letzten vertragsgemäßen Bezügen. Der Differenzbetrag wird mit der Klage für die Monate seit März geltend gemacht, dies ergibt insgesamt den eingeklagten Betrag. Die Beklagte ist insoweit ersatzpflichtig aus dem Gesichtspunkt der Vertragsverletzung (§§ 278, 280 BGB) sowie aus Delikt (§§ 831, 823 BGB). Die oben dargestellten Vorfälle zeigen deutlich, dass X, Y und Z nach einem gemeinsamen Plan mit einem gemeinsamen Ziel vorgehen, welches von der Unternehmensleitung der Beklagten gebilligt wird (wird ausgeführt). Die Voraussetzungen der §§ 278, 831 BGB sind damit gegeben.[7]

---

[6] Ein großes Problem bei Mobbing-Klagen ist die Darlegung des Sachverhalts durch den Kläger. Da Mobbing begrifflich ein fortgesetztes Verhalten voraussetzt, welches sich aus vielen kleinen Einzelaktionen zusammensetzt, muss der Kläger sich die Mühe machen, zumindest so viele einzelne Vorfälle substantiiert vorzutragen, dass sich daraus das erforderliche Gesamtgeschehen ergibt (dazu instruktiv LAG Bremen v. 17. 10. 2002, LAGE Art. 2 GG Persönlichkeitsrecht Nr. 5: Kein Prima-facie-Beweis, wenn der Kläger nur neun Vorfälle innerhalb der letzten 3½ Jahre vorträgt).

[7] Für eine Haftung des Arbeitgebers nach § 831 BGB reicht nicht aus, dass das Mobbing durch Arbeitskollegen im örtlichen und zeitlichen Zusammenhang mit dem Arbeitsplatz stattgefunden hat. Vielmehr setzt § 831 BGB voraus, dass das Handeln der angeblich mobbenden Kollegen in dem ihnen übertragenen Aufgabenkreis nach Zweck und Art objektiv in einem engen

2. Mit dem Klagantrag Ziff. 2 begehrt der Kläger Schmerzensgeld[8] wegen der Verletzung des Persönlichkeitsrechts, aber auch wegen der durch die Mobbing-Attacken erlittenen Gesundheitsbeeinträchtigungen. Ob diese Beeinträchtigungen nur schuldrechtlich als Vertragsverletzung (§§ 278, 280 BGB) oder auch als deliktisch (§§ 831, 823 BGB) anzusehen sind, spielt nach der Reform des Schadensrechts im Jahr 2002 keine Rolle mehr, da gem. § 253 Abs. 2 BGB nF nunmehr auch im Fall der Vertragsverletzung Schmerzensgeldansprüche bestehen.

3. Mit dem Klagantrag Ziff. 3 begehrt der Kläger vorsorglich die Feststellung, dass die Beklagte ihm auch alle weiteren Schäden zu ersetzen hat, die er möglicherweise in Zukunft noch durch die Mobbing-Attacken erleidet.[9]

4. Der Klagantrag Ziff. 4 ist begründet, weil die Beklagte aufgrund ihrer allgemeinen arbeitsrechtlichen Schutzpflichten verpflichtet ist, die Mobbing-Aktivitäten des Vorgesetzen X sowie der Kollegen X und Y abzustellen (wird ausgeführt).[10]

5. Der Klaganspruch Ziff. 5 ist begründet, weil dem Kläger ein Zurückbehaltungsrecht nach § 273 Abs. 1 BGB zusteht. Dass Zurückbehaltungsrechte nach § 273 BGB in Betracht kommen, wenn der Arbeitgeber die ihm obliegenden Verpflichtungen nicht erfüllt, ist unstreitig. Allerdings muss es sich stets um die Nichterfüllung von Pflichten handeln, denen einiges Gewicht zukommt; die Nichterfüllung von Bagatellverpflichtungen löst noch kein Zurückbehaltungsrecht aus. Nach den obigen Darlegungen bedarf es aber keiner weiteren Erläuterungen, dass die Handlungen des Vorgesetzten X sowie der Kollegen Y und Z den Kläger massiv körperlich und seelisch beeinträchtigen, so dass die Verpflichtung der Beklagten, solche Übergriffe abzustellen, von außerordentlich großer Bedeutung ist. Die Verletzung dieser Verpflichtung löst deshalb Zurückbehaltungsrechte nach § 273 BGB aus.[11]

---

oder unmittelbaren inneren (sachlichen) Zusammenhang steht (LAG Rheinland-Pfalz v. 28. 8. 2001 – 5 Sa 521/01, nv.); dazu auch *Kerst-Würkner*, ArbuR 2001, 258 f. Im Rahmen des § 278 BGB gelten ohnehin andere Maßstäbe.

8 Zum Anspruch auf Schmerzensgeld wegen Mobbings und insbesondere zu dessen Berechnung vgl. LAG Thüringen v. 15. 2. 2001, BB 2001, 1358 einerseits, LAG Rheinland-Pfalz v. 16. 8. 2001, NZA-RR 2002, 121 andererseits. Nach zutreffender Auffassung des LAG Rheinland-Pfalz orientiert sich die Höhe eines eventuellen Schmerzensgeldes nicht am Monatseinkommen des Geschädigten, sondern an dem Gewicht der Handlungen und den Folgen, insbesondere den eingetretenen Gesundheitsbeeinträchtigungen. Unter Würdigung aller Umstände hielt das LAG Rheinland-Pfalz im entschiedenen Fall eine Entschädigung von DM 15 000 für angemessen. Es hielt zwar die Mobbing-Handlungen für außerordentlich schwerwiegend, verneinte aber eine nennenswerte Gesundheitsbeeinträchtigung und hielt im Übrigen eine Genugtuungsfunktion des Schmerzensgeldes deshalb nur eingeschränkt für berücksichtigenswert, weil eine gewisse Genugtuung auch schon dadurch eingetreten sei, dass der Kläger diverse Prozesse gegen den Arbeitgeber gewonnen hatte.

9 Für solche Feststellungsanträge besteht ein Rechtsschutzbedürfnis, wenn ernsthaft in Betracht kommt, dass über die bereits konkret bekannten Schäden hinaus noch weitere eintreten. Das ist bei Gesundheitsverletzungen regelmäßig der Fall.

10 Zum Anspruch des Arbeitnehmers auf Abhilfe statt aller *Kerst-Würkner*, ArbuR 2001, 258 f.; *Wickler*, DB 2002, 477.

11 Vgl. LAG Thüringen v. 15. 2. 2001, BB 2001, 1358 (LS 4).

Kapitel 14 Urlaub

Literaturübersicht: *Boemke,* Berechnungen des Urlaubsentgelts, SAE 2001, 93; *Claes,* Ausgewählte Fragen des Urlaubsrechts, DB 1998, 25; *Corts,* Einstweilige Verfügung auf Urlaubsgewährung, NZA 1998, 357; *Dütz/Dörrwächter,* Urlaub während des Streiks, SAE 1998, 159; *Hohmeister,* Bundesurlaubsgesetz, 1995; *Hohmeister,* Die Rechtsprechung des BAG zum Urlaubsrecht in den Jahren 2001/2002, BB 2002, 2176; *Hromadka,* Zum Urlaubsanspruch des ausgeschiedenen Arbeitnehmers, EWiR 1998, 741; *Krasshöfer,* Der Anspruch des Arbeitnehmers auf Urlaub, AuA 1995, 299; *Künzl,* Die Befristung des Urlaubsanspruchs, BB 1991, 1630; *Leinemann/Linck,* Urlaubsrecht Kommentar, 2. Aufl. 2001; *Nägele,* Urlaubsansprüche in der Zeit der Freistellung, DB 1998, 1132; *Neumann/Fenski,* Bundesurlaubsgesetz, Kommentar, 9. Aufl. 2003; *Ostrop,* Verfall des Urlaubsanspruch nach Ablauf des Übertragungszeitraums, NZA 1993, 208; *Ring,* Grundfragen des Anspruchs auf Erholungsurlaub nach dem BUrlG, BuW 2002, 389; *Stahlhacke/Bachmann/Bleistein/Berscheid,* Gemeinschaftskommentar zum Bundesurlaubsgesetz, 5. Aufl. 1992; *Weber,* Die Ansprüche auf Urlaub, Urlaubsentgelt und Urlaubsabgeltung, RdA 1995, 229; *Warschkow,* Urlaubsgeld als freiwillige Leistung, AiB 2001, 238.

I. Erläuterungen

Der Arbeitnehmer hat Anspruch auf die jährliche Gewährung von Urlaub. Der Arbeitgeber hat ihn zeitweilig von seinen vertraglichen Arbeitspflichten unter Fortzahlung der Vergütung **freizustellen**. Maßgeblich ist das Bundesurlaubsgesetz (BUrlG). Der **gesetzliche Mindesturlaub** beträgt **24 Werktage** (§ 3 Abs. 1 BUrlG), bei sechs Werktagen/Woche somit vier Wochen. Bei Umrechnung auf Arbeitstage ist die Zahl der Urlaubswerktage durch 6 zu teilen und mit der Zahl der Arbeitstage (bei Vollzeittätigkeit regelmäßig 5, bei Teilzeittätigkeit entsprechend weniger) zu multiplizieren.[1] Beträgt der Urlaub bei einer regelmäßig auf fünf Arbeitstage verteilten Arbeitszeit 30 Arbeitstage, ist für die Umrechnung des Urlaubs eines Teilzeitbeschäftigten, der mit dem Arbeitgeber eine Jahresarbeitszeit vereinbart hat, auf die im Kalenderjahr möglichen Arbeitstage abzustellen. Der Urlaub des Teilzeitbeschäftigten verringert sich entsprechend.[2] Abweichende einzel- oder tarifvertragliche Regelungen sind nur in den Grenzen des § 13 BUrlG möglich. Ein Verzicht auf den gesetzlichen Mindesturlaub, ein negatives Schuldanerkenntnis etc. wäre nicht wirksam. Nur Tatsachenvergleiche, nach denen Urlaub in natura gewährt wurde, sind wirksam.

Arbeitsleistung und Urlaubsanspruch stehen **nicht in einem Gegenseitigkeitsverhältnis**, so dass der Arbeitnehmer auch dann Anspruch auf Urlaubsgewährung hat, wenn er in dem Kalenderjahr **arbeitsunfähig** war, solange der Urlaub noch bis zum Ende des Übertragungszeitraumes (31. 3. des Folgejahres) genommen werden kann. Das Urlaubsverlangen ist in diesem Fall nicht rechtsmissbräuchlich.[3] Der Urlaubsanspruch ist **höchstpersönlich** und kann daher weder vererbt noch verpfändet oder abgetreten werden.[4] **Zweck** des Urlaubs ist die **Erholung** des Arbeitnehmers. Er darf

---

1 BAG v. 14. 1. 1992, DB 1992, 1889.
2 BAG v. 5. 9. 2002, NZA 2003, 726; zur Umrechnung vgl. auch BAG v. 30. 10. 2001, NZA 2002, 815.
3 St. Rspr. seit BAG v. 28. 1. 1982, DB 1982, 1065.
4 BAG v. 13. 11. 1985, BAGE 50, 147 = NZA 1986, 437.

daher im Urlaub keine diesem Zweck widersprechende **Erwerbstätigkeit** leisten (§ 8 BUrlG). Bei einem Verstoß gegen § 8 BUrlG steht dem Arbeitgeber ein Anspruch auf Schadensersatz und Unterlassung der Erwerbstätigkeit zu. Er ist ferner berechtigt, das Arbeitsverhältnis zu kündigen. Der Anspruch auf Zahlung des Urlaubsentgelts bleibt von der verbotswidrigen Erwerbstätigkeit allerdings unberührt.

Der Anspruch auf Urlaubsgewährung **entsteht** gem. § 4 BUrlG erstmalig nach Ablauf einer **Wartezeit** von sechs Monaten, die mit dem Tag der Arbeitsaufnahme beginnt. Es kommt nur auf den rechtlichen Bestand des Arbeitsverhältnisses, nicht auf eine tatsächliche Arbeitsleistung an. Scheidet der Arbeitnehmer nach erfüllter Wartezeit in der ersten Hälfte des Kalenderjahres oder vor erfüllter Wartezeit aus, so hat er nur einen Anspruch auf ein Zwölftel des Jahresurlaubs für jeden vollen Monat des Bestehens des Arbeitsverhältnisses, § 5 Abs. 1 lit. b und c BUrlG. Dasselbe gilt für Zeiten eines Kalenderjahres, für die er wegen Nichterfüllung der Wartezeit in diesem Kalenderjahr keinen vollen Urlaubsanspruch erwirbt, § 5 Abs. 1 lit. a BUrlG. Scheidet er jedoch nach Erfüllung der Wartezeit in der zweiten Jahreshälfte aus, so hat er Anspruch auf den vollen gesetzlichen Jahresurlaub.[5]

Der Urlaubsanspruch ist grundsätzlich **an das Kalenderjahr gebunden**. Er erlischt daher mit dem Ende des Urlaubsjahres, sofern er nicht vom Arbeitnehmer so rechtzeitig geltend gemacht wird, dass er noch vorher vom Arbeitgeber erfüllt werden kann.[6] Nur ausnahmsweise ist eine Übertragung bis zum 31. März des Folgejahres zulässig. Das ist der Fall, wenn der Urlaub im Kalenderjahr aus einem der in § 7 Abs. 3 Satz 2 BUrlG aufgeführten Gründe nicht genommen werden konnte. In Betracht kommen dringende betriebliche Gründe oder solche in der Person des Arbeitnehmers. **Betriebliche Belange** sind Umstände wie die Auftragslage, vorrangige Urlaubswünsche (vgl. § 7 Abs. 1 Satz 1 BUrlG) oder krankheitsbedingte Fehlzeiten anderer Arbeitnehmer, Betriebsorganisation, Arbeitsablauf etc. Ein **in der Person des Arbeitnehmers** liegender Grund ist in erster Linie die krankheitsbedingte Arbeitsunfähigkeit. Sie führt dazu, dass die Urlaubsgewährung unmöglich wird; denn der Anspruch auf Freistellung von der Arbeitspflicht ist nicht erfüllbar, wenn der Arbeitnehmer die Arbeitspflicht ohnehin nicht erbringen kann.[7] Erkrankt der Arbeitnehmer während des Urlaubs, muss er dies ebenfalls mit einer Arbeitsunfähigkeitsbescheinigung nachweisen, wenn er sich den Anspruch auf die ausgefallenen Urlaubstage erhalten möchte. Liegt einer der genannten Gründe vor, wird der Urlaubsanspruch **kraft Gesetzes**, also ohne eine Erklärung der Beteiligten, auf die ersten drei Monate des Folgejahres übertragen.

Voraussetzung für die Urlaubsbewilligung durch den Arbeitgeber ist der Urlaubsantrag und damit ein Leistungsverlangen des Arbeitnehmers.[8] Bei der zeitlichen Festlegung des Urlaubs sind die Urlaubswünsche des Arbeitnehmers zu berücksichtigen, es sei denn, dass ihrer Berücksichtigung dringende betriebliche Belange oder Urlaubswünsche anderer Arbeitnehmer, die unter sozialen Gesichtspunkten den Vorrang verdienen, entgegenstehen (§ 7 Abs. 1 BUrlG). Urlaub wird meist auf Formularen beantragt

---

5 BAG v. 14. 3. 1989, DB 1989, 1730.
6 BAG v. 18. 9. 2001, NZA 2002, 895.
7 Vgl. *Bauer/Röder/Lingemann*, S. 83 ff.
8 BAG v. 28. 11. 1990, NZA 1991, 423.

und bewilligt (**M 14.1**), auch individuelle Schreiben kommen jedoch vor (**M 14.2.**). Entspricht der Arbeitgeber dem Verlangen nicht, kommt eine einstweilige Verfügung und/oder Leistungsklage in Betracht[9] (**M 14.5**). Eine Selbstbeurlaubung hingegen gibt – jedenfalls nach Abmahnung – dem Arbeitgeber ein Recht zur fristlosen Kündigung des Arbeitsverhältnisses gem. § 626 BGB.

Im gekündigten Arbeitsverhältnis ist der Urlaub bis zum Ablauf der Kündigungsfrist zu beantragen und zu gewähren, es sei denn, überwiegende Interessen des Arbeitnehmers stehen – ausnahmsweise – entgegen.

Die Erhebung einer Kündigungsschutzklage hat regelmäßig nicht die Geltendmachung von Urlaubsansprüchen des Arbeitnehmers zum Inhalt. Die Ungewissheit, ob das Arbeitsverhältnis im Urlaubsjahr fortbestanden hat, ist kein gesetzlicher Übertragungsgrund iSv. § 7 Abs. 3 Satz 2 BUrlG. Der Arbeitnehmer muss ihn daher auch im Rahmen eines Kündigungsschutzprozesses rechtzeitig geltend machen.[10]

Ein Anspruch auf Urlaub besteht allerdings nicht, soweit dem Arbeitnehmer bereits für das laufende Kalenderjahr **von einem früheren Arbeitgeber Urlaub gewährt wurde**, § 6 Abs. 1 BUrlG. Bei Beendigung des Arbeitsverhältnisses ist dem Arbeitnehmer daher eine Urlaubsbescheinigung (**M 14.3**) auszustellen, die über bereits gewährten oder abgegoltenen Urlaub Rechenschaft gibt, § 6 Abs. 2 BUrlG. Zweck der Bescheinigung ist es, sicherzustellen, dass der Arbeitnehmer den ihm im Kalenderjahr zustehenden Urlaub nicht doppelt beansprucht. Kürzen kann den Urlaubsanspruch allerdings nur der neue Arbeitgeber, nicht der alte.[11] Der neue Arbeitgeber kann den Urlaub so lange verweigern, bis ihm der Arbeitnehmer die Urlaubsbescheinigung vorlegt. Der Arbeitnehmer kann die Urlaubsbescheinigung gegen seinen alten Arbeitgeber daher auch gerichtlich durchsetzen. Ist der alte Arbeitgeber mit der Erteilung im Verzug, schuldet er ggf. Schadensersatz.

Als finanzielle Leistungen während des Urlaubs kommen Urlaubsentgelt und Urlaubsgeld in Betracht, und anstelle des Urlaubs die Urlaubsabgeltung:

Während des Urlaubs ist als Vergütung das **Urlaubsentgelt** zu zahlen. Es bemisst sich gem. § 11 Abs. 1 BUrlG nach dem durchschnittlichen Arbeitsverdienst, den der Arbeitnehmer in den letzten dreizehn Wochen vor dem Beginn des Urlaubs erhalten hat, mit Ausnahme des zusätzlich für Überstunden gezahlten Verdienstes.[12] Die Berechnungsformel bei einer 6-Tage-Woche lautet: Arbeitsverdienst der letzten dreizehn Wochen vor Urlaubsbeginn (abzüglich Mehrarbeitsvergütung), geteilt durch 78 Arbeitstage = Urlaubsentgelt je Urlaubstag. Bei der 5-Tage-Woche ist der Divisor 65. Bei Teilzeittätig-

---

9 Vgl. *Corts*, NZA 1998, 357.
10 BAG v. 18. 9. 2001, NZA 2002, 895.
11 BAG v. 28. 2. 1991, DB 1991, 1987.
12 Die Tarifvertragsparteien dürfen für die Bemessung des Urlaubsentgeltes allerdings auch den konkreten Lohnausfall heranziehen. Ebenso dürfen sie regeln, dass Urlaubsentgelt nach dem Durchschnitt der letzten vor der Urlaubsgewährung abgerechneten zwölf Kalendermonate zu bemessen ist. Das gilt auch für den gesetzlichen Mindesturlaub. Die Tarifparteien dürfen dem Arbeitgeber auch die Auswahl zwischen beiden Berechnungsmethoden überlassen. Bei der Ausübung dieses Wahlrechts hat der Betriebsrat dann allerdings ein Mitbestimmungsrecht nach § 87 Abs. 1 Nr. 10 BetrVG, BAG v. 3. 12. 2002, NZA 2003, 1219.

keit empfiehlt sich eine Berechnung auf Stundenbasis; das gilt auch bei flexibel variabler Arbeitszeit, wobei sich das Urlaubsentgelt dort nach den tatsächlich infolge der Urlaubsgewährung ausgefallenen Stunden bestimmt.[13] Fällig ist das Urlaubsentgelt vor Antritt des Urlaubs, § 11 Abs. 2 BUrlG.

Davon zu unterscheiden ist das **Urlaubsgeld**, das eine freiwillige Sonderleistung des Arbeitgebers aus Anlass des Urlaubs darstellt (dazu Kap. 12, Erläuterungen I. 8.; **M 12.15**, insbes. 3. Alternative).

Urlaubsabgeltung (M 14.6) ist nur zu leisten, wenn der Urlaub wegen Beendigung des Arbeitsverhältnisses ganz oder teilweise nicht mehr gewährt werden kann, § 7 Abs. 4 BUrlG. Da der Urlaubsabgeltungsanspruch ein Surrogat des Urlaubsanspruchs und kein Abfindungsanspruch ist, besteht kein Anspruch auf Urlaubsabgeltung, wenn der Arbeitnehmer bei Beendigung des Arbeitsverhältnisses und danach bis zum Ende des Übertragungszeitraumes arbeitsunfähig krank ist.[14] Auch der Urlaubsabgeltungsanspruch kann nur bis zum Ende des Übertragungszeitraumes geltend gemacht werden; danach kommt nur noch ein Schadensersatzanspruch in Betracht, wenn der Arbeitnehmer den Arbeitgeber wegen des Urlaubsanspruchs rechtzeitig in Verzug gesetzt hatte.[15]

Die Höhe der Abgeltung entspricht dem Urlaubsentgelt, das im Falle der Urlaubsgewährung hätte gezahlt werden müssen. Auch der Anspruch auf Urlaubsabgeltung ist in Höhe des gesetzlichen Mindesturlaubs (§§ 1, 3 BUrlG) unabdingbar (§ 13 Abs. 1 BUrlG).

Bei der Urlaubsgewährung ist das Mitbestimmungsrecht des Betriebsrats nach § 87 Abs. 1 Nr. 5 BetrVG zu beachten, soweit allgemeine Urlaubsgrundsätze festgelegt oder Streitigkeiten zwischen Arbeitnehmer und Arbeitgeber über die Gewährung des Urlaubs bestehen. In einem betriebsratslosen Betrieb kann der Arbeitgeber allerdings Betriebsferien kraft des ihm obliegenden Direktionsrechtes einführen; hinter den rechtswirksam eingeführten Betriebsferien treten individuelle Urlaubswünsche gem. § 7 Abs. 1 Satz 1 BUrlG zurück.[16]

---

13 BAG v. 7. 7. 1988, DB 1988, 1498, 2315.
14 BAG v. 5. 12. 1995, DB 1996, 1087; v. 27. 5. 1997, BB 1998, 374; zum Sonderfall der Erwerbsunfähigkeit vgl. BAG v. 27. 5. 1997, NZA 1998, 106.
15 Vgl. BAG 19. 1. 1993, DB 1993, 1724.
16 LAG Düsseldorf v. 20. 6. 2002, BB 2003, 156.

II. Muster

Urlaubsantrag und -bewilligung (Formular) 14.1

Name: ...

Vorname: ...

Anschrift: ...

Personalnummer: ...

Antrag auf Bewilligung von Urlaub von ... bis ...

Urlaubsanschrift[1]: ...

Zur Kenntnisnahme von

a) Meister/Abteilungsleiter

b) Betriebsleiter

Urlaub bewilligt von ... bis ...

abgelehnt, weil[2] ...

---

1 Abgesehen von § 5 Abs. 2 EFZG (Erkrankung im Ausland) ist der Arbeitnehmer nicht verpflichtet, seine Urlaubsanschrift mitzuteilen (BAG v. 16. 12. 1980, DB 1981, 999). Wird er allerdings danach gefragt und gibt er daraufhin keine Auskunft, können ihm Willenserklärungen des Arbeitgebers (zB eine Kündigung) an seinem Wohnsitz zugehen (vgl. aber auch BAG v. 16. 3. 1988, NZA 1988, 875).

2 Der Arbeitgeber kann nicht beliebig oder nach billigem Ermessen, sondern nur bei Vorliegen der Voraussetzungen des § 7 Abs. 1 2. Halbs. BUrlG den Urlaub auf einen anderen als den vom Arbeitnehmer gewünschten Termin legen. Zuvor muss er sich aber nach alternativen Wünschen des Arbeitnehmers erkundigen. Verweigert der Arbeitgeber den Urlaub ohne ausreichenden Grund, kann der Arbeitnehmer Leistungsklage auf „Gewährung von Urlaub vom ... bis ..." erheben. In Betracht kommt auch eine einstweilige Verfügung, wenn sonst der Urlaubsanspruch wegen Zeitablaufs nicht durchgesetzt werden kann. Dies gilt, obwohl die einstweilige Verfügung zur Vorwegnahme der Hauptsache führt, da der Anspruch endgültig erfüllt wird (im Einzelnen **M 14.5**).

14.2 Ausführliche Bewilligung von bezahltem und unbezahltem Urlaub (Brief)[1]

Sehr geehrte(r) Herr/Frau ...,

auf Ihren Antrag vom ... wird Ihnen Erholungsurlaub für die Zeit vom ... bis ... bewilligt. Ferner wird Ihnen unbezahlter Urlaub für die Zeit vom ... bis ... bewilligt. Es besteht Einigkeit darüber, dass der unbezahlte Urlaub anderen als Erholungszwecken dient. Für den Zeitraum des unbezahlten Urlaubs ruht das Arbeitsverhältnis.

Ihr erster Arbeitstag nach dem Urlaub ist am .... Erkranken Sie während des Urlaubs, so müssen Sie die Erkrankung unverzüglich unter Beifügung einer ärztlichen Bescheinigung der Firma anzeigen. Dauert die Erkrankung länger als in der ärztlichen Bescheinigung angegeben, so ist eine neue zu übersenden. Der Urlaub verlängert sich nicht um die in der ärztlichen Bescheinigung angegebenen Tage. Vielmehr wird der Urlaub durch eine Erkrankung unterbrochen. Der Resturlaub muss neu beantragt und erteilt werden.

Mit freundlichen Grüßen

...

---

1 Im Zusammenhang mit dem Urlaub ausländischer Arbeitnehmer finden sich gelegentlich Klauseln, dass das Arbeitsverhältnis als beendet gilt, wenn der Arbeitnehmer nicht pünktlich aus dem Urlaub zurückkehren sollte. Solche Bedingungen sind unwirksam (BAG v. 25. 6. 1987, NZA 1988, 391).

14.3 Urlaubsbescheinigung bei Beendigung des Arbeitsverhältnisses

Herr/Frau ...

war im Urlaubsjahr ... von ... bis ... bei uns beschäftigt. Gem. Tarifvertrag .../Arbeitsvertrag beträgt der gesamte Jahresurlaub ... Arbeitstage. Für das Urlaubsjahr ... wurden ... Tage gewährt und ... Arbeitstage abgegolten. Das sind .../12 des gesamten Jahresurlaubs.

Antrag auf Übertragung des Teilurlaubs vor Erfüllung der Wartezeit in das Folgejahr 14.4

Sehr geehre(r) Herr/Frau . . .,

Am . . . habe ich mein Arbeitsverhältnis bei Ihnen begonnen. Ich beantrage, meinen Anspruch auf Teilurlaub gem. § 5 Abs. 1 lit. a BUrlG in das Folgejahr zu übertragen.

Mit freundlichen Grüßen

. . .

Mit der Übertragung sind wir einverstanden.

. . .

(Unterschrift)

Einstweilige Verfügung[1] auf Gewährung von Urlaub 14.5

An das Arbeitsgericht

In Sachen

. . . / . . .

(volles Rubrum)

vertreten wir den Antragsteller.

Namens und im Auftrag des Antragstellers beantragen wir:

> *Der Antragsgegnerin wird im Wege der einstweiligen Verfügung[2] – der Dringlichkeit wegen ohne mündliche Verhandlung und durch den Vorsitzenden allein, ansonsten*

---

[1] Allgemein zur einstweiligen Verfügung vor dem Arbeitsgericht s. Kapitel 51.

[2] An die Durchsetzung des Urlaubsanspruchs im Wege der **einstweiligen Verfügung** stellen die Gerichte außerordentlich hohe Anforderungen, da regelmäßig die Hauptsache vorweggenommen wird. Die Voraussetzungen der §§ 935, 940 ZPO sind in aller Regel nur dann gegeben, wenn die Urlaubsgewährung für einen im Antrag genannten bestimmten Zeitraum begehrt wird. Ein Verfügungsgrund liegt nicht schon dann vor, wenn wegen des Ablaufs des Urlaubsjahres (31. 12.) oder des Übertragungszeitraums (31. 3. des Folgejahres) der Verfall der Urlaubsansprüche droht. Denn bei unbegründeter Weigerung des Arbeitgebers, beantragten Urlaub vor Ablauf der Verfallfristen zu gewähren, tritt an die Stelle des Urlaubsanspruchs ein Schadensersatzanspruch, der sich gemäß § 249 BGB wiederum auf Freizeitgewährung richtet (BAG v. 7. 11. 1985, DB 1986, 973 und v. 7. 11. 1985, DB 1986, 757). Ein endgültiger Verlust von Rechten tritt beim Arbeitnehmer also nicht ein, so dass kein Anlass für den Erlass einer einstweiligen Verfügung besteht (LAG Hamm v. 2. 1. 1990, MDR 1990, 657; *Baur* in Dunkl/Moeller, S. 243). Für einen ausreichenden Verfügungsgrund müssen also weitere Umstände (zB Buchung einer teuren Urlaubsreise) hinzukommen. Aber selbst in solchen Fällen wird das Arbeitsgericht den Erlass einer einstweiligen Verfügung ablehnen, wenn der Arbeitgeber sich auf betriebliche Belange berufen kann, die der Urlaubsgewährung zu dem begehrten Zeitpunkt entgegenstehen, und er sich auch zur Übernahme der Stornierungskosten für die Urlaubsreise

unter größtmöglicher Abkürzung der Ladungs- und Einlassungsfristen – aufgegeben, dem Antragsteller in der Zeit vom ... bis zum 31. 3. ... Urlaub zu gewähren.[3, 4]

Begründung:

Der ASt. ist bei der AGg. seit ... als Buchhalter tätig. Gemäß § 7 seines Anstellungsvertrages hat er Anspruch auf einen Jahresurlaub von 30 Arbeitstagen auf der Basis einer 5-Tage-Woche.

    Zur Glaubhaftmachung: Anstellungsvertrag vom ..., Anlage AS 1

Der ASt. hat im Jahr ... lediglich 7 Tage Urlaub genommen.

    Zur Glaubhaftmachung: Vorlage der Urlaubskarte für ..., Anlage AS 2

Ende November ... beantragte der ASt. bei der Personalabteilung, ihm den restlichen Urlaub von 23 Arbeitstagen bis zum 31. 12. ... zu gewähren, dies wurde jedoch abgelehnt, da unbedingt Arbeiten zum Jahresabschluss gemacht werden müssten, für die der ASt. unverzichtbar sei. Mit Einverständnis des ASt. wurde daraufhin die Übertragung des Resturlaubsanspruchs in das erste Quartal ... vereinbart. Die Vereinbarung wurde von der Personalabteilung am ... auf Drängen des ASt. schriftlich bestätigt.

    Zur Glaubhaftmachung: Schreiben der Personalabteilung vom ...,
    Anlage AS 3

Im Februar ... beantragte der ASt. daraufhin bei der Personalabteilung, ihm seinen restlichen Urlaubsanspruch von 23 Tagen in der Zeit vom ... bis 31. 3. ... zu gewähren. Die Personalabteilung lehnte dies jedoch ab mit der Begründung, ein anderer Kollege des ASt. sei überraschend ausgefallen. Der Quartalsabschluss per 31. 3. ... sei nur dann ordnungsgemäß fertig zu stellen, wenn der ASt. auf seinen Urlaubsanspruch verzichte. Stattdessen sei die AGg. bereit, per 31. 3. ... alle verfallenden Urlaubstage auszuzahlen.

    Zur Glaubhaftmachung: Vermerk der Personalabteilung vom ...,
    Anlage AS 4

Dem ASt. ist im Januar ... mündlich vom Personalleiter zugesichert worden, er könne den Resturlaub im März ... nehmen.

---

  bereit erklärt. Dass wegen Überarbeitung oder sonstiger körperlicher Erschöpfung der Urlaub dringend erforderlich ist, mag einen ausreichenden Verfügungsgrund darstellen, wird sich aber nur selten darlegen lassen.

3 Nach herrschender Auffassung muss der Arbeitnehmer den Urlaubsanspruch im Wege der **Leistungsklage** durchsetzen (BAG v. 11. 3. 1971, AP Nr. 10 zu § 10 BUrlG – Schonzeit), nicht durch Gestaltungsklage. Macht der Arbeitnehmer den Urlaubsanspruch im ordentlichen Verfahren geltend, muss er keinen bestimmten Zeitraum nennen, sondern kann abstrakt die Verurteilung des Arbeitgebers zur Gewährung einer bestimmten Anzahl von Urlaubstagen beantragen.

4 Umstritten ist, auf welche Weise die **Vollstreckung** eines Titels auf Urlaubsgewährung erfolgt. Nach früherer Auffassung sollte die Vollstreckung nach § 894 ZPO erfolgen (BAG v. 12. 10. 1961 und v. 19. 1. 1962, AP Nr. 83, 86 zu § 611 BGB – Urlaubsrecht). Dementsprechend galt der Urlaub erst mit Rechtskraft der einstweiligen Verfügung gemäß § 894 ZPO als „erteilt". Nach neuerer Auffassung des BAG (v. 18. 12. 1986, AP Nr. 10 zu § 7 BUrlG) ist die Gewährung des Urlaubs durch den Arbeitgeber dagegen eine einseitige Erklärung, so dass nur die Vollstreckung nach § 888 ZPO in Betracht kommt (*Baur* in Dunkl/Moeller, S. 245).

Zur Glaubhaftmachung: Zeugnis des Personalleiters der AGg., zu laden über diese

Der ASt. hat daraufhin für die Zeit vom . . . bis 31. 3. . . . mit seiner Familie eine Urlaubsreise in die Karibik zum Preis von insgesamt Euro 11 000,– fest gebucht. Müsste er jetzt von der Reise zurücktreten, wäre nach den Bedingungen des Reiseveranstalters der volle Reisepreis verfallen.[5]

Zur Glaubhaftmachung: Vorlage der Reisedokumente, Anlagenkonvolut AS 5

. . .

(Unterschrift)

---

[5] Als **Streitwert** ist die Höhe der Urlaubsvergütung (Urlaubsentgelt und zusätzliches Urlaubsgeld) für die Zahl der begehrten Urlaubstage anzusetzen. Der ansonsten bei einstweiligen Verfügungen übliche Abschlag vom Wert der Hauptforderung erscheint nicht angemessen, wenn das Verfügungsverfahren die Hauptsache vorwegnimmt und erledigt.

Klage auf Urlaubsabgeltung 14.6

An das Arbeitsgericht

In Sachen

. . . / . . .

(volles Rubrum)

vertreten wir den Kläger.

Namens und im Auftrag des Klägers erheben wir Klage und beantragen:

Die Beklagte wird verurteilt, Euro . . . nebst Zinsen in Höhe von 8 Prozentpunkten über dem Basiszinssatz[1] seit dem 31. 3. . . . an den Kläger zu zahlen.

Begründung:

Der Kl. war seit . . . bei der Bekl. als . . . tätig. Gemäß § 3 seines Arbeitsvertrages hatte er einen Urlaubsanspruch von 30 Arbeitstagen/Kalenderjahr.

Beweis: Arbeitsvertrag vom . . ., Anlage K 1

Am . . . erlitt der Kl. einen schweren Verkehrsunfall, bei dem er sich lebensgefährliche Verletzungen zuzog. Das Arbeitsverhältnis endete am 30. 9. . . . durch Aufhebungsvertrag. In der Zeit zwischen dem Verkehrsunfall und der Beendigung des Arbeitsverhältnisses war der Kl. durchgehend als arbeitsunfähig krank geschrieben. Als der Kl. den Unfall erlitt, hatte er für das Jahr . . . noch keinen Tag Urlaub genommen.

Mit Schreiben vom . . . forderte der Kl. die Bekl. zur Zahlung von Urlaubsabgeltung auf. Die Bekl. lehnte jedoch jegliche Zahlung ab.

Beweis: Ablehnungsschreiben der Bekl. vom . . ., Anlage K 2

---

[1] Zum Zinsanspruch s. das **M 45.3** Fn. 5, 6.

Dem Kl. steht eine Urlaubsabgeltung für 30 Urlaubstage zu. Der Urlaubsanspruch für das Jahr... ist unstreitig entstanden, und zwar trotz der Vertragsbeendigung zum 30. 9. ... in Höhe der vollen 30 Urlaubstage. § 5 BUrlG sieht nur bei Ausscheiden in den ersten 6 Monaten des Kalenderjahres eine anteilige Kürzung des Gesamt-Urlaubsanspruchs vor, nicht aber bei Ausscheiden in der zweiten Jahreshälfte.

Dass der Kl. fast ein halbes Jahr lang arbeitsunfähig war, hatte auf den Urlaubsanspruch keine Auswirkungen. Nach ständiger Rechtsprechung des BAG besteht der Urlaubsanspruch für ein Kalenderjahr sogar dann, wenn der Arbeitnehmer in diesem Jahr keinen einzigen Tag gearbeitet hat.

Der Urlaubsanspruch von 30 Arbeitstagen hat sich mit Beendigung des Arbeitsverhältnisses am 30. 9. ... gemäß § 7 Abs. 4 BUrlG in einen Abgeltungsanspruch umgewandelt. Der Anspruch beträgt rechnerisch Euro ... (wird ausgeführt ...).

Die Bekl. hat außergerichtlich eingewendet, der Urlaubsabgeltungsanspruch sei deshalb nicht gegeben, weil der Kl. bis zum 31. 3. ... arbeitsunfähig gewesen sei, also auch bei Verbleiben im Unternehmen den Urlaub bis zum 31. 3. des Folgejahres nicht hätte nehmen können. Folglich sei der Urlaubsabgeltungsanspruch gemäß § 7 Abs. 3 Satz 3 BUrlG verfallen. Die Bekl. übersieht jedoch, dass der Kläger nur bis 10. 1. ... arbeitsunfähig krank war. Nach dem 11. 1. ... war er nicht mehr krank geschrieben. Vielmehr wurde ihm mit Attest des Hausarztes Dr. ... vom 11. 1. ... ausdrücklich bestätigt, wieder arbeitsfähig zu sein. Entsprechend hat der Kläger in der Zeit ab 11. 1. ... auch Arbeitslosengeld bezogen.

> *Beweis: 1. Ärztliche Bescheinigung des Dr. ... vom 11. 1. ..., Anlage K 3*
> *2. Arbeitslosengeld-Abrechnung, Anlage K 4*

Folglich hätte der Kl. bei Verbleiben im Betrieb den Urlaub für ... in der Zeit zwischen dem 11. 1. und dem 31. 3. ... nehmen können.[2] Dass er den Urlaub nicht mehr nehmen konnte, beruhte somit ausschließlich auf der vorzeitigen Beendigung des Arbeitsverhältnisses. Folglich ist der Urlaubsanspruch gemäß § 7 Abs. 4 BUrlG abzugelten.

...

(Unterschrift)

---

[2] Häufig wird übersehen, dass der Arbeit**nehmer** die Beweislast dafür trägt, dass er rechtzeitig vor dem Ende des Übertragungszeitraums (31. 3. des Folgejahres) wieder arbeitsfähig geworden ist.

Kapitel 15 Krankheit

Literaturübersicht: *Bährle*, Zweifel an der Krankheit eines Mitarbeiters, BuW 1999, 276; *Bauer/Röder/Lingemann*, Krankheit im Arbeitsverhältnis, 2. Aufl. 1996; *Berkowsky*, Die personen- und verhaltensbedingte Kündigung, 3. Aufl. 1997; *Boecken*, Probleme der Entgeltfortzahlung im Krankheitsfall, NZA 1999, 673; *Boecken*, Entgeltfortzahlung bei nebentätigkeitsbedingtem Arbeitsunfall bzw. Unfall, NZA 2001, 233; *Däubler*, Das Gesetz zu Korrekturen in der Sozialversicherung und zur Sicherung der Arbeitnehmerrechte, NJW 1999, 601; *Feichtinger*, Entgeltfortzahlung im Krankheitsfall, AR-Blattei SD 1000.1; *Feichtinger/Malkmus*, Entgeltfortzahlungsgesetz,

Kommentar, 2003; *Feldgen*, Das neue EFZG, DB 1994, 1289; *Geyer/Knorr/Krasney*, Entgeltfortzahlung, Krankengeld, Mutterschaftsgeld, Loseblatt; *Gola*, Entgeltfortzahlungsgesetz, 2. Aufl. 1998; *Gruber*, Der Begriff der krankheitsbedingten Arbeitsunfähigkeit im Entgeltfortzahlungs- und Krankenversicherungsrecht, 1998; *Gutzeit*, Die schwangere Kranke vor dem BAG – monokausale Wirrungen, NZA 2003, 81; *Helml*, EFZG – Entgeltfortzahlungsgesetz, 1995; *Hold*, Änderung des Rechts der Entgeltfortzahlung im Krankheitsfall ab 1. Januar 1999, ZTR 1999, 103; *Kaiser/Dunkl/Hold/Kleinsorge*, Entgeltfortzahlungsgesetz, 5. Aufl. 2000; *Kunz/Wedde*, Entgeltfortzahlungsrecht, Kommentar, 2000; *Lepke*, Kündigung bei Krankheit, 11. Aufl. 2003; *Linke*, Arbeitnehmerpflichten bei Krankheit, AuA 2001, 558; *Marienhagen/Künzl*, Entgeltfortzahlung, Loseblatt; *Müller/Berenz*, Entgeltfortzahlungsgesetz mit Ausgleichsverfahren für Kleinbetriebe, Kommentar, 3. Aufl. 2001; *Nielebock*, Wieder 100%ige Entgeltfortzahlung im Krankheitsfall, AiB 1999, 5; *Reinecke*, Krankheit und Arbeitsunfähigkeit – die zentralen Begriffe des Rechts der Entgeltfortzahlung, DB 1998, 130; *Reinecke*, Entgeltfortzahlung im Krankheitsfall – Arbeitunfähigkeitsbescheinigung und Sozialversicherungsausweis, FA 1999, 82; *Ring*, Rechtliche Grundfragen zur Entgeltfortzahlung im Krankheitsfall, BuW 2001, 609; *Scheddler*, Neues ab 1. Januar 1999 im Arbeits- und Sozialrecht: Entgeltfortzahlung im Krankheitsfall, AuA 1999, 54; *Schlachter*, Beweislast des Arbeitgebers für missbräuchliche Arbeitsunfähigkeitsmeldung bei im EU-Ausland erstellter ärztlicher Arbeitsunfähigkeitsbescheinigung – „Paletta", EWiR 1997, 767; *Schmitt*, Entgeltfortzahlungsgesetz, 4. Aufl. 1999; *Stückmann*, Teilarbeits(un)fähigkeit und Entgeltfortzahlung, DB 1998, 1662; *Vossen*, Entgeltfortzahlung bei Krankheit und an Feiertagen, 1997; *Worzalla/Süllwald*, Entgeltfortzahlung, Kommentar für die Praxis, 3. Aufl. 2001.

I. Erläuterungen

Bei einer Erkrankung des Arbeitnehmers steht die Frage der Entgeltfortzahlung im Zentrum. Ist das Austauschverhältnis durch die Erkrankung nachhaltig gestört, so kommt auch eine personenbedingte Kündigung in Betracht (dazu im Einzelnen unten, Kapitel 22 unter I. 4.).

Wird ein Arbeitnehmer durch Arbeitsunfähigkeit infolge Krankheit an seiner Arbeitsleistung gehindert, ohne dass ihn ein Verschulden trifft, so hat er Anspruch auf **Entgeltfortzahlung** im Krankheitsfall durch den Arbeitgeber für die Zeit der Arbeitsunfähigkeit **bis zur Dauer von sechs Wochen, § 3 Abs. 1 Satz 1 EFZG**.[1] Der Anspruch entsteht mit jeder neuen Erkrankung neu bis zur Dauer von sechs Wochen, bei Folgeerkrankungen hingegen nur, wenn die engeren Voraussetzungen des § 3 Abs. 1 Satz 2 EFZG vorliegen.

Der Anspruch auf Entgeltfortzahlung entsteht erst nach vierwöchiger ununterbrochener Dauer des Arbeitsverhältnisses, § 3 Abs. 3 EFZG. Besteht zwischen einem beendeten und einem neu begründeten Arbeitsverhältnis zu demselben Arbeitgeber ein enger zeitlicher und sachlicher Zusammenhang, so gilt dies nicht als Unterbrechung.[2]

Die **Höhe der Entgeltfortzahlung** richtet sich nach der für den Arbeitnehmer maßgebenden regelmäßigen Arbeitszeit, § 4 Abs. 1 EFZG. Bei Leistungsvergütung kommt es auf den für den Arbeitnehmer in dieser Zeit erzielbaren Durchschnittsverdienst an, § 4 Abs. 2 Satz 2 EFZG. Danach ist auch beim Leistungslohn das Entgeltausfallprinzip maßgebend. Beim Akkordlohn muss somit der Lohn weitergezahlt werden, den der

---

1 Sechs Wochen entsprechen 42 Tagen, an denen Arbeitsunfähigkeit besteht. BAG v. 22. 8. 2001, BB 2002, 943.
2 BAG v. 22. 8. 2001, BB 2002, 943.

Akkordarbeiter erzielt hätte, wenn er nicht krank geworden wäre.[3] Beim Gruppenakkord ist demgegenüber auf den Verdienst der weiterarbeitenden Akkordgruppenmitglieder abzustellen.[4] Im Schichtdienst sind Freischichten im Referenzzeitraum im Divisor zu berücksichtigen, dh. sie reduzieren die rechnerisch pro Tag geleisteten Arbeitsstunden.[5] § 4 Abs. 1 EFZG legt der Entgeltfortzahlung allerdings ein modifiziertes Lohnausfallprinzip zugrunde. Bei Schwankungen der individuellen Arbeitszeit ist zur Bestimmung der „regelmäßigen" Arbeitszeit eine vergangenheitsbezogene Betrachtung zulässig und geboten. Maßgebend ist der Durchschnitt der vergangenen zwölf Monate.[6] Auch wenn ein Arbeitnehmer ein festes Monatsentgelt erhält, das auch die Vergütung für eine bestimmte, arbeitsvertraglich vereinbarte Zahl von Mehrarbeitsstunden einschließlich tariflicher Überstundenzuschläge umfasst, ist bei der Entgeltfortzahlung der Überstundenzuschlag für die vereinbarten Mehrarbeitsstunden aus dem Monatsentgelt herauszurechnen.[7] Nicht einzubeziehen sind Überstundenvergütungen und Aufwendungsersatz, soweit er die Entstehung der konkreten Aufwendungen voraussetzt. Die gesetzlichen Vorschriften der §§ 1–11 EFZG über Entgeltfortzahlung im Krankheitsfalle sind – mit Ausnahme des § 4 Abs. 4 iVm. § 4 Abs. 1–3 EFZG, also der Regelung über die Berechnung des fortzuzahlenden Entgelts – grundsätzlich unabdingbar (§ 12 EFZG). Nur durch Tarifvertrag kann eine von § 4 Abs. 1, 1a und 3 EFZG abweichende Bemessungsgrundlage des fortzuzahlenden Arbeitsentgelts festgelegt werden. Im Geltungsbereich eines solchen Tarifvertrags kann auch zwischen nichttarifgebundenen Arbeitgebern und Arbeitnehmern die Anwendung der tarifvertraglichen Regelungen über die Fortzahlung des Arbeitsentgelts im Krankheitsfall vereinbart werden (§ 4 Abs. 4 EFZG).

Der Anspruch auf Entgeltfortzahlung besteht nur, wenn die **Arbeitsunfähigkeit auf der Krankheit beruht**.[8] Daran fehlt es beispielsweise, wenn infolge eines Streiks der Betrieb zu völligem Stillstand kommt,[9] bei Erziehungsurlaub[10] oder auch bei fehlender Arbeitserlaubnis, sofern diese nicht bei Antragstellung sofort antragsgemäß erteilt worden wäre.[11] Die Arbeitsunfähigkeit muss die alleinige Ursache für den Ausfall der Arbeitsleistung sein. Der Entgeltfortzahlungsanspruch setzt also voraus, dass der erkrankte Arbeitnehmer ohne die Arbeitsunfähigkeit einen Vergütungsanspruch gehabt hätte.[12] Allerdings kann von dem in § 3 Abs. 1 Satz 1, § 4 Abs. 1 EFZG angelegten Grundsatz, dass für den Anspruch auf Entgeltfortzahlung die Arbeit allein aufgrund der krankheitsbedingten Arbeitsunfähigkeit ausgefallen sein muss, durch Tarifvertrag abgewichen werden, beispielsweise indem für die Entgeltfortzahlung nicht die krankheitsbedingten Ausfalltage, sondern die Kalendertage der Arbeitsunfähigkeit zugrunde gelegt werden.[13]

---

3 BAG v. 26. 2. 2003, NZA 2003, 992.
4 BAG v. 26. 2. 2003, NZA 2003, 992.
5 BAG v. 10. 7. 1996, BB 1997, 48.
6 BAG v. 21. 11. 2001, DB 2002, 845; v. 26. 6. 2002, DB 2002, 2439.
7 BAG v. 21. 11. 2001, AP Nr. 56 zu § 4 EFZG; v. 26. 6. 2002, BB 2003, 55.
8 Krankheit ist jeder regelwidrige Körper- oder Geisteszustand unabhängig von seiner Ursache, BAG v. 7. 8. 1991, NZA 1992, 69.
9 Bei teilweisem Stillstand vgl. BAG v. 1. 10. 1991, NZA 1992, 163.
10 BAG v. 22. 6. 1988, NZA 1989, 13.
11 BAG v. 26. 6. 1996, DB 1996, 2133.
12 BAG v. 4. 12. 2002, NZA 2003, 632 zur Entgeltfortzahlung nach Widerspruch gegen einen Betriebsübergang.
13 BAG v. 9. 10. 2002, NZA-RR 2003, 978.

Nur die **unverschuldete Krankheit** führt zur Entgeltfortzahlung. Daran fehlt es insbesondere bei grob fahrlässiger Missachtung von Unfallverhütungs- oder betrieblichen Sicherheitsvorschriften[14] oder Überfahren einer Rotlicht zeigenden Ampel.[15]

Gem. § 5 EFZG hat **der Arbeitnehmer die Arbeitsunfähigkeit** und deren voraussichtliches Ende **unverzüglich mitzuteilen**. Die Dauer hat er nach seinem subjektiven Kenntnisstand zu erklären. Eine Anzeige durch beauftragte Familienangehörige oder Arbeitskollegen reicht aus. Eine briefliche Anzeige wird wegen der Postverzögerung im Regelfalle zu spät kommen,[16] eine mündliche oder telefonische Anzeige oder eine Anzeige per Telefax oder E-Mail genügt. „Unverzüglich", dh. ohne schuldhaftes Zögern (§ 121 Abs. 1 BGB) ist die Mitteilung nur, wenn sie dem Arbeitgeber **in den ersten Arbeitsstunden am ersten Tag der Erkrankung zugeht**.[17] Auch eine Anzeige gegenüber üblicherweise dazu berechtigten Personen, also dem Personalleiter oder Dienstvorgesetzten, reicht aus.

Dauert die Arbeitsunfähigkeit länger als drei Kalendertage, so hat der Arbeitnehmer überdies eine **ärztliche Bescheinigung** über das Bestehen der Arbeitsunfähigkeit sowie deren voraussichtliche Dauer spätestens an dem darauf folgenden Arbeitstag vorzulegen (§ 5 Abs. 1 Satz 2 EFZG). Diese Nachweispflicht besteht unabhängig davon, ob der Arbeitnehmer Anspruch auf Entgeltfortzahlung hat oder nicht. Für die Berechnung der drei Krankheitstage gilt § 187 Abs. 1 BGB nicht. Die Vorlagepflicht setzt somit am vierten Tag ein. Eine kürzere Frist kann durch Arbeitsvertrag oder Tarifvertrag vereinbart werden. Für die ärztlichen Bescheinigungen werden zumeist Formblätter verwendet (vgl. § 28 Abs. 1 Bundesmantelvertrag-Ärzte in der Fassung vom 1. 1. 1995). Die an den Arbeitgeber gerichtete Arbeitsunfähigkeitsbescheinigung muss die voraussichtliche Dauer und den Vermerk enthalten, dass den Trägern der gesetzlichen Krankenversicherung eine weitere Bescheinigung mit Angaben über den Befund und die voraussichtliche Dauer der Arbeitsunfähigkeit übersandt wird (§ 5 Abs. 1 Satz 5 EFZG). Nur die Bescheinigung an die gesetzliche Krankenkasse enthält Angaben über den Krankheitsbefund. Eine Rückdatierung der Arbeitsunfähigkeitsbescheinigung ist nur nach einer gewissenhaften Untersuchung und höchstens für zwei Tage zulässig.

Dauert die Arbeitsunfähigkeit länger als in der ersten ärztlichen Bescheinigung angegeben, so muss unverzüglich eine **neue ärztliche Bescheinigung** vorgelegt werden (§ 5 Abs. 1 Satz 4 EFZG). Auch hier gilt die Drei-Tages-Frist. Auch die Folgebescheinigung ist unabhängig davon vorzulegen, ob der Arbeitnehmer noch Anspruch auf Entgeltfortzahlung hat oder nicht.[18]

Grundsätzlich gelten die Anzeige- und Nachweispflichten gleichermaßen bei **Auslandsaufenthalten**. Gem. § 5 Abs. 2 EFZG muss der Arbeitnehmer dem Arbeitgeber die Arbeitsunfähigkeit, deren voraussichtliche Dauer und die Adresse am Aufenthaltsort in der schnellstmöglichen Art der Übermittlung mitteilen. Das EFZG verlangt die Mitteilung der Adresse, damit der Arbeitgeber notfalls eine Untersuchung des Arbeit-

---

14 LAG Berlin v. 31. 3. 1981, DB 1982, 707.
15 BGH v. 8. 7. 1992, NJW 1992, 2418; zahlreiche Beispiele bei *Bauer/Röder/Lingemann*, S. 28 ff.
16 BAG v. 31. 8. 1989, NZA 1990, 433.
17 BAG v. 31. 8. 1989, NZA 1990, 433.
18 LAG Sa.-Anh. v. 24. 4. 1996, BB 1996, 2307.

nehmers am Aufenthaltsort durch einen Arzt veranlassen kann, der das Vertrauen des Arbeitgebers genießt.[19] Gem. § 100 Abs. 2 Satz 1 SGB IV kann der Arbeitgeber „während einer Lohn- oder Gehaltsfortzahlung wegen Arbeitsunfähigkeit die Hinterlegung des Sozialversicherungsausweises verlangen". Dazu muss der Arbeitgeber nicht in jedem Einzelfall den Arbeitnehmer konkret auffordern. Es reicht aus, wenn dies in einer Betriebsvereinbarung festgelegt und den Arbeitnehmern durch Rundschreiben mitgeteilt wird.[20] Wird der Ausweis erst später hinterlegt, so besteht ein Leistungsverweigerungsrecht des Arbeitgebers nur bis zum Zeitpunkt der Hinterlegung. Mit der Hinterlegung ist die Entgeltfortzahlung für den davor liegenden Zeitraum nachzuholen. Die Darlegungs- und Beweislast für das Vorliegen einer Arbeitsunfähigkeit trägt zwar grundsätzlich der Arbeitnehmer. Die ordnungsgemäß ausgestellte ärztliche Bescheinigung begründet in der Regel jedoch den Beweis dafür, dass der Arbeitnehmer arbeitsunfähig erkrankt ist.[21] Das gilt auch für Bescheinigungen ausländischer Ärzte innerhalb der EU.[22] Der Arbeitgeber ist allerdings nicht gehindert, „Nachweise zu erbringen, anhand deren das nationale Gericht gegebenenfalls feststellen kann, dass der Arbeitnehmer missbräuchlich oder betrügerisch eine (...) Arbeitsunfähigkeit gemeldet hat, ohne krank gewesen zu sein".[23] Anhaltspunkte für einen solchen Missbrauch können eine fehlende ärztliche Untersuchung sein, eine Rückdatierung der Bescheinigung, körperliche Tätigkeiten des Arbeitnehmers während der Dauer der Arbeitsunfähigkeit oder auch die Ankündigung einer Krankheit.[24]

Kann der Arbeitnehmer aufgrund gesetzlicher Vorschriften **von einem Dritten Schadensersatz wegen des Verdienstausfalls** beanspruchen, der ihm durch die Arbeitsunfähigkeit entstanden ist, so geht dieser Anspruch insoweit auf den Arbeitgeber über, als dieser dem Arbeitnehmer Entgeltfortzahlung geleistet hat, § 6 Abs. 1 EFZG. Einer gesonderten Abtretungserklärung bedarf es daher nicht mehr.

Die Krankheit eines Arbeitnehmers lässt den **Urlaubsanspruch** grundsätzlich unberührt. Dies gilt auch dann, wenn der Arbeitnehmer im Urlaubsjahr keine oder nur geringfügige Arbeitsleistungen erbracht hat. Bleibt der Arbeitnehmer allerdings auch während des Übertragungszeitraums arbeitsunfähig krank, so erlischt der Urlaubsanspruch mit dem Ende des Übertragungszeitraums, also gem. § 7 Abs. 3 BUrlG mit dem 31. 3. des Folgejahres, soweit Tarifverträge keinen längeren Übertragungszeitraum vorsehen. Erkrankt ein Arbeitnehmer während des Urlaubs, so werden die durch ärztliches Zeugnis nachgewiesenen Tage der Arbeitsunfähigkeit auf den Jahresurlaub nicht angerechnet (§ 9 BUrlG). Das Gleiche gilt für Maßnahmen der medizinischen Vorsorge und Rehabilitation (§ 10 BUrlG).

---

19 Vgl. EuGH v. 3. 6. 1992, BB 1992, 1721; BAG v. 19. 2. 1997, BB 1997, 522.
20 Vgl. BAG v. 14. 6. 1995, NZA 1995, 1102.
21 Vgl. BAG v. 15. 7. 1992, NZA 1993, 24.
22 Vgl. EuGH v. 2. 5. 1996, NZA 1996, 635.
23 EuGH v. 2. 5. 1996, NZA 1996, 635. Das Schlussurteil in dieser Sache („Paletta") des LAG Baden-Württemberg v. 9. 5. 2000 ist veröffentlicht in NZA-RR 2000, 514.
24 Zahlreiche weitere Beispiele bei *Bauer/Röder/Lingemann*, S. 74 ff.

II. Muster

Anzeige der Arbeitsunfähigkeit 15.1

An die Firma . . .

Sehr geehrte(r) Frau/Herr . . .,

aufgrund einer Erkrankung kann ich heute bis voraussichtlich zum . . . nicht zur Arbeit erscheinen. Eine ärztliche Arbeitsunfähigkeitsbescheinigung reiche ich fristgemäß nach.

. . .
Ort, Datum

. . .
Unterschrift des Arbeitnehmers

Ärztliche Arbeitsunfähigkeitsbescheinigung 15.2

Herr/Frau . . . (Name des Arbeitnehmers) ist vom . . . bis . . . arbeitsunfähig krank.[1]

Der Krankenkasse . . . wird unverzüglich die Bescheinigung über die Arbeitsunfähigkeit mit Angaben über den Befund und die voraussichtliche Dauer der Arbeitsunfähigkeit übersandt.[2]

. . .
Ort, Datum

. . .
Unterschrift des Arztes

---

1 Die Bescheinigung für den Arbeitgeber enthält keinen Befund.
2 Fehlt dieser gem. § 5 Abs. 1 Satz 5 EFZG bei versicherten Arbeitnehmern erforderliche Vermerk, liegt keine gültige Arbeitsunfähigkeitsbescheinigung vor.

Klage auf Entgeltfortzahlung 15.3

An das Arbeitsgericht

In Sachen

. . ./. . .

(volles Rubrum)

vertreten wir den Kläger.

Namens und im Auftrag des Klägers erheben wir Klage und beantragen:

> Die Beklagte wird verurteilt, Euro . . . nebst Zinsen in Höhe von 8 Prozentpunkten über dem Basiszinssatz[1] seit Rechtshängigkeit an den Kläger zu zahlen.[2]

Begründung:

Der Kl. ist bei der Bekl. seit mehr als zehn Jahren als Verwaltungsangestellter beschäftigt. Beide Parteien sind nicht tarifgebunden.

Ab Sonntag, dem 15. 2. . . ., litt der Kl. an einer schweren Grippe. Am Montag, dem 16. 2. . . ., informierte er morgens bei Dienstbeginn telefonisch seinen Vorgesetzten, den Abteilungsleiter . . ., von seiner Erkrankung und der daraus folgenden Arbeitsunfähigkeit.

> Beweis: Zeugnis des Herrn . . ., zu laden über die Bekl.

Nachdem sich der Gesundheitszustand des Kl. am Montag und Dienstag nicht gebessert hatte, ging er am Mittwoch, dem 18. 2. . . ., zu seinem Hausarzt. Dieser schrieb ihn bis einschließlich 25. 2. . . . krank.

> Beweis: Arbeitsunfähigkeitsbescheinigung des Dr. med. . . . vom 18. 2. . . ., Anlage K 1

Noch am gleichen Tag bat der Kl. seine Ehefrau, die Arbeitsunfähigkeitsbescheinigung bei der Bekl. abzugeben. Aus unerfindlichen Gründen vergaß sie dies jedoch. Erst nachdem das Versehen am darauf folgenden Wochenende aufgefallen war, brachte die Ehefrau des Kl. die Arbeitsunfähigkeitsbescheinigung am Montag, dem 23. 2. . . ., bei der Bekl. vorbei.

> Beweis: Zeugnis der Ehefrau des Kl., zu laden über diesen

Die Bekl. hat die Fortzahlung des Gehalts für die Zeit vom 16. bis zum 23. 2. . . . abgelehnt. Sie hat behauptet, der Kl. sei gar nicht krank gewesen, sondern habe „blau gemacht". Dies lasse sich schon daraus schließen, dass der Kl. nicht rechtzeitig ein ärztliches Attest vorgelegt habe. Für die Zeit vom 18. bis 23. 2. . . . habe der Kl. auch schon wegen § 5 EFZG keine Ansprüche, weil er entgegen dieser Vorschrift nicht rechtzeitig ein ärztliches Attest eingereicht habe.

Die Auffassung der Bekl. ist unrichtig. Wenn sich der Arbeitgeber mit der Vorlage eines Attestes am dritten Arbeitstag begnügt und nicht schon gem. § 5 EFZG am ersten Arbeitstag die Attestvorlage verlangt, dann muss er sich in den ersten drei Krankheitstagen mit der mündlichen Auskunft des Arbeitnehmers über dessen Arbeitsunfähigkeit grundsätzlich zufrieden geben. Nur wenn der Arbeitgeber konkrete Tatsachen vorbringen kann, die gravierende Zweifel an der Richtigkeit der angezeigten Arbeitsunfähigkeit begründen, obliegt es dem Arbeitnehmer, weiteren Beweis für die

---

1 Zum Zinsanspruch s. **M 45.3** Fn. 5, 6.
2 Unrichtig ist der mitunter anzutreffende Antrag auf Zahlung des fortzuzahlenden Entgelts „abzüglich des erhaltenen Krankengeldes". Erhält der erkrankte Arbeitnehmer Krankengeld der gesetzlichen oder privaten Krankenkasse, so geht dadurch der Lohnanspruch nicht unter. Vielmehr findet allenfalls ein Forderungsübergang statt, der jedoch (mangels Anzeige gegenüber dem Arbeitgeber) die Geltendmachung des vollen Fortzahlungsanspruchs durch den Arbeitnehmer nicht hindert.

Erkrankung anzutreten. Die Bekl. hat keine Gründe vorgebracht, die geeignet wären, Zweifel an der Richtigkeit der mitgeteilten Arbeitsunfähigkeit zu wecken. Die bloße Tatsache, dass das am dritten Tag beizubringende Attest verspätet eingereicht wurde, begründet noch keine hinreichenden Zweifel an der Richtigkeit der angezeigten Arbeitsunfähigkeit. Dies gilt im vorliegenden Fall umso mehr, weil es plausible Gründe für die verspätete Attesteinreichung gab.

Die Bekl. ist auch nicht für die Zeit vom 18. bis zum 23. 2. . . . von der Pflicht zur Entgeltfortzahlung befreit. Nach der ausdrücklichen Regelung des § 7 EFZG lässt die verspätete Einreichung des ärztlichen Attests den Anspruch auf Entgeltfortzahlung nicht entfallen, sondern begründet nur ein Leistungsverweigerungsrecht. Reicht der Arbeitnehmer die Bescheinigung nach, ist der Anspruch auf Entgeltfortzahlung fällig. Das gilt jedenfalls dann, wenn sich aus der nachgereichten ärztlichen Bescheinigung zweifelsfrei ergibt, dass die Krankheit schon in der Zeit davor vorlag. Das steht im vorliegenden Fall aufgrund der am 18. 2. . . . ausgestellten ärztlichen Bescheinigung fest.

Aufgrund der nicht anerkannten Krankheitszeiten hat die Bekl. das monatliche Entgelt des Kl. von normalerweise Euro . . . um Euro . . . gekürzt.

Beweis: Schreiben der Bekl. vom . . ., Anlage K 2

Dieser Betrag wird mit der Klage geltend gemacht.[3]

. . .

(Unterschrift)

---

3 Der **Streitwert** entspricht dem eingeklagten Betrag.

Kapitel 16   Schwerbehinderte Menschen

Literaturübersicht: *Cramer*, Schwerbehindertenrecht – SGB IX Teil 2, 6. Aufl. 2003; *Cramer*, Die Schwerbehindertenvertretung, 1990; *Cramer*, Gesetz zur Bekämpfung der Arbeitslosigkeit Schwerbehinderter, DB 2000, 2217; *Düwell*, SGB IX: Rehabilitation und Teilhabe behinderter Menschen am Leben in der Gesellschaft, FA 2001, 105; *Düwell*, Neu geregelt: Die Stellung der Schwerbehinderten im Arbeitsrecht, BB 2001, 1527; *Feldes/Kamm/Peiseler ua.*, Schwerbehindertenrecht, Basiskommentar, 7. Aufl. 2002; *Fenski*, Außerordentliche Kündigung von Schwerbehinderten, BB 2001, 570; *Franz*, Schwerbehindertengesetz mit Praxiskommentar, 4. Aufl. 1995; *Fuchs/Stähler*, Schwerbehindertengesetz, 2. Aufl. 2002; *Gagel*, Rehabilitation im Betrieb unter Berücksichtigung des neuen SGB IX – ihre Bedeutung und das Verhältnis von Arbeitgebern und Sozialleistungsträgern, NZA 2001, 988; *Gröninger/Thomas*, Schwerbehindertengesetz, Loseblatt; *Großmann*, Geltendmachung und Nachweis der Schwerbehinderteneigenschaft bei Kündigungen, NZA 1992, 241; *Großmann ua.*, Gemeinschaftskommentar zum Schwerbehindertengesetz, 2. Aufl. 2000; *Grünberger*, Kündigungsschutz Schwerbehinderter und Gleichgestellter nach dem Schwerbehindertengesetz, BuW 1997, 705; *Hansen*, Die Änderungen im Schwerbehindertenrecht durch das SGB IX, NZA 2001, 985; *Kossens/Maaß*, Das Gesetz zur Bekämpfung der Arbeitslosigkeit Schwerbehinderter, NZA 2000, 1025; *Kossens/von der Heide/Maaß*, Praxiskommentar zum Behindertenrecht, 2002; *Mianowicz*, Zur Problematik des Sonderkündigungsschutzes nach den §§ 15 ff. SchwbG 1986, RdA 1998, 281; *Mrozynski/Müller-Wenner/Schorn*,

Kommentar SGB IX Teil 1, 2002; *Neumann*, Kündigungsschutz Schwerbehinderter, AR-Blattei Schwerbehinderte II und SD 1440.2; *Neumann/Pahlen/Majerski-Pahlen*, Sozialgesetzbuch IX, Kommentar, 10. Aufl. 2003; *Pahlen*, Schwerbehindertengesetz, AR-Blattei SD 1440.1; *Schmidt*, Der besondere Kündigungsschutz für Schwerbehinderte nach dem Schwerbehindertengesetz, 6. Aufl. 1997; *Schmidt*, Schwerbehinderte und ihr Recht, 2. Aufl. 1997; *Schmidt*, Zusatzurlaub für Schwerbehinderte, AiB 1996, 744; *Seidel*, Die Aussetzung des Kündigungsschutzverfahrens durch das Arbeitsgericht bei Kündigung eines Schwerbehinderten oder Gleichgestellten, DB 1994, 1286; *Seidel*, Der Kündigungsschutz nach dem Schwerbehindertengesetz, MDR 1997, 804; *Wahrendorf*, Zur Anhörung bei der Kündigung eines Schwerbehinderten, BB 1986, 523; *Wiedemann/Kunz*, Schwerbehindertenrecht, 9. Aufl. 2003; *Wolfin/Schmidt*, Schwerbehinderte im Betrieb, 1993.

I. Erläuterungen

1. Schwerbehinderung

Das SGB IX – Rehabilitation und Teilhabe behinderter Menschen – (idF v. 19. 6. 2001, BGBl. I, S. 1046) gliedert sich in zwei Teile. Im ersten Teil finden sich die Vorschriften zur Rehabilitation und Teilhabe behinderter und von Behinderung bedrohter Menschen (§§ 1–67 SGB IX). Im zweiten Teil findet sich das hier interessierende Schwerbehindertenrecht (§§ 68 ff. SGB IX). Die Regelungen des zweiten Teils des SGB IX gelten für schwerbehinderte und diesen gleichgestellte behinderte Menschen (§ 68 Abs. 1 SGB IX), nicht für von Behinderung bedrohte Menschen. Menschen sind im Sinne des zweiten Teils schwerbehindert, wenn bei ihnen ein Grad der Behinderung (GdB) von mindestens 50 vorliegt und sie ihren Wohnsitz, gewöhnlichen Aufenthalt oder ihre Beschäftigung auf einem Arbeitsplatz iSd. § 73 SGB IX rechtmäßig im Bundesgebiet haben, § 2 Abs. 2 SGB IX. Es reicht aus, wenn die Behinderung tatsächlich vorliegt. Auf die behördliche Anerkennung kommt es nicht an. Da der Arbeitnehmer jedoch darlegungs- und beweispflichtig ist, wenn er sich auf die Schwerbehinderteneigenschaft beruft, stellt das zuständige Versorgungsamt am Wohnsitz des Behinderten auf seinen Antrag hin (der Arbeitgeber ist nicht antragsberechtigt) die Behinderung und den GdB fest, § 69 SGB IX. Behinderung liegt gem. § 2 Abs. 1 SGB IX vor, wenn die körperliche Funktion, geistige Fähigkeit oder seelische Gesundheit eines Menschen mit hoher Wahrscheinlichkeit länger als sechs Monate von dem für das Lebensalter typischen Zustand abweicht und daher die Teilhabe am Leben in der Gesellschaft beeinträchtigt ist. **Gleichgestellt** sind nach § 2 Abs. 3 SGB IX Personen mit einem GdB zwischen 30 und 49, wenn die Gleichstellung durch das Arbeitsamt festgestellt wird. Dies erfolgt, wenn die Person infolge einer durch das Versorgungsamt festgestellten Behinderung des genannten Grads (§ 69 SGB IX) einen geeigneten Arbeitsplatz iSv. § 73 SGB IX nicht erlangen oder behalten kann.

2. Pflichten des Arbeitgebers

Arbeitgeber mit mindestens 20 Arbeitsplätzen haben auf wenigstens 5% der Stellen schwerbehinderte Menschen zu beschäftigen. Dieser „Pflichtsatz" kann sich ab 1. 1. 2004 gemäß § 71 Abs. 2 SGB IX auf 6% erhöhen.[1] In die Berechnung sind grundsätz-

---

[1] Vgl. Angaben der Ministerin für Gesundheit und soziale Sicherung unter www.integrationsaemter.de.

lich alle Arbeitsplätze einzubeziehen, auf denen Arbeiter, Angestellte, Beamte, Richter sowie Auszubildende und zu ihrer beruflichen Bildung Eingestellte beschäftigt werden, § 73 Abs. 1 SGB IX. Die Stellen, die nicht als Arbeitsplätze gelten, sind in § 73 Abs. 2 und 3 SGB IX aufgeführt. Stellen der Auszubildenden sind von der Berechnung der Mindestzahl von Arbeitsplätzen ausgenommen, § 74 SGB IX. Dafür wird ein schwerbehinderter Mensch, der zur Ausbildung beschäftigt wird, auf zwei – nach Maßgabe von § 76 Abs. 2 Satz 1 SGB IX sogar auf drei – Pflichtplätze angerechnet, § 76 Abs. 2 Satz 2 SGB IX.

Kommt der Arbeitgeber seiner **Beschäftigungspflicht** nicht in vollem Umfang nach, muss er gem. § 77 SGB IX für jeden unbesetzten Pflichtplatz eine monatliche **Ausgleichsabgabe** entrichten. Die Ausgleichsabgabe beträgt (zzt.) zwischen 105 und 260 Euro; die genaue Höhe richtet sich danach, in welchem Umfang die in § 71 Abs. 1 und 2 SGB IX bestimmte Pflichtquote unterschritten wird, § 77 Abs. 1 und 2 SGB IX. Die Ausgleichsabgabe erhöht sich künftig gem. § 77 Abs. 3 SGB IX in Anlehnung an die Bezugsgröße nach § 18 Abs. 1 SGB IV. Der Arbeitgeber hat dem für seinen Sitz zuständigen Arbeitsamt jeweils bis zum 31. 3. des Folgejahres die Zahl der Arbeitsplätze im Betrieb, der dort beschäftigten schwerbehinderten Menschen und gleichgestellten behinderten Menschen sowie der sonstigen anrechnungsfähigen Personen und der Mehrfachanrechnungen sowie den Gesamtbetrag der geschuldeten Ausgleichsabgabe mitzuteilen, § 80 Abs. 2 SGB IX. Zudem hat er ein **Verzeichnis** der bei ihm beschäftigten schwerbehinderten Menschen, gleichgestellten behinderten Menschen und sonstigen anrechnungsfähigen Personen zu führen und dies auf Verlangen des Integrationsamtes und des Arbeitsamtes vorzulegen, § 80 Abs. 1 SGB IX. Bei der Besetzung freier Arbeitsplätze hat der Arbeitgeber zu prüfen, ob sie mit schwerbehinderten Menschen zu besetzen sind. Dazu hat er frühzeitig mit dem Arbeitsamt Kontakt aufzunehmen und die Schwerbehindertenvertretung über Vermittlungsvorschläge des Arbeitsamtes und vorliegende Bewerbungen von schwerbehinderten Menschen zu unterrichten. Ggf. besteht die Verpflichtung zur Erörterung mit der Schwerbehindertenvertretung und zur Anhörung des Bewerbers. Einzelheiten des Verfahrens regelt § 81 Abs. 1 SGB IX. Besonders zu erwähnen ist das Einsichtsrecht der Schwerbehindertenvertretung in die entscheidungsrelevanten Teile der Bewerbungsunterlagen aller Bewerber sowie das Recht auf Teilnahme an den Vorstellungsgesprächen, soweit eine Bewerbung eines schwerbehinderten Menschen auf eine Stelle vorliegt (§§ 81 Abs. 1 Satz 6, 95 Abs. 2 Satz 3 SGB IX).[2]

§ 81 Abs. 3 SGB IX enthält eine Verpflichtung der Arbeitgeber, durch geeignete Maßnahmen sicherzustellen, dass in ihren Betrieben und Dienststellen wenigstens die vorgeschriebene Zahl schwerbehinderter Menschen eine möglichst dauerhafte behinderungsgerechte Beschäftigung finden kann. Die Reichweite und Durchsetzbarkeit dieser neu ins Gesetz eingefügten Verpflichtung ist jedoch unklar; keinesfalls entsteht dadurch eine Verpflichtung, bestimmte Bewerber einzustellen. § 81 Abs. 4 SGB IX enthält die **Kernpflichten des Arbeitgebers** gegenüber schwerbehinderten Menschen im bestehenden Arbeitsverhältnis. Danach haben die schwerbehinderten Menschen gegenüber ihren Arbeitgebern Anspruch auf (1) Beschäftigung, bei der sie ihre

---

2 Die Schwerbehindertenvertretung ist auch zuständig für die Vertretung der Rehabilitanden in Einrichtungen der beruflichen Rehabilitation, obwohl diese keine Arbeitnehmer im Sinne des Betriebsverfassungsgesetzes sind, BAG v. 16. 4. 2003 – 6 BV 1/02, PM 33/03.

Fähigkeiten und Kenntnisse möglichst voll verwerten und weiterentwickeln können, (2) bevorzugte Berücksichtigung bei innerbetrieblichen Maßnahmen der beruflichen Bildung zur Förderung ihres beruflichen Fortkommens, (3) Erleichterungen in zumutbarem Umfang zur Teilnahme an außerbetrieblichen Maßnahmen der beruflichen Bildung, (4) behinderungsgerechte Einrichtungen und Unterhaltungen der Arbeitsstätten einschließlich der Betriebsanlagen, Maschinen und Geräte sowie der Gestaltung der Arbeitsplätze, des Arbeitsumfeldes, der Arbeitsorganisation und der Arbeitszeit unter besonderer Berücksichtigung der Unfallgefahr, (5) Ausstattung ihres Arbeitsplatzes mit den erforderlichen technischen Arbeitshilfen, jeweils unter Berücksichtigung der Behinderung und ihrer Auswirkungen auf die Beschäftigung. Der unter (1) genannte schwerbehindertenrechtliche **Beschäftigungsanspruch** lässt Mitbestimmungsrechte des Betriebsrats nach § 99 BetrVG unberührt. Soweit für die Erfüllung dieses Anspruchs eine Versetzung erforderlich ist, hat der schwerbehinderte Mensch einen Anspruch darauf, dass der Arbeitgeber die Zustimmung nach § 99 BetrVG beim Betriebsrat einholt. Wird diese verweigert und steht nicht fest, dass dem Betriebsrat objektiv Zustimmungsverweigerungsgründe nach § 99 Abs. 2 BetrVG zustehen, hat der schwerbehinderte Mensch auch einen Anspruch auf Durchführung des gerichtlichen Zustimmungsersetzungsverfahrens nach § 99 Abs. 4 BetrVG. Führt der Arbeitgeber das gerichtliche Zustimmungsersetzungsverfahren schuldhaft unzureichend durch, kann das einen Schadensersatzanspruch begründen.[3] Gemäß § 81 Abs. 5 SGB IX hat der Arbeitgeber die Einrichtung von Teilzeitarbeitsplätzen zu fördern; schwerbehinderte Menschen haben gem. § 81 Abs. 5 Satz 3 SGB IX auch einen Anspruch auf Teilzeitbeschäftigung, wenn die kürzere Arbeitszeit wegen Art oder Schwere der Behinderung notwendig ist.[4] Gemäß § 124 SGB IX sind schwerbehinderte Menschen auf ihr Verlangen auch von **Mehrarbeit** freizustellen. Da Mehrarbeit lediglich die Arbeit ist, die die gesetzliche werktägliche Arbeitszeit von acht Stunden gemäß § 3 Abs. 1 Satz 1 ArbZG überschreitet, begründet dies jedoch – vorbehaltlich § 81 Abs. 4 Nr. 4 SGB IX – keinen Anspruch auf Einhaltung der Fünf-Tage-Woche und/oder Befreiung von Nachtarbeit.[5] § 83 SGB IX regelt ferner die Möglichkeit einer **Integrationsvereinbarung** zwischen Arbeitgeber und Schwerbehindertenvertretung, die Regelungen im Zusammenhang mit der Eingliederung schwerbehinderter Menschen enthält, insbesondere zur Personalplanung, Arbeitsplatzgestaltung, Gestaltung des Arbeitsumfelds, Arbeitsorganisation, Arbeitszeit sowie Regelungen über die Durchführung in den Betrieben und Dienststellen.[6] Gleichzeitig kann die Bundesagentur für Arbeit **Integrationsfachdienste** gem. §§ 109 ff. SGB IX einrichten, die die Eingliederung Schwerbehinderter durch Beratung, Betreuung und Fortbildung erleichtern sollen. Hinzu kommen nach Maßgabe von §§ 132 ff. SGB IX Integrationsprojekte.

In § 81 Abs. 2 SGB IX findet sich ein **Benachteiligungsverbot für behinderte Menschen** in Arbeits- oder sonstigen Beschäftigungsverhältnissen. Seine Ausgestaltung entspricht dem § 611a BGB. Dem Arbeitgeber ist es danach verboten, den schwerbehinderten Beschäftigten in tatsächlicher oder rechtlicher Hinsicht wegen seiner Behinderung vergleichsweise schlechter zu behandeln als einen nicht behinderten Beschäf-

---

3 BAG v. 3. 12. 2002, DB 2003, 1230.
4 Im Einzelnen Kap. 6 I. 2. f).
5 BAG v. 3. 12. 2002, AP Nr. 1 zu § 124 SGB IX.
6 Fragebögen zur Vorbereitung einer solchen Vereinbarung finden sich unter www.integrationsaemter.de.

tigten. Das Benachteiligungsverbot umfasst ausdrücklich auch den Einstellungsbewerber. Benachteiligende Maßnahmen gegenüber dem behinderten Menschen während des laufenden Arbeitsverhältnisses sind gem. § 134 BGB nichtig und müssen von ihm nicht befolgt werden. Ein Verstoß im Einstellungs- oder Beförderungsverfahren führt zu einer verschuldensunabhängigen Entschädigungspflicht (§ 81 Abs. 2 Satz 2 Nr. 2 und 5 SGB IX). Ein Anspruch auf Begründung eines Arbeitsverhältnisses besteht aber nicht; wohl aber kann ein Anspruch auf Vertragsänderung wegen Benachteiligung beim beruflichen Aufstieg bestehen. Der Anspruch nach Nr. 2 ist auf **drei Monatsgehälter** beschränkt, wenn der behinderte Mensch auch bei benachteiligungsfreier Auswahl nicht eingestellt worden wäre. Die angemessene Entschädigung umfasst sowohl materielle als auch immaterielle Nachteile. Der Anspruch muss nach § 81 Abs. 2 Satz 2 Nr. 4 SGB IX innerhalb einer Ausschlussfrist von zwei Monaten schriftlich beim Arbeitgeber geltend gemacht werden. Eine besondere Klagefrist wie etwa in § 61b ArbGG besteht allerdings nicht. Macht der behinderte Mensch im Streitfall Tatsachen glaubhaft, die eine Benachteiligung wegen der Behinderung vermuten lassen, so trägt der Arbeitgeber gem. § 81 Abs. 2 Satz 2 Nr. 1 Satz 3 SGB IX die Beweislast dafür, dass nicht auf die Behinderung bezogene sachliche Gründe eine unterschiedliche Behandlung rechtfertigen oder eine bestimmte körperliche Funktion, geistige Fähigkeit oder seelische Gesundheit wesentliche und entscheidende berufliche Anforderung für die Tätigkeit sind.

Schwerbehinderte Menschen haben gem. § 125 SGB IX Anspruch auf **bezahlten Zusatzurlaub** von fünf Arbeitstagen/Urlaubsjahr. Gemäß § 84 SGB IX schaltet der Arbeitgeber bei Eintreten von personen-, verhaltens- oder betriebsbedingten Schwierigkeiten im Arbeitsverhältnis, die zur Gefährdung des Arbeitsverhältnisses führen können, möglichst frühzeitig die Schwerbehindertenvertretung und die in § 93 SGB IX genannten Vertretungen sowie das Integrationsamt ein, um mit ihnen alle Möglichkeiten und alle zur Verfügung stehenden Hilfen zur Beratung und mögliche finanzielle Leistungen zu erörtern, mit denen die Schwierigkeiten beseitigt werden können und das Arbeitsverhältnis möglichst dauerhaft fortgesetzt werden kann. Darüber hinaus hat der Arbeitgeber die Schwerbehindertenvertretung oder die ansonsten nach § 93 SGB IX zuständige Interessenvertretung bei Zustimmung der Betroffenen schon dann einzuschalten, wenn ein schwerbehinderter Mensch länger als drei Monate ununterbrochen arbeitsunfähig ist oder das Arbeitsverhältnis aus gesundheitlichen Gründen gefährdet ist. Die fehlende oder nicht ausreichende Einschaltung der Schwerbehindertenvertretung dürfte die Wirksamkeit einer ausgesprochenen Kündigung gleichwohl nicht berühren, da – anders als in § 102 Abs. 1 Satz 3 BetrVG – eine entsprechende gesetzliche Regelung fehlt. Zwingend einzuschalten ist jedoch das Integrationsamt (dazu gleich 3.).

3. Sonderkündigungsschutz

Jede Kündigung eines schwerbehinderten Menschen, auch die außerordentliche oder die Änderungskündigung, kann nach § 85 SGB IX wirksam erst ausgesprochen werden, **nachdem** das zuständige Integrationsamt der beabsichtigten Kündigung zugestimmt hat. Eigenkündigungen des Arbeitnehmers und eine einvernehmliche Beendigung bedürfen hingegen keiner Zustimmung des Integrationsamtes. Dasselbe gilt für die Kündigung von Arbeitsverhältnissen, die noch nicht länger als sechs Monate bestehen, und für die weiteren in § 73 Abs. 2 Nr. 2–7 SGB IX genannten Arbeitnehmergruppen. Zur Einholung der Zustimmung muss der Arbeitgeber einen **Antrag** an das für seinen Sitz zuständige **Integrationsamt** richten (**M 16.1**). Das Integrationsamt prüft allerdings nicht die arbeitsrechtliche Zulässigkeit der Kündigung, sondern nur die Notwendigkeit der Gewährung von Sonderkündigungsschutz.[7] Bei der außerordentlichen Kündigung muss der Arbeitgeber gem. § 91 Abs. 2 SGB IX die Zustimmung innerhalb von zwei Wochen ab Kenntniserlangung der für die Kündigung maßgeblichen Gründe beantragen. Stimmt das Integrationsamt der Kündigung zu, kann der Arbeitgeber die ordentliche Kündigung nur innerhalb eines Monats (§ 88 Abs. 3 SGB IX), die außerordentliche nur unverzüglich[8] (§ 91 Abs. 5 SGB IX) nach Zustellung erklären. Die Kündigung muss dem Arbeitnehmer innerhalb der Frist zugehen.[9] Ein Arbeitnehmer, der aus dem Verfahren vor dem Integrationsamt weiß, dass ihm eine fristlose Kündigung zugehen wird, kann sich je nach den Umständen nach Treu und Glauben auf einen verspäteten Zugang des Kündigungsschreibens allerdings nicht berufen, wenn er dieses nicht oder nicht zeitnah bei der Postdienststelle abgeholt hat, obwohl ihm ein Benachrichtigungsschreiben der Post zugegangen ist.[10] Die Kündigungsfrist beträgt nach § 86 SGB IX mindestens vier Wochen.

Der Arbeitnehmer kann den Sonderkündigungsschutz nur in Anspruch nehmen, wenn er im Zeitpunkt der Kündigung zumindest einen **Antrag** auf Feststellung der Behinderung bzw. auf Gleichstellung gestellt hatte.[11] **Ausnahmsweise** kann der Sonderkündigungsschutz jedoch bereits **vor Antragstellung** des Schwerbehinderten beim Versorgungsamt eingreifen, wenn der schwerbehinderte Arbeitnehmer den Arbeitgeber vor dem Ausspruch der Kündigung über seine körperlichen Beeinträchtigungen unterrichtet und über die beabsichtigte Antragstellung in Kenntnis gesetzt hat.[12] Die Antragstellung muss der Arbeitnehmer dem Arbeitgeber innerhalb von **einem Monat** ab Zugang der Kündigung mitteilen.[13] Hatte der Arbeitgeber bei Ausspruch der Kündigung noch keine Kenntnis von der Schwerbehinderung, so muss der Arbeitnehmer ihm diese gleichfalls innerhalb der Monatsfrist mitteilen. Der Arbeitgeber muss dann zur Vorbereitung einer neuen Kündigung zunächst die Zustimmung des Integrationsamtes einholen und kann die weitere Kündigung wiederum erst nach der Zustimmung aussprechen. Bei der außerordentlichen Kündigung beginnt die Zwei-Wochen-Frist des § 626 Abs. 2 BGB ab dem Zugang der Mitteilung des Arbeitnehmers von seiner Schwerbehinderung erneut zu laufen, so dass also noch einmal außerordentlich gekündigt werden kann.

---

7 Vgl. VGH Baden-Württemberg v. 4. 3. 2002, DB 2002, 1784.
8 Liegt die Zustimmung des Integrationsamts (früher: der Hauptfürsorgestelle) allerdings bereits vor Ablauf der Zwei-Wochen-Frist des § 626 Abs. 2 BGB vor, so kann der Arbeitgeber diese Kündigungserklärungsfrist voll ausschöpfen und muss nicht unverzüglich kündigen, BAG v. 15. 11. 2001, NZA 2002, 971 = BB 2002, 2284.
9 BAG v. 16. 10. 1991, NZA 1992, 503.
10 BAG v. 7. 11. 2002, DB 2003, 833.
11 BAG v. 17. 2. 1977, NJW 1977, 1701; v. 31. 8. 1989, NZA 1990, 612; v. 7. 3. 2002, ArbuR 2002, 148, st. Rspr.
12 BAG v. 7. 3. 2002, NZA 2002, 1145.
13 BAG v. 14. 5. 1982, DB 1982, 1778; v. 5. 7. 1990, NJW 1991, 1908.

rer Kenntnis ist Herr... verheiratet und hat vier minderjährige unterhaltsberechtigte Kinder. Herr... ist seit 1. 1. 1995 bei der ASt. als Schlosser beschäftigt.[10]

Vor ca. einem Jahr hat Herr... der ASt. mitgeteilt, er sei mit einem Behinderungsgrad von 30% als schwerbehindert anerkannt. Einen Schwerbehindertenausweis hat er nicht vorgelegt.

3 Der Zustimmungsantrag nach §§ 85 ff. SGB IX ist bei der ordentlichen Kündigung **nicht fristgebunden**, bei der außerordentlichen Kündigung muss er innerhalb von **zwei Wochen** gestellt werden (§ 91 Abs. 2 SGB IX). Die Frist des § 91 Abs. 2 SGB IX verdrängt die Zweiwochenfrist des § 626 Abs. 2 BGB. Läuft während des Zustimmungsverfahrens die Frist des § 626 Abs. 2 BGB ab, ist dies aber nicht schädlich, wenn die Kündigung dann unverzüglich nach Erteilung der Zustimmung durch das Integrationsamt erklärt wird (§ 91 Abs. 5 SGB IX).

4 Die Entscheidung des Integrationsamtes über eine ordentliche Kündigung ist **nicht fristgebunden**. Ist die Zustimmung zu einer ordentlichen Kündigung beantragt, „soll" das Integrationsamt binnen einem Monat entscheiden (§ 88 Abs. 1 SGB IX). Eine Überschreitung dieser Frist hat jedoch keine Auswirkungen. Nicht selten ziehen sich die Verfahren über Monate hin. Insbesondere wenn die beabsichtigte Kündigung mit gesundheitlichen Leistungseinschränkungen begründet wird, prüfen die Integrationsämter nicht selten in zeitraubenden Ermittlungen, ob anderweitige Beschäftigungsmöglichkeiten im Betrieb (ggf. mit finanzieller oder sonstiger Unterstützung des Integrationsamtes) bestehen oder geschaffen werden können. Fristgebunden ist allerdings die Entscheidung des Integrationsamtes, soweit es um eine **außerordentliche** Kündigung geht. Das Integrationsamt hat hier binnen zwei Wochen zu entscheiden; die Zustimmung gilt mit Fristablauf als erteilt. Das Zustimmungsverfahren bei ordentlichen Kündigungen lässt sich mitunter dadurch beschleunigen, dass in erster Linie die Zustimmung zu einer außerordentlichen Kündigung und nur hilfsweise zu einer ordentlichen Kündigung beantragt wird. Viele Integrationsämter bemühen sich dann, innerhalb der 14-Tages-Frist des § 91 Abs. 3 SGB IX nicht nur über die außerordentliche, sondern auch gleich über die ordentliche Kündigung zu entscheiden. Allerdings ist das Integrationsamt nicht gehindert, zunächst nur über die außerordentliche Kündigung zu entscheiden und sich mit der Entscheidung über die ordentliche Kündigung Zeit zu lassen.

5 Nach § 91 Abs. 4 SGB IX soll das Integrationsamt die Zustimmung zu einer außerordentlichen Kündigung erteilen, wenn die Kündigungsgründe (wie im vorliegenden Fall) **mit der Behinderung nicht in Zusammenhang** stehen. Viele Integrationsämter wenden richtigerweise diesen Grundsatz auch auf ordentliche Kündigungen an. Trotz Zustimmung des Integrationsamtes ist der Arbeitnehmer in solchen Fällen ja nicht daran gehindert, die Unwirksamkeit der Kündigung aus anderen Gründen geltend zu machen und Kündigungsschutzklage zu erheben (§§ 4, 13 KSchG).

6 Schwierige Fragen wirft das Verhältnis von **Betriebsratsanhörung** (§ 102 BetrVG) und Zustimmungsverfahren nach § 85 SGB IX auf. Im Normalfall hat der Arbeitgeber die Wahl, welche Instanz er zuerst anhört. Die Anhörung kann auch zeitgleich erfolgen (vgl. BAG v. 5. 9. 1979 und v. 30. 4. 1984, AP Nr. 6 zu § 12 SchwbG, AP Nr. 23 zu § 112 BetrVG). Bei einer außerordentlichen Kündigung kann allerdings nur dringend geraten werden, den Betriebsrat zuerst oder zumindest zeitgleich mit dem Integrationsamt anzuhören. Denn es ist äußerst fraglich, ob die Kündigung „unverzüglich nach Erteilung der Zustimmung des Integrationsamtes" (§ 91 Abs. 5 SGB IX) erteilt wird, wenn sich an die Zustimmung noch das Verfahren nach § 102 BetrVG anschließt.

7 Nach § 87 Abs. 3 SGB IX hat das Integrationsamt in jeder Lage des Verfahrens auf eine **gütliche Einigung** hinzuwirken. Viele Zustimmungsverfahren nach §§ 85 ff. SGB IX enden deshalb mit einem Abfindungsvergleich. In vielen Arbeitsagenturbezirken bestehen informelle Absprachen zwischen den Arbeitsagenturen und den Integrationsämtern, wonach die Arbeitsagenturen keine Sperrfristen (§ 144 SGB III) verhängen, wenn das Integrationsamt den Vergleich befürwortet hat. Sind sich Arbeitnehmer und Arbeitgeber über einen Abfindungsvergleich einig, empfiehlt es sich also, den Vergleich in der mündlichen Verhandlung vor dem Integrationsamt (§ 88 Abs. 1 SGB IX) abzuschließen und in dem Vergleich zu vermerken, dass dieser auf Anraten oder jedenfalls mit Zustimmung des Integrationsamtes zustande gekommen ist.

4. Anfechtung des Vertrages

Die unrichtige Beantwortung der Frage nach der Schwerbehinderteneigenschaft kann die Anfechtung des Arbeitsvertrages wegen arglistiger Täuschung nach § 123 BGB rechtfertigen, soweit die Frage nach der Schwerbehinderteneigenschaft trotz § 81 Abs. 2 SGB IX weiterhin als zulässig angesehen wird.[14] Für die Anfechtung ist weder die Beteiligung des Integrationsamtes erforderlich noch eine Betriebsratsanhörung.[15] (**M 16.3**). Ficht der Arbeitgeber im Anschluss an eine Arbeitsunfähigkeit des Arbeitnehmers den Arbeitsvertrag aus diesem Grund an und verweigert die Entgeltfortzahlung, so wirkt die Anfechtung nach der nunmehr geänderten Rechtsprechung des BAG gem. § 142 BGB auf den Zeitpunkt zurück, ab dem der Arbeitnehmer nicht mehr gearbeitet hat.[16]

---

14 Dazu im Einzelnen **M 1.3** bei Ziff. II. 1.; kritisch auch *Düwell*, BB 2001, 1527, 1530: Ebenso wie die Frage nach der Schwangerschaft wegen Verstoßes gegen § 611a BGB unzulässig sei, müsse dies wegen § 81 Abs. 2 SGB IX auch für die Frage nach der Schwerbehinderung gelten.
15 Vgl. zuletzt BAG v. 3. 12. 1998, NZA 1999, 584.
16 BAG v. 3. 12. 1998, NZA 1999, 584.

II. Muster

Antrag des Arbeitgebers auf Zustimmung zur Kündigung eines schwerbehinderten Menschen/gleichgestellten behinderten Menschen[1, 2, 3, 4, 5, 6, 7, 8, 9]

16.1

An das Integrationsamt

Sehr geehrte Damen und Herren,

*wir vertreten die Firma . . . . Eine Vollmacht ist als **Anlage AS 1** beigefügt. Namens und im Auftrag der . . . (i. F. „ASt.") beantragen wir Zustimmung zur außerordentlichen, hilfsweise ordentlichen Kündigung des Mitarbeiters . . ., geboren am . . . . Nach unse-*

---

1 Für den Antrag gibt es keine behördlichen Formulare. Es gibt auch **keinen zwingenden Mindestinhalt** des Antrags. Benötigt das Integrationsamt weitere Informationen, werden diese üblicherweise formlos angefordert. Die Beifügung von **Stellungnahmen des Betriebsrats/Personalrats** sowie der **Schwerbehindertenvertretung** ist nicht Wirksamkeitsvoraussetzung des Antrags, diese Unterlagen werden ggf. vom Integrationsamt selbst angefordert (§ 87 Abs. 2 SGB IX).
2 Nach §§ 85 ff. SGB IX ist die Kündigung eines schwerbehinderten Menschen **unwirksam**, wenn das Integrationsamt nicht vorher zugestimmt hat. Ist eine Kündigung ohne Zustimmung des Integrationsamtes ausgesprochen worden, ist sie nichtig und kann durch nachträgliche Zustimmung des Integrationsamtes **nicht mehr geheilt** werden. Über § 2 Abs. 3 SGB IX gelten die §§ 85 ff. SGB IX auch für gleichgestellte behinderte Menschen. Gleichstellte sind behinderte Menschen mit einem Behinderungsgrad zwischen 30 und 50%, die auf Antrag der Agentur für Arbeit schwerbehinderten Menschen gleichgestellt worden sind. Abgesehen vom Sonderfall der gleichgestellten behinderten Menschen greift der Kündigungsschutz nach den §§ 85 ff. SGB IX nur, wenn ein Behinderungsgrad von mindestens 50% besteht (§ 2 Abs. 2 SGB IX).

Vor 10 Tagen, am 15. 2. . . ., hat Herr . . . versucht, einen Diament-Trennschleifer im Wert von ca. Euro 500,– bei der ASt. zu entwenden. Bei einer routinemäßigen Torkontrolle durch den Werkschutz der ASt., die mit dem Betriebsrat abgestimmt war, wurde Herr . . . beim Verlassen des Werksgeländes nach Schichtende aufgefordert, seine Tasche zu öffnen. Darin fand sich der Trennschleifer. Herr . . . hat angegeben, er habe sich den Trennschleifer nur für einige Tage ausleihen wollen, um an seinem Haus Reparaturen vorzunehmen. Diese Einlassung ist jedoch nicht glaubhaft. Es ist bei der ASt. seit Jahren üblich und mit dem Betriebsrat abgesprochen, dass Werkzeuge kurzfristig an die Mitarbeiter ausgeliehen werden können, wenn Eigenbedarf besteht. Dazu muss ein schriftlicher Antrag eingereicht und vom Vorgesetzten abgezeichnet werden. Hätte Herr . . . das Gerät wirklich nur ausleihen wollen, hätte er das dafür vorgeschriebene Verfahren einhalten können. Dass er es nicht getan hat, begründet zumindest den massiven Verdacht dafür, dass er das Gerät entwenden wollte.

*Der Betriebsrat ist am 18. 2. . . . gemäß § 102 BetrVG zur außerordentlichen, hilfsweise ordentlichen Kündigung von Herrn . . . angehört worden. Die Stellungnahme des Betriebsrats ging gestern bei der ASt. ein (**Anlage AS 2**). Der Betriebsrat hat der beabsichtigten Kündigung nicht zugestimmt, und zwar mit der Begründung, die Verdachtsmomente reichten für eine Verdachtskündigung nicht aus. Zugleich hat der Betriebsrat mitgeteilt, dass Herr . . . ihm gegenüber erklärt habe, er habe vor wenigen Tagen einen Antrag auf Gleichstellung nach § 2 Abs. 3 SGB IX gestellt.*[11]

---

8 Der Antrag ist nach § 64 SGB X **gebührenfrei**. Die im Widerspruchsverfahren entstehenden Kosten sind nach § 63 SGB X erstattungsfähig. Zum Widerspruchsverfahren siehe **M 16.2**.

9 Erteilt das Integrationsamt die Zustimmung zu einer ordentlichen Kündigung, so muss sie der Arbeitgeber **binnen einem Monat nach Zustellung der Zustimmungsentscheidung** erklären (§ 88 Abs. 3 SGB IX). Versäumt der Arbeitgeber diese Frist, muss er einen erneuten Antrag stellen. Bei Erteilung der Zustimmung zu einer außerordentlichen Kündigung muss diese gemäß § 91 Abs. 5 SGB IX „unverzüglich" ausgesprochen werden. Dabei braucht (und darf!) der Arbeitgeber – anders als bei der Zustimmung zu einer ordentlichen Kündigung – nicht die förmliche Zustellung der Entscheidung abzuwarten. Vielmehr reicht hier die formlose Mitteilung (telefonisch, per Fax etc.).

10 Während der ersten **sechs Monate** des Anstellungsverhältnisses gilt der besondere Kündigungsschutz der §§ 85 ff. SGB IX nicht (§ 90 Abs. 1 Nr. 1 SGB IX).

11 Nach ständiger Rechtsprechung setzt der besondere Kündigungsschutz nach §§ 85 ff. SGB IX nicht voraus, dass der schwerbehinderte Mensch/gleichgestellte behinderte Menschen bereits bei Ausspruch der Kündigung anerkannt war. Es reicht aus, wenn vor Ausspruch der Kündigung der **Antrag** auf Anerkennung **gestellt** war, auch wenn die Anerkennung erst nach Ausspruch der Kündigung erfolgt. Unter Umständen reicht auch eine zuvor erfolgte Mitteilung an den Arbeitgeber aus, wenn dieser dann in Kenntnis der Behinderung und einer beabsichtigten Antragstellung eine Kündigung ausspricht. Er muss sich je nach den Umständen dann so behandeln lassen, als sei der Antrag bereits gestellt worden (BAG v. 7. 3. 2002, ArbuR 2002, 148, 149). Allerdings verliert der Arbeitnehmer den Schutz der §§ 85 ff. SGB IX, wenn er dem Arbeitgeber nicht mindestens **einen Monat nach Zugang der Kündigung** mitteilt, dass er bereits vor Ausspruch der Kündigung einen Antrag auf Anerkennung gestellt hat.

↪ **Wichtig:** Ein Kunstfehler ist es, die Mitteilung in die Klageschrift nach § 4 KSchG aufzunehmen, denn bis das Gericht die Abschrift der Klageschrift dem Arbeitgeber wirksam zugestellt hat, dauert es nicht selten mehr als einen Monat.

Mitunter weigert sich das Integrationsamt, vorsorgliche Zustimmungsanträge zu bearbeiten, solange die Anerkennung des schwerbehinderten Menschen noch nicht erfolgt ist. Diese Praxis führt zu unvertretbaren Härten für den Arbeitgeber, da die Anerkennungsverfahren häufig außerordentlich lange dauern. Der Arbeitgeber sollte hier auf rasche Entscheidung drängen und gegen eine eventuelle Ablehnung des Antrags Widerspruch einlegen.

Da die ASt. weder weiß, ob Herr... tatsächlich einen Gleichstellungsantrag gestellt hat, noch, ob dieser erfolgreich sein wird, wurde Herrn... gestern eine außerordentliche, hilfsweise ordentliche Kündigung ausgesprochen. Vorsorglich[12] bittet das Unternehmen jedoch um Zustimmung zu einer vorsorglichen erneuten außerordentlichen, hilfsweise ordentlichen Kündigung. Die ordentliche Kündigung soll mit der vertraglich vereinbarten Frist von drei Monaten zum Monatsende zum nächstmöglichen Zeitpunkt erfolgen.

Die ASt. beschäftigt insgesamt 250 Arbeitnehmer, davon sind 20 als schwerbehindert anerkannt.

Die Stellungnahme der Schwerbehindertenvertretung ist als **Anlage AS 3** beigefügt.

...

(Unterschrift)

---

[12] Der besondere Kündigungsschutz nach §§ 85 ff. SGB IX gilt unabhängig davon, ob dem Arbeitgeber die Schwerbehinderteneigenschaft/Gleichstellung **bekannt** war. Erfährt der Arbeitgeber erst nach Ausspruch der Kündigung von der Schwerbehinderteneigenschaft, ist die Kündigung also mangels Zustimmung des Integrationsamtes unwirksam. Der Arbeitgeber muss dann ein Zustimmungsverfahren nach §§ 85 ff. SGB IX einleiten und noch einmal kündigen. Die zweiwöchige Ausschlussfrist nach § 626 Abs. 2 BGB für die außerordentliche Kündigung beginnt in solchen Fällen mit der Kenntniserlangung von der Schwerbehinderteneigenschaft erneut zu laufen, so dass der Arbeitgeber für die Stellung des Antrages in jedem Fall zwei Wochen Zeit hat (§ 91 Abs. 2 SGB IX).

16.2 Widerspruch gegen die Zustimmung des Integrationsamtes[1, 2, 3]

An das Integrationsamt

– Widerspruchsstelle -

In Sachen

.../... (Az. ....)

---

[1] Gegen eine (zustimmende oder ablehnende) Entscheidung des Integrationsamtes über einen Zustimmungsantrag nach §§ 85 ff. SGB IX kann **binnen einem Monat Widerspruch** eingelegt werden. Eingelegt wird der Widerspruch beim Integrationsamt selbst. Nach erfolglosem Widerspruchsverfahren kann Klage zum Verwaltungsgericht erhoben werden.

[2] Nach § 88 Abs. 4 SGB IX haben Widerspruch und Anfechtungsklage gegen die **Zustimmung** des Integrationsamtes **keine aufschiebende Wirkung**. Hat das Integrationsamt zugestimmt, kann der Arbeitgeber die Kündigung also aussprechen, auch wenn der Arbeitnehmer bereits Widerspruch eingelegt hat oder später Widerspruch einlegt. Die Kündigung bleibt wirksam, wenn Widerspruchs- und Klageverfahren erfolglos bleiben. Wird allerdings der Zustimmungsbescheid im Widerspruchs- oder Klageverfahren aufgehoben, wird die Kündigung rückwirkend unwirksam.

legen wir gegen den Bescheid des Integrationsamtes vom . . .

Widerspruch[4]

ein. Die Entscheidung ist uns am . . . zugestellt worden. Eine Kopie der Entscheidung ist beigefügt.

Begründung:[5]

Das Integrationsamt hat dem Antrag auf Zustimmung zur außerordentlichen, hilfsweise ordentlichen Kündigung unter Hinweis auf § 91 Abs. 4 SGB IX stattgegeben. Der Kündigungsgrund stehe nicht im Zusammenhang mit der Schwerbehinderung. Die Prüfung, ob die Kündigungsgründe für eine außerordentliche/ordentliche Kündigung ausreichen, müsse dem Arbeitsgericht vorbehalten sein. Das Integrationsamt hat übersehen, dass die beabsichtigte Kündigung sehr wohl im Zusammenhang mit der Schwerbehinderung steht. Als **Anlage AG 1** legen wir eine eidesstattliche Versicherung des Mitarbeiters der ASt. Herr X vor. Herrn X schildert darin ein Gespräch mit dem Personalleiter . . . der ASt. In diesem Gespräch hat der Personalleiter . . . Herrn X gegenüber geäußert, man sei es leid, den Schwerbehinderten . . . mit seinen mangelhaften Leistungen weiter „mit durchzuschleppen". Die Firma sei sich darüber im Klaren, dass man Herrn . . . wegen seiner Schwerbehinderung auf normalem Wege nicht „los-

---

⇨ **Praxistipp:** Der Arbeitnehmer ist gut beraten, im Falle der Zustimmung durch das Integrationsamt parallel zum Widerspruchsverfahren auch noch **Kündigungsschutzklage** nach §§ 4, 13 KSchG zu erheben. Denn die dreiwöchige Klagefrist nach §§ 4, 7 KSchG wird durch ein Widerspruchsverfahren gegen den Zustimmungsbescheid nicht gehemmt.

Weit verbreitet ist die unselige Praxis von Arbeitsgerichten, anhängige Kündigungsschutzverfahren bis zur rechtskräftigen Erledigung des Widerspruchs-/Klageverfahrens gegen den Zustimmungsbescheid **auszusetzen**. Diese Aussetzung führt dazu, dass die Verfahren sich jahrelang hinziehen können. Richtigerweise kommt die Aussetzung nur dann in Betracht, wenn feststeht, dass die Kündigung ansonsten wirksam ist und ein erfolgreiches Widerspruchs-/Klageverfahren gegen den Zustimmungsbescheid der einzige Grund ist, der die Kündigung noch zu Fall bringen könnte. Diese Feststellung setzt voraus, dass das Arbeitsgericht den Sachverhalt zunächst umfassend aufklärt und sich ein vorläufiges Urteil über die Wirksamkeit/Unwirksamkeit der Kündigung bildet. Ist die Kündigung schon unabhängig vom Erfolg des Widerspruchs-/Anfechtungsverfahrens gegen den Zustimmungsbescheid unwirksam (zB wegen mangelhafter Betriebsratsanhörung, fehlender Kündigungsgründe), so muss das Arbeitsgericht der Klage ohne Aussetzung des Verfahrens stattgeben (zur Beschwerde gegen gleichwohl ergangene Aussetzungsbeschlüsse siehe **M 45.9**).

3 Hat das Integrationsamt den Zustimmungsantrag **abgelehnt**, kann der Arbeitgeber Widerspruch einlegen und nach erfolglosem Widerspruchsverfahren Verpflichtungsklage erheben. Ändert der Widerspruchsausschuss die Entscheidung des Integrationsamts und stimmt der Kündigung zu, muss sie binnen einem Monat ausgesprochen werden (§ 88 Abs. 3 SGB IX). Der Arbeitnehmer kann dann zwar Anfechtungsklage vor dem Verwaltungsgericht erheben, diese hat dann aber nach § 88 Abs. 4 SGB IX keine aufschiebende Wirkung. Lehnt dagegen auch die Widerspruchsstelle die Zustimmung ab und erhebt der Arbeitgeber daraufhin Verpflichtungsklage, muss er mit dem Ausspruch der Kündigung bis zum rechtskräftigen Abschluss des Gerichtsverfahrens warten.

4 Die Widerspruchsschrift muss keinen bestimmten **Antrag** enthalten, selbst das Wort „Widerspruch" muss nicht verwendet werden. Es reicht aus, wenn klar ersichtlich ist, dass sich die Beschwerdepartei mit der Entscheidung nicht abfinden wird.

5 Eine **Begründung** des Widerspruchs ist nicht erforderlich, aber zweckmäßig. Im Widerspruchsverfahren können beide Parteien sich auch auf Umstände berufen, die im Ausgangsverfahren nicht zur Sprache gekommen waren. Eine Zurückweisung neuen Vortrags als verspätet gibt es nicht.

bekomme". Es gebe aber Mittel und Wege, kurzfristig hieb- und stichfeste Kündigungsgründe zu „produzieren". Das Problem „. . ." werde in den nächsten 10 Tagen gelöst.

Das Gespräch zwischen dem Personalleiter. . . und Herrn X fand 6 Tage vor der Torkontrolle statt, bei der man den Trennschleifer in der Aktentasche des Antragsgegners fand. Offensichtlich ist dem Antragsgegner eine Falle gestellt worden. Der Antragsgegner hat sowohl bei der Anhörung durch den Betriebsrat als auch in der mündlichen Verhandlung vor dem Integrationsamt erklärt, er wisse nicht, wie der Trennschleifer in seine Aktentasche gekommen sei. Die Aktentasche habe an dem Tag stundenlang unbeobachtet in einem Pausenraum gestanden.

. . .

(Unterschrift)

16.3 Anfechtung des Arbeitsvertrages

Sehr geehrte(r) Frau/Herr . . .,

wir fechten hiermit den mit Ihnen geschlossenen Arbeitsvertrag an.

Begründung:

Sie haben uns über Ihre Schwerbehinderteneigenschaften getäuscht. In dem Einstellungsfragebogen vom . . . haben Sie mitgeteilt, nicht schwerbehindert zu sein. Tatsächlich war zu diesem Zeitpunkt ein Grad der Behinderung von 60% bei Ihnen anerkannt.

Hätten wir dies gewusst, hätten wir Sie nicht eingestellt. Für die Ihnen übertragene Tätigkeit waren Sie aufgrund der Schwerbehinderung nicht einsetzbar, was für Sie auch erkennbar war.[1]

Hilfsweise und vorsorglich kündigen wir den Vertrag mit Ihnen auch fristlos.

Das Integrationsamt hat der fristlosen Kündigung mit Bescheid vom . . . zugestimmt.

Alternative

Das Integrationsamt hat innerhalb der Zwei-Wochen-Frist des § 91 Abs. 3 Satz 1 SGB IX keine Entscheidung getroffen. Damit gilt gem. § 91 Abs. 3 Satz 2 SGB IX die Zustimmung als erteilt.

Auch der Betriebsrat wurde zu der Kündigung ordnungsgemäß beteiligt und hat zugestimmt.

Alternative

/nicht widersprochen

---

[1] Vgl. BAG v. 3. 12. 1998, BAGE 90, 251; v. 1. 8. 1995, DB 1986, 2238. Diese Rechtsprechung wird allerdings vor dem Hintergrund des neu eingeführten Benachteiligungsverbots, § 81 Abs. 2 SGB IX, angegriffen, dazu näher oben **M 1.3** bei Ziff. II. 1.

Alternative

/die Bedenken gemäß Anlage geltend gemacht; wir halten die Bedenken jedoch nicht für berechtigt.

Zur Vermeidung einer Kürzung Ihres Anspruchs auf Arbeitslosengeld sind Sie gem. § 37b SGB III verpflichtet, sich unverzüglich nach Erhalt dieses Schreibens persönlich bei der Agentur für Arbeit arbeitssuchend zu melden.

...
Unterschrift Firma

Kapitel 17   Mutterschutz und Elternzeit

Literaturübersicht:

Zum Mutterschutz: *Böttcher/Graue*, Eltern- und Mutterschutzrecht, Basiskommentar, 1999; *Buchner/Becker*, Mutterschutzgesetz und Bundeserziehungsgeldgesetz, Kommentar, 7. Aufl. 2003; *Budde*, Neues Mutterschutzrecht, AiB 1997, 313; *Coester*, Mutterschutz – Beschäftigungsverbot – Arbeitsunfähigkeit, SAE 1997, 27; *Friese*, Das Verhältnis von Erholungsurlaub und Mutterschutz – die Neuregelung in § 17 MuSchG, NZA 2003, 597; *Glatzel*, Mutterschutz, AR-Blattei SD 1220; *Graue*, Mutterschutzgesetz, 2002; *Grönert*, Erziehungsgeld, Mutterschutz, Elternzeit, 2002; *Joussen*, Das neue Mutterschutzgesetz, NZA 2002, 702; *Kaiser*, Handbuch zum Mutterschutzgesetz, 15. Aufl. 1997; *Gröninger/Thomas*, Mutterschutzgesetz, Loseblatt; *Lembke*, Mutterschutzlohn und Entgeltfortzahlung, NZA 1998, 349; *Lenz*, Änderungen im Mutterschutzrecht, NJW 1997, 1419; *Lenz*, Mutterschutzgesetz Kommentar, 2003; *Marburger*, Änderungen des Mutterschutzrechts, BB 1997, 521; *Meisel/Sowka*, Mutterschutz und Erziehungsurlaub, 5. Aufl. 1999; *Sowka*, Änderungen im Mutterschutzrecht und im Jugendarbeitsschutzrecht, NZA 1997, 296; *Sowka*, Mutterschutzrichtlinienverordnung, NZA 1997, 927; *Weber*, Mutterschutzgesetz, Kommentar, 23. Aufl. 2002; *Will*, Änderung des Mutterschutzgesetzes, FA 2002, 268; *Zmarzlik*, Die Neufassung des Mutterschutzgesetzes, DB 1997, 474; *Zmarzlik/Zipperer/Viethen*, Mutterschutzgesetz – Mutterschaftsleistungen – Bundeserziehungsgeldgesetz mit Mutterschutzverordnung, Kommentar, 9. Aufl. 2004.

Zur Elternzeit: *Bäuml*, Erziehungsurlaub trotz Sonderurlaubs, SAE 1998, 183; *Buchner/Becker*, Mutterschutzgesetz und Bundeserziehungsgeldgesetz, Kommentar, 7. Aufl. 2003; *Glatzel*, Erziehungsgeld und Erziehungsurlaub, AR-Blattei SD 680; *Gosch*, Teilzeitbeschäftigung während des Erziehungsurlaubs als Einstellung, AiB 1999, 230; *Grönert*, Erziehungsgeld, Mutterschutz, Elternzeit, 2002; *Meisel/Sowka*, Mutterschutz und Erziehungsurlaub, 5. Aufl. 1999; *Peters-Lange/Rolfs*, Reformbedarf und Reformgesetzgebung im Mutterschutz- und Erziehungsgeldrecht, NZA 2000, 682; *Reinecke*, Elternzeit statt Erziehungsurlaub, FA 2001, 10; *Schirge*, Weihnachtsgeld und Erziehungsurlaub, AiB 1996, 26; *Sowka*, Handbuch zum Erziehungsurlaub, 1997; *Sowka*, Erziehungsurlaub, Elternzeit, 2001; *Stichler*, Der Kündigungsschutz des Teilzeitarbeitsverhältnisses während des Erziehungsurlaubs, BB 1995, 355; *Zmarzlik/Zipperer/Viethen*, Mutterschutzgesetz – Mutterschaftsleistungen – Bundeserziehungsgeldgesetz mit Mutterschutzverordnung, Kommentar, 9. Aufl. 2004.

I. Erläuterungen

1. Mutterschutz

Werdende Mütter unterliegen dem besonderen Schutz des Mutterschutzgesetzes (MuSchG). Gem. § 3 MuSchG dürfen werdende Mütter nicht beschäftigt werden, soweit nach ärztlichem Zeugnis Leben und Gesundheit von Mutter oder Kind bei Fortdauer der Beschäftigung gefährdet ist. Insbesondere in den letzten sechs Wochen vor der Entbindung dürfen sie nicht beschäftigt werden, es sei denn, dass sie sich zur Arbeitsleistung ausdrücklich bereit erklären; diese Erklärung kann indes jederzeit widerrufen werden, § 3 Abs. 2 MuSchG. Daneben gibt es zahlreiche ausdrückliche **Beschäftigungsverbote** nach Maßgabe von § 4 MuSchG.

Gem. § 5 MuSchG sollen werdende Mütter dem Arbeitgeber **ihre Schwangerschaft und den mutmaßlichen Tag der Niederkunft mitteilen,** sobald ihnen ihr Zustand bekannt ist. Der Arbeitgeber hat die Aufsichtsbehörde unverzüglich von der Mitteilung der werdenden Mutter zu benachrichtigen. Unbefugte Mitteilungen an Dritte müssen jedoch unterbleiben, § 5 Abs. 1 MuSchG. **Nach der Entbindung** darf die junge Mutter (Wöchnerin) bis zum Ablauf von **acht Wochen** nach der Entbindung nicht beschäftigt werden, bei Früh- und Mehrlingsgeburten verlängert sich die Frist auf **zwölf Wochen**, § 6 Abs. 1 MuSchG. Bei Frühgeburten und sonstigen vorzeitigen Entbindungen verlängert sich der Zeitraum zusätzlich um das nicht nach § 3 Abs. 2 MuSchG in Anspruch genommene Beschäftigungsverbot. Bei Tod des Kindes kann die Mutter auch auf ihr Verlangen hin nicht sofort wieder beschäftigt werden, sondern eine zweiwöchige Schutzfrist ist zwingend einzuhalten, § 6 Abs. 1 Satz 3 MuSchG. Auch bestehen spezielle Beschäftigungsverbote für stillende Mütter, § 6 Abs. 3 MuSchG, und besondere Verpflichtungen des Arbeitgebers, stillenden Müttern auf ihr Verlangen die zum Stillen erforderliche Zeit freizugeben, § 7 MuSchG. Werdende und stillende Mütter dürfen überdies nicht mit Mehrarbeit, nicht in der Nacht zwischen 20.00 und 6.00 Uhr und nicht an Sonn- und Feiertagen nach Maßgabe von § 8 MuSchG beschäftigt werden.

Daneben besteht **Sonderkündigungsschutz** für werdende Mütter. Während der Schwangerschaft und bis zum Ablauf von vier Monaten nach der Entbindung darf der Arbeitgeber nicht kündigen, wenn ihm zur Zeit der Kündigung die Schwangerschaft oder Entbindung bekannt war oder **innerhalb von zwei Wochen** nach Zugang der Kündigung **mitgeteilt** wird, § 9 Abs. 1 MuSchG. Das Überschreiten dieser Frist ist allerdings unschädlich, wenn es auf einem von der Schwangeren nicht zu vertretenden Grund beruht und die Mitteilung unverzüglich nachgeholt wird, § 9 Abs. 1 Satz 1 MuSchG. „Zu vertreten" wäre nur ein gröblicher Verstoß gegen das von einem verständigen Menschen im eigenen Interesse billigerweise zu erwartende Verhalten („Verschulden gegen sich selbst"); daher ist es unschädlich, wenn die Schwangere die Bescheinigung über die Schwangerschaft mit normaler Post an den Arbeitgeber versendet und der Brief dann aus ungeklärter Ursache verloren geht.[1] „Unverzüglich" bedeutet dabei keinesfalls mehr als eine Woche.[2] Nur „in besonderen Fällen" kann der Arbeitgeber gleichwohl mit Zustimmung der für den Arbeitsschutz zuständigen obersten Landesbehörde kündigen. Ein solcher besonderer Fall wird bei personenbedingten Gründen erst bejaht, wenn die wirtschaftliche Belastung den Arbeitgeber in die Nähe der Existenzgefährdung rückt. Verhaltensbedingte Gründe werden nur bei besonders schwerwiegenden Pflichtverletzungen anerkannt. Als betriebliche Gründe sind namentlich die Betriebsverlegung oder -stillegung bei Wegfall jeglicher Weiterbeschäftigungsmöglichkeit zu nennen. Gegen den ablehnenden Bescheid kann der Arbeitgeber, gegen den zustimmenden die Arbeitnehmerin Widerspruch bzw. Anfech-

---
1 BAG v. 16. 5. 2002, NZA 2003, 217.
2 Vgl. BAG v. 26. 9. 2002, DB 2003, 1448.

tungsklage zum Verwaltungsgericht erheben. Unabhängig von der Richtigkeit des Bescheides kann die Arbeitnehmerin beim Arbeitsgericht die arbeitsrechtliche Wirksamkeit der Kündigung (zB soziale Rechtfertigung gem. § 1 Abs. 2 KSchG) prüfen lassen. Die Kündigung des Arbeitgebers bedarf gem. § 9 Abs. 3 Satz 2 MuSchG der **Schriftform** und der **schriftlichen Begründung** (!).

◯ **Wichtig:** Die Arbeitnehmerin kann ohne Einhaltung einer Frist zum Ende der Schutzfrist kündigen, § 10 iVm. § 9 Abs. 2 MuSchG.

Die Leistungen der Sozialversicherungsträger, des Bundes und des Arbeitgebers an die Mutter während der Beschäftigungsverbote richten sich nach §§ 11–17 MuSchG. Der Arbeitgeber hat nach § 11 Abs. 1 Satz 1 MuSchG **Mutterschutzlohn** zu zahlen, soweit die Mutter nicht nach der Vorschriften der Reichsversicherungsordnung Mutterschaftsgeld beziehen kann. Der Anspruch besteht nur, wenn die Mutter wegen eines Beschäftigungsverbots nach dem MuSchG nicht arbeiten konnte. Das Beschäftigungsverbot entsteht erst mit der Ausstellung eines ärztlichen Attestes.[3] Eine krankheitsbedingte **Arbeitsunfähigkeit** schließt den Anspruch aus § 11 MuSchG grundsätzlich aus.[4] Dies gilt nicht, wenn bei einer bestehenden Krankheit eine Verschlechterung, die bei Fortführung der Beschäftigung zur Arbeitsunfähigkeit führt, ihre Ursache ausschließlich in der Schwangerschaft hat.[5] Im Rahmen billigen Ermessens kann der Arbeitgeber der Mutter eine andere zumutbare und nicht verbotene Tätigkeit zuweisen und den Anspruch so entfallen lassen.[6] Zumutbar sind dabei unter Umständen auch Tätigkeiten, die im Übrigen nicht mit dem Direktionsrecht des Arbeitsgebers zugewiesen werden könnten.

◯ **Praxistipp:** Die Zuweisung muss möglichst konkret sein. Eine Beurteilung von Direktionsmaßnahmen, die gar nicht ausgesprochen oder nicht konkret genug sind, wird im Rechtsstreit stets zu Lasten des Arbeitgebers ausfallen.

Die **Höhe des Mutterschutzlohns** richtet sich nach dem Durchschnittsverdienst der letzten 13 Wochen oder der letzten drei Monate vor Beginn des Monats, in dem die Schwangerschaft eingetreten ist. Gem. § 11 Abs. 2 MuSchG sind während dieses Berechnungszeitraums oder des anschließenden Mutterschutzes sowohl dauernde Erhöhungen als auch Verringerungen des Verdienstes zu berücksichtigen, sofern diese Veränderung nicht durch ein mutterschutzrechtliches Beschäftigungsverbot veranlasst sind.[7] Soweit nach § 13 MuSchG ein Anspruch gegen die Sozialversicherungsträger auf Mutterschaftsgeld besteht, muss der Arbeitgeber gemäß § 14 MuSchG[8] für die Zeit der Schutzfristen des § 3 Abs. 2 und § 6 Abs. 1 MuSchG sowie für den Entbindungstag einen Zuschuss in Höhe des Unterschiedsbetrags zwischen 13,– Euro und dem um die gesetzlichen Abzüge verminderten durchschnittlichen kalendertäglichen Arbeitsentgelt zum Mutterschaftsgeld zahlen. Der Anspruch entfällt jedoch nach § 14 Abs. 4

---

3 BAG v. 21. 3. 2002, NZA 2001, 1017, 1018. Jedoch kann ein solches Attest in seinem Beweiswert erschüttert werden.
4 BAG v. 9. 10. 2002, AP Nr. 17 zu § 3 MuSchG 1968.
5 BAG v. 13. 2. 2002, NZA 2002, 738, 739.
6 BAG v. 15. 11. 2000, NZA 2001, 386.
7 BAG v. 20. 9. 2000, NZA 2001, 657.
8 § 14 Abs. 1 Satz 1 MuSchG ist mit Art. 12 Abs. 1 GG nicht vereinbar. Der Gesetzgeber muss den Arbeitgeberzuschuss bis zum 31. 12. 2005 neu regeln. Bis dahin bleibt es bei der gegenwärtigen Rechtslage (BVerfG v. 18. 11. 2003, NJW 2004, 146 ff.).

MuSchG für die Zeit, in der Frauen Elternzeit in Anspruch nehmen, soweit sie nicht eine zulässige Teilzeitarbeit leisten.[9]

§ 17 Satz 1 MuSchG bestimmt, dass die mutterschutzrechtlichen Ausfallzeiten bei der Berechnung des **Urlaubs** wie Beschäftigungszeiten zählen. § 17 Satz 2 MuSchG gestattet darüber hinaus eine Übertragung des Erholungsurlaubs in das nächste Urlaubsjahr unabhängig von § 7 Abs. 3 Satz 2 und 3 BUrlG. Gemäß § 17 Abs. 2 MuSchG kann eine Arbeitnehmerin, die ihren Erholungsurlaub vor Beginn der mutterschutzrechtlichen Beschäftigungsquote nicht oder nicht vollständig erhalten hat, den verbleibenden Erholungsurlaub nach Ablauf der Schutzfristen noch im laufenden oder nächsten Kalenderjahr beanspruchen. Die Regelung ist insoweit an § 17 Abs. 2 BErzGG angepasst und geht über die Übertragungsmöglichkeiten des § 7 Abs. 3 BUrlG hinaus.[10] Soweit Ansprüche auf **Gratifikation** vertraglich davon abhängig gemacht werden, dass sich der Arbeitnehmer zum Zeitpunkt der Gewährung im aktiven Beschäftigungsverhältnis befindet, kann der Anspruch für Zeiten des Mutterschutzes gleichwohl nicht ausgeschlossen werden, da dies gegen Art. 119 EGV[11] und gegen die in Art. 6 Abs. 4 GG festgelegte Schutzpflicht[12] verstieße. Für die Dauer der Elternzeit ist ein solcher Ausschluss jedoch zulässig.[13]

2. Elternzeit[14]

Die Elternzeit soll berufstätigen Eltern die Betreuung und Erziehung ihres Kindes ermöglichen und erleichtern. Der **Anspruch auf Elternzeit** ist privatrechtlicher Art und unabdingbar, § 15 Abs. 2 Satz 6 BErzGG. Anspruchsgegner ist der Arbeitgeber, Anspruchsinhalt die unbezahlte Freistellung für den in § 15 Abs. 2 und 3 BErzGG bestimmten Zeitraum. Ergänzend gelten die allgemeinen Urlaubsvorschriften entsprechend. Das Beschäftigungsverbot nach der Entbindung gem. § 6 Abs. 1 MuSchG bleibt unberührt.

Anspruchsberechtigt sind Arbeitnehmer (§ 15 Abs. 1 BErzGG), zur Berufsausbildung Beschäftigte (§ 20 Abs. 1 BErzGG) sowie Heimarbeiter und Gleichgestellte, soweit sie am Stück mitarbeiten (§ 20 Abs. 2 BErzGG). Erforderlich ist eine enge **personale Beziehung** zu dem Kind. Sie liegt ua. vor, wenn (vgl. § 15 Abs. 1 BErzGG)

– der Anspruchsberechtigte das Personensorgerecht besitzt, § 15 Abs. 1 Satz 1 Nr. 1a BErzGG; das Sorgerecht steht zu den leiblichen Eltern, den Adoptiveltern, den Großeltern und sonstigen Personen, denen durch das Vormundschaftsgericht die Personensorge übertragen ist.

– das Kind ein Kind des Ehegatten oder Lebenspartners iSd. LPartG ist, § 15 Abs. 1 Satz 1 Nr. 1b BErzGG.

---

9 BAG v. 29. 1. 2003, NZA 2003, 1055.
10 Zu den Änderungen durch das zweite Gesetz der Änderung des Mutterschutzrechts vom 20. 6. 2002, BGBl. I 2002, 2318 ff. vgl. insbesondere *Will*, FA 2002, 268.
11 EuGH v. 21. 10. 1999 – Rs. C-333/97, EuGHE I-1999, 7266; BAG v. 4. 12. 2002, AP Nr. 245 zu § 611 BGB – Gratifikation.
12 BAG v. 20. 8. 2002, DB 2003, 342.
13 BAG v. 4. 12. 2002, AP Nr. 245 zu § 611 BGB – Gratifikation.
14 Die im Folgenden dargestellte Rechtslage gilt für Kinder, die seit dem 1. 1. 2001 geboren wurden (§ 24 Abs. 1 BErzGG).

– der Anspruchsberechtigte das Kind in Vollzeit- (§ 33 SGB VIII) oder Adoptionspflege (§ 1744 BGB) aufgenommen hat, § 15 Abs. 1 Satz 1 Nr. 1c BErzGG.
– der Anspruchsberechtigte für das Kind ohne Personensorgerecht die Härtefallregelung des § 1 Abs. 1 Satz 3, Abs. 3 Nr. 3 oder Abs. 5 iVm. § 15 Abs. 1 Satz 1 Nr. 1d BErzGG in Anspruch nehmen kann; Härtefall iSv. § 1 Abs. 5 BErzGG ist Tod, schwere Erkrankung oder schwere Behinderung eines Elternteils oder auch erheblich gefährdete wirtschaftliche Existenz.
– das Kind ohne Personensorgerecht ein leibliches Kind des Arbeitnehmers ist. Bei einem leiblichen Kind eines nicht sorgeberechtigten Elternteils ist die Zustimmung des Sorgeberechtigten notwendig, § 15 Abs. 1 Satz 2 BErzGG.

Zwischen dem Kind und dem Anspruchsberechtigten muss ein **Betreuungsverhältnis** bestehen. Dazu muss er das Kind im eigenen Haushalt selbst betreuen und erziehen (§ 15 Abs. 1 Nr. 2 BErzGG). Die Betreuung wird durch vorübergehende Abwesenheit oder Verhinderung nicht unterbrochen.

Der Anspruch auf Elternzeit besteht bis zur Vollendung des **3. Lebensjahres** des Kindes, § 15 Abs. 2 Satz 1 BErzGG.[15] Die Zeit der Mutterschutzfrist nach § 6 Abs. 1 MuSchG wird auf die Begrenzung nach § 15 Abs. 2 Satz 1 BErzGG angerechnet. Ein Anteil von 12 Monaten ist auf die Zeit bis zur Vollendung des 8. Lebensjahres übertragbar;[16] diese Übertragung bedarf der Zustimmung des Arbeitgebers, § 15 Abs. 2 BErzGG.

Die Elternzeit kann, auch anteilig, von jedem Elternteil allein oder von beiden Elternteilen gemeinsam genommen werden. Der Arbeitnehmer hat zweimal während der Elternzeit einen Anspruch auf Verringerung seiner Arbeitszeit für jeweils mindestens drei Monate auf 15 bis 30 Wochenstunden, § 15 Abs. 6 iVm. § 15 Abs. 7 Satz 1 Nr. 3 BErzGG, außer in Kleinunternehmen und während der ersten sechs Monate des Arbeitsverhältnisses, § 15 Abs. 7 Satz 1 Nr. 1 und 2 BErzGG.[17] Der Antrag muss den Beginn und den Umfang der verringerten Arbeitszeit enthalten. Die gewünschte Verteilung der verringerten Arbeitszeit soll im Antrag angegeben werden (§ 15 Abs. 7 Satz 2, 3 BErzGG). Während der Elternzeit darf keine volle Erwerbstätigkeit ausgeübt werden. Erlaubt ist lediglich eine Erwerbstätigkeit, bei der die vereinbarte wöchentliche Arbeitszeit auf 30 Stunden beschränkt ist (§ 15 Abs. 4 BErzGG). Die Teilzeittätigkeit bei einem anderen Arbeitgeber oder als Selbständiger bedarf der Zustimmung des Arbeitgebers, § 15 Abs. 4 Satz 2 BErzGG,[18] die er nur aus dringenden betrieblichen Gründen und nur binnen vier Wochen schriftlich verweigern kann, § 15 Abs. 4 Satz 3 BErzGG.

Arbeitnehmer müssen die Elternzeit, wenn sie unmittelbar nach der Geburt des Kindes oder nach der Mutterschutzfrist (§ 15 Abs. 2 Satz 2 BErzGG) beginnen soll, spätestens sechs Wochen, sonst spätestens acht Wochen vor Beginn schriftlich **vom**

---

15 Nicht erforderlich ist daher, dass das Kind bereits etwa während des Bestehens des Arbeitsverhältnisses geboren wurde.
16 Der Kündigungsschutz des § 18 BErzGG besteht allerdings während der mehrjährigen Arbeitsphase zwischen den Urlaubszeiträumen nicht, *Peters-Lange/Rolfs* NZA 2000, 682, 685.
17 Vgl. auch Kap. 6 unter I. 2.
18 Vgl. BAG v. 26. 6. 1997, NZA 1997, 1156.

Arbeitgeber verlangen und gleichzeitig erklären, für welche Zeiten innerhalb von zwei Jahren sie sie nehmen werden, § 16 Abs. 1 Satz 1 BErzGG. Die Frist kann bei dringenden Gründen verkürzt werden, § 16 Abs. 1 Satz 2 BErzGG; nach § 16 Abs. 2 BErzGG kann die Erklärung innerhalb einer Woche nach Wegfall eines nicht zu vertretenden Hinderungsgrundes nachgeholt werden. Die Elternzeit darf auf bis zu zwei Zeitabschnitte verteilt werden, § 16 Abs. 1 Satz 5 BErzGG. Eine Verteilung auf weitere Zeitabschnitte ist nur mit der Zustimmung des Arbeitgebers möglich (§ 16 Abs. 1, Satz 6 BErzGG). Dies muss jedoch im Voraus verbindlich für den gesamten Zeitraum festgelegt werden. Der **Antrag** muss schriftlich gestellt werden, § 16 Abs. 1 Satz 1 BErzGG. Es handelt sich um eine einseitige, empfangsbedürftige, rechtsgestaltende Willenserklärung, die bereits mit Zugang beim Arbeitgeber wirksam ist. Der Arbeitnehmer kann und muss ab dem in dem ordnungsgemäßen Antrag genannten Zeitpunkt der Arbeit fernbleiben.[19] Das Verlangen ist nicht widerruflich. **Nachträgliche Änderungen der Planung** der Elternzeit sind nur mit Zustimmung des Arbeitgebers möglich, § 16 Abs. 3 Satz 1 BErzGG. Die vorzeitige Beendigung wegen der Geburt eines Kindes oder wegen eines besonderen Härtefalles kann der Arbeitgeber nur innerhalb von vier Wochen aus dringenden betrieblichen Gründen schriftlich ablehnen, § 16 Abs. 3 Satz 2 BErzGG. Gem. § 16 Abs. 3 Satz 3 BErzGG kann die Mutter nicht zur Inanspruchnahme von Mutterschutzfristen wegen der Geburt eines weiteren Kindes die Elternzeit vorzeitig beenden; das gilt nicht für während der Elternzeit Teilzeit arbeitende Mütter. Eine Verlängerung kann verlangt werden, wenn ein vorgesehener Wechsel in der Anspruchsberechtigung aus wichtigem Grund nicht erfolgen kann, § 16 Abs. 3 Satz 4 BErzGG. Während der Elternzeit sind die **Hauptpflichten** aus dem Arbeitsverhältnis **suspendiert**.

Nebenleistungen sind nur dann fortzuzahlen, wenn sich durch Auslegung der Vereinbarung ergibt, dass diese vom Ruhen des Arbeitsverhältnisses unabhängig sein sollen. Ein Anspruch auf **Vergütungsfortzahlung im Krankheitsfall** besteht nicht. Den Anspruch auf **Urlaub** kann der Arbeitgeber für jeden vollen Kalendermonat, für den der Arbeitnehmer Elternzeit nimmt, um ein Zwölftel des Jahresurlaubs kürzen, es sei denn, der Arbeitnehmer leistet während der Elternzeit bei seinem Arbeitgeber Teilzeitarbeit, § 17 Abs. 1 BErzGG. Abgrenzungsfragen zum Urlaub beim Übergang in die oder aus der Elternzeit und der Beendigung des Arbeitsverhältnisses regeln § 17 Abs. 2–4 BErzGG. Für Ansprüche auf Gratifikation kann, soweit sie auf die tatsächliche Beschäftigung abstellen, sie also die tatsächliche Beschäftigung des Arbeitnehmers voraussetzen, vereinbart werden, dass sie für Zeiten der Elternzeit nicht bestehen,[20] für Zeiten des Mutterschutzes dürften sie jedoch wegen Art. 119 EGV[21] und wegen der in Art. 6 Abs. 4 GG festgelegten Schutzpflicht[22] nicht ausgeschlossen werden. Demgegenüber sind bei Sozialplanregelungen, die für die Höhe der Abfindung auch auf die Dauer der Beschäftigung abstellen, keine Abzüge wegen Elternzeit zu machen.[23]

---

19 BAG v. 10. 5. 1989, NZA 1989, 759.
20 BAG v. 4. 12. 2002, AP Nr. 245 zu § 611 BGB – Gratifikation.
21 EuGH v. 21. 10. 1999 – Rs. C-333/97, EuGHE I-1999, 7266; BAG v. 4. 12. 2002, AP Nr. 245 zu § 611 BGB – Gratifikation.
22 BAG v. 20. 8. 2002, DB 2003, 342.
23 BAG v. 12. 11. 2002, NZA 2003, 1287.

Während der Elternzeit besteht **Sonderkündigungsschutz**, § 18 BErzGG. Der Arbeitgeber darf das Arbeitsverhältnis ab dem Zeitpunkt, von dem an Elternzeit verlangt wurde, höchstens aber sechs Wochen vor Beginn der Elternzeit, und während deren Dauer nicht kündigen, § 18 Abs. 1 Satz 1 BErzGG. Der Kündigungsschutz bezieht sich auf das Arbeitsverhältnis, das zu Beginn der Elternzeit bestanden hat, und auf das durch Vereinbarung von Teilzeitarbeit umgestaltete, § 18 Abs. 2 Nr. 1 BErzGG. In **„besonderen Fällen"** kann der Arbeitgeber mit Zustimmung der für den Arbeitsschutz zuständigen obersten Landesbehörde kündigen, § 18 Abs. 1 Satz 2–4 BErzGG. Aufgrund der gesetzlichen Ermächtigung in § 18 Abs. 1 Satz 4 BErzGG aF hatte das BMA mit Zustimmung des Bundesrates **„Allgemeine Verwaltungsvorschriften zum Kündigungsschutz bei Erziehungsurlaub"** vom 2. 1. 1986 erlassen.[24] Gem. deren § 2 Abs. 1 Nr. 2 und 3 gilt insbesondere die **Betriebsverlegung oder -stilllegung** bei Fehlen einer anderweitigen Beschäftigungsmöglichkeit als ein „besonderer Fall". Diese Verwaltungsvorschrift bindet die Gerichte zwar formal nicht, ist aber für die Praxis gleichwohl der zentrale Leitfaden. Die Ermächtigung wurde in § 18 Abs. 1 Satz 4 BErzGG auf die Bundesregierung geändert. Der **Arbeitnehmer** kann das Arbeitsverhältnis zum Ende der Elternzeit nur unter Einhaltung einer Kündigungsfrist von drei Monaten kündigen, § 19 BErzGG, oder zu einem anderen Zeitpunkt mit der gesetzlichen bzw. vertraglichen Kündigungsfrist.

Wird zur **Vertretung** des Arbeitnehmers in Elternzeit ein anderer Arbeitnehmer befristet bzw. auflösend bedingt eingestellt, so ist die **Befristung bzw. auflösende Bedingung für die Dauer der Vertretung und einer angemessenen Einarbeitung sachlich gerechtfertigt**, § 21 BErzGG. Dasselbe gilt für Zeiten eines Beschäftigungsverbotes nach dem MuSchG. Allerdings muss die Befristung entweder kalendermäßig bestimmt oder bestimmbar oder dem Vertretungszweck zu entnehmen sein (Zweckbefristung), vgl. § 21 Abs. 3 BErzGG.

> **Praxistipp:** Da der Elternteil in Elternzeit jederzeit die Aufnahme einer Teilzeitbeschäftigung nach § 15 Abs. 6 und 7 BErzGG verlangen kann, sollte für eine befristet einzustellende Vertretung stets die Zweckbefristung gewählt oder eine Kündigungsmöglichkeit vereinbart werden. Eine Kündigung ist bei einem zeitbefristeten Vertrag nicht nach § 21 Abs. 4 BErzGG möglich, da die Elternzeit durch die Ausübung einer zulässigen Teilzeit nicht vorzeitig endet.

Endet die Elternzeit ohne Zustimmung des Arbeitgebers vorzeitig oder kann der Arbeitnehmer die vorzeitige Beendigung wegen § 16 Abs. 3 Satz 2 BErzGG nicht ablehnen, und hat der Arbeitnehmer die Beendigung auch mitgeteilt, so kann der Arbeitgeber das Vertretungsarbeitsverhältnis mit einer Frist von drei Wochen frühestens zum Ende der Elternzeit kündigen, § 21 Abs. 4 BErzGG. Für diese Kündigung gilt das Kündigungsschutzgesetz nicht, § 21 Abs. 5 BErzGG.

---

24 BAnz Nr. 1, S. 4; abgedruckt bei *Nipperdey*, Textsammlung Arbeitsrecht, Nr. 401 a.

II. Muster

17.1 Mitteilung der Schwangerschaft nach § 5 MuSchG

An die Firma
. . .

Sehr geehrte Damen und Herren,

wie mir mein Arzt am . . . mitteilte, bin ich im . . . Monat schwanger. Tag der Entbindung wird voraussichtlich der . . . sein. Ein ärztliches Zeugnis füge ich bei.

Mit freundlichen Grüßen
. . .

17.2 Informationsschreiben des Arbeitgebers an die schwangere Mitarbeiterin

An Frau . . .

Sehr geehrte Frau . . .

vielen Dank für Ihre Mitteilung vom . . . . Wir wünschen Ihnen und Ihrem Baby für die noch vor Ihnen liegende Zeit der Schwangerschaft alles Gute. Wir freuen uns, wenn Sie uns nach Ihrer Niederkunft möglichst bald unterrichten.

Sie haben Anspruch auf Arbeitsbefreiung für die Dauer von sechs Wochen vor dem von Ihrem Arzt errechneten Geburtstermin. Nach der Geburt besteht eine weitere Schutzfrist von acht Wochen, die sich bei Früh- und Mehrlingsgeburten auf zwölf Wochen erhöht. Während dieser Zeit erhalten Sie weiterhin Ihre Bezüge, können sich jedoch voll um Ihr Baby kümmern.

Bis zur Vollendung des 3. Lebensjahres Ihres Kindes können Sie und/oder der Vater des Kindes Elternzeit in Anspruch nehmen. Bitte teilen Sie uns acht Wochen vor der beabsichtigten Inanspruchnahme der Elternzeit schriftlich mit, wie lange Sie und/oder der Vater Elternzeit nehmen möchten. Sofern die Elternzeit unmittelbar nach der Geburt des Kindes oder nach der Mutterschutzfrist beginnen soll, benötigen wir Ihre Mitteilung sechs Wochen vorher. Sofern Sie wünschen, dass ein Anteil von bis zu zwölf Monaten auf die Zeit bis zur Vollendung des achten Lebensjahres des Kindes übertragen werden soll, müssten wir dazu eine einvernehmliche Lösung suchen.

Sie können während der Elternzeit bis zu 30 Wochenstunden entgeltlich arbeiten. Bitte teilen Sie mit, ob Sie an einer entsprechenden Tätigkeit in unserem Hause interessiert sind.

Sofern Sie während der Elternzeit nicht bei uns im Hause tätig werden möchten, würden wir eine Vertretung einstellen. Wir sind Ihnen dankbar, wenn Sie uns innerhalb von drei Wochen nach der Niederkunft wissen lassen, ob Sie nach der Inanspruchnahme der Elternzeit das Arbeitsverhältnis fortsetzen möchten. Wir würden dies bei der Einstellung der Ersatzkraft dann selbstverständlich berücksichtigen.

Antrag auf Elternzeit 17.3

An die Firma

. . .

Sehr geehrte Damen und Herren,

ich bin am . . . von einem Kind entbunden worden. Die Schutzfrist nach § 6 MuSchG endet am . . . .[1] Ich beantrage gemäß § 16 BErzGG fristgemäß sechs Wochen im Voraus die Gewährung von Elternzeit unmittelbar im Anschluss an die Mutterschutzfrist für die Zeit vom . . . bis . . . .

Ich beabsichtige, das Arbeitsverhältnis im Anschluss an die Elternzeit fortzusetzen/zu kündigen.

oder – vor der Entbindung

ich werde voraussichtlich am . . . von einem Kind entbunden werden. Die Schutzfrist nach § 6 MuSchG endet dann am . . . .[2] Ich beantrage gemäß § 16 BErzGG fristgemäß sechs Wochen im Voraus die Gewährung von Elternzeit, beginnend mit dem Ende der Mutterschutzfrist bis zu dem Zeitpunkt, an dem mein Kind zwei Jahre alt wird.

Ich beabsichtige, das Arbeitsverhältnis im Anschluss an die Elternzeit fortzusetzen/zu kündigen.

1 Die Frist beträgt acht Wochen bzw. bei Früh- und Mehrlingsgeburten zwölf Wochen ab der Geburt, § 6 Abs. 1 MuSchG.
2 S. Fn. 1.

17.4 Anwortschreiben des Arbeitgebers

Sehr geehrte Frau . . .,

zu der Geburt Ihrer Tochter. . ./Ihres Sohnes . . . gratulieren wir Ihnen ganz herzlich. Sie teilten uns mit, dass Sie bis zur Vollendung des zweiten Lebensjahres Ihres Kindes Elternzeit nehmen. Während der Elternzeit können sie einer Teilzeittätigkeit von nicht mehr als 30 Wochenstunden gegen Entgelt nachgehen. Wenn Sie an einer solchen Tätigkeit in unserem Hause interessiert sind, bitten wir Sie, sich mit uns in Verbindung zu setzen.

Mit freundlichen Grüßen
. . .

17.5 Antrag auf Zustimmung zur Kündigung in der Elternzeit[1]

An das Landesamt für Arbeitsschutz
und technische Sicherheit[2]

Ort, Datum

Antrag auf Zustimmung zur ordentlichen Kündigung
des/der . . . (Name, Vorname, Geburtsdatum, Familienstand, Anschrift)

Sehr geehrte Damen und Herren,

wir beabsichtigen, Herrn/Frau . . . ordentlich zu kündigen. Wir bitten Sie um Ihre Zustimmung gem. § 18 Abs. 1 Satz 2 und 3 BErzGG. Dies begründen wir wie folgt:

1. *Herr/Frau . . . ist bei uns als . . . seit . . . beschäftigt. Er/sie verdient zurzeit Euro . . . brutto/monatlich. Die Kündigung ist vorgesehen am . . . . Die gesetzliche/vertragliche/tarifvertragliche Kündigungsfrist beträgt . . . .*

2. *Herr/Frau . . . ist seit dem . . . und noch bis zum . . . in Elternzeit.*

3. *Die Kündigung ist aus folgenden Gründen beabsichtigt:*

   Unsere Gesellschaft hat nur den Betrieb in . . . . Der Betrieb wird zum . . . stillgelegt, die Gesellschaft liquidiert. Alle Arbeitnehmer werden spätestens zu diesem Zeitpunkt entlassen. Eine Weiterbeschäftigungsmöglichkeit besteht nicht.

---

1 Der Antrag kann in gleicher Weise auch während des Mutterschutzes nach § 9 Abs. 3 MuSchG gestellt werden. Zuständig ist dieselbe Behörde. Nur der Hinweis in Ziff. 4 auf die dort genannte Verwaltungsvorschrift müsste entfallen, da die Vorschrift nicht für das MuSchG gilt. Allerdings dürfte der Antrag auch nach dem MuSchG begründet sein, vgl. KR/*Pfeiffer*, § 9 MuSchG Rz. 122. Bei der Betriebsstilllegung dürfte in jedem Fall die Zustimmung zu erteilen sein.

2 Zu den Zuständigkeiten in den Bundesländern vgl. KR/*Pfeiffer*, § 18 BErzGG Rz. 32a.

4. Daher liegt nach Maßgabe von § 2 Abs. 1 Nr. 1 der Allgemeinen Verwaltungsvorschrift zum Kündigungsschutz bei Elternzeit ein *„besonderer Fall"* iSv. *§ 18 Abs. 1 Satz 2 BErzGG vor.* Wir bitten daher, der beabsichtigten Kündigung zuzustimmen.

5. Die Stellungnahmen des Betriebsrates[3] sowie den mit dem Betriebsrat geschlossenen Interessenausgleich und Sozialplan fügen wir bei.

Mit freundlichen Grüßen

...

---

[3] Der Betriebsrat kann nach § 102 BetrVG schon vor Einholung der Zustimmung der Behörde angehört werden. In der Anhörung muss aber klar zum Ausdruck kommen, dass die Kündigung erst nach Zustimmung der Behörde ausgesprochen werden soll.

Kapitel 18 Betriebliche Altersversorgung

Literaturübersicht: *Ahrend/Förster/Rühmann*, Gesetz zur Verbesserung der betrieblichen Altersversorgung, 8. Aufl. 2002; *Ahrend/Förster/Riemann*, Die abändernde und ablösende Betriebsvereinbarung, BB 1987, Beil. 7; *Ahrend/Förster/Rössler*, Steuerrecht der betrieblichen Altersversorgung, Loseblatt; *Ahrend/Förster/Rössler*, Zur Insolvenzsicherung von Versorgungszusagen an Gesellschafter-Geschäftsführer, GmbHR 1980, 229; *Arteaga*, Unternehmerpensionszusagen im Unternehmenskonkurs, ZIP 1996, 2008; *Bauer/Diller*, Wechselwirkungen zwischen Wettbewerbstätigkeit, Ruhestand und betrieblicher Altersversorgung, BB 1997, 990; *Blomeyer/Otto*, Gesetz zur Verbesserung der betrieblichen Altersversorgung (BetrAVG), 2. Aufl. 1997; *Griebeling*, Betriebliche Altersversorgung, 1996; *Heubeck/Höhne/Paulsdorff/Rau/Weinert*, Kommentar zum Betriebsrentengesetz, Bd. 1, 2. Aufl. 1982; *Höfer/Reiners/Wüst*, BetrAVG, Loseblatt; *Paulsdorff*, Kommentar zur Insolvenzsicherung der betrieblichen Altersversorgung, 2. Aufl. 1996; *Steinmeyer*, Betriebliche Altersversorgung und Arbeitsverhältnis, 1991.

I. Erläuterungen

1. Allgemeines

Arbeitgeber sind grundsätzlich nicht verpflichtet, eine betriebliche Altersversorgung einzuführen. Tun sie dies freiwillig, gilt jedoch zwingend das Gesetz zur Verbesserung der betrieblichen Altersversorgung („Betriebsrentengesetz", BetrAVG). Das BetrAVG beschreibt in seinem § 1b Abs. 1–4 die **vier verschiedenen Formen** der betrieblichen Altersversorgung. Die klassische Form ist die **„Direktzusage"** (unmittelbare Versorgung), bei der der Arbeitgeber die späteren Versorgungsleistungen unmittelbar aus dem Unternehmensvermögen zahlt, und dafür gem. § 6a EStG Rückstellungen bildet. Beim zweiten Durchführungsweg, der **„Direktversicherung"**, richtet der Arbeitgeber für den Arbeitnehmer eine Lebensversicherung bei einem Versicherungsunternehmen ein (§ 1b Abs. 2 BetrAVG). Früher weit verbreitet waren so genannte „mittelbare" Versorgungszusagen, bei denen der Arbeitgeber rechtlich selbständige **„Pensionskassen"** (§ 1b Abs. 3 BetrAVG) oder **„Unterstützungskassen"** (§ 1b Abs. 4 BetrAVG) errichtete, meist in der Rechtsform einer GmbH, eines eingetragenen Vereins oder eines Versicherungsvereins auf Gegenseitigkeit. Die **Unterstützungskasse** gewährt den Arbeitnehmern rechtlich keinen Anspruch auf die Versorgungsleistungen (de facto entstehen nach der Rechtsprechung allerdings sehr wohl durchsetzbare Zahlungspflichten) und fungiert daher als bloße „Zahlstelle" des Unternehmens. Die **Pensionskasse** dagegen gewährt den Arbeitnehmern vollwertige durchsetzbare Versorgungsansprüche, weshalb sie der Versicherungsaufsicht unterliegt und eine ausreichende Dotierung haben muss. Als neue Form der mittelbaren Versorgungszusage ist seit dem 1. 1. 2001 der **Pensionsfonds** (§ 1b Abs. 3 BetrAVG) hinzugetreten.

§ 1 Abs. 2 Nr. 3 BetrAVG stellt klar, dass eine betriebliche Altersversorgung iSd. BetrAVG auch dann vorliegt, wenn im Wege der **Gehaltsumwandlung** künftige Entgeltansprüche in wertgleiche Versorgungsanwartschaften umgewandelt werden. Nach § 1 Abs. 2 Nr. 2 BetrAVG gilt das Gesetz auch dann, wenn – wie zunehmend üblich – der Arbeitgeber nicht eine spätere bestimmte Leistungshöhe verspricht, sondern nur die **Abführung bestimmter Beiträge** zu einem Versorgungswerk (vor allem Lebensversicherung), wobei dann offen bleibt, welche Leistungen aus diesem Versorgungswerk der Arbeitnehmer später erhält (sog. „beitragsorientierte Versorgung").

Gem. § 17 Abs. 1, 3 BetrAVG gilt das BetrAVG zwingend nicht nur zugunsten von Arbeitnehmern, sondern auch zugunsten von **Organmitgliedern** wie GmbH-Geschäftsführern oder AG-Vorständen.[1]

2. Unverfallbarkeit/ratierliche Kürzung

Bis zum In-Kraft-Treten des BetrAVG im Jahre 1974 war es üblich, Arbeitnehmern Versorgungszusagen nur unter der Bedingung zu machen, dass sie bis zum Eintritt des Versorgungsfalls (Altersgrenze, Invalidität) im Unternehmen blieben. Nachdem bereits die Rechtsprechung solche Klauseln richterrechtlich für unzulässig gehalten hatte, regelt nun § 1b Abs. 1 BetrAVG ausdrücklich, dass Versorgungszusagen unverfallbar werden, wenn entweder die Zusage mindestens **fünf Jahre** (nach dem 1. 1. 2001, vgl. die Übergangsvorschrift § 30f BetrAVG) bestanden hat und der Arbeitnehmer mindestens 30 Jahre alt ist. Bis zum 1. 1. 2001 war hingegen nach dem früheren § 1 BetrAVG Voraussetzung der Unverfallbarkeit, dass das Arbeitsverhältnis mindestens **zehn Jahre** bestanden hatte oder aber bei mindestens dreijährigem Bestand der Zusage das Arbeitsverhältnis mindestens zwölf Jahre gedauert hatte.

Ist eine Versorgungszusage bei vorzeitigem Ausscheiden nach § 1b Abs. 1 BetrAVG unverfallbar, so berechnet sich ihre **Höhe** nach § 2 BetrAVG (sog. „ratierliche Kürzung"). Danach ist zunächst die maximale Versorgung zu berechnen, die der Arbeitnehmer erhalten hätte, wenn er bis zur vorgesehenen Altersgrenze im Betrieb verblieben wäre. Der theoretisch mögliche Maximalanspruch ist dabei zu ermitteln anhand der Bemessungsfaktoren (zB Gehaltshöhe etc.) im Zeitpunkt des Ausscheidens und erhöht sich später nicht. Dieser Maximalanspruch ist sodann zu multiplizieren mit dem „Unverfallbarkeitsquotienten", der dem Verhältnis von tatsächlich zurückgelegter zu maximal möglicher Dienstzeit entspricht. Dem Arbeitnehmer ist bei seinem Ausscheiden gem. § 2 Abs. 6 BetrAVG eine Bescheinigung über die Höhe der aufrechtzuerhaltenden Ansprüche zu erteilen (sog. „Unverfallbarkeitsbescheinigung", siehe **M 18.4**).

---
[1] Str., dazu *Höfer*, § 17 Rz. 3813.

3. Abfindung von Anwartschaften

Enge Grenzen setzt das BetrAVG in seinem § 3 der Abfindung von aufrechtzuerhaltenden Anwartschaften. Im Zusammenhang mit der Beendigung des Arbeitsverhältnisses und danach in der Anwartschaftsphase bis zum Erreichen des Rentenalters ist eine Abfindung grundsätzlich **ausgeschlossen**, selbst wenn der Arbeitnehmer zustimmt. Sinn dieser Regelung ist, dass der Arbeitnehmer nicht leichtfertig auf seine Alterssicherung verzichten soll. Nur bei **Bagatell-Anwartschaften** von weniger als 2 % der monatlichen Bezugsgröße nach § 18 SGB IV ist die Abfindung zulässig, bei Mini-Anwartschaften von bis zu 1 % der monatlichen Bezugsgröße können sowohl Arbeitgeber als auch Arbeitnehmer einseitig die Abfindung verlangen (siehe die **M 18.5** bis **18.7**).

4. Übertragung der Versorgungsansprüche

Ähnliche Erschwerungen wie für die Abfindung von Anwartschaften enthält das BetrAVG in § 4 auch für deren Übertragung auf andere Schuldner. Selbst wenn der Arbeitnehmer zustimmt, können die Versorgungsansprüche nicht von einem beliebigen Dritten übernommen werden, da dies Manipulationen zulasten des Pensions-Sicherungs-Vereins als Träger der Insolvenzsicherung ermöglichen würde. Zulässig ist nach § 4 BetrAVG nur die Übernahme durch den **neuen Arbeitgeber**, eine **Lebensversicherung** oder eine Pensionskasse. Weder Arbeitgeber noch Arbeitnehmer können einseitig die Übertragung verlangen, vielmehr ist stets eine **freiwillige** Übertragungsvereinbarung erforderlich (**M 18.8**). Erleichterungen gelten seit 1.1.2001 gemäß dem neuen § 4 Abs. 3 BetrAVG im Falle der **Liquidation**.

5. Insolvenzsicherung

Nach §§ 7 ff. BetrAVG sind sowohl laufende Renten als auch nach § 1b BetrAVG aufrechtzuerhaltende Anwartschaften zwangsweise beim **Pensions-Sicherungs-Verein** gegen die Insolvenz des Arbeitgebers abzusichern. In der Praxis stellt sich häufig das Problem, dass die Parteien einen Insolvenzschutz auch für solche Ansprüche herbeiführen wollen, die nicht der gesetzlichen Insolvenzsicherung unterliegen. Das gilt beispielsweise für Anwartschaften, die aufgrund besonderer vertraglicher Vereinbarung aufrechtzuerhalten sind, obwohl die gesetzliche Unverfallbarkeitsfrist von fünf Jahren (§ 1b Abs. 1 BetrAVG) noch nicht erfüllt ist. Ein anderes Problem sind Ansprüche, die der Höhe nach die **Höchstgrenze** der Insolvenzsicherung gem. § 7 Abs. 3 BetrAVG (Dreifaches der monatlichen Bezugsgröße gem. § 18 SGB IV) übersteigen. Nicht vom gesetzlichen Insolvenzschutz erfasst sind auch die Renten der **Gesellschafter-Geschäftsführer**, soweit sie als „Unternehmer" anzusehen sind. In allen genannten Fällen kann der Insolvenzschutz durch Verpfändung einer Rückdeckungsversicherung (siehe **M 18.9**) erreicht werden.

6. Teuerungsanpassung

Gem. § 16 BetrAVG sind laufende Renten (aber nicht aufrechtzuerhaltende Anwartschaften!) alle drei Jahre an die gestiegenen Lebenshaltungskosten anzupassen, soweit die Anpassung für das Unternehmen aus den Erträgen finanzierbar ist. Seit dem 1.1.1999 muss eine in der Vergangenheit zu Recht unterlassene Anpassung später nicht mehr nachgeholt werden, wenn sich die wirtschaftliche Lage des Unternehmens später verbessert. Ein Nachholen der Anpassung scheidet auch dann aus, wenn zwar die Anpassung zu Unrecht unterblieben war, das Unternehmen jedoch den Arbeitnehmer unter Einhaltung bestimmter Formalien über die Verweigerung der Anpassung informiert und dieser nicht widersprochen hat (siehe **M 18.12**).

7. Streitigkeiten

Besteht Streit über das Bestehen von Rentenansprüchen, kann der Arbeitnehmer bis zum Erreichen der Altersgrenze warten und dann **Leistungsklage** erheben (**M 18.10**). Möglich ist aber auch bereits vorher die Erhebung einer **Feststellungsklage** (**M 18.11**). Ähnliche Alternativen stellen sich beim Streit um eine Anpassung der Rente nach § 16 BetrAVG (**M 18.13**).

II. Muster

18.1 Einzelzusage auf betriebliche Altersversorgung für einen Geschäftsführer

Sehr geehrter Herr . . .,

in Ergänzung Ihres Anstellungsvertrages erhalten Sie die nachstehend beschriebene Zusage auf folgende Versorgungsleistungen:

Alterspension
Pension wegen Berufs- oder Erwerbsunfähigkeit
Witwenpension
Waisengeld

1. *Grundvoraussetzungen*

1.1 *Die Entstehung und Höhe des jeweiligen Anspruchs ist abhängig von der im Unternehmen anerkannten Dienstzeit und dem pensionsfähigen Einkommen.*

Maßgeblich für die Berechnung der Dienstzeit ist die tatsächliche erstmalige Dienstaufnahme; die Berechnung erfolgt monatsgenau.

Als pensionsfähiges Einkommen gilt das zuletzt bezogene Jahresgrundgehalt gem. § 3 Ihres Dienstvertrages vom . . . zuzüglich 50% der im Durchschnitt der letzten drei vollen Kalenderjahre vor der Beendigung des Dienstverhältnisses gezahlten Tantiemen.

1.2 *Voraussetzung für die Gewährung einer Versorgungsleistung ist grundsätzlich eine unmittelbar vor dem Versorgungsfall liegende Dienstzeit von 3 Jahren (Wartezeit).*[1]

1.3 *Pensionsalter ist grundsätzlich das vollendete 65. Lebensjahr.*

---

[1] Durch eine **Wartezeit** darf die **gesetzliche Unverfallbarkeit** nach § 1b BetrAVG nicht umgangen werden. Deshalb können Wartezeiten von mehr als 5 Jahren nicht wirksam vereinbart werden. Beläßt es das Unternehmen hinsichtlich der Unverfallbarkeit bei den gesetzlichen Vorschriften (§ 1b BetrAVG), so wirkt sich eine kürzere Wartezeit (zB von 3 Jahren) auf die

2. Leistungsarten

2.1 Alterspension

2.1.1 Nach Vollendung des 65. Lebensjahres wird die Alterspension gezahlt. Sie errechnet sich nach folgender Formel:

35,0% für die ersten 5 Dienstjahre
1,5% für jedes Jahr ab 6. bis 10. Dienstjahr
0,5% für jedes nachfolgende Dienstjahr

Eine ratierliche Kürzung bei vorzeitigem Ausscheiden gemäß § 2 BetrAVG findet [nicht] statt.[2]

2.1.2 Die Pensionszahlung beginnt in dem der letzten Gehaltszahlung folgenden Monat.

2.2 Vorgezogene Alterspension bei flexibler gesetzlicher Altersrente[3]

2.2.1 Bei Inanspruchnahme von gesetzlicher Altersrente vor vollendetem 65. Lebensjahr können Sie ab deren Zahlung eine vorgezogene Pension beanspruchen. Als Nachweis ist der Rentenbescheid vorzulegen. Das Dienstverhältnis muss beendet sein.

2.2.2 Die Höhe der vorgezogenen Pension errechnet sich nach Ziff. 2.1.1. Für jedes bis zum vollendeten 65. Lebensjahr fehlende Jahr werden 6% bzw. 0,5% je fehlendem Monat abgezogen.

2.3 Pensionszahlung bei Nichtverlängerung der Amtszeit[4]

2.3.1 Unabhängig vom Lebensalter wird eine Pension bezahlt, wenn die wiederholte Bestellung als Geschäftsführer der Gesellschaft nach Ablauf einer mindestens

---

Ansprüche auf Alterspension nicht aus, da diese ohnehin die Erfüllung der fünfjährigen Unverfallbarkeitsfrist voraussetzt. Bedeutung hat eine Wartefrist dann allerdings für eine Invalidenrente, da es bei Invaliditätseintritt noch während des Anstellungsverhältnisses keine Verfallbarkeit gibt. Hier wird durch eine Wartezeit der Anspruch auf Invaliditätsrente ausgeschlossen, wenn die Invalidität noch innerhalb der Wartezeit (hier: 3 Jahre) eintritt. Hat dagegen das Unternehmen auf die Erfüllung der Unverfallbarkeitsfristen des § 1b BetrAVG verzichtet und wie im vorliegenden Muster die Versorgungsansprüche für sofort unverfallbar erklärt, wirkt sich die Wartezeit auch auf mögliche Ansprüche auf Alterspension aus.

2 ➔ **Wichtig:** In Versorgungszusagen mit leitenden Angestellten sollte immer klargestellt werden, ob die gesetzlich vorgesehene **ratierliche Kürzung** (§ 2 BetrAVG) stattfinden soll oder nicht. Fehlt dazu eine ausdrückliche Regelung, entsteht häufig Streit. Nach der Rechtsprechung soll im Zweifel eine ratierliche Kürzung gewollt sein (BAG v. 4. 10. 1994, AP Nr. 22 zu § 2 BetrAVG; LAG Hamm v. 3. 3. 1998, DB 1998, 1622). Je nach Formulierung der Versorgungszusage kann jedoch auch ein Verzicht auf ratierliche Kürzung anzunehmen sein.

3 Der Anspruch auf **vorgezogene Pension** bei Inanspruchnahme von gesetzlicher Altersrente vor Vollendung des 65. Lebensjahres ergibt sich aus § 6 BetrAVG. Üblicherweise wird in der Zusage vorgesehen, dass sich die Rente wegen des früheren Zahlungsbeginns um einen bestimmten Prozentsatz kürzt. Eine Kürzung um 0,5%/Monat = 6%/Jahr gleicht nach einhelliger Auffassung die finanzielle Mehrbelastung des Unternehmens aufgrund des vorzeitigen Zahlungsbeginns recht gut aus. Fehlt eine ausdrückliche Kürzungsregel, kommt nach der Rechtsprechung des BAG eine doppelte ratierliche Kürzung in Betracht (BAG v. 28. 3. 1995, DB 1995, 1853). Die scheinbar abweichende neue Rechtsprechung des BAG zu dieser Frage (v. 23. 1. 2001, DB 2001, 1887) ist kaum nachvollziehbar, läuft aber in der Sache letztlich doch wieder auf die doppelt ratierliche Kürzung hinaus.

4 Wird die Zahlung der Pension unabhängig von einem biologischen Ereignis lediglich von der Beendigung des Dienstverhältnisses abhängig gemacht, so liegt keine betriebliche Altersver-

fünfjährigen Amtszeit nicht vorgenommen wird. Das gilt nicht, wenn in Ihrer Person ein wichtiger Grund gegeben ist, der den Aufsichtsrat zur Kündigung des Dienstverhältnisses nach § 626 BGB berechtigt, oder wenn Sie eine Verlängerung Ihrer Amtszeit bzw. eine Wiederbestellung zu den bisherigen oder besseren Konditionen ablehnen.

2.3.2 Die Berechnung der Pension erfolgt nach der unter Ziff. 2.1.1 genannten Formel. Eine ratierliche Kürzung nach § 2 BetrAVG findet [nicht] statt. Auf die Pension müssen Sie sich jedoch in der Zeit bis zur Vollendung des 65. Lebensjahres anrechnen lassen, was Sie durch anderweitige Verwertung Ihrer Arbeitskraft erwerben oder böswillig zu erwerben unterlassen.[5]

2.4 *Pension wegen Berufs- oder Erwerbsunfähigkeit*

2.4.1 Ab Eintritt einer Berufs- oder Erwerbsunfähigkeit im Sinne des SGB VI wird eine Berufs- oder Erwerbsunfähigkeitspension gezahlt. Voraussetzung ist die Vorlage des Rentenbescheides oder eines fachärztlichen Gutachtens. Die Pension errechnet sich nach Ziff. 2.1.1. Eine Kürzung entsprechend Ziff. 2.2.2 findet nicht statt.

2.4.2 Mit Vollendung des 65. Lebensjahres wird diese Pension nicht geändert.

2.5 *Witwenpension bei Ableben des Vertragsinhabers im aktiven Dienst*

2.5.1 Bei Ihrem Ableben während der aktiven Dienstzeit wird an Ihre Witwe – nicht an eine evtl. noch lebende frühere Ehefrau – eine Witwenpension gezahlt.

2.5.2 Die Witwenpension beträgt 60% der Alters- oder Invalidenpension, die Sie im Zeitpunkt Ihres Ablebens bezogen haben oder die Sie erhalten hätten, wenn Sie in diesem Zeitpunkt erwerbsunfähig geworden wären.

2.5.3 Die Pensionszahlung beginnt ab dem der letzten Gehaltszahlung folgenden Monat.

2.5.4 Bei einer Wiederverheiratung entfällt die Witwenpension ab dem darauf folgenden Monat.

2.6 *Witwenpension bei Ableben des Vertragsinhabers nach Pensionierung*

2.6.1 Bei Ihrem Ableben nach Ihrer Pensionierung wird an Ihre Witwe – nicht an eine evtl. noch lebende frühere Ehefrau – eine Witwenpension gezahlt, sofern die Ehe vor der Pensionierung geschlossen wurde.

2.6.2 Die Witwenpension beträgt 60% der zuletzt an Sie gezahlten Pension. Ist nach der Erteilung der Pensionszusage eine evtl. frühere Ehe des Vertragsinhabers

---

sorgung im Sinne des BetrAVG vor, sondern ein „**Übergangsgeld**" oder „**Überbrückungsgeld**". Gesetzliche Vorschriften für solche Zusagen gibt es nicht. Deshalb müssen Voraussetzungen und Höhe unbedingt möglichst präzise in der Zusage festgelegt werden. Ansonsten entstehen erfahrungsgemäß hässliche Streitigkeiten, insbesondere hinsichtlich Verfallbarkeit und ratierlicher Kürzung.

5 ➲ **Wichtig:** Fehlt eine solche Klausel, kann die ausgeschiedene Führungskraft ungehindert **doppelt verdienen**. Da dies nicht der Sinn eines Übergangsgeldes ist, sollte eine Anrechnung unbedingt vorgesehen werden. Fehlt sie, kommt eine Anrechenbarkeit anderweitiger Bezüge nach den Grundsätzen von Treu und Glauben etc. nicht in Betracht. Es ist Sache des Unternehmens, Versorgungszusagen eindeutig zu formulieren. Eine andere Variante ist, das Übergangsgeld nur für eine gewisse Zeit (ein oder zwei Jahre nach Dienstende) vorzusehen oder zu regeln, dass der Anspruch auf Übergangsgeld bei Antritt einer neuen Stelle entfällt.

aufgelöst worden, so darf der Barwert der Witwenpension nicht höher sein als der Barwert für die frühere Ehefrau gewesen wäre; gegebenenfalls wird die Witwenpension entsprechend gekürzt.

2.6.3 *Die Zahlung der Pension beginnt in dem Monat, der dem Sterbemonat folgt.*

2.6.4 *Bei einer Wiederverheiratung entfällt die Witwenpension ab dem darauf folgenden Monat.*

2.7 **Waisengeld**

2.7.1 *Nach Ihrem Ableben während der aktiven Dienstzeit oder nach Ihrer Pensionierung wird an jedes unterhaltsberechtigte eheliche oder adoptierte Kind ein monatliches Waisengeld gezahlt.*

2.7.2 *Das Waisengeld beträgt für jede Halbwaise monatlich Euro 350,–, jedoch insgesamt monatlich höchstens Euro 1 400,–. Für Vollwaisen verdoppeln sich diese Beträge. Ist an mehr als vier Waisen Waisengeld zu zahlen, so wird der jeweilige Höchstbetrag zu gleichen Bruchteilen auf die Waisen verteilt.*

2.7.3 *Die Zahlung des Waisengeldes wird eingestellt bei Tod der Waise, mit Eintritt der Waise in das Berufsleben, spätestens jedoch mit der Vollendung des 18. Lebensjahres; im Falle einer länger andauernden Schul- oder Berufsausbildung mit deren Beendigung, spätestens jedoch mit Vollendung des 25. Lebensjahres.*

Bei Halbwaisen wird das Waisengeld bei Wiederverheiratung der Mutter weitergezahlt.

2.7.4 *Die Zahlung des Waisengeldes beginnt bei Ihrem Ableben während der aktiven Dienstzeit ab dem der letzten Gehaltszahlung folgenden Monat; bei Ableben nach der Pensionierung ab dem Monat, der dem Sterbemonat folgt.*

3. **Rückdeckungsversicherung**[6]

Zur Rückdeckung der Versorgungsleistung aus dieser Zusage sind wir berechtigt, eine Lebensversicherung auf Ihr Leben abzuschließen. Sämtliche Rechte und Ansprüche aus diesem Versicherungsvertrag stehen ausschließlich uns zu.

4. **Abtretung**

Die Abtretung von Anwartschaftsrechten sowie von Zahlungsansprüchen aus dem vorliegenden Vertrag ist ausgeschlossen.

---

6 **Rückdeckungsversicherungen** werden häufig zur Re-Finanzierung abgeschlossen. Sie haben mit betrieblicher Altersversorgung im Sinne des BetrAVG nichts zu tun. Sofern Versorgungsansprüche nicht gesetzlich insolvenzgesichert sind (§ 7 BetrAVG), kann ein vertraglicher Insolvenzschutz durch die Verpfändung einer Rückdeckungsversicherung erreicht werden (s. **M 18.9**). Die Zustimmung des Mitarbeiters zum Abschluss der Rückdeckungsversicherung ist wegen § 159 Abs. 2 VVG erforderlich.
➲ **Wichtig:** In Aufhebungsverträgen mit Führungskräften wird nicht selten vereinbart, dass das Unternehmen den Mitarbeitern die **Rechte aus der Rückdeckungsversicherung abtritt** und im Gegenzug sämtliche Ansprüche aus der Versorgungszusage erledigt sein sollen. Vor dieser auf den ersten Blick bestechend einfach erscheinenden Lösung kann nur gewarnt werden, da sich schwierige versicherungsmathematische, versicherungsrechtliche und steuerrechtliche Probleme stellen (insbesondere ist der volle Versicherungswert auf einen Schlag einkommensteuerpflichtig).

5. Auszahlung

Die Auszahlung von Versorgungsleistungen erfolgt durch bargeldlose Überweisung am Ende jedes Monats.

6. Versteuerung

Sämtliche Versorgungsleistungen sind Brutto-Beträge, die nach Abzug gesetzlicher Steuern und Abgaben als Netto-Bezüge ausgezahlt werden.

7. Erklärungen und Nachweise

Jeder Empfänger von Versorgungsleistungen aus dem vorliegenden Vertrag ist verpflichtet, dem Unternehmen die für die Errechnung und Auszahlung erforderlichen Erklärungen abzugeben und Nachweise vorzulegen. Wesentliche Änderungen des Personenstandes sind unaufgefordert mitzuteilen.

8. Vorbehalte[7]

Das Unternehmen behält sich vor, die zugesagten Leistungen zu kürzen oder einzustellen, wenn Sie Handlungen begehen, die in grober Weise gegen Treu und Glauben verstoßen oder zu einer fristlosen Entlassung berechtigen würden.

9. Vertragliche Unverfallbarkeit[8]

Besteht das Dienstverhältnis 3 Jahre, so tritt vertragliche Unverfallbarkeit des Pensionsanspruchs ein.

...

(Ort, Datum)

---

[7] Dieser Vorbehalt ist rein **deklaratorisch**. Nach der Rechtsprechung ist selbst bei Fehlen eines solchen Vorbehalts der Anspruch auf betriebliche Altersversorgung nach Treu und Glauben verwirkt, wenn der Versorgungsberechtigte das Unternehmen schwer geschädigt hat oder arglistig den Ablauf der Unverfallbarkeitsfristen erreicht hat. Die Einzelheiten sind höchst streitig (ausführlich dazu: *Höfer*, BetrAVG, ART Rz. 435 ff.). Es ist nicht möglich, durch entsprechende Vertragsklauseln das Widerrufsrecht des Unternehmens zu erweitern und insbesondere auf weniger gravierende Pflichtverletzungen des Mitarbeiters zu erstrecken.

[8] ⊃ **Wichtig:** Ebenso wie die ratierliche Kürzung (s. Fn. 2) sollte die Frage der **Verfallbarkeit/ Unverfallbarkeit** in Versorgungszusagen mit Führungskräften immer ausdrücklich geregelt werden, um Streitigkeiten zu vermeiden. Enthält die Versorgungszusage keine ausdrückliche Regelung, ist im Zweifel von der Geltung der gesetzlichen Unverfallbarkeitsbestimmungen (§ 1b BetrAVG) auszugehen. Allerdings kann je nach Formulierung der Zusage auch ein Verzicht auf die Erfüllung der Unverfallbarkeitsfristen anzunehmen sein (LAG Hessen v. 21. 8. 1996, NZA-RR 1997, 218).

Betriebliche Versorgungsordnung (Gesamtzusage)[1, 2]

§ 1

(1) Angehörige unseres Unternehmens, die nach dem 20. Lebensjahr der Belegschaft 5 Jahre angehören (Wartezeit) und die das 30. Lebensjahr vollendet haben, erhalten eine zusätzliche Alters-, Invaliden- und Witwenversorgung nach Maßgabe dieser Versorgungsordnung. Dadurch sollen unsere Mitarbeiter über die Leistungen der sozialen Rentenversicherung hinaus bei Invalidität und im Alter nach Möglichkeit vor wirtschaftlicher Sorge geschützt werden.

(2) Es bleibt in das Ermessen der Geschäftsleitung gestellt, ob im Einzelfall von der Bestimmung des Abs. 1 zugunsten eines Betriebsangehörigen abgewichen wird.

(3) Jeweils im Monat Dezember eines Geschäftsjahres wird die Geschäftsleitung denjenigen Betriebszugehörigen, die die 5-jährige Wartezeit erfüllt haben, eine entsprechende Mitteilung machen.

§ 2

Die Versorgungsleistungen bestehen:

(1) In der Gewährung eines Altersruhegeldes – das Ruhegeld wird den Berechtigten in der Regel nach Vollendung des 65. Lebensjahres auf Lebenszeit gewährt. Nimmt der Arbeitnehmer, nachdem er die Voraussetzungen dieser Versorgungsordnung erfüllt hat, das vorgezogene Altersruhegeld aus der gesetzlichen Rentenversicherung in Anspruch, so kann er zum gleichen Zeitpunkt auch die betriebliche Versorgungsleistung verlangen. In diesem Fall kürzen sich die Leistungen um 0,5% für jeden Monat des vorzeitigen Ausscheidens.

*(2) In der Gewährung einer **Invalidenrente** – die Invalidenrente wird gewährt, wenn der Berechtigte im Dienste des Unternehmens nach den Bestimmungen der gesetzlichen Rentenversicherung vorzeitig berufs- oder erwerbsunfähig wird.*

*(3) In der Gewährung einer **Witwenrente/Witwerrente**[3] in Höhe von 50% des Ruhegeldes – die Witwenrente/Witwerrente wird erstmals für denjenigen Monat gezahlt, der auf das Ableben des Mannes/der Frau als aktives Betriebsmitglied oder im Ruhestand folgt, letztmals für denjenigen Monat, in dem die Witwe/der Witwer stirbt oder wieder heiratet.*

---

1 Vergleiche auch die Anmerkungen zu **M 18.1**.
2 Besteht ein **Betriebsrat**, bedarf die Einführung einer Versorgungsordnung seiner Zustimmung (§ 87 Abs. 1 Nr. 10 BetrVG). Die Zustimmung kann notfalls über die Einigungsstelle erzwungen werden (§ 87 Abs. 2 iVm. § 76 BetrVG).
3 Gegen Art. 3 Abs. 2 GG, Art. 141 EG verstoßen Versorgungsregelungen, die zwischen Männern und Frauen in ihren Anspruchsvoraussetzungen unterscheiden, etwa hinsichtlich des Eintrittsalters, anrechnungsfähiger Dienstzeiten, unterschiedlicher Wartezeiten oder unterschiedlicher fester **Altersgrenzen**. Hierzu gehören auch Hinterbliebenenversorgungsbestimmungen, die nur eine **Witwen-**, nicht jedoch eine **Witwerrente** vorsehen (BAG v. 5. 9. 1989, AP Nr. 8 zu § 1 BetrAVG – Hinterbliebenenversorgung).

Ein Anspruch auf Witwenrente/Witwerrente besteht nicht

a) wenn die Ehe zum Zeitpunkt der Versetzung des Betriebsangehörigen in den Ruhestand oder bei Versterben im aktiven Dienst zum Todeszeitpunkt nicht mindestens zwei Jahre bestanden hat,

b) wenn die Ehe erst nach Vollendung des 60. Lebensjahres des Ehemannes/der Ehefrau oder erst nach Eintritt des Versorgungsfalles geschlossen wurde.

§ 3

(1) Als Richtsätze für die Bemessung des Ruhegeldes gelten folgende Monatsgrundbeträge:

Ganztagsbeschäftigte Euro

für[4] Arbeiter und Angestellte allgemein 50
   Meister 75
   Handlungsbevollmächtigte 125

Teilzeitbeschäftigte *erhalten den entsprechenden Anteil des Grundbetrages.*[5]

(2) Zu diesem Grundbetrag kommt ein monatlicher Steigerungsbetrag von 5% des Grundbetrages für jedes nach der Wartezeit zurückgelegte weitere anrechnungsfähige Dienstjahr.

(3) Auf die Bestimmung des § 1 Abs. 2 wird verwiesen.

§ 4

(1) Das Ruhegeld wird als Alters- oder Invalidenrente erst von demjenigen Zeitpunkt an gezahlt, an dem der/die Berechtigte infolge Alters oder Berufsunfähigkeit aus den Diensten der Firma ausscheidet.

Scheidet ein Betriebsangehöriger wegen Invalidität aus, so ist der Nachweis zu erbringen durch Vorlage des Rentenbescheids der zuständigen Sozialversicherung, bei nichtversicherungspflichtigen Berechtigten durch ein amtsärztliches Zeugnis.

(2) Ruhegeld wird nicht gewährt, wenn die Erwerbs- oder Berufsunfähigkeit vorsätzlich herbeigeführt wurde.

(3) Der Empfänger einer Versorgungsleistung ist verpflichtet, der Firma von jeder Änderung der Invaliditätsfeststellung durch den Träger der Sozialversicherung umgehend und unaufgefordert Kenntnis zu geben. Die Firma kann die Vorlage eines amtsärztlichen Zeugnisses verlangen. Versorgungsleistungen, die unberechtigt bezogen worden sind, müssen zurückgezahlt werden.

---

4 Der **Gleichbehandlungsgrundsatz** beinhaltet nur das Verbot, Arbeitnehmer willkürlich zu benachteiligen. Sachlich gerechtfertigte Differenzierungen verletzen den Gleichbehandlungsgrundsatz nicht. Möglich ist die Gewährung einer betrieblichen Altersversorgung nur für einen beschränkten Personenkreis, der sich nach abstrakten Kriterien abgrenzen lässt, etwa für Arbeitnehmer in gehobenen Positionen, die der Arbeitgeber wegen ihrer Bedeutung für das Unternehmen in besonderem Maße entlohnen und an das Unternehmen binden will (BAG v. 12. 6. 1990, NZA 1990, 973).

5 Der allgemeine Ausschluss **Teilzeitbeschäftigter** von den Versorgungsleistungen ist idR wegen Verstoßes gegen den Gleichbehandlungsgrundsatz unzulässig, insbesondere wenn dadurch überwiegend weibliche Arbeitnehmer benachteiligt werden (BAG v. 6. 4. 1982, NJW 1982, 2013; v. 14. 3. 1989, NZA 1990, 25; v. 23. 1. 1990, NZA 1990, 778; vgl. § 4 TzBfG).

§ 5

(1) Die Versorgungsleistungen werden in monatlichen Raten vorschüssig gezahlt.

(2) Auf die Versorgungsleistungen werden andere Renten, die der Berechtigte bezieht, nicht angerechnet.

(3) Die Versorgungsleistungen gemäß dieser Versorgungsordnung können von dem Bezugsberechtigten weder verpfändet noch abgetreten werden. Derartige Abmachungen sind der Firma gegenüber nichtig. Im Falle der Pfändung erlöschen die Versorgungsansprüche in Höhe des gepfändeten Betrages für den von der Pfändung betroffenen Zeitraum. Dies gilt nicht bei Pfändungen wegen Unterhaltsansprüchen, die Verwandten, früheren Ehegatten oder nichtehelichen Kindern kraft Gesetzes gegen den Berechtigten zustehen.

(4) Versorgungsleistungen werden nicht gezahlt und die Zahlung bereits laufender Renten wird eingestellt, wenn der Bezieher ein Verhalten zeigt, das zur fristlosen Kündigung[6] des Arbeitsverhältnisses berechtigt hätte.

§ 6

(1) Die Firma behält sich vor, diese Versorgungsordnung jederzeit zu ändern oder einzuschränken, sofern sachliche Gründe dafür vorliegen. Insbesondere steht diese Versorgungsordnung unter Vorbehalt der nachträglichen Änderung oder Einschränkung durch eine Betriebsvereinbarung.[7]

(2) Die Firma behält sich insbesondere vor, die Leistungen zu kürzen oder einzustellen, wenn die bei Erteilung der Versorgungszusage maßgeblichen Verhältnisse sich nachhaltig so wesentlich verschlechtert haben, dass der Firma die Aufrechterhaltung der zugesagten Leistungen auch unter objektiver Beachtung der Belange der Versorgungsberechtigten nicht mehr zumutbar ist.[8]

---

6 Nach Auffassung des BAG (v. 3. 4. 1990, NZA 1990, 808 und v. 8. 5. 1990, BB 1990, 1910; vgl. auch BGH v. 19. 12. 1983, AG 1984, 150 und v. 18. 12. 1980, BB 1981, 1971) ist der **Widerruf** nur zulässig, wenn die Treupflichtverletzung so schwer wiegt, dass sich die erbrachte Betriebszugehörigkeit im Nachhinein als wertlos herausstellt. Ein Arbeitnehmer handelt aber arglistig, wenn er sich auf die Unverfallbarkeit seiner Versorgungsanwartschaft beruft, obwohl er die erforderliche Betriebszugehörigkeitsdauer nur durch das Vertuschen schwerer Verfehlungen erreichen konnte; in einem solchen Fall kann der Arbeitgeber die Versorgungszusage widerrufen, sobald die Verfehlungen zu seiner Gewissheit festgestellt sind (BAG v. 8. 2. 1983, BB 1983, 1100). Kommt ein Widerruf wegen grober Treuwidrigkeit trotz der sehr restriktiven Rechtsprechung ausnahmsweise in Betracht, so wird er im Allgemeinen nur unverzüglich nach Bekanntwerden der Widerrufsgründe ausgeübt werden können (*Schaub*, ArbR-Hdb., § 81 Rz. 330). In entsprechender Anwendung von § 626 Abs. 2 BGB sollte der Widerruf innerhalb von zwei Wochen erfolgen.

7 ➔ **Wichtig:** Durch diese Klausel wird erreicht, dass die Versorgungsordnung „betriebsvereinbarungsoffen" ist, also durch eine nachfolgende Betriebsvereinbarung eingeschränkt werden kann. Fehlt ein entsprechender Vorbehalt und ist eine als Gesamtzusage wirkende Versorgungsordnung deshalb nicht „betriebsvereinbarungsoffen", so kann die Versorgungsordnung durch eine nachfolgende Betriebsvereinbarung nur in den Grenzen des „kollektiven Günstigkeitsprinzips" modifiziert werden; die neue Versorgungsregelung darf insgesamt nicht finanziell geringer dotiert sein als die alte (Großer Senat des BAG v. 16. 9. 1986, AP Nr. 17 zu § 77 BetrAVG = NZA 1987, 168 = BAGE 53, 42, 76).

8 Dieser allgemeine Vorbehalt, die zugesagten Leistungen zu kürzen oder einzustellen, wenn die wirtschaftliche Lage des Unternehmens sich nachhaltig so wesentlich verschlechtert, dass dem Unternehmen eine Aufrechterhaltung der zugesagten Leistungen nicht mehr zugemutet

§ 7

Jeder Betriebsangehörige, dem die in § 1 Abs. 3 vorgesehene Mitteilung zugeht, hat durch Unterschrift sein Einverständnis mit der Versorgungsordnung zu erklären.

§ 8

Diese Versorgungsordnung tritt am . . . in Kraft. Sie gilt nur für diejenigen Arbeitnehmer, die nach diesem Zeitpunkt in das Unternehmen eintreten. Für diejenigen Betriebsangehörigen, die vor dem . . . eingetreten sind, gilt die Pensionsordnung vom . . . weiter.

Im Übrigen gelten die Bestimmungen des Gesetzes zur Verbesserung der betrieblichen Altersversorgung. Die Firma ist vor allem verpflichtet, die Versorgungsansprüche beim Pensions-Sicherungs-Verein gegen Fälle der Insolvenz der Firma abzusichern.

werden kann, enthält nur den Hinweis auf Kürzungs- oder Widerrufsmöglichkeiten wegen **Wegfalls der Geschäftsgrundlage** (BAG v. 22. 4. 1988, DB 1988, 2311). Der Widerruf zur Durchsetzung einer neuen Leistungsordnung ist im Übrigen nur wirksam, wenn der Arbeitgeber zuvor das Mitbestimmungsrecht des Betriebsrats nach § 87 Abs. 1 Nr. 10 BetrVG beachtet hat (BAG v. 22. 4. 1988, DB 1988, 2311).

18.3 Satzung einer Unterstützungskasse in der Rechtsform eines e. V.[1]

Satzung
der X-Hilfe e. V. in . . .

I. Name, Sitz und Zweck des Vereins

§ 1 Name, Sitz, Eintragung

Der Verein führt den Namen

„X-Hilfe eingetragener Verein".

---

[1] Die **Mitbestimmungsrechte des Betriebsrats** bei der betrieblichen Altersversorgung (umfassend *Höfer*, BetrAVG, ART Rz. 749 ff.) können bei Unterstützungskassen auf zwei verschiedene Arten gewahrt werden. Bei der so genannten „**zweistufigen**" Lösung muss der Arbeitgeber zunächst mit dem Betriebsrat Einigkeit über alle mitbestimmungspflichtigen Fragen erzielen. Ist die Einigung erzielt, hat der Arbeitgeber sodann mit Hilfe seines Einflusses auf die Organe der Unterstützungskasse dafür zu sorgen, dass die Unterstützungskasse die mit dem Betriebsrat vereinbarte Regelung übernimmt. Bei der zweistufigen Lösung wird der Arbeitgeber deshalb die Satzung der Unterstützungskasse so ausgestalten, dass er dort problemlos seinen (bzw. den vorab mit dem Betriebsrat abgestimmten) Willen durchsetzen kann. Dies geschieht beispielsweise durch ein Alleinentscheidungsrecht des Vorstands der Kasse, der wiederum allein von der Geschäftsleitung des Trägerunternehmens bestimmt wird.
Praktikabler als die zweistufige Lösung ist dagegen die **einstufige** Lösung (ausführlich dazu BAG v. 13. 7. 1978, AP Nr. 5 zu § 87 BetrVG – Altersversorgung). Bei der einstufigen Lösung wird das Mitbestimmungsrecht des Betriebsrats dadurch erreicht, dass diesem ein paritätischer Einfluss in den Organen der Unterstützungskasse eingeräumt wird. Die Mitbestimmung wird dann unmittelbar dadurch verwirklicht, dass sich die vom Betriebsrat bestimmten oder

Der Verein hat seinen Sitz in … und ist in das Vereinsregister des Amtsgerichts … eingetragen.

§ 2 Vereinszweck

Der Verein ist eine soziale Einrichtung der X und Söhne GmbH mit Sitz in … (Trägerunternehmen). Er hat den ausschließlichen Zweck, den nach Abs. 2 Begünstigten in Fällen der Not, des Alters, der Erwerbsunfähigkeit oder des Todes einmalige, wiederholte oder laufende Unterstützungen zu gewähren, und zwar ohne Rücksicht darauf, ob diese Personen Vereinsmitglieder sind oder nicht.

Als Begünstigte kommen in Betracht:

1. Betriebsangehörige des Trägerunternehmens,
2. frühere Betriebsangehörige,
3. Angehörige der in Nr. 1 und 2 genannten Personenkreise.

Begünstigt nach Nr. 1 und 2 sind in allen Fällen jedoch nur diejenigen Betriebsangehörigen, die bis spätestens … in die Dienste des Trägerunternehmens eingetreten sind. Nach dem … neu eintretende Betriebsangehörige sind nicht mehr begünstigt.

II. Mitgliedschaft

§ 3 Kreis der Mitglieder

Dem Verein können als Mitglieder angehören,

a) das Trägerunternehmen,

b) Betriebsangehörige des Trägerunternehmens, die seit mindestens 10 Jahren ununterbrochen im Dienst des Trägerunternehmens stehen.

Die Mehrzahl aller Vereinsmitglieder muss aus dem Kreis der Betriebsangehörigen stammen. Die Zahl der Vereinsmitglieder soll 10 nicht übersteigen.[2]

§ 4 Erwerb der Mitgliedschaft

Die Aufnahme von Vereinsmitgliedern erfolgt durch den Vorstand im Einvernehmen mit dem Ausschuss aufgrund eines schriftlichen Antrages.

§ 5 Beitragspflicht

Die Vereinsmitglieder haben keine Beiträge zu entrichten.

§ 6 Verlust der Mitgliedschaft

Die Mitgliedschaft erlischt durch

a) Tod des Vereinsmitglieds;

---

entsandten Vertreter in den Kassengremien mit den übrigen Gremienvertretern einigen müssen (notfalls entscheidet die Einigungsstelle). Das vorliegende Muster ist nach der einstufigen Lösung strukturiert. Der Ausschuss wird allein vom Betriebsrat besetzt, und ohne Zustimmung des Ausschusses können die Leistungsrichtlinien nicht festgelegt oder geändert werden.

2 Es ist weder erforderlich noch sinnvoll, dass alle rentenberechtigten Mitarbeiter Vereinsmitglied werden.

b) *Austritt aus dem Verein.* Der Austritt ist jederzeit zulässig; er ist schriftlich gegenüber dem Verein zu erklären;

c) *Ausscheiden aus dem in § 3 Abs. 1 lit. b bestimmten Personenkreis;*

d) *Ausschluss aus dem Verein.*

Der Ausschluss ist nur bei Vorliegen eines wichtigen Grundes zulässig. Als wichtiger Grund gilt insbesondere ein grober Verstoß gegen die Interessen oder die Betriebsordnung des Trägerunternehmens, Erstattung unrichtiger Angaben zur Erlangung einer Unterstützung, missbräuchliche Verwendung einer Unterstützung.

III. Vereinsorgane

§ 7 Organe

Vereinsorgane sind:

a) *der Vorstand,*

b) *der Ausschuss,*

c) *die Mitgliederversammlung.*

1. Vorstand

§ 8 Zusammensetzung, Bestellung und Beendigung des Amts des Vorstands

Der Vorstand besteht aus zwei Personen, die von der Geschäftsleitung des Trägerunternehmens bestellt und abberufen werden.

Außer durch Abberufung endet das Amt eines Vorstandsmitglieds durch Tod, durch Amtsniederlegung, die jederzeit zulässig ist, sowie durch Ausscheiden aus den Diensten des Trägerunternehmens.

§ 9 Aufgaben des Vorstands

Der Vorstand führt die Geschäfte des Vereins. Er verwaltet das Vereinsvermögen und verwendet es entsprechend dem Vereinszweck. Er beschließt in allen Fällen, in denen die Mitgliederversammlung nicht ausdrücklich zur Entscheidung berufen ist, insbesondere über die Gewährung und Festsetzung der Höhe einer Zuwendung. Er hat seine Entscheidungen schriftlich niederzulegen und zu unterzeichnen.

Zu Entscheidungen über die Aufnahme und den Ausschluss von Vereinsmitgliedern sowie zu allen Maßnahmen, die die Verwaltung des Vereins, insbesondere die Anlage des Vereinsvermögens und die Gewährung von Unterstützungen betreffen, bedarf er der Zustimmung des Ausschusses.

Der Vorstand übt seine Tätigkeit ehrenamtlich aus.

§ 10 Vertretung des Vereins

Der Vorstand vertritt den Verein gerichtlich und außergerichtlich, und zwar ist jedes Vorstandsmitglied zur alleinigen Vertretung des Vereins berechtigt.

2. Ausschuss

§ 11 Zusammensetzung des Ausschusses, Bestellung und Beendigung des Amts der Ausschussmitglieder

Der Ausschuss besteht aus drei Mitgliedern des Betriebsrates des Trägerunternehmens, die vom Betriebsrat bestellt und abberufen werden.

Außer durch Abberufung endet das Amt eines Ausschussmitgliedes durch Amtsniederlegung, die jederzeit zulässig ist, sowie durch Ausscheiden aus dem Betriebsrat des Trägerunternehmens.

Die Ausschussmitglieder brauchen nicht zugleich Vereinsmitglieder zu sein.

§ 12 Aufgaben des Ausschusses

Der Ausschuss hat die Aufgabe, den Vorstand zu unterstützen und bei allen Maßnahmen des Vorstandes, die die Verwaltung des Vereins sowie die Aufnahme und den Ausschluss von Vereinsmitgliedern betreffen, mitzubestimmen. Zur Vertretung des Vereins ist der Ausschuss nicht berechtigt.

Der Ausschuss beschließt mit einfacher Stimmenmehrheit. Die Beschlüsse sind schriftlich niederzulegen und von den Ausschussmitgliedern zu unterzeichnen.

Die Ausschussmitglieder üben ihre Tätigkeit ehrenamtlich aus.

3. Mitgliederversammlung

§ 13 Aufgaben der Mitgliederversammlung

Der Mitgliederversammlung sind vorbehalten

a) Satzungsänderungen

b) Entlastung des Vorstandes und des Ausschusses

c) Auflösung des Vereins.

§ 14 Einberufung

Mitgliederversammlungen sind einzuberufen

a) alljährlich innerhalb der ersten sechs Monate des Geschäftsjahres zur Entgegennahme von Erklärungen des Vorstands und des Ausschusses, insbesondere des Jahresberichts und der Jahresabrechnung sowie zur Beschlussfassung über die Entlastung des Vorstands und des Ausschusses;

b) wenn das Interesse des Vereins es erfordert;

c) wenn der Ausschuss oder mindestens 40% der Vereinsmitglieder die Einberufung unter Angabe des Zwecks beantragt.

Die Einberufung der Mitgliederversammlung erfolgt durch ein Vorstandsmitglied.

§ 15 Vorsitz und Beschlussfassung

Den Vorsitz in der Mitgliederversammlung führt ein Vorstandsmitglied.

Die Beschlüsse bedürfen grundsätzlich der einfachen Mehrheit der abgegebenen Stimmen. Beschlüsse über Satzungsänderungen und Änderungen des Vereinszwecks bedürfen einer Mehrheit von ³/₄ der erschienenen Mitglieder und werden nur wirksam, wenn vom zuständigen Finanzamt bestätigt wird, dass durch diese Beschlüsse die Steuerbefreiung des Vereins nicht berührt wird. Beschlüsse über die Auflösung des Vereins bedürfen der Mehrheit von ³/₄ der erschienenen Mitglieder und außerdem der Zustimmung des Trägerunternehmens.

Die Beschlüsse sind schriftlich niederzulegen und von dem Vorsitzenden zu unterzeichnen.

IV. Vereinsvermögen und Leistungen des Vereins

§ 16 Vereinsvermögen[3]

Die zur Erfüllung des Vereinszwecks notwendigen Mittel werden ausschließlich aus freiwilligen Zuwendungen des Trägerunternehmens und den Erträgnissen dieser Zuwendungen aufgebracht. Die Betriebsangehörigen des Trägerunternehmens dürfen zu Leistungen irgendwelcher Art nicht herangezogen werden.

Das Vereinsvermögen und die Einkünfte hieraus dürfen nur für die satzungsmäßigen Zwecke des Vereins verwendet werden. Auf Verlangen des Trägerunternehmens hat jedoch der Verein vom Wert des Vereinsvermögens den Teilbetrag an das Trägerunternehmen abzuführen, mit dem der Verein im laufenden Geschäftsjahr steuerpflichtig ist oder würde.

Das Vereinsvermögen ist nach Maßgabe der für steuerbegünstigte Unterstützungseinrichtungen geltenden Vorschriften anzulegen. Soweit es hiernach zulässig ist, ist das Vereinsvermögen in erster Linie dem Trägerunternehmen als Darlehen zur Verfügung zu stellen.

§ 17 Leistungen des Vereins

Der Verein kann folgende Leistungen gewähren

a) einmalige oder wiederholte Unterstützungen an Betriebsangehörige, wenn der Betriebsangehörige durch Erkrankung, Betriebsunfall, Arbeitslosigkeit, Geburts-, Krankheits- oder Sterbefälle in seiner Familie in unverschuldete Not geraten ist;

b) ein einmaliges Sterbegeld an die Angehörigen eines verstorbenen Betriebsangehörigen;

---

3 Die **finanzielle Ausstattung** der Unterstützungskasse erfolgt überwiegend durch Zuwendungen des Trägerunternehmens, durch Vermögenserträge und gegebenenfalls auch durch Leistungen Dritter (*Blomeyer/Otto*, Einl. Rz. 120 und *Höfer*, BetrAVG, ART Rz. 170). Reichen die Mittel der Unterstützungskasse nicht aus, um die laufenden Zuwendungen an die Begünstigten zu erbringen, so **haftet das Trägerunternehmen** den Begünstigten unmittelbar (*Höfer*, BetrAVG, ART Rz. 75; *Blomeyer/Otto*, Einl. Rz. 120, 925 und 917 mwN). Wird das **Trägerunternehmen zahlungsunfähig** und liegen die Voraussetzungen des § 7 Abs. 1 BetrAVG vor, hat zunächst die Unterstützungskasse, soweit diese noch Vermögen hat, die ihr aus dem Rechtsverhältnis zu den Arbeitnehmern obliegenden Verpflichtungen zu erfüllen. Hat die Unterstützungskasse infolge der Zahlungsunfähigkeit des Trägerunternehmens auch kein Vermögen mehr, greift unter den Voraussetzungen des § 7 BetrAVG der Insolvenzschutz ein. Bei Eintreten des Versicherungsfalls gehen das Vermögen der Unterstützungskasse und die Forderungen der Arbeitnehmer gegen den Arbeitgeber nach § 9 Abs. 2 BetrAVG auf den Pensions-Sicherungs-Verein über (*Blomeyer/Otto*, Einl. Rz. 983).

c) Altersrente nach dem Ausscheiden aus den Diensten des Trägerunternehmens nach Vollendung des 65. Lebensjahres oder Erwerbsunfähigkeitsrente im Falle dauernder, nach den Grundsätzen der Sozialversicherung festzustellender Erwerbsunfähigkeit. Voraussetzung der Gewährung einer Rente ist eine Betriebszugehörigkeit von:

aa) 15 Jahren im Fall des Eintritts in das Trägerunternehmen nach dem . . .;

bb) 10 Jahren im Fall des Eintritts in das Trägerunternehmen bis einschließlich . . .;

d) Witwenrente, wenn der verstorbene Betriebsangehörige zurzeit seines Todes Alters- oder Erwerbsunfähigkeitsrente bezog oder die Voraussetzungen hierfür erfüllt hätte;

e) Waisenrente an eheliche oder an Kindes statt angenommene Kinder eines verstorbenen Betriebsangehörigen, der zurzeit seines Todes Alters- oder Erwerbsunfähigkeitsrente bezog oder die Voraussetzungen hierfür erfüllt hätte. Begünstigt sind ausschließlich die in § 2 genannten Personen.

Voraussetzung für die Gewährung von Leistungen ist, dass die Betriebsangehörigen, die früheren Betriebsangehörigen oder deren Angehörige begünstigt iSd. § 2 Abs. 2 sind.

Die durch die Körperschaftsteuer-Durchführungsverordnung oder die sonstigen einschlägigen steuerlichen Bestimmungen gezogenen Grenzen hinsichtlich der Höhe der Leistungen dürfen nicht überschritten werden.

Die Mehrzahl der Leistungsempfänger darf sich nicht aus den Gesellschaftern des Trägerunternehmens sowie deren Angehörigen zusammensetzen.

Die Entscheidung über die Gewährung und die Höhe einer Zuwendung trifft der Vorstand im Einvernehmen mit dem Ausschuss nach billigem Ermessen. Vorstand und Ausschuss können Richtlinien aufstellen. Der Vorstand kann im Einzelfall, wenn besondere Umstände vorliegen, von den Richtlinien abweichen (insbesondere bei der Dienstzeitanrechnung) und wiederkehrende Leistungen erhöhen, herabsetzen oder einstellen. Eine Herabsetzung oder Einstellung der Leistungen kommt insbesondere im Fall einer wirtschaftlichen Notlage des Trägerunternehmens in Betracht. Das Trägerunternehmen kann die Richtlinien unter Einhaltung einer Kündigungsfrist von drei Monaten auf das Ende eines jeden Geschäftsjahres des Vereins kündigen.

§ 18 Ausschluss und Kürzung von Leistungen

Leistungen werden nicht, nicht mehr oder nur noch teilweise gewährt, wenn der Begünstigte gegen die Interessen des Trägerunternehmens oder des Vereins handelt. Dies gilt zB auch im Falle vorsätzlicher Herbeiführung der Erwerbsunfähigkeit.

§ 19 Ausschluss des Rechtsanspruchs

Die Leistungsempfänger haben keinen Rechtsanspruch auf Leistungen des Vereins. Auch durch wiederholte oder regelmäßige Zahlungen von Unterstützungen wird kein Rechtsanspruch begründet. Alle Zahlungen erfolgen freiwillig und mit der Möglichkeit jederzeitigen Widerrufs.

Jeder Leistungsempfänger von einmaligen Zuwendungen hat bei der Entgegennahme des Betrags, jeder Leistungsempfänger von laufenden Leistungen hat bei der erstmaligen Auszahlung folgende Erklärung zu unterschreiben:

„Es ist mir bekannt, dass alle Leistungen aus der X-Hilfe e. V. in ... freiwillig gewährt werden und dass mir auch durch wiederholte oder regelmäßig wiederkehrende Leistungen weder ein Anspruch gegen die X-Hilfe e. V. noch gegen die X und Söhne GmbH in ... erwächst. Mit dieser Regelung bin ich einverstanden.

Ort, Datum   Unterschrift"

V. Geschäftsjahr und Rechnungslegung

§ 20   Geschäftsjahr

Das Geschäftsjahr des Vereins ist das jeweilige Geschäftsjahr des Trägerunternehmens.

§ 21   Rechnungslegung

Der Vorstand hat für jedes abgelaufene Geschäftsjahr eine Rechnungslegung zu erstellen und diese mit dem Geschäftsbericht dem Ausschuss und der Mitgliederversammlung vorzulegen.

VI. Vermögensanfall und Liquidation im Falle der Auflösung des Vereins

§ 22   Vermögensanfall

Im Falle der Auflösung des Vereins oder der Entziehung der Rechtsfähigkeit verfällt das Vereinsvermögen an die Leistungsempfänger.

Leistungsempfänger iSd. Abs. 1 sind

a) Betriebsangehörige, bei denen im Zeitpunkt der Auflösung oder der Entziehung der Rechtsfähigkeit die Voraussetzungen für die Gewährung einmaliger oder laufender Unterstützungen erfüllt sind,

b) frühere Betriebsangehörige oder deren Hinterbliebene, die im maßgeblichen Zeitpunkt laufende Unterstützungen beziehen.

Die Verteilung erfolgt durch die Liquidatoren im Einvernehmen mit dem Ausschuss unter Zugrundelegung eines nach sozialen Gesichtspunkten aufzustellenden Verteilungsplans.

§ 23   Liquidation

Die Liquidation erfolgt durch den Vorstand im Einvernehmen mit dem Ausschuss. Die §§ 8 bis 12 gelten während der Liquidation entsprechend.

VII. Sonstiges

§ 24   Öffentliche Bekanntmachungen

Soweit öffentliche Bekanntmachungen zu erfolgen haben, geschehen sie in dem für Veröffentlichungen des zuständigen Registergerichts bestimmten Blatt.

Unverfallbarkeitsbescheinigung nach § 2 Abs. 6 BetrAVG für unmittelbare Versorgungszusage[1, 2]

Sehr geehrte(r) Frau/Herr . . .,

wir bescheinigen Ihnen hiermit gemäß § 2 Abs. 6 des Gesetzes zur Verbesserung der betrieblichen Altersversorgung vom 19. 12. 1974 (BetrAVG), dass Sie aufgrund der Versorgungszusage vom . . . einen unverfallbaren Anspruch erworben haben.

Der Anspruch wird mit Vollendung des 65. Lebensjahres[3] fällig. Seine Höhe bestimmt sich nach § 2 Abs. 1 des Gesetzes. Danach haben Sie einen Anspruch in Höhe des Teils der Leistung, die Sie bekommen würden, wenn Sie bis zur Vollendung des 65. Lebensjahres in unserem Betrieb geblieben wären, der dem Verhältnis der Dauer Ihrer tatsächlichen Betriebszugehörigkeit zu der Dauer Ihrer bis zur Vollendung Ihres 65. Lebensjahres rechnerisch möglichen Betriebszugehörigkeit entspricht.[4]

1. Da Sie bei uns am . . . eingetreten und am . . . ausgeschieden sind und am . . . das 65. Lebensjahr vollenden, entspricht das Verhältnis Ihrer tatsächlichen Betriebszugehörigkeit von . . . Jahren und . . . Monaten (= . . . Monaten) zu Ihrer bis zur Vollendung des 65. Lebensjahres möglichen Betriebszugehörigkeit von . . . Jahren und . . . Monaten (= . . . Monaten) einem Verhältnis von . . . zu . . . = . . . %.

2. Wären Sie bis zur Vollendung Ihres 65. Lebensjahres bei uns geblieben, hätten Sie aufgrund der Versorgungszusage vom . . . einen Anspruch auf Altersruhegeld in Höhe von Euro . . . gehabt. Darauf steht Ihnen ein Teilanspruch, herabgesetzt auf . . . % (nach dem Verhältnis der Betriebszugehörigkeit gem. Nr. 1) zu. Ihr bei Vollendung des 65. Lebensjahres fällig werdender Teilanspruch auf Altersruhegeld beträgt somit . . . % von Euro . . . = Euro . . . .

3. Sollten Sie das vorzeitige Altersruhegeld aus der gesetzlichen Rentenversicherung in Anspruch nehmen und daraufhin nach § 6 des Gesetzes zur Verbesserung der betrieblichen Altersversorgung auch das betriebliche Altersruhegeld vorzeitig beziehen wollen, müsste der Teilanspruch neu berechnet werden, da dann nach § . . . unserer Versorgungszusage Abschläge vorzunehmen sind, die pro Monat . . . % der Leistung betragen.

4. Der Betrag für das Altersruhegeld ist auch Grundlage für nach Vollendung des 65. Lebensjahres fällig werdende Ansprüche auf Hinterbliebenenversorgung.

5. Ihr unverfallbarer Anspruch auf Invaliden- und vorzeitige Hinterbliebenenleistungen nach §§ . . . unserer Versorgungszusage bestimmt sich nach dem grundsätzlich gleichen Rechenverfahren, das für das Altersruhegeld gilt, vorausgesetzt, dass bei Eintritt des Versorgungsfalles die Wartezeit erfüllt ist. Ihr Teilanspruch bzw. der Teilanspruch Ihrer Hinterbliebenen darauf beträgt ebenfalls . . . /. . . . = . . . % der Leistung, die Sie oder Ihre Hinterbliebenen erhalten würden, wenn Sie nicht vor-

---

1 Die Versorgungszusage kann auch im Rahmen einer Versorgungsordnung bzw. Ruhegeld-Betriebsvereinbarung erfolgt sein.
2 Im Muster ist der Rechenweg sehr ausführlich dargestellt. Nach dem Gesetz ist eine derart detaillierte Auskunft nicht erforderlich; es reicht die Mitteilung des Endbetrags der Rente.
3 Sieht die Versorgungszusage eine andere **Altersgrenze** vor, so ist diese einzusetzen.
4 Sog. „**m/n-Verfahren**". Dabei wäre ggf. auch eine andere Altersgrenze zu berücksichtigen.

zeitig ausgeschieden wären. Der gegenwärtig erreichte unverfallbare Anspruch auf eine Invalidenrente beträgt (nach Vollendung der Wartezeit) Euro . . . .

Wir bitten Sie, sich zu gegebener Zeit wegen des Altersruhegeldes an uns zu wenden. Das Gleiche gilt entsprechend für einen etwaigen Anspruch auf Invaliden- und Hinterbliebenenleistungen.

Den Empfang dieser Auskunft bitten wir auf der beigefügten Zweitschrift zu bestätigen. Irrtümer bleiben vorbehalten.[5]

. . .   . . .
Ort/Datum   Unterschrift des Arbeitgebers

Zusatz für Duplikat:

Ich bestätige, diese Auskunft nach § 2 Abs. 6 BetrAVG erhalten zu haben.

. . .   . . .
Ort/Datum   Unterschrift des Arbeitnehmers

---

[5] ➲ **Wichtig:** Die Auskunft dient grundsätzlich nur der **Information** des Mitarbeiters. Mit der Auskunft wird zwischen Arbeitnehmer und Arbeitgeber **kein selbständiges Schuldverhältnis** begründet. Die Auskunft ist nach ständiger Rechtsprechung des BAG auch weder ein abstraktes noch ein deklaratorisches Schuldanerkenntnis (zuletzt BAG v. 9. 12. 1997, DB 1998, 1537). Es schadet aber nichts, dies zur Klarstellung in der Auskunft ausdrücklich zu vermerken. Aus der Unverbindlichkeit der Auskunft ergibt sich im Übrigen, dass es bei Streit über die Höhe der aufrechtzuerhaltenden Anwartschaft keinen Sinn macht, auf Änderung der Auskunft zu klagen (so aber das Muster bei *Schaub*, Beck'sches Prozessformularbuch, 9. Aufl. 2002, IV A 14, S. 1436). Ein Obsiegen im Prozess nützt nämlich dem Arbeitnehmer gar nichts, da die erstrittene geänderte Auskunft nach § 2 Abs. 6 BetrAVG nicht konstitutiv wäre. Abgesehen davon darf nach der neueren Rechtsprechung des BAG (v. 9. 12. 1997, DB 1998, 1537) der Arbeitgeber bei der Auskunft nach § 2 Abs. 6 BetrAVG so lange von den seiner Ansicht nach geltenden Regelungen ausgehen, wie nicht der Inhalt der Versorgungsansprüche durch Einigung der Parteien oder rechtskräftige gerichtliche Entscheidung in der Sache anders festgestellt ist.

18.5 Angebot auf eine Abfindung nach § 3 BetrAVG[1]

Sehr geehrte(r) Frau/Herr . . .,

wie Sie aus unserer Bescheinigung vom . . . nach § 2 Abs. 6 des Gesetzes zur Verbesserung der betrieblichen Altersversorgung vom 19. 12. 1974 (BetrAVG) über die Höhe Ihrer unverfallbaren Ansprüche aus unserer betrieblichen Altersversorgung ersehen, beträgt Ihr unverfallbarer Anspruch auf eine Altersrente, die im Alter . . . einsetzt, Euro . . . .

---

[1] Nach § 3 Abs. 1 Satz 1 BetrAVG kann einem Arbeitnehmer für eine Anwartschaft, die er nach § 1 Abs. 1 bis 3 BetrAVG bei Beendigung des Arbeitsverhältnisses behält, mit seiner Zustimmung eine einmalige Abfindung gewährt werden, wenn die Anwartschaft auf einer Versor-

Der Gesetzgeber hat für kleinere Anwartschaften[2] ausgeschiedener Arbeitnehmer in § 3 des Gesetzes vorgesehen, dass dem ausgeschiedenen Arbeitnehmer mit seiner Zustimmung eine einmalige Abfindung gewährt werden kann. Ihre Anwartschaft liegt unterhalb der maßgeblichen Grenze, so dass die Abfindung zulässig ist.

In Ihrem Fall betrüge die nach § 3 Abs. 2 des Gesetzes versicherungsmathematisch ermittelte Abfindung der unverfallbaren Ansprüche auf Alters-, (Invaliden- und Hinterbliebenen-)leistungen Euro . . . .[3]

Falls Sie die Möglichkeit der Abfindung in Anspruch nehmen wollen, bitten wir, das beigefügte Duplikat innerhalb eines Monats unterschrieben an uns zurückzugeben. Wir werden Ihnen dann den Abfindungsbetrag nach Abzug eventueller Steuern und Abgaben auf das von Ihnen genannte Konto überweisen.

. . .

(Unterschrift der Firma)

Zusatz für Duplikat:

Dem obigen Angebot auf Zahlung einer Abfindung für meine Versorgungsansprüche stimme ich zu/widerspreche ich.[4]

Bitte überweisen Sie mir den mir danach zustehenden Betrag auf mein Konto Nr. . . . bei der . . . .

Mit der Zahlung der nach § 3 Abs. 2 des Gesetzes zur Verbesserung der betrieblichen Altersversorgung (BetrAVG) ordnungsgemäß mit dem Barwert der nach § 2 bemessenen Abfindung der künftigen Versorgungsleistungen im Zeitpunkt der Beendigung meines Arbeitsverhältnisses sind meine Ansprüche auf Versorgungsleistungen erloschen.

. . .

(Unterschrift des Arbeitnehmers)

---

gungszusage beruht, die **weniger als 5 Jahre** vor dem Ausscheiden aus dem Arbeitsverhältnis erteilt wurde. Das ansonsten aus § 3 BetrAVG folgende Abfindungsverbot erstreckt sich auf aufrechterhaltene ältere unverfallbare Anwartschaften ausgeschiedener Arbeitnehmer (vgl. *Bauer*, Arbeitsrechtliche Aufhebungsverträge, Rz. 647), nicht aber auf Abfindungen in bestehenden Arbeitsverhältnissen (BAG v. 14. 8. 1990, DB 1991, 501; LAG Düsseldorf v. 26. 5. 1976, DB 1976, 2067; *Höfer*, § 3 Rz. 2081; *Blomeyer/Otto*, § 3 Rz. 36; aA *Ahrend/Förster/Rössler*, 1. Teil Rz. 465). Zulässig ist trotz § 3 BetrAVG ein Vergleich über die tatsächlichen Voraussetzungen von Ruhegeldansprüchen und Anwartschaften (BAG v. 18. 12. 1984, DB 1985, 1949; BAG v. 23. 8. 1994, NZA 1995, 421). Vgl. auch BAG v. 22. 3. 1983, BB 1984, 1168 zur Abfindung unverfallbarer Versorgungsanwartschaften.

2 Seit 1. 1. 1999 gilt ein neu gefasster § 3 BetrAVG, der für kleinere ältere Anwartschaften die Abfindungsmöglichkeiten erleichtert (s. **M 18.6** und **M 18.7**).

3 § 3 BetrAVG verbietet nicht nur die Abfindung, sondern auch den entschädigungslosen **Erlass** einer älteren Versorgungsanwartschaft (BAG v. 14. 8. 1990, NZA 1991, 174).

4 Aus dem Erfordernis der Zustimmung folgt nicht, dass der Arbeitnehmer **Anspruch** auf eine Abfindung auch gegen den Willen des Arbeitgebers hat. Im Übrigen ist ein ausdrücklicher Widerspruch des Arbeitnehmers nicht erforderlich; Schweigen auf das Abfindungsangebot kann keinesfalls als Zustimmung gewertet werden.

18.6 Abfindungsverlangen des Arbeitgebers nach § 3 Abs. 1 Satz 2 BetrAVG[1, 2]

Sehr geehrte(r) Frau/Herr . . .,

wie Sie aus unserer Bescheinigung vom . . . . nach § 2 Abs. 6 des Gesetzes zur Verbesserung der betrieblichen Altersversorgung (BetrAVG) über die Höhe Ihrer unverfallbaren Ansprüche aus unserer betrieblichen Altersversorgung ersehen, beträgt Ihr unverfallbarer Anspruch auf eine Altersrente, die im Alter 65 einsetzt, Euro . . . monatlich.

Der Gesetzgeber hat in § 3 Abs. 1 Satz 2 des BetrAVG mit Wirkung ab 1. 1. 1999 vorgesehen, dass so genannte „Kleinrenten" auf Verlangen des Arbeitgebers durch Zahlung einer einmaligen Abfindung abgelöst werden können, wenn die monatliche Rente geringer ist als 1% der Bezugsgröße gemäß § 18 SGB IV. Diese Grenze liegt derzeit bei Euro . . . . Da Ihre Rente niedriger ist[3], machen wir zur Reduzierung unseres Verwaltungsaufwandes von dieser Abfindungsmöglichkeit Gebrauch. Der gemäß § 3 Abs. 2 BetrAVG versicherungsmathematisch ermittelte Abfindungsbetrag Ihrer Anwartschaft beträgt Euro . . . . Diesen Betrag werden wir innerhalb der nächsten zwei Wochen nach Abzug der anfallenden Steuern[4] auf das uns bekannte frühere Gehaltskonto überweisen. Bitte teilen Sie uns mit, wenn dieses Konto nicht mehr besteht. Mit der Auszahlung des Abfindungsbetrages sind Ihre Ansprüche auf betriebliche Altersversorgung gegen unser Unternehmen endgültig erledigt.

Mit freundlichen Grüßen

. . .

(Unterschrift)

---

1 Nach der seit 1. 1. 1999 geltenden Neuregelung des § 3 BetrAVG ist nunmehr die Abfindung von **Kleinstanwartschaften**, bei denen der laufende Monatsbetrag **1% der Bezugsgröße gemäß § 18 SGB IV** nicht übersteigt, auch gegen den Willen des Arbeitnehmers zulässig. Die Abfindung kann schon beim Ausscheiden, während des Anwartschaftszeitraums oder erst mit Rentenbeginn erfolgen. Maßgeblich für die Berechnung des Abfindungsbetrages ist § 3 Abs. 2 BetrAVG; entgegen dem Wortlaut von § 3 Abs. 2 BetrAVG kommt es für die Bemessung auf den Barwert im Zeitpunkt des Ausscheidens aus dem Arbeitsverhältnis an (*Höfer*, § 3 Rz. 2139; *Blomeyer/Otto*, § 3 Rz. 96; *Doetsch/Förster/Rühmann*, DB 1998, 260). Unklar ist noch, auf welche Weise der Arbeitgeber das Abfindungsverlangen durchsetzen muss. Unseres Erachtens ist es nicht erforderlich, dass der Arbeitgeber den Arbeitnehmer notfalls auf Zustimmung zu einem Abfindungsvertrag verklagt mit der Folge, dass erst mit Rechtskraft des Urteils gemäß § 894 ZPO die Abfindungsvereinbarung zustande kommt. Das wäre insbesondere misslich, wenn der Arbeitgeber erst bei Erreichen der Altersgrenze mit dem Abfindungsverlangen an den Arbeitgeber herantritt, da dann während des Prozesses die laufenden Renten weiter gezahlt werden müssten, was dann ggf. eine Rückabwicklung erfordern würde. Vorzugswürdig ist deshalb die Auffassung, dass § 3 Abs. 1 BetrAVG dem Arbeitgeber ein **einseitiges Gestaltungsrecht** einräumt.

2 Bei **Kapitalleistungen** beträgt die Abfindungsgrenze 120% der monatlichen Bezugsgröße nach § 18 SGB IV.

3 Für die Frage, ob die Abfindungsgrenzen erreicht sind, ist auf den **Abfindungszeitpunkt** abzustellen, nicht auf den Ausscheidenszeitpunkt (*Doetsch/Förster/Rühmann*, DB 1998, 260).

4 Für den Abfindungsbetrag dürfte der besondere **Steuersatz** nach §§ 24 Nr. 1, 34 Abs. 1 und Abs. 2 Nr. 2 EStG (Fünftelung) zum Zuge kommen (*Doetsch/Förster/Rühmann*, DB 1998, 259).

Abfindungsverlangen des Arbeitnehmers nach § 3 Abs. 1 Satz 2 BetrAVG[1, 2]

18.7

Sehr geehrte Damen und Herren,

Sie haben mir vor kurzem die Unverfallbarkeitsbescheinigung nach § 2 Abs. 6 BetrAVG zugeschickt. Gemäß dieser Bescheinigung habe ich im Versorgungsfall Anspruch auf eine Rente in Höhe von Euro . . . . Gemäß § 3 Abs. 1 Satz 2 BetrAVG sind so genannte „Kleinrenten" auf Verlangen des Arbeitnehmers abzufinden, wenn sie 1% der monatlichen Bezugsgröße gemäß § 18 SGB IV nicht übersteigen. Das ist bei mir der Fall, da 1% der monatlichen Bezugsgröße gemäß § 18 SGB IV derzeit Euro . . . beträgt.

Ich beantrage hiermit die Abfindung meiner Rentenansprüche. Bitte ermitteln Sie so rasch wie möglich den sich nach § 3 Abs. 2 BetrAVG ergebenden Abfindungsbetrag, und überweisen Sie ihn auf das Ihnen bekannte Gehaltskonto. Mit der Überweisung sind dann meine sämtlichen Ansprüche auf betriebliche Altersversorgung erledigt.

Mit freundlichen Grüßen

. . .

(Unterschrift)

---

1 Siehe **M 18.6**.
2 Die Frage, wie das Abfindungsverlangen im Streitfall rechtstechnisch **durchzusetzen** ist, stellt sich beim Abfindungsverlangen des Arbeitnehmers nicht. Der Arbeitnehmer kann im Streitfall unzweifelhaft unmittelbar auf Zahlung der Abfindung klagen. Es entspricht allgemeiner Ansicht, dass bei einem Anspruch aus einem Vorvertrag, in dem die vertragliche Leistung bereits summenmäßig fixiert ist, unmittelbar auf Zahlung der Leistung geklagt werden kann, da eine Klage auf Zustimmung zum Hauptvertrag nach § 894 ZPO entbehrlich ist. Nichts anderes kann gelten, wenn sich der Anspruch auf eine bestimmte vertragliche Gestaltung aus dem Gesetz ergibt. Es kann deshalb dahinstehen, ob § 3 Abs. 1 BetrAVG dem Arbeitnehmer ein einseitiges Gestaltungsrecht oder nur den Anspruch auf Abschluss eines (Abfindungs-)Vertrages einräumt.

Angebot auf Übertragung von Versorgungsansprüchen ausgeschiedener Arbeitnehmer nach § 4 BetrAVG auf eine Lebensversicherung

18.8

Sehr geehrte(r) Frau/Herr . . .,

das Gesetz zur Verbesserung der betrieblichen Altersversorgung vom 19. 12. 1974 (BetrAVG) sieht in § 4 die Möglichkeit vor, die Versorgungsverpflichtung mit Zustimmung[1] des Arbeitnehmers auf eine Lebensversicherung zu übertragen.[2]

---

1 Es handelt sich um eine **echte Zustimmung** des Arbeitnehmers iSd. § 182 BGB, von der die Wirksamkeit des Übernahmevertrages abhängt. Möglich sind vorherige Zustimmung (sog. Ein-

Wir bieten Ihnen an, von dieser Möglichkeit Gebrauch zu machen. Die X-Lebensversicherungs-AG ist bereit, Ihre Versorgungsverpflichtung zu übernehmen.

Falls Sie mit dieser Übertragung einverstanden sind, bitten wir das beigefügte Duplikat innerhalb eines Monats unterschrieben an uns zurückzugeben. Wir werden es dann an die X-AG weiterreichen, damit diese Ihnen die Übernahme bestätigt.

. . .

(Unterschrift der Firma)

Zusatz für Duplikat:

Dem obigen Angebot auf Übertragung meiner Ansprüche auf Altersversorgung stimme ich zu/widerspreche ich.

. . .

(Unterschrift des Arbeitnehmers)

---

willigung, § 183 Abs. 1 BGB) und nachträgliche Zustimmung (sog. Genehmigung, § 184 Abs. 1 BGB). Ohne Zustimmung des Arbeitnehmers ist eine Übertragung der Ansprüche nur bei **Liquidation** möglich (§ 4 Abs. 3 BetrAVG).

2 Das Gesetz lässt auch die Übernahme durch den **neuen Arbeitgeber**, eine **Pensionskasse** oder einen **öffentlich-rechtlichen Versorgungsträger** zu.

18.9 Verpfändung einer Rückdeckungsversicherung[1, 2, 3, 4]

Zwischen

der Y-GmbH (i. F.: „Gesellschaft")

vertreten durch die Gesellschafter . . .

und

Herrn/Frau . . . (i. F.: „Geschäftsführer")

wird Folgendes vereinbart:

---

1 Die Verpfändung einer Rückdeckungsversicherung dient dem Schutz des Geschäftsführers vor einer **Insolvenz** der Gesellschaft. Die Verpfändung ist nur notwendig, wenn und soweit der **gesetzliche Insolvenzschutz** gemäß § 7 BetrAVG über den Pensions-Sicherungs-Verein **nicht greift**. Das ist zum einen der Fall, wenn die Pensionsansprüche des Geschäftsführers nach den Regelungen im Pensionsvertrag schon **vor Ablauf der Unverfallbarkeitsfristen gemäß § 1b BetrAVG** unverfallbar sein sollen. Denn der Pensions-Sicherungs-Verein ist an vertragliche Unverfallbarkeitsregelungen nicht gebunden und sichert nur solche Pensionsansprüche gegen Insolvenz, bei denen die gesetzlichen Unverfallbarkeitsvoraussetzungen des § 1b BetrAVG erfüllt sind. Des Weiteren ist die Verpfändung einer Rückdeckungsversicherung zur Insolvenzsicherung erforderlich, wenn der Geschäftsführer aufgrund seiner **Beteiligung** an der Gesellschaft nicht in den persönlichen Geltungsbereich des BetrAVG und damit unter den gesetzlichen Insolvenzschutz fällt. Unter den persönlichen Geltungsbereich des BetrAVG fällt ein Geschäftsführer grundsätzlich nicht, wenn er **Alleingesellschafter** oder **Mehrheitsgesellschafter** ist. Aber auch ein Minderheits-Gesellschafter-Geschäftsführer unterfällt nicht dem

1. Der Geschäftsführer hat eine Pensionszusage vom . . . . Zur Erfüllung der Ansprüche aus dieser Pensionszusage hat die Gesellschaft bei der X-Versicherungs-AG eine Rückdeckungsversicherung (Versicherungsschein Nr. . . .) abgeschlossen.

2. Zur Sicherung aller Ansprüche des Geschäftsführers und seiner Hinterbliebenen aus der Pensionszusage verpfändet die Gesellschaft hiermit ihre Rechte und Ansprüche auf die im Versicherungsschein genannten Leistungen an den Geschäftsführer.

3. Gerät die Gesellschaft mit einer Leistung aus der Pensionszusage trotz Mahnung länger als vier Wochen in Rückstand, so ist der Geschäftsführer nach §§ 1282, 1283 BGB berechtigt, sich aus der verpfändeten Rückdeckungsversicherung zu befriedigen. Sofern Leistungen aus der Rückdeckungsversicherung zu einem Zeitpunkt fällig werden, in dem die Gesellschaft mit den ihr obliegenden Leistungen der Pensionszusage noch nicht länger als vier Wochen im Rückstand ist, erfolgt die Zahlung der Versicherungsleistung an Geschäftsführer und Gesellschaft gemeinschaftlich. Der Auszahlungsbetrag wird dann verzinslich angelegt, wobei dem Geschäftsführer ein Pfandrecht bestellt wird.

4. Die Gesellschaft wird die Verpfändung unverzüglich der X-Versicherungs-AG anzeigen[5] und um eine Empfangsbestätigung bitten. Die Bestätigung der X-Versicherungs-AG, dass die Verpfändung angezeigt wurde, wird dem Geschäftsführer unverzüglich ausgehändigt.

. . .   . . .
Geschäftsführer   *Gesellschaft*

---

persönlichen Geltungsbereich des BetrAVG (§ 17 Abs. 1 Satz 2 BetrAVG), wenn er zusammen mit einem anderen Minderheits-Gesellschafter-Geschäftsführer die Stimmenmehrheit hat. Ein nicht an der Gesellschaft beteiligter Geschäftsführer fällt dagegen stets unter das BetrAVG. Die Einzelheiten sind außerordentlich kompliziert und sehr streitig (dazu ausf. *Höfer*, § 17 Rz. 3707 ff.). Des Weiteren ist die Verpfändung einer Rückdeckungsversicherung angezeigt, wenn die **Höhe der Rente** die Grenzen der gesetzlichen Insolvenzsicherung **überschreitet**. Diese Grenzen liegen seit dem 1. 1. 1999 nur noch beim Dreifachen der monatlichen Bezugsgröße gemäß § 18 SGB IV (derzeit ca. Euro 7 000,– pro Monat).

2 Die Verpfändung einer Rückdeckungsversicherung führt im Insolvenzfall dazu, dass dem Geschäftsführer ein sog. **Absonderungsrecht** zusteht. Er kann die Rückdeckungsversicherung also aus der Insolvenz der Gesellschaft „herausziehen".

3 Die Verpfändung führt **nicht** dazu, dass die Versicherungsbeiträge dem Geschäftsführer als **geldwerter Vorteil** zuzurechnen sind, was eine Einkommensteuerpflicht auslösen würde.

4 ➲ **Wichtig:** Die Verpfändung ist grundsätzlich insolvenzfest, soweit die Verpfändung vor Eintritt der Krise erfolgte (im Einzelnen: *Höfer*, § 7 Rz. 2985 ff.). Regelmäßig nicht zum Ziel führt dagegen eine **Abtretung** der Rückdeckungsversicherung. Eine unbedingte Abtretung, die insolvenzfest wäre, würde steuerlich dem Geschäftsführer zugeordnet werden. Würde dagegen die Abtretung nur bedingt vorgenommen, wäre sie zwar steuerrechtlich unbedenklich, hätte aber insolvenzrechtlich keinen Bestand (*Höfer*, § 7 Rz. 2988 ff.).

5 ➲ **Wichtig:** Die Anzeige bei der Versicherung ist **Wirksamkeitsvoraussetzung** der Verpfändung (§ 1280 BGB). Der Geschäftsführer sollte deshalb darauf bestehen, dass der Eingang der Anzeige bei der Versicherung ihm gegenüber dokumentiert wird.

18.10 Klage auf Rentenzahlung gegen Unterstützungskasse[1]

An das Arbeitsgericht

In Sachen

. . .

(volles Rubrum)

gegen

Unterstützungseinrichtung der Firma . . . e. V.[2],

---

[1] Ohne Bedeutung ist es, wenn in der Satzung oder dem Leistungsplan der Unterstützungskasse ausdrücklich geregelt ist, dass auf die Leistungen **kein Rechtsanspruch** bestehen soll (der Ausschluss des Rechtsanspruchs ist das – steuerlich bedingte – Wesensmerkmal der Unterstützungskasse). Die Rechtsprechung versteht den Ausschluss des Rechtsanspruchs nur als einen Widerrufsvorbehalt, der an strenge Voraussetzungen geknüpft ist. Der Ausschluss des Rechtsanspruchs steht also einer Leistungsklage auf Zahlung gegen die Unterstützungskasse nicht entgegen.

[2] ➲ **Wichtig:** Wickelt ein Unternehmen seine betriebliche Altersversorgung über eine rechtlich selbständige **Unterstützungseinrichtung** („Unterstützungskasse", „Gefolgschaftshilfe" etc.) ab, die meist in der Rechtsform eines e. V. oder einer GmbH organisiert ist, so ist häufig fraglich, ob der Arbeitnehmer die **Unterstützungskasse oder den Arbeitgeber** oder beide **verklagen muss**. Eine Umstellung der Klage während des Prozesses scheidet regelmäßig aus. Eine Rubrumsberichtigung ist ebenfalls nicht möglich, da es nicht um die korrekte Parteibezeichnung geht, sondern um die Frage, wer überhaupt Partei ist. Deswegen ist es außerordentlich wichtig, bereits bei Klageerhebung eindeutig zu klären, wer richtiger Beklagter ist. Im Regelfall ist dies nach der Rechtsprechung ausschließlich die Unterstützungskasse. Klagen unmittelbar gegen den Arbeitgeber scheitern regelmäßig an dessen fehlender Passivlegitimation, egal ob der Arbeitgeber allein oder neben der Unterstützungskasse verklagt wird (st. Rspr. des BAG, zB v. 28. 4. 1977 und v. 10. 11. 1977, AP Nr. 7, 8 zu § 242 BGB – Ruhegehalt-Unterstützungskassen). Allerdings sind zahlreiche Ausnahmen zu beachten. So ist die Unterstützungskasse grundsätzlich nur im Rahmen ihres Leistungsplans verpflichtet. Schließt dieser Leistungsplan unter Verstoß gegen den arbeitsrechtlichen **Gleichbehandlungsgrundsatz** bestimmte Personengruppen aus, so haben diese einen Anspruch auf Versorgung auf der Grundlage des allgemeinen Gleichbehandlungsgebots, aber nur gegen den Arbeitgeber, nicht gegen die Unterstützungskasse. Sind beispielsweise unter Verstoß gegen Art. 3 GG Teilzeitkräfte ausgeschlossen worden oder ist nur Witwenversorgung, nicht aber Witwerversorgung vorgesehen, so sind die in der Versorgungsordnung nicht vorgesehenen Ansprüche unmittelbar gegenüber dem Arbeitgeber geltend zu machen (statt aller: *Höfer*, BetrAVG, ART Rz. 112; BAG v. 28. 7. 1992, AP Nr. 18 zu § 1 BetrAVG – Gleichbehandlung). Ähnliches gilt, wenn sich nach dem Leistungsplan der Unterstützungskasse die Berechnung der Renten nur nach der tatsächlichen Dienstzeit richten soll, der Arbeitgeber dem Arbeitnehmer aber aus individuellen Gründen die **Anrechnung von Vordienstzeiten** zugesagt hat. Hier muss der Arbeitnehmer hinsichtlich des sich aus dem Leistungsplan der Unterstützungskasse ergebenden Teils des Rentenanspruchs die Unterstützungskasse in Anspruch nehmen. Hinsichtlich des Erhöhungsbetrages, der sich durch die Anrechnung der Vordienstzeiten ergibt, ist dagegen unmittelbar und ausschließlich der Arbeitgeber einstandspflichtig und deshalb zu verklagen. Besondere Schwierigkeiten ergeben sich im Zusammenhang mit **Betriebsübergängen nach § 613a BGB**, da sich hier Unterstützungskassenansprüche umwandeln können in unmittelbare Ansprüche gegen den neuen Arbeitgeber. Die unmittelbare Klage gegen den Arbeitgeber ist auch dann zulässig, wenn dieser und die Unterstützungskasse gleichermaßen erklärt haben, dass die Unterstützungskasse nicht leisten wird, und wenn deren Leis-

vertreten durch den Vorstand (Name, Adresse)

vertreten wir den Kläger.

Namens und im Auftrag des Klägers erheben wir Klage und beantragen:

1. *Die Beklagte wird verurteilt, Euro 100,– nebst Zinsen in Höhe von 8 Prozentpunkten über dem Basiszinssatz[3] aus Euro 50,– seit dem 1. 2. 2004 sowie aus weiteren Euro 50,– seit dem 1. 3. 2004 an den Kläger zu zahlen.[4]*
2. *Die Beklagte wird verurteilt, an jedem Monatsletzten Euro 50,– nebst Zinsen in Höhe von 8 Prozentpunkten seit diesem Tage[5] an den Kläger zu zahlen, beginnend mit dem 31. 3. 2004.[6]*

Begründung:

Die Bekl. ist die Unterstützungskasse der . . . GmbH, sie wird in der Rechtsform eines eingetragenen Vereins geführt. Bei der Bekl. gilt nach wie vor der Leistungsplan vom . . . . Dieser Leistungsplan sieht in Übereinstimmung mit dem früheren § 1 BetrAVG vor, dass nach zehnjähriger Betriebszugehörigkeit Ansprüche auf Versorgungsleistungen aus dem Leistungsplan der Bekl. unverfallbar werden.

Beweis: Leistungsplan der Bekl. vom . . ., Anlage K 1

Der Kl. stand vom 1. 5. 1982 bis zum 30. 4. 1992 in einem Anstellungsverhältnis mit der Friedrich Müller GmbH. Damit hat der Kl. eine zehnjährige Betriebszugehörigkeit aufzuweisen, die auch von Anfang an von einer Versorgungszusage begleitet war. Die Unverfallbarkeitsvoraussetzungen des früheren § 1 BetrAVG sind somit erfüllt. (Nicht einschlägig ist der seit 1. 1. 2001 geltende neue § 1b BetrAVG. Diese Vorschrift verlangt nunmehr zwar nur noch eine Unverfallbarkeitsfrist von fünf Jahren, in Betracht dafür kommen jedoch nur Zeiten nach dem 1. 1. 2001, vgl. § 30f BetrAVG.)

Der Kl. hat am . . . das 65. Lebensjahr vollendet. Nach § 12 des Leistungsplans der Bekl. beginnen die Ruhegeldzahlungen in dem auf den Eintritt des Versorgungsfalls folgenden Monat, und zwar bei nachschüssiger Zahlungsweise. Die Bekl. wäre also verpflichtet gewesen, dem Kl. erstmals für den Monat Januar 2004 Ruhegeld zu zahlen, fällig am 31. des Monats. Das Ruhegeld beträgt gemäß § 8 des Leistungsplans Euro 50 monatlich.

---

tungsfähigkeit davon abhängt, dass der Arbeitgeber ihr weitere Mittel zuwendet (BAG v. 28. 4. 1977, AP Nr. 7 zu § 242 BGB – Ruhegehalt-Unterstützungskassen); dies ist aber ein seltener Sonderfall. Die Unterstützungskasse muss auch dann verklagt werden, wenn sie aufgelöst worden ist. Denn eine juristische Person, die ohne Liquidation aufgelöst wird, gilt für schwebende Verpflichtungen oder Prozesse als fortbestehend (BAG v. 10. 11. 1977, AP Nr. 8 zu § 242 BGB – Ruhegehalt-Unterstützungskassen).

3 Zum Zinsanspruch s. **M 45.3** Fn. 5, 6.
4 Zur Frage, ob statt der **Leistungsklage** auch eine Feststellungsklage zulässig wäre, siehe **M 18.11**.
5 Bei einer Klage auf zukünftige Leistungen können **Prozesszinsen** selbstverständlich erst ab der jeweiligen Fälligkeit verlangt werden.
6 ➪ **Praxistipp:** Wird die Klage auf **Zahlungsrückstände** kombiniert mit einer Klage auf **zukünftige Leistungen**, so wird der Kläger zweckmäßigerweise jeweils kurz vor der letzten mündlichen Verhandlung die weiteren inzwischen fällig gewordenen Raten in den unmittelbaren Zahlungsantrag einbeziehen und den Beginn der für die Zukunft geforderten Zahlungen entsprechend zurückverlegen. Solche Klageänderungen sind nach § 264 ZPO jederzeit (also auch noch im Termin) ohne Einwilligung des Gegners möglich und sinnvoll.

Die Bekl. hat sich jedoch trotz schriftlicher Aufforderung geweigert, Ruhegeld zu zahlen. Sie hat in einem Schreiben an den Kl. vom . . . argumentiert, der Kl. habe nicht die für die Unverfallbarkeit erforderliche zehnjährige Betriebszugehörigkeit zurückgelegt. Es fehle ihm ein Tag. Der erste Tag des Dienstverhältnisses, der 1. 5. 1982, sei ein Feiertag gewesen. An diesem Tag habe der Kl. nicht gearbeitet. Folglich habe das Beschäftigungsverhältnis tatsächlich erst am 2. 5. 1982 begonnen.

Beweis: Schreiben der Bekl. vom . . ., Anlage K 2

Die Auffassung der Bekl. ist unrichtig. Nach einhelliger Auffassung kommt es auf die faktische Beschäftigung des Arbeitnehmers nicht an, wenn vertraglich ein bestimmter Termin für den Beginn des Arbeitsverhältnisses vereinbart war (statt aller: Höfer, BetrAVG, § 1 Rz. 1447). So lag es hier. In § 1 des Arbeitsvertrages des Kl. war ausdrücklich bestimmt, dass das Arbeitsverhältnis am 1. 5. 1992 und nicht erst am 2. 5. 1992 beginnen sollte.

Beweis: Anstellungsvertrag des Kl. vom . . ., Anlage K 3

Mit dem Klagantrag Ziff. 1 werden die beiden rückständigen Raten für die Monate Januar und Februar 2004 geltend gemacht. Mit dem Klagantrag Ziff. 2 werden im Wege der Klage auf künftige Leistung nach § 257 ZPO die weiteren Raten geltend gemacht. Das ist zulässig, da die Raten summenmäßig feststehen und auch zu einem kalendermäßig bestimmten Zeitpunkt fällig werden.[7]

. . .

(Unterschrift)

---

[7] Hinsichtlich des **Streitwertes** gilt § 12 Abs. 7 Satz 2 ArbGG. Maßgeblich ist der 36fache Wert der monatlichen Rente. Abweichend von § 17 Abs. 3 GKG werden allerdings die Rückstände nicht hinzugerechnet.

18.11 Klage auf Feststellung einer Rentenanwartschaft[1]

An das Arbeitsgericht

In Sachen

. . ./. . .

(volles Rubrum)

vertreten wir die Klägerin.

---

[1] ➔ **Wichtig:** Nicht empfehlenswert ist es, statt einer Klage auf Feststellung oder Zahlung der Ansprüche den Arbeitgeber auf **Ausstellung oder Korrektur einer Unverfallbarkeitsbescheinigung** gemäß § 2 Abs. 6 BetrAVG (s. **M 18.4**) zu verklagen (so aber *Schaub*, Beck'sches Prozessformularbuch, 9. Aufl. 2002, Muster IV A 14, S. 1436). Zum einen könnte dann bei Obsiegen nur die Ausstellung der Bescheinigung vollstreckt werden, wogegen hinsicht-

Namens und im Auftrag der Klägerin erheben wir Klage und beantragen:

Es wird festgestellt[2], dass die Klägerin bei Eintritt des Versorgungsfalls Anspruch auf Leistungen der betrieblichen Altersversorgung nach dem Versorgungsplan der Beklagten vom . . . hat.

Begründung:

Die Bekl. gewährt ihren Mitarbeitern Leistungen der betrieblichen Altersversorgung gemäß dem als Betriebsvereinbarung zustande gekommenen Versorgungsplan vom . . . .

Beweis: Betriebsvereinbarung über betriebliche Altersversorgung, Anlage K 1

Die Kl. war bei der Bekl. vom . . . bis zum . . . beschäftigt, insgesamt also 12 Jahre. Damit sind die gesetzlichen Voraussetzungen für die Unverfallbarkeit von Betriebsrentenansprüchen gemäß dem für solche Altzusagen weiter maßgeblichen § 1 BetrAVG[3] erfüllt, die Zusage hat mehr als zehn Jahre bestanden. Die Bekl. hat der Kl. jedoch mit Schreiben vom . . . mitgeteilt, sie habe keine Ansprüche auf betriebliche Altersversorgung aus dem Versorgungsplan vom . . . . Denn sie sei – was zutrifft – in der Zeit vom . . . bis zum . . . in Erziehungsurlaub gewesen. Diese drei Jahre seien von

---

lich der Zahlungspflicht selbst ein Vollstreckungstitel noch fehlen würde. Vor allem aber ist nach ständiger Rechtsprechung die Unverfallbarkeitsbescheinigung gemäß § 2 Abs. 6 BetrAVG nur ein deklaratorisches Anerkenntnis. Aus der Bescheinigung selbst könnte also nicht auf spätere Leistung geklagt werden. Der Arbeitgeber könnte immer einwenden, die Bescheinigung sei – obwohl er sie aufgrund gerichtlichen Urteils erstellt hat – inhaltlich unrichtig.

2 Noch nicht abschließend geklärt ist, ob der Arbeitnehmer streitige Ansprüche auf Betriebsrente im Wege der **Feststellungs**- oder der **Leistungsklage** geltend machen muss. Nach allgemeinen Grundsätzen des Prozessrechts gilt grundsätzlich der Vorrang der Leistungsklage vor der Feststellungsklage. Kann der Kläger seinen Anspruch beziffern, so hat er grundsätzlich Leistungsklage zu erheben (statt aller: Stein/Jonas/Schumann, § 256 ZPO Rz. 87 ff.). Bei Betriebsrenten kommt insbesondere eine Klage auf zukünftige Leistungen gemäß §§ 257, 259 ZPO in Betracht (LAG Berlin v. 22. 9. 2000, NZA-RR 2001, 492). Kann der Kläger seine Ansprüche beziffern, fehlt es an dem für § 256 ZPO erforderlichen Feststellungsinteresse. Die Leistungsklage ist der einfachere und schnellere Weg, da sie – anders als eine Feststellungsklage – zu einem vollstreckbaren Titel führt. Allerdings wird man beim Streit um das Bestehen von Betriebsrentenansprüchen dem Grunde nach eine Feststellungsklage jedenfalls dann für zulässig halten müssen, wenn der Versorgungsfall (Erreichen der Altersgrenze, Invalidität, Tod) noch nicht eingetreten ist und auch nicht in absehbarer Zeit eintreten wird. Gerade wenn bis zum Eintritt des Versorgungsfalls noch ein **langer Zeitraum** liegt, ist häufig noch nicht abschließend zu beziffern, wie hoch mögliche Ansprüche auf betriebliche Altersversorgung sein werden. So mag beispielsweise die Invaliditätsleistung eine andere Höhe haben als die Altersrente bei Erreichen der Altersgrenze. Außerdem kann der Arbeitnehmer häufig noch nicht wissen, ob er die vorgezogene Altersrente nach § 6 BetrAVG schon vor Erreichen der Altersgrenze beantragt, und sich deshalb die Höhe der einzelnen Monatsrate ratierlich oder nach Maßgabe der Versorgungsordnung mindert. Auf jeden Fall zulässig ist die Feststellungsklage, wenn der Streit um das Bestehen von Versorgungsansprüchen schon während des Anstellungsverhältnisses entsteht, da gemäß § 2 BetrAVG die Höhe der Rente von der Dauer des Arbeitsverhältnisses abhängt und diese bei Klageerhebung noch nicht feststeht. Ist allerdings der **Versorgungsfall bereits eingetreten**, so wird eine Feststellungsklage regelmäßig unzulässig sein, der Arbeitnehmer muss dann Leistungsklage erheben, ggf. (auch) auf zukünftige Leistungen.

3 Seit dem 1. 1. 2001 beträgt für Neuzusagen die Unverfallbarkeitsfrist nur noch fünf Jahre (§ 1b BetrAVG).

der zwölfjährigen Gesamt-Dienstzeit abzuziehen, so dass sich insgesamt nur neun Jahre ergäben. Damit seien die Voraussetzungen des § 1 BetrAVG nicht erfüllt.

Die Auffassung der Bekl. ist unrichtig. Während des Erziehungsurlaubs wird das Anstellungsverhältnis nicht unterbrochen, sondern es ruht nur kraft Gesetzes. Die Unverfallbarkeitsfristen des § 1 BetrAVG werden durch das Ruhen nicht unterbrochen (statt aller: Höfer, BetrAVG, § 1 Rz. 1477 ff.).[4]

. . .

(Unterschrift)

---

[4] Hinsichtlich des **Streitwerts** ist zu beachten, dass § 12 Abs. 7 Satz 1 ArbGG (Vierteljahresbezug) nur für Kündigungsschutzsachen gilt, nicht aber für sonstige wiederkehrende Leistungen. Insoweit ist § 12 Abs. 7 Satz 2 ArbGG anwendbar, wonach (entsprechend § 10 Abs. 3 GKG) der dreifache Jahresbezug (36 Monatsraten) maßgeblich ist. Abweichend von § 17 Abs. 4 GKG sind allerdings gemäß § 12 Abs. 7 Satz 2 ArbGG bis zur Klageerhebung entstandene Rückstände nicht hinzuzurechnen. Bei einer Feststellungsklage sind die üblichen Abschläge gegenüber einer Leistungsklage zu machen.

18.12 Schreiben an den Arbeitnehmer wegen unterbliebener Anpassung nach § 16 BetrAVG[1] mit Belehrung[2]

X-GmbH
Die Geschäftsleitung

Per Einwurf-Einschreiben[3]

Sehr geehrte(r) Herr/Frau . . . ,

Ihre laufende Betriebsrente ist letztmals am 1. 7. 2001 an die Entwicklung der Lebenshaltungskosten angepasst worden. Das Gesetz zur Verbesserung der betrieblichen

---

[1] Nach § 16 Abs. 1 BetrAVG hat der Arbeitgeber **alle drei Jahre** eine Anpassung der laufenden Leistungen der betrieblichen Altersversorgung zu prüfen und hierüber nach billigem Ermessen zu entscheiden. Nach § 16 Abs. 2 BetrAVG ist es in jedem Fall ausreichend, wenn die Anpassung nicht geringer ist als der Anstieg des Preisindexes für die Lebenshaltung von 4-Personen-Haushalten mit mittlerem Einkommen oder der Nettolohn vergleichbarer Arbeitnehmergruppen des Unternehmens. Der Arbeitgeber ist zur Anpassung nicht verpflichtet, wenn das Unternehmen nicht in der Lage ist, die Anpassungsbeträge aus den laufenden Gewinnen nach Abzug einer angemessenen Eigenkapitalverzinsung und eines Risikozuschlages aufzubringen.
[2] Hat der Arbeitgeber zu Recht die Anpassung zu einem bestimmten Stichtag wegen schlechter wirtschaftlicher Lage unterlassen, braucht er die unterbliebene Anpassung später nicht mehr **nachzuholen**, auch wenn sich seine wirtschaftliche Lage wieder gebessert hat. Würde sich beispielsweise in dem Fall, der obigem Muster zugrunde liegt, die wirtschaftliche Lage des Unternehmens bis zum nächsten Anpassungstermin im Jahr 2007 wieder erheblich verbessern, so müsste das Unternehmen gleichwohl nur den Anstieg der Lebenshaltungskosten in der Zeit zwischen 2004 und 2007 ausgleichen, nicht aber auch den Anstieg der Lebenshaltungskosten zwischen 2004 und 2007, weil die Anpassung zum Stichtag 2004 zu Recht unterblieben ist. Nach § 16 Abs. 4 Satz 2 BetrAVG ist eine nachholende Anpassung auch dann nicht erforderlich, wenn zwar die Anpassung zum vorangegangenen Stichtag zu Unrecht unterblieben ist, der

Altersversorgung (BetrAVG) sieht vor, dass der Arbeitgeber alle drei Jahre über eine Anpassung von Betriebsrenten zu entscheiden hat. Wir sehen uns leider nicht imstande, Ihre Rente zum 1. 7. 2004 turnusgemäß erneut anzuheben. Die wirtschaftliche Lage unseres Unternehmens hat sich seit 2001 erheblich verschlechtert. Die Jahre 2001, 2002 und 2003 haben mit Verlust abgeschlossen. Für das Jahr 2004 erwarten wir allenfalls ein ausgeglichenes Ergebnis. Gewinne werden jedoch aller Voraussicht nach weder im Jahr 2004 noch im Jahr 2005 und 2006 erwirtschaftet werden können. Nach der Rechtsprechung des Bundesarbeitsgerichts ist ein Unternehmen nur dann zur Anpassung von Betriebsrenten verpflichtet, wenn es die zur Anpassung erforderlichen Beträge – nach Abzug einer angemessenen Eigenkapitalverzinsung – aus den erwirtschafteten Erträgen aufbringen kann. Das ist bei uns nicht der Fall.*

Für unsere Entscheidung bitten wir um Verständnis. Jede andere Entscheidung würde die noch bestehenden Arbeitsplätze gefährden. Der guten Ordnung halber weisen wir Sie auf die Regelung des § 16 Abs. 4 Satz 2 BetrAVG hin. Nach dieser Regelung können Sie später mit dem Einwand, unser Unternehmen hätte entgegen der vorliegenden Mitteilung die Betriebsrente zum 1. 7. 2004 erhöhen müssen, nicht mehr gehört werden, wenn Sie unserer Entscheidung nicht binnen drei Kalendermonaten nach ihrem Zugang schriftlich widersprechen.

Mit freundlichen Grüßen

. . .

(Unterschrift)

Arbeitgeber aber das Verfahren nach § 16 Abs. 4 Satz 2 BetrAVG eingehalten hat. Dazu muss er den Versorgungsberechtigten schriftlich über die unterbliebene Anpassung informieren und die wirtschaftliche Lage des Unternehmens darlegen. Weiter muss der Arbeitgeber den Versorgungsempfänger darauf hinweisen, dass er sich auf die unterbliebene Anpassung später nicht mehr berufen kann, wenn er nicht binnen drei Kalendermonaten nach Zugang schriftlich widerspricht. Unklar ist, wie eingehend die wirtschaftliche Lage des Unternehmens geschildert werden muss. Macht das Unternehmen Verluste, so wird der Hinweis darauf ausreichen. Schwieriger ist es, wenn das Unternehmen zwar Gewinne macht, diese Gewinne aber nach Abzug einer angemessenen Eigenkapitalverzinsung nicht zu einer vollständigen Anpassung ausreichen. In einem solchen Fall muss der Arbeitgeber wohl ausführlicher darlegen, welche Eigenkapitalverzinsung er für angemessen hält und von welcher Unternehmenswertentwicklung und Ertragssituation er für die Zeit nach dem Anpassungsstichtag ausgeht (statt aller: *Doetsch/Förster/Rühmann*, DB 1998, 263). Die förmliche Information und Belehrung nach § 16 Abs. 4 Satz 2 BetrAVG ist allerdings nur dann von Bedeutung, wenn der Arbeitgeber die Anpassung zu Unrecht verweigert. Hat er dagegen wegen schlechter wirtschaftlicher Lage die Anpassung zu Recht verweigert, kann der Versorgungsberechtigte später nicht ein Nachholen der Anpassung verlangen, auch wenn das Verfahren nach § 16 Abs. 4 Satz 2 BetrAVG nicht durchgeführt wurde (unzutreffend: *Doetsch/Förster/Rühmann*, DB 1998, 263).

3 ➲ **Wichtig:** Die Versendung per **Einwurf-Einschreiben** (nicht: Übergabe-Einschreiben!) ist erforderlich, da ansonsten der Arbeitgeber den Zugang des Hinweises auf die Folgen der Fristversäumung gemäß § 16 Abs. 4 Satz 2 BetrAVG nicht dokumentieren kann.

18.13 Klage nach § 16 BetrAVG auf Anpassung der Rente

An das Arbeitsgericht

In Sachen

.../...

(volles Rubrum)

vertreten wir den Kläger.

Namens und im Auftrag des Klägers erheben wir Klage und beantragen:

1. *Die Beklagte wird verurteilt[1], Euro 80,– nebst Zinsen in Höhe von 8 Prozentpunkten über dem Basiszinssatz[2] aus Euro 40,– seit dem 1. 2. 2004 sowie aus weiteren Euro 40,– seit dem 1. 3. 2004 an den Kläger zu zahlen.*

2. *Die Beklagte wird verurteilt, künftig[3] über Euro 400,– hinaus weitere Euro 40,– an jedem Monatsletzten nebst Zinsen in Höhe von 8 Prozentpunkten über dem Basiszinssatz seit diesem Tag an den Kläger zu zahlen, beginnend mit dem 31. 3. 2004.*

Begründung:

Der Kl. bezieht von der Bekl. seit dem ... eine Betriebsrente in der rechnerisch unstreitigen Höhe von Euro 400,– monatlich. Gemäß § 16 BetrAVG in der seit dem 1. 1. 1999 geltenden Fassung hat die Bekl. alle drei Jahre eine Anpassung der laufenden Leistungen der betrieblichen Altersversorgung zu prüfen und hierüber nach billigem Ermessen zu entscheiden. Die Anpassungsverpflichtung gilt gemäß § 16 Abs. 2 BetrAVG als erfüllt, wenn die Anpassung nicht geringer ist als der Anstieg des Preisindexes für die Lebenshaltung von 4-Personen-Haushalten von Arbeitern und Angestellten mit mittlerem Einkommen oder der Nettolöhne vergleichbarer Arbeitnehmergruppen des Unternehmens während des Prüfungszeitraums. Die Bekl. ist ihrer Anpassungspflicht des § 16 BetrAVG nicht nachgekommen. Auch auf eine entsprechende Aufforderung des Kl. vom ... hat sie nicht reagiert.

Der Preisindex für die Lebenshaltung von 4-Personen-Haushalten von Arbeitern und Angestellten mit mittlerem Einkommen ist innerhalb des dreijährigen Prüfungszeitraums

---

1 Unklar ist, ob die Anpassung im Wege der **Feststellungsklage** (Beck'sches Prozessformularbuch, 9. Aufl. 2002, Muster IV A 13, S. 1431) oder der **Leistungsklage** (*Schaub*, Formularsammlung, § 31 I 9c, S. 451) geltend zu machen ist. Es spricht viel dafür, dass eine Feststellungsklage (auf Feststellung der Anpassungspflicht oder auf eine summenmäßig bestimmte Erhöhung der Rente) nach allgemeinen Grundsätzen unzulässig ist, da ohne weiteres Leistungsklage erhoben werden kann, gemäß § 257 ZPO auch auf zukünftige Leistungen (Klagantrag Ziff. 2).

2 Zum Zinsanspruch s. **M 45.3** Fn. 5, 6.

3 ➔ **Praxistipp:** Teilweise wird empfohlen, den Klagantrag Ziff. 2 (**Klage auf künftige Leistungen**) auf den vollen (erhöhten) monatlichen Betrag zu richten (im vorliegenden Fall also auf Euro 440,–). Das erleichtert zwar die Vollstreckung, wenn der Arbeitgeber später aus irgendeinem Grund nicht einmal den früheren Rentenbetrag freiwillig zahlt (zB wegen Vermögensverfall, Aufrechnung mit Schadensersatzansprüchen etc.). Allerdings trägt der Arbeitnehmer hier wegen § 93 ZPO ein erhebliches Kostenrisiko. Wenn der Gegner sofort anerkennt, kann das Arbeitsgericht ihm 10/11 der Kosten auferlegen.

vom 1. 1. 2001 bis 1. 1. 2004 um 10% gestiegen (wird ausgeführt[4]). Folglich hätte die Bekl. die Rente zum Anpassungsstichtag 1. 1. 2004 von Euro 400,– auf Euro 440,– monatlich erhöhen müssen.[5] Mit dem Klagantrag Ziff. 1 werden die beiden rückständigen Erhöhungsbeträge für die Monate Januar und Februar 2004 geltend gemacht, die jeweils zum Monatsletzten fällig waren. Mit dem Klagantrag Ziff. 2 wird die Verurteilung der Bekl. zur Zahlung der erhöhten Rente ab dem Monat März 2004 begehrt.

Sollte sich die Bekl. darauf berufen, dass sie wegen wirtschaftlicher Schwierigkeiten iSd. § 16 Abs. 3 BetrAVG nicht oder nicht in vollem Umfang zur Anpassung verpflichtet sei, mag sie dies darlegen und ggf. beweisen.[6]

...

(Unterschrift)

---

[4] Die Berechnungsformel für den Teuerungsanstieg lautet wie folgt:

$$\frac{\text{Preisindex für die Lebenshaltung am Anpassungsstichtag} \times 100}{\text{Preisindex für die Lebenshaltung 3 Jahre zuvor}} ./. 100 = \times \%$$

(*Schaub*, ArbR-Hdb., Kap. 81 Rz. 272).

[5] Der Arbeitnehmer muss sich grundsätzlich nicht darauf beschränken, die Anpassung für die **letzten drei Jahre** geltend zu machen. Ist zu **früheren** Anpassungsstichtagen nicht oder nicht vollständig angepasst worden, so ist dies in die Berechnung des Teuerungsausgleichs zu späteren Anpassungsstichtagen einzubeziehen. Ggf. kann also der volle Teuerungsausgleich seit Rentenbeginn verlangt werden, wenn der Arbeitgeber nie angepasst hat. Eine Ausnahme besteht nur für solche Anpassungen, die
– in 1999 oder später fällig waren, und
– die entweder zu Recht nicht erfolgt sind oder bei denen der Arbeitnehmer einer Belehrung nach § 16 Abs. 4 BetrAVG (siehe **M 18.12**) nicht widersprochen hat.

[6] Die **Darlegungs- und Beweislast** für das Vorliegen einer wirtschaftlichen Schlechtlage, die die Anpassungsverpflichtung ganz oder teilweise entfallen lässt, trägt der Arbeitgeber.

Kapitel 19 — Versetzung

Literaturübersicht: *Berger-Delhey*, Die Leitungs- und Weisungsbefugnis des Arbeitgebers, DB 1990, 2266; *Franzen*, Versetzung eines Betriebsratsmitglieds – Ausbau des Versetzungsschutzes zu § 103 BetrVG nF, SAE 2001, 269; *Gerauer*, Keine Mitbestimmung bei Versetzungen aufgrund einer Umsetzungs- oder Versetzungsklausel, BB 1995, 406; *von Hoyningen-Huene*, Grundlagen und Auswirkungen einer Versetzung, NZA 1993, 145; *Hromadka*, Änderung von Arbeitsbedingungen, RdA 1992, 234; *Hromadka*, Das allgemeine Weisungsrecht, DB 1995, 2601; *Hromadka*, Das Leistungsbestimmungsrecht des Arbeitgebers, DB 1995, 1609; *Leßmann*, Die Grenzen des arbeitgeberseitigen Direktionsrechts, DB 1992, 1137; *Weber/Ehrich*, Direktionsrecht und Änderungskündigung bei Veränderungen im Arbeitsverhältnis, BB 1996, 2246.

I. Erläuterungen

1. Individualarbeitsrecht

Arbeitsvertraglich bedeutet Versetzung sowohl den Wechsel des Arbeitsortes als auch die Änderung der Art der ausgeübten Tätigkeit und des Arbeitsumfangs. Gemäß § 106 GewO kann der Arbeitgeber Inhalt, Ort und Zeit der Arbeitsleistung nach billigem Ermessen näher bestimmen, soweit diese Arbeitsbedingungen nicht durch den Arbeitsvertrag, Bestimmungen einer Betriebsvereinbarung, eines anwendbaren Tarifvertrages oder gesetzliche Vorschriften festgelegt sind. Der Arbeitgeber ist nur dann zur Versetzung berechtigt, wenn und soweit er sich dies im – möglicherweise auslegungsbedürftigen – Arbeitsvertrag ausdrücklich oder stillschweigend wirksam vorbehalten hat (Formulierungsvorschläge für Versetzungsklauseln im Arbeitsvertrag: vgl. oben **M 3.1**, § 1 Abs. 2). Die Änderung der Arbeitsbedingungen ist dann von seinem **Direktionsrecht** gedeckt. Als einseitige Leistungsbestimmung unterliegt sie jedoch der Billigkeitskontrolle gem. § 315 BGB. Eine Abwägung der Interessen der Beteiligten muss ergeben, dass die Versetzung dem Arbeitnehmer zumutbar und verhältnismäßig ist. Unbillig ist die Maßnahme daher etwa bei einem Verstoß gegen den Gleichbehandlungsgrundsatz oder bei missbilligenswerten Motiven, zB bei einer Versetzung mit disziplinarischen Zielen, die unangemessen ist und ohne vorherige Abmahnung erfolgt.[1] Es bedarf dazu einer einseitigen, rechtsgeschäftlichen Versetzungserklärung, die die Arbeitsbedingungen unmittelbar ändert. Eine Versetzungsbefugnis kann sich daneben auch aus Tarifvertrag ergeben, es sei denn, dies ist individualvertraglich ausgeschlossen.[2]

Fehlt es an einer entsprechenden Versetzungsbefugnis, kann die Maßnahme nur mit **Einverständnis des Arbeitnehmers** oder durch Änderungskündigung (dazu im Einzelnen Kap. 20) erfolgen. Es bedarf dazu einer **Vertragsänderung**. Folgt der Arbeitnehmer längere Zeit einer an sich nicht vom Direktionsrecht umfassten Zuweisung eines Arbeitsbereichs, kann dies allerdings eine stillschweigende Vertragsänderung sein.[3] Umgekehrt kann auch der Arbeitgeber seine Versetzungsbefugnis verlieren, indem sein Direktionsrecht durch eine langfristige Beschäftigung des Arbeitnehmers mit derselben Tätigkeit auf diese konkretisiert wird.[4] Hinzukommen muss allerdings, dass bestimmte Umstände den Schluss zulassen, der Arbeitnehmer solle künftig nur noch mit dieser Tätigkeit beschäftigt werden. Solche Umstände sind zB Ausbildung oder Beförderung, Übertragung von Führungsaufgaben.

Es bleibt dann nur die Möglichkeit einer einvernehmlichen Änderung. Diese Folge kann der Arbeitgeber durch einen rechtzeitigen ausdrücklichen Vorbehalt vermeiden. Stimmt der Arbeitnehmer der nicht vom Arbeitsvertrag umfassten Versetzung nicht zu, so kommt nur noch eine **Änderungskündigung** in Betracht, also die Kündigung des Arbeitsverhältnisses bei gleichzeitigem Angebot der Fortsetzung unter geänderten Bedingungen (dazu iE **Kap. 20**). Die Umdeutung einer Versetzung in eine Änderungskündigung gem. § 140 BGB scheitert im Allgemeinen daran, dass die Änderungs-

---
[1] BAG v. 30. 10. 1985, NZA 1986, 713.
[2] Vgl. zB § 16 Abs. 1 LTV der Deutschen Bundesbahn; BAG v. 22. 5. 1985, BAGE 48, 351 = AP Nr. 7 zu § 1 TVG – Tarifverträge: Bundesbahn.
[3] BAG v. 19. 6. 1986, DB 1986, 2604; v. 20. 5. 1976, BB 1976, 1128.
[4] LAG Schl.-Holst. v. 3. 12. 1992, DB 1993, 284.

kündigung als Ersatzgeschäft in ihren rechtlichen Wirkungen weiter reicht als die Versetzung.[5] Hat der Arbeitgeber Zweifel, ob die beabsichtigte Maßnahme noch vom Direktionsrecht umfasst ist, so empfiehlt es sich, die Versetzung auszusprechen und hilfsweise auch die Änderungskündigung. Bei der Versetzung ist der Betriebsrat nach § 99 BetrVG zu beteiligen, bei der Änderungskündigung **zusätzlich** auch nach § 102 BetrVG.

Die Versetzung auf einen **geringerwertigen**, dh. nach Tätigkeits- oder Berufsbild in der Sozialanschauung geringer bewerteten Arbeitsplatz, ist in der Regel unwirksam. Dies gilt sogar dann, wenn dem Arbeitnehmer die Vergütung in der bisherigen Höhe erhalten bleibt.[6] Ausnahmen sind nach der früheren Rechtsprechung des BAG nur aufgrund einer ausdrücklichen tarif- oder einzelvertraglichen Regelung zulässig.[7] Ob dies auch nach Erstreckung der AGB-Kontrolle auf Arbeitsverträge noch gilt, ist umstritten.[8] In jedem Falle soll eine Umgehung der Voraussetzungen einer Änderungskündigung verhindert werden (§ 2 KSchG). Auch die Übertragung einer höherwertigen Tätigkeit für einen vorübergehenden Zeitraum kraft Direktionsrechts muss gemäß § 315 BGB billigem Ermessen entsprechen.[9] Insbesondere die Entscheidung des Arbeitgebers, die höherwertige Tätigkeit nur vorübergehend und nicht auf Dauer zu übertragen, muss diesem Maßstab entsprechen.[10]

Einer **unwirksamen Versetzung** durch den Arbeitgeber braucht der Arbeitnehmer nicht Folge zu leisten. Stellt sich die Maßnahme im weiteren Verlauf allerdings als rechtmäßig heraus, muss der Arbeitnehmer – ggf. nach Abmahnung – mit einer verhaltensbedingten Kündigung wegen Arbeitsverweigerung rechnen.

○ **Praxistipp:** Zur Vermeidung dieses Risikos empfiehlt es sich daher für den Arbeitnehmer, der Zuweisung des neuen Arbeitsbereichs unter ausdrücklichem Vorbehalt der gerichtlichen Überprüfung nachzukommen.

Die Wirksamkeit der Versetzung kann der Arbeitnehmer im Wege der **Feststellungsklage** (§ 256 ZPO) vor dem Arbeitsgericht prüfen lassen. Dem steht nicht die Subsidiarität der Feststellungs- gegenüber der Leistungsklage entgegen, da eine umfassende Klärung herbeigeführt wird.[11] Alternativ kann er jedoch auch eine Leistungsklage auf Zuweisung des bisherigen Arbeitsplatzes erheben. Der Arbeitgeber trägt die Darlegungs- und Beweislast für die Umstände, die die Versetzung rechtfertigen. Eine Klagefrist ist nicht einzuhalten; insbesondere gilt die Drei-Wochen-Frist des § 4 KSchG nicht. Die Klage muss jedoch in den Grenzen der Verwirkung erhoben werden. Im Gegensatz dazu unterliegt die Klage gegen die uU vorsorgliche Änderungskündigung der Drei-

---

5 Vgl. LAG Hamm v. 13. 5. 1982, BB 1982, 2109; BAG v. 13. 8. 1987, NJW 1988, 581.
6 Vgl. BAG v. 8. 10. 1962, DB 1962, 1704; v. 14. 7. 1965, NJW 1965, 2366.
7 Zweifelnd jetzt allerdings BAG v. 19. 11. 2002, NZA 2003, 880: Das BAG beschränkt das Weisungsrecht auf eine „im Ganzen gleichwertige und zumutbare andere Tätigkeit" und deutet an, dass eine tarifvertragliche Erweiterung eine Umgehung des zwingenden allgemeinen Änderungsschutzes aus § 2 KSchG sein könnte. Immerhin betrug dort die Vergütungsdifferenz zwischen der vertraglich vereinbarten und der später zugewiesenen Tätigkeit 37,6% und war damit ganz erheblich.
8 Dazu im Einzelnen oben bei **M 3.1**, § 1 Abs. 2 mit Anmerkungen.
9 BAG v. 17. 4. 2002, AP Nr. 23 zu § 24 BAT.
10 BAG v. 17. 4. 2002, AP Nr. 23 zu § 24 BAT.
11 MünchArbR/*Blomeyer*, § 48 Rz. 38.

Wochen-Frist des § 4 KSchG. Erhebt der Arbeitnehmer die Änderungsschutzklage erst nach Fristablauf, so ist die Änderungskündigung nicht mehr auf ihre soziale Rechtfertigung zu prüfen.

2. Betriebsverfassungsrecht

a) Der betriebsverfassungsrechtliche Versetzungsbegriff

In Betrieben mit in der Regel mehr als zwanzig Arbeitnehmern bedarf die Versetzung gem. § 99 Abs. 1 BetrVG der Zustimmung des Betriebsrats. Gem. § 103 Abs. 3 BetrVG bedarf die Versetzung von Mitgliedern des Betriebsrats, der Jugend- und Auszubildendenvertretung, der Bordvertretung und des Seebetriebsrats, des Wahlvorstandes sowie von Wahlbewerbern der Zustimmung des Betriebsrats, wenn die Versetzung zu einem Verlust des Amtes[12] oder der Wählbarkeit führen würde. Dies gilt nur dann nicht, wenn der Arbeitnehmer mit der Versetzung einverstanden ist.

Unter den betriebsverfassungsrechtlichen Versetzungsbegriff fällt nur diejenige

„Zuweisung eines anderen **Arbeitsbereichs**, die voraussichtlich die Dauer von **einem Monat** überschreitet oder die mit einer **erheblichen Änderung der Umstände** verbunden ist, unter denen die Arbeit zu leisten ist" (§ 95 Abs. 3 Satz 1 BetrVG).[13]

Sowohl eine räumliche als auch eine funktionale Veränderung kommt in Betracht; sie muss allerdings „erheblich" sein. Gem. § 95 Abs. 3 Satz 2 BetrVG liegt eine Versetzung allerdings nicht vor, wenn der Arbeitnehmer nach der Eigenart des Arbeitsverhältnisses üblicherweise nicht ständig an einem bestimmten Arbeitsplatz beschäftigt wird (zB im Baugewerbe, in Ausbildungsverhältnissen, bei nicht selbständigen Handelsvertretern usw.).

Der Mitbestimmung unterliegt nur die *tatsächliche* **Zuweisung eines anderen Arbeitsbereichs**, nicht die individualvertragliche Regelung, die ihr zugrunde liegt, also zB die Versetzungsklausel. Der Betriebsrat ist also unabhängig davon zu beteiligen, ob die Versetzung individualrechtlich zulässig oder der Arbeitnehmer mit ihr einverstanden ist.[14] Andererseits heilt die Zustimmung des Betriebsrats keine individualvertraglich unwirksame Versetzung.

Der **Arbeitsbereich** wird gem. § 81 Abs. 1 und 2 BetrVG bestimmt durch die Aufgabe und Verantwortung des Arbeitnehmers sowie die Art seiner Tätigkeit und ihre Einordnung in den Arbeitsablauf des Betriebs. Es geht also um den konkreten Arbeitsplatz und seine Beziehung zur betrieblichen Umgebung in räumlicher, technischer und organisatorischer Hinsicht.[15]

Nicht jede Änderung des Arbeitsbereichs iSv. § 81 BetrVG ist jedoch zugleich eine mitbestimmungspflichtige Versetzung. Dies erfordert vielmehr, dass die Veränderung

---

12 Dies ist gem. § 24 Nr. 4 BetrVG mit der Wählbarkeit gleichzusetzen, dh. der Amtsverlust tritt mit Ende der Betriebszugehörigkeit, also mit Versetzung in einen anderen Betrieb, ein. Eine Versetzung im Betrieb bedeutet keinen Amtsverlust, so dass lediglich die Mitbestimmungsrechte nach § 99 BetrVG bestehen.
13 Besonderheiten gelten bei § 103 BetrVG für vorübergehende Versetzungen von Jugend- und Auszubildendenvertretern, *Fitting*, § 103 BetrVG Rz. 68.
14 BAG v. 2. 4. 1996, NZA 1997, 112; *Weber/Ehrich*, BB 1996, 2246, 2249.
15 BAG v. 10. 4. 1984, NZA 1984, 233; v. 2. 4. 1996, NZA 1997, 112.

so **erheblich** ist, dass sich das Gesamtbild der Tätigkeit ändert.[16] Maßstab ist dabei, ob sich die Tätigkeiten so voneinander unterscheiden, dass die neue Tätigkeit vom Standpunkt eines mit den betrieblichen Verhältnissen vertrauten Beobachters als eine andere angesehen werden kann.[17]

Die **Umstände der Arbeitsleistung** sind die äußeren Umstände, unter denen die Arbeit tatsächlich zu leisten ist, also Ort, Art und Weise, fachliche Anforderungen etc., nicht hingegen die vertraglichen Gegebenheiten.[18]

Abzugrenzen ist die Versetzung von der bloßen **Umsetzung**, die mitbestimmungsfrei ist. Umsetzung ist die nur vorübergehende, dh. voraussichtlich kürzer als einen Monat währende Zuweisung eines anderen Arbeitsbereichs, bei im wesentlichen gleich bleibenden Arbeitsbedingungen, also zB der Einsatz in Wechsel- statt in Normalschicht.[19] Eine Versetzung kann bei Änderungen der Arbeitsumstände selbst dann vorliegen, wenn diese nicht die Dauer eines Monats erreichen, vorausgesetzt, dass sie erheblich im og. Sinne sind.[20] Umgekehrt wird eine erhebliche Änderung immer dann vermutet, wenn die Versetzung die Dauer eines Monats voraussichtlich übersteigt.[21]

b) Das Zustimmungsverfahren

Der Arbeitgeber muss den Betriebsrat unter Vorlage der erforderlichen Unterlagen rechtzeitig und umfassend über die Person des zu versetzenden Arbeitnehmers, den Arbeitsplatz, auf den er versetzt werden soll, und die Auswirkungen der geplanten Maßnahme informieren und die Zustimmung des Betriebsrats beantragen (**M 19.2**). Erst dann beginnt die Wochenfrist des § 99 Abs. 3 Satz 1 BetrVG zu laufen. Die Frist ist nach den allgemeinen Regeln des BGB zu berechnen (§§ 187 Abs. 1, 188 Abs. 2 BGB). Lässt der Betriebsrat sie verstreichen, ohne sich zu äußern, gilt die Zustimmung als erteilt (§ 99 Abs. 3 Satz 2 BetrVG). Innerhalb dieser Frist kann der Betriebsrat die Zustimmung unter Angabe konkreter Tatsachen und Gründe, die sich stets einem der in § 99 Abs. 2 BetrVG abschließend aufgezählten Tatbestände zuordnen lassen müssen, schriftlich verweigern.[22] Die bloße Wiedergabe des Gesetzeswortlauts reicht zur Begründung des Widerspruchs nicht aus.

Bei der Versetzung von Mitgliedern des Betriebsrats, der Jugend- und Auszubildendenvertretung, der Bordvertretung und des Seebetriebsrats, des Wahlvorstandes sowie von Wahlbewerbern ist die Zustimmungsverweigerung nicht an besondere Gründe gebunden.

Besonders praxisrelevant sind die in § 99 Abs. 2 Nr. 3 und 4 BetrVG aufgeführten **Verweigerungsgründe**. Die **Benachteiligung eines anderen Arbeitnehmers** des Betriebes (Nr. 3) ist ua. dann zu besorgen, wenn der Arbeitsplatz des zu versetzenden Arbeitnehmers wegfällt, so dass einem anderen Arbeitnehmer gekündigt werden[23] oder

---

16 BAG v. 2. 4. 1996, AP Nr. 34 zu § 95 BetrVG 1972; *Weber/Ehrich*, BB 1996, 2246, 2249.
17 BAG v. 22. 4. 1997, DB 1998, 208.
18 *Fitting*, § 99 BetrVG Rz. 106 mwN.
19 BAG v. 19. 2. 1991, NZA 1991, 565.
20 BAG v. 1. 8. 1989, DB 1990, 382.
21 *Fitting*, § 99 BetrVG Rz. 122.
22 BAG v. 26. 1. 1988, NZA 1988, 476.
23 BAG v. 15. 9. 1987, NZA 1988, 624; v. 30. 8. 1995, AP Nr. 5 zu § 99 BetrVG – Versetzung.

dieser mit nicht unerheblichen Erschwerungen der Arbeit rechnen muss. Als Nachteil gilt bei unbefristeter Einstellung auch die Nichtberücksichtigung eines gleich geeigneten befristet Beschäftigten, § 99 Abs. 2 Nr. 3 2. Halbs. BetrVG. Ein unmittelbar von der Maßnahme betroffener Arbeitnehmer wird etwa dann benachteiligt (Nr. 4), wenn seine Versetzung mit einer Verschlechterung der äußeren (zB längere Wegezeiten, schlechtere Räumlichkeiten, Schmutz) oder auch der materiellen (zB Herabstufung in niedrigere Tarifvertragsgruppe) Arbeitsbedingungen einhergeht. Der bloße Wegfall einer Beförderungschance hingegen begründet keine Benachteiligung des betroffenen Arbeitnehmers. Auch wenn einzelne Arbeitnehmer benachteiligt werden, kann die Maßnahme aus betrieblichen oder persönlichen Gründen gerechtfertigt sein. Dies darzulegen und zu beweisen, obliegt im Zustimmungsersetzungsverfahren (§ 99 Abs. 4 BetrVG) dem Arbeitgeber.

Der Betriebsrat hat nach § 99 BetrVG nur die Möglichkeit, die Zustimmung zur Einstellung in der vom Arbeitgeber beabsichtigten Form insgesamt zu verweigern. Er kann jedoch nicht eine Einstellung zu anderen im Sinne von § 99 Abs. 2 Nr. 1 BetrVG normgemäßen Bedingungen durchsetzen. So kann er auch nicht die reguläre Besetzung eines vorhandenen Dauerarbeitsplatzes durch Verweigerung der Zustimmung zur Einstellung von Leiharbeitnehmern erzwingen.[24]

Versetzt der Arbeitgeber den Arbeitnehmer in einen **anderen Betrieb** des Unternehmens, bestimmt **auch der Betriebsrat des neuen Betriebes** mit, da es sich aus seiner Sicht um eine „Einstellung" iSv. § 99 BetrVG handelt. Ist der Arbeitnehmer mit der Versetzung **nicht** einverstanden, ist auch der Betriebsrat des abgebenden Betriebes nach § 99 BetrVG zu beteiligen.[25] Bei Einverständnis des Arbeitnehmers hingegen besteht kein Beteiligungsrecht des Betriebsrates im abgebenden Betrieb nach § 99 BetrVG. Der Arbeitgeber hat den Betriebsrat dann lediglich nach § 99 Abs. 1 BetrVG zu unterrichten.

c) Folgen der fehlenden Zustimmung

Versetzungen ohne Beteiligung des Betriebsrats sind **unwirksam**, selbst wenn sie vom Direktionsrecht umfasst oder mit Einverständnis des Arbeitnehmers erfolgt sind.[26] Dies gilt auch dann, wenn etwa ein Betriebsratsmitglied nach § 103 Abs. 3 Satz 1 2. Halbs. BetrVG seiner Versetzung zugestimmt hat, denn der Betriebsrat eines aufnehmenden Betriebes bleibt in jedem Fall nach § 99 BetrVG für eine Überprüfung der Folgen einer Einstellung zuständig. Der Arbeitnehmer braucht der betriebsverfassungswidrigen Weisung des Arbeitgebers nicht Folge zu leisten.[27] Verweigert der Betriebsrat nach ordnungsgemäßem Verfahren die Zustimmung, ist eine dennoch durchgeführte Versetzung im Falle des § 103 Abs. 3 BetrVG endgültig unwirksam bzw. im Falle des § 99 BetrVG schwebend unwirksam. Sie wird voll wirksam, sobald das Arbeitsgericht die Zustimmung nach § 99 Abs. 4 BetrVG ersetzt. Andernfalls ist auch sie endgültig unwirksam.

---

24 LAG Düsseldorf v. 4. 10. 2001, DB 2002, 328.
25 *Fitting*, § 99 BetrVG Rz. 146 f.; BAG v. 20. 9. 1990, DB 1991, 335; v. 22. 1. 1991, AP Nr. 86 zu § 99 BetrVG; v. 26. 1. 1993, AP Nr. 102 zu § 99 BetrVG.
26 BAG v. 26. 1. 1988, NZA 1988, 476.
27 *Weber/Ehrich*, BB 1996, 2251.

Der Arbeitgeber kann nach der Verweigerung der Zustimmung ausnahmsweise zur vorläufigen Durchführung der Maßnahme gem. § 100 BetrVG berechtigt sein (dazu unten lit. e).

d) Das Zustimmungsersetzungsverfahren

Das Zustimmungsersetzungsverfahren nach § 99 Abs. 4 BetrVG bzw. § 103 Abs. 3 Satz 2, Abs. 2 BetrVG ist vom Arbeitgeber beim Arbeitsgericht einzuleiten. Es handelt sich um ein Beschlussverfahren gem. § 2a ArbGG. Der Arbeitgeber hat darzulegen, dass er den Betriebsrat ordnungsgemäß unterrichtet hat und dass die vom Betriebsrat genannten Zustimmungsverweigerungsgründe nicht vorliegen bzw. dass dringende betriebliche Gründe auch unter Berücksichtigung der betriebsverfassungsrechtlichen Stellung des betroffenen Arbeitnehmers die Versetzung notwendig machen. Der Betriebsrat trägt die Darlegungs- und Beweislast für den form- und fristgerechten Widerspruch nach § 99 BetrVG, der Arbeitgeber für die erteilte Zustimmung nach § 103 Abs. 3 BetrVG. Das Arbeitsgericht klärt den Sachverhalt von Amts wegen auf. Der Betriebsrat kann während des Verfahrens keine weiteren Verweigerungsgründe **nachschieben**.[28] Für die Verweigerung der Zustimmung reicht entgegen der in § 99 Abs. 3 Satz 1 BetrVG geregelten Schriftform auch Telefax.[29]

e) Vorläufige personelle Maßnahmen

Auch vor Ablauf der Äußerungsfrist des § 99 Abs. 3 Satz 1 BetrVG (dazu oben lit. b) oder wenn der Betriebsrat die Zustimmung verweigert hat (dazu oben lit. c) kann der Arbeitgeber die Versetzung **vorläufig durchführen, wenn dies aus sachlichen Gründen dringend erforderlich ist (§ 100 Abs. 1 Satz 1 BetrVG)**. Dies gilt nicht für Personen nach § 103 BetrVG. Voraussetzung ist jedoch, dass der Arbeitgeber den Betriebsrat unverzüglich von der vorläufigen personellen Maßnahme unterrichtet hat. Sofern der Betriebsrat bestreitet, dass die Maßnahme aus sachlichen Gründen dringend erforderlich ist, muss er dies dem Arbeitgeber unverzüglich mitteilen. Der Arbeitgeber darf die vorläufige personelle Maßnahme dann nur aufrechterhalten, wenn er **innerhalb von drei Tagen** beim Arbeitsgericht neben der **Ersetzung der Zustimmung** des Betriebsrats auch die **Feststellung** beantragt hat, **dass die Maßnahme aus sachlichen Gründen dringend erforderlich war (§ 100 Abs. 2 BetrVG)**. Lehnt das Gericht die Ersetzung der Zustimmung ab oder verneint es die Dringlichkeit der vorläufigen personellen Maßnahme, so endet die vorläufige personelle Maßnahme mit Ablauf von zwei Wochen nach Rechtskraft dieser Entscheidung (§ 100 Abs. 3 BetrVG).

Sofern der Arbeitgeber sich nicht an das Verfahren zur Durchführung der vorläufigen Maßnahme hält oder ohne Zustimmung des Betriebsrates eine Maßnahme durchführt, kann der **Betriebsrat die Aufhebung der personellen Maßnahme bei dem Arbeitsgericht beantragen**. Im Falle der weiteren Zuwiderhandlung kann **Zwangsgeld** bis zu Euro 250,- für jeden Tag der Zuwiderhandlung verhängt werden (§ 101 BetrVG).

---

[28] Str., BAG v. 10. 8. 1993, NZA 1994, 187, 189; MünchArbR/*Matthes*, § 352 Rz. 118; aA *Fitting*, § 99 BetrVG Rz. 238.
[29] BAG v. 11. 6. 2002, BB 2003, 310 = NZA 2003, 226.

II. Muster

19.1 Ausübung des Direktionsrechts und vorsorgliche Änderungskündigung durch den Arbeitgeber

Sehr geehrte(r) Frau/Herr . . .,

wir bitten Sie, ab sofort folgende Aufgabe . . . in der Abteilung . . . zu übernehmen. Ihre Bezüge bleiben davon unberührt.

Für den Fall, dass die Personalmaßnahme wider Erwarten nicht vom Direktionsrecht gedeckt sein sollte, sprechen wir vorsorglich folgende Änderungskündigung aus:

1. Wir kündigen Ihr Arbeitsverhältnis ordentlich zum . . . .
2. Gleichzeitig bieten wir Ihnen ab . . . eine Fortsetzung des Arbeitsverhältnisses mit folgender Aufgabe . . . in der Abteilung . . . an. Alle weiteren Regelungen ihres Arbeitsvertrages bleiben unverändert.

Für den Fall, dass Sie die Änderung Ihrer Arbeitsbedingungen gem. der Änderungskündigung ablehnen, sind Sie zur Vermeidung einer Kürzung Ihres Anspruchs auf Arbeitslosengeld gem. § 37b SGB III verpflichtet, sich unverzüglich nach Erhalt dieses Schreibens persönlich bei der Agentur für Arbeit arbeitssuchend zu melden.

Der Betriebsrat hat der Versetzung nach § 99 BetrVG und der vorsorglichen Änderungskündigung nach § 102 BetrVG zugestimmt.

. . .

Firma

19.2 Unterrichtung des Betriebsrates nach § 99 BetrVG wegen beabsichtigter Versetzung und Umgruppierung

An den Betriebsrat
z. Hd. des Betriebsratsvorsitzenden   Ort, Datum

Die Firma beabsichtigt,

den Arbeitnehmer . . .

wohnhaft in . . .

beschäftigt als . . .

in Abteilung . . .

mit Wirkung vom . . .

1. von der bisherigen Tarifgruppe . . .

   in die neue Tarifgruppe . . .

   umzugruppieren[1] und ihn

---

[1] Die Versetzung wird häufig mit einer **Umgruppierung** einhergehen. So führt die Zuweisung einer neuen Tätigkeit, die den Merkmalen einer anderen Vergütungsgruppe entspricht, zur

2. von ... nach ... zu versetzen.

Die Umgruppierung/Versetzung soll erfolgen, weil ....

Die Personalmaßnahmen sollen ab ... in Kraft treten.

Der Betriebsrat wird gebeten, den beabsichtigten Maßnahmen innerhalb einer Woche nach § 99 BetrVG zuzustimmen.

Die Geschäftsleitung

Umgruppierung iSv. § 99 Abs. 1 BetrVG. In diesem Fall ist zu beachten, dass die Umgruppierung für sich allein auch mitbestimmungspflichtig ist (BAG v. 20. 3. 1990, NZA 1990, 699; MünchArbR/*Matthes*, § 355 Rz. 7; *Richardi*, § 99 BetrVG Rz. 78). Insbesondere gebündelt angeordnete Versetzungen können auch das **Mitbestimmungsrecht nach § 87 Abs. 1 BetrVG** auslösen, wenn sie etwa eine Änderung der täglichen Arbeitszeit oder der betrieblichen Lohngestaltung darstellen (LAG Hessen v. 11. 8. 1987, BB 1988, 68).

Klage gegen Versetzung[1]   19.3

An das Arbeitsgericht

In Sachen

.../...

(volles Rubrum)

vertreten wir den Kläger.

Namens und im Auftrag des Klägers erheben wir Klage und beantragen[2, 3]:

1. Es wird festgestellt[4], dass die Beklagte nicht berechtigt ist, dem Kläger eine Tätigkeit als Pförtner zuzuweisen.

---

1 ⇨ **Praxistipp:** Statt selbst aktiv zu werden, kann der Arbeitnehmer bei einer unberechtigten Versetzung auch den Weg gehen, seine Arbeitsleistung gemäß §§ 320, 273 BGB zurückzuhalten, also **nicht mehr zur Arbeit zu erscheinen**. Dieser Weg ist allerdings höchst riskant. Denn regelmäßig kontert der Arbeitgeber nach erfolgloser Abmahnung mit einer fristlosen Kündigung wegen beharrlicher Arbeitsverweigerung. Die Wirksamkeit dieser Kündigung hängt dann davon ab, ob die Versetzung berechtigt war oder nicht. Hat der Arbeitnehmer sich geirrt und war die Versetzung wirksam, steht damit sogleich fest, dass die Arbeitsverweigerung widerrechtlich war, was die fristlose Kündigung des Arbeitgebers rechtfertigen kann. Die Erhebung einer Klage auf Feststellung der Unwirksamkeit der Versetzung ist also der erheblich weniger riskante Weg und deshalb eindeutig vorzuziehen.
2 Gebräuchlich ist auch der Antrag, mit dem die Feststellung begehrt wird, dass **„die Versetzung auf den Arbeitsplatz X unwirksam ist"** (so zB *Schaub*, Formularsammlung, S. 388). Dies ist ebenso zulässig wie der Antrag festzustellen, dass der Arbeitnehmer „nicht verpflichtet ist, als ... tätig zu werden". Nicht zulässig ist dagegen ein Antrag auf „Zurücknahme der Versetzung" (LAG Nürnberg v. 10. 9. 2002 – 6 (4) Sa 66/01, nv.).
3 Bei einer Versetzung an einen **anderen Ort** wird üblicherweise die Feststellung beantragt, „dass die Versetzung in die Filiale X unwirksam ist".
4 An der **Zulässigkeit** einer solchen Feststellungsklage bestehen keine Zweifel. Der Inhalt des Arbeitsverhältnisses ist ein Rechtsverhältnis iSd. § 256 Abs. 1 ZPO.

2. Die Beklagte wird verpflichtet, den Kläger zu unveränderten Bedingungen als Export-Sachbearbeiter weiterzubeschäftigen.[5, 6]

Begründung:

Der Kl. ist seit ... bei der Bekl. als Export-Sachbearbeiter tätig. Grundlage der Tätigkeit ist der Arbeitsvertrag vom ... . Das Gehalt des Kl. betrug zuletzt Euro ... pro Monat. Die Bekl. hat ca. 100 Arbeitnehmer, es besteht ein Betriebsrat.

Der Kl. war von Beginn seiner Tätigkeit an bis zum ... ununterbrochen als Export-Sachbearbeiter tätig, als solcher war er auch ausweislich § 1 seines Anstellungsvertrages eingestellt worden.

Beweis: Anstellungsvertrag vom ..., Anlage K 1

Am ... teilte der Personalleiter der Bekl. dem Kl. mit, er habe ab sofort als Pförtner tätig zu werden. Der bisherige Pförtner sei in den Ruhestand gegangen, einen Nachfolger habe man noch nicht finden können. Der Kl. erklärte sich mündlich bereit, für maximal eine Woche an der Pforte auszuhelfen. Für die Zeit danach bestehe er allerdings auf vertragsgemäßer Beschäftigung als Export-Sachbearbeiter.

Beweis: Zeugnis des Personalleiters, zu laden über die Bekl.

Nach Ablauf der einen Woche teilte der Personalleiter der Bekl. dem Kl. jedoch mit, er müsse „bis auf weiteres" an der Pforte weiterarbeiten. Man denke derzeit über eine generelle Reorganisation des Betriebes nach, deshalb habe man zunächst eine Einstellungssperre verfügt. Man werde „zu gegebener Zeit" auf die Sache wieder zurückkommen.

Beweis: wie vor

Die Bekl. ist nicht berechtigt[7], den Kl. – bis auf weiteres – als Pförtner einzusetzen. Zwar hat sich die Bekl. gemäß § 1 Satz 2 des Anstellungsvertrages das Recht vorbehalten, dem Kl. „anderweitige zumutbare Tätigkeiten, die seinen Kenntnissen und Fähigkeiten entsprechen", zuzuweisen. Es liegt jedoch auf der Hand, dass die Tätig-

---

5 Der **Antrag auf Weiterbeschäftigung** dient vor allem der Verdeutlichung, er muss nicht notwendigerweise zusätzlich zu dem Antrag Ziff. 1 gestellt werden (zum allgemeinen Beschäftigungsanspruch siehe **M 22.13**). Abzulehnen ist die Auffassung des LAG Nürnberg (v. 10. 9. 2002, 6 (4) Sa 66/01, nv.), beide Anträge nebeneinander seien nur zulässig, wenn dafür ein besonderes Rechtsschutzinteresse bestehe.
6 Dem Weiterbeschäftigungsantrag steht es nicht entgegen, wenn der Arbeitgeber nach dem Arbeitsvertrag stets berechtigt ist, dem Arbeitnehmer eine **andere zumutbare Tätigkeit zuzuweisen**. Der Arbeitgeber ist deshalb nicht daran gehindert, dem Arbeitnehmer nach einem entsprechenden stattgebenden Weiterbeschäftigungsurteil erneut eine – diesmal zumutbare – andere Tätigkeit zuzuweisen. Betreibt der Arbeitnehmer dann aus dem alten Titel Vollstreckung auf die Weiterbeschäftigung auf dem bisherigen Arbeitsplatz, muss der Arbeitgeber sich mit der Vollstreckungsgegenklage nach § 767 ZPO (ggf. iVm. einer einstweiligen Verfügung nach § 769 ZPO) wehren.
7 Ob und in welchem Umfang der Arbeitnehmer versetzt werden kann, richtet sich nach dem **Inhalt des Arbeitsvertrages**. Enthält dieser keine **Versetzungsklausel**, ist der Arbeitnehmer also für eine bestimmte Tätigkeit eingestellt, ist die Versetzung grundsätzlich ausgeschlossen. Ansonsten ist stets zu prüfen, ob sich die Versetzung als einseitige Leistungsbestimmung des Arbeitgebers gem. § 315 BGB in den Grenzen billigen Ermessens hält. Daran fehlt es insbesondere bei einer Versetzung an einen weit entfernt liegenden anderen Ort oder bei einer Versetzung auf eine unterwertige Tätigkeit (auch bei Vergütungsfortzahlung).

keit als Pförtner für den Kl. unzumutbar ist. Der Kl. hat eine abgeschlossene kaufmännische Ausbildung. Die Beschäftigung auf einem Arbeitsplatz, der gewöhnlich mit einem ungelernten gewerblichen Arbeitnehmer besetzt wird, stellt eine Diskriminierung dar. Daran ändert sich nichts dadurch, dass die Bekl. dem Kl. zugesagt hat, sein früheres Gehalt unverändert weiterzuzahlen.

Im Übrigen ist die Versetzung auch deshalb unwirksam, weil der Betriebsrat nicht gemäß § 99 BetrVG ordnungsgemäß angehört worden ist.[8]

Beweis: Zeugnis des Betriebsratsvorsitzenden . . ., zu laden über die Bekl.[9]

. . .

(Unterschrift)

---

[8] Die Verletzung der **Mitbestimmungsrechte des Betriebsrats** nach § 99 BetrVG (nur in Unternehmen – nicht mehr „Betrieben"! – mit mehr als 20 wahlberechtigten Arbeitnehmern!) führt zur Unwirksamkeit der Versetzung. Zu beachten ist allerdings, dass sich der Begriff „Versetzung" iSd. §§ 99, 95 Abs. 3 BetrVG nicht mit dem individualrechtlichen Begriff der Versetzung deckt.

[9] Als **Streitwert** werden regelmäßig ein bis drei Monatsgehälter angesetzt.

Kapitel 20 — Änderungskündigung

Literaturübersicht: *Bauer/Krets*, Auflösungsantrag im Rahmen einer Änderungsschutzklage, DB 2002, 1937; *Becker-Schaffner*, Die Änderungskündigung aus materiell-rechtlicher und prozessualer Sicht, BB 1991, 129; *Berkowsky*, Änderungskündigung zur Änderung von Nebenabreden, NZA 2003, 1130; *Berkowsky*, Der Arbeitsrichter in der Flugsicherung – Überlegungen zur Sozialauswahl bei betriebsbedingten Änderungskündigungen, DB 1990, 834; *Brill*, Probleme der Änderungskündigung, ArbuR 1986, 236; *Dänzer-Vanotti*, Sozialauswahl bei Änderungskündigung, ArbuR 1987, 183 (Anm. zu BAG v. 13. 6. 1986, ArbuR 1987, 182); *Hohmeister*, Die Beteiligung des Betriebsrats bei unter Vorbehalt angenommener Änderungskündigung, BB 1994, 1777; *Hromadka*, Änderung von Arbeitsbedingungen, RdA 1992, 234; *Hromadka*, Möglichkeiten und Grenzen der Änderungskündigung, NZA 1996, 1; *Krause*, Die Änderungskündigung zum Zweck der Entgeltreduzierung, DB 1995, 574; *Löwisch*, Die Änderung von Arbeitsbedingungen auf individualrechtlichem Wege, insbesondere durch Änderungskündigung, NZA 1988, 633; *Schaub*, Die Änderungskündigung, in: Hromadka, Änderung von Arbeitsbedingungen, 1990; *Müller*, Änderungskündigung und Auflösungsantrag nach § 9 Abs. 1 Satz 2 KSchG, DB 2002, 2597; *Weber/Ehrich*, Direktionsrecht und Änderungskündigung bei Veränderungen im Arbeitsverhältnis, BB 1996, 2246; *Zirnbauer*, Die Änderungskündigung, NZA 1995, 1073.

I. Erläuterungen

Änderungskündigung ist eine Kündigung verbunden mit dem Angebot der Fortsetzung des Arbeitsverhältnisses zu veränderten Bedingungen, § 2 KSchG. Die Änderungskündigung dient einerseits der einseitigen Durchsetzung von Vertragsänderungen, die über das Direktionsrecht des Arbeitgebers hinausgehen und bei denen die einvernehmliche Neuregelung gescheitert ist. Andererseits stellt die Änderungskündigung ein milderes

Mittel im Vergleich zur Beendigungskündigung dar und ist daher vorrangig anzuwenden. Ist eine Fortsetzung des Arbeitsverhältnisses unter veränderten Bedingungen möglich, ist die dennoch ausgesprochene Beendigungskündigung unwirksam.[1]

Die Grundsätze der Kündigung gelten auch für die Änderungskündigung. Der Arbeitgeber ist an die **Kündigungsfristen des § 622 BGB** gebunden, er muss den **Betriebsrat nach § 102 BetrVG anhören**. Daneben liegt bei einer Änderungskündigung meist auch eine **Versetzung im Sinne von § 99 Abs. 1 BetrVG** vor, die der **Zustimmung des Betriebsrats** bedarf (vgl. **Kapitel 19**). Die fehlende Beteiligung des Betriebsrates nach § 99 Abs. 1 BetrVG berührt die soziale Rechtfertigung der Änderungskündigung jedoch nicht (dazu unten unter 5.). Der Arbeitnehmer kann eine Änderungskündigungsschutzklage nur innerhalb der Drei-Wochen-Frist des KSchG erheben, falls er in dessen Anwendungsbereich fällt und die fehlende soziale Rechtfertigung rügen möchte, § 4 KSchG.

1. Inhalt der Erklärung (M 20.1)

§ 2 KSchG verlangt, dass der Arbeitgeber das Angebot der Fortsetzung des Arbeitsverhältnisses **im Zusammenhang** mit der Kündigung ausspricht. Dies ist der Fall, wenn sich aus den Gesamtumständen zweifelsfrei ergibt, dass der Arbeitgeber in erster Linie die Veränderung der Arbeitsbedingungen bezweckt und nicht die Beendigung des Arbeitsverhältnisses. Änderungsangebot und Kündigung müssen daher auch gleichzeitig zugehen. So kann der Arbeitgeber *nicht* aus einer Beendigungskündigung durch nachträgliches Angebot veränderter Arbeitsbedingungen eine Änderungskündigung machen.[2] Das Angebot des Arbeitgebers muss so konkret sein, dass der Arbeitnehmer **nur mit Ja oder Nein** antworten kann; andernfalls ist es unwirksam.[3]

2. Arten der Änderungskündigung

Wie bei der Beendigungskündigung kann der Arbeitgeber eine außerordentliche oder eine ordentliche Änderungskündigung aussprechen. Die gesetzlich nicht geregelte **außerordentliche** Änderungskündigung ist als Rechtsinstitut allgemein anerkannt, findet aber selten Anwendung. § 2 KSchG ist auch auf die außerordentliche Änderungskündigung anwendbar.[4] Damit kann der Arbeitnehmer auch hier die Annahme unter Vorbehalt erklären und die Änderungsschutzklage erheben (su. unter I. 4. a) und b). Eine ordentliche Änderungskündigung, bei der die angebotenen Änderungen vor Ablauf der Kündigungsfrist in Kraft treten sollen, ist daher unwirksam.[5]

3. Kündigungsgründe und soziale Rechtfertigung

Der Normalfall ist die **ordentliche** Änderungskündigung, die, sofern Kündigungsschutz besteht, sozial gerechtfertigt sein muss. In Betracht kommt aber auch eine außeror-

---
1 BAG 26. 1. 1995, NZA 1995, 628.
2 *Weber/Ehrich*, BB 1996, 2251; LAG Rh.-Pf. v. 6. 2. 1987, LAGE § 2 KSchG Nr. 6 = DB 1987, 1098 (LS).
3 LAG Rh.-Pf. v. 6. 2. 1987, DB 1987, 1098 (LS).
4 BAG v. 19. 6. 1986, NZA 1987, 94.
5 LAG Köln v. 21. 6. 2002, BB 2003, 212.

dentliche fristlose Änderungskündigung, namentlich gegen Funktionsträger im Sinne von § 15 KSchG. Dann muss allerdings – über die nachstehenden Voraussetzungen der ordentlichen Änderungskündigung hinaus – die sofortige Änderung der Arbeitsbedingungen unabweisbar notwendig sein.[6] Für die Änderungskündigung gelten folgende Grundsätze:

Die Sozialwidrigkeit der **ordentlichen** Änderungskündigung bemisst sich ausschließlich nach der **sozialen Rechtfertigung der Änderung der Arbeitsbedingungen**, nicht der Beendigung. Ist nur eine von mehreren Änderungen der Arbeitsbedingungen sozial nicht gerechtfertigt, so ist die Änderungskündigung insgesamt unwirksam.[7] Wie bei der Beendigungskündigung kommt es darauf an, ob personen-, verhaltens- oder betriebsbedingte Gründe iSv. § 1 Abs. 2 KSchG das Änderungsangebot bedingen.

a) Personenbedingte Änderungskündigung

Eine **personenbedingte** Änderungskündigung kommt insbesondere in Frage, wenn der Arbeitnehmer aus gesundheitlichen Gründen an seiner bisherigen Tätigkeit gehindert und ein freier leidensgerechter Arbeitsplatz vorhanden ist.[8] Hierzu verlangt die neuere Rechtsprechung uU sogar das „Freimachen" eines adäquaten, aber noch besetzten Arbeitsplatzes.[9]

b) Verhaltensbedingte Änderungskündigung

Die **verhaltensbedingte** Änderungskündigung setzt einen Verstoß gegen arbeitsvertragliche Pflichten und grundsätzlich eine vorherige Abmahnung voraus.[10]

Bei der personen- oder verhaltensbedingten Änderungskündigung muss zudem das Änderungsangebot **geeignet und erforderlich** sein, die Störung des Arbeitsverhältnisses zu beseitigen.

In einer nachfolgenden **Interessenabwägung** ist ferner das Interesse des Arbeitnehmers an einem unveränderten Fortbestand des Arbeitsverhältnisses gegen dasjenige des Arbeitgebers an einer Änderung der Arbeitsbedingungen abzuwägen.

c) Betriebsbedingte Änderungskündigung

In der Praxis häufigster und auch schwierigster Anwendungsfall der Änderungskündigung ist die betriebsbedingte Änderungskündigung. Hier ist zunächst das Änderungsangebot des Arbeitgebers daran zu messen, ob **dringende betriebliche Erfordernisse** gem. § 1 Abs. 2 KSchG das Änderungsangebot bedingen und ob der Arbeitgeber sich bei einem an sich anerkennenswerten Anlass zur Änderungskündigung darauf beschränkt hat, nur solche Änderungen vorzuschlagen, die der Arbeitnehmer billigerweise hinnehmen muss.[11] Mit anderen Worten muss die Änderung der

---

[6] BAG v. 27. 9. 2001, NZA 2002, 815.
[7] LAG Köln v. 21. 6. 2002, BB 2003, 212.
[8] BAG v. 5. 8. 1976, DB 1976, 2307.
[9] BAG v. 29. 1. 1997, DB 1997, 1039; krit. hierzu *Lingemann*, BB 1998, 1106.
[10] BAG v. 21. 11. 1985, NJW 1987, 516 = NZA 1986, 713.
[11] St. Rspr., vgl. BAG v. 12. 11. 1998, NZA 1999, 471; v. 27. 9. 2001, NZA 2002, 750, 754; v. 21. 2. 2002, DB 2002, 2276; v. 16. 5. 2002, NZA 2003, 147.

Arbeitsbedingungen, gemessen an den betrieblichen Erfordernissen, dem Verhältnismäßigkeitsgrundsatz entsprechen.[12] Betriebsbedingter Grund für eine Änderungskündigung kann beispielsweise die Verlagerung eines Betriebsteils sein.[13] Eine Änderungskündigung **zur Senkung der Lohnkosten** kann nur sozial gerechtfertigt sein, wenn die Rentabilität des Betriebes einer weiteren Beschäftigung zu unveränderten Bedingungen entgegensteht, wenn also durch die Senkung der Personalkosten die Stilllegung des Betriebes oder die Reduzierung der Belegschaft verhindert werden kann und soll und die Kosten durch andere Maßnahmen nicht zu senken sind. Dabei ist auf die **wirtschaftliche Situation des Gesamtbetriebes** und nicht nur die eines unselbständigen Betriebsteils abzustellen.[14] „**Dringend**" sind die betrieblichen Erfordernisse nur, wenn der Arbeitgeber einen umfassenden **Sanierungsplan** vorlegt, der alle gegenüber der beabsichtigten Änderungskündigung milderen Mittel ausschöpft. Als solche milderen Mittel können etwa in Betracht kommen die Senkung von freiwilligen Zulagen, Rationalisierungsmaßnahmen und sonstige Einsparungen, wobei auch die Sanierungsfähigkeit des Betriebs und eigene Sanierungsbeiträge des Arbeitgebers bzw. Dritter (Banken) zu bewerten sein sollen.[15] Eine freie Mitarbeit ist gegenüber der Weiterbeschäftigung zu geänderten Bedingungen als Arbeitnehmer aber kein milderes Mittel.[16] Dient die Änderungskündigung zur **Vermeidung einer Betriebsstilllegung**, so soll sie nur dann sozial gerechtfertigt sein, wenn andernfalls die Beendigungskündigung aufgrund einer Betriebsstilllegung gleichfalls sozial gerechtfertigt wäre.[17] Verändern sich die Umstände, die die Arbeitsvertragsparteien erkennbar einer Nebenabrede zum Arbeitsvertrag zugrunde gelegt hatten – zB einer pauschalen Abgeltung von Überstunden –, so kann eine Änderungskündigung bezüglich der Nebenabrede – zB zukünftig vorrangig Freizeitausgleich für Überstunden und genaue Einzelabrechnung – durch dringende betriebliche Erfordernisse gerechtfertigt sein.[18] Schließlich ist eine betriebsbedingte Änderungskündigung auch nur dann sozial gerechtfertigt, wenn sich der Arbeitgeber bei einem an sich anerkennenswerten Anlass darauf beschränkt hat, **lediglich solche Änderungen vorzuschlagen, die der Arbeitnehmer billigerweise hinnehmen muss**. Die Änderung der Arbeitsbedingungen muss also **zumutbar** sein. So soll zB bei einem vorübergehendem Betriebsverlust auch nur eine vorübergehende Einkommensminderung sozial gerechtfertigt sein.[19]

Auch bei der betriebsbedingten Änderungskündigung muss eine **soziale Auswahl** stattfinden (§ 2 Abs. 1 iVm. § 1 Abs. 3 Satz 1 und 2 KSchG). Die Regeln des § 1 Abs. 3 KSchG werden in modifizierter Form angewendet.[20] In die Auswahl einzubeziehen sind alle **vergleichbaren Arbeitnehmer**, dh. diejenigen, die in ihrer bisherigen Tätigkeit und zugleich in ihrer Eignung für den angebotenen Arbeitsplatz austauschbar sind.[21] Aus-

---

12 BAG v. 21. 2. 2002, DB 2002, 2276, 2277.
13 BAG v. 27. 9. 2001, NZA 2002, 696.
14 BAG v. 12. 11. 1998, NZA 1999, 472.
15 BAG v. 12. 11. 1998, NZA 1999, 472; v. 20. 8. 1999, NZA 1999, 255; v. 27. 9. 2001, NZA 2002, 750, 754; v. 16. 5. 2002, NZA 2003, 147.
16 BAG v. 21. 2. 2002, DB 2002, 2276, 2277.
17 BAG v. 12. 11. 1998, NZA 1999, 473.
18 BAG v. 23. 11. 2000, BB 2001, 940, 941; ebenso BAG v. 27. 3. 2003, NZA 2003, 1030 (Bustransfer) mit krit. Anmerkung *Berkowsky*, NZA 2003, 1130.
19 BAG v. 20. 8. 1999, NZA 1999, 255.
20 BAG v. 13. 6. 1986, DB 1987, 335.
21 BAG v. 13. 6. 1986, DB 1987, 335.

zuwählen ist der Arbeitnehmer, dem die Änderung der Arbeitsbedingungen in sozialer Hinsicht am ehesten zugemutet werden kann[22]; es kommt insoweit nicht nur auf Lebensalter und Dauer der Betriebszugehörigkeit an, sondern auch auf Eigenschaften wie Wendigkeit, Anpassungsfähigkeit, Bildungsstandard und Gesundheitszustand.

Die Änderungskündigung kann auch mit dem Ziel ausgesprochen werden, das bisher **unbefristete Arbeitsverhältnis nur noch befristet** fortzuführen. Sie ist sozial gerechtfertigt, wenn die bisherige Beschäftigungsmöglichkeit für den Arbeitnehmer entfällt und lediglich solche freien Arbeitsplätze noch vorhanden sind, die von vornherein aus sachlichen Gründen nur befristet eingerichtet sind.[23] Auch wenn der Arbeitnehmer gegen eine solche Befristung nicht fristgerecht den Vorbehalt erklärt und Kündigungsschutzklage erhoben hat, kann er nach Ablauf der Befristung noch die Entfristungsklage erheben.[24]

Da bei einer **bloßen Reduzierung des Beschäftigungsvolumens Voll- und Teilzeitbeschäftigte gleichermaßen in die Sozialauswahl einzubeziehen** sind, muss gegebenenfalls auch im Rahmen einer Beendigungskündigung gegenüber der sozial weniger schutzwürdigen Vollzeitkraft eine entsprechende Änderungskündigung auf Teilzeit ausgesprochen werden.[25]

4. Reaktionsmöglichkeiten des Arbeitnehmers

Spricht der Arbeitgeber eine Änderungskündigung aus, stehen dem Arbeitnehmer mehrere Reaktionsmöglichkeiten zur Verfügung: Er kann die Ablehnung, die Annahme unter Vorbehalt oder die vorbehaltlose Annahme erklären.

a) Ablehnung

Lehnt der Arbeitnehmer das Angebot ab, wird die Änderungskündigung ohne weiteres zur Beendigungskündigung. Der Arbeitnehmer kann dann die allgemeine Kündigungsschutzklage erheben. **Streitgegenstand** ist dann ausschließlich die Beendigung des Arbeitsverhältnisses. Es ist dem Arbeitnehmer in diesem Fall verwehrt, sich auf die Möglichkeit einer Änderungskündigung als milderes Mittel zu berufen. Die Ablehnung ist endgültig und führt gemäß § 146 BGB zum Erlöschen des Angebots.

Die **soziale Rechtfertigung** der Beendigungskündigung richtet sich allerdings nur danach, ob die **Änderung** des Arbeitsverhältnisses nach obigen (Ziff. 3) Maßstäben gerechtfertigt gewesen wäre.[26] Auf die soziale Rechtfertigung der gleichzeitig ausgesprochenen **Beendigung** kommt es **nicht** an, obwohl bei Abweisung der Kündigungsschutzklage das Arbeitsverhältnis nicht geändert, sondern beendet ist. Dies beruht aber nicht auf der Erklärung des Arbeitgebers, der die Änderung ja angeboten hat, sondern auf der Ablehnung des Arbeitnehmers. Da der Arbeitnehmer damit den Bestand seines Arbeitsverhältnisses aufs Spiel setzt, ist die Ablehnung der Änderungskündigung in der Praxis selten.

---

22 BAG v. 13. 6. 1986, DB 1987, 335.
23 BAG v. 25. 4. 1996, AP Nr. 78 zu § 1 KSchG 1969 – Betriebsbedingte Kündigung.
24 BAG v. 8. 7. 1998, NZA 1999, 81.
25 BAG v. 3. 12. 1997, AP Nr. 39 zu § 1 KSchG 1969 – Soziale Auswahl; zustimmend *Oetker*, RdA 1999, 267; ablehnend *Bauer/Klein*, BB 1999, 1162.
26 BAG v. 17. 6. 1998, NZA 1998, 1225.

b) Annahme unter Vorbehalt

Gem. § 2 KSchG kann der Arbeitnehmer das Angebot auch **unter dem Vorbehalt der sozialen Rechtfertigung der Änderung der Arbeitsbedingungen annehmen** (M 20.2). Das ist in der Praxis der bei weitem häufigste Fall. Der Arbeitnehmer muss diesen Vorbehalt gemäß § 2 Satz 2 KSchG vor Ablauf der Kündigungsfrist, spätestens aber innerhalb von drei Wochen nach Zugang der Kündigung erklären.

> **Wichtig:** Erhebt der Arbeitnehmer die **Änderungsschutzklage** nach § 4 Satz 2 KSchG, kann dies die konkludente Erklärung des Vorbehalts enthalten. Die Frist ist dann aber nur eingehalten, wenn die Klage vor Fristablauf zugestellt wird; § 167 ZPO gilt nicht.[27] Versäumt der Arbeitnehmer es, den Vorbehalt rechtzeitig zu erklären, kann er nur eine allgemeine Kündigungsschutzklage gegen die Beendigung seines Arbeitsverhältnisses erheben. Die Situation entspricht dann der bei vorbehaltloser Ablehnung des Änderungsangebotes (oben a).

Nimmt der Arbeitnehmer das Angebot unter dem Vorbehalt der sozialen Rechtfertigung an, muss er **zusätzlich** die Änderungsschutzklage erheben, wenn er die **soziale Rechtfertigung** der Änderungskündigung gerichtlich prüfen lassen will. Die Klagefrist der Änderungsschutzklage beträgt drei Wochen ab Zugang der Änderungskündigung, § 4 Satz 2 KSchG. Wird in diesem Zeitraum nicht Klage erhoben, gilt die Änderung fortan als sozial gerechtfertigt und der Vorbehalt erlischt, § 7 KSchG.

Streitgegenstand der Änderungsschutzklage ist, ob die Änderung der Arbeitsbedingungen sozial gerechtfertigt oder die Änderungskündigung aus anderen Gründen unwirksam ist. Obsiegt der Arbeitnehmer, gilt die Änderungskündigung als von Anfang an rechtsunwirksam (§ 8 KSchG), und das Arbeitsverhältnis besteht zu den ursprünglichen Bedingungen fort. Andernfalls wird das Arbeitsverhältnis zu den geänderten Bedingungen weitergeführt. Zu bejahen ist die streitige Frage, ob im Verfahren einer Änderungsschutzklage auch ein Auflösungsantrag nach § 9 KSchG gestellt werden kann.[28]

Auch wenn er Änderungsschutzklage erhoben hat, muss der Arbeitnehmer nach Ablauf der Kündigungsfrist bis zum rechtskräftigen Abschluss des Verfahrens zunächst unter den geänderten Bedingungen arbeiten. Das BAG[29] hat offen gelassen, ob entsprechend § 102 Abs. 5 BetrVG ein Beschäftigungsanspruch zu den bisherigen Bedingungen besteht, wenn bei einer mit der Änderung der Arbeitsbedingungen verbundenen Maßnahme nach § 99 BetrVG die Zustimmung des Betriebsrates nicht ersetzt wurde und der Arbeitgeber auch nicht berechtigt ist, die Maßnahmen nach § 100 BetrVG vorläufig durchzuführen.

c) Vorbehaltlose Annahme

Nimmt der Arbeitnehmer das Angebot an, wird das Arbeitsverhältnis mit den neuen Bedingungen ab dem Zeitpunkt fortgesetzt, zu dem die Kündigung wirksam geworden wäre. Die Annahmeerklärung muss dem Arbeitgeber nicht innerhalb der Überlegungsfrist des § 2 Satz 2 KSchG zugehen; maßgeblich ist vielmehr, wann der Arbeit-

---

27 BAG v. 17. 6. 1998, NZA 1998, 1225.
28 Dafür: *Bauer/Krets*, DB 2002, 1937 ff.; dagegen: *Müller*, DB 2002, 2597 ff.
29 BAG v. 18. 1. 1990, BB 1990, 1843.

geber unter regelmäßigen Umständen eine Antwort auf das in seiner Änderungskündigung enthaltene Änderungsangebot erwarten darf, § 147 BGB.[30] Sofern der Arbeitgeber nicht gemäß § 148 BGB eine entsprechende Frist gesetzt hat, erwägt das BAG, entweder auf die volle Kündigungsfrist abzustellen oder auf die Zeit bis zu dem Tag, an dem der Arbeitgeber unter Einhaltung der Kündigungsfrist letztmalig kündigen könnte.[31]

➲ **Praxistipp:** Um Planungssicherheit zu haben, sollte der Arbeitgeber für die vorbehaltlose Annahme des Änderungsangebotes eine angemessene Frist setzen.

Arbeitet der Arbeitnehmer nach Ablauf der Kündigungsfrist zu den neuen Bedingungen einfach weiter, bedeutet dies idR die Annahme des Angebotes durch schlüssiges Verhalten.[32] Dies gilt selbst dann, wenn sich das Änderungsangebot des Arbeitgebers nicht in allen Punkten unmittelbar auf das Arbeitsverhältnis auswirkt, dh. die Folgen der Vertragsänderung nur teilweise sofort hervortreten.[33]

5. Beteiligung des Betriebsrates

Auch bei der Änderungskündigung ist der Betriebsrat **nach § 102 BetrVG** anzuhören. Bei fehlender oder fehlerhafter Anhörung ist die Änderungskündigung unwirksam, § 102 Abs. 1 Satz 3 BetrVG.

Häufig führt die Änderungskündigung gleichzeitig zu einer personellen Einzelmaßnahme, die **nach § 99 BetrVG der Zustimmung des Betriebsrates** bedarf, so insbesondere bei einer Umgruppierung oder Versetzung (vgl. Kapitel 19). Wurde der Betriebsrat nach § 99 BetrVG nicht beteiligt, so berührt dies die soziale Rechtfertigung der mit der Änderungskündigung erstrebten Änderung der Arbeitsbedingungen jedoch **nicht**. Andernfalls wäre der Arbeitnehmer gegen eine Änderung der Arbeitsbedingungen stärker geschützt als gegen eine Beendigung des Arbeitsverhältnisses, die ja keiner Zustimmung des Betriebsrates nach § 99 BetrVG bedarf, sondern nur einer Anhörung nach § 102 BetrVG.[34] Allerdings kann auch die sozial gerechtfertigte Änderungskündigung erst **durchgeführt** werden, wenn die Zustimmung des Betriebsrates nach § 99 BetrVG vorliegt.[35]

---

30 BAG v. 6. 2. 2003, NZA 2003, 659; aA noch LAG BW v. 30. 1. 1990, BB 1991, 69 f.
31 BAG v. 6. 2. 2003, NZA 2003, 659.
32 BAG v. 19. 6. 1986, DB 1986, 2604 = NZA 1987, 94.
33 BAG v. 1. 8. 2001, DB 2001, 2557.
34 BAG v. 17. 6. 1998, NZA 1998, 1225.
35 BAG v. 17. 6. 1998, NZA 1998, 1225.

II. Muster

20.1 Änderungskündigung durch den Arbeitgeber

Sehr geehrte(r) Frau/Herr . . .,

1. hiermit kündigen wir das mit Ihnen bestehende Arbeitsverhältnis ordentlich zum . . . .

2. Wir bieten Ihnen aber gleichzeitig an, das Arbeitsverhältnis ab dem . . .[1] wie folgt fortzusetzen:

Sie werden künftig in der Abteilung . . . zu der Vergütung . . . tätig sein.[2]

Im Übrigen bleibt es bei den bisherigen Bedingungen Ihres Arbeitsverhältnisses.

3. Die Änderungskündigung erfolgt aus folgenden Gründen[3]:

. . .

Wenn Sie mit der Fortsetzung Ihres Arbeitsverhältnisses zu den vorgenannten geänderten Bedingungen einverstanden sind, bitten wir Sie, uns dies bis spätestens zum . . . mitzuteilen.[4]

Wir hoffen, dass Sie für diese Maßnahme Verständnis haben.

Der Betriebsrat hat der Änderungskündigung nach § 102 BetrVG nicht widersprochen und der damit verbundenen Versetzung nach § 99 BetrVG zugestimmt.[5]

Für den Fall, dass Sie die Änderung Ihrer Arbeitsbedingungen ablehnen, sind Sie zur Vermeidung einer Kürzung Ihres Anspruchs auf Arbeitslosengeld gem. § 37b SGB III verpflichtet, sich unverzüglich nach Erhalt dieses Schreibens persönlich bei der Agentur für Arbeit arbeitsuchend zu melden.

. . .

Firma

---

1 Ablauf der Kündigungsfrist gem. Ziffer 1.
2 Hier müssen die veränderten Arbeitsbedingungen detailliert angegeben werden.
3 Eine Begründung ist zur Wirksamkeit der Kündigung nicht erforderlich; sie kann aber die Akzeptanz des Änderungsangebotes erhöhen und dadurch ggf. Annahmen unter Vorbehalt und nachfolgende Änderungsschutzklagen vermeiden.
4 Gemäß BAG v. 6. 2. 2003, NZA 2003, 659 ist die vorbehaltlose Annahme des in einer Änderungskündigung enthaltenen Änderungsangebotes nicht an die Höchstfrist von drei Wochen nach Zugang der Kündigung gemäß § 2 Satz 2 KSchG gebunden. Maßgeblich für die Annahmefrist ist vielmehr, wann der Arbeitgeber unter regelmäßigen Umständen (§ 147 BGB) eine Antwort auf das in seiner Änderungskündigung enthaltene Änderungsangebot erwarten darf. Das BAG weist ausdrücklich darauf hin, dass der Arbeitgeber jedoch nach § 148 BGB eine Frist setzen kann. Zu der Dauer dieser Frist sagt das Urteil nichts. Wir halten es für ratsam, die Drei-Wochen-Frist des § 2 Satz 2 KSchG auch für die vorbehaltlose Annahme zu setzen.
5 Widerspricht der Betriebsrat der Versetzung, muss die Zustimmung im Wege des Verfahrens nach § 99 Abs. 4 BetrVG ersetzt werden.

Annahme der Änderungskündigung unter Vorbehalt 20.2

Firma
z. Hd. Frau/Herrn ... *(Ort, Datum)*[1]

Sie haben mir am ... zum ... mit dem Angebot gekündigt, mich zu den dort genannten geänderten Bedingungen weiter zu beschäftigen. Dieses Angebot nehme ich unter dem Vorbehalt an, dass diese Änderung nicht sozial ungerechtfertigt ist.

...

Unterschrift

---

[1] Der Vorbehalt muss innerhalb der Kündigungsfrist, spätestens jedoch innerhalb von drei Wochen nach Zugang der Kündigung erklärt werden (§ 2 Satz 2 KSchG) und dem Arbeitgeber zugehen (vgl. Erläuterungen unter I. 4. b).

Anhörung des Betriebsrates zur Änderungskündigung gemäß § 102 BetrVG 20.3

An den Betriebsrat
z. Hd. des/der Betriebsratsvorsitzenden
im Hause

Anhörung nach § 102 BetrVG

Sehr geehrte(r) Frau/Herr ...,

*wir beabsichtigen, gegenüber Herrn/Frau ... eine Änderungskündigung gem. anliegendem Entwurf (vgl. **M 20.1**) auszusprechen. Herr/Frau ... hat folgende Sozialdaten:*

Alter ...

Betriebszugehörigkeit ...

Anzahl der unterhaltsberechtigten Kinder ...

Anhaltspunkte für eine sonstige soziale Schutzbedürftigkeit haben wir nicht.

Er/Sie erhält zurzeit eine Vergütung in Höhe von Euro ... und ist tätig als ... in der Abteilung ....

Aufgrund der Ihnen bekannten Stilllegung der Abteilung ist der dortige Arbeitsplatz von Herrn/Frau ... weggefallen. Wir haben jedoch einen freien Arbeitsplatz in der Abteilung ... als .... Da Herr/Frau ... gegenüber den anderen Mitarbeitern der stillgelegten Abteilung, die auf diesem Arbeitsplatz eingesetzt werden könnten, am sozial schutzwürdigsten ist – eine Liste mit den sozialen Daten der übrigen Mitarbeiter fügen wir bei/liegt Ihnen vor –, beabsichtigen wir die anliegende Änderungskündigung zur Weiterbeschäftigung als ... in der Abteilung ....

...
(Unterschrift)

20.4 Beteiligung des Betriebsrates nach § 99 BetrVG

An den Betriebsrat
z. Hd. des/der Betriebsratsvorsitzenden
im Hause

Sehr geehrte(r) Frau/Herr ...,

als **Anlage** erhalten Sie den Entwurf unserer Änderungskündigung und die Betriebsratsanhörung nach § 102 BetrVG.

Die Weiterbeschäftigung von Herrn/Frau ... in der Abteilung stellt eine Versetzung dar. Dazu bitten wir um Ihre Zustimmung gem. § 99 BetrVG.

...

(Unterschrift)

20.5 Klage gegen Änderungskündigung

An das Arbeitsgericht

In Sachen

.../...

(volles Rubrum)

vertreten wir den Kläger.

Namens und im Auftrag des Klägers erheben wir Klage und beantragen:

> Es wird festgestellt, dass die Änderung der Arbeitsbedingungen im Zusammenhang mit der Änderungskündigung vom ... unwirksam ist.[1, 2, 3]

---

1 Der richtige **Klageantrag** bei einer Änderungskündigung ist ein seit Jahrzehnten diskutiertes Problem. Einfach ist die prozessuale Situation, wenn der Arbeitnehmer das Angebot **nicht** rechtzeitig unter Vorbehalt **annimmt**, sondern vorbehaltlos ablehnt oder innerhalb der Annahmefrist (drei Wochen, max. aber die Dauer der Kündigungsfrist) keine Annahme erklärt. In einem solchen Fall ist das Änderungsangebot endgültig abgelehnt mit der Folge, dass nicht mehr über den Inhalt des Arbeitsverhältnisses gestritten wird, sondern nur noch um seinen Fortbestand. Dann ist der normale Klageantrag wie bei einer Kündigungsschutzklage (vgl. **M 22.13**) zu stellen.
Ist dagegen die Änderung der Arbeitsbedingungen **fristgerecht unter Vorbehalt angenommen worden**, steht die Fortsetzung des Arbeitsverhältnisses außer Streit. Streitig ist nur, zu welchen Konditionen (alte oder neue) es fortgesetzt wird. Die wohl herrschende Meinung will hier die Klage auf die Feststellung der Unwirksamkeit der Änderung der Arbeitsbedingungen richten (*Schaub*, Formularsammlung, § 34 I.; *Gift/Baur*, E Rz. 138). Nach anderer Auffassung soll dagegen die Klage auf Feststellung gerichtet werden, dass die Änderungskündigung unwirksam ist (Beck'sches Prozessformularbuch IV, B 9). Wieder andere wollen auf Feststellung klagen, dass das Arbeitsverhältnis über den Kündigungstermin hinaus unverändert fortbesteht (*Wenzel*, MDR 1969, 977). Letztlich kann dieser Streit dahinstehen. Denn in allen genannten Formulierungen wird das Klagebegehren des Arbeitnehmers hinreichend deutlich.

Begründung:

Die Bekl. ist ein ...-Unternehmen mit 200 Beschäftigten. Der Kl. ist seit dem ... bei der Bekl. als ... in der ...-Abteilung tätig. Sein Gehalt betrug zuletzt Euro ... pro Monat. Gem. § ... des Arbeitsvertrages vom ... steht dem Kl. im Dezember eines jeden Kalenderjahres ein Weihnachtsgeld in Höhe von einem Bruttomonatsgehalt zu.

Beweis: Anstellungsvertrag vom ..., Anlage K 1

Mit Schreiben vom ... hat die Bekl. das Arbeitsverhältnis fristgerecht zum ... gekündigt.[4] Die Kündigung war verbunden mit dem Angebot, die Beschäftigung nahtlos ab ... zu unveränderten Bedingungen, allerdings ohne Anspruch auf Weihnachtsgeld, fortzusetzen.

Beweis: Kündigungsschreiben der Bekl. vom ... Anlage K 2

Der Kl. hat mit Einschreiben vom ... das Angebot zur Fortsetzung des Anstellungsverhältnisses zu den geänderten Bedingungen unter Vorbehalt gem. § 2 KSchG angenommen.

Beweis: Vorlage des Schreibens des Kl. vom ... Anlage K 3

Die Änderungskündigung ist sozial ungerechtfertigt. Es liegen weder ausreichende personen- noch verhaltens- oder betriebsbedingte Gründe vor. Mündlich hat die Bekl. dem Kl. erläutert, sie habe im letzten Jahr Verluste gemacht und müsse Kosten sparen. Die Behauptung, die Bekl. habe im letzten Jahr Verluste gemacht, wird mit Nichtwissen bestritten. Abgesehen davon wäre dies kein ausreichender Grund, dem Kl. das Weihnachtsgeld zu streichen.

Die ordnungsgemäße Anhörung des Betriebsrats[5] wird mit Nichtwissen bestritten.[6]

---

2 Ist zwischen den Parteien die **Wirksamkeit der Annahme** unter Vorbehalt **streitig** (zB hinsichtlich der Rechtzeitigkeit der Annahmeerklärung), verbindet der Arbeitnehmer zweckmäßigerweise den Änderungsschutzantrag mit einem Kündigungsschutzantrag nach § 4 KSchG als Hilfsantrag (vgl. BAG v. 28. 3. 1985, DB 1985, 2461; Stahlhacke/Preis/Vossen, Rz. 2060; Gift/Baur, E Rz. 139).

3 Bei Annahme der Änderungskündigung unter Vorbehalt kommt ein Anspruch auf **vorläufige Weiterbeschäftigung** auf dem bisherigen Arbeitsplatz nur in Betracht, wenn die Änderungskündigung offensichtlich unwirksam ist (zB wegen fehlender Betriebsratsanhörung). Ansonsten ist der Arbeitnehmer verpflichtet, nach Ablauf der Kündigungsfrist zunächst zu den geänderten Bedingungen weiterzuarbeiten, bis über die Änderungsschutzklage rechtskräftig entschieden ist (BAG v. 18. 1. 1990, AP Nr. 27 zu § 2 KSchG 69).

4 Bei der ordentlichen Änderungskündigung ist die normale vertragliche, tarifliche oder gesetzliche **Kündigungsfrist** einzuhalten. Je nach den Umständen kommt allerdings auch eine außerordentliche Änderungskündigung iS des § 626 Abs. 1 BGB in Betracht, dann ist die Einhaltung einer Frist nicht erforderlich.

5 Für die **Anhörung des Betriebsrats** nach § 102 BetrVG gelten die allgemeinen Regeln. Allerdings muss dem Betriebsrat auch das Änderungsangebot in allen Einzelheiten mitgeteilt werden, ebenso wie die Gründe für die angestrebte Änderung. Umfasst das Änderungsangebot eine Versetzung iS der §§ 95, 99 BetrVG, so ist neben der Anhörung nach § 102 BetrVG auch eine nach § 99 BetrVG erforderlich. Beide können miteinander verbunden werden, es muss aber für den Betriebsrat erkennbar sein, dass es um zwei verschiedene Anhörungen geht. Fehlt die Anhörung nach § 99 BetrVG, macht dies allerdings die Kündigung nicht unwirksam. Der Arbeitgeber ist lediglich gehindert, den Arbeitnehmer zu den geänderten Bedingungen weiterzubeschäftigen (BAG v. 30. 9. 1993, DB 1994, 637).

(Unterschrift)

6 **Streitwert** ist bei Annahme des Änderungsangebots der 36fache Wert der Differenz zwischen den alten und den neuen Arbeitsbedingungen (§ 12 Abs. 7 Satz 2 ArbGG), maximal jedoch ein Vierteljahresbezug (alt) gemäß § 12 Abs. 7 Satz 1 ArbGG (LAG München v. 31. 5. 1985, AP Nr. 10 zu § 12 ArbGG).

Kapitel 21 Anfechtung

Literaturübersicht: *Bauer*, Arbeitsrechtliche Aufhebungsverträge, 7. Aufl. 2004; *Bauer*, Beseitigung von Aufhebungsverträgen, NZA 1992, 1015; *Bauer*, Unwirksame Aufhebungsverträge, NJW 1994, 980; *Buschbeck-Bülow*, Der Aufhebungsvertrag, AR-Blattei 260; *Dörner*, Anfechtung im Arbeitsrecht, AR-Blattei SD 60; *Eckert*, Keine Anfechtung des Arbeitsvertrages durch Arbeitgeber bei offensichtlicher Schwerbehinderung des Arbeitnehmers, DStR 2001, 269; *Ehrich*, Recht des Arbeitnehmers zum Widerruf eines Aufhebungsvertrages wegen „Überrumpelung" durch den Arbeitgeber?, DB 1992, 2239; *Ehrich*, Unwirksamkeit eines Aufhebungsvertrages wegen „Überrumpelung" durch den Arbeitgeber, NZA 1994, 438; *Fahlbusch*, Anfechtbarkeit von Aufhebungsverträgen, BetrR 1995, 71; *Heidsiek*, Anfechtung des Arbeitsvertrages wegen Verschweigens von Stasi-Tätigkeiten, BB 1994, 2496; *Hromadka*, Zur Anfechtung eines Arbeitsvertrages wegen arglistiger Täuschung aufgrund wahrheitswidriger Beantwortung der Frage nach einer Schwerbehinderteneigenschaft, EWiR 1999, 439; *Hromadka*, Anfechtung von Aufhebungsverträgen und Verwirkung, FS Zöllner, 1998, S. 785; *Hromadka*, Aufhebungsvertrag nach Drohung mit fristloser Kündigung – Klageweise Geltendmachung der Nichtigkeit des Vertrages, EWiR 1998, 251; *Keppeler*, Der Aufhebungsvertrag – wirklich ein mitbestimmungsfreier Raum?, ArbuR 1996, 263; *Klette*, Anfechtung wegen Falschbeantwortung der Frage nach Schwerbehinderung nur bei Irrtum, DStR 2001, 1902; *Lingemann*, Neues zum arbeitsrechtlichen Aufhebungsvertrag – Klarstellung des BAG, NJW 1997, 640; *Rudolph*, Anfechtung des Arbeitsvertrages wegen Nachtarbeitsverbots für Schwangere, BetrR 1994, 95; *Schlachter*, Anfechtung eines aufgrund einer Drohung des Arbeitgebers mit Strafanzeige geschlossenen Aufhebungsvertrages, EWiR 1998, 1065; *Strick*, Die Anfechtung von Arbeitsverträgen durch den Arbeitgeber, NZA 2000, 695; *Weber/Ehrich*, Anfechtung eines Aufhebungsvertrages – der verständig denkende Arbeitgeber, NZA 1997, 414; *Wisskirchen*, Wahrheitswidrige Verneinung der Frage nach der Schwerbehinderteneigenschaft bei Abschluss eines Arbeitsvertrages, EWiR 1994, 329; *Wisskirchen*, Aktuelle Fragen zu arbeitsrechtlichen Aufhebungsverträgen, DB 1994, 577.

I. Erläuterungen

1. Anfechtung des Arbeitsvertrages

Neben der Kündigung stellt auch die Anfechtung einen einseitigen Beendigungstatbestand des Arbeitsverhältnisses dar. Sie steht selbständig neben der Kündigung und unterscheidet sich von dieser in Voraussetzungen und Wirkungen. So dient die Anfechtung dazu, sich von den Folgen einer Willenserklärung zu befreien, die auf einem **Willensmangel** beruht. Das Rechtsverhältnis ist in diesem Fall von Anfang an fehlerhaft. Bei der Kündigung hingegen wird ein Rechtsverhältnis, das zunächst fehlerfrei zustande gekommen ist, aus einem nachträglich eintretenden Grund beendet.

a) Anfechtungsgründe

Der Arbeitsvertrag kann wegen Irrtums (§ 119 BGB), wegen Drohung oder wegen arglistiger Täuschung (§ 123 BGB) angefochten werden.

aa) Irrtum

Zur Anfechtung wegen Inhalts- oder Erklärungsirrtums ist berechtigt, wer sich bei Abgabe der Willenserklärung über deren Inhalt getäuscht hat oder eine Erklärung dieses Inhalts gar nicht abgeben wollte (§ 119 Abs. 1 BGB).

Von praktischer Bedeutung ist der Irrtum über **verkehrswesentliche Eigenschaften** des Arbeitnehmers (§ 119 Abs. 2 BGB). Anfechtungsgrund ist hier die Unkenntnis von Eigenschaften, die für die Beurteilung der Eignung des Arbeitnehmers für die vorgesehene Arbeitsleistung von Bedeutung sind. Die Eigenschaften, die Gegenstand des Irrtums sind, können physikalischer Natur sein, aber auch aus rechtlichen und tatsächlichen Beziehungen von gewisser Dauer bestehen. Dazu gehören etwa Geschlecht, Alter, Berufsausbildung, Zuverlässigkeit, Vorstrafen etc.

– Die **Krankheit** eines Arbeitnehmers stellt dann eine verkehrswesentliche Eigenschaft dar, wenn dem Arbeitnehmer bei Vertragsschluss nicht nur vorübergehend die notwendige Fähigkeit überhaupt fehlt oder erheblich beeinträchtigt ist, die vertraglich übernommenen Arbeiten auszuführen.[1]

– Die **Schwangerschaft** stellt als nur vorübergehender Zustand idR keine Eigenschaft der Bewerberin dar. Ausnahmsweise war eine Anfechtung wegen Schwangerschaft nach bisheriger Rechtsprechung jedoch möglich, wenn die Schwangere bei einer auf kurze Zeit befristeten Beschäftigung – etwa einer Schwangerschafts- oder Urlaubsvertretung – aufgrund der Beschränkungen durch das MuSchG für eine im Verhältnis zur vereinbarten Gesamtdauer des Arbeitsverhältnisses erhebliche Zeit ausfällt.[2] Ob dies aufgrund von § 611a BGB und der neueren Rechtsprechung des BAG dazu[3] unverändert gilt, ist offen. Ein aufgrund der Schwangerschaft bestehendes Beschäftigungsverbot für die vereinbarte Tätigkeit würde die Anfechtung danach jedenfalls nicht mehr begründen.

– Das Bestehen von **Vorstrafen** an sich ist keine verkehrswesentliche Eigenschaft, lässt aber uU Rückschlüsse auf charakterliche Eigenschaften zu, deren Unkenntnis zur Anfechtung berechtigt. Einschränkend gilt jedoch, dass die Vorstrafe einen Bezug zu der vorgesehenen Tätigkeit haben muss.[4] Davon ist bei einer Tätigkeit im Polizeidienst regelmäßig auszugehen.[5]

– Die **Schwerbehinderteneigenschaft** ist nur dann als verkehrswesentlich anzusehen, wenn sie für die Leistung und Fähigkeit auf dem jeweiligen Arbeitsplatz von ausschlaggebender Bedeutung ist.[6] Andernfalls kommt uU eine Anfechtung wegen Täuschung in Betracht (dazu unten bb). Insgesamt ist die Zulässigkeit einer Frage

---

[1] BAG v. 28. 3. 1974, DB 1974, 1531.
[2] BAG v. 15. 10. 1992, DB 1993, 435.
[3] BAG v. 6. 2. 2003, NZA 2003, 848.
[4] BAG v. 5. 12. 1957, DB 1958, 277.
[5] Vgl. BAG v. 20. 5. 1999, NZA 1999, 975 f.
[6] MünchArbR/*Richardi*, § 41 Rz. 52 f.

nach der Schwerbehinderteneigenschaft und eine darauf gestützte Anfechtung jedoch sehr streitig geworden.[7]

– Die **Gewerkschaftszugehörigkeit** ist keine verkehrswesentliche Eigenschaft.

bb) Arglistige Täuschung

Zur Anfechtung einer Willenserklärung berechtigt ist auch, wer zu ihrer Abgabe **durch eine arglistige, dh. vorsätzliche Täuschung bestimmt** wurde (§ 123 Abs. 1 BGB). Täuschung ist jedes Verhalten, durch das eine unrichtige Vorstellung über Tatsachen erregt, bestärkt oder aufrechterhalten wird. Auf die Verkehrswesentlichkeit der Tatsache kommt es nicht an. Maßgeblich ist, dass die Täuschung letztendlich für den Abschluss des Arbeitsvertrags ursächlich war.[8]

Diese Voraussetzungen sind etwa erfüllt, wenn der Arbeitgeber dem Arbeitnehmer im Rahmen der Einstellung eine **zulässige Frage** stellt und der Arbeitnehmer diese bewusst wahrheitswidrig beantwortet. Die falsche Beantwortung unzulässiger Fragen ist demgegenüber nicht widerrechtlich. Dem Arbeitnehmer steht in diesem Fall ein sog. **„Recht zur Lüge"** zu. Dann liegt auch keine arglistige Täuschung iSd. § 123 BGB vor. Zulässig sind nur solche Fragen, an deren Beantwortung der Arbeitgeber ein berechtigtes, billigenswertes und schutzwürdiges Interesse hat (vgl. hierzu ausführlich Kapitel 1). Dazu zählt auch die Frage nach der Schwerbehinderung.[9] Wegen § 611a BGB darf eine Arbeitnehmerin die Frage nach der Schwangerschaft auch dann unzutreffend beantworten, wenn sie die vereinbarte Tätigkeit während der Schwangerschaft wegen eines mutterschutzrechtlichen Beschäftigungsverbotes zunächst nicht ausüben kann.[10] Ob auch die Frage nach der Schwerbehinderung zulässig ist, ist, wie dargelegt, höchst umstritten;[11] jedenfalls aber greift die Anfechtung mangels Irrtums nicht durch, wenn die Schwerbehinderung offensichtlich ist.[12]

Umgekehrt liegt eine Täuschung auch dann vor, wenn der Arbeitnehmer nach Treu und Glauben verpflichtet ist, eine Tatsache auch ungefragt zu offenbaren, und er diese bewusst verschweigt.[13] Eine **Offenbarungspflicht** trifft den Arbeitnehmer jedoch nur ausnahmsweise. Im Regelfall ist es Sache des Arbeitgebers, die für den Vertragsschluss aus seiner Sicht ausschlaggebenden Umstände zu klären. Etwas anderes gilt nur dann, wenn die verschwiegenen Umstände den Arbeitnehmer daran hindern, die vertragliche Leistungspflicht überhaupt zu erfüllen oder diese sonst für den betreffenden Arbeitsplatz wesentlich sind.

b) Beschränkung des Anfechtungsrechts

Die Rechtsprechung hat das Anfechtungsrecht im Arbeitsverhältnis nach Treu und Glauben gem. § 242 BGB beschränkt, wenn der **Anfechtungsgrund seine Bedeu-**

---

7 Einzelheiten dazu **M 1.3** bei II. 1.
8 BAG v. 18. 12. 2000, NZA 2001, 315.
9 BAG v. 3. 12. 1998, NZA 1999, 584 ff.
10 BAG v. 6. 2. 2003, NZA 2003, 848.
11 Dazu im Einzelnen **M 1.3** bei II. 1.
12 BAG v. 18. 10. 2000, NZA 2001, 315.
13 Vgl. zur Verpflichtung des Arbeitnehmers, auch Ermittlungsverfahren mitzuteilen, BAG v. 20. 5. 1999, NZA 1999, 975.

tung für die weitere Durchführung des Arbeitsverhältnisses verloren hat.[14] Selbst wenn ein Anfechtungsgrund vorliegt, kann der Arbeitsvertrag nur angefochten werden, wenn der Anfechtungsgrund zum Zeitpunkt der Anfechtungserklärung noch besteht.

c) Rechtsfolgen der Anfechtung

Zu unterscheiden ist zwischen Arbeitsverhältnissen vor und nach dem Antritt der Tätigkeit.

Vor Beschäftigungsbeginn gelten die allgemeinen Vorschriften des BGB, dh. das Arbeitsverhältnis wird gem. § 142 Abs. 1 BGB rückwirkend beseitigt. Hat der Arbeitnehmer hingegen die Tätigkeit schon aufgenommen, entsteht ein sog. **faktisches Arbeitsverhältnis**, das nicht rückgängig gemacht werden kann. Der Arbeitnehmer behält für die Vergangenheit alle Ansprüche, die ihm auch aus einem fehlerfreien Arbeitsvertrag zugestanden hätten. Das Arbeitsverhältnis wird dann nur mit Wirkung für die Zukunft beseitigt.[15] Allerdings scheidet ein faktisches Arbeitsverhältnis aus, wenn das Arbeitsverhältnis **zwischenzeitlich außer Funktion gesetzt** wurde; das ist nach der neueren Rechtsprechung des BAG auch bei einer Erkrankung des Arbeitnehmers der Fall. Dann wirkt die Anfechtung auf den Zeitpunkt zurück, zu dem das Arbeitsverhältnis außer Funktion gesetzt wurde („**ex tunc**").[16]

d) Anfechtungserklärung

Das Anfechtungsrecht verjährt nicht; die Anfechtung hat jedoch innerhalb bestimmter Fristen zu erfolgen. Wird wegen **Irrtums** angefochten, ist die Anfechtung gem. § 121 Abs. 1 BGB **unverzüglich** zu erklären. Nach der Rechtsprechung des BAG ist die Anfechtung idR noch unverzüglich, wenn sie innerhalb von **zwei Wochen** ab Kenntnis der für die Anfechtung maßgeblichen Tatsachen ausgesprochen wird.[17] Dies entspricht der Frist für die außerordentliche Kündigung gemäß § 626 Abs. 2 BGB. Wird der Arbeitsvertrag aufgrund einer **arglistigen Täuschung** angefochten, gilt die in § 124 Abs. 1 BGB bestimmte **Jahresfrist ab Kenntnis**.[18] Der Arbeitgeber kann von seinem Anfechtungsrecht Gebrauch machen, **ohne den Betriebsrat gem. § 102 BetrVG anzuhören**. Die Anfechtungserklärung ist an keine Form gebunden.

◯ **Praxistipp:** ZT wird jedoch verlangt, dass der **Anfechtungsgrund in der Erklärung angegeben** wird. Das sollte daher vorsorglich geschehen.

Da es sich bei der Anfechtung um eine einseitige empfangsbedürftige Willenserklärung handelt, gilt bei Abgabe der Erklärung durch einen Vertreter ebenso wie bei der Kündigungserklärung **§ 174 BGB**. Etwas anderes gilt dann, wenn sich aus der Stellung des Vertreters im Betrieb ergibt, dass er üblicherweise eine entsprechende Vollmacht besitzt, so zB bei dem Leiter der Personalabteilung oder einem Prokuristen.

---

14 BAG v. 28. 3. 1974, DB 1974, 1531; v. 18. 9. 1987, DB 1988, 815.
15 BAG v. 16. 9. 1982, NJW 1984, 446.
16 BAG v. 3. 12. 1998, NZA 1999, 584 ff.
17 BAG v. 14. 12. 1979, DB 1980, 739.
18 BAG v. 19. 5. 1983, DB 1984, 298.

2. Anfechtung der Kündigung oder des Aufhebungsvertrags (M 21.1)

Praktische Bedeutung besitzt in erster Linie die **Anfechtung von Eigenkündigungen**[19] **und Aufhebungsverträgen durch den Arbeitnehmer**. Sowohl die Kündigungserklärung als auch die Annahme eines Antrags auf Beendigung des Arbeitsverhältnisses können nach den allgemeinen Regeln des BGB angefochten werden.

a) Irrtum

Als Anfechtungsgrund kommt auch hier ein Irrtum nach § 119 Abs. 1 und 2 BGB in Betracht. Die Abgrenzung zwischen beachtlichem Inhalts- und Eigenschaftsirrtum und unbeachtlichem Rechtsfolgenirrtum kann bisweilen Schwierigkeiten bereiten. Schwangere oder schwerbehinderte Arbeitnehmer können ihre Willenserklärung nicht mit der Begründung anfechten, dass sie von ihrer Schwangerschaft bzw. Behinderung keine Kenntnis hatten.[20] Dasselbe gilt, wenn die Schwangere sich über die mutterschutzrechtlichen Folgen der Kündigung oder Vertragsaufhebung irrt.[21] Es handelt sich insoweit um einen unbeachtlichen Rechtsfolgenirrtum.

b) Drohung

Zur Anfechtung wegen einer Drohung gemäß § 123 BGB berechtigen nur widerrechtliche Drohungen. Die **Widerrechtlichkeit** kann sich entweder aus dem **Zweck** der Drohung, dem **Drohmittel** oder der Verknüpfung beider, also der **Inadäquanz von Mittel und Zweck** ergeben.[22]

Droht der Arbeitgeber ausdrücklich oder konkludent[23] **mit einer außerordentlichen oder ordentlichen Kündigung, falls kein Aufhebungsvertrag geschlossen oder keine Eigenkündigung erklärt wird**, ist dies nicht widerrechtlich, **wenn ein verständiger Arbeitgeber die Kündigung ernsthaft in Erwägung ziehen durfte**.[24] Dies setzt zumindest voraus, dass die der Kündigung zugrunde liegende Pflichtverletzung überhaupt als Kündigungsgrund geeignet ist.[25] Nicht erforderlich ist jedoch, dass die Kündigung sich in einem Kündigungsschutzprozess auch bestätigt hätte. Nur wenn der Arbeitgeber davon ausgehen muss, die Kündigung werde einer arbeitsgerichtlichen Überprüfung mit hoher Wahrscheinlichkeit nicht standhalten, darf er mit einer Kündigung auch nicht drohen.[26] Spricht der Arbeitgeber die Kündigung zunächst aus und schließt in derselben Besprechung im Anschluss daran mit dem Arbeitnehmer einen Aufhebungsvertrag, so soll auch dies wie die Androhung einer Kündigung zu behandeln sein, sofern der **Ausspruch der Kündigung und der Abschluss des Aufhebungsvertrages eine Einheit** darstellen.[27]

---

19 Vgl. BAG v. 5. 12. 2002, NZA 2003, 1055.
20 BAG v. 6. 2. 1992, DB 1992, 1529.
21 BAG v. 16. 2. 1983, DB 1983, 1663; v. 16. 11. 1979, NJW 1980, 2213.
22 Palandt/*Heinrichs*, § 123 BGB Rz. 21.
23 BAG v. 6. 12. 2001, NZA 2002, 731.
24 BAG v. 12. 8. 1999, BB 1999, 2511; v. 6. 12. 2001, NZA 2002, 731; v. 5. 12. 2002, DB 2003, 1685.
25 Vgl. im Einzelnen *Bauer*, Arbeitsrechtliche Aufhebungsverträge, Rz. 96 ff.
26 BAG v. 12. 8. 1999, BB 1999, 2511; v. 6. 12. 2001, NZA 2002, 731.
27 BAG v. 12. 8. 1999, BB 1999, 2511.

Eine lediglich ohne Bedenkzeit unter **Zeitdruck** abgegebene Willenserklärung des Arbeitnehmers hingegen ist nicht schon aus diesem Grunde anfechtbar.[28] Der Arbeitnehmer ist in diesem Fall keiner durch eine widerrechtliche Drohung verursachten Zwangslage ausgesetzt. Allein vor einer solchen schützt aber § 123 BGB.

Droht der Arbeitgeber dem Arbeitnehmer mit einer **Strafanzeige**, berechtigt dies nicht zur Anfechtung, wenn die Straftat das Arbeitsverhältnis konkret betrifft und ein verständiger Arbeitgeber daher eine Strafanzeige in Erwägung ziehen konnte.[29]

c) Arglistige Täuschung

Eine **Täuschung** durch den Arbeitgeber kommt in erster Linie unter dem Gesichtspunkt falscher Angaben (etwa über die Rechtsfolgen des Aufhebungsvertrages) in Betracht. In der Regel wird es hier jedoch an der Täuschungsabsicht und damit an der Arglist fehlen, so dass eine Anfechtung nicht in Frage kommt. Der Arbeitnehmer hat dann die Möglichkeit, Schadensersatz zu verlangen.[30]

d) Anfechtung durch den Arbeitgeber (M 21.2)

Problematisch und noch ungeklärt ist die Frage, ob und unter welchen Umständen der **Arbeitgeber** einen **Aufhebungsvertrag anfechten** kann. Die Frage stellt sich vor allem in zwei Konstellationen.

Zum einen betrifft dies den Fall, dass dem Arbeitgeber **nach dem** Abschluss eines Aufhebungsvertrags **Tatsachen** aus der Zeit vor Abschluss des Aufhebungsvertrages bekannt werden, die eine **außerordentliche Kündigung** gerechtfertigt hätten. Grundsätzlich gelten auch hier die allgemeinen Vorschriften. Ein Inhalts- oder Erklärungsirrtum scheidet hier aber aus, da der Arbeitgeber genau das erklärt hat, was er erklären wollte. Ein **Irrtum über eine verkehrswesentliche Eigenschaft** könnte vorliegen, wenn man die fristlose Kündbarkeit als Eigenschaft des beendeten Arbeitsvertrages ansieht. Folgt man dem nicht, so handelt es sich lediglich um einen Irrtum über den Beweggrund für den Abschluss des Aufhebungsvertrags: Der Arbeitgeber möchte sich von dem Arbeitnehmer trennen und hält dazu eine einvernehmliche Aufhebung mangels Kündigungsgrund für die einzige Möglichkeit. Ein solcher Motivirrtum würde nicht zur Anfechtung berechtigen. Auch eine arglistige Täuschung liegt idR nicht vor; denn diese setzt voraus, dass der Arbeitnehmer verpflichtet war, die Tatsachen offen zu legen, die eine Kündigung gerechtfertigt hätten. Eine Offenbarungspflicht dieses Inhalts besteht jedoch nicht. Ermöglicht jedoch der Ausspruch einer Kündigung die Beendigung des Arbeitsverhältnisses zu einem Zeitpunkt, der vor dem im Aufhebungsvertrag vereinbarten Beendigungszeitpunkt liegt, so entstehen keine gegenseitigen Ansprüche aus dem Aufhebungsvertrag, wenn der Aufhebungsvertrag anstelle einer ansonsten beabsichtigten Kündigung geschlossen wurde. Ein Aufhebungsver-

---

28 BAG v. 16. 2. 1983, DB 1983, 1663; v. 30. 9. 1993, NZA 1994, 209; v. 14. 2. 1996, NZA 1996, 811; *Bauer*, Arbeitsrechtliche Aufhebungsverträge, Rz. 105.
29 BAG v. 30. 6. 1986, NZA 1987, 91; LAG Hessen v. 2. 6. 1997, DB 1998, 82.
30 *Bauer*, Arbeitsrechtliche Aufhebungsverträge, Rz. 82 ff.

trag steht dann zumindest unter der konkludenten Bedingung, dass das Arbeitsverhältnis bis zum vereinbarten Beendigungszeitpunkt fortbesteht.[31]

Zum anderen stellt sich die Frage, ob der Arbeitgeber einen Aufhebungsvertrag wegen arglistiger Täuschung anfechten kann, wenn ihm der **Arbeitnehmer wahrheitswidrig** erklärt hat, er habe **noch keine neue Stelle**, in Wahrheit aber eine neue Stelle bereits angetreten hatte oder jedenfalls der neue Arbeitsvertrag bereits unterzeichnet ist. Es liegt auf der Hand, dass die Aussichten des Arbeitnehmers auf Zahlung einer hohen Abfindung sich schlagartig verringern, wenn dem Arbeitgeber bekannt wird, dass der Arbeitnehmer bereits eine neue Stelle hat, weil sich dann unter anderem das Annahmeverzugsrisiko deutlich verringert. Nach richtiger Auffassung[32] hat der Arbeitnehmer **kein Recht zur Lüge, wenn ihn der Arbeitgeber nach einer Anschlussbeschäftigung fragt**. Antwortet der Arbeitnehmer wahrheitswidrig, er habe noch keine Anschlussbeschäftigung, ist daher der Arbeitgeber zur Anfechtung des Aufhebungsvertrages nach § 123 BGB berechtigt.[33]

⊃ **Wichtig:** Zu beachten ist jedoch, dass dies lediglich für den Fall gilt, dass der Arbeitgeber den Arbeitnehmer nach einer Anschlussbeschäftigung fragt und der Arbeitnehmer wahrheitswidrig antwortet. Eine selbständige Offenbarungspflicht des Arbeitnehmers besteht wohl auch in diesem Zusammenhang nicht.

---

31 BAG v. 29. 1. 1997, NZA 1997, 813, 816. § 313 BGB kommt darüber hinaus nur dann zur Anwendung, wenn der Arbeitgeber seinen Willen im Vertrag zum Ausdruck bringt, dass er mit der Vereinbarung nur eine betriebsbedingte Beendigung der Arbeitsverhältnisses regeln will.
32 LAG Hamm v. 19. 5. 1994, BB 1994, 2072.
33 Vgl. dazu ausführlich *Bauer*, Arbeitsrechtliche Aufhebungsverträge, Rz. 112 f.

II. Muster

21.1 Anfechtung einer Eigenkündigung oder eines Aufhebungsvertrages durch den Arbeitnehmer

Firma ...
z. Hd. des Personalleiters   *(Ort, Datum)*

Sehr geehrter Herr ...,

hiermit fechte ich meine Kündigung vom .../den mit Ihnen am ... abgeschlossenen Aufhebungsvertrag nach § 119/§ 123 BGB an, weil ....[1]

Meine Arbeitsleistung biete ich ab sofort wieder an. Außerdem bitte ich Sie, mir bis spätestens ... mitzuteilen, ob Sie die Fortsetzung des Arbeitsverhältnisses akzeptieren. Sollte die Frist fruchtlos verstreichen, werde ich Klage[2] *beim zuständigen Arbeitsgericht erheben.*

---

1 Es ist seit langem umstritten, ob sich der Anfechtungsgrund – also etwa Täuschung oder Drohung – und die tatsächlichen Gründe, auf die eine Anfechtung gestützt wird, aus der Erklärung ergeben müssen (MünchKommBGB/*Mayer-Maly*, § 143 Rz. 7). Sicherheitshalber sollte daher beides angegeben werden. Jedenfalls muss die Anfechtung unzweideutig formuliert sein und darf nicht an Bedingungen geknüpft werden (Soergel/*Hefermehl*, § 143 BGB Rz. 3).

...

Herr/Frau

2 Will der Arbeitnehmer eine ihm gegenüber ausgesprochene Anfechtung gerichtlich überprüfen lassen, ist er nach der früheren Rechtsprechung des BAG wohl nicht an die dreiwöchige Frist des § 4 KSchG gebunden (BAG v. 14. 12. 1979, DB 1980, 739). Es ist jedoch dringend zu empfehlen, innerhalb der Frist zu klagen. Die Beweislast für das Vorliegen der Anfechtungsvoraussetzungen trägt der Anfechtende. Richtige Klageart ist die Feststellungsklage.

Anfechtung eines Aufhebungsvertrages durch den Arbeitgeber — 21.2

Herrn/Frau ... *(Ort, Datum)*

Sehr geehrte(r) Herr/Frau ...,

hiermit fechte ich nach § 123 BGB meine Willenserklärungen an, die auf den Abschluss des Aufhebungsvertrages mit Ihnen vom ... gerichtet waren.

Begründung:

Unmittelbar vor Abschluss des Aufhebungsvertrages habe ich Sie gefragt, ob Sie schon eine Anschlussbeschäftigung hätten. Darauf haben Sie geantwortet, Sie hätten noch keine Anschlussbeschäftigung, eine solche sei auch nicht in Sicht. Wie ich jetzt herausgefunden habe, war Ihre Angabe falsch. Sie sind seit dem ... bei der Fa. ... mit einer Vergütung von Euro ... beschäftigt, waren dies also auch schon zum Zeitpunkt des Abschlusses des Aufhebungsvertrages. Nur aufgrund Ihrer Angabe war ich bereit, mit Ihnen den Aufhebungsvertrag mit der darin enthaltenen Abfindung zu schließen.[1]

Gleichzeitig kündige ich ein dadurch ggf. wieder entstehendes Arbeitsverhältnis mit Ihnen aus wichtigem Grund fristlos sowie hilfsweise fristgemäß zum nächstzulässigen Zeitpunkt.[2]

Zur Vermeidung einer Kürzung Ihres Anspruchs auf Arbeitslosengeld sind Sie gem. § 37b SGB III verpflichtet, sich unverzüglich nach Erhalt dieses Schreibens persönlich bei der Agentur für Arbeit arbeitssuchend zu melden.

Ich fordere Sie auf, die Abfindung in Höhe von Euro ... bis zum ... auf mein Konto ... zurückzuzahlen.

...

(Unterschrift)

---

1 Vgl. **M 21.1** Fn. 1.
2 Nicht für die Anfechtungserklärung, wohl aber für die fristlose und die hilfsweise fristgemäße Kündigung ist die vorherige Anhörung des Betriebsrates nach § 102 BetrVG Wirksamkeitsvoraussetzung.

Kapitel 22 Beendigungskündigung

Literaturübersicht: *Adam*, Die Abmahnungsberechtigung, DB 1996, 476; *Ascheid*, Kündigungsschutzrecht, 2. Aufl. 2000; *Backmeister/Trittin*, Kündigungsschutzgesetz mit Nebengesetzen, 2. Aufl. 2002; *Baeck/Lingemann*, Auftragsübergang als Betriebsübergang, Neues vom EuGH, NJW 1997, 2492; *Bauer/Lingemann*, Personalabbau und Altersstruktur, NZA 1993, 623, 625; *Bauer/Lingemann*, Stilllegung von Tendenzbetrieben am Beispiel von Pressebetrieben, NZA 1995, 813; *Bauer/Powietzka*, Heilung unterbliebener Massenentlassungsanzeigen nach § 17 KSchG, DB 2000, 1073; *Bauer/Preis/Schunder*, Der Regierungsentwurf eines Gesetzes zu Reformen am Arbeitsmarkt vom 18. 6. 2003, NZA 2003, 704; *Bauer/Röder*, Taschenbuch zur Kündigung, 2. Aufl. 2000; *Becker/Etzel/Fischermeier/Friedrich/Lipke/Pfeiffer/Rost/Spilger/Weigand/Wolff*, Gemeinschaftskommentar zum KSchG und zu sonstigen kündigungsschutzrechtlichen Vorschriften (KR), 6. Aufl. 2002; *Bengelsdorf*, Alkoholkonsum und verhaltensbedingte Kündigung, NZA 2001, 993; *Berkowsky*, Die betriebsbedingte Kündigung, 5. Aufl. 2002; *Berkowsky*, Die verhaltensbedingte Kündigung, NZA-RR 2001, 1 und 57; *Boewer*, Der Wiedereinstellungsanspruch, NZA 1999, 1121, 1177; *Buchner*, Reform des Arbeitsmarkts – Was brauchen und was können wir?, DB 2003, 1510; *Buchner*, Lösung der Kontroverse um den Betriebsübergang/Eine konsensfähige Entscheidung des EuGH, NZA 1997, 408; *Busch*, Die Verdachtskündigung im Arbeitsrecht, MDR 1995, 217; *Busch*, Die „Betriebsbezogenheit" der Sozialauswahl – Gesetzesbefehl oder Notbremse?, NZA 1996, 290; *Diller*, § 622 BGB und Quartalskündigungsfristen, NZA 2000, 293; *Dorndorf ua.*, KSchG, 4. Aufl. 2001; *Gagel/Vogt*, Beendigung von Arbeitsverhältnissen, 5. Aufl. 1996; *Gaul*, Wechselbeziehungen zwischen Direktionsrecht und Sozialauswahl, NZA 1992, 673; *Gilberg*, Die Unternehmerentscheidung vor Gericht, NZA 2003, 817; *Günzel*, Wiedereinstellungsanspruch bei Fortführung des Betriebs nach Ablauf der Kündigungsfrist, DB 2000, 1227; *Hueck/von Hoyningen-Huene*, Kündigungsschutzgesetz, 13. Aufl. 2002; *Hueck/von Hoyningen-Huene*, Betriebsbedingte Kündigung in der Wirtschaftskrise, NZA 1994, 1009; *Hümmerich*, Kündigung von Arbeitsverhältnissen, 1999; *Hunold*, Ist eigenmächtiges Fernbleiben vom Arbeitsplatz kein „außerordentlicher" Kündigungsgrund mehr?, DB 1994, 2497; *Kammerer*, Die „letzte Abmahnung" in der Rechtsprechung des BAG, BB 2002, 1747; *Kittner/Däubler/Zwanziger*, Kündigungsschutzrecht, 5. Aufl. 2001; *Kleinebrink*, Die Bedeutung der Abmahnung im Arbeitsrecht nach der Modernisierung des Schuldrechts, FA 2002, 226; *Knorr/Bichlmeier/Kremhelmer*, Handbuch des Kündigungsrechts, 4. Aufl. 1998; *Kramer*, Die Kündigung im Arbeitsrecht, 9. Aufl. 2002; *Kukat*, Betriebsbedingte Kündigung und konzernbezogener Kündigungsschutz in der Rechtsprechung des Bundesarbeitsgerichts, DB 2000, 1242; *Lakies*, Verbessertes Arbeitsgerichtsverfahren und Schriftform für die Beendigung von Arbeitsverhältnissen, BB 2000, 667; *Lepke*, Kündigung bei Krankheit, 11. Aufl. 2003; *Lepke*, Pflichtverletzung des Arbeitnehmers bei Krankheit als Kündigungsgrund, NZA 1995, 1084; *Lepke*, Trunksucht als Kündigungsgrund, DB 2001, 269; *Lingemann*, Unterhaltspflichten und Kündigung, BB 2000, 1835; *Lingemann*, Umorganisation zur Vermeidung einer krankheitsbedingten Kündigung, BB 1998, 1106; *Lingemann/Grothe*, Betriebsbedingte Kündigung im öffentlichen Dienst, NZA 1999, 1072; *Lingemann/von Steinau-Steinrück*, Konzernversetzung und Kündigungsschutz, DB 1999, 2161; *Löwisch*, Die kündigungsrechtlichen Vorschläge der „Agenda 2010", NZA 2003, 689; *Löwisch*, Kommentar zum KSchG, 8. Aufl. 2000; *Lücke*, Unter Verdacht: Die Verdachtskündigung, BB 1997, 1842; *Mäschle*, Lexikon der Kündigungsgründe, 2. Aufl. 1996; *Meisel*, Die soziale Auswahl bei betriebsbedingten Kündigungen, DB 1991, 92; *Möhn*, Gibt es ein entscheidendes Kriterium der Sozialauswahl?, DB 1995, 563; *Müller*, Kündigungsrecht – Sozialauswahl in der Unternehmensumstrukturierung, MDR 2002, 491; *Nägele*, Die Renaissance des Wiedereinstellungsanspruchs, BB 1998, 1686; *Neef*, Das Kündigungsschutzrecht zur Jahrtausendwende, NZA 2000, 7; *Pauly*, Der Anspruch auf Entfernung einer Abmahnung aus der Personalakte, MDR 1996, 121; *Pauly*, Hauptprobleme der arbeitsrechtlichen Abmahnung, NZA 1995, 449; *Preis*, Autonome Unternehmerentscheidung und „dringendes betriebliches Erfordernis", NZA 1995, 241; *Preis/Gotthardt*, Schriftformerfordernis für Kündigung, Aufhebungsverträge und Befristungen nach § 623 BGB, NZA 2000, 348; *Preis, Bernd*, Stellenabbau als unternehmerische Entscheidung, DB 2000, 1122; *Röder/Baeck*, EuGH: Funktionsnachfolger als Betriebsübergang,

NZA 1994, 542; *Roos*, Die Rechtsprechung zur Kündigung wegen Krankheit, NZA-RR 1999, 617; *Rüthers*, Reform der Reform des Kündigungsschutzes?, NJW 1998, 283; *Schaub*, Die besondere Verantwortung von Arbeitgeber und Arbeitnehmer für den Arbeitsmarkt – Wege aus der Krise oder rechtlicher Sprengstoff, NZA 1997, 810; *Schiefer*, Beendigung des Arbeitsverhältnisses – aktuelle Entwicklungen, DB 2000, 669; *Schiefer*, Die Sozialauswahl bei der betriebsbedingten Kündigung, NZA-RR 2002, 169; *Schirge*, Böswilliges Unterlassen anderweitigen Erwerbs nach § 615 Satz 2 BGB im gekündigten Arbeitsverhältnis, DB 2000, 1278; *Schmitz-Scholemann*, Ehrverletzungen als Kündigungsgrund, BB 2000, 926; *Schrader*, Die geänderte Rechtsprechung des BAG zur Unternehmerentscheidung, NZA 2000, 401; *Schulte-Westenberg*, Die außerordentliche Kündigung im Spiegel der neueren Rechtsprechung, NZA-RR 2000, 449; *Stahlhacke/Preis/Vossen*, Kündigung und Kündigungsschutz im Arbeitsverhältnis, 8. Aufl. 2002; *Thüsing*, Fragen zum Entwurf eines Gesetzes zu Reformen am Arbeitsmarkt, BB 2003, 1673; *Tschöpe*, Verhaltensbedingte Kündigung, BB 2002, 778; *Tschöpe*, Personenbedingte Kündigung, BB 2001, 2110; *Tschöpe*, Anwalts-Handbuch Arbeitsrecht, 3. Aufl. 2003, Teil 3 C, D; *Weber/Hoß*, Die krankheitsbedingte Kündigung im Spiegel der aktuellen Rechtsprechung des Bundesarbeitsgerichts, DB 1993, 2429; *Wlotzke*, Einschränkungen des Kündigungsschutzes durch Anhebung der Schwellenzahl und Veränderungen bei der Sozialauswahl, BB 1997, 414; *Zuber*, Das Abmahnungserfordernis vor Ausspruch verhaltensbedingter Kündigung, NZA 1999, 1142; *Zwanziger*, Betriebsbedingte Kündigung im Lichte der Rechtsprechung, NJW 1995, 916; *Zwanziger*, Neue Tatsachen nach Zugang einer Kündigung, BB 1997, 42.

I. Erläuterungen

1. Allgemeines

Kündigung ist die einseitige empfangsbedürftige Willenserklärung, die das Arbeitsverhältnis beenden soll.

a) Arten der Kündigungen

Mit der **ordentlichen Kündigung** soll das Beschäftigungsverhältnis fristgerecht aufgelöst werden, mit der **außerordentlichen Kündigung** gem. § 626 Abs. 1 BGB regelmäßig fristlos. Die außerordentliche Kündigung kann jedoch auch mit einer sozialen Auslauffrist ausgesprochen werden. Die **Änderungskündigung** zielt auf eine Veränderung der Arbeitsbedingungen (vgl. Kapitel 20). Eine **Druckkündigung** wird ausgesprochen, wenn auf den Kündigenden von dritter Seite Druck ausgeübt wird, typischerweise, indem Arbeitnehmer dem Arbeitgeber androhen, das Arbeitsverhältnis ihrerseits aufzulösen, falls nicht der Arbeitgeber einem bestimmten Arbeitnehmer kündigt. Kündigungen, die unter einer **Bedingung** ausgesprochen werden, sind unwirksam[1], es sei denn, es handelt sich um eine Rechtsbedingung. Dementsprechend sind hilfsweise zu bereits ausgesprochenen Kündigungen ausgesprochene weitere Kündigungen zulässig, da sie zwar durch die Unwirksamkeit der vorausgegangenen Kündigung bedingt sind, dies aber eine Rechtsbedingung ist. Dasselbe gilt, wenn die Kündigung mit dieser Bedingung „hilfsweise" oder „vorsorglich" ausgesprochen wird. Anders als eine Änderungskündigung ist eine **Teilkündigung**, also eine Kündigung, die nur einzelne Vereinbarungen des Arbeitsvertrages betreffen soll, unwirksam.[2]

---

1 BAG v. 27. 6. 1968, DB 1968, 1588.
2 BAG v. 22. 1. 1997, NZA 1997, 711.

Von der Kündigung zu unterscheiden ist die **Anfechtung** des Arbeitsvertrages (dazu Kapitel 21): Die Anfechtung zielt im Grundsatz auf die Nichtigkeit des Arbeitsvertrages von Anfang an (ex tunc – zu den Einschränkungen vgl. gleichfalls Kapitel 21), während die Kündigung das Arbeitsverhältnis nur für die Zukunft (ex nunc) beenden will. Die Anfechtung stützt sich auf Umstände aus der Zeit vor oder im Zusammenhang mit dem Abschluss des Arbeitsvertrages, die Kündigung regelmäßig auf Umstände aus der Zeit des Arbeitsvertrages. Ein **Widerruf** des Arbeitsvertrages oder einzelner Vertragsbedingungen ist unwirksam, soweit dadurch der Kündigungsschutz umgangen wird.[3] Entsprechend ist auch die Vereinbarung von Rücktrittsrechten im Arbeitsvertrag regelmäßig unwirksam; gesetzliche Rücktrittsrechte bestehen ohnehin nicht; an ihre Stelle tritt das Kündigungsrecht. In der Praxis extrem selten ist auch der **Wegfall der Geschäftsgrundlage (§ 313 BGB)**, der nur insoweit eingreift, als eine Kündigung aufgrund außergewöhnlicher Umstände nicht ausgesprochen werden kann.[4] Eine **Freistellung** (auch Suspendierung) des Arbeitnehmers befreit diesen nur von seiner Leistungspflicht, wobei regelmäßig die Pflicht des Arbeitgebers zur Vergütungszahlung unberührt bleibt.

Soweit auf Kündigungen das KSchG anwendbar ist – §§ 1 Abs. 1, 23 ff. KSchG – können Kündigungsgründe des Arbeitgebers nicht einzelvertraglich **erweitert**, wohl aber **beschränkt** werden. Einzel- oder häufiger tarifvertraglich kann daher das Recht zur ordentlichen Kündigung durch den Arbeitgeber ausgeschlossen oder erschwert werden. Auch kann der Geltungsbereich des KSchG auf Betriebe oder Arbeitsverhältnisse ausgedehnt werden, die diesem nach §§ 1, 23 KSchG nicht unterfallen. In den Grenzen des § 77 Abs. 3 BetrVG können auch Betriebsvereinbarungen Kündigungsbeschränkungen enthalten. Nicht erweitert oder eingeschränkt werden kann das Recht zur außerordentlichen Kündigung.

b) Die Kündigungserklärung

Die Kündigungserklärung muss **deutlich und zweifelsfrei** sein.[5] Sie muss klar wiedergeben, dass der Arbeitgeber eine einseitige Beendigung des Arbeitsverhältnisses herbeiführen will; seine bloße Erklärung, er gehe von einer Beendigung aus, reicht nicht.[6] Unklarheiten gehen zu Lasten des Erklärenden. Auch eine nicht ausreichend klar ausgesprochene außerordentliche Kündigung ist daher nur als ordentliche Kündigung auszulegen. Will der Arbeitgeber außerordentlich mit einer Auslauffrist kündigen, weil die ordentliche Kündigung ausgeschlossen ist, so muss auch die **außerordentliche Natur der Kündigung** klar zum Ausdruck kommen. Zeigt der Arbeitgeber im befristeten Arbeitsverhältnis an, dass das Arbeitsverhältnis nach Ablauf der Befristung nicht fortgeführt wird (**Nichtverlängerungsanzeige**), so bedeutet dies keine Kündigung, wenn sich die Befristung nachträglich als unwirksam herausstellt. Hier sollte daher hilfsweise auch fristgemäß (ggf. nach ordnungsgemäßer Anhörung des Betriebsrates) gekündigt werden.[7]

---

3 Vgl. zum Widerruf freiwilliger Leistungen Kapitel 12 unter I. 2.
4 Vgl. BAG v. 24. 8. 1995, DB 1996, 97.
5 Vgl. BAG v. 15. 3. 1991, NZA 1992, 452.
6 LAG Nürnberg v. 8. 2. 1994, NZA 1995, 174.
7 Vgl. BAG v. 15. 3. 1966, AP Nr. 28 zu § 620 BGB – Befristeter Arbeitsvertrag.

c) Die Form der Kündigung

Gemäß § 623 BGB bedarf die Beendigung von Arbeitsverhältnissen durch Kündigung oder Auflösungsvertrag sowie die Befristung zu ihrer Wirksamkeit der **Schriftform; die elektronische Form ist ausgeschlossen**.[8] Das gesetzliche Schriftformerfordernis kann weder durch Arbeitsvertrag noch durch Tarifvertrag oder Betriebsvereinbarung abbedungen werden. Diese können – was selten ist – nur strengere Formvorschriften vorsehen (vgl. § 54 BMT-G II; danach muss der Arbeitgeber im Kündigungsschreiben die Gründe so genau bezeichnen, dass der Kündigungsempfänger genügend klar erkennen kann, was gemeint ist und was ihm – im Falle einer verhaltensbedingten Kündigung – zur Last gelegt wird).[9] Eine formwidrig ausgesprochene Kündigung ist nichtig und kann auch nicht nachträglich geheilt werden (§ 125 Abs. 1 BGB). Der Inhalt der gesetzlichen Schriftform richtet sich nach § 126 Abs. 1 BGB. Die Kündigung muss also in einer **schriftlich abgefassten Urkunde** erklärt sein; diese muss vom Aussteller unterschrieben sein; die **Unterschrift** muss den Inhalt des Kündigungsschreibens decken, also unter dem Text stehen und ihn auch räumlich abschließen.[10] Die Unterschrift muss **eigenhändig** vom Aussteller stammen und seinen ausgeschriebenen Namen nennen. Der Kaufmann kann mit seiner Firma zeichnen, ein Vertreter mit dem eigenen Namen unterschreiben, wenn sich die Vertreterstellung aus der Urkunde ergibt. Allerdings darf der Vertreter auch mit dem Namen des Vertretenen unterzeichnen. **Wichtig ist**, dass aufgrund der erforderlichen gesetzlichen Schriftform die **Übermittlung einer Urkunde per Fax oder Telegramm nicht ausreicht**, selbst wenn diese – zB per Fax – eigenhändig unterschrieben ist. Auch die elektronische Form nach § 126a BGB genügt der Schriftform – entgegen § 126a BGB – nicht, da sie in § 623 2. Halbs. BGB ausgeschlossen ist. Die Schriftform gilt für alle Kündigungen, also auch Änderungskündigungen, nicht aber für die (Vorbehalts-)Annahmeerklärung des Arbeitnehmers gem. § 2 KSchG. Für Schriftsatzkündigungen reicht die Zustellung einer vom Prozessbevollmächtigten beglaubigten Ausfertigung des Schriftsatzes bei dem Kündigungsempfänger wohl aus.[11]

> **Praxistipp:** Insoweit ist dringend zu raten, auch die für den Mandanten auf Arbeitnehmerseite gedachte Abschrift zu beglaubigen; sicherer noch ist es, diese auch im Original zu unterzeichnen.

Regelmäßig dürfte eine solche Kündigung, wenn sie im Zusammenhang mit dem weiteren Prozessstoff steht, von der Vollmacht des Prozessbevollmächtigten gedeckt sein.[12]

Verlangt der Arbeits- oder Tarifvertrag eine bestimmte **Versendungsart** (gelegentlich wird Übermittlung per Einschreiben oder per Einschreiben mit Rückschein vereinbart), so berührt eine andere Übermittlung regelmäßig die Wirksamkeit der Kündigung nicht, sofern der Kündigende nachweisen kann, dass die schriftliche Kündigung zugegangen ist.[13]

---

8 Dazu *Lakies*, DB 2000, 667; *Müller-Glöge/von Senden*, AuA 2000, 199; *Preis/Gotthardt*, NZA 2000, 348.
9 Vgl. BAG v. 10. 2. 1999, AP Nr. 2 zu § 54 BMT-G II; v. 10. 2. 1999, AuA 2000, 86.
10 BGH v. 24. 9. 1997, NJW 1998, 58.
11 Vgl. BGH v. 4. 7. 1986, NJW-RR 1987, 395.
12 AA jedoch offenbar *Müller-Glöge/von Senden*, AuA 2000, 202.
13 Vgl. BAG v. 20. 9. 1979, BB 1980, 369.

Die Berufung auf die Nichtigkeitsfolge wegen eines Formmangels verstößt nur dann **gegen Treu und Glauben**, wenn das Ergebnis nicht nur hart, sondern schlechthin untragbar ist.[14] Das BAG hat insoweit Treuwidrigkeit angenommen, wenn ein Arbeitnehmer eine eigene Kündigung mehrmals ernsthaft trotz Vorhaltung des Arbeitgebers formnichtig ausspricht und sich später auf die Formnichtigkeit beruft.[15]

Der **Kündigungsgrund** muss in der Kündigung nicht angegeben werden, es sei denn, dies wäre ausdrücklich geregelt, wie insbesondere im Berufsbildungsverhältnis sowie bei Umschulung und Fortbildung gem. § 15 Abs. 3 BBiG (vgl. dazu Kapitel 8) und bei Kündigung im Mutterschutz gem. § 9 Abs. 3 Satz 2 MuSchG (vgl. dazu Kapitel 17). Hier gelten die oben zu § 54 BMT-G II dargelegten Grundsätze.

Der **Ablauf der Kündigungsfrist** muss im Kündigungsschreiben nicht nach Datum bezeichnet werden. Die Kündigungserklärung „zum nächstmöglichen Zeitpunkt" reicht aus. Wird eine Frist angegeben, ist diese aber falsch, insbesondere zu kurz berechnet, so berührt dies die Wirksamkeit der Kündigung nicht. Sie gilt dann als Kündigung zum nächstzulässigen Termin.[16]

d) Der Zugang der Kündigung

Die Kündigung wird **wirksam mit Zugang** beim Kündigungsempfänger gem. § 130 BGB. Bei Anwesenden erfolgt dies durch Übergabe des Kündigungsschreibens, zweckmäßigerweise gegen Empfangsbestätigung auf einer Kopie des Kündigungsschreibens. Bei Abwesenden kommen verschiedene Übermittlungen in Betracht: Wird die Kündigung **in den Briefkasten** des Empfängers **eingeworfen**, so gilt sie erst mit dem Zeitpunkt als zugegangen, zu dem üblicherweise mit der Kenntnisnahme zu rechnen ist.[17] Dies ist der Zeitpunkt der nächsten regelmäßigen Leerung, also in der Regel der Morgen des darauf folgenden Tages – sofern die Kündigung nicht sehr früh morgens eingeworfen wird. Bei **Übergabeeinschreiben** kommt es ausschließlich auf die tatsächliche Übergabe an den Empfänger an. Der bloße Benachrichtigungszettel ersetzt den Zugang nicht. Allerdings kann der Arbeitnehmer sich je nach den Umständen des Einzelfalls nach Treu und Glauben auf den verspäteten Zugang des Kündigungsschreibens nicht berufen, wenn er dieses nicht oder nicht zeitnah bei der Postdienststelle abgeholt hat, obwohl ihm ein Benachrichtigungsschreiben der Post zugegangen ist.[18] Um etwaige Fristen zu wahren, sollte der Arbeitgeber zudem, wenn das hinterlegte Schreiben nicht abgeholt wird, unverzüglich einen neuen Zustellversuch unternehmen. Einer Kündigungszustellung durch **Einschreiben mit Rückschein** kann der Kündigungsempfänger sich jedoch jedenfalls dann entziehen, wenn der Nachweis, dass der Benachrichtigungszettel zugegangen ist, nicht gelingt. Davon ist daher aus Sicht des Kündigenden dringend abzuraten. Demgegenüber geht das <u>Einwurfeinschreiben</u> wie ein einfacher Brief zu, da es lediglich in den Briefkasten eingeworfen wird. Datum und Uhrzeit des Einwurfes werden durch den Postmitarbeiter dokumen-

---

14 BAG v. 27. 3. 1987, AP Nr. 29 zu § 242 BGB – Betriebliche Übung.
15 Vgl. BAG v. 4. 12. 1997, BB 1998, 645.
16 BAG v. 18. 4. 1985, DB 1985, 2255.
17 Vgl. BAG v. 8. 12. 1983, BB 1984, 855.
18 BAG v. 7. 11. 2002, NZA 2003, 719 m. Anm. *Mauer*, BB 2003, 1182; zum erneuten Zustellversuch vgl. BGH v. 26. 11. 1997, BGHZ 137, 205, 209.

tiert, die genauen Auslieferungsdaten können bei der Post erfragt werden. Ein zuverlässiger Beweis lässt sich allerdings nur führen, wenn der Mitarbeiter der Post gegebenenfalls als Zeuge zur Verfügung steht.[19] Der **sicherste Weg** ist daher die Zustellung der Kündigung durch einen namentlich zu benennenden **Boten** des Arbeitgebers, der diese spätestens am Tage vor dem spätesten Kündigungszeitpunkt in den Briefkasten einwirft, dies protokolliert und für die Richtigkeit seiner Angaben auch als Zeuge benannt werden kann. Will man ganz sicher gehen, kann man auch noch durch Zeugen dokumentieren, dass die Kündigung in den eingeworfenen Briefumschlag eingelegt wurde ("Eintütungsprotokoll"). Bei Einwurf in den Briefkasten gilt das Kündigungsschreiben auch dann am nächsten Tag als zugegangen, wenn der Arbeitnehmer im Urlaub, in Untersuchungshaft oder auf Krankenhaus- oder Kuraufenthalten ist. Die bei gescheiterter Zustellung oft vom Arbeitgeber herangezogene **Zustellungsvereitelung** entsprechend § 162 BGB erweist sich häufig als nicht nachweisbar.

⊃ **Wichtig:** Bestehen Zweifel am Zugang, so sollte in jedem Falle eine **vorsorgliche weitere Kündigung** ausgesprochen werden.

Hat der Arbeitnehmer die Kündigung aufgrund Urlaubs – oder anderer Abwesenheit – tatsächlich erst nach seiner Rückkehr und damit nach Ablauf der Drei-Wochen-Frist des § 4 KSchG erhalten, so kann er gem. § 5 KSchG einen Antrag auf nachträgliche Zulassung innerhalb der dort geregelten engen Fristen stellen. Gleiches gilt, wenn eine Frau von ihrer Schwangerschaft aus einem von ihr nicht zu vertretenden Grund erst nach Ablauf der Frist des § 4 KSchG Kenntnis erlangt hat, § 5 Abs. 1 Satz 2 KSchG. Die Beweislast für den Zugang der Kündigung trägt der Kündigende.

e) Kündigungsberechtigung

Kündigungsberechtigt ist der Arbeitgeber, bei einer Gesellschaft also der gesetzliche Vertreter. Zwar kann eine Kündigung auch durch einen Bevollmächtigten des Arbeitgebers ausgesprochen werden, diese kann der Arbeitnehmer jedoch nach **§ 174 Satz 2 BGB unverzüglich zurückweisen**, sofern mit der Kündigung keine Vollmachtsurkunde im Original vorgelegt wird.

Formfrei möglich (vgl. § 167 Abs. 2 BGB) ist jedoch die Erteilung einer **Außenvollmacht**, also der Vollmacht durch Erklärung gegenüber dem Dritten, demgegenüber die Vertretung stattfinden soll (§ 167 Abs. 1 BGB). Eine solche wird regelmäßig bei Kündigung durch den Personalabteilungsleiter – nicht Personalsachbearbeiter[20] – aufgrund dessen Stellung angenommen, auch wenn diese im Innenverhältnis eingeschränkt ist.[21] Dasselbe gilt für einen Prokuristen mit Einzelprokura, sofern diese im Handelsregister eingetragen und vom Registergericht bekannt gemacht worden ist.[22] Daneben kann die Außenvollmacht natürlich auch ausdrücklich erklärt werden, beispielsweise im Rahmen der Amtseinführung des Bevollmächtigten.[23]

Liegt keiner dieser Fälle vor mit der Folge, dass die Kündigung nach **§ 174 Satz 2 BGB** unverzüglich zurückgewiesen werden kann, so dürfte eine **Zurückweisung** nach

---

19 Vgl. LG Potsdam v. 27. 7. 2000, NJW 2000, 3722.
20 BAG v. 30. 5. 1978, BB 1979, 166.
21 BAG v. 29. 10. 1992, NZA 1993, 307.
22 BAG v. 11. 7. 1991, NZA 1992, 449.
23 Vgl. LAG Köln v. 7. 7. 1993, NZA 1994, 419.

Ablauf einer Woche nicht mehr unverzüglich sein.[24] Lässt der Kündigungsempfänger seinerseits durch Bevollmächtigten zurückweisen, so muss dieser für die Zurückweisung gleichfalls eine Original-Vollmacht vorlegen, sonst kann die Zurückweisung ihrerseits nach § 174 Satz 2 BGB zurückgewiesen werden; dies wird in der Praxis gelegentlich übersehen. Die Kündigung kann jederzeit zugestellt werden; auch eine Kündigung zur Unzeit, zB am Heiligen Abend, wird dadurch nicht unwirksam.[25] Eine einmal zugegangene Kündigung kann der Kündigende nicht mehr einseitig zurücknehmen.[26] Die **Zurücknahme** durch den Arbeitgeber ist jedoch stets das unbedingte Angebot, den Arbeitnehmer zu unveränderten Arbeitsbedingungen weiter zu beschäftigen. Lehnt der Arbeitnehmer dieses ab, so kann dies zum Verlust von Sozialplanansprüchen führen, sofern der Sozialplan einen entsprechenden Ausschluss bei Weiterbeschäftigungsangeboten vorsieht.

Die Grundkündigungsfrist beträgt vier Wochen zum 15. oder zum Ende eines Kalendermonats, § 622 Abs. 1 BGB. Bei einer Kündigung durch den Arbeitgeber beträgt die **Kündigungsfrist**, wenn das Arbeitsverhältnis in dem Betrieb oder Unternehmen

- 2 Jahre bestanden hat, 1 Monat,
- 5 Jahre bestanden hat, 2 Monate,
- 8 Jahre bestanden hat, 3 Monate,
- 10 Jahre bestanden hat, 4 Monate,
- 12 Jahre bestanden hat, 5 Monate,
- 15 Jahre bestanden hat, 6 Monate,
- 20 Jahre bestanden hat, 7 Monate,

jeweils zum Ende eines Kalendermonats. Bei der Berechnung der Beschäftigungsdauer werden Zeiten, die vor der Vollendung des 25. Lebensjahres des Arbeitnehmers liegen, nicht berücksichtigt. Während einer vereinbarten Probezeit, längstens aber für die Dauer von sechs Monaten, kann das Arbeitsverhältnis mit einer Frist von zwei Wochen gekündigt werden (§ 622 Abs. 3 BGB). Die Berechnung der Fristen richtet sich nach §§ 186 ff. BGB.[27] Tarifvertraglich können nach § 622 Abs. 4 BGB längere und kürzere Fristen und andere Kündigungstermine[28] vereinbart werden; einzelvertraglich kürzere Kündigungsfristen allerdings nur unter den engen Voraussetzungen des § 622 Abs. 5 BGB. In jedem Falle darf für die Kündigung durch den Arbeitnehmer keine längere Frist vereinbart werden als für die Kündigung durch den Arbeitgeber, § 622 Abs. 6 BGB. Dabei können je nach Vereinbarung die Grundkündigungsfrist des § 622 Abs. 1 BGB oder einzelne oder alle Stufen des § 622 Abs. 2 BGB geändert werden.[29] Auch ein für längere Zeit vereinbartes Arbeitsverhältnis kann von dem Arbeitnehmer nach Ablauf von 5 Jahren gekündigt werden, § 624 BGB. Besonderheiten gelten für die Kündigungsfrist von **Organmitgliedern**. Sofern diese keine beherrschende Stellung in der Gesellschaft haben, gilt auch für sie § 622 BGB; bei einer beherrschen-

---

24 Vgl. BAG v. 20. 8. 1997, EzA § 174 BGB Nr. 12.
25 Vgl. BAG v. 14. 11. 1984, NZA 1986, 97.
26 BAG v. 29. 1. 1981, DB 1981, 2438.
27 Wegen der Einzelheiten vgl. *Bauer/Röder*, Taschenbuch zur Kündigung, S. 43 ff.
28 BAG v. 4. 7. 2001, DB 2002, 96, 98.
29 BAG v. 4. 7. 2001, DB 2002, 96, 97.

den Stellung haben sie nur die deutlich kürzere Kündigungsfrist des § 621 BGB. Sofern die Vergütung nach Monaten bemessen ist, kann die Kündigung daher am 15. eines Monats für den Schluss des Kalendermonats ausgesprochen werden, bei Bemessung der Vergütung nach Jahren mit einer Frist von sechs Wochen für den Schluss eines Quartals.

In der **Insolvenz** kann gem. § 113 Satz 2 InsO mit einer Frist von drei Monaten zum Monatsende gekündigt werden, wenn nicht ohnehin eine kürzere Frist maßgeblich ist. Die maximal dreimonatige Frist setzt sich gegenüber allen anderen – auch tariflich vereinbarten – Fristen durch.[30]

f) Anhörung des Betriebsrates gem. § 102 BetrVG

Soweit ein Betriebsrat besteht, ist dieser gem. § 102 Abs. 1 BetrVG vor jeder Kündigung zu hören. Die Anhörung ist bei einem mehrköpfigen Betriebsrat an den Betriebsratsvorsitzenden zu richten. Sie muss angeben:

- die Person des Arbeitnehmers, dessen Kündigung beabsichtigt ist. Zu den Angaben zur Person gehören:
  - Name des Arbeitnehmers
  - Beschäftigungsort
  - Arbeitsplatz
  - Vergütung
  - Alter
  - Familienstand
  - Dauer der Betriebszugehörigkeit
  - Unterhaltspflichten
  - Schwerbehinderung
  - ggf. Sonderkündigungsschutz
  - ggf. besondere persönliche Belastungen des Arbeitnehmers
- die Art der Kündigung
  - ordentliche Kündigung

  oder
  - außerordentliche Kündigung

    oder bei ordentlich unkündbaren, zB altersgesicherten Arbeitnehmern:
    - außerordentliche Kündigung mit sozialer Auslauffrist[31]
- die Kündigungsfrist
- den Termin, zu dem gekündigt werden soll,
- sowie die Gründe für die Kündigung.

---

30 Zu den Einzelheiten vgl. *Bauer/Röder*, Taschenbuch zur Kündigung, S. 50/51.
31 Vgl. BAG v. 5. 2. 1998, NZA 1998, 771.

Will der Arbeitgeber eine **außerordentliche sowie hilfsweise eine ordentliche Kündigung** aussprechen, so muss er zu beiden Kündigungen anhören. Hört er nur zu der außerordentlichen Kündigung an, reicht der Kündigungsgrund jedoch nur für eine ordentliche Kündigung, so wäre eine hilfsweise ordentliche Kündigung nach § 102 Abs. 1 Satz 3 BetrVG mangels Anhörung unwirksam.

Bei einer **Änderungskündigung** muss neben der Kündigungsabsicht auch das Änderungsangebot mitgeteilt werden, im Übrigen gelten die vorstehenden Grundsätze auch hier uneingeschränkt (vgl. oben Kapitel 20).

Bei der **Angabe der Kündigungsgründe** ist größtmögliche Sorgfalt anzuraten. Alle Tatbestandsvoraussetzungen der Kündigungsgründe sind darzustellen. Fehlen einzelne Tatbestandsmerkmale, so ist die Betriebsratsanhörung deswegen zwar noch nicht unwirksam, sofern der Arbeitgeber die Kündigung nur auf die dort angegebenen Tatsachen stützen will. Insoweit ist die Betriebsratsanhörung subjektiv determiniert. Nicht darin enthaltene Tatsachen können jedoch zu der späteren Begründung der Kündigung nicht mehr herangezogen werden, so dass die Kündigung dann mangels sozialer Rechtfertigung scheitert.

Bei einer **verhaltensbedingten Kündigung** sind also die einzelnen Pflichtverletzungen im Detail, insbesondere auch nach Ort und Datum, mitzuteilen, ferner dem Arbeitnehmer zuvor erteilte Abmahnungen für vergleichbare Verstöße.

Ist eine **Verdachtskündigung** beabsichtigt, so muss auch dies dem Betriebsrat gegenüber offen gelegt werden. Auch der Verlauf und insbesondere die Einlassungen des Arbeitnehmers im Rahmen der Anhörung sind darzustellen. Es kann sich empfehlen, die Kündigung auf die Tat sowie hilfsweise auf den Verdacht zu stützen. Bei einer **krankheitsbedingten Kündigung** sind die einzelnen Fehlzeiten anzugeben, ferner inwieweit für diese Entgeltfortzahlung geleistet wurde, darüber hinaus die negative Zukunftsprognose und die erheblichen betrieblichen Beeinträchtigungen, sei es in Form erheblicher wirtschaftlicher Belastungen oder in Form von konkreten Betriebsablaufstörungen.

Kernbestandteil der Betriebsratsanhörung bei der **betriebsbedingten Kündigung** ist – neben den hier besonders wichtigen Sozialdaten – die Darlegung zum Wegfall des Arbeitsplatzes und zur Sozialauswahl; dazu zählen auch Angaben zu etwaigen betrieblichen Gründen, aus denen einzelne Mitarbeiter aus der Sozialauswahl gem. § 1 Abs. 3 Satz 2 KSchG ausgenommen werden sollen. Bei der betriebsbedingten Änderungskündigung sind dementsprechend die die Änderung rechtfertigenden Gründe und die geänderten Bedingungen darzulegen.

Die Pflicht zur ordnungsgemäßen Anhörung des Betriebsrates besteht auch in den ersten sechs Monaten des Arbeitsverhältnisses; auch wenn in diesem Fall das Kündigungsschutzgesetz noch nicht gilt, muss der Arbeitgeber die Tatsachen angeben, die für seinen Kündigungsentschluss maßgeblich sind,[32] wobei allerdings auch die Mitteilung eines bloßen, durch Tatsachen nicht belegbaren Werturteils ausreichen soll.[33]

---

[32] BAG v. 18. 5. 1994, NZA 1995, 24.
[33] LAG Schleswig-Holstein v. 30. 10. 2002, NZA-RR 2003, 310; LAG Berlin v. 22. 1. 1998, LAGE § 102 BetrVG 1972 Nr. 68.

Eine bestimmte **Form** ist für die Anhörung nicht vorgeschrieben. Aus anwaltlicher Sicht ist zu Nachweiszwecken Schriftform zu empfehlen.

Zu richten ist die Anhörung an den Betriebsratsvorsitzenden. Hat der Betriebsrat gegen eine ordentliche Kündigung Bedenken, so muss er diese unter Angabe der Gründe dem Arbeitgeber spätestens innerhalb einer Woche schriftlich mitteilen (§ 102 Abs. 2 Satz 1 BetrVG); bei einer außerordentlichen Kündigung beträgt die Frist drei Tage (§ 102 Abs. 2 Satz 3 BetrVG). Bei einer Anhörung zur außerordentlichen sowie hilfsweise ordentlichen Kündigung läuft für Erstere also die Drei-Tages-Frist, für Letztere die Wochenfrist. Der Betriebsrat entscheidet durch Beschluss über seine Stellungnahme, wobei Fehler bei der Beschlussfassung regelmäßig nicht zu Lasten des Arbeitgebers gehen, es sei denn, er hätte diese selbst veranlasst[34] oder einen offensichtlichen Fehler in der Beschlussfassung des Betriebsrates ausgenutzt.[35]

Der Betriebsrat kann der Kündigung auch innerhalb der Frist des § 102 Abs. 2 BetrVG **widersprechen**. Geschieht dies aus einem der in § 102 Abs. 3 Nr. 1 bis 5 BetrVG enumerativ genannten Gründe, so hindert das die Kündigung zwar nicht, der Arbeitnehmer kann jedoch den besonderen Weiterbeschäftigungsanspruch gem. § 102 Abs. 5 BetrVG geltend machen. Die ordnungsgemäße Anhörung muss der Arbeitgeber im Kündigungsschutzprozess darlegen und beweisen, allerdings nur, wenn sie vom Arbeitnehmer bestritten wird. Eine fehlende oder fehlerhafte Anhörung führt zur Unwirksamkeit der Kündigung; gegebenenfalls muss eine erneute Anhörung durchgeführt und im Anschluss daran eine erneute Kündigung ausgesprochen werden. Bei außerordentlichen Kündigungen gelingt das wegen der Zwei-Wochen-Frist des § 626 Abs. 2 BGB allerdings meist nicht mehr.

Die **Kündigung eines Betriebsratsmitglieds** erfordert die ausdrückliche Zustimmung des Betriebsrats nach § 103 BetrVG; bloßes Schweigen ersetzt diese Zustimmung nicht. Erteilt der Betriebsrat seine Zustimmung nicht, so muss der Arbeitgeber sie im Wege des Zustimmungsersetzungsverfahrens ersetzen lassen, bevor er eine Kündigung ausspricht (vgl. § 103 Abs. 2 BetrVG).

Für **leitende Angestellte** gilt nicht § 102 BetrVG, sondern eine bloße Unterrichtungspflicht nach § 105 BetrVG, deren Verletzung auch nicht zur Unwirksamkeit der Kündigung führt.[36] Sofern allerdings ein Sprecherausschuss nach dem Sprecherausschussgesetz besteht, muss dieser vor jeder Kündigung eines leitenden Angestellten angehört werden (§ 31 Abs. 2 SprAG). Ohne eine solche Anhörung oder bei nicht ordnungsgemäßer Anhörung ist die ausgesprochene Kündigung **unwirksam**. Der Sprecherausschuss kann innerhalb von einer Woche gegen die beabsichtigte ordentliche und innerhalb von drei Tagen gegen eine beabsichtigte außerordentliche Kündigung Bedenken geltend machen. Lässt sich nicht zweifelsfrei klären, ob der Arbeitnehmer leitender Angestellter im Sinne des § 5 Abs. 3 BetrVG ist, so sollten vorsorglich Betriebsrat und Sprecherausschuss angehört werden.

---

34 BAG v. 16. 10. 1991, EzA § 102 BetrVG 1972 Nr. 83; auch wenn der Betriebsratsvorsitzende schon 12 Minuten nach Erhalt der Anhörung eine abschließende Stellungnahme abgibt, ist es für den Arbeitgeber keineswegs evident, dass nur eine persönliche Stellungnahme des Betriebsratsvorsitzenden und kein Beschluss des Betriebsratsgremiums vorliegt, BAG v. 16. 1. 2003, BB 2003, 1791.
35 Vgl. BAG v. 28. 2. 1974, BB 1974, 836.
36 BAG v. 25. 3. 1976, BB 1976, 743.

2. Anwendbarkeit des KSchG

Erst wenn das Arbeitsverhältnis in demselben Betrieb oder Unternehmen ohne Unterbrechung länger als sechs Monate bestanden hat, ist eine sozial ungerechtfertigte Kündigung unwirksam, § 1 Abs. 1 KSchG. Während dieser „Wartezeit" führt nur ein Verstoß gegen § 138 BGB oder § 242 BGB zur Nichtigkeit der Kündigung; ein Verstoß gegen Treu und Glauben allerdings nur soweit der Verstoß auf Gründen beruht, die nicht von § 1 KSchG erfasst sind.[37] Auch nach Ablauf der Wartezeit greift das KSchG nur ein, wenn in dem Betrieb oder ihrer Verwaltung in der Regel mehr als fünf Arbeitnehmer beschäftigt werden („Kleinbetriebsklausel", § 23 Abs. 1 Satz 2 KSchG). Für Arbeitnehmer, die nach dem 1. 1. 2004 eingestellt wurden, setzt Kündigungsschutz erst ab zehn Arbeitnehmern ein, § 23 Abs. 1 Satz 3 KSchG. Teilzeitbeschäftigte Arbeitnehmer mit einer regelmäßigen wöchentlichen Arbeitszeit von nicht mehr als 20 Stunden werden mit 0,5 und von nicht mehr als 30 Stunden mit 0,75 berücksichtigt (§ 23 Abs. 1 Satz 4 KSchG). Auch wenn das Gesetz ausdrücklich auf den Betrieb und nicht auf das Unternehmen abstellt, deutet die Entscheidung des Bundesverfassungsgerichts vom 27. 1. 1998[38] auf eine Ausdehnung auf das Unternehmen, jedenfalls bei Betrieben innerhalb größerer Unternehmen, da deren Schutz von der Kleinbetriebsklausel nicht bezweckt sei.[39]

Unabhängig vom Eingreifen des Kündigungsschutzgesetzes kann nach der jüngsten an diese Verfassungsgerichtsentscheidung anknüpfenden Rechtsprechung des Bundesarbeitsgerichts[40] eine Kündigung im Kleinbetrieb auch deshalb unwirksam sein, weil es gegen Treu und Glauben (§ 242 BGB) verstößt, wenn der Arbeitgeber nicht ein durch Art.12 GG gebotenes Mindestmaß an sozialer Rücksichtnahme wahrt. Das gebotene Mindestmaß ist unterschritten, wenn ein Vergleich der Sozialdaten vergleichbarer Arbeitnehmer eine erheblich niedrigere soziale Schutzbedürftigkeit eines weiterbeschäftigten Arbeitnehmers ergibt und sich in Abwägung mit den betrieblichen, persönlichen oder sonstigen Interessen des Arbeitgebers kein nachvollziehbarer Grund für den Kündigungsausspruch ergibt, dh. Willkür vorliegt.[41] Aber Treu und Glauben erfordern außerhalb des Anwendungsbereichs des § 1 KSchG in der Regel keine vergebliche Abmahnung.[42]

3. Verhaltensbedingte Kündigung

Verhaltensbedingte Kündigungen gem. § 1 Abs. 2 Satz 1 KSchG setzen Pflichtverletzungen des Arbeitnehmers voraus, dh. der Arbeitnehmer muss eine im konkreten Arbeitsvertragsverhältnis geschuldete Haupt- oder nicht unwesentliche Nebenpflicht verletzt

---

37 BAG v. 21. 12. 2001, BB 2001, 1683, 1685; v. 5. 4. 2001, BB 2001, 1905.
38 BVerfG v. 27. 1. 1998, NZA 1998, 469, 470.
39 Vgl. zum öffentlichen Dienst auch BAG v. 23. 4. 1998, DB 1998, 2167.
40 BAG v. 21. 2. 2001, BB 2001, 1683 unter Hinweis auf die eben angesprochene Entscheidung des BVerfG v. 27. 1. 1998, NZA 1998, 469.
41 BAG v. 25. 4. 2001, NZA 2002, 87, 89; der Arbeitnehmer muss allerdings zunächst einen Sachverhalt vortragen, aus dem sich ergibt, dass er mit nicht gekündigten Arbeitnehmern „auf den ersten Blick" vergleichbar ist, erst dann muss der Arbeitgeber substantiiert seine Auswahlentscheidung begründen, BAG v. 6. 2. 2003, NZA 2003, 717.
42 BAG v. 21. 2. 2001, BB 2001, 1902. Nach § 314 Abs. 2 BGB dürfte für die außerordentliche Kündigung die Abmahnung jedoch erforderlich sein; *Kleinebrink*, FA 2002, 226, 227 f.

haben. Zu den in Betracht kommenden Pflichtverletzungen gibt es zahlreiche Kataloge. Verwiesen sei hier auf *Bauer/Röder*, Taschenbuch zur Kündigung, 2. Aufl. 2000, S. 105 ff.; *Mäschle/Rosenfelder*, Lexikon der Kündigungsgründe, 2. Aufl. 1996; *Preis*, DB 1990, 634, 685; *Berkowsky*, NZA-RR 2001, 1 ff. und 57 ff.; *Tschöpe*, BB 2002, 778.

Im Rahmen einer abschließenden Interessenabwägung, wie sie bei jeder Kündigung durchzuführen ist, muss berücksichtigt werden, ob der Arbeitnehmer an einem anderen freien Arbeitsplatz im Unternehmen eingesetzt werden kann. Dies erfordert aber eine objektiv begründete Erwartung, dass der Arbeitnehmer das beanstandete Verhalten auf dem anderen Arbeitsplatz nicht fortsetzen wird. Insgesamt muss die Kündigung bei verständiger Würdigung in Abwägung der Interessen der Vertragspartner billigenswert und angemessen sein.[43]

Grundsätzlich kann eine Kündigung nur auf eine Pflichtverletzung gestützt werden, wenn der Arbeitnehmer nach dem ersten Verstoß zunächst ordnungsgemäß abgemahnt wurde und trotz dieser **Abmahnung** erneut eine vergleichbare Pflichtverletzung begangen hat, die dann zur Begründung der Kündigung herangezogen wird. Dies ist nunmehr für die Kündigung aus wichtigem Grund in § 314 Abs. 2 BGB[44] geregelt. Dies ist Ausdruck des Verhältnismäßigkeitsprinzips, nach dem die Kündigung nur äußerstes Mittel sein darf (Ultima-Ratio-Prinzip). Eine Abmahnung kann jedoch dann entbehrlich sein, wenn eine Abwägung der beiderseitigen Interessen die sofortige Kündigung rechtfertigt (§§ 314 Abs. 2 Satz 2, 323 Abs. 2 Nr. 3 BGB) oder der Arbeitnehmer nicht gewillt ist, sich vertragsgemäß zu verhalten (§§ 314 Abs. 2 Satz 2, 323 Abs. 2 Nr. 1 BGB). Dies liegt auf der Linie der Rechtsprechung des BAG. Danach ist eine Abmahnung entbehrlich, wenn die Pflichtwidrigkeit des Handelns für den Arbeitnehmer ohne weiteres erkennbar ist und eine Hinnahme dieses Verhaltens durch den Arbeitgeber von vornherein offensichtlich ausgeschlossen war.[45] Daneben kann in Einzelfällen eine Abmahnung auch entbehrlich sein, wenn sie im Hinblick auf die Einsichts- oder Handlungsfähigkeit des Arbeitnehmers keinen Erfolg verspricht.[46] Selbst bei Pflichtverletzungen im Vertrauensbereich soll eine Abmahnung erforderlich sein, wenn der Arbeitnehmer annehmen durfte, sein Verhalten sei nicht vertragswidrig bzw. der Arbeitgeber werde es zumindest nicht als ein erhebliches, den Bestand des Arbeitsverhältnisses gefährdendes Verhalten ansehen.[47] Letztlich entscheidend ist eine Prognose, ob zukünftig die konkrete Vertragsverletzung eine sinnvolle Zusammenarbeit zwischen Arbeitnehmer und Arbeitgeber mit oder ggf. auch schon ohne Abmahnung nicht mehr erlaubt, insbesondere weil Wiederholungen der Pflichtverletzung zu erwarten sind.[48]

---

43 BAG v. 22. 7. 1982, AP Nr. 5 zu § 1 KSchG 1969 – Verhaltensbedingte Kündigung; zu einzelnen Kriterien der Abwägung vgl. LAG Hamm v. 30. 5. 1996, NZA 1997, 1056 und *Tschöpe*, BB 2002, 778, 781.
44 § 314 Abs. 1 BGB wird durch § 626 Abs. 1 BGB als lex specialis für Dienst- und Arbeitsverhältnisse verdrängt. Weil jedoch eine § 314 Abs. 2 BGB entsprechende Regelung im Dienstvertragsrecht fehlt, ist dieser anzuwenden; zur analogen Anwendung auf die ordentliche Kündigung vgl. *Berkowsky*, AuA 2002, 11, 14.
45 Vgl. BAG v. 26. 8. 1993, AP Nr. 112 zu § 626 BGB; BAG v. 10. 2. 1999, DB 1999, 1121.
46 BAG v. 18. 5. 1994, BB 1994, 1857.
47 BAG v. 4. 6. 1997, NZA 1997, 1281. Eine Abmahnung ist bei Diebstahl regelmäßig nicht erforderlich, auch wenn es um abgeschriebene Waren geht, die nach Meinung des Arbeitnehmers zur Entsorgung bestimmt waren, BAG v. 11. 12. 2003 – 2 AZR 36/03, PM 83/03.
48 LAG Hamm v. 30. 5. 1996, NZA 1997, 1056.

Vorsicht ist bei häufigen Abmahnungen wegen gleichartiger Pflichtverletzungen geboten. Wird die angedrohte Kündigung nach zahlreichen Abmahnungen immer noch nicht ausgesprochen, so schwächt dies die Warnfunktion derart, dass vor einer Kündigung eine besonders eindringliche, letzte Abmahnung ausgesprochen werden muss.[49]

Berechtigt zur Abmahnung sind alle Mitarbeiter, die befugt sind, dem Arbeitnehmer verbindliche Weisungen zu Ort, Zeit sowie Art und Weise der geschuldeten Arbeitsleistung zu erteilen.[50] Als Voraussetzung für eine Kündigung ist die Abmahnung (vgl. M 13.1) nur geeignet, wenn sie mindestens drei Bestandteile enthält, nämlich

1. die konkrete Mitteilung der die Pflichtwidrigkeit begründenden Tatsachen,
2. die Aufforderung, das pflichtwidrige Verhalten einzustellen bzw. das pflichtwidrige Verhalten oder auch ein vergleichbares Verhalten nicht zu wiederholen, sowie
3. die Ankündigung, dass der Arbeitnehmer im Wiederholungsfalle mit einer Kündigung rechnen muss.

Der häufigste Fehler bei Abmahnungen ist die fehlende Androhung der Kündigung (Ziff. 3.). Die verhaltensbedingte Kündigung ist nur berechtigt, wenn sich der Kündigungsgrund nach Ausspruch der Abmahnung ereignet hat und eine gleichartige – wenn nicht gar identische – Pflichtverletzung darstellt. Auch eine frühere Kündigung erfüllt die Funktion einer Abmahnung, wenn der dortige Pflichtenverstoß für die Kündigung selbst noch nicht ausreichte.

In der **Betriebsratsanhörung** zur Kündigung gem. § 102 BetrVG (vgl. oben I. 1. f) ist auch die zugrunde liegende Abmahnung mitzuteilen; zweckmäßigerweise sollte sie, sofern sie schriftlich vorliegt, beigefügt werden.

Ein Sonderfall der verhaltensbedingten Kündigung ist die **Verdachtskündigung**. Bei ihr begründet schon der Verdacht der betreffenden Pflichtverletzung die Unzumutbarkeit eines weiteren Festhaltens an dem Arbeitsverhältnis, häufig mit der Folge einer fristlosen Kündigung. Es muss sich daher um den dringenden Verdacht einer Pflichtverletzung von erheblichem Gewicht handeln. Das Verhalten müsste bei nachgewiesener Tat zumindest eine ordentliche Kündigung sozial rechtfertigen. Zudem muss der Arbeitgeber alles Zumutbare zur Aufklärung des Sachverhaltes getan haben, wozu insbesondere die **Anhörung des Arbeitnehmers vor Ausspruch der Kündigung** zählt. Verletzt der Arbeitgeber schuldhaft diese Pflicht zur Anhörung, so ist die Kündigung unwirksam.[51] Für die Anhörung gilt, anders als für die Durchführung der übrigen Ermittlungen, eine Regelfrist von einer Woche.[52] Die Verdachtskündigung muss ferner verhältnismäßig sein.

In der **Betriebsratsanhörung** ist mitzuteilen, dass es sich um eine Verdachtskündigung handelt; aufzunehmen ist insbesondere auch der Verlauf der Anhörung, namentlich die Einlassung des Arbeitnehmers zu dem gegen ihn bestehenden Verdacht.

---

49 BAG v. 15. 11. 2001, BB 2002, 1269; vgl. auch *Kammerer*, BB 2002, 1747 ff.
50 BAG v. 5. 7. 1990, AP Nr. 1 zu § 15 SchwbG 1986.
51 BAG v. 11. 4. 1985, DB 1986, 1726; zu den inhaltlichen Anforderungen an die Anhörung BAG v. 26. 9. 2002, DB 2003, 1336.
52 BAG v. 6. 7. 1972, DB 1972, 2119; v. 10. 6. 1988, DB 1989, 282.

Eine **leistungsbedingte Kündigung** kann **verhaltensbedingt** begründet sein, wenn der Arbeitnehmer nicht unter angemessener Ausschöpfung seiner Leistungspflicht arbeitet. **Personenbedingt** (dazu unten 4. d) wäre sie begründet, wenn bei einem über eine längere Zeit leistungsschwachen Arbeitnehmer auch für die Zukunft mit einer schweren Störung des Vetragsgleichgewichts zu rechnen ist; dabei darf ein milderes Mittel zur Wiederherstellung des Vertragsgleichgewichts nicht zur Verfügung stehen und dem Schutz älterer, langjährig beschäftigter und erkrankter Arbeitnehmer muss ausreichend Rechnung getragen werden.[53]

4. Personenbedingte Kündigung

Sozial gerechtfertigt ist die Kündigung auch, wenn sie durch Gründe bedingt ist, die in der Person des Arbeitnehmers liegen (§ 1 Abs. 2 Satz 1 KSchG). Häufigster Anwendungsfall der personenbedingten Kündigung ist die Kündigung wegen Krankheit.[54]

Die **krankheitsbedingte Kündigung** ist sozial gerechtfertigt, wenn eine negative Gesundheitsprognose vorliegt, durch zu erwartende künftige Fehlzeiten betriebliche Interessen erheblich beeinträchtigt werden und die Interessenabwägung zu Lasten des Arbeitnehmers ausfällt. Die Anforderung an diese drei Voraussetzungen sind unterschiedlich, je nachdem, ob es sich um eine Kündigung wegen häufiger Kurzerkrankungen, wegen Langzeiterkrankung oder wegen dauernder Arbeitsunfähigkeit handelt.

a) Häufige Kurzerkrankungen

Die **negative Gesundheitsprognose** ist erfüllt, wenn die in der Vergangenheit aufgetretenen Krankheiten die Besorgnis auch künftiger Krankheiten rechtfertigen. Maßgeblich für die Erkrankung in der Vergangenheit ist ein Zeitraum von rund zwei bis drei Jahren mit Fehlzeiten von jeweils mehr als sechs Wochen. Diese rechtfertigen die Annahme, dass der Arbeitnehmer auch in Zukunft in vergleichbarem Umfang krank sein wird, es sei denn, die Krankheiten seien ausgeheilt oder beruhten auf einmaligen Ereignissen, beispielsweise einem Sportunfall. Entscheidend für die negative Gesundheitsprognose ist der Zeitpunkt des Wirksamwerdens der Kündigung, somit des Zugangs. Erfüllt sich nach Ausspruch der Kündigung die erwartete negative Gesundheitsprognose – beispielsweise im Rahmen des Kündigungsschutzprozesses – nicht, so bleibt die Kündigung gleichwohl wirksam; der Arbeitnehmer hat jedoch möglicherweise einen Wiedereinstellungsanspruch.[55] Reichte die negative Gesundheitsprognose zum Zeitpunkt der Kündigung zur Wirksamkeit der Kündigung nicht aus, nehmen die Krankheitszeiten des Arbeitnehmers jedoch nach Ausspruch der Kündigung zu, so wird die ursprünglich unwirksame Kündigung dadurch nicht wirksam; der Arbeitgeber muss vielmehr eine neue Kündigung aussprechen.[56]

Im Prozess gilt eine **abgestufte Darlegungs- und Beweislast**. Hat der Arbeitgeber die negative Gesundheitsprognose dargelegt, so ist es Sache des Arbeitnehmers, konkret darzutun, weshalb mit baldiger und endgültiger Genesung zu rechnen sei,

---

53 BAG v. 11. 12. 2003 – 2 AZR 667/02, PM 82/03.
54 Vgl. dazu *Bauer/Röder/Lingemann*, Krankheit im Arbeitsverhältnis, S. 93 ff.; *Bauer/Röder*, Taschenbuch zur Kündigung, S. 120–123.
55 Vgl. BAG v. 29. 4. 1999, EzA § 1 KSchG Krankheit Nr. 46.
56 BAG v. 29. 4. 1999, EzA § 1 KSchG Krankheit Nr. 46.

und gegebenenfalls die Ärzte von der Schweigepflicht zu entbinden. Erst danach obliegt es dem Arbeitgeber, die negative Gesundheitsprognose durch Vernehmung der Ärzte oder durch Sachverständigengutachten zu beweisen.

Die **erhebliche Beeinträchtigung betrieblicher Interessen** kommt bei häufigen Kurzerkrankungen in zwei Formen vor, nämlich in Form **unzumutbarer wirtschaftlicher Belastungen** und in Form von **Betriebsablaufstörungen**. Eine unzumutbare wirtschaftliche Belastung wird bejaht, wenn der Arbeitgeber während der vergangenen drei Jahre jeweils für mehr als sechs Wochen Entgeltfortzahlung geleistet hat und auch in Zukunft mit entsprechenden Entgeltfortzahlungsleistungen zu rechnen ist.[57] Betriebsablaufstörungen können vielgestaltig sein, beispielsweise Stillstand von Produktionslinien oder auch einzelnen Maschinen, ständig wechselnder Schichtplan, Produktionsausfälle wegen im Krankheitsfall einzuarbeitenden Ersatzpersonals oder häufige Überstunden des verbleibenden Personals wegen der unberechenbaren Kurzerkrankungen. Unzumutbar hohe wirtschaftliche Belastung oder Betriebsablaufstörungen begründen **alternativ** die Beeinträchtigung betrieblicher Interessen. Betriebsablaufstörungen können auch dann von Bedeutung sein, wenn sie sich weniger als sechs Wochen pro Jahr auswirken.

Im Rahmen der **Interessenabwägung** hat der Arbeitgeber – einzelfallbezogen – zu prüfen, ob wegen negativer Gesundheitsprognose sowie erheblicher Beeinträchtigung der betrieblichen Interessen die Kündigung gerechtfertigt ist oder ob er die Beeinträchtigung billigerweise trotzdem noch hinnehmen muss.[58] Dabei spielt aus Sicht des Arbeitgebers das Ausmaß der betrieblichen Beeinträchtigung und die wirtschaftliche Lage des Unternehmens, aber auch ein Verschulden des Arbeitnehmers bei Herbeiführung der Erkrankung oder Verzögerung der Genesung sowie Sicherheitsrisiken im Betrieb, zB bei Alkoholsucht, eine Rolle. Für die Praxis bedeutsam ist die Feststellung, ob die Ausfälle des Arbeitnehmers deutlich über denen vergleichbarer Arbeitnehmer liegen.[59] Zugunsten des Arbeitnehmers kann ein fortgeschrittenes Alter sprechen, ferner eine lange ungestörte Betriebszugehörigkeit sowie erhebliche Unterhaltspflichten.[60] Auch eine betriebliche Ursache für die Erkrankung, die beispielsweise durch eine gleich hohe Krankheitsquote vergleichbarer Arbeitnehmer dokumentiert wird, wirkt sich zugunsten des Arbeitnehmers aus.[61]

b) Kündigung wegen lang anhaltender Krankheit

Auch wegen einer Erkrankung in einer längeren, zusammenhängenden Zeitfolge kann die ordentliche Kündigung sozial gerechtfertigt sein.

Auch hier bedarf es der negativen Gesundheitsprognose, die sicherlich begründet ist, wenn der Arbeitnehmer seit 1½ Jahren arbeitsunfähig und ein Ende der Erkrankung nicht absehbar ist.[62]

---

57 Vgl. BAG v. 29. 7. 1993, NZA 1994, 67.
58 BAG v. 7. 11. 1985, NZA 1986, 359; v. 6. 9. 1989, NZA 1990, 307.
59 BAG v. 11. 8. 1994, NZA 1995, 1051.
60 Vgl. BAG v. 20. 1. 2000, BB 2000, 1300; *Lingemann*, Unterhaltspflichten und Kündigung, BB 2000, 1835.
61 BAG v. 5. 7. 1990, NZA 1991, 185.
62 BAG v. 21. 5. 1992, NZA 1993, 497.

Bei der Beeinträchtigung wesentlicher betrieblicher Interessen gelten bei der lang dauernden Erkrankung strengere Maßstäbe, da der Arbeitgeber hier durch Einsatz von Ersatzkräften eher planen kann. Erhebliche Mehrkosten für Ersatzkräfte können jedoch eine erhebliche Beeinträchtigung begründen[63] Die Ungewissheit der Wiederherstellung der Arbeitsfähigkeit steht einer krankheitsbedingten dauernden Leistungsunfähigkeit (dazu sogleich c) dann gleich, wenn in den nächsten 24 Monaten nach Zugang der Kündigung mit einer günstigen Prognose für eine Genesung nicht gerechnet werden kann.[64]

Bei der Interessenabwägung sind dieselben Gesichtspunkte wie bei den häufigen Kurzerkrankungen zu berücksichtigen (oben unter a).[65]

c) Kündigung wegen krankheitsbedingter dauernder Leistungsunfähigkeit

Ist der Arbeitnehmer aus gesundheitlichen Gründen **dauerhaft** nicht mehr in der Lage, die geschuldete Arbeitsleistung zu erbringen, so kann auch dies die ordentliche personenbedingte Kündigung rechtfertigen.[66]

Die dauerhafte negative Gesundheitsprognose führt zu einer Störung im Austauschverhältnis.[67] Sie wird bejaht, wenn zum Zeitpunkt der Kündigung die Wiederherstellung der Leistungsfähigkeit völlig ungewiss ist.[68] Schon die andauernde Störung im Austauschverhältnis begründet die Beeinträchtigung wesentlicher betrieblicher Interessen, ohne dass noch Betriebsablaufstörungen dargetan werden müssten.[69] Zur Vermeidung einer Kündigung muss der Arbeitgeber aber prüfen, ob eine Weiterbeschäftigung auf einem leidensgerechten Arbeitsplatz möglich ist.[70]

Auch eine Interessenabwägung ist entbehrlich, es sei denn, der Arbeitnehmer wäre aufgrund schwerwiegender persönlicher Umstände besonders schutzbedürftig.[71]

d) Kündigung wegen dauernder Leistungsminderung

Auch eine krankheitsbedingte dauerhafte **Minderung der Leistungsfähigkeit** kann in Ausnahmefällen die personenbedingte Kündigung rechtfertigen. Die negative Gesundheitsprognose setzt allerdings voraus, dass die Minderung auf Dauer eintritt, deren Ende jedenfalls nicht absehbar ist. Das BAG hat bei einer durchschnittlichen Leistung, die auf Dauer lediglich bei 66% der Normalleistung liegt, eine solche Kündigung bestätigt.[72] Die Beeinträchtigung wesentlicher betrieblicher Interessen liegt darin, dass das Austauschverhältnis auf Dauer gestört ist, da die Vergütung nicht mehr der Gegenleistung entspricht.

---

63 BAG v. 15. 8. 1984, NJW 1985, 2783.
64 BAG v. 12. 4. 2002, NZA 2002, 1081.
65 Vgl. BAG v. 15. 8. 1984, NJW 1985, 2783.
66 BAG v. 21. 5. 1992, NZA 1993, 497.
67 BAG v. 28. 2. 1990, NZA 1990, 727.
68 BAG v. 5. 7. 1990, NZA 1991, 185.
69 BAG v. 28. 2. 1990, NZA 1990, 727.
70 BAG v. 29. 1. 1997, BB 1997, 894; näher dazu sogleich unter d).
71 BAG v. 28. 2. 1990, NZA 1990, 727.
72 BAG v. 26. 9. 1991, NZA 1992, 1073.

Vor Ausspruch der Kündigung muss der Arbeitgeber jedoch prüfen, ob der Arbeitnehmer nicht auf einem anderen **leidensgerechten Arbeitsplatz** im Betrieb oder Unternehmen weiterbeschäftigt werden kann, der gegebenenfalls sogar durch Ausübung seines Direktionsrechtes freigemacht werden muss.[73] Stimmt der Betriebsrat der Versetzung des Arbeitsplatzinhabers allerdings nicht zu, so braucht der Arbeitgeber ein Zustimmungsersetzungsverfahren nicht mehr durchzuführen. Er kann dann die personenbedingte Kündigung aussprechen.[74] Für die Interessenabwägung gelten gegenüber der Situation der häufigen Kurzerkrankung keine Besonderheiten.[75]

e) Kündigung wegen Suchterkrankungen

Ein schwieriger Grenzfall zwischen personen- und verhaltensbedingter Kündigung ist die Kündigung wegen Suchterkrankungen, insbesondere Alkoholabhängigkeit. Jedenfalls wenn der Arbeitsunfähigkeit medizinischer Krankheitswert zukommt, sollen die Maßstäbe für die krankheitsbedingte Kündigung gelten.[76] Dies gilt jedenfalls dann, wenn dem Erkrankten durch seine Abhängigkeit keine Steuerungsmöglichkeit hinsichtlich seines Suchtmittelkonsums mehr verbleibt.[77]

Die negative Gesundheitsprognose wird bejaht, wenn der Arbeitnehmer trotz Suchterkrankung eine Entziehungskur verweigert.[78] Erklärt er sich allerdings zu einer Kur bereit, muss der Arbeitgeber deren Ergebnis zunächst abwarten; nur wenn diese nicht zum Erfolg führt, kann personenbedingt gekündigt werden.[79] Zu den Betriebsablaufstörungen und der Interessenabwägung gelten die allgemeinen Grundsätze.

f) Betriebsratsanhörung

Zur **Betriebsratsanhörung** verweisen wir auf unsere Darlegungen oben unter 1. f). Mitzuteilen sind neben den allgemeinen Angaben die Fehlzeiten während der vergangenen drei Jahre. Wird die personenbedingte Kündigung auf erhebliche wirtschaftliche Belastungen (Entgeltfortzahlungskosten über mehr als sechs Wochen pro Jahr) gestützt, so muss auch im Einzelnen dargelegt werden, welche Krankheitszeiten mit Entgeltfortzahlungskosten und in welcher Höhe unterlegt sind. Wird die Kündigung auf betriebliche Beeinträchtigungen gestützt, so sind auch diese darzulegen. Zur Interessenabwägung sind die Tatsachen anzugeben, die dem Arbeitgeber bekannt sind. Bei einer lang anhaltenden Erkrankung sind Angaben zur wirtschaftlichen Belastung gegebenenfalls entbehrlich.[80] Vorsorglich sollte auch angegeben werden, dass und aus welchen Gründen (zB Zustimmungsverweigerung des Betriebsrats nach § 99 BetrVG) eine Versetzung auf einen leidensgerechten Arbeitsplatz nicht möglich ist.[81]

---

73 BAG v. 29. 1. 1997, BB 1997, 894 f.; dazu *Lingemann*, BB 1998, 1106.
74 BAG v. 29. 1. 1997, BB 1997, 894 f.; etwas anderes gilt allerdings im Rahmen des Beschäftigungsanspruches schwerbehinderter Menschen gem. § 81 Abs. 4 Satz 1 Nr. 1 SGB IX, hier muss der Arbeitgeber ggf. das Zustimmungsersetzungsverfahren durchführen, BAG v. 3. 12. 2002, NZA 2003, 1215.
75 Vgl. BAG v. 15. 8. 1984, NJW 1985, 2783.
76 BAG v. 9. 4. 1987, NZA 1987, 811.
77 Zu Einzelheiten vgl. *Bengelsdorf*, NZA 2001, 993, 996 f.
78 BAG v. 9. 4. 1987, NZA 1987, 811.
79 LAG Hamm v. 2. 5. 1986, LAGE Nr. 4 zu § 1 KSchG Personenbedingte Kündigung.
80 BAG v. 30. 1. 1986, NZA 1987, 555.
81 Vgl. BAG v. 29. 1. 1997, BB 1997, 894; *Lingemann*, BB 1998, 1106.

5. Betriebsbedingte Kündigung

Eine Kündigung ist auch dann sozial gerechtfertigt, wenn sie durch dringende Erfordernisse bedingt ist, die einer Weiterbeschäftigung des Arbeitnehmers in diesem Betrieb entgegenstehen, § 1 Abs. 2 Satz 1 KSchG.

a) Wegfall des bisherigen Arbeitsplatzes

Grundvoraussetzung für jede betriebsbedingte Kündigung ist der Wegfall des Arbeitsplatzes. Dieser kann durch Ursachen bestimmt sein, die außerhalb der Entscheidung des Unternehmens liegen (**außerbetriebliche Ursachen**), wie insbesondere Auftragsrückgang, Rohstoffmangel, Liefersperren. Dann muss der Arbeitgeber jedoch nicht nur diese Ursachen darlegen und beweisen, sondern auch, dass diese konkret zum Wegfall einer bestimmten Anzahl von Arbeitsplätzen geführt haben. Dieser Nachweis ist schwierig.

Der Arbeitsplatz kann aber auch infolge einer **Unternehmerentscheidung** wegfallen (**innerbetriebliche Ursachen**).[82] Zu nennen sind insbesondere die Einführung neuer Arbeits- bzw. Produktionsmethoden, die Entscheidung, einzelne Produktionsbereiche oder gar den Betrieb ganz aufzugeben, oder die Fremdvergabe von bisher im Unternehmen durchgeführten Arbeiten (wobei hier jeweils sorgfältig zu prüfen ist, ob nicht ein Betriebsübergang nach § 613a BGB vorliegt, siehe dazu Kapitel 56). Sehr umstritten ist, ob auch die Entscheidung zur dauerhaften Personalreduzierung als innerbetriebliche Ursache für einen Arbeitsplatzwegfall anzuerkennen ist.[83] Je näher die eigentliche Organisationsentscheidung an den Kündigungsentschluss rückt, umso mehr muss der Arbeitgeber durch Tatsachenvortrag verdeutlichen, dass sein Beschäftigungsbedürfnis für den Arbeitnehmer entfallen ist.[84] Der Arbeitgeber muss also die Auswirkungen dieser Entscheidung auf den Betrieb und das Beschäftigungsbedürfnis des zu entlassenden Arbeitnehmers im Einzelnen darlegen, so dass der Arbeitnehmer hierzu vortragen und das Gericht eine Überprüfung vornehmen kann.[85] Eine Streichung von Stellen im Haushaltsplan begründet im öffentlichen Dienst nur dann den Wegfall von Arbeitsplätzen, wenn die Streichung konkretisiert ist.[86] Der Entschluss zur Betriebsstilllegung rechtfertigt die betriebsbedingte Kündigung nur, wenn die Umsetzung des Entschlusses zum Zeitpunkt der Kündigung bereits greifbare Formen angenommen hat, also damit zu rechnen ist, dass bis zum Ablauf der einschlägigen Kündigungsfrist die geplante Betriebsstilllegung durchgeführt ist und die Arbeitnehmer somit nicht mehr eingesetzt werden können.[87] Den Beschluss sollte in der GmbH die Gesellschafterversammlung treffen (§ 49 Abs. 2 GmbHG); auch ein Beschluss der Geschäftsführung kann jedoch ausreichen, wenn eine Prognose im Kündigungszeitpunkt ergibt, dass die Entscheidung zur Betriebsstilllegung tatsächlich planmäßig durchgeführt wer-

---

82 Dazu sehr gut *Gilberg*, NZA 2003, 817.
83 Vgl. dazu BAG v. 24. 4. 1997, BB 1997, 1950; LAG Köln v. 7. 11. 1997, BB 1998, 1061; LAG Thüringen v. 20. 4. 1998, DB 1999, 2474.
84 BAG v. 17. 6. 1999, DB 1999, 1399; 1910.
85 Vgl. *Schiefer*, DB 2000, 669, 672.
86 Vgl. BAG GS v. 28. 11. 1956, AP Nr. 20 zu § 1 KSchG; BAG v. 19. 3. 1998, BB 1998, 1748; dazu *Lingemann/Grothe*, NZA 1999, 1072 ff.
87 BAG v. 19. 6. 1991, NZA 1991, 891.

den wird.⁸⁸ Kommt es trotz der beabsichtigten Betriebsstilllegung und Kündigung während des Laufs der Kündigungsfrist zur Fortführung des Betriebes, beispielsweise infolge eines Betriebsübergangs nach § 613a BGB, so kommt ein Wiedereinstellungsanspruch des gekündigten Arbeitnehmers in Betracht.⁸⁹ Der Arbeitsplatz des Arbeitnehmers fällt in der Regel auch dann weg, wenn er dem Übergang seines Arbeitsverhältnisses im Rahmen eines Betriebsübergangs nach § 613a Abs. 6 BGB widerspricht. Er bleibt dann Arbeitnehmer des übertragenden Unternehmens, sein Arbeitsplatz ist jedoch übergegangen, so dass betriebsbedingt gekündigt werden kann. Für die Sozialauswahl gilt, dass der Arbeitnehmer umso mehr bei der Sozialauswahl einzubeziehen ist, je gewichtiger die Gründe für seinen Widerspruch sind.⁹⁰ Je schwächer also die Gründe sind, desto größer ist das Ermessen des Arbeitgebers bei der „ausreichenden" Berücksichtigung sozialer Gesichtspunkte gem. § 1 Abs. 3 KSchG. Diese Rechtsprechung stellt die Praxis vor große Probleme und führt letztlich doch zu einer Verdrängung nicht betroffener durch widersprechende Arbeitnehmer.

Die Unternehmerentscheidung ist durch die Arbeitsgerichte nur eingeschränkt zu prüfen, nämlich darauf, ob sie tatsächlich vorliegt und ob sie nicht offenbar unsachlich, unvernünftig oder willkürlich ist.⁹¹ Es ist in der Praxis also meist einfacher, eine betriebsbedingte Kündigung aufgrund einer Unternehmerentscheidung durchzusetzen als eine Kündigung aufgrund außerbetrieblicher Gründe.

⊃ **Praxistipp:** Auch wenn außerbetriebliche Gründe vorliegen, sollte eine Unternehmerentscheidung zu den Maßnahmen getroffen werden, die innerhalb des Unternehmens veranlasst werden sollen. Dadurch kann eine verlässlichere Basis für notwendige betriebsbedingte Kündigungen geschaffen werden.

b) Keine anderweitige Beschäftigungsmöglichkeit

Gem. § 1 Abs. 2 Satz 2 Nr. 1b KSchG ist eine betriebsbedingte Kündigung auch sozial nicht gerechtfertigt, wenn der Arbeitnehmer an einem anderen Arbeitsplatz in demselben Betrieb oder in einem anderen Betrieb des Unternehmens weiterbeschäftigt werden kann. Dies gilt entgegen dem zu engen Wortlaut des § 1 Abs. 2 Satz 2 KSchG unabhängig davon, ob der Betriebsrat der Kündigung widersprochen hat oder nicht. Die Weiterbeschäftigungspflicht ist – anders als die Sozialauswahl (dazu unten unter c) – unternehmensbezogen. Unterhält der Arbeitgeber daher mehrere Betriebe, so muss er für alle Betriebe prüfen, ob ein freier Arbeitsplatz vorhanden ist, auf den der zu kündigende Arbeitnehmer versetzt oder änderungsgekündigt werden kann. Da der Arbeitgeber einer solchen Negativdarlegung im Prozess nicht entsprechen kann, verlangt das BAG, dass der gekündigte Arbeitnehmer zunächst konkret aufzeigt, wie er sich eine anderweitige Beschäftigung vorstellt.⁹² Der Weiterbeschäftigungsanspruch

---

88 BAG v. 5. 4. 2001; DB 2001, 1782; v. 11. 3. 1998, NZA 1998, 879.
89 BAG v. 27. 7. 1997, NZA 1997, 757. Nach LAG Hamm v. 11. 5. 2000, DB 2000, 1923 muss der Wiedereinstellungsanspruch innerhalb von drei Wochen nach Kenntnis von dem Betriebsübergang geltend gemacht werden.
90 BAG v. 18. 3. 1999, NZA 1999, 870; v. 24. 2. 2000, AP Nr. 47 zu § 1 KSchG 1969 Soziale Auswahl.
91 Vgl. BAG v. 24. 4. 1997, BB 1997, 1950.
92 BAG v. 20. 1. 1994, BB 1994, 1084.

geht nicht über das Unternehmen hinaus, ist also regelmäßig nicht konzernbezogen[93], es sei denn, der Arbeitsvertrag sieht eine Konzernversetzungsklausel vor.[94] Stehen mehrere freie Arbeitsplätze in anderen Betrieben zur Verfügung, so sollte der Arbeitgeber diese nach den Grundsätzen der umgekehrten Sozialauswahl anbieten.[95]

c) Sozialauswahl

Ist der Arbeitsplatz weggefallen (oben a) und besteht auch keine anderweitige Beschäftigungsmöglichkeit (oben b), so ist die Kündigung trotzdem sozial ungerechtfertigt, wenn der Arbeitgeber bei der Auswahl des Arbeitnehmers die Dauer der Betriebszugehörigkeit, das Lebensalter, die Unterhaltspflichten und die Schwerbehinderung des Arbeitnehmers[96] nicht oder nicht ausreichend berücksichtigt hat (§ 1 Abs. 3 Satz 1 1. Halbs. KSchG). Nicht demjenigen Arbeitnehmer ist zu kündigen, dessen Arbeitsplatz weggefallen ist, sondern dem Arbeitnehmer, der dem betroffenen Arbeitnehmer vergleichbar, aber diesem gegenüber nach den Grundsätzen der Sozialauswahl weniger sozial schutzbedürftig ist.

Vergleichbar sind solche Arbeitnehmer, auf deren Arbeitsplätze der betroffene Arbeitnehmer – ohne Änderung seines Arbeitsvertrages (zu Ausnahmen bei der Sozialauswahl zwischen Vollzeit- und Teilzeitbeschäftigten vgl. unten) – versetzt werden kann und deren Funktion er nach angemessener Einarbeitungszeit übernehmen kann. Dabei ist die Sozialauswahl betriebsbezogen, dh. vergleichbar sind nur Arbeitnehmer desselben Betriebs. Einzubeziehen sind weiterhin nur Arbeitnehmer **innerhalb derselben Hierarchieebene** wie der Arbeitnehmer, dessen Arbeitsplatz weggefallen ist. Die Vergleichbarkeit richtet sich nach **arbeitsplatzbezogenen Merkmalen**, insbesondere objektiven Merkmalen wie Berufsgruppe und Ausbildungsberuf sowie in zweiter Linie subjektiven Merkmalen wie individuellen Kenntnissen, Fähigkeiten, Leistungsbereitschaft, Lernfähigkeit und Erfahrungen. Ein bloßer Routinevorsprung des Arbeitsplatzinhabers steht der Austauschbarkeit jedoch nicht entgegen. Eine Sozialauswahl über die Hierarchieebene hinaus (vertikale Vergleichbarkeit) gibt es nicht, dementsprechend auch keinen Anspruch auf Beförderung im Rahmen der Sozialauswahl. Obwohl ein Wechsel zwischen Voll- und Teilzeittätigkeit nur durch eine Änderung der vertraglich vereinbarten Arbeitszeit und somit des Arbeitsvertrages möglich wäre, soll eine **Sozialauswahl zwischen Vollzeit- und Teilzeitkräften** stattfinden, wenn der Arbeitgeber in einem bestimmten Bereich lediglich die Anzahl der insgesamt geleisteten Arbeitsstunden abbauen will.[97] Hat der Arbeitgeber hingegen eine Organisationsentscheidung getroffen, aufgrund deren für bestimmte Arbeiten nur Vollzeitkräfte vorgesehen sind, so kann diese Entscheidung als freie Unternehmerentscheidung (vgl. oben a) nur darauf geprüft werden, ob sie offenbar unsachlich, unvernünftig oder willkürlich ist. Liegt

---

93 BAG v. 20. 1. 1994, BB 1994, 1084.
94 BAG v. 21. 1. 1999, DB 1999, 806; *Lingemann/von Steinau-Steinrück*, DB 1999, 2161. Zur problematischen Wirksamkeit von Konzernversetzungsklauseln seit Geltung der AGB-Kontrolle für Arbeitsverträge vgl. § 309 Nr. 10 BGB sowie oben Kap. 2 unter I. 1. b) II).
95 Vgl. BAG v. 15. 12. 1994, BB 1995, 930; v. 25. 4. 2002, NZA 2003, 605.
96 § 1 Abs. 3 Satz 1 1. Halbs. KSchG per 1. 1. 2004 geändert durch das Gesetz zu Reformen am Arbeitsmarkt v. 24. 12. 2003, BGBl. I, S. 3002.
97 BAG v. 3. 12. 1998, DB 1999, 487; dazu *Bauer/Klein*, BB 1999, 1162; BAG v. 12. 8. 1999, NZA 2000, 30.

danach eine bindende Unternehmerentscheidung vor, so sollen bei der Kündigung einer Teilzeitkraft die Vollzeitkräfte nicht in die Sozialauswahl einzubeziehen sein.[98] Diese Auslegung des § 1 Abs. 3 KSchG verstößt auch nicht gegen die Richtlinie 76/207/EWG des Rates vom 9. 2. 1976 zur Gleichbehandlung von Männern und Frauen.[99] Dabei soll der bloße Vortrag des Arbeitgebers, künftig die anfallende Arbeit nur noch mit Vollzeitkräften oder nur noch mit Teilzeitkräften zu erledigen, nicht ausreichen. Erforderlich sind vielmehr konkrete Darlegungen zu einem nachvollziehbaren unternehmerischen Konzept der Arbeitszeitgestaltung.[100]

Nicht in die Sozialauswahl einzubeziehen sind Arbeitnehmer, die die sechsmonatige Wartefrist für die Anwendbarkeit des Kündigungsschutzgesetzes noch nicht erfüllt haben, sowie Arbeitnehmer mit gesetzlichem Sonderkündigungsschutz einschließlich derjenigen, bei denen die ordentliche Kündigung gesetzlich ausgeschlossen ist (vgl. vor allem § 15 KSchG). Ob auch Arbeitnehmer, bei denen die ordentliche Kündigung nicht generell ausgeschlossen, sondern nur von der Zustimmung der zuständigen Behörde abhängig ist (zB schwerbehinderte Menschen, vgl. oben Kapitel 16, § 85 SGB IX; Arbeitnehmer in Elternzeit, vgl. oben Kapitel 17, § 18 BErzGG), aus der Sozialauswahl auszunehmen sind, ist umstritten.[101] Die besseren Gründe sprechen dafür, diese erst einzubeziehen, wenn eine bestandskräftige Zustimmung der Behörde vorliegt, wobei der Arbeitgeber nicht verpflichtet ist, eine solche Zustimmung zu beantragen.[102] Bezieht der Arbeitgeber sie in die Sozialauswahl ein, so sind besondere Belastungen, wie beispielsweise eine Schwerbehinderung, zu berücksichtigen, § 1 Abs. 3 Satz 1 KSchG.[103] Ungeklärt ist ferner die Einbeziehung von tarif- oder einzelvertraglich kündigungsgeschützten Arbeitnehmern.[104] Da der Kündigungsschutz weder zur Disposition der Tarifvertragsparteien noch zur einzelvertraglichen Disposition zu Lasten Dritter steht, sprechen die besseren Gründe für eine Einbeziehung, da auch eine betriebsbedingte außerordentliche Kündigung tariflich unkündbarer Arbeitnehmer zulässig ist.[105]

Sind nach diesen Maßstäben die vergleichbaren Arbeitnehmer ermittelt, so ist demjenigen zu kündigen, der am wenigsten sozial schutzbedürftig ist (dem „sozial Stärksten"). Die **soziale Schutzbedürftigkeit** richtet sich nach der Dauer der Betriebszugehörigkeit, dem Alter, den Unterhaltspflichten und einer etwaigen Schwerbehinderung des Arbeitnehmers, § 1 Abs. 3 Satz 1 KSchG. Die Einbeziehung weiterer Kriterien wie dem Verdienst eines Ehegatten oder der allgemeinen Vermögenssituation des Arbeitnehmers war umstritten.[106] Nach der Neufassung des § 1 Abs. 3 Satz 1 KSchG, die nur noch die vier vorgenannten Kriterien nennt, dürfte sie aber nunmehr ausscheiden.[107]

---

98 BAG v. 3. 12. 1998, NZA 1999, 431; BAG v. 12. 8. 1999, NZA 2000, 30.
99 EuGH v. 26. 9. 2000, NZA 2000, 1155.
100 BAG v. 12. 8. 1999, NZA 2000, 30, 31.
101 Vgl. KR/*Etzel*, § 1 KSchG Rz. 638; *Löwisch*, § 1 Rz. 322.
102 Vgl. *Löwisch*, § 1 KSchG Rz. 322; *Bauer/Röder*, Taschenbuch zur Kündigung, S. 156.
103 So schon *Bauer/Röder*, Taschenbuch zur Kündigung, S. 156 mwN.
104 *Bauer/Röder*, Taschenbuch zur Kündigung, S. 156 f.
105 Vgl. BAG v. 5. 2. 1998, NZA 1998, 771. So jetzt auch ArbG Cottbus v. 17. 5. 2000, NZA-RR 2000, 580 (n. rkr.); im Ergebnis für den Fall einer Beschäftigungsgarantie zur Steuerung der Sozialauswahl ebenso das LAG Sachsen v. 10.10. 2001, NZA 2002, 905.
106 *Bauer/Röder*, Taschenbuch zur Kündigung, S. 162/163.
107 *Löwisch*, NZA 2003, 691; ErfK/*Ascheid*, § 1 KSchG Rz. 576.

Die **Gewichtung der drei Kernkriterien im Verhältnis zueinander** steht nicht fest. Häufig wird ein Vorrang der Betriebszugehörigkeit vertreten; richtigerweise dürfte diese gleichrangig mit den Unterhaltspflichten und das Lebensalter in Zeiten von Massenarbeitslosigkeit in allen Altersgruppen eher nachrangig sein.[108] Gem. § 1 Abs. 3 Satz 1 KSchG hat der Arbeitgeber bei der Bewertung der Kriterien einen gewissen Wertungsspielraum; denn die Sozialauswahl ist nur fehlerhaft, wenn er soziale Gesichtspunkte „nicht oder nicht ausreichend" berücksichtigt hat. Das BAG lehnt es daher ausdrücklich ab, dem Arbeitgeber hinsichtlich der Gewichtung der Kriterien abstrakte Vorgaben zu machen.[109] Bei Massenentlassungen können insbesondere Auswahlrichtlinien die Sozialauswahl absichern, da die darin vorgenommene Gewichtung der sozialen Gesichtspunkte im Verhältnis zueinander von den Arbeitsgerichten nur auf grobe Fehlerhaftigkeit überprüft werden kann, § 1 Abs. 4 KSchG. Umstritten ist nur, ob derartige Auswahlrichtlinien auch die Vergleichbarkeit der Arbeitnehmer in gleicher Weise verbindlich festlegen können.[110] Bei fehlerhafter Sozialauswahl kann sich jeder Arbeitnehmer, der schutzwürdiger ist als ein vergleichbarer nicht gekündigter Arbeitnehmer, auf die fehlerhafte Sozialauswahl und damit die Unwirksamkeit seiner Kündigung wegen Verstoßes gegen § 1 Abs. 2 KSchG berufen, also nicht nur derjenige Arbeitnehmer, der (am Ende) nicht gekündigt worden wäre, wenn der Arbeitgeber dem entgegen der Sozialauswahl im Betrieb verbliebenen Arbeitnehmer statt seiner gekündigt hätte.[111] Eine nachträgliche Korrektur des Arbeitgebers durch Kündigung auch des weniger schutzbedürftigen Arbeitnehmers dürfte zulässig sein; die Frage ist jedoch offen.[112]

Gem. § 1 Abs. 3 Satz 2 KSchG sind in die soziale Auswahl nicht einzubeziehen Arbeitnehmer, deren **Weiterbeschäftigung** insbesondere wegen ihrer Kenntnisse, Fähigkeiten und Leistungen oder zur Sicherung einer ausgewogenen Personalstruktur des Betriebes **im berechtigten betrieblichen Interesse des Arbeitgebers** liegt. Fähigkeiten meint neben der Ausbildung auch besondere Kenntnisse im Betrieb, Leistungen die qualitative und quantitative Umsetzung. Die Sicherung einer ausgewogenen Personalstruktur soll es dem Arbeitgeber insbesondere gestatten, Altersgruppen innerhalb der zur Sozialauswahl anstehenden Arbeitnehmer zu bilden und diesen anteilmäßig zu kündigen.[113] Berechtigtes betriebliches Interesse können auch reine Nützlichkeitserwägungen sein, sofern sie betrieblich begründet sind, wie zB die Vermeidung von Ablaufstörungen bei einer Massenentlassung.[114] Auch nach dieser Erleichterung der Herausnahme gegenüber der bis 31.12.2003 geltenden Gesetzesfassung muss

---

108 Ausdrücklich gegen eine Priorität der Betriebszugehörigkeit auch BAG v. 5. 12. 2002, NZA 2003, 791. Vgl. *Lingemann*, Unterhaltspflichten und Kündigung, BB 2000, 1835; Nachweise auch bei *Bauer/Röder*, Taschenbuch zur Kündigung, S. 162 ff. mit zahlreichen Beispielsfällen.
109 BAG v. 5. 12. 2002, NZA 2003, 791.
110 Dagegen KR/*Etzel*, § 1 KSchG Rz. 698; dafür *Bauer/Röder*, Taschenbuch zur Kündigung, S. 173; *Lingemann/Grothe*, NZA 1999, 1071, 1076 unter e).
111 BAG v. 18. 10. 1984, BB 1985, 1263.
112 Vgl. *Löwisch*, § 1 KSchG Rz. 367.
113 ErfK/*Ascheid*, § 1 KSchG Rz. 579; *von Hoyningen-Huene/Link*, DB 1997, 43.
114 BAG v. 5. 12. 2002, DB 2003, 1909; demgegenüber stellt das LAG Berlin mit Urteil v. 9. 5. 2003, DB 2003, 1632, strenge Anforderungen an die Herausnahme von Leistungsträgern nach der bis 31. 12. 2003 geltenden Gesetzesfassung. Die Anforderungen sind umso höher, je sozial schutzbedürftiger der gekündigte Arbeitnehmer ist.

der Arbeitgeber jedoch das Interesse des sozial schwächeren Arbeitnehmers gegen das betriebliche Interesse an der Herausnahme des Leistungsträgers abwägen[115], was die Handhabung im Ergebnis dann doch weiterhin deutlich erschwert.

Sind bei einer Kündigung aufgrund einer Betriebsänderung nach § 111 BetrVG die Arbeitnehmer, denen gekündigt werden soll, **in einem Interessenausgleich** zwischen Arbeitgeber und Betriebsrat **namentlich bezeichnet**, so wird vermutet, dass die Kündigung durch dringende betriebliche Erfordernisse im Sinne von § 1 Abs. 2 KSchG bedingt ist, § 1 Abs. 5 KSchG. Die soziale Auswahl kann dann nur auf grobe Fehlerhaftigkeit überprüft werden. Der Arbeitnehmer, der sich auf einen davon abweichenden Sachverhalt beruft, trägt aufgrund dieser Vermutung also die volle Beweislast.[116] Die Namensliste muss entweder mit dem Interessenausgleich mittels Heftmaschine fest verbunden sein[117] oder von den Betriebsparteien gesondert unterschrieben werden und ausdrücklich Bezug auf den Interessenausgleich nehmen.[118] Nach § 1 Abs. 5 Satz 3 KSchG gilt die durch die Namensliste begründete Vermutung nicht, wenn sich die Sachlage nach Zustandekommen des Interessenausgleichs wesentlich geändert hat. Damit sollen die Fälle erfasst werden, in denen sich nach Zugang der Kündigung[119] die Planung ändert oder unvorhergesehen andere Arbeitnehmer ausscheiden.[120]

d) Beweislast

Die **Beweislast** für die inner- oder außerbetrieblichen Gründe und für den daraus konkret resultierenden Wegfall eines oder mehrerer Arbeitsplätze (oben a) trägt in vollem Umfang der Arbeitgeber. Wendet der Arbeitnehmer anderweitige Beschäftigungsmöglichkeiten im Unternehmen ein (oben b), so muss er dartun, wie er sich eine solche Weiterbeschäftigung vorstellt.[121] Erst dann ist es Sache des Arbeitgebers, im Einzelnen darzulegen und zu beweisen, dass es einen entsprechenden freien Arbeitsplatz im Unternehmen nicht gibt. Die Beweislast für eine Fehlerhaftigkeit der Sozialauswahl gem. § 1 Abs. 3 Satz 3 KSchG (oben c) trägt zwar der Arbeitnehmer, den Arbeitgeber trifft jedoch – soweit nicht eine Namensliste gem. § 1 Abs. 5 KSchG vorliegt – eine erweiterte Vortragslast. Er muss die Kriterien für die von ihm vorgenommene Sozialauswahl darlegen, ferner, welche Arbeitnehmer er einbezogen hat. Die Voraussetzungen für die Herausnahme einzelner Arbeitnehmer aus der Sozialauswahl gem. § 1 Abs. 3 Satz 2 KSchG muss der Arbeitgeber beweisen.[122] Auch insoweit gilt im Prozess eine abgestufte Darlegungs- und Beweislast.[123]

---

115 BAG v. 12. 4. 2002, AP Nr. 56 zu § 1 KSchG 1969 Soziale Auswahl zu der von 1996 bis 1999 geltenden ähnlichen Fassung des Gesetzes.
116 BAG v. 7. 5. 1998, AP Nr. 94 zu § 1 KSchG 1969 Betriebsbedingte Kündigung.
117 BAG v. 7. 5. 1998, AP Nr. 94 zu § 1 KSchG 1969 Betriebsbedingte Kündigung; BAG v. 6. 12. 2001, EzA KSchG § 1 Interessenausgleich Nr. 9.
118 BAG v. 21. 1. 2002 EzA KSchG § 1 Interessenausgleich Nr. 10.
119 BAG v. 21. 2. 2001 EzA KSchG § 1 Interessenausgleich Nr. 8.
120 ErfK/*Ascheid*, § 1 KSchG Rz. 584.
121 BAG v. 3. 2. 1977, BB 1977, 849.
122 BAG v. 25. 4. 1985, EzA § 1 KSchG Betriebsbedingte Kündigung Nr. 35.
123 BAG v. 24. 3. 1983, AP Nr. 12 zu § 1 KSchG 1969 – Betriebsbedingte Kündigung; v. 21. 7. 1988, NZA 1989, 264.

e) Betriebsratsanhörung

Im Rahmen der **Betriebsratsanhörung** sind dem Betriebsrat der Arbeitsplatzwegfall und der innerbetriebliche oder außerbetriebliche Grund für den Arbeitsplatzwegfall mitzuteilen, ferner die Kriterien für die Sozialauswahl und die einbezogenen Arbeitnehmer und damit die Gründe für die getroffene Sozialauswahl. Ob auch das Fehlen anderweitiger Beschäftigungsmöglichkeiten (oben b) in der Betriebsratsanhörung darzulegen ist, ist nicht abschließend geklärt. Die entsprechende Mitteilung an den Betriebsrat ist jedoch zu empfehlen.[124]

f) Abfindungsangebot

Weist der Arbeitgeber darauf hin, dass die Kündigung auf dringende betriebliche Erfordernisse gestützt ist, und der Arbeitnehmer bei Verstreichenlassen der Klagefrist des § 4 Satz 1 KSchG eine Abfindung gem. § 1a Abs. 2 KSchG beanspruchen kann, so entsteht der Abfindungsanspruch mit Verstreichenlassen der Klagefrist. Die Höhe der Abfindung beträgt gem. § 1a Abs. 2 KSchG 0,5 Monatsverdienste (nach § 10 Abs. 3 KSchG) für jedes Jahr des Bestehens des Arbeitsverhältnisses; ein Zeitraum von mehr als sechs Monaten wird auf ein volles Jahr aufgerundet. Klageerhebung und spätere Klagerücknahme stehen dem „Verstreichenlassen" ebenso wenig gleich wie ein Antrag auf spätere Zulassung, auch wenn er zurückgewiesen wird. Der Anspruch auf Abfindung entsteht nach dem Zweck der Regelung, gerichtliche Auseinandersetzungen über die Kündigung zu vermeiden, vielmehr nur, wenn der Arbeitnehmer die Gerichte gegen die Kündigung nicht anruft.[125] Gibt der Arbeitgeber den Hinweis nicht, entsteht gleichfalls kein Abfindungsanspruch.

6. Außerordentliche Kündigung

Der Arbeitsvertrag kann aus wichtigem Grund gekündigt werden, wenn Tatsachen vorliegen, aufgrund deren dem Kündigenden unter Berücksichtigung aller Umstände des Einzelfalles und unter Abwägung der Interessen beider Vertragsteile die Fortsetzung des Vertrages bis zum Ablauf der Kündigungsfrist oder bis zu der vereinbarten Beendigung des Kündigungsverhältnisses nicht zugemutet werden kann, § 626 Abs. 1 BGB.

Im Gegensatz zur ordentlichen Kündigung wird eine außerordentliche Kündigung in der Regel fristlos ausgesprochen. Die Kündigungsgründe können wie bei der ordentlichen Kündigung personenbedingt, verhaltensbedingt oder betriebsbedingt sein.

Der bei weitem häufigste Fall ist die **verhaltensbedingte außerordentliche Kündigung**. Die Zahl der in Betracht kommenden Kündigungsgründe ist kaum übersehbar.[126] Nicht schon die objektive und rechtswidrige Verletzung einer Vertragspflicht rechtfertigt die außerordentliche Kündigung, sondern erst ein darauf bezogenes schuldhaftes, vorwerfbares Verhalten.[127] Auf eine Freistellung des Arbeitnehmers bis

---
124 Einschränkend jetzt LAG Hessen v. 24. 1. 2000, BB 2000, 1944 bei Betriebsschließung.
125 ErfK/*Ascheid*, § 1 KSchG Rz. 586.
126 Vgl. die Listen *Bauer/Röder*, Taschenbuch zur Kündigung, S. 209/210; *Schaub*, ArbR-Hdb., § 125 Rz. 56 und § 125 Rz. 135; *Schulte-Westenberg*, NZA-RR 2000, 449.
127 Vgl. BAG v. 21. 1. 1999, DB 1999, 1400.

zum Ablauf der Kündigungsfrist muss der Arbeitgeber sich nicht verweisen lassen.[128] Eine außerordentliche Kündigung aus personenbedingten Gründen kommt letztlich nur in Form einer außerordentlichen Kündigung mit sozialer Auslauffrist bei tariflich oder vertraglich unkündbaren Arbeitnehmern in Betracht,[129] ebenso eine betriebsbedingte außerordentliche Kündigung, beispielsweise im Falle einer Betriebsstilllegung.[130] In diesen Fällen ist der Betriebsrat nach den Grundsätzen für eine ordentliche Kündigung anzuhören.[131] Die Kündigungsgründe des § 626 Abs. 1 BGB können nicht einzelvertraglich erweitert werden.[132] Auch eine Einschränkung ist regelmäßig unwirksam, jedenfalls soweit sie die Grenzen des Zumutbaren überschreitet.

Gem. § 626 Abs. 2 BGB kann die außerordentliche Kündigung nur **innerhalb von zwei Wochen** erfolgen. Die Frist beginnt mit dem Zeitpunkt, in dem der Kündigungsberechtigte von den für die Kündigung maßgebenden Tatsachen Kenntnis erlangt. Maßgeblich ist dabei die sichere und möglichst vollständige positive Kenntnis dieser Tatsachen. Eine grob fahrlässige Unkenntnis löst die Zwei-Wochen-Frist noch nicht aus. Der Arbeitgeber sollte jedoch, wenn er dringende Anhaltspunkte für eine Pflichtverletzung hat, diesen nachgehen. Denn der Beginn der Zwei-Wochen-Frist ist nur so lange gehemmt, wie der Kündigungsberechtigte die zur Aufklärung des Sachverhaltes nach pflichtgemäßem Ermessen notwendig erscheinenden Maßnahmen mit der gebotenen Eile auch durchführt.[133] Dabei kann er durchaus auch Detektive einsetzen.[134] Eine Pflicht zur Anhörung des Arbeitnehmers vor Ausspruch der Kündigung besteht nicht, es sei denn, es handelt sich um eine Verdachtskündigung (dazu oben unter I. 3. aE). Die Zwei-Wochen-Frist wird auch nicht durch die Drei-Tage-Frist des § 102 Abs. 2 BetrVG zur Anhörung des Betriebsrates gehemmt. Der Arbeitgeber muss bei einer außerordentlichen Kündigung daher rechtzeitig vor Fristablauf auch den Betriebsrat anhören.

Reichen die Kündigungsgründe für eine außerordentliche Kündigung nicht aus, so ist diese regelmäßig von Amts wegen und ohne besonderen Antrag[135] in eine ordentliche Kündigung umzudeuten, es sei denn, dass ein entgegenstehender Wille des Kündigenden erkennbar wäre. Auch die Wirksamkeit einer auf dieselben Gründe gestützten ordentlichen Kündigung ist daher zu prüfen. Eine solche **Umdeutung** kommt allerdings nicht in Betracht, wenn ein Betriebsrat besteht und dieser nicht auch zu einer hilfsweisen ordentlichen Kündigung nach § 102 BetrVG angehört wurde (vgl. dazu oben unter I. 1. f). Die Umdeutung einer außerordentlichen fristlosen Kündigung in eine außerordentliche Kündigung mit sozialer Auslauffrist setzt also grundsätzlich die Beteiligung des Betriebsrats nach den für die ordentliche Kündigung geltenden Grundsätzen voraus.[136] Gem. § 626 Abs. 2 Satz 3 BGB muss der Kündigende dem anderen Teil auf Verlangen den Kündigungsgrund unverzüglich schriftlich mitteilen (**M 22.7**).

---

128 BAG v. 11. 3. 1999, NZA 1999, 587.
129 BAG v. 18. 10. 2000, DB 2001, 338.
130 BAG v. 28. 3. 1985, NZA 1985, 559.
131 BAG v. 18. 10. 2000, DB 2001, 338, 339; v. 18. 1. 2001, DB 2002, 100, 101.
132 Vgl. BAG v. 22. 11. 1973, BB 1974, 463; LAG Nürnberg v. 26. 4. 2001, BB 2001, 1906.
133 Vgl. BAG v. 16. 8. 1990, NZA 1991, 141.
134 Vgl. dazu *Lingemann/Göpfert*, DB 1997, 374.
135 BAG v. 15. 11. 2001, DB 2002, 1562.
136 BAG v. 18. 10. 2000, DB 2001, 338.

Wird die Kündigung durch vertragswidriges Verhalten des anderen Teils veranlasst, so ist dieser zum **Ersatz des** durch die Aufhebung des Dienstverhältnisses entstehenden **Schadens** verpflichtet, § 628 Abs. 2 BGB. Kündigt der Arbeitnehmer zu Recht aus wichtigem Grund, besteht also grundsätzlich ein Schadensersatzanspruch in Höhe der entgangenen Vergütung.[137] Weniger praxisrelevant ist ein Anspruch des Arbeitgebers auf entgangenen Gewinn bei wirksamer arbeitgeberseitiger außerordentlicher Kündigung. Ist die außerordentliche Kündigung unwirksam, verletzt sie ihrerseits den Vertrag und kann zu Schadensersatzansprüchen führen.

7. Sonderkündigungsschutz

Zu den häufigsten Fällen des Sonderkündigungsschutzes haben wir bereits bei den entsprechenden Kapiteln Stellung genommen. Zum Kündigungsschutz Schwerbehinderter nach §§ 85–91 SGB IX verweisen wir auf Kapitel 16, zum Kündigungsschutz nach § 9 MuSchG und § 18 BErzGG auf Kapitel 17, zum besonderen Kündigungsschutz Auszubildender auf Kapitel 8 und zum Kündigungsschutz bei Betriebsübergang auf Kapitel 56.

Betriebsratsmitgliedern sowie Mitgliedern einer Jugend- und Auszubildendenvertretung, einer Bordvertretung oder eines Seebetriebsrats kann nicht wirksam gekündigt werden, es sei denn, dass Tatsachen vorliegen, die den Arbeitgeber zur Kündigung aus wichtigem Grund ohne Einhaltung einer Kündigungsfrist berechtigen, und dass die nach § 103 BetrVG erforderliche Zustimmung vorliegt oder durch gerichtliche Entscheidung ersetzt ist (§ 15 Abs. 1 Satz 1 KSchG). Dieser Kündigungsschutz gilt auch nach Beendigung der Amtszeit noch für einen Zeitraum von einem Jahr vom Zeitpunkt der Beendigung der Amtszeit gerechnet, § 15 Abs. 1 Satz 2 KSchG. Für Mitglieder des Wahlvorstands und Wahlbewerber gilt der besondere Kündigungsschutz des § 15 Abs. 3 KSchG, also ein nachwirkender Kündigungsschutz von sechs Monaten nach Bekanntgabe des Wahlergebnisses. Für bis zu drei Initiatoren einer Wahl zu einer Arbeitnehmervertretung besteht besonderer Kündigungsschutz bis zur Wahl bzw. für drei Monate, wenn keine Wahl erfolgt, § 15 Abs. 3a KSchG. Während der Schutzzeiten ist nur eine außerordentliche Kündigung zulässig. Für diese gelten die allgemeinen Grundsätze.

Besonderheiten gelten nach § 15 Abs. 4 und 5 KSchG jedoch für die Stilllegung von Betrieben oder Betriebsabteilungen. Eine Stilllegung liegt auch dann vor, wenn im Kündigungszeitpunkt davon auszugehen ist, dass eine eventuelle Wiederaufnahme der Produktion erst nach einem längeren, wirtschaftlich nicht unerheblichen Zeitraum erfolgen kann, dessen Überbrückung mit weiteren Vergütungszahlungen dem Arbeitgeber nicht zugemutet werden kann.[138] Wird der Betrieb stillgelegt, so ist die Kündigung der genannten Personen frühestens zum Zeitpunkt der Stilllegung zulässig, es sei denn, dass ihre Kündigung zu einem früheren Zeitpunkt durch zwingende betriebliche Erfordernisse bedingt ist, § 15 Abs. 4 KSchG. Ist eine der genannten Personen in einer Betriebsabteilung beschäftigt, die stillgelegt wird, so ist sie in eine andere Betriebsabteilung zu übernehmen, § 15 Abs. 5 KSchG. Notfalls muss der Arbeitgeber die Über-

---
137 Zu Einzelheiten vgl. Kapitel 13 I. 3.
138 BAG v. 21. 6. 2001, DB 2002, 102.

nahme durch Freikündigen eines geeigneten Arbeitsplatzes sicherstellen.[139] Nur wenn dies aus betrieblichen Gründen nicht möglich ist, kann nach § 15 Abs. 4 KSchG wie im Falle einer Stilllegung des Betriebes gekündigt werden, § 15 Abs. 5 KSchG. Auch bei Stilllegung des Betriebes muss der Arbeitgeber dem Betriebsratsmitglied einen Arbeitsplatz in einem anderen Betrieb des Unternehmens anbieten, sofern dieser frei ist, bei gleichzeitiger Erklärung, dass im Falle der Ablehnung eine Beendigungskündigung beabsichtigt ist.[140] Die Kündigungen nach § 15 Abs. 4 und 5 KSchG sind keine außerordentlichen Kündigungen, sondern ordentliche Kündigungen; daher ist auch die Kündigungsfrist einzuhalten. Die Zustimmung des Betriebsrats nach § 103 BetrVG ist nicht erforderlich, wohl aber die Anhörung nach § 102 BetrVG.

Beabsichtigt der Arbeitgeber die außerordentliche Kündigung einer der geschützten Personen, ohne dass der Betrieb oder eine Betriebsabteilung stillgelegt wird, so bedarf diese zu ihrer Wirksamkeit der **vorherigen Zustimmung des Betriebsrats** nach § 103 BetrVG. Verweigert der Betriebsrat seine Zustimmung, so kann das Arbeitsgericht sie auf Antrag des Arbeitgebers ersetzen, wenn die außerordentliche Kündigung unter Berücksichtigung aller Umstände gerechtfertigt ist, § 103 Abs. 2 Satz 1 BetrVG. Vor rechtskräftigem Abschluss des Zustimmungsersetzungsverfahrens kann die Kündigung nicht ausgesprochen werden. Um die Zwei-Wochen-Frist des § 626 Abs. 2 BGB einzuhalten, muss der Arbeitgeber den Betriebsrat unverzüglich nach Kenntnis von den Kündigungsgründen unterrichten. Stimmt der Betriebsrat der Kündigung zu, so muss der Arbeitgeber innerhalb der Zwei-Wochen-Frist nach Erhalt der Zustimmung die Kündigung aussprechen.

⊃ **Wichtig:** Der Arbeitgeber ist gezwungen, den Betriebsrat so zeitig von der beabsichtigten außerordentlichen Kündigung zu unterrichten und dessen Zustimmung zu beantragen, dass er bei Verweigerung der Zustimmung noch innerhalb der Zwei-Wochen-Frist die Ersetzung der Zustimmung beim Arbeitsgericht beantragen kann (!).[141] Hat das Arbeitsgericht die Zustimmung ersetzt, so muss der Arbeitgeber analog § 91 Abs. 5 SGB IX unverzüglich nach Eintritt der Rechtskraft die Kündigung aussprechen.[142]

8. Annahmeverzug

Ist eine Kündigung unwirksam und hat der Arbeitgeber die Dienste des Arbeitnehmers nicht in Anspruch genommen, so drohen Ansprüche des Arbeitnehmers aus Annahmeverzug. Gem. § 296 BGB befindet sich der Arbeitgeber dann auch ohne ein Angebot zur Arbeitsleistung seitens des Arbeitnehmers im Annahmeverzug.[143] Der Arbeitnehmer muss aber während des Annahmeverzug gem. § 297 BGB leistungsfähig und leistungswillig sein. Hieran fehlt es zB für die Zeiten von Arbeitsunfähigkeit wegen Krankheit. In diesen Fällen besteht höchstens ein Entgeltfortzahlungsanspruch.[144] Lehnt der Arbeitnehmer nach einem Weiterbeschäftigungsurteil erster Instanz eine Beschäfti-

---

139 BAG v. 18. 10. 2000, DB 2001, 1729.
140 BAG v. 13. 8. 1992, NZA 1993, 224.
141 BAG v. 22. 8. 1974, BB 1974, 1578.
142 Vgl. BAG v. 25. 1. 1979, BB 1979, 1242.
143 BAG v. 21. 3. 1985, NZA 1985, 778.
144 BAG v. 5. 11. 2003 – 5 AZR 562/02, PM 74/03.

gung ab, zu der der Arbeitgeber „nicht als normale Beschäftigung, sondern als Prozessbeschäftigung geltend bis zum rechtskräftigen Abschluss des Verfahrens" aufgefordert hatte, so stehen ihm Ansprüche aus Annahmeverzug wegen § 615 Satz 2 BGB nicht zu.[145] Für Zeiten wirksam angeordneter Befreiungen von der Arbeitspflicht zB wegen Urlaubs oder Überstundenabgeltung bestehen Annahmeverzugslohnansprüche ebenfalls nicht.[146] Annahmeverzug besteht nach Ansicht des BAG nicht, wenn der Arbeitgeber den Arbeitnehmer mit seinem Einverständnis von weiterer Arbeitsleistung freistellt.[147] Will der Arbeitgeber anderweitigen Verdienst nach § 615 Satz 2 BGB anrechnen, müsse er sich das vorbehalten. Eine unterlassene Meldung beim Arbeitsamt als Arbeitssuchender stellt allerdings kein „böswilliges Unterlassen" anderweitigen Erwerbs iSd. § 615 Satz 2 BGB dar.[148]

9. Massenentlassungsanzeige

Der Arbeitgeber ist verpflichtet, dem Arbeitsamt Anzeige zu erstatten, bevor er

– in Betrieben mit in der Regel mehr als 20 und weniger als 60 Arbeitnehmer mehr als 5 Arbeitnehmer,

– in Betrieben mit in der Regel mindestens 60 und weniger als 500 Arbeitnehmern 10% der im Betrieb regelmäßig beschäftigten Arbeitnehmer oder aber mehr als 25 Arbeitnehmer,

– in Betrieben mit in der Regel mindestens 500 Arbeitnehmern mindestens 30 Arbeitnehmer

innerhalb von 30 Kalendertagen entlässt, § 17 Abs. 1 Satz 1 KSchG. Maßgeblich für die regelmäßige Arbeitnehmerzahl ist die Beschäftigtenzahl, die für den Betrieb im Allgemeinen kennzeichnend ist, gegebenenfalls auch unter Einschätzung der künftigen Entwicklung.[149] Bei einer Betriebsstilllegung kommt es auf den Zeitpunkt der Beschlussfassung an.[150] Die Regelung betrifft nicht nur betriebsbedingte, sondern auch verhaltens- und personenbedingte Kündigungen, spielt in diesem Zusammenhang in der Praxis jedoch kaum eine Rolle. Fristlose Kündigungen werden nur mitgerechnet, sofern sie hilfsweise fristgemäß zum Tragen kommen, vgl. § 17 Abs. 4 KSchG. Die Vorschrift gilt auch für Aufhebungsverträge.[151] Diese bleiben so lange unwirksam, wie nicht eine formgerechte Massenentlassungsanzeige nach § 17 Abs. 3 KSchG beim Arbeitsamt eingereicht und dessen Zustimmung eingeholt wird.

➔ **Praxistipp:** Dem Arbeitgeber ist zu raten, auch alle Mitarbeiter in die Massenentlassungsanzeige aufzunehmen, die einvernehmlich ausscheiden.

Die Einzelheiten der Massenentlassungsanzeige ergeben sich aus § 17 Abs. 3 KSchG. Die Arbeitsverwaltung stellt dafür entsprechende Formulare zur Verfügung. Für die

---

145 BAG v. 24. 9. 2003 – 5 AZR 500/02, PM 62/03.
146 BAG v. 23. 1. 2001, NZA 2001, 597.
147 BAG v. 19. 3. 2002, NZA 2002, 1055.
148 BAG v. 16. 5. 2000, NZA 2001, 26.
149 BAG v. 31. 7. 1986, BB 1987, 1608.
150 BAG v. 8. 6. 1989, BB 1989, 2403.
151 BAG v. 11. 3. 1999, BB 1999, 1272; kritisch *Bauer/Röder*, Taschenbuch zur Kündigung, S. 262; *Bauer/Powietzka*, Heilung unterbliebener Massenentlassungsanzeigen nach § 17 KSchG, BB 2000, 1073.

Praxis wichtig ist, dass die Anzeige schriftlich unter Beifügung der Stellungnahme des Betriebsrates zu erstatten ist. Liegt eine Stellungnahme des Betriebsrates nicht vor, so ist die Anzeige wirksam, wenn der Arbeitgeber glaubhaft macht, dass er den Betriebsrat mindestens zwei Wochen vor Erstattung der Anzeige nach § 17 Abs. 2 Satz 1 KSchG unterrichtet hat, und er den Stand der Beratungen darlegt.

> **Praxistipp:** Der Arbeitgeber sollte möglichst drei Wochen vor Ablauf der Frist zur Einreichung der Massenentlassungsanzeige den Betriebsrat umfassend über die beabsichtigte Maßnahme gem. § 17 Abs. 3 iVm. Abs. 2 KSchG schriftlich unterrichten.

Wird die Stellungnahme des Betriebsrates nicht beigefügt und kann der Arbeitgeber die ordnungsgemäße Unterrichtung zwei Wochen vor Erstattung der Anzeige nicht glaubhaft machen, so ist die Massenentlassungsanzeige unwirksam, § 17 Abs. 3 Satz 3 KSchG. Wenn allerdings nach § 1 Abs. 5 KSchG ein Interessenausgleich mit Namensliste vereinbart wurde, ersetzt diese gem. § 1 Abs. 5 Satz 4 KSchG die Stellungnahme des Betriebsrates nach § 17 Abs. 3 Satz 2 KSchG.

Entlassungen, die nach § 17 KSchG anzuzeigen sind, werden gem. § 18 Abs. 1 KSchG vor Ablauf eines Monats nach Eingang der Anzeige beim Arbeitsamt nur mit dessen Zustimmung wirksam; die Zustimmung kann auch rückwirkend bis zum Tag der Antragstellung erteilt werden. Dies bedeutet, dass mit Eingang der Massenentlassungsanzeige beim Arbeitsamt zunächst eine einmonatige Sperrfrist in Kraft tritt. Daran schließt sich eine 90-tägige „Freifrist" nach § 18 Abs. 4 KSchG an, in der die Entlassungen durchgeführt werden können. Dabei wird in der Praxis immer wieder übersehen, **dass die Entlassung nicht die Kündigung ist**, sondern der Zeitpunkt, zu dem der Arbeitnehmer tatsächlich ausscheidet, also regelmäßig das Ende der Kündigungsfrist. Die Massenentlassungsanzeige darf daher nicht früher als vier Monate vor Ablauf der Kündigungsfrist und nicht später als einen Monat und einen Tag vor Ablauf der Kündigungsfrist eingereicht werden.

Ob eine fehlerhafte Massenentlassungsanzeige tatsächlich einen individuellen Kündigungsschutz begründet, ist offen.[152] Vorsorglich muss der Arbeitgeber jedoch davon ausgehen. Die Arbeitsgerichte dürfen aber bei Vorliegen einer **bestandskräftigen Zustimmung** der Arbeitsverwaltung etwaige Fehler der Massenentlassungsanzeige nach § 17 Abs. 3 KSchG nicht mehr nachprüfen.

Fehlt eine ordnungsgemäße Massenentlassungsanzeige, so ist dies ein sonstiger Unwirksamkeitsgrund im Sinne des § 13 Abs. 3 KSchG. Die **Drei-Wochen-Frist** des § 4 KSchG gilt also **nicht**.

Nicht abschließend geklärt ist die Rechtslage, wenn die Massenentlassungsanzeige zu spät erstattet wird, der Entlassungszeitpunkt also in die Sperrfrist fällt. Nach überwiegender Auffassung sind die Kündigungen deswegen nicht unwirksam, der Kündigungszeitpunkt verschiebt sich jedoch zum Ende der Sperrfrist. Es wurde aber auch die Auffassung vertreten, dass die Kündigungen dann erst zum nächstmöglichen Kündigungstermin wirksam werden.[153]

---

[152] Vgl. BAG v. 24. 10. 1996, NZA 1997, 373.
[153] Vgl. zu den Einzelheiten *Bauer/Röder*, Taschenbuch zur Kündigung, S. 262.

10. Interessenausgleich und Sozialplan

Beruht die Kündigung auf einer **Betriebsänderung** im Sinne von §§ 111 ff. BetrVG, so muss zur Vermeidung von Nachteilsausgleichsansprüchen nach § 113 Abs. 3 BetrVG vor Ausspruch der Kündigung ein Interessenausgleich bis hin zur Einigungsstelle versucht worden sein. Abgesehen von den Ausnahmen des § 112a BetrVG kann der Betriebsrat in diesem Falle auch einen Sozialplan gem. § 112 Abs. 1 iVm. Abs. 4 und 5 BetrVG erzwingen. Wegen der Einzelheiten verweisen wir auf Kapitel 39.

11. Wiedereinstellungsanspruch[154]

Im Anschluss an eine nach § 1 KSchG wirksame Kündigung kann dem Arbeitnehmer insbesondere dann ein Wiedereinstellungsanspruch gegenüber seinem bisherigen Arbeitgeber zustehen, wenn noch während des Laufs der Kündigungsfrist der Kündigungsgrund wegfällt. Erweist sich bei einer betriebsbedingten Kündigung die Prognose als falsch, weil ein neuer Auftrag erteilt wird oder die Stilllegung aufgrund eines Betriebsübergangs letztlich doch nicht erfolgt, ändert dies nämlich nichts an der Wirksamkeit der Kündigung, da für diese ausschließlich der Zeitpunkt des Zugangs der Kündigung maßgebend ist.[155] Ob ein Wiedereinstellungsanspruch auch bei einer krankheitsbedingten Kündigung bestehen kann, hat die Rechtsprechung bisher offen gelassen;[156] bei einer Verdachtskündigung hat sie ihn grundsätzlich anerkannt.[157] Im Anschluss an eine Befristung besteht grundsätzlich kein Wiedereinstellungsanspruch, selbst dann nicht, wenn aufgrund neuer Umstände entgegen dem ursprünglichen Befristungsgrund eine Möglichkeit zur Weiterbeschäftigung besteht.[158]

Ein Wiedereinstellungsanspruch besteht grundsätzlich nur bis zum Ablauf der Kündigungsfrist.[159] Er setzt voraus, dass die Kündigung bei richtiger Prognose sozialwidrig gewesen wäre.[160] Ihm können berechtigte Interessen des Arbeitgebers entgegenstehen, etwa wenn der Arbeitsplatz bereits anderweitig wieder besetzt ist.[161] Berechtigte Interessen des Arbeitgebers liegen aber nicht vor, wenn er den Anspruch treuwidrig vereitelt.[162] Machen mehrere Arbeitnehmer einen Wiedereinstellungsanspruch geltend, so sind die sozialen Belange der Arbeitnehmer bei einer Auswahlentscheidung zu berücksichtigen.[163] Die Geltendmachung muss unverzüglich, spätestens innerhalb von drei Wochen nach Kenntniserlangung von den anspruchsbegründenden Tatsachen erfolgen.[164] Inhalt des Anspruchs ist der Abschluss eines neuen Arbeitsvertrages zu den bisherigen Arbeitsbedingungen unter Anrechnung der bisherigen Betriebszugehörigkeit.[165]

---

154 Siehe auch Muster **M 1.9**.
155 BAG v. 27. 2. 1997, BB 1997, 1953.
156 BAG v. 27. 6. 2001, NZA 2001, 1135.
157 BAG v. 20. 8. 1997, NZA 1997, 1340, 1343.
158 BAG v. 20. 2. 2002, NZA 2002, 896, 898.
159 BAG v. 28. 6. 2000, BB 2001, 573.
160 BAG v. 28. 6. 2000, BB 2001, 573, 574.
161 BAG v. 28. 6. 2000, BB 2001, 573, 574.
162 BAG v. 28. 6. 2000, BB 2001, 573, 575.
163 BAG v. 2. 12. 1999, NZA 2000, 531, 533.
164 BAG v. 12. 11. 1998, NZA 1999, 311, 313.
165 BAG v. 2. 12. 1999, NZA 2000, 531, 533.

12. Hinweis nach §§ 2, 37b SGB III

Nach § 2 Abs. 2 Nr. 3 SGB III „soll" der Arbeitgeber über die Verpflichtung unverzüglicher Meldung beim Arbeitsamt (§ 37b SGB III) informieren. Ob die Verletzung der Vorschrift zu einem Schadensersatzanspruch des Arbeitnehmers führt, ist in der Literatur umstritten. Das Arbeitslosengeld des Arbeitnehmers wird bei verspäteter Meldung gem. § 140 SGB III je nach Bemessungsentgelt zwischen 7 und 50 Euro für jeden Tag der verspäteten Meldung gemindert. Die gesamte Minderung ist auf den Betrag begrenzt, der sich bei einer Verspätung von 30 Tage errechnet. Gegen eine Abwälzung des Schadens auf den Arbeitgeber spricht der arbeitspolitische Zweck des § 2 SGB III.[166] Die Vorschrift dient nämlich nicht dem Schutz individueller Arbeitsverhältnisse.[167] Bis zu einer Klärung der Streitfrage durch die Gerichte sollte aber sicherheitshalber auf § 37b SGB III hingewiesen werden.

13. Kündigungsschutzklage (vgl. M 22.13 ff.)

Will der Arbeitnehmer geltend machen, dass die Kündigung sozial ungerechtfertigt oder aus anderen Gründen unwirksam ist, so muss er innerhalb von drei Wochen nach Zugang der schriftlichen Kündigung Kündigungsschutzklage erheben, § 4 Abs. 1 KSchG. Im Gegensatz zur Rechtslage bis zum 31.12.2003 gilt die **Drei-Wochen-Frist jetzt für alle Einwände** gegen die Wirksamkeit der Kündigung, also insbesondere auch für den Einwand nicht ordnungsgemäßer Betriebsratsanhörung oder einer Kündigung „wegen" Betriebsübergangs entgegen § 613a Abs. 4 BGB. Nur wenn entgegen § 623 BGB die Schriftform fehlt, beginnt die Frist nicht zu laufen. Allerdings muss der Arbeitnehmer nicht schon in der Klageschrift alle Einwände erheben. Hat er die Klage fristgemäß erhoben, so kann er sich vielmehr bis zum Schluss der mündlichen Verhandlung erster Instanz zur Begründung der Kündigung auch auf innerhalb der Klagefrist nicht geltend gemachte Gründe berufen, § 6 Satz 1 KSchG. Wird die Rechtsunwirksamkeit allerdings nicht rechtzeitig nach Maßgabe von § 4 Satz 1, §§ 5 und 6 KSchG geltend gemacht, so gilt die Kündigung als von Anfang an rechtwirksam; auch erlischt ein vom Arbeitnehmer auf eine Änderungskündigung nach § 2 KSchG erklärter Vorbehalt, § 7 KSchG. Die Wirksamkeit der Kündigung wird dann fingiert.

Die materielle Unwirksamkeit einer **außerordentlichen Kündigung** richtet sich zwar gem. § 13 Abs. 1 Satz 1 KSchG nach den allgemeinen Vorschriften, namentlich § 626 BGB, auch sie kann aber nur nach Maßgabe von § 4 Satz 1, §§ 5 und 6 KSchG geltend gemacht werden, dh. insbesondere nur innerhalb der Drei-Wochen-Frist, § 13 Abs. 1 Satz 2 KSchG.

14. Auflösungsantrag (M 22.17 und M 22.18)

Stellt das Gericht fest, dass das Arbeitsverhältnis durch die Kündigung nicht aufgelöst ist, so können Arbeitnehmer oder Arbeitgeber einen Antrag auf **Auflösung des Arbeitsverhältnisses gegen Abfindung** stellen. Der Antrag des Arbeitnehmers setzt voraus, dass ihm die Fortsetzung des Arbeitsverhältnisses nicht zuzumuten ist, § 9 Abs. 1

---

166 *Bauer/Krets*, NJW 2003, 537, 541.
167 *Bauer/Haußmann*, NZA 1997, 1100.

Satz 1 KSchG, der Antrag des Arbeitgebers, dass konkrete Gründe eine den Betriebszwecken dienliche Zusammenarbeit zwischen Arbeitgeber und Arbeitnehmer nicht erwarten lassen, § 9 Abs. 1 Satz 2 KSchG. Typischer Anwendungsbereich sind Vorfälle im Zusammenhang mit der Kündigung oder im Rahmen des Kündigungsschutzverfahrens, zB beleidigende Schriftsätze. Maßgeblicher Zeitpunkt ist dementsprechend auch nicht – wie bei der Kündigung – der Ausspruch der Kündigung, sondern der Schluss der mündlichen Verhandlung. Allerdings können auch Tatsachen, die schon vor Ausspruch der Kündigung bekannt waren, zur Begründung des Auflösungsantrages herangezogen werden, auch wenn sie der Arbeitnehmervertretung im Rahmen der Anhörung nicht mitgeteilt wurden, solange nicht die §§ 9, 10 KSchG zur Umgehung kollektivrechtlicher Informationspflichten missbraucht werden.[168] Beendigungszeitpunkt ist der Ablauf der ordentlichen Kündigungsfrist nach der ausgesprochenen Kündigung, die Höhe der Abfindung richtet sich nach § 10 KSchG.

Bei der außerordentlichen Kündigung kann nur der Arbeitnehmer den Auflösungsantrag stellen, § 13 Abs. 1 Satz 3 KSchG. Das Gericht hat für die Auflösung den Zeitpunkt zugrunde zu legen, zu dem die außerordentliche Kündigung ausgesprochen wurde, § 13 Abs. 1 Satz 4 KSchG.

Checkliste für Kündigungsschutzsachen[169]

→ Feststellung der Parteienverhältnisse

  → Arbeitnehmer: Name, Anschrift, Familienstand, Berufstätigkeit des Ehepartners, Unterhaltspflichten, Alter, Eintritt in die Firma (Betriebszugehörigkeit; auch frühere Betriebszugehörigkeitszeiten), Tätigkeit, Status (leitender Angestellter nach § 5 Abs. 3 BetrVG und/oder § 14 Abs. 2 KSchG, Vollmachten), Gewerkschaftsmitglied?

  → Arbeitgeber: Name/Firmierung, Anschrift/Sitz, Vertretungsberechtigung (notfalls Handelsregisterauszug!), Organisation (Konzern, mehrere Betriebe), Belegschaftsstärke des Betriebes (§ 23 KSchG, § 17 KSchG, § 111 BetrVG), Verbandszugehörigkeit.

→ Zugang der Kündigung und Klagefrist

  → Exaktes Datum des Kündigungszugangs ermitteln.[170] Liegen weitere Kündigungen vor? (Punktuelle Streitgegenstandstheorie!)

  → Ablauf der dreiwöchigen Klagefrist nach § 4 KSchG festhalten.

  → Ist Antrag auf nachträgliche Zulassung nach § 5 KSchG möglich oder nötig? Dann Ablauf der Zweiwochenfrist des § 5 Abs. 3 KSchG notieren.

---

168 BAG v. 10. 10. 2002, DB 2003, 999.
169 Die Checkliste geht zurück auf die Checkliste von *Bauer*, Muster 92a in Wurm/Wagner/Zartmann, Das Rechtsformularbuch, 14. Aufl. 1998. Betroffenen Arbeitnehmern und Arbeitgebern, aber auch Beratern und/oder Prozessbevollmächtigten ist in Kündigungsschutzsachen dringend zu empfehlen, schon frühzeitig und gründlich die Sach- und Rechtslage aufzuklären, um die Weichen richtig stellen zu können. Dabei soll die Checkliste, die selbstverständlich keinen Anspruch auf Vollständigkeit erhebt, behilflich sein (vgl. auch die Checklisten von *Wagner*, NZA 1989, 384 und *Schiefer*, FA-Spezial 1/2000, 5/2000 und 12/2000).
170 Vgl. BAG v. 16. 3. 1988, NZA 1988, 875.

- → Ist die Kündigung formell in Ordnung?
  - → Verstoß gegen Schriftformerfordernis (zB § 623 BGB, § 15 Abs. 3 BBiG, § 9 Abs. 3 Satz 2 MuSchG)
  - → Verstoß gegen vorgeschriebene schriftliche Begründung (zB § 15 Abs. 3 BBiG; Tarif- und Individualvertrag)
  - → Kann die Kündigung nach § 174 BGB zurückgewiesen werden? Nur unverzüglich möglich; Originalvollmacht des Auftraggebers bei der Zurückweisung beifügen.[171]
- → Greift der Kündigungsschutz nach dem KSchG ein?
  - → Betriebsgröße (§ 23 KSchG) feststellen.[172]
  - → Handelt es sich um ein vertretungsberechtigtes Organmitglied (§ 14 Abs. 1 KSchG)? Sonderprobleme: GmbH & Co. KG-Geschäftsführer[173] und (mögliches) ruhendes Arbeitsverhältnis beim GmbH-Geschäftsführer.[174]
  - → Ist die Wartezeit nach § 1 KSchG abgelaufen?[175]
- → Kündigungsart und Gründe prüfen; dabei vor allem
  - → Außerordentliche Kündigung: Einhaltung der Zwei-Wochen-Frist des § 626 Abs. 2 BGB!
  - → Änderungskündigung: Annahme unter Vorbehalt nach § 2 KSchG (Fristproblem!)
  - → Krankheitsbedingte Kündigung: Fehlzeiten, negative Gesundheitsprognose, erhebliche betriebliche Beeinträchtigungen durch Betriebsablaufstörungen und/oder Belastung durch Entgeltfortzahlungskosten prüfen. Häufig Fehler im Anhörungsverfahren nach § 102 BetrVG!
  - → Verhaltensbedingte Kündigung: Liegen Abmahnungen vor (wann, weshalb, wo, durch wen, jeweils Kündigung des Arbeitsverhältnisses angedroht)?
  - → Betriebsbedingte Kündigung: Lässt sich der Arbeitsplatzwegfall aufgrund außerbetrieblicher (Rückgang des Arbeitsvolumens) oder innerbetrieblicher Gründe (Unternehmerentscheidung) nachweisen? Besteht Interessensausgleichs- (§§ 111 ff. BetrVG) oder Sozialplanpflicht (s. aber § 112a BetrVG)? Ist eine etwaige Unternehmerentscheidung ausreichend dokumentiert (die Organmitglieder können vor Gericht nicht Zeuge sein)? Wurde die Sozialauswahl innerhalb des Betriebes ordnungsgemäß durchgeführt? Gibt es an-

---

171 OLG Hamm v. 26. 10. 1990, AnwBl. 1990, 340: Faxkopie der Vollmacht reicht nicht; aber evtl. Außenvollmacht als letzte Rettung, § 167 Abs. 1 2. Alt. BGB iVm. § 167 Abs. 2 BGB.
172 BVerfG v. 27. 1. 1998, NZA 1998, 470.
173 Vgl. BAG v. 10. 7. 1980, DB 1981, 276; v. 15. 4. 1982, NJW 1983, 2405.
174 BAG v. 12. 3. 1987, DB 1987, 2659; vgl. aber auch BAG v. 21. 2. 1994, NZA 1994, 905; v. 18. 12. 1996, DB 1997, 834; v. 8. 6. 2000, DB 2000, 1918.
175 Vgl. BAG v. 20. 8. 1998, BB 1998, 2480 zur Frage, ob die Zeiten früherer Arbeitsverhältnisse anzurechnen sind, und BAG v. 16. 3. 1989, NZA 1989, 884 zur Beweislast für eine rechtliche Unterbrechung eines Arbeitsverhältnisses.

derweitige freie Arbeitsplätze im Unternehmen? Ggf. rechtzeitig (!) Anzeigepflichten nach § 17 KSchG beachten!

- → Kommt ein Wiedereinstellungsanspruch in Betracht?[176]
- → Ist der Betriebsrat/Sprecherausschuss ordnungsgemäß angehört worden? (Bei schriftlicher Anhörung, wenn möglich, Schriftstück prüfen.)
  - → Ist die Art der Kündigung (ordentlich/außerordentlich) mitgeteilt worden?
  - → Sind die Sozialdaten des Arbeitnehmers und – bei betriebsbedingter Kündigung – etwaiger vergleichbarer Arbeitnehmer und die Kriterien der Sozialauswahl mitgeteilt worden?
  - → Sind die Kündigungsgründe konkret mitgeteilt worden?
  - → Sind die Fristen des § 102 BetrVG eingehalten worden?
  - → Wie hat der Betriebsrat reagiert?
  - → Arbeitgeber sollte notfalls Anhörungsverfahren (hilfsweise und formgerecht) wiederholen sowie anschließend neue (hilfsweise) Kündigung aussprechen. Ist zweifelhaft, ob es sich um einen leitenden Angestellten handelt, sollten vorsorglich Betriebsrat und Sprecherausschuss gehört werden.
- → Kann sich der Arbeitnehmer auf besonderen Kündigungsschutz berufen, zB Mutterschutz, Elternzeit, schwerbehinderte Menschen, §§ 85 ff. SGB IX, Arbeitsplatzschutzgesetz, § 15 KSchG, tarifliche Alterssicherung, Rationalisierungsschutz oder Betriebsvereinbarung?
- → Soweit weder der Kündigungsschutz nach dem KSchG noch Sonderkündigungsschutz eingreift, prüfen, ob Kündigungsschutz nach Art. 12 GG iVm. §§ 138, 242 BGB in Betracht kommt.[177]
- → Ist die richtige Kündigungsfrist (Individual-, Tarifvertrag, § 622 BGB) eingehalten worden?
- → Ist ein nachvertragliches Wettbewerbsverbot vereinbart? Falls ja, Folgendes beachten:
  - → Wirksamkeit (Schriftform, Karenzentschädigung, Dauer, berechtigtes Interesse) prüfen.
  - → Arbeitgeber sollte Verzichtsmöglichkeit nach § 75a HGB beachten.
  - → Bei außerordentlicher Kündigung Lösungsmöglichkeiten nach § 75 HGB beachten.
  - → Bei ordentlicher Arbeitgeberkündigung Problem des § 75 Abs. 2 HGB (erhöhte Karenzentschädigung) prüfen
  - → Ausschlussfrist für monatliche Karenzentschädigung beachten.[178]

---

176 S. oben unter I. 11.; vgl. BAG v. 27. 2. 1997, NZA 1997, 757 und v. 6. 8. 1997, NZA 1998, 254 zum Wiedereinstellungsanspruch wegen Wegfalls des betriebsbedingten Kündigungsgrundes; vgl. auch BAG v. 4. 12. 1997, DB 1998, 1087 zum Wegfall des Kündigungsgrundes nach Abschluss eines Abfindungsvergleichs.
177 Vgl. BVerfG v. 27. 1. 1998, BB 1998, 1058; BAG v. 21. 2. 2001, BB 2001, 1683.
178 Vgl. BAG v. 17. 6. 1997, NZA 1998, 258.

- → Besteht Anspruch auf betriebliche Altersversorgung?
  - → Wann wurde Zusage erteilt?
  - → Ist die Zusage schon unverfallbar?
  - → Wenn der Arbeitnehmer Kapitalisierung wünscht, Abfindungsverbot bzw. -grenze des § 3 BetrAVG beachten
- → Auflistung aller sonstigen offenen gegenseitigen Ansprüche der Parteien vornehmen, zB (rückständige) Vergütung (Gratifikation, 13. oder 14. Monatsgehalt, Urlaub und Urlaubsgeld, Provision, Tantieme), Spesenvorschuss, Darlehen, Firmen-Pkw, Umzugs-, Ausbildungskosten, Werkwohnung, (Zwischen-)Zeugnis, Schadensersatz, Arbeitnehmererfinderansprüche, Herausgabe von Arbeitsmitteln (Preis- und Kundenlisten, Muster, Werkzeuge, Angebotsunterlagen, Literatur usw.), Arbeitspapiere (Lohnsteuerkarte, Versicherungsunterlagen, Urlaubsbescheinigung, Bescheinigung nach § 312 SGB III, Bescheinigung nach § 2 Abs. 6 BetrAVG).
- → Prüfung, ob Ansprüche iS der vorigen zwei Punkte berührt werden durch
  - → tarifliche oder individualvertragliche Ausschlussfristen; gegebenenfalls Tarifregisterauskunft einholen und/oder Ansprüche mit Kündigungsschutzklage verbinden;
  - → Bindungsklauseln und Rückzahlungsvorbehalte.
- → Muss die Arbeit angeboten werden?
  - → § 615 BGB, § 11 KSchG beachten.[179]
  - → Ist der Arbeitnehmer auf die Pflicht zur unverzüglichen Meldung beim Arbeitsamt als arbeitssuchend nach § 37b SGB III hingewiesen worden?[180]
- → Klarheit über (Prozess-)Ziel gewinnen:
  - → Arbeitnehmer: Will er sich den Arbeitsplatz erhalten oder strebt er eine Abfindung (wichtig für Auflösungsantrag!) an? Sollen oder müssen weitere Ansprüche mit geltend gemacht werden? Weiterbeschäftigungsanspruch nicht vergessen!
  - → Arbeitgeber: Ist er bereit, notfalls eine Abfindung (in welcher Höhe?) zu bezahlen? Kommt eine Widerklage (zB wegen Schadensersatz) in Betracht?
- → Welches Gericht ist sachlich und örtlich zuständig?

Sonderproblem: GmbH & Co. KG-Geschäftsführer und GmbH-Geschäftsführer mit evtl. ruhendem Arbeitsverhältnis.

Zusätzlich für Anwälte:

- → Gegenstandswert der anwaltlichen Tätigkeit ermitteln.

Bei Kündigungsschutzstreitigkeiten im Rahmen des § 12 Abs. 7 Satz 1 ArbGG (Vierteljahresbezug, nicht drei Monatseinkommen) auch anteilige Leistungen (zB 13. Monatsgehalt, private Nutzung des Firmen-Pkw, Deputate usw.) berücksichtigen!

---

179 Vgl. *Bauer/Hahn*, NZA 1991, 217; *Schirge*, DB 2000, 1278; BAG v. 19. 3. 2002, BB 2002, 1703.
180 Vgl. Erläuterungen unter I. 12.

- → Prüfen, ob eine Rechtsschutzversicherung besteht. Deckungszusage besorgen.
- → Kommt PKH-Antrag oder Antrag nach § 11a ArbGG in Betracht?
- → Kommt eine Honorarvereinbarung (schriftlich, § 3 BRAGO) in Betracht? Soll ein Vorschuss verlangt werden?
- → Belehrung des Mandanten gem. § 12a ArbGG über den Ausschluss der Kostenerstattung!
- → Vollmacht unterschreiben lassen.

II. Muster

Ordentliche Kündigung durch den Arbeitgeber[1] 22.1

Sehr geehrte(r) Frau/Herr...,

hiermit kündigen[2] wir das mit Ihnen seit... bestehende Arbeitsverhältnis ordentlich zum....[3]

Die Kündigungsgründe sind Ihnen bekannt/die Kündigung erfolgt aus folgenden Gründen...[4]

oder, für den Fall einer betriebsbedingten Kündigung, sofern vom Arbeitgeber gewünscht:

Die Kündigung wird auf dringende betriebliche Erfordernisse gestützt. Sofern Sie die Klagefrist nach §§ 2, 4 KSchG verstreichen lassen und auch keinen Antrag auf nachträgliche Zulassung nach § 5 KSchG stellen,[5] können Sie eine Abfindung in Höhe von ... Euro verlangen.[6]

---

1 Gem. § 623 BGB muss die Kündigung, um wirksam zu sein, schriftlich erfolgen. Zu den Einzelheiten vgl. Erläuterungen unter I. 1. c).

2 Kündigungen müssen wegen ihrer einschneidenden Bedeutung deutlich und zweifelsfrei erklärt werden.

3 Die Kündigungsfristen können sich aus Gesetz (§ 622 BGB), Tarifvertrag, Betriebsvereinbarung oder Individualvertrag ergeben.

4 Eine ordentliche Kündigung ist auch ohne Angabe der Kündigungsgründe wirksam, es sei denn, die Angabe der Gründe ist individual- oder kollektivrechtlich vorgeschrieben (vgl. zB § 15 Abs. 3 BBiG, § 9 Abs. 3 Satz 2 MuSchG).

5 Das Gesetz verlangt möglicherweise diesen Hinweis nicht, er sollte aber vorsorglich aufgenommen werden. Nach zutreffender Auffassung schließt auch ein Antrag auf nachträgliche Zulassung den Abfindungsanspruch aus, da § 1a KSchG vor allem der Prozessvermeidung dient, ErfK/*Ascheid*, § 1 KSchG Rz. 586.

6 Vgl. die Erläuterungen unter I. 5. f); die Abfindung beträgt gem. § 1a Abs. 2 Satz 1 KSchG 0,5 Monatsverdienste für jedes Jahr des Bestehens des Arbeitsverhältnisses, berechnet nach § 10 Abs. 3 KSchG. Ein Zeitraum von mehr als 6 Monaten ist auf ein volles Jahr aufzurunden, § 1a Abs. 2 Satz 3 KSchG.

Der Betriebsrat hat der Kündigung zugestimmt/Bedenken geäußert/widersprochen; seine Stellungnahme fügen wir bei.[7]

Wir weisen Sie auf Ihre Pflicht zur frühzeitigen Arbeitssuche nach § 37b SGB III hin. Sie sind verpflichtet, sich unverzüglich nach Erhalt dieser Kündigung bei der Agentur für Arbeit persönlich arbeitssuchend zu melden. Die Pflicht zur Meldung besteht unabhängig davon, ob der Fortbestand des Arbeitsverhältnisses gerichtlich geltend gemacht wird. Sofern dieses Arbeitsverhältnis noch länger als drei Monate besteht, ist eine Meldung drei Monate vor der Beendigung ausreichend. Weiterhin sind Sie verpflichtet, aktiv nach einer Beschäftigung zu suchen.[8]

. . .

Firma

---

7 Nach § 102 Abs. 4 BetrVG hat der Arbeitgeber bei Ausspruch einer Kündigung trotz Widerspruchs des Betriebsrates dem Arbeitnehmer zugleich eine Stellungnahme des Betriebsrates zuzuleiten. Unterlässt dies der Arbeitgeber, wird die Kündigung dadurch nicht unwirksam, allerdings kommen – wenn auch selten – Schadensersatzansprüche in Betracht.
8 Umstritten ist, ob die Belehrung zwingend ist und ein Unterlassen des Hinweises Schadensersatzansprüche zur Folge hat (vgl. die Erläuterungen oben unter I. 12.).

22.2 Ordentliche Kündigung durch den Arbeitnehmer[1]

Firma . . .
z. Hd. der Geschäftsleitung
Personalleitung (Ort, Datum)

Sehr geehrte Damen und Herren,

hiermit kündige ich das mit Ihnen bestehende Arbeitsverhältnis ordentlich zum . . . .[2]

Herr/Frau . . .

---

1 Gem. § 623 BGB muss die Kündigung, um wirksam zu sein, schriftlich erfolgen. Zu den Einzelheiten vgl. oben die Erläuterungen unter I. 1. c).
2 Auch die Kündigung durch den Arbeitnehmer bedarf keiner Begründung im Kündigungsschreiben.

Außerordentliche Kündigung durch den Arbeitgeber[1]   22.3

Sehr geehrte(r) Frau/Herr . . .,

hiermit kündigen wir das mit Ihnen bestehende Arbeitsverhältnis fristlos/außerordentlich mit einer Auslauffrist zum . . . .[2]

Die Kündigung erfolgt aus wichtigem Grund[3] nach § 626 BGB, weil . . . .[4, 5]

Die Stellungnahme des Betriebsrates fügen wir bei.

Wir weisen Sie auf Ihre Pflicht zur frühzeitigen Arbeitssuche nach § 37b SGB III hin. Sie sind verpflichtet, sich unverzüglich nach Erhalt dieser Kündigung bei der Agentur für Arbeit persönlich arbeitssuchend zu melden. Die Pflicht zur Meldung besteht unabhängig davon, ob der Fortbestand des Arbeitsverhältnisses gerichtlich geltend gemacht wird. Weiterhin sind Sie verpflichtet, aktiv nach einer Beschäftigung zu suchen.[6]

. . .

Firma

---

1 Schriftform ist auch hier gesetzlich vorgeschrieben, § 623 BGB.
2 Ist ein Arbeitnehmer ordentlich nicht kündbar, so kann gleichwohl bei Betriebsstilllegung eine außerordentliche Kündigung unter Einhaltung einer der normalen Kündigungsfrist entsprechenden sozialen Auslauffrist ausgesprochen werden (vgl. BAG v. 5. 2. 1998, DB 1998, 1035); auch bei einer krankheitsbedingten dauernden Unfähigkeit des Arbeitnehmers kommt eine solche Kündigung in Betracht (vgl. BAG v. 4. 2. 1993, EzA § 626 BGB nF Nr. 144; v. 12. 7. 1995, NZA 1995, 1100).
3 Die Kündigung muss nach § 626 Abs. 2 BGB dem Arbeitnehmer innerhalb von zwei Wochen nach Kenntnis des Kündigungsberechtigten von dem wichtigen Grund zugehen.
4 Auf die Mitteilung der Gründe kann der Arbeitgeber zunächst verzichten; auf Verlangen des Arbeitnehmers sind sie aber unverzüglich schriftlich mitzuteilen (§ 626 BGB); andernfalls setzt sich der Arbeitgeber möglichen Schadensersatzansprüchen aus.
5 Der Wortlaut des § 1a KSchG schließt das Abfindungsangebot zwar auch bei einer außerordentlichen Kündigung nicht aus. Es dürfte allerdings jedenfalls beim häufigsten Anwendungsfall, der fristlosen Kündigung, nicht greifen, weil diese regelmäßig nicht betriebsbedingt ist. Anders wäre dies nur bei einer betriebsbedingten außerordentlichen Kündigung ordentlich unkündbarer Arbeitnehmer mit sozialer Auslauffrist; hier könnte eine Formulierung wie in **M 22.1** verwendet werden.
6 Umstritten ist, ob die Belehrung zwingend ist und ein Unterlassen des Hinweises Schadensersatzansprüche zur Folge hat (vgl. die Erläuterungen oben unter I. 12.).

22.4 Außerordentliche Kündigung durch den Arbeitnehmer

Firma . . .
z. Hd. der Geschäftsleitung
Personalleitung (Ort, Datum)[1]

Sehr geehrte Damen und Herren,

hiermit kündige ich das mit Ihnen bestehende Arbeitsverhältnis außerordentlich zum . . ./fristlos aus wichtigem Grund.[2, 3]

Herr/Frau . . .

---

1 Auch der Arbeitnehmer muss die Zweiwochenfrist des § 626 Abs. 2 Satz 1 und 2 BGB berücksichtigen, wenn er eine außerordentliche Kündigung ausspricht.
2 Kündigt der Arbeitnehmer nach § 626 BGB, kann er Schadensersatz unter den Voraussetzungen des § 628 Abs. 2 BGB verlangen. Ist seine außerordentliche Kündigung unwirksam, weil in Wahrheit kein wichtiger Grund vorliegt, wird der Arbeitnehmer vertragsbrüchig; er ist zum Schadensersatz verpflichtet, wenn ihm die Unwirksamkeit bekannt war oder hätte bekannt sein müssen (BAG v. 15. 2. 1973, AP Nr. 2 zu § 9 KSchG 1969; v. 24. 10. 1974, AP Nr. 2 zu § 276 BGB Vertragsverletzung).
3 Auch bei einer außerordentlichen Kündigung muss der Arbeitnehmer nicht unbedingt von vornherein die Kündigungsgründe dem Arbeitgeber offenbaren. Auf dessen Verlangen hat er sie aber unverzüglich schriftlich mitzuteilen (§ 626 Abs. 2 Satz 3 BGB).

22.5 Außerordentliche, hilfsweise ordentliche Kündigung durch den Arbeitgeber

Sehr geehrte(r) Frau/Herr . . .,

hiermit kündigen wir das mit Ihnen bestehende Arbeitsverhältnis außerordentlich fristlos, hilfsweise ordentlich fristgemäß zum . . . .[1, 2]

Der Betriebsrat hat sowohl der außerordentlichen fristlosen als auch der ordentlichen fristgemäßen Kündigung zugestimmt/Bedenken geäußert/widersprochen/der außerordentlichen fristlosen Kündigung widersprochen, jedoch der ordentlichen fristgemäßen Kündigung zugestimmt/Bedenken geäußert. Die Stellungnahme des Betriebsrates fügen wir bei.

---

1 Besteht kein Betriebsrat oder hat ein vorhandener Betriebsrat der fristlosen Kündigung zugestimmt oder ist er ordnungsgemäß nach § 102 BetrVG auch zu einer hilfsweisen ordentlichen Kündigung gehört worden, kann der Hinweis auf die hilfsweise ordentliche Kündigung unterbleiben. Es reicht dann aus, wenn sich der Arbeitgeber im möglichen Kündigungsschutzprozess darauf beruft, dass die fristlose Kündigung notfalls in eine ordentliche umzudeuten ist. Besteht allerdings ein Betriebsrat, so ist eine hilfsweise ausgesprochene oder durch Umdeutung zu ermittelnde ordentliche Kündigung unwirksam, wenn der Betriebsrat nicht auch dazu nach § 102 BetrVG angehört wurde.
2 Zum (fehlenden) Abfindungsangebot vgl. **M 22.3** bei Fn. 5.

M 22.7 Beendigungskündigung **Kap. 22**

Wir weisen Sie auf Ihre Pflicht zur frühzeitigen Arbeitssuche nach § 37b SGB III hin. Sie sind verpflichtet, sich unverzüglich nach Erhalt dieser Kündigung bei der Agentur für Arbeit persönlich arbeitssuchend zu melden. Die Pflicht zur Meldung besteht unabhängig davon, ob der Fortbestand des Arbeitsverhältnisses gerichtlich geltend gemacht wird. Weiterhin sind Sie verpflichtet, aktiv nach einer Beschäftigung zu suchen.[3]

. . .
Firma

---

[3] Umstritten ist, ob die Belehrung zwingend ist und ein Unterlassen des Hinweises Schadensersatzansprüche zur Folge hat (vgl. die Erläuterungen oben unter I. 12.).

Außerordentliche Arbeitnehmerkündigung und Lossagung vom Wettbewerbsverbot[1]   **22.6**

Firma . . .
z. Hd. der Geschäftsleitung (Ort, Datum)

Sehr geehrte Damen und Herren,

mit Schreiben vom . . . habe ich das Arbeitsverhältnis außerordentlich/fristlos wegen wichtigen Grundes nach § 626 BGB gekündigt. Hiermit erkläre ich nach § 75 Abs. 1 HGB weiter, dass ich mich an das Wettbewerbsverbot vom . . . als nicht gebunden erachte.

Herr/Frau . . .

---

[1] Ausführlich dazu **M 25.4** mit zahlreichen Anmerkungen.

Aufforderung zur Mitteilung außerordentlicher Kündigungsgründe   **22.7**

Sehr geehrte(r) Frau/Herr . . .,

mit Schreiben vom . . . haben Sie das Arbeitsverhältnis fristlos gekündigt. Wir fordern Sie auf, uns die Kündigungsgründe unverzüglich schriftlich mitzuteilen. Dazu sind Sie nach § 626 Abs. 2 Satz 3 BGB verpflichtet.

Sollten sich die Gründe nicht als wichtige iSd. § 626 Abs. 1 BGB herausstellen, so haben Sie einen Vertragsbruch begangen. Schon jetzt weisen wir darauf hin, dass wir dann Schadensersatz verlangen werden.

. . .
Firma

22.8 Kündigungszurückweisung wegen fehlender Vollmachtsvorlage[1]

Firma ...
z. Hd. der Geschäftsleitung *(Ort, Datum)*[2]

Sehr geehrte Damen und Herren,

die Kündigung vom ..., mir zugestellt am ..., die von Herrn/Frau ... mit p. p. a.[3]*/i. A. unterzeichnet*[4] *worden ist, weise ich mangels Vollmachtsvorlage gem. § 174 BGB zurück.*[5]

Herr/Frau ...[6]

---

1 Wird die Kündigung des Arbeitsverhältnisses durch einen Bevollmächtigten des Arbeitgebers ohne Vorlage einer Vollmachtsurkunde (Original) erklärt, kann der Arbeitnehmer die Kündigung gem. § 174 BGB aus diesem Grund unverzüglich zurückweisen. Bei einer Kündigung durch ein einzelvertretungsbefugtes Organmitglied oder einen Prokuristen mit Einzelprokura ist die Beifügung einer Vollmacht wegen § 15 HGB nicht erforderlich (BAG v. 11. 7. 1991, NZA 1992, 449).
2 Für die Berechnung der Unverzüglichkeit ist von der normalen Postlaufzeit und einer angemessenen Überlegungsfrist für die Einholung rechtskundigen Rats auszugehen. Abzulehnen ist es, dem Arbeitnehmer in Anlehnung an § 626 Abs. 2 BGB grundsätzlich eine Frist von zwei Wochen einzuräumen (vgl. aber BAG v. 14. 12. 1979, NJW 1980, 1302 und BAG v. 3. 7. 1986, NJW 1981, 1332 für die Anfechtungsfrist nach § 121 BGB).
3 Die Zurückweisung ist hier möglich und sinnvoll, wenn es sich um einen Gesamtprokuristen handelt, der allein unterschrieben hat, ohne die Vollmacht des zweiten Gesamtprokuristen vorzulegen (vgl. OLG Hamm v. 26. 10. 1990, AnwBl. 1991, 340: Vorlage einer Faxkopie der Vollmacht reicht nicht aus!).
4 Der Vorlage einer Vollmachtsurkunde bedarf es nicht bei der Kündigung durch Personalabteilungsleiter (BAG v. 30. 5. 1972, AP Nr. 1 zu § 174 BGB). Auf Personalsachbearbeiter ist dieser Grundsatz jedoch nicht übertragbar; vgl. die Erläuterungen unter I. 1. e).
5 Die Kündigung ist damit unwirksam, es sei denn, der Vollmachtgeber hatte den Arbeitnehmer (nachweisbar) von der Bevollmächtigung in Kenntnis gesetzt (§ 174 Satz 2 BGB).
6 ➔ **Wichtig:** Wird die gegen § 174 BGB verstoßende Kündigung durch einen Bevollmächtigten zurückgewiesen, so hat auch dieser eine Vollmachtsurkunde (Original) beizufügen. Andernfalls kann auch die Zurückweisung ihrerseits nach § 174 BGB zurückgewiesen werden.

22.9 Unternehmerentscheidung zur betriebsbedingten Kündigung

Die Unterzeichner bilden die Gesellschafterversammlung der ... GmbH. Unter Verzicht auf alle Formen und Fristen der Einberufung und Durchführung beschließen sie einstimmig Folgendes:

1. Der Betrieb der ... GmbH in ... soll mit Wirkung zum ... stillgelegt werden. Es sollen für diesen Betrieb ab sofort keine neuen Aufträge mehr angenommen werden. Allen Arbeitnehmern des Betriebs ist zum nächstmöglichen Kündigungstermin zu kündigen. Eigene Arbeitnehmer werden zur Abarbeitung noch vorhandener Auf-

träge nur noch während ihrer jeweiligen Kündigungsfristen höchstens bis zum Stilllegungszeitpunkt eingesetzt.[1]

2. Die Geschäftsführer der . . . GmbH werden angewiesen, die dazu erforderlichen Maßnahmen durchzuführen.

. . .

Gesellschafter der . . . GmbH

---

[1] Einer Stilllegungsentscheidung steht es nicht entgegen, die Arbeitnehmer noch während ihrer Kündigungsfrist zu beschäftigen, BAG v. 18. 1. 2001, NZA 2001, 719.

Anhörung des Betriebsrates zur außerordentlich fristlosen sowie hilfsweise ordentlich fristgemäßen verhaltensbedingten Kündigung gem. § 102 BetrVG[1]

22.10

An den Betriebsrat
z. Hd. des/der Betriebsratsvorsitzenden
im Hause

Sehr geehrte(r) Frau/Herr . . .,

wir beabsichtigen, gegenüber Herrn/Frau . . . verhaltensbedingt zu kündigen.

Herr/Frau . . . hat folgende Sozialdaten:

Alter . . .

Eintrittsdatum in unser Unternehmen . . .

Betriebszugehörigkeit . . .

Anzahl der unterhaltsberechtigten Kinder . . .

Schwerbehinderung . . .

Anhaltspunkte für eine sonstige soziale Schutzbedürftigkeit haben wir nicht.

Er/Sie erhält zurzeit eine Vergütung von Euro . . . und ist als Kassierer/in tätig.

Herr/Frau hat am . . . einen Betrag von Euro . . . zu eigenen Zwecken aus der Kasse entnommen. Wie Sie wissen, ist er/sie dazu nicht berechtigt. Wir hatten ihn/sie drei Monate vorher bereits abgemahnt, weil er/sie damals einen Betrag von Euro . . . unberechtigt aus der Kasse entnommen hatte. Die Abmahnung fügen wir als Anlage 1 bei.

Da Herr/Frau . . . sich die Abmahnung offenbar nicht als Warnung hat dienen lassen, beabsichtigen wir nunmehr, ihm/ihr außerordentlich[2] fristlos zu kündigen. Dazu bitten wir um Ihre Zustimmung.

---

[1] Zu den Einzelheiten vgl. die Erläuterungen unter I. 3.
[2] Zwingend ist die Angabe, ob eine ordentliche oder eine außerordentliche Kündigung beabsichtigt ist.

Wir beabsichtigen ferner, ihm/ihr hilfsweise auch ordentlich fristgemäß zu kündigen mit gesetzlicher Kündigungsfrist von zwei Monaten zum Monatsende, somit zum . . . . Auch dazu bitten wir um Ihre Zustimmung.

. . .

(Unterschrift)

22.11 Anhörung des Betriebsrates zur ordentlich fristgemäßen personenbedingten Kündigung gem. § 102 BetrVG[1]

*An den Betriebsrat
z. Hd. des/der Betriebsratsvorsitzenden
im Hause*

Sehr geehrte(r) Frau/Herr . . .,

wir beabsichtigen, gegenüber Herrn/Frau . . . personenbedingt ordentlich mit gesetzlicher Kündigungsfrist von . . . Monaten zum Monatsende, somit zum . . ., zu kündigen.

Herr/Frau . . . hat folgende Sozialdaten:

Alter . . .

Eintrittsdatum in unser Unternehmen . . .

Betriebszugehörigkeit . . .

Anzahl der unterhaltsberechtigten Kinder . . .

Schwerbehinderung . . .

Anhaltspunkte für eine sonstige soziale Schutzbedürftigkeit haben wir nicht.

Er/Sie erhält zurzeit eine Vergütung von Euro . . . und ist tätig als . . . in der Abteilung . . . .

Herr/Frau weist in den vergangenen drei Jahren die in der Anlage 1 aufgeführten Krankheitszeiten auf. Daraus ersehen Sie, dass er/sie in allen drei Jahren durch zahlreiche Kurzerkrankungen jeweils mehr als zwei Monate arbeitsunfähig krankgeschrieben war. Die Ursachen der Erkrankungen sind uns nicht bekannt. Aufgrund der Erkrankungen in der Vergangenheit gehen wir davon aus, dass Herr/Frau . . . auch in der Zukunft in vergleichbarem Umfang krank sein wird.

Wir haben in der Anlage 1 gleichzeitig angegeben, für welche der Krankheitszeiten wir Entgeltfortzahlung geleistet haben. Daraus ersehen Sie, dass er/sie für sämtliche Krankheitszeiten Entgeltfortzahlung von uns erhalten hat. Dies ist eine wirtschaftliche Belastung, die uns künftig nicht mehr zumutbar ist.

Alternativ oder kumulativ zum vorstehenden Absatz:

Herr/Frau . . . ist Linienführer im Bereich . . . . Durch die häufigen Kurzerkrankungen entstehen Produktionsausfälle im Umfang von . . . Stunden bei Anlaufen der Schicht.

---

1 Vgl. die Erläuterungen unter I. 4. sowie **M 22.10**.

Diese Zeit ist erforderlich, um einen Vertreter als Linienführer einzusetzen. Gleichzeitig entstehen erhebliche Mehrkosten durch die Mehrarbeit, die die Vertreter jeweils erbringen müssen.[2]

Uns sind keine Gesichtspunkte bekannt, die eine besondere Schutzwürdigkeit von Herrn/Frau ... im Rahmen einer Interessenabwägung begründen könnten. Weder weist er/sie eine besonders lange Betriebszugehörigkeit auf noch außergewöhnliche Unterhaltspflichten.

Wir bitten Sie, der beabsichtigten Kündigung zuzustimmen.

...

(Unterschrift)

---

[2] Alternativ zu den erheblichen wirtschaftlichen Belastungen durch Entgeltfortzahlungskosten (dazu Erläuterungen unter I. 4. a) können die erheblichen betrieblichen Beeinträchtigungen auch durch Betriebsablaufstörungen dargelegt werden. An diese Darlegungen sind jedoch hohe Anforderungen zu stellen. Es ist zweifelhaft, ob die Angaben in der Betriebsratsanhörung eine darauf gestützte Kündigung tragen würden. Die Betriebsablaufstörungen sind umfassend darzulegen. Zu empfehlen ist immer auch, die Entgeltfortzahlungskosten aufzunehmen und darauf – sofern die Höhe eine Kündigung rechtfertigt – die Kündigung auch in erster Linie zu stützen.

Anhörung des Betriebsrates zur ordentlich fristgemäßen betriebsbedingten Kündigung gem. § 102 BetrVG[1]

22.12

An den Betriebsrat
z. Hd. des/der Betriebsratsvorsitzenden
im Hause

Sehr geehrte(r) Frau/Herr ...,

wir beabsichtigen, gegenüber Herrn/Frau ... betriebsbedingt mit ordentlicher gesetzlicher Kündigungsfrist von ... Monaten zum Monatsende, somit zum ... zu kündigen.

Herr/Frau ... hat folgende Sozialdaten:

Alter ...

Eintrittsdatum in unser Unternehmen ...

Betriebszugehörigkeit ...

Anzahl der unterhaltsberechtigten Kinder ...

Schwerbehinderung ...

Anhaltspunkte für eine sonstige soziale Schutzbedürftigkeit haben wir nicht.

Er/Sie erhält zurzeit eine Vergütung von Euro ... und ist tätig als ... in der Abteilung ....

---

[1] Vgl. die Erläuterungen unter I. 5. sowie **M 22.9**.

Aufgrund der Ihnen bekannten Stilllegung der Abteilung ... ist der dortige Arbeitsplatz von Herrn/Frau ... weggefallen.

Wir haben die Sozialauswahl gemäß anliegender Liste durchgeführt.[2] Daraus ersehen Sie die einbezogenen vergleichbaren Arbeitnehmer und deren Sozialdaten. Wir haben die Arbeitnehmer in der Reihenfolge ihrer sozialen Schutzbedürftigkeit geordnet. Daraus ersehen Sie, dass Herr/Frau ... am wenigsten sozial schutzbedürftig ist, da er/sie die kürzeste Betriebszugehörigkeit, das geringste Alter und keine Unterhaltspflichten hat.

Nur Herr ... ist zwar noch weniger sozial schutzbedürftig. Da er aber als Einziger über die für unser Unternehmen unabdingbaren Kenntnisse des Betriebssystems für unsere Buchhaltungssoftware verfügt, die er selbst installiert hat, können wir auf seine Weiterarbeit unter keinen Umständen verzichten. Wir haben ihn daher nach § 1 Abs. 3 Satz 2 KSchG von der Sozialauswahl ausgenommen.[3]

Einen anderen freien Arbeitsplatz im Unternehmen gibt es nicht.[4]

Wir bitten Sie, der beabsichtigten Kündigung zuzustimmen.

...

(Unterschrift)

---

2 Auch wenn der Arbeitnehmer gem. § 1 Abs. 3 Satz 3 KSchG die Beweislast für die fehlerhafte Sozialauswahl trägt, muss der Arbeitgeber dazu in der Betriebsratsanhörung schon Stellung nehmen.

3 Soweit eine Herausnahme aus der Sozialauswahl beabsichtigt ist, muss diese gegenüber dem Betriebsrat offen gelegt und auch erläutert werden. Die Herausnahme ist allerdings stets mit erheblichen Risiken verbunden; vgl. oben unter I. 5. c).

4 Es ist nicht sicher, ob auch Angaben zur fehlenden anderweitigen Beschäftigungsmöglichkeit in die Betriebsratsanhörung aufgenommen werden müssen. Dagegen spricht die abgestufte Darlegungs- und Beweislastverteilung (oben unter I. 5. d). Die vorsorgliche Aufnahme ist jedoch zu empfehlen.

22.13 Kündigungsschutzklage mit Weiterbeschäftigungsantrag

An das Arbeitsgericht

In Sachen

.../...

(volles Rubrum)

vertreten wir den Kläger.

Namens und im Auftrag des Klägers erheben wir Klage und beantragen:

> *1. Es wird festgestellt, dass das Anstellungsverhältnis zwischen den Parteien durch die ordentliche Kündigung vom ... nicht zum ... endet.[1]*

---

1 Nach ständiger Rechtsprechung des BAG gilt für Kündigungsschutzklagen nach § 4 KSchG die Theorie des „punktuellen Streitgegenstands" (seit BAG v. 13. 11. 1958, AP Nr. 17 zu § 3

2. Es wird festgestellt, dass das Anstellungsverhältnis auch nicht durch andere Beendigungstatbestände endet, sondern zu unveränderten Bedingungen über den ... hinaus fortbesteht.

3. Die Beklagte wird verurteilt, den Kläger bis zur rechtskräftigen Beendigung des vorliegenden Rechtsstreits zu den bisherigen Bedingungen als Abteilungsleiter im Vertrieb im Werk ... weiterzubeschäftigen.[2, 3, 4]

KSchG; weitere Nachweise bei *Hueck/von Hoyningen-Huene/Linck*, § 4 KSchG Rz. 69; KR/*Friedrich*, § 4 KSchG Rz. 225 ff. m.umf.N; zuletzt ausführlich *Stahlhacke*, FS Wlotzke, 1996, S. 173 ff.). Streitgegenstand ist grundsätzlich nur die Auflösung bzw. Nichtauflösung des Arbeitsverhältnisses gerade durch die angegriffene Kündigung und zu dem in ihr vorgesehenen Termin. Streitgegenstand ist dagegen nicht der Bestand des Arbeitsverhältnisses zum Zeitpunkt der letzten mündlichen Verhandlung (BAG v. 13. 11. 1958, AP Nr. 17 zu § 3 KSchG 1951; v. 12. 6. 1986, AP Nr. 17 zu § 4 KSchG 1969 = NJW 1987, 273; aus der Literatur statt aller KR/*Friedrich*, § 4 KSchG Rz. 225 ff. m.umf.N zur Gegenmeinung). Deshalb darf sich der Klageantrag im Kündigungsschutzverfahren **nicht** darauf beschränken, dass festgestellt werden soll, dass **„das Arbeitsverhältnis noch ungekündigt weiterbesteht"** oÄ. Aus der Theorie vom „punktuellen Streitgegenstand" folgt weiter, dass spätere weitere Kündigungen vom ursprünglichen punktuellen Klageantrag nach § 4 KSchG nicht erfasst werden, sondern gesondert angegriffen werden müssen. Werden derartige Kündigungen erst nach Ablauf der Drei-Wochen-Frist entdeckt, sind sie nach § 7 KSchG nicht mehr wegen Verstoßes gegen das KSchG angreifbar. Um dieses Risiko auszuschalten, wurde der „allgemeine Feststellungsantrag" entwickelt. Man beantragte nicht nur die Feststellung, dass das Arbeitsverhältnis durch die konkret angegriffene Kündigung nicht aufgelöst wird, sondern fügte diesem Antrag noch die Floskel „sondern zu unveränderten Bedingungen über den ... hinaus fortbesteht" an. Nach langem Schwanken entschied der Zweite Senat des BAG mit Urteil v. 21. 1. 1988 (NJW 1988, 2691), diese Floskel enthalte eine selbständige allgemeine Feststellungsklage gem. § 256 ZPO. Mit dieser Klage seien automatisch weitere Kündigungen erfasst, die der Arbeitgeber bis zur letzten mündlichen Verhandlung ausspreche, und zwar unabhängig davon, wann sie in den Prozess eingeführt würden (BAG v. 21. 1. 1988, AP Nr. 19 zu § 4 KSchG = NJW 1988, 2691; v. 16. 8. 1990, NZA 1991, 141; v. 27. 1. 1994, AP Nr. 28 zu § 4 KSchG = NJW 1994, 2780). In seinem Urteil vom 27. 1. 1994 (NJW 1994, 2780) entschied dann allerdings das BAG, es müsse sorgfältig im Einzelfall geprüft werden, ob mit der Floskel tatsächlich eine selbständige allgemeine Feststellungsklage erhoben sei. Noch restriktiver zeigte sich wenige Wochen später der 8. Senat in seiner Entscheidung vom 16. 3. 1994 (NJW 1994, 860). Für die Praxis bedeutet dies, dass im Kündigungsschutzprozess stets **zwei getrennte Anträge** gestellt werden sollten, nämlich zum einen der punktuelle Klageantrag nach § 4 KSchG (hier Ziff. 1), und daneben der allgemeine Feststellungsantrag (mit entsprechender Begründung!) nach § 256 ZPO (hier Ziff. 2; vgl. auch Fn. 9).

2 ➲ **Praxistipp:** Nach der Rechtsprechung des Großen Senats des BAG (v. 27. 2. 1985, AP Nr. 14 zu § 611 BGB – Beschäftigungspflicht) kann der Arbeitnehmer auch nach Ablauf der Kündigungsfrist **Weiterbeschäftigung** verlangen, wenn er in der ersten Instanz mit seiner Kündigungsschutzklage obsiegt. Der Antrag sollte stets bereits in der Klageschrift gestellt werden, weil nur dann bei Säumnis des Arbeitgebers in der Güteverhandlung ein Versäumnisurteil auf Weiterbeschäftigung beantragt werden kann. Allerdings ist die Eintrittspflicht der Rechtsschutzversicherung bei frühzeitiger Antragstellung fraglich.

3 Im Weiterbeschäftigungsantrag müssen stets die Art der Tätigkeit, die Bedingungen sowie der Arbeitsort angegeben werden, da ansonsten die Vollstreckbarkeit mangels hinreichender **Bestimmtheit** des Titels fehlen kann.

4 Ob der zusammen mit der Kündigungsschutzklage geltend gemachte Weiterbeschäftigungsantrag den **Streitwert** (Vierteljahresbezug gemäß § 12 Abs. 4 ArbGG) um ein Monatsgehalt erhöht, ist in der Instanzrechtsprechung streitig.

Begründung:

Die Bekl. ist ein Unternehmen, das vor allem in der . . .-Verarbeitung tätig ist. Sie beschäftigt ständig mehr als zehn Arbeitnehmer.[5] Der Kl. ist seit dem . . . bei der Beklagten als Abteilungsleiter im Vertrieb im Werk . . . tätig. Grundlage der Tätigkeit ist der Dienstvertrag vom . . . (Anlage K 1). Die Gesamtbezüge des Kl. beliefen sich zuletzt auf ca. Euro . . . p.a.[6]

Dem Kl. wurde am . . . vom Personalleiter eine Kündigung zum . . . ausgehändigt.

Beweis: Kündigungsschreiben vom . . ., Anlage K 2.

Kündigungsgründe gemäß § 1 KSchG liegen offensichtlich nicht vor.[7] Die ordnungsgemäße Anhörung des Betriebsrats bzw. des Sprecherausschusses wird mit Nichtwissen bestritten.[8] Die Bekl. mag dazu vortragen.

Der Klageantrag Ziff. 2 beinhaltet eine selbständige allgemeine Feststellungsklage gemäß § 256 ZPO.[9] Dem Kl. sind zwar derzeit keine anderen möglichen Beendigungstatbestände außer der mit dem Klageantrag Ziff. 1 angegriffenen Kündigung bekannt. Es besteht jedoch die Gefahr, dass die Bekl. im Verlauf des Verfahrens weitere Kündigungen ausspricht. Es wird deshalb mit dem Klageantrag Ziff. 2 die Feststellung begehrt, dass das Anstellungsverhältnis auch durch solche weiteren Kündigungen nicht beendet wird.

Der Klageantrag Ziff. 3 wird im Hinblick auf die Rechtsprechung des Großen Senats des BAG (vom 27. 2. 1985, AP Nr. 14 zu § 611 BGB – Beschäftigungspflicht) gestellt.

. . .

(Unterschrift)

---

5 Je nach Art und Größe des (möglicherweise gerichtsbekannten) Unternehmens mag es unnötig erscheinen, zur Überschreitung des Schwellenwerts nach § 23 KSchG vorzutragen. Fehlt der Vortrag, ist die Klage jedoch **unschlüssig**, so dass bei Säumnis des Arbeitgebers in der Güteverhandlung **kein Versäumnisurteil** ergehen kann.

6 Die Angabe des **Gehalts** ist nicht zwingend, erleichtert aber dem Gericht die Streitwertfestsetzung (§ 12 Abs. 7 ArbGG) sowie die Erarbeitung von Vergleichsvorschlägen.

7 ➪ **Praxistipp:** Dieser Vortrag ist erforderlich, um gegebenenfalls **Versäumnisurteil** beantragen zu können. Detaillierter Vortrag zu den vermeintlichen (oder im Kündigungsschreiben genannten) Kündigungsgründen ist allerdings nicht ratsam. Taktisch klüger ist es, zunächst den Arbeitgeber vortragen zu lassen.

8 ➪ **Wichtig:** Das vorsorgliche Bestreiten der ordnungsgemäßen **Anhörung der Arbeitnehmervertretung** ist erforderlich, da sonst der Arbeitgeber nichts zur Betriebsratsanhörung vortragen muss.

9 ➪ **Wichtig:** Diese Ausführungen sind unbedingt erforderlich, da nach der unklaren und in sich nicht widerspruchsfreien Rechtsprechung der BAG-Senate (v. 27.1. und 16. 3. 1994, NZA 1994, 812, 860; ausf. dazu *Diller*, NZA 1994, 830) nicht automatisch davon auszugehen ist, dass zusätzlich zu dem nach §§ 4, 7 KSchG erforderlichen punktuellen Klageantrag (Ziff. 1) auch noch ein allgemeiner Feststellungsantrag nach § 256 ZPO gestellt ist. Nur ein solcher allgemeiner Feststellungsantrag bezieht aber **eventuelle spätere Kündigungen** in das Verfahren mit ein. Ohne einen solchen Antrag besteht die Gefahr, dass nachfolgende Kündigungen (insbesondere in Schriftsätzen) übersehen und nicht innerhalb der Dreiwochenfrist der §§ 4, 7 KSchG angegriffen werden (ausf. dazu *Bitter*, NZA 1997, 1407 „Schleppnetztheorie").

Klage gegen Kündigung bei Unanwendbarkeit des KSchG[1]

An das Arbeitsgericht

In Sachen

.../...

(volles Rubrum)

vertreten wir den Kläger.

Namens und im Auftrag des Klägers erheben wir Klage und beantragen:

1. Es wird festgestellt, dass das Anstellungsverhältnis zwischen den Parteien durch die ordentliche Kündigung vom 25. 3. . . . weder zum 30. 6. . . . noch zum 31. 10. . . . endet.
2. Es wird festgestellt, dass das Anstellungsverhältnis auch nicht durch andere Beendigungstatbestände endet, sondern zu unveränderten Bedingungen über den 31. 10. . . . hinaus fortbesteht.
3. Die Beklagte wird verurteilt, den Kläger bis zur rechtskräftigen Beendigung des vorliegenden Rechtsstreits zu den bisherigen Bedingungen als kaufmännischen Leiter im Betrieb in . . . weiterzubeschäftigen.

Begründung:

Die Bekl. ist eine Werbeagentur mit insgesamt fünf Mitarbeitern. Der Kl. seit dem . . . bei der Bekl. als kaufmännischer Leiter tätig. Grundlage seiner Tätigkeit ist der Dienstvertrag vom . . . (Anlage K 1). Die Gesamtbezüge des Kl. beliefen sich zuletzt auf ca. Euro . . . p.a.

Dem Kl. wurde am 25. 3. . . . vom Geschäftsführer eine Kündigung zum 30. 6. . . . ausgehändigt.

Beweis: *Kündigungsschreiben vom 25. 3. . . ., Anlage K 2.*

Die Kündigung ist unwirksam. Sie verstößt gegen § 612a BGB. Der Kl. hat drei Tage vor Ausspruch der Kündigung zu einer Betriebsversammlung eingeladen, auf der ein Wahlvorstand zur Errichtung eines Betriebsrats gebildet werden sollte. Die Bekl. hat dies offensichtlich zum Anlass genommen, dem Kl. zu kündigen, um die Bildung des Betriebsrats zu verhindern.[2]

Im Übrigen dürfte die Kündigung auch an § 85 SGB IX scheitern. Der Kl. leidet seit längerem an einem schweren Rückenleiden. Er hat bereits zwei Monate vor Ausspruch der Kündigung beim zuständigen Versorgungsamt die Anerkennung als Schwerbehinderter beantragt. Es ist davon auszugehen, dass der Kl. in Kürze mit einem Schwerbehindertengrad von mindestens 50% anerkannt werden wird.

---

1 Die dreiwöchige Klagefrist der §§ 4, 7 KSchG gilt seit 1. 1. 2004 auch in Kleinbetrieben iSd. § 23 KSchG. Zu den Einzelheiten der Klageanträge s. **M 22.13**.

2 Für die Behauptung, die Kündigung sei eine verbotene Sanktion für die Ausübung von Rechten iSd. **§ 612a BGB**, trägt der Arbeitnehmer die Beweislast. Gerade in Fällen wie dem vorliegenden kann aber ein **Anscheinsbeweis** (Prima-facie-Beweis) in Betracht kommen.

Von der bereits vor Ausspruch der Kündigung erfolgten Antragstellung informierte der Kl. die Beklagte unverzüglich nach Ausspruch der Kündigung mit Einschreiben vom . . . .

Beweis: Schreiben vom . . ., Anlage K 3.

Schließlich ist auch die Kündigungsfrist nicht eingehalten. Die Kündigung ist offenbar mit der im Anstellungsvertrag vorgesehenen Frist von drei Monaten ausgesprochen worden. Die gesetzlichen Kündigungsfristen des § 622 Abs. 2 BGB sind jedoch nicht einzelvertraglich abdingbar. Aufgrund seiner mehr als 20-jährigen Betriebszugehörigkeit galt für den Kl. also eine Kündigungsfrist von sieben Monaten. Die Kündigung hätte somit allenfalls zum 31. 10. . . . wirksam werden können.[3, 4]

. . .

(Unterschrift)

---

3 Eine Kündigung mit einer **zu kurzen Kündigungsfrist** ist nicht unwirksam. Sie ist vielmehr **umzudeuten** in eine wirksame Kündigung zum nächstzulässigen Zeitpunkt (hier der 31. 10. . . .).

4 Auch bei Nichtanwendbarkeit des KSchG ergibt sich der **Streitwert** aus § 12 Abs. 7 Satz 1 ArbGG (Vierteljahresbezug). Deshalb ist die Angabe der Vergütung in der Klageschrift sinnvoll.

22.15 Kündigungsschutzklage bei betriebsbedingter Kündigung

An das Arbeitsgericht

In Sachen

. . ./. . .

(volles Rubrum)

vertreten wir den Kläger.

Namens und im Auftrag des Klägers erheben wir Klage und beantragen:

*(Klageanträge 1.–3. wie **M 22.13**)*[1]

Begründung:

Die Bekl. ist ein Maschinenbauunternehmen mit einem Werk in X mit 400 Beschäftigten und einem Werk in Y mit 500 Beschäftigten. Der Kl. war im Werk X seit . . . als Montagearbeiter mit einem Gehalt von zuletzt Euro . . . beschäftigt. Ein Betriebsrat besteht in beiden Werken nicht.

Die Bekl. hat im März . . . der Belegschaft des Werkes X in einer Belegschaftsversammlung mitgeteilt, wegen anhaltenden Auftragsmangels müssten 100 Arbeitsplätze im Werk X abgebaut werden. Drei Tage später, am . . ., erhielt der Kl. eine betriebsbedingte Kündigung zum . . . . Im Kündigungsschreiben war angegeben, dass dem Kl.

---

1 Vgl. dazu die allgemeinen Erläuterungen zum **M 22.13**.

wegen Auftragsmangels im Zuge der bekannt gegebenen Personalreduzierung gekündigt werden müsse.

          Beweis: Kündigungsschreiben vom . . ., Anlage K 1

Es wird bestritten, dass die von der Bekl. behaupteten betrieblichen Kündigungsgründe vorliegen. Im Übrigen wird bestritten, dass die Bekl. eine korrekte Sozialauswahl vorgenommen hat. Die Bekl. wird hiermit aufgefordert, die Gründe mitzuteilen, die für die von ihr getroffene soziale Auswahl maßgebend waren. Insbesondere wird die Bekl. zur Mitteilung aufgefordert, mit welchen anderen Mitarbeitern sie den Kl. verglichen hat.[2]

Im Übrigen ist die Kündigung auch schon deshalb unwirksam, weil der Kl. im Werk Y zu unveränderten Konditionen hätte weiterbeschäftigt werden können. Die Bekl. sucht für ihr Werk Y derzeit einen Maschineneinrichter.

          Beweis: Stellenanzeige in der . . . Zeitung vom . . ., Anlage K 2

Für diese Position wäre der Kl. bestens geeignet, da er bis zum Jahr . . . als Maschineneinrichter tätig war. Der Kl. wäre auch bereit, nach Y umzuziehen.[3]

. . .

(Unterschrift)

---

2 ⮕ **Praxistipp:** Bei der betriebsbedingten Kündigung gibt es Ausnahmen von dem bei personen- und verhaltensbedingten Gründen geltenden Grundsatz, dass der Arbeitnehmer in der Klageschrift **so wenig wie möglich vortragen** und sich darauf beschränken sollte, das Vorliegen von Kündigungsgründen mit Nichtwissen zu bestreiten. Zum einen muss der Arbeitgeber im Prozess zu den Einzelheiten der **Sozialauswahl** und insbesondere zu dem von ihm für vergleichbar gehaltenen Personenkreis nur dann vortragen, wenn der Arbeitnehmer dies verlangt (BAG v. 21. 7. 1988, NZA 1989, 264). Hat der Arbeitgeber auf Aufforderung entsprechend vorgetragen, ist es dann Sache des Arbeitnehmers, darzulegen und zu beweisen, dass der Arbeitgeber nicht alle vergleichbaren Mitarbeiter in die Sozialauswahl einbezogen und/oder soziale Gesichtspunkte nicht hinreichend oder unrichtig berücksichtigt hat (BAG v. 24. 3. 1983, NJW 1984, 78 und v. 21. 7. 1988, NZA 1989, 264).

3 Ähnliches wie für die Sozialauswahl (vgl. Fn. 2) gilt für die mögliche **Weiterbeschäftigung auf einem freien Arbeitsplatz** nach § 1 Abs. 2 KSchG. Weder hat der Arbeitgeber darzulegen, dass die Weiterbeschäftigung nicht möglich war, noch kann sich der Arbeitnehmer mit der pauschalen Behauptung begnügen, es gäbe im Betrieb oder in anderen Betrieben des Unternehmens freie Arbeitsplätze. Vielmehr muss der Arbeitnehmer konkret einzelne Arbeitsplätze benennen, auf denen er eine Weiterbeschäftigung für möglich hält. Es ist dann Sache des Arbeitgebers darzulegen, dass auf diesen Arbeitsplätzen eine Weiterbeschäftigung nicht möglich ist. Entgegen dem Wortlaut von § 1 Abs. 2 Satz 2 KSchG macht die Weiterbeschäftigungsmöglichkeit auf anderen Arbeitsplätzen desselben oder eines anderen Betriebes des Unternehmens die Kündigung nicht nur dann unwirksam, wenn der **Betriebsrat widersprochen** hat. Auch wenn kein Betriebsrat existiert oder dieser nicht widersprochen hat, ist bei Bestehen einer Weiterbeschäftigungsmöglichkeit die Kündigung unwirksam. Es kommt nach neuerer Rechtsprechung auch nicht darauf an, dass der Arbeitnehmer von sich aus vor der Kündigung Weiterbeschäftigung verlangt hat. Vielmehr muss der Arbeitgeber von sich aus die Weiterbeschäftigung anbieten, wenn Arbeitsplätze frei sind (BAG v. 27. 9. 1984, EzA § 2 KSchG Nr. 5).

22.16 Antrag auf nachträgliche Zulassung der Kündigungsschutzklage

An das Arbeitsgericht

In Sachen

.../...

(volles Rubrum)

vertreten wir den Kläger.

Namens und im Auftrag des Klägers erheben wir Klage und beantragen:

(Ziff. 1.–3. siehe **M 22.13***)*[1]

4. *Die Kündigungsschutzklage wird gemäß § 5 KSchG nachträglich zugelassen.*[2, 3]

Begründung:

(siehe zunächst **M 22.13***)*

Das Kündigungsschreiben ist am 15. 6. . . . . abends durch Boten in den Hausbriefkasten des Kl. eingeworfen worden. Dies hat die Bekl. auf telefonische Nachfrage bestätigt. Der Kl. war mit seiner gesamten Familie in der Zeit vom 12. 6. . . . . bis einschließlich 10. 7. . . . . im Urlaub. Während dieser Zeit war niemand im Haus. Der Kl. hatte zwar einen Nachbarn gebeten, den Briefkasten regelmäßig zu leeren. Der Nachbar hatte aber ausdrückliche Anweisung, Post nicht zu öffnen, sondern nur an sich zu nehmen. Unmittelbar am Tag seiner Rückkehr hat der Kl. die gesamte im Urlaub eingegangene Post geöffnet und auch das Kündigungsschreiben erstmals gelesen. Er hat sofort am nächsten Tag einen Besprechungstermin mit dem Unterzeichner vereinbart, der sofort die vorliegende Klageschrift gefertigt und eingereicht hat.[4] *Damit ist die dreiwöchige Klagefrist gem. §§ 4, 7 KSchG zwar überschritten.*[5] *Dem Kl. fällt*

---

1 ➔ **Wichtig:** Der Antrag auf nachträgliche Zulassung nach § 5 KSchG **muss mit der Klageerhebung verbunden** werden; ist die Klage bereits eingereicht, ist auf sie im Antrag Bezug zu nehmen (§ 5 Abs. 2 Satz 1 KSchG).
2 ➔ **Wichtig:** In der verspäteten Klageerhebung liegt grundsätzlich kein Zulassungsantrag nach § 5 KSchG (LAG Berlin v. 11. 12. 1964, AP Nr. 11 zu § 4 KSchG), der Zulassungsantrag muss **ausdrücklich** neben dem Kündigungsschutzantrag gestellt werden.
3 Das Verfahren der nachträglichen Zulassung **ähnelt** der aus dem allgemeinen Zivilprozess bekannten **Wiedereinsetzung in den vorigen Stand**. Nicht selten wird bei Versäumung der dreiwöchigen Klagefrist nach § 4 KSchG beim Arbeitsgericht aus Unkenntnis ausdrücklich „Wiedereinsetzung" beantragt. Im Regelfall wird ein solcher Antrag in einen Antrag auf nachträgliche Zulassung gem. § 5 KSchG umzudeuten sein. Gleichwohl sollte man die Terminologie des § 5 KSchG („nachträgliche Zulassung") benutzen.
4 Ist aufgrund eines **Verschuldens des Prozessvertreters** des Kl. die Frist versäumt worden, muss sich dies der Kl. nach ganz herrschender Meinung zurechnen lassen. Ein Antrag nach § 5 KSchG ist in solchen Fällen nur erfolgreich, wenn der Prozessvertreter darlegt, dass er trotz ordnungsgemäßer Büroorganisation (insbesondere Fristenkontrolle) den Fehler nicht vermeiden konnte. Es gelten hier die gleichen Anforderungen wie bei der Wiedereinsetzung in den vorigen Stand nach §§ 233 ff. ZPO.
5 Nach ständiger Rechtsprechung **geht** ein während des Urlaubs des Arbeitnehmers an seine Heimatanschrift gerichtetes Kündigungsschreiben **nach den allgemeinen Grundsätzen** zu. Nach

jedoch kein Verschulden zur Last. Er hatte keinen Anlass, mit dem Zugang einer Kündigung während seines Urlaubs zu rechnen. Dementsprechend war er auch nicht verpflichtet, dafür zu sorgen, dass jemand seine Post öffnete und während seines Urlaubs irgendwelche Maßnahmen ergriff. Nachdem der Kl. von der Kündigung erfahren hatte, hat er ohne schuldhaftes Zögern[6] den Unterzeichner eingeschaltet. Zwischen der Kenntnisnahme des Kl. und der Einreichung der vorliegenden Klageschrift lagen weniger als zwei Wochen, so dass die Frist für die Zulassung verspäteter Klagen gem. § 5 Abs. 3 Satz 1 KSchG eingehalten ist.[7, 8]

Zur Glaubhaftmachung für alles Vorstehende: Eidesstattliche Versicherung des Kl.,[9]
Anlage K 1

...

(Unterschrift)

---

früherer Rechtsprechung sollte dies dann nicht gelten, wenn dem Arbeitgeber die Urlaubsabwesenheit bekannt war. Diese Rechtsprechung hat das BAG inzwischen wieder aufgegeben (v. 16. 3. 1988, NZA 1988, 875 und v. 2. 3. 1989, NZA 1989, 635).

6 Der Antrag ist nur erfolgreich, wenn der Arbeitnehmer darlegt, warum er trotz Anwendung der ihm **„nach Lage der Umstände zuzumutenden Sorgfalt"** verhindert war, die dreiwöchige Klagefrist zu wahren (§ 5 Abs. 1 KSchG).

7 Der Antrag kann nur **innerhalb von zwei Wochen** nach Behebung des Hindernisses gestellt werden, aber nicht später als sechs Monate nach Ablauf der dreiwöchigen Klagefrist (§ 5 Abs. 3 KSchG).
Innerhalb der Zweiwochenfrist muss nicht nur der Antrag gestellt werden, vielmehr müssen **auch die Tatsachen vorgetragen** und **glaubhaft gemacht** werden, die die nachträgliche Zulassung begründen sollen. Nach Ablauf der Zweiwochenfrist können nach herrschender Auffassung nur noch die bereits vorgetragenen Gründe ergänzt oder abgerundet werden, nicht aber völlig neue Gründe noch vorgebracht werden (LAG BW v. 25. 11. 1958, AP Nr. 6 zu § 4 KSchG; LAG Hamm v. 19. 6. 1986, AP Nr. 7 zu § 5 KSchG 1969).

8 Wird der Antrag auf nachträgliche Zulassung zurückgewiesen, kann innerhalb von zwei Wochen **sofortige Beschwerde** zum LAG eingelegt werden (§ 5 Abs. 4 Satz 2 KSchG, § 78 ArbGG). Die **Rechtsbeschwerde** zum BAG soll – auch nach der ZPO-Reform des Jahres 2002 – nicht zulässig sein, selbst wenn das LAG sie irrtümlich ausdrücklich zulässt (BAG v. 20. 8. 2002, ZIP 2002/2095, krit. *Schwab*, NZA 2002, 1378).

9 ⇨ **Wichtig:** Häufig übersehen wird, dass die Begründung des Antrags auf nachträgliche Zulassung **glaubhaft zu machen** ist (§ 5 Abs. 2 Satz 2 KSchG). Noch nicht entschieden ist, ob die Glaubhaftmachung noch innerhalb der Zweiwochenfrist erfolgen muss, vorsorglich sollte dies immer geschehen. Klassisches Mittel der Glaubhaftmachung ist die eidesstattliche Versicherung. Fehlt die Glaubhaftmachung, ist dies unschädlich, wenn der Gegner das Vorbringen nicht bestreitet.

22.17 Auflösungsantrag des Arbeitnehmers[1, 2]

An das Arbeitsgericht

In Sachen

.../...

(volles Rubrum)

vertreten wir den Kläger.

Namens und im Auftrag des Klägers erheben wir Klage und beantragen:

(Klageanträge 1.–3. wie M 22.13)[3]

4. *Das Arbeitsverhältnis wird gegen Zahlung einer Abfindung[4], deren Höhe in das Ermessen des Gerichts gestellt wird, die aber Euro 20 000,– nicht unterschreiten sollte[5], zum . . .[6] aufgelöst.[7]*

---

1 **⊃ Wichtig:** Der Auflösungsantrag kann **bis zum Schluss der mündlichen Verhandlung zweiter Instanz** gestellt werden (§ 9 Abs. 1 Satz 3 KSchG). Eine Zurückweisung als verspätet scheidet grundsätzlich aus, auch wenn der Auflösungsantrag auf neue Tatsachen gestützt wird. Allerdings ist unbedingt zu empfehlen, den Antrag bereits in der ersten Instanz zu stellen. Denn wird der Antrag in der ersten Instanz nicht gestellt und gewinnt der Arbeitnehmer, so muss er in den Betrieb zurückkehren oder selbst (ohne Abfindung!) kündigen, wenn der Arbeitgeber das Urteil rechtskräftig werden lässt. Der Arbeitnehmer kann **keine Berufung** einlegen mit dem Ziel, in der zweiten Instanz erstmals den Auflösungsantrag zu stellen, weil es an einer Beschwer fehlt.

2 **⊃ Praxistipp:** Der Auflösungsantrag bietet sich vor allem an, wenn der Arbeitgeber nach Erhebung der Kündigungsschutzklage die **Kündigung zurücknimmt**. Eine einseitige Rücknahme ist nach den allgemeinen Regeln des BGB nicht zulässig. In der Rücknahme der Klage liegt deshalb nach richtiger Auffassung nur ein Angebot des Arbeitgebers auf Fortsetzung des Arbeitsverhältnisses, das der Arbeitnehmer nicht annehmen muss. Es kann allerdings fraglich werden, ob nach Erklärung der Klagerücknahme durch den Arbeitgeber der Arbeitnehmer für die Fortsetzung des Kündigungsschutzverfahrens noch ein Rechtsschutzinteresse hat. Dieses Rechtsschutzinteresse besteht allerdings unzweifelhaft, wenn der Arbeitnehmer alsbald nach der Rücknahmeerklärung des Arbeitgebers die Auflösung nach §§ 9, 10 KSchG beantragt (BAG v. 29. 1. 1981, NJW 1982, 1118 und v. 19. 8. 1982, AP Nr. 9 zu § 9 KSchG).

3 Siehe dazu die allgemeinen Erläuterungen zu **M 22.13**.

4 Die Abfindung ist **steuerfrei** bzw. steuerbegünstigt nach §§ 3 Nr. 9, 24, 34 EStG und **sozialabgabenfrei**. Die für das Eingreifen der Steuervorteile erforderliche „Veranlassung des Arbeitgebers" liegt vor, wenn der Arbeitgeber die Ursache für die Auflösung des Arbeitsverhältnisses gesetzt hat, auch wenn der Auflösungsantrag formal vom Arbeitnehmer ausgeht (BFH v. 11. 1. 1980, BStBl. II 1980, 205).

5 **⊃ Praxistipp:** Es ist nicht erforderlich, im Klageantrag einen **bestimmten Abfindungsbetrag** zu nennen. Auch unbezifferte Anträge sind zulässig. Allerdings kann bei einem unbezifferten Antrag keine Berufung eingelegt werden, wenn das Arbeitsgericht zwar dem Auflösungsantrag stattgibt, aber eine dem Arbeitnehmer zu gering erscheinende Abfindung festsetzt. Denn dann fehlt es an der Beschwer. Es ist deshalb immer sinnvoll, den Antrag zu beziffern. Allerdings trägt der Arbeitnehmer das Kostenrisiko, wenn er eine zu hohe Abfindungsforderung stellt (BAG v. 26. 6. 1986, NZA 1987, 139).

6 Aufzulösen ist gem. § 9 Abs. 2 KSchG stets zum **Ablauf der ordentlichen Kündigungsfrist**, bei fristloser Kündigung zum Zeitpunkt des Zugangs. Der Arbeitnehmer braucht im Auflösungsantrag keinen besonderen Auflösungszeitpunkt zu nennen, da dieser sich aus dem Gesetz ergibt.

Begründung:

*(Zu den Anträgen Ziff. 1.–3. siehe **M 22.13**).*

Der Auflösungsantrag Ziff. 4 ist nach §§ 9, 10 KSchG begründet, da dem Kl. die Fortsetzung seines Arbeitsverhältnisses nicht zumutbar ist. Der Kl. hat drei Tage nach Zugang der Kündigung ein Gespräch mit dem Personalleiter der Bekl. geführt, um Näheres über die Kündigungsgründe zu erfahren. In dem Gespräch hat der Kl. angekündigt, einen Anwalt einzuschalten und ggf. Kündigungsschutzklage zu erheben. Daraufhin hat der Personalleiter ihn in Gegenwart von dessen Sekretärin grob beschimpft und bedroht. Der Kl. sei ein „fauler und geldgieriger Hund", den man schon viel früher hätte rauswerfen müssen. Der Kl. werde schon sehen, wohin er mit einer Kündigungsschutzklage komme. Von einem Erfolg beim Arbeitsgericht habe er gar nichts. Wenn der Kl. mit gerichtlicher Hilfe an seinen Arbeitsplatz zurückkehren sollte, werde man ihn binnen kürzester Zeit durch „gezieltes Mobbing" „zur Strecke bringen".

    Beweis: Zeugnis des Personalleiters und dessen Sekretärin, zu laden über die Bekl.

Dass unter diesen Vorzeichen eine Fortsetzung des Arbeitsverhältnisses für den Kl. nicht zumutbar ist, liegt auf der Hand. Hinsichtlich der Höhe der Abfindung erscheint es angesichts des besonders groben Fehlverhaltens der Bekl., die sich das Verhalten ihres Personalleiters nach § 278 BGB zurechnen lassen muss, angemessen, über die üblichen Maßstäbe[8] von einem halben Monatsgehalt pro Beschäftigungsjahr hinauszugehen. Eine Abfindung in Höhe von einem Monatsgehalt pro Dienstjahr erscheint hier angemessen; bei einer Dienstzeit von fünf Jahren und einem Monatsgehalt von Euro 4 000,– ergibt dies die im Klageantrag Ziff. 4 genannte Abfindung von Euro 20 000,–.[9]

...

(Unterschrift)

---

7 ➔ **Wichtig:** Prozessual ist der Antrag (anders als der Auflösungsantrag des Arbeitgebers, s. **M 22.18**) kein Hilfsantrag, sondern ein **unechter Eventualantrag, der** nur für den Fall der Begründetheit der Kündigungsschutzklage gestellt wird. Erhebt der Arbeitnehmer zusätzlich zur Kündigungsschutzklage eine Klage auf Zahlung einer Abfindung, ohne ausdrücklich die Auflösung des Arbeitsverhältnisses zu begehren, wird man dies regelmäßig in einen Auflösungsantrag umdeuten können (BAG v. 13. 12. 1956, AP Nr. 5 zu § 7 KSchG).

8 Die alte Faustregel „**halbes Monatsgehalt pro Beschäftigungsjahr**" hat sich mittlerweile in der ganzen Republik weitgehend durchgesetzt. Allerdings werden stets auch die besonderen Umstände des Einzelfalles sowie die soziale Situation des Arbeitnehmers erhöhend oder vermindernd berücksichtigt.

9 Der Auflösungsantrag wirkt sich **gebührenmäßig** nicht aus, auch wenn der Arbeitnehmer seine Abfindungsvorstellung beziffert (§ 12 Abs. 1 ArbGG).

22.18 Auflösungsantrag des Arbeitgebers[1]

An das Arbeitsgericht

In Sachen

.../...

(Kurzrubrum)

vertreten wir die Beklagte.

Namens und im Auftrag der Beklagten beantragen wir:

1. *Die Klage wird abgewiesen.*
2. *Hilfsweise[2]: Das Arbeitsverhältnis wird gegen Zahlung einer Abfindung[3] aufgelöst, die Euro 10 000,– nicht überschreiten sollte.[4]*

Begründung:

Die Kündigung war sozial gerechtfertigt, weil ... (Darlegung der Kündigungsgründe).

Der Hilfsantrag wird für den Fall gestellt, dass das Arbeitsgericht die Kündigung nicht als sozial gerechtfertigt ansehen sollte. Dann wäre dem Hilfsantrag auf Auflösung stattzugeben, da eine den Betriebszwecken dienliche weitere Zusammenarbeit zwischen den Parteien nicht mehr erwartet werden kann (§ 9 Abs. 1 Satz 2 KSchG). Der Kl. hat eine Woche nach Erhalt des Kündigungsschreibens ein Interview im Lokal-Rundfunksender „Antenne X" gegeben. Darin hat er die Bekl. wüst beschimpft, insbesondere als „Ausbeuter". Die Geschäftsführung der Bekl. wurde als „Verbrecherbande" und „Gangster" diffamiert.

Beweis: Zeugnis des Redakteurs des Senders „Antenne X"

Es ist nicht ersichtlich, wie unter diesen Umständen eine künftige Zusammenarbeit noch möglich sein soll.[5] Hinsichtlich der Abfindungshöhe ist angesichts der Schwere des Verschuldens des Kl. von der üblichen Faustformel „0,5 Monatsgehälter pro Dienstjahr" nach unten abzuweichen. Auf der Basis dieser Faustformel ergäbe sich eine Abfindung von Euro 20 000,–. Im vorliegenden Fall erscheint die Hälfte davon angemessen.

---

1 Der Auflösungsantrag bedarf keiner Anhörung des **Betriebsrats** nach § 102 BetrVG.

2 ➔ **Wichtig:** Der Auflösungsantrag des Arbeitgebers wird (anders als der des Arbeitnehmers, siehe **M 22.17**) als **echter Hilfsantrag** gestellt. Über ihn wird nur entschieden, wenn der Arbeitgeber in der Hauptsache unterliegt, also die Kündigung vom Arbeitsgericht für unwirksam erklärt wird.

3 Zur steuer- und sozialversicherungsrechtlichen Behandlung der Abfindung siehe **M 22.17** Fn. 4.

4 Zur **Bezifferung** des Auflösungsantrags siehe **M 22.17** Fn. 5.

5 Greift die Sonderregelung des § 14 Abs. 2 KSchG nicht ein, setzt der Auflösungsantrag gem. § 9 Abs. 1 Satz 2 KSchG Gründe voraus, die „eine den Betriebszwecken dienliche weitere Zusammenarbeit zwischen Arbeitgeber und Arbeitnehmer nicht erwarten lassen". Die **Auflösungsgründe** müssen nicht notwendigerweise das Gewicht eines personen- oder verhaltensbedingten Kündigungsgrundes erreichen (BAG v. 26. 11. 1981, AP Nr. 8 zu § 9 KSchG). Das Verhalten dritter Personen (insbesondere abfällige Presseartikel) sind dem Arbeitnehmer nur zuzurechnen, wenn dieser das Verhalten des Dritten entscheidend veranlasst hat.

Im Übrigen bedarf der Auflösungsantrag ohnehin keiner besonderen Auflösungsgründe. Der Kl. ist nämlich leitender Angestellter iS des § 14 Abs. 2 KSchG. Als Leiter der Filiale X der Bekl. war er sowohl im Innenverhältnis als auch im Außenverhältnis zur selbständigen Einstellung oder Entlassung aller Beschäftigten dieser Filiale berechtigt.[6]

>   Beweis: Zeugnis des Personalleiters, zu laden über die Bekl.

...

(Unterschrift)

---

6 ⚫ **Praxistipp:** Die Ausnahmeregelung des § 14 Abs. 2 KSchG wird von der Rechtsprechung **äußerst restriktiv** gehandhabt. Die Personalkompetenz muss sowohl im Innen- als auch im Außenverhältnis bestehen, und zwar für einen erheblichen Kreis von Beschäftigten. Eine Filiale wie im vorliegenden Fall dürfte allerdings ausreichen.

Einstweilige Verfügung auf Weiterbeschäftigung bei offensichtlich unwirksamer Kündigung[1, 2]

22.19

An das Arbeitsgericht

In Sachen

.../...

(volles Rubrum)

vertreten wir den Antragsteller.

Namens und im Auftrag des Antragstellers beantragen[3] wir:

---

1 Dass der Arbeitnehmer bei einer offensichtlich unwirksamen Kündigung einen Anspruch auf Weiterbeschäftigung **während des Kündigungsrechtsstreits** – auch über die Kündigungsfrist hinaus! – hat, ist nach der Entscheidung des großen Senats (BAG GS v. 27. 2. 1985, AP Nr. 14 zu § 611 BGB – Beschäftigungspflicht) anerkannt (vgl. BAG v. 28. 3. 1985, AP Nr. 4 zu § 767 ZPO und v. 13. 6. 1985, AP Nr. 19 zu § 611 BGB – Beschäftigungspflicht).

2 ⚫ **Praxistipp:** Die einstweilige Verfügung auf Weiterbeschäftigung wird in der Praxis überwiegend aus **taktischen** Gründen eingesetzt. Meist geht es dem Arbeitnehmer gar nicht so sehr darum, weiterarbeiten zu können. Vielmehr wird die einstweilige Verfügung als Mittel benutzt, um kurzfristig Verhandlungsdruck für einen Abfindungsvergleich zu erzeugen. Insbesondere bei der Trennung von Führungskräften ist es für den Arbeitgeber äußerst peinlich, wenn sich der Arbeitnehmer nach erfolgter Kündigung per einstweiliger Verfügung wieder zurück in den Betrieb kämpft. Droht dem Arbeitgeber ein Unterliegen im einstweiligen Verfügungsverfahren, steigt deshalb erfahrungsgemäß die Neigung erheblich, Abfindungsvergleiche abzuschließen.

3 Nicht möglich ist regelmäßig die Festsetzung einer **Entschädigung nach § 61 Abs. 2 ArbGG** (s. M 52.2) für den Fall, dass der Arbeitgeber der einstweiligen Verfügung nicht nachkommt. Zwar wird § 61 Abs. 2 ArbGG auch im einstweiligen Verfügungsverfahren für grundsätzlich anwendbar gehalten. Allerdings wäre nach ganz herrschender Auffassung Voraussetzung, dass auch für den Entschädigungsanspruch ein Verfügungsgrund besteht, was regelmäßig nicht der Fall sein wird (*Germelmann/Matthes/Prütting/Müller-Glöge*, § 61 ArbGG Rz. 28).

1. Der Antragsgegnerin wird im Wege der einstweiligen Verfügung – der Dringlichkeit wegen ohne mündliche Verhandlung und durch den Vorsitzenden allein – aufgegeben, den Antragsteller bis zum rechtskräftigen Abschluss des Kündigungsschutzverfahrens, Az: ..., zu unveränderten Bedingungen im Betrieb in ... als Export-Sachbearbeiter weiterzubeschäftigen,[4]

2. hilfsweise, die beantragte einstweilige Verfügung aufgrund mündlicher Verhandlung unter größtmöglicher Abkürzung der Ladungs- und Einlassungsfristen zu erlassen.

Begründung:

Der ASt. ist seit dem ... bei der AGg. als Export-Sachbearbeiter im Betrieb in ... beschäftigt. Drei Tage vor Ablauf der Probezeit, am ..., kündigte die AGg. das Anstellungsverhältnis fristgemäß zum .... Mündlich wurde dem ASt. erklärt, man sei mit seinem Verhalten gegenüber Vorgesetzten nicht zufrieden und wolle deshalb das Anstellungsverhältnis nicht fortsetzen.

Die Kündigung vom ... war offensichtlich unwirksam.[5] Die AGg. beschäftigt 50 Arbeitnehmer, bei ihr besteht ein Betriebsrat. Der Betriebsrat ist nicht gemäß § 102 BetrVG vor Ausspruch der Kündigung gehört worden. Mündlich hat die AGg. erklärt, bei einer Kündigung während der Probezeit sei eine Betriebsratsanhörung nach § 102 BetrVG nicht erforderlich, da ja auch keine Kündigungsgründe erforderlich seien. Diese Rechtsauffassung ist falsch. Nach ständiger Rechtsprechung ist gemäß dem eindeutigen Wortlaut des § 102 BetrVG vor „jeder" Kündigung der Betriebsrat zu hören, auch vor einer Kündigung während der Probezeit. Eine ohne Anhörung des Betriebsrats gemäß § 102 BetrVG erklärte Kündigung ist nichtig. Die AGg. hat auch keine Möglichkeit, aus den von ihr vorgebrachten Gründen nach ordnungsgemäßer Anhörung des

---

4 ⇨ **Wichtig:** Streitig ist, wie **bestimmt** der Antrag formuliert sein muss. Nach herrschender Auffassung reicht der Antrag auf Weiterbeschäftigung „zu den bisherigen" oder „zu unveränderten Arbeitsbedingungen" (BAG v. 31. 3. 1976 und 20. 7. 1977, AP Nr. 2, 3 zu Art. 33 Abs. 2 GG; LAG Berlin v. 5. 12. 1977 und v. 20. 7. 1978, AP Nr. 1 zu § 11 SchwbG bzw. AP Nr. 6 zu § 611 BGB – Beschäftigungspflicht; LAG Schl.-Holst. v. 6. 1. 1987, NZA 1987, 322). Allerdings wenden Arbeitgeber bei Unterliegen in der Hauptsache im nachfolgenden Vollstreckungsverfahren häufig ein, der Titel sei zu unbestimmt und deshalb nicht vollstreckbar. Sicherer ist es deshalb, im Antrag zumindest den **Arbeitsort** und die **Funktion** zu nennen (*Falkenberg*, DB 1987, 1534 mwN). Allerdings wird teilweise verlangt, dass sich beim Antrag auf Weiterbeschäftigung „zu unveränderten/bisherigen Arbeitsbedingungen" die näheren Einzelheiten der Arbeitsleistung (Ort, Art der Tätigkeit) zumindest aus den **Urteilsgründen** ergibt. Ist dies nicht der Fall, wird von vielen Gerichten die Vollstreckungsfähigkeit verneint (zB LAG Rh.-Pf. v. 7. 1. 1986, NZA 1986, 196; LAG Hessen v. 13. 7. 1987, NZA 1988, 175). Dem Antragsteller muss das den Nachteil, dass er aus einer abgekürzten Fassung des Urteils (§ 317 Abs. 2 Satz 2 ZPO) nicht vollstrecken kann.

5 Gilt für das Arbeitsverhältnis das Kündigungsschutzgesetz und streiten die Parteien über das Vorliegen ausreichender Kündigungsgründe iSd. § 1 KSchG, so wird nur selten eine **offensichtliche Unwirksamkeit** vorliegen. Hauptfälle der offensichtlichen Unwirksamkeit sind solche, bei denen die Kündigung ersichtlich schon an **Formalien** scheitert. Klassische Fälle sind beispielsweise die Kündigung eines Schwerbehinderten ohne vorherige Zustimmung des Integrationsamts (früher: Hauptfürsorgestelle), eine Kündigung ohne Anhörung des Betriebsrats nach § 102 BetrVG, die ordentliche Kündigung von Betriebsratsmitgliedern etc. entgegen § 15 Abs. 1 KSchG, die außerordentliche Kündigung von Betriebsratsmitgliedern ohne Einhaltung des Verfahrens nach § 103 BetrVG etc.

Betriebsrats kurzfristig eine neue Kündigung auszusprechen.[6] Da das Anstellungsverhältnis mittlerweile mehr als sechs Monate dauert, hat der ASt. nunmehr Kündigungsschutz. Eine erneute Kündigung wegen angeblich unangemessenen Verhaltens gegenüber Vorgesetzten würde schon deshalb scheitern, weil der ASt. nie abgemahnt worden ist. Darüber hinaus war sein Verhalten gegenüber seinen Vorgesetzten auch immer völlig einwandfrei.

Der ASt. hat ein berechtigtes Interesse daran, während der Dauer des Kündigungsschutzverfahrens weiterbeschäftigt zu werden. Der ASt. ist vor Aufnahme seiner Tätigkeit bei der AGg. mehr als zwei Jahre arbeitslos gewesen. In dieser Zeit ist er mit Unterstützung des Arbeitsamts zum Export-Sachbearbeiter umgeschult worden. Der ASt. ist dringend auf aktive Beschäftigung angewiesen, um zu den mittlerweile erworbenen theoretischen Kenntnissen auch praktische Erfahrung hinzuzugewinnen. Ohne solche praktische Erfahrung wäre er auf dem Arbeitsmarkt kaum vermittelbar.[7]

Der ASt. hat gegen die unwirksame Kündigung vom ... am ... Klage erhoben, die beim Arbeitsgericht unter dem Az.: ... geführt wird. Die Güteverhandlung hat am ... stattgefunden und blieb erfolglos. Die AGg. beharrt auf ihrem Standpunkt, eine Betriebsratsanhörung sei nicht erforderlich gewesen. Aufgrund der Überlastung der zuständigen Kammer wurde Kammertermin erst auf den ... bestimmt.

Zur Glaubhaftmachung: Beiziehung der Akten des Verfahrens, Az. ...

Ohne den beantragten Erlass einer einstweiligen Verfügung wäre der ASt. also mehr als neun Monate ohne Arbeit, bis das Arbeitsgericht die Unwirksamkeit der Kündigung erstinstanzlich feststellen könnte. Es kann dem ASt. nicht zugemutet werden, so lange unbeschäftigt zu bleiben.[8]

Zur Glaubhaftmachung für alles Vorstehende: Eidesstattliche Versicherung des ASt., Anlage AS 1[9, 10, 11]

---

6 Fraglich ist das Vorliegen eines Verfügungsgrundes, wenn der Arbeitgeber den Mangel der Kündigung ohne weiteres beheben und eine **neue Kündigung** aussprechen kann. Bei einer fristlosen Kündigung scheidet dies allerdings wegen der Zweiwochenfrist des § 626 Abs. 2 BGB regelmäßig aus.

7 ➔ **Wichtig:** Welche Anforderungen an den **Verfügungsgrund** zu stellen sind, ist umstritten. Nach herrschender Auffassung reicht es nicht aus, dass ohne Erlass einer einstweiligen Verfügung der Beschäftigungsanspruch bis zur Entscheidung über die Hauptsache verloren gehen würde. Hinzu kommen muss immer noch ein **besonderes Interesse** des Arbeitnehmers daran, tatsächlich beschäftigt zu werden (vgl. LAG Hessen v. 23. 3. 1987, NZA 1988, 37; LAG Köln v. 31. 7. 1985, BB 1985, 2178; ausführlich *Baur* in Dunkl/Moeller, Rz. B 83 ff.). Es muss also ein über das Erfüllungsinteresse hinausgehendes Interesse des Arbeitnehmers vorliegen; die bloße Vereitelung des Erfüllungsanspruchs ist noch kein wesentlicher Nachteil iSd. § 940 ZPO.

8 Nach ständiger Rechtsprechung des BAG hängt die Bejahung eines Weiterbeschäftigungsanspruchs immer von einer **Interessenabwägung** ab. Selbst bei einer offensichtlich unwirksamen Kündigung sind durchaus Konstellationen denkbar, in denen eine Weiterbeschäftigungspflicht nicht besteht. So wird man zB einer Bank nicht zumuten können, einen ungetreuen Kassierer weiterzubeschäftigen, nur weil bei der fristlosen Kündigung der Betriebsrat nicht angehört wurde (*Baur* in Dunkl/Moeller, Rz. B 103).

9 Die **Vollstreckung** erfolgt nach § 888 ZPO (LAG Berlin v. 19. 1. 1978, AP Nr. 9 zu § 888 ZPO; LAG Hamm v. 11. 5. 1989, DB 1989, 1577; LAG Schl.-Holst. v. 6. 1. 1987, NZA 1987, 323). Allerdings muss dem Arbeitgeber die Weiterbeschäftigung im Moment der Vollstreckung rechtlich und tatsächlich noch möglich sein. Daran fehlt es zB, wenn der Arbeitgeber den Betrieb

...

(Unterschrift)

inzwischen veräußert hat oder der Betrieb durch Abbau von Maschinen etc. endgültig stillgelegt ist. Nach herrschender Auffassung ist die Vollstreckung auch dann ausgeschlossen, wenn die Aufgaben weggefallen sind, die der Arbeitnehmer früher erledigt hat (LAG Hamm v. 29. 8. 1984, NZA 1985, 68).

10 ⊃ **Wichtig:** Die einstweilige Verfügung muss gemäß §§ 936, 929 Abs. 2 ZPO innerhalb eines Monats **vollzogen** werden. Das wird in der Praxis häufig übersehen. Die Vollziehung erfolgt durch Zustellung im Parteibetrieb durch Gerichtsvollzieher. Die Vollziehung ist auch keineswegs nur dann erforderlich, wenn die einstweilige Verfügung ohne mündliche Verhandlung durch Beschluss ergeht. Vielmehr muss auch bei der nach mündlicher Verhandlung erlassenen Urteilsverfügung die Zustellung im Parteibetrieb noch erfolgen, obwohl das Urteil gemäß §§ 317, 270 ZPO bzw. § 15 Abs. 1 ArbGG ohnehin von Amts wegen zugestellt wird. Allerdings reicht nach herrschender Auffassung zur Vollziehung einer Urteilsverfügung aus, dass der Verfügungskläger innerhalb der Monatsfrist dadurch von der einstweiligen Verfügung Gebrauch macht, dass er die Festsetzung von Ordnungsmitteln beantragt. Auch die tatsächlich erfolgte Weiterbeschäftigung ist eine ausreichende „Vollziehung" (*Baur* in Dunkl/Moeller, Rz. B 91). Allerdings werden zu all diesen Punkten Mindermeinungen vertreten. Zur Haftungsvermeidung kann deshalb nur dringend dazu geraten werden, stets im Parteibetrieb zuzustellen.

11 Der **Streitwert** wird von den Instanzgerichten unterschiedlich gehandhabt, üblich sind ein halbes bis zwei Monatsgehälter (*Germelmann/Matthes/Prütting/Müller-Glöge*, § 12 ArbGG Rz. 108 ff.). Da die einstweilige Verfügung die Hauptsache vorwegnimmt, ist der sonst für einstweilige Verfügungen übliche Abschlag nicht zu machen.

22.20 Einstweilige Verfügung auf Beschäftigung während der Kündigungsfrist[1]

An das Arbeitsgericht

In Sachen

.../...

(volles Rubrum)

vertreten wir den Antragsteller.

Namens und im Auftrag des Antragstellers beantragen wir:

1. *Der Antragsgegnerin wird im Wege der einstweiligen Verfügung – der Dringlichkeit wegen ohne mündliche Verhandlung und durch den Vorsitzenden allein – aufgegeben, den Antragsteller bis zum Ablauf des 31. 12. ... im Marienhospital in ... als Assistenzarzt in der Abteilung Orthopädie zu den bisherigen Vertragsbedingungen weiterzubeschäftigen,*

2. *hilfsweise, die beantragte einstweilige Verfügung aufgrund mündlicher Verhandlung unter größtmöglicher Abkürzung der Ladungs- und Einlassungsfristen zu erlassen.*

---

1 S. zunächst die Erläuterungen zu **M 22.19**.

Begründung:

Die AGg. betreibt das Marienhospital in . . . . Auf der dortigen orthopädischen Station ist der ASt. seit dem . . . als Assistenzarzt tätig. Die AGg. hat das Anstellungsverhältnis mit Schreiben vom . . . fristgerecht zum 31. 12. . . . gekündigt.

Zur Glaubhaftmachung: Kündigungsschreiben vom . . ., Anlage AS 1

Die AGg. hat bislang trotz Aufforderung die (angeblichen) Kündigungsgründe nicht mitgeteilt. Kündigungsgründe iS des § 1 KSchG gibt es auch nicht. Die AGg. beschäftigt ständig mehr als zehn Arbeitnehmer.

Im Kündigungsschreiben wurde der ASt. sofort von der Arbeitsleistung freigestellt. Der ASt. hat mit Einschreiben vom . . . der Freistellung widersprochen und verlangt, zumindest bis zum 31. 12. . . . weiterbeschäftigt zu werden.

Zur Glaubhaftmachung: Schreiben des ASt. vom . . ., Anlage AS 2

Die AGg. hat sich jedoch geweigert, die Freistellung zurückzunehmen und den ASt. weiterzubeschäftigen. Sie ist der Auffassung, es stehe im Belieben eines jeden Arbeitgebers, Arbeitnehmer zu beschäftigen oder nicht.[2]

Die AGg. ist nicht berechtigt, den ASt. einseitig freizustellen. Ein Recht zur Freistellung hat sie sich im Arbeitsvertrag nicht vorbehalten. Der ASt. hat auch ein dringendes Interesse daran, vertragsgemäß zumindest bis zum 31. 12. . . . weiterbeschäftigt zu werden. Die sofortige Freistellung hat im Kollegenkreis zu Gerüchten geführt, dem ASt. sei wegen Unregelmäßigkeiten gekündigt worden, was unstreitig nicht zutrifft. Die mit diesen Gerüchten für den ASt. verbundene Rufschädigung ließe sich durch eine Weiterbeschäftigung bis zum 31. 12. . . . beseitigen. Vor allem aber ist der ASt. darauf angewiesen, in seinem Beruf als Arzt weiter zu praktizieren, um seine berufliche Qualifikation nicht zu verlieren. Gerade die ärztliche Kunst entwickelt sich in rasantem Tempo fort. Ein Arzt, der seinen fachlichen Kenntnisstand halten und verbessern will, ist darauf angewiesen, zu praktizieren. Die Freistellung gefährdet deshalb die weitere berufliche Entwicklung des ASt. Dem kann nur durch Erlass der beantragten einstweiligen Verfügung vorgebeugt werden.[3]

---

2 Nach der Grundsatzentscheidung des Großen Senats (v. 27. 2. 1985, AP Nr. 14 zu § 611 BGB – Beschäftigungspflicht) hat der gekündigte Arbeitnehmer grundsätzlich Anspruch auf Beschäftigung auch in der Zeit zwischen Ausspruch der Kündigung und Ablauf der Kündigungsfrist. Der **Beschäftigungsanspruch** entfällt nur dann, wenn **überwiegende Interessen des Arbeitgebers** entgegenstehen. Das kann etwa der Fall sein bei einer gravierenden Störung des Vertrauensverhältnisses, oder wenn wegen Auftragsmangels oder sonstiger äußerer Umstände eine tatsächliche Weiterbeschäftigung nur unnütze Kosten (Reisetätigkeit bei Außendienstlern etc.) verursachen würde.

3 Welche Anforderungen an den **Verfügungsgrund** zu stellen sind, ist umstritten. Nach herrschender Auffassung reicht es nicht aus, dass ohne Erlass einer einstweiligen Verfügung der Beschäftigungsanspruch bis zur Entscheidung über die Hauptsache verloren gehen würde. Hinzu kommen muss immer noch ein **besonderes Interesse** des Arbeitnehmers daran, tatsächlich beschäftigt zu werden (vgl. LAG Hessen v. 23. 3. 1987, NZA 1988, 37; LAG Köln v. 31. 7. 1985, BB 1985, 2178; ausführlich *Baur* in Dunkl/Moeller, Rz. B 83 ff.). Es muss also ein über das Erfüllungsinteresse hinausgehendes Interesse des Arbeitnehmers vorliegen; die bloße Vereitelung des Erfüllungsanspruchs ist noch kein wesentlicher Nachteil iSd. § 940 ZPO.

Zur Glaubhaftmachung für alles Vorstehende: Eidesstattliche Versicherung des ASt., Anlage AS 3

Eine Entscheidung im Hauptsacheverfahren käme angesichts der Terminstände beim örtlich zuständigen Arbeitsgericht mit Sicherheit zu spät.

...

(Unterschrift)

22.21 Antrag auf Weiterbeschäftigung nach § 102 Abs. 5 BetrVG

An das Arbeitsgericht

In Sachen

.../...

(volles Rubrum)

vertreten wir den Antragsteller.

Namens und im Auftrag des Antragstellers beantragen[1, 2] wir:

> Der Antragsgegnerin wird im Wege der einstweiligen Verfügung – der Dringlichkeit wegen ohne mündliche Verhandlung und durch den Vorsitzenden allein, ansonsten unter größtmöglicher Abkürzung der Ladungs- und Einlassungsfristen – aufgegeben, den Antragsteller bis zum rechtskräftigen Abschluss des Kündigungsschutzverfahrens, Arbeitsgericht ..., Az. ... zu unveränderten Bedingungen im Betrieb in ... als Export-Sachbearbeiter weiterzubeschäftigen.

Begründung:

Der ASt. ist seit dem ... bei der AGg. als Export-Sachbearbeiter im ... Betrieb beschäftigt, sein Gehalt betrug zuletzt Euro ... monatlich. Am ... kündigte die AGg. das Anstellungsverhältnis fristgemäß zum ....

Zur Glaubhaftmachung: Vorlage des Kündigungsschreibens vom ..., Anlage AS 1

Vor Ausspruch der Kündigung hörte die AGg. mit Schreiben vom ... den Betriebsrat gem. § 102 BetrVG an. In der Betriebsratsanhörung wurde die Kündigung des ASt. mit einem Einbruch bei den Export-Aufträgen begründet. Von bislang fünf Export-Sachbearbeitern würden künftig nur noch drei benötigt. Aufgrund seiner Sozialdaten

---

1 Der Weiterbeschäftigungsanspruch bei Widerspruch des Betriebsrats nach § 102 Abs. 5 BetrVG ist – obwohl es sich um einen Anspruch aus dem BetrVG handelt – im **Urteilsverfahren** geltend zu machen, nicht im Beschlussverfahren.

2 Üblicherweise wird der Weiterbeschäftigungsantrag unmittelbar **mit dem Kündigungsschutzantrag** verbunden. Zwingend ist dies aber nicht.

gehöre der ASt. zu den beiden am wenigsten sozial schutzbedürftigen Mitarbeitern der Abteilung, deshalb müsse ihm gekündigt werden.

Zur Glaubhaftmachung: Anhörung des Betriebsrats vom . . ., Anlage AS 2

Mit Schreiben vom . . . widersprach der Betriebsrat der Kündigung. In dem Schreiben wurde der Kündigung nach § 102 Abs. 3 Nr. 1 und 3 BetrVG widersprochen. Die Sozialauswahl sei fehlerhaft. Der Export-Sachbearbeiter A, dem nicht gekündigt werde, sei jünger und kürzer im Betrieb als der ASt., außerdem habe er im Gegensatz zum ASt. keine unterhaltspflichtigen Kinder. Des Weiteren hat der Betriebsrat der Kündigung mit der Begründung widersprochen, der ASt. könne ohne weiteres als Sachbearbeiter im Vertriebs-Innendienst weiterbeschäftigt werden, wo derzeit eine Stelle frei sei.[3]

Zur Glaubhaftmachung: Schreiben des Betriebsrats vom . . ., Anlage AS 3

Der ASt. hat am . . . unter Hinweis auf den Widerspruch des Betriebsrats von der AGg. schriftlich unter Berufung auf § 102 Abs. 5 BetrVG Weiterbeschäftigung verlangt.[4]

Zur Glaubhaftmachung: Schreiben des ASt. vom . . ., Anlage AS 4

Die AGg. hat daraufhin dem ASt. mit Schreiben vom . . . mitgeteilt, er werde mit sofortiger Wirkung freigestellt, eine Weiterbeschäftigung nach § 102 Abs. 5 BetrVG komme nicht in Betracht.

Zur Glaubhaftmachung: Schreiben der AGg. vom . . ., Anlage AS 5

Der ASt. hat gegen die Kündigung vom . . . am . . . Kündigungsschutzklage erhoben, die beim Arbeitsgericht unter dem Az. . . . geführt wird. Die Güteverhandlung hat am . . . stattgefunden und blieb erfolglos. Aufgrund der Überlastung der zuständigen Kammer wurde Kammertermin erst auf den . . . bestimmt.

Zur Glaubhaftmachung: Beiziehung der Akten des Verfahrens Az. . . .

Ohne den beantragten Erlass einer einstweiligen Verfügung wäre der ASt. also mehr als sechs Monate ohne Arbeit, bis das Arbeitsgericht den Weiterbeschäftigungsanspruch erstinstanzlich feststellen könnte.[5] Es kann dem ASt. nicht zugemutet werden,

---

[3] ➔ **Praxistipp:** Es ist stets sorgfältig zu prüfen, ob der **Widerspruch des Betriebsrats ordnungsgemäß** war. Häufig ist das nicht der Fall, weil entweder die Wochenfrist nicht eingehalten wurde, es an der notwendigen Schriftform fehlt (etwa bei mündlichem Widerspruch oder bei Widerspruch per E-Mail), oder weil aus Gründen widersprochen wird, die sich nicht den Widerspruchsgründen des § 102 Abs. 3 BetrVG zuordnen lassen (Beispiel: Widerspruch mit der Behauptung, der Arbeitsplatz falle nicht weg).

[4] § 102 Abs. 5 Satz 1 BetrVG nennt als Voraussetzung für den Weiterbeschäftigungsanspruch, dass der Arbeitnehmer vom Arbeitgeber Weiterbeschäftigung **verlangt**. Allerdings kann das Verlangen auch in dem Antrag auf Erlass einer entsprechenden Weiterbeschäftigungsverfügung liegen. Der Antrag kann nicht deshalb zurückgewiesen werden, weil der Arbeitnehmer außerprozessual die Weiterbeschäftigung noch nicht verlangt hatte. Rechtsprechung zu dieser Frage liegt aber noch nicht vor.

[5] Umstritten ist, welche Anforderungen an den **Verfügungsgrund** zu stellen sind. Nach einer Mindermeinung handelt es sich bei § 102 Abs. 5 BetrVG um eine Sonderregelung, für die die Darlegung eines besonderen Verfügungsgrundes nicht erforderlich ist (LAG Köln v. 2. 8. 1984, NZA 1984, 300; *Galperin/Löwisch*, § 102 BetrVG Rz. 113). Dem ist entgegenzuhalten, dass § 102 Abs. 5 BetrVG nichts darüber aussagt, ob die Weiterbeschäftigung im normalen Verfah-

so lange unbeschäftigt zu bleiben. Der AGg. wäre die Weiterbeschäftigung des ASt. auch ohne weiteres möglich und zumutbar, der alte Arbeitsplatz des ASt. existiert noch unverändert.[6]

> *Zur Glaubhaftmachung des gesamten Sachverhalts überreichen wir als Anlage AS 6 eine eidesstattliche Versicherung des ASt.*[7, 8]

...

(Unterschrift)

---

ren oder per einstweiliger Verfügung durchgesetzt werden kann. Vielmehr ergibt sich im Umkehrschluss aus § 102 Abs. 5 Satz 2 BetrVG, der für die einstweilige Verfügung auf Entbindung des Arbeitgebers von der Weiterbeschäftigungspflicht bestimmte Anforderungen aufstellt, dass es für die Geltendmachung des Weiterbeschäftigungsanspruchs nach § 102 Abs. 5 Satz 1 BetrVG bei den allgemeinen Regeln bleiben soll. Deshalb setzt der Eilantrag auf Weiterbeschäftigung nach § 102 Abs. 5 Satz 1 BetrVG die Darlegung eines Verfügungsgrundes voraus. Ein solcher liegt beispielsweise vor, wenn der Arbeitnehmer zur Erhaltung seiner beruflichen Qualifikation auf die Weiterbeschäftigung angewiesen ist. Von Bedeutung ist aber auch, ob und inwieweit bei einer Geltendmachung im Hauptsacheverfahren der Anspruch auf Weiterbeschäftigung verloren gehen würde. Insofern ist von Bedeutung, ob ein (vorläufig vollstreckbares) erstinstanzliches Urteil noch innerhalb der Kündigungsfrist oder jedenfalls nicht sehr lange nach deren Ablauf erwirkt werden kann. Ist das der Fall, fehlt es am Verfügungsgrund für eine einstweilige Verfügung. Die Eilbedürftigkeit fehlt auch dann, wenn der Arbeitnehmer ohne Grund mit dem Eilantrag bis kurz vor Ablauf der Kündigungsfrist gewartet hat. Man kann dem Arbeitnehmer zumuten, binnen eines Monats nach Zugang der Kündigung sich darüber klar zu werden, ob der Weiterbeschäftigungsanspruch durchgesetzt werden soll (ausf. zum Ganzen *Baur* in Dunkl/Moeller, Rz. B 85).

6 Wie beim allgemeinen Weiterbeschäftigungsanspruch ist auch Voraussetzung des Weiterbeschäftigungsanspruchs nach § 102 Abs. 5 BetrVG, dass der Anspruch **erfüllbar** ist, dem Arbeitgeber also die Weiterbeschäftigung tatsächlich und rechtlich möglich ist (s. **M 22.19** Fn. 9).

7 ➲ **Wichtig:** Die erwirkte einstweilige Verfügung muss nach allgemeinen Grundsätzen durch Zustellung im Parteibetrieb **vollzogen** werden. Nach Auffassung des LAG Berlin (v. 10. 6. 1985, DB 1986, 976) soll allerdings eine Vollziehung bereits darin liegen, dass der Arbeitnehmer tatsächlich weiterbeschäftigt wird. Diese Ansicht ist jedoch abzulehnen (*Grunsky*, § 62 ArbGG Rz. 27), so dass vorsorglich immer die Zustellung zu empfehlen ist (s. **M 22.19** Fn. 10).

8 Als **Streitwert** sind ein halbes bis zwei Monatseinkommen anzusetzen (*Baur* in Dunkl/Moeller, Rz. B 93).

Antrag des Arbeitgebers auf Entbindung von der Weiterbeschäftigungspflicht nach § 102 Abs. 5 Satz 2 BetrVG

22.22

An das Arbeitsgericht[1]

In Sachen

.../...

(volles Rubrum)

vertreten wir die Antragstellerin.

Namens und im Auftrag der Antragstellerin beantragen[2] wir:

1. *Die Antragstellerin wird im Wege der einstweiligen Verfügung[3] – der Dringlichkeit wegen ohne mündliche Verhandlung und durch den Vorsitzenden allein – von der Verpflichtung zur Weiterbeschäftigung des Antragsgegners entbunden,*
2. *hilfsweise, die beantragte einstweilige Verfügung aufgrund mündlicher Verhandlung unter größtmöglicher Abkürzung der Ladungs- und Einlassungsfristen zu erlassen.*

Begründung:

Die ASt. ist ein Maschinenbau-Unternehmen mit zahlreichen verschiedenen Standorten im Bundesgebiet. Am Standort ... mit 19 Beschäftigten werden ausschließlich Spezialmaschinen für den Großkunden A gefertigt. Im Frühjahr ... hat der Großkunde A mitgeteilt, er werde wegen wirtschaftlicher Schwierigkeiten seine Produktion zum Jahresende einstellen und bis dahin keinerlei Maschinen von der ASt. mehr abnehmen. Die ASt. hat daraufhin allen Mitarbeitern des Betriebes betriebsbedingt zum nächstmöglichen Termin gekündigt. Die Kündigung des AGg. erfolgte am ... mit Wirkung zum ....

Zur Glaubhaftmachung: Kündigungsschreiben vom ..., Anlage AS 1

---

1 Örtlich **zuständig** ist das Arbeitsgericht, bei dem die Kündigungsschutzklage anhängig ist. Der Antrag wird jedoch nicht Bestandteil des Kündigungsschutzverfahrens, sondern unter **getrenntem Aktenzeichen** geführt und getrennt verhandelt. Hat der Arbeitnehmer allerdings beim örtlich unzuständigen Arbeitsgericht die Kündigungsschutzklage erhoben, kann und muss der Arbeitgeber beim zuständigen Gericht den Antrag nach § 102 Abs. 5 BetrVG stellen (streitig). Streitig ist die Zuständigkeit, wenn das Hauptsacheverfahren (Kündigungsschutzklage) bereits in der **Berufung** ist. Nach einer verbreiteten, aber fraglichen Auffassung (zB LAG Düsseldorf v. 30. 8. 1977, DB 1977, 2383; LAG BW v. 18. 3. 1988, LAGE § 102 BetrVG Beschäftigungspflicht Nr. 9) ist in diesem Fall der Entbindungsantrag beim Arbeitsgericht zu stellen. Im Interesse der Verfahrensökonomie vorzugswürdig erscheint dagegen die Auffassung, dass für den Entbindungsantrag das Berufungsgericht zuständig ist (aA jetzt *Baur* in Dunkl/Moeller, Rz. B 159 in Abweichung von der Vorauflage).

2 Das Gericht entscheidet im **Urteilsverfahren**, nicht im Beschlussverfahren, obwohl sich der Entbindungsanspruch aus dem BetrVG ergibt.

3 Die Geltendmachung des Entbindungsanspruchs im **Hauptsacheverfahren** ist ausgeschlossen. § 102 Abs. 5 Satz 2 BetrVG ist nach einhelliger Auffassung abschließend, so dass nur die Geltendmachung im Wege der einstweiligen Verfügung in Betracht kommt (BAG v. 31. 1. 1978, AP Nr. 1 zu § 102 BetrVG – Weiterbeschäftigung). Damit kommt auch eine Erzwingung der Hauptsacheklage durch den Arbeitnehmer nach §§ 936, 926 Abs. 2 ZPO nicht in Betracht (BAG, aaO).

Der am Standort . . . gebildete Betriebsrat wurde vor Ausspruch der Kündigung am . . . ordnungsgemäß angehört. Er hat der Kündigung (innerhalb der Wochenfrist und formell ordnungsgemäß[4] schriftlich) mit der Begründung widersprochen, der AGg. könne an anderen Standorten des Unternehmens weiterbeschäftigt werden, notfalls seien dort entsprechende Arbeitsplätze einzurichten. Es sei aus sozialen Gründen nicht tragbar, den AGg. in die Arbeitslosigkeit zu schicken.

Zur Glaubhaftmachung: Widerspruchsschreiben des Betriebsrats vom . . ., Anlage AS 2

Der AGg. hat gegen die Kündigung vom . . . fristgerecht Kündigungsschutzklage erhoben und mit Schreiben an die ASt. vom . . . Weiterbeschäftigung nach § 102 Abs. 5 BetrVG über den Kündigungstermin hinaus bis zum rechtskräftigen Abschluss des Kündigungsschutzverfahrens verlangt.[5, 6]

*Zur Glaubhaftmachung: Schreiben des ASt. vom . . ., Anlage AS 3
Klageschrift vom . . ., Anlage AS 4*

Die ASt. ist von der Weiterbeschäftigung gemäß § 102 Abs. 5 Satz 2 BetrVG zu entbinden. Zum einen ist die Kündigungsschutzklage des AGg. offensichtlich ohne Aussicht auf Erfolg. Dass die Beschäftigungsmöglichkeit für den AGg. im Betrieb . . . entfallen ist, dürfte unstreitig sein. Eine Weiterbeschäftigung in einem anderen Betrieb des Unternehmens scheidet aus, da es im ganzen Unternehmen keine freien Arbeitsplätze gibt. Vielmehr wird seit längerem kontinuierlich Personal abgebaut.

---

4 Nach herrschender Meinung ist der Entbindungsantrag nach § 102 Abs. 5 Satz 2 BetrVG auch dann zulässig, wenn der **Widerspruch des Betriebsrats nicht ordnungsgemäß** war, etwa wegen Missachtung der Schriftform (Übermittlung per E-Mail oder mündlich) oder wegen Überschreitung der Wochenfrist aus § 102 Abs. 3 BetrVG (LAG BW v. 15. 5. 1974, BB 1975, 43; LAG Düsseldorf v. 15. 3. 1978, DB 1978, 1283; LAG Hamm v. 31. 3. 1979, DB 1979, 1232). Nach der Gegenauffassung soll dagegen in solchen Fällen das Rechtsschutzbedürfnis für einen Entbindungsantrag nach § 102 Abs. 5 Satz 2 fehlen (LAG Hessen v. 2. 11. 1984, NZA 1985, 163). Diese Auffassung ist jedoch abzulehnen, da sie das ohnehin komplizierte Verfahren nach § 102 Abs. 5 BetrVG noch weiter verkompliziert. Nicht möglich ist der nahe liegende Ausweg, den Entbindungsantrag nach § 102 Abs. 5 Satz 2 BetrVG mit einem Hilfsantrag auf Feststellung zu verbinden, dass der Arbeitgeber nicht zur Weiterbeschäftigung verpflichtet ist. Es ist grundsätzlich nicht möglich, Feststellungsanträge im einstweiligen Verfügungsverfahren zu stellen (aA *Baur* in Dunkl/Moeller, Rz. B 153; Stein/Jonas/*Grunsky*, Vor § 935 ZPO Rz. 60).
5 Macht der Arbeitnehmer nach Widerspruch des Betriebsrats und Erhebung der Kündigungsschutzklage den Weiterbeschäftigungsanspruch außergerichtlich geltend, stellt der Arbeitgeber in der Praxis den Entbindungsantrag nach § 102 Abs. 5 Satz 2 BetrVG meist nicht sofort, sondern **wartet zunächst ab**, ob der Arbeitnehmer seinen Weiterbeschäftigungsantrag gerichtlich (mit Hauptsacheklage oder im Eilverfahren) geltend macht. Das ist nicht ungefährlich, da nach herrschender Auffassung (LAG Düsseldorf v. 30. 8. 1977, DB 1977, 2383) der Arbeitgeber die Einwendungen gegen die Weiterbeschäftigungspflicht aus § 102 Abs. 5 Satz 2 BetrVG nur im Wege des gesetzlich geregelten Entbindungsantrags geltend machen kann, aber **nicht** einer vom Arbeitnehmer beantragten einstweiligen Verfügung auf Weiterbeschäftigung nach § 102 Abs. 5 Satz 1 BetrVG **als Einreden** entgegenhalten kann.
6 Da der Entbindungsantrag nach § 102 Abs. 5 Satz 2 BetrVG nur im Wege der einstweiligen Verfügung geltend gemacht werden kann, ist nach richtiger Auffassung die Darlegung eines besonderen **Verfügungsgrundes nicht erforderlich** (statt aller: Germelmann/Matthes/Prütting/Müller-Glöge, § 62 ArbGG Rz. 88). Insbesondere muss keine Dringlichkeit dargelegt werden (LAG Düsseldorf v. 15. 3. 1978, DB 1978, 1282). Wenn das Gesetz ausschließlich die einstweilige Verfügung zulässt, geht es offensichtlich davon aus, dass die Entbindung immer dringend ist.

Zur Glaubhaftmachung: Eidesstattliche Versicherung des Personalleiters A, Anlage AS 5

Vor allem aber würde die Weiterbeschäftigung des AGg. zu einer unzumutbaren wirtschaftlichen Belastung führen.[7] *Bis zum rechtskräftigen Abschluss des Kündigungsschutzverfahrens gehen vor den örtlichen Arbeitsgerichten üblicherweise ein bis zwei Jahre ins Land. Während der gesamten Zeit könnte die ASt. den AGg. ebenso wie seine 18 Kollegen nicht sinnvoll beschäftigen. Die ASt. hätte Lohnkosten in Millionenhöhe zu tragen, ohne irgendeine Gegenleistung zu erhalten. Das Unternehmen der AGg. steckt ohnehin in einer existenzbedrohenden Krise. Im vergangenen Jahr wurde ein Verlust in Höhe von Euro 10,0 Mio. erwirtschaftet. Eine Belastung mit Lohn- und Gehaltskosten, denen keine tatsächliche Arbeitsleistung gegenübersteht, würde die bei der AGg. verbliebenen Arbeitsplätze gefährden und könnte eine Insolvenz herbeiführen.*[8, 9, 10]

Zur Glaubhaftmachung: Zeugnis des Wirtschaftsprüfers . . .
(ladungsfähige Anschrift)

. . .

(Unterschrift)

---

7 An die Darlegung der **unzumutbaren wirtschaftlichen Belastung** stellen die Gerichte erfahrungsgemäß **außerordentlich hohe Anforderungen**. Die wirtschaftlichen Belastungen müssen so gravierend sein, dass sie Auswirkungen auf Liquidität oder Wettbewerbsfähigkeit des Unternehmens haben. Bei einer einzelnen Kündigung werden diese Voraussetzungen kaum je vorliegen. Bedeutung hat dieser Entbindungsgrund deshalb vor allem bei Massenentlassungen. Insoweit ist zu beachten, dass bei Weiterbeschäftigung nach § 102 Abs. 5 BetrVG der Arbeitgeber auch dann die Vergütung für den Weiterbeschäftigungszeitraum zu zahlen hat, wenn die Kündigungsschutzklage letztlich rechtskräftig abgewiesen wird (statt aller KR/*Etzel*, § 102 BetrVG, Rz. 215 ff.). Nicht ausreichend ist auf jeden Fall die Darlegung, der Arbeitnehmer könne nicht mehr sinnvoll beschäftigt werden. Ist dem Arbeitgeber die Weiterbeschäftigung rechtlich oder tatsächlich unmöglich, so ist das nicht im Entbindungsverfahren nach § 102 Abs. 5 Satz 2 BetrVG geltend zu machen, vielmehr kann der Arbeitgeber diesen Einwand unmittelbar im Weiterbeschäftigungsverfahren nach § 102 Abs. 5 Satz 1 BetrVG (Haupt- oder Eilverfahren) vorbringen, der Weiterbeschäftigungsantrag des Arbeitnehmers ist dann abzuweisen (s. **M 22.20**).

8 ➩ **Wichtig:** Umstritten ist, ob die Entbindungsverfügung **vollzogen** werden muss. Nach Auffassung des LAG Hamm (v. 12. 12. 1986, DB 1987, 1945; ebenso KR/*Etzel*, § 102 BetrVG Rz. 235a) hat die Entbindung rechtsgestaltende Wirkung, so dass eine Zwangsvollstreckung durch Vollziehung entbehrlich ist. Gleichwohl sollte vorsorglich auch eine Urteilsverfügung (für die Beschlussverfügung ist ohnehin Zustellung im Parteibetrieb erforderlich) nach den allgemeinen Regeln durch Zustellung vollzogen werden.

9 Wird dem Entbindungsantrag erstinstanzlich stattgegeben, so **endet** damit der **Weiterbeschäftigungsanspruch**. Widerspruch und Berufung des Arbeitnehmers haben keine aufschiebende Wirkung.

10 Der **Streitwert** des Entbindungsantrags ist umstritten. Das ArbG Berlin (v. 5. 1. 1973, DB 1973, 192) hat einen Streitwert von zwei Monatsgehältern angesetzt. Ein Abschlag für das Eilverfahren ist ausgeschlossen, da ein Hauptverfahren nicht stattfindet.

22.23 Klage gegen fristlose Kündigung[1] und auf Gehaltszahlung

An das Arbeitsgericht

In Sachen

.../...

(volles Rubrum)

vertreten wir den Kläger.

Namens und im Auftrag des Klägers erheben wir Klage und beantragen:

1. Es wird festgestellt, dass das Anstellungsverhältnis zwischen den Parteien durch die außerordentliche fristlose Kündigung vom 31. 3. ... nicht geendet hat.

2. Es wird festgestellt, dass das Anstellungsverhältnis auch nicht durch andere Beendigungstatbestände endet, sondern zu unveränderten Bedingungen fortbesteht.

3. Die Beklagte wird verurteilt, den Kläger bis zur rechtskräftigen Beendigung des vorliegenden Rechtsstreits zu den bisherigen Bedingungen als ... weiterzubeschäftigen.[2]

4. Die Beklagte wird verurteilt, Euro 3 000,– nebst Zinsen in Höhe von 8 Prozentpunkten über dem Basiszinssatz[3] seit dem 1. 5. ... an den Kläger zu zahlen.[4, 5]

---

1 ➩ **Wichtig:** Gem. § 13 Abs. 1 Satz 2 KSchG gilt auch für die Klage gegen außerordentliche Kündigungen die **Dreiwochenfrist** der §§ 4, 7 KSchG. Seit 1. 1. 2004 sind die §§ 4, 7 KSchG auch im Kleinbetrieb und auch in der sechsmonatigen Wartezeit gem. § 1 Abs. 1 KSchG anwendbar (§ 23 Abs. 1 Satz 2 KSchG).
2 Siehe dazu **M 22.13**.
3 Zur Verzinsung siehe **M 45.3** Fn. 5, 6.
4 Die Klage auf **Gehaltszahlung** für die Zeit nach Ablauf der Kündigungsfrist bzw. nach Zugang der fristlosen Kündigung ist im Regelfall **nicht erforderlich**. Sie kann sich sogar als **hinderlich** erweisen, wenn der Arbeitnehmer in erster Instanz obsiegt und danach doch noch ein Vergleich abgeschlossen wird. Es ist dann nicht mehr möglich, bereits titulierte und vollstreckte Gehaltsansprüche in eine steuerlich und sozialversicherungsrechtlich günstigere Abfindung umzuwandeln. Auch **kostenmäßig** wirkt sich die Klage auf Gehaltsfortzahlung meist nicht aus, da der Wert der eingeklagten Ansprüche zumindest für die ersten drei Monate auf den Wert der Kündigungsschutzklage (§ 12 Abs. 7 Satz 1 ArbGG: Vierteljahresbezug) anzurechnen ist. Die Klage auf Gehaltsfortzahlung ist auch nicht erforderlich, um den Arbeitgeber in **Annahmeverzug** nach § 615 Satz 1 BGB zu setzen. Denn bereits in der Erhebung der Kündigungsschutzklage liegt eine ausreichende Anzeige der Arbeitsbereitschaft, so dass schon durch Erhebung der Kündigungsschutzklage der Arbeitgeber in Verzug gerät. Nach der Rechtsprechung des BAG soll sogar der Arbeitgeber auch dann in Annahmeverzug geraten, wenn er dem Arbeitnehmer unberechtigt kündigt, ohne dass ein ausdrückliches Angebot des Arbeitnehmers auf Weiterarbeit notwendig wäre (BAG v. 9. 8. 1984 und v. 21. 3. 1985, NZA 1985, 119 und 778). Besonderheiten gelten nur, wenn der Arbeitnehmer bei Zugang der Kündigung krank war (BAG v. 24. 10. 1991, NZA 1992, 403).
5 ➩ **Wichtig:** Die Erhebung der Gehaltsklage ist nicht erforderlich, um eine (einzel- oder tarifvertragliche) **Ausschlussfrist** zu wahren. Nach ständiger Rechtsprechung des BAG ist in der Erhebung der Kündigungsschutzklage eine ausreichende Geltendmachung iS solcher Ausschlussfristen zu sehen (seit Urteil v. 10. 4. 1963, NJW 1963, 1517; vgl. zuletzt BAG v.

Begründung:

Der Kl. ist seit . . . bei der Bekl. als . . . mit einem Gehalt von Euro 3 000,– pro Monat beschäftigt. Die Bekl. beschäftigt ca. 50 Arbeitnehmer; es besteht ein Betriebsrat. Die Bekl. hat das Arbeitsverhältnis am 31. 3. . . . fristlos gekündigt, das Kündigungsschreiben wurde dem Kl. am selben Tag persönlich übergeben.

Beweis: Kündigungsschreiben vom 31. 3. . . ., Anlage K 1

Mündlich wurde zur Begründung der Kündigung angegeben, der Kl. habe seinem Arbeitskollegen A aus dem Spind Euro 200,– gestohlen. Dieser Vorwurf trifft nicht zu. Der Kl. hat seinem Kollegen A nichts gestohlen. Die Kündigung ist folglich schon nach § 626 Abs. 1 BGB unwirksam, weil kein „wichtiger Grund" vorlag.[6] Im Übrigen ist die Kündigung auch unwirksam, weil die Zweiwochenfrist des § 626 Abs. 2 BGB nicht eingehalten worden ist.[7] Der Personalleiter der Bekl. hat dem Kl. bei Übergabe der Kündigung am 31. 3. . . . erklärt, man sei bereits seit drei Wochen überzeugt, dass er den Diebstahl begangen habe. Er (der Personalleiter) habe aber mit dem Ausspruch der Kündigung noch warten müssen, da er noch mit dem (an sich nicht zuständigen) Personalleiter der Konzernmutter habe Rücksprache nehmen wollen. Dieser sei aber im Urlaub gewesen.

Beweis: Zeugnis des Personalleiters der Bekl., zu laden über diese

Im Übrigen wird die ordnungsgemäße Anhörung des Betriebsrats gem. § 102 BetrVG mit Nichtwissen bestritten.

---

9. 8. 1990, NZA 1991, 226). Anders ist es dagegen bei sog. **zweistufigen** Ausschlussfristen, nach denen Vergütungsansprüche zunächst innerhalb einer bestimmten Frist schriftlich geltend gemacht werden und dann binnen einer weiteren Frist nach Ablehnung oder Ausbleiben einer Antwort eingeklagt werden müssen. In der Erhebung der Kündigungsschutzklage liegt nach zutreffender Auffassung des BAG (v. 9. 3. 1966 und 16. 6. 1976, NJW 1966, 1477, NJW 1977, 74) keine gerichtliche Geltendmachung von Vergütungsansprüchen. Bei zweistufigen Ausschlussfristen ist also die Erhebung einer Klage auf Gehaltsfortzahlung unabdingbar. Das galt früher insbesondere im Baugewerbe, jetzt wird allerdings gem. § 16 BRTV-Bau die Erhebung der Vergütungsklage neben einem Kündigungsschutzprozess nicht mehr verlangt. Zu beachten ist auch, dass die Erhebung der Kündigungsschutzklage die dreijährige **Verjährungsfrist** nach § 195 BGB nicht unterbricht. Insbesondere bei komplizierten Sachverhalten und überlasteten Arbeitsgerichten kann es durchaus vorkommen, dass sich ein Kündigungsschutzverfahren über mehr als drei Kalenderjahre hinzieht. Dann ist die gesonderte Geltendmachung der Vergütungsansprüche durch Klageerweiterung oder Mahnbescheid unabdingbar.

6 ➲ **Praxistipp:** Für das **Vorliegen eines wichtigen Grundes** ist der Arbeitgeber beweispflichtig. Selbst wenn dem Arbeitnehmer bekannt ist, aus welchem Grund gekündigt worden ist, sollte er dazu in der Klageschrift nichts vortragen, sondern nur pauschal das Vorliegen von Kündigungsgründen bestreiten. Es ist immer geschickter, zunächst den Arbeitgeber vortragen zu lassen und dann zu erwidern.

7 Fristlose Kündigungen scheitern häufig an der **Zweiwochenfrist** gem. § 626 Abs. 2 BGB, zumal innerhalb der zwei Wochen auch noch die Betriebsratsanhörung nach § 102 BetrVG (drei Tage Äußerungsfrist) stattfinden muss. Für die Einhaltung der Zweiwochenfrist ist der Arbeitgeber darlegungs- und beweispflichtig. Dies gilt aber nur, wenn der Arbeitnehmer **bestritten** hat, dass die Frist eingehalten wurde. Der Arbeitnehmer kann sich allerdings auf pauschales Bestreiten mit Nichtwissen beschränken, er braucht nicht Anhaltspunkte dafür vorzutragen, dass die Frist nicht eingehalten wurde.

Mit dem Klageantrag Ziff. 3 macht der Kl. gem. der Rechtsprechung des Großen Senats des BAG den allgemeinen Weiterbeschäftigungsanspruch geltend. Mit dem Klageantrag Ziff. 4 wird der Gehaltsanspruch des Kl. für den Monat April . . . geltend gemacht. Die Bezüge sind nach den Bedingungen des Anstellungsvertrages zum Monatsletzten fällig, so dass ab dem 1. des Folgemonats Zinsen anfallen (§ 286 BGB). Der Kl. hat bereits bei Übergabe der Kündigung diese mündlich zurückgewiesen und seine weitere Arbeitsleistung angeboten.

Beweis: wie vor

. . .

(Unterschrift)

22.24 Gesellschafterbeschluss zur Abberufung und Kündigung eines GmbH-Geschäftsführers[1, 2]

Niederschrift über einen Gesellschafterbeschluss

Die Gesellschaftsanteile der X-GmbH (Handelsregister Nr. . . .) werden zu je 50% von der X Deutschland Holding GmbH (Handelsregister Nr. . . .) und der Y-AG (Handelsregister Nr. . . .) gehalten. Unter Verzicht auf die Einhaltung sämtlicher Form- und Fristvorschriften, insbesondere betreffend Ladung, Einberufung und Ankündigung, halten die Unterzeichner hiermit eine außerordentliche Gesellschafterversammlung[3, 4] der X-GmbH ab und beschließen einstimmig:

---

[1] ➲ **Wichtig:** Viele Kündigungen von Geschäftsführern und Vorstandsmitgliedern sind unwirksam, weil ein ordnungsgemäßer Gesellschafterbeschluss fehlt. Eine ohne einen wirksamen Gesellschafterbeschluss ausgesprochene Kündigung ist **unheilbar nichtig**. Sie kann auch durch einen nachfolgenden Gesellschafterbeschluss nicht **mehr rückwirkend geheilt werden**. **Stillschweigende** Gesellschafterbeschlüsse gibt es nicht, der Beschluss muss immer klar und eindeutig formuliert sein. Besonders problematisch sind fehlerhafte Gesellschafterbeschlüsse beim Ausspruch einer fristlosen Kündigung, da wegen der Zweiwochenfrist (§ 626 Abs. 2 BGB) eine Reparatur regelmäßig ausgeschlossen ist.

[2] ➲ **Wichtig:** Vor der Beschlussfassung ist sorgfältig zu prüfen, ob die Gesellschafterversammlung überhaupt für die Abberufung und Kündigung des Geschäftsführers **zuständig** ist. Häufig wird diese Kompetenz auf (freiwillige oder zwingende) Aufsichtsräte, Beiräte, Verwaltungsräte etc. verlagert, was zulässig ist. Unter der Mitbestimmung des BetrVG 52 bleibt die Kompetenz zur Abberufung und Kündigung der GmbH-Geschäftsführer bei der Gesellschafterversammlung. Nach dem MitbestG ist dagegen zwingend der Aufsichtsrat zuständig. Bei Aktiengesellschaften ist für die Kündigung eines Vorstandsmitglieds immer der Aufsichtsrat zuständig.

[3] Wenn die Satzung es erlaubt, kann der Beschluss auch im **schriftlichen Verfahren** gefasst werden.

[4] Die frühere Rechtsprechung, wonach zumindest in Bezug auf den Dienstvertrag auch eine Vertretung der GmbH durch die Mit-Geschäftsführer zulässig sein sollte, hat der BGH zu Recht aufgegeben (BGH v. 25. 3. 1991, GmbHR 1991, 363).

1. Die Bestellung von Herrn Müller zum Geschäftsführer der X-GmbH wird mit sofortiger Wirkung widerrufen.
2. Das Anstellungsverhältnis zwischen Herrn Müller und der X-GmbH wird aus wichtigem Grund fristlos gekündigt.[5]
3. Das Vorstandsmitglied der Y-AG, Herr Schultze, wird beauftragt, Herrn Müller die Beschlüsse Ziff. 1 und 2 bekannt zu geben. Herr Schultze wird zugleich von den Gesellschaftern bevollmächtigt, sämtliche Rechtsgeschäfte und Erklärungen im Zusammenhang mit dem Ausscheiden von Herrn Müller im Namen der X-GmbH abzugeben, dies betrifft insbesondere auch den Abschluss von Vergleichen bzw. Aufhebungsverträgen.[6]

Für die X Deutschland Holding GmbH[7]:

...   ...
(Geschäftsführer)   (Geschäftsführer)

Für die Y-AG:

...   ...
(Vorstandsmitglied)   (Vorstandsmitglied)

---

5 ➔ **Wichtig:** Der Beschluss muss unbedingt erkennen lassen, dass die Gesellschafter zwischen der **Abberufung vom Amt** und der **Kündigung** des Dienstvertrages unterschieden haben. Ansonsten bleibt unklar, was beschlossen wurde.

6 Ziff. 3 ist entbehrlich. Fehlt eine entsprechende Regelung, kann dem Geschäftsführer der Beschluss durch jede beliebige Person **bekannt gegeben** werden. Die Bekanntgabe des Abberufungs- und Kündigungsbeschlusses an den Geschäftsführer ist nach richtiger Auffassung kein Rechtsgeschäft, deshalb gilt nicht § 174 BGB. Der Original-Beschluss mit den Original-Unterschriften braucht deshalb dem Geschäftsführer ebenso wenig vorgelegt zu werden wie eine schriftliche Vollmacht. Da entsprechende höchstrichterliche Rechtsprechung allerdings fehlt, wird dringend dazu geraten, den Original-Beschluss mit den Original-Unterschriften zweifach auszufertigen und ein Exemplar zusammen mit der Kündigung zu übergeben.

7 ➔ **Wichtig:** Sind die Gesellschafter juristische Personen, werden sie durch ihre **jeweiligen Vertretungsorgane** (GmbH-Geschäftsführer, AG-Vorstände, etc.) vertreten. Dabei ist unbedingt darauf zu achten, dass die Vertretung ordnungsgemäß erfolgt. Sind die Organmitglieder nur gemeinschaftlich vertretungsbefugt, so müssen mehrere bzw. alle von ihnen an der Beschlussfassung mitwirken.

22.25 Einstweilige Verfügung auf Herausgabe von Arbeitspapieren

An das Arbeitsgericht

In Sachen

.../...

(volles Rubrum)

vertreten wir den Antragsteller.

Namens und im Auftrag des Antragstellers beantragen wir:

1. Der Antragsgegnerin wird im Wege der einstweiligen Verfügung – der Dringlichkeit wegen ohne mündliche Verhandlung und durch den Vorsitzenden allein – aufgegeben, die Lohnsteuerkarte und das Versicherungsnachweisheft des Antragstellers herauszugeben,
2. hilfsweise, die beantragte einstweilige Verfügung aufgrund mündlicher Verhandlung unter größtmöglicher Abkürzung der Ladungs- und Einlassungsfristen zu erlassen.

Begründung:

Der ASt. war bei der AGg. bis zum ... als Maurer tätig. Das Arbeitsverhältnis endete durch Eigenkündigung des ASt.

Zur Glaubhaftmachung: Kündigungsschreiben des ASt. vom ..., Anlage AS 1

Unmittelbar nach Ausspruch der Kündigung trat die AGg. an den ASt. heran und verlangte von ihm die Zahlung von Schadensersatz in Höhe von Euro 5 000,–. Zur Begründung gab die AGg. an, der ASt. habe Ende Mai ... durch Unachtsamkeit einen Radlader beschädigt, der Schaden betrage Euro 5 000,–. Der ASt. hat die Zahlung verweigert, da er nie einen Radlader beschädigt hat. Der Radlader wurde von seinem Arbeitskollegen X beschädigt, ohne dass den ASt. daran eine Schuld traf. Die AGg. hat jedoch auf ihrem Standpunkt beharrt und dem ASt. erklärt, er werde seine Arbeitspapiere nicht bekommen, bevor er nicht die Euro 5 000,– gezahlt habe. Dies wurde ihm letztmals am ... von dem Prokuristen Y in Gegenwart des Arbeitskollegen Z erklärt.

Zur Glaubhaftmachung: Eidesstattliche Versicherung des Arbeitskollegen Z (ladungsfähige Anschrift), Anlage AS 2

Die AGg. hat kein Recht, dem ASt. die Arbeitspapiere vorzuenthalten.[1] Zurückbehaltungsrechte an Arbeitspapieren bestehen nach einhelliger Auffassung grundsätzlich nicht.[2] Im Übrigen stehen der AGg. ohnehin keine Gegenansprüche zu, da der Antragsteller für die Beschädigung des Radladers nicht verantwortlich ist.

---

[1] Der **Verfügungsanspruch** ergibt sich hinsichtlich des Versicherungsnachweishefts aus § 4 Abs. 2 Satz 2 DEVO, hinsichtlich der Lohnsteuerkarte aus § 39b Abs. 1 Satz 3 EStG. Daneben ergibt sich der Herausgabeanspruch aufgrund der **Fürsorgepflicht des Arbeitgebers** auch als Nebenpflicht aus dem Arbeitsverhältnis (BAG v. 23. 1. 1958, AP Nr. 22 zu § 61 ArbGG 1953).

[2] Ein **Zurückbehaltungsrecht** des Arbeitgebers an den Arbeitspapieren wegen (angeblicher) Gegenforderungen wird von der herrschenden Meinung (BAG v. 20. 12. 1958, AP Nr. 2 zu § 611 BGB – Urlaubskarten) zu Recht abgelehnt, da die Arbeitspapiere vor allem öffentlich-rechtliche Funktion haben.

Es ist dem ASt. nicht zuzumuten, die Arbeitspapiere im Hauptsacheverfahren herauszuverlangen. Der ASt. bewirbt sich derzeit bei mehreren anderen Baufirmen in der Region. Zwei Unternehmen haben dem ASt. bereits die Einstellung zum ... zugesagt, allerdings unter der Voraussetzung, dass der ASt. bis dahin seine Arbeitspapiere beibringt.

Zur Glaubhaftmachung: Eidesstattliche Versicherung des ASt., Anlage AS 3

Ohne die begehrte einstweilige Verfügung könnte der ASt. keine neue Stelle antreten, da ihn ohne Vorlage der Arbeitspapiere niemand einstellt. Dem ASt. droht ein nicht wieder gutzumachender Nachteil. Es ist nicht zu verkennen, dass mit dem Erlass der beantragten einstweiligen Verfügung die Hauptsache vorweggenommen würde. Dies ist aber zulässig, da dem ASt. schwere nicht wieder gutzumachende Nachteile drohen und die AGg. die Herausgabe der Arbeitspapiere ohne vernünftigen Grund verweigert.[3,4]

...

(Unterschrift)

---

[3] Die **Vollstreckung** erfolgt nach § 883 Abs. 1 ZPO durch Wegnahme der Arbeitspapiere beim Arbeitgeber durch den Gerichtsvollzieher und Aushändigung an den Arbeitnehmer (BAG v. 23. 1. 1958, AP Nr. 22 zu § 61 ArbGG; aA LAG Hessen v. 25. 6. 1980, AR-Blattei „Zwangsvollstreckung", Entsch. Nr. 32).
➲ **Wichtig:** Damit die Vollstreckung durch den Gerichtsvollzieher möglich ist, müssen die Arbeitspapiere im Antrag **genau bezeichnet** sein. Ein Antrag auf Herausgabe „der Arbeitspapiere" ist unzulässig, weil nicht vollstreckbar.

[4] Als **Streitwert** wurde von den Gerichten üblicherweise ein fester DM-Betrag festgesetzt. Üblich waren zwischen DM 200,– und DM 500,– pro Arbeitspapier (vgl. LAG BW v. 9. 2. 1984, AR-Blattei Arbeitsgerichtsbarkeit „Streitwert und Kosten", Entsch. Nr. 140; LAG Hamm v. 18. 4. 1985, AnwBl. 1985, 586; vgl. *Becker-Schaffner*, DB 1983, 1304; *Kitzelmann*, ArbuR 1970, 299 ff.), im Gefolge der Euro-Einführung werden sich entsprechende Euro-Beträge einbürgern. Der ansonsten übliche Abschlag im Eilverfahren erscheint unangemessen, da hier das Eilverfahren die Hauptsache vorwegnimmt.

Klage auf Wiedereinstellung nach Wegfall des Kündigungsgrundes

An das
Arbeitsgericht ...

In Sachen

.../...

(volles Rubrum)[1]

vertreten wir den Kläger.

---

[1] S. **M 45.1** und **45.2**.

Namens und im Auftrag des Klägers erheben wir Klage und beantragen:

> *Die Beklagte wird verurteilt, den Kläger als Produktionsarbeiter im Betrieb in . . . zu den bisherigen Bedingungen mit einem Bruttomonatsgehalt von Euro . . . wieder einzustellen.*

Begründung:

Der Kläger ist bei der Beklagten als Produktionsarbeiter beschäftigt. Die Beklagte hat ihm am 29. 6. . . . per 30. 9. . . . betriebsbedingt gekündigt. Die Kündigung wurde damit begründet, dass wegen des Wegfalls des Großauftrages der X-AG die Anlage, an der der Kläger beschäftigt war, stillgelegt werde. Der Kläger erhob gegen diese Kündigung keine Kündigungsschutzklage, da die Kündigung aus betriebsbedingten Gründen offensichtlich wirksam erschien.

Wie der Kläger inzwischen erfahren hat, ist es der Beklagten jedoch Anfang September gelungen, den Großauftrag der X-AG zu erneuern. Sie wird deshalb die Anlage, in der der Kläger bislang beschäftigt war, nicht stilllegen, sondern weiterbetreiben.

Der Kläger hat einen Anspruch, auf seiner alten Position wiedereingestellt zu werden. Die Beklagte hat ersichtlich noch keinerlei Dispositionen im Hinblick auf den ehemaligen Arbeitsplatz des Klägers getroffen. Sie sucht zwar in Stellenanzeigen Produktionsmitarbeiter, hat aber nach Kenntnis des Klägers (die auf Anfrage vom Betriebsrat bestätigt wurde) noch keine Bewerber eingestellt. Nach der Rechtsprechung des Bundesarbeitsgerichts (vom 27. 2. 1997, EzA § 1 KSchG Wiedereinstellungsanspruch Nr. 1) hat der Kläger deshalb einen Wiedereinstellungsanspruch (wird ausgeführt).[2]

. . .

(Unterschrift)

---

[2] Der Wiedereinstellungsanspruch ist begründet, wenn sich die für die Wirksamkeit der Kündigung maßgebenden Umstände noch während des Laufs der Kündigungsfrist verändern. Das gilt jedenfalls dann, wenn der Arbeitgeber im Vertrauen auf die Wirksamkeit der Kündigung noch keine Dispositionen getroffen hat, die die Weiterbeschäftigung des Arbeitnehmers verhindern würden. Ergibt sich dagegen erst nach Ablauf der Kündigungsfrist eine anderweitige Weiterbeschäftigungsmöglichkeit, hat der Arbeitnehmer keinen Wiedereinstellungsanspruch. Das soll selbst dann gelten, wenn zu diesem Zeitpunkt noch ein Kündigungsschutzverfahren schwebt (BAG v. 6. 8. 1997, EzA § 1 KSchG Wiedereinstellungsanspruch Nr. 2).

Kapitel 23   Einvernehmliche Beendigung

Literaturübersicht: *Bauer*, Arbeitsrechtliche Aufhebungsverträge, 7. Aufl. 2004; *Bauer*, Beendigung von Arbeitsverhältnissen beim Betriebsübergang, DB 1983, 713; *Bauer*, Beseitigung von Aufhebungsverträgen, NZA 1992, 1015; *Bauer*, Unwirksame Aufhebungsverträge, NJW 1994, 980; *Bauer*, Steuerliche Tücken bei Aufhebungsverträgen, NZA 1996, 729; *Bauer*, Neue Spielregeln für Aufhebungs- und Abwicklungsverträge durch das geänderte BGB?, NZA 2002, 169; *Bauer/Diller*, Zur Inhaltskontrolle von Aufhebungsverträgen, DB 1995, 1810; *Bauer/Haußmann*, Der Rücktritt vom Aufhebungsvertrag, BB 1996, 901; *Bauer/Hümmerich*, Nichts Neues zu Aufhebungsverträgen und Sperrzeit oder: Alter Wein in neuen Schläuchen, NZA 2003, 1076; *Bauer/*

Kock, Arbeitsrechtliche Auswirkungen des neuen Verbraucherschutzrechts, DB 2002, 42; *Bauer/ Powietzka*, Heilung unterbliebener Massenentlassungsanzeigen nach § 17 KSchG, DB 2000, 1073; *Bengelsdorf*, Aufhebungsvertrag und Abfindungsvereinbarungen, 3. Aufl. 1999; *Bengelsdorf*, Arbeitsrechtlicher Aufhebungsvertrag und gestörte Vertragsparität, BB 1995, 978; *Compensis*, Die Vererblichkeit von Sozialplanansprüchen und anderen Abfindungen, DB 1992, 888; *Däubler*, Die Auswirkungen der Schuldrechtsreform auf das Arbeitsrecht, NZA 2001, 1329; *Diller/ Schuster*, Aufhebungsverträge mit (Schein-)Selbständigen, FA 1998, 138; *Ehrich*, Recht des Arbeitnehmers zum Widerruf eines Aufhebungsvertrags wegen „Überrumpelung" durch den Arbeitgeber?, DB 1992, 2239; *Ernst*, Aufhebungsverträge zur Beendigung von Arbeitsverhältnissen, 1993; *Gagel/Vogt*, Beendigung von Arbeitsverhältnissen: Sozial- und steuerrechtliche Konsequenzen, 5. Aufl. 1996; *Gaul*, Aufhebungs- und Abwicklungsvertrag: Aktuelle Entwicklungen im Arbeits- und Sozialversicherungsrecht, BB 2003, 2457; *Geiger*, Neues zu Aufhebungsvertrag und Sperrzeit, NZA 2003, 838; *Grunewald*, Der arbeitsrechtliche Abwicklungsvertrag – Alternative oder Ende des arbeitsrechtlichen Abfindungsvertrages?, NZA 1994, 441; *Hoß/Ehrich*, Hinweis- und Aufklärungspflichten des Arbeitgebers beim Abschluss von Aufhebungsverträgen, DB 1997, 625; *Hoß/Kothe-Heggemann*, Inhalt arbeitsrechtlicher Aufhebungsverträge, MDR 1997, 1077; *Hümmerich*, Abschied vom arbeitsrechtlichen Aufhebungsvertrag, NZA 1994, 200; *Hümmerich*, Letztmals: Abschied vom arbeitsrechtlichen Aufhebungsvertrag, NZA 1994, 833; *Hümmerich*, Abwicklungsvertrag contra Aufhebungsvertrag, NJW 1996, 2081; *Hümmerich/Holthausen*, Der Arbeitnehmer als Verbraucher, NZA 2002, 173; *Hümmerich/Spirolka*, Steuerliche Gestaltung von Abfindungen, NZA 1998, 226; *Lingemann*, Allgemeine Geschäftsbedingungen und Arbeitsvertrag, NZA 2002, 181; *Lorenz*, Arbeitsrechtlicher Aufhebungsvertrag, Haustürwiderrufsgesetz und „Undue Influence", JZ 1997, 277; *Marschner*, Vorsicht Arbeitgeber: Drohende Erstattung bei 58-Jährigen, AuA 2002, 29; *Niesel*, SGB III, 2. Aufl. 2002; *Schäfer*, Die Abwicklung des beendeten Arbeitsverhältnisses, 2. Aufl. 1999; *Schaub*, Steuerrechtliche und sozialversicherungsrechtliche Behandlung der Abfindung, BB 1999, 1059; *Schiefer/Köster*, Pro und Contra des arbeitsrechtlichen Aufhebungsvertrages, WiB 1995, 489 u. 531; *von Seggern*, Sperrzeit gegen Arbeitslose wegen Lösung des Beschäftigungsverhältnisses, ArbuR 1997, 99; *Waltermann*, Sozialrechtliche Konsequenzen arbeitsrechtlicher Aufhebungsverträge, NJW 1992, 1136; *Weber/Ehrich/Burmester*, Handbuch der arbeitsrechtlichen Aufhebungsverträge, 4. Aufl. 2004; *Wisskirchen/Worzalla*, Aktuelle Fragen zu arbeitsrechtlichen Aufhebungsverträgen, DB 1994, 577; *Zwanziger*, Aufhebungsverträge und Vertragsfreiheit, BB 1996, 903.

I. Erläuterungen

1. Aufhebungsvertrag

a) Allgemeines

Die Arbeitsvertragsparteien können das Arbeitsverhältnis jederzeit einvernehmlich, also durch einen Aufhebungsvertrag, beenden. Der Vorteil einer solchen Vereinbarung liegt aus Sicht des Arbeitgebers darin, die **Risiken einer Kündigung** und des sich häufig anschließenden Rechtsstreits zu vermeiden. Zudem hat dieser Weg den Vorteil, dass keine gesetzlichen, tariflichen oder einzelvertraglichen Kündigungsfristen eingehalten werden müssen und auf eine Beteiligung des Betriebsrats verzichtet werden kann. Der Arbeitnehmer andererseits hat häufig bei schweren Verfehlungen, die eine außerordentliche Kündigung rechtfertigen würden, ein Interesse an einer Aufhebung statt einer Kündigung. Zudem kann er Kündigungsfristen abkürzen, wenn er sofort einen anderen Arbeitsplatz antreten möchte.

Anders als beim **befristeten Arbeitsvertrag**, bei dem die Beendigung des Arbeitsverhältnisses bereits Bestandteil des Arbeitsvertrages ist, wird beim Aufhebungsvertrag neben dem Arbeitsvertrag ein weiterer Vertrag geschlossen, der dessen Aufhebung zum Inhalt hat. Dem **Abwicklungsvertrag** geht im Gegensatz zum Aufhebungsvertrag eine arbeitgeberseitige Kündigung voraus. Die Parteien erklären übereinstimmend, dass die Kündigung wirksam ist und das Arbeitsverhältnis zu einem bestimmten Zeitpunkt beendet hat. Beide Vertragsformen (iF: „Auflösungsvertrag") sind häufig kaum voneinander zu trennen und gehen ineinander über. Der Unterschied wirkt sich zwar arbeits- und steuerrechtlich praktisch nicht aus; das Sozialversicherungsrecht knüpft jedoch wesentlich verschiedene Rechtsfolgen an die beiden Vertragsarten (su.). In dem **Ineinandergreifen von arbeits-, steuer- und sozialversicherungsrechtlichen Regelungen** liegt die Hauptschwierigkeit bei der Gestaltung von Aufhebungsverträgen.

An der Zulässigkeit von Auflösungsverträgen bestehen keine Zweifel. Zum einen folgt dies aus dem Grundsatz der Vertragsfreiheit (§ 305 BGB). Zum anderen stellt der Aufhebungsvertrag **keine Umgehung des Kündigungsschutzes** dar. Das Kündigungsschutzgesetz schützt den Arbeitnehmer nur vor der einseitigen, im Belieben des Arbeitgebers stehenden Kündigung, nicht aber vor einer einvernehmlichen Auflösung des Arbeitsverhältnisses. Ob der Arbeitnehmer ein entsprechendes Angebot des Arbeitgebers annimmt, unterliegt seiner freien Entscheidung. Dies gilt auch für die Arbeitnehmergruppen, die besonderen Kündigungsschutz genießen (werdende Mütter, Minderjährige, Eltern in Elternzeit, schwerbehinderte Menschen, Betriebsräte usw.). Auch eine behördliche Zustimmung oder eine Anhörung des Betriebsrats zu dem Aufhebungsvertrag sind nicht erforderlich.

b) Zustandekommen des Vertrages

Gemäß § 623 BGB bedarf der Auflösungsvertrag der gesetzlichen Schriftform gemäß § 126 BGB, welche durch notarielle Beurkundung oder gerichtlichen Vergleich ersetzt werden kann, §§ 126 Abs. 4, 127a BGB. Die elektronische Form nach § 126a BGB ist jedoch ausgeschlossen, § 623 2. Halbs. BGB. Die Anforderungen an die Einhaltung der Form nach § 126 BGB sind streng. Der Austausch von Telefax oder Briefen reicht zB nicht aus und hat die Nichtigkeit des Vertrages zur Folge.

Der Auflösungsvertrag kommt nach den allgemeinen Regeln des BGB durch **Angebot und Annahme** zustande. Weit verbreitet ist das Missverständnis, Abfindungsangebote des Arbeitgebers könnten auf unbegrenzte Zeit je nach Bedarf trotz zunächst erklärter Ablehnung angenommen werden. Angebote zum Abschluss eines Aufhebungsvertrages können nur innerhalb der Fristen der §§ 147, 150 Abs. 1 BGB angenommen werden. Unter Anwesenden kann daher ein Angebot nur sofort angenommen werden, egal ob das Angebot mündlich oder schriftlich erfolgt. Die Annahme eines Angebots mit Änderungen oder Ergänzungen gilt als Ablehnung, verbunden mit einem neuen Angebot. Ein schriftliches Angebot unter Abwesenden (auch unter Anwälten) kann – wenn nicht ausdrücklich eine andere Frist bestimmt ist – nur bis zu dem Zeitpunkt angenommen werden, in welchem der Eingang der Antwort nach regelmäßigen Umständen erwartet werden kann, § 147 Abs. 2 BGB.

Den Arbeitgeber treffen grundsätzlich **keine vorvertraglichen Hinweis- und Aufklärungspflichten** bzgl. der steuer- und sozialversicherungsrechtlichen Folgen von Aufhebungsverträgen. Es ist Sache des Arbeitnehmers, sich kundig zu machen, etwa durch Anfrage bei einem Anwalt, beim Arbeitsamt, bei einem Rentenberater oder bei einem privaten Steuerberater.[1] Das gilt auch für den Verlust von Sonderkündigungsschutz und Versorgungsanwartschaften.[2] Eine Hinweispflicht besteht nur in engen Grenzen, wobei die Rechtsprechung diese aus § 242 BGB und einer umfassenden Interessenabwägung herleitet.[3] Sie ist jedoch erweitert, wenn der Arbeitgeber die Initiative für einen Aufhebungsvertrag ergreift und dabei den Eindruck erweckt, er werde bei der vorzeitigen Beendigung des Arbeitsverhältnisses auch die Interessen des Arbeitnehmers wahren und ihn nicht ohne hinreichende Aufklärung erheblichen atypischen Versorgungsrisiken aussetzen.[4] Eine Belehrungspflicht entsteht bei einer Beendigung des Arbeitsverhältnisses auf Veranlassung des Arbeitgebers auch dann, wenn der Arbeitnehmer wegen besonderer Umstände darauf vertrauen durfte, der Arbeitgeber werde sich um die Versorgung kümmern, oder wenn er darauf vertrauen durfte, der Arbeitgeber werde bei der vorzeitigen Beendigung des Arbeitsverhältnisses auch den Interessen des Arbeitnehmers an einer optimalen Versorgung Rechnung tragen.[5] Verletzt der Arbeitgeber eine solche Pflicht, macht er sich schadensersatzpflichtig wegen positiver Nebenpflichtverletzung des Arbeitsvertrages; der Aufhebungsvertrag besteht aber idR fort.[6]

Wendet sich indes der Arbeitnehmer mit **konkreten Fragen** nach den Folgen des Aufhebungsvertrages an den Arbeitgeber, darf dieser selbstverständlich **keine bewusst falschen Auskünfte** geben. Andernfalls kommt eine Anfechtung des Aufhebungsvertrags wegen arglistiger Täuschung gem. § 123 BGB in Betracht.

c) Vertragsinhalt

Auflösungsverträge können im Gegensatz zu Kündigungen grundsätzlich unter aufschiebenden oder auflösenden Bedingungen geschlossen werden.

Aufschiebende Bedingungen können nur vereinbart werden, sofern sie nicht zu einer Umgehung des Kündigungsschutzgesetzes führen. Es gelten dieselben Regeln wie für auflösend bedingte Arbeitsverträge. Erforderlich ist ein **sachlicher Grund** für die Bedingung. Unzulässig ist daher etwa der Abschluss eines Aufhebungsvertrags für den Fall, dass der Arbeitnehmer nicht rechtzeitig aus dem Urlaub zurückkehrt.[7]

Auflösende Bedingungen sind zulässig, wenn binnen einer kurzen Zeit nach Abschluss des Aufhebungsvertrages feststeht, ob die Bedingung eintritt oder nicht. So ist zB nichts einzuwenden gegen einen Aufhebungsvertrag, der hinfällig werden soll, wenn der Arbeitnehmer nicht binnen 14 Tagen den Verdacht von Spesenmanipulatio-

---

1 BAG v. 13. 11. 1984, NZA 1985, 712; v. 17. 10. 2000, NZA 2001, 206, 207.
2 BAG v. 3. 7. 1990, DB 1990, 2431.
3 BAG v. 18. 9. 1984, NZA 1985, 712; v. 3. 7. 1990, DB 1990, 2431; v. 12. 12. 2002, NZA 2003, 687 mwN.
4 BAG v. 17. 10. 2000, NZA 2001, 206, 207; v. 21. 11. 2000, NZA 2002, 618; v. 11. 12. 2001, NZA 2002, 1150.
5 BAG v. 12. 12. 2002, NZA 2003, 687; v. 23. 5. 1989, AP Nr. 28 zu § 1 BetrAVG Zusatzversorgungskassen; v. 13. 11. 1984, AP Nr. 5 zu § 1 BetrAVG Zusatzversorgungskassen = BAGE 47, 169, 174 ff.; v. 10. 3. 1988, AP Nr. 99 zu § 611 BGB Fürsorgepflicht.
6 BAG v. 17. 10. 2000, NZA 2001, 206, 207; vgl. im Detail Bauer, Arbeitsrechtliche Aufhebungsverträge, Rz. I. 152 ff., 204 ff.
7 BAG v. 19. 12. 1974, DB 1975, 890.

nen ausräumt oder seinen Dienstwagen zurückgibt oder der in Zahlungsschwierigkeiten befindliche Arbeitgeber die Abfindung nicht binnen 10 Tagen nach Unterzeichnung der Vereinbarung leistet. Problematisch sind allerdings auflösende Bedingungen, die auch nach Jahren noch eintreten können. Die damit verbundene Rechtsunsicherheit und die kaum lösbare Frage nach der Abwicklung der Übergangszeit verbieten solche Regelungen. So hat zB das LAG Bremen eine Klausel für unwirksam gehalten, nach der ein Aufhebungsvertrag (nebst Abfindung!) wegfallen sollte, wenn der Arbeitnehmer nach Vertragsende zur Konkurrenz wechselt.[8]

d) Unwirksamkeit des Vertrages

Da ein Aufhebungsvertrag grundsätzlich keine Umgehung des Kündigungsschutzgesetzes darstellt, ist er auch nicht allein deshalb wegen Sittenwidrigkeit unwirksam (so.).

Weit verbreitet waren eine Zeit lang **rückdatierte Aufhebungsverträge**. Fast immer hat dies steuer- oder sozialversicherungsrechtliche Gründe. Die meisten der zahlreichen Neuregelungen des Gesetzgebers haben aus Vertrauensschutzgründen Stichtagsregelungen vorgesehen, wonach für Aufhebungsverträge, die vor einem bestimmten Datum abgeschlossen wurden, noch die alte, für die Beteiligten günstigere Rechtslage gelten sollte.

Die Frage, ob rückdatierte Aufhebungsverträge gem. § 138 BGB wegen **Sittenwidrigkeit** bzw. gem. § 134 BGB wegen **Verstoßes gegen ein gesetzliches Verbot** (Betrug zum Nachteil der Bundesanstalt für Arbeit, § 263 StGB) nichtig sind, ist noch ungeklärt. Höchstrichterliche Rechtsprechung liegt noch nicht vor. Nach herrschender Auffassung bleiben rückdatierte Aufhebungsverträge jedoch wirksam, weil die durch die Rückdatierung beabsichtigte Täuschung des Finanzamts bzw. der Bundesanstalt für Arbeit nicht Hauptzweck der Vereinbarung, sondern nur Nebenfolge ist.[9] Nach anderer Auffassung ergibt sich hier die Sittenwidrigkeit bzw. der Verstoß gem. § 134 BGB bereits aus dem Teilzweck des Rechtsgeschäfts.[10] Jedenfalls ist von Rückdatierungen dringend abzuraten, da sie für alle Beteiligten mit einem hohen – insbesondere auch strafrechtlichen – Risiko verbunden sind.

Auch eine **Billigkeitskontrolle** führt grundsätzlich nicht zur Unwirksamkeit des Aufhebungsvertrages.

Nach Auffassung des Bundesverfassungsgerichts sind zwar die Zivilgerichte gehalten, privatrechtliche Verträge dann nicht anzuerkennen, wenn sie das Produkt eines „Verhandlungsungleichgewichts" sind.[11] Diese Rechtsprechung ist jedoch auf arbeitsrechtliche Aufhebungsverträge nicht übertragbar.[12] Denn es mag zwar sein, dass sich Arbeitgeber und Arbeitnehmer beim Abschluss des **Arbeitsvertrages** in einer strukturell ungleichgewichtigen Situation gegenüberstehen. Dieses Ungleichgewicht besteht aber nicht mehr, wenn beide Seiten über einen **Aufhebungsvertrag** verhandeln. Der Arbeitnehmer kann das Angebot, einen Aufhebungsvertrag abzuschließen, mit

---

8 LAG Bremen v. 25. 2. 1994, LAGE § 74 HGB Nr. 9.
9 ZB LAG BW v. 25. 4. 1991 und v. 22. 5. 1991, LAGE § 611 BGB Aufhebungsvertrag Nr. 4 und 5.
10 ArbG Wetzlar v. 24. 8. 1993, EzA-SD 1994, Nr. 5, S. 14.
11 BVerfG v. 19. 10. 1993, DB 1993, 2580.
12 BAG v. 14. 2. 1996, NZA 1996, 811.

einem einfachen „nein" zurückweisen. Droht der Arbeitgeber daraufhin mit einer unbegründeten Kündigung, kommt ohnehin eine Anfechtung wegen widerrechtlicher Drohung in Betracht.

Wird ein vorformuliertes Vertragsformular verwendet, ist nach der Schuldrechtsreform eine Inhaltskontrolle nach §§ 305 ff. BGB durchzuführen. Davon ausgenommen bleiben aber weiterhin die Hauptleistungspflichten.[13]

Wird ein Aufhebungsvertrag im Zusammenhang mit einer **Betriebsveräußerung** geschlossen, kann uU eine **Umgehung des § 613a BGB** vorliegen. Diese Vorschrift ist zwingend[14]; eine Umgehung führt zur Unwirksamkeit des Vertrages gem. § 134 BGB. Sie findet auf jeden Betriebs(teil)übergang Anwendung.[15]

Schließen der bisherige und/oder der neue Arbeitgeber mit dem Arbeitnehmer einen Aufhebungsvertrag, ist dieser grundsätzlich wirksam, wenn er auf das **endgültige Ausscheiden** des Arbeitnehmers gerichtet ist.[16] Wird der Arbeitnehmer aber unter Hinweis auf die bevorstehende Veräußerung veranlasst, einem Aufhebungsvertrag zuzustimmen, um dann sogleich mit dem Erwerber einen neuen, für diesen günstigeren Arbeitsvertrag abzuschließen, liegt eine Umgehung des § 613a Abs. 1 Satz 1 und Abs. 4 Satz 1 BGB vor.[17]

Bedenken ergeben sich auch dann, wenn der bisherige Arbeitgeber den Vertrag unter dem Vorwand schließt, den Betrieb **stillzulegen**, obwohl tatsächlich eine Veräußerung beabsichtigt ist. Dieses Manöver dient dazu, den Übergang bestimmter Arbeitsverhältnisse auf den Erwerber zu vermeiden. Hier kommt eine **Anfechtung** des Aufhebungsvertrages wegen arglistiger Täuschung gem. § 123 BGB in Betracht.[18] Bei einem Betriebsübergang innerhalb der Kündigungsfrist bestünde ohnehin ein Wiedereinstellungsanspruch.[19]

Ein Aufhebungsvertrag, der seinem Regelungsgehalt nach nicht auf die alsbaldige Beendigung, sondern auf eine befristete Fortsetzung des Arbeitsverhältnisses gerichtet ist, bedarf zu seiner Wirksamkeit eines sachlichen Grundes im Sinne des **Befristungskontrollrechts** (zu Einzelheiten der Befristungskontrolle vgl. Kap. 6, **M 6.1.1 ff.**). Fehlt es an einem solchen sachlichen Grund, so ist die Befristung und damit auch die Beendigung des Arbeitsverhältnisses zum vereinbarten Zeitpunkt unwirksam.[20] Besonderheiten gelten beim Abschluss eines unbedingten Aufhebungsvertrags mit bedingter Wiedereinstellungszusage während der Probezeit. Zulässig ist ein solcher Aufhebungsvertrag, wenn der Beendigungszeitpunkt die kurze Probezeitkündigungsfrist nur in einem angemessenen Umfang überschreitet.[21]

Bei Massenkündigungen bedarf die Entlassung auch dann der **Anzeige nach § 17 KSchG**, wenn sie nicht auf einer Kündigung, sondern auf einem Aufhebungs- oder

---

13 Vgl. ausführlich die Erläuterungen unten unter I. 1. f).
14 BAG v. 29. 10. 1975, AP Nr. 2 zu § 613a BGB.
15 Vgl. zu diesem Begriff *Baeck/Lingemann*, NJW 1997, 2492.
16 BAG v. 11. 12. 1997, NZA 1999, 262; v. 10. 12. 1998, NZA 1999, 422.
17 BAG v. 28. 4. 1987, NZA 1988, 198.
18 *Bauer*, DB 1983, 713.
19 Dazu oben Kap. 22 unter I. 11.
20 BAG v. 12. 1. 2000, NZA 2000, 718.
21 BAG v. 7. 3. 2002, DB 2002, 1997.

Abwicklungsvertrag beruht.[22] Beruft der Arbeitnehmer sich auf die unterbliebene Anzeige, so ist die Entlassung unwirksam. Das BAG hat offen gelassen, ob die Unwirksamkeit nach § 139 BGB auch den Aufhebungsvertrag selbst erfasst. Der Arbeitnehmer kann auf die Anzeige auch nicht im Aufhebungs- oder Abwicklungsvertrag selbst wirksam verzichten, sondern erst durch gesonderte Erklärung nach Abschluss des Vertrages.[23] Lehnt er einen nachträglichen Verzicht ab, so kommt eine Heilung der unterlassenen Anzeige durch Nachholung der Anzeige in Betracht.[24] Stimmt die Arbeitsverwaltung einer Entlassung trotz fehlerhafter Massenentlassungsanzeige iSd. § 17 Abs. 3 KSchG zu, dürfen Arbeitsgerichte etwaige Fehler der Anzeige nicht mehr nachprüfen.[25]

e) Beseitigung des Vertrages

Seit der Schuldrechtsreform und damit für Aufhebungsverträge, die nach dem 1. 1. 2002 geschlossen werden, ist umstritten, ob der Arbeitnehmer aus §§ 355, 312 BGB ein **Widerrufsrecht** hat. Das BAG hat ein solches Widerrufsrecht mit Urteil vom 27. 11. 2003 für im Personalbüro abgeschlossene Aufhebungsverträge nach der Entstehungsgeschichte, der gesetzlichen Systematik sowie nach Sinn und Zweck des § 312 BGB verneint, schon weil dies keine für das abzuschließende Rechtsgeschäft atypische Umgebung sei.[26] Damit dürfte der Anwendungsbereich für ein Widerrufsrecht, wenn er überhaupt noch besteht, auf völlig atypische Fälle beschränkt und damit sehr eng sein.

Das BAG hat es auch zu Recht abgelehnt, dem Arbeitgeber die Berufung auf einen Aufhebungsvertrag zu verwehren, wenn der Arbeitnehmer den Aufhebungsvertrag unter **Zeitdruck** unterzeichnet hat.[27] Der Arbeitgeber muss dem Arbeitnehmer darüber hinaus weder eine Bedenkzeit noch ein Rücktritts- oder Widerrufsrecht einräumen. Die einzelvertragliche Vereinbarung eines Widerrufsrechts ist allerdings möglich.

Allerdings sehen zahlreiche **Tarifverträge** für Aufhebungsverträge ein Widerrufsrecht vor, und zwar meist innerhalb einer Frist von ein bis drei Werktagen. Die tarifliche Widerrufsfrist beginnt unabhängig davon, ob der Arbeitgeber den Arbeitnehmer auf das Widerrufsrecht hingewiesen hat, sofern der Tarifvertrag nicht ausdrücklich etwas anderes bestimmt.[28] Wird der Aufhebungsvertrag widerrufen, besteht das Arbeitsverhältnis unverändert fort.

Sofern keine ausdrückliche Rücktrittsklausel vereinbart wurde, können die Parteien grundsätzlich auch nicht von ihrem Aufhebungsvertrag zurücktreten. Ein **Rücktrittsrecht** kann sich allerdings nach den allgemeinen Regeln des BGB (§§ 320 ff. BGB) ergeben. Das ist insbesondere nach § 323 BGB der Fall, wenn eine Partei eine fällige

---

22 BAG v. 11. 3. 1999, DB 1999, 1274.
23 BAG v. 11. 3. 1999, DB 1999, 1274.
24 Vgl. zu den Anforderungen an eine solche Nachholung *Bauer/Powietzka*, DB 2000, 1073.
25 BAG v. 24. 10. 1996, NZA 1997, 373.
26 BAG v. 27. 11. 2003 – 2 AZR 177/03, PM 79/03.
27 BAG v. 30. 9. 1993, NZA 1994, 209; v. 14. 2. 1996, NZA 1996, 811; ebenso LAG MV v. 6. 7. 1995, NZA 1996, 535; aA LAG Hamburg v. 3. 7. 1991, LAGE § 611 BGB Aufhebungsvertrag Nr. 6.
28 LAG Köln v. 11. 4. 1990, BB 1990, 2047.

Leistung aus dem Aufhebungsvertrag nicht erbringt und die andere Partei ihr erfolglos eine Frist zur Leistung gesetzt hat. In Betracht kommt dies insbesondere, wenn der Arbeitgeber die Abfindung nicht fristgerecht zahlt. Ist dem Aufhebungsvertrag eine Kündigung vorausgegangen, so ist bei Ausübung des Rücktrittsrechts freilich zu beachten, dass dann die ursprüngliche Kündigung wieder auflebt. Es gilt dann das zum Widerruf Gesagte entsprechend. Gegebenenfalls steht der Arbeitnehmer nach Ausübung des Rücktritts also schlechter.

Auch für die **Anfechtung** des Aufhebungsvertrags gelten die allgemeinen Regeln der §§ 119 ff. BGB (vgl. dazu im Einzelnen Kapitel 21). Der Aufhebungsvertrag schließt eine ordentliche oder außerordentliche Kündigung innerhalb des vereinbarten Beendigungszeitraumes nicht aus. § 620 BGB findet hierauf keine Anwendung. Löst eine außerordentliche Kündigung das Arbeitsverhältnis vor dem vereinbarten Beendigungszeitpunkt auf, wird der Aufhebungsvertrag – einschließlich einer darin vereinbarten Abfindung – gegenstandslos.[29]

f) Inhaltskontrolle nach §§ 305 ff. BGB

Mit der Aufnahme des § 310 Abs. 4 Satz 2 BGB sind seit dem 1. 1. 2002 grundsätzlich auch Aufhebungsverträge einer Inhaltskontrolle nach §§ 305 ff. BGB unterzogen.[30] Inwieweit sich daraus eine Änderung der bisherigen Rechtslage ergibt, ist umstritten. Schon bisher hatte die Rechtsprechung eine Inhaltskontrolle anhand der §§ 134, 138, 242 und 315 BGB durchgeführt. Sie sah auch nie eine praktische Notwendigkeit für eine analoge Anwendung der Vorschriften des AGB-Gesetzes, weil schon diese Inhaltskontrolle und die übrigen vorhandenen gesetzlichen Regelungen dem Arbeitnehmerschutzgedanken ausreichend Rechnung trugen.[31]

Da es sich beim Aufhebungsvertrag regelmäßig um eine individuelle Lösung für den einzelnen Arbeitnehmer abgestimmt auf dessen berufliche und private Bedürfnisse handelt, ist das AGB-Recht für einen solchen „normalen" Aufhebungsvertrag nicht anwendbar, da er **individuell ausgehandelt** ist, § 305 Abs. 1 Satz 3 BGB. Auch wenn man entgegen der hier vertretenen Ansicht davon ausgeht, dass der Arbeitnehmer ein Verbraucher ist,[32] führt § 310 Abs. 3 Nr. 1 und 2 BGB nicht zu einer Inhaltskontrolle, wenn der Arbeitnehmer auf den Inhalt des nur einmalig verwendeten Vertragsentwurfes Einfluss nehmen konnte.[33]

Grundsätzlich einer Inhaltskontrolle entzogen sind auch nach der Schuldrechtsreform die im Aufhebungsvertrag vereinbarten Hauptleistungspflichten: Beendigung des Arbeitsvertrages, Restlaufzeit und Höhe der Abfindung, es sei denn, dass eine entsprechende Regelung von gesetzlichen Rechtsvorschriften abweicht, § 307 Abs. 3 Satz 1 BGB.[34] Tarifverträge und Betriebsvereinbarungen sind dabei gerade nicht Maßstab für

---

29 Vgl. BAG v. 29. 1. 1997, NZA 1997, 813; LAG Bremen v. 17. 9. 2001, NZA-RR 2002, 186 ff.
30 *Bauer*, NZA 2002, 169, 172.
31 BAG v. 13. 12. 2000, NZA 2001, 723.
32 Gegen die Stellung als Verbraucher *Bauer/Kock*, DB 2002, 42, 43; *Lingemann*, NZA 2002, 181, 184; aA *Hümmerich/Holthausen*, NZA 2002, 173 ff.; *Schleusener*, NZA 2002, 949, 951; offen gelassen in BAG v. 27. 11. 2003 – 2 AZR 177/03, PM 79/03.
33 *Bauer*, NZA 2002, 169, 173.
34 BGH v. 24. 9. 1998, NJW 1999, 864; *Lingemann*, NZA 2002, 181, 185 und 188 mwN.

eine Kontrolle, da § 310 Abs. 4 Satz 3 BGB lediglich bezweckt, einzelvertragliche Verweisungen auf Kollektivverträge von der Angemessenheitskontrolle auszunehmen.[35] Einer Inhaltskontrolle am Maßstab eines Tarifvertrages steht schon die negative Koalitionsfreiheit aus Art. 9 Abs. 3 GG entgegen, weil ansonsten den Tarifvertragsparteien mittelbar über die gerichtliche Inhaltskontrolle Rechtsetzungskompetenz gegenüber Nichtmitgliedern zukäme.

Bei der Inhaltskontrolle der übrigen Regelungen eines Aufhebungsvertrages ist besondere Zurückhaltung geboten, weil sich Arbeitgeber und Arbeitnehmer in etwa gleich starken Verhandlungspositionen befinden und so für einen Ausgleich durch Inhaltskontrolle kein Raum bleibt. Das BAG hat klargestellt, dass in der Situation, die zum Abschluss eines Aufhebungsvertrages führt, gerade **kein strukturelles Ungleichgewicht** der Vertragspartner angenommen werden kann.[36] Dem Arbeitnehmer kann die zur Durchsetzung seiner berechtigten Interessen erforderliche Verhandlungsmacht nicht abgesprochen werden, denn er braucht dem Ansinnen des Arbeitgebers lediglich ein schlichtes Nein entgegenzusetzen. Das Ob, Wie und Wann der einvernehmlichen Vertragsbeendigung ist also vom vollen Konsens des Arbeitnehmers abhängig. Diese Position, die durch das Kündigungsschutzgesetz in besonderer Weise geschützt ist, stellt uE eine typische „im Arbeitsrecht geltende Besonderheit" iSv. § 310 Abs. 4 Satz 2 BGB dar.

Angesichts der bestehenden Rechtsunsicherheit ist vor allem bei der Formulierung von Verzichts- oder Rückzahlungsklauseln derzeit besondere Vorsicht angeraten. Gemäß § 305c Abs. 2 BGB gehen Zweifel bei der Auslegung von allgemeinen Geschäftsbedingungen zu Lasten des Verwenders.[37] Das Verbot der geltungserhaltenden Reduktion in § 306 Abs. 2 BGB birgt die Gefahr, dass eine unklare Klausel vollständig ausscheidet und an ihre Stelle die gesetzliche Regelung tritt. Soweit das BAG möglicherweise auch weiterhin einzelfallbezogen geltungserhaltende Reduktionen vornehmen wird, dürfte das in der Regel zugunsten des Arbeitnehmers geschehen.[38]

g) Steuerrecht

aa) § 3 Nr. 9 EStG

Nach § 3 Nr. 9 EStG in der bis 31. 12. 2003 geltenden Fassung waren steuerfrei (sog. Steuerfreibetrag) Abfindungen wegen einer vom Arbeitgeber veranlassten oder gerichtlich ausgesprochenen Auflösung des Dienstverhältnisses, höchstens jedoch Euro 8 181. Hatte der Arbeitnehmer das 50. Lebensjahr vollendet und hatte das Dienstverhältnis mindestens 15 Jahre bestanden, betrug der Höchstbetrag Euro 10 226, hatte der Arbeitnehmer das 55. Lebensjahr vollendet und hatte das Dienstverhältnis mindestens 20 Jahre bestanden, betrug der Höchstbetrag Euro 12 271. Diese **Steuerfreibeträge** sind nach Art. 6 HBeglG 2004 vom 29. 12. 2003[39] mit Wirkung ab 1. 1.

---

35 *Lingemann*, NZA 2002, 181, 189; aA *Däubler*, NZA 2001, 1329, 1334.
36 BAG v. 14. 2. 1996, NZA 1996, 811.
37 Damit im Zweifel zu Lasten des Arbeitgebers, vgl. schon: BAG v. 18. 9. 1991, DB 1992, 383, 384.
38 Im Einzelnen *Lingemann*, NZA 2002, 181, 186 f.
39 BGBl. I, 3076.

2004 auf **Euro 7 200** bzw. **Euro 9 000** bzw. **Euro 11 000 abgesenkt** worden. In den Genuss der Steuerbefreiung kommen im Übrigen auch Teilzeit- und geringfügig Beschäftigte, deren Vergütung pauschal gem. § 40a EStG versteuert wird.[40]

Für die **Änderung der Steuerfreibeträge** ab 1. 1. 2004 enthält das HBeglG 2004 **keine Übergangsvorschrift**. Nach dem Wortlaut des Gesetzes gelten die verringerten Steuerfreibeträge von Euro 7 200/9 000/11 000 deshalb auch dann, wenn die Abfindungsvereinbarung vor dem 1. 1. 2004 getroffen worden ist *und* die Abfindung erst im Jahr 2004 zufließt. Insoweit dürfte jedoch Art. 6 HBeglG 2004 **verfassungswidrig** sein. So ist der BFH[41] für die Einführung des schlechteren ermäßigten Steuersatzes durch die Fünftel-Regelung nach § 34 EStG ab dem Veranlagungszeitraum 1999 anstelle des früheren halben Steuersatzes von einer unechten Rückwirkung ausgegangen, die er zu Recht wegen des besonders ausgeprägten Vertrauenstatbestands als verfassungswidrig und damit als unzulässig einstufte. Entsprechendes gilt für die Änderung des § 3 Nr. 9 EStG ab dem Veranlagungszeitraum 2004. Der Vorlagebeschluss des BFH ist im Übrigen beim Bundesverfassungsgericht unter dem Aktenzeichen 2 BvL 1/03 anhängig.

§ 3 Nr. 9 EStG ist keine Steuergrenze, sondern ein **Freibetrag**. Die Steuerfreiheit besteht also auch dann, wenn eine Abfindung vereinbart wird, die die Höchstgrenzen des § 3 Nr. 9 EStG überschreitet. Steuerfrei ist allerdings dann nur der Abfindungsbetrag bis zur Höchstgrenze. Für die erhöhten Steuerfreibeträge nach Vollendung des 50./55. Lebensjahres und nach 15/20 Dienstjahren kommt es ausschließlich auf den Zeitpunkt der rechtlichen Beendigung des Anstellungsverhältnisses an. Das Datum des Aufhebungsvertrages ist ebenso unerheblich wie der Auszahlungstermin der Abfindung.[42]

(1) Veranlassung des Arbeitgebers

Die Abfindung muss wegen einer **vom Arbeitgeber veranlassten Auflösung** des Arbeitsverhältnisses gezahlt worden sein. Auf welche Weise das Arbeitsverhältnis endet, ist bei § 3 Nr. 9 EStG ohne Auswirkungen. Der Freibetrag kommt also sowohl bei einer arbeitgeberseitigen Kündigung als auch bei einer arbeitnehmerseitigen Kündigung auf Druck des Arbeitgebers oder bei Abschluss eines Aufhebungsvertrages zum Zuge, wenn die Initiative zum Aufhebungsvertrag vom Arbeitgeber ausging. Für die „Veranlassung" durch den Arbeitgeber kommt es nur darauf an, dass dieser die **entscheidenden Ursachen für die Auflösung gesetzt** hat.[43]

§ 3 Nr. 9 EStG gilt auch, wenn der Arbeitnehmer unkündbar war oder wenn zunächst der Arbeitnehmer kündigt, dann aber auf Veranlassung des Arbeitgebers das Arbeitsverhältnis vorzeitig durch Aufhebungsvertrag beendet wird.[44]

---

40 *Welslau/Haupt/Lepsien*, Sozial- und steuerrechtliche Folgen der Beendigung von Arbeitsverhältnissen, 2003, Rz. 332.
41 BFH v. 6. 11. 2002, BStBl. II 2003, 257.
42 FG Köln v. 1. 8. 1991, EFG 1991, 646.
43 BFH v. 17. 5. 1977, BB 1977, 1288; v. 13. 10. 1978, BFHE 126, 399.
44 *Bauer*, Arbeitsrechtliche Aufhebungsverträge, Rz. VII. 8.

(2) Beendigung des Arbeitsverhältnisses

Die Beendigung des Arbeitsverhältnisses gem. § 3 Nr. 9 EStG setzt nach ganz herrschender Auffassung ein **echtes Arbeitsverhältnis** voraus. Bei der Beendigung eines freien Mitarbeiterverhältnisses kommt § 3 Nr. 9 EStG also nicht zum Zuge, was insbesondere bei Aufhebungsverträgen mit freien Mitarbeitern zu beachten ist.[45] § 3 Nr. 9 EStG ist aber ohne weiteres anwendbar, wenn die Parteien nach Beendigung des Arbeitsverhältnisses ein neues Dienstverhältnis eingehen, sofern dies kein Arbeitsverhältnis ist (zB Tätigkeit als freier Mitarbeiter, Berater, freier Handelsvertreter).[46]

Dagegen scheidet die Anwendung von § 3 Nr. 9 EStG aus, wenn die Abfindung nur als Ausgleich für eine **Veränderung des ansonsten bestehen bleibenden Dienstverhältnisses** gezahlt wird.[47] Ähnliche Probleme bestehen beim Wechsel von einer Konzerngesellschaft zu einer anderen.[48] Wird eine **Änderungskündigung** ausgesprochen und akzeptiert der Arbeitnehmer das Änderungsangebot, kommt § 3 Nr. 9 EStG ebenso wenig in Betracht, weil das Arbeitsverhältnis nicht endet.[49] Lehnt dagegen der Arbeitnehmer das Änderungsangebot ab, wird die Änderungskündigung zu einer Beendigungskündigung, bei der § 3 Nr. 9 EStG gilt.[50] Ebenfalls nicht steuerbegünstigt sind Ausgleichszahlungen anlässlich eines **Betriebsübergangs**, die den Arbeitnehmer für die schlechteren Arbeitsbedingungen beim Betriebsübernehmer entschädigen sollen.[51] Nicht steuerbegünstigt sind selbstverständlich auch **Bleibeprämien**, die dem gekündigten Arbeitnehmer einen Anreiz geben sollen, bis zum letzten Tag mit voller Energie weiterzuarbeiten und nicht vorzeitig die Stelle zu wechseln.[52] Das gilt unabhängig von der Bezeichnung der Bleibeprämie, also auch wenn sie als „Abfindungserhöhung", „Ergänzungsabfindung" oder Ähnliches deklariert wird.

§ 3 Nr. 9 EStG verlangt nicht, dass das Arbeitsverhältnis bei Abschluss des Aufhebungsvertrages in Vollzug gesetzt war. Deshalb gilt § 3 Nr. 9 EStG auch bei Arbeitnehmern mit ruhendem Arbeitsverhältnis (zB wegen Wehrdienst, Elternzeit etc.).

(3) Begriff der Abfindung

Problematisch ist häufig die Abgrenzung von „Abfindungen" von sonstigen Zahlungen, die im Zusammenhang mit der Beendigung des Arbeitsverhältnisses gezahlt werden. Wird beispielsweise im Rahmen eines Aufhebungsvertrages vereinbart, dass der Arbeitnehmer eine Abfindung, eine Tantieme für das letzte Geschäftsjahr und Urlaubsabgeltung erhalten soll, so ist nur die eigentliche Abfindung nach § 3 Nr. 9 EStG steuerfrei, nicht aber die sonstigen Zahlungen.

Eine **unzulässige Umgehung** stellt es dar, wenn der Arbeitnehmer auf ihm zustehende vertragliche Leistungen (wie zB Tantieme, Urlaubsabgeltung etc.) verzichtet

---

45 Vgl. dazu *Diller/Schuster*, FA 1998, 138; *Bauer/Baeck/Schuster*, Scheinselbständigkeit, 2000, S. 222 ff.
46 FG Münster v. 16. 5. 1997, EFG 1997, 1298; BFH v. 10. 10. 1986, BStBl. II 1987, 186.
47 *Bauer*, Arbeitsrechtliche Aufhebungsverträge, Rz. VII. 18; *Offerhaus*, DStR 1980, 475; *Bauer*, NZA 1991, 617; BFH v. 21. 6. 1990, BStBl. II 1990, 1021.
48 BFH v. 21. 6. 1990, BStBl. II 1990, 1021.
49 BFH v. 10. 10. 1986, BStBl. II 1987, 186.
50 BFH v. 28. 11. 1991, BFH/NV 1992, 305.
51 BFH v. 16. 7. 1997, DB 1997, 2007.
52 FG BW v. 23. 11. 1988, EFG 1989, 336.

und im Gegenzug eine (höhere) Abfindung gezahlt wird.[53] Steuerlich nicht anerkannt wird auch die – zivilrechtlich unbedenkliche – **rückwirkende Beendigung** des Arbeitsverhältnisses. Vereinbaren beispielsweise die Parteien am 30. 6., dass das Anstellungsverhältnis rückwirkend zum 31. 5. unter Zahlung einer Abfindung aufgehoben wird, so wird das Finanzamt denjenigen Teil der „Abfindung" nicht als steuerbegünstigt nach § 3 Nr. 9 EStG anerkennen, der dem Gehalt für Juni entspricht. Auch das während einer Freistellungsperiode fortgezahlte Gehalt bleibt steuerlich Gehalt und ist keineswegs eine steuerfreie Abfindung nach § 3 Nr. 9 EStG.[54]

(4) Zahlungszeitpunkt

Wann und auf welche Weise die Abfindung gezahlt wird, ist für § 3 Nr. 9 EStG grundsätzlich unerheblich. Es kommt also nicht darauf an, ob die Abfindung unmittelbar bei Beendigung des Arbeitsverhältnisses, schon vorher bei Abschluss des Aufhebungsvertrages oder erst geraume Zeit nach der rechtlichen Beendigung des Arbeitsverhältnisses gezahlt wird. Das gilt auch dann, wenn die Abfindungsraten in verschiedenen Kalenderjahren fällig werden. Der Steuerfreibetrag des § 3 Nr. 9 EStG kommt allerdings nur einmal zum Zuge, also nicht jedes Jahr neu.

bb) §§ 24, 34 EStG

(1) Allgemeines

Der Zweck der §§ 24, 34 EStG ist die Entschädigung des Steuerpflichtigen dafür, dass sich Einkünfte, die sich sonst über mehrere Veranlagungszeiträume (Kalenderjahre) verteilt hätten, aufgrund der Vertragsbeendigung und der Abfindung (Entschädigung) in einem Kalenderjahr **„zusammenballen"**. Die früher als „halber Steuersatz" bekannte Regelung ist allerdings seit 1. 1. 1999 weitgehend bedeutungslos geworden, da die neue **„Fünftelungsregelung"** häufig nur noch zu minimalen Steuervorteilen führt. Häufig wird es steuerlich sogar günstiger sein, auf die Zusammenballung des Abfindungspakets in einem Kalenderjahr und damit auf das Eingreifen von §§ 24, 34 EStG zu verzichten und stattdessen das Abfindungspaket über mehrere Kalenderjahre zu verteilen.

Die Steuervorteile der §§ 24, 34 EStG kommen zwar in den meisten Fällen neben dem Steuerfreibetrag nach § 3 Nr. 9 EStG zum Zuge. Allerdings gibt es **keinen automatischen Gleichlauf**. Bei Abfindungen, die über die Freibeträge nach § 3 Nr. 9 EStG (7 200 Euro/9 000 Euro/11 000 Euro) nicht hinausgehen, sind §§ 24, 34 EStG ohnehin bedeutungslos, da die §§ 24, 34 EStG nur auf den steuerpflichtigen Teil von Abfindungen anwendbar sind. Einen weiteren Anwendungsbereich als § 3 Nr. 9 EStG haben §§ 24, 34 EStG aber insoweit, als sie auch bei der Beendigung von Nicht-Arbeitsverhältnissen gelten, also bei freien Mitarbeiterverträgen, Beraterverträgen, Handelsvertreterverträgen etc. Andererseits kommt nur der Steuerfreibetrag nach § 3 Nr. 9 EStG und nicht die weitere Vergünstigung nach §§ 24, 34 EStG zum Zuge, wenn die Abfindung bzw. das Abfindungspaket sich auf mehrere Kalenderjahre verteilt.

---

53 FG BW v. 16. 6. 1997, EFG 1997, 1297.
54 BFH v. 27. 4. 1994, DB 1994, 1601.

(2) Entschädigung

Voraussetzung für die Anwendung der §§ 24, 34 EStG ist zunächst, dass es sich um eine „Entschädigung" handelt, die **„als Ersatz für entgangene oder entgehende Einnahmen"** gewährt wird. Der Begriff der „Entschädigung" ist weitgehend deckungsgleich mit dem der **„Abfindung"** nach § 3 Nr. 9 EStG, so dass weitgehend auf die dortigen Erläuterungen verwiesen werden kann.

Sind die zu entschädigenden Einnahmen deshalb weggefallen, weil der zugrunde liegende Vertrag **einvernehmlich aufgehoben** wurde, greift § 24 EStG nur dann, wenn der Steuerpflichtige unter einem **„erheblichen rechtlichen, wirtschaftlichen oder tatsächlichen Druck"** gestanden hat.[55] Dies entspricht wiederum der Rechtslage bei § 3 Nr. 9 EStG, der eine „Veranlassung des Arbeitgebers" fordert (so. 1. f) aa) (1)).

Insbesondere setzt § 24 EStG voraus, dass

– es sich nicht um Zahlungen handelt, auf die der Arbeitnehmer einen **vertraglichen Anspruch** hatte (Urlaubsabgeltung, nachgezahlte Boni, Tantieme, Gehaltsrückstände etc.),

– das Dienstverhältnis **endgültig beendet** und nicht nur geändert wird.

Anders als bei § 3 Nr. 9 EStG fordert die Finanzverwaltung allerdings für §§ 24, 34 EStG, dass die Zahlung der Abfindung auf einer **„neuen Rechts- oder Billigkeitsgrundlage"** beruht.[56] Deshalb ist die Anwendung der §§ 24, 34 EStG zweifelhaft, wenn die Abfindung schon im Anstellungsvertrag für den Fall vorgesehen war, dass das Anstellungsverhältnis aus bestimmten Gründen endet.[57] Die Parteien können allerdings anlässlich des Ausscheidens die ursprüngliche Abfindungszusage modifizieren, zB durch Veränderung des Ausscheidenszeitpunkts oder zusätzliche Sach- oder Geldleistungen.[58]

(3) Zusammenballung

Das Erfordernis der Zusammenballung steht nicht im Gesetz, sondern ist von der Rechtsprechung aufgestellt worden.[59] Der BFH sieht die Entschädigungen nach § 24 Nr. 1 EStG nur dann als steuerbegünstigte „außerordentliche Einkünfte" im Sinne des § 34 Abs. 1 EStG an, wenn sie sich als eine **Zusammenballung von Einnahmen darstellen, die sich bei normalem Ablauf auf mehrere Jahre verteilt hätten**.

Dem Steuerpflichtigen entstehen dann die durch §§ 24, 34 EStG auszugleichenden Nachteile vor allem aufgrund der **Steuerprogression**. Wird zB ein auf drei Jahre vereinbartes Dienstverhältnis, bei dem die Dienstbezüge mit 35% Steuersatz besteuert worden wären, kurz nach seinem Beginn einvernehmlich beendet, und wird die gesamte restliche Vergütung für die drei Jahre als Einmal-Abfindung ausgezahlt, so kann ein Arbeitnehmer in leitender Stellung mit der Abfindung leicht den Spitzen-

---
55 BFH v. 20. 7. 1978, DB 1979, 676.
56 BFH v. 30. 10. 1970, BFHE 100, 504; v. 25. 3. 1975, BFHE 115, 472; v. 27. 2. 1991, BStBl. II, 703.
57 Vgl. *Bauer*, NZA 1996, 733; *Offerhaus*, DStZ 1997, 109.
58 Vgl. *Bauer*, Arbeitsrechtliche Aufhebungsverträge, Rz. VII. 49.
59 BFH v. 20. 10. 1978, DB 1979, 676; v. 17. 12. 1982, DB 1983, 1406; v. 18. 9. 1991, BFH/NV 1992, 102.

steuersatz erreichen. Ohne §§ 24, 34 EStG stünde er dann steuerlich ungünstiger, als wenn das Anstellungsverhältnis fortgesetzt würde.

Wird die Abfindung in **Raten** ausgezahlt, liegt dennoch eine Zusammenballung vor, solange sich diese Raten lediglich auf **ein Kalenderjahr** verteilen. Nur wenn eine oder mehrere Raten in **verschiedenen Kalenderjahren** gezahlt werden, sind §§ 24, 34 EStG unanwendbar.[60] Eine Zusammenballung liegt auch dann nicht vor, wenn dem Arbeitnehmer in dem Kalenderjahr, in dem die Abfindung gezahlt wird, insgesamt weniger zufließt als ihm bei Fortbestand des Dienstverhältnisses in diesem Jahr zugeflossen wäre. Wird beispielsweise das Arbeitsverhältnis per 30. 6. beendet und ist die Abfindung geringer als die Bezüge, die in der Zeit vom 1. 7. bis 31. 12. angefallen wären, ist für die Anwendung von §§ 24, 34 EStG kein Raum.[61]

Erhält der Steuerpflichtige aus Anlass des Ausscheidens neben der Geld-Abfindung noch andere Zuwendungen (unentgeltliche Überlassung des Dienstwagens, Weiternutzung einer Firmenwohnung, Verbesserungen der betrieblichen Altersversorgung etc.), so sind sie in die Gesamtabfindung einzubeziehen. Alle diese Leistungen müssen dem Arbeitnehmer also grundsätzlich in einem Kalenderjahr zufließen.[62]

(4) Fünftelungsregel

Die seit dem 1. 1. 1999 geltende „Fünftelungsregelung" des § 34 EStG bedeutet nicht, dass sich die auf die Abfindung entfallende Steuer auf fünf Kalenderjahre verteilt. Vielmehr wird die gesamte Steuer in dem Jahr fällig, in dem die Abfindung zufließt. Allerdings wird die Steuer so berechnet, als sei die Abfindung verteilt auf fünf Jahre zugeflossen.[63]

cc) Anrufungsauskunft

Bestehen Zweifel an der rechtlichen Behandlung der Abfindung oder des Abfindungspakets, so kann eine Lohnsteueranrufungsauskunft nach § 42e EStG beim Betriebsstättenfinanzamt eingeholt werden. Das Finanzamt ist zur Auskunftserteilung verpflichtet und kommt dieser Verpflichtung auch meist recht kurzfristig nach.

Die Anrufungsauskunft des **Betriebsstättenfinanzamts** ist allerdings für das zuständige **Wohnsitzfinanzamt** des Arbeitnehmers nicht bindend. Das Wohnsitzfinanzamt kann also ohne weiteres den Vorgang steuerlich anders beurteilen als das Betriebsstättenfinanzamt. In einem solchen Fall ist nur die Lohnsteuerhaftung des Arbeitgebers nach § 42d EStG ausgeschlossen, während der Arbeitnehmer die höhere Steuer zahlen muss. Will der Arbeitnehmer sich schützen, muss er sein Wohnsitzfinanzamt

---

60 *Bauer*, Arbeitsrechtliche Aufhebungsverträge, Rz. VII. 64, 66.
61 BFH v. 16. 7. 1997, DStR 1997, 1531.
62 BFH v. 9. 7. 1992, BStBl. II 1993, 27; ausführlich Rundschreiben des BMF v. 18. 12. 1998, BStBl. I, 1512. Der Grundsatz der Zusammenballung gilt allerdings nicht, wenn neben der Hauptentschädigung in einem späteren Veranlagungszeitraum aus Gründen der sozialen Fürsorge für eine gewisse Übergangszeit eine zusätzliche Entschädigung gewährt wird, BFH v. 14. 8. 2001, BB 2002, 389; iE: *Bauer*, Arbeitsrechtliche Aufhebungsverträge, Rz. VII. 77.
63 Vgl. zur Berechnung im Einzelnen mit Beispielen *Bauer*, Arbeitsrechtliche Aufhebungsverträge, Rz. VII. 80 ff.

um eine so genannte verbindliche Auskunft bitten, auf die jedoch – anders als bei § 42e EStG – kein Anspruch besteht.[64]

h) Sozialversicherungsrecht

aa) Allgemeines

Arbeitsrechtliche Aufhebungsverträge sollten hinsichtlich ihrer sozialversicherungsrechtlichen Konsequenzen mit größter Sorgfalt gestaltet werden. Denn schlecht konzipierte Aufhebungsverträge können zu unliebsamen und teuren sozialversicherungsrechtlichen Nachteilen führen. Das gilt für beide Seiten. Während der Arbeitnehmer dafür sorgen muss, dass es nicht zur Verhängung von **Sperrzeiten**, zum **Ruhen des Arbeitslosengeldanspruchs** oder zu einer **Verrechnung der Abfindung mit dem Arbeitslosengeld** kommt, muss der Arbeitgeber **Erstattungspflichten für das Arbeitslosengeld** vermeiden. Dies wird dadurch erschwert, dass sich die gesetzlichen Regelungen fortwährend – zuletzt durch das Dritte und Vierte Gesetz für moderne Dienstleistungen am Arbeitsmarkt v. 23. 12. 2003 und 24. 12. 2003[65] und das Gesetz zu Reformen am Arbeitsmarkt vom 24. 12. 2003[66] – ändern.

bb) Keine Beitragspflicht

Abfindungen sind grundsätzlich **sozialversicherungsfrei**. Dies gilt unabhängig davon, ob sie nach § 3 Nr. 9 EStG steuerfrei oder steuerpflichtig sind. Die Beitragsfreiheit beruht schlicht darauf, dass nur Arbeitsentgelt beitragspflichtig ist, Abfindungen aber kein Arbeitsentgelt darstellen, und zwar selbst dann nicht, wenn sie für entgehendes Arbeitsentgelt entschädigen.[67]

cc) Anspruchsübergang auf die Bundesagentur für Arbeit

Beim Abschluss von Abwicklungsverträgen kommt es häufig vor, dass die Parteien sich auf eine Beendigung des Arbeitsverhältnisses nach dem Termin einigen, zu dem ursprünglich gekündigt wurde. Daran besteht oftmals Interesse bei fristlosen Kündigungen, die im Zuge eines Abwicklungsvertrages in eine ordentliche Kündigung umgewandelt werden, oder bei ordentlichen Kündigungen, bei denen das Anstellungsverhältnis noch für weitere Monate fortdauern soll, etwa um die Bewerbungschancen des Arbeitnehmers zu erhöhen und Lücken im Lebenslauf zu vermeiden.

Da solche Abwicklungsvereinbarungen häufig erst geschlossen werden, nachdem der Arbeitgeber die Gehaltszahlungen bereits einige Zeit eingestellt hat (weil er ja von der Wirksamkeit der Kündigung zum ursprünglich vorgesehenen Zeitpunkt ausging), hat die Agentur für Arbeit in der Zwischenzeit oft bereits **Arbeitslosengeld** gezahlt. Entstehen nun durch den Abwicklungsvertrag wegen der Verlängerung des Arbeitsverhältnisses Gehaltsansprüche für Zeiten, in denen die Agentur für Arbeit bereits Arbeitslosengeld gezahlt hat, kann sie das Arbeitslosengeld grundsätzlich nicht vom Arbeitnehmer zurückfordern. Vielmehr gehen die Gehaltsansprüche des Arbeitneh-

---
64 BMF-Schreiben v. 24. 6. 1987, DB 1987, 1465.
65 BGBl. I, 2848 und 2954.
66 BGBl. I, 3002.
67 BSG v. 21. 2. 1990, NZA 1990, 751; BAG v. 9. 11. 1988, NZA 1989, 270.

mers in entsprechender Höhe auf die Bundesagentur für Arbeit über (§ 143a Abs. 4 SGB III iVm. § 115 Abs. 1 SGB X). Vielfach ist es dann günstiger, statt einer Verlängerung des Arbeitsverhältnisses eine Abfindung zu zahlen, weil sonst von Gehaltsnachzahlungen wegen des Anspruchsübergangs für den Arbeitnehmer nicht viel übrig bleibt.

dd) Ruhen des Arbeitslosengeldes nach § 143a SGB III

Wird aus Anlass der Beendigung des Arbeitsverhältnisses eine Abfindung gezahlt und ist die Zeit zwischen dem Abschluss des Aufhebungsvertrages und dem vorgesehenen Beendigungszeitpunkt kürzer als die vereinbarte ordentliche Kündigungsfrist, so ruht der Anspruch auf Arbeitslosengeld für einen gewissen Zeitraum (§ 143a SGB III).

(1) Entschädigungen iSv. § 143a Abs. 1 Satz 1 SGB III

§ 143a Abs. 1 Satz 1 SGB III bezieht sich auf Abfindungen und Sonstige „Entlassungsentschädigungen", egal ob in Geld- oder in Sachbezügen, soweit sie unmittelbar für die Beendigung des Arbeitsverhältnisses gezahlt werden. Nicht umfasst sind also sonstige Abfindungen, zB für Versorgungsanwartschaften und Karenzentschädigungen sowie Übergangsgelder. Nach der ausdrücklichen Regelung in § 143a Abs. 1 Satz 6 SGB III sind im Übrigen solche Abfindungsbestandteile ausgenommen, die unmittelbar in die Rentenversicherung des Arbeitnehmers (§ 187a Abs. 1 SGB VI) oder in eine berufsständische Versorgungseinrichtung eingezahlt werden (§ 143a Abs. 1 Satz 7 SGB III).[68]

(2) Maßgebliche Kündigungsfrist

Für die Bemessung der maßgeblichen Kündigungsfrist kommt es darauf an, welche Frist in dem konkreten Arbeitsverhältnis gemäß Gesetz, Tarifvertrag oder Einzelvertrag gilt. Werden Aufhebungsverträge rückdatiert, um die Anrechnung nach § 143a SGB III zu vermeiden, erfüllt dies den Tatbestand des Betruges zu Lasten der Arbeitsverwaltung (so.).

Ist dem Abschluss des Auflösungsvertrages eine Kündigung vorangegangen, so ist für § 143a SGB III auf den Tag der Kündigung abzustellen, nicht dagegen auf das Datum des Abwicklungsvertrages.

Zu beachten ist, dass § 143a Abs. 1 Satz 3 SGB III hinsichtlich der maßgeblichen Kündigungsfrist für **besonders geschützte Arbeitnehmergruppen** Sonderregelungen enthält. Die Vorschrift unterscheidet vier Fälle:

(1) Ist die **ordentliche Kündigung zeitlich befristet ausgeschlossen** (Mutterschutz, Elternzeit, Betriebsratsmitglieder), so ist dies für die Berechnung nach § 143a SGB III unerheblich. **(2)** Ist die **ordentliche Kündigung auf Dauer ausgeschlossen**, was insbesondere bei einer tariflichen Alterssicherung der Fall ist, wird eine fiktive Kündigungsfrist von 18 Monaten zugrunde gelegt (§ 143a Abs. 1 Satz 3 SGB III). **(3)** Liegen bei einem an sich **tariflich unkündbaren** Arbeitnehmer ausnahmsweise die Voraussetzungen für eine fristgebundene **Kündigung aus wichtigem Grund** vor (insbeson-

---

[68] Zu Gestaltungsmöglichkeiten in Aufhebungsverträgen mit älteren Arbeitnehmern aufgrund dieser Vorschriften *Schrader*, NZA 2003, 593.

dere Betriebs- oder Abteilungsschließung), so ist für die Berechnung nach § 143a SGB III die Kündigungsfrist maßgebend, die ohne Alterssicherung maßgebend wäre (§ 143a Abs. 1 Satz 3 SGB III). **(4)** Kann dem Arbeitnehmer **nur bei Zahlung einer Abfindung etc. ordentlich gekündigt** werden, so gilt eine fiktive Kündigungsfrist von 12 Monaten (§ 143a Abs. 1 Satz 4 SGB III).

Unklar ist, welche (fiktive) Kündigungsfrist bei schwerbehinderten Menschen anzusetzen ist.[69]

(3) Berechnung des Ruhenszeitraums

Die Berechnung des konkreten Ruhenszeitraums ist kompliziert. Das Gesetz geht bei der Berechnung von der **unwiderleglichen Vermutung** aus, dass die bezahlte Abfindung aus zwei Teilen besteht, nämlich zum einen aus einer „**echten" Abfindung** als Ausgleich für den Verlust des Arbeitsplatzes, zum Zweiten aus einem „**unechten" Abfindungsbestandteil**, der für die vorzeitige Auflösung des Vertragsverhältnisses ohne Einhaltung der ordentlichen Kündigungsfrist gezahlt wurde. Das Verhältnis der beiden Anteile wird vom Gesetz unter Berücksichtigung von Lebensalter und Betriebszugehörigkeit festgelegt. Der anrechnungsfreie „echte" Abfindungsanteil ist pauschal auf 40% der Abfindung festgesetzt. Der 40%-Anteil erhöht sich bei Arbeitnehmern nach Vollendung des 35. Lebensjahres und nach einer Betriebszugehörigkeit von 5 Jahren um jeweils 5% für jede 5 zusätzlichen Lebens- bzw. Betriebszugehörigkeitsjahre, maximal aber auf 75% der Abfindung, § 143a Abs. 2 Satz 3 SGB III.

Gemäß § 143 Abs. 2 Satz 2 Nr. 1 SGB III ruht der Anspruch auf Arbeitslosengeld nur so lange, wie der Arbeitslose bei Fortbestand des Arbeitsverhältnisses gebraucht hätte, um den anrechenbaren Teil der Abfindung zu verdienen. Dies ist aber nur der erste Schritt.

Anschließend ist zu prüfen, ob nicht von Gesetzes wegen kürzere Ruhenszeiträume angesetzt werden müssen. So darf der Ruhenszeitraum grundsätzlich nicht länger sein als

– ein Jahr (§ 143a Abs. 2 Satz 1 SGB III) und auch nicht

– länger als bis zum Ende der normalen oder fiktiven Kündigungsfrist (§ 143a Abs. 1 SGB III) und auch nicht

– länger als bis zum Ablauf einer vereinbarten Befristung des Arbeitsverhältnisses (§ 143a Abs. 2 Satz 2 Nr. 2 SGB III).

(4) Berechtigung zur außerordentlichen Kündigung

Der Anspruch auf Arbeitslosengeld ruht ausnahmsweise dann nicht, wenn der Arbeitgeber berechtigt gewesen wäre, das Arbeitsverhältnis **aus wichtigem Grund ohne Einhaltung einer Kündigungsfrist gemäß § 626 BGB zu kündigen** (§ 143a Abs. 2 Satz 2 Nr. 3 SGB III). Die Regelung beruht auf der Überlegung, dass eine Abfindung nicht dem Ausgleich von während der ordentlichen Kündigungsfrist entgangenen Vergütungsansprüchen dienen kann, wenn eine ordentliche Kündigungsfrist gar nicht

---

69 Vgl. *Bauer*, Arbeitsrechtliche Aufhebungsverträge, Rz. VII. 39.

hätte eingehalten werden müssen.[70] Allerdings muss dann gegebenenfalls vor den Sozialgerichten die arbeitsrechtliche Frage nach der Wirksamkeit einer fiktiven Kündigung geklärt werden.

(5) Folgen des Ruhens des Arbeitslosengeldanspruchs

Während die Sperrzeit zu einem echten Anspruchsverlust führt (su.), bewirkt die Ruhenszeit nur eine **Anspruchshemmung**. Während der Ruhensfrist besteht zwar kein Anspruch auf Arbeitslosengeld (und auch nicht auf Arbeitslosenhilfe), § 198 Satz 2 Nr. 6 SGB III. Das Ruhen des Arbeitslosengeldanspruchs führt aber nicht zu einer Verkürzung des Gesamt-Bezugszeitraums, denn der Arbeitslose wird während des Ruhenszeitraums nicht als arbeitslos behandelt. Der Gesamt-Arbeitslosengeldanspruch wird lediglich um die Ruhensfrist hinausgeschoben, kann also im Anschluss an die Ruhensfrist in vollem Umfang und für die volle Dauer geltend gemacht werden. Zu beachten ist, dass während des Ruhenszeitraums **kein Krankenversicherungsschutz** besteht (§ 126 Abs. 1 SGB III), nur der erste Monat nach dem Ausscheiden aus dem Arbeitsverhältnis ist nach § 19 Abs. 2 SGB V noch abgedeckt. Während des Ruhenszeitraums zahlt die Bundesagentur für Arbeit auch keine Beiträge zur gesetzlichen Kranken-, Pflege- und Rentenversicherung.

ee) Sperrzeiten nach § 144 SGB III

(1) Allgemeines

Jeder Aufhebungsvertrag birgt das Risiko, dass eine Sperrzeit ausgelöst wird. Sperrzeiten entstehen, wenn der Arbeitslose **schuldhaft seine Arbeitslosigkeit verursacht** hat. Beim Abschluss von Aufhebungsverträgen droht vor allem die Sperrzeit „wegen Arbeitsaufgabe" nach § 144 Abs. 1 Nr. 1 SGB III. Die Situation hat sich in den letzten Jahren dramatisch verschärft. In vielen Agenturen für Arbeit hat sich die Praxis durchgesetzt, beim Vorliegen eines Aufhebungsvertrages ohne weitere Amtsermittlung Sperrzeiten zu verhängen.

Die Verhängung einer Sperrfrist ist **keine Ermessensentscheidung** der Arbeitsverwaltung. Vielmehr tritt die Sperrfrist bei Vorliegen der Voraussetzungen von Gesetzes wegen ein, der Bescheid der Agentur für Arbeit hat also nur feststellenden Charakter. Die Sperrzeit dauert grundsätzlich **zwölf Wochen** (§ 144 Abs. 3 Satz 1 SGB III). Würde die zwölfwöchige Sperrzeit für den Arbeitslosen eine besondere Härte bedeuten, wird sie auf sechs Wochen reduziert (§ 144 Abs. 3 Satz 2 Nr. 2 b) SGB III). Auch insoweit hat die Agentur für Arbeit kein Ermessen; der Begriff der „Härte" ist ein **unbestimmter Rechtsbegriff**.[71] Anders als beim Ruhenszeitraum nach § 143a SGB III führt die Sperrfrist zum **endgültigen Verlust des Arbeitslosengeldanspruchs**. Die Gesamt-Anspruchsdauer mindert sich also um die Anzahl der Tage der Sperrzeit. Die Sperrzeit führt nach § 128 Abs. 1 Nr. 4 SGB III zu einer Verkürzung der Anspruchsdauer um mindestens ein Viertel.

---

70 BSG v. 17. 2. 1981, DB 1981, 1983.
71 BSG v. 22. 3. 1979, BSGE 48, 114; Durchführungsanordnung zu § 144 SGB III, Stand 8/2003, Ziff. 10.1.

(2) Echter Aufhebungsvertrag[72]

Kaum zu vermeiden ist die Sperrzeit, wenn dem Aufhebungsvertrag **keine Kündigung** vorangegangen ist („echter" Aufhebungsvertrag). Die Darlegung, der Arbeitgeber habe eine (ordentliche oder fristlose) Kündigung zum gleichen Beendigungstermin für den Fall in Aussicht gestellt, dass der Arbeitnehmer den Aufhebungsvertrag nicht geschlossen hätte, wird von der Bundesagentur für Arbeit nicht mehr anerkannt.[73] Nach ihrer Ansicht soll dem Arbeitnehmer **grundsätzlich zuzumuten** sein, statt des Aufhebungsvertrages die **arbeitgeberseitige Kündigung abzuwarten**.

Ansonsten kann beim Abschluss eines Aufhebungsvertrages nach Auffassung der Bundesagentur für Arbeit eine Sperrzeit nur dann vermieden werden, wenn der Arbeitnehmer einen **wichtigen Grund** zur Aufgabe seines Arbeitsplatzes hatte, so dass selbst bei Ausspruch einer Eigenkündigung des Arbeitnehmers keine Sperrzeit eingetreten wäre. Zu nennen sind hier beispielsweise Gründe im persönlichen Bereich (Heirat, Wohl der Kinder, Angebot einer anderen Stelle, religiöse und weltanschauliche Gründe, Zuzug zum Ehepartner etc.).

ff) Anrechnung von Abfindungen auf Arbeitslosengeld

Derzeit existiert – entgegen einer vielfach anzutreffenden Meinung – keine Regel, wonach Abfindungen grundsätzlich auf das Arbeitslosengeld anzurechnen wären. Eine Vorschrift dieses Inhalts (§ 115 AFG bzw. § 140 SGB III aF) wurde schon durch das „Entlassungsentschädigungs-Änderungsgesetz" vom 24. 3. 1999 aufgehoben.

Die Zahlung von Abfindungen wirkt sich also auf die Höhe des Arbeitslosengeldes grundsätzlich nicht aus. Ob eine Sperrzeit nach § 144 SGB III eintritt, ist von der Zahlung von Abfindungen weitgehend unabhängig. Nur wenn die maßgebliche Kündigungsfrist nicht eingehalten wurde, kann die Zahlung einer Abfindung zum Ruhen (nicht: Anrechnung!) des Arbeitslosengeldanspruchs nach § 143a SGB III führen (so.).

gg) Kürzung bei nicht rechtzeitiger Meldung

Meldet sich der Arbeitnehmer entgegen § 37b SGB III nicht unverzüglich nach Kenntnis des Beendigungszeitpunkts bei der Agentur für Arbeit arbeitssuchend, so mindert sich das Arbeitslosengeld je nach Bemessungsentgelt um 7 bis 50 Euro für jeden Tag der verspäteten Meldung (§ 140 SGB III). Die Minderung ist aber auf den Betrag begrenzt, der sich bei einer Verspätung von 30 Tagen errechnet. Sie wird nur auf das halbe Arbeitslosengeld angerechnet, weshalb dem Arbeitslosen stets das halbe Arbeitslosengeld verbleibt. Umstritten ist, ob der Arbeitnehmer seinen Schaden auf den Arbeitgeber abwälzen kann, wenn dieser ihn nicht gem. § 2 Abs. 2 Nr. 3 SGB III auf seine Verpflichtung hinweist.[74]

---

72 Zum Abwicklungsvertrag vgl. unten unter I. 2 a).
73 Durchführungsanordnung zu § 144 SGB III, Stand 8/2003, Ziff. 2.3 (2).
74 Vgl. hierzu die Erläuterungen in Kap. 22, Ziff. I. 12.

hh) Erstattung von Arbeitslosengeld für ältere Arbeitslose nach § 147a SGB III

(1) Allgemeines

Die Erstattungspflicht nach § 147a SGB III ist die gravierendste sozialversicherungsrechtliche Konsequenz, die ein Aufhebungsvertrag haben kann. Sie trifft den Arbeitgeber. Pro Erstattungsfall können bis zu ca. 70 000 Euro an Erstattungsforderungen anfallen. § 147a SGB III ist immer dann in die Überlegungen einzubeziehen, wenn das Arbeitsverhältnis **nach der Vollendung des 55. Lebensjahres** beendet werden soll, der Mitarbeiter **länger als 10 Jahre beschäftigt** war und das Unternehmen **mehr als 20 Mitarbeiter** hat. Sind diese drei Grundkriterien erfüllt, muss intensiv geprüft werden, ob eine Erstattung in Betracht kommt und welche Maßnahmen zur Vermeidung der Erstattungspflicht möglich sind.

Grundprinzip des § 147a SGB III ist es, den Arbeitgeber an den Kosten von Frühverrentungen zu beteiligen, um Missbrauch zu vermeiden. Frühverrentungen sind für den Arbeitnehmer außerordentlich vorteilhaft, da er zunächst Arbeitslosengeld beziehen und dann vorzeitig in Rente gehen kann. Diese Praxis hat in der Vergangenheit zu **Belastungen der Sozialkassen** in Milliardenhöhe geführt. Kern des § 147a SGB III ist, dass der Arbeitgeber, der sich ohne hinreichenden Grund von einem Mitarbeiter trennt, der langjährig bei ihm beschäftigt war und beim Ausscheiden das 55. Lebensjahr vollendet hat, der Bundesagentur für Arbeit das Arbeitslosengeld nebst allen Sozialabgaben für die Zeit ab Vollendung des 57. Lebensjahres zu erstatten hat, und zwar längstens für 32 Monate. Für Arbeitnehmer, deren Arbeitsverhältnis spätestens am 26. 9. 2003 geendet hat, oder bei denen der Anspruch auf Arbeitslosengeld bis zum 31. 12. 2003 entstanden ist, ist noch § 147a SGB III in der bis zum 31. 12. 2003 geltenden Fassung anwendbar; die Erstattungspflicht erfasst dann nur Arbeitnehmer, die beim Ausscheiden das 56. Lebensjahr vollendet haben, sie beginnt ab Vollendung des 58. Lebensjahres und beträgt maximal 24 Monate.[75] § 147a SGB III ist nach derzeitigem Stand überhaupt nicht mehr anzuwenden für Ansprüche auf Arbeitslosengeld, deren Dauer sich nach § 127 Abs. 2 SGB III in der vom 1. 1. 2004 an geltenden Fassung richtet,[76] also stark verkürzt wurde;[77] das ist der Fall, wenn der Anspruch auf Arbeitslosengeld erst nach dem 31. 1. 2006 entsteht.[78] Die Erstattungspflicht bezieht sich gleichermaßen auf das Arbeitslosengeld und die nachfolgende Arbeitslosenhilfe sowie auf die darauf entfallenden Sozialabgaben.

(2) Befreiung von der Erstattungspflicht

§ 147a SGB III enthält zahlreiche Ausnahmen und Unterausnahmen, auf die an dieser Stelle nicht eingegangen werden kann[79]. Wichtig ist vor allem Folgendes:

– Eine Erstattungspflicht nach § 147a SGB III scheidet aus, wenn das Arbeitsverhältnis **vor Vollendung des 55. Lebensjahres** endet, § 147a Abs. 1 Satz 2 SGB III. Es kommt ausschließlich auf die rechtliche Beendigung an, an welchem Tag der Aufhe-

---
75 § 434l Abs. 3 SGB III.
76 § 434l Abs. 4 SGB III.
77 Nach § 127 Abs. 2 SGB III aF beträgt der maximale Bezugszeitraum zB 32 Monate, nach § 127 Abs. 2 SGB III nF nur noch 18 Monate.
78 § 434l Abs. 1 SGB III.
79 Zu Einzelheiten vgl. Niesel/*Brand*, SGB III, Erläuterungen zu § 147a.

bungsvertrag abgeschlossen wurde, ist unerheblich. So stellt es keine unzulässige Umgehung dar, noch einen Tag vor dem 55. Geburtstag das Arbeitsverhältnis einvernehmlich mit sofortiger Wirkung aufzuheben und dadurch die Erstattungspflicht zu vermeiden.[80]

- Die Erstattungspflicht setzt gem. § 147a Abs. 1 Satz 2 Nr. 1 SGB III voraus, dass der Arbeitslose in den letzten 12 Jahren **mindestens 10 Jahre bei dem Arbeitgeber** beschäftigt war; bei Betriebsübergängen rechnet die Beschäftigungszeit beim früheren Arbeitgeber mit. Soweit die Arbeitnehmer noch gem. § 434l Abs. 3 SGB III unter die bis 31. 12. 2003 geltende Regelung fallen (s. oben unter (1)) gilt ferner: Bei Ausscheiden vor Vollendung des 57. Lebensjahres muss der Arbeitnehmer in den letzten 18 Jahren mindestens 15 Jahre beim gleichen Arbeitgeber beschäftigt gewesen sein, § 147a Abs. 1 Satz 2 Nr. 1 a) SGB III aF. Nach § 147a Abs. 5 Satz 1 SGB III gelten bei der Berechnung der Beschäftigungszeiten Konzernunternehmen als einheitlicher Arbeitgeber.

- Die Erstattungspflicht entfällt in **Kleinunternehmen** mit in der Regel nicht mehr als 20 Arbeitnehmern, § 147a Abs. 1 Satz 2 Nr. 2 SGB III. Bei Unternehmen zwischen 20 und 40 Arbeitnehmern mindert sich die Erstattungspflicht um zwei Drittel, zwischen 40 und 60 Arbeitnehmern um ein Drittel (§ 147a Abs. 3 Satz 1 SGB III).

- Die Erstattungspflicht tritt nicht ein, wenn der Arbeitslose **Anspruch auf anderweitige Sozialleistungen** hat, also statt Arbeitslosengeld/Arbeitslosenhilfe Anspruch auf Berufs- oder Erwerbsunfähigkeitsrente oder auf Krankengeld hat, § 147a Abs. 1 Satz 2, 2. Halbs. SGB III; ob solche Leistungen tatsächlich beantragt und bezogen werden, ist unerheblich.

- Die Erstattungspflicht fällt auch weg, wenn der **Arbeitnehmer selbst gekündigt** hat und im Zuge dieser Eigenkündigung **keine Abfindung** oder ähnliche Entschädigung erhalten hat, § 147a Abs. 1 Satz 2 Nr. 3 SGB III.

- Dasselbe gilt, wenn der **Arbeitgeber berechtigt war, das Arbeitsverhältnis fristlos zu kündigen, § 147a Abs. 1 Satz 2 Nr. 5 SGB III.** Es kommt nicht darauf an, ob die fristlose Kündigung tatsächlich ausgesprochen oder ob stattdessen ein Aufhebungsvertrag abgeschlossen oder der Arbeitnehmer zu einer Eigenkündigung gedrängt wurde.

- Die Erstattungspflicht besteht auch nicht, wenn das Arbeitsverhältnis mit einer **sozial gerechtfertigten ordentlichen Arbeitgeberkündigung** geendet hat, § 147a Abs. 1 Satz 2 Nr. 4 SGB III. Allerdings ist hier – anders als bei der fristlosen Kündigung! – entscheidend, dass auch tatsächlich eine ordentliche Kündigung ausgesprochen wurde.[81] Allerdings dürfte eine betriebsbedingte Kündigung mit dem Angebot einer Abfindung gem. der seit 1. 1. 2004 geltenden Regelung des § 1a KSchG dem Ausschluss der Erstattung nicht entgegenstehen.[82]

- Die Erstattungspflicht entfällt weiter gem. § 147a Abs. 1 Satz 2 Nr. 6 und 7, wenn der Arbeitnehmer im Zuge eines **größeren Personalabbaus** ausgeschieden ist. Zu unterscheiden sind zwei verschiedene Regelungen:

---

80 *Bauer*, Arbeitsrechtliche Aufhebungsverträge, Rz. VIII. 103.
81 BSG v. 21. 9. 2000, EzA § 147a Nr. 2.
82 *Gaul*, BB 2003, 2457, 2460; vgl. auch BSG v. 9. 11. 1995, SozR 3-4100 § 119 Nr. 9.

Nach § 147a Abs. 1 Satz 2 Nr. 7 SGB III entfällt die Erstattungspflicht, wenn der Arbeitnehmer das Opfer eines kurzfristigen Personalabbaus von mindestens 20% der Belegschaft war und dieser Personalabbau für den örtlichen Arbeitsmarkt von erheblicher Bedeutung ist („Crash-Klausel"). Dies wird nach der lokalen Arbeitslosenquote beurteilt. Kurzfristig ist der Personalabbau, wenn er innerhalb von drei Monaten stattfindet.

Demgegenüber stellt die Ausnahmeregelung des § 147a Abs. 1 Satz 2 Nr. 6 SGB III auf die Altersstruktur der entlassenen Arbeitnehmer im Verhältnis zur Altersstruktur im Restbetrieb ab. Bei Entlassungen von mehr als 3%/10% der Belegschaft innerhalb von zwölf Monaten entfällt die Erstattungspflicht, wenn der Anteil der über 55-jährigen und älteren Arbeitnehmer unter den Ausscheidenden genauso hoch/doppelt so hoch ist wie unter der Gesamtbelegschaft.

(3) Unzumutbarkeit der Erstattung

Die Erstattungspflicht entfällt des Weiteren, wenn die Erstattung eine **unzumutbare Belastung für das Unternehmen** bedeuten würde, § 147a Abs. 2 Nr. 2 SGB III. Das ist der Fall, wenn durch die Erstattungsforderung der Fortbestand des Unternehmens oder die nach Durchführung des Personalabbaus verbleibenden Arbeitsplätze gefährdet würden. Zum Nachweis der Unzumutbarkeit ist die Stellungnahme einer fachkundigen Stelle vorzulegen, etwa einer Wirtschaftsprüfungsgesellschaft. Der erforderliche Nachweis wird häufig erbracht sein, wenn ein negatives Betriebsergebnis vorliegt und die Notwendigkeit besteht, Erstattungsforderungen aus der Substanz des Unternehmens zu begleichen.[83] Der Gesetzeswortlaut verlangt seit dem 1. 1. 2002 zusätzlich, dass der Arbeitgeber insolvenzfähig ist.[84]

(4) Vermeidungsstrategien

Ein weit verbreiteter Weg zur Vermeidung der Erstattungspflicht war eine Zeit lang die Vereinbarung von Klauseln in Aufhebungsverträgen, nach denen sich der ausscheidende Arbeitnehmer verpflichtete, kein Arbeitslosengeld zu beantragen (sog. „128 AFG-Klauseln"). Ohne Zahlung von Arbeitslosengeld konnte es auch keine Erstattung von Arbeitslosengeld geben. Allerdings hat die Rechtsprechung solche Klauseln wegen § 32 SGB I für unwirksam erklärt.[85]

Allerdings kann in einem Aufhebungsvertrag wirksam vereinbart werden, dass der Arbeitgeber gegen den Arbeitnehmer einen Anspruch auf Rückforderung einer Überbrückungszahlung hat, soweit er Erstattungsleistungen nach § 147a SGB III an die Agentur für Arbeit erbringt; anders als eine Vereinbarung, die dem Arbeitnehmer untersagt, Arbeitslosengeld zu beantragen, ist eine solche Anrechnungsvereinbarung nicht nach § 32 SGB I nichtig.[86] Dementsprechend dürfte auch eine Vereinbarung zur Verrechnung der Erstattungsforderungen mit der Abfindung wirksam sein,[87] nicht hinge-

---

83 BSG v. 22. 3. 2001, NZS 2001, 665, 669.
84 Die Vorschrift dürfte wegen Verstoßes gegen Art. 3 und 12 GG verfassungswidrig sein.
85 BSG v. 24. 3. 1988, BB 1988, 1964; BAG v. 22. 6. 1989, EzA § 128 AFG Nr. 2.
86 BAG v. 25. 1. 2000, NZA 2000, 886.
87 ArbG Köln v. 21. 6. 1996, NZA-RR 1996, 324; *Gaul*, BB 2003, 2457, 2462.

gen eine Verpflichtung, über die Abfindung hinaus dem Arbeitgeber Erstattungszahlungen nach § 147a SGB III zu ersetzen.[88] Einen ähnlichen Effekt könnte man durch die Vorausabtretung des Arbeitslosengeldes bis zur Höhe der Abfindung erreichen.[89]

ii) Vorzeitige Altersrente

Vor Abschluss eines Aufhebungsvertrages sollte man sich Klarheit über die Rentensituation des Arbeitnehmers verschaffen. Auf die diesbezüglichen Einzelheiten kann hier nicht eingegangen werden.[90]

2. Abwicklungsvertrag

Beim Abwicklungsvertrag wird das Arbeitsverhältnis nicht durch den Vertrag, sondern durch die vorangegangene Kündigung beendet. Die Parteien regeln dann einvernehmlich lediglich die Modalitäten der Beendigung.[91] Die Wahl des Abwicklungsvertrags anstelle eines Aufhebungsvertrages hat dabei erhebliche sozialversicherungsrechtliche Auswirkungen. Bei der Vermeidung von **Sperrzeiten** (§ 144 SGB III) und der **Erstattung des Arbeitslosengeldes** bei älteren Arbeitnehmern durch den Arbeitgeber nach § 147a SGB III kann der Abwicklungsvertrag vorteilhafter sein.

a) Sperrzeiten nach § 144 SGB III

Eine Sperrzeit wird ausgelöst, wenn der Arbeitnehmer schuldhaft seine Arbeitslosigkeit verursacht. Das ist bei Aufhebungsverträgen regelmäßig der Fall (so.). In seinem Urteil vom 9. 11. 1995[92] hat das Bundessozialgericht die Auffassung vertreten, die **Hinnahme einer offensichtlich rechtswidrigen Kündigung** könne grundsätzlich zu einer Sperrfrist führen. Diese Rechtsprechung hat sich die Arbeitsverwaltung zu Eigen gemacht. Nach der Durchführungsanweisung zu § 144 SGB III[93] (DA) begründet die Hinnahme einer offensichtlich rechtswidrigen Kündigung grundsätzlich eine Sperrzeit, wenn der Arbeitnehmer dafür eine **Abfindung** oder eine ähnliche Leistung erhalten hat. **Offensichtlich rechtswidrig** soll eine Kündigung danach sein, wenn entweder der Arbeitnehmer die Rechtswidrigkeit kannte (zB weil ihm dies von kompetenter Stelle erläutert worden ist), oder wenn er ohne weiteres erkennen musste, dass sie gegen arbeitsvertragliche, tarifvertragliche oder gesetzliche Bestimmungen verstößt. Das gilt nach Auffassung der Arbeitsverwaltung insbesondere dann (DA, Ziff. 2.0.1 (5)), wenn die maßgebende Kündigungsfrist nicht eingehalten ist, der Arbeitnehmer unkündbar war oder besonderen Kündigungsschutz hatte (Schwangerschaft, Elternzeit, schwerbehinderte Menschen, Betriebsratsmitglied). Mit Urteil vom 25. 4. 2002[94] hat das BSG seine bisherige Rechtsprechung zu dieser Frage jedoch aufgegeben und entschieden, die Frage, ob das Recht fortzubilden sei und eine Sperrzeit jedenfalls

---

88 LAG Niedersachsen v. 20. 1. 1999, LAGE § 611 BGB Aufhebungsvertrag Nr. 24.
89 *Gagel*, BB 1988, 1961.
90 Vgl. die Darstellung bei *Bauer*, Arbeitsrechtliche Aufhebungsverträge, Rz. VIII. 143 ff.
91 Im Übrigen gilt auch für Abwicklungsverträge das oben unter I. 1. a) bis g) Gesagte entsprechend.
92 BSG v. 9. 11. 1995, BB 1996, 1510 = BSGE 77, 48 ff.
93 Durchführungsanweisung zu § 144 SGB III, Stand 8/2003, Ziff. 2.0.1.
94 NZS 2003, 221, 222; zust. *Bauer/Hümmerich*, NZA 2003, 1076.

dann eintrete, wenn der Arbeitnehmer eine offensichtlich rechtswidrige Kündigung im Hinblick auf eine zugesagte finanzielle Vergünstigung hinnehme, sei zu verneinen. Einen Grund für eine „Rechtsfortbildung im Sinne eines offenen Lösungsbegriffs" (BSGE 77, 48, 53) sehe der Senat nicht mehr. Damit dürfte auch die in der DA dazu wiedergegebene Auffassung der Arbeitsverwaltung überholt sein. Nicht offensichtlich rechtswidrig ist eine Kündigung, wenn sie lediglich sozial nicht gerechtfertigt iSd. § 1 KSchG ist (DA, Ziff. 2.0.1 (5)).

Da die bloße Hinnahme einer – auch rechtswidrigen – Kündigung keine Sperrzeit begründet,[95] dürfte dies auch für einen „echten" **Abwicklungsvertrag** gelten, bei dem also der Arbeitnehmer die Kündigung erhält und die Parteien sich erst später auf die Hinnahme der Kündigung, ggf. gegen Abfindung einigen.[96] Insbesondere auch die Neuregelung des § 1a KSchG stützt diese Auffassung, da ansonsten die Hinnahme der Kündigung gegen Abfindung wegen der drohenden Sperrzeit leerliefe. Eine Sperrzeit droht jedoch, wenn der Arbeitnehmer an der Beendigung mitgewirkt hat.[97] Eine solche Mitwirkung nimmt die Arbeitsverwaltung an, wenn die Parteien sich vor Ausspruch der rechtswidrigen[98] Kündigung darauf geeinigt haben, dass sie danach einen Abwicklungsvertrag schließen[99] („unechter" Abwicklungsvertrag). Folgt man dieser Auffassung, so kann bei einem unechten Abwicklungsvertrag eine Sperrzeit nur vermieden werden, wenn ein wichtiger Grund für die Beendigung vorlag, § 144 Abs. 3 SGB III, namentlich Nachteile für das berufliche Fortkommen vermieden werden sollten. In Fällen besonderer Härte kommt ferner eine Abkürzung der Sperrfrist in Betracht.[100]

b) Erstattung des Arbeitslosengeldes bei älteren Arbeitnehmern gem. § 147a SGB III

Die Vermeidung der Erstattungspflicht könnte ein Vorteil des Abwicklungsvertrages sein. Die dem Vertrag vorausgehende Kündigung kann zur Folge haben, dass ein Ausnahmetatbestand des § 147a Abs. 1 Nr. 4 SGB III eingreift. Ob durch den echten Abwicklungsvertrag – also den Abwicklungsvertrag ohne vorherige Abstimmung nach einer sozial gerechtfertigten Kündigung – eine Erstattungspflicht wegen § 147a Abs. 1

---

95 BSG v. 25. 4. 2002, ArbuR 2003, 239; v. 25. 4. 2002, NZA-RR 2003, 105; v. 17. 10. 2002 – B 7 AL 16/02, BeckRS 2003, Nr. 40097 mwN.
96 AA möglicherweise *Geiger*, NZA 2003, 838; dagegen *Bauer/Hümmerich*, NZA 2003, 1076.
97 BSG v. 25. 4. 2002, BSGE 89, 250; Durchführungsanordnung zu § 144 SGB III, Stand 8/03, Ziff. 2.2 (2) und Ziff. 2.2.2 (2).
98 Weiter gehend *Geiger*, NZA 2003, 838, der dies auch bei rechtmäßiger Kündigung bejaht.
99 So wohl Durchführungsanordnung zu § 144 SGB III, Stand 8/03, Ziff. 10.1; ebenso *Gaul*, BB 2003, 2457, 2459; diese Auffassung ist seit In-Kraft-Treten des § 623 BGB am 1. 5. 2000 zweifelhaft, weil eine mündliche Abrede über den Abschluss eines Abwicklungsvertrages nach § 623 BGB nichtig ist, beide Parteien sich also vor Ausspruch der Kündigung noch in keiner Weise verpflichtet haben. Auch die Argumentation von *Gaul* (aaO), dies gelte nur für das Arbeitsverhältnis, nicht aber für das sozialversicherungsrechtliche Beschäftigungsverhältnis, greift in diesen Fällen mE nicht: denn wenn es in diesen Fällen einer mündlichen Einigung nicht zu einer wirksamen Beendigung des Arbeitsverhältnisses kommt, dauert auch das sozialversicherungsrechtliche Beschäftigungsverhältnis an, es sei denn, die Parteien hätten – zB in Form einer Freistellung – die Arbeitspflicht des Arbeitnehmers aufgehoben (dazu BSG v. 17. 10. 2002 – B 7 AL 16/02, BeckRS 2003, Nr. 40097). Für die Praxis wird man jedoch bis zu einer Klärung der Rechtslage vorsorglich mit einer Sperrfrist rechnen müssen.
100 BSG v. 17. 10. 2002 – B 7 AL 16/02, BeckRS 2003, Nr. 40097.

Satz 2 Nr. 4 SGB III vermieden werden kann, ist nicht abschließend geklärt, dürfte aber zu bejahen sein.[101] Für einen „unechten" Abwicklungsvertrag gilt dies wohl nicht.[102] Sicher ist jedoch, dass bei Abschluss eines Aufhebungsvertrages dieser Befreiungstatbestand nicht greift.[103] Liegt eine sozial gerechtfertigte **arbeitgeberseitige Kündigung** vor, besteht keine Erstattungspflicht (§ 147a Abs. 1 Nr. 4 SGB III). Ob die Parteien lediglich die Folgen der rechtlich fortbestehenden Kündigung regeln wollten oder die ursprüngliche Kündigung zurückgenommen und einen Aufhebungsvertrag als neuen Rechtsgrund geschlossen haben, hängt von den rechtsgeschäftlichen Erklärungen ab.[104]

c) Rückabwicklung

Bedeutsam ist die Unterscheidung zwischen Aufhebungsvertrag und Abwicklungsvertrag aber auch für eine nachträgliche Rückabwicklung. Wird ein „echter" Aufhebungsvertrag durch Widerruf, Rücktritt oder Anfechtung beseitigt, besteht das Arbeitsverhältnis fort (so.). Anders ist es dagegen, wenn ein Abwicklungsvertrag nachträglich beseitigt wird. Dann lebt die ursprünglich ausgesprochene Kündigung wieder auf. Wurde keine **Kündigungsschutzklage** erhoben oder diese – gegebenenfalls aufgrund des Abwicklungsvertrages – wieder zurückgenommen, dürfte für eine (neue) Kündigungsschutzklage regelmäßig die **Drei-Wochen-Frist** des § 4 KSchG bereits abgelaufen sein. Damit besteht das Risiko, dass der Arbeitnehmer, nachdem er die Anfechtung erklärt hat, letztlich mit leeren Händen dasteht.

---

101 So auch *Gaul*, BB 2003, 2457, 2462.
102 *Gaul*, BB 2003, 2457, 2462.
103 BSG v. 8. 11. 2001, NZA-RR 2002, 552.
104 BSG v. 4. 9. 2001, NZA-RR 2002, 328.

II. Muster

23.1 Aufhebungsvertrag

Zwischen

der Firma ...

und

Herrn/Frau ...

wird Folgendes vereinbart:

§ 1 Beendigung

Die Parteien sind sich darüber einig, dass das Arbeitsverhältnis mit Ablauf des . . .[1] auf Veranlassung der Firma[2] einvernehmlich enden wird/geendet hat.

§ 2 Abfindung

Wegen der Beendigung des Arbeitsverhältnisses zahlt die Firma Herrn/Frau . . . eine am . . . fällige[3], aber schon jetzt entstandene und damit vererbliche[4] Abfindung[5] iSd. §§ 9, 10 KSchG; §§ 3 Nr. 9, 24, 34 EStG von Euro . . . .

oder

Wegen der Beendigung des Arbeitsverhältnisses und der damit verbundenen Aufgabe des sozialen Besitzstandes zahlt die Firma Herrn/Frau . . . eine einmalige, schon jetzt entstandene und damit vererbliche Abfindung gem. §§ 9, 10 KSchG in Höhe von Euro . . . brutto, zahlbar am Tag der rechtlichen Beendigung des Arbeitsverhältnisses.

oder

Die Firma zahlt Herrn/Frau . . . für den Verlust des Arbeitsplatzes eine Abfindung gem. §§ 9, 10 KSchG in Höhe von Euro . . . .

Die Abfindung reduziert sich für den Fall, dass Herr/Frau . . . innerhalb von sechs Monaten nach Beendigung des Arbeitsverhältnisses ein neues Arbeitsverhältnis eingeht, und zwar für jeden vollen Monat der neuen Beschäftigung um Euro . . . . Herr/Frau . . . ist verpflichtet, der Firma die Eingehung des neuen Arbeitsverhältnisses innerhalb einer Woche nach Aufnahme der Tätigkeit mitzuteilen.

Herr/Frau . . . ist verpflichtet, eventuell überzahlte Beträge an die Firma zurückzuzahlen.

und/oder

---

[1] Eine Mindestfrist zwischen Abschluss des Aufhebungsvertrags und Beendigungszeitpunkt ist nicht einzuhalten. Eine Unterschreitung der ordentlichen Kündigungsfrist kann allerdings zu einem Ruhen des Anspruchs auf Arbeitslosengeld gem. § 143a SGB III führen (vgl. Erläuterungen I. 1. h) dd).

[2] Die hier benutzte Formulierung ist aus steuerlichen Gründen wegen § 3 Nr. 9 EStG nützlich (vgl. Erläuterungen I. 1. g). Die Finanzverwaltung wird durch diese Klausel aber nicht gebunden. Ein Grund für die Beendigung des Arbeitsverhältnisses muss nicht angegeben werden.

[3] Wird die Fälligkeit nicht geregelt, ist die Abfindung erst zum vertraglich vereinbarten Beendigungszeitpunkt fällig, BAG v. 9. 12. 1987, NZA 1988, 329. Es kann auch Ratenzahlung vereinbart werden. Zu beachten ist dann das Insolvenzrisiko, vgl. § 25 des Musters.

[4] ➲ **Wichtig:** Abfindungen, die beim Ableben des Arbeitnehmers bereits fällig waren, sind vererblich. Stirbt der Arbeitnehmer vor der Fälligkeit, ist die Rechtslage unübersichtlich. Um Schwierigkeiten zu vermeiden, sollte der Arbeitnehmer daher anstreben, die sofortige Vererblichkeit zu vereinbaren. Dies kann an die Existenz bestimmter erbberechtigter Angehöriger gebunden werden.

[5] Die Höhe der Abfindung ist reine Verhandlungssache. Eingebürgert hat sich die Formel „Halbes Monatsgehalt pro Dienstjahr", ohne dass es dafür zwingende Gründe gibt. Zu der Abfindung können auch Sachbezüge wie Dienstwagen, Werkswohnung etc. gehören (su. §§ 6, 8). Für diese gelten auch die allgemeinen steuerlichen Regelungen, so dass sie oberhalb des Freibetrags des § 3 Nr. 9 EStG zu versteuern sind.

Der Anspruch auf die Abfindung fällt allerdings weg, wenn die Firma bis zu dem nach § 1 vorgesehenen rechtlichen Beendigungszeitpunkt des Arbeitsverhältnisses wirksam gem. § 626 BGB kündigen sollte.[6]

§ 3 Freistellung[7]

Herr/Frau ... wird mit sofortiger Wirkung/wird ab .../bleibt freigestellt bis zu dem in § 1 genannten rechtlichen Beendigungszeitpunkt des Arbeitsverhältnisses, und zwar unter Fortzahlung der vertragsmäßigen Bezüge.[8] Die Freistellung erfolgt zunächst unwiderruflich[9] unter Anrechnung sämtlicher Urlaubsansprüche und Ansprüche auf Zeitguthaben.[10] Im Anschluss an die damit verbundene Gewährung des Urlaubs und den Verbrauch etwaiger Zeitguthaben ist die Freistellung widerruflich; nur für diese Zeit behält die Firma sich vor, Herrn/Frau ... während der Restlaufzeit des Vertrages teilweise oder ganz an den Arbeitsplatz zurückzurufen.[11] Während der widerruflichen Freistellung ist anderweitiger Verdienst gem. § 615 Satz 2 BGB anzurechnen.[12] Während der Freistellung ist Herr/Frau .... weiter befugt, sämtliche Büroeinrichtungen einschließlich des in seiner/ihrer Wohnung installierten Diensttelefons auf Kosten der Firma für Bewerbungsaktivitäten zu nutzen.[13]

oder

---

6 Der Vertrag steht unter der auflösenden Bedingung, dass das Arbeitsverhältnis bis zu dem vereinbarten Beendigungszeitpunkt fortbesteht. Endet es vorher durch eine außerordentliche Kündigung, wird der Aufhebungsvertrag gegenstandslos (BAG v. 29. 1. 1997, NZA 1997, 813).
7 Bei der einvernehmlichen unwiderruflichen Freistellung vor Beendigung besteht das sozialversicherungsrechtliche Risiko, dass damit das sozialversicherungsrechtliche Beschäftigungsverhältnis – anders als das Arbeitsverhältnis – bereits endet, ohne dass dem Arbeitnehmer dafür ein wichtiger Grund zu Seite steht, so dass eine Sperrzeit nach § 144 SGB III verhängt werden kann, die insbesondere gem. § 128 SGB III zu einer Verkürzung des Bezugszeitraumes führt (!) (BSG v. 17. 10. 2002 – B 7 AL 92/01 R, BeckRS 2003, 40098). Will man dies vermeiden, muss man anstelle einer vertraglichen Regelung auf eine einseitige Freistellung durch den Arbeitgeber ausweichen, an der der Arbeitnehmer daher nicht iSv. § 144 SGB III mitgewirkt hätte, oder man muss die Freistellung nur widerruflich aussprechen, da in diesem Fall der Arbeitnehmer auf seine Verfügungsmöglichkeit noch nicht verzichtet hat, das Beschäftigungsverhältnis daher wohl auch noch nicht geendet hätte (BSG v. 17. 10. 2002 – B 7 AL 92/01 R, BeckRS 2003, 40098).
8 Durch die Freistellung gerät der Arbeitgeber in Annahmeverzug gem. § 615 BGB. Er muss daher die volle Vergütung mit allen Nebenleistungen zahlen. Abweichende Regelungen, also etwa eine Beschränkung der Zahlung auf das Grundgehalt, sind im Aufhebungsvertrag aber möglich.
9 Die Anrechnung von Urlaubsansprüchen und Zeitguthaben ist nur bei unwiderruflicher Freistellung zulässig, daher sieht die Klausel – in Anlehnung an *Gaul*, BB 2003, 2457, 2463 – zunächst eine unwiderrufliche und erst nach vollständig erfolgter Anrechnung eine widerrufliche Freistellung vor.
10 S. vorherige Fußnote; die bloße Freistellung ist keine stillschweigende Urlaubsgewährung (BAG v. 28. 2. 1991, NZA 1991, 944). Die Anrechnungsklausel darf daher nicht fehlen.
11 Die vereinbarte Freistellung ist, soweit nichts anderes vereinbart ist, nicht widerruflich. Will der Arbeitgeber die Freistellung flexibel gestalten, muss er dies ausdrücklich regeln.
12 Auf Urlaubsansprüche wäre anderweitiger Verdienst nicht anzurechnen, BAG v. 19. 3. 2002, BB 2002, 1703.
13 Dieser Satz findet sich nur in Auflösungsverträgen mit Führungskräften.

Herr/Frau ... wird mit sofortiger Wirkung/wird ab .../bleibt unwiderruflich freigestellt unter Fortzahlung der vertragsmäßigen Bezüge bis zu dem in § 1 genannten rechtlichen Beendigungszeitpunkt des Arbeitsverhältnisses. Er/Sie ist bis zu dem in § 1 genannten Zeitpunkt in der Verwertung seiner/ihrer Arbeitskraft frei, wobei ihm/ihr jede Beteiligung und/oder Tätigkeit für ein Konkurrenzunternehmen untersagt ist. Während der Zeit der Freistellung findet § 615 Satz 2 BGB Anwendung/keine Anwendung.[14] Durch die Freistellung sind sämtliche Urlaubsansprüche und Ansprüche auf Freizeitausgleich abgegolten.

oder/und

Herr/Frau ... ist berechtigt, das Arbeitsverhältnis abweichend von § 1 mit einer Ankündigungsfrist von zwei Wochen zum Monatsende vorzeitig zu beenden. In diesem Fall zahlt die Firma die dadurch frei werdenden monatlichen Bezüge in vollem Umfang/in Höhe von ...% zusätzlich als Abfindung nach § 2 mit der Maßgabe, dass die Gesamtabfindung im Zeitpunkt der vorzeitigen Beendigung des Arbeitsverhältnisses fällig wird. Eine vorzeitige Beendigung ist im Interesse und entspricht dem Wunsch der Gesellschaft.[15]

§ 4 Gewinnbeteiligung, Tantieme

Herr/Frau ... hat für das laufende Geschäftsjahr/das Kalenderjahr ... Anspruch auf Gewinnbeteiligung in Höhe von ...% des Jahresgewinns. Diese Gewinnbeteiligung wird trotz Beendigung des Arbeitsverhältnisses mit Ablauf des ... für das ganze Jahr gezahlt.[16] Die Auszahlung erfolgt nach Ende des laufenden Geschäftsjahres und Erstellung der Handelsbilanz.[17]

oder

Herr/Frau ... hat für das laufende Geschäftsjahr/Kalenderjahr ... Anspruch auf Gewinnbeteiligung in Höhe von ...% des Jahresgewinns. Wegen der vorzeitigen Beendigung des Arbeitsverhältnisses am ... wird die Gewinnbeteiligung zu .../12 gezahlt. Die Auszahlung erfolgt nach Ende des laufenden Geschäftsjahres und Erstellung der Handelsbilanz.

oder

Herr/Frau ... hat an und für sich Anspruch auf eine vertragliche Gewinnbeteiligung. Diese wird pauschal sofort mit Euro ... abgegolten.

---

14 Nach § 615 Satz 2 BGB muss der Arbeitnehmer sich anderweitigen Erwerb auf seinen Vergütungsanspruch aus § 615 Satz 1 BGB während der Freistellung anrechnen lassen. Die Geltung muss ausdrücklich vereinbart werden (BAG v. 19. 3. 2002, NZA 2002, 1055). Darauf darf daher auch bei unwiderruflichen Freistellungen nicht verzichtet werden.
15 Mit dieser Formulierung soll sichergestellt werden, dass § 3 Nr. 9 EStG auf die restliche Abfindung anwendbar bleibt. Es kommt darauf an, dass selbst die vorzeitige Beendigung des Arbeitsverhältnisses „auf Veranlassung des Arbeitgebers" erfolgt (so nicht ausdrücklich, aber in diesem Sinne auch BFH v. 13. 10. 1978, BFHE 126, 399).
16 Wird keine Regelung getroffen, mindert sich der Anspruch pro rata, dh. entsprechend der Dauer der Beschäftigung in dem betreffenden Jahr (so die Alternativklausel).
17 Der Anspruch auf die Tantieme wird erst mit Feststellung der Bilanz fällig (LAG BW v. 31. 3. 1969, DB 1969, 1923; LAG Berlin v. 7. 10. 1975, DB 1976, 636). Maßgebend ist die Handelsbilanz. Die Höhe der Tantieme kann daher durch Gewinne oder Verluste beeinflusst werden, die erst nach dem Ausscheiden des Arbeitnehmers eintreten.

§ 5 Gratifikation

Herr/Frau ... erhält am ... für das Jahr ... die vertraglich zugesagte Gratifikation trotz des Ausscheidens am ... ungekürzt.

oder

Die vertraglich zugesagte Gratifikation erhält Herr/Frau ... in diesem Jahr mit Rücksicht auf die vorzeitige Beendigung des Arbeitsverhältnisses nicht.

oder

Herr/Frau ... erhält die vertraglich zugesagte Gratifikation am ... zu .../12.

§ 6 Dienstwagen

Herr/Frau ... ist verpflichtet, den Dienstwagen nebst sämtlichen Fahrzeugpapieren, Schlüsseln, allem Zubehör sowie der Tankkarte sofort an die Firma zurückzugeben.[18]

oder

Herr/Frau ... kann den Dienstwagen auch während der Zeit der Freistellung privat nutzen. Er/Sie ist verpflichtet, den Wagen nebst ... am ... an die Firma zurückzugeben.

oder

Herr/Frau ... übernimmt den Dienstwagen am ... käuflich zum Buchwert.[19] *Der Preis beträgt Euro ... (incl. etwaiger Mehrwertsteuer). Das Fahrzeug nebst ... wird am ... unter Aushändigung der Fahrzeugpapiere Herrn/Frau ... übergeben. Der Kaufpreis wird mit dem Nettobetrag der Abfindung nach § 2 verrechnet. Dadurch ggf. anfallende Steuern trägt Herr/Frau ....*

oder

Herr/Frau ... ist verpflichtet, den Dienstwagen nebst ... sofort an die Firma zurückzugeben. Als Entschädigung erhält er eine Pauschale von Euro ....

oder

Der Dienstwagen nebst ... wird Herrn/Frau ... kostenlos[20] *mit Wirkung zum ... übereignet. Dadurch anfallende Steuern trägt Herr/Frau ....*

§ 7 Urlaub[21]

Die Parteien sind sich darüber einig, dass Herr/Frau ... den ihm/ihr für das Jahr ... noch zustehenden Urlaub von ... Werk-/Arbeitstagen vom ... bis ... nehmen wird.[22]

---

18 Vgl. iE *Bauer*, Arbeitsrechtliche Aufhebungsverträge, Rz. IV. 180 f.; auch eine AGB-Kontrolle führt uE nicht zur Unwirksamkeit der Klausel (*Bauer*, aaO).
19 Hier ist zu beachten, dass der Verkauf zu einem niedrigeren als dem Marktpreis einen steuerpflichtigen geldwerten Vorteil darstellt. Es bietet sich daher uU an, den Wert des Fahrzeugs zum Übergabestichtag schätzen zu lassen.
20 Auch hier liegt ein geldwerter Vorteil vor. Es handelt sich insoweit um eine zusätzliche Abfindung.
21 Die Regelungen sind vorgesehen für den Fall, dass nicht schon im Rahmen der Freistellung (§ 3) entsprechende Vereinbarungen getroffen wurden.
22 Die Freistellung bedeutet nicht automatisch die Gewährung von Urlaub, BAG v. 28. 2. 1991, NZA 1991, 944 (vgl. § 3). Die Gewährung ist daher ausdrücklich zu regeln. Wird der Urlaub

oder

Wegen der vorzeitigen Beendigung des Arbeitsverhältnisses konnte Herr/Frau ... den ihm/ihr für das Jahr ... zustehenden Urlaub von ... Werk-/Arbeitstagen nicht nehmen. Die Firma zahlt deshalb eine Urlaubsabgeltung von Euro ..., fällig am ....

§ 8 Werkwohnung

Herr/Frau ... verpflichtet sich, die Werkwohnung in der ... straße in ... bis spätestens ... zu räumen.[23]

oder

Die bisher benutzte Werkwohnung in der ... straße in ... wird an Herrn/Frau ... ab ... zu folgenden Bedingungen weitervermietet: ...

oder

Herr/Frau ... ist berechtigt, im Firmenhaus ... bis zum ... zu den bisherigen Konditionen weiter zu wohnen. Die Firma hat etwaige anfallende Steuern bis dahin zu übernehmen/nicht zu übernehmen. Herr/Frau ... ist verpflichtet/nicht verpflichtet, das Haus zu renovieren.

§ 9 Darlehen

Herr/Frau ... hat von der Firma am ... ein Darlehen iHv. Euro ... erhalten. Hierauf sind bis heute Euro ... zurückbezahlt. Der Restbetrag wird in monatlichen Raten von Euro ..., zahlbar am ... eines jeden Monats, beginnend mit dem ... zurückgezahlt werden. Kommt Herr/Frau ... mit mehr als einer Rate in Verzug, ist der gesamte Restbetrag fällig.

oder

Der zwischen den Parteien geschlossene Darlehensvertrag vom ... wird zu den vereinbarten Konditionen fortgeführt. Herr/Frau ... hat das Recht, die noch offene Darlehensschuld von Euro ... (Stand ...) vorzeitig durch eine Einmalzahlung abzulösen.

oder

Herr/Frau ... hat von der Firma am ... ein Darlehen iHv. Euro ... erhalten. Hierauf sind bis heute Euro ... zurückbezahlt. Der Restbetrag wird mit dem Nettobetrag der Abfindung gem. § 2 verrechnet.

§ 10 Diensterfindung

Herr/Frau ... erhält für die am ... gemeldete Diensterfindung eine Vergütung von Euro .... Weitere Ansprüche aufgrund des Arbeitnehmererfindungsgesetzes bestehen nicht.[24]

---

nicht während der Restlaufzeit des Arbeitsverhältnisses gewährt, ist er nach den allgemeinen Regeln des BUrlG abzugelten. Urlaubs- und Abgeltungsanspruch sind in Höhe des gesetzlichen Mindesturlaubs unabdingbar.

23 Fehlt eine solche Regelung, besteht das Mietverhältnis grds. über die Beendigung des Arbeitsverhältnisses hinaus fort.

24 Die Abgeltung durch eine Pauschale ist grds. zulässig. Die §§ 22, 23 ArbNErfG lassen nachträgliche vertragliche Vereinbarungen über Art und Höhe der Erfindervergütung zu, soweit sie

oder

Die Parteien sind sich darüber einig, dass Herr/Frau ... für die am ... gemeldete Diensterfindung keine Vergütung erhält.

oder

Für sämtliche Erfindungen, die auf Herrn/Frau ... als Erfinder oder Miterfinder zurückgehen, erhält Herr/Frau ... eine abschließende Abfindung von Euro .... Mit diesem Betrag sind alle Ansprüche des Herrn/Frau ... aus dem Arbeitnehmererfindungsgesetz vom 25. 7. 1957 idF vom 7. 2. 2002 für sämtliche während der Dauer des Anstellungsverhältnisses gemeldeten Diensterfindungen, Schutzrechte bzw. Schutzrechtsanmeldungen, die auf Herrn/Frau ... als Erfinder oder Miterfinder zurückgehen, erfüllt. In diesem Betrag eingeschlossen sind also beispielsweise auch solche Beträge, die bei einer eventuellen Benutzung durch die Firma entstehen würden oder entstanden, aber noch nicht vergütet sind. Die Auszahlung der Pauschalvergütung wird unter Abzug der gesetzlichen Steuern veranlasst.

§ 11 Nachvertragliches Wettbewerbsverbot[25]

Das am ... von den Parteien vereinbarte nachvertragliche Wettbewerbsverbot wird von dem vorliegenden Aufhebungsvertrag nicht berührt.

oder

Das am ... vereinbarte nachvertragliche Wettbewerbsverbot wird von dem vorliegenden Aufhebungsvertrag nicht berührt. Die Firma nimmt zur Kenntnis, dass Herr/Frau ... am ... in die Dienste der Firma ... treten wird. Die Parteien sind sich darüber einig, dass diese Tätigkeit nicht gegen das vereinbarte Wettbewerbsverbot verstößt.

oder

Die Parteien ändern das am ... vereinbarte nachvertragliche Wettbewerbsverbot so ab, dass Herr/Frau ... statt einer monatlichen Karenzentschädigung von Euro ... monatlich nur Euro ... erhält. Außerdem wird die Laufzeit des Wettbewerbsverbotes auf die Zeit vom ... bis ... beschränkt.[26]

oder

---

nicht in erheblichem Maße unbillig sind. Auf die Unbilligkeit einer Vergütungsvereinbarung können sich beide Seiten nur berufen, wenn die Unbilligkeit spätestens 6 Monate nach Beendigung des Arbeitsverhältnisses schriftlich geltend gemacht wird. § 23 ArbNErfG gilt auch für Regelungen, wonach der Arbeitnehmer auf eine Vergütung völlig verzichtet. Eine solche Regelung ist also wegen Unbilligkeit unwirksam, wenn es sich um eine bedeutende Erfindung handelt, die für den Arbeitgeber von hohem Wert ist. Im Übrigen ist streitig, ob überhaupt die Grenzen der §§ 22, 23 ArbNErfG auf Vereinbarungen im Rahmen von Aufhebungsverträgen anwendbar sind (*Bartenbach/Volz*, Arbeitnehmererfindungsgesetz, 4. Aufl. 2002, § 26 Rz. 60; *Bauer*, Arbeitsrechtliche Aufhebungsverträge, Rz. IV. 166).

[25] Vgl. hierzu insbes. *Bauer*, Arbeitsrechtliche Aufhebungsverträge, Rz. IV. 100 ff. und *Bauer/Diller*, Wettbewerbsverbote, 3. Aufl. 2002.

[26] Hier ist die Formvorschrift des § 74 Abs. 2 HGB zu beachten. Es gilt die gesetzliche Schriftform gem. § 126 BGB. Zudem ist dem Arbeitnehmer ein original-unterzeichnetes Vertragsexemplar auszuhändigen. Inhaltlich müssen auch die Änderungen mit den §§ 74 ff. HGB vereinbar sein (BAG v. 3. 5. 1994, BB 1994, 2282).

Die Parteien heben das nachvertragliche Wettbewerbsverbot mit sofortiger Wirkung auf.[27]

oder

Das in § ... des Anstellungsvertrages vom ... geregelte nachvertragliche Wettbewerbsverbot gilt für die Zeit vom ... bis .... Die für dieses Wettbewerbsverbot zu zahlende Karenzentschädigung ist vollumfänglich in der Abfindung gem. § 2 dieses Aufhebungsvertrages enthalten.[28] Im Übrigen gelten für das nachvertragliche Wettbewerbsverbot die Bestimmungen des Anstellungsvertrages und die gesetzlichen Regelungen der §§ 74 ff. HGB.

§ 12 Geschäfts- und Betriebsgeheimnisse, Wohlverhalten

Herr/Frau ... ist verpflichtet, alle ihm/ihr während seiner/ihrer Tätigkeit bekannt gewordenen betriebsinternen Angelegenheiten, vor allem Geschäfts- und Betriebsgeheimnisse, geheim zu halten.[29] Beide Seiten verpflichten sich, negative Äußerungen über die jeweilige andere Seite zu unterlassen.

oder

Die Firma nimmt hiermit alle negativen Behauptungen über Herrn/Frau ... zurück. Herr/Frau ... sichert zu, keine negativen Äußerungen über die Firma zu verbreiten.

§ 13 Betriebliche Altersversorgung

Die Parteien sind sich darüber einig, dass Herr/Frau ... keinen unverfallbaren Anspruch nach dem Gesetz zur Verbesserung der betrieblichen Altersversorgung vom 19. 12. 1974 erworben hat.

oder

Herr/Frau ... hat aus der betrieblichen Altersversorgung der Firma einen unverfallbaren Anspruch/eine unverfallbare Anwartschaft auf Leistung erworben.[30] Die Bescheinigung nach § 2 Abs. 6 des Gesetzes zur Verbesserung der betrieblichen Altersversorgung vom 19. 12. 1974 wird gesondert erteilt.

---

27 Eine einvernehmliche Aufhebung des Wettbewerbsverbots ist jederzeit formlos möglich (BAG v. 10. 1. 1989, BB 1989, 1924). Dann erlöschen alle gegenseitigen Pflichten mit sofortiger Wirkung. Dies ist jedoch sorgfältig von dem Verzicht gem. § 75a HGB zu trennen, der die Entschädigungspflicht des Arbeitgebers nur mit Jahresfrist entfallen lässt.
28 Die Verrechnung der Karenzentschädigung mit der Abfindung ist grundsätzlich zulässig. Das Wettbewerbsverbot ist bei dieser Gestaltung allerdings nur wirksam, wenn die Abfindung mindestens die Höhe des nach § 74 Abs. 2 HGB erforderlichen Betrages erreicht (*Bauer*, Arbeitsrechtliche Aufhebungsverträge, Rz. IV. 136).
29 Eine Geheimhaltungspflicht besteht ohnehin aufgrund der nachvertraglichen Treuepflicht, wird also durch diese Klausel lediglich bekräftigt. Damit ist dann auch sichergestellt, dass die Geheimhaltungspflicht nicht von einer etwaigen Erledigungsklausel umfasst ist (§ 26).
30 Je länger das Arbeitsverhältnis dauert, umso höher ist die nach § 2 BetrAVG aufrechtzuerhaltende Anwartschaft. Besondere Vorsicht ist im Hinblick auf die Erfüllung der Unverfallbarkeitsfristen geboten. Unverfallbarkeit bedeutet, dass die Ansprüche trotz des Ausscheidens vor Erreichen der Altersgrenze nicht ersatzlos wegfallen, sondern mit einem Teilwert aufrechterhalten bleiben, §§ 1, 2 BetrAVG, Einzelheiten oben Kap. 18 unter I. 2. Die Wahl des Zeitpunkts der Auflösungsvereinbarung kann sich insoweit unmittelbar auswirken.

oder

Die Parteien sind sich darüber einig, dass Herr/Frau . . . einen unverfallbaren Anspruch aufgrund der betrieblichen Altersversorgung der Firma erworben hat. Dieser Anspruch auf eine Altersrente, die im Alter . . . einsetzt, beträgt Euro . . . . Die Parteien vereinbaren, diese Altersrente gem. § 3 Abs. 2 des Gesetzes zur Verbesserung der betrieblichen Altersversorgung versicherungsmathematisch abzufinden.[31] Herr/Frau . . . erhält deshalb einen einmaligen Pauschalbetrag von Euro . . ., fällig am . . . . Damit sind sämtliche Ansprüche aus der betrieblichen Altersversorgung erledigt.[32]

oder

Herr/Frau . . . hat aus der betrieblichen Altersversorgung der Firma einen unverfallbaren Anspruch erworben. Bei Erreichen der Altersgrenze (Vollendung des 65. Lebensjahres bzw. des 63. Lebensjahres bei Inanspruchnahme des gesetzlichen flexiblen Altersruhegeldes) hat Herr/Frau . . . einen Leistungsanspruch, der nicht nach § 2 Abs. 1 Satz 1 BetrAVG gekürzt wird.[33]

oder

Die Firma räumt mit Beendigung des Arbeitsverhältnisses Herrn/Frau . . . das Recht ein, die bei der . . . Versicherung abgeschlossene Direktversicherung (Nr. . . .) fortzuführen und wird die dazu notwendigen Erklärungen gegenüber dem Versicherer auf ihre Kosten abgeben.

§ 14 Zeugnis

Herr/Frau . . . erhält das als Anlage zu dieser Vereinbarung beigefügte qualifizierte Zeugnis.

oder

Herr/Frau . . . erhält das als Anlage zu dieser Vereinbarung beigefügte Zwischenzeugnis. Am . . . erhält Herr/Frau . . . ein mit dem Zwischenzeugnis übereinstimmendes Endzeugnis, dessen Schlussformel so lauten wird: „Herr/Frau . . . ist am . . . auf eigenen Wunsch/aufgrund betriebsbedingter Kündigung ausgeschieden".

§ 15 Firmenunterlagen

Herr/Frau . . . . wird am . . . sämtliche der Firma gehörenden Unterlagen zurückgeben, insbesondere . . . .

oder

---

31 § 3 Abs. 1 BetrAVG verbietet zwar grundsätzlich die Abfindung einer gesetzlich unverfallbaren Anwartschaft. Ausnahmen sind aber für geringwertige Versorgungsansprüche vorgesehen (vgl. dazu *Bauer*, Arbeitsrechtliche Aufhebungsverträge, Rz. IV. 284).

32 Wird eine bereits gesetzlich unverfallbare Anwartschaft abgefunden, greift iÜ § 3 Nr. 9 EStG nicht, da es an der notwendigen Kausalität zwischen der Beendigung des Arbeitsverhältnisses und der Zahlung fehlt, da der Anspruch unabhängig von der Vereinbarung im Aufhebungsvertrag bestand.

33 Der Verzicht auf die ratierliche Kürzung ist idR von erheblichem Wert, der vor der Vereinbarung genau berechnet werden sollte.

Herr/Frau ... erklärt, dass er/sie

(1) die Schlüssel und den Zugangsausweis für das Forschungs- und Entwicklungszentrum abgegeben hat, des Weiteren sonstige Schlüssel zu Firmengebäuden und -einrichtungen.

(2) alle ihm/ihr von der Firma überlassenen Gegenstände, Waren, Geräte, Apparaturen und alle Unterlagen, die im Zusammenhang mit seiner/ihrer Tätigkeit bei der Firma entstanden sind, vollständig an die Firma zurückgegeben hat. Zu diesen Unterlagen zählen ua. Werksausweis, Tankidentitätskarte, Geschäftspapiere, Hard- und Software incl. Disketten und alle gespeicherten Daten und Informationen, die die Firma und die Gesellschaften der Firmengruppe betreffen, Zeichnungen, Skizzen, Briefe, Besprechungsberichte, Versuchsauswertungen, handschriftliche Notizen, Fotos, Literatur usw. sowie Kopien und Abschriften dieser Unterlagen, gleich auf welchem Datenträger.

§ 16 Spesen

Eventuelle noch ausstehende Reise-/Spesenabrechnungen sind bis zum ... abzurechnen. Ein eventuell bestehender Reise- oder Spesenvorschuss muss bis zum ... zurückbezahlt werden.

§ 17 Zurückbehaltungsrecht

Den Vertragsparteien steht kein Zurückbehaltungsrecht hinsichtlich der sich aus diesem Vertrag ergebenden Verpflichtungen zu.[34]

§ 18 Aufrechnungsverbot

Eine Aufrechnung der Vertragsparteien mit den sich aus diesem Vertrag ergebenden finanziellen Verpflichtungen ist ausgeschlossen. Dies gilt nicht, soweit mit unbestrittenen oder rechtskräftig festgestellten Ansprüchen aufgerechnet wird.[35]

§ 19 Arbeitsbescheinigung

Die Firma stellt Herrn/Frau ... eine Arbeitsbescheinigung gem. § 312 Abs. 1 SGB III aus.[36]

---

34 In vorformulierten Verträgen sind Beschränkungen des Zurückbehaltungsrechts nach § 309 Nr. 2 b) BGB unwirksam.

35 In vorformulierten Verträgen kann die Befugnis des Arbeitnehmers, mit einer unbestrittenen oder rechtskräftig festgestellten Forderung aufzurechnen, nicht wirksam ausgeschlossen werden, § 309 Nr. 3 BGB.

36 Den Arbeitgeber trifft aus § 312 Abs. 1 SGB III (früher § 133 AFG) eine öffentlich-rechtliche Verpflichtung gegenüber der Bundesagentur für Arbeit, bei Beendigung des Arbeitsverhältnisses auf dem vorgesehenen Vordruck alle Tatsachen zu bescheinigen, die für die Entscheidung über den Anspruch auf Arbeitslosengeld erheblich sein können. Dazu gehört vor allem die Angabe des Grundes für die Beendigung, da davon die mögliche Verhängung einer Sperrzeit nach § 144 SGB III abhängt. Der Sachverhalt sollte kurz, aber vollständig dargelegt werden. Beendet der Arbeitnehmer das Arbeitsverhältnis auf eigenen Wunsch, genügt es, dies anzugeben. Die Bescheinigung muss auch das Arbeitsentgelt und die sonstigen Leistungen enthalten. Dabei sind Abfindungen gesondert anzugeben. Bei unrichtiger Erstellung der Bescheinigung kommen Schadensersatzansprüche der Bundesagentur für Arbeit gem. § 321 Nr. 1 SGB III in Betracht.

§ 20 Klageverfahren/Kosten

Herr/Frau ... verpflichtet sich, die beim ArbG .../LAG .../BAG anhängige Klage (Az: ...) unverzüglich nach Unterzeichnung dieses Vertrages/nach Erhalt der Sicherheiten gemäß § 25/nach Erhalt der Abfindung gemäß § 2 zurückzunehmen.[37] *Jede Partei trägt ihre außergerichtlichen Kosten und die Hälfte der entstandenen Gerichtskosten.*

oder

Die Firma übernimmt die entstandenen Gerichtskosten; jede Partei trägt ihre außergerichtlichen Kosten selbst.

oder

Die Kosten werden gegeneinander aufgehoben.

oder

Die Firma erstattet Herrn/Frau ... die diesem/dieser durch die Inanspruchnahme von Rechtsanwalt ... entstandenen Kosten iHv. Euro ....

oder

Die Firma erstattet Herrn/Frau ... Anwaltskosten auf der Basis eines Streitwerts von Euro ..., und zwar $^{25}/_{10}$-Gebühren nebst Auslagen.

§ 21 Geheimhaltungsklausel

Herr/Frau ... sichert zu, Stillschweigen hinsichtlich des finanziellen Inhalts dieser Vereinbarung gegenüber jedermann zu wahren, es sei denn, er/sie sei gesetzlich zur Auskunft verpflichtet oder die Auskunft sei aus steuerlichen oder sozialversicherungsrechtlichen Gründen gegenüber Behörden oder zur Wahrung von Rechtsansprüchen gegenüber Gerichten erforderlich.[38]

---

[37] Das Muster betrifft einen Aufhebungsvertrag; regelmäßig ist diesem keine Kündigung vorausgegangen, so dass auch keine Klage erhoben wurde, die zu erledigen wäre. Bei vorausgegangener Kündigung wäre der Abwicklungsvertrag die bessere Lösung (vgl. **M 32.2**). Die Klagerledigung ist daher nur vorsorglich in § 20 vorgesehen für den Fall, dass die Parteien gleichwohl den Aufhebungsvertrag wählen. Eine solche Regelung zum Verzicht auf gerichtliche Geltendmachung seiner Rechte bzw. Klagrücknahme durch den Arbeitnehmer soll als unangemessene Benachteiligung nach § 307 BGB unwirksam sein können, *Hümmerich/Holthausen* NZA 2002, 173, 179. Wir teilen diese Auffassung nicht, vielmehr handelt es sich um eine Kernpflicht des Aufhebungsvertrages, die keiner AGB-Kontrolle unterliegt. Sie sollte jedoch vorsorglich möglichst individuell ausgehandelt und könnte zudem drucktechnisch besonders hervorgehoben werden, damit sie nicht als überraschend nach § 305c BGB eingestuft wird, vgl. auch LAG Köln v. 24. 11. 1999, LAGE § 4 KSchG Ausgleichsquittung Nr. 4 und LAG Berlin v. 18. 1. 1993, LAGE § 4 KSchG Ausgleichsquittung Nr. 3.

[38] Der Arbeitgeber ist ohnehin nach § 28 BDSG verpflichtet, den Vertragsinhalt geheim zu halten. Da der Schaden aus einer Verletzung der Geheimhaltungspflicht durch den Arbeitnehmer selten zu beziffern sein wird, wird dem Arbeitgeber kaum ein Schadensersatzanspruch zustehen. Daher kann die Vereinbarung einer Vertragsstrafe sinnvoll sein.

§ 22 Belehrung

Herr/Frau ... bestätigt, dass er/sie über etwaige Nachteile beim Bezug von Arbeitslosengeld belehrt ist und hierüber die Agentur für Arbeit verbindlich entscheidet, die zur Erteilung von Auskünften berufen und verpflichtet ist.[39]

§ 23 Hinweis nach § 37b SGB III

Wir weisen Sie auf Ihre Pflicht zur frühzeitigen Arbeitssuche nach § 37b SGB III hin. Sie sind verpflichtet, sich unverzüglich nach Abschluss dieses Aufhebungsvertrages bei der Agentur für Arbeit persönlich arbeitssuchend zu melden. Sofern dieses Arbeitsverhältnis noch länger als drei Monate besteht, ist eine Meldung drei Monate vor der Beendigung ausreichend. Weiterhin sind Sie verpflichtet, aktiv nach einer Beschäftigung zu suchen.[40]

§ 24 Sprachregelung

Presseveröffentlichungen und andere Verlautbarungen an einen unbestimmten Personenkreis werden die Parteien jeweils nur in einer miteinander abgestimmten Form abgeben. Die Parteien vereinbaren als Richtschnur dafür folgenden Wortlaut: „..."[41]*/ werden als Richtschnur dafür unverzüglich nach Abschluss dieses Vertrages einen Wortlaut ausarbeiten.*

§ 25 Sicherheiten

Die Firma ist verpflichtet, innerhalb von fünf Tagen nach Unterzeichnung des vorliegenden Aufhebungsvertrages eine selbstschuldnerische, unwiderrufliche und unbefristete Bankbürgschaft einer deutschen Bank iHv. Euro ... zur Sicherung der nach § 2 geschuldeten Abfindung vorzulegen. Sollte die Bankbürgschaft nicht pünktlich und in rechtlich einwandfreier Form vorgelegt werden, so gilt der Aufhebungsvertrag als nicht geschlossen.[42]

§ 26 Erledigungsklausel

Die Parteien sind sich einig, dass sämtliche Ansprüche aus[43] **dem Arbeitsverhältnis und seiner Beendigung, gleich aus welchem Rechtsgrund, nicht mehr gegen-**

---

39 Vgl. Erläuterungen unter I. 1. b) aE. In vorformulierten Verträgen wäre die Bestimmung wohl gem. § 309 Nr. 12 b) BGB unwirksam.
40 Umstritten ist, ob die Belehrung zwingend ist und ein Unterlassen des Hinweises Schadensersatzansprüche zur Folge hat (vgl. die Erläuterungen unter I. 1. h) gg).
41 In Betracht kommen etwa folgende Formulierungen: „Herr... verlässt die Gesellschaft zum ... aus persönlichen Gründen, um sich anderen Aufgaben zu widmen"/„Herr... und die Firma trennen sich einvernehmlich wegen unterschiedlicher Auffassungen in der Geschäftspolitik zum ..."/„Herr... scheidet im besten Einvernehmen/aus Altersgründen auf eigenen Wunsch zum ... aus und wird dem Unternehmen auch künftig als Berater zur Seite stehen."
42 Diese Klausel dient insbesondere der Sicherung des Arbeitnehmers bei drohender Insolvenz des Arbeitgebers. Die Abfindungsansprüche aus Aufhebungsverträgen genießen nämlich nach der InsO keine besonderen Vorrechte mehr. Der Arbeitnehmer kann sich durch entsprechende Sicherheiten schützen oder eine auflösende Bedingung vereinbaren, wonach der Aufhebungsvertrag rückwirkend wegfallen soll, wenn die Zahlung der Abfindung nicht erfolgt. Die Vereinbarung ist bisher jedoch wenig gebräuchlich.
43 Zahlreiche Ansprüche können allerdings von vornherein nicht Gegenstand der Erledigung sein, zB der Anspruch auf Urlaub, Zeugniserteilung, Arbeitnehmererfindungsvergütung, be-

einander bestehen.⁴⁴ Dasselbe gilt für Ansprüche im Zusammenhang mit dem Arbeitsverhältnis⁴⁵ und seiner Beendigung.⁴⁶

oder

Mit der Erfüllung der vorstehenden Verpflichtungen sind sämtliche gegenseitigen Ansprüche aus dem Arbeitsverhältnis und aus Anlass seiner Beendigung erfüllt.⁴⁷ Dasselbe gilt für Ansprüche im Zusammenhang mit dem Arbeitsverhältnis und seiner Beendigung.⁴⁸ Sollte die Firma im Jahre . . . einen Sozialplan aufstellen, der für Mitarbeiter Abfindungsleistungen bei Verlust des Arbeitsplatzes vorsieht, und sollte sich aus diesem Sozialplan zugunsten des Mitarbeiters ein höherer Abfindungsbetrag als in dieser Vereinbarung vorgesehen ergeben, so berechnet sich die Abfindung abweichend von dieser Vereinbarung nach der Regelung des Sozialplans. Auf den sich aus dem Sozialplan ergebenden Anspruch wird die Abfindung gem. § 2 dieser Vereinbarung dann angerechnet.

§ 27 Salvatorische Klausel

Sollte eine Bestimmung dieses Vertrages unwirksam sein, wird die Wirksamkeit der übrigen Bestimmungen davon nicht berührt. Die Parteien verpflichten sich, anstelle einer unwirksamen Bestimmung eine dieser Bestimmung möglichst nahe kommende wirksame Regelung zu treffen.⁴⁹

Unterschriften Arbeitnehmer und Arbeitgeber

Rückgabe der Arbeitspapiere:⁵⁰

Herr/Frau . . . bestätigt hiermit, dass er/sie seine/ihre Arbeitspapiere erhalten hat.

Ort, Datum, Unterschrift des Arbeitnehmers

---

triebliche Altersversorgung usw. Dasselbe gilt für Ansprüche, die vor dem Abschluss des Aufhebungsvertrages tituliert wurden (*Bauer*, Arbeitsvertragliche Aufhebungsverträge, Rz. IV. 397).

44 Die drucktechnische Hervorhebung dieser Klausel erfolgt, um der Gefahr einer Unwirksamkeit als überraschender Klausel nach § 305c BGB entgegenzuwirken. Vgl. LAG Köln v. 24. 11. 1999, LAGE § 4 KSchG Ausgleichsquittung Nr. 4 und LAG Berlin v. 18. 1. 1993, LAGE § 4 KSchG Ausgleichsquittung Nr. 3.

45 Diese Klausel stellt klar, dass auch solche Ansprüche erledigt sein sollen, die aus gesondert abgeschlossenen Vertragsverhältnissen entstehen, auch wenn diese im Hinblick auf das Arbeitsverhältnis abgeschlossen wurden. Betroffen sind davon etwa Ansprüche aus einem Darlehensvertrag oder einem Werkswohnungsmietverhältnis.

46 Um zu vermeiden, dass etwaige Unklarheiten dieser Regelung auf die Ausgleichsklausel gem. Satz 1 durchschlagen, sollten die Regelungen in getrennten Sätzen stehen.

47 Diese Formulierung enthält eine aufschiebende Bedingung. Die Erledigung tritt erst ein, wenn alle vereinbarten Pflichten erfüllt sind.

48 Um zu vermeiden, dass etwaige Unklarheiten dieser Regelung auf die Ausgleichsklausel gem. Satz 1 durchschlagen, sollten die Regelungen in getrennten Sätzen stehen.

49 In vorformulierten Verträgen kann die unwirksame Klausel nicht auf eine zulässiges Maß zurückgeführt werden, weil insofern das Verbot der geltungserhaltenden Reduktion gilt, vgl. *Lingemann*, NZA 2002, 181, 186. Die salvatorische Klausel ist daher in Formularverträgen überflüssig, gleichwohl bisher aber üblich und auch unschädlich.

50 In vorformulierten Verträgen ist die Bestätigung gem. § 309 Nr. 13 b) BGB gesondert zu unterschreiben.

Abwicklungsvertrag 23.2

§ 1 Beendigung

Beide Seiten sind sich einig, dass das zwischen ihnen bestehende Arbeitsverhältnis aufgrund der Kündigung vom ... mit Ablauf des ... enden wird.

oder

Die Firma hat das Arbeitsverhältnis am ... fristgerecht aus betriebsbedingten Gründen zum ... gekündigt. **Herr/Frau ... erhebt keine Kündigungsschutzklage.**

oder

Die Firma hat das Arbeitsverhältnis am ... fristgerecht aus betriebsbedingten Gründen zum ... gekündigt. **Herr/Frau ... verpflichtet sich, die beim ArbG .../LAG .../BAG anhängige Klage (Az.: ...) unverzüglich nach Unterzeichnung dieses Vertrages/ nach Erhalt der Sicherheiten gemäß § 25/nach Erhalt der Abfindung gemäß § 2 zurückzunehmen.**

§§ 2 ff. (vgl. M 23.1)

Klage wegen Unwirksamkeit eines Aufhebungsvertrages 23.3

An das Arbeitsgericht

In Sachen

.../...

(volles Rubrum)

vertreten wir den Kläger.

Namens und im Auftrag des Klägers erheben wir Klage und beantragen:

1. Es wird festgestellt, dass der zwischen den Parteien geschlossene Aufhebungsvertrag vom ... unwirksam ist.
2. Es wird festgestellt, dass das Anstellungsverhältnis zwischen den Parteien durch die außerordentliche Kündigung vom ... nicht geendet hat.
3. und 4. (siehe **M 22.13**, Ziff. 2 und 3)

Begründung:

Der Kl. ist bei der Bekl., die ständig mehr als fünf Arbeitnehmer beschäftigt, seit ... als Abteilungsleiter mit einem Gehalt von zuletzt Euro ... monatlich tätig. Am ... wurde der Kl. überraschend in das Büro des Personalleiters gebeten. Dort wurde ihm ein Schreiben überreicht, in dem eine fristlose Kündigung ausgesprochen wurde.

Beweis: Kündigungsschreiben vom ..., Anlage K 1

Mündlich wurde die Kündigung damit begründet, der Kl. habe hinter dem Rücken der Bekl. eine Beratertätigkeit für das Konkurrenzunternehmen Y-GmbH aufgenommen. Der Kl. bestritt diese Vorwürfe sofort. Der Personalleiter erklärte daraufhin, für das Unternehmen sei die Indizienkette lückenlos. Der Kl. habe aber die Möglichkeit, die Sache „aus der Welt zu schaffen". Der Personalleiter legte dem Kl. daraufhin einen Aufhebungsvertrag vor, der eine Beendigung des Anstellungsverhältnisses zum ... nebst sofortiger Freistellung sowie eine Abfindung von Euro 2 000 vorsah. Als der Kl. sich weigerte, den Aufhebungsvertrag zu unterschreiben, drohte ihm der Personalleiter eine Schadensersatzklage „in Millionenhöhe" an. Außerdem werde man ansonsten am nächsten Tag die Belegschaft durch Aushang darüber informieren, dass der Kl. ab sofort „wegen gravierender Verstöße gegen seine Treuepflicht" nicht mehr im Hause tätig sei. Aus Angst, von der Bekl. in ruinöse Schadensersatzprozesse verwickelt zu werden und seinen guten Ruf zu verlieren, unterzeichnete der Kl. daraufhin den Aufhebungsvertrag. Vor Unterzeichnung bat er noch um einen Tag Bedenkzeit, um die Sache in Ruhe überlegen zu können. Daraufhin erwiderte der Personalleiter, wenn der Kl. den Raum verlasse, ohne unterschrieben zu haben, sei das Angebot des Unternehmens vom Tisch und man werde wie angekündigt vorgehen.

Beweis:[1] Zeugnis des Personalleiters der Bekl., zu laden über diese

Der Kl. hat den Aufhebungsvertrag am ... mit Anwaltsschreiben vom ... widerrufen und zugleich unter allen denkbaren Gesichtspunkten angefochten.

Beweis: Schreiben des Unterzeichners vom ..., Anlage K 2

Mit dem Klageantrag Ziff. 1 macht der Kl. die Unwirksamkeit des Aufhebungsvertrages gemäß §§ 123, 142 BGB geltend. Die Anfechtung ist wegen widerrechtlicher Drohung begründet. Der Kl. ist nie für eine Konkurrenzfirma tätig gewesen. Folglich können der Bekl. auch keine Schadensersatzansprüche entstanden sein. Die Bekl. hatte keine vernünftigen Anhaltspunkte, eine Konkurrenztätigkeit des Kl. zu vermuten. Noch weniger Anhaltspunkte hatte sie für das Entstehen eines hohen Schadens. Sie hätte deshalb dem Kl. nicht mit einer Schadensersatzklage in Millionenhöhe drohen dürfen. Noch viel weniger war die Bekl. berechtigt, dem Kl. ein öffentliches „an den Pranger stellen" anzudrohen. Selbst wenn die Vorwürfe zuträfen und der Kl. tatsächlich für eine Konkurrenzfirma tätig geworden wäre, würde dies nicht eine öffentliche Beschimpfung rechtfertigen. Dass es der Bekl. mit ihrer Vorgehensweise darum ging, den Kl. unter massiven Druck zu setzen und zu überrumpeln, zeigt sich auch daran, dass ihm keine Bedenkzeit eingeräumt wurde.

Mit dem Klagantrag Ziff. 2 wendet sich der Kl. vorsorglich gegen die am ... ausgesprochene fristlose Kündigung.[2] Diese Kündigung sollte zwar gemäß § 3 des Aufhe-

---

1 Für das Vorliegen der Anfechtungsgründe trägt der Arbeitnehmer nach allgemeinen Beweislastregeln die volle **Beweislast**. Er muss also beweisen, dass der Arbeitgeber ihn widerrechtlich bedroht hat, wobei der Arbeitgeber sich das Verhalten von Vorgesetzten des Arbeitnehmers zurechnen lassen muss, da diese gemäß § 278 BGB insoweit seine Erfüllungsgehilfen sind.

2 ➲ **Wichtig:** Die **isolierte Anfechtung** des Aufhebungsvertrages ist nur dann ausreichend, wenn der Aufhebungsvertrag **anstelle** einer Kündigung abgeschlossen wurde. Denn dann steht mit der erfolgreichen Anfechtung des Aufhebungsvertrages fest, dass das Arbeitsverhältnis weiter besteht. Anders ist es dagegen, wenn dem Aufhebungsvertrag **eine Kündigung vorausgegangen ist**. Denn dann **lebt** durch die Anfechtung des Aufhebungsvertra-

bungsvertrages vom gleichen Tag als zurückgenommen angesehen werden. *Aufgrund der Anfechtung des Aufhebungsvertrages ist diese Rücknahmewirkung jedoch entfallen, so dass die Kündigung möglicherweise wieder in der Welt ist. Die Kündigung ist jedoch unwirksam, da keine Kündigungsgründe gemäß § 626 Abs. 1 BGB vorliegen. Im Übrigen wird die ordnungsgemäße Anhörung des Betriebsrats mit Nichtwissen bestritten.*[3]

...

(Unterschrift)

> ges **die Kündigung wieder auf**. Ist die dreiwöchige Klagefrist nach §§ 4, 7 KSchG noch nicht abgelaufen, ist das kein Problem. Unklar ist allerdings, was nach Ablauf der Dreiwochenfrist gilt. Es spricht einiges dafür, dass der Lauf der Dreiwochenfrist so lange gehemmt ist, wie der Aufhebungsvertrag unangefochten besteht, so dass bei Abschluss des Aufhebungsvertrages eine Woche nach der Kündigung nach einer wirksamen Anfechtung noch zwei Wochen für die Erhebung der Klage bleiben. Allerdings sollte immer vorsorglich der Antrag auf nachträgliche Zulassung gemäß § 5 KSchG (s. **M 22.16**) gestellt werden. Kein Weg vorbei geht allerdings an der sechsmonatigen Ausschlussfrist für Anträge auf nachträgliche Zulassung gemäß § 5 Abs. 3 KSchG. Lässt der Arbeitnehmer sich also länger als sechs Monate mit der Anfechtung Zeit (nach § 124 BGB beträgt die Anfechtungsfrist bei widerrechtlicher Drohung ein Jahr), so beseitigt zwar die Anfechtung den Aufhebungsvertrag, gegen die Kündigung ist jedoch nichts mehr zu machen (*Bauer*, Arbeitsrechtliche Aufhebungsverträge, Rz. 110).

3 S. **M 22.13** Fn. 8.

Verzicht auf § 17 KSchG[1]   23.4

§ 1

Die Parteien haben am ... einen Aufhebungsvertrag geschlossen. Herr/Frau ... bestätigt, dass der Vertrag auch wirksam ist, wenn die Entlassung nicht nach § 17 KSchG angezeigt wird.

... ...
Arbeitgeber *Arbeitnehmer*

---

1 Auch die Entlassung aufgrund eines Aufhebungsvertrags bedarf, sofern sie Teil einer Massenentlassung ist, der Anzeige nach § 17 KSchG (vgl. Erläuterungen I. 1. d) aE); BAG v. 11. 3. 1999, DB 1999, 1073). Neben dem hier vorgeschlagenen nachträglichen Verzicht kommt auch eine Nachholung der Anzeige nach § 17 KSchG in Betracht. Zu den Einzelheiten vgl. *Bauer/Powietzka*, DB 2000, 1073.

Kapitel 24 Zeugnis

Literaturübersicht: *Becker-Schaffner*, Die Rechtsprechung zum Zeugnisrecht, BB 1989, 2105; *Berscheid*, Zeugnis, in Handwörterbuch des Arbeitsrechts, Loseblatt; *Böhme*, Zeugnis für den Arbeitnehmer, AuA 1992, 93; *Braun*, Das Arbeitszeugnis, RiA 2000, 113; *Braun*, Zeugnissprache, RiA 2001, 105; *Brill*, Rund um das Arbeitszeugnis, AuA 1994, 230; *Dachrodt*, Zeugnisse lesen und verstehen, 7. Aufl. 2003; Erfurter Kommentar zum Arbeitsrecht, 4. Aufl. 2004, S. 1923; *Göldner*, Die Problematik der Zeugniserteilung im Arbeitsrecht, ZfA 1991, 255; *Grotmann-Höfling*, Wohlwollende Wahrheit – Zeugnisse vor dem Arbeitsgericht, ArbuR 2003, 210; *Huber*, Das Arbeitszeugnis in Recht und Praxis, 9. Aufl. 2003; *Kempe*, Zeugnisse, AuA 1999, 532; *Kölsch*, Die Haftung des Arbeitgebers bei nicht ordnungsgemäßer Zeugniserteilung, NZA 1985, 382; *Küttner/Reinecke*, Personalbuch 2003, 10. Aufl. 2003, Nr. 480; *Liedtke*, Der Anspruch auf ein qualifiziertes Arbeitszeugnis, NZA 1988, 270; *Pfleger*, Anm. zu LAG Baden-Württemberg vom 19. 6. 1992, DB 1993, 1041; *Popp*, Die Bekanntgabe des Austrittsgrunds im Arbeitszeugnis, NZA 1997, 588; *Ring*, Rechtliche Anforderungen an das Arbeitszeugnis und Konsequenzen seiner Unrichtigkeit, BuW 2001, 208; *Roth*, Das Arbeitszeugnis – Zankapfel und Eiertanz, FA 2001, 299; *Roth*, Das Arbeitszeugnis – Einzelfragen, FA 2002, 9; *Schleßmann*, Das Arbeitszeugnis, 16. Aufl. 2000; *Schleßmann*, Das Arbeitszeugnis, BB 1988, 1320; *Schmid*, Leistungsbeurteilungen in Arbeitszeugnissen und ihre rechtliche Problematik, DB 1982, 1111; *Schmid*, Aussagen über Führungsleistungen in Arbeitszeugnissen und ihre rechtliche Problematik, DB 1986, 1334; *Schmid*, Zur Interpretation von Zeugnisinhalten, DB 1988, 2253; *Schmid*, Das „geknickte" Zeugnis, BB 2000, 412; *Schmidt*, Zum Zeugnisanspruch des Arbeitnehmers im Konkurs einer Handelsgesellschaft, DB 1991, 1930; *Schrader*, Zur Steigerung der Zahl der Zeugnisrechtsstreite – Antwort auf *Grotmann-Höfling*, ArbuR 2002, 449; *Schulz*, Zur Auskunftserteilung unter Arbeitgebern über Arbeitnehmer, NZA 1990, 717; *Schulz*, Alles über Arbeitszeugnisse, 7. Aufl. 2003; *Schweres*, Zwischen Wahrheit und Wohlwollen, BB 1986, 1572; *Spiegelhalter*, Beck'sches Personalhandbuch Bd. I, Arbeitsrechtslexikon, Loseblatt, Stichwort Zeugnis; *Weuster*, Formulierung und Analyse von Zeugnissen, BuW 2001, 300, 344, 431; *Witt*, Die Erwähnung des Betriebsratsamts und der Freistellung im Arbeitszeugnis, BB 1996, 2194.

I. Erläuterungen

1. Zeugnisanspruch

Für alle Arbeitnehmer findet seit dem 1. 1. 2003 an Stelle des § 630 BGB die Vorschrift des § 109 GewO Anwendung, vgl. § 630 Satz 4 BGB. § 113 GewO wurde zugleich aufgehoben. Gem. § 109 Abs. 1 Satz 1 GewO hat der Arbeitnehmer bei Beendigung eines Arbeitsverhältnisses Anspruch auf ein schriftliches Zeugnis. Im Gegensatz zu § 630 BGB ist es nun nicht mehr erforderlich, dass ein dauerndes Dienstverhältnis bestand.

Anspruchsberechtigt sind alle Arbeitnehmer, also auch Teilzeitbeschäftigte, leitende Angestellte, Heimarbeiter, Werkstudenten sowie Arbeitnehmer in einem Probe- und Aushilfsverhältnis, ferner Handlungsgehilfen im Sinne des § 84 Abs. 2 HGB (§ 73 HGB wurde mit Wirkung zum 1. 1. 2003 aufgehoben). Unverändert wird der Zeugnisanspruch des Auszubildenden in § 8 BBiG, der des Praktikanten in § 19 BBiG geregelt. Bei Leiharbeitnehmern richtet sich der Zeugnisanspruch gegen den Verleiher. Auch Organmitglieder haben jedenfalls dann einen Anspruch auf Zeugniserteilung, wenn sie keine oder nur unwesentliche Gesellschaftsanteile besitzen.[1]

---

1 Vgl. KG v. 6. 11. 1978, BB 1979, 988.

Arbeitnehmerähnliche Personen und Heimarbeiter, Einfirmenvertreter nach § 92a HGB können ein Zeugnis nach § 630 Satz 1 BGB verlangen; freie Handelsvertreter im Sinne des § 84 Abs. 1 HGB haben hingegen keinen Anspruch, denn sie sind nicht Arbeitnehmer sondern Kaufleute. Ob auch freie Mitarbeiter einen Zeugnisanspruch haben, ist nicht abschließend geklärt. Der Wortlaut des § 630 BGB, der grundsätzlich alle Dienstverhältnisse umfasst, spricht dafür.

Verpflichtet zur Erteilung des Zeugnisses ist der Arbeitgeber, der sich durch Betriebsangehörige vertreten lassen kann, soweit diese in der Hierarchie über dem anspruchstellenden Arbeitnehmer angesiedelt sind.[2] Eine Vertretung durch Externe, zB einen Rechtsanwalt, scheidet aus.[3] Bei Insolvenz des Arbeitgebers richtet sich der Anspruch gegen den Arbeitgeber, wenn der Arbeitnehmer vor Eröffnung des Insolvenzverfahrens ausscheidet, andernfalls gegen den Insolvenzverwalter, der sich gegebenenfalls beim Gemeinschuldner über die zur Beurteilung erforderlichen Tatsachen unterrichten muss. Das Gleiche gilt sinngemäß, soweit nach dem Tod des Arbeitgebers die Erben zur Zeugniserteilung verpflichtet sind.[4] Scheidet der Arbeitnehmer nach einem Betriebsübergang gem. § 613a BGB aus, so muss der Übernehmer das Zeugnis erstellen. Der Arbeitnehmer hat gegen den früheren Arbeitgeber jedoch unter Umständen einen Anspruch auf ein Zwischenzeugnis.

Ein Zeugnis ist nur **auf Verlangen** des Arbeitnehmers zu erstellen; nur Auszubildende (§ 8 Abs. 1 BBiG), Praktikanten und Volontäre (vgl. § 19 iVm. § 8 Abs. 1 BBiG) haben davon unabhängig einen Anspruch.[5] Das Verlangen muss sich auch darauf erstrecken, welche Art Zeugnis gewünscht ist, insbesondere, ob ein qualifiziertes oder ein einfaches Zeugnis verlangt wird (dazu unten unter 7).

Fällig ist das Zeugnis gem. § 109 GewO, § 630 BGB, § 8 BBiG „bei Beendigung" des Vertrages. Das Zeugnis wird jedoch nicht erst fällig, wenn das Arbeitsverhältnis auch rechtlich beendet ist; es reicht aus, wenn die Beendigung aufgrund der rechtlichen Rahmenbedingungen absehbar ist. Das ist der Fall, wenn eine Kündigung ausgesprochen oder ein Aufhebungsvertrag geschlossen wurde oder der Ablauf der Befristung bevorsteht. Auch die Erhebung der Kündigungsschutzklage schiebt die Fälligkeit des Zeugnisses nicht hinaus.[6]

2. Zeugnisarten

Nach dem Inhalt des Zeugnisses unterscheidet man zwischen einem einfachen und einem qualifizierten Zeugnis, nach dem Zeitpunkt der Zeugniserteilung zwischen einem vorläufigen Zeugnis, einem Zwischenzeugnis und einem Endzeugnis.

Das **einfache Zeugnis** nach §109 Abs. 1 Satz 2 GewO muss mindestens Angaben zu Art und Dauer der Tätigkeit enthalten (**M 24.1** und **24.2**). Das **qualifizierte Zeugnis** nach § 109 Abs. 1 Satz 3 GewO enthält darüber hinaus Aussagen über die Leistung und Führung im Arbeitsverhältnis (**M 24.3 ff.**).

---

2 Vgl. BAG v. 26. 6. 2001, AP Nr. 27 zu § 630 BGB.
3 Vgl. LAG Hamm v. 2. 11. 1966, DB 1966, 1815.
4 Vgl. BAG v. 30. 1. 1991, DB 1991, 1626.
5 LAG Hamm v. 27. 7. 1997, NZA-RR 1998, 151.
6 BAG v. 27. 2. 1987, DB 1987, 1845.

Ist der Zeugnisanspruch schon fällig, das Arbeitsverhältnis aber rechtlich noch nicht beendet, so kann der Arbeitgeber das Zeugnis als **„vorläufiges" Zeugnis** bezeichnen, das mit rechtlicher Beendigung des Arbeitsverhältnisses gegen ein **„End"-Zeugnis** ausgetauscht werden kann. Das in der Praxis häufige **Zwischenzeugnis** kann der Arbeitnehmer verlangen, wenn ein berechtigtes Interesse dafür vorliegt.[7] Häufigster Fall sind Änderungen im Arbeitsbereich wie Versetzung oder Bewerbung innerhalb des Betriebes, Unternehmens oder Konzerns, der Wechsel eines Vorgesetzten[8], ein zu erwartender Betriebsübergang[9] oder vergleichbare Änderungen der Unternehmensstruktur. In Betracht kommen aber auch Maßnahmen, die Dritte von der Vorlage eines Zeugnisses abhängig machen, beispielsweise Kreditanträge, Bewerbungen oder beabsichtigte Fort- oder Weiterbildungen. Schließlich kann ein Zwischenzeugnis auch verlangt werden, wenn mit einem längeren Ruhen des Arbeitsverhältnisses zu rechnen ist, beispielsweise bei bevorstehendem Wehr- oder Zivildienst oder auch Elternzeit (vgl. dazu Kapitel 17). Die Anspruchsvoraussetzungen sind relativ weit; das Zwischenzeugnis soll meist verhindern, dass infolge eines Wechsels der beurteilenden Person oder des Arbeitgebers die Beurteilung für spätere Zeugnisse verloren geht.

3. Holschuld

Da das Zeugnis zu den Arbeitspapieren zählt, muss der Arbeitnehmer es nach Maßgabe von § 269 Abs. 2 BGB beim Arbeitgeber **abholen**. Hatte der Arbeitnehmer das Zeugnis rechtzeitig vorher verlangt und hält der Arbeitgeber es nicht bei Fälligkeit bereit, so soll er jedoch aufgrund des entstehenden Verzuges zur Übermittlung des Zeugnisses an den Arbeitnehmer verpflichtet sein.

4. Verzicht, Verwirkung

Bis zur Beendigung des Arbeitsverhältnisses kann der Arbeitnehmer **nicht** auf das Zeugnis **verzichten**; auch allgemeine Ausgleichsklauseln erfassen den Zeugnisanspruch nicht.[10] Nach Beendigung des Arbeitsverhältnisses dürfte der Anspruch jedoch verzichtbar sein. Grundsätzlich gelten auch tarifliche Ausschlussfristen.[11] Davon unabhängig kann der Anspruch auf ein qualifiziertes Zeugnis schnell **verwirken**, da vom Arbeitgeber nach einer längeren Zeit nicht mehr erwartet werden kann, dass er Führung und Leistung noch zutreffend beurteilt. Ein Zeitraum von zehn Monaten bei Untätigkeit des Arbeitnehmers wird hier ausreichen.[12] Für ein einfaches Zeugnis dürfte die Verwirkung wesentlich später eintreten, da dieses auch problemlos später noch erstellt werden kann.

---

7 Vgl. BAG v. 21. 1. 1993, DB 1993, 2134.
8 LAG Köln v. 2. 2. 2000, NZA-RR 2000, 419.
9 BAG v. 21. 1. 1993, DB 1993, 2134.
10 BAG v. 16. 9. 1974, DB 1975, 155.
11 BAG v. 23. 2. 1983, DB 1983, 2043 zu § 70 BAT.
12 BAG v. 17. 2. 1988, DB 1988, 1071 für den Zeugnisberichtigungsanspruch.

5. Formalien

Im Zeugnis ist die Person des Arbeitnehmers mit vollständigem Namen und offiziell verliehenen Titeln aufzunehmen.[13] Die Zeugnissprache ist – auch für ausländische Arbeitnehmer – deutsch. Das hindert den Arbeitgeber natürlich nicht, auf Wunsch auch in anderer Sprache das Zeugnis zu verfassen, was zunehmende Bedeutung gewinnt. Das Zeugnisdatum muss grundsätzlich dem tatsächlichen Ausscheidensdatum entsprechen. Hat der Arbeitgeber das Zeugnis jedoch aufgrund eines Zeugnisrechtsstreits oder Zeugnisberichtigungsrechtsstreits erst wesentlich später ausgestellt, so ist das Datum zu verwenden, zu dem das Zeugnis hätte ausgestellt werden müssen, im Zweifel das Ausscheidensdatum.[14] Macht der Arbeitnehmer seinen Zeugnisanspruch allerdings erst lange nach Beendigung des Arbeitsverhältnisses geltend, so ist das tatsächliche Datum anzugeben.

§ 109 Abs. 2 Satz 1 GewO bestimmt nun gesetzlich, dass das Zeugnis klar und verständlich formuliert sein muss. Der Gesetzgeber legte zudem in Abs. 2 Satz 2 fest, dass das Zeugnis keine Merkmale oder Formulierungen enthalten darf, die den Zweck haben, eine andere als aus der äußeren Form oder aus dem Wortlaut ersichtliche Aussage über den Arbeitnehmer zu treffen. Damit sind dem Arbeitgeber unzulässige Auslassungen und Geheimzeichen untersagt.[15]

Unterschreiben muss das Zeugnis der Arbeitgeber oder der für ihn handelnde Vertreter eigenhändig. Eine Vertretung in der Unterschrift[16] oder gar ein Faksimile oder eine fotokopierte Unterschrift[17] reichen auf keinen Fall. Die Person und der Rang des Unterzeichnenden gibt Aufschluss über die Wertschätzung des Arbeitnehmers und die Beurteilungskompetenz des Arbeitgebers.[18] Diesen Zweck erfüllt das Zeugnis nur, wenn es von einem „erkennbar Ranghöheren" (vgl. oben unter I.1.) ausgestellt ist.[19] Bei einer Vertretung bedeutet dies, dass der ausstellende Vertreter gegenüber dem Arbeitnehmer weisungsbefugt gewesen sein muss. Der Vertreter muss außerdem das Vertretungsverhältnis und seine Funktion angeben, um obigen Zweck zu erfüllen.[20] Bei leitenden Angestellten ist das Zeugnis von einem Mitglied der Geschäftsleitung auszustellen, das auf seine Position als Mitglied der Geschäftsleitung hinweisen muss.[21]

6. Einfaches Zeugnis (§ 109 Abs. 1 Satz 2 GewO)

Neben diesen Grundangaben sind im **einfachen Zeugnis** Art und Dauer der Beschäftigung darzustellen, wobei alles anzugeben ist, was ein Urteil über Kenntnis und Leistungsfähigkeit des Arbeitnehmers erlaubt und ihn für einen künftigen Arbeitgeber

---

13 Vgl. BAG v. 8. 2. 1984, NZA 1984, 225.
14 Vgl. BAG v. 9. 9. 1992, NZA 1993, 698; LAG Hamm v. 27. 2. 1997, NZA-RR 1998, 151.
15 Vgl. BT-Drucks. 14/8796, S. 25 mit Bezug auf den Rechtsgedanken des § 113 Abs. 3 GewO aF.
16 BAG v. 21. 9. 1999, NZA 2000, 257
17 LAG Bremen v. 23. 6. 1989, BB 1989, 1825.
18 Vgl. BAG v. 21. 9. 1999, EzA § 630 BGB Nr. 22.
19 Vgl. BAG v. 16. 11. 1995, EzA § 630 BGB Nr. 20.
20 Vgl. BAG v. 26. 6. 2001, AP Nr. 27 zu § 630 BGB.
21 Vgl. BAG v. 26. 6. 2001, AP Nr. 27 zu § 630 BGB.

interessant erscheinen lässt.[22] Maßgeblich für die Dauer ist die rechtliche Dauer des Arbeitsverhältnisses. Unterbrechungen (zB durch Elternzeit) sind nur anzugeben, wenn sie erheblich ins Gewicht fallen, insbesondere im Verhältnis zur Gesamtdauer der Beschäftigung. Nicht aufzunehmen ist der Grund des Ausscheidens des Arbeitnehmers, es sei denn, dies wäre sein ausdrücklicher Wunsch.[23]

7. Qualifiziertes Zeugnis (§ 109 Abs. 1 Satz 3 GewO)

Beim **qualifizierten Zeugnis** müssen über diese Anforderungen hinaus auch **Angaben zu Führung und Leistung** gemacht werden.

Diese Ergänzung ist allerdings nur auf Verlangen des Arbeitnehmers vorzunehmen. Ein einmal geäußertes Verlangen nach einem qualifizierten Zeugnis ist verbindlich und nicht mehr rücknehmbar. Das Zeugnis muss den Tatsachen entsprechen. Es darf nichts Wesentliches weglassen oder hinzufügen. Dies korrespondiert mit dem Grundsatz der wohlwollenden Zeugniserteilung: Das Zeugnis darf den Arbeitnehmer in seinem Fortkommen nicht ungerechtfertigt behindern. Daher ist der Arbeitgeber verpflichtet, eine wohlwollende Zeugnissprache zu verwenden. **Führung** des Arbeitnehmers gem. § 109 Abs. 1 Satz 3 GewO betrifft das Sozialverhalten des Arbeitnehmers gegenüber Vorgesetzten und gleichgestellten Mitarbeitern sowie gegenüber Kunden und Geschäftspartnern. Allerdings beschränken sich die Angaben auf das dienstliche Verhalten, es sei denn, dass sich privates Verhalten in erheblichem Umfang dienstlich ausgewirkt hat; Letzteres kann bei Alkohol-/Drogenmissbrauch oder Verschwendungssucht bei einem Kassierer[24] der Fall sein.

Der Arbeitgeber hat einen erheblichen **Beurteilungsspielraum** bei der Frage, welche Leistungen und Eigenschaften er aufnimmt. Er muss sich jedoch auf wesentliche Vorfälle oder Umstände beschränken. Entscheidend ist der Maßstab eines wohlwollenden verständigen Arbeitgebers. Bloße Vermutungen oder Verdächtigungen, Angaben über den Gesundheitszustand[25] oder auch die Mitgliedschaft im Betriebsrat oder gewerkschaftliche Betätigung[26] gehören nicht in das Zeugnis, es sei denn, dass der Arbeitnehmer ihre Aufnahme ausdrücklich wünscht.[27] Je nach der Art der Tätigkeit müssen bestimmte Eigenschaften genannt werden, damit das Zeugnis nicht durch „beredtes Schweigen" unwahr wird; insbesondere ist bei Kassierern und anderen Bankangestellten, aber auch bei Hausangestellten Ehrlichkeit zu attestieren, soweit das Gegenteil nicht feststeht.

Anders als bei der Beurteilung der Leistung (dazu sogleich) gibt es bei der **Beurteilung der Führung** keine allgemein anerkannten Zeugniscodes. Es dürfte wie folgt zu differenzieren sein[28]:

---

22 Vgl. BAG v. 12. 8. 1976, DB 1976, 2211.
23 LAG Düsseldorf v. 22. 1. 1988, NZA 1988, 399.
24 Vgl. BAG v. 29. 1. 1986, NZA 1987, 384.
25 LAG Sachsen v. 30. 1. 1996, NZA 1997, 46.
26 LAG Hamm v. 12. 4. 1976, DB 1976, 112.
27 Vgl. *Witt*, BB 1996, 2194.
28 Vgl. *Hümmerich*, Arbeitsrecht, 3. Aufl. 2000, S. 752 ff.

a) Sein Auftreten war geprägt von höchster persönlicher Integrität, vorbildlichem Einsatz und herausragendem Führungsvermögen. Er war bei Vorgesetzten, Kollegen und nachgeordneten Mitarbeitern gleichermaßen anerkannt und geschätzt.

= sehr gute Führung

b) Er war durch sein ausgeglichenes und freundliches Wesen, seine hohe Integrität und sein Führungsvermögen bei Vorgesetzten, Kollegen und nachgeordneten Mitarbeitern gleichermaßen geschätzt.

oder

b) Sein Verhalten gegenüber Vorgesetzten, Kollegen und nachgeordneten Mitarbeitern war stets einwandfrei.

= gute Führung

c) Durch sein Auftreten war er bei Vorgesetzten, Kollegen und nachgeordneten Mitarbeitern gleichermaßen geschätzt.

= gute durchschnittliche Leistung

d) Sein Verhalten gegenüber Vorgesetzten, Kollegen und nachgeordneten Mitarbeitern gab zu Beanstandungen keinen Anlass.

= unterdurchschnittliche Leistung

e) Sein Verhalten gegenüber Vorgesetzten, Kollegen und Mitarbeitern war zufrieden stellend.

oder

e) Sein Verhalten gegenüber Vorgesetzten, Kollegen und Mitarbeitern war im Großen und Ganzen einwandfrei.

= mangelhafte Führung

Bei der **Beurteilung der Leistung** haben sich bestimmte Formulierungen eingebürgert, die trotz des Erfordernisses der wohlwollenden Zeugnissprache eine klare Bewertung enthalten:

Er/Sie hat die ihm/ihr übertragenen Aufgaben

a) stets zu unserer vollsten Zufriedenheit erledigt.

oder

a) stets zu unserer vollsten Zufriedenheit erledigt und unseren Erwartungen in jeder Hinsicht entsprochen.

= sehr gute Leistungen

b) stets zu unserer vollen Zufriedenheit erledigt.

= gute Leistungen[29]

c) zu unserer vollen Zufriedenheit erledigt.

= gute durchschnittliche Leistung[30]

---

[29] LAG Düsseldorf v. 26. 2. 1985, DB 1985, 2692; LAG Köln v. 8. 7. 1993, LAGE § 630 BGB Nr. 18.
[30] LAG Köln v. 18. 5. 1995, LAGE § 630 BGB Nr. 23 = NZA-RR 1996, 41.

d) zu unserer Zufriedenheit erledigt.

= unterdurchschnittliche, aber noch ausreichende Leistung[31]

e) im Großen und Ganzen/insgesamt zu unserer Zufriedenheit erledigt.

= mangelhafte Leistung

f) Er/Sie hat sich bemüht, die ihm/ihr übertragenen Arbeiten zu unserer Zufriedenheit zu erledigen.

oder

f) Er/Sie führte die ihm/ihr übertragenen Aufgaben mit großem Fleiß und Interesse aus.

= völlig unzureichende Leistung[32]

Die so attestierte Leistung muss zum sonstigen Inhalt des Zeugnisses passen;[33] ergibt sich aus dem sonstigen Text des Zeugnisses eine sehr gute Leistung, so darf die „Leistungsklausel" dahinter nicht zurückbleiben.

8. Schlussfloskel

Nach Ansicht des BAG ist der Arbeitgeber gesetzlich jedenfalls nicht verpflichtet, in das Arbeitszeugnis Zukunftswünsche aufzunehmen, in denen er dem Arbeitnehmer für die gute Zusammenarbeit dankt und ihm für die Zukunft alles Gute wünscht.[34] Da Schlusssätze bloß „üblicher" Zeugnisinhalt seien, obliege es der Gestaltungsfreiheit des Arbeitgebers zu entscheiden, ob er das Zeugnis damit anreichert. Werden sie jedoch verwendet, müssen sie mit dem übrigen Zeugnisinhalt in Einklang stehen. Das BAG entschied allerdings nicht über eine Verpflichtung zur Aufnahme eines Beendigungsgrundes („Wunsch des Arbeitnehmers").[35]

9. Form

Das Zeugnis bedarf naturgemäß der **Schriftform**. Das Papier muss haltbar und von guter Qualität sein.[36] Streichungen, Ausbesserungen, Anführungszeichen, Frage- und Ausrufezeichen haben im Zeugnis nichts zu suchen. Alles, was den Eindruck eines gestörten Arbeitsverhältnisses oder einer Herabsetzung des Arbeitnehmers erwecken könnte, ist zu vermeiden. Das Zeugnis ist daher auf dem offiziellen Firmen-/Geschäftsbriefbogen zu erteilen.[37] Der Streit, ob das Zeugnis zweimal gefaltet werden darf, so dass es in einem Geschäftsumschlag üblicher Größe unterzubringen ist, oder ob es ungefaltet übergeben werden muss[38], ist in ersterem Sinne geklärt.[39]

---

31 Vgl. LAG Hessen v. 10. 9. 1987, DB 1988, 1071.
32 LAG Hamm v. 16. 3. 1989, BB 1989, 1486.
33 BAG v. 23. 9. 1992, EzA § 630 BGB Nr. 16.
34 BAG v. 20. 2. 2001, NZA 2001, 843.
35 Dafür LAG Köln v. 29. 10. 1999, LAGE § 630 BGB Nr. 11.
36 Vgl. BAG v. 3. 3. 1993, NZA 1993, 697.
37 LAG Hamm v. 27. 2. 1997, NZA-RR 1998, 151; BAG v. 3. 3. 1993, AP Nr. 20 zu § 630 BGB = NZA 1993, 697.
38 So noch LAG Hamburg v. 7. 9. 1993, NZA 1994, 890.
39 BAG v. 21. 9. 1999, AP Nr. 23 zu § 630 BGB.

10. Berichtigung und Widerruf

Soweit das Zeugnis den vorgenannten inhaltlichen und formalen Anforderungen nicht entspricht, kann der Arbeitnehmer **Zeugnisberichtigung** verlangen. Seltener ist der Fall des **Zeugniswiderrufs**, weil der Arbeitgeber zur Vermeidung einer Zeugnishaftung das Zeugnis noch um spätere Erkenntnisse ergänzen will. Ansprüche auf Zeugniserteilung, Zeugnisberichtigung und Zeugniswiderruf können im Urteilsverfahren geltend gemacht werden. Beim Zeugnisberichtigungsanspruch muss im Klageantrag bereits die geänderte Zeugnisformulierung angegeben werden. Zwar trägt der Arbeitgeber nach allgemeinen Grundsätzen die Beweislast für die Erfüllung des Zeugnisanspruches. Für die häufigsten Einwände des Arbeitnehmers aber, seine Tätigkeit sei nicht vollständig bezeichnet oder seine Bewertung sei zu schlecht, gilt dies nur eingeschränkt: Sind nach dem Vortrag des Arbeitnehmers wesentliche Tätigkeiten im Zeugnis nicht angegeben, so muss der Arbeitnehmer beweisen, dass er diese Tätigkeiten ausgeübt hat. Sofern er keine nachteiligen Tatsachen beweisen kann, muss der Arbeitgeber eine durchschnittliche Leistung „zu unserer vollen Zufriedenheit" bescheinigen.[40] Wünscht der Arbeitnehmer die Bescheinigung einer überdurchschnittlichen Leistung, so trifft insoweit ihn die Beweislast für die zugrunde liegenden Tatsachen.[41] Vollstreckt wird der Zeugnisanspruch und der Zeugnisberichtigungsanspruch nach § 888 ZPO. Die Fiktion des § 894 ZPO würde den Interessen des Arbeitnehmers naturgemäß nicht entsprechen.

11. Haftung des Arbeitgebers

Eine **Haftung des Arbeitgebers** gegenüber dem Arbeitnehmer kommt nach allgemeinen Grundsätzen in Betracht, wenn das Zeugnis zu Unrecht nicht, nicht ordnungsgemäß oder zu schlecht ausgestellt wurde.[42] Zu ersetzen ist hier der kausal verursachte entgangene Verdienst; die Kausalität ist in der Praxis allerdings kaum nachweisbar.

Gegenüber einem anderen Arbeitgeber haftet er, wenn er schuldhaft ein zugunsten des Arbeitnehmers unrichtiges Zeugnis ausgestellt hat und dadurch bei dem späteren Arbeitgeber ein Schaden entstanden ist. Typischer Fall ist die Angabe, der Kassierer sei ehrlich, obwohl er bei dem früheren Arbeitgeber Unterschlagungen begangen hat.[43]

---

40 BAG v. 14. 10. 2003 – 9 AZR 12/03, PM 66/03; nach aA muss der Arbeitgeber im Zweifel eine „gute" Leistung bescheinigen, also „*stets* zu unserer vollen Zufriedenheit", so noch LAG Köln v. 8. 7. 1993, LAGE § 630 BGB Nr. 18.
41 BAG v. 14. 10. 2003 – 9 AZR 12/03, PM 66/03; nach aA trifft den Arbeitnehmer die Beweislast erst für Tatsachen, aus denen er eine „sehr gute" Leistung herleiten will, LAG Köln v. 8. 7. 1993, LAGE § 630 BGB Nr. 18.
42 Vgl. *Kölsch*, NZA 1980, 382.
43 Vgl. BGH v. 15. 5. 1979, DB 1979, 2378.

II. Muster

24.1 Einfaches Zeugnis – kurze Form

Herr/Frau . . .,

geboren am . . . in . . .,

war ab dem . . . bei uns als . . . beschäftigt.

Er/Sie verlässt uns zum . . . auf eigenen Wunsch.[1]

. . .   . . .
Ort/Datum   Unterschrift (Firma)

---

[1] Der Grund des Ausscheidens ist nur dann anzugeben, wenn der Arbeitnehmer damit einverstanden ist (vgl. *Popp*, NZA 1997, 588). Bei der Angabe, der Arbeitnehmer verlasse den Arbeitgeber auf eigenen Wunsch, kann dies regelmäßig unterstellt werden. Ob der Arbeitgeber zur Angabe des Ausscheidensgrundes verpflichtet ist, ist bisher offen, vgl. dazu die Nachweise oben unter I. 8.

24.2 Einfaches Zeugnis – ausführliche Form

Herr . . .,

geboren am . . . in . . .,

war ab dem . . . bei uns als Kranführer beschäftigt.

Zu seinen Aufgaben gehörte vorwiegend die koordinierte Kranführung auf Baustellen, insbesondere der Großbaustelle auf dem Potsdamer Platz in Berlin.

Herr . . . verlässt uns auf eigenen Wunsch. Wir bedauern seinen Fortgang und wünschen ihm für die Zukunft alles Gute.

. . .   . . .
Ort/Datum   Unterschrift (Firma)

Qualifiziertes Zeugnis mit guter Bewertung 24.3

Herr . . .,

geboren am . . . in . . .,

war vom . . . bis zum . . . als Bürobote in dem Berliner Büro unserer Sozietät tätig.

Seine Aufgabe bestand darin, sowohl innerhalb des Büros als auch im Stadtgebiet von Berlin Botendienste zu verrichten. Dazu gehörte auch die selbständige Zustellung fristgebundener Schriftstücke bei Mandanten, Gegnern und Gerichten.

Herr . . . ist ein gründlicher und gewissenhafter Mitarbeiter. Er führte seine Botengänge stets zuverlässig aus, wobei seine gleichzeitig zügige Arbeitsweise hervorzuheben ist. Sein Verhalten gegenüber Vorgesetzten, Kollegen und Dritten war stets einwandfrei. Die Zusammenarbeit mit ihm war immer angenehm.

Herr . . . scheidet auf eigenen Wunsch aus. Wir bedauern dies und wünschen ihm für seinen weiteren Lebensweg alles Gute.

. . .
Ort/Datum

. . .
Unterschrift (Firma)

Qualifiziertes Zeugnis für eine Buchhalterin mit guter Bewertung 24.4

Frau . . .,

geboren am . . . in . . .,

war vom . . . bis zum . . . als Buchhalterin im Berliner Büro unserer Sozietät tätig.

Nach einer kurzen Einarbeitungszeit führte Frau . . . die umfangreiche Buchhaltung unseres Büros selbständig. Dazu gehörte neben der Buchung von Ein- und Ausgängen auch die kanzleiinterne Rechnungsanalyse, die Führung von Anderkonten und die Personalverwaltung. Bei der Einführung eines neuen komplexen Buchhaltungsprogrammes hat sich Frau . . . in besonderer Weise bewährt.

Frau . . . war stets absolut zuverlässig und verantwortungsbewusst. Sie hat alle ihr übertragenen Aufgaben gewissenhaft und stets zu unserer vollen Zufriedenheit erfüllt.

Frau . . . verlässt uns auf eigenem Wunsch, um eine Stelle in einem größeren Unternehmen außerhalb Berlins anzutreten. Wir bedauern dies und wünschen ihr für die Zukunft alles Gute.

. . .
Ort/Datum

. . .
Unterschrift (Firma)

24.5 Qualifiziertes Zeugnis für einen Leiter Controlling mit sehr guter Bewertung

Herr/Frau ...,

geboren am ... in ...,

war vom ... bis zum ... als Leiter der Abteilung Controlling tätig. Er/Sie hatte Führungsverantwortung für fünf weitere Controller.

Seine/Ihre Abteilung war zuständig insbesondere für das Controlling des Einkaufs. Er/Sie war dem Vorstand Finanzen unmittelbar unterstellt. Der Tätigkeit von Herrn/Frau ... ist es in erster Linie zu verdanken, dass während der Zeit seiner/ihrer Tätigkeit unser Unternehmen die Kosten im Einkauf trotz steigender Umsätze senken konnte. Herr/Frau ... ist außerordentlich zuverlässig und in hohem Maße belastbar. Seine/Ihre Aufgaben erledigte er/sie stets zu unserer vollsten Zufriedenheit. Auch schwierige Situationen erfasste er/sie jederzeit sofort zutreffend und zog daraus die richtigen Schlüsse. Besonders hervorzuheben ist seine/ihre Fähigkeit, sich schnell in fremde Sachverhalte einzuarbeiten und sehr zügig zu tragfähigen und ausgewogenen Lösungen zu gelangen.

Das persönliche Verhalten von Herrn/Frau ... war stets einwandfrei. Dies gilt gleichermaßen für sein/ihr Verhalten gegenüber der Geschäftsleitung wie auch gegenüber anderen Abteilungsleitern und ... Kollegen. Besonders hervorzuheben ist seine/ihre Fähigkeit, seine/ihre Mitarbeiter auch in schwierigen Zeiten oder unter starker Belastung zu motivieren. Herr/Frau ... war uneingeschränkt zuverlässig sowie sachlich und freundlich.

Herr/Frau ... scheidet zum ... aus unserem Unternehmen aus, um eine Stelle in der Geschäftsleitung eines größeren Unternehmens zu übernehmen. Wir verlieren in ihm/ihr einen/eine hervorragenden/hervorragende Mitarbeiter/Mitarbeiterin und bedauern sein/ihr Ausscheiden sehr. Wir danken ihm/ihr für seine/ihre langjährige Tätigkeit in unserem Unternehmen und wünschen ihm/ihr für die Zukunft alles Gute.

... *...*
Ort/Datum *Unterschrift (Firma)*

Qualifiziertes Zeugnis für eine Sekretärin mit unterdurchschnittlichen Bewertung

Frau . . .,

geboren am . . . in . . .,

war vom . . . bis zum . . . als Sekretärin in unserer Berliner Niederlassung tätig.

Ihre Aufgabe bestand in der Erledigung von Schreibarbeiten nach Phonodiktat und der Ablage.

Frau . . . schreibt zügig und im Wesentlichen fehlerfrei. Auch die Ablage gab nur in Einzelfällen zu Beanstandungen Anlass. Sie hat die ihr übertragenen Aufgaben im Großen und Ganzen zu unserer Zufriedenheit erledigt. Ihr Umgang mit Mitarbeitern und Kollegen gab zu wesentlichen Beanstandungen keinen Anlass.

Infolge einer Restrukturierung ist der Arbeitsplatz von Frau . . . weggefallen. Wir wünschen ihr für ihren weiteren Lebensweg alles Gute.

. . .   *. . .*
Ort/Datum   Unterschrift (Firma)

Klage auf Erteilung eines Zeugnisses

An das Arbeitsgericht

In Sachen

. . ./. . .

(volles Rubrum)

vertreten wir den Kläger.

Namens und im Auftrag des Klägers erheben wir Klage und beantragen[1]:

> *Die Beklagte wird verurteilt, dem Kläger ein Zeugnis zu erteilen, das sich auf Art und Dauer sowie Führung und Leistungen im Arbeitsverhältnis erstreckt.*

---

[1] ➔ **Wichtig:** Die konkrete Formulierung des Zeugnisses ist Sache des Arbeitgebers. Der Arbeitnehmer hat grundsätzlich **keinen Anspruch** darauf, dass der Arbeitgeber das Zeugnis mit einem **bestimmten Wortlaut** ausstellt. Der Arbeitnehmer kann deshalb nicht den Antrag stellen, den Arbeitgeber zur Ausstellung eines der Klageschrift beigefügten fertig formulierten Zeugnisses zu verurteilen. In Betracht kommt nur eine nachträgliche Zeugnisberichtigungsklage, wenn der Arbeitnehmer mit dem vom Arbeitgeber ausgestellten Zeugnis in einzelnen Punkten nicht zufrieden ist (siehe **M 24.8**).

Begründung:

Der Kl. war in der Zeit vom . . . bis . . . bei der Bekl. als . . . beschäftigt, sein Monatsgehalt betrug zuletzt Euro . . . .[2] *Trotz mehrfacher Aufforderung*[3] *hat die Bekl. dem Kl. bislang kein Zeugnis ausgestellt, obwohl der Kl. nach § 630 BGB, § 109 GewO einen Anspruch darauf hat.*[4, 5]

. . .

(Unterschrift)

---

[2] Die Angabe des Gehalts ist für die Schlüssigkeit der Klage nicht erforderlich, erleichtert aber dem Gericht die **Streitwertberechnung** (s. Fn. 5).

[3] Der Arbeitgeber hat ein Arbeitszeugnis grundsätzlich nur auf Verlangen des Arbeitnehmers auszustellen (§ 109 GewO). Es muss deshalb vorgetragen werden, dass außergerichtlich der Arbeitgeber erfolglos zur Erstellung des Zeugnisses aufgefordert worden war. Anderenfalls droht bei sofortigem Anerkenntnis des Arbeitgebers die negative Kostenfolge des § 93 ZPO.

[4] Es ist in jedem Einzelfall zu prüfen, ob der Anspruch auf Erteilung des qualifizierten Zeugnisses **tariflichen Verfallfristen** unterfällt (vgl. BAG v. 23. 2. 1983, AP Nr. 10 zu § 70 BAT). Eine **Verwirkung** wird nur selten in Betracht kommen, da der Arbeitnehmer häufig bei Beendigung des Arbeitsverhältnisses noch nicht weiß, ob er das Arbeitszeugnis benötigt (siehe allerdings BAG v. 17. 2. 1988, NZA 1988, 427).

[5] Der **Streitwert** einer Zeugnisklage beträgt im Regelfall ein Bruttomonatsgehalt (LAG Düsseldorf v. 5. 11. 1987, JurBüro 1988, 725; BAG v. 27. 2. 1987, AP Nr. 16 zu § 630 BGB). Die Dauer des zugrunde liegenden Arbeitsverhältnisses ist für den Streitwert unerheblich (LAG Köln v. 26. 8. 1991, JurBüro 1992, 24).

24.8 Klage auf Berichtigung eines Zeugnisses[1]

An das Arbeitsgericht

In Sachen

. . ./. . .

(volles Rubrum)

vertreten wir den Kläger.

---

[1] Tarifliche **Ausschlussfristen** sind zu beachten. Für den Berichtigungsanspruch beginnt allerdings die Ausschlussfrist erst zu laufen, wenn der Arbeitnehmer die erste Fassung des Zeugnisses erhalten hat, da er erst ab diesem Zeitpunkt beurteilen kann, ob das Zeugnis in Ordnung ist (BAG v. 23. 2. 1983, AP Nr. 10 zu § 70 BAT). Von besonderer Bedeutung hinsichtlich des Zeugnisberichtigungsanspruchs ist die Verwirkung, die schon nach recht kurzen Zeiträumen in Betracht kommt (vgl. LAG Hamm v. 16. 3. 1989, BB 1989, 1486: 2^1/$_2$ Monate; BAG v. 17. 10. 1972, BB 1973, 195: 5 Monate; BAG v. 12. 1. 1988, BB 1988, 978: 10 Monate).

Namens und im Auftrag des Klägers erheben wir Klage und beantragen:

Die Beklagte wird verurteilt, das dem Kläger am . . . ausgehändigte Zeugnis in folgenden Punkten zu ändern bzw. zu berichtigen[2]:

1. *Das Zeugnis ist auf dem offiziellen Briefbogen des Unternehmens neu auszustellen.*
2. *In der dritten Zeile ist der Schreibfehler „Vertrib" in „Vertrieb" zu korrigieren.*
3. *Der Auflistung der Aufgaben des Klägers im zweiten Absatz ist folgender Spiegelstrich anzufügen: „- Erstellung des Budgets für die gesamte Abteilung".*
4. *Der letzte Satz des 5. Absatzes wird wie folgt gefasst: „Der Kläger hat die ihm obliegenden Aufgaben stets zu unserer vollen Zufriedenheit erledigt."*
5. *Das Zeugnis ist vom Geschäftsführer oder von einem Prokuristen zu unterschreiben.*
6. *Das Zeugnis ist auf den . . . zu datieren.*

Begründung:

*Der Kl. war bis zum . . . bei der Bekl. als . . . tätig, sein letztes Gehalt[3] betrug Euro . . . pro Monat. Am . . . erteilte die Bekl. dem Kl. das als **Anlage K 1** beigefügte Zeugnis, mit dem der Kl. jedoch in verschiedenen Punkten nicht einverstanden sein kann.*

Es ist anerkannt, dass ein Arbeitszeugnis auf ordnungsgemäßem Firmenbriefbogen geschrieben sein muss, nicht auf Blankopapier.[4]

Selbstverständlich darf das Arbeitszeugnis keine Schreibfehler enthalten.[5]

Ein Arbeitszeugnis muss – von Belanglosigkeiten abgesehen – die Aktivitäten des Arbeitnehmers umfassend darstellen. Der Kl. hatte unstreitig für die Aufstellung des Budgets seiner Abteilung zu sorgen. Dies ist eine außerordentlich verantwortungsvolle und schwierige Aufgabe. Dass der Kl. diese Aufgabe hatte, zeigt, welches Vertrauen die Bekl. in seine Leistungsfähigkeit hatte. Der Kl. hat deshalb einen Anspruch darauf, dass dieser Umstand im Zeugnis erwähnt wird.

Unzutreffend ist die Gesamtbewertung des Kl. im letzten Satz des 5. Absatzes des Zeugnisses vom . . . . Es heißt dort wie folgt: „Die ihm übertragenen Aufgaben erledigte Herr . . . zu unserer Zufriedenheit". Eine solche Beurteilung ist nach allgemeiner Auffassung erheblich unterdurchschnittlich. Die Leistungen des Kl. waren aber überdurch-

---

2 ➲ **Wichtig:** Bei der Zeugnisberichtigungsklage reicht es nicht aus, wenn der Arbeitnehmer bestimmte Mängel des Zeugnisses rügt. Er muss zugleich im Klageantrag klarstellen, auf welche Weise die Mängel behoben werden sollen. Dazu ist es regelmäßig erforderlich, **konkrete Formulierungen** anzugeben, die in dem geänderten Zeugnis verwendet werden sollen (LAG Düsseldorf v. 21. 8. 1973, DB 1973, 1853).
3 Die Angabe des Gehalts in der Klageschrift ist sinnvoll, da sie dem Gericht die **Streitwertberechnung** erleichtert.
4 Das Zeugnis ist stets auf **Firmenpapier** zu verfassen, wenn das Unternehmen ein solches besitzt (BAG v. 3. 3. 1993, AP Nr. 20 zu § 630 BGB).
5 **Schreibfehler** sind grundsätzlich zu berichtigen (zweifelhaft ArbG Düsseldorf v. 19. 12. 1984, NJW 1986, 1281).

schnittlich, so dass sie die im Klageantrag begehrte überdurchschnittliche Bewertung rechtfertigen.[6] Die Bekl. hat sich bis zuletzt immer lobend über den Kl. erwähnt. Zuletzt wurde ihm im Dezember . . . wegen besonderer Leistungen eine Gehaltserhöhung von Euro . . . bewilligt.

Beweis: Belobigungsschreiben vom . . ., Anlage K 2.

Nach allgemeiner Auffassung muss ein Arbeitszeugnis von der Geschäftsleitung oder zumindest einem Prokuristen unterschrieben sein. Die Unterschrift des Abteilungsleiters reicht nicht.

Außerdem muss das Zeugnis stets auf den letzten Tag des Arbeitsverhältnisses datiert sein.[7, 8, 9]

. . .

(Unterschrift)

---

[6] Äußerst umstritten ist die **Beweislastverteilung**. Nach Auffassung des BAG trägt grundsätzlich der Arbeitgeber die Beweislast (BAG v. 25. 10. 1957, AP Nr. 1 zu § 630 BGB). Der Arbeitgeber habe grundsätzlich ein richtiges Zeugnis auszustellen, deshalb sei er für die gehörige Erfüllung nach den allgemeinen Regeln des BGB beweispflichtig. Allerdings gilt diese Beweislast nur eingeschränkt hinsichtlich der bewerteten Leistungsbeurteilung. Hier trifft den Arbeitgeber die Beweislast nur für die Richtigkeit einer unterdurchschnittlichen oder durchschnittlichen Bewertung. Verlangt der Arbeitnehmer dagegen eine überdurchschnittliche Bewertung, muss er darlegen, dass er tatsächlich überdurchschnittlich gut gewesen ist (BAG v. 14. 10. 2003 – 9 AZR 12/03).

[7] Ein vom Arbeitgeber berichtigtes Zeugnis ist auf das **ursprüngliche Ausstellungsdatum** zurückzudatieren (BAG v. 9. 9. 1992, AP Nr. 19 zu § 630 BGB). Dabei darf im Zeugnis weder die Tatsache vermerkt sein, dass es nachträglich ergänzt wurde, noch dass die Parteien gerichtlich darum gestritten haben (LAG BW v. 27. 10. 1966, BB 1967, 161).

[8] Die Praxis der Arbeitsgerichte bei der **Streitwertfestsetzung** ist unterschiedlich. Teilweise wird wie bei der Klage auf Erteilung des Zeugnisses ein Streitwert von einem Monatsgehalt für angemessen erachtet, teilweise auch nur von einem halben Monatsgehalt (LAG BW v. 30. 11. 1976, BB 1977, 400).

[9] Die Zeugniserteilung ist eine **unvertretbare Handlung** iSd. § 888 ZPO, insbesondere weil sie auf Firmenpapier erfolgen muss (BAG v. 29. 1. 1986, NZA 1987, 384). Die Zwangsvollstreckung erfolgt deshalb durch Zwangsgeld bzw. Zwangshaft. In Betracht kommt auch ein Entschädigungsantrag nach § 61 Abs. 2 ArbGG (siehe **M 52.2**).

Kapitel 25 Nachvertragliches Wettbewerbsverbot

Literaturübersicht: *Bauer/Diller*, Indirekte Wettbewerbsverbote, DB 1995, 426; *Bauer/Diller*, Karenzentschädigung und bedingte Wettbewerbsverbote bei Organmitgliedern, BB 1995, 1134; *Bauer/Diller*, Wechselwirkungen zwischen Wettbewerbstätigkeit, Ruhestand und betrieblicher Altersversorgung, BB 1997, 990; *Bauer/Diller*, Zulässige und unzulässige Bedingungen in Wettbewerbsverboten, DB 1997, 94; *Bauer/Diller*, Wettbewerbsverbote, 3. Aufl. 2002; *Bauer/Diller*, Nachvertragliche Wettbewerbsverbote: Änderungen durch die Schuldrechtsreform, NJW 2002, 1609; *Baumbach/Hopt*, HGB, 30. Aufl. 2000; *Becker*, Zulässigkeit und Wirksamkeit von Konkurrenzklauseln zwischen Rechtsanwälten, 1990; *Bossmann*, Die Auswirkungen des Betriebsübergangs nach § 613a BGB auf die Wettbewerbsverbote der Arbeitnehmer, 1993; *Bruckner*, Nachvertragliche Wettbewerbsverbote zwischen Rechtsanwälten, 1987; *Brune*, Bedingte Wettbewerbsverbote für Arbeitnehmer, 1989; *Buchner*, Wettbewerbsverbote während und nach Beendigung des Arbeitsverhältnisses, 2. Aufl. 1995; *Dorndorf*, Freie Arbeitsplatzwahl und Recht am Arbeitsergebnis, 1979; *Gaul*, Der erfolgreiche Schutz von Betriebs- und Geschäftsgeheimnissen, 1994; *Görg*, Nachträgliche Geltungshindernisse und Leistungsstörungen bei Wettbewerbsvereinbarungen für die Zeit nach der Beendigung des Arbeitsverhältnisses, 1969; *Grüll/Janert*, Die Konkurrenzklausel, 5. Aufl. 1993; *Grunsky*, Wettbewerbsverbote für Arbeitnehmer, 2. Aufl. 1987; *Jaeger*, Der Anstellungsvertrag des GmbH-Geschäftsführers, 4. Aufl. 2001; *Löwe*, Der Interessenausgleich zwischen Arbeitgeber und Arbeitnehmer beim nachvertraglichen Wettbewerbsverbot, 1988; *Mölling*, Geheimnisschutzklausel und nachvertragliche Wettbewerbsverbote, 1992; *Reinfeld*, Das nachvertragliche Wettbewerbsverbot im Arbeits- und Wirtschaftsrecht, 1993; *Röhsler/Borrmann*, Wettbewerbsbeschränkungen für Arbeitnehmer und Handelsvertreter, 1981; *Schwedes*, Vertragliche Wettbewerbsbeschränkungen für die Zeit nach Beendigung des Arbeitsverhältnisses, 1990; *Wertheimer*, Nachvertragliche Wettbewerbsverbote bei Arbeitsverhältnissen, 1998.

I. Erläuterungen

1. Rechtsgrundlagen

§ 74 HGB definiert das Wettbewerbsverbot als eine Vereinbarung, die den Arbeitnehmer für die **Zeit nach Beendigung des Arbeitsverhältnisses in seiner gewerblichen Tätigkeit beschränkt**. Die §§ 74 ff. HGB galten ursprünglich nur für kaufmännische Angestellte. Die Rechtsprechung wendet aber seit den 60er Jahren die Vorschriften generell auf Wettbewerbsverbote mit **allen Arbeitnehmern** an; dies ist jetzt im § 110 GewO auch gesetzlich verankert.[1] Nicht unmittelbar anwendbar sind die §§ 74 ff. HGB nach der Rechtsprechung des Bundesgerichtshofs dagegen für **GmbH-Geschäftsführer**, Vorstandsmitglieder von Aktiengesellschaften und sonstige Organmitglieder.[2] Hier ist jeweils im Einzelfall zu prüfen, ob die analoge Anwendung einzelner Vorschriften der §§ 74 ff. HGB in Betracht kommt. Bejaht wird dies beispielsweise bei den §§ 75 und 75a HGB[3] (Lösung, Verzicht), nicht dagegen bei § 74c HGB[4] (Anrechnung anderweitigen Verdiensts) und § 74 Abs. 2 HGB (Erfordernis einer mindestens 50%igen Karenzentschädigung).[5]

2. Form

§ 74 Abs. 1 HGB enthält für nachvertragliche Wettbewerbsverbote eine äußerst **scharfe** Formvorschrift, die in der Praxis häufig missachtet wird. Erforderlich ist nicht nur Schriftform, sondern auch die Aushändigung einer vom Arbeitgeber original unterzeichneten Abschrift der Vereinbarung.

➲ **Praxistipp:** Da der Arbeitgeber die Beweislast dafür trägt, dass dem Arbeitnehmer bei Vertragsschluss die Abschrift ausgehändigt wurde, und der Abschluss des Wettbewerbsverbots beim Ausscheiden des Arbeitnehmers oft Jahrzehnte

---
1 Seit BAG v. 13. 9. 1969, AP Nr. 24 zu § 611 BGB – Konkurrenzklausel.
2 BGH v. 26. 3. 1984, BGHZ 91, 1.
3 BGH v. 17. 2. 1992, DB 1992, 936; OLG Celle v. 21. 9. 1979, GmbHR 1980, 36.
4 BGH v. 15. 4. 1991, DB 1991, 1508.
5 Vgl. im Einzelnen **M 25.2**.

zurückliegt, entstehen hier schnell Beweisprobleme. Unverzichtbar für den Arbeitgeber ist es deshalb, sich den Erhalt der unterschriebenen Abschrift vom Arbeitnehmer **schriftlich bestätigen** zu lassen. Wegen § 309 Nr. 12b BGB (früher § 11 Nr. 5 AGBG) sollte die Bestätigung vom Arbeitnehmer unbedingt getrennt unterschrieben werden (siehe **M 25.1**). § 74 Abs. 1 HGB verlangt, dass die vom Arbeitgeber unterzeichnete Abschrift unmittelbar bei oder nach Abschluss des Wettbewerbsverbots ausgehändigt wird, eine spätere Aushändigung heilt das Wettbewerbsverbot nicht mehr.

3. Karenzentschädigung

Gem. § 74 Abs. 2 HGB ist das Wettbewerbsverbot nur verbindlich, wenn dem Arbeitnehmer für die Dauer des Verbots eine Entschädigung zugesagt wird, die für jedes Jahr des Verbots mindestens die Hälfte der vertragsgemäßen Leistungen erreicht. Liegt die zugesagte Entschädigung auch nur 1 Euro darunter, ist das Verbot unverbindlich. In der Praxis werden hier **häufig Fehler** gemacht.

⮕ **Praxistipp:** Am sichersten ist es, den Text des § 74 Abs. 2 HGB (ohne das Wort „mindestens"!) **wörtlich abzuschreiben**. Jede andere Formulierung birgt die Gefahr, dass die Rechtsprechung vermutet, mit der vom Gesetz abweichenden Formulierung habe der Arbeitgeber die zugesagte Entschädigung bewusst niedriger als in § 74 Abs. 2 HGB gefordert festsetzen wollen.[6]

Die **Berechnung** der Karenzentschädigung erfolgt zweistufig. Soweit es um **Festbezüge** (Lohn, Gehalt) geht, kommt es nur auf die „zuletzt bezogenen" Leistungen an. Maßgeblich ist also der letzte Monatslohn bzw. das letzte Monatsgehalt vor dem Ausscheiden. Deshalb ist es nicht ausreichend, wenn dem Arbeitnehmer zB der Durchschnitt des letzten Jahres oder der letzten drei Jahre zugesagt wird. Anders ist es dagegen bei **variablen Vergütungen** wie Prämien, Tantiemen, Provisionen, Boni etc. Hier regelt § 74b Abs. 2 HGB ausdrücklich, dass es auf den Zeitraum der **letzten 36 Monate** vor dem Ausscheiden ankommt. In die Berechnung der Karenzentschädigung einzubeziehen sind sämtliche geldwerten Leistungen, die der Arbeitnehmer erhält, egal um welche Leistungen es sich handelt (Dienstwagen, Sozialleistungen, Weihnachtsgeld, Mietzuschuss etc.). Ob auf die Leistungen ein Rechtsanspruch besteht oder der Arbeitnehmer sie freiwillig erhalten hat, spielt keine Rolle.[7]

Ist eine **zu niedrige Entschädigung** zugesagt, ist das Wettbewerbsverbot nicht nichtig, sondern **„unverbindlich"**. Nach der Rechtsprechung hat der Arbeitnehmer bei einem unverbindlichen Wettbewerbsverbot ein Wahlrecht.[8] Er kann sich beim Ausscheiden für die Einhaltung des Verbots entscheiden und erhält dann die zugesagte (zu niedrige) Karenzentschädigung. Der Arbeitnehmer kann sich aber auch für die Nicht-Einhaltung des Verbots entscheiden, erhält dann aber natürlich keine Karenzentschädigung.

---

6 Vgl. die umfassenden Beispiele bei *Bauer/Diller*, Wettbewerbsverbote, Rz. 285 ff.
7 BAG v. 16. 11. 1973, AP Nr. 34 zu § 74 HGB.
8 BAG v. 13. 9. 1969, AP Nr. 24 zu § 611 BGB – Konkurrenzklausel.

4. Bedingte Wettbewerbsverbote

Ein Dauerbrenner in der Rechtsprechung sind die sog. „bedingten" Wettbewerbsverbote.[9] Darunter versteht man Vertragsgestaltungen, bei denen sich der Arbeitgeber letztlich vorbehalten will, ob er das Verbot im Ernstfall in Kraft setzt oder nicht. Hierunter fallen Klauseln, nach denen der Arbeitnehmer sich vorbehält, ein Wettbewerbsverbot **auszusprechen**, es dem Arbeitnehmer **aufzuerlegen**, es **in Kraft zu setzen** oder **geltend zu machen**. Den gleichen Effekt versuchen Arbeitgeber häufig auch durch eine Klausel zu erreichen, wonach sie bis zuletzt von dem Verbot **zurücktreten** oder darauf **verzichten** können oder die **Zustimmung** zu einer Konkurrenztätigkeit erteilt werden kann. Diese Konstruktionen dienen letztlich nur dazu, den Arbeitnehmer um die Karenzentschädigung zu bringen. Der Arbeitgeber will abwarten, ob der Arbeitnehmer sich nach dem Ausscheiden in der gleichen Branche orientiert, und das Verbot nur in diesem Fall geltend machen. Dies würde dazu führen, dass der Arbeitnehmer von vornherein eine konkurrenzfreie Tätigkeit aufnimmt und dann um die Entschädigung gebracht würde. Der Arbeitgeber hätte also sein Ziel erreicht, ohne Karenzentschädigung zahlen zu müssen. Deshalb verweigert die Rechtsprechung[10] solchen „bedingten Wettbewerbsverboten" die Anerkennung und behandelt sie als unverbindlich mit der Maßgabe, dass der Arbeitnehmer (wie bei einer zu niedrigen Karenzentschädigung) die Wahl hat, ob er das bedingte Wettbewerbsverbot einhält und die (eigentlich nur vorbehaltlich zugesagte) Karenzentschädigung bekommen will oder ob er das Verbot ignoriert.

5. Berechtigtes Interesse des Arbeitgebers/unbillige Erschwerung

Eine weitere Grenze für Wettbewerbsverbote enthält § 74a Abs. 1 HGB. Danach ist ein Wettbewerbsverbot – auch bei ausreichender Entschädigungszusage! – unverbindlich, soweit es nicht dem Schutz eines berechtigten geschäftlichen Interesses des Arbeitgebers dient. Rechtsfolge der Unverbindlichkeit ist ein Wahlrecht des Arbeitnehmers (s. oben 4.) Als berechtigtes geschäftliches Interesse anerkannt ist der Wunsch nach **Geheimhaltung von innerbetrieblichem Know-how** (Rezepturen, Fertigungsverfahren, Marketing-Strategien etc.) sowie der **Schutz von Kunden und Lieferanten**. Dementsprechend sind Wettbewerbsverbote vor allem bei Ingenieuren in Forschung und Entwicklung sowie bei Vertriebsmitarbeitern in leitender Stellung anzutreffen. Nicht ausreichend ist dagegen der bloße Wunsch des Arbeitgebers, eine fähige Kraft für die Konkurrenz zu sperren.[11]

Nach § 74a Abs. 1 HGB ist ein Wettbewerbsverbot weiter unverbindlich, soweit es unter Berücksichtigung der zugesagten Entschädigung nach Ort, Zeit oder Gegenstand eine **unbillige Erschwerung des Fortkommens** des Arbeitnehmers enthält. Insbesondere bei hochspezialisierten Arbeitnehmern mit schnell veraltendem Know-how kann ein Wettbewerbsverbot eine unbillige Erschwerung darstellen, wenn nur eine 50%ige Karenzentschädigung zugesagt ist und der Arbeitnehmer de facto nach seinem Ausscheiden einen komplett neuen Beruf erlernen muss.

---

9 Ausführlich *Bauer/Diller*, DB 1997, 94.
10 Nachweise bei *Bauer/Diller*, DB 1997, 94.
11 BAG v. 1. 8. 1995, AP Nr. 5 zu § 74a HGB.

Die **Höchstdauer** des Wettbewerbsverbots beträgt gem. § 74a Abs. 1 Satz 3 HGB **zwei Jahre**. Die Zwei-Jahres-Frist rechnet ab der rechtlichen Beendigung des Arbeitsverhältnisses (nicht ab einer früheren Freistellung). Ist ein Verbot von mehr als zwei Jahren vereinbart, bleibt es für die ersten beiden Jahre verbindlich, während es für die Zeit danach unverbindlich ist (Wahlrecht des Arbeitnehmers).

6. Anrechnung anderweitigen Erwerbs

Tritt das Wettbewerbsverbot in Kraft, hat sich der Arbeitnehmer auf die zu zahlende Karenzentschädigung gem. § 74c HGB einen anderweitigen Erwerb anrechnen zu lassen. Es gilt das Prinzip der „Gleichheit von Berechnung und Anrechnung".[12] Anrechnen lassen muss sich der Arbeitnehmer also alles, was auch bei der Berechnung der Karenzentschädigung[13] zugrunde zu legen ist. Anzurechnen sind also sämtliche geldwerten Leistungen, die der Arbeitnehmer von einem neuen Arbeitgeber erhält. Anrechenbar ist auch **Arbeitslosengeld**.[14] Um die Anrechnung durchführen zu können, gibt § 74c Abs. 2 HGB dem Arbeitgeber einen Anspruch auf **Auskunfterteilung** über anderweitigen Erwerb, was nach der Rechtsprechung[15] die Vorlage geeigneter Nachweise einschließt (vgl. **M 25.7**). Die Anrechnung anderweitigen Erwerbs nach § 74c HGB beginnt erst dann, wenn der neue Verdienst des Arbeitnehmers zusammen mit der gezahlten Entschädigung **110% seiner letzten Bezüge übersteigt**. War der Arbeitnehmer durch das Wettbewerbsverbot gezwungen worden, seinen Wohnsitz zu verlegen, so greift statt der 110% eine Grenze von 125%.

7. Lösung vom Verbot bei Kündigung

In der Praxis besonders **fehlerträchtig** ist die unübersichtliche Lösungsregelung des § 75 HGB. Kündigt der Arbeit**nehmer** berechtigt **fristlos** wegen vertragswidrigen Verhaltens des Arbeitgebers, so kann er sich durch Erklärung binnen eines Monats gem. § 75 Abs. 1 HGB von dem Wettbewerbsverbot lösen (vgl. **M 25.4**). Das gleiche Lösungsrecht hat der Arbeit**geber**, wenn er berechtigt **fristlos** wegen vertragswidrigen Verhaltens des Arbeitnehmers kündigt (vgl. **M 25.6**). Die ursprünglich für diesen Fall in § 75 Abs. 3 HGB vorgesehene Rechtsfolge (Bestehenbleiben des Verbots bei Wegfall der Entschädigungsfrist) ist vom Bundesverfassungsgericht[16] für verfassungswidrig erklärt worden; die entstandene Lücke wurde durch entsprechende Anwendung des Abs. 1 geschlossen.

Besonders unübersichtlich ist das Lösungsrecht des Arbeit**nehmers** gem. § 75 Abs. 2 HGB, wenn der Arbeitgeber das Arbeitsverhältnis ordentlich kündigt, ohne dass **Gründe in der Person des Arbeitnehmers** vorliegen. Hauptfall ist die **betriebsbedingte Kündigung**. In solchen Fällen ergibt sich aus der in § 75 Abs. 2 HGB vorgesehenen entsprechenden Geltung des § 75 Abs. 1 HGB, dass der Arbeitnehmer sich binnen eines Monats nach Kündigungserklärung von dem Verbot lösen kann. Der Arbeitgeber

---

12 BAG v. 16. 11. 1973, AP Nr. 34 zu § 74 HGB.
13 S. die Erläuterungen oben unter 3.
14 BAG v. 25. 6. 1985, AP Nr. 11 zu § 74c HGB.
15 BAG v. 25. 2. 1975, AP Nr. 6 zu § 74c HGB.
16 BVerfG v. 23. 2. 1977, AP Nr. 6 zu § 75 HGB.

kann das Lösungsrecht nur dadurch abwenden, dass er zugleich mit der Kündigungserklärung die Karenzentschädigung auf 100% aufstockt (vgl. **M 25.5**).

8. Verzicht des Arbeitgebers

Nicht mit dem Lösungsrecht des § 75 HGB verwechselt werden darf das Verzichtsrecht des § 75a HGB. Dieses Recht steht **nur dem Arbeitgeber** zu. Der Verzicht kann nur **während der Dauer des Anstellungsverhältnisses** erklärt werden, nach seinem Ende nicht mehr. Die Wirkung eines erklärten Verzichts auf die wechselseitigen Hauptleistungspflichten ist unterschiedlich geregelt. Die Pflicht des Arbeitnehmers zur Wettbewerbsunterlassung fällt unmittelbar mit dem Ausspruch des Verzichts weg. Die Pflicht des Arbeitgebers zur Zahlung der **Karenzentschädigung** entfällt dagegen erst **zwölf Monate später**. Endet also das Arbeitsverhältnis früher als zwölf Monate nach Ausspruch des Verzichts, muss noch anteilige Karenzentschädigung gezahlt werden (siehe dazu im Einzelnen **M 25.3**). Das Verzichtsrecht aus § 75a HGB ist für den Arbeitgeber deshalb besonders bedeutsam, weil es ihm die Möglichkeit bietet, sich von einem unverbindlich oder uninteressant gewordenen Wettbewerbsverbot rechtzeitig zu befreien.

9. Streitigkeiten

Tritt das Wettbewerbsverbot mit dem Ausscheiden des Arbeitnehmers in Kraft, so hat dieser jegliche Wettbewerbstätigkeit zu unterlassen. Verstößt er gegen das Verbot, verliert er für die Dauer des Verstoßes den **Entschädigungsanspruch**. Zugleich kann ihn der Arbeitgeber per **einstweiliger Verfügung** zur Einhaltung des Verbots anhalten (vgl. **M 25.11**). Hat die weitere Einhaltung des Wettbewerbsverbots wegen der bereits erfolgten Verstöße des Arbeitnehmers für den Arbeitgeber kein Interesse mehr, kann dieser sich unter bestimmten Voraussetzungen gem. § 323 BGB **von dem Verbot lösen** (vgl. **M 25.8**). Zahlt der Arbeitgeber nicht die zugesagte Karenzentschädigung, kann der Arbeitnehmer **auf Zahlung klagen** (vgl. **M 25.10**). Der Arbeitnehmer kann auch eine Nachfrist setzen und sich bei beharrlicher Nicht-Zahlung der Entschädigung **vom Wettbewerbsverbot lösen** (vgl. **M 25.9**). Besteht Streit zwischen Arbeitnehmer und Arbeitgeber über die Wirksamkeit des Verbots, kann der Streit vorab durch **Feststellungsklage** geklärt werden (vgl. **M 25.13**).

II. Muster

25.1 Wettbewerbsverbot mit einem Arbeitnehmer

Vereinbarung

Zwischen

der Firma ...

(i. F.: Firma)

und

Herrn/Frau ...

(i. F.: Mitarbeiter)

wird folgendes nachvertragliches Wettbewerbsverbot vereinbart:

1. Dem Mitarbeiter ist es untersagt, auf die Dauer von zwei Jahren nach Beendigung dieses Vertrages in selbständiger, unselbständiger oder sonstiger Weise für ein Unternehmen tätig zu werden, welches mit der Firma in direktem oder indirektem Wettbewerb steht oder mit einem Wettbewerbsunternehmen verbunden ist. In gleicher Weise ist es dem Mitarbeiter untersagt, während der Dauer dieses Verbots ein solches Unternehmen zu errichten, zu erwerben oder sich hieran unmittelbar oder mittelbar zu beteiligen. Das Wettbewerbsverbot gilt auch zugunsten der mit der Firma verbundenen Unternehmen.[1]

2. Während der Dauer des Wettbewerbsverbots erhält der Mitarbeiter eine Entschädigung, die für jedes Jahr des Verbots die Hälfte der von dem Mitarbeiter zuletzt bezogenen vertragsgemäßen Leistungen beträgt.[2]

3. Der Mitarbeiter muss sich anderweitigen Erwerb nach Maßgabe von § 74c HGB auf die Entschädigung anrechnen lassen. Der Mitarbeiter hat jeweils zum Quartalsende unaufgefordert mitzuteilen, ob und in welcher Höhe er anderweitige Einkünfte bezieht. Auf Verlangen sind die Angaben zu belegen.

4. Für jeden Fall der Zuwiderhandlung gegen das Verbot hat der Mitarbeiter eine Vertragsstrafe in Höhe von Euro 25 000,– zu zahlen. Im Fall eines Dauerverstoßes wird die Vertragsstrafe für jeden angefangenen Monat neu verwirkt. Die Geltendmachung eines darüber hinausgehenden Schadens bleibt vorbehalten.[3]

---

1 Die hier gewählten Formulierungen sind sehr weitgehend. Teile des Verbots werden nicht von dem nach § 74a Abs. 1 HGB erforderlichen geschäftlichen Interesse des Arbeitgebers gedeckt sein. Das ist jedoch unschädlich, da § 74a Abs. 1 HGB ausdrücklich eine geltungserhaltende Reduktion vorsieht.

2 ➲ **Praxistipp:** Vor einer genauen Beschreibung der Berechnungsmechanismen kann nur dringend gewarnt werden, da die Rechtsprechung bei jeder noch so marginalen Abweichung von den §§ 74 ff. HGB das Verbot für unverbindlich erklärt.

3 ➲ **Praxistipp:** Ein Wettbewerbsverbot ohne Vertragsstrafe ist das Papier nicht wert, auf dem es steht, da ohne Vertragsstrafe keine wirksame Abschreckung erzielt werden kann. Seit der Schuldrechtsreform ist wegen § 309 Nr. 6 BGB streitig, ob Vertragsstrafen im Arbeitsrecht noch zulässig sind. Jedenfalls für nachvertragliche Wettbewerbsverbote ist dies zu bejahen (*Bauer/Diller*, NJW 2002, 1614).

5. Das Wettbewerbsverbot gilt auch mit einem Rechtsnachfolger des Betriebs, insbesondere geht es bei einer Veräußerung auf den Erwerber über. Der Arbeitnehmer ist mit dem Übergang der Rechte aus dieser Vereinbarung auf den Rechtsnachfolger einverstanden.[4]
6. Das Wettbewerbsverbot tritt nicht in Kraft, wenn der Mitarbeiter bei seinem Ausscheiden das 65. Lebensjahr vollendet oder das Arbeitsverhältnis weniger als ein Jahr bestanden hat.[5]
7. Im Übrigen gelten die Vorschriften der §§ 74 ff. HGB.[6]

...

(Ort, Datum)

...   ...
(Firma)   (Mitarbeiter)

Der Mitarbeiter bestätigt, eine von der Firma unterschriebene vollständige Abschrift dieser Vereinbarung erhalten zu haben.[7]

...

(Mitarbeiter)

---

[4] Diese Klausel ist sinnvoll, da umstritten ist, ob im Zuge einer Betriebsveräußerung nach § 613a BGB Wettbewerbsverbote auf den Erwerber übergehen, insbesondere wenn das Arbeitsverhältnis bereits beendet ist (im Einzelnen *Bauer/Diller*, Wettbewerbsverbote, Rz. 667 ff.). Die Zulässigkeit dieser Klausel ist allerdings wegen § 309 Nr. 10 BGB nicht unumstritten (dazu *Bauer/Diller*, NJW 2002, 1614).
[5] Solche „objektiven", also willensunabhängigen Bedingungen sind zulässig und führen nicht zu einem unverbindlich „bedingten Wettbewerbsverbot".
[6] Dieser Hinweis ist zwar rechtlich nicht erforderlich, weil §§ 74 ff. HGB ohnehin gelten. Der Hinweis verdeutlicht aber, dass grundsätzlich keine Abweichungen von den §§ 74 ff. HGB beabsichtigt sind (was die Wirksamkeit des Verbots in Frage stellen könnte).
[7] Vgl. oben die Erläuterungen unter I. 2.

Wettbewerbsverbot mit einem Organmitglied[1] 25.2

1. Herrn ... ist es untersagt, auf die Dauer von zwei Jahren nach Beendigung dieses Vertrages in selbständiger, unselbständiger oder sonstiger Weise für ein Unternehmen tätig zu werden, welches mit der Firma im direkten oder indirekten Wettbewerb steht oder mit einem Wettbewerbsunternehmen verbunden ist. In gleicher Weise ist es Herrn ... untersagt, während der Dauer dieses Verbots ein solches Unternehmen zu errichten, zu erwerben oder sich hieran unmittelbar oder mittelbar zu beteiligen. Das Wettbewerbsverbot gilt auch zugunsten der mit der Firma verbundenen Unternehmen.

---

[1] Umfassend dazu *Bauer/Diller*, GmbHR 1999, 885 ff.

2. Für die Dauer des Verbots erhält Herr... eine Entschädigung in Höhe von 50% seiner letzten festen Vergütung. Die Entschädigung wird auf laufende Leistungen aus der Versorgungszusage angerechnet.[2]

3. Auf die Entschädigung muss sich Herr... gemäß § 148 SGB III Arbeitslosengeld in vollem Umfang anrechnen lassen. Andere Bezüge muss er sich nur insofern anrechnen lassen, wie diese zusammen mit der Entschädigung 100% der zuletzt bezogenen festen Vergütung übersteigen.[3] Herr... hat über anderweitige Einkünfte zum Ende eines jeden Quartals unaufgefordert Auskunft zu geben, die Auskunft ist auf Anforderung zu belegen.

4. Für jeden Fall der Zuwiderhandlung gegen das Verbot hat Herr... eine Vertragsstrafe von Euro 100 000,– zu zahlen. Im Fall eines Dauerverstoßes wird die Vertragsstrafe für jeden angefangenen Monat neu verwirkt. Die Geltendmachung eines darüber hinausgehenden Schadens bleibt vorbehalten.[4]

5. Das Wettbewerbsverbot tritt nicht in Kraft, wenn Herr... bei seinem Ausscheiden das 65. Lebensjahr vollendet oder das Anstellungsverhältnis weniger als ein Jahr bestanden hat.

6. Soweit vorstehende Regelungen nichts anderes bestimmen, gelten §§ 74 ff. HGB entsprechend.

7. Sollten einzelne Bestimmungen dieser Vereinbarung ganz oder teilweise unwirksam sein oder werden, so wird hierdurch die Gültigkeit der übrigen Bestimmungen nicht berührt. Anstelle der unwirksamen Bestimmung gilt diejenige wirksame Bestimmung als vereinbart, welche dem Sinn und Zweck der unwirksamen Bestimmung am nächsten kommt. Dies gilt auch dann, wenn die Unwirksamkeit einer Bestimmung auf einem Maß der Leistung oder der Zeit beruht; es gilt dann das rechtlich zulässige Maß.[5]

---

2 Nach herrschender Auffassung (ausführlich *Bauer/Diller*, GmbHR 1999, 885) ist jedenfalls bei umfassenden Tätigkeitsverboten auch für GmbH-Geschäftsführer eine **Karenzentschädigung zuzusagen**, weil sonst das Verbot gegen § 138 BGB verstößt. Allerdings braucht die Höhe der Karenzentschädigung nicht § 74 Abs. 2 HGB zu entsprechen (BGH v. 26. 3. 1984, BGHZ 91, 5). Nach verbreiteter Auffassung (*Bauer/Diller*, GmbHR 1999, 885) ist bspw. eine Karenzentschädigung in Höhe von 50% der Festbezüge (ohne variable Vergütungen, vgl. aber § 74b HGB) ausreichend.

3 ➲ **Praxistipp:** Nach der Rechtsprechung des BGH gilt für GmbH-Geschäftsführer § 74c HGB nicht analog (BGH v. 15. 4. 1991, DB 1991, 1508). Deshalb muss die Anrechnung anderweitigen Erwerbs bei GmbH-Geschäftsführern **ausdrücklich geregelt** werden. Dabei sind die Parteien nicht an die 110-%-Grenze des § 74c HGB gebunden.

4 S. **M 25.1** Fn. 3.

5 ➲ **Wichtig:** Eine solche salvatorische Klausel ist bei Wettbewerbsverboten mit GmbH-Geschäftsführern **unerlässlich**. Denn nach der Rechtsprechung des BGH kommt bei einem zu weit gefassten Wettbewerbsverbot entgegen der für Arbeitnehmer geltenden Regelung des § 74a HGB bei GmbH-Geschäftsführern grundsätzlich keine geltungserhaltende Reduktion in Betracht (BGH v. 28. 4. 1986 und v. 29. 10. 1990, WM 1986, 1252 bzw. GmbHR 1991, 17). Wettbewerbsverbote mit Geschäftsführern, die keine salvatorischen Klauseln enthalten, sind daher so gut wie wertlos.

Verzicht des Arbeitgebers gemäß § 75a HGB[1, 2, 3, 4]   25.3

Sehr geehrter Herr/Frau,

hiermit verzichten wir nach § 75a HGB auf das nachvertragliche Wettbewerbsverbot gemäß § . . . Ihres Anstellungsvertrages. Aufgrund des Verzichts wird unser Unterneh-

---

1 Gemäß § 75a HGB kann der Arbeitgeber vor Beendigung des Dienstverhältnisses durch schriftliche Erklärung auf das Wettbewerbsverbot verzichten. Der Verzicht wirkt – was in der Praxis oft verkannt wird – auf die wechselseitigen Hauptpflichten aus dem Wettbewerbsverbot unterschiedlich. Die Pflicht des Arbeitnehmers zur **Unterlassung** von Wettbewerb erlischt mit Zugang der Verzichtserklärung **mit sofortiger Wirkung**. Allerdings bleibt trotz der Verzichtserklärung das gesetzliche Wettbewerbsverbot aus § 60 HGB noch solange bestehen, wie das Arbeitsverhältnis rechtlich besteht. Die **Entschädigungspflicht** des Arbeitgebers endet jedoch erst **ein Jahr** nach Zugang der Verzichtserklärung, wobei selbstverständlich die Entschädigungspflicht erst mit dem Ende des Arbeitsverhältnisses beginnt, nicht schon mit dem Zugang der Verzichtserklärung. In der Zeit nach dem Ende des Arbeitsverhältnisses ist während der Jahresfrist die Entschädigung auch dann zu zahlen, wenn der Arbeitnehmer bei einem Konkurrenzunternehmen tätig ist (ArbG Stuttgart v. 30. 11. 1995, NZA-RR 1996, 165; LAG BW v. 4. 11. 1997 – 7 Sa 29/97, nv.; *Bauer/Diller*, Wettbewerbsverbote, Rz. 395). Erklärt der Arbeitgeber beispielsweise am 28. 9. dem Arbeitnehmer die fristgemäße ordentliche Kündigung zum 31. 12. und verzichtet er gleichzeitig auf das Wettbewerbsverbot, so ergeben sich folgende Konsequenzen: Der Arbeitnehmer ist in der Zeit bis zum 31. 12. noch an das gesetzliche Wettbewerbsverbot aus § 60 HGB gebunden, kann aber ab dem 1. 1. unbeschränkt Wettbewerb machen. In der Zeit zwischen dem 28. 9. und dem 31. 12. erhält der Arbeitnehmer seine normalen Bezüge. In der Zeit vom 1. 1. bis zum 27. 9. des Folgejahres erhält der Arbeitnehmer dann die Karenzentschädigung, egal ob er für die Konkurrenz tätig ist oder nicht.
2 ➔ **Wichtig:** Das Verzichtsrecht nach § 75a HGB besteht auch bei einem **unverbindlichen Wettbewerbsverbot** (BAG v. 19. 1. 1978, AP Nr. 36 zu § 74 HGB; *Bauer/Diller*, Wettbewerbsverbote, Rz. 375). Bei unverbindlichen Wettbewerbsverboten ist das Verzichtsrecht sogar besonders wichtig, weil der Arbeitgeber dem Arbeitnehmer dessen Wahlrecht nur durch rechtzeitigen Verzicht aus der Hand nehmen kann.
3 Oft übersehen wird, dass der Verzicht nach § 75a HGB nur **während des Arbeitsverhältnisses** ausgesprochen werden kann. Auf die Kündigungsfrist des Arbeitsverhältnisses kommt es nicht an, so dass der Verzicht wirksam noch am letzten Tag erklärt werden kann, auch wenn der Arbeitnehmer vorher schon gekündigt und freigestellt war (*Bauer/Diller*, Wettbewerbsverbote, Rz. 376 mwN). Bei einer fristlosen Kündigung muss der Verzicht spätestens zusammen mit der Kündigung ausgesprochen werden (*Bauer/Diller*, Wettbewerbsverbote, Rz. 378). Klauseln, nach denen der Arbeitgeber den Verzicht auch noch nach Beendigung des Arbeitsverhältnisses aussprechen kann, sind unzulässig und führen zu einem unverbindlichen „bedingten" Wettbewerbsverbot (s. oben I. 4.). Wird der Verzicht erst nach der rechtlichen Beendigung des Arbeitsverhältnisses ausgesprochen, kann er nicht mehr nach § 75a HGB wirksam werden. Unter bestimmten Umständen (näher dazu *Bauer/Diller*, Wettbewerbsverbote, Rz. 412 ff.) kann die Verzichtserklärung dann jedoch umgedeutet werden in ein Angebot auf einvernehmliche Aufhebung des Wettbewerbsverbots.
4 ➔ **Wichtig:** Für die Verzichtserklärung nach § 75a HGB ist **Schriftform** erforderlich. Da es sich um eine gesetzliche Formvorschrift iSd. § 126 BGB handelt, reicht eine Verzichtserklärung per **Fax nicht** aus, BGH v. 28. 1. 1993, NJW 1993, 1126 (näher dazu *Bauer/Diller*, Wettbewerbsverbote, Rz. 412 ff.). Als einseitiges Gestaltungsrecht ist der Verzicht grundsätzlich

men mit Ablauf eines Jahres seit dem Zugang dieser Erklärung von der Verpflichtung zur Zahlung der Karenzentschädigung frei.

Mit freundlichen Grüßen

. . .

(Unterschrift)

> bedingungsfeindlich. Des Weiteren ist darauf zu achten, dass eine Verzichtserklärung nach § 75a HGB keine Vorbehalte enthalten darf. Unwirksam ist die Verzichtserklärung auch dann, wenn sie so formuliert ist, dass der Arbeitnehmer nicht sofort, sondern erst ein Jahr nach der Erklärung von der Wettbewerbsunterlassung frei werden soll (*Bauer/Diller*, Wettbewerbsverbote, Rz. 383 mwN).

25.4 Lösungserklärung des Arbeitnehmers[1] gemäß § 75 Abs. 1[2, 3, 4] oder 2[5, 6, 7, 8] HGB

Sehr geehrter Herr (Geschäftsführer),

hiermit erkläre ich gemäß § 75 Abs. 1/Abs. 2 HGB, dass ich mich an das Wettbewerbsverbot ab sofort nicht mehr gebunden erachte.

Mit freundlichen Grüßen

. . .

(Unterschrift)

---

1 ➔ **Wichtig:** § 75 HGB ist eine **völlig missglückte** Regelung, die sich bei unbefangenem Lesen des Gesetzestextes in keiner Weise erschließt. Für den Arbeit**nehmer** hält § 75 HGB zwei verschiedene Lösungsmöglichkeiten bereit: Zum einen besteht das Lösungsrecht nach § 75 Abs. 1 HGB für den (in der Praxis seltenen) Fall, dass der Arbeit**nehmer** wegen vertragswidrigen Verhaltens des Arbeitgebers selbst fristlos kündigt. Größere Bedeutung hat dagegen die Verzichtsmöglichkeit nach § 75 Abs. 2 HGB bei Ausspruch einer nichtpersonenbedingten ordentlichen Kündigung seitens des Arbeitgebers (insbesondere bei **betriebsbedingter** Kündigung). Zu beachten ist, dass in beiden Varianten das Wettbewerbsverbot nicht von selbst entfällt, sondern nur, wenn der Arbeitnehmer **binnen eines Monats** und **schriftlich** die Lösung vom Verbot erklärt.

2 Eine **außerordentliche Kündigung des Arbeitnehmers** wegen vertragswidrigen Verhaltens des Arbeitgebers kommt beispielsweise in Betracht, wenn der Arbeitgeber das Gehalt nicht mehr zahlt, den Arbeitnehmer zur Begehung von Straftaten nötigt etc. Entsprechend § 90a Abs. 3 HGB muss das zur Kündigung führende Verhalten des Arbeitgebers allerdings „schuldhaft" sein, zB bei reiner Insolvenz aufgrund unvorhergesehener Umstände fehlen kann (dazu *Bauer/Diller*, Wettbewerbsverbote, Rz. 422). Das Lösungsrecht des Arbeitnehmers nach § 75 Abs. 1 HGB setzt nicht voraus, dass tatsächlich eine außerordentliche Kündigung **ausgesprochen** wird (BAG v. 26. 9. 1963, AP Nr. 1 zu § 75 HGB). Das Lösungsrecht besteht vielmehr auch dann, wenn der Arbeitnehmer zwar zum Ausspruch einer außerordentlichen Kündigung berechtigt wäre, aber stattdessen nur ordentlich kündigt (etwa um sich für eine gewisse Zeit das Einkommen zu sichern) oder einen Aufhebungsvertrag abschließt. Allerdings muss der Arbeitnehmer, wenn er sich die Rechte aus § 75 Abs. 1 HGB erhalten will, beim Abschluss eines Aufhebungsvertrages oder beim Ausspruch einer ordentlichen Kündigung klar zu erken-

nen geben, dass er die Beendigung des Arbeitsverhältnisses gerade wegen des vertragswidrigen Verhaltens des Arbeitgebers will (ausführlich *Bauer/Diller*, Wettbewerbsverbote, Rz. 425).

3 Die **Monatsfrist** für die Abgabe der Lösungserklärung nach § 75 Abs. 1 HGB läuft grundsätzlich ab dem Zugang der Kündigung, nicht ab der Beendigung des Arbeitsverhältnisses. Die Lösungserklärung muss schriftlich erfolgen, so dass insbesondere konkludente Erklärungen oder Faxe nicht ausreichen.

4 Zu beachten ist im Zusammenhang mit einer Lösungserklärung nach § 75 Abs. 1 HGB immer auch **§ 628 Abs. 2 BGB**. Danach ist der Vertragspartner, der durch vertragswidriges Verhalten eine außerordentliche Kündigung verursacht, dem Kündigenden zu Schadensersatz verpflichtet. Der Arbeitnehmer kann deshalb nach Abgabe der Lösungserklärung nach § 75 Abs. 1 HGB die ihm entgehende Karenzentschädigung unter Umständen gemäß § 628 Abs. 2 BGB als Schadensersatz verlangen (BAG v. 23. 2. 1977, AP Nr. 6 zu § 75 HGB unter I.2.d der Gründe).

5 Spricht der Arbeit**geber** eine **ordentliche** Kündigung aus (bei außerordentlicher Kündigung nach § 75 Abs. 3 HGB, dazu siehe **M 25.6**), hat er kein Lösungsrecht. Vielmehr hat der Arbeit**nehmer** ein Lösungsrecht, wenn die Kündigung nicht auf personenbedingten Gründen beruht. Dieses Lösungsrecht kann der Arbeitgeber dadurch abwenden, dass er bei Ausspruch der Kündigung die Karenzentschädigung auf 100% der letzten Bezüge erhöht (**M 25.5**). Nach seinem Wortlaut setzt § 75 Abs. 2 HGB zwar eine ordentliche Kündigung des Arbeitgebers voraus. Nach einhelliger Auffassung ist aber ein **Aufhebungsvertrag** grundsätzlich gleichzustellen, der auf Veranlassung des Arbeitgebers geschlossen wird (*Bauer/Diller*, Wettbewerbsverbote, Rz. 452).

Das Lösungsrecht ist davon abhängig, dass nicht ein „erheblicher Anlass in der Person des Arbeitnehmers" zur Kündigung geführt hat. Entgegen dem irreführenden Wortlaut schließen nicht nur personenbedingte, sondern vor allem auch **verhaltensbedingte** Kündigungsgründe das Lösungsrecht aus. Auf Verschulden des Arbeitnehmers kommt es nicht an, so dass auch eine ordentliche Kündigung wegen Krankheit nicht zu einem Lösungsrecht führt (*Bauer/Diller*, Wettbewerbsverbote, Rz. 454). Hauptfall des Lösungsrechts nach § 75 Abs. 2 HGB ist die betriebsbedingte Kündigung, die grundsätzlich nie auf „der Person" des Arbeitnehmers beruht, und zwar auch dann nicht, wenn der Arbeitnehmer nur aufgrund einer für ihn ungünstig ausgegangenen Sozialauswahl (§ 1 Abs. 3 KSchG) Opfer der Kündigung wird.

Den Arbeitgeber trifft die **Beweislast** dafür, dass die Kündigung aus personen- oder verhaltensbedingten Gründen erfolgte (statt aller Heymann/*Henssler*, § 75 HGB Rz. 15; *Bauer/Diller*, Wettbewerbsverbote, Rz. 455). Gelingt ihm dieser Beweis nicht, hat der Arbeitnehmer das Lösungsrecht. Deshalb ist Vorsicht hinsichtlich der allgemein geübten Praxis geboten, in gerichtlichen oder außergerichtlichen **Vergleichen** personen- oder verhaltensbedingte Kündigungsgründe hinter „betrieblichen Gründen" zu verstecken.

6 Hat der Arbeitgeber betriebsbedingt gekündigt, so kann er das Lösungsrecht des Arbeitnehmers nach § 75 Abs. 2 HGB nur dadurch abwenden, dass er bei Ausspruch der Kündigung die Karenzentschädigung **auf 100% aufstockt**. Die Aufstockung muss zusammen mit der Kündigung angeboten werden. Der Arbeitgeber kann also nicht zunächst abwarten, ob der Arbeitnehmer das Lösungsrecht aus § 75 Abs. 2 HGB ausübt (s. **M 25.5** nebst Erläuterungen).

7 Die Lösungserklärung des Arbeitnehmers muss aufgrund der Verweisung in § 75 Abs. 2 HGB auf Abs. 1 **schriftlich** und **innerhalb eines Monats nach Zugang einer Kündigung** erfolgen. Dies wird häufig übersehen.

8 Unzulässig sind vertragliche Vereinbarungen, die das Verzichtsrecht nach § 75 Abs. 2 HGB **zu Lasten des Arbeitnehmers verändern**. Dies gilt zB für Klauseln, wonach das Wettbewerbsverbot bei Ausspruch einer arbeitgeberseitigen Kündigung **automatisch entfallen** oder überhaupt bei nur Ausspruch einer Eigenkündigung des Arbeitnehmers **in Kraft treten** soll. Ebenfalls unzulässig sind Klauseln, nach denen das Wettbewerbsverbot **nur bei unverschuldeter Kündigung** gelten soll. In allen genannten Fällen nimmt die Rechtsprechung ein unverbindliches „bedingtes Wettbewerbsverbot" an (BAG v. 14. 7. 1981, AP Nr. 8 zu § 75 HGB; v. 10. 12. 1985, AP Nr. 31 zu § 611 BGB – Konkurrenzklausel; v. 25. 6. 1985, AP Nr. 11 zu § 74c HGB unter I.2. der Gründe; umfassend *Bauer/Diller*, Wettbewerbsverbote, Rz. 471 ff.).

25.5 Angebot einer erhöhten Karenzentschädigung nach § 75 Abs. 2 HGB[1, 2, 3, 4]

Sehr geehrter Herr/Frau . . .,

hiermit müssen wir Ihnen leider ordentlich betriebsbedingt wegen Betriebsschließung zum . . . kündigen.

Trotz der Kündigung halten wir an dem mit Ihnen vereinbarten nachvertraglichen Wettbewerbsverbot (§ . . . Ihres Anstellungsvertrages) fest, und erklären deshalb gemäß § 75 Abs. 2 HGB hiermit[5], dass wir Ihnen während der Dauer des Wettbewerbsverbots anstelle der im Vertrag zugesagten 50%igen Karenzentschädigung die vollen[6] zuletzt von Ihnen bezogenen vertragsmäßigen Leistungen gewähren.

Mit freundlichen Grüßen

. . .

(Unterschrift)

---

1 Zum Lösungsrecht des Arbeitnehmers bei Ausspruch einer betriebsbedingten Kündigung siehe die Anmerkungen zum **M 25.4**, insbesondere Fn. 5.

2 Nach herrschender Auffassung ist § 74c HGB (**Anrechnung anderweitigen Erwerbs**) auch auf die erhöhte Karenzentschädigung anwendbar, wobei sich die 110-%-Grenze des § 74c HGB allerdings nicht nach oben verschiebt (bestr., siehe *Bauer/Diller*, Wettbewerbsverbote, Rz. 462).

3 Hat der Arbeitgeber **von vornherein** eine 100%ige Karenzentschädigung vertraglich zugesagt, hat der Arbeitnehmer in keinem Fall das Lösungsrecht des § 75 Abs. 2 HGB (*Bauer/Diller*, Wettbewerbsverbote, Rz. 463).

4 Das Angebot der 100%igen Karenzentschädigung nimmt dem Arbeitnehmer nur dessen Lösungsrecht nach § 75 Abs. 2 HGB, heilt aber nicht **sonstige Mängel** des Wettbewerbsverbots. Bei einem unverbindlichen Wettbewerbsverbot hat das Angebot erhöhter Karenzentschädigung also keinen Sinn (s. *Bauer/Diller*, Wettbewerbsverbote, Rz. 465).

5 Das Angebot der 100%igen Karenzentschädigung kann der Arbeitgeber **nicht widerrufen**, auch dann nicht, wenn er nachträglich erfährt, dass der Arbeitnehmer nie vorhatte, sich vom Wettbewerbsverbot zu lösen (*Bauer/Diller*, Wettbewerbsverbote, Rz. 460).

6 ➔ **Wichtig:** Ebenso wie bei der Formulierung des nachvertraglichen Wettbewerbsverbots muss auch bei der Formulierung des Erhöhungsangebots nach § 75 Abs. 2 HGB darauf geachtet werden, dass 100% der **gesamten** Bezüge angeboten werden. Es reicht also beispielsweise nicht aus, nur 100% der Grundvergütung ohne Zusatzleistungen anzubieten (ausführlich dazu *Bauer/Diller*, Wettbewerbsverbote, Rz. 284 ff.). **Schriftform** sieht das Gesetz für die Erklärung nicht vor, sie empfiehlt sich aber aus Beweisgründen.

Lösungserklärung des Arbeitgebers bei fristloser Kündigung nach § 75 Abs. 1, 3 HGB[1, 2, 3, 4]

Sehr geehrter Herr/Frau . . .,

hiermit kündigen wir das mit Ihnen bestehende Anstellungsverhältnis aus wichtigem Grund außerordentlich mit sofortiger Wirkung. Zugleich erklären wir gemäß § 75 Abs. 1 und 3 HGB, dass wir uns an das Wettbewerbsverbot gemäß § . . . Ihres Anstellungsvertrages nicht gebunden erachten.

Mit freundlichen Grüßen

. . .

(Unterschrift)

---

1 § 75 Abs. 3 HGB hatte ursprünglich vorgesehen, dass bei berechtigter arbeitgeberseitiger außerordentlicher Kündigung das Wettbewerbsverbot bestehen bleiben sollte, während der Anspruch des Arbeitnehmers auf die Karenzentschädigung entfiel. Das BAG hat die Vorschrift jedoch für **verfassungswidrig** und nichtig erklärt, weil sie im Vergleich zu Abs. 1 im Fall einer fristlosen Kündigung den Arbeitnehmer schlechter stellt als den Arbeitgeber (BVerfG v. 23. 2. 1977, AP Nr. 6 zu § 75 HGB); das Bundesverfassungsgericht hat in der Folge die für Handelsvertreter geltende Parallelregelung des § 90a Abs. 2 Satz 2 HGB aF ebenfalls für verfassungswidrig und nichtig erklärt (BVerfG v. 7. 2. 1990, BVerfGE 81, 242). Die durch die Verfassungswidrigkeit von § 75 Abs. 3 HGB entstandene Lücke hat das BAG durch eine **Analogie** zum Lösungsrecht des Arbeitnehmers aus **§ 75 Abs. 1 HGB** geschlossen (BAG v. 23. 2. 1977, AP Nr. 6 zu § 75 HGB; ebenso die 1998 erfolgte Neuregelung des § 90a Abs. 3 HGB für Handelsvertreter). Die Analogie zu § 75 Abs. 1 HGB bedeutet, dass die Lösungserklärung des Arbeitgebers **schriftlich** und **innerhalb eines Monats** nach Zugang der Kündigung erfolgen muss (das Muster geht davon aus, dass es üblich ist, dass der Verzicht gleich zusammen mit der Kündigung erklärt wird, was aber nicht zwingend ist). Eine formunwirksame oder verspätete Lösungserklärung kann unter Umständen in das Angebot zur einvernehmlichen Aufhebung des Wettbewerbsverbots umgedeutet werden (*Bauer/Diller*, Wettbewerbsverbote, Rz. 447).
2 Das Lösungsrecht aus § 75 Abs. 3, 1 HGB hat der Arbeitgeber auch dann, wenn er zum Ausspruch einer fristlosen Kündigung **berechtigt** ist, stattdessen aber einen Aufhebungsvertrag abschließt oder eine ordentliche Kündigung erklärt. Voraussetzung des Lösungsrechts ist in solchen Fällen allerdings, dass der Arbeitnehmer weiß oder wissen muss, dass das Arbeitsverhältnis wegen seines vertragswidrigen Verhaltens aufgelöst wird (*Bauer/Diller*, Wettbewerbsverbote, Rz. 444 ff.).
3 Ob die ausgesprochene **Kündigung wirksam** ist oder (zB wegen Formfehlern) unwirksam, spielt für das Lösungsrecht gemäß § 75 Abs. 3/Abs. 1 HGB keine Rolle. Das Lösungsrecht besteht also auch dann, wenn der Arbeitnehmer eine wegen Formfehlern unwirksame Kündigung widerspruchslos hinnimmt oder darüber einen Abfindungsvergleich schließt (*Bauer/Diller*, Wettbewerbsverbote, Rz. 443).
4 Zu beachten ist, dass bei berechtigter fristloser Kündigung wegen vertragswidrigen Verhaltens des Arbeitnehmers zum Lösungsrecht des Arbeitgebers nach § 75 Abs. 3/Abs. 1 HGB noch der Anspruch auf **Schadensersatz** nach § 628 Abs. 2 BGB hinzutritt. Als Schaden kann der Arbeitgeber den **Wegfall des Wettbewerbsverbots** geltend machen. Da als Schadensersatz grundsätzlich Naturalrestitution gemäß § 249 BGB verlangt werden kann, hat der Arbeitnehmer also unter Umständen bis zum nächstmöglichen Termin für eine ordentliche Kündigung entschädigungslos Wettbewerb zu unterlassen (BAG v. 23. 2. 1977, AP Nr. 6 zu § 75 HGB; aA OLG Frankfurt a. M. v. 13. 5. 1997, GmbHR 1998, 3776; dazu *Bauer/Diller*, Wettbewerbsverbote, Rz. 448).

25.7 Aufforderung zur Mitteilung anderweitigen Erwerbs

Sehr geehrter Herr/Frau . . .,

gemäß § 74 HGB müssen Sie sich anderweitigen Erwerb auf die Karenzentschädigung anrechnen lassen, die Sie aufgrund des mit uns vereinbarten nachvertraglichen Wettbewerbsverbots erhalten.[1, 2, 3] *Gemäß § 74c Abs. 2 HGB sind Sie verpflichtet, uns während der Dauer des Wettbewerbsverbots Auskunft über anderweitige Einkünfte zu erteilen. Bitte*[4] *teilen Sie uns im Hinblick auf die Monate Januar bis März d. J. schrift-*

---

1 Nach § 74c HGB muss sich der Arbeitnehmer anderweitigen Erwerb auf die Karenzentschädigung anrechnen lassen, soweit Karenzentschädigung und Hinzuverdienst **110% der früheren Bezüge** übersteigen. Die Hinzuverdienstgrenze erhöht sich gemäß § 74c Abs. 1 Satz 2 HGB auf 125%, wenn der Arbeitnehmer durch das Wettbewerbsverbot gezwungen wurde, seinen Wohnsitz zu verlegen.

2 Anrechenbar sind alle Einkünfte, die der Arbeitnehmer durch die **Verwertung seiner Arbeitskraft** erzielt. Dazu gehören nicht nur die Vergütung aus einem neuen Anstellungsverhältnis, sondern auch Honorare für freie Mitarbeit, Einkünfte aus freiberuflicher Tätigkeit etc. Anrechnungsfrei bleiben nur solche Einkünfte, die nichts mit der Verwertung der Arbeitskraft zu tun haben (zB Einkünfte aus Vermietung und Verpachtung). Anrechnungsfrei bleiben auch Zahlungen, die der Arbeitnehmer nachträglich noch aus dem beendeten Arbeitsverhältnis erhält (zB Abfindung, Tantiemennachzahlungen, Überhangprovisionen etc.). **Nebeneinkünfte**, die der Arbeitnehmer schon neben seiner aktiven Tätigkeit erzielt hatte, bleiben ebenfalls anrechnungsfrei (die Einzelheiten sind streitig, ausf. *Bauer/Diller*, Wettbewerbsverbote, Rz. 528). Umstritten ist die Anrechenbarkeit von **Sozialleistungen**. Für das Arbeitslosengeld ordnete § 148 SGB III (früher § 128a AFG) ausdrücklich die Anrechenbarkeit an. An der Anrechenbarkeit hat sich durch die Streichung des § 148 SGB III per 1. 1. 2004 nichts geändert. Denn die Anrechenbarkeit von Arbeitslosengeld war bereits vor In-Kraft-Treten von §§ 128a AFG, 148 SGB III höchstrichterlich anerkannt (BAG v. 25. 6. 1985, AP Nr. 11 zu § 74c HGB). Nicht anrechenbar soll dagegen das Übergangsgeld (§§ 20 ff. SGB VI) sein (BAG v. 7. 11. 1989, AP Nr. 15 zu § 74c HGB; zu weiteren Sozialleistungen siehe *Bauer/Diller*, Wettbewerbsverbote, Rz. 544 ff., insbesondere auch zum Kurzarbeiter- und Krankengeld).

3 Anrechenbar ist nach der 2. Alternative des § 74c Abs. 1 Satz 1 HGB nicht nur tatsächlich erzieltes anderweitiges Einkommen, sondern auch **böswillig unterlassener Erwerb**. Allerdings handelt der Arbeitnehmer nicht schon dann böswillig, wenn er seine eigene Lebensplanung ohne Rücksicht auf die Interessen des Arbeitgebers verfolgt (zB Aufnahme eines Studiums, dazu BAG v. 13. 2. 1996, AP Nr. 18 zu § 74c HGB) oder Aufbau einer selbständigen Existenz (BAG v. 8. 2. 1974 und v. 2. 6. 1987, AP Nr. 4, 13 zu § 74c HGB; ausführlich *Bauer/Diller*, Wettbewerbsverbote, Rz. 552). Die Beweislast für das böswillige Unterlassen trägt der Arbeitgeber (BAG v. 13. 2. 1996, AP Nr. 18 zu § 74c HGB). Die bloße Darlegung, die Bewerbungsaktivitäten des Arbeitnehmers seien zu gering und/oder untauglich gewesen, reicht insoweit nicht aus (LG Frankfurt v. 20. 4. 1994, GmbHR 1994, 803). Auch begründet eine unterlassene Arbeitslosmeldung keine Vermutung dafür, dass bei erfolgter Arbeitslosmeldung eine adäquate Stelle vermittelt worden wäre (LG Frankfurt v. 20. 4. 1994, GmbHR 1994, 803). In bestimmten Konstellationen kann jedoch ein **Anscheinsbeweis** des Arbeitgebers in Betracht kommen. Gibt sich beispielsweise der Arbeitnehmer mit einer **untertariflichen Bezahlung** zufrieden, spricht alles dafür, dass er mehr hätte herausholen können und/oder durch kollusives Zusammenwirken mit seinem neuen Arbeitgeber Teile seiner Vergütung in die Zeit nach Ablauf des Wettbewerbsverbots verschoben hat (ausführlich *Bauer/Diller*, Wettbewerbsverbote, Rz. 558).

4 Nach § 74c Abs. 2 HGB muss der Arbeitnehmer dem Arbeitgeber **auf Anforderung** über die Höhe anderweitigen Erwerbs Auskunft erteilen. Nach herrschender Auffassung kann der

lich[5] mit, welche Einkünfte aus welchen Quellen Sie erzielt haben. Aussagekräftige Belege fügen Sie bitte bei. Den Eingang Ihrer Auskunft erwarten wir binnen zwei Wochen. Vorsorglich weisen wir darauf hin, dass wir die Zahlung der Karenzentschädigung zurückbehalten werden, falls Sie nicht rechtzeitig und vollständig Auskunft erteilen.[6]

Gleichzeitig fordern wir Sie hiermit auf, künftig unaufgefordert an jedem Quartalsende Auskunft über anderweitigen Erwerb und dessen Herkunft zu geben.

Mit freundlichen Grüßen

...

(Unterschrift)

 Arbeitgeber die Auskunft **monatlich** verlangen (*Bauer/Diller*, Wettbewerbsverbote, Rz. 570). Wird die Auskunftspflicht unter Festlegung bestimmter Zeitpunkte oder Zeiträume (monatlich, quartalsweise) bereits in der Wettbewerbsklausel vereinbart, ist eine spätere erneute Aufforderung zur Auskunftserteilung überflüssig.

5 Die Auskunft muss **vollständig, klar** und **überprüfbar** erteilt werden, und zwar in **schriftlicher Form** (Heymann/*Henssler*, § 74c HGB Rz. 23; *Bauer/Diller*, Wettbewerbsverbote, Rz. 572). Die erteilten Auskünfte sind durch **Nachweise** zu belegen, weil sonst das Auskunftsrecht eine Farce wäre (BAG v. 25. 2. 1975, AP Nr. 6 zu § 74c HGB). Bei Aufnahme einer unselbständigen Beschäftigung müssen die Bruttobezüge mitgeteilt werden, auf Verlangen sind Lohn- bzw. Gehaltsabrechnungen und/oder Lohnsteuerkarte vorzulegen (BAG v. 25. 2. 1975, AP Nr. 6 zu § 74c HGB). Bei Aufnahme einer selbständigen Tätigkeit ist streitig, ob nur die Vorlage des Einkommensteuerbescheides verlangt werden kann (so BAG v. 25. 2. 1975, AP Nr. 6 zu § 74c HGB unter II.2. der Gründe) oder ob Bilanz und/oder Gewinn- und Verlustrechnung vorzulegen sind (LAG Kiel v. 5. 11. 1957, BB 1957, 1275; ausführlich zum Streitstand *Bauer/Diller*, Wettbewerbsverbote, Rz. 576 ff.).

6 Nach herrschender Auffassung kann der Arbeitgeber den Arbeitnehmer auf Erteilung der Auskunft **verklagen** und einen Titel nach § 888 ZPO vollstrecken (BAG v. 13. 11. 1975, AP Nr. 7 zu § 74c HGB). Üblicherweise wartet der Arbeitgeber jedoch ab, bis der Arbeitnehmer die Karenzentschädigung verlangt, und übt dann bis zur Erteilung der Auskunft ein Leistungsverweigerungsrecht gemäß § 273 BGB aus. Eine Zug-um-Zug-Verurteilung des Arbeitgebers nach § 273 BGB ist in diesem Fall ausgeschlossen, da der Arbeitnehmer mit der Auskunft grundsätzlich **vorleistungspflichtig** ist (BAG v. 12. 1. 1978, AP Nr. 8 zu § 74c HGB). Ob der Arbeitgeber über die Vorlage von Nachweisen hinaus die Abgabe einer **eidesstattlichen Versicherung** entsprechend §§ 259, 260 BGB verlangen kann, ist umstritten (bejahend wohl BAG v. 25. 2. 1975, AP Nr. 6 zu § 74c HGB unter II.1. der Gründe; ebenso LAG Hamm v. 28. 1. 1974, DB 1974, 972; ablehnend zB *Buchner*, C. 386; umfassend dazu *Bauer/Diller*, Wettbewerbsverbote, Rz. 583).

25.8 Erfüllungsablehnung des Arbeitgebers nach Verstößen des Arbeitnehmers[1]

Sehr geehrter Herr/Frau . . .,

wie wir erfahren haben, sind Sie inzwischen für die Firma . . . GmbH als kaufmännischer Angestellter tätig. Bei diesem Unternehmen handelt es sich um einen unserer schärfsten Konkurrenten. Mit dieser Tätigkeit haben Sie gegen das nachvertragliche Wettbewerbsverbot verstoßen, das in § . . . Ihres Anstellungsvertrages vereinbart war. Da Sie bereits seit mehreren Wochen bei der . . .-GmbH tätig sind, gehen wir davon aus, dass dieses Unternehmen bereits alle unsere geheimhaltungsbedürftigen Betriebs- und Geschäftsgeheimnisse erfahren hat, wegen derer wir mit Ihnen ein nachvertragliches Wettbewerbsverbot vereinbart hatten. Aufgrund Ihres Verstoßes haben wir daher an der weiteren Einhaltung des Wettbewerbsverbots kein Interesse mehr. Wir treten deshalb hiermit vom Wettbewerbsverbot nach § 323 Abs. 5 BGB zurück. Zugleich machen wir gemäß § 280 BGB Schadensersatz geltend mit der Wirkung, dass die Pflicht zur Zahlung der Karenzentschädigung ab sofort entfällt. An das Wettbewerbsverbot sind Sie ab sofort nicht mehr gebunden.

Mit freundlichen Grüßen

. . .

(Unterschrift)

---

[1] Verletzt der Arbeitnehmer das Wettbewerbsverbot, bieten sich dem Arbeitgeber eine Vielzahl verschiedener Reaktionsmöglichkeiten. Am wirkungsvollsten gesichert wird das Wettbewerbsverbot durch die Vereinbarung einer **Vertragsstrafe**, bei Verstoß kann dann nach §§ 344 ff. BGB die Vertragsstrafe geltend gemacht werden. Stattdessen kann der Arbeitgeber auch durch **Unterlassungsklage** oder durch **Unterlassungsverfügung** die künftige Einhaltung des Wettbewerbsverbots durchsetzen (siehe dazu **M 25.11**). Häufig ist der Arbeitgeber jedoch daran interessiert, sich von dem Wettbewerbsverbot zu lösen. Einen Weg dazu eröffnet § 323 BGB. Diese Vorschrift mit ihren verwirrenden Alternativen räumt dem Arbeitgeber allerdings nur dann eine sofortige Lösungsmöglichkeit ein, wenn er aufgrund des stattgefundenen Verstoßes **kein Interesse mehr an der Erfüllung** des restlichen Vertrages hat (Abs. 5). Das ist beispielsweise der Fall, wenn das Wettbewerbsverbot nur dem Schutz bestimmter Geschäftsgeheimnisse dienen sollte und der Arbeitgeber davon ausgehen muss, dass diese aufgrund des stattgefundenen Verstoßes bereits aufgedeckt sind (ausführlich *Bauer/Diller*, Wettbewerbsverbote, Rz. 624; BAG v. 10. 9. 1985, AP Nr. 49 zu § 74 HGB). Lässt sich dagegen ein Wegfall des Interesses trotz des erfolgten Verstoßes nicht darlegen (zB wenn der Arbeitnehmer zu einem unbedeutenden Wettbewerber gewechselt ist), so kann sich der Arbeitgeber nur nach § 323 Abs. 1 BGB von dem Wettbewerbsverbot lösen. Dazu muss er den Arbeitnehmer zur Einhaltung des Wettbewerbsverbots auffordern und ihm eine Frist setzen (s. das Muster bei *Bauer/Diller*, Wettbewerbsverbote, Anhang I Nr. 12). Die nach früherem Recht (§ 326 BGB aF) zugleich erforderliche **Ablehnungsandrohung** ist nach § 323 BGB nF nicht mehr notwendig. Ein Lösungsrecht kann sich des Weiteren aus § 323 Abs. 2 Nr. 3 BGB ergeben, zB wenn der Arbeitnehmer von vornherein kategorisch erklärt, er werde das Verbot nicht einhalten (*Bauer/Diller*, Wettbewerbsverbote, Rz. 630).

Ablehnungsandrohung des Arbeitnehmers bei Nichtzahlung der Karenzentschädigung[1, 2]

25.9

Sehr geehrter Herr (Geschäftsführer),

aus dem Wettbewerbsverbot gemäß § . . . meines Anstellungsvertrages steht mir eine monatliche Karenzentschädigung von Euro . . . zu, fällig jeweils am Monatsletzten. Die Rate für den Monat . . . ist bei mir bislang nicht eingegangen. Ich setze Ihnen hiermit eine Zahlungsfrist bis zum . . . (3 Wochen). Sollte die Zahlung bis dahin nicht eingegangen sein, werde ich von dem Wettbewerbsverbot zurücktreten.

Mit freundlichen Grüßen

. . .

(Unterschrift)

---

1 Das Wettbewerbsverbot ist ein gegenseitiger Vertrag im Sinne des § 320 BGB (BAG v. 20. 10. 1960 und v. 5. 8. 1968, AP Nr. 16, 24 zu § 74 HGB). Zahlt der Arbeitgeber nicht fristgerecht, gerät er in Verzug mit den üblichen Folgen (Verzugszinsen, Schadensersatz gemäß §§ 280 Abs. 2, 286 ff. BGB). Darüber hinaus kann der Arbeitnehmer nach den allgemeinen Vorschriften dem Arbeitgeber gemäß § 323 Abs. 1 BGB eine **Nachfrist** setzen. Eine Frist von 3 Wochen ist stets angemessen, meist dürften auch 2 Wochen genügen. Die nach früherem Recht (§ 326 BGB aF) zusätzlich erforderliche Ablehnungsandrohung kennt § 323 Abs. 1 BGB nF nicht mehr.

2 Nach herrschender Auffassung verdrängt § 323 Abs. 1 BGB nF (früher § 326 BGB aF) die Einrede des nichterfüllten Vertrages nach § 320 BGB. Bei Zahlungsverzug des Arbeitgebers kann der Arbeitnehmer also nicht solange gegen das Wettbewerbsverbot verstoßen, bis die Zahlung bewirkt ist. Vielmehr muss er den Weg des § 323 BGB gehen (BAG v. 5. 10. 1982, AP Nr. 42 zu § 74 HGB).

Klage auf Zahlung von Karenzentschädigung

25.10

An das Arbeitsgericht

In Sachen

. . ./. . .

(volles Rubrum)

vertreten wir den Kläger.

Namens und im Auftrag des Klägers erheben wir Klage und beantragen:

    1. Die Beklagte wird verurteilt, Euro 10 000,– nebst Zinsen in Höhe von 8 Prozentpunkten über dem Basiszinssatz[1] seit dem 1. 8. . . . an den Kläger zu zahlen.

---

1 Zum Zinsanspruch s. **M 45.3** Fn. 5, 6.

2. Es wird festgestellt[2], dass die Beklagte verpflichtet ist, künftig an jedem Monatsletzten, beginnend mit dem 30. 8. . . . und letztmals am 30. 6. . . ., Euro 10 000,– nebst Zinsen in Höhe von 8 Prozentpunkten über dem Basiszinssatz seit Fälligkeit an den Kläger zu zahlen.

Begründung:

Der Kl. war seit . . . bei der Bekl. als . . . tätig. Grundlage der Tätigkeit war der Anstellungsvertrag vom . . . . In Ziff. . . . dieses Vertrages war ein nachvertragliches Wettbewerbsverbot vereinbart, für das die Bekl. eine Entschädigung in Höhe von 50% des Grundgehalts unter Ausschluss aller darüber hinausgehenden freiwilligen Leistungen zahlen sollte.

Beweis: Anstellungsvertrag vom . . ., Anlage K 1

Zusätzlich zum Festgehalt gewährte die Bekl. jährlich eine „freiwillige Weihnachtsgratifikation", die üblicherweise ein Monatsgehalt betrug.

Beweis: Zeugnis des Personalleiters . . ., zu laden über die Bekl.

Aufgrund seiner am . . . erklärten Eigenkündigung schied der Kl. zum 30. 6. . . . bei der Bekl. aus.

Beweis: Kündigungsschreiben des Kl. vom . . ., Anlage K 2

Das letzte Festgehalt des Kl. betrug Euro 240 000,–, das Gehalt wurde in zwölf gleichen Raten jeweils zum Monatsletzten gezahlt.

Beweis: Gehaltsabrechnung für den Monat . . ., Anlage K 3

Dem Kl. steht die vertraglich zugesagte Karenzentschädigung für die Zeit ab dem 1. 7. . . . zu. Zwar war das Wettbewerbsverbot unverbindlich, da die zugesagte Karenzentschädigung nicht § 74 Abs. 2 HGB entsprach. Nach ständiger Rechtsprechung muss eine Karenzentschädigung mindestens 50% **aller** Bezüge betragen, wobei freiwillige Leistungen mit einzurechnen sind. Ein Wettbewerbsverbot, dessen Entschädigung § 74 Abs. 2 HGB nicht genügt, ist allerdings nicht unwirksam. Vielmehr ist es nach ständiger Rechtsprechung nur unverbindlich. Der Arbeitnehmer hat ein Wahlrecht, ob er das Wettbewerbsverbot einhält und die zugesagte Karenzentschädigung geltend macht, oder ob er sich vom Wettbewerbsverbot lösen will. Der Kl. hat der Bekl. mit Einschreiben vom . . . mitgeteilt, dass er sich an das Wettbewerbsverbot halten werde.

Beweis: Schreiben des Kl. vom . . ., Anlage K 4

Der Kl. hat sich seit seinem Ausscheiden am 1. 7. . . . an das Verbot gehalten. Ihm stehen also 50% seines letzten Gehalts zu, das sind monatlich Euro 10 000,–.

Anrechenbare anderweitige Einkünfte gem. § 74c HGB hat der Kl. nicht. Zwar ist es ihm gelungen, unmittelbar ab dem 1. 7. . . . eine Anschlussbeschäftigung bei der . . .-GmbH

---

2 Insoweit scheidet eine in die Zukunft gerichtete Leistungsklage aus, da die künftigen Ansprüche von einer Gegenleistung abhängen, nämlich der Einhaltung der Pflicht zur Wettbewerbsenthaltsamkeit (§§ 257, 258 ZPO).

in ... zu finden, die kein Konkurrenzunternehmen zur Bekl. ist. Dort verdient er jedoch nur Euro 13 000,– pro Monat. Der neue Verdienst macht zusammen mit der Karenzentschädigung von Euro 10 000,– einen monatlichen Gesamtbezug von Euro 23 000,– aus. Damit ist zwar die in § 74c Abs. 1 Satz 1 HGB festgelegte Anrechnungsgrenze von 110 % überschritten. Der Kl. war jedoch durch das Wettbewerbsverbot gezwungen, seinen Wohnsitz zu verlegen. Im Umkreis um seinen bisherigen Wohnort konnte er aufgrund des Wettbewerbsverbots keine andere adäquate Stelle finden. Vielmehr musste er nach ... umziehen, um bei der Firma ...-GmbH anfangen zu können. Deshalb gilt für den Kl. die erhöhte Anrechnungsgrenze von 125 % gem. § 74c Abs. 1 Satz 2 HGB, die nicht überschritten ist.

Eine außergerichtliche Zahlungsaufforderung ist erfolglos geblieben. Daher ist Klage geboten.

Mit dem Klageantrag Ziff. 1 wird die Karenzentschädigung für den Monat Juli ... geltend gemacht, die zum 30. 7. ... fällig war und deshalb ab dem 1. 8. ... zu verzinsen ist. Der Feststellungsantrag Ziff. 2 richtet sich auf die Zahlung der weiteren Entschädigungsraten.

...

(Unterschrift)

Einstweilige Verfügung auf Unterlassung von nachvertraglichem Wettbewerb[1, 2] — 25.11

An das Arbeitsgericht

In Sachen

.../...

(volles Rubrum)

vertreten wir die Antragstellerin.

Namens und im Auftrag der Antragstellerin beantragen wir:

1. Dem Antragsgegner wird im Wege der einstweiligen Verfügung – wegen der Dringlichkeit ohne mündliche Verhandlung und durch den Vorsitzenden allein[3] – bei Meidung eines Ordnungsgeldes in Höhe von Euro 250 000,– bzw. Zwangs-

---

1 Allgemein zur einstweiligen Verfügung vor den Arbeitsgerichten s. Kapitel 51.
2 Es ist anerkannt, dass der Unterlassungsanspruch aus einem nachvertraglichen Wettbewerbsverbot durch **Unterlassungsverfügung** durchgesetzt werden kann (LAG Hessen v. 24. 7. 1956 und v. 16. 2. 1962, BB 1956, 853 und 1962, 922; ausf. *Heinze*, RdA 1986, 280; *Bauer/Diller*, Wettbewerbsverbote, Rz. 608). Denn ein Hauptsacheverfahren käme regelmäßig zu spät.
3 In Fällen einer eklatanten Verletzung des Wettbewerbsverbots, wie sie im vorliegenden Fall gegeben ist, kommt auch eine Entscheidung **ohne mündliche Verhandlung** in Betracht (zB ArbG München v. 18. 6. 1996 – 5 Ga 109/96, nv.).

haft für jeden Fall der Zuwiderhandlung untersagt, in der Zeit bis zur Entscheidung in der Hauptsache für Unternehmen tätig zu werden, die . . . herstellen und mit der Antragstellerin in Konkurrenz stehen, insbesondere für die Firma . . .-GmbH in . . .;

2. hilfsweise, die beantragte einstweilige Verfügung aufgrund mündlicher Verhandlung unter größtmöglicher Abkürzung der Ladungs- und Einlassungsfristen zu erlassen.

Begründung:

Die ASt. ist die führende Herstellerin von . . . in Deutschland. Als **Anlage AS 1** überreichen wir einen Firmenprospekt der ASt., als **Anlage AS 2** fügen wir unsere Vollmacht bei.

Der AGg. war bei der ASt. zuletzt als Leiter ihres Produktionswerkes tätig. Grundlage der Tätigkeit war der Anstellungsvertrag vom . . . . In Ziff. . . . des Anstellungsvertrages war ein nachvertragliches Wettbewerbsverbot vereinbart. Das Verbot untersagte dem AGg., für die Dauer von zwei Jahren nach seinem Ausscheiden für ein Konkurrenzunternehmen der ASt. tätig zu werden.

Zur Glaubhaftmachung: Anstellungsvertrag vom . . .,
Anlage AS 3

Der AGg. ist aufgrund seiner Eigenkündigung vom . . . zum . . . bei der ASt. ausgeschieden.

Zur Glaubhaftmachung: Kündigungsschreiben des AGg. vom . . .,
Anlage AS 4

Wie die ASt. inzwischen erfahren hat, ist der AGg. seit dem 1. 7. . . . für die . . .-GmbH in . . . als Produktionsleiter tätig. Die . . .-GmbH stellt ebenfalls . . . her, sie ist die schärfste Konkurrentin der ASt. auf dem deutschen Markt. Zur Sicherheit hat der Personalleiter der ASt. vor drei Tagen bei der . . .-GmbH angerufen und nach dem Produktionsleiter gefragt. Daraufhin wurde er mit dem AGg. verbunden.

Gegen die Wirksamkeit des Wettbewerbsverbots bestehen keine Bedenken. Solche Wettbewerbsverbote sind mit Führungskräften wie dem AGg. üblich und auch rechtlich unbedenklich. Die Einhaltung des Wettbewerbsverbots durch den AGg. ist zum Schutz der berechtigten geschäftlichen Interessen der ASt. erforderlich, da es um wichtige Betriebs- und Geschäftsgeheimnisse der ASt. geht. Der AGg. hat bei der ASt. an wichtigen technischen Neuentwicklungen gearbeitet. Es ist davon auszugehen, dass er diese nunmehr der . . .-GmbH preisgeben könnte, die sich dadurch einen erheblichen Wirtschaftsvorteil verschaffen würde.

Zur Glaubhaftmachung für alles Vorstehende: Eidesstattliche Versicherung des Personalleiters der ASt., Anlage AS 5

Der Verfügungsgrund der Eilbedürftigkeit ist gegeben. Die durchschnittliche Verfahrensdauer der ersten Instanz beim ArbG beträgt inzwischen im Durchschnitt mehr als sechs Monate. Würde die ASt. auf ein Hauptsacheverfahren verwiesen, würde dies bedeuten, dass der AGg. zunächst ca. ein drei viertel Jahr unbehelligt Wettbewerb machen und alle wesentlichen Geschäftsgeheimnisse der . . .-GmbH mitteilen könnte.

Das vereinbarte Wettbewerbsverbot, für das die ASt. eine hohe Karenzentschädigung zahlt, wäre damit praktisch wertlos.

...

(Unterschrift)

Schutzschrift[1] gegen eine mögliche Unterlassungsverfügung wegen eines nachvertraglichen Wettbewerbsverbots

An das Arbeitsgericht

In Sachen

Firma ...-GmbH

– mögliche Antragstellerin –

gegen

Herrn ...

– möglicher Antragsgegner –

wegen Abwehr einer einstweiligen Verfügung

vertreten wir den möglichen Antragsgegner (i. F.: „AGg.")

Namens und im Auftrag des Antragsgegners beantragen wir:

1. einen möglichen Antrag der Antragstellerin, dem Antragsgegner eine Tätigkeit für die Firma ... oHG zu untersagen, zurückzuweisen;
2. hilfsweise, über den möglichen Antrag nur nach mündlicher Verhandlung zu entscheiden.

Begründung:

Der AGg. war seit ... bei der ASt. als Vertriebsleiter tätig. Grundlage der Tätigkeit war der Anstellungsvertrag vom ..... In Ziff. ... dieses Vertrages war ein nachvertragliches Wettbewerbsverbot vereinbart, für das die ASt. eine Entschädigung in Höhe von 50% des Grundgehalts unter Ausschluss aller darüber hinausgehenden freiwilligen Leistungen zahlen sollte.

Zur Glaubhaftmachung: Anstellungsvertrag vom ...,
Anlage AG 1

Zusätzlich zum Festgehalt gewährte die ASt. jährlich eine „freiwillige Weihnachtsgratifikation", die üblicherweise ein Monatsgehalt betrug.

Zur Glaubhaftmachung: Gehaltsabrechnung für den Monat Dezember ..., Anlage AG 2

---

1 Allgemein zur arbeitsgerichtlichen Schutzschrift s. **M 51.2**.

Aufgrund seiner am . . . erklärten Eigenkündigung schied der AGg. zum 30. 6. . . . bei der ASt. aus.

> Zur Glaubhaftmachung: Kündigungsschreiben des AGg. vom . . ., Anlage AG 3

Das letzte Festgehalt des AGg. betrug Euro . . ., das Gehalt wurde in zwölf gleichen Raten jeweils zum Monatsletzten ausbezahlt.

> Zur Glaubhaftmachung: Gehaltsabrechnung für den Monat . . ., Anlage AG 4

Das Wettbewerbsverbot gem. Ziff. . . . des Anstellungsvertrages ist unverbindlich, da die zugesagte Karenzentschädigung nicht § 74 Abs. 2 HGB entspricht. Nach ständiger Rechtsprechung muss eine Karenzentschädigung mindestens 50% **aller** Bezüge betragen, wobei freiwillige Leistungen miteinzurechnen sind. Ein Wettbewerbsverbot, dessen Entschädigung § 74 Abs. 2 HGB nicht genügt, ist unverbindlich. Der Arbeitnehmer hat ein Wahlrecht, ob er das Wettbewerbsverbot einhält und die zugesagte Karenzentschädigung geltend macht, oder ob er sich vom Wettbewerbsverbot lösen will. Der AGg. hat der ASt. mit Einschreiben vom 15. 6. . . . mitgeteilt, dass er sich nicht an das Wettbewerbsverbot halten wird.

> Zur Glaubhaftmachung: Schreiben des AGg. vom 15. 6. . . ., Anlage AG 5

Dadurch ist das Wettbewerbsverbot weggefallen, so dass für eine mögliche einstweilige Verfügung bereits der Verfügungsanspruch fehlen würde. Im Übrigen würde es auch an einem Verfügungsgrund fehlen. Denn die Tätigkeit für die . . . oHG fällt nicht unter die sachliche Reichweite des Wettbewerbsverbots. In dem Wettbewerbsverbot ist dem AGg. lediglich untersagt worden, „nach seinem Ausscheiden im Vertrieb von . . . tätig zu werden". Das Wettbewerbsverbot war also tätigkeitsbezogen, nicht unternehmensbezogen. Der AGg. ist seit 1. 9. . . . für die Firma . . . oHG tätig. Die Firma . . . oHG stellt zwar auch . . . her und vertreibt sie. Der AGg. ist jedoch nicht in diesem Bereich tätig, sondern im Geschäftsfeld . . . .

> Zur Glaubhaftmachung: Tätigkeitsbeschreibung gem. § . . . des Anstellungsvertrages zwischen dem AGg. und der Firma . . . oHG vom . . ., Anlage AG 6

Eine Vollmacht ist als Anlage AG 7 beigefügt.

. . .
(Unterschrift)

Klage auf Feststellung der Unwirksamkeit eines Wettbewerbsverbotes

An das Arbeitsgericht

In Sachen

.../...

(volles Rubrum)

vertreten wir den Kläger.

Namens und im Auftrag des Klägers erheben wir Klage und beantragen:

Es wird festgestellt, dass das zwischen den Parteien vereinbarte Wettbewerbsverbot gemäß Ziff. ... des Anstellungsvertrages vom ... unwirksam ist.

Begründung:

Der Kl. ist seit ... bei der Bekl. als Fahrlehrer tätig. Die Bekl. betreibt eine Fahrschule mit insgesamt zehn Fahrlehrern. Im Anstellungsvertrag zwischen den Parteien vom ... wurde unter Ziff. ... des Vertrages ein nachvertragliches Wettbewerbsverbot vereinbart. Danach war es dem Kl. untersagt,

„während der Dauer von zwei Jahren nach seinem Ausscheiden aus dem Arbeitsverhältnis im Umkreis von 100 km um die Stadt ... als Fahrlehrer tätig zu werden".

Beweis: Anstellungsvertrag vom ..., Anlage K 1

Der Kl. hat mit Kündigungsschreiben vom ... sein Anstellungsverhältnis unter Einhaltung der vertraglich vereinbarten Kündigungsfrist von sechs Monaten zum Quartal zum 30. 9. ... gekündigt.

Beweis: Kündigungsschreiben vom ..., Anlage K 2

Auf Befragen der Bekl. hat der Kl. im April ... erklärt, er plane, sich nach seinem Ausscheiden bei der Bekl. als Fahrlehrer in ... selbständig zu machen. Die Bekl. hat daraufhin mit Schreiben vom 2. 5. ... vom Kl. verlangt, er solle verbindlich anerkennen, dass er aufgrund des Wettbewerbsverbotes gem. Ziff. ... des Anstellungsvertrages nach seinem Ausscheiden nicht wie geplant in ... als Fahrlehrer tätig werde.

Beweis: Schreiben der Beklagten vom 2. 5. ..., Anlage K 3

Der Kläger hat daraufhin der Beklagten mit Einschreiben vom 10. 5. ... mitgeteilt, er werde sich nach seinem Ausscheiden nicht an das Wettbewerbsverbot halten, da es unverbindlich sei.

Beweis: Schreiben des Klägers vom 10. 5. ..., Anlage K 4

Das Wettbewerbsverbot in Ziff. ... des Anstellungsvertrages war unverbindlich, da es an einem berechtigten geschäftlichen Interesse der Bekl. gem. § 74a HGB fehlte. Nach ständiger Rechtsprechung des BAG besteht ein berechtigtes geschäftliches Interesse iSv. § 74a HGB nur dann, wenn das Wettbewerbsverbot entweder zum Schutz von Geschäfts- und Betriebsgeheimnissen oder zum Schutz des Kunden- bzw. Lieferantenstamms dient. Beides ist im vorliegenden Fall nicht gegeben. Geschäfts- und Betriebs-

geheimnisse gibt es im Fahrlehrergeschäft praktisch nicht, jedenfalls sind dem Kl. solche Geschäfts- oder Betriebsgeheimnisse nicht bekannt. Es gibt auch keinen schützenswerten Kunden- bzw. Lieferantenstamm. Das Fahrschulgeschäft basiert auf Laufkundschaft, typischerweise kommt jeder Kunde nur einmal (nämlich zum Erwerb des Führerscheins) und dann nicht wieder. Es geht der Bekl. bei dem Wettbewerbsverbot also offensichtlich nur darum, mit dem Kl. eine qualifizierte Kraft als Konkurrenten auszuschalten, der unter Jugendlichen einen erstklassigen Ruf hat und immer wieder weiterempfohlen wird. Das reicht als Rechtfertigung für ein Wettbewerbsverbot nicht.[1]

Ein unverbindliches Wettbewerbsverbot gibt dem Arbeitnehmer nach ständiger Rechtsprechung ein Wahlrecht, ob er das Verbot gegen Zahlung der vereinbarten Entschädigung einhalten oder sich von ihm lösen will.[2] Aufgrund der Erklärung des Kl. vom . . . ist das Verbot endgültig unwirksam geworden.

Der Kl. hat ein rechtliches Interesse iSv. § 256 ZPO an der Feststellung der Unwirksamkeit des Wettbewerbsverbots. Die Bekl. hat mehrfach mündlich erklärt, sie werde alle rechtlichen Mittel ausschöpfen, um den Kl. daran zu hindern, sich nach seinem Ausscheiden wie geplant selbständig zu machen.

. . .

(Unterschrift)

---

[1] BAG v. 21. 3. 1964, AP Nr. 15 zu § 133f GewO; v. 1. 8. 1995, AP Nr. 5 zu § 74a HGB.
[2] S. oben die Erläuterungen unter I. 4.

Zweiter Teil Betriebsverfassungsrecht

Kapitel 26 Errichtung des Betriebsrats

Literaturübersicht: *Blank*, Die Betriebsratswahl, 9. Aufl. 1997; *Blanke/Berg/Kamm/Lemcke/ Rataycazk/Schneider/Trümner/Trümner*, Betriebsratswahl, 4. Aufl. 2002; *Boewer*, Die Betriebsratswahl, 3. Aufl. 1994; *Hess/Marienhagen*, Betriebsratswahlen, 7. Aufl. 1972; *Richardi*, Die Wahl des Betriebsrats, DB 1972, 483; *Schneider*, Betriebsratswahl, 1978; *Wenzel*, Die Betriebsratswahl, DB 1975, Beil. 2.

I. Erläuterungen

1. Vorfragen

§ 1 BetrVG spricht davon, dass in Betrieben mit in der Regel mindestens fünf wahlberechtigten Arbeitnehmern (davon drei wählbar) Betriebsräte „gewählt werden". Das ist wie eine Rechtspflicht formuliert, nach einhelliger Auffassung trifft den Arbeitgeber allerdings **keine Pflicht**, für die Errichtung eines Betriebsrats zu sorgen. Vielmehr ist es allein Sache der Belegschaft, einen Betriebsrat zu errichten.

Soll ein Betriebsrat errichtet werden, ist zunächst zu klären, für **welche betriebsverfassungsrechtliche Einheiten** zu wählen ist. Häufig ist streitig, ob in Unternehmen mit mehreren Betriebsstätten ein einheitlicher Betriebsrat oder getrennte Betriebsräte zu wählen sind (vgl. **M 26.3**). Insoweit ist zu beachten, dass die vom BetrVG vorgegebene Organisation der Betriebsverfassung grundsätzlich **zwingend** ist. Es steht den Beteiligten (Arbeitgeber, Arbeitnehmer, Betriebsrat, Gewerkschaften) nicht frei, nach (vermeintlichen) Zweckmäßigkeitsgesichtspunkten einseitig oder einvernehmlich von den Vorschriften des BetrVG abzuweichen. Wirksam kann von den Vorschriften des BetrVG nur in den Grenzen des § 3 BetrVG abgewichen werden, wobei seit 2001 auch Änderungen durch Betriebsvereinbarungen in Betracht kommen und die behördliche Genehmigung nicht mehr erforderlich ist (zu Gestaltungen durch Tarifvertrag s. **M 41.4** und **M 41.5**). Allerdings ist in der Praxis häufig zu beobachten, dass sich die Beteiligten „auf dem kleinen Dienstweg" auf eine bestimmte zweckmäßige Organisationsform einigen, auch wenn diese nicht den Vorstellungen des Gesetzgebers entspricht.

Im zweiten Schritt ist zu klären, welche Arbeitnehmer **aktives** und **passives Wahlrecht** haben. Hier spielt insbesondere die gesetzestechnisch verunglückte Abgrenzung des **leitenden Angestellten** nach § 5 Abs. 3 BetrVG eine große Rolle (siehe unten **M 28.2**).

2. Wahlverfahren

Das Wahlverfahren ist im BetrVG nur rudimentär geregelt (§§ 7 bis 20 BetrVG), die Einzelheiten ergeben sich aus der Wahlordnung (vgl. § 126 BetrVG). Es besteht Einigkeit darüber, dass das Wahlverfahren nach der Wahlordnung viel zu kompliziert ist und zahllose unnütze Formalismen enthält. In der Praxis ist fast jede Betriebsratswahl anfechtbar, wenn man nur lange genug akribisch nach Fehlerquellen sucht, wobei allerdings die Novelle von 2001 ein gewisses Maß an Vereinfachung gebracht hat.

Das Wahlverfahren beginnt mit der Bestellung eines **Wahlvorstands** (§ 16 BetrVG). Besteht noch kein Betriebsrat, wird der Wahlvorstand in einer Betriebsversammlung mehrheitlich gewählt (§ 17 BetrVG). Zu der Betriebsversammlung können drei wahlberechtigte Arbeitnehmer oder eine im Betrieb vertretene Gewerkschaft einladen. Findet trotz Einladung keine Betriebsversammlung statt oder wählt die Betriebsversammlung keinen Wahlvorstand, wird er vom Arbeitsgericht auf Antrag von drei wahlberechtigten Arbeitnehmern oder einer im Betrieb vertretenen Gewerkschaft bestellt (§ 17 Abs. 3 und 4 BetrVG, vgl. **M 26.1**). Der Wahlvorstand hat dann für die Einreichung von Wahlvorschlägen zu sorgen und schließlich die Wahl durchzuführen. In Kleinbetrieben mit maximal 50 Arbeitnehmern wird gem. § 14a BetrVG im **„vereinfachten Wahlverfahren"** in einer Wahlversammlung gewählt. Das vereinfachte Wahlverfahren kann durch Vereinbarung zwischen Wahlvorstand und Arbeitgeber gem. § 14a Abs. 5 BetrVG auch in Betrieben mit 51–100 Arbeitnehmern angewendet werden. Während des Wahlverfahrens sind beim Auftreten gravierender Fehler einstweilige Verfügungen möglich, mit denen die Fehler korrigiert werden oder das weitere Wahlverfahren unterbunden wird (siehe **M 26.2**). Ansonsten sind Fehler im Wahlverfahren durch Anfechtung der Wahl vor dem Arbeitsgericht gemäß § 19 BetrVG geltend zu machen (siehe **M 26.4**).

II. Muster

26.1 Antrag auf Bestellung eines Wahlvorstands

An das Arbeitsgericht

In dem Beschlussverfahren mit den Beteiligten

1. IG Metall[1] *Bezirksleitung . . ., vertreten durch den Bezirkssekretär (Name, Adresse)*
– Antragstellerin –

2. . . . Metallwerke GmbH, vertreten durch den Geschäftsführer (Name, Firmenadresse)
– Antragsgegnerin[2] *–*

3. Betriebsrat der . . . Metallwerke GmbH, vertreten durch den Betriebsratsvorsitzenden (Name, Firmenadresse)

vertreten wir die Antragstellerin. Namens und im Auftrag der Antragstellerin leiten wir ein Beschlussverfahren ein und beantragen:

---

1 Allgemein zur Beteiligung von Gewerkschaften im Beschlussverfahren s. **M 48.2**.
2 ⮕ **Praxistipp:** Umstritten ist, ob bei Untätigkeit des Betriebsrats dieser oder der Arbeitgeber **Antragsgegner** ist. Die besseren Gründe sprechen dafür, den Arbeitgeber als Antragsgegner anzusehen (aA *Herbst/Bertelsmann/Reiter*, Rz. 741). Die Unklarheiten sind aber unproblematisch, da das Gericht von sich aus die (nach seiner Auffassung) Beteiligten zu laden und um sachgerechte Antragstellung zu bitten hat. Anträge können grundsätzlich alle Beteiligten stellen, unabhängig davon, ob sie Antragsgegner, Antragsteller oder sonstige Beteiligte sind (§ 83 ArbGG).

Zur Durchführung einer Betriebsratswahl wird im Betrieb . . . der Antragsgegnerin ein Wahlvorstand bestellt, der aus

1. *Herrn . . . (Privatadresse) als Vorsitzendem,*

2. *der Angestellten Frau[3] . . . (Privatadresse) und*

3. *dem gewerblichen Arbeitnehmer Herrn . . . (Privatadresse) als Beisitzer*

besteht.[4]

Begründung:

Im Betrieb . . . der Antragsgegnerin besteht ein Betriebsrat[5] (der Beteiligte zu 3.). Obwohl die Amtsperiode des Betriebsrats in diesen Wochen abläuft, hat er noch keinen Wahlvorstand bestellt.[6]

Beweis: Zeugnis des Betriebsratsvorsitzenden (Name), zu laden über die Antragsgegnerin

Auf Anfrage, warum noch kein Wahlvorstand bestellt sei, hat der Betriebsratsvorsitzende mitgeteilt, zwischen Arbeitgeber und Betriebsrat „laufe es derzeit prima", man brauche keine Neuwahlen.

Beweis: Wie vor.

Es steht jedoch nicht im Belieben des Betriebsrats, ob neu gewählt wird oder nicht. Daher hat das Arbeitsgericht einen Wahlvorstand zu bestellen. Dazu werden die im Antrag genannten Personen vorgeschlagen, die für das Amt geeignet sind und sich auf Anfrage zur Übernahme des Amtes bereit erklärt haben.

Beweis: Zeugnis des Gewerkschaftssekretärs (Name, Adresse).

---

3 Gemäß § 16 Abs. 1 Satz 5 BetrVG sollen im Wahlvorstand Männer und Frauen vertreten sein.
4 Nach herrschender Auffassung ist es nicht notwendig, unmittelbar im Antrag die Mitglieder des Wahlvorstandes **namentlich** vorzuschlagen. Wird ohne konkrete Namensnennung schlicht beantragt, einen Wahlvorstand zu bestellen, hat das Arbeitsgericht von sich aus in der Verhandlung oder durch vorbereitende Verfügung um geeignete Vorschläge zu bitten. Nach § 16 Abs. 2 Satz 3 BetrVG kann das Arbeitsgericht in Betrieben mit mehr als 20 Arbeitnehmern auch betriebsfremde Gewerkschaftsmitglieder zu Wahlvorständen bestellen, was sinnvoll ist, wenn der Arbeitgeber die Wahlen massiv behindert.
5 Das Muster bezieht sich auf den Fall, dass **bereits ein Betriebsrat besteht**. Weigert sich dieser, einen Wahlvorstand zu bestellen, so kann der Arbeitgeber und jede im Betrieb vertretene Gewerkschaft beim Arbeitsgericht die Bestellung eines Wahlvorstandes beantragen. Geht es um die **erstmalige Wahl**, so ist Voraussetzung der arbeitsgerichtlichen Bestellung des Wahlvorstands, dass vorher zu einer Betriebsversammlung eingeladen worden war, die jedoch entweder nicht stattgefunden hat oder aber auf der kein Wahlvorstand gewählt wurde (§§ 16, 17 BetrVG). Den Antrag auf Bestellung eines Wahlvorstands können auch drei wahlberechtigte Arbeitnehmer stellen. Die Bestellung des Wahlvorstands kann bis zur rechtskräftigen Entscheidung im Beschlussverfahren nachgeholt werden (*Däubler/Kittner/Klebe*, § 17 BetrVG Rz. 15 und § 16 BetrVG Rz. 23), das Beschlussverfahren erledigt sich dadurch.
6 Der Anspruch kann gegebenenfalls auch per **einstweiliger Verfügung** geltend gemacht werden (grds. ablehnend allerdings *Herbst/Bertelsmann/Reiter*, Rz. 744). Fraglich ist allerdings, ob es insoweit als Verfügungsgrund ausreicht, dass bis zur rechtskräftigen Einsetzung des Wahlvorstands und Durchführung der Betriebsratswahl ein betriebsratsloser Zustand eintritt oder ob besondere Dringlichkeitsgründe erforderlich sind.

Die Antragstellerin ist eine im Betrieb der Antragsgegnerin vertretene Gewerkschaft, ihr gehören drei Arbeitnehmer des Betriebes an (wird ausgeführt).[7]

---

7 Zum Nachweis, dass die Gewerkschaft im Betrieb vertreten ist, s. **M 48.2**.

26.2 Antrag auf einstweilige Verfügung gegen die Durchführung einer Betriebsratswahl[1, 2]

An das Arbeitsgericht

In dem Beschlussverfahren mit den Beteiligten

1. ... GmbH, vertreten durch den Geschäftsführer (Name, Firmenadresse) – Antragstellerin –

2. Wahlvorstand[3] der Firma ... GmbH, vertreten durch den Vorsitzenden des Wahlvorstands ... (Privatadresse)[4] – Antragsgegner –

vertreten wir die Antragstellerin.

---

1 ➪ **Praxistipp:** Einstweilige Verfügungen auf Unterbrechung von Betriebsratswahlen haben in der Praxis **große Bedeutung**. Das liegt daran, dass ein erst nach der Wahl eingeleitetes Anfechtungsverfahren aufgrund der langen Terminierungsfristen von Arbeitsgericht und Landesarbeitsgericht sowie aufgrund des dreigliedrigen Instanzenzugs (inklusive Nichtzulassungsbeschwerde) nicht selten fast genauso lange dauert wie die Amtsperiode des Betriebsrats. Das Verfahren hat keine aufschiebende Wirkung. **De facto** kann also eine fehlerhafte Betriebsratswahl nachträglich kaum noch korrigiert werden. Umso interessanter ist es in der Praxis, fehlerhafte Betriebsratswahlen von vornherein zu unterbinden.
2 Im **Vorfeld** mit einer erstmals durchgeführten Betriebsratswahl kommt es mitunter zu endlosen Streitereien über Kleinigkeiten, insbesondere wenn der Arbeitgeber mit allen Mitteln die Wahl zu behindern versucht. Wegen der Zeitdauer eines Hauptsacheverfahrens bleibt für den Betriebsrat häufig nur der Weg, selbst wegen Kleinigkeiten einstweilige Verfügungen zu beantragen, etwa im Hinblick auf Auskunftserteilung für die Erstellung der Wählerliste, Bereitstellung von Sachmitteln (Urnen, Wahlzettel, Vordrucke, Schreibgerät), Zugang des Wahlvorstands zum Betrieb (bei gekündigten Wahlvorständen oder der ausnahmsweisen Bestellung von externen Gewerkschaftsmitgliedern zum Wahlvorstand; vgl. dazu die Muster bei *Herbst/Bertelsmann/Reiter*, Rz. 745 ff.).
3 Anträge auf Abbruch einer Betriebsratswahl sind stets **gegen den Wahlvorstand** zu richten, nicht gegen den Betriebsrat oder die Gewerkschaft, auch wenn diese hinter der Wahl stehen. Untersagungsanträge können von allen Beteiligten gestellt werden, die ansonsten zur Wahlanfechtung berechtigt wären (BAG v. 28. 11. 1977, AP Nr. 6 zu § 19 BetrVG 1972; v. 14. 12. 1965, AP Nr. 5 zu § 16 BetrVG). Umstritten ist, ob neben Antragsteller und Wahlvorstand noch weitere Beteiligte hinzuzuziehen sind (zB Arbeitgeber und Betriebsrat).
4 Teilweise wird vorgeschlagen, die einstweilige Verfügung nicht nur gegen den Wahlvorstand als Organ, sondern zusätzlich auch noch gegen die **einzelnen Mitglieder des Wahlvorstands** persönlich zu beantragen. Zwar ist der Wahlvorstand (wie alle anderen Organe der Betriebsverfassung) nicht rechtsfähig. Seine Prozessfähigkeit ergibt sich aber aus § 10 ArbGG. Prozessuale Probleme erfordern also nicht, den Antrag auch gegen die Mitglieder des Wahlvorstands persönlich zu stellen. Eine solche Antragstellung wird aber mit dem Argument befürwortet, dass dann ggf. die Vollstreckung gegenüber den natürlichen Personen in Betracht käme. Das wie-

Namens und im Auftrag der Antragstellerin leiten wir ein Beschlussverfahren ein und beantragen wegen der Dringlichkeit des Falles ohne mündliche Anhörung der Beteiligten durch den Vorsitzenden allein im Wege der einstweiligen Verfügung:

1. Dem Antragsgegner zu untersagen, die laufende Betriebsratswahl fortzusetzen.
2. Hilfsweise: Die beantragte einstweilige Verfügung nach Anhörung der Beteiligten unter größtmöglicher Abkürzung der Ladungs- und Einlassungsfristen zu erlassen.

Begründung:

Die Antragstellerin ist ein Einzelhandelsunternehmen in . . . mit 100 Arbeitnehmern. Es besteht derzeit kein Betriebsrat. Am 17. 5. . . . hat die Gewerkschaft ver.di zu einer Betriebsversammlung für den 25. 6. . . . in die Gaststätte „. . ." geladen, um einen Wahlvorstand zur Durchführung einer Betriebsratswahl zu bilden. Am 23. 6., also zwei Tage bevor diese Betriebsversammlung stattfinden sollte, hat sich bei der Geschäftsführung ein dreiköpfiger „Wahlvorstand" unter Leitung des Herrn . . . gemeldet und mitgeteilt, er werde für die Durchführung der Betriebsratswahl sorgen. Zugleich hat der „Wahlvorstand" am schwarzen Brett die Betriebsversammlung abgesagt, die zwei Tage später stattfinden sollte. Auf die Frage, wann denn der „Wahlvorstand" gewählt worden sei, hat Herr . . . der Geschäftsführung mitgeteilt, es habe am Vorabend (22. 6.) bereits eine Betriebsversammlung stattgefunden, zu der die Gewerkschaft „Proletarische Initiative" eingeladen habe. An dieser Versammlung hätten vier Mitarbeiter teilgenommen, die mit Unterstützung des örtlichen Sekretärs der „Proletarischen Initiative" den Wahlvorstand gewählt hätten.

In dem Betrieb ist über eine Einladung der Gewerkschaft „Proletarische Initiative" zu einer Betriebsversammlung am 22. 6. . . . nichts bekannt. Überhaupt ist diese angeblich existierende Organisation niemandem im Betrieb bekannt. Eine ordnungsgemäße Einladung durch eine „Gewerkschaft" im Sinne des § 17 Abs. 3 BetrVG hat es offensichtlich nie gegeben. Offensichtlich hat eine kleine Gruppe von Mitarbeitern auf eigene Faust einen Wahlvorstand gebildet, möglicherweise um der für zwei Tage später angesetzten Betriebsversammlung zuvorzukommen.

Der angeblich am 22. 6. gewählte „Wahlvorstand" hat unverzüglich mit den Vorbereitungen zur Durchführung einer Betriebsratswahl begonnen und insbesondere auch am schwarzen Brett um Wahlvorschläge gebeten.

Zur Glaubhaftmachung für alles Vorstehende: Eidesstattliche Versicherung des Personalleiters . . ., Anlage AS 1

Dem „Wahlvorstand" ist seine weitere Tätigkeit zu untersagen, da er nicht ordnungsgemäß gebildet worden ist. Zu der Veranstaltung, auf der angeblich die Wahl stattgefunden haben soll, ist in keiner Weise im Betrieb eingeladen worden, so dass die Masse der Belegschaft keinerlei Möglichkeit hatte, an der Bildung des Wahlvorstands teilzunehmen. Dieser Mangel ist so schwerwiegend, dass er zur Nichtigkeit der Bildung des Wahlvorstands führt. Eine von einem nichtigen Wahlvorstand durchgeführte Betriebsratswahl ist ihrerseits nichtig. Es ist anerkannt, dass die weitere Durchführung

---

derum setzt gedanklich voraus, dass man überhaupt eine Vollstreckung mittels Zwangsgeld (weil unvertretbare Handlungen nach § 888 ZPO) für zulässig hält, was aber unrichtig ist.

eines Wahlverfahrens untersagt werden kann, wenn ansonsten die Wahl des Betriebsrates nichtig wäre.⁵ Das ist vorliegend der Fall.

5 ➲ **Wichtig:** Wie so häufig beim einstweiligen Rechtsschutz divergieren auch hier die Anforderungen, die die einzelnen Landesarbeitsgerichte an das Vorliegen eines Verfügungsgrundes stellen. Dass meist hohe Anforderungen gestellt werden, ist verständlich, da der Abbruch einer Betriebsratswahl zu einer je nach den Umständen nicht unerheblichen betriebsratslosen Zeit führen kann. Anerkannt ist die Zulässigkeit von einstweiligen Verfügungen auf Wahlabbruch, wenn das Wahlverfahren einen so gravierenden Mangel aufweist, dass dieser die Betriebsratswahl **nichtig** machen würde und der Mangel auch nicht mehr zu korrigieren ist (zB LAG Köln v. 27. 12. 1989, DB 1990, 539 und v. 5. 7. 1987, DB 1987, 1996; LAG Hessen v. 21. 3. 1990, DB 1991, 239; LAG München v. 3. 8. 1988, NZA 1989, 444). Dieser Rechtsprechung ist uneingeschränkt beizupflichten, da auch eine nichtige Betriebsratswahl letztlich zu einem betriebsratslosen Zustand führt, also durch den Erlass einer einstweiligen Verfügung auf Abbruch der Wahl kein Nachteil entstehen kann. Umstritten ist allerdings, ob auch die **hohe Wahrscheinlichkeit einer erfolgreichen Wahlanfechtung** ausreicht (so zB *Germelmann/Matthes/Prütting/Müller-Glöge*, § 85 ArbGG Rz. 38; LAG Düsseldorf v. 19. 12. 1977, DB 1978, 255; LAG Hamm v. 10. 4. 1975, DB 1975, 1176).
Andere Grundsätze müssen allerdings gelten, soweit mit der einstweiligen Verfügung nicht der Abbruch der Wahl erreicht werden soll, sondern bestimmte **Handlungen des Wahlvorstands erzwungen** werden sollen. Das spielt beispielsweise eine Rolle, wenn der Wahlvorstand bestimmte Arbeitnehmer oder bestimmte Kandidaten-Listen (nicht) zur Wahl zulässt. Hat beispielsweise der Wahlvorstand eine bestimmte Liste wegen angeblicher Mängel des Wahlvorschlags nicht zugelassen, wäre die Wahl anfechtbar, wenn die Mängel tatsächlich nicht bestanden. Hier muss es im Interesse aller Beteiligten sein, dass dem Wahlvorstand im Wege der einstweiligen Verfügung aufgegeben werden kann, die Liste nachträglich noch zuzulassen. Denn damit ersparen sich alle Beteiligten ein nachträgliches Anfechtungsverfahren, das mit Sicherheit erfolgreich wäre (dazu ArbG Bielefeld v. 20. 5. 1987, BB 1987, 1458; LAG München v. 14. 4. 1987, DB 1988, 347; ArbG Emden v. 3. 4. 1984, NZA 1985, 228; LAG Hessen v. 21. 3. 1990, DB 1991, 239).

26.3 Antrag auf Klärung des Betriebsbegriffs[1]

An das Arbeitsgericht

In dem Beschlussverfahren mit den Beteiligten
(Arbeitgeber/Betriebsrat, volles Rubrum)

vertreten wir die Antragstellerin. Namens und im Auftrag der Antragstellerin leiten wir ein Beschlussverfahren ein und beantragen:

> *Es wird festgestellt, dass die Betriebsstätten der Antragstellerin in ... und ... getrennte Betriebe im Sinne des BetrVG sind.*

---

1 Streitigkeiten über die richtigen Betriebsratsstrukturen kommen recht häufig vor, da die gesetzlichen Regeln unklar und schwammig sind. So wird häufig wie im Muster darüber gestritten, ob zwei selbständige oder ein gemeinsamer Betrieb vorliegt (BAG v. 17. 1. 1978, AP Nr. 1 zu § 1 BetrVG) oder ob **Nebenbetriebe/Betriebsteile** selbständig oder dem Hauptbetrieb zuzuordnen sind (§ 3 Abs. 1 Nr. 3 BetrVG, § 4 BetrVG). Problematisch und recht häufig Gegenstand

Begründung:

Die Antragstellerin ist ein Metall verarbeitendes Unternehmen. Zum Unternehmen gehören zwei Betriebsstätten, eine Fertigungsstätte im Industriegebiet ... mit 100 Mitarbeitern sowie eine weitere Fertigungsstätte in ... mit ca. 90 Mitarbeitern. Antragsgegner ist der einzige im Unternehmen existierende Betriebsrat, der im Jahr ... erstmals gewählt wurde, und zwar gemeinsam für die Betriebsstätten ... und ....

In der Zeit seit der Betriebsratswahl ist es zu Meinungsverschiedenheiten zwischen den Beteiligten über verschiedene betriebsverfassungsrechtliche Fragen gekommen. Im Zuge dieser Meinungsverschiedenheiten hat sich die Antragstellerin von einem Fachanwalt für Arbeitsrecht beraten lassen. Dieser hat die Antragstellerin darauf hingewiesen, dass die Betriebsratswahl des Jahres ... nicht korrekt erfolgt ist, da die Betriebsstätten ... und ... keinen gemeinsamen Betrieb darstellen, sondern als getrennte Betriebe im Sinne des BetrVG anzusehen sind. Die Antragstellerin hat den Antragsgegner auf diesen Umstand hingewiesen und erklärt, man werde zwar den gemeinsam gewählten Betriebsrat bis zum Ablauf seiner Amtsperiode im Jahr ... als vollwertigen Betriebsrat anerkennen und respektieren, im Jahre ... müssten jedoch getrennte Betriebsratswahlen in ... und ... stattfinden. Der Antragsgegner hat dieser Auffassung vehement widersprochen und mitgeteilt, er werde sich der Aufspaltung in zwei getrennte Betriebsräte mit allen Mitteln widersetzen. Es ist in mehreren Gesprächsrunden den Beteiligten nicht gelungen, die Meinungsverschiedenheiten auszuräumen.[2] Deswegen hat die Antragstellerin beschlossen, bereits jetzt das vorliegende Verfahren einzuleiten, um noch rechtzeitig vor der Betriebsratswahl im Jahre ... Klarheit über die Rechtslage zu erhalten.[3]

Die Betriebsstätten in ... und ... sind schon deshalb nicht als einheitliche Betriebe im Sinne des BetrVG anzusehen, weil (wird ausgeführt).

---

eines Beschlussverfahrens ist auch die Klärung der Frage, ob mehrere Unternehmen einen **einheitlichen Betrieb** im Sinne des § 1 Abs. 2 BetrVG (Gemeinschaftsbetrieb) führen (BAG v. 25. 9. 1986 und v. 14. 9. 1988, AP Nr. 7, 9 zu § 1 BetrVG).

2 ➲ **Praxistipp:** In der Praxis werden Streitigkeiten über die richtige Betriebsratsstruktur häufig durch **vertragliche Vereinbarungen** zwischen Betriebsrat und Unternehmen geregelt. Solche Vereinbarungen sind häufig **unwirksam**, da das BetrVG eine gesetzlich zwingende Betriebsratsstruktur vorschreibt, die nur in den Grenzen des § 3 BetrVG zur Disposition der Betriebspartner steht. Vereinbarungen zwischen den Betriebspartnern entfalten aber starke faktische Wirkung, selbst wenn sie von § 3 BetrVG nicht gedeckt sind. Insbesondere ist die Wahl der Betriebsräte nicht unwirksam, wenn sich nachträglich herausstellt, dass die vereinbarte Betriebsratsstruktur mit dem BetrVG unvereinbar ist. Es ist den Betriebspartnern darüber hinaus verwehrt, sich später hinsichtlich einzelner Beteiligungsrechte des Betriebsrats auf eine abweichende Betriebs- und Unternehmensstruktur zu berufen (zB bei Verhandlungen über einen Interessenausgleich und Sozialplan).

3 Am **Rechtsschutzbedürfnis** für einen solchen Antrag ist nicht zu zweifeln, da das Verfahren den Beteiligten eine Wahlanfechtung erspart, die für den Betrieb mit erheblich größerer Unsicherheit verbunden wäre. Im Übrigen ergibt sich nach ständiger Rechtsprechung des BAG die Zulässigkeit solcher Feststellungsanträge schon aus entsprechender Anwendung von § 18 Abs. 2 BetrVG (BAG v. 29. 1. 1987, AP Nr. 6 zu § 1 BetrVG).

26.4 Anfechtung der Betriebsratswahl

An das Arbeitsgericht

*In dem Beschlussverfahren mit den Beteiligten[1, 2, 3]
(Arbeitgeber/Betriebsrat, volles Rubrum)*

vertreten wir die Antragstellerin. Namens und im Auftrag der Antragstellerin leiten wir ein Beschlussverfahren ein und beantragen:

> *Die Betriebsratswahl[4] vom ... wird für unwirksam erklärt.[5, 6]*

---

1 **Anfechtungsberechtigt** sind der Arbeitgeber, eine im Betrieb vertretene Gewerkschaft oder mindestens drei wahlberechtigte Arbeitnehmer (§ 19 BetrVG). Nicht anfechtungsberechtigt ist dagegen der neu gewählte Betriebsrat selbst. Hat der Betriebsrat Bedenken gegen die Korrektheit der Wahl, so steht ihm als einfacher Weg der Rücktritt mit anschließender Neuwahl offen.

2 **Antragsgegner** ist stets der neu gewählte Betriebsrat, obwohl der Wahlfehler meist auf Fehlern des Wahlvorstands beruht. Wird nur die Wahl eines **einzelnen Betriebsratsmitglieds** (etwa wegen fehlender Wählbarkeit) angefochten, so ist dieses Mitglied allein Antragsgegner (BAG v. 28. 11. 1977, AP Nr. 2 zu § 8 BetrVG unter II 1 e) der Gründe).

3 **Beteiligte** des Verfahrens sind in jedem Fall der **Arbeitgeber** (auch wenn er nicht Antragsteller ist). Richtet sich das Verfahren gegen die Wahl eines einzelnen Betriebsratsmitglieds, so ist der gesamte Betriebsrat weiterer Beteiligter. Die Gewerkschaft ist (soweit sie nicht Antragsteller ist) grundsätzlich nicht zu beteiligen (BAG v. 19. 9. 1985, AP Nr. 12 zu § 19 BetrVG).

4 Die Wahl muss (und kann!) nicht **insgesamt** angefochten werden, wenn der Wahlfehler sich nur auf einen Teil der Wahl auswirken konnte.

5 Bei der Wahlanfechtung handelt es sich grundsätzlich um eine Gestaltungsklage. Nur bei ganz gravierenden Fehlern ist die Wahl **von selbst nichtig**. Das ist nur der Fall, wenn der Fehler so gravierend ist, dass schon der Anschein einer ordnungsgemäßen Wahl fehlt. In solchen Fällen ist der Betriebsrat von vornherein nicht existent, so dass beim Arbeitsgericht nur die Feststellung beantragt werden muss, dass die Wahl nichtig war (BAG v. 13. 11. 1991, AP Nr. 3 zu § 27 BetrVG unter B II 2 a) aa)). Für den Antrag auf Feststellung der Nichtigkeit gilt die **Zwei-Wochen-Frist** des § 19 BetrVG (su. Fn. 8) nicht (BAG v. 13. 11. 1991, AP Nr. 3 zu § 27 BetrVG unter B II 1 a); *Däubler/Kittner/Klebe*, § 19 BetrVG Rz. 41). Bezüglich der Frage, ob der Wahlfehler die Wahl nichtig oder nur anfechtbar macht, wird häufig mit **gestaffelten Anträgen** gearbeitet, indem zunächst die Feststellung der Nichtigkeit und nur hilfsweise die Unwirksamerklärung beantragt wird. Erforderlich ist dies aber nicht, da der Anfechtungsantrag nach ständiger Rechtsprechung des BAG grundsätzlich auch den Antrag auf Feststellung der Nichtigkeit umfasst (BAG v. 13. 11. 1991, AP Nr. 3 zu § 27 BetrVG unter B I 2 der Gründe). In der Praxis sind verschiedene **Antragsformulierungen** gebräuchlich und auch zulässig. So wird beispielsweise häufig beantragt, die Wahl „aufzuheben" oder „für unwirksam zu erklären" oder „für ungültig zu erklären". Ungenau formulierte Anträge sind stets von Amts wegen zu korrigieren.

6 Ist das Wahlverfahren ordnungsgemäß abgelaufen und nur bei der Stimmenauszählung ein Fehler passiert, so ist nicht die Unwirksamkeitserklärung zu beantragen, sondern die **Feststellung des richtigen Wahlergebnisses** (BAG v. 26. 11. 1968, AP Nr. 18 zu § 76 BetrVG; v. 15. 7. 1960, AP Nr. 10 zu § 76 BetrVG). Es wird dann zB die Feststellung beantragt, dass „statt des Mitarbeiters X der Mitarbeiter Y gewählt ist".

Begründung:

Am ... hat im Betrieb der Antragstellerin in ... eine Betriebsratswahl stattgefunden. Für diese Wahl waren zwei Vorschlagslisten eingereicht worden („Liste A" und „Liste B"). Auf Liste A kandidierten alle drei Mitglieder des Wahlvorstands. Der Wahlvorstand hat die gleichfalls eingereichte Liste B nicht zur Wahl zugelassen mit der Begründung, die Liste sei „vom Unternehmen gekauft". Auf der Liste hätten nur solche Mitarbeiter kandidiert, die von der Geschäftsführung ausdrücklich zur Kandidatur aufgefordert worden seien. Damit biete diese Liste keine Gewähr dafür, engagiert für die Belange der Arbeitnehmer einzutreten.

Beweis: Zeugnis des Vorsitzenden des Wahlvorstands (Name, Adresse)

Die Entscheidung des Wahlvorstands war rechtswidrig. Richtigerweise hätte der Wahlvorstand auch die „Liste B" zulassen müssen. Seine Unterstellung, die Kandidaturen auf der Liste B seien nur durch entsprechende Aufforderung der Geschäftsführung zustande gekommen, ist unrichtig. Letztlich kommt es darauf aber nicht an. Auch eine Liste mit Kandidaten, die sämtlich nur auf Initiative der Geschäftsführung kandidieren, ist ohne jede Einschränkung zulässig.

Dass die „Liste B" nicht zugelassen wurde, führt zur Anfechtbarkeit der Betriebsratswahl. Denn es liegt auf der Hand, dass bei Zulassung der Liste B das Wahlergebnis anders hätte ausfallen können, da dann Listenwahl stattgefunden hätte und nicht eine Personenwahl unter den Kandidaten der Liste A.[7]

Die 2-Wochen-Frist ist eingehalten worden.[8] Das Wahlergebnis wurde am ... durch den Wahlvorstand ausgehängt.[9, 10, 11]

---

7 Wahlfehler berechtigen nur dann zur Wahlanfechtung, wenn ohne den Fehler ein **anderes Wahlergebnis möglich** gewesen wäre. Ist zB ein leitender Angestellter zu Unrecht in die Wählerliste aufgenommen worden, hat er aber nachweislich nicht gewählt, so kommt eine Wahlanfechtung nicht in Betracht. Ist umgekehrt ein einzelner Mitarbeiter zu Unrecht nicht in die Wählerliste aufgenommen worden, so ist eine Anfechtung der Wahl nur möglich, wenn sich durch diese eine Stimme das Ergebnis hätte verändern können (zB wenn zwei Kandidaten gleiche Stimmzahl erreicht haben oder nur durch eine Stimme getrennt sind).

8 ➔ **Wichtig:** Von größter Bedeutung in der Praxis ist die **2-Wochen-Frist** des § 19 Abs. 2 BetrVG. Diese Frist ist deshalb so tückisch, weil innerhalb der zwei Wochen (gerechnet ab Bekanntgabe des Wahlergebnisses) nicht nur der Anfechtungsantrag beim Arbeitsgericht eingegangen sein muss. Vielmehr muss – entgegen dem Wortlaut des § 19 Abs. 2 BetrVG! – der Antrag auch innerhalb der 2-Wochen-Frist so **umfassend begründet** sein, dass für das Gericht erkennbar ist, aus welchem Grund die Wahl in welchem Umfang angefochten wird. Es reicht also (anders zB als bei der Einlegung einer Berufung) nicht, zunächst nur den Antrag zu stellen und die Begründung erst nach Ablauf der 2-Wochen-Frist nachzuschieben. Nach Fristablauf nachgeschoben werden können nur noch ergänzende Ausführungen, die aber keine neuen Anfechtungsgründe in das Verfahren einbeziehen, sondern nur die innerhalb der 2-Wochen-Frist vorgetragenen Anfechtungsgründe näher konkretisieren können. Wird in einem Unternehmen mit mehreren Betriebsstätten die Wahl mit der Begründung angefochten, statt mehrerer Einzelbetriebsstätten hätte nur ein zentraler Betriebsrat gewählt werden dürfen, so müssen die Wahlen aller einzelner Betriebsräte innerhalb der 2-Wochen-Frist angefochten werden (BAG v. 7. 12. 1988, AP Nr. 15 zu § 19 BetrVG).

9 Mit der Rechtskraft der Entscheidung endet das Amt des Betriebsrats. Ein **Übergangsmandat** besteht in diesem Fall nicht, der Betrieb wird mit sofortiger Wirkung betriebsratslos. Dage-

gen bleiben bis zum Eintritt der Rechtskraft alle vorgenommenen Handlungen des Betriebsrats voll wirksam. Auch der Arbeitgeber muss sich hinsichtlich der Zeit bis zum Eintritt der Rechtskraft so behandeln lassen, als habe es einen wirksam gewählten Betriebsrat gegeben. Ist beispielsweise vor Eintritt der Rechtskraft eine Kündigung ohne Anhörung des Betriebsrats nach § 102 BetrVG ausgesprochen worden, so bleibt sie auch dann unwirksam, wenn später die Wahl des Betriebsrats erfolgreich angefochten wird. Anders ist es nur in den seltenen Fällen, in denen die Wahl für **nichtig** erklärt wird. Hier hat es nie einen wirksam gewählten Betriebsrat gegeben, so dass in der Vergangenheit stattgefundene Verletzungen des BetrVG (zB unterlassene Anhörung vor einer Kündigung) für den Arbeitgeber folgenlos bleiben. Allerdings hat der (Schein-)Betriebsrat Anspruch auf Erstattung seiner Kosten nach § 40 BetrVG, wenn er mit vertretbaren Gründen von der Wirksamkeit oder jedenfalls nur Anfechtbarkeit der Wahl ausgehen konnte (BAG v. 29. 4. 1998, DB 1998, 992).

10 Eine **Zwangsvollstreckung** findet nicht statt, da es entweder um eine gestaltende Entscheidung (Unwirksamkeitserklärung) oder um eine Feststellung (Nichtigkeit) geht.

11 Gegen den Beschluss des Arbeitsgerichts ist **Beschwerde** zum LAG möglich. Der Gegenstandswert wird je nach Größe des Betriebs meist auf ein Vielfaches des Hilfswerts festgesetzt (zB LAG Hamm v. 28. 4. 1976, DB 1977, 357: DM 75 000 in einem Großbetrieb mit 3 500 Mitarbeitern).

Kapitel 27 Interne Organisation des Betriebsrats

Literaturübersicht: *Becker-Schaffner*, Die Rechtsprechung zur Freistellung von Betriebsratsmitgliedern gemäß § 38 BetrVG, BB 1982, 498; *Blanke/Trümner*, Die Wahl der Betriebsausschussmitglieder und der freizustellenden Betriebsratsmitglieder, BetrR 1990, 25; *Bützer*, Organe und Geschäftsführung des Betriebsrats, 1972; *Düttmann/Zachmann*, Aufgaben und Geschäftsführung des Betriebsrats, 1973; *Frey*, Nachprüfbarkeit von Wahlen im Betriebsrat, ArbuR 1954, 90; *Fuchs*, Geschäftsführung des Betriebsrats, 9. Aufl. 1993; *Hässler*, Die Geschäftsführung des Betriebsrats, 5. Aufl. 1984; *Heither*, Minderheiten- und Gruppenschutz im neuen Betriebsverfassungsgesetz, NZA 1990, Beil. 1, 11; *Kraft*, Die konstituierende Sitzung des Betriebsrats, ArbuR 1968, 66; *Ottow*, Freistellungen von Betriebsratsmitgliedern, DB 1975, 646.

I. Erläuterungen

Die innere Organisation des Betriebsrats ist in den §§ 26 ff. BetrVG geregelt. Zunächst hat der Betriebsrat aus seiner Mitte den **Vorsitzenden** und **dessen Stellvertreter** zu wählen (§ 26 BetrVG). Die Wahl findet in der konstituierenden Sitzung des Betriebsrats statt, die der Wahlvorstand binnen einer Woche nach dem Wahltag einzuberufen hat (§ 29 Abs. 1 BetrVG). Der Vorsitzende des Wahlvorstands leitet die konstituierende Sitzung, bis der Betriebsrat aus seiner Mitte einen Wahlleiter bestellt, der dann die Wahl des Vorsitzenden und dessen Stellvertreter durchführt (§ 29 Abs. 1 Satz 2 BetrVG). Das Amt des Vorsitzenden ist in der Praxis von großer Bedeutung und deshalb oft **heftig umkämpft** (vgl. **M 27.1**). Der Vorsitzende hat zwar keine besonderen Rechte nach dem BetrVG, nimmt aber de facto im Betrieb häufig eine herausgehobene Stellung ein.

In Betrieben mit Betriebsräten, die aus neun oder mehr Mitgliedern bestehen, ist ein **Betriebsausschuss** zu bilden, der die **laufenden Geschäfte führt** (§ 27 BetrVG). Bestimmte Rechte nach dem BetrVG stehen ausdrücklich dem Betriebsausschuss und nicht dem Gesamtgremium zu, so zB das Recht auf Einsicht in die Lohn- und Gehaltslisten nach § 80 Abs. 2 BetrVG. Der Betriebsrat kann auch **weitere Ausschüsse** bilden (zB EDV-Ausschuss, Ausschuss für Frauenfragen, Akkordausschuss etc.), die Einzelheiten sind in § 28 BetrVG geregelt. Außerdem kann durch Rahmenvereinbarung zwischen Arbeitgeber und Betriebsrat die Übertragung von Aufgaben auf Arbeitsgruppen geregelt werden (§ 28a BetrVG).

Von großer Bedeutung ist auch die Wahl der **freigestellten Betriebsratsmitglieder**. Gemäß § 38 BetrVG soll die Betriebsratsarbeit in Betrieben mit unter 200 Mitarbeitern durch partielle Arbeitsbefreiung der Betriebsratsmitglieder nach § 37 Abs. 2 BetrVG erfolgen. In Betrieben mit 200 oder mehr Mitarbeitern sind dagegen ein oder mehrere Betriebsratsmitglieder vollständig von der Arbeit freizustellen. Der Betriebsrat kann eine ihm nach § 38 Abs. 1 BetrVG zustehende volle Freistellung **anteilig auf mehrere Mitglieder verteilen** (§ 38 Abs. 1 Satz 3 und 4 BetrVG). Eine vollständige Freistellung kann im **Einzelfall** auch in Betrieben mit weniger als 200 Mitarbeitern in Betracht kommen, wenn sich **ungewöhnlich schwierige Aufgaben** oder **Arbeitsbedingungen** für den Betriebsrat stellen (zB hoher Ausländeranteil, zersplitterte Einsatzorte, häufig wechselnde Arbeitsbedingungen etc.). Aber auch aus anstehenden **außergewöhnlichen Maßnahmen** wie Betriebsänderungen etc. kann sich der Bedarf nach einer ausnahmsweisen vollen Freistellung eines Betriebsratsmitglieds ergeben. Allerdings muss der Betriebsrat in einem entsprechenden Beschlussverfahren die Erforderlichkeit einer über § 38 BetrVG hinausgehenden vollen Freistellung im Einzelnen darlegen. Insbesondere muss der Betriebsrat darlegen, warum es nicht möglich ist, die notwendigen Betriebsratsarbeiten durch (zusätzliche) Teilfreistellungen nach § 37 Abs. 2 BetrVG abzudecken.[1]

Die Entscheidung, welche Betriebsratsmitglieder nach § 38 Abs. 1 BetrVG vollständig freigestellt werden, trifft der **Betriebsrat**. Dabei stellt sich die schwierige Abgrenzung, ob bei Streit über die freigestellten Personen das **Arbeitsgericht** oder die **Einigungsstelle** entscheidet (vgl. **M 27.2**).

---

1 BAG v. 26. 7. 1989, AP Nr. 10 zu § 38 BetrVG; v. 13. 11. 1991, NZA 1992, 414.

II. Muster

27.1 Anfechtung der Wahl des Betriebsratsvorsitzenden[1]

An das Arbeitsgericht

In dem Beschlussverfahren mit den Beteiligten[2]

1. Herrn ..., Mitglied des Betriebsrats der ... GmbH (Privatadresse) – Antragsteller[3] –

2. Betriebsrat der ... GmbH, vertreten durch die Betriebsratsvorsitzende Frau ... (Firmenadresse) – Antragsgegner[4] –

3. ... GmbH, vertreten durch den Geschäftsführer ...,

4. die gewählte Betriebsratsvorsitzende Frau ... (Firmenadresse)

vertreten wir den Antragsteller. Namens und im Auftrag des Antragstellers leiten wir ein Beschlussverfahren ein und beantragen:

> *Die Wahl der Betriebsratsvorsitzenden ... vom ... wird für unwirksam erklärt.*

> *Begründung:*

Der neu gewählte Betriebsrat der ... GmbH mit insgesamt sieben Mitgliedern trat am ... zu seiner konstituierenden Sitzung zusammen. Für die Wahl des Betriebsratsvorsitzenden wurden zwei Kandidaten vorgeschlagen, nämlich der Antragsteller, Herr ..., sowie das weitere Betriebsratsmitglied Frau ..., die Bet. Ziff. 4. Das Betriebsratsmitglied ... beantragte, geheim abzustimmen. Die Bet. Ziff. 4, die die Wahl leitete, meinte jedoch, eine geheime Wahl sei im BetrVG nicht vorgesehen und komme deshalb nicht Betracht. Es müsse offen abgestimmt werden.

Es ist im Betrieb bekannt, dass mehrere Vertreter der Wahlvorschlagsliste, die von der Bet. Ziff. 4 angeführt wurde, erhebliche Vorbehalte gegen die Person der Bet. Ziff. 4

---

1 Die Rechtsprechung wendet für die Anfechtung betriebsratsinterner Wahlen weitgehend die Regeln über die **Anfechtung von Betriebsratswahlen** (§ 19 BetrVG) **entsprechend** an. Hinsichtlich der Antragstellung (Formulierung, Teilanfechtung, positive Feststellung etc.) kann deshalb auf das Muster zur Anfechtung von Betriebsratswahlen (**M 26.4**) verwiesen werden. Es bestehen jedoch einige Besonderheiten.
2 **Beteiligte** des Verfahrens sind der Arbeitgeber und das Betriebsratsmitglied, dessen Wahl angefochten wird (BAG v. 19. 3. 1974, AP Nr. 1 zu § 26 BetrVG).
3 **Antragsbefugt** sind nur die einzelnen Betriebsratsmitglieder sowie eine im Betrieb vertretene Gewerkschaft (BAG v. 13. 11. 1991, AP Nr. 9 zu § 26 BetrVG; v. 16. 2. 1973, AP Nr. 1 zu § 19 BetrVG). Nicht antragsbefugt sollen dagegen nach herrschender, aber nicht überzeugender Auffassung der Arbeitgeber sowie einzelne Arbeitnehmer des Betriebes sein, da ihnen keine Kontrolle der internen Geschäftsführung des Betriebsrats zustehe (*Däubler/Kittner/Klebe*, § 26 BetrVG Rz. 37).
4 **Antragsgegner** ist stets der gesamte Betriebsrat, nicht dasjenige Betriebsratsmitglied, dessen interne Wahl angefochten wird (BAG v. 12. 10. 1976, AP Nr. 2 zu § 26 BetrVG). Der Betriebsrat wird im Verfahren immer durch seinen Vorsitzenden vertreten, egal ob die Wahl des Vorsitzenden, seines Stellvertreters oder von Ausschussmitgliedern angefochten wird (BAG v. 12. 10. 1976, AP Nr. 2 zu § 26 BetrVG).

haben, sich aber nicht trauen, diese Vorbehalte offen zu äußern. Mit der Ablehnung einer geheimen Wahl wollte die Bet. Ziff. 4 offensichtlich verhindern, dass gewählte Betriebsratsmitglieder „ihrer" Liste gegen sie und für den Antragsteller stimmen. Bei der Betriebsratswahl waren auf die vom Antragsteller geführte Liste drei Betriebsratssitze, auf die Liste der Bet. Ziff. 4 vier Sitze entfallen. Bei der offenen Abstimmung über den Betriebsratsvorsitzenden stimmten, wie erwartet, alle vier Betriebsratsmitglieder der „Liste . . ." für die Bet. Ziff. 4, so dass diese als gewählt festgestellt wurde. Wäre eine geheime Abstimmung durchgeführt worden, was auf Antrag eines Mitglieds zu geschehen hat, so wäre die Wahl mit ziemlicher Sicherheit anders ausgefallen, der Antragsteller wäre gewählt worden. Die Wahl ist deshalb für unwirksam zu erklären.[5, 6, 7]

---

5 ⊃ **Wichtig:** Die entsprechende Anwendung der Grundsätze über die Anfechtung von Betriebsratswahlen führt dazu, dass auch bei der Anfechtung betriebsratsinterner Wahlen grundsätzlich die **Zwei-Wochen-Frist** des § 29 Abs. 2 BetrVG gilt (BAG v. 12. 10. 1976, v. 13. 11. 1991 und v. 15. 1. 1992, AP Nr. 2, 9, 10 zu § 26 BetrVG). Streitig ist, ob die Anfechtungsfrist mit der Bekanntgabe des Wahlergebnisses oder erst mit Kenntniserlangung vom Anfechtungsgrund beginnt (*Fitting*, § 26 Rz. 47).
6 Die Entscheidung kann mit **Beschwerde** nach §§ 87 ff. ArbGG angegriffen werden. Eine Zwangsvollstreckung findet nicht statt, da es sich um einen feststellenden oder gestaltenden Beschluss handelt.
7 Als **Gegenstandswert** wird üblicherweise der Hilfswert nach § 23 Abs. 3 RVG (bis 30. 6. 2004: § 8 Abs. 2 BRAGO) angesetzt (Euro 4 000).

Anfechtung der Wahl des freigestellten Betriebsratsmitglieds[1, 2]

27.2

An das Arbeitsgericht

In dem Beschlussverfahren mit den Beteiligten

1. Herrn A, Mitglied des Betriebsrats der . . . GmbH (Privatadresse) – Antragsteller[3] –

2. Betriebsrat der . . . GmbH, vertreten durch den Betriebsratsvorsitzenden B (Firmenadresse) – Antragsgegner[4] –

---

1 Es kann im Wesentlichen auf die Anmerkungen zur Anfechtung der Wahl des Betriebsratsvorsitzenden verwiesen werden (**M 27.1**).
  ⊃ **Wichtig:** Zu beachten ist auch hier die **Zwei-Wochen-Frist**, innerhalb deren nicht nur der Antrag, sondern auch die Begründung beim Arbeitsgericht eingegangen sein muss.
2 Ein gänzlich anderes Verfahren sieht das BetrVG für den Fall vor, dass der Arbeitgeber sich gegen die Wahl der freigestellten Betriebsratsmitglieder wendet mit der Begründung, die freigestellten Mitglieder seien **für den Betrieb unverzichtbar**. Um solche Streitigkeiten zu vermeiden, sieht § 38 Abs. 2 Satz 1 BetrVG zunächst vor, dass die Wahl der freizustellenden Betriebsratsmitglieder **erst nach Beratung mit dem Arbeitgeber** stattfinden darf. Auf diese Weise wird dem Arbeitgeber Gelegenheit gegeben, seine Bedenken gegen einzelne Freistellungskandidaten rechtzeitig zu äußern. Unterbleibt die Beratung mit dem Arbeitgeber, ist allerdings streitig, ob dies zur Unwirksamkeit der Freistellungswahl führt (offen gelassen vom BAG v. 29. 4. 1992, AP Nr. 15 zu § 38 BetrVG, bejahend zB *Becker-Schaffner*, BB 1982, 500; verneinend *Däubler/*

3. ... GmbH, vertreten durch den Geschäftsführer ...

4. Herrn B, Mitglied des Betriebsrats der ... GmbH (Privatadresse)

vertreten wir den Antragsteller. Namens und im Auftrag des Antragstellers leiten wir ein Beschlussverfahren ein und beantragen:

> Die Wahl des freigestellten Betriebsratsmitglieds vom ... wird für unwirksam erklärt.

Begründung:

Der frühere Betriebsratsvorsitzende und Vorsitzende des Wahlvorstands B lud den neu gewählten Betriebsrat der ... GmbH (400 Mitarbeiter) zur konstituierenden Sitzung am ..., 15.00 Uhr in das Betriebsratszimmer ein. Der neu gewählte Betriebsrat besteht aus neun Mitgliedern, unter ihnen der Antragsteller. Am ... gegen 9.30 Uhr morgens telefonierte B im Betrieb herum und informierte die Mitglieder des neu gewählten Betriebsrats darüber, dass die konstituierende Sitzung von 15.00 Uhr auf 10.00 Uhr vorgezogen werden müsse, da er am Nachmittag dringend zu einer Besprechung ins Gewerkschaftshaus müsse. Es gelang Herrn B jedoch nicht, den Antragsteller zu erreichen, da dieser am Vormittag auf Montage war. Gleichwohl hielt Herr B die konstituierende Sitzung des Betriebsrats ab. In der Sitzung wurde mit den Stimmen der acht anwesenden Mitglieder über die Freistellung entschieden. Für das freizustellende Betriebsratsmitglied wurden zwei Vorschläge gemacht. Die Abstimmung endete vier zu vier, so dass ein Losentscheid erfolgen musste. Der Losentscheid fiel zugunsten der Freistellung des Herrn B aus.

Kittner/Klebe, § 38 BetrVG Rz. 38). Hat der Arbeitgeber – mit oder ohne vorherige Anhörung – gegen die vom Betriebsrat beschlossenen Freistellungen Bedenken, so muss er diese **binnen zwei Wochen** vorbringen (§ 38 Abs. 2 Satz 4 BetrVG). Äußert sich der Arbeitgeber binnen zwei Wochen nicht, gelten die Freistellungen als genehmigt. Der Arbeitgeber hat jedoch die Möglichkeit, innerhalb der Zwei-Wochen-Frist die **Einigungsstelle** anzurufen (nicht: ein arbeitsgerichtliches Beschlussverfahren einzuleiten!). Die Anrufung der Einigungsstelle kann nicht mit der Zahl der beschlossenen Freistellungen begründet werden, da diese gesetzlich bindend in § 38 Abs. 1 BetrVG geregelt ist. Vielmehr kann der Arbeitgeber nur betriebliche Bedenken gegen **die Person** des oder der Freigestellten vorbringen, zB wenn eine unersetzbare Schlüsselkraft freigestellt wird, die dringend für die Erledigung bestimmter betrieblicher Aufgaben gebraucht wird. Ruft der Arbeitgeber innerhalb der Zwei-Wochen-Frist irrtümlich das Arbeitsgericht an, kann er nach Fristablauf nicht mehr die Einigungsstelle anrufen. Ist die Einigungsstelle fristgemäß einberufen worden, muss sie, wenn sie dem Antrag des Arbeitgebers stattgibt, zugleich ein anderes Betriebsratsmitglied freistellen (*Däubler/Kittner/Klebe*, § 38 BetrVG Rz. 49). Der Spruch der Einigungsstelle kann von Arbeitgeber und Betriebsrat in entsprechender Anwendung von § 76 Abs. 5 BetrVG in einem arbeitsgerichtlichen Beschlussverfahren daraufhin überprüft werden, ob er sachlich vertretbar ist, da der Begriff „sachlich vertretbar" in § 38 BetrVG ein unbestimmter und damit gerichtlich überprüfbarer Rechtsbegriff ist (wenn auch mit weitem Beurteilungsspielraum, vgl. *Henssler*, RdA 1991, 272).

3 **Antragsbefugt** ist nur das einzelne Betriebsratsmitglied oder eine im Betrieb vertretene Gewerkschaft, **nicht** dagegen der **Arbeitgeber** oder einzelne Arbeitnehmer (streitig).

4 **Antragsgegner** ist stets der Betriebsrat, der auch dann durch den Vorsitzenden vertreten wird, wenn es um dessen Freistellung geht. Weitere **Beteiligte** sind der Arbeitgeber sowie diejenigen einzelnen Betriebsratsmitglieder, deren Wahl als freizustellende Mitglieder angefochten wird (BAG v. 26. 2. 1987, AP Nr. 5 zu § 26 BetrVG).

Als der Antragsteller gegen 14.00 Uhr in den Betrieb zurückkehrte, war die Wahl bereits gelaufen und die konstituierende Sitzung des Betriebsrats beendet. Es liegt auf der Hand, dass bei Anwesenheit des Antragstellers die Wahl anders hätte ausfallen können. Der Betriebsrat war nicht befugt, seine konstituierende Sitzung ohne den Antragsteller abzuhalten, zumal zu der vorverlegten Sitzung nicht ordnungsgemäß eingeladen worden war.[5]

---

[5] Die Entscheidung kann mit **Beschwerde** nach § 87 ArbGG angegriffen werden. Als Gegenstandswert ist regelmäßig der Hilfswert gemäß § 23 Abs. 3 RVG (bis 30. 6. 2004: § 8 Abs. 2 BRAGO) in Höhe von Euro 4 000 festzusetzen (s. BAG v. 26. 2. 1987, AP Nr. 5 zu § 26 BetrVG).

Kapitel 28 Allgemeine Betriebsratsarbeit

Literaturübersicht: *Bützer,* Organe und Geschäftsführung des Betriebsrats, 1972; *Düttmann/ Zachmann,* Aufgaben und Geschäftsführung des Betriebsrats, 1973; *Fuchs,* Geschäftsführung des Betriebsrats, 9. Aufl. 1993; *Hässler,* Die Geschäftsführung des Betriebsrates, 5. Aufl. 1984.

I. Erläuterungen

Zur Wahl des Vorsitzenden, eines Betriebsausschusses sowie der freigestellten Betriebsratsmitglieder siehe Kapitel 27. Die Geschäftsführung des Betriebsrats erfolgt vor allem in **Betriebsratssitzungen** (§§ 29 bis 35 BetrVG). Die Sitzungen finden grundsätzlich während der Arbeitszeit statt und sind **nicht öffentlich** (§ 30 BetrVG). Der **Arbeitgeber** hat kein Teilnahmerecht. Ein Viertel der Mitglieder kann jedoch die Hinzuziehung eines **Gewerkschaftsvertreters** verlangen (§ 31 BetrVG), außerdem haben die Schwerbehindertenvertretung sowie die Jugend- und Auszubildendenvertretung ein Teilnahmerecht (§§ 32, 77 Abs. 1 BetrVG). Die Sitzungen werden vom Vorsitzenden des Betriebsrats einberufen und geleitet (§ 29 BetrVG).

Beschlüsse des Betriebsrats können nur in Sitzungen gefasst werden, und zwar regelmäßig mit einfacher Stimmenmehrheit (§ 33 Abs. 1 und 2 BetrVG). Beschlussfähig ist der Betriebsrat aber nur dann, wenn mindestens die Hälfte der Betriebsratsmitglieder (einschließlich der Ersatzmitglieder) teilnimmt. Nähere Einzelheiten können durch eine Geschäftsordnung geregelt werden, die der Betriebsrat sich selbst geben kann (§ 36 BetrVG).

Die Einrichtung von **Sprechstunden** regelt § 39 BetrVG.

Das BetrVG sieht ausdrücklich vor, dass der Betriebsrat sich durch eine im Betrieb vertretene **Gewerkschaft** unterstützen lassen kann (§ 2 BetrVG). Dazu regelt das Gesetz beispielsweise ausdrücklich, dass Gewerkschaftsvertreter zu Betriebsratssitzungen (§ 31 BetrVG) oder zu Betriebsversammlungen (§ 46 BetrVG) hinzugezogen werden können, wobei jeweils die Einzelheiten der entsprechenden Regelung genau zu beachten sind.

Kap. 28 Allgemeine Betriebsratsarbeit

Zuständig ist der Betriebsrat grundsätzlich nur für die **„Arbeitnehmer"** im Sinne des BetrVG. Als „Arbeitnehmer" zählen nicht die **Geschäftsführung** sowie **leitende Angestellte** nach § 5 Abs. 3 BetrVG. Insbesondere die Abgrenzung des leitenden Angestellten ist gesetzlich verunglückt und deshalb häufig Anlass von Streitigkeiten (siehe **M 28.2**).

In der Praxis konfliktträchtig ist auch die **Kostenregelung**. Gemäß § 40 BetrVG trägt die Kosten der Betriebsratsarbeit grundsätzlich der Arbeitgeber. Er hat für die Sitzungen, die Sprechstunden und die laufende Geschäftsführung in erforderlichem Umfang Räume, Sachmittel, Informations- und Kommunikationstechnik und Büropersonal zur Verfügung zu stellen (§ 40 BetrVG). Die Betriebsratskosten dürfen nicht auf die Arbeitnehmer umgelegt werden (§ 41 BetrVG). In der Praxis entsteht häufig Streit über die **Erforderlichkeit von Kosten**, insbesondere im Zusammenhang mit **Schulungen** nach § 37 BetrVG (vgl. die **M 28.4** und **M 28.5**). Probleme bereitet häufig auch die Abgrenzung zu § 80 Abs. 3 BetrVG (Hinzuziehung von **Sachverständigen**, siehe dazu **M 28.6**).

Der Betriebsrat darf bei der Wahrnehmung seiner Amtsgeschäfte nicht **gestört** oder **behindert** werden, auch Benachteiligungen sind ausdrücklich verboten (§ 78 BetrVG). Verstöße des Arbeitgebers sind gemäß § 119 BetrVG Straftaten, die mit Freiheitsstrafe bis zu einem Jahr oder Geldstrafe bestraft werden. Von Bedeutung ist in der Praxis vor allem die Behinderung der Betriebsratsarbeit durch grundlose Kündigungen oder Hausverbote für Betriebsratsmitglieder (siehe **M 28.1**). Behindert der Arbeitgeber die Amtstätigkeit des Betriebsrats und verstößt er dabei grob gegen seine Pflichten aus dem BetrVG, so kann gemäß § 23 Abs. 3 BetrVG der Betriebsrat oder eine im Betrieb vertretene Gewerkschaft **Unterlassung** und **Androhung eines Ordnungsgeldes** durch das Arbeitsgericht beantragen (siehe das **M 28.8**). Umgekehrt kann bei groben Verstößen des Betriebsrats oder einzelner Mitglieder die **Auflösung des Betriebsrats** oder der **Ausschluss einzelner Mitglieder** aus dem Betriebsrat beantragt werden, und zwar entweder durch den Arbeitgeber, ein Viertel der Arbeitnehmer oder die Gewerkschaft (siehe dazu Kapitel 29). Von besonderer Bedeutung ist in jüngster Zeit die Frage, ob den **Gewerkschaften** ein **Unterlassungsanspruch** zusteht, wenn Arbeitgeber und Betriebsrat gemeinsam gegen bestehende Tarifverträge verstoßen (siehe dazu das **M 28.9** „Burda").

II. Muster

Antrag auf einstweilige Verfügung wegen Zugangs eines Betriebsratsmitglieds zum Betrieb — 28.1

An das Arbeitsgericht

In dem Beschlussverfahren mit den Beteiligten

1. *Betriebsratsmitglied ... (Privatadresse)[1] – Antragsteller –*
2. *... GmbH (Firmenadresse) – Antragsgegnerin –*
3. *Betriebsrat der ... GmbH, vertreten durch den Betriebsratsvorsitzenden ... (Firmenadresse)*

vertreten wir den Antragsteller. Namens und im Auftrag des Antragstellers leiten wir ein Beschlussverfahren ein und beantragen, wegen der Dringlichkeit durch den Vorsitzenden allein und ohne mündliche Verhandlung im Wege der einstweiligen Verfügung

1. *die Antragsgegnerin zu verpflichten, den Zugang des Antragstellers zum Betrieb zur Erfüllung seiner betriebsverfassungsrechtlichen Aufgaben während der betriebsüblichen Arbeitszeit zu dulden.*
2. *der Antragsgegnerin für jeden Fall der Zuwiderhandlung gegen die Verpflichtung aus Ziff. 1 ein Ordnungsgeld anzudrohen[2], dessen Höhe in das Ermessen des Gerichts gestellt wird, ersatzweise Ordnungshaft.*
3. *Hilfsweise: Die beantragte Verfügung nach mündlicher Anhörung der Beteiligten unter größtmöglicher Abkürzung der Ladungs- und Einlassungsfristen zu erlassen.*

Begründung:

Die Antragsgegnerin versucht seit Monaten, den seit ... bestehenden Betriebsrat in seiner Arbeit zu behindern. Die Antragsgegnerin missachtet insbesondere systematisch die Mitbestimmungsrechte des Betriebsrats aus § 87 BetrVG. So hat sie vor kurzem eine neue Gleitzeitregelung erlassen und allgemeine Urlaubsgrundsätze aufgestellt, ohne den Betriebsrat ordnungsgemäß zu beteiligen. Des Weiteren hat die Antragsgegnerin wiederholt Einstellungen und Versetzungen vorgenommen, ohne den Betriebsrat nach § 99 BetrVG zu beteiligen. Der Betriebsrat unter Leitung seines Vorsitzenden ... hat sich all dies mehr oder weniger klaglos gefallen lassen. Das einzige Betriebsratsmitglied, das den offenen Konflikt mit der Antragsgegnerin gesucht hat, war der Antragsteller. Er hat wiederholt schriftlich und auch mündlich gegen die eklatante Missachtung der gesetzlichen Mitbestimmungsrechte des Betriebsrats durch die Antragsgegnerin protestiert. Insbesondere hat der Antragsteller auf einer Abteilungsversammlung am ...

---

[1] Verwehrt der Arbeitgeber dem gesamten Betriebsrat den Zugang zum Betrieb, ist der Betriebsrat als Gesamtgremium antragsbefugt.
[2] ➔ **Praxistipp:** Die Androhung des Ordnungsgeldes bereits im Erkenntnisverfahren ist sinnvoll, da dies die Zwangsvollstreckung erheblich beschleunigt.

angekündigt, mit Hilfe der im Betrieb vertretenen Gewerkschaft gegen die Antragsgegnerin arbeitsrechtliche Beschlussverfahren einzuleiten, sollte diese mit ihrer vorsätzlichen Verletzung des BetrVG nicht aufhören. Die Antragsgegnerin hat darauf sofort reagiert und dem Antragsteller am . . . ohne weitere Begründung fristlos gekündigt, hilfsweise ordentlich. Zugleich hat sie ihn freigestellt und ihm Hausverbot erteilt.

Zur Glaubhaftmachung: Kündigungsschreiben nebst Freistellung und Hausverbot vom . . ., Anlage AS 1

Selbstverständlich ist die Kündigung wegen Verstoßes gegen § 103 BetrVG, § 15 KSchG nichtig. Dementsprechend gibt es auch keinen Anlass, den Antragsteller von der Arbeit freizustellen. Der Antragsteller hat deshalb vor dem Arbeitsgericht (Az.: . . .) Klage gegen die Kündigung erhoben und zugleich beantragt, die Antragsgegnerin per einstweiliger Verfügung zur Weiterbeschäftigung zu verpflichten. Beide Verfahren sind noch nicht entschieden.

Zur Glaubhaftmachung: Eidesstattliche Versicherung des Antragstellers, Anlage AS 2

Unabhängig von der individualrechtlichen Zulässigkeit der Maßnahmen sind sie auf jeden Fall betriebsverfassungsrechtlich unwirksam, soweit sie den Antragsteller an der Ausübung seines Betriebsratsamts hindern. Insbesondere das Hausverbot zielte ersichtlich nur darauf ab, dem Antragsteller mit sofortiger Wirkung die weitere Ausübung seines Amtes unmöglich zu machen. Das ist mit dem BetrVG nicht vereinbar. Nach unstreitiger Auffassung hat es der Arbeitgeber nicht in der Hand, dem Betriebsrat oder einzelnen seiner Mitglieder nach Belieben durch den Ausspruch von Hausverboten die weitere Tätigkeit unmöglich zu machen. Betriebsratsarbeit kann sinnvoll nur im Betrieb wahrgenommen werden. Schon aus dem Grundsatz der vertrauensvollen Zusammenarbeit (§ 2 Abs. 1 BetrVG) ergibt sich das Zugangsrecht nicht nur des Betriebsrats als Organ, sondern auch der einzelnen Betriebsratsmitglieder (statt aller: Däubler/Kittner/Klebe, § 103 BetrVG Rz. 36). Ein Verfügungsanspruch ist damit gegeben. Der Verfügungsgrund ergibt sich daraus, dass eine Entscheidung im ordentlichen Verfahren erst in Monaten zu erwarten wäre. Solange hätte die Antragsgegnerin ihr offensichtlich rechtswidriges Ziel erreicht, den Antragsteller an der Ausübung seines Amtes zu hindern. Das darf nicht sein, weder im Interesse des Antragstellers noch im Interesse der übrigen Belegschaft, die weitgehend schutzlos wäre, hätte es der Arbeitgeber in der Hand, einseitig jederzeit die Betriebsratsarbeit durch den Ausspruch von Hausverboten zu unterbinden.[3]

. . .

(Unterschrift)

---

3 Die Entscheidung kann mit **Beschwerde** zum LAG nach §§ 87 ff. ArbGG angegriffen werden. Die Zwangsvollstreckung erfolgt nach § 890 ZPO. Der **Gegenstandswert** sollte allenfalls mit dem Hilfswert nach § 23 Abs. 3 RVG (bis 30. 6. 2004: § 8 Abs. 2 BRAGO) von Euro 4 000 angesetzt werden, ggf. auch niedriger.

Antrag auf Feststellung des Status eines leitenden Angestellten

An das Arbeitsgericht

In dem Beschlussverfahren mit den Beteiligten

1. *Betriebsrat der ... GmbH, vertreten durch den Betriebsratsvorsitzenden (Name, Firmenadresse) – Antragsteller[1] –*

2. *Firma ... GmbH, vertreten durch den Geschäftsführer ... (Firmenadresse) – Antragsgegnerin[2] –*

3. *Kaufmännischer Angestellter ... (Privatadresse)[3]*

vertreten wir den Antragsteller. Namens und im Auftrag des Antragstellers leiten wir ein Beschlussverfahren ein und beantragen:

> *Es wird festgestellt, dass der Beteiligte zu 3. kein leitender Angestellter im Sinne des § 5 Abs. 3 BetrVG ist.[4]*

Begründung:

Die Antragsgegnerin betreibt in ... ein Metall verarbeitendes Unternehmen mit 200 Mitarbeitern. Der Antragsteller ist der Betriebsrat ....

Zwischen den Parteien ist anlässlich einer Versetzung des Bet. Ziff. 3 Streit darüber entstanden, ob dieser leitender Angestellter im Sinne des § 5 Abs. 3 BetrVG ist und damit nicht in die Zuständigkeit des Antragstellers fällt.

Die Antragsgegnerin hat dem Antragsteller mit Schreiben vom ... mitgeteilt, sie betrachte den Bet. Ziff. 3 als leitenden Angestellten und werde deshalb vor seiner geplanten Versetzung nicht das Verfahren nach § 99 BetrVG einleiten. Die Auffassung der Antragsgegnerin ist unrichtig. Der Bet. Ziff. 3 ist nicht leitender Angestellter. Insbesondere ist er weder zur selbständigen Einstellung und Entlassung von im Betrieb oder einer Betriebsabteilung beschäftigten Arbeitnehmern berechtigt (§ 5 Abs. 3 Nr. 1 BetrVG), noch hat er Generalvollmacht oder Prokura (§ 5 Abs. 3 Nr. 2 BetrVG). Der Bet. Ziff. 3 nimmt auch nicht regelmäßig sonstige Aufgaben wahr, die für den Bestand und die Entwicklung des Unternehmens und des Betriebes von Bedeutung sind und deren

---

1 Der Streit um die Eigenschaft eines Mitarbeiters als leitender Angestellter im Sinne des § 5 Abs. 3 BetrVG kommt in der Praxis in zahllosen verschiedenen Konstellationen vor. Nicht nur der Betriebsrat kann ein entsprechendes Verfahren zur Klarstellung vor dem Arbeitsgericht einleiten, sondern auch der **Arbeitgeber** sowie der **Arbeitnehmer**, um dessen Status es geht (BAG v. 23. 1. 1986, AP Nr. 31 und 32 zu § 5 BetrVG). Zulässig, aber in der Praxis selten sind auch entsprechende Anträge einer im Betrieb vertretenen **Gewerkschaft** (BAG v. 5. 3. 1974, AP Nr. 1 zu § 5 BetrVG), eines Sprecherausschusses oder (im Zusammenhang mit einer Betriebsrats- oder Sprecherausschusswahl) eines Wahlvorstandes.

2 **Antragsgegner** ist stets der Arbeitgeber. Nur wenn der Arbeitgeber Antragsteller ist, ist Antragsgegnerin der Betriebsrat.

3 Der betroffene Arbeitnehmer ist stets **Beteiligter** (BAG v. 25. 10. 1989, AP Nr. 42 zu § 5 BetrVG; v. 23. 1. 1986, AP Nr. 32 zu § 5 BetrVG).

4 Häufig wird der Status des Mitarbeiters ohne Einleitung eines besonderen Verfahrens inzidenter als Vorfrage in einem anderen Verfahren gerichtlich geklärt, etwa in einem Beschlussverfahren nach §§ 99 bis 101 BetrVG.

Erfüllung besondere Erfahrung und Kenntnisse voraussetzt (§ 5 Abs. 3 Nr. 3 BetrVG). Im Einzelnen: (wird ausgeführt).[5]

...

(Unterschrift)

---

[5] Die Entscheidung kann mit **Beschwerde** zum LAG nach §§ 87 ff. ArbGG angegriffen werden. Der **Gegenstandswert** wird üblicherweise mit dem Hilfswert von Euro 4 000 angesetzt.

28.3 Antrag auf Duldung des Zugangs von Gewerkschaftsbeauftragten zum Betrieb

An das Arbeitsgericht

In dem Beschlussverfahren[1] *mit den Beteiligten*[2]

1. Betriebsrat der ... GmbH, vertreten durch den Betriebsratsvorsitzenden (Name, Firmenadresse) – Antragsteller –

2. ... GmbH, vertreten durch den Geschäftsführer (Name, Firmenadresse) – Antragsgegnerin –

3. IG Metall, Verwaltungsstelle ..., vertreten durch den Bezirkssekretär (Name, Geschäftsadresse)

vertreten wir den Antragsteller. Namens und im Auftrag des Antragstellers leiten wir ein Beschlussverfahren ein und beantragen:

> *Die Antragsgegnerin wird verpflichtet, den Zugang des Gewerkschaftssekretärs ... der IG-Metall, Verwaltungsstelle ..., zum Betrieb am ... sowie seine Teilnahme an der für diesen Tag anberaumten Betriebsversammlung zu dulden.*[3, 4]

---

1 ➲ **Wichtig:** Das Beschlussverfahren ist die richtige Verfahrensart, soweit es um Zutrittsrechte der Gewerkschaften geht, die **aus dem BetrVG resultieren**. Dagegen sind Streitigkeiten über sonstige Zugangsrechte der Gewerkschaften (zB im Hinblick auf die nach Art. 9 GG garantierte Mitgliederwerbung im Betrieb) im arbeitsgerichtlichen **Urteilsverfahren** auszutragen, an dem der jeweilige Betriebsrat nicht beteiligt wird (vgl. *Däubler*, Gewerkschaftsrechte im Betrieb, 10. Aufl. 2000, Rz. 727).

2 Den Antrag kann sowohl die betreffende **Gewerkschaft** als auch der **Betriebsrat** stellen. Beteiligte des Verfahrens sind unabhängig von der Antragstellung immer Arbeitgeber, Gewerkschaft und Betriebsrat. Unklar ist, ob auch der **einzelne Gewerkschaftssekretär** zu beteiligen ist, um dessen Zugang gestritten wird (bejahend *Herbst/Bertelsmann/Reiter*, Rz. 713).

3 Der Antrag muss **genau beschreiben**, zu **welchem Zweck** und – soweit möglich – an **welchem Tag** das Zugangsrecht geltend gemacht wird. Sind mehrere Betriebe vorhanden, muss sich aus dem Antrag ergeben, zu **welchem Betrieb** der Zugang begehrt wird. Nicht erforderlich dürfte dagegen die Angabe des **Namens** des jeweiligen Gewerkschaftssekretärs sein, da häufig im Vorhinein nicht feststeht, welcher Gewerkschaftsvertreter an einem bestimmten Tag verfügbar ist.

4 ➲ **Praxistipp:** Der Antrag könnte auch im **einstweiligen Verfügungsverfahren** gestellt werden, da eine Hauptsacheentscheidung höchstwahrscheinlich zu spät kommen wird. Mitunter vermeiden jedoch die Betriebspartner einstweilige Verfügungsverfahren, um die

Begründung:

Die Antragsgegnerin ist ein Metall verarbeitendes Unternehmen mit 100 Mitarbeitern. Der einzige Betrieb des Unternehmens ist in . . . . Der Antragsteller ist der in diesem Betrieb gebildete Betriebsrat.

Der Betriebsrat hat zur ordentlichen Betriebsversammlung für den . . ., . . . Uhr in die Kantine auf dem Werksgelände eingeladen. Einwendungen gegen die Versammlung sowie deren Ort und Zeit hat die Antragsgegnerin nicht geäußert. Gemäß § 46 BetrVG hat der Antragsteller den Gewerkschaftssekretär . . . zur Teilnahme an der Veranstaltung eingeladen. Ca. 50% der Belegschaft sind unstreitig in der IG Metall organisiert. Herr . . . soll auf der Betriebsversammlung insbesondere über die aktuelle Tarifauseinandersetzung berichten. Mit Vermerk vom . . . hat der Antragsteller die Antragsgegnerin darüber informiert, dass sie Herrn . . . eingeladen hatte. Daraufhin hat die Geschäftsführung mit Schreiben vom . . . kategorisch erklärt, man dulde „keine Gewerkschaftshansel" im Betrieb, erteile Herrn . . . Hausverbot und werde dieses Hausverbot notfalls mit Polizeigewalt durchsetzen.

Beweis: Schreiben der Geschäftsführung vom . . ., Anlage AS 1

Es ist nicht ersichtlich, warum die Antragsgegnerin sich gegen den Zugang von Herrn . . . zum Betrieb und seine Teilnahme an der Betriebsversammlung sperrt. Das Teilnahmerecht von Gewerkschaftsvertretern an Betriebsversammlungen ist in § 46 BetrVG ausdrücklich geregelt. Sofern Betriebsversammlungen auf dem Betriebsgelände stattfinden, folgt aus § 46 BetrVG notwendigerweise das Recht des eingeladenen Gewerkschaftsvertreters, den Betrieb zu betreten. Irgendwelche Bedenken gegen die Person des Herrn . . . hat die Antragsgegnerin nicht vorgebracht, solche Bedenken existieren auch nicht.[5]

. . .

(Unterschrift)

Atmosphäre nicht unnötig zu belasten. Sie wollen ihre Streitigkeiten in Ruhe und ohne Hektik geklärt haben, vor allem im Hinblick auf die zukünftige Handhabung. Gegebenenfalls ist der zunächst gestellte Antrag später auf eine vergangenheitsbezogene Feststellung umzustellen. Wegen der Wiederholungsgefahr wäre ein solcher Antrag ohne weiteres zulässig.

[5] Die Entscheidung kann mit **Beschwerde** zum LAG nach §§ 87 ff. ArbGG angegriffen werden. Der **Gegenstandswert** wird üblicherweise mit dem Hilfswert von Euro 4 000 angesetzt.

28.4 Antrag auf Freistellung/Übernahme von Sachmittelkosten[1]

An das Arbeitsgericht

*In dem Beschlussverfahren mit den Beteiligten
(Betriebsrat/Arbeitgeber, volles Rubrum)*

vertreten wir den Antragsteller. Namens und im Auftrag des Antragstellers leiten wir ein Beschlussverfahren[2] ein und beantragen:[3]

---

1 Nach § 40 BetrVG hat der Arbeitgeber die Kosten und den Sachaufwand der Betriebsratstätigkeit zu tragen. Zu den Einrichtungen und Büromitteln, die der Arbeitgeber dem Betriebsrat zur Verfügung zu stellen hat, gehören **Büroräume** mit angemessenem Mobiliar (statt aller: ArbG Bremerhaven v. 11. 12. 1985, AiB 1986, 167; ArbG Heilbronn v. 17. 2. 1984, BB 1984, 982), **Schreibmaterial**, Aktenordner, Briefmarken, **Schreibmaschine**, **Diktiergerät** etc. (siehe im Einzelnen *Däubler/Kittner/Klebe*, § 40 BetrVG Rz. 70 ff.). Einen eigenen **Kopierer** sowie einen eigenen **PC** und/oder **Fax** kann der Betriebsrat regelmäßig nur in größeren Betrieben verlangen. Es kommt jeweils darauf an, ob die Zurverfügungstellung erforderlich ist, um die Betriebsratsarbeit ordnungsgemäß abwickeln zu können. Dies hat im Streitfall der Betriebsrat darzulegen und zu beweisen (ausführlich *Däubler/Kittner/Klebe*, § 40 BetrVG Rz. 88 ff.). Der Betriebsrat hat des Weiteren Anspruch auf **Fachliteratur** in angemessenem Umfang, dazu gehören Gesetzestexte (LAG Schl.-Holst. v. 11. 4. 1995, LAGE § 14 BetrVG Nr. 46), aber auch Lehrbücher und Kommentare der wichtigsten arbeitsrechtlichen Gesetze, soweit sie für die Tätigkeit benötigt werden (LAG Bremen v. 3. 5. 1996, BB 1996, 2303 bezüglich Arbeitsrechts-Handbuch von *Schaub*; BAG v. 26. 10. 1994, NZA 1995, 386 bezüglich Kommentar zum BetrVG von *Fitting*). Des Weiteren hat der Betriebsrat Anspruch auf mindestens eine arbeits- und sozialrechtliche **Fachzeitschrift** (LAG Berlin v. 5. 10. 1992, BB 1993, 725). Je nach Größe und Aufgabe des Betriebsrats kann auch die Gestellung von **Büropersonal** in Betracht kommen (LAG BW v. 25. 11. 1987, AiB 1988, 185), außerdem hat der Betriebsrat Anspruch auf ein **schwarzes Brett** (BAG v. 21. 11. 1978, AP Nr. 15 zu § 40 BetrVG).
2 In Eilfällen kommt eine **einstweilige Verfügung** in Betracht, wenn die Verweigerung der Kostenübernahme oder der Sachmittelgestellung die Betriebsratsarbeit unzumutbar erschwert (*Fitting*, § 40 Rz. 148).
3 Das Muster kombiniert die **verschiedenen Möglichkeiten der Antragstellung**. Der Antrag Ziff. 1 bezieht sich auf eine größere Anschaffung, die der Betriebsrat auf eigene Faust wegen des damit verbundenen Risikos nicht machen will. Hier ist ein **Verpflichtungsantrag/Leistungsantrag** zu stellen. Der Antrag Ziff. 2 betrifft den Fall, dass der Betriebsrat die Anschaffung selbst veranlasst, aber noch nicht bezahlt hat. In einem solchen Fall besteht ein **Freistellungsanspruch**. Dieser Anspruch kommt allerdings erst dann in Betracht, wenn der Arbeitgeber innerhalb einer angemessenen Frist seinen Verpflichtungen nicht nachgekommen ist. Ohne vorherige vergebliche Aufforderung des Arbeitgebers ist der Betriebsrat grundsätzlich nicht berechtigt, Sachmittel auf Kosten des Arbeitgebers selbst zu beschaffen und anschließend Kostenfreistellung zu verlangen (BAG v. 21. 4. 1983, AP Nr. 20 zu § 40 BetrVG). Ziff. 3 betrifft schließlich den Fall, dass ein einzelnes Betriebsratsmitglied (der Betriebsrat als Gremium ist nicht vermögensfähig) **auf eigene Faust** Sachmittel angeschafft und auch bezahlt hat, was regelmäßig nur bei Bagatellbeträgen in Betracht kommt. Auch insoweit ist zu beachten, dass der Überlassungsanspruch nach § 40 Abs. 2 BetrVG grundsätzlich vorgeht und deshalb die Ersatzbeschaffung ohne vergebliche vorherige Aufforderung des Arbeitgebers in Betracht kommt. Der Betriebsrat ist grundsätzlich befugt, Erstattungsansprüche (ebenso wie Freistellungsansprüche) eines seiner Mitglieder gegenüber dem Arbeitgeber geltend zu machen, wobei allerdings nur Freistellung des einzelnen Mitglieds und nicht des Gesamtgremiums verlangt werden kann (BAG v. 27. 3. 1979, AP Nr. 7 zu § 80 ArbGG). Den Antrag auf

1. Die Antragsgegnerin wird verpflichtet, dem Antragsteller einen betriebsüblichen Schwarzweiß-Kopierer nebst Zubehör (Toner, ausreichende Menge Kopierpapier etc.) auf ihre Kosten zur Verfügung zu stellen.
2. Die Antragsgegnerin wird verpflichtet, den Antragsteller von seiner Verpflichtung aus dem Kauf des Standardkommentars „Betriebsverfassungsgesetz" von Fitting/Kaiser/Heither/Engels/Schmidt in Höhe von Euro . . . gegenüber der Buchhandlung . . . (Adresse) freizustellen.
3. Die Antragsgegnerin wird verpflichtet, dem Betriebsratsmitglied . . . (Privatadresse) Euro . . . nebst Zinsen in Höhe von 8 Prozentpunkten über dem Basiszinssatz[4] seit Einleitung des Beschlussverfahrens zu erstatten.

Begründung:

Die Antragsgegnerin ist ein Metall verarbeitendes Unternehmen in . . . mit 1 000 Arbeitnehmern. Der Antragsteller ist der beim Unternehmen gebildete Betriebsrat.

Der Antragsteller wird seit Monaten von der Antragsgegnerin dadurch behindert, dass diese ihn von jeglichem Hilfsmaterial, insbesondere Büroausstattung und Büromaterial, konsequent abschneidet. War es in der Vergangenheit für den Antragsteller kein Problem, in der Materialausgabe entsprechende Büromaterialien zu bekommen, darf nunmehr die Materialausgabe aufgrund ausdrücklicher Anweisung der Geschäftsführung nichts mehr an den Antragsteller herausgeben. Des Weiteren war der Antragsteller in der Vergangenheit befugt, im Büro der Lohnbuchhaltung Kopien zu machen, die für seine tägliche Arbeit erforderlich sind. Diese Befugnis wurde ihm gemäß Schreiben der Geschäftsführung vom . . . entzogen.

Beweis: Schreiben der Geschäftsführung vom . . .,
Anlage AS 1

Der Antragsteller hat daraufhin in seiner Sitzung vom . . . einstimmig den Beschluss gefasst, dass die Anschaffung eines eigenen Kopierers, die Anschaffung eines Standardkommentars zum BetrVG sowie die Anschaffung von Schreibblöcken und Schreibstiften im Wert von Euro . . . erforderlich sind.

Beweis: Beschluss des Antragstellers vom . . .,
Anlage AS 2

Der Personalleiter der Antragsgegnerin hat eine Kopie des Beschlusses erhalten mit der Aufforderung, für die Bereitstellung der erforderlichen Gegenstände und Materialien zu sorgen. Er hat jedoch lapidar mitgeteilt, der Betriebsrat „solle sehen, wie er selbst zurechtkommt".

Beweis: Zeugnis des Personalleiters, zu laden über die Beklagte.

Mit dem Antrag Ziff. 1 soll die Antragsgegnerin verpflichtet werden, einen handelsüblichen Kopierer anzuschaffen und dem Antragsteller zur Verfügung zu stellen. Der

---

Kostenerstattung könnte auch das betroffene einzelne Betriebsratsmitglied geltend machen, und zwar ebenfalls im Beschlussverfahren. Der Betriebsrat wäre dann Beteiligter des Verfahrens (BAG v. 13. 7. 1977, AP Nr. 8 zu § 83 ArbGG).
4 Für Erstattungsansprüche können ausnahmsweise **Verzugs- und Prozesszinsen** verlangt werden (BAG v. 18. 1. 1989, AP Nr. 28 zu § 40 BetrVG). Dazu **M 45.3** Fn. 5, 6.

Kopierer ist für die ordnungsgemäße Erledigung der Betriebsratsarbeit erforderlich, weil ... (wird ausgeführt).

Des Weiteren hat der Antragsteller bei der Buchhandlung ... in ... den Standardkommentar von Fitting pp. zum BetrVG zum Preis von Euro ... bestellt. Der Kommentar ist auch bereits geliefert worden und wird vom Antragsteller genutzt.

Beweis: Rechnung der Buchhandlung ...,
Anlage AS 3

Die Rechnung hat nach § 40 BetrVG die Antragsgegnerin zu bezahlen.

Schließlich hat das Betriebsratsmitglied ... am ... auf eigene Faust Schreibblöcke und Schreibstifte im Wert von Euro ... gekauft, um zunächst vorübergehend eine Weiterarbeit des Betriebsrats zu ermöglichen.

Beweis: Quittungsbeleg des Schreibwarenladens vom ...,
Anlage AS 4

Für diese Aufwendungen schuldet die Antragsgegnerin Kostenerstattung nach § 40 BetrVG.[5]

...

(Unterschrift)

---

[5] Die Entscheidung kann mit **Beschwerde** zum LAG nach §§ 87 ff. ArbGG angegriffen werden. Da es sich um eine vermögensrechtliche Streitigkeit handelt, kommt eine **vorläufige Vollstreckbarkeit** nach §§ 85, 87 ArbGG in Betracht (sehr streitig, ausführlich *Dütz*, DB 1980, 1122; *Rudolf*, NZA 1988, 420). Als **Gegenstandswert** ist jeweils der Wert der beanspruchten Sachmittel anzusetzen.

28.5 Antrag auf Erstattung von Schulungskosten[1, 2]

An das Arbeitsgericht

In dem Beschlussverfahren mit den Beteiligten
(Betriebsrat/Arbeitgeber, volles Rubrum)

vertreten wir den Antragsteller. Namens und im Auftrag des Antragstellers leiten wir ein Beschlussverfahren ein und beantragen:[3]

> Die Antragsgegnerin wird verpflichtet, dem Betriebsratsmitglied ... den Besuch des ...-Seminars „Interessenausgleich und Sozialplan" am ... zu gestatten und

---

[1] Streitigkeiten im Zusammenhang mit Schulungskosten sind in der außergerichtlichen und gerichtlichen Praxis außerordentlich häufig anzutreffen. Die fehlerfreie gerichtliche Abwicklung solcher Streitigkeiten ist allerdings eine Wissenschaft für sich.
⇨ **Praxistipp:** Im **Beschlussverfahren** geltend zu machen ist nur die Freistellungsverpflichtung sowie die Übernahme der Schulungskosten nebst Anreise und Verpflegung. Geht es dagegen um die **Fortzahlung von Lohn/Gehalt** für die Dauer der Schulungsveranstaltung, soll nach Auffassung des BAG nur die übliche Lohnklage im Wege des **Urteilsverfahrens**

die Seminargebühr von Euro . . . sowie die Fahrtkosten (Bahn 2. Klasse) und eine Verpflegungspauschale von Euro . . . zu übernehmen.

Begründung:

Die Antragsgegnerin ist ein Metall verarbeitendes Unternehmen in . . . mit 1 000 Mitarbeitern. Der Antragsteller ist der bei der Antragsgegnerin gebildete Betriebsrat.

Der Personalchef der Antragsgegnerin hat den Antragsteller in der vergangenen Woche darüber informiert, dass ein „großflächiger" Personalabbau in der Größenordnung von ca. 150 Arbeitsplätzen erforderlich sei, um die Wirtschaftlichkeit des Unternehmens wieder herzustellen. Man fordere deshalb den Betriebsrat auf, unverzüglich in Beratungen und Verhandlungen über Interessenausgleich und Sozialplan gemäß §§ 111 ff. BetrVG einzutreten.

Beweis: Zeugnis des Personalleiters, zu laden über die Antragsgegnerin

Der Antragsteller hat daraufhin in seiner Sitzung vom . . . beschlossen, dass das Betriebsratsmitglied . . . das Seminar „Interessenausgleich und Sozialplan" besuchen müsse, das am . . . in . . . stattfindet.

Beweis: Betriebsratsbeschluss vom . . ., Anlage AS 1

Veranstalter des Seminars ist die Firma . . . .[4] *Als Referenten treten die Fachanwälte für Arbeitsrecht Prof. Dr. Gerhard Röder und Dr. Ulrich Baeck auf, die seit Jahrzehnten*

---

in Betracht kommen (ständige Rechtsprechung, zB v. 30. 1. 1972 sowie v. 18. 6. und v. 17. 9. 1974, AP Nr. 1, 16 und 17 zu § 37 BetrVG), was in der Praxis äußerst misslich ist. Die Aufspaltung kann nämlich dazu führen, dass gleichzeitig zwei verschiedene Verfahren anhängig zu machen sind (so ausdrücklich BAG v. 18. 6. und 17. 9. 1974, AP Nr. 16 und 17 zu § 37 BetrVG), wobei die Verbindung beider Verfahren unzulässig ist (*Dütz*, ArbuR 1973, 370). Der **Freistellungsanspruch** (der ebenfalls im Beschlussverfahren geltend zu machen ist) kann sowohl vom **gesamten Betriebsrat** als auch von dem zur Schulung vorgesehenen **einzelnen Betriebsratsmitglied** geltend gemacht werden (dann ist der Betriebsrat weiterer Beteiligter des Verfahrens, vgl. BAG v. 5. 4. 1984, AP Nr. 46 zu § 37 BetrVG). Allerdings ist stets sorgfältig zu prüfen, aus welchem Grund der Arbeitgeber die Freistellung zum Besuch der Fortbildungsveranstaltung ablehnt. Lehnt er die Erforderlichkeit der Fortbildung als solche ab, ist das Beschlussverfahren die richtige Verfahrensart. Anders ist es dagegen, wenn der Arbeitgeber die Erforderlichkeit der Schulung als solche nicht bezweifelt, aber Bedenken wegen der **zeitlichen Lage** der Schulungsveranstaltung hat. Hier muss der Arbeitgeber nach Mitteilung des entsprechenden Betriebsratsbeschlusses binnen kurzer Frist (herrschende Meinung: 2 Wochen, siehe *Däubler/Kittner/Klebe*, § 37 BetrVG Rz. 132 ff.) **die Einigungsstelle** anrufen (§ 37 Abs. 6 Satz 5 BetrVG).

2 Der Antrag des Musters bezieht sich auf den Fall, dass die Schulung **noch nicht stattgefunden hat** und auch noch nicht gebucht ist. Wäre das der Fall, so könnte entsprechend dem Muster zu den Sachkosten des Betriebsrats (siehe oben **M 28.4**) Freistellung von den Kosten bzw. Kostenerstattung verlangt werden. Diese Ansprüche kann der Betriebsrat als Gesamtgremium nur zugunsten des betroffenen Betriebsratsmitglieds geltend machen (siehe oben **M 28.4 Fn. 3**). Sehr häufig wird der Anspruch auf Kostenerstattung oder Freistellung **an die Gewerkschaft abgetreten**, wenn diese Träger der Schulung war. Der Anspruch kann dann nach wie vor im Beschlussverfahren geltend gemacht werden.

3 Je nach Zeitschiene kommt auch eine **einstweilige Verfügung** in Betracht.

4 Geht es wie im Muster um die Gebühren eines **privaten Seminarveranstalters**, sind diese ohne weiteres als erforderlich anzusehen und deshalb vom Arbeitgeber zu erstatten. Problematisch ist es hingegen, wenn **Gewerkschaften** oder **gewerkschaftsnahe Träger** die Schulung

als ausgewiesene Spezialisten der Materie bekannt sind und auch durch einschlägige Publikationen hervorgetreten sind.[5]

Der Personalleiter der Antragsgegnerin erklärte jedoch am . . . kategorisch, eine Schulung von Betriebsratsmitgliedern wegen des anstehenden Personalabbaus sei „Quatsch", einschlägige Kenntnisse könne man sich auch umsonst bei der örtlichen Gewerkschaft holen.

Beweis: Zeugnis des Personalleiters, zu laden über die Antragsgegnerin

Nach § 37 Abs. 6 BetrVG hat ein Betriebsratsmitglied Anspruch auf die Teilnahme an Schulungs- und Bildungsveranstaltungen, in denen Kenntnisse vermittelt werden, die für die Arbeit des Betriebsrats erforderlich sind. Im Betriebsrat befindet sich kein einziges Mitglied, das jemals über Interessenausgleich und Sozialplan verhandelt hätte.[6] *Es ist nicht möglich, sich eine so komplexe Materie allein aus Büchern zu erschließen. Abgesehen davon sieht § 37 BetrVG ausdrücklich die Schulung durch den Besuch von Fortbildungsveranstaltungen vor, nicht die Schulung durch Selbststudium mittels Büchern. Die Dauer der Schulungsveranstaltung (1 Tag) ist unter Berücksichtigung des zu vermittelnden Wissens mehr als angemessen, das Gleiche gilt für die Kosten. Folglich hat die Antragsgegnerin die Kosten der Veranstaltung nach § 37 Abs. 6, § 40 Abs. 1 BetrVG zu tragen. Die Seminargebühr beläuft sich auf Euro . . . inklusive Mehrwertsteuer.*

Beweis: Seminarprospekt, Anlage AS 2

Die Kosten der Anreise sowie eine angemessene Verpflegungspauschale hat die Antragsgegnerin ebenfalls nach § 40 Abs. 1 BetrVG zu tragen.[7]

. . .

(Unterschrift)

---

durchführen. Die Rechtsprechung schränkt hier die Kostentragungspflicht des Arbeitgebers durch den koalitionsrechtlichen Grundsatz ein, dass die Gewerkschaft aus den von den Arbeitgebern gezahlten Schulungsveranstaltungen keinen Gewinn erzielen darf (BAG v. 30. 3. 1994, NZA 1995, 282). Der Arbeitgeber kann deshalb verlangen, dass die Schulungskosten aufgeschlüsselt werden und braucht dann nur die „echten" Selbstkosten der Veranstaltung zu tragen.

5 Erforderlich und damit erstattungsfähig ist nur eine Schulungsveranstaltung, die von einem **seriösen Träger** und **fachlich qualifizierten Referenten** durchgeführt wird. Das steht hier außer Zweifel.

6 Zur Begründetheit des Kostenübernahmeanspruchs nach §§ 37 Abs. 6, 40 Abs. 1 BetrVG ist die Darlegung erforderlich, dass die zu vermittelnden Kenntnisse angesichts der konkreten Situation im Betrieb erforderlich sind. Bei der Schulung zu **Spezialthemen** (hier: Interessenausgleich/Sozialplan) erfordert dies die Darlegung, dass entsprechende Verhandlungen anstehen und dass kein Mitglied des Betriebsrats die notwendigen Kenntnisse hat. Nur bei der Vermittlung von **Grundkenntnissen des Betriebsverfassungsrechts** und des **allgemeinen Arbeitsrechts** ist eine Darlegung der Erforderlichkeit der Kenntnisse nicht notwendig (BAG v. 29. 4. 1992, NZA 1993, 375), jedenfalls bei neu gewählten Mitgliedern des Betriebsrats.

7 Die Entscheidung kann mit **Beschwerde** zum LAG nach § 87 ArbGG angegriffen werden. Als **Gegenstandswert** ist regelmäßig der Hilfswert gemäß § 48 Abs. 2 BRAGO in Höhe von Euro 4 000 festzusetzen. In Betracht kommt aber auch eine niedrigere Wertfestsetzung, wenn die Seminarkosten erheblich niedriger waren, zB bei Eintagesseminaren.

Antrag auf Gestattung der Hinzuziehung eines Rechtsanwalts als Sachverständigen[1]

An das Arbeitsgericht

*In dem Beschlussverfahren mit den Beteiligten
(Betriebsrat/Arbeitgeber, volles Rubrum)*

vertreten wir den Antragsteller. Namens und im Auftrag des Antragstellers leiten wir ein Beschlussverfahren ein und beantragen[2]:

Die Antragsgegnerin wird verpflichtet, der Beauftragung des Rechtsanwalts . . . (Adresse) zur Beratung und Vertretung des Antragstellers im Zusammenhang mit der geplanten Schließung des Werkes . . . auf der Basis der Bundesrechtsanwaltsgebührenordnung[3] zuzustimmen.[4]

Begründung:

Die Antragsgegnerin ist ein Metall verarbeitendes Unternehmen mit ca. 250 Arbeitnehmern. Antragsteller ist der Betriebsrat des Werkes . . . .

---

1 Für die Vertretung des Betriebsrats durch einen Rechtsanwalt in einem anhängigen **Gerichtsverfahren** gilt nicht § 80 Abs. 3 BetrVG, sondern § 40 BetrVG, so dass insoweit die Hinzuziehung des Anwalts keine vorherige Zustimmung des Arbeitgebers erfordert (BAG v. 25. 4. 1978, AP Nr. 11 zu § 80 BetrVG). Ebenfalls nicht erforderlich ist die Zustimmung des Arbeitgebers, wenn das Unternehmen mehr als 300 Arbeitnehmer hat und es um Beratung bezüglich Interessenausgleich und Sozialplan geht, hier gibt seit 2001 der neue § 111 Satz 2 BetrVG dem Betriebsrat ein einseitiges Recht auf Hinzuziehung eines externen Beraters.
2 ➲ **Praxistipp:** Bei Streitigkeiten nach § 80 Abs. 3 BetrVG macht vor allem die **korrekte Antragstellung** häufig Kopfzerbrechen. Das Gesetz schreibt ausdrücklich vor, dass der Betriebsrat externe Sachverständige nur „nach näherer Vereinbarung mit dem Arbeitgeber" hinzuziehen kann. Selbst wenn der Sache nach ein Anspruch auf Hinzuziehung bestünde, könnte der Betriebsrat also nicht selbst einen entsprechenden Beschluss fassen und den Sachverständigen beauftragen. Vielmehr muss vorher eine „Vereinbarung" mit dem Arbeitgeber erzielt werden. Das wird in der Praxis häufig übersehen mit der unerfreulichen Konsequenz, dass der Sachverständige vom Unternehmen kein Honorar erhält und schließlich (vergeblich) versucht, die handelnden Betriebsratsmitglieder persönlich in Regress zu nehmen.
3 Die gerichtliche Geltendmachung des Anspruchs nach § 80 Abs. 3 BetrVG setzt voraus, dass neben der **Person** des Sachverständigen und dem **Thema** auch die **Honorargrundlage** geklärt wird.
4 Wird der Antrag im ordentlichen Verfahren (immer **Beschlussverfahren**) geltend gemacht, so reicht der Antrag, den Arbeitgeber zur Zustimmung der Hinzuziehung zu verpflichten. Allerdings muss im Antrag klar geregelt sein, welcher Sachverständige zu welchem Thema hinzugezogen werden soll, und welche Honorare vereinbart werden sollen (die Bezugnahme auf eine Gebührenordnung reicht). Probleme entstehen allerdings, wenn die Sache eilbedürftig ist und der Antrag im **einstweiligen Verfügungsverfahren** durchgesetzt werden soll, weil bei einem allgemein gefassten Antrag die Vollstreckbarkeit problematisch ist. Im einstweiligen Verfügungsverfahren muss deshalb die Verpflichtung des Arbeitgebers beantragt werden, einer **im Antrag wörtlich vorgeschlagenen Vereinbarung** über die Hinzuziehung zuzustimmen (problematisch deshalb das Muster bei *Herbst/Bertelsmann/Reiter*, Rz. 874). Allerdings stellt sich dann das weitere Problem, ob die Vollstreckung gemäß § 894 ZPO (mit Eintritt der Rechtskraft) schon mit stattgebender Verfügung der 1. Instanz eintritt oder erst nach rechtskräftiger Verfahrensbeendigung in der 2. Instanz.

Der Personalchef des Werkes ... hat dem Betriebsrat am ... mitgeteilt, dass das Unternehmen plane, den Standort zu schließen und sämtliche Mitarbeiter zu entlassen. Er wolle mit dem Antragsteller über Interessenausgleich und Sozialplan verhandeln.

Beweis: Zeugnis des Personalleiters, zu laden über die Antragsgegnerin

Da kein Mitglied des Antragstellers über irgendwelche rechtlichen Kenntnisse oder praktische Erfahrungen im Zusammenhang mit der Verhandlung von Interessenausgleich und Sozialplan verfügt, hat der Antragsteller in der Betriebsratssitzung vom ... einstimmig beschlossen, den bekannten Arbeitsrechtsanwalt ... als Sachverständigen gemäß § 80 Abs. 3 BetrVG hinzuzuziehen.

Beweis: Betriebsratsbeschluss vom ..., Anlage AS 1

Der Antragsteller hat den Personalleiter des Werkes ... am ... über den gefassten Beschluss unterrichtet und darum gebeten, gemäß § 80 Abs. 3 BetrVG der Beauftragung von Rechtsanwalt ... zuzustimmen. Der Personalleiter hat dies jedoch kategorisch abgelehnt mit der Begründung, der Betriebsrat komme auch ohne Sachverstand aus und solle notfalls einen „Gewerkschaftshansel" hinzuziehen.

Beweis: Zeugnis des Personalleiters

Der Antragsteller hat sich daraufhin bei der IG Metall darum bemüht, von einem kompetenten Juristen mit Erfahrung hinsichtlich Interessenausgleich und Sozialplan beraten zu werden. Die Bezirksstelle der IG Metall hat jedoch kategorisch mitgeteilt, es stünden keine geeigneten Kräfte zur Verfügung, alle Rechtssekretäre seien hoffnungslos überlastet.

Beweis: Zeugnis des Bezirkssekretärs der IG Metall (Name, Adresse)

Der Antragsteller ist auf die Hinzuziehung eines Sachverständigen angewiesen. Entsprechender Sachverstand, der dem Antragsteller laufend zur Verfügung gestellt werden könnte, ist im Unternehmen nicht vorhanden.[5] Selbst der Personalleiter ... verfügt nicht über entsprechende Kenntnisse und hat deshalb selbst einen Arbeitsrechtsanwalt eingeschaltet.[6]

Beweis: Zeugnis des Personalleiters

...

(Unterschrift)

---

5 Nach ständiger Rechtsprechung des BAG (v. 26. 2. 1992, NZA 1993, 86) kann der Betriebsrat die Hinzuziehung eines externen Sachverständigen nur verlangen, wenn er sich die erforderliche Sachkunde **durch die Einschaltung betriebsangehöriger Mitarbeiter nicht verschaffen** kann. Das wird von Betriebsratsseite häufig übersehen. Insbesondere bei der Sachverständigenberatung in EDV-Fragen muss der Betriebsrat grundsätzlich auf Fachkräfte der betrieblichen EDV-Abteilung zurückgreifen (BAG v. 26. 2. 1992, NZA 1993, 86; aA LAG Hessen v. 31. 5. 1990, ArbuR 1991, 1993).

6 Die Entscheidung kann mit **Beschwerde** zum LAG nach § 87 ArbGG angegriffen werden. Als **Gegenstandswert** wird meist die Höhe der Vergütung angesetzt, die der Sachverständige erhält bzw. erhalten soll.

Antrag auf Zahlung von Rechtsanwaltshonorar wegen Prozessvertretung[1, 2, 3]

An das Arbeitsgericht

In dem Beschlussverfahren mit den Beteiligten

1. Rechtsanwalt ... (Adresse) – Antragsteller –

2. ... GmbH, vertreten durch den Geschäftsführer ... (Firmenadresse) – Antragsgegnerin –

3. Betriebsrat der ... GmbH, vertreten durch den Betriebsratsvorsitzenden ... (Firmenadresse)

leite ich ein Beschlussverfahren ein und beantrage:

> Die Antragsgegnerin wird zur Zahlung von Euro ... zuzüglich Mehrwertsteuer an den Antragsteller verpflichtet.

Der Antragsteller und Unterzeichner ist Rechtsanwalt. Der Antragsteller hat den Beteiligten zu 3. in einem Beschlussverfahren vor dem Arbeitsgericht ... (Az.: ...) sowie im nachfolgenden Beschwerdeverfahren vor dem LAG ... (Az.: ...) gegen die Antragsgegnerin vertreten. In dem Verfahren ging es um die Zustimmung zur Kündigung des Betriebsratsvorsitzenden gemäß § 103 BetrVG. Dem Zustimmungsantrag wurde in 1. Instanz stattgegeben, in 2. Instanz wurde auf die Beschwerde des Beteiligten Ziff. 3 der Antrag jedoch zurückgewiesen.[4]

> Beweis: Beiziehung der Akten

---

1 Wird der Betriebsrat vom Arbeitgeber in ein Gerichtsverfahren verwickelt (zB durch einen Zustimmungsersetzungsantrag nach §§ 99, 103 BetrVG) oder leitet der Betriebsrat selbst ein Verfahren gegen den Arbeitgeber ein, hat er grundsätzlich die **Wahlmöglichkeit**, ob er das Verfahren **selbst führt**, einen **Gewerkschaftssekretär** einschaltet oder einen **Rechtsanwalt beauftragt**. Die Beauftragung eines Rechtsanwalts, die entsprechende Gebühren nach RVG/BRAGO (bis 30. 6. 2004) auslöst, steht dem Betriebsrat immer dann offen, wenn die Sach- und Rechtslage so kompliziert ist, dass der Betriebsrat das Verfahren nicht selbst führen kann (was ohnehin nur in ganz simplen Fällen in Betracht kommen dürfte), und wenn die Rechtsverfolgung nicht offensichtlich aussichtslos und/oder mutwillig ist (BAG v. 3. 4. 1979, AP Nr. 1 zu § 13 BetrVG). Auf einen Gewerkschaftssekretär braucht der Betriebsrat sich regelmäßig nicht verweisen zu lassen (BAG v. 3. 10. 1978, AP Nr. 14 zu § 40 BetrVG; enger BAG v. 26. 11. 1974, AP Nr. 6 zu § 20 BetrVG).

2 Der Anspruch des Betriebsrats auf Kostenübernahme richtet sich bei der Hinzuziehung des Anwalts für **gerichtliche Auseinandersetzungen** anders als bei **außergerichtlichen Auseinandersetzungen** nicht nach § 80 Abs. 3 BetrVG, sondern nach **§ 40 BetrVG**. Deshalb ist eine **vorherige Vereinbarung** mit dem Arbeitgeber, wie sie § 80 Abs. 3 BetrVG vorsieht, **nicht erforderlich**. Das Gleiche gilt für die Beratung durch einen Rechtsanwalt dahin gehend, ob der Betriebsrat ein Verfahren einleiten soll (die Einzelheiten sind streitig, vgl. Däubler/Kittner/Klebe, § 40 BetrVG Rz. 22 ff.).

3 Nach dem Grundsatz der **Kostenschonung** hat der Betriebsrat grundsätzlich einen **ortsansässigen** Anwalt einzuschalten, sofern es nicht um ganz außergewöhnlich komplizierte Sachverhalte geht, für die ein anerkannter Fachanwalt vor Ort nicht vorhanden ist (dazu LAG Schl.-Holst. v. 21. 9. 1988, DB 1988, 2656).

4 Für die Erstattungsfähigkeit der Anwaltskosten ist grundsätzlich ohne Belang, wie das **Verfahren ausgegangen** ist (Obsiegen, Unterliegen, Vergleich).

Der Beteiligte zu 3. hat vor jeder Instanz in einem förmlichen Betriebsratsbeschluss beschlossen, den Antragsteller und Unterzeichner als Prozessbevollmächtigten hinzuzuziehen.[5]

> Beweis: Betriebsratsbeschlüsse vom ... und ...,
> Anlagen AS 1 und AS 2

Die Hinzuziehung des Antragstellers und Unterzeichners war erforderlich im Sinne des § 40 BetrVG, da die Sach- und Rechtslage außerordentlich komplex war, wie sich schon an den divergierenden Entscheidungen von ArbG und LAG zeigt.

Der Antragsteller und Unterzeichner hat die Antragsgegnerin nach Abschluss des LAG-Verfahrens zur Begleichung seiner Honoraransprüche gemäß Rechnung vom ... aufgefordert. Der Rechnungsbetrag beläuft sich gemäß BRAGO auf Euro ... zuzüglich Euro ... Auslagen und Mehrwertsteuer.

> Beweis: Schreiben an die Antragsgegnerin vom ... nebst
> Honorarrechnung, Anlagen AS 3 und AS 4

Die Antragsgegnerin hat telefonisch auf das Schreiben nur mit der lapidaren Bemerkung reagiert, der Antragsteller und Unterzeichner solle zusehen, seine Honorare beim Betriebsrat geltend zu machen.

Zur Vereinfachung des Verfahrens hat der Beteiligte zu 3. seinen Freistellungsanspruch hinsichtlich der Honorare des Antragstellers mit Beschluss vom ... an den Antragsteller und Unterzeichner abgetreten, der die Abtretung angenommen hat.

> Beweis: Betriebsratsbeschluss vom ... mit Annahmevermerk
> des Antragstellers/Unterzeichners, Anlage AS 5

Nach herrschender Auffassung (LAG Berlin v. 26. 1. 1987, AP Nr. 25 zu § 40 BetrVG; LAG Hamm v. 20. 8. 1986, DB 1987, 184) kann der Betriebsrat seinen betriebsverfassungsrechtlichen Freistellungsanspruch auf Kostenerstattung nach § 40 Abs. 1 BetrVG an den hinzugezogenen Rechtsanwalt abtreten, wodurch sich der Freistellungsanspruch in einen Zahlungsanspruch des Anwalts umwandelt. Der Zahlungsanspruch ist dann in der gleichen Verfahrensart geltend zu machen, wie der Freistellungsanspruch hätte geltend gemacht werden müssen (also im Beschlussverfahren).[6]

...

(Unterschrift)

---

5 ➲ **Wichtig:** In der Praxis wird häufig übersehen, dass die Kostenerstattung nach § 40 BetrVG vom Arbeitgeber nur dann verlangt werden kann, wenn der Betriebsrat über die Beauftragung des Anwalts einen **ordnungsgemäßen Beschluss** gefasst hat, und zwar ausdrücklich für die **jeweilige Instanz** (LAG Berlin v. 26. 1. 1987, AP Nr. 25 zu § 40 BetrVG).

6 Die Entscheidung kann mit **Beschwerde** zum LAG nach § 87 ArbGG angegriffen werden. Der **Gegenstandswert** entspricht der Höhe der Gebühren.

Antrag auf Unterlassung und Ordnungsgeld gegen den Arbeitgeber wegen grober Pflichtverletzung nach § 23 BetrVG[1]

28.8

An das Arbeitsgericht

In dem Beschlussverfahren mit den Beteiligten
(Betriebsrat/Arbeitgeber, volles Rubrum)

vertreten wir den Antragsteller.[2] Namens und im Auftrag des Antragstellers leiten wir ein Beschlussverfahren ein und beantragen:[3, 4]

1. Der Antragsgegnerin wird aufgegeben, es zu unterlassen[5, 6], den Antragsteller oder einzelne seiner Mitglieder in Aushängen am schwarzen Brett oder auf

---

1 Der **Unterlassungsanspruch nach § 23 Abs. 3 BetrVG** hat aufgrund der Entscheidung des BAG v. 3. 5. 1994 zum „**allgemeinen betriebsverfassungsrechtlichen Unterlassungsanspruch**" (ZIP 1995, 146 mit Anm. *Bauer/Diller*, ZIP 1995, 95) ganz **erheblich an Bedeutung verloren**. In dieser Entscheidung hat das BAG – zunächst allerdings nur für die Mitbestimmungstatbestände des § 87 BetrVG – den so genannten „allgemeinen Unterlassungsanspruch" des Betriebsrats anerkannt. Dieser Unterlassungsanspruch kann nach den allgemeinen Regeln der ZPO vollstreckt werden, regelmäßig durch Androhung von Ordnungsgeld oder Ordnungshaft nach § 890 ZPO. Damit ergeben sich im Wesentlichen die gleichen Vollstreckungsmöglichkeiten wie nach § 23 Abs. 3 BetrVG. Der allgemeine Unterlassungsanspruch und seine Vollstreckung nach § 890 ZPO sind aber gegenüber dem besonderen Unterlassungsanspruch nach § 23 Abs. 3 BetrVG **erheblich einfacher durchzusetzen**. Insbesondere ist kein „grober Verstoß" wie in § 23 Abs. 3 BetrVG erforderlich, außerdem kann statt Ordnungsgeld auch Ordnungshaft angedroht werden, und die Höhe des Ordnungsgeldes ist nicht auf Euro 10 000 begrenzt, sondern kann bis zu Euro 250 000 betragen. Im Bereich der **sozialen Angelegenheiten** spielt deshalb § 23 Abs. 3 BetrVG **keine Rolle mehr**. Allerdings ist noch unklar, ob das BAG den allgemeinen betriebsverfassungsrechtlichen Unterlassungsanspruch auch auf andere Bereiche ausdehnen wird, beispielsweise auf personelle oder wirtschaftliche Angelegenheiten. Anerkannt ist im Übrigen der allgemeine Unterlassungsanspruch bislang nur hinsichtlich der einseitigen Vornahme von **mitbestimmungspflichtigen Angelegenheiten** (insbesondere bei § 87 BetrVG) durch den Arbeitgeber. Geht es um ein Verhalten des Arbeitgebers außerhalb mitbestimmungspflichtiger Tatbestände, bleibt deshalb der spezielle Unterlassungsanspruch nach § 23 Abs. 3 BetrVG von Bedeutung. Gegenüber dem allgemeinen Unterlassungsanspruch bietet § 23 Abs. 3 BetrVG aber auch **Vorteile**. Insbesondere sind sowohl der Betriebsrat als auch eine im Betrieb vertretene **Gewerkschaft** stets **antragsbefugt**, egal gegen wen sich die grobe Pflichtverletzung des Arbeitgebers gerichtet hat. Demgegenüber kann der allgemeine Unterlassungsanspruch nur von dem jeweils betroffenen Organ geltend gemacht werden.

2 **Antragsbefugt** sind Betriebsrat und Gewerkschaft unabhängig davon, ob der Arbeitgeber Rechte des Betriebsrats oder der Gewerkschaft verletzt hat. Im Beispielsfall könnte also der Antrag auch von der im Betrieb vertretenen Gewerkschaft ausgehen.

3 Umstritten ist, ob der Antrag nach § 23 Abs. 3 BetrVG auch im **einstweiligen Verfügungsverfahren** gestellt werden kann (bejahend zB LAG Düsseldorf v. 16. 5. 1990, NZA 1991, 29; verneinend LAG Hamm v. 4. 2. 1977, EzA § 23 BetrVG Nr. 5; vgl. die Nachweise bei *Däubler/Kittner/Klebe*, § 23 BetrVG Rz. 95).

4 Das Verfahren nach § 23 Abs. 3 BetrVG ist **zweistufig**. Zunächst ist im **Erkenntnisverfahren** zu klären, ob ein Unterlassungsanspruch wegen grober Verletzung betriebsverfassungsrechtlicher Pflichten besteht. Das **angedrohte Ordnungsgeld** wird aber nur dann fällig, wenn der Arbeitgeber nach Rechtskraft erneut gegen seine Verpflichtungen verstößt. Wegen des Verstoßes, der Gegenstand des Erkenntnisverfahrens ist, scheidet also die Vollstreckung aus.

sonstige Weise zu beleidigen, insbesondere durch die Bezeichnung als „Faulenzer", „Drückeberger", „unverbesserliche Kommunisten", „Querulanten" oder „psychisch gestörte Quertreiber".

2. Für jeden Fall der Zuwiderhandlung gegen die Verpflichtung aus Ziff. 1 wird der Antragsgegnerin ein Ordnungsgeld angedroht, dessen Höhe in das Ermessen des Gerichts gestellt wird, aber Euro... nicht unterschreiten sollte.

3. Hilfsweise[7] zu 1.: Es wird festgestellt, dass die Antragsgegnerin durch die in Ziff. 1. erwähnten Beleidigungen gegen ihre betriebsverfassungsrechtlichen Pflichten (insbesondere § 2 BetrVG) verstoßen hat.

Begründung:

Die Geschäftsführung der Antragsgegnerin hat sich bis heute mit der erstmaligen Bildung eines Betriebsrats im Jahre... nicht abgefunden. Der Betriebsrat wird mit allen erlaubten, vor allem aber unerlaubten Mitteln bekämpft. Seit neuestem hängt die Geschäftsführung an jedem Montag gegen den Betriebsrat gerichtete Pamphlete an

---

5 Nach § 23 Abs. 3 BetrVG kann dem Arbeitgeber aufgegeben werden, eine Handlung zu unterlassen, die Vornahme einer Handlung zu dulden oder eine Handlung vorzunehmen. Häufig besteht die Möglichkeit, das erstrebte Ziel sowohl mit einem **Handlungsantrag** als auch mit einem **Unterlassungs- bzw. Duldungsantrag** zu verfolgen. Geht es beispielsweise um die Einführung eines EDV-Systems, kann entweder „Unterlassung der Einführung" beantragt werden, oder aber die Verpflichtung, „das EDV-System nur mit Zustimmung des Betriebsrats zu installieren". Der auf den ersten Blick marginale Unterschied zwischen beiden Formulierungen ist in der **Zwangsvollstreckung** außerordentlich bedeutsam. Die Verpflichtung zur Vornahme einer Handlung (die im Bereich des BetrVG regelmäßig nicht vertretbar ist), geschieht nach § 888 ZPO durch Festsetzung von Zwangsgeld. Bei der Handlungsvollstreckung nach § 888 ZPO kann die Zahlung des Zwangsgelds durch nachträgliche Vornahme der geschuldeten Handlung solange vermieden werden, wie das Zwangsgeld noch nicht beigetrieben ist. Anders ist es dagegen bei der Vollstreckung von Verpflichtungen zur Unterlassung bzw. Duldung. Diese Vollstreckung erfolgt nach § 890 ZPO. Bei § 890 ZPO wird das angedrohte Ordnungsgeld mit jedem Verstoß verwirkt, ohne dass eine Heilung noch möglich wäre.
➥ **Praxistipp:** Unterlassungsverpflichtungen sind also im Hinblick auf die Vollstreckung erheblich schärfer als Handlungsverpflichtungen, so dass **im Zweifel** der Antrag **immer auf Duldung/Unterlassung** und nicht auf Vornahme einer Handlung gerichtet sein sollte.

6 ➥ **Wichtig:** Besondere Probleme bei Unterlassungsanträgen stellen sich im Zusammenhang mit so genannten **„Globalanträgen"** (siehe dazu **M 31.7** Fn. 4).

7 Der Antrag nach § 23 Abs. 3 BetrVG kann verbunden werden mit einem **Feststellungsantrag**, gerichtet auf die Feststellung, dass der Arbeitgeber durch die betreffenden Handlungen seine **Pflichten verletzt** hat. Ein solcher Hilfsantrag ist insbesondere dann sinnvoll, wenn die Gefahr besteht, dass das Arbeitsgericht einen groben Verstoß im Sinne des § 23 Abs. 3 BetrVG verneinen könnte. „Grob" ist ein **Verstoß** regelmäßig nur im Wiederholungsfall. Nur in Ausnahmefällen reicht ein einmaliger schwerwiegender Pflichtverstoß (BAG v. 14. 11. 1989, AP Nr. 76 zu § 99 BetrVG). Auf **Verschulden** kommt es nicht an. Im Übrigen wird oft übersehen, dass eine juristische Person als Arbeitgeber sich zwar das Verhalten ihrer Geschäftsführer/Vorstände **zurechnen** lassen muss (BAG v. 22. 10. 1991, NZA 1990, 320), nicht aber ohne weiteres das **Verhalten von beliebigen anderen Mitarbeitern**. Ordnet beispielsweise in einem Großunternehmen ein kaufmännischer Angestellter der Abteilungssekretärin unter Verstoß gegen § 87 Abs. 1 Nr. 3 BetrVG eine Überstunde an, so ist das noch kein Verstoß „des Arbeitgebers" gegen das BetrVG (schon gar nicht ein schwerwiegender). An einem groben Pflichtenverstoß fehlt es auch dann, wenn der Arbeitgeber irrig eine unrichtige Rechtsauffassung vertritt, die nicht von vornherein als abwegig erscheint (BAG v. 18. 4. 1985, AP Nr. 5 zu § 23 BetrVG). Zu Beispielen für grobe Verstöße siehe *Däubler/Kittner/Klebe*, § 23 BetrVG Rz. 79 ff.

das allen Mitarbeitern zugängliche schwarze Brett. Diese Pamphlete enthalten unter der Überschrift „Standpunkt" regelmäßig Beiträge, in denen es von Beschimpfungen und Beleidigungen des Antragstellers und einzelner seiner Mitglieder nur so wimmelt. Als

Anlagen AS 1 bis AS 4

reichen wir die Pamphlete vom ..., ..., ... und ... zu den Gerichtsakten. In diesen Pamphleten finden sich die im Antrag Ziff. 1 aufgezählten Kraftausdrücke zum Teil mehrfach.

Es ist anerkannt, dass massive und grundlose Beleidigungen des Betriebsrats oder einzelner seiner Mitglieder einen groben Verstoß gegen die betriebsverfassungsrechtlichen Pflichten im Sinne des § 23 BetrVG darstellen. Verletzt wird insbesondere das Gebot der vertrauensvollen Zusammenarbeit nach § 2 Abs. 1 BetrVG.

Der Antragsteller hat mehrfach mündlich und schriftlich von der Geschäftsführung verlangt, das Aushängen von Pamphleten mit beleidigenden Inhalten zu unterlassen (wird ausgeführt). Alle Anstrengungen haben jedoch nichts gefruchtet. Deshalb ist gerichtliche Hilfe erforderlich.[8]

...

(Unterschrift)

---

[8] Die Entscheidung kann mit **Beschwerde** zum LAG nach § 87 ArbGG angegriffen werden. Als **Gegenstandswert** ist regelmäßig der Hilfswert gemäß § 48 Abs. 2 BRAGO von Euro 4 000 festzusetzen.

Antrag der Gewerkschaft auf Nicht-Durchführung einer tarifwidrigen Betriebsvereinbarung[1]

In dem Beschlussverfahren[2] mit den Beteiligten[3]

1. IG Medien, vertreten durch den ersten Vorsitzenden ... (Adresse) – Antragstellerin –

2. der Druckerei ... GmbH, vertreten durch den Geschäftsführer (Name, Firmenadresse) – Antragsgegnerin –

3. Betriebsrat des Betriebs ... der Antragsgegnerin, vertreten durch den Betriebsratsvorsitzenden ... (Name, Firmenadresse)

---

[1] Der Sachverhalt ist der „Burda"-Entscheidung des BAG v. 20. 4. 1999 (DB 1999, 1555) nachgebildet. Kern der „Burda"-Entscheidung war die Frage, ob die von einem Verstoß gegen § 77 Abs. 3 BetrVG betroffene Gewerkschaft **aus eigenem Recht** einen **Unterlassungsanspruch** geltend machen kann. Das BAG hat den Unterlassungsanspruch der Gewerkschaften bejaht. Zwar sei eine Gewerkschaft nicht generell befugt, vor Gericht die Unwirksamkeit einer Betriebsvereinbarung wegen Verstoßes gegen § 77 Abs. 3 BetrVG feststellen zu lassen (so schon BAG v. 23. 2. 1988, AP Nr. 9 zu § 81 ArbGG). Anders sei es jedoch, wenn die Betriebsvereinbarung konkret Regelungen eines mit der betreffenden Gewerkschaft geschlossenen Tarifvertrages verletze. Der Unterlassungsanspruch ergebe sich aus §§ 1004, 823 BGB iVm.

vertreten wir die Antragstellerin. Namens und im Auftrag der Antragstellerin leiten wir ein Beschlussverfahren ein und beantragen

1. Die Antragsgegnerin wird verpflichtet, es zu unterlassen, die Betriebsvereinbarung vom ... durchzuführen, insbesondere insoweit, als nach dieser Betriebsvereinbarung keine Zuschläge für Nacht- und Sonntagsarbeit mehr gezahlt werden sollen.

2. Der Antragsgegnerin wird für den Fall der Zuwiderhandlung gegen die Verpflichtung gemäß Ziff. 1 ein in das Ermessen des Gerichts gestelltes Ordnungsgeld angedroht.[4]

Begründung:

Die Antragstellerin ist die für den Betrieb der Antragsgegnerin zuständige Gewerkschaft, ca. 50% der Belegschaft sind unstreitig organisiert. Die Antragsgegnerin ist Mitglied des regionalen Arbeitgeberverbandes Druck, der mit der Antragstellerin einen Manteltarifvertrag abgeschlossen hat, der bis ... unkündbar ist. § ... des Manteltarifvertrages sieht für Überstunden sowie für Nacht- und Sonntagsarbeit Zuschläge vor.

Am ... schloss die Antragsgegnerin mit dem Beteiligten zu 3. eine Betriebsvereinbarung „Bündnis für Arbeit ...". Darin war eine Beschäftigungsgarantie für alle Mitarbeiter bis Ende ... vorgesehen. Im Gegenzug verschlechterten sich die Arbeitsbedingungen. Insbesondere sah Ziff. ... der Betriebsvereinbarung vor, dass künftig entgegen den klaren Regelungen des Manteltarifvertrages keine Zuschläge für Überstunden sowie Nacht- und Sonntagsarbeit mehr gezahlt werden sollten.

Beweis: Betriebsvereinbarung vom ..., Anlage AS 1

Diese Betriebsvereinbarung ist unwirksam. Sie verstößt gegen § 77 Abs. 3 BetrVG. Nach der Rechtsprechung des Bundesarbeitsgerichts (vom 20. 4. 1999, 1 ABR 72/98) kann die Antragstellerin aus eigenem Recht Unterlassung der Anwendung dieser Betriebsvereinbarung verlangen.[5]

...

(Unterschrift)

Art. 9 Abs. 3 GG. Diese Anspruchsgrundlage werde nicht durch § 23 Abs. 3 BetrVG als speziellere Norm verdrängt.

2 Nach Auffassung des BAG im „Burda"-Fall (BAG v. 20. 4. 1999, DB 1999, 1555) kann die Gewerkschaft ihren Anspruch im **Beschlussverfahren** geltend machen; bestätigt durch BAG v. 13. 3. 2001, EzA § 17a GVG Nr. 13.

3 Zur **Beteiligtenfähigkeit des Betriebsrats** hat das BAG sich in der „Burda"-Entscheidung nicht geäußert. Richtigerweise ist aber von einer Beteiligtenstellung des Betriebsrats auszugehen, da dieser an der tarifwidrigen Betriebsvereinbarung beteiligt war.

4 ➲ **Praxistipp:** Es ist zweckmäßig, bei Unterlassungsanträgen die **Androhung von Ordnungsgeld** bereits im Erkenntnisverfahren **mitzubeantragen**, um sich ein aufwendiges Vollstreckungsverfahren zu sparen.

5 Gegen den Beschluss ist **Beschwerde** zum LAG nach §§ 87 ff. ArbGG zulässig. Der **Gegenstandswert** richtet sich nach der wirtschaftlichen Bedeutung, die die Abweichung vom Tarifvertrag hat. In Großunternehmen können also bei gravierenden Abweichungen vom Tarifvertrag erhebliche Größenordnungen als Gegenstandswert festgesetzt werden.

Kapitel 29 Auflösung des Betriebsrats/ Ausschluss von Mitgliedern

Literaturübersicht: *Bender*, Ausschluss eines Betriebsratsmitglieds wegen einer Pflichtverletzung während der vorhergehenden Amtszeit?, DB 1982, 1271; *Säcker*, Betriebsratsamt und Arbeitsverhältnis, RdA 1965, 372; *Weber*, Die Rechtsfolgen von Amtspflichtverletzungen des Betriebsrats und seiner Mitglieder, DB 1992, 2135.

I. Erläuterungen

Dass Betriebsräte oder jedenfalls einzelne Betriebsratsmitglieder gegen ihre gesetzlichen Pflichten aus dem Betriebsratsamt verstoßen, kommt häufig vor. Meist liegt das an Unkenntnis über die Vorschriften des BetrVG, in der Praxis kommt es mitunter aber auch zu vorsätzlichen Pflichtverletzungen. Leichte Verstöße bleiben grundsätzlich folgenlos. Bei groben Verstößen sieht hingegen § 23 Abs. 1 BetrVG vor, dass beim Arbeitsgericht die Auflösung des Betriebsrats oder jedenfalls der Ausschluss des betreffenden Mitglieds aus dem Betriebsrat beantragt werden kann. Der Antrag kann vom Arbeitgeber, einer im Betrieb vertretenen Gewerkschaft oder einem Viertel der wahlberechtigten Arbeitnehmer gestellt werden. Der Antrag auf Ausschluss eines einzelnen Mitglieds kann auch vom Betriebsrat gestellt werden.

§ 23 Abs. 1 BetrVG gilt nur bei groben Verstößen gegen diejenigen Pflichten, die aus dem Betriebsverfassungsgesetz folgen. Begeht dagegen der Betriebsrat oder das einzelne Mitglied eine Verletzung seiner Pflichten aus dem Arbeitsvertrag, ist § 23 BetrVG unanwendbar, und der Arbeitgeber muss abmahnen und/oder kündigen.

Ein grober Verstoß liegt regelmäßig nur im Wiederholungsfall vor, bei besonders gravierenden Pflichtverletzungen kann allerdings auch ein einmaliger Verstoß ausreichen.[1] Verschulden ist nicht erforderlich, ebenso wenig ein vorsätzliches Handeln.[2] In der Praxis spielen sowohl „aktive" als auch „passive" Verstöße gegen das BetrVG eine Rolle. Anträge des Arbeitgebers nach § 23 Abs. 1 BetrVG beruhen meist darauf, dass der Betriebsrat oder das einzelne Mitglied seine Kompetenzen erheblich überschreitet und Aktionen durchführt, die mit dem BetrVG unvereinbar sind. Anträge der Gewerkschaften nach § 23 Abs. 1 BetrVG beruhen dagegen meist darauf, dass der Betriebsrat seine betriebsverfassungsrechtlichen Pflichten „unterschreitet", also beispielsweise keine Betriebsversammlungen abhält, keine Neuwahlen ausschreibt oder sonst Rechte aus dem BetrVG nicht wahrnimmt (s. **M 29.1**). Daneben gewinnen Gewerkschaftsanträge wegen Unterlaufens der Tarifautonomie (§ 77 Abs. 3 BetrVG, „Bündnisse für Arbeit", vgl. auch **M 28.9**) an Bedeutung. Anträge aus der Arbeitnehmerschaft sind eher selten.

Anträge nach § 23 Abs. 1 BetrVG sind in der Praxis recht selten. Dies liegt an einem Webfehler des Gesetzes. Das Gesetz sieht nämlich keine Sperrfrist für eine Wiederwahl vor. Ein durch Gerichtsbeschluss ausgeschlossenes Betriebsratsmitglied kann also bei der nächsten Wahl sofort wiedergewählt werden. Ein insgesamt aufgelöster

---
1 BAG v. 4. 5. 1955, AP Nr. 1 zu § 44 BetrVG.
2 BAG v. 5. 9. 1967, AP Nr. 8 zu § 23 BetrVG.

Betriebsrat kann bei den erforderlichen Neuwahlen sofort geschlossen wieder zur Wahl antreten. In der Praxis lassen sich also Dauerkonflikte nicht durch Anträge nach § 23 BetrVG lösen.

II. Muster

29.1 Antrag auf Auflösung des Betriebsrats wegen grober Pflichtverletzung[1]

An das Arbeitsgericht

In dem Beschlussverfahren mit den Beteiligten

1. Gewerkschaft ..., vertreten durch den ersten Vorsitzenden ... (Adresse) – Antragstellerin –

2. Betriebsrat der ... GmbH, vertreten durch den Vorsitzenden Herrn ... (Firmenadresse) – Antragsgegner –

3. ... GmbH, vertreten durch den Geschäftsführer ... (Name, Firmenadresse)

vertreten wir die Antragstellerin. Namens und im Auftrag der Antragstellerin leiten wir ein Beschlussverfahren ein und beantragen:

1. Der im Betrieb ... der Firma ... GmbH bestehende Betriebsrat wird aufgelöst.[2, 3]

2. Zur Durchführung der Neuwahl des Betriebsrats wird ein Wahlvorstand bestellt, bestehend aus den Mitgliedern (Namen 1 bis 3).[4]

---

1 Das Verfahren nach § 23 BetrVG betrifft nur die Auflösung des Betriebsrats bzw. den Ausschluss einzelner Mitglieder. Der Arbeitgeber ist nicht verpflichtet, bei Verstößen des Betriebsrats oder eines Betriebsratsmitglieds stets den Weg über § 23 BetrVG zu gehen. Vielmehr ist der Arbeitgeber auch berechtigt, im Beschlussverfahren die **Unterlassung rechtswidriger Maßnahmen** zu verlangen, ggf. im Wege der einstweiligen Verfügung (BAG v. 22. 7. 1980, AP Nr. 3 zu § 74 BetrVG; LAG BW v. 10. 11. 1977, DB 1978, 798).

2 Es handelt sich um einen Gestaltungsantrag. Egal wie schwerwiegend die Verstöße sind, **bleibt** der Betriebsrat also auf jeden Fall **bis zur Rechtskraft** der Entscheidung **im Amt**. Mit **Rechtskraft** der arbeitsgerichtlichen Entscheidung **endet die Amtszeit** des Betriebsrats dann jedoch **sofort** und unmittelbar, auch hinsichtlich sämtlicher Ersatzmitglieder. Der Betrieb wird also mit Rechtskraft des Auflösungsbeschlusses betriebsratslos, es gibt auch **kein kommissarisches Übergangsmandat** (§ 22 BetrVG; dazu *Däubler/Kittner/Klebe*, § 23 BetrVG Rz. 61). Mit der Rechtskraft des Auflösungsbeschlusses erlischt auch der besondere Kündigungsschutz nach § 103 BetrVG (nicht dagegen der nachwirkende Kündigungsschutz nach § 15 KSchG).

3 ➲ **Praxistipp:** Der Antrag auf Auflösung des Betriebsrats kann **hilfsweise** verbunden werden mit dem Antrag auf **Ausschluss eines einzelnen** Mitglieds, wenn die Pflichtverletzung des Gesamtgremiums überwiegend auf die Initiative einzelner Mitglieder zurückgeht (GK-BetrVG/*Kreutz*, § 23 Rz. 68).

4 Da die **Bestellung des Wahlvorstandes** vom Gericht von Amts wegen vorzunehmen ist, ist der Antrag an sich entbehrlich. Der Antrag ist aber sinnvoll, um dem Arbeitsgericht die **Auswahl der Personen** zu erleichtern, die zu Wahlvorständen bestellt werden. Mit dem Antrag

Begründung:

Antragstellerin ist die im Betrieb . . . der . . . GmbH vertretene Gewerkschaft. Zum Nachweis, dass die Antragstellerin im Betrieb vertreten ist, . . . (wird ausgeführt).[5]

Antragsgegner ist der im Betrieb . . . der . . . GmbH bestehende Betriebsrat. Der Betriebsrat ist aufzulösen, da er grob gegen seine betriebsverfassungsrechtliche Pflichten verstößt.[6]

Die Antragstellerin hat den Antragsgegner mehrfach aufgefordert, die im Gesetz vorgesehenen Betriebsversammlungen abzuhalten und seine Mitbestimmungsrechte nach § 87 Abs. 1 Nr. 1, 3 und 10 BetrVG wahrzunehmen.

Beweis: Schreiben der Antragstellerin an den Antragsgegner vom . . ., . . ., . . . und . . ., Anlagen AS 1 bis AS 4

Der Antragsgegner hat auf diese Schreiben jedoch nicht reagiert. Er hat insbesondere seit seiner Wahl vor nunmehr 20 Monaten keine einzige Betriebsversammlung abgehalten. Des Weiteren hat er seine Mitbestimmungsrechte bei der Einführung einer Betriebsordnung im Juni . . . sowie bei der Änderung des betrieblichen Zulagenwesens im Mai . . . nicht wahrgenommen (§ 87 Abs. 1 Nr. 1, 10 BetrVG). Außerdem toleriert der Antragsgegner seit Monaten, dass Mitarbeiter – teilweise gegen ihren Willen – in massivem Umfang zu Überstunden herangezogen werden, die teilweise bis zu 50 Stunden im Monat betragen (§ 87 Abs. 1 Nr. 3 BetrVG). Auf Vorhaltungen der Antragstellerin hat der Vorsitzende des Antragsgegners lapidar mitgeteilt, Überstunden seien Sache des Arbeitgebers, da mische man sich nicht ein.

Es ist anerkannt, dass eine grobe Verletzung betriebsverfassungsrechtlicher Pflichten im Sinne des § 23 Abs. 1 BetrVG auch dann vorliegt, wenn der Betriebsrat schlicht untätig bleibt. Das ist vorliegend der Fall. Der Betriebsrat ist deshalb aufzulösen.[7]

. . .

(Unterschrift)

---

wird insbesondere der Gefahr vorgebeugt, dass das Arbeitsgericht mangels besserer Alternativen Mitglieder des gerade aufgelösten Betriebsrats zu Wahlvorständen bestellt, was untunlich ist.

5 Siehe **M 48.2**.
6 Geht der Antrag von einem Viertel der wahlberechtigten Arbeitnehmer oder von einer im Betrieb vertretenen Gewerkschaft aus, so ist es gleichgültig, welche Verletzung betriebsverfassungsrechtlicher Pflichten Anlass des Antrags ist. Stellt dagegen der **Arbeitgeber** den Antrag, soll er nach herrschender Meinung nur dann antragsbefugt sein, wenn die behauptete Amtspflichtverletzung das Verhältnis zwischen ihm und dem Betriebsrat bzw. dem betreffenden Betriebsratsmitglied betrifft. Dagegen soll der **Arbeitgeber nicht antragsbefugt** sein, soweit es um Amtspflichtverletzungen **gegenüber der Belegschaft**, **gegenüber der Gewerkschaft** oder **gegenüber dem Betriebsrat** (beim Ausschluss eines einzelnen Mitglieds) geht, weil der Arbeitgeber nicht Interessenwahrer oder Anwalt von Belegschaft, Betriebsrat und Gewerkschaft sei (*Däubler/Kittner/Klebe*, § 23 BetrVG Rz. 30 mwN).
7 Die Entscheidung ist mit **Beschwerde** zum LAG nach §§ 87 ff. ArbGG anfechtbar. Als **Gegenstandswert** wird üblicherweise der Hilfswert von Euro 4 000 angesetzt.

29.2 Antrag auf Ausschluss eines Betriebsratsmitglieds wegen Vorteilsannahme[1, 2, 3]

An das Arbeitsgericht

In dem Beschlussverfahren mit den Beteiligten[4]

1. Betriebsrat der . . . GmbH, vertreten durch den Betriebsratsvorsitzenden . . . (Firmenadresse) – Antragsteller –

2. Betriebsratsmitglied . . . (Privatadresse) – Antragsgegner –

vertreten wir den Antragsteller. Namens und im Auftrag des Antragstellers leiten wir ein Beschlussverfahren ein und beantragen:[5]

Der Antragsgegner wird aus dem Betriebsrat ausgeschlossen.

---

1 ➪ **Wichtig:** Das **Rechtsschutzinteresse** für den Ausschlussantrag muss nicht nur bei Antragstellung gegeben sein, sondern bis zur letzten mündlichen Verhandlung (ggf. der Beschwerdeinstanz) weiter bestehen. Das Rechtsschutzbedürfnis entfällt, wenn die Amtszeit des auszuschließenden Mitglieds vorher endet, sei es durch Amtsniederlegung oder Ablauf der Amtszeit des Betriebsrats. Das Verfahren ist dann für erledigt zu erklären, ansonsten wird der Antrag zurückgewiesen. Das betroffene Betriebsratsmitglied kann das Verfahren deshalb jederzeit durch **Amtsniederlegung** gegenstandslos machen. Der Ausschlussantrag ist dann als unzulässig abzuweisen, wenn das Verfahren nicht vorher für **erledigt erklärt** wird (BAG v. 8. 12. 1961 und v. 29. 4. 1969, AP Nr. 7, 9 zu § 23 BetrVG). Da § 23 Abs. 1 BetrVG keine Wahlsperre vorsieht, kann das erfolgreich ausgeschlossene Betriebsratsmitglied bei nächster Gelegenheit sofort wieder für den Betriebsrat kandidieren, auch bei vorzeitiger Neuwahl gemäß § 13 Abs. 2 BetrVG (*Däubler/Kittner/Klebe*, § 23 BetrVG Rz. 41).
2 Als grobe **Pflichtverletzungen** kommen in Betracht Beleidigungen oder gar der tätliche Angriff auf andere Betriebsratsmitglieder (LAG Hamm v. 25. 9. 1958, BB 1959, 376; LAG Düsseldorf v. 27. 2. 1967, BB 1967, 1123; ArbG Berlin v. 19. 5. 1981, ArbuR 1982, 260), Verletzung der Schweigepflicht, Weitergabe von Unterlagen, Vorteilsannahme (LAG München v. 15. 11. 1977, DB 1978, 894), aber auch der Aufruf zu einem wilden Streik unter Ausnutzung des Betriebsratsamts (LAG Hamm v. 23. 9. 1955, BB 1956, 41). Dagegen kann das Abstimmverhalten innerhalb des Betriebsrats niemals einen Ausschlussgrund darstellen, auch wenn ein Mitglied konsequent andere Auffassungen vertritt als die Mehrheit (BAG v. 5. 9. 1967, AP Nr. 8 zu § 23 BetrVG).
3 Liegt in der Amtspflichtverletzung des Betriebsratsmitglieds zugleich eine Verletzung der **arbeitsvertraglichen Pflichten**, kann der Ausschlussantrag nach § 23 Abs. 1 BetrVG **kombiniert werden** mit einem **Kündigungsverfahren nach § 103 BetrVG**. Stimmt der Betriebsrat der beantragten fristlosen Kündigung nach § 103 BetrVG nicht innerhalb von drei Tagen zu, kann der Arbeitgeber beim Arbeitsgericht beantragen, die Zustimmung des Betriebsrats zur fristlosen Kündigung zu ersetzen (s. **M 38.5**) und gleichzeitig oder hilfsweise das Betriebsratsmitglied auszuschließen (die Einzelheiten sind streitig, vgl. *Däubler/Kittner/Klebe*, § 23 BetrVG Rz. 35).
4 Geht der Antrag vom Arbeitgeber, von der Gewerkschaft oder von einem Viertel der Arbeitnehmer aus, ist neben dem auszuschließenden Betriebsratsmitglied auch der Betriebsrat **Beteiligter** des Verfahrens.
5 ➪ **Praxistipp:** In Extremfällen kommt der Erlass einer **einstweiligen Verfügung** in Betracht, mit dem dem betreffenden Betriebsratsmitglied bis zur rechtskräftigen Entscheidung des Arbeitsgerichts vorläufig die Amtsausübung untersagt wird (BAG v. 29. 4. 1969, AP Nr. 9 zu § 23 BetrVG).

Begründung:

Der Antragsteller ist der bei der... GmbH gebildete siebenköpfige Betriebsrat. Eines der sieben Betriebsratsmitglieder[6] ist der Antragsgegner. Der Antragsgegner ist aus dem Betriebsrat auszuschließen, weil die weitere Zusammenarbeit mit ihm untragbar geworden ist.

Der Antragsgegner hat die Betriebsratssitzung vom... heimlich mittels eines Diktiergerätes mitgeschnitten. Auf dieser Betriebsratssitzung legte der Antragsteller zusammen mit einem hinzugezogenen Rechtsanwalt die weiteren Strategien für die anstehenden Sozialplanverhandlungen (Entlassung von 100 Mitarbeitern) fest. Nach Ende der Sitzung ging der Antragsgegner zur Geschäftsführung und bot an, ihr das Band gegen Zahlung von Euro... in bar zu überlassen. Als der Antragsgegner dem Geschäftsführer... dieses Angebot machte, stand zufällig die Tür zum Nebenraum offen, so dass die Sekretärin des Geschäftsführers das Gespräch mithören konnte.

Beweis: Anhörung des Geschäftsführers Herrn....
Zeugnis der Sekretärin Frau... (Adressen).

Der Betriebsrat hat in seiner Sitzung am..., nachdem er von dem Vorfall erfahren hat, einstimmig die Einleitung eines Ausschlussverfahrens nach § 23 Abs. 1 BetrVG beschlossen.[7] Dem Antragsgegner war vorher Gelegenheit zur Stellungnahme gegeben worden. Der Antragsgegner hat jedoch erklärt, er werde sich nicht äußern. Anstelle des Antragsgegners hat an der Abstimmung das geschäftsplanmäßige Ersatzmitglied teilgenommen.[8]

Beweis: Beschluss des Antragstellers vom..., Anlage AS 1

...

(Unterschrift)

---

[6] Das Verfahren nach § 23 Abs. 1 BetrVG gilt entsprechend für **Ersatzmitglieder**, die während ihrer vertretungsweisen Betriebsratstätigkeit Amtspflichten verletzt haben.

[7] ⊃ **Praxistipp:** Die Antragstellung setzt einen ordnungsgemäßen **Mehrheitsbeschluss des Betriebsrats** voraus, was in der Praxis oft verkannt wird. Das betroffene Betriebsratsmitglied darf weder an der Beratung noch an der Abstimmung teilnehmen, ist aber vorher zu hören. An seiner Stelle nimmt das turnusgemäße Ersatzmitglied an Beratung und Beschlussfassung teil (ausführlich *Däubler/Kittner/Klebe*, § 23 BetrVG Rz. 33). Eine Minderheitsgruppe des Betriebsrats hat grundsätzlich kein Antragsrecht. Will eine Betriebsrats-Minderheit ein Betriebsratsmitglied ausschließen lassen, bleibt nur der Weg, ein Viertel der Arbeitnehmer zu einem eigenen Antrag zu bewegen (LAG Düsseldorf v. 24. 10. 1989, DB 1990, 283).

[8] Die Entscheidung ist mit **Beschwerde** zum LAG nach §§ 87 ff. ArbGG anfechtbar. Als **Gegenstandswert** wird üblicherweise der Hilfswert von Euro 4 000 angesetzt.

Kapitel 30 Betriebsversammlung

Literaturübersicht: *Altvater*, Untersagung einer Betriebsversammlung durch einstweilige Verfügung, AiB 1985, 85; *Bischoff*, Die Arten der Betriebsversammlungen und ihre zeitliche Lage, BB 1993, 1937; *Brill*, Die Betriebsversammlung in der Rechtsprechung, DB 1980, 736; *Brötzmann*, Probleme der Betriebsversammlung, BB 1990, 1055; *Rieble*, Zur Teilbarkeit von Betriebsversammlungen, ArbuR 1995, 245; *Rüthers*, Rechtsprobleme der Organisation und der Thematik von Betriebsversammlungen, ZfA 1974, 207.

I. Erläuterungen

Das Recht der Betriebsversammlungen ist in den §§ 42 ff. BetrVG außerordentlich unsystematisch geregelt. Die Betriebsversammlung ist das Forum der Aussprache zwischen Betriebsrat und Arbeitnehmern und dient zugleich der Unterrichtung der Arbeitnehmer über Fragen und Probleme des Betriebes. Des Weiteren hat der Betriebsrat in der Betriebsversammlung Rechenschaft über seine Tätigkeit zu geben. Dagegen ist die Betriebsversammlung grundsätzlich nicht als Instrument der Unterrichtung der Arbeitnehmer durch den Arbeitgeber gedacht, der Arbeitgeber hat lediglich einmal pro Kalenderjahr in einer Betriebsversammlung einen Bericht über das Personal- und Sozialwesen, die wirtschaftliche Lage und Entwicklung des Betriebes sowie über den betrieblichen Umweltschutz zu geben (§ 43 Abs. 2 Satz 3 BetrVG). Will der Arbeitgeber die Belegschaft selbst über bestimmte Themen informieren, muss er eigene Versammlungen anberaumen, die mit den §§ 42 ff. BetrVG nichts zu tun haben. Solche Versammlungen dürfen jedoch nicht zu „Gegenveranstaltungen" gegenüber der Betriebsversammlung missbraucht werden.[1]

An der Betriebsversammlung sollen alle Arbeitnehmer des Betriebes teilnehmen (gemäß § 5 Abs. 3 BetrVG jedoch nicht die leitenden Angestellten). Während der Teilnahme ist die Vergütung fortzuzahlen. Eine Teilnahmepflicht besteht allerdings nicht. Nimmt ein Arbeitnehmer nicht teil, so muss er weiterarbeiten.

Die Betriebsversammlung ist grundsätzlich nicht-öffentlich. Außer dem Betriebsrat und den Arbeitnehmern ist auch der Arbeitgeber einzuladen (§ 43 Abs. 2 und 3 BetrVG), außerdem haben die Beauftragten der Gewerkschaften ein Teilnahmerecht, selbst wenn der Betriebsrat sie nicht eingeladen hat (§ 46 Abs. 1 BetrVG). Zu der Betriebsversammlung lädt grundsätzlich der Betriebsrat ein, er bestimmt auch Ort, Zeit und Tagesordnung und hat die Versammlungsleitung sowie das Hausrecht. Auf den Betriebsversammlungen können alle Angelegenheiten behandelt werden, die den Betrieb oder seine Arbeitnehmer unmittelbar betreffen, einschließlich tarifpolitischer, sozialpolitischer und wirtschaftlicher Fragen.

Das Gesetz sieht Betriebsversammlungen einmal pro Kalenderquartal vor (§ 43 Abs. 1 BetrVG). Außerdem kann in jedem Kalenderhalbjahr der Betriebsrat eine weitere Betriebsversammlung abhalten, wenn dies aus besonderen Gründen zweckmäßig erscheint (§ 43 Abs. 1 Satz 3 BetrVG). Schließlich kann bei Vorliegen besonderer Gründe (zB angekündigte Betriebsschließung) auch eine außerordentliche Betriebsversamm-

---
1 BAG v. 27. 6. 1989, AP Nr. 5 zu § 42 BetrVG.

lung stattfinden (§ 43 Abs. 3 BetrVG), die dann allerdings außerhalb der Arbeitszeit durchgeführt werden muss (§ 44 Abs. 2 BetrVG), was oft verkannt wird.

In der Praxis entsteht häufig Streit über die zeitliche Lage der Betriebsversammlung (siehe das nachfolgende Muster). Insbesondere während Tarifverhandlungen oder Arbeitskämpfen, aber auch während der Verhandlungen über Interessenausgleich und Sozialplan anlässlich einer Betriebsänderung (§§ 111 ff. BetrVG) wird die Betriebsversammlung mitunter als verdecktes Arbeitskampfmittel eingesetzt, indem die Versammlung bewusst zu einem für den Arbeitgeber besonders nachteiligen Zeitpunkt einberufen wird. Mitunter versuchen Betriebsräte auch, den Arbeitgeber durch missbräuchliche wiederholte Einberufung außerordentlicher Betriebsversammlungen in ganz kurzen Abständen oder gar durch Abhalten einer tage- oder sogar wochenlangen Dauerbetriebsversammlung[2] unter Druck zu setzen. Hier hilft dem Arbeitgeber nur die Beantragung einer einstweiligen Verfügung gegen den Betriebsrat sowie die Androhung, den beteiligten Arbeitnehmern keine Vergütung mehr zu zahlen. Unzulässige Betriebsversammlungen sind ein rechtswidriger Eingriff in den eingerichteten und ausgeübten Gewerbebetrieb, der mit einem Unterlassungsanspruch nach § 1004 BGB abgewehrt werden kann. In der Praxis werden solche Verfahren fast ausschließlich im einstweiligen Rechtsschutz entschieden, da eine Hauptsacheentscheidung regelmäßig zu spät käme. In der Praxis vor allem bedeutsam sind einstweilige Verfügungen gegen eine mit den betrieblichen Notwendigkeiten nicht vereinbare Terminierung der Betriebsversammlung.[3]

---
2 Vgl. LAG Schl.-Holst. v. 4. 7. 2000 – 3 TaBV 15/00, nv.
3 LAG Düsseldorf v. 24. 10. 1972, DB 1972, 2212; LAG BW v. 12. 7. 1979, BB 1980, 1267; ArbG Wuppertal v. 23. 1. 1975, DB 1975, 1084.

II. Muster

Antrag auf einstweilige Verfügung gegen geplante Betriebsversammlung[1] — 30.1

An das Arbeitsgericht

In dem Beschlussverfahren mit den Beteiligten
(Arbeitgeber/Betriebsrat, volles Rubrum)

vertreten wir die Antragstellerin. Namens und im Auftrag der Antragstellerin leiten wir ein Beschlussverfahren ein und beantragen wegen der Dringlichkeit des Falles ohne mündliche Anhörung der Beteiligten durch den Vorsitzenden allein im Wege der einstweiligen Verfügung:

---
1 Unklar ist, wer beim Streit über die Abhaltung einer Betriebsversammlung die **Angriffslast** hat. Klar ist, dass der Betriebsrat per einstweiliger Verfügung die Abhaltung der Betriebsversammlung erzwingen kann, wenn der Arbeitgeber ohne Grund die Betriebsversammlung nicht stattfinden lassen will. Es fragt sich aber, ob der Betriebsrat dazu auch verpflichtet ist oder ob er nicht einfach aus eigener Initiative die Versammlung abhalten kann (zu taktischen Überlegungen *Herbst/Bertelsmann/Reiter*, Rz. 884 ff.).

1. dem Antragsgegner zu untersagen, am Donnerstag, dem . . ., in der Zeit von 9.00 Uhr bis 14.00 Uhr eine Betriebsversammlung abzuhalten und dazu einzuladen;

2. dem Antragsgegner zu untersagen, Betriebsversammlungen an anderen Tagen vor 14.00 Uhr abzuhalten und dazu einzuladen;

3. hilfsweise zu 1 und 2: Den Antragsgegner zu verpflichten, die Betriebsversammlung am . . . von 9.00 Uhr bis 14.00 Uhr sowie eventuelle weitere Betriebsversammlungen in der Zeit vor 14.00 Uhr nur als Teilversammlungen und nur in einer Weise abzuhalten, dass der gesamte Flugbetrieb der Antragstellerin ohne wesentliche Störungen aufrechterhalten werden kann.

4. Hilfsweise: Die beantragte einstweilige Verfügung nach Anhörung der Beteiligten unter größtmöglicher Abkürzung der Ladungs- und Einlassungsfristen zu erlassen.

Begründung:

Die Antragstellerin ist eine weltweit tätige Fluggesellschaft. Sitz des deutschen Betriebs ist der Frankfurter Flughafen. Antragsgegner ist der im Frankfurter Betrieb der Antragstellerin gebildete Betriebsrat.

Die Antragstellerin wickelt über den Frankfurter Flughafen die Verbindung ihrer transatlantischen mit ihren europäischen Flugrouten ab. An jedem Morgen zwischen 9.00 Uhr und 14.00 Uhr kommen gleichzeitig 6 Transatlantikflüge und 6 Flüge aus Kontinentaleuropa am Frankfurter Flughafen an, so dass Fluggäste jeweils auf Verbindungsflüge umsteigen können. Der letzte Flug verlässt Frankfurt planmäßig um 13.30 Uhr. Den Nachmittag verbringen die Beschäftigten mit Aufräumarbeiten sowie der Organisation der Flugabwicklung für den kommenden Tag.

Zwischen den Betriebsparteien herrscht derzeit ein äußerst angespanntes Klima, da die Antragstellerin den Abbau von 100 Arbeitsplätzen angekündigt hat. Die Verhandlungen über Interessenausgleich und Sozialplan sind festgefahren.

Mit Schreiben vom . . . teilte der Antragsgegner der Antragstellerin mit, er habe in seiner Sitzung am . . . beschlossen, die nächste Betriebsversammlung am . . . im Kongress-Zentrum des Flughafenhotels in der Zeit von 9.00 Uhr bis 14.00 Uhr abzuhalten. Mit Schreiben vom nächsten Tag teilte die Antragstellerin dem Antragsgegner mit, dass sie die Abhaltung einer Betriebsversammlung vor 14.00 Uhr wegen der fatalen Auswirkungen auf den Flugbetrieb nicht akzeptieren könne. Der Antragsteller hielt jedoch an seinem Plan fest, obwohl frühere Betriebsversammlungen immer nachmittags nach 14.00 Uhr stattgefunden hatten.

Zur Glaubhaftmachung: Eidesstattliche Versicherung des Betriebsleiters . . ., Anlage AS 1

Gemäß § 44 Abs. 1 Satz 1 BetrVG haben zwar Betriebsversammlungen grundsätzlich während der Arbeitszeit stattzufinden. Der Betriebsrat hat jedoch die Pflicht, die Betriebsversammlung außerhalb der Arbeitszeit anzuberaumen, „soweit . . . die Eigenart des Betriebes eine andere Regelung zwingend erfordert". Im vorliegenden Fall erfordert die Eigenart des Betriebes zwingend eine andere Regelung. Eine Abhaltung der Betriebsversammlung zurzeit des Haupt-Flugbetriebes wäre technisch und orga-

nisatorisch unmöglich und darüber hinaus auch wirtschaftlich unzumutbar. Die Abhaltung der Betriebsversammlung würde die Streichung sämtlicher vorgesehener Flüge erfordern, da die Flüge nicht abgewickelt werden könnten. Eine Umbuchung der Passagiere auf parallele Flüge anderer Fluggesellschaften scheidet aus, weil entweder überhaupt keine Parallelflüge existieren oder sie ausgebucht sind (wird ausgeführt).

Von der Streichung der Flüge wären weltweit ca. 3 000 Passagiere betroffen, die in den jeweiligen Ausgangsflughäfen bzw. in Frankfurt provisorisch untergebracht werden müssten. Außerdem wäre die Streichung der Flüge keineswegs das isolierte Problem eines einzigen Tages. Denn sowohl die Flugzeuge als auch die mitfliegenden Crews rollieren durch die ganze Welt. Fallen einzelne Flüge aus, fehlen für die Anschlussflüge die Maschinen und Crews am jeweiligen Einsatzort. Abgesehen davon wären die finanziellen Kosten der Flugstreichungen unübersehbar. Da es sich um bereits fest gebuchte Reiseleistungen handelt, würde die Antragstellerin sich schadensersatzpflichtig machen, was Forderungen in Millionenhöhe nach sich ziehen würde.[2]

Zur Glaubhaftmachung: Wie vor.

Der Antragsgegner ist sich der katastrophalen Auswirkungen einer Betriebsversammlung am Vormittag auch stets bewusst gewesen. Dies zeigt sich schon daran, dass in der Vergangenheit Betriebsversammlungen immer erst in der Zeit ab 14.00 Uhr stattfanden. Auch alle anderen Airlines am Frankfurter Flughafen halten Betriebsversammlungen außerhalb der Kern-Flugzeiten ab oder führen von vornherein nur Abteilungsversammlungen durch.

Zur Glaubhaftmachung: Wie vor.

Sollte das Gericht zu der Auffassung gelangen, dass entgegen der gestellten Hauptanträge der Antragsgegner das Recht hat, Betriebsversammlungen schon vor 14.00 Uhr anzuberaumen, so wären diese Betriebsversammlungen jedenfalls nur als Teilversammlungen gemäß § 42 BetrVG zulässig (wird ausgeführt).

...

(Unterschrift)

---

2 Dass das Erfordernis, eine Betriebsversammlung außerhalb der üblichen Arbeitszeiten abzuhalten, auch aus **wirtschaftlichen Zumutbarkeitserwägungen** folgen kann, ist anerkannt (BAG v. 9. 3. 1976, AP Nr. 3 zu § 44 BetrVG; noch weiter gehend BAG v. 27. 11. 1987, AP Nr. 7 zu § 44 BetrVG). Allerdings reicht nicht jede **Umsatzeinbuße** aus, um die Abhaltung der Betriebsversammlung außerhalb der üblichen Arbeitszeit verlangen zu können. Dies ist am Beispiel der Schließung eines Warenhauses entschieden worden. Bei einem Warenhaus muss aber immerhin auf die umsatzstarken und umsatzschwachen Wochentage bzw. Tageszeiten Rücksicht genommen werden, so dass zB eine Betriebsversammlung während der Sommer- oder Winter-Schlussverkäufe oder an den verkaufsoffenen Samstagen vor Weihnachten unzulässig wäre (BAG v. 9. 3. 1976, AP Nr. 3 zu § 44 BetrVG; LAG Berlin v. 26. 10. 1962, DB 1963, 1327; LAG BW v. 12. 7. 1979, BB 1980, 1267).

Kapitel 31 Mitbestimmung in sozialen Angelegenheiten – Arbeitszeit

Literaturübersicht: *Baeck/Deutsch*, Arbeitszeitgesetz, 1999; *Bauer*, Kurzarbeit bei Führungskräften, BB 1993, 1098; *Bischof*, Mitbestimmung bei Einführung und Abbau von Kurzarbeit, NZA 1995, 1021; *Gaul*, Änderungskündigung zur Absenkung oder Flexibilisierung der Arbeitszeit und/ oder Arbeitsentgelt, DB 1998, 1913; *Heinze*, Flexible Arbeitszeitmodelle, NZA 1997, 681, 683; *Hümmerich*, Flexibilisierung der Arbeitszeit durch Betriebsvereinbarung, DB 1996, 1182; *Mölders*, Arbeitsrechtliche Rahmenbedingungen für Cafeteria-Systeme, DB 1996, 213, 218; *Richardi*, Die Mitbestimmung des Betriebsrats bei flexibler Arbeitszeitgestaltung, NZA 1994, 593; *Rombach*, Das sozialversicherungsrechtliche Flexigesetz unter Berücksichtigung seiner Anwendung im Rahmen der Altersteilzeit, RdA 1999, 194.

I. Erläuterungen

1. Vorrang von Gesetz und Tarifvertrag (§ 87 Abs. 1 BetrVG)

§ 87 BetrVG stellt den Kernbereich der Mitbestimmung des Betriebsrates in sozialen Angelegenheiten dar. Das Gesetz legt in einer abschließenden Aufzählung fest, welche Gegenstände der Arbeitgeber nicht regeln darf, ohne sich mit dem Betriebsrat zu einigen. Das Mitbestimmungsrecht des Betriebsrates endet dort, wo eine gesetzliche oder tarifvertragliche Regelung besteht. Es reicht nur so weit, wie der Arbeitgeber selbst etwas bestimmen kann.[1] Ein Tarifvertrag hindert die Mitbestimmung nur, wenn der Arbeitgeber tarifgebunden ist und die Gewerkschaftsmitgliedschaft der Arbeitnehmer die unmittelbare und zwingende Tarifwirkung herbeiführen könnte.[2] Die bloße Üblichkeit einer tariflichen Regelung, der Tarifvorrang nach § 77 Abs. 3 BetrVG steht einer Betriebsvereinbarung im Rahmen des § 87 BetrVG nicht entgegen.[3] Auch ein nach § 4 Abs. 5 TVG nachwirkender Tarifvertrag schließt die Mitbestimmung nach § 87 BetrVG nicht aus.[4] Besteht eine tarifliche Regelung, sperrt sie die Mitbestimmung des Betriebsrates nicht, soweit sie den Betriebspartnern die nähere Ausgestaltung überlässt.[5]

2. Initiativrecht des Betriebsrates

Das Mitbestimmungsrecht des Betriebsrates entsteht nicht erst, wenn der Arbeitgeber sich zu einer Regelung entschließt. Der Betriebsrat kann von sich aus eine Regelung vorschlagen.[6] Der Betriebsrat kann aber keine Regelung erzwingen, die ihm bestimmte Auskunfts-, Überwachungs- und Kontrollrechte verschafft.[7]

3. Verfahrensfragen

Einigen sich Arbeitgeber und Betriebsrat nicht, kann jeder der Betriebspartner die **Einigungsstelle** anrufen (§§ 87 Abs. 2, 76 BetrVG). Die Einigungsstelle prüft als Vor-

---

1 BAG v. 26. 5. 1988, BB 1988, 2316.
2 BAG v. 24. 2. 1987, BB 1987, 1246.
3 BAG v. 20. 8. 1991, BB 1992, 490.
4 BAG v. 24. 2. 1987, BB 1987, 1246 und v. 14. 2. 1989, BB 1989, 1346.
5 BAG v. 22. 12. 1981, BB 1982, 1920.
6 BAG v. 14. 11. 1974, BB 1975, 420.
7 BAG v. 6. 12. 1983, BB 1984, 850.

frage ihrer Tätigkeit ihre Zuständigkeit.[8] Besteht Streit über die Zuständigkeit der Einigungsstelle, ist die Mitwirkung am Einigungsstellenverfahren nicht als Anerkennung deren Zuständigkeit anzusehen.[9] Zur Errichtung der Einigungsstelle im gerichtlichen Bestellungsverfahren nach § 98 Abs. 1 Satz 2 ArbGG s. **M 40.2**.

Verletzt der Arbeitgeber die Mitbestimmungsrechte des Betriebsrates nach § 87 BetrVG, steht dem Betriebsrat ein Unterlassungsanspruch zu[10] (s. **M 31.7**). Die unter Verstoß gegen § 87 BetrVG vorgenommene Maßnahme ist kollektiv- und individualrechtlich unwirksam, da die Beachtung der Mitbestimmungsrechte **Wirksamkeitsvoraussetzung** ist.[11] Das Mitbestimmungsrecht besteht auch in Eilfällen.[12] Allerdings kann der Betriebsrat zu immer wieder auftretenden Eilfällen im Voraus seine Zustimmung erteilen,[13] den Abschluss einer entsprechenden Betriebsvereinbarung kann der Arbeitgeber über die Einigungsstelle erzwingen.

4. Arbeitszeit

Dem Betriebsrat steht ein Mitbestimmungsrecht über Beginn und Ende der täglichen Arbeitszeit einschließlich der Pausen und der Verteilung der Arbeitszeit auf die einzelnen Wochentage zu (§ 87 Abs. 1 Nr. 2 BetrVG). Nach § 87 Abs. 1 Nr. 3 BetrVG erstreckt sich sein Mitbestimmungsrecht auch auf Fragen der vorübergehenden Verkürzung oder Verlängerung der betriebsüblichen Arbeitszeit. Dabei wird das Mitbestimmungsrecht nach Nr. 3 als Unterfall der Nr. 2 angesehen.

a) Vereinbarungen zur Dauer der Arbeitszeit

Die erzwingbare Mitbestimmung erfasst nicht die Regelung der **Dauer** der Arbeitszeit. Sie ist üblicherweise tariflich geregelt oder im Einzelarbeitsvertrag festzusetzen. Höchstgrenzen gibt das Arbeitszeitgesetz (ArbZG) vor. Dies gilt auch für die Dauer der wöchentlichen Arbeitszeit von Teilzeitkräften.[14] Allerdings werden in der Praxis immer häufiger Betriebsvereinbarungen über die Dauer der Arbeitszeit abgeschlossen. Damit wird zT gegen geltende Tarifverträge verstoßen. Soweit die Arbeitnehmer nicht tarifgebunden sind, ist die vertragliche Vereinbarung höherer Wochenarbeitszeiten individualrechtlich wirksam. Das Günstigkeitsprinzip des § 4 Abs. 3 TVG gilt nur bei unmittelbarer und zwingender Geltung der jeweiligen Tarifverträge. Die Regelung in einer Betriebsvereinbarung verstößt bei Üblichkeit einer tariflichen Regelung gegen die Tarifsperre des § 77 Abs. 3 BetrVG. Ohne eine grundsätzliche Einigung mit dem Betriebsrat lassen sich einzelvertragliche Vereinbarungen über eine Erhöhung der Wochenarbeitszeit aber selten durchsetzen. Deshalb kann eine Regelungsabrede mit dem Betriebsrat das Ziel einer betriebsweiten Regelung beschreiben und den Rahmen für arbeitsvertragliche (Zusatz-)Vereinbarungen mit den nicht-tarifgebundenen Arbeitnehmern bilden.[15]

---

8 BAG v. 22. 1. 1980, BB 1982, 432.
9 BAG v. 20. 4. 1982, DB 1982, 1674.
10 BAG v. 22. 1. 1980, BB 1982, 432, v. 3. 5. 1994, BB 1994, 2273.
11 St. Rspr., BAG v. 7. 9. 1956, AP Nr. 2 zu § 56 BetrVG 1952; BAG GS v. 3. 12. 1991, AP Nr. 51, 52 zu § 87 BetrVG 1972 – Lohngestaltung.
12 BAG v. 13. 7. 1977, BB 1977, 2235.
13 BAG v. 2. 3. 1982, BB 1982, 1236; v. 21. 12. 1982, BB 1983, 503.
14 BAG v. 28. 9. 1988, BB 1989, 423; v. 16. 7. 1991, BB 1991, 2370.
15 Siehe zur Zulässigkeit solcher Vereinbarungen BAG v. 20. 4. 1999, NZA 1999, 887.

b) Flexibilisierung

Entscheidende Bedeutung hat das Mitbestimmungsrecht nach § 87 Abs. 1 Nr. 2 BetrVG bei der Gestaltung von Gleitzeitsystemen und der in der Praxis immer häufiger werdenden Flexibilisierung der Arbeitszeit. Die Gleitzeitmodelle erlauben den Arbeitnehmern, Beginn und Ende ihrer täglichen Arbeitszeit weitgehend selbst zu bestimmen. Ein flexibles Arbeitszeitmodell kann aber auch dem Arbeitgeber überlassen, bedarfsorientiert die Lage der täglichen Arbeitszeit und auch deren Dauer vorzugeben. Notwendig ist allerdings, dass die Dauer einer durchschnittlichen Arbeitszeit vereinbart wird, um das Verhältnis von Arbeit und Entgelt festzuschreiben. Fehlt eine solche Vereinbarung, gilt eine Arbeitszeit von mindestens zehn Stunden pro Woche als vereinbart (§ 12 Abs. 1 Satz 3 TzBfG). Behält sich der Arbeitgeber vor, die Arbeitskraft im Bedarfsfalle abzurufen (sog. kapazitätsorientierte variable Arbeitszeit), hat er eine Ankündigungsfrist von vier Tagen zu beachten (§ 12 Abs. 2 TzBfG).

Praxistipp: Zur Gestaltung eines flexiblen Arbeitszeitmodells sollten immer folgende Fragen – ggf. in einer ersten Verhandlungsrunde mit dem Betriebsrat – inhaltlich geklärt werden:

- Gibt ein Tarifvertrag äußere Grenzen der Flexibilisierung vor?
- Soll nur die Lage der täglichen Arbeitszeit oder auch ihre Dauer flexibel sein?
- Entscheidet der Arbeitgeber oder der Mitarbeiter über die Dauer der täglichen Arbeitszeit?
- Welche durchschnittliche wöchentliche Arbeitszeit soll der vereinbarten regelmäßigen Vergütung entsprechen?
- In welchem Ausgleichszeitraum ist der Durchschnitt zu erreichen?
- Gibt es saisonbedingte Schwankungen, die bei der Festlegung des Beginns des Ausgleichszeitraumes zu berücksichtigen sind?
- Besteht schon ein Arbeitszeiterfassungssystem, oder muss es zur Kontrolle des flexiblen Arbeitszeitsystems eingeführt werden?
- Wie soll zwischen Zeitguthaben und Überstunden differenziert werden? Werden sie getrennt erfasst? Werden sie auf verschiedene Weise ausgeglichen?
- Wie werden Zeitguthaben oder Unterschreitungen des Arbeitszeitdurchschnitts behandelt, wenn ein Arbeitsverhältnis endet/wenn die Betriebsvereinbarung abläuft oder gekündigt wird?

c) Überstunden und Kurzarbeit

Die Mitbestimmung des Betriebsrates bei der vorübergehenden Verlängerung oder Verkürzung der Arbeitszeit betrifft im Wesentlichen Überstundenregelungen und die Anordnung von Kurzarbeit. In flexiblen Arbeitszeitmodellen bietet es sich an, die Überstundenregelungen in die Gesamtregelung des Modells mit aufzunehmen. Dabei ist der Begriff der Überstunde bezogen auf das Arbeitszeitmodell zu definieren und klarzustellen, ob die Überstunden getrennt von den Zeitguthaben oder als Zeitguthaben erfasst werden. Die getrennte Erfassung bietet sich jedenfalls dann an, wenn Überstunden – anders als Zeitguthaben – nicht in Freizeit, sondern in Geld ausgeglichen werden sollen.

II. Muster

Betriebsvereinbarung zur Lage der Arbeitszeit 31.1

1. Geltungsbereich

Diese Betriebsvereinbarung gilt für alle vollzeitbeschäftigten Arbeitnehmer.[1]

2. Normalschicht

Die regelmäßige betriebliche Arbeitszeit in der Normalschicht beginnt von montags bis freitags um 8.00 Uhr und endet einschließlich unbezahlter Pausen um 16.30 Uhr.

3. Schichtarbeit

In den Abteilungen . . . gelten im Schichtbetrieb folgende Arbeitszeiten:

1. Schicht: montags bis freitags   von . . . Uhr bis . . . Uhr

2. Schicht: montags bis freitags   von . . . Uhr bis . . . Uhr,

jeweils einschließlich unbezahlter Pausen.

4. Pausen

In der Normalschicht findet eine Frühstückspause von 9.45 Uhr bis 10.00 Uhr und die Mittagspause von 12.15 Uhr bis 13.00 Uhr statt.[2]

Im Schichtbetrieb finden jeweils 15-minütige Pausen von

. . . Uhr bis . . . Uhr

. . . Uhr bis . . . Uhr

. . . Uhr bis . . . Uhr

. . . Uhr bis . . . Uhr

statt.[3]

---

[1] Da der Betriebsrat nach § 87 Abs. 1 Nr. 2 BetrVG auch mitzubestimmen hat, ob Teilzeitkräfte zu festen Zeiten und ggf. zu welchen Zeiten oder nach Bedarf beschäftigt werden sollen, empfiehlt sich uU eine zusätzliche Betriebsvereinbarung speziell für Teilzeit-Mitarbeiter.

[2] Das Arbeitszeitgesetz schreibt bei Arbeitszeiten von 6–9 Stunden eine mindestens 30-minütige Pause vor. Die Frühstückspause könnte also weggelassen und die Mittagspause auf 30 Minuten verkürzt werden. Gesetzlich vorgeschrieben ist die 45-minütige Mittagspause bei Arbeitszeiten ab 9 Stunden pro Tag.

[3] Gesetzlich zulässig ist es, die Pausenzeiten in Abschnitte von 15 Minuten aufzuteilen (§ 4 Satz 2 ArbZG).

31.2 Betriebsvereinbarung zu Flexibler Arbeitszeit

Präambel

Die Arbeitszeit ist im Rahmen dieser Vereinbarung flexibel zu gestalten. Die Arbeitszeitordnung der ... sieht drei Flexibilisierungselemente vor. Die Mitarbeiter können selbst im Rahmen der **Gleitzeit** *die Verteilung ihrer wöchentlichen Arbeitszeit auf die einzelnen Arbeitstage mitgestalten. Dieses Arbeitszeitmodell setzt ein hohes Verantwortungsbewusstsein jedes Mitarbeiters voraus. Abhängig vom Arbeitsanfall können Arbeitgeber und Mitarbeiter gemeinsam eine* **vorübergehende Erhöhung der durchschnittlichen Wochenarbeitszeit** *vereinbaren. Darüber hinaus kann die ... in einem* **flexiblen Korridor** *solche Kapazitätsschwankungen ausgleichen, die sich nicht langfristig vorhersehen lassen, kurzfristig jedoch planbar sind. Nur soweit diese Flexibilisierungsmöglichkeiten nicht ausreichen, können Überstunden angeordnet werden.*

1. Geltungsbereich

1.1 Diese Betriebsvereinbarung gilt für alle vollzeitbeschäftigten Mitarbeiter der Abteilungen ..., ..., ...

1.2 Die Betriebsvereinbarung gilt nicht für Teilzeit-Mitarbeiter. Sie gilt auch nicht für AT-Mitarbeiter.

2. Dauer der wöchentlichen Arbeitszeit

2.1 Mit jedem Mitarbeiter ist eine durchschnittliche wöchentliche Arbeitszeit vereinbart, die sich aus seinem Arbeitsvertrag und ggf. aus einer Zusatzvereinbarung zu seinem Arbeitsvertrag ergibt.

2.2 Die ... kann je nach Auftragslage und Personalbedarf Verlängerungen der wöchentlichen Arbeitszeit für den gesamten Betrieb, einzelne Organisationseinheiten oder Mitarbeiter bestimmen.

Die auf diese Weise erhöhte Arbeitszeit eines Mitarbeiters kann bis zu 40 Stunden pro Woche betragen.[1]

2.3 Die individuelle durchschnittliche Wochenarbeitszeit ist Berechnungsgrundlage für die regelmäßige Vergütung.

3. Flexibler Korridor

3.1 Soweit Anforderungen an flexible Arbeitszeiten oder Kapazitätsschwankungen bestehen, können für einzelne Mitarbeiter, Gruppen oder Abteilungen darüber hinaus vorübergehend abweichende wöchentliche Arbeitszeiten angeordnet werden. Die auf diese Weise angeordneten Wochenarbeitszeiten können mindestens 30 und höchstens 42 Stunden betragen. Sie sind mit einer 1-wöchigen Ankündigungsfrist befristet festzulegen.

3.2 Die daraus entstehenden Mehr- oder Minderstunden bleiben ohne Auswirkung auf die regelmäßige Vergütung. Sie werden über ein Regelarbeitszeitkonto (RAZ) ausgeglichen. Das RAZ darf die Grenzwerte von – 200/+ 200 Stunden nicht überschreiten und ist einmal in zwei Jahren auszugleichen. Das Regelarbeitszeitkonto kann nicht mit anderen Zeitkonten verrechnet werden.

---

[1] Neben den gesetzlichen sind ggf. Höchstgrenzen aus einem Tarifvertrag zu beachten.

Ein Zeitausgleich findet in der Regel durch die flexiblen Arbeitszeitanordnungen der Vorgesetzten statt. Darüber hinaus können Plusstunden stunden- oder tageweise durch Freizeit ausgeglichen werden. Der Zeitausgleich bedarf der Zustimmung der Vorgesetzten, die **spätestens**[2] eine Woche vor dem geplanten Zeitausgleich erteilt wird, soweit betriebliche Interessen nicht entgegenstehen.

Ist über eine längere Periode mit einer hohen Auslastung zu rechnen, kann im Einvernehmen zwischen Unternehmen und den Mitarbeitern die Vergütung unter Berücksichtigung der vorübergehend erhöhten Wochenarbeitszeit angehoben werden. In diesem Fall fließen nur die mit der erhöhten Vergütung nicht wertmäßig abgegoltenen Stunden in das RAZ.

3.3 Im Schichtbetrieb können in Abhängigkeit von der erforderlichen Betriebsnutzungszeit feste Schichtmodelle nach folgendem Muster eingestellt werden.

Wöchentliche Betriebsnutzungszeit								
35 Std.	37,5 Std.	40 Std.	70 Std.	75 Std.	80 Std.	105 Std.	112,5 Std.	120 Std.
1 × 7	1 × 7,5	1 × 8	2 × 7	2 × 7,5	2 × 8	3 × 7	3 × 7,5	3 × 8

4. Gleitzeit

4.1 Jeder Mitarbeiter kann innerhalb des Gleitzeitrahmens Beginn und Ende seiner täglichen Arbeitszeit bestimmen. Damit legt er auch die Dauer seiner täglichen Arbeitszeit fest. Er ist verpflichtet, seinen Beitrag zu den Funktionszeiten zu gewährleisten.

4.2 Die Funktionszeit wird in Abteilungsbesprechungen für jede Organisationseinheit festgelegt. Der Vorgesetzte der Organisationseinheit formuliert daraus einen Vorschlag, der der Zustimmung der Geschäftsleitung und des Betriebsrates bedarf.

Zur Gewährleistung der Funktionszeiten legt der Vorgesetzte darin auch fest, wie viele Mitarbeiter während der Funktionszeit anwesend sein müssen und welche Mitarbeiter dazu jeweils eingeteilt werden.

4.3 Die Mitarbeiter leisten ihre individuelle Arbeitszeit unter Berücksichtigung der betrieblichen Anforderungen nach Abstimmung mit Vorgesetzten und Kollegen der Abteilung. Der Gleitzeitrahmen der Arbeitszeit liegt täglich zwischen 7.00 Uhr und 19.00 Uhr.

Der Mitarbeiter kann nach Maßgabe folgender Regeln seine Arbeitszeit individuell gestalten:

Rot: > +30	nur bis zu einem Monat zulässig bei vorab vereinbarter Form des Zeitausgleiches mit Zustimmung des Vorgesetzten
Gelb: +20 – +30	mit Zustimmung des Vorgesetzten
Grün: –20 – +20	eigenverantwortliche Disposition der Arbeitszeit durch den Mitarbeiter
Gelb: –20 – –30	mit Zustimmung des Vorgesetzten
Rot: < –30	nur bis zu einem Monat zulässig mit Zustimmung des Vorgesetzten

---

2 Diese Freizeiten können die Mitarbeiter einplanen.

4.4 Der Ausgleich von Gleitzeitguthaben in Freizeit ist stunden- oder tageweise zulässig. Der Vorgesetzte erteilt seine Zustimmung, wenn keine betrieblichen Interessen entgegenstehen, **frühestens**[3] jedoch eine Woche vor dem beabsichtigten Zeitpunkt zum Gleitzeitausgleich. Zeitguthaben oder -schulden im roten Bereich verfallen mit Ablauf eines Monats, wenn nicht zuvor der Zeitausgleich vereinbart ist.

4.5 Für Schichtarbeit kommen eingeschränkte Gleitzeitregelungen zur Anwendung. In Abhängigkeit von der betrieblichen Arbeitszeit erfolgt nur ein Eingleiten zu Beginn der Frühschicht zwischen 4.30 Uhr und 6.00 Uhr und ein Ausgleiten am Ende der Spätschicht zwischen 20.00 Uhr und 23.00 Uhr.

Der Zeitpunkt der Schichtübergabe wird in den Gruppen zwischen 12.30 Uhr und 13.30 Uhr festgelegt. Die Dauer der Schichtübergabe ist auf 15 Minuten begrenzt. Eine Verlängerung ist in begründeten Fällen durch den Vorgesetzten möglich. Bei Bedarf kann der Vorgesetzte den Schichtwechsel auf 13.00 Uhr festlegen.

Gleitzeitausgleich kann in Form von ganzen oder halben Freischichten erfolgen. Die Genehmigung durch den Vorgesetzten ist erforderlich. Gleittage können **frühestens** eine Woche im Voraus genehmigt werden.

5. Überzeit

5.1 Überstunden sind streng von den flexiblen Wochenarbeitszeiten (flexibler Korridor und Gleitzeit) zu trennen. Als Überstunde gilt jede Arbeitsstunde, die der Vorgesetzte als solche angeordnet hat. Sie ist frühestens dann als Überstunde anzurechnen, wenn der flexible Korridor von bis zu 42 Stunden pro Woche überschritten wird. Samstags-Arbeit ist grundsätzlich Überzeit. Darüber hinaus kommt die Überzeit nur auf Anordnung der Vorgesetzten in Betracht und nur dann, wenn Kapazitätsschwankungen nicht langfristig voraussehbar waren oder sich durch die flexiblen Korridore nicht ausgleichen lassen, dies gilt insbesondere bei Personalausfall, außergewöhnlichem Arbeitsanfall oder dringenden termingebundenen Kundenaufträgen und in Notfällen.

5.2 Überzeit kann nach Wahl des Mitarbeiters unter Berücksichtigung betrieblicher Belange entweder dem RAZ gutgeschrieben werden oder ausgezahlt werden. In beiden Fällen sind folgende Überstundenzuschläge auszuzahlen:

Für jede Stunde über 40 Stunden pro Woche	25%
samstags nach 12.00 Uhr	50%
sonntags	50%
feiertags	100%

6. Zeiterfassung[4]

Jeder Mitarbeiter erfasst seine Arbeitszeiten wahrheitsgemäß eigenverantwortlich. Er legt die Aufzeichnungen seinem Vorgesetzten monatlich vor. Der Vorgesetzte prüft die Richtigkeit und bestätigt sie durch Abzeichnung. Er gibt die der Lohnabrechnung zugrunde zu legenden Arbeitszeiten an die Personalabteilung weiter.

---

3 Diese Zeiten sollen nicht langfristig in die Freizeit- oder Urlaubsplanung eingehen.
4 Hier kann ggf. auf ein bestehendes Zeiterfassungssystem verwiesen werden.
 ➲ **Achtung:** Auch wenn sog. Vertrauensarbeitszeit vereinbart ist, muss der Arbeitgeber sich Kenntnis von Beginn und Ende der tatsächlich geleisteten Arbeitszeit verschaffen und darf dem Betriebsrat nicht die Auskunft darüber verweigern (BAG v. 6. 5. 2003, ArbuR 2003, 477).

7. Übergangsbestimmungen

Diese Betriebsvereinbarung ersetzt die Betriebsvereinbarung ... vom ....

Betriebsvereinbarung zu Gleitzeit 31.3

Die Mitarbeiter können im Rahmen dieser Vereinbarung ihre Arbeitszeit flexibel gestalten. Sie sind dabei verpflichtet, ihre monatliche Arbeitszeit so auf die einzelnen Arbeitstage zu verteilen, dass die ihnen übertragenen Aufgaben erledigt werden und die Funktionsfähigkeit ihrer Tätigkeitsbereiche sichergestellt ist. Diese Flexibilisierung hat zum Ziel, Überstunden auf ein vertretbares Maß zu begrenzen.

Dieses Arbeitszeitmodell setzt ein hohes Verantwortungsbewusstsein jedes Mitarbeiters voraus. Dies gilt auch für die Sicherheit am Arbeitsplatz. Alle Sicherheitsvorschriften sind vom Mitarbeiter auch dann einzuhalten, wenn der personelle oder fachliche Vorgesetzte oder eine andere aufsichtsführende Person abwesend ist.

1. Geltungsbereich

Die Betriebsvereinbarung gilt für alle Mitarbeiter der ... GmbH mit Ausnahme der Mitarbeiter im Telefon- oder Empfangsdienst.[1]

2. Gleitende Arbeitszeit

Jeder Mitarbeiter kann innerhalb des Arbeitszeitrahmens Beginn und Ende seiner täglichen Arbeitszeit bestimmen. Damit legt er auch die Dauer seiner täglichen Arbeitszeit fest. Er ist verpflichtet, die Kernzeit einzuhalten und die monatliche Soll-Zeit zu erbringen.[2]

3. Bandbreite

Die Mitarbeiter leisten ihre vertragliche Arbeitszeit unter Berücksichtigung der betrieblichen Anforderungen nach Abstimmung mit Vorgesetzten und Kollegen der Abteilung. Die Bandbreite der Arbeitszeiten liegt täglich von 6.00–20.00 Uhr, soweit nicht mit dem Vorgesetzten abgestimmte Ausnahmen vorliegen.

4. Kernzeit[3]

Die Kernzeit beginnt montags bis freitags um 9.00 Uhr und endet montags bis donnerstags um 16.00 Uhr, freitags um 14.00 Uhr.

---

1 Diese Betriebsvereinbarung bezieht auch Teilzeit-Mitarbeiter ein.
2 Hier bestimmen die Mitarbeiter weitgehend selbst Lage und Dauer der täglichen Arbeitszeit. In jedem Einzelfall ist zu prüfen, ob diese Gestaltungsbefugnis durch bedarfsorientierte Weisungsrechte des Arbeitgebers einzuschränken ist.
3 Anstelle von Kernzeiten können auch sog. Ansprechzeiten vereinbart werden. Dann sind Gruppen von Arbeitnehmern zu bilden, die gemeinsam sicherstellen, dass mindestens einer von ihnen jeweils die Ansprechbarkeit ihres Arbeitsbereiches gewährleistet.

Während der Kernzeiten ist jeder Mitarbeiter zur Anwesenheit verpflichtet, sofern nicht berechtigte oder mit dem Vorgesetzten abgestimmte Ausnahmen vorliegen.

5. Pausen

Die tägliche Pausenzeit beträgt 45 Minuten. Die Pause kann frühestens um 11.30 Uhr begonnen werden und muss spätestens um 14.00 Uhr beendet sein.[4]

6. Soll-Arbeitszeit

Die tägliche Soll-Arbeitszeit beträgt ein Fünftel der vereinbarten durchschnittlichen Wochenarbeitszeit ausschließlich der Pausenzeiten. Die monatliche Soll-Arbeitszeit errechnet sich durch Multiplikation der zu bezahlenden Arbeitstage des Kalendermonats mit der täglichen Soll-Arbeitszeit.

7. Normalarbeitszeit

Die Normalarbeitszeit liegt für Vollzeitbeschäftigte von 8.00–17.00 Uhr (einschließlich Mittagspause).

Treten innerhalb der Normalarbeitszeit Ansprüche auf bezahlte Freistellung auf, werden sie dem individuellen Gleitzeitkonto gutgeschrieben.[5]

8. Höchstarbeitszeit

Die Arbeitszeitgrenzen bestimmen sich nach dem Arbeitszeitgesetz. Für die Einhaltung dieser Normen tragen Mitarbeiter und Vorgesetzte Sorge.[6]

9. Zeitguthaben/Zeitschulden

9.1 Die monatliche Differenz zwischen Ist-Stunden und Soll-Stunden ergibt den monatlichen Gleitzeitsaldo. Der Gleitzeitsaldo darf zu keinem Zeitpunkt auf mehr als plus/minus 20 Stunden anwachsen. Der Mitarbeiter hat hierauf selbst zu achten. Gleitstunden von bis zu plus/minus 20 Stunden können in den Folgemonat übertragen werden. Das Gleitzeitkonto wird am Monatsende automatisch auf 20 Stunden zurückgesetzt. Weiter gehende Zeitschulden führen zu einem entsprechenden Entgeltabzug im Folgemonat. Verbliebene Guthaben werden gestrichen. Ausnahmen hiervon sind nur mit Zustimmung des Vorgesetzten zulässig.[7]

---

[4] Bei Arbeitszeiten unter 9 Stunden könnte die Pausenzeit auf 30 Minuten verkürzt werden. Im flexiblen Arbeitszeitmodell empfiehlt es sich aber, gleich die bei 9-stündiger täglicher Arbeitszeit gesetzlich vorgeschriebene Pause einzusetzen, um Verstöße gegen das Arbeitszeitgesetz von vornherein auszuschließen.

[5] Die Normalarbeitszeit dient als Berechnungsgrundlage bei weniger als ganztägigen Abwesenheiten der Mitarbeiter.

[6] Für die Beachtung des Arbeitszeitgesetzes ist grundsätzlich der Arbeitgeber verantwortlich. Mit dieser Regelung wird dem Mitarbeiter eine Mitverantwortung übertragen, die der Eigenverantwortlichkeit der Mitarbeiter in dem flexiblen Arbeitszeitsystem entspricht.

[7] Diese Kappung der Zeitguthaben oder Zeitschulden ist nicht zwingend notwendig. Hier ist eine Regelung zu treffen, die den betrieblichen Bedürfnissen entspricht. Zu berücksichtigen sind in erster Linie der Umfang des Flexibilisierungsbedarfes und auch die Übersichtlichkeit in der Handhabung des Arbeitszeitmodells. Ist die Übertragung von Zeitguthaben nicht eingeschränkt, muss sichergestellt werden, dass die Grenzen des Arbeitszeitgesetzes beachtet werden und in einem Zeitraum von sechs Monaten eine durchschnittliche Arbeitszeit von wöchentlich 48 Stunden nicht überschritten wird.

9.2 Jeder Mitarbeiter kann über zwei halbe Gleitzeittage pro Monat verfügen, um den Zeitausgleich durchzuführen.[8]

9.3 Bei Ausscheiden eines Mitarbeiters hat dieser bis zum Tage seines Ausscheidens sein Gleitzeitkonto auszugleichen. Ist dies nicht möglich, werden restliche Zeitguthaben ausgezahlt. Eine Zeitschuld führt zu einem entsprechenden Entgeltabzug.

10. Überstunden

10.1 Die Gleitzeit ist von den Überstunden streng zu trennen. Die im Gleitzeitverfahren auszugleichenden Arbeitszeiten gelten grundsätzlich nicht als vergütungsberechtigte Überstunden. Als Überstunden gilt jede Arbeitsstunde, die der Vorgesetzte als Überstunde angeordnet hat.[9]

10.2 Jeder Mitarbeiter ist im Rahmen der betrieblichen Notwendigkeit verpflichtet, im rechtlich zulässigen Umfang Überstundenarbeit, in Ausnahmefällen auch Feiertags-, Sonntags- und Nachtarbeit zu leisten.[10]

10.3 Vergütungspflichtige Überstunden können nur auf Anordnung der Vorgesetzten entstehen. Die Vorgesetzten sind berechtigt, aus betrieblichen Gründen, insbesondere bei Personalausfall, außergewöhnlichem Arbeitsanfall oder dringenden termingebundenen Kundenaufträgen Überstunden anzuordnen. Bei der Anordnung sind die privaten Belange der Mitarbeiter angemessen zu berücksichtigen.

10.4 Der Betriebsrat wird in jedem Fall dafür Sorge tragen, im Interesse der Betriebsangehörigen möglichst kurzfristig sein Mitbestimmungsrecht auszuüben.

10.5 In Notfällen, insbesondere wenn zB

– dem Unternehmen wirtschaftliche Schäden drohen,

– einem Kunden wirtschaftliche Schäden drohen,

– Regressansprüche eines Kunden gegen das Unternehmen zu befürchten sind,

– der Verlust eines Auftrages droht,

– zu befürchten ist, dass ein Auftrag nicht erteilt werden wird,

ist der Betriebsrat mit der sofortigen Anordnung von Überstunden einverstanden. Der Betriebsrat ist unter diesen Umständen unverzüglich zu unterrichten, und das Unternehmen wird für die Unterrichtung der Angehörigen und ggf. für den Heimtransport der Mitarbeiter sorgen.[11]

---

8 Auch hier sind weiter gehende Gestaltungsspielräume denkbar. Dabei ist zu bedenken, ob zB der Zeitausgleich an mehreren aufeinander folgenden Arbeitstagen von anderen Mitarbeitern der Abteilung aufgefangen werden kann.

9 Denkbar ist auch, als Überstunden nur solche Stunden zu bezeichnen, die außerhalb der Bandbreite liegen. Dann hat der Arbeitgeber aber keine Möglichkeit, innerhalb der Bandbreite bei Bedarf einen Mitarbeiter außerhalb der Kernzeit zur Arbeitsleistung zu verpflichten.

10 ➔ **Wichtig:** Die Verpflichtung der Mitarbeiter besteht nur, soweit schon der Arbeitsvertrag sie ausdrücklich zur Leistung von Überstunden verpflichtet oder Änderungen des Arbeitsvertrages durch Betriebsvereinbarung auch zu ihrem Nachteil zulässt.

11 Ob in Notfällen das Mitbestimmungsrecht des Betriebsrates auch ganz entfallen kann, hat das BAG zunächst offen gelassen (v. 13. 7. 1977, BB 1977, 1702). Deshalb empfiehlt es sich vorsorglich, in diesen Fällen vorab die Zustimmung des Betriebsrates zu regeln. Darin liegt kein unzulässiger Verzicht auf Mitbestimmungsrechte (BAG v. 2. 3. 1982, BB 1982, 1236;

11. Ausgleich von Überstunden

11.1 Überstunden werden vergütet oder in Freizeit ausgeglichen. Die Vergütung bzw. der Freizeitausgleich setzen die Anordnung oder nachträgliche Genehmigung der Überstunden voraus.

11.2 Der Mitarbeiter kann anstelle von Überstundenvergütung die bezahlte Freistellung von der Arbeit verlangen. Er schlägt seinem zuständigen Vorgesetzten einen Freistellungstermin vor.

11.3 Die Vergütung von Überstunden errechnet sich aus der vereinbarten monatlichen Vergütung pro Soll-Arbeitsstunde im Monat.[12]

12. Ganztägige Abwesenheiten

Bei ganztägigen Abwesenheiten durch Urlaub, Krankheit, an Wochenfeiertagen und bei Dienstreisen usw. wird von der täglichen Soll-Arbeitszeit ausgegangen.

13. Zeiterfassung[13]

Beginn und Ende der täglichen Arbeitszeit sowie Beginn und Ende der Pausenzeiten verzeichnet der Arbeitnehmer im elektronischen Arbeitszeiterfassungssystem des Betriebes. Überstunden werden gesondert erfasst.

---

v. 21. 12. 1982, BB 1983, 503). Allerdings lässt die neuere Rechtsprechung (BAG v. 17. 11. 1998, NZA 1999, 662) die einseitige Anordnung nur in außergewöhnlichen Fällen zu.

12 Hier ist zu prüfen, ob ein einschlägiger Tarifvertrag eine bestimmte Vergütung, insbesondere Zuschläge vorgibt. Zur arbeitsvertraglichen Vereinbarung von Zuschlägen so. Kap. 12.

13 Zur sog. Vertrauensarbeitszeit vgl. **M 31.2**, Ziffer 6.

31.4 Betriebsvereinbarung zu Überstunden

1. Definition

Überstunden iSd. Betriebsvereinbarung sind Arbeitsstunden, die über die tarifliche/vereinbarte tägliche Arbeitszeit hinausgehend angeordnet sind.

oder

Überstunden iSd. Betriebsvereinbarung sind Arbeitsstunden, die über die durchschnittliche regelmäßige vereinbarte wöchentliche Arbeitszeit hinausgehend angeordnet sind.[1]

---

1 Definition bei flexibler Verteilung der Arbeitszeit. In diesem Fall empfiehlt sich allerdings eine Überstunden-Regelung unmittelbar in der Betriebsvereinbarung über die Flexibilisierung der Arbeitszeit, da die Regelungen aufeinander abgestimmt sein müssen.

2. Geltungsbereich

Diese Betriebsvereinbarung gilt für die Arbeitnehmer folgender Abteilungen des Betriebes: . . . .

3. Verfahren

Geplante Überstunden beantragt der jeweilige Abteilungsleiter bei der Personalabteilung. Im Antrag nennt er stichwortartig die betriebliche Notwendigkeit und den voraussichtlichen Zeitraum der geplanten Überstunden. Die Personalabteilung holt die Zustimmung des Betriebsrates ein.

4. Verfahren in Eilfällen

Bei kurzfristig erforderlicher (nicht vorhersehbarer) Mehrarbeit holt der zuständige Abteilungsleiter telefonisch bei der Personalabteilung und dem Betriebsrat eine Vorabgenehmigung ein. Der entsprechende Antrag ist unverzüglich, spätestens innerhalb von zwei Werktagen nachzureichen.

5. Notfälle

In Notfällen, insbesondere wenn zB

– dem Unternehmen wirtschaftliche Schäden drohen,

– einem Kunden wirtschaftliche Schäden drohen,

– Regressansprüche eines Kunden gegen das Unternehmen zu befürchten sind,

– der Verlust eines Auftrages droht,

– zu befürchten ist, dass ein Auftrag nicht erteilt werden kann,

ist der Betriebsrat mit der sofortigen Anordnung von Überstunden einverstanden.[2] Der zuständige Abteilungsleiter unterrichtet den Betriebsrat und die Personalabteilung unter diesen Umständen unverzüglich.

6. Ausgleich der Überstunden

Überstunden werden vergütet oder in Freizeit ausgeglichen. Vergütung und Freizeitausgleich setzen die Anordnung nach Ziff. 3 oder die nachträgliche Genehmigung der Überstunden nach Ziff. 4 voraus. Der Mitarbeiter erklärt bis spätestens zum 15. des Folgemonats, ob er sich für die Vergütung der Überstunden oder den Zeitausgleich entscheidet.

6.1 Entscheidet sich der Mitarbeiter für den Freizeitausgleich, ist dieser innerhalb von . . . Monaten durchzuführen. Hierzu schlägt der Mitarbeiter seinem Vorgesetzten einen Freistellungstermin vor, dem der Vorgesetzte aus betrieblichen Gründen widersprechen kann.

---

[2] Die Ermächtigung zur einseitigen Überstunden-Anordnung durch den Arbeitgeber lässt die Rechtsprechung nur in außergewöhnlichen Fällen zu, vgl. BAG v. 17. 11. 1998, NZA 1999, 662.

Entscheidet sich der Mitarbeiter für den Zeitausgleich, werden die Überstunden seinem Zeitkonto/Gleitzeitsaldo gutgeschrieben.[3]

6.2 Entscheidet sich der Mitarbeiter für die Vergütung, werden die Überstunden im Folgemonat mit der anteiligen Monatsvergütung pro Arbeitsstunde zuzüglich tariflicher Überstundenzuschläge abgerechnet.

---

[3] Diese Regelung setzt die Abstimmung mit einem flexiblen Arbeitszeitmodell/Gleitzeitmodell voraus.

31.5 Betriebsvereinbarung zu Kurzarbeit

1. Gegenstand

Aufgrund der...-krise verfügt das Unternehmen derzeit über praktisch keine Fertigungsaufträge mehr. Eine durchgreifende Verbesserung der Auftragslage ist kurzfristig nicht absehbar. Um den Fortbestand des Unternehmens zu sichern, ist deshalb die Einführung von Kurzarbeit erforderlich. Die Kurzarbeit wird dergestalt eingeführt, dass für die betroffenen Mitarbeiter bzw. Abteilungen die Arbeitszeit auf null reduziert wird. Die dieser Betriebsvereinbarung beigefügte Anlage 1, in der die einzelnen betroffenen Mitarbeiter bzw. Abteilungen mit dem jeweiligen Beginn der Kurzarbeit aufgeführt sind, ist Bestandteil dieser Betriebsvereinbarung.[1]

2. Information des Betriebsrats

Der Arbeitgeber informiert den Betriebsrat wöchentlich über die Entwicklung des Auftragsbestandes umfassend anhand von Unterlagen. Er stimmt eine Unterbrechung oder vorzeitige Beendigung der Kurzarbeit rechtzeitig mit dem Betriebsrat ab.

3. Zahlung von Kurzarbeitergeld

Die Geschäftsleitung stellt unverzüglich beim zuständigen Arbeitsamt die erforderlichen Anträge zur Gewährung von Kurzarbeitergeld.

Das Kurzarbeitergeld wird vom Betrieb bei der üblichen Lohnabrechnung im Folgemonat abgerechnet. Sollte das Arbeitsamt die Zahlung von Kurzarbeitergeld aus einem vom Betrieb zu vertretenden Grund ablehnen, ist die volle Vergütung/alt.: Vergütung in Höhe des (fiktiven) Kurzarbeitergeldes für die Kurzarbeitszeit zu zahlen.[2]

Urlaubsentgelt, Urlaubsgeld, vermögenswirksame Leistungen, Lohn- und Gehaltsfortzahlungen im Krankheitsfall, entschädigungspflichtige Arbeitsverhinderungen sowie das Entgelt an gesetzlichen Feiertagen während der Kurzarbeitsphase werden so berechnet, als wäre normal gearbeitet worden.

---

[1] Zu prüfen ist, ob tarifvertragliche Regelungen vorgehen.
[2] Nach BAG v. 11. 7. 1990, DB 1991, 392, trägt der Arbeitgeber das wirtschaftliche Risiko und schuldet Vergütung in Höhe des Kurzarbeitergeldes.

4. Überstunden

Während der Kurzarbeitsphase werden Überstunden nur in dringenden Ausnahmefällen genehmigt. Diese bedürfen in jedem Fall der vorherigen Zustimmung des Betriebsrates. Die Mitbestimmungsrechte des Betriebsrats gemäß § 87 BetrVG bleiben im Übrigen unberührt.

5. Auswärtsvergaben

Während der Kurzarbeitsperiode werden keine zusätzlichen Aufträge nach außen vergeben, sofern diese Aufträge im Werk ausgeführt werden können.

Unter Auswärtsvergaben sind auch Aufträge an verbundene Unternehmen zu verstehen.

6. Betriebsbedingte Kündigungen

Während der Kurzarbeitsperiode unterbleiben betriebsbedingte Kündigungen.[3]

7. Urlaub

Den von der Kurzarbeit betroffenen Mitarbeitern ist für die vereinbarten Kurzarbeitstage Urlaub zu gewähren, sofern sie dies spätestens einen Monat vorher beim jeweiligen Vorgesetzten beantragen und die Personalabteilung dem Urlaubsantrag zustimmt. Bei Einverständnis des Mitarbeiters, des Vorgesetzten und der Personalabteilung können die Antragsfristen verkürzt werden.

8. Kontakt mit dem Arbeitsamt

Der Betriebsrat nimmt mit zwei Mitgliedern an allen Gesprächen der Geschäftsleitung mit dem Arbeitsamt teil. Der Betriebsrat erhält von allen Unterlagen und Mitteilungen im Zusammenhang mit dem Arbeitsamt eine Kopie.

9. Veränderung der Kurzarbeitsperiode

Sollte sich die Auftragslage überraschend verbessern, kann die Kurzarbeit kurzzeitig beendet werden.[4]

Besteht die Notwendigkeit, die Kurzarbeit über den vereinbarten Zeitraum hinaus zu verlängern, ist mit dem Betriebsrat vorher eine entsprechende Vereinbarung abzuschließen und dies den Mitarbeitern unverzüglich bekannt zu geben.

Sollte in Eil- oder Notfällen oder aus sonstigen produktionstechnischen Gründen, zB für die Erledigung fristgebundener Aufträge, eine Änderung der vereinbarten Kurzarbeitslage erforderlich werden, bedarf dies der vorherigen Zustimmung des Betriebsrates.

---

3 Vgl. dazu BAG v. 26. 6. 1997, AP Nr. 86 zu § 1 KSchG 1969 – Betriebsbedingte Kündigung.
4 Wird die Kurzarbeit wegen einer Verbesserung der Auftragslage abgebaut und auf die betriebsübliche Arbeitszeit zurückgeführt, steht dem Betriebsrat ein Mitbestimmungsrecht nicht zu (BAG v. 21. 11. 1978, BB 1979, 576).

10. Geltungsdauer

Diese Betriebsvereinbarung gilt zunächst befristet bis zum . . . . Die Wirkung dieser Betriebsvereinbarung endet mit Ablauf der Kurzarbeitsperiode und der Abwicklung der sich aus der Betriebsvereinbarung ergebenden Verpflichtungen.

Sollten sich Betriebsrat und Geschäftsleitung auf eine Verlängerung des Kurzarbeitszeitraumes einigen, bleibt die Betriebsvereinbarung für den Verlängerungszeitraum in Kraft.

31.6 Betriebliche[1] Arbeitszeitvereinbarung

Präambel

Betriebsrat und Geschäftsleitung stellen übereinstimmend fest, dass der internationale Wettbewerb den Kostendruck im Unternehmen erhöht und damit die Arbeitsplätze im Unternehmen gefährdet. Die Arbeitsplätze im Betrieb sollen mit dieser Vereinbarung erhalten und gesichert werden. Vor diesem Hintergrund schließen der Betriebsrat und die Geschäftsleitung der . . . folgende

Regelungsabrede:

1. Die . . . GmbH bietet Mitarbeitern an, anstelle der bisherigen Arbeitsbedingungen folgende geänderte Arbeitsbedingungen zu wählen:[2]

(1) Das Urlaubsgeld beträgt 50% des monatlichen Arbeitsentgeltes ohne Überstunden, Zulagen, Zuschläge etc.

(2) Das Weihnachtsgeld beträgt 55% des monatlichen Arbeitsentgeltes ohne Überstunden, Zulagen, Zuschläge etc.

(3) Das Urlaubsgeld wird in dem Monat ausgezahlt, in dem die Betriebsferien stattfinden, ansonsten in dem Monat, der auf den Urlaubsmonat folgt. Das Weihnachtsgeld wird mit dem November-Lohn/Gehalt ausbezahlt.

---

1 In der betrieblichen Praxis werden immer häufiger höhere Wochenarbeitszeiten vereinbart, als die jeweils geltenden Tarifverträge zulassen. Betriebsvereinbarungen dieses Inhalts sind wegen der sog. Tarifsperre des § 77 Abs. 3 BetrVG unwirksam, soweit die Dauer der Wochenarbeitszeit üblicherweise tariflich geregelt ist. Einzelvertraglich ist die Vereinbarung tarifwidriger Arbeitszeiten wegen des Günstigkeitsprinzipes, § 4 Abs. 3 TVG wirkungslos, soweit im einzelnen Arbeitsverhältnis der Tarifvertrag unmittelbar und zwingend gilt. Ist dies nicht der Fall, ist die vertragliche Vereinbarung höherer Wochenarbeitszeiten zulässig. Die Regelungsabrede kann im Rahmen für betriebsweite einzelvertragliche Änderungsvereinbarungen mit den nicht-tarifgebundenen Mitarbeitern bilden.

2 Steht dem Mitarbeiter ein Wahlrecht zwischen den tariflichen und den angebotenen Arbeitsbedingungen zu und wählt er die angebotenen Arbeitsbedingungen, spricht dies unseres Erachtens für deren Günstigkeit (§ 4 Abs. 3 TVG) im Verhältnis zu unmittelbar und zwingend geltenden tariflichen Bedingungen in den Arbeitsverhältnissen der gewerkschaftlich Organisierten, s. dazu aber BAG v. 20. 4. 1999, NZA 1999, 887 (sog. Burda-Beschluss).

(4) Der Urlaubsanspruch eines jeden Mitarbeiters beträgt 30 Tage pro Jahr. Im Austrittsjahr wird der Urlaubsanspruch gezwölftelt.

(5) Bei Bedarf leistet der Mitarbeiter 20 Überstunden monatlich ohne Zuschläge. Über diesen Sockel hinausgehende Überstunden werden mit 25% Zuschlag bezahlt. Ein Ausgleich der geleisteten Überstunden durch Freizeit ist zulässig, bedarf jedoch der vorherigen Absprache mit dem Vorgesetzten.

(6) Weitere Zulagen und Zuschläge etc. werden nicht bezahlt.

(7) Die Einführung von Kurzarbeit ist zulässig. Es gelten die gesetzlichen Bestimmungen über Kurzarbeit.

(8) Die wöchentliche Regelarbeitszeit beträgt 40 Stunden. Arbeitsbeginn und -ende sowie die Verteilung der Pausen werden in einer gesonderten Betriebsvereinbarung geregelt.

(9) Die vorstehenden Regelungen ersetzen bestehende Regelungen derselben Gegenstände. Im Übrigen gelten die bestehenden Arbeitsbedingungen fort.

2. *Betriebsrat und Geschäftsleitung sind sich einig, dass die angebotenen Arbeitsbedingungen eine einheitliche Regelung*[3] *darstellen. Die Arbeitnehmer können diese Bedingungen nur einheitlich ablehnen oder annehmen. Ist eine Teilregelung unwirksam, wird dadurch die gesamte Vereinbarung nach Ziff. 1 unwirksam.*

---

[3] Fehlt diese Vereinbarung, könnten Mitarbeiter sich ggf. auf die Unwirksamkeit einzelner Bedingungen (zB tarifwidrige Arbeitszeitvereinbarungen) berufen und im Übrigen die Vorteile in Anspruch nehmen.

Antrag auf einstweilige Verfügung wegen Unterlassung von Überstunden ohne Zustimmung des Betriebsrats[1, 2]

31.7

In dem Beschlussverfahren mit den Beteiligten
(Betriebsrat ./. Arbeitgeber, volles Rubrum)

vertreten wir den Antragsteller.[3] Namens und im Auftrag des Antragstellers leiten wir ein Beschlussverfahren ein und beantragen wegen der Dringlichkeit des Falles ohne

---

[1] Im Rahmen der Mitbestimmung in sozialen Angelegenheiten nach § 87 Abs. 1 BetrVG ist seit der Entscheidung des BAG v. 3. 5. 1994 (ZIP 1995, 146 mit kritischer Anmerkung *Bauer/Diller*, ZIP 1995, 95) anerkannt, dass der Betriebsrat einen allgemeinen Unterlassungsanspruch gegen mitbestimmungswidrig durchgeführte Maßnahmen hat. Für den allgemeinen Unterlassungsanspruch im Bereich der sozialen Angelegenheiten ist (anders als bei § 23 Abs. 3 BetrVG) **kein grober Verstoß erforderlich** (s. im Einzelnen **M 28.8**). Der allgemeine Unterlassungsanspruch ist auch deswegen eine **scharfe Waffe**, weil er regelmäßig per **einstweiliger Verfügung** geltend gemacht werden kann. Die Eilbedürftigkeit ergibt sich daraus, dass eine Entscheidung im normalen Beschlussverfahren Monate dauern würde und deshalb ein endgültiger Verlust der

mündliche Anhörung der Beteiligten durch den Vorsitzenden allein im Wege der einstweiligen Verfügung:

1. *Der Antragsgegnerin wird aufgegeben, es zu unterlassen, Überstunden ohne Beachtung des Mitbestimmungsrechts des Betriebsrats anzuordnen oder zu dulden, soweit nicht ein Notfall vorliegt, es sich um leitende Angestellte handelt, keine kollektive Maßnahme vorliegt oder es um arbeitskampfbezogene Überstunden geht.*[4, 5]

    Mitbestimmungsrechte droht (statt aller BAG v. 18. 4. 1985, AP Nr. 5 zu § 23 BetrVG; LAG Düsseldorf v. 16. 5. 1990, NZA 1991, 29). Der **Verfügungsanspruch** ist nicht das Beteiligungsrecht des Betriebsrats als solches, sondern der Unterlassungsanspruch.

2 Problematisch ist, dass es sich bei der Unterlassungsverfügung regelmäßig um eine **Befriedigungsverfügung** handelt, die entgegen dem an und für sich gebotenen vorläufigen Charakter des einstweiligen Rechtsschutzes die Angelegenheit endgültig klärt. Deshalb sind grundsätzlich **hohe Anforderungen** an **Verfügungsanspruch** und **Verfügungsgrund** zu stellen. Ist ernstlich zweifelhaft, ob der Verfügungsanspruch besteht (also ob eine Angelegenheit tatsächlich mitbestimmungspflichtig ist), darf eine Befriedigungsverfügung nicht ergehen. Erforderlich ist also eine sehr hohe Wahrscheinlichkeit, dass der Verfügungsanspruch besteht (LAG BW v. 7. 11. 1989, NZA 1990, 286; LAG München v. 26. 8. 1992, LAGE § 23 BetrVG Nr. 29). Des Weiteren ist nach richtiger Auffassung eine **Interessenabwägung** vorzunehmen. Eine Befriedigungsverfügung, die dem Arbeitgeber erhebliche Nachteile bringt, darf nur ergehen, wenn dem Betriebsrat und/oder der Belegschaft bei Unterbleiben der einstweiligen Verfügung wesentliche Nachteile drohen (*Prütting*, RdA 1995, 263). Allein die Tatsache, dass der Arbeitgeber möglicherweise gegen § 87 BetrVG verstößt, reicht also nicht. Im Einzelnen ist streitig, ob es bei der Interessenabwägung auf die Interessen des Betriebsrats oder die Interessen der Arbeitnehmer ankommt (ausführlich: *Baur* in Dunkl/Moeller, Rz. B 311c mzN). Die Problematik zeigt sich insbesondere, wenn der Betriebsrat die Untersagung von Überstunden begehrt, die die Arbeitnehmer freiwillig leisten wollen und für die erhebliche Zuschläge gezahlt werden sollen. Dogmatisch richtig ist wohl, auf die Interessen des Betriebsrats abzustellen. Gleichwohl sollte nicht außer Acht bleiben, ob daneben auch Interessen der Belegschaft berührt sind.

    ➲ **Wichtig:** Aus der Rechtsnatur der einstweiligen Verfügung als Sicherungsinstrument folgt, dass nur der für den Arbeitgeber **schonendste** Eingriff verlangt werden kann, der zur Sicherung der Mitbestimmungsrechte gerade noch ausreicht (ausführlich *Baur* in Dunkl/Moeller, Rz. B 312a).

3 **Antragsbefugt** ist nur der Betriebsrat, also weder der einzelne Arbeitnehmer noch (anders als bei § 23 Abs. 3 BetrVG) eine im Betrieb vertretene Gewerkschaft.

4 Das Hauptproblem bei der Geltendmachung des allgemeinen Unterlassungsanspruchs ist das Problem des sog. „**Globalantrags**". Unter einem Globalantrag versteht man einen weit gefassten Leistungs- oder (meistens) Unterlassungsantrag, der eine Vielzahl verschiedener Fallgestaltungen erfasst. Ein typischer Globalantrag ist etwa der Antrag, den Arbeitgeber pauschal „zur Unterlassung von Überstunden ohne Zustimmung des Betriebsrats" zu verpflichten. Von einem derart weit gefassten Antrag sind beispielsweise auch Überstunden in Not- und Eilfällen, Überstunden von leitenden Angestellten, Überstunden nach Zustimmung der Einigungsstelle etc. erfasst. Während die ältere Rechtsprechung lange an der Zulässigkeit von derart weit gefassten Globalanträgen gezweifelt hat, betrachtet die neuere Rechtsprechung (zB BAG v. 10. 3. 1992, AP Nr. 1 zu § 77 BetrVG – Regelungsabrede) den Antrag grundsätzlich als **zulässig**. Das Problem sieht die neuere Rechtsprechung auf der Ebene der **Begründetheit**. Nach dieser Rechtsprechung soll der Antrag schon dann unbegründet sein, wenn aus der Vielzahl der in Betracht kommenden Fallkonstellationen auch nur eine einzige Konstellation exisitiert, in der das geltend gemachte Recht nicht besteht. Dann sei der Antrag insgesamt abzuweisen (BAG v. 10. 6. 1986, AP Nr. 18 zu § 87 BetrVG – Arbeitszeit). Es komme nicht in Betracht, aus dem Globalantrag diejenigen Fallkonstellationen herauszulösen, in denen der Unterlassungsanspruch materiellrechtlich besteht, und dann unter Zurückweisung des Antrags im Übrigen die Unterlassungsverpflichtung für die in Betracht kommenden Fallgestal-

2. Für jeden Fall der Zuwiderhandlung gegen die Verpflichtung aus Ziff. 1 wird der Antragsgegnerin pro Tag und pro betroffenem Arbeitnehmer ein Ordnungsgeld angedroht, dessen Höhe in das Ermessen des Gerichts gestellt wird, ersatzweise Ordnungshaft.[6]

3. Hilfweise: Die unter 1. und 2. beantragte einstweilige Verfügung nach Anhörung der Beteiligten unter größtmöglicher Abkürzung der Ladungs- und Einlassungsfristen zu erlassen.

Begründung:

Die Antragsgegnerin missachtet konsequent das Mitbestimmungsrecht des Antragstellers bei der Anordnung von Überstunden. Insbesondere hat die Antragsgegnerin unter Verletzung der Mitbestimmungsrechte an den Samstagen des . . ., . . . und . . . jeweils ca. 50 Arbeitnehmer im Rahmen einer Sonderschicht Überstunden machen lassen.

Zur Glaubhaftmachung: Zeugnis des Personalleiters . . ., zu laden über die Antragsgegnerin

Der Antragsteller hat mehrfach schriftlich dagegen protestiert, dass Überstunden angeordnet werden, ohne dass vorher sein Mitbestimmungsrecht nach § 87 Abs. 1 Nr. 3 BetrVG beachtet wird.

Zur Glaubhaftmachung: Schreiben des Antragstellers an die Antragsgegnerin vom . . ., . . . und . . ., Anlagen AS 1 bis AS 3

Die Aufforderungen haben jedoch nichts gefruchtet, so dass die Einleitung eines Beschlussverfahrens erforderlich ist. Der Erlass einer einstweiligen Verfügung ist geboten, da davon auszugehen ist, dass die Antragsgegnerin bis zu einer rechtskräftigen Entscheidung im ordentlichen Verfahren die Mitbestimmungsrechte des Antragstellers weiter verletzen würde.[7, 8]

---

tungen auszusprechen. Es ist nicht zu verkennen, dass diese Rechtsprechung die **korrekte Antragstellung außerordentlich erschwert** (kritisch zB *Fiebig*, NZA 1993, 58). Auf die Pflicht des Arbeitsgerichts, auf sachgerechte Anträge hinzuwirken (§ 139 Abs. 1 ZPO), kann sich der Betriebsratsanwalt erfahrungsgemäß kaum verlassen.

◯ **Praxistipp:** Es bleibt also **nur** (wie im vorliegenden Muster), akribisch alle denkbaren Varianten zu ermitteln, in denen ein Mitbestimmungsrecht ausnahmsweise ausscheidet, und diese im Antrag ausdrücklich auszuklammern. Eine andere Alternative ist, auf den Globalantrag ganz zu verzichten und im Wege der **Antragshäufung** mit einer Fülle gestaffelter punktueller Anträge zu arbeiten (ausführlich zur Problematik auch *Matthes*, DB 1984, 453 ff.).

5 Umstritten ist, ob wegen der Einstweiligkeit des Rechtsschutzes der gestellte Antrag **zeitlich zu begrenzen** ist, etwa auf vier bis acht Wochen. In der Praxis werden regelmäßig zeitlich unbefristete Unterlassungsanträge gestellt. Das ist aus anwaltlicher Sicht auch taktisch richtig, da das Gericht bei Bedenken wegen der zeitlichen Unbefristetheit des Antrags den Antrag nicht insgesamt zurückweisen darf, sondern als Minus zeitlich beschränken muss.

6 Die Zwangsmittelandrohung nach § 890 ZPO kann nach allgemeiner Ansicht mit dem Antrag im Erkenntnisverfahren **verbunden** werden.

7 Voraussetzung des Unterlassungsanspruchs ist regelmäßig die **Wiederholungsgefahr** (BAG v. 27. 11. 1990, NZA 1991, 382). Im Regelfall muss also vorgetragen werden, dass bereits Verstöße vorgekommen sind, und weitere Verstöße drohen. Allerdings reicht nach herrschender Auffassung auch eine **Erstbegehungsgefahr** (zB *Däubler/Kittner/Klebe*, § 23 BetrVG Rz. 78), zumindest wenn es sich um einen unmittelbar drohenden schwerwiegenden Verstoß handelt. Die bloß fern liegende Möglichkeit, der Arbeitgeber könne mitbestimmungspflichtige Maßnah-

Kap. 32 Mitbestimmung in sozialen Angelegenheiten

> *Zur Glaubhaftmachung für alles Vorstehende: Eidesstattliche Versicherung des Vorsitzenden des Antragstellers, Anlage AS 1*

...

(Unterschrift)

men einseitig durchführen, reicht dabei allerdings nicht. Vielmehr muss der Verstoß **„unmittelbar vor der Tür stehen"** (BAG v. 25. 2. 1997, NZA 1997, 955; ausführlich *Baur*, ZfA 1997, 445).

8 Gegen die Entscheidung des Arbeitsgerichts ist **Beschwerde** zum LAG nach §§ 87 ff. ArbGG möglich. Der **Gegenstandswert** wird üblicherweise nach der Bedeutung der streitigen Mitbestimmungsangelegenheit festgesetzt. Soweit es um Überstunden geht, wird meist mit dem Hilfswert nach § 23 Abs. 3 RVG (bis 30. 6. 2004: § 8 Abs. 2 BRAGO) von Euro 4 000 gearbeitet. Geht es aber beispielsweise um die Unterlassung wirtschaftlich bedeutenderer Angelegenheiten wie die Installation eines unternehmensweiten EDV-Systems (§ 87 Abs. 1 Nr. 6 BetrVG, s. **M 33.5**) oder eine groß angelegte Verrechnung von Tariflohnerhöhungen mit betrieblicher Zulage (§ 87 Abs. 1 Nr. 10 BetrVG), können erheblich höhere Gegenstandswerte festgesetzt werden.

Kapitel 32 Mitbestimmung in sozialen Angelegenheiten – Lohngestaltung

Literaturübersicht: *Gaul*, Rechtsprobleme der Akkordentlohnung, BB 1990, 1549; *Heinze*, Die Mitbestimmungsrechte des Betriebsrates bei Provisionsentlohnung, NZA 1986, 1; *Hromadka*, Übertarifliche Zulagen mitbestimmungspflichtig?, DB 1986, 1921; *Joost*, Betriebliche Mitbestimmung bei der Lohngestaltung im System von Tarifautonomie und Privatautonomie, ZfA 1993, 257; *Kraft*, Die betriebliche Lohngestaltung im Spannungsfeld von Tarifautonomie, betrieblicher Mitbestimmung und Vertragsfreiheit, FS Karl Molitor, 1988, S. 207; *Lieb*, Die Mitbestimmung beim Prämienlohn, ZfA 1988, 413; *Löwisch*, Die Mitbestimmung des Betriebsrats bei der Gehaltsfestsetzung für Angestellte nach Arbeitsplatzrangfolge und Leistungsbeurteilung, DB 1973, 1746; *Matthes*, Die Rechtsprechung des Bundesarbeitsgerichts zur Mitbestimmung in Entgeltfragen, NZA 1987, 289; *Pauly*, Zu Umfang und Grenzen des Mitbestimmungsrechts aus § 87 Abs. 1 Nr. 8 und Nr. 10 BetrVG im Bereich der betrieblichen Altersversorgung, DB 1985, 43; *Plander*, Zustandekommen, Wirksamkeit und Rechtsfolgen arbeitsrechtlicher Zielvereinbarungen, ZTR 2002, 155 und 402; *Reichold*, Entgeltmitbestimmung als Gleichbehandlungsproblem, RdA 1995, 1417; *Richardi*, Die Mitbestimmung des Betriebsrats bei der Regelung des Arbeitsentgelts, ZfA 1976, 1; *Richardi*, Der Große Senat des BAG zur Mitbestimmung bei der Anrechnung einer Tariflohnerhöhung auf über- und außertarifliche Zulagen, NZA 1992, 961; *Rumpff*, Das Mitbestimmungsrecht des Betriebsrats bei Entgeltfragen, insbesondere beim Leistungslohn, nach dem Betriebsverfassungsgesetz 1972, ArbuR 1972, 65; *Schüren*, Mitbestimmung bei der automatischen Anrechnung von Tariflohnerhöhungen auf überbetriebliche Zulagen, RdA 1991, 139; *Stege*, Die Mitbestimmung des Betriebsrats bei der Anrechnung übertariflicher Zulagen auf die Tariflohnerhöhung, DB 1991, 2386; *Thüsing*, Das Mitbestimmungsrecht des Betriebsrats bei der Ausgestaltung freiwilliger Jahressonderzahlungen, DB 1997, 1130.

I. Erläuterungen

1. Umfang der Mitbestimmung

(Sa. Kap. 31 I. 1.–3.)

Die betriebliche Lohngestaltung, insbesondere die Aufstellung von Entlohnungsgrundsätzen und die Einführung und Anwendung von neuen Entlohnungsmethoden sowie deren Änderung unterliegt nach § 87 Abs. 1 Nr. 10 BetrVG der Mitbestimmung des Betriebsrates. Das Mitbestimmungsrecht erlaubt dem Betriebsrat, Einfluss auf die innerbetriebliche Lohngerechtigkeit zu nehmen.[1] Sämtliche Leistungen, die als Gegenleistung für die Arbeitsleistung des Arbeitnehmers gewährt werden, unterliegen dieser Mitbestimmungspflicht. Ausgenommen von der Mitbestimmung des Betriebsrates ist die **Lohnhöhe**. Eine Sonderregelung trifft § 87 Abs. 1 Nr. 11 BetrVG. Nach dieser Vorschrift ist die Festsetzung der Akkord- und Prämiensätze und vergleichbarer leistungsbezogener Entgelte einschließlich der Geldfaktoren mitbestimmungspflichtig. Nur soweit es sich um ein mit Akkord oder Prämien vergleichbares leistungsbezogenes Entgelt handelt, bestimmt der Betriebsrat über den Geldfaktor und damit über die Höhe der Leistung mit. Ein mit Akkord und Prämien vergleichbares Entgelt liegt vor, wenn die Leistung des Arbeitnehmers gemessen wird, diese Leistung mit einer vorgegebenen Bezugsleistung verglichen wird und sich das Entgelt des Arbeitnehmers nach dem Verhältnis der Leistung zur Bezugsleistung bemisst.[2] Nach diesen Kriterien ist eine reine Abschlussprovision kein mit Akkord- oder Prämienleistungen vergleichbares Entgelt.[3] Werden also neben dem Grundgehalt Vergütungsbestandteile gewährt, die an die Leistung des Arbeitnehmers anknüpfen, ist zu prüfen, welchem der Mitbestimmungstatbestände die Leistung zuzuordnen ist. Nur wenn die Voraussetzungen des § 87 Abs. 1 Nr. 11 BetrVG erfüllt sind, erstreckt sich das Mitbestimmungsrecht des Betriebsrates auf die Geldfaktoren. Andernfalls bestimmt der Betriebsrat über das Verhältnis von Festgehalt zu variablen Einkommensbestandteilen, das Verhältnis verschiedener variabler Bestandteile untereinander, dh. die Gestaltung des Leistungssystems mit.[4]

Verletzt der Arbeitgeber bei der Änderung einer betrieblichen Vergütungsordnung die Mitbestimmungsrechte des Betriebsrates, gilt die bestehende Vergütungsordnung weiter, ggf. auch für neu eintretende Mitarbeiter.[5]

2. Kollektiver Tatbestand

Das Mitbestimmungsrecht des Betriebsrates setzt immer einen sog. kollektiven Tatbestand voraus. Individuelle Vereinbarungen zwischen Arbeitgeber und Arbeitnehmer unterliegen nicht der Mitbestimmung. Dies bedeutet jedoch nicht, dass der Arbeitgeber beliebig die mitbestimmungspflichtige Gestaltung für alle Arbeitnehmer durch die Summe von Einzelvereinbarungen mit den Arbeitnehmern ohne Mitbestimmung des Betriebsrates ersetzen kann.[6] Ob ein kollektiver Tatbestand vorliegt, bestimmt sich danach, ob ein innerer Zusammenhang mit den Leistungen anderer Arbeitnehmer vor-

---

1 BAG GS v. 3. 12. 1991, AP Nr. 51 zu § 87 BetrVG 1972 – Lohngestaltung.
2 BAG v. 28. 7. 1981, BB 1982, 1050.
3 BAG v. 13. 3. 1984, BB 1984, 2128.
4 BAG v. 6. 12. 1988, BB 1989, 1822; v. 26. 7. 1988, BB 1988, 2390.
5 BAG v. 11. 6. 2002, ZIP 2002, 2327.
6 BAG GS v. 3. 12. 1991, AP Nr. 51 zu § 87 BetrVG 1972 – Lohngestaltung.

liegt oder nur die Umstände des einzelnen Arbeitnehmers eine Rolle spielen. In der Regel bietet die Zahl der von einer Vergütungsregelung betroffenen Arbeitnehmer jedenfalls ein Indiz für einen kollektiven Tatbestand.

3. AT-Angestellte

Das Mitbestimmungsrecht des Betriebsrates erstreckt sich auch auf die Lohngestaltung für AT-Angestellte. Nur die leitenden Angestellten iSd. § 5 Abs. 3 BetrVG sind von der Zuständigkeit des Betriebsrates ausgenommen. Legt der Arbeitgeber für AT-Angestellte Gehaltsgruppen fest oder stellt er in anderer Form abstrakt-generelle Grundsätze zur Lohnfindung für AT-Angestellte auf, entscheidet er, AT-Gehälter linear oder nach abstrakten Kriterien zu erhöhen, besteht das Mitbestimmungsrecht des Betriebsrates. Nicht mitbestimmungspflichtig ist auch hier die Lohnhöhe, dh. auch die Festlegung zB des Wertunterschiedes von der letzten Tarifgruppe zur ersten AT-Gehaltsgruppe.[7]

4. Freiwillige Zulagen

Mitbestimmungsfrei ist die Entscheidung des Arbeitgebers, ob und in welchem Umfang er zusätzlich zur Vergütung freiwillige Zulagen gewährt. Dies hindert jedoch nicht die Mitbestimmung des Betriebsrates bei der Gestaltung der Zulage und der Verteilung des Zulagenvolumens (sog. Dotierungsrahmen). Mitbestimmungsfrei kann der Arbeitgeber entscheiden, die freiwillige Zulage vollständig wieder einzustellen. Jede Änderung, die die Umverteilung des Zulagenvolumens und damit eine Änderung der Verteilungsgrundsätze bewirkt, ist dagegen mitbestimmungspflichtig.[8] Die Mitbestimmung des Betriebsrates erstreckt sich nicht auf die Entscheidung über die Zweckbestimmung der Leistung und damit auch nicht auf die Entscheidung über den Personenkreis, dem die Leistung zukommen soll.[9]

---

[7] BAG v. 21. 8. 1990, NZA 1991, 434.
[8] BAG v. 11. 8. 1992, AP Nr. 53 zu § 87 BetrVG 1972 – Lohngestaltung; v. 3. 5. 1994, AP Nr. 23 zu § 23 BetrVG 1972.
[9] BAG v. 8. 12. 1981, AP Nr. 1 zu § 87 BetrVG 1972 – Prämie.

II. Muster

32.1 Vergütung von AT-Angestellten

1. Geltungsbereich

Diese Betriebsvereinbarung gilt für alle Angestellten, die vom persönlichen Geltungsbereich des Gehaltstarifvertrages der . . .-Branche nicht erfasst sind.[1]

---

[1] Auch mit dieser Vereinbarung kann nicht die Zuständigkeit des Betriebsrates für leitende Angestellte iSd. § 5 Abs. 3 BetrVG begründet werden. Für sie gilt die Betriebsvereinbarung nicht.

2. Gehaltsgruppen

Gehaltsgruppe I
Angestellte mit Führungsaufgaben
Leiter von Abteilungen mit mindestens ... Mitarbeitern
...

Gehaltsgruppe II
Mitarbeiter mit Führungsaufgaben
Projektleiter in Projektteams mit mindestens ... Projektmitarbeitern

Gehaltsgruppe III
...

3. Eingruppierung

Geschäftsleitung und Betriebsrat haben sich in der als Anlage 1 zu dieser Betriebsvereinbarung beigefügten Liste auf die Zuordnung der zurzeit bestehenden AT-Arbeitsplätze zu den Gehaltsgruppen nach dieser Vereinbarung geeinigt. Werden neue AT-Stellen geschaffen oder bestehende AT-Stellen verändert, werden Geschäftsleitung und Betriebsrat unverzüglich die neue Zuordnung der Tätigkeit zu einer Gehaltsgruppe vornehmen und die Anlage 1 zu dieser Vereinbarung entsprechend ergänzen.[2]

4. Höhe der Gruppengehälter

4.1 Der Arbeitgeber unterrichtet den Betriebsrat jährlich über die Höhe der von ihm festgesetzten Gehälter für die Gehaltsgruppen nach dieser Vereinbarung.

4.2 Die Höhe der Gehälter wird regelmäßig nach In-Kraft-Treten der Tariflohnerhöhungen für Tarifangestellte überprüft und entsprechend dem Prozentsatz der Tariflohnerhöhung linear erhöht.

5. Überstunden

5.1 Mit der außertariflichen Vergütung der AT-Angestellten nach dieser Vereinbarung sind bis zu 15 Überstunden im Monat pro Mitarbeiter abgegolten.[3]

5.2 Darüber hinausgehende Überstunden werden im Folgemonat durch Freizeitausgleich abgegolten. Der Zeitpunkt des Freizeitausgleiches legt der AT-Angestellte in Absprache mit seinem Vertreter fest. Stehen dem Freizeitausgleich im Folgemonat betriebliche Gründe entgegen, werden die Überstunden mit der anteiligen Vergütung nach der Formel

$$\frac{\text{monatliche Vergütung}}{\text{monatliche Arbeitsstunden} + 15}$$

ohne Zuschläge vergütet.

---

[2] Hier könnte auch auf §§ 99 ff. BetrVG verwiesen werden. Damit bindet sich der Arbeitgeber allerdings, ggf. auch das gerichtliche Zustimmungsersetzungsverfahren durchzuführen, wenn der Betriebsrat die Zustimmung zu einer Eingruppierung verweigert.
[3] Die Vereinbarkeit mit bestehenden Überstundenregelungen ist zu prüfen.

32.2 Übertarifliche Zulagen

1. Geltungsbereich

Diese Betriebsvereinbarung gilt für alle Arbeiter und Angestellte des Betriebes mit Ausnahme der AT-Angestellten.

2. Übertarifliche Zulagen

2.1 Der Arbeitgeber gewährt eine übertarifliche Zulage in Höhe von . . .% des Grundgehaltes.

2.2 Die übertarifliche Zulage erhöht sich nach jeweils fünf Beschäftigungsjahren um weitere jeweils . . .% des Grundgehaltes.

3. Anrechnung von Tariflohnerhöhungen

Der Arbeitgeber behält sich vor, Tariflohnerhöhungen auf die übertarifliche Zulage anzurechnen. Beschränkt er die Anrechnung auf bestimmte Arbeitnehmergruppen, steht dem Betriebsrat bei der Festlegung der betroffenen Personenkreise ein Mitbestimmungsrecht zu.

4. Schlussbestimmungen

Diese Betriebsvereinbarung tritt am . . . in Kraft. Sie löst alle bestehenden Betriebsvereinbarungen über übertarifliche Zulagen, insbesondere die Betriebsvereinbarungen vom . . . und . . . ab.[1]

---

[1] ➔ **Praxistipp:** Häufig besteht nach Jahrzehnten eine Vielzahl von Betriebsvereinbarungen über Vergütungen, deren Zusammenspiel unübersichtlich ist. Der Abschluss einer neuen Betriebsvereinbarung sollte deshalb immer zur Bestandsaufnahme und Generalbereinigung genutzt werden.

32.3 Provisionen im Verkauf

1. Geltungsbereich

Diese Provisionsvereinbarung gilt für sämtliche Mitarbeiter des Verkaufsaußen- und Innendienstes.

2. Provisionen

Die Mitarbeiter des Verkaufsaußen- und Innendienstes erhalten Abschlussprovisionen für den Verkauf folgender Warengruppen:

Warengruppe I . . .
Warengruppe II . . .
Warengruppe III . . .

3. Teamprovision

Die Provisionen der Außendienst-Mitarbeiter werden als Teamprovisionen errechnet. Die Provision des einzelnen Außendienst-Mitarbeiters errechnet sich durch Teilung der Teamprovision geteilt durch die Zahl der Mitarbeiter des Verkaufsteams.[1]

Die Provisionen der Innendienst-Mitarbeiter entspricht der Provision der Außendienst-Mitarbeiter des Teams, das der Innendienst-Mitarbeiter betreut. Betreut er mehrere Teams, erhält er eine Provision in Höhe des Durchschnitts der Provisionen aller Außendienst-Mitarbeiter, die er betreut.

4. Provisionssätze

Der Arbeitgeber legt jährlich Provisionssätze für die Warengruppen nach Ziff. 2 dieser Vereinbarung fest und informiert den Betriebsrat über die Höhe der Provisionssätze.

5. Schlussbestimmungen

Diese Betriebsvereinbarung tritt am ... in Kraft. Sie ersetzt alle bestehenden Provisionsregelungen für den Verkaufsaußen- und Innendienst.

---

[1] Bei Bedarf sollte die Verteilung auch für den Fall der Vergrößerung oder Verkleinerung des Teams geregelt werden.

Betriebsvereinbarung Erschwerniszulage im Vier-Schicht-Betrieb

1. Die im Vier-Schicht-Betrieb beschäftigten Arbeitnehmer erhalten je Kalenderwoche als Erschwerniszulage für die Vier-Schicht-Arbeit zwei durchschnittliche persönliche Stundenverdienste.

2. Zukünftige tarifvertragliche Verbesserungen können auf diese Vereinbarung nicht in Anrechnung gebracht werden. Sie müssen sich für die von dieser Vereinbarung betroffenen Arbeitnehmer genauso vergütungserhöhend auswirken wie für alle anderen Arbeitnehmer des Betriebes.

3. Diese Vereinbarung tritt am ... in Kraft. Sie läuft auf unbestimmte Zeit und kann mit einer Frist von sechs Monaten erstmals zum ... gekündigt werden. Eine Nachwirkung entfällt.

Kapitel 33
Mitbestimmung in sozialen Angelegenheiten – Technische Einrichtungen

Literaturübersicht: *Beck*, Die Mitbestimmung des Betriebsrates bei der Einführung und Anwendung der Personalinformationssysteme, 1987; *Ehmann*, Arbeitsschutz und Mitbestimmung bei neuen Technologien, 1981; *Gaul*, Die rechtliche Ordnung der Bildschirm-Arbeitsplätze, 2. Aufl. 1984; *Gola/Wronka*, Handbuch zum Arbeitnehmerdatenschutz, 2. Aufl. 1994; *Grosjean*, Überwachung von Arbeitnehmern – Befugnisse des Arbeitgebers und mögliche Beweisverwertungsverbote, DB 2003, 2650; *Heither*, Die Rechtsprechung des Bundesarbeitsgerichts zum Datenschutz für Arbeitnehmer, BB 1988, 1049 ff.; *Jobs*, Mitbestimmung des Betriebsrats gemäß § 87 Abs. 1 Nr. 6 BetrVG bei Personalinformationssystemen und Bildschirmarbeitsplätzen, DB 1983, 2307; *Lenze*, Datenschutz im Betriebsverfassungs- und Personalvertretungsrecht, ZTR 2002, 558; *Matthes*, Neue Rechtsprechung des Bundesarbeitsgerichts zur Mitbestimmung des Betriebsrats bei der technischen Überwachung, RDV 1987,1; *Matthes*, Möglichkeiten und Grenzen betrieblicher Telefondatenerfassung, CR 1987, 108; *Schwarz*, Die Reichweite des Mitbestimmungsrechts des Betriebsrats bei Einführung und Anwendung technischer Kontrolleinrichtungen (§ 87 Abs. 1 Nr. 6 BetrVG), DB 1983, 226; *Schwarz*, Personalabrechnungs- und Informationssysteme und das Mitbestimmungsrecht des Betriebsrats nach § 87 Abs. 1 Nr. 6 BetrVG, BB 1983, 202; *Söllner*, Zur Beteiligung des Betriebsrats und zur Zuständigkeit der Einigungsstelle bei Einführung und Anwendung von Personalinformationssystemen, DB 1984, 1243.

I. Erläuterungen

1. Umfang der Mitbestimmung

(Sa. Kap. 31 I. 1.–3.)

2. EDV-Nutzung

Die Nutzung der EDV ist nur teilweise mitbestimmungspflichtig. Entscheidend ist, ob eine technische Einrichtung die Möglichkeit einer Überwachung des Verhaltens oder der Leistung bietet. EDV-Anlagen unterliegen in der Regel der Mitbestimmung, wenn sie Informationen oder Daten erfassen oder verarbeiten, die für sich allein keine Aussage über das Verhalten oder die Leistung der Arbeitnehmer zulassen, die jedoch in Verknüpfung mit anderen Daten eine Verhaltens- oder Leistungskontrolle ermöglichen.[1] Die Rechtsprechung hat in der Vergangenheit ausdrücklich klargestellt, dass entscheidend ist, ob eine Anlage objektiv zur Überwachung der Arbeitnehmer geeignet ist. Dabei sei unerheblich, ob dies ein Nebeneffekt der Einrichtung sei oder die Daten tatsächlich vom Arbeitgeber ausgewertet werden. Der Einsatz einer EDV-Anlage wird jedenfalls dann als mitbestimmungspflichtig angesehen, wenn aufgrund bestehender Programmierung Leistungs- und Verhaltensdaten erhoben werden können.

---

1 BAG v. 11. 3. 1986, AP Nr. 14 zu § 87 BetrVG 1972.

3. Telefondatenerfassung und Internet/E-Mail-Nutzung

Mitbestimmungspflichtig ist die automatische Erfassung von Daten oder Gebühren.[2] Wesentlicher Gegenstand einer Vereinbarung über solche Systeme ist die Frage, inwieweit der Arbeitgeber die Kenntnisse aus der Datenerfassung verwerten darf. Regelungsbedürftig sind insbesondere folgende Fragen:

– Werden Privatgespräche bzw. private E-Mail getrennt erfasst?
– Trägt der Mitarbeiter Kosten für Privatnutzung selbst?
– Darf der Arbeitgeber kontrollieren, ob Privatnutzung zu Unrecht als dienstliche Nutzung verzeichnet wird?
– Darf der Arbeitgeber arbeitsrechtliche Sanktionen (Abmahnung oder Kündigung) auf Kenntnisse aus der Datenerfassung stützen?

4. Zuständigkeit des Gesamtbetriebsrates

Bei unternehmenseinheitlicher Einführung eines EDV-Systems mit einheitlichen Standards ist die originäre Zuständigkeit des Gesamtbetriebsrates begründet.[3] Liegen diese Voraussetzungen nicht vor, begründet nur eine Delegation nach § 50 Abs. 2 BetrVG die Zuständigkeit des Gesamtbetriebsrates.

---

[2] BAG v. 27. 5. 1986, AP Nr. 15 zu § 87 BetrVG 1972.
[3] LAG Düsseldorf v. 21. 8. 1987, NZA 1988, 211.

II. Muster

Gesamtbetriebsvereinbarung 33.1
EDV-Systeme und Schutz personenbezogener Daten

Präambel

Zur Wahrung schutzwürdiger Belange und Rechte der Arbeitnehmer/innen in der Planung, Einführung, Änderung und Nutzung von EDV-Systemen werden mit dieser Betriebsvereinbarung Grundsätze zum Schutz personenbezogener Daten aufgestellt.

1. Geltungsbereich

1.1 Diese Betriebsvereinbarung gilt persönlich für alle Arbeitnehmer iSd. § 5 Abs. 1 des Betriebsverfassungsgesetzes einschließlich der Auszubildenden.

1.2 Die Betriebsvereinbarung gilt im Betrieb der ... GmbH in ... und den Niederlassungen ....

1.3 Die Betriebsvereinbarung gilt fachlich für alle EDV-Systeme. Werden EDV-Arbeiten auf Drittfirmen übertragen, werden die Grundsätze dieser Vereinbarung entsprechend vereinbart.

2. Begriffsbestimmung

EDV-Systeme iSd. Betriebsvereinbarung sind Hardware- und Softwaresysteme, die geeignet sind, Daten zu erfassen, zu speichern, zu verarbeiten und/oder zu vermitteln und auszuwerten.

3. Ergänzende Regelungen

Vor der Einführung, Änderung oder Ergänzung von EDV-Systemen, mit denen personenbezogene oder -beziehbare Daten aus Verwaltungs-, Vertriebs- und Produktionsabläufen erfasst, gespeichert, verarbeitet und/oder übermittelt werden, werden speziellere Betriebsvereinbarungen abgeschlossen, soweit von dieser Betriebsvereinbarung abgewichen wird.

4. Informationsrechte des Betriebsrates

Der Gesamtbetriebsrat wird rechtzeitig und umfassend über die geplante Einführung, den Betrieb, den Ausbau und die Änderung von EDV-Systemen unterrichtet. Soweit es sich um örtlich spezifische Umstände handelt, werden die örtlichen Betriebsräte unterrichtet.

Mit Abschluss dieser Vereinbarung werden dem Gesamtbetriebsrat folgende Informationen zur Verfügung gestellt:

– Bildschirmmasken bestehender Personalinformationssysteme;

– Liste der Zugriffsberechtigten;

– . . . .

5. Datenschutz

5.1 Personenbezogene Daten werden nur gespeichert, soweit und solange dies aus betriebsbedingten Gründen notwendig ist oder der Arbeitnehmer ausdrücklich zugestimmt hat.

5.2 Jeder Mitarbeiter hat das Recht, vom Arbeitgeber unentgeltlich und in lesbarer Form einmal jährlich darüber Auskunft zu bekommen, welche Informationen und Daten über ihn gespeichert sind.

5.3 Unrichtige Daten werden korrigiert.

5.4 Personenbezogene Daten werden grundsätzlich nicht an Dritte weitergegeben, es sei denn, der Personalleiter hat in begründeten Ausnahmefällen ausdrücklich seine Zustimmung erteilt oder die Weitergabe ist gesetzlich geregelt. Ausdrücklich gestattet ist die Übermittlung von Arbeitnehmerdaten im Konzern im Rahmen der Zweckbestimmung der Vertragsverhältnisse oder mit Zustimmung der betroffenen Arbeitnehmer. Konzernunternehmen sind nicht Dritte iSd. Betriebsvereinbarung.

5.5 Alle Personen, die mit personenbezogenen Daten arbeiten, sind ausdrücklich auf das Datengeheimnis zu verpflichten.

5.6 Die . . . GmbH stellt mit geeigneten Mitteln sicher, dass die Vorschriften des Bundesdatenschutzgesetzes und ergänzender Regelungen gewahrt werden.

6. Personenbezogene Arbeitnehmerdaten

Personenbezogene Daten werden insbesondere zu folgenden Zwecken erhoben und gespeichert:

- *soweit gesetzlich oder gesetzesgleich vorgeschrieben (zB steuerliche Belange, amtliche Statistiken, Sozialversicherung usw.);*
- *zur Lohn- und Gehaltsabrechnung;*
- *zur Personaleinsatzplanung und Disposition;*
- *zur Erfassung von An- und Abwesenheitszeiten;*
- *zur Personalverwaltung (zB Darlehensabwicklung, Dienstwagenabwicklung, Versicherungen, Versorgungswerk uÄ);*
- *zum Personalberichtswesen;*
- *zur Personalplanung und Personalcontrolling;*
- *zur Personalentwicklung (insbesondere Nachwuchssicherung zum Personalaustausch und im Rahmen der Aus- und Fortbildung bzw. Zielsetzung und Zielerreichung);*
- *zur Speicherung von Wiedervorlagedaten (zB Ablauf der Probezeit, Befristung, Dauer des Mutterschutzes usw.).*

7. Anonymisierung

Soweit die Nutzung personenbezogener Daten nach der vorstehenden Ziffer oder zu vergleichbaren Zwecken nicht notwendig ist, werden die Daten in anonymer Form verwendet. Als anonym gilt eine Auswertung, in der keine personenidentifizierbaren Daten erhalten sind, wie zB Namen, Geburtsdaten, Personalnummern, Telefonnummern, Kostenstelle, Adresse, Kfz-Kennzeichen).

Rückverfolgungen anonymer Auswertungen auf Einzelpersonen oder individualisierbarer Gruppen sind nicht gestattet, soweit nicht in Ausnahmefällen der Personalleiter hierzu ausdrücklich seine Zustimmung erteilt hat.

8. Leistungs- und Verhaltenskontrollen

Durch die eingeführten oder noch einzuführende EDV-Systeme werden keine Leistungs- oder Verhaltenskontrollen ohne eine gesonderte Betriebsvereinbarung vorgenommen.

9. Zugriff auf personenbezogene Daten

Der Geschäftsführer/Personalleiter erteilt Zugriffsberechtigungen auf personenbezogene Daten, soweit das Aufgabengebiet des Zugriffsberechtigten dies erfordert.

10. Schlussbestimmungen

Die Betriebsvereinbarung tritt mit ihrer Unterzeichnung in Kraft und kann mit einer Frist von drei Monaten gekündigt werden.

33.2 Betriebsvereinbarung zur Nutzung der Telefonanlage[1]

Präambel

Die ... GmbH ist ein Dienstleistungsunternehmen, dessen Bestreben, bei Kunden ständig präsent zu sein, durch die Einführung und Nutzung der neuen ...-Telefonanlage unterstützt werden soll. Die Gewinnung der Daten, die diese Telefonanlage zur Verfügung stellt, ist für die ... GmbH erforderlich, um ihren Kunden qualitativ hochwertige Leistungen anbieten zu können. Gleichzeitig soll den Mitarbeitern eine dem Stand der Technik entsprechend gerechte Arbeitsverteilung ermöglicht werden.

§ 1 Geltungsbereich

(1) Die folgende Betriebsvereinbarung[2] gilt für alle Mitarbeiter und Mitarbeiterinnen in allen ...-Büros mit einer ...-Telefonanlage ..., unabhängig, ob sie bereits eingeführt ist oder erst in Zukunft eingeführt wird. Die ... GmbH wird unverzüglich eine Anlagenbeschreibung über den Ist-Zustand erstellen und dem Gesamtbetriebsrat aushändigen. Vor jeder Änderung der Hard- oder Software ist der Gesamtbetriebsrat rechtzeitig und umfassend zu unterrichten, um mitbestimmungspflichtige Tatbestände prüfen zu können. Jede Änderung und Erweiterung der Anlage und der Datenfelder, soweit es sich nicht ausschließlich um eine Ausweitung der Bedienplätze handelt, bedarf der Zustimmung des Gesamtbetriebsrates.

(2) Die Anlage wird ausschließlich in dem durch diese Betriebsvereinbarung gesetzten Rahmen benutzt.

§ 2 Zweck der Anlagennutzung

Der Zweck der Anlage besteht in einer automatischen Anrufverteilung, wobei die eingehenden Anrufe gerecht auf die einzelnen Bedienplätze verteilt werden. Es sollen auch die Zahl der eingehenden Anrufe vor Verteilung auf die einzelnen Bedienplätze sowie die Anzahl der nicht verteilten Anrufe summarisch erfasst werden. Hieraus sollen auch Rückschlüsse auf Personalbedarf und Büroöffnungszeiten zugelassen sein.

§ 3 Auswertungen

(1) Die Anlage kann folgende Darstellungen gedruckt oder mittels Bildschirm abgeben:

– Laufende Statusanzeige

– Report 1 (Bedienplatzgruppenreport)

– Report 2 (Warteschleifenreport)

– Report 3 (Leitungsgruppenreport)

– Report 4 (Bedienplatzreport)

(2) Die Inhalte dieser Reports (Masken und Beschreibungen) sind in Anlage 1 dieser Betriebsvereinbarung beigefügt und sind auch Bestandteil dieser Vereinbarung.

---

[1] BAG v. 30. 8. 1995, AP Nr. 29 zu § 87 BetrVG 1972 – Überwachung.
[2] Zur Zuständigkeit des Gesamtbetriebsrates vgl. LAG Köln v. 19. 1. 1983, DB 1983, 1101.

Ausdrucke der Reports erhalten der Leiter der Reservierungszentrale und der Supervisor, bzw. der Betriebsrat auf Anfrage.

(3) Beabsichtigt der Arbeitgeber aufgrund der durch die Reports gesammelten Daten ein Kritikgespräch mit einer Mitarbeiterin/einem Mitarbeiter, so verpflichtet er sich, den Betriebsrat rechtzeitig vorher zu informieren. Der Arbeitgeber verpflichtet sich weiterhin, der betroffenen Mitarbeiterin/dem betroffenen Mitarbeiter einen Hinweis auf die Möglichkeit der Hinzuziehung eines Betriebsratsmitgliedes zu diesem Kritikgespräch zu geben. Basis eines solchen Kritikgespräches ist ein mindestens dreimonatiger Bezugszeitraum.

§ 4 Verknüpfung von Daten

Eine automatische Verknüpfung und Verwertung von Daten aus dieser Anlage mit Daten aus anderen Dateien und/oder eigenen und/oder anderen Systemen findet nicht statt. Personenbezogene Daten aus dieser Anlage dürfen nicht mit anderen Systemen verknüpft werden.

§ 5 Aufzeichnen und Mithören von Gesprächen

(1) Das Aufzeichnen und Mithören von Gesprächen ist grundsätzlich unzulässig. Als eine Ausnahme ist der durch einen Mitarbeiter auszulösende „Hilferuf" (= Notruf) zu nennen.

(2) Während der Probezeit ist zu Ausbildungszwecken das Mithören von Gesprächen durch den Supervisor oder einen anderen erfahrenen Mitarbeiter als dessen Beauftragten erlaubt. Hierbei kann sowohl der neue Mitarbeiter wie der Supervisor oder dessen Beauftragter bei Gesprächen gegenseitig mithören. Zweck hierbei ist ausschließlich, dem neuen Mitarbeiter ein Gefühl der Sicherheit zu vermitteln und im Problemfall kompetente Unterstützung zu gewährleisten. Das Mithören darf nur durch ein am Arbeitsplatz des betreffenden Mitarbeiters stattfindendes Einstecken des Sprechgerätes und nicht durch bloßes Aufschalten von einem anderen Bedienplatz aus erfolgen.[3]

§ 6 Schulungen

Die . . . GmbH verpflichtet sich, alle an den Bedienplätzen Beschäftigten ausreichend in der Handhabung der Geräte zu schulen. Die Schulungen erfolgen auf Kosten der . . . GmbH während der Arbeitszeit. Der lokale Betriebsrat hat das Recht, ein Mitglied zu bestimmen, das an den Schulungen zu dieser Telefonanlage teilnimmt.

§ 7 Kontrolle der Vereinbarung

Der Betriebsrat erhält jederzeit auf sein Verlangen hin Einsicht in das System sowie die Unterlagen über das System und aus dem System.

---

3 Das Mithören der Gespräche erfüllt nicht den Tatbestand des § 201 Abs. 2 Satz 1 Nr. 1 StGB (BGH v. 8. 10. 1993, BGHSt 39, 335, 343).

33.3 Betriebsvereinbarung zur Telefondatenerfassung

§ 1 Datenerfassung

(1) Bei Dienstgesprächen werden folgende Daten erfasst:

- Nummer der Nebenstelle
- Datum und Uhrzeit des Gespräches
- Anzahl Gebühreneinheiten
- Kosten des Gespräches
- Zielnummer

(2) Bei Privatgesprächen werden folgende Daten erfasst:

- Nummer der Nebenstelle
- Anzahl Gebühreneinheiten
- Kosten des Gespräches
- die ersten drei Ziffern der Zielnummer (und ggf. Ortskennzahl)

§ 2 Verarbeitung und Auswertung der Daten

(1) Die alleinige Zugriffsberechtigung der Systembeauftragten ist durch ein Passwort zu sichern. Die Systembeauftragten werden im Anhang genannt.

Einzig die Systembeauftragten kennen das Passwort. Ein versiegelter Umschlag mit dem Passwort wird an einem im Anhang genannten Ort deponiert.

(2) Verarbeitung

Die Daten werden am Ende eines Monats automatisch ausgedruckt.

(3) Dienstgespräche

Die Listen werden automatisch monatlich ausgedruckt. Der Ausdruck erfolgt im Sekretariat. Die ausgedruckten Listen werden zentral im Sekretariat verwahrt.

§ 3 Aufbewahrungsdauer

Dienstliche Daten werden nach einem halben Jahr gelöscht.

Die ausgedruckten Listen werden ebenfalls nach einem halben Jahr vom Sekretariat vernichtet.

Private Daten werden vier Wochen nach dem Ausdruck gelöscht.

Die ausgedruckten Listen werden ebenfalls nach vier Wochen vom Sekretariat vernichtet.

Verbleibverantwortliche: Fachbereichsleiterin . . .

§ 4 Abrechnung Privatgespräche

Privatgespräche bis zu Euro 10,–/Monat sind kostenlos. Was darüber hinausgeht, muss der Mitarbeiter bezahlen.[1]

§ 5 Standort

Es ist sicherzustellen, dass ausschließlich die Systembeauftragten und der Datenschutzbeauftragte Zugang zum System haben.

Es werden keine zusätzlichen Terminals eingerichtet.

§ 6 Zugriffsberechtigte

Eine Anlage führt die Zugriffsberechtigten auf.

Die Erweiterung des Kreises der Zugriffsberechtigten bedarf der vorherigen schriftlichen Zustimmung des Betriebsrates.

Jeder Zugriff auf das System wird einschließlich der anfordernden Person schriftlich protokolliert. Auf Anforderung erhält der Betriebsrat einen Ausdruck.

§ 7 Unzulässige Verwendung

(1) Die durch die Anlage erfassten Daten dürfen weder mit anderen Daten maschinell verknüpft oder in anderen Programmen dieser oder anderer Anlagen verwendet werden. Eine Verbindung der Telefonanlage mit anderen Rechnungen oder eine Übertragung der Daten mittels Disketten etc. ist unzulässig.

(2) Die durch die Anlage erfassten Daten dürfen zur Berechnung der monatlichen privaten Telefonkosten verwendet werden. Sie dürfen auch dazu verwendet werden, den Missbrauch der Telefonanlage (Führen von Privatgesprächen als Dienstgespräche) festzustellen und diesem Missbrauch vorzubeugen.

(3) Die Geschäftsleitung ist berechtigt, auf der Grundlage der durch die Anlage erfassten Telefondaten Mitarbeiter im Rahmen der personellen Führung Anordnungen zu erteilen.

(4) Missbraucht der Mitarbeiter die Telefonanlage (Ziff. 2) oder befolgt er im Rahmen der personellen Führung erteilte Anordnungen (Ziff. 3) wiederholt nicht, ist die Geschäftsleitung berechtigt, personelle Maßnahmen (Verwarnung, Verweis, Abmahnung, Versetzung, Änderungskündigung, Kündigung) zu ergreifen, soweit die gesetzlichen Voraussetzungen im Einzelnen vorliegen.

(5) Die erfassten und ausgedruckten Daten dürfen nicht zu anderen Formen der maschinellen Verhaltens- und Leistungskontrolle verwandt werden.

(6) Eine Abfrage der bei der Telekom erfassten Daten (Einzelgebührennachweis) darf nicht erfolgen.

(7) Im Rahmen von Wartungs- und Serviceleistungen bekannt werdende Daten von Mitarbeitern dürfen nicht verwendet werden.

---

[1] Ggf. sollte an anderer Stelle vorgegeben werden, in welchem zeitlichen Umfang Privatgespräche während der Arbeitszeit gestattet werden.

33.4 Betriebsvereinbarung zur Nutzung von Internet und E-Mail

1. Dienstliche und private Nutzung

Den Mitarbeitern folgender Abteilungen/in folgenden Funktionen . . . wird ein Internet-Zugang zur Verfügung gestellt. Dieser Internet-Zugang dient ausschließlich der Erfüllung geschäftlicher Aufgaben. Die private Nutzung des Internet-Zugangs und des E-Mail-Anschlusses ist nicht gestattet.[1]

2. Datenerfassung

Nutzt ein Mitarbeiter den Internet- und E-Mail-Zugang, werden die dabei entstehenden äußeren Daten insbesondere Tag, Uhrzeit, Beginn und Dauer der Verbindung einschließlich der angefallenen Gebührenbeträge sowie Adresse des Absenders und Empfängers gespeichert. Darüber hinaus werden auch personenbezogene Daten gespeichert, die zur Wahrung eines ordnungsgemäßen Betriebes des Systems, aus Sicherheitsgründen oder zur Missbrauchskontrolle erfasst werden müssen.[2]

3. Kodierung

Nachrichten mit vertraulichem Inhalt dürfen per E-Mail nur kodiert verschickt werden. Als vertraulich gelten insbesondere, aber nicht ausschließlich, Nachrichten, die personenbezogene Daten enthalten.

4. E-Mail-Nutzung

[Hier lassen sich zB automatisierte Vorgangssteuerungen regeln.]

Der Arbeitgeber legt ggf. Regeln fest, nach denen unerwünschte E-Mail zu löschen sind. Entsprechendes gilt für Sicherheitsanordnungen, die dem Schutz vor Viren uÄ dienen.

5. Abwesenheitsregelungen

Während vorübergehender Abwesenheiten (Urlaub, Krankheit oder andere ganztägige Abwesenheiten) hat der Mitarbeiter auf geeignete Weise sicherzustellen, dass an ihn gerichtete E-Mail an einen Vertreter weitergeleitet oder – soweit ihm dies durch gesonderte Vereinbarung ausdrücklich gestattet ist – an externe Mail-Adressen weitergeleitet werden.

oder

Für den Fall ein- oder mehrtägiger Abwesenheiten richtet der Mitarbeiter eigenverantwortlich eine automatisierte Antwort an den Absender eingehender E-Mail ein, unter Verweis auf den zuständigen Vertreter, dessen Telefonnummer usw.

6. Überwachung und Kontrolle

Die im Rahmen dieser Betriebsvereinbarung erhobenen Daten dürfen/dürfen nicht zum Zwecke der Leistungs- oder Verhaltenskontrolle herangezogen werden. Ausdrücklich

---

[1] Wird die private Nutzung erlaubt, sollte der maximale Umfang festgelegt werden. Außerdem kann die Erlaubnis zur privaten Nutzung widerruflich gestaltet werden.
[2] Soweit die Speicherung von § 28 Abs. 1 Nr. 1 und § 31 BDSG gedeckt ist, ist eine gesonderte Zustimmung der Arbeitnehmer nicht erforderlich.

zulässig ist auf der Grundlage dieser Vereinbarung die Missbrauchskontrolle und die Kontrolle, ob und ggf. in welchem Umfang unzulässigerweise eine Privatnutzung stattfand und ob der Verdacht einer Straftat besteht.[3]

---

3 Zu Verwertungsverboten vgl. BAG v. 27. 3. 2003, DB 2003, 2230.

Antrag auf einstweilige Verfügung wegen Unterlassung der Inbetriebnahme eines EDV-Systems[1]

33.5

An das Arbeitsgericht

In dem Beschlussverfahren mit den Beteiligten
(Arbeitgeber ./. Betriebsrat[2], volles Rubrum)

vertreten wir den Antragsteller. Namens und im Auftrag des Antragstellers leiten wir ein Beschlussverfahren ein und beantragen, wegen der Dringlichkeit des Falles ohne mündliche Anhörung der Beteiligten durch den Vorsitzenden allein im Wege der einstweiligen Verfügung:

1. Der Antragsgegnerin wird untersagt, das Produktionsplanungs- und -steuerungssystem . . . in Betrieb zu nehmen, in Betrieb zu halten und zu nutzen, solange das Mitbestimmungsverfahren wegen der Einführung dieses Systems nicht abgeschlossen ist,

2. hilfsweise: Der Antragsgegnerin wird untersagt, die im Zuge der Einführung und Nutzung des Produktionsplanungs- und -steuerungssystems . . . gespeicherten Daten insoweit zu nutzen und zu verwerten, als diese Daten zur Überwachung von Verhalten oder Leistungen der Arbeitnehmer geeignet sind[3], so-

---

1 Vgl. auch die ausführlichen Erläuterungen zu **M 31.7**.
2 ➔ **Wichtig:** Sorgfältig zu prüfen ist, ob überhaupt dem **örtlichen Betriebsrat** das betreffende Mitbestimmungsrecht zusteht. Bei der Einführung betriebsübergreifender EDV-Systeme ist häufig die Zuständigkeit von Gesamtbetriebsrat oder Konzernbetriebsrat gegeben. Selbstverständlich kann dann eine einstweilige Verfügung auch nur von diesen Organen beantragt werden, nicht vom örtlichen Betriebsrat.
3 Gerade bei einstweiligen Verfügungen wegen der Inbetriebnahme von EDV-Systemen stellt sich das Problem der **Verhältnismäßigkeit** bzw. der **Interessenabwägung** mit voller Schärfe. Ein bereits ganz oder teilweise installiertes und für den weiteren Geschäftsbetrieb fest eingeplantes EDV-System vollständig stillzulegen („Stecker rausziehen"), kann das Unternehmen an den Rand des Ruins bringen. Die Interessen von Arbeitgeber und Betriebsrat sind dagegen häufig nicht sehr bedeutsam. Während zB bei der Installierung von Personal-Informationssystemen (PAISY) die Erhebung von Arbeitnehmerdaten gerade der Sinn des Systems ist, beabsichtigt der Arbeitgeber bei anderen EDV-Systemen wie zB einem Produktionsplanungssystem meist überhaupt nicht, die unvermeidlich anfallenden Daten über das Verhalten und die Leistung einzelner Arbeitnehmer (zB Stückzahlen pro Schicht) in irgendeiner Weise zur Leistungs- oder Verhaltenskontrolle zu nutzen. Gleichwohl reicht nach der Rechtsprechung bereits die **abstrakte Eignung** des Systems zur Leistungs- oder Verhaltenskontrolle aus, um das Mitbestimmungsrecht nach § 87 Abs. 1 Nr. 6 BetrVG eingreifen zu lassen. Nach richtiger

lange das Mitbestimmungsverfahren wegen der Einführung dieses Systemes nicht abgeschlossen ist,

3. der Antragsgegnerin wird für jeden Fall der Zuwiderhandlung gegen die Verpflichtungen aus den Anträgen Ziff. 1 bzw. 2 ein Ordnungsgeld bis zu Euro 250 000 angedroht, ersatzweise Ordnungshaft.

4. Hilfsweise: Die unter 1. bis 3. beantragte einstweilige Verfügung nach Anhörung der Beteiligten unter größtmöglicher Abkürzung der Ladungs- und Einlassungsfristen zu erlassen.

Begründung:

Die Antragsgegnerin betreibt in ... eine .... Der Antragsteller ist der im Betrieb ... gebildete Betriebsrat.

Die Antragsgegnerin plant seit langem, die Produktionsabläufe sowie den Waren- und Materialfluss durch ein Produktionsplanungs- und steuerungssystem zu verbessern. Diese Planungen sind ohne Einschaltung des Antragstellers durchgeführt worden. Im ... hat sich offenbar die Antragsgegnerin dazu entschlossen, das System per ... (Datum) einzuführen. Der Antragsteller hat erst in der vergangenen Woche durch Zufall vom Leiter der Materialwirtschaft erfahren, dass die Verträge mit dem Systemanbieter bereits verbindlich unterzeichnet sind und das System kurzfristig eingeführt werden soll. Die ersten Teile des Systems sollen auf der betriebsinternen EDV-Anlage bereits ab der kommenden Woche installiert werden.

Der Antragsteller hat sich inzwischen vom Programmanbieter eine Kurzbeschreibung des Programms beschafft. Es hat sich gezeigt, dass das Programm in vielfältiger Weise Daten aufzeichnet, die geeignet sind, das Verhalten oder die Leistungen der Arbeitnehmer in der Produktion zu überwachen (wird ausgeführt). Der Antragsteller hat sich deshalb an die Antragsgegnerin gewandt und verlangt, dass vor Installierung des Programms im Hinblick auf das Mitbestimmungsrecht nach § 87 Abs. 1 Nr. 6 BetrVG verhandelt wird.

Zur Glaubhaftmachung: Schreiben des Antragstellers an die Geschäftsleitung vom ..., Anlage AS 1

Die Geschäftsführung hat jedoch lapidar mitgeteilt, die Einführung des Programms sei nicht mitbestimmungspflichtig und werde wie geplant kurzfristig erfolgen.

Der Erlass der beantragten einstweiligen Verfügung ist geboten. Der Verfügungsanspruch besteht unzweifelhaft. Da das einzuführende Programm zur Überwachung von Verhalten und Leistung von Arbeitnehmern geeignet ist, fällt seine Einführung unter den Mitbestimmungstatbestand des § 87 Abs. 1 Nr. 6 BetrVG. Nach gefestigter höchstrichterlicher Rechtsprechung (BAG v. 3. 5. 1994, AP Nr. 23 zu § 23 BetrVG; BAG v. 6. 12. 1994, NZA 1995, 488; BAG v. 23. 7. 1996, NZA 1997, 274; BAG v. 25. 2.

Auffassung wäre es mit Sinn und Zweck des einstweiligen Rechtsschutzes nicht vereinbar, hier im Sinne des Antrags Ziff. 1 die Inbetriebnahme des Systems vollständig zu untersagen (schon gar nicht könnte eine solche Verfügung ohne mündliche Verhandlung erlassen werden). Richtigerweise sollte sich deshalb die einstweilige Verfügung auf den Hilfsantrag (Untersagung der Nutzung und Verarbeitung der Daten) beschränken (ausführlich dazu *Olderog*, NZA 1985, 760; *Konzen*, NZA 1995, 865; *Richardi*, NZA 1995, 11).

1997, NZA 1997, 955) hat der Betriebsrat einen Anspruch auf Unterlassung mitbestimmungswidriger einseitiger Maßnahmen des Arbeitgebers, der auch im einstweiligen Verfügungsverfahren durchgesetzt werden kann. Der Verfügungsgrund ergibt sich daraus, dass unzweifelhaft Eile geboten ist. Die Einführung des Programms soll in den nächsten ein bis zwei Wochen beginnen, von Anfang an werden dabei unvermeidlich leistungs- und verhaltensbezogene Arbeitnehmerdaten gespeichert. Eine Entscheidung im Hauptsacheverfahren käme also zu spät.

Der Hilfsantrag Ziff. 2 wird für den Fall gestellt, dass das Arbeitsgericht die unter Ziff. 1 beantragte einstweilige Verfügung für zu weit gehend hält. Wenn schon nicht die Einführung des Systems als solches verhindert werden kann, muss der Antragsgegnerin jedenfalls aufgegeben werden, die mit dem Programm gewonnenen arbeitnehmerbezogenen Daten in keiner Weise zu verwerten, bevor die Mitbestimmungsrechte des Antragstellers gewahrt sind.

Zur Glaubhaftmachung für alles Vorstehende: Eidesstattliche Versicherung des Vorsitzenden des Antragstellers, Anlage AS 2

...

(Unterschrift)

Kapitel 34 Mitbestimmung in sozialen Angelegenheiten – Sozialeinrichtungen

Literaturübersicht: *Gumpert*, Mitbestimmung bei der Umstellung von Werkskantinen auf Automatenverpflegung, BB 1978, 968; *Hanau*, Neuerungen in der Mitbestimmung über Sozialeinrichtungen, insbesondere der Altersversorgung, BB 1973, 1274; *Heither*, Die Rechtsprechung des BAG zur Beteiligung des Betriebsrats bei Ausgestaltung der betrieblichen Altersversorgung, DB 1991, 700; *Hiersemann*, Die Mitbestimmung bei Sozialeinrichtungen und im Werkwohnungswesen, BB 1973, 850; *Jahnke*, Die Mitbestimmung des Betriebsrats auf dem Gebiet der betrieblichen Sozialleistungen, ZfA 1980, 863; *Moll*, Die Mitbestimmung des Betriebsrats beim Entgelt, 1977; *Richardi*, Mitbestimmung des Betriebsrats bei Sozialleistungen des Arbeitgebers, in: In memoriam Sir Otto Kahn-Freund, 1980, S. 247; *Schirdewahn*, Mitbestimmung bei Arbeitgeberdarlehen aus laufenden Mitteln?, BB 1980, 891.

I. Erläuterungen

(Sa. Kap. 31 I. 1.–3.)

Dem Betriebsrat steht das Mitbestimmungsrecht nur zu, solange der Arbeitgeber freiwillige Leistungen erbringt. Nicht mitbestimmungspflichtig ist die Entscheidung über die Einstellung oder Milderung der Mittel.[1] Mitbestimmungspflichtig als Ausgestaltung

---
1 BAG v. 9. 7. 1985, DB 1986, 230.

der Sozialeinrichtung ist die Aufstellung von Grundsätzen, nach denen die vom Arbeitgeber (mitbestimmungsfrei) zur Verfügung gestellten Mittel den Arbeitnehmern zugewendet werden sollen. Kürzt der Arbeitgeber die Mittel, müssen die gekürzten Mittel nach einem neuen Leistungsplan verteilt werden, der wieder mitbestimmungspflichtig ist.[2] Dem Betriebsrat steht das Mitbestimmungsrecht nach § 87 Abs. 1 Nr. 8 BetrVG bei Form, Ausgestaltung und Verwaltung von Sozialeinrichtungen zu. Die Mitbestimmungsrechte nach § 87 Abs. 1 Nr. 8 und 10 BetrVG stehen in einem engen sachlichen Zusammenhang. Grundtatbestand ist das Mitbestimmungsrecht nach Nr. 10; es bezieht sich auf alle geldwerten Leistungen, auch auf soziale Leistungen. Der Betriebsrat hat nicht mitzubestimmen in der Frage der finanziellen Ausstattung, wohl aber bei der Aufstellung der Verteilungsgrundsätze.[3]

[2] BAG v. 26. 4. 1988, BB 1988, 2249.
[3] *Fitting*, § 87 BetrVG Rz. 351, 361.

II. Muster

34.1 Sozialfonds – Betriebsvereinbarung

Die . . .-GmbH – nachstehend Gesellschaft genannt – richtet einen Sozialfonds ein, der der Unterstützung von Mitarbeiter in persönlichen Notlagen dient.

1. Geltungsbereich

Diese Betriebsvereinbarung gilt für alle Unternehmen der . . .-Gruppe. Anspruch auf eine Unterstützung im Notfall haben alle Mitarbeiter, die zum Zeitpunkt des eingetretenen Notfalls mehr als 6 Monate in einem ungekündigten Arbeitsverhältnis stehen.

2. Träger des Sozialfonds

Die . . .-GmbH ist Träger des Sozialfonds.

3. Höhe des Sozialfonds

3.1 Die . . .-GmbH gründet den Sozialfonds mit einem Startkapital von Euro . . ., das die . . .-GmbH auf einem Geschäftskonto bereitstellt.

3.2 In den Folgejahren leistet die Gesellschaft jährlich zu Beginn des Jahres einen weiteren Zuschuss. Nach Ablauf der ersten zwei Jahre werden Gesamtbetriebsrat und Geschäftsführung über die Höhe des Zuschusses für die nächsten zwei Jahre verhandeln. Kommt keine Einigung über die Höhe des Zuschusses zustande, wird mindestens ein Zuschuss von Euro . . . weiter gewährt.

3.3 Für den Fall einer schlechten wirtschaftlichen Situation der Gesellschaft kann der Zuschuss vermindert oder für ein Jahr ganz ausgesetzt werden. Die schlechte wirtschaftliche Situation ist dem Gesamtbetriebsrat unter Vorlage objektiver Daten frühzeitig nachzuweisen.

3.4 Für die Gesellschaft besteht im laufenden Geschäftsjahr keine Nachschusspflicht zum Zuschuss. Alle auf das Fondskapital entfallenden Kapitalzinsen werden dem Sozialfonds gutgeschrieben.

3.5 Unverbrauchte Restbeträge des Sozialfonds werden in das Folgejahr übertragen, sie kürzen nicht den Zuschuss der Gesellschaft.

4. Höhe der Unterstützung aus dem Sozialfonds

4.1 Die Höhe der Unterstützung hängt vom Einzelfall ab und ist individuell unter Berücksichtigung des dem Betroffenen entstandenen Schadens und der persönlichen Situation des Mitarbeiters vom Sozialfondsausschuss festzulegen.

4.2 Grundsätzlich soll der Betrag von insgesamt Euro 500,– pro Jahr und Antragsteller nicht überschritten werden.

4.3 Unterstützungen von dritter Seite (Krankenkasse, Berufsgenossenschaft, private Unfallversicherung, Versicherung eines evtl. Schädigers) sind bei der Höhe der Notfallunterstützung zu berücksichtigen. Die Unterstützungen von dritter Seite sind vom Antragsteller anzugeben.

4.4 Die Beträge werden im Rahmen der Lohnsteuerrichtlinien gewährt.

5. Notfälle

5.1 Notfälle iSd. Betriebsvereinbarung sind alle Personen- und Sachschäden, die den Mitarbeiter zu Ausgaben zwingen, die die überwiegende Mehrzahl der in den gleichen Verhältnissen lebenden Mitarbeiter nicht hat. Ausgeschlossen sind Schäden, die vom Geschädigten grob fahrlässig verursacht worden sind.

5.2 Zu den Notfällen zählen insbesondere:

- *Wiederbeschaffung von Hausrat oder Kleidung nach unabwendbaren Ereignissen wie zB Brand, Diebstahl, Hochwasser, Unwetter oder sonstigen Ereignissen aufgrund höherer Gewalt,*
- *Beteiligungen an Heilkosten, insbesondere bei Zahnersatz, Pflegehilfen und medizinischen Hilfsgeräten,*
- *Todesfall eines Mitgliedes der Familie des Mitarbeiters,*
- *Betriebsunfälle mit Dauerfolgen.*

5.3 Diese Aufzählung ist nicht abschließend.

6. Sozialfondsausschuss

Der Sozialfondsausschuss setzt sich aus fünf Mitgliedern zusammen. Drei werden vom Gesamtbetriebsrat, zwei von der Gesellschaft benannt. Die Benennungsperiode entspricht der Wahlperiode des Betriebsrates. Bei den von der Gesellschaft zu benennenden Mitgliedern ist ein Mitglied aus dem Bereich des Personalwesens zu benennen. Aus den Reihen der Mitglieder des Sozialfondsausschusses ist für den Zeitpunkt seiner Wahlperiode ein Vorsitzender zu wählen. Dieser beruft die Sitzungen ein.

7. Vergabe

7.1 Nach Abwägung aller Umstände, die den Einzelfall betreffen, wird die Höhe des Zuschusses im Wege der Abstimmung mit einfacher Stimmenmehrheit beschlossen. Über die Entscheidung ist jeweils ein Protokoll zu führen.

7.2 Der Vergabebeschluss des Ausschusses ist abschließend und unanfechtbar, soweit nicht von der ...-GmbH ein Widerspruch wegen Verstoßes gegen die steuerrechtlichen Regeln erhoben wird. Alle Zahlungen an die Mitarbeiter sind freiwillig. Erhaltene Zahlungen begründen keinen Anspruch für die Zukunft.

8. Antragstellung

8.1 Der Antrag auf Zahlung einer Unterstützung aus dem Sozialfonds ist vom Arbeitnehmer schriftlich unter Angabe aller erforderlichen Daten und Beifügung von Unterlagen dem Sozialfondsausschuss einzureichen.

8.2 Zur Vereinfachung der Abwicklung wird ein Formular entwickelt, das in den Betrieben zur Verfügung steht. Sollten noch zusätzliche Daten für die Entscheidung des Ausschusses notwendig werden, so sind diese von der Personalbuchhaltung oder anderen Stellen der Gesellschaft beizubringen. Der Ausschuss verpflichtet sich hiermit ausdrücklich zur Einhaltung aller Bestimmungen aus dem Datenschutzgesetz.

8.3 Der Antragsteller befreit nur für den jeweiligen Einzelfall die entsprechenden Abteilungen von der Wahrung des Datenschutzgesetzes gegenüber dem Sozialfondsausschuss. Eine entsprechende Befreiungsklausel ist im Antragsformular zu vermerken.

8.4 Der Ausschuss entscheidet innerhalb von zwei Wochen nach Erhalt des Antrages. Die festgelegte Unterstützung wird innerhalb einer Woche nach Festlegung des Betrages per Scheck oder Überweisung ausgezahlt.

9. Aufbewahrung der Entscheidungsunterlagen

Die vom Arbeitnehmer bereitgestellten Unterlagen sind diesem nach Abschluss der Entscheidung wieder zurückzugeben. Entscheidungsrelevante Daten und Unterlagen werden kopiert und sind in der Personalakte aufzubewahren. Das Protokoll über die Entscheidung verbleibt beim Ausschuss und ist von diesem datensicher aufzubewahren.

10. Rechenschaft

Über die Leistungen aus dem Sozialfonds hat der Ausschuss Buch zu führen und der Gesellschaft am Ende eines jeden Geschäftsjahres Rechenschaft abzulegen.

11. In-Kraft-Treten und Kündigung

Diese Betriebsvereinbarung tritt am ... in Kraft und ist erstmals mit einer Frist von 6 Monaten zum Jahresende ... kündbar. Für den Fall einer Kündigung wirkt diese Betriebsvereinbarung nicht nach.[1]

---

1 Fehlt eine solche Klarstellung, so wirkt die teilmitbestimmte Betriebsvereinbarung über freiwillige Leistungen gemäß § 77 Abs. 6 BetrVG nach, wenn der Arbeitgeber mit der Kündigung beabsichtigt, das zur Verfügung gestellte Volumen zu reduzieren und den Verteilungsschlüssel zu ändern (BAG v. 26. 10. 1993, NZA 1994, 572).

Betriebsvereinbarung zu Konzern-Mitarbeiterdarlehen

1. Zweck

Zweck dieser Vereinbarung ist die Feststellung von Richtlinien für die Vergabe von Darlehen an Mitarbeiter der Konzernunternehmen der . . . AG.

2. Antragsberechtigung

Antragsberechtigt ist jeder Mitarbeiter nach Ablauf einer sechsmonatigen Beschäftigung, sofern sein Arbeitsverhältnis unbefristet und ungekündigt besteht.

3. Form der Beantragung

Mitarbeiterdarlehen müssen mit dem anliegenden Formular unter Angabe einer schriftlichen Begründung beantragt werden. Das Formular ist Gegenstand dieser Betriebsvereinbarung.

4. Darlehen zur Wohnraumbeschaffung

4.1 Darlehen zur Wohnraumbeschaffung dienen ausschließlich dem bevorstehenden erstmaligen Erwerb von andauernd eigengenutztem Wohnraum für den Mitarbeiter und seine Familie.

4.2 Darlehen zur Wohnraumbeschaffung können zurzeit bis zur Höhe eines halben Jahresbruttoeinkommens (Monatslohn/-gehalt × 12 zuzüglich letzte Jahresabschlussvergütung/ähnliche Zahlung) beantragt werden. Die Darlehen werden zurzeit bis zu einem Betrag von Euro . . . mit . . . p.a., über Euro . . . mit . . . p.a. verzinst. Das Darlehen ist innerhalb von . . . Jahren durch monatliche oder jährliche Beträge zurückzuzahlen.

4.3 Die Gewährung eines Darlehens zur Wohnraumbeschaffung setzt die Stellung einer dinglichen oder vergleichbaren Sicherheit voraus. Eine Revolvierung des Darlehens ist ausgeschlossen.

5. Personaldarlehen

5.1 Personaldarlehen dienen ausschließlich der Anschaffung von notwendigem Hausrat, zur Renovierung von Wohnungen, zur Finanzierung von Umzügen und zur Unterstützung in Fällen unverschuldeter Not bei finanziellen Schwierigkeiten.

5.2 Personaldarlehen können zurzeit bis zur Höhe von Euro . . ., in besonderen Ausnahmefällen bis zur Höhe von Euro . . ., beantragt werden. Die Darlehen werden zurzeit mit . . . p.a. verzinst. Das Darlehen ist innerhalb von . . . Jahren in monatlichen Beträgen zurückzuzahlen.

6. Gewährung

Die Gewährung von Mitarbeiterdarlehen erfolgt unter Berücksichtigung der individuellen finanziellen Verhältnisse des Antragstellers. Die Vergabe bzw. Ablehnung beantragter Darlehen erfolgt im Einvernehmen mit den örtlichen Betriebsräten.

7. Rückzahlung bei Ausscheiden des Mitarbeiters

Mitarbeiterdarlehen sind im Falle des Ausscheidens des Mitarbeiters spätestens mit dem Ausscheiden in Höhe der Restschuld des Darlehens zuzüglich Zinsen zurückzuzahlen. In Sonderfällen können individuelle Rückzahlungsvereinbarungen in einem Aufhebungsvertrag getroffen werden.[1]

8. Änderung der Bedingungen

Es besteht Einvernehmen darüber, dass die derzeitigen Bedingungen der Mitarbeiterdarlehen (Darlehenshöhe, Zinsen, Laufzeit, Genehmigungsverfahren etc.) unter Berücksichtigung der zu erwartenden Zahl der Antragsteller, der allgemeinen Kreditbedingungen der Banken und der wirtschaftlichen Lage der betroffenen Unternehmen jederzeit für die Zukunft geändert werden können. Insbesondere besteht kein Rechtsanspruch des Mitarbeiters auf Gewährung eines Mitarbeiterdarlehens.

9. Steuerliche Auswirkungen

Sofern die Darlehensvergabe steuerrechtlich zu berücksichtigen ist, geht dies zu Lasten des Darlehensnehmers.

10. In-Kraft-Treten und Kündigung

Diese Vereinbarung tritt zum ... in Kraft und kann beiderseits mit einer Frist von drei Monaten jeweils zum Ende des Kalenderjahres gekündigt werden. Die im Falle einer Kündigung dieser Betriebsvereinbarung bereits zugesagten oder gewährten Darlehen werden zu den Bedingungen dieser Betriebsvereinbarung fortgewährt.

---

[1] **Wichtig:** In der Personalverwaltung ist sicherzustellen, dass bei jeder Beendigung eines Arbeitsverhältnisses geprüft wird, ob Rückforderungen geltend gemacht werden und/oder ob solche Ansprüche zB mit einer Erledigungsklausel ausgeschlossen werden!

Kapitel 35 Mitbestimmung in sozialen Angelegenheiten – Betriebsordnung

Literaturübersicht: *Ehler*, Mitbestimmung des Betriebsrats bei so genannten Krankengesprächen, BB 1992, 1926; *Galperin*, Die betriebliche Ordnung, RdA 1955, 260; *Harmsen*, Die Mitbestimmung des Betriebsrates nach § 87 Abs. 1 BetrVG bei Stellenbeschreibungen, BB 1980, 1219; *Hromadka*, Arbeitsordnung und Arbeitsverfassung, ZfA 1979, 203; *Kania*, Die betriebsverfassungsrechtliche Abmahnung, DB 1996, 374; *Kraft*, Sanktionen im Arbeitsverhältnis, NZA 1989, 777; *Leßmann*, Rauchverbote am Arbeitsplatz, 1991; *Liebers*, Radiohören im Betrieb, DB 1987, 2256; 1219; *Löwisch*, Der Erlass von Rauchverboten zum Schutz von Passivrauchern am Arbeitsplatz, DB 1979, Beil. 1; *Schaub*, Betriebsbußen, AR-Blattei: Betriebsbußen, 1976.

I. Erläuterungen

1. Umfang der Mitbestimmung

(Sa. Kap. 31 I. 1.–3.)

Sog. Arbeits- oder Betriebsordnungen, zT auch als Personalhandbücher bezeichnet, regeln häufig zusammenfassend alle wesentlichen Arbeitsbedingungen. Solche Regelungen sind nicht hinsichtlich jedes einzelnen Gegenstandes mitbestimmungspflichtig.

Als unzulässig werden Betriebsvereinbarungen angesehen, die nur einzelne konkrete Arbeitsverhältnisse betreffen. Auch kann nicht in bereits fällige Einzelansprüche von Arbeitnehmern eingegriffen werden. In bestimmten Grenzen können auch **Regelungen zuungunsten der Arbeitnehmer** durch Betriebsvereinbarungen erfolgen; insbesondere können den Arbeitnehmern bestimmte Pflichten auferlegt werden, im Bereich der Ordnung des Betriebes durch Rauchverbote, Torkontrollen usw. § 77 Abs. 3 BetrVG bestimmt, dass Arbeitsentgelte und sonstige Arbeitsbedingungen, die durch Tarifvertrag geregelt sind oder üblicherweise geregelt werden, nicht Gegenstand einer Betriebsvereinbarung sein können. Dies gilt nicht, wenn ein Tarifvertrag den Abschluss ergänzender Betriebsvereinbarungen ausdrücklich zulässt. § 77 Abs. 3 BetrVG dient zur **Sicherung** der ausgeübten und aktualisierten **Tarifautonomie** sowie der Erhaltung und Stärkung der Funktionsfähigkeit der Koalition.[1] Unter sonstigen Arbeitsbedingungen sind alle Regelungen zu verstehen, die Gegenstand der Inhaltsnormen eines Tarifvertrags sein können. Unter diesen Begriff fallen deshalb sowohl formelle als auch materielle Arbeitsbedingungen. Zu den Inhaltsnormen eines Tarifvertrags, die bei Bestehen eines Tarifvertrags oder **Tarifüblichkeit** eine Betriebsvereinbarung ausschließen, gehören neben dem Arbeitsentgelt insbesondere auch Fragen der Dauer der täglichen Arbeitszeit, des Urlaubs und der Urlaubsgewährung sowie Regelungen über Zeit, Ort und Art der Auszahlung des Arbeitsentgelts.

2. Einzelfälle

Mitbestimmungspflichtig sind nach der Rechtsprechung[2] formalisierte Krankengespräche zur Aufklärung eines überdurchschnittlichen Krankenstandes. Ebenso mitbestimmungspflichtig sind Formulare zur Bescheinigung der Notwendigkeit von Arztbesuchen.[3] In der Praxis häufig geregelt werden Nichtraucherschutz, betriebliche Alkoholverbote und die Benutzung betrieblicher Parkplätze.

Abzugrenzen sind Angelegenheiten der betrieblichen Ordnung vom Verhalten bei der Arbeitsleistung selbst.[4] Dabei ist der objektive Regelungszweck entscheidend. Abmahnungen des Arbeitgebers wegen Schlechterfüllung des Arbeitsvertrages sind mit Betriebsbußen nicht zu sanktionieren.[5] Dagegen ist die Betriebsbuße mitbestimmungspflichtig, die sich gegen einen Verstoß gegen die kollektive betriebliche Ordnung richtet.[6]

---
1 So auch BAG v. 22. 5. 1979, AP Nr. 13 zu § 118 BetrVG 1972.
2 BAG v. 8. 11. 1994, BB 1995, 1188.
3 BAG v. 21. 1. 1997, BB 1997, 1690.
4 BAG v. 11. 6. 2002, BB 2003, 50.
5 BAG v. 22. 2. 1978, BB 1978, 1167.
6 BAG v. 30. 1. 1979, BB 1979, 1451.

II. Muster

35.1 Arbeitsordnung[1]

I. Beginn und Dauer des Arbeitsverhältnisses

1. Fragen bei der Arbeitsaufnahme und Änderungen während des Arbeitsverhältnisses

Wir bitten Sie, alle notwendigen Fragen, die das Arbeitsverhältnis betreffen, vollständig und wahrheitsgemäß zu beantworten. Bitte teilen Sie uns auch alle für das Arbeitsverhältnis bedeutsamen Veränderungen Ihrer persönlichen Verhältnisse, gegebenenfalls unter Vorlage der entsprechenden Bescheinigungen, unaufgefordert mit. Hierzu gehören auch besondere Rechte, zB nach dem Schwerbehindertenrecht oder Mutterschutzgesetz. Selbstverständlich werden wir Ihre Angaben vertraulich behandeln.

2. Wohnungswechsel

Ist ein Wohnungswechsel nicht gemeldet, so gelten unsere Mitteilungen an die uns zuletzt gemeldete Anschrift auch dann als zugegangen, wenn sie als unzustellbar zurückkommen.

3. Ärztliche Untersuchung

Die Tätigkeit in unserem Unternehmen setzt eine gesundheitliche Eignung für den entsprechenden Arbeitsplatz voraus. Deshalb müssen Sie sich einer für Sie kostenlosen Untersuchung durch unseren Betriebsarzt unterziehen.

II. Allgemeines

1. Jeder Mitarbeiter ist verpflichtet,

- *die ihm übertragenen Aufgaben nach den Weisungen des Vorstandes oder der von ihm bestellten Vorgesetzten gewissenhaft und nach bestem Können unter Beachtung des geltenden Rechts und der Unfallverhütungsvorschriften zu erfüllen;*
- *im Rahmen des Zumutbaren auch außerhalb der betrieblichen Arbeitszeit Arbeiten zu verrichten, die für den störungsfreien Betriebsablauf erforderlich sind, wenn dafür eine ausdrückliche Anweisung vorliegt;*
- *während der Arbeitszeit nur die ihm übertragenen Arbeiten zu erledigen;*
- *bei Vorliegen wichtiger betrieblicher oder persönlicher Gründe einen anderen zumutbaren Arbeitsplatz innerhalb des Unternehmens anzunehmen;*
- *den Anordnungen der mit Ordnungs- und Sicherheitsaufgaben beauftragten Personen im Rahmen ihrer Zuständigkeit zu folgen;*

---

[1] Der Betriebsrat hat nach § 87 Abs. 1 Nr. 1 BetrVG mitzubestimmen. Ob eine Arbeitsordnung überhaupt oder einzelne Regelungen des Vorschlages sinnvoll sind, muss im Einzelfall entschieden werden.

- die Bestimmungen der Hausordnungen der Betriebsteile einzuhalten;
- weder Geschenke noch andere Vorteile von Personen oder Firmen zu fordern, sich versprechen zu lassen oder anzunehmen, die zu . . . eine Geschäftsverbindung anstreben oder unterhalten. Dies gilt nicht für übliche Gelegenheits- oder Werbegeschenke von geringem Wert.

2. Nebenbeschäftigung

Die Aufnahme einer erwerbsmäßigen Nebenarbeit darf nicht zu einer Beeinträchtigung der betrieblichen Interessen, insbesondere der Arbeitsleistung im Betrieb führen. Sie bedarf der Zustimmung des Unternehmens, sofern die Nebenbeschäftigung von erheblicher Bedeutung ist. Für Veröffentlichungen und Vorträge grundsätzlichen Inhalts auf dem Gebiet der. . . ist die Zustimmung des Vorstands erforderlich. Die Annahme von Ehrenämtern und ähnlichen Aufgaben, sofern sie das Arbeitsverhältnis beeinträchtigen können, ist dem Vorgesetzten bekannt zu geben und bedarf der Zustimmung des Vorstands, sofern keine staatsbürgerliche Verpflichtung vorliegt.

3. Geheimhaltungspflicht

Jeder Mitarbeiter hat über betriebliche Angelegenheiten vertraulicher Art Stillschweigen zu bewahren. Dies gilt insbesondere für Geschäfts- und Betriebsgeheimnisse, die ihm im Zusammenhang mit dem Arbeitsverhältnis anvertraut oder sonst bekannt wurden.

4. Gegenseitige Achtung

Ihre Vorgesetzten sind verpflichtet, Sie gerecht und korrekt zu behandeln und etwa notwendige Kritik in sachlicher, nicht verletzender Form auszusprechen. Wir erwarten auch von Ihnen, dass Sie sich Ihren Vorgesetzten gegenüber in gleicher Form verhalten.

5. Klärung von Fragen und Beschwerden

Bei Fragen oder Beschwerden, die Ihren Arbeitsbereich betreffen, wenden Sie sich bitte an Ihren Vorgesetzten, die Personalabteilung oder Ihren Betriebsrat.

III. Arbeitszeit

1. Die Arbeitstage sowie Beginn oder Ende der regelmäßigen Arbeitszeit und der Pausen werden im Einvernehmen mit dem (Gesamt-)Betriebsrat festgelegt. Das Gleiche gilt für Arbeitszeitänderungen; sie sind jeweils rechtzeitig bekannt zu geben.

2. Unbezahlter Urlaub

Falls Sie einmal aus einem bestimmten Anlass unbezahlten Urlaub benötigen, holen Sie die Zustimmung Ihres unmittelbaren Vorgesetzten ein und beantragen Sie ihn möglichst frühzeitig. Unbezahlter Urlaub kann nur durch den Leiter der Hauptabteilung Personal- und Sozialwesen genehmigt werden.

3. Arbeitsbefreiung

Wenn Sie Ihre Arbeit aus einem der nachstehend genannten Anlässe versäumen müssen, erhalten Sie Ihre Vergütung in folgenden Fällen weiterbezahlt für:

- *einen Arbeitstag bei schwerer Erkrankung in der Familie mit Ausnahme des Personenkreises, für den eine tarifvertragliche Regelung besteht (ärztliche Bescheinigung ist vorzulegen);*
- *die benötigte Zeit zum Blutspenden.*

IV. Arbeitsentgelt

1. Vergütung

Die Höhe des Arbeitsentgelts für Ihre Tätigkeit richtet sich nach dem für das Unternehmen geltenden Tarifvertrag.

2. Abrechnungszeitraum und -verfahren

Abrechnungszeitraum ist für alle Mitarbeiter der Kalendermonat. Um einen reibungslosen Ablauf der Gehalts- und Lohnabrechnung zu gewährleisten, bitten wir Sie, den Abrechnungsstellen Änderungen Ihrer Bankverbindung mitzuteilen. Das Arbeitsentgelt wird so rechtzeitig überwiesen, dass es spätestens am vereinbarten Zahlungstermin auf dem angegebenen Konto zur Verfügung steht.

3. Die Abrechnung für Ihre Vergütung erhalten Sie jeweils über Ihre Abteilung zugestellt. Vergleichen Sie bitte stets den überwiesenen Betrag mit der Abrechnung und teilen Sie etwaige Unstimmigkeiten sofort der Abrechnungsstelle mit. Einsprüche gegen die rechnerische Richtigkeit der Abrechnung müssen Sie unverzüglich bei der Gehalts- oder Lohnabrechnung geltend machen.

4. Einkommensabtretungen und Pfändungen

Abtretungen Ihrer Vergütungsansprüche werden grundsätzlich nicht anerkannt, es sei denn, dass der Leiter der Hauptabteilung Personal- und Sozialwesen zugestimmt hat. Durch die Bearbeitung von Einkommensabtretungen und Pfändungen entstehen bei den Abrechnungsstellen zusätzliche Verwaltungskosten, die dem Arbeitnehmer mit 5% des zu überweisenden Betrages berechnet werden können.

5. Lohnabtretung bei Verschulden Dritter

Ist die Arbeitsunfähigkeit eines Mitarbeiters auf ein ersatzpflichtiges Verhalten eines Dritten zurückzuführen und wird von uns für die Dauer der Arbeitsunfähigkeit die Vergütung weiterbezahlt oder werden betriebliche Leistungen im Krankheitsfalle gewährt, so ist der Mitarbeiter verpflichtet, seine Ansprüche insoweit an uns abzutreten.

V. Soziale Leistungen und andere betriebliche Regelungen

Im Anhang führen wir soziale Leistungen und andere betriebliche Regelungen auf, die für Ihr Arbeitsverhältnis von Bedeutung sind.

VI. Urlaub

Urlaubnahme, Urlaubsanspruch, Urlaubsjahr

In jedem Jahr haben Sie Anspruch auf bezahlten Erholungsurlaub nach Maßgabe der gesetzlichen, tariflichen oder innerbetrieblichen Bestimmungen.

Das Urlaubsjahr ist das Kalenderjahr. Der Urlaub ist bis spätestens 31. 3. des folgenden Jahres zu gewähren.

Nach diesem Zeitpunkt kann Urlaub nur in Ausnahmefällen mit Zustimmung des zuständigen (Haupt-)Abteilungsleiters im Einvernehmen mit dem Leiter der Hauptabteilung Personal- und Sozialwesen genommen werden. Andernfalls erlischt der Urlaubsanspruch, es sei denn, dass er erfolglos geltend gemacht wurde.

VII. Einweisung – Ausbildung – Fortbildung

1. Einweisung

Wichtige Voraussetzung für eine gute Leistung ist eine sorgfältige Arbeitsunterweisung. Hieraus erwächst für jeden von uns eine besondere Verpflichtung gegenüber Mitarbeitern, die neu eintreten oder versetzt werden und Ihrer Hilfe und Erfahrung am neuen Arbeitsplatz bedürfen.

2. Ausbildung

Unseren Auszubildenden möchten wir in besonderem Maße Förderung zuteil werden lassen. Ihrer Ausbildung in den Abteilungen unseres Unternehmens wollen wir deshalb unsere ganze Aufmerksamkeit widmen.

3. Fortbildung

Wir helfen Ihnen bei Ihrer beruflichen Fortbildung. Wenn Sie zur Fortbildung bereit sind und dies auch im Firmeninteresse liegt, können Ihnen zeitliche und finanzielle Vergünstigungen im Rahmen der Betriebsvereinbarung „Berufliche Förderung von Betriebsangehörigen" vom . . . gewährt werden. Wenden Sie sich bitte entsprechend der Betriebsvereinbarung vor der Fortbildungsmaßnahme an Ihre Fachabteilung oder an die Personalabteilung.

4. Verbesserungsvorschläge

In jedem Unternehmen, auch bei uns, kann manches noch besser und zweckmäßiger gemacht werden. Haben Sie Anregungen, zB zur Vereinfachung oder Verbesserung von Arbeitsverfahren, Erhöhung der Sicherheit, Ersparnis an Zeit, Material oder Energie, so reichen Sie einen Verbesserungsvorschlag über Ihren Vorgesetzten oder direkt bei der Personalabteilung ein. Der zuständige Ausschuss wird über Ihren Vorschlag beraten.

VIII. Ordnung im Betrieb

1. Mitteilungen

Die Mitteilungen des Unternehmens an den Anschlagtafeln und Rundschreiben sind rechtswirksame Erklärungen. Sie können sich später nicht darauf berufen, dass Sie diese Mitteilungen nicht gelesen haben, es sei denn, dass Sie während der Dauer des Aushangs abwesend waren.

2. Betreten und Verlassen der Arbeitsräume

Betreten und verlassen Sie den Betrieb und die Arbeitsräume stets nur durch die dafür bezeichneten Ein- und Ausgänge, und halten Sie sich nur in den Teilen des Betriebes auf, in die Sie Ihre Arbeit oder ein ausdrücklicher Auftrag führt. Der Aufenthalt in den Arbeitsräumen ist nur während der Arbeitszeit und der Pausen gestattet. Soweit wir Ihnen zum Essen, Waschen und Umkleiden besondere Aufenthaltsräume und Waschräume zur Verfügung stellen, betreten Sie diese Räume – außer in begründeten Ausnahmefällen – nur vor Arbeitsbeginn, in den Pausen und nach Arbeitsschluss.

Für Schäden oder Nachteile, die Sie durch Nichtbeachtung dieser Vorschriften erleiden, wird ... nicht haften. Müssen Sie aus besonderen Gründen die Arbeitsstätte während der Arbeitszeit verlassen, brauchen Sie hierzu die Genehmigung Ihres Vorgesetzten.

3. Aufenthalts- und Waschräume

Die Aufenthalts-, Wasch- und Umkleideräume sowie sanitäre Anlagen sind sauber zu halten und pfleglich zu behandeln.

4. Betriebsfremde

Betriebsfremde Personen, auch Ihre eigenen Angehörigen, dürfen Sie nicht ohne Erlaubnis in den Betrieb oder in die Arbeitsräume einführen oder dort empfangen.

5. Mängel

Vermeiden Sie alles, was den geregelten Arbeitsablauf stören oder gefährden kann, und unterrichten Sie über etwaige Mängel Ihren Vorgesetzten.

6. Änderungen im Arbeitsablauf

Änderungen im Arbeitsablauf, an Maschinen oder an Betriebseinrichtungen dürfen Sie nur mit Zustimmung Ihres Vorgesetzten vornehmen.

7. Rauchverbot

Das Rauchen in Arbeitsräumen ist nur gestattet, sofern die Mitarbeiter keine berechtigten Einwände erheben.

8. Telefongespräche

Unser Unternehmen ist aufgrund seiner Aufgabe besonders auf das Telefon angewiesen. Wir können deshalb private Telefongespräche nur in dringenden Fällen gestatten. Gespräche außerhalb des Ortsbereichs müssen bezahlt werden.

9. Betriebseinrichtungen

Mit Maschinen, Apparaten und sonstigen Betriebseinrichtungen ist sorgfältig umzugehen. Helfen Sie mit, das Unternehmen und Ihren Arbeitsplatz vor Schaden zu bewahren. Akten, Zeichnungen, Schriftstücke uÄ dürfen ohne Erlaubnis nicht aus den Geschäftsräumen entfernt werden.

10. Kleiderschränke

Soweit wir Ihnen verschließbare Kleiderschränke zur Verfügung stellen, halten Sie bitte Ihre Privatsachen unter Verschluss.

11. Parkplätze

Kraftfahrzeuge und Fahrräder sind auf den hierfür bestimmten Parkplätzen abzustellen. Bitte sichern Sie die Fahrzeuge gegen Diebstahl und missbräuchliche Benutzung.

12. Haftungsausschluss

Für Schäden, die Ihnen durch Diebstahl, Beschädigung oder Nichtbeachtung dieser Vorschriften entstehen, haften wir nicht.

13. Haftpflichtschaden

Wer in Ausübung seiner dienstlichen Tätigkeit fremdes oder Firmeneigentum beschädigt oder Personen verletzt, hat dies unverzüglich seinem Vorgesetzten anzuzeigen.

14. Diebstahlkontrollen

Zum Schutze des betrieblichen und persönlichen Eigentums gegen Diebstahl können bei begründetem Verdacht unter vorhergehender Benachrichtigung und in Gegenwart des örtlichen Betriebsrats im Betrieb und an den Toren Kontrollen durchgeführt werden. Auch Schränke, Werkzeugkästen und andere Behältnisse können überprüft werden.

IX. Sicherheit und Gesundheit

1. Sicherheitsvorschriften, Sicherheitsfachkräfte, Sicherheitsbeauftragte

Lesen und beachten Sie bitte die im Betrieb ausliegenden und die Ihnen ausgehändigten Unfallverhütungsvorschriften. Befolgen Sie auch die Ihnen mündlich erteilten Weisungen zur Verhütung von Unfällen und Gesundheitsschäden. Sie sind verpflichtet, wo es vorgeschrieben ist, ausgegebene Unfallschutzmittel und die Sicherheitsvorrichtungen zu benützen.

Fragen und Anregungen aus dem Gebiet der Arbeitssicherheit richten Sie bitte an die Sicherheitsfachkraft oder den Sicherheitsbeauftragten, die für den jeweiligen Betriebsteil zuständig sind. Auf sie wird in jedem Betriebsteil in einem besonderen Aushang hingewiesen.

Greifen Sie nur bei drohender Gefahr in die Arbeit anderer Mitarbeiter ein. Arbeiten Sie nur mit Maschinen, Apparaten oder Geräten, an denen Sie unterwiesen wurden und sich auskennen. Betreten Sie keine Betriebsabteilungen, zu denen Ihnen als

Unbefugter der Zutritt untersagt ist. Informieren Sie sich über die bezeichneten Fluchtwege und Notausgänge. Diese sind stets freizuhalten.

2. Unfallverhütungs- und Schutzvorrichtungen dürfen nicht eigenmächtig entfernt, beschädigt oder unwirksam gemacht werden. Sie dürfen nur zu den Zwecken benutzt werden, für die sie bestimmt sind. Wenn Sie bemerken, dass solche Vorrichtungen fehlen oder mangelhaft geworden sind, melden Sie dies bitte unverzüglich dem Vorgesetzten.

3. Betriebsärzte

Für die arbeitsmedizinische Betreuung unserer Mitarbeiter sind für die verschiedenen Betriebsteile Betriebsärzte tätig. Sie führen auch die gesetzlich vorgeschriebenen Vorsorgeuntersuchungen bei Mitarbeitern durch, die unter erschwerten Arbeitsbedingungen tätig sind.

4. Alkohol

Der Genuss von alkoholischen Getränken während der Arbeit ist mit der Ordnung und Sicherheit des Betriebes nicht vereinbar und daher zu vermeiden bzw. der zuständigen Sicherheitsfachkraft zu melden. Das Gleiche gilt für Schäden oder Mängel an Materialien, Maschinen, Apparaten oder Geräten und für alle sonstigen Umstände, die erfahrungsgemäß geeignet sind, Unfälle zu verursachen oder ihre Bekämpfung zu erschweren.

5. Unfallmeldung

Melden Sie unverzüglich jeden Unfall, den Sie erleiden, auch wenn es nur ein leichter Unfall zu sein scheint, über den zuständigen Vorgesetzten der Personalabteilung. Die Meldung ist wichtig für etwaige Entschädigungs- oder Rentenansprüche aus dem Unfall.

6. Erste Hilfe

Wenden Sie sich bei Verletzungen und plötzlichen Erkrankungen, die Sie im Betrieb erleiden, an die im betrieblichen Telefonbuch auf den roten Seiten genannten Ersthelfer.

7. Brandschutz

In feuergefährdeten Betriebsteilen ist das Rauchen verboten. Betreten Sie Räume, in denen leicht entzündbare oder explosionsgefährliche Stoffe aufbewahrt werden, nicht mit offenem Licht oder Feuer. Feuerlöscheinrichtungen müssen ungehindert zugänglich sein und dürfen nicht missbräuchlich benützt werden.

8. Verhalten bei Gefahr

Bei Brand oder sonstiger Gefahr ist den Anordnungen der mit Sicherheits- und Feuerlöschdienst beauftragten Personen unbedingt Folge zu leisten. Machen Sie sich mit den örtlich ausgehängten Verhaltensmaßnahmen bei Feuer und mit den Gebäuderäumungsplänen vertraut.

X. Pflichtverletzungen

1. Ordnungsmaßnahmen

Verstöße gegen die Bestimmungen der Arbeitsordnung können folgende Ordnungsmaßnahmen nach sich ziehen:

- *Mündliche Verwarnung durch den (Haupt-)Abteilungsleiter/Betriebsleiter,*
- *schriftliche Verwarnung durch den Leiter der Hauptabteilung Personal- und Sozialwesen,*
- *schriftlicher Verweis durch das zuständige Vorstandsmitglied.*

Vor Anwendung einer der Ordnungsmaßnahmen sind der Mitarbeiter und der zuständige Betriebsrat zu hören. Verwarnungen und Verweise werden nach 2 Jahren aus den Akten entfernt, sofern nicht inzwischen eine neue Ordnungsmaßnahme getroffen wurde.

2. Fristlose Entlassung

Fristlose Entlassungen sind zulässig aus wichtigem Grund (§ 626 BGB). Als solcher können insbesondere grobe Verstöße gegen die Arbeitsordnung, wiederholte Fälle von Alkoholmissbrauch, Tätlichkeiten oder grobe Beleidigungen, fortgesetztes unentschuldigtes Fehlen, mutwillige Beschädigung von Firmeneigentum und vorsätzlich falsche oder irreführende Angaben bei der Einstellung angesehen werden.[2]

XI. Ende des Arbeitsverhältnisses

1. Ordentliche Kündigung

Für die ordentliche Kündigung des Arbeitsverhältnisses gelten die Fristen des Manteltarifvertrages.

2. Beurlaubung, Zeugnis

Nach der Kündigung, gleichgültig von wem sie ausgegangen ist, sind wir jederzeit berechtigt – selbstverständlich unter Fortzahlung Ihrer Vergütung und Anrechnung restlicher Urlaubsansprüche und Zeitguthaben – auf Ihre weiteren Dienste ganz oder teilweise zu verzichten. Auf Ihren Wunsch erhalten Sie nach der Kündigung ein Zwischenzeugnis, das bei Beendigung des Arbeitsverhältnisses durch ein endgültiges ersetzt wird.

3. Rückgabe von Firmeneigentum

Beim Ausscheiden müssen Sie alle firmeneigenen Gegenstände wie Arbeitsschutzkleidung, Werkzeuge, Schlüssel, Geschäftsunterlagen und die dienstlichen Aufzeichnungen ohne besondere Aufforderung und unverzüglich in ordnungsgemäßem Zustand den hierfür zuständigen Stellen übergeben. Für schuldhaft abhanden gekommenes sowie für vorsätzlich oder grob fahrlässig beschädigtes Firmeneigentum müs-

---

[2] Über die Wirksamkeit der fristlosen Kündigung kann das Arbeitsgericht trotz dieser Klausel auch in den genannten Fällen entscheiden (BAG v. 11. 3. 1976, AP Nr. 1 zu § 95 BetrVG 1972). Es kann in seiner Entscheidung aber unter Umständen berücksichtigen, welche Pflichten im Betrieb für besonders wichtig erachtet werden.

sen wir eine Ersatzleistung vorsehen. Falls wir bei Ihrem Ausscheiden noch Forderungen an Sie haben, können diese gegen Ihre Restbezüge aufgerechnet werden.

4. Altersgrenze

Die Beendigung des Arbeitsverhältnisses richtet sich nach den Bestimmungen des Manteltarifvertrages.

Wir hoffen, dass Sie sich bei uns wohl fühlen und dass Sie viele Jahre bei uns bleiben werden.

35.2 Betriebsvereinbarung zu Alkoholproblemen am Arbeitsplatz

1. Geltungsbereich

Diese Betriebsvereinbarung gilt ausnahmslos für alle Betriebsangehörigen. Sofern im Folgenden Begriffe wie „Mitarbeiter", „Betroffene" und andere verwendet werden, beziehen sich diese auch auf weibliche Betriebsangehörige. Soweit im Folgenden der Betriebsrat einbezogen ist, handelt der Sprecherausschuss analog für leitende Angestelle.

2. Ziele

Ziele der Vereinbarung sind:

– den Betroffenen nach Möglichkeit zu helfen;

– allen Beteiligten verbindliche Richtlinien an die Hand zu geben;

– die Arbeitssicherheit zu erhöhen;

– die Gleichbehandlung aller Betroffenen sicherzustellen;

– die Aufgaben von Suchtkrankenhelfern zu benennen.

3. Grundsätzliches

Es ist zu unterscheiden zwischen der Vorgehensweise bei Trunkenheit am Arbeitsplatz einerseits und den zu unternehmenden Schritten beim Erkennen eines alkoholkranken Mitarbeiters andererseits.

4. Trunkenheit am Arbeitsplatz

4.1 Der Genuss von alkoholischen Getränken während der Arbeit ist mit der Ordnung und Sicherheit des Betriebes nicht vereinbar und daher zu vermeiden.

4.2 Kein Betriebsangehöriger darf sich während der Arbeitszeit oder in den Pausen durch Missbrauch von Alkohol oder anderen berauschenden Mitteln in einen Zustand versetzen, durch den er sich selbst oder andere gefährden kann.

4.3 Aufgrund der Fürsorgepflicht, der Unfallverhütungsvorschriften und zur Sicherstellung eines ordnungsgemäßen Betriebsablaufes hat der Vorgesetzte bzw. der Verantwortliche die Pflicht, einen unter Alkohol stehenden Mitarbeiter umgehend des Arbeitsplatzes zu verweisen. Der Vorgesetzte ist auch verantwortlich für die sichere Heimkehr des Betrunkenen. Er hat die erforderlichen Vorkehrungen zu treffen. Gegebenenfalls muss für eine Begleitperson gesorgt werden.

4.4 Die Kosten für den Heimtransport (zB Taxi) gehen zu Lasten des betreffenden Mitarbeiters. Für die Zeit des alkoholbedingten Arbeitsausfalles wird kein Entgelt bezahlt.

4.5 Bevor der Vorgesetzte einen Mitarbeiter heimschickt, ist, sofern kurzfristig möglich, ein Betriebsratsmitglied, ansonsten ein anderer betrieblicher Zeuge hinzuzuziehen. Über die durchgeführte Maßnahme ist vom Vorgesetzten ein Protokoll zu erstellen. Im Wiederholungsfalle ist das Protokoll an die Personalleitung weiterzuleiten.

5. Hilfsangebote

5.1 Entsteht bei einem Vorgesetzten der Eindruck, dass ein Mitarbeiter alkoholgefährdet ist bzw. eine Alkoholkrankheit besteht, dann hat er die Pflicht, mit dem Betroffenen eine erste vertrauliche Unterredung zu führen mit dem Ziel, das Problem offen anzusprechen. Dieses Gespräch hat keine personellen Konsequenzen. Der Vorgesetzte macht auf Hilfsangebote aufmerksam: Gespräch mit der Sozialberatung, Gespräch mit einem Suchtkrankenhelfer (Namen sind über die Personalleitung oder Betriebsrat zu erfragen), Teilnahme an einer außerbetrieblichen Gruppe, Aufsuchen der örtlichen Suchtberatungsstelle. Der Vorgesetzte erläutert die Folgen des Alkoholmissbrauchs, insbesondere im Hinblick auf die Gefährdung des Arbeitsplatzes.

5.2 Ist nach überschaubarer Zeit, spätestens nach sechs Wochen, keine Änderung festzustellen, schaltet der Vorgesetzte die Sozialberatung ein. Diese terminiert ein weiteres Gespräch, je nach betrieblichen Gegebenheiten unter Hinzuziehung des nächst höheren Vorgesetzten sowie eines Suchtkrankenhelfers nach Wahl des Betroffenen. Hierbei werden die Hilfsangebote nochmals eingehend erläutert. Außerdem spricht der Vorgesetzte im Einvernehmen mit dem Betriebsratsvorsitzenden oder dessen Stellvertreter für den Betreffenden ein Alkoholverbot aus und weist auf die Möglichkeit einer Abmahnung beim nächsten alkoholbedingten Vorfall hin. Der Gesprächsinhalt wird vom Vorgesetzten in einer Aktennotiz mit Durchschlag an den Betroffenen festgehalten.

5.3 Ändert sich das Verhalten innerhalb von wiederum spätestens sechs Wochen nicht und hat die Suchterkrankung oder -gefährdung Auswirkungen auf arbeitsvertragliche Pflichten (hohe Fehlzeiten, Schlecht- oder Minderleistung, sonstige Verstöße gegen arbeitsrechtliche Pflichten), führt der Vorgesetzte zusammen mit der Personalleitung ein weiteres Gespräch, bei dem auch ein Betriebsratsmitglied, bei Schwerbehinderten die Schwerbehindertenvertretung, und evtl. eine Bezugsperson anwesend ist. Dem Betroffenen wird klargemacht, dass er keine Krankheitseinsicht zeigt und dass deshalb eine erste Abmahnung erfolgt. Hierbei wird arbeitsrechtliches Fehlverhalten benannt und das Einleiten einer Therapie zur Auflage gemacht.

5.4 Erfüllt der Betroffene weiterhin nicht seine Pflichten aus dem Arbeitsverhältnis und befolgt er empfohlene Maßnahmen nicht, so wird wieder im Zeitraum von spätestens sechs Wochen eine zweite Abmahnung ausgesprochen mit dem Hinweis, dass bei weiterer Weigerung, die Hilfsangebote wahrzunehmen, eine Kündigung folgt. Ggf. sind in Absprache mit dem Betriebsrat weitere betriebliche Maßnahmen vorzunehmen, zB Streichen einer evtl. vorhandenen Leistungszulage[1] usw.

5.5 Befolgt der Betroffene die in der zweiten Abmahnung genannten Auflagen nicht und kann er innerhalb von weiteren sechs Wochen seine Pflichten aus dem Arbeitsverhältnis nicht ordnungsgemäß erfüllen, wird das Arbeitsverhältnis unter Beachtung der Mitbestimmungsrechte des Betriebsrates gekündigt. Die Kündigung erfolgt fristgemäß, sofern nicht nach den vorliegenden Umständen die Einhaltung der Kündigungsfrist unzumutbar ist.

5.6 Mit der Kündigung wird dem Betroffenen die Prüfung seiner Wiedereinstellung für den Fall in Aussicht gestellt, dass er innerhalb eines Jahres nach seinem Ausscheiden durch ärztliches Zeugnis nachweist, dass die Entziehungsbehandlung erfolgreich abgeschlossen und er zum Zeitpunkt der Wiedereinstellung als abstinent anzusehen ist. Bei der Vergabe eines Arbeitsplatzes sind betriebliche Erfordernisse vorrangig zu berücksichtigen.

5.7 Nimmt ein Betroffener vor Ausspruch einer Kündigung eine Heilbehandlung auf, bricht sie jedoch wieder ab, wird das weitere Vorgehen zwischen Personalleitung, Fachabteilung, Betriebsrat und Sozialberatung geregelt. Dasselbe gilt bei einem Rückfall; dieser ist gegeben, wenn der Betroffene nach erfolgreichem Abschluss einer Hilfsmaßnahme erneut suchtbedingt arbeitsvertragliche Pflichten verletzt.

5.8 Die aufgezeigte zeitliche Abfolge ist eine Richtschnur; sie kann im Einzelfall je nach Erfordernis flexibel gehandhabt werden.

6. Helfer

6.1 Der alkoholkranke Mitarbeiter bedarf auf dem ganzen Weg des unter Punkt 5 beschriebenen Verfahrens der Betreuung. Diese Aufgabe übernehmen die Sozialberatung und besonders dafür vorgesehene innerbetrieblichen Helfer.

6.2 In der Gruppe der Helfer sollten möglichst viele Bereiche des Unternehmens vertreten sein, um den Zugang zu dem Betroffenen zu erleichtern.

6.3 Soweit erforderlich, werden die Helfer im Einvernehmen mit der Personalleitung und dem Betriebsrat durch geeignete Schulungen, auch unter Einbeziehung externer Stellen, auf ihre Aufgaben vorbereitet.

6.4 Die Helfer führen mit den Betroffenen vertrauliche Gespräche, informieren über vorhandene Möglichkeiten, leisten Aufklärungs- und Motivationsarbeit und begleiten den Betroffenen gegebenenfalls zu Anlaufstellen.

6.5 Die Tätigkeit eines Helfers kann auch während der Arbeitszeit stattfinden, soweit dies unbedingt erforderlich ist und die betrieblichen Verhältnisse es zulassen.

6.6 Die Helfer sind über die ihnen bekannt gewordenen persönlichen Verhältnisse und Angelegenheiten zum Stillschweigen verpflichtet. Ein Helfer kann sein Amt jederzeit niederlegen. Er unterrichtet hierüber die Personalabteilung oder den Betriebsrat.

---

[1] Diese Fallgruppe sollte in der Betriebsvereinbarung über die Leistungszulage entsprechend geregelt werden.

7. In-Kraft-Treten und Kündigung

7.1 Diese Betriebsvereinbarung tritt am ... in Kraft und kann mit einer Frist von drei Monaten zum Quartalsende gekündigt werden.

7.2 Einzelne Teile dieser Betriebsvereinbarung können geändert werden, ohne dass es einer Kündigung bedarf. Änderungen werden am schwarzen Brett bekannt gegeben.

Betriebsvereinbarung zur Einführung einer einheitlichen Arbeitskleidung

§ 1

Jeder Arbeitnehmer erhält vom Arbeitgeber zum Zwecke der Verbesserung des äußeren Erscheinungsbildes und des Images der Firma drei Arbeitshosen und -jacken gestellt. Zu diesem Zweck schließt der Arbeitgeber mit der Firma ... einen entsprechenden Mietvertrag ab.

§ 2

Das Arbeitszeug wird zum Zwecke der Reinigung und Pflege im 14-tägigen Rhythmus ausgetauscht. Zu diesem Zweck hält der Arbeitgeber am Betriebssitz Schränke vor, denen die Arbeitnehmer die saubere Wäsche entnehmen und in denen sie die schmutzige Wäsche deponieren können. Es ist dadurch sichergestellt, dass jeder Arbeitnehmer Zugang nur zu seinem Arbeitszeug hat.

§ 3

Jeder Arbeitnehmer ist verpflichtet, das ihm zur Verfügung gestellte Arbeitszeug zu tragen.

§ 4

Die Kosten für die Arbeitszeuggestellung trägt der Arbeitgeber.[1]

---

[1] Eine Kostenbeteiligung der Arbeitnehmer von knapp 50% hat das BAG v. 1. 12. 1992, AP Nr. 20 zu § 87 BetrVG 1972 – Ordnung des Betriebes, für unzulässig angesehen.

35.4 Betriebsvereinbarung über Arztbesuche während der Arbeitszeit

Betriebsrat und Geschäftsleitung sind sich darüber einig, dass die Fortzahlung des Lohnes während eines Arztbesuches nur gewährt werden soll, wenn der Arbeitnehmer durch Vorlage einer ärztlichen Bescheinigung die Notwendigkeit des Besuches nachweist.

Im Betrieb wird ab sofort ein Formblatt für ärztliche Bescheinigungen verwendet, das den Arbeitnehmern stets in mehreren Exemplaren zur Verfügung gestellt wird, um es bei einem anstehenden Arztbesuch ausfüllen lassen zu können.

Das Formblatt hat folgenden Wortlaut:

„Bescheinigung des behandelnden Arztes zur Vorlage beim Arbeitgeber

Name des Mitarbeiters/der Mitarbeiterin: . . .

Der Mitarbeiter/die Mitarbeiterin war heute in der Zeit von . . . Uhr bis . . . Uhr bei uns zur Behandlung.

Sofern die Behandlung innerhalb der Arbeitszeit lag, musste die Behandlung aus folgendem wichtigen Grund zu dieser Tageszeit ausgeführt werden:

- *Ambulante Behandlung aufgrund eines während der Arbeitszeit erlittenen Arbeitsunfalles.*
- *Arztbesuch anlässlich einer während der Arbeitszeit aufgetretenen akuten Erkrankung, wobei hiermit die Notwendigkeit des sofortigen Arztbesuches bescheinigt wird.*
- *Amtsärztlich angeordnete Untersuchung oder Vorsorgeuntersuchung.*
- *Spezialuntersuchung, deren notwendige Durchführung während der Arbeitszeit durch den Arzt bescheinigt wird.*

. . ., den . . .

. . .

Praxisstempel

. . .

Unterschrift des Arztes"[1]

---

[1] Vgl. zur Mitbestimmungspflicht BAG v. 21. 1. 1997, AP Nr. 27 zu § 87 BetrVG 1972 – Ordnung des Betriebes.

Kapitel 36 Mitbestimmung in sozialen Angelegenheiten – Betriebliches Vorschlagswesen

Literaturübersicht: *Gaul/Bartenbach*, Arbeitnehmererfindung und Verbesserungsvorschlag, 2. Aufl. 1972; *Leuze*, Erfindungen und technische Verbesserungsvorschläge von Angehörigen des öffentlichen Dienstes, GRUR 1994, 415.

I. Erläuterungen

Das betriebliche Vorschlagswesen wird in allgemeinen Abhandlungen von Arbeitnehmererfindungen nach dem Arbeitnehmererfindergesetz abgegrenzt. Dies verleitet zu der irrigen Annahme, Regelungen zum betrieblichen Vorschlagswesen seien nur sinnvoll, wo Arbeitnehmer erfinderisch tätig seien. Damit wird die motivierende Wirkung einer Regelung des betrieblichen Vorschlagswesens verkannt. Insbesondere bei der Verbesserung der Arbeitsablauforganisation kann das betriebliche Vorschlagswesen Erfahrungen der Mitarbeiter zutage fördern und Arbeitsabläufe effektivieren. Eine Regelung über betriebliches Vorschlagswesen bietet sich daher an, wenn ein Betrieb arbeitsablauforganisatorische Änderungen plant oder dabei ist, sie umzusetzen. Es darf allerdings nicht übersehen werden, dass die sinnvolle Gestaltung einer Betriebsvereinbarung zu Verbesserungsvorschlägen und auch ihre Durchführung einen gewissen Aufwand verursacht. Eine Mindestregelung des betrieblichen Vorschlagswesens muss Regelungen über Organe, deren Zusammensetzung, Aufgaben und Verfahren enthalten.[1]

Umfang der Mitbestimmung

(Sa. Kap. 31 I. 1.–3.)

Der Betriebsrat hat ein Initiativrecht zur Einführung eines betrieblichen Vorschlagswesens, wenn dafür ein Bedürfnis besteht.[2] Werden Gruppenvorschläge im Rahmen des betrieblichen Vorschlagswesens eingereicht, darf die Betriebsvereinbarung über das betriebliche Vorschlagswesen einem der Gruppenmitglieder eine Prozessführungsbefugnis zuweisen, die die übrigen Beteiligten wirksam von der Prozessführung ausschließt.[3] Dagegen steht dem Betriebsrat kein Mitbestimmungsrecht zu, den jeweiligen Beauftragten des betrieblichen Vorschlagswesens festzulegen, über die Prämienhöhe im Einzelfall zu entscheiden und über die Annahme eines einzelnen Verbesserungsvorschlages zu bestimmen.[4]

---

[1] BAG v. 28. 4. 1981, AP Nr. 1 zu § 87 BetrVG 1972 – Vorschlagswesen und v. 16. 3. 1982, AP Nr. 2 zu § 87 BetrVG 1972 – Vorschlagswesen.
[2] BAG v. 28. 4. 1981, BB 1982, 861.
[3] LAG Saarland v. 11. 10. 1995, BB 1996, 487.
[4] BAG v. 16. 3. 1982, BB 1983, 963.

II. Muster

36.1 Betriebsvereinbarung zu Verbesserungsvorschlägen

Präambel

Ziel ist, dass unsere Mitarbeiter sich über die Verbesserung von Arbeitsabläufen in unserer Firma Gedanken machen und entsprechende Vorschläge einreichen. Alle Mitarbeiter können Verbesserungsvorschläge einreichen. Der Vorschlagende kann einen Mitarbeiter oder Vorgesetzten auswählen, mit dem er seinen Vorschlag bespricht und der ihn auch dem Prüfungsausschuss vortragen kann.

1. Begriff

Ein Verbesserungsvorschlag ist eine eigene Idee des oder der Einsender, die

– *die Verbesserung eines betrieblichen Zustandes, der Erzeugnisse oder der Dienstleistungen bedeutet und sich in der Praxis verwirklichen lässt,*

– *einen höheren Nutzen bringt, als die Durchführung Kosten verursacht, und in unserem Unternehmen von keiner anderen Seite erkannt oder vorgeschlagen wurde,*

– *über den Arbeitsauftrag des Einsenders oder der Einsendergruppe hinausgeht.*

Ein Verbesserungsvorschlag kann sich auf alle Bereiche des Unternehmens einschließlich der Verwaltung beziehen.

2. Teilnahmevoraussetzungen

Damit ein Verbesserungsvorschlag anerkannt wird, müssen die genannten Voraussetzungen alle erfüllt sein.

Jeder Mitarbeiter der Firma kann teilnehmen. Ziel ist, dass mehr Mitarbeiter sich über die Verbesserung von Arbeitsabläufen in unserer Firma Gedanken machen und entsprechende Vorschläge einreichen.

Ein Verbesserungsvorschlag muss schriftlich an den Beauftragten für das Vorschlagswesen auf Vordruck eingereicht werden.

3. Behandlung des Verbesserungsvorschlags

Der Vorschlag wird vom Beauftragten für das betriebliche Vorschlagswesen registriert und mit einer laufenden Nummer versehen. Dem Einreicher wird der Eingang schriftlich bestätigt.

Der Vorschlag wird einem oder mehreren Sachverständigen zur Prüfung und Abgabe eines Gutachtens weitergeleitet. Der Vorschlag läuft unter dem Namen des Einreichers, damit Rückfragen möglich sind.

Nach Vorliegen des Gutachtens geht der Vorschlag an den Prüfungsausschuss zur Entscheidung.

Der Vorschlagende kann einen Mitarbeiter oder Vorgesetzten auswählen, mit dem er seinen Vorschlag bespricht und der ihn auch dem Prüfungsausschuss vortragen kann. Der Mitarbeiter kann jedoch auch selbst seinen Vorschlag beim Prüfungsausschuss vortragen.

Eine Entscheidung wird schriftlich festgelegt und dem Vorschlagenden durch den Beauftragten für das betriebliche Vorschlagswesen übermittelt.

4. Bewertung

Angenommene Verbesserungsvorschläge, bei denen eine wertmäßige Einsparung errechnet werden kann, werden nach einer Bewertungstabelle (Anlage 1) prämiert. Bei der Prämierung werden folgende Punkte berücksichtigt:

– Stellung/Tätigkeit des Vorschlagenden

– eigenes oder fremdes Arbeitsgebiet

– Qualität des Vorschlages

Angenommene Verbesserungsvorschläge, die keine messbare oder bezifferbare Einsparung bringen, werden nach einer Punktetabelle (Anlage 2) prämiert.

5. Die Organe

5.1 Der Beauftragte für das betriebliche Vorschlagswesen

Dieser wird von der Geschäftsleitung im Einvernehmen mit dem Betriebsrat bestimmt. Er ist verantwortlich für die ordnungsgemäße Behandlung der Verbesserungsvorschläge.

5.2 Der Prüfungsausschuss

Der Prüfungsausschuss setzt sich aus folgenden Mitgliedern zusammen:

– der Beauftragte für das betriebliche Vorschlagswesen (ohne Stimmrecht)

– der Leiter der Konstruktion (mit Stimmrecht)

– der jeweils zuständige Betriebsleiter (mit Stimmrecht)

– ein Betriebsratsmitglied (mit Stimmrecht)

– ein vom Betriebsrat zu bestellender Betriebsangehöriger (mit Stimmrecht)

– ein Geschäftsführer, bei Stimmengleichheit entscheidet die Stimme des Geschäftsführers.

Im Falle einer Abwesenheit bestimmt der Beauftragte die Vertreter, bei den Arbeitnehmervertretern der zuständige Betriebsrat.

Bei Bedarf können Sachverständige ohne Stimmrecht hinzugezogen werden.

6. Verfahren zur Prämierung der Verbesserungsvorschläge

Der Prüfungsausschuss empfiehlt der Geschäftsführung die Annahme, Anerkennung oder Ablehnung der Verbesserungsvorschläge.

Ausschussmitglieder dürfen insoweit nicht mitwirken, als es sich um die Beurteilung von eigenen Verbesserungsvorschlägen oder um Verbesserungsvorschläge ihrer Angehörigen oder solcher Personen handelt, deren gesetzliche Vertreter sie sind. Die Teilnehmer an den Ausschusssitzungen müssen den Inhalt der Beratungen vertraulich behandeln.

Die Ergebnisse der Beratungen des Ausschusses werden in einer kurzen Niederschrift festgehalten, die von den Mitgliedern des Ausschusses zu unterschreiben ist. Im Falle der Annahme muss diese Niederschrift bis zum Ablauf des siebten Jahres nach dem Jahr der Zuerkennung der Vorschlagsprämie durch den Beauftragten des betrieblichen Vorschlagswesens aufbewahrt werden.

Zur Annahme zu empfehlen sind Verbesserungsvorschläge, deren Durchführung vorgesehen ist. Für andere Vorschläge kann eine Anerkennungsprämie gewährt werden, wenn sie die entsprechenden Voraussetzungen erfüllen, aber nicht verwirklicht werden sollen. Die Anerkennungsprämie soll mindestens Euro ... betragen.[1]

Bei der Prüfung sind 2 Gruppen von Vorschlägen zu unterscheiden:

- *Vorschläge, die eine bezifferbare oder messbare Einsparung bringen. Die Berechnung kann ggf. auch auf Schätzwerten beruhen.*
- *Vorschläge, die einen sonstigen Vorteil bringen, der jedoch nicht bezifferbar oder messbar ist.*

Für Vorschläge der ersten Gruppe, die eine bezifferbare oder messbare Einsparung bringen, ist vom Prüfungsausschuss die entsprechende in einem Jahr erzielbare wertmäßige Einsparung zu errechnen. Die Aufwendungen, die für die Durchführung erforderlich werden, sind auf die voraussichtlichen Fertigungsjahre bzw. Anwendungsjahre, höchstens jedoch auf einen Zeitraum von 3 Jahren zu verteilen.

Aus der errechneten wertmäßigen Einsparung erhält der Vorschlagende bei Annahme des Vorschlags durch die Geschäftsleitung und Durchführung desselben eine Vorschlagsprämie, gemäß Bewertungstabelle (Anlage 1) mindestens jedoch Euro ....

Die wertmäßige Einsparung wie die für die Durchführung eines Verbesserungsvorschlages erforderlichen Aufwendungen errechnen sich jeweils aus der reinen Lohnsumme mit dem Stundensatz und aus dem Material mit dem Einkaufspreis.

Bei Ausscheiden eines Mitarbeiters durch wirksame fristlose Kündigungserklärung der Firma erlischt jeder Anspruch auf eine Prämie.

Für Vorschläge der zweiten Gruppe, die keine messbare oder bezifferbare Einsparung bringen, schlägt der Prüfungsausschuss nach seinem Ermessen der Geschäftsleitung die Höhe der Vorschlagsprämie vor. Für die Festlegung der Höhe dient die als Anlage 2 beigefügte Tabelle. Die Mindestprämie beträgt Euro ....

7. Weiterbearbeitung nach der Entscheidung

Die Entscheidung der Geschäftsleitung über den Vorschlag wird dem Einreicher schriftlich bekannt gegeben. Eine eventuelle Ablehnung wird entsprechend begründet.

---

1 Der Arbeitgeber kann allein darüber entscheiden, ob und welche Mittel er zur Vergütung von Verbesserungsvorschlägen zur Verfügung stellen will (*Fitting*, § 87 BetrVG Rz. 549).

Jeder Vorschlag bleibt vom offiziellen Eingangsdatum an gerechnet zwei Jahre lang prämienberechtigt. Dies gilt auch dann, wenn der Verbesserungsvorschlag als nicht durchführbar abgelehnt wurde, sich später jedoch Gründe zeigen, die die Durchführung zur Folge haben.

Von Zeit zu Zeit werden am schwarzen Brett und/oder ... die Erfolge des betrieblichen Vorschlagswesens bekannt gegeben mit folgenden Angaben:

– *Betrag der höchsten Prämie des Quartals,*
– *Summe der Prämien des Quartals.*

Der Einreicher des prämierten Vorschlags hat die Berechtigung, sich vom Beauftragten die Errechnung der zuerkannten Prämie erläutern zu lassen.

Glaubt er, dass die Berechnung von nicht zutreffenden Voraussetzungen ausgegangen ist, hat er die Berechtigung, unter Einreichung eigener Berechnungsunterlagen eine Überprüfung zu verlangen.

8. Ausbezahlung von Prämien

Prämien bis zu einer Höhe von Euro ... werden mit der Bekanntgabe an den Vorschlagenden ausbezahlt.

Prämien über Euro ... werden zur Hälfte, mindestens jedoch in Höhe von Euro ..., mit der Bekanntgabe, der Rest nach Einführung der Verbesserung ausbezahlt.

Die Auszahlung der Prämie erfolgt unter Berücksichtigung der steuerlichen Richtlinien.

9. Verwirklichung des Verbesserungsvorschlags

Im Auftrag der Geschäftsleitung informiert der Beauftragte für das betriebliche Vorschlagswesen die zuständigen betrieblichen Stellen oder Stellen der Verwaltung über die erfolgte Annahme und den Inhalt des Verbesserungsvorschlags.

Dieser ist dann normalerweise innerhalb einer Frist von einem Jahr durchzuführen. Die Durchführung ist dem Beauftragten für das betriebliche Vorschlagswesen schriftlich mitzuteilen bzw. von diesem zu überwachen.

Der Beauftragte für das betriebliche Vorschlagswesen erstellt jährlich eine Erfolgsbilanz über die angenommenen bzw. anerkannten Verbesserungsvorschläge.

10. Missbrauch des Vorschlagswesens

Ein Missbrauch der Bestimmungen mit dem Ziel, eine ungerechtfertigte Prämie zu erlangen, kann eine fristlose Kündigung des Arbeitsverhältnisses zur Folge haben.

11. Kündigung

Die vorliegende Betriebsvereinbarung kann mit einer Frist von drei Monaten, frühestens zum ..., gekündigt werden. Sie wirkt nach Ablauf der Kündigungsfrist nicht nach.

Kapitel 37 Mitbestimmung in sozialen Angelegenheiten – Urlaub

Literaturübersicht: *Bauer/Lingemann*, Probleme der Entgeltfortzahlung nach neuem Recht, BB 1996, Beil. 17, 8; *Bengelsdorf*, Pfändung und Abtretung von Lohn, 2. Aufl. 2002; *Bengelsdorf*, Urlaubsdauer und Urlaubsvergütung bei ungleicher Verteilung der Arbeitszeit, DB 1988, 1161; *Boener*, Die Reform der Entgeltfortzahlung und der Urlaubsanrechnung im Lichte der Tarifautonomie, ZTR 1996, 435; *Boewer*, Lohnpfändung und Lohnabtretung in Recht und Praxis, 1987; *Boldt/Röhsler*, Mindesturlaubsgesetz für Arbeitnehmer (Bundesurlaubsgesetz), 2. Aufl. 1968; *Buschmann*, Gemeine Marktwirtschaft, ArbuR 1996, 285; *Danne*, Urlaubsdauer bei unterschiedlicher Tagesarbeitszeit, DB 1990, 1965; *Dersch/Neumann*, Bundesurlaubsgesetz, 8. Aufl. 1997; *Dörner*, Die Rechtsprechung des BAG zum Zusatzurlaub nach dem Schwerbehindertengesetz, DB 1995, 1174; *Düwell*, Freistellung für die politische und berufliche Weiterbildung, BB 1994, 637; Gemeinschaftskommentar zum Bundesurlaubsgesetz, bearbeitet von *Stahlhacke/Bachmann/Bleistein*, 5. Aufl. 1992; *Gottwald*, Die Lohnpfändung, 1996; *Gross*, Das Urlaubsrecht, 3. Aufl. 1997; *Hohmeister*, Ist die Urlaubsvergütung pfändbar?, BB 1995, 2110; *Kube*, Urlaubsrechtliche Leitsätze für die Praxis, BB 1975, 747; *Leinemann*, Fit für ein neues Arbeitsvertragsrecht?, BB 1996, 1381; *Leinemann/Linck*, Urlaubsrecht, 2. Aufl. 2001; *Löwisch*, Das arbeitsvertragliche Beschäftigungsförderungsgesetz, NZA 1996, 1009; *Matthes*, Arbeitnehmer und Urlaub, 1974; *Meisel*, Die Änderungen des Bundesurlaubsgesetzes durch das Heimarbeitsänderungsgesetz vom 29. 10. 1974, RdA 1975, 166; *Neumann*, Urlaubsrecht, 12. Aufl. 2001; *Schütz/Hauck*, Gesetzliches und tarifliches Urlaubsrecht, 1996; *Siara*, Wegfall der Urlaubsabgeltung, DB 1975, 836; *Wlotzke*, Neuerungen im gesetzlichen Arbeitsrecht, DB 1974, 2252.

I. Erläuterungen

1. Umfang des Mitbestimmungsrechtes

(Sa. Kap. 31 I. 1.–3.)

Mitbestimmungspflichtig ist nach § 87 Abs. 1 Nr. 5 BetrVG die Festlegung der zeitlichen Lage des Urlaubs für einzelne Arbeitnehmer und die Aufstellung allgemeiner Urlaubsgrundsätze und des Urlaubsplanes für den ganzen Betrieb oder mehrere Arbeitnehmer. Das Mitbestimmungsrecht erstreckt sich nicht nur auf den Erholungsurlaub iSd. § 1 BUrlG, sondern erstreckt sich auch auf den Zusatzurlaub für Schwerbehinderte und den Bildungsurlaub. Unbezahlter Sonderurlaub für bestimmte Arbeitnehmergruppen unterliegt der Mitbestimmung des Betriebsrates, soweit dieser Sonderurlaub in unmittelbarem Zusammenhang mit bezahltem Erholungsurlaub gewährt werden soll.[1]

2. Allgemeine Urlaubsgrundsätze und Urlaubsplan

Zu den allgemeinen Urlaubsgrundsätzen zählt neben Fragen der Verteilung des Urlaubs und der geteilten oder ungeteilten Inanspruchnahme des Urlaubs insbesondere die Frage, ob Betriebsferien durchgeführt werden und zu welchem Zeitpunkt sie stattfinden. Diese Regelung kann jährlich neu getroffen werden. In der Praxis emp-

---
1 BAG v. 18. 6. 1974, DB 1974, 2263.

fiehlt es sich allerdings, eine über einen längeren Zeitraum befristete oder unbefristete Regelung zu treffen, wenn die betrieblichen Bedürfnisse einer solchen Regelung dauerhaft bestehen und ein sinnvoller Zeitpunkt sich – zB in Abhängigkeit von den Schulferien – langfristig vorausbestimmen lässt.

Mitbestimmungspflichtig ist auch ein sog. Urlaubsplan, in dem die Urlaubszeiten der einzelnen Arbeitnehmer festgelegt werden. Diese Art der Urlaubsregelung verlangt von allen Beteiligten eine langfristige Planung. Der Urlaubsplan erfüllt seine Funktion nur, wenn mit ihm der Zeitpunkt der Inanspruchnahme des gesamten Jahresurlaubes oder wenigstens wesentlicher Teile des Jahresurlaubes aller Mitarbeiter festgelegt wird. Die Vor- und Nachteile dieser langfristigen Festlegung sind gegenüber dem Interesse einer flexiblen Handhabung abzuwägen. Zwar verbietet auch der Urlaubsplan nicht, im Einzelfall Änderungen zu vereinbaren. Dann hat allerdings der Urlaubsplan nicht mehr bewirkt, als den Aufwand zur Abstimmung der Urlaubstermine zu erhöhen. Besteht immer wieder das Bedürfnis nach einer Abweichung vom Urlaubsplan, sollte überdacht werden, ob die Aufstellung des Urlaubsplanes noch ihren Zweck erfüllt.

3. Lage des Urlaubs einzelner Arbeitnehmer

Orientiert sich der Arbeitgeber bei der Festlegung der Urlaubszeiten nicht an allgemeinen Grundsätzen, steht ihm im Rahmen des § 7 Abs. 1 BUrlG ein Bestimmungsrecht zu. Der Betriebsrat hat jedoch ein Mitbestimmungsrecht, soweit der Arbeitgeber mit seiner Festlegung nach § 7 Abs. 1 BUrlG kein Einvernehmen mit dem betroffenen Arbeitnehmer erzielt.

II. Muster

Betriebsvereinbarung Brückentage   37.1

1. Geschäftsleitung und Betriebsrat vereinbaren, dass die Geschäftsleitung den Betrieb an Brückentagen schließen kann.

2. Als Brückentage verstehen Geschäftsleitung und Betriebsrat Arbeitstage zwischen einem Wochen-Feiertag und dem vorausgegangenen oder nachfolgenden Wochenende sowie die Arbeitstage zwischen dem 24.12. eines Jahres und dem 1. 1. des Folgejahres.

3. Die Geschäftsleitung kündigt mit einer Frist von sechs Monaten durch Aushang am schwarzen Brett an, wenn der Betrieb an einem oder mehreren Brückentagen geschlossen wird.

4. Die Mitarbeiter haben die Wahl, die Tage der Betriebsschließung durch Inanspruchnahme von Jahresurlaub oder vorhandene Gleitzeitguthaben auszugleichen.

37.2 Betriebsferien

1. Der Betrieb nimmt jährlich einen zusammenhängenden Betriebsurlaub von zehn Arbeitstagen. Erster Urlaubstag ist jeweils der erste Montag nach Beginn der Sommer-Schulferien des Landes . . . .

2. In Notfällen oder für Mitarbeiter, deren Urlaubsanspruch die Dauer des Betriebsurlaubes noch nicht erreicht hat, kann die Geschäftsleitung die Arbeit während der Betriebsferien anordnen. Für die Zeit des Betriebsurlaubes kann die Firma darüber hinaus die Arbeit eines(r) Mitarbeiter/in für die Verwaltung und eines(r) Mitarbeiter/in in der Fertigung anordnen.

Der Einsatz eines Mitarbeiters während des Betriebsurlaubes ist ihm mindestens zwei Monate im Voraus anzukündigen, soweit er sich nicht kurzfristiger mit dem Einsatz einverstanden erklärt. Dies gilt nicht, soweit der Einsatz durch einen Notfall erforderlich wird. In diesem Fall ist der/die Mitarbeiter/in auch ohne Einhaltung einer Ankündigungsfrist kurzfristig zum Einsatz während des Betriebsurlaubes verpflichtet.

3. Geschäftsleitung und Betriebsrat können einvernehmlich die zeitliche Lage der Betriebsferien verschieben.

Kapitel 38 Mitbestimmung in personellen Angelegenheiten

Literaturübersicht: *Bayer*, Anforderungen an den Arbeitgeber bei der Anhörung des Betriebsrats zu einer Kündigung, DB 1992, 782; *Berkowsky*, Die Unterrichtung des Betriebsrats bei Kündigungen durch den Arbeitgeber, NZA 1996, 1065; *Bitter*, Zum Umfang und Inhalt der Informationspflicht des Arbeitgebers gegenüber dem Betriebsrat bei der betriebsbedingten Kündigung insbesondere bei der Sozialauswahl, NZA 1991, Beil. 3, 16; *Buchner*, Freiheit und Bindung des Arbeitgebers bei Einstellungsentscheidungen, NZA 1991, 577; *Ehrich*, Widerspruchsrecht des Betriebsrats bei Neubesetzung der Stelle eines befristet beschäftigten Arbeitnehmers, BB 1992, 1483; *Griese*, Neuere Tendenzen bei der Anhörung des Betriebsrats vor der Kündigung, BB 1990, 1899; *Griese*, Die Mitbestimmung bei Versetzungen, BB 1995, 458; *Kappes*, Zustimmungsverweigerungsrecht des Betriebsrats bei Höhergruppierung?, DB 1990, 333; *Matthes*, Verfahrensrechtliche Fragen im Zusammenhang mit Beteiligungsrechten des Betriebsrats bei personellen Einzelmaßnahmen, DB 1989, 1285; *Notz*, Zur Vorlage der erforderlichen Bewerbungsunterlagen nach § 99 Abs. 1 Satz 1 BetrVG 1972, BB 1996, 2566; *Oetker*, Die Anhörung des Betriebsrats bei Kündigungen und die Darlegungs- und Beweislast im Kündigungsschutzprozess, BB 1989, 417; *Rieble*, § 102 Abs. 6 BetrVG – eine funktionslose Vorschrift?, ArbuR 1993, 39.

I. Erläuterungen

1. Kündigung

Die Anhörung des Betriebsrates gem. § 102 BetrVG vor Ausspruch einer Kündigung ist sorgfältig vorzubereiten, weil nicht nur die unterlassene Anhörung, sondern auch die unvollständige Anhörung zur Unwirksamkeit der Kündigung führt.[1] Auch wenn der Betriebsrat mit einer Kündigung einverstanden ist und sich mit spärlichen Informationen begnügt, kann der betroffene Arbeitnehmer die Unwirksamkeit der Kündigung wegen nicht ordnungsgemäßer Anhörung des Betriebsrates geltend machen. Dem Betriebsrat ist die Person des zu Kündigenden, die Art der Kündigung (ordentlich oder außerordentlich, ggf. mit sozialer Auslauffrist), der Kündigungsgrund und der Kündigungstermin mitzuteilen.[2] Sind dem Betriebsrat die anzuwendenden tarifvertraglichen Kündigungsfristen bekannt, ist die Information über den Entlassungstermin entbehrlich.[3] In der Praxis empfiehlt es sich aber immer, Kündigungsfrist und -termin anzugeben.

Der Arbeitgeber muss die aus seiner Sicht tragenden Gründe für die Kündigung nennen (sog. subjektive Determinierung).[4] Dies gilt auch, wenn das Arbeitsverhältnis innerhalb der ersten sechs Monate gekündigt werden soll, dh. die Wirksamkeit der Kündigung nicht von ihrer sozialen Rechtfertigung iSd. § 1 KSchG abhängt.[5]

⊃ **Praxistipp:** Gerade wenn einem Arbeitnehmer der Kündigungsschutz nach dem KSchG nicht zusteht, hat sein Anwalt besonderes Augenmerk darauf zu richten, ob die nicht ordnungsgemäße Anhörung des Betriebsrates zur Unwirksamkeit der Kündigung führt. In diesen Fällen ist für den Arbeitgeber besondere Sorgfalt bei der Vorbereitung der Betriebsratsanhörung geboten.

Ist der Betriebsrat zur ordentlichen Kündigung ordnungsgemäß nach § 102 BetrVG angehört worden, führt – entgegen einem gelegentlich anzutreffenden Irrtum – auch der Widerspruch des Betriebsrates gegen die Kündigung nicht zu deren Unwirksamkeit. Dagegen ist die Zustimmung des Betriebsrates erforderlich, wenn einem Betriebsratsmitglied außerordentlich gekündigt werden soll, § 103 BetrVG. Verweigert der Betriebsrat die Zustimmung gemäß § 103 BetrVG, kann die Kündigung erst ausgesprochen werden, wenn sie gerichtlich ersetzt worden ist (vgl. **M 38.5**). In diesen Fällen ist die Zwei-Wochen-Frist des § 626 BGB im Auge zu behalten.[6] Eine besondere Regelung gilt für Auszubildende, die Mitglied im Betriebsrat, der Jugend- und Auszubildendenvertretung etc. sind. Gemäß § 78a BetrVG können sie verlangen, nach Abschluss ihrer Ausbildung übernommen zu werden, wenn nicht zwingende Gründe der Übernahme entgegenstehen. Dadurch wird für jugendliche Amtsträger ein ähnlicher Schutz wie bei § 103 BetrVG erreicht (s. **M 38.12**).

⊃ **Praxistipp:** Je nach Art und Weise der üblichen Zusammenarbeit zwischen Arbeitgeber und Betriebsrat können dem Betriebsrat im Anhörungsschreiben

---

[1] BAG v. 16. 9. 1993, DB 1994, 381.
[2] BAG v. 28. 2. 1974, DB 1974, 1294.
[3] BAG v. 24. 10. 1996, DB 1997, 230.
[4] BAG v. 22. 9. 1994, DB 1995, 477.
[5] BAG v. 8. 9. 1988, DB 1989, 1575; v. 18. 5. 1994, DB 1994, 1984.
[6] Vgl. zur Berechnung des Fristablaufes *Diller*, NZA 2000, 293.

oder einer mündlichen Erläuterung auch zusätzliche Informationen gegeben werden. Dadurch wird unter Umständen der Kündigungsentschluss des Arbeitgebers leichter verständlich. So kommt zB in Betracht, nicht nur die eine betriebsbedingte Kündigung begründende unternehmerische Entscheidung darzustellen, sondern auch die Auftragslage, die den Arbeitgeber zB zu einer Rationalisierung veranlasst hat.

2. Einstellung und Eingruppierung

Nach § 99 BetrVG ist die Zustimmung des Betriebsrates zu Einstellungen und anderen personellen Maßnahmen einzuholen.[7] Der Arbeitgeber hat dem Betriebsrat den in Aussicht genommenen Arbeitsplatz und die vorgesehene Eingruppierung mitzuteilen. Dem Betriebsrat ist eine Frist von einer Woche gesetzt, die Zustimmung zu erteilen oder zu verweigern. Schweigt er auf die Anfrage des Arbeitgebers, gilt die Zustimmung als erteilt. Der Betriebsrat kann die Zustimmung nur aus den Gründen des § 99 Abs. 2 Nr. 1–6 BetrVG verweigern. Verweigert der Betriebsrat die Zustimmung, darf der Arbeitgeber die Maßnahme nicht ohne seine Zustimmung umsetzen. Dies gilt auch, wenn der Betriebsrat die Zustimmung zu Unrecht verweigert. Der Arbeitgeber wird dadurch gezwungen, ein Beschlussverfahren vor dem Arbeitsgericht einzuleiten. In diesem Verfahren beantragt der Arbeitgeber, die Zustimmung des Betriebsrates durch eine Entscheidung des Arbeitsgerichts zu ersetzen (vgl. **M 38.9**). Häufig holt der Arbeitgeber die Zustimmung des Betriebsrates erst kurz vor Beginn der geplanten Maßnahme (Einstellung oÄ) ein.

Verweigert der Betriebsrat dann die Zustimmung, ist ein besonderes Eilverfahren zu beachten. Nach § 100 BetrVG darf der Arbeitgeber die Maßnahme vorläufig durchführen, wenn dies aus sachlichen Gründen dringend erforderlich ist. Macht er von diesem Recht Gebrauch, muss er nach § 100 Abs. 2 BetrVG den Betriebsrat unverzüglich von der vorläufigen Durchführung der personellen Maßnahme unterrichten. Hält der Betriebsrat diese vorläufige Durchführung nicht für notwendig, kann er dies dem Arbeitgeber unverzüglich mitteilen. Dann muss der Arbeitgeber **innerhalb von drei Tagen** beim Arbeitsgericht einen weiteren Antrag stellen. Er muss im Beschlussverfahren feststellen lassen, dass die vorläufige Durchführung dringend erforderlich ist (vgl. **M 38.9**).

3. Versetzung und Umgruppierung

Das Mitbestimmungsrecht des Betriebsrates nach § 99 BetrVG erstreckt sich auch auf Versetzungen und Umgruppierungen. Dieses Mitbestimmungsrecht greift unab-

---

[7] Keine „Einstellung" liegt vor bei der Rücknahme einer Kündigung, wenn die Beschäftigung ohne Unterbrechung fortgesetzt wird (*Fitting*, § 99 BetrVG Rz. 43). Umstritten ist die Rechtslage bei Verlängerung eines befristeten Arbeitsverhältnisses (vgl. *Fitting*, § 99 BetrVG Rz. 38). Unter Einstellung iSv. § 99 BetrVG ist die tatsächliche Beschäftigung im Betrieb zu verstehen, aber nicht schon der Abschluss eines Arbeitsvertrages (BAG v. 28. 4. 1992, NZA 1992, 1141). Weiter kann von einer Einstellung nur dann die Rede sein, wenn die einzustellende Person in die Arbeitsorganisation des Arbeitgebers eingegliedert wird, so dass dieser die für ein Arbeitsverhältnis typischen Entscheidungen zu treffen hat (BAG v. 5. 5. 1992, NZA 1992, 1044). Der Betriebsrat ist gem. § 14 Abs. 3 AÜG auch bei Beschäftigung von Leiharbeitnehmern zu beteiligen.

hängig davon ein, ob der Arbeitnehmer mit der beabsichtigten Versetzung einverstanden ist. Es kommt nicht darauf an, ob sein Arbeitsvertrag die einseitige Zuweisung des neuen Arbeitsplatzes zulässt oder die Versetzung individualrechtlich nur durch Ausspruch einer Änderungskündigung durchgesetzt werden kann.

4. Stellenausschreibung

Der Betriebsrat kann gemäß § 93 BetrVG verlangen, dass frei werdende Arbeitsplätze innerhalb des Betriebes ausgeschrieben werden. Entspricht der Arbeitgeber diesem Verlangen nicht, kann der Betriebsrat einer Versetzung nach § 99 Abs. 2 Nr. 5 BetrVG widersprechen. Allerdings hat der Betriebsrat kein Mitbestimmungsrecht bei der Erstellung von Anforderungsprofilen, Stellenbeschreibungen, Funktionsbeschreibungen oÄ. Der Arbeitgeber kann festlegen, welche Aufgaben innerhalb des Betriebes der Inhaber einer Stelle erfüllen soll und welche Anforderungen er an den dort beschäftigten Arbeitnehmer stellen will.[8]

5. Auswahl-Richtlinien nach § 95 BetrVG

Ein erzwingbares Mitbestimmungsrecht steht dem Betriebsrat hinsichtlich sog. Auswahl-Richtlinien zu. In der Gestaltung von Auswahl-Richtlinien sind Punktesysteme verbreitet. Anerkannt ist außerdem, dass auch die Einigungsstelle durch ihren Spruch ein Punktesystem vorgeben darf.[9] Allerdings überschreitet die Einigungsstelle ihr Ermessen, wenn sie dem Arbeitgeber mit der Gestaltung des Punktesystems eine Gewichtung von Kriterien vorgibt, die keinen sachgerechten Interessenausgleich zwischen den Interessen des Arbeitgebers bei Beförderungsvoraussetzungen und der Berücksichtigung persönlicher Gesichtspunkte wie der Dauer der Betriebszugehörigkeit schafft.

---
8 BAG v. 23. 2. 1988, AP Nr. 2 zu § 93 BetrVG 1972.
9 BAG v. 27. 10. 1992, AP Nr. 29 zu § 95 BetrVG 1972.

II. Muster

Anhörung des Betriebsrates gemäß § 102 BetrVG 38.1
zur ordentlichen betriebsbedingten Kündigung

Siehe dazu *M 22.12*.

38.2 Anhörung gemäß § 102 BetrVG zu betriebsbedingten Kündigungen wegen Betriebsstilllegung

An den Betriebsrat
im Hause

Sehr geehrte Damen und Herren,

wie ich Ihnen bereits am ... ausführlich dargelegt habe, ist wegen der anhaltenden Verlustsituation eine Fortführung des Betriebes nicht mehr möglich. Unser Unternehmen hat im Jahr ... einen Verlust von Euro ... erwirtschaftet. Im Jahr ... sind unsere Verluste sprunghaft auf Euro ... angestiegen. Nach dem Verlust des ...-Auftrags im Frühjahr ... haben wir versucht, durch verstärkte Konzentration auf das Ersatzteilgeschäft in die Gewinnzone zurückzugelangen. Dies ist uns nicht gelungen. Trotz aller Bemühungen ist es uns auch nicht gelungen, von ... oder ... Aufträge für weitere Produktionen zu erhalten. Eingehende Untersuchungen unseres Wirtschaftsprüfers haben des Weiteren ergeben, dass keine Hoffnung darauf besteht, durch aus eigener Kraft realisierbare Strukturveränderungen die Ertragslage des Unternehmens nachhaltig zu verbessern. Eine von unserem Wirtschaftsprüfer aufgestellte Planrechnung für das Jahr ... stellt uns für dieses Jahr einen Verlust in Höhe von ca. Euro ... in Aussicht. Als letzten Ausweg haben wir versucht, einen Käufer für das Unternehmen zu finden. Alle Bemühungen in dieser Richtung sind jedoch im Laufe des letzten Jahres nach und nach gescheitert.[1] Derzeit gibt es keine Interessenten für eine Übernahme mehr. Bei einer Weiterführung des Betriebes wäre ein Insolvenzverfahren unausweichlich. Die Vermögenswerte des Unternehmens sind bereits weitgehend aufgezehrt. Die Gesellschafter haben deshalb am ... auf einer Gesellschafterversammlung beschlossen, das Unternehmen zu liquidieren und den Betrieb zum ... einzustellen. Hintergrund der Entscheidung war die feste Überzeugung, dass eine geordnete Liquidation besser ist als eine Insolvenz. Sie können versichert sein, dass mir als persönlich haftendem Gesellschafter, der diesem Unternehmen seit Jahrzehnten verbunden ist, die Entscheidung über die Aufgabe des Betriebes nicht leicht gefallen ist. Die wirtschaftlichen Zwänge und die bekannten Strukturprobleme unserer Branche lassen jedoch keine andere Wahl.

*Zu unserem Bedauern müssen wir deshalb allen Mitarbeitern kündigen. Dazu hören wir Sie hiermit an. Beigefügt erhalten Sie eine **komplette Personalliste** mit allen relevanten Daten.*

Wir beabsichtigen, allen Mitarbeitern zum ... zu kündigen. Dies gilt auch für solche Mitarbeiter, die eine kürzere Kündigungsfrist als sechs Monate zum Quartal haben. Eine Sozialauswahl kann nicht stattfinden, da allen Mitarbeitern zum gleichen Zeitpunkt gekündigt wird.

Auf folgende Besonderheiten möchten wir hinweisen:

*1. Bei den Mitarbeiterinnen bzw. Mitarbeitern **C, D, E, F, G, H, I, J, K** ist gemäß Ziff. 4.4 des MTV für die Metallindustrie, der in unserem Betrieb gilt, die ordentliche Kündigung ausgeschlossen. Nach ständiger Rechtsprechung ist jedoch bei der Schließung eines Betriebes statt der tarifvertraglich ausgeschlossenen ordentlichen*

---

[1] ➪ **Achtung:** Sind die Bemühungen nicht endgültig gescheitert, fehlt der Kündigungsgrund!

Kündigung eine so genannte „außerordentliche Kündigung mit Auslauffrist" zulässig.[2] Hinsichtlich der genannten Mitarbeiter bitten wir deshalb anders als bei den übrigen Mitarbeitern nicht um die Zustimmung zu einer ordentlichen Kündigung, sondern zu einer außerordentlichen Kündigung, die aber ebenfalls zum ... ausgesprochen werden soll.

2. Herr **M** (zu 60%) und Herr **N** (zu 50%) sind schwerbehindert. Nach dem SGB IX kann diesen Mitarbeitern erst dann gekündigt werden, wenn die Zustimmung des Integrationsamts vorliegt. Wir haben diese Zustimmung heute beantragt. Sofern die Zustimmung von dem Integrationsamt mit Verzögerung erteilt wird, kann sich der Kündigungstermin für die beiden genannten Mitarbeiter nach hinten verschieben. Wir wollen aber auf jeden Fall zum jeweils nächstmöglichen Kündigungstermin kündigen.

3. Für die Betriebsratsmitglieder **O, P** und **Q** ist eine ordentliche Kündigung zulässig. Zwar sind die Arbeitsverhältnisse der Betriebsratsmitglieder normalerweise ordentlich nicht kündbar. § 15 Abs. 4 KSchG enthält jedoch eine Ausnahmeregelung. Danach ist bei der Stilllegung eines Betriebes die ordentliche Kündigung von Betriebsratsmitgliedern möglich, wenn sie frühestens zum Zeitpunkt der Stilllegung ausgesprochen wird. Das ist vorliegend der Fall. Auch hinsichtlich der drei genannten Mitarbeiterinnen/Mitarbeiter bitten wir deshalb gemäß § 102 BetrVG um Ihre Zustimmung zu einer ordentlichen Kündigung zum ... .[3]

Bitte teilen Sie innerhalb einer Woche mit, ob Sie zu den genannten Kündigungen Ihre Zustimmung erteilen.

...

Geschäftsführer

---

[2] BAG v. 28. 3. 1985, EzA § 626 BGB nF Nr. 96.
[3] Hier gilt nicht § 103 BetrVG, vgl. BAG v. 18. 9. 1997, NZA 1998, 189.

Anhörung gemäß § 102 BetrVG zur ordentlichen krankheitsbedingten Kündigung — 38.3

*Siehe dazu **M 22.11**.*

38.4 Antrag auf Zustimmung zur außerordentlichen Kündigung eines Betriebsratsmitgliedes gemäß § 103 BetrVG

An den

Betriebsrat der
... GmbH
im Hause

Sehr geehrte Damen und Herren,

wir beabsichtigen, das Arbeitsverhältnis mit Herrn ... außerordentlich zu kündigen.

Herr ... ist seit dem ... bei uns als ... beschäftigt. Folgende Personaldaten sind uns bekannt:

Geboren am ...

Familienstand: ...

Herr ... gehört seit dem ... dem Betriebsrat an und ist Mitglied des Wahlvorstandes. Er kandidiert mit dem Wahlvorschlag vom ... (Datum) als Wahlbewerber in der laufenden Betriebsratswahl.

Zu den Gründen für die Kündigung ist Folgendes zu sagen:

1. *Herr ... hat am ... in einer E-Mail an den Geschäftsführer, Herrn ... behauptet, die Geschäftsleitung und die leitenden Angestellten seien bereit,*

    „die Betriebsratswahl nach Kräften zu behindern und Mitarbeiter in Einzelgesprächen einzuschüchtern".

    An diese Behauptung anknüpfend behauptete Herr ... weiter:

    „Unser Geschäftsführer kann straflos ein Straftäter genannt werden und steht auf derselben Stufe wie ein Bankräuber, Mörder und Taschendieb."

    Herr ... behauptete weiter, dass Mitarbeiter in der Vergangenheit und der Gegenwart „massiven Drohungen" ausgesetzt wurden, um sie von einer Kandidatur zum Betriebsrat abzuhalten. Er nannte das Verhalten der Geschäftsleitung „genauso verwerflich wie das Ausrauben einer alten, wehrlosen Rentnerin". Auf die weiteren Einzelheiten des Textes verweisen wir und fügen dazu einen Ausdruck der E-Mails vom ... bei (Anlage 1).

2. *In seiner E-Mail vom ... beleidigte Herr ... nicht nur die Geschäftsleitung. Er verwies auf „die Diktatoren der Führungsebene", die Mitarbeiter „bedrohen und in die Mangel nehmen können". Diese Äußerung bezog sich auf Herrn Dr. ..., dem Disziplinarvorgesetzten des Herrn ... . Herr Dr. ... forderte Herrn ... mit E-Mail vom ... um ... Uhr auf, diese Äußerung betriebsöffentlich zurückzunehmen (Anlage 2). Diese Aufforderung ließ Herr ... unbeantwortet.*

3. *Herr ... hat mit seiner E-Mail zu Unrecht den Vorwurf erhoben, die Geschäftsleitung versuche die Betriebsratswahl zu beeinflussen und Mitarbeiter in diesem Zusammenhang „in die Mangel zu nehmen".*

    Vorangegangene Gespräche zwischen Geschäftsleitung und Mitarbeitern rechtfertigen den Vorwurf der Beeinflussung nicht. Keines der Mitglieder der Geschäftslei-

tung und kein leitender Angestellter hat Arbeitnehmer in der Ausübung ihres Wahlrechtes beschränkt. Ebenso wenig hat ein Mitglied des genannten Personenkreises Mitarbeitern Nachteile angedroht oder Vorteile versprochen oder gewährt, um die Betriebsratswahl zu beeinflussen. Im Einzelnen fanden folgende Gespräche zwischen Geschäftsleitung und Mitarbeitern zum Thema „Betriebsratswahl" statt:

a) Am ... sprach der Geschäftsführer, Herr ..., mit dem Mitarbeiter, Herrn ..., über die bevorstehende Betriebsratswahl. Das Gespräch hatte im Wesentlichen folgenden Inhalt: ...

b) ...

In keinem dieser Gespräche hat ein Geschäftsleitungsmitglied den Versuch unternommen, die Betriebsratswahl zu behindern.

4. Danach ist der Vorwurf eines Verhaltens, das auf einer Stufe stehe mit „Bankräubern, Mördern oder Taschendieben" beleidigend und nicht haltbar. Mit dieser Äußerung hat Herr ... einen wichtigen Grund zur Kündigung gegeben. Er hat unwahre Behauptungen aufgestellt und die Ehre der Mitglieder der Geschäftsleitung und der leitenden Angestellten schwer verletzt. Danach ist uns die Fortsetzung des Arbeitsverhältnisses nicht mehr zuzumuten. Selbst wenn in einem Einzelfall ein Verstoß gegen § 20 BetrVG festzustellen wäre, könnte dies die Beleidigung und den Vergleich mit „Bankräubern, Mördern oder Taschendieben" nicht rechtfertigen. Entsprechendes gilt für die Beschimpfungen des Herrn Dr. ... als Diktator. Auch dann wäre diese Äußerung als erhebliche Beleidigung zu verstehen und stellte einen wichtigen Grund zur fristlosen Kündigung des Arbeitsverhältnisses dar. Auch eine Interessenabwägung führt hier zu keinem anderen Ergebnis.

Wir bitten, die Zustimmung zur außerordentlichen Kündigung zu erteilen.

Antrag auf Ersetzung der Zustimmung des Betriebsrats zur außerordentlichen Kündigung eines Betriebsratsmitglieds gem. § 103 BetrVG

An das Arbeitsgericht

In dem Beschlussverfahren mit den Beteiligten

1. ... GmbH, vertreten durch den Geschäftsführer (Name, Firmenadresse) – Antragstellerin –

2. Betriebsrat der ... GmbH, vertreten durch den Betriebsratsvorsitzenden (Name, Firmenadresse) – Antragsgegner –

3. das Betriebsratsmitglied Herr ... (Privatadresse)[1]

---

1 Das betreffende Betriebsratsmitglied ist grundsätzlich **Beteiligter** des Verfahrens.

vertreten wir die Antragstellerin. Namens und im Auftrag der Antragstellerin leiten wir ein Beschlussverfahren ein und beantragen:

> Die Zustimmung des Antragsgegners zur außerordentlichen Kündigung des Beteiligten zu 3. wird gem. § 103 BetrVG ersetzt.[2]

Begründung:

Die Antragstellerin betreibt ein Metall verarbeitendes Unternehmen mit ... Mitarbeitern. Der Antragsgegner ist der im Unternehmen gebildete Betriebsrat. Der Beteiligte zu 3. gehört diesem Betriebsrat seit nunmehr ... Jahren ununterbrochen an. Seine Personaldaten sind (wird ausgeführt). Der Beteiligte zu 3. hat sich folgende Verfehlungen zu Schulden kommen lassen: (wird ausgeführt, vgl. **M 38.4**).

Von der E-Mail mit dem beleidigenden Inhalt hat die Geschäftsführung am ... erfahren. Sie hat am ... beim Betriebsrat die Zustimmung zur außerordentlichen Kündigung gem. § 103 BetrVG beantragt.

> Beweis: Zustimmungsantrag vom ..., Anlage AS 1

Der Antragsgegner hat die Angelegenheit offensichtlich auf seiner Betriebsratssitzung am ... erörtert. Ein Beschluss wurde jedoch offensichtlich nicht gefasst. Auf jeden Fall hat der Antragsgegner bis einschließlich Donnerstag, den ..., auf den Zustimmungsantrag nicht reagiert, so dass die Zustimmung als verweigert gilt.[3, 4] Deshalb ist der vorliegende Zustimmungsersetzungsantrag nach § 103 BetrVG geboten. Die Zwei-Wochen-Frist ist aufgrund der heutigen Antragstellung gewahrt.[5, 6, 7, 8]

---

2 ➔ **Praxistipp:** Der Zustimmungsersetzungsantrag nach § 103 BetrVG wird mitunter mit einem Antrag auf **Ausschluss** des betreffenden Betriebsratsmitglieds **aus dem Betriebsrat** gemäß § 23 Abs. 1 BetrVG **verbunden.** Das ist dann sinnvoll, wenn sich das Fehlverhalten auf der Grenzlinie zwischen Arbeitsvertrag und Betriebsratsamt abgespielt hat. Die fristlose Kündigung nach § 103 BetrVG ist nur zulässig, soweit es sich um ein im Arbeitsvertrag wurzelndes Fehlverhalten handelt. Dagegen ist der Ausschluss aus dem Betriebsrat nach § 23 Abs. 1 BetrVG die richtige Sanktion, soweit es um amtsbezogene Verfehlungen geht (siehe im Einzelnen **M 29.2**).

3 ➔ **Wichtig:** Das Gesetz enthält keine bestimmte **Frist**, innerhalb derer sich der Betriebsrat geäußert haben muss. Die ganz herrschende Meinung geht davon aus, dass der Antrag als abgelehnt gilt, wenn nicht innerhalb von drei Tagen zugestimmt wird (BAG v. 18. 8. 1977, AP Nr. 10 zu § 103 BetrVG).

4 Besondere Probleme ergeben sich, wenn der **Betriebsrat zustimmt**. Zum einen ist dann zu beachten, dass bei Ausspruch der Kündigung der Zustimmungsbeschluss des Betriebsrats **dem Kündigungsschreiben beigefügt** werden muss, um das Risiko einer Zurückweisung nach §§ 182 Abs. 3, 111 Satz 2 und 3 BGB auszuschließen. Zum anderen gilt bei § 103 BetrVG nach herrschender Auffassung die Rechtsprechung des BAG nur sehr eingeschränkt, wonach Fehler in der Beschlussfassung des Betriebsrats nicht zu Lasten des Arbeitgebers gehen (im Einzelnen *Fitting*, § 103 BetrVG Rz. 38 ff.).

5 ➔ **Wichtig:** Probleme bereitet in der Praxis häufig die Einhaltung der **Zwei-Wochen-Frist.** Nach ständiger Rechtsprechung des BAG muss der Zustimmungsersetzungsantrag nach § 103 BetrVG spätestens am letzten Tag der Zwei-Wochen-Frist des § 626 Abs. 2 BGB beim Arbeitsgericht eingehen. Die Dauer des Zustimmungsverfahrens beim Betriebsrat hemmt oder unterbricht die Frist nicht (BAG v. 22. 8. 1974, 20. 3. 1975 und 18. 8. 1977, AP Nr. 1, 2 und 10 zu § 103 BetrVG).

6 Werden während des Zustimmungsersetzungsverfahrens **weitere Kündigungsgründe** bekannt oder kommen neue Kündigungsgründe hinzu, so kann der Arbeitgeber diese Gründe

...

(Unterschrift)
___

ohne weiteres in das Beschlussverfahren einführen und beantragen, nunmehr die Zustimmung zur außerordentlichen Kündigung auch aus den neuen Gründen zu ersetzen. Das gilt selbst dann, wenn das Beschlussverfahren bereits in der Beschwerdeinstanz ist (ausführlich LAG Nürnberg v. 12. 3. 1999, NZA-RR 1999, 413).

7 Das betreffende Betriebsratsmitglied ist während der Dauer des Beschlussverfahrens grundsätzlich **weiterzubeschäftigen** und auch **weiterzubezahlen**. Zu einer **Freistellung ist** der Arbeitgeber nur in Ausnahmefällen besonders schwerwiegender Kündigungsgründe berechtigt (Beispiel: Erzieher im Kindergarten, dem wegen sexueller Übergriffe auf Kindergartenkinder gekündigt werden soll). Aber selbst wenn im Einzelfall eine Freistellung in Betracht kommt, bezieht sich diese nur auf die allgemeine Dienstpflicht, so dass das Betriebsratsmitglied grundsätzlich – gegebenenfalls sogar trotz Hausverbot – nicht gehindert ist, weiterhin den Betrieb zum Zwecke der Ausübung seines Betriebsratsamts zu betreten (LAG Hamm v. 24. 10. 1974, DB 1975, 111; LAG Düsseldorf v. 22. 2. 1977, DB 1977, 1053). Hat dagegen der Betriebsrat die Zustimmung erteilt oder hat das Arbeitsgericht sie rechtskräftig nach § 103 BetrVG ersetzt, besteht während eines eventuell nachfolgenden Kündigungsschutzverfahrens weder eine Weiterbeschäftigungspflicht noch ein Recht des Betriebsratsmitglieds auf weitere Amtsausübung. Vielmehr ist das Betriebsratsmitglied während des Kündigungsrechtsstreits im Sinne von § 25 Abs. 1 Satz 2 BetrVG an der Ausübung seiner Amtstätigkeit verhindert (LAG Düsseldorf v. 27. 2. 1975, DB 1975, 700; LAG Schl.-Holst. v. 2. 9. 1976, BB 1976, 1319).

8 ➲ **Wichtig:** Ersetzt das Arbeitsgericht (ggf. das LAG im Beschwerdeverfahren) die verweigerte Zustimmung des Betriebsrats zur außerordentlichen Kündigung, so muss die Kündigung nunmehr **unverzüglich ausgesprochen** werden. Unverzüglich bedeutet „ohne schuldhaftes Zögern", was erheblich weniger ist als die Zwei-Wochen-Frist nach § 626 BGB (BAG v. 24. 4. 1975, 18. 8. 1977 und 25. 1. 1979, AP Nr. 3, 10 und 12 zu § 103 BetrVG mit Hinweisen auf die Parallelregelung im damaligen § 21 SchwbG). Das Gleiche gilt, wenn das Amt während des Verfahrens nach § 103 BetrVG endet (zB durch Amtsniederlegung, Ablauf der Amtsperiode etc.). Die Probleme beim Ausspruch der Kündigung nach beendetem § 103-Verfahren sind unübersehbar und voller Fallstricke. Schon manches erfolgreiche Zustimmungsersetzungsverfahren nach § 103 BetrVG erwies sich als wertlos, weil die rechtzeitige Zustellung der Kündigung verpasst wurde. Ausführlich zu den Tücken von § 103 BetrVG *Diller*, NZA 1998, 1163.

Antrag auf Zustimmung zur Einstellung eines Bewerbers nach § 99 BetrVG

An den Betriebsrat
z.Hd. des Vorsitzenden ...
(evtl. Personalausschuss z.Hd. seines Vorsitzenden)
im Hause

Es ist beabsichtigt, den Bewerber (Name, Vorname, Anschrift, Geburtsdatum, Familienstand) ... als ... in Abteilung ... einzustellen. Er war bisher bei ... beschäftigt. Es bestehen bei ihm folgende Erwerbsbeschränkungen .... Er soll in die tarifliche Lohngruppe ... eingestuft werden.

Um den Arbeitsplatz haben sich ferner beworben:

1. ...

2. ...

Die Einstellung kann auf die übrige Belegschaft keine Auswirkungen haben: ...

Eine Abschrift des Personalfragebogens ist beigefügt. Die Bewerbungsunterlagen sämtlicher Bewerber[1] (Bewerbungsunterlagen, Lebenslauf, Zeugnis) sind beigefügt/ können im Personalbüro eingesehen werden.

Wir bitten Sie, der beabsichtigten Einstellung zuzustimmen.[2]

...

(Unterschrift)

---

[1] Es sind die Personalien aller, also auch der nicht vom Arbeitgeber zur Einstellung vorgesehenen Bewerber mitzuteilen (*Fitting*, § 99 BetrVG Rz. 143).

[2] Der Arbeitgeber ist nach § 99 Abs. 1 BetrVG nicht verpflichtet, dem Betriebsrat Auskunft über den Inhalt des Arbeitsvertrages des einzustellenden Arbeitnehmers zu geben, soweit es sich nicht um Vereinbarungen über Art und Dauer der vorgesehenen Beschäftigung und die beabsichtigte Eingruppierung handelt. Der Arbeitsvertrag gehört nicht zu den vorzulegenden Bewerbungsunterlagen (BAG v. 18. 10. 1988, DB 1989, 530).

38.7 Antrag auf Zustimmung zur Versetzung nach §§ 99, 100 BetrVG

An den
Betriebsrat
z.Hd. des Betriebsratsvorsitzenden Herrn ...

Sehr geehrter Herr ...,

wir müssen Sie jetzt um Ihre Zustimmung zur Versetzung von Herrn ... bitten.

Dazu im Einzelnen:

1. Herr ... ist seit dem ... als Software-Entwickler vollbeschäftigt bei uns angestellt. Er hat sich in seinem Anstellungsvertrag ausdrücklich dazu bereit erklärt, auch Arbeitseinsätze bei Kunden vor Ort durchzuführen. In diesem vertraglichen Rahmen ist beabsichtigt, ihn ab dem ... für die Dauer von[1] ... in dem Projekt „..." bei der Firma ... in Berlin einzusetzen und in den dortigen Betrieb einzugliedern. Dieser Einsatz wird voraussichtlich bis zum ... notwendig sein.

2. Mit dem Projekt „..." wird bei ... ein Produkt zur ... eingeführt. Die „..."-Software muss anhand der vorhandenen Arbeitsabläufe entwickelt und den Arbeitsprozessen angepasst werden. Herr ... soll an der Schnittstelle zwischen den Arbeitsabläufen

---

[1] Wechselt ein Mitarbeiter dauerhaft in einen anderen Betrieb, entfällt das Mitbestimmungsrecht des Betriebsrates des abgebenden Betriebes.

des Kunden arbeiten. Er muss auf Informationen über Personen und Tätigkeiten der Firma... zurückgreifen, zugleich arbeitet eine Vielzahl anderer Software-Entwickler an der Entwicklung des „...". Um diese gleichzeitige Änderung der Software zu ermöglichen, verfügt die Firma... über ein Änderungssystem, das dem einzelnen Software-Entwickler erlaubt, auf das System zuzugreifen, seine Änderungen und Erweiterungen einzugeben und anschließend diese Änderungen für alle anderen Bearbeiter freizugeben. Das Änderungssystem steht in unserem Hause nicht zur Verfügung.

3. Der Einsatz von Herrn... im Hause der... ist auch aus anderen Gründen sinnvoll und notwendig. Diese Form der Zusammenarbeit erlaubt eine stete Kommunikation zwischen ihm und seinen Ansprechpartnern des Kunden. So können Probleme kurzfristig behoben werden und Änderungen am Entwurf unmittelbar ergänzt werden. So finden mehrmals wöchentlich Projekt-Besprechungen statt, in denen die Software-Entwickler unseres Hauses mit den Kundenmitarbeitern Erfahrungen austauschen und den Stand der Entwicklung besprechen.

4. Diese Arbeiten lassen sich in unserem Hause nicht ausführen. Ohne Zugriff auf das System könnte Herr... Änderungen an der Datei nicht vornehmen. Er müsste zusätzliche Wege in Kauf nehmen, da er bei Rückfragen kurzfristig den Kunden aufsuchen müsste. Durch den projektbezogenen Einsatz beim Kunden verlängern sich seine Fahrzeiten dagegen nicht. Da die... – wie auch unser Haus – ihren Sitz in... hat, hat Herr... aus dieser Tätigkeit keine längeren Anfahrts- oder Abfahrtswege.

5. Da Nachteile weder für Herrn... noch für andere Mitarbeiter ersichtlich sind, bitten wir Sie, dem Einsatz des Herrn... bei der... zuzustimmen.

6. Zugleich haben wir Sie nach § 100 BetrVG davon zu unterrichten, dass es aus sachlichen Gründen dringend erforderlich ist, den Einsatz von Herrn... im Hause der... vorläufig durchzuführen. Diese vorläufige Maßnahme ist aus betrieblichen Gründen dringend erforderlich. Es steht kein zumutbarer anderer Weg zur Verfügung, die Arbeiten von Herrn... in dem „..."-Projekt zu erledigen. Ohne den Zugriff auf das beschriebene System sind Änderungen der Datei ausgeschlossen. Eine Abstimmung mit anderen Projektmitarbeitern wäre unmöglich oder erheblich erschwert. Eine Verzögerung des Einsatzes von Herrn... im Hause der... hätte zwangsläufig eine Verzögerung des Projekt-Zeitplanes zur Folge und könnte Gewährleistungsansprüche des Kunden nach sich ziehen.

Wir bitten Sie, der Versetzung zuzustimmen.

...

(Unterschrift)

38.8 Ablehnende Antwort des Betriebsrats auf Antrag nach §§ 99, 100 BetrVG

Betriebsrat der X-GmbH
Der Betriebsratsvorsitzende

An die Geschäftsführung der X-GmbH
im Hause

Ihr Antrag nach §§ 99, 100 BetrVG bezüglich der Einstellung des Mitarbeiters . . . vom . . .

Sehr geehrte Geschäftsführung,

hiermit widersprechen wir formgemäß[1] und fristgemäß innerhalb einer Woche[2] der beabsichtigten Einstellung/vorläufigen Einstellung von Herrn . . . als neuem kaufmännischen Sachbearbeiter im Export. Den Widerspruch stützen wir auf § 99 Abs. 2 Nr. 1 und 3 BetrVG.[3] Der Widerspruch ist nach § 99 Abs. 2 Nr. 1 BetrVG begründet, weil die

---

1 Will der Betriebsrat der geplanten Personalmaßnahme zustimmen, braucht er auf die Anhörung nicht zu reagieren. Seine Zustimmung gilt dann nach Ablauf einer Woche als erteilt. Will der Betriebsrat dagegen **widersprechen**, muss er dies binnen einer Woche tun (§ 99 Abs. 3 BetrVG). Dabei ist auf verschiedene Formalien zu achten. So wird häufig übersehen, dass § 99 Abs. 3 BetrVG eine **gesetzliche Schriftform** im Sinne des § 126 BGB ist. Die Schriftform ist gewahrt, wenn das Ablehnungsschreiben die Originalunterschrift des Betriebsratsvorsitzenden trägt oder per Telefax übermittelt wird (BAG v. 11. 6. 2002, DB 2003, 160). Die verbreitete Praxis, die Kommunikation zwischen Betriebsrat und Geschäftsführung per E-Mail abzuwickeln, reicht zur Wahrung der Schriftform nach § 99 Abs. 3 BetrVG also nicht aus (s. ausführlich *Gotthardt/Beck*, NZA 2002, 876, 882). Weder elektronische Form (§ 126a BGB) noch Textform (§ 126b BGB) genügen (*Richardi*, § 99 BetrVG Rz. 262, aA *Däubler/Kittner/Klebe*, Einl. Rz. 162). Des Weiteren reicht es nicht aus, wenn der Betriebsrat schlicht „**Bedenken**" gegen die Maßnahme äußert oder den Arbeitgeber bittet, die geplante Maßnahme „noch einmal zu überdenken". Es muss aus der Antwort klar hervorgehen, dass endgültig die Zustimmung verweigert wird. Verbreitet ist auch die Praxis, zunächst zu widersprechen und dann binnen der Wochenfrist die Begründung für den Widerspruch nachzureichen. Das ist grundsätzlich zulässig, allerdings muss dann darauf geachtet werden, dass beide Schreiben unterzeichnet sind (BAG v. 24. 7. 1997, AP Nr. 11 zu § 99 BetrVG).

2 Hat der Arbeitgeber den Betriebsrat **nicht** oder nur **unzureichend informiert**, so tritt die Zustimmungsfiktion nach Ablauf der Wochenfrist des § 99 Abs. 3 BetrVG nicht ein, ein Zustimmungsersetzungsantrag des Arbeitgebers ist dann als unbegründet abzuweisen (BAG v. 28. 1. 1986, AP Nr. 34 zu § 99 BetrVG). Der Arbeitgeber hat die Möglichkeit, eine zunächst unzureichende Information nachträglich noch zu ergänzen. Die Wochenfrist läuft dann aber erst ab der erfolgten Ergänzung (BAG v. 10. 8. 1993, NZA 1994, 187). Nach richtiger Auffassung ist der Betriebsrat aber verpflichtet, den Arbeitgeber innerhalb der Wochenfrist darauf hinzuweisen, dass er die Unterrichtung nicht als ausreichend ansieht (BAG v. 14. 3. 1989, AP Nr. 64 zu § 99 BetrVG und vom 10. 8. 1993, NZA 1994, 187). Der Betriebsrat kann also nicht die Wochenfrist untätig verstreichen lassen und dann einen Aufhebungsantrag nach § 101 BetrVG mit der Begründung stellen, mangels ausreichender Information sei ein ordnungsgemäßes Zustimmungsverfahren nach § 99 Abs. 1 BetrVG nie eingeleitet worden.

3 § 99 Abs. 3 Satz 1 BetrVG verlangt ausdrücklich, dass die Zustimmungsverweigerung „**unter Angabe der Gründe**" zu erfolgen hat. Eine Zustimmungsverweigerung, die keine Gründe nennt, ist deshalb unerheblich, so dass nach Ablauf der Wochenfrist die Zustimmung als fingiert gilt (§ 99 Abs. 3 Satz 2 BetrVG). Als Angabe der Gründe reicht die bloße Wiederholung des Wortlauts einer Nummern des Abs. 2 nicht. Vielmehr muss eine sachliche Begründung

geplante Einstellung gegen eine Betriebsvereinbarung verstößt. Wie Sie wissen, wurde anlässlich der letzten Betriebsänderung eine Betriebsvereinbarung abgeschlossen, die vorzugsweise die Wiedereinstellung entlassener Mitarbeiter vorsieht. Es ist dem Betriebsrat bekannt, dass sich mehrere damals entlassene Mitarbeiter auf die ausgeschriebene freie Stelle im Export beworben haben. Diese Mitarbeiter wären auch für diese Stelle geeignet (dies betrifft insbesondere die Mitarbeiter . . ., . . . und . . .). In der Betriebsvereinbarung war ausdrücklich geregelt, dass externe Bewerber nicht eingestellt werden dürfen, wenn geeignete ehemalige Mitarbeiter sich um die Position bewerben.

Des Weiteren widersprechen wir der geplanten Einstellung auch gemäß § 99 Abs. 2 Nr. 3 BetrVG. In der kaufmännischen Sachbearbeitung Export ist der Mitarbeiter . . . seit mittlerweile mehr als einem Jahr arbeitsunfähig erkrankt. Seine Position soll nun mit dem neuen Mitarbeiter ausgefüllt werden. Das begründet die Besorgnis, dass Herrn . . . gekündigt wird, sobald er wieder gesund ist und zur Arbeit kommen könnte. Denn zwei Mitarbeiter für die gleiche Stelle sind nicht erforderlich. Es wäre ohne weiteres möglich, die vakante Stelle weiterhin mit Aushilfen abzudecken. Nach Kenntnis des Betriebsrats wird Herr . . . in absehbarer Zeit wieder arbeitsfähig sein.

Wir bestreiten im Übrigen, dass die vorläufige Durchführung der Einstellung gem. § 100 BetrVG dringend erforderlich ist.[4] Dass eine Neueinstellung für diese Position gerade nicht dringend erforderlich ist, ergibt sich schon daraus, dass die Stelle bislang mit Aushilfen besetzt worden ist und dies ohne weiteres auch weiterhin möglich wäre. Der Betriebsrat hat bereits vor längerer Zeit generell seine Zustimmung zum Einsatz von Aushilfen auf der vakanten Position des Herrn . . . gegeben.

Mit freundlichen Grüßen

. . .

(Der Betriebsratsvorsitzende)

---

gegeben werden, die klar erkennen lässt, welchem der Ablehnungsgründe des § 99 Abs. 2 Nr. 1 bis 6 sie zuzuordnen ist. Allerdings ist die neuere Rechtsprechung des BAG zunehmend großzügiger. Danach soll es ausreichen, dass es zumindest als möglich erscheint, dass mit der gegebenen Begründung einer der Tatbestände der Nr. 1 bis 6 geltend gemacht wird (BAG v. 26. 1. 1988 und v. 18. 10. 1988, AP Nr. 50 und 57 zu § 99 BetrVG). Ob die **Begründung zutreffend oder unzutreffend** ist, ist für das weitere Verfahren ohne Belang. Auch eine offensichtlich unsinnige oder sachlich oder rechtlich falsche Ablehnungsbegründung darf der Arbeitgeber nicht einfach ignorieren, sondern muss trotzdem das in § 99 Abs. 4 BetrVG vorgeschriebene Zustimmungsersetzungsverfahren vor dem Arbeitsgericht durchführen. Dem Arbeitgeber kommt also kein „Vorprüfungsrecht" zu, die Prüfung selbst der Schlüssigkeit bleibt dem Arbeitsgericht im Verfahren nach § 99 Abs. 4 BetrVG vorbehalten (BAG v. 21. 11. 1978, AP Nr. 3 zu § 101 BetrVG; v. 26. 1. 1988, AP Nr. 50 zu § 99 BetrVG).

4 Bittet der Arbeitgeber bei einer personellen Maßnahme den Betriebsrat nicht nur um seine Zustimmung nach § 99 BetrVG, sondern teilt er zugleich auch mit, dass er die Maßnahme gem. § 100 BetrVG vorläufig durchführen will, so muss der Betriebsrat im Falle einer Nicht-Zustimmung zu der Maßnahme zugleich **gem. § 100 Abs. 2 BetrVG dazu Stellung nehmen**, ob er die **vorläufige Maßnahme** für dringend erforderlich hält. Ansonsten gilt die Zustimmung zu der vorläufigen Maßnahme als erteilt.

38.9 Antrag des Arbeitgebers an das Arbeitsgericht nach §§ 99, 100 BetrVG[1, 2, 3]

An das Arbeitsgericht

In dem Beschlussverfahren mit den Beteiligten[4]

1. Firma ... GmbH, vertreten durch den Geschäftsführer (Name, Firmenadresse) – Antragstellerin –

2. Betriebsrat der Firma ... GmbH, vertreten durch den Betriebsratsvorsitzenden (Name, Firmenadresse) – Antragsgegner –

---

1 Das für den Arbeitgeber sehr günstige **vorläufige Verfahren nach § 100 BetrVG** schließt es aus, dass der Arbeitgeber den Erlass einer einstweiligen Verfügung auf vorläufige Ersetzung der Zustimmung des Betriebsrats oder Duldung der Einstellung etc. beantragt. Zulässig ist allein das Verfahren nach § 100 BetrVG (statt aller: Richardi, § 100 BetrVG Rz. 1). Das Gleiche gilt aber auch umgekehrt. §§ 100, 101 BetrVG regeln die Angriffs- und Verteidigungslast auch für den Betriebsrat abschließend, der Betriebsrat kann also nicht im Wege der einstweiligen Verfügung geltend machen, dringende Gründe für eine vorläufige Personalmaßnahme lägen gar nicht vor (LAG Hessen v. 15. 12. 1987, NZA 1989, 232; ArbG Münster v. 19. 12. 1990, DB 1991, 103). Insoweit ermöglichen die §§ 99, 100 BetrVG dem Arbeitgeber, einen materiell rechtswidrigen Zustand (zB bei berechtigter Zustimmungsverweigerung nach § 99 Abs. 2 Nr. 1 bis 6 BetrVG) monatelang ungefährdet aufrecht zu erhalten. Das mag im Einzelfall misslich sein, an der klaren Konzeption des Gesetzes geht aber kein Weg vorbei. Deshalb sind nach richtiger Auffassung einstweilige Verfügungen des Betriebsrats zur Klärung der Rechtslage während eines laufenden Verfahrens nach §§ 99 Abs. 4, 100 BetrVG **auch dann unzulässig**, wenn die Anträge des Arbeitgebers nach §§ 99 Abs. 4, 100 BetrVG **offensichtlich unbegründet** sind und/oder von vornherein feststeht, dass – wie zB bei einer **befristeten Einstellung** – die personelle Maßnahme **lange vor Rechtskraft der Entscheidung** im Verfahren nach §§ 99 Abs. 4, 100 BetrVG **enden wird** (aA allerdings LAG Hessen v. 19. 4. 1988, LAGE § 99 BetrVG Nr. 17 und v. 15. 12. 1987, NZA 1989, 232). Ausnahmen können allenfalls in ganz krassen Fällen in Betracht kommen.

2 Das Arbeitsgericht ist **nicht verpflichtet** (und tut dies in der Regel auch nicht), den Feststellungsantrag nach § 100 Abs. 2 Satz 3 BetrVG **vorrangig** zu entscheiden. Meist wird zusammen über beide Anträge entschieden. In der Praxis führt dies dazu, dass de facto **nur über den Zustimmungsersetzungsantrag** gestritten wird. Denn ist der Antrag begründet, wird die vorläufige Maßnahme zu einer endgültigen Maßnahme, so dass über den Antrag nach § 100 Abs. 2 Satz 3 BetrVG nicht mehr entschieden werden muss. Ersetzt dagegen das Arbeitsgericht im Verfahren nach § 99 Abs. 4 BetrVG die Zustimmung des Betriebsrats nicht, so ist die vorläufige Personalmaßnahme auf jeden Fall aufzuheben, egal ob sie dringlich war oder nicht.

3 ➔ **Wichtig:** Eine häufige Fehlerquelle ist die **Fristenregelung der §§ 99, 100 BetrVG**. Für den Antrag des Arbeitgebers auf Ersetzung der Zustimmung nach § 99 Abs. 4 BetrVG gibt es keine Frist. Der Arbeitgeber kann den Antrag also gegebenenfalls auch noch wochen- oder monatelang nach erfolgter Zustimmungsverweigerung stellen, etwa wenn die Maßnahme keine Eile hat. Demgegenüber sieht § 100 Abs. 2 Satz 3 BetrVG eine extrem kurze Frist von **drei Tagen** für den Feststellungsantrag bezüglich der vorläufigen Durchführung der Maßnahme wegen dringender Erfordernisse vor. Besondere Probleme entstehen, wenn die Sache so extrem eilbedürftig ist, dass der Arbeitgeber die Maßnahme bereits vor Ablauf der Wochenfrist für die Zustimmung nach § 99 Abs. 3 BetrVG umsetzen will. Widerspricht der Betriebsrat zunächst der vorläufigen Durchführung, ohne sich zugleich gemäß § 99 Abs. 3 BetrVG zu der Maßnahme als solche zu äußern, so soll nach herrschender Auffassung die Drei-Tages-Frist für den Antrag nach § 100 Abs. 2 Satz 3 BetrVG noch nicht zu laufen beginnen. Der Antrag könne vielmehr unverzüglich nach Ablauf der Wochenfrist mit dem Zustimmungsersetzungsantrag nach § 99 Abs. 4 BetrVG gekoppelt werden (*Matthes*,

vertreten wir die Antragstellerin. Namens und im Auftrag der Antragstellerin leiten wir ein Beschlussverfahren ein und beantragen:

1. Es wird festgestellt, dass die Zustimmung des Antragsgegners zur Einstellung des Mitarbeiters . . . als erteilt gilt[5],
2. hilfsweise:

    a) Die verweigerte Zustimmung des Antragsgegners zur Einstellung des Herrn . . . wird ersetzt, und

    b) es wird festgestellt, dass die vorläufige Einstellung des Mitarbeiters . . . aus sachlichen Gründen dringend erforderlich war.[6, 7, 8, 9]

Begründung:

Die Antragstellerin ist eine weltweit operierende Fluggesellschaft, die auch am hiesigen Flughafen einen Standort unterhält. Mit Schreiben vom . . . hat die Antragstellerin den Antragsgegner um Zustimmung zur Einstellung des Herrn . . . auf eine offene Stelle in der Debitorenbuchhaltung per . . . gebeten. Zugleich hat die Antragstellerin

---

DB 1989, 1287). Man sollte hier aber kein Risiko eingehen und die Drei-Tages-Frist wahren. Selbstverständlich sollte man dann wenige Tage später den Zustimmungsersetzungsantrag nach § 99 Abs. 4 BetrVG nicht in einem neuen Verfahren anhängig machen, sondern im Wege der Antragserweiterung in dem bereits anhängig gemachten Verfahren nach § 100 Abs. 2 Satz 3 BetrVG.

4 Nach ständiger Rechtsprechung ist der **betroffene Arbeitnehmer** an dem Verfahren **nicht zu beteiligen** (BAG v. 27. 5. 1982, AP Nr. 3 zu § 80 ArbGG).

5 Der **Hauptantrag** bezieht sich auf den häufigen Fall, dass unklar ist, ob eine wirksame Zustimmungsverweigerung des Betriebsrats vorliegt. Es ist sinnvoll, in solchen Fällen mit gestaffelten Anträgen vorzugehen, um weitere Streitigkeiten zu vermeiden. Zwingend erforderlich sind gestaffelte Anträge jedoch nicht. Wird nur die Ersetzung der Zustimmung des Betriebsrats beantragt und kommt das Arbeitsgericht zu dem Ergebnis, dass die Zustimmung schon mangels ordnungsgemäßem Widerspruch als erteilt gilt, so wird zwar der Antrag des Arbeitgebers abgewiesen. Aus den Gründen der Entscheidung ergibt sich dann aber, dass die Anträge deshalb abgewiesen wurden, weil es schon an einem ordnungsgemäßen Betriebsratswiderspruch fehlte, so dass der Arbeitgeber dann trotz Abweisung des Antrags die Einstellung vornehmen kann.

6 Der Antrag auf Feststellung, dass die vorläufige personelle Maßnahme aus sachlichen Gründen dringend geboten war, ist gegenüber dem Antrag auf Zustimmungsersetzung nach § 99 Abs. 4 BetrVG keineswegs ein Hilfsantrag. Vielmehr muss der Antrag im Wege der **Antragshäufung als Hauptantrag** gestellt werden (sofern nicht wie im Muster die besondere Konstellation vorliegt, dass vorrangig um die Wirksamkeit der Zustimmungsverweigerung gestritten wird).

7 Der Antrag nach § 100 Abs. 2 Satz 3 BetrVG kann **nicht isoliert** ohne den Zustimmungsersetzungsantrag nach § 99 Abs. 4 BetrVG gestellt werden. Hält der Arbeitgeber das Verfahren nach § 99 Abs. 4 BetrVG nicht ein, kommt auch eine vorläufige Maßnahme nach § 100 BetrVG nicht in Betracht (so ausdrücklich § 100 Abs. 2 Satz 3 BetrVG).

8 Das Verfahren auf Feststellung der Dringlichkeit der vorläufigen Maßnahme nach **§ 100 Abs. 2 Satz 3 BetrVG erledigt** sich selbstverständlich, wenn der Betriebsrat der Einstellung als solcher widerspricht, nicht aber der Dringlichkeit der vorläufigen Maßnahme. Das Verfahren beschränkt sich dann auf den Antrag gemäß § 99 Abs. 4 BetrVG auf Ersetzung der Zustimmung des Betriebsrats zur Einstellung.

9 Abzulehnen ist die Auffassung, dass der Feststellungsantrag nach § 100 Abs. 2 Satz 3 BetrVG nur **zeitlich befristet** bis zur rechtskräftigen Entscheidung über den Zustimmungsersetzungsantrag gestellt werden könne. Auf jeden Fall ist es nicht erforderlich, eine solche zeitliche Befristung ausdrücklich in den Antrag aufzunehmen (dazu BAG v. 18. 10. 1988, NZA 1989, 183).

den Auftraggeber davon unterrichtet, dass man Herrn . . . gemäß § 100 BetrVG am . . . vorläufig einstellen werde.

Beweis: Zustimmungsantrag vom . . ., Anlage AS 1

Der Antragsgegner hat auf den Zustimmungsantrag mit einem Schreiben vom . . . reagiert. In dem Schreiben bat der Antragsgegner die Antragstellerin, über die geplante Einstellung noch einmal „intensiv nachzudenken". Man möge noch einmal sorgfältig prüfen, ob die Stelle wirklich neu besetzt werden müsse. Der bisherige Stelleninhaber sei zwar seit mehr als einem Jahr arbeitsunfähig erkrankt, nach Informationen des Betriebsrats sei jedoch mit einer Wiederherstellung seiner Arbeitsfähigkeit „in absehbarer Zeit" zu rechnen. Weiter wurde in dem Schreiben mitgeteilt, die vorläufige Einstellung des Herrn . . . gemäß § 100 BetrVG sei „nicht unproblematisch".

Beweis: Schreiben des Antragsgegners vom . . ., Anlage AS 2

Die Antragstellerin will an der Einstellung von Herrn . . . festhalten und hat deshalb vorliegendes Verfahren nach §§ 99 Abs. 4, 100 BetrVG eingeleitet.

Der Hauptantrag ist begründet. Die Zustimmung des Antragsgegners zur Einstellung des Herrn . . . gilt gemäß § 99 Abs. 3 Satz 2 BetrVG als erteilt. Das Schreiben vom . . . ist nicht als ordnungsgemäße Zustimmung zu werten. Wer lediglich „Bedenken" äußert, widerspricht nicht (wird ausgeführt). Außerdem war das Schreiben vom . . . nicht ordnungsgemäß vom Betriebsratsvorsitzenden unterzeichnet, was zur Wahrung der gesetzlichen Schriftform nach § 126 BGB nicht ausreicht (wird ausgeführt).

Sollte das Arbeitsgericht entgegen der hier vertretenen Auffassung zu dem Ergebnis kommen, dass das Schreiben des Antragsgegners vom . . . eine wirksame Zustimmungsverweigerung enthielt, wären jedenfalls die Hilfsanträge begründet. Der Antragsgegner beruft sich zu Unrecht auf den Widerspruchsgrund des § 99 Abs. 2 Nr. 3 BetrVG (wird ausgeführt).

Zu Unrecht bestreitet der Antragsgegner im Übrigen, dass die vorläufige Durchführung der Maßnahme aus sachlichen Gründen dringend erforderlich sei. Alle Versuche der Antragstellerin, Aushilfen für die Stelle zu finden, sind gescheitert (wird ausgeführt).

Beweis: Zeugnis des Personalleiters (zu laden über die Antragstellerin)

Entgegen der Auffassung des Antragsgegners ist auch keinesfalls absehbar, wann der bisherige Stelleninhaber wieder gesund werden wird. Nach Informationen der Personalabteilung wird die Erkrankung noch mindestens sechs Monate dauern. Wird die Stelle nicht rechtzeitig nach dem Ausscheiden der bisher dort beschäftigten Ersatzkraft zum . . . wieder besetzt, droht die gesamte Abteilung zusammenzubrechen (wird ausgeführt).[10]

. . .

(Unterschrift)

---

[10] Entscheidet das Arbeitsgericht über die beiden Anträge separat, sind sie auch **separat anfechtbar**; jeweils mit Beschwerde zum LAG nach §§ 87 ff. ArbGG. Der Gegenstandswert wird im Allgemeinen in entsprechender Anwendung von § 12 Abs. 7 ArbGG mit einem Vierteljahresbezug des Arbeitnehmers bewertet, den die personelle Maßnahme betrifft bzw. betreffen soll (ausführlich *Baur* in Dunkl/Moeller, Rz. B 335). Für den verbundenen Antrag nach § 100 Abs. 2 Satz 3 BetrVG wird üblicherweise der Hilfswert nach § 23 Abs. 3 RVG (bis 30. 6. 2004: § 8 Abs. 2 BRAGO) von Euro 4 000 angesetzt (vgl. *Baur* in Dunkl/Moeller, Rz. B 336).

Antrag des Betriebsrats auf Aufhebung einer personellen Maßnahme nach § 101 BetrVG[1, 2, 3]

An das Arbeitsgericht

In dem Beschlussverfahren mit den Beteiligten[4]

(Betriebsrat/Arbeitgeber, volles Rubrum)

vertreten wir den Antragsteller. Namens und im Auftrag des Antragstellers leiten wir ein Beschlussverfahren ein und beantragen:

1. *Der Antragsgegnerin wird untersagt, die Einstellung des Herrn . . . aufrechtzuerhalten.*
2. *Für jeden Tag der Zuwiderhandlung gegen die Verpflichtung gemäß Ziff. 1 wird der Antragsgegnerin ein Ordnungsgeld von Euro 250,– angedroht.[5]*

Begründung:

Die Antragsgegnerin ist ein Metall verarbeitendes Unternehmen in . . . mit 100 Arbeitnehmern, der Antragsteller ist der bei ihr gebildete Betriebsrat.

---

1 ➔ **Wichtig:** Der Arbeitgeber kann mit seinem Antrag nach § 99 Abs. 4 BetrVG nicht warten, bis der Betriebsrat einen Antrag nach § 101 BetrVG stellt, und dann im Verfahren nach § 101 BetrVG den **Abweisungsantrag mit dem Antrag nach § 99 Abs. 4 BetrVG verbinden** (BAG v. 18. 7. 1978 und 21. 11. 1978, AP Nr. 1, 3 zu § 101 BetrVG). Denn dann würde sich die Angriffslast der §§ 99 ff. BetrVG, die der Gesetzgeber ausdrücklich dem Arbeitgeber zugewiesen hat, entgegen dem Gesetzessinn umdrehen.

2 Umstritten ist, ob der Antrag nach § 101 BetrVG im Wege der **einstweiligen Verfügung** geltend gemacht werden kann. Das BAG hat dies mit der Begründung verneint, § 101 BetrVG sei eine Sonderregelung zu § 23 Abs. 2 BetrVG (BAG v. 17. 3. 1987, AP Nr. 7 zu § 23 BetrVG, offen gelassen in BAG v. 3. 5. 1994, AP Nr. 23 zu § 23 BetrVG; allgemein zur Problematik *Däubler/Kittner/Klebe*, § 101 BetrVG Rz. 24 ff.). Nach richtiger Auffassung ist allerdings § 101 BetrVG keine Sonderregelung hinsichtlich eines **allgemeinen Unterlassungsanspruchs** des Betriebsrats gegenüber mitbestimmungswidrig durchgeführten Personalmaßnahmen, soweit es losgelöst vom Einzelfall um die Bekämpfung einer **ständig praktizierten rechtswidrigen Einstellungspraxis** des Arbeitgebers geht (s. **M 38.11**).

3 Das Verfahren nach § 101 BetrVG läuft leer, soweit es sich bei der personellen Maßnahme nach § 99 BetrVG um eine **Ein- oder Umgruppierung** handelt, weil eine solche nicht „aufgehoben" werden kann. Bei Ein- und Umgruppierungen ist der Antrag nach § 101 BetrVG deshalb darauf zu richten, dass der Arbeitgeber verpflichtet wird, die Zustimmung des Betriebsrats zur vorgesehenen Eingruppierung/Umgruppierung nachträglich einzuholen und im Verweigerungsfalle durch das Arbeitsgericht ersetzen zu lassen (BAG v. 9. 2. 1993, EzA § 102 BetrVG Rz. 111; v. 3. 5. 1994, BB 1994, 2490; v. 20. 11. 1988, AP Nr. 62 zu § 99 BetrVG).

4 Der **Arbeitnehmer** ist an dem Verfahren nach § 101 BetrVG grundsätzlich **nicht zu beteiligen** (s. oben Fn. 4 zu **M 38.9**).

5 Hinsichtlich des in § 101 BetrVG vorgesehenen **Zwangsgeldes** gilt der allgemeine Grundsatz, dass die Zwangsgeldandrohung bereits mit dem Erkenntnisverfahren verbunden werden kann, wobei allerdings streitig ist, ob entsprechend § 100 Abs. 3 BetrVG vorher noch eine Frist von zwei Wochen abzuwarten ist (dazu *Däubler/Kittner/Klebe*, § 101 BetrVG Rz. 13, zur Verbindung des Zwangsgeldantrags mit dem Erkenntnisverfahren LAG Hessen v. 3. 6. 1988, DB 1989, 536). Zu beachten ist die ungewöhnlich niedrige **Höchstgrenze** des Zwangsgeldes von **Euro 250,–** in § 101 Satz 3 BetrVG, wobei allerdings das Zwangsgeld für jeden Tag der Zuwiderhandlung angedroht werden kann.

Die Antragsgegnerin hat dem Antragsteller am ... mitgeteilt, dass man die Einstellung des Herrn ... (Adresse) als ... zum ... plane und insoweit die Zustimmung des Antragstellers erbitte.

Beweis: Anhörungsschreiben vom ..., Anlage AS 1

Mit Schreiben vom ... widersprach der Antragsteller der beabsichtigten Einstellung unter Bezugnahme auf die Widerspruchsgründe des § 99 Abs. 2 Nr. 1 und 3 BetrVG.

Beweis: Widerspruchsschreiben des Antragstellers vom ..., Anlage AS 2

Wie in dem Schreiben ausgeführt stand die geplante Einstellung im Widerspruch zu der anlässlich der letzten Betriebsänderung abgeschlossenen Betriebsvereinbarung, die die vorrangige Wiedereinstellung entlassener Arbeitnehmer vorsieht. Es liegt aber auch der Widerspruchsgrund des § 99 Abs. 2 Nr. 3 BetrVG vor, weil der bisherige Stelleninhaber, der langzeiterkrankt ist, bei der geplanten Neueinstellung im Fall seiner Rückkehr von der Entlassung bedroht wäre (wird ausgeführt).[6]

Die Antragsgegnerin hat weder ein Zustimmungsersetzungsverfahren nach § 99 Abs. 4 BetrVG eingeleitet noch dem Antragsteller eine vorläufige personelle Maßnahme nach § 100 BetrVG mitgeteilt. Vielmehr hat die Antragsgegnerin schlicht trotz des Widerspruchs des Antragstellers den Mitarbeiter ... per ... eingestellt. Der Betriebsrat hat gegen die Einstellung mit Schreiben vom ... ausdrücklich protestiert und auf die Vorschriften der §§ 99, 100 BetrVG hingewiesen.

Beweis: Schreiben des Antragstellers vom ..., Anlage AS 3

Als Reaktion auf das Schreiben teilte der Personalleiter dem Betriebsratsvorsitzenden am ... lapidar mit, die vom Betriebsrat geltend gemachten Widerspruchsgründe seien „substanzlos" und deshalb unbeachtlich. Ein Verfahren nach §§ 99, 100 BetrVG brauche deshalb vom Unternehmen nicht eingeleitet zu werden. Die personelle Maßnahme werde trotz des Protestes des Betriebsrats aufrechterhalten.[7, 8]

Beweis: Zeugnis des Personalleiters (Name, Firmenadresse)

---

6 Wegen der Formalisierung des Verfahrens der §§ 99 ff. BetrVG ist der Antrag nach § 101 BetrVG immer schon dann begründet, wenn der Arbeitgeber trotz verweigerter Zustimmung des Betriebsrats die Maßnahme durchgeführt hat. Ob die **Verweigerung des Betriebsrats zu Recht** erfolgt ist oder nicht, spielt im Verfahren nach § 101 BetrVG **keine Rolle** (BAG v. 25. 11. 1990, AP Nr. 47 zu § 118 BetrVG). Gleichwohl empfiehlt es sich, das Arbeitsgericht davon zu überzeugen, dass der Betriebsrat auch in der Sache Recht hat.

7 ➔ **Wichtig:** Es kommt in der Praxis häufig vor, dass der Arbeitgeber die Systematik der §§ 99, 100 BetrVG verkennt und davon ausgeht, bei einem materiell unbegründeten Widerspruch des Betriebsrats nach §§ 99 Abs. 3 BetrVG könne die Einstellung (ähnlich wie bei § 102 BetrVG die Kündigung) gleichwohl vorgenommen werden. Ein solches **„Vorprüfungsrecht"** des Arbeitgebers sehen die §§ 99, 100 BetrVG aber nicht vor. Vielmehr ist auch bei sachlich unbegründetem Widerspruch des Betriebsrats stets das Verfahren nach §§ 99, 100 BetrVG durchzuführen.

8 ➔ **Praxistipp:** In der Fassung des Musters wird der Antrag nach § 101 BetrVG gestellt, weil der Arbeitgeber **überhaupt kein Zustimmungsersetzungsverfahren** nach § 99 Abs. 4 BetrVG durchgeführt hat. Soll der Antrag nach § 101 BetrVG dagegen dem Arbeitgeber die Aufhebung der personellen Maßnahmen nach verlorenem Zustimmungsersetzungsverfahren nach § 99 Abs. 4 BetrVG aufgeben, so muss der Betriebsrat mit dem Antrag nicht bis zur Beendigung des Verfahrens nach § 99 Abs. 4 BetrVG warten. Vielmehr kann er den Antrag nach § 101 BetrVG als **Widerantrag mit dem Abweisungsantrag im Verfahren nach § 99 Abs. 4 BetrVG verbinden** (Däubler/Kittner/Klebe, § 101 BetrVG Rz. 11 mwN).

Die Einleitung eines Beschlussverfahrens war daher geboten.[9, 10]

...

(Unterschrift)

---

9 Das Gesetz sieht für den Antrag nach § 101 BetrVG **keine Frist** vor. Das Antragsrecht kann jedoch **verwirkt** werden, wenn der Betriebsrat eine betriebsverfassungswidrige personelle Maßnahme zunächst lange Zeit geduldet hat (LAG Hessen v. 24. 4. 1984, BB 1984, 1684).
10 Zu Rechtsmitteln und Gegenstandswert siehe **M 38.9**.

Antrag des Betriebsrats auf einstweilige Verfügung wegen mitbestimmungswidriger Personalmaßnahmen[1, 2]

38.11

An das Arbeitsgericht

In dem Beschlussverfahren mit den Beteiligten

(Betriebsrat ./. Arbeitgeber, volles Rubrum)

vertreten wir den Antragsteller. Namens und im Auftrag des Antragstellers leiten wir ein Beschlussverfahren ein und beantragen, wegen der Dringlichkeit des Falles ohne mündliche Anhörung der Beteiligten durch den Vorsitzenden allein im Wege der einstweiligen Verfügung:

> *1. Der Antragsgegnerin wird aufgegeben, es zu unterlassen, Einstellungen von Arbeitnehmern (mit Ausnahme von leitenden Angestellten sowie von arbeitskampfbedingten Einstellungen) vorzunehmen, solange der Antragsteller seine Zustimmung dazu nicht erteilt hat, diese Zustimmung nicht arbeitsgerichtlich ersetzt worden ist oder nicht eine vorläufige personelle Maßnahme nach § 100 BetrVG durchgeführt worden ist.*[3]

---

1 Zum betriebsverfassungsrechtlichen Unterlassungsanspruch und seinem Verhältnis zu § 23 Abs. 3 BetrVG siehe oben **M 28.8**.
2 Es ist anerkannt, dass einstweilige Unterlassungsverfügungen in Bezug auf **einzelne** personelle Maßnahmen grundsätzlich nicht möglich sind, da insoweit die §§ 99, 100, 101 BetrVG eine abschließende Regelung enthalten. Insbesondere kommt es nicht in Betracht, während eines laufenden Zustimmungsersetzungsverfahrens nach § 99 Abs. 4, § 100 Abs. 2 Satz 3 BetrVG per einstweiliger Verfügung die Aufhebung der vorläufigen personellen Maßnahmen zu verlangen, selbst wenn sich der Arbeitgeberantrag schon beim ersten Hinsehen als kaum haltbar darstellt (siehe oben **M 38.9** Fn. 1).
3 Hier stellt sich das typische Problem des **Globalantrags** (ausführlich dazu oben **M 31.7** Fn. 4). Je weiter der Antrag gefasst wird, desto höher ist das Risiko, dass er abgewiesen wird. Die Einschränkungen bezüglich der leitenden Mitarbeiter, der vorläufigen Maßnahmen nach § 100 BetrVG sowie der arbeitskampfbedingten Einstellungen sind unbedingt erforderlich, da ansonsten Konstellationen denkbar sind, in denen der Unterlassungsanspruch nicht besteht und folglich der Globalantrag insgesamt zurückgewiesen werden muss.

2. *Für jeden Fall der Zuwiderhandlung gegen die Verpflichtung gemäß Ziff. 1 wird der Antragsgegnerin ein Ordnungsgeld angedroht, dessen Höhe in das Ermessen des Gerichts gestellt wird, ersatzweise Ordnungshaft.*[4]

3. *Hilfsweise: Die beantragte einstweilige Verfügung nach Anhörung der Beteiligten unter größtmöglicher Abkürzung der Ladungs- und Einlassungsfristen zu erlassen.*

Begründung:

Der Antragsteller ist der bei der Antragsgegnerin gebildete Betriebsrat. Die Antragsgegnerin verstößt seit Monaten beharrlich und grob gegen ihre Pflichten gemäß §§ 99 ff. BetrVG. Insbesondere nimmt sie ständig Einstellungen vor, ohne den Antragsteller gemäß § 99 BetrVG überhaupt anzuhören, geschweige denn dessen Zustimmung einzuholen. So sind in den letzten 12 Monaten insgesamt 15 Mitarbeiter eingestellt worden, ohne dass eine einzige Anhörung nach § 99 BetrVG stattgefunden hätte (wird ausgeführt).

Der Antragsteller hat gegen die Missachtung seiner Rechte aus § 99 BetrVG mehrfach mündlich und schriftlich protestiert (wird ausgeführt). Diese Proteste haben aber nichts gefruchtet.

Der Antragsteller kann nicht darauf verwiesen werden, in jedem Einzelfall ein Verfahren nach § 101 BetrVG auf Aufhebung der einzelnen personellen Maßnahmen durchzuführen. Vielmehr muss der allgemeine betriebsverfassungsrechtliche Unterlassungsanspruch ebenso wie der besondere Unterlassungsanspruch nach § 23 Abs. 3 BetrVG zumindest bei einer kontinuierlichen und beharrlichen Missachtung der Rechte des Betriebsrats nach § 99 BetrVG gegeben sein. Da nicht zu erwarten ist, dass die Antragsgegnerin ihre rechtswidrige Praxis kurzfristig einstellt, muss der Unterlassungsanspruch auch im Wege der einstweiligen Verfügung geltend gemacht werden können. Dies gilt umso mehr, als nach Kenntnis des Antragstellers bereits in der kommenden Woche über die Einstellung von drei neuen Bürokräften entschieden werden soll. Es ist zu befürchten, dass auch insoweit die Antragsgegnerin das Verfahren nach § 99 BetrVG nicht durchführen wird, so dass ausreichende Eilbedürftigkeit gegeben ist.[5]

...

(Unterschrift)

---

[4] Wie bei Unterlassungsanträgen üblich, ist es zweckmäßig, die **Zwangsgeldandrohung** mit dem Erkenntnisverfahren zu verbinden.

[5] Die Entscheidung kann mit **Beschwerde** nach §§ 87 ff. ArbGG zum LAG angegriffen werden. Als **Gegenstandswert** wird meist der Hilfswert nach § 23 Abs. 3 RVG (bis 30. 6. 2004: § 8 Abs. 2 BRAGO) von Euro 4 000,– angesetzt.

Antrag des Arbeitgebers auf Entbindung von der Übernahmeverpflichtung für Jugendvertreter nach § 78a BetrVG[1]

An das Arbeitsgericht

In dem Beschlussverfahren[2] mit den Beteiligten[3]

1. ... GmbH, vertreten durch den Geschäftsführer (Name, Firmenadresse) – Antragstellerin –

2. der Auszubildende Herr ... (Privatadresse) – Antragsgegner –

3. Betriebsrat der Firma ... GmbH, vertreten durch den Betriebsratsvorsitzenden (Name, Firmenadresse)

4. Jugend- und Auszubildendenvertretung der ... GmbH, vertreten durch den Vorsitzenden der Jugend- und Auszubildendenvertretung (Name, Firmenadresse)

vertreten wir die Antragstellerin. Namens und im Auftrag der Antragstellerin leiten wir ein Beschlussverfahren ein und beantragen

1. *Es wird festgestellt, dass zwischen der Antragstellerin und dem Antragsgegner nach Ablauf der Ausbildungszeit am 30. 9. ... ein Arbeitsverhältnis nicht begründet worden ist.[4]*

2. *Hilfsweise: Das am 1. 10. ... begründete Arbeitsverhältnis wird aufgelöst.[5]*

---

1 Eine **Entbindung** des Arbeitgebers von der **Weiterbeschäftigungspflicht** während der Dauer des Verfahrens nach § 78a Abs. 4 BetrVG (im Wege des Urteilsverfahrens geltend zu machen!) kommt in Betracht, wenn die tatsächliche Beschäftigung unmöglich oder aus gravierenden Gründen unzumutbar ist (*Fitting*, § 78a BetrVG Rz. 45). Dagegen kann der Arbeitgeber grundsätzlich nicht im Wege der **einstweiligen Verfügung** die Begründung eines Arbeitsverhältnisses nach § 78a Abs. 2 BetrVG verhindern oder die Auflösung eines bereits begründeten Arbeitsverhältnisses herbeiführen. Gestaltungsklagen sind grundsätzlich einer Regelung durch einstweilige Verfügung nicht zugänglich (statt aller *Fitting*, § 78a BetrVG Rz. 45).

2 ➔ **Wichtig:** Während früher das Urteilsverfahren für die richtige Verfahrensart gehalten wurde, ist nach inzwischen gefestigter Rechtsprechung der Streit im **Beschlussverfahren** zu entscheiden (BAG v. 5. 4. 1984, AP Nr. 13 zu § 78a BetrVG 1972). Unstreitig im **Urteilsverfahren** auszutragen ist dagegen der Streit über die **tatsächliche Weiterbeschäftigung** nach Ende des Ausbildungsverhältnisses während der Dauer des Verfahrens nach § 78a Abs. 4 BetrVG. Hier kommt gegebenenfalls eine einstweilige Verfügung in Betracht, wenn der Arbeitgeber grundlos die tatsächliche Weiterbeschäftigung verweigert (LAG Berlin v. 16. 12. 1974, BB 1975, 837; LAG Schl.-Holst. v. 25. 3. 1985, DB 1985, 2412). Leitet der Arbeitgeber ein Verfahren nach § 78a Abs. 4 BetrVG nicht ein, obwohl der Auszubildende die Übernahme gemäß Abs. 2 verlangt hat, muss der Auszubildende seine Rechte durch **Klage im Urteilsverfahren** (zB auf Feststellung des Bestehens des Arbeitsverhältnisses, Lohnzahlung etc.) verfolgen (BAG v. 23. 6. 1983 und v. 22. 9. 1983 sowie v. 13. 11. 1987, AP Nr. 10, 11 und 18 zu § 78a BetrVG).

3 **Beteiligte** sind grundsätzlich der Arbeitgeber, der Auszubildende sowie der Betriebsrat. War der Auszubildende Mitglied der Jugend- und Auszubildendenvertretung, ist auch diese zu beteiligen.

4 Der im Muster gestellte Antrag Ziff. 1 kommt nur in Betracht, wenn der Arbeitgeber das Verfahren nach § 78a BetrVG von vornherein **nicht für einschlägig** hält, sei es weil das Amt nicht besteht, sei es weil der Auszubildende nicht wie in § 78a Abs. 2 BetrVG vorgeschrieben innerhalb der letzten drei Monate vor Beendigung der Ausbildung schriftlich (gesetzliche Schrift-

Begründung:

Der Antragsgegner ist bis 30. 9. . . . Auszubildender bei der Antragstellerin gewesen. Am 30. 9. . . . hat unstreitig das Ausbildungsverhältnis aufgrund der erfolgreich abgelegten Abschlussprüfung geendet.

Der Antragsgegner hat geltend gemacht, er genieße als Mitglied der Jugend- und Auszubildendenvertretung den besonderen Schutz des § 78a BetrVG. Das ist jedoch nicht der Fall. Es hat zwar im Januar . . . die Wahl einer Jugend- und Auszubildendenvertretung stattgefunden. Diese Wahl war jedoch wegen massiver Mängel des Wahlverfahrens nichtig (wird ausgeführt).

Mit Schreiben vom . . . hat die Antragstellerin dem Antragsgegner mitgeteilt, dass sie ihn nach Abschluss der Ausbildung nicht in ein Arbeitsverhältnis übernehmen werde, und zwar unabhängig von der Wirksamkeit oder Nichtigkeit der Wahl der Jugend- und Auszubildendenvertretung und damit unabhängig vom Eingreifen des Schutzes des § 78a BetrVG.

> *Beweis: Schreiben der Antragstellerin vom . . ., Anlage AS 1.*

Der Antragsgegner hat am . . . von der Antragstellerin schriftlich die Weiterbeschäftigung gemäß § 78a Abs. 2 BetrVG verlangt.

> *Beweis: Schreiben des Antragsgegners vom . . ., Anlage AS 2.*

Mit dem Antrag Ziff. 1 wird die Feststellung begehrt, dass ein Arbeitsverhältnis in der Zeit ab 1. 10. . . . nicht zustande gekommen ist, weil wegen der Nichtigkeit der Wahl der Jugend- und Auszubildendenvertretung der Antragsgegner den besonderen Schutz des § 78a BetrVG nicht hatte und deshalb ein Arbeitsverhältnis nach § 78a Abs. 2 BetrVG nicht zustande kommen konnte. Dass ein Arbeitsverhältnis ansonsten nicht vereinbart worden ist, ist zwischen den Parteien unstreitig.

---

form nach § 126 BGB!) die Weiterbeschäftigung verlangt hat. Streitig ist allerdings, ob die **Vorfrage** nach Bestehen des Schutzes nach § 78a BetrVG in einem einheitlichen Beschlussverfahren zusammen mit den Anträgen nach § 78a Abs. 4 BetrVG geklärt werden kann. Dieses unter dem Gesichtspunkt der Prozessökonomie wünschenswerte Ergebnis wurde vom BAG in seiner Entscheidung vom 11. 1. 1995 (DB 1995, 1418) entgegen der älteren Rechtsprechung erwogen. Nach der älteren Rechtsprechung sollten dagegen nicht nur getrennte Verfahren erforderlich sein, sondern die Vorfrage nach dem Eingreifen des Schutzes des § 78a BetrVG sollte zwischen Arbeitgeber und Auszubildendem im Urteilsverfahren zu klären sein. Besteht dagegen am Eingreifen des Schutzes des § 78a BetrVG kein Zweifel und ist die form- und fristgerechte Geltendmachung nach § 78a Abs. 2 BetrVG durch den Auszubildenden erfolgt, richten sich die vom Arbeitgeber zu stellenden Anträge nach § 78a Abs. 4 BetrVG.

5 ➔ **Wichtig:** Hinsichtlich der Antragstellung ist zu unterscheiden, ob der Arbeitgeber den **Antrag vor oder nach Beendigung des Ausbildungsverhältnisses stellt**. Stellt er den Antrag vorher, muss er die **Feststellung** beantragen, dass das Arbeitsverhältnis nicht begründet wird. Stellt er den Antrag (wie im Muster) nach Ende des Ausbildungsverhältnisses, muss er im Wege des **Gestaltungsantrags** die Auflösung des bereits begründeten Arbeitsverhältnisses beantragen. Nach inzwischen gefestigter Auffassung (BAG v. 29. 11. 1989, v. 24. 7. 1991 und v. 11. 1. 1994, AP Nr. 20, 23 und 24 zu § 78a BetrVG) wandelt sich ein zunächst gestellter Antrag nach § 78a Abs. 4 Nr. 1 BetrVG mit dem Ende des Ausbildungsverhältnisses automatisch um in einen Antrag nach § 78a Abs. 4 Nr. 2 BetrVG, ohne dass eine ausdrückliche Umstellung des Antrags erforderlich wäre (was aber in der Praxis nur empfohlen werden kann). Die entgegenstehende ältere Rechtsprechung ist vom BAG ausdrücklich aufgegeben worden.

Mit dem Hilfsantrag Ziff. 2 wird der Antrag nach § 78a Satz 4 Nr. 2 BetrVG gestellt. Sollte entgegen der Auffassung der Antragstellerin der Antragsgegner doch den Schutz des § 78a BetrVG genießen, wäre das gemäß § 78a Abs. 2 BetrVG zustande gekommene Arbeitsverhältnis nach § 78a Abs. 4 Nr. 2 BetrVG aufzulösen, weil Tatsachen vorliegen, die der Antragstellerin unter Berücksichtigung aller Umstände die Weiterbeschäftigung des Antragsgegners nicht zumutbar machen.[6] Insbesondere gibt es keinen freien Arbeitsplatz, auf dem der Antragsgegner eingesetzt werden könnte (wird ausgeführt). Die Antragstellerin ist auch nicht verpflichtet, einen Arbeitsplatz durch Kündigung eines anderen Arbeitnehmers freizumachen oder einen neuen nicht benötigten Arbeitsplatz zu schaffen (BAG v. 29. 11. 1989 und v. 16. 8. 1995, AP Nr. 20, 25 zu § 78a BetrVG).

Die Zwei-Wochen-Frist des § 78a Abs. 4 Satz 1 BetrVG ist gewahrt.[7]

...

(Unterschrift)

---

[6] Aus **welchen Gründen** die Übernahme des Auszubildenden vom Arbeitgeber verweigert werden kann, ist heftig umstritten. Personen- und verhaltensbedingte Gründe, die eine außerordentliche Kündigung eines Arbeitnehmers rechtfertigen würden (§ 626 BGB), rechtfertigen stets die Nichtübernahme eines Auszubildenden nach § 78a BetrVG (BAG v. 16. 1. 1979 und v. 15. 12. 1983, AP Nr. 5 und 12 zu § 78a BetrVG). Dass solche Gründe auch eine außerordentliche Kündigung des Ausbildungsverhältnisses (§ 15 BBiG) hätten rechtfertigen können, hindert den Arbeitgeber nicht daran, aus diesen Gründen (auch nach Ablauf der Zwei-Wochen-Frist des § 626 Abs. 2 BGB! Vgl. BAG v. 15. 12. 1983, AP Nr. 12 zu § 78a BetrVG) die Übernahme des Auszubildenden zu verweigern. Verstöße des Auszubildenden gegen seine Amtspflichten als Mitglied des Betriebsrats bzw. der Jugend- und Auszubildendenvertretung reichen regelmäßig für einen Antrag nach § 78a BetrVG nicht, vielmehr müssen die Gründe im Arbeitsverhältnis wurzeln. Besonders umstritten ist, in welchem Umfang **betriebsbedingte Gründe** die Übernahme des Auszubildenden unzumutbar machen. Nach herrschender Auffassung reicht das Fehlen eines freien Arbeitsplatzes aus (BAG v. 16. 1. 1979 und v. 29. 11. 1989, AP Nr. 5, 20 zu § 78a BetrVG), wobei der Arbeitgeber weder einen neuen nicht benötigten Arbeitsplatz schaffen noch vorhandene Arbeitsplätze freikündigen muss (siehe die Nachweise im Muster). Die Einzelheiten sind höchst umstritten (vgl. *Fitting*, § 78a BetrVG Rz. 46 ff.)

[7] Die Entscheidung des Arbeitsgerichts kann mit **Beschwerde** nach §§ 87 ff. ArbGG zum LAG angegriffen werden. Da es sich um eine feststellende bzw. gestaltende Entscheidung handelt, kommt eine **Zwangsvollstreckung** nicht in Betracht. Der **Gegenstandswert** wird üblicherweise in Anlehnung an § 12 Abs. 7 ArbGG mit einem Vierteljahresverdienst des Auszubildenden angesetzt.

38.13 Stellenausschreibung

1. Das Versetzungsverfahren wird durch eine innerbetriebliche Stellenausschreibung eröffnet. Sie soll gewährleisten, dass jeder Mitarbeiter frühzeitig und umfassend und in gleicher Weise über freie bzw. frei werdende Stellen informiert und ihm die Chance gegeben wird, sich eine etwaige Bewerbung reiflich zu überlegen und durch seine Bewerbung auf die Besetzung dieser Stelle Einfluss zu nehmen. Sie soll ferner die frühzeitige und umfassende Information und Beteiligung des Betriebsrates sichern.

   Der Arbeitgeber ist berechtigt, gezielt einzelne Mitarbeiter zur Bewerbung aufzufordern. Der Arbeitgeber ist nicht berechtigt, auf Mitarbeiter, die eine Bewerbungsabsicht geäußert oder sich bereits beworben haben, Einfluss auszuüben oder ausüben zu lassen, sich nicht zu bewerben oder eine Bewerbung zurückzuziehen.

2. Die Stelle muss schriftlich ausgeschrieben werden mit folgende Angaben:
   - Tätigkeitsbezeichnung;
   - Abteilung/Bereich;
   - Beschreibung des Aufgabengebietes in allen wesentlichen Punkten;
   - Fachliche Voraussetzungen in Übereinstimmung mit der tariflichen und/oder betrieblichen Bestimmung einschließlich der vorzulegenden Zeugnisse und anderen Urkunden sowie die geforderten Erfahrungen in der ausgeschriebenen oder in einer anderen Tätigkeit;
   - Bestimmung des Einsatzbeginns;
   - Eingruppierung/Einstufung;
   - Stelle, an die die Bewerbung zu richten ist;
   - Dauer des Aushangs und Anfangs- und Endtermin;
   - Ende der Bewerbungsfrist.

3. Die Stellenausschreibung ist regelmäßig acht Wochen vor dem vorgesehenen Einsatz auf der ausgeschriebenen Stelle auszuhängen. Die Aushängefrist beträgt vier Wochen. Die Orte der Aushänge sind die schwarzen Bretter. Kann die Frist gemäß Absatz 1 wegen der Eilbedürftigkeit der Versetzung nicht eingehalten werden, dann muss die Ausschreibung unverzüglich nach Kenntnis des Arbeitgebers von der Notwendigkeit der Stellenbesetzung erfolgen.

4. Es werden nur solche Bewerbungen berücksichtigt, die innerhalb der Bewerbungsfrist bei der Personalabteilung eingehen. Ist diese der Ansicht, dass kein Bewerber die fachlichen oder persönlichen Voraussetzungen erfüllt, hat sie dies dem Betriebsrat innerhalb von zwei Wochen nach Ende der Bewerbungsfrist mitzuteilen. Ihre Rechte, ein neues Ausschreibungsverfahren einzuleiten, bleiben unberührt.

Auswahl-Richtlinie für Versetzungen[1]

1. Die Auswahl bestimmt sich nach einem Punktesystem. Jedem Bewerber werden Punkte zugeordnet, die sich nach folgenden Kriterien errechnen:

a) Die in der Ausschreibung vorausgesetzte Grundqualifikation (zB erfolgreicher Abschluss eines Fachhochschulstudiums, Erwerb des Facharbeiter- oder Meisterbriefes) und im Qualifikationsnachweis erzielte Note

Note 4 (ausreichend)   ... Punkte,

Note 3 (befriedigend)   ... Punkte,

Note 2 (gut)   ... Punkte,

Note 1 (sehr gut)   ... Punkte.

Können nach der Ausschreibung anstelle einer förmlichen Qualifikation auch gleichwertige durch Berufserfahrung gewonnene Kenntnisse oder dergleichen treten, werden hierfür als Grundlage die Punkte gemäß d) berücksichtigt, und zwar für jedes volle Jahr der Betriebszugehörigkeit mit einem Zehntel der letzten Beurteilung, maximal ... Punkte.

Eine Überqualifikation (Hochschulstudium anstelle eines FH-Studiums, Meisterbrief anstelle eines Facharbeiterbriefes) findet nur im Rahmen des Buchstaben e) Berücksichtigung.

b) Die im regelmäßigen betrieblichen Beurteilungsverfahren erzielte aktuelle Leistungsbeurteilung. Die Beurteilungskriterien 1 und 2 werden mit dem Faktor 0,3, die Beurteilungskriterien 3 und 4 mit dem Faktor 0,2 vervielfältigt. Die Summe der Einzelergebnisse ergibt die Punkte. Bruchteile unter 50 werden nach unten gerundet, im Übrigen ist aufzurunden.

Diese Regelung gilt entsprechend für Arbeitnehmer, bei denen eine Leistungsbeurteilung lediglich nach Stufen erfolgt.

c) Soweit der Arbeitgeber eine jährliche Potentialanalyse erstellt, können hierfür zwischen 0 und ... Punkte angesetzt werden. Das Verfahren bei der Erstellung und Überprüfung der Potentialanalyse richtet sich nach den für die betriebliche Leistungsbeurteilung geltenden Richtlinien. Soweit die Potentialanalyse nicht erstellt ist, werden an ihrer Stelle die Punkte gemäß Buchstabe b) zur Hälfte zusätzlich berücksichtigt.

d) Die beruflichen und betrieblichen und aufgabenbezogenen Erfahrungen.

Hierbei errechnen sich folgende Punkte:

Für jedes volle Arbeitsjahr ... Punkte im jeweiligen Beruf.

e) Zusätzlich für den ausgeschriebenen Arbeitsplatz vereinbarte fachliche Qualifikationen werden unabhängig von einer Zahl mit ... Punkten angesetzt.

2. Die Werksleitung kann aus besonderen, dem Betriebsrat schriftlich mitzuteilenden Gründen (zB Erhaltung bzw. Schaffung einer betrieblich sinnvollen Altersstruktur)

---

[1] Vgl. BAG v. 27. 10. 1992, AP Nr. 29 zu § 95 BetrVG 1972.

einem Bewerber bis zu . . . weitere Punkte zuordnen. Bei Stellen, welche einen Hochschulabschluss voraussetzen, beträgt die Anzahl insgesamt bis zu . . . Punkte.

3. *Versetzt wird der Bewerber, dem die meisten Punkte zuzuordnen sind. Bei gleicher Punktzahl erhalten Schwerbehinderte mit einem Grad der Behinderung von mindestens 50% oder Gleichgestellte den Vorzug.*

Kapitel 39 Mitbestimmung in wirtschaftlichen Angelegenheiten

Literaturübersicht:

Allgemein: *Bauer,* Betriebsänderungen, 1992; *Biebl,* Das Restmandat des Betriebsrats nach Betriebsstilllegung, 1991; *Blank/Blanke/Klebe/Kümpel/Wendeling-Schröder/Wolter,* Arbeitnehmerschutz bei Betriebsaufspaltung und Unternehmensteilung, 2. Aufl. 1987; *Ehmann,* Betriebsstilllegung und Mitbestimmung, 1978; *Fritz,* Die Auswahlkriterien bei der Kündigung gemäß § 95 BetrVG, 1978; *Fuchs,* Der Sozialplan nach dem BetrVG 1972, 1977; *Hase/Neumann-Cosel/Rupp,* Handbuch Interessenausgleich und Sozialplan, 3. Aufl. 2000; *Hassenpflug,* Die Kündigung von Betriebsratsmitgliedern wegen Stilllegung eines Betriebes oder einer Betriebsabteilung, 1989; *Knorr,* Der Sozialplan im Widerstreit der Interessen, 1995; *Konzen,* Unternehmensaufspaltungen und Organisationsänderungen im Betriebsverfassungsrecht, 1986; *Martin,* Interessenausgleich und Sozialplan, 1995; *Reuter,* Der Sozialplan, 1983; *Rumpff/Boewer,* Mitbestimmung in wirtschaftlichen Angelegenheiten, 3. Aufl. 1990; *Vogt,* Sozialpläne in der betrieblichen Praxis, 2. Aufl. 1981; *Willemsen,* Arbeitnehmerschutz bei Betriebsänderung im Konkurs, 1980.

Zu Betriebsänderungen und Umwandlungen nach dem UmwG: *Bachner,* Das Übergangsmandat des Betriebsrats bei Unternehmensumstrukturierungen, DB 1995, 2068; *Bachner,* Individual- und kollektivrechtliche Auswirkungen des neuen Umwandlungsgesetzes, NJW 1995, 2881; *Bauer/Lingemann,* Das neue Umwandlungsrecht und seine arbeitsrechtlichen Auswirkungen, NZA 1994, 1057; *Bungert,* Darstellungsweise und Überprüfbarkeit der Angaben über Arbeitnehmerfolgen im Umwandlungsvertrag, DB 1997, 2209; *Däubler,* Das Arbeitsrecht im neuen Umwandlungsgesetz, RdA 1995, 136; *Düwell,* Umstrukturierung von Unternehmen – legislatorische Defizite und rechtspolitische Forderungen, ArbuR 1994, 357; *Düwell,* Umwandlung von Unternehmen und arbeitsrechtliche Folgen, NZA 1996, 393; *Feudner,* Übergangs- und Restmandate des Betriebsrats, BB 1996, 1934; *Heinze,* Arbeitsrechtliche Fragen bei der Übertragung und Umwandlung von Unternehmen, ZfA 1997, 1; *Kreßel,* Arbeitsrechtliche Aspekte des neuen Umwandlungsbereinigungsgesetzes, BB 1995, 925; *Schaub,* Der arbeitsrechtliche Betriebsübergang im Recht der Gesamtnachfolge, in: Entwicklungen im Arbeitsrecht und Arbeitsschutzrecht, FS Wlotzke, 1976, S. 103; *Willemsen,* Arbeitsrecht im Umwandlungsgesetz – Zehn Fragen aus der Sicht der Praxis, NZA 1996, 791; *Willemsen,* in Kallmeyer, Umwandlungsgesetz, 2. Aufl. 2001, Kommentierung zu §§ 321 ff.; *Willemsen/Hohenstatt/Schweibert,* Umstrukturierung und Übertragung von Unternehmen, 2. Aufl. 2003; *Wlotzke,* Arbeitsrechtliche Aspekte des neuen Umwandlungsrechts, DB 1995, 40.

I. Erläuterungen

1. Interessenausgleich und Sozialplan

a) Interessenausgleich[1] (= organisator. Fragen der BÄ)

In Unternehmen mit mehr als zwanzig wahlberechtigten Arbeitnehmern ist der Arbeitgeber im Falle einer Betriebsänderung (Hauptanwendungsfälle: Betriebsschließungen oder Betriebsverlegungen) nach § 111 BetrVG verpflichtet, den Betriebsrat rechtzeitig und umfassend über die geplanten Maßnahmen zu unterrichten und diese mit ihm zu beraten. Außerdem muss der Arbeitgeber den Abschluss eines Interessenausgleichs mit dem Betriebsrat versuchen (§§ 112, 113 BetrVG). Eine Pflicht zum Abschluss eines Interessenausgleichs besteht hingegen nicht. Führt der Arbeitgeber die geplante Betriebsänderung durch, ohne einen Interessenausgleich zumindest versucht zu haben, trifft ihn die **Nachteilsausgleichspflicht** nach § 113 Abs. 3 BetrVG. Die Nachteilsausgleichspflicht bei nicht versuchtem Interessenausgleich stellt zugleich das wesentliche Druckmittel des Betriebsrats dar. Er kann zwar den Arbeitgeber nicht zum Abschluss des Interessenausgleichs zwingen, ist andererseits aber in der Lage, das Verfahren zum Abschluss eines Interessenausgleichs nach Maßgabe des § 112 Abs. 1–3 BetrVG zu verzögern. Dem Arbeitgeber wiederum wird in den meisten Fällen der Betriebsänderung sowohl an einer zügigen Durchführung der geplanten Maßnahmen als auch an einer Vermeidung der Nachteilsausgleichspflicht gelegen sein.

Führen die Verhandlungen über den Interessenausgleich zu einer Einigung, ist diese gem. § 112 Abs. 1 Satz 1 BetrVG schriftlich niederzulegen und von Arbeitgeber und Betriebsrat zu unterzeichnen. Dabei lassen sich zwei Konstellationen unterscheiden: Zum einen kann die Einigung sich ausschließlich darauf beschränken, das Interessenausgleichsverfahren für beendet zu erklären **(negativer Interessenausgleich)**. In der Sache sind sich die Betriebspartner dann nach wie vor nicht einig, hinsichtlich des weiteren Verfahrens ist jedoch klargestellt, dass die Einschaltung der Einigungsstelle nicht mehr erforderlich ist und der Arbeitgeber mit der Durchführung der Betriebsänderung beginnen kann. Zum anderen kann die Einigung natürlich auch in der Sache zustande kommen **(positiver Interessenausgleich)**. Der wesentliche Inhalt des Interessenausgleichs besteht dann in organisatorischen Regelungen, mit denen sich der Arbeitgeber verpflichtet, die geplante Betriebsänderung im Vergleich zu den ursprünglichen Plänen nunmehr mit gewissen Modifikationen durchzuführen. Der Interessenausgleich hat nicht die Wirkung einer Betriebsvereinbarung, wirkt also nicht unmittelbar und zwingend. Die von der Betriebsänderung betroffenen Arbeitnehmer können in der Regel aus dem Interessenausgleich keine direkten Erfüllungsansprüche gegen den Arbeitgeber ableiten. Dasselbe gilt für den Betriebsrat. Hält sich der Arbeitgeber jedoch ohne zwingenden Grund nicht an die Verpflichtungen aus dem Interessenausgleich, trifft ihn wiederum gem. § 113 Abs. 1, 2 BetrVG eine Nachteilsausgleichspflicht.

Darüber hinaus sind die Betriebsparteien nicht gehindert, einen Interessenausgleich in Form einer Betriebsvereinbarung zu vereinbaren **(freiwillige Betriebsvereinbarung)**. Dort können dann auch Regelungen getroffen werden, die direkte Erfüllungs- oder Schadensersatzansprüche der Arbeitnehmer auslösen.[2]

---

[1] Siehe dazu näher *Röder/Baeck*, Interessenausgleich und Sozialplan, 3. Aufl. 2001.
[2] Vgl. *Richardi*, § 112 BetrVG Rz. 18, 39, 41 mwN.

⭢ **Praxistipp:** Die Entscheidung darüber, ob der Interessenausgleich in Form einer Betriebsvereinbarung abgeschlossen wird, kann Gegenstand der Verhandlungen sein. Der Betriebsrat kann die Form der Betriebsvereinbarung nicht erzwingen. Auf der anderen Seite kann der Arbeitgeber den Abschluss einer Betriebsvereinbarung anbieten, wenn er sich mit diesem Angebot im Gegenzug ein Nachgeben des Betriebsrates in anderen Punkten erhofft.

b) Sozialplan

Der Sozialplan regelt den Ausgleich oder die Milderung der wirtschaftlichen Nachteile, die sich aus einer Betriebsänderung ergeben, § 112 Abs. 1 Satz 2 BetrVG. Damit sind insbesondere Abfindungsregelungen gemeint, aber auch die Errichtung einer Beschäftigungs- und Qualifizierungsgesellschaft,[3] s. § 112 Abs. 5 Nr. 2a BetrVG (**M 39.6.1**).

Im Gegensatz zum Interessenausgleich hat der Sozialplan die Wirkung einer **Betriebsvereinbarung** (§ 112 Abs. 1 Satz 3 BetrVG), wobei allerdings die Sperrwirkung des § 77 Abs. 3 BetrVG nicht gilt (§ 112 Abs. 1 Satz 4 BetrVG). Ein weiterer und ganz wesentlicher Unterschied zum Interessenausgleich besteht darin, dass der Sozialplan bei Nichteinigung der Betriebsparteien durch Anrufung der Einigungsstelle **erzwungen** werden kann, § 112 Abs. 4 BetrVG. Hat eine Betriebsänderung also wirtschaftliche Nachteile zur Folge, über deren Ausgleich oder Milderung eine Einigung zu erzielen ist, oder besteht sie ausschließlich in der Entlassung von Arbeitnehmern in dem in § 112a BetrVG festgelegten Umfang, hat der Betriebsrat die Möglichkeit, den Abschluss eines Sozialplans zu erzwingen.

Interessenausgleich und Sozialplan sind sorgfältig voneinander zu trennen. Ein Interessenausgleich kann bereits versucht und gescheitert sein, während zugleich die Verhandlungen über den Abschluss eines Sozialplans (eventuell vor der Einigungsstelle) noch laufen. Der Arbeitgeber ist dann nicht gehindert, mit der Durchführung der Betriebsänderung bereits zu beginnen, denn der Sozialplan befasst sich gerade nicht mit organisatorischen Fragen der Betriebsänderung, sondern nur mit deren wirtschaftlichen Folgen für die Arbeitnehmer. Interessenausgleich und Sozialplan können umgekehrt auch in einer einzigen Vereinbarung zusammengefasst werden, was aber nur empfehlenswert ist, wenn von Anfang an Einigkeit über den Inhalt besteht. Schließlich ist es sogar möglich, selbst für noch nicht geplante, aber in groben Umrissen schon abschätzbare Betriebsänderungen einen Sozialplan in Form einer freiwilligen Betriebsvereinbarung aufzustellen. Soweit ein solcher vorsorglicher Sozialplan wirksame Regelungen enthält, ist das Mitbestimmungsrecht des Betriebsrats nach § 112 BetrVG verbraucht, falls eine entsprechende Betriebsänderung später tatsächlich vorgenommen wird. Im Abschluss eines vorsorglichen Sozialplans ist grundsätzlich noch kein unzulässiger Verzicht auf künftige Mitbestimmungsrechte zu sehen.[4]

2. Umwandlungen

Gem. § 1 Abs. 1 UmwG können Rechtsträger mit Sitz im Inland umgewandelt werden (1) durch Verschmelzung (§§ 2–122 UmwG), (2) durch Spaltung (Aufspaltung, Abspal-

---

[3] Ob dies gegen den Willen des Arbeitgebers in der Einigungsstelle erzwungen werden kann, ist fraglich, vgl. *Röder/Baeck*, in Praxishandbuch BetrVG, 2003, § 28 Rz 317.
[4] BAG v. 26. 8. 1997, NZA 1998, 216.

tung, Ausgliederung, §§ 123–173 UmwG), (3) durch Vermögensübertragung (Voll- oder Teilübertragung, §§ 174–189 UmwG) und (4) durch Formwechsel (§§ 190–304 UmwG). Entsprechend dem im Gesellschaftsrecht geltenden Typenzwang ist diese Aufzählung der **Umwandlungsarten** abschließend. Andere Arten der Umwandlung sind gem. § 1 Abs. 2 UmwG nur zulässig, wenn sie in anderen Bundes- oder Landesgesetzen zugelassen oder angeordnet sind. § 1 Abs. 3 UmwG stellt dabei klar, dass die Vorschriften des UmwG zwingendes Recht enthalten. Auf der Ebene des **Individualarbeitsrechts** wird durch § 324 UmwG bestimmt, dass § 613a Abs. 1 und 4 BGB durch die Wirkungen der Eintragung einer Verschmelzung, Spaltung oder Vermögensübertragung unberührt bleiben soll, was bedeutet, dass § 613a BGB insoweit auch in Umwandlungsfällen Anwendung findet.

Über die Ausgliederung nach dem Umwandlungsgesetz ist der Wirtschaftsausschuss nach § 106 BetrVG zu unterrichten, da sie eine Spaltung des Unternehmens darstellt. Der Betriebs(teil)übergang iSd. § 613a BGB ist unter die Generalklausel der sonstigen für Arbeitnehmer bedeutsame Vorgänge zu fassen.[5]

Nach § 5 Abs. 3 UmwG ist der Verschmelzungsvertrag oder sein Entwurf dem **Betriebsrat zuzuleiten**. Zuständiger Adressat ist jeder Betriebsrat der an der Verschmelzung beteiligten Rechtsträger. Unterhalten die beteiligten Rechtsträger mehrere Betriebsstätten, ist der Verschmelzungsvertrag oder sein Entwurf jedem einzelnen Betriebsrat nur dann gesondert zuzuleiten, wenn kein Gesamtbetriebsrat gebildet ist. Ist bei den beteiligten Rechtsträgern ein Gesamtbetriebsrat errichtet, ist der **Gesamtbetriebsrat** idR nach § 50 Abs. 1 Satz 1 BetrVG zuständig. Seine Zuständigkeit ist anzunehmen, wenn die Angelegenheit nicht durch die Einzelbetriebsräte getrennt geregelt werden kann. Da die Verschmelzung ein unternehmensbezogener Vorgang ist, ist der Verschmelzungsvertrag nach unseres Erachtens richtiger Auffassung nur dem Gesamtbetriebsrat zuzuleiten.[6] In der Literatur wird teilweise empfohlen, gleichwohl im Interesse der „Rechtssicherheit"[7] oder aber „im Interesse der Transparenz und des sozialen Friedens im Unternehmen"[8] den Vertrag oder seinen Entwurf auch den Einzelbetriebsräten zuzuleiten. Ist das herrschende Unternehmen im Konzern übertragender Rechtsträger, kommt die Zuständigkeit des **Konzernbetriebsrates** in Betracht. Das herrschende Unternehmen im beherrschten Konzern des übertragenden Rechtsträgers wird ausgewechselt.[9] Nach einer weiteren Auffassung ist der Konzernbetriebsrat nicht nur dann zuständig, wenn das herrschende Unternehmen des übertragenden Rechtsträgers ausgewechselt wird. In der Regel wirkt sich die Verschmelzung von Konzernunternehmen mittelbar auf den Konzern aus und begründet schon damit die Zuständigkeit des Konzernbetriebsrates.[10] Der Konzernbetriebsrat ist nach § 58 Abs. 1 Satz 1 BetrVG zuständig, wenn eine Angelegenheit nicht durch die Einzel- oder Gesamtbetriebsräte geregelt werden kann. Diese Zuständigkeitsregelung spricht zunächst dafür, die Konzernbetriebsratszuständigkeit nur anstelle, nicht neben der Zuständigkeit der Gesamt- oder Einzelbetriebsräte anzunehmen. Gleichwohl wird vertreten, dass die Zuständigkeit des Konzernbetriebsrates

---
5 *Fitting*, § 106 BetrVG Rz. 54.
6 *Mayer* in Widmann/Mayer, § 5 UmwG Rz. 252; *Müller*, DB 1997, 713, 715.
7 *Mayer* in Widmann/Mayer, § 5 UmwG Rz. 255.
8 *Wlotzke*, DB 1995, 40, 45.
9 *Müller*, DB 1997, 713, 715.
10 *Mayer* in Widmann/Mayer, § 5 UmwG Rz. 254.

zusätzlich neben der der Gesamtbetriebsräte bestehen könne.[11] Dies wird damit begründet, dass die Verschmelzung nicht nur Konzerninteressen berühre, sondern die Gesamt- oder Einzelbetriebsräte zuständig bleiben, soweit die Belange der Arbeitnehmer durch die Verschmelzung unmittelbar betroffen sind.

⊃ **Praxistipp:** Ist das konzernbeherrschende Unternehmen an der Verschmelzung beteiligt, empfiehlt sich deshalb, den Verschmelzungs- oder Spaltungsvertrag neben den Gesamt- oder Einzelbetriebsräten auch dem Konzernbetriebsrat zuzuleiten.

Im Verschmelzungsvertrag sind die **Folgen der Verschmelzung** für die Arbeitnehmer und ihre Vertretungen **anzugeben**. Der erforderliche Umfang dieser Angaben ist umstritten. Zu den wesentlichen Angaben wird die Mitteilung gezählt, welcher Tarifvertrag nach der Umwandlung anzuwenden ist.[12]

Der Verschmelzungsvertrag oder sein Entwurf ist spätestens **einen Monat** vor dem Tag, an dem die Hauptversammlung den Verschmelzungsbeschluss fassen wird, zuzuleiten. Die rechtzeitige Zuleitung muss dem Handelsregister bei der Anmeldung der Verschmelzung zum Handelsregister nachgewiesen werden. Es ist deshalb eine von dem Betriebsratsvorsitzenden zu unterschreibende Empfangsbestätigung vorzubereiten.[13]

3. Wirtschaftsausschuss

Hat der Betriebsrat einen Wirtschaftsausschuss gebildet, ist dieser Wirtschaftsausschuss rechtzeitig und umfassend über die wirtschaftliche und finanzielle Lage des Unternehmens (§ 106 Abs. 3 Nr. 1 BetrVG) oder über den Zusammenschluss oder die Spaltung von Unternehmen oder Betrieben zu **unterrichten** (§ 106 Abs. 3 Nr. 8 BetrVG). Zu unterrichten ist auch über sonstige für Arbeitnehmer bedeutsame Vorgänge und Vorhaben (§ 106 Abs. 3 Nr. 10 BetrVG).

---

[11] *Müller*, DB 1997, 713, 715.
[12] *Joost*, ZIP 1995, 976, 986; *Dehmer*, UmwG, 2. Aufl., § 5 Rz. 47.
[13] *Müller*, DB 1997, 713, 717.

II. Muster

39.1 Negativer Interessenausgleich

Die Firma ...

und

der Betriebsrat ...

kommen im Rahmen des Interessenausgleichsverfahrens hinsichtlich der Schließung des Werks ... zu folgendem Ergebnis:

1. Die Firma hält an ihrer Absicht fest, das Werk ... bis spätestens ... zu schließen.

2. Der Betriebsrat widerspricht der Schließung des Werkes ... nach wie vor.

3. Firma und Betriebsrat sind sich einig, dass mit Unterzeichnung dieser Vereinbarung die Verhandlungen über den Interessenausgleich rechtswirksam beendet sind.

..., den ...

...

(Unterschriften)

Interessenausgleich Betriebsverlegung, Betriebsübergang und Reorganisation

Zwischen

der Firma ...

und

dem Betriebsrat ...

wird der folgende Interessenausgleich geschlossen:

Präambel

Die X-GmbH unterhält in A-Stadt einen Betrieb mit den Betriebsteilen „..." und „...". Dieser Betrieb liegt verkehrstechnisch ungünstig und ist zwischenzeitlich veraltet. Das Unternehmen hat sich deshalb entschlossen, ein neues Betriebsgelände in B-Stadt zu errichten.

§ 1 Gegenstand

(1) Der Betrieb wird zum ... von A-Stadt nach B-Stadt verlegt.

(2) Der Betrieb wird gespalten. Der Betriebsteil „..." wird mit dem Betriebsteil „..." der Y-GmbH & Co. KG zu einem Betrieb der X-GmbH auf dem neuen Betriebsgelände in B-Stadt mit Wirkung zum ... zusammengefasst. Diesem Betrieb werden folgende Mitarbeiter der X-GmbH zugeordnet:

1. ...

2. ...

3. ...

Der Betriebsteil „..." wird im Wege des Betriebsüberganges gemäß § 613a BGB auf die Y GmbH & Co. KG übertragen und mit Wirkung zum ... mit deren Betriebsteil „..." zu einem Betrieb auf dem Betriebsgelände der Y-GmbH & Co. KG, B-Stadt, zusammengefasst.[1] Diesem Betrieb werden folgende Mitarbeiter der X-GmbH zugeordnet:

1. ...

2. ...

3. ...

---

1 Hat diese Gesellschaft einen Betriebsrat, löst der Vorgang auch dessen Mitbestimmungsrechte nach §§ 111, 112 BetrVG aus.

§ 2 Durchführung

(1) Für die Verlegung hat die Unternehmensberatungsgesellschaft . . . ein Konzept erarbeitet, das dem Interessenausgleich als Anlage 1 beigefügt ist. Es ist geplant, die Verlegung nach Maßgabe dieses Konzeptes durchzuführen. Sollten sich geringfügige Änderungen in zeitlicher und technischer Hinsicht ergeben, stellen diese keine Abweichung vom Interessenausgleich dar und sind deshalb von diesem gedeckt. Der Betriebsrat wird über eventuelle Änderungen rechtzeitig unterrichtet.

(2) In A-Stadt wird die Produktion zum . . . eingestellt. Bis zu diesem Zeitpunkt muss die Produktion gewährleistet sein. Dies bedeutet, dass neben allen sonstigen Voraussetzungen insbesondere auch die erforderliche Belegschaftsstärke vorhanden sein muss.

(3) Die Parteien sind sich einig, dass wegen der Verlegung des Betriebes keine betriebsbedingten Beendigungskündigungen ausgesprochen werden müssen. Alle Mitarbeiter können in B-Stadt weiterbeschäftigt werden. Hiervon unberührt bleibt die Möglichkeit, Kündigungen aus anderen Gründen auszusprechen.

(4) Das Unternehmen wird allen Mitarbeitern, die derzeit in A-Stadt beschäftigt werden, einen möglichst gleichwertigen Arbeitsplatz in B-Stadt anbieten. Das Arbeitsplatzangebot wird schriftlich erfolgen und mindestens folgende Angaben enthalten:

– vorgesehener Arbeitsplatz/Art der Tätigkeit

– Art, Höhe und Zusammensetzung des Entgeltes

– Arbeitszeitvolumen.

Der Mitarbeiter hat nach Zugang des Änderungsangebotes eine Entscheidungsfrist von zwei Wochen. Äußert sich der Mitarbeiter innerhalb dieser Frist nicht, gilt das Angebot als abgelehnt. Hierauf ist der Mitarbeiter hinzuweisen.

Sollte ein Mitarbeiter den angebotenen Arbeitsplatz in B-Stadt nicht annehmen, ist das Unternehmen berechtigt, eine betriebsbedingte Kündigung auszusprechen.

§ 3 Beteiligungsrechte

(1) Das Unternehmen wird den Betriebsrat regelmäßig über den Stand der Planung des Neubaus in B-Stadt, seine technischen Anlagen, Arbeitsverfahren und Arbeitsabläufe unterrichten. Die Unterrichtung wird rechtzeitig erfolgen. Der Betriebsrat ist berechtigt, Unterlagen, soweit vorhanden, einzusehen.

Das Unternehmen wird mit dem Betriebsrat die vorgesehenen Maßnahmen und ihre Auswirkungen, insbesondere auf die Art der Arbeit sowie die sich hieraus ergebenden Anforderungen an die Mitarbeiter so rechtzeitig beraten, dass Vorschläge und Bedenken des Betriebsrates bei der Planung berücksichtigt werden können.

(2) Soweit sich die in diesem Interessenausgleich vereinbarte Betriebsänderung für den einzelnen Arbeitnehmer als Versetzung auswirkt, erteilt der Betriebsrat mit der Unterschrift unter diesen Interessenausgleich seine Zustimmung zu diesen Versetzungen nach § 99 BetrVG.

(3) Weitere Beteiligungsrechte des Betriebsrates bleiben von dieser Vereinbarung unberührt.

§ 4 Sozialplan

Zum Ausgleich bzw. zur Milderung der wirtschaftlichen Nachteile, die dem Arbeitnehmern durch die geplante Betriebsänderung entstehen, haben die Parteien nachfolgenden Sozialplan abgeschlossen.

§ 5 In-Kraft-Treten

(1) Die Parteien sind sich einig, dass die Verhandlungen abgeschlossen sind und das Verfahren zur Herbeiführung eines Interessenausgleiches beendet ist.

(2) Der Interessenausgleich tritt mit Unterzeichnung in Kraft.

Sozialplan Betriebsverlegung 39.3

Zwischen

der Firma ...

und

dem Betriebsrat ...

wird der folgende Sozialplan geschlossen:

Präambel

Zum Ausgleich bzw. zur Milderung der wirtschaftlichen Nachteile, die den Mitarbeitern durch die im Interessenausgleich vom ... bezeichnete Betriebsänderung entstehen, wird folgender Sozialplan vereinbart.

§ 1 Geltungsbereich

(1) Die Regelungen dieses Sozialplanes gelten für Mitarbeiter iSd. § 5 Abs. 1 BetrVG, die zum Zeitpunkt des Abschlusses des Interessenausgleiches in einem ungekündigten und unbefristeten[1] Arbeitsverhältnis stehen.

(2) Dieser Sozialplan findet keine Anwendung auf

– Mitarbeiter, deren Arbeitsverhältnis aus personen- oder verhaltensbedingten Gründen beendet wird.

– Mitarbeiter, die das Arbeitsverhältnis selbst kündigen.

– Mitarbeiter, die vor Ablauf der Kündigungsfrist oder vertraglich vereinbarten Auslauffrist vertragswidrig ausscheiden.

---

1 Endet das Arbeitsverhältnis eines befristet beschäftigten Mitarbeiters nicht aufgrund der Befristung, sondern durch ordentliche betriebsbedingte Kündigung wegen der Betriebsänderung, sind Ansprüche auf Gleichbehandlung nach dem Sozialplan nicht auszuschließen.

§ 2 Leistungen

Das Unternehmen wird für die Dauer von zwei Jahren nach der Verlegung den Mitarbeitern kostenlos eine Busverbindung von ... nach ... zur Verfügung stellen.

Alternative:

(1) Durch die Verlegung entsteht für eine begrenzte Anzahl an Mitarbeitern ein Mehraufwand an Fahrtzeit und Fahrtkosten zum Arbeitsplatz. Als Ausgleich für diese Nachteile erhält jeder Mitarbeiter, dessen Fahrtstrecke sich vom Wohnort zur Arbeitsstelle auf dem kürzesten Weg verlängert, einen einmaligen Ausgleich, der sich wie folgt berechnet:

- bis ... Kilometer (einfach)   Euro ...
- über ... bis ... Kilometer (einfach) Euro ...
- über ... Kilometer (einfach)   Euro ...

(2) Scheidet ein Mitarbeiter innerhalb von 12 Monaten nach der Verlegung aus, muss er diesen Betrag anteilig (pro Monat $1/12$) zurückzahlen.

§ 3 Schlussbestimmungen

(1) Mitarbeiter, die Ansprüche aus diesem Sozialplan haben, sind verpflichtet, jede tatsächliche Änderung in ihren persönlichen Verhältnissen, die Bedeutung für die Leistungen nach dieser Betriebsvereinbarung hat, unverzüglich schriftlich dem Unternehmen mitzuteilen.

(2) Sollten einzelne Bestimmungen dieses Sozialplanes unwirksam sein oder werden oder im Widerspruch zu tariflichen oder gesetzlichen Regelungen stehen, so bleiben die übrigen Regelungen bestehen. Die unwirksame oder im Widerspruch stehende Regelung ist durch eine Regelung zu ersetzen, die dem von den Parteien mit der ersetzten Regelung Gewollten möglichst nahe kommt. Gleiches gilt für eine evtl. Regelungslücke.

(3) Der Sozialplan tritt mit Unterzeichnung durch die Betriebspartner in Kraft.

39.4 Positiver Interessenausgleich Betriebsstilllegung (kurz)

Zwischen

der Firma ...

und

dem Betriebsrat ...

wird der folgende Interessenausgleich geschlossen:

1. Firma und Betriebsrat sind sich einig, dass das Werk ... stillgelegt wird.

2. Die Stilllegung soll zum ... erfolgen.

3. Die wegen der Stilllegung notwendig werdenden Kündigungen werden aufgrund eines dringenden betrieblichen Erfordernisses iSd. § 1 Abs. 2 KSchG ausgesprochen.

4. Das Anhörungsverfahren nach § 102 BetrVG hinsichtlich der auszusprechenden (Änderungs-)Kündigungen wird gesondert durchgeführt.

5. Firma und Betriebsrat werden unverzüglich Verhandlungen über einen Sozialplan zur Milderung von sozialen Härten aufnehmen.

..., den ...

...

(Unterschriften)

Positiver Interessenausgleich Betriebsstilllegung (ausführlich) — 39.5

Zwischen

der Firma ...

und

dem Betriebsrat ...

wird der folgende Interessenausgleich geschlossen:

1. Die wirtschaftliche Situation auf dem Markt der ... hat sich dahin gehend verändert, dass der Konkurrenzdruck immer stärker wird.

Die Geschäftsleitung hat sich daher entschlossen, die Produktionstätigkeit im Werk der ...-GmbH in ... zum ... einzustellen und ihre Geschäftstätigkeit im Werk in ... zu konzentrieren.

Der Betriebsrat sieht nach Abwägung aller möglicher Alternativen (Personalreduzierung, Produktionsveränderung, Einkommensverzicht) keine Möglichkeit mehr, die Betriebsschließung zu verhindern.

2. Im Rahmen dieser Betriebsschließung werden die Anlagen zum ... außer Betrieb gesetzt.

Damit verlieren die in der Anlage 1, die Teil dieses Interessenausgleiches ist, aufgeführten Mitarbeiterinnen und Mitarbeiter ihren Arbeitsplatz.

Es wird zugesichert, dass die individuellen Kündigungsfristen auch über den ... unter Fortzahlung der Bezüge und bei Freistellung von der Arbeit eingehalten werden.

Die Kündigung einer/s Beschäftigten aus wichtigem Grund oder verhaltens- oder personenbedingten Gründen bleibt von diesen Regelungen unberührt.

3. Alle personellen Maßnahmen erfolgen nach den gesetzlichen Bestimmungen, insbesondere unter Einhaltung der Vorschriften des Betriebsverfassungsgesetzes.

Den Beschäftigten des Werkes in ... wird, soweit dies gemäß Personalbedarf machbar ist, bis zum Ablauf der Kündigungsfrist die Möglichkeit gegeben, einen möglichst gleichwertigen Arbeitsplatz im Werk in ... zu erhalten. Hierzu unterbreitet die ...-GmbH den bereitwilligen Mitarbeitern ein schriftliches Arbeitsplatzangebot. Dem/der Betroffenen entstehen bei Ablehnung dieses Angebotes keine Nachteile hinsichtlich der Regelungen nach diesem Interessenausgleich bzw. des Sozialplanes.

Die bisherige Eingruppierung sowie die erreichte Betriebszugehörigkeit bleiben den Betroffenen bei einem Wechsel erhalten und können nicht vor Ablauf eines Jahres negativ verändert werden. Eine dann mögliche Reduzierung des Einkommens muss unter Beachtung der Rechte aus dem Betriebsverfassungsgesetz in einem Stufenplan (mindestens zwei Jahre) erfolgen.

Nach Ablauf der Kündigungsfrist können interessierte Mitarbeiter der ...-GmbH jederzeit ihr Interesse an einer neuen Beschäftigung in ... signalisieren. Die ...-GmbH wird die Wiedereinstellung dieser Mitarbeiter wohlwollend prüfen.

Weiterhin versucht die ...-GmbH alternative Arbeitsplätze, insbesondere in Unternehmen des Konzerns zu vermitteln.

Die ...-GmbH wird auf Wunsch eines Mitarbeiters einer vorzeitigen Vertragsaufhebung zustimmen. In diesem Fall werden 80%[1] der Leistungen aus dem Sozialplan gezahlt.

4. *Zur Milderung sozialer und wirtschaftlicher Nachteile, die den Beschäftigten entstehen, wird gemäß § 112 BetrVG ein Sozialplan vereinbart.*

   Als mögliche soziale Kriterien werden das Lebensalter, die Betriebszugehörigkeit sowie die sozialen Belange herangezogen.

5. *Die Parteien sind sich einig, dass die Verhandlungen abgeschlossen sind. Sie erklären das Verfahren zur Herbeiführung eines Interessenausgleiches übereinstimmend für beendet. Dieser Interessenausgleich tritt nach seiner Unterzeichnung in Kraft und gilt bis zum Abschluss aller im Zusammenhang der Betriebsschließung stehenden personellen Maßnahmen.*

---

[1] Die Höhe dieses %-Satzes kann heraufgesetzt werden, wenn ein Anreiz zur vorzeitigen Beendigung des Arbeitsverhältnisses geschaffen werden soll.

Sozialplan Betriebsstilllegung

Zwischen

der Firma . . .

und

dem Betriebsrat . . .

wird der folgende Sozialplan geschlossen:

1. Die Regelungen dieses Sozialplanes gelten für alle Arbeitnehmer des Werkes . . ., die aufgrund der im Interessenausgleich beschriebenen Betriebsschließung ihren Arbeitsplatz verlieren und deren Arbeitsverhältnisse aus diesem Grund enden.
2. Diese Regelungen gelten nicht für Arbeitnehmer gemäß § 5 Abs. 3 BetrVG und für Beschäftigte, deren Arbeitsverhältnis aus einem nicht betriebsbedingten Grund endet.
3. Nimmt ein Mitarbeiter ein Arbeitsplatzangebot gemäß Ziff. . . . des Interessenausgleiches an, trägt die . . .-GmbH die entstehenden Umzugskosten (Kosten des Möbeltransports, Schadensversicherung etc.). Die . . .-GmbH entscheidet über die Auswahl des zu verwendenden Umzugsunternehmens. Für den Umzug erhält der/die Betroffene einen Sonderurlaub von zwei Arbeitstagen.
4. Für den Verlust des Arbeitsplatzes erhält der/die Mitarbeiter/in eine Abfindung.
5. Berechnungsgrundlage für diese Abfindung ist das durchschnittliche monatliche individuelle Bruttoeinkommen des Geschäftsjahres . . . .
6. Die Höhe der Abfindung wird nach folgender Formel errechnet:

    Abfindung = Grundbetrag + Aufstockungsbetrag + Sozialbetrag

    a) *Grundbetrag: Euro 1 000,–*

    b) *Aufstockungsbetrag:*

    $$\frac{Betriebszugehörigkeit \times Lebensalter \times 0{,}5 \; Bruttoentgelte \; (Ziff.\; 8)}{Teiler}$$

    Der Teiler beträgt bei einem vollendeten Lebensalter

unter 30 Jahren	75
zwischen 30 und unter 40 Jahren	80
zwischen 40 und unter 45 Jahren	80
zwischen 45 und unter 55 Jahren	75
zwischen 55 und unter 57 Jahren	70
zwischen 57 und unter 60 Jahren	90
über 60 Jahren	90

    c) Schwerbehinderte Menschen iSd. SGB IX erhalten zusätzlich einen Sozialbetrag von Euro 1 500,–.

Arbeitnehmer/innen, die nachweislich (Urkunde) eine Einschränkung ihrer Erwerbsfähigkeit haben bzw. Schwerbehinderte mit einem Grad der Behinderung zwischen 20 und 50 erhalten zusätzlich einen Sozialbetrag von Euro 1 500,–.

Für jedes auf der Lohnsteuerkarte eingetragene Kind werden Euro 500,– gewährt.

Für die Erfassung der Arbeitnehmer/innen nach Ziff. 6c) ist der Stichtag (Datum) maßgebend.

Bei einer Abfindung über Euro 50 000,– wird der Euro 50 000,– übersteigende Betrag nur zur Hälfte angerechnet. Die Abfindungssumme wird auf maximal Euro 75 000,– begrenzt.

7. *Teilzeitbeschäftigte erhalten die Abfindung entsprechend ihrem tatsächlichen Entgelt. Sie erhalten den Grundbetrag und evtl. Sozialbeträge anteilig im Verhältnis ihrer Wochenarbeitszeit zur regelmäßigen Wochenarbeitszeit eines Vollzeit-Mitarbeiters.*[1]

8. *Der Stichtag für die Ermittlung des Lebensalters und der Beschäftigungsjahre*[2] *ist jeweils der Austrittsmonat. Angefangene Monate werden jeweils voll auf einen Monat gerechnet.*[3]

Im Jahr des Austrittes werden das 13. Monatsentgelt, das zusätzliche Urlaubsgeld sowie der Urlaub anteilig neben der Abfindung gewährt.

Beschäftigte, die im Austrittsjahr ein betriebliches Jubiläum hatten, erhalten die vereinbarte Treueprämie.

9. *Die Abrechnung und Auszahlung der Abfindung erfolgt unter Beachtung der steuerrechtlichen Regelungen. Hinsichtlich der Sozialversicherungspflicht gelten die gesetzlichen Bestimmungen.*

10. *Keine Abfindung erhalten:*

    – *Arbeitnehmer, die* **vor** *Abschluss des Interessenausgleiches/Sozialplanes entweder aus dem Arbeitsverhältnis ausgeschieden sind oder deren Arbeitsverhältnis gekündigt ist.*

    – *Arbeitnehmer, die einen befristeten Arbeitsvertrag haben.*

11. *Zur Milderung möglicher sozialer Härten werden die . . .-GmbH und der Betriebsrat im Einzelfall Sondervereinbarungen treffen.*

Arbeitnehmer/innen, deren Arbeitsplatz aus betriebsbedingten Gründen vor dem Ende der Kündigungsfrist wegfällt, werden für die restliche Zeit bis zur Beendigung des Arbeitsverhältnisses von der Arbeit freigestellt, soweit sie nicht bei In-Kraft-Treten des Interessenausgleiches und dieses Sozialplanes arbeitsunfähig sind. Der Resturlaub und die Auflösung eines Arbeitszeitguthabens wird dem/der Arbeitnehmer/in in dieser Freistellungszeit gewährt.

Alle Beschäftigten erhalten ein qualifiziertes Zwischen- bzw. Abschlusszeugnis.

---

1 Zulässig gem. BAG v. 28 10. 1992, AP Nr. 66 zu § 112 BetrVG 1972; alternativ kann ein Beschäftigungsquotient gebildet werden, BAG v. 14. 8. 2001, AP Nr. 142 zu § 112 BetrVG 1972.
2 Elternzeiten iSd. BErzGG sind einzurechnen, BAG v. 12. 11. 2002, DB 2003, 1635.
3 ➲ **Praxistipp:** Die Rundung auf Monate oder Jahre ist in der Berechnung des Sozialplanvolumens zu beachten.

Mit dem Ausscheiden erhalten alle Anspruchsberechtigten eine aktualisierte Berechnung ihrer betrieblichen Altersversorgung.

Für die Arbeitsplatzsuche wird der/die Betroffene angemessen unter Fortzahlung der Bezüge freigestellt.

12. Die Abfindungsansprüche entstehen zum Zeitpunkt der rechtlichen Beendigung des Arbeitsverhältnisses. Sie können zuvor nicht übertragen und vererbt werden. Die Ansprüche werden mit der Entstehung, frühestens einen Monat nach Ausspruch der Kündigung, fällig.

Erhebt ein Mitarbeiter Kündigungsschutzklage oder wehrt er sich in anderer Weise gegen die Beendigung des Arbeitsverhältnisses, werden die Ansprüche aus diesem Sozialplan erst fällig, wenn das Verfahren abgeschlossen ist und rechtskräftig feststeht, dass das Arbeitsverhältnis beendet ist. Dies gilt auch, wenn der Mitarbeiter Klage gegen einen Dritten erhebt, an den zB sachliche oder immaterielle Betriebsmittel der Betriebsstätte veräußert wurden.[4]

Wird eine solche Klage eingereicht, nachdem die Abfindung bereits ausgezahlt wurde, so ist diese mit Erhebung der Klage unter Ausschluss von Zurückbehaltungsrechten zur Rückzahlung fällig.

Auf Leistungen aus diesem Sozialplan sind etwaige gesetzliche, tarifvertragliche, andere kollektiv- oder individualvertragliche Abfindungen, Nachteilsausgleichsansprüche oder sonstige Entschädigungsleistungen (zB nach § 113 BetrVG, §§ 9, 10 KSchG) anzurechnen.

Das Unternehmen ist berechtigt, die Leistungen aus dem Sozialplan mit evtl. eigenen Ansprüchen (Rückerstattungsansprüche, Ansprüche aus Arbeitgeberdarlehen usw.) zu verrechnen.

13. Dieser Sozialplan tritt mit der Unterzeichnung beider Parteien in Kraft.

Sind Einzelbestimmungen dieses Sozialplanes ganz oder teilweise rechtsunwirksam, so bleiben die übrigen Bestimmungen davon unberührt. Die . . .-GmbH und der Betriebsrat werden dann für rechtsunwirksame Regelungen neue Ersatzbestimmungen iSd. Sozialplanes vereinbaren.

---

4 Der Ausschluss des Abfindungsanspruches für Mitarbeiter, die Kündigungsschutzklage erheben, kann nicht wirksam vereinbart werden, s. zuletzt BAG v. 22. 7. 2003 – 1 AZR 575/02, Pressemitteilung.

39.6.1 Vertrag über die Einrichtung einer Beschäftigungs- und Qualifizierungsgesellschaft

Zwischen

der Trägergesellschaft . . . – nachfolgend „Trägergesellschaft" genannt –

und

Firma XY – nachfolgend „Firma" genannt –

wird folgender Vertrag geschlossen:

1. Errichtung einer betriebsorganisatorisch eigenständigen Einheit

Die Trägergesellschaft wird nach Maßgabe der Vereinbarungen in § . . . des Sozialplanes vom . . . eine betriebsorganisatorisch eigenständige Einheit (beE) im Rahmen einer rechtlich selbständigen Beschäftigungs- und Qualifizierungsgesellschaft einrichten.

Aus diesem Grunde wird den nach Ziff. 3 berechtigten Arbeitnehmern angeboten, in die bei der Trägergesellschaft eingerichtete Beschäftigungs- und Qualifizierungsgesellschaft zu den im Sozialplan genannten Terminen und Bedingungen einzutreten und mit der Trägergesellschaft ein Arbeitsverhältnis befristeter Art gem. Arbeitsvertrag nach Anlage 1 zu begründen.

2. Zweck der Beschäftigungs- und Qualifizierungsgesellschaft (Trägergesellschaft)

Zweck der Beschäftigungs- und Qualifizierungsgesellschaft ist die Eingliederung der Arbeitnehmer in das Erwerbsleben. Um dieses zu erreichen, können entsprechende arbeits- und berufpädagogische Unterstützungsleistungen sowie folgende Instrumente eingesetzt werden:

– *interne bzw. externe Qualifizierungsmaßnahmen;*

– *Praktikum in einem Betrieb bzw. einem Qualifizierungsträger;*

– *Arbeitsvermittlung.*

Für Verwaltungstätigkeiten stellt die Trägergesellschaft die notwendigen Kapazitäten.

Der notwendige Sach- und Büroausstattungsbedarf ist in Anlage 2 aufgeführt. Die Sachausstattung wird durch die Firma leihweise und kostenfrei zur Verfügung gestellt. Für die Dauer der Wirksamkeit dieser Vereinbarung stellt die Firma der Trägergesellschaft geeignete Räumlichkeiten zur Verfügung. Für notwendige Verwaltungsarbeiten kann die Trägergesellschaft frei über den Ort der Bearbeitung entscheiden.

3. Vertragsangebot für die Mitarbeiter

(1) Berechtigt, in die Beschäftigungs- und Qualifizierungsgesellschaft einzutreten, sind die in § . . . des Sozialplanes vom . . . genannten Arbeitnehmer der Firma, denen gemäß dem zwischen der Firma und dem Betriebsrat am . . . abgeschlossenen Interessenausgleich gekündigt wird.

(2) Die Trägergesellschaft verpflichtet sich, allen berechtigten Arbeitnehmern den in Anlage 1 beigefügten Arbeitsvertrag entsprechend den in §... des Sozialplanes vom ... genannten Bedingungen anzubieten und mit ihnen abzuschließen. Dieser Vertrag über den Wechsel des Arbeitsverhältnisses ist Teil des vorliegenden Vertrages. Die berechtigten Arbeitnehmer haben längstens bis zu den im Sozialplan genannten Fristen die Möglichkeit, den Vertrag zu unterzeichnen und den unterzeichneten Vertrag bei der Personalabteilung abzugeben.

(3) Die Übernahme der berechtigten Arbeitnehmer in die bei der Trägergesellschaft eingerichtete Beschäftigungs- und Qualifizierungsgesellschaft erfolgt aufgrund der Gewährung von Transferkurzarbeitergeld gem. § 216b SGB III, über einen Zeitraum bis zu längstens ... Monaten. Die Laufzeitzusage durch die Trägergesellschaft ist dabei geknüpft an die Bedingung, dass die Zuschüsse an die Trägergesellschaft durch die Firma überwiesen werden und die Finanzierung der Beschäftigungs- und Qualifizierungsgesellschaft über den oben genannten Zeitraum sicherstellen.

4. Finanzierung

(1) Für jeden Mitarbeiter, der in die Trägergesellschaft gemäß den Bestimmungen des Sozialplanes überwechselt, wird die Firma über ein noch einzurichtendes Treuhandkonto pro Mitarbeiter und pro Monat Verweildauer in die Trägergesellschaft folgende Leistungen finanzieren:

– *Aufzahlung zu Transferkurzarbeitergeld auf ... bzw. ...% Bruttoentgelt gem. §... des Sozialplanes;*

– *Sozialversicherungsbeiträge (Arbeitgeber- und Arbeitnehmeranteile);*

– *Ausgleich für Urlaubs- und Feiertage.*

(2) Pro Mitarbeiter, der in die Trägergesellschaft übertritt, wird über ein Treuhandkonto ein Zuschuss gem. §... des Sozialplanes in Höhe von Euro ... gewährt.

(3) Als Verwaltungs- und sonstiger Ausgleich für anfallende Kosten gewährt die Firma folgende Finanzierungsbeträge:

– *pauschal Euro ... zzgl. MwSt. für die Laufzeit der Gesellschaft (fällig jeweils zum Monatsbeginn;*

– *zzgl. Euro ... pro Mitarbeiter und Monat Verweildauer ab dem ... bis ... Mitarbeiter und Euro ... pro Mitarbeiter und Monat Verweildauer in der Transfergesellschaft ab dem ... Mitarbeiter. Diese Beträge werden ab dem ... Mitarbeiter gewährt und sind jeweils zum Monatsbeginn fällig.*

(4) Soweit auf die vorgenannten Finanzierungsbeträge gesetzliche Mehrwertsteuer entfällt, verstehen sich die jeweiligen Beträge zzgl. MwSt.

(5) Eventuelle Abrechnungs- und Kalkulationsfehler können berichtigt werden.

5. Beitragsfälligkeit/Vorschüsse/Absicherung

(1) Die gem. Ziff. 4 anfallenden Finanzierungsbeträge wird die Firma zunächst im Rahmen einer angemessenen Vorschusszahlung, abhängig von der Anzahl der in die Transfergesellschaft übertretenden Mitarbeiter, vorfinanzieren.

(2) Im Übrigen werden die jeweils erforderlichen Mittel von der Trägergesellschaft entsprechend dem jeweiligen für die zweckgebundene Verwendung anfallenden tatsächlichen Bedarf von dem hierzu einzurichtenden Treuhandkonto abgerufen. Die Firma wird sicherstellen, dass auf dem Treuhandkonto die hierfür jeweils erforderlichen Mittel zur Verfügung stehen.

(3) [Absicherung der Zurverfügungstellung der Mittel]

6. Kontrolle der Mittelverwendung/Kommission

(1) Die Trägergesellschaft legt auf Verlangen, in jedem Fall am Ende des Projekts, auf Grundlage der Buchführung und eines schriftlichen Berichts, Rechenschaft über die Tätigkeit der Beschäftigungs- und Qualifizierungsgesellschaft sowie über die zweckgebundene Verwendung der Mittel der Beschäftigungs- und Qualifizierungsgesellschaft ab. Dabei werden sowohl verwendete Mittel als auch die geplante Verwendung von Mitteln offen gelegt. Bei verschuldetem, nicht zweckgebundenem Mitteleinsatz seitens der Trägergesellschaft haftet die Trägergesellschaft für den entstandenen Schaden. Ergänzend gilt die Regelung von § . . . des Sozialplans vom . . . .

(2) Die Trägergesellschaft verpflichtet sich, nach Beendigung der Beschäftigungs- und Qualifizierungsgesellschaft auf Grundlage der Buchführung eine Endabrechnung zu erstellen und einen vorhandenen Restbetrag von dem Treuhandkonto der Firma an die Firma zurückzuüberweisen.

(3) Zur Kontrolle der Mittelverwendung wird eine Kommission gebildet, die nach Bedarf überprüft, ob die der Trägergesellschaft übergebenen Mittel im Sinne der in dieser Vereinbarung festgelegten Ziele verwendet wurden. In die Kommission wird jeweils ein vom Betriebsrat der Firma benanntes Mitglied, ein Mitglied der Gewerkschaft, ein Mitglied des Arbeitsamtes . . . und der Firma entsandt.

(4) Die Kommission kann sich eine Geschäftsordnung geben.

(5) Daneben hat die Kommission die Aufgabe, die Beschäftigungs- und Qualifizierungsgesellschaft bei der Durchführung ihrer Aufgaben zu beraten und sie fachlich zu unterstützen.

(6) Mit Ablauf der Laufzeit sind die für den jeweiligen vertragsgemäßen Zweck nicht verbrauchten Mittel des Treuhandkontos unverzüglich an ein von der Firma genanntes Konto zurückzuüberweisen. Der Zeitpunkt ist abhängig vom Abschluss der Prüfung durch das Arbeitsamt (ua. ESF-Prüfung).

7. Bedingungen

Diese Vereinbarung sowie die Verträge über den Wechsel des Arbeitsverhältnisses werden unter der auflösenden Bedingung abgeschlossen, dass die Zahlungen gem. Ziff. 4 fristgemäß erfolgen und die Sicherheiten gem. Ziff. 5 (2) fristgemäß gestellt werden.

Der Wechsel der Beschäftigten in die Beschäftigungs- und Qualifizierungsgesellschaft sowie die Leistungsverpflichtung des Arbeitgebers nach der vorliegenden Vereinbarung wird unwirksam, wenn die Voraussetzungen für den Bezug von Transferkurzarbeitergeld (§ 216b SGB III) nicht erfüllt sind bzw. keine entsprechenden Genehmigungen der Arbeitsverwaltung vorliegen.

8. Schlussbestimmungen

Dieser Vertrag tritt am Tage seiner Unterzeichnung in Kraft. Er gilt bis zur Zweckerreichung oder bis zur Erschöpfung der zur Verfügung stehenden Mittel maximal für die Dauer von ... Monaten. Ergänzend gelten in vollem Umfang auch zwischen den Vertragsparteien die Regelungen gem. § ... des Sozialplanes vom ....

9. Salvatorische Klausel

Sind oder werden einzelne Bestimmungen dieses Vertrages rechtsunwirksam oder befindet sich in dem Vertrag eine Regelungslücke, so bleibt der Vertrag im Übrigen unberührt. Die Vertragsparteien verpflichten sich, an Stelle der unwirksamen Bestimmung oder zur Ausfüllung der Regelungslücke im Rahmen der zur Verfügung gestellten Mittel eine ihrem wirtschaftlichen Zweck möglichst nahe kommende gültige Regelung zu treffen. Dasselbe gilt, wenn sich gesetzliche Änderungen ergeben, die die Durchführung dieses Vertrages gefährden oder, falls eine der Voraussetzungen, von denen in der vorliegenden Vereinbarung ausgegangen wird (zB Gewährung von Transferkurzarbeitergeld durch die Arbeitsverwaltung), nicht eintrifft.

..., den ...

... ...
Trägergesellschaft   Firma

Anlage 1 zum Vertrag über die Einrichtung einer Beschäftigungs- und Qualifizierungsgesellschaft

Arbeitsvertrag
(Ausscheiden bei Firma und Begründung Arbeitsverhältnis mit Trägergesellschaft)

Zwischen

Herrn/Frau ... – nachfolgend „Arbeitnehmer" genannt –

und

der Trägergesellschaft ... – nachfolgend „Trägergesellschaft" genannt –

wird auf der Grundlage des zwischen der Firma und der Trägergesellschaft am ... zu schließenden Vertrages und dem Sozialplan über die Einrichtung einer Beschäftigungs- und Qualifizierungsgesellschaft der folgende Vertrag geschlossen:

Vorbemerkung:

Zweck der Einstellung ist die Eingliederung des Arbeitnehmers in das Erwerbsleben. Um dieses zu erreichen, können entsprechende arbeits- und berufspädagogische Unterstützungsleistungen sowie folgende Instrumente eingesetzt werden:

– interne bzw. externe Qualifizierungsmaßnahmen;
– Praktikum in einem Betrieb bzw. einem Qualifizierungsträger;
– Arbeitsvermittlung.

Andere Maßnahmen, die demselben Zweck dienen, sind ebenfalls durchführbar. Es besteht kein individueller Anspruch auf die Summe bzw. bestimmte Einzelteile der genannten Maßnahmen. Die Durchführung einzelner Maßnahmen ist primär abhängig von der Bewilligung der Kostenübernahme seitens der Arbeitsverwaltung und der regionalen Bildungsangebote.

§ 1 Einstellung

(1) Mit Wirkung vom . . . wird zwischen dem Arbeitnehmer und der Trägergesellschaft ein neues befristetes Arbeitsverhältnis auf der Grundlage von § 216b SGB III abgeschlossen.

(2) Das Vertragsverhältnis mit der Trägergesellschaft endet spätestens mit Ablauf der Befristung am . . ., ohne dass es einer Kündigung bedarf. Dies unter der Voraussetzung, dass die Finanzierung der Beschäftigungs- und Qualifizierungsgesellschaft aus dem Treuhandfonds sichergestellt ist, längstens jedoch für . . . Monate. Der Vertrag kommt nur zustande, sofern die zuständigen Stellen der Arbeitsverwaltung das Transferkurzarbeitergeld gem. § 216b SGB III bewilligen und die Mittel aus dem Fonds zur Finanzierung der Beschäftigungs- und Qualifizierungsgesellschaft zur Verfügung stehen.

(3) Da dieser Vertrag einzig und allein zum Zwecke der Förderung der beruflichen Integration bzw. der Vermittlung des Arbeitnehmers in ein dauerhaftes Arbeitsverhältnis geschlossen wird, ist der Arbeitnehmer zur Teilnahme an betriebsinternen oder betriebsexternen Bildungs-/Trainings-/Praktikumsmaßnahmen sowie internen und externen Beschäftigungsmaßnahmen verpflichtet.

(4) Für Arbeitnehmer, die von der Beschäftigungs- und Qualifizierungsgesellschaft in ein neues Arbeitsverhältnis vermittelt werden oder die durch Eigeninitiative ein neues Arbeitsverhältnis begründen, ruht auf Wunsch das Arbeitsverhältnis mit der Beschäftigungs- und Qualifizierungsgesellschaft bis zu einer Frist von . . . Monaten. Stimmt das Arbeitsamt zu, kann diese Frist verlängert werden. Die Gesamtlaufzeit von . . . Monaten bleibt davon jedoch unberührt.

§ 2 Entgeltzahlung

(1) Der Arbeitnehmer muss aufgrund des vorliegenden dauerhaften Beschäftigungsmangels kurzarbeiten. Während der Kurzarbeit erhält der Arbeitnehmer Transferkurzarbeitergeld und gem. § . . . des Sozialplanes eine Aufzahlung in der Weise, dass er . . . bzw. . . .% der bisherigen sozialversicherungspflichtigen und für die Transferkurzarbeitergeldberechnungen maßgeblichen monatlichen Bruttovergütung (gem. § . . . des Sozialplanes) erreicht. Bemessungsgrundlage für die Bruttovergütung sind dabei die Regelungen nach § . . . des Sozialplanes vom . . . (also insbesondere ohne Berücksichtigung von bei aktiver Tätigkeit steuer- und sozialversicherungsfreier Schicht- und sonstiger Zuschläge).

Etwaige persönliche Steuerbefreiungsbeträge bleiben bei der Ermittlung des Zuzahlungsbetrages unberücksichtigt.

(2) Während seines Urlaubs und an Feiertagen erhält der Arbeitnehmer anstelle der in Ziff. 1 genannten Leistungen $1/21$stel eines Bruttoentgeltes, das sich aus einem Netto-

betrag, der dem um den Zuzahlungsbetrag erhöhten Transferkurzarbeitergeld entspricht, plus den maßgeblichen gesetzlichen Sozialversicherungsabgaben und Steuerbeträgen errechnet.

(3) Die Bezüge werden nachträglich bis zum Monatsletzten des laufenden Monats gezahlt.

§ 3 Urlaub

Der Jahresurlaubsanspruch beläuft sich auf 20 Arbeitstage (bezogen auf eine 5-Tage-Woche). Ist der Arbeitnehmer eine kürzere Zeit beschäftigt, besteht ein Teilanspruch von 1,67 Tagen pro vollem Monat. Urlaub ist bis zum Ende der vereinbarten Beschäftigungsdauer im Regelfall in natura in Anspruch zu nehmen.

§ 4 Arbeitsverhinderung und Krankheit

(1) Bei Arbeitsverhinderung ist die Trägergesellschaft unverzüglich unter Angabe der Gründe bis morgens 9.00 Uhr zu informieren.

(2) Im Falle einer Erkrankung hat der Arbeitnehmer darüber hinaus innerhalb von drei Tagen eine ärztliche Bescheinigung vorzulegen, aus der die Arbeitsunfähigkeit sowie deren Beginn und voraussichtliche Dauer ersichtlich ist. Bei Fortdauer der Arbeitsunfähigkeit ist unverzüglich eine ärztliche Folgebescheinigung vorzulegen.

(3) Die Krankenbezüge richten sich nach den gesetzlichen Vorgaben für Lohnfortzahlung im Krankheitsfall.

§ 5 Haupt- und Nebentätigkeit

Anderweitige Haupt- und solche Nebentätigkeiten, welche die Interessen der Trägergesellschaft beeinträchtigen können, bedürfen der vorherigen Zustimmung der Trägergesellschaft.

§ 6 Kündigung

(1) Der Trägergesellschaft steht für den Fall, dass Transferkurzarbeitergeld nicht mehr bewilligt wird, ein außerordentliches Sonderkündigungsrecht zum Monatsschluss zu. Das Recht der ordentlichen Kündigung bleibt der Trägergesellschaft vorbehalten für die Fälle der verhaltensbedingten Kündigung und hilfsweise auch der betriebsbedingten Kündigung, wenn Transferkurzarbeitergeld nicht mehr bewilligt wird. Für alle anderen Fälle verzichtet die Trägergesellschaft auf das Recht der Kündigung.

(2) Der Arbeitnehmer ist berechtigt, jederzeit ohne Einhaltung einer Kündigungsfrist aus dem Arbeitsverhältnis mit der Trägergesellschaft auch vorzeitig auszuscheiden.

(3) Der Trägergesellschaft steht zudem ein außerordentliches Kündigungsrecht zu, wenn angebotene zumutbare Qualifizierungsmaßnahmen ausgeschlagen und besuchte Maßnahmen schuldhaft abgebrochen werden. Weiterhin kann auch dann eine außerordentliche Kündigung ausgesprochen werden, wenn der Arbeitnehmer nachweislich in den Arbeitsmarkt integrierende Maßnahmen behindert.

§ 7 Ausschlussfristen

Alle beiderseitigen Ansprüche sind spätestens innerhalb von ... Monaten nach dem Ende des jeweiligen Abrechnungszeitraumes, in welchem sie entstanden sind, schriftlich geltend zu machen. Anlässlich der Beendigung des Arbeitsverhältnisses verkürzt sich die Ausschlussfrist für beide Vertragspartner auf einen Monat nach dem tatsächlichen Ausscheiden des Arbeitnehmers aus dem Beschäftigungsverhältnis mit der Trägergesellschaft.

§ 8 Bedingung

Der Vertrag ist erst dann zustande gekommen, wenn die notwendigen Sicherheiten vorliegen und die Arbeitsverwaltung die Voraussetzungen für Transferkurzarbeitergeld anerkennt und die belgefügte Aufhebungsvereinbarung zwischen der Firma und dem Arbeitnehmer unterzeichnet und zurückgegeben ist.

§ 9 Vertragsänderungen

Mündliche Nebenabreden bestehen nicht. Ergänzungen und Änderungen oder eine Verlängerung des Vertrages bedürfen zu ihrer Wirksamkeit der Schriftform.

§ 10 Salvatorische Klausel

Sollten Teile dieses Vertrages unwirksam sein, so ist die Wirksamkeit der übrigen Vereinbarungen nicht in Frage gestellt.

Die betreffende Bestimmung ist dann so auszulegen, dass die mit ihr ursprünglich angestrebten wirtschaftlichen und rechtlichen Zwecke soweit wie möglich erreicht werden.

..., den ...

...
Trägergesellschaft

...
Arbeitnehmer

39.7 Antrag des Betriebsrats auf einstweilige Verfügung gegen Kündigungen und weitere Maßnahmen vor Abschluss des Interessenausgleichs-Verfahrens

An das Arbeitsgericht

In dem Beschlussverfahren mit den Beteiligten

(Betriebsrat ./. Arbeitgeber, volles Rubrum)

vertreten wir den Antragsteller. Namens und im Auftrag des Antragstellers leiten wir ein Beschlussverfahren ein und beantragen, wegen der Dringlichkeit des Falles ohne mündliche Anhörung der Beteiligten durch den Vorsitzenden allein im Wege der einstweiligen Verfügung

1. die Antragsgegnerin zu verpflichten, es zu unterlassen, Kündigungen, Änderungskündigungen oder Versetzungen von Arbeitnehmern im Zusammenhang mit der geplanten Verlagerung der ...-fertigung vorzunehmen (soweit nicht leitende Angestellte nach § 5 Abs. 3 BetrVG betroffen sind), bis zwischen den Parteien ein Interessenausgleich hinsichtlich der geplanten Verlagerung der ...-fertigung zustande gekommen oder die Verhandlungen über einen Interessenausgleich beendet sind;[1]

2. die Antragsgegnerin zu verpflichten, es zu unterlassen, Mietverträge sowie Zuliefererverträge zu kündigen, die für die ...-fertigung von Bedeutung sind, bis zwischen den Parteien ein Interessenausgleich hinsichtlich der geplanten Verlagerung der ...-fertigung zustande gekommen oder die Verhandlungen über einen Interessenausgleich beendet sind.[2]

3. Der Antragsgegnerin für jeden Fall der Zuwiderhandlung gegen die Verpflichtung aus Ziff. 1. und 2. ein Ordnungsgeld von bis zu Euro 250 000,– anzudrohen, ersatzweise Ordnungshaft.[3]

4. Hilfsweise: Die beantragte einstweilige Verfügung nach Anhörung der Beteiligten unter größtmöglicher Abkürzung der Ladungs- und Einlassungsfristen zu erlassen.

Begründung:

Die Antragsgegnerin fertigt am Standort ...-geräte, sie beschäftigt ca. 1000 Arbeitnehmer. Der Antragsteller ist der im Betrieb ... gebildete Betriebsrat.

Die Geschäftsleitung hat den Antragsteller am ... darüber informiert, dass man aus Kostengründen die Verlagerung der ...-Herstellung nach ... plane. Da von der geplanten Verlagerung mehr als 150 Arbeitnehmer betroffen sein werden, liegt unstreitig eine Betriebsänderung nach §§ 111 ff. BetrVG vor, so dass Arbeitgeber und Betriebsrat über Interessenausgleich und Sozialplan zu verhandeln haben. Das ist zwischen den Betriebspartnern auch unstreitig. Die Verhandlungen über den Interessenausgleich befinden sich derzeit noch im Anfangsstadium. Bislang ist der Antragsteller noch nicht einmal vollständig informiert. Der letzten schriftlichen Bitte um genauere Informationen zu einzelnen Punkten ist die Antragsgegnerin bislang noch nicht nachgekommen. Konstruktive Verhandlungen über einen Interessenausgleich konnten deshalb noch

---

[1] ➲ **Praxistipp:** Anders als bei Unterlassungsanträgen des Betriebsrats spielt bei einstweiligen Verfügungen, die nur auf die Sicherung von Rechten gerichtet sind, das Problem des **Globalantrags** (s. **M 31.7**) keine so bedeutsame Rolle. Gleichwohl sollte beispielsweise im Hinblick auf die Unterlassung von Kündigungen auf die Ausnahme für leitende Angestellte hingewiesen und im Übrigen der Antrag auf solche Kündigungen beschränkt werden, die aus betriebsbedingten Gründen im Zusammenhang mit der anstehenden Betriebsänderung erfolgen.

[2] Ob dem Arbeitgeber nicht nur der Ausspruch von Kündigungen, sondern auch **andere Handlungen**, wie zB die **Kündigung von Zuliefererverträgen oder Mietverträgen** untersagt werden kann, ist offen. Hier ist eine sorgfältige **Interessenabwägung** geboten. Handelt es sich beispielsweise um einen langjährigen Vertrag, der nur zu bestimmten Stichtagen gekündigt werden kann, und naht ein solcher Stichtag, kommt die Untersagung einer Kündigung nicht in Betracht, zumal eine Kündigung ja nicht bedeutet, dass der Vertrag nicht einvernehmlich für eine gewisse Zeit fortgesetzt werden könnte.

[3] Die Androhung des **Ordnungsgeldes bereits im Erkenntnisverfahren** ist stets sinnvoll.

nicht geführt werden, eine Einschaltung des Präsidenten der Regionaldirektion oder gar der Einigungsstelle nach § 112 Abs. 2 BetrVG ist deshalb auch noch nicht erfolgt.

Der Geschäftsführer der Antragsgegnerin hat dem Antragsteller gestern mitgeteilt, man könne mit der Schließung der . . .-fertigung und der Verlagerung nach . . . nicht länger warten, die amerikanische Muttergesellschaft erwarte eine unverzügliche Umsetzung der Maßnahme. Dem Antragsteller wurde der Entwurf eines Interessenausgleichs und Sozialplans vorgelegt mit der Aufforderung, diese Vereinbarung unverzüglich zu unterschreiben. Der Antragsteller hat dies abgelehnt, da zum einen die vorgelegten Entwürfe einen völlig unzureichenden Inhalt hatten und zum anderen der Antragsteller der Auffassung ist, die . . .-fertigung könne am Standort . . . so restrukturiert werden, dass sie wieder Gewinne abwirft. Als Reaktion auf die Weigerung des Antragstellers, Interessenausgleich und Sozialplan auf der Stelle zu unterschreiben, hat die Geschäftsführung heute Morgen dem Antragsteller Kündigungsanträge nach § 102 BetrVG für sämtliche 150 Mitarbeiter der . . .-fertigung hereingereicht mit der Aufforderung, sich binnen der Wochenfrist nach § 102 BetrVG dazu zu äußern. Dem Antragsteller ist des Weiteren zu Ohren gekommen, dass die Geschäftsführung den Hausanwalt damit beauftragt hat, unverzüglich die Mietverträge über diejenigen Betriebsgebäude zu kündigen, in denen die . . .-fertigung derzeit untergebracht ist. Zugleich sollen alle Lieferverträge mit Zulieferern für die . . .-fertigung zum nächstmöglichen Termin gekündigt werden.

Zur Glaubhaftmachung für alles Vorstehende: Eidesstattliche Versicherung des Vorsitzenden des Antragstellers, Anlage AS 1

Nach richtiger[4] Auffassung (zB LAG Hessen vom 21. 9. 1982, DB 1983, 13) hat der Betriebsrat im Rahmen einer Betriebsänderung nach § 111 BetrVG einen durchsetzbaren Anspruch auf Unterrichtung, Beratung sowie auf Durchführung von Verhandlungen über einen Interessenausgleich. Dieser Anspruch folgt unmittelbar aus § 112 BetrVG. Die Entscheidungen des BAG v. 28. 8. 1991 und 22. 2. 1983 stehen dieser Auffassung nicht entgegen (ausführlich Herbst/Bertelsmann/Reiter, Handbuch des arbeitsgerichtlichen Beschlussverfahrens, Rz. 939 ff. mwN.). Der Unterlassungsanspruch kann gemäß § 85 Abs. 2 ArbGG im Wege der einstweiligen Verfügung geltend gemacht werden. Der

---

4 Die **Zulässigkeit eines Unterlassungsanspruchs im Rahmen von Betriebsänderungen** ist eine der umstrittensten Fragen des kollektiven Arbeitsrechts überhaupt. Da die Verfahren durchweg im einstweiligen Rechtsschutz durchgeführt werden, fehlt die ordnende Hand des BAG (vgl. § 92 Abs. 1 Satz 3 ArbGG). Die Folge ist, dass jedes LAG die Frage anders entscheidet. In zwei älteren Entscheidungen (v. 28. 8. 1991, AP Nr. 2 zu § 85 ArbGG und v. 22. 2. 1983 AP Nr. 2 zu § 23 BetrVG) hatte das BAG einen Unterlassungsanspruch verneint. Die überwiegende Zahl der Landesarbeitsgerichte bejaht dagegen den Unterlassungsanspruch des Betriebsrats (vgl. die umfassenden Nachweise bei *Herbst/Bertelsmann/Reiter*, Rz. 939). Zutreffend erscheint jedoch die **Gegenmeinung**. Aus § 113 Abs. 3 BetrVG ergibt sich, dass der Gesetzgeber für den Fall der Durchführung einer Betriebsänderung ohne ausreichende Interessenausgleichsverhandlungen lediglich den Nachteilsausgleich nach § 113 BetrVG als Sanktion vorsehen wollte. § 113 BetrVG ist ersichtlich eine abschließende Regelung, neben der kein Raum für einen Unterlassungsanspruch des Betriebsrats ist, schon gar nicht im einstweiligen Verfügungsverfahren. Das BAG hat in seiner Leitentscheidung zum allgemeinen Unterlassungsanspruch des Betriebsrats vom 3. 5. 1994 (ZIP 1995, 146 mit abl. Anm. *Bauer/Diller*, ZIP 1995, 95) ausdrücklich offen gelassen, ob der allgemeine Unterlassungsanspruch des Betriebsrats auch im Rahmen der §§ 111 ff. BetrVG gilt.

Verfügungsgrund ergibt sich daraus, dass die Beteiligungsrechte des Antragstellers entwertet würden, wenn die Rechtskraft eines Hauptsacheverfahrens abgewartet werden müsste. Der Anspruch auf Unterrichtung und Beratung würde leer laufen, wenn der Arbeitgeber einseitig vollendete Tatsachen schaffen könnte. Solche vollendeten Tatsachen würden aber im vorliegenden Fall geschaffen, wenn bereits Kündigungen ausgesprochen und vor allem die Miet- und Zuliefererverträge für die . . .-fertigung gekündigt würden. Interessen der Antragsgegnerin stehen der begehrten einstweiligen Verfügung nicht entgegen. Allein die Tatsache, dass der Muttergesellschaft das Verfahren zu lang dauert, entbebt die Antragsgegnerin nicht von der Verpflichtung, die deutschen Gesetze zu beachten. Dass die in der . . .-fertigung monatlich auflaufenden Verluste so katastrophal wären, dass ein Einhalten der gesetzlichen Verpflichtungen schlechthin unzumutbar wäre, hat die Antragsgegnerin bislang selbst nicht behauptet, und könnte im Übrigen offensichtliche Verstöße gegen die §§ 111 ff. BetrVG auch nicht rechtfertigen.

An der Eilbedürftigkeit des Antrags ist nicht zu zweifeln, da die Verletzung der §§ 111 ff. BetrVG „vor der Tür steht".[5, 6]

. . .

(Unterschrift)

---

5 Bejaht man die Möglichkeit des einstweiligen Unterlassungsanspruchs im Rahmen der §§ 111 ff. BetrVG, so ist an der **Eilbedürftigkeit** und damit am Verfügungsgrund regelmäßig nicht zu zweifeln. Ein Hauptsacheverfahren käme stets zu spät.
6 Gegen die Entscheidung des Arbeitsgerichtes ist **Beschwerde zum LAG** nach §§ 87 ff. ArbGG zulässig. Der **Gegenstandswert** richtet sich nach Umfang und wirtschaftlicher Bedeutung der Maßnahmen, deren Untersagung begehrt wird. Insbesondere bei großflächigen Betriebsänderungen ist die Ansetzung hoher Streitwerte angemessen.

Ordnungswidrigkeiten-Anzeige des Betriebsrats gegen den Arbeitgeber wegen mangelhafter Unterrichtung nach § 111 BetrVG[1, 2]

39.8

An den

Regierungspräsidenten[3] (Adresse)

---

1 Die Anzeige nach § 121 BetrVG hat reinen **Sanktionscharakter**. Der Betriebsrat kann damit hinsichtlich der bereits stattgefundenen Verstöße in der Sache nichts mehr erreichen. Die Anzeige kann allerdings dazu beitragen, dass der Arbeitgeber künftig genauer auf seine betriebsverfassungsrechtlichen Pflichten achtet.
2 ➲ **Praxistipp:** In der Praxis enden Anzeigen nach § 121 BetrVG häufig dadurch, dass sich Arbeitgeber und Betriebsrat doch noch über die geplante Betriebsänderung verständigen

Anzeige nach § 121 BetrVG

Sehr geehrte Damen und Herren,

wir vertreten den Betriebsrat der... GmbH (Adresse). Eine Vollmacht ist beigefügt. Namens und im Auftrag unseres Mandanten beantragen[4] wir,

1. gegen die... GmbH[5] (Firmenadresse) ein Bußgeld gemäß § 121 BetrVG zu verhängen, das Euro 5 000 nicht unterschreiten sollte,
2. gegen den Geschäftsführer der... GmbH, Herrn... (Privatadresse) ein Bußgeld gemäß § 121 BetrVG zu verhängen, das Euro 5 000 nicht unterschreiten sollte.

Begründung:

Die... GmbH betreibt in... einen Metall verarbeitenden Betrieb mit ca. 500 Arbeitnehmern. Unser Mandant ist der dort gebildete Betriebsrat. Am... hat der Geschäftsführer... unserem Mandanten Anträge auf Zustimmung zur Kündigung von 120 Mitarbeitern aus betriebsbedingten Gründen hereingereicht mit der Aufforderung, gemäß § 102 BetrVG binnen einer Woche dazu Stellung zu nehmen. Unserem Mandanten war von Plänen über einen Personalabbau bis zu diesem Tag nichts bekannt. Auf Nachfragen hat der Geschäftsführer... unserem Mandanten erläutert, die gesamte... sei unrentabel und müsse aufgegeben werden. Dies führe zum Wegfall von 120 Arbeitsplätzen. Für Verhandlungen über einen Interessenausgleich und Sozialplan sei keine Zeit mehr, da die Verlustsituation dramatisch sei.

Beweis: Aussage des Betriebsratsvorsitzenden... (Privatadresse)

Das Unternehmen bzw. die Geschäftsführer als seine Repräsentanten haben mit der gewählten Vorgehensweise ihre Unterrichtungspflichten nach § 106 Abs. 2 und § 111 BetrVG grob verletzt. Nach §§ 106, 111 BetrVG hätten der im Betrieb errichtete Wirtschaftsausschuss sowie unser Mandant eingehend unterrichtet und informiert werden müssen, bevor der Entschluss zur Kündigung gefasst wurde. Gemäß § 121 BetrVG

---

und der Betriebsrat im Zuge dieser Verständigung dem Regierungspräsidium mitteilt, dass an einer weiteren Verfolgung der Ordnungswidrigkeit **kein Interesse mehr besteht**. Dann wird das Verfahren regelmäßig gem. § 47 Abs. 1 OWiG eingestellt.

3 **Sachlich zuständig** sind je nach der Verwaltungsverfassung des betreffenden Bundeslandes entweder die Ministerien für Arbeit, die Regierungspräsidien bzw. Bezirksregierungen oder die selbständigen Städte und Gemeinden, Landkreise und Kreisverwaltungsbehörden (im Einzelnen siehe *Däubler/Kittner/Klebe*, § 121 BetrVG Rz. 24).

4 ⊃ **Praxistipp:** Die Anzeige kann grundsätzlich **durch jedermann** erstattet werden, also auch durch einzelne Arbeitnehmer. Formal ist eine **Anzeige nicht erforderlich**, bei hinreichendem Verdacht könnte das Verfahren auch von Amts wegen eingeleitet werden, was aber in der Praxis nie geschieht. Anzeigen durch **einzelne Arbeitnehmer** sind gefährlich, weil sie je nach Situation und Schärfe der Anschuldigung das Risiko einer fristlosen Kündigung mit sich bringen (BAG v. 5. 2. 1959, AP Nr. 2 zu § 70 HGB; LAG BW v. 25. 10. 1976, KJ 1979, 323; LAG Hessen v. 12. 2. 1987, LAGE § 626 BGB Nr. 28).

5 Eine Geldbuße ist grundsätzlich gegen die **handelnde Person** (Täter) festzusetzen, nach § 14 OWiG kommen auch mehrere Beteiligte als Täter in Betracht. Auch die vom Unternehmer beauftragten sonstigen Personen wie Betriebsleiter oder leitende Angestellte können gemäß § 9 Abs. 2 OWiG mit Geldbußen belegt werden. Häufig übersehen wird, dass nach § 30 OWiG auch das **Unternehmen selbst** mit Geldbuße belegt werden kann, wenn sein gesetzlicher Vertreter die Ordnungswidrigkeit begangen hat.

sind Verstöße gegen die Unterrichtungspflichten aus §§ 106, 111 BetrVG bußgeldbewehrt.[6]

§ 121 BetrVG lässt Geldbußen bis Euro 10 000 zu. Da vorliegend ein gravierender Fall gegeben ist, sollte die Geldbuße nicht weniger als Euro 5 000 betragen.

Die Geldbuße ist zunächst nach § 14 OWiG gegen den handelnden Geschäftsführer... persönlich festzusetzen. Da Herr... in seiner Eigenschaft als Organ der juristischen Person gehandelt hat, ist gemäß § 30 OWiG auch eine Geldbuße gegen die GmbH festzusetzen.

...

(Unterschrift)

---

[6] § 121 BetrVG ist bei **jeder Nichterfüllung** der Auskunfts- und Unterrichtungspflichten nach §§ 106, 111 BetrVG gegeben, egal ob die Pflicht **überhaupt nicht, wahrheitswidrig, unvollständig** oder **verspätet** erfüllt wurde.

Angaben der Folgen der Verschmelzung für die Arbeitnehmer und ihre Vertretungen sowie die insoweit vorgesehenen Maßnahmen im Rahmen eines Verschmelzungsvertrages[1]

39.9

Zwischen

der Firma...

und

dem Betriebsrat...

wird der folgende Interessenausgleich geschlossen:

§§ 1–4 *(Vermögensübertragung, Gegenleistung, Kapitalerhöhung, Treuhänder)*[2]

---

[1] Bei der Verschmelzung (Fusion) handelt es sich um die Vereinigung von Gesellschaften unter Ausschluss der Abwicklung und gegen Gewährung von Gesellschaftsrechten. Sie erfolgt nach § 2 UmwG entweder durch Übertragung des Vermögens der übertragenden Gesellschaft(en) als Ganzes auf eine übernehmende Gesellschaft (Verschmelzung durch Aufnahme) oder durch Bildung einer neuen Gesellschaft, auf die das Vermögen jeder der sich vereinigenden Gesellschaften als Ganzes übertragen wird (Verschmelzung durch Neugründung). Die übertragende Gesellschaft wird „unter Auflösung ohne Abwicklung" verschmolzen (§ 2 UmwG). Sie geht also mit der Verschmelzung unter. Die Mitgliedschaftsrechte ihrer Gesellschafter erlöschen und werden durch Mitgliedschaftsrechte an der übernehmenden bzw. neu gegründeten Gesellschaft ersetzt.

[2] Vgl. dazu *Hoffmann-Becking* in Münchener Vertrags-Handbuch, Bd. 1, Gesellschaftsrecht, 4. Aufl. 1996, S. 1175.

§ 5 Folgen der Verschmelzung für die Arbeinehmer und ihre Vertretungen[3]

(1) Mit dem Wirksamwerden der Verschmelzung gehen sämtliche Arbeitsverhältnisse, die mit der X-AG bestehen, gem. § 324 UmwG iVm. § 613a BGB mit allen Rechten und Pflichten auf die Y-AG über. Mit Stand vom . . . waren bei der X-AG . . . leitende Angestellte und . . . sonstige Arbeitnehmer beschäftigt.

(2) Für die Arbeitnehmer, deren Arbeitsverhältnisse auf die Y-AG übergehen, gelten die bei der X-AG erreichten Dienstzeiten als bei der Y-AG verbrachte Dienstzeiten.

(3) Soweit die X-AG Arbeitnehmern in von ihr abhängigen Gesellschaften Versorgungszusagen erteilt hat, gehen diese Verbindlichkeiten nach § 20 Abs. 1 Nr. 1 UmwG auf die Y-AG über. Dies gilt auch, soweit sich die X-AG hinsichtlich anderer arbeitsvertraglicher Leistungen in abhängigen Gesellschaften mitverpflichtet haben sollte.

(4) Soweit Arbeitnehmer in abhängigen Gesellschaften der X-AG am . . .-Mitarbeiter-Beteiligungsprogramm teilnehmen, ist nach dem Wirksamwerden der Verschmelzung ein Erwerb von Aktien der X-AG nicht mehr möglich, da die X-AG erlischt. Es ist vorgesehen, den betreffenden Arbeitnehmern Aktien der Y-AG in gleichwertiger Zahl anzubieten. Im Übrigen bleiben die Arbeitsverhältnisse in den abhängigen Gesellschaften von der Verschmelzung unberührt.

(5) Betriebsänderungen sind infolge der Verschmelzung derzeit nicht geplant.

(6) Die örtlichen Betriebsräte in den von den Vertragspartnern abhängigen Gesellschaften bleiben unverändert bestehen. Die Verschmelzung hat keine Auswirkungen auf die Struktur der Gesamtbetriebsräte und Wirtschaftsausschüsse in den abhängigen Gesellschaften. Der bei der X-AG gebildete Konzernbetriebsrat geht mit dem Wirksamwerden der Verschmelzung unter.

(7) Die in den Betrieben der X-AG mit den Betriebsräten abgeschlossenen Betriebsvereinbarungen gelten als Betriebsvereinbarungen weiter. Gesamtbetriebsvereinbarungen bleiben von der Verschmelzung unberührt.

(8) Mit dem Wirksamwerden der Verschmelzung enden die Mandate aller Mitglieder des Aufsichtsrats der X-AG. Bei der Y-AG ist – soweit er zum Zeitpunkt des Wirksamwerdens der Verschmelzung noch nicht bestehen sollte – ein mitbestimmter Aufsichtsrat mit . . . Mitgliedern nach § 7 Abs. 1 Nr. 3 MitbestG zu bilden. Nach dem Übergang ihrer Arbeitsverhältnisse auf die Y-AG sind die Arbeitnehmer der X-AG und der nachgeordneten Konzernunternehmen bei den nächsten Wahlen zum Aufsichtsrat der Y-AG aktiv und passiv wahlberechtigt.

---

3 Nach § 5 Abs. 1 Nr. 9 UmwG muss der Verschmelzungsvertrag auch die „Folgen der Verschmelzung für die Arbeitnehmer und ihre Vertretungen sowie die insoweit vorgesehenen Maßnahmen" aufzeigen. Die Anforderungen an Umfang und Tiefe der Angabe dürfen aber nicht überspannt werden, weil der formale Informationscharakter von § 5 Abs. 1 Nr. 9 UmwG im Vordergrund steht (*Bungert*, DB 1997, 2209).

Kapitel 40 Einigungsstelle

Literaturübersicht: *Friedemann*, Das Verfahren der Einigungsstelle für Interessenausgleich und Sozialplan, 1997; *Hase/Neumann-Cosel/Rupp/Teppich*, Handbuch für die Einigungsstelle, 3. Aufl. 1998; *Hennige*, Das Verfahrensrecht der Einigungsstelle, 1996; *Neft/Ocker*, Die Einigungsstelle im Betriebsverfassungsrecht: Leitfaden für die betriebliche Praxis, 2. Aufl. 1995; *Pünnel/Isenhardt*, Die Einigungsstelle des BetrVG 1972, 4. Aufl. 1997.

I. Erläuterungen

1. Allgemeines

Die Einigungsstelle ist ein Organ der Betriebsverfassung. Sie fungiert als **innerbetriebliche Schlichtungsstelle**. In ihre Zuständigkeit fallen vor allem Regelungsstreitigkeiten, Hauptfall sind Angelegenheiten aus dem Katalog des § 87 Abs. 1 BetrVG. In Einzelfällen sind der Einigungsstelle aber auch Rechtsfragen zur Entscheidung übertragen, Bedeutung hat dies insbesondere bei Streitigkeiten über die rechtzeitige Unterrichtung des Wirtschaftsausschusses nach § 109 BetrVG.

Nach § 74 Abs. 1 Satz 2 BetrVG sollen Arbeitgeber und Betriebsrat zunächst im Betrieb mit dem ernsten Willen zur Einigung verhandeln. Erst wenn die Verhandlungen gescheitert sind, kommt die Anrufung der Einigungsstelle zum Zwecke der Schlichtung in Betracht.

Die Einigungsstelle dient ausschließlich der Schlichtung von Streitigkeiten zwischen Arbeitgeber und Betriebsrat bzw. Gesamtbetriebsrat oder Konzernbetriebsrat. Dagegen ist die Einigungsstelle grundsätzlich nicht zuständig für die Schlichtung von Streitigkeiten zwischen Arbeitgeber und Arbeitnehmern, auch wenn diese im Zusammenhang mit dem BetrVG stehen.

Beschlüsse der Einigungsstelle sind nur materielle Rechtsregeln, aber keine Vollstreckungstitel. Sie sind grundsätzlich vom Arbeitgeber auszuführen, ggf. kann die Ausführung vom Betriebsrat im Wege des Beschlussverfahrens (ggf. auch durch einstweilige Anordnung) durchgesetzt werden.

Bedeutung hat die Einigungsstelle insbesondere im Bereich der erzwingbaren Mitbestimmung (insbesondere § 87 BetrVG). Daneben kann die Einigungsstelle aber auch außerhalb des Bereichs der erzwingbaren Mitbestimmung (vgl. § 88 BetrVG) als so genannte „**freiwillige Einigungsstelle**" fungieren. Sprüche der Einigungsstelle sind dann aber nur verbindlich, wenn sich entweder beide Betriebspartner vorher dem Spruch unterwerfen oder ihn nachträglich annehmen (§ 76 Abs. 6 Satz 2 BetrVG). Zu beachten ist die Besonderheit des **Interessenausgleichsverfahrens**, hier fungiert die Einigungsstelle gemäß § 112 Abs. 2 BetrVG nur als Beratungsorgan, kann aber keinen Spruch fällen.

➔ **Wichtig:** Die verbreitete Praxis, in Betriebsvereinbarungen zu vereinbaren, dass bei **Streitigkeiten über die Auslegung der Betriebsvereinbarung** die Einigungsstelle entscheiden soll, ist eine unzulässige Schiedsabrede nach § 4 ArbGG und daher unwirksam.[1]

---
1 BAG v. 8. 11. 1988, DB 1989, 587 und v. 20. 11. 1990, DB 1991, 1025.

2. Besetzung der Einigungsstelle

Gemäß § 76 Abs. 2 BetrVG besteht die Einigungsstelle aus einem unparteiischen Vorsitzenden und einer gleichen Anzahl von Beisitzern. Können sich die Betriebspartner nicht über die Person des Vorsitzenden und die Zahl der Beisitzer verständigen, entscheidet das Arbeitsgericht im besonderen Beschlussverfahren nach § 98 ArbGG (dazu unten 3.). Als **Vorsitzende** von Einigungsstellen werden üblicherweise Arbeitsrichter bestellt. Das ist weder zwingend noch in jedem Fall ratsam. Als geeignete Einigungsstellenvorsitzende kommen zB auch Hochschullehrer oder Verwaltungsbeamte (zB Präsident der Regionaldirektion) etc. in Betracht, aber auch erfahrene Rechtsanwälte. Nach § 76 Abs. 2 Satz 1 BetrVG muss der Vorsitzende unparteiisch sein. Daraus folgt, dass es die Möglichkeit geben muss, den Vorsitzenden wegen Befangenheit entsprechend den Regeln des arbeitsgerichtlichen Beschlussverfahrens abzulehnen.[2] Die Einzelheiten des Verfahrens sind außerordentlich streitig.[3]

Hinsichtlich der **Beisitzer** schreibt das Gesetz keine besonderen Eignungsvoraussetzungen vor. Während Betriebsräte regelmäßig Betriebsratsmitglieder, Gewerkschaftssekretäre oder Rechtsanwälte benennen, tritt auf Arbeitgeberseite regelmäßig der Personalleiter, der Finanzchef, ein Vertreter des Arbeitgeberverbandes und/oder der Arbeitgeberanwalt auf. Empfehlenswert ist meist eine Mischung aus innerbetrieblichen und außerbetrieblichen Beisitzern. Jede Partei ist völlig frei in der Auswahl ihrer Beisitzer, insbesondere hat die Gegenseite kein Ablehnungsrecht, auch bei völlig ungeeigneten Beisitzern. Nach richtiger Auffassung ist die übliche Besetzung der Einigungsstelle zwei Beisitzer pro Seite bei durchschnittlichem Schwierigkeitsgrad.[4] Bei einfachen Angelegenheiten reicht ein Beisitzer, bei komplexen Angelegenheiten (zB Neustrukturierung der betrieblichen Altersversorgung) können auch drei oder vier Beisitzer pro Seite angemessen sein.

Der Vorsitzende sowie die Beisitzer sind **weisungsfrei** und an Aufträge nicht gebunden.

Die Errichtung einer **ständigen Einigungsstelle** ist zwar möglich, aber nicht empfehlenswert, da dann die Bereitschaft der Betriebspartner zu ernsthaften Verhandlungen leiden kann. Deshalb wird die Einigungsstelle typischerweise nur **für jede konkrete Streitigkeit neu** einberufen.

3. Einberufung der Einigungsstelle

Die Einberufung geschieht durch formlose Aufforderung an die Gegenseite, sich auf die Einigungsstelle einzulassen. Die Aufforderung sollte von konkreten Vorschlägen für die Person des Vorsitzenden und die Zahl der Beisitzer begleitet sein (vgl. **M 40.1**). Ist der andere Betriebspartner mit der Errichtung der Einigungsstelle, der vorgeschlagenen Person des Vorsitzenden und/oder der vorgeschlagenen Zahl der Beisitzer nicht einverstanden, muss das Arbeitsgericht nach § 98 ArbGG entscheiden. Die Initiative zur Errichtung der Einigungsstelle kann von beiden Betriebspartnern ausgehen.

---

2 Grundlegend BAG v. 9. 5. 1995, DB 1995, 2610.
3 Umfassend *Bauer/Diller*, DB 1996, 137; LAG Hamm v. 2. 6. 1992, DB 1992, 1929; LAG Köln v. 23. 1. 1997, LAGE § 76 BetrVG Nr. 45.
4 LAG Hamm v. 8. 4. 1987, DB 1987, 1441; LAG Schl.-Holst. v. 4. 2. 1997, DB 1997, 832.

Das Verfahren zur gerichtlichen Errichtung der Einigungsstelle nach § 98 ArbGG ist in den letzten Jahren wiederholt zum Zwecke der Beschleunigung des Verfahrens modifiziert worden, wobei allerdings mehr als fraglich ist, ob die Modifikationen tatsächlich einen Beschleunigungseffekt haben werden. Die Einlassungs- und Ladungsfristen betragen nur 48 Stunden, der Beschluss des Arbeitsgerichts (der Vorsitzende entscheidet allein) soll den Beteiligten binnen zwei Wochen nach Eingang des Antrags zugestellt werden. Gegen den Beschluss des Arbeitsgerichts findet die Beschwerde an das LAG statt, die binnen einer Frist von zwei Wochen einzulegen und zu begründen ist. Gegen des Beschluss des LAG (wiederum allein durch den Vorsitzenden) findet kein Rechtsmittel statt. Zu beachten ist, dass der Antrag auf Errichtung der Einigungsstelle nur dann zurückgewiesen werden kann, wenn die Einigungsstelle **offensichtlich** unzuständig ist. Sinn dieser Regelung ist, dass die Errichtung der Einigungsstelle nicht durch Zuständigkeitsstreitigkeiten verzögert werden soll. Offensichtlich unzuständig ist die Einigungsstelle nur dann, wenn sofort erkennbar ist, dass das geltend gemachte Mitbestimmungsrecht unter keinem denkbaren rechtlichen Gesichtspunkt in Frage kommt[5] oder wenn ersichtlich noch keinerlei konstruktive Verhandlungen im Betrieb stattgefunden haben. Umstritten ist, ob die Einigungsstelle durch einstweilige Verfügung errichtet werden kann, wenn bei einer Errichtung im normalen Verfahren nach § 98 ArbGG die Entscheidung der Einigungsstelle offensichtlich zu spät käme (Beispiel: Streit um kurzfristig anberaumte Überstunden). Dagegen spricht, dass § 98 ArbGG nicht auf § 85 Abs. 2 ArbGG verweist.[6]

An die Anträge der Parteien ist das Arbeitsgericht bei der Entscheidung im Verfahren nach § 98 ArbGG nicht gebunden. Insbesondere kann das Arbeitsgericht (nach Anhörung der Parteien!) auch einen anderen Vorsitzenden bzw. eine andere Zahl von Beisitzern bestimmen, als die Parteien beantragt haben.[7] Beim Streit über die Person des Vorsitzenden ist dies sogar regelmäßig tunlich, da der gegen den Willen einer Partei bestellte Vorsitzende immer mit dem Verdacht der Befangenheit zu kämpfen hätte.

▷ **Praxistipp:** Da der vom Gericht bestimmte Vorsitzende nicht verpflichtet ist, das Amt auszuüben, ist es für die Beteiligten und den entscheidenden Richter unabdingbar, sich **vorher** von der Bereitschaft der vorgeschlagenen Personen zu **überzeugen**, das Amt dann auch anzutreten.

4. Verfahren der Einigungsstelle

Das Verfahren der Einigungsstelle ist gesetzlich nicht geregelt. Grundsätze des **Zivilprozessrechts** können **vorsichtig herangezogen** werden, wobei allerdings zu beachten ist, dass die Einigungsstelle ihren informellen Charakter nicht einbüßen darf. Die Zuständigkeit der Einigungsstelle wird durch den Verfahrensgegenstand begrenzt, der sich ggf. aus dem Beschluss des Arbeitsgerichts nach § 98 ArbGG ergibt.

Die meisten Einigungsstellenverfahren enden nicht durch einen **Spruch** der Einigungsstelle. In den meisten Fällen gelingt es dem Vorsitzenden, einen **Kompromiss** zu vermitteln. Gelingt dies ausnahmsweise nicht, findet zunächst gem. § 76 Abs. 3 BetrVG eine **erste Abstimmung** der Beisitzer ohne Beteiligung des Vorsitzenden

---
5 LAG Hamm v. 16. 4. 1986, BB 1986, 1359.
6 ArbG Düsseldorf v. 24. 6. 1992, NZA 1992, 907.
7 LAG BW v. 26. 6. 2002, NZA-RR 2002, 523.

statt. Ergibt sich dabei keine Mehrheit, so erfolgt nach erneuter Beratung eine **zweite Abstimmung**, bei der der **Vorsitzende mitstimmt**. Entgegen eines verbreiteten Irrtums entscheidet also nicht der Vorsitzende allein bei einer Patt-Situation. Vielmehr muss es dem Vorsitzenden gelingen, mindestens die Hälfte der Beisitzer für seinen Regelungsvorschlag zu gewinnen.

Die Einzelheiten des Verfahrens, der Beratung und der Abstimmung bestimmt der Vorsitzende nach pflichtgemäßem Ermessen selbst, wenn sich nicht die Beteiligten einvernehmlich auf ein bestimmtes Verfahren einigen.[8] Das gesamte Einigungsstellenverfahren ist nicht öffentlich. In der Praxis üblich und auch rechtlich nicht zu beanstanden ist eine „Pendeldiplomatie" des Vorsitzenden dahin gehend, dass teilweise im Plenum beraten wird, teilweise getrennt mit den Beisitzern des einen oder des anderen Betriebspartners. Der Einigungsstellenspruch ist gemäß § 76 Abs. 3 Satz 3 BetrVG schriftlich niederzulegen, vom Vorsitzenden zu unterschreiben und Arbeitgeber und Betriebsrat zuzuleiten. Eine Begründung ist üblich, aber gesetzlich nicht vorgeschrieben.

5. Kosten

Die Kosten der Einigungsstelle trägt gemäß § 76a Abs. 1 BetrVG der Arbeitgeber. Der Vorsitzende und die betriebsfremden Beisitzer haben nach § 76a Abs. 3 BetrVG einen gesetzlichen Vergütungsanspruch gegenüber dem Arbeitgeber. Nach einer nicht nachzuvollziehenden Rechtsprechung gelten auch die in einem anderen Betrieb desselben Unternehmens beschäftigten Arbeitnehmer als „betriebsfremd" im Sinne dieser Vorschrift, was zu der beliebten (aber uE verfassungswidrigen) Praxis geführt hat, Betriebsratsmitglieder anderer Betriebe des gleichen Unternehmens zu Einigungsstellenbeisitzern zu bestellen und ihnen dadurch ein fürstliches Zubrot zu verschaffen.[9]

Die Frage, welches Honorar für den Vorsitzenden und die Beisitzer angemessen ist, ist ein ewiger Streitpunkt. Der Gesetzgeber hat das Problem durch den 1989 neu geschaffenen § 76a BetrVG in den Griff zu bekommen versucht, die dort vorgesehene Rechtsverordnung ist jedoch nie erlassen worden. Üblich ist eine Vergütung des Vorsitzenden nach Stunden- oder Tagessätzen, die Beisitzer erhalten regelmäßig $7/10$ oder $2/3$ des Vorsitzendenhonorars.[10] In der Praxis verständigt sich der Arbeitgeber mit dem Vorsitzenden meist vorab auf eine bestimmte Vergütungssystematik. Ansonsten steht dem Vorsitzenden nach herrschender Auffassung gemäß § 315 BGB ein Leistungsbestimmungsrecht zu.

6. Anfechtung des Spruchs der Einigungsstelle

Der Spruch der Einigungsstelle kann gemäß § 76 Abs. 5 BetrVG gerichtlich überprüft werden. Machen Arbeitgeber oder Betriebsrat die **Überschreitung der Grenzen des Ermessens** geltend, so muss der Antrag gemäß § 76 Abs. 5 BetrVG binnen zwei Wochen gestellt (und auch begründet!) werden. Die Zwei-Wochen-Frist des § 76 Abs. 5 BetrVG gilt allerdings nicht für die **Rechtskontrolle** des Einigungsstellen-

---

8 BAG v. 11. 2. 1992, DB 1992, 1730.
9 Vgl. BAG v. 21. 6. 1989, DB 1989, 2438; LAG BW v. 30. 12. 1988, DB 1989, 736.
10 Vgl. BAG v. 14. 12. 1988, DB 1989, 888.

spruchs. Geht es beispielsweise um die Frage, ob die Einigungsstelle überhaupt zuständig war oder ob der Spruch eine Rechtsnorm verletzt, so kann dies ohne Rücksicht auf eine Frist geltend gemacht werden.[11]

11 BAG v. 26. 5. 1988, DB 1988, 2154 und v. 25. 7. 1989, DB 1990, 791.

II. Muster

Antrag auf Errichtung der Einigungsstelle[1]   **40.1**

... GmbH

– Geschäftsführung –

An den Betriebsrat

z.H. des Betriebsratsvorsitzenden

...

im Hause

Meinungsverschiedenheiten über die für ... geplanten Überstunden

Sehr geehrte Damen und Herren Betriebsräte,

wir haben Ihnen am ... erläutert, dass es angesichts der dramatischen Auftragslage betrieblich erforderlich ist, am ... eine Sonderschicht mit insgesamt ... Arbeitnehmern in der Zeit von ... bis ... Uhr zu fahren. Die Namen der betroffenen Arbeitnehmer, die sämtlich ihr Einverständnis erklärt haben, hatten wir Ihnen übergeben. Zugleich mit der Information hatten wir um Ihre Zustimmung gemäß § 87 Abs. 1 Nr. 3 BetrVG gebeten. Wir haben in mittlerweile drei Verhandlungsrunden versucht, Sie von der Notwendigkeit dieser Überstunden zu überzeugen. Die letzte Verhandlungsrunde fand gestern statt und hat drei Stunden gedauert. Zum Abschluss der Verhandlungsrunde hat der Betriebsrat nach kurzer Beratungsunterbrechung erklärt, er könne endgültig und einstimmig den Überstunden nicht zustimmen.

Nach unserer Auffassung sind die innerbetrieblichen Verhandlungen damit endgültig gescheitert. Weitere Verhandlungen versprechen keinen Erfolg mehr. Wir rufen daher hiermit die Einigungsstelle an und schlagen vor,[2] die Einigungsstelle mit je zwei Beisitzern zu besetzen und den erfahrenen Richter am hiesigen Arbeitsgericht, Herrn ...,

1 Für den Antrag gibt es keine bestimmte **Form** oder **Frist**. Die Fristenregelung des § 38 Abs. 2 Satz 6 BetrVG (Streit über die freizustellenden Betriebsratsmitglieder) kann auf andere Streitigkeiten nicht analog angewendet werden (statt aller GK-BetrVG/*Wiese*, § 37 Rz. 231). Der Antrag kann auch mündlich gestellt werden, was sich aber nicht empfiehlt.

2 ➲ **Praxistipp:** Eine Anrufung der Einigungsstelle, ohne zugleich einen **Vorschlag für die Zahl der Beisitzer und die Person des Vorsitzenden** zu machen, ist zwar denkbar, aber nicht sinnvoll. Denn dann ist die Einigungsstelle selbst dann noch nicht errichtet, wenn die Gegenseite zustimmt, weil ja noch die Person des Vorsitzenden und die Zahl der Beisitzer offen ist.

als Vorsitzenden zu benennen. Bitte teilen Sie möglichst rasch, spätestens binnen drei Tagen[3] mit, ob Sie mit dem Vorschlag einverstanden sind. Ansonsten müssten wir gemäß § 98 ArbGG beim Arbeitsgericht beantragen, die Einigungsstelle zu errichten.

Mit freundlichen Grüßen

...

(Unterschrift des Geschäftsführers)

---

3 Auch für die **Frist** zur Stellungnahme des anderen Betriebspartners gibt es keine Vorschriften. Eine Frist von drei Tagen liegt sicherlich an der unteren Grenze, kann aber bei eilbedürftigen Angelegenheiten wie zB kurzfristig geplanten Überstunden angemessen sein. Äußert sich die Gegenseite innerhalb der gesetzten Frist nicht, ist damit keineswegs die Einigungsstelle in der vorgeschlagenen Besetzung errichtet. Vielmehr muss dann der Weg nach § 98 ArbGG beschritten werden. Deshalb ist eine Fristsetzung auch nicht erforderlich.

40.2 Antrag an das Arbeitsgericht auf Errichtung der Einigungsstelle nach § 98 ArbGG

An das Arbeitsgericht

In dem Beschlussverfahren mit den Beteiligten
(Arbeitgeber/Betriebsrat, volles Rubrum)

vertreten wir den Antragsteller. Namens und im Auftrag des Antragstellers leiten wir ein Beschlussverfahren nach § 98 ArbGG[1] ein und beantragen:[2, 3]

1. Zum Vorsitzenden einer Einigungsstelle, die über die Neuregelung des Prämiensystems für den Außendienst entscheiden soll[4], wird der Vorsitzende Richter am Landesarbeitsgericht ..., Herr ..., bestellt.

2. Die Zahl der Beisitzer wird pro Seite auf zwei festgesetzt.[5]

---

1 ➪ **Praxistipp:** Es ist sinnvoll, bereits im Rubrum des Antrags **auf § 98 ArbGG hinzuweisen**, da das Verfahren verschiedene prozessuale Besonderheiten aufweist.
2 Die Möglichkeit der Bestellung des Vorsitzenden und die Festlegung der Zahl der Beisitzer im Wege des **einstweiligen Verfügungsverfahrens** ist umstritten, wird von der herrschenden Meinung aber abgelehnt (dazu LAG Niedersachsen v. 29. 9. 1988, ArbuR 1989, 290; ArbG Düsseldorf v. 24. 6. 1996, NZA 1993, 907; LAG Düsseldorf v. 8. 2. 1991, LAGE § 98 ArbGG Nr. 19). Das überzeugt nicht.
3 Der früher übliche Antrag auf Abkürzung der Ladungs- und Einlassungsfristen auf 48 Stunden ist seit der letzten Gesetzesänderung nicht mehr erforderlich, da der Gesetzgeber jetzt in allen Fällen eine Frist von 48 Stunden angeordnet hat (§ 98 Abs. 1 Satz 4 ArbGG).
4 ➪ **Wichtig:** Ein häufig auftretendes Problem ist die hinreichend exakte **Bezeichnung des Regelungsgegenstands** der Einigungsstelle (vgl. dazu LAG Hamburg v. 10. 4. 1991, DB 1991, 2195; LAG Düsseldorf v. 21. 8. 1987, NZA 1988, 211; *Behrens*, NZA 1991, Beil. 2, 23). Auf jeden Fall muss nur der Regelungsgegenstand bezeichnet werden, nicht aber das erstrebte Regelungsziel. Es ist deshalb auch entbehrlich, in der Begründung des Antrags nähere Ausführungen dazu zu machen, welche Regelungen sich die Betriebspartner vorstellen und warum die Verhandlungen gescheitert sind.
5 Besteht nur Streit über die Person des Vorsitzenden oder nur Streit über die Zahl der Beisitzer, so ist selbstverständlich nur der betreffende Antrag zu stellen.

Begründung:

Die Antragstellerin ist ein deutschlandweit operierendes Versicherungsunternehmen mit ... Mitarbeitern, davon ... im Außendienst. Die Antragstellerin plant seit längerem eine Neuordnung des Prämiensystems im Außendienst. Gemäß § 87 Abs. 1 Nr. 10 BetrVG sind vor ca. drei Monaten Gespräche mit dem Antragsgegner über die geplante Neuregelung aufgenommen worden. Mittlerweile haben acht mehrstündige Verhandlungsrunden stattgefunden. Am Ende der letzten Verhandlungsrunde haben beide Parteien übereinstimmend festgestellt, dass sich ohne außerbetriebliche Hilfe eine Einigung über die streitigen Punkte nicht erzielen lässt. Die Antragstellerin hat daraufhin mit Schreiben vom ... vorgeschlagen, den Vorsitzenden Richter am Landesarbeitsgericht ..., Herrn ..., zum Vorsitzenden der Einigungsstelle zu benennen und die Zahl der Beisitzer auf je zwei pro Seite festzulegen. Dem Antragsgegner wurde eine Äußerungsfrist von einer Woche gesetzt. Diese Frist hat er ohne Stellungnahme verstreichen lassen. Die Einleitung des gerichtlichen Bestellungsverfahrens nach § 98 ArbGG war deshalb geboten.

Der Antragsgegner hat außergerichtlich die Auffassung vertreten, die Einigungsstelle sei im vorliegenden Fall nicht zuständig.[6] Die von der Antragstellerin geplante Neuregelung der Prämienstruktur im Außendienst sei „schlicht rechtswidrig" und ein solches System könne auch die Einigungsstelle nicht einführen. Der Antragsgegner verkennt jedoch, dass – die Rechtswidrigkeit des geplanten Prämiensystems unterstellt – es gerade Aufgabe der Einigungsstelle wäre, zwischen den Parteien zu vermitteln und insbesondere über die Möglichkeiten der rechtmäßigen Neustrukturierung des Prämiensystems zu beraten. Abgesehen davon teilt die Antragstellerin die Auffassung des Antragsgegners nicht, dass die vorgeschlagene Neuregelung rechtswidrig wäre (wird ausgeführt). Auf jeden Fall ist die vorgeschlagene Neuregelung nicht offensichtlich rechtswidrig, so dass auch eine offensichtliche Unzuständigkeit der Einigungsstelle nach § 98 ArbGG nicht in Betracht kommt.[7]

Der vorgeschlagene Vorsitzende Richter des LAG ... ist ein erfahrener Einigungsstellenvorsitzender und zweifellos unparteiisch.[8] Er hat sich auf Anfrage auch bereit

---

6 Das Verfahren nach § 98 ArbGG schließt nicht aus, dass zwischen den Betriebspartnern gleichzeitig ein **Beschlussverfahren** stattfindet, in dem im Wege des Feststellungsantrags geklärt werden soll, ob eine bestimmte Angelegenheit mitbestimmungspflichtig und damit die **Einigungsstelle zuständig** ist oder nicht. Aus dem Beschleunigungszweck des § 98 ArbGG ergibt sich allerdings, dass bei Anhängigkeit eines solchen Beschlussverfahrens ein daneben eingeleitetes Verfahren nach § 98 ArbGG nicht gemäß § 148 ZPO ausgesetzt werden darf (BAG v. 24. 11. 1981, AP Nr. 11 zu § 76 BetrVG).

7 Unter welchen Voraussetzungen der Antrag nach § 98 ArbGG wegen **offensichtlicher Unzuständigkeit** der Einigungsstelle abgelehnt werden kann, ist außerordentlich umstritten (vgl. die Beispiele bei *Herbst/Bertelsmann/Reiter*, Rz. 274). Die Praxis operiert überwiegend mit der „Stirntheorie", wonach der Antrag nach § 98 ArbGG nur dann zurückgewiesen werden kann, wenn dem Antrag „bereits auf der Stirn geschrieben steht", dass die Einigungsstelle unzuständig ist.

8 Nach richtiger Auffassung ist das Arbeitsgericht an die **Person des vorgeschlagenen Vorsitzenden** nicht gebunden. Zwar soll der im Antrag Vorgeschlagene bestellt werden, wenn er nicht offensichtlich ungeeignet ist und die Gegenseite keine Einwände erhebt. Werden dagegen Einwände erhoben, sollte das Arbeitsgericht grundsätzlich eine neutrale Person vorschlagen, es sei denn, die Einwände sind offensichtlich unbegründet (LAG BW v. 26. 6. 2002, NZA-RR 2002, 523). Dagegen sind auch subjektive Einwendungen, die nachvollziehbar erscheinen,

erklärt, im Falle seiner Bestellung die Einigungsstelle zu übernehmen.[9] Da die Gegenseite gegen die Person des vorgeschlagenen Vorsitzenden offenbar keine Einwendungen hat, ist dieser zu bestellen.

Die Zahl der Beisitzer ist auf zwei festzusetzen. Dies entspricht der Regelbesetzung. Im Übrigen hat offensichtlich der Antragsgegner keine Bedenken gegen die vorgeschlagene Zahl der Beisitzer.

Da der Sitz des Unternehmens außerhalb des Zuständigkeitsbereichs des LAG ... liegt, ist gemäß § 98 Abs. 1 Satz 5 ArbGG gewährleistet, dass der vorgeschlagene Vorsitzende nicht in seiner Eigenschaft als Richter mit der Überprüfung, Auslegung oder Anwendung des Spruchs der Einigungsstelle befasst werden kann.

Auf § 98 Abs. 1 Satz 6 ArbGG (Zustellung der Entscheidung des Arbeitsgerichts an die Beteiligten binnen zwei Wochen nach Eingang des Antrags) wird freundlich hingewiesen.[10]

...

(Unterschrift)

---

stets zu beachten. Auf keinen Fall vertretbar ist die Auffassung, das Gericht dürfe von der im Antrag genannten Person nur dann abweichen, wenn gegen sie Gründe sprechen, die die Ausschließung und Ablehnung von Richtern nach §§ 41 ff. ZPO rechtfertigen würden (so aber *Herbst/Bertelsmann/Reiter*, Rz. 975). Würde sich diese Auffassung durchsetzen, würden beide Betriebspartner sich beeilen, ihren Antrag nach § 98 ArbGG zuerst anzubringen, um einen ihnen genehmen Vorsitzenden durchzubringen (gegen dieses „Windhundprinzip" auch LAG BW v. 26. 6. 2002, NZA-RR 2002, 523). Das kann weder ernsthafte Verhandlungen im Betrieb fördern noch im Sinne der von § 2 BetrVG geforderten vertrauensvollen Zusammenarbeit der Betriebspartner sein.

9 **Praxistipp:** Dass der vorgeschlagene Vorsitzende vor Einleitung des Antrags nach § 98 ArbGG gefragt wird, ob er zur **Übernahme des Amts bereit** ist (und ob die erforderliche Nebentätigkeitsgenehmigung vorliegt oder kurzfristig erlangt werden kann), ist zwar rechtlich nicht erforderlich, aber ein Gebot der Vernunft. Sofern der Arbeitgeber den Vorschlag macht, empfiehlt sich auch, vorab eine Verständigung über das **Honorar** zu versuchen, damit nicht nachträglich die Errichtung der Einigungsstelle an der Honorarfrage scheitert.

10 Die Regelung des § 98 Abs. 1 Satz 6 ArbGG, wonach der Beschluss den Beteiligten innerhalb von **zwei Wochen** nach Eingang des Antrags zugestellt werden soll, ist eine reine Ordnungsvorschrift, deren Verletzung (die in der Praxis regelmäßig vorkommt) keine Folgen hat.

Einigungsstellenspruch[1]

Spruch der Einigungsstelle vom ...

Die Parteien streiten um die Zustimmung des Betriebsrats zu der vom Arbeitgeber geplanten Sonderschicht in der ...-fertigung am Samstag, dem ... von ... Uhr bis ... Uhr für insgesamt ... im Anhang namentlich bezeichnete Mitarbeiter.

Der Arbeitgeber beantragt, die verweigerte Zustimmung des Betriebsrats zu der Sonderschicht und den damit verbundenen Überstunden zu ersetzen. Er vertritt die Auffassung, die Sonderschicht sei zwingend erforderlich, um den vorhandenen Auftragsstau abarbeiten und Konventionalstrafen der Abnehmer vermeiden zu können.

Der Betriebsrat beantragt, den Antrag des Arbeitgebers zurückzuweisen. Zur Begründung führt er an, die Mitarbeiter seien bereits durch zahlreiche in der Vergangenheit gefahrene Sonderschichten körperlich und geistig überbeansprucht. Eine zusammenhängende Freizeit von zwei Tagen am Wochenende ... sei dringend erforderlich. Das Unternehmen habe die nötige Wirtschaftskraft, ggf. Konventionalstrafen der Abnehmer zu tragen.

Eine Einigung kam in der Einigungsstelle trotz intensiver Bemühungen nicht zustande. Der unparteiische Vorsitzende stellte sodann den Antrag des Arbeitgebers zur Abstimmung. Die Abstimmung, an der nur die Beisitzer teilnahmen, ergab ein Stimmenverhältnis von 2:2. Sodann fand eine weitere Beratung und Verhandlung statt, die aber erneut erfolglos blieb. Der unparteiische Vorsitzende stellte sodann den Antrag des Arbeitgebers erneut zur Abstimmung, an der er sich diesmal beteiligte. Die Abstimmung ergab 3:2 Stimmen für den Antrag. Der unparteiische Vorsitzende verkündete sodann den folgenden

Spruch:

Die vom Betriebsrat verweigerte Zustimmung zu der Sonderschicht am Samstag, dem ... zwischen ... Uhr und ... Uhr wird ersetzt.

Gründe:

(wird ausgeführt)

..., den ...

...

(Der Vorsitzende)

---

[1] § 76 Abs. 3 Satz 2 verlangt, dass Beschlüsse der Einigungsstelle **schriftlich** niederzulegen, vom Vorsitzenden zu **unterschreiben** und den Betriebspartnern **zuzuleiten** sind. Üblich und auch zweckmäßig ist es, den Spruch mit **Gründen** zu versehen. Das dient den Parteien zur Prüfung, ob die Grenzen des Ermessens eingehalten sind und ein Verfahren nach § 76 Abs. 5 Satz 4 BetrVG wegen Überschreitung des Ermessens (siehe **M 40.5**) eingeleitet werden soll. Ein nicht mit Gründen versehener Einigungsstellenspruch ist aber voll wirksam. Fällt die Einigungsstelle keinen formgemäßen Spruch, so ist das Einigungsstellenverfahren nicht beendet, und der Spruch muss wiederholt werden.

40.4 Einstweilige Verfügung auf Untersagung der Durchführung eines Einigungsstellenspruchs

An das Arbeitsgericht[1]

In dem Beschlussverfahren mit den Beteiligten

(Betriebsrat/Arbeitgeber, volles Rubrum)

vertreten wir den Antragsteller. Namens und im Auftrag des Antragstellers leiten wir ein Beschlussverfahren ein und beantragen, wegen der Dringlichkeit des Falles ohne mündliche Anhörung der Beteiligten durch den Vorsitzenden allein im Wege der einstweiligen Verfügung[2]

1. die Antragsgegnerin zu verpflichten, es zu unterlassen, den Einigungsstellenspruch vom ... betreffend Überstunden in der Packerei bis zum rechtskräftigen Abschluss des Verfahrens nach § 76 Abs. 5 BetrVG durchzuführen.

2. der Antragsgegnerin für jeden Fall der Zuwiderhandlung gegen die Verpflichtung nach Ziff. 1 ein Ordnungsgeld von bis zu Euro 250 000,– anzudrohen, ersatzweise Ordnungshaft.

Begründung:

Die von den Betriebspartnern einvernehmlich errichtete Einigungsstelle unter dem Vorsitz des Richters am Arbeitsgericht ... zur Klärung streitiger Überstunden in der ... hat am ... getagt und nach längerer Beratung mehrheitlich mit der Stimme des Vorsitzenden und den Beisitzern der Arbeitgeberseite[3] einen Spruch gefällt. Der Spruch sieht vor, dass ohne jede weitere Einschränkung das Unternehmen in der Zeit vom ...

---

1 Ist das Verfahren nach § 76 Abs. 5 BetrVG bereits in der **Beschwerdeinstanz** beim LAG anhängig, ist gemäß § 937 Abs. 1 ZPO die einstweilige Verfügung dort zu beantragen.

2 Problematisch ist die einstweilige Verfügung auf Nicht-Durchführung des Einigungsstellenspruchs, wenn es lediglich um die Überschreitung der Grenzen des Ermessens geht. Zwar hat die Entscheidung des Arbeitsgerichts nach § 76 Abs. 5 BetrVG keine Gestaltungswirkung. Stellt das Arbeitsgericht fest, dass die Grenzen des Ermessens überschritten wurden, so führt nicht erst die Entscheidung des Arbeitsgerichts zur Unwirksamkeit, sondern das Arbeitsgericht stellt lediglich fest, dass der Spruch von Anfang an unwirksam war. Gleichwohl geht die ganz herrschende Meinung davon aus, dass der Spruch solange als wirksam anzusehen ist, wie das Verfahren nach § 76 Abs. 5 BetrVG nicht rechtskräftig entschieden ist (LAG Berlin v. 6. 12. 1984, BB 1985, 1199; LAG Berlin v. 8. 11. 1990, DB 1991, 1288). Die Anrufung des Arbeitsgerichts nach § 76 Abs. 5 BetrVG hat also **keine suspendierende Wirkung**. Gleichwohl soll nach herrschender Meinung jedenfalls in krassen Fällen der Erlass einer einstweiligen Verfügung nach dem Muster zulässig sein. Verstößt dagegen der Einigungsspruch gegen **Rechtsnormen**, so ist er von vornherein unwirksam, so dass insoweit auch der Erlass einer einstweiligen Verfügung gegen die vorläufige Durchführung des Spruchs unproblematisch ist (LAG Hessen v. 24. 9. 1987, LAGE § 85 ArbGG Nr. 2; dazu auch LAG Berlin v. 6. 12. 1984, ArbuR 1985, 293; LAG BW v. 7. 11. 1989, NZA 1990, 286).

3 Die Anfechtung des Spruchs der Einigungsstelle ist unabhängig davon möglich, mit welchen **Stimmenverhältnissen** die Einigungsstelle entschieden hat. Auch wenn die Beisitzer einer Partei dem Spruch zugestimmt haben, kann die Partei das Verfahren nach § 76 Abs. 5 BetrVG einleiten und ggf. auch eine einstweilige Verfügung beantragen. Das ergibt sich daraus, dass die Einigungsstellenbeisitzer nach **eigenem Ermessen** entscheiden und nicht an Weisungen ihrer Partei gebunden sind.

bis... einseitig ohne weitere Rücksprache bis zu 1 000 Überstunden im Bereich der... anordnen kann.

Beweis: Spruch der Einigungsstelle vom..., Anlage AS 1

Der Einigungsstellenspruch wurde den Parteien am... zugeleitet, bereits am... hat der Antragsteller den Spruch beim zuständigen Arbeitsgericht nach § 76 Abs. 5 BetrVG wegen grober Überschreitung der Grenzen des Ermessens angefochten.[4]

Zur Glaubhaftmachung: Antragsschrift vom....

Der Spruch der Einigungsstelle ist offensichtlich unwirksam. Die Antragsgegnerin hatte überhaupt nur die Abhaltung von 600 Überstunden in der... bis Ende... beantragt. Außerdem waren die Überstunden nur für bestimmte Mitarbeitergruppen und für bestimmte Tage beantragt worden. Mit dem Spruch hat die Einigungsstelle der Antragsgegnerin weit mehr zugesprochen, als sie ursprünglich beantragt hatte. Sie hätte nach dem Spruch die völlige Freiheit, mehr Überstunden als beantragt an beliebigen Tagen mit beliebigen Mitarbeitern durchzuführen. Eine Einigungsstelle überschreitet die Grenzen ihres Ermessens, wenn sie einer Partei mehr zubilligt, als diese beantragt hat.

Der Einigungsstellenspruch ist auch deshalb unwirksam, weil der Antragsteller nicht zuständig war. Die beantragten Überstunden hängen untrennbar zusammen mit den Überstunden, die in dem ebenfalls zum Unternehmen gehörenden Nachbarbetrieb in... durchgeführt werden. Der Antragsteller hat deshalb von Anfang an geltend gemacht, nicht er sei zuständig, sondern der Gesamtbetriebsrat. Diesen Einwand hat jedoch das Arbeitsgericht nach den Bestimmungen des § 98 ArbGG für unbeachtlich angesehen, da die Unzuständigkeit der Einigungsstelle jedenfalls nicht offensichtlich sei.

Der Antragsteller hat die Antragsgegnerin am... von der erfolgten Anfechtung des Spruchs nach § 76 Abs. 5 BetrVG in Kenntnis gesetzt und sie aufgefordert, den Spruch nicht durchzuführen. Die Antragsgegnerin hat jedoch erklärt, der Spruch sei für sie bindend und sie werde die streitigen Überstunden anordnen.

Zwar ist ein Einigungsstellenspruch grundsätzlich solange als wirksam anzusehen, wie er nicht im Verfahren nach § 87 Abs. 5 BetrVG aufgehoben worden ist. Im vorliegenden Fall muss jedoch etwas anderes gelten, da die Einigungsstelle gar nicht zuständig war und im Übrigen der Spruch grob ermessensfehlerhaft ist (LAG Hessen vom 24. 9. 1987, LAGE § 85 ArbGG Nr. 2).

---

[4] Die einstweilige Verfügung auf Nicht-Durchführung des Einigungsstellenspruchs steht in **engem Zusammenhang** mit dem **Hauptsacheverfahren nach § 76 Abs. 5 BetrVG**. Geht es nur um die Überschreitung des Ermessens, ist der Antrag im Eilverfahren sofort zurückzuweisen, wenn nicht innerhalb der Zwei-Wochen-Frist des § 76 Abs. 5 BetrVG ein Hauptverfahren anhängig gemacht wurde. Soweit dagegen die Durchführung des Spruchs der Einigungsstelle mit dem Argument bekämpft wird, der Spruch sei aus Rechtsgründen nichtig (zB fehlende Zuständigkeit des beteiligten Betriebsrats, Nichtigkeit des Einigungsstellenspruchs wegen Verfahrensfehlern etc.), gilt die Zwei-Wochen-Frist des § 76 Abs. 5 BetrVG nicht, so dass das Eilverfahren auch dann Erfolg haben kann, wenn ein Hauptsacheverfahren erst nach Ablauf der Zwei-Wochen-Frist anhängig gemacht wird.

Der Verfügungsgrund ist gegeben, da die Antragsgegnerin angekündigt hat, bereits in der kommenden Woche mit den Überstunden zu beginnen (wird ausgeführt).

Zur Glaubhaftmachung: Eidesstattliche Versicherung des Vorsitzenden des Antragstellers, Anlage AS 2

...
(Unterschrift)

40.5 Anfechtung des Einigungsstellenspruchs nach § 76 Abs. 5 BetrVG[1, 2, 3]

An das Arbeitsgericht

In dem Beschlussverfahren mit den Beteiligten[4]
(Arbeitgeber/Betriebsrat, volles Rubrum)

vertreten wir die Antragstellerin. Namens und im Auftrag der Antragstellerin leiten wir ein Beschlussverfahren ein und beantragen:

---

1 Die Anrufung des Arbeitsgerichts hat **keine suspendierende Wirkung** (statt aller LAG Berlin v. 6. 12. 1984, BB 1985, 1199 und v. 8. 11. 1990, DB 1991, 1288). In Einzelfällen kommt allerdings eine vorläufige Regelung durch **einstweilige Verfügung** in Betracht (siehe **M 40.4**).

2 § 76 Abs. 5 Satz 4 BetrVG enthält eine **abschließende Regelung** darüber, in welcher Form und innerhalb welcher Fristen ein Einigungsstellenspruch wegen **Ermessensüberschreitung** angegriffen werden muss. Andere Verfahren stehen nicht zur Verfügung. Wird nicht innerhalb der Zwei-Wochen-Frist das Verfahren nach § 76 Abs. 5 BetrVG eingeleitet, gilt der Einigungsstellenspruch folglich gegenüber jedermann uneingeschränkt als wirksam. Diese Grundsätze gelten allerdings nicht, soweit der Einigungsstellenspruch wegen **Rechtsfehlern** (zB fehlender Zuständigkeit der Einigungsstelle, Verletzung tarifvertraglicher Regeln etc.) angegriffen wird. In einem solchen Fall ist der Einigungsstellenspruch (ganz oder teilweise) von selbst unwirksam. Die Unwirksamkeit kann ohne Einhaltung einer Frist in jeder Form und von jedermann geltend gemacht werden, also entweder in einem gesonderten Beschlussverfahren (sowohl als Hauptfrage als auch als Vorfrage) oder auch als Vorfrage in einem Individualprozess zwischen Arbeitnehmer und Arbeitgeber (der dann selbstverständlich im Urteilsverfahren auszutragen ist). Wenn die Unwirksamkeit des Einigungsstellenspruchs aus Rechtsgründen in einem normalen Beschlussverfahren außerhalb der Sonderregelung des § 76 Abs. 5 BetrVG geltend gemacht werden kann, bedeutet dies freilich nicht, dass der Einigungsstellenspruch in **zwei verschiedenen Beschlussverfahren** zur Prüfung gestellt werden könnte (wegen Ermessensüberschreitung im Verfahren nach § 76 Abs. 5 BetrVG, wegen Rechtsfehlern wie zB Unzuständigkeit in einem davon getrennten Beschlussverfahren). Denn unabhängig von der verschiedenen Begründung ist der Streitgegenstand in beiden Verfahren der Gleiche (nämlich Feststellung der Unwirksamkeit des Einigungsstellenspruchs), so dass der Erhebung des zweiten Antrags der Einwand der **anderweitigen Rechtshängigkeit** entgegensteht (BAG v. 16. 7. 1996, AP Nr. 53 zu § 76 BetrVG).
Hat der Arbeitgeber den Einigungsstellenspruch zunächst wegen Rechtsfehlern (zB Unzuständigkeit) angegriffen, so kann er innerhalb der Zwei-Wochen-Frist des § 76 Abs. 5 BetrVG **zusätzlich** auch noch die Überschreitung der Grenzen des Ermessens geltend machen. Nach

Es wird festgestellt, dass der Spruch der Einigungsstelle vom... betreffend einen Sozialplan für das Werk... unwirksam ist.[5, 6, 7]

Begründung:

Die Einigungsstelle ist gegen den Willen der Antragstellerin durch arbeitsgerichtlichen Beschluss nach § 98 ArbGG errichtet worden. Die Antragstellerin hat die Zuständigkeit[8] der Einigungsstelle von Anfang an bestritten, weil die geplante Schließung des Betriebes nicht sozialplanpflichtig ist. Die §§ 111 ff. BetrVG greifen nicht, da das Unternehmen... nur 19 Mitarbeiter hat (§ 111 Satz 1 BetrVG). Zu Unrecht ist das Arbeitsgericht davon ausgegangen, die regelmäßige Beschäftigtenstärke des Unternehmens liege über 20 Mitarbeiter, da von dem in der Vergangenheit bestehenden Personalstand auszugehen sei (wird ausgeführt).

Das Arbeitsgericht hat im Verfahren nach § 98 ArbGG durchaus Zweifel an der Zuständigkeit der Einigungsstelle gehabt, aber gemeint, die Einigungsstelle sei jedenfalls nicht offensichtlich unzuständig.

Beweis: Beschluss des Arbeitsgerichts nach § 98 ArbGG, Anlage AS 1

Ablauf der Zwei-Wochen-Frist ist dies allerdings nicht mehr möglich, das Verfahren bleibt dann auf die Prüfung von Rechtsfehlern beschränkt.
3 Gerichtlich überprüfbar ist im Verfahren nach § 76 Abs. 5 BetrVG nur die **Entscheidung** der Einigungsstelle **selbst**. Ob die Einigungsstelle bei ihrer Tätigkeit zutreffende **Überlegungen** und **Erwägungen** angestellt hat, ist dagegen unerheblich, sofern der Spruch selbst sich in den Grenzen des Ermessens bewegt (BAG v. 31. 8. 1982, AP Nr. 8 zu § 87 BetrVG). **Gravierende Verfahrensfehler** können dagegen den Spruch der Einigungsstelle unabhängig davon unwirksam machen, wie das Ergebnis ausgefallen ist.
4 Die **Einigungsstelle** selbst ist nicht **Beteiligte** des Verfahrens (BAG v. 22. 1. 1980, AP Nr. 3 zu § 87 BetrVG – Lohngestaltung und v. 28. 4. 1981, AP Nr. 1 zu § 87 BetrVG – Vorschlagswesen).
5 Der Antrag nach § 76 Abs. 5 BetrVG ist kein Gestaltungsantrag, sondern ein **Feststellungsantrag**. Das Arbeitsgericht erklärt bei Begründetheit des Antrags den Einigungsstellenspruch nicht mit gestaltender Wirkung für unwirksam, sondern stellt nur seine von vornherein bestehende Unwirksamkeit fest (BAG v. 30. 10. 1979, AP Nr. 9 zu § 112 BetrVG und v. 27. 5. 1986, AP Nr. 15 zu § 87 BetrVG – Überwachung).
6 Ist der Spruch der Einigungsstelle nur **teilweise** unwirksam, so ist zu prüfen, ob der verbleibende wirksame Rest noch ein sinnvolles Ganzes darstellt. Ist das der Fall, stellt das Arbeitsgericht in seinem Beschluss fest, in welchen Teilen der Spruch der Einigungsstelle unwirksam ist (BAG v. 28. 4. 1981, AP Nr. 1 zu § 87 BetrVG – Vorschlagswesen und v. 28. 7. 1981, AP Nr. 2 zu § 87 BetrVG – Urlaub).
7 ➲ **Praxistipp:** Das Arbeitsgericht ist in keinem Fall befugt, bei Feststellung der Unwirksamkeit des Spruches **selbst eine Regelung** der streitigen Materie zu treffen oder anzuordnen. Das Arbeitsgericht darf grundsätzlich nicht sein Ermessen an die Stelle des Ermessens der Einigungsstelle setzen. Deshalb erübrigen sich auch entsprechende Anträge der Parteien. Kommt das Arbeitsgericht zu dem Ergebnis, dass der Spruch der Einigungsstelle unwirksam ist, besteht die Einigungsstelle noch und hat das Verfahren fortzusetzen (BAG v. 30. 1. 1990, AP Nr. 41 zu § 87 BetrVG – Lohngestaltung).
8 Die unbeschränkte Anfechtbarkeit des Einigungsstellenspruchs wegen fehlender Zuständigkeit ist gewissermaßen das Spiegelbild des Verfahrens nach § 98 ArbGG. Wenn der Gesetzgeber aus Beschleunigungsgründen die **Zuständigkeitsfragen** bei der Errichtung der Einigungsstelle nur kursorisch geprüft haben will, dann muss er den Parteien die Möglichkeit geben, diese Fragen nachträglich in vollem Umfang zu klären, was im Verfahren nach § 76 Abs. 5 BetrVG geschehen kann.

Die Antragstellerin hat in der konstituierenden Sitzung der Einigungsstelle erneut die Zuständigkeit der Einigungsstelle bestritten. Der Vorsitzende der Einigungsstelle hat dann jedoch mit den Stimmen des Antragsgegners die Zuständigkeit der Einigungsstelle bejaht und im weiteren Verlauf – ebenfalls mit den Stimmen der Beisitzer des Antragsgegners[9] – einen abschließenden Spruch gefällt, mit dem ein Sozialplan aufgestellt wurde.

Der Spruch der Einigungsstelle ist aber nicht nur wegen fehlender Zuständigkeit unwirksam, sondern auch wegen grober Überschreitung der Grenzen des Ermessens.[10] Die Einigungsstelle hat an die 19 betroffenen Arbeitnehmer Sozialplanmittel von insgesamt Euro . . . verteilt. Die Einwendungen der Antragstellerin, damit werde ihre wirtschaftliche Leistungsfähigkeit krass überfordert, hat die Einigungsstelle nicht gelten lassen. Auch eine fachkundige Stellungnahme der Wirtschaftsprüfungsgesellschaft . . .-GmbH, nach der bei Aufstellung eines so teuren Sozialplans Überschuldung droht, wurde nicht zur Kenntnis genommen (wird ausgeführt).

Die Zwei-Wochen-Frist des § 76 Abs. 5 Satz 4 BetrVG ist eingehalten.[11] Der Spruch der Einigungsstelle ist den Betriebspartnern am . . . zugestellt worden.

. . .

(Unterschrift)

---

9 Die Anfechtungsmöglichkeit ist nicht davon abhängig, ob die Beisitzer der anfechtenden Partei dem Spruch **zugestimmt** haben oder nicht (vgl. **M 40.4** Fn. 3).

10 Oft verkannt wird der **Maßstab der Prüfung**, die das Arbeitsgericht bei § 76 Abs. 5 BetrVG vorzunehmen hat. Es reicht nicht aus, dass die Einigungsstelle ihr Ermessen nicht sachgerecht ausgeübt hat. Solange sich die Einigungsstelle bei der Ermessensausübung in den Grenzen des Ermessens gehalten hat, ist der Spruch nicht anfechtbar. Erst wenn die äußersten Grenzen des Ermessens überschritten sind, kann die Anfechtung nach § 76 Abs. 5 BetrVG Erfolg haben.

11 ➔ **Wichtig:** Besonders **tückisch** in der Praxis ist die **zweiwöchige Frist** für die Geltendmachung von Ermessensfehlern. Die Frist beginnt mit der Zuleitung des Spruchs an die Betriebspartner, unabhängig davon, ob der Spruch mit einer Begründung versehen ist oder nicht. Die Zwei-Wochen-Frist ist eine **materielle Ausschlussfrist** und daher weder einer Fristverlängerung noch einer Wiedereinsetzung in den vorherigen Stand zugänglich (BAG v. 26. 5. 1988, AP Nr. 26 zu § 76 BetrVG). Noch bedeutsamer ist, dass innerhalb der Zwei-Wochen-Frist nicht nur der Antrag gestellt, sondern dieser auch **begründet** sein muss. Nach Auffassung des BAG (v. 26. 5. 1988, AP Nr. 26 zu § 76 BetrVG) muss nämlich innerhalb der Zwei-Wochen-Frist feststehen, aus welchen Gründen angefochten wird. Die tragenden Gründe der Anfechtung müssen also innerhalb der Zwei-Wochen-Frist dem Gericht mitgeteilt werden, am besten unmittelbar mit der Antragsschrift. Bislang vom BAG offen gelassen (BAG v. 14. 5. 1985, AP Nr. 16 zu § 76 BetrVG) ist die Frage, ob nach Ablauf der Zwei-Wochen-Frist neue Tatsachen nachgeschoben werden können. Richtigerweise ist dies zu bejahen, wenn die neuen Tatsachen nur die bereits innerhalb der Zwei-Wochen-Frist vorgetragenen Anfechtungsgründe untermauern sollen. Dagegen ist es nicht möglich, neue Tatsachen nach Ablauf der Zwei-Wochen-Frist in das Verfahren einzuführen, die einen völlig neuen Anfechtungsgrund ergeben sollen.

Dritter Teil   Tarifrecht und Arbeitskampf

Kapitel 41   Tarifverträge

Literaturübersicht:

Zum Koalitionsrecht: *Binkert*, Gewerkschaftliche Boykottmaßnahmen und Arbeitskampfordnung, ArbuR 1979, 234; *Birk*, Boykott und einstweilige Verfügung im grenzüberschreitenden Arbeitskampf, ArbuR 1974, 289; *Brill*, Lohnfortzahlung und Arbeitskampf, DB 1972, 532; *Brox/Rüthers/Schlüter/Jülicher*, Arbeitskampfrecht, 2. Aufl. 1982; *Däubler*, Arbeitskampfrecht, 2. Aufl. 1987; *Däubler*, Das Grundrecht auf Streik – eine Skizze, ZfA 1973, 201; *Dütz*, Vorläufiger Rechtsschutz im Arbeitskampf, BB 1980, 533; *Ehrich*, Die Bedeutung der Wesentlichkeitstheorie im Arbeitskampfrecht, DB 1993, 1237; *Erdmann*, Die Deutschen Arbeitgeberverbände, 1966; *Glaubitz*, Tariffähigkeit von Arbeitgeberverbänden mit tarifgebundenen und -ungebundenen Mitgliedern?, NZA 2003, 140; *Krichel*, Zur Rechtslage bei politischen Streiks, NZA 1987, 297; *Kühling*, Arbeitsrecht in der Rechtsprechung des Bundesverfassungsgerichts, ArbuR 1994, 126; *Lörcher*, Der Europäische Gewerkschaftsbund (EGB) und seine Beteiligung am europäischen Arbeitsrecht, NZA 2003, 184; *Löwisch*, Rechtsfragen des Sympathieboykotts, RdA 1977, 356; *Löwisch*, Die Voraussetzungen der Tariffähigkeit, ZfA 1970, 295; *Löwisch/Rieble*, Zum Ausmaß des Rechtswidrigkeitsurteiles über Arbeitskämpfe, DB 1993, 882; *Löwisch (Hrsg.)*, Schlichtungs- und Arbeitskampfrecht, 1989; *Reichel*, Das Schutzbedürfnis der negativen Koalitionsfreiheit, DB 1972, 2062, 2110; *Reuß*, Der „politische" Arbeitskampf, ArbuR 1966, 264; *Walker*, Einstweiliger Rechtsschutz im Arbeitskampf, NZA 1984, 378; *Wohlgemuth*, Zum Streikrecht der Auszubildenden, BB 1983, 1103; *Zuleeg*, Der internationale Pakt über wirtschaftliche, soziale und kulturelle Rechte, RdA 1974, 321.

Zum Tarifrecht: *Bauer/Diller*, Flucht aus Tarifverträgen, DB 1993, 1085; *Bauer/Haußmann*, Tarifwechsel durch Verbandswechsel, DB 1999, 1114; *Bauer/Haußmann*, Tarifwechsel durch Branchenwechsel, DB 2003, 610; *Baumann*, Die Rechtsfolgen eines Grundrechtsverstoßes der Tarifpartner, RdA 1994, 272; *Biedenkopf*, Grenzen der Tarifautonomie, 1964; *Boldt/Buchner*, Möglichkeiten und Grenzen betriebsnaher Tarifpolitik, DB 1970, 2025, 2074; *Hanau/Kania*, Stufentarifverträge, DB 1995, 1229; *Hanau*, Verbands-, Tarif- und Gerichtspluralismus, NZA 2003, 132; *Herschel*, Der nachwirkende Tarifvertrag, insbesondere seine Änderung, ZfA 1976, 89; *Herschel*, Die individualrechtliche Bezugnahme auf einen Tarifvertrag, DB 1969, 659; *Hromadka/Maschmann/Wallner*, Der Tarifwechsel, 1996; *Kempen*, Jahrbuch des Arbeitsrechts, Bd. 30, 1993; *Konzen*, Tarifbindung, Friedenspflicht und Kampfparität beim Verbandswechsel des Arbeitgebers, ZfA 1975, 401; *Le Friant*, Die Tarifverhandlungen in grenzüberschreitenden Unternehmen, NZA 1994, 158; *Löwisch*, Blankettverweisung und Überraschungsklauseln, NZA 1985, 317; *Löwisch*, Die Freiheit zu arbeiten – nach dem Günstigkeitsprinzip, BB 1991, 59; *Mangen*, Die Form des Tarifvertrages gemäß § 1 Abs. 2 TVG, RdA 1982, 229; *Merten*, Das Prinzip der Tarifeinheit als arbeitsrechtliche Kollisionsnorm, BB 1993, 572; *Meyer*, Arbeiter-Kündigungsfristen in Tarifverträgen: Wohin führt der Gleichheitssatz?, DB 1992, 1881; *Plüm*, Die tarifliche Erweiterung von Leistungsbestimmungsrechten des Arbeitgebers, DB 1992, 735; *Rieble*, Krise des Flächentarifvertrages, RdA 1996, 151; *Sachs*, Zu den Folgen von Gleichheitsverstößen in Tarifverträgen, RdA 1989, 25; *Vollmer*, Aufgaben- und Zuständigkeitsverteilung zwischen mitbestimmungsrechtlicher und tariflicher Interessenvertretung, DB 1979, 308, 355; *Schliemann*, Tarifliches Günstigkeitsprinzip und Bindung der Rechtsprechung, NZA 2003, 122; *Wagner*, Verfassungsrechtliche Grundlagen der Übertragung von Kompetenzen der Tarifparteien auf die Betriebsparteien, DB 1992, 2550; *Waltermann*, Kollektivvertrag und Grundrechte, RdA 1990, 138; *Wank*, Empfiehlt es sich, die Regelungsbefugnisse der Tarifparteien im Verhältnis zu den Betriebsparteien neu zu ordnen?, NJW 1996, 2273.

Zum Haustarifvertrag: Beispiele für ausführliche Firmentarifverträge finden sich in: NZA 1987, 481; NZA 1989, 211; NZA 1994, 111 (jeweils Haustarifverträge der VW AG); NZA 1989, 11 (Coop Industrie AG); NZA 1993, 302 („Uniteis"-Betriebe); NZA 1995, 878 (Deutsche Bank AG); NZA 1998, 1214 (Deutsche Telekom AG/T-Mobil); *Braun*, Verbandstarifliche Normen in Firmentarifverträgen und Betriebsvereinbarungen, BB 1986, 1428; *Hensche*, Zur Zulässigkeit von Firmentarifverträgen mit verbandsangehörigen Unternehmen, RdA 1985, 65; *von Hoyningen-Huene*, Die Rolle der Verbände bei Firmentarifverträgen, ZfA 1980, 453; *Krichel*, Ist der Firmentarifvertrag mit einem verbandsangehörigen Arbeitgeber bestreikbar?, NZA 1986, 731; *Wieland*, Recht der Firmentarifverträge, 1998.

I. Erläuterungen

1. Firmentarifverträge

Der Haus- oder Firmentarifvertrag wird **zwischen einem einzelnen Arbeitgeber und einer tarifzuständigen Gewerkschaft** abgeschlossen. Er wird in der Regel spezifisch auf die Verhältnisse des betroffenen Unternehmens abgestimmt. Haustarifverträge bieten sich regelmäßig in großen Unternehmen an, die einen für sie als unpassend empfundenen Flächentarifvertrag in einzelnen Bereichen den konkreten Verhältnissen des Unternehmens anpassen. Nur selten wird ein Firmentarifvertrag ein ähnlich umfassendes Regelungswerk wie ein Flächentarifvertrag enthalten. Üblicherweise werden nur einzelne Bereiche des Flächentarifvertrags für das betroffene Unternehmen abweichend geregelt. Der Firmentarifvertrag bietet sich darüber hinaus aus gewerkschaftlicher Sicht gegenüber Arbeitgebern an, die aus dem Arbeitgeberverband ausgetreten sind, um sich dem Flächentarifvertrag zu entziehen (Stichwort: **Tarifflucht**). Für den Arbeitgeber kann es sich wiederum anbieten, bei gewünschten Abweichungen vom Flächentarifvertrag (zB Einführung eines flexiblen Arbeitszeitmodells) einen Firmentarifvertrag abzuschließen. Insbesondere wenn es um materielle Arbeitsbedingungen wie Entgeltfragen oder die Dauer der Arbeitszeit geht, ist dem Arbeitgeber die kollektivvertragliche Regelungsmöglichkeit durch Betriebsvereinbarung wegen § 77 Abs. 3 BetrVG versperrt. Will er also vom Flächentarifvertrag abweichende Entgelt- oder Arbeitszeitregelungen für seinen Betrieb umsetzen, erweist sich das Regelungsinstrument des Firmentarifvertrags als vorteilhaft gegenüber rechtlich zweifelhaften Regelungen durch Betriebsvereinbarung oder Abschluss (hunderter oder tausender) einzelvertraglicher Änderungsvereinbarungen.[1]

Für den nicht verbandszugehörigen Arbeitgeber besteht schließlich die Möglichkeit, einen sog. **Anerkennungstarifvertrag (M 41.2)** abzuschließen. Mit diesem kann die normative Wirkung aller oder einiger ausgewählter Verbandstarifverträge für das Unternehmen vereinbart werden, ohne dass der Arbeitgeber dem vertragsschließenden Verband beitreten müsste. Der Vorteil dieser Form des Tarifvertrages liegt in seiner besonderen Flexibilität und darin begründet, dass § 3 Abs. 3 TVG hier keine Wirkung entfaltet. Auf der anderen Seite wirkt auch der Haustarifvertrag gemäß § 4 Abs. 5 TVG nach Ablauf seiner Laufzeit nach, wenn nicht im Tarifvertrag etwas anderes geregelt ist. Dies kann zu einer langfristigen Bindung an den Tarifvertrag führen und den Arbeitgeber in die Situation zwingen, dem Druck der Gewerkschaft auf Abschluss eines ablösenden Haustarifvertrages wieder nachzugeben.

---

1 Siehe dazu den „Burda-Beschluss" des BAG v. 20. 4. 1999, NZA 1999, 887 m. Anm. *Bauer* und Kap. 31 unter I. 4. a) sowie **M 31.6**.

⊃ **Wichtig:** Es empfiehlt sich deshalb, in der Formulierung des Haustarifvertrages zu prüfen, ob der Ausschluss der Nachwirkung sinnvoll ist.

2. Entgelttarifvertrag

Entgelttarifverträge regeln die Höhe der in ihrem Geltungsbereich zu zahlenden Vergütungen. Es lassen sich – ohne dass eine getrennte Regelung zwingend wäre – reine **Lohn- oder Gehaltstarifverträge** und sog. **Lohn- bzw. Gehaltsrahmentarifverträge** unterscheiden. In Letzteren werden die verschiedenen Lohn- und Gehaltsgruppen verbindlich festgelegt und eingeteilt. Geregelt wird, welche Tätigkeiten im Einzelnen welchen Lohn- bzw. Gehaltsgruppen zugeordnet werden. Die einzelnen Lohn- bzw. Gehaltsgruppen werden dann in den Lohn- und Gehaltstarifverträgen konkreten Vergütungen zugeordnet. Meist besteht ein bestimmter prozentualer Abstand zwischen den einzelnen Lohn- bzw. Gehaltsgruppen, so dass im Falle einer Tariflohnerhöhung nur noch der sog. Ecklohn (= die Vergütung einer mittleren Tariflohngruppe) vereinbart zu werden braucht und sich die Vergütung der anderen Tarifgruppen automatisch im Verhältnis zu dem vereinbarten Ecklohn bestimmen lässt. Lohn- und Gehaltstarifverträge haben regelmäßig eine kurze, oftmals nur ein- bzw. zweijährige Laufzeit (**M 41.1**).

3. Manteltarifvertrag

Im Gegensatz dazu ist die Laufzeit eines Manteltarifvertrages in der Regel wesentlich länger, oft werden diese Tarifverträge sogar unbefristet mit langen Kündigungsfristen abgeschlossen. Manteltarifverträge regeln alle übrigen Fragen hinsichtlich der Ausgestaltung der Arbeitsverhältnisse. Sie sind daher nicht so kurzfristigen Schwankungen unterworfen wie Entgelt- oder Gehaltstarifverträge. Manteltarifverträge können aus einem Grundwerk bestehen, das nahezu sämtliche Arbeitsbedingungen (Urlaub, Entgeltfortzahlung, Kündigungsfristen etc.) regelt, sie können aber auch als bestimmte Thementarifverträge abgeschlossen werden (Urlaubstarifvertrag, Tarifvertrag zur Entgeltfortzahlung, Rationalisierungsschutzabkommen, Arbeitszeittarifverträge, Tarifverträge zum betrieblichen Umweltschutz etc.).

4. Tarifverträge über die betriebsverfassungsrechtlichen Strukturen

Mit der Reform des BetrVG ist in § 3 BetrVG den Tarifvertragsparteien das Recht eingeräumt worden, von den gesetzlichen Vorgaben abweichende betriebsverfassungsrechtliche Strukturen zu schaffen, die zum Teil anstelle der gesetzlichen Arbeitnehmervertretungen treten könnten (unternehmenseinheitlicher Betriebsrat, Spartenbetriebsräte, Konzernbetriebsrat im Gleichordnungskonzern oa., § 3 Abs. 1 Nr. 1 bis 3 BetrVG), zum Teil zusätzlich entstehen sollen (§ 3 Abs. 1 Nr. 4 und 5 BetrVG).

Die Bestimmung durch die Tarifvertragsparteien hat der Gesetzgeber als Regel formuliert, § 3 Abs. 2 BetrVG, eine Gestaltung durch Betriebsvereinbarung ist nur ausnahmsweise zulässig, wenn in dem Unternehmen kein Tarifvertrag gilt. Trotz erheblicher verfassungsrechtlicher Bedenken gegen die Wirksamkeit der Vorschrift[2] hat die Praxis sie sich dort zunutze gemacht, wo Arbeitgeber und Belegschaft übereinstim-

---

2 *Löwisch/Kaiser*, § 3 BetrVG Rz. 18; *Richardi*, § 3 BetrVG Rz. 6.

mend eine eigene Definition der betriebsfähigen Einheit für sinnvoll halten. Dies betrifft insbesondere Filialbetriebe im Handel, in denen die Errichtung von Regionalbetriebsräten Verbreitung findet (siehe dazu **M 41.4**).

Abweichende Gestaltungen von den betriebsverfassungsrechtlichen Strukturen sind auch dort erwünscht, wo aufgrund der Spartentrennung und der sich daraus ergebenden Vielzahl gemeinsamer Betriebe mehrerer Unternehmen unternehmensübergreifende gemeinsame Arbeitnehmervertretungen in Form zB gemeinsamer Gesamtbetriebsräte praktikabel sind (siehe dazu **M 41.5**), ähnlich einem Konzernbetriebsrat im Gleichordnungskonzern.

5. Entgeltumwandlung

Nach den sozialpolitischen Vorgaben des Altersvermögensgesetzes (AVmG) kann der Arbeitnehmer vom Arbeitgeber verlangen, künftige Entgeltansprüche durch Entgeltumwandlung für seine betriebliche Altersversorgung zu verwenden, § 1a Abs. 1 BetrAVG. Sobald allerdings die Entgeltansprüche auf Tarifvertrag beruhen, setzt die Entgeltumwandlung einen Tarifvertrag voraus, § 17 Abs. 5 BetrAVG. Die Entgeltumwandlung muss durch Tarifvertrag zugelassen werden, zu diesem Zweck werden **Verbandstarifverträge** abgeschlossen. Um die tarifgebundenen Arbeitnehmer nicht schlechter zu stellen als tarifungebundene Arbeitnehmer, beschränken sich die Tarifverträge zum Teil darauf, die Entgeltumwandlung zu gestatten, ohne sie einzuschränken. Typischer Regelungsgegenstand solcher Tarifverträge ist die Bestimmung der Entgeltbestandteile, die umgewandelt werden können.[3] Gelegentlich lassen die Tarifvertragsparteien Raum für freiwillige Betriebsvereinbarungen zur näheren Gestaltung (**M 41.6**).

6. Beschäftigungssicherung

Unter dem Stichwort Beschäftigungssicherung oder auch als „Bündnis für Arbeit" werden **sowohl Haus- als auch Verbandstarifverträge** abgeschlossen. Typischerweise werden darin Maßnahmen der Kostensenkung in Abweichung von Verbandstarifverträgen vereinbart, um Unternehmen in Krisensituationen auf diese Weise eine Verringerung der Personalkosten zu ermöglichen. Im Gegenzug wird häufig der befristete Verzicht auf betriebsbedingte Kündigung vereinbart. Da sinnvolle Beschäftigungssicherungsvereinbarungen den betrieblichen Verhältnissen möglichst genau angepasst werden müssen, regeln insbesondere Verbandstarifverträge zu diesem Thema häufig nur Rahmenbedingungen und überlassen mit so genannten Öffnungsklauseln den Betriebspartnern die weitere Gestaltung durch Betriebsvereinbarung, zum Teil unter dem Vorbehalt der Zustimmung durch die Tarifvertragsparteien (**M 41.7**).

---

[3] ➲ **Praxistipp:** Gelegentlich ist die Auswahl der umwandelbaren Vergütungsbestandteile von erheblicher Bedeutung für den buchungstechnischen Aufwand, der durch die Entgeltumwandlung entsteht, zB durch die Zuführung verschiedener Bruchteile diverser Vergütungsbestandteile zur Entgeltumwandlung.

II. Muster

Entgelttarifvertrag

Zwischen

dem Arbeitgeberverband ...

und

der Gewerkschaft ...

wird folgender Entgelttarifvertrag abgeschlossen:

§ 1 Geltungsbereich

Dieser Tarifvertrag gilt

1. räumlich für ...

2. fachlich für ...

3. persönlich für alle Arbeitnehmer(innen) einschließlich der in Ausbildung befindlichen Personen. Ausgenommen sind leitende Angestellte iSd. § 5 Abs. 3 BetrVG.

§ 2 Tarifgruppen

Die Eingruppierung in die Tarifgruppen ist gem. § ... des Manteltarifvertrages vorzunehmen.

Gruppe I	Einfache Tätigkeiten, die nach Arbeitsanweisung ausgeführt werden und nur Fertigkeiten erfordern, die in der Regel durch Einweisung erworben werden.
Gruppe II	Tätigkeiten, die im Rahmen genauer Anweisungen ausgeführt werden. Voraussetzung sind berufliche Grundkenntnisse, wie sie durch eine abgeschlossene Berufsausbildung oder auf andere Weise, auch durch Erfahrung erworben sind.
Gruppe III	...
Gruppe IV	...
Gruppe V	...
Gruppe VI	...

§ 3 Entgelttabelle

(gültig ab ...)

Gruppe I	ab 1. Tätigkeitsjahr	Euro ...
Gruppe II	1. Tätigkeitsjahr	Euro ...
	2. Tätigkeitsjahr	Euro ...

3. Tätigkeitsjahr	Euro ...
4. Tätigkeitsjahr	Euro ...

Gruppe III, IV, V, VI

...

Kommt der (die) Arbeitnehmer(in) in eine höhere Tarifgruppe, so erhält er (sie) das seinem (ihrem) bisherigen Tarifentgelt folgende höhere Entgelt der neuen Tarifgruppe. Die dem höheren Tarifentgelt entsprechenden Tätigkeitsjahre gelten als zurückgelegt.

§ 4 Ausbildungsvergütungen

Im 1. Ausbildungsjahr	Euro ...
im 2. Ausbildungsjahr	Euro ...
im 3. Ausbildungsjahr	Euro ....

§ 5 Geltungsdauer

Der Tarifvertrag tritt zum ... in Kraft. Er kann mit einer Frist von einem Monat schriftlich gekündigt werden, erstmals zum ....

§ 6 Schlussbestimmungen

(1) Die festgelegten Tarifentgelte sind Mindestbeträge, auf die rechtswirksam nicht verzichtet werden kann.

(2) Bestehende, für den (die) Arbeitnehmer(in) günstigere Entgeltbedingungen werden durch diesen Tarifvertrag nicht berührt.

Protokollnotizen[1]

Verbleibt der (die) Arbeitnehmer(in) in seiner (ihrer) bisherigen Tarifgruppe, so stimmen die Tarifvertragsparteien darin überein, dass die für die einzelnen Tarifgruppen vereinbarten Erhöhungsbeträge jedem (jeder) Arbeitnehmer(in) zu seinem (ihrem) derzeitigen Effektivgehalt (Tarifentgelt zuzüglich aller übertariflichen Entgeltbestandteile) gezahlt werden sollen.

...

(Ort, Datum)

...

(Arbeitgeberverband ...)

...

(Gewerkschaft ...)

---

1 Protokollnotizen sind – häufig vorkommende – Regelungen zu Bereichen, die bewusst aus dem Tarifvertrag herausgehalten werden sollten. Gleichwohl kann ihnen im Einzelfall der Charakter einer eigenständigen normativen Regelung zukommen. Oft handelt es sich aber auch um bloße schuldrechtliche Vereinbarungen der Tarifvertragsparteien oder gar nur um Auslegungshilfen für den Tarifvertrag, vgl. *Gamillscheg*, Kollektives Arbeitsrecht, Bd. 1, 1997, § 13 I 3 (S. 514 f.) mwN.

Firmentarifvertrag in Form eines Anerkennungstarifvertrages 41.2

Zwischen

der Firma . . .

und

der Gewerkschaft . . .

wird folgender Tarifvertrag vereinbart:

§ 1 Geltungsbereich

Dieser Tarifvertrag gilt

räumlich: für alle Betriebe des Unternehmens der Firma . . .

persönlich: Für alle bei der Firma . . . beschäftigten Arbeitnehmer, die Mitglieder der Gewerkschaft . . . sind, mit Ausnahme der leitenden Angestellten iSd. § 5 Abs. 3 BetrVG.

§ 2 Einbeziehungsklausel

(1) Auf die in § 1 bezeichneten Arbeitsverhältnisse finden die nachfolgend genannten, räumlich und fachlich einschlägigen Verbandstarifverträge der Gewerkschaft . . . mit den nachfolgend aufgestellten Maßgaben Anwendung:

1. der Lohntarifvertrag für die gewerblichen Arbeitnehmer vom . . .;

2. der Gehaltstarifvertrag für . . . vom . . .;

3. der Gehaltsrahmentarifvertrag für . . . vom . . .;

4. der Manteltarifvertrag für . . . vom . . . mit folgenden Änderungen: . . .;

5. der Tarifvertrag über Sonderzahlungen vom . . .;

6. der Tarifvertrag über vermögenswirksame Leistungen vom . . .;

7. der Tarifvertrag für gewerbliche, kaufmännische und technische Auszubildende vom . . . .

(2) Für den Fall, dass einer der vorstehend genannten Tarifverträge endet, gilt eine Nachwirkung entsprechend § 4 Abs. 5 TVG bis zum In-Kraft-Treten einer Nachfolgeregelung als vereinbart. Nachfolgeregelungen der vorstehend genannten Verbandstarifverträge werden automatisch in der jeweils gültigen Fassung Bestandteil dieses Tarifvertrages.[1]

(3) Die Gewerkschaft . . . verpflichtet sich, der Firma . . . unverzüglich Mitteilung davon zu machen, wenn einer der in Abs. 1 genannten Tarifverträge vor Fristablauf (zB durch Kündigung) endet. Sie wird der Firma . . . ferner unverzüglich Änderungs- und

---

[1] Eine solche Klausel stellt keine unzulässige Delegation der Normsetzungsbefugnis auf Dritte dar, weil auf räumlich-fachlich einschlägige Verbandstarifverträge verwiesen wird und eine der beiden Vertragsparteien sogar am Abschluss dieser Verbandstarifverträge beteiligt ist, vgl. BAG v. 10. 11. 1982, AP Nr. 8 zu § 1 TVG – Form; ferner *Löwisch/Rieble*, TVG, 1992, § 1 Rz. 129 ff. mwN.

Nachfolgetarifverträge der in Abs. 1 genannten Vereinbarungen mitteilen und eine Abschrift zur Verfügung stellen.

§ 3 Bekanntmachung

Die Firma . . . verpflichtet sich, die jeweils gültige Fassung der nach § 2 einbezogenen Tarifverträge sowie diesen Firmentarifvertrag an geeigneter Stelle im Betrieb auszuhängen.

§ 4 Beendigung des Tarifvertrages oder einzelner einbezogener Regelungen

(1) Dieser Tarifvertrag endet automatisch mit dem Zeitpunkt, in dem die Firma . . . dem Arbeitgeberverband . . ., der Vertragspartner der in § 2 genannten Verbandstarifverträge ist, oder einem anderen zuständigen Arbeitgeberverband beitritt.

(2) Darüber hinaus können die in § 2 genannten Tarifverträge einzeln von jeder Vertragspartei mit den dort jeweils gültig vereinbarten Kündigungsfristen separat gekündigt werden.

(3) Eine Kündigung dieses Tarifvertrages und damit zugleich aller einbezogenen Verbandstarifverträge nach § 2 ist mit einer Kündigungsfrist von sechs Monaten zum Kalenderjahresende möglich, jedoch nicht vor dem . . . .

(4) Nach Ablauf der Kündigungsfrist wirken die Vereinbarungen dieses Tarifvertrages gemäß § 4 Abs. 5 TVG nach.

oder

(4) Nach Ablauf der Kündigungsfrist wirken die Vereinbarungen dieses Tarifvertrages gemäß § 4 Abs. 5 TVG nicht nach.

. . .

(Ort, Datum)

. . .

(Arbeitgeberverband . . .)

. . .

(Gewerkschaft . . .)

41.3 Firmentarifvertrag nach Betriebsübergang

Zwischen der

Firma XY-GmbH,

und

der Industriegewerkschaft . . .,

vertreten durch die Verwaltungsstelle . . .

wird Folgendes vereinbart:

Präambel

Die Fa. A-GmbH (im Folgenden: A), beabsichtigt die Übernahme aller Gesellschaftsanteile an der XY-GmbH (im Folgenden: XY). Ziel der Übernahme ist es, den Betrieb von XY langfristig mit einem Beschäftigungsstand von ca. . . . Mitarbeitern weiterzuführen und die bisherigen A-Standorte zu stärken. Zwischen den Parteien besteht Einigkeit darüber, dass eine Weiterführung des XY-Betriebes mit dem angestrebten Personalbestand nicht möglich ist, wenn das Lohn- und Gehaltsniveau bei XY kurzfristig an das allgemeine Tarifniveau angepasst würde. Die Parteien vereinbaren deshalb Folgendes:

I. Zeit bis . . . [Datum]

Der Werkstarifvertrag vom . . . [Datum] gilt zunächst in seiner bisherigen Fassung bis . . . [Datum] weiter. Bis dahin findet weder eine Kündigung des Werkstarifvertrages noch eine über die im Werkstarifvertrag vereinbarte hinausgehende Erhöhung der Löhne und Gehälter statt.

II. Zeit ab . . . [Datum]

1. In der Zeit ab dem . . . [Datum] gilt der Werkstarifvertrag vom . . . [Datum] mit der Maßgabe weiter, dass die Regelungen über Lohnerhöhungen entfallen. Stattdessen werden in der Zeit ab dem . . . [Datum] die Löhne und Gehälter zum gleichen Zeitpunkt erhöht, zu dem die entsprechenden Löhne und Gehälter bei A erhöht werden. Die Erhöhung wird im Einzelnen zwischen den Parteien dieses Tarifvertrages festgelegt; die Erhöhung soll so ausfallen, dass sich das Tempo verringert, mit dem sich in den vergangenen fünf Jahren die Lohn- und Gehaltsniveaus von XY und A auseinander bewegt haben. Zwischen XY und dem Betriebsrat kann vereinbart werden, dass statt einer Lohn- und Gehaltserhöhung eine entsprechende Verkürzung der wöchentlichen Arbeitszeit stattfindet.

2. Der Werkstarifvertrag vom . . . [Datum] sowie die vorliegende Vereinbarung kann von beiden Parteien mit einer Frist von einem Monat zum Monatsende gekündigt werden, erstmals zum . . . [Datum]. Eine außerordentliche Kündigung mit einer Frist von einem Monat zum Monatsende ist schon zu einem Zeitpunkt vor dem . . . [Datum] möglich, wenn und sobald entweder:

– die Zahl der regelmäßig beschäftigten Mitarbeiter bei XY durch arbeitgeberseitige Kündigungen oder Aufhebungsverträge unter . . . sinkt, oder

– A-Betriebsteile, Anlagen oder Maschinen zu XY verlagert und dadurch bei A innerhalb von zwölf aufeinander folgenden Monaten mehr als zehn Dauerarbeitsplätze wegfallen.

III. In-Kraft-Treten

Diese Vereinbarung tritt erst in Kraft, wenn und sobald A sämtliche Anteile an XY erworben hat. Kommt es nicht bis spätestens . . . [Datum] zu dem Erwerb, gilt diese Vereinbarung als nicht geschlossen.

. . .
(Ort/Datum)

...
(XY-GmbH)

...
(Gewerkschaft Bezirksleitung)

...
(zustimmend: Firma A)

41.4 Tarifvertrag zur Bildung von Regionalbetriebsräten

Zwischen dem Unternehmen ...

und der

Gewerkschaft ...

wird in Ausgestaltung des § 3 BetrVG nachfolgender Tarifvertrag zur Bildung regionaler Betriebsratsstrukturen vereinbart.

§ 1 Geltungsbereich

Dieser Tarifvertrag gilt

- *räumlich auf dem Gebiet der Bundesrepublik Deutschland,*
- *fachlich für alle Betriebsstätten des im Rubrum genannten Unternehmens,*
- *persönlich für alle Arbeitnehmer/-innen iSd. § 5 Abs. 1 BetrVG.*

§ 2 Zweck

Dieser Tarifvertrag fördert mit der Bildung von Wahlregionen die zweckmäßige Interessenvertretung der Arbeitnehmer.

Die aufgrund dieses Tarifvertrages gebildeten betriebsverfassungsrechtlichen Organisationseinheiten gelten als Betriebe iSd. BetrVG. Der Betriebsbegriff anderer Gesetze wird dagegen von dieser Vereinbarung nicht berührt.[1] Auf die nach diesem Tarifvertrag gebildeten Arbeitnehmervertretungen finden die Vorschriften über die Rechte und Pflichten des Betriebsrates und die Rechtsstellung seiner Mitglieder nach dem BetrVG Anwendung.

§ 3 Wahlregionen

Die einzelnen Betriebsstätten des Unternehmens werden in Wahlregionen zusammengefasst. Die Zuordnung ergibt sich aus der einen wesentlichen Bestandteil dieses Tarifvertrages bildenden Anlage 1.

Neu hinzukommende Betriebsstätten werden den jeweiligen Regionen zugeordnet.

Die Beschäftigten in den Wahlregionen wählen gemäß BetrVG je einen Regionalbetriebsrat.

---

[1] Siehe insbesondere § 1 und § 23 KSchG.

§ 4 Freistellungen

Die Freistellungen ergeben sich aus den gesetzlichen Bestimmungen.

§ 5 Betriebsräteversammlung

Einmal im Kalenderjahr findet eine Betriebsräteversammlung gemäß § 53 BetrVG statt, an der alle Mitglieder der Regionalbetriebsräte teilnehmen können.

§ 6 Laufzeit

Dieser Tarifvertrag tritt mit Unterzeichnung in Kraft und findet erstmals im Rahmen der turnusmäßigen Betriebsratswahlen des Jahres 2006 Anwendung.

Dieser Tarifvertrag ist mit einer Frist von 6 Monaten zum Jahresende erstmals zum 31. Dezember 2010 kündbar.

Im Falle einer Kündigung wirkt der Tarifvertrag nicht nach.

Sollte während der Laufzeit dieses Tarifvertrages im Unternehmen eine Betriebsänderung iSd. § 111 Nr. 1–4 BetrVG stattfinden, werden die Parteien unverzüglich Verhandlungen mit dem Ziel aufnehmen, diesen Tarifvertrag an die neuen Gegebenheiten anzupassen.[2]

Beiden Seiten steht ein Recht zur außerordentlichen Kündigung dieses Tarifvertrages mit einer Frist von zwei Monaten zum Monatsende zu, wenn wesentliche Teile des Unternehmens veräußert werden oder im Fall einer Betriebsänderung (so.) eine einvernehmliche Anpassung des Tarifvertrages nicht binnen eines Monats nach Aufnahme der Verhandlungen gelingt.

Im Falle der außerordentlichen Kündigung wirken die Vereinbarungen dieses Tarifvertrages bis zur Neuwahl von Betriebsräten, längstens für die Dauer von sechs Monaten nach.[3]

---

[2] **Praxistipp:** Regelungen zur Anpassung an Änderungen der Betriebsorganisation sieht § 3 BetrVG nicht vor; sie sollten deshalb im Tarifvertrag nicht fehlen.

[3] **Praxistipp:** Eine Übergangsregelung sollte zeitlich begrenzt sein und die Rückkehr zu den gesetzlichen Betriebsratsstrukturen nicht hindern.

Haustarifvertrag über einen gemeinsamen Gesamtbetriebsrat

1. der A-Sparten AG
2. der B-Sparten AG
3. der C-Sparten AG

– im Folgenden: die . . . Gesellschaften –

und

der Gewerkschaft XY

wird Folgendes vereinbart:

1. Gemeinsamer Gesamtbetriebsrat

(1) Die Parteien vereinbaren die Errichtung eines gemeinsamen Gesamtbetriebsrates für die ... Gesellschaften.

(2) Die Parteien sind sich darüber einig, dass der gemeinsame Gesamtbetriebsrat der zweckmäßigen Interessenvertretung der Arbeitnehmer aller ... Gesellschaften dient. Die ... Gesellschaften entscheiden Angelegenheiten, die das jeweilige Unternehmen betreffen und nicht in die Zuständigkeit der örtlichen Betriebsräte fallen, aufgrund ihrer Zugehörigkeit zu den ... Gesellschaften einheitlich. Grund für diese Vereinheitlichung der Entscheidung mitbestimmungsrelevanter Angelegenheiten ist der Umstand, dass die ... Gesellschaften ausschließlich gemeinsame Betriebe iSd. § 1 Abs. 2 Nr. 1 BetrVG unterhalten.[1]

2. Errichtung des gemeinsamen Gesamtbetriebsrates

(1) Der gemeinsame Gesamtbetriebsrat wird gemäß § 47 Abs. 2 bis 9 BetrVG errichtet.

(2) Es bleibt ausdrücklich vorbehalten, durch Betriebsvereinbarung die in § 47 BetrVG zugelassenen abweichenden Regelungen über die Zusammensetzung, Errichtung und Stimmgewichtung u.a. zu vereinbaren.

(3) Bei der Entsendung der Mitglieder berücksichtigen die Betriebsräte eine angemessene Vertretung beider Geschlechter.

3. Zuständigkeit

Der gemeinsame Gesamtbetriebsrat ist zuständig für alle Angelegenheiten, die gemäß § 50 BetrVG in die Zuständigkeit der Gesamtbetriebsräte der ... Gesellschaften fiele, wenn in jeder der ... Gesellschaften ein eigener Gesamtbetriebsrat errichtet wäre.

4. Verhandlungspartner

Verhandlungspartner des gemeinsamen Gesamtbetriebsrates sind die ... Gesellschaften gemeinsam. Die ... Gesellschaften entsenden in Verhandlungen und Gesprächen mit dem Gesamtbetriebsrat entweder jeweils einen Vertreter pro Sparten-Gesellschaft oder bevollmächtigen von Fall zu Fall einen oder mehrere Vertreter. Sie stellen sicher, dass der Verhandlungspartner des gemeinsamen Gesamtbetriebsrates Enscheidungen im Namen aller ... Gesellschaften treffen kann.[2]

---

1 Eine gemäß § 3 Abs. 1 BetrVG zweckmäßige Interessenvertretung setzt voraus, dass die Leitungs- bzw. Entscheidungsstrukturen auf Arbeitgeberseite geeignete Ansprechpartner für die Arbeitnehmervertreter bieten. Dies können Gewerkschaft/Betriebsrat nicht erzwingen. Allerdings kann der Arbeitgeber sich dazu schuldrechtlich verpflichten, *Löwisch/Kaiser*, § 3 BetrVG Rz. 13.
2 Siehe Fn. 1 oben zu Ziff. 1 (2).

5. In-Kraft-Treten und Laufzeit

(1) Dieser Tarifvertrag tritt mit sofortiger Wirkung in Kraft. Mit Errichtung des Gesamtbetriebsrates nach diesem Tarifvertrag entfallen die bestehenden Gesamtbetriebsratsstrukturen in den ... Gesellschaften.[3]

(2) Dieser Tarifvertrag kann mit einer Frist von drei Monaten gekündigt werden. Die Nachwirkung nach Ablauf der Kündigungsfrist ist ausgeschlossen.

---
[3] § 3 Abs. 4 BetrVG sieht die Anwendung bei den nächsten regelmäßigen Betriebsratswahlen vor, gestattet aber abweichende Regelungen.

Tarifvertrag zur Entgeltumwandlung[1]

zwischen der

...

und

...

wird vereinbart:

§ 1 Geltungsbereich

Der Geltungsbereich dieses Tarifvertrages entspricht dem des § 1 des jeweils geltenden Manteltarifvertrages der ....

§ 2 Grundsatz der Entgeltumwandlung

(1) Der Tarifvertrag regelt die Umwandlung tariflicher Entgelte zum Zwecke der Altersversorgung für den in § 17 Abs. 1 Satz 3 BetrAVG in der Fassung des Art. 9 des AVmG vom 26. Juni 2001 genannten Personenkreis.

(2) Es obliegt der freiwilligen Entscheidung der nach § 17 Abs. 1 Satz 3 BetrAVG in der Fassung des AVmG vom 26. Juni 2001 berechtigten Arbeitnehmer/-innen, ob sie von der Entgeltumwandlung Gebrauch machen.

(3) Die Einzelheiten der Entgeltumwandlung sind zwischen Arbeitgeber und Arbeitnehmer/-in schriftlich zu regeln.

(4) Unbeschadet der Ziff. 3 können weitere Einzelheiten der Entgeltumwandlung durch freiwillige Betriebsvereinbarungen[2] geregelt werden.

§ 3 Höhe der Entgeltumwandlung

Die/der Arbeitnehmer/-in kann verlangen, dass ihre/seine zukünftigen Entgeltansprüche bis zu 4% der jeweiligen Beitragsbemessungsgrenze der Rentenversicherung für

---
[1] Der Text eignet sich als Verbandstarifvertrag ebenso wie als Haustarifvertrag.
[2] Diese Vereinbarungen sind nicht erzwingbar.

betriebliche Altersversorgung verwendet werden. Bei dieser Entgeltumwandlung dürfen $^1/_{160}$ der Bezugsgröße nach § 18 Abs. 1 des Vierten Buches Sozialgesetzbuch nicht unterschritten werden.

§ 4 Umwandelbare Entgeltbestandteile und freiwillige Leistungen des Arbeitgebers

(1) Bereits entstandene Entgeltansprüche können nicht umgewandelt werden.

(2) Umgewandelt werden können ganz oder anteilig auf Verlangen der/des Arbeitnehmers/-in künftige Ansprüche auf

a) laufende Entgeltbestandteile,

b) die betrieblichen Sonderzahlungen,

c) das Urlaubsgeld gem. § . . . MTV sowie das Urlaubsgeld gem. § . . . der Vereinbarung über die Vergütung für Auszubildende,

d) die Leistungen nach dem Tarifvertrag über die Gewährung von vermögenswirksamen Leistungen.

e) Durch freiwillige Betriebsvereinbarungen können auch sonstige zukünftige Ansprüche der Arbeitnehmer/-innen, zB aus Zeitwertguthaben, umgewandelt werden. Diese freiwilligen Betriebsvereinbarungen bedürfen der Zustimmung der Tarifvertragsparteien.

(3) Durch freiwillige Betriebsvereinbarungen können hinsichtlich der Auswahl der Entgeltbestandteile iSd. Ziff. 2 Einzelheiten festgelegt werden. Es ist dabei sicherzustellen, dass Entgelt bis zur in § 3 genannten Grenze von 4% der jeweiligen Beitragsbemessungsgrenze in der Rentenversicherung umgewandelt werden kann.

§ 5 Fälligkeit des umwandelbaren Entgelts

Die Abführung des umwandelbaren Entgelts kann monatlich oder in größeren zeitlichen Abständen erfolgen. Näheres kann in einer freiwilligen Betriebsvereinbarung geregelt werden. In der schriftlichen Umwandlungsvereinbarung, die der Arbeitgeber mit dem/der Arbeitnehmer/-in trifft, ist ein Fälligkeitstermin festzulegen. Fehlt eine solche Festlegung, gilt als Fälligkeitstermin der 1. Dezember des Kalenderjahres, in dem das umzuwandelnde Entgelt fällig wäre. Die zur Umwandlung vorgesehenen Entgeltbestandteile bleiben bis zum Fälligkeitstermin unverzinst.

Werden dabei vom Arbeitgeber Zahlungen für künftige, noch nicht fällige Ansprüche zugesagt, hat die/der Arbeitnehmer/-in die bei Beendigung des Arbeitsverhältnisses noch nicht erdienten Anteile, die sich auf das Restjahr nach Beendigung des Arbeitsverhältnisses beziehen, dem Arbeitgeber zurückzuerstatten.

§ 6 Verfahren

(1) Der/die Arbeitnehmer/-in ist an die jeweilige Entscheidung, tarifliche Entgeltbestandteile umzuwandeln, für 12 Monate gebunden, es sei denn, die persönlichen Lebens- oder Einkommensverhältnisse ändern sich wesentlich. Die Bindungsdauer kann durch einzelvertragliche Vereinbarung verlängert werden.

(2) Für die Berechnung von Ansprüchen aller Art (zB Entgeltfortzahlung, Uralubsentgelt, betriebliche Sonderzahlungen) sind die Entgelte maßgeblich, die sich ohne Entgeltumwandlung ergeben würden.

§ 7 Durchführungsweg

Der Arbeitgeber bietet dem/der Arbeitnehmer/-in für die Entgeltumwandlung einen oder mehrere Durchführungsweg(e) der privaten und/oder der betrieblichen Altersversorgung an. Es besteht keine Verpflichtung des Arbeitgebers, einen förderfähigen Durchführungsweg anzubieten.[3] Zu den Durchführungswegen können freiwillige Betriebsvereinbarungen geschlossen werden. Der/die Arbeitnehmer ist in seiner/ihrer Entscheidung frei, ob er/sie von dem betrieblichen Angebot Gebrauch macht oder/ und eine private Altersversorgung aufbaut.

§ 8 Unverfallbarkeit

Bezüglich der durch Entgeltumwandlung aufgebauten Versorgungsanwartschaften gelten die gesetzlichen Regelungen.

§ 9 Wahrung betrieblicher Regelungen

Bei In-Kraft-Treten dieses Tarifvertrages bestehende Tarifverträge, Betriebsvereinbarungen oder Individualvereinbarungen zur Entgeltumwandlung sowie zur betrieblichen Altersvorsorge sowie Anwartschaften aus solchen bleiben durch diesen Tarifvertrag unberührt und gelten unverändert weiter.

Auch werden die Zugangsvoraussetzungen zu bestehenden Systemen der betrieblichen Altersvorsorge durch die Bestimmungen dieses Tarifvertrages nicht berührt.

§ 10 Betriebsratslose Betriebe

An die Stelle von freiwilligen Betriebsvereinbarungen, die dieser Tarifvertrag vorsieht, können in betriebsratslosen Betrieben entsprechende einzelvertragliche Regelungen zwischen Arbeitgeber und Arbeitnehmer/-in treten. Besteht ein Gesamtbetriebsrat, tritt dieser an die Stelle des fehlenden Betriebsrats.

§ 11 In-Kraft-Treten und Laufzeit

(1) Dieser Tarifvertrag tritt am 1. Januar... in Kraft. Er kann mit einer Frist von 3 Monaten zum Jahresende, erstmals zum 31. Dezember... gekündigt werden.

(2) Sofern durch gesetzliche Regelungen im Rahmen der gesetzlichen Rentenversicherung, des BetrAVG oder anderer Vorschriften eine Änderung des Tarifvertrages zu den Regelungen zur Entgeltumwandlung notwendig wird, werden die Tarifvertragsparteien hierzu in Verhandlungen mit dem Ziel eintreten, die Entgeltumwandlung entsprechend den gesetzlichen Vorgaben weiterhin zu ermöglichen.

..., den...

...
(Unterschrift)

...
(Unterschrift)

---

[3] Ob die Regelungsmacht der Tarifparteien diese Frage erfasst, ist streitig, vgl. *Heither*, NZA 2001, 1275, 1279.

41.7 Verbandstarifvertrag[1] zur Beschäftigungssicherung

zwischen der

...

...

...

und der

...

...

...

§ 1 Geltungsbereich

Der Geltungsbereich dieses Tarifvertrags entspricht dem des § 1 des jeweiligen Manteltarifvertrages vom ... mit Ausnahme der Auszubildenden.

§ 2 Absenkung der Arbeitszeit

(1) Zur Vermeidung von Entlassungen und zur Sicherung der Beschäftigung kann durch freiwillige Betriebsvereinbarungen die wöchentliche Arbeitszeit befristet bis zur Dauer von neun Monaten für Arbeitnehmergruppen, einzelne Abteilungen, ganze Betriebsteile oder Betriebe auf bis zu 30 Stunden in der Woche verkürzt werden;[2] Folgebetriebsvereinbarungen sind nach denselben Bedingungen möglich. Die Bezüge und sonstigen arbeitszeitbezogenen Leistungen werden entsprechend gekürzt. Die Jubiläumszahlungen gemäß § ... MTV errechnen sich auf der Basis der von der befristeten Arbeitszeitabsenkung vertraglich vereinbarten Arbeitszeit.

Für Arbeitnehmer/-innen mit einer individuellen regelmäßigen wöchentlichen Arbeitszeit von weniger als 38,5 Stunden wird die Arbeitszeit im gleichen Verhältnis abgesenkt wie bei Vollzeitbeschäftigten, jedoch nicht unter 20 Stunden.

(2) Um die Absenkung der Gehälter zu vermeiden oder zu vermindern, können die Betriebsparteien Ausgleichszahlungen vereinbaren, die mit den tariflichen Jahresleistungen (betriebliche Sonderzahlung und/oder Urlaubsgeld) verrechnet werden. Soziale Härtefälle sind dabei zu vermeiden. Der Anspruch auf diese tariflichen Leistungen vermindert sich entsprechend. Die monatliche Fortführung der Dotierung der betrieblichen Altersvorsorge erfolgt auf der Basis der so berechneten Monatsvergütungen.

(3) Die Betriebsvereinbarung muss eine Regelung zur Mehrarbeit enthalten.[3]

(4) Während der Absenkung der Arbeitszeit zur Sicherung der Beschäftigung kann den Betroffenen gegenüber keine betriebsbedingte Kündigung ausgesprochen werden.[4]

---

1 Die Inhalte dieses Entwurfes eignen sich auch als Grundlage eines Haustarifvertrages. In Haustarifverträgen können die Öffnungsklauseln zugunsten der Regelung durch Betriebsvereinbarung weggelassen werden.
2 Diese Absenkung kann, muss aber nicht zugleich Kurzarbeit iSd. §§ 169 ff. SGB III sein.
3 Der Abbau von Mehrarbeit soll Beschäftigungssicherungsvereinbarungen vorgehen.
4 Siehe auch das Verhältnis betriebsbedingter Kündigung zur Kurzarbeit, § 172 SGB III.

(5) In betriebsratslosen Betrieben kann der Arbeitgeber die vorübergehende Absenkung der Wochenarbeitszeit einzelvertraglich mit dem Arbeitnehmer nach den obigen Regelungen durchführen. Besteht ein Gesamtbetriebsrat, tritt dieser an die Stelle des fehlenden Betriebsrats.

§ 3 Härteklausel

I. Grundsatz

1. Zur Abwendung drohender Insolvenzen und/oder zum Ausschluss von betriebsbedingten Kündigungen oder bei vergleichbaren besonderen wirtschaftlichen Härtefällen kann von den tarifvertraglichen Bestimmungen durch befristete freiwillige Betriebsvereinbarungen abgewichen werden.

2. Gegenstand der Härtefallregelung können neben Bestimmungen über die tariflichen Gehälter auch diejenigen über das Urlaubsgeld gemäß § . . . MTV und die betriebliche Sonderzahlung gemäß § . . . MTV sein.

II. Zustimmung der Tarifvertragsparteien

Haben Arbeitgeber und Betriebsrat in einer freiwilligen Betriebsvereinbarung eine Härtefallregelung vereinbart, ist diese beiden Tarifvertragsparteien schriftlich zur Zustimmung zuzuleiten. Tarifpartei auf der Arbeitgeberseite ist die . . ., auf der Arbeitnehmerseite die . . . . Die Tarifvertragsparteien stimmen darin überein, dass die Frage einer solchen Zustimmung pragmatisch behandelt und im Interesse der betroffenen Arbeitnehmer und Unternehmen innerhalb von zwei Wochen nach Zugang entschieden wird. Schweigen gilt als Zustimmung.

III. Betriebsratslose Betriebe

Besteht im Betrieb kein Betriebsrat, so kann der Arbeitgeber die Härtefallregelung einzelvertraglich mit dem/den Arbeitnehmer/n unter Einhaltung der oben beschriebenen Grundsätze vereinbaren. Besteht ein Gesamtbetriebsrat, tritt dieser an die Stelle des fehlenden Betriebsrats.

§ 4 In-Kraft-Treten und Laufzeit

Dieser Tarifvertrag tritt am 1. Januar . . . in Kraft. Er kann mit einer Frist von 6 Monaten zum Jahresende, erstmals zum 31. Dezember . . . gekündigt werden. Eine Nachwirkung ist ausgeschlossen. Bestehen zum Zeitpunkt des Ablaufs des Tarifvertrages Betriebsvereinbarungen zu § 2 oder § 3, behalten diese ihre Gültigkeit bis zu ihrem vereinbarten Ablauf.

Die Tarifvertragsparteien werden spätestens drei Monate vor Ablauf des Tarifvertrages in Gespräche darüber eintreten, ob der Tarifvertrag weitergeführt werden kann.

. . ., den . . .

. . .   . . .
(Unterschrift)   (Unterschrift)

Kapitel 42 Arbeitskampf

Literaturübersicht: *Brox*, Aussperrung oder einstweilige Verfügung bei rechtswidrigem Arbeitskampf, JA 1982, 221; *Dütz*, Vorläufiger Rechtsschutz im Arbeitskampf, BB 1980, 533; *Faupel*, Streikverbot durch einstweilige Verfügung, DB 1971, 816, 868; *Grunsky*, Prozessuale Fragen des Arbeitskampfrechts, RdA 1986, 196; *Heckelmann*, Die einstweilige Verfügung im Arbeitskampf, ArbuR 1970, 166; *Hessel*, Einstweilige Verfügung bei Arbeitskämpfen?, DB 1967, 2071; *Hilger*, Einstweilige Verfügung im Arbeitskampf, Der Arbeitgeber 1986, 51; *von Hoyningen-Huene*, Die einstweilige Verfügung im Firmenarbeitskampf, JuS 1990, 298; *Isenhardt*, Einstweiliger Rechtsschutz im Arbeitskampf, Festschrift Stahlhacke, 1995, S. 195; *Kissel*, Arbeitskampfrecht, 2002; *Leipold*, Die Schutzschrift zur Abwehr einstweiliger Verfügungen gegen Streiks, RdA 1983, 164; *Schäfer*, Der einstweilige Rechtsschutz im Arbeitsrecht, 1996; *Steinbrück*, Einstweilige Verfügung im Arbeitskampf, Zivilprozessuale Aspekte, ArbuR 1987, 161; *Thomanek*, Die einstweilige Verfügung im Arbeitskampf, BB 1971, 1203; *Walker*, Einstweiliger Rechtsschutz im Arbeitskampf, ZfA 1995, 185; *Zeuner*, Arbeitskampf und einstweilige Verfügung, RdA 1971, 1.

I. Erläuterungen

1. Allgemeines

In Deutschland gibt es **kein geschriebenes Streikrecht**. Alle Versuche der letzten Jahrzehnte, eine Art „Streikgesetzbuch" zu schaffen, sind an der Unvereinbarkeit der Standpunkte der Arbeitgeber und Gewerkschaften gescheitert. Die einzige existierende gesetzliche Vorschrift ist Art. 9 Abs. 3 GG. Darin wird das Streikrecht jedoch nur abstrakt und mittelbar garantiert, ohne dass Voraussetzungen oder Grenzen eines Streiks festgelegt wären. Das Arbeitskampfrecht in Deutschland ist deshalb ausschließlich **Richterrecht**.

Weitgehend Einigkeit darüber besteht, dass Arbeitskämpfe nur zur Durchsetzung von **tariflichen Zielen** geführt werden dürfen. Der **„politische Streik"** zur Durchsetzung politischer Ziele ist deshalb unzulässig. Das gilt auch dann, wenn sich der Streik gegen arbeitsrechtliche Gesetzesvorhaben richtet (so waren beispielsweise die Flächenstreiks gegen die Kürzung der Entgeltfortzahlung im Krankheitsfall Mitte der 90er Jahre klassische „politische Streiks"). Ausdrücklich für unzulässig erklärt sind Arbeitskampfmaßnahmen zur Klärung **betriebsverfassungsrechtlicher** Streitigkeiten (§ 74 Abs. 2 Satz 1 BetrVG). Meinungsverschiedenheiten zwischen Arbeitgeber und Betriebsrat sind ausschließlich über die Einigungsstelle (§ 76 BetrVG) oder das Arbeitsgericht zu klären.

Die klassischen Kampfmittel sind **Streik** und **Aussperrung**. Das von den Gewerkschaften seit jeher geforderte Aussperrungsverbot ist nie Gesetz geworden und auch von der Rechtsprechung nie nachvollzogen worden. **Massenkündigungen** als theoretisch denkbares Kampfmittel der Arbeitnehmerseite sind bislang nicht bekannt geworden und wären wegen des hohen Risikos des Arbeitsplatzverlustes auch sicherlich kein geeignetes Kampfmittel. Vereinzelt ist es in der Vergangenheit im Zuge von Streiks zu **Betriebsblockaden**, **Betriebsbesetzungen** und **Boykotten** gekommen. Nach herrschender Auffassung sind solche Kampfmaßnahmen unzulässig und können mit den allgemeinen strafrechtlichen (Hausfriedensbruch), zivilrechtlichen (Schadensersatz) sowie arbeitsrechtlichen (fristlose Kündigung) Instrumenten bekämpft werden.

Kommt es zu Streiks, spielen aufseiten der Arbeitgeber Sekundärmaßnahmen zur Eingrenzung der Streikfolgen und des Streikerfolges eine Rolle, zu nennen ist insbesondere die **Einstellung von Streikbrechern** sowie die Zusage und Zahlung von **Streikbruchprämien**.

2. Friedenspflicht

Zwischen den Parteien eines Tarifvertrages besteht für die Geltungsdauer des jeweiligen Tarifvertrages eine gesetzliche „Friedenspflicht", die jegliche Arbeitskampfmaßnahmen ausschließt. Während der Dauer dieser schuldrechtlich wirkenden Friedenspflicht sind Arbeitskampfmaßnahmen jeglicher Art stets unzulässig. Gemäß § 328 BGB (Geschäft zugunsten Dritter) wirkt die schuldrechtliche Friedenspflicht bestehender Tarifverträge nicht nur zwischen den Tarifvertragsparteien (Gewerkschaft bzw. Arbeitgeberverband), sondern auch **zugunsten des einzelnen verbandsangehörigen Arbeitgebers**. Dieser kann also aus der Friedenspflicht gegen streikende Gewerkschaften unmittelbar vorgehen und insbesondere der Gewerkschaft Streikmaßnahmen verbieten lassen.

Aus der Verbandsbezogenheit der Friedenspflicht folgt, dass ein **ausgetretenes Verbandsmitglied** trotz der Fortgeltung der Tarifverträge nach § 3 TVG sofort das Opfer eines Streiks werden kann. Heftig umstritten ist die Frage, ob die Friedenspflicht aus bestehenden Verbandstarifverträgen Arbeitskampfmaßnahmen **gegen einzelne verbandsangehörige Arbeitgeber** ausschließt, wenn diese Arbeitskampfmaßnahmen zu dem Ziel eingesetzt werden, mit dem bestreikten Arbeitgeber einen (günstigeren) Haustarifvertrag abzuschließen.[1]

Während der Dauer der Friedenspflicht sind nicht nur sog. „Erzwingungsstreiks" unzulässig, sondern auch „Warnstreiks".

3. Streikbeteiligung

Nach einhelliger Auffassung sind alle Arbeitnehmer des jeweiligen Betriebes berechtigt, sich an dem Streik zu beteiligen. Das gilt auch für **nicht-organisierte** Arbeitnehmer, die der streikführenden Gewerkschaft nicht angehören. Dies soll aus Art. 9 Abs. 3 GG folgen („Grundsatz der Einheit der Belegschaft"), außerdem wären ohne die Beteiligung Außenstehender die Gewerkschaften in vielen Branchen mit niedrigem Organisationsgrad praktisch nicht streikfähig. Als Gegengewicht ist selbstverständlich auch die Aussperrung nicht nur gegenüber den organisierten Arbeitnehmern zulässig, sondern gegenüber der gesamten Belegschaft. Eine selektive Aussperrung, die sich nur auf Gewerkschaftsmitglieder beschränkt, kann sogar unzulässig sein.

4. Wilder Streik

Ein Streik ist nur dann zulässig, wenn er **von einer Gewerkschaft organisiert** und **durchgeführt** wird. Erforderlich ist also immer ein gewerkschaftlicher Streikaufruf. Ohne Organisation durch eine Gewerkschaft sind einzelne Arbeitnehmer oder Grup-

---

[1] Vgl. dazu *Henssler*, ZfA 1998, 517; *Bauer/Haußmann*, DB 1999, 1114; *Leuchten/Melms*, DB 1999, 1803; *Lieb*, DB 1999, 2058; zuletzt BAG v. 10. 12. 2002, DB 2003, 1116.

pen von ihnen nicht streikberechtigt. Das Verbot unorganisierter „wilder" Streiks kann auch nicht durch die Bildung von Ad-hoc-Koalitionen umgangen werden. Möglich ist allerdings, dass eine Gewerkschaft eine bereits eingeleitete wilde Streikmaßnahme nachträglich übernimmt.

5. Ultima-Ratio-Prinzip

Nach ständiger Rechtsprechung des BAG darf ein Arbeitskampf (Streik oder Aussperrung) stets nur die Ultima Ratio sein, so dass alle Verhandlungsmöglichkeiten ausgeschöpft sein müssen. Allerdings geht das BAG seit jeher von der Vermutung aus, dass ein gewerkschaftlicher Streik rechtmäßig ist. Seit 1988 fordert das BAG auch nicht mehr, dass vor Beginn des Streiks die Verhandlungen **förmlich für gescheitert erklärt** worden sind. Vielmehr soll in der Einleitung von Kampfmaßnahmen (auch eines Warnstreiks) die konkludente Erklärung liegen, dass die Verhandlungen gescheitert seien. Eine gesetzliche Verpflichtung der Gewerkschaften, vor dem Streikaufruf eine **Urabstimmung** durchzuführen, gibt es nicht, wenngleich die Satzungen praktisch aller Gewerkschaften dies intern vorsehen.

6. Ausgestaltung von Streiks

Ein Streik ist nichts anderes als die **kollektive Zurückbehaltung der Arbeitsleistung**, selbstverständlich mit der Folge, dass an die Streikenden kein Lohn zu zahlen ist. Die Zurückbehaltung der Arbeitsleistung ist grundsätzlich das einzige legale Kampfmittel der Arbeitnehmer. Sie dürfen den Betrieb weder besetzen noch ihn blockieren (zB durch das Versperren der Zufahrten). Das Aufstellen von **Streikposten** ist zulässig, wenn sich die Streikposten darauf beschränken, auf die arbeitswilligen Arbeitnehmer bei Betreten des Betriebes verbal einzuwirken. **Streikgassen** müssen ausreichend breit sein (mindestens drei Meter), und das Einfahren arbeitswilliger Arbeitnehmer mit Bussen in den Betrieb darf nicht verhindert werden.

Zutrittsrechte der streikenden Mitarbeiter sowie der den Streik organisierenden Gewerkschaftsvertreter zum Betrieb bestehen nicht. Es dürfen auch keine Streikaufrufe im Betrieb ausgehängt werden. Auch **Streikversammlungen** im Betrieb sind unzulässig. Gegen rechtswidrige Streikmaßnahmen kann sich der Arbeitgeber mit einstweiligen Verfügungen wehren (vgl. **M 42.2**).

7. Reaktionsmöglichkeiten des Arbeitgebers

Der Arbeitgeber kann grundsätzlich versuchen, die streikenden Arbeitnehmer durch Aushilfen oder Neueinstellungen („**Streikbrecher**") zu ersetzen und damit seine Produktion aufrechtzuerhalten. Bei solchen Personalmaßnahmen ruht nach der Rechtsprechung des BAG[2] das Mitbestimmungsrecht des Betriebsrats nach § 99 BetrVG. Natürlich besteht stets das Risiko, dass sich die zunächst als „Streikbrecher" eingestellten Aushilfen selbst am Streik beteiligen, dies kann vertraglich nicht abbedungen werden.

Für die Dauer des Streiks steht es dem Arbeitgeber frei, den bestreikten Betrieb bzw. Betriebsteil **stillzulegen** („Dritter Weg"). Damit vollzieht der Arbeitgeber letztlich nur

---
2 BAG v. 19. 2. 1991, AP Nr. 26 zu § 95 BetrVG.

das, was die Gewerkschaft mit dem Streik erreichen wollte. Folge der Schließung ist, dass auch die an sich arbeitswilligen Arbeitnehmer keinen Lohnanspruch haben. Der „dritte Weg" ist kein Kampfmittel im eigentlichen Sinne, da das Kampfgebiet nicht ausgeweitet wird. Denn die Stilllegung darf der Arbeitgeber immer nur im Rahmen des personellen, sachlichen und zeitlichen Streikaufrufs vollziehen. Im Übrigen ist stets eine **ausdrückliche** und **eindeutige Erklärung** des Arbeitgebers erforderlich, dass er die Arbeitsleistung der arbeitswilligen Arbeitnehmer nicht annehme. Es reicht nicht, wenn der Arbeitgeber sich bloß alle Reaktionsmöglichkeiten „offen hält".[3]

Soweit Interessen der Allgemeinheit berührt sind (Polizei, Feuerwehr, Krankenhäuser, Atomkraftwerke) oder aber die Zerstörung von Produktionsanlagen oder der Verderb teurer Rohstoffe droht, ist die streikführende Gewerkschaft verpflichtet, sich mit dem Arbeitgeber auf die Einrichtung eines **Notdienstes** zu verständigen. Die Einzelheiten (nur einvernehmliche Regelung oder einseitiges Anordnungsrecht des Arbeitgebers?) sind streitig (s. **M 42.3**).

8. Streikfolgen

Rechtsfolge des Streiks ist für die streikenden Arbeitnehmer grundsätzlich der **Verlust des Lohnanspruchs** für die Dauer des Streiks. Ihren Lohnanspruch verlieren auch alle anderen Arbeitnehmer des Betriebs, die sich nicht an dem Streik beteiligt haben, wenn aufgrund des Teilstreiks dem Arbeitgeber die Annahme der Leistungen der arbeitswilligen Arbeitnehmer nicht möglich oder nicht zumutbar war, oder er die Schließung des Betriebes („Dritter Weg", so. 7.) beschlossen hat. Ihren Lohnanspruch verlieren auch die Arbeitnehmer in **nicht-bestreikten Betrieben**, wenn aufgrund des Streiks (zB bei einem Zulieferer oder Lieferanten) die Produktion in ihrem Betrieb eingestellt werden muss. Das gilt allerdings nur, soweit es sich um Unternehmen der gleichen Branche und des gleichen Tarifgebiets handelt, so dass das erstreikte Tarifergebnis auch den mittelbar betroffenen Arbeitnehmern zugute käme. Sind dagegen Arbeitnehmer anderer Branchen betroffen (wegen des Streiks im Metallwerk muss der Kiosk am Werkstor vorübergehend schließen), behalten die Arbeitnehmer grundsätzlich ihren Lohnanspruch (Betriebsrisiko des Arbeitgebers), allerdings kann bei Vorliegen sonstiger Voraussetzungen Kurzarbeit angeordnet und Kurzarbeitergeld bezogen werden. Höchst umstritten sind die Fälle, in denen aufgrund des Streiks die Arbeit in Unternehmen der **gleichen Branche**, aber **außerhalb des Tarifgebiets** ausfällt (vgl. §§ 146, 174 SGB III).

9. Schlichtung

Anders als in den meisten anderen europäischen Ländern existiert in Deutschland **kein gesetzliches Schlichtungsrecht**. Daraus folgt zunächst, dass eine staatliche Zwangsschlichtung unzulässig ist. In vielen Branchen haben die Tarifvertragsparteien allerdings **tarifliche Schlichtungsabkommen** geschlossen, die vorsehen, dass vor der Durchführung von Streikmaßnahmen ein Schlichtungsverfahren stattzufinden hat. Üblicherweise sehen solche Schlichtungsvereinbarungen keinen bindenden Spruch des Schlichters vor. Vielmehr macht der Schlichter nur Vorschläge, über deren Annahme oder Ablehnung anschließend die Tarifvertragsparteien autonom entscheiden.

---

3 BAG v. 22. 3. 1994, NZA 1994, 1097; v. 11. 7. 1995, DB 1996, 223.

10. Streikprämien/Maßregelung

Nicht selten versprechen bestreikte Arbeitgeber den arbeitswilligen Arbeitnehmern besondere Prämien für den Fall, dass diese trotz des Streikaufrufs zur Arbeit erscheinen. Wegen § 612a BGB (Maßregelungsverbot) darf nach der Rechtsprechung[4] eine Streikprämie nicht für den bloßen Streikbruch an sich gezahlt werden, sondern nur zum **Ausgleich besonderer Härten**, die mit der Tätigkeit während des Streiks verbunden waren (zB Überstunden, höhere Anforderungen wegen des Ausfalls von Kollegen etc.). Die Härten müssen tatsächlich bestanden haben, und die Prämie muss sich in einer angemessenen Höhe bewegen. Ansonsten haben nach dem arbeitsrechtlichen Gleichbehandlungsgrundsatz auch die streikenden Arbeitnehmer Anspruch auf die Prämie.

Üblicherweise wird nach dem Ende eines Streiks zwischen den Tarifvertragsparteien ein sog. **„Maßregelungsverbot"** vereinbart. Häufig ist fraglich, welche Folgen ein solches Maßregelungsverbot hat. Keinesfalls damit verbunden ist der Verzicht des Arbeitgebers darauf, den streikenden Arbeitnehmern für die Zeit des Streiks Lohn und Gehalt zu kürzen. Aus einem Maßregelungsverbot kann allerdings auch ein Anspruch der streikenden Arbeitnehmer auf Zahlung einer Streikbruchprämie entstehen, die ursprünglich nur den nicht-streikenden Arbeitnehmern zugesagt war. Im Einzelfall zu prüfen ist auch, ob ein Maßregelungsverbot den Verzicht auf Schadensersatzforderungen wegen Streikexzessen umfasst.

---
4 BAG v. 28. 7. 1992, DB 1993, 232; v. 13. 7. 1993, DB 1993, 1479.

II. Muster

42.1 Antrag auf einstweilige Verfügung gegen rechtswidrigen Streik[1, 2]

An das Arbeitsgericht[3, 4]

Antrag auf Erlass einer einstweiligen Verfügung

In Sachen[5]

. . .-AG, vertreten durch den Vorstand (Name, Firmenadresse) – Antragstellerin[6] –

gegen[7]

---
1 Vgl. zunächst die allgemeinen Muster zum einstweiligen Rechtsschutz, insbesondere das **M 51.1**.
2 Der Erlass einer einstweiligen Verfügung ist auch dann nicht ausgeschlossen, wenn eine wirksame **Schlichtungsabrede** oder ein **Schlichtungsabkommen** existiert. Dies entspricht dem allgemeinen Grundsatz, dass selbst bei Bestehen einer Schiedsabrede die staatlichen Gerichte für den Erlass einstweiliger Verfügungen zuständig bleiben (BGH v. 28. 10. 1993, NJW 1994, 136; Zöller/*Vollkommer*, Vor § 916 ZPO Rz. 4; vgl. jetzt auch §§ 1033 und 1041 Abs. 1 ZPO).
3 Geht es um tarifliche Arbeitskämpfe, so ist ohne weiteres der **Rechtsweg zu den Arbeitsgerichten** gegeben. Problematisch ist die Frage des Rechtswegs allerdings bei **politischen**

1. Gewerkschaft IG Metall, vertreten durch den Vorstand, dieser vertreten durch den ersten Vorsitzenden ... und den zweiten Vorsitzenden ... (Dienstanschrift)[8] – Antragsgegnerin Ziff. 1 –

Streiks, also zB Streikaktionen gegen geplante arbeitsrechtliche Gesetze. Hier soll nach Auffassung des BGH (v. 29. 9. 1954, AP Nr. 2 zu § 2 ArbGG 1953; aA zB *Germelmann/Matthes/ Prütting/Müller-Glöge*, § 2 ArbGG Rz. 36; *Löwisch*, Arbeitskampf- und Schlichtungsrecht, E Rz. 410 mwN) nur der Rechtsweg zu den **ordentlichen Gerichten** gegeben sein. Sachgerechter erscheint hier die Zuständigkeit des (regelmäßig sachnäheren) Arbeitsgerichts.

4 Wie alles beim einstweiligen Rechtsschutz gegen Arbeitskampfmaßnahmen ist auch die **örtliche Zuständigkeit** häufig streitig. Geht es um die Verletzung der Friedenspflicht, ist gemäß §§ 12, 17 ZPO der Antrag zunächst am Sitz des Schuldners anzubringen, also entweder am **Sitz der zuständigen Bezirksleitung** oder aber (wenn diese Tarifverträge nur namens und in Vollmacht der Gesamtgewerkschaft abschließt) am **Sitz der Gewerkschaft** selbst (dazu BAG v. 26. 2. 1964, AP Nr. 5 zu § 36 ZPO; LAG München v. 27. 3. 1987, NZA 1988, Beil. 2, 23). Daneben kann der Antrag am Gerichtsstand des Erfüllungsorts nach § 29 ZPO angebracht werden. Allerdings ist insoweit streitig, ob Erfüllungsort wiederum der Sitz der Gewerkschaft ist (LAG BW v. 25. 3. 1987, NZA 1988, Beil. 2, 22). Bei der Abwehr eines rechtswidrigen Streiks oder rechtswidriger Streikmaßnahmen ist allerdings für den Arbeitgeber stets der **Gerichtsstand der unerlaubten Handlung** nach § 32 ZPO gegeben, da rechtswidrige Streiks oder Streikmaßnahmen einen deliktischen Eingriff in den eingerichteten und ausgeübten Gewerbebetrieb darstellen. Der Gerichtsstand der unerlaubten Handlung ist dabei auch für vorbeugende Unterlassungsklagen gegeben (ArbG Nürnberg v. 8. 12. 1987, NZA 1988, 366). Der Gerichtsstand der unerlaubten Handlung am **Sitz des Arbeitgebers** ist auch dann gegeben, wenn kampfführende **Verbände** (Gewerkschaften/Arbeitgeberverbände) einstweiligen Rechtsschutz gegen rechtswidrige Arbeitskampfmaßnahmen begehren (zB Eilantrag einer Gewerkschaft gegen rechtswidrige Aussperrung). Denn das BAG erkennt mittlerweile die durch Art. 9 Abs. 3 GG verfassungsrechtlich geschützte Stellung der Koalitionen als Rechtsgut im Sinne des § 823 BGB an (BAG v. 26. 4. 1988, NZA 1988, 775). Ob tatsächlich eine unerlaubte Handlung vorliegt oder droht, ist eine Frage der Begründetheit, so dass es für den Gerichtsstand aus § 32 ZPO ausreicht, dass das Vorliegen einer unerlaubten Handlung schlüssig vorgetragen ist.

5 Entgegen einem weit verbreiteten Irrtum gehören Streitigkeiten zwischen Arbeitgebern oder deren Verbänden und Gewerkschaften nicht in das arbeitsgerichtliche Beschlussverfahren (§ 2a ArbGG), sondern ins **Urteilsverfahren** (§ 2 Abs. 1 Nr. 2, 3, 9 ArbGG).

6 Aktivlegitimiert für das Vorgehen gegen rechtswidrige Arbeitskampfmaßnahmen ist stets der **betroffene Arbeitgeber**. Zum einen schützt ihn gemäß § 328 BGB die tarifliche Friedenspflicht, zum anderen ist ein rechtswidriger Streik eine unerlaubte Handlung im Sinne des § 823 BGB (Eingriff in den eingerichteten und ausgeübten Gewerbebetrieb). Aber auch die **betroffenen Arbeitgeberverbände** sind aktivlegitimiert, soweit es um tarifliche Arbeitskampfmaßnahmen geht (BAG v. 12. 9. 1984, AP Nr. 81 zu Art. 9 GG – Arbeitskampf; LAG Niedersachsen v. 25. 3. 1987, NZA 1988, Beil. 2, 35; *Löwisch*, NZA 1988, Beil. 2, 7). Nicht aktivlegitimiert sind die Verbände dagegen, soweit es um die Abwehr politischer Streiks geht.

7 ➔ **Wichtig:** Ein Hauptproblem im einstweiligen Rechtsschutz gegen Arbeitskampfmaßnahmen ist die **Passivlegitimation**. Bei Verstößen gegen die tarifliche Friedenspflicht ist zunächst die Gewerkschaft selbst der richtige Antragsgegner. Geht es um die Abwehr rechtswidriger Arbeitskampfmaßnahmen, ist aber grundsätzlich auch jeder „Störer" möglicher Anspruchsgegner. Störer in diesem Sinne ist jede Person, die kausal an der (drohenden) rechtswidrigen Beeinträchtigung des Gewerbebetriebes mitwirkt. Deshalb kann sich eine einstweilige Verfügung auch gegen **einzelne streikende Arbeitnehmer** („Rädelsführer") richten. In Anspruch genommen werden kann aber auch die **betriebliche, örtliche oder regionale Streikleitung** (BAG v. 21. 6. 1988, NZA 1988, 846 und v. 8. 11. 1988, NZA 1989, 475).

8 Die **Parteifähigkeit der Gewerkschaften**, die regelmäßig nicht-eingetragene Vereine sind, ergibt sich ausdrücklich aus § 10 ArbGG.

2. Herrn (Name), Bezirksleiter der IG Metall . . ., (Adresse der Bezirksleitung)[9] – Antragsgegner Ziff. 2 –

3. Herrn (Name), örtlicher Streikleiter der IG Metall . . ., (Adresse wie Ziff. 2) – Antragsgegner Ziff. 3 –

4. Herrn (Name), betrieblicher Streikleiter der IG Metall für die . . .-AG, (Adresse wie Ziff. 2 oder Privatadresse) – Antragsgegner Ziff. 4 –

vertreten wir die Antragstellerin.

Namens und im Auftrag der Antragstellerin beantragen[10] wir, im Wege der einstweiligen Verfügung – wegen der Dringlichkeit ohne mündliche Verhandlung und durch den Vorsitzenden allein –:

1. Den Antragsgegnern zu untersagen, in der Zeit bis zum 31. 12. 2004 die Arbeitnehmer der Antragstellerin für Verbesserungen des Lohn- und Gehalts-Tarifvertrages zwischen der IG Metall und der . . .-AG vom . . . zum Streik aufzurufen,[11, 12]

2. den Antragsgegnern für jeden Fall der Zuwiderhandlung ein Ordnungsgeld von Euro 250 000,– anzudrohen, ersatzweise Ordnungshaft,

3. hilfsweise: Die beantragte einstweilige Verfügung aufgrund mündlicher Verhandlung unter größtmöglicher Abkürzung der Ladungs- und Einlassungsfristen zu erlassen,

---

9 ➲ **Praxistipp:** Inwieweit **Untergliederungen von Verbänden**, insbesondere von Gewerkschaften, parteifähig sind, ist eine Frage des Einzelfalls, die in der Praxis vor allem deshalb große Schwierigkeiten macht, weil Gewerkschaften üblicherweise ihre internen Satzungen und Vertretungsrichtlinien nicht publizieren. Nehmen Bezirksleitungen im Rahmen einer zentralgegliederten Gesamtorganisation nur Hilfsaufgaben wahr und verfügen sie über keine eigene korporative Verfassung und keine eigene Entscheidungsbefugnis, sind sie nicht parteifähig (BAG v. 26. 2. 1964, AP Nr. 5 zu § 36 ZPO zu den Bezirksleitungen der IG Metall; vgl. auch LAG München v. 27. 3. 1987, NZA 1988, Beil. 2, 23, 25; vgl. auch BGH v. 21. 3. 1972, DB 1972, 928 – Parteifähigkeit von Bezirksverwaltungen der Deutschen Postgewerkschaft). Im Zweifel sollte man das Kostenrisiko nicht scheuen und **sämtliche in Betracht kommenden Untergliederungen** in den Klagantrag aufnehmen.

10 Die früher empfohlenen Anträge auf Zulassung der Zustellung der Entscheidung auch zur Nachtzeit und an Sonn- und Feiertagen (vgl. Vorauft.) sind seit Streichung des § 188 ZPO aF hinfällig.

11 ➲ **Praxistipp:** In der gestellten Form handelt es sich um einen **Globalantrag**, der immer riskant ist (vgl. **M 31.7** Fn. 4). Insbesondere wenn nicht der Streik insgesamt rechtswidrig ist, sondern nur bestimmte Streikmaßnahmen (vgl. **M 42.2**), erfassen Globalanträge fast immer auch legale Kampfmittel, so dass dann die Abweisung des Globalantrags als unbegründet droht. Im vorliegenden Fall ist das Risiko jedoch gering. Zwar wäre theoretisch denkbar, dass der Tarifvertrag vor seinem Ablauf erneut und diesmal wirksam fristlos gekündigt wird. Wegen solcher bloß theoretisch denkbarer Risiken kann indes ein Globalantrag nicht als unbegründet abgewiesen werden.

12 In Betracht käme zusätzlich auch der Antrag, die Gewerkschaft zu verpflichten, mit allen verbandsrechtlich zulässigen Mitteln auf ihre Mitglieder **einzuwirken**, dass diese die rechtswidrigen Kampfmaßnahmen unterlassen. Solche Anträge spielen vor allem bei Streikexzessen eine Rolle (s. **M 42.2**).

Begründung:

Zwischen der Antragstellerin und der Antragsgegnerin Ziff. 1 wurden am ... mehrere Haustarifverträge abgeschlossen, darunter auch ein Lohn- und Gehalts-Tarifvertrag (LGTV). Ausweislich seines § ... wurde der LGTV zunächst unkündbar für die Zeit bis zum 31. 12. 2004 abgeschlossen.

Zur Glaubhaftmachung: Lohn- und Gehaltsrahmentarifvertrag vom ...,
Anlage AS 1

Die IG Metall als Antragsgegnerin Ziff. 1 hat der Antragstellerin vor zwei Wochen in einem Schreiben mitgeteilt, man kündige hiermit den LGTV aus wichtigem Grund ohne Einhaltung einer Frist, und verlange sofortige Neuverhandlungen mit dem Ziel erheblicher Steigerungen der Löhne und Gehälter. Als Grund für die fristlose Kündigung wurde in dem Schreiben angegeben, die Ertragslage des Unternehmens habe sich in den vergangenen zwölf Monaten dramatisch verbessert. Auf den Haustarifvertrag vom ..., der das Lohn- und Gehaltsniveau unter das Niveau des Metall-Flächentarifvertrages gesenkt hatte, habe man sich auf Seiten der IG Metall (Antragsgegnerin Ziff. 1) nur deshalb eingelassen, um das Unternehmen vor der drohenden Insolvenz zu bewahren. Hätte man es für möglich gehalten, dass sich das Unternehmen derart positiv entwickelt, hätte man eine Ausstiegs- und Anpassungsklausel in den LGTV aufgenommen. Angesichts der erheblichen Gewinne der Antragstellerin in den letzten zwölf Monaten sei die Geschäftsgrundlage für den ungünstigeren Haustarifvertrag weggefallen.

Zur Glaubhaftmachung: Schreiben der Antragsgegnerin Ziff. 1 vom ...,
Anlage AS 2

Die Antragstellerin hat mit Schreiben vom ... und vom ... kategorisch Neuverhandlungen abgelehnt.

Zur Glaubhaftmachung: Schreiben der Antragstellerin vom ... und
vom ..., Anlage AS 3 und AS 4

Daraufhin hat die IG Metall (Antragsgegnerin Ziff. 1) gestern die gesamte Belegschaft der Antragstellerin zum Warnstreik für übermorgen, den ... aufgerufen.

Zur Glaubhaftmachung: Streikaufruf vom ..., Anlage AS 5

Der Vorstandsvorsitzende der Antragstellerin hat daraufhin sofort telefonisch vom Vorstand der Antragsgegnerin Ziff. 1 verlangt, dass der Streik unterbleibe. Der erste Vorsitzende der Antragsgegnerin Ziff. 1 hat dem Vorstandsvorsitzenden der Antragstellerin bei diesem Telefonat jedoch erläutert, der Streikaufruf sei endgültig.[13]

---

13 Wie allgemein bei Unterlassungsverfügungen ist eine **Begehungsgefahr** erforderlich. Die Begehungsgefahr kann zum einen daraus resultieren, dass bereits ein gleichartiger Verstoß stattgefunden hat (sog. **„Wiederholungsgefahr"**, dazu BAG v. 12. 9. 1984, AP Nr. 81 zu Art. 9 GG – Arbeitskampf). Ansonsten kann eine einstweilige Verfügung auch bei **„Erstbegehungsgefahr"** in Betracht kommen. Das setzt allerdings voraus, dass anhand der **konkreten Umstände** des Einzelfalls glaubhaft gemacht wird, dass ein **konkreter** Verstoß **unmittelbar bevorsteht**. Eine Erstbegehungsgefahr kann vor allem daraus resultieren, dass sich die Gegenseite der Zulässigkeit bestimmter Kampfmittel **berühmt**.

Zur Glaubhaftmachung für alles Vorstehende: Eidesstattliche Versicherung des Vorstandsvorsitzenden der...-AG, Herrn..., vom..., Anlage AS 6

Der Streikaufruf ist rechtswidrig. Die Kündigung des LGTV durch die Antragsgegnerin Ziff. 1 war unwirksam (wird ausgeführt). Wegen der Unwirksamkeit der Kündigung des LGTV besteht dieser noch bis 31. 12. 2004 unkündbar fort, so dass auch bis dahin noch die tarifliche Friedenspflicht besteht. Die tarifliche Friedenspflicht schließt Arbeitskampfmaßnahmen jeglicher Art aus. Folglich war der Streikaufruf der Antragsgegnerin Ziff. 1 vom... rechtswidrig.[14]

Nach einhelliger Auffassung kann sich ein Arbeitgeber gegen einen rechtswidrigen Streikaufruf durch Maßnahmen des einstweiligen Rechtsschutzes schützen (wird ausgeführt).[15]

Im vorliegenden Fall kann nicht nur die Antragsgegnerin Ziff. 1 in Anspruch genommen werden, sondern auch deren Repräsentanten, die Antragsgegner Ziff. 2, 3 und 4 (wird ausgeführt).

Würde die beantragte einstweilige Verfügung nicht erlassen, würden der Antragstellerin nicht wieder gutzumachende Schäden in Millionenhöhe drohen, insbesondere aufgrund der Vertragsstrafe, die im Zusammenhang mit einem Großauftrag vereinbart wurde (wird ausgeführt).[16]

---

14 Nach einer in Literatur und Rechtsprechung teilweise anzutreffenden Meinung soll eine einstweilige Verfügung gegen Arbeitskampfmaßnahmen nur in Betracht kommen, wenn diese **offensichtlich** rechtswidrig sind (zB LAG Düsseldorf v. 11. 12. 1978, DB 1979, 167; ArbG München v. 16. 3. 1978, DB 1978, 1649; *Zeuner*, RdA 1971, 7). Diese Auffassung überzeugt nicht. Vielmehr sind die allgemeinen Maßstäbe des einstweiligen Rechtsschutzes anzulegen (ebenso *Kalb* in Kasseler Handbuch, 6.2 Rz. 311; *Schäfer*, S. 187 Rz. 262; *Dütz*, BB 1980, 533; LAG München v. 19. 12. 1979, NJW 1980, 957; LAG Hamm v. 19. 4. 1984, NZA 1984, 130; LAG Hamm v. 31. 1. 1991, DB 1991, 1126).

15 Die **Zulässigkeit von einstweiligen Verfügungen** im Arbeitskampf ist nicht nur in der arbeitsrechtlichen Literatur, sondern auch in der Rechtsprechung uneingeschränkt anerkannt (vgl. BAG v. 21. 3. 1978, AP Nr. 62 zu Art. 9 GG – Arbeitskampf; LAG Hamm v. 31. 1. 1991, DB 1991, 1126; LAG Rh.-Pf. v. 5. 3. 1986, NZA 1986, 264; LAG Düsseldorf v. 31. 7. 1985, DB 1986, 807).

16 Die Anforderungen an den **Verfügungsgrund** sind heftig umstritten. Nach herrschender Auffassung kommt es – die Eilbedürftigkeit unterstellt – vor allem auf das **Bestehen oder Nichtbestehen des Unterlassungsanspruchs** an. Entscheidend sind also die Chancen, im Hauptsacheverfahren zu obsiegen oder zu unterliegen. Ist die angegriffene Arbeitskampfmaßnahme **offensichtlich rechtswidrig**, soll deshalb die Unterlassungsverfügung stets zu erlassen sein, auch wenn der anderen Seite durch die rechtswidrigen Kampfmaßnahmen keine nennenswerten Nachteile drohen. Liegt dagegen die **Rechtmäßigkeit** der streitigen Kampfhandlungen **auf der Hand**, so soll die Unterlassungsverfügung auch dann nicht in Betracht kommen, wenn der anderen Seite ein unverhältnismäßig hoher Schaden droht (ausf. dazu LAG München v. 19. 12. 1979, NJW 1980, 957; LAG Hamm v. 19. 4. 1984, NZA 1984, 130; LAG Niedersachsen v. 25. 3. 1987, NZA 1988, Beil. 2, 35, 38; LAG Rh.-Pf. v. 5. 3. 1986, NZA 1986, 264; LAG Schl.-Holst. v. 10. 12. 1996, NZA-RR 1997, 401). Bei einer schwierigen und ungeklärten Rechtslage soll in der Regel der Erlass einer einstweiligen Verfügung ausscheiden (LAG Köln v. 14. 6. 1996, NZA 1997, 328). Nach einer anderen Auffassung soll der Erlass einer einstweiligen Verfügung gegen Arbeitskampfmaßnahmen nur dann in Betracht kommen, wenn dem Kampfgegner wesentliche wirtschaftliche Nachteile bis hin zur Existenzvernichtung drohen (ArbG Ludwigshafen v. 9. 12. 1996, ArbuR 1997, 84; *Heckelmann*, ArbuR 1970, 177). Soweit es um

...

(Unterschrift)

Warnstreiks geht, soll nach verbreiteter Auffassung (LAG Hamm v. 17. 3. 1987, NZA 1988, Beil. 2, 26; LAG Hamburg v. 24. 3. 1987, NZA 1988, Beil. 2, 27, 28) in der Regel eine einstweilige Unterlassungsverfügung der Arbeitgeber bzw. der Arbeitgeberverbände nicht in Betracht kommen, da die Lästigkeit solcher Aktionen in keinem Verhältnis zu den Nachteilen stünde, die der Gewerkschaft durch Eingriffe in ihre Mobilisierungs- und Kampfstrategie drohten.

Antrag auf einstweilige Verfügung gegen rechtswidrige Streikmaßnahmen[1]

An das Arbeitsgericht

Antrag auf Erlass einer einstweiligen Verfügung

In Sachen

...-AG, vertreten durch den Vorstand (Name, Firmenadresse) – Antragstellerin –

gegen[2]

---

[1] Zu Gerichtsstand, Verfahrensort, Beteiligten sowie Aktiv- und Passivlegitimation s. **M 42.1**.

[2] Bei Blockademaßnahmen stellt sich in der Praxis meist das Problem, wer tauglicher **Anspruchsverpflichteter** ist. Zur Unterlassung verpflichten sind zunächst die **streikenden Arbeitnehmer**. Meist ist dem Arbeitgeber jedoch nicht im Einzelnen bekannt, welche Arbeitnehmer sich an Übergriffen beteiligt haben und welche nicht. Auch ist es schon aus Praktikabilitätsgründen bedenklich, eine einstweilige Verfügung gegen Dutzende, Hunderte oder gar Tausende von einzelnen Arbeitnehmern zu beantragen (schon die Zustellungsprobleme dürften ein unüberwindliches Hindernis werden). Ob es möglich ist, die streikenden Arbeitnehmer **gruppenmäßig zu identifizieren**, also zB den Antrag gegen „sämtliche Personen, die sich zum Zeitpunkt der Zustellung des Verfügungsgesuchs auf dem Betriebsgelände der Antragstellerin aufhalten" zu richten (vgl. dazu *Raeschke-Kessler*, NJW 1981, 663), erscheint außerordentlich fraglich. Außerdem stellt sich wiederum das Zustellungsproblem. Rechtlich weniger problematisch und auch praktisch empfehlenswert ist es, sich an die „Hintermänner" zu halten, also an **Streikleiter, Bezirksleiter der Gewerkschaft** etc. Insoweit ist anerkannt, dass die Gewerkschaft ebenso wie die betriebliche, örtliche oder regionale Streikleitung selbst unmittelbar zur Unterlassung rechtswidriger Streikmaßnahmen verpflichtet ist, wenn sie die Arbeitskampfmaßnahmen veranlasst oder zumindest unterstützt hat (BAG v. 21. 6. 1988, NZA 1988, 846 und v. 8. 11. 1988, NZA 1989, 475). Die **lokalen Streikposten** und **Streikleiter** sind darüber hinaus schon dann unterlassungsverpflichtet, wenn sie die unzulässigen Handlungen der streikenden Arbeitnehmer **geduldet** haben, ohne dagegen einzuschreiten. Denn aufgrund eines solchen Verhaltens sind die rechtswidrigen Streikmaßnahmen als Teil des von den Streikleitern und Streikposten geführten Arbeitskampfes anzusehen (BAG v. 21. 6. 1988, NZA 1988, 846). Im Einzelfall kann außerordentlich problematisch sein, wer im Einzelnen auf welche Unterlassung in Anspruch genommen werden kann (zumal nach herrschender Auffassung die Schadenersatzhaftung der Gewerkschaft nach § 31 oder § 831 BGB mit der Unterlassungspflicht nicht korrespondiert, BAG v. 21. 6. 1988, NZA 1988, 884 und v. 8. 11. 1988, NZA 1989, 475; dazu *Kissel*, NZA 1989, 88). In Zweifelsfällen sollten alle in Betracht kommenden

1. Gewerkschaft IG Metall, vertreten durch den Vorstand, dieser vertreten durch den ersten Vorsitzenden . . . und den zweiten Vorsitzenden . . . (Dienstanschrift) – Antragsgegnerin Ziff. 1 –

2. Herrn (Name), Bezirksleiter der IG Metall . . ., (Adresse der Bezirksleitung) – Antragsgegner Ziff. 2 –

3. Herrn (Name), örtlicher Streikleiter der IG Metall . . ., (Adresse wie Ziff. 2) – Antragsgegner Ziff. 3 –

4. Herrn (Name), betrieblicher Streikleiter der . . .-AG, (Adresse wie Ziff. 2 oder Privatadresse) – Antragsgegner Ziff. 4 –

vertreten wir die Antragstellerin.

Namens und im Auftrag der Antragstellerin beantragen wir, im Wege der einstweiligen Verfügung – wegen der Dringlichkeit ohne mündliche Verhandlung und durch den Vorsitzenden allein –:

1. Die Antragsgegner zu verpflichten, es zu unterlassen, im Rahmen des von dem Antragsgegner Ziff. 2 ausgerufenen Streiks im Zusammenhang mit den Verhandlungen über einen neuen Manteltarifvertrag für die Metall- und Elektroindustrie Baden-Württemberg

    a) Streikende und Streikposten am Werkstor der Antragstellerin (. . . straße in . . .) in einer Weise aufzustellen, dass nicht durch eine mindestens drei Meter breite Gasse der ungehinderte Zugang bzw. Zufahrt von Menschen und Fahrzeugen von und aus dem Werksgelände der Antragstellerin sichergestellt ist,

    b) Fahrzeuge gleich welcher Art bei der Ein- oder Ausfahrt aus dem Werkstor der Antragstellerin (. . .-straße in . . .) anzuhalten, zu kontrollieren oder sonst wie zu behindern,

    c) Personen (insbesondere arbeitswillige Mitarbeiter), die das Werksgelände der Antragstellerin betreten oder verlassen wollen, durch körperliche Angriffe, Anspucken, Anschreien oder ähnliche Übergriffe daran zu hindern oder zu hindern zu versuchen,

    d) in der Öffentlichkeit oder gegenüber Medienvertretern zum Kaufboykott von Waren der Antragstellerin aufzurufen,

2. die Antragsgegner zu verpflichten, auf die den Betrieb der Antragstellerin in . . . bestreikenden Arbeitnehmer sowie auf die dort aufgestellten Streikposten in geeigneter Weise einzuwirken, um diese von den unter Ziff. 1.a) bis d) genannten Maßnahmen abzuhalten oder sie zu deren Aufhebung zu bewegen[3],

---

Anspruchsgegner in das Verfahren einbezogen werden, zumal das Kostenrisiko regelmäßig begrenzt sein dürfte.

3 Nach ständiger Rechtsprechung des BAG sind **Einwirkungsanträge** zulässig (BAG v. 21. 6. 1988, NZA 1988, 846). Dass nur abstrakt die Einwirkung beantragt wird und keine konkreten Einwirkungsmaßnahmen genannt werden, ist nicht nur zulässig (BAG v. 18. 2. 1998, NZA 1998, 1008 und v. 29. 4. 1992, NZA 1992, 846; LAG Hessen v. 27. 6. 1991, DB 1991, 2390), nach verbreiteter Auffassung wäre es sogar unzulässig, bestimmte Einwirkungsmaßnahmen zu verlan-

3. den Antragsgegnern für jeden Fall der Zuwiderhandlung ein Ordnungsgeld von Euro 250 000,– anzudrohen, ersatzweise Ordnungshaft,

4. hilfsweise: Die beantragte einstweilige Verfügung aufgrund mündlicher Verhandlung unter größtmöglicher Abkürzung der Ladungs- und Einlassungsfristen zu erlassen.

Begründung:

Wie allgemein bekannt ist, hat die IG Metall im Rahmen der laufenden Tarifrunde zu so genannten „Schwerpunktstreiks" aufgerufen. Wichtigstes Streikziel ist eine Änderung des Manteltarifvertrages dahin gehend, dass die Arbeitszeit künftig nur noch 30 Stunden pro Woche (bei vollem Lohnausgleich) betragen soll. Durch Streikaufruf vom . . . hat die Bezirksleitung der IG Metall die Arbeitnehmer der Antragstellerin zum Streik aufgerufen.

Zur Glaubhaftmachung: Streikaufruf vom . . ., Anlage AS 1

Am ersten Streiktag, dem . . . ist es am Werkstor der Antragstellerin in der . . . straße in . . . zu zahlreichen rechtswidrigen Übergriffen von Streikenden und Streikposten gekommen. Insbesondere wurden die Zugänge teilweise blockiert. Arbeitswillige Arbeitnehmer sowie Kunden und Lieferanten wurden beim Betreten des Werksgeländes angepöbelt, bespuckt, angeschrien und teilweise sogar getreten (wird im Einzelnen ausgeführt, ggfs. unter Beifügung von Fotomaterial).

Zur Glaubhaftmachung für alles Vorstehende: Eidesstattliche Versicherung der Prokuristen A und B vom . . . und vom . . ., Anlagen AS 2 und AS 3
. . . Fotografien, Anlagekonvolut AS 4

Des Weiteren hat der örtliche Streikleiter der Antragsgegnerin Ziff. 1, der Antragsgegner Ziff. 4, in einem Interview mit dem Fernsehsender . . . am . . . dazu aufgerufen, bis zum Ende des Streiks Waren der Antragstellerin zu boykottieren, da diese versuche, die Folgen des Streiks durch den „schändlichen" Einsatz von Streikbrechern zu unterlaufen. In dem Interview hat der örtliche Streikleiter mitgeteilt, der Boykottaufruf werde vom Vorstand der Antragsgegnerin Ziff. 1 „mitgetragen".

Zur Glaubhaftmachung: Videokassette des Fernseh-Interviews vom . . ., Anlage AS 5
Eidesstattliche Versicherungen, bereits vorgelegt als Anlagen AS 2 und AS 3

Die Antragstellerin bestreitet zwar nicht die Rechtmäßigkeit des Streiks als solcher. Sie ist aber nicht gewillt, rechtswidrige Ausschreitungen im Zusammenhang mit dem Streik zu dulden. Wenn gestreikt wird, muss der Streik sich in den Grenzen des Zulässigen halten. Das ist vorliegend in mehrfacher Hinsicht nicht der Fall (wird ausgeführt).

---

gen, da dies in die verfassungsrechtlich geschützte Verbandsautonomie eingreifen würde (Stein/Jonas/*Schumann*, § 253 ZPO Rz. 59).

Die Antragsgegner sind sämtlich zur Unterlassung der rechtswidrigen Aktionen verpflichtet. Der Unterlassungsanspruch ergibt sich aus dem Gesichtspunkt des deliktischen Eingriffs in den eingerichteten und ausgeübten Gewerbebetrieb (§§ 823, 1004 BGB) (wird ausgeführt).

Hinsichtlich des Unterlassungsantrags Ziff. 1.a) bis d) ergeben sich Verfügungsanspruch und Verfügungsgrund hinsichtlich der Antragsgegner Ziff. 2 bis Ziff. 4 bereits daraus, dass diese an den rechtswidrigen Aktionen vom ... unmittelbar teilgenommen haben. Dies beweist das bereits als Anlage AS 5 vorgelegte Video-Band. Auf diesem sind die Antragsgegner Ziff. 2 bis Ziff. 4 zu sehen, wie sie sich an den rechtswidrigen Aktionen beteiligen. Damit besteht Wiederholungsgefahr. Der Unterlassungsanspruch hinsichtlich der Anträge Ziff. 1.a) bis d) besteht jedoch auch gegenüber der Antragsgegnerin Ziff. 1. Diese trägt die rechtswidrigen Arbeitskampfmaßnahmen offensichtlich mit. Der Prokurist A der Antragstellerin hat sich am ... beim Gewerkschaftsvorstand in ... telefonisch über die Streikexzesse beschwert. Daraufhin wurde ihm erläutert, die Vorfälle am Werkstor der Antragstellerin vom ... seien dem Gewerkschaftsvorstand im Einzelnen bekannt. Solche Aktionen gehörten zum „normalen Repertoire" von Arbeitskämpfen, und gegen ihre Rechtmäßigkeit bestünden keine Bedenken. Man werde die örtliche Streikleitung dazu ermuntern, mit gleichen oder ähnlichen Aktionen fortzufahren.

Zur Glaubhaftmachung: Eidesstattliche Versicherung, bereits vorgelegt als Anlage AS 2

Hinsichtlich des Antrags Ziff. 2. (Einwirkung) ergeben sich Verfügungsanspruch und Verfügungsgrund schon deshalb, weil alle Antragsgegner den Streik gemeinsam planen und organisieren, und ihnen allesamt Einwirkungsmöglichkeiten auf die Streikenden zur Verfügung stehen.

...

(Unterschrift)

42.3 Antrag auf einstweilige Verfügung wegen Einrichtung eines Notdienstes[1]

An das Arbeitsgericht

Antrag auf Erlass einer einstweiligen Verfügung

In Sachen

...-AG, vertreten durch den Vorstand (Name, Firmenadresse) – Antragstellerin –

gegen

---

[1] ⊃ **Praxistipp:** Die Rechtsprechung hat in zahlreichen Entscheidungen ausdrücklich offen gelassen, wer **Träger von Notdienstarbeiten** ist. Keine Probleme entstehen, wenn Arbeitgeber/Verband und Gewerkschaft den Notdienst einvernehmlich regeln, wie dies in der

1. Gewerkschaft IG Metall, vertreten durch den Vorstand, dieser vertreten durch den ersten Vorsitzenden . . . und den zweiten Vorsitzenden . . . (Dienstanschrift) – Antragsgegnerin Ziff. 1 –

2. Herrn (Name), Bezirksleiter der IG Metall . . ., (Adresse der Bezirksleitung) – Antragsgegner Ziff. 2 –

vertreten wir die Antragstellerin.

Namens und im Auftrag der Antragstellerin beantragen[2] wir, im Wege der einstweiligen Verfügung – wegen der Dringlichkeit ohne mündliche Verhandlung und durch den Vorsitzenden allein –:

1. die Antragsgegner zu verpflichten, mit der Antragstellerin die als Anlage AS 1 beigefügte Notdienstvereinbarung abzuschließen,

2. hilfsweise: Die Antragsgegner zu verpflichten, bezüglich des Werkes . . . der Antragstellerin an der Einrichtung eines Notdienstes mitzuwirken, der die in der Anlage AS 1 aufgeführten Notdienstarbeiten ausführt,

3. die Antragsgegner zu verpflichten, es zu unterlassen, im Falle einer Nicht-Einigung über die Einrichtung des Notdienstes gemäß Ziff. 1 oder Ziff. 2 die einseitige Durchführung der in Anlage AS 1 aufgeführten Notdienstarbeiten durch die Antragstellerin zu behindern, insbesondere durch Aufrufe und Appelle an die zum Notdienst eingeteilten Mitarbeiter, die Arbeiten nicht auszuführen,

4. hilfsweise zu 1.–3.: Die beantragte Verfügung aufgrund mündlicher Verhandlung unter größtmöglicher Abkürzung der Ladungs- und Einlassungsfristen zu erlassen.

Begründung:

Wie allgemein bekannt ist, hat die IG Metall im Rahmen der laufenden Tarifrunde zu Schwerpunktstreiks aufgerufen. Wichtigstes Streikziel ist eine Änderung des Manteltarifvertrages dahin gehend, dass die Arbeitszeit künftig nur noch 30 Stunden pro Woche

---

Praxis meist der Fall ist. Scheitert jedoch eine solche Notdienstvereinbarung, ist fraglich, ob der betroffene Arbeitgeber zunächst per einstweiliger Verfügung den **Abschluss** einer Notdienstvereinbarung **durchsetzen** muss oder ob er sogleich **einseitig** Notdienstmaßnahmen anordnen kann und sich dann ggf. nur noch per einstweiliger Verfügung gegen Störmanöver der Gewerkschaft wehren muss. Das vorliegende Muster kombiniert beide Anträge, was zur Sicherheit dringend zu empfehlen ist. Wie in den meisten anderen Eilverfahren auch geht es bei Notdienstarbeiten meist um viel Geld (hohe Schäden), gegenüber denen das Kostenrisiko, mit einzelnen Anträgen in einem einstweiligen Verfügungsverfahren abgewiesen zu werden, nicht nennenswert ins Gewicht fällt. In der Praxis wird häufig bei solchen Verfahren im Wege der „Schrotschuss-Taktik" mit einem Bündel von Anträgen gegen eine Vielzahl von Antragsgegnern gearbeitet in der Hoffnung, dass zumindest der eine oder andere Antrag vor Gericht Bestand hat.

2 Sehr fraglich ist, ob die Gewerkschaft zum Abschluss einer **wörtlich vorformulierten** Notdienstvereinbarung verpflichtet werden kann. Wäre dies zulässig, hätte dies den Vorteil, dass wegen § 894 ZPO eine gesonderte Vollstreckung entbehrlich wäre und bereits mit Erlass der einstweiligen Verfügung die Notdienstvereinbarung zustande gekommen wäre. Sicherheitshalber sollte immer hilfsweise die Verpflichtung beantragt werden, an dem Abschluss einer Notdienstvereinbarung mitzuwirken, was dann über § 888 ZPO zu vollstrecken wäre.

(bei vollem Lohnausgleich) betragen soll. Durch Streikaufruf vom . . . hat die Bezirksleitung der IG Metall die Arbeitnehmer der Antragstellerin zum Streik aufgerufen.

Zur Glaubhaftmachung: Streikaufruf vom . . ., Anlage AS 2

Die Antragstellerin hat die Antragsgegner am . . . per Fax darauf hingewiesen, dass im Werk . . . die in Anlage AS 1 zur Antragsschrift aufgeführten Notdienstarbeiten erforderlich sind, um das Verderben von Halbfertigprodukten und damit Schäden in Millionenhöhe abzuwenden (wird ausgeführt).

Zur Glaubhaftmachung: Fax der Antragstellerin an die Antragsgegner vom . . ., Anlage AS 3

Die Antragsgegner haben jedoch mit gleich lautendem Faxschreiben vom selben Tag mitgeteilt, für die Einrichtung eines Notdienstes gebe es keine Veranlassung. Es möge sein, dass der Antragstellerin Schäden in Millionenhöhe durch das Verderben von Halbfertigprodukten entstehen könnten. Das seien jedoch die „normalen Folgen" eines Arbeitskampfs.

Zur Glaubhaftmachung: Faxschreiben der Antragsgegner vom . . ., Anlagen AS 4 und AS 5
Eidesstattliche Versicherung des Personalleiters der Antragstellerin vom (Datum), Anlage AS 6

Mit den Anträgen Ziff. 1 und 2 begehrt die Antragstellerin zunächst die Verpflichtung der Antragsgegner, entweder der im konkreten Wortlaut vorgeschlagenen Notdienstvereinbarung zuzustimmen, oder – hilfsweise – jedenfalls an dem Zustandekommen einer Notdienstvereinbarung mitzuwirken. Letztere Verpflichtung wäre ggf. nach § 888 ZPO zu vollstrecken. Da die Vollstreckung nach § 888 ZPO sehr umständlich und zeitraubend ist und bis zur Vollstreckung bereits Schäden in Millionenhöhe eintreten würden (wird ausgeführt), ist die Antragstellerin darauf angewiesen, Notdienstarbeiten einseitig anzuordnen und durchzuführen, wenn sich die Antragsgegner trotz einer entsprechenden Verfügung nicht freiwillig an einer Notdienstvereinbarung beteiligen (wird ausgeführt).

. . .
(Unterschrift)

Schlichtungsabkommen

Zwischen

der Firma . . .-AG

und

der Industriegewerkschaft . . .

wird zur Regelung von Streitigkeiten im Zusammenhang mit den bestehenden und künftigen Haustarifverträgen das folgende Schlichtungsabkommen geschlossen:

§ 1 Voraussetzungen für die Durchführung eines Schlichtungsverfahrens

(1) Entsteht zwischen den Tarifvertragsparteien ein Streitfall, der zu Kampfmaßnahmen führen kann, so haben die Tarifvertragsparteien innerhalb von 14 Kalendertagen in Verhandlungen einzutreten und zu versuchen, zu einer Einigung zu gelangen.

(2) Erklärt eine der streitenden Tarifvertragsparteien der anderen, dass eine Einigung nicht zu erzielen sei, oder lehnt eine dieser Parteien es ab, weiter zu verhandeln, so ist ein Schlichtungsverfahren nach Maßgabe nachstehender Bestimmungen durchzuführen.

§ 2 Schlichtungsstelle

(1) Die Schlichtungsstelle besteht aus einem unparteiischen Vorsitzenden sowie aus je vier Beisitzern jeder Seite. Jede Seite bestimmt einen dieser Beisitzer zum Obmann.

(2) Der unparteiische Vorsitzende ist stimmberechtigt.

(3) Auf Antrag einer der Tarifvertragsparteien sind zwei unparteiische Beisitzer mit Stimmrecht hinzuzuziehen, von denen je einer von jeder Seite benannt wird.[1]

§ 3 Berufung des unparteiischen Vorsitzenden

(1) Der unparteiische Vorsitzende wird jeweils auf die Dauer von drei Jahren gemeinsam von den Tarifvertragsparteien berufen.

(2) Einigen sich die Tarifvertragsparteien nicht innerhalb von 14 Kalendertagen nach In-Kraft-Treten dieses Abkommens auf die Person des unparteiischen Vorsitzenden, so sind sie verpflichtet, den Präsidenten des für das Unternehmen zuständigen Landesarbeitsgerichts zu bitten, nach Anhörung der Parteien dieses Abkommens einen Unparteiischen zu bestimmen.

(3) Abs. 2 gilt entsprechend, wenn sich die Parteien dieses Abkommens 14 Kalendertage vor Ablauf der Amtszeit nicht auf eine Wiederberufung eines Unparteiischen oder die Berufung eines anderen Unparteiischen einigen.

§ 4 Zuständigkeit der Schlichtungsstelle

Die Schlichtungsstelle ist als einzige Instanz zuständig für alle Streitigkeiten zwischen den Tarifvertragsparteien, die zu Kampfmaßnahmen führen können.

---

1 Selbstverständlich ist eine Schlichtungsvereinbarung auch ohne zusätzliche unparteiische Beisitzer (vgl. § 8 c) möglich und in kleineren Unternehmen auch sinnvoll.

§ 5 Anrufung der Schlichtungsstelle

(1) Die Schlichtungsstelle kann durch eine der Tarifvertragsparteien angerufen werden. Die Anrufung muss schriftlich bei dem Vorsitzenden erfolgen; gleichzeitig ist eine Abschrift des Schreibens der anderen Tarifvertragspartei zuzuleiten.

(2) Die Schlichtungsstelle hat innerhalb von sieben Kalendertagen nach Anrufung zusammenzutreten.

§ 6 Verhandlung und Beschlussfassung

(1) Die Verhandlungen der Schlichtungsstelle sind nicht öffentlich.

(2) Die Beschlüsse der Schlichtungsstelle werden mit einfacher Mehrheit gefasst. Stimmenthaltungen sind unzulässig.

(3) Die Schlichtungsstelle ist auch dann zur Beschlussfassung berechtigt, wenn die Beisitzer einer Tarifvertragspartei trotz schriftlicher Ladung ohne zwingenden Grund der Sitzung fernbleiben.

§ 7 Verfahren

(1) Die Schlichtungsstelle hat durch Anhörung der Parteien oder deren Vertreter die Streitpunkte und die für ihre Beurteilung wesentlichen Verhältnisse klarzustellen.

(2) Die Schlichtungsstelle hat in jedem Stadium des Verfahrens zu versuchen, eine Einigung der Parteien herbeizuführen.

(3) Kommt eine Einigung zustande, so ist sie in ihrem Wortlaut niederzuschreiben und von den Parteien zu unterzeichnen.

(4) Kommt keine Einigung zustande, so hat die Schlichtungsstelle einen Schiedsspruch zu fällen. Er muss sich auf alle zwischen den Parteien strittigen Fragen erstrecken, vor seiner Verkündung schriftlich abgefasst und von den Mitgliedern der Schlichtungsstelle, die an der Abstimmung teilgenommen haben, unterzeichnet werden.

(5) Im Anschluss an seine Verkündung ist der Schiedsspruch den Parteien auszuhändigen.

(6) Für die Annahme oder Ablehnung des Schiedsspruchs ist den Parteien eine Frist von 14 Kalendertagen zu setzen.

(7) Die Erklärung über Annahme oder Ablehnung ist von jeder Partei innerhalb der gesetzten Frist gegenüber der anderen Partei und dem Vorsitzenden der Schlichtungsstelle abzugeben. Nichtabgabe einer Erklärung innerhalb der gesetzten Frist bedeutet Ablehnung.

§ 8 Bindende Wirkung des Schiedsspruchs

Einer Fristsetzung zur Annahme oder Ablehnung des Schiedsspruchs bedarf es nicht, wenn

a) die Parteien vereinbart haben, dass sie ihn im Voraus annehmen,

b) er einstimmig gefasst worden ist,

c) er unter Beteiligung unparteiischer Beisitzer gefällt und in ihm zum Ausdruck gebracht worden ist, dass er mit der Stimme des Vorsitzenden, den Stimmen der unparteiischen Beisitzer und mindestens zweier Parteibeisitzer jeder Seite zustande gekommen ist (qualifizierter Schiedsspruch).

§ 9 Scheitern des Schlichtungsverfahrens

Das Schlichtungsverfahren gilt als gescheitert, wenn die Schlichtungsstelle nicht innerhalb einer Frist von 14 Kalendertagen nach ihrem ersten Zusammentreten einen Schiedsspruch gefällt hat oder wenn der Schiedsspruch abgelehnt worden ist.

§ 10 Kosten der Schlichtungsstelle

(1) Die Kosten des Schlichtungsverfahrens sowie die aus der Berufung des unparteiischen Vorsitzenden entstandenen Kosten trägt jede Seite zur Hälfte.

(2) Die aus der Hinzuziehung von Beisitzern entstandenen Kosten trägt die sie bestellende Partei, ebenso trägt jede Partei die Kosten der von ihr geladenen Auskunftspersonen und Sachverständigen.

§ 11 Friedenspflicht

Vor Beginn und während der Dauer von Verhandlungen sowie während des Laufes von Erklärungsfristen sind die Durchführung von Urabstimmungen, Streiks, Aussperrungen oder sonstige Kampfmaßnahmen gegeneinander unzulässig. Das Gleiche gilt nach Anrufung der Schlichtungsstelle bis zum Abschluss des Schlichtungsverfahrens.

§ 12 In-Kraft-Treten und Laufdauer

Das Schlichtungsverfahren tritt am . . . in Kraft. Es kann mit einer Frist von drei Monaten, erstmals zum . . . gekündigt werden.

. . .
(Ort/Datum)

. . .
(Unterschrift)

. . .
(Unterschrift)

Vierter Teil Mitbestimmungsrecht

Kapitel 43   Mitbestimmungsrecht

Literaturübersicht: *Däubler*, Das Grundrecht auf Mitbestimmung, 3. Aufl. 1975; *Fitting/Wlotzke/ Wissmann*, Mitbestimmungsgesetz, 2. Aufl. 1978; GK-MitbestG, hrsg. v. Fabricius, Loseblatt; *Fuchs/Köstler*, Handbuch zur Aufsichtsratswahl, 2. Aufl. 2002; *Hüffer*, Aktiengesetz, 5. Aufl. 2002; *Köstler/Kittner/Zachert*, Aufsichtsratspraxis, 7. Aufl. 2003; *Meilicke/Meilicke*, Mitbestimmungsgesetz 1976, 2. Aufl. 1976; *Raiser*, Mitbestimmungsgesetz, 4. Aufl. 2002; *Wienke*, Die Wahlordnungen zum Mitbestimmungsgesetz, 4. Aufl. 1992.

I. Erläuterungen

1. Überblick

Die Mitbestimmung der Arbeitnehmer und Gewerkschaften in den Aufsichtsräten hat in Deutschland Tradition. Schon § 70 des Betriebsratsgesetzes vom 4. 2. 1920 sah Aufsichtsratsvertreter der Arbeitnehmer vor. Die Arbeitnehmer-Mitbestimmung ist nach dem 2. Weltkrieg durch die Einführung der paritätischen Montan-Mitbestimmung erheblich ausgebaut worden. Eine paritätische Mitbestimmung außerhalb der Montanindustrie konnten die Gewerkschaften aber in der Folgezeit nicht mehr durchsetzen. Das BetrVG 1952 sah nur noch eine Drittel-Beteiligung vor. Erst das Mitbestimmungsgesetz von 1976 führte dann auch außerhalb der Montan-Mitbestimmung eine – allerdings abgeschwächte – voll paritätische Mitbestimmung in Unternehmen mit mehr als 2000 Arbeitnehmern ein.

Die Mitbestimmung im Aufsichtsrat unterscheidet sich grundlegend von der Mitbestimmung des Betriebsrats nach dem BetrVG 1972. Die Mitbestimmung des **Betriebsrats** funktioniert dadurch, dass den Geschäftsleitungen (Geschäftsführung, Vorstand etc.) ein **Gegenspieler** in Form des Betriebsrats gegenübergestellt wird, mit dem in einer Reihe von abschließend im Gesetz aufgezählten Angelegenheiten Einigkeit erzielt werden muss. Dagegen funktioniert die **Aufsichtsrats-Mitbestimmung** dadurch, dass Interessenvertreter als **gleichberechtigte Mitglieder** in den Aufsichtsrat entsandt werden, die dort im Rahmen der internen Willensbildung innerhalb des Organs mitwirken, wobei ihre **Mitwirkung unbeschränkt** ist, sich also auf sämtliche denkbaren Angelegenheiten erstreckt, die das Organ behandelt.

Aufgrund der historischen Entwicklung ist das geltende Mitbestimmungsrecht auf **drei verschiedene Gesetze zersplittert** und dort auch überaus unterschiedlich geregelt. Zur weiteren Verwirrung trägt die uneinheitliche Terminologie der drei Mitbestimmungsgesetze bei. Überdies weisen die drei verschiedenen Mitbestimmungsgesetze eine Vielzahl von Detail-Unterschieden auf, ohne dass sich der Grund für viele dieser Differenzierungen aufdrängen würde. Nicht zuletzt auch die überaus komplizierten Wahlordnungen haben dazu beigetragen, dass das Mitbestimmungsgesetz nach wie vor eine Materie für Spezialisten ist.

Die drei Gesetze, die die Mitbestimmung im Aufsichtsrat regeln, sind

- das **Montan-Mitbestimmungsgesetz** vom 21. 5. 1951 mit dem Montan-Mitbestimmungs-Ergänzungsgesetz vom 7. 8. 1956 (Montanmitbestimmung),
- die **§§ 76 bis 87 des BetrVG 1952** (Mitbestimmung in Kapitalgesellschaften bis 2000 Mitarbeitern),
- das **Mitbestimmungsgesetz** vom 8. 5. 1976 (Mitbestimmung in Gesellschaften mit 2000 und mehr Arbeitnehmern).

Alle drei Aufsichtsratsmodelle kommen **nur alternativ** zur Anwendung, niemals kumulativ.

2. BetrVG 1952

Die geringste Eingriffsschwelle der drei Mitbestimmungsgesetze hat das **BetrVG 1952**. Es gilt in AGs, GmbHs, VVaGs, KGaAs sowie Erwerbs- und Wirtschaftsgenossenschaften **mit mehr als 500 Arbeitnehmern**. Daneben gilt das BetrVG 1952 aufgrund einer Übergangsregelung (§ 76 Abs. 6 BetrVG 1952) auch für **Aktiengesellschaften mit weniger als 500 Arbeitnehmern**, wenn diese **vor dem 10. 8. 1994** ins Handelsregister eingetragen wurden und nicht Familiengesellschaften sind. Für Unternehmen mit politischer, gewerkschaftlicher, konfessioneller, karitativer oder sonstiger benennungsbezogener Zielsetzung gilt das BetrVG 1952 nicht, ebenso wenig wie für Religionsgemeinschaften (§ 81 BetrVG 1952).

Verwirrend ist die Mitbestimmung in **konzernangehörigen** Unternehmen geregelt. Nach § 77a BetrVG 1952 findet eine Zusammenrechnung von konzernangehörigen Arbeitnehmern nur dann statt, wenn die Unternehmen durch **Beherrschungsvertrag** verbunden sind. In diesem Fall werden die Arbeitnehmer des beherrschten Unternehmens dem beherrschenden zugeordnet, so dass eventuell bei dem beherrschenden Unternehmen ein mitbestimmter Aufsichtsrat zu bilden ist, obwohl dieses Unternehmen selbst weniger als 500 Arbeitnehmer hat. Ist allerdings die Schwelle der Anwendung des BetrVG 1952 erreicht, nehmen an der Wahl der Arbeitnehmervertreter die Arbeitnehmer aller konzernangehörigen Unternehmen teil, auch wenn kein Beherrschungsvertrag besteht. Eine Sonderregelung für die **GmbH & Co. KG** enthält das BetrVG 1952 – anders als das MitbestG – nicht. Die Errichtung eines mitbestimmten Aufsichtsrats bei der KG kommt also grundsätzlich nicht in Betracht. Bei der GmbH ist nur dann ein mitbestimmter Aufsichtsrat zu bilden, wenn die GmbH selbst mehr als 500 Arbeitnehmer hat oder die KG mit ihr durch Beherrschungsvertrag verbunden ist (§ 77a BetrVG 1952), was aber so gut wie nie vorkommt.

Die Rechtsfolge bei einem Eingreifen des BetrVG 1952 ist, dass der Aufsichtsrat zu **einem Drittel** aus Arbeitnehmervertretern bestehen muss. Die Vertreter der Arbeitnehmer werden in geheimer Wahl von allen wahlberechtigten Arbeitnehmern gewählt. Ein Arbeitnehmervertreter muss stets selbst Arbeitnehmer des Unternehmens sein. Sind zwei oder mehr Arbeitnehmervertreter zu wählen (zB bei einem 6- oder 9-köpfigen Aufsichtsrat), so können ein bzw. zwei Arbeitnehmervertreter **Externe** sein (meist **Gewerkschaftsvertreter**).

Während die Arbeitnehmermitbestimmung im Aufsichtsrat bei der AG und der KGaA unproblematisch ist, macht sie bei der **GmbH** erhebliche Probleme. Denn die GmbH hat nach ihrer Grundstruktur – anders als AG und KGaA – keinen Aufsichtsrat. Überschreitet eine GmbH die Grenze von 500 Mitarbeitern, muss nach dem BetrVG 1952 ein Aufsichtsrat gebildet werden, der meist in der Satzung der GmbH nicht vorgesehen ist. Hier gilt über die Verweisung des § 77 Abs. 1 BetrVG 1952 das besondere Statusverfahren nach den §§ 95 ff. AktG. Wird die Satzung von den Gesellschaftern nicht entsprechend geändert, so treten bei Durchführung des Statusverfahrens die Satzungsbestimmungen, die der Bildung des Aufsichtsrats entgegenstehen würden, entweder von selbst außer Kraft, oder sie werden (bei Einleitung eines gerichtlichen Verfahrens) durch Gerichtsbeschluss außer Kraft gesetzt (§ 97 AktG). Trotz dieser gesetzlichen Regelung sind zahlreiche Fragen der GmbH-Mitbestimmung noch ungelöst, die sich aus dem systemwidrig „aufgepfropften" Aufsichtsrat ergeben, so zB die Frage nach dem Verhältnis von Aufsichtsratsmitbestimmung und Weisungsrecht der Gesellschafter (§ 35 GmbHG).

In der **Praxis** ist häufig zu beobachten, dass – meist aus Unkenntnis – viele Unternehmen mit mehr als 500 Mitarbeitern keine Arbeitnehmervertreter im Aufsichtsrat oder (soweit sie eine GmbH sind) überhaupt keinen Aufsichtsrat haben. Machen sich weder Belegschaft noch Betriebsrat oder Gewerkschaft für die Bildung eines mitbestimmten Aufsichtsrats stark, leiten nur wenige Vorstände bzw. Geschäftsführungen die Installierung eines mitbestimmten Aufsichtsrates von sich aus ein. Das ist unproblematisch, da die Missachtung des BetrVG 1952 weder **Geldbußen** auslöst noch die **Beschlüsse** der übrigen Organe **nichtig** oder auch nur anfechtbar macht. Hier gilt in besonderem Maße der Satz „wo kein Kläger, da auch kein Richter".

3. Mitbestimmungsgesetz 1976

Das (fast) voll paritätische MitbestG greift ab einer Mitarbeiterschwelle von 2000. Der sachliche Geltungsbereich ist erheblich weiter als der des BetrVG 1952. Das MitbestG gilt nicht nur bei der AG, der KGaA, der GmbH sowie der Erwerbs- und Wirtschaftsgenossenschaft, darüber hinaus sind nach § 4 MitbestG auch GmbH & Co. KGs unter bestimmten Voraussetzungen mitbestimmungspflichtig. Außerdem ist die **Zurechnung von Konzernarbeitnehmern** gegenüber dem BetrVG 1952 erheblich erweitert (§ 5 MitbestG). Demgegenüber hat das MitbestG VVaGs nicht einbezogen.

Kernstück des MitbestG ist die **Parität**, die Arbeitnehmervertreter haben also die gleiche Zahl von Aufsichtsratssitzen wie die Anteilseignerseite. Etwas abgeschwächt wird diese zahlenmäßige Parität allerdings durch zwei Umstände. Zum einen muss ein Arbeitnehmervertreter **leitender Angestellter** sein (§ 15 Abs. 2 Satz 2 MitbestG), und leitende Angestellte stehen erfahrungsgemäß der Geschäftsleitung des Unternehmens näher als der übrigen Belegschaft. Vor allem aber sieht § 29 Abs. 2 MitbestG bei Stimmenpatt einen Stichentscheid des Vorsitzenden vor, und dieser Vorsitzende wird aufgrund des in § 27 MitbestG geregelten Wahlverfahrens regelmäßig von der Anteilseignerseite gestellt.

Anders als das BetrVG 1952 schreibt das MitbestG zwingend vor, dass auch **Gewerkschaftsvertreter** unter den Vertretern der Arbeitnehmer sein müssen.

Hinsichtlich der Kompetenzen des Aufsichtsrats ergeben sich auf der Basis des MitbestG für die AG keine nennenswerten Abweichungen vom Aktiengesetz. Bedeutsam ist allerdings, dass bei der **GmbH** das MitbestG die Entscheidung über **Berufung und**

Abberufung der Geschäftsführer dem Aufsichtsrat zuweist (§ 31 Abs. 1 MitbestG), während es unter dem BetrVG 1952 insoweit bei der Zuständigkeit der Gesellschafterversammlung nach den §§ 35 ff. GmbHG verbleibt.

Anders als das BetrVG 1952 beschränkt sich das MitbestG nicht auf eine Verstärkung der Arbeitnehmerrechte im Aufsichtsrat. Vielmehr hat das Mitbestimmungsgesetz auch Auswirkungen auf das Geschäftsführungsorgan (Vorstand, Geschäftsführung etc.). Nach § 33 MitbestG hat dem jeweiligen Geschäftsführungsorgan ein so genannter „**Arbeitsdirektor**" anzugehören. Der Arbeitsdirektor wird wie alle anderen Mitglieder des Vorstandes bzw. der Geschäftsführung vom Aufsichtsrat bestellt, die Arbeitnehmervertreter haben insoweit weder ein Alleinentscheidungs- noch ein Entsenderecht. Das MitbestG regelt auch nicht, dass der Arbeitsdirektor irgendwelche besonderen Kompetenzen innerhalb des Geschäftsführungsorgans haben müsste. Nach hA muss ihm zumindest ein Kernbereich der Personal- und Sozialangelegenheiten als Aufgabengebiet zugewiesen sein.[1]

Auch unter dem MitbestG regelt sich die Einführung der paritätischen Mitbestimmung ebenso wie ihre Wiederabschaffung nach den Regeln des aktienrechtlichen Statusverfahrens (§§ 95 ff. AktG), dazu näher unter 5. Auch das MitbestG kennt keine Sanktion für das Beibehalten einer gesetzeswidrigen Gesellschaftsverfassung unter Missachtung des MitbestG.

4. Montan-Mitbestimmungsgesetz

Das Montan-MitbestG vom 21. 5. 1951 gilt für Unternehmen des Bergbaus und der eisen- und stahlerzeugenden Industrie, die in der Rechtsform einer AG oder einer GmbH betrieben werden und mehr als 1 000 Arbeitnehmer beschäftigen. Das Gesetz sieht volle Parität vor, die Hälfte der Aufsichtsratsmitglieder sind also Arbeitnehmervertreter. Diese werden – anders als nach dem MitbestG – allerdings nicht von den Arbeitnehmern gewählt. Vielmehr werden auch die Arbeitnehmervertreter **von den Anteilseignern** bestellt, die dabei jedoch an die Vorschläge der Betriebsräte bzw. der Spitzenorganisationen der Gewerkschaft gebunden sind. Eine **Urwahl** aller Arbeitnehmer **findet** also **nicht statt**.

Pattsituationen im Aufsichtsrat werden – anders als nach dem MitbestG – nicht durch einen Stichentscheid des Vorsitzenden gelöst, sondern durch die Bestellung eines **zusätzlichen unparteiischen Aufsichtsratsmitglieds**. Dieses wird in einem komplizierten Verfahren von einem Vermittlungsausschuss bestimmt, notfalls vom Oberlandesgericht (§ 8 Montan-MitbestG).

Ähnlich wie das MitbestG schreibt auch das Montan-MitbestG die Wahl eines **Arbeitsdirektors** in das Geschäftsführungsorgan (Vorstand, Geschäftsführung) vor, wobei allerdings unter dem Montan-MitbestG der Arbeitsdirektor nicht gegen die Stimmen der Mehrheit der Arbeitnehmervertreter berufen werden darf.

Das Montan-Mitbestimmungs-Ergänzungsgesetz vom 7. 8. 1956 wurde erlassen, um ein zunehmendes Herauswachsen von Unternehmen aus der Montan-Mitbestimmung aufgrund von Unternehmenskonzentrationen zu verhindern. Dieses Gesetz wurde in

---

1 BVerfG v. 1. 3. 1979, BVerfGE 50, 378; BGH v. 14. 11. 1983, BGHZ 89, 59; *Raiser*, § 33 MitbestG Rz. 16.

verfassungsrechtlich bedenklicher Weise (Einzelfallgesetzgebung) mehrfach in einzelnen Punkten ergänzt, um das Herauswachsen einzelner großer Unternehmen aus der Montan-Mitbestimmung zu verhindern (Lex-Rheinstahl vom 27. 4. 1967, Lex-Mannesmann vom 21. 5. 1981 etc.).

Oft übersehen wird, dass die Montan-Mitbestimmung neben dem Bergbau nur die eisen- und stahl**erzeugende** Industrie erfasst, nicht die eisen- und stahl**verarbeitende** Industrie. Für diese gilt ausschließlich das BetrVG 1952 sowie das MitbestG.

5. Statusverfahren

Für Fragen der **Einführung** der Mitbestimmung sowie des **Wechsels** zwischen verschiedenen Mitbestimmungsmodellen (zB bei Verringerung oder Erhöhung der Mitarbeiterzahl) verweisen alle Mitbestimmungsgesetze auf das aktienrechtliche Statusverfahren der §§ 95 ff. AktG. § 97 Abs. 1 AktG weist grundsätzlich dem Vorstand (bei der GmbH entsprechend der Geschäftsführung) die Aufgabe zu, über die Anwendung des „richtigen" Mitbestimmungsmodells zu wachen. Ist der Vorstand der Ansicht, dass der Aufsichtsrat nicht nach den maßgebenden Vorschriften zusammengesetzt ist (oder bei der GmbH ein an sich vorgeschriebener Aufsichtsrat nach dem BetrVG 1952 oder dem MitbestG fehlt), so hat er dies unverzüglich in den Gesellschaftsblättern und gleichzeitig durch Aushang in sämtlichen Betrieben der Gesellschaft und ihrer Konzernunternehmen bekannt zu machen. In der Bekanntmachung sind die nach Ansicht des Vorstands maßgebenden gesetzlichen Vorschriften zu nennen (s. **M 43.1**). Des Weiteren ist in der Bekanntmachung darauf hinzuweisen, dass der Aufsichtsrat nach den vom Vorstand für richtig gehaltenen Vorschriften zusammengesetzt wird, wenn nicht innerhalb eines Monats ein gerichtliches Verfahren nach § 98 AktG eingeleitet wird (siehe **M 43.2**). Geht innerhalb der Monatsfrist keine Klage (Statusklage) ein, so ist der neue Aufsichtsrat nach den Vorschriften zusammenzusetzen, die in der Bekanntmachung des Vorstandes bzw. der Geschäftsführung genannt waren. Soweit Regelungen der Satzung der Anwendung des neuen Aufsichtsrats-Modells entgegenstehen, treten sie spätestens mit der nächsten Hauptversammlung, jedenfalls aber nach sechs Monaten außer Kraft. Zum gleichen Zeitpunkt erlischt das Amt der bisherigen Aufsichtsratsmitglieder, soweit vorhanden.

Innerhalb der Monatsfrist nach der Bekanntmachung des Vorstandes (§ 97 AktG) kann beim **Landgericht**, in dessen Bezirk die Gesellschaft ihren Sitz hat, eine sog. **Statusklage** erhoben werden. **Antragsberechtigt** sind der Vorstand, jedes Aufsichtsratsmitglied, jeder Gesellschafter/Aktionär, der Gesamtbetriebsrat oder (wenn kein Gesamtbetriebsrat besteht) der Betriebsrat der Gesellschaft, Gesamtbetriebsräte/Betriebsräte von Konzernunternehmen, Spitzenorganisationen der Gewerkschaften sowie Gewerkschaften selbst, soweit ein Vorschlagsrecht dieser Gewerkschaften in Betracht kommt, sowie 10% der Arbeitnehmer. Gemäß § 99 AktG ist über die Statusklage nach dem Gesetz über die Angelegenheiten der **freiwilligen Gerichtsbarkeit** (FGG) zu verhandeln, so dass der Amtsermittlungsgrundsatz (§ 12 FGG) gilt. Zu weiteren Einzelheiten siehe das **M 43.2**.

Checkliste: Ablaufplan zur Aufsichtsratswahl nach BetrVG 1952[2]

Zeitplan	Wahlhandlung
→ Nicht weniger als 12 Wochen vor Beginn der Amtszeit des Aufsichtsrates:	→ Betriebsüblich bekannt gemachte Mitteilung des Wahlvorstandes, dass und wie viele Arbeitnehmervertreter in den Aufsichtsrat zu wählen sind sowie des Beginns der Amtszeit
→ Bis spätestens 10 Wochen vor Beginn der Amtszeit des Aufsichtsrates:	→ Wahl des gemeinsamen Wahlvorstandes in Betriebsversammlungen der einzelnen Betriebe. Ebenso Wahl der Betriebswahlvorstände für die einzelnen Betriebe
→ Unverzüglich nach Wahl des Wahlvorstandes:	→ Aufstellung der Wählerliste durch die Betriebswahlvorstände
→ Bis spätestens 6 Wochen vor dem ersten Wahltag:	→ Erlass und Aushang des Wahlausschreibens
→ Zeitgleich mit Aushang des Wahlausschreibens:	→ Auslegung der Wählerliste und eines Abdrucks der Wahlordnung 1953
→ Innerhalb von 12 Arbeitstagen seit dem Erlass des Wahlausschreibens:	→ Möglichkeit von Einsprüchen gegen die Richtigkeit der Wählerliste
→ Innerhalb von 12 Arbeitstagen seit dem Erlass des Wahlausschreibens:	→ Einreichung von Wahlvorschlägen
→ Am 13. Arbeitstag nach Erlass des Wahlausschreibens:	→ Soweit keine gültigen Wahlvorschläge eingereicht wurden, Setzung einer Nachfrist von 6 Arbeitstagen.
→ Spätestens 6 Arbeitstage vor dem ersten Wahltag:	→ Aushang der gültigen Wahlvorschläge

Wahltag

→ Unverzüglich, spätestens am 3. Arbeitstag nach dem Abschluss der Stimmabgabe:	→ Auszählung und Feststellung des Wahlergebnisses
→ Unverzüglich nach Feststellung des Wahlergebnisses:	→ Benachrichtigung der Gewählten
→ Innerhalb von 3 Arbeitstagen nach Zugang der Benachrichtigung:	→ Möglichkeit der Ablehnung der Wahl durch den Gewählten

---

2 ⊃ **Wichtig:** Der Wegfall des Gruppenprinzips im Jahr 2001 erfordert eine Neufassung der Wahlordnung zum BetrVG 1952, die aber noch aussteht. Bis dahin gilt gem. § 87a BetrVG 1952 die alte WO 1953 nur noch „entsprechend", also ohne die auf dem Gruppenprinzip basierenden Bestimmungen (vgl. im Einzelnen die Kommentierung der WO 1953 bei *Fitting*, BetrVG, 21. Aufl. 2002, S. 1860 ff.).

→ Unverzüglich nach Annahme der Wahl durch die Gewählten oder nach Ablauf der 3-Tage-Frist:	→ Bekanntgabe des Wahlergebnisses durch Aushang
→ Innerhalb von 14 Tagen nach Aushang des Wahlergebnisses:	→ Möglichkeit der Anfechtung der Wahl

II. Muster

Bekanntmachung des Vorstands nach § 97 AktG — 43.1

Mitteilung des Vorstands[1, 2, 3]

Unser Unternehmen hat per ... sämtliche Aktiva und Passiva der ... GmbH, ..., erworben. Damit verbunden war die Übernahme von sämtlichen ... Beschäftigten der ... GmbH. Dadurch hat sich per ... die Mitarbeiterzahl unseres Unternehmens von ... auf ... erhöht. Unser Unternehmen hat damit die Grenze von 500 Mitarbeitern überschritten. Für Aktiengesellschaften mit mehr als 500 Mitarbeitern regelt das Betriebsverfassungsgesetz 1952 (BetrVG 1952), dass der Aufsichtsrat zu einem Drittel aus Vertretern der Arbeitnehmer bestehen muss (§ 76 BetrVG 1952).[4] Deshalb ist der derzeit bestehende Aufsichtsrat unseres Unternehmens umzugestalten, es sind Arbeitnehmervertreter in den Aufsichtsrat zu wählen.

Diese Mitteilung wird durch Aushang in sämtlichen Betrieben unseres Unternehmens sowie in den Gesellschaftsblättern bekannt gemacht.[5] Wir weisen darauf hin, dass der Aufsichtsrat nach § 76 des BetrVG 1952 zusammengesetzt wird, wenn nicht innerhalb eines Monats nach Veröffentlichung dieser Bekanntmachung im Bundesanzeiger Klage gemäß § 98 AktG gegen die künftige Zusammensetzung des Aufsichtsrats erhoben wird.[6, 7, 8]

---

1 Das Verfahren nach § 97 AktG ist unabhängig davon durchzuführen, ob sich die **maßgeblichen Verhältnisse geändert** haben (zB Erhöhung oder Verringerung der Mitarbeiterzahl, Wechsel der Rechtsform), oder ob es schlicht darum geht, eine seit längerem bestehende falsche Aufsichtsratsstruktur zu **korrigieren**.

2 § 97 AktG gilt sowohl für das **erstmalige Eingreifen** der Mitbestimmung (insbes. des BetrVG 1952) als auch für einen **Wechsel** vom BetrVG 1952 zum MitbestG oder umgekehrt. Des Weiteren gilt § 97 AktG auch für einen Wechsel in und aus der Montan-Mitbestimmung.

3 Erkennt der Vorstand, dass der Aufsichtsrat nicht ordnungsgemäß zusammengesetzt ist, soll er gemäß § 97 Abs. 1 Nr. 1 AktG **unverzüglich** tätig werden, also ohne schuldhaftes Zögern (§ 121 Abs. 1 Satz 1 BGB). Stimmt sich der Vorstand vorab mit dem Aufsichtsrat ab, liegt noch kein schuldhaftes Zögern vor (*Hüffer*, § 97 AktG Rz. 4).

4 Für Altfälle (Eintragung der AG vor dem 10. 8. 1994) greift die Mitbestimmung des BetrVG 1952 ohne Rücksicht auf die Arbeitnehmerzahl, also auch bei weniger als 500 Arbeitnehmern.

5 Die **Bekanntmachung** erfolgt in den Gesellschaftsblättern (gemäß § 25 AktG jedenfalls im Bundesanzeiger), gleichzeitig durch Aushang in sämtlichen Betrieben der AG und ihrer Konzernunternehmen.

6 ➔ **Wichtig:** Die **einmonatige Ausschlussfrist** läuft nur, wenn die Bekanntmachung den gesetzlichen Erfordernissen entspricht. Bekanntzumachen ist im Einzelnen,

..., den ...⁹
...

*(Der Vorstand)*¹⁰

- dass der Aufsichtsrat nach Ansicht des Vorstands nicht gesetzmäßig zusammengesetzt ist,
- welche gesetzlichen Vorschriften nach Ansicht des Vorstands maßgeblich sind, und
- dass der Aufsichtsrat mangels rechtzeitig erhobener Statusklage nach Ablauf eines Monats auf der Grundlage des bekannt gemachten Modells zusammengesetzt wird.

Der Hinweis auf die Möglichkeit der Statusklage und die Ausschlussfrist muss nicht den Anforderungen einer Rechtsbehelfsbelehrung genügen. Es ist also nicht erforderlich, dass im Einzelnen erläutert wird, welches Gericht zuständig und wer antragsbefugt ist (*Hüffer*, § 97 AktG Rz. 4).

7 Wird innerhalb der Monatsfrist **Statusklage** erhoben, verliert die Bekanntmachung des Vorstandes ihre Wirkung. Es bleibt dann bis zur gerichtlichen Entscheidung bei der bisherigen Zusammensetzung des Aufsichtsrats. Ab der gerichtlichen Entscheidung richtet sich die Zusammensetzung des Aufsichtsrats dann nach dieser.

8 Ist eine Bekanntmachung nach § 97 AktG erfolgt und wurde daraufhin das gerichtliche Statusverfahren eingeleitet, kann bis zum rechtskräftigen Abschluss des Gerichtsverfahrens **keine neue Bekanntmachung** mehr erfolgen (§ 97 Abs. 3 AktG). Haben sich die Zustände bis dahin wiederum geändert (zB erneutes Absinken der Mitarbeiterzahl unter 500 nach vorübergehendem Überschreiten dieser Grenze), sind diese Änderungen in das gerichtliche Verfahren einzubringen.

9 ➲ **Wichtig:** Wegen der zeitlichen Anforderungen sollte der Aushang unbedingt **datiert** sein.

10 Die Bekanntmachung muss deutlich erkennen lassen, dass sie **vom Vorstand stammt**. Eine förmliche **Unterschrift** ist aber nicht erforderlich.

43.2 Statusklage nach § 98 AktG¹, ², ³

An das
Landgericht⁴

– Zivilkammer –⁵

Antrag

In Sachen

des Betriebsrats der ... AG, vertreten durch die Betriebsratsvorsitzende ..., (Firmenadresse) – Antragsteller –⁶, ⁷

---

1 Aufgrund der Regelung in § 99 Abs. 1 AktG gilt für das Verfahren das **FGG** und damit der **Amtsermittlungsgrundsatz** (§ 12 FGG). Anzuwenden sind primär die Sonderregelungen des § 99 Abs. 2–6 AktG, die Bestimmungen des FGG kommen nur subsidiär zur Anwendung (§ 99 Abs. 1 AktG). Zum Amtsermittlungsgrundsatz gehört, dass das Gericht an Beweisanträge der Beteiligten nicht gebunden ist (*Hüffer*, § 99 AktG Rz. 3). Abweichend von den allgemeinen FGG-Grundsätzen gilt der **Dispositionsgrundsatz**, so dass das Verfahren nur auf Antrag stattfindet (§ 98 Abs. 1 Nr. 1 AktG). Antragsrücknahme ist zulässig (*Hüffer*, § 99 AktG Rz. 4).

2 Gemäß § 99 Abs. 2 Satz 2 AktG sind der Vorstand, jedes Aufsichtsratsmitglied sowie die nach § 98 Abs. 2 AktG antragsbefugten Beteiligten **anzuhören**. Darüber hinaus steht es dem Gericht frei, weitere potentiell unmittelbar Betroffene anzuhören (OLG Düsseldorf v. 17. 2. 1971, AG 1971, 122 f.).

(– Prozessbevollmächtigte –)[8]

gegen

die ... AG, vertreten durch die Vorstände ... und ..., (Firmenadresse) – Antragsgegnerin –

wegen: Statusverfahren nach § 98 AktG

vertreten wir den Antragsteller. Namens und im Auftrag des Antragstellers beantragen wir zu entscheiden,

> *dass der Aufsichtsrat der ... AG nach § 76 des Betriebsverfassungsgesetzes 1952 zusammenzusetzen ist.*[9]

Begründung:

Die ... AG ist im Jahre 1995 gegründet worden.[10] *Sie hat schnell eine Größe von ca. 600 Mitarbeitern erreicht, dementsprechend wurde im Jahre ... der Aufsichtsrat*

---

3 **Rubrum und Tenor** sind in den Gesellschaftsblättern (also jedenfalls im Bundesanzeiger, § 25 AktG) **bekannt zu machen** (§ 99 Abs. 4 Satz 2 AktG). Die Entscheidung hat **feststellenden Charakter**. Allerdings wird sie zur Gestaltungserklärung dadurch, dass mangels rechtzeitiger Satzungsänderung die der Entscheidung entgegenstehenden Satzungsregelungen spätestens nach sechs Monaten außer Kraft treten (§ 98 Abs. 4 AktG).

4 Von der Ermächtigung des § 98 Abs. 1 Satz 2 AktG, die Entscheidungszuständigkeit für die Bezirke mehrerer Landgerichte **einem der Landgerichte zu übertragen**, haben verschiedene Landesregierungen Gebrauch gemacht. Die Anrufung eines örtlich unzuständigen Landgerichts reicht nach hA zur Wahrung der Klagefrist nach § 97 Abs. 2 AktG aus (*Hüffer*, § 97 AktG Rz. 6 mwN).

5 Nach der ausdrücklichen Regelung in § 98 Abs. 1 Satz 1 AktG ist nicht die Kammer für Handelssachen zuständig, sondern die **allgemeine Zivilkammer**. Eine Beteiligung der ehrenamtlichen Richter wollte der Gesetzgeber ausdrücklich nicht.

6 ➔ **Praxistipp:** Die **Antragsberechtigung** hängt nicht davon ab, dass vorher der Vorstand ein Bekanntmachungsverfahren nach § 97 AktG eingeleitet hat. Vielmehr können die in § 98 Abs. 2 AktG genannten Antragsteller auch ohne Rücksicht auf ein Tätigwerden des Vorstands eine gerichtliche Klärung darüber herbeiführen, welches Mitbestimmungsmodell anzuwenden ist. Das kommt insbesondere in Betracht, wenn der **Vorstand sich weigert**, erstmals ein Mitbestimmungsmodell anzuwenden oder von der Drittelparität des BetrVG 1952 auf die volle Parität des Mitbestimmungsgesetzes überzuwechseln.

7 Hinsichtlich der **Antragsbefugnis** ist zwischen zwei verschiedenen Gruppen von Antragstellern zu unterscheiden. Der Vorstand, jedes Aufsichtsratsmitglied, jeder Aktionär sowie Gesamtbetriebsrat/Betriebsrat können stets ohne besondere weitere Voraussetzungen einen Antrag nach § 98 AktG stellen. Dagegen hängt die Antragsbefugnis von einem Zehntel der Arbeitnehmer bzw. von Gewerkschaften oder deren Spitzenorganisationen davon ab, dass diese ein Vorschlagsrecht haben, wenn sie sich mit ihrer Auffassung über das richtige Mitbestimmungsmodell durchsetzen.

8 Für das Antragsverfahren nach §§ 98, 99 AktG besteht **kein Anwaltszwang**, lediglich für die Einlegung der Beschwerde ist anwaltliche Vertretung erforderlich (§ 99 Abs. 3 Satz 4 AktG).

9 Das Gericht kann den Antrag entweder **abweisen** oder **aussprechen**, dass der Aufsichtsrat nach anderen Vorschriften zusammenzusetzen ist, die in dem Beschluss näher bezeichnet werden müssen. Wird der Antrag abgewiesen, bleibt der Aufsichtsrat im Amt, und der Vorstand ist nur verpflichtet, die rechtskräftige Entscheidung zum Handelsregister einzureichen (§ 99 Abs. 5 Satz 3 AktG). Entscheidet dagegen das Gericht, dass der Aufsichtsrat nach anderen Vorschriften zusammenzusetzen ist, ist der Vorstand verpflichtet, innerhalb der Höchstfrist von sechs Monaten eine Hauptversammlung einzuberufen und erforderliche Satzungsanpassungen vorzuschlagen. Entspricht die Wahl der neuen Aufsichtsratsmitglieder nicht der gerichtlichen Entscheidung, ist der Beschluss der Hauptversammlung gemäß § 250 Abs. 1 Nr. 1 AktG nichtig.

gemäß § 76 BetrVG 1952 mit einem Drittel Arbeitnehmervertreter besetzt. In der Zeit danach hat sich die Mitarbeiterzahl kontinuierlich verringert. Zuletzt betrug die Mitarbeiterzahl im März 2004 noch 512 Mitarbeiter. Im März 2004 wurde zwischen dem Unternehmen und dem Betriebsrat ein Sozialplan abgeschlossen, wonach der Bereich ... mit 30 Mitarbeitern per 30. 6. 2004 geschlossen wird. Sämtlichen 30 Mitarbeitern der ... ist per ... gekündigt worden. Daraufhin hat der Vorstand am 1. 7. 2004 gemäß § 97 AktG bekannt gemacht, dass künftig der Aufsichtsrat nicht mehr mit Arbeitnehmervertretern besetzt sein soll.[11]

Beweis: Bekanntmachung vom 1. 7. 2004, Anlage AS 1

Dem Antragsteller ist jedoch bekannt, dass das Unternehmen mit Wirkung per 30. 9. 2004 den gesamten Geschäftsbetrieb der ... GmbH mit insgesamt 26 Mitarbeitern erwerben wird. Spätestens am 1. 10. 2004 wird also die Belegschaftsstärke wieder über 500 Mitarbeitern liegen, so dass § 76 BetrVG 1952 wieder anwendbar wäre. Nach dem BetrVG 1952 kann nicht die an einem bestimmten Tag tatsächlich vorhandene Mitarbeiterzahl entscheidend sein, sondern es muss auf die Zahl der „in der Regel" beschäftigten Arbeitnehmer ankommen. Vergleichbare Formulierungen enthalten zB das Mitbestimmungsgesetz (§ 1) sowie § 1 des BetrVG 1972. Es ist davon auszugehen, dass im BetrVG 1952 die Worte „in der Regel" in § 76 lediglich aufgrund eines Redaktionsversehens vergessen worden sind (wird ausgeführt).

Da somit bei einer Langzeitbetrachtung die ... AG ständig mehr als 500 Mitarbeiter hat, besteht kein Anlass, das Aufsichtsratsmodell zu wechseln und den Geltungsbereich des BetrVG 1952 mit der Drittelparität der Arbeitnehmer zu verlassen.[12, 13]

...

(Unterschrift)

---

10 Bei Gründung vor dem 10. 8. 1994 wäre das Eingreifen der Mitbestimmung unabhängig von der Mitarbeiterzahl, vgl. **M 43.1** Fn. 4.
11 Gemäß § 98 Abs. 1 Satz 1 AktG ist Verfahrensvoraussetzung, dass **Ungewissheit** oder Streit über die maßgeblichen Vorschriften besteht. Das ist bei Einleitung eines gerichtlichen Verfahrens ohne weiteres der Fall, so dass diesem Kriterium keine eigenständige Bedeutung zukommt.
12 Das LG entscheidet gemäß § 99 Abs. 3 Satz 1 AktG durch **Beschluss**. Gegen den Beschluss ist **sofortige Beschwerde** nach § 99 Abs. 3 Satz 2 AktG innerhalb einer Frist von zwei Wochen möglich (§ 22 FGG). Die sofortige Beschwerde ist eine so genannte „Rechtsbeschwerde", so dass tatsächliche Feststellungen des Landgerichts für das Beschwerdegericht bindend sind (§ 99 Abs. 3 Satz 3 AktG). Zuständig für die Beschwerde ist das OLG (§ 99 Abs. 3 Satz 5). Beschwerde kann jeder einlegen, der nach § 98 Abs. 2 AktG antragsbefugt ist, auch wenn er im konkreten Fall den Antrag nicht selbst gestellt hatte, sondern dieser von anderen Antragsbefugten gestellt worden war (*Hüffer*, § 99 AktG Rz. 13).
13 Hinsichtlich der **Gerichtskosten** trifft § 99 Abs. 6 Satz 1–9 AktG eine detaillierte Regelung. Bedeutsam ist § 99 Abs. 6 Satz 9 AktG, wonach die Kosten der Beteiligten nicht erstattet werden. Schuldnerin der Gerichtskosten ist regelmäßig die **Gesellschaft**, weil sie an der gerichtlichen Feststellung ein Interesse hat (§ 99 Abs. 6 Satz 7 AktG). Die Kosten können jedoch ganz oder zT dem Antragsteller auferlegt werden, wenn dies der Billigkeit entspricht, was insbesondere bei offensichtlich unbegründeten Anträgen von Gewerkschaften in Betracht kommt. Dagegen kommt eine Kostentragungspflicht der Betriebsräte wegen fehlender Vermögensfähigkeit regelmäßig nicht in Betracht.

Fünfter Teil Arbeitsgerichtsverfahren

Kapitel 44 Das arbeitsrechtliche Mandat

Literaturübersicht: *Germelmann/Matthes/Prütting/Müller-Glöge*, ArbGG, 4. Aufl. 2002; *Hümmerich*, Arbeitsrecht, 4. Aufl. 2002; *Müller/Bauer*, Der Anwalt vor den Arbeitsgerichten, 3. Aufl. 1991; *Schaub*, Arbeitsrechtliche Formularsammlung, 7. Aufl. 1999.

I. Erläuterungen

Das arbeitsrechtliche Mandat unterscheidet sich nicht grundlegend vom anwaltlichen Mandat in allgemeinen Zivilsachen. Dass es – insbesondere beim Kampf um den Arbeitsplatz – mitunter um Fragen der persönlichen Existenz geht, ist keine Besonderheit des Arbeitsrechts. Besonderes Fingerspitzengefühl ist erforderlich, wenn Streitigkeiten zwischen Arbeitgeber und Betriebsrat betroffen sind, da die Beteiligten auch nach Beilegung der Streitigkeit noch konstruktiv zusammenarbeiten sollen und müssen. Das Gleiche gilt, wenn Streit zwischen Arbeitnehmer und Arbeitgeber während des laufenden Arbeitsverhältnisses entsteht. Ist dagegen das Arbeitsverhältnis bereits beendet oder geht es um dessen Beendigung, kann auch mit härteren Bandagen gekämpft werden.

Von besonderer Bedeutung im arbeitsrechtlichen Mandat ist der **Ausschluss der Kostenerstattung in der 1. Instanz** (§ 12a ArbGG). Jede Beratung und jedes Verfahren kostet den Mandanten also Geld, das man nicht von der Gegenseite zurückfordern kann. Der Ausschluss der Kostenerstattung für die 1. Instanz gilt auch dann, wenn das Verfahren in die Berufung geht. Die unterlegene Partei hat dann der Gegenpartei nur die Kosten des Berufungsverfahrens zu erstatten, während es hinsichtlich der 1. Instanz bei der wechselseitigen Kostentragungslast nach § 12a ArbGG bleibt. Der Ausschluss der Kostenerstattung erfasst auch alle materiell-rechtlichen Kostenerstattungsansprüche, so dass § 12a ArbGG nicht materiell-rechtlich überspielt werden kann, zB durch die Regelungen über Verzug.[1] § 12a ArbGG gilt auch im Rahmen der **außergerichtlichen** Auseinandersetzung, so dass auch für außergerichtlich aufgewendete Anwaltskosten kein Erstattungsanspruch besteht. Dagegen ist § 12a ArbGG – was oft übersehen wird – im **Zwangsvollstreckungsverfahren** nicht anwendbar.[2]

Das arbeitsrechtliche Mandat im **Beschlussverfahren** (siehe dazu unten Kap. 48 ff.) nach § 2a ArbGG unterscheidet sich auf Arbeitgeberseite nicht wesentlich vom Mandat im Urteilsverfahren. Ganz anders ist es dagegen, wenn der Rechtsanwalt im Beschlussverfahren Organe der Betriebsverfassung vertritt (Betriebsrat, Wahlvorstand etc.). Hier besteht die Besonderheit, dass der Mandant nicht selbst vermögensfähig ist, also für die Anwaltskosten nicht selbst aufkommen muss. Vielmehr ist der Arbeit-

---
1 §§ 284 ff. BGB; dazu BAG v. 30. 4. 1992, AP Nr. 6 zu § 12a ArbGG.
2 LAG Berlin v. 17. 2. 1986, LAGE § 9 KSchG Nr. 1; LAG Baden-Württemberg v. 12. 9. 1985, LAGE § 12a ArbGG Nr. 3; vgl. auch BAG v. 31. 10. 1984, AP Nr. 4 zu § 840 ZPO.

geber zur Tragung der Kosten nach § 80 Abs. 3 bzw. § 40 BetrVG verpflichtet. Der Anwalt muss vor Annahme des Mandats sorgfältig prüfen, ob die Voraussetzungen für eine Kostentragungspflicht des Arbeitgebers gegeben sind (näher dazu **M 28.6** und **M 28.7**).

Auch im arbeitsgerichtlichen Verfahren besteht die Möglichkeit, **Prozesskostenhilfe** zu beantragen (§ 11a ArbGG iVm. §§ 114 ff. ZPO). Gegenüber dem allgemeinen Zivilprozess ergeben sich im Arbeitsgerichtsverfahren insoweit keine Besonderheiten. Prozesskostenhilfe darf allerdings nur bewilligt werden, wenn kein Anspruch darauf besteht, von einer Gewerkschaft oder einem Arbeitgeberverband vertreten zu werden (§ 11a Abs. 1 ArbGG).

II. Muster

44.1 Honorarvereinbarung

Für die Vertretung im Verfahren gegen die X-GmbH vor dem Arbeitsgericht . . . (Az.: . . .) wird anstelle der Gebühren gem. der Bundesrechtsanwaltsgebührenordnung (BRAGO) ein Pauschalhonorar[1] von Euro . . . zuzüglich Mehrwertsteuer, Auslagen, Reisekosten etc. vereinbart. Das gilt nicht, wenn die gesetzlichen Gebühren höher wären. Von dem vereinbarten Betrag sind Euro . . . sofort als Vorschuss zu zahlen. Diese Vereinbarung gilt nur für das Verfahren erster Instanz. Dem Mandant ist bekannt, dass im arbeitsgerichtlichen Verfahren erster Instanz kein Kostenerstattungsanspruch gegen die andere Partei besteht, auch nicht bei vollständigem Obsiegen.[2]

. . .   *. . .*
(Unterschrift Mandant)   *(Unterschrift Rechtsanwalt)*

---

1 Statt eines Pauschalhonorars wird häufig auch vereinbart, dass es zwar bei einer Gebührenberechnung gem. RVG/BRAGO bleibt, dieser Berechnung aber ein **höherer** als der gesetzliche **Streitwert** zugrunde gelegt wird (zB in Kündigungsschutzsachen abweichend von § 12 Abs. 7 Satz 1 ArbGG ein Jahres- oder Halbjahresbezug anstelle des gesetzlich vorgesehenen Vierteljahresbezuges). Bei der Vertretung von Führungskräften wird mitunter vereinbart, dass abweichend von § 12 Abs. 7 Satz 1 ArbGG die ausgehandelte **Abfindung werterhöhend** hinzugerechnet wird.

2 Das Muster enthält zugleich die nach § 12a ArbGG vorgeschriebene Belehrung, dass in der ersten Instanz beim Arbeitsgericht keine Kostenerstattung stattfindet (ausführlich dazu oben I.).

Belehrung nach § 12a Abs. 1 ArbGG — 44.2

Hiermit bestätige ich als Mandant, dass mich ... (Rechtsanwalt) vor Erteilung des Mandats gegen die Firma ... darauf hingewiesen hat, dass es in Arbeitsrechtsstreitigkeiten weder einen Anspruch gegen die Gegenseite auf Erstattung vorprozessualer Anwaltskosten noch einen Anspruch auf Erstattung der Verfahrenskosten im Arbeitsgerichtsverfahren erster Instanz gegen die Gegenseite gibt, selbst bei Obsiegen in vollem Umfang.[1]

...

(Ort, Datum)

...

(Mandant)

---

[1] Unterbleibt die Belehrung, verliert der Anwalt nicht automatisch den Honoraranspruch. Er hat sich zwar schadensersatzpflichtig gemacht (c.i.c.), dies wirkt sich aber nur aus, wenn bei Belehrung der Mandant von der Mandatierung abgesehen hätte (*Germelmann/Matthes/Prütting/Müller-Glöge*, § 12a ArbGG Rz. 32 f.).

Antrag auf Bewilligung von Prozesskostenhilfe und Beiordnung eines Anwalts — 44.3

An das Arbeitsgericht

In Sachen

.../...
(Kurzrubrum)

haben wir die Vertretung des Klägers übernommen. Namens und im Auftrag des Klägers beantragen wir:

1. Dem Kläger wird für die erste Instanz Prozesskostenhilfe bewilligt.
2. Dem Kläger wird Rechtsanwalt ... als Anwalt beigeordnet.

Begründung:

Der Kl. ist nach seinen persönlichen wirtschaftlichen Verhältnissen nicht imstande, die Kosten des Verfahrens ganz oder auch nur teilweise aufzubringen. Als **Anlage K 1** legen wir die Erklärung des Kl. über seine persönlichen und wirtschaftlichen Verhältnisse vor. Die Klage hat hinreichend Aussicht auf Erfolg und ist auch nicht mutwillig (wird ausgeführt).

Die Bekl. ist ebenfalls anwaltlich vertreten. Der Kl. gehört keiner Gewerkschaft an und kann sich deshalb nicht kostenfrei von einem Mitglied bzw. Angestellten einer Gewerkschaft vertreten lassen.[1]

---

[1] Allgemein zur Prozesskostenhilfe im arbeitsgerichtlichen Verfahren s. § 11a ArbGG. Prozesskostenhilfe darf nur bewilligt werden, wenn kein Anspruch darauf besteht, sich von einem Ver-

...
(Unterschrift)

band (insbesondere Gewerkschaft) vor Gericht vertreten zu lassen. Ansonsten gelten die allgemeinen Regeln der §§ 114 ff. ZPO, vgl. § 11a Abs. 3 ArbGG.

Kapitel 45 Urteilsverfahren erster Instanz

Literaturübersicht: *Ascheid*, Urteils- und Beschlussverfahren im Arbeitsrecht, 2. Aufl. 1998; *Germelmann/Matthes/Prütting/Müller-Glöge*, ArbGG, 4. Aufl. 2002; *Gift/Baur*, Das Urteilsverfahren vor den Gerichten für Arbeitssachen, 1993; GK-ArbGG, hrsg. von *Ascheid/Bader/Dörner/Leinemann/Stahlhacke/Wenzel*, Loseblatt; *Grunsky*, ArbGG, 7. Aufl. 1995; *Hauck/Helml*, ArbGG, 2. Aufl. 2003; *Hecker/Tschöpe*, Der Arbeitsgerichtsprozess, 1989; *Müller/Bauer*, Der Anwalt vor den Arbeitsgerichten, 3. Aufl. 1991; *Stahlhacke*, ArbGG, 2. Aufl. 1986; *Wieser*, Arbeitsgerichtsverfahren, 1994.

I. Erläuterungen

Das Verfahren vor den Arbeitsgerichten ist im Arbeitsgerichtsgesetz (ArbGG) geregelt. Das ArbGG kennt zwei grundlegend verschiedene Verfahrensarten, nämlich das **Urteilsverfahren** (§ 2 ArbGG) und das **Beschlussverfahren** (§ 2a ArbGG). Die §§ 2 bzw. 2a ArbGG zählen enumerativ auf, für welche Streitigkeiten die Arbeitsgerichte in welcher Verfahrensart zuständig sind. Grob gesagt findet in bürgerlich-rechtlichen Streitigkeiten zwischen Arbeitnehmer und Arbeitgeber oder zwischen mehreren Arbeitnehmern das Urteilsverfahren nach § 2 ArbGG statt, das Beschlussverfahren nach § 2a ArbGG dagegen bei kollektiv-rechtlichen Streitigkeiten nach dem BetrVG, dem Sprecherausschussgesetz, dem Mitbestimmungsgesetz etc.

Das **Urteilsverfahren** nach § 2 ArbGG folgt gem. § 46 Abs. 2 ArbGG mit geringen Abweichungen den **Regeln der ZPO** über das Verfahren vor den Amtsgerichten. Die Unterschiede zur ZPO betreffen im Wesentlichen den Verfahrensgang (kein schriftliches Vorverfahren, obligatorische Güteverhandlung etc.), die Kostenregelung sowie die Vollstreckbarkeit. Hinsichtlich Klageerhebung und Antragstellung ergeben sich gegenüber der ZPO keine wesentlichen Besonderheiten. Die nachfolgenden Erläuterungen und Muster beschränken sich im Wesentlichen auf diejenigen Punkte, in denen das Arbeitsgerichtsverfahren anderen Regeln als das ordentliche Verfahren nach der ZPO folgt. Zu Fragen und Problemen, die nachfolgend nicht behandelt werden, können jeweils die bekannten Nachschlagewerke zum Verfahren vor der ordentlichen Gerichtsbarkeit herangezogen werden.

Das arbeitsgerichtliche **Beschlussverfahren** nach §§ 2a, 80 ff. ArbGG folgt hingegen völlig eigenständigen Regeln, es hat mit den „Beschlüssen" nach der ZPO nichts zu tun. Insbesondere im Hinblick auf den Untersuchungsgrundsatz (§ 83 Abs. 1 ArbGG) steht das Beschlussverfahren der VwGO näher als der ZPO, wenngleich subsidiär die

Vorschriften der ZPO gelten (§ 80 Abs. 2 iVm. § 46 Abs. 2 ArbGG). Für Streitigkeiten aus den **Personalvertretungsgesetzen** (also dem Mitbestimmungsrecht des öffentlichen Dienstes) sind zwar die Verwaltungsgerichte zuständig (zB § 83 BPersVG), dabei ist jedoch vom Verwaltungsgericht das Verfahrensrecht des arbeitsgerichtlichen Beschlussverfahrens anzuwenden (zB § 83 Abs. 2 BPersVG). Zum Personalvertretungsrecht siehe unten Kap. 55.

II. Muster

Rubrum auf Klägerseite 45.1

An das Arbeitsgericht Stuttgart

In Sachen

des Herrn[1] Klaus Müller
Hauptstraße 1
70469 Stuttgart

– Kläger[2] –

./. . . . .

vertreten wir den Kläger.

Namens und im Auftrag[3] des Klägers erheben wir Klage und beantragen:

    (Antrag)

---

1 Häufig wird in der Klageschrift die **Berufsbezeichnung** („kaufmännischer Angestellter") oder die firmeninterne **Hierarchiestufe** („Hauptabteilungsleiter", „Prokurist") genannt; erforderlich ist dies aber nicht.
2 Der alte Streit, ob die **Parteibezeichnung** im Nominativ oder Genitiv zu stehen hat, sollte den Linguisten vorbehalten bleiben. Sprachlich eingängiger und auf den ersten Blick verständlich ist die Bezeichnung im Nominativ.
3 Dass der Anwalt „**namens und im Auftrag** des Klägers" handelt, ergibt sich eigentlich schon aus der Mitteilung, dass der Anwalt den Kläger „vertritt". Es handelt sich um eine bedeutungslose Floskel, die sich zwar eingebürgert hat, aber genauso gut auch weggelassen werden kann.

45.2 Rubrum auf Beklagtenseite[1, 2]

Klage gegen

A

Einzelperson

*den Steuerberater Klaus Müller[3]
Hauptstraße 1
70469 Stuttgart*

– Beklagter –

B

GmbH

*die Hopstein Gartengestaltung GmbH
vertreten[4] durch die Geschäftsführerin Birgit Hopstein*

---

1 ➲ **Wichtig:** Immer wieder scheitern Klagen schon daran, dass das Rubrum nicht in Ordnung ist. Jederzeit **reparabel** sind Fehler bei der **Bezeichnung der gesetzlichen Vertreter** auf der Beklagtenseite. Denn die Angabe des gesetzlichen Vertreters ist gem. § 130 Nr. 1 ZPO lediglich eine Soll-Vorschrift, so dass Fehler die Klage nicht unzulässig machen. Wird dagegen die **falsche Partei** verklagt, so hilft – ggf. nach richterlichem Hinweis – nur eine **neue Klageerhebung** bzw. eine Klageerweiterung. Die recht kurzen arbeitsrechtlichen Ausschlussfristen (insbesondere §§ 4, 7 KSchG für die Kündigungsschutzklage) sind dann aber oft abgelaufen. Eine nachträgliche Heilung ist nicht möglich. Gerade in Verfahren mit materiell-rechtlichen Ausschlussfristen ist deshalb für die richtige Formulierung des Rubrums auf der Beklagtenseite äußerste Sorgfalt aufzuwenden. Allerdings kommt im Einzelfall eine Korrektur des Rubrums in Betracht, wenn sich aus dem Text der Klage oder aus Anlagen ergibt, dass **im Rubrum irrtümlich eine falsche Partei** bezeichnet wurde (BAG v. 15. 3. 2001, DB 2001, 1680).
2 Besondere Probleme bestehen im Bereich des **öffentlichen Dienstes**. Hier ist es häufig für den Kläger unmöglich herauszufinden, wer auf Beklagtenseite den Bund, das Land, den Kreis, die Gemeinde etc. vertritt. Dies richtet sich nach den verschiedensten gesetzlichen Regelungen, die hinsichtlich der Länder, Kreise und Gemeinden in jedem Bundesland unterschiedlich sind. Wegen § 130 Nr. 1 ZPO sind zwar Fehler bei der Angabe des gesetzlichen Vertreters reparabel. Besondere Probleme ergeben sich im Bereich des öffentlichen Dienstes allerdings dann, wenn der Kläger nicht weiß, ob eine bestimmte Einrichtung (Kindergarten, Schule, Kirchengemeinde, Krankenhaus) **rechtlich selbständig** ist, oder ob er den **dahinter stehenden Träger** verklagen muss. Wird beispielsweise ein Krankenhaus als Arbeitgeber verklagt, obwohl es nicht rechtsfähig ist und eigentlich die Gemeinde als zuständiger Träger hätte verklagt werden müssen, ist eine „Rubrumsberichtigung" kaum möglich, vielmehr muss neue Klage erhoben werden. Dann sind aber Ausschlussfristen meist abgelaufen. Ein Antrag auf nachträgliche Zulassung einer Kündigungsschutzklage nach § 5 KSchG kann allerdings in Betracht kommen, wenn der Arbeitgeber auch im Arbeitsvertrag bzw. auf Geschäftspapier unrichtig bezeichnet ist. In Zweifelsfällen sollten immer alle auch nur entfernt in Betracht kommenden Arbeitgeber verklagt werden. Das ist ungefährlich, da bei Rücknahme der Klage gegen einen oder gar mehrere Beklagte in 1. Instanz keine Kosten entstehen.
3 Ein Einzelkaufmann kann wahlweise unter seinem **Namen** oder seiner **Firma** verklagt werden (§ 17 Abs. 2 HGB). Freiberufler oder sonstige natürliche Personen als Arbeitgeber (zB bei Anstellung als Haushaltshilfe im Privathaushalt) müssen unter ihrem richtigen Namen verklagt werden.

Huttenstr. 17
70499 Stuttgart

– Beklagte –

C

Aktiengesellschaft

Klage gegen
die Klaus Müller AG
vertreten[5] durch die Vorstandsmitglieder Klaus Müller und Manfred Huber
Hauptstraße 1
70469 Stuttgart

– Beklagte –

D

Eingetragene Genossenschaft

Klage gegen
die Volksbank Stuttgart eG.
vertreten[6] durch die Vorstandsmitglieder Klaus Müller und Manfred Huber
Hauptstraße 1
70469 Stuttgart

– Beklagte –

---

4 Ob die GmbH **gemeinnützig** ist (gGmbH) oder nicht spielt keine Rolle. Die Gemeinnützigkeit ist lediglich eine steuerliche Frage, die gGmbH wird im Prozess wie jede normale GmbH behandelt. Zur GmbH & Co. KG siehe unter K.
Die Nennung nur eines von **mehreren Geschäftsführern** reicht nur dann, wenn der Geschäftsführer alleinvertretungsberechtigt ist. Bei gesamtvertretungsberechtigten Geschäftsführern müssen mindestens zwei im Rubrum aufgeführt sein. Fehler sind allerdings gem. § 130 Abs. 1 ZPO nicht schädlich.
➪ **Wichtig:** Wird die GmbH **von ihrem** (aktuellen oder früheren) **Geschäftsführer verklagt**, macht die Angabe der Vertretungsverhältnisse erhebliche Probleme. Gegenüber dem Geschäftsführer wird die GmbH nicht gem. § 35 Abs. 1 GmbHG durch die übrigen oder neuen Geschäftsführer vertreten, sondern durch die Gesellschafterversammlung (§ 46 Nr. 8 GmbHG). Die Gesellschafterversammlung selbst ist allerdings nicht prozessfähig, sie muss sich ihrerseits durch eine Person vertreten lassen. Ist ein solcher Vertreter noch nicht benannt oder ist er jedenfalls dem ausgeschiedenen Geschäftsführer nicht bekannt, so bleibt nur die Möglichkeit, im Rubrum die Gesellschafterversammlung als Vertreterin der GmbH zu bezeichnen, wobei diese wiederum durch die einzelnen Gesellschafter vertreten wird (dazu im Einzelnen *Gach/Pfüller*, GmbHR 1998, 69). Allerdings ist die zutreffende Bezeichnung des gesetzlichen Vertreters einer juristischen Person für die Zulässigkeit der Klage entbehrlich, da § 130 Nr. 1 ZPO nur eine Soll-Vorschrift darstellt (*Gach/Pfüller*, GmbHR 1998, 69). Eventuelle Fehler können (und müssen!) noch während des Prozesses berichtigt werden. Insbesondere ist es unschädlich, wenn die Klage zunächst fälschlicherweise gegen die GmbH, vertreten durch „die Geschäftsführer" gerichtet wird.
5 ➪ **Wichtig:** Klagt ein (aktuelles oder früheres) **Vorstandsmitglied**, wird die AG nicht von den übrigen oder den neuen Vorstandsmitgliedern vertreten, sondern gem. § 112 AktG durch den Aufsichtsrat. Die Klage ist dann also zu richten gegen die AG, „vertreten durch den Aufsichtsrat, bestehend aus den Aufsichtsratsmitgliedern ..." (s. auch Fn. 4).
6 Klagt ein (aktueller oder ehemaliger) **Vorstand**, wird die Genossenschaft gem. § 39 GenG vom Aufsichtsrat vertreten.

E

Eingetragener Verein[7]

Klage gegen
den VfB Stuttgart e. V.
vertreten durch die Vorstandsmitglieder Klaus Müller und Manfred Huber
Hauptstraße 1
70469 Stuttgart

– Beklagter –

F

Nicht-eingetragener Verein[8]

Klage gegen
den Verein Kindergruppe Regenbogen
vertreten durch die Vorsitzende des Vorstands Monika Nohl-Schäfer
Huttenstraße 19
70499 Stuttgart

– Beklagter –

G

GbR[9]

Klage gegen
die Sozietät „Müller & Kollegen GbR"

---

7 Vgl. § 50 Abs. 2 ZPO.
8 Zum Sonderproblem der **Gewerkschaft** vgl. unter L.
9 ➔ **Wichtig:** In der Vergangenheit wurde die GbR stets als nicht-rechtsfähig angesehen mit der Folge, dass nicht die GbR als solche verklagt werden konnte, sondern nur deren Gesellschafter. Klagen gegen eine GbR waren also persönlich gegen die Gesellschafter zu richten, wobei meist der Zusatz angefügt wurde, dass diese Personen „als Gesellschafter der ... GbR verklagt" wurden (s. **M 45.2** unter G in der Vorauflage). Der BGH hat jedoch mit seiner Sensationsentscheidung vom 29. 1. 2001 (BGHZ 146, 341) die Dogmatik der GbR auf den Kopf gestellt. Nach dieser Rechtsprechung ist die GbR grundsätzlich rechtsfähig, soweit sie am Rechtsverkehr teilnimmt. Aus der Rechtsfähigkeit folgt die aktive und passive Parteifähigkeit im Zivilprozess. Das Rubrum einer Klage gegen eine GbR muss deshalb nunmehr so gestaltet sein, wie die Klage gegen eine PartG oder eine OHG. Soweit es um **Zahlungsklagen** geht, ist die Klageerhebung in der früher üblichen Form unschädlich. Denn die Gesellschafter haften für die Verbindlichkeiten der GbR persönlich und können deshalb auch unmittelbar in Anspruch genommen werden. Auch kann es bei Zahlungsklagen sinnvoll sein, neben der GbR auch noch die Gesellschafter aus ihrer akzessorischen Haftung für Gesellschaftsverbindlichkeiten zu verklagen, um bessere Vollstreckungsmöglichkeiten zu haben (vgl. § 736 ZPO). Anders sieht es freilich bei **Kündigungsschutzklagen** aus. Das Urteil des BGH führt (wenn das BAG sich dieser Rechtsprechung anschließt) zwangsläufig dazu, dass Arbeitgeber eines in einer GbR beschäftigten Arbeitnehmers die GbR ist, nicht (mehr) die Gesellschafter als Gesamthand. Folglich ist die Kündigungsschutzklage zwingend gegen die GbR zu richten; eine gegen die Gesellschafter gerichtete Klage wäre **unbegründet**! Ob die Arbeitsgerichte hier durch „Rubrumsberichtigung" helfen dürfen, ist sehr fraglich, da es letztlich um eine Auswechslung der beklagten Partei geht. Die weitere Entwicklung ist abzuwarten; zum Ganzen ausführlich *Diller*, NZA 2003, 401.

vertreten durch die Gesellschafter Rechtsanwälte Klaus Müller, Manfred Huber und
Jürgen Lehmann
Hauptstraße 1
70469 Stuttgart

H

Partnerschaftsgesellschaft[10]

Klage gegen
die Anwaltssozietät Caspers, Mock & Partner
vertreten durch Rechtsanwalt Horst-Walter Bodenbach
Rudolf-Virchow-Str. 11
56073 Koblenz

– Beklagte –

I

OHG[11]

Klage gegen
die Klaus Müller OHG
gesetzlich vertreten durch die gesetzlich haftenden Gesellschafter Klaus Müller und
Manfred Huber
Hauptstraße 1
70469 Stuttgart

J

Kommanditgesellschaft

Klage gegen
die Klaus Müller KG
gesetzlich vertreten durch den Komplementär Klaus Müller
Hauptstraße 1
70469 Stuttgart

K

GmbH & Co. KG

Klage gegen
die Klaus Müller GmbH & Co. KG
gesetzlich vertreten durch die Komplementärin Klaus Müller Verwaltungs-GmbH, diese
wiederum vertreten durch den Geschäftsführer Klaus Müller

---

10 Die Partnerschaftsgesellschaft kann **unter ihrer Firma** verklagt werden (§ 7 Abs. 2 PartGG iVm. § 124 HGB).
11 Gem. § 124 HGB kann die OHG **unter ihrer Firma** verklagt werden. Sollen die **Gesellschafter** wegen ihrer Solidarhaftung (§ 128 HGB) **mitverklagt** werden, müssen sie ausdrücklich als „Beklagte Ziff. 2 ff." ins Rubrum aufgenommen werden. Eine bloße Nennung als gesetzliche Vertreter der OHG führt nicht dazu, dass die Gesellschafter selbst Partei des Verfahrens werden.

Hauptstraße 1
70469 Stuttgart

L

Gewerkschaft[12]

Klage gegen
die Industriegewerkschaft Metall
vertreten durch den Bezirkssekretär Klaus Müller
Hauptstraße 1
70469 Stuttgart

---

12 Gewerkschaften sind traditionell **nicht-eingetragene Vereine**. Die problematische Prozessfähigkeit des nicht-eingetragenen Vereins (vgl. § 50 Abs. 2 ZPO) spielt im Arbeitsgerichtsverfahren keine Rolle. Denn hier regelt § 10 ArbGG ausdrücklich die Parteifähigkeit von Gewerkschaften und Arbeitgebervereinigungen. Streitigkeiten mit Gewerkschaften werden meist im arbeitsgerichtlichen Beschlussverfahren (§ 2a ArbGG) ausgetragen (dazu unten **M 48.1 ff.**). In Einzelfällen ist jedoch auch das Urteilsverfahren die richtige Verfahrensart, zB bei Streitigkeiten zwischen Arbeitgeber und Gewerkschaft anlässlich eines Arbeitskampfes (siehe **M 42.1** und **M 42.2**).
Die **Vertretungsverhältnisse** bei Gewerkschaften sind häufig für den Außenstehenden **völlig undurchsichtig**. Zuweilen hat man den Eindruck, manche Gewerkschaft lege es geradezu darauf an, sich prozessunfähig zu machen, indem die Vertretungsverhältnisse verschleiert werden. Vertretungsberechtigt ist üblicherweise der **Hauptvorstand**, regelmäßig aber auch die örtlichen **Bezirkssekretäre**. Die Einzelheiten sind von Gewerkschaft zu Gewerkschaft verschieden. Insbesondere in einstweiligen Verfügungsverfahren, in denen jede Fehlerkorrektur wertvolle Zeit kostet, muss deshalb größtmögliche Sorgfalt auf die Ermittlung der richtigen Vertretungsverhältnisse gelegt werden. Notfalls sollte mit gestaffelten Vertretungsverhältnissen gearbeitet werden.

45.3 Allgemeines Muster für Klagen/Zahlungsklagen[1] vor dem Arbeitsgericht

An das Arbeitsgericht

In Sachen

.../...

(volles Rubrum)

vertreten wir den Kläger.

Namens und im Auftrag des Klägers erheben wir Klage und beantragen[2]:

---

1 Das nachfolgende Muster betrifft Klagen auf rückständige Vergütung/bereits entstandene Ansprüche. Zur Klage auf zukünftige Leistungen s. **M 12.28**.
2 Überflüssig sind Anträge zur **Kostenverteilung** sowie zur **vorläufigen Vollstreckbarkeit**. Über die Kosten ist stets von Amts wegen zu entscheiden (§ 46 Abs. 2 ArbGG iVm. § 308

Die Beklagte wird verurteilt, Euro³ ... brutto⁴ nebst Zinsen⁵ in Höhe von 8 Prozentpunkten über dem Basiszinssatz⁶ seit Rechtshängigkeit an den Kläger zu zahlen.

Abs. 2 ZPO). Auf den Inhalt der Kostenentscheidung kann durch Anträge kein Einfluss genommen werden. Zur vorläufigen Vollstreckbarkeit trifft das Arbeitsgericht überhaupt keine Entscheidung, da Urteile der Arbeitsgerichte stets auch ohne besonderen Ausspruch gem. § 62 Abs. 1 Satz 1 ArbGG vorläufig vollstreckbar sind. Da das ArbGG eine Abwendung der vorläufigen Vollstreckbarkeit durch Sicherheitsleistung nicht kennt, sind auch die im normalen Zivilverfahren üblichen Anträge zur Sicherheitsleistung durch Bürgschaft etc. sinnlos. Anträge zur Vollstreckbarkeit sind nur erforderlich, wenn die besonderen Anträge nach § 62 Abs. 1 Satz 2 ArbGG (drohender nicht zu ersetzender Nachteil aufgrund vorläufiger Vollstreckung) oder nach § 61 Abs. 2 ArbGG (Festsetzung einer Entschädigung bei Nicht-Vornahme der titulierten Handlung) gestellt werden sollen (s. **M 52.3** und **M 52.4**).

3 Seit der Euro-Einführung per 1. 1. 2002 kann nicht mehr auf **Zahlung in DM** geklagt werden, weil die DM kein gesetzliches Zahlungsmittel mehr ist. Auf DM gerichtete Klagen werden als unbegründet abgewiesen. Stammt der geltend gemachte Anspruch aus einem über DM lautenden Vertrag, muss der eingeklagte Betrag in Euro umgerechnet werden. Das gilt auch für am 1. 1. 2002 bereits laufende Verfahren.

4 Üblicherweise wird die Klage auf Zahlung des **Bruttobetrages** gerichtet. Das Arbeitsgericht spricht dann auch den Bruttobetrag zu. Der Arbeitgeber erfüllt den Anspruch dann dadurch, dass er den Nettobetrag dem Arbeitnehmer auszahlt und die Abzüge (Steuern, Sozialversicherung) an die Finanzbehörden bzw. die Sozialversicherungsträger abführt. Betreibt der Arbeitnehmer die Vollstreckung des Bruttobetrages, kann der Arbeitgeber die Vollstreckung in Höhe der bereits abgeführten Abgaben durch Vollstreckungsgegenklage nach § 767 ZPO (ggf. iVm. einem Eilantrag nach § 769 ZPO) verhindern.

Ist bereits vor Erlass des Urteils der Anspruch teilweise vom Arbeitgeber erfüllt worden, ist die Klage auf Zahlung eines Bruttobetrages **abzüglich der bereits gezahlten Nettobeträge** zu richten (BAG v. 15. 11. 1978, AP Nr. 14 zu § 613a BGB). Der vom Brutto abzuziehende Betrag muss aber immer summenmäßig bestimmt sein. Die in der Praxis verbreiteten Anträge auf Zahlung einer Bruttovergütung abzüglich „gezahlten Arbeitslosengeldes etc." sind unzulässig (BAG v. 15.11. 1978, AP Nr. 14 zu § 613a BGB).

Klagen auf Nettovergütung sind jedenfalls dann zulässig, wenn die Arbeitsvertragsparteien eine (zulässige) **Nettovergütungsabrede** getroffen haben (LAG München v. 21. 8. 1979, DB 1980, 886). Nach herrschender Meinung zulässig ist eine Nettovergütungsklage aber auch, wenn arbeitsvertraglich eine Bruttovergütung vereinbart war.

➲ **Praxistipp:** Von Nettoklagen kann nur dringend abgeraten werden. Zum einen macht sich der Arbeitnehmer überflüssigerweise die Mühe der komplizierten Berechnung. Vor allem aber kann sich im Laufe des Verfahrens der Nettobetrag ändern, zB durch Änderungen der Beitragssätze der Sozialversicherung. Ändern kann sich auch der Steuersatz, wenn das Verfahren überraschend bis in den nächsten Veranlagungszeitraum hinein dauert und dann für den Arbeitnehmer andere Steuersätze und/oder andere Freibeträge gelten.

5 Die seit Jahrzehnten strittige Frage, ob Zinsen aus dem Brutto oder dem Netto geschuldet sind, hat der Große Senat des BAG am 7. 3. 2001 (DB 2001, 2196) beantwortet: Die Zinsen sind aus dem **Brutto** geschuldet.

6 ➲ **Wichtig:** Seit 1. 1. 2002 betragen die Verzugszinsen gemäß § 288 Abs. 1 BGB 5 Prozentpunkte über dem Basiszinssatz der EZB. Bei Rechtsgeschäften, bei denen ein „Verbraucher" iSd. § 13 BGB nicht beteiligt ist, beträgt der Zinssatz 8 Prozentpunkte über dem Basiszinssatz. Solange streitig ist, ob ein Arbeitnehmer „Verbraucher" ist (dazu zB *Bauer/Kock*, DB 2002, 46), sollten immer die 8 Prozentpunkte eingeklagt werden, da ein mögliches Unterliegen allein wegen der Kosten wegen §§ 4, 92 ZPO regelmäßig keine Kostennachteile hat.

Nach richtiger Auffassung ist die dem Wortlaut des § 288 BGB entsprechende Antragstellung ausreichend; der Anwalt braucht sich also nicht die Mühe zu machen, den aktuellen Basiszinssatz zu ermitteln und dann einen bezifferten Zinsantrag zu stellen. Dies gilt auch, soweit Zinsen für die Vergangenheit verlangt werden (BAG v. 1. 10. 2002 – 9 AZR 215/01).

Begründung:

Der Kläger ist seit dem ... bei der Beklagten als ... beschäftigt, zuletzt mit einem Monatsgehalt von Euro ....

Beweis: Anstellungsvertrag vom ..., Anlage K 1.

Für den Monat ... hat die Beklagte jedoch kein Gehalt gezahlt. Offenbar ist die Beklagte zahlungsunfähig. Das Gehalt war zum Monatsletzten fällig.[7]

...

(Unterschrift)

> ⮕ **Praxistipp:** In der Praxis werden, wegen der Abhängigkeit des Zinssatzes vom Basiszinssatz, häufig sprachlich unscharfe Zinsanträge gestellt. Verbreitet ist beispielsweise der Antrag auf „5% Zinsen über dem Basiszinssatz" (so auch Vorauflage). Üblicherweise legen die Gerichte solche unscharfen Zinsanträge dahin gehend aus, dass – wie auch in § 288 BGB formuliert – „Zinsen in Höhe von 5 Prozentpunkten über dem Basiszinssatz" gewährt werden.
>
> 7 ⮕ **Praxistipp:** In arbeitsgerichtlichen Verfahren ist es überflüssig, zu erfolglosen außergerichtlichen Mahnungen, Zahlungsaufforderungen etc. vorzutragen, da ohnehin jeder seine Kosten selbst trägt und deshalb § 93 ZPO (Kosten bei sofortigem Anerkenntnis) keine große Rolle spielt. Nur für den Zinsanspruch sind verzugsbegründende Mahnungen relevant.

45.4 Rüge der örtlichen Unzuständigkeit[1, 2]

An das Arbeitsgericht

In Sachen

.../...

(Kurzrubrum)

vertreten wir die Beklagte.

---

1 Nach mehreren Reformen ist die Zuständigkeitsproblematik in der Arbeitsgerichtsbarkeit jetzt in **§ 48 ArbGG** geregelt. § 48 ArbGG verweist im Wesentlichen auf die Vorschriften der §§ 17, 17a und 17b GVG, so dass jetzt ein im Wesentlichen einheitliches Verweisungsrecht für alle Rechtswege besteht. § 281 ZPO ist nicht mehr anwendbar. Die Beklagte kann sich gem. § 39 ZPO **rügelos** auf ein örtlich unzuständiges Gericht **einlassen** (statt aller: *Germelmann/Matthes/Prütting/Müller-Glöge*, § 2 ArbGG Rz. 177). Allerdings wird das unzuständige Arbeitsgericht erst dann kraft rügeloser Einlassung zuständig, wenn die Beklagtenseite vorher gem. § 504 ZPO über die Unzuständigkeit des Gerichts und die Bedeutung der rügelosen Einlassung belehrt worden ist. Ein rügeloses Einlassen auf die Güteverhandlung hat keine Bedeutung, es kommt ausschließlich auf das rügelose Verhandeln zur Hauptsache im Kammertermin an (§ 54 Abs. 2 Satz 3 ArbGG iVm. § 39 ZPO). In Betracht kommt auch eine **nachträgliche** Gerichtsstandsvereinbarung nach § 38 Abs. 3 Nr. 1 ZPO (*Germelmann/Matthes/Prütting/Müller-Glöge*, § 2 ArbGG Rz. 172).

Wir beantragen:

   Die Klage wird abgewiesen.

Vorab[3] wird beantragt,

   Die Sache wird an das zuständige Arbeitsgericht ... verwiesen.[4]

Begründung:

Zur Sache werden wir noch gesondert Stellung nehmen. Vorab ist das Verfahren jedoch an das Arbeitsgericht ... zu verweisen. Der Kläger hat im Wesentlichen im Betrieb der Beklagten in ... gearbeitet, so dass sich der Gerichtsstand ... aus §§ 17 und 29 ZPO ergibt. Unrichtig ist die Behauptung des Klägers, er habe im Wesentlichen von zu Hause aus gearbeitet, weshalb das Arbeitsgericht seines Wohnortes zuständig sei. Tatsächlich hat der Kläger nur max. einen Tag pro Woche zu Hause oder von zu Hause aus gearbeitet. Vier Tage pro Woche war er im Betrieb der Beklagten in ....[5]

   Beweis: Zeugnis des Personalleiters der Beklagten, zu laden über diese.

...

(Unterschrift)

---

2 Keine Frage der örtlichen Zuständigkeit ist die interne **Geschäftsverteilung zwischen verschiedenen Kammern des Arbeitsgerichts**. Ist nach der internen Geschäftsverteilung eine andere Kammer zuständig, gibt der Richter das Verfahren durch formlosen Beschluss an die zuständige Kammer ab. Eine Zuständigkeit kraft rügeloser Einlassung wird von der herrschenden Meinung – ohne tragfähige Begründung – abgelehnt. Es ist nicht einzusehen, warum man kraft rügeloser Einlassung das Arbeitsgericht Flensburg anstelle des Arbeitsgerichts Rosenheim zuständig machen kann, nicht aber die eine Kammer des Arbeitsgerichts Flensburg anstelle der anderen.

3 Auch wenn es nicht zwingend ist, empfiehlt es sich immer, Zuständigkeitsrügen vor oder jedenfalls in der **Güteverhandlung** anzubringen und damit nicht bis zum Kammertermin zu warten.

4 Hält das Arbeitsgericht sich für unzuständig, spricht es dies gem. § 17a Abs. 2 GVG aus und verweist den Rechtsstreit zugleich an das zuständige Gericht. Abweichend von der früheren Rechtslage ist es **nicht mehr erforderlich**, dass der Kläger **hilfsweise** einen **Verweisungsantrag** stellt, um der Abweisung der Klage als unzulässig zu entgegnen. Auch wenn kein hilfsweiser Verweisungsantrag gestellt ist, darf das unzuständige Arbeitsgericht die Klage nicht abweisen, sondern muss sie an das zuständige Arbeitsgericht verweisen. Hält das Gericht sich für zuständig, kann es dies nach eigenem Ermessen wahlweise vorab oder zusammen mit der Hauptentscheidung aussprechen (§ 17a Abs. 3 GVG). Das Arbeitsgericht muss jedoch vorab über seine Zuständigkeit entscheiden, wenn eine Partei die Zuständigkeit ausdrücklich rügt (§ 17a Abs. 3 GVG). Beschlüsse nach § 17a Abs. 2 und 3 GVG können ohne mündliche Verhandlung ergehen (§ 17a Abs. 4 Satz 1 GVG), allerdings nach der Neuregelung seit 1. 5. 2000 immer nur durch die Kammer, nicht durch den Vorsitzenden allein (§ 48 Abs. 1 Nr. 2 ArbGG).

5 Entgegen § 17a Abs. 4 Satz 3 GVG ist der Beschluss des Arbeitsgerichts (egal ob die Zuständigkeit bejaht oder der Rechtsstreit verwiesen wird) grundsätzlich **unanfechtbar** (§ 48 Abs. 1 Nr. 1 ArbGG). Wird das Verfahren an ein anderes Arbeitsgericht verwiesen, ist die Verweisung für dieses Gericht **bindend** (§ 17a Abs. 1 GVG).

45.5 Rüge der Unzulässigkeit des Rechtsweges[1]

An das Arbeitsgericht

In Sachen

.../...

(Kurzrubrum)

vertreten wir die Beklagte.

Wir beantragen:

Die Klage wird abgewiesen.

Vorab beantragen wir,

Der Rechtsstreit wird an das zuständige Landgericht ... verwiesen.[2]

---

1 § 48 ArbGG stellt klar, dass die Arbeitsgerichtsbarkeit ein **eigenständiger Rechtsweg** ist. Die Frage, ob das Arbeitsgericht oder das ordentliche Gericht zuständig ist, ist also nicht mehr wie früher eine Frage der sachlichen Zuständigkeit, sondern des Rechtswegs. In der Sache regelt § 48 ArbGG die Prüfung und ggf. Verweisung im Bezug auf den Rechtsweg genauso wie hinsichtlich der Frage der örtlichen Zuständigkeit. Auf die Erläuterungen zu **M 45.4** kann deshalb verwiesen werden. Die einzige Abweichung von den Verfahrensregeln hinsichtlich der örtlichen Zuständigkeit betrifft die **Anfechtbarkeit der Beschlüsse des Arbeitsgerichts**. Soweit das Arbeitsgericht über die **örtliche Zuständigkeit** entscheidet – egal ob es sie bejaht oder an ein anderes Arbeitsgericht verweist – ist die Entscheidung gem. § 48 Abs. 1 Nr. 1 ArbGG grundsätzlich **unanfechtbar** (s. **M 45.4** Fn. 5). Bei Entscheidungen des Arbeitsgerichts über den **Rechtsweg** – egal ob der Rechtsweg bejaht oder an die ordentliche Gerichtsbarkeit verwiesen wird – gilt dagegen § 17a Abs. 4 Satz 3 GVG. Gegen den Beschluss des Arbeitsgerichts ist die **sofortige Beschwerde zum LAG** gem. § 78 ArbGG iVm. § 567 ZPO zulässig. Über die sofortige Beschwerde entscheidet das LAG außerhalb der mündlichen Verhandlung durch den Vorsitzenden allein (BAG v. 10. 12. 1992, NZA 1993, 619 [streitig]). Das LAG kann die **weitere sofortige Beschwerde (Rechtsbeschwerde, § 574 ZPO) zum BAG zulassen** (§ 17a Abs. 4 Satz 4 ArbGG; *Germelmann/Matthes/Prütting/Müller-Glöge*, § 48 ArbGG Rz. 93 ff.).

2 Streiten die Parteien darüber, ob der Kläger Arbeitnehmer ist, kommt es für die Zuständigkeit nach inzwischen gefestigter Rechtsprechung des Bundesarbeitsgerichts darauf an, ob ein sog. **„Sic-non-Fall"** vorliegt. Von einem „Sic-non-Fall" spricht man, wenn der Erfolg der Klage in der Sache mit dem Status als Arbeitnehmer steht und fällt. So liegt es typischerweise bei Klagen gegen eine ordentliche Kündigung. Wird beispielsweise ein **freier Mitarbeitervertrag** ordentlich gekündigt, so kann die Klage gegen diese Kündigung nur dann Erfolg haben, wenn der freie Mitarbeiter in Wahrheit Arbeitnehmer war, weil nur dann das KSchG gilt. War der Kläger dagegen echter freier Mitarbeiter, ist die ordentliche Kündigung (sofern die Kündigungsfrist eingehalten wurde) auf jeden Fall wirksam, da die ordentliche Kündigung dann keiner Gründe bedarf. In solchen Fällen überschneidet sich die Frage nach der Zuständigkeit der Arbeitsgerichte mit der Frage der Begründetheit der Klage. Dann haben die Arbeitsgerichte nach der Rechtsprechung des BAG ihre **Zuständigkeit zu bejahen**. Die bloße Behauptung des Klägers, er sei Arbeitnehmer, reicht also zur Begründung des Rechtswegs zu den Arbeitsgerichten aus.
Anders ist es dagegen in den sog. **„Aut-aut-Fällen"**, in denen die Begründetheit der Klage nicht oder jedenfalls nicht ausschließlich von der behaupteten Arbeitnehmereigenschaft abhängt. Das ist typischerweise der Fall im Streit um eine fristlose außerordentliche Kündigung, da auch außerhalb des KSchG die Wirksamkeit einer außerordentlichen Kündigung das Vorliegen „wichtiger Gründe" iSd. § 626 Abs. 1 BGB voraussetzt. In einem solchen Fall hat das

Begründung:

Zur Sache werden wir noch gesondert Stellung nehmen. Vorab wird die Unzuständigkeit des Arbeitsgerichts gerügt. Das Verfahren gehört vor die ordentlichen Gerichte, hier vor das Landgericht . . . . Der Kläger war Geschäftsführer der Beklagten. Gem. § 5 Abs. 1 Satz 3 ArbGG gelten die Mitglieder des Vertretungsorgans einer juristischen Person nicht als Arbeitnehmer iSd. ArbGG, so dass die Arbeitsgerichte gem. § 2 ArbGG für sie nicht zuständig sind. Der Sonderfall eines „ruhenden Arbeitsverhältnisses" liegt hier ersichtlich nicht vor, da der Kläger vor seiner Tätigkeit als Geschäftsführer der Beklagten bei dieser nicht in einem normalen Anstellungsverhältnis gestanden hat.

. . .

(Unterschrift)

Arbeitsgericht zunächst – ggf. durch Beweisaufnahme (BAG v. 30. 8. 1993, NJW 1994, 604 und v. 28. 10. 1993, NZA 1994, 234) – zu untersuchen und zu entscheiden, ob der Kläger Arbeitnehmer ist. Im vorliegenden Fall ergibt sich die Unzuständigkeit schon aus § 5 Abs. 1 Satz 3 ArbGG, so dass auf jeden Fall zu verweisen ist.

Klageerwiderung vor der Güteverhandlung[1]   45.6

An das Arbeitsgericht

In Sachen

. . ./. . .

(Kurzrubrum)

vertreten wir die Beklagte.

Wir beantragen:

  Die Klage wird abgewiesen.

---

1 ➲ **Wichtig:** Die Beklagtenseite ist grundsätzlich **nicht verpflichtet**, zur Vorbereitung der Güteverhandlung schriftsätzlich Stellung zu nehmen. Die bei vielen Arbeitsgerichten verbreitete Praxis, der Beklagten aufzugeben „unverzüglich" oder „innerhalb einer Frist von . . ." zur Klage Stellung zu nehmen, findet im Gesetz keine Stütze. Solche Aufforderungen sind **unverbindlich**, die Nicht-Beachtung darf für die Beklagte keine negativen Folgen haben (ausführlich dazu *Diller*, FA 1998, 71).
➲ **Praxistipp:** Ob man als Beklagtenvertreter noch vor der Güteverhandlung einen Schriftsatz einreicht, ist also allein eine **taktische Frage**. Empfehlenswert ist die schriftsätzliche Stellungnahme immer dann, wenn die **Sach- und Rechtslage** klar erscheint und Einwendungen oder Ansprüche des Klägers **ohne weiteres entkräftet** werden können. Sind dagegen Sachverhalt und/oder Rechtslage kompliziert oder undurchsichtig, sollte allenfalls ein sehr **kursorisch** gefasster Schriftsatz eingereicht werden. Die Zeit bis zur Güteverhandlung ist häufig für eine sorgfältige Sachverhaltsermittlung und eine rechtliche Recherche zu kurz. Nichts ist gefährlicher, als später den eigenen Sachvortrag korrigieren zu müssen.

Zur Sache nehmen wir in der für die Güteverhandlung gebotenen Kürze[2] Stellung:

Die Kündigung erfolgte aus betriebsbedingten Gründen. Aufgrund anhaltenden Auftragsmangels war die Beklagte gezwungen, die Abteilung zu schließen, in der der Kläger bislang beschäftigt war. Freie Arbeitsplätze im Unternehmen gab und gibt es nicht. Eine Sozialauswahl war nicht erforderlich. Alle Mitarbeiter der betreffenden Abteilung verlieren ihren Arbeitsplatz. Vergleichbare Mitarbeiter außerhalb der Abteilung gibt es nicht.

Soweit der Kläger die fehlende Anhörung des Betriebsrats rügt, ist darauf hinzuweisen, dass ein Betriebsrat bei der Beklagten das letzte Mal vor sechs Jahren gewählt worden ist. Die Amtszeit des damals gewählten Betriebsrats ist gem. § 21 BetrVG längst abgelaufen. Eine Neuwahl ist nicht erfolgt.

...

(Unterschrift)

2 ➔ **Praxistipp:** Will die Beklagtenseite sich auf eine **skizzenhafte Darstellung** beschränken, sollte dies im Schriftsatz **ausdrücklich erwähnt** werden. Ansonsten rügen Gegner und/oder Gericht in der Güteverhandlung sofort die angeblich mangelhafte Substanziierung des Vorbringens (was zwar prozessual unerheblich ist, aber psychologisch nachteilig sein kann). Wenig hilfreich sind erfahrungsgemäß Ausführungen im Hinblick auf eine mögliche **vergleichsweise Regelung** des Streitgegenstands. Insbesondere sollten schriftlich keine konkreten Vergleichsvorschläge gemacht werden. Ein solches Vorgehen führt im Regelfall nur dazu, dass die Gegenseite höhere Forderungen stellt.

45.7 Prozessaufrechnung[1, 2, 3, 4]

An das Arbeitsgericht

In Sachen

.../...

(Kurzrubrum)

vertreten wir die Beklagte.

---

1 Die Aufrechnung gegen eine vor die Arbeitsgerichte gehörende Forderung ist auch dann zulässig, wenn die **Gegenforderung in die Zuständigkeit der ordentlichen Gerichte** fällt, sofern gem § 2 Abs. 3 ArbGG ein **rechtlicher oder unmittelbar wirtschaftlicher Zusammenhang** besteht (BAG v. 23. 8. 2001, EzA § 17 GVG Nr. 1). § 2 Abs. 3 ArbGG hilft aber dann nicht weiter, wenn für den Gegenanspruch ein anderer ausschließlicher Gerichtsstand besteht (BAG v. 23. 8. 2001, EzA § 17 GVG Nr. 1 für Mietsachen nach § 23 GVG).

2 Noch ungeklärt ist die Frage, ob und auf welche Weise mit einer **Nettoforderung** gegen eine **Bruttoklage** aufgerechnet werden kann. UE spricht nichts dagegen, die Aufrechnung zuzulassen und so zu verfahren, als habe der Arbeitgeber die Bruttoansprüche bereits teilweise netto erfüllt. Bei erfolgreicher Aufrechnung mit einer Gegenforderung von Euro 1 000,– netto gegen eine Brutto-Klageforderung von Euro 5 000,– wäre demnach zu tenorieren, dass die

Wir beantragen:

Die Klage wird abgewiesen.

Begründung:

Der eingeklagte Anspruch von Euro 5 000,– brutto besteht nicht, weil (wird ausgeführt).

Hilfsweise erklärt die Beklagte schon jetzt[5] die Aufrechnung mit einem Darlehensanspruch in Höhe von Euro 1 000,–.[6] Die Beklagte hat dem Kläger aufgrund Darlehensvertrages vom . . . zinslos Euro 1 000,– tilgungsfrei als Darlehen zur Verfügung gestellt. In Ziff. . . . des Darlehensvertrages ist bestimmt, dass das Darlehen im Moment der Beendigung des Anstellungsverhältnisses fällig wird.

Beweis: Darlehensvertrag vom . . ., Anlage B 1

Die Darlehensforderung ist zur Rückzahlung fällig geworden, da das Arbeitsverhältnis aufgrund der wirksamen Kündigung der Beklagten geendet hat. Die Aufrechnung erfolgt nur hilfsweise. Die Beklagte geht davon aus, dass dem Kläger die eingeklagten Provisionsansprüche in Höhe von Euro 5 000,– nicht zustehen. Hilfsweise für den Fall, dass das Arbeitsgericht das Bestehen der Provisionsansprüche bejahen sollte, wird die Aufrechnung mit der Forderung auf Darlehensrückzahlung erklärt.

. . .

(Unterschrift)

Beklagte zur Zahlung von Euro 5 000,– brutto abzüglich Euro 1 000,– netto verurteilt wird (vgl. dazu LAG Nürnberg v. 2. 3. 1999, NZA-RR 1999, 626).

3 ➔ **Praxistipp:** Wird mit einer Gegenforderung aufgerechnet, die mit der Klageforderung nicht in einem nach § 2 Abs. 3 ArbGG ausreichenden (s. Fn. 1) Zusammenhang steht, kann bei Entscheidungsreife über die Klageforderung ein **Vorbehaltsurteil nach § 302 ZPO** ergehen (BAG v. 23. 8. 2001, EzA § 17 GVG Nr. 1). Es ist immer zweckmäßig, den Erlass eines solchen Urteils, das im Ermessen des Gerichts steht, ausdrücklich anzuregen.

4 Seit 1. 1. 2002 ist gemäß § 533 ZPO die Aufrechnung in der **Berufung** nur noch möglich, wenn die Aufrechnung auf Tatsachen gestützt wird, die ohnehin der Berufungsentscheidung zugrunde zu legen sind. Würde die Aufrechnung dazu führen, dass das Gericht zusätzlichen Streitstoff berücksichtigen müsste, ist sie unzulässig.

5 Die Aufrechnung ist ein **Verteidigungsmittel iSv. § 56 Abs. 2 ArbGG**, so dass bei Verspätung **Zurückweisung** droht. Der Beklagte kann der Zurückweisung entgehen, wenn er die Aufrechnung fallen lässt und stattdessen Widerklage erhebt, da eine Widerklage nicht zurückweisungsfähig ist (siehe dazu *Diller*, FA 1998, 71). Aber auch wenn die Aufrechnung als solche wegen Verspätung zurückgewiesen wird, erwächst dies nicht in Rechtskraft mit der Folge, dass die spätere Erhebung einer Widerklage bzw. einer gesonderten Klage möglich ist (BGH v. 22. 4. 1983, NJW 1984, 129; v. 15. 4. 1955, BGHZ 17, 127). Anders ist es dagegen, wenn zwar der Aufrechnungseinwand an sich rechtzeitig erhoben worden ist, aber das der Aufrechnung zugrunde liegende tatsächliche Vorbringen unsubstanziiert war oder wegen Verspätung zurückgewiesen wurde. In diesem Fall ist gem. § 322 Abs. 2 ZPO die Gegenforderung bis zur Höhe des Klaganspruchs rechtskräftig aberkannt (BGH v. 3. 11. 1960, BGHZ 33, 242; v. 7. 5. 1987, MDR 1987, 1019), allerdings nur soweit überhaupt über den hilfsweise gestellten Aufrechnungseinwand entschieden wird.

6 Die Aufrechnung ist nur sinnvoll, wenn die Gegenansprüche die Klageforderung **nicht übersteigen**, ansonsten ist die Erhebung einer Widerklage (s. **M 45.8**) erforderlich.

45.8 Widerklage[1, 2, 3, 4, 5, 6, 7]

An das Arbeitsgericht

In Sachen

.../...

(Kurzrubrum)

vertreten wir die Beklagte.

---

1 Die Widerklage muss einen **selbständigen Streitgegenstand** haben und darf sich nicht im Leugnen des Klageanspruchs erschöpfen (BAG v. 26. 6. 1990, AP Nr. 19 zu § 253 ZPO). Verschiedene summenmäßige Teile eines einheitlichen Anspruchs sind verschiedene Streitgegenstände. Macht der Kläger nur einen Teil seiner vermeintlichen Forderung geltend, kann also im Wege der Widerklage die Feststellung begehrt werden, dass der Beklagte auch über den eingeklagten Teil hinaus nichts schuldet (statt aller: Zöller/*Vollkommer*, § 33 ZPO Rz. 7).

2 Die Widerklage ist unabhängig davon zulässig, ob Anspruch und Gegenanspruch sachlich zusammenhängen (sog. **Konnexität**). Allerdings gilt nur für konnexe Forderungen der **besondere Gerichtsstand der Widerklage nach § 33 ZPO**. Wegen nicht-konnexer Gegenforderungen kann also die Widerklage nur dann erhoben werden, wenn das Arbeitsgericht dafür auch dann zuständig wäre, wenn die Widerklage als selbständige Klage erhoben würde. Ist das nicht der Fall (gehört die Gegenforderung beispielsweise vor die ordentlichen Gerichte), so kann bei nicht-konnexen Forderungen keine Widerklage erhoben werden. Vielmehr muss der Beklagte die Forderung selbständig beim Amtsgericht/Landgericht einklagen. Allerdings reicht es für die Konnexität aus, dass die Gegenforderung mit Verteidigungsmitteln im Zusammenhang steht, die gegen die Hauptforderung vorgebracht werden (§ 33 Abs. 1 2. Alt. ZPO). Rechnet der Beklagte gegen die Klageforderung mit einer nicht-konnexen Gegenforderung auf (was er unabhängig davon kann, vor welches Gericht diese Gegenforderung eigentlich gehört), so kann er folglich wegen des überschießenden Rests stets im Gerichtsstand des § 33 ZPO Widerklage erheben, da die mit der Widerklage rechtshängig gemachte Forderung mit dem Verteidigungsmittel der Aufrechnung im Zusammenhang steht (Zöller/*Vollkommer*, § 33 ZPO Rz. 16). Bei nicht-konnexen Gegenforderungen wird sich die Zuständigkeit des Arbeitsgerichtes allerdings häufig aus **§ 2 Abs. 3 ArbGG** ergeben. Danach sind die Arbeitsgerichte auch zuständig für Rechtsstreitigkeiten über Ansprüche, die mit einem beim Arbeitsgericht anhängigen Anspruch in rechtlichem oder unmittelbar wirtschaftlichem Zusammenhang stehen (*Germelmann/Matthes/Prütting/Müller-Glöge*, § 2 ArbGG Rz. 142). Liegen die Voraussetzungen des § 2 Abs. 3 ArbGG nicht vor, ist die Widerklage unzulässig, wenn für den Gegenanspruch die Arbeitsgerichte nicht zuständig sind. Das Arbeitsgericht muss in diesem Fall die Widerklage abtrennen und an das zuständige Gericht verweisen.

3 Für die Erhebung einer Widerklage fehlt das **Rechtsschutzbedürfnis** nicht schon deshalb, weil die Forderung im Wege der **Aufrechnung** gegen die Hauptforderung verwertet werden könnte. Der Beklagte hat stets die freie Wahl, ob er die Gegenforderung zur Aufrechnung stellt oder im Wege der Widerklage geltend macht.

4 ➲ Praxistipp: Die Widerklage kann als **Hilfs-Widerklage** erhoben werden. Das ist insbesondere von Bedeutung, wenn der Beklagte sich in erster Linie mit dem Argument verteidigt, die Hauptforderung bestehe gar nicht, und erst in zweiter Linie eine Gegenforderung zur Aufrechnung stellt. Kommt das Gericht zu dem Ergebnis, dass die Hauptforderung nicht besteht, wird über die Aufrechnung nicht mehr entschieden, da die Klage ohnehin abweisungsreif ist. Das hat allerdings zur Folge, dass der Beklagte über seine Gegenforderung keinen Titel erhält. Der Beklagte kann deswegen hinsichtlich seiner Gegenforderung hilfsweise Widerklage beantragen für den Fall, dass die Hauptsacheklage wegen Nichtbestehens der Klageforderung abgewiesen wird.

Wir beantragen:

1. *Die Klage wird abgewiesen.*
2. *Im Wege der Widerklage wird der Kläger verurteilt, Euro ... nebst Zinsen in Höhe von 8 Prozentpunkten über dem Basiszinssatz[8] seit Rechtshängigkeit an die Beklagte zu zahlen.*

Begründung:

Der eingeklagte Anspruch von Euro ... brutto besteht nicht, weil (wird ausgeführt).

Mit der Widerklage wird ein Darlehensanspruch in Höhe von Euro ... geltend gemacht. Die Beklagte hat dem Kläger aufgrund Darlehensvertrag vom ... zinslos Euro ... tilgungsfrei als Darlehen zur Verfügung gestellt. In Ziff. ... des Darlehensvertrages ist bestimmt, dass das Darlehen im Moment der Beendigung des Anstellungsverhältnisses fällig wird.

Beweis: Darlehensvertrag vom ..., Anlage B 1

Die Darlehensforderung ist zur Rückzahlung fällig geworden, da das Arbeitsverhältnis aufgrund der wirksamen Kündigung der Beklagten geendet hat.

...

(Unterschrift)

---

5 Die Widerklage stellt einen selbständigen Angriff dar, so dass eine **Zurückweisung als verspätet** nach §§ 56 Abs. 2, 61a Abs. 5 ArbGG ausscheidet.
6 Wird die Widerklage erst **nach der Güteverhandlung** erhoben, so ist eine neue Güteverhandlung nicht erforderlich (*Gift/Baur*, E Rz. 525, S. 509).
7 In der **Berufungsinstanz** ist gem. § 64 Abs. 6 ArbGG iVm. § 533 ZPO die Widerklage nur noch dann zulässig, wenn entweder der Gegner einwilligt oder aber das Gericht die Widerklage für sachdienlich hält und wenn die Widerklage nicht die Einbeziehung von Streitstoff mit sich bringt, der ansonsten für die Entscheidung über die Berufung keine Rolle spielen würde. In der Revision ist die Widerklage grundsätzlich ausgeschlossen (BGH v. 23. 5. 1957, BGHZ 24, 279).
8 S. **M 45.3** Fn. 5, 6.

Sofortige Beschwerde gegen die Aussetzung der Kündigungsschutzklage eines schwerbehinderten Menschen nach § 148 ZPO[1]

45.9

An das Arbeitsgericht[2]

In Sachen

(Kurzrubrum)

Az.: ...

---

1 Das ArbGG enthält keine besonderen Aussetzungsvorschriften, so dass die subsidiären **Vorschriften der ZPO** gelten (§ 46 Abs. 2 ArbGG). Das sind vor allem die §§ 148, 149, 246, 247

legen wir namens und im Auftrag des Klägers gegen den Aussetzungsbeschluss vom ...

sofortige Beschwerde

ein und beantragen[3],

den Aussetzungsbeschluss vom ... aufzuheben.

Begründung:[4]

Die Parteien streiten um die Wirksamkeit einer arbeitgeberseitigen ordentlichen betriebsbedingten Kündigung. Der Kläger ist zu 75% als schwerbehindert anerkannt. Vor Ausspruch der Kündigung wurde die Zustimmung des Integrationsamts eingeholt. Gegen den zustimmenden Bescheid des Integrationsamts hat der Kläger Widerspruch eingelegt, über den der Widerspruchsausschuss des Landeswohlfahrtsverbands noch nicht entschieden hat. Zugleich hat der Kläger innerhalb der Drei-Wochen-Frist der §§ 4, 7 KSchG Kündigungsschutzklage beim Arbeitsgericht erhoben. Das Arbeitsgericht hat mit Beschluss vom ... das Kündigungsschutzverfahren gemäß § 148 ZPO im Hinblick auf das schwebende Widerspruchsverfahren beim Landeswohlfahrtsverband ausgesetzt. Die Aussetzung soll gemäß dem Beschluss bis zum rechtskräftigen Abschluss des Verwaltungsverfahrens dauern.

Der Aussetzungsbeschluss des Arbeitsgerichts ist ermessensfehlerhaft[5], *weil er für den Kläger eine unzumutbare Härte mit sich bringt. Der Kläger ist unmittelbar mit Ausspruch*

ZPO sowie die Aussetzung zum Zwecke der Normenkontrolle an das Bundesverfassungsgericht (Art. 100 GG) oder an den EuGH (Vorabentscheidungsverfahren nach Art. 234 EG, früher Art. 177 EGV). Nach der Rechtsprechung ist § 148 ZPO auch dann anwendbar, wenn ein anderes Gericht wegen der gleichen streitigen Norm bereits ein Normenkontrollverfahren nach Art. 100 GG eingeleitet hat (BAG v. 28. 1. 1988, EzA § 148 ZPO Nr. 15). Von Bedeutung ist im arbeitsgerichtlichen Verfahren vor allem **§ 148 ZPO**, der die Aussetzung wegen eines anderweitigen vorgreiflichen Verfahrens vorsieht. Typische Fallkonstellationen für eine Aussetzung nach § 148 ZPO sind neben der Kündigungsschutzklage eines schwerbehinderten Menschen (s. das Muster) die Klage auf Verzugslohn nach einer streitigen Kündigung, hinsichtlich deren ein Kündigungsschutzverfahren schwebt. Weitere Fälle sind die Klage aus einer Betriebsvereinbarung, die nach § 76 Abs. 5 BetrVG angefochten ist, sowie die Kündigungsschutzklage, über deren nachträgliche Zulassung nach § 5 KSchG gestritten wird (ausführlich zu diesen Fällen *Gift/Baur*, E Rz. 672).

2 Setzt das Arbeitsgericht das Verfahren aus oder lehnt es einen Aussetzungsantrag ab, ist gemäß § 252 ZPO die **sofortige Beschwerde** gegeben, die grundsätzlich **beim Arbeitsgericht**, nicht beim LAG eingelegt wird. Allerdings ist die Einlegung beim LAG unschädlich, das LAG gibt die Beschwerde regelmäßig an das zuständige Arbeitsgericht ab. Hat das **LAG** das Verfahren ausgesetzt oder die Aussetzung abgelehnt, ist dagegen **kein Rechtsmittel** möglich (§ 78 Abs. 2 ArbGG). Die bis 1. 1. 2002 mögliche einfache Beschwerde gegen Aussetzungsbeschlüsse nach § 252 ZPO aF gibt es nicht mehr.

3 ➪ **Praxistipp:** Einen besonderen **Antrag** braucht die Beschwerde nicht zu enthalten. Es reicht, wenn deutlich wird, mit welcher Entscheidung des Arbeitsgerichts sich der Beschwerdeführer nicht abfinden will (BAG v. 15. 7. 1968, AP Nr. 19 zu § 519 ZPO).

4 ➪ **Praxistipp:** Eine **Begründung** der Beschwerde ist nach den Vorschriften der ZPO nicht erforderlich, aber natürlich sinnvoll. Insbesondere ermöglicht eine kurze Begründung dem LAG, sich sofort ein Bild von der Problematik zu verschaffen, ohne erst die ganze Akte lesen zu müssen.

5 Das Arbeitsgericht hat bei seiner Aussetzungsentscheidung nach § 148 ZPO die **Vor- und Nachteile einer Aussetzung abzuwägen**. Während die Prozessökonomie regelmäßig für eine

der Kündigung von der Arbeit freigestellt worden. Bliebe der Aussetzungsbeschluss des Arbeitsgerichts bestehen, würde dies bedeuten, dass der Kläger ggf. drei bis fünf Jahre auf eine rechtskräftige Entscheidung über seine Kündigung warten müsste und in dieser Zeit auch nicht weiterbeschäftigt würde. Denn zunächst müsste das Verwaltungsverfahren vor dem Widerspruchsausschuss beendet werden. Anschließend hätte die unterlegene Partei die Möglichkeit, den Widerspruchsbescheid vor dem Verwaltungsgericht anzufechten und ggf. mit der Berufung auch noch vor dem Oberverwaltungsgericht. Selbst wenn man davon ausgeht, dass die Revision vor dem Bundesverwaltungsgericht nicht zugelassen würde, würden die verwaltungsrechtlichen Verfahren mit Sicherheit mindestens zwei Jahre in Anspruch nehmen, wahrscheinlich länger. Würde sich rechtskräftig die Wirksamkeit des Zustimmungsbescheids des Integrationsamts herausstellen, müsste sodann das arbeitsgerichtliche Verfahren in der 1. Instanz wieder aufgenommen werden. Die Entscheidung des Arbeitsgerichts könnte selbstverständlich mit der Berufung zum LAG angegriffen werden, ggf. wäre dann auch noch der Weg zum Bundesarbeitsgericht offen.

Alles in allem dürften hier leicht drei bis fünf Jahre Verfahrensdauer zusammenkommen. Eine solche lange Verfahrensdauer ist für den Kläger deshalb unzumutbar, weil es für die Wirksamkeit der Kündigung überhaupt nicht auf die Wirksamkeit des Zustimmungsbescheids des Integrationsamts ankommt. Wie dem Kläger aus Betriebsratskreisen zugetragen wurde, hat eine ordnungsgemäße Anhörung des Betriebsrats vor Ausspruch der Kündigung nicht stattgefunden. Die beklagte Arbeitgeberin hat zwar den Betriebsrat von dem eingeleiteten Zustimmungsverfahren beim Integrationsamt informiert, und der Betriebsrat hat im Rahmen dieses Verfahrens auch eine Stellungnahme abgegeben. Die beklagte Arbeitgeberin hat jedoch den Betriebsrat vor Ausspruch der Kündigung nicht mehr von der Entscheidung des Integrationsamts informiert und auch ansonsten keine Anhörung nach § 102 BetrVG durchgeführt.

Der Kläger hat in der Güteverhandlung das Arbeitsgericht auf die vermutlich unterbliebene Betriebsratsanhörung hingewiesen. Der Vorsitzende Richter hat diesen Hinweis jedoch nicht gelten lassen und gemeint, bevor nicht rechtskräftig über den Bescheid des Integrationsamts entschieden sei, werde er „seine wertvolle Zeit nicht für irgendwelche Beweisaufnahmen vergeuden". Deshalb wurde das Verfahren gemäß § 148 ZPO ausgesetzt. Der Aussetzungsbeschluss ist indes fehlerhaft. Es entspricht herrschender Auffassung, dass die Aussetzung eines Kündigungsschutzverfahrens wegen eines anhängigen Verwaltungsverfahrens nach dem SGB IX allenfalls dann in Betracht kommt, wenn das Arbeitsgericht den Sachverhalt so weit aufgeklärt hat, dass feststeht, dass die Kündigung an sich wirksam ist und nur noch an einer Aufhebung des Zustimmungsbescheids des Integrationsamts scheitern könnte (statt aller: LAG Rh.-Pf. v. 16. 6. 1978, NJW 1978, 2263; ArbG Berlin v. 6. 11. 1990, AP Nr. 30 zu § 14 SchwBeschG; LAG Hessen v. 15. 3. 1990, LAGE § 15 SchwbG Nr. 2; LAG Köln v. 17. 3. 1992, NZA 1992, 766). Diese Auffassung mag nicht unzweifelhaft sein, falls vor dem Arbeitsgericht eine umfangreiche und komplizierte Beweisaufnahme erforderlich würde, die sich dann später wegen einer Aufhebung des Zustimmungsbescheids des

---

Aussetzung sprechen wird, können die Interessen der Beteiligten an einer Verfahrensbeschleunigung durchaus überwiegen (wie im vorliegenden Fall). Des Weiteren muss das Arbeitsgericht bei seiner Aussetzungsentscheidung bedenken, in welchem Umfang sich die vermeintlich vorgreifliche Entscheidung überhaupt auf das Verfahren auswirken wird.

Integrationsamts möglicherweise als unwirksam herausstellen könnte. Im folgenden Fall wird sich die Unwirksamkeit der Kündigung aber bereits ohne Beweisaufnahme herausstellen. Es ist nicht anzunehmen, dass die Beklagte wahrheitswidrig eine Betriebsratsanhörung behaupten wird, die gar nicht stattgefunden hat. Der Aussetzungsbeschluss war deshalb fehlerhaft und ist aufzuheben.[6]

...

(Unterschrift)

---

[6] Das **Arbeitsgericht** hat zunächst selbst zu entscheiden, ob es der Beschwerde **abhilft**. Tut es dies nicht, erlässt es einen „Nichtabhilfebeschluss", in dem es (meist unter schlichtem Verweis auf die Ursprungsentscheidung) dem Beschwerdeführer mitteilt, dass seiner Beschwerde nicht abgeholfen wird und gleichzeitig die Angelegenheit dem LAG vorgelegt wird. Das LAG entscheidet dann regelmäßig durch Beschluss ohne mündliche Verhandlung durch den Vorsitzenden allein.
Nach herrschender Auffassung (LAG Berlin v. 25. 4. 1978, EzA § 148 ZPO Nr. 4; LAG Rh.-Pf. v. 9. 5. 1986, LAGE § 148 ZPO Nr. 15; LAG Hessen v. 20. 11. 1986, LAGE § 148 ZPO Nr. 17) darf das LAG im Rahmen der Beschwerdeentscheidung die Ermessenserwägungen des ArbG **nicht durch eigene Ermessenserwägungen ersetzen** (dazu LAG Thüringen v. 12. 2. 1996, NZA-RR 1996, 467). Vielmehr soll das LAG nur zur Prüfung befugt sein, ob das ArbG von richtigen Voraussetzungen ausgegangen ist und sich nicht von sachfremden Erwägungen hat leiten lassen.

45.10 Sofortige Beschwerde gegen die Aussetzung eines Kündigungsschutzverfahrens wegen vorgreiflichen Strafverfahrens nach § 149 ZPO[1]

An das Arbeitsgericht

In Sachen

(Kurzrubrum)

Az.:

legen wir gegen den Aussetzungsbeschluss vom . . .

sofortige Beschwerde

ein und beantragen,

den Aussetzungsbeschluss vom . . . aufzuheben.

Begründung:

Die Parteien streiten um die Wirksamkeit einer fristlosen Kündigung wegen angeblicher Unterschlagungen des Klägers. Die Beklagte hat in der Güteverhandlung mitgeteilt, sie habe gegen den Kläger wegen dieser Unterschlagungen Strafanzeige erstattet, die

---

[1] Siehe auch die allgemeinen Anmerkungen zu **M 45.9**.

Staatsanwaltschaft habe auch bereits ein Ermittlungsverfahren eingeleitet. Daraufhin hat das Arbeitsgericht beschlossen, das Verfahren bis zum Abschluss des Ermittlungsverfahrens und ggf. des nachfolgenden Strafverfahrens auszusetzen.

Die Aussetzungsentscheidung des Arbeitsgerichts ist aus zwei Gründen fehlerhaft. Zum einen ist das anhängige Ermittlungs-/Strafverfahren nicht „vorgreiflich" im Sinne des § 149 ZPO. Die Kündigungsschutzklage ist unabhängig davon begründet, ob der Kläger die ihm zur Last gelegte Straftat begangen hat. Die Beklagte hat nämlich übersehen, dass der Kläger seit langem als schwerbehindert anerkannt ist. Vor Ausspruch der Kündigung wurde die Zustimmung des Integrationsamts nicht eingeholt, so dass die Kündigung schon aus diesem Grund unwirksam ist (§§ 85 ff. SGB IX).

Unabhängig davon ist die Aussetzungsentscheidung des Arbeitsgerichts auch ermessensfehlerhaft.[2] Die Aussetzung bis zum Abschluss des Ermittlungs-/Strafverfahrens führt nur dazu, dass das vorliegende Kündigungsschutzverfahren für unabsehbare Zeit auf Eis liegt. Dem stehen keinerlei Vorteile gegenüber. Insbesondere verfügt das Strafgericht ebenso wenig wie die Staatsanwaltschaft über bessere Erkenntnismöglichkeiten als das Arbeitsgericht. Dreh- und Angelpunkt sowohl eines möglichen Strafverfahrens als auch der vorliegenden Kündigungsschutzklage ist die Aussage des Zeugen . . . . Dieser will beobachtet haben, wie der Kläger ihm anvertrautes hochwertiges Werkzeug in den Kofferraum seines Privatwagens verstaut hat und damit aus dem Firmengelände gefahren ist. Diese Aussage ist jedoch falsch und stellt ersichtlich einen Racheakt des Herrn . . . dar, mit dem der Kläger seit Jahren im Unfrieden lebt. Die Glaubwürdigkeit des Zeugen . . . kann das Arbeitsgericht ebenso gut beurteilen wie der Staatsanwalt und/oder der Strafrichter. Weitere Indizien für die angebliche Unterschlagung des Klägers existieren nicht. Es ist auch nicht ersichtlich, dass die Staatsanwaltschaft bzw. der Strafrichter noch weitere Indizien zu Tage fördern könnte. Eine staatsanwaltschaftliche Hausdurchsuchung beim Kläger blieb erfolglos, die angeblich unterschlagenen Gegenstände wurden nicht gefunden (weil der Kläger sie auch nie unterschlagen hat!).

Es ist anerkannt, dass eine Aussetzung des Verfahrens zu unterbleiben hat, wenn von dem vermeintlich vorgreiflichen Verfahren keine positiven Einflüsse auf das ausgesetzte Verfahren zu erwarten sind. Das Gericht muss ganz im Gegenteil das Interesse des Klägers an der Wiederherstellung seiner Ehre und seiner Weiterbeschäftigung durch zügigen Abschluss des arbeitsgerichtlichen Verfahrens wahren (vgl. LAG Hamm

---

[2] In der Praxis ist zu beobachten, dass viele Arbeitsgerichte wegen Arbeitsüberlastung **vorschnell** von der Möglichkeit der Aussetzung nach § 149 ZPO Gebrauch machen. Das gilt insbesondere bei der Kündigung wegen angeblicher Straftaten, aber auch wenn der Arbeitgeber Schadensersatz wegen vermeintlicher Straftaten des Arbeitnehmers einklagt. In solchen Fällen unterlassen es die Arbeitsgerichte häufig, die „Vorgreiflichkeit" des Strafverfahrens sorgfältig zu prüfen. Häufig erweist sich eine Kündigung bzw. eine Schadensersatzklage schon aus anderen Gründen als begründet bzw. unbegründet, so dass es auf die zusätzlichen Erkenntnismöglichkeiten des Straf- oder Ermittlungsverfahrens nicht ankommt. Vor allem aber überschätzen die Arbeitsgerichte häufig die Möglichkeiten von Staatsanwaltschaft und Strafgericht, den Sachverhalt genauer aufzuklären, als es das Arbeitsgericht könnte. So bewegen sich die vor den Arbeitsgerichten verhandelten Fälle häufig im Bereich der Kleinkriminalität (insbesondere bei der Kündigung wegen Diebstahls geringwertiger Sachen). Dann endet das Ermittlungs- und Strafverfahren sehr häufig mit einer Einstellung nach § 153a StPO, so dass für das Arbeitsgerichtsverfahren durch die Aussetzung nach § 149 ZPO nichts gewonnen ist.

v. 16. 7. 1970, DB 1970, 1696; LAG Berlin v. 12. 10. 1981, AP Nr. 1 zu § 149 ZPO; OLG Celle v. 12. 11. 1968, NJW 1969, 280).

...

(Unterschrift)

45.11 Ablehnung eines Richters wegen Befangenheit[1]

An das Arbeitsgericht

In Sachen

(Kurzrubrum)

Az.:[2]

lehnen wir den ehrenamtlichen[3] *Richter... wegen Besorgnis der Befangenheit ab.*

Begründung:

Die Parteien des vorliegenden Beschlussverfahrens streiten darüber, ob das Mitbestimmungsrecht des Antragstellers (Betriebsrat) bei der Personaleinstellung gemäß § 99 BetrVG auch insoweit besteht, als die Antragsgegnerin (Arbeitgeberin) während eines Arbeitskampfes Leiharbeiter der Arbeitsverleihfirma „Arbeit Sofort" als Streikbrecher eingesetzt hat oder künftig einsetzen wird. In dem Anhörungstermin vom... hat sich herausgestellt, dass der ehrenamtliche Richter..., der über diesen Fall entscheidet, Personalleiter der Arbeitsverleihfirma „Arbeit Sofort" ist. Auf Frage des Vorsitzenden Richters hat Herr... im Anhörungstermin erklärt, er halte sich nicht für befangen iSd. § 42 Abs. 1 ZPO. Dem Einsatz seiner Mitarbeiter bei der Antragsgegnerin während des Streiks vom Frühjahr... stehe er neutral gegenüber, er sehe die Sache „leidenschaftslos". Der Antragsteller hat sich zunächst mit dieser Erklärung zufrieden gegeben.[4]

---

1 Gemäß § 46 Abs. 2 ArbGG gelten die Ablehnungsvorschriften der **§§ 42 ff. ZPO** auch im Arbeitsgerichtsverfahren. Abgelehnt werden kann ein Richter nach den einschlägigen §§ 42 ff. ZPO aus zwei verschiedenen Gründen. Zum einen ist die Ablehnung möglich, wenn bei dem betreffenden Richter ein **Ausschließungsgrund** nach § 41 ZPO vorliegt (zB Verwandtschaftsverhältnis zu einer Partei). Solche Fälle sind aber selten, weil normalerweise der ausgeschlossene Richter selbst die Konsequenz zieht, so dass eine Initiative der Parteien sich erübrigt. In der Praxis heftig umstritten sind dagegen häufig Fälle, in denen die **Besorgnis der Befangenheit** des betroffenen Richters gemäß § 42 ZPO geltend gemacht wird. Rechtsmissbräuchlich sind Ablehnungsanträge, die ersichtlich nur zum Zwecke der Prozessverschleppung eingereicht werden (OLG Koblenz v. 22. 5. 1985, Rpfleger 1985, 368).

2 Das Ablehnungsgesuch ist grundsätzlich bei **derjenigen Kammer** anzubringen, der der abgelehnte Richter **angehört**. Besondere **Formvorschriften** gibt es **nicht**. Das Ablehnungsgesuch muss sich stets gegen einen oder mehrere konkrete Richter richten, das Gericht oder die Kammer kann nicht im Ganzen abgelehnt werden (BSG v. 26. 11. 1960, AP Nr. 1 zu § 42 ZPO).

3 Die Ablehnungsgründe und das Ablehnungsverfahren gelten gleichermaßen für den **Vorsitzenden Richter** wie die **ehrenamtlichen Richter**.

4 ➲ **Wichtig:** Das Ablehnungsrecht verliert die Partei zwar nicht durch **Zeitablauf**. Das Ablehnungsrecht geht jedoch verloren, wenn sich die Partei bei dem Richter in eine **Verhand-**

Im Anhörungstermin vom . . . ist noch keine Entscheidung gefällt worden. Vielmehr hat die Kammer Termin zur Verkündung einer Entscheidung erst auf den . . . anberaumt. An dieser Entscheidung wird der abgelehnte Richter teilnehmen.[5]

Wie der Antragsteller inzwischen erfahren hat, war die Äußerung des betroffenen ehrenamtlichen Richters im Anhörungstermin vom . . . falsch. Tatsächlich steht der ehrenamtliche Richter dem Einsatz der Mitarbeiter seines Zeitarbeitsunternehmens bei der Antragsgegnerin keineswegs neutral gegenüber. Als **Anlage AS 1** *legen wir einen Zeitungsausschnitt aus der „. . . Zeitung" vom Frühjahr . . . vor. Dieser befasst sich mit dem Streikbrecher-Einsatz von Mitarbeitern der Firma „Arbeit Sofort" anlässlich des Arbeitskampfs bei der Antragsgegnerin. In dem Zeitungsartikel wird der ehrenamtliche Richter wörtlich mit folgender Äußerung zitiert:*

„Das Verleihen von Streikbrechern ist für uns ein glänzendes Geschäft. Wir freuen uns, dass immer mehr Unternehmen von der Möglichkeit Gebrauch machen, sich effektiv und kostengünstig gegen Streiks zu wehren. Insbesondere der Einsatz unserer Mitarbeiter als Streikbrecher bei der Firma XY (Antragsgegnerin, der Unterzeichner) hat uns erhebliche Publicity verschafft und wird dafür sorgen, dass das Ausleihen von Streikbrechern künftig noch zunehmen wird."

Die Besorgnis der Befangenheit ergibt sich im vorliegenden Fall aus zwei voneinander unabhängigen Gründen.[6] *Zum einen liegt aufgrund des Zeitungsinterviews auf der Hand, dass der abgelehnte ehrenamtliche Richter dem vorliegenden Verfahren gerade*

---

lung eingelassen oder **Anträge gestellt** hat, ohne den Ablehnungsgrund geltend zu machen (§ 43 ZPO). Das gilt natürlich nicht, wenn der Ablehnungsgrund – wie hier – erst später bekannt geworden ist (§ 44 Abs. 4 ZPO).

5 Die Entscheidung über das Ablehnungsgesuch wird **nicht** dadurch **entbehrlich**, dass der abgelehnte Richter **ohnehin** an der weiteren Verhandlung **nicht teilnehmen würde**, da die Vorschriften über die Richterablehnung den Regeln über die Reihenfolge der Heranziehung der ehrenamtlichen Richter vorgehen (BAG v. 25. 1. 1963, AP Nr. 1 zu § 45 ZPO). In der Praxis lohnt eine Ablehnung natürlich den Aufwand nicht, wenn der Richter weiter mit der Sache befasst ist.

6 Die Besorgnis der Befangenheit erfordert, dass bei objektiver und vernünftiger Betrachtungsweise die Partei befürchten kann, dass der Richter nicht unparteiisch entscheiden werde (BVerwG v. 11. 6. 1970, BVerwGE 35, 253; BGH v. 18. 4. 1980, BGHZ 77, 72). Da die Befangenheit ein innerer Zustand des Richters ist, der von der Partei weder dargelegt noch bewiesen werden kann, kommt es allein darauf an, ob nach **äußeren Tatsachen** eine Besorgnis der Befangenheit bei der betreffenden Partei besteht. Anders gesprochen reicht für die Ablehnung also aus, dass der Ablehnende einen vernünftigen Grund zu der Annahme hat, der Richter sei befangen. Ob das der Fall ist, richtet sich immer nach **allen Umständen des Einzelfalls**. Die Arbeitsgerichtsbarkeit ist mit **allgemeinpolitischen Ablehnungsgründen** außerordentlich zurückhaltend. So reicht für eine Ablehnung weder die **Zugehörigkeit** eines Richters zu einer **Gewerkschaft** oder zu einem **Arbeitgeberverband** noch seine **politische Betätigung** (BAG v. 20. 4. 1961, v. 31. 1. 1968 und v. 18. 10. 1977, AP Nr. 1, 2, 3 zu § 42 ZPO; BVerfG v. 15. 3. 1984, AP Nr. 7 zu § 42 ZPO). Ebenso wenig als Ablehnungsgrund geeignet ist das **Vertreten von wissenschaftlichen Auffassungen**, sofern nicht diese Auffassungen gerade während des anhängigen Verfahrens veröffentlicht werden (BVerfG v. 29. 5. 1973 und v. 28. 5. 1974, BVerfGE 35, 173 und 37, 268). Auch das **Äußern von Rechtsansichten** innerhalb der Verhandlung ist grundsätzlich kein Ablehnungsgrund (BAG v. 29. 10. 1992, NZA 1993, 238), dies gilt insbesondere für die bei vielen Arbeitsgerichten verbreitete „vorläufige Einschätzung" der wechselseitigen Erfolgsaussichten. Nur wenn die **Art der Äußerungen** des Richters Zweifel an seiner Unvoreingenommenheit entstehen lassen (zB durch ehrverletzende oder besonders abfällige Äußerungen), kommt eine Ablehnung in Betracht.

nicht unbeteiligt gegenübersteht, sondern dass ganz im Gegenteil massive finanzielle Interessen seines Unternehmens berührt sind. Der abgelehnte ehrenamtliche Richter hat in dem Zeitungsinterview selbst zugegeben, dass der Einsatz seiner Mitarbeiter als Streikbrecher bei der Antragsgegnerin ein „glänzendes Geschäft" war. Ein glänzendes Geschäft kann das Verleihen von Streikbrechern nur dann sein, wenn man in solchen Fällen Mitbestimmungsrechte des Betriebsrats nach § 99 BetrVG verneint. Während des Arbeitskampfes im Frühjahr 1999 hatte der antragstellende Betriebsrat vehement gegen die Beschäftigung von Mitarbeitern der Zeitarbeitsfirma „Arbeit Sofort" als Streikbrecher protestiert und versucht, diesen Einsatz unter Berufung auf seine Mitbestimmungsrechte nach § 99 BetrVG zu verhindern; daraus ist der vorliegende Rechtsstreit entstanden. Der ehrenamtliche Richter hat also ein erhebliches Interesse daran, im vorliegenden Verfahren Mitbestimmungsrechte nach § 99 BetrVG zu verneinen.*

Zum Zweiten besteht Besorgnis der Befangenheit deshalb, weil der abgelehnte ehrenamtliche Richter in der Verhandlung vom ... offensichtlich eine falsche dienstliche Äußerung abgegeben hat. Die Erklärung, er stehe dem Verfahren neutral gegenüber, war offensichtlich falsch, wie der vorliegende Zeitungsartikel zeigt. Ein ehrenamtlicher Richter, der eine falsche dienstliche Äußerung zu Lasten einer Partei abgibt, bietet keine Gewähr dafür, sachlich unabhängig und neutral zu entscheiden.[7]

Zur Glaubhaftmachung[8] *für alles Vorstehende: Zeugnis des Unterzeichners*[9]

...

(Unterschrift)

---

[7] Nach § 49 Abs. 1 ArbGG entscheidet über die Ablehnung eines Richters die **Kammer** des Arbeitsgerichts, der der **Richter angehört** hat. Das Arbeitsgericht entscheidet stets durch Beschluss nach Gewährung rechtlichen Gehörs. Es entscheidet immer die Kammer in voller Besetzung, selbst wenn über das Ablehnungsgesuch außerhalb einer mündlichen Verhandlung entschieden wird (§ 49 Abs. 1 ArbGG, dies ist eine Ausnahme von § 53 Abs. 1 ArbGG). Der abgelehnte Richter ist durch den **geschäftsplanmäßigen Vertreter** zu ersetzen. Die Kammer muss stets in der Besetzung entscheiden, die im Zeitpunkt der Stellung des Gesuchs bestand, auch wenn erst später (gegebenenfalls nach Vertagung) entschieden wird (BAG v. 25. 1. 1963, AP Nr. 1 zu § 45 ZPO). Gemäß § 44 Abs. 3 ZPO ist vor der Entscheidung über das Ablehnungsgesuch eine dienstliche Äußerung des abgelehnten Richters einzuholen.
Wird durch das Ausscheiden des abgelehnten Richters die Kammer beschlussunfähig, weil keine geschäftsplanmäßigen Stellvertreter vorhanden sind, entscheidet gemäß § 49 Abs. 2 ArbGG das LAG.

[8] ➲ **Wichtig:** In dem Ablehnungsgesuch sind die **Tatsachen** anzugeben, die die Ablehnung rechtfertigen sollen. Die Tatsachen sind **glaubhaft zu machen**, wobei auf das Zeugnis des abgelehnten Richters Bezug genommen werden kann (§ 44 Abs. 2 Satz 2 ZPO). Gemäß § 44 Abs. 3 ZPO ist vor der Entscheidung an das Ablehnungsgesuch eine dienstliche Äußerung des abgelehnten Richters einzuholen.

[9] Gegen den Beschluss des ArbG über das Ablehnungsgesuch findet gemäß § 49 Abs. 3 ArbGG **kein Rechtsmittel** statt (diese Regel ist nach herrschender Auffassung verfassungsgemäß, LAG Rh.-Pf. v. 17. 11. 1981, EzA § 49 ArbGG Nr. 1). Die Unanfechtbarkeit gilt unabhängig davon, ob dem Ablehnungsgesuch stattgegeben oder ob es zurückgewiesen wurde. Die Entscheidung des Arbeitsgerichts kann auch nicht allein mit der Begründung angegriffen werden, dass einer der mitwirkenden Richter wegen Besorgnis der Befangenheit hätte abgelehnt werden müssen oder zu Unrecht abgelehnt worden ist (BAG v. 11. 6. 1963, AP Nr. 1 zu § 104 BGB).

Einspruch gegen Versäumnisurteil 45.12

An das Arbeitsgericht

In Sachen

(Kurzrubrum)

Az.:

legen wir namens und im Auftrag des Beklagten gegen das Urteil des Arbeitsgerichts ... vom ... Az.: ... fristgerecht[1]

Einspruch[2]

ein und beantragen:[3]

1. Das Versäumnisurteil des Arbeitsgerichts ... vom ... Az.: ... wird aufgehoben.
2. Die Klage wird abgewiesen.

Begründung:[4]

Das Arbeitsgericht hat der Klage zu Unrecht stattgegeben. Der mit der Klage geltend gemachte Anspruch besteht tatsächlich nicht (wird ausgeführt).[5, 6]

---

1 ➲ **Wichtig:** Schon vielen Anwälten zum Verhängnis geworden ist der Umstand, dass abweichend von der Zwei-Wochen-Frist der ZPO im Arbeitsgerichtsverfahren die Einspruchsfrist gemäß § 59 Satz 1 ArbGG nur **eine Woche** beträgt.

2 Nach § 340 Abs. 2 ZPO, der über § 46 ArbGG gilt, ist zwar die Erklärung erforderlich, dass gegen das Versäumnisurteil Einspruch eingelegt wird. Die wörtliche Erhebung eines „**Einspruchs**" ist jedoch nicht erforderlich. Vielmehr ist die Rechtsprechung bei der Auslegung von Parteierklärungen großzügig, insbesondere wenn die Partei nicht anwaltlich vertreten ist. So soll auch ein Entschuldigungsschreiben wegen unterbliebener Wahrnehmung eines Termins als Einspruchsschrift angesehen werden können, wenn aus ihm deutlich wird, dass die Partei nicht nur sich entschuldigen will, sondern auch die aus der Terminsversäumung folgenden nachteiligen prozessualen Folgen beseitigen will (BAG v. 11. 3. 1971, AP Nr. 2 zu § 340 ZPO). In dem Einspruch muss allerdings genau bezeichnet werden, gegen **welches Urteil sich** der Einspruch richten soll. Durch Angabe des Gerichts, des Aktenzeichens und des Datums ist das Urteil auf jeden Fall eindeutig identifizierbar.

3 ➲ **Wichtig:** Ist das Versäumnisurteil für den **Kläger** negativ ausgefallen (Klageabweisung), so muss er als Antrag Ziff. 2 seinen **ursprünglichen Klageantrag wiederholen**. Die **Gegenpartei** beantragt dann üblicherweise, „den Einspruch zu verwerfen und das Versäumnisurteil aufrechtzuerhalten".

4 Innerhalb der Wochenfrist des § 59 Satz 1 ArbGG muss nur der Einspruch als solcher beim Gericht eingegangen sein. Eine **Begründung** (sei es zu den Versäumnisgründen, sei es zur Rechtslage selbst) ist **nicht erforderlich**. Allerdings droht bei einer verspäteten Begründung ein Ausschluss des Vortrags als verspätet nach § 56 ArbGG (zur bekannten Problematik der „Flucht in die Säumnis" zuletzt *Diller*, FA 1998, 72). Da das Gericht nach einem form- und fristgerechten Einspruch ohnehin Termin zur streitigen Verhandlung anberaumen muss (§ 341a ZPO), scheidet eine Zurückweisung des zusammen mit dem Einspruch vorgebrachten Vortrags als verspätet regelmäßig aus. Das gilt nach richtiger Auffassung selbst dann, wenn bei Erlass des Versäumnisurteils bereits eine nach §§ 56, 61a ArbGG gesetzte Frist verstrichen war (ausführlich *Diller*, FA 1998, 72).

5 ➲ **Praxistipp:** Der Einspruch gegen das Versäumnisurteil ist unabhängig davon möglich, **warum die Partei den Termin versäumt** hat (höhere Gewalt, Vorsatz etc.). Dementspre-

chend ist auch nicht erforderlich, dass die Partei in irgendeiner Weise erläutert, warum sie nicht zum Termin erschienen ist. Gerade in Fällen höherer Gewalt (Verkehrsunfall, Verspätung öffentlicher Verkehrsmittel etc.) sollte jedoch schon aus psychologischen Gründen das Gericht entsprechend informiert werden, um Verärgerungen zu vermeiden.

6 Wird der Einspruch **als unzulässig verworfen** (zB wegen Überschreitung der Wochenfrist), so hängen die Rechtsbehelfe davon ab, ob das Arbeitsgericht aufgrund mündlicher Verhandlung durch Urteil oder ohne mündliche Verhandlung durch Beschluss entschieden hat (§ 341 ZPO). Bei Entscheidungen aufgrund mündlicher Verhandlung durch **Urteil** ist die Berufung zum LAG nach § 64 ArbGG statthaft, bei Entscheidungen durch **Beschluss** ohne mündliche Verhandlung die sofortige Beschwerde ans LAG nach § 341 Abs. 2, § 567 ZPO. Ist das Versäumnisurteil in der **Berufungsinstanz** ergangen, so sind Revision (bei LAG-Urteil) bzw. sofortige Beschwerde (bei LAG-Beschluss) zum BAG nur dann statthaft, wenn sie vom LAG zugelassen worden sind (BAG v. 1. 2. 1978, NJW 1978, 2215). Ob eine Nichtzulassungsbeschwerde analog § 72a ArbGG zulässig ist, ist zweifelhaft (BAG v. 7. 1. 1980, AP Nr. 1 zu § 78 ArbGG).

Kapitel 46   Urteilsverfahren zweiter Instanz

Literaturübersicht: *Buckenberger*, Die Einlegung von Rechtsmitteln mit Hilfe moderner Kommunikationswege, NJW 1983, 1475; *Gilles*, Rechtsmitteleinlegung, Rechtsmittelbegründung und nachträgliche Parteidisposition über das Rechtsmittel, AcP 177 (1977), 189; *Lepke*, Zur Beschwer als Rechtsmittelvoraussetzung beim arbeitsgerichtlichen Anerkenntnis- und Verzichtsurteil, DB 1980, 974; *Neumann*, Beschränkung der Rechtsmittelzulassung, RdA 1983, 170; *Popp*, Die Angabe der ladungsfähigen Anschrift des Berufungsbeklagten oder seines Prozessbevollmächtigten als Zulässigkeitsvoraussetzung im Arbeitsgerichtsverfahren, DB 1983, 2574; *Rimmelspacher/Abel*, Zur entsprechenden Anwendbarkeit des § 513 Abs. 2 Satz 2 ZPO im Arbeitsgerichtsverfahren, NZA 1990, 511; *Schaub*, Die Entscheidung des Landesarbeitsgerichts und die Verweisung auf das Urteil des Arbeitsgerichts, FS Hilger/Stumpf, 1983, S. 621; *Willemsen/Hohenstatt*, Die Einlegung von Rechtsmitteln ohne Vorliegen schriftlicher Urteilsgründe im arbeitsgerichtlichen Verfahren, DB 1994, 374.

I. Erläuterungen

1. Zulässigkeit der Berufung

Gegen arbeitsgerichtliche Urteile findet grundsätzlich die Berufung zum Landesarbeitsgericht statt. Nur in „exotischen" Ausnahmefällen ist stattdessen die sofortige Beschwerde der richtige Rechtsbehelf.[1] Nach der Neuregelung des § 64 Abs. 2 ArbGG ist die Berufung nur zulässig, wenn das Arbeitsgericht sie ausdrücklich zugelassen hat, der Beschwerdewert Euro 600 übersteigt, oder um Bestehen, Nichtbestehen oder eine Kündigung eines Arbeitsverhältnisses gestritten wird. Soweit es sich um Zahlungsklagen handelt, kommt es für den Beschwerdewert auf den Bruttobetrag an, nicht auf den Nettobetrag. Aber auch bei geringeren Streitwerten kann das Arbeitsgericht gemäß

---

1 *Germelmann/Matthes/Prütting/Müller-Glöge*, § 64 ArbGG Rz. 13.

§ 64 Abs. 3 ArbGG die Berufung zulassen, insbesondere wenn die Rechtssache grundsätzliche Bedeutung hat.

2. Allgemeine Verfahrensregeln

Das arbeitsgerichtliche Berufungsverfahren folgt sehr weitgehend den Regeln über das erstinstanzliche Arbeitsgerichtsverfahren (§ 64 Abs. 7 ArbGG) sowie den allgemeinen Berufungsregeln der ZPO (§§ 511 ff. ZPO). Die Novellierung des Berufungsrechts in der ZPO per 1. 1. 2002 ist im ArbGG jedoch nur eingeschränkt nachvollzogen worden.

3. Prüfungsmaßstab

Nach § 65 ArbGG prüft das Berufungsgericht nicht mehr, ob der beschrittene **Rechtsweg** (ordentliches Gericht oder Arbeitsgericht) und die **Verfahrensart** (Urteilsverfahren oder Beschlussverfahren) zulässig war. Ebenso wenig prüft das Berufungsgericht, ob das Gericht des ersten Rechtszugs seine **örtliche** und **sachliche Zuständigkeit** zu Unrecht angenommen hat oder ob bei der **Mitwirkung der ehrenamtlichen Richter** Verfahrensfehler vorgekommen sind (§ 65 ArbGG; § 513 Abs. 2 ZPO). Allerdings darf nicht übersehen werden, dass die Beschränkung der Berufung nach § 65 ArbGG die Beschwerdemöglichkeiten nach § 48 Abs. 1 ArbGG iVm. § 17a Abs. 2 GVG nicht ausschließt. Auf Antrag muss das **Arbeitsgericht** durch Beschluss über die Zulässigkeit des Rechtswegs und die örtliche Zuständigkeit **vorab entscheiden**. Während der Vorabbeschluss über die örtliche Zuständigkeit nach § 48 Abs. 1 Nr. 1 ArbGG unanfechtbar ist, gilt das nicht für den Beschluss hinsichtlich des Rechtswegs, dieser ist mit sofortiger Beschwerde anfechtbar. Die Beschränkung der Berufung nach § 65 ArbGG, § 513 Abs. 2 ZPO hat insoweit also nur dann Bedeutung, wenn keine Vorabentscheidung nach § 17a GVG ergangen ist, sondern das Gericht seine Zuständigkeit im Rahmen der Hauptsacheentscheidung bejaht hat. Das Gleiche gilt, wenn gegen eine Vorabentscheidung über den Rechtsweg keine sofortige Beschwerde eingelegt oder diese zurückgewiesen wurde. Entsprechendes gilt für die Entscheidung, ob der Streit im Beschluss- oder Urteilsverfahren auszutragen ist. Hat das Arbeitsgericht darüber vorab gemäß § 48 Abs. 1 ArbGG iVm. § 17a GVG entschieden, ist die sofortige Beschwerde möglich. Hat dagegen keine Vorabentscheidung stattgefunden oder ist die sofortige Beschwerde unterblieben oder erfolglos gewesen, ist das Berufungsgericht an die von der 1. Instanz für richtig gehaltene Verfahrensart gebunden. Die erstinstanzliche Entscheidung kann also nicht mit der Begründung aufgehoben werden, sie sei in der falschen Verfahrensart ergangen.

Gemäß § 68 ArbGG ist die **Zurückverweisung** des Verfahrens **an das Arbeitsgericht** wegen Verfahrensmängeln grundsätzlich ausgeschlossen.

4. Fristen

➲ **Wichtig:** Die **Fristenregelung** des § 66 ArbGG entspricht weitgehend den Regeln der ZPO. Häufig übersehen wird allerdings die Sonderregelung des § 66 Abs. 1 Satz 5 ArbGG hinsichtlich der Verlängerung der Berufungsbegründungsfrist. Diese Frist kann **nur einmal verlängert** werden. Die vor den ordentlichen Gerichten mögliche mehrfache Verlängerung scheidet also aus, egal welche Gründe für die begehrte Verlängerung vorgebracht werden.

Besondere Probleme bereitet die Einlegung der Berufung, wenn das **erstinstanzliche Urteil verspätet abgesetzt** wurde. Nach § 517 ZPO beginnt die Berufungsfrist spätestens mit dem Ablauf von fünf Monaten nach Verkündung des erstinstanzlichen Urteils. Nach der Rechtsprechung des Bundesarbeitsgerichts[2] addiert sich zu der Fünf-Monats-Frist des § 517 ZPO allerdings noch die Jahresfrist des § 9 Abs. 5 ArbGG hinzu, wonach bei unterbliebener Rechtsmittelbelehrung grundsätzlich eine Rechtsmittelfrist von 12 Monaten gilt, weil ein nicht abgesetztes Urteil denklogisch keine Rechtsmittelbelehrung enthalten kann. Insgesamt endet deshalb die Berufungsfrist bei einem nicht abgesetzten Urteil **spätestens 17 Monate nach Verkündung des erstinstanzlichen Urteils**. Das bedeutet freilich nicht, dass die Berufung nicht schon gemäß § 517 ZPO nach fünf Monaten eingelegt werden könnte. Dies wiederum wirft die Frage auf, in welcher Form die Berufung begründet werden soll. Die Berufungsbegründung erfordert nämlich grundsätzlich eine Auseinandersetzung mit den Gründen der erstinstanzlichen Entscheidung. Ist diese noch nicht abgesetzt, ist das kaum möglich. Nach richtiger Auffassung reicht hier die Rüge der fehlenden rechtzeitigen Absetzung als Berufungsbegründung aus.[3]

5. Beschwerde/sofortige Beschwerde

Hat das Arbeitsgericht im Urteilsverfahren durch **Beschluss** entschieden (zB als Vorabentscheidung nach § 17a GVG über die Zulässigkeit des Rechtswegs), ist statt der Berufung die **sofortige Beschwerde** zum Landesarbeitsgericht gemäß § 78 ArbGG einzulegen. § 78 ArbGG verweist auf die Beschwerdevorschriften der ZPO (§§ 567 ff.). Seit der ZPO-Novelle 2001 ist die Beschwerde regelmäßig als **sofortige Beschwerde** gegeben, die binnen einer Notfrist von **zwei Wochen** einzulegen ist. Dies betrifft zB die Beschwerde gegen Aussetzungsentscheidungen des Arbeitsgerichts nach §§ 148, 149 ZPO (siehe **M 45.9** und **M 45.10**) oder gegen eine Entscheidung des Arbeitsgerichts nach § 48 ArbGG iVm. § 17a GVG über den **Rechtsweg** oder die **örtliche Zuständigkeit**.

---

2 BAG v. 14. 9. 1984, BB 1985, 667 und v. 16. 8. 1991, NZA 1992, 241.
3 LAG Hessen v. 12. 1. 1994, BB 1994, 1152; ausführlich *Willemsen/Hohenstatt*, DB 1994, 375.

II. Muster

Berufung mit Berufungsbegründung und Antrag auf Einstellung der Zwangsvollstreckung 46.1

An das Landesarbeitsgericht

In Sachen

(volles Rubrum mit Prozessbevollmächtigten)[1]

vertreten wir die Beklagte/Berufungsklägerin (i. F.: „Beklagte")[2] auch in der 2. Instanz.[3] Namens und im Auftrag der Beklagten legen wir gegen das Urteil des Arbeitsgerichts ..., Az. ... vom ...

Berufung[4]

ein und beantragen

1. Das Urteil des Arbeitsgerichts ..., Az. ... vom ... wird geändert.[5]
2. Die Klage wird abgewiesen.[6]

Zugleich beantragen wir gemäß § 62 Abs. 1 Satz 3 ArbGG:

Die Zwangsvollstreckung aus dem Urteil des Arbeitsgerichts ..., Az. ... vom ... wird eingestellt.[7]

---

1 Die Angabe der **ladungsfähigen Bezeichnung des Rechtsmittelgegners** und dessen Prozessbevollmächtigten ist nach der neueren Rechtsprechung des BAG nicht Zulässigkeitsvoraussetzung der Berufung (GS v. 16. 9. 1986, BB 1987, 200), die ordnungsgemäße Parteibezeichnung erspart jedoch dem Gericht und der Geschäftsstelle Ärger und sollte deshalb nie fehlen.
2 ➲ **Praxistipp**: Sinnvollerweise wird gleich zu Anfang die Parteibezeichnung geklärt, um die nicht selten zu beobachtende Sprachverwirrung zu vermeiden.
3 Nicht selten kommt es vor, dass versehentlich **nicht erkennbar** wird, **für welche Partei** die Berufung eingelegt wird. Die Tatsache, dass der die Berufung einlegende Rechtsanwalt in der 1. Instanz eine bestimmte Partei vertreten hat, bedeutet nicht automatisch, dass er auch für diese Partei Berufung einlegt. In der Berufungsschrift sollten deshalb die Vertretungsverhältnisse eindeutig klargestellt werden.
4 Die **ausdrückliche Bezeichnung** als „Berufung" ist nicht erforderlich. Wird irrtümlich „Beschwerde", „Einspruch", „Revision" etc. eingelegt, schadet dies nichts, sofern hinreichend erkennbar ist, dass ein zulässiges Rechtsmittel eingelegt werden soll (BAG v. 10. 8. 1964, DB 1964, 1820).
5 Häufig wird statt der „Änderung" des erstinstanzlichen Urteils dessen **„Aufhebung"** beantragt, was unschädlich ist, da das Ziel der Berufung das Gleiche bleibt. Sprachlicher Unsinn ist die häufig beantragte „**Ab**änderung".
6 ➲ **Wichtig:** Legt der Kläger Berufung ein, muss er mit dem Antrag Ziff. 2 die ursprünglichen **Klaganträge wiederholen** (wenn er die Klage in vollem Umfang weiterverfolgen will). Es reicht auch der Antrag, „nach den Schlussanträgen der 1. Instanz zu erkennen".
7 Dem Vollstreckungsschutzantrag nach § 62 Abs. 1 Satz 3 ArbGG entspricht vor der ordentlichen Gerichtsbarkeit der Antrag nach § 719 Abs. 1 ZPO. Allerdings sieht der Arbeitsgerichtsprozess die Einstellung der Zwangsvollstreckung nur unter erschwerten Voraussetzungen vor. In Betracht kommt sie nämlich nur, wenn glaubhaft gemacht wird, dass die Vollstreckung dem Vollstreckungsschuldner einen **„nicht zu ersetzenden Nachteil"** bringen würde. Der Antrag kann bereits in der 1. Instanz gestellt werden, dann hat das Arbeitsgericht über ihn zusammen mit dem Urteil zu entscheiden (§ 62 Abs. 1 Satz 2 ArbGG; vgl. **M 52.3**). Ist der Antrag in der 1. Instanz unterblieben oder war er nicht erfolgreich, so kann zusammen mit der Berufungseinlegung die Einstellung der Zwangsvollstreckung durch das Landesarbeitsgericht nach § 62 Abs. 1 Satz 3

Eine Abschrift des angefochtenen Urteils ist als **Anlage B 1** beigefügt.[8]

Begründung:[9, 10]

Das Arbeitsgericht hat der Klage mit der Begründung stattgegeben (wird ausgeführt).

ArbGG beantragt werden. Nach richtiger Auffassung (ausführlich *Germelmann/Matthes/Prütting/Müller-Glöge*, § 62 ArbGG Rz. 30 ff.) sind bei der Entscheidung über den nicht zu ersetzenden Nachteil auch die Erfolgsaussichten der Berufung zu berücksichtigen (LAG Düsseldorf/Kammer Köln v. 20. 3. 1980, EzA § 62 ArbGG Nr. 3; LAG Düsseldorf v. 4. 10. 1979, EzA § 62 ArbGG Nr. 1 und v. 7. 3. 1980, EzA § 62 ArbGG Nr. 2). Der Antrag kann erst gestellt werden, wenn die Berufung tatsächlich eingelegt ist, nicht aber vorher (*Germelmann/Matthes/Prütting/Müller-Glöge*, § 62 ArbGG Rz. 31). Das LAG entscheidet vorab durch Beschluss, wobei dem Gegner vorher rechtliches Gehör zu gewähren ist. Eine Einstellung der Zwangsvollstreckung **gegen Sicherheitsleistung** (§ 707 Abs. 1 Satz 1 ZPO) kommt im Arbeitsgerichtsverfahren wegen § 62 Abs. 1 Satz 2 und 3 ArbGG nicht in Betracht (statt aller: LAG Hessen v. 27. 11. 1985, LAGE § 62 ArbGG Nr. 12). Ist die Vollstreckung bereits erfolgt, kann zusammen mit der Einstellung der Zwangsvollstreckung nach § 62 Abs. 1 Satz 3 ArbGG auch die **Aufhebung bereits durchgeführter Vollstreckungsmaßnahmen** angeordnet werden. Die Entscheidung des LAG ist unanfechtbar (§ 70 ArbGG). Ist der Antrag abgelehnt worden, kann er ohne weiteres noch einmal neu gestellt werden, insbesondere wenn neue Tatsachen vorgebracht werden (*Germelmann/Matthes/Prütting/Müller-Glöge*, § 62 ArbGG Rz. 37).

8 **Praxistipp:** § 519 Abs. 3 ZPO, der die Beifügung einer Abschrift des angefochtenen Urteils zusammen mit der Berufungsschrift vorsieht, ist zwar nur eine Sollvorschrift. Gleichwohl ist in der Praxis **dringend dazu zu raten**, eine Abschrift beizufügen. Nicht selten kommt es in der Berufungsschrift nämlich zu Schreibfehlern bei der Bezeichnung des angefochtenen Urteils (insbesondere Zahlendreher beim Aktenzeichen oder beim Datum sind häufig). Ist nicht klar, gegen welches Urteil sich die Berufung wendet, ist sie unzulässig. Eine Wiedereinsetzung in den vorigen Stand scheitert regelmäßig, da Zahlendreher oder ähnliche Versehen nicht unverschuldet sind. Hier hilft aber die Beifügung des angefochtenen Urteils. Denn aus der beigefügten Urteilskopie ergibt sich zweifelsfrei, gegen welches Urteil Berufung eingelegt werden soll.

9 Ist der Kläger der Berufungsführer, muss er sich bei einem einheitlichen Klagantrag auf **sämtliche in Betracht kommenden Klaggründe** stützen, da sich sonst die Entscheidung des Landesarbeitsgerichts nur auf die in der Berufung erörterten Klagegründe beschränkt (BGH v. 15. 10. 1970, MDR 1971, 32).

10 Besondere Probleme entstehen, wenn bei der Einlegung und Begründung der Berufung die erstinstanzliche Entscheidung **noch nicht in schriftlicher Form** vorliegt. Nach allgemeiner Auffassung braucht die unterlegene Partei nach der mündlichen Verkündung des Urteils mit der Einlegung der Berufung nicht abzuwarten, bis die schriftlichen Gründe vorliegen. Dass eine Berufung schon vor Zustellung des vollständigen schriftlichen Urteils eingelegt wird, kommt insbesondere in einstweiligen Verfügungssachen vor, aber auch wenn im ordentlichen Verfahren das Arbeitsgericht die Entscheidung nicht absetzt und ggf. sogar die 17-Monats-Frist zur Einlegung der Berufung abgelaufen ist. Nach Ablauf der 17-Monats-Frist kann vom Berufungskläger nicht erwartet werden, dass er sich mit den erstinstanzlichen Entscheidungsgründen auseinandersetzt, da er sie nicht kennen kann. Wird dagegen – insbesondere wegen der **Eilbedürftigkeit** – unmittelbar nach mündlicher Verkündung des arbeitsgerichtlichen Urteils Berufung eingelegt, so muss der Berufungskläger sich mit den erstinstanzlichen Entscheidungsgründen auseinander setzen und sie folglich **erst einmal kennen**. Lässt die Berufungsbegründung erkennen, dass der Berufungskläger die erstinstanzlichen Entscheidungsgründe nicht kannte und nur ins Blaue hinein argumentiert hat, ist die Berufung unzulässig. Der Berufungskläger kann sich aber beispielsweise auf die in der Verhandlung vor dem Arbeitsgericht von der Kammer geäußerte „vorläufige Rechtsauffassung" beziehen. Noch besser ist es, wenn der Berufungskläger bei der mündlichen Verkündung des Urteils (und der Urteilsgründe!) anwesend war. Dazu sollte ggf. in der Berufungsbegründung vorgetragen werden.

Die Entscheidung des Arbeitsgerichts ist unrichtig, weil (wird ausgeführt).[11, 12, 13]
Im Übrigen ist noch Folgendes vorzutragen:[14, 15]
Der Antrag auf Einstellung der Zwangsvollstreckung gemäß § 62 Abs. 1 Satz 3 ArbGG ist begründet. Die Zwangsvollstreckung des erstinstanzlichen Urteils würde der Beklagten einen nicht zu ersetzenden Nachteil bringen. Der Kündigungsschutzklage des als Erzieher im Kindergarten der Beklagten beschäftigten Klägers hat das Arbeitsgericht mit der Begründung stattgegeben, der dem Kläger vorgeworfene sexuelle Missbrauch

---

11 ➔ **Wichtig:** Eine ständige Fehlerquelle ist die **Berufungsbegründung**. Hier erweisen sich die Segnungen moderner Textverarbeitungsprogramme nicht selten als Fluch. Es ist nämlich sehr verführerisch für den Berufungsführer, die Berufungsbegründung aus Textbausteinen der erstinstanzlichen Schriftsätze zusammenzusetzen und dieses „Elaborat" nur noch mit ein oder zwei floskelhaften Wendungen („Das Arbeitsgericht hat Folgendes übersehen:") zu überschreiben. Das reicht nicht aus und macht die Berufung unzulässig. § 520 ZPO fordert eine **Auseinandersetzung** mit den Gründen des angefochtenen Urteils. Der Berufungsführer muss also nicht darlegen, wie die Rechtslage ist, sondern er muss darlegen, inwieweit und warum das Arbeitsgericht die Rechtslage falsch beurteilt hat. Die Darlegung der „richtigen" Rechtslage macht die Berufung also noch nicht zulässig. Werden **neue Tatsachen** vorgebracht (was ohne weiteres gemäß § 67 ArbGG zulässig ist!), ist auszuführen, warum das Arbeitsgericht in Kenntnis dieser Tatsachen anders entschieden hätte. Die durch die **ZPO-Reform** 2001 verschärfte Einführung neuen Streitstoffs in das Berufungsverfahren (§§ 519 ff. ZPO aF) gilt im Arbeitsgerichtsverfahren nicht. Hier geht § 67 ArbGG vor.

12 ➔ **Praxistipp:** Ob die fristgerecht vorgebrachte Kritik an der erstinstanzlichen Entscheidung **überzeugt** oder nicht, hat mit der **Zulässigkeit** der Berufung nichts zu tun, sondern ist allein eine Frage der **Begründetheit** (BAG v. 27. 10. 1987, NZA 1988, 203). Mitunter ist zu beobachten, dass ein bei der Berufungsbegründung in Zeitnot geratener Anwalt (die Berufungsbegründungsfrist kann nach einer bereits erfolgten Verlängerung nicht nochmals verlängert werden, § 66 Abs. 1 Satz 5 ArbGG) das erstinstanzliche Urteil in wenigen Sätzen mit einer völlig abwegigen Begründung angreift und wenige Tage später eine sorgfältig ausgearbeitete und inhaltlich überzeugende Berufungsschrift nachreicht. Dieses Verfahren ist zwar unschön, aber rechtlich nicht zu beanstanden und vermeidet die Unzulässigkeit der Berufung.

13 ➔ **Wichtig:** Besondere Vorsicht ist geboten bei **„Doppelbegründungen"**. Hat das Arbeitsgericht einen bestimmten Anspruch aus mehreren voneinander unabhängigen Gründen zuerkannt oder abgelehnt, so muss sich der Berufungsführer mit all diesen Gründen auseinander setzen. Setzt er sich nur mit einer der alternativ herangezogenen Begründungen nicht auseinander, ist die Berufung unzulässig. Das gilt auch dann, wenn das Arbeitsgericht ausdrücklich mit Hilfsbegründungen gearbeitet hat, was deshalb besonders gefährlich ist, weil solche Hilfsbegründungen im arbeitsgerichtlichen Urteil oft in Halbsätzen versteckt und nicht weiter ausgeführt sind (etwa: „. . ., im Übrigen hätte dem Anspruch auch der Verwirkungseinwand entgegen gehalten werden können").

14 Gemäß § 67 Abs. 2 ArbGG sollen in der Berufungsbegründung etwaige **neue Angriffs- und Verteidigungsmittel** vorgebracht werden. Dies ist jedoch nicht eine Zulässigkeitsvoraussetzung. Von Bedeutung ist das Vorbringen neuer Angriffs- und Verteidigungsmittel in der Berufungsbegründung nur für die Zurückweisung verspäteten Vortrags. Werden nämlich in der Berufungsinstanz neue Angriffs- und Verteidigungsmittel so spät vorgebracht, dass sie in der mündlichen Verhandlung nicht mehr vollständig abgehandelt werden können und damit ein Fortsetzungstermin erforderlich wird, können diese Angriffs- und Verteidigungsmittel wegen Verspätung zurückgewiesen werden (§ 67 ArbGG).

15 Die häufig anzutreffende Formulierung, dass der Rechtsmittelführer sich **„ergänzenden Vortrag vorbehält"**, hat keinerlei Funktion und sollte deshalb unterbleiben. Es ist klar, dass der Berufungsführer jederzeit weitere Schriftsätze einreichen kann und darin auch neuen Vortrag bringen kann. Ob dieser Vortrag noch berücksichtigt oder wegen Verspätung zurückgewiesen wird (§ 67 ArbGG), beurteilt sich allein nach dem Gesetz und ist von irgendwelchen Vorbehalten in der Berufungsbegründungsschrift unabhängig.

der ihm anvertrauten Kinder beruhe nur auf bösartigen Gerüchten und sei nicht beweisbar. Aus diesem Grund hat das Arbeitsgericht nicht nur der Kündigungsschutzklage stattgegeben, sondern die Beklagte auch zur Weiterbeschäftigung verurteilt. Mittlerweile ist jedoch das Strafverfahren gegen den Kläger beendet. Der Kläger hat ein umfassendes Geständnis abgelegt und wurde vom LG ... zu einer Bewährungsstrafe von 15 Monaten verurteilt.

Zur Glaubhaftmachung[16]: Urteil des LG ... vom ..., Az. ..., Anlage B 2

Es ist der Beklagten schlechterdings unzumutbar, einen Erzieher weiterzubeschäftigen, der rechtskräftig wegen sexueller Übergriffe auf die ihm anvertrauten Kinder verurteilt ist. Der unzumutbare Nachteil ergibt sich auch daraus, dass wegen der inzwischen unstreitigen Vorwürfe die Berufung der Beklagten aller Voraussicht nach Erfolg haben wird.

...

(Unterschrift)[17]

---

[16] Die Umstände, aus denen sich der nicht zu ersetzende Nachteil ergeben soll, sind **glaubhaft** zu machen, sofern sie sich nicht bereits aus den Akten ergeben oder unstreitig sind.

[17] ➔ **Wichtig:** Gemäß § 11 Abs. 2 ArbGG muss die Berufungsschrift von einem Anwalt oder von einem Verbandsvertreter unterzeichnet sein. Bei **der Unterschrift** wird viel gesündigt. Ein bloßes **Handzeichen** oder eine **Paraphe** reichen ebenso wenig wie eine faksimilierte Unterschrift aus dem Computer. Insbesondere bei kurzen Namen sollte der Name voll ausgeschrieben sein, um die Gefahr zu vermeiden, dass die Unterschrift als bloße unzulässige Paraphe angesehen wird. Bei Doppelnamen ist es jedoch unschädlich, wenn nur eine Namenshälfte zur Unterschrift verwendet wird (BAG v. 15. 12. 1987, NZA 1989, 227). In größeren Kanzleien ist die Rechtsprechung des BAG (v. 26. 7. 1967, DB 1967, 1904) bedeutsam, wonach die Unterzeichnung „**i.A.**" bzw. „**im Auftrag**" selbst dann nicht reicht, wenn der im Auftrag Unterzeichnende selbst Rechtsanwalt ist und damit gemäß § 11 Abs. 2 ArbGG zeichnungsberechtigt wäre.

46.2 Berufungseinlegung ohne Begründung und mit Fristverlängerungsantrag[1, 2]

An das Landesarbeitsgericht

In Sachen

(volles Rubrum mit Prozessbevollmächtigten)

vertreten wir die Beklagte/Berufungsklägerin (i. F.: „Beklagte") auch in der 2. Instanz. Namens und im Auftrag der Beklagten legen wir gegen das Urteil des Arbeitsgerichts ..., Az. ... vom ...

Berufung

ein. Eine Kopie des angefochtenen Urteils ist beigefügt. Anträge und Begründung bleiben einem späteren Schriftsatz vorbehalten.

---

[1] Vergleiche zunächst die Anmerkungen zu **M 46.1**.
[2] Dass die Berufung zunächst fristwahrend **ohne Anträge und Begründung** eingelegt werden kann, ergibt sich aus § 519 Abs. 2 ZPO.

Vorab³ bitten wir darum, die Frist zur Begründung der Berufung um zwei Wochen bis zum . . .⁴ zu verlängern.⁵ Der Unterzeichner ist zwar Mitglied einer größeren Sozietät, hat jedoch den vorliegenden Fall von Anfang an allein bearbeitet und auch das gesamte Verfahren in der 1. Instanz allein abgewickelt. Der Unterzeichner ist wegen zweier größerer Sozialplanverfahren bislang nicht dazu gekommen, die Berufungsbegründung anzufertigen. In vier Tagen wird der Unterzeichner seinen seit langem geplanten dreiwöchigen Jahresurlaub antreten. Wegen einer Vielzahl von fristgebundenen Schriftsätzen, die bis zum Urlaubsantritt noch zu erledigen sind, wird bis dahin die Berufungsbegründung nicht fertig gestellt sein. Nach der Rückkehr des Unterzeichners aus dem Urlaub werden bis zum Ablauf der Begründungsfrist nur noch vier Tage übrig bleiben. Selbst wenn keine anderen fristgebundenen Sachen hinzukämen, würde diese Zeit zur Anfertigung einer sachgerechten Berufungsbegründung nicht ausreichen. Denn das Verfahren wird auf Seiten der Beklagten federführend von der zentralen Rechtsabteilung der Muttergesellschaft in New York geführt. Alle Entwürfe muss der Unterzeichner vorab mit der Rechtsabteilung in New York abstimmen, was erhebliche Übersetzungsarbeiten erfordert und deshalb erhebliche Zeit kostet.⁶ Eine Verlängerung der Berufungsbegründungsfrist um zwei Wochen dürfte ausreichen. Eine nennenswerte Verzögerung des Rechtsstreits wird nicht eintreten, zumal wir der Gegenseite unmittelbar zustellen werden.

Vorsorglich wird die Gegenseite gebeten, sich erst nach Begründung der Berufung zu bestellen, um Kosten zu vermeiden.⁷ Die Parteien werden vor Ablauf der Berufungs-

---

3 Der Verlängerungsantrag muss auf jeden Fall **vor Fristablauf** beim LAG eingereicht werden. Das wahrt die Frist, wenn (ggf. auch nach Fristablauf) die beantragte Verlängerung gewährt wird. Entgegen der Praxis vieler Landgerichte und Oberlandesgerichte kann der Anwalt im arbeitsgerichtlichen Verfahren allerdings grundsätzlich nicht davon ausgehen, dass das LAG einem unsubstanziiert begründeten Fristverlängerungsantrag stattgibt.

4 ➲ **Praxistipp:** Verlängerungsanträge sollten wegen der vielfältigen Probleme bei der Berechnung von Fristen **niemals mit Zeiträumen** arbeiten (Verlängerung um „eine Woche" etc.). Stattdessen sollte immer Verlängerung bis zu einem bestimmten **kalendermäßig bestimmten Datumstag** beantragt werden.

5 ➲ **Wichtig:** Zu beachten ist, dass gemäß § 66 Abs. 1 Satz 5 ArbGG die Berufungsbegründungsfrist **nur einmal verlängert** werden kann. Der Anwalt, der um Fristverlängerung bittet, ist deshalb in einem Dilemma. Bittet er um eine zu lange Fristverlängerung, wird sie ihm möglicherweise nicht gewährt. Bittet er um eine zu kurze Fristverlängerung, kann er trotz Verlängerung letztlich doch in Terminschwierigkeiten geraten, aus denen ihm dann kein weiterer Verlängerungsantrag mehr hilft (zu Rettungsmöglichkeiten siehe aber **M 46.1** Fn. 12).

6 Wegen des allgemeinen Beschleunigungsgrundsatzes im Arbeitsgerichtsverfahren (§ 9 Abs. 1 ArbGG) steht die Arbeitsgerichtsbarkeit Fristverlängerungsanträgen typischerweise **kritischer gegenüber** als die ordentliche Gerichtsbarkeit. Nachlässig begründete Verlängerungsanträge werden häufig zur Überraschung der Parteien zurückgewiesen. Auf die Begründung von Verlängerungsanträgen muss daher **große Sorgfalt** verwendet werden. Formelhafte Hinweise auf Arbeitsüberlastung oder Urlaubsabwesenheit reichen häufig nicht aus, schon wegen § 53 BRAO. Insbesondere in **Sozietäten mit mehreren Anwälten** sollte sorgfältig begründet werden, warum bei Verhinderung des Mandatsbearbeiters die Anfertigung der Berufungsbegründung durch einen Vertreter unmöglich, unzumutbar oder jedenfalls untunlich ist.

7 Bestellt der Gegner sich trotz dieser Aufforderung und wird die Berufung anschließend vor Ablauf der Berufungsbegründungsfrist zurückgenommen, bleibt der Berufungsgegner **auf seinen Kosten sitzen** (str.). Denn gemäß § 91 Abs. 1 Satz 2 ZPO sind der Gegenseite nur diejenigen Kosten zu erstatten, die zur zweckentsprechenden Rechtsverfolgung oder Rechtsverteidigung notwendig waren. Es ist aber nicht notwendig, sich im Rahmen eines Berufungsverfahrens zu bestellen, wenn die Gegenseite darum bittet, dies nicht zu tun, und die Berufung noch nicht begründet ist.

begründungsfrist noch einmal versuchen, den Rechtsstreit vergleichsweise beizulegen.

. . .

(Unterschrift)

46.3 Berufungserwiderung mit Anschlussberufung[1, 2, 3, 4] und Widerklage

An das Landesarbeitsgericht

In Sachen

(Kurzrubrum)

vertreten wir die Beklagte/Berufungsbeklagte (i. F.: „Beklagte") auch in 2. Instanz. Namens und im Auftrag der Beklagten legen wir gegen das Urteil des Arbeitsgerichts . . ., Az. . . . vom . . .

---

1 Die Anschlussberufung kommt häufig zustande, wenn das Arbeitsgericht einer Partei **weitgehend** Recht gibt, **aber nicht vollständig**. Ist die Partei mit dem weitgehenden Obsiegen zufrieden, ist ihr häufig nichts daran gelegen, durch Einlegung der Berufung hinsichtlich des verloren gegangenen Teils des Prozesses die Angelegenheit wieder aufleben zu lassen, zumal dann die Gegenpartei höchstwahrscheinlich Anschlussberufung einlegen würde. Legt hingegen die Gegenseite Berufung ein, sollte möglichst noch innerhalb der Berufungsfrist ebenfalls Berufung eingelegt werden. Denn dann ist die Berufung als **Hauptberufung** anzusehen, die durch die Rücknahme der Berufung der Gegenseite nicht mehr zu Fall gebracht werden kann. Dies verschafft erfahrungsgemäß ein erhöhtes Druckpotenzial. Ist dagegen die Berufungsfrist bereits abgelaufen, bleibt nur noch die Anschlussberufung. Eine (insbesondere wegen Fristüberschreitung) unzulässige Hauptberufung ist regelmäßig als zulässige Anschlussberufung zu werten (BGH v. 6. 5. 1987, NJW 1987, 3263).
2 Hat das Arbeitsgericht ein **Teilurteil** erlassen, gegen das Berufung eingelegt wurde, so kann die andere Partei nicht Anschlussberufung einlegen und den noch in der ersten Instanz anhängigen Teil dadurch in die Berufungsinstanz bringen (streitig, vgl. Stein/Jonas/*Grunsky*, § 521 ZPO Anm. I 2 mwN).
3 ➲ **Praxistipp:** Die Anschlussberufung, kann auch dann noch eingelegt werden, wenn die Berufungsfrist bereits verstrichen ist (§ 524 Abs. 2 ZPO). Die Anschlussberufung ist allerdings **unselbständig** und fällt mit Rücknahme der Hauptberufung weg. Seit der ZPO-Reform ist allerdings die Anschlussberufung maximal **bis einen Monat nach Zustellung der Berufungsbegründung** zulässig (§ 524 Abs. 2 ZPO).
4 Nach herrschender Auffassung setzt die Einlegung der Anschlussberufung eine **Beschwer** voraus (BGH v. 17. 12. 1951, BGHZ 4, 234; v. 23. 5. 1957, BGHZ 24, 285). Die Anschlussberufung kann aber auch mit dem Ziel eingelegt werden, in der Berufung den Klageantrag zu erweitern, neue Ansprüche geltend zu machen oder eine Widerklage zu erheben. In diesen Fällen ist die Einlegung der Anschlussberufung zwar nicht Voraussetzung, um die **Klage erweitern** oder **Widerklage** erheben zu können. Die Einlegung der Anschlussberufung kann aber deshalb Sinn machen, weil der Gegner dann durch Zurücknahme seiner Hauptberufung die Klagänderung bzw. die Widerklage nicht mehr zu Fall bringen kann (sofern die Anschlussberufung vor Ablauf der Berufungsfrist, also als selbständige Anschlussberufung eingelegt wird!).

Anschlussberufung[5]

ein und beantragen

1. Die Berufung des Klägers wird zurückgewiesen.
2. Das Urteil des Arbeitsgerichts ... vom ... Az. ... wird geändert; die Klage wird in vollem Umfang abgewiesen.

Des Weiteren erheben wir

Widerklage

und beantragen

3. Der Kläger wird verurteilt, seinen Dienstwagen Typ ..., amtl. Kennzeichen: ... an die Beklagte herauszugeben.

Begründung:

Die Parteien haben erstinstanzlich um die Wirksamkeit von zwei fristlosen Kündigungen gestritten, die dem Kläger am ... und am ... ausgesprochen wurden. Das Arbeitsgericht hat die zweite Kündigung für wirksam gehalten, die Erste hingegen nicht. Dementsprechend hat es der Kündigungsschutzklage des Klägers hinsichtlich der Kündigung vom ... stattgegeben, sie jedoch im Übrigen abgewiesen. Hiergegen hat der Kläger fristgerecht Berufung eingelegt. Mit der Anschlussberufung macht die Beklagte geltend, dass bereits die erste Kündigung vom ... wirksam war.

Hinsichtlich der ersten Kündigung vom ... ist das angefochtene Urteil des Arbeitsgerichts fehlerhaft, weil (wird ausgeführt).[6]

Vorsorglich weisen wir darauf hin, dass die in der Berufungsbegründung des Klägers erhobenen Einwendungen gegen die Entscheidung des Arbeitsgerichts bezüglich der Wirksamkeit der zweiten Kündigung vom ... nicht durchschlagen. Das Urteil des Arbeitsgerichts ist insoweit zutreffend (wird ausgeführt).[7]

Mit der Widerklage macht die Beklagte die Herausgabe des Dienstwagens geltend. Wegen der Beendigung des Dienstverhältnisses ist der Kläger zur Herausgabe verpflichtet. Er hat jedoch mehrere Aufforderungen zur Herausgabe ignoriert, weshalb Klage geboten ist. Die Widerklage ist sachdienlich.[8] Der Anspruch auf Rückgabe des

---

5 Eine **ausdrückliche Bezeichnung** der Antragsschrift als „Anschlussberufung" ist nicht erforderlich (BGH v. 3. 11. 1989, NJW 1990, 449). Dass eine Anschlussberufung eingelegt wird, ergibt sich daraus, dass der Berufungsbeklagte seinerseits einen Antrag auf Änderung des angefochtenen Urteils stellt (BGH v. 28. 10. 1993, NJW 1954, 266), ein bloßer Antrag auf Zurückweisung der Berufung genügt allerdings nicht.

6 ➲ **Wichtig:** Die Anforderungen an die Begründung der Anschlussberufung sind die gleichen wie bei der Hauptberufung (§ 520 ZPO). Die Anschlussberufung muss jedoch **zugleich mit ihrer Einlegung begründet** werden (§ 524 Abs. 3 ZPO).

7 ➲ **Praxistipp:** Besondere Formvorschriften für die **Berufungserwiderung** existieren nicht. Die **Monatsfrist** des § 66 Abs. 1 Satz 2 ArbGG hat nur für die Zurückweisung verspäteten Vortrags Bedeutung. War das erstinstanzliche Urteil überzeugend und hat die Gegenseite in der Berufungsbegründung keine durchschlagenden Einwände gegen das Urteil vorgebracht, kann der Berufungsgegner sogar völlig davon absehen, eine Berufungserwiderung einzureichen.

8 Die Widerklage ist in der Berufungsinstanz gemäß § 533 ZPO nur zulässig, wenn der **Gegner einwilligt** oder das Gericht die Geltendmachung des Widerklageanspruchs in dem anhängigen

Dienstwagens hängt nur davon ab, dass zumindest eine der beiden Kündigungen vom . . . oder . . . wirksam waren. Das war – wie gezeigt – der Fall. Es ist prozessökonomisch, wenn das LAG über den Anspruch auf Herausgabe mitentscheidet. Zusätzlicher Streitstoff wird damit in das Verfahren nicht eingeführt.

. . .

(Unterschrift)

Verfahren für **sachdienlich** hält. Die Sachdienlichkeit richtet sich danach, ob die Widerklage geeignet ist, den Streit zwischen den Parteien endgültig und rasch auszuräumen. Seit der ZPO-Reform 2001 ist die Erhebung einer Widerklage in der Berufung überdies nur noch zulässig, wenn dadurch kein zusätzlicher Streitstoff in das Verfahren eingeführt wird (§ 533 Nr. 2 ZPO). Die Widerklage gegen einen am Prozess bislang **nicht beteiligten Dritten** ist nur ausnahmsweise möglich (Zöller/*Gummer*, § 530 ZPO Rz. 3 mwN). Die Widerklage kann auch als **Eventualwiderklage** erhoben werden für den Fall, dass das Klagebegehren begründet ist (BGH v. 30. 5. 1956, BGHZ 21, 13), was insbesondere im Streit um die Zulässigkeit einer Aufrechnung eine Rolle spielt, wenn der aufgerechnete Anspruch für den Fall der Unzulässigkeit der Aufrechnung mit der Widerklage geltend gemacht wird.

46.4 Sofortige Beschwerde gegen Rechtswegentscheidung[1, 2, 3]

An das Landesarbeitsgericht[4]

In Sachen

(volles Rubrum mit Prozessbevollmächtigten)

vertreten wir die Beklagte/Beschwerdeführerin (i. F.: „Beklagte") auch in der 2. Instanz. Namens und im Auftrag der Beklagten legen wir gegen den Beschluss des Arbeitsgerichts . . ., Az. . . . vom . . .[5]

---

1 Vergleiche zunächst die Erläuterungen zu **M 45.9**.
2 Die sofortige Beschwerde gegen eine Vorabentscheidung des Arbeitsgerichts hinsichtlich des Rechtswegs gemäß § 48 ArbGG, § 17a GVG ist nur dann möglich, wenn das ArbG über den Rechtsweg **vorab durch Beschluss** entschieden hat. Die Vorabentscheidung durch Beschluss ist zwingend, wenn das Gericht den Rechtsweg zu den Arbeitsgerichten nicht für gegeben hält, oder wenn die Zuständigkeit ausdrücklich gerügt wurde. Hält das Gericht dagegen den Rechtsweg zum Arbeitsgericht für gegeben und hat der Beklagte keine Rüge hinsichtlich des Rechtswegs erhoben, so kann die Rechtswegentscheidung unmittelbar im Urteil inzidenter erfolgen. Dann ist selbstverständlich nicht die sofortige Beschwerde gegeben, sondern das Urteil muss nach allgemeinen Regeln mit der Berufung angegriffen werden.
Zu beachten ist, dass die sofortige Beschwerde gegen einen Vorabbeschluss des Arbeitsgerichts nach § 17a GVG nur dann gegeben ist, wenn sich der Vorabbeschluss auf den **Rechtsweg** bezieht. Soweit dagegen um die **örtliche Zuständigkeit** gestritten wird, schließt § 48 Abs. 1 Nr. 1 ArbGG die sofortige Beschwerde aus, der Beschluss ist unanfechtbar. Hat das Arbeitsgericht unrichtig an das Landgericht statt an das Amtsgericht verwiesen, kann darauf die sofortige Beschwerde nicht gestützt werden (BAG v. 20. 9. 1995, NZA 1996, 112).

Sofortige Beschwerde

ein und beantragen[6]:

1. Der Beschluss des Arbeitsgerichts ... vom ... Az. ... wird aufgehoben.
2. Das Verfahren wird an das zuständige Landgericht ... verwiesen.

Begründung:[7]

Das Arbeitsgericht hat in seinem Vorabbeschluss gemäß § 17a GVG vom ... auf die Rüge der Beklagten entschieden, dass für die Klage des Klägers gegen die fristlose Kündigung des freien Mitarbeiterverhältnisses der Rechtsweg zu den Arbeitsgerichten gegeben sei. Denn es habe sich bei dem freien Mitarbeiterverhältnis in Wahrheit um ein Arbeitsverhältnis gehandelt. Die Auffassung des Arbeitsgerichts ist unrichtig. Das freie Mitarbeiterverhältnis war ein echtes freies Dienstverhältnis im Sinne von § 611

Hat das Arbeitsgericht vorab gemäß § 17a GVG über die örtliche Zuständigkeit entschieden, wird wegen der Unanfechtbarkeit der Entscheidung das **Hauptsacheverfahren** unmittelbar fortgesetzt. Soweit sich dagegen die Vorabentscheidung des Arbeitsgerichts auf den Rechtsweg bezieht, wird das Hauptsacheverfahren erst nach Rechtskraft des Vorabbeschlusses weiterbetrieben (BAG v. 26. 3. 1992, AP Nr. 7 zu § 48 ArbGG). Wird der Vorabbeschluss des Arbeitsgerichts mit der sofortigen Beschwerde zum LAG angegriffen, ruht also das Hauptsacheverfahren bis zur Rechtskraft der Entscheidung des LAG.
Ignoriert das Arbeitsgericht die Rüge einer Partei und entscheidet entgegen § 17a GVG nicht vorab durch Beschluss über die Zulässigkeit des Rechtswegs, sondern erst zusammen mit dem Urteil, so kann die unterlegene Partei nach dem Grundsatz der **Meistbegünstigung** zwischen sofortiger Beschwerde und Berufung wählen (BAG v. 26. 3. 1992, AP Nr. 7 zu § 48 ArbGG), in der Praxis ist aber die Berufung meist der sinnvollere Weg.
Das Verfahren nach §§ 48 ArbGG, 17 ff. GVG gilt nicht für die **internationale Zuständigkeit**. Insbesondere bei Streitigkeiten zwischen internationalen Konzernen und Führungskräften ist häufig zweifelhaft, wer Vertragsarbeitgeber und Schuldner der Vergütung ist. Hält sich hier das angerufene deutsche Gericht für international nicht zuständig, hat es entgegen §§ 48 ArbGG, 17 ff. GVG nicht an das seiner Auffassung nach zuständige ausländische Gericht zu verweisen, sondern die Klage abzuweisen (im Einzelnen dazu: *Germelmann/Matthes/Prütting/Müller-Glöge*, ArbGG, Anm. E 234).
3 Über die sofortige Beschwerde entscheidet der **Kammervorsitzende** des LAG allein **ohne mündliche Verhandlung** (BAG v. 10. 12. 1992, AP Nr. 4 zu § 17a GVG).
4 ⊃ **Wichtig:** Anders als nach früherer Rechtslage ist die sofortige Beschwerde seit der ZPO-Reform 2001 beim Ausgangsgericht (ArbG) anzubringen, nicht beim LAG (§ 569 ZPO). Allerdings wahrt die Einlegung beim LAG die Frist.
5 Die Frist zur Einlegung der sofortigen Beschwerde beträgt **2 Wochen**. Es handelt sich um eine **Notfrist**, die nicht verlängert werden kann (§ 569 ZPO). Bei Fristversäumung kommt unter den allgemeinen Voraussetzungen allenfalls eine Wiedereinsetzung in den vorigen Stand in Betracht.
6 **Förmliche Anträge** sind im Beschwerdeverfahren grundsätzlich nicht erforderlich, aber üblich. Werden Anträge gestellt, entsprechen sie meist den üblichen Berufungsanträgen. Es wird also meist – wie im Muster – unter Ziff. 1 die Aufhebung des angefochtenen Beschlusses des Arbeitsgerichts beantragt und unter Ziff. 2 dann die begehrte Sachentscheidung (Verweisung an das Landgericht seitens der Beklagten, Zulassung des Rechtswegs zu den Arbeitsgerichten seitens des Klägers etc.).
7 Eine **Begründung** ist, anders als bei der Berufung nach § 520 ZPO, bei der sofortigen Beschwerde nicht erforderlich, aber sinnvoll.

BGB, so dass für die Entscheidung über die streitgegenständliche fristlose Kündigung das Landgericht zuständig ist (wird ausgeführt).[8]

---

[8] Gemäß § 17a Abs. 4 Satz 4 und 5 GVG ist gegen die Entscheidung des LAG die Rechtsbeschwerde (früher: „**weitere sofortige Beschwerde**") zum **BAG** nur dann statthaft, wenn das LAG sie wegen grundsätzlicher Bedeutung oder Divergenz **zugelassen** hat. Hat das LAG die Rechtsbeschwerde nicht zugelassen, soll nach herrschender Auffassung eine Nichtzulassungsbeschwerde nicht in Betracht kommen (BAG v. 22. 2. 1994, AP Nr. 2 zu § 78 ArbGG).

Kapitel 47 Urteilsverfahren dritter Instanz

Literaturübersicht: *Buckenberger*, Die Einlegung von Rechtsmitteln mit Hilfe moderner Kommunikationswege, NJW 1983, 1475; *Gilles*, Rechtsmitteleinlegung, Rechtsmittelbegründung und nachträgliche Parteidisposition über das Rechtsmittel, AcP 177 (1977), 189; *Grave/Mühle*, Denkgesetze und Erfahrungssätze als Prüfungsmaßstab im Revisionsverfahren, MDR 1975, 274; *Grunsky*, Verspätete Entscheidungsabfassung als absoluter Revisionsgrund in der Arbeitsgerichtsbarkeit, NZA 1994, 305; *Lepke*, Zur Beschwer als Rechtsmittelvoraussetzung beim arbeitsgerichtlichen Anerkenntnis- und Verzichtsurteil, DB 1980, 974; *May*, Auslegung individueller Willenserklärung durch das Revisionsgericht, NJW 1983, 980; *Meyer*, Einlegung und Begründung von Revision und Rechtsbeschwerde, 1979; *Neumann*, Beschränkung der Rechtsmittelzulassung, RdA 1983, 170; *Popp*, Die Angabe der ladungsfähigen Anschrift des Berufungsbeklagten oder seines Prozessbevollmächtigten als Zulässigkeitsvoraussetzung im Arbeitsgerichtsverfahren, DB 1983, 2574; *Rimmelspacher/Abel*, Zur entsprechenden Anwendbarkeit des § 513 Abs. 2 Satz 2 ZPO im Arbeitsgerichtsverfahren, NZA 1990, 511; *Schaub*, Die Entscheidung des Landesarbeitsgerichts und die Verweisung auf das Urteil des Arbeitsgerichts, FS Hilger/Stumpf, 1983, S. 621; *Willemsen/Hohenstatt*, Die Einlegung von Rechtsmitteln ohne Vorliegen schriftlicher Urteilsgründe im arbeitsgerichtlichen Verfahren, DB 1994, 374.

I. Erläuterungen

1. Zulässigkeit der Revision

Das Arbeitsgerichtsverfahren kennt **keine Streitwertrevision**, sondern nur die **Zulassungsrevision**. Die Revision zum Bundesarbeitsgericht ist deshalb nur möglich, wenn das Landesarbeitsgericht sie ausdrücklich zulässt. Ob das Landesarbeitsgericht die Revision zulässt, entscheidet es **von Amts wegen**; insoweit erübrigen sich Anträge der Parteien in der zweiten Instanz. Mitunter ist es aber hilfreich, im Berufungsverfahren ausdrücklich die Zulassung der Revision zu beantragen. Dies verdeutlicht dem Richter die Bedeutung, die beide Parteien dem Streit beimessen, und kann ihn zu besonders sorgfältiger Prüfung veranlassen, ob die Revision zuzulassen ist oder nicht.

Häufig übersehen wird, dass das Prinzip der Zulassungsrevision völlig **unabhängig davon** gilt, ob und welche **Revisionsgründe** vorliegen. Insbesondere ist auch bei Vorliegen **absoluter Revisionsgründe** (§ 547 ZPO) die Revision nur dann zulässig, wenn das Landesarbeitsgericht sie zugelassen hat oder eine Nichtzulassungsbeschwerde erfolgreich war. Dabei kann die Nichtzulassungsbeschwerde nicht auf das Vorliegen absoluter Revisionsgründe gestützt werden, sondern nur auf die in § 72a ArbGG genannten Gründe.[1] Liegen diese (wie regelmäßig) nicht vor, so ist das LAG-Urteil unangreifbar, obwohl es an einem absoluten Revisionsgrund leidet. Das gilt auch dann, wenn das Landesarbeitsgericht das Urteil **nicht innerhalb von fünf Monaten abgesetzt** hat. Die Überschreitung der Fünf-Monats-Frist macht eine an sich nicht zugelassene Revision nicht zulässig, auch die Zulassung der Revision im Wege der Nichtzulassungsbeschwerde kommt grundsätzlich nicht in Betracht.[2] Hier zeigt sich, dass primäre **Aufgabe des Bundesarbeitsgerichts** nicht die Beseitigung falscher Urteile ist, sondern die **Herstellung von Rechtseinheit**. Allerdings kann ein nicht innerhalb von fünf Monaten abgesetztes LAG-Urteil, welches die Revision nicht zugelassen hat, mit **Verfassungsbeschwerde** zum BVerfG angegriffen werden, da sonst effektiver Rechtsschutz vereitelt würde. Das BVerfG hebt das angegriffene LAG-Urteil auf und verweist an eine andere Kammer desselben LAG.[3]

2. Fristen, Formvorschrift

Die Frist zur Einlegung der Revision beträgt (wie bei der Berufung) **einen Monat**, die zur Begründung der Revision zwei Monate, jeweils ab Zustellung des angefochtenen Urteils. Die Begründungsfrist kann (nur!) **einmal** bis zu einem Monat **verlängert** werden (§ 74 Abs. 1 ArbGG). Ist die Fristverlängerung noch innerhalb der Frist beantragt worden, schadet es nicht, wenn der Verlängerungsbeschluss erst nachher ergeht.[4]

Vor dem Bundesarbeitsgericht herrscht **Anwaltszwang** (§ 11 Abs. 2 ArbGG).

3. Verfahren

Eine **Klageänderung** ist in der Revisionsinstanz grundsätzlich unzulässig, soweit es dadurch auf die Feststellung neuer Tatsachen ankäme, weil das Bundesarbeitsgericht grundsätzlich kein Tatsachengericht ist.[5] Zulässig ist dagegen eine Klageänderung, die keine Tatsachenfeststellung erforderlich macht, zB ein Übergang von der Leistungs- zur Feststellungsklage.[6] Entsprechend der Anschlussberufung kann gem. § 554 ZPO **Anschlussrevision** eingelegt werden.

Da das Bundesarbeitsgericht grundsätzlich kein Tatsachengericht ist, ist es **sinnlos**, in der Revisionsinstanz **anderen** oder **neuen Sachverhalt** vorzutragen. Es gibt jedoch auch Ausnahmen. So kann unstreitiger Sachverhalt nachgeschoben werden.[7] Die Revision kann auch auf neue Tatsachen gestützt werden, die erst nach der letzten mündlichen Verhandlung vor dem Landesarbeitsgericht entstanden sind, wenn unter Zugrundelegung der Rechtsauffassung des Landesarbeitsgerichts eine andere Entscheidung hätte ergehen können.[8]

---

1 Zuletzt BAG v. 20. 2. 2001, DB 2001, 1732.
2 BAG v. 20. 9. 1993, AP Nr. 28 zu § 72a ArbGG.
3 BVerfG v. 26. 3. 2001, ArbuR 2001, 348; v. 31. 1. 2002, NZA 2002, 998.
4 BGH v. 18. 3. 1982, BGHZ 83, 217; BAG GS v. 24. 8. 1979, AP Nr. 1 zu § 66 ArbGG.
5 BAG v. 10. 4. 1957, AP Nr. 6 zu § 256 ZPO.
6 BAG v. 5. 11. 1965, AP Nr. 104 zu § 242 BGB – Ruhegehalt.
7 BAG v. 10. 12. 1971, AP Nr. 154 zu § 242 BGB – Ruhegehalt.
8 BAG v. 16. 5. 1990, AP Nr. 21 zu § 554 ZPO.

Fehlerhafte Feststellungen des Landesarbeitsgerichts zum Tatbestand müssen grundsätzlich gemäß § 320 ZPO durch Antrag auf **Tatbestandsberichtigung** korrigiert werden, die Einlegung der Revision bringt insoweit nichts.

4. Entscheidung des BAG

Das Bundesarbeitsgericht ist **kein Kassationsgericht**. Es kann das Berufungsurteil bestätigen oder ändern, aber das Verfahren auch zur weiteren Aufklärung des Sachverhalts an das Landesarbeitsgericht zurückverweisen.

5. Nichtzulassungsbeschwerde

Lässt das Landesarbeitsgericht die Revision nicht zu, obwohl sie nach den Vorschriften des ArbGG hätte zugelassen werden müssen, so kann die Zulassung der Revision unmittelbar beim Bundesarbeitsgericht im Wege der Nichtzulassungsbeschwerde erzwungen werden (s. **M 47.2**). Kaum ein Rechtsbehelf ist statistisch gesehen so **erfolglos** wie die Nichtzulassungsbeschwerde, die **Erfolgsquote liegt unter 5%**. Ausschlaggebend sind wohl mehrere Faktoren. Zum einen sind die formalen Anforderungen an eine korrekte Nichtzulassungsbeschwerde vom BAG mittlerweile derart hochgeschraubt worden, dass viele Nichtzulassungsbeschwerden, die an sich erfolgreich sein könnten, an formalen Mängeln scheitern. In der ganz überwiegenden Zahl der Fälle liegt der Misserfolg allerdings schlicht daran, dass die gesetzlichen Voraussetzungen einer Nichtzulassungsbeschwerde nicht vorliegen, insbesondere eine Divergenz zu einem LAG- oder BAG-Urteil. Viele Anwälte legen auch dann Nichtzulassungsbeschwerde ein, wenn die vom Gesetz geforderte Divergenz ersichtlich nicht vorliegt. Das mag teilweise auf Unkenntnis beruhen. Vielfach entspricht die Einlegung der Nichtzulassungsbeschwerde wohl auch dem Wunsch des Mandanten, gegen ein als ungerecht empfundenes Urteil alle zur Verfügung stehenden Möglichkeiten auszuschöpfen. Vielen Mandanten ist nur schwer vermittelbar, dass die Revision beim BAG nicht dazu dient, falsche LAG-Urteile zu korrigieren, sondern nur dazu, eine einheitliche Rechtsprechung herzustellen. Gegen ein falsches LAG-Urteil ist deshalb kein Kraut gewachsen, wenn keine Divergenz vorliegt. Mancher Anwalt legt trotz offensichtlichem Fehlen einer Divergenz gegen ein (vermeintlich) evident falsches LAG-Urteil Nichtzulassungsbeschwerde wohl auch in der Hoffnung ein, in Fällen klarer LAG-Fehlurteile werde das BAG bei der Prüfung der formalen Voraussetzungen einer Nichtzulassungsbeschwerde beide Augen zudrücken. Diese Hoffnung erweist sich regelmäßig als illusorisch.

6. BAG als Beschwerdegericht

In **Sonderfällen** kann das Bundesarbeitsgericht auch als Beschwerdegericht im Rahmen einer Rechtsbeschwerde nach §§ 574 ff. ZPO (früher: „weitere Beschwerde") tätig werden. Das soll im Streit um die nachträgliche Zulassung einer Kündigungsschutzklage (§ 5 KSchG) allerdings nicht möglich sein, und zwar selbst dann nicht, wenn das LAG die Rechtsbeschwerde irrtümlich ausdrücklich zugelassen hat.[9] Insoweit bestehen keine Besonderheiten gegenüber dem erst- und zweitinstanzlichen Beschwerdeverfahren, so dass auf die Ausführungen und Muster in Kapitel 46 verwiesen werden kann.

---

9 BAG v. 20. 8. 2002, ZIP 2002, 2095; krit. dazu *Schwab*, NZA 2002, 1378.

II. Muster

Einlegung der Revision mit Anträgen und Begründung[1]   47.1

An das Bundesarbeitsgericht

Revision

In Sachen

(volles Rubrum)

vertreten[2] wir die Bekl./Berufungskl./Revisionsklägerin (i. F. „Bekl.") auch in der Revisionsinstanz.

Namens und im Auftrag der Bekl. legen wir gegen das Urteil des Landesarbeitsgerichts . . . vom . . ., Az.: . . ., zugestellt am[3] . . .,

Revision

ein und **beantragen:**[4, 5, 6]

1. Das Urteil des Landesarbeitsgerichts . . . vom . . ., Az.: . . ., wird geändert.

2. Auf die Berufung wird die Klage abgewiesen.[7]

---

1 Wie bei der Berufung kann zunächst Revision eingelegt und dann innerhalb der Zweimonatsfrist (§ 74 Abs. 1 ArbGG) zusammen mit den Anträgen **begründet** werden.
2 Für die Revisionseinlegung und die Revisionsbegründung herrscht **Anwaltszwang** (§ 11 Abs. 2 ArbGG).
3 Ist die Revision erst aufgrund einer Nichtzulassungsbeschwerde statthaft geworden, so beginnt die **Revisionsfrist** erst mit der Zustellung des Zulassungsbeschlusses (§ 72a Abs. 5 Satz 7 ArbGG).
4 In der Revision werden üblicherweise **Sachanträge** gestellt. Der Revisionsführer beantragt die Änderung des Berufungsurteils und – je nachdem ob die Revision vom Kl. oder vom Bekl. eingelegt wird – die Verurteilung des Bekl. bzw. die Abweisung der Klage. Im Regelfall entscheidet das BAG auch selbst. Nur wenn weitere Sachaufklärungen notwendig sind, entscheidet das BAG nicht selbst, sondern **verweist** die Sache zur erneuten Verhandlung **an das LAG zurück**. Das ist erforderlich, da das BAG selbst kein Tatsachengericht ist, also fehlende Sachverhaltsaufklärung nicht selbst nachholen kann. Die Zurückverweisung an das LAG erfolgt von Amts wegen, ein entsprechender Antrag der Parteien ist nicht erforderlich, ein gleichwohl gestellter Antrag ist für das BAG in keiner Weise maßgeblich (*Germelmann/Mattes/Prütting/Müller-Glöge*, § 75 ArbGG Rz. 39).
5 Spätestens mit der Revisionsbegründung müssen konkrete **Revisionsanträge** gestellt werden (§ 551 Abs. 3 Nr. 1 ZPO). Das Fehlen des Revisionsantrags ist unerheblich, wenn sich aus der Begründung zweifelsfrei ergibt, in welchem Umfang das Berufungsurteil angegriffen wird (BAG v. 27. 7. 1961, AP Nr. 24 zu § 611 BGB – Ärzte, Gehaltsansprüche).
6 Auf Antrag kann das BAG die **Zwangsvollstreckung** aus dem Urteil des LAG nach § 719 Abs. 2 ZPO bis zur Entscheidung über die Revision **einstellen**. Das gilt selbst dann, wenn im Berufungsverfahren kein Antrag auf Ausschluss der vorläufigen Vollstreckbarkeit des LAG-Urteils (s. **M 52.4**) gestellt worden war. Die Einstellung der Zwangsvollstreckung kommt grundsätzlich nicht in Betracht, wenn die Revision keine Aussicht auf Erfolg hat (BAG v. 6. 1. 1971, AP Nr. 3 zu § 719 ZPO). Ist dagegen im Urteil des LAG gem. § 62 ArbGG die vorläufige Vollstreckbarkeit ausgeschlossen worden, kann das BAG gem. § 558 ZPO auf Antrag das Urteil in demjenigen Umfang für vollstreckbar erklären, in dem es nicht angefochten worden ist.

Eine Abschrift des Berufungsurteils ist beigefügt.[8]

Begründung:[9]

Die Revision rügt die Verletzung materiellen und formellen Rechts. Im Einzelnen:

I. Verletzung materiellen Rechts[10, 11]

1. Das ArbG hat der Kündigungsschutzklage mit der Begründung stattgegeben, die von der Beklagten vorgebrachten Umstände reichten zur Rechtfertigung einer betriebsbedingten Kündigung nicht aus. Mit der gleichen Begründung hat das LAG die Berufung der Beklagten zurückgewiesen. Insoweit hat das LAG § 1 KSchG verletzt. Nach richtiger Auffassung, der sich das BAG in mehreren Entscheidungen angeschlossen

---

7 Neben der Aufhebung bzw. Änderung des Berufungsurteils muss auch beantragt werden, **was mit der Berufung geschehen soll**. Legt der Kläger Revision ein, nachdem seine Berufung gescheitert ist, muss er neben der Aufhebung des Berufungsurteils beantragen, auf seine Berufung das arbeitsgerichtliche Urteil zu ändern und den Anträgen stattzugeben. Hatte er dagegen in der ersten Instanz obsiegt und in der Berufung verloren, muss er neben der Aufhebung des Berufungsurteils auch die Zurückweisung der gegnerischen Berufung beantragen. Für die Einlegung der Revision durch die Beklagte gilt Entsprechendes.

8 Hinsichtlich der Beifügung einer Kopie des angefochtenen LAG-Urteils vgl. **M 46.1** Fn. 8.

9 Das Hauptproblem der Revision ist die korrekte Angabe und Darlegung der **Revisionsgründe**. Eine Vielzahl von Revisionen vor dem BAG scheitert bereits wegen unzureichender Darlegung der Revisionsgründe (§ 553 Abs. 3 ZPO).
Wie bei der Berufung müssen bei **Anspruchshäufung** für jeden einzelnen geltend gemachten Anspruch Revisionsgründe angeführt werden, sonst ist die Revision teilweise unzulässig. Sind einzelne Ansprüche mit einer **Hilfsbegründung** zuerkannt oder verneint worden, muss sich die Revisionsbegründung mit allen Alternativbegründungen auseinander setzen.

10 Rügt die Revision die **Verletzung materiellen Rechts**, so muss die verletzte Rechtsnorm konkret angegeben werden. Erforderlich ist also der ausdrückliche Hinweis auf einen übersehenen oder falsch angewendeten Paragraphen irgendeines Gesetzes, aber auch die unterbliebene oder fehlerhafte Anwendung allgemeiner Rechtsgrundsätze, die dann allerdings genau bezeichnet sein müssen. Hinsichtlich der konkret als verletzt gerügten Rechtsnorm muss sich der Revisionsführer wie in der Berufungsbegründung **mit den Gründen** der angefochtenen Entscheidung auseinander setzen (BAG v. 4. 9. 1975, AP Nr. 15 zu § 554 ZPO). Allerdings ist das Revisionsgericht an den konkret geltend gemachten materiell-rechtlichen Fehler nicht gebunden. Vielmehr muss das BAG die **gesamte LAG-Entscheidung materiell-rechtlich prüfen**. Das Erfordernis, die verletzte Rechtsnorm bzw. den verletzten Rechtsgrundsatz genau zu bezeichnen, ist also **nur eine Zulässigkeitsschranke**. Es schadet also nichts, wenn das BAG zu der Auffassung gelangt, hinsichtlich der in der Revisionsbegründung konkret gerügten Rechtsnorm sei das LAG-Urteil richtig. Gleichwohl muss das Urteil aufgehoben werden, wenn es andere Rechtsfehler enthält. Dementsprechend ist es auch unschädlich, wenn **nach Ablauf der Revisionsbegründungsfrist** in einem erneuten Schriftsatz an das BAG weitere materiell-rechtliche Fehler gerügt werden. Dass das BAG bei seiner Prüfung an die geltend gemachten Revisionsgründe im Hinblick auf das materielle Recht nicht gebunden ist, ergibt sich aus § 557 Abs. 3 ZPO. Das BAG ist auch nicht an die Gründe gebunden, die zur Zulassung der Revision geführt haben, egal ob die Revision vom LAG zugelassen oder erst aufgrund einer Nichtzulassungsbeschwerde durch das BAG zugelassen worden ist (*Germelmann/Mattes/Prütting/Müller-Glöge*, § 75 ArbGG Rz. 4). Insgesamt sind die Zulässigkeitshürden bei der Rüge materiellrechtlicher Fehler erheblich geringer als bei der Rüge formeller Fehler (dazu unten Fn. 13).

11 Nicht revisibel sind grundsätzlich Fragen des richtigen **Rechtswegs**, der **örtlichen Zuständigkeit** und der **Verfahrensart** (Urteils- oder Beschlussverfahren), dies ergibt sich aus § 73 Abs. 2 iVm. § 65 ArbGG. Das Gleiche gilt für Mängel bei der Berufung der **ehrenamtlichen Richter**.

hat, ist eine betriebsbedingte Kündigung bereits dann begründet, wenn (wird ausgeführt).

2. Soweit das LAG der Kündigungsschutzklage auch mit der Begründung stattgegeben hat, die Kündigung verstoße gegen das tarifliche Rationalisierungsschutzabkommen, ist dies ebenfalls fehlerhaft.[12] Insbesondere hat das LAG § 3 des tariflichen Rationalisierungsschutzabkommens zu Unrecht dahin gehend ausgelegt, dass (wird ausgeführt).

II. Verletzung formellen Rechts[13, 14]

1. Hinsichtlich des Klageantrags Ziff. 6 ist das angefochtene Berufungsurteil unter Verletzung von § 47 Abs. 1 ArbGG zustande gekommen. Nach dieser Vorschrift muss eine **Ladungs- und Einlassungsfrist** von mindestens einer Woche eingehalten werden. Der Kl. hat sechs Tage vor der mündlichen Verhandlung des LAG seine Klage um

---

12 Ein großes Problem im Revisionsverfahren ist die **Auslegung von privatrechtlichen Vereinbarungen**. Nach § 73 ArbGG kann die Revision grundsätzlich nur darauf gestützt werden, dass das Urteil des LAG auf der Verletzung einer „Rechtsnorm" beruht. Das BAG fasst den Begriff der „Rechtsnorm" sehr weit und nimmt nur **echte Individualvereinbarungen** (zB einen einzelnen Arbeitsvertrag) von der revisionsrechtlichen Prüfung aus. Revisibel sind dagegen insbesondere **kollektiv-rechtliche Vereinbarungen** wie **Tarifverträge, Betriebsvereinbarungen**, aber auch **Sprüche der Einigungsstelle** (BAG v. 19. 4. 1963, AP Nr. 3 zu § 52 BetrVG). Die Auslegung solcher Regelwerke ist also unbegrenzt revisibel. Das Gleiche gilt für sog. „**typische Verträge**". Darunter versteht man Verträge oder Willenserklärungen, die gleich lautend in einer Vielzahl von Fällen verwendet oder abgegeben werden und daher losgelöst vom Einzelfall gelten (BAG v. 17. 12. 1960, AP Nr. 11 zu § 550 ZPO). Auch **Formular-** oder **Musterverträge** sowie Regelungen aufgrund **betrieblicher Übung** sind revisibel (BAG v. 18. 10. 1972, AP Nr. 3 zu §§ 22, 23 – BAT Lehrer; v. 1. 3. 1972, AP Nr. 11 zu § 242 BGB – Betriebliche Übung). Nicht revisibel sind somit nur echte individuelle Verträge und Willenserklärungen. Hat das LAG solche Individualvereinbarungen bzw. -willenserklärungen ausgelegt, ist das BAG daran grundsätzlich gebunden. Es kann nur prüfen, ob die vom LAG gewonnene Auslegung gegen Gesetze oder Erfahrungssätze verstößt und der Tatsachenstoff vollständig verwertet wurde (vgl. BAG v. 26. 5. 1992, AP Nr. 63 zu § 74 HGB). Das Gleiche gilt für eine ergänzende Vertragsauslegung (v. 8. 11. 1972, AP Nr. 3 zu § 157 BGB).

13 ➔ **Wichtig:** Erheblich fehlerträchtiger als die Rüge materieller Rechtsverletzungen ist die Rüge von **Verfahrensfehlern**. Die schlüssige Geltendmachung einer Verfahrensrüge setzt dreierlei voraus, nämlich
- die Angabe der verletzten Rechtsnorm,
- der Sachverhalt, aus dem sich die Verletzung der Verfahrensnorm ergeben soll, und
- die Darlegung, dass ohne die Verletzung der verfahrensrechtlichen Norm das Urteil des LAG anders ausgefallen wäre.

Nur bei den **absoluten Revisionsgründen** des § 547 ZPO muss der Revisionsführer keinen Kausalzusammenhang zwischen dem Verfahrensfehler und dem LAG-Urteil darlegen, da bei absoluten Revisionsgründen kraft Gesetzes vermutet wird, dass das Urteil auf dem Fehler beruht.

Anders als bei der Rüge materieller Rechtsfehler prüft das BAG hinsichtlich des formellen Rechts grundsätzlich nur die konkret gerügten Verletzungen des Verfahrensrechts. Daraus folgt, dass nach Ablauf der Revisionsbegründungsfrist **weitere Verfahrensrügen nicht nachgeschoben** werden können, insoweit ist auch eine Wiedereinsetzung in den vorigen Stand ausgeschlossen (BAG v. 6. 6. 1962, AP Nr. 10 zu § 554 ZPO).

14 Soweit zur Substantiierung einer Verfahrensrüge **neuer Sachverhalt** vorgetragen werden muss, gilt nicht der allgemeine Grundsatz, dass das BAG kein Tatsachengericht ist. Vielmehr muss – soweit es um die Verfahrensrügen geht – das BAG sich mit neuem und gegebenenfalls auch streitigem Sachverhalt beschäftigen.

eine neue Ziff. 6 erweitert, mit der er eine Tantiemezahlung geltend gemacht hat. Die Bekl. hat sich in der Berufungsverhandlung gegen diesen Klageantrag gewandt und auf die Verletzung der Ladungs- und Einlassungsfrist hingewiesen. Die Bekl. hat des Weiteren zu Protokoll erklärt, sie könne sich zu dem neuen Klageantrag Ziff. 6 nicht erklären, da sie nicht mehr mit dem zuständigen Sachbearbeiter habe Rücksprache nehmen können. Gleichwohl hat das LAG auch über den Klageantrag Ziff. 6 entschieden und ihm stattgegeben. Hätte das LAG ein Teilurteil erlassen oder neu terminiert und somit der Bekl. Gelegenheit zur Einlassung nach Befragung des zuständigen Sachbearbeiters gegeben, so hätte die Bekl. vortragen können, dass der Anspruch auf die mit dem Klageantrag Ziff. 6 geltend gemachte Sonderzahlung nicht bestand, weil (wird ausgeführt). Die Verletzung der Vorschriften über die Einlassungsfrist war somit kausal dafür, dass das LAG der Klage gemäß Klageantrag Ziff. 6 stattgegeben hat.

2. Des Weiteren wird gerügt, dass das LAG in seiner angefochtenen Entscheidung den Sachverhalt **nicht hinreichend aufgeklärt** hat.[15] Der Kl. hatte vorgetragen, er räume ein, dass seine Abteilung erhebliche Verluste mache und die Bekl. deshalb die Schließung der Abteilung beschlossen habe. Dies sei jedoch willkürlich gewesen, da die Bekl. in anderen Abteilungen glänzend verdiene und insgesamt einen Jahresüberschuss von Euro 17 Mio. erwirtschaftet habe. Die Bekl. hat insoweit vorgetragen (Schriftsatz vom ..., Seiten ... bis ...), sie habe keineswegs in den vergangenen Jahren Gewinne in zweistelliger Millionenhöhe erzielt. Im Übrigen rechne sie damit, dass sich die in der Abteilung des Klägers auflaufenden Verluste in den kommenden Jahren noch erheblich erhöhen würden. Das LAG hat in der angefochtenen Entscheidung den Vortrag des Kl. als unstreitig angesehen mit der Begründung, die Bekl. habe den Vortrag des Klägers insoweit nicht substanziiert bestritten. Insoweit hat das LAG die Grundsätze des richterlichen Fragerechts und der richterlichen Fragepflicht aus § 139 ZPO verletzt. Das LAG hätte die Pflicht gehabt, die Bekl. aufzufordern, im Einzelnen zur wirtschaftlichen Lage des Gesamtbetriebes vorzutragen und insbesondere zu erläutern, woraus die Bekl. ihre negative Prognose für die Abteilung des Kl. ableitete. Hätte das LAG die Bekl. zu entsprechendem Vortrag aufgefordert, hätte diese dargelegt, dass (wird ausgeführt). Die angefochtene Entscheidung beruht auf der dargelegten Verletzung der richterlichen Fragepflicht. Denn wenn die Bekl. aufgrund einer entsprechenden Frage des Gerichts entsprechenden Vortrag nachgereicht hätte, hätte das LAG die ausgesprochene Kündigung nicht als mutwillig und damit unwirksam angesehen (wird ausgeführt).

3. Des Weiteren wird hinsichtlich des Klagantrags Ziff. 2 gerügt, dass das LAG die von der Bekl. angebotenen **Beweise nicht vollständig erhoben** hat.[16] Der Kl. hatte hin-

---

15 ⊃ **Wichtig:** Bei einer **Aufklärungsrüge** wird in der Praxis häufig viel zu wenig vorgetragen. Vorzutragen ist (vgl. BAG v. 23. 2. 1962, AP Nr. 8 zu § 322 ZPO),
– was das Gericht hätte fragen sollen und warum,
– die fiktive Antwort der befragten Partei und
– dass bei entsprechender Antwort der Partei die Entscheidung des LAG anders ausgefallen wäre.
16 ⊃ **Wichtig:** Die Voraussetzungen einer wirksamen **Beweisrüge** werden häufig verkannt. Dargelegt werden muss
– der konkrete Beweisantrag nebst Beweisthema,
– die konkrete Stelle in den Akten des ArbG- oder LAG-Verfahrens, die den Beweisantritt enthält,

sichtlich des Klagantrags Ziff. 2 (Zahlung des Jahresbonus) eingeräumt, dass ihm der Bonus nach den Bestimmungen seines Anstellungsvertrages nicht fest zugesagt war, sondern dass es sich um einen Ermessensbonus handelte. Es sei ihm jedoch im November..., als er sich mit Abwanderungsgedanken trug, vom Personalleiter der Bekl. in Gegenwart des Personalreferenten... mündlich zugesichert worden, der Bonus werde „mindestens Euro... pro Jahr" betragen. Das LAG hat den Personalreferenten... als Zeuge vernommen, dieser hat die Behauptung des Kl. bestätigt. Die Bekl. hat sich jedoch im Schriftsatz vom... auf Seite... gegenbeweislich auf das Zeugnis ihres Personalleiters berufen. Der Personalleiter ist vom LAG auch als Zeuge für die Bekl. zur Berufungsverhandlung geladen worden. Er war jedoch am Terminstag aufgrund dringender betrieblicher Erfordernisse verhindert. Das LAG hat gleichwohl sein Urteil gefällt. Der Vorsitzende Richter hat dazu mündlich in der Berufungsverhandlung ausgeführt, es sei der Kammer klar, wie die Aussage des Personalleiters ausfallen werde, deshalb messe man ihr von vornherein keine nennenswerte Bedeutung zu. Die Auffassung des LAG ist insoweit grob rechtsfehlerhaft und verstößt gegen das Verbot der antizipierten Beweiswürdigung. Das LAG hätte die Sache vertagen und den Personalleiter in einem neuen Termin als Zeugen hören müssen. Dabei hätte der Personalleiter den Vortrag der Beklagten bestätigt, wonach eine Mindesthöhe für den Bonus dem Kläger nie zugesagt worden ist. Insoweit wäre das LAG zu dem Ergebnis gekommen, dass das Zeugnis des Personalleiters widerspruchsfrei und glaubhaft ist. Das LAG wäre dann zumindest zu einem „Non-liquet" gekommen und hätte insoweit den Klagantrag Ziff. 2 auf Zahlung des Jahresbonus abgewiesen.

4. Hinsichtlich des Klagantrags Ziff. 5 (Mehrumsatzprämie) hat das LAG die **Ergebnisse der Beweisaufnahme fehlerhaft gewürdigt**.[17] Das LAG hat den Anspruch des Klägers auf Mehrumsatzprämie aufgrund der erhobenen Beweise mit der Begründung bejaht, dass (wird ausgeführt). Dem LAG ist insoweit ein Denkfehler unterlaufen (wird ausgeführt).

III. Verfahren

Mit einer Entscheidung im schriftlichen Verfahren ist die Bekl. (nicht) einverstanden.[18]

...

(Unterschrift)

- das voraussichtliche Ergebnis der Beweiserhebung und
- inwieweit das Urteil des LAG bei Erhebung des angebotenen Beweises anders ausgefallen wäre.

17 Die **Beweiswürdigung** der Vorinstanzen kann vor dem BAG nur in sehr begrenztem Umfang angegriffen werden. Grundsätzlich nicht revisibel ist die **Würdigung** der erhobenen Beweise, hier ist das BAG an die Beweiswürdigung der Vorinstanz gebunden. Der Revisionsführer kann sich nur darauf berufen, dass die Beweiswürdigung **Widersprüche**, **Lücken** oder **Denkverstöße** beinhaltet. Stets erforderlich ist darüber hinaus die Darlegung, dass bei richtiger Beweiswürdigung die Entscheidung des LAG anders ausgefallen wäre.

18 Gemäß § 128 ZPO ist mit Zustimmung der Parteien eine Entscheidung **ohne mündliche Verhandlung** zulässig. Es kann empfehlenswert sein, bereits vor einer entsprechenden Frage des BAG klarzustellen, ob man mit einem Verzicht auf die mündliche Verhandlung einverstanden ist oder nicht.

47.2 Nichtzulassungsbeschwerde wegen Divergenz[1, 2, 3, 4]

An das Bundesarbeitsgericht

In Sachen

(volles Rubrum)

vertreten wir die Bekl./Berufungsbekl. (i. F. Bekl.) auch in dritter Instanz. Namens und im Auftrag der Bekl. legen wir gegen die Nichtzulassung der Revision im Urteil[5] des Landesarbeitsgerichts . . . vom . . ., Az.: . . ., zugestellt am . . .[6]

Nichtzulassungsbeschwerde

ein und beantragen:

> *Die Revision gegen das Urteil des Landesarbeitsgerichts . . . vom . . ., Az.: . . ., wird zugelassen.*

Begründung:

1. Die Bekl. hat dem Kl. ordentlich betriebsbedingt zum . . . gekündigt. Der dagegen vom Kl. erhobenen Kündigungsschutzklage hat das ArbG . . . mit Urteil vom . . ., Az.: . . ., stattgegeben. Die von der Bekl. dagegen eingelegte Berufung wurde vom LAG . . . am . . ., Az.: . . ., zurückgewiesen. Die Revision wurde nicht zugelassen. Hiergegen richtet sich die vorliegende Nichtzulassungsbeschwerde.

2. Das ArbG hat der Klage mit der Begründung stattgegeben, der Arbeitsplatz des Kl. sei zwar aufgrund einer innerbetrieblichen Umstrukturierung weggefallen, man hätte ihm jedoch einen anderen freien Arbeitsplatz im Unternehmen anbieten müssen, und zwar den Arbeitsplatz (wird ausgeführt). Den Einwand der Bekl., dieser Arbeitsplatz

---

1 Vgl. zunächst die allgemeinen Hinweise zur Revision (vgl. **M 47.1**).
2 Das Gesetz enthält keine bestimmten **Formvorschriften** für die Nichtzulassungsbeschwerde. Nach der Rechtsprechung vom BAG soll sogar die Angabe der ladungsfähigen Anschriften entbehrlich sein (BAG v. 27. 10. 1981, AP Nr. 13 zu § 72a ArbGG), man sollte aber selbstverständlich auf ein ordentliches und vollständiges Rubrum achten.
3 **Rechtsmittel** gegen die Verwerfung der Nichtzulassungsbeschwerde als unzulässig oder unbegründet gibt es **nicht** (BAG v. 4. 3. 1980, AP Nr. 2 zu § 329 ZPO). Ein Rechtsmittel ist auch dann nicht gegeben, wenn das BAG auf die Nichtzulassungsbeschwerde die Revision zulässt (BAG v. 15. 5. 1984, AP Nr. 19 zu § 72a ArbGG).
4 Die Nichtzulassungsbeschwerde sollte sich auf die Darlegung der Divergenz **beschränken**. Ausführungen darüber, warum das LAG-Urteil falsch ist, gehören nicht in die Nichtzulassungsbeschwerde, sondern in die (ggf. dann zugelassene) Revision.
5 Unverzichtbar ist, dass die Nichtzulassungsbeschwerde das anzufechtende Berufungsurteil **klar und eindeutig bezeichnet**. Auf der sicheren Seite ist, wer neben dem Namen des LAG noch Aktenzeichen und Verkündungsdatum angibt.
6 Die Nichtzulassungsbeschwerde ist innerhalb einer **Notfrist** von **einem Monat** nach Zustellung des vollständigen LAG-Urteils einzulegen (§ 72a Abs. 2 ArbGG). Die Begründung muss innerhalb einer Notfrist von **zwei Monaten** nach Zustellung des vollständigen LAG-Urteils erfolgen (§ 72a Abs. 3 Satz 1 ArbGG). Nach der Rechtsprechung des BAG beginnen die Fristen auch dann zu laufen, wenn im LAG-Urteil eine **Rechtsmittelbelehrung** nach § 9 Abs. 5 ArbGG **fehlt** (BAG v. 1. 4. 1980, AP Nr. 5 zu § 72 ArbGG; aA zB *Germelmann/Matthes/Prütting/Müller-Glöge*, § 9 ArbGG Rz. 46). Das BAG begründet seine Auffassung damit, dass die Nichtzulassungsbeschwerde kein Rechtsmittel im engeren Sinn sei, sondern nur ein Rechtsbehelf, für den § 9 Abs. 5 ArbGG nicht gelte.

habe dem Kl. nicht angeboten werden müssen, weil er die notwendige Qualifikation nicht gehabt habe, hat das LAG nicht gelten lassen. Wörtlich hat das LAG insoweit auf S. ... des Berufungsurteils folgende Rechtsgrundsätze[7, 8] aufgestellt:

„(wörtliches Zitat)"

Mit diesen Rechtsgrundsätzen ist das LAG von der Entscheidung des LAG ... vom ..., Az.: ..., abgewichen. In dieser Entscheidung hat das LAG ... auf S. ... in einem ganz ähnlichen Fall folgende Rechtsgrundsätze[9, 10, 11] aufgestellt:

„(wörtliches Zitat)"

Hätte im vorliegenden Fall das LAG statt der von ihm aufgestellten Rechtsgrundsätze die zitierten Rechtsgrundsätze des LAG ... angewendet, hätte es die Kündigungs-

---

7 Die Darlegung einer **ausreichenden Divergenz** ist das **Hauptproblem** der Nichtzulassungsbeschwerde. Die ausreichende Darlegung einer Divergenz setzt zunächst voraus, dass das LAG einen „**abstrakten Rechtssatz**" aufgestellt hat. Dieser abstrakte Rechtssatz muss in der Entscheidung des LAG schriftlich niedergelegt sein. Soweit das LAG-Urteil gemäß § 540 ZPO lediglich auf das erstinstanzliche Urteil Bezug nimmt, muss der abstrakte Rechtssatz in der Entscheidung des ArbG enthalten sein (BAG v. 3. 2. 1981, AP Nr. 4 zu § 72a ArbGG – Divergenz). Ein abstrakter Rechtssatz liegt vor, wenn ein über den konkreten Fall hinausgehender Rechtsgrundsatz aufgestellt wird, der für eine Vielzahl von Fällen gilt. Eine einzelfallbezogene Subsumtion, eine Beweiswürdigung etc. ist deshalb kein abstrakter Rechtssatz.

8 ➲ **Praxistipp:** Besondere Probleme entstehen, wenn der **abstrakte Rechtssatz** vom LAG **nicht wörtlich ausformuliert** ist, sondern sich nur aus dem **Gesamtzusammenhang** der Argumentation des LAG ergibt. Das reicht nach der Rechtsprechung des BAG zwar aus. Das BAG prüft jedoch sehr genau, ob tatsächlich über den konkreten Einzelfall hinaus ein allgemeiner Rechtsgrundsatz aufgestellt werden sollte. Regelmäßig erfolglos sind Versuche, in einzelfallbezogene Ausführungen des LAG mit Gewalt einen abstrakten Rechtssatz „hineinzulesen".

9 Der vom LAG aufgestellte tragende Rechtssatz muss **von einem anderen abstrakten Rechtssatz divergieren**, der in einer Entscheidung einer anderen Kammer desselben LAG, eines anderen LAG, des BAG oder des BVerfG oder des Gemeinsamen Senats der Obersten Gerichte aufgestellt wurde. Die Abweichung von einer LAG-Rechtsprechung reicht nur, solange eine Entscheidung des BAG zu der betreffenden Rechtsfrage noch aussteht (§ 72 Abs. 2 Nr. 2 ArbGG). Die Abweichung von Entscheidungen anderer oberster Bundesgerichte, OLGs etc. reicht nicht aus (BAG v. 25. 3. 1991, AP Nr. 26 zu § 72a ArbGG). Die abweichende Entscheidung muss vor der angefochtenen Entscheidung des LAG ergangen sein (BAG v. 10. 2. 1981, AP Nr. 6 zu § 72a ArbGG). Ist das Urteil, das den abweichenden Rechtssatz enthält, aufgehoben worden oder hat das LAG bzw. das BAG den zunächst vertretenen Rechtssatz mittlerweile aufgegeben, liegt eine Divergenz nicht mehr vor (BAG v. 11. 4. 1974, AP Nr. 35 zu § 72 ArbGG; v. 15. 7. 1986, AP Nr. 5 zu § 92a ArbGG).

10 Nicht ausreichend ist es in jedem Fall, die Entscheidung, von der das LAG angeblich abgewichen ist, nur nach Datum, Aktenzeichen und Name des Gerichts zu identifizieren, aber nicht einzeln darzulegen, von welchem konkreten Rechtssatz abgewichen worden sein soll. Ebenso wenig reicht die Darlegung aus, das angefochtene LAG-Urteil weiche von einer **ständigen Rechtsprechung** des BAG ab, wenn nicht im Einzelnen bezeichnet wird, von welchem konkreten Rechtssatz abgewichen worden sein soll (BAG v. 12. 12. 1979, AP Nr. 1 zu § 72a ArbGG – Divergenz).

11 Nicht erforderlich ist, dass sich die divergierenden Rechtssätze auf die **gleiche gesetzliche Bestimmung** beziehen. Es reicht aus, dass beide Rechtssätze die gleiche Rechtsfrage betreffen, auch wenn sich diese Rechtsfrage in verschiedenen gesetzlichen Bestimmungen stellt. Die jeweils angewandten Rechtsnormen müssen nur in Wortlaut und Regelungsgehalt übereinstimmen. Bloße Vergleichbarkeit reicht nicht (BAG v. 8. 12. 1994, AP Nr. 28 zu § 72a ArbGG – Divergenz; v. 24. 11. 1981, AP Nr. 10 zu § 72a ArbGG – Divergenz).

schutzklage abweisen müssen. Folglich beruht das Urteil des LAG im vorliegenden Fall auf den oben dargestellten Rechtsgrundsätzen.[12] *Ebenso beruhte die divergierende Entscheidung des LAG ... auf den zitierten Rechtsgrundsätzen dieser Entscheidung. Hätte das LAG ... stattdessen die Auffassung des LAG im vorliegenden Fall angewendet, hätte es anders entschieden (wird ausgeführt).*[13]

3. Soweit das LAG die Kündigung zusätzlich noch mit der Hilfserwägung für unwirksam gehalten hat, die Betriebsratsanhörung gem. § 102 BetrVG sei unvollständig gewesen, liegt ebenfalls eine Divergenz vor, nämlich zu der unveröffentlichten Entscheidung des BAG v. ... Az.: ..., (wird ausgeführt).[14]

...

(Unterschrift)

---

[12] Weitere Voraussetzung ist, dass das angefochtene Berufungsurteil **auf dem abstrakten Rechtssatz beruht**, dieser muss die Entscheidung tragen (BAG v. 9. 10. 1954, AP Nr. 20 zu § 72 ArbGG 1953). Das ist der Fall, wenn bei anderer Beantwortung der Rechtsfrage die Entscheidung möglicherweise (nicht zwingend!) zu einem anderen Ergebnis geführt hätte (BAG v. 15. 7. 1986, AP Nr. 5 zu § 92a ArbGG). Gehört der abstrakte Rechtssatz nur zu einer Hilfs- oder weiteren Begründung des LAG, beruht dessen Entscheidung nicht auf der Divergenz (BAG v. 9. 12. 1980, AP Nr. 3 zu § 72a ArbGG).

[13] Nach herrschender Meinung nicht erforderlich ist allerdings, dass die Entscheidung des **anderen Gerichts** auf dem abweichenden abstrakten Rechtssatz **beruht**. Es reicht also aus, dass ein Widerspruch besteht, mag dieser auch für die zunächst ergangene Entscheidung nicht ursächlich sein (BAG v. 16. 7. 1980 u. v. 17. 2. 1981, AP Nr. 2, 7 zu § 72a ArbGG – Divergenz). Aufgrund einiger unklarer Entscheidungen des BAG aus neuerer Zeit (zB BAG v. 10. 7. 1996, ZTR 1996, 420) sollte aber zur Vermeidung von Risiken dargelegt werden, dass auch die herangezogene Entscheidung auf dem betreffenden Rechtssatz beruht, wenn dies der Fall ist.

[14] Besondere Probleme entstehen, wenn das LAG seine Entscheidung nicht nur auf eine Hauptbegründung, sondern auch noch auf eine **Hilfsbegründung** gestützt hat. Hier ist die Nichtzulassungsbeschwerde nur dann erfolgreich, wenn sowohl hinsichtlich der Hauptbegründung als auch hinsichtlich der Hilfsbegründung eine Divergenz dargelegt werden kann (BAG v. 22. 11. 1979, AP Nr. 3 zu § 72a ArbGG). Das ist in der Praxis deshalb besonders misslich, weil Hilfsbegründungen vom LAG häufig nur außerordentlich kursorisch begründet werden und deshalb insoweit das Herausarbeiten divergenzfähiger abstrakter Rechtssätze meist nicht möglich ist.

47.3 Nichtzulassungsbeschwerde[1] bei tariflichen Streitigkeiten

An das Bundesarbeitsgericht

In Sachen

(volles Rubrum)

vertreten wir die Bekl./Berufungsbekl. (i. F. Bekl.) auch in dritter Instanz. Namens und im Auftrag der Bekl. legen wir gegen die Nichtzulassung der Revision im Urteil des Landesarbeitsgerichts ... vom ..., Az.: ..., zugestellt am ...,

---

[1] Hinsichtlich der allgemeinen Formalien der Nichtzulassungsbeschwerde siehe die Anmerkungen zu **M 47.2**.

Nichtzulassungsbeschwerde

ein und beantragen:

Die Revision gegen das Urteil des Landesarbeitsgerichts ... vom ..., Az.: ..., wird zugelassen.

Begründung:

Die Parteien streiten über die richtige Eingruppierung des Kl. in die Gehaltsgruppen des Manteltarifvertrages für die Metall- und Elektroindustrie Bayerns. Das ArbG hat der Klage auf Höhergruppierung stattgegeben, die dagegen von der Bekl. eingelegte Berufung wurde zurückgewiesen. Das LAG hat die Revision nicht zugelassen. Mit der vorliegenden Beschwerde erstrebt die Bekl. die Zulassung der Revision.

Das LAG hat die Revision zu Unrecht nicht zugelassen. Es hat die Voraussetzungen des § 72 Abs. 2 Nr. 1 ArbGG verkannt. Nach dieser Vorschrift ist die Revision zuzulassen, wenn die Rechtssache grundsätzliche Bedeutung hat. Im vorliegenden Fall hat die Rechtssache grundsätzliche Bedeutung, weil (wird ausgeführt).[2]

Wird vom LAG entgegen § 72 Abs. 2 Nr. 1 ArbGG die Revision nicht zugelassen, so kann darauf gem. § 72a Abs. 1 Nr. 2 ArbGG die Nichtzulassungsbeschwerde gestützt werden, wenn es um die Auslegung eines Tarifvertrages geht, dessen Geltungsbereich sich über den Bezirk des LAG hinaus erstreckt.[3] *Vorliegend streiten die Parteien*

---

2 Ob eine Streitigkeit **„grundsätzliche Bedeutung"** hat, ist häufig schwer feststellbar. Nach der Rechtsprechung des BAG ist zunächst Voraussetzung, dass die Entscheidung des Rechtsstreits überhaupt von der Auslegung des streitigen tariflichen Rechtsbegriffs abhängt (BAG v. 28. 1. 1981 und v. 27. 11. 1984, AP Nr. 13, 27 zu § 72a ArbGG – Grundsatz). Die Entscheidung des Rechtsstreits darf nicht nur für wenige gleich gelagerte Sachverhalte von Bedeutung sein. Vielmehr muss die Klärung der Streitfrage entweder von allgemeiner Bedeutung für die Rechtsordnung sein oder wegen ihrer tatsächlichen Auswirkungen wirtschaftlicher oder politischer Art die Interessen der Allgemeinheit oder eines größeren Teils der Allgemeinheit eng berühren (BAG v. 5. 12. 1979, v. 23. 9. 1981 und v. 20. 12. 1982, AP Nr. 1, 20, 24 zu § 72a ArbGG – Grundsatz). Des Weiteren muss eine klärungsfähige und klärungsbedürftige Rechtsfrage vorliegen. Die Klärungsbedürftigkeit fehlt, wenn sich zu der streitigen Frage bereits eine **feste obergerichtliche Rechtsprechung** gebildet hat oder das Problem offensichtlich eindeutig ist (BAG v. 28. 1. 1981, v. 26. 3. 1981 und v. 22. 4. 1987, AP Nr. 13, 17, 32 zu § 72a ArbGG – Grundsatz). Die Entscheidung hängt insbesondere dann nicht von der Auslegung eines streitigen Rechtsbegriffs ab, wenn das LAG mit einer Alternativbegründung entschieden hat und eine der Alternativbegründungen nicht von der streitigen Tarifvorschrift abhängt. Hinsichtlich der Darlegung der „grundsätzlichen Bedeutung" reicht es, wenn innerhalb der Begründungsfrist eine nachvollziehbare Darlegung erfolgt. Eine nach Fristablauf erfolgende „Konkretisierung" dieser Darlegung ist unschädlich (BAG v. 26. 9. 2000, DB 2001, 288).
Eine grundsätzliche Bedeutung liegt nicht schon dann vor, wenn dem LAG **grobe Verfahrensfehler** unterlaufen sind (zB Verletzung von Verfassungsrecht, BAG v. 23. 1. 1980, AP Nr. 4 zu § 72a ArbGG; Verstoß gegen Grundsätze der Darlegungs- und Beweislast, BAG v. 16. 7. 1980, AP Nr. 7 zu § 72a ArbGG).

3 Hat eine Rechtssache **grundsätzliche Bedeutung**, hat das LAG gem. § 72 Abs. 2 Nr. 1 ArbGG die Revision zuzulassen. Tut es dies gleichwohl nicht, kann dies nur **sehr eingeschränkt mit der Nichtzulassungsbeschwerde angegriffen** werden. Die Nichtzulassungsbeschwerde wegen Vorliegens einer grundsätzlichen Bedeutung ist nämlich nur bei den in § 72a Abs. 1 Nr. 1–3 ArbGG aufgezählten kollektivrechtlichen Streitigkeiten zulässig, nämlich
– Streitigkeiten **zwischen Tarifvertragsparteien** aus Tarifverträgen oder über das Bestehen von Tarifverträgen,

über die Auslegung eines Tarifvertrages, dessen Geltungsbereich über den Bezirk des LAG hinausgeht, da für Bayern abgeschlossene Tarifverträge sowohl für den Bezirk des LAG München als auch für den Bezirk des LAG Nürnberg gelten.[4]

Vorliegend streiten die Parteien auch um die Auslegung[5] eines Tarifvertrages.[6] Das LAG hat der Eingruppierungsklage mit der Begründung stattgegeben, dass die Merkmale der Vergütungsgruppe . . . so zu verstehen seien, dass (wird ausgeführt). Die Ausle-

---

- Streitigkeiten über die **Auslegung eines Tarifvertrages**, dessen Geltungsbereich sich über den Bezirk des LAG hinaus erstreckt, oder
- Streitigkeiten über **unerlaubte Handlungen** im Zusammenhang mit **Arbeitskämpfen** oder über Fragen der Vereinigungsfreiheit einschließlich des Betätigungsrechts der Vereinigungen (siehe das **M 47.4**).

4 Gibt es in einem Bundesland nur **ein** LAG, liegen die Voraussetzungen des § 72a Abs. 1 Nr. 2 ArbGG nur dann vor, wenn sich der **Geltungsbereich des streitigen Tarifvertrages** auch auf **andere Bundesländer** erstreckt. Nicht ausreichend ist, dass eine bestimmte Tarifnorm in anderen Tarifverträgen außerhalb des Landes wiederholt wird (BAG v. 15. 10. 1980, AP Nr. 10 zu § 72a ArbGG – Grundsatz). Anders kann es sein, wenn ganze Regelungsbereiche identisch geregelt sind und die Tarifverträge auch im Übrigen keine Unterschiede aufweisen, die für eine Auslegung der streitigen Norm unter Berücksichtigung des jeweiligen Regelungszusammenhangs bedeutsam sind (BAG v. 24. 3. 1993, AP Nr. 21 zu § 72 ArbGG). Die Voraussetzungen des § 72a Abs. 1 Nr. 2 ArbGG sind auch dann gewahrt, wenn der Tarifvertrag zwar an sich nur für den Bezirk eines LAG gilt, aber in außerhalb dieses Bezirkes geltenden Tarifverträgen **auf den Tarifvertrag verwiesen** wird, insbesondere bei einem Haustarifvertrag (BAG v. 30. 11. 1994, AP Nr. 46 zu § 72a ArbGG-Grundsatz). Ein nur für den Bereich des jeweiligen Bundeslandes geltender Tarifvertrag ist ausreichend, wenn – wie im vorliegenden Fall – das Bundesland mehr als ein LAG hat (Bayern, Nordrhein-Westfalen). Ein **Haustarifvertrag** erstreckt sich auch dann auf mehrere LAG-Bezirke, wenn aufgrund auswärtiger Betriebsstätten Gerichtsstände außerhalb des LAG-Bezirks des Sitzes existieren (BAG v. 26. 9. 2000, DB 2001, 288).

5 Für die Zulässigkeit der Nichtzulassungsbeschwerde nach § 72a Abs. 1 Nr. 2 ArbGG reicht es nicht aus, dass lediglich um einen **tariflichen Anspruch** gestritten wird. Vielmehr muss es in dem konkreten Rechtsstreit um die **Auslegung** einer tariflichen Norm gehen. Eine fehlerhafte Subsumtion des Sachverhaltes unter eine tarifliche Norm kann also nicht mit der Nichtzulassungsbeschwerde angegriffen werden. Etwas anderes kann nur gelten, wenn das LAG offensichtlich Denkgesetze oder allgemeine Erfahrungssätze verletzt hat (ausf. dazu BAG v. 5. 12. 1979 und v. 12. 12. 1979, AP Nr. 1, 2 zu § 72a ArbGG – Grundsatz). Nach der Rechtsprechung des BAG setzt die Zulässigkeit der Nichtzulassungsbeschwerde voraus, dass bereits in der Begründung der Nichtzulassungsbeschwerde dargelegt wird, **inwieweit die Auslegung** eines bestimmten Tatbestandsmerkmals eines bestimmten Tarifvertrages durch das LAG **fehlerhaft ist** (BAG v. 23. 1. 1980, v. 27. 10. 1981 und v. 27. 11. 1984, AP Nr. 4, 13, 27 zu § 72a ArbGG – Grundsatz). Die bloße Behauptung, die Auslegung des LAG sei fehlerhaft, reicht nicht.

6 Um eine **tarifliche Norm** handelt es sich nicht, wenn der Tarifvertrag auf eine außertarifliche normative Regelung verweist oder den Wortlaut eines Gesetzes wiederholt (BAG v. 16. 1. 1980, v. 26. 3. 1981 und v. 13. 12. 1995, AP Nr. 3, 17, 50 zu § 72a ArbGG – Grundsatz). Nicht als Tarifverträge iSv. § 72a Abs. 1 Nr. 2 ArbGG gelten **Betriebsvereinbarungen** (selbst wenn sie aufgrund tariflicher Öffnungsklauseln zustande gekommen sind, BAG v. 24. 2. 1981, AP Nr. 15 zu § 72a ArbGG – Grundsatz), Vorverträge zu einem Tarifvertrag (BAG v. 25. 8. 1982, AP Nr. 23 zu § 72a ArbGG – Grundsatz), kirchliche Arbeitsordnungen oder Richtlinien für Arbeitsverträge (BAG v. 24. 9. 1980, AP Nr. 9 zu § 72a ArbGG – Grundsatz) oder sonstige auf Tarifverträge gestützte Erlasse oder Richtlinien öffentlicher Arbeitgeber (BAG v. 24. 9. 1980, v. 6. 10. 1981 und v. 12. 11. 1991, AP Nr. 9, 21, 42 zu § 72a ArbGG – Grundsatz). Auch **EG-Verordnungen** sind keine Tarifverträge iSv. § 72a Abs. 1 Nr. 2 ArbGG (BAG v. 9. 11. 1993, AP Nr. 43 zu § 72a ArbGG – Grundsatz).
Unerheblich ist, aus welchem Grund der Tarifvertrag auf das betreffende Rechtsverhältnis anwendbar ist. Die Nichtzulassungsbeschwerde nach § 72a Abs. 1 Nr. 2 ArbGG kommt also

gung der Merkmale dieser Vergütungsgruppe durch das LAG ist fehlerhaft (wird ausgeführt).

...

(Unterschrift)

---

nicht nur bei **Tarifgebundenheit** einer oder beider Parteien in Betracht, sondern auch dann, wenn der Tarifvertrag lediglich aufgrund einer **einzelvertraglichen Bezugnahme** gilt.

Nichtzulassungsbeschwerde[1] in Arbeitskampfsachen 47.4

An das Bundesarbeitsgericht

In Sachen

(volles Rubrum)

vertreten wir die Bekl./Berufungsbekl. (i. F. Bekl.) auch in dritter Instanz.

Namens und im Auftrag der Bekl. legen wir gegen die Nichtzulassung der Revision im Urteil des Landesarbeitsgerichts ... vom ..., Az.: ..., zugestellt am ...,

Nichtzulassungsbeschwerde

ein und beantragen:

Die Revision gegen das Urteil des Landesarbeitsgerichts ... vom ..., Az.: ..., wird zugelassen.

Begründung:

ArbG und LAG haben die bekl. Gewerkschaft zur Zahlung von Schadensersatz wegen des gegen die Kl. gerichteten Arbeitskampfes verurteilt[2, 3] mit der Begründung, der

---

1 Allgemein zur Nichtzulassungsbeschwerde siehe die Anm. zu **M 47.2** und **M 47.3**.
2 Es reicht aus, dass sich im Rahmen des Prozesses **mittelbar** die Frage nach der unerlaubten Handlung im Zusammenhang mit einem **Arbeitskampf** stellt, auch wenn dies nur die **Vorfrage** des eingeklagten Anspruchs ist (zB bei der Klage auf Annahmeverzug für die Zeit eines Arbeitskampfes, BAG v. 18. 8. 1987 u. v. 13. 12. 1995, AP Nr. 33, 50 zu § 72a ArbGG – Grundsatz). § 72a Abs. 1 Nr. 2 ArbGG entspricht wörtlich der Zuständigkeitsnorm des § 2 Abs. 1 Nr. 2 ArbGG. Streiten die Parteien um Fragen der **Vereinigungsfreiheit** und das **Betätigungsrecht der Vereinigungen**, so ist zu beachten, dass § 72a Abs. 1 Nr. 2 ArbGG nur insoweit einschlägig ist, als im Zusammenhang mit der Vereinigungsfreiheit und des Betätigungsrechts um **unerlaubte Handlungen** gestritten wird. Dabei darf allerdings der Begriff der unerlaubten Handlung nicht zu eng ausgelegt werden. Es kommt nicht auf die Maßstäbe des BGB (§§ 823 ff.) an. Als unerlaubte Handlung ist deshalb **jedes Verhalten** zu sehen, welches **rechtswidrig** ist. Unerlaubte Handlung iSd. § 72a Abs. 1 Nr. 2 ArbGG ist deshalb jedes Verhalten im Arbeitskampf, das (vermeintlich) gegen Rechte der anderen Arbeitskampfpartei verstößt, insbesondere gegen das Recht auf koalitionsgemäße Betätigung aus Art. 9 Abs. 3 GG (BAG v. 2. 8. 1963, 29. 6. 1965 u. 14. 2. 1978, AP Nr. 5, 6, 26 zu Art. 9 GG). Unerlaubte Handlung kann auch ein Arbeitskampf selbst sein. Ob tatsächlich rechtswidrig oder schuldhaft gehandelt wurde, ist eine Frage der Begründetheit der Klage, nicht der Zulässigkeit der Nichtzulassungsbeschwerde (BAG v. 29. 6. 1965, AP Nr. 6 zu Art. 9 GG).

Arbeitskampf sei rechtswidrig gewesen. Das Urteil des LAG ist falsch, weil (wird ausgeführt).

Die Rechtssache hat grundsätzliche Bedeutung, denn (wird ausgeführt).[4]

...

(Unterschrift)

---

[3] In welcher **Form** und **Verfahrensart** der Rechtsstreit ausgetragen wird, ist ohne Bedeutung. Deshalb kommen für § 72a Abs. 1 Nr. 2 ArbGG nicht nur Schadensersatzklagen in Betracht, sondern auch Klagen auf Unterlassung künftigen rechtswidrigen Verhaltens, Klagen auf Widerruf ehrverletzender Behauptungen, Klage auf Herausgabe unerlaubt angefertigter Fotoaufnahmen von Streikenden etc.

[4] Zum Problem der grundsätzlichen Bedeutung siehe **M 47.3**.

47.5 Rechtsbeschwerde[1] gegen Rechtswegentscheidung[2]

An das Bundesarbeitsgericht

In Sachen

(volles Rubrum)

Az.: ...

vertreten wir die Bekl./Beschwerdeführerin (i. F. Bekl.) auch in der dritten Instanz.

Namens und im Auftrag der Bekl. legen wir gegen den Beschluss des LAG ..., Az.: ..., vom ...

Rechtsbeschwerde

ein und beantragen:

    1. *Der Beschluss des Landesarbeitsgerichts ..., Az.: ..., vom ... wird aufgehoben.*

    2. *Die Beschwerde des Klägers gegen den Beschluss des ArbG ..., Az.: ..., vom ... wird zurückgewiesen; der Rechtsstreit wird an das zuständige Landgericht verwiesen.*

---

[1] Das Verfahren der Rechtsbeschwerde (früher: „sofortige weitere Beschwerde") unterscheidet sich nicht wesentlich von dem Verfahren der **sofortigen Beschwerde**, so dass auf die dortigen Ausführungen verwiesen werden kann (vgl. **M 46.4**).

[2] Gemäß § 78 Abs. 2 ArbGG ist im Regelfall gegen Beschwerdeentscheidungen des LAG keine weitere Beschwerde zum BAG möglich. § 78 Abs. 2 ArbGG nennt nur **zwei Ausnahmefälle**, nämlich die Verwerfung des **Einspruchs gegen ein Versäumnisurteil** und – zahlenmäßig weitaus bedeutender – die Beschwerde gegen **Beschlüsse des LAG bezüglich des Rechtswegs** nach § 17a Abs. 2, 3 GVG. Ansonsten ist die Rechtsbeschwerde gegen Beschlüsse des LAG grundsätzlich nicht statthaft. Nicht statthaft ist eine Rechtsbeschwerde auch gegen Entscheidungen des LAG über sofortige Beschwerden nach **§ 793 ZPO** im Rahmen der **Zwangsvollstreckung** (BAG v. 2. 4. 1965, AP Nr. 1 zu § 78 ArbGG 1953).

Begründung:

Die Parteien streiten um die Wirksamkeit einer fristlosen Kündigung des zwischen ihnen abgeschlossenen freien Mitarbeitervertrages. Der Kläger hat eingewendet, er sei Arbeitnehmer, und hat deshalb vor dem ArbG Kündigungsschutzklage erhoben. Auf die Rechtswegrüge der Bekl. hat das ArbG den Rechtsstreit an das zuständige LG verwiesen. Auf die vom Kläger dagegen eingelegte sofortige Beschwerde hat das LAG den Beschluss des ArbG aufgehoben und den Rechtsweg zu den Arbeitsgerichten für gegeben angesehen. Das LAG hat in seinem Beschluss die Rechtsbeschwerde zugelassen.[3] Mit der Rechtsbeschwerde wendet sich die Bekl. gegen die Rechtswegentscheidung des LAG und beantragt, den Rechtsstreit an das zuständige LG zu verweisen.

Der Beschluss des LAG ist fehlerhaft. Der Rechtsweg zu den Arbeitsgerichten ist nicht gegeben, da es sich um ein echtes freies Mitarbeiterverhältnis gehandelt hat, nicht um ein Arbeitsverhältnis (wird ausgeführt).

. . .

(Unterschrift)

---

[3] Die Rechtsbeschwerde nach § 78 Abs. 2 ArbGG setzt ihre **Zulassung durch das LAG voraus**. Gegen ihre Zulassung gibt es ebenso wenig wie gegen ihre Nicht-Zulassung kein **Rechtsmittel**. Insbesondere können die Vorschriften über die **Nichtzulassungsbeschwerde nicht entsprechend** angewendet werden (BAG v. 7. 1. 1980, AP Nr. 1 zu § 78 ArbGG). Eine Nichtzulassungsbeschwerde kommt deshalb auch dann nicht in Betracht, wenn an sich die Rechtsbeschwerde hätte zugelassen werden müssen, weil die Sache grundsätzliche Bedeutung hat oder eine Divergenz vorliegt.

Revisionsbeschwerde gegen Verwerfung der Berufung als unzulässig[1, 2]

47.6

An das Bundesarbeitsgericht

In Sachen

(volles Rubrum)

Az.: . . .

vertreten wir die Bekl./Berufungskl./Beschwerdeführerin (i. F. Bekl.) auch in der dritten Instanz.

---

[1] Die Revisionsbeschwerde (§ 77 ArbGG) gegen die Verwerfung der Berufung als unzulässig ist nur dann zulässig, wenn die **LAG** sie wegen der Bedeutung der Rechtssache **zugelassen** hat. Hat das LAG die Revisionsbeschwerde nicht zugelassen, obwohl die Sache besondere Bedeutung hat, gibt es dagegen kein Rechtsmittel, insbesondere kann **nicht** entsprechend § 72a ArbGG eine **Nichtzulassungsbeschwerde** eingelegt werden, selbst wenn Gründe vorliegen, die ansonsten eine Nichtzulassungsbeschwerde rechtfertigen würden (zB Divergenz, grds. dazu BAG v. 25. 10. 1979, AP Nr. 1 zu § 77 ArbGG; v. 23. 5. 2000, DB 2000, 1471).

Namens und im Auftrag der Bekl. legen wir gegen den Beschluss des Landesarbeitsgerichts . . ., Az.: . . ., vom . . .[3], mit dem die Berufung der Bekl. gegen das Urteil des ArbG . . ., Az.: . . ., vom . . . als unzulässig verworfen wurde,

Revisionsbeschwerde

gemäß § 77 ArbGG ein und beantragen:[4]

1. Der Verwerfungsbeschluss des LAG . . . vom . . ., Az.: . . ., wird aufgehoben.[5]
2. Die Berufung der Bekl. gegen das Urteil des ArbG . . ., Az.: . . ., vom . . . wird für zulässig erklärt.[6]

Begründung:

Das LAG hat in dem angefochtenen Verwerfungsbeschluss nach § 522 Abs. 1 Satz 2 ZPO die Berufung der Bekl. mit der Begründung zurückgewiesen, die Berufungsschrift sei nicht ordnungsgemäß unterzeichnet gewesen. Der Unterzeichner habe zwar sein Handzeichen unter die Berufungsschrift gesetzt. Dabei handele es sich jedoch nur um eine Paraphe (Kurzzeichen), nicht dagegen um eine volle Unterschrift.

Die Auffassung des LAG ist unzutreffend. Zwar ist die Unterschrift unter die Berufungsschrift etwas kurz geraten. Sie erfüllt jedoch alle Anforderungen an eine formwirksame Unterschrift (wird ausgeführt).

Das LAG hat in seinem Verwerfungsbeschluss nach § 522 Abs. 2 ZPO wegen der Bedeutung der Angelegenheit die Revisionsbeschwerde zum BAG zugelassen.

. . .

(Unterschrift)

---

2 ➲ **Praxistipp:** Stets sorgfältig zu prüfen ist, ob statt der Revisionsbeschwerde ein Antrag auf **Wiedereinsetzung** das richtige Mittel ist. Jedenfalls kann beides ggf. **nebeneinander** beantragt werden. Das kommt insbesondere in Betracht, wenn der Berufungskl. der Auffassung ist, die Berufung sei ordnungsgemäß gewesen (Revisionsbeschwerde), jedenfalls aber habe er den Mangel nicht verschuldet (Wiedereinsetzung).

3 Für die Revisionsbeschwerde gelten die Vorschriften über die Rechtsbeschwerde (§§ 574 ff. ZPO), sie ist innerhalb einer Frist von **einem Monat** einzulegen und zu begründen (§ 575 ZPO).

4 ➲ **Wichtig:** Anders als bei der normalen Beschwerde setzt die Rechtsbeschwerde gem. § 575 Abs. 3 ZPO **konkrete Anträge** sowie eine **Begründung** entsprechend einer Berufungsbegründung voraus! (anders vor der ZPO-Reform!)

5 Ist die Revisionsbeschwerde begründet, so hebt das BAG den Verwerfungsbeschluss auf. Das LAG muss dann die Berufung als zulässig ansehen und hat nur noch über deren Begründung zu entscheiden.

6 Fraglich ist, ob der Antrag auf ausdrückliche Feststellung der Zulässigkeit der Berufung erforderlich ist. Schaden kann ein solcher Antrag auf jeden Fall nichts.

Kapitel 48 Beschlussverfahren erster Instanz

Literaturübersicht: Vgl. zunächst die allgemeinen Kommentare zum ArbGG; dazu noch *Auffahrt*, Neuerungen im arbeitsgerichtlichen Beschlussverfahren nach dem Arbeitsgerichtsgesetz 1979, FS G. Müller, 1981; *Bulla*, Die Konkurrenz von arbeitsgerichtlichem Urteils- und Beschlussverfahren, RdA 1978, 209; *Dütz*, Verfahrensrecht der Betriebsverfassung, ArbuR 1973, 353; *Dunkl*, Der Begriff und die Arten der Beteiligten im arbeitsgerichtlichen Beschlussverfahren, 1979; *Etzel*, Probleme des arbeitsgerichtlichen Beschlussverfahrens, RdA 1974, 215; *Frauenkron*, Das arbeitsrechtliche Beschlussverfahren in betriebsverfassungsrechtlichen Streitigkeiten – Zuständigkeit und Beteiligte, 1966; *Frey*, Probleme des Beschlussverfahrens in Betriebsverfassungssachen, DB 1969, 317; *Herbst/Bertelsmann/Reiter*, Handbuch zum arbeitsgerichtlichen Beschlussverfahren, 2. Aufl. 1998; *Körnich*, Das arbeitsgerichtliche Beschlussverfahren in Betriebsverfassungssachen, 1969; *Laux*, Die Antrags- und Beteiligungsbefugnis im arbeitsgerichtlichen Beschlussverfahren, 1985; *Lepke*, Die Antragsbefugnis im arbeitsgerichtlichen Beschlussverfahren, ArbuR 1973, 107; *Matthes*, Zur Antragstellung im Beschlussverfahren, DB 1984, 453.

I. Erläuterungen

1. Allgemeines

Zur Abgrenzung von Urteils- und Beschlussverfahren siehe die Erläuterungen in Kap. 44. Im Beschlussverfahren gibt es genauso wie im Urteilsverfahren **Leistungs-** oder **Feststellungsanträge** sowie in bestimmten im BetrVG ausdrücklich geregelten Fällen auch **Gestaltungsanträge** (zB Auflösung des Betriebsrats oder Ausschluss aus dem Betriebsrat nach § 23 BetrVG, dazu **M 29.1** und **M 29.2**). Leistungsanträge kommen häufig in Form eines **Unterlassungsantrags** vor. Bei Feststellungsanträgen geht es meist um das **Bestehen oder Nichtbestehen von Mitbestimmungsrechten** oder von Verpflichtungen aus solchen Mitbestimmungsrechten.[1]

Stets zu beachten ist, dass das BetrVG für bestimmte Anträge, die im Beschlussverfahren zu stellen sind, **besondere Form- und Fristvorschriften** enthält, die häufig übersehen werden. Fehlerträchtig sind zB die kurzen Zwei-Wochen-Fristen für die Antragstellung bei § 19 und § 76 Abs. 5 BetrVG, zumal das BAG in ständiger Rechtsprechung obendrein noch verlangt, dass der Antrag innerhalb der Zwei-Wochen-Frist nicht nur gestellt, sondern auch begründet sein muss.

Wie im Urteilsverfahren auch können im Beschlussverfahren mehrere Anträge im Wege der **Antragshäufung** gestellt werden, auch als **Hilfsanträge**. Auch **Wideranträge** sind zulässig (wenngleich selten), sie entsprechen der Widerklage im Urteilsverfahren.

2. Antragstellung

Entsprechend der Prozessführungsbefugnis im Urteilsverfahren setzt die Einleitung eines Beschlussverfahrens die **Antragsbefugnis** voraus. Antragsbefugt ist, wer aus dem streitigen Rechtsverhältnis unmittelbar berechtigt oder verpflichtet ist. Der Antragsteller muss sich also auf eine betriebsverfassungsrechtliche Norm stützen, die

---

1 ZB zur Aufstellung eines Sozialplans, BAG v. 17. 12. 1985, AP Nr. 15 zu § 111 BetrVG.

auch seinem Schutz dienen soll.[2] Ob die geltend gemachten Rechte dann tatsächlich bestehen, ist eine Frage der Begründetheit des Antrags. Allerdings sieht das BetrVG die Antragsbefugnis von Beteiligten teilweise auch unabhängig davon vor, ob der Antragsteller in einer eigenen betriebsverfassungsrechtlichen Position betroffen ist (zB bei der Wahlanfechtung nach § 19 BetrVG oder im Zuordnungsverfahren nach § 18 BetrVG). Von besonderer Bedeutung ist die ausdrückliche Antragsbefugnis der **Gewerkschaften**, die das BetrVG an vielen Stellen (zB §§ 16 Abs. 2, 17 Abs. 3, 18, 19, 23 Abs. 1 und 3 BetrVG etc.) unabhängig von der Betroffenheit in betriebsverfassungsrechtlichen Positionen vorsieht.

Entsprechend § 253 ZPO müssen die gestellten **Anträge hinreichend bestimmt sein**. In der Praxis macht die korrekte Antragstellung im Beschlussverfahren außerordentlich große Schwierigkeiten. Dies liegt vor allem an der praktisch unbegrenzten Zahl möglicher Streitigkeiten und der vielfältigen Konstellationen, in denen solche Streitigkeiten vorkommen und ausgetragen werden. Von besonderer Bedeutung sind so genannte „**Globalanträge**" (meist auf Unterlassung gerichtet). Während die Rechtsprechung früher solche Anträge für unzulässig hielt, sind sie nach der neueren Rechtsprechung des BAG zulässig. Sie sind allerdings unbegründet, wenn es aus der Vielzahl der denkbaren Fallgestaltungen auch nur eine einzige Konstellation gibt, in der das beanspruchte Recht nicht besteht.[3]

Bei Feststellungsanträgen ist entsprechend § 256 ZPO ein Rechtsschutzinteresse erforderlich. Das Rechtsschutzinteresse ist insbesondere bei **vergangenheitsbezogenen** Feststellungsanträgen oft fraglich.

Die **Änderung** der gestellten Anträge ist nach §§ 81 Abs. 3, 87 Abs. 2 ArbGG sowohl in der 1. als auch in der 2. Instanz nur zulässig, wenn die übrigen Beteiligten zustimmen oder das Gericht die Änderung für sachdienlich hält. Die Zustimmung der übrigen Beteiligten gilt als erteilt, wenn sie sich rügelos in einem Schriftsatz oder in der mündlichen Verhandlung einlassen (§ 81 Abs. 3 Satz 2 ArbGG). Im Rechtsbeschwerdeverfahren vor dem BAG ist die Antragsänderung nicht mehr möglich,[4] wobei allerdings eine Präzisierung oder Richtigstellung eines gestellten Antrages keine Antragsänderung darstellt.

Im Verfahren vor dem Arbeitsgericht kann der Antragsteller den Antrag jederzeit **zurücknehmen** (§ 81 Abs. 2 Satz 1 ArbGG), in der 2. und 3. Instanz dagegen nur mit Zustimmung des Antragsgegners.

Ebenso wie Urteilsverfahren können auch Beschlussverfahren durch **Vergleich** erledigt werden (§ 83a Abs. 1 ArbGG). Wird ein außergerichtlicher Vergleich geschlossen, muss das Verfahren noch durch Antragsrücknahme oder übereinstimmende Erledigungserklärung beendet werden (§ 83 Abs. 1 ArbGG). Die Erledigungserklärung kommt auch im Beschwerde- und Rechtsbeschwerdeverfahren in Betracht (§§ 90 Abs. 2, 95 Abs. 4 ArbGG).

---

2 BAG v. 26. 7. 1989, AP Nr. 4 zu § 2a ArbGG.
3 BAG v. 17. 2. 1993, AP Nr. 37 zu § 40 BetrVG und v. 3. 5. 1994, AP Nr. 23 zu § 23 BetrVG.
4 BAG v. 19. 1. 1982, AP Nr. 10 zu Art. 140 GG.

3. Beteiligte

Im Beschlussverfahren gibt es keine „Parteien". Vielmehr spricht das ArbGG von den „Beteiligten" (Verfahrensbeteiligten). Beteiligte sind auf jeden Fall Antragsteller und Antragsgegner. Darüber hinaus schreibt § 83 Abs. 3 ArbGG allerdings vor, dass auch alle übrigen Stellen zu beteiligen sind, die nach dem BetrVG im einzelnen Fall beteiligt sind. Nach herrschender Auffassung soll der **Arbeitgeber** in **jedem** Beschlussverfahren Beteiligter sein.[5] Bei einem Betriebsübergang nach § 613a BGB tritt der neue Arbeitgeber in die prozessuale Stellung des Betriebsveräußerers ein.[6] Im Einzelfall macht die Bestimmung der Verfahrensbeteiligten außerordentliche Schwierigkeiten. Die Rechtsprechung des BAG zu dieser Frage ist sehr unübersichtlich und teilweise kaum nachvollziehbar.[7]

Alle Beteiligten können eigene Sachanträge stellen und Rechtsmittel einlegen.[8] Die gesetzeswidrige Nicht-Beteiligung ist ein Verfahrensfehler, der im Revisionsverfahren zur Aufhebung der angefochtenen Entscheidung führt.[9]

4. Amtsermittlungsgrundsatz

In der Theorie gilt für das Beschlussverfahren uneingeschränkt der Amtsermittlungsgrundsatz. Das Gericht hat den **Sachverhalt** gemäß § 83 Abs. 1 ArbGG **von Amts wegen zu erforschen**. In der Praxis bestehen indes zwischen der Sachverhaltsermittlung im Beschlussverfahren und im Urteilsverfahren kaum Unterschiede. Unter Berufung auf § 83 Abs. 1 Satz 2 ArbGG, wonach die Verfahrensbeteiligten des Beschlussverfahrens an der Aufklärung des Sachverhalts mitzuwirken haben, berücksichtigen die Arbeitsgerichte üblicherweise auch im Beschlussverfahren nur solchen Sachverhalt, der von den Beteiligten vorgetragen wird. Das BAG hat diese Praxis ausdrücklich gebilligt und eine echte Amtsermittlungstätigkeit der Arbeitsgerichte nur dann für erforderlich gehalten, wenn konkrete Anhaltspunkte für eine weitere Aufklärungsbedürftigkeit vorliegen.[10]

Ähnliches wie für die Sachverhaltsbeibringung gilt auch für **Geständnisse**. Nach den allgemeinen Grundsätzen des Amtsermittlungsprinzips ist das Gericht an Geständnisse grundsätzlich nicht gebunden. In der Praxis sehen jedoch die Arbeitsgerichte das Vorbringen einer Partei stets als richtig an, wenn es von der Gegenseite nicht bestritten wird.

Eine **Zurückweisung verspäteten Vortrags** sieht das ArbGG für das Beschlussverfahren seit 1. 5. 2000 in dem neuen § 83 Abs. 1a ArbGG vor. Die Regelung entspricht dem für das Urteilsverfahren geltenden § 56 Abs. 2 ArbGG.

Ähnlich wie im Urteilsverfahren findet eine **Beweisaufnahme** statt, die einzelnen Beweismittel sind in § 83 Abs. 2 ArbGG aufgezählt.

---

5 BAG v. 19. 2. 1975, AP Nr. 10 zu § 5 BetrVG; v. 22. 6. 1993, AP Nr. 22 zu § 23 BetrVG.
6 BAG v. 28. 9. 1988, AP Nr. 55 zu § 29 BetrVG.
7 So soll zB der leitende Angestellte im Streit um seinen Status verfahrensbeteiligt sein, während ein normaler Angestellter im Streit um seine Versetzung nach § 99 BetrVG nicht beteiligt sein soll (vgl. BAG v. 23. 1. 1986, AP Nr. 30 zu § 5 BetrVG gegenüber BAG v. 13. 9. 1983, AP Nr. 1 zu § 1 TVG Tarifverträge: Druckindustrie).
8 BAG v. 31. 1. 1989, AP Nr. 12 zu § 81 ArbGG.
9 BAG v. 20. 2. 1986, AP Nr. 1 zu § 63 BetrVG.
10 BAG v. 10. 12. 1992, AP Nr. 4 zu § 87 ArbGG.

5. Anhörung und Entscheidung

Das Arbeitsgericht entscheidet grundsätzlich durch Beschluss (daher der Name „Beschlussverfahren"). Der „Beschluss" des Beschlussverfahrens hat indes mit dem „Beschluss" nach der ZPO nichts zu tun, vielmehr entspricht der „Beschluss" des Beschlussverfahrens dem Urteil nach der ZPO.

Der Beschluss wird stets durch die **Kammer** erlassen (§ 85 Abs. 2 Satz 2 ArbGG), nach dem entsprechend anwendbaren § 944 ZPO kommt aber in **dringenden Fällen** (insbesondere bei einstweiligen Verfügungen) eine Entscheidung durch den **Vorsitzenden** allein in Betracht.

Die Entscheidung ergeht stets nach **mündlicher Verhandlung („Anhörung")**. Erscheinen einer oder mehrere Beteiligte nicht zum Anhörungstermin, entscheidet das Gericht gleichwohl. Dabei gibt es allerdings kein besonderes Versäumnisverfahren, so dass das Gericht insbesondere trotz des Ausbleibens des/der Beteiligten den Sachverhalt aufzuklären und ggf. Beweis zu erheben hat. Mit Einverständnis der Beteiligten kann das Gericht ohne mündliche Verhandlung entscheiden (§ 43 Abs. 4 ArbGG). Seit dem 1. 5. 2000 kann (nicht muss!) der Vorsitzende eine **Güteverhandlung** ansetzen, die der Güteverhandlung des Urteilsverfahrens entspricht (§ 80 Abs. 2 Satz 2 ArbGG).

Alle Beteiligten können in der 1. Instanz selbst auftreten, das gilt auch für den Betriebsrat oder sonstige betriebsverfassungsrechtliche Organe (Wahlvorstand etc.). In der 2. Instanz kann der Betriebsrat sich durch einen Gewerkschaftsvertreter vertreten lassen, wenn ein Betriebsratsmitglied der betreffenden Gewerkschaft angehört.[11] Vor dem BAG herrscht Anwaltszwang. Diese Vertretungsvorschriften gelten allerdings nur für den **Beschwerdeführer/Rechtsbeschwerdeführer selbst**. Die übrigen Beteiligten können sowohl vor dem LAG als auch vor dem BAG selbst auftreten und sich auch selbst schriftlich äußern (§ 87 Abs. 2 Satz 2, § 92 Abs. 2 Satz 2 ArbGG).

Ebenso wie Urteile werden die Entscheidungen des Arbeitsgerichts im Beschlussverfahren **formell** und **materiell rechtskräftig**. Das BAG nimmt darüber hinaus zunehmend eine „präjudizielle Wirkung" von Entscheidungen im Beschlussverfahren für verwandte individual-rechtliche Streitigkeiten an. Ersetzt beispielsweise das Arbeitsgericht gemäß § 103 BetrVG im Beschlussverfahren die Zustimmung des Betriebsrats zur außerordentlichen Kündigung eines Betriebsratsmitglieds aus wichtigem Grund, so soll das Arbeitsgericht in einem nachfolgenden Kündigungsschutzverfahren an die Feststellung des Beschlussverfahrens gebunden sein, dass ein wichtiger Grund vorliegt. Das Gleiche gilt für Entscheidungen im Beschlussverfahren über die Wirksamkeit/Unwirksamkeit einer Betriebsvereinbarung.[12] Ist im Beschlussverfahren festgestellt, dass eine bestimmte unternehmerische Maßnahme keine Betriebsänderung nach § 111 BetrVG darstellt, wirkt dies auch für spätere Klagen der Arbeitnehmer auf Nachteilsausgleich nach § 113 Abs. 3 BetrVG.[13]

Das Beschlussverfahren ist grundsätzlich **kostenfrei**. Der Arbeitgeber trägt die gesamten Verfahrenskosten, unabhängig davon, wie das Verfahren ausgeht. Deshalb

---

11 BAG v. 17. 2. 1983, AP Nr. 6 zu § 212a ZPO.
12 BAG v. 17. 2. 1981, AP Nr. 11 zu § 112 BetrVG.
13 BAG v. 10. 11. 1987, AP Nr. 15 zu § 113 BetrVG.

enthalten die Beschlüsse des Arbeitsgerichts keine Kostenentscheidung. Das gilt auch, soweit Gewerkschaften am Verfahren beteiligt sind.[14]

6. Beschwerdefrist

Gegen die Entscheidung des Arbeitsgerichts ist stets die **Beschwerde zum LAG** nach §§ 87 ff. ArbGG zulässig. Die Beschwerdefrist beträgt, wie im Urteilsverfahren, einen Monat, die Beschwerdebegründungsfrist zwei Monate.

Gegen Entscheidungen des LAG ist die **Rechtsbeschwerde zum BAG** unter den gleichen Voraussetzungen zulässig wie die Revision im Urteilsverfahren. Erforderlich ist also, dass das LAG die Rechtsbeschwerde ausdrücklich zugelassen hat. Ansonsten hilft nur noch die Nichtzulassungsbeschwerde nach § 92a ArbGG.

7. Zwangsvollstreckung

§ 85 Abs. 1 ArbGG verweist für die Zwangsvollstreckung aus rechtskräftigen Beschlüssen auf die **ZPO**. Von besonderer Bedeutung ist die Vollstreckung von Verpflichtungen des Arbeitgebers auf Vornahme einer Handlung nach §§ 887, 888 ZPO oder auf Unterlassung einer Handlung nach §§ 890 ZPO. Eine vollstreckungsrechtliche Sonderregelung enthält § 23 Abs. 3 BetrVG. **Vorläufig vollstreckbar** sind arbeitsgerichtliche Beschlüsse nur in vermögensrechtlichen Streitigkeiten, es gilt dann § 62 ArbGG (§ 85 Abs. 1 Satz 2 ArbGG).

8. Einstweilige Verfügung

Von besonderer Bedeutung im Betriebsverfassungsrecht sind einstweilige Verfügungen. Inzwischen hat sich eine ähnliche Praxis wie in der VwGO eingebürgert, viele zentrale Fragen werden fast nur noch im einstweiligen Rechtsschutz entschieden.

Entsprechend den allgemeinen Regeln (§ 85 Abs. 2 ArbGG verweist ausdrücklich auf das 8. Buch der ZPO) sind für den Erlass einer einstweiligen Verfügung sowohl **Verfügungsanspruch** als auch **Verfügungsgrund glaubhaft zu machen**. Von besonderer Bedeutung für den Verfügungsanspruch ist der vom BAG mittlerweile bejahte allgemeine Unterlassungsanspruch des Betriebsrats gegen mitbestimmungswidrige Maßnahmen des Arbeitgebers (siehe dazu **M 31.7**).

Sonderregelungen, die der einstweiligen Verfügung vorgehen, enthalten die §§ 99 ff. BetrVG für personelle Einzelmaßnahmen (s. **M 38.9–11**).

In einstweiligen Verfügungssachen ist grundsätzlich eine Rechtsbeschwerde zum **BAG nicht zulässig** (§ 92 Abs. 1 Satz 3 ArbGG). Gegen eine vom Arbeitsgericht nach Anhörung erlassene einstweilige Verfügung ist Beschwerde zum LAG möglich, während bei einer ohne Anhörung erlassenen einstweiligen Verfügung entsprechend §§ 924, 925 ZPO zunächst beim Arbeitsgericht Widerspruch einzulegen ist (ausf. **M 51.3**).

---

14 BAG v. 20. 4. 1999, DB 1999, 1964.

II. Muster

48.1 Rubrum eines Beschlussverfahrens

An das Arbeitsgericht

In dem Beschlussverfahren[1] mit den Beteiligten[2]

1. Betriebsrat der ... GmbH, vertreten durch den Betriebsratsvorsitzenden ..., (Firmenadresse)[3] – Antragsteller –

2. ... GmbH, vertreten durch den Geschäftsführer ... (Firmenadresse) – Antragsgegnerin –

3. Herr Prokurist ... (Privatadresse) – Beteiligter zu 3. –

wegen (kurze Beschreibung des Verfahrensgegenstandes)

vertreten wir den Antragsteller.[4] Namens und im Auftrag des Antragstellers leiten wir ein Beschlussverfahren[5] ein und beantragen:[6]

---

1 Ob in einer bestimmten Angelegenheit ein **Urteils- oder Beschlussverfahren** durchzuführen ist, entscheidet das Gesetz (§ 2a ArbGG). Die Parteien haben darauf keinen Einfluss (vgl. oben I. 1.). Gleichwohl ist es üblich und zur Vereinfachung auch sinnvoll, bereits in der Antragsschrift darauf hinzuweisen, dass es sich um ein Beschlussverfahren handelt.

2 Ein großes Problem des Beschlussverfahrens ist die **Beteiligtenbefugnis** (§ 83 Abs. 1 Satz 2 ArbGG, s. dazu oben I. 3.). Beteiligte sind immer Antragsteller und Antragsgegner. Das sind in den meisten Beschlussverfahren Arbeitgeber und Betriebsrat, wobei Verfahren des Betriebsrats gegen den Arbeitgeber häufiger sind als Verfahren des Arbeitgebers gegen den Betriebsrat. Beim Streit über rechtliche Fragen (hier zB Einordnung als leitender Angestellter) hängt es vom Zufall ab, ob der Antrag vom Arbeitgeber oder vom Betriebsrat gestellt wird. Bei Gestaltungs- oder Leistungsanträgen weist hingegen das BetrVG vielfach einer der beiden Parteien die Rolle des Angreifers zu (vgl. zB §§ 99 Abs. 4, 100 Abs. 2 Satz 3, 103 Abs. 2, 104 BetrVG etc.). Verfahren können aber auch von im Betrieb vertretenen Gewerkschaften, einem einzelnen Mitarbeiter (zB bei der Frage nach der Eigenschaft als leitender Angestellter), vom Konzern- oder Gesamtbetriebsrat, vom Sprecherausschuss etc. eingeleitet werden. Eine Wissenschaft für sich ist die Frage, wer neben Antragsteller und Antragsgegner noch zu beteiligen ist. Die Rechtsprechung dazu ist außerordentlich unsystematisch. Fehler in der Antragsschrift wirken sich aber nicht aus, da das Arbeitsgericht von Amts wegen weitere Beteiligte hinzuzuziehen hat, auch wenn diese in der Antragsschrift nicht genannt sind.

3 Der Betriebsratsvorsitzende ist tunlich nicht mit seiner **Privatanschrift** zu bezeichnen, sondern mit der **Firmenadresse**.

4 ➲ **Wichtig:** Ein immer wieder auftretendes Problem ist die **mangelhafte Bevollmächtigung der Betriebsratsanwälte**. Zwar wird weder Beauftragung noch Bevollmächtigung von Amts wegen geprüft. Wenn jedoch der Arbeitgeberanwalt die Vollmacht rügt, muss dargelegt werden, dass ein ordnungsgemäßer Betriebsratsbeschluss (getrennte Beschlüsse pro Instanz!) vorliegt, in dem die Einleitung des Beschlussverfahrens beschlossen wurde. Die Beauftragung des Anwalts durch den Betriebsratsvorsitzenden reicht nicht, wenn ein entsprechender Beschluss fehlt (*Däubler/Kittner/Klebe*, § 26 BetrVG Rz. 22). Ohne ordnungsgemäße Beschlussfassung sind die gestellten Anträge als unzulässig abzuweisen, außerdem muss der Arbeitgeber die Kosten des Betriebsratsanwalts nicht nach § 40 BetrVG tragen.

5 Gemäß § 81 Abs. 1 ArbGG wird das Beschlussverfahren **nur auf Antrag eingeleitet**. Deshalb wird häufig den eigentlichen Sachanträgen noch der Antrag vorangestellt, ein Beschlussver-

Es wird festgestellt, dass der Prokurist . . . nicht leitender Angestellter im Sinne des § 5 Abs. 3 BetrVG ist.

Begründung:

(wird ausgeführt)

. . .

(Unterschrift)

fahren zu eröffnen. Notwendig ist ein solcher „Vorschaltantrag" allerdings nicht, da bei Stellung entsprechender Sachanträge das Arbeitsgericht von Amts wegen ein Beschlussverfahren einzuleiten hat. Häufig wird deshalb von den Anwälten sogar nur der Sachantrag ohne die im Muster dargestellte Einleitungsformel gestellt.

6 Überflüssig sind Anträge zur **Kostenverteilung** sowie zur **vorläufigen Vollstreckbarkeit**. Eine Kostenerstattung findet im Beschlussverfahren grundsätzlich nicht statt, Gerichtskosten werden nicht erhoben. Die Anwaltskosten trägt stets der Arbeitgeber, unabhängig davon, wie das Verfahren ausgeht (§ 40 BetrVG). Deshalb gibt es grundsätzlich **keine Kostenentscheidung**. Die **vorläufige Vollstreckbarkeit** im Beschlussverfahren ist in § 85 ArbGG abschließend geregelt. Arbeitsgerichtliche Entscheidungen im Beschlussverfahren enthalten deshalb keinen Ausspruch zur vorläufigen Vollstreckbarkeit, so dass sich auch Anträge dazu erübrigen.

Antrag einer im Betrieb vertretenen Gewerkschaft[1]   48.2

An das Arbeitsgericht

In dem Beschlussverfahren mit den Beteiligten[2]

1. Industriegewerkschaft Metall, vertreten durch den Bezirkssekretär[3] (Name, Adresse)
   – Antragstellerin –

2. . . . GmbH, vertreten durch die Geschäftsführer (Name, Firmenadresse) – Antragsgegnerin –

---

1 Nach ständiger Rechtsprechung kann der **Nachweis, dass die Gewerkschaft im Betrieb vertreten ist**, durch Vernehmung von Gewerkschaftssekretären oder durch die im Muster beschriebenen notariellen Erklärungen erbracht werden. Für die Praxis wichtig ist, dass die Rechtsprechung **nicht verlangt**, dass die **Namen der betreffenden Mitarbeiter genannt** werden (damit sie keinen Repressalien ausgesetzt sind; vgl. etwa BAG v. 25. 3. 1992, AP Nr. 4 zu § 2 BetrVG; LAG Nürnberg v. 18. 7. 1990, LAGE § 2 BetrVG Nr. 8; LAG Köln v. 6. 10. 1989, BB 1990, 998; LAG Düsseldorf v. 6. 4. 1988, NZA 1989, 236; LAG Düsseldorf v. 6. 4. 1978, DB 1979, 110).
2 In Verfahren, die von einer im Betrieb vertretenen Gewerkschaft eingeleitet werden, sind stets Arbeitgeber und Betriebsrat **Beteiligte**.
3 Die **richtige Vertretung von Gewerkschaften** im Beschlussverfahren ist ein außerordentlich problematisches Kapitel. Keine Rolle spielt dies im Regelfall bei Aktivprozessen der Gewerkschaft, da hier die übrigen Verfahrensbeteiligten im Regelfall die ordnungsgemäße Vertretung in der Gewerkschaft im Prozess nicht rügen. Ungleich schwieriger ist es jedoch bei Passivprozessen, insbesondere im Rahmen einstweiliger Verfügungen. Manche Gewerkschaften schei-

3. Betriebsrat der ... GmbH, vertreten durch den Betriebsratsvorsitzenden (Name, Firmenadresse) – Beteiligter zu 3. –

vertreten wir die Antragstellerin. Namens und im Auftrag der Antragstellerin leiten wir ein Beschlussverfahren ein und beantragen:

> Es wird festgestellt, dass die Betriebsstätten der Antragsgegnerin in ... und ... ein einheitlicher Betrieb im Sinne des BetrVG sind.

Begründung:

Die Antragstellerin ist eine im Betrieb vertretene Gewerkschaft, die Antragsbefugnis[4] ergibt sich aus § 18 Abs. 2 BetrVG entsprechend. Im Zuge außergerichtlicher Verhandlungen über die streitige Frage hat zwar der Geschäftsführer der Antragsgegnerin bestritten, dass es im Unternehmen Mitglieder der Antragstellerin gebe. Tatsächlich sind jedoch drei Mitarbeiter des Unternehmens Mitglieder der Antragstellerin. Als **Anlage AS 1** legen wir die Bestätigung des Notars ... aus ... vom ... vor. Darin wird bestätigt, dass drei Mitarbeiter, deren Personalien in einem besonderen Umschlag bei dem Notar hinterlegt sind, bei der Antragsgegnerin beschäftigt und zugleich Mitglieder der Antragstellerin sind. Hilfsweise bieten wir zum Nachweis der Tatsache, dass drei Mitarbeiter der Antragstellerin angehören, die

> Vernehmung des Gewerkschaftssekretärs ..., zu laden über die Antragstellerin,

als Zeugen an.

Zwischen den Beteiligten ist Streit darüber entstanden, ob bei der nächsten Betriebsratswahl im Jahre 2004 ein einheitlicher Betriebsrat für beide Betriebsstätten oder zwei getrennte Betriebsräte zu wählen sind (wird ausgeführt).

...

(Unterschrift)

---

nen es darauf anzulegen, sich vorsätzlich zustellunfähig zu machen. Insbesondere geben viele Gewerkschaften nicht bekannt, wie sie intern ihre Vertretungsbefugnis geregelt haben. Registereintragungen gibt es regelmäßig nicht, da die meisten Gewerkschaften als nicht eingetragene Vereine organisiert sind.

4 Ein **allgemeines Antragsrecht der Gewerkschaften für Streitigkeiten im Beschlussverfahren** im Rahmen des BetrVG gibt es **nicht**. Die meisten Streitigkeiten aus dem BetrVG können ausschließlich im Verhältnis Arbeitgeber/Betriebsrat geklärt werden. In einzelnen Fällen sieht das BetrVG jedoch ausdrücklich ein Antragsrecht der im Betrieb vertretenen Gewerkschaften vor, so zB bei § 18 Abs. 2 BetrVG, der nach herrschender Auffassung entsprechend für die Klärung des richtigen Betriebsbegriffs gilt (BAG v. 29. 1. 1987, AP Nr. 6 zu § 1 BetrVG).

Kapitel 49 Beschlussverfahren zweiter Instanz

Literaturübersicht: *Fenn*, „Effektivere Gestaltung des Beschlussverfahrens" durch vermehrte Dispositionsbefugnisse für die Beteiligten, Festschrift 25 Jahre BAG, 1979, S. 91 ff.; *Rummel*, Die Beibringung neuer Tatsachen in der Beschwerdeinstanz des arbeitsgerichtlichen Beschlussverfahrens, DB 1975, 597; vgl. auch die Literaturhinweise zu den Kap. 48 und 46.

I. Erläuterungen

1. Allgemeines/Zulässigkeit

Gemäß § 87 Abs. 1 ArbGG findet gegen Beschlüsse des Arbeitsgerichts, durch die das erstinstanzliche Beschlussverfahren **beendet** wird, grundsätzlich die Beschwerde an das LAG statt. Die Beschwerde im Beschlussverfahren folgt weitgehend den Regeln über die Berufung im Urteilsverfahren (§ 87 Abs. 2 ArbGG), so dass auf die dortigen Ausführungen verwiesen werden kann (oben Kap. 46). Hinsichtlich der Rücknahme oder der Änderung des Antrags verweist § 87 Abs. 2 Satz 3 ArbGG auf die erstinstanzlichen Regeln des § 81 Abs. 2 und 3 ArbGG. Eine Ausnahme von dem Grundsatz, dass gegen Beschlüsse des Arbeitsgerichts im Beschlussverfahren grundsätzlich die Beschwerde zum LAG gegeben ist, enthalten nur die §§ 122 Abs. 2 und 126 Abs. 2 InsO, die die Beschwerde an die Zulassung durch das Arbeitsgericht binden (vgl. **M 54.1** und **M 54.2**).

Durch die in § 88 ArbGG vorgeschriebene analoge Anwendung von § 65 ArbGG wird klargestellt, dass in der Beschwerdeinstanz die Zulässigkeit des **Rechtswegs**, der **Verfahrensart** und der **örtlichen Zuständigkeit** nicht mehr geprüft wird, ebenso wenig wie mögliche Fehler bei der Berufung der **ehrenamtlichen Richter**.

Die Beschwerde nach § 87 ArbGG im Beschlussverfahren darf **nicht verwechselt** werden mit der in den §§ 83 Abs. 5, 78 ArbGG geregelten Beschwerde gegen Beschlüsse und Verfügungen des Vorsitzenden oder des Arbeitsgerichts, soweit diese **während** des erstinstanzlichen Verfahrens ergangen sind (zB zum Rechtsweg, zu Befangenheitsanträgen, zur Aussetzung etc., s. **M 49.2**).

Wie sich aus § 89 Abs. 2 Satz 2 ArbGG ausdrücklich ergibt, kann die Beschwerde uneingeschränkt auf **neues tatsächliches Vorbringen** und auf **neue Beweismittel** gestützt werden.

Für die **Anschlussbeschwerde** gelten die Regeln über die Anschlussberufung.

Nach § 89 Abs. 4 ArbGG kann die Beschwerde jederzeit ohne Einwilligung der Gegenseite **zurückgenommen** werden, auch noch nach einer Entscheidung des LAG, solange die Entscheidung noch nicht rechtskräftig geworden ist.

2. Aufschiebende Wirkung

Nach § 87 Abs. 3 ArbGG hat die Beschwerde **aufschiebende Wirkung**, sie hindert also den Eintritt der Rechtskraft. § 87 Abs. 3 ArbGG stellt allerdings klar, dass durch die aufschiebende Wirkung nicht die vorläufige Vollstreckbarkeit arbeitsgerichtlicher

Beschlüsse in **vermögensrechtlichen Streitigkeiten** gemäß § 85 Abs. 1 Satz 2 ArbGG gehindert wird.

3. Beschwerdebefugnis

Gemäß § 87 Abs. 2 Satz 2 ArbGG können sich die Beteiligten vor dem LAG selbst vertreten, auch eine Vertretung durch einen Verbandsvertreter oder Anwalt ist zulässig. Allerdings muss die **Beschwerdeschrift** gemäß § 89 Abs. 1 ArbGG von einem **Anwalt** oder einem **Verbandsvertreter** unterzeichnet sein.

Eingelegt werden kann die Beschwerde von **jedem Beteiligten**, also **nicht nur von Antragsteller oder Antragsgegner**.[1] Voraussetzung ist allerdings, dass der Beschwerdeführer beschwert ist. Beschwerdebefugt sind auch Beteiligte, die irrtümlich am Verfahren 1. Instanz nicht beteiligt worden sind.[2] Nicht beschwerdebefugt sind dagegen solche Personen oder Stellen, die irrtümlich am Verfahren 1. Instanz beteiligt worden sind,[3] ihre Beschwerdebefugnis ergibt sich auch nicht aus der Rechtsbehelfsbelehrung des erstinstanzlichen Beschlusses.[4]

4. Frist

Die Beschwerdefrist beträgt nach § 87 Abs. 2 iVm. § 66 Abs. 1 Satz 1 ArbGG **einen Monat** ab Zustellung des vollständigen Beschlusses des Arbeitsgerichts, die Zustellung einer abgekürzten Fassung nach § 60 Abs. 4 Satz 3 ArbGG genügt nicht.[5] Bei fehlender oder unrichtiger Rechtsmittelbelehrung beträgt die Beschwerdefrist ein Jahr (§ 9 Abs. 5 ArbGG). Die Beschwerdefrist ist eine **Notfrist**, die nicht verlängert werden kann. Einzulegen ist die Beschwerde nach § 64 Abs. 6 ArbGG iVm. § 518 Abs. 1 ZPO beim Beschwerdegericht, also **beim LAG**. Wird die Beschwerde irrtümlich beim Arbeitsgericht eingelegt, so wird sie zwar üblicherweise an das LAG weitergeleitet, für die Einhaltung der Beschwerdefrist ist aber nur der Eingang beim LAG maßgeblich. Eine Sonderregelung gilt in dem Beschlussverfahren über die Bestellung des Vorsitzenden einer **Einigungsstelle** sowie die Zahl der Beisitzer nach § 98 ArbGG, hier ist die Beschwerde innerhalb einer Frist von zwei Wochen einzulegen und zugleich zu begründen.

5. Form/Begründung

Wie in der Berufungsinstanz reicht zunächst die Einlegung der Beschwerde zur Fristwahrung.

Anträge und Begründung der Beschwerde müssen gemäß § 66 Abs. 1 Satz 1 ArbGG innerhalb von zwei Monaten nach Zustellung des angefochtenen Beschlusses nachgereicht werden (§ 520 Abs. 2 ZPO). Nach § 66 Abs. 1 Satz 5 ArbGG kann die Begründungsfrist auf Antrag einmal verlängert werden.

---

1 BAG v. 25. 8. 1981, AP Nr. 2 zu § 83 ArbGG.
2 BAG v. 19. 5. 1978, AP Nr. 3 zu § 43 BetrVG und v. 10. 9. 1985, AP Nr. 2 zu § 117 BetrVG.
3 BAG v. 13. 3. 1984, AP Nr. 9 zu § 83 ArbGG.
4 BAG v. 20. 2. 1986, AP Nr. 2 zu § 5 BetrVG – Rotes Kreuz.
5 BAG v. 27. 11. 1973, AP Nr. 9 zu § 89 ArbGG 1953.

Nach allgemeiner Ansicht gilt § 89 Abs. 1 ArbGG, wonach die Beschwerdeschrift von einem Anwalt oder Verbandsvertreter unterzeichnet sein muss, auch für die Beschwerde**begründung**.[6] In entsprechender Anwendung von § 520 Abs. 3 Nr. 1 ZPO muss die Beschwerdebegründung einen Beschwerde**antrag** enthalten.[7] Es reicht allerdings, wenn sich aus der Beschwerdebegründung ergibt, inwieweit eine Abänderung des angefochtenen Beschlusses erstrebt wird.[8]

§ 89 Abs. 2 Satz 2 ArbGG verlangt, dass die Beschwerdebegründung angibt, auf welche **im Einzelnen anzuführenden Beschwerdegründe** sowie auf **welche neuen Tatsachen** die Beschwerde gestützt wird. Damit entsprechen die Anforderungen an die Beschwerdebegründung nach einhelliger Auffassung den Anforderungen der Berufung. Die Beschwerdebegründung muss sich also mit der angefochtenen Entscheidung im Einzelnen auseinander setzen, die bloße Bezugnahme auf das Vorbringen der Vorinstanz oder die Wiederholung erstinstanzlich bereits vorgebrachter Argumente und Tatsachen reicht nicht aus. Die Beschwerdebegründung muss vielmehr deutlich darlegen, welche Einwendungen gegen den angefochtenen Beschluss bestehen.[9] Bereits das Durchlesen des angefochtenen Beschlusses sowie der Beschwerdebegründung muss ausreichen, um dem Leser klar zu erkennen zu geben, warum der Beschwerdeführer den Beschluss für unrichtig hält.[10] Entsprechend den allgemeinen Grundsätzen der Berufung muss bei Alternativbegründungen eine Auseinandersetzung mit allen Begründungsalternativen erfolgen.

---

6 Statt aller: *Germelmann/Matthes/Prütting/Müller-Glöge*, § 89 ArbGG Rz. 24.
7 BAG v. 3. 12. 1985, AP Nr. 2 zu § 74 BAT.
8 BAG v. 22. 2. 1985, AP Nr. 6 zu § 1 TVG – Tarifverträge: Bundesbahn.
9 Grundlegend BAG v. 31. 10. 1972, AP Nr. 7 zu § 89 ArbGG.
10 BAG v. 31. 10. 1972, AP Nr. 7 zu § 89 ArbGG.

II. Muster

Beschwerde an das Landesarbeitsgericht[1]   49.1

An das Landesarbeitsgericht

In Sachen

(volles Rubrum)

vertreten wir die Beteiligte Ziff. 2/Antragsgegnerin (i. F.: „Antragsgegnerin") auch in der 2. Instanz. Namens und im Auftrag der Antragsgegnerin legen wir gegen den Beschluss des Arbeitsgerichts ... Az. ... vom ...

Beschwerde

ein und beantragen

---

1 Der Aufbau der Beschwerdeschrift unterscheidet sich nicht von dem einer Berufungsschrift, so dass auf die dortigen Erläuterungen und **M 46.1–3** verwiesen werden kann. Entsprechend dem Berufungsverfahren ist es ohne weiteres zulässig, zunächst nur Beschwerde einzulegen und **Anträge** sowie **Begründung** binnen der Zweimonatsfrist **nachzureichen**.

1. Der Beschluss des Arbeitsgerichts ... Az. ... vom ... wird geändert.
2. Der Antrag wird zurückgewiesen.

Begründung:

Das Arbeitsgericht hat in dem angefochtenen Beschluss festgestellt, dass dem antragstellenden Betriebsrat Mitbestimmungsrechte hinsichtlich der Schließung des betrieblichen Versorgungswerkes zustünden. Das Arbeitsgericht hat seine Entscheidung insbesondere auf folgende Erwägungen gestützt (wird ausgeführt).

Die Entscheidung des Arbeitsgerichts ist unrichtig. Das Arbeitsgericht hat übersehen (wird ausgeführt).[2]

...

(Unterschrift)

---

[2] Verwirft das LAG die Beschwerde als unzulässig, so ist dagegen **kein Rechtsmittel** möglich, und zwar selbst dann nicht, wenn das LAG irrtümlich über ein solches Rechtsmittel belehrt hat (BAG v. 25. 7. 1989, AP Nr. 6 zu § 92 ArbGG). Vielmehr ist der Beschluss endgültig (§ 89 Abs. 3 Satz 2 ArbGG), die entsprechende Anwendung des § 77 ArbGG über die **Revisionsbeschwerde** ist **nicht möglich**.

49.2 Beschwerde gegen Zwischenentscheidung des Arbeitsgerichts[1, 2]

An das Arbeitsgericht

In Sachen

(Kurzrubrum)

legen wir namens und im Auftrag der Beteiligten Ziff. 2/Antragsgegnerin (i. F.: „Antragsgegnerin") gegen den Beschluss des Arbeitsgerichts vom ...

Beschwerde

ein und beantragen

1. Der Aussetzungsbeschluss vom ... wird aufgehoben.
2. Das Verfahren wird wieder aufgenommen.

---

[1] Die verwirrende Terminologie des arbeitsgerichtlichen Beschlussverfahrens führt dazu, dass das Gesetz den Begriff der „Beschwerde" im Beschlussverfahren für zwei vollständig verschiedene Rechtsbehelfe verwendet. Zum einen bezeichnet § 87 Abs. 1 ArbGG die (mit der Berufung vergleichbare) Beschwerde gegen **verfahrensbeendende** Beschlüsse des Arbeitsgerichts als „Beschwerde". Mit der Beschwerde angegriffen können gemäß § 83 Abs. 5 ArbGG aber auch **verfahrensleitende** Beschlüsse und Verfügungen des Arbeitsgerichts oder seines Vorsitzenden; insoweit entspricht die Beschwerde nach § 83 Abs. 5 ArbGG der Beschwerde nach § 567 ZPO.

[2] Zu weiteren Einzelheiten siehe die Erläuterungen zur Beschwerde im Urteilsverfahren (**M 45.9** und **M 45.10**).

Begründung:

Das Arbeitsgericht hat das Verfahren zu Unrecht gemäß § 149 ZPO bis zum Abschluss des Strafverfahrens nach § 119 BetrVG ausgesetzt. Das Strafverfahren ist für den vorliegenden Rechtsstreit nicht vorgreiflich (wird ausgeführt).

...

(Unterschrift)

Kapitel 50 Beschlussverfahren dritter Instanz

Literaturübersicht: vgl. Kapitel 48 und 49.

I. Erläuterungen

1. Zulässigkeit der Rechtsbeschwerde

Gemäß § 92 Abs. 1 ArbGG findet gegen verfahrensbeendende Beschlüsse des LAG die **Rechtsbeschwerde** zum BAG statt, wenn das LAG sie zugelassen hat oder eine Nichtzulassungsbeschwerde erfolgreich war. Die Rechtsbeschwerde nach § 92 ArbGG im Beschlussverfahren entspricht der Revision nach § 72 ArbGG im Urteilsverfahren. Die Regelungen über die Rechtsbeschwerde folgen ganz weitgehend den Regelungen über die Revision, so dass auf die dortigen Erläuterungen und Muster (Kap. 47) verwiesen werden kann.

Die damit grundsätzlich gegebene Dreizügigkeit des Instanzenzuges im Beschwerdeverfahren wird nur durch die §§ 122 Abs. 2 und 126 Abs. 2 InsO durchbrochen, nach denen die Beschwerde gegen arbeitsgerichtliche Beschlüsse unmittelbar als Rechtsbeschwerde an das BAG geht, die 2. Instanz also übersprungen wird. Allerdings ist eine entsprechende Zulassung der Rechtsbeschwerde durch das Arbeitsgericht erforderlich (siehe Kapitel 54).

Ausgeschlossen ist die Rechtsbeschwerde gegen Beschlüsse nach § 89 Abs. 3 ArbGG, durch die die **Beschwerde als unzulässig verworfen** wurde (vgl. § 89 Abs. 3 Satz 2 ArbGG). Des Weiteren findet das Rechtsbeschwerdeverfahren nicht in Verfahren auf Erlass einer **einstweiligen Verfügung** oder eines **Arrestes** statt (§ 92 Abs. 1 Satz 3 ArbGG). Ausgeschlossen ist die Rechtsbeschwerde auch in Verfahren nach § 98 ArbGG bezüglich der Bestellung des Vorsitzenden einer **Einigungsstelle** und der Bestimmung der Zahl der Beisitzer (§ 98 Abs. 2 Satz 4 ArbGG). Als rechtsbeschwerdefähiger Beschluss im Sinne des § 92 Abs. 1 ArbGG gilt auch der Beschluss des LAG, das Beschlussverfahren einzustellen.[1]

---

1 ZB bei Rücknahme des Antrags oder übereinstimmender Erledigungserklärung; *Germelmann/Matthes/Prütting/Müller-Glöge*, § 92 ArbGG Rz. 6.

Die Rechtsbeschwerde ist ebenso wie die Revision im Urteilsverfahren an die **Zulassung** durch das LAG gebunden, die Zulassungsgründe entsprechen denen des § 72 Abs. 2 und 3 ArbGG. Hat das LAG entgegen § 92 Abs. 1 Satz 2 iVm. § 72 Abs. 2 und 3 ArbGG die Rechtsbeschwerde nicht zugelassen, kann dies gemäß § 92a ArbGG mit der **Nichtzulassungsbeschwerde** angegriffen werden. Die Regelung des § 92 ArbGG verweist weitgehend auf § 72a ArbGG, der die Nichtzulassungsbeschwerde im Urteilsverfahren regelt. Auf die dortigen Erläuterungen (**M 47.3** und **M 47.4**) kann deshalb verwiesen werden. Entsprechend § 72a Abs. 1 Satz 1 ArbGG ist die Nichtzulassungsbeschwerde wegen Divergenz beschränkt auf Streitigkeiten um Tarifverträge und unerlaubte Handlungen aus koalitionspolitischer Betätigung (zB Arbeitskämpfen).

§ 96a ArbGG ermöglicht die **Sprungrechtsbeschwerde** gegen verfahrensbeendende Beschlüsse des **Arbeitsgerichts**, wenn alle Beteiligten schriftlich zustimmen und die Sprungrechtsbeschwerde vom Arbeitsgericht wegen grundsätzlicher Bedeutung der Rechtssache auf Antrag zugelassen wurde. Der Antrag kann während des erstinstanzlichen Verfahrens, aber auch noch einen Monat nach Zustellung des vollständigen erstinstanzlichen Beschlusses gestellt werden.

2. Formalien

Nach § 94 Abs. 1 ArbGG muss die Rechtsbeschwerdeschrift von einem **Rechtsanwalt** unterzeichnet sein (Verbandsvertretung genügt nicht). Im weiteren Verlauf des Rechtsbeschwerdeverfahrens können die Parteien sich hingegen selbst vertreten oder auch durch Verbandsvertreter vertreten lassen (§ 11 Satz 1 iVm. § 92 Abs. 2 Satz 2 ArbGG). Die **Rechtsbeschwerdeschrift** muss nach § 94 Abs. 2 ArbGG den gleichen Erfordernissen genügen wie die Beschwerdeschrift (vgl. **M 49.1**). Die **Fristen** für Einlegung und Begründung der Rechtsbeschwerde entsprechen denen des Beschwerdeverfahrens (vgl. **M 49.1**). Die Anforderungen an die Rechtsbeschwerde**begründung** entsprechen den Anforderungen an die Revisionsbegründung (vgl. **M 47.1**).

3. Verfahren

Nach § 93 ArbGG kann die Rechtsbeschwerde nur auf die Nichtanwendung oder unrichtige Anwendung einer **Rechtsnorm** durch das LAG gestützt werden. Falsche Sachverhaltsermittlungen des LAG können also im Beschwerdeverfahren nicht mehr angegriffen werden. Dabei ist der Begriff der Rechtsnorm weit zu verstehen und schließt nicht nur geschriebenes Recht ein, sondern auch allgemeine Rechtsgrundsätze sowie Verfahrensfehler. Ausgeschlossen sind gemäß § 93 Abs. 2 iVm. § 65 ArbGG allerdings Rechtsfehler hinsichtlich des **Rechtswegs**, der Zuständigkeit, der **Verfahrensart** sowie der Berufung der **ehrenamtlichen Richter**.

Wird die **Verletzung von Verfahrensvorschriften** gerügt, sind nach § 551 Abs. 3 Nr. 3b ZPO diejenigen Tatsachen anzugeben, aus denen sich die Verletzung der Verfahrensvorschrift ergibt. Diese Vorschrift gilt im Rechtsbeschwerdeverfahren trotz des Amtsermittlungsgrundsatzes.[2] Auch bei **Aufklärungsrügen** gelten die hohen Zulässigkeitshürden des Revisionsverfahrens entsprechend.[3]

---

[2] BAG v. 24. 5. 1957, AP Nr. 7 zu § 92 ArbGG 1953.
[3] Siehe **M 47.1**; ausführlich dazu *Germelmann/Matthes/Prütting/Müller-Glöge*, § 94 ArbGG Rz. 16.

Die **Rücknahme** des Antrags in der Rechtsbeschwerdeinstanz ist nach § 92 Abs. 2 Satz 3 ArbGG nur mit Zustimmung aller Beteiligten möglich, dies entspricht der Regelung in der Beschwerdeinstanz. Dagegen nimmt § 92 ArbGG nicht § 81 Abs. 3 ArbGG in Bezug. Eine **Änderung des Antrags** ist daher in der Rechtsbeschwerdeinstanz nicht mehr möglich, was insbesondere im Falle eines problematischen Globalantrags (siehe **M 31.7** Fn. 4) zu großen Schwierigkeiten führen kann.

Die **Anschlussrechtsbeschwerde** ist ebenso wie die Anschlussbeschwerde in der 2. Instanz ohne weiteres zulässig.[4]

---

[4] BAG v. 20. 12. 1988, AP Nr. 5 zu § 92 ArbGG.

II. Muster

Rechtsbeschwerde zum BAG[1]   50.1

An das Bundesarbeitsgericht

In Sachen

(volles Rubrum)

vertreten wir die Beteiligte Ziff. 2/Antragsgegnerin (i. F.: „Antragsgegnerin") auch in der 3. Instanz. Namens und im Auftrag der Antragsgegnerin legen wir gegen den Beschluss des LAG . . ., Az.: . . ., vom . . .

Rechtsbeschwerde

ein und beantragen:

1. *Der Beschluss des LAG . . . vom . . ., Az.: . . ., wird geändert.*
2. *Auf die Beschwerde wird das Urteil des Arbeitsgerichts vom . . ., Az.: . . ., abgeändert; die Anträge werden zurückgewiesen.*

Begründung:

Das ArbG hat die Antragsgegnerin verpflichtet, es zu unterlassen, Überstunden ohne Mitbestimmung des Antragstellers (Betriebsrat) anzuordnen oder zu dulden. Die dagegen eingelegte Beschwerde der Antragsgegnerin hat das LAG mit der Begründung verworfen (wird ausgeführt).

Die Ausführungen des LAG in dem angefochtenen Beschluss sind fehlerhaft. Richtigerweise hätte das LAG auf die Beschwerde der Antragsgegnerin den erstinstanzlichen Beschluss des Arbeitsgerichts ändern und die Anträge zurückweisen müssen. Denn (wird ausgeführt).

. . .

(Unterschrift)

---

[1] Für die Einlegung und Begründung der Rechtsbeschwerde kann grundsätzlich auf die Ausführungen zur Revision (**M 47.1**) verwiesen werden. Insbesondere gelten für die Rüge von Verfahrensfehlern trotz des eigentlich im Beschlussverfahren geltenden Amtsermittlungsgrundsatzes keine erleichterten Voraussetzungen gegenüber der Revision.

50.2 Nichtzulassungsbeschwerde

An das Bundesarbeitsgericht[1]

In Sachen

(volles Rubrum)

vertreten wir die Antragsgegnerin/Beschwerdeführerin (i. F.: „Antragsgegnerin") auch in der 3. Instanz. Namens und im Auftrag der Antragsgegnerin legen wir wegen der Nichtzulassung der Rechtsbeschwerde im Beschluss des LAG ..., Az.: ..., vom ...

Nichtzulassungsbeschwerde

ein und beantragen:

> *Die Rechtsbeschwerde gegen den Beschluss des LAG ... vom ..., Az.: ..., wird zugelassen.*

Begründung:

Die Parteien streiten um Mitbestimmungsrechte bei Überstunden gemäß § 87 Abs. 1 Nr. 3 BetrVG. Der antragstellende Betriebsrat hat einen Globalantrag gestellt, mit dem der Antragsgegnerin pauschal und ohne jede Ausnahme die Anordnung oder Duldung von Überstunden ohne Zustimmung des Betriebsrats untersagt werden sollte. Das Arbeitsgericht hat dem Antrag stattgegeben. Die dagegen gerichtete Beschwerde hat das LAG zurückgewiesen. Die Bedenken der Antragsgegnerin gegen die Begründetheit des Globalantrags hat das LAG mit der Begründung zurückgewiesen (wird ausgeführt). Dabei hat das LAG wörtlich wie folgt argumentiert:

„(wörtliches Zitat)"

Damit hat sich das LAG in Widerspruch gesetzt zu der Entscheidung des LAG ... vom ... Az.: ... (Kopie anbei). In dieser Entscheidung hat das LAG auf Seite ... in einem identischen Fall folgende Grundsätze aufgestellt:

„(wörtliches Zitat)"

Beide Entscheidungen beruhen auf den jeweils aufgestellten abstrakten Rechtssätzen (wird ausgeführt).

Wäre das LAG im angefochtenen Beschluss von den Rechtsgrundsätzen ausgegangen, die das LAG ... in dem zitierten gleich gelagerten Fall aufgestellt hat, hätte es der Beschwerde stattgeben müssen (wird ausgeführt).

...

(Unterschrift)

---

1 Die Anforderungen an eine Nichtzulassungsbeschwerde im Beschlussverfahren sind identisch mit den Anforderungen an die Nichtzulassungsbeschwerde des Urteilsverfahrens, so dass voll umfänglich auf das dortige **M 47.2** nebst Erläuterungen verwiesen werden kann. Der Amtsermittlungsgrundsatz bedeutet in keiner Weise eine Erleichterung für den Beschwerdeführer.

Kapitel 51 Einstweiliger Rechtsschutz

Literaturübersicht: *Dunkl/Moeller/Baur/Feldmeier*, Handbuch des vorläufigen Rechtsschutzes, 3. Aufl. 1999; *Germelmann/Matthes/Prütting/Müller-Glöge*, ArbGG, 4. Aufl. 2002; *Gift/Baur*, Das Urteilsverfahren vor den Gerichten für Arbeitssachen, 1993; *Herbst/Bertelsmann/Reiter*, Handbuch zum arbeitsgerichtlichen Beschlussverfahren, 2. Aufl. 1998; *Schäfer*, Der einstweilige Rechtsschutz im Arbeitsrecht, 1996.

I. Erläuterungen

Mit immer längerer Verfahrensdauer vor den Arbeitsgerichten gewinnt der einstweilige Rechtsschutz zunehmend an Bedeutung. Im Bereich des Betriebsverfassungsrechts ähnelt die Situation mittlerweile dem Verwaltungsprozess, wo das einstweilige Verfahren in vielen Bereichen bereits zur Regel geworden und an die Stelle des ordentlichen Verfahrens getreten ist.

Einstweiliger Rechtsschutz kommt sowohl im Urteilsverfahren als auch im Beschlussverfahren in Betracht. Für das **Urteilsverfahren** verweist § 62 Abs. 2 ArbGG auf die Vorschriften des 8. Buchs der ZPO über einstweilige Verfügungen und Arrest. Als Sonderregelung bestimmt § 62 Abs. 2 Satz 2 ArbGG, dass die Entscheidung über den Antrag auf Erlass einer einstweiligen Verfügung in dringenden Fällen (auch bei Zurückweisung) ohne mündliche Verhandlung ergehen kann. Für das **Beschlussverfahren** ergibt sich die Zulässigkeit der einstweiligen Verfügung aus § 85 Abs. 2 Satz 1 ArbGG, wobei auch insoweit auf das 8. Buch der ZPO verwiesen wird mit der Maßgabe, dass Entscheidungen durch Beschluss der Kammer ergehen, von Amts wegen zugestellt werden, und Schadensersatz nach § 945 ZPO nicht in Betracht kommt. Streitig ist, ob im **Beschlussverfahren** ein **Arrest** im Sinne von § 916 ZPO beantragt werden kann. § 85 Abs. 2 ArbGG spricht für das Beschlussverfahren nur von der einstweiligen Verfügung, und erwähnt (anders als § 62 ArbGG für das Urteilsverfahren) die Möglichkeit des Arrests nicht. Nach herrschender Auffassung[1] schließt dies jedoch die Zulässigkeit eines Arrestes nicht aus. Allerdings ist anerkannt, dass dies ein eher theoretisches Problem ist, da der Arrest eine vermögensrechtliche Streitigkeit voraussetzt, so dass im Beschlussverfahren allenfalls Kostenerstattungsansprüche des Betriebsrats arrestfähig wären. Praktische Fälle sind bislang nicht bekannt geworden. Im **Urteilsverfahren** haben Arrestanträge vor allem bei der **Verfolgung untreuer Mitarbeiter** Bedeutung (siehe **M 13.5**).

Entsprechend den allgemeinen Regeln der ZPO sind im einstweiligen Verfügungsverfahren **Verfügungsanspruch** und **Verfügungsgrund** darzulegen und **glaubhaft** zu machen. Nicht übersehen werden darf auch das Erfordernis der **Vollziehung nach § 929 ZPO**.

Zumeist wird beantragt, die begehrte einstweilige Verfügung **ohne mündliche Verhandlung** bzw. Anhörung zu erlassen. Diese Anträge haben im Arbeitsgerichtsverfahren nur selten Erfolg. Die ganz überwiegende Zahl der Arbeitsrichter lehnt den Erlass einstweiliger Verfügungen ohne mündliche Verhandlung/Anhörung grundsätzlich ab. Im

---

1 Statt aller: *Germelmann/Matthes/Prütting/Müller-Glöge*, § 85 ArbGG Rz. 28.

Gegenzug kann man allerdings damit rechnen, dass recht kurzfristig terminiert wird (im Regelfall ein bis zwei Wochen). Im Beschlussverfahren ist es teilweise üblich, zunächst ohne mündliche Verhandlung die begehrte einstweilige Verfügung nur für die Zeit bis zur ein bis zwei Wochen später stattfindenden Anhörung zu erlassen (was zulässig ist).

Die Einreichung von **Schutzschriften**, die im gewerblichen Rechtsschutz eine große Bedeutung hat, nimmt auch in der Arbeitsgerichtsbarkeit zu. Bedeutung hat sie insbesondere beim Streit um Wettbewerbsverbote (siehe **M 25.12**), aber auch im Beschlussverfahren bei der Abwehr von Unterlassungsverfügungen des Betriebsrats.[2]

Häufig übersehen wird, dass eine **Abkürzung der Ladungs- und Einlassungsfristen** grundsätzlich nur auf Antrag zulässig ist (§ 226 Abs. 1 ZPO). Im Beschlussverfahren beträgt allerdings die Ladungsfrist ohnehin nur drei Tage, da das Beschlussverfahren kein Anwaltsprozess im Sinne von § 78 Abs. 1 ZPO ist.[3] Die Einlassungsfrist beträgt – auch im Beschlussverfahren – stets eine Woche (§ 80 Abs. 2, § 47 Abs. 1 ArbGG). Über die Abkürzung der Ladungs- und Einlassungsfristen entscheidet der Vorsitzende gemäß § 80 Abs. 2 ArbGG iVm. § 226 ZPO.

---

2 Dazu *Ehler*, BB 2000, 978.
3 Vgl. § 217 ZPO.

II. Muster

51.1   Antrag auf einstweilige Verfügung im Urteilsverfahren[1, 2]

An das Arbeitsgericht[3, 4]

In Sachen

. . . AG, vertreten durch den Vorstand (Name, Firmenadresse) – Antragstellerin[5] *–*

gegen

Herrn . . . (Privatadresse) – Antragsgegner –

vertreten wir die Antragstellerin.

---

1 ⮕ **Praxistipp:** Es empfiehlt sich, die erste Seite der Antragsschrift ausdrücklich mit „Antrag auf Erlass einer einstweiligen Verfügung" zu **überschreiben**, um sofort auf die Dringlichkeit hinzuweisen. Rechtlich erforderlich ist eine solche Überschrift allerdings nicht.
2 Wird die beantragte einstweilige Verfügung **ohne mündliche Verhandlung** erlassen, ist für den Schuldner nicht die Berufung gegeben, sondern der **Widerspruch** beim erlassenden Gericht (§ 924 ZPO). Bei einer Entscheidung **nach mündlicher Verhandlung** ist dagegen die **Berufung** nach § 64 ArbGG gegeben. Werden hingegen die Anträge zurückgewiesen, so ist bei Zurückweisung ohne mündliche Verhandlung durch Beschluss die **sofortige Beschwerde** nach § 567 ZPO einzulegen, bei Zurückweisung nach mündlicher Verhandlung ebenfalls **Berufung** nach § 64 ArbGG.
Wurde die einstweilige Verfügung **beim LAG** als Hauptsachegericht beantragt, so ist ein Rechtsmittel nur dann möglich, wenn die einstweilige Verfügung ohne mündliche Verhandlung erlassen wurde. Dann ist der Widerspruch zulässig. Hat dagegen das LAG nach mündlicher Verhandlung entschieden, ist das Verfügungsurteil unanfechtbar (§ 72 Abs. 4 ArbGG), unabhängig

Namens und im Auftrag der Antragstellerin beantragen wir:

1. *Dem Antragsgegner im Wege der einstweiligen Verfügung – wegen der Dringlichkeit ohne mündliche Verhandlung und durch den Vorsitzenden allein[6] – zu untersagen, in der Zeit bis zur Entscheidung in der Hauptsache für Unternehmen tätig zu werden, die . . . herstellen und mit der Antragstellerin in Konkurrenz stehen;[7]*

2. *dem Antragsgegner für jeden Fall der Zuwiderhandlung ein Ordnungsgeld von Euro 250 000,– anzudrohen, ersatzweise Ordnungshaft;[8]*

davon, ob dem Antrag stattgegeben oder er abgewiesen wurde. Das Gleiche gilt, wenn das LAG den Erlass der beantragten Verfügung ohne mündliche Verhandlung abgelehnt hat.

3 Der Verfügungsantrag ist nur dann beim **Arbeitsgericht** anzubringen, wenn noch **kein Hauptsacheverfahren** anhängig ist oder es sich noch in der 1. Instanz befindet. Ist dagegen das **Hauptsacheverfahren bereits in der Berufung**, ist der Antrag beim **LAG** einzureichen (§ 937 Abs. 1 ZPO).

4 Nach § 942 Abs. 1 ZPO kann in dringenden Fällen statt des eigentlich zuständigen Gerichts auch das **Amtsgericht** angerufen werden. Nach der Änderung von § 48 ArbGG und § 17a GVG im Jahr 1990 ist jedoch davon auszugehen, dass die Arbeitsgerichtsbarkeit ein gegenüber der ordentlichen Gerichtsbarkeit eigenständiger Rechtsweg ist, so dass streitig ist, ob die Ersatzzuständigkeit des Amtsgerichts nach § 942 Abs. 1 ZPO weiterhin besteht (dazu *Germelmann/Matthes/Prütting/Müller-Glöge*, § 62 ArbGG Rz. 69 mwN). Zwar ist ein arbeitsrechtlicher Verfügungsantrag im Regelfall beim Arbeitsgericht besser aufgehoben als beim Amtsgericht. Allerdings sind bei fast allen Arbeitsgerichten **keine Notdienste am Wochenende und an Feiertagen** eingerichtet. Wer am Freitagmittag feststellt, dass er eine einstweilige Verfügung beantragen sollte, kann diese beim Arbeitsgericht also frühestens Montagmittag bekommen. Das kann je nach Umständen des Falles zu spät sein.
➩ **Praxistipp:** In Notfällen sollte also trotz der rechtlichen Bedenken eine Antragstellung beim Eildienst des Amtsgerichts erwogen werden (dazu LAG Bremen v. 8. 3. 1982, BB 1982, 2188, allerdings zur alten Rechtslage).

5 Die **Beteiligten** des Verfahrens werden üblicherweise als „Antragsteller" bzw. „Antragsgegner" **bezeichnet**. Die irrtümliche Bezeichnung als „Kläger" bzw. „Beklagter" ist aber unschädlich, zumal nach Anberaumung einer mündlichen Verhandlung der Antragsteller ohnehin als „Verfügungskläger" und der Antragsgegner als „Verfügungsbeklagter" bezeichnet wird.

6 Dass das Gericht die einstweilige Verfügung **ohne mündliche Verhandlung** erlassen kann, ergibt sich ausdrücklich aus § 62 Abs. 2 Satz 2 ArbGG. Die Möglichkeit, die Verfügung durch **Entscheidung des Vorsitzenden allein** zu erlassen, ergibt sich aus § 53 Abs. 1 ArbGG, sie besteht allerdings nur dann, wenn ohne mündliche Verhandlung entschieden wird. Sowohl die Entscheidung ohne mündliche Verhandlung als auch die Entscheidung durch den Vorsitzenden allein ist auch **von Amts wegen** möglich, bräuchte also nicht ausdrücklich beantragt zu werden. Allerdings empfehlen sich solche Anträge schon deshalb, um dem Gericht die Eilbedürftigkeit zu verdeutlichen.
➩ **Praxistipp:** Liegt auf der Hand, dass eine Verzögerung um ein oder zwei Wochen unproblematisch ist, sollte man von vornherein auf die entsprechenden Anträge verzichten, da das Arbeitsgericht dann ohnehin terminieren wird. Machen Anwälte eine an sich nicht eilige Sache eilig, stößt dies bei den Gerichten häufig nicht auf Gegenliebe.

7 Anders als vor den ordentlichen Gerichten spielen vor den Arbeitsgerichten **Sicherungsverfügungen** nach § 935 ZPO ebenso wenig eine große Rolle wie **Regelungsverfügungen** nach § 940 ZPO. Im Vordergrund steht vielmehr die **Befriedigungsverfügung (Leistungsverfügung)**, die üblicherweise auf § 940 ZPO gestützt wird. Die Befriedigungsverfügung nimmt die Hauptsache vorweg; der Antragsteller wird so gestellt, als hätte er bereits im ordentlichen Verfahren gewonnen. Da die Befriedigungsverfügung die Hauptsache vorweg nimmt, sind an die Glaubhaftmachung von Verfügungsanspruch und Verfügungsgrund **besonders hohe Anforderungen** zu stellen. Insbesondere ist auch eine **umfassende Interessenabwägung** vorzunehmen.

8 ➩ **Praxistipp:** Dass eine Unterlassungsklage bzw. ein Unterlassungsantrag zweckmäßigerweise unmittelbar **mit der Zwangsmittelandrohung nach § 890 ZPO verbunden** werden

3. *hilfsweise, die beantragte einstweilige Verfügung aufgrund mündlicher Verhandlung unter größtmöglicher Abkürzung der Ladungs- und Einlassungsfristen zu erlassen.*[9]

Begründung:

Die ASt. ist die führende Herstellerin von . . . in Deutschland (wird ausgeführt).

Der Anstellungsvertrag des AGg. vom . . . sah in Ziff. . . . ein nachvertragliches Wettbewerbsverbot vor. Das Verbot untersagte dem AGg., für die Dauer von zwei Jahren nach seinem Ausscheiden für ein Konkurrenzunternehmen der ASt. tätig zu werden.

Zur Glaubhaftmachung:[10] *Anstellungsvertrag*[11] *vom . . ., Anlage AS 2*

Der AGg. ist aufgrund seiner Eigenkündigung vom . . . zum 30. 6. . . . bei der ASt. ausgeschieden.

Zur Glaubhaftmachung: Kündigungsschreiben des AGg. vom . . .,
Anlage AS 3

Wie die ASt. inzwischen erfahren hat, ist der AGg. seit dem 1. 7. . . . für die X-GmbH in . . . als Produktionsleiter tätig. Die X-GmbH stellt ebenfalls . . . her, sie ist die schärfste Konkurrentin der ASt. auf dem deutschen Markt. Zur Sicherheit hat der Personal-

---

kann und auch werden sollte, ist anerkannt (statt aller Zöller/*Stöber*, § 890 ZPO Rz. 12a; LAG Bremen v. 18. 7. 1986, LAGE § 23 BetrVG Nr. 6; LAG Hessen v. 3. 6. 1988, DB 1989, 536). Andernfalls muss nach Erlass der einstweiligen Verfügung erst umständlich die Zwangsgeldandrohung nachträglich beantragt werden (§ 890 Abs. 2 ZPO), wodurch die durch die einstweilige Verfügung gewonnene Zeit wieder verloren geht. Die Beantragung einer Unterlassungsverfügung ohne gleichzeitige Zwangsmittelandrohung ist deshalb ein **Kunstfehler**.

9 Ebenso wenig wie der Erlass der begehrten Verfügung ohne mündliche Verhandlung und nur durch den Vorsitzenden allein beantragt werden muss, ist ein **Hilfsantrag** auf Erlass der begehrten Verfügung nach mündlicher Verhandlung (und damit auch durch die volle Kammer) erforderlich. Will der Richter entgegen dem Begehren des Antragstellers die Verfügung nicht ohne mündliche Verhandlung und/oder nicht allein erlassen, muss er von Amts wegen die ehrenamtlichen Richter hinzuziehen und/oder eine mündliche Verhandlung anberaumen. Er kann nicht einfach den gestellten Antrag insgesamt zurückweisen. Der Hilfsantrag ist deshalb an sich entbehrlich, aber gleichwohl üblich.

10 Statt von Beweismitteln spricht § 920 Abs. 2 ZPO von der **„Glaubhaftmachung" von Verfügungsgrund und Verfügungsanspruch**. Gemäß § 294 ZPO kann die Glaubhaftmachung durch alle allgemein zugelassenen Beweismittel erfolgen, aber auch durch **eidesstattliche Versicherung**. Nach richtiger Auffassung reicht auch die so genannte **„anwaltliche Versicherung"** (OLG Köln v. 16. 8. 1985, MDR 1986, 152).

11 Die Bedeutung vorgelegter **Unterlagen** wird oft verkannt. Nach den Beweisregeln der ZPO ist eine Privaturkunde nur dann zulässiges Beweismittel, wenn sie **im Original** vorgelegt wird. Eine unbeglaubigte Kopie ist ebenso wenig eine „Urkunde" im Sinne der §§ 415 ff. ZPO wie eine **anwaltlich** oder **öffentlich beglaubigte** Kopie (die Beglaubigung reicht nur bei öffentlichen Urkunden, § 435 ZPO). Im normalen Zivilprozess macht die Vorlage einer Kopie den Beweis für Echtheit und Existenz des Originals (§§ 439 ff. ZPO) entbehrlich, wenn der Gegner die Existenz entsprechender Originale nicht ausdrücklich bestreitet. Das nützt aber im einstweiligen Rechtsschutz nichts, wenn Erlass der begehrten einstweiligen Verfügung ohne mündliche Verhandlung beantragt wird. Hier kann Beweis nur angetreten werden durch Vorlage von **Original-Urkunden**, die zusammen mit der Antragsschrift eingereicht werden müssen. Will oder kann dies der Antragsteller nicht, muss er sich zur Glaubhaftmachung auf eidesstattliche Versicherungen stützen, die auf die in Kopie vorgelegten Urkunden Bezug nehmen.

leiter der ASt. vor drei Tagen bei der X-GmbH angerufen und nach dem Produktionsleiter gefragt. Daraufhin wurde er mit dem AGg. verbunden.

Zur Glaubhaftmachung für alles Vorstehende: Eidesstattliche Versicherung des Personalleiters der ASt.,[12]
Anlage AS 4

Es ist anerkannt, dass der Unterlassungsanspruch aus einem nachvertraglichen Wettbewerbsverbot durch Unterlassungsverfügung durchgesetzt werden kann (LAG Hessen v. 24. 7. 1956 und v. 16. 2. 1962, BB 1956, 853 und 1962, 922; ausf. Heinze, RdA 1986, 280; Bauer/Diller, Wettbewerbsverbote, 3. Aufl., 2002, Rz. 607 ff.). Weiterhin ist anerkannt, dass in Fällen einer eklatanten Verletzung des Wettbewerbsverbots, wie sie im vorliegenden Fall gegeben ist, auch eine Entscheidung ohne mündliche Verhandlung in Betracht kommt (zB ArbG München v. 18. 6. 1996 – 5 Ga 109/96, nv.).

Der Verfügungsgrund der Eilbedürftigkeit[13] ist gegeben. Die durchschnittliche Verfahrensdauer der ersten Instanz beim ArbG beträgt inzwischen im Durchschnitt mehr als sechs Monate. Würde die ASt. auf ein Hauptsacheverfahren verwiesen, würde dies bedeuten, dass der AGg. zunächst ca. ein drei viertel Jahr unbehelligt Wettbewerb machen und alle wesentlichen Geschäftsgeheimnisse der X-GmbH mitteilen könnte. Das vereinbarte Wettbewerbsverbot, für das die ASt. eine hohe Karenzentschädigung zahlt, wäre damit praktisch wertlos.[14]

...

(Unterschrift)

---

12 ➪ **Wichtig:** Viele Gerichte akzeptieren **eidesstattliche Versicherungen** nur dann, wenn sie eine eigene Sachverhaltsdarstellung enthalten. Eine **bloße Bezugnahme** auf Angaben oder Schriftsätze Dritter wird üblicherweise nicht akzeptiert (BGH v. 13. 1. 1988, NJW 1988, 2045). Die in der Praxis immer wieder anzutreffenden eidesstattlichen Versicherungen des Inhalts, man habe den Antragsschriftsatz des Rechtsanwalts gelesen und dieser sei inhaltlich richtig, sind also häufig **wertlos**. Das Gleiche gilt für die ebenfalls in der Praxis häufigen anwaltlich vorformulierten eidesstattlichen Versicherungen, die nur aus **Textbausteinen der Antragsschrift** bestehen und somit ersichtlich keine eigene Darstellung enthalten.

13 ➪ **Praxistipp:** In der Praxis ist häufig zu beobachten, dass zu sorglos zur **Eilbedürftigkeit** (Verfügungsgrund) vorgetragen wird. Der bloße pauschale Hinweis, eine Entscheidung im normalen Verfahren „komme zu spät", reicht nicht. Es muss schon im Einzelnen ausgeführt werden, mit welchem Verfahrensablauf im ordentlichen Verfahren zu rechnen wäre und welche Nachteile für den Antragsteller in dieser Zeit zu erwarten sind.

14 Zur materiell-rechtlichen Lage s. **M 25.11**.

51.2 Schutzschrift im Urteilsverfahren[1, 2]

An das Arbeitsgericht

In Sachen

Firma ... GmbH, vertreten durch den Geschäftsführer (Name, Firmenadresse) – mögliche Antragstellerin –

gegen

Herrn ... (Privatadresse) – möglicher Antragsgegner –

wegen Abwehr einer einstweiligen Verfügung

vertreten wir den möglichen Antragsgegner (i. F.: „AGg."). Namens und im Auftrag des Antragsgegners reichen wir eine **Schutzschrift**[3] ein und beantragen:[4]

1. einen möglichen Antrag der Antragstellerin, dem Antragsgegner eine Tätigkeit für die Firma ... OHG zu untersagen, zurückzuweisen;

2. hilfsweise, über den möglichen Antrag nur nach mündlicher Verhandlung zu entscheiden.

---

1 Das Instrument der Schutzschrift ist weder in der ZPO noch im ArbGG vorgesehen oder auch nur erwähnt. Gleichwohl hat sich auch in der Arbeitsgerichtsbarkeit die Einreichung von Schutzschriften eingebürgert. Nach allgemeiner Auffassung besteht grundsätzlich **kein Rechtsanspruch** darauf, dass das Gericht eine vorab eingereichte Schutzschrift beachtet. Allerdings kann in der Praxis davon ausgegangen werden, dass das Gericht von Amts wegen den Inhalt berücksichtigt, was üblicherweise dazu führt, dass zumindest nicht ohne mündliche Verhandlung entschieden wird. Ignoriert ein Gericht dagegen die Schutzschrift, liegt darin kein Verfahrensmangel, der zu irgendwelchen prozessualen Konsequenzen führen könnte (Germelmann/Matthes/Prütting/Müller-Glöge, § 62 ArbGG Rz. 93).

2 Eingereichte Schutzschriften werden üblicherweise von der **zentralen Geschäftsstelle** in das **Prozessregister eingetragen** und dann bei Eingang des entsprechenden Verfügungsantrags zusammen mit diesem dem zuständigen Richter vorgelegt. Um die Geschäftsstellen zu entlasten, entspricht es einem Gebot der Höflichkeit, Schutzschriften nach einer gewissen Zeit **formlos zurückzuziehen**, wenn der erwartete Verfügungsantrag nicht gestellt wurde und auch nicht mehr damit zu rechnen ist, dass er noch gestellt wird. Üblicherweise wird die Geschäftsstelle schlicht gebeten, die Schutzschrift zurückzuschicken oder zu vernichten und auszutragen.

3 ➪ **Praxistipp:** Um Fehler der Geschäftsstelle zu vermeiden, sollte das Deckblatt ausdrücklich mit der **Überschrift „Schutzschrift"** versehen werden. Ansonsten besteht nämlich die Gefahr, dass die Schutzschrift irrtümlich als Klage bzw. Verfügungsantrag behandelt und der Gegenseite zugeschickt wird, was regelmäßig untunlich ist. Manche Anwälte bringen sogar auf dem Deckblatt ausdrückliche Vermerke wie etwa **„Bitte der Gegenseite nicht zustellen!"** oder Ähnliches an, um die irrtümliche Zustellung vor Einreichung eines Antrags auszuschließen. Zum Einsichtsrecht in Schutzschriften s. *Willikonsky*, BB 1987, 2013; *Marly*, BB 1989, 770.

4 Entsprechend dem informellen Charakter der Schutzschrift gibt es keine besonderen Regeln über die **Antragstellung**. Ganz im Gegenteil braucht der Antragsgegner/Beklagte grundsätzlich keine Anträge zu stellen, wenngleich dies zur Verdeutlichung des erstrebten Ziels immer sinnvoll ist.

Begründung:[5]

Der AGg. war vom ... bis ... bei der ASt. als Vertriebsleiter tätig. Seit ... ist er Vertriebsleiter der Firma ... OHG, einer Konkurrentin der ASt. Grundlage der Tätigkeit war der Anstellungsvertrag vom .... In Ziff. ... dieses Vertrages war ein nachvertragliches Wettbewerbsverbot vereinbart.

Zur Glaubhaftmachung: Anstellungsvertrag vom ..., Anlage AG 1

Das Wettbewerbsverbot gem. Ziff. ... des Anstellungsvertrages ist unverbindlich, weil (wird ausgeführt). Der AGg. hat der ASt. mit Einschreiben vom ... mitgeteilt, dass er sich nicht an das Wettbewerbsverbot halten wird.

Zur Glaubhaftmachung: Schreiben des AGg. vom ..., Anlage AG 2

Gleichwohl hat der Geschäftsführer der Antragsgegnerin mitgeteilt, man werde das Verbot mit allen Mitteln durchsetzen, notfalls auch per einstweiliger Verfügung.

Zur Glaubhaftmachung: Eidesstattliche Versicherung des Antragsgegners, Anlage AG 3.

...

(Unterschrift)

---

5 ➲ **Praxistipp:** Die Schutzschrift kann sich darauf beschränken, entweder den **Verfügungsgrund** oder den **Verfügungsanspruch** zu bestreiten. In der Praxis steht meist das Bestreiten des Verfügungsgrundes (Eilbedürftigkeit) im Vordergrund, da man hier „aus sicherer Deckung heraus" operieren kann. Wird dagegen vorab zum Verfügungsanspruch zu viel vorgetragen, nimmt man möglicherweise Einwendungen vorweg, auf die der Gegner gar nicht gekommen wäre (ausführlich *Leipold*, RdA 1983, 164 ff.).

Widerspruch gegen erlassene einstweilige Verfügung[1, 2]   51.3

An das Arbeitsgericht[3]

In Sachen

(Kurzrubrum)

Az.:

legen wir im Namen des Antragsgegners gegen die einstweilige Verfügung vom ...

Widerspruch

ein und beantragen:[4]

---

1 ➲ **Wichtig:** Der Widerspruch ist nur zulässig, wenn die einstweilige Verfügung **ohne mündliche Verhandlung** im Wege des **Beschlusses erlassen** wurde (§§ 936, 924 Abs. 1 ZPO). Ist dagegen die einstweilige Verfügung nach mündlicher Verhandlung durch Urteil erlassen worden, ist nur die **Berufung** zulässig. Oft übersehen wird, dass der Widerspruch auch dann nicht statthaft ist, wenn der Antrag auf einstweilige Verfügung ohne mündliche Verhandlung **zurückgewiesen** wurde. In diesem Fall ist die **sofortige Beschwerde** nach §§ 567 ff. ZPO das richtige Rechtsmittel.

1. *Die einstweilige Verfügung des Arbeitsgerichts ..., Az.: ... vom ... wird aufgehoben.*
2. *Die Verfügungsanträge werden zurückgewiesen.*
3. *Die Vollziehung der einstweiligen Verfügung wird bis zur rechtskräftigen Beendigung des Widerspruchsverfahrens eingestellt.*[5]

Begründung:

(wird ausgeführt):[6, 7]

...

(Unterschrift)

---

2 Eine **Frist** für die Einlegung des Widerspruchs besteht nicht, er kann deshalb auch noch nach Monaten oder Jahren erfolgen, wenn nicht ausnahmsweise Verwirkung eingetreten ist (OLG Celle v. 18. 7. 1980, GRUR 1980, 945; OLG Saarbrücken v. 30. 6. 1989, NJW-RR 1989, 1513). Der Widerspruch kann aber schon nach dem klaren Wortlaut des § 324 Abs. 1 ZPO unmittelbar ab Erlass der Beschlussverfügung eingelegt werden, also ggf. sogar schon **vor ihrer Zustellung** (Zöller/*Vollkommer*, § 924 ZPO Rz. 4).

3 Der Widerspruch ist – was oft übersehen wird – nicht beim nächsthöheren Gericht anzubringen, sondern beim **Ausgangsgericht**. Hat das Arbeitsgericht die einstweilige Verfügung ohne mündliche Verhandlung erlassen, ist der Widerspruch also beim Arbeitsgericht einzureichen, nicht beim LAG.

4 Eine besondere **Antragstellung** ist im Widerspruchsverfahren nicht vorgeschrieben. Es reicht also die Erhebung des „Widerspruchs", ohne dass besondere Widerspruchsanträge gestellt werden müssten. Üblicherweise wird aber in Vorwegnahme der angestrebten Widerspruchsentscheidung die Aufhebung der einstweiligen Verfügung und die Zurückweisung der Verfügungsanträge beantragt. Schon gar nicht erforderlich sind Anträge des Widerspruchs**gegners**, der allerdings in der Praxis häufig beantragt, die einstweilige Verfügung zu bestätigen und den Widerspruch zurückzuweisen.

5 Die Einlegung des Widerspruchs hat grundsätzlich keinen **Suspensiv-Effekt**, hindert also die Vollziehung der erlassenen einstweiligen Verfügung nicht. Nach **§§ 924 Abs. 3 Satz 2, 707 ZPO** kann jedoch die **Zwangsvollstreckung einstweilen eingestellt** werden, was jedoch einen besonderen Antrag voraussetzt. Umstritten ist, ob für den Antrag § 62 Abs. 1 Satz 2 und 3 ArbGG entsprechend gilt, wonach die vorläufige Vollstreckung aus arbeitsgerichtlichen Urteilen nur unter sehr engen Voraussetzungen (**nicht ersetzbarer Nachteil**) eingestellt werden kann (LAG Hamm v. 10. 6. 1988, DB 1988, 1908; ausführlich *Gift/Baur*, J Rz. 142 mwN).

6 Obwohl § 924 Abs. 2 Satz 1 ZPO für den Widerspruch eine Begründung vorschreibt, soll nach ganz herrschender Meinung das **Fehlen einer Widerspruchsbegründung** den Widerspruch **nicht unwirksam** oder unzulässig machen (Zöller/*Vollkommer*, § 924 ZPO Rz. 7). Gleichwohl wird in der Praxis der Widerspruch immer begründet. Insoweit gelten jedoch nicht die strengen formellen Anforderungen an eine Berufungsbegründung (§ 520 ZPO). Vielmehr reicht es völlig aus, wenn der Widerspruchsführer darlegt, warum die Voraussetzungen des Erlasses der einstweiligen Verfügung nicht (mehr) vorliegen. Eine Auseinandersetzung mit dem Verfügungsbeschluss ist grundsätzlich nicht erforderlich.
⮕ **Wichtig:** Gegenstand des Widerspruchsverfahrens ist nicht die Frage, ob die einstweilige Verfügung zu Recht erlassen wurde. Vielmehr ist zu prüfen, ob im Zeitpunkt der – stets erforderlichen – **mündlichen Verhandlung** über den Widerspruch die Voraussetzungen des Erlasses der einstweiligen Verfügung (noch) bestehen.

7 Die Widerspruchsentscheidung des Arbeitsgerichts ergeht in Form eines **Urteils**, gegen das unter den allgemeinen Voraussetzungen **Berufung zum LAG** eingelegt werden kann. Eine Widerspruchsentscheidung des LAG ist gemäß § 72 Abs. 4 ArbGG nicht revisibel.

Arrestantrag nebst Arrestpfändung — 51.4

*In der Praxis der Arbeitsgerichtsbarkeit kommen Arrestanträge praktisch nur bei Veruntreuung/Unterschlagung durch Arbeitnehmer vor (vgl. **M 13.5**), so dass auf dieses Muster verwiesen werden kann.*

Antrag auf einstweilige Verfügung im Beschlussverfahren[1, 2, 3] — 51.5

In dem Beschlussverfahren mit den Beteiligten

(Betriebsrat ./. Arbeitgeber, volles Rubrum)

vertreten wir den Antragsteller. Namens und im Auftrag des Antragstellers leiten wir ein Beschlussverfahren ein und beantragen

> *wegen der Dringlichkeit des Falles ohne mündliche Anhörung der Beteiligten durch den Vorsitzenden allein im Wege der einstweiligen Verfügung*
>
> *1. der Antragsgegnerin aufzugeben, es zu unterlassen, Überstunden ohne Beachtung des Mitbestimmungsrechts des Betriebsrats anzuordnen oder zu dulden, soweit nicht ein Notfall vorliegt, es sich um leitende Angestellte handelt,*

---

1 Die Zulässigkeit der einstweiligen Verfügung im Beschlussverfahren ergibt sich ausdrücklich aus § 85 Abs. 2 Satz 1 ArbGG. Gegenüber dem einstweiligen Verfügungsverfahren im Urteilsverfahren gibt es nur wenige bedeutsame Unterschiede, so dass im Wesentlichen auf das **M 51.1** verwiesen werden kann.

2 Bei einstweiliger Verfügung im Beschlussverfahren geht es meist um Unterlassungsverfügungen. Problematisch ist insoweit, dass eine Unterlassungsverfügung regelmäßig eine so genannte „**Befriedigungsverfügung**" ist, die entgegen dem an und für sich gebotenen vorläufigen Charakter des einstweiligen Rechtsschutzes die Angelegenheit endgültig klärt. Deshalb sind grundsätzlich hohe Anforderungen an **Verfügungsanspruch** und **Verfügungsgrund** zu stellen. Ist ernstlich zweifelhaft, ob der Verfügungsanspruch besteht (also ob eine Angelegenheit tatsächlich mitbestimmungspflichtig ist), darf eine Befriedigungsverfügung nicht ergehen. Erforderlich ist also eine sehr hohe Wahrscheinlichkeit, dass der Verfügungsanspruch besteht (LAG BW v. 7. 11. 1989, NZA 1990, 286; LAG München v. 26. 8. 1992, LAGE § 23 BetrVG Nr. 29). Des Weiteren ist nach richtiger Auffassung eine **Interessenabwägung** vorzunehmen. Eine Befriedigungsverfügung, die dem Arbeitgeber erhebliche Nachteile bringt, darf nur ergehen, wenn Betriebsrat und/oder der Belegschaft bei Unterbleiben der einstweiligen Verfügung wesentliche Nachteile drohen (*Prütting*, RdA 1995, 263). Allein die Tatsache, dass der Arbeitgeber möglicherweise gegen § 87 BetrVG verstößt, reicht also nicht. Im Einzelnen ist streitig, ob es bei der Interessenabwägung auf die Interessen des Betriebsrats oder die Interessen der Arbeitnehmer ankommt (ausführlich: *Baur* in Dunkl/Moeller, Rz. B 311c). Die Problematik zeigt sich insbesondere, wenn der Betriebsrat die Untersagung von Überstunden begehrt, die die Arbeitnehmer freiwillig leisten wollen und für die erhebliche Zuschläge gezahlt werden sollen. Dogmatisch richtig ist wohl, auf die Interessen des Betriebsrats abzustellen. Gleichwohl sollte nicht außer Acht bleiben, ob daneben auch Interessen der Belegschaft berührt sind.

3 Aus der Rechtsnatur der einstweiligen Verfügung als Sicherungsinstrument folgt, dass nur der für den Arbeitgeber **schonendste** Eingriff verlangt werden kann, der zur Sicherung der Mitbestimmungsrechte gerade noch ausreicht (ausführlich: *Baur* in Dunkl/Moeller, Rz. B 312a).

keine kollektive Maßnahme vorliegt oder es um arbeitskampfbezogene Überstunden geht,[4, 5]

2. *für jeden Fall der Zuwiderhandlung gegen die Verpflichtung aus Ziff. 1 der Antragsgegnerin pro Tag und pro betroffenem Arbeitnehmer ein Ordnungsgeld anzudrohen, dessen Höhe in das Ermessen des Gerichts gestellt wird, ersatzweise Ordnungshaft,*[6]

3. *hilfsweise: Die unter 1. und 2. beantragte einstweilige Verfügung nach Anhörung der Beteiligten unter größtmöglicher Abkürzung der Ladungs- und Einlassungsfristen zu erlassen.*

Begründung:

Die Antragsgegnerin missachtet konsequent das Mitbestimmungsrecht des Antragstellers bei der Anordnung von Überstunden. Insbesondere hat die Antragsgegnerin an den Samstagen des . . ., . . . und . . . jeweils ca. . . . . Arbeitnehmer im Rahmen einer Sonderschicht Überstunden machen lassen.

---

4 Das Hauptproblem bei der Geltendmachung von Unterlassungsansprüchen ist das Problem des so genannten „**Globalantrags**". Unter einem Globalantrag versteht man einen weit gefassten Leistungs- oder (meistens) Unterlassungsantrag, der eine Vielzahl verschiedener Fallgestaltungen erfasst. Ein typischer Globalantrag ist etwa der Antrag, den Arbeitgeber pauschal „zur Unterlassung von Überstunden ohne Zustimmung des Betriebsrats" zu verpflichten. Von einem derart weit gefassten Antrag sind beispielsweise auch Überstunden in Not- und Eilfällen, Überstunden von leitenden Angestellten, Überstunden nach Zustimmung der Einigungsstelle etc. erfasst. Während die ältere Rechtsprechung lange an der Zulässigkeit von derart weit gefassten Globalanträgen gezweifelt hat, betrachtet die neuere Rechtsprechung (zB BAG v. 10. 3. 1992, AP Nr. 1 zu § 77 BetrVG – Regelungsabrede) den Antrag grundsätzlich als **zulässig**. Das Problem sieht die neuere Rechtsprechung auf der Ebene der **Begründetheit**. Nach dieser Rechtsprechung soll nämlich der Antrag schon dann unbegründet sein, wenn aus der Vielzahl der in Betracht kommenden Fallkonstellationen auch nur eine einzelne Konstellation exisitiert, in der das geltend gemachte Recht nicht besteht. Dann sei der Antrag insgesamt abzuweisen (BAG v. 10. 6. 1986, AP Nr. 18 zu § 87 BetrVG – Arbeitszeit). Es komme nicht in Betracht, aus dem Globalantrag diejenigen Fallkonstellationen herauszulösen, in denen der Unterlassungsanspruch materiellrechtlich besteht, und dann unter Zurückweisung des Antrags im Übrigen die Unterlassungsverpflichtung für die in Betracht kommenden Fallgestaltungen auszusprechen. Es ist nicht zu verkennen, dass diese Rechtsprechung die **korrekte Antragstellung außerordentlich erschwert** (kritisch zB *Fiebig*, NZA 1993, 58). Die Pflicht des Arbeitsgerichts, auf sachgerechte Anträge hinzuwirken (§ 139 Abs. 1 ZPO), nützt im einstweiligen Verfügungsverfahren nichts, wenn Erlass der Verfügung ohne mündliche Verhandlung angestrebt wird. Es bleibt also **nur** (wie im vorliegenden Muster), **akribisch alle denkbaren Varianten zu ermitteln**, in denen ein Mitbestimmungsrecht ausnahmsweise ausscheidet, und diese im Antrag ausdrücklich auszuklammern. Eine andere Alternative ist, auf den Globalantrag ganz zu verzichten und im Wege der **Antragshäufung** mit einer Fülle gestaffelter punktueller Anträge zu arbeiten (ausführlich zur Problematik auch *Matthes*, DB 1984, 453 ff.).

5 Umstritten ist, ob wegen der Einstweiligkeit des Rechtsschutzes der gestellte Antrag **zeitlich zu begrenzen** ist, etwa auf vier bis acht Wochen. In der Praxis werden regelmäßig zeitlich unbefristete Unterlassungsanträge gestellt. Das ist aus anwaltlicher Sicht auch taktisch richtig, da das Gericht bei Bedenken wegen der zeitlichen Unbefristetheit des Antrags den Antrag nicht insgesamt zurückweisen darf, sondern als minus zeitlich beschränken muss.

6 Die Zwangsmittelandrohung nach § 890 ZPO kann (und sollte!) nach allgemeiner Ansicht mit dem Antrag im Erkenntnisverfahren **verbunden** werden (s. **M 51.1** Fn. 8).

> *Beweis: Zeugnis des Personalleiters . . ., zu laden über die Antragsgegnerin.*

Der Antragsteller hat mehrfach schriftlich dagegen protestiert, dass Überstunden angeordnet werden, ohne dass vorher sein Mitbestimmungsrecht nach § 87 Abs. 1 Nr. 3 BetrVG beachtet wird.

> *Beweis: Schreiben des Antragstellers an die Antragsgegnerin vom . . ., . . . und . . ., Anlagen AS 1 bis AS 3*

Die Aufforderungen haben jedoch nichts gefruchtet, so dass die Einleitung eines Beschlussverfahrens erforderlich ist. Der Antragsteller hat deshalb in der Betriebsratssitzung vom . . . die Beantragung einer einstweiligen Verfügung durch den beauftragten Rechtsanwalt beschlossen.

> *Zur Glaubhaftmachung: Betriebsratsbeschluss vom . . ., Anlage AS 4*[7]

Der Erlass einer einstweiligen Verfügung ist geboten, da davon auszugehen ist, dass die Antragsgegnerin bis zu einer rechtskräftigen Entscheidung im ordentlichen Verfahren die Mitbestimmungsrechte des Antragstellers weiter verletzen würde.[8, 9]

> *Zur Glaubhaftmachung für alles Vorstehende: Eidesstattliche Versicherung des Vorsitzenden des Antragstellers, Anlage AS 5*

. . .

(Unterschrift)

---

[7] ➔ **Wichtig:** Wird die einstweilige Verfügung vom Betriebsrat beantragt, sollte in der Antragsschrift unbedingt die ordnungsgemäße Beschlussfassung sowie die Bevollmächtigung des Prozessvertreters vorgetragen und glaubhaft gemacht werden. Häufig wird in Schutzschriften des Arbeitgebers vorsorglich bestritten, dass es einen entsprechenden Beschluss gibt. Dann darf die einstweilige Verfügung ohne mündliche Verhandlung nicht erlassen werden.

[8] Voraussetzung des Unterlassungsanspruchs ist regelmäßig die **Wiederholungsgefahr** (BAG v. 27. 11. 1990, NZA 1991, 382). Im Regelfall muss also vorgetragen werden, dass bereits Verstöße vorgekommen sind und weitere Verstöße drohen. Allerdings reicht nach herrschender Auffassung auch eine **Erstbegehungsgefahr**, zumindest wenn es sich um einen unmittelbar drohenden schwerwiegenden Verstoß handelt. Die bloß fern liegende Möglichkeit, der Arbeitgeber könne mitbestimmungspflichtige Maßnahmen einseitig durchführen, reicht dabei allerdings nicht. Vielmehr muss der Verstoß **„unmittelbar vor der Tür stehen"** (BAG v. 25. 2. 1997, NZA 1997, 955; ausführlich *Baur*, ZfA 1997, 445).

[9] Gegen die stattgebende Entscheidung des Arbeitsgerichts ist **Beschwerde** zum LAG nach §§ 87 ff. ArbGG möglich, wenn nach mündlicher Anhörung entschieden wurde. Bei Erlass der Verfügung ohne Anhörung ist **Widerspruch** einzulegen (vgl. die Erläuterungen zu **M 51.3**). Der **Gegenstandswert** wird üblicherweise nach der Bedeutung der streitigen Mitbestimmungsangelegenheit festgesetzt. Soweit es um Überstunden geht, wird meist mit dem Hilfswert von Euro 4 000,– gearbeitet. Geht es aber beispielsweise um die Unterlassung wirtschaftlich bedeutenderer Angelegenheiten wie die Installation eines unternehmensweiten EDV-Systems (§ 87 Abs. 1 Nr. 6 BetrVG, s. **M 33.5**) oder eine groß angelegte Verrechnung von Tariferhöhungen mit betrieblicher Zulage (§ 87 Abs. 1 Nr. 10 BetrVG), können erheblich höhere Gegenstandswerte festgesetzt werden.

Kapitel 52 — Zwangsvollstreckung

Literaturübersicht: *Bauer*, Rechtliche und taktische Konsequenzen des Weiterbeschäftigungsanspruchs, BB 1986, 799; *Beckers*, Die Abwendung der Vollstreckung aus arbeitsgerichtlichen Titeln durch Sicherheitsleistung des Schuldners, NZA 1997, 1322; *Berkowsky*, Die Einstellung der Zwangsvollstreckung aus einem arbeitsgerichtlichen „Weiterbeschäftigungsurteil" nach § 62 ArbGG, BB 1981, 1038; *Brill*, Die Durchsetzung des allgemeinen Weiterbeschäftigungsanspruchs, BB 1982, 621; *Dudzus/Frohner*, Weiterbeschäftigungsanspruch und „nicht zu ersetzender Nachteil" iSv. § 62 ArbGG, BB 1979, 482; *Dütz*, Einstweilige Abwendung von Vollstreckungsmaßnahmen in der Arbeitsgerichtsbarkeit, DB 1980, 1069 und 1120; *Egerer*, Vollstreckung und Vollstreckungsschutzanträge im Arbeitsrecht – Verfahren 1. Instanz –, NZA 1985, Beil. 2, 22; *Groeger*, Die vorläufige Vollstreckbarkeit arbeitsgerichtlicher Urteile, NZA 1994, 251; *Hellwich*, Zweifelsfragen bei der Zwangsvollstreckung aus arbeitsgerichtlichen Titeln, ArbuR 1987, 395; *Körnig/Reinecke*, Materiell-rechtliche und vollstreckungsrechtliche Probleme des Beschäftigungsanspruches während des Kündigungsschutzprozesses, ArbuR 1978, 233.

I. Erläuterungen

1. Allgemeines

Gemäß § 62 Abs. 2a ArbGG gilt für die Zwangsvollstreckung im Urteilsverfahren grundsätzlich das Vollstreckungsrecht des 8. Buchs der ZPO. Die gleiche Verweisung enthält § 85 Abs. 1 ArbGG für die Vollstreckung im Beschlussverfahren. Da somit die Grundzüge des Vollstreckungsrechts **für das Urteils- und Beschlussverfahren gleich** sind, gelten die nachfolgenden Erläuterungen und Muster – soweit nichts anderes angegeben ist – gleichermaßen für die Vollstreckung in beiden Verfahrensarten. Zu beachten ist allerdings, dass sowohl § 62 Abs. 1 ArbGG für das Urteilsverfahren als auch § 85 Abs. 1 ArbGG für das Beschlussverfahren vollstreckungsrechtliche Besonderheiten enthalten, die oft übersehen werden.

2. Vorläufige Vollstreckbarkeit im Urteilsverfahren

a) Grundsätze

Für die Vollstreckung aus **rechtskräftigen** Urteilen der Arbeitsgerichtsbarkeit gilt ohne Einschränkung und ohne Besonderheiten die ZPO. Besonderheiten enthält § 62 Abs. 1 ArbGG nur für die **vorläufige** Vollstreckung. Wichtigster Unterschied zur ordentlichen Gerichtsbarkeit ist, dass erstinstanzliche Urteile grundsätzlich und ausnahmslos vorläufig vollstreckbar sind und zwar **ohne Sicherheitsleistung**. Ein besonderer **Antrag** zur vorläufigen Vollstreckbarkeit ist **nicht erforderlich**. Das Arbeitsgericht tituliert auch keine vorläufige Vollstreckbarkeit. Denn die vorläufige Vollstreckbarkeit ergibt sich auch ohne besonderen Ausspruch unmittelbar aus § 62 Abs. 1 ArbGG. Die umfassende vorläufige Vollstreckbarkeit erstinstanzlicher Urteile ist eine Ausprägung des Beschleunigungsgrundsatzes, der das gesamte ArbGG durchzieht.

b) Vollstreckungsschutzantrag nach § 62 Abs. 1 Satz 2 ArbGG

Die vorläufige Vollstreckbarkeit kann nur auf besonderen Antrag der unterlegenen Partei ausgeschlossen werden. Nach § 62 Abs. 1 Satz 2 ArbGG setzt dies allerdings voraus, dass der Betroffene glaubhaft macht, dass ihm die Vollstreckung einen „**nicht zu ersetzenden Nachteil**" bringen würde. Die bloße Tatsache, dass das Urteil möglicherweise in der Berufung oder Revision geändert wird, reicht als „nicht zu ersetzender Nachteil" grundsätzlich nicht aus, das gilt auch und gerade für **Weiterbeschäftigungsurteile**. Dass hier eine im Wege der vorläufigen Vollstreckung erzwungene Weiterbeschäftigung nicht mehr rückgängig zu machen ist und der Arbeitnehmer auch bei Aufhebung des Urteils in der Berufung oder Revision für die Dauer der tatsächlichen Weiterbeschäftigung einen (wenn auch nach Bereicherungsrecht zu berechnenden) Lohn- und Gehaltsanspruch erhält, ist vom Arbeitgeber grundsätzlich hinzunehmen.[1] Bei **Zahlungsklagen** reicht es für den „nicht zu ersetzenden Nachteil" iSv. § 62 Abs. 1 Satz 2 ArbGG nicht aus, dass es erfahrungsgemäß schwierig ist, Zahlungen zurückzuerhalten, die an Arbeitnehmer geleistet wurden. Nur wenn von **Vermögenslosigkeit** ausgegangen werden kann oder die Gefahr besteht, dass der Arbeitnehmer ohne Angabe eines neuen Wohnsitzes ins Ausland verzieht, kann ein Antrag nach § 62 Abs. 1 Satz 2 ArbGG Erfolg haben. Dafür müssen aber stets konkrete Anhaltspunkte vorgetragen werden. Die bloße Tatsache, dass der Kläger ein ausländischer Arbeitnehmer und arbeitslos ist, reicht noch nicht.[2]

Der Antrag nach § 62 Abs. 1 Satz 2 ArbGG kann sowohl in der 1. Instanz als auch in der Berufungsinstanz gestellt werden. Gestellt werden muss er aber spätestens bis zum Schluss der letzten mündlichen Verhandlung. Ist das Urteil bereits ergangen, kommt nur noch ein Antrag nach § 62 Abs. 1 Satz 3 ArbGG iVm. §§ 707, 719 ZPO in Betracht (dazu sogleich unter c).

Die **Tatsachen müssen glaubhaft gemacht** werden, aus denen sich der nicht zu ersetzende Nachteil ergeben soll. Die Entscheidung ergeht durch **Beschluss**. Der Gegenseite ist rechtliches Gehör zu gewähren. Entscheidet über den Antrag das Arbeitsgericht (zB bei Wiedereinsetzung in den vorigen Stand, Wiederaufnahme des Verfahrens, Einspruch gegen ein Versäumnisurteil etc.), ist die Entscheidung des Arbeitsgerichts mit der sofortigen Beschwerde nach § 793 ZPO angreifbar. Ist der Antrag dagegen im Rahmen des Berufungsverfahrens gestellt worden und entscheidet über ihn das LAG, ist die Entscheidung des Vorsitzenden nach § 70 ArbGG unanfechtbar.

c) Vollstreckungsschutzantrag nach § 62 Abs. 1 Satz 3 ArbGG

Nach Erlass des Urteils (1. oder 2. Instanz) kann die Zwangsvollstreckung nur noch gemäß § 62 Abs. 1 Satz 3 ArbGG eingestellt werden. Die Vorschrift verweist auf die Fälle der §§ 707 Abs. 1, 719 Abs. 1 ZPO. Von Bedeutung ist vor allem der Verweis auf § 719 Abs. 1 ZPO, weil sich daraus die Möglichkeit der Einstellung der Zwangsvollstreckung für den Fall ergibt, dass gegen das zu vollstreckende Urteil **Rechtsmittel eingelegt** sind. Der Antrag nach § 62 Abs. 1 Satz 3 ArbGG ist dann **beim Rechtsmittelgericht** zu stellen. Soweit es um die Vollstreckung einer erstinstanzlichen Entscheidung geht, ist der Antrag beim LAG zu stellen, wenn aus einem Urteil des LAG vollstreckt werden soll, beim BAG.

---

[1] Vgl. BAG GS v. 27. 2. 1985, NZA 1985, 706; LAG Berlin v. 26. 9. 1980, DB 1980, 2448; LAG Hessen v. 28. 7. 1983, DB 1983, 2640.

[2] LAG Bremen v. 25. 10. 1982, AP Nr. 2 zu § 62 ArbGG; ArbG Reutlingen v. 8. 2. 1980, AP Nr. 1 zu § 62 ArbGG.

Aus dem Verweis in § 62 Abs. 1 Satz 3 ArbGG auf Satz 2 ergibt sich, dass auch für den Antrag nach § 62 Abs. 1 Satz 3 ArbGG erforderlich ist, dass ein **"nicht zu ersetzender Nachteil"** droht. Dazu kann auf die obigen Ausführungen verwiesen werden. Nach richtiger Auffassung können im Rahmen von § 62 Abs. 1 Satz 3 ArbGG allerdings auch die **Erfolgsaussichten des Rechtsmittels** berücksichtigt werden. In Betracht kommt dies insbesondere dann, wenn dem angefochtenen Urteil ein **offensichtlicher Fehler** zugrunde liegt, dem Urteil also seine Unrichtigkeit „auf die Stirn geschrieben" steht. Nach richtiger Auffassung kann in einem so klaren Fall die Zwangsvollstreckung sogar eingestellt werden, ohne dass irgendwelche besonderen Nachteile iSv. § 62 Abs. 1 Satz 2 ArbGG vorgetragen werden müssen, weil bereits die Tatsache der Vollstreckung aus einem evident unrichtigen Urteil ein „nicht zu ersetzender Nachteil" an sich ist.[3]

Der Antrag nach Satz 3 kann gegebenenfalls **mehrfach gestellt** werden, wenn neue Tatsachen vorgetragen werden.

d) Vollstreckungsgegenklage

Unabhängig von § 62 Abs. 1 Satz 2 und 3 ArbGG bleibt die Möglichkeit, sich bei einem bereits rechtskräftigen Urteil über **§§ 767, 769 ZPO (Vollstreckungsgegenklage)** gegen die Vollstreckung zu wehren, wenn nach Erlass des Urteils neue Tatsachen eingetreten sind. **§ 769 ZPO** ermöglicht hier die **vorläufige Einstellung der Zwangsvollstreckung** bis zur Entscheidung über die Vollstreckungsgegenklage nach § 767 ZPO. Streitig ist, ob in entsprechender Anwendung von § 62 Abs. 1 ArbGG auch für die vorläufige Einstellung der Zwangsvollstreckung nach § 769 ZPO das Drohen eines nicht zu ersetzenden Nachteils erforderlich ist.[4]

3. Vollstreckungsmaßnahmen

Die jeweils gegebenen Vollstreckungsmaßnahmen ergeben sich aus dem 8. Buch der ZPO. **Geldforderungen** werden nach den allgemeinen Vorschriften der §§ 803 bis 882a ZPO vollstreckt. Der Arbeitgeber kann grundsätzlich den **vollen Bruttobetrag** vollstrecken. Weist der Arbeitnehmer allerdings durch Vorlage von Quittungen nach, dass er die Lohnsteuer und die Arbeitnehmeranteile zur Sozialversicherung bereits abgeführt hat, ist insoweit die Vollstreckung einzustellen.

Die **Herausgabe von Sachen** wird nach §§ 883 bis 888 ZPO vollstreckt. Für die Herausgabe von Arbeitspapieren gilt § 883 ZPO, während bestimmte Eintragungen auf den Arbeitspapieren als unvertretbare Handlungen nach § 888 Abs. 1 ZPO zu vollstrecken sind.[5]

Für die **Erwirkung von Handlungen** gelten die §§ 887, 888 ZPO. Die Vollstreckung nach diesen Vorschriften ist allerdings ausgeschlossen, wenn der Entschädigungsantrag nach § 61 Abs. 2 ArbGG gestellt worden ist (dazu sogleich unter 4.). Die Vollstreckung nach §§ 887, 888 ZPO ist vom **Arbeitsgericht** als Prozessgericht durchzuführen, anders als bei Zahlungstiteln oder der Herausgabe von Sachen also nicht vom

---
3 Vgl. LAG Düsseldorf v. 31. 3. 1982, EzA § 62 ArbGG Nr. 6; BAG v. 6. 1. 1971 und v. 22. 6. 1972, AP Nr. 3, 4 zu § 719 ZPO.
4 Vgl. *Germelmann/Matthes/Prütting/Müller-Glöge*, § 62 ArbGG Rz. 38 mwN.
5 LAG Hessen v. 25. 6. 1980, DB 1981, 534.

Amtsgericht als Vollstreckungsgericht. Gegen die Entscheidungen des Arbeitsgerichts ist sofortige Beschwerde zum LAG nach § 793 ZPO gegeben. Die Klage auf **Entfernung einer Abmahnung** aus den Personalakten wird als Verurteilung zur Vornahme einer nicht-vertretbaren Handlung angesehen, da nur der Arbeitgeber die Verfügungsgewalt über die Personalakten hat. Die Vollstreckung kann also nicht durch Wegnahme mittels Gerichtsvollzieher erfolgen, sondern allein über § 888 ZPO.[6] § 888 ZPO gilt auch für die Erteilung von **Auskünften**, für die Gewährung von **Einsicht** in Gehaltslisten etc. sowie für den **Weiterbeschäftigungsanspruch**.[7] Auch der Anspruch auf **Zeugnisberichtigung** oder Zeugniserteilung ist nach § 888 ZPO zu vollstrecken. Eine Verurteilung zur **Leistung von Diensten** ist zwar möglich, aber wegen § 888 Abs. 2 ZPO nicht vollstreckbar.

Unterlassungsansprüche werden nach § 890 ZPO durch Androhung von Ordnungsgeld vollstreckt.

4. Entschädigungsantrag nach § 61 Abs. 2 ArbGG

Ist der Beklagte zur Vornahme einer – vertretbaren oder unvertretbaren – Handlung verurteilt worden, so kann der Kläger den besonderen Entschädigungsantrag nach § 61 Abs. 2 ArbGG stellen. § 61 Abs. 2 ArbGG modifiziert die zivilrechtlichen Vollstreckungsregeln der §§ 510b und 888a ZPO. Die Vorschrift dient der Verfahrensbeschleunigung. Ob statt des Antrags nach § 61 Abs. 2 ArbGG die Vollstreckung nach §§ 887, 888 ZPO überhaupt zulässig wäre, ist nicht zu prüfen, so dass der Antrag nach § 61 Abs. 2 ArbGG auch bei der Verurteilung zur Leistung von Diensten in Betracht kommt, bei der § 888 Abs. 2 ZPO die Vollstreckung grundsätzlich ausschließt.

Der Antrag nach § 61 Abs. 2 ArbGG setzt ein **Leistungsurteil** voraus, ein Feststellungsurteil reicht nicht. Nicht anwendbar ist § 61 Abs. 2 ArbGG bei der Herausgabe von Sachen[8] oder bei einer Verurteilung zur Abgabe einer Willenserklärung (hier ist die Vollstreckung nach § 894 ZPO einschlägig). Bedeutung hat der Antrag nach § 61 Abs. 2 ArbGG insbesondere bei Ansprüchen auf **Auskunft** oder **Abrechnung**, auf **Weiterbeschäftigung** oder **Berichtigung eines Zeugnisses**.[9]

Die Verurteilung zur Entschädigung nach § 61 Abs. 2 ArbGG setzt einen **Antrag** des Klägers voraus, sie kann nicht von Amts wegen erfolgen. Der Antrag muss sowohl die Festsetzung der Entschädigung als auch die Fristsetzung umfassen, wobei die Frist in das Ermessen des Gerichts gestellt werden kann. Der Antrag kann auch noch in der Berufungsinstanz gestellt werden (§ 261 Abs. 2 ZPO). Umstritten ist, ob der Anspruch beziffert werden muss. Sinnvoll und auf jeden Fall auch zulässig ist ein „nach unten bezifferter" Antrag, mit dem eine Entschädigung nach Ermessen des Gerichts, mindestens aber in Höhe eines summenmäßig bezifferten Betrages verlangt wird. Nach herrschender Auffassung muss der Antrag zumindest insoweit begründet werden, als Anhaltspunkte für die Bemessung des drohenden Schadens und damit die

---

6 Androhung von Zwangsgeld; LAG Hessen v. 9. 6. 1993, NZA 1994, 288.
7 LAG Bremen v. 21. 2. 1983, EzA § 62 ArbGG Nr. 10; ausführlich *Germelmann/Matthes/Prütting/Müller-Glöge*, § 62 ArbGG Rz. 48.
8 BAG v. 23. 1. 1958, AP Nr. 22 zu § 61 ArbGG.
9 Im einzelnen *Germelmann/Matthes/Prütting/Müller-Glöge*, § 61 ArbGG Rz. 28.

Höhe der festzusetzenden Entschädigung gegeben werden müssen.[10] Der Antrag ist ein uneigentlicher Hilfsantrag, der nach herrschender Auffassung den Gesamtstreitwert des Verfahrens nicht erhöht.[11]

Zu beachten ist, dass § 61 Abs. 2 ArbGG dazu führt, dass sich nach Ablauf der gesetzten Frist der **Erfüllungsanspruch in den Entschädigungsanspruch umwandelt**. Bis zum Ablauf der Frist kann der Schuldner die geforderte Handlung bewirken und sich danach gegen die Vollstreckung der festgesetzten Entschädigung durch Vollstreckungsgegenklage nach § 767 ZPO wehren. Ist dagegen die Frist abgelaufen, gibt es keinen vollstreckbaren Erfüllungsanspruch mehr, dieser hat sich vielmehr in die Entschädigungsforderung umgewandelt, die dann nach den allgemeinen Vorschriften über die **Vollstreckung von Geldforderungen** zu vollstrecken ist.

Besondere Probleme macht die **Bemessung der Entschädigung** bei **Auskunftsansprüchen**, insbesondere wenn diese Auskunftsansprüche der Durchsetzung von Zahlungsansprüchen dienen sollen (Abrechnung über variable Vergütungsbestandteile etc.). Nach herrschender Auffassung muss bei der Festlegung der Entschädigungshöhe beachtet werden, dass es nicht um eine Entschädigung für den Verlust des Zahlungsanspruchs geht, sondern um eine Entschädigung für die verweigerte Auskunft. Deshalb soll nach herrschender Auffassung bei der Festlegung der Entschädigungssumme ein Abschlag von mindestens 20% gegenüber der vermutlichen Hauptforderung angemessen sein.[12] Das Problem der Bemessung der Entschädigungsleistung steht in untrennbarem Zusammenhang mit dem noch nicht höchstrichterlich entschiedenen Problem, inwieweit die nach § 61 Abs. 2 ArbGG vollstreckte Entschädigungsleistung auf den Hauptanspruch anzurechnen ist, wenn dieser (ggf. aufgrund anderweitig erlangter Informationen) auch ohne die zunächst begehrte Auskunft später durchgesetzt wird.[13]

5. Vollstreckung im Beschlussverfahren

Hinsichtlich der Vollstreckung aus **rechtskräftigen** Beschlüssen ergeben sich keine Besonderheiten gegenüber der Vollstreckung im Urteilsverfahren. Die Grundsätze der **vorläufigen** Vollstreckbarkeit gelten im Beschlussverfahren dagegen nur eingeschränkt, gemäß § 85 Abs. 1 Satz 2 ArbGG sind nicht-rechtskräftige Beschlüsse nur insoweit vorläufig vollstreckbar, als sie vermögensrechtliche Streitigkeiten betreffen. Für **vermögensrechtliche Streitigkeiten** ist also die Zwangsvollstreckung im Beschlussverfahren identisch mit der Zwangsvollstreckung im Urteilsverfahren, § 85 Abs. 1 Satz 2 ArbGG verweist auch auf die vollstreckungsrechtlichen Sondervorschriften des § 62 Abs. 1 Satz 2 und 3 ArbGG (Einstellung der Zwangsvollstreckung wegen nicht zu ersetzendem Nachteil). Eine Einstellung der Zwangsvollstreckung gegen Sicherheitsleistung ist – wie im Urteilsverfahren – nicht möglich. Der besondere Entschädigungsantrag nach § 61 Abs. 2 ArbGG bei der Verurteilung zur Vornahme einer Handlung ist im Beschlussverfahren nicht statthaft.

---

10 *Germelmann/Matthes/Prütting/Müller-Glöge*, § 61 ArbGG Rz. 30.
11 *Germelmann/Matthes/Prütting/Müller-Glöge*, § 61 ArbGG Rz. 33.
12 BAG v. 5. 6. 1985, AP Nr. 67 zu § 1 TVG – Tarifverträge: Bau.
13 Dazu *Germelmann/Matthes/Prütting/Müller-Glöge*, § 61 ArbGG Rz. 36 ff.

Problematisch ist die Definition der **„vermögensrechtlichen Streitigkeiten"**, für die § 80 Abs. 1 Satz 2 ArbGG die vorläufige Vollstreckbarkeit anordnet. Nach herrschender Auffassung ist der Begriff eng zu verstehen, so dass im Wesentlichen Streitigkeiten über Sachmittel und Kosten der Betriebsratsarbeit sowie über Wahlkosten in Betracht kommen. Nach herrschender Auffassung ist die vorläufige Vollstreckbarkeit nach § 80 Abs. 1 Satz 2 ArbGG im Beschluss **gesondert auszusprechen**, Anträge dazu brauchen die Parteien allerdings nicht zu stellen. Ist die vorläufige Vollstreckbarkeit versehentlich nicht angeordnet worden, ist der Beschluss nicht vorläufig vollstreckbar, der Fehler kann über § 87 ArbGG und § 718 ZPO durch Beschluss des LAG auf Beschwerde des Antragstellers korrigiert werden.

Besondere Probleme entstehen bei **Leistungs-** oder **Unterlassungsansprüchen**. Soweit es um Ansprüche des Betriebsrats oder anderer Stellen der Betriebsverfassung gegenüber dem Arbeitgeber geht, ist die Zwangsvollstreckung unproblematisch nach den §§ 888 bis 890 ZPO möglich. Schwierig ist jedoch der umgekehrte Fall, in dem der **Betriebsrat** oder **andere Organe der Betriebsverfassung** zu einer Handlung oder Unterlassung **verpflichtet** worden sind. Die an sich gebotene Vollstreckung mittels Androhung und Festsetzung von Zwangs- bzw. Ordnungsgeld nach §§ 888 bis 890 ZPO scheitert daran, dass der Betriebsrat ebenso wie die übrigen Organe der Betriebsverfassung **vermögenslos** ist (sofern die Kosten der Betriebsratsarbeit nicht – wie in größeren Betrieben üblich – durch ein vorab ausgezahltes Budget bestritten werden). Nach herrschender Meinung kommt auch nicht eine Vollstreckung gegenüber den handelnden Einzelpersonen (Betriebsratsmitglieder, Betriebsratsvorsitzender) in Betracht, da ein gegen eine Stelle gerichteter Titel nicht gegen ihre Mitglieder umgeschrieben werden kann.[14] In der Literatur wird die Auffassung vertreten, die Vollstreckungsklausel könne entsprechend § 731 ZPO gegen den Vorsitzenden oder die Mitglieder des Betriebsrats bzw. der betreffenden Stelle umgeschrieben und dann gegen die handelnden Personen vollstreckt werden.[15] In der Praxis wird allerdings die Vollstreckung von Handlungs- oder Unterlassungstiteln gegen den Betriebsrat nur äußerst selten versucht. Meist fügt sich der Betriebsrat einer entsprechenden gerichtlichen (rechtskräftigen!) Entscheidung. Ansonsten kommt ein Ausschluss- oder Abberufungsverfahren nach § 23 BetrVG in Betracht.

---

14 *Germelmann/Matthes/Prütting/Müller-Glöge*, § 85 ArbGG Rz. 18.
15 *Germelmann/Matthes/Prütting/Müller-Glöge*, § 85 ArbGG Rz. 19; LAG Hamburg v. 3. 9. 1987, NZA 1988, 371.

II. Muster

52.1 Antrag auf Erteilung der vollstreckbaren Ausfertigung[1]

An das Arbeitsgericht[2]

(abgekürztes Rubrum)

Az.: ...

In Sachen

.../...

bitten wir um Erteilung einer vollstreckbaren Ausfertigung des Urteils[3] vom ... zum Zwecke der Zwangsvollstreckung.

...

(Unterschrift)

---

1 ⊃ **Praxistipp:** Da der Antrag keine Schriftform erfordert, wird er häufig **am Schluss der mündlichen Verhandlung** bereits mündlich gestellt („und bitten wir um vollstreckbare Ausfertigung").
2 Zuständig ist das **Arbeitsgericht** als Vollstreckungsgericht, **nicht das Amtsgericht**. Die vollstreckbare Ausfertigung (Vollstreckungsklausel) wird vom Urkundsbeamten erteilt. Ist der Prozess bereits in der Berufung anhängig, ist der Urkundsbeamte beim LAG zuständig (§ 724 Abs. 2 ZPO). Benötigt der Gläubiger eine so genannte „qualifizierte Vollstreckungsklausel", wird sie gemäß § 20 Nr. 12 RPflG vom Rechtspfleger erteilt.
3 Gemäß § 317 Abs. 2 Satz 2 ZPO kann die Vollstreckung schon vor Absetzung des vollständigen Urteils aus der abgekürzten **„Kurzausfertigung"** betrieben werden, die nur Rubrum, Urteilsformel und Unterschrift des Richters erhält. Auf diese Weise kann vollstreckt werden, noch bevor das vollständige Urteil vorliegt. Der Antrag auf Klauselerteilung braucht nicht ausdrücklich zu erwähnen, ob aus der vollständigen oder der abgekürzten Fassung vollstreckt werden soll. Es ist dem Urkundsbeamten klar, dass nach Absetzung des vollständigen Urteils im Zweifel aus der vollständigen Fassung vollstreckt werden soll, vorher aus der abgekürzten.
⊃ **Praxistipp:** Bei Vollstreckung aus dem abgekürzten Urteil ist zu beachten, dass dieses abgekürzte Urteil nicht von Amts wegen zugestellt wird, so dass hier **Zustellung im Parteibetrieb erforderlich** ist.

Entschädigungsantrag nach § 61 Abs. 2 ArbGG[1, 2, 3]

Klage

An das Arbeitsgericht

In Sachen

(Kurzrubrum)

Az.:

beantragen[4] wir namens und im Auftrag des Klägers im Wege des unechten Hilfsantrags gemäß § 61 Abs. 2 ArbGG:

> *Die Beklagte wird zur Zahlung einer angemessenen Entschädigung[5], die Euro 5 000 nicht unterschreiten sollte, für den Fall verurteilt, dass sie den in der Klageschrift unter Ziff. 1 eingeklagten Auskunftsanspruch nicht binnen eines Monats[6] nach Verkündung der Entscheidung des Arbeitsgerichts vollumfänglich erfüllt.*

Begründung:

Mit dem Klagantrag Ziff. 1 in der Klageschrift hat der Kläger Auskunft über Umsatz und Gewinn der Beklagten begehrt, um die ihm nach seinem Anstellungsvertrag zustehenden Umsatz- und Gewinnprämien berechnen und einklagen zu können. Der Kläger befürchtet, dass die Beklagte sich auch im Falle ihrer Verurteilung zur Auskunftserteilung hartnäckig weigern wird, die Auskünfte zu erteilen, ggf. sogar unrichtige Auskünfte erteilen könnte. Die Beklagte unternimmt seit Jahren alles, um ihre Umsatz- und Gewinnzahlen vor der Konkurrenz zu verheimlichen. Aus diesem Grund reicht die Beklagte auch keine Bilanzen beim Handelsregister ein und lässt sich lieber zu Zwangsgeldern verurteilen (wird ausgeführt).[7]

---

1 Siehe zunächst oben die Erläuterungen unter I. 4.

2 Da es nur um einen vollstreckungsrechtlichen Antrag geht, erhöht sich der **Gesamtstreitwert** des Verfahrens nach herrschender Auffassung nicht (*Grunsky*, § 61 ArbGG Rz. 13; *Thomas/Putzo*, § 510b ZPO Rz. 5).

3 Das Arbeitsgericht muss über den **Hauptanspruch** (hier: Auskunft) und den **Entschädigungsantrag** nach § 61 Abs. 2 ArbGG stets **zusammen entscheiden**. Nicht möglich ist, zunächst durch Teilurteil über den Hauptanspruch zu entscheiden, da dann unklar bliebe, wie dieser zu vollstrecken ist (*Germelmann/Matthes/Prütting/Müller-Glöge*, § 61 ArbGG Rz. 37).

4 Der Antrag kann unmittelbar in der **Klageschrift** oder in einem **späteren Schriftsatz** gestellt werden. Möglich ist der Antrag bis zur **letzten mündlichen Verhandlung**, ggf. auch noch in der **Berufungsinstanz**.

5 Nach herrschender Meinung muss der Kläger den Antrag **beziffern**, zumindest mit einer **Mindestsumme**.

6 Die **Dauer der Frist** kann auch in das Ermessen des Gerichts gestellt werden, eine Anregung ist allerdings immer sinnvoll. Die gesetzte Frist muss so bemessen sein, dass **ausreichend Zeit zur zügigen Vornahme** der ausgeurteilten Handlung besteht. Das Arbeitsgericht hat darauf zu achten, dass durch eine zu kurze Fristsetzung nicht von vornherein die Erfüllung des Hauptanspruchs faktisch ausgeschlossen wird, insbesondere bei komplizierten Abrechnungsklagen. Nach einer verbreiteten Auffassung darf grundsätzlich keine kürzere Frist als die Rechtsmittelfrist gesetzt werden, so dass eine kürzere Frist als **ein Monat** unzulässig sein dürfte (BAG v. 5. 6. 1985, AP Nr. 67 zu § 1 TVG – Tarifverträge: Bau).

7 Der Kläger braucht grundsätzlich nicht zu **begründen**, **warum** er die Entschädigung nach § 61 Abs. 2 ArbGG beantragt, statt die eingeklagten Ansprüche auf Vornahme einer Handlung

Nach unverbindlichen Auskünften, die der Kläger „unter der Hand" aus der Finanzabteilung der Beklagten erhalten hat, belief sich der Umsatz der Beklagten für das abgelaufene Geschäftsjahr auf ca. Euro 30 Mio., der Gewinn auf ca. Euro 7 Mio. Daraus würden sich Ansprüche des Klägers auf Umsatz- und Gewinntantieme von Euro 6 000 errechnen (wird ausgeführt).[8] Die Festsetzung einer Entschädigung von mindestens Euro 5 000 für den Fall, dass die Beklagte im Falle ihrer Verurteilung die Auskünfte nicht erteilt, erscheint daher angemessen. Auch die beantragte Frist von einem Monat ist angemessen, da der Geschäftsführung selbstverständlich die im letzten Geschäftsjahr erzielten Umsätze und Gewinne bis auf die letzte Mark bekannt sind; die Auskunft könnte also innerhalb weniger Sekunden erteilt werden.

...

(Unterschrift)

---

nach § 888 ZPO vollstrecken zu lassen. Es ist aber stets sinnvoll, dem Gericht den Hintergrund des Antrags zu erläutern.

[8] Der Entschädigungsanspruch nach § 61 Abs. 2 ArbGG ist nur dann begründet, wenn bei Nichtvornahme der eingeklagten Handlung **überhaupt ein Schaden entstünde**. Kann ein solcher Schaden nicht einmal grob beziffert werden, ist der Entschädigungsantrag nach § 61 Abs. 2 ArbGG als unbegründet abzuweisen. Zwar kommt stets § 287 ZPO in Betracht, wonach das Gericht einen Schaden schätzen kann (und muss!). Allerdings setzt eine solche Schätzung greifbare Anhaltspunkte voraus.

52.3 Antrag auf Ausschluss der vorläufigen Vollstreckbarkeit nach § 62 Abs. 1 Satz 2 ArbGG wegen nicht zu ersetzenden Nachteils[1]

An das Arbeitsgericht

In Sachen

(Kurzrubrum)

Az.:

vertreten wir die Beklagte. Namens und im Auftrag der Beklagten beantragen wir:

    1. Die Klage wird abgewiesen.[2]

---

[1] Über den Antrag wird grundsätzlich nicht vorweg entschieden, sondern stets **zusammen mit dem Urteil**. Wird die Klage abgewiesen, fällt der Antrag nicht mehr zur Entscheidung an. Wird dagegen der Klage stattgegeben, ist über den Antrag so oder so zu entscheiden. Mitunter wird der Antrag bei Abfassung des Urteils schlicht **übersehen**, was durch Urteilsergänzung nach § 321 ZPO korrigiert werden kann. Soweit das Urteil den Antrag nach § 62 Abs. 1 Satz 2 ArbGG zurückweist, kann dieser Teil des Urteils nicht gesondert (mit Berufung, Beschwerde oder sonst wie) angegriffen werden. Vielmehr bleibt nur, den Antrag in der **Berufungsinstanz zu wiederholen** und/oder einen **nachträglichen** Antrag nach § 62 Abs. 1 **Satz 3** ArbGG zu stellen (siehe **M 52.4**).

[2] Der Antrag kann unmittelbar in der Klagerwiderung gestellt werden, aber auch noch **bis zum Schluss der letzten mündlichen Verhandlung**, ggf. auch noch beim LAG. Ist dagegen das

2. Hilfsweise: Die vorläufige Vollstreckbarkeit wird gemäß § 62 Abs. 1 Satz 2 ArbGG ausgeschlossen.

Begründung:

Der mit der Klage geltend gemachte Zahlungsanspruch über Euro . . . besteht nicht. Zwar hätte sich für den Kläger bei Anwendung des bei der Beklagten geltenden Sozialplans eine Abfindungssumme in dieser Höhe ergeben. Der Kläger fällt jedoch nicht unter den Sozialplan. Denn er ist nicht aus betrieblichen Gründen im Zusammenhang mit der Betriebsänderung entlassen worden, sondern aus verhaltensbedingten Gründen (Kollegendiebstahl). Der Sozialplan galt ausweislich seiner Ziff. . . . nicht für Mitarbeiter, denen aus personen- oder verhaltensbedingten Gründen gekündigt wurde (wird ausgeführt).

Der Antrag auf Ausschluss der vorläufigen Vollstreckbarkeit nach § 62 Abs. 1 Satz 2 ArbGG ist begründet. Der Kläger hat noch zwei Wochen vor Klageerhebung in der Personalabteilung vorgesprochen und gefragt, ob man ihm seine Betriebsrentenanwartschaft bar auszahlen könne. Er sei arbeitslos und habe ca. Euro . . . Schulden. Aufgrund seines vorgerückten Alters werde er in Deutschland keine neue Arbeit mehr finden. Er habe vor, in sein türkisches Heimatland zurückzukehren und im Familienbetrieb seines Vaters mitzuhelfen.

Zur Glaubhaftmachung:[3] Eidesstattliche Versicherung des Mitarbeiters . . .
der Personalabteilung der Beklagten, Anlage B 1.

Die Beklagte konnte dem Wunsch des Klägers auf Barauszahlung seiner Betriebsrentenanwartschaft nicht nachkommen, da dies gegen die Versorgungsordnung verstoßen würde, und außerdem die Unterstützungskasse über Barmittel in der erforderlichen Höhe derzeit nicht verfügt. Würde die Beklagte erstinstanzlich zur Zahlung des eingeklagten Betrags an den Kläger verurteilt, würde ihr ein nicht ersetzbarer Nachteil im Sinne des § 62 Abs. 1 Satz 2 ArbGG drohen. Denn sie müsste damit rechnen, das Geld nie wieder zu sehen, wenn das Urteil in der Berufungsinstanz geändert würde. Der Kläger würde mit Sicherheit das Geld sofort zur Begleichung seiner Schulden verwenden oder es in die Türkei transferieren. Nach der von ihm geplanten Rückkehr in die Türkei wäre er für die erhaltenen Gelder nicht mehr vor deutschen Gerichten haftbar zu machen. Eine Rechtsverfolgung vor türkischen Gerichten wäre für die Beklagte unzumutbar und auch mit viel zu hohen Kosten verbunden.

Nachteile durch den Ausschluss der vorläufigen Vollstreckbarkeit drohen dem Kläger nicht. Die Beklagte hat keinerlei wirtschaftliche Schwierigkeiten, so dass die Auszah-

---

Urteil bereits ergangen, hilft nur noch ein Antrag nach § 62 Abs. 1 Satz 3 ArbGG (LAG Bremen v. 26. 5. 1998, BB 1999, 374).

⊃ **Praxistipp:** Vorsicht ist geboten, wenn über den Antrag in der 1. Instanz nicht entschieden wurde, weil die Klage abgewiesen wurde. Nach herrschender Auffassung **lebt** nämlich der Antrag nach § 62 Abs. 1 Satz 2 ArbGG in der Berufungsinstanz **nicht automatisch wieder** auf. Er muss also in diesem Fall in der Berufungsinstanz neu gestellt werden, zweckmäßigerweise zusammen mit der Berufungserwiderung (Germelmann/Matthes/Prütting/Müller-Glöge, § 62 ArbGG Rz. 20).

3 Die **Tatsachen**, auf die der Antrag nach § 62 Abs. 1 Satz 2 ArbGG gestützt wird, sind **glaubhaft zu machen**. Nach den allgemeinen Grundsätzen kommen dafür alle Beweismittel in Betracht, aber auch die **eidesstattliche Versicherung** sowie **anwaltliche Versicherung**.

lung der Abfindung an den Kläger im Falle seines endgültigen Obsiegens nicht gefährdet ist. Im Übrigen stellt die Beklagte dem Kläger anheim, eine Bankbürgschaft beizubringen. Sollte er eine solche Bürgschaft vorlegen, würde die Beklagte den Antrag nach § 62 Abs. 1 Satz 2 ArbGG sofort zurücknehmen.[4]

...

(Unterschrift)

---

4 Die Entscheidung über den Antrag nach § 62 Abs. 1 Satz 2 ArbGG kann **nicht** von einer **Sicherheitsleistung** abhängig gemacht werden (*Germelmann/Matthes/Prütting/Müller-Glöge*, § 62 ArbGG Rz. 35). Es kann sich aber anbieten, privatrechtlich eine entsprechende Sicherheitengestellung zu vereinbaren.

52.4 Berufung mit Antrag auf nachträglichen Ausschluss der vorläufigen Vollstreckbarkeit nach § 62 Abs. 1 Satz 3 ArbGG[1, 2]

An das Landesarbeitsgericht

In Sachen

(volles Rubrum, vgl. **M 46.1**)

vertreten wir die Beklagte/Berufungsklägerin (i. F. „Beklagte") auch in der 2. Instanz. Namens und im Auftrag der Beklagten legen wir gegen das Urteil des Arbeitsgerichts ... vom ... Az.: ...

Berufung

ein. Berufungsanträge und -begründung bleiben einem gesonderten Schriftsatz vorbehalten. Vorab beantragen wir:

> Die Zwangsvollstreckung aus dem Urteil des Arbeitsgerichts ... vom ... Az.: ... wird gemäß § 62 Abs. 1 Satz 3 ArbGG iVm. § 719 Abs. 1 ZPO eingestellt.

Begründung:

Der mit der Klage geltend gemachte Zahlungsanspruch über Euro ... besteht nicht. Zwar hätte sich für den Kläger bei Anwendung des bei der Beklagten geltenden Sozialplans eine Abfindungssumme in dieser Höhe ergeben. Der Kläger fällt jedoch nicht unter den Sozialplan. Denn er ist nicht aus betrieblichen Gründen im Zusammenhang mit der Betriebsänderung entlassen worden, sondern aus verhaltensbedingten Gründen (Kollegendiebstahl). Der Sozialplan galt ausweislich seiner Ziff. ... nicht für Mit-

---

1 Vgl. zunächst **M 46.1** und **M 52.3** mit Anmerkungen.
2 Der Antrag nach § 62 Abs. 1 Satz 3 ArbGG ist **unabhängig** davon zulässig, ob bereits während des erstinstanzlichen Verfahrens ein **Vollstreckungsschutzantrag nach § 62 Abs. 1 Satz 2 ArbGG** gestellt wurde. Der Antrag nach § 62 Abs. 1 Satz 3 ArbGG ist also auch dann zulässig, wenn ein Antrag nach § 62 Abs. 1 Satz 2 ArbGG in der 1. Instanz entweder nicht gestellt oder aber zurückgewiesen wurde.

arbeiter, denen aus personen- oder verhaltensbedingten Gründen gekündigt wurde (wird ausgeführt).

Der Antrag auf Ausschluss der vorläufigen Vollstreckbarkeit nach § 62 Abs. 1 Satz 3 ArbGG ist begründet. Der Kläger hat noch zwei Wochen vor Klageerhebung in der Personalabteilung vorgesprochen und gefragt, ob man ihm seine Betriebsrentenanwartschaft bar auszahlen könne. Er sei arbeitslos und habe ca. Euro... Schulden. Aufgrund seines vorgerückten Alters werde er in Deutschland keine neue Arbeit mehr finden. Er habe vor, in sein türkisches Heimatland zurückzukehren und im Familienbetrieb seines Vaters mitzuhelfen.

Zur Glaubhaftmachung: Eidesstattliche Versicherung des Mitarbeiters... der Personalabteilung der Beklagten, Anlage B 1

Die Beklagte konnte dem Wunsch des Klägers auf Barauszahlung seiner Betriebsrentenanwartschaft nicht nachkommen, da dies gegen die Versorgungsordnung verstoßen würde, und außerdem die Unterstützungskasse über Barmittel in der erforderlichen Höhe derzeit nicht verfügt. Würde die Beklagte erstinstanzlich zur Zahlung des eingeklagten Betrags an den Kläger verurteilt, würde ihr ein nicht ersetzbarer Nachteil im Sinne des § 62 Abs. 1 Satz 2 ArbGG drohen. Denn sie müsste damit rechnen, das Geld nie wieder zu sehen, wenn das Urteil in der Berufungsinstanz geändert würde. Der Kläger würde mit Sicherheit das Geld sofort zur Begleichung seiner Schulden verwenden oder es in die Türkei transferieren. Nach der von ihm geplanten Rückkehr in die Türkei wäre er für die erhaltenen Gelder nicht mehr vor deutschen Gerichten haftbar zu machen. Eine Rechtsverfolgung vor türkischen Gerichten wäre für die Beklagte unzumutbar und auch mit viel zu hohen Kosten verbunden.

Nachteile durch den Ausschluss der vorläufigen Vollstreckbarkeit drohen dem Kläger nicht. Die Beklagte hat keinerlei wirtschaftliche Schwierigkeiten, so dass die Auszahlung der Abfindung an den Kläger im Falle seines endgültigen Obsiegens nicht gefährdet ist. Im Übrigen stellt die Beklagte dem Kläger anheim, eine Bankbürgschaft beizubringen. Sollte er eine solche Bürgschaft vorlegen, würde die Beklagte den Antrag nach § 62 Abs. 1 Satz 2 ArbGG sofort zurücknehmen.

Es wird gebeten, über den Antrag nach § 62 Abs. 1 Satz 3 ArbGG möglichst rasch zu entscheiden. Der Kläger hat bereits dem zuständigen Gerichtsvollzieher einen Pfändungsauftrag erteilt. Die Beklagte hat daraufhin mit dem Gerichtsvollzieher telefoniert[3] und um Aufschub bei der Vollstreckung gebeten. Der Gerichtsvollzieher hat erklärt, in den nächsten zwei Wochen komme er ohnehin nicht dazu, sich der Sache anzunehmen. Allerdings könne er maximal drei Wochen warten. Es wird deshalb dringend beantragt, über den Vollstreckungsschutzantrag nach § 62 Abs. 1 Satz 3 ArbGG bis spätestens (Datum) zu entscheiden. Sollten sich Zeitschwierigkeiten ergeben, wird angeregt, ausnahmsweise ohne Anhörung des Klägers zu entscheiden.[4] Insoweit wird darauf hin-

---

3 ➩ **Praxistipp:** Grundsätzlich darf der **Gerichtsvollzieher** nicht Vollstreckungsaufträge in Absprache mit dem Schuldner absichtlich **verzögern**. In der Praxis geschieht dies allerdings oft, und vielfach ist die Kontaktaufnahme mit dem Gerichtsvollzieher für den Schuldner auch sehr sinnvoll.

4 Die Entscheidung ergeht durch **Beschluss**, und zwar regelmäßig außerhalb der mündlichen Verhandlung durch den **Vorsitzenden allein**. Die **Anhörung des Klägers** ist nach den Grundsätzen rechtlichen Gehörs regelmäßig erforderlich, kann aber in Eilfällen unterbleiben (BVerfG v. 9. 3. 1965, BVerfGE 18, 404; OLG Celle v. 26. 9. 1985, MDR 1986, 63).

gewiesen, dass dem Rechtsschutzinteresse des Klägers dadurch Genüge getan ist, dass Beschlüsse nach § 62 Abs. 1 Satz 3 ArbGG jederzeit geändert werden können.[5]

...

(Unterschrift)

---

5 Die Entscheidung des Vorsitzenden ist gemäß § 70 ArbGG **unanfechtbar**. Allerdings kann der Antrag nach Ablehnung **erneut gestellt** werden, insbesondere wenn neue Tatsachen vorgebracht werden. Außerdem kann die Entscheidung vom erlassenden Gericht **jederzeit geändert** werden.

52.5 Antrag auf Gerichtsvollzieherpfändung wegen Geldforderungen[1]

An die
Verteilerstelle für Gerichtsvollzieher-Aufträge[2]
beim Amtsgericht . . .[3]

Vollstreckungsauftrag

In Sachen
(Kurzrubrum)
überreichen wir die vollstreckbare Ausfertigung des Urteils des Landesarbeitsgerichts . . . vom . . . Az.: . . . mit dem Auftrag, im Wege der Zwangsvollstreckung folgende Beträge[4] beizutreiben:

– Hauptforderung gemäß Titel: Euro . . .

– Zinsen in Höhe von 8 Prozentpunkten über dem Basiszinssatz[5]
  seit dem (Datum):   Euro . . .

– festgesetzte Kosten gemäß Kostenfestsetzungsbeschluss vom . . . :   Euro . . .

---

1 Wegen der Einzelheiten kann an dieser Stelle nur auf die **vollstreckungsrechtliche Literatur** und die bekannten **Standard-Formularbücher** verwiesen werden. Das Gleiche gilt für die Vollstreckung von Geldforderungen durch **Überweisung und Einziehung einer Forderung**. Anzumerken ist an dieser Stelle lediglich, dass auch insoweit das **Amtsgericht** und nicht das Arbeitsgericht Vollstreckungsgericht ist. Wird allerdings die Forderungspfändung zusammen mit einem Arrest beantragt, ist das Arrestgericht Vollstreckungsgericht (siehe **M 13.5**).

2 ➔ **Praxistipp:** Der Gläubiger kann erhebliche Zeit dadurch sparen, dass er **selbst den zuständigen Gerichtsvollzieher ermittelt** und diesen **direkt beauftragt**.

3 Die Gerichtsvollzieher-Vollstreckung läuft grundsätzlich über das **Amtsgericht**, nicht über das Arbeitsgericht. Die Arbeitsgerichte unterhalten keine eigene Vollstreckungsorganisation.

4 Werden nur die titulierten Beträge und **keine Nebenkosten** vollstreckt, reicht der Zwangsvollstreckungsauftrag, die Forderung „in titulierter Höhe" zu vollstrecken, verbunden mit dem Hinweis, dass bisher nichts gezahlt wurde.

5 Vgl. **M 45.3** Fn. 5, 6.

M 52.6   Zwangsvollstreckung   **Kap. 52**

– 4% Zinsen aus den festgesetzten Kosten seit (Datum):   Euro ...

– *Kosten dieses Auftrags:*[6]   Euro ...

– *Gesamtsumme:*   Euro ...

Zahlungen wurden bislang nicht geleistet.[7] *Die Aufstellung erweitert sich jeweils um weitere Zinsen aus der Hauptsache und den festgesetzten Kosten ab Erteilung des Zwangsvollstreckungsauftrags.*

Zugleich mit der Vollstreckung bitten wir um Zustellung des Schuldtitels, beglaubigte Abschrift ist beigefügt.[8]

Wir bitten um Einzelhinweise zur Vollstreckung in bestimmte Sachwerte, Austauschpfändung, Anschlusspfändung, Pfändung von Kraftfahrzeugen, Taschenpfändung etc.

Die eingezogenen Summen bitten wir auf eines unserer angegebenen Konten zu überweisen, Inkassovollmacht wird anwaltlich versichert.[9]

...

(Unterschrift)

---

6 Als **„Kosten dieses Auftrags"** können die Zwangsvollstreckungsgebühren des Anwalts nebst der Postgebührenpauschale und der Mehrwertsteuer angesetzt werden.
7 Sind **Teilzahlungen** erfolgt, sollten diese zuerst auf die Kosten, dann auf die Zinsen und zuletzt auf die Hauptforderung angerechnet werden (§ 367 BGB).
8 Vollstreckungsauftrag und **Zustellungsauftrag** können gemäß § 750 Abs. 1 ZPO verbunden werden.
9 Die Prozessvollmacht, die sich aus dem Titel ergibt, ermächtigt nach § 81 ZPO nur zur **Empfangnahme** der Kosten, nicht auch von **vollstreckten Beträgen**.

Antrag auf Zwangsvollstreckung wegen vertretbarer Handlung[1, 2]   52.6

An das Arbeitsgericht[3]

In Sachen

(Kurzrubrum)

Az.:

---

1 Verurteilungen zur Vornahme vertretbarer Handlungen sind sowohl im Urteils- als auch im Beschlussverfahren vor dem Arbeitsgericht **selten**. Neben dem hier als Muster dienenden Fall können vor allem **Abrechnungsansprüche** zwischen Arbeitnehmer und Arbeitgeber (im Urteilsverfahren) nach § 888 ZPO vollstreckt werden, sofern die Abrechnung nicht so kompliziert ist, dass sie nur der Arbeitnehmer selbst vornehmen könnte.
2 Maßgeblich für die Gebührenberechnung ist der **Gegenstandswert** des Erkenntnisverfahrens. Wird die Zwangsvollstreckung des Kostenvorschusses nach § 887 Abs. 2 ZPO erforderlich, fallen dafür wiederum eine oder mehrere 3/10-Gebühren an (§ 58 Abs. 3 Nr. 7 BRAGO).

überreichen wir die vollstreckbare Ausfertigung des Beschlusses des Arbeitsgerichts . . . vom . . . Az.: . . . und beantragen

1. Der Antragsteller wird ermächtigt, auf Kosten der Antragsgegnerin den Kommentar zum BetrVG von Fitting/Kaiser/Heither/Engel/Schmidt, 21. Aufl., zum Preis von Euro 65,- zu kaufen.[4]
2. Die Antragsgegnerin wird verpflichtet, dem Antragsteller den Kaufpreis von Euro 65,- vorab als Vorauszahlung zu zahlen.[5]

Begründung:

Im Erkenntnisverfahren ist die Antragsgegnerin (Unternehmen) verurteilt worden, dem antragstellenden Betriebsrat den Standardkommentar von Fitting pp. zum BetrVG, neueste Auflage zur Verfügung zu stellen. Der Beschluss ist rechtskräftig geworden. Indes hat die Antragsgegnerin den Beschluss bis heute nicht umgesetzt[6], obwohl der Antragsteller die Beschaffung des Kommentars zweimal schriftlich angemahnt hat.

Beweis: Schreiben des Antragstellers an die Antragsgegnerin vom . . . und vom . . ., Anlagen 1 und 2.

Eine Ausfertigung des Beschlusses des Arbeitsgerichts nebst Vollstreckungsklausel ist der Antragsgegnerin zugestellt worden (wird dargelegt).[7]

. . .

(Unterschrift)

---

3 Zuständig ist grundsätzlich das **Arbeitsgericht** als Prozessgericht erster Instanz (§ 887 Abs. 1 ZPO). Das gilt auch bei vorläufiger Vollstreckung, wenn sich der Rechtsstreit bereits beim LAG oder BAG befindet.
4 Den Kauf tätigt der Betriebsrat (Gläubiger) in **eigenem Namen** und nicht im Namen des Schuldners. Die aufgewendeten Kosten können nach § 788 ZPO beigetrieben werden, sofern nicht Kostenvorschuss beantragt ist (s. Fn. 5).
5 Gerade bei vermögenslosen Organen der Betriebsverfassung sollte regelmäßig gemäß § 887 Abs. 2 ZPO die Zahlung eines **Kostenvorschusses** beantragt werden. Der Antrag kann ggf. auch nachträglich gestellt werden. Die Zwangsvollstreckung des Kostenvorschusses erfolgt gem. §§ 803 ff. ZPO nach den allgemeinen Regeln über die Pfändung von Geldforderungen (Gerichtsvollzieher- oder Forderungspfändung).
6 Nach richtiger Auffassung kann der Schuldner den **Erfüllungseinwand** unmittelbar im Vollstreckungsverfahren nach § 887 ZPO erheben, ist also nicht auf die Vollstreckungsgegenklage nach § 767 ZPO angewiesen, was der Verfahrensökonomie dient.
7 Gegen den Beschluss des Arbeitsgerichts ist **sofortige Beschwerde** innerhalb von zwei Wochen zum LAG möglich.

Antrag auf Zwangsvollstreckung wegen unvertretbarer Handlung (Weiterbeschäftigung)[1]

An das Arbeitsgericht[2]

In Sachen

(Kurzrubrum)

Az.:

überreichen wir die vollstreckbare Ausfertigung des Urteils des Arbeitsgerichts ... vom ... Az.: ... und beantragen

1. Gegen die Beklagte wird wegen der Nicht-Beschäftigung des Klägers gemäß Ziff. 2 des Urteils des Arbeitsgerichts ... vom ... Az.: ... ein Zwangsgeld festgesetzt[3, 4], dessen Höhe in das Ermessen des Gerichts gestellt wird, jedoch Euro 10 000 pro Tag nicht unterschreiten sollte[5]; ersatzweise Zwangshaft[6], zu vollstrecken an den Geschäftsführern der Beklagten.

---

1 ⮕ **Wichtig:** Der Antrag nach § 888 ZPO kann – anders als der Antrag nach § 890 ZPO bei Unterlassungsansprüchen! – **nicht schon im Erkenntnisverfahren** gestellt werden. Vielmehr ist stets ein separater Antrag nach Erteilung der vollstreckbaren Ausfertigung und Zustellung des Titels erforderlich (statt aller: *Baumbach/Lauterbach/Albers/Hartmann*, § 887 ZPO Rz. 11).

2 Zuständig ist das **Arbeitsgericht** als Prozessgericht erster Instanz, nicht das Amtsgericht (§ 888 Abs. 1 ZPO). Die Zuständigkeit des Arbeitsgerichts für die Vollstreckung bleibt auch dann bestehen, wenn das Verfahren in der Berufung oder in der Revision ist.

3 Verbreitet, aber unrichtig ist die Praxis, zunächst eine **„Androhung"** von Zwangsmitteln zu beantragen. Hier wird die Vollstreckung nach § 888 ZPO mit der Vollstreckung nach § 890 ZPO verwechselt. § 888 ZPO kennt keine Androhung, sondern nur eine Festsetzung von Zwangsgeld. Der bloße Antrag, Zwangsgeld anzudrohen, ist auch nicht zweckmäßig, da er das – ohnehin mühsame – Vollstreckungsverfahren weiter verzögert. Die meisten Gerichte deuten allerdings einen Antrag auf Zwangsmittelandrohung ohne weiteres um und setzen das Zwangsmittel sogleich fest.

4 Zu beachten ist, dass das Zwangsgeld im Moment des Erlasses des arbeitsgerichtlichen Beschlusses **noch nicht endgültig verwirkt** ist. Vielmehr kann der Schuldner die Beitreibung des Zwangsgeldes zugunsten der Staatskasse jederzeit durch Erfüllung abwenden, solange das Zwangsgeld noch nicht beigetrieben ist (*Baumbach/Lauterbach/Albers/Hartmann*, § 888 ZPO Rz. 12). Der Festsetzungsbeschluss des Arbeitsgerichts liest sich also dramatischer, als er tatsächlich ist. In der Praxis verbleiben meist zwei bis drei Wochen Zeit, um durch Vornahme der geschuldeten Handlung die Beitreibung des Zwangsgeldes abzuwenden. Die Beitreibung erfolgt nach den allgemeinen Vorschriften über die Pfändung von Geldforderungen (also Gerichtsvollzieherpfändung bzw. Forderungspfändung, allerdings jeweils **zugunsten der Staatskasse**, LAG Hamburg v. 9. 1. 1985, NZA 1985, 373; BGH v. 2. 3. 1983, NJW 1983, 1859).

5 Der Vollstreckungsantrag nach § 888 ZPO muss keine bestimmte **Höhe des Zwangsgeldes** beziffern, auch **unbezifferte Anträge** sind zulässig. Die Beantragung eines summenmäßig fixierten Zwangsgeldes ist unzweckmäßig, da dann die teilweise Abweisung des Vollstreckungsantrags droht. Üblicherweise wird hinsichtlich der Summe mit Anregungen gearbeitet.

6 Der Antrag auf **Zwangshaft** kann bei besonderer Dringlichkeit (Fluchtgefahr) auch sofort statt des Antrags auf Zwangsgeldfestsetzung gestellt werden. In der Praxis kommt dies aber so gut wie nie vor. Bei juristischen Personen ist die Zwangshaft an den gesetzlichen Vertretungsorganen (Geschäftsführer) zu vollstrecken, ohne dass dies im Antrag im Einzelnen dargelegt werden müsste.

2. Der Klägerin wird zum Zwecke der Zwangsvollstreckung eine vollstreckbare Ausfertigung des Festsetzungsbeschlusses gem. Ziff. 1 erteilt.[7]

Begründung:

Das Arbeitsgericht hat in seinem Urteil vom ... die Kündigung des Klägers durch die Beklagte für unwirksam erklärt. Zugleich wurde die Beklagte unter Ziff. 2 des Urteils zur Weiterbeschäftigung des Klägers als ... in der Hauptverwaltung ... zu den bisherigen Bedingungen gemäß Arbeitsvertrag verurteilt. Das Urteil ist zugestellt, vollstreckbare Ausfertigung wurde erteilt (wird ausgeführt). Trotz mehrfacher mündlicher und schriftlicher Aufforderungen hat sich die Beklagte bislang hartnäckig geweigert, den Kläger weiterzubeschäftigen (wird ausgeführt). Die Zwangsvollstreckung ist daher geboten.

Hinsichtlich der Höhe des Zwangsgeldes erscheinen Euro 10 000 angemessen, da die Beklagte bereits vorab erklärt hat, sie werde sich der Weiterbeschäftigung des Klägers „mit allen legalen und sonstigen Mitteln widersetzen" (wird ausgeführt).[8, 9]

...

(Unterschrift)

---

[7] Umstritten ist, ob der Zwangsgeldbeschluss einer **Vollstreckungsklausel** bedarf oder nicht. Zweckmäßigerweise wird dies vorsorglich beantragt (vgl. Baumbach/Lauterbach/Albers/Hartmann, § 888 ZPO Rz. 18).

[8] Der **Rechtsanwalt** erhält eine $3/10$-Gebühr nach § 58 Abs. 3 Nr. 8 BRAGO, im Falle einer mündlichen Verhandlung und Beweisaufnahme je eine weitere $3/10$-Gebühr. Der **Gegenstandswert** richtet sich nicht nach der Höhe des Zwangsgeldes, sondern nach dem Interesse des Gläubigers an der Vornahme der Handlung.

[9] Gegen den Beschluss ist innerhalb einer Notfrist von zwei Wochen **sofortige Beschwerde** zum LAG nach §§ 793, 577 ZPO möglich. Beschwert ist der Gläubiger auch dann, wenn das Gericht ein niedrigeres Zwangsgeld als von ihm angeregt festsetzt.

52.8 Antrag auf Zurückweisung eines Zwangsvollstreckungsantrags nach § 888 ZPO (Weiterbeschäftigung)

An das Arbeitsgericht

In Sachen

(Kurzrubrum)

beantragen wir:

1. Den Antrag des Klägers auf Festsetzung von Zwangsgeld und Zwangshaft gemäß § 888 ZPO zurückzuweisen.

2. Hilfsweise: Über den Antrag nach § 888 ZPO nicht ohne mündliche Verhandlung zu entscheiden.

3. *Hilfsweise: Die Vollstreckung bis zur Entscheidung in einem möglichen Beschwerdeverfahren auszusetzen.*[1]

Begründung:

Die Beklagte ist in Ziff. 2 des Urteils verurteilt worden, „den Kläger zu unveränderten Bedingungen in leitender Position im Bereich Vertrieb weiterzubeschäftigen". Der Vollstreckungsantrag nach § 888 ZPO hinsichtlich dieser Weiterbeschäftigung ist jedoch zurückzuweisen, da das Urteil keinen vollstreckungsfähigen Inhalt hat.[2] Ein Titel ist nur dann vollstreckbar, wenn er einen vollstreckungsfähigen Inhalt hat. Inhalt und Umfang des titulierten Anspruchs müssen sich aus dem Titel selbst ergeben. Dabei reicht es nicht aus, wenn Arbeitgeber und Arbeitnehmer klar ist, wozu der Arbeitgeber verpflichtet sein soll. Vielmehr muss für jeden außenstehenden Dritten unzweifelhaft sein, was aus dem Titel geschuldet wird. Das erfordert bei einem Urteil auf Beschäftigung eines Arbeitnehmers, dass die wesentlichen Arbeitsbedingungen im Tenor oder zumindest im Tatbestand oder in den Entscheidungsgründen des Urteils klar genannt sind. Es ist nicht möglich, erst im Rahmen des Zwangsvollstreckungsverfahrens zu klären, zu welchen genauen Arbeitsbedingungen die Weiterbeschäftigung zu erfolgen hat. So ist insbesondere ein Titel, der den Arbeitgeber schlicht zur „Weiterbeschäftigung zu unveränderten Arbeitsbedingungen" verpflichtet, mangels Bestimmtheit nicht vollstreckbar (LAG Rh.-Pf. v. 7. 1. 1986, NZA 1986, 196). Vielmehr muss sich nach richtiger Auffassung die Art, die Zeit und der Ort der vom Arbeitgeber geschuldeten Beschäftigung aus dem Titel ergeben (statt aller: LAG Berlin v. 17. 5. 1993, LAGE § 626 BGB Nr. 72 und v. 8. 1. 1993, LAGE § 888 ZPO Nr. 27; LAG Hessen v. 13. 7. 1987, NZA 1988, 175; weitere Nachweise bei Germelmann/Matthes/Prütting/Müller-Glöge, § 62 ArbGG Rz. 48 ff.). Eine solche Bestimmtheit fehlt dem Weiterbeschäftigungstitel im vorliegenden Fall (wird ausgeführt).

Im Übrigen ist der Vollstreckungsantrag auch deshalb zurückzuweisen, weil der frühere Arbeitsplatz des Klägers nicht mehr existiert.[3] Wie bereits im Erkenntnisverfahren aus-

---

[1] ➲ **Praxistipp:** Da die Beschwerde gegen die Entscheidung des Arbeitsgerichts keine **aufschiebende Wirkung** hat, ist der Antrag nach § 570 Abs. 2 ZPO immer sinnvoll. Fraglich ist allerdings, ob insoweit die strengen Voraussetzungen des § 62 Abs. 1 Satz 2 und 3 ArbGG (nicht zu ersetzender Nachteil) erforderlich sind.

[2] Die Verurteilung zur Weiterbeschäftigung eines gekündigten Arbeitnehmers ist für den Arbeitgeber häufig **außerordentlich unangenehm**, vor allem bei Führungskräften oder sonstigen exponierten Personen (zB Betriebsräte). Deshalb wird auf Arbeitgeberseite meist mit allen Mitteln versucht, die Vollstreckung zu verhindern. Dabei wird geradezu standardmäßig der Einwand gebracht, der zu vollstreckende Weiterbeschäftigungstitel sei mangels hinreichender Bestimmtheit nicht vollstreckbar. Der Einwand ist häufig materiell-rechtlich durchaus berechtigt, da viele Arbeitsgerichte Weiterbeschäftigungsurteile unsorgfältig tenorieren und häufig tatsächlich unklar ist, in welcher Form die Weiterbeschäftigung geschuldet ist. Indes ist der Versuch, die Vollstreckung mit dem Einwand der fehlenden hinreichenden Bestimmtheit zu verhindern, **regelmäßig erfolglos**. Dies liegt schlicht daran, dass über den Antrag nach § 888 ZPO der **gleiche Richter** entscheidet, der das Urteil erlassen hat. Würde der Richter den Antrag nach § 888 ZPO mangels hinreichender Bestimmtheit des Urteils zurückweisen, müsste er damit eingestehen, ein falsches (weil nicht vollstreckbares) Urteil erlassen zu haben. Mit dem Einwand der fehlenden hinreichenden Bestimmtheit kommt der Arbeitgeber also regelmäßig allenfalls beim LAG durch.

[3] Tatsachen, die **nach Erlass des zu vollstreckenden Urteils** eingetreten sind, hat das Gericht bei seiner Entscheidung über den Antrag nach § 888 ZPO grundsätzlich zu beachten. Beacht-

geführt, sind die bisherigen Aufgaben des Klägers teilweise entfallen, teilweise werden sie künftig vom für Vertrieb zuständigen Vorstandsmitglied ... übernommen. In Umsetzung dieser Umstrukturierungsentscheidung ist der bisherige Arbeitsplatz des Klägers mittlerweile aufgelöst worden. Seine Sekretärin hat das Unternehmen mit Aufhebungsvertrag verlassen. Seine bisherigen Büroräume sind im Zuge einer seit langem geplanten Umbaumaßnahme zur Vergrößerung der Werkskantine verschwunden, die Büroräume des Klägers grenzten unmittelbar an die Kantine an.

Beweis: Zeugnis des Organisationsleiters der Beklagten (Name, Firmenadresse)

Es ist anerkannt, dass die nachträglich eingetretene Unmöglichkeit der Vornahme der geschuldeten Handlung ein Vollstreckungshindernis ist, das im Verfahren nach § 888 ZPO zu beachten ist.

Gemäß § 891 ZPO kann die Entscheidung über den Antrag nach § 888 ZPO ohne mündliche Verhandlung ergehen. Die Anberaumung eines Termins zur mündlichen Verhandlung liegt somit im richterlichen Ermessen (Baumbach/Lauterbach/Albers/Hartmann, § 128 ZPO Rz. 10). Wir regen die Durchführung einer mündlichen Verhandlung an. Sie würde es insbesondere ermöglichen, dem Gericht das Spektrum der möglichen Tätigkeiten im Vertriebsbereich und damit die Unbestimmtheit des Weiterbeschäftigungstitels noch weiter zu verdeutlichen.

Nach § 570 Abs. 2 ZPO kann das Gericht bei einer beschwerdefähigen Entscheidung die Wirksamkeit seiner Entscheidung bis zu deren Rechtskraft aussetzen. Wegen der nicht mehr rückgängig zu machenden negativen Folgen für das gesamte Betriebsklima im Falle einer Vollstreckung des Weiterbeschäftigungstitels regen wir an, die Vollstreckung bis zur Rechtskraft der Entscheidung über die beantragte Zwangsgeldfestsetzung auszusetzen (wird ausgeführt).[4]

...

(Unterschrift)

---

lich ist insoweit nicht nur der Einwand, der Arbeitsplatz existiere mittlerweile nicht mehr und die Vollstreckung sei deshalb unmöglich. Beachtlich ist auch der Einwand, der Weiterbeschäftigungstitel sei wegen inzwischen erfolgter **fristloser Kündigung** hinfällig.

4 Zu den Gebühren und den Rechtsmitteln siehe das **M 52.7** Fn. 8, 9.

Zwangsvollstreckungsantrag nach § 890 ZPO wegen Unterlassungsverpflichtung[1]

An das Arbeitsgericht[2]

In Sachen

(Kurzrubrum)

Az.:

überreichen wir die vollstreckbare Ausfertigung des Beschlusses des Arbeitsgerichts . . . vom . . . Az.: . . . und beantragen:

> *Der Antragstellerin wird für jeden Verstoß gegen ihre Unterlassungsverpflichtung aus Ziff. 1 des Beschlusses des Arbeitsgerichts . . . vom . . . Az.: . . . ein Ordnungsgeld[3] von mindestens Euro 5 000[4] angedroht, ersatzweise Ordnungshaft, zu vollstrecken an den Geschäftsführern der Antragsgegnerin.*

Begründung:

Durch den zu vollstreckenden Beschluss des Arbeitsgerichts ist die Antragsgegnerin (Arbeitgeberin) verpflichtet worden, es zu unterlassen, Überstunden ohne Beachtung des Mitbestimmungsrechts des Antragstellers aus § 87 Abs. 1 Nr. 3 BetrVG zu dulden oder anzuordnen. Gleichwohl hat die Antragsgegnerin gestern, am . . ., erneut für die Abteilung . . . mit insgesamt . . . Mitarbeitern je zwei Überstunden für den kommenden Samstag angeordnet, ohne den Antragsteller einzuschalten (wird ausgeführt).

Die Einleitung der Zwangsvollstreckung ist daher geboten. Das zu verhängende Ordnungsgeld sollte mindestens Euro 5 000 betragen, um eine wirksame Abschreckung zu garantieren.

Der Titel ist zugestellt (wird ausgeführt).[5]

. . .

(Unterschrift)

---

1 Das Muster betrifft den (ärgerlichen und unnötigen) Fall, dass die Zwangsmittelandrohung nicht **unmittelbar im Erkenntnisverfahren mitbeantragt** wurde, was stets ein Kunstfehler ist. Wird die Zwangsmittelandrohung nicht im Erkenntnisverfahren mit beantragt, wird die ohnehin beschwerliche Vollstreckung nach § 890 ZPO noch beschwerlicher, weil dann insgesamt drei verschiedene Stufen (Erkenntnisverfahren, Zwangsmittelandrohung, Zwangsmittelfestsetzung) erforderlich sind.

2 Zuständig ist stets das **Arbeitsgericht** als Prozessgericht erster Instanz (§ 85 Abs. 1 Satz 3 ArbGG iVm. § 890 Abs. 1 ZPO), auch wenn das Hauptsacheverfahren bereits beim LAG oder BAG ist.

3 Hinsichtlich der Terminologie sollte beachtet werden, dass § 890 ZPO von **Ordnungsgeld/Ordnungshaft** spricht, 888 ZPO dagegen vom **Zwangsgeld/Zwangshaft**. Zwar ist eine Verwechslung der Begriffe unschädlich, sie zeigt aber die mangelnde Vertrautheit mit den Feinheiten des Vollstreckungsrechts. Diese Blöße sollte sich der Anwalt nicht geben.

4 Zur **Höhe des Ordnungsgeldes** siehe die Fn. 7 zum **M 52.7**.

5 Der Antrag auf Androhung des Ordnungsmittels nach § 890 Abs. 2 ZPO ist im Erkenntnisverfahren mit den Prozessgebühren abgegolten. Bei gesondertem Anfall nach Erlass des Urteils/Beschlusses erhält der **Anwalt** eine $^{3}/_{10}$-Gebühr nach § 57 Abs. 1 BRAGO. Der gesonderte Antrag ist aber zusammen mit einem eventuell später nachfolgenden Antrag auf Festsetzung des Ordnungsgeldes nach § 890 Abs. 1 ZPO (siehe **M 52.10**) eine einheitliche Angelegenheit, so dass die Gebühren nicht doppelt anfallen (§ 58 Abs. 2 Nr. 6 BRAGO). Gegen den Beschluss ist **sofortige Beschwerde** nach § 793 ZPO zulässig.

52.10 Antrag auf Festsetzung von Ordnungsgeld wegen Zuwiderhandlungen gegen eine Unterlassungsverpflichtung[1]

An das Arbeitsgericht

(Kurzrubrum)

Az.:

überreichen wir die vollstreckbare Ausfertigung des Beschlusses des Arbeitsgerichts ... vom ... Az.: ... und beantragen:

> *Gegen die Antragsgegnerin wird ein Ordnungsgeld festgesetzt[2] dessen Höhe in das Ermessen des Gerichts gestellt wird, jedoch Euro 5 000 nicht unterschreiten sollte, ersatzweise Ordnungshaft, zu vollstrecken an den Geschäftsführern der Antragsgegnerin.*

Begründung:

Der Antragsgegnerin (Arbeitgeberin) ist mit Beschluss vom ... ein Ordnungsgeld von bis zu Euro 25 000 für den Fall angedroht worden, dass sie gegen die titulierte Verpflichtung verstößt, es zu unterlassen, Überstunden ohne Zustimmung des Antragstellers anzuordnen. Eine Ausfertigung des Beschlusses ist am ... zugestellt worden (wird ausgeführt).

Gestern, am ..., hat die Antragsgegnerin erneut[3] insgesamt ... Mitarbeitern der Arbeitsvorbereitung Überstunden für den kommenden Samstag angeordnet, ohne den Antragsteller (Betriebsrat) einzuschalten (wird ausgeführt). Die Missachtung der Mitbestimmungsrechte des Antragstellers erfolgte vorsätzlich.[4] Dem Antragsteller ist aus gut unterrichteter Quelle zugetragen worden, der Geschäftsführer habe ausdrücklich den Leiter der Abteilung Arbeitsvorbereitung angewiesen, den Beschluss des Arbeitsgerichts vom ... zu missachten (wird ausgeführt).[5]

---

1 Das Muster betrifft den Fall, dass das Ordnungsgeld **bereits angedroht ist**, entweder unmittelbar im Erkenntnisverfahren oder durch nachfolgenden Beschluss (vgl. das **M 52.9**).
2 Die Vollstreckung des verhängten Ordnungsgeldes erfolgt von **Amts wegen zugunsten der Staatskasse**, eine Vollstreckung durch den Gläubiger scheidet aus.
3 Nach herrschender Auffassung sind Sanktionen nur bei solchen Zuwiderhandlungen möglich, die **nach Zustellung der Zwangsmittelandrohung** erfolgt sind (vgl. im Einzelnen *Baumbach/Lauterbach/Albers/Hartmann*, § 890 ZPO Rz. 19; *Thomas/Putzo*, § 890 ZPO Rz. 13).
4 Im Gegensatz zum Zwangsgeld nach § 888 ZPO, welches Beugecharakter hat, haben die Ordnungsmittel nach § 890 ZPO strafähnlichen Charakter. Deshalb ist nach herrschender Auffassung das Ordnungsgeld nur verwirkt, wenn **schuldhaft** (Vorsatz oder Fahrlässigkeit) gegen die Unterlassungsverpflichtung verstoßen wurde (vgl. BVerfG v. 23. 4. 1991, NJW 1991, 3139).
5 Der Gläubiger, der die Festsetzung des Ordnungsgeldes beantragt, muss den tatsächlich stattgefundenen **Verstoß im Einzelnen darlegen**, Glaubhaftmachung reicht nicht (*Baumbach/Lauterbach/Albers/Hartmann*, § 890 Rz. 20).

Da eine besonders hartnäckige Verweigerungshaltung der Antragsgegnerin vorliegt, sollte das Ordnungsgeld mindestens Euro 5 000 betragen.[6, 7]

...

(Unterschrift)

---

[6] Gegen die Entscheidung des Arbeitsgerichts kann **sofortige Beschwerde** (§§ 567 ff. ZPO) eingelegt werden.

[7] Der Antrag auf Festsetzung des Ordnungsgeldes ist hinsichtlich der **Anwaltsgebühren** eine Angelegenheit zusammen mit dem Androhungsantrag (§ 58 Abs. 2 Nr. 6 BRAGO).

Kapitel 53 Verfahren vor dem EuGH nach Art. 234 EG*

Literaturübersicht: *Bauer/Diller*, Recht und Taktik des arbeitsrechtlichen EuGH-Vorabentscheidungsverfahrens, NZA 1996, 169; *Dauses*, Das Vorabentscheidungsverfahren nach Art. 177 EGV, 2. Aufl. 1995; *von der Groeben/Thiesing/Ehlermann*, Kommentar zum EU-/EG-Vertrag, 5. Aufl. 1997–99; *Maschmann*, Vorabentscheidungsersuchen deutscher Arbeitsgerichte zum Europäischen Gerichtshof und Rechte der Parteien, NZA 1995, 920.

I. Erläuterungen

1. Funktion des Vorabentscheidungsverfahrens

Der EuGH in Luxemburg wird nach Maßgabe des EG-Vertrages in einer Vielzahl verschiedener Verfahrensarten tätig, die im Einzelnen im EG-Vertrag aufgezählt sind. Die zahlenmäßig bedeutsamste Verfahrensart ist das „Vorabentscheidungsverfahren", das früher in Art. 177 EGV geregelt war, nach der Neu-Nummerierung aufgrund des Amsterdamer Vertrages jetzt in Art. 234 EG. Das Vorabentscheidungsverfahren dient dazu, die Auslegung von Gemeinschaftsrecht zu vereinheitlichen. Kommt es in einem vor einem nationalen Gericht anhängigen Rechtsstreit auf die Auslegung von Gemeinschaftsrecht an, muss das entscheidende nationale Gericht das Verfahren aussetzen und die Auslegungsfrage dem EuGH zur Vorabentscheidung vorlegen. Die alleinige Auslegungskompetenz des EuGH gilt nicht nur für das primäre Gemeinschaftsrecht des **EG-Vertrages**, sondern auch für sekundäres Gemeinschaftsrecht, also für **EG-Verordnungen** und **-Richtlinien**. Im Bereich des Arbeitsrechts haben vor allem Fragen zur Anwendbarkeit von Art. 141 EG (früher Art. 119 EGV; Gleichbehandlung) und zur Anwendbarkeit der Betriebsübergangs-Richtlinie 187/77/EWG große Bedeutung erlangt.

---

* Früher Art. 177 EGV. Seit dem Amsterdamer Vertrag wird der EG-Vertrag mit „EG" statt wie früher mit „EGV" abgekürzt.

2. Reichweite der EuGH-Entscheidung

Der EuGH entscheidet im Vorabentscheidungsverfahren keineswegs den ihm vorgelegten nationalen Rechtsstreit. Vielmehr handelt es sich bei dem Vorabentscheidungsverfahren nur um ein „**Zwischenverfahren**", welches der Richtervorlage an das Bundesverfassungsgericht gemäß Art. 100 GG ähnelt. Dem EuGH wird vom nationalen Ausgangsgericht nur eine abstrakt formulierte Rechtsfrage vorgelegt, entweder zur Auslegung einer bestimmten Norm des Gemeinschaftsrechts oder zur Vereinbarkeit einer nationalen Norm mit Normen des Gemeinschaftsrechts. Der EuGH beantwortet dann die entsprechende europarechtliche Frage durch Urteil, welches das nationale Gericht bindet. Sodann nimmt das nationale Gericht den Ausgangsrechtsstreit wieder auf und entscheidet ihn unter Bindung an das Urteil des EuGH.[1]

3. Vorlagebeschluss des nationalen Gerichts

Die **Parteien** des nationalen Rechtsstreits können **nicht selbst den EuGH anrufen**. Vielmehr liegt die Anrufung des EuGH im Ermessen des Gerichts. Kein Ermessen hat das nationale Gericht dagegen, wenn gegen seine Entscheidung keine Rechtsmittel mehr möglich sind. In diesen Fällen besteht eine Vorlagepflicht. Im Bereich der Arbeitsgerichtsbarkeit ist somit das BAG vorlagepflichtig, während Arbeitsgericht und LAG (selbst bei Nicht-Zulassung der Revision!) nur vorlageberechtigt, aber nicht vorlagepflichtig sind.

In der Praxis legt ein Arbeitsgericht eine streitige Frage meist nur dann dem EuGH zur Vorabentscheidung nach Art. 234 EG vor, wenn eine der **Parteien** dies ausdrücklich **anregt**. Zwingend ist dies aber nicht, das Arbeitsgericht könnte auch von Amts wegen vorlegen. Üblicherweise geschieht die Vorlage durch einen Beschluss, in dem zum einen das Verfahren ausgesetzt und zum anderen eine bestimmte Vorlagefrage an den EuGH formuliert wird. **Rechtsmittel gegen den Aussetzungsbeschluss** des Arbeitsgerichts gibt es nach herrschender Auffassung ebenso wenig wie eine Möglichkeit, die Aussetzung zu erzwingen.[2]

4. Sprache

Das Vorabentscheidungsverfahren vor dem EuGH wird grundsätzlich in derjenigen Sprache geführt, in der der Ausgangsrechtsstreit zu führen ist. Bei Vorabentscheidungsverfahren deutscher Arbeitsgerichte ist die **Gerichtssprache** also **deutsch**. Das bedeutet, dass der Gerichtshof auf Deutsch an die Parteien schreibt, wie auch die Parteien auf Deutsch an den Gerichtshof schreiben können. In der mündlichen Verhandlung wird auf Deutsch plädiert.

⮕ **Praxistipp:** Da die interne Arbeitssprache des Gerichts (Generalanwälte und Richter) traditionell **französisch** ist und nur die wenigsten Richter fließend Deutsch sprechen, arbeiten sowohl die Generalanwälte als auch die Richter mit französischen Übersetzungen der eingereichten deutschen Schriftsätze. Es ist deshalb von besonderer Wichtigkeit, dass die beim Gerichtshof eingereichten Schriftsätze

---
1 Im Einzelnen *Bauer/Diller*, NZA 1996, 170.
2 Im Einzelnen *Bauer/Diller*, NZA 1996, 170 ff.

in **einfacher und klarer Sprache** abgefasst sind und aus **kurzen Sätzen** bestehen. Juristischer Fachjargon muss unbedingt so weit wie möglich vermieden werden. Unklare und unpräzise Formulierungen werden durch eine Übersetzung nicht klarer, sondern unklarer.

5. Schriftliches Verfahren

Hat das aussetzende Arbeitsgericht die Akte mitsamt dem Aussetzungsbeschluss und der Vorab-Entscheidungsfrage zum EuGH geschickt, werden die Parteien vom EuGH gebeten, einen **Schriftsatz („schriftliche Erklärung")** einzureichen (s. M 53.1). Von dieser Möglichkeit sollte unbedingt Gebrauch gemacht werden, obwohl die Nicht-Einreichung eines Schriftsatzes keine negativen Folgen hat, und insbesondere dadurch das Recht zum mündlichen Plädoyer nicht verloren geht.

6. Mündliche Verhandlung

Die mündliche Verhandlung findet grundsätzlich in den Räumen des Gerichtshofs in Luxemburg statt. **Versäumnisurteile** gibt es nicht, das Ausbleiben der Parteien hat also keine nachteiligen Folgen. Im Anschluss an die Plädoyers, die auf **dreißig** bzw. **fünfzehn Minuten** (je nachdem ob das Plenum oder eine Kammer des EuGH entscheidet) begrenzt sind, können die Richter den Verfahrensvertretern Fragen stellen. Anschließend (meist in einer gesonderten Verhandlung) hält der Generalanwalt sein Plädoyer, ca. sechs bis acht Wochen später verkündet der Gerichtshof schließlich das Urteil.[3]

7. Kosten

Gemäß Art. 72 der Verfahrensordnung ist das Vorabentscheidungsverfahren **kostenfrei**. Über die Erstattung der außergerichtlichen Kosten trifft der EuGH keine eigene Entscheidung, insoweit ist die abschließende Kostenentscheidung des Ausgangsgerichts maßgeblich. Die Anwaltsgebühren regeln sich nach **§ 38 RVG**; die Eintrittspflicht von Rechtsschutzversicherungen ist zweifelhaft.[4]

---

[3] Zu den Einzelheiten: *Bauer/Diller*, NZA 1996, 169 ff.
[4] S. *Bauer/Diller*, NZA 1996, 176 mwN.

II. Muster

53.1 Schriftsatz an den EuGH[1,2]

An den Gerichtshof der Europäischen Gemeinschaft
Kanzlei
L-2925 Luxemburg

Az.: Rs.C-.../...

In dem Vorabentscheidungsverfahren

Herr... (Adresse) – Kläger –

gegen

Firma... GmbH, vertreten durch den Geschäftsführer (Name, Firmenadresse) – Beklagte –

geben wir im Namen und in Vollmacht (**Anlage K 1**) des Klägers gemäß Art. 20 des Protokolls über die Satzung des Gerichtshofs der EG zum Vorab-Entscheidungsersuchen des LAG... (Az.:...), uns vom Gerichtshof zugestellt am... (Datum)[3], folgende schriftliche Erklärung ab:

---

1 Die Schriftsätze der Parteien an den EuGH unterscheiden sich nicht wesentlich von Schriftsätzen an deutsche Gerichte. Zweckmäßig ist der folgende Aufbau (vgl. *Bauer/Diller* NJW 1996, 172):
   – Angabe des Aktenzeichens und der Parteien;
   – Darlegung des Sachverhalts des Ausgangsrechtsstreits;
   – Darlegung der nationalen Rechtslage;
   – Relevanz der vorgelegten europarechtlichen Frage für die Entscheidung des Ausgangsrechtsstreits;
   – rechtliche Ausführungen, warum welche Auslegung der in Streit stehenden europarechtlichen Vorschrift richtig ist;
   – falls das nationale Gericht die Vorlagefrage unverständlich oder unvollständig formuliert hat, Anregungen für eine präzisere Fassung der Vorlagefrage;
   – konkreter Vorschlag für die Beantwortung der Vorlagefrage.

2 ➲ **Praxistipp:** Die Schriftsätze sind im Verfahren vor dem EuGH von **großer Bedeutung**. Das Ausgangsgericht beschränkt sich in seinem Vorlageersuchen meist darauf, die Vorlagefrage aufzuwerfen. Konkrete Vorschläge zur Beantwortung dieser Frage macht das Ausgangsgericht dagegen meist nicht. Es ist Aufgabe der Verfahrensbeteiligten, sich **argumentativ mit der Vorlagefrage auseinander zu setzen** und eine **konkrete Beantwortung** durch den EuGH **vorzuschlagen** (wobei der EuGH bei der Beantwortung der Frage nicht an die Anträge und Vorschläge der Parteien gebunden ist). Des Weiteren haben die Parteien die Möglichkeit, in den Schriftsätzen dem EuGH den **Sachverhalt** in allen Einzelheiten darzulegen, was das Ausgangsgericht oft nicht tut (die Prozessakten des vorlegenden Gerichts werden grundsätzlich dem EuGH nicht übersetzt!).

3 Die **Frist** zur Einreichung einer schriftlichen Erklärung beträgt ab Zugang der Aufforderung des Gerichtshofs **zwei Monate und sechs Tage** (zwei Monate gemäß Art. 20 der Satzung des Gerichtshofs, abgedruckt in BGBl. II 1957, 116 iVm. Art. 103 ff. der Verfahrensordnung des Gerichtshofs (ABl.EG 2001, C 34, S. 1), sowie sechs Tage „Entfernungsfrist" zum Ausgleich der Postlaufzeiten). Der Schriftsatz kann per Fax Frist wahrend eingereicht werden. Wie nach §§ 187 ff. BGB zählt bei der Fristberechnung der Tag der Zustellung nicht mit, und eine auf

A. Sachverhalt und Verfahren

Dem Verfahren vor dem LAG ... liegt folgender Sachverhalt zugrunde (wird ausgeführt).[4]

B. Stellungnahme

Der Kläger ersucht den Gerichtshof, die Vorlagefrage des Landesarbeitsgerichts wie folgt zu beantworten: (Vorschlag für eine konkrete Beantwortung).[5]

Begründung:[6]

Das Landesarbeitsgericht in seinem Vorlagebeschluss die Frage aufgeworfen, ob die streitige Klausel des Tarifvertrages mit Art. 141 EG vereinbar ist. Richtigerweise ist diese Frage zu verneinen, weil (wird ausgeführt).

...

(Unterschrift)

Samstag, Sonntag oder Feiertag fallende Frist endet erst am nächsten Werktag (maßgeblich sind allerdings die luxemburgischen Feiertage, nicht die deutschen!). Bei Fristversäumung gibt es grundsätzlich **keine Wiedereinsetzung** in den vorigen Stand. Die Schriftsätze sind mit sieben beglaubigten Abschriften einzureichen (Art. 37 § 1 der Verfahrensordnung, abgedruckt im EG-Amtsblatt 2001, C 34, S. 1).

4 **Beweisanträge** und sonstige Verfahrensanträge sind grundsätzlich nicht möglich. Werden den Schriftsätzen **Urkunden** beigefügt, ist zu beachten, dass diese Urkunden normalerweise nicht mitübersetzt werden. Es ist deshalb sinnvoll, die entscheidenden Passagen der Urkunden wörtlich im Text des Schriftsatzes wiederzugeben.

5 Es ist üblich, aber nicht erforderlich, dem EuGH eine **konkrete Antwort** auf die Vorlagefrage **vorzuschlagen**. Eine **förmliche Antragstellung** kennt das EuGH-Verfahren nicht.

6 ➲ **Praxistipp:** Bei der Abfassung der Schriftsätze ist die Besonderheit des EuGH-Verfahrensrechts zu beachten. Die Verfahrensbeteiligten können nämlich **nicht auf die Schriftsätze des jeweils anderen Beteiligten erwidern**. Vielmehr reichen alle Beteiligten zeitgleich je einen Schriftsatz ein. Die vor deutschen Arbeitsgerichten übliche Taktik, den Sachvortrag auf verschiedene Schriftsätze aufzuteilen, funktioniert also im EuGH-Vorabentscheidungsverfahren nicht. Was noch wichtiger ist, ist der Umstand, dass es **nicht möglich** ist, **auf Einwendungen des Gegners zu erwidern**. Wenn man weiß, dass der Gegner mit bestimmten Einwendungen kommen wird, muss man also antizipativ auf diese erwarteten Einwendungen eingehen. Das bereitet vor allem dann Kopfzerbrechen, wenn man nicht weiß, ob der Gegner überhaupt eine bestimmte Einwendung sieht. Hier besteht stets die Gefahr, dass man schlafende Hunde weckt.

Kapitel 54 Besondere Anträge im Insolvenzverfahren

Literaturübersicht: *Haarmeyer/Wutzke/Förster*, Handbuch zur Insolvenzordnung, 3. Aufl. 2001; *Kübler/Prütting*, Kommentar zur Insolvenzordnung, Loseblatt, Stand 2000; *Nerlich/Römermann*, Insolvenzordnung, Loseblatt, Stand 2003; *Obermüller/Hess*, InsO, 3. Aufl. 1999; *Wimmer*, Frankfurter Kommentar zur Insolvenzordnung, 3. Aufl. 2002.

I. Erläuterungen

1. Allgemeines

Die seit dem 1. 1. 1999 geltende Insolvenzordnung (InsO) enthält in den §§ 120 ff. InsO besondere arbeitsrechtliche Vorschriften, die ausschließlich in der Insolvenz gelten. Die Vorschriften beruhen teilweise auf vergleichbaren Vorgängerregelungen der Konkursordnung sowie des Sozialplan-Konkursgesetzes. Neu sind dagegen die besonderen gerichtlichen Verfahren nach §§ 122, 126 InsO. Sie sollen dem Insolvenzverwalter die **Durchführung von Betriebsänderungen** und insbesondere **Massenentlassungen erleichtern**. Hintergrund ist das Bestreben, vermehrt überlebensfähige Betriebe aus Insolvenzen herauszulösen und fortzuführen. In der Praxis hat sich gezeigt, dass dies regelmäßig nur mit erheblich verminderter Belegschaftsstärke möglich ist, so dass der Insolvenzverwalter vor einer Veräußerung eine Betriebsänderung nach §§ 111 ff. BetrVG (Interessenausgleich und Sozialplan) durchführen muss. Da die §§ 111 ff. bei Betriebsänderungen ein außerordentlich zeitaufwendiges und auch teures Verfahren vorsehen, scheiterten in der Praxis Unternehmensfortführungen aus der Insolvenz heraus nicht selten daran, dass dem Insolvenzverwalter dringend erforderliche Anpassungsmaßnahmen nicht zeitnah oder nur mit zu hohen Kosten gelangen.

2. Beschlussverfahren nach § 122 InsO wegen Betriebsänderung

Der besondere Antrag nach § 122 Abs. 1 InsO soll dem Insolvenzverwalter die **Abkürzung des Interessenausgleichsverfahrens** ermöglichen. Hat er den Betriebsrat rechtzeitig und umfassend über eine geplante Betriebsänderung unterrichtet und kommt nicht innerhalb von drei Wochen nach Verhandlungsbeginn oder schriftlicher Aufforderung zur Aufnahme von Verhandlungen ein Interessenausgleich zustande, so kann der Insolvenzverwalter beim Arbeitsgericht die Zustimmung des Arbeitsgerichts dazu beantragen, dass die Betriebsänderung ohne weitere Bemühungen um einen Interessenausgleich durchgeführt wird. Gibt das Arbeitsgericht dem Antrag statt, so sind zum einen **Unterlassungsverfügungen des Betriebsrats** obsolet. Zum anderen sind nach der ausdrücklichen Regelung des § 122 Abs. 1 Satz 2 InsO **Ansprüche der Arbeitnehmer auf Nachteilsausgleich** gemäß § 113 Abs. 3 BetrVG ausgeschlossen. Nach § 122 Abs. 1 Satz 3 InsO kann der Insolvenzverwalter sich auf freiwilliger Basis auch nach Einleitung des Verfahrens nach § 122 Abs. 1 Satz 1 InsO und auch noch nach Rechtskraft der Entscheidung des Arbeitsgerichts um einen Interessenausgleich bemühen.

Streitig ist, ob dem Betriebsrat jedenfalls in der Zeit **bis zur rechtskräftigen Zustimmung des Arbeitsgerichts** nach § 122 Abs. 1 Satz 1 InsO ein Unterlassungsanspruch zusteht, der ggf. durch einstweilige Verfügung geltend gemacht werden kann.[1]

Gegen die Entscheidung des Arbeitsgerichts ist grundsätzlich **keine Beschwerde** an das Landesarbeitsgericht statthaft, der Beschluss ist also unanfechtbar (§ 122 Abs. 3 InsO). Der Beschluss ist nur dann ausnahmsweise anfechtbar, wenn das Arbeitsgericht die **Rechtsbeschwerde an das Bundesarbeitsgericht** (unter Überspringen der 2. Instanz) zugelassen hat. In diesem Fall muss die Rechtsbeschwerde innerhalb eines Monats beim BAG eingelegt und auch sogleich begründet werden. Die analoge Anwendung der Vorschriften über die **Nichtzulassungsbeschwerde** (§ 92a ArbGG) kommt nicht in Betracht (BAG v. 14. 8. 2001, BB 2001, 2535), da § 92a ArbGG ausdrücklich nur für den Fall der Nichtzulassung der Rechtsbeschwerde durch das LAG gilt. Außerdem würde der mit § 122 InsO angestrebte Beschleunigungseffekt zunichte gemacht, wenn der Betriebsrat durch das (regelmäßig erfolglose) Nichtzulassungsbeschwerde-Verfahren die Durchführung der Betriebsänderung doch wieder um Monate verzögern könnte.

Streitig ist, wann der Beschluss des Arbeitsgerichts **rechtskräftig** wird. Nach richtiger Auffassung[2] tritt die Gestaltungswirkung des § 122 Abs. 1 Satz 1 InsO bereits mit Verkündung des Beschlusses des Arbeitsgerichts ein, also nicht erst mit der Verwerfung eines unzulässigen Rechtsmittels. Etwas anderes gilt natürlich, wenn das Arbeitsgericht die Rechtsbeschwerde zum BAG ausdrücklich zugelassen hat, dann tritt die Gestaltungswirkung erst mit dem Beschluss des BAG ein.

3. Beschlussverfahren wegen Kündigungsschutz nach §§ 125, 126 InsO

Führt der Insolvenzverwalter eine Betriebsänderung durch und kommt es dabei zu Entlassungen, so kann der Insolvenzverwalter neben dem Verfahren nach § 122 InsO auch nach §§ 125, 126 InsO vorgehen. Die §§ 125, 126 InsO erleichtern dem Insolvenzverwalter das Vermeiden von Kündigungsstreitigkeiten. Der Insolvenzverwalter kann zunächst gemäß § 125 InsO versuchen, mit dem Betriebsrat einen **Interessenausgleich** abzuschließen, in dem die **Arbeitnehmer namentlich bezeichnet** sind, denen gekündigt werden soll. Kommt ein solcher Interessenausgleich zustande, wird **vermutet**, dass **betriebliche Gründe** für die Entlassung vorliegen (§ 125 Abs. 1 Nr. 1 InsO), und die **soziale Auswahl** der Arbeitnehmer kann vom Arbeitsgericht nur anhand der Kriterien Betriebszugehörigkeit, Lebensalter, Unterhaltspflichten und insoweit auch nur auf **grobe Fehler** überprüft werden (§ 125 Abs. 1 Satz 1 Nr. 2 InsO). Der besondere Interessenausgleich nach § 125 Abs. 1 InsO ersetzt zugleich die Stellungnahme des Betriebsrats nach § 17 Abs. 3 Satz 2 KSchG (§ 125 Abs. 2 InsO). Die Regelung ähnelt dem früheren § 1 Abs. 5 KSchG, der bis 1998 galt.

Bedeutsamer als § 125 InsO ist **§ 126 InsO**. Hat der Betrieb keinen Betriebsrat oder kommt aus anderen Gründen innerhalb von drei Wochen nach Verhandlungsbeginn oder schriftlicher Aufforderung zur Aufnahme von Verhandlungen ein **Interessenausgleich mit namentlicher Bezeichnung der Arbeitnehmer** nach § 125 Abs. 1 InsO

---

1 Dazu LAG Niedersachsen v. 27. 3. 1997, ZIP 1997, 1201.
2 *Grunsky/Moll*, Arbeitsrecht und Insolvenz, 1997, Rz. 318.

nicht zustande, so kann der Insolvenzverwalter in die Offensive gehen und selbst eine Art **„vorbeugendes Kündigungsschutzverfahren"** einleiten. Er kann beim Arbeitsgericht die Feststellung beantragen, dass die Kündigung bestimmter namentlich bezeichneter Arbeitnehmer durch dringende betriebliche Erfordernis bedingt und sozial gerechtfertigt ist (§ 126 Abs. 1 Satz 1 InsO). Wird dem Antrag stattgegeben, so sind die Feststellungen des Arbeitsgerichts in einem **späteren Kündigungsschutzverfahren** der betroffenen Arbeitnehmer gemäß § 127 InsO **bindend**.

Das Verfahren nach § 126 InsO kann der Insolvenzverwalter auch dann einleiten, wenn zwar ein Interessenausgleich zustande gekommen ist, dieser jedoch keine namentliche Bezeichnung der zu kündigenden Arbeitnehmer enthält.[3]

---

[3] Vgl. dazu BAG v. 20. 1. 2000, DB 2000, 1822.

II. Muster

54.1 Antrag des Insolvenzverwalters wegen Durchführung einer Betriebsänderung nach § 122 InsO[1]

An das Arbeitsgericht

In dem Beschlussverfahren[2] mit den Beteiligten[3]

1. Insolvenzverwalter . . . (Adresse) – Antragsteller –

2. Betriebsrat der Firma . . . GmbH, vertreten durch den Betriebsratsvorsitzenden (Name, Firmenadresse) – Antragsgegner –

vertreten wir den Antragsteller. Namens und im Auftrag des Antragstellers leiten wir ein Beschlussverfahren ein und beantragen:[4]

---

[1] Der Antrag kann mit dem Antrag nach § 126 InsO verbunden werden (vgl. § 122 Abs. 1 Satz 3 InsO).

[2] Über den Antrag nach § 122 Abs. 1 Satz 1 InsO ist im **Beschlussverfahren** zu entscheiden, nicht im Urteilsverfahren. § 122 Abs. 2 Satz 2 InsO spricht etwas kryptisch davon, dass die Vorschriften über das Beschlussverfahren nur „entsprechend" gelten sollen. Das liegt wohl daran, dass § 2a ArbGG die Zuständigkeiten im Beschlussverfahren abschließend regelt und dort die §§ 122 ff. InsO nicht erwähnt sind. In der Sache ist jedoch ein normales Beschlussverfahren ohne irgendwelche Besonderheiten gemäß den §§ 80 ff. ArbGG durchzuführen.

[3] Beteiligte am Verfahren sind der **Insolvenzverwalter** und der **Betriebsrat**, nicht dagegen die betroffenen Arbeitnehmer oder das insolvente Unternehmen (§ 122 Abs. 2 Satz 2 InsO).

[4] Umstritten ist, ob der Insolvenzverwalter den Antrag nach § 122 Abs. 1 Satz 1 InsO auch im **einstweiligen Verfügungsverfahren** stellen kann. Zwar ist im Beschlussverfahren grundsätzlich gemäß § 85 Abs. 2 ArbGG die einstweilige Verfügung zulässig (vgl. **M 51.5**). Allerdings ist der Antrag nach § 122 Abs. 1 Satz 1 InsO ein Gestaltungsantrag, und außerdem sind Rechtsmittel ausgeschlossen. Mit einer einstweiligen Verfügung würde also die Hauptsache ein für allemal vorweg genommen (es sei denn, man würde den Rechtsmittelausschluss nach § 122 Abs. 3 Satz 1 InsO nicht auf das einstweilige Verfügungsverfahren erstrecken und insoweit eine Beschwerde zum LAG zulassen). Allerdings liegt auf der Hand, dass in eilbedürftigen Fällen ohne eine einstweilige Verfügung das Verfahren nach § 122 Abs. 1 Satz 1 InsO seinen Zweck verfehlen könnte.

Die Zustimmung des Antragsgegners zu der dem Antragsgegner am ... mitgeteilten beabsichtigten Betriebsänderung, bestehend aus der Schließung der ...-Fertigung sowie dem Abbau von ... Arbeitsplätzen, wird ersetzt.

Begründung:

Über das Vermögen der Firma ... GmbH ist am ... das Insolvenzverfahren eröffnet worden. Der Antragsteller wurde durch Beschluss des Amtsgerichts (Ort, Aktenzeichen, Datum) zum Insolvenzverwalter bestellt.

Beweis: Beschluss des Amtsgerichts, Anlage AS 1

Der Antragsteller steht in aussichtsreichen Verhandlungen mit Investoren, die die Betriebsmittel der insolventen Gesellschaft übernehmen wollen. Alle Interessenten haben jedoch kategorisch erklärt, die Übernahme der extrem defizitären ...-Fertigung komme nicht in Betracht. Diese Abteilung müsse vor Übernahme der Betriebsmittel geschlossen werden, in entsprechendem Umfang müssten auch Arbeitsplätze abgebaut werden (wird ausgeführt).

Der Antragsteller hat den Antragsgegner am ... unter Vorlage umfangreicher Unterlagen umfassend über die geplante Schließung der ...-Fertigung informiert.[5]

Beweis: Protokoll der Informationsveranstaltung vom ...
nebst Anlagen, Anlagenkonvolut AS 2

Zusammen mit der Unterrichtung ist der Antragsgegner am ... schriftlich[6] aufgefordert worden, unverzüglich Verhandlungen über Interessenausgleich und Sozialplan aufzunehmen.

Beweis: Schriftliche Aufforderung vom ..., Anlage AS 3

Innerhalb der Drei-Wochen-Frist ist jedoch kein Interessenausgleich zustande gekommen. Deshalb wird die Zustimmung des Arbeitsgerichts zur Durchführung der Betriebsänderung nach § 122 InsO beantragt.

Der Antrag ist begründet, weil die wirtschaftliche Lage des Unternehmens[7] auch unter Berücksichtigung der sozialen Belange der Arbeitnehmer erfordert, dass die Betriebsänderung ohne vorheriges Durchlaufen des Interessenausgleichsverfahrens nach § 112 Abs. 2 BetrVG durchgeführt wird (wird ausgeführt).

---

5 Ähnlich wie unter der Geltung des geänderten § 113 Abs. 3 Satz 3 BetrVG in der Zeit von 1995 bis 1998 entsteht auch im Zusammenhang mit § 122 Abs. 1 InsO häufig Streit über die Frage, ob die **Unterrichtung des Betriebsrats rechtzeitig** und **umfassend** war. Denn nach dem klaren Wortlaut von § 122 Abs. 1 Satz 1 InsO läuft die Dreiwochenfrist nur ab rechtzeitiger und umfassender Information. Betriebsräte wenden deshalb häufig ein, die Information sei nicht nur unvollständig gewesen, sondern sei vor allem verspätet erfolgt. Unterrichte der Arbeitgeber den Betriebsrat auch nur einen einzigen Tag zu spät, könne er von der Sonderregelung des § 122 InsO nicht mehr profitieren. Da sich der „richtige" Zeitpunkt der Betriebsratsinformation bei § 111 BetrVG niemals exakt bestimmen lassen wird, wäre das Verfahren nach § 122 InsO weitgehend wertlos, wenn man dieser Auffassung folgen würde.

6 ➔ **Wichtig:** Zu beachten ist, dass es sich um eine **gesetzliche Schriftform** nach § 126 BGB handelt, so dass Faxe, E-Mails und Ähnliches nicht ausreichen.

7 Zu den Voraussetzungen des Antrags in **wirtschaftlicher Hinsicht** sagt das Gesetz leider nichts genaueres (§ 122 Abs. 2 Satz 1 InsO). Hier wird es auf alle Umstände des jeweiligen Einzelfalls ankommen, die weitere Rechtsprechung bleibt abzuwarten.

Auf § 122 Abs. 2 Satz 3 InsO iVm. § 61a Abs. 3 bis 6 ArbGG (beschleunigte Erledigung, besondere Prozessförderung) wird hingewiesen.[8, 9]

...

(Unterschrift)

---

8 Die **rasche Bearbeitung** des Antrags nach § 122 Abs. 1 Satz 1 InsO durch das Arbeitsgericht ist der Dreh- und Angelpunkt der Vorschrift. Leider hat der Gesetzgeber keine Maximaldauer des Verfahrens vorgesehen (vgl. § 98 ArbGG). Es gibt auch keine Vorschrift, nach der die Zustimmung des Arbeitsgerichts als ersetzt gilt, wenn das Arbeitsgericht nicht binnen einer bestimmten Frist entscheidet.

9 Gegen den Beschluss des ArbG findet nach § 123 Abs. 3 InsO keine Beschwerde zum LAG statt. Das ArbG kann nur die Rechtsbeschwerde zum BAG zulassen, insoweit findet eine Nichtzulassungsbeschwerde nicht statt (BAG v. 14. 8. 2001, BB 2001, 2535).

54.2 Antrag des Insolvenzverwalters wegen Zustimmung zu Kündigungen nach § 126 InsO[1, 2]

An das Arbeitsgericht

In dem Beschlussverfahren[3] *mit den Beteiligten*[4, 5]

1. Insolvenzverwalter ... (Adresse) – Antragsteller –

2. Betriebsrat der Firma ... GmbH, vertreten durch den Betriebsratsvorsitzenden (Name, Firmenadresse) – Antragsgegner –

3. Arbeitnehmer ... (Privatadresse), – Beteiligter Ziff. 3 –

---

1 Vgl. auch die Anmerkungen zu **M 54.1**.

2 Das Verfahren nach § 126 InsO kann **isoliert** durchgeführt werden, wenn der Betrieb keinen Betriebsrat hat oder nur ein Interessenausgleich ohne Namensliste zustande gekommen ist. Ist dagegen ein Betriebsrat vorhanden und ist überhaupt kein Interessenausgleich zustande gekommen, so reicht der Antrag nach § 126 InsO allein nicht aus, sondern es muss **zugleich der Antrag nach § 122 InsO** gestellt werden. Denn der Antrag nach § 126 InsO erleichtert zwar die Abwicklung nachfolgender Kündigungsschutzklagen (oder vermeidet sie ganz), schließt jedoch Ansprüche der Arbeitnehmer auf Nachteilsausgleich nach § 113 Abs. 3 BetrVG nicht aus. Ausgeschlossen werden Nachteilsausgleichs-Ansprüche nur durch das erfolgreiche Verfahren nach § 122 InsO.

3 Das **Beschlussverfahren** ist gemäß § 126 Abs. 2 1. Halbs. InsO die richtige Verfahrensart (vgl. auch die Fn. 2 zu **M 54.1**).

4 **Beteiligte** sind neben dem Insolvenzverwalter und dem Betriebsrat auch die **Arbeitnehmer**, auf die sich der Antrag bezieht, soweit sie nicht mit der Beendigung der Arbeitsverhältnisse bzw. (bei Änderungskündigung) mit der Änderung ihrer Arbeitsbedingungen einverstanden sind. Es liegt auf der Hand, dass schon wegen dieser Vorschrift ein Verfahren nach § 126 InsO bei größeren Personalmaßnahmen kaum praktikabel ist.

5 ➲ **Praxistipp:** Da mit dem Insolvenzverwalter und den betroffenen Arbeitnehmern die Parteien des Arbeitsverhältnisses verfahrensbeteiligt sind, kann unmittelbar im Beschlussverfahren ein **Abfindungsvergleich** geschlossen werden.

4. *Arbeitnehmer... (Privatadresse), – Beteiligter Ziff. 4 –*
5. *Arbeitnehmer... (Privatadresse), – Beteiligter Ziff. 5 –*

...

vertreten wir den Antragsteller. Namens und im Auftrag des Antragstellers leiten wir ein Beschlussverfahren ein und beantragen:[6]

> *Es wird festgestellt, dass die Kündigung der Beteiligten Ziff. 3 bis ... durch dringende betriebliche Erfordernisse bedingt und sozial gerechtfertigt ist.*

Begründung:

Über das Vermögen der Firma ... GmbH ist am ... das Insolvenzverfahren eröffnet worden. Der Antragsteller wurde durch Beschluss des Amtsgerichts (Ort, Aktenzeichen, Datum) zum Insolvenzverwalter bestellt.

> *Beweis: Beschluss des Amtsgerichts, Anlage AS 1*

Der Antragsteller steht in aussichtsreichen Verhandlungen mit Investoren, die die Betriebsmittel der insolventen Gesellschaft übernehmen wollen. Alle Interessenten haben jedoch kategorisch erklärt, die Übernahme der extrem defizitären ...-Fertigung komme nicht in Betracht. Diese Abteilung müsse vor Übernahme der Betriebsmittel geschlossen werden, in entsprechendem Umfang müssten auch Arbeitsplätze abgebaut werden (wird ausgeführt).

Der Antragsteller hat den Antragsgegner am ... unter Vorlage umfangreicher Unterlagen umfassend über die geplante Schließung der ...-Fertigung informiert.

> *Beweis: Protokoll der Informationsveranstaltung vom ... nebst Anlagen, Anlagenkonvolut AS 2*

Zusammen mit der Unterrichtung ist der Antragsgegner am ... schriftlich aufgefordert worden, unverzüglich Verhandlungen über Interessenausgleich und Sozialplan aufzunehmen.

> *Beweis: Schriftliche Aufforderung vom ..., Anlage AS 3*

Innerhalb der Drei-Wochen-Frist ist jedoch kein Interessenausgleich zustande gekommen. Auf Antrag hat jedoch das Arbeitsgericht gemäß § 122 InsO durch Beschluss vom ..., Az. ... die Zustimmung des Antragsgegners zur Durchführung der Betriebsänderung ersetzt[7] *(wird ausgeführt).*

> *Beweis: Beschluss des Arbeitsgerichts, Anlage AS 4*

Den im Antrag bezeichneten Arbeitnehmern soll in den nächsten Tagen gekündigt werden[8], *die Betriebsratsanhörung nach § 102 BetrVG hat bereits stattgefunden.*

---

6 Eine Antragstellung im **einstweiligen Verfügungsverfahren** kommt regelmäßig nicht in Betracht, da wegen der Aussetzungsmöglichkeit bezüglich der Individualklagen nach § 127 Abs. 2 InsO das Verfahren nach § 126 InsO nicht so eilbedürftig ist, dass das Arbeitsgericht nicht im Hauptsacheverfahren entscheiden könnte.

7 Vgl. **M 54.1** mit Anmerkungen.

8 Ob die Kündigungen, auf die sich der Antrag bezieht, **bereits ausgesprochen** oder erst **geplant** sind, ist egal (dies ergibt sich aus § 127 Abs. 2 InsO, s. BAG v. 29. 6. 2000, DB 2000, 2021). Erhebt ein Arbeitnehmer bereits vor rechtskräftigem Abschluss des Verfahrens nach

Beweis: Anhörungsschreiben, Anlagenkonvolut AS 5.

Die Kündigung der im Antrag bezeichneten Arbeitnehmern ist aus betriebsbedingten Gründen gerechtfertigt, weil (wird ausgeführt).[9]

Die Kündigung der im Antrag bezeichneten Arbeitnehmer ist sozial gerechtfertigt, weil (wird ausgeführt).[10]

Auf § 122 Abs. 2 Satz 3 InsO, § 61a Abs. 3 bis 6 ArbGG (besondere Prozessförderung, beschleunigte Erledigung) wird hingewiesen.[11, 12]

...

(Unterschrift)

---

§ 126 InsO Kündigungsschutzklage, so ist diese Klage gemäß § 127 Abs. 2 InsO bis zur Entscheidung im Verfahren nach § 126 InsO auszusetzen.

[9] Soweit das Arbeitsgericht im Rahmen von § 126 InsO feststellen soll, dass dringende betriebliche Erfordernisse die Kündigung rechtfertigen, ist die **Darlegungs- und Beweislast** nach den Regeln des individualrechtlichen Kündigungsschutzverfahrens verteilt, der Amtsermittlungsgrundsatz des Beschlussverfahrens kann hier nur eingeschränkt gelten.

[10] Hinsichtlich der **sozialen Auswahl** der Arbeitnehmer ist die Prüfung des Arbeitsgerichts auf die drei Kriterien Dauer der Betriebszugehörigkeit, Lebensalter und Unterhaltspflichten eingeschränkt (§ 126 Abs. 1 Satz 2 InsO).

[11] § 126 Abs. 2 Satz 2 InsO **schließt** über die Verweisung auf § 122 Abs. 3 InsO die **Beschwerde** zum Landesarbeitsgericht **aus**. Nur die Rechtsbeschwerde an das Bundesarbeitsgericht ist zulässig, wenn das Arbeitsgericht sie ausdrücklich zugelassen hat (vgl. die Erläuterungen zu **M 54.1**). Eine Nichtzulassungsbeschwerde findet nicht statt (BAG v. 14. 8. 2001, BB 2001, 2535).

[12] Hinsichtlich der **Kosten** berücksichtigt § 128 Abs. 3 InsO, dass das Beschlussverfahren nach § 126 InsO das Kündigungsschutzverfahren praktisch vorwegnimmt. Es gilt deshalb – anders als sonst im Beschlussverfahren – der Grundsatz, dass jede Partei in der 1. Instanz ihre Kosten selbst trägt und die Kosten eines (eventuell zugelassenen) Rechtsbeschwerdeverfahrens vor dem BAG entsprechend den Vorschriften der ZPO (§§ 91 ff.) verteilt werden. Diese Kostenregelungen haben selbstverständlich nur im Verhältnis zwischen Insolvenzverwalter und den beteiligten Arbeitnehmern Bedeutung. Da der **Betriebsrat** als Antragsgegner nicht vermögensfähig ist, kann er nicht mit Verfahrenskosten belastet werden. Unklar ist, ob bei einem Obsiegen des Insolvenzverwalters die Kosten des Betriebsratsanwalts entsprechend den Regeln der ZPO den Arbeitnehmern zur Last fallen oder entsprechend § 40 BetrVG dem Insolvenzverwalter. Dieses Problem stellt sich allerdings nur im Rahmen des Rechtsmittelverfahrens zum BAG, da in der 1. Instanz ohnehin entsprechend § 12a ArbGG die Kosten verteilt bleiben.

Kapitel 55 Personalvertretungsrecht

Literaturübersicht: *Altvater/Bacher/Hörter/Peiseler/Sabottig/Schneider/Vohs,* Bundespersonalvertretungsgesetz, Kommentar für die Praxis, 4. Aufl. 1996; *Battis/Ilbertz;* Personalvertretungsrecht, 2. Aufl. 1992; *Dietz/Richardi,* Bundespersonalvertretungsgesetz, 2. Aufl. 1978; *Fitting/Heyer/Lorenzen,* Personalvertretungsgesetz, 3. Aufl. 1964; *Grabendorff/Ilbertz/Widmaier,* Bundespersonalvertretungsgesetz, 9. Aufl. 1999; *Ilbertz,* Personalvertretungsrecht des Bundes und der Länder, 12. Aufl. 2000; *Molitor,* Personalvertretungsgesetz, 2. Aufl. 1958; *Söllner/Reinert,* Personalvertretungsrecht, 2. Aufl. 1993.

I. Erläuterungen

1. Zuständigkeit

Für Streitigkeiten aus dem Personalvertretungsrecht sind die **Verwaltungsgerichte zuständig**, nicht die Arbeitsgerichte. Für das Personalvertretungsrecht sowohl des Bundes als auch der Länder bestimmt dies § 106 des Bundespersonalvertretungsgesetzes (BPersVG).

Für die Entscheidung personalvertretungsrechtlicher Streitigkeiten sieht § 84 BPersVG bei den Verwaltungsgerichten sowie bei den Oberverwaltungsgerichten/Verwaltungsgerichtshöfen die Bildung von besonderen **Fachkammern/Fachsenaten** vor, entsprechende Vorschriften enthalten alle Personalvertretungsgesetze der Länder.

Mit kleineren Abweichungen begründet § 83 Abs. 1 BPersVG die Zuständigkeit der Verwaltungsgerichte zur Entscheidung über personalvertretungsrechtliche Streitigkeiten in gleichem Umfang, wie § 2a Abs. 1 Nr. 1 ArbGG die Zuständigkeit der Arbeitsgerichte für betriebsverfassungsrechtliche Streitigkeiten begründet. Entsprechende Regelungen enthalten auch die Personalvertretungsgesetze der Länder.[1]

2. Verfahrensrecht

Den **Ländern** ist die Wahl überlassen, ob die Verwaltungsgerichte nach der VwGO oder nach den arbeitsgerichtlichen Regeln des Beschlussverfahrens (§§ 80 ff. ArbGG) entscheiden sollen. Für den Bereich des Personalvertretungsrechts des **Bundes** hat sich § 83 Abs. 2 BPersVG für die entsprechende Anwendung der arbeitsgerichtlichen Regeln über das Beschlussverfahren entschieden. Mit Ausnahme von **Rheinland-Pfalz** sind dem alle Bundesländer für den Bereich ihres Länder-Personalvertretungsrechts gefolgt.[2] Nur in Rheinland-Pfalz gilt nach § 112 des rheinland-pfälzischen PersVG die VwGO.

Soweit die Länder die arbeitsgerichtlichen Vorschriften über das Beschlussverfahren für anwendbar erklärt haben, gelten ausschließlich diese Vorschriften. Für eine ergänzende Anwendung der VwGO ist kein Raum, zB hinsichtlich der Beteiligung des Vertreters des öffentlichen Interesses oder des Oberbundesanwalts.

---

[1] Nachweise bei *Germelmann/Matthes/Prütting/Müller-Glöge,* § 80 ArbGG Rz. 14.
[2] Vgl. § 86 Abs. 2 PersVG Baden-Württemberg, Art. 81 Abs. 2 PersVG Bayern etc., weitere Nachweise bei *Germelmann/Matthes/Prütting/Müller-Glöge,* § 80 ArbGG Rz. 8.

Ebenfalls in die Zuständigkeit der Länder fällt die Entscheidung, ob das personalvertretungsrechtliche Beschlussverfahren **zweistufig** oder **dreistufig** sein soll. Ausdrücklich ausgeschlossen ist die 3. Instanz (Rechtsbeschwerde) zum Bundesverwaltungsgericht nur in Bayern aufgrund von Art. 81 Abs. 2 LPersVG Bayern. Dagegen schreiben die Personalvertretungsgesetze einiger Länder (zB Berlin, Hamburg, Nordrhein-Westfalen, Rheinland-Pfalz und Saarland) die Zuständigkeit des Bundesverwaltungsgerichts in 3. Instanz entsprechend §§ 92 bis 96 ArbGG ausdrücklich vor. Auch soweit die Landespersonalvertretungsgesetze keine ausdrückliche Regelung treffen, ist die Rechtsbeschwerde zum Bundesverwaltungsgericht (BVerwG) gegeben.[3] Damit ist nach § 93 ArbGG entgegen § 137 VwGO auch das Länderpersonalvertretungsrecht revisibel.[4]

---
[3] BVerwG v. 10. 2. 1967, AP Nr. 3 zu § 74 PersVG NRW.
[4] BVerfG v. 13. 1. 1961, AP Nr. 1 zu § 76 PersVG Hamburg.

II. Muster

55.1 Antrag an das Verwaltungsgericht zur Einleitung eines Beschlussverfahrens[1]

An das Verwaltungsgericht

Antrag auf Einleitung eines Beschlussverfahrens

In dem Verfahren mit den Beteiligten

1. *Personalrat des städtischen Krankenhauses . . ., vertreten durch den Vorsitzenden des Personalrats (Name, Dienstanschrift) – Antragsteller –*

2. *Städtisches Krankenhaus . . ., vertreten durch den Krankenhausdirektor (Name, Dienstanschrift) – Antragsgegner –*

vertreten wir den Antragsteller. Namens und im Auftrag des Antragstellers leiten wir ein Beschlussverfahren gemäß § 80 ArbGG, § 86 Abs. 2 PersVG Baden-Württemberg ein und beantragen:

---
[1] Soweit die Personalvertretungsgesetze auf die §§ 80 ff. ArbGG verweisen, regelt sich das Verfahren ausschließlich nach den arbeitsrechtlichen Regeln des Beschlussverfahrens ohne ergänzende Anwendung von Vorschriften der VwGO. Folglich kann vollumfänglich auf die Muster der Kapitel 48 ff. verwiesen werden.
  ⮕ **Praxistipp:** Die von vielen Verwaltungsgerichten verlangte **Vorlage einer Vollmacht** ist im ArbGG nicht vorgesehen und deshalb eigentlich nicht statthaft. Man sollte aber nicht gleich zu Beginn Streit mit dem Gericht anfangen.

Es wird festgestellt, dass der Antragsgegner durch die Änderung der Dienstpläne per... ohne Zustimmung des Antragstellers gegen seine personalvertretungsrechtlichen Pflichten verstoßen hat.

Begründung:

(wird ausgeführt)

...

(Unterschrift)

Sechster Teil Betriebsübergang

Kapitel 56 Betriebsübergang

Literaturübersicht: *Bauer*, Christel Schmidt lässt grüßen: Neue Hürden des EuGH für Auftragsvergabe, NZA 2004, 14; *Bauer/Haußmann*, Tarifwechsel durch Branchenwechsel, DB 2003, 610; *Bauer/Haußmann*, Tarifwechsel durch Verbandswechsel, DB 1999, 1114; *Bauer/von Steinau-Steinrück*, Neuregelung des Betriebsübergangs: Erhebliche Risiken und viel mehr Bürokratie!, ZIP 2002, 457; *Düwell*, Unterrichtungspflicht und Widerspruchsrecht bei Betriebsübergängen, FA 2002, 107; *Feudner*, Übergangs- und Restmandate des Betriebsrats gem. §§ 21a, 21b BetrVG, DB 2003, 882; *Gaul/Otto*, Unterrichtungsanspruch und Widerspruchsrecht bei Betriebsübergang und Umwandlung, DB 2002, 634; *Grobys*, Die Neuregelung des Betriebsübergangs in § 613a BGB, BB 2002, 726; *Hölters*, Handbuch des Unternehmens- und Beteiligungskaufs, 5. Aufl. 2002; *Huke*, Die Unterrichtung der von einem Betriebsübergang betroffenen Arbeitnehmer gem. § 613a Abs. 5 BGB, FA 2002, 263; *Meyer*, Modifikation von Tarifrecht durch Betriebsvereinbarungen beim Betriebsübergang, NZA 2001, 751; *Schiefer*, Fortgeltung individualrechtlich in Bezug genommener Tarifverträge bei Betriebsübergang, FA 2002, 258; *Willemsen/Annuß*, Auftragsnachfolge – jetzt doch Betriebsübergang?, DB 2004, 134; *Willemsen/Lembke*, Die Neuregelung von Unterrichtung und Widerspruchsrecht der Arbeitnehmer beim Betriebsübergang, NJW 2002, 1159; *Worzalla*, Neue Spielregeln bei Betriebsübergang – Die Änderungen des § 613a BGB, NZA 2002, 353.

I. Erläuterungen

1. Übergang der Arbeitsverhältnisse

Geht ein Betrieb oder Betriebsteil durch Rechtsgeschäft auf einen anderen Inhaber über, so tritt dieser in die Rechte und Pflichten aus den im Zeitpunkt des Übergangs bestehenden Arbeitsverhältnissen ein, § 613a Abs. 1 Satz 1 BGB.

a) Wirtschaftliche Einheit

Gegenstand des Betriebsinhaberwechsels iSv. § 613a BGB kann nur ein **Betrieb oder ein Betriebsteil** sein. Darunter versteht sowohl der EuGH[1] als auch das BAG[2] eine wirtschaftliche Einheit mit einer bestimmten Organisationsstruktur. Wird lediglich eine bestimmte Tätigkeit beim Erwerber fortgeführt, so handelt es sich nicht um einen Betriebs- oder Betriebsteilübergang, sondern um eine Funktionsnachfolge, die von § 613a BGB nicht erfasst wird.[3] Die wirtschaftliche Einheit geht über, wenn sie trotz

---

1 EuGH v. 11. 3. 1997, NZA 1997, 433 – Ayse Süzen; v. 2. 12. 1999, NZA 2000, 587 – Allen; v. 25. 1. 2001, NZA 2001, 249 – Liikenne; vgl. *Baeck/Lingemann*, NJW 1997, 2492.
2 BAG v. 22. 5. 1997, NZA 1997, 1050; vgl. *Müller-Glöge*, NZA 1999, 449.
3 BAG v. 13. 11. 1997, NZA 1998, 251; v. 3. 9. 1998, NZA 1999, 147; hier ist jedoch wegen der Entscheidung des EuGH v. 20. 11. 2003, NZA 2003, 1385, erneut Vorsicht geboten: der Europäische Gerichtshof bejaht darin einen Betriebsübergang, wenn vom Auftraggeber (Krankenhaus) gestellte, vom ersten Unternehmer (Betreiber der Krankenhauskantine) benutzte wesentliche Betriebsmittel (Räumlichkeiten und Inventar, welches für die Zubereitung und Verteilung der Speisen an die Patienten als unerlässlich erscheint) vom nachfolgenden Unternehmer

des Inhaberwechsels ihre Identität wahrt. Maßgeblich für die **Wahrung der Identität** sind eine Vielzahl wertender Kriterien wie **Ähnlichkeit der betrieblichen Tätigkeit** vor und nach dem fraglichen Übergang[4], Übergang eines nach Zahl und Sachkunde **wesentlichen Teils der Belegschaft**, wobei bei Nicht-Know-how-Trägern 60% im Zweifel noch nicht ausreichen, hingegen bei Know-how-Trägern schon ein geringer Prozentsatz zum Betriebsübergang führen kann.[5] Bei der **Nutzung vorhandener Betriebsmittel** kommt es darauf an, ob der Erwerber seine Leistung **mit** diesen Betriebsmitteln erbringt, also eigenwirtschaftlich, und nicht nur **an** diesen Betriebsmitteln (des Auftraggebers), wie beispielsweise bei der Bewachung eines Objektes.[6] Ein Betriebsübergang liegt nicht vor, wenn lediglich das Eigentum der Betriebsstätte durch eine Sicherungsübereignung an einen Dritten übertragen wird, da sie im Allgemeinen nichts an der Nutzungsberechtigung des bisherigen Eigentümers ändert.[7] Auch der Übergang der **Kundschaft** ist von Bedeutung.[8] Entgegen der früheren Rechtsprechung des BAG reicht die bloße **Fortführungsmöglichkeit** nicht mehr aus; nur wenn der Erwerber die wirtschaftliche Einheit tatsächlich fortführt, kommt ein Betriebsübergang in Betracht.[9] Eine Betriebsunterbrechung zwischen der Übernahme durch den neuen Inhaber kann einem **Betriebsübergang** entgegenstehen. Entscheidend ist dabei, ob die Unterbrechung nur vorübergehend ist oder eine Dauer erreicht, die zu einer Betriebsstilllegung führt.[10]

Maßgeblicher **Zeitpunkt** ist die Einstellung der Leitungsmacht durch den bisherigen Inhaber und die Möglichkeit der Übernahme durch den Erwerber.[11] Welche Art von Rechtsgeschäft dabei die Grundlage für den Übergang der Leitungsmacht bildet, ist unerheblich.

b) Zuordnung der Arbeitsverhältnisse

Infolge des Betriebs(teil)übergangs gehen die Arbeitsverhältnisse der Arbeitnehmer über, die der konkreten wirtschaftlichen Einheit zuzuordnen sind (strukturorientierte Betrachtungsweise). Die Rechtsprechung stellt primär auf den Willen der Beteiligten ab;[12]

(Betreiber der Krankenhauskantine) weiterbenutzt werden, EuGH v. 20. 11. 2003, NZA 2003, 1385, 1386. Der EuGH hätte beachten müssen, dass die Dienstleistung nur „an" dem genannten Inventar erfolgte (BAG v. 22. 1. 1998, NZA 1998, 638 zum Sicherheitsdienst und den Sicherheitsanlagen); krit. auch *Bauer*, NZA 2004, 14; *Willemsen/Annuß*, DB 2004, 134.

4 Einprägsam ist die Entscheidung des BAG v. 11. 9. 1997, NZA 1998, 31: Übergang von gutbürgerlicher deutscher Küche zu einem arabischen Spezialitätenrestaurant hindert einen Betriebsübergang.
5 Vgl. BAG v. 11. 12. 1997, NZA 1998, 534; v. 29. 6. 2000, NZA 2000, 1180; LAG Köln v. 14. 3. 2000, NZA-RR 2000, 634.
6 BAG v. 14. 5. 1998, NZA 1999, 483; anders jetzt aber wohl EuGH v. 20. 11. 2003, NZA 2003, 1385, 1386, Einzelheiten oben Fn. 3.
7 BAG v. 20. 3. 2003, BB 2003, 1793.
8 LAG Düsseldorf v. 29. 2. 2000, NZA-RR 2000, 353.
9 BAG v. 12. 11. 1998, NZA 1999, 310; BAG v. 16. 5. 2002, NZA 2003, 93, 94.
10 BAG v. 22. 5. 1997, NZA 1997, 1050 – 9 Monate Betriebsunterbrechung bei einem Modefachgeschäft hindern den Betriebsübergang; LAG Köln v. 2. 10. 1997, NZA-RR 1998, 290 – 3 Monate bereits bei einer Kindertagesstätte.
11 BAG v. 26. 3. 1996, NZA 1997, 94.
12 BAG v. 18. 3. 1997, DB 1997, 2282.

erst bei Uneinigkeit kommt es auf objektive Kriterien an.[13] Bei Übergang von Betriebsteilen kommt es in Querschnittsbereichen wie Verwaltung oder Personalführung auf den **Schwerpunkt der Tätigkeit** des jeweiligen Arbeitnehmers an, bei freigestellten Betriebsratsmitgliedern auf den Schwerpunkt vor Beginn der Freistellung.[14] Bei Verschmelzung, Spaltung oder Vermögensübertragung können diese Arbeitnehmer in den Grenzen grober Fehlerhaftigkeit in einem Interessenausgleich zugeordnet werden, § 323 Abs. 2 UmwG.[15]

c) Rechtsgeschäft

Nur ein **Rechtsgeschäft** führt zum Betriebsübergang. Rechtsgeschäft ist der einverständliche Wechsel der Inhaberschaft. Die frühere Rechtsprechung des BAG, nach der lediglich die Fälle der Gesamtrechtsnachfolge nicht erfasst werden sollen, gilt nicht mehr uneingeschränkt. Vielmehr muss der Wechsel der Inhaberschaft auf eine Willensäußerung des bisherigen Betriebsinhabers zurückzuführen sein. Eine öffentlich-rechtliche Funktionsnachfolge, wie beispielsweise bei Übergang eines Notariates, gehört nicht hierzu;[16] ebenso wenig Ausgliederungen ausschließlich auf Personen des öffentlichen Rechts.[17] Hingegen kann eine Vergabeentscheidung einen Betriebsübergang begründen.[18]

d) Unterrichtung der Arbeitnehmer (M 56.1)

§ 613a Abs. 5 BGB verpflichtet den bisherigen oder den neuen Betriebsinhaber[19] die vom Übergang betroffenen Arbeitnehmer **vor dem Übergang** in Textform zu unterrichten. Die Unterrichtung muss erfolgen über:

1. den **Zeitpunkt** oder den geplanten Zeitpunkt des Übergangs,

2. den **Grund** für den Übergang,

3. die rechtlichen, wirtschaftlichen und sozialen **Folgen** des Übergangs für die Arbeitnehmer und

4. die hinsichtlich der Arbeitnehmer **in Aussicht genommenen Maßnahmen**.

○ **Praxistipp:** Da die Gegenstände einer vollständigen Unterrichtung regelmäßig eine Abstimmung von Veräußerer und Erwerber erforderlich machen, ist eine gemeinsame Unterrichtung zu empfehlen. Sie sollte möglichst in einem Schreiben geschehen, um Vollständigkeit und Widerspruchsfreiheit zu erreichen.[20]

---

13 Bei Stilllegung oder nach Widerspruch des Arbeitnehmers gegen einen Teilbetriebsübergang bedarf es für die Zuordnung zu einem bestimmten verbleibenden Betriebsteil zumindest einer ausdrücklichen oder konkludenten Entscheidung, BAG v. 25. 9. 2003 – 8 AZR 446/02 unter II 2b der Gründe; v. 13. 2. 2003, DB 2003, 1740, 1741.
14 BAG v. 18. 9. 1997, NZA 1998, 189.
15 Näheres *Bauer/Lingemann*, NZA 1994, 1057.
16 BAG v. 26. 8. 1999, NZA 2000, 371.
17 BAG v. 8. 5. 2001, DB 2002, 695.
18 EuGH v. 25. 1. 2001, NZA 2001, 249 zur Vergabe von Buslinien von einem Unternehmen auf ein anderes.
19 Dies schließt jedoch eine Unterrichtung durch beide gemeinsam nicht aus.
20 Bei einer Unterrichtung durch zwei Schreiben besteht zudem die Gefahr, dass die Widerspruchsfrist erst mit dem Zugang des zweiten Schreibens zu laufen beginnt.

Der erforderliche **Umfang** der Unterrichtungspflicht ist im Gesetz nicht definiert. Er bestimmt sich daher nach ihrem Zweck, dem Arbeitnehmer die Grundlage für seine Entscheidung über die Ausübung oder Nichtausübung seines Widerspruchsrechts nach § 613a Abs. 6 BGB zu ermöglichen. Nach dem Urteil des BAG v. 22. 4. 1993[21] – und damit vor Geltung von § 613a Abs. 5 und 6 BGB – genügt wohl eine Grundlagenunterrichtung; es oblag dann dem Arbeitnehmer, sich die für ihn notwendigen ergänzenden Informationen selbst zu beschaffen. Da die Gesetzesbegründung zur Widerspruchsfrist auf diese Entscheidung Bezug nimmt,[22] ist für die Zukunft eine Fortgeltung dieser Rechtsprechung nicht ausgeschlossen.[23] Auch die Gesetzesbegründung geht davon aus, dass durch die Unterrichtung lediglich eine Grundlage für weiter gehende Erkundigungen und gegebenenfalls Beratung gebildet wird.[24] Vertrauliche Informationen, deren Offenbarung dem Unternehmen schaden könnte, müssen jedenfalls nicht offen gelegt werden.[25]

Der **Zeitpunkt** des Überganges ist möglichst genau entweder nach Stichtag oder geplantem Zeitraum anzugeben. Als **Grund** für den Betriebsübergang muss nicht das Vertragsverhältnis in Einzelheiten mitgeteilt werden, sondern es genügt die Information über die Art des Rechtsgrundes (Kauf, Miete, Pacht, Umwandlung).[26] Auch die Motive für den Betriebsübergang müssen nicht mitgeteilt werden.[27] Dies kann aber angezeigt sein, um möglichst keine Widersprüche zu provozieren. Die mitteilungspflichtigen **rechtlichen, wirtschaftlichen und sozialen Folgen** des Übergangs für die Arbeitnehmer sind der Eintritt in die Rechte und Pflichten aus dem Arbeitsverhältnis durch den Betriebserwerber, die Haftung des bisherigen und des neuen Betriebsinhabers nach § 613a Abs. 2 BGB,[28] das Verbot der Kündigung wegen des Betriebsüberganges nach § 613a Abs. 4 BGB, die Folgen für Kollektivvereinbarungen nach § 613a Abs. 1 Satz 2 bis 4 BGB und das Widerspruchsrecht des Arbeitnehmers nach § 613a Abs. 6 BGB sowie die für den Widerspruch gem. § 613a Abs. 6 Satz 1 BGB erforderliche Schriftform.[29] **Hinsichtlich der Arbeitnehmer in Aussicht genommenen Maßnahmen** sind alle geplanten Maßnahmen im Sinn der §§ 92 ff. BetrVG, dh. personelle Maßnahmen, Weiterbildungsmaßnahmen und Übriges, was die berufliche Entwicklung der Arbeitnehmer betrifft.[30] Allerdings ist nur über solche Maßnahmen zu

---

21 BAG v. 22. 4. 1993, NZA 1994, 357, 358.
22 BT-Drucks. 14/7760, S. 20.
23 Im Ergebnis ebenso *Meyer*, AuA 2002, 159, 162.
24 BT-Drucks. 14/7760, S. 19.
25 *Bauer/von Steinau-Steinrück*, ZIP 2002, 457, 461; *Willemsen/Lembke*, NJW 2002, 1159, 1163; *Grobys*, BB 2002, 726, 728.
26 *Willemsen/Lembke*, NJW 2002, 1159, 1162.
27 *Bauer/von Steinau-Steinrück*, ZIP 2002, 457, 462; *Worzalla*, NZA 2002, 353, 354; *Huke*, FA 2002, 263, 265.
28 Ggf. sollte hier auch über eine erweiterte Haftung nach den §§ 133, 134 UmwG, 25, 28 HGB unterrichtet werden.
29 Die Gesetzesbegründung (BT-Drucks. 831/01, S. 23 f.) will unter rechtlichen, wirtschaftlichen und sozialen Folgen nur die Folgen aus § 613a Abs. 1 bis 4 BGB verstanden wissen. Eine darüber hinausgehende Erweiterung der Mitteilungspflichten auf andere Gegenstände würde zu einer unerträglichen Rechtsunsicherheit führen, da es weder dem Erwerber noch dem Veräußerer möglich sein wird, exakt zu bestimmen, welche Punkte einem einzelnen Arbeitnehmer im Hinblick auf sein Widerspruchsrecht entscheidungserheblich sein werden; aA *Worzalla*, NZA 2002, 353, 355.
30 *Meyer*, AuA 2002, 159, 161; *Huke*, FA 2002, 263, 267.

unterrichten, die bereits konkret geplant sind und im Zusammenhang mit dem Betriebsübergang stehen.[31] Soweit der Betriebsübergang mit einer Betriebsänderung im Sinne der §§ 111 ff. BetrVG verbunden ist, sollte auch über entsprechende Maßnahmen im Interessenausgleich und Sozialplan unterrichtet werden, wobei jedoch ein Verweis auf diese genügen dürfte.

○ **Praxistipp:** Um Unklarheiten und Defizite in der Unterrichtung möglichst früh aufdecken und durch Korrektur die Frist des § 613a Abs. 6 BGB in Lauf setzen zu können,[32] sollte eine Ansprechstelle in dem Unterrichtungsschreiben ausdrücklich genannt werden.

Zu unterrichten sind alle Arbeitnehmer, deren Arbeitsverhältnis bei Nichtausübung des Widerspruchsrechts übergeht.[33] Erfasst werden alle bestehenden Arbeitsverhältnisse, also auch nicht aktive Arbeitnehmer wie Wehr- und Zivildienstleistende, Arbeitnehmer in Altersteilzeit in der Freistellungsphase, Arbeitnehmer in Elternzeit. Nicht unterrichtet werden müssen hingegen Personen, die nicht mit übergehen, wie Organmitglieder juristischer Personen,[34] arbeitnehmerähnliche Personen, Leiharbeitnehmer beim Übergang des Entleiherbetriebes etc. Die Unterrichtung muss nicht auf jeden Arbeitnehmer persönlich zugeschnitten sein[35] und ersetzt auch keine Rechtsberatung.[36] **Textform** (§ 126b BGB) ist vorgeschrieben, dh. die Unterrichtung muss in einer Urkunde oder einer anderen zur dauerhaften Wiedergabe in Schriftzeichen geeigneten Weise erfolgen, die Person des Erklärenden erkennen lassen und der Abschluss der Erklärung durch Nachbildung der Namensunterschrift oder anders erkennbar gemacht werden.

Unklar ist, ob eine **Wiederholung** der Unterrichtung erforderlich ist, wenn sich die Gegenstände der Mitteilungspflicht im Zeitraum zwischen bereits erfolgter Unterrichtung und tatsächlichem Betriebsübergang ändern.[37] Vorsorglich ist eine zweite Unterrichtung zu empfehlen.

Die Unterrichtung der Arbeitnehmer ist eine „**gesamtschuldnerische Obliegenheit**"[38] von Veräußerer und Erwerber. Eine Pflicht zur Unterrichtung, aus der ein einklagbarer Auskunftsanspruch erwächst, ergibt sich weder aus dem Gesetz noch aus seiner Begründung. Zwar spricht die Gesetzesbegründung von einer Unterrichtungspflicht, jedoch verwendet sie diesen Begriff auch zur Beschreibung der bisherigen Rechtsprechung. Da diese jedoch lediglich eine Obliegenheit angenommen hat,[39] muss davon ausgegangen werden, dass in der Gesetzesbegründung nicht hinreichend genau differenziert wurde. Gegen das Bestehen eines Schuldverhältnisses im engeren Sinn spricht auch, dass der Arbeitnehmer sein Widerspruchsrecht auch vor Unter-

---

31 *Grobys*, BB 2002, 726, 728, spricht von subjektiver Determination: Es ist nur das mitzuteilen, was konkret absehbar ist.
32 Auch kann ein Verwirkungstatbestand nach § 242 BGB entstehen.
33 Zu Zuordnungsproblemen vgl. oben I. 1. b).
34 Vgl. BAG v. 13. 2. 2003, NZA 2003, 552, 554.
35 *Willemsen/Lembke*, NJW 2002, 1159, 1163, str.
36 *Bauer/von Steinau-Steinrück*, ZIP 2002, 457, 462; *Gaul/Otto*, DB 2002, 634, 635.
37 Dafür *Worzalla*, NZA 2002, 353, 354. Dagegen *Willemsen/Lembke*, NJW 2002, 1159, 1162 und 1164.
38 *Bauer/von Steinau-Steinrück*, ZIP 2002, 457, 458; *Grobys*, BB 2002, 726, 727; aA *Düwell*, FA 2002, 107, 109; *Willemsen/Lembke*, NJW 2002, 1159, 1161; *Gaul/Otto*, DB 2002, 634, 639.
39 BAG v. 22. 4. 1993, NZA 1994, 360, 361.

richtung wirksam ausüben kann.[40] Der Gesetzgeber wollte für diesen Fall sicher keine Forderung begründen, die ihren Zweck nicht mehr erfüllen kann, gleichwohl aber noch einklagbar wäre. Zur Wahrung der Rechte der Arbeitnehmer bedarf es auch keines Anspruchs auf Unterrichtung, denn bei einem Gesetzesverstoß besteht, je nach dem ob der Widerspruch erklärt wurde oder nicht, ein Anfechtungsrecht bezüglich der Widerspruchserklärung nach den §§ 119 Abs. 2, 123 BGB oder ein in den Grenzen der Verwirkung[41] zeitlich unbegrenztes Widerspruchsrecht. Die Vermögensinteressen der Arbeitnehmer sind also ausreichend geschützt durch die Kontinuität der Arbeitsbedingungen (§ 613a Abs. 1 und 4 BGB).[42] Eine unvollständige oder falsche Unterrichtung der Arbeitnehmer zieht uE keine Schadenersatzansprüche nach sich.[43]

Das Gesetz verlangt in § 613a Abs. 5 BGB eine **Unterrichtung vor dem Betriebsübergang**. Grundsätzlich hat eine Verletzung der Unterrichtungsobliegenheit ein zeitlich unbegrenztes Widerspruchsrecht nach § 613a Abs. 6 BGB zur Folge. Nach der Gesetzesbegründung soll die Widerspruchsfrist aber auch dann, wenn der Betriebsübergang ohne vorherige Unterrichtung des Arbeitnehmers vollzogen wurde und die Unterrichtung erst nach dem Übergang erfolgte, zu laufen beginnen.[44] Daher kann eine vollständige Unterrichtung jederzeit nachgeholt werden.[45] Unklar ist, ob unabhängig davon der zeitliche Rahmen für einen Widerspruch in entsprechender Anwendung des § 5 Abs. 3 Satz 2 KSchG auf sechs Monate nach dem erfolgten Betriebsübergang zu begrenzen ist.[46] Hiergegen spricht, dass in den Gesetzesberatungen eine von der Unterrichtung unabhängige zeitliche Begrenzung abgelehnt wurde.[47]

e) Widerspruchsrecht nach § 613a Abs. 6 BGB

Der Arbeitnehmer kann dem Übergang seines Arbeitsverhältnisses nach § 613a Abs. 6 BGB **widersprechen**.[48] Das gilt auch bei Umwandlungen von Unternehmen, § 324 UmwG. Bei Verschmelzungen und Aufspaltungen erlöschen allerdings die übertragenden Rechtsträger, § 20 Abs. 1 Nr. 2 UmwG bzw. § 131 Abs. 1 Nr. 2 UmwG, so dass mangels Vertragspartner das Arbeitsverhältnis des widersprechenden Arbeitnehmers erlischt.[49]

Der Widerspruch muss **innerhalb** eines Monats nach Zugang der vollständigen[50] Unterrichtung gemäß § 613a Abs. 5 BGB durch den Arbeitnehmer erklärt werden;[51]

---

40 *Grobys*, BB 2002, 726, 727, 729.
41 Nach fünf Monaten ist das Widerspruchsrecht gem. BAG v. 18. 12. 2003 – 8 AZR 621/02, PM 85/03 wohl noch nicht verwirkt.
42 *Grobys*, BB 2002, 726, 727.
43 *Bauer/von Steinau-Steinrück*, ZIP 2002, 457, 459; *Grobys*, BB 2002, 726, 727; aA *Willemsen/Lembke*, NJW 2002, 1159, 1161; *Gaul/Otto*, DB 634, 639.
44 BT-Drucks. 14/7760, S. 20.
45 *Düwell*, FA 2002, 107, 108; *Meyer*, AuA 2002, 159, 162; *Willemsen/Lembke*, NJW 2002, 1159, 1160.
46 So *Worzalla*, NZA 2002, 353, 357; ähnlich *Gaul/Otto*, DB 2002, 634, 637.
47 BT-Drucks. 14/8128, S. 4.
48 So bereits früher die ständige Rechtsprechung, vgl. BAG v. 21. 7. 1977, DB 1977, 2146; v. 17. 9. 1998, NZA 1999, 258; EuGH v. 12. 11. 1998, NZA 1999, 31 – Sanders.
49 *Bauer/Lingemann*, NZA 1994, 1057.
50 Zur Vollständigkeit oben I. 1. d).
51 *Gaul/Otto*, DB 2002, 634, 639.

Schriftform (§ 126 BGB) ist vorgeschrieben. Er kann sowohl gegenüber dem bisherigen als auch gegenüber dem neuen Betriebsinhaber erklärt werden. Für einen wirksamen Widerspruch ist kein sachlicher Grund erforderlich,[52] es gelten jedoch die Grenzen des **Rechtsmissbrauchs**, § 242 BGB,[53] insbesondere wenn der Arbeitnehmer zuvor dem Betriebsübergang zugestimmt hatte[54] oder ein Massenwiderspruch den Betriebsübergang verhindern soll. Macht ein Arbeitnehmer nach Ablauf der einmonatigen Widerspruchsfrist eine unvollständige Unterrichtung geltend, ohne durch die bereits erfolgte Information gegebene zusätzliche Erkundigungsmöglichkeiten genutzt zu haben, so ist dies uE ebenfalls treuwidrig.[55]

Der widersprechende Arbeitnehmer bleibt bei dem übertragenden Betriebsinhaber. Da sein Arbeitsplatz dort in der Regel aber weggefallen ist, muss er mit einer betriebsbedingten Kündigung rechnen.[56] Der bisherige Betriebsinhaber hat dem Arbeitnehmer im Fall eines bevorstehenden Teilbetriebsübergangs allerdings einen freien Arbeitsplatz in seinem Unternehmen anzubieten, sobald er mit dem Widerspruch des Arbeitnehmers rechnen muss.[57] Auch können Neueinstellungen in den verbleibenden Betriebsteilen gem. § 162 BGB dazu führen, dass sich der bisherige Betriebsinhaber nicht auf den Wegfall der freien Stellen berufen kann.[58] Ein Widerspruch ohne sachlichen Grund kann bei einer Kündigung wegen Widerspruchs zum Ausschluss des Widersprechenden von der Sozialauswahl oder von Sozialplanabfindungen führen (näheres oben Kap. 22 unter I. 5. a). Ein ungünstiger Tarifvertrag beim Erwerber stellt wohl keinen sachlichen Grund dar,[59] der Wegfall der Sozialplanpflicht beim Erwerber allerdings schon[60]. Unter den gleichen Voraussetzungen ist der widersprechende Arbeitnehmer **von Sozialplanleistungen ausgeschlossen**, soweit der Sozialplan bei Ablehnung eines zumutbaren Arbeitsplatzes keine Ansprüche gewährt.

f) Haftung des bisherigen Betriebsinhabers

Bei Übergang des Arbeitsverhältnisses bleiben grundsätzlich alle **Ansprüche aus dem Arbeitsverhältnis** unberührt. Anspruchsgegner ist mit dem Übergang in jedem Fall der Betriebserwerber. Der Veräußerer haftet als Gesamtschuldner nach Maßgabe von § 613a Abs. 2 BGB (nur) für Verpflichtungen mit, die vor dem Zeitpunkt des Übergangs entstanden sind und bis zu einem Jahr nach diesem Zeitpunkt fällig werden.[61] Liegt die Fälligkeit nach dem Zeitpunkt des Übergangs, so haftet er pro rata temporis; dies betrifft typischerweise Tantiemeansprüche und Gratifikationen.

Auch **Versorgungsanwartschaften** bleiben erhalten. Der Erwerber ist entweder verpflichtet, die gegebene Versorgungszusage unverändert fortzuführen oder, wenn dies

---

52 *Bauer/von Steinau-Steinrück*, ZIP 2002, 457, 459.
53 *Bauer/von Steinau-Steinrück*, ZIP 2002, 457, 464; *Gaul/Otto*, DB 2002, 634, 637; *Grobys*, BB 2002, 726, 730.
54 BAG v. 15. 2. 1984, NZA 1984, 32, 33.
55 Ähnlich *Meyer*, AuA 2002, 159, 164; *Willemsen/Lembke*, NJW 2002, 1159, 1160.
56 BAG v. 24. 2. 2000, NZA 2000, 764.
57 BAG v. 25. 4. 2002, NZA 2003, 605, 607.
58 BAG v. 15. 8. 2003, NZA 2003, 430, 431.
59 BAG v. 5. 2. 1997, NZA 1998, 158.
60 LAG Hamm v. 21. 6. 1994, NZA 1995, 471; LAG Berlin v. 26. 5. 1997, NZA-RR 1998, 63.
61 Daneben kommt ggf. eine Haftung nach den §§ 133, 134 UmwG, §§ 25, 28 HGB in Betracht.

unmöglich ist, eine gleichwertige Versorgung zu verschaffen.[62] Gleichwertig ist eine Versorgung, wenn im Versorgungsfall die Leistungen erbracht werden, die der Arbeitnehmer erhalten hätte, wenn er beim ursprünglichen Arbeitgeber verblieben und entsprechend den ursprünglich vereinbarten Bedingungen versichert worden wäre. Rentenzahlungen, soweit sie zum Zeitpunkt des Betriebsübergangs bereits begonnen haben, gehen hingegen nicht über; denn Rentner sind nicht mehr Arbeitnehmer des Betriebes. Ihre Arbeitsverhältnisse gehen daher nicht über. Die Verpflichtungen bleiben beim früheren Betriebsinhaber.

Ansprüche aus Nebenabreden zum Arbeitsvertrag, die mit Dritten getroffen wurden, wie Aktienoptionspläne mit der Konzernmutter, können dagegen nicht gegen den Erwerber gerichtet werden.[63]

Vereinbarungen mit dem Arbeitnehmer, die zu seinen Lasten von den Rechtsfolgen des § 613a BGB abweichen, sind nur bei Vorliegen eines sachlichen Grundes zulässig, d.h. unter den Voraussetzungen einer Kündigung oder Änderungskündigung.[64] Sie sind nichtig, wenn sie auf die Umgehung der gesetzlich vorgesehenen Kontinuität zielen.[65]

2. Kündigung des Arbeitsverhältnisses

a) Wirksamkeit einer Kündigung bei Betriebsübergang

Die **Kündigung** des Arbeitsverhältnisses eines Arbeitnehmers durch den bisherigen Arbeitgeber oder durch den neuen Inhaber **wegen des Übergangs eines Betriebs oder eines Betriebsteils ist unwirksam**, § 613a Abs. 4 Satz 1 BGB. Eine Kündigung „wegen" des Übergangs nimmt die Rechtsprechung an, wenn wesentliches Motiv für die Kündigung der Betriebsübergang ist, es also keinen davon unabhängigen sachlichen Grund für die Kündigung gibt.[66] § 613a Abs. 4 Satz 1 BGB stellt ein eigenständiges Kündigungsverbot dar, das auch außerhalb der Grenzen des KSchG (vgl. § 13 Abs. 3 KSchG) und damit auch in Kleinbetrieben geltend gemacht werden kann.

Hingegen bleiben gem. § 613a Abs. 4 Satz 2 BGB **Kündigungen aus anderen Gründen** zulässig. Verhaltens-, personen- oder betriebsbedingte Kündigungen können daher ausgesprochen werden. Betriebsbedingte Kündigungen des Veräußerers sind zumindest im Insolvenzfall selbst dann wirksam, wenn sie mit dem Sanierungskonzept des Erwerbers begründet werden.[67] Umstritten ist, ob dies nur gilt, wenn das Konzept auch von dem Veräußerer hätte durchgeführt werden können.[68] Auch Probezeitkündigungen sind wirksam, es sei denn, sie erfolgen „wegen" des Betriebsübergangs. Der maßgebliche Beurteilungszeitpunkt für das Vorliegen des Kündigungsgrundes ist der Zugang der Kündigung. Bei der im Zusammenhang mit Betriebsüber-

---

62 BAG v. 18. 9. 2001, DB 2002, 1279.
63 BAG v. 12. 2. 2003, AP Nr. 243 zu § 613a BGB m. Anm. *Lingemann*.
64 BAG v. 27. 4. 1988, DB 1988, 1653; *Müller-Glöge*, NZA 1999, 449.
65 Zur Zulässigkeit von Ausscheidensvereinbarungen vgl. BAG v. 11. 7. 1995, NZA 1996, 207; v. 11. 12. 1997, NZA 1999, 262; v. 10. 12. 1998, NZA 1999, 422.
66 BAG v. 26. 8. 1999, NZA 2000, 371; v. 29. 6. 2000, NZA 2000, 1180.
67 Vgl. BAG v. 18. 7. 1996, AP Nr. 147 zu § 613a BGB; v. 20. 3. 2003, NZA 2003, 1027.
68 So noch BAG v. 26. 5. 1983, DB 1983, 2690, 2691; anders jetzt BAG v. 20. 3. 2003, NZA 2003, 1027.

gängen häufigen **Kündigung wegen Betriebsstilllegung** ist es ausreichend, wenn die Stilllegung **greifbare Formen angenommen** hat und eine vernünftige betriebswirtschaftliche Betrachtung die Prognose rechtfertigt, dass bis zum Ablauf der Kündigungsfrist die geplanten Maßnahmen durchgeführt und die Arbeitnehmer damit nicht mehr eingesetzt werden können.[69] Eine spätere von der Prognose abweichende Entwicklung ist dann zwar grundsätzlich unerheblich,[70] kann aber gegebenenfalls einen Wiedereinstellungsanspruch begründen.[71]

b) Kündigungsschutzklage wegen Betriebsübergangs (M 56.2)

Die **Kündigungsschutzklage** kann der Arbeitnehmer gegen den kündigenden Arbeitgeber richten.[72] Die rechtskräftige Entscheidung wirkt bei einem späteren Betriebsübergang dann auch gegen den Betriebserwerber, § 325 ZPO;[73] ansonsten muss gegebenenfalls Titelumschreibung gem. § 727, 731 ZPO beantragt werden.[74] Eine Feststellungsklage, die ausschließlich auf das Kündigungsverbot des § 613a Abs. 4 BGB gestützt wird, soll nach dem Betriebsübergang grundsätzlich gegen den Betriebserwerber zu richten sein.[75] Auch wenn die Klage erst nach dem – zwischenzeitlichen – Übergang des Betriebes erhoben wird, so soll sie gegen den Betriebserwerber gerichtet werden müssen.[76] Bei Unklarheiten sollte der Arbeitnehmer die **Klage vorsorglich gegen Veräußerer und Erwerber** gleichzeitig richten.

3. Betriebsrat

a) Übergangsmandat

Bei den **Auswirkungen auf das Betriebsratsamt** ist zu differenzieren. Geht der Betrieb insgesamt über, so bleibt das Betriebsratsamt unberührt. Bei Übergang eines Betriebsteiles hingegen enden die Ämter der Betriebsräte, deren Arbeitsverhältnisse nach § 613a Abs. 1 Satz 1 BGB übergehen. In der Praxis führt dies häufig zu Widersprüchen der Betriebsräte gegen den Betriebsübergang.

Hat der aufnehmende Betrieb noch keinen Betriebsrat, so besteht beim Betriebsübergang ein Übergangsmandat des alten Betriebsrates, § 21a Abs. 1 und 3 BetrVG. Dessen Hauptgegenstand ist die Einrichtung eines Betriebsrates in dem übernehmenden Betrieb, § 21a Abs. 1 Satz 2 BetrVG. Bei der Zusammenfassung mehrerer Betriebe oder Betriebsteile mit Betriebsrat zu einem Betrieb nimmt das Übergangsmandat der Betriebsrat des nach der Zahl der wahlberechtigten Arbeitnehmer größten Betriebs oder Betriebsteils wahr, § 21a Abs. 2 und 3 BetrVG.

---

[69] BAG v. 19. 6. 1991, DB 1991, 2442.
[70] Siehe aber zum möglichen Wiedereinstellungsanspruch: BAG v. 11. 12. 1998, NZA 1999, 311.
[71] Einzelheiten zum Wiedereinstellungsanspruch s. oben Kap. 22 unter I. 11.
[72] BAG v. 27. 9. 1984, DB 1985, 1399; v. 18. 3. 1999, NZA 1999, 706.
[73] BAG v. 20. 3. 1997, NZA 1997, 937.
[74] LAG Düsseldorf vom 10. 7. 1995, NZA-RR 1996, 242.
[75] Jedenfalls soll hier § 325 ZPO nicht gelten, BAG v. 18. 2. 1999, NZA 1999, 648; v. 18. 3. 1999, NZA 1999, 706; ErfK/*Preis*, § 613a BGB Rz. 171.
[76] Siehe Fn. 75.

b) Mitbestimmungsrechte des Betriebsrats

Mitbestimmungsrechte des Betriebsrats nach §§ 111, 112 BetrVG (Sozialplanpflicht und Interessenausgleich) löst der Betriebsübergang allein nicht aus. Mit einem Betriebsteilübergang sind jedoch häufig organisatorische Maßnahmen verbunden, die unter § 111 BetrVG fallen, insbesondere § 111 Satz 3 Nr. 3 BetrVG („Spaltung von Betrieben").[77] Dies gilt – oberhalb einer Bagatellausgliederung – unabhängig davon, ob der ausgegliederte Betriebsteil die Grenzen des § 17 KSchG erreicht.[78]

4. Auswirkungen auf Tarifverträge und Betriebsvereinbarungen

Sind die Rechte und Pflichten im übernehmenden Betrieb durch Rechtsnormen eines **Tarifvertrags** oder durch eine **Betriebsvereinbarung** geregelt, so gilt Folgendes:

a) Tarifverträge

Fehlt die Tarifbindung beim Übernehmer, so gelten die im Zeitpunkt des Betriebsübergangs gültigen[79] tariflichen Regelungen als Individualvereinbarung fort, § 613a Abs. 2 Satz 2 BGB **(„Transformation")**. Sie können vor Ablauf eines Jahres nach dem Zeitpunkt des Übergangs nicht zum Nachteil des Arbeitnehmers geändert werden (§ 613a Abs. 1 Satz 2 BGB). Auch spätere Änderungen der Tarifverträge durch die Tarifpartner wirken sich nicht mehr aus; die Transformation erfolgt statisch.[80] Hierauf ist nach § 613a Abs. 5 Nr. 3 BGB hinzuweisen; ferner auf den einjährigen Bestandsschutz nach § 613a Abs. 1 Satz 4 BGB.

Sind jedoch Betriebserwerber, Betriebsveräußerer und Arbeitnehmer kongruent tarifgebunden, so gilt der bisherige Tarifvertrag beim Übernehmer normativ **(„Weitergeltung")**.[81] Umstritten ist, ob dies auch beim Firmentarifvertrag gilt, solange der Erwerber diesen nicht ausdrücklich übernimmt.[82] Dies ist jedenfalls für den Fall einer Gesamtrechtsnachfolge zu bejahen. Ohne Änderung des Betriebszwecks gelten **allgemeinverbindliche Tarifverträge** auch ohne Tarifbindung beim Übernehmer fort, § 5 Abs. 4 TVG. In diesen Fällen ist es ausreichend, den Arbeitnehmern mitzuteilen, dass die Tarifverträge weitergelten; nur bei Einzelrechtsnachfolge bzw. Änderung des Betriebszwecks ist ggf. auf die individualrechtliche Weitergeltung und den einjährigen Bestandsschutz hinzuweisen.

Nach § 613a Abs. 1 Satz 3 BGB kommt es bei kongruenter Tarifbindung von Übernehmer und Arbeitnehmern an einen anderen als den beim Veräußerer geltenden Tarifvertrag nicht zu einer individualvertraglichen Fortgeltung, soweit die Rechte und Pflichten beim Erwerber durch die Rechtsnormen des anderen Tarifvertrages geregelt sind **(„Ablösung")**. Dabei ist unerheblich, ob diese Regelungen schlechter als die bisherigen sind. Es werden dann alle die Regelungen nicht in den Arbeitsvertrag trans-

---

77 Vgl. BAG v. 25. 1. 2000, NZA 2000, 1069.
78 BAG v. 10. 12. 1996, NZA 1997, 898; dazu *Lingemann/Göpfert*, NZA 1997, 1325.
79 Dies gilt sowohl für geltende als auch für nachwirkende (§ 4 Abs. 5 TVG) Tarifverträge. BAG v. 24. 11. 1999, NZA 2000, 435, 436.
80 BAG v. 4. 8. 1999, NZA 2000, 154.
81 Vgl. zuletzt BAG v. 21. 2. 2001, NZA 2001, 1318, 1320.
82 BAG v. 20. 6. 2001, NZA 2001, 517; v. 29. 8. 2001, NZA 2001, 513, 514.

formiert, für die Identität des Regelungsgegenstandes zwischen beiden Tarifverträgen besteht.[83] Die Identität ist durch Sachgruppenvergleich zu prüfen. Insoweit ist eine Information der Arbeitnehmer nach Sachgruppen über die Fortgeltung als kollektivrechtliche oder individualrechtliche Regelung ratsam.

Häufig wird zudem der einschlägige Tarifvertrag arbeitsvertraglich in Bezug genommen sein; die Auslegung dieser Regelung als **Gleichstellungsabrede** führt nach bisheriger Auffassung auch im übernehmenden Betrieb zur Gleichstellung der nicht tarifgebundenen Arbeitnehmer mit den dort bereits befindlichen und tarifgebundenen Arbeitnehmern **(große dynamische Verweisung)**. Diese Rechtsprechung[84] hat das BAG mit Urteil vom 30. 8. 2000[85] relativiert. Der bloße Umstand, dass es sich um eine Gleichstellungsabrede handelt, reicht nicht mehr aus, um eine Vereinbarung dahin gehend anzunehmen, dass das Tarifwerk der jeweils in Frage kommenden Branche, nach einem Betriebsübergang also der Tarifvertrag des Erwerbers, zur Anwendung kommen soll. Vielmehr muss sich dies deutlicher als früher aus dem Wortlaut der Klausel selbst ergeben (Tarifwechselklausel).[86]

b) Betriebsvereinbarungen

Bleibt die Identität des Betriebes beim Erwerber im Wesentlichen erhalten, so gelten die bisherigen **Betriebsvereinbarungen** kollektivrechtlich weiter.[87] Verliert der Betrieb oder Betriebsteil beim Übergang seine Identität und Eigenständigkeit, so werden die übergegangenen Arbeitnehmer von der normativen Wirkung der im aufnehmenden Betrieb bestehenden Betriebsvereinbarungen erfasst. Bei gleichem Regelungsgegenstand (sog. **Regelungsidentität**) führt dies zur Ablösung der bisher geltenden Betriebsvereinbarungen nach § 613a Abs. 1 Satz 3 BGB,[88] ansonsten findet eine Transformation in das Arbeitsverhältnis statt.

Daneben kommt bei fehlender Tarifbindung des Übernehmers oder inkongruentem Regelungsbereich von bisher und nunmehr geltenden Tarifregelungen auch die **(Über-Kreuz-)Ablösung** in Betracht: Bisher beim Veräußerer geltende Tarifregelungen werden dann von kongruenten Betriebsvereinbarungen beim Erwerber abgelöst.[89] Dies gilt allerdings nur mit der entscheidenden Einschränkung durch den in §§ 77 Abs. 3, 87 Abs. 1 BetrVG normierten Grundsatz des Tarifvorrangs.[90] Danach dürfen außerhalb des Regelungsbereichs von § 87 Abs. 1 BetrVG nicht einmal tariflübliche Regelungen

---

83 BAG v. 20. 4. 1994, AP Nr. 108 zu § 613a BGB.
84 BAG v. 4. 9. 1996, DB 1996, 2550.
85 BAG v. 30. 8. 2000, BB 2001, 782. Siehe auch BAG v. 25. 10. 2000, NZA 2002, 100; v. 16. 10. 2002, NZA 2003, 390.
86 Zu Einzelheiten und Formulierungsvorschlägen vgl. **M 2.2** Ziff. 5 mit Anmerkungen; vgl. auch C. Meyer, NZA 2003, 1126.
87 Zu den Besonderheiten von Gesamt- und Konzernbetriebsvereinbarungen: Bauer/von Steinau-Steinrück in Hölters, Handbuch des Unternehmens- und Beteiligungskaufs, Teil V, Rz. 328; BAG v. 18. 9. 2002, NZA 2003, 670, 673 f.
88 BAG v. 1. 8. 2001, NZA 2002, 41, 42.
89 Von Steinau-Steinrück, EWiR 2002, 513, 514; Meyer, NZA 2001, 751 mwN; aA Staudinger/Richardi/Annuß, 13. Aufl., § 613a BGB Rz. 185. Offen gelassen in BAG v. 1. 8. 2001, NZA 2002, 41.
90 Von Steinau-Steinrück, EWiR 2002, 513, 514.

für die einschlägige Branche bestehen, gleichgültig ob der Übernehmer tarifgebunden ist oder nicht.

Betriebsvereinbarungen **zur betrieblichen Altersversorgung** beim Übernehmer sind jedoch, soweit sie zum Nachteil der Arbeitnehmer von einer kongruenten Betriebsvereinbarung beim Veräußerer abweichen, nur nach den Sonderregeln zur Verschlechterung betrieblicher Versorgungszusagen auch auf die Arbeitnehmer der übertragenen wirtschaftlichen Einheit anzuwenden.

5. Sonderregelungen im Umwandlungsrecht

§ 324 UmwG ordnet explizit die Geltung des § 613a BGB auch bei Verschmelzungen, Spaltungen oder Vermögensübertragungen an. Sonderregelungen zu § 613a BGB im Umwandlungsrecht finden sich insbesondere in § 323 Abs. 2 UmwG, der die Zuordnung von Arbeitsverhältnissen im Interessenausgleich ermöglicht, in § 21a Abs. 3 BetrVG, der das Übergangsmandat des Betriebsrates regelt, ferner in der Vermutung für einen einheitlichen Betrieb bei einheitlicher Organisation, § 322 UmwG und in der kündigungsrechtlichen Sicherung des übergehenden Arbeitsverhältnisses für zwei Jahre gem. § 323 Abs. 1 UmwG.[91] Alle sonstigen Voraussetzungen des § 613a BGB sind auch im Zusammenhang mit einer Umwandlung selbständig zu prüfen. Die Umwandlung ist nicht ein gegenüber einem Betriebsübergang speziellerer Tatbestand.[92] Die Wirkung der Umwandlung kann zeitlich nach einem erfolgten Betriebsübergang eintreten.

---

[91] Für den Fall, dass insbesondere die Abspaltung zu einem nicht mehr unter das Kündigungsschutzgesetz fallenden Kleinbetrieb führt, vgl. § 23 KSchG.
[92] BAG v. 20. 5. 2000, NZA 2000, 1115.

II. Muster

56.1   Informationsschreiben nach § 613a Abs. 5 BGB

Absender[1]

1. Firma ... AG

   (Anschrift)

2. Firma ... GmbH

   (Anschrift)

---

[1] Obwohl § 126b BGB im Gegensatz zu § 126 BGB lediglich von der „Person des Erklärenden" spricht, ist eine Absenderangabe empfehlenswert, um dem Arbeitnehmer eine Zuordnung der Information zu ermöglichen. Es sollte aber die Angabe der juristischen Person des Veräußerer- und Erwerberunternehmens genügen.

Unterrichtung über einen geplanten Betriebsübergang
(gem. § 613a Abs. 5 BGB)

Sehr geehrte Mitarbeiter,

hiermit teilen wir Ihnen mit, dass der Betrieb ... in ... auf die Firma ... GmbH übertragen werden soll. Als Arbeitnehmer des Betriebes sind Sie von diesem Betriebsübergang betroffen. Aus diesem Grund möchten wir Sie mit diesem Schreiben über die für Sie aus dem Betriebsübergang resultierenden wesentlichen Folgen unterrichten.

Der Übergang ist für den ... (Datum) geplant, dh. es ist vorgesehen, dass von diesem Zeitpunkt ab die Leitung des Betriebes von der ... GmbH ausgeübt wird.[2]

Die Übertragung des Betriebes erfolgt auf Grund eines internationalen Unternehmenskaufvertrages im Wege der Einzelrechtsnachfolge. Die ... Gruppe, zu der auch die ... AG und damit der Betrieb ... in ... gehört, hat weltweit ihr ...-Geschäft auf die ... Gruppe übertragen.[3]

Mit dem Betriebsübergang tritt gem. § 613a BGB die ... GmbH in vollem Umfang in Ihr Arbeitsverhältnis mit allen Rechten und Pflichten ein. Damit ist die ... GmbH als Ihr neuer Arbeitgeber zB zur Ausübung des Direktionsrechts berechtigt, dh. sie kann Ihnen die zur Konkretisierung Ihres Arbeitsverhältnisses erforderlichen Weisungen erteilen. Zugleich schuldet sie alle Ihnen aus dem Arbeitsverhältnis zustehenden Leistungen.

Gleichzeitig steht Ihnen für die Dauer von einem Jahr vom Zeitpunkt des Betriebsübergangs an Ihr bisheriger Arbeitgeber weiter für die Ansprüche zur Verfügung, die bis dahin bereits entstanden sind. Stehen also Forderungen aus der Zeit vor dem Übergang offen, können diese ein Jahr lang auch gegenüber diesem geltend gemacht werden.

Im Zusammenhang mit dem Betriebsübergang sind keine Kündigungen vorgesehen, wobei Sie insofern auch den Schutz des § 613a Abs. 4 BGB genießen. Diese Vorschrift schließt Kündigungen wegen eines Betriebsübergangs aus. Auch für die Zukunft ist zum jetzigen Zeitpunkt kein Personalabbau beabsichtigt. Eine Arbeitsplatzgarantie kann Ihnen aber nicht gegeben werden.

Der Betrieb ... geht vollständig auf die ... GmbH über und bleibt auch dort als selbständige Einheit erhalten.

Der Betriebsübergang hat damit keinen Einfluss auf die bestehenden Betriebsvereinbarungen. Auch der Betriebsrat bleibt dementsprechend unverändert im Amt.

Die ... GmbH ist nicht tarifgebunden. Die bislang in der ... AG und damit im Betrieb ... geltenden tarifvertraglichen Regelungen werden daher mit dem Übergang Bestandteil des Arbeitsvertrages zwischen Ihnen und der ... GmbH und können für den Zeitraum eines Jahres nicht zu Ihrem Nachteil geändert werden.

Es besteht keine konkrete Planung für einen personellen Umbau des Betriebes. Dementsprechend sind auch keine Ihre berufliche Entwicklung betreffenden Maßnahmen in Aussicht genommen worden.

---

[2] Information über den Zeitpunkt des Betriebsübergangs gem. § 613a Abs. 5 Nr. 1 BGB.
[3] Information über den Grund des Betriebsübergangs gem. § 613a Abs. 5 Nr. 2 BGB.

Gegen den Übergang Ihres Arbeitsverhältnisses auf die ... GmbH können Sie innerhalb eines Monats nach Zugang dieses Schreibens schriftlich Widerspruch erheben mit der Folge, dass Sie Arbeitnehmer der ... AG bleiben. Der Widerspruch kann sowohl bei der ... AG als auch bei der ... GmbH eingelegt werden. Wegen des Betriebsübergangs wird jedoch unter Umständen Ihr konkreter Arbeitsplatz bei Ihrem bisherigen Arbeitgeber entfallen, so dass für den Fall, dass Sie dem Übergang Ihres Arbeitsverhältnisses widersprechen, eine betriebsbedingte Kündigung in Betracht käme. Bitte teilen Sie uns im Falle Ihres Widerspruchs auch die dafür maßgeblichen Gründe mit.

Bei etwaigen weiteren Fragen wenden Sie sich bitte innerhalb der nächsten Wochen an Frau ... aus der Personalabteilung bei der ... AG. Bei der ... GmbH wenden Sie sich bitte an Herrn ....

Mit freundlichen Grüßen

...
Name, Funktionsbezeichnung[4]
... AG

...
Name, Funktionsbezeichnung
... GmbH

Hiermit bestätige ich den Empfang dieses Schreibens.[5]

...
Ort, Datum

...
Unterschrift Mitarbeiter

---

[4] Die handelnde Person sollte sicherheitshalber angegeben werden, damit die Quelle der Information verlässlich belegt ist.

[5] Die Dokumentation des Zugangs der Information ist unbedingt anzuraten. Nach den allgemeinen Regeln der Darlegungs- und Beweislast wird der Arbeitgeber, der sich auf den Ablauf der Monatsfrist des § 613a Abs. 6 BGB beruft, den Zeitpunkt vollständiger Unterrichtung beweisen müssen, *Bauer/von Steinau-Steinrück*, ZIP 2002, 457, 465. Wegen § 309 Nr. 12 2. Halbsatz BGB bedarf es auch einer gesonderten Unterschrift des Arbeitnehmers.

56.2 Kündigungsschutzklage wegen Betriebsübergangs

An das Arbeitsgericht[1]

In Sachen

Herrn ... (Kläger) ./. ... AG (Beklagte zu 1.)[2]

und[3]

Herrn ... (Kläger) ./. ... GmbH (Beklagte zu 2.)[4]

vertreten wir den Kläger.

---

[1] Werden Betriebsveräußerer und -erwerber als Streitgenossen verklagt und haben sie verschiedene allgemeine Gerichtsstände, ist § 36 Abs. 1 Nr. 3 ZPO zu beachten.

[2] Beklagte zu 1) ist der Veräußerer. Im Muster findet der Betriebsübergang **nach Rechtshängigkeit** der Kündigungsschutzklage statt. Passiv legitimiert ist der „alte" Arbeitgeber, also der

Namens und im Auftrag des Klägers erheben wir Klage und beantragen:

1. *Gegenüber der Beklagten zu 1. festzustellen, dass das Arbeitsverhältnis durch die ordentliche Kündigung vom . . . zum . . . nicht aufgelöst ist.*[5]
2. *Gegenüber der Beklagten zu 2. festzustellen, dass mit ihr das bei der Beklagten zu 1. begründete Arbeitsverhältnis ab dem . . . zu unveränderten Arbeitsbedingungen fortbesteht.*[6]

Begründung:

Mit Vertrag vom . . . und Wirkung zum Stichtag . . . veräußert die Beklagte zu 1. den Betrieb . . ., in dem auch der Kläger tätig ist, an die Beklagte zu 2. Dem Kläger wurde am . . . vom Geschäftsführer der Beklagten zu 1. eine Kündigung zum . . . ausgehändigt. Die Kündigung ist unwirksam. Sie verstößt gegen § 613a Abs. 4 Satz 1 BGB.[7] *Der Betriebsübergang war nicht nur der äußere Anlass, sondern auch der tragende Grund für die Kündigung.*[8] *Es liegt kein anderer Kündigungsgrund iSd. § 613a Abs. 4*

Veräußerer (Beklagte zu 1.), der das Arbeitsverhältnis vor dem Betriebsübergang gekündigt hat, BAG v. 18. 3. 1999, NZA 1999, 706. Auf einen Betriebsübergang während des Prozesses finden ergänzend die §§ 265, 325 ZPO entsprechende Anwendung, BAG v. 4. 3. 1993, NZA 1994, 260 mwN. Die Rechtskraft des gegen den „alten" Arbeitgeber ergehenden Urteils erstreckt sich also auch für und gegen den „neuen", erwerbenden Arbeitgeber. Noch nicht höchstrichterlich geklärt ist die Frage, ob sich die Rechtskraft des Urteils auch dann auf den Betriebsübernehmer erstreckt, wenn der Betrieb erst **nach Rechtskraft des Urteils** übernommen wird. Auch deshalb ist das vorgeschlagene Muster im Sinne einer subjektiven Klagehäufung zu empfehlen. Findet der Betriebsübergang **vor** der Rechtshängigkeit der Klage des Arbeitnehmers statt, so ist grundsätzlich wohl der neue Arbeitgeber passivlegitimiert; §§ 265, 325 ZPO finden weder unmittelbare noch entsprechende Anwendung, BAG v. 18. 3. 1999, NZA 1999, 706. Bei einer Kündigungsschutzklage allein gegen den Veräußerer würde sich die Rechtskraft dieses Urteils nicht auf den Erwerber (als künftigen Arbeitgeber) erstrecken, BAG v. 18. 2. 1999, NZA 1999, 648, 650. Kündigt allerdings der Veräußerer vor dem Betriebsübergang, so bleibt er für die Kündigungsschutzklage wohl passivlegitimiert, auch wenn der Betrieb noch vor Rechtshängigkeit auf den Erwerber übergeht (BAG v. 27. 9. 1984, NJW 1986, 91, 92; aA allerdings, wenn die Klage sich ausschließlich auf § 613a Abs. 4 Satz 2 BGB stützt, ErfK/*Preis*, § 613a BGB Rz. 171). Vorsorglich ist eine subjektive Klagehäufung zu empfehlen.

3 Betriebserwerber und -veräußerer sind hier keine notwendigen Streitgenossen gem. § 62 Abs. 1 Var. 1 ZPO, sie können aber als einfache Streitgenossen gem. § 59 ZPO (subj. Klagehäufung) verklagt werden, BAG v. 4. 3. 1993, NZA 1994, 260.
4 Beklagte zu 2) ist der Erwerber.
5 Der bisherige Arbeitgeber haftet dem Arbeitnehmer beim Betriebsübergang nach Maßgabe von § 613a Abs. 2 BGB für die ihm bis zu diesem Zeitpunkt aus dem Arbeitsverhältnis entstandenen Pflichten. Der Arbeitnehmer hat daher ein berechtigtes Interesse an obriger Feststellung gem. § 256 ZPO.
6 Zum Antrag vgl. BAG v. 4. 3. 1993, NZA 1994, 260.
7 Die Norm stellt ein eigenständiges Kündigungsverbot iSv. § 13 Abs. 3 KSchG, § 134 BGB dar. Das KSchG muss daher nicht anwendbar sein; gem. § 4 Satz 1 KSchG in der ab 1. 1. 2004 geltenden Fassung gilt jedoch auch für die Klage nach § 613a Abs. 4 BGB die Drei-Wochenfrist des § 4 KSchG. Unter § 613a Abs. 4 Satz 1 BGB fallen sowohl ordentliche als auch außerordentliche Beendigungs- oder Änderungskündigungen.
8 BAG v. 26. 5. 1983, NJW 1984, 627; v. 18. 7. 1996, NZA 1997, 148. Maßgeblich ist nicht die Bezeichnung des Kündigungsgrundes durch den Arbeitgeber, sondern ob tatsächlich der Betriebsübergang der wesentliche (auch kausale) Grund für die Kündigung gewesen ist, BAG v. 28. 4. 1988, NZA 1989, 265.

Satz 2 BGB vor, insbesondere fehlt es an dringenden betrieblichen Erfordernissen gem. § 1 Abs. 2 KSchG. Der Betrieb wurde vor allem nicht stillgelegt. Es fehlt an der Stilllegungsabsicht der Beklagten zu 1. zum Zeitpunkt des Zugangs der Kündigung, weil der Betrieb nur zwei Wochen später, nämlich am . . . an die Beklagte zu 2. veräußert wurde und spätestens zum Stichtag von der Beklagten zu 2. fortgeführt wird. Dieser Betriebsübergang hatte zum Zeitpunkt des Ausspruchs der Kündigung auch bereits greifbare Formen angenommen,[9] da Vertreter der Beklagten zu 2. bereits mit Mitgliedern der Geschäftsleitung der Beklagten zu 1., namentlich dem direkten Vorgesetzten des Klägers, Herrn . . ., Bleibeverhandlungen geführt haben.

Beweis: Zeugnis des Herrn . . .

Die Kündigung ist daher unwirksam, die Klage somit begründet.

Datum, Unterschrift

---

[9] Zu diesem Erfordernis vgl. BAG v. 18. 3. 1999, NZA 1999, 707.

Stichwortverzeichnis

Zahlen ohne Zusatz beziehen sich auf die Erläuterungen und geben die Seitenzahl an. Zahlenkombinationen mit dem Zusatz „M" beziehen sich auf die Muster und geben die Nummer des Musters an, die aus der Kapitelzahl abgeleitet ist (zB M 3.1 = Muster 3.1 in Kapitel 3). Der Zusatz „Fn." verweist auf Fußnoten zu den Mustern.

Abfindung
- Angebot bei betrieblicher Altersversorgung M 18.5
- Angebot bei Nichterheben der Kündigungsschutzklage 531
- Anrechnung auf Arbeitslosengeld 598
- Anrufungsauskunft 593 f.
- Anspruchsübergang auf Bundesagentur für Arbeit 594 f.
- Beendigung des Arbeitsverhältnisses 590
- Entschädigung 592
- Erstattung des Arbeitslosengeldes für ältere Arbeitslose 599 ff.; 603 f.
- Fünftelungsregel 593
- Ruhen des Arbeitslosengeldes 595 ff.
- Sozialversicherungsrecht 594 ff.
- Steuerfreibetrag 588 f.
- Steuerrecht 588 ff.
- steuerrechtlicher Begriff 590 f.
- Veranlassung des Arbeitgebers 589
- Verlangen des Arbeitgebers bei betrieblicher Altersversorgung M 18.6
- Verlangen des Arbeitnehmers bei betrieblicher Altersversorgung M 18.7
- von Versorgungsanwartschaften 449
- Zahlungszeitpunkt 591
- Zusammenballung 591 ff.

Abmahnung 519 f.; M 13.1
- Funktionen 389 f.
- Klage gegen ~ und auf Widerruf M 13.2
- Wirksamkeitsvoraussetzungen 390 f.

Abrufarbeit 133; M 6.5

Abtretung 321 f.; M 2.1 Fn. 15 f.; M 12.24
- Ausschluss im Arbeitsvertrag 322

Abwicklungsvertrag 582; 602 ff.; M 23.2
- Abfindung siehe dort
- nachträgliche Rückabwicklung 604
- Sperrzeiten 602 f.

AGB-Kontrolle
siehe Allgemeine Geschäftsbedingungen

AG-Vorstandsmitglied
siehe Vorstandsmitglied

Aids
- Frage nach ~ M 1.3 Fn. 4

Akkordvergütung 314 f.
siehe auch Leistungslohn
- Arbeitsausfall 314
- Geldakkord 314; M 12.13.2
- Mindestlohngarantie 315
- Richtsatz 314 f.
- Vorgabe 315
- vorzeitiges Ausscheiden 316
- Zeitakkord 314; M 12.13.1

Aktienoptionen 325 f.
- Besteuerung 326
- Gleichbehandlungsgrundsatz 325 f.
- Mitbestimmungsrecht 326
- Optionsrechtsvereinbarung M 12.27
- Verfallklauseln 325

Alkoholprobleme
- Betriebsvereinbarung M 35.2

Allgemeine Geschäftsbedingungen 22 ff.
- Änderungsvorbehalte 36 f.
- Aufhebungsverträge 26 f.
- Ausschlussfristen 35 f.
- Austauschverträge 25 f.
- Beweislastmodifikationen 41
- Einbeziehung in den Vertrag 27 f.
- Gesetzesgeschichte 23 f.
- Klauselverbote mit Wertungsmöglichkeit 36 ff.
- Klauselverbote ohne Wertungsmöglichkeit 39 ff.
- materiell unangemessene Beteiligung 34
- Rechtsfolgen bei Nichteinbeziehung und Unwirksamkeit 30 ff.
- Transparenzgebot 33
- überraschende Klauseln 29 f.
- Unklarheitenregel 30
- Verbot von Zurückbehaltungsrechten 41 f.
- Vermutungstatbestände 34 f.
- Versetzungsklauseln 38 f.
- Vertragsstrafe 39 ff.
- Vorrang der Individualabrede 28 f.
- Widerrufsklauseln 37 f.; 311

Altersteilzeit-Vertrag 173 ff.
- Blockmodell 175; M 7.2
- Dauer 176
- Freistellungsphase 175 f.
- Insolvenzsicherung 177 f.
- Kontinuitätsmodell M 7.1
- Leistungen des Arbeitgebers 173 f.
- Reduzierung der Arbeitszeit 173
- Störfälle 176 f.
- Übergangsregelung 178
- Wiederbesetzung 174 f.

Amtsermittlungsgrundsatz
- Beschlussverfahren 935

Änderungskündigung 489 ff.; M 20.1
- Ablehnung 493
- Anhörung des Betriebsrats 495; M 20.3
- Annahme unter Vorbehalt 494; M 20.2
- Arten 490
- betriebsbedingte ~ 491 ff.
- dringende betriebliche Erfordernisse 491 f.
- Inhalt 490
- Klage gegen ~ 494; M 20.5
- ordentliche ~ 490 f.
- personenbedingte ~ 491
- Reaktionsmöglichkeiten des Arbeitnehmers 493 ff.
- Sozialauswahl 492 f.
- verhaltensbedingte ~ 491
- und Versetzung 480 f.
- vorbehaltlose Annahme 494 f.
- vorsorgliche ~ bei Versetzung M 19.1

Änderungsvertrag
- Teilzeitarbeit M 6.2.8

Anfechtung 500
- Arbeitsvertrag wegen Täuschung über Schwerbehinderteneigenschaft 431; M 16.3

1013

Anfechtung

- arglistige Täuschung 502
- wegen arglistiger Täuschung durch den Arbeitgeber 505
- Aufhebungsvertrag durch Arbeitgeber 505 f.; M 21.2
- Aufhebungsvertrag durch Arbeitnehmer M 21.1
- wegen Drohung des Arbeitgebers 504 f.
- Eigenkündigung M 21.1
- Einigungsstellenspruch 820 f.; M 40.5
- Erklärung 503
- wegen Irrtums 501 f.
- wegen Irrtums des Arbeitnehmers 504
- Offenbarungspflicht des Arbeitnehmers 502
- Rechtsfolgen 503
- Wahl des Betriebsrats M 26.4
- Wahl des Betriebsratsvorsitzenden M 27.1
- Wahl eines freigestellten Betriebsratsmitglieds M 27.2
- Wahl eines freigestellten Betriebsratsmitglieds wegen Unverzichtbarkeit M 27.2 Fn. 2
- zulässige Fragen 502

Angestellter 56 ff.
- Abgrenzung zum Arbeiter 43 f.
- Arbeitsvertrag bei fehlender Tarifbindung M 3.1
- Arbeitsvertrag bei Tarifbindung M 3.2
- Festvergütung bei fehlender Tarifbindung M 12.1.3
- Festvergütung bei Tarifbindung M 12.1.4
- Leitender Angestellter *siehe dort*

Anhörung des Betriebsrats bei Kündigung 515 ff.; 765 f.
siehe auch Zustimmungsverfahren nach § 103 BetrVG
- Änderungskündigung 495; M 20.3
- Angabe der Kündigungsgründe 516
- außerordentliche Kündigung M 22.10
- betriebsbedingte Kündigung M 22.12
- betriebsbedingte Kündigung – Betriebsstilllegung M 38.2
- krankheitsbedingte Kündigung 524
- personenbedingte Kündigung M 22.11
- Sozialauswahl 531
- Unterrichtungsumfang 515
- Widerspruch 517

Annahmeverzug
- unwirksame Kündigung 534 f.

Anrufungsauskunft 593 f.

Anschlussberufung M 46.3
- Beschwer M 46.3 Fn. 4

Anstellungsvertrag
siehe Arbeitsvertrag

Anwesenheitsprämie M 12.14.1
- Kürzung M 12.14.1 Fn. 3

Arbeiter
- Abgrenzung zum Angestellten 43 f.
- Arbeitsvertrag bei fehlender Tarifbindung M 2.1
- Arbeitsvertrag bei Tarifbindung M 2.2
- Arbeitsvertrag mit teilweiser tarifvertraglicher Inbezugnahme M 2.3
- Festvergütung bei fehlender Tarifbindung M 12.1.1
- Festvergütung bei Tarifbindung M 12.1.2

Arbeitgeberdarlehen 321; M 12.23
- Beendigung des Arbeitsverhältnisses 321
- Betriebsvereinbarung M 34.2
- Zinszahlung 321

Arbeitnehmereigenschaft
- Abgrenzung zum freien Mitarbeiter 209 ff.
- Anfrageverfahren 214
- aut-aut-Fall M 45.5 Fn. 2

- Kriterien 210 ff.
- persönliche Abhängigkeit 210
- sic-non-Fall M 45.5 Fn. 2

Arbeitnehmererfindung M 3.1 Fn. 31 f.

Arbeitnehmerüberlassung 261 ff.
- Abgrenzung zu Dienst-/Werkverträgen 262
- Anstellungsvertrag ohne Bezugnahme auf Tarifvertrag M 10.1.1
- Anstellungsvertrag mit Bezugnahme auf Tarifvertrag M 10.1.2
- Fiktion eines Arbeitsverhältnisses 262 f.
- Gewerbsmäßigkeit 262
- Gleichbehandlung 263 f.
- Mitbestimmung des Betriebsrats 265
- Vertrag zwischen Verleiher und Entleiher M 10.2.

Arbeitsaufnahme
- Schadenersatzklage wegen nicht erfolgter ~ M 1.11

Arbeitsentgelt 309 ff.
- AT-Angestellte, Betriebsvereinbarung M 32.1
- AT-Angestellte, Mitbestimmungsrecht 722
- einstweilige Verfügung auf Zahlung M 12.2
- Entgelttarifvertrag 833; M 41.1
- Festvergütung Angestellter ohne Tarifbindung M 12.1.3
- Festvergütung Angestellter mit Tarifbindung M 12.1.4
- Festvergütung Arbeiter ohne Tarifbindung M 12.1.1
- Festvergütung Arbeiter mit Tarifbindung M 12.1.2
- Festvergütung leitender Angestellter M 12.1.5
- Höhergruppierungsklage M 12.3
- Klage *siehe* Zahlungsklage
- Mitbestimmung des Betriebsrats 310
- Mitbestimmungsrecht bei Lohngestaltung 721 f.
- Streik 851
- Zahlungsklage *siehe dort*

Arbeitskampf 848 ff.
siehe auch Streik
- Friedenspflicht 849
- Kampfmittel 848 f.
- Nichtzulassungsbeschwerde M 47.4
- Richterrecht 848
- Schlichtung 851
- Schlichtungsabkommen M 42.4
- Stilllegung des bestreikten Betriebs 850 f.
- Streikbrecher 850
- Streikprämien für Arbeitswillige 852
- Ultima-ratio-Prinzip 850
- Ziele 848

Arbeitskleidung
- Betriebsvereinbarung über Einheitlichkeit M 35.3

Arbeitslosengeld
- Anrechnung von Abfindungen auf ~ 598
- Erstattung für ältere Arbeitslose 599 ff.; 603 f.
- Kürzung bei nicht rechtzeitiger Meldung 598
- Ruhen bei Abfindungszahlung 595 ff.
- Sperrzeiten bei Abwicklungsvertrag 602 f.
- Sperrzeiten bei Aufhebungsvertrag 597 f.

Arbeitslosmeldung
- Information des Arbeitgebers über Unverzüglichkeit 538

Arbeitsordnung
siehe Betriebsordnung

Arbeitspapiere
- einstweilige Verfügung auf Herausgabe M 22.25

Arbeitsrechtliches Mandat 877 f.
- Beiordnung eines Anwalts, Antrag M 44.3

- Belehrung nach § 12a Abs. 1 ArbGG M 44.2
- Honorarvereinbarung M 44.1
- Prozesskostenhilfebewilligung, Antrag M 44.3

Arbeitsunfähigkeit
- Anzeige M 15.1
- Entgeltfortzahlung 419 ff.
- Entgeltfortzahlungsklage M 15.3
- Mitteilung 421
- Mitteilung bei Auslandsaufenthalt 421 f.
- und Urlaubsanspruch 422
- Wiedereingliederungsplan M 6.7.2
- Wiedereingliederungsvertrag M 6.7.1

Arbeitsunfähigkeitsbescheinigung 421; M 15.2
- Auslandsaufenthalt 421 f.

Arbeitsverhältnis
- Beendigung des Arbeitsverhältnisses *siehe dort*
- Feststellungsantrag nach mündlicher Einstellung M 1.8
- Ruhen M 12.15 Fn. 15

Arbeitsvertrag
siehe auch Allgemeine Geschäftsbedingungen
- Angestellter ohne Tarifbindung M 3.1
- Angestellter mit Tarifbindung M 3.2
- Arbeiter ohne Tarifbindung M 2.1
- Arbeiter mit Tarifbindung M 2.2
- Arbeiter, teilweise tarifvertragliche Inbezugnahme M 2.3
- leitender Angestellter M 3.3
- Trägergesellschaft M 39.6.1 (Anlage 1)

Arbeitsverweigerung
- wegen Versetzung M 19.3 Fn. 1

Arbeitszeit M 2.2 Fn. 3
- betriebliche Arbeitszeitordnung M 31.3
- Betriebsvereinbarung Gleitzeit/flexible Arbeitszeit M 31.2; M 31.3
- Betriebsvereinbarung über Lage der ~ M 31.1
- Dauer, Mitbestimmung 703
- Mitbestimmungsrecht 703 f.
- Regelungsabrede M 31.6

Arrest
- Antrag M 13.5

Arztbesuche
- Betriebsvereinbarung M 35.4

Ärztliche Untersuchung
- Einwilligung M 1.4

AT-Angestellte
- Betriebsvereinbarung über Vergütung M 32.1
- Mitbestimmungsrecht bei Lohngestaltung 722

Aufhebungsvertrag 581 ff.; M 23.1
- Abfindung *siehe dort*
- Abwicklungsvertrag *siehe dort*
- AGB-Kontrolle 26 f.
- Anfechtung durch Arbeitgeber 505 f.; M 21.2
- Anfechtung durch Arbeitnehmer M 21.1
- auflösende Bedingungen 583 f.
- aufschiebende Bedingungen 583
- Inhaltskontrolle 587 f.
- Klage wegen Unwirksamkeit M 23.3
- Massenentlassungsanzeige 585 f.
- nachträgliche Rückabwicklung 604
- Rückdatierung 584
- Rücktritt 586 f.
- Sperrzeiten 597 f.
- Unwirksamkeit 584 ff.
- Verhandlungsungleichgewicht 584 f.
- Verlängerung des Probearbeitsverhältnisses mittels ~ M 6.1.8
- Vertragsinhalt 583 f.
- Verzicht auf Massenentlassungsanzeige M 23.4
- vorvertragliche Aufklärungspflichten 582 f.
- Widerrufsrecht 586 f.
- Zustandekommen 582 f.

Auflösungsantrag
- des Arbeitgebers 538 f.; M 22.18
- des Arbeitnehmers 538 f.; M 22.17

Auflösungsvertrag
siehe Aufhebungsvertrag

Aufrechnung
- Ausschluss 322 f.; M 12.25.1
- Prozessaufrechnung M 45.7
- Prozessaufrechnung, verspätete M 45.7 Fn. 5

Aufwendungsersatz 318 f.; M 12.20
- Schäden des Arbeitnehmers 319

Ausländer
- Fragen in Einstellungsfragebogen M 1.3 Fn. 1

Auslandseinsatz
- anwendbares Individualarbeitsrecht 282
- betriebliche Altersversorgung 284
- Betriebsverfassungsrecht 285 f.
- Doppelbesteuerungsabkommen 289 f.
- Eingriffsnormen 282 f.
- Entsendungsvertrag 281; M 11.1
- gerichtliche Zuständigkeit 283 f.
- Krankenversicherung 288
- Nachweispflichten 281 f.
- Re-entry-Garantie M 11.1 Fn. 17
- Sonderkündigungsschutz 283
- Sozialversicherungsrecht 286 f.
- Steuerrecht 289 f.
- Tarifverträge 286
- Versetzung 281
- Versetzung – Auslandsvertrag M 11.2.1
- Versetzung Stammhausbindungsvertrag M 11.2.2
- Vertragsstrafe M 11.1 Fn. 15
- Zulage M 12.7.5
- zwingendes deutsches Recht 282

Auslandszulage
- Zulage M 12.7.5

Ausschlussfrist
- AGB-Kontrolle 35 f.
- einzelvertragliche ~ M 3.1 Fn. 58
- Zahlungsklage bei zweistufiger ~ M 12.4

Außerordentliche Kündigung
siehe Kündigung, außerordentliche

Aussetzung wegen Vorgreiflichkeit
- Kündigungsschutzklage eines Schwerbehinderten M 45.9 Fn. 1
- Kündigungsschutzverfahren wegen vorgreiflichem Strafverfahren M 45.10 Fn. 2
- sofortige Beschwerde gegen Aussetzung der Kündigungsschutzklage eines Schwerbehinderten M 45.9
- sofortige Beschwerde gegen Aussetzung des Kündigungsschutzverfahrens wegen vorgreiflichem Strafverfahren M 45.10

Auswahl-Richtlinie M 38.14
- Mitbestimmungsrecht 767

Auszubildende 189 ff.
- Berufsausbildungsvertrag *siehe dort*
- Kündigung 190
- Kündigungsschutzklage gegen außerordentliche Kündigung 190

1015

Beendigung des Arbeitsverhältnisses
- Arbeitgeberdarlehen 321
- Rentenalter M 3.1 Fn. 48

Befangenheit
- Ablehnung wegen ~ M 45.11
- Besorgnis der ~ M 45.11 Fn. 6
- Entscheidung des Gerichts M 45.11 Fn. 7

Befristeter Arbeitsvertrag 116 ff.
- Anschlussbeschäftigung 118
- auflösende Bedingung 120
- doppelte Befristung M 6.1.5
- einzelne Vertragsbestimmung, Befristung 121
- Entfristungsklage M 6.1.9
- haushaltsrechtliche Gründe 119
- nach HRG 122
- kalendarische Befristung 120; M 6.1.1
- Probearbeitsverhältnis mit Befristung M 6.1.7
- Probezeit 119
- sachlicher Grund 117 ff.
- Traineevertrag M 6.1.4
- nach TzBfG 121 f.; M 6.1.6
- Vertretung eines Elternzeitnehmers 443
- vorübergehender Bedarf 118
- vorübergehender Vertretungsbedarf 118 f.
- Zweckbefristung 120; M 6.1.2; M 6.1.5
- Zweckerreichungs-Mitteilung M 6.1.3

Belegschaftsaktien
- Klage auf Ausgabe von ~ wegen betrieblicher Übung M 12.17

Beratervertrag 216; M 9.2

Berufsausbildungsvertrag 189 ff.
- ausführliche Form M 8.1.1
- Auszubildende *siehe dort*
- kurze Form M 8.1.2

Berufskraftfahrer
- Schadensersatzklage wegen Trunkenheitsfahrt M 13.3

Berufung
- mit Antrag auf nachträglichen Ausschluss der vorläufigen Vollstreckbarkeit M 52.4
- Begründung M 46.1; M 46.1 Fn. 11
- Einlegung M 46.1
- Einlegung ohne Begründung mit Fristverlängerungsantrag M 46.2
- Erwiderung mit Anschlussberufung und Widerklage M 46.3
- Fristen 906
- Fristverlängerungsantrag M 46.2
- Prüfungsmaßstab 905
- Unterschrift M 46.1 Fn. 17
- Verwerfung als unzulässig, Revisionsbeschwerde M 47.6
- Zulässigkeit 904 f.

Beschäftigung
- Einstweilige Verfügung auf ~ während der Kündigungsfrist M 22.20

Beschäftigungs- und Qualifizierungsgesellschaft
- Arbeitsvertrag M 39.6.1 (Anlage 1)
- Vertrag über Einrichtung M 39.6.1

Beschäftigungssicherung
- Tarifvertrag 834; M 41.7

Beschlussverfahren 880 f.
- Amtsermittlungsgrundsatz 935
- Beteiligte 935
- Beteiligtenbefugnis M 48.1 Fn. 2
- nach InsO *siehe* Insolvenz
- personalvertretungsrechtliches ~ M 55.1

- Vergleich 934
- vorläufige Vollstreckbarkeit 964 f.

Beschlussverfahren Dritter Instanz
- Formalien der Rechtsbeschwerde 946
- Nichtzulassungsbeschwerde 946; M 50.2
- Rechtsbeschwerde zum BAG 937; M 50.1
- Sprungrechtsbeschwerde 946
- Verfahren 946 f.
- Zulässigkeit der Rechtsbeschwerde 945 f.

Beschlussverfahren Erster Instanz 933 ff.
- Amtsermittlungsgrundsatz 935
- Anhörung 936
- Antragsänderung 934
- Antragsbefugnis 933 f.
- Beschwerde zum LAG 937
- Beteiligte 935
- einstweilige Verfügung 937
- Entscheidung 936
- Globalanträge 934
- Rechtskraft 936
- Rubrum M 48.1
- Vergleich 934
- Vertretensein einer Gewerkschaft im Betrieb M 48.2
- Zwangsvollstreckung 937

Beschlussverfahren Zweiter Instanz 941 ff.
- aufschiebende Wirkung 941 f.
- Beschwerde an das Landesarbeitsgericht M 49.1
- Beschwerde gegen Zwischenentscheidung des Arbeitsgerichts M 49.2
- Beschwerdebefugnis 942
- Beschwerdebegründung 943
- Beschwerdefrist 942
- Form der Beschwerde 942 f.

Beschwerde
- im Beschlussverfahren *siehe* Beschwerde im Beschlussverfahren
- sofortige ~ 906
- sofortige ~ gegen Aussetzung der Kündigungsschutzklage eines Schwerbehinderten M 45.9
- sofortige ~ gegen Aussetzung der Kündigungsschutzklage wegen vorgreiflichem Strafverfahren M 45.10
- sofortige ~ gegen Rechtswegentscheidung M 46.4

Beschwerde im Beschlussverfahren 941
- aufschiebende Wirkung 941 f.
- Begründung 943
- Beschwerdebefugnis 942
- Beschwerdefrist 942
- Beschwerdeschrift M 49.1
- Form 942 f.
- gegen Zwischenentscheidung des Arbeitsgerichts M 49.2

Beteiligte
- Beschlussverfahren 935

Beteiligtenbefugnis M 48.1 Fn. 2

Betriebliche Altersversorgung
- Abfindung von Anwartschaften 449
- Abfindungsangebot M 18.5
- Abfindungsverlangen des Arbeitgebers M 18.6
- Abfindungsverlangen des Arbeitnehmers M 18.7
- Auslandseinsatz 284
- Entgeltumwandlung *siehe dort*
- Entsendung ins Ausland 284
- Feststellungsklage oder Leistungsklage M 18.11 Fn. 2

- Feststellungsklage auf Rentenanwartschaft M 18.11
- Formen 447 f.
- Freizügigkeits-Richtlinie der EG 285
- Gesamtzusage M 18.2
- Geschäftsführer M 4.1 Fn. 33 ff.
- Geschäftsführer, Einzelzusage M 18.1
- Insolvenzsicherung 449
- Klage auf Rentenanpassung M 18.13
- Klage auf Rentenzahlung gegen Unterstützungskasse M 18.10
- Kleinstanwartschaften M 18.6 Fn. 1
- Nachholung einer unterbliebenen Anpassung M 18.12 Fn. 2
- ratierliche Kürzung 448
- Satzung einer Unterstützungskasse als e.V. M 18.3
- Streitigkeiten 450
- Teuerungsanpassung 449 f.
- Übertragung der Versorgungsansprüche 449
- Übertragung von Versorgungsansprüchen auf Lebensversicherung M 18.8
- unterbliebene Anpassung, Schreiben an den Arbeitnehmer M 18.12
- Unverfallbarkeit 448
- Unverfallbarkeitsbescheinigung M 18.4
- Verpfändung einer Rückdeckungsversicherung M 18.9
- Versetzung ins Ausland 284
- Versorgungsordnung M 18.2
- Vorstandsmitglied, Kürzung M 5.1 Fn. 32
- Wartezeit M 18.1 Fn. 1
- Widerruf M 18.2 Fn. 6

Betriebliche Übung
- Klage auf Ausgabe von Belegschaftsaktien M 12.17

Betriebsänderung
siehe auch Interessenausgleich; Sozialplan
- Antrag des Insolvenzverwalters auf Zustimmungsersetzung M 54.1
- Ordnungswidrigkeiten-Anzeige wegen mangelhafter Unterrichtung M 39.8
- Unterlassungsanspruch M 39.7 Fn. 4

Betriebsbedingte Kündigung
siehe Kündigung, betriebsbedingte

Betriebsbegriff
- Antrag auf Klärung M 26.3

Betriebsferien
- Betriebsvereinbarung M 37.2

Betriebsmittel
- Mietvertrag M 9.1.4

Betriebsordnung
- Alkoholprobleme, Betriebsvereinbarung M 35.2
- Arbeitskleidung, Betriebsvereinbarung M 35.3
- Betriebsvereinbarung M 35.1
- Mitbestimmungsrecht 743

Betriebsrat
siehe auch Betriebsratstätigkeit
- Auflösungsantrag wegen grober Pflichtverletzung 674; M 29.1
- Initiativrecht 702
- Tarifvertrag über betriebsverfassungsrechtliche Strukturen 833 f.
- Tarifvertrag zur Bildung von Regionalbetriebsräten M 41.4
- Übergangsmandat bei Betriebsübergang 1005 f.
- Wahl des Vorsitzenden/Stellvertreters 668

Betriebsratsmitglied
- Anfechtung der Wahl eines freigestellten Betriebsratsmitglieds M 27.2
- Anfechtung der Wahl eines freigestellten Betriebsratsmitglieds wegen Unverzichtbarkeit M 27.2 Fn. 2
- Ausschlussantrag 693 f.
- Ausschlussantrag wegen Vorteilsnahme M 29.2
- freigestelltes ~ 669
- Kündigung bei Betriebsstilllegung 533 f.
- Pflichtverletzungen M 29.2 Fn. 2 f.
- Sonderkündigungsschutz 533 f.
- Zugang zum Betrieb, einstweilige Verfügung M 28.1
- Zustimmungsersetzungsverfahren 534
- Zustimmungsverfahren nach § 103 BetrVG siehe dort

Betriebsratstätigkeit 673 f.
siehe auch Betriebsvereinbarung
- allgemeiner betriebsverfassungsrechtlicher Unterlassungsanspruch M 28.8 Fn. 1; M 31.7 Fn. 1 ff.
- Behinderungen durch den Arbeitgeber 674
- Beschlussfassung 673
- Feststellungsantrag im Rahmen des § 23 Abs. 3 BetrVG M 28.8 Fn. 7
- Hinzuziehung eines Rechtsanwalts als Sachverständigen, Antrag auf Gestattung M 28.6
- Kosten 674
- Rechtsanwaltshonorar wegen Prozessvertretung, Antrag auf Zahlung M 28.7
- Sachmittelkosten M 28.4 Fn. 1
- Sachmittelkosten, Antrag auf Freistellung/ Übernahme M 28.4
- Schulungskosten, Antrag auf Erstattung M 28.5
- Status eines leitenden Angestellten, Antrag auf Feststellung M 28.2
- Unterlassung und Ordnungsgeld wegen grober Pflichtverletzung M 28.8
- Unterlassungs- oder Handlungsantrag im Rahmen des § 23 Abs. 3 BetrVG M 28.8 Fn. 5
- Zugang zum Betrieb für Betriebsratsmitglied, einstweilige Verfügung M 28.1
- Zugang eines Gewerkschaftsbeauftragten zum Betrieb, Antrag auf Duldung M 28.3

Betriebsratsvorsitzender
- Anfechtung der Wahl M 27.1

Betriebsratswahl
- Anfechtung M 26.4
- Betriebsbegriff, Antrag auf Klärung M 26.3
- einstweilige Verfügung gegen Durchführung M 26.2
- Nichtigkeit M 26.4 Fn. 5
- Vorfragen 659
- Wahlverfahren 659 f.
- Wahlvorstand, Antrag auf Bestellung M 26.1
- Zwei-Wochen-Frist M 26.4 Fn. 8

Betriebsrente
siehe Betriebliche Altersversorgung

Betriebsstilllegung
- Anhörung des Betriebsrats M 38.2
- Kündigung von Betriebsratsmitgliedern 533 f.
- negativer Interessenausgleich M 39.1
- positiver Interessenausgleich (ausführlich) M 39.5
- positiver Interessenausgleich (kurz) M 39.4
- Sozialplan M 39.6
- Unternehmerentscheidung M 22.9

Betriebsübergang 997 ff.
- Betriebsvereinbarung 1007 f.
- Firmentarifvertrag nach ~ M 41.3
- Haftung des bisherigen Betriebsinhabers 1003 f.
- Interessenausgleich M 39.2
- Kündigung 1004 ff.
- Kündigungsschutzklage 1005; M 56.2
- Mitbestimmungsrecht 1006
- Passivlegitimation bei Kündigungsschutzklage M 56.2 Fn. 2
- Rechtsgeschäft 999
- Tarifvertrag 1006 f.
- Übergang der Arbeitsverhältnisse 997 ff.
- Übergangsmandat des Betriebsrats 1005 f.
- Umwandlungsrecht 1008
- Unterrichtung der Arbeitnehmer 999 ff.; M 56.1
- Widerspruch 1002 f.
- wirtschaftliche Einheit 997 f.
- Zuordnung der Arbeitsverhältnisse 998 f.

Betriebsvereinbarung
- Alkoholprobleme M 35.2
- Arbeitskleidung, einheitliche M 35.3
- Arbeitsordnung M 35.1
- Arztbesuche M 35.4
- Betriebsferien M 37.2
- Betriebsübergang 1007 f.
- Brückentage M 37.1
- Datenschutz M 33.1
- EDV-Systeme M 33.1
- E-Mail-Nutzung M 33.4
- Erschwerniszulage im Vier-Schicht-Betrieb M 32.4
- Gleitzeit/flexible Arbeitszeit M 31.2
- Internet-Nutzung M 33.4
- Kurzarbeit M 31.5
- Lage der Arbeitszeit M 31.1
- Mitarbeiterdarlehen M 34.2
- Provisionen im Verkauf M 32.3
- Sozialfonds M 34.1
- tarifwidrige ~, Antrag auf Nichtdurchführung M 28.9
- Telefonanlage, Nutzung M 33.2
- Telefondatenerfassung M 33.3
- Überstunden M 31.4
- übertarifliche Zulagen M 32.2
- Verbesserungsvorschläge M 36.1
- Vergütung von AT-Angestellten M 32.1

Betriebsverlegung
- Interessenausgleich M 39.2
- Sozialplan M 39.3

Betriebsversammlung 698 f.
- einstweilige Verfügung gegen geplante ~ M 30.1
- zeitliche Lage 699

Bezugnahmeklausel M 2.2 Fn. 6 ff.

BGB-Gesellschaft
- Rubrum als Beklagte M 45.2 Fn. 9

Brückentage
- Betriebsvereinbarung M 37.1

Bündnis für Arbeit
- Tarifvertrag 834

Darlehen
siehe Arbeitgeberdarlehen

Datenschutz 3 f.
- Einwilligung zur Datenspeicherung 3
- fehlende Einwilligung zur Datenspeicherung 4

- Gesamtbetriebsvereinbarung M 33.1
- personenbezogene Daten 3 f.

Datenspeicherung
- Einwilligung M 1.5

Dienstvertrag
- Beratervertrag M 9.2
- Freier Mitarbeiter *siehe dort*
- Geschäftsführer 80 f.; M 4.1
- Vorstandsmitglied 99 f.; M 5.1

Dienstwagen 319 f.
- Rückgabe 320
- Überlassungsvertrag M 12.21

Dienstwohnung 320 f.; M 12.22
- Beendigung des Mietverhältnisses 320
- Mitbestimmungsrecht 320 f.
- Werkdienstwohnung 320
- Werkmietwohnung 320

Direktionsrecht
- Versetzung 480; M 19.1

Diskriminierung
- Entschädigungsklage wegen ~ bei Einstellung M 1.10
- Klage auf gleiches Arbeitsentgelt M 12.5
- mittelbare ~ M 12.5 Fn. 1
- unmittelbare ~ M 12.5 Fn. 1

Doppelbesteuerungsabkommen 289 f.

EDV-Systeme
- einstweilige Verfügung auf Unterlassung der Inbetriebnahme M 33.5
- Gesamtbetriebsvereinbarung M 33.1
- Mitbestimmungsrecht 726

Eidesstattliche Versicherung
- Provisionsabrechnung M 12.12 Fn. 3

Eigenkündigung
- Anfechtung M 21.1
- außerordentliche ~ M 22.4
- außerordentliche ~ und Lossagung vom Wettbewerbsverbot M 22.6
- außerordentliche ~ und nachvertragliches Wettbewerbsverbot M 25.4 Fn. 2
- ordentliche ~ M 22.2

Einfühlungsverhältnis 5

Einigungsstelle 817 ff.
- Anfechtung des Spruchs 820 f.; M 40.5
- Antrag an das Arbeitsgericht auf Errichtung M 40.2
- Antrag auf Errichtung M 40.1
- Beisitzer 818
- Einberufung 818 f.
- einstweilige Verfügung auf Untersagung der Durchführung eines Spruchs M 40.4
- Kosten 820
- soziale Angelegenheiten 702 f.
- Spruch M 40.3
- Verfahren 819 f.
- Vorsitzender 818

Einspruch
- gegen Versäumnisurteil M 45.12

Einstellung
siehe auch Vorstellungsgespräch
- Aufhebung nach § 101 BetrVG, Antrag des Betriebsrats M 38.10
- Aufklärung über ungesicherte Beschäftigung 5
- Beteiligung des Betriebsrates 4 f.; 766; M 38.6
- Diskriminierung, Entschädigungsklage M 1.10

- Einstellungsfragebogen *siehe dort*
- mündliche ~, Klage M 1.8
- vorläufige personelle Maßnahme M 38.9
- Zustimmungsersetzungsverfahren 766
- Zustimmungsersetzungsverfahren nach §§ 99, 100 BetrVG, Antrag des Arbeitgebers M 38.9
- Zustimmungsverweigerung des Betriebsrats M 38.8

Einstellungsfragebogen M 1.3
- zulässige Fragen 2
- Zustimmung des Betriebsrats 2 f.

Einstellungsgespräch
siehe Vorstellungsgespräch

Einstweilige Verfügung 949 f.
- allgemeiner betriebsverfassungsrechtlicher Unterlassungsanspruch M 28.8 Fn. 1; M 31.7 Fn. 1 ff.
- Amtsgericht, Ersatzzuständigkeit M 51.1 Fn. 4
- Antrag des Insolvenzverwalters gemäß § 122 Abs. 1 S. 1 InsO M 54.1 Fn. 4
- Arbeitsentgeltzahlung M 12.2
- Arbeitspapiere, Herausgabe M 22.25
- Befriedigungsverfügung M 51.5 Fn. 2
- Befriedigungsverfügung beim allgemeinen betriebsverfassungsrechtlichen Unterlassungsanspruch M 31.7 Fn. 2
- Beschäftigung während der Kündigungsfrist M 22.20
- im Beschlussverfahren 937; 949; M 51.5
- gegen Betriebsversammlung M 30.1
- gegen Durchführung einer Betriebsratswahl M 26.2
- EDV-System, Unterlassung der Inbetriebnahme M 33.5
- eidesstattliche Versicherung M 51.1 Fn. 12
- Einigungsstellenspruch, Untersagung der Durchführung M 40.4
- auf Einrichtung eines Notdienstes während eines Streiks M 42.3
- Entbindung von der Weiterbeschäftigung nach § 105 Abs. 5 S. 2 BetrVG M 22.22
- Globalantrag beim allgemeinen betriebsverfassungsrechtlichen Unterlassungsanspruch M 31.7 Fn. 4
- Globalantrag bei Unterlassungsansprüchen M 51.5 Fn. 4
- gegen Kündigungen und weitere Maßnahmen vor Abschluss Interessenausgleichs-Verfahren M 39.7
- Ladungs- und Einlassungsfristen, Abkürzung 950
- örtliche Zuständigkeit – rechtswidriger Streik M 42.1 Fn. 4
- Personalmaßnahmen, mitbestimmungswidrige M 38.11
- gegen rechtswidrige Streikmaßnahme M 42.2
- gegen rechtswidrigen Streik M 42.1
- Schutzschrift 950; M 51.2
- Teilzeitarbeit 128; M 6.2.7
- Überstunden, Unterlassung ohne Betriebsratszustimmung M 31.7
- Unterlagen M 51.1 Fn. 11
- Unterlassung nachvertraglichen Wettbewerbs M 25.11
- Urlaubsgewährung M 14.5
- im Urteilsverfahren 949; M 51.1
- Verfügungsgrund – rechtswidriger Streik M 42.1 Fn. 16

- Weiterbeschäftigung nach § 105 Abs. 5 BetrVG M 22.21
- Weiterbeschäftigung bei offensichtlich unwirksamer Kündigung M 22.19
- Widerspruch gegen erlassene ~ M 51.3
- Zugang zum Betrieb für Betriebsratsmitglied M 28.1

Elternzeit 440 ff.
- Anspruchsberechtigte 440 f.
- Antrag 441 f.; M 17.3
- Antrag auf Zustimmung zur Kündigung in ~ M 17.5
- Antwort des Arbeitgebers auf Antrag auf ~ M 17.4
- Nebenleistungen des Arbeitgebers 442
- Sonderkündigungsschutz 442 f.
- Teilzeitanspruch 128 f.
- Vertretung des Elternzeitnehmers 443

E-Mail
- Betriebsvereinbarung über Nutzung M 33.4
- Mitbestimmung 727

Entgeltfortzahlung 419 ff.
- Dauer 419
- Höhe 419 f.
- Klage M 15.3
- Krankheit 420 f.

Entgelttarifvertrag 833; M 41.1

Entgeltumwandlung
- Tarifvertrag 834; M 41.6

Entschädigungsantrag
- nach § 61 Abs. 2 ArbGG 963 f.; M 52.2

Entsendung
siehe Auslandseinsatz

Ermahnung 389

Erschwerniszulage M 12.7.3
- im Vier-Schicht-Betrieb, Betriebsvereinbarung M 32.4

EuGH
siehe Vorabentscheidungsverfahren

Fahrtkostenzuschuss M 3.1 Fn. 17; M 12.20 Fn. 8

Feststellungsklage
- Ablehnung von Teilzeitarbeit 127
- Betriebsrentenanwartschaft M 18.11
- reduzierte Arbeitszeit M 6.2.6
- Unwirksamkeit eines nachvertraglichen Wettbewerbsverbots M 25.13

Firmentarifvertrag 832 f.
- Anerkennungstarifvertrag 832; M 41.2
- Beschäftigungssicherung 834
- nach Betriebsübergang M 41.3
- über gemeinsamen Gesamtbetriebsrat M 41.5

Firmenwagen
siehe Dienstwagen

Flexible Arbeitszeit
- Betriebsvereinbarung M 31.2; M 31.3
- Mitbestimmungsrecht 704

Fortbildungsvertrag 191 f.
- mit Rückzahlungsklausel M 8.4
- Rückzahlungsklauseln 192 ff.

Freier Mitarbeiter
- Abgrenzung zum Arbeitnehmer 209 ff.
- Anfrageverfahren 214
- fälschliche Einordnung, Folgen 215 f.
- Ich-AG 213 f.

- Kriterien 210 ff.
- persönliche Abhängigkeit 210 f.
- Rahmenvertrag M 9.1.2
- sozialversicherungsrechtliche Besonderheiten 213 ff.
- Vertrag M 9.1.1

Freiwilligkeitsvorbehalt M 12.7.8
- Gratifikation 310 f.; M 12.15 Fn. 14
- Sozialzulage M 12.7.7

Friedenspflicht 849

Fristverlängerungsantrag M 46.2

GbR
- Rubrum als Beklagte M 45.2 Fn. 9

Gehalt
siehe Arbeitsentgelt

Gerichtsvollzieherpfändung
- Antrag auf ~ wegen Geldforderungen M 52.5

Geringfügige Beschäftigung 131 f.; M 6.3.1
- Sozialversicherungsrecht 131 f.
- Verzicht auf Rentenversicherungsfreiheit M 6.3.2

Gesamtbetriebsrat
- EDV-System, Einführung 727
- EDV-Systeme/personenbezogene Daten, Gesamtbetriebsvereinbarung M 33.1
- Haustarifvertrag über gemeinsamen ~ M 41.5

Gesamtzusage
- betriebliche Versorgungsordnung M 18.2

Geschäftsführer 79 ff.
siehe auch Organmitglieder
- Beendigung früherer Arbeitsverträge M 4.2
- betriebliche Altersversorgung, Einzelzusage M 18.1
- Bezüge, Anpassung an Lebenshaltungskostenindex M 4.1 Fn. 29
- Dienstvertrag 80 f.; M 4.1
- Entlastung 82
- Geschäftsführungsbefugnis 79 f.
- Gesellschafterbeschluss zur Abberufung und Kündigung M 22.24
- Haftung M 4.1 Fn. 8
- Haftungsbeschränkungen 81 f.
- Organstellung 79 f.
- Pflichten 81 f.
- sozialversicherungsrechtliche Stellung 82 f.
- Tantieme M 4.1 Fn. 23 ff.; M 12.10.1
- Verantwortlichkeiten 81 f.
- Vergütungsklage im Urkundenprozess M 12.6
- Versorgungszusage M 4.1 Fn. 33 ff.
- Vertretung nach außen 79
- Wettbewerbsverbot M 4.1 Fn. 42 f.

Gewerbliche Arbeitnehmer
siehe Arbeiter

Gewerkschaft
- Parteifähigkeit von Untergliederungen M 42.1 Fn. 9
- Rubrum als Beklagte M 45.2 Fn. 12
- tarifwidrige Betriebsvereinbarung, Antrag auf Nichtdurchführung M 28.9
- Vertretensein im Betrieb, Beschlussverfahren M 48.2
- Zugang eines Gewerkschaftsbeauftragten zum Betrieb, Antrag auf Duldung M 28.3

Gewinnbeteiligung
siehe Tantieme

Gleichbehandlung
- Arbeitnehmerüberlassung 263 f.
- Diskriminierung siehe dort
- Klage auf gleiches Arbeitsentgelt M 12.5
- Klage auf Sondervergütung bei Teilzeitbeschäftigung M 12.16
- Teilzeitbeschäftigung 130

Gleitzeit
- Betriebsvereinbarung M 31.2; M 31.3
- Mitbestimmungsrecht 704

GmbH
- Rubrum als Beklagte M 45.2 Fn. 4

GmbH-Geschäftsführer
siehe Geschäftsführer

Gratifikationen 315 ff.; M 12.15
- Fehlzeiten 317 f.
- Freiwilligkeitsvorbehalt 310 f.
- Klage wegen Widerruf/Teilkündigung M 12.18
- Rechtsgrundlage 315
- Rückzahlung 316 f.
- Widerrufsvorbehalt 311
- Zweck 315 f.

Haftung
- des Arbeitgebers für Zeugnis 627
- Geschäftsführer M 4.1 Fn. 8
- Haftung des Arbeitnehmers siehe dort

Haftung des Arbeitnehmers 391 f.; M 13.3 Fn. 2
- Darlegungs- und Beweislast M 13.3 Fn. 4
- Mankohaftung, Klage des Arbeitgebers M 13.4
- Milderung bei betrieblich veranlasster Tätigkeit 391 f.

Handelsvertreter
- Provisionsvereinbarung mit angestelltem ~ 313 f.; M 12.11

Handelsvertretervertrag 216 ff.
- Abgrenzung zum Anstellungsverhältnis 217
- ausführliche Fassung M 9.3.1
- Ausgleichsanspruch 219 f.
- kurze Fassung M 9.3.2
- Provision 218 f.

Hausgewerbetreibende 221 f.

Heimarbeit 221 f.
- Vertrag M 9.4

Höhergruppierungsklage M 12.3

Honorarvereinbarung M 44.1

Ich-AG 213 f.

Insolvenz 986 ff.
- Altersteilzeit-Vertrag 177 f.
- Antrag des Insolvenzverwalters wegen Durchführung einer Betriebsänderung 986 f.; M 54.1
- Antrag des Insolvenzverwalters wegen Zustimmung zu Kündigungen 987 f.; M 54.2

Integrationsamt M 16.1 Fn. 1 ff.
- Antrag auf Zustimmung zur Kündigung M 16.1
- Widerspruch gegen Kündigungszustimmung M 16.2

Interessenausgleich 791 f.
- Betriebsstilllegung, negativer ~ M 39.1
- Betriebsstilllegung, positiver ~ (ausführlich) M 39.5
- Betriebsstilllegung, positiver ~ (kurz) M 39.4

- Betriebsverlegung, Betriebsübergang, Reorganisation M 39.2
- einstweilige Verfügung gegen Kündigung und weitere Maßnahmen M 39.7
- Nachteilsausgleichspflicht 791
- namentliche Bezeichnung 530
- negativer ~ 791
- positiver ~ 791
- und Sozialplan 792

Internet
- Betriebsvereinbarung über Nutzung M 33.4
- private Nutzung M 3.1 Fn. 57

Jahressonderzahlungen
siehe Gratifikationen
Job-sharing 132 f.
- Arbeitsvertrag mit allen Job-Partnern M 6.4.2
- Arbeitsvertrag mit Job-Partner M 6.4.1

Jugendvertreter
- Antrag auf Entbindung von der Übernahmeverpflichtung M 38.12

Kapovaz 133; M 6.5
Karenzentschädigung 636
siehe auch Wettbewerbsverbot, nachvertragliches
- Ablehnungsandrohung des Arbeitnehmers bei Nichtzahlung M 25.9
- anderweitiger Erwerb, Anrechnung 638
- anderweitiger Erwerb, Aufforderung zur Mitteilung M 25.7
- Angebot einer erhöhten ~ M 25.5
- anrechenbare Einkünfte M 25.7 Fn. 2
- bedingte Wettbewerbsverbote 637
- Berechnung 636
- böswillig unterlassener Erwerb M 25.7 Fn. 3
- Klage auf Zahlung M 25.10
- zu niedrige ~ 636

Klage
- gegen Abmahnung und auf Widerruf M 13.2
- gegen Änderungskündigung M 20.5
- vor dem Arbeitsgericht M 45.3
- Belegschaftsaktien, Ausgabe M 12.17
- Betriebsrentenanpassung M 18.13
- Entfristungsklage M 6.1.9
- Entgeltfortzahlungsklage M 15.3
- Entschädigung wegen Diskriminierung bei der Einstellung M 1.10
- Feststellungsklage siehe dort
- gegen fristlose Kündigung und auf Arbeitsentgeltzahlung M 22.23
- Höhergruppierung M 12.3
- Kostenerstattung für Vorstellungsgespräch M 1.7
- Kündigungsschutzklage siehe dort
- wegen Mobbing M 13.6
- nach mündlicher Einstellung M 1.8
- Schadenersatzklage siehe dort
- Statusklage siehe dort
- Stufenklage siehe dort
- Unwirksamkeit eines Aufhebungsvertrages M 23.18
- gegen Versetzung M 19.3
- Widerklage siehe dort
- wegen Widerruf/Teilkündigung von Sonderleistungen M 12.18

- Wiedereinstellung M 1.9
- Wiedereinstellung nach Wegfall des Kündigungsgrundes M 22.26
- Zahlungsklage siehe dort
- Zeugnisberichtigung M 24.8
- Zeugniserteilung M 24.7
- Zustimmung zur Reduzierung der Arbeitszeit M 6.2.5

Klageerwiderung
- vor der Güteverhandlung M 45.6

Konzernbetriebsrat
- Zuständigkeit bei Verschmelzungsvertrag 793 f.

Kraftfahrer
- Schadensersatzklage wegen Trunkenheitsfahrt M 13.3

Krankheit
siehe Arbeitsunfähigkeit
Krankheitsbedingte Kündigung
siehe Kündigung, krankheitsbedingte
Kündigung
- Anhörung des Betriebsrats bei Kündigung siehe dort
- Annahmeverzug bei Unwirksamkeit 534 f.
- Arten 509 f.
- Betriebsübergang 1004 ff.
- Eigenkündigung siehe dort
- einstweilige Verfügung gegen ~ vor Abschluss Interessenausgleichs-Verfahren M 39.7
- Frist 514 f.
- GmbH-Geschäftsführer, Gesellschafterbeschluss M 22.24
- Hinweis auf Arbeitslosmeldung 538
- KSchG, Anwendbarkeit 518
- Kündigungsberechtigter 513 f.
- Kündigungserklärung 510
- leitender Angestellter 517
- Schriftform 511 f.
- Zugang 512 f.
- Zurückweisung wegen fehlender Vollmachtsvorlage M 22.8

Kündigung, außerordentliche 531 ff.
- Anhörung des Betriebsrats M 22.10
- arbeitgeberseitige ~ M 22.3
- des Arbeitnehmers und nachvertragliches Wettbewerbsverbot M 25.4 Fn. 2
- arbeitnehmerseitige ~ M 22.4
- arbeitnehmerseitige ~ und Lossagung vom Wettbewerbsverbot M 22.6
- eines Auszubildenden 190
- hilfsweise ordentliche arbeitgeberseitige ~ M 22.5
- Klage gegen ~ und Klage auf Gehaltszahlung M 22.23
- Kündigungsgründe 531 f.
- Kündigungsgründe, Aufforderung zur Mitteilung M 22.7
- Lösungserklärung des Arbeitgebers vom nachvertraglichen Wettbewerbsverbot M 25.6
- Umdeutung in ordentliche Kündigung 532
- Zwei-Wochen-Frist 532

Kündigung, betriebsbedingte 525 ff.
- Abfindungsangebot 531
- keine anderweitige Beschäftigungsmöglichkeit 526 f.
- Anhörung des Betriebsrats M 22.12
- Anhörung des Betriebsrats bei Betriebsstilllegung M 38.2

1021

Kündigung, betriebsbedingte
- Antrag des Insolvenzverwalters wegen Zustimmung 987 f.; M 54.2
- Arbeitsplatzwegfall 525 f.
- außerbetriebliche Ursache 525
- innerbetriebliche Ursache 525 f.
- Kündigungsschutzklage M 22.15
- Sozialauswahl 527 ff.
- Sozialauswahl, Darlegungsumfang M 22.15 Fn. 2
- Unternehmerentscheidung 525 f.; M 22.9
- Weiterbeschäftigungsmöglichkeit, Darlegungsumfang M 22.15 Fn. 3

Kündigung, krankheitsbedingte
- dauernde Leistungsminderung 523 f.
- dauernde Leistungsunfähigkeit 523
- häufige Kurzerkrankungen 521 f.
- langanhaltende Krankheit 522 f.
- Suchterkrankungen 524

Kündigung, ordentliche
- Antrag auf Zustimmung zur Kündigung in Elternzeit M 17.5
- arbeitgeberseitige ~ M 22.1
- arbeitnehmerseitige ~ M 22.2
- hilfsweise ~ M 22.5

Kündigung, personenbedingte 521 ff.
- Anhörung des Betriebsrats M 22.11

Kündigung, verhaltensbedingte 518 ff.
- Abmahnung 519 f.
- Verdachtskündigung 520

Kündigungsfrist 514 f.

Kündigungsgründe
- Änderungskündigung *siehe dort*
- Aufforderung zur Mitteilung M 22.7
- betriebsbedingte Kündigung
  siehe Kündigung, betriebsbedingte
- krankheitsbedingte Kündigung
  siehe Kündigung, krankheitsbedingte
- Kündigung, personenbedingte *siehe dort*

Kündigungsschutz
- Sonderkündigungsschutz *siehe dort*

Kündigungsschutzklage
- Änderungsschutzklage 494; M 20.5
- Antrag auf nachträgliche Zulassung M 22.16
- und Auflösungsantrag des Arbeitgebers M 22.18
- und Auflösungsantrag des Arbeitnehmers M 22.17
- gegen außerordentliche Kündigung eines Auszubildenden 190
- Aussetzung der ~ eines Schwerbehinderten, sofortige Beschwerde M 45.9
- Aussetzung der ~ wegen vorgreiflichem Strafverfahren M 45.10 Fn. 2
- Aussetzung der ~ wegen vorgreiflichem Strafverfahren, sofortige Beschwerde M 45.10
- betriebsbedingte Kündigung M 22.15
- Betriebsübergang 1005; M 56.2
- Checkliste 539 ff.
- Drei-Wochen-Frist 538
- Passivlegitimation – Betriebsübergang M 56.2 Fn. 2
- punktueller Streitgegenstand M 22.13 Fn. 1
- Unanwendbarkeit des KSchG M 22.14
- mit Weiterbeschäftigungsantrag M 22.13

Kurzarbeit M 3.1 Fn. 8
- Betriebsvereinbarung M 31.5
- leitender Angestellter M 3.3 Fn. 6
- Mitbestimmungsrecht 704

Leistungslohn
- Akkordvergütung *siehe dort*
- Prämien *siehe dort*
- Rahmentarifvertrag im Baugewerbe M 12.13.3

Leistungsprämie M 12.14.2
siehe auch Zielvereinbarung

Leistungszulage M 12.7.6

Leitender Angestellter
- nach § 14 Abs. 2 KSchG 58
- nach § 5 Abs. 3 BetrVG 57 f.
- Arbeitsvertrag M 3.3
- Beteiligung des Betriebsrats/des Sprecherausschusses bei Kündigung 517
- Festvergütung M 12.1.5
- Kurzarbeit M 3.3 Fn. 6
- Status, Antrag auf Feststellung M 28.2
- Tantieme M 3.3 Fn. 8; M 12.10.1

Lohnpfändung
siehe Pfändung

Mandat, arbeitsrechtliches
siehe Arbeitsrechtliches Mandat

Mankohaftung
- Klage des Arbeitgebers auf ~ M 13.4

Manteltarifvertrag 833

Massenentlassungsanzeige 535 f.
- Aufhebungs- oder Abwicklungsvertrag 585 f.

Mietvertrag
- Betriebsmittel M 9.1.4

Minijobs
siehe Geringfügige Beschäftigung

Mitarbeiterdarlehen
siehe Arbeitgeberdarlehen

Mitbestimmung
siehe Mitbestimmung in personellen Angelegenheiten; Mitbestimmung in sozialen Angelegenheiten; Unternehmensmitbestimmung

Mitbestimmung in personellen Angelegenheiten
- Änderungskündigung M 20.4
- Anhörung des Betriebsrats bei Kündigung *siehe dort*
- Antrag des Insolvenzverwalters wegen Zustimmung zu Kündigungen 987; M 54.2
- Aufhebung nach § 101 BetrVG, Antrag des Betriebsrats M 38.10
- Auswahl-Richtlinie für Versetzungen 767; M 38.14
- Begründung bei Zustimmungsverweigerung M 38.8 Fn. 3
- Einstellung 4 f.; 766; M 38.6
- Einstellungsfragebogen 2 f.
- einstweilige Verfügung wegen mitbestimmungswidriger Personalmaßnahmen M 38.11
- Leiharbeit 265
- Stellenausschreibung 767; M 38.13
- Versetzung 483 ff.; M 38.7
- Versetzung und Umgruppierung 766 f.; M 19.2
- Zustimmungsersetzungsverfahren 766
- Zustimmungsersetzungsverfahren bei Einstellung M 38.9
- Zustimmungsersetzungsverfahren bei Versetzung 485
- Zustimmungsverweigerung bei Einstellung M 38.8
- Zustimmungsverweigerung zur Versetzung 483 ff.

Mitbestimmung in sozialen Angelegenheiten
- Aktienoptionen 326
- Alkoholprobleme, Betriebsvereinbarung M 35.2
- allgemeine Urlaubsgrundsätze 762 f.
- Anrechnung von übertariflichen Zulagen 312
- Arbeitsentgelt 310
- Arbeitskleidung, Betriebsvereinbarung M 35.3
- Arbeitsordnung, Betriebsvereinbarung M 35.1
- Arbeitszeit 703 f.
- Arbeitszeit, Betriebsvereinbarung über Lage M 31.1
- Arbeitszeitdauer 703
- Arbeitszeit, Regelungsabrede M 31.6
- Arztbesuch, Betriebsvereinbarung M 35.4
- AT-Angestellte, Lohngestaltung 722
- betriebliches Vorschlagswesen 757
- Betriebsferien, Betriebsvereinbarung M 37.2
- Betriebsordnung 743
- Brückentage, Betriebsvereinbarung M 37.1
- Datenschutz, Gesamtbetriebsvereinbarung M 33.1
- Dienstwohnung 320 f.
- EDV-Nutzung 726
- EDV-Systeme, Gesamtbetriebsvereinbarung M 33.1
- EDV-System, einstweilige Verfügung auf Unterlassung der Inbetriebnahme M 33.5
- E-Mail-Nutzung 727
- E-Mail-Nutzung, Betriebsvereinbarung M 33.4
- Erschwerniszulage im Vier-Schicht-Betrieb, Betriebsvereinbarung M 32.4
- freiwillige Zulagen 722
- Gleitzeit/flexible Arbeitszeit 704
- Gleitzeit/flexible Arbeitszeit, Betriebsvereinbarung M 31.2; M 31.3
- Initiativrecht des Betriebsrats 702
- Internet-Nutzung, Betriebsvereinbarung M 33.4
- kollektiver Tatbestand bei Lohngestaltung 721 f.
- Kurzarbeit 704
- Kurzarbeit, Betriebsvereinbarung M 31.5
- Lohngestaltung 721 f.
- Mitarbeiterdarlehen, Betriebsvereinbarung M 34.2
- Provisionen im Verkauf, Betriebsvereinbarung M 32.3
- Sozialeinrichtungen 737 f.
- Sozialfonds, Betriebsvereinbarung M 34.1
- Telefonanlage, Betriebsvereinbarung über Nutzung M 33.2
- Telefondaten 727
- Telefondatenerfassung, Betriebsvereinbarung M 33.3
- Überstunden 704
- Überstunden, Betriebsvereinbarung M 31.4
- Überstunden, einstweilige Verfügung auf Unterlassung ohne Betriebsratszustimmung M 31.7
- übertarifliche Zulagen, Anrechnung M 3.2 Fn. 6
- übertarifliche Zulagen, Betriebsvereinbarung M 32.2
- Unterstützungskasse M 18.3 Fn. 1
- Urlaub 762 f.
- Urlaubsplan 763
- Verbesserungsvorschläge, Betriebsvereinbarung M 36.2
- Vergütung von AT-Angestellte, Betriebsvereinbarung M 32.1
- Vorrang von Gesetz und Tarifvertrag 702
- Zielvereinbarung 324
- Zulagengewährung 313

Mitbestimmung in wirtschaftlichen Angelegenheiten
- Betriebsänderung *siehe dort*
- Betriebsübergang 1006
- Interessenausgleich *siehe dort*
- Sozialplan *siehe dort*
- Verschmelzungsvertrag *siehe dort*
- Wirtschaftsausschuss 794

Mobbing 392 f.
- Ersatzanspruch des Arbeitnehmers 394 f.
- Klage wegen ~ M 13.6
- Schmerzensgeld M 13.6 Fn. 8

Mutterschutz 437 ff.
- Erholungsurlaub 440
- Sonderkündigungsschutz 438 f.

Mutterschutzlohn 439

Nachtarbeitszuschläge M 12.8.2
Nachvertragliches Wettbewerbsverbot
siehe Wettbewerbsverbot, nachvertragliches
Nachweisgesetz 42 f.
- Auslandseinsatz 281 f.

Nichtzulassungsbeschwerde
- Arbeitskampfsachen (Urteilsverfahren) M 47.4
- Beschlussverfahren 946; M 50.2
- Divergenz M 47.2
- grundsätzliche Bedeutung M 47.3 Fn. 2 f.
- tarifliche Streitigkeiten (Urteilsverfahren) M 47.3
- Urteilsverfahren 918

Notdienst 851
- Antrag auf einstweilige Verfügung wegen Einrichtung eines Notdienstes M 42.3
- Träger von Notdienstarbeiten M 42.3 Fn. 1

OHG
- Rubrum als Beklagte M 45.2 Fn. 11

Optionsrechtsvereinbarung
siehe Aktienoptionen

Ordentliche Kündigung
siehe Kündigung, ordentliche

Ordnungsgeld
- Antrag auf Festsetzung wegen Zuwiderhandlung gegen Unterlassungsverpflichtung M 52.10

Ordnungswidrigkeiten-Anzeige
- mangelhafte Unterrichtung über Betriebsänderung M 39.8

Organmitglieder
- Festvergütung M 12.1.5
- nachvertragliches Wettbewerbsverbot M 25.2

Parteifähigkeit
- Gewerkschafts-Untergliederungen M 42.1 Fn. 9

Pauschalabgeltungsklausel M 3.1 Fn. 11

Personalvertretungsrecht
- Beschlussverfahren, Antrag auf Einleitung M 55.1
- Verfahrensrecht 993 f.
- verwaltungsgerichtliche Zuständigkeit bei Streitigkeiten 993

Pfändung 321 f.; M 12.24
Praktikanten 190 f.
Praktikantenvertrag M 8.2
- kurze Form für Schüler/Studenten M 8.3

Prämien 315
siehe auch Zielvereinbarung
- Anwesenheitsprämie M 12.14.1
- Leistungsprämie M 12.14.2
- Treueprämie M 12.14.3

Probearbeitsverhältnis
- mit Befristung M 6.1.7
- Verlängerung mit Aufhebungsvertrag M 6.1.8

Provision
- Betriebsvereinbarung M 32.3
- Stufenklage M 12.12

Provisionsvereinbarung
- angestellter Handelsvertreter 313 f.; M 12.11

Prozessaufrechnung M 45.7
- Verspätung M 45.7 Fn. 5

Prozesskostenhilfe
- Antrag M 44.3

Psychologische Untersuchung
- Einwilligung M 1.4

Rechtsanwalt
- Beiordnung, Antrag M 44.3
- Honorarzahlung, Antrag wegen Beschlussverfahren M 28.7

Rechtsbeschwerde M 50.1
- BAG 918
- Formalien 946
- gegen Rechtswegentscheidung M 47.5
- Sprungrechtsbeschwerde 946
- Verfahren 946 f.
- Zulässigkeit 945 f.

Rechtsweg M 45.5 Fn. 1
- aut-aut-Fall M 45.5 Fn. 2
- Rechtsbeschwerde gegen Rechtswegentscheidung M 47.5
- Rüge der Unzulässigkeit des Rechtsweges M 45.5
- sic-non-Fall M 45.5 Fn. 2
- sofortige Beschwerde gegen Rechtswegentscheidung M 46.4
- Vorabentscheidung des Arbeitsgerichts M 46.4 Fn. 2

Regelungsabrede
- Arbeitszeit M 31.6

Rentenversicherung
- Verzicht auf Rentenversicherungsfreiheit M 6.3.2

Revision
- Einlegung mit Anträgen und Begründung M 47.1
- Fristen 916
- Klageänderung 917
- materielles Recht, Verletzung M 47.1 Fn. 10
- Rechtsnorm, Begriff M 47.1 Fn. 12
- Verfahren 917 f.
- Verfahrensfehler M 47.1 Fn. 13
- Zulässigkeit 916 f.
- Zulassungsrevision 916 f.

Revisionsbeschwerde
- gegen Verwerfung der Berufung als unzulässig M 47.6

Richter
- Befangenheit *siehe dort*

Rubrum
- Beklagtenseite M 45.2
- Beschlussverfahren Erster Instanz M 48.1
- GbR als Beklagte M 45.2 Fn. 9
- Gewerkschaft als Beklagte M 45.2 Fn. 12
- GmbH als Beklagte M 45.2 Fn. 4

- Klägerseite M 45.1
- öffentlicher Dienst M 45.2 Fn. 2
- OHG als Beklagte M 45.2 Fn. 11

Rückzahlungsklausel 192 ff.

Rückzahlungspflicht
- Gratifikation M 12.15 Fn. 10
- Umzugskosten M 12.20 Fn. 7

Ruhendes Arbeitsverhältnis M 12.15 Fn. 15

Sabbatical 135
- Vereinbarung M 6.8

Sachmittelkosten des Betriebsrats M 28.4 Fn. 1
- Freistellung/Übernahme, Antrag M 28.4

Sachverständiger
- Hinzuziehung eines Rechtsanwalts, Antrag des Betriebsrats auf Gestattung M 28.6

Schadenersatz
siehe Haftung

Schadenersatzklage
- Diskriminierung bei Einstellung M 1.10
- Nichtantritt der Arbeitsstelle M 1.11
- Trunkenheitsfahrt des Arbeitnehmers M 13.3

Scheinselbständigkeit
- Statusklage M 9.1.5

Schlichtungsabkommen 851; M 42.4

Schriftform
- Klausel M 3.1 Fn. 61
- Kündigung 511 f.
- Zeugnis 626

Schulungskosten des Betriebsrats
- Antrag auf Erstattung M 28.5

Schutzschrift 950; M 51.2
- gegen Unterlassungsverfügung wegen nachvertraglichen Wettbewerbsverbots M 25.12

Schwangerschaft
- Frage in Einstellungsfragebogen M 1.3 Fn. 8
- Informationsschreiben des Arbeitgebers M 17.2
- Irrtumsanfechtung 501
- Mitteilung M 17.1

Schwerbehinderte Menschen
- Anfechtung Arbeitsvertrag wegen Täuschung über Schwerbehinderteneigenschaft M 16.3; 431
- Ausgleichsabgabe 427
- Benachteiligungsverbot 428 f.
- Beschäftigungspflicht 426 f.
- Fragen in Einstellungsfragebogen M 1.3 Fn. 2
- Gleichgestellte 426
- Integrationsamt *siehe dort*
- Irrtumsanfechtung 501 f.
- Kernpflichten 427 f.
- Pflichten des Arbeitgebers 426 ff.
- Schwerbehinderung 426
- sofortige Beschwerde gegen Aussetzung der Kündigungsschutzklage M 45.9
- Sonderkündigungsschutz 429 f.; M 16.1 Fn. 11 f.
- Teilzeitbeschäftigung 129

Softwareentwicklung
- Werkvertrag mit Subunternehmer M 9.1.3

Sonderkündigungsschutz
- Auslandseinsatz 283
- Betriebsratsmitglieder 533 f.
- Elternzeit 442 f.
- Mutterschutz *siehe dort*
- Schwerbehinderte 429 f.; M 16.1 Fn. 11 f., *siehe auch* Integrationsamt

- für werdende Mütter 438 f.
- Zustimmungsersetzungsverfahren 534

Sonn- und Feiertagszuschläge M 12.8.2

Sozialauswahl
- berechtigtes betriebliches Interesse 529 f.
- betriebsbedingte Änderungskündigung 492 f.
- Betriebsratsanhörung 531
- Beweislast 530
- Darlegungsumfang M 22.15 Fn. 2
- nicht einzubeziehende Arbeitnehmer 528
- namentliche Bezeichnung im Interessenausgleich 530
- soziale Schutzbedürftigkeit 528 f.
- vergleichbare Arbeitnehmer 527 f.

Sozialfonds
- Betriebsvereinbarung M 34.1

Sozialhilfe
- und einstweilige Verfügung auf Gehaltszahlung M 12.2 Fn. 3

Sozialplan 792
- Betriebsstilllegung M 39.6
- Betriebsverlegung M 39.3
- und Interessenausgleich 792

Sozialversicherungspflicht
- geringfügige Beschäftigung 131 f.
- Geschäftsführer 82 f.
- Praktikanten 190 f.
- Studenten 191
- Vorstandsmitglied 101

Sozialversicherungsrecht
- Abfindung 594 ff.
- Auslandseinsatz 286 f.
- Entsendung 287 f.
- Entsendung in den europäischen Wirtschaftsraum 286
- Krankenversicherung bei Auslandseinsatz 288
- Sozialversicherungsabkommen 287

Sozialzulage
- mit Freiwilligkeitsvorbehalt M 12.7.7

Spesen
siehe Aufwendungsersatz

Sprungrechtsbeschwerde 946

Statusklage
- Scheinselbständigkeit M 9.1.5

Stellenausschreibung M 38.13
- Mitbestimmungsrecht 767

Steuerrecht
- Abfindung 588 ff.
- Aktienoptionen 326
- Auslandseinsatz 289 f.
- Doppelbesteuerungsabkommen 289 f.
- Freibetrag bei Abfindung 588 f.

Strafverfahren
- Aussetzung der Kündigungsschutzklage M 45.10 Fn. 2
- sofortige Beschwerde gegen Aussetzung der Kündigungsschutzklage M 45.10

Streik
siehe auch Arbeitskampf
- Arbeitsentgeltanspruch 851
- Ausgestaltung 850
- Beteiligung 849
- Blockademaßnahmen M 42.2 Fn. 2
- einstweilige Verfügung wegen Errichtung eines Notdienstes M 42.3
- einstweilige Verfügung gegen rechtswidrige Streikmaßnahme M 42.2
- einstweilige Verfügung gegen rechtswidrigen ~ M 42.1
- Maßregelungsverbot 852
- Notdienst *siehe dort*
- Reaktionsmöglichkeiten des Arbeitgebers 850 f.
- wilder ~ 849 f.

Studenten 191
- Praktikantenvertrag M 8.3
- Sozialversicherungspflicht 191

Stufenklage
- Provision M 12.12

Subunternehmer
- Werkvertrag Softwareentwicklung M 9.1.3

Tantieme 313
- AG-Vorstand M 5.1 Fn. 17; M 12.10.2
- Geschäftsführer M 4.1 Fn. 23 ff.; M 12.10.1
- leitender Angestellter M 3.3 Fn. 8; M 12.10.1

Tarifbindung 44 f.

Tarifvertrag
- Beschäftigungssicherung 834; M 41.7
- Betriebsübergang 1006 f.
- betriebsverfassungsrechtliche Strukturen 833 f.
- Bildung von Regionalbetriebsräten M 41.4
- einzelvertragliche Einbeziehung 45 f.
- Entgelttarifvertrag 833; M 41.1
- Entgeltumwandlung 834; M 41.6
- Firmentarifvertrag nach Betriebsübergang M 41.3
- Firmentarifvertrag in Form eines Anerkennungstarifvertrages 832; M 41.2
- Geltung bei Auslandseinsatz 286
- Manteltarifvertrag 833
- Rahmentarifvertrag Leistungslohn im Baugewerbe M 12.13.3

Teilzeitarbeitsvertrag M 6.2.1
- Altersteilzeit-Vertrag *siehe dort*
- geringfügige Beschäftigung M 6.3.1
- Teilzeitbeschäftigung *siehe dort*

Teilzeitbeschäftigung 123 ff.
- Ablehnung des Antrags 124
- Ablehnung des Antrags auf Reduzierung der Arbeitszeit M 6.2.4
- Änderungsvertrag M 6.2.8
- Antrag auf Reduzierung der Arbeitszeit M 6.2.2
- betriebliche Gründe gegen gewünschte Verteilung 126 f.
- betriebliche Gründe gegen Verringerung 125 f.
- Beurteilungszeitpunkt bei entgegenstehenden betrieblichen Gründen 127
- Durchführung 129 f.
- einstweilige Verfügung 128; M 6.2.7
- Elternzeit 128 f.
- entgegenstehende betriebliche Gründe 125 ff.
- Feststellung der reduzierten Arbeitszeit M 6.2.6
- Feststellungsklage bei Ablehnung 127
- Geltendmachung des Anspruchs 123 f.
- Gleichbehandlung 130
- Klage auf Sondervergütung wegen Benachteiligung M 12.16
- Klage bei wirksamer Ablehnung 124 f.
- Rechtsanspruch 123
- Rückkehr zur Vollzeitarbeit 130 f.
- Schwerbehinderung 129
- Teilzeitarbeitsvertrag *siehe dort*

- verspäteter Antrag auf Reduzierung der Arbeitszeit (Antwort) M 6.2.3
- Zustimmung zur Reduzierung der Arbeitszeit, Klage M 6.2.5

Telearbeit 134 f.
- Arbeitsvertrag über alternierende ~ M 6.6
- Einführung bei bestehendem Arbeitsverhältnis 135

Telefonanlage
- Betriebsvereinbarung über Nutzung M 33.2
- Mitbestimmungsrecht 727

Telefondaten
- Betriebsvereinbarung über Erfassung M 33.3

Traineevertrag M 6.1.4

Treueprämie M 12.14.3

Überstunden
- Betriebsvereinbarung M 31.4
- leitende Angestellte M 3.3 Fn. 14
- Mitbestimmungsrecht 704
- Pauschalabgeltungsklausel M 3.1 Fn. 11
- Unterlassung ohne Betriebsratszustimmung, einstweilige Verfügung M 31.7

Überstundenvergütung M 12.9

Überstundenzuschläge M 12.8.1
- Klage M 12.9

Übertarifliche Zulage M 12.7.1
- Anrechnung 311 f.
- Anrechnungsvorbehalt M 2.2 Fn. 5
- Betriebsvereinbarung M 32.2
- Freiwilligkeits- und Anrechnungsvorbehalt M 12.7.2
- Mitbestimmung bei Anrechnung 311 f.; M 3.2 Fn. 6
- Widerrufs- und Anrechnungsvorbehalt M 12.7.2

Umdeutung
- außerordentliche ordentliche Kündigung 532

Umgruppierung
- Beteiligung des Betriebsrats 766 f.; M 19.2

Umsetzung 483

Umwandlungen 792 ff.
- Betriebsübergang 1008
- Verschmelzungsvertrag siehe dort

Umzugskosten
- Rückzahlung M 12.20 Fn. 7

Unterlassungsanspruch des Betriebsrats
- allgemeiner ~ M 28.8 Fn. 1; M 31.7 Fn. 1
- Befriedigungsverfügung beim allgemeinen ~ M 31.7 Fn. 2
- Betriebsänderung M 39.7 Fn. 4
- Feststellungsantrag im Rahmen des § 23 Abs. 3 BetrVG M 28.8 Fn. 7
- Globalantrag beim allgemeinen ~ M 31.7 Fn. 4
- grobe Pflichtverletzung, Antrag auf Unterlassung und Ordnungsgeld M 28.8
- Handlungs- oder Unterlassungsantrag im Rahmen des § 23 Abs. 3 BetrVG M 28.8 Fn. 5
- Überstunden, Antrag auf Unterlassung ohne Betriebsratszustimmung M 31.7
- Verletzung des Mitbestimmungsrechts in sozialen Angelegenheiten 703

Unternehmensmitbestimmung 867 ff.
- Aufsichtsrat 867
- Aufsichtsratswahl – Checkliste 872 f.
- Aufsichtsratswahl nach BetrVG 1952 872 f.
- Bekanntmachung des Vorstands nach § 97 AktG M 43.1
- BetrVG 1952 868 f.
- MitbestG 1976 869 f.
- Montan-MitbestG 870 f.
- Statusklage nach § 98 AktG M 43.2
- Statusverfahren 871

Unterrichtung des Betriebsrats
siehe Mitbestimmung in personellen Angelegenheiten

Unterstützungskasse
- finanzielle Ausstattung M 18.3 Fn. 3
- Klagegegner M 18.10 Fn. 2
- Mitbestimmung in sozialen Angelegenheiten M 18.3 Fn. 1
- Satzung M 18.3

Unzuständigkeit
- Rüge der örtlichen ~ M 45.4

Urlaub 409 ff.
- allgemeine Urlaubsgrundsätze, Mitbestimmungsrecht 762 f.
- Antrags- und Bewilligungsformular M 14.1
- Arbeitsunfähigkeit 422
- Betriebsferien, Betriebsvereinbarung M 37.2
- Bewilligungsschreiben M 14.2
- einstweilige Verfügung auf Urlaubsgewährung M 14.5
- Mitbestimmungsrecht 762 f.
- Übertragung auf Folgejahr 410
- Übertragung auf das Folgejahr M 14.4
- Urlaubsplan, Mitbestimmungsrecht 763
- Wartezeit 410

Urlaubsabgeltung 412
- Klage M 14.6

Urlaubsbescheinigung 411; M 14.3

Urlaubsentgelt 411 f.

Urteil
- Versäumnisurteil siehe dort

Urteilsverfahren 880
- vorläufige Vollstreckbarkeit 960 ff.

Urteilsverfahren Dritter Instanz 916 ff.
- Beschwerdeverfahren 918
- Nichtzulassungsbeschwerde 918
- Nichtzulassungsbeschwerde in Arbeitskampfsachen M 47.4
- Nichtzulassungsbeschwerde wegen Divergenz M 47.2
- Nichtzulassungsbeschwerde bei tariflichen Streitigkeiten M 47.3
- Rechtsbeschwerde gegen Rechtswegentscheidung M 47.5
- Revisionsbeschwerde gegen Verwerfung der Berufung als unzulässig M 47.6
- Revisionseinlegung mit Anträgen und Begründung M 47.1
- Verfahren bei Revision 916 ff.
- Zulässigkeit der Revision 916 f.

Urteilsverfahren Erster Instanz 880 f.
- Aussetzung wegen Vorgreiflichkeit siehe dort
- Befangenheit siehe dort
- Einspruch gegen Versäumnisurteil M 45.12
- Klage M 45.3
- Klageerwiderung vor der Güteverhandlung M 45.6
- örtliche Unzuständigkeit, Rüge M 45.4
- Prozessaufrechnung M 45.7
- Rubrum auf Beklagtenseite M 45.2
- Rubrum auf Klägerseite M 45.1
- unzulässiger Rechtsweg, Rüge M 45.5

Urteilsverfahren Zweiter Instanz 904 ff.
- Berufungseinlegung ohne Begründung mit Fristverlängerungsantrag M 46.2
- Berufungseinlegung mit Berufungsbegründung M 46.1
- Berufungserwiderung mit Anschlussberufung und Widerklage M 46.3
- Fristen 905 f.
- Fristverlängerungsantrag M 46.2
- Prüfungsmaßstab bei Berufung 905
- Rechtswegentscheidung, sofortige Beschwerde M 46.4
- sofortige Beschwerde 906
- Zulässigkeit der Berufung 904 f.
- Zwangsvollstreckung, Antrag auf Einstellung M 46.1

Verbesserungsvorschläge
- Betriebsvereinbarung M 36.1
- Mitbestimmungsrecht 757

Verdachtskündigung 520

Vergütung
siehe auch Arbeitsentgelt
- Festvergütung von Organmitgliedern M 12.1.5
- Klage im Urkundenprozess bei Geschäftsführer M 12.6

Vermögenswirksame Leistungen 318; M 12.19

Versäumnisurteil
- Einspruch M 45.12
- Einspruchsbegründung, Frist M 45.12 Fn. 4
- Einspruchsfrist M 45.12 Fn. 1

Verschmelzungsvertrag
- Folgen für Arbeitnehmer und ihre Vertretungen und Maßnahmen M 39.9
- Konzernbetriebsrat, Zuständigkeit 793 f.
- Mitbestimmungsrecht 792 ff.

Verschwiegenheitspflicht M 3.1 Fn. 20 ff.

Versetzung
- AGB-Kontrolle von Klauseln 38 f.
- Änderungskündigung 480 f.
- Auslandseinsatz 281
- Auslandsvertrag M 11.2.1
- Auswahl-Richtlinie M 38.14
- Beteiligung des Betriebsrats 483 ff.; M 19.2; 766 f.; M 38.7
- betriebsverfassungsrechtlicher Begriff 482 ff.
- aufgrund Direktionsrechts 480
- aufgrund Direktionsrechts und vorsorgliche Änderungskündigung M 19.1
- geringerwertiger Arbeitsplatz 481
- Individualarbeitsrecht 480 f.
- Klage gegen ~ 481 f.; M 19.3
- Klausel im Arbeitsvertrag M 2.1 Fn. 3; M 3.1 Fn. 3
- Stammhausbindungsvertrag bei Auslandseinsatz M 11.2.2
- Umsetzung 483
- Verweigerungsgründe des Betriebsrats 483 f.
- vorläufige personelle Maßnahme 485
- Zustimmungsersetzungsverfahren 485
- Zustimmungsverweigerung des Betriebsrats 483 ff.
- Zuweisung eines anderen Arbeitsbereichs 482 f.

Vertragsstrafe
- AGB-Kontrolle 39 ff.
- Auslandseinsatz M 11.1 Fn. 15

Verzugszinsen M 45.3 Fn. 6

Vollmacht
- Zurückweisung einer Kündigung wegen fehlender Vorlage M 22.8

Vollstreckbare Ausfertigung
- Antrag auf Erteilung M 52.1

Vollstreckungsgegenklage 962

Vorabentscheidungsverfahren 981 ff.
- Kosten 983
- mündliche Verhandlung 983
- Reichweite der EuGH-Entscheidung 982
- schriftliches Verfahren 983
- Schriftsatz an den EuGH M 53.1
- Sprache 982 f.
- Vorlagebeschluss 982

Vorläufige Vollstreckbarkeit
- Antrag auf Ausschluss wegen nicht zu ersetzenden Nachteils M 46.1; 960 f.; M 52.3
- Antrag auf Ausschluss wegen Rechtsmitteleinlegung 961 f.
- Berufung mit Antrag auf nachträglichen Ausschluss der vorläufigen Vollstreckbarkeit M 52.4
- Beschlussverfahren 964 f.
- Leistungs- oder Unterlassungsansprüche (Beschlussverfahren) 965
- „nicht zu ersetzender Nachteil" 960 f.; M 46.1 Fn. 7
- Urteilsverfahren 960 ff.
- vermögensrechtliche Streitigkeiten (Beschlussverfahren) 964 f.

Vorstandsmitglied
- Anforderungen 98
- Deutscher Corporate Governance Kodex 100 f.
- Dienstvertrag 99 f.; M 5.1
- Organstellung 99 f.
- Pflichten 100
- Ruhegeldkürzung M 5.1 Fn. 32
- sozialversicherungsrechtliche Stellung 101
- Tantieme M 5.1 Fn. 17; M 12.10.2
- Verantwortlichkeit 100
- Vertragsdauer M 5.1 Fn. 10
- Vertretungsmacht 99

Vorstellungsgespräch
- Einladung mit Kostenübernahme M 1.1
- Einladung ohne Kostenübernahme M 1.2
- Klage auf Kostenerstattung M 1.7
- Kosten 1 f.

Vorstrafen
- Irrtumsanfechtung 501

Wahlvorstand 668
- Antrag auf Bestellung M 26.1

Wechselschichtzulage M 12.7.4

Weihnachtsgratifikationen
siehe Gratifikationen

Weiterbeschäftigung
siehe auch Beschäftigung
- Antrag M 22.13
- Antrag nach § 102 Abs. 5 BetrVG M 22.21
- Antrag auf Entbindung von der Pflicht nach § 102 Abs. 5 S. 2 BetrVG M 22.22
- Antrag auf Zurückverweisung eines Zwangsvollstreckungsantrags M 52.8
- Antrag auf Zwangsvollstreckung M 52.7
- Bestimmtheit des Weiterbeschäftigungstitels M 52.8 Fn. 2

Weiterbeschäftigung

- des Betriebsratsmitglieds während des Zustimmungsverfahrens nach § 103 BetrVG M 38.5 Fn. 7
- Darlegungsumfang Weiterbeschäftigungsmöglichkeit M 22.15 Fn. 3
- Einstweilige Verfügung auf ~ bei offensichtlich unwirksamer Kündigung M 22.19

Werkdienstwohnung
siehe Dienstwohnung

Werkvertrag
- Subunternehmer Softwareentwicklung M 9.1.3

Wettbewerbsverbot, nachvertragliches
- bedingte Wettbewerbsverbote 637
- berechtigtes Interesse des Arbeitgebers 637
- einstweilige Verfügung auf Unterlassung nachvertraglichen Wettbewerbs M 25.11
- Erfüllungsablehnung des Arbeitgebers nach Verstößen des Arbeitnehmers M 25.8
- Feststellungsklage auf Unwirksamkeit M 25.13
- Form 635 f.
- freier Mitarbeiter M 9.1.3 Fn. 16
- Geschäftsführer M 4.1 Fn. 43
- Höchstdauer 638
- Karenzentschädigung siehe dort
- Lösungserklärung des Arbeitgebers M 25.6
- Lösungserklärung des Arbeitnehmers M 22.6; M 25.4
- Lösungsrechte 638 f.
- Reaktionsmöglichkeiten des Arbeitgebers bei Verletzung M 25.8 Fn. 1
- Rechtsgrundlagen 635
- Schutzschrift gegen mögliche Unterlassungsverfügung M 25.12
- Streitigkeiten 639
- unbillige Erschwerung des Fortkommens 637
- Vereinbarung M 25.1
- Vereinbarung mit Organmitglied M 25.2
- Verzicht des Arbeitgebers 639; M 25.3

Widerklage M 45.8
- in Berufungsinstanz M 46.3
- Hilfs-Widerklage M 45.8 Fn. 4
- Konnexität M 45.8 Fn. 2

Widerrufsvorbehalt
- AGB-Kontrolle 37 f.
- Gratifikation 311

Wiedereingliederungsvertrag 133 f.; M 6.7.1
- Wiedereingliederungsplan M 6.7.2

Wiedereinstellung
- Klage M 1.9
- nach Wegfall des Kündigungsgrundes 537; M 22.26

Wirtschaftsausschuss 794

Zahlungsklage
- Arbeitsentgelt M 45.3
- Arbeitsentgelt und Klage gegen fristlose Kündigung M 22.23
- Bruttobetrag M 45.3 Fn. 4
- Entgeltfortzahlung M 15.3
- wegen Gleichbehandlung/Diskriminierung M 12.5
- Höhergruppierung M 12.3
- Karenzentschädigung M 25.10
- künftige Vergütung M 12.28
- Mankohaftung des Arbeitnehmers M 13.4
- nach mündlicher Einstellung M 1.8

- auf Rentenzahlung gegen Unterstützungskasse M 18.10
- Sondervergütung wegen Benachteiligung von Teilzeitbeschäftigten M 12.16
- Überstundenvergütung M 12.9
- im Urkundenprozess bei Geschäftsführer M 12.6
- Urlaubsabgeltung M 14.6
- bei zweistufiger Ausschlussfrist M 12.4

Zeugnis
- Anspruch 620 f.
- Anspruchsberechtigter 620 f.
- Berichtigung 627
- einfaches ~ 621; 623 f.
- einfaches ~ in ausführlicher Form M 24.2
- einfaches ~ in Kurzform M 24.1
- Fälligkeit 621
- Formalien 623
- Führung des Arbeitnehmers 624 f.
- Haftung des Arbeitgebers 627
- Holschuld 622
- Klage auf Berichtigung M 24.8
- Klage auf Erteilung M 24.7
- Leistung des Arbeitnehmers 624 ff.
- qualifiziertes ~ 621; 624 ff.
- qualifiziertes ~ für Buchhalterin mit guter Bewertung M 24.4
- qualifiziertes ~ mit guter Bewertung M 24.3
- qualifiziertes ~ für Leiter Controlling mit sehr guter Bewertung M 24.5
- qualifiziertes ~ für Sekretärin mit unterdurchschnittlicher Bewertung M 24.6
- Schlussfloskel 626
- Schriftform 622
- Verlangen des Arbeitnehmers 621
- Verpflichteter 621
- Verwirkung 622
- Verzicht 622
- Widerruf 627
- Zwischenzeugnis 622

Zielvereinbarung 323 f.
- Rahmenvereinbarung M 12.26

Zugang
- Kündigung 512 f.

Zulage 312 f.
- Auslandszulage M 12.7.5
- Erschwerniszulage siehe dort
- als „freiwillige Leistung" M 2.2 Fn. 4
- Leistungszulage M 12.7.6
- Mitbestimmungsrecht 722
- Nachtarbeitszuschläge M 12.8.2
- Sonn- und Feiertagszuschläge M 12.8.2
- Sozialzulage mit Freiwilligkeitsvorbehalt M 12.7.7
- Überstundenzuschläge siehe dort
- Übertarifliche Zulage siehe dort
- Wechselschichtzulage M 12.7.4

Zurückbehaltungsrecht
- AGB-Kontrolle 41 f.
- Ausschluss 323; M 12.25.2
- wegen Versetzung M 19.3 Fn. 1

Zuschläge
siehe Zulage

Zustimmungsersetzungsverfahren nach §§ 99, 100 BetrVG
- Einstellung – Antrag des Arbeitgebers M 38.9
- Fristen M 38.9 Fn. 2
- Versetzung 485

Zustimmungsverfahren nach § 103 BetrVG
- Antrag auf Zustimmung M 38.4
- Antrag auf Zustimmungsersetzung M 38.5
- Kündigungsausspruch nach Zustimmungsersetzung M 38.5 Fn. 8
- Weiterbeschäftigung des betroffenen Betriebsratsmitglieds M 38.5 Fn. 7

Zwangsvollstreckung 960
- „Androhung" von Zwangsmitteln M 52.7 Fn. 3
- Antrag auf ~ nach § 890 ZPO wegen Unterlassungsverpflichtung M 52.9
- Antrag auf ~ wegen unvertretbarer Handlung M 52.7
- Antrag auf ~ wegen vertretbarer Handlung M 52.6
- Antrag auf Einstellung M 46.1; M 47.1 Fn. 6
- Antrag auf Erteilung der vollstreckbaren Ausfertigung M 52.1
- Antrag auf Gerichtsvollzieherpfändung wegen Geldforderungen M 52.5
- Antrag auf Ordnungsgeldfestsetzung wegen Zuwiderhandlung gegen Unterlassungsverpflichtung M 52.10
- Antrag auf Zurückweisung eines Antrag auf ~ wegen unvertretbarer Handlung M 52.8
- Antrag auf Zwangsmittelandrohung M 52.9
- Beschlüsse bei Beschlussverfahren 937
- Entschädigungsantrag nach § 61 Abs. 2 ArbGG 963 f.; M 52.2
- Erwirkung von Handlungen 962 f.
- Geldforderungen 962
- Herausgabe von Sachen 962
- „nicht zu ersetzender Nachteil" M 46.1 Fn. 7
- vorläufige Vollstreckbarkeit *siehe dort*
- Zwangsgeldverwirkung M 52.7 Fn. 4

Zweckbefristung
- Arbeitsvertrag M 6.1.2
- Mitteilung der Zweckerreichung M 6.1.3

Bitte beachten Sie
die nachfolgenden Verlagsanzeigen

Bauer / Krieger

Kündigungsrecht – Reformen 2004

Gesetz zu Reformen am Arbeitsmarkt und „Hartz-Gesetze". Erläuterungen, Synopse, Materialien.

Von RA Dr. *Jobst-Hubertus Bauer* und RA Dr. *Steffen Krieger*. 335 Seiten Lexikonformat, 2004, broschiert, 39,80 € [D]. ISBN 3-504-42635-7

Mit der „Agenda 2010" hat der Gesetzgeber eine Reform von Kernpunkten des Arbeitsrechts präsentiert, die durch Flexibilisierung und Deregulierung zu mehr Beschäftigung führen soll. Schon ab 1.1.2004 gelten auch beim Kündigungsschutz neue Spielregeln, z. B. die Herausnahme von Leistungsträgern aus der Sozialauswahl, ein gesetzlicher Abfindungsanspruch bei betriebsbedingten Kündigungen und die Anhebung des Schwellenwertes für Neueinstellungen auf zehn Mitarbeiter.

Kündigungsrecht – Reform 2004 enthält eine ausführliche und gründliche Aufarbeitung aller Konsequenzen, die sich aus der geänderten Rechtslage ergeben – inklusive Gesetzessynopse und Materialien aus dem Gesetzgebungsverfahren. Thematisiert werden nicht nur die arbeitsrechtlichen Folgen der Agenda 2010 durch das Gesetz zu Reformen am Arbeitsmarkt, das Buch behandelt auch einschlägige kündigungsrechtliche Auswirkungen der jüngsten Novellierung des SGB III durch „Hartz I". Zusätzlich zu den Änderungen im Bereich des Kündigungsschutzes werden im Überblick die wesentlichen Neuerungen im Arbeitsförderungsrecht („Hartz III") sowie im Befristungs- und Arbeitszeitrecht dargestellt.

Verlag Dr. Otto Schmidt · Köln

Tschöpe (Hrsg.)

Anwalts-Handbuch Arbeitsrecht

Herausgegeben von Dr. *Ulrich Tschöpe*, bearbeitet von VorsRi am LAG Düsseldorf Dr. *Lothar Beseler*, VorsRi am LAG Sachsen-Anhalt *Peter Bopp*, VorsRi am LAG Sachsen-Anhalt *Christoph Gross*, RAin FAinArbR Dr. *Susanne Hennige*, RA FAArbR Dr. *Hans-Jürgen Hiekel*, RiArbG *Barbara Holthöwer*, RA Dr. *Henning Hülbach*, RAin FAinArbR *Ursel Kappelhoff*, RA FAArbR Dr. *Alexius Leuchten*, RA FAArbR Dr. *Stefan Nägele*, RA FAArbR Dr. *Johannes Schipp*, RA FAArbR Dr. *Werner Schmalenberg*, RA FAArbR Dr. *Peter Schrader*, RA FAArbR Dr. *Wienhold Schulte*, VorsRi am LAG a.D. Dr. *Hans-Heinrich Schumann*, RA FAArbR Dr. *Stefan Seitz*, RA FAArbR Dr. *Ulrich Tschöpe*, RiArbG Dr. *Klaus Wessel*, RA FAArbR Dr. *Stefan Westhoff*, RA FAArbR Dr. *Peter Wieland*, RAin FAinArbR Dr. *Gerlind Wisskirchen*, RA FAArbR Dr. *Götz Zerbe*. 3., überarbeitete Auflage 2003. 2908 S. Lexikonformat, gbd. 128,– € [D].
ISBN 3-504-42009-X

Das Buch von Praktikern für Praktiker, das sich konsequent am Gang des Mandats orientiert und das gesamte Arbeitsrecht nach Praxisrelevanz gewichtet. Hier finden Sie auf jede Frage im Handumdrehen die passende Antwort. Und zwar in materieller, prozessualer und vertragsgestaltender Hinsicht. Über das lückenlose Schlagwortverzeichnis kommen Sie sofort ins Thema. Checklisten, Beispiele, Praxistipps, rechtssichere Formulierungen und Hinweise auf typische Fehlerquellen führen Sie sehr schnell vom Problem zur Lösung. Neue Themen wie das Arbeitsverhältnis in der Insolvenz, Rentenrecht und Altersteilzeit werden behandelt, und alle großen Reformen wurden eingearbeitet.

Verlag Dr. Otto Schmidt · Köln

Henssler/Braun (Hrsg.)

Arbeitsrecht in Europa

Herausgegeben von Prof. Dr. *Martin Henssler* und RA *Axel Braun*. Bearbeitet von RAin *Helga Aune*, RAin Dr. *Alexandra von Böhm-Amolly*, RA *Axel Braun*, RA *Vicente Calle*, RAin *Anne-Elisabeth Combes*, RAin *Anna Crippa*, RA Dr. *Eberhard Fedtke*, RA *Niklaus Gadient,* RA Dr. *Arne Gobert*, RAin Dr. *Angela Harth*, Dr. *Katrin Hegewald*, Prof. Dr. *Martin Henssler*, RA M. Jur. u. Mag. *Radek Hladký*, RA *Bernd Hübinger*, Dr. *Beate Kamphoff*, RAin *Kalliopi Kerameos*, RA *Georgios Kerameus*, RA Dr. *Imre Krisch*, RA Dr. *Tomáš Linhart*, *Monika Malinowska-Hyla* LL.M., RA *Didier Matray*, RAin *Tove Meurs-Gerken*, RA *Fredrik Nordlöf*, RAin *Simone Oosterbeek*, RAin *Stefania Radoccia*, *Patricia Schöninger* LL.M., RA Dr. *Alexander Schwarz*, RAin *Lisbet Steinrücke*, RAin *Kerstin Stölting*, RA *Andrew Taggart,* RAin *Nathalie Temin-Soccol* und RAin *Julita Zimoch-Tuchołka*. 1315 S. Lexikonformat, 2003, gbd. 158,– € [D]. ISBN 3-504-42643-8

Zum Inhalt:

Das Werk wird eingeleitet durch die Darstellung des Arbeitsrechts der Europäischen Union sowie des deutschen Internationalen Privatrechts zum Arbeitsrecht. Diese Beiträge bilden die Klammer zu den sodann folgenden Beiträgen zum Arbeitsrecht in 18 verschiedenen europäischen Ländern. Zu den Länderbeiträgen gehören Abhandlungen zum Arbeitsrecht fast aller Mitgliedstaaten der EU, der Beitrittsländer Polen, Tschechien und Ungarn sowie Norwegens, Russlands und der Schweiz. Sie behandeln, weitgehend einer einheitlichen Gliederung folgend, das Individualarbeitsrecht, das Kollektivarbeitsrecht, das Verfahrensrecht sowie die Umsetzung des EU-Rechts in die jeweilige Rechtsordnung. Eine Einleitung vor jedem Beitrag führt in das Arbeitsrecht des vorgestellten Landes ein.

Zu den Autoren:

Herausgeber und Autoren sind als ausgewiesene Experten des Arbeitsrechts überwiegend in Wissenschaft und/oder Praxis des von ihnen dargestellten Landes bzw. Fachgebiets tätig.

Verlag Dr. Otto Schmidt · Köln

Notizen

Notizen

Notizen

Notizen